KB038689

2025
백광훈 통합 형법각론

백광훈 편저

형법 기본서

메가 공무원 × 경단기

박영story

PREFACE

| 머리말 |

백광훈 형법각론 제17판

올해에도 2025년 시험 대비 형법각론 기본서 개정 제17판을 출간하게 되었다.

제17판의 개정사항을 정리하면 아래와 같다.

① 최근까지 개정된 법령을 반영하였다. 대표적으로는, 형법이 2023. 8. 8. 일부 개정되어 2024. 2. 9.부터 시행 중이다(법률 제19582호). 이 개정법에서는 사회적 약자인 영아를 범죄로부터 두텁게 보호하기 위하여 영아살해죄 및 영아유기죄를 폐지하고, 형 집행의 공백을 방지하기 위하여 형의 시효가 완성되면 집행이 면제되는 형에서 사형을 제외하는 등의 내용을 담고 있다.
② 2024년 1월 12일까지 판시된 대법원 판례들을 비롯한 최신 판례의 내용을 반영하였다.
③ 그동안 발견된 오탈사를 바로잡았다.
④ 이외에는 초판의 집필원칙을 준수하였다.

끝으로, 전판에 이어 개정 제17판의 출간을 맡아주시고 최고의 편집과 전문적인 교정 작업에 임해주신 도서출판 박영사의 임직원님들에게 지면을 빌려 심심한 사의를 표하는 바이다.

2024년 5월

백 광 훈

학습문의 http://cafe.daum.net/jplpexam (백광훈공무원수험연구소)

백광훈 통합 형법각론 제16판

제15판에 대한 독자 여러분의 과분한 호응에 힘입어 올해에도 2024년 시험대비 개정 제16판을 출간하게 되었다.

제16판의 개정사항을 정리하면 아래와 같다.

① 이번 개정의 기회를 빌려 기존의 이론·판례 정리 부분을 총체적으로 재검토하였다. 즉, 독자들의 학습에 굳이 필요치 않다고 여겨지는 부분은 줄이고, 학습에 필요하다고 생각되는 부분은 추가하여 수험 공부를 위한 실질적인 기본서 및 판례집의 역할을 다할 수 있도록 한 것이다.
② 2023년 1월 31일까지 판시된 대법원 판례들을 비롯한 최신 판례의 내용을 반영하였다.
③ 그동안 발견된 오탈자를 바로잡았다.
④ 이외에는 초판의 집필원칙을 준수하였다.

끝으로, 전판에 이어 개정 제16판의 출간을 기꺼이 허락해 주시고, 편집과 교정작업에 헌신적인 노력을 해 주신 도서출판 박영사의 임직원님들에게 깊은 감사를 드린다.

2023년 6월
백 광 훈

학습문의 http://cafe.daum.net/jplpexam (백광훈형사법수험연구소)

PREFACE

| 머리말 |

백광훈 형법각론 제15판

제14판에 대한 독자 제현의 호응에 힘입어 올해에도 2023년 시험 대비 개정 제15판을 출간하게 되었다.

제15판의 특징을 요약하면 아래와 같다.

① 2022년 2월 11일까지 판시된 대법원 판례들을 비롯한 최신 판례와 개정법령의 내용을 반영하였다.
② 2022년 5월 형법각론 핵지총 OX 교재가 출간됨에 따라 이 책에 들어 있던 OX 문제들을 모두 뺌으로써 기본서의 분량을 조절하였다.
③ 그동안 발견된 오탈자를 바로잡았다.
④ 그동안 사용하던 LOGOS 형법각론이라는 도서명 대신에 백광훈 형법각론이라는 이름을 쓰기로 하였다.
⑤ 이외에는 초판의 집필원칙을 준수하였다.

끝으로, 전판에 이어 제15판의 출간을 맡아 주신 도서출판 박영사의 임직원님들의 노고에 깊은 감사를 드린다.

2022년 4월
백 광 훈

학습문의 http://cafe.daum.net/jplpexam (백광훈공무원수험연구소)

LOGOS 형법각론 제14판

제13판에 대한 독자 여러분의 과분한 호응 덕분에 2022년 시험 대비 개정 제14판을 출간하게 되었다.

이번 제14판의 특징은 다음과 같다.

① 2020년 10월 20일 개정형법(법률 제17511호, 시행 2020.10.20.)과 2020년 12월 8일 개정형법(법률 제17571호, 시행 2021.12.9.)을 반영하였다.

㉠ 2020년 10월 개정형법은 형법불소급원칙에 따라 헌법재판소에서 위헌판결을 받은 노역장유치 관련 기존 부칙을 정비함으로써 개정 법률의 적용례를 명확히 하려는 내용이다.

㉡ 2020년 12월에는 우리말에 맞게 순화한 형법 개정이 이루어져 상당수 조문의 내용이 변경되었다. 이는 1953년 제정되어 시행된 현행 형법에 계속 남아있는 제정 당시의 어려운 한자어, 일본식 표현, 어법에 맞지 않는 문장, 일상적인 언어 사용 규범에도 맞지 않는 내용을 일반 국민들이 그 내용을 쉽게 이해할 수 있도록 함에 그 이유가 있다고 한다. 필자의 강의에서는 이 개정형법을 '우리말 순화 개정 형법'이라 부르고 있다. 2020년 12월 우리말 순화 개정 형법의 시행은 2021년 12월 9일부터이다. 하지만 독자들의 응시 일정을 고려하여 완벽하게 반영하고자 하였다. 다만, '우리말 순화 개정 형법'의 내용을 들여다보면 동일한 표현을 사용한 조문에 대해서 일부는 개정되고 일부는 개정되지 않았거나 다소 무리한 개정으로 보이는 부분도 없지 않다. 법률을 지도하는 입장에서 아쉬운 부분이 아닐 수 없다.

② 이외에 형법 관련 법령들의 개정내용을 반영하였다.

③ 2020년 11월 19일까지 판시된 대법원 판례들을 반영하였다. 이후 판시된 대법원 판례들은 예년과 다름없이 추후 최신판례특강 등의 강의를 통해서 보충할 계획이다.

④ 그동안 발견된 오탈자 등을 바로잡았다.

⑤ 이외에는 초판의 집필원칙을 준수하였다.

끝으로, 전판에 이어 제14판의 출간도 도맡아주신 도서출판 박영사의 임직원님들의 노고에 깊은 감사를 드린다.

2021년 5월

백 광 훈

학습문의 http://cafe.daum.net/jplpexam (백광훈공무원수험연구소)

PREFACE

| 머리말 |

LOGOS 형법각론 제13판

제12판에 대한 독자 여러분의 지속적인 호응에 힘입어 2021년 시험 대비판이라 할 수 있는 제13판 개정판을 내놓게 되었다.

제13판의 특징은 다음과 같이 요약된다.

① 최근까지의 개정된 법령과 판시된 판례의 내용을 반영하였다. 최신판례는 2019년 11월까지 판시된 판례들을 반영하였다. 더불어 동산양도담보의 채무자가 해당 동산을 임의로 처분하는 경우에 배임죄가 성립하지 않는 것으로 변경한 2020년 2월 20일 대법원 전원합의체 판결도 반영하였다.

② 종래 본문 옆 좌우 날개에 수록되었던 OX문제의 위치를 각 장의 끝에 배치하는 것으로 편집체제를 바꿈으로써 문제풀이의 강화를 도모하였다. 이외에는 전판의 집필원칙을 준수하였다.

전판에 이어 제13판의 출간에도 많은 도움을 주신 도서출판 박영사의 임직원님들에게 심심한 감사를 전한다.

2020년 3월

백 광 훈

학습문의 http://cafe.daum.net/jplpexam (백광훈공무원수험연구소)

LOGOS 형법각론 제12판

제11판에 대한 독자 여러분의 과분한 호응에 힘입어 2020년 시험 대비판이라 할 수 있는 제12판 개정판을 1년 만에 내어놓는다.

제12판의 특징은 다음과 같이 요약된다.

① 최근 개정법령의 내용을 반영하였다. 즉, 업무상 위력 등에 의한 간음죄 등의 법정형을 상향 조정한 2018.10.16. 개정형법(법률 제15793호)과 심신미약자에 대한 필요적 감경규정을 임의적 감경규정으로 개정한 2018.12.18. 개정형법(법률 제15982호)을 반영하였으며, 관련되는 형사특별법의 개정사항도 반영하였다.

② 2018년 11월 1일까지 판시된 대법원의 최신 판례들을 수록하였으며, 낙태죄에 관한 2019년 4월의 헌법불합치결정 등 헌법재판소의 최근 결정례들도 필요한 범위 내에서 반영하였다.

③ 2018년 실시된 각종 국가시험의 최근 기출문제들을 반영하였다. 이외에는 종전의 집필원칙을 준수하고자 하였다.

끝으로 전판에 이어 제12판 개정판의 출간에 많이 도움을 주신 도서출판 박영사의 임직원님들에게 심심한 감사를 드린다.

2019년 5월

법검단기 총괄대표

법검단기·공단기 형법·형사소송법 대표교수 백 광 훈

백광훈공무원수험연구소 www.logoslaw.net

PREFACE

| 머리말 |

LOGOS 형법각론 제11판

본서는 각종 공무원 채용시험·승진시험 및 변호사시험을 준비하는 분들을 위한 전문수험서 이자, 로스쿨이나 법학과에서 형법을 공부하는 법학도를 위한 법학 기본서로서, 2017년 6월에 출간된 제10판을 수정하여 내어놓는 LOGOS 형법각론 제11판 개정판이다.

제11판에서는 ① 2017.12.12. 개정형법(법률 제15163호) 등 최근 개정법령의 내용을 반영하고, ② 2017년 9월 7일까지 판시된 대법원 판례들을 수록하였으며, ③ 2017년 실시된 각종 시험의 최근 기출문제들을 본문의 양 날개에 OX 문제로 삽입하였다. 또한 새로운 출판사에서 개정 작업이 이루어짐에 따라 ④ 종래의 편집체제에 다소 수정을 가하여 보다 보기 편한 형법각론 기본서가 되도록 노력하였다.

끝으로 제11판 개정판의 출간에 많은 도움을 주신 도서출판 박영사의 임직원님들에게 지면을 빌려 심심한 감사의 마음을 전하는 바이다.

2018년 3월

법검단기·공단기 백 광 훈

백광훈공무원수험연구소 www.logoslaw.net

LOGOS 형법각론 제10판

본서는 각종 공무원 채용시험과 변호사시험 및 내부 승진시험을 준비하는 분들을 위한 전문수험서이자, 로스쿨이나 법학과에서 형법을 공부하는 법학도를 위한 법학 기본서로서, 2016년 5월에 출간된 제9판을 1년 만에 수정하여 내어놓는 LOGOS 형법각론 제10판 개정판이다.

제10판에서는 ① 2016.5.29. 개정형법(법률 제14178호), 2016.12.20. 개정형법(법률 제14415호) 및 개정 성폭력범죄의 처벌 등에 관한 특례법(법률 제14412호) 등 최근 개정법령의 내용을 반영하고, ② 2017년 2월 3일까지 판시된 대법원 판례를 꼼꼼하게 수록하였다. 최근 판례들을 추가함에 있어서는 기존의 판례내용을 적절히 줄여 전체 분량이 지나치게 커지는 것을 방지하고자 하였다. 또한 ③ 최근 기출문제들까지 본문의 양 날개에 OX 문제로 새로 실었으며, ④ 다수의 독자들의 요청을 수용하여 판형을 형법총론 개정판 및 형사소송법 기본서와 동일한 크기로 키우고 종래 보충자료집에 수록하였던 각주, 사항색인, 판례색인의 내용을 모두 한권에 담아 휴대의 편이를 기하고자 하였다.

전판에 이어 제10판의 출간에도 많은 도움을 주신 도서출판 더채움의 임직원님들에게도 심심한 감사를 드린다.

2017년 6월

법검단기에서 백 광 훈
백광훈공무원수험연구소 www.logoslaw.net

PREFACE

| 머리말 |

LOGOS 형법각론 제9판 (2017년판)

본서는 2015년 1월에 출간된 제8판을 14개월 만에 수정하여 내어놓는 제9판(2017년판)이다.

LOGOS 형법각론의 판을 개정하여 내어놓는 이유는 최근 2016.1.6. 개정형법(법률 제13719호)을 반영하기 위함에 다름이 아니다. 위 개정법률에 의하여, ① 2015.2.26. 헌법재판소의 위헌결정이 내려진 형법 제241조의 간통죄가 삭제되었으며, ② 2015.9.24. 헌법재판소의 폭력행위 등 처벌에 관한 법률상 흉기휴대 폭행 등의 죄에 대한 위헌결정에 따라 폭력행위 등 처벌에 관한 법률의 일부 규정이 정비되면서 동시에 일부 범죄가 형법에 편입되어 존속중상해죄의 법정이 정비되고(제258조 제3항), 특수상해죄가 신설되었으며(제258조의2 신설), 이에 대한 상습범과 자격정지의 병과 규정이 정비되었고(제264조 및 제265조), 특수강요죄 및 특수공갈죄가 신설됨(제324조 제2항 및 제350조의2 신설)에 따라 본서의 해당 내용에 대한 추가 및 수정이 불가피하게 된 것이다.

공부를 하시면서 의문이 드는 사항은 언제든지 필자의 인터넷카페(www.logoslaw.net)로 질문해주시길 바란다. 끝으로 본서의 제9판의 출간도 기꺼이 맡아주신 도서출판 더채움의 박원준 대표님을 비롯한 임직원님들에게 깊은 감사의 마음을 기록해두고자 한다.

2016년 5월

법검단기에서 백 광 훈

2015 LOGOS 형법각론은 확실히 달라졌습니다.

본서는 법원·법원행시·검찰5/7/9급·경찰·경찰간부 공무원 채용시험과 변호사시험을 준비하는 수험생과 법원주사보·법원사무관·검찰5/7급·경찰 내부 승진시험을 준비하는 현직 공무원들을 위한 전문수험서이자, 로스쿨이나 법학과에서 형법을 공부하는 법학도들을 위한 법학기본서로서, 2012년 7월에 출간하여 쇄를 거듭한 제7판에 뒤이어 오랜만에 내놓는 LOGOS 형법각론 제8판 혁신판이다.

2015년을 맞이하여 필자는 그동안 몸담은 노량진 윌비스고시학원을 떠나 노량진 공단기·법검단기 학원에 출강을 하게 되었다. 이에 따라 필자는 강의교재 전체시리즈를 혁신적으로 개정하는 작업을 오랫동안 준비하여, LOGOS 형법총론과 각론 기본서, 법원직 형법총론, 형마총(종합 문제집), 법원직 기출문제집, 검찰7/9급 기출문제집, 형법OX, 형사법전, 필기노트, 요약집, 마무 리문제집 등의 강의교재 시리즈를 모두 새롭게 다시 만들었다.

LOGOS 형법각론 혁신판(Renovatio)을 쓰면서도 종전 LOGOS 형법의 장점은 유지하되, 책을 처음 쓸 때의 마음으로 돌아가 그동안 강의를 하면서 현장에서 느낀 점을 최대한 반영하였다. 그리하여 전통적 법서의 천편일률적인 외양을 탈피하고, 내용적으로는 알차고 읽기 편하되 외관상으로는 역동적이고 입체적인 기본서를 만들고자 하였다.

오랜 기간에 걸쳐 준비한 본서의 특징을 소개하자면 다음과 같다.

① 콤팩트한 내용과 분량이다. 종래 각론 제7판의 분량은 963페이지였는데, 이번 혁신판에서는 분량을 대폭 축소하여 본교재의 페이지 수를 793페이지로 줄인 것이다. 이는 이전 판의 본문 내용 중 수험에서는 참고로 해도 좋을 사항을 꼼꼼히 검토하여 추려내고, 각주의 내용과 사항색인과 판례색인을 별책으로 빼내어 이를 보충자료집을 발간함으로써 가능하게 된 것이다. 따라서 독자들은 수험 목적을 위해서 본교재 중심으로 공부하면 충분하며, 추가적인 궁금증을 풀거나 심화학습을 할 때에만 보충자료집을 활용하면 충분하다

② 최신 개정법령을 충실하게 반영하였다. 즉 성폭력 범죄에 대하여 친고죄를 폐지하는 등의 내용을 담고 있는 2012년 12월 개정형법(2012.12.18. 개정, 법률 제11574호, 시행 2013.6.19.)과 국제연합 국제조직범죄방지협약의 이행을 위하여 인신매매의 죄를 신설하는 등의 내용을 담고 있는 2013년 4월 개정형법(2013.4.5. 개정, 법률 제11731호, 시행 2013.6.19.), 소위 황제노역을 방지하고 국외 도피기간 동안 형의 시효를 정지시키는 내용을 담은 2014년 5월 개정형법 (2014.5.14. 개정, 법률 제12575호, 시행 2014.5.14.), 장애인에 대한 사회적 인식 개선을 위하여 "심신 장애자"라는 표현을 "심신 장애인"으로 순화하고, 헌법재판소 위헌결정의 취지에 따라 판결선고 전 구금일수가 형기에 전부 산입됨을 명백히 하며, 무죄판결을 선고받은 피고인의 명예회복을 위하여 무죄판결 공시 취지의 선고를 의무화하는 내용을 담은 2014년 12월 개정형법(2014.12.30. 개정, 법률 제12898호, 시행 2014.12.30.)과 같은 형법의 최근 개정내용과 성폭력 범죄의 처벌 등에 관한 특례법 등 관련 형사 특별법의 개정내용을 모두 반영하였다.

③ 2014년 9월 말까지 판시된 최신 판례를 꼼꼼하게 수록하였다. 최신판례를 모두 업데이트하였을 뿐만 아니라 기존의 판례정리도 고치고 다듬어 판례집을 따로 볼 필요 없는 '판례집 겸용 기본서'라는 LOGOS 형법의 장점을 그대로 유지하고자 하였다. 특히 판례를 집중적으로 출제하는 형법 각론의 출제경향을 십분 고려하여 완벽한 판례 정리에 만전을 기하였음은 두말할 필요가 없다.

④ 완벽한 기출표시와 기출 OX 문제를 수록하여 기본서와 기출문제의 불가분적 단권화를 시도하였다. 현장에서 제자들을 지도하면서 기출문제 학습을 마무리과정에서만 하는 경우를 종종 보게 된다. 하지만 발상을 전환하여 기출문제의 흐름 파악을 기본서 학습 단계에서 할 수 있다면 그 효과는 이루 말할 수 없다. 생각건대 기출문제는 수험의 시작과 끝이다. 이에 본 혁신판에서 는 기본서와 기출문제의 불가분적 단권화를 목표로 삼아, 본문 내용과 판례정리 내용에 관련 기출문제의 출처 표시를 꼼꼼히 하였고 양 날개에 기출문제 OX 문제를 넣어 기본서를 읽으면서도 기출문제의 경향을 쉽게 파악할 수 있도록 하였다. 기출문제는 법원직 9급 10개년(2005~2014), 법원승진 5개년(2010~2014), 법원행시 10개년(2005~2014), 검찰직 9급 4개년(2011~2014), 검찰직 7급 8개년(2007~ 2014), 경찰채용 5개년(2010~2014), 경찰승진 5개년(2010~2014), 경찰간부 4개년(2011~2014), 사법시험 5개년(2010~2014), 변호사시험 3개년 (2012~2014) 등 형법이 포함된 주요 시험의 모든 지문이 철저히 분석되어 반영되었음을 확인해둔다. 이는 기본서 학습에 이어 문제풀이 학습을 하는 수험생들의 연착륙(soft landing)을 돕는 기능을 할 것이다.

⑤ 수험의 핵심포인트와 최근 5년간 기출문제 출제 경향을 한 눈에 볼 수 있는 각 장별 개관을 만들어 넣었다. 수험의 핵심포인트에서는 학습개요, 중요개념, 중요지문을 정리하였고, 기출문제 출제경향에서는 법원직, 검찰7급, 검찰9급, 경찰, 경찰간부, 변호사시험의 6개 시험을 제시하였다. 이를 통해 독자들은 각 장별 학습에 앞서 숲 전체를 볼 수 있는 거시적 관점을 확보할 수 있을 것으로 생각한다.

⑥ 보다 읽기 편한 LOGOS 형법이 되도록 편집체제와 디자인의 획기적 변화를 시도하였다. 이전 판과 본 혁신판 Renovatio는 마치 서로 다른 책처럼 느껴질 만큼 LOGOS 형법의 외의 변화는 말 그대로 혁신적인 것이며(renovatio는 다시 태어남을 뜻함), 이는 전적으로 독자들의 가독성을 증대시키기 위함에 있다. 이에 본서는 법서 최초의 4색도 편집을 채택하여 책의 내용이 눈에 잘 들어올 수 있도록 하였고, 양 날개를 신설하여 본문과 연결되는 기출지문을 OX 문제로 수록함으로써 입체적인 내용구성이 되도록 하였으며, 표지와 본문에는 정의의 여신상을 모티브로 사용하고 이를 일관하는 통일성을 기함으로써, 디자인이 살아 있는 수험서, 진화된 법서의 외양을 갖추고자 노력하였다.

이제 필자의 위와 같은 혁신적 시도에 대한 평가는 현명하신 독자 여러분의 몫으로 남겨놓고자 한다. 아무쪼록 본서가 여러분의 합격에 조금이나마 이바지하기를 바라는 마음이다.

끝으로 필자의 공단기·법검단기 법원·검찰직 교수팀의 선·후배 교수님들과 출간의 기쁨을 나누고자 하며, 본서의 출판을 흔쾌히 허락해주신 도서출판 더채움의 박원준 사장님과 기출문제 정리와 교정작업에 열성을 다해 참여한 이승환, 장호영, 하영삼, 하지훈, 정기철님께 고개 숙여 심심한 감사의 말씀을 전하고자 한다.

2015년 1월

노량진 연구실에서 백 광 훈

백광훈공무원수험연구소 http://cafe.daum.net/jplpexam

STRUCTURE

구성과 특징

1 학습의 강약조절을 위한 자료제시

수험의 핵심포인트

	목 차	난이도	출제율	대표 지문
제1절 살인의 죄	01 총 설	下	★	• 사람의 생명과 신체의 안전을 보호법익으로 하고 있는 형법의 해석으로는 규칙적인 진통을 동반하면서 분만이 개시된 때(소위 진통설 또는 분만개시설)가 사람의 시기라고 봄이 타당하다. (○) • 혼인 외의 출생자가 인지하지 않은 생모를 살해하면 존속살해죄가 성립한다. (○)
	02 보통살인죄	中	★★	
	03 존속살해죄	中	★★	
	04 촉탁 · 승낙살인죄	下	★	
	05 자살교사 · 방조죄	下	★	
	06 위계 · 위력에 의한 살인죄	下	★	
	07 살인예비 · 음모죄	下	★	

콘텐츠(contents)의 충실화뿐만 아니라 가독성의 극대화를 도모하고자, 각 편·장별로 최근 6개년 기출문제의 분석표 및 난도·중요도 등을 수록하여 학습의 포인트를 제시하고, 강약조절이 가능한 학습을 유도하고자 하였습니다.

2 콤팩트(Compact)한 출제경향 분석

최근 6개년 출제경향 분석

구 분	국가7급						국가9급						법원9급						경찰간부					
	18	19	20	21	22	23	19	20	21	22	23	24	18	19	20	21	22	23	18	19	20	21	22	23
제1절 살인의 죄													1								1			
제2절 상해와 폭행의 죄					1		1			1						1			1					2
제3절 과실치사상의 죄														1										1
제4절 낙태의 죄																							1	
제5절 유기와 학대의 죄								1	1										1	1	1	1		
출제빈도수	1/130						4/120						3/150						10/240					

국가직 7·9급, 법원직 9급, 경찰간부 및 경찰채용, 법원행시, 변호사시험 등 형법이 포함된 주요 시험의 모든 지문 및 판례를 철저히 분석하여 반영하였습니다.

3 퍼펙트(Perfect)한 기출표시

12 / 사시 14 / 사시 16 / 변호사 14 또한 ㉡ 사실상의 처분권을 획득해야 한다는 점에서, 단순히 보수를 받고 본범을 위하여 장물을 일시 사용하거나 그와 같이 사용할 목적으로 장물을 건네받은 것만으로는 장물을 취득한 것으로 볼 수 없다(대법원 2003.5.13, 2003도1366).[992] 국가7급 11 / 국가7급 13 / 법원행시 13 / 법원승진 14 / 법원9급 12 / 경찰승진 12 / 경찰승진 16 / 변호사 12 / 국가9급 24 그리고 본죄는 미수범 처벌규정이 없기 때문에 점유의 이전 전(前)의 계약체결만으로는 무죄가 된다. 여기에서 점유의 이전은 직접적 점유의 취득이든 간접적 점유의 취득이든 불문한다. 예컨대 장물이 들어있는 지하철 물품보관함의 열쇠를 건네받는 경우에도 장물취득에 해당된다.

해당 이론이 출제된 각종 시험의 종류와 기출연도를 최대한 빠짐없이 반영하였습니다. 기출표시를 바탕으로 학습의 긴장감 유지와 함께 강약조절이 가능하도록 구성하였습니다.

4 최신 개정법령 및 판례 반영

판례연구 문서의 내용적 요건인 증명성

대법원 2024.1.4, 2023도1178
특정 대통령후보자 지지선언 서명부 사건
문서죄의 문서는 그 문서의 주된 취지가 단순히 개인적·집단적 의견의 표현에 불과한 것이어서는 아니 되고, 적어도 실체법 또는 절차법에서 정한 구체적인 권리·의무와의 관련성이 인정되는 경우이어야 한다. 피고인이 허무인 명의로 작성한 이 사건 서명부 21장은 주된 취지가 특정 대통령후보자에 대한 정치적인 지지 의사를 집단적 형태로 표현하고자 한 것일 뿐, 실체법 또는 절차법에서 정한 구체적인 권리·의무에 관한 문서 내지 거래상 중

2023년 8월 8일 개정형법을 포함한 관련 형사특별법의 개정내용을 모두 반영하였습니다. 동시에 2024년 1월까지 판시된 최신 판례를 꼼꼼하게 수록함으로써 판례집을 따로 볼 필요 없는 '판례집 겸용 기본서'라는 백광훈 형법 고유의 특징을 그대로 유지하였습니다.

5 풍부한 판례연구

판례연구 공기호위조죄의 공기호의 의미

대법원 2024.1.4, 2023도11313
검찰 업무표장 무단 제작·사용 사건
피고인 甲은 온라인 구매사이트에서, 검찰 업무표장 아래 피고인의 전화번호, 승용차 번호 또는 '공무수행' 문구를 표시한 표지판 3개를 주문하고 그 판매자로 하여금 제작하게 하여 배송받은 다음 이를 자신의 승용차에 부착하고 다녔다. 형법상 인장에 관한 죄에서 인장은 사람의 동일성을 표시하기 위하여 사용하는 일정한 상형을 의미하고, 기호는 물건에 압날하여 사람의 인격상 동일성 이외의 일정한 사항을 증명하는 부호를 의미한다(대법원 1995.9.5, 95도1269). 그리고 형법 제238조의 공기호는 해당 부호를 공무원 또는 공무소가 사용하는 것만으

형법 최신 중요판례를 관련 이론 바로 하단에 배치함으로써 학습의 흐름을 이어가며 판례학습과 이론암기를 동시에 진행할 수 있도록 하였습니다.

6 다양한 학습자료

표정리 위조·변조의 처벌 개관

구 분	위 조		변 조
	유형위조	무형위조	
통 화	○	×	○
유가증권	○	○	○
문 서	○	예외적 처벌	○

표정리·그림정리, 사례연구 및 참고하기 등 반드시 짚고 넘어가야 할 필수 학습요소를 도표로 정리하여 본문 곳곳에 수록함으로써 학습의 편의성과 암기의 효율성을 높였습니다.

CONTENTS

| 차 례 |

CONTENTS

| 차 례 |

CONTENTS

| 차 례 |

CHAPTER 02 국가의 기능에 대한 죄

APPENDIX 부록

백광훈
통합
형법각론

PART

01

개인적 법익에 대한 죄

수험의 핵심포인트

<table>
<tr><th colspan="2">목 차</th><th>난이도</th><th>출제율</th><th>대표 지문</th></tr>
<tr><td rowspan="7">제1절
살인의 죄</td><td>01 총 설</td><td>下</td><td>★</td><td rowspan="7">• 사람의 생명과 신체의 안전을 보호법익으로 하고 있는 형법의 해석으로는 규칙적인 진통을 동반하면서 분만이 개시된 때(소위 진통설 또는 분만개시설)가 사람의 시기라고 봄이 타당하다. (○)
• 혼인 외의 출생자가 인지하지 않은 생모를 살해하면 존속살해죄가 성립한다. (○)</td></tr>
<tr><td>02 보통살인죄</td><td>中</td><td>★★</td></tr>
<tr><td>03 존속살해죄</td><td>中</td><td>★★</td></tr>
<tr><td>04 촉탁 · 승낙살인죄</td><td>下</td><td>★</td></tr>
<tr><td>05 자살교사 · 방조죄</td><td>下</td><td>★</td></tr>
<tr><td>06 위계 · 위력에 의한 살인죄</td><td>下</td><td>★</td></tr>
<tr><td>07 살인예비 · 음모죄</td><td>下</td><td>★</td></tr>
<tr><td rowspan="11">제2절
상해와 폭행의 죄</td><td>01 총 설</td><td>下</td><td>★</td><td rowspan="11">• 폭행죄는 미수범을 처벌하는 규정이 있다. (×)
• 오랜 시간 동안의 협박과 폭행을 이기지 못하고 실신하여 범인들이 불러온 구급차 안에서야 정신을 차리게 되었다면, 외부적으로 어떤 상처가 발생하지 않았다고 하더라도 생리적 기능에 훼손을 입어 신체에 대한 상해가 있었다고 봄이 상당하다. (○)
• 1~2개월간 입원할 정도로 다리가 부러진 상해 또는 3주간의 치료를 요하는 우측 흉부자상이 중상해에 해당하지 않는다. (○)</td></tr>
<tr><td>02 상해죄</td><td>中</td><td>★★</td></tr>
<tr><td>03 존속상해죄</td><td>下</td><td>★</td></tr>
<tr><td>04 중상해죄 · 존속중상해죄</td><td>下</td><td>★</td></tr>
<tr><td>05 특수상해죄</td><td>下</td><td>–</td></tr>
<tr><td>06 상해치사죄 · 존속상해치사죄</td><td>下</td><td>★</td></tr>
<tr><td>07 상해죄의 동시범</td><td>中</td><td>★★</td></tr>
<tr><td>08 폭행죄</td><td>中</td><td>★★</td></tr>
<tr><td>09 특수폭행죄</td><td>中</td><td>★</td></tr>
<tr><td>10 폭행치사상죄</td><td>下</td><td>★</td></tr>
<tr><td>11 상습상해 · 폭행죄</td><td>下</td><td>★</td></tr>
<tr><td rowspan="3">제3절
과실치사상의 죄</td><td>01 과실치상죄</td><td>下</td><td>–</td><td rowspan="3">• 건물의 소유자로서 건물을 비정기적으로 수리하거나 건물의 일부분으로 임대하였다는 사정만으로는 업무상과실치상죄에 있어서 '업무'로 보기 어렵다. (○)</td></tr>
<tr><td>02 과실치사죄</td><td>下</td><td>–</td></tr>
<tr><td>03 업무상 과실 · 중과실치사상죄</td><td>中</td><td>★★</td></tr>
<tr><td rowspan="6">제4절
낙태의 죄</td><td>01 총 설</td><td>下</td><td>★</td><td rowspan="6">• 낙태시술을 하였으나 살아서 출생한 미숙아가 정상적으로 생존할 확률이 적은 경우, 그 미숙아에게 염화칼륨을 주입하여 사망에 이르게 하였다면 이는 낙태 행위의 완성일 뿐 별개의 살인행위를 구성하지 않는다. (×)</td></tr>
<tr><td>02 자기낙태죄</td><td>中</td><td>★★</td></tr>
<tr><td>03 동의낙태죄</td><td>下</td><td>★</td></tr>
<tr><td>04 업무상 동의낙태죄</td><td>下</td><td>★</td></tr>
<tr><td>05 부동의낙태죄</td><td>下</td><td>★</td></tr>
<tr><td>06 낙태치사상죄</td><td>下</td><td>★</td></tr>
<tr><td rowspan="7">제5절
유기와 학대의 죄</td><td>01 총 설</td><td>下</td><td>★</td><td rowspan="7">• 피고인이 자신이 운영하는 주점에 손님으로 와서 수일 동안 식사는 한 끼도 하지 않은 채 계속하여 술을 마시고 만취한 피해자를 주점 내에 그대로 방치하여 저체온증 등으로 사망에 이르게 한 경우 피고인에게 계약상의 부조의무가 없으므로 유기치사죄가 성립하지 않는다. (×)</td></tr>
<tr><td>02 유기죄</td><td>中</td><td>★★</td></tr>
<tr><td>03 존속유기죄</td><td>下</td><td>★</td></tr>
<tr><td>04 중유기죄 · 존속중유기죄</td><td>下</td><td>–</td></tr>
<tr><td>05 학대죄 · 존속학대죄</td><td>下</td><td>★</td></tr>
<tr><td>06 아동혹사죄</td><td>下</td><td>★</td></tr>
<tr><td>07 유기치사상죄</td><td>下</td><td>★</td></tr>
</table>

최근 6개년 출제경향 분석

구 분	국가7급						국가9급						법원9급						경찰간부					
	18	19	20	21	22	23	19	20	21	22	23	24	18	19	20	21	22	23	18	19	20	21	22	23
제1절 살인의 죄													1								1			
제2절 상해와 폭행의 죄					1		1			1						1			1					2
제3절 과실치사상의 죄														1										1
제4절 낙태의 죄																							1	
제5절 유기와 학대의 죄								1	1										1	1	1	1		
출제빈도수	1/130						4/120						3/150						10/240					

CHAPTER

01

생명과 신체에 대한 죄

핵심사항

• 사람의 시기와 종기	• 직계존속의 개념	
• 상해와 폭행의 구별 • 상해의 개념	• 중상해죄의 성격·요건 • 제263조의 법적 성격	• 폭행의 개념 • 위험한 물건
• 업무의 개념	• 형법상 업무의 기능	
• 자기낙태·업무상 낙태의 헌법불합치결정	• 낙태죄의 법익보호의 정도 • 낙태와 임산부에 대한 상해의 구별	• 자기낙태와 동의낙태의 대향범적 성질
• 유기의 개념	• 유기죄의 보호의무의 근거	• 학대의 개념

경찰채용						법원행시						변호사					
19	20	21	22	23	24	19	20	21	22	23	24	19	20	21	22	23	24
				1													
1	2	2	1	1	1	1		1		1	1				1	1	
				1		1											
			1					1									
11/264						6/240						2/120					

CHAPTER

01 생명과 신체에 대한 죄

형법전의 제2편 각칙(제87조~제372조, individual provisions)은 총 42개의 장(章)으로 이루어져 있는데, 각칙에서는 각 개별적인 범죄구성요건유형과 이에 대한 법정형 등을 정하고 있으며, 각칙과 관련된 폭력행위 등 처벌에 관한 법률, 성폭력범죄의 처벌 등에 관한 특례법 등 특별형법이 마련되어 있는바, 형법각칙 및 관련 특별형법에 대한 해석론과 입법론을 학문적으로 형법각론이라 한다. 이러한 형법각론은 개별적인 범죄처벌 규정들이 보호하고자 하는 법익을 기준으로 개인적 법익에 대한 죄, 사회적 법익에 대한 죄, 국가적 법익에 대한 죄로 3분하여 설명하는 것이 보통이다.

그런데, 대한민국 헌법은 제10조에서 "모든 국민은 인간으로서의 존엄과 가치를 가진다."고 하여 인간의 존엄성을 최고의 헌법적 가치로 규정하고 있다. 이러한 인간의 존엄성과 이로부터 발생하는 여러 인격권들을 보호하기 위해, 형법에서는 개인(個人)이 가지고 있는 법익(法益)을 보호하기 위한 여러 구성요건들을 두고 있는 것이고, 형법학에서는 이를 개인적 법익에 대한 죄라고 한다. 인간의 기본권이 국가의 통치권에 우선한다는 기본권 우위의 사상을 존중하는 민주주의 사회에서, 개인적 법익이 사회적·국가적 법익보다 우선하는 것은 결코 우연이 아니다. 특히 기업자본주의가 성행하는 오늘날의 거대 산업사회에서 개인의 가치가 날이 갈수록 경시되어 감을 고려할 때, 개인적 법익의 보호는 형법의 중요한 과제가 아닐 수 없다.

그런데 이러한 개인적 법익의 보호도 법익주체인 사람의 생명과 신체의 안전을 보장하지 않으면 아무런 의미가 없다. 이에 형법학에서는 사람의 생명과 신체를 개인적 법익 중에서도 가장 중요한 법익으로 보고 이를 보호하고자 여러 구성요건들을 마련하고 있다. 이것이 생명과 신체에 대한 죄이며, 형법각론에서는 이를 논의의 첫 대상으로 삼고 있다. 여기에는 살인의 죄, 상해와 폭행의 죄, 과실치사상의 죄, 낙태의 죄 그리고 유기와 학대의 죄가 있다.

제1절 살인의 죄

01 의 의

살인(殺人)의 죄(crimes of homocide, Tötungsdelikt)는 타인의 생명을 침해하는 살해행위를 함으로써 성립하는 범죄이다. 그 보호법익은 인간의 생명(生命)이다. 헌법 최고의 가치인 인간으로서의 존엄과 가치(헌법 제10조)도 생명이 없으면 무의미한 것이다. 따라서 생명은 형법이 보호하고자 하는 최고의 법익으로서의 지위를 가지게 된다(절대적 생명보호의 원칙). 또한 살인죄는 이러한 법익의 침해가 있음으로써 성립하는 침해범(侵害犯)이며, 사람의 사망의 결과가 있어야 구성요건이 충족된다는 점에서 결과범(結果犯; 실질범)에 속한다. 그리고 사람의 생명은 일신전속적 법익이므로 살인죄의 죄수판단기준은 '피해자의 수'에 의해야 한다는 점에서 수인을 살해한 경우에는 수개의 살인죄가 성립하게 된다. 살인의 죄는 모두 미수를 처벌하며(제254조), 그중 보통살인죄, 존속살해죄, 위계·위력에 의한 살인죄는 예비·음모를 처벌한다(제255조).

한편, 2023년 8월 8일 형법이 일부 개정되어 영아살해죄(구형법 제251조) 및 영아유기죄(구형법 제272조)가 폐지되었다(2024.2.9. 시행, 법률 제19582호). 이는 자신에 대한 법익 침해에 대하여 저항할 수 있는 능력이 없거나 현저히 부족한 사회적 약자인 영아(嬰兒)를 범죄로부터 두텁게 보호하기 위함에 있다. 따라서 이제는 영아살해행위에는 보통살인죄가, 영아유기행위에는 보통유기죄가 적용된다.

02 보통살인죄

제250조【살인, 존속살해】 ① 사람을 살해한 자는 사형, 무기 또는 5년 이상의 징역에 처한다.

1. 구성요건

(1) 객관적 구성요건

① 객체 : 자연인인 사람

㉠ 의의 : 행위자 이외의 살아 있는 자연인

ⓐ 상태 불문 : 사람인 이상 생존가치, 생존능력, 생존이익, 생존감정의 유무를 불문한다. 따라서 자살 중인 자도 포함된다.

판례연구 자살 중인 자도 살인죄의 객체

대법원 1948.5.14, 4281형상38

피해자 甲은 자살하기 위해 치마끈으로 목을 졸라 그 실행 중에 있었다. 이때 옆에 있던 乙이 甲의 자살행위에 가공하여 이를 완료하게 하여 살해목적을 달성하였다면, 乙은 살인죄의 죄책을 진다. 즉, 자살 중인 자도 얼마든지 살인죄의 객체가 될 수 있는 것이다.

ⓑ 태아(胎兒) : 살인죄의 객체에 해당되지 않는다. 이러한 태아의 종기(終期)는 바로 사람의 시기(始期)가 된다.

㉡ 사람의 시기 : 일단 사람(人)이 되어야만 본죄의 객체가 된다. 따라서 사람이 아닌 시체(屍體)는 시체손괴죄(2020.12.8. 우리말 순화 개정법 제161조 제1항)의 객체가 될 뿐이다. 이에 사람은 언제부터 사람이 되고 또 언제까지가 사람인가가 정해져야 한다. 사람의 시기에 대해서는 자연분만의 경우와 제왕절개의 경우로 나누어 살펴보아야 한다.

ⓐ 자연분만의 경우 : 살인의 죄는 사람의 생명과 신체의 안전을 그 보호법익을 하고 있는 점을 고려할 때, 사람의 시기는 진통설(陣痛說; 분만개시설-分娩開始說)에 의할 수밖에 없다(통설[1]·판례). 법원9급 12 / 법원9급 14 따라서 분만개시를 알리는 규칙적인 진통을 동반하면서 분만이 시작된 때(개방진통[2]) 살인죄나 과실치사죄의 객체인 '사람'이 된 것이라고 보아야 한다.

1 김성천/김형준, 14면; 김일수/서보학, 21면; 박상기, 19면; 배종대, 46면; 백형구, 17면; 오영근, 16면; 이재상, §2-8; 이정원, 34면; 이형국(Ⅰ), 9면. (이하 국내문헌에 저자명만 있고 도서명에 대한 별도의 표시가 없는 한 모두 형법각론 교과서임. 목차 다음의 주요참고문헌 참조) 참고로 이는 독일에서도 통설과 판례의 입장이다. 독일의 판례는 BGHSt 10, 5; 31, 348, 355; 32, 194 참조.

2 자연분만에 의한 출생의 과정은 우선, 분만개시에 앞서 규칙적인 진통이 반복되는 제1단계 진통, 즉 개방진통을 거친다. 이때 자궁경부와 자궁구가 열리게 되는데, 통설·판례는 바로 이 시점을 사람이 되는 시기로 보고 있다. 그 다음 2단계 진통인 압박진

판례연구 진통설에 의한 판례

대법원 1982.10.12, 81도2621

사람의 생명과 신체를 보호법익으로 하고 있는 형법의 해석으로는 사람의 시기는 규칙적인 진통을 동반하면서 태아가 태반으로부터 이탈하기 시작한 때, 다시 말하면 분만이 개시된 때(소위 진통설 또는 분만개시설)라고 봄이 타당하며 이는 형법 제251조에서 분만 중의 태아도 살인죄의 객체가 된다고 규정하고 있는 점을 미루어 보아도 그 근거를 찾을 수 있는 바이니 조산원이 분만 중인 태아를 질식사에 이르게 한 경우에는 업무상 과실치사죄가 성립한다. 법원9급 07(상) / 경찰간부 13

ⓑ 제왕절개수술의 경우 : 자궁의 절개시가 사람의 시기이다. 이 시점은 명백히 '자궁절개시'이어야 한다. 따라서 '의학적으로 제왕절개수술이 가능하였고 규범적으로 수술이 필요하였던 시기(時期)'는 판단하는 사람 및 상황에 따라 분만개시 시점이 불명확하게 되므로 이 시점을 분만의 시기로 볼 수는 없다(대법원 2007.6.29, 2005도3832). 국가9급 12 / 법원9급 14 / 경찰승진(경장) 11 / 경찰승진 14 / 경찰채용 13 1차 / 사시 10 / 경찰승진 16 / 경찰채용 21 1차 / 경찰승진 23

ⓒ 사람의 종기

ⓐ 맥박종지설(脈搏終止說; 심폐사설 – 다수설[3]) : 심장이 활동을 그쳐서 맥박(고동)이 되살아날 수 없는 상태로 정지한 시점을 사람의 사망시기로 보는 입장이다.

ⓑ 뇌사설(腦死說)[4] : 의학기술의 발달(맥박 및 호흡의 인공적 연장 가능, 심장이식수술), 장기이식의 현실적 필요성에 의하여 대두된 견해로서, 인간으로서 인격의 기초가 뇌(腦)의 활동에 있다는 점에서 뇌기능이 종국적으로 소멸하는 뇌사(腦死, brain death, Hirntod)에 이른 때 사람이 사망했다고 보는 입장이다. 이는 다시 뇌간사설, 대뇌사설, 전뇌사설로 나뉜다.

ⓒ 소결 : 맥박종지설이 타당하다고 생각한다. 다만 장기 등 이식에 관한 법률에서는 동법에 의한 뇌사판정기준 및 뇌사판정절차에 따라 뇌 전체의 기능이 돌이킬 수 없는 상태로 정지되었다고 판정된 자를 뇌사자로 규정하고(동법 제3조 제4호), 뇌사자도 사망한 것으로 본다고 규정하고 있으므로(동법 제17조) 합법적인 장기이식적출행위는 –(촉탁·승낙)살인죄의 구성요건에 해당하나– 법령에 의한 행위로서 위법성이 조각된다고 보아야 한다.[5]

통을 거치면서 태아배출을 위한 압박 내지 압력이 가해진다. 압박진통을 사람의 시기로 보는 소수설은 강구진, 형법각론 I, 37면; 유기천, 형법각론(上), 27면 참조; 임웅, 14면.

3 김일수/서보학, 23면; 김종원, 30면; 백형구, 18면; 서일교, 19면; 오영근, 20면; 정영석, 217면; 진계호, 34면; 허일태, "생명의 종기", 형법연구(I), 380면; 황산덕, 159면.

4 김성천/김형준, 18면; 박상기, 24면; 배종대, 53면; 손동권, 9면; 이재상, §2–14; 이정원, 38면; 이형국(I), 13면; 임웅, 17면; 정성근/박광민, 20면. 독일에서는 뇌사설이 다수설이다. 우리 의학계에서는, 대한의학협회가 1993년 3월 4일 사망이라 함은 '심폐기능의 불가역적 정지(심폐사) 또는 뇌간을 포함한 전뇌기능의 불가역적 소실(뇌사, Hirntod)'인 것으로 판단된다고 선언함으로써 뇌사설을 공식적으로 인정하고 있다.

5 **참고 : 장기 등 이식에 관한 법률은 뇌사설을 채택한 것인가의 문제** 장기이식법 제3조 제4호에서는 **"살아 있는 자라 함은 사람 중에서 뇌사자를 제외한 자를 말하며…"**라고 다소 애매모호하게 규정하고 있는데, 그렇다면 뇌사자는 살아 있는 자인가 죽은 자인가의 문제가 발생한다. 위 법에 의하면 사람에는 3가지의 상태가 존재하게 된다. 즉, '살아 있는 자', '죽은 자' 그리고 '뇌사자'이다. 학계에서는 이 법이 뇌사설의 입장을 채택한 것인가에 관하여 ① 긍정설(김성천/김형준, 17면; 김재봉, "치료중단과 소극적 안락사", 형사법연구, 제12호, 1999.11, 169면; 박상기, 26면; 배종대, 55면)과 ② 부정설(김일수/서보학, 23면; 손동권, 9면; 오영근, 20면; 이재상, §2–13; 임웅, 18면)이 대립되어 있다. 생각건대, 장기이식법이 뇌사설을 정식으로 채택하였다고는 볼 수 없으며, 장기이식법은 종래 사회상규에 위배되지 않는 행위로서 위법성이 조각된다고 여겨졌던 뇌사자의 장기적출·이식행위를 법령에 의한 행위로 양성화시킨 데에서 그 의의를 찾아야 한다고 본다. 즉 합법적 장기이식 목적이 아닌 –예를 들어 원한에 의한– 살인행위의 객체에서 뇌사자가 배제되어 있지는 않다는 점에서 뇌사자도 살아 있는 자로 볼 수 있으며, 따라서 뇌사는 보편적인 사람의 사망시점이 될 수 없다. 다만 합법적인 뇌사자의 장기적출행위를 통해 심장사에 이르게 하는 행위는 (동의)살인죄의 구성요건에 해당되는 것이고, 이 경우 장기이식을 위한 뇌사자의 장기적출행위에 한하여 위 법률에 의하여 위법성이 조각되

② 행위 – 살해(殺害) : 살해란 자연적인 사망시기에 앞서서 사람의 생명을 끊는 행위, 즉 사기(死期)를 단축하는 행위를 말한나. 살인행위는 작위나 부작위(부진정부작위범)를 불문하고, 경우에 따라 자살을 강제함으로써 간접정범으로도 범할 수 있다. 다만, 미신에 의존하는 행위(미신범)는 살인행위로 평가될 수 없다. 예를 들어 피해자를 저주하였더니 충격을 받고 스스로 자살한 경우에는 본죄에 해당될 수 없는 것이다.

(2) **주관적 구성요건** – 고의

살인죄에 있어서의 고의는 반드시 살해의 목적이나 계획적인 살해의 의도가 있어야 하는 것은 아니고 자기의 행위로 인하여 타인의 사망의 결과를 발생시킬 만한 가능 또는 위험이 있음을 인식하고 그 결과를 인용하면 족한 것이다. 국가9급 14 이 경우 그 인식 또는 예견은 확정적인 것은 물론 불확정적인 것이더라도 소위 미필적 고의(未必的 故意)로서 살인의 고의가 인정된다. 법원행시 09 / 법원9급 07(하) / 국가7급 11 / 경찰채용 13 1차 / 경찰채용 13 2차 / 경찰채용 16 2차 / 변호사 12 / 경찰승진 16

판례도 보호자의 강청에 따라 치료를 요하는 환자에 대하여 치료중단 및 퇴원을 허용하는 조치를 취함으로써 환자를 사망에 이르게 한 담당 전문의와 주치의에게 살인의 고의를 인정하여 살인방조죄가 성립한다고 판시한 바 있으며(대법원 2004.6.24, 2002도995), 국가7급 11 / 경찰채용 21 1차 탈취한 시내버스를 운전하여 시위를 진압하던 전경대원에게 돌진함으로써 대원을 충격하여 사망하게 한 때에도 살인의 고의를 인정한 바 있다(대법원 1988.6.14, 88도692).

판례연구 살인의 고의가 인정된 사례

1. 대법원 1985.5.14, 85도256

피고인이 길이 99cm, 두께 8cm나 되는 각목으로 피해자의 머리를 세 번 가량 강타하고, 피해자가 비틀거리며 쓰러졌음에도 계속하여 더 세게 머리를 두 번 때려 피해자가 두개골 골절로 인한 뇌출혈 등으로 사망한 것이라면 피고인에게는 살인의 고의가 있었다고 보기에 충분하다. 경찰채용 10 2차

2. 대법원 1987.1.20, 86도2395

7세와 3세 : 자살교사죄의 객체가 아니라 살인죄의 대상일 뿐이라는 사례

피고인 甲은 7세, 3세 남짓된 어린 자식들을 함께 죽자고 권유하여 물속에 따라 들어오게 하여 결국 익사하게 하였다. 이 경우 甲은 비록 피해자들을 물속에 직접 밀어서 빠뜨리지는 않았다고 하더라도 자살의 의미를 이해할 능력이 없고, 피고인의 말이라면 무엇이나 복종하는 어린 자식들을 권유하여 익사하게 한 이상 살인의 고의가 인정된다. 국가7급 13 / 법원행시 09 / 법원행시 12 / 법원9급 07(상) / 경찰채용 10 2차 / 경찰채용 23 1차 / 경찰승진 24

3. 대법원 1994.12.22, 94도2511

피고인이 9세의 여자 어린이에 불과하여 항거를 쉽게 제압할 수 있는 피해자의 목을 피고인이 신고 있던 양말로 감아서 졸라 실신시킨 후 그곳을 떠나버린 이상 그와 같은 자신의 가해행위로 인하여 피해자가 사망에 이를 수도 있다는 사실을 인식하지 못하였다고 볼 수 없으므로, 적어도 그 범행 당시에는 피고인에게 살인의 고의가 있었다고 해야 한다.[6] 국가7급 11

는 데 불과한 것이다(제20조의 법령에 의한 정당행위).

6 **사례** 甲은 자신의 남편의 전처 소생의 딸인 乙(9세)를 도로에서 약 17미터 떨어진 야산 속의 경작하지 않는 밭으로 데리고 들어가 주먹으로 얼굴을 수차례 때리고, 乙이 甲의 머리채를 잡아 뜯고 왼쪽 팔꿈치를 입으로 무는 등 반항을 하자 가지고 있던 양말(늘였을 때의 길이 약 70cm)로 乙의 목을 감아 양말의 양끝을 양손에 나누어 잡고 乙의 머리를 땅에 비비면서 약 4분 동안 2회에 걸쳐 목을 졸라 그에게 약 4주간의 치료를 요하는 상해를 가하고 乙을 실신시킨 후 버려둔 채 그곳을 떠났는데, 그 이후 乙은 스스로 깨어났다. 甲의 죄책은? **해결** 살인미수죄.

2. 위법성

(1) 일반적 위법성조각사유

① 정당방위, 정당행위, 의무의 충돌 : 본죄의 위법성조각사유가 된다.

② 긴급피난, 피해자의 승낙 : 사람의 생명은 다른 법익과는 달리 절대적으로 보호되고 그 처분이 제한되기 때문에 위법성조각사유가 되지 못한다. 다만, 생명 대 생명의 긴급피난(생명을 보호하기 위해 타인의 생명을 부득이 침해할 수밖에 없었던 피난행위)의 경우 －소위 면책적 긴급피난 내지 초법규적 책임조각사유로 보아－ 책임이 조각될 수는 있다.

(2) 안락사(安樂死, euthanasia, Euthanasie)

안락사[7] 중에서도 특히 문제되는 것은 적극적 안락사와 소극적 안락사이다.

① 적극적 안락사 : 암 말기 환자의 고통이 극심해진 경우 치사량의 모르핀을 주사하여 생명을 마감시키는 행위처럼, 환자의 고통의 감소·제거를 위하여 '적극적 작위'로써 생명단축을 시키는 경우를 말하며, 이러한 적극적 안락사는 위법하다는 것이 다수설[8]이다.

② 소극적 안락사 : 불치의 병이나 뇌사상태 또는 식물인간상태 등에 빠져 현대의학에 의해서 회복될 수 없는 상태의 환자에게 더 이상의 치료가 무의미하다는 의학적 판단에 따라 생명을 연장하는 추가적인 치료를 하지 않음으로써 죽음을 맞게 하는 행위(연명치료중단행위)를 말하며, 부작위에 의한 안락사라고도 한다.[9] 소극적 안락사에 대해서는 일정한 요건이 구비되는 예외적인 경우에 한하여 그 행위의 위법성을 조각시켜줄 수 있다는 것이 통설이며, 위법성조각의 근거로서는 사회상규에 위배되지 않는 정당행위로 보거나[10] 부작위범의 작위의무의 소멸을 근거로[11] 살인죄가 성립하지 않는다고 보고 있다.[12] 근래의 판례도 "회복 불가능한 사망의 단계에 이른 후에 환자가 인간으로서의 존엄과 가치 및 행복추구권에 기초하여 자기결정권을 행사하는 것으로 인정되는 경우에는 특별한 사정이 없는 한 연명치료의 중단이 허용될 수 있다."고 판시하고 있다(대법원 2009.5.21, 2009다17417 전원합의체).[13]

③ 소결 : 적극적 안락사는 사회상규에 위배되지 않는다고 보기 어렵다는 점에서 위법성이 조각될 수 없으므로 (촉탁·승낙에 의한) 살인죄가 성립한다고 보아야 하지만, 소극적 안락사는 일정한 요건 하에 정당화시켜 주어야 할 것이다. 환자가 회복 불가능한 빈사(瀕死)상태에 빠져 극심한 육체적 고통으로

---

7 안락사에는 진정안락사, 간접적 안락사, 소극적 안락사, 존엄사, 적극적 안락사(직접적 안락사), 조기안락사, 도태적 안락사 등의 유형이 있는데, 주된 논의의 대상은 소극적 안락사, 존엄사, 적극적 안락사이다.

8 김일수, "안락사 문제의 실정법적 연구", 현대사회, 1984년 봄호, 187면; 김일수, 법·인간·인권, 82면; 박상기, 29면; 배종대, 67면; 이재상 §2－26; 이재상, "안락사의 형태와 허용한계", 김종원교수화갑기념논문집, 1991년, 578면; 이정원, 46면; 이형국, 20면; 전지연, "현행형법에 따른 안락사의 허용여부에 대한 검토", 명형식교수화갑기념논문집, 1998년, 163면; 진계호 44면; 허일태, "안락사에 관한 연구", 형법연구(Ⅰ), 391면 이하. 다만 적극적 안락사에 대해서도 제한적 조건 하에서 업무로 인한 행위 또는 사회상규에 위배되지 않는 정당행위로 위법성이 조각될 수 있다는 소수설은 정성근/박광민, 24면; 김종원, 33면; 유기천(상), 29면; 오영근, 28면; 임웅, 26면; 정영석, 223면 참조.

9 소극적 안락사와 적극적 안락사는 모두 환자의 생명을 단축한다는 점에서 공통되지만, 소극적 안락사는 치료중단에 의하여 생명연장적 치료조치를 하지 않는다는 점에서, 직접 생명단축을 초래하는 행위를 가하는 적극적 안락사와는 구별되는 개념이다. 영미권에서는 통상 안락사라고 하면 적극적 안락사만을 의미하는 경우가 많고, 소극적 안락사는 '생명연장치료의 중단'(withdrawal of life sustaining treatment)이라고 하여 별도의 개념을 사용하기도 한다. 정현미, "치료중단의 한계와 형사책임", 형사정책연구, 15권 4호(60호. 2004년 겨울호), 한국형사정책연구원, 169면; 한상훈, "안락사의 허용성에 대한 비교법적 고찰", 형사법연구, 제21호(2004 여름), 160면 참조.

10 배종대, 66면; 오영근, 28면; 이재상, 전게논문, 583면.

11 김일수/서보학, 25면; 이정원, 44면; 전지연, 전게논문, 172면 이하.

12 참고 대한의사협회의 의사윤리지침에 의하면, '안락사'와 '진료중단'이라는 용어를 구별하고 있다. 여기에서 적극적 안락사를 뜻하는 '안락사'는 금지되지만 '진료중단'은 경우에 따라 할 수 있다는 지침을 제시하고 있다. 허대석, "무의미한 치료의 중단", 대한의사협회지, 제44권 제9호, 957면.

13 위 판례에서 제시된 소극적 안락사의 정당화요건에 대한 설명은 총론, 위법성, 정당행위 중 안락사 참조.

견딜 수 없는 상황에서 자신의 생명자기결정권을 행사하여 －자신의 집에서 가족들과 함께 편안한 죽음을 맞이하고자－ 퇴원요청을 할 때, 담당의사가 이에 응하여 치료중단 조치를 취함으로서 결과적으로 그 환자가 원래 정해진 사기(死期)보다 빨리 사망하였다 하여, 그 주치의를 처벌하는 것은 정당하다고는 할 수 없기 때문이다.

3. 죄수 및 다른 범죄와의 관계

(1) 죄 수

① 죄수결정의 기준 : 생명은 전속적 법익이므로 피해자의 수에 따라 결정된다.

② 1개의 행위로 수인을 살해한 경우 : 수개의 살인죄의 상상적 경합(想像的 競合)이 된다.

③ 동일인에 대한 살인예비 · 살인미수 · 살인기수 : 1개의 살인(기수)죄만 성립한다(법조경합 중 묵시적 보충관계). 다만 일시 · 장소를 달리한 수회의 예비 및 공격행위 끝에 목적을 달한 경우에는 포괄적으로 1개의 살인기수죄가 성립한다(대법원 1965.9.28, 65도695).[14] 경찰채용 13 1차

(2) 다른 범죄와의 관계

살인행위에 의하여 피해자의 의복을 손괴한 경우, 손괴죄는 살인죄에 흡수된다(불가벌적 수반행위). 또한 살인행위 이후 별도의 시체유기행위가 있는 경우에는 살인죄와 시체유기죄(2020.12.8. 우리말 순화 개정법 제161조 제1항)의 경합범이 되지만, 시체를 두고 현장을 그대로 떠나버린 행위는 시체유기죄는 인정되지 않고 살인죄만 성립할 뿐이다.

사례연구 살인죄와 불가벌적 사후행위

甲은 살인의 고의로 乙에게 총을 쏘아 乙의 가슴에 명중되어 乙은 피를 흘리며 쓰러졌다. 이에 甲은 乙이 사망한 것으로 알고 乙의 발목에 무거운 쇳덩이를 매달아 한강대교 위에서 강물로 던졌는데 떨어지는 도중에 乙의 머리와 한강대교의 교각이 충돌하였다(그런데 부검결과 甲의 인식과는 달리 乙의 사인은 교각에 그 머리를 충돌당한 결과로 발생한 뇌진탕으로 판명되었음). 그 후 甲은 완벽하게 사체가 유기되었는지 확인하기 위해 모터보트로 그 곳에 가보니 乙의 발목에 묶어놓았던 줄이 풀어져 乙의 시체가 떠올라 있어 甲은 위 시체를 모터보트에 싣고 인근의 공터에 가서 이를 매장하였다.
甲의 형사책임은?

해결 甲은 살인죄와 사체유기죄의 실체적 경합범이 성립한다. 살인죄와 관련하여 인과관계의 착오가 문제되지만 그 차이가 비본질적인 것이어서 발생한 결과에 대하여 고의가 인정된다. 살인행위 이후의 위 사안과 같은 적극적 사체유기행위는 살인죄의 불가벌적 사후행위가 아니다.

03 존속살해죄

제250조【살인, 존속살해】 ② 자기 또는 배우자의 직계존속을 살해한 자는 사형, 무기 또는 7년 이상의 징역에 처한다.

---

14 보충 위 판례는 서로 다른 일시와 장소에서 행해진 수개의 행위가 포괄일죄가 되는 사례이다. 다만 위 판례는 나아가 '같은 일시 · 장소'인 경우에도 "모두 실행행위의 일부로서 이를 포괄적으로 보고 단순한 한 개의 살인기수죄로 처단할 것"이라고 판시하고 있는데, 이것이 법조경합(보충관계)인가 포괄일죄인가는 확실치 않다. 구별의 실익은 거의 없지만, 이 경우에는 법조경합으로서 단순일죄로 보아야 한다.

1. 객관적 구성요건

(1) **주체** : 존속살해죄(尊屬殺害罪, killing ascendant)는 직계비속 또는 그 배우자라는 신분관계로 인하여 보통 살인죄(murder)에 비하여 그 형이 가중되는 부진정신분범이다.

(2) **객체** – 자기 또는 배우자의 직계존속

① 배우자 : 민법상의 배우자를 말하므로 사실혼관계에 있는 자는 제외된다(유추해석금지원칙). 또한 생존하는 배우자를 말하므로 사망한 배우자의 직계존속을 살해하면 보통살인죄가 성립한다.[15] 다만, 생존한 배우자를 살해하고 연속하여 그의 직계존속을 살해한 경우에는 존속살해죄가 성립한다.

② 직계존속의 판단기준 : '직계존속(直系尊屬)'이라 함은 민법상 개념으로서 일단 가족관계등록부(구 호적부)가 판단자료가 될 것이다. 그러나 반드시 가족관계등록부의 기재가 절대적 기준이 되는 것은 아니며, 실제의 증거에 의하여 직계존·비속관계가 인정된다면 본죄의 객체가 될 수 있다.

표정리 직계존속

혼인 외 출생자	혼인 외 출생자가 생모(生母)를 살해하면 인지 여부에 관계없이 본죄에 해당하나 경찰승진(공통) 10 생부(生父)를 살해하는 경우에는 인지(認知)[16]절차를 거친 경우에만 직계존속이 되므로[17] 그렇지 않은 경우에는 본죄가 성립하지 않는다. 경찰채용 16 2차
양 자	입양(入養)[18]한 양친은 법률상 직계존속이 된다. 또한 실부모도 직계존속이 된다. 즉, 타가에 입양된 경우에도 실부모와의 친자관계는 존속한다(다수설·판례). 따라서 양부모를 살해하든 실부모를 살해하든 존속살해죄가 성립한다.[19] 경찰채용 17 1차
계모자·적모서자	1990년 민법 개정에 따라 인척에 불과하게 된다.

③ 타인의 자녀를 자신의 자녀인 것처럼 출생신고한 경우의 직계존·비속관계 판단

㉠ 단순히 기아(棄兒)를 자신의 자녀로 출생신고한 경우 : 예컨대, 피해자 乙(女)은 그의 문전에 버려진 생후 몇 시간밖에 되지 않은 영아 甲을 주워 와 기르고 그의 夫와의 사이에 난 친생자인 것처럼 출생신고를 하였다. 이때 성인으로 성장한 甲이 乙을 살해하였을 경우에, 甲과 피해자 乙 사이에 입양관계를 인정할 수 없기 때문에 존속살해죄가 되지 않는다(대법원 1981.10.13, 81도2466). 甲이 乙의 친생자가 아닌 것은 분명하고 당사자 간에 양친자관계를 창설하려는 명백한 의사를 확인할 수 없기 때문이다. 다만 입양의 조건이 구비된 상태에서 입양의 의사로 출생신고가 되었다면 문제가 달라진다.

㉡ 입양조건이 모두 구비된 경우 입양의 의사로 입양신고 대신 출생신고한 경우 : 당사자가 자신의 배

---

15 배종대, 73면; 백형구, 25면; 이재상, §2-37; 이정원, 49면; 임웅, 32면; 정성근/박광민, 29면; 진계호, 53면. 반면 존속살해죄가 된다는 소수설은 김일수/서보학, 30면 참조.

16 **참고** 인지(Anerkennung)란 혼인 외의 자를 자기의 자라고 인정함으로써 법률상의 친자관계를 발생시키는 의사표시로서, 가족관계법에 따라 신고함으로써 그 효력이 발생한다(민법 제859조 제1항).

17 **참고** 가족관계법 제57조(친생자출생의 신고에 의한 인지) 부가 혼인 외의 자녀에 대하여 친생자출생의 신고를 한 때에는 그 신고는 인지의 효력이 있다.

18 **참고** 입양(Adoption)이란 자연적 혈연관계가 없음에도 불구하고 마치 있는 것처럼 법적으로 의제하는 제도로서, 부모와 그 혼인 중의 자 간의 친자관계와 동일한 법률관계를 당사자 간에 설정할 것을 목적으로 하는 창설적 신분행위이다. 입양은 실질적으로 당사자 간의 합의가 있고(민법 제883조 제1호), 형식적으로 가족관계법에 정한 바에 의하여 신고함으로써 그 효력이 생긴다(민법 제878조 제1항).

19 **참고** 2008년 1월 1일부터 시행된 개정민법의 친양자제도에 의하면, 친양자를 하면 실부모와의 친자관계는 단절이 된다. 친양자는 민법상의 입양(보통양자)과는 달리 친양자는 법원의 선고(허가)에 의해서만 성립한다(민법 제908조의3 제1항). 앞으로 존속살해죄의 성부와 관련된 학설·판례의 논의가 이루어질 부분이다.

우자의 동의 하에[20] 입양의 의사로 친생자 출생신고를 하고 거기에 입양의 실질적 요건이 구비되어 있다면 그 형식에 다소 잘못이 있더라도 입양의 효력이 발생하고, 이 경우의 허위의 친생지 출생신고는 법률상의 친자관계인 양친자관계를 공시하는 입양신고의 기능을 하게 되는 것이다(대법원 2000.6.9, 99므1633,1640; 2004.11.11, 2004므1484). 그렇다면 입양의 실질적 요건을 갖춘 때 입양신고 대신 친생자로 한 출생신고는 입양신고로서 효력이 있게 된다. 따라서 이러한 경우에는 존속살해죄가 성립할 수 있다(대법원 2007.11.29, 2007도8333, 2007감도22). 사시 12

2. 주관적 구성요건

(1) **고의** – 자기 또는 배우자의 직계존속을 살해한다는 인식과 의사

(2) **착오** : 존속살해죄가 성립하기 위해서는 위와 같은 고의가 있어야 하므로, 보통살인의 의사로 존속살해의 결과를 발생시킨 경우에는 보통살인죄가 성립할 뿐이다(제15조 제1항, 대법원 1977.1.11, 76도3871).[21] 이러한 결론은 사실의 착오에 관하여 구체적 부합설을 취하든 법정적 부합설을 취하든 차이가 없다(한편, 존속살해의 고의로 보통살인의 결과를 발생시킨 경우는 소위 반전된 제15조 제1항의 착오에 해당하는데 이에 대해서는 검찰·마약·변호사시험 준비생에 한하여 총론의 구성요건착오를 참조할 것).

04 촉탁 · 승낙살인죄

제252조【촉탁, 승낙에 의한 살인 등】 ① 사람의 촉탁이나 승낙을 받아 그를 살해한 자는 1년 이상 10년 이하의 징역에 처한다. 〈개정 2020.12.8.〉

1. 객관적 구성요건

(1) **객체** – 촉탁·승낙을 한 자

죽음의 의미를 이해할 수 있고 자유로운 의사결정능력이 있는 자로서 직계존속도 포함된다. 그러므로 유아 · 심신상실자는 본죄의 객체가 될 수 없다.

(2) **행위** – 촉탁·승낙을 받아 살해하는 것

① 촉탁(囑託, Verlangen) : 피해자 스스로 살해를 부탁하는 것으로서, 명시적 촉탁임을 요한다.

② 승낙(承諾, Einwilligung) : 행위자가 피해자에게 살해행위에 대한 동의를 얻는 것으로서, 명시적·묵시적 승낙을 불문한다고 보는 것이 다수설[22]이다.

2. 주관적 구성요건

(1) **고의** – 촉탁이나 승낙에 의하여 사람을 살해한다는 인식과 의사

---

20 민법 제874조 제1항에 의하면 처(妻)가 있는 자는 공동으로 함이 아니면 양자를 할 수 없다.

21 **판례** 제 분에 이기지 못하여 식도를 휘두르는 피고인을 말리거나 그 식도를 뺏으려고 한 그 밖의 피해자들을 닥치는 대로 찌르는 무차별 횡포를 부리던 중에 그의 부(父)까지 찌르게 된 결과를 빚은 경우 피고인이 칼에 찔려 쓰러진 부를 부축해 데리고 나가지 못하도록 한 일이 있다고 하여 그의 부를 살해할 의사로 식도로 찔러 살해하였다는 사실을 인정하기는 어렵다고 봄이 상당하다(대법원 1977.1.11, 76도3871).

22 강구진, 40면; 김성천/김형준, 40면; 김일수/서보학, 37면; 김종원, 46면; 이정원, 58면; 이재상, §2–45; 정성근/박광민, 35면. 묵시적 승낙을 부정하고 명시적 승낙으로 제한하는 반대견해로는 박상기, 37면; 백형구, 31면; 오영근, 46면; 임웅, 39면; 정영석, 223면.

(2) 착오의 문제

① 촉탁 · 승낙이 없음에도 불구하고 있다고 오인하고 살해한 경우 : 촉탁·승낙살인죄가 성립한다(다수설[23]). 무거운 죄를 인식하지 못한 경우이기 때문이다(2020.12.8. 우리말 순화 개정법 제15조 제1항).

② 촉탁 · 승낙이 있음에도 불구하고 없다고 오인하고 살해한 경우 : 행위자의 형을 감경할 아무런 사정이 없기 때문에 보통살인죄가 성립한다(보통살인죄설 – 다수설[24]).

05 자살교사 · 방조죄

제252조 【촉탁, 승낙에 의한 살인 등】 ② 사람을 교사하거나 방조하여 자살하게 한 자도 제1항의 형에 처한다. 〈개정 2020.12.8.〉

1. 의의 및 성격

자살교사·방조죄(自殺敎唆·幇助罪)는 총칙상의 공범규정이 아니라 각칙상의 독립된 범죄처벌규정이다(통설). 공범종속성설에 의하면 자살은 죄가 아니므로 이에 가공한 교사·방조행위자를 처벌해서는 안 된다. 그러나 우리 형법은 –독일형법과는 달리– 위 규정을 두어 타인의 자살에 관여하는 것을 특히 금지한다는 것을 선언하고 있는 것이다. 따라서 공범종속성설에 의할 때 위 규정은 특별 · 예외규정으로 보게 된다.

2. 구성요건

(1) 주체 – 제한이 없음

단, 자살자 본인은 처벌되지 아니한다.

(2) 객체 – 자살의 의미를 이해하고 자유로운 의사결정능력이 있는 자

유아 · 심신상실자는 본죄의 객체가 아니다. 이 경우 살인죄의 간접정범이 될 뿐이다.

(3) 행위 – 교사하거나 방조하여 자살하게 하는 것

① 교사와 방조 : 총론상의 교사·방조행위와 같은 의미라는 것이 통설이다. 이 경우 방조는 자살하려는 사람의 자살행위를 도와주어 용이하게 실행하도록 함으로써 성립되는 것으로서, 부작위에 의하여 범할 수도 있다. 예를 들어 자신의 처(妻)가 자살하는 것을 보고도 방치하여 처가 사망한 경우 남편은 자살방조죄의 죄책을 진다.

② 자 살

㉠ 교사 · 방조와 자살과의 인과관계 : 당연히 요구된다. 따라서 금원 편취의 의도로 인터넷 자살사이트에 청산염 등 자살용 유독물의 일반적 효능 소개를 곁들인 판매광고용 글을 올리고 변사자들과 위 청산염 구입을 위한 상담용 이메일을 주고 받고 통화를 한 바는 있으나, 이러한 행위가 변사자들의 자살행위에 어떠한 물질적(유형적)·정신적(무형적) 기여를 하지 못한 경우에는 자살방조죄가 성립하지 못한다(대법원 2005.6.10, 2005도1373). 법원행시 14 / 경찰간부 14 / 경찰채용 13 2차 / 사시 12 / 국가9급 16 / 경찰승진 24

---

23 김일수/서보학, 37면; 박상기, 40면; 백형구, 31면; 오영근, 47면; 이재상, §2–47; 이정원, 64면; 이형국(Ⅰ), 46면; 임웅, 38면; 정성근/박광민, 36면.

24 김성천/김형준, 41면; 박상기, 37면; 이재상, §2–47; 임웅, 39면; 정성근/박광민, 36면; 황산덕, 167면; Horn SK §216 Rn.12; Sch/Sch/Eser §216 Rn.15. 반대견해로서 ㉠ 촉탁·승낙살인죄설(강구진, 41면; 백형구, 32면; 유기천(상), 40면), ㉡ 보통살인미수와 촉탁·승낙살인의 상상적 경합(김일수/서보학, 37면; 이정원, 60면; 이형국(Ⅰ), 46면), ㉢ 보통살인죄의 결과불법이 인정되지 않으므로 살인죄는 미수가 되고 발생한 사실에 대해서는 과실치사죄에 해당된다는 견해(배종대, 81면)가 있다.

㉡ 실행의 착수시기에 관한 학설대립 : 교사·방조시설[25]이 다수설의 입장이다.

㉢ 기수시기 : 피교사·방조자가 자살하여 사망함으로써 기수에 이른다. 그러므로 자살에 실패한 경우에는 자살교사·방조자는 본죄의 미수가 된다.

㉣ 자살자가 직접 자살할 것 : 자살행위는 자살자 본인이 스스로 행해야 한다. 따라서 자살자의 부탁을 들어주어 그를 살해한 경우에는 자살방조죄가 아니라 촉탁살인죄에 해당된다. 또한 타인을 교사하여 자살의 결의를 가지게 하였으나 나중에 그의 부탁을 받고 살해해준 경우에는 자살교사죄는 촉탁살인죄와는 법조경합의 관계에 있으므로 촉탁살인죄만 성립한다고 보아야 한다. 공범적 성질을 가진 죄는 정범의 성질을 가진 죄가 성립하는 경우에는 별도로 성립할 필요가 없기 때문이다(묵시적 보충관계).

(4) 고 의

자살을 교사하거나 방조한다는 인식과 의사가 있어야 한다. 자살방조죄와 관련해서는, 그 방조 상대방의 구체적인 자살의 실행을 원조하여 이를 용이하게 하는 행위의 존재와 그 점에 대한 행위자의 인식이 요구된다(대법원 1992.7.24, 92도1148; 2005.6.10, 2005도1373). 법원행시 12 / 법원9급 07(상) / 경찰간부 14 따라서 피해자가 피고인과 말다툼을 하다가 "죽고 싶다." 또는 "같이 죽자."고 하며 피고인에게 기름을 사오라고 하자 피고인이 휘발유 1병을 사다주었는데 피해자가 몸에 휘발유를 뿌리고 불을 붙여 자살한 경우, 자살방조죄의 죄책이 인정된다(대법원 2010.4.29, 2010도2328).[26] 경찰간부 14 / 경찰승진(경위) 11

3. 자살방조죄와 촉탁살인죄의 구별

자살방조죄와 촉탁살인죄는 자살자·촉탁자에게 이미 죽음의 결의가 존재한다는 공통점이 있기 때문에, 양 죄를 어떤 기준에 의하여 구별해야 하는가가 문제되는데, 위 두 죄는 죽음에 이르게 하는 행위에 대한 '행위지배'적 요소에 따라, 타인에게 자살에 대한 행위지배가 인정되는 경우에 한해 촉탁살인죄가 성립하고 그 이외의 경우에는 자살방조죄에 불과할 뿐이라고 보아야 한다.[27]

4. 동반자살(同伴自殺)

두 사람 모두 진심으로 자살할 결의로 동반자살(합의동사-合意同死-; Doppe lselbstmord, suicide pact)을 하였지만, 살아난 생존자에 대하여는 ① 타인의 자살을 방조한 사실이 인정되는 경우에 한하여 자살방조죄가 인정되고, ② 나아가 자살자를 설득한 부분이 있다면 자살교사죄가 성립하나, ③ 동반자살의 의사 없이 상대방을 기망하여 자살하게 한 경우에는 위계에 의한 살인죄(제253조)가 성립하고,[28] ④ 다만 상대방이 나이가 너무 어린 경우에는 살인죄의 간접정범이 성립하게 된다.

---

25 강구진, 51면; 박상기, 40면; 배종대 88면; 오영근 50면; 유기천(상) 43면; 이재상 §2-56; 임웅 44면; 정성근/박광민 39면; 진계호 57면. 참고로 자살을 교사·방조한 것만으로는(피교사·방조자가 자살하지 않은 경우) 처벌되는 않는다는 소수설은 김봉태(공저), 78면; 황산덕, 170면 참조.

26 **보충** 위와 같은 피해자의 자살경위에 피해자의 자녀문제와 고부갈등, 경제적 어려움 등으로 인한 피고인과 피해자 사이의 가정불화 등을 보태어 보면, 피고인이 이 사건 당시 피해자에게 휘발유를 사다주면 이를 이용하여 자살할 수도 있다는 것을 충분히 예상할 수 있었음에도 피해자에게 휘발유를 사다주어 피해자가 자살하도록 방조한 것이라고 판단한 것은 정당하다(위 판례의 판결이유).

27 김성천/김형준, 44면; 배종대, 87면; 오영근, 49면; 이재상, §2-55; 이정원, 64면; 이형국(Ⅰ), 54면; 임웅, 43면.

28 이를 강제정사(强制情死)라고 부르는 견해는 서일교, 27면; 황산덕, 171면 참조.

06 위계 · 위력에 의한 살인죄

第253條【위계 등에 의한 촉탁살인 등】 전조의 경우에 위계 또는 위력으로써 촉탁 또는 승낙하게 하거나 자살을 결의하게 한 때에는 제250조의 예에 의한다.

위계(僞計)라 함은 기망·유혹을 통하여 상대방의 부지(不知) 또는 착오를 일으키는 행위를 말하는바, 예컨대 자신은 자살할 의사가 없으면서도 함께 자살할 것처럼 기망하여 상대방만을 자살하게 하는 경우가 여기에 속한다. 위력(威力)이라 함은 사람의 의사를 제압할 만한 물리적·사회적·정치적·경제적인 유형·무형의 힘을 이용하는 것을 말한다. 본죄는 제250조(살인죄, 존속살해죄)의 예에 의하여 처벌한다.

07 살인예비 · 음모죄

第255條【예비, 음모】 제250조와 제253조의 죄를 범할 목적으로 예비 또는 음모한 자는 10년 이하의 징역에 처한다.

보통살인죄, 존속살해죄, 위계·위력에 의한 살인죄는 예비·음모를 처벌하나, 촉탁·승낙살인죄와 자살교사·방조죄는 예비·음모를 벌하지 않는다. 예비·음모죄의 성질과 요건에 관한 이론적 설명은 총론 미수론을 참고하면 된다. 사시 14 / 경찰채용 17 1차

판례연구 살인예비죄의 주관적 구성요건

대법원 1959.12.18, 4292형상677

살인예비죄의 성립에는 살인의 고의가 요구된다

남파된 간첩이 간첩활동을 저지할 자를 살해할 의사로 무기를 소지한 행위만으로는 본죄가 성립되지 아니한다.

제2절 상해와 폭행의 죄

01 총 설

상해죄(傷害罪, inflicting bodily injury, Körperverletzung)는 사람의 신체의 건강을 침해하는 죄로서 침해범이자 결과범이고, 폭행죄(暴行罪, Gewalt, assault)는 사람의 신체의 건재를 위협하는 죄로서 거동범이자 추상적 위험범이다. 상해죄 중에서 상해죄, 존속상해죄는 미수를 벌하나, 중상해죄나 상해치사죄는 미수를 벌하지 않는다. 폭행죄는 거동범이므로 미수를 벌하는 규정이 없다. 상해와 폭행의 죄는 상습범 처벌규정이 있으나, 예비·음모 처벌규정은 없다. 폭행죄와 존속폭행죄는 반의사불벌죄이지만, 특수폭행죄나 폭행치사상죄는 반의사불벌죄가 아니다.

상해와 폭행의 죄는 폭력행위 등 처벌에 관한 법률에 의하여 2인 이상이 공동하여 범한 경우 가중처벌된다(폭처법 제2조 제2항). 다만, 야간 범행을 가중처벌하는 동법 제3조 제2항은 2006.3.24.에, 상습적으로, 또는

단체 또는 다중의 위력으로써 또는 단체나 집단을 가장하여 위력을 보임으로써 또는 흉기 기타 위험한 물건을 휴대하여, 또한 이를 상습적으로 범한 경우 가중처벌하는 동법 제2조 제1항, 제3조 제1항 및 제3항의 규정은 2016.1.6. 삭제되었다.

상해죄와 폭행죄를 간단히 비교하면 아래와 같다.

표정리 상해죄와 폭행죄의 비교

구 분	상해의 죄	폭행의 죄
보호법익	신체의 건강(생리적 기능)	신체의 건재(안전, 완전성)
성질(침해의 정도)	결과범 · 침해범	거동범, 추상적 위험범
수 단	유형적 · 무형적 방법	유형적 방법
고의의 내용	상해의 고의(생리적 기능훼손의 고의)	폭행의 고의(신체에 대한 유형력 행사의 고의)
미 수	처 벌	불 벌
소추조건	없 음	반의사불벌죄(제260조 제3항)

02 상해죄

제257조【상해, 존속상해】 ① 사람의 신체를 상해한 자는 7년 이하의 징역, 10년 이하의 자격정지 또는 1천만 원 이하의 벌금에 처한다.

③ 전2항의 미수범은 처벌한다.

1. 객관적 구성요건

(1) 객체 – 사람(타인)의 신체

① 자상(自傷)행위 : 특별법의 규정에 의해 처벌받는 것(병역법 제86조, 군형법 제41조 제1항)은 별론으로 하고 상해죄의 적용대상이 아니다. 반면 타인의 신체를 그 대상으로 하고 있다면 저항할 만한 방법이 없는 강박을 사용하여 타인으로 하여금 그의 신체의 자상행위를 하게 한 경우에는 상해죄의 간접정범이 된다(대법원 1970.9.22, 70도1638).[29] 국가9급 13

② 태아 : 상해죄의 객체가 될 수 없다.[30]

(2) 행위 – 상해

① 상해의 의의 : 상해라 함은 건강침해행위이다. 상해죄와 폭행죄의 보호법익을 구별하는 입장(다수설[31])에 의하면, 상해는 생리적 기능(生理的 機能)을 훼손하는 것이고 폭행은 신체의 완전성을 침해하는 유형력의

---

29 **판례 : 타인을 강요하여 자상하게 한 사례** 피고인이 피해자를 협박하여 그로 하여금 자상케 한 경우에 피고인에게 상해의 결과에 대한 인식이 있고 또 **그 협박의 정도가 피해자의 의사결정의 자유를 상실케 함에 족한 것인 이상** 피고인에게 대하여 상해죄를 구성한다(대법원 1970.9.22, 70도1638). 법원행시 06

30 **보충** 태아에게 고의 또는 과실로 상해를 가한 결과 그 태아가 기형아 또는 장애를 입은 상태로 출생하였다면 본죄 내지 과실치상죄의 성립이 가능한가의 문제이다. 태아를 살해하는 낙태죄도 불과 3년 이하의 징역에 처해지고 있다는 점(제270조 제2항)을 고려할 때 태아에 대한 상해행위를 상해죄로 의율하기는 어렵다고 보아야 한다. 입법으로써 해결해야 할 문제에 속한다.

31 강구진, 74면; 김종원, 54면; 김일수/서보학, 58면; 이재상, §3-3; 이형국(Ⅰ), 62면, 임웅, 47면; 정성근/박광민, 43면; 황산덕, 172면. 반면 상해죄와 폭행죄의 보호법익이 모두 신체의 완전성이라는 점에서 동일하다는(다만 법익침해의 방법 내지 결과발생 요부에 대해서만 양죄는 차이가 있다는) 소수설은 박상기, 43면; 배종대, 89면; 유기천(상), 47면 참조.

행사이다. 여기서 생리적 기능장애를 의미하는 상해(傷害)란 신체적·정신적인 병리학적 상태를 야기하거나 악화시키는 유형적(물리적)·무형적(언어적)인 모든 행위를 의미한다[생리적 기능훼손설(다수설[32]) : 협의의 상해개념].

② 상해의 범위(다수설) – 생리적 기능의 훼손

㉠ 신체상처, 일부이탈 : 건강을 침해하는 정도의 상처를 입힌 경우를 말한다.

예 피하출혈, 종창, 찰과상, 처녀막 파열(대법원 1972.6.21, 72도855), 법원행시 11 / 경찰채용 12 1차 자궁 적출(대법원 1993.7.27, 92도2345),[33] 경찰간부 14 / 경찰승진 24 치아탈락 등. 그러나 타인의 모발·눈썹·손톱 등을 절단하거나 기타 외모에 변화를 가져오는 행위가 건강이 훼손될 정도가 아니라면 상해에 속하는 것이 아니고 폭행에 불과하다. 예를 들어 음모절단(대법원 2000.3.23, 99도3099) 경찰간부 13 / 경찰간부 14 / 경찰승진(공통) 10 / 경찰채용 12 1차이나 가벼운 멍(대법원 1996.12.23, 96도2673)[34] 반상출혈상과 같은 것은 상해라고 볼 수 없다.

㉡ 질병감염 : 예 성병감염

㉢ 기능장애 및 무형의 상해 : 예 보행불능, 수면장애, 식욕감퇴, 설사, 구토, 실신(대법원 1996.12.10, 96도2529), 법원9급 12 / 경찰간부 14 / 경찰채용 10 1차 / 사시 11 / 법원행시 11 스트레스 장애(대법원 1999.1.26, 98도3732) 사시 10 등

> **판례연구** 기능장애 및 무형의 상해
>
> 대법원 1996.12.10, 96도2529
>
> 실신은 상해에 해당한다는 사례
>
> (甲은 乙에게 약 2시간 동안 계속하여 회칼로 죽여버리겠다거나 소주병을 깨어 찌를 듯한 태도를 보이면서 협박하다가 손바닥으로 乙의 얼굴과 목덜미를 수회 때리자, 乙은 극도의 공포감을 이기지 못하고 기절하였다가 한참 후에 정신을 차렸다.) 오랜 시간 동안의 협박과 폭행을 이기지 못하고 실신하여 범인들이 불러온 구급차 안에서야 정신을 차리게 되었다면, 외부적으로 어떤 상처가 발생하지 않았다고 하더라도 생리적 기능에 훼손을 입어 신체에 대한 상해가 있었다고 봄이 상당하다. 법원9급 12 / 경찰간부 14 / 경찰채용 10 1차 / 사시 10 / 경찰승진 24

㉣ 태아를 사망에 이르게 하는 행위가 임산부에 대한 상해에 해당하는가의 문제 : 태아를 사망에 이르게 하는 행위가 임산부 신체의 일부를 훼손하는 것이라거나 태아의 사망으로 인하여 그 태아를 양육·출산하는 임산부의 생리적 기능이 침해되는 것으로는 볼 수 없다. 따라서 임산부에 대한 상해가 된다고 볼 수는 없다(아래 판례 참조).

> **판례연구** 낙태의 상해죄 구성 여부
>
> 대법원 2007.6.29, 2005도3832
>
> 태아를 사망에 이르게 한 낙태 그 자체는 임부에 대한 상해가 아니라는 판례
>
> 현행 형법이 사람에 대한 상해 및 과실치사상의 죄에 관한 규정과는 별도로 태아를 독립된 행위객체로 하는 낙태죄, 부동의 낙태죄, 낙태치상 및 낙태치사의 죄 등에 관한 규정을 두어 포태(胞胎)한 부녀의 자기낙태행위 및

32 보충 : 상해개념 ① 생리적 기능 훼손만이 상해이므로 외모의 변경은 상해가 될 수 없다는 협의의 상해개념설(생리적 기능훼손설) : 김성천/김형준, 78면; 김종원, 56면; 김일수/서보학, 63면; 박상기, 47면; 백형구, 44면; 오영근, 57면; 이재상, §3-13; 이형국(Ⅰ), 71면; 임웅, 51면; 정성근/박광민, 47면. 반면 ② 신체의 완전성에 대한 침해로 보아 외모의 변경도 상해가 될 수 있다고 보는 소수설(신체의 완전성 침해설)은 유기천(상), 47면 참조. 또한 ③ 생리적 기능의 저하 및 신체의 외모에 대한 '중대한' 변화로 보는 소수설(절충설)은 강구진, 61면; 배종대, 94면; 진계호, 65면 참조.

33 의사의 설명이 부정확 또는 불충분하여 이를 듣고 한 환자의 승낙이 유효하지 않다고 보아 업무상 과실치상죄가 성립한다는 판례로서, 총론 위법성론 중 피해자의 승낙에서 검토하였다.

34 판례 : 멍이 들었지만 상해에 해당되지 않는 경우 좌측 팔 부분에 약 1주간의 치료를 요하는 동전 크기의 멍이 든 것은 일상생활에서 얼마든지 생길 수 있는 극히 경미한 상처이므로 굳이 따로 치료할 필요도 없는 것이어서 상해에 해당되지 않는다(대법원 1996.12.23, 96도2673).

제3자의 부동의 낙태행위, 낙태로 인하여 위 부녀에게 상해 또는 사망에 이르게 한 행위 등에 대하여 처벌하도록 한 점, 과실낙태행위 및 낙태미수행위에 대하여 따로 처벌규정을 두지 아니한 점 등에 비추어 보면, 우리 형법은 태아를 임산부 신체의 일부로 보거나, 낙태행위가 임산부의 태아양육, 출산 기능의 침해라는 측면에서 낙태죄와는 별개로 임산부에 대한 상해죄를 구성하는 것으로 보지는 않는다고 해석된다. 국가7급 10 / 법원9급 12 / 법원9급 14 / 경찰간부 13 / 경찰간부 14 / 사시 10 / 사시 12 / 경찰승진 24

2. 주관적 구성요건

신체의 건강을 훼손시키겠다는 상해의 고의를 요한다. 단지 폭행의 고의가 있다면 상해의 결과가 발생하더라도 폭행치상죄(제262조)가 성립할 뿐이다. 따라서 판례가 "상해죄의 성립에는 상해의 원인인 폭행에 대한 인식이 있으면 충분하고 상해를 가할 의사의 존재까지는 필요하지 아니한 것(대법원 1983.3.22, 83도231; 2000.7.4, 99도4341)" 경찰승진 14 / 경찰채용 13 2차 / 경찰채용 2차 18이라고 본 것은 타당하지 않다.

3. 위법성

상해죄에는 그 위법성조각사유로서 사회상규에 위배되지 않는 선에서 행하여진 ① 피해자의 승낙에 의한 행위(제24조)가 적용될 수 있다. 또한 ② 장기제공자의 승낙에 의한 장기적출행위는 장기 등 이식에 관한 법률에 의해서, ③ 학교장 등의 교육적 징계행위로 행한 아주 경미한 체벌행위는 초·중등교육법 등에 의한 법령에 의한 행위(정당행위)가 된다.[35] ④ 직업적 운동선수의 경기 중 상해행위는 업무로 인한 행위(정당행위)로서 설명될 수 있고, ⑤ 비직업적 운동선수의 경기 중 상해행위는 피해자의 승낙에 의한 행위 내지 사회상규에 위배되지 않는 행위로서 설명될 것이다. ⑥ 의사의 치료행위로 인한 상해는 업무로 인한 행위로 보는 것이 판례이나,[36] 피해자의 승낙에 의한 행위로 접근하는 학설[37]이 타당해 보인다.

4. 죄수 및 다른 범죄와의 관계

(1) 죄수판단의 기준

상해죄의 법익은 신체의 건강으로서 일신전속적 성질을 가지므로 상해죄의 죄수는 피해자의 수를 기준으로 판단해야 한다(대법원 1983.4.26, 83도524). 법원행시 06 / 법원행시 10 / 사시 13 / 경찰승진 24

판례연구 상해죄의 죄수판단의 기준

대법원 1983.4.26, 83도524

상해죄의 죄수는 피해자의 수를 기준으로 한다는 사례

상해를 입힌 행위가 동일한 일시, 장소에서 동일한 목적으로 저질러진 것이라 하더라도 피해자를 달리하고 있으면 피해자별로 각각 별개의 상해죄를 구성한다고 보아야 할 것이고 1개의 행위가 수개의 죄에 해당하는 경우라고 볼 수 없다. 법원행시 06 / 법원행시 10 / 사시 13 / 경찰승진 24

---

35 체벌에 대하여 정당행위로 본 판례는 대법원 1976.4.27, 75도115 참조. 정당한 징계행위로 볼 수 없다는 판례는 대법원 1990.10.30, 90도1456; 1978.3.14, 78도203 참조.

36 대법원 1978.11.14, 78도2388; 1976.6.8, 76도144. 다만 판례 중에서도 피해자의 승낙에 의한 행위로 접근한 판례는 대법원 1993.7.27, 92도2345의 소위 자궁적출수술 사례 참조. 사시 13

37 김성천/김형준, 84면; 박상기, 50면; 오영근, 62면 이하; 이정원, 80면; 이형국(Ⅰ), 75면; 임웅, 55면; Sch/Sch/Stree Rn.21; Tröndle/Fischer §228, Rn.6.

(2) 다른 범죄와의 관계

① 살인(미수·기수)죄가 성립하면 상해죄는 별도로 성립하지 않는다(법조경합 중 보충관계). 또한 ② 상해행위를 하면서 협박이 수반된 경우에는 상해죄만 성립한다(대법원 1976.12.14, 76도3375). 다만 예외적으로 협박행위와는 별도로 상해가 이루어진 경우에는 협박죄와 상해죄의 경합범이 된다(대법원 1982.6.8, 82도486).

> **판례연구** 상해죄와 협박죄의 죄수
>
> 1. 대법원 1976.12.14, 76도3375
>
> 상해를 하면서 협박한 사례 : 상해죄의 1죄
>
> 甲은 소주병으로 乙의 머리를 1회 쳐서 상해를 가하고, 또 동일한 일시에 가위로 乙에게 찔러 죽인다고 협박을 하였다. (원심은 상해죄와 협박죄의 경합범으로 판시했으나) 위 협박사실행위라는 것은 피고인에게 인정된 위 상해사실과 같은 시간 같은 장소에서 동일한 피해자에게 가해진 것임이 명백하여 달리 특별한 사정이 있었음을 찾아볼 수 없는 본 건에 있어서는 상해의 단일범의 하에서 이루어진 하나의 폭언에 불과하여 위 상해죄에 포함되는 행위라고 봄이 상당하다 할 것이다. 법원9급 07(상)
>
> 2. 대법원 1982.6.8, 82도486
>
> 협박을 하고 나서 별도로 상해를 한 사례 : 협박죄와 상해죄의 경합범
>
> 甲은 乙을 사시미칼로 찔러 죽인다고 말하여 乙은 공포심을 느꼈다. 다시 甲은 주먹과 발로 乙을 수회 구타하여 상해를 입혔다. 이는 별개의 법익을 침해한 행위로서 협박죄와 상해죄의 경합범에 해당한다.

03 존속상해죄

제257조 【상해, 존속상해】 ② 자기 또는 배우자의 직계존속에 대하여 제1항의 죄를 범한 때에는 10년 이하의 징역 또는 1천 500만 원 이하의 벌금에 처한다.
③ 전2항의 미수범은 처벌한다.

본죄는 자기 또는 배우자의 직계존속의 신체를 상해함으로써 성립하는 범죄이며, 직계비속 또는 그 배우자라는 신분으로 인하여 형이 가중되는 부진정신분범이다. 직계존속 및 배우자와 같은 구성요건요소에 대한 해석은 존속살해죄의 그것과 같다.

04 중상해죄 · 존속중상해죄

제258조 【중상해, 존속중상해】 ① 사람의 신체를 상해하여 생명에 대한 위험을 발생하게 한 자는 1년 이상 10년 이하의 징역에 처한다.
② 신체의 상해로 인하여 불구 또는 불치나 난치의 질병에 이르게 한 자도 전항의 형과 같다.
③ 자기 또는 배우자의 직계존속에 대하여 전2항의 죄를 범한 때에는 2년 이상 15년 이하의 유기징역에 처한다. 〈개정 2016.1.6.〉

1. 객관적 구성요건

(1) **행위** – 상해

(2) **결과**(부진정결과적 가중범)

① 생명에 대한 위험(구체적 위험범)

② 불구(不具)

㉠ 의의 : 불구란 중요부분의 신체기능의 상실을 의미한다. 구체적으로 불치병·난치병과 같은 급의 신체기능상실상태를 의미한다고 보아야 한다.

㉡ 중요부분인가의 판단 : 객관설에 의한다(다수설[38]). 따라서 피아니스트 또는 농구선수의 손가락의 상해는 불구가 아니다. 구체적으로 실명케 하거나(대법원 1960.4.6, 4292형상395) 면도칼로 콧등을 길이 2.5cm, 깊이 0.56cm 절단케 한 경우(대법원 1970.9.22, 70도1638)[39]는 불구에 해당되고, 치아 2개가 탈락한 것(대법원 1960.2.29, 4292형상413)이나 1~2개월간 입원할 정도로 다리가 부러지는 상해 또는 3주간의 치료를 요하는 우측흉부자상(대법원 2005.12.9, 2005도7527) 국가7급 10 / 법원행시 06 / 법원행시 10 / 경찰간부 13 / 경찰승진 14 / 경찰채용 10 2차 / 사시 10 / 사시 13 은 불구 등에 해당하지 않는다.

> **판례연구** 중상해의 불구의 개념
>
> 대법원 2005.12.9, 2005도7527
>
> 중상해교사가 아니라 상해교사에 해당한다는 사례
>
> (甲은 乙에게 "丙의 다리를 부러뜨려 1~2개월간 입원케 하라."고 말하여, 乙로부터 순차 지시를 받은 A, B는 칼로 丙의 우측가슴을 찔러 그에게 약 3주간의 치료를 요하는 우측흉부자상 등을 가하였다.) 1~2개월간 입원할 정도로 다리가 부러지는 상해 또는 3주간의 치료를 요하는 우측흉부자상은 그로 인하여 생명에 대한 위험을 발생하게 한 경우라거나 불구 또는 불치나 난치의 질병에 이르게 한 경우에 해당한다고 보기 어렵고, 달리 피고인이 교사한 상해가 중상해에 해당한다거나 피해자가 입은 상해가 중상해에 해당한다고 단정할 자료도 없어 보인다(상해교사죄). 국가7급 10 / 법원행시 06 / 법원행시 10 / 경찰간부 13 / 경찰채용 10 2차 / 사시 10 / 사시 13

③ 불치(不治) 또는 난치(難治)의 질병 : 예 후천성면역결핍증(AIDS), 마비 등

2. 주관적 구성요건

상해에 대한 고의와 무거운 결과인 중상해(重傷害)에 대한 과실 또는 고의(부진정결과적 가중범)가 있어야 한다.

3. 적용범위

폭행의사로 중상해의 결과를 발생시킨 경우에는 '폭행치상죄'가 성립하고 '중상해'의 예에 따라서 처벌된다(제262조).

---

38 김성천/김형준, 89면; 박상기, 54면; 배종대, 98면; 백형구, 50면; 이재상, §3–26; 이정원, 80면; 임웅, 58면; 정성근/박광민, 51면.
39 타인을 강요하여 자상하게 한 사례로서 중상해죄의 간접정범이 성립하는 판례이다. 총론 간접정범 참조.

05 특수상해죄

제258조의2【특수상해】① 단체 또는 다중의 위력을 보이거나 위험한 물건을 휴대하여 제257조 제1항 또는 제2항의 죄를 범한 때에는 1년 이상 10년 이하의 징역에 처한다.
② 단체 또는 다중의 위력을 보이거나 위험한 물건을 휴대하여 제258조의 죄를 범한 때에는 2년 이상 20년 이하의 징역에 처한다.
③ 제1항의 미수범은 처벌한다.
[본조신설 2016.1.6.]

2015년 9월 24일 헌법재판소에서는 구 폭처법 제3조 제1항 중 "흉기 기타 위험한 물건을 휴대하여 형법 제260조 제1항(폭행), 제283조 제1항(협박), 제366조(재물손괴등)의 죄를 범한 자"에 관한 부분에 대하여 형벌체계상의 균형을 상실하여 평등원칙에 위배된다는 이유로 위헌결정이 내려졌다(헌법재판소 2015.9.24, 2014헌바154 등). 이에 2016년 1월 6일 폭력행위 등 처벌에 관한 법률 중 해당 규정이 삭제·정비됨에 따라, 동 규정이 맡았었던 처벌의 공백을 방지하고 형벌체계상의 정당성과 균형을 갖추도록 일부 범죄를 형법에 편입시키는 개정이 이루어지게 되어, 위 특수상해죄 및 특수중상해죄가 형법에 신설되게 되었다.

특수상해·특수중상해죄의 구성요건상 단체 또는 다중의 위력을 보이거나 위험한 물건의 휴대에 관한 해석은 특수폭행죄에서 후술하는 바와 동일하다.

판례연구 폭처법상 흉기 휴대 폭행·협박·손괴는 적정성원칙에 위반하므로 위헌

헌법재판소 2015.9.24, 2014헌바154
흉기 기타 위험한 물건을 휴대하여 형법상 폭행죄, 협박죄, 재물손괴죄를 범한 사람을 가중처벌하는 구 '폭력행위 등 처벌에 관한 법률' 제3조 제1항 중 "흉기 기타 위험한 물건을 휴대하여 형법 제260조 제1항(폭행), 제283조 제1항(협박), 제366조(재물손괴등)의 죄를 범한 자"에 관한 부분(이하 '심판대상조항')은 형법조항들과 똑같은 내용의 구성요건을 규정하면서 징역형의 하한을 1년으로 올리고, 벌금형을 제외하고 있다(형법 : 5년 이하의 징역 또는 1천만 원 이하의 벌금, 폭처법 : 1년 이상 30년 이하의 징역). 흉기 기타 위험한 물건을 휴대하여 폭행죄, 협박죄, 재물손괴죄를 범하는 경우, 검사는 심판대상조항을 적용하여 기소하는 것이 특별법 우선의 법리에 부합하나, 형법조항들을 적용하여 기소할 수도 있다. 그런데 위 두 조항 중 어느 조항이 적용되는지에 따라 피고인에게 벌금형이 선고될 수 있는지 여부가 달라지고, 징역형의 하한을 기준으로 최대 6배에 이르는 심각한 형의 불균형이 발생한다. 심판대상조항은 가중적 구성요건의 표지가 전혀 없이 법적용을 오로지 검사의 기소재량에만 맡기고 있으므로, 법집행기관 스스로도 법적용에 대한 혼란을 겪을 수 있고, 이는 결과적으로 국민의 불이익으로 돌아올 수밖에 없다. 법집행기관이 이러한 사정을 피의자나 피고인의 자백을 유도하거나 상소를 포기하도록 하는 수단으로 악용할 소지도 있다. 따라서 심판대상조항은 형벌체계상의 정당성과 균형을 잃은 것이 명백하므로, 인간의 존엄성과 가치를 보장하는 헌법의 기본원리에 위배될 뿐만 아니라 그 내용에 있어서도 평등원칙에 위배된다.

06 상해치사죄 · 존속상해치사죄

제259조【상해치사】① 사람의 신체를 상해하여 사망에 이르게 한 자는 3년 이상의 유기징역에 처한다.
② 자기 또는 배우자의 직계존속에 대하여 전항의 죄를 범한 때에는 무기 또는 5년 이상의 징역에 처한다.

1. 진정결과적 가중범

전형적인 진정결과적 가중범으로서 고의의 기본범죄로서 상해가, 무거운 결과인 사망에 대한 예견가능성이, 그리고 상해와 과실치사 간에 '인과관계 및 객관적 귀속'(판례는 상당인과관계)이 요구된다.

2. 예견가능성

예견가능성에 관하여 판례는 안면이나 흉부와 같이 인체의 중요부위를 강타하면 그것이 1회의 타격이라 하더라도 이로 인하여 정신적 흥분과 혈압의 항진을 초래하여 사망에 이를 수 있다는 것은 누구나 예견할 수 있다고 하여 본죄의 성립을 긍정하고 있다(대법원 1984.12.11, 84도2183; 1981.3.10, 80도3321).

3. 상당인과관계

상당인과관계 여부에 대하여 판례는 사망의 결과발생에 대해 피해자의 지병(대법원 1979.10.10, 79도2040; 1970.9.22, 70도1387), 피해자의 불충분한 치료(대법원 1961.9.21, 4294형상447) 그리고 의사의 수술지연 등의 과실이 개입되었다 하더라도 인과관계를 인정할 수 있다는 입장이다.[40]

4. 공 범

행위자가 공범들과 공동하여 타인의 신체를 상해하거나 폭행을 가하는 기회에 공범 중 1인이 고의로 피해자를 살해한 경우 행위자의 죄책이 문제된다. 이 경우 상해나 폭행행위에 관하여는 서로 인식이 있었고 예견이 가능한 공범의 가해행위로 사망의 결과가 초래된 이상, 상해치사죄 또는 폭행치사죄의 죄책은 면할 수 없다는 것이 대체적인 설명이다(대법원 1991.5.14, 91도580). 국가7급 07 다만 상해치사죄의 공동정범이 되는가, 단독정범이 되는가에 관해서는 견해의 대립이 있다.[41]

5. 제2항의 존속상해치사죄의 위헌 여부

> **판례연구** 존속상해치사죄(형법 제259조 제2항)의 위헌성 여부(소극)
>
> 헌법재판소 2002.3.28, 2000헌바53
> 비속의 직계존속에 대한 존경과 사랑은 봉건적 가족제도의 유산이라기보다는 우리 사회윤리의 본질적 구성부분을 이루고 있는 가치질서이고, 특히 유교적 사상을 기반으로 전통적 문화를 계승·발전시켜 온 우리나라의 경우는 더욱 그러한 것이 현실인 이상, 이 사건 법률조항의 입법목적의 정당성과 이를 달성하기 위한 수단의 적정성, 즉 '비속'이라는 지위에 의한 가중처벌의 이유와 그 정도의 타당성 등에 비추어 그 차별적 취급에는 합리적 근거가 있으므로, 이 사건 법률조항은 헌법 제11조 제1항의 평등원칙에 반한다고 할 수 없다.

40 자세한 것은 총론, 범죄의 특수한 출현형태론 중 결과적 가중범 참조.

41 이는 결과적 가중범의 공동정범이 가능한가의 문제이기도 하다. 판례는 긍정하지만, 다수설은 과실범의 공동정범의 문제에 관한 기능적 행위지배설의 관점에서 부정하는 입장이다. 자세한 것은 총론, 정범과 공범론, 공동정범 또는 총론, 범죄의 특수한 출현형태, 결과적 가중범 참조.

07 상해죄의 동시범

제263조【동시범】 독립행위가 경합하여 상해의 결과를 발생하게 한 경우에 있어서 원인된 행위가 판명되지 아니한 때에는 공동정범의 예에 의한다.

거증책임전환규정(다수설[42])이며, 판례는 본조가 상해죄, 폭행치상죄뿐만 아니라 상해치사죄와 폭행치사죄까지 확장적용된다는 입장이지만(대법원 1981.3.10, 80도3321), 국가7급 09 / 국가9급 12 상해치사죄와 폭행치사죄에는 적용되지 않는다는 통설이 타당하다고 생각된다.[43]

08 폭행죄

제260조【폭행, 존속폭행】 ① 사람의 신체에 대하여 폭행을 가한 자는 2년 이하의 징역, 500만 원 이하의 벌금, 구류 또는 과료에 처한다.
③ 제1항 및 제2항의 죄는 피해자의 명시한 의사에 반하여 공소를 제기할 수 없다.

1. 구성요건

(1) 객관적 구성요건

① 객체 – 사람의 신체 : 다만 폭행의 객체가 외국원수·외국사절이면 본죄가 아니라 외국원수폭행죄(제107조 제1항)·외국사절폭행죄(제108조 제1항)가 성립할 뿐이다.

② 행위 – 폭행(暴行) : 사람의 신체에 대한 유형력(有形力)의 행사를 의미한다(협의의 폭행). 검찰2차 13 반드시 피해자의 신체에 접촉함을 필요로 하는 것은 아니고, 그 불법성은 행위의 목적과 의도, 행위 당시의 정황, 행위의 태양과 종류, 피해자에게 주는 고통의 유무와 정도 등을 종합하여 판단하여야 한다(대법원 2003.1.10, 2000도5716; 2008.7.24, 2008도4126; 2009.9.24, 2009도6800 등). 변호사 18 여기에서 유형력의 행사는 신체적 고통을 주는 물리력의 작용을 의미하므로, 반드시 육안으로 보이는 힘만 의미하는 것이 아니라 과학적으로 관찰할 때 물리력이 행사되었다고 인정되는 경우도 포함된다. 따라서 신체의 청각기관을 직접적으로 자극하는 음향도 경우에 따라서는 유형력에 포함될 수 있다. 법원9급 10 반면, 무형력 경찰승진 13이나 욕설(대법원 2001.3.9, 2001도227)만으로는 폭행에 해당하지 않는다. 국가9급 12 예컨대, 전화를 하면서 고성으로 협박을 한 것은 특별한 사정이 없는 한 신체에 대한 유형력의 행사를 한 것으로 보기 어렵다(다수설·판례 : 대법원 2003.1.10, 2000도5716 –심수봉 사건–).

예 폭행의 예 : 구타, 밀치는 행위, 침 뱉는 행위, 손이나 옷을 잡아당기는 행위, 모발·수염 절제, 몽둥이를 휘두르는 것, 일시적인 자유의 구속, 마취약 사용, 최면술 사용, 심한 폭언·욕설·소음(귀에 가까이 대고 고성을 지름으로써 피해자의 청각기관에 심히 피해를 줄 수 있는 정도) 등

---

42 거증책임전환규정으로 보는 것이 다수설이다. 김성천/김형준, 98면; 남흥우, 38면; 박상기, 59면; 서일교, 36면; 오영근, 78면; 유기천(상), 61면; 이재상, §3–35; 임웅, 63면; 황산덕, 178면, 반면 법률상 추정설은 강구진, 70면; 이건호, 273면. 소송법상으로는 거증책임전환을, 실체법상으로는 공동정범을 의제한 것으로 보는 이원설은 권문택(주석), 492면; 김종원, 64면; 이형국(Ⅰ), 79면; 정영석, 93면.

43 자세한 것은 총론, 정범과 공범론, 공동정범 중 동시범 및 동시범의 특례 참조.

판례연구 폭행죄의 폭행 해당 여부

1. 대법원 2001.3.9, 2001도227
욕설만으로는 폭행에 해당하지 않는다는 사례
단순히 눈을 부릅뜨고 "이 십팔놈아, 가면 될 것 아니냐."고 욕설을 한 것만으로는 피해자에게 불쾌감을 주는 데 그칠 뿐 피해자의 신체에 대한 유형력의 행사라고 보기 어려워 폭행죄를 구성한다고 할 수 없다.

2. 대법원 2003.1.10, 2000도5716
전화를 통한 욕설과 폭언이 폭행에 해당하는가의 판단방법
(甲은 1996년 4월경 乙의 집으로 전화를 하여 乙에게 "트로트 가요앨범 진행을 가로챘다. 일본노래를 표절했다. 사회에서 매장시키겠다."라고 수회에 걸쳐 폭언을 하고, 그 무렵부터 1997년 12월경까지 위와 같은 방법으로 일주일에 4 내지 5일 정도, 하루에 수십회 반복하여 乙에게 "강도 같은 년, 표절가수다."라는 등의 폭언을 하면서 욕설을 하였고, 1998년 3월경 乙의 바뀐 전화번호를 알아낸 후 乙의 집으로 전화하여 乙에게 "전화번호 다시 바꾸면 가만 두지 않겠다."라는 등으로 폭언을 하고, 1999년 9월 1일 00 : 40경 乙의 집 자동응답전화기에 "乙이 살인 청부교사범 맞아, 남의 작품을 빼앗아 간 여자, 도둑년 하고 살면서, 미친년 정신 똑바로 차려."라는 욕설과 폭언을 수회에 걸쳐 녹음하였다.) ① 피해자의 신체에 공간적으로 근접하여 고성으로 폭언이나 욕설을 하거나 동시에 손발이나 물건을 휘두르거나 던지는 행위는 직접 피해자의 신체에 접촉하지 아니하였다 하더라도 피해자에 대한 불법한 유형력의 행사로서 폭행에 해당될 수 있는 것이지만, 국가7급 10 ② 거리상 멀리 떨어져 있는 사람에게 전화기를 이용하여 전화하면서 고성을 내거나 그 전화 대화를 녹음 후 듣게 하는 경우에는 특수한 방법으로 수화자의 청각기관을 자극하여 그 수화자로 하여금 고통스럽게 느끼게 할 정도의 음향을 이용하였다는 등의 특별한 사정이 없는 한 신체에 대한 유형력의 행사를 한 것으로 보기 어렵다(폭행죄가 아니라 협박죄에 해당함). 법원9급 10 / 경찰채용 11 1차 / 경찰승진 24

3. 대법원 2016.10.27, 2016도9302
차를 조금씩 전진시키는 것을 반복하는 행위도 폭행에 해당한다는 사례
자신의 차를 가로막는 피해자를 부딪친 것은 아니라고 하더라도, 피해자를 부딪칠 듯이 차를 조금씩 전진시키는 것을 반복하는 행위 역시 피해자에 대해 위법한 유형력을 행사한 것이라고 보아야 한다(특수폭행에 해당함).

표정리 형법상의 폭행[44]

구 분	내 용	예
최광의의 폭행	사람·물건에 대한 일체의 유형력의 행사	내란죄, 소요죄, 다중불해산죄
광의의 폭행	사람에 대한 직접·간접의 유형력의 행사	공무집행방해죄, 경찰채용 13 2차 특수도주죄, 직무강요죄, 강요죄, 공갈죄
협의의 폭행	사람의 신체에 대한 유형력의 행사	특수공무원폭행죄, 폭행죄 경찰채용 13 2차
최협의의 폭행	상대방의 반항을 불가능하게 하거나 현저히 곤란하게 할 정도의 유형력의 행사	강간죄(반항 현저 곤란 要), 강도죄(반항 억압 要)

③ 대상 : 사람의 신체에 대한 것이어야 한다. 그러므로 단순히 물건에 대한 유형력 행사는 본죄의 폭행이 아니다. **예** 타인의 집 뜰에 인분을 던지는 행위, 욕설을 하면서 잠긴 대문을 발로 찬 행위(대법원 1991.1.29, 90도2153).[45] 법원9급 10 그러나 신체에의 직접적인 접촉은 요하지 않는다(대법원 1990.2.13, 89도

44 통설의 폭행의 4가지 분류에 대해서는 최광의의 폭행, 최협의의 폭행, 보통의 폭행의 3종류로 분류하는 소수설(유기천(상), 54면)도 있고, 비판하는 견해(예컨대, 박상기, 63면; 오영근, "형법상 폭행의 개념", 형사법연구, 1995, 125면 이하 등)도 있으나, 본서에서는 이에 관한 설명은 생략하기로 한다.
45 **판례** 형법 제260조에서 말하는 폭행이란 사람의 신체에 대하여 유형력을 행사하는 것을 의미하는 것으로서 피고인이 피해자에게 욕설을 한 것만을 가지고 당연히 폭행을 한 것이라고 할 수는 없을 것이고, 피해자 집의 대문을 발로 찬 것이 막바로 또는

1406).[46] 경찰채용 18 2차

④ 기수시기 : 사람의 신체에 대한 불법한 공격이라고 볼 수 있는 유형력의 행사만 있으면 기수에 이른다(거동범). 따라서 본죄에 있어서 구체적인 결과 야기는 요하지 않으며, 인과관계의 설명도 필요하지 않다. 다만 타인의 신체에 대한 불법한 공격으로 볼 수 없는 경우에는 신체의 건재에 대한 추상적 위험조차 없으므로 아예 폭행행위에 해당되지 않는다(대법원 1977.2.8, 76도3758[47]; 1986.10.14, 86도1796[48]).

(2) 주관적 구성요건

① 고의 : 사람의 신체를 향한 유형력의 행사라는 점에 대한 인식과 의사가 있어야 한다.

② 상해의 고의로 폭행하여 폭행의 정도에 그친 경우 : 상해미수죄가 성립한다.

③ 폭행의 고의로 폭행하여 상해의 결과가 발생한 경우 : 폭행치상죄가 성립한다.

2. 반의사불벌죄

본죄는 피해자의 명시한 의사에 반하여 공소를 제기할 수 없다(제260조 제3항 및 형사소송법 제327조 제6호).[49] 경찰승진 13

09 특수폭행죄

제261조【특수폭행】 단체 또는 다중의 위력을 보이거나 위험한 물건을 휴대하여 제260조 제1항 또는 제2항의 죄를 범한 때에는 5년 이하의 징역 또는 1천만 원 이하의 벌금에 처한다.

1. 객관적 구성요건

(1) 단체 또는 다중의 위력을 보이는 경우

① 단체(團體) : 공동목적을 가진 다수인의 계속적·조직적 결합체를 말한다. 여기서 다수인은 집단적 위력을 보일 정도의 다수 혹은 그에 의해 압력을 느끼게 해 불안을 줄 정도의 다수를 의미한다. 단체의 구성원들은 동일한 장소에 집결되어 있을 필요는 없고 집결될 수 있는 가능성만 있으면 된다.

② 다중(多衆) : 단체를 이루지 못한 다수인의 단순한 집합을 말한다. 다중은 계속적·조직적 결합체가 아니므로 적어도 동일한 장소에 집결되어 있을 것을 요한다. 판례는 인원이 불과 '수명'인 경우에도 집단적 세력을 배경으로 한 것이면 여기에 해당된다고 하나(대법원 1961.1.18, 4293형상896), (특수공무집행방해죄의 '다중의 위력'과 관련한 판례에서는) 불과 '3인'의 경우에는 그것이 어떤 집단의 힘을 발판 또는 배경으로 한다는 것이 인정되지 않는 한 다중의 위력을 보인 것이라고는 할 수 없다고 판시하고 있다

당연히 피해자의 신체에 대하여 유형력을 행사한 경우에 해당한다고 할 수도 없다(대법원 1991.1.29, 90도2153). 법원9급 10

46 판례 : 신체에 접촉하지 않아도 폭행에 해당된다는 사례 폭행죄에 있어서의 폭행이라 함은 사람의 신체에 대하여 물리적 유형력을 행사함을 뜻하는 것으로서 반드시 피해자의 신체에 접촉함을 필요로 하는 것은 아니므로 피해자에게 근접하여 욕설을 하면서 때릴듯이 손발이나 물건을 휘두르거나 던지는 행위를 한 경우에 직접 피해자의 신체에 접촉하지 않았다고 하여도 피해자에 대한 불법한 유형력의 행사로서 폭행에 해당한다(대법원 1990.2.13, 89도1406).

47 판례 : 타인의 신체에 대한 불법한 공격으로 볼 수 없어 폭행에 해당하지 않는 사례 甲이 먼저 乙에게 덤벼들고, 빰을 꼬집고, 주먹으로 쥐어박았기 때문에 甲이 乙을 부둥켜안은 행위를 유형력의 행사인 폭행으로 볼 수 없다(대법원 1977.2.8, 76도3758).

48 판례 상대방의 시비를 만류하면서 조용히 얘기나 하자며 그의 팔을 2, 3회 끈 사실만 가지고는 사람의 신체에 대한 불법한 공격이라고 볼 수 없어 형법 제260조 제1항 소정의 폭행죄에 해당한다고 볼 수 없다(대법원 1986.10.14, 86도1796).

49 해제조건부 범죄라고도 하는 반의사불벌죄에 대한 자세한 설명은 총론, 범죄론의 일반이론, 범죄의 소추조건 중 반의사불벌죄 참조.

(대법원 1971.12.21, 71도1930). 만약 다중이 한 지방의 평온을 해할 정도에 이른 경우에는 본죄가 아니라 무거운 죄인 소요죄(제115조)에 해당된다.

③ 위력(威力)을 보여 : 사람의 의사를 제압할 만한 세력을 상대방에게 인식시키는 것을 말한다. 다중의 '위력을 보인다'라 함은 상대방의 의사가 현실적으로 제압될 것을 요하지는 않는다고 할 것이지만 상대방의 의사를 제압할 만한 세력을 인식시킬 정도는 되어야 한다(대법원 2006.2.10, 2005도174). 또한 본죄는 합동범(合同犯)이 아니기 때문에 단체·다중의 현장성은 요하지 않는다(통설). 경찰채용 20 2차

(2) 위험한 물건을 휴대하는 경우

① 위험한 물건(dangerous weapon, gefährliches Werkzeug)

㉠ 의의 : 본죄의 '위험한 물건'이라 함은 그 제조의 목적을 불문하고 그 물건의 객관적 성질 및 사용방법에 따라서 사람의 생명 또는 신체에 위험을 야기할 수 있는 것을 말한다.[50] 즉 구체적인 사안에서 사회통념에 비추어 그 물건을 사용하면 상대방이나 제3자가 생명 또는 신체에 위험을 느낄 수 있는지 여부에 따라 판단하여야 한다(대법원 2003.1.24, 2002도5783).

㉡ 위험한 물건에 해당되는 경우 : 삽날 길이 21cm 가량의 야전삽,[51] 자동차,[52] 맥주병,[53] 곡괭이 자루,[54] 시멘트 벽돌,[55] 깨진 유리조각,[56] 길이 약 35cm, 너비 약 9cm의 각목,[57] 양복점에서 재단용으로 사용하는 가위,[58] 마요네즈(유리)병,[59] 드라이버,[60] 쪽가위,[61] 안전면도용 칼날,[62] 부러진 걸레자루, 당구 큐대, 화학약품, 사주된 동물, 전기톱, 마이크, 자동차(대법원 2001.2.23, 2001도271), CS최루분말 비산형 최루탄(대법원 2014.6.12, 2014도1894) 등은 위험한 물건이라 할 수 있다.

판례연구 위험한 물건에 해당한다는 사례

1. 대법원 1997.5.30, 97도597 대법원 2001.2.23, 2001도271

(구)폭처법 제3조 제1항에 있어서 '위험한 물건'을 '휴대하여'라는 말은 소지뿐만 아니라 널리 이용한다는 뜻도 포함하고 있다 할 것인데, 피고인은 견인료납부를 요구하면서 피고인 운전의 캐피탈 승용차의 앞을 가로막고 있는 교통관리직원인 피해자 이○○의 다리 부분을 승용차 앞 범퍼 부분으로 들이받고 약 1m 정도 진행하여 동인을 땅바닥에 넘어뜨려 폭행하였다는 것이므로, 피고인의 이러한 행위는 위험한 물건인 자동차를 이용하여 이○○를 폭행하였다 할 것이다. 법원행시 13 / 변호사 13

---

50 한편 '흉기'(형법 제331조 제2항의 특수절도죄와 동법 제334조 제2항의 특수강도죄 그리고 폭력행위 등 처벌에 관한 법률 제3조 제1항 참조)란 도검류와 같이 그 제조목적이 애초부터 사람을 살상하려고 만들어진 물건을 말한다. 언어적 의미로는 양자가 위와 같은 차이가 있으나 실제문제에 있어서는 양자 사이에 본질적인 차이는 발견되지 않으며, 또한 이와 같이 보는 것이 일반적이다.

51 (구)폭처법 제3조 제1항 '흉기 기타 위험한 물건'에 해당한다(대법원 2001.11.30, 2001도5268).

52 (구)폭처법 제3조 제1항의 '위험한 물건'을 휴대한 폭행에 해당된다는 판례는 대법원 2001.2.23, 2001도271, 형법 제144조의 특수공무집행방해죄의 '위험한 물건'을 휴대한 폭행에 해당된다는 판례는 대법원 1984.10.23, 84도2001.

53 대법원 1991.12.27, 91도2527; 1997.5.30, 97도597.

54 대법원 1990.1.25, 89도2245.

55 대법원 1990.1.23, 89도2273.

56 땅바닥에 때려 깨뜨린 2홉들이 소주병 조각은 그 위험성으로 보아 (구)폭처법 제3조 제1항에서 말하는 흉기 기타 위험한 물건에 해당한다(대법원 1986.6.24, 86도947).

57 대법원 1985.10.8, 85도1717.

58 대법원 1985.3.26, 85도157.

59 (구)폭처법 제3조 제1항의 흉기 기타 '위험한 물건'을 휴대한 것에 해당된다(대법원 1984.6.12, 84도647).

60 대법원 1984.2.14, 83도3165.

61 대법원 1984.1.17, 83도2900.

62 대법원 1978.10.10, 78도2027.

2. 대법원 2001.2.23, 2001도271
고속도로상에서 승용차로 다른 사람이 타고 가는 승용차 뒤를 바짝 따라붙어 운전을 방해하고 자신의 차량을 위 타인의 차량 앞으로 몰고 가 급제동을 하여 타인으로 하여금 급제동하거나 급차로 변경을 하게 하고 또한 중앙분리대와 충돌할 위험에 처하게 하는 등의 행위를 하였다면 이는 위험한 물건을 휴대하여 피해자를 폭행한 것이라고 볼 수 있다.

3. 대법원 2005.4.28, 2005도547
폭력조직의 행동대원인 피고인이 후배조직원들인 피해자들의 조직기강이 해이해졌다는 이유로 바닥에 엎드리게 한 다음 길이 1m 가량의 야구방망이로 엉덩이 부분을 수회 때리는 등 상해를 가한 경우 폭처법상 '위험한 물건을 휴대하고 상해'한 경우에 해당한다.

4. 대법원 2010.11.11, 2010도10256
피고인이 甲과 운전 중 발생한 시비로 한차례 다툼이 벌어진 직후 甲이 계속하여 피고인이 운전하던 자동차를 뒤따라온다고 보고 순간적으로 화가 나 甲에게 겁을 주기 위하여 자동차를 정차한 후 4 내지 5m 후진하여 甲이 승차하고 있던 자동차와 충돌한 경우, 피고인 운전의 자동차는 폭처법 제3조 제1항이 정한 '위험한 물건'에 해당한다(폭처법상 특수상해, 특수손괴). 법원행시 13

5. 대법원 2014.6.12, 2014도1894
최루탄 · 최루분말과 위험한 물건 : 김선동 의원 최루탄 사건
국회의원인 甲은 한미 자유무역협정 비준동의안의 국회 본회의 심리를 막기 위하여 의장석 앞 발언대 뒤에서 CS 최루분말 비산형 최루탄 1개를 터뜨리고 최루탄 몸체에 남아있는 최루분말을 국회부의장 乙에게 뿌렸다. 이 경우 위 최루탄과 최루분말은 사회통념에 비추어 상대방이나 제3자로 하여금 생명 또는 신체에 위험을 느낄 수 있도록 하기에 충분한 물건으로서 폭력행위 등 처벌에 관한 법률 제3조 제1항의 '위험한 물건'에 해당한다.[63] 국가7급 22 / 경찰채용 24 1차

㉢ 위험한 물건에 해당되지 않는 경우 : 어떠한 물건의 객관적 성질은 위험성이 있을 수 있다 하더라도 그 사용방법이 사람의 생명 · 신체에 위험을 일으키지 않을 정도라면 본죄의 위험한 물건에 해당되지 않는다.

판례연구 위험한 물건에 해당하지 않는다는 사례

1. 대법원 1981.7.28, 81도1046
쇠파이프(길이 2미터, 직경 5센티미터)로 머리를 구타당하면서 이에 대항하여 그곳에 있던 각목(길이 1미터, 직경 5센티미터)으로 상대방의 허리를 구타한 경우에는 위 각목은 형법상 특수폭행죄 또는 폭처법위반죄의 위험한 물건이라고 할 수 없다.

2. 대법원 1989.12.22, 89도1570
乙이 식칼을 들고 나와 甲을 찌르려하자 甲이 이를 저지하기 위하여 그 칼을 뺏은 다음 乙을 훈계하면서 위 칼의 칼자루 부분으로 乙의 머리를 가볍게 친 경우 폭처법상 위험한 물건을 휴대하고 폭행한 경우에 해당하지 않는다. 변호사 13

63 ① 이 사건 최루탄의 신관은 관체를 파괴하여 최루물질을 공중에 비산시키는 역할을 하므로 신관 폭발에 의한 직접 위험은 크지 않으나 기폭관이 파열하면서 생성되는 구리 관체의 파편에 의한 상해 위험성이 존재한다는 국립과학연구소의 감정 회보, ② 이 사건 최루탄의 탄통 소재는 강화플라스틱(FRP, Fiber Reinforced Plastics)으로서 깨어지는 구조가 아니고 찢어지는 재료로 되어 있어 파편으로 인한 사람의 생명과 신체에는 영향이 없으나 근접거리에서는 상당히 위험요소가 있다는 최루탄 제조업체에 대한 사실조회 회신, ③ 피해자들과 이 사건 최루탄 폭발 지점의 물리적 거리가 상당히 근접하였기 때문에 자칫 일부 피해자들의 신체에 파편으로 말미암아 치명적인 피해가 발생할 우려가 있었던 점, ④ 다수 피해자에게 이 사건 최루탄에서 비산된 최루분말로 인한 신체적 고통이 현실적으로 나타난 점 등을 근거로, 이 사건 최루탄과 최루분말은 사회통념에 비추어 상대방이나 제3자로 하여금 생명 또는 신체에 위험을 느낄 수 있도록 하기에 충분한 물건으로서 폭력처벌법 제3조 제1항의 위험한 물건에 해당한다.

3. 대법원 1995.1.24, 94도1949
의무경찰이 학생들의 가두캠페인 행사관계로 직진하여 오는 택시의 운전자에게 좌회전 지시를 하였음에도 택시의 운전자가 계속 직진하여 와서 택시를 세우고는 항의하므로 그 의무경찰이 택시 약 30cm 전방에 서서 이유를 설명하고 있는데, 그 운전자가 신경질적으로 갑자기 좌회전하는 바람에 택시 우측 앞 범퍼부분으로 의무경찰의 무릎을 들이받은 경우, 그와 같은 택시운행으로 인하여 사회통념상 피해자인 의무경찰이나 제3자가 위험성을 느꼈으리라고는 보이지 아니하므로 그 택시 운전자의 범행을 특수공무집행방해 치상죄로 의율할 수는 없다(택시 운전자에게 공무집행방해의 미필적 고의는 인정되나, 특수공무집행방해치상죄로 의율할 수는 없다고 한 사례이다).

4. 대법원 2008.1.17, 2007도9624
피해자의 얼굴을 주먹으로 가격하여 생긴 상처가 주된 상처로 보이고, 당구공으로는 피해자의 머리를 툭툭 건드린 정도에 불과한 것으로 보이는 사정 아래에서는, 위 당구공은 폭력행위 등 처벌에 관한 법률 제3조 제1항의 '위험한 물건'에는 해당하지 아니한다. 변호사 13 / 국가7급 22 / 경찰채용 24 1차

5. 대법원 2009.3.26, 2007도3520
자동차를 이용하여 다른 자동차를 충격한 경우에서, 위 자동차가 폭처법 제3조 제1항에 정한 '위험한 물건'에 해당하지 않는다고 한 사례
甲은 이혼 분쟁 과정에서 자신의 아들 S를 승낙 없이 자동차에 태우고 떠나려고 하는 乙 일행을 상대로 급하게 추격 또는 제지하는 과정에서 자신의 소형승용차(라노스)로 중형승용차(쏘나타)를 충격하였다. 충격할 당시 두 차량 모두 정차하여 있다가 막 출발하는 상태로서 차량 속도가 빠르지 않았으며 상대방 차량의 손괴 정도가 그다지 심하지 아니하였고, 위 충격으로 피해자들이 입은 상해의 정도가 비교적 경미하였다. 이 경우 충격 당시 차량의 크기, 속도, 손괴 정도 등 제반 사정에 비추어 위 자동차가 폭처법 제3조 제1항에 정한 '위험한 물건'에 해당하지 않기 때문에, 甲에게는 폭처법의 집단·흉기 등 상해죄나 집단·흉기 등 손괴죄의 죄책이 인정되지 않는다. 법원행시 13 / 변호사 13 / 경찰채용 21 1차

6. 대법원 2010.4.29, 2010도930
경륜장 사무실에서 술에 취해 소란을 피우면서 '소화기'를 집어던졌지만 특정인을 겨냥하여 던진 것이 아닌 점 등을 종합해볼 때, 위 '소화기'는 폭력행위 등 처벌에 관한 법률 제3조 제1항의 '위험한 물건'에 해당하지 않는다. 경찰승진(경사) 11 / 경찰채용 24 1차

② 휴대(携帶)

㉠ 의의 : 몸에 지니는 것(소지)을 의미하지만 반드시 여기에 국한되는 것은 아니고 널리 이용한다는 뜻도 가지고 있다(대법원 2001.2.23, 2001도271).[64] 그러나 반드시 악지·회중에 지닐 것을 요하지 않고 상대방에게 인식시킬 것도 요하지 않는다(통설[65]).

㉡ 휴대에 해당되는 경우 : (구)폭처법 제3조 제1항에는 '흉기 기타 위험한 물건을 휴대하여 그 죄를 범한 자'를 가중처벌하는 규정을 두고 있었는데, 여기에서 '범행현장'에서 '사용하려는 의도' 아래 흉기 기타 위험한 물건을 '소지하거나 몸에 지니거나 몸 가까운 데 두는 경우'를 가리키는 것이다(대법원 1991.4.9, 91도427; 1992.5.12, 92도381; 2007.3.30, 2007도914). 사시 13 또한 범행 현장에서 범행에 사용하려는 의도 아래 흉기 등 위험한 물건을 소지하거나 몸에 지닌 이상 그 사실을 피해자가 인식하거나 실제로 범행에 사용하였을 것까지 요구되는 것은 아니라 할 것이다.[66] 사시 13 / 법원행시 13

---

64 사회통념상 휴대할 수 있는 물건으로 볼 수 없다는 부정설은 오영근, 86면; 임웅, 79면 참조.
65 강구진, 83면; 김일수/서보학, 86면; 김종원, 70면; 박상기, 69면; 배종대, 113면; 유기천(상), 58면; 이재상, §3-54; 이형국(Ⅰ), 111면; 정성근/박광민, 68면.
66 **판례** 폭력행위 당시 과도를 범행현장에서 호주머니 속에 지니고 있었던 경우(그러나 이를 가지고 폭력을 행사한 것은 아니다) 위험한 물건을 휴대하여 폭행을 한 폭처법 제3조 제1항 소정의 죄에 해당한다(대법원 1984.4.10, 84도353).

㉢ 휴대에 해당되지 않는 경우

ⓐ 범죄현장에서 휴대한 것이 아닌 경우 : 자기가 기거하는 장소에 보관하였다는 것만으로는 위험한 물건의 휴대라고 할 수 없다(대법원 1992.5.12, 92도381).

ⓑ 범행과 무관하게 우연히 소지한 경우 : 범행과 전혀 무관하게 우연히 이를 소지하게 된 경우까지 '위험한 물건을 휴대'한 경우로 볼 수는 없다(대법원 1983.9.13, 83도1323[67]; 1985.10.8, 85도1851[68]; 1990.4.24, 90도401[69]; 2008.7.24, 2008도2794[70]).

ⓒ 폭행 등 행위를 하는 자가 휴대하지 않은 경우 : (폭처법 제3조 제1항의 특수주거침입죄와 관련하여) 수인이 흉기를 휴대하여 타인의 건조물에 침입하기로 공모한 후 일부만이 건조물에 들어간 경우, 흉기휴대 여부는 직접 건조물에 들어간 범인을 기준으로 결정한다(대법원 1994.10.11, 94도1991). 따라서 그 이외의 자가 휴대한 데 불과한 경우에는 동죄가 성립하지 않는다.

2. 주관적 구성요건 – 고의

본죄의 구성요건에 해당하려면 단체·다중의 위력을 보이거나 위험한 물건을 휴대하고 폭행한다는 사실에 대한 인식과 의사가 있어야 한다. 따라서 위험한 물건을 휴대한 사실을 인식하지 못하면 본죄가 성립하지 않고 폭행죄(제260조)가 성립할 뿐이다.

10 폭행치사상죄

제262조【폭행치사상】 제260조와 제261조의 죄를 지어 사람을 사망이나 상해에 이르게 한 경우에는 제257조부터 제259조까지의 예에 따른다. 〈개정 2020.12.8.〉

본죄는 폭행죄·특수폭행죄에 대한 결과적 가중범이며, 발생한 결과에 따라 상해죄·존속상해죄·중상해죄·존속중상해죄·상해치사죄에 정한 형으로 처벌된다.

판례연구 형법 제262조의 규정 중 '제257조 내지 제259조의 예에 의한다'의 의미

대법원 2018.7.24, 2018도3443

특수폭행치상의 경우, 형법 제258조의2의 신설에도 불구하고 종전과 같이 형법 제257조 제1항의 예에 의하여 처벌하는 것으로 해석하여야 한다는 사례

2016. 1. 6. 형법 개정으로 특수상해죄가 형법 제258조의2로 신설됨에 따라 문언상으로 형법 제262조의 '제257조 내지 제259조의 예에 의한다'는 규정에 형법 제258조의2가 포함되어 특수폭행치상의 경우 특수상해인 형법 제258조의2 제1항의 예에 의하여 처벌하여야 하는 것으로 해석될 여지가 생기게 되었다. …… (그러나) 특수폭행

67 판례 폭처법 제7조의 규정은 흉기 기타 위험한 물건을 소지하고 있다는 사실만으로 폭처법에 규정된 범죄에 공용될 우려가 있는 것으로 추정된다는 의미는 아니다(대법원 1983.9.13, 83도1323).

68 판례 폭처법 제3조 제1항 소정의 위험한 물건의 '휴대'라 함은 범행현장에서 범행에 사용할 의도 아래 위험한 물건을 몸 또는 몸 가까이 소지하는 것을 말하므로 청산염 2그램 정도를 협박편지에 동봉 우송하여 피해자에게 도달케 하였다는 것만으로는 위 법조에서 말하는 위험한 물건의 휴대라고 할 수 없다(대법원 1985.10.8, 85도1851). 법원행시 13

69 판례 피고인은 버섯을 채취하러 산에 가면서 칼을 휴대한 것일 뿐 주거침입에 사용할 의도 아래 이를 소지한 것이 아니고 주거침입 시에 이를 사용한 것도 아닌 경우에는, 폭처법 제3조 제1항의 흉기를 휴대하여 주거침입의 죄를 범한 자라고 할 수 없다(대법원 1990.4.24, 90도401).

70 판례 마약사범이 범행 현장에서 버리려고 비닐봉지에 담아 둔 칼을 들고 있다가 체포된 경우, 폭처법 제7조에 정한 위험한 물건의 '휴대'로 볼 수 없다(대법원 2008.7.24, 2008도2794).

치상의 경우 형법 제258조의2의 신설에도 불구하고 종전과 같이 형법 제257조 제1항의 예에 의하여 처벌하는 것으로 해석함이 타당하다.

11 상습상해 · 폭행죄

제264조【상습범】 상습으로 제257조, 제258조, 제258조의2, 제260조 또는 제261조의 죄를 범한 때에는 그 죄에 정한 형의 2분의 1까지 가중한다.

본죄는 행위자관련적 범죄로서 행위자의 동종범죄의 습벽으로 인한 책임가중유형이며(부진정신분범), 집합범으로서 포괄일죄가 된다(다수설 · 판례).[71] 다만, 여기에서 말하는 '상습'이란 위 규정에 열거된 상해 내지 폭행행위의 습벽을 말하는 것이지 다른 유형의 범죄까지 고려되는 것은 아니다(대법원 2018.4.24, 2017도21663).

또한 단순폭행, 존속폭행의 범행이 동일한 폭행 습벽의 발현에 의한 것으로 인정되는 경우, 그 죄수는 형이 무거운 상습존속폭행죄의 포괄일죄가 되며, 상습존속폭행죄로 처벌되는 경우 제260조 제3항이 적용되지 않으므로 피해자의 명시한 의사에 반하여 공소를 제기할 수 있게 된다(반의사불벌죄 ×)(대법원 2018.4.24, 2017도10956).

판례연구 상습상해 · 폭행죄 관련 판례

1. 대법원 2018.4.24, 2017도21663

상해 · 폭행의 상습범에 관한 형법 제264조의 상습의 의미

상해죄 및 폭행죄의 상습범에 관한 형법 제264조는 "상습으로 제257조, 제258조, 제258조의2, 제260조 또는 제261조의 죄를 범한 때에는 그 죄에 정한 형의 2분의 1까지 가중한다."라고 규정하고 있다. 형법 제264조에서 말하는 '상습'이란 위 규정에 열거된 상해 내지 폭행행위의 습벽을 말하는 것이므로, 위 규정에 열거되지 아니한 다른 유형의 범죄까지 고려하여 상습성의 유무를 결정하여서는 아니 된다.

2. 대법원 2018.4.24, 2017도10956

상습존속폭행죄의 죄수와 소추조건 요부

폭행죄의 상습성은 폭행 범행을 반복하여 저지르는 습벽을 말하는 것으로서, 동종 전과의 유무와 그 사건 범행의 횟수, 기간, 동기 및 수단과 방법 등을 종합적으로 고려하여 상습성 유무를 결정하여야 하고, 단순폭행, 존속폭행의 범행이 동일한 폭행 습벽의 발현에 의한 것으로 인정되는 경우, 그중 법정형이 더 중한 상습존속폭행죄에 나머지 행위를 포괄하여 하나의 죄만이 성립한다고 봄이 타당하다. 그리고 상습존속폭행죄로 처벌되는 경우에는 형법 제260조 제3항이 적용되지 않으므로, 피해자의 명시한 의사에 반하여도 공소를 제기할 수 있다. 법원9급 21 / 경찰채용 23 1차

12 폭처법 · 특가법상 특수폭행 등의 죄

폭처법에서는 상해죄와 폭행죄를 2인 이상이 공동하여 범하는 경우 형법의 형의 2분의 1까지 가중처벌하는 규정을 두고 있다(폭처법 제2조 제2항). 다만, 야간폭행 시 가중처벌규정(동법 제3조 제2항)은 2006년 삭제되었고, 나아가 2016.1.6. 개정에 의하여 상습적으로, 또는 단체 또는 다중의 위력으로써 또는 단체나 집단을

71 총론, 죄수론, 포괄일죄 중 집합범 참조.

가장하여 위력을 보임으로써 또는 흉기 기타 위험한 물건을 휴대하여, 또한 이러한 범죄를 상습적으로 범한 경우 가중처벌(종래 최소 1년 이상 30년 이하의 징역)하는 규정(동법 제2조 제1항, 제3조 제1항·제3항)도 적정성원칙 중 죄형균형원칙 위반을 이유로 모두 삭제되었다.

한편, 특가법에서는 운행 중인 자동차 운전자에 대한 폭행 등을 가중처벌하는 규정을 두고 있다. 즉, 운행 중(여객자동차운송 자동차 운행 중 운전자가 여객의 승차·하차 등을 위하여 일시 정차한 경우 포함)인 자동차의 운전자를 폭행하거나 협박한 사람은 5년 이하의 징역 또는 2천만원 이하의 벌금에 처한다(특가법 제5조의10 제1항). 위 죄를 범하여 사람을 상해에 이르게 한 경우에는 3년 이상의 유기징역에 처하고, 사망에 이르게 한 경우에는 무기 또는 5년 이상의 징역에 처한다(동조 제2항).

> **판례연구** 특가법상 운전자폭행 관련 판례
>
> 대법원 2021.10.14, 2021도10243
>
> 정차 중인 버스의 운전사를 폭행한 사건
>
> 피고인이 정차한 버스 안에서 버스운전사인 피해자를 폭행한 경우, 특가법 제5조의10 제1항의 '운행 중'에 '여객자동차운송사업을 위하여 사용되는 자동차를 운행하는 중 운전자가 여객의 승차·하차 등을 위하여 일시 정차한 경우를 포함한다'고 규정되어 있는 점, …… 피고인은 이 사건 버스가 정차하고 2분이 채 지나지 않은 시점에 피해자를 폭행하였고 피해자는 피고인만 하차하면 즉시 버스를 출발할 예정이었는바, 피해자에게는 버스에 관한 계속적인 운행의사가 있었던 점 등에 비추어 보면, 이 사건 범행은 운행 중인 자동차 운전자에 대한 폭행에 해당된다.

제3절 과실치사상의 죄

01 과실치상죄

제266조【과실치상】 ① 과실로 인하여 사람의 신체를 상해에 이르게 한 자는 500만 원 이하의 벌금, 구류 또는 과료에 처한다.
② 제1항의 죄는 피해자의 명시한 의사에 반하여 공소를 제기할 수 없다.

전형적인 과실범 처벌규정으로서 그 구성요건으로는 구성요건적 결과발생, 객관적 주의의무위반, 양자간의 인과관계 및 객관적 귀속이 요구된다.[72] 본죄는 반의사불벌죄이다.

02 과실치사죄

제267조【과실치사】 과실로 인하여 사람을 사망에 이르게 한 자는 2년 이하의 금고 또는 700만 원 이하의 벌금에 처한다.

72 자세한 과실범 성립요건 및 판례 정리는 총론, 범죄의 특수한 출현형태론, 과실범 참조.

본죄와 업무상 과실치사상죄, 중과실치사상죄는 반의사불벌죄가 아니다.

03 업무상 과실 · 중과실치사상죄

제268조【업무상 과실 · 중과실치사상】 업무상과실 또는 중대한 과실로 사람을 사망이나 상해에 이르게 한 자는 5년 이하의 금고 또는 2천만 원 이하의 벌금에 처한다. 〈개정 2020.12.8.〉

1. 업 무

(1) 의 의

업무(業務)란 사람이 사회생활상의 지위에 기하여(사회성) 계속해서(계속성) 행하는 사무이다.

(2) **성격** – 업무방해죄의 업무와의 차이점

① 생명 · 신체에 대한 위험 관련성 : 업무로 인하여 형이 가중되는 본죄의 성격을 고려할 때 본죄의 업무는 –업무방해죄와는 달리– 사람의 생명·신체에 대한 위험을 수반하거나 방지하는 업무에 한정된다. 경찰승진 12 따라서 안전배려 내지 안전관리 사무에 계속적으로 종사하는 지위를 가지지 아니한 채 단지 건물의 소유자로서 건물을 비정기적으로 수리하거나 건물의 일부분을 임대하였다는 사정만으로는 업무상과실치상죄에 있어서의 '업무'로 보기 어렵다(대법원 2009.5.28, 2009도1040 : 건물 소유자의 지위를 본죄의 '업무'로 볼 수 없다는 사례).[73] 법원행시 09 / 법원행시 13 / 경찰간부 14 / 경찰채용 3차 12 /경찰채용 20 1차

② 형법상 보호가치 : 업무방해죄와는 달리 보호가치 없는 업무나 보호하기에 적합하지 않은 업무도 포함된다(대법원 1961.3.22, 4294형상5). **예** 무면허의료, 오락을 위한 자동차 운전

2. 업무의 요건

(1) **사회성**(社會性)

① 의의 : 업무는 사람의 사회적 활동으로서의 의미를 가져야 한다.

② 내 용

㉠ 사람의 사회생활상의 지위에 기한 사무는 업무이다. **예** 직업, 영업,[74] 직무

㉡ 사회생활상의 지위에 기한 것은 아닐지라도, 사람이 사회생활을 유지하면서 계속하여 종사하는 사무도 업무에 해당한다. **예** 오락목적의 자동차의 계속 · 반복 운전

---

73 **판례 : 건물소유자의 지위를 업무상 과실치상죄의 업무자로 볼 수 없다는 사례** 4층 건물의 2층 내부 벽면에 설치된 분전반을 통해 3층과 4층으로 가설된 전선이 합선으로 단락되어 화재가 나 상해가 발생한 경우, **4층 건물의 소유자로서 위 건물 2층을 임대하였다는 사정만으로 업무상과실치상죄에 있어서의 '업무'가 있다고 할 수 없으며,** …분전반이나 건물의 3층과 4층에 이르는 전선이 화재원인이고 10여 년간 건물 2층을 임차해 오면서 **당해 건물의 안전에 이상이 있음을 알고 있었다는 이유만으로, 임차인에게 '업무상 주의의무' 위반이 있다고 본 것은 잘못이다**(대법원 2009.5.28, 2009도1040). 법원행시 09 / 법원행시 13 / 경찰간부 14 / 경찰채용 12 3차

74 **판례 : 교특법상 교통사고가 아니라 형법상 과실범에 해당한다는 사례** 화물차를 주차하고 **적재함에 적재된 토마토 상자를 운반하던 중 적재된 상자 일부가 떨어지면서 지나가던 피해자에게 상해를** 입힌 경우, 교통사고처리 특례법에 정한 **'교통사고'에 해당하지 않아 업무상과실치상죄가 성립한다**(대법원 2009.7.9, 2009도2390). 경찰승진 12 / 경찰채용 3차 12 **보충** 피고인이 자신이 운영하는 식품가게 앞에서 1톤 포터 화물차의 적재함에 실려 있던 토마토 상자를 하역하여 가게 안으로 운반하던 중, 위 화물차에 적재되어 있던 토마토 상자 일부가 무너져 내리도록 방치한 과실로 가게 앞을 지나가던 피해자의 머리 위로 위 상자가 떨어지게 하여 골절상 등을 입게 한 위 사안에서, 피고인측은 교통사고이므로 교통사고처리특례법이 적용되어 공소기각판결이 선고되어야 한다고 주장하였으나, 대법원은 이 사건 사고가 위 화물차의 교통으로 인하여 발생한 것이라고 볼 수 없다고 판단하여 이를 받아들이지 않은 사례이다.

㉢ 사람의 개인적 · 자연적 생활현상은 업무가 아니다. 예 식사, 산책, 수면, 육아, 가사

(2) **계속성(繼續性)**

① 의의 : 객관적으로 상당한 횟수 반복되거나 반복·계속할 의사로 행해진 것이어야 한다.

② 내 용

㉠ 계속성이 없는 경우는 업무가 아니다. 예 호기심으로 단 1회 운전한 경우(판례[75])

㉡ 계속 · 반복의 의사가 있는 단 1회의 행위도 업무이다. 예 의사의 개업 첫날 의료사고

㉢ 계속·반복의 사실은 있으나, 행위의 태양·목적이 다른 경우도 업무이다. 예 트럭운전자가 자신의 승용차를 운전하는 것

(3) **사무(事務)**

업무는 사회생활상 계속성을 가진 사무이어야 하며, 사람의 생명 · 신체를 침해할 위험이 높은 일에 국한된다.
예 자동차운전, 의료행위, 각종 위험시설물관리, 보모의 육아, 보육원의 아동보호행위, 초등학교 교사의 학생감독[76] 등

표정리 각칙상의 업무의 종류 및 기능

구 분	내 용	예
과실범의 업무	일반인에 비하여 주의의무 내지 예견가능성이 크기 때문에 그 책임이 가중된다.	업무상 과실치사상죄, 업무상 실화죄, 업무상 과실교통방해죄
진정신분범의 업무	업무자의 행위만이 객관적 구성요건에 해당된다.	업무상 비밀누설죄, 허위진단서작성죄, 업무상 과실장물죄, 업무상 위력에 의한 간음죄
부진정신분범의 업무	업무자라는 신분 때문에 책임이 가중된다.	업무상 횡령·배임죄, 업무상 과실치사상죄 등 업무상 과실범
보호법익으로서 업무	업무 자체가 보호법익이 되는 것으로서, 형법상 보호할 가치 있는 업무로 제한된다.	업무방해죄
행위태양으로서 업무	업무가 구성요건적 행위의 태양을 이루는 경우이다.	아동혹사죄

3. 관련문제 – 교통사고처리특례법 위반죄 및 특가법상 도주운전죄

(1) **교통사고처리특례법**(이하 '교특법') **위반죄**

① 의의 : 차의 운전자가 교통사고로 인하여 형법 제268조의 업무상 과실치사상죄나 중과실치사상죄를 범한 경우에는 5년 이하의 금고 등에 처한다(동법 제3조 제1항).

② 반의사불벌죄 및 기소권면제조항 : 교특법에서는 차의 교통으로 업무상과실·중과실치상죄를 범한 운전자는 도주, 음주측정 불응, 신호위반 등의 경우가 아니면 반의사불벌죄로 처리되고 있고(동법 제3조 제2항), 나아가 위 운전자가 보험업법 등에 따른 보험·공제에 가입된 경우에는 공소를 제기할 수 없다는 기소권 면제조항을 두고 있다(동법 제4조 제1항의 '보험 등에 가입된 경우의 특례').[77]

75 판례 차량의 운전업무에 종사하는 자가 아닌 자가 행한 단 1회의 운전행위는 업무상 과실치사상죄의 업무에 해당하지 않는다(대법원 1966.5.31, 66도536). 이외에도 과실범에 관한 자세한 판례의 소개는 총론, 범죄의 특수한 출현형태론, 과실범 참조.
76 학교교사의 학생감독은 대체로 초등학생의 경우에 국한되고, 중학교 이상의 학생지도는 제외된다.
77 교특법 제3조(처벌의 특례) ① 차의 운전자가 교통사고로 인하여 「형법」 제268조의 죄를 범한 경우에는 5년 이하의 금고 또는 2천만원 이하의 벌금에 처한다.

③ 기소권면제조항의 예외 : 사고 후 도주를 하였다든가(동법 제4조 제1항 제1호) 피해자가 신체의 상해로 인하여 생명에 대한 위험이 발생하거나 불구가 되거나 불치 또는 난치의 질병이 생긴 경우(동항 제2호)에는 공소를 제기할 수 있다. 특히 제2호의 중상해시 공소권 부여 조항은, 종래의 교특법의 기소권면제조항이 교통사고로 중상해를 입은 피해자의 재판절차진술권을 침해하였다는 헌법재판소의 위헌결정(헌법재판소 2009.2.26, 2005헌마764,2008헌마118 병합)에 따라 2010년 1월 신설된 규정이다.

판례연구 횡단보행자용 신호기가 설치되지 않은 횡단보도와 보행자 보호의무

대법원 2022.4.14, 2020도17724

피해자보다 먼저 횡단보도에 진입한 차량운전자에게도 도로교통법 제27조 제1항에 따른 '횡단보도에서의 보행자 보호의무' 위반이 인정된다는 사례

모든 차의 운전자는 보행자보다 먼저 횡단보행자용 신호기가 설치되지 않은 횡단보도에 진입한 경우에도, 보행자의 횡단을 방해하지 않거나 통행에 위험을 초래하지 않을 상황이 아니고서는, 차를 일시정지하는 등으로 보행자의 통행이 방해되지 않도록 할 의무가 있다(대법원 2020.12.24, 2020도8675). 피고인이 운전한 화물차가 보행자인 피해자보다 먼저 횡단보행자용 신호기가 없는 횡단보도에 진입하였더라도 화물차를 일시정지하지 않은 채

② 차의 교통으로 제1항의 죄 중 업무상과실치상죄(業務上過失致傷罪) 또는 중과실치상죄(重過失致傷罪)와 「도로교통법」 제151조의 죄를 범한 운전자에 대하여는 피해자의 명시적인 의사에 반하여 공소(公訴)를 제기할 수 없다. 다만, 차의 운전자가 제1항의 죄 중 업무상과실치상죄 또는 중과실치상죄를 범하고도 피해자를 구호(救護)하는 등 「도로교통법」 제54조 제1항에 따른 조치를 하지 아니하고 도주하거나 피해자를 사고 장소로부터 옮겨 유기(遺棄)하고 도주한 경우, 같은 죄를 범하고 「도로교통법」 제44조 제2항을 위반하여 음주측정 요구에 따르지 아니한 경우(운전자가 채혈 측정을 요청하거나 동의한 경우는 제외한다)와 다음 각 호의 어느 하나에 해당하는 행위로 인하여 같은 죄를 범한 경우에는 그러하지 아니하다. <개정 2016.1.27, 2016.12.2.>

1. 「도로교통법」 제5조에 따른 신호기가 표시하는 신호 또는 교통정리를 하는 경찰공무원 등의 신호를 위반하거나 통행금지 또는 일시정지를 내용으로 하는 안전표지가 표시하는 지시를 위반하여 운전한 경우
2. 「도로교통법」 제13조 제3항을 위반하여 중앙선을 침범하거나 같은 법 제62조를 위반하여 횡단, 유턴 또는 후진한 경우
3. 「도로교통법」 제17조 제1항 또는 제2항에 따른 제한속도를 시속 20킬로미터 초과하여 운전한 경우
4. 「도로교통법」 제21조 제1항, 제22조, 제23조에 따른 앞지르기의 방법·금지시기·금지장소 또는 끼어들기의 금지를 위반하거나 같은 법 제60조 제2항에 따른 고속도로에서의 앞지르기 방법을 위반하여 운전한 경우
5. 「도로교통법」 제24조에 따른 철길건널목 통과방법을 위반하여 운전한 경우
6. 「도로교통법」 제27조 제1항에 따른 횡단보도에서의 보행자 보호의무를 위반하여 운전한 경우
7. 「도로교통법」 제43조, 「건설기계관리법」 제26조 또는 「도로교통법」 제96조를 위반하여 운전면허 또는 건설기계조종사면허를 받지 아니하거나 국제운전면허증을 소지하지 아니하고 운전한 경우. 이 경우 운전면허 또는 건설기계조종사면허의 효력이 정지 중이거나 운전의 금지 중인 때에는 운전면허 또는 건설기계조종사면허를 받지 아니하거나 국제운전면허증을 소지하지 아니한 것으로 본다.
8. 「도로교통법」 제44조 제1항을 위반하여 술에 취한 상태에서 운전을 하거나 같은 법 제45조를 위반하여 약물의 영향으로 정상적으로 운전하지 못할 우려가 있는 상태에서 운전한 경우
9. 「도로교통법」 제13조 제1항을 위반하여 보도(步道)가 설치된 도로의 보도를 침범하거나 같은 법 제13조 제2항에 따른 보도 횡단방법을 위반하여 운전한 경우
10. 「도로교통법」 제39조 제3항에 따른 승객의 추락 방지의무를 위반하여 운전한 경우
11. 「도로교통법」 제12조 제3항에 따른 어린이 보호구역에서 같은 조 제1항에 따른 조치를 준수하고 어린이의 안전에 유의하면서 운전하여야 할 의무를 위반하여 어린이의 신체를 상해(傷害)에 이르게 한 경우
12. 「도로교통법」 제39조 제4항을 위반하여 자동차의 화물이 떨어지지 아니하도록 필요한 조치를 하지 아니하고 운전한 경우

교특법 제4조(보험 등에 가입된 경우의 특례) ① 교통사고를 일으킨 차가 「보험업법」 제4조, 제126조, 제127조 및 제128조, 「여객자동차 운수사업법」 제60조, 제61조 또는 「화물자동차 운수사업법」 제51조에 따른 보험 또는 공제에 가입된 경우에는 제3조 제2항 본문에 규정된 죄를 범한 차의 운전자에 대하여 공소를 제기할 수 없다. 다만, 다음 각 호의 어느 하나에 해당하는 경우에는 그러하지 아니하다.

1. 제3조 제2항 단서에 해당하는 경우
2. 피해자가 신체의 상해로 인하여 생명에 대한 위험이 발생하거나 불구(不具)가 되거나 불치(不治) 또는 난치(難治)의 질병이 생긴 경우
3. 보험계약 또는 공제계약이 무효로 되거나 해지되거나 계약상의 면책 규정 등으로 인하여 보험회사, 공제조합 또는 공제사업자의 보험금 또는 공제금 지급의무가 없어진 경우 (이하 생략)

횡단보도를 통과한 행위는 도로교통법 제27조 제1항에 따른 '횡단보도에서의 보행자 보호의무'를 위반한 경우로서 이는 「교통사고처리 특례법」 제3조 제2항 단서 제6호에 해당한다.

(2) 특가법상 도주운전죄

① 의의 : 교통사고로 형법 제268조의 업무상 과실치사상죄를 범한 운전자가 피해자를 구호하지 않거나 유기하고 도주한 경우에는 특가법 제5조의3에 의해 가중처벌해야 한다.[78]

② 요 건

㉠ 최소한 상해의 결과가 발생할 것 : 위 도주운전죄가 성립하려면 피해자에게 사상의 결과가 발생하여야 하고, 생명 · 신체에 대한 단순한 위험에 그치거나 형법 제257조 제1항에 규정된 '상해'로 평가될 수 없을 정도의 극히 하찮은 상처로서 굳이 치료할 필요가 없는 것이어서 그로 인하여 건강상태를 침해하였다고 보기 어려운 경우에는 위 죄가 성립하지 않는다(대법원 2000.2.25, 99도3910; 2008.10.9, 2008도3078).

㉡ 피해자에 대한 구호의무 불이행 및 도주

ⓐ 구호의무불이행에 해당하는 경우 : 특가법 제5조의3 제1항에 규정된 '피해자를 구호하는 등 도로교통법 제54조 제1항의 규정에 의한 조치를 취하지 아니하고 도주한 때'라 함은, 사고운전자가 사고로 말미암아 피해자가 사상을 당한 사실을 인식하였음에도 불구하고 ㉮ 즉시 정차하여 피해자를 구호하는 등 '도로교통법 제54조 제1항의 규정에 의한 조치'를 취하지 아니하고 사고장소를 이탈하여 ㉯ 사고를 낸 사람이 누구인지 확정될 수 없는 상태를 초래하는 경우를 말한다. 따라서 ㉮ 사고운전자가 사고로 인하여 피해자가 사상을 당한 사실을 인식하였음에도 불구하고 피해자를 구호하는 등 도로교통법 제54조 제1항에 규정된 의무를 이행하기 이전에 사고현장을 이탈하였다면, 사고운전자가 사고현장을 이탈하기 전에 피해자에 대하여 자신의 신원을 확인할 수 있는 자료를 제공하여 주었다고 하더라도, '피해자를 구호하는 등 도로교통법 제54조 제1항의 규정에 의한 조치를 취하지 아니하고 도주한 때'에 해당한다(대법원 1996.4.9, 96도252; 2002.1.11, 2001도5369; 2004.3.12, 2004도250; 2011.3.10, 2010도16027).

또한, ㉯ 도로교통법에 의한 조치에는 피해자나 경찰관 등 교통사고와 관계있는 사람에게 사고운전자의 신원을 밝히는 것도 포함되므로(대법원 2003.3.25, 2002도5748), 사고운전자가 피해자를 병원에 후송하여 치료를 받게 하는 등의 구호조치는 취하였다고 하더라도, 피해자 등이 사고운전자의 신원을 쉽게 확인할 수 없는 상태에서 피해자 등에게 자신의 신원을 밝히지 아니한 채 병원을 이탈하였다면 도로교통법의 규정에 의한 조치를 모두 취하였다고 볼 수 없다(대법원 2006.1.26, 2005도8264).[79]

---

78 특가법 제5조의3(도주차량 운전자의 가중처벌) ① 도로교통법 제2조에 규정된 자동차 · 원동기장치자전거의 교통으로 인하여 형법 제268조의 죄를 범한 해당 차량의 운전자(이하 '사고운전자'라 한다)가 피해자를 구호(救護)하는 등 도로교통법 제54조 제1항에 따른 조치를 하지 아니하고 도주한 경우에는 다음 각 호의 구분에 따라 가중처벌한다.
1. 피해자를 사망에 이르게 하고 도주하거나, 도주 후에 피해자가 사망한 경우에는 무기 또는 5년 이상의 징역에 처한다.
2. 피해자를 상해에 이르게 한 경우에는 1년 이상의 유기징역 또는 500만 원 이상 3천만 원 이하의 벌금에 처한다.
② 사고운전자가 피해자를 사고 장소로부터 옮겨 유기하고 도주한 경우에는 다음 각 호의 구분에 따라 가중처벌한다.
1. 피해자를 사망에 이르게 하고 도주하거나, 도주 후에 피해자가 사망한 경우에는 사형, 무기 또는 5년 이상의 징역에 처한다.
2. 피해자를 상해에 이르게 한 경우에는 3년 이상의 유기징역에 처한다.

79 **보충** 피고인이 신원을 밝히지 않은 채 병원을 떠난 후 피고인이 가해 운전자임을 알게 된 경위, 특히 경찰관이 피고인의 인상착의에 관한 병원 관계자와 피해자의 진술을 종합하여 피고인 근무회사에 교통사고 가해자가 있는지를 확인하자 피고인이 교통사고 발생시로부터 10여 시간이 경과한 때에 비로소 자신의 신원을 밝힌 점에 비추어 볼 때, 피고인에게 도주의 고의가 없었다고

ⓑ 구호의무불이행에 해당하지 않는 경우 : 사고 상황을 종합적으로 고려하여 사고운전자가 실제로 피해자를 구호하는 등 도로교통법에 의한 조치를 취할 필요가 있었다고 인정되지 아니하는 경우에는 사고운전자가 피해자를 구호하는 등 도로교통법에 규정된 의무를 이행하기 이전에 사고현장을 이탈하였더라도 특가법 제5조의3 제1항 위반죄로는 처벌할 수 없다(대법원 2002.1.11, 2001도2869; 2007.2.9, 2006도6737; 2007.3.29, 2006도7656).

③ 업무상 과실치사상죄와의 관계 : 위 도주운전죄가 성립하면 형법상 업무상 과실치상죄는 별도로 성립하지 않는다(법조경합 중 묵시적 보충관계).

④ 판례정리 : 위 죄와 관련된 주요 판례들은 아래와 같다.

판례연구 특가법상 도주운전죄가 성립하는 사례

1. 대법원 2007.9.6, 2005도4459

만취 운전자가 교통사고 직후 취중상태에서 사고현장으로부터 수십 미터까지 혼자 걸어가다 수색자에 의해 현장으로 붙잡혀 온 경우, 제반 사정상 적어도 위 운전자가 사고발생 사실과 그 현장을 이탈한다는 점을 인식하고 있었다고 보이므로 만취 등 사유만으로 도주의 고의를 부인할 수 없다.

2. 대법원 2008.7.10, 2008도1339

특가법 제5조의3의 치상 후 도주죄에서 '구호조치 필요성' 유무의 판단 방법

피해자를 구호할 필요가 있었는지 여부는 사고의 경위와 내용, 피해자의 나이와 그 상해의 부위 및 정도, 사고 뒤의 정황 등을 종합적으로 고려하여 판단하여야 한다. 따라서 교통사고 피해자가 2주간의 치료를 요하는 경추부 염좌 등의 경미한 상해를 입었다는 사정만으로 사고 당시 피해자를 구호할 필요가 없었다고 단정하기는 곤란하므로, 이러한 상황에서 피고인이 차에서 내리지도 않고 피해자들의 상태를 확인하지도 않은 채 인적사항을 알려주는 등의 조치도 취하지 않고 그냥 차량을 운전하여 갔다면 치상 후 도주죄의 구성요건에 해당하는 것으로 보아야 할 것이다.

3. 대법원 2009.5.14, 2009도787; 2006.9.28, 2005도6547

농로에서 중앙분리대가 설치된 왕복 4차로의 도로로 진입하던 차량의 운전자가 속도를 줄이거나 일시 정지하여 진행 차량의 유무를 확인하지 않은 채 그대로 진입하다가 도로를 진행하던 차량을 들이받아 파손한 경우, 비록 사고로 인한 피해차량의 물적 피해가 경미하고, 파편이 도로상에 비산되지도 않았다고 하더라도, 차량에서 내리지 않은 채 미안하다는 손짓만 하고 도로를 역주행하여 피해차량의 진행방향과 반대편으로 도주한 것은 교통사고 발생시의 필요한 조치를 다하였다고 볼 수 없다.

4. 대법원 2010.4.29, 2010도1920

도로변에 자동차를 주차한 후 운전석 문을 열다가 후방에서 진행하여 오던 자전거의 핸들 부분을 충격하여 운전자에게 상해를 입히고도 아무런 구호조치 없이 현장에서 이탈한 경우, 특가법 제5조의3 제1항의 '도주차량 운전자'에 해당한다.

5. 대법원 2011.3.10, 2010도16027

사고운전자가 피해자가 사상을 당한 사실을 인식하고도 구호조치를 취하지 않은 채 사고현장을 이탈하면서 피해자에게 자신의 신원을 확인할 수 있는 자료를 제공하여 준 경우

혈중 알코올 농도 0.197%의 음주상태에서 차량을 운전하다가 교통사고를 일으켜 피해자에게 상해를 입힌 운전자가, 피해자 병원 이송과 경찰관 사고현장 도착 전에 견인차량 기사를 통해 피해자에게 신분증을 교부한 후 피해자의 동의 없이 일방적으로 현장을 이탈하였다가 약 20분 후 되돌아온 경우, 위 운전자의 행위는 특가법 제5조의3 제1항의 '피해자를 구호하는 등 조치를 취하지 아니하고 도주한 때'에 해당한다.

할 수도 없다(위 판례).

판례연구 특가법상 도주운전죄가 성립하지 않는 사례

1. 대법원 2006.1.26, 2005도7325

사고 택시의 운전자가 피해자를 구호하여 병원에 후송한 후 피해자에게 직접 자신의 신원사항을 밝히지 않고 경찰관에게 주민등록번호 중 한 자리의 숫자를 사실과 달리 불러 주고 병원을 떠났으나, 그 후 스스로 병원에 연락하여 사고 택시의 자동차등록번호와 택시공제조합에서 치료비를 부담할 것임을 통지한 경우, 피해자를 구호하는 등의 조치를 취하지 아니하고 도주한 때에 해당하지 않는다고 해야 한다.

2. 대법원 2006.9.28, 2006도3441

피고인이 교통사고 후 비록 가해차량을 운전하여 사고 현장으로부터 약 400m 이동하여 정차한 사례

교통사고로 인하여 피고인이 받았을 충격의 정도, 사고 후 불가항력적으로 반대차선으로 밀려 역주행하다가 2차 사고까지 일으키게 된 정황, 정주행 차선으로 돌아온 후에도 후발사고의 위험이 없는 마땅한 주차 공간을 찾기 어려운 도로여건, 피고인이 스스로 정차한 후 개인택시조합 직원에게 사고처리를 부탁하는 전화를 마칠 무렵 경찰관이 도착한 사정 등에 비추어, 피고인이 교통사고 후 비록 가해차량을 운전하여 사고 현장으로부터 약 400m 이동하여 정차한 사실은 인정되나 이는 불가피한 것으로 볼 여지가 있고, 이로 인하여 피고인이 도로교통법에 의한 조치를 제대로 이행하지 못하였다고 하더라도 피고인에게 도주의 고의가 있었다고 보기는 어렵다고 해야 한다.

3. 대법원 2007.2.9, 2006도6737

피해자를 구호하는 등 도로교통법에 의한 조치를 취할 필요가 있었다고 인정되지 아니하는 경우

사고로 인하여 외견상 쉽게 확인하기 어려운 좌상, 염좌 등의 상해만을 입은 피해자들이 교통사고 직후에 피고인과 정상적인 대화를 나누었고 사고 현장에 출동한 경찰관에게도 사고 상황에 관하여 구체적으로 설명한 점 등을 종합하여, 피해자들이 이 사건 사고로 인하여 피고인 등으로부터 구호를 받아야 할 정도의 상해를 입었다고 단정하기 어렵고, 나아가 피고인이 이미 목격자와 피해자들에게 자신의 신원을 구체적으로 알려 준 다음 경찰관들과 피고인의 아들 등이 사고를 수습하기 위하여 사고현장에 도착한 이후에 일시적으로 그 현장을 이탈한 것이기 때문에 교통사고를 낸 자가 누구인지 확정될 수 없는 상태를 초래하였다고 볼 수 없다.

유사 도주운전죄가 성립하려면 피해자에게 사상의 결과가 발생하여야 하고, 생명·신체에 대한 단순한 위험에 그치거나 형법 제257조 제1항에 규정된 '상해'로 평가될 수 없을 정도의 극히 하찮은 상처로서 굳이 치료할 필요가 없는 것이어서 그로 인하여 건강상태를 침해하였다고 보기 어려운 경우에는 위 죄가 성립하지 않는다(대법원 2000.2.25, 99도3910; 2008.10.9, 2008도3078).

유사 사고 상황을 종합적으로 고려하여 사고운전자가 실제로 피해자를 구호하는 등 도로교통법에 의한 조치를 취할 필요가 있었다고 인정되지 아니하는 경우에는 사고운전자가 피해자를 구호하는 등 도로교통법에 규정된 의무를 이행하기 이전에 사고현장을 이탈하였더라도 특가법 제5조의3 제1항 위반죄로는 처벌할 수 없다(대법원 2002.1.11, 2001도2869; 2007.2.9, 2006도6737; 2007.3.29, 2006도7656).

제4절 낙태의 죄

01 총 설

(1) 의의 · 법익

낙태죄(落胎罪, abortion, Schwangerschaftsabbruch)는 태아를 자연분만기에 앞서 인위적 방법으로 모체 외로

배출하거나 모체 내에서 살해함으로써 성립하는 범죄이다. 낙태죄의 주된 보호법익은 태아의 생명 · 신체의 안전이지만, 부차적으로는 모체의 생명 · 신체의 안전도 그 보호법익으로 삼고 있다(통설[80]).

(2) 법익보호의 정도

본죄의 법익보호의 정도에 대해서는 견해가 대립한다. ① 낙태죄를 침해범으로 보는 입장(침해범설)에 따르면 낙태는 태아를 모체 내에서든 모체 외에서든 결국 살해해야 범죄가 성립하는 것으로 본다(소수설[81]). 반면 ② 위험범설에 의하면, 자연분만기 이전에 인공적으로 모체외 배출하는 행위(협의의 낙태)와 모체 내에서 태아를 그대로 살해하는 행위(광의의 낙태) 모두 다 낙태행위로 보게 된다(다수설[82]).

이러한 침해범설과 위험범설의 대립은 결국 '낙태의 고의로 자연분만기 이전에 태아를 모체 밖으로 배출하였으나 태아가 살아있는 영아 상태가 된 때 이를 살해한 행위를 어떻게 볼 것인가'에 관한 견해 대립으로 이어지게 된다. 따라서 이에 관한 학설의 대립은 실익 있는 논쟁이다. 결론적으로, 태아의 생명을 위태롭게 하는 행위를 처벌해야 한다는 점을 고려할 때 위험범설이 타당하다고 생각된다.

(3) 미수, 예비 · 음모, 과실범

낙태죄는 미수범, 예비·음모, 과실범 처벌규정을 모두 두고 있지 않다.

(4) 헌법불합치결정

2019년 4월 11일, 헌법재판소는 임신한 여성의 자기낙태를 처벌하는 형법 제269조 제1항, 의사가 임신한 여성의 촉탁 또는 승낙을 받아 낙태하게 한 경우를 처벌하는 형법 제270조 제1항 중 '의사'에 관한 부분은 모두 헌법에 합치되지 아니하며, 위 조항들은 2020.12.31.을 시한으로 입법자가 개정할 때까지 계속 적용된다는 헌법불합치결정을 선고하였다[헌법재판소 2019.4.11, 2017헌바127, 재판관 4(헌법불합치) : 3(단순위헌) : 2(합헌)].

판례연구 형법 제269조 제1항 등 위헌소원에 관한 헌법불합치결정례 요약

헌법재판소 2019.4.11, 2017헌바127

① (자기낙태죄 조항에 대한 판단) 자기낙태죄 조항은 입법목적을 달성하기 위하여 필요한 최소한의 정도를 넘어 임신한 여성의 자기결정권을 제한하고 있어 침해의 최소성을 갖추지 못하였고, 태아의 생명 보호라는 공익에 대하여만 일방적이고 절대적인 우위를 부여함으로써 법익균형성의 원칙도 위반하였다고 할 것이므로, 과잉금지원칙을 위반하여 임신한 여성의 자기결정권을 침해하는 위헌적인 규정이다. ② (의사낙태죄 조항에 대한 판단) 자기낙태죄 조항은 모자보건법에서 정한 사유에 해당하지 않는다면, 결정가능기간 중에 다양하고 광범위한 사회적·경제적 사유로 인하여 낙태갈등 상황을 겪고 있는 경우까지도 예외 없이 임신한 여성에게 임신의 유지 및 출산을 강제하고, 이를 위반한 경우 형사처벌한다는 점에서 위헌이므로, 동일한 목표를 실현하기 위하여 임신한 여성의 촉탁 또는 승낙을 받아 낙태하게 한 의사를 처벌하는 의사낙태죄 조항도 같은 이유에서 위헌이라고 보아야 한다. ③ (결론) 태아의 생명을 보호하기 위하여 낙태를 금지하고 형사처벌하는 것 자체가 모든 경우에 헌법에 위반된다고 볼 수는 없다. 그런데 자기낙태죄 조항과 의사낙태죄 조항에 대하여 각각 단순위헌 결정을 할 경우, 임신 기간 전체에 걸쳐 행해진 모든 낙태를 처벌할 수 없게 됨으로써 용인하기 어려운 법적 공백이 생기게 된다. …… 따라서 자기낙태죄 조항과 의사낙태죄 조항에 대하여 단순위헌 결정을 하는 대신 각각 헌법불합치결정을 선고하되, 다만 입법자의 개선입법이 이루어질 때까지 계속적용을 명하는 것이 타당하다. 입법자는 늦어

80 강구진, 98면; 김일수/서보학, 46면; 김종원, 79면; 박상기, 83면; 배종대, 148면; 백형구, 78면; 유기천(상), 78면; 오영근, 116면; 이재상, §5-3; 이형국(Ⅰ), 148면; 임웅, 99면; 정성근/박광민, 82면; 정영석, 241면.

81 김성천/김형준, 57면; 이재상, §5-3.

82 구체적 위험범으로 보는 견해는 강구진, 98면; 배종대, 135면. 추상적 위험범으로 보는 견해는 김일수/서보학, 46면; 김종원, 79면; 박상기, 84면; 백형구, 78면; 유기천(상), 78면; 오영근, 116면; 이정원, 111면; 이형국(Ⅰ), 149면; 임웅, 100면; 정성근/박광민, 83면; 정영석, 242면; 진계호, 150면.

도 2020.12.31.까지는 개선입법을 이행하여야 하고, 그때까지 개선입법이 이루어지지 않으면 위 조항들은 2021. 1.1.부터 효력을 상실한다(이에 대하여, 위 조항들은 헌법에 위반되지 않는다는 재판관 조용호, 재판관 이종석의 합헌의견이 있었음).

이에 낙태죄에 관한 정부의 형법개정안이 국무회의를 통과하였으나(2020.11.24.)[83] 원안 그대로 국회에서 입법이 될지는 확신할 수 없다. 낙태죄를 완전히 폐지해야 하는 여론(주로 여성계)과 정부의 개정안이 과도하게 낙태를 허용한다는 여론(주로 종교계)이 대립하고 있기 때문이다. 여하튼 2021.1.1.부터 형법상 낙태죄 처벌규정은 효력이 상실된 상태이나, 어떤 방향으로든 개정이 될 것임은 분명하므로 이 절의 내용은 유지하기로 하였다. 향후 입법이 주목된다.

02 자기낙태죄

제269조【낙 태】 ① 부녀가 약물 기타 방법으로 낙태한 때에는 1년 이하의 징역 또는 200만 원 이하의 벌금에 처한다.

1. 구성요건

(1) 객관적 구성요건

① 주체 – 임부(姙婦) : 본죄는 임부이어야 범할 수 있는 진정신분범이므로, 임부 아닌 자는 본죄의 간접정범이 될 수 없고, 부동의낙태죄의 정범이 될 뿐이다(통설). 또한 자기낙태죄(自己落胎罪)는 임부 혼자서도 범할 수 있는 범죄이므로, 그 자체가 대향범은 아니다.[84]

② 객체 – 모체 내에 살아 있는 태아[85](태아의 종기=사람의 시기)

③ 행위 – 낙태(Abtreibung)

㉠ 의의 : 협의로는 자연적 분만기에 앞서서 인위적인 방법에 의하여 태아를 모체 밖으로 배출시키는 것이다. 나아가 광의로는 태아를 모체 내에서 살해하는 것까지 포함된다.

㉡ (추상적 위험범설에 의한) 기수시기

ⓐ 협의의 낙태 : 추상적 위험범이므로 태아가 모체 밖으로 배출된 때에는 기수가 성립된다(다수설·판례). 낙태시술의 결과 태아의 사망 여부는 낙태죄의 성립에 영향을 주지 않는다(대법원 2005.4. 15, 2003도2780). 경찰승진(공통) 10 / 경찰승진(경장) 11 / 사시 10 / 사시 12 그런데 만약 배출된 태아가 살아있는

83 **참고** 낙태죄에 관한 정부의 형법개정안의 내용이다. 제270조의2를 다음과 같이 신설한다.
제270조의2(낙태의 허용요건) ① 제269조 제1항, 제2항 또는 제270조 제1항의 행위가 임신 14주 이내에 의사에 의하여 의학적으로 인정된 방법으로 이루어진 때에는 처벌하지 아니한다.
② 제269조 제1항, 제2항 또는 제270조 제1항의 행위가 임신 24주 이내에 의사에 의하여 의학적으로 인정된 방법으로 이루어지고 다음 각 호의 어느 하나에 해당하는 때에는 처벌하지 아니한다. 다만 제3호에 해당하는 경우에는 임신한 여성이 모자보건법에서 정한 상담을 받고, 그 때부터 24시간이 경과하여야 한다.
1. 강간 또는 준강간(準强姦) 등 범죄행위로 인하여 임신된 경우
2. 법률상 혼인할 수 없는 혈족 또는 인척 간에 임신된 경우
3. 임신의 지속이 사회적 또는 경제적 이유로 임신한 여성을 심각한 곤경에 처하게 하거나 처하게 할 우려가 있는 경우
4. 임신의 지속이 보건의학적 이유로 임신한 여성의 건강을 심각하게 해치고 있거나 해칠 우려가 있는 경우
③ 임신한 여성이 모자보건법에서 정한 상담 절차에 따라 임신의 지속, 출산 및 양육에 관한 충분한 정보를 제공받고 숙고 끝에 임신을 지속할 수 없다는 자기 결정에 이른 경우에는 제2항 제3호의 사유가 있는 것으로 추정한다.

84 **보충** 낙태죄는 필요적 공범(대향범)이다.(×) (업무상) 동의낙태죄와 자기낙태죄는 대향범이다.(○)

85 태아가 되는 시기는 수정된 때가 아니라 수정란이 초기 배아단계를 지나 자궁점막에 착상한 때이다.

상태이어서 배출된 생존태아를 살해하면 낙태죄와 살인죄의 경합범이 된다.[86]

판례연구 낙태죄의 법익보호의 정도와 살인죄와의 관계

대법원 2005.4.15, 2003도2780

낙태한 태아가 미숙아로 출생하자 살인한 사례

낙태죄는 태아를 자연분만기에 앞서서 인위적으로 모체 밖으로 배출하거나 모체 안에서 살해함으로써 성립하고, 그 결과 태아가 사망하였는지 여부는 낙태죄의 성립에 영향이 없다. 따라서 산부인과 의사인 피고인이 약물에 의한 유도분만의 방법으로 낙태시술을 하였으나 태아가 살아서 미숙아 상태로 출생하자 그 미숙아에게 염화칼륨을 주입하여 사망하게 한 경우, 염화칼륨 주입행위를 낙태를 완성하기 위한 행위에 불과한 것으로 볼 수 없고, 살아서 출생한 미숙아가 정상적으로 생존할 확률이 적다고 하더라도 그 상태에 대한 확인이나 최소한의 의료행위도 없이 적극적으로 염화칼륨을 주입하여 미숙아를 사망에 이르게 하였다면 피고인에게는 미숙아를 살해하려는 고의가 인정된다고 보아야 한다. 법원행시 14 / 법원9급 07(상) / 법원9급 14 / 사시 10 / 사시 12

ⓑ 광의의 낙태 : 모체 내에서 태아를 살해한 때에 기수가 된다.

(2) **주관적 구성요건** – 고의

2. 위법성

(1) 긴급피난

임부의 생명을 구하기 위한 낙태는 위법성이 조각된다(우월한 이익보호의 원칙).

(2) 모자보건법(제14조) – 법령에 의한 행위 국가9급 11

의사는 임신한 날로부터 24주일 이내에 있는 자이며(모자보건법 시행령 제15조) 우생학적 · 윤리적 · 의학적 정당화사유[87]가 있는 경우에 한하여 본인과 배우자(사실상의 배우자 포함)의 동의를 얻어 인공임신중절수술을 할 수 있다(모자보건법 제14조).

① 우생학적 정당화사유 : 본인이나 배우자가 대통령령으로 정하는 우생학적 또는 유전학적 정신장애나 신체장애(제1호)[88]나 전염성 질환이 있는 경우(제2호)[89]

② 윤리적 정당화사유 : 강간 또는 준강간에 의하여 임신되거나(제3호) 법률상 혼인할 수 없는 혈족 또는 인척 간에 임신한 경우(제4호)

③ 의학적 정당화사유 : 임신의 지속이 보건의학적 이유로 모체의 건강을 심히 해하고 있거나 해할 우려

86 **보충 : 모체 외로 태아를 배출시켰는데 살아있는 상태이어서 재차 살해한 행위의 죄책에 대한 학설·판례의 대립** 낙태죄의 법익보호의 정도를 어떻게 볼 것인가에 따라 견해의 대립이 있다. ① **침해범설**에 의하면 낙태미수와 살인죄의 상상적 경합을 인정하게 된다. 그런데 우리 형법상 낙태미수는 처벌규정이 없기 때문에 결국 살인죄만 성립하게 된다[김성천/김형준, 58면; 이재상, §5－1. 독일의 통설이기도 하다(Rudolphi SK Rn.30; Sch/Sch/Eser §218, Rn.19)]. ② **구체적 위험범설**에 의하면 모체 밖으로 배출된 태아의 생명이 이상 없이 유지되는 경우라면 역시 －구체적 위험은 발생하지 않았다고 보기 때문에－ 낙태미수와 살인죄의 실체적 경합을 인정하게 된다(강구진, 98면; 배종대, 150면; 이영란, "낙태죄 입법정책에 관한 소고" 형사법연구, 16호, 2001, 겨울, 342면). ⓒ **추상적 위험범설(다수설 · 판례)**에서는 －모체 외로 배출한 행위가 이미 위험성을 내포하고 있으므로－ **낙태기수와 살인죄의 실체적 경합**을 인정하게 된다.

87 이를 보통 적응(適應, Indikation)이라고 표현하는데, '정당화사유' 또는 '사유'라는 말로 표현하는 것이 우리말에는 보다 알맞다고 생각된다. '사유'라고 해야 한다는 견해는 오영근, 108면.

88 모자보건법 시행령 제15조 제2항에서는 i) 유전성 정신분열증, ii) 유전성 조울증, iii) 유전성 간질증, iv) 유전성 정신박약, v) 유전성 운동신경원 질환, vi) 혈우병, vii) 현저한 범죄경향이 있는 유전성 정신장애, viii) 기타 유전성 질환으로서 그 질환이 태아에 미치는 위험성이 현저한 질환을 규정하고 있다.

89 모자보건법 제14조 제1항 제2호의 사유에 대해서, 동법 시행령에서는 태아에 미칠 위험성이 높은 풍진 · 수두 · 간염 · 후천성면역결핍증 및 전염병예방법 제2조 제1항의 전염병을 말한다고 규정하고 있다.

가 있는 경우(제5호). 이 경우는 임신의 지속이 모체의 생명과 건강에 심각한 위험을 초래하게 되어 모체의 생명과 건강만이라도 구하기 위하여 인공임신중절수술이 부득이하다고 인정되는 경우를 말한다(대법원 1985.6.11, 84도1958[90]; 2005.4.15, 2003도2780)

④ 제외되는 경우 : 임신의 지속이 임부·가족의 경제적 상황을 현저히 악화시키는 것을 이유로 하는 사회적·경제적 사유에 의한 낙태는 현행법상 처벌된다.[91]

03 동의낙태죄

제269조【낙 태】 ② 부녀의 촉탁 또는 승낙을 받아 낙태하게 한 자도 제1항의 형과 같다.

자기낙태죄를 시술자 쪽에서 보아 독립한 구성요건으로 규정한 것으로서, 자기낙태죄와는 대향범관계이다. 따라서 시술자는 동의낙태죄(同意落胎罪), 허락한 임부는 자기낙태죄가 된다.

04 업무상 동의낙태죄

제270조【의사 등의 낙태, 부동의낙태】 ① 의사, 한의사, 조산사, 약제사 또는 약종상이 부녀의 촉탁 또는 승낙을 받아 낙태하게 한 때에는 2년 이하의 징역에 처한다.

본죄는 신분으로 인하여 책임이 가중되는 가중적 구성요건이다(부진정신분범). 업무상 촉탁·승낙낙태죄라고도 한다. 그 주체는 의사·한의사·조산사·약제사·약종상으로서, 제한적으로 열거된 자에 한하므로, 치과의사·수의사·간호사는 포함될 수 없고, 모두 면허 있는 자에 제한된다. 따라서 본죄의 주체가 아닌 자의 경우에는 보통의 동의낙태죄가 될 뿐이다.

05 부동의낙태죄

제270조【의사 등의 낙태, 부동의낙태】 ② 부녀의 촉탁 또는 승낙 없이 낙태하게 한 자는 3년 이하의 징역에 처한다.

낙태에 필수적으로 수반되는 임부의 신체상해는 불가벌적 수반행위이다. 다만 그 이상의 상해는 고의 유무

---

90 사례 : 태반조기박리증상이 있어도 자연분만 원칙, 예외적으로 낙태 허용 산부인과 의사 甲은 1980.6.15. 14:00경 성남시 소재 성모병원에서 임산부 乙이 배가 아프고 출혈이 있다고 호소하자 소량의 질출혈이 있음을 확인한 후 태반조기박리현상이 있는 것으로 진단하고 (위 산모는 그밖에 달리 건강에 이상이 없었음) 산모로부터 경제적 사정이 있어서 낙태하여야 한다는 촉탁이 있자 즉시 낙태에 착수하여 일차 시술을 한 후 다음날 16:00경 질확장기계 및 약물을 사용하여 낙태시술을 마치고 체중 2,200그램, 신장43cm의 태아를 모체 밖으로 배출시켰다. 甲의 죄책은? 판례 임산부에게 태반조기박리증상이 있다고 진단하는 경우라 하더라도 당시 임산부의 생명에 직접적인 위험이 없었다면 일응 임산부의 건강상태를 상당기간 세심히 관찰하면서 임산부와 태아의 건강에 지장이 없이 자연분만이 가능하도록 치료에 임하는 것이 원칙이고 그 치료에도 불구하고 임산부의 건강이 갑자기 악화되는 등 임신의 지속이 모체의 건강을 심히 해할 우려가 있다고 판단되는 부득이한 경우에 이르렀을 때에 인공임신중절의 시술이 허용된다(대법원 1985.6.11, 84도1958).
해결 업무상 촉탁낙태죄.

91 따라서 사회적·경제적 정당화사유를 낙태의 허용사유로 규정해야 한다는 등의 입법론이 제시되고 있다.

에 따라 본죄와 상해죄의 상상적 경합 또는 낙태치상죄가 성립한다.

06 낙태치사상죄

제269조【낙 태】 ③ 제2항의 죄를 범하여 부녀를 상해에 이르게 한 때에는 3년 이하의 징역에 처한다. 사망에 이르게 한 때에는 7년 이하의 징역에 처한다.
제270조【의사 등의 낙태, 부동의낙태】 ③ 제1항 또는 제2항의 죄를 범하여 부녀를 상해에 이르게 한 때에는 5년 이하의 징역에 처한다. 사망에 이르게 한 때에는 10년 이하의 징역에 처한다.

결과적 가중범이지만, 낙태죄에는 미수범 처벌규정이 없는 점을 고려하여 낙태기수인 상태에서 사상의 결과가 발생된 경우에만 본죄가 성립한다(다수설).[92]

제5절 유기와 학대의 죄

01 총 설

유기(遺棄)와 학대(虐待)의 죄(crimes of abandonment and maltreatment)는 크게 도움이 필요한 사람을 보호할 의무가 있는 자가 갖다 버리거나 놔둬버리는 유기행위로써 범하는 유기죄와 자기의 보호·감독을 받는 사람을 가혹하게 대하는 학대죄로 구성되어 있다. 자기의 보호·감독을 받는 아동으로 하여금 생명·신체에 위험한 일을 하게 만드는 아동혹사죄는 학대죄의 한 유형이다.

유기죄는 피유기자의 생명·신체의 안전을 보호법익으로 하는 추상적 위험범이고,[93] 경찰간부 11 / 경찰승진 13 학대죄는 피보호·감독자의 생명·신체의 안전 및 인격권을 보호법익으로 하는 추상적 위험범이고, 아동혹사죄는 피보호·감독아동의 복지권을 보호법익으로 하는 추상적 위험범이다. 따라서 유기와 학대의 죄는 모두 미수를 벌하지 않는다.

02 유기죄

제271조【유기, 존속유기】 ① 나이가 많거나 어림, 질병 그 밖의 사정으로 도움이 필요한 사람을 법률상 또는 계약상 보호할 의무가 있는 자가 유기한 경우에는 3년 이하의 징역 또는 500만 원 이하의 벌금에 처한다. 〈개정 2020.12.8.〉

92 결과적 가중범의 기본범죄는 기수·미수를 불문하지만, 미수범 처벌규정이 없는 경우까지도 결과적 가중범이 성립할 수 있는가에 대해서는 견해가 대립하는데, 예를 들어 ① 낙태치사상죄가 성립하기 위하여는 낙태가 기수이어야 한다는 입장은 김종원, 84면; 박상기, 86면; 손동권, 97면; 오영근, 107면; 유기천(상), 81면; 이재상, §6-31; 이정원, 114면; 임웅, 112면; 정성근/박광민, 97면; 정영일, 77면; 진계호, 112면. 반면 ② 낙태가 미수상태이어도 낙태치사상죄가 성립한다는 견해로는 김일수/서보학, 57면; 배종대, 160면; 이형국(Ⅰ), 164면; 정영석, 244면; 황산덕, 192면.
93 추상적 위험범설이 통설이다. 한편 구체적 위험범으로 해석하는 소수설은 유기천(상), 85면.

1. 객관적 구성요건

(1) **주체** : 요부조자(要扶助者)를 보호할 법률상 · 계약상 의무 있는 자

유기죄가 성립하기 위하여는 행위자가 형법 제271조 제1항이 정한 바에 따라 '나이가 많거나 어림, 질병 그 밖의 사정으로 도움이 필요한 사람을 법률상 또는 계약상 보호할 의무가 있는 자'에 해당하여야 한다(보호의무자 : 진정신분범, 2020.12.8. 우리말 순화 개정법).

① 보호의무(保護義務)의 근거

㉠ 법률상의 보호의무 : 민법 제826조 제1항에 근거한 부부간의 부양의무(대법원 2018.5.11, 2018도4018)처럼 민법상 여러 부양의무(扶養義務)가 포함된다(제974조의 친족간 부양의무, 제913조의 친권자의 자녀에 대한 보호의무, 제947조 제1항의 금치산자에 대한 후견인의 요양의무). 그러나 유기죄의 보호의무는 어디까지나 요부조자(要扶助者)의 생명 · 신체와 관련된 보호의무라는 점에서 피부양자의 경제적 곤궁 사정과 관련된 민법상의 부양의무의 범위와 일치하는 것은 아니다.[94] 또한 법률혼 관계가 아니라 사실혼 관계에 있는 경우에도 법률상 보호의무는 인정된다(대법원 2008.2.14, 2007도3952). 경찰승진 13 / 경찰승진 17 / 국가9급 24 다만 단순한 동거 또는 간헐적인 정교관계를 맺고 있다는 사정만으로는 부족하다.

예 1. 공법 ⇨ • 경찰관직무집행법에 의한 경찰관의 보호조치의무(제4조)[95]
• 도로교통법에 의한 사고운전자의 구호의무(제54조 제1항, 제106조)

2. 사법 ⇨ • 민법상의 부양의무(제826조 제1항, 제974조 등), 사실혼관계의 보호의무(판례)
• 친권자의 자녀에 대한 보호의무(제913조)

> **판례연구** 사실혼 관계가 인정되지 않아 유기죄가 성립하지 않는 사례
>
> 대법원 2008.2.14, 2007도3952
>
> 내연녀가 치사량의 필로폰을 복용하여 부조를 요하는 상태에 있는 경우의 내연남 사례
>
> 사실혼관계가 인정되려면 당사자 사이에 주관적으로 혼인의 의사가 있고 객관적으로도 사회관념상 가족질서적인 면에서 부부공동생활을 인정할 만한 혼인생활의 실체가 존재하여야 한다. … 피고인과 망 공소외인이 4년여 동안 동거하기도 하면서 내연관계를 맺어왔다는 사정만으로는 두 사람의 관계를 사실혼 관계라고 보거나 두 사람의 사이에 부부간의 상호 부양의무에 준하는 보호의무를 인정할 수 없다(또한 피고인이 공소외인이 치사량의 필로폰을 복용하여 부조를 요하는 상태에 있다고 인식하였다는 점에 관하여 합리적인 의심이 생기지 않을 정도로 확신하기에는 부족하다고 판단된다). 경찰승진 24
>
> **보충** 결국 유기치사죄가 성립하지 않는다는 판례이다.

㉡ 계약상의 보호의무

ⓐ 보호의무가 계약에 기한 주된 급부의무인 경우 : 계약에 기한 주된 급부의무가 부조를 제공하는 것인 경우라고 볼 수 있는 간호사, 간병인, 보모나 유치원 교사 등의 경우를 말한다.

ⓑ 보호의무가 계약목적이 달성될 수 있도록 하는 부수적 의무인 경우 : 유기죄의 '계약상 의무'가

---

94 강구진, 119면; 김일수(Ⅲ), 222면; 배종대, 153면; 유기천(上), 86면; 이재상, §6-11; 임웅, 113면; 정성근, 103면. 또 다른 논거로서 김일수 교수는 선순위부양의무자가 있더라도 그가 부양할 능력이 없거나 사실상 부양하지 않고 있을 때에는 후순위자가 보호의무자가 되기 때문에, 민법상 부양의무의 순서가 유기죄의 보호의무의 유무를 결정하는 직접적인 요인이 되는 것이 아니라는 점도 적절히 지적하고 있다(ibid).

95 **판례** 국민의 생명과 신체의 안전을 보호하기 위한 응급의 조치를 강구하여야 할 직무를 가진 **경찰관**인 피고인으로서는 술에 만취된 피해자가 향토예비군 4명에게 떠메어 운반되어 지서 나무의자 위에 눕혀 놓았을 때 숨이 가쁘게 쿨쿨 내뿜고 자신의 수족과 의사도 자제할 수 없는 상태에 있음에도 불구하고 근 3시간 동안이나 아무런 **구호조치를 취하지 아니한** 것은 유기죄에 대한 고의를 인정할 수 있다(대법원 1972.6.27, 72도863).

계약에 기한 주된 급부의무가 부조를 제공하는 것인 경우로 한정되는 것은 아니다. 따라서 계약의 해석상 계약관계의 목적이 달성될 수 있도록 상대방의 신체·생명에 대하여 주의와 배려를 한다는 부수적 의무의 한 내용으로 상대방을 부조하여야 하는 경우도 포함된다. 다만, 부수의무로서의 민사적 부조의무(扶助義務)·보호의무가 인정된다고 해서 유기죄의 '계약상 의무'가 당연히 긍정된다고는 말할 수 없고(원칙적 부정), 당해 계약 및 부조와 관련된 제반사항을 고려하여 신중하게 판단해야 한다(예외적 긍정).

판례연구 유기죄의 계약상 보호의무가 인정되는 사례

대법원 2011.11.24, 2011도12302

유기죄의 '계약상 의무'가 계약에 기한 주된 급부의무가 부조의무인 경우로 한정되는지 여부(소극)

부수의무로서 민사적 부조의무·보호의무가 인정되는 경우도 유기죄의 계약상 의무에 포함될 수는 있으나, 그것이 당연히 긍정되는 것은 아니고, 당해 계약관계의 성질과 내용, 계약당사자 기타 관련자들 사이의 관계 및 그 전개양상, 그들의 경제적·사회적 지위, 부조가 필요하기에 이른 전후의 경위, 필요로 하는 부조의 대체가능성을 포함하여 그 부조의 종류와 내용, 달리 부조를 제공할 사람 또는 설비가 있는지 여부 기타 제반 사정을 고려하여 위 '계약상의 부조의무'의 유무를 신중하게 판단하여야 한다. … 피고인이 자신이 운영하는 주점에 손님으로 와서 수일 동안 식사는 한 끼도 하지 않은 채 계속하여 술을 마시고 만취한 피해자를 주점 내에 그대로 방치하여 저체온증 등으로 사망에 이르게 하였다는 내용으로 예비적으로 기소된 경우, 피해자가 피고인의 지배 아래 있는 주점에서 3일 동안 과도하게 술을 마시고 추운 날씨에 난방이 제대로 되지 아니한 주점 내 소파에서 잠을 자면서 정신을 잃은 상태에 있었다면, 피고인은 주점의 운영자로서 피해자의 생명 또는 신체에 대한 위해가 발생하지 아니하도록 피해자를 주점 내실로 옮기거나 인근에 있는 여관에 데려다 주어 쉬게 하거나 피해자의 지인 또는 경찰에 연락하는 등 필요한 조치를 강구하여야 할 계약상의 부조의무를 부담하므로, … 유기치사죄를 인정한 것은 정당하다. 국가9급 14 / 법원행시 14 / 사시 14 / 국가9급 20 / 국가9급 21 / 경찰승진 24

㉢ 사회상규·관습·조리상의 보호의무가 포함되는가의 문제 : 사회상규·신의칙·관습·조리나 ―부진정부작위범의― 선행행위로 인한 보증의무나 위험원(危險源)에 대한 안전의무도 유기죄의 보호의무의 근거로서 인정될 수 있는가가 문제된다. 이에 대해서는 긍정설(소수설[96])이 있으나, 유추해석금지원칙상 부정해야 한다는 입장(부정설[97])이 다수설·판례이다. 국가7급 07 / 경찰승진(공통) 10 따라서 다수설·판례에 의할 때, 유기죄의 보호의무는 부진정부작위범의 작위의무보다 좁게 파악된다.

판례연구 유기죄의 보호의무가 인정되지 않는 사례

1. 대법원 1980.6.24, 80도726

강간치상범의 유기 사례

강간치상의 범행을 저지른 자가 그 범행으로 인하여 실신상태에 있는 피해자를 구호하지 아니하고 방치하였다고 하더라도 그 행위는 포괄적으로 단일의 강간치상죄만을 구성한다. 경찰간부 11 / 경찰간부 18 / 사시 13 / 경찰채용 18 2차 / 국가9급 21 / 경찰승진 24

96 종래에는 통설의 입장이며 현재의 소수설이다. 김봉태(공저), 119면; 김종원, 90면; 서일교, 54면; 유기천(상), 86면; 이정원, 121면; 이형국(Ⅰ), 178면; 임웅, 114면; 정영석, 249면; 황산덕, 194면. 한편 독일형법 제221조의 유기죄의 규정에서는 보호의무의 근거를 제한하지 않기 때문에 긍정설이 통설이다(Sch/Sch/Eser §221, Rn.9; Tröndle/Fischer §221, Rn.3). 즉 부진정부작위범의 보증인적 지위의 발생근거와 다를 바 없다는 것이다.

97 다수설이다. 강구진, 121면; 김성천/김형준, 142면; 김일수/서보학, 107면; 박상기, 93면; 배종대, 168면; 백형구, 96면; 오영근, 130면; 이재상, §6-11; 정성근/박광민, 104면; 진계호, 127면.

2. 대법원 1977.1.11, 76도3419
일정거리 동행 사례
현행형법은 유기죄에 있어서 구법과는 달리 보호법익의 범위를 넓힌 반면에 보호책임 없는 자의 유기죄는 없애고 법률상 또는 계약상의 의무 있는 자만을 유기죄의 주체로 규정하고 있어 명문상 사회상규상의 보호책임을 관념할 수 없다고 하겠으므로 유기죄의 죄책을 인정하려면 보호책임이 있게 된 경위, 사정, 관계 등을 설시하여 구성요건이 요구하는 법률상 또는 계약상 보호의무를 밝혀야 할 것이고, 설혹 동행자가 구조를 요하게 되었다 하여도 일정거리를 동행한 사실만으로서는 피고인에게 법률상·계약상의 보호의무가 있다고 할 수 없으니 유기죄의 주체가 될 수 없다. 국가7급 07

(2) **객체** – 나이가 많거나 어림, 질병 그 밖의 사정으로 도움이 필요한 사람(요부조자)

부조를 요하게 된 원인인 나이가 많거나 어림, 질병 그 밖의 사정을 행위주체 스스로 야기한 경우에도 역시 본죄의 보호의무가 인정된다. 여기에서 기타 사정에는 명정상태에 빠진 경우를 생각할 수 있다.

(3) **행위** – 유기(Aussetzen, Verlassen)

요부조자를 보호 없는 상태에 둠으로써 그의 생명·신체에 위험을 가져오는 행위를 말하며(추상적 위험범), 작위·부작위나 협의·광의를 불문한다.

표정리 유기의 종류

협 의	요부조자를 보호받는 상태에서 적극적으로 보호 없는 상태로 옮기는 장소적 이전행위이다(적극적 유기). 이를 이치(移置, Aussetzen)라고도 한다.
광 의 (통설·판례[98])	요부조자를 종래의 상태에 두고 떠나거나(장소적 격리), 생존에 필요한 보호를 하지 않는 부작위도 포함한다(통설[99])(소극적 유기). 치거(置去, Verlassen)라고도 한다. 이상을 종합할 때, 유기행위는 장소적 이전은 요하지 않는다.

2. 주관적 구성요건 – 고의

유기죄가 성립하기 위하여는 행위자가 형법 제271조 제1항이 정한 바에 따라 '나이가 많거나 어림, 질병 그 밖의 사정으로 도움이 필요한 사람을 법률상 또는 계약상 보호할 의무가 있는 자'에 해당하여야 할 뿐만 아니라, 요부조자에 대한 보호책임의 발생원인이 된 사실(부조를 요하는 상황)이 존재한다는 것을 인식하고, 이에 기한 부조의무를 해태한다는 의식이 있음을 요한다(대법원 1988.8.9, 86도225).[100] 경찰간부 11 / 경찰승진 13

➜ 만약 단순한 유기의 의사를 뛰어넘어, 살인의 고의가 있으면 살인죄가 성립한다(법조경합 중 보충관계).

03 존속유기죄

제271조【유기, 존속유기】 ② 자기 또는 배우자의 직계존속에 대하여 제1항의 죄를 지은 경우에는 10년 이하의 징역 또는 1천 500만 원 이하의 벌금에 처한다. 〈개정 2020.12.8.〉

98 판례는 유기치사죄의 여호와의 증인 수혈거부 사례 참조. 대법원 1980.9.24, 79도1387.

99 다만 광의의 유기는 장소적 격리를 요건으로 한다고 보아 부작위에 의한 유기와는 구별해야 한다는 소수설은 강구진(상), 123면; 김종원, 92면 참조.

100 **판례 : 유기죄의 고의를 부정한 사례** 피고인이 호텔 7층 객실에서 피해자(女)에게 성관계를 요구하다가 같은 피해자가 그 순간을 모면하기 위하여 7층 창문으로 뛰어내려 그녀에게 생명에 대한 위험이 발생한 경우, 우선 피해자가 위 객실에서 뛰어내린 여부를 피고인이 전혀 알지 못하였다면 피고인의 고의를 인정할 수 없다(대법원 1988.8.9, 86도225). 경찰간부 11 **보충** 중유기죄가 성립하지 않는다는 사례이다.

본죄는 직계비속 또는 그 배우자라는 신분관계로 인하여 형이 가중되는 부진정신분범이다.

04 중유기죄 · 존속중유기죄

제271조【유기, 존속유기】 ③ 제1항의 죄를 지어 사람의 생명에 위험을 발생하게 한 경우에는 7년 이하의 징역에 처한다.
④ 제2항의 죄를 지어 사람의 생명에 위험을 발생하게 한 경우에는 2년 이상의 유기징역에 처한다. 〈개정 2020.12.8.〉

본죄는 구체적 위험범이자 부진정결과적 가중범이다. 따라서 본죄는 사람의 생명 경찰승진 13에 대한 위험에 대해서 과실(예견가능성)뿐만 아니라 고의가 있는 경우에도 성립한다.

05 학대죄 · 존속학대죄

제273조【학대, 존속학대】 ① 자기의 보호 또는 감독을 받는 사람을 학대한 자는 2년 이하의 징역 또는 500만 원 이하의 벌금에 처한다.
② 자기 또는 배우자의 직계존속에 대하여 전항의 죄를 범한 때에는 5년 이하의 징역 또는 700만 원 이하의 벌금에 처한다.

(1) **주체** – 타인을 보호 · 감독하는 자

사무관리 · 관습 · 조리에 의한 경우도 포함된다(통설[101]).

➜ 유기죄와의 차이점

(2) **객체** – 보호 · 감독을 받는 자와 직계존속(형의 가중)

단, 18세 미만의 아동은 아동복지법의 적용을 받는다(동법 제17조 제3 · 5호, 제3조 제1호).

(3) **행위** – 학대(虐待)

학대라 함은 육체적으로 고통을 주거나 정신적으로 차별대우를 하는 행위 등의 가혹(苛酷)한 대우(對偶)를 의미한다(학대의 의미에 관한 광의설, 다수설 · 판례, 대법원 1986.7.8, 84도2922).[102] 국가9급 14 / 경찰간부 18 / 경찰채용 21 1차 학대행위는 폭행, 음식을 주지 않거나 잠을 못 하게 하는 행위, 심한 폭언 등이 해당될 수 있으나,[103] 적어도 유기에 준할 정도에 이르러야 하므로(대법원 2000.4.25, 2000도223), 경찰간부 18 / 국가9급 21 생명 · 신체의 안전에 위험을 줄 수 있는 정도의 행위이어야 한다.

판례연구 학대행위 관련 사례

1. 대법원 2000.4.25, 2000도223

학대죄의 학대행위는 인격에 대한 반인륜적 침해 정도로는 부족하다

학대행위는 형법의 규정체제상 학대와 유기의 죄가 같은 장에 위치하고 있는 점 등에 비추어 단순히 상대방의

101 김종원, 94면; 김일수/서보학, 111면; 박상기, 98면; 배종대, 158면; 유기천(상), 90면; 오영근, 136면; 이재상, §6–22; 이형국(Ⅰ), 185면; 임웅, 119면.

102 김일수/서보학, 111면; 박상기, 99면; 배종대, 159면; 백형구, 107면; 유기천(상), 90면; 이형국(Ⅰ), 186면; 임웅, 113면; 정성근/박광민, 103면; 정영석, 250면; 황산덕, 196면. 반면에 정신적 고통은 제외하고, 육체적 고통을 가하는 것으로 이해하는 협의설(소수설)은 김봉태(공저), 127면; 김종원, 93면; 이재상, §6–24.

103 참고 학대죄를 경향범으로 해석하여 고의 이외에 일정한 학대의 성향이 나타나야 한다고 보는 견해도 있다. 김일수/서보학, 114면; 임웅, 123면; 정성근/박광민, 109면; 정영일, 90면.

인격에 대한 반인륜적 침해만으로는 부족하고 적어도 유기에 준할 정도에 이르러야 한다고 풀이함이 상당한바, 피고인과 피해자가 성관계를 맺게 된 전후의 경위 등이 원심이 적법하게 확정한 바와 같다면, 피고인이 피해자와 성관계를 가진 행위를 가리켜 위와 같은 의미의 학대행위에 해당한다고 보기는 어렵다 하겠으므로, 원심이 같은 취지에서 이 부분 공소사실에 대하여 결국 범죄의 증명이 없는 경우라고 판단하여 무죄를 선고한 조치도 정당하다. 이 경우 미성년자의제강간치상죄만 성립한다.

2. 대법원 1969.2.4, 68도1793
친권자의 징계행위의 한계를 넘은 경우
4세인 아들이 대소변을 가리지 못한다고 닭장에 가두고 전신을 구타한 것은 친권자의 징계권행사에 해당한다고 볼 수 없으므로, 학대죄가 성립한다.

3. 대법원 2020.9.3, 2020도7625
친자녀를 방임한 아동학대(아동유기 · 방임) 사건
아동복지법은 아동학대의 의미를 정의하면서 아동의 보호자와 그 외의 성인을 구분하여, 아동의 보호자가 아닌 성인에 관해서는 신체적 · 정신적 · 성적 폭력이나 가혹행위를 아동학대행위로 규정하는 것에 비하여 아동의 보호자에 관해서는 위 행위들에 더하여 아동을 유기하거나 방임하는 행위까지 포함시키고 있다(제3조 제7호). 자신의 보호 · 감독을 받는 아동에 대하여 의식주를 포함한 기본적 보호 · 양육 · 치료 및 교육을 소홀히 하는 방임행위를 하여서는 아니 되고(제17조 제6호), 이를 위반하면 5년 이하의 징역 또는 5천만 원 이하의 벌금에 처해진다(제71조 제1항 제2호). …… 친아버지인 피고인은 피해자 공소외 2(피고인의 첫째 아이, 1세)를 양육하면서 집 안 내부에 먹다 남은 음식물 쓰레기, 소주병, 담배꽁초가 방치된 상태로 청소를 하지 않아 악취가 나는 비위생적인 환경에서 위 피해자에게 제대로 세탁하지 않아 음식물이 묻어있는 옷을 입히고, 목욕을 주기적으로 시키지 않아 몸에서 악취를 풍기게 하는 등으로 …… 비위생적인 환경에서 위 피해자를 양육하였고 피해자의 의복과 몸을 청결하게 유지해 주지 않았으며 피해자를 집에 두고 외출하기도 하는 등 의식주를 포함한 기본적인 보호 · 양육 · 치료 및 교육을 소홀히 하는 방임행위를 하였다고 판단된다.

4. 대법원 2021.4.8, 2021도1083
장애인에 대한 정서적 학대행위가 문제된 사건
사회복지사로 근무하는 피고인이 장애인보호작업장에서 지적장애 3급인 피해자의 머리에 쇼핑백 끈 다발을 올려놓고 다른 장애인 근로자들이 피해자를 보고 웃게 하고 피해자의 사진을 찍고, 피해자에게 눈을 찌르고 우는 시늉을 하도록 지시하여 피해자가 어쩔 수 없이 이를 따르도록 하여 피해자로 하여금 수치심을 느끼게 하였다면 장애인복지법상 정서적 학대행위를 한 것으로 인정된다.

5. 대법원 2021.11.11, 2021도10679
아동에 대한 정서적 학대행위가 문제된 사건
사회복지법인이 운영하는 복지시설의 원장인 피고인이 원생인 피해아동(5살 여자아이)이 대답을 하지 않았다는 이유로, 식당으로 따라 들어가 다수의 사람들이 지켜보는 상황에서 피해아동이 입고 있던 도복의 허리끈 부위를 뒤에서 잡아 들어 올린 상태로 10m 가량을 걸어 식당 건물 밖까지 나가서 피해아동을 상당 시간 화강암 또는 시멘트 재질의 바닥에 맨발로 세워둔 채 훈계한 행위는 정당한 훈육의 범위나 수단, 방식을 벗어난 것으로서 아동학대처벌법상 아동의 정신건강 및 발달에 해를 끼치는 '정서적 학대행위'에 해당한다.

06 아동혹사죄

제274조【아동혹사】 자기의 보호 또는 감독을 받는 16세 미만의 자를 그 생명 또는 신체에 위험한 업무에 사용할 영업자 또는 그 종업자에게 인도한 자는 5년 이하의 징역에 처한다. 그 인도를 받은 자도 같다.

(1) 객체 – 16세 미만의 자

아동혹사죄(兒童酷使罪)의 객체인 16세 미만의 자는 성별, 기혼 · 미혼, 발육 정도는 불문한다.

➜ 형법에서 16세 미만이라는 연령이 나오면 본죄와 위증죄의 선서무능력자를 정리해둘 것

(2) 행위 – 인도 또는 인수

생명·신체에 위험한 업무에 사용할 영업자 또는 그 종업자에게 인도하거나 이를 인수하는 것이다. 인도계약만으로는 불충분하고, 현실의 인도가 있어야 한다. 따라서 인도자와 인수자는 필요적 공범이다(대향범).

(3) 근로기준법과의 비교해석을 통한 본죄의 업무

근로기준법 제65조 제1항에 의하면 18세 미만의 자를 '도덕상 또는 보건상 유해·위험한 사업'에 사용하는 행위를 금지하고 있으며, 동법 제109조 제1항에서는 벌칙으로서 3년 이하의 징역 또는 2,000만 원 이하의 벌금을 규정하고 있다. 형법상 아동혹사죄의 법정형은 근로기준법위반죄보다 무겁기 때문에, 본죄의 '생명·신체에 위험한 업무'는 근로기준법상 금지직종보다 더 좁게 해석하는 것이 통설[104]이다.

07 유기치사상죄

제275조【유기 등 치사상】 ① 제271조 내지 제273조의 죄를 범하여 사람을 상해에 이르게 한 때에는 7년 이하의 징역에 처한다. 사망에 이르게 한 때에는 3년 이상의 유기징역에 처한다.
② 자기 또는 배우자의 직계존속에 대하여 제271조 또는 제273조의 죄를 범하여 상해에 이르게 한 때에는 3년 이상의 유기징역에 처한다. 사망에 이르게 한 때에는 무기 또는 5년 이상의 징역에 처한다.

유기치사상죄는 진정결과적 가중범이다.

판례연구 유기치사죄 관련 사례

대법원 1980.9.24, 79도1387

종교적 신념에 의한 수혈거부 사안 : 유기치사죄

여호와의 증인을 믿는 생모 甲은 자기 딸 乙(11세)이 당장 수혈을 받지 않으면 생명이 위험하다는 사실을 알면서도 종교적 신념을 이유로 완강하게 수혈을 거부하여 결국 사망케 하였다. … 생모가 사망의 위험이 예견되는 그 딸에 대하여는 수혈이 최선의 치료방법이라는 의사의 권유를 자신의 종교적 신념이나 후유증 발생의 염려만을 이유로 완강하게 거부하고 방해하였다면 이는 결과적으로 요부조자를 위험한 장소에 두고 떠난 경우나 다름이 없다고 할 것이고 그때 사리를 변식할 지능이 없다고 보아야 마땅한 11세 남짓의 환자본인 역시 수혈을 거부하였다고 하더라도 생모의 수혈거부 행위가 위법한 점에 영향을 미치는 것이 아니다. 법원9급 07(상) / 경찰간부 11

보충 위 판례는 딸의 수혈을 거부한 생모 甲의 행위는 유기(소극적 유기로서 광의의 유기)에 해당되고, 종교적 신념은 형법의 정당화사유가 되지 않음을 밝힌 사례이다. 나아가 11세인 환자는 사물을 변별할 수 있는 능력이 되지 않으므로 환자 자신의 수혈거부를 환자의 '진료거부권 행사'로 보기도 어렵기 때문에, 甲은 유기치사죄의 책임을 지어야 한다는 것이다.

---

104 강구진, 128면; 김성천/김형준,151면; 김일수/서보학, 114면; 박상기, 100면; 배종대, 159면; 백형구, 110면; 서일교, 58면; 오영근, 138면; 이재상, §6-27; 이정원, 132면; 이형국(Ⅰ), 188면; 임웅, 121면; 정성근/박광민, 105면. 반면 근로기준법의 금지직종보다 그 범위가 확대되어야 한다는 소수설은 황산덕, 196면.

수험의 핵심포인트

목 차		난 도	출제율	대표 지문
제1절 협박과 강요의 죄	01 총 설	下	★	• 협박에 의하여 상대방이 현실적으로 공포심을 일으킨 경우에 비로소 구성요건이 충족되어 협박죄는 기수에 이른다. (×) • 폭행 또는 협박으로 법률상 의무 있는 일을 하게 한 경우에는 폭행 또는 협박죄만 성립할 뿐 강요죄는 성립하지 아니한다. (○) • 형법상 인질강요죄를 범한 자가 인질을 안전한 장소에 풀어준 때에는 그 형을 감경할 수 있다. (○)
	02 협박죄	中	★★	
	03 존속협박죄	下	–	
	04 특수협박죄	下	–	
	05 상습협박죄	下	–	
	06 강요죄	中	★	
	07 특수강요죄	下	–	
	08 중강요죄	下	–	
	09 인질강요죄	中	★	
	10 인질상해 · 치상죄	下	–	
	11 인질살해 · 치사죄	下	–	
제2절 체포와 감금의 죄	01 총 설	下	★	• 체포·감금죄는 행동의 자유와 의사를 가질 수 있는 자연인을 대상으로 하므로 정신병자나 영아는 본죄의 객체가 되지 못한다. (×) • 감금의 방법은 물리적·유형적 장애뿐만 아니라 심리적·무형적 장애에 의해서도 가능하고 행동의 자유의 박탈은 반드시 전면적이어야 할 필요가 없다. (○)
	02 체포 · 감금죄	下	★★	
	03 존속체포 · 감금죄	下	–	
	04 중체포 · 중감금죄, 존속중체포 · 중감금죄	下	–	
	05 특수체포 · 감금죄	下	–	
	06 상습체포 · 감금죄	下	–	
	07 체포 · 감금치사상죄	下	★	
제3절 약취, 유인 및 인신매매의 죄	01 총 설	中	★	• 미성년자유인죄라 함은 기망 또는 유혹을 수단으로 하여 미성년자를 꾀어 현재의 보호상태로부터 이탈하게 하여 자기 또는 제3자의 사실적 지배하로 옮기는 행위를 말한다. (○) • 2013.6.20. 결혼할 목적으로 사람을 약취한 자는 피약취자의 고소가 없더라도 처벌된다. (○) • 미성년자를 약취한 자가 그 미성년자를 안전한 장소로 풀어 준 때에는 그 형을 감경할 수 있다. (○)
	02 미성년자약취 · 유인죄	中	★★	
	03 추행 · 간음 · 결혼 · 영리목적 약취 · 유인죄	中	★	
	04 노동력 착취, 성매매와 성적 착취, 장기적출목적 약취 · 유인죄	中	★	
	05 국외이송목적 약취 · 유인, 피인취자 국외이송죄	下	–	
	06 인신매매죄	下	★	
	07 약취 · 유인 · 매매 · 이송 등 상해 · 치상, 살인 · 치사죄	下	–	
	08 피약취 · 유인 · 매매 · 이송자 수수 · 은닉죄	下	–	
	09 약취 · 유인 · 매매 · 이송목적 모집 · 운송 · 전달죄	下	–	
	10 상습범 처벌규정 삭제와 예비 · 음모죄 처벌대상의 확대	下	–	
	11 석방감경	下	★	
	12 세계주의 규정의 신설	下	★	
제4절 강간과 추행의 죄	01 총 설	下	★	• 혼인관계가 실질적으로 유지되고 있다면 남편이 반항을 불가능하게 하거나 현저히 곤란하게 할 정도의 폭행이나 협박을 가하여 아내를 간음하더라도 강간죄가 성립하지 않는다는 것이 현재 대법원 판례의 입장이다. (×) • 강간죄는 부녀를 간음하기 위하여 피해자를 폭행 또는 협박하여 피해자의 항거를 불능하게 하거나 현저히 곤란하게 할 정도에 이를 때에 그 실행의 착수가 있다고 보아야 할 것이고, 간음행위까지 착수해야 실행의 착수가 있다고 할 것은 아니다. (×) • 유치원 통원차량 기사인 甲이 7세 여아의 동의 하에 간음에 착수하였으나 인기척이 나므로 중지한 경우 미성년자의제강간미수로 처벌할 수 있다. (○)
	02 강간죄	中	★★	
	03 유사강간죄	中	★	
	04 강제추행죄	中	★★	
	05 준강간죄 · 준유사강간죄 · 준강제추행죄	中	★	
	06 미성년자의제강간 · 유사강간 · 강제추행죄	中	★	
	07 강간 등 상해 · 치상죄 및 강간 등 살인 · 치사죄	下	★	
	08 미성년자 · 심신미약자 간음 · 추행죄	下	★	
	09 업무상 위력 등에 의한 간음죄	下	★	
	10 상습법	下	–	
	11 강간 등 예비 · 음모죄	下	–	
	12 성폭법상 기타 규정	中	★	

최근 6개년 출제경향 분석

구 분	국가7급						국가9급						법원9급						경찰간부					
	18	19	20	21	22	23	19	20	21	22	23	24	18	19	20	21	22	23	18	19	20	21	22	23
제1절 협박과 강요의 죄			1			1									1			1		1	1			1
제2절 체포와 감금의 죄									1										1					1
제3절 약취, 유인 및 인신매매의 죄												1				1	1					1		
제4절 강간과 추행의 죄	1		1	1		1		2		1			1	1	1	1				1	1	1	1	1
출제빈도수	6/130						5/120						8/150						11/240					

CHAPTER

02

자유에 대한 죄

핵심사항

• 협박죄의 법익보호의 정도 • 협박의 개념 • 협박의 객체	• 강요죄의 요건 • 인질강요죄의 특징 • 인질강요와 인질강도의 차이점	• 석방감경
• 체포·감금죄의 보호법익 • 감금의 개념	• 감금죄와 다른 범죄와의 관계 • 중체포·중감금죄의 특징	• 감금치사상죄의 요건
• 2013년 형법 개정의 내용과 특징 • 약취·유인의 개념	• 미성년자약취·유인죄의 주체로서의 친권자 • 인신매매죄의 요건	• 예비죄 처벌규정 • 석방감경 • 세계주의
• 2012년 형법 개정의 내용과 특징 • 강간죄의 객체인 사람 • 부부강간 • 여성의 법적 기준 • 강간죄의 폭행·협박의 정도	• 강간죄와 다른 범죄와의 관계 • 유사강간죄의 요건 • 강제추행죄의 폭행·협박의 정도 • 추행의 개념 • 주관적 구성요건, 준강간죄의 요건	• 미수범 처벌규정의 적용대상 • 강간치상의 상해의 개념 • 미성년자의제강간죄의 요건 및 미수범

경찰채용						법원행시						변호사					
19	20	21	22	23	24	19	20	21	22	23	24	19	20	21	22	23	24
1	1														1		
				1													
		1				2		1									
1	1	2	3		2	1	1	1	2	1	2	1		1			1
13/264						11/240						4/120					

CHAPTER

02 자유에 대한 죄

인간에게는 자유(自由)도 생명·신체만큼 소중한 것이므로, 우리 헌법에서도 신체의 자유나 사생활의 자유 등이 국민의 기본권임을 확인하고 이를 보호하기 위한 여러 규정들을 두고 있다. 따라서 형법에서도 협박과 강요, 체포와 감금, 약취와 유인 그리고 강간과 추행 등의 죄를 처벌함으로써 개인의 자유를 보호하고자 하는 것이다. 물론 여기에만 자유에 대한 죄가 있는 것은 아니다. 예를 들어 공갈죄나 강도죄만 하더라도 사람의 의사결정의 자유가 그 법익의 일부가 됨은 부정할 수 없다. 그러나 여기에서는 의사결정의 자유(협박), 의사실현의 자유(강요), 신체활동의 자유(체포·감금, 약취·유인) 그리고 성적 생활에 관한 자유(강간·추행) 등을 보호하기 위한 구성요건들을 자유에 대한 죄라는 제목 하에서 검토해보기로 한다.

제1절 협박과 강요의 죄

01 총 설

협박죄(脅迫罪, intimidation, Bedrohung)는 사람의 의사결정에 영향을 주기 위해 해악을 가할 것을 고지함으로써 성립하는 범죄이다. 따라서 그 보호법익은 의사결정의 자유(Willensentschließungsfreiheit)이다. 협박죄의 법익보호의 정도에 대해서는 침해범설(통설)과 위험범설(소수설[105] · 판례)이 대립하지만, 미수범 처벌규정을 두고 있음을 고려할 때 침해범으로 이해하는 것이 자연스러워 보인다. 이에 비해 강요죄(强要罪, coercion)는 의사결정의 자유뿐만 아니라 의사결정에 기한 행동의 자유(Willensbetätigungsfreiheit)(의사결정의 자유와 의사실현의 자유)까지 그 보호법익으로 하고 있다는 점에서 협박죄와 구별이 된다. 강요죄의 법익보호의 정도는 침해범이며(통설), 중강요죄(결과적 가중범)를 제외하고는 역시 미수범 처벌규정을 두고 있다.

우리 형법은 자유에 대한 죄인 강요죄를 재산죄인 권리행사방해죄(제323조) 이하에서 규정하고 있는데, 입법론적으로는 협박죄에서 함께 규정하는 것이 타당하다.

02 협박죄

제283조【협박, 존속협박】 ① 사람을 협박한 자는 3년 이하의 징역, 500만 원 이하의 벌금, 구류 또는 과료에 처한다.
③ 제1항 및 제2항의 죄는 피해자의 명시한 의사에 반하여 공소를 제기할 수 없다.

105 정영석, 260면. 참고로 독일에서는 협박죄를 보통 위험범으로 해석한다. Sch/Sch/Eser §241, Rn.2; Tröndle/Fischer §241, Rn.2.

1. 구성요건

(1) 객관적 구성요건

① 객체 – 사람 : 해악고지에 의하여 공포심을 일으킬 만한 정신능력을 필요로 한다. 따라서 유아, 명정자, 정신병자, 수면자 그리고 법인(대법원 2010.7.15, 2010도1017) 국가9급 14 / 법원행시 11 / 법원행시 12 / 법원9급 14 / 경찰승진 12 / 경찰채용 18 1차 / 경찰채용 13 2차 / 경찰채용 14 2차은 본죄의 객체가 아니다.

> 대법원 2010.7.15, 2010도1017
> 법인은 협박죄의 객체가 될 수 없다는 판례
> 협박죄는 사람의 의사결정의 자유를 보호법익으로 하는 범죄로서 형법규정의 체계상 개인적 법익, 특히 사람의 자유에 대한 죄 중 하나로 구성되어 있는바, 위와 같은 협박죄의 보호법익, 형법규정상 체계, 협박의 행위 개념 등에 비추어 볼 때, 협박죄는 자연인만을 그 대상으로 예정하고 있을 뿐 법인은 협박죄의 객체가 될 수 없다. 경찰채용 18 1차 / 경찰채용 13 · 14 2차 / 경찰승진 12 / 국가9급 14 / 법원9급 14 / 법원행시 11 · 12

② 행위 – 협박(脅迫, intimidate, Drohung)

표정리 형법상의 협박(통설의 분류[106])

구 분	내 용	예
광의의 협박	사람에게 공포심을 일으킬 목적으로 상대방에게 해악을 고지하는 일체의 행위를 의미하며, 해악고지에 의하여 현실적으로 상대방이 공포심을 가졌는지는 문제되지 않는다(위험범). 법원9급 07(하)	공무집행방해죄(제136조), 법원9급 07(하) 직무강요죄(제136조 제2항), 내란죄(제87조), 특수도주죄(제146조), 소요죄(제115조), 다중불해산죄(제116조)
협의의 협박	해악의 고지에 의하여 상대방이 현실적으로 공포심을 느낄 정도의 협박을 말한다. 현실적인 공포심의 야기로써 기수에 이른다(침해범).	협박죄(제283조, 판례는 위험범) 강요죄(제324조) 공갈죄(제350조)
최협의의 협박	상대방의 반항을 불가능하게 하거나 현저히 곤란하게 할 정도의 해악을 고지하는 것	• 강도죄(제333조) : 불가능, 억압 • 강간죄(제297조) : 현저 곤란

㉠ 의의 : 협박죄의 협박은 상대방의 의사결정의 자유를 제한하는 정도의 해악의 고지 즉, '상대방에게 현실적으로 공포심(외포심)을 일으키게 할 만한 해악(害惡)을 고지(告知)하는 것(협의의 협박)'을 말한다(통설 · 판례[107]). 국가9급 14 / 경찰간부 14 협박은 적어도 발생 가능한 것으로 생각될 수 있는 정도의 구체적인 해악의 고지가 있어야 하며(대법원 1998.3.10, 98도70),[108] 경찰간부 14 이 점에서 경고와의 구별이 문제된다.

---

106 다만 협박을 광의의 협박과 협의의 협박으로 이분하는 견해도 있다. 유기천(상), 103면; 정영석, 259면.

107 **판례의 입장에 대한 평가** 협박죄가 성립되려면…상대방이 그에 의하여 현실적으로 공포심을 일으킬 것까지 요구되는 것은 아니며, **'그와 같은 정도의 해악을 고지함'**으로써 상대방이 그 의미를 인식한 이상 협박죄는 기수에 이른다(대법원 2007.9.28, 2007도606 전원합의체)는 것이 판례이다. 그렇다면 여기에서 '그와 같은 정도'란 **'상대방으로 하여금 현실적으로 공포심을 일으킬 수 있는 정도'를 말하며, 이는 협의의 협박**을 말하는 것이다. 따라서 판례는 협박죄의 본질에 있어서는 **위험범설**을 취하여 그 기수시기에 대해서는 통설의 입장과 차이가 있으나, 협박의 개념 · 정도는 협의의 협박으로 파악한다는 점에서 통설과 같은 것으로 정리된다(자세한 것은 후술함).

108 **판례 : 어떠한 법익에 대한 어떠한 해악을 가하겠다는 것인지 알 수 없다는 사례** 乙은 자신의 남편인 甲과 A(여, 20세)가 수회에 걸쳐 간음한 사실을 구실로, 甲이 A의 언니인 B(26세)에게 전화하여 "**乙이 가출하고 없다. 어떻게 할 것인가, 乙을 빨리 찾아내어 해결하여야 할 것이 아닌가, 그렇지 않으면 A를 간통죄로 고소하겠다.**"라고 말하였는데, 그것만으로는 구체적으로 피고인 甲이 B의 어떠한 법익에 어떠한 해악을 가하겠다는 것인지 알 수 없으므로 해악의 고지라고 보기 어렵다(대법원 1998.3.10, 98도70).

㉡ 경고와의 구별

ⓐ 경고의 의의 : 경고(警告, Warnung)라 함은 행위자가 좌우할 수 없는 위험을 고지하는 행위를 말한다. 따라서 단순한 경고는 해악발생 여부가 행위자의 의사 혹은 행위자와 관계된 제3자를 통하여 좌우되는 경우인 협박과는 구별되며, 협박죄를 구성하지 못한다. 그렇다면 천재지변 등을 고지하는 것은 단순한 경고인가가 문제된다.

협 박	해악발생 여부가 행위자의 의사 혹은 행위자와 관계된 제3자를 통하여 좌우되는 경우를 말하며, 협박죄를 구성한다.
경 고	경고라 함은 해악발생 여부가 행위자와 무관한 경우(예 천재지변이나 길흉화복 또는 사고를 사전에 알림)를 말한다. 단순한 경고는 협박죄를 구성하지 못한다.

ⓑ 천재지변 · 신력 · 길흉화복의 고지 : ㉮ 협박죄의 해악은 비단 인위적인 것뿐만 아니라 천재지변 또는 신력이나 길흉화복에 관한 것도 포함될 수 있다. 다만, ㉯ 천재지변이나 신력 또는 길흉화복을 해악으로 고지하는 경우에는 '상대방으로 하여금 행위자 자신이 그 천재지변 또는 신력이나 길흉화복을 사실상 지배하거나 그에 영향을 미칠 수 있는 것으로 믿게 하는 명시적 또는 묵시적 행위가 있어야' 협박이라고 볼 수 있다. 판례도 단지 "조상천도를 하지 않으면 재앙이 온다."고 말하여 피해자에게 겁을 주고 금원을 받은 행위는 해악의 발생이 합리적으로 예견될 수 있는 것이 아니므로 협박으로 평가될 수 없다고 판시한 바 있다(대법원 2002.2.8, 2000도3245).

경찰간부 11 / 경찰간부 12 / 경찰간부 14 / 경찰채용 12 1차 / 경찰승진 13 · 24

㉢ 해악의 고지

ⓐ 해악의 고지 및 방법 : 협박죄는 해악의 고지가 있어야 하므로 해악고지가 없는 단순한 폭언(예 '두고 보자.' : 대법원 1974.10.8, 74도1892)은 협박이 될 수 없다. 해악고지의 방법은 언어 · 문서 · 거동(예 '가위로 찌를 듯이 한 것' : 대법원 1975.10.7, 74도2727,[109] 국가9급 12 / 법원9급 10 / 경찰간부 12 / 경찰간부 13 회칼 2자루를 들고 나와 죽어버리겠다며 자해하려고 한 경우 : 대법원 2011.1.27, 2010도14316[110])에 의한 것임을 불문한다.

ⓑ 고지되는 해악의 내용 : 고지되는 해악의 내용, 즉 침해하겠다는 법익의 종류(예 생명, 신체, 자유, 명예, 재산, 정조 등)나 법익의 향유 주체 등에는 아무런 제한이 없다(통설[111] · 판례). 따라서 피해자 본인이나 그 친족뿐만 아니라 그 밖의 '제3자'에 대한 법익 침해를 내용으로 하는 해악(제3자에 대한 해악)을 고지하는 것이라고 하더라도, 피해자 본인과 제3자가 밀접한 관계에 있어 그 해악의 내용이 피해자 본인에게 공포심을 일으킬 만한 정도의 것이라면 협박죄가 성립할 수 있으며, 이 때 '제3자'에는 자연인뿐만 아니라 법인도 포함된다(대법원 2010.7.15, 2010도1017 : 회사의 내부비리를 금감원 등에 고발하겠다고 회사의 이사에게 고지한 사례).[112] 법원행시 12 / 경찰간부 11 / 경찰승진 12 / 경찰채

---

109 판례 : 가위로 찌를 듯이 한 것은 거동에 의한 협박 해악고지는 보통 언어에 의하는 것이나 경우에 따라서는 한마디 말도 없이 거동에 의하여서도 조치할 수 있는 것이므로 가위로 찌를 듯이 하였다면, 신체에 대하여 위해를 가할 고지로 못 볼 바 아니므로 이를 협박죄로 단정한 원판결은 정당하다(대법원 1975.10.7, 74도2727). 법원9급 10 / 경찰간부 12 / 경찰간부 13

110 사례 : 거동에 의한 해악의 고지 – 회칼로 죽어버리겠다며 자해하려 한 사건 甲은 乙과 술을 마시던 중 화가 나 횟집 주방에 있던 회칼 2자루를 들고 나와 죽어버리겠다며 자해하려고 하였다. 甲의 행위는 협박죄를 구성하는가? 판례 협박죄에서 해악을 고지하는 행위는 통상 언어에 의하는 것이나 경우에 따라서는 거동으로 해악을 고지할 수도 있다(대법원 1975.10.7, 74도2727; 2009.9.10, 2009도5146). 피고인은 피해자와 횟집에서 술을 마시던 중 피해자가 모래 채취에 관하여 항의하는 데에 화가 나서, 횟집 주방에 있던 회칼 2자루를 들고 나와 죽어버리겠다며 자해하려고 하였다는 것이다. 피고인의 행위는 단순한 자해행위 시늉에 불과한 것이 아니라 피고인의 요구에 응하지 않으면 피해자에게 어떠한 해악을 가할 듯한 위세를 보인 행위로서 협박에 해당한다고도 볼 수 있다(대법원 2011.1.27, 2010도14316). 해결 구성한다.

111 강구진, 135면; 김일수/서보학, 118면; 김종원, 99면; 박상기, 105면; 백형구, 381면; 이재상, §7－6; 이형국(I), 198면; 임웅, 134면.

112 판례 : 제3자의 법익을 침해하겠다는 내용의 해악 고지의 경우 제3자에 법인이 포함된다는 판례 채권추심 회사의 지사장인 피고

용 13 2차 / 경찰채용 14 2차 / 변호사 13 / 변호사 14 / 경찰채용 17 1차 / 법원9급 20 / 경찰승진 24 다만 피해자 본인과 제3자가 밀접한 관계에 있다고 볼 수 없다면 협박에 해당하지 않는다(대법원 2012.8.17, 2011도10451). 국가9급 14 / 법원9급 14 / 경찰채용 18 1차 / 경찰채용 13 2차 / 경찰채용 14 2차

> 대법원 2012.8.17, 2011도10451
> 경찰서 관할구역 내에 있는 정당에 대한 해악을 경찰관에게 고지한 사건
> 피고인이 혼자 술을 마시던 중 甲 정당이 국회에서 예산안을 강행처리하였다는 것에 화가 나서 공중전화를 이용하여 경찰서에 여러 차례 전화를 걸어 전화를 받은 각 경찰관에게 경찰서 관할구역 내에 있는 甲 정당의 당사를 폭파하겠다는 말을 한 경우, 특별한 사정이 없는 한 일반적으로 甲 정당에 대한 해악의 고지가 각 경찰관 개인에게 공포심을 일으킬 만큼 서로 밀접한 관계에 있다고 보기 어려우므로 이는 각 경찰관에 대한 협박죄를 구성하지 않는다. 경찰채용 18 1차 / 경찰채용 13·14 2차 / 국가9급 14 / 법원9급 14 / 경찰승진 24

ⓒ 해악의 정도 : 사람에게 현실적으로 공포심을 일으킬 수 있는 정도이다(협의의 협박).

ⓓ 제3자에 의한 해악 : 해악의 고지는 행위자가 직접 해악을 가하겠다고 고지하는 것은 물론 제3자로 하여금 해악을 가하도록 하겠다는 방식으로도 가능하다. 법원9급 10 / 법원9급 14 그런데 이 경우 고지자가 제3자의 행위를 사실상 지배하거나 제3자에게 영향을 미칠 수 있는 지위에 있는 것으로 믿게 하는 명시적 · 묵시적 언동을 하였거나 제3자의 행위가 고지자의 의사에 의하여 좌우될 수 있는 것으로 상대방이 인식한 경우에 한하여 비로소 고지자가 직접 해악을 가하겠다고 고지한 것과 마찬가지의 행위로 평가할 수 있다(대법원 2006.12.8, 2006도6155; 2007.6.1, 2006도1125[113]). 법원행시 09 / 법원행시 10 / 법원행시 12 / 법원9급 14 / 사시 11

(2) **주관적 구성요건** – 고의

① 의의 : 본죄의 고의는 행위자가 사람으로 하여금 공포심을 일으킬 수 있는 정도의 해악을 고지한다는 것을 인식 · 인용하는 것을 그 내용으로 한다. 고지한 해악을 실제로 실현할 의도나 욕구는 필요로 하지 않는다(대법원 1991.5.10, 90도2102).[114] 국가9급 14 / 법원행시 09 / 법원행시 10 / 법원행시 12 / 경찰승진(공통) 10 / 경찰승진 14 / 경찰채용 13 1차 / 경찰채용 14 1차

② 단순한 감정적 욕설 내지 일시적 분노의 표시 : 행위자의 언동이 단순한 감정적인 욕설 내지 일시적 분노의 표시에 불과하여 주위사정에 비추어 가해의 의사가 없음이 객관적으로 명백한 때에는 협박행

인이 회사로부터 자신의 횡령행위에 대한 민·형사상 책임을 추궁당할 지경에 이르자 이를 모면하기 위하여 회사 본사에 '회사의 내부비리 등을 금융감독원 등 관계 기관에 고발하겠다.'는 취지의 서면을 보내는 한편, 위 회사 경영지원본부장이자 상무이사에게 전화를 걸어 자신의 횡령행위를 문제삼지 말라고 요구하면서 위 서면의 내용과 같은 취지로 발언한 경우, 피고인은 위 상무이사에 대하여 협박죄를 범한 죄책이 인정된다(대법원 2010.7.15, 2010도1017). 법원행시 12 / 경찰간부 11 / 경찰승진 12 / 경찰채용 13 2차 / 경찰채용 2차 14 / 변호사 13 / 변호사 14

113 판례 : 제3자로 하여금 해악을 가하도록 하겠다는 방식으로 해악을 고지한 사건 甲은 乙의 장모 丙이 있는 자리에서 서류를 보이면서 "甲의 요구를 들어주지 않으면 서류를 세무서로 보내 세무조사를 받게 하여 乙을 망하게 하겠다."라고 말하여 乙의 장모 丙으로 하여금 乙에게 위와 같은 사실을 전하게 하고, 그 다음날 乙의 처 丁에게 전화를 하여 "며칠 있으면 국세청(제3자)에서 조사가 나올 것이니 그렇게 아시오."라고 말한 경우, 이러한 각 행위도 협박죄에 있어서 해악의 고지에 해당한다고 볼 수 있다(대법원 2007.6.1, 2006도1125). 법원행시 09 / 법원행시 10 / 법원행시 12 / 법원9급 14

114 판례 : 협박죄의 고의는 고지한 해악을 실제로 실현할 의도나 욕구는 필요로 하지 아니한다는 사례 피고인이 피해자인 누나의 집에서 갑자기 온 몸에 연소성이 높은 고무놀을 바르고 라이타 불을 켜는 동작을 하면서 이를 말리려는 피해자 등에게 가위, 송곳을 휘두르면서 "방에 불을 지르겠다.", "가족 전부를 죽여버리겠다."고 소리쳤고 피해자가 피고인의 행위를 약 1시간 가량 말렸으나 듣지 아니하여 무섭고 두려워서 신고를 하였다면, 피고인의 행위는 피해자 등에게 공포심을 일으키기에 충분할 정도의 해악을 고지한 것이고, 나아가 피고인에게 실제로 피해자 등의 신체에 위해를 가할 의사나 불을 놓을 의사가 없었다고 할지라도 위와 같은 해악을 고지한다는 점에 대한 인식, 인용은 있었다고 봄이 상당하고, 피해자가 그 이상의 행동에 이르지 못하도록 막은 바 있다 해도 피고인의 행위가 단순한 감정적 언동에 불과하거나 가해의 의사가 없음이 객관적으로 명백한 경우에 해당한다고는 볼 수 없다(대법원 1991.5.10, 90도2102). 법원행시 09 / 법원행시 10 / 법원행시 12 / 경찰승진 14 / 경찰채용 13 1차 / 경찰채용 14 1차

위 내지 협박의 의사를 인정할 수 없다. 경찰채용 13 2차

대법원 2006.8.25, 2006도546
감정적인 욕설 내지 일시적인 분노 표시에 불과하고 해악을 고지한다는 인식을 갖고 한 것이라고 보기 어렵다고 한 사례
행위자의 언동이 단순한 감정적인 욕설 내지 일시적 분노의 표시에 불과하여 주위사정에 비추어 가해의 의사가 없음이 객관적으로 명백한 때에는 협박행위 내지 협박의 의사를 인정할 수 없다. 경찰채용 13 2차 피고인이 자신의 동거남과 성관계를 가진 바 있던 피해자에게 "사람을 사서 쥐도 새도 모르게 파묻어버리겠다. 너까지 것 쉽게 죽일 수 있다."라고 한 말은, 언성을 높이면서 말다툼으로 흥분한 나머지 단순히 감정적인 욕설 내지 일시적 분노의 표시를 한 것에 불과하고 해악을 고지한다는 인식을 갖고 한 것이라고 보기 어렵다.[115] 경찰간부 17

2. 미수와 기수 및 통설과 판례의 비교

(1) 미수와 기수

① 문제의 소재 : 협박죄는 미수를 처벌하므로(제286조), 어느 시점에 기수가 되는가를 정해야 한다. 협박죄의 기수시기는 협박죄를 위험범으로 볼 것인가 침해범으로 볼 것인가에 따라 달라진다.

② 위험범설 : 대법원은 2007년 전원합의체 판례에 의하여 공포심을 일으키게 할 만한 해악을 고지하여 상대방이 그 의미를 인식한 이상 상대방이 현실적으로 공포심을 일으켰는지 여부와 관계없이 그로써 구성요건은 충족되어 기수에 이른다고 함으로써, 본죄를 위험범으로 해석하고 있다.

판례연구 협박죄의 위험범적 성질과 협박죄의 미수와 기수

대법원 2007.9.28, 2007도606 전원합의체
협박죄의 기수에 이르기 위하여 상대방이 현실적으로 공포심을 일으킬 것을 요하지 않는다는 사례
협박죄가 성립하려면 고지된 해악의 내용이 …… 일반적으로 사람으로 하여금 공포심을 일으키게 하기에 충분한 것이어야 하지만, 상대방이 그에 의하여 현실적으로 공포심을 일으킬 것까지 요구하는 것은 아니며, 그와 같은 정도의 해악을 고지함으로써 상대방이 그 의미를 인식한 이상, 상대방이 현실적으로 공포심을 일으켰는지 여부와 관계없이 그로써 구성요건은 충족되어 협박죄의 기수에 이르는 것으로 해석하여야 한다. [경찰승진 10 / 사시 13]
결국, 협박죄는 사람의 의사결정의 자유를 보호법익으로 하는 위험범이라 봄이 상당하고, 협박죄의 미수범 처벌조항은 ① 해악의 고지가 현실적으로 상대방에게 도달하지 아니한 경우나, ② 도달은 하였으나 상대방이 이를 지각하지 못하였거나 ③ 고지된 해악의 의미를 인식하지 못한 경우 등에 적용될 뿐이다. 경찰채용 12 1차 / 경찰채용 13·14 2차 / 경찰간부 11·14 / 국가9급 12 / 법원9급 10 / 법원행시 11·12 / 변호사시험 13·20 …… 정보보안과 소속 경찰관이 자신의 지위를 내세우면서 타인의 민사분쟁에 개입하여 빨리 채무를 변제하지 않으면 상부에 보고하여 문제를 삼겠다고 말한 것은 객관적으로 상대방이 공포심을 일으키기에 충분한 정도의 해악의 고지에 해당하므로 현실적으로 피해자가 공포심을 일으키지 않았다 하더라도 협박죄의 기수에 이르렀다고 보아야 한다. 경찰채용 12 1차 / 경찰채용 13·14 2차 / 경찰간부 11·14 / 경찰승진 10·11·13·14·17 / 국가9급 12·20 / 법원9급 10 / 법원행시 11·12 / 사시 13 / 변호사시험 13

---

115 **유사판례1 : 협박죄를 구성할 만한 해악의 고지 의사가 없었다는 사례** 지서에 연행된 피고인이 경찰관으로부터 반공법위반 혐의사실을 추궁당하고 뺨까지 얻어맞게 되자 술김에 흥분하여 항의조로 "내가 너희들의 목을 자른다. 내 동생을 시켜서라도 자른다."라고 말하였다 하여 당시 피고인에게 협박죄를 구성할 만한 해악을 고지할 의사가 있었다고 볼 수 없다(대법원 1972.8.29, 72도1565). 경찰승진(공통) 11
유사판례2 : 甲은 乙과 언쟁 중 "입을 찢어 버릴라."라고 말을 하였다. 이는 당시의 주위사정 등에 비추어 단순한 감정적인 욕설에 불과하고 피해자에게 해악을 가할 것을 고지한 행위라고 볼 수 없어 협박에 해당하지 않는다(대법원 1986.7.22, 86도1140). 경찰간부 12 / 경찰승진 13

③ 침해범설 : 협박죄는 침해범이므로, 해악을 고지하여 상대방으로 하여금 현실적으로 외포심(공포심)을 일으켜야만 기수가 된다는 입장으로서 통설의 입장이다. 이 견해에 의하면 해악의 고지에 의하여 상대방이 공포심을 느꼈을 때에 기수가 되며, 해악의 고지에도 불구하고 상대방이 전혀 공포심을 느끼지 않은 경우에 미수에 해당하게 된다.

④ 소결 : 침해범설이 타당하다고 생각된다(다만 수험에서는 판례의 입장에 유의할 것).

(2) 통설과 판례의 비교

① 협박죄의 본질 : 판례는 위험범설, 통설은 침해범설을 취한다.

② 협박의 개념 · 정도 : 통설과 판례 모두 '상대방으로 하여금 현실적으로 공포심을 일으키게 할 정도'(상대방의 의사결정의 자유를 제한할 정도)인 '협의의 협박'으로 파악한다.

③ 협박죄의 기수시기 : 판례는 위험범설을 취하므로 상대방이 그 의미를 인식하였다면 현실로 공포심으로 가지지 않았더라도 기수가 된다고 이해하는 반면, 통설은 침해범설을 취하므로 상대방이 현실로 공포심을 가졌을 때 기수가 된다고 본다.

3. 위법성

(1) 친권자의 징계행위

친권자는 자를 보호하고 교양할 권리의무가 있고(민법 제913조) 그 자를 보호 또는 교양하기 위하여 필요한 징계를 할 수 있기는 하지만(민법 제915조는 삭제되어, 이제는 사회상규에 위배되지 않는 행위임) 이러한 징계권은 인격의 건전한 육성을 위하여 필요한 범위 안에서 상당한 방법으로 행사되어야만 할 것인데, 스스로의 감정을 이기지 못하고 야구방망이로 때릴 듯이 피해자에게 "죽여 버린다."고 말하여 협박하는 것은 그 자체로 피해자의 인격 성장에 장해를 가져올 우려가 커서 이를 교양권의 행사라고 보기도 어렵다(대법원 2002.2.8, 2001도6468). 국가9급 12 / 경찰간부 12 / 경찰승진(공통) 11 / 국가9급 21 따라서 협박죄의 위법성이 조각될 수 없다.

(2) 사회상규에 위배되지 아니하는 행위

협박죄의 구성요건에 해당되는 해악의 고지가 있다 하더라도, 그것이 사회의 관습이나 윤리관념 등에 비추어 볼 때에 사회통념상 용인할 수 있을 정도의 것이라면 협박죄는 성립하지 아니한다(대법원 1998.3.10, 98도70). 경찰간부 14 이 경우 판단기준은 목적과 수단의 관계를 고려하는 것인데(Zweck－Mittel－Relation), '정당한 목적'을 위해 '사회상규상 용인될 만한 수단'이라고 인정된다면 위법성이 조각되는 것이다.[116]

따라서 권리행사나 직무집행의 일환으로 상대방에게 일정한 해악을 고지한 경우, 그 해악의 고지가 ① 정당한 권리행사나 직무집행으로서 사회상규에 반하지 아니하는 때에는 협박죄가 성립하지 아니하나(대법원 1995.9.19, 94도2187; 1998.3.10, 98도70[117]), ② 외관상 권리행사나 직무집행으로 보이더라도 실질적으로 권리나 직무권한의 남용이 되어 사회상규에 반하는 때에는 협박죄가 성립한다(대법원 2007.9.28, 2007도606)(통설[118]).

---

116 박상기, 106면; 이재상, §7－12; 임웅, 136면; 정성근/박광민, 123면; Tröndle/Fischer §240 Rn.22.

117 **판례 : 어떠한 법익에 대한 어떠한 해악을 가하겠다는 것인지 알 수 없다는 사례** 乙은 자신의 남편인 甲과 A(여, 20세)가 수회에 걸쳐 간음한 사실을 구실로, 乙은 B에게 "**너희들이 잘못해 놓고 왜 사과하지 않느냐, 가정파탄죄로 고소하겠다.**"고 말하였으며, A의 집에서 乙이 A의 아버지인 C에게 자신들이 작성한 유서를 보여주며 "읽어봐라. **딸이 가정파괴범이다. 시집을 보내려고 하느냐 안 보내려고 하느냐.**"라고 말하였는데, 이러한 해악의 고지가 있다 하더라도 그것이 사회의 관습이나 윤리관념 등에 비추어 볼 때에 사회통념상 용인할 수 있을 정도의 것이라면 협박죄는 성립하지 아니한다(대법원 1998.3.10, 98도70).

118 강구진, 137면; 김일수/서보학, 119면; 김종원, 100면; 박상기, 106면; 배종대, 168면; 백형구, 382면; 이재상, §7－12; 이형국(Ⅰ), 201면; 임웅, 136면; 정성근/박광민, 123면.

판례연구 사회상규에 위배되지 아니하는 행위에 해당되는 사례 : 위법성 조각

1. 대법원 1995.9.19, 94도2187

수박이 없어지면 네 책임이라고 말한 사례

"앞으로 수박이 없어지면 네 책임으로 한다."고 말하였다고 하더라도 피고인과 먼 친척간이기도 한 피해자가 피고인의 수박밭에 들어와 두리번거리는 것을 발견하자 피해자가 수박을 훔치려던 것으로 믿은 나머지 피해자를 훈계하려고 위와 같이 말하였으며 그 과정에서 폭행을 가하거나 달리 유형력을 행사한 바는 없었다면, 이는 정당한 훈계의 범위를 벗어나는 것이 아니어서 사회상규에 위배되지 아니하므로 위법성이 없다고 봄이 상당하고, 그 후 피해자가 스스로 음독자살(飮毒自殺)하기에 이르렀다 하더라도 이는 피해자가 자신의 결백을 밝히려는 데 그 동기가 있었던 것으로 보일 뿐 그것이 피고인의 협박으로 인한 결과라고 보기도 어려우므로 그와 같은 결과의 발생만을 들어 이를 달리 볼 것은 아니다.[119] 법원행시 07 / 경찰승진(공통) 11 / 경찰채용 14 1차

2. 대법원 2022.12.15, 2022도9187

민사적 법률관계에서 당사자 사이의 불이익 · 해악의 고지의 협박죄 성부

권리행사의 일환으로 상대방에게 일정한 해악을 고지한 경우에도, 그러한 해악의 고지가 사회의 관습이나 윤리관념 등에 비추어 사회통념상 용인할 수 있는 정도이거나 정당한 목적을 위한 상당한 수단에 해당하는 등 사회상규에 반하지 아니하는 때에는 협박죄가 성립하지 아니한다. 따라서 민사적 법률관계하에서 이해관계가 상충되는 당사자 사이에 권리의 실현·행사 과정에서 이루어진 상대방에 대한 불이익이나 해악의 고지가 일반적으로 보아 공포심을 일으킬 수 있는 정도로서 협박죄의 '협박'에 해당하는지 여부와 그것이 사회상규에 비추어 용인할 수 있는 정도를 넘어선 것인지 여부를 판단할 때에는, 행위자와 상대방의 관계 및 사회경제적 위상의 차이, 고지된 불이익이나 해악의 내용이 당시 상황에 비추어 이해관계가 대립되는 당사자의 권리 실현·행사의 내용으로 통상적으로 예견·수용할 수 있는 범위를 현저히 벗어난 정도에 이르렀는지, 해악의 고지 방법과 그로써 추구하는 목적 사이에 합리적 관련성이 존재하는지 등 여러 사정을 세심히 살펴보아야 한다. …… 피고인들을 비롯한 직원들의 임금이 체불되고 사무실 임대료를 내지 못할 정도로 재정 상태가 좋지 않는 등의 이유로 이 사건 회사의 경영상황이 우려되고 대표이사 겸 최대주주인 피해자의 경영능력이 의심받던 상황에서, 직접적 이해당사자인 피고인들이 동료 직원들과 함께 피해자를 만나 '사임제안서'만 전달하였을 뿐 별다른 말을 하지 않았고, 피해자도 약 5분 동안 이를 읽은 후 바로 그 자리를 떠났다. …… 경영위기에 놓인 회사의 직원 중 일부가 동료 직원 및 주요 투자자와 협의를 거쳐 회사 갱생을 위한 자구책으로 마련한 '사임제안서'를 대표이사에게 전달한 행위는 '협박'으로 볼 수 없고, 이에 해당하더라도 사회통념상 용인할 수 있는 정도이거나 회사의 경영 정상화라는 정당한 목적을 위한 상당한 수단에 해당하여 사회상규에 반하지 아니한다.

판례연구 위법성 인정

대법원 2007.9.28, 2007도606

정보과 경찰관이 빨리 채무를 변제하지 않으면 문제삼겠다고 말한 사례

정보보안과 소속 경찰관이 자신의 지위를 내세우면서 타인의 민사분쟁에 개입하여 빨리 채무를 변제하지 않으면 상부에 보고하여 문제를 삼겠다고 말한 경우, 상대방이 채무를 변제하고 피해 변상을 하는지 여부에 따라 직

119 유사판례 : 공갈죄에서 동일한 법리가 적용된 사례 甲은 乙의 대리인 丙으로부터 乙 소유 삼광여관을 5,000만 원에 매수하고 계약금과 잔대금 중 일부를 지급하였다. 丙은 수령금 중 2,000만 원을 자신의 乙에 대한 채권변제에 충당하여 자기 예금구좌에 입금하였다. 乙이 부채를 감당하지 못해 도피해 버리고 그의 채권자들은 乙의 여관을 점거하였다. 그로 인해 여관을 명도받기가 어려워졌으며, 이에 甲은 丙에게 "삼광여관을 당장 명도해 주든가, 명도소송비용을 내놓으라. 그렇지 않으면 내가 당신에게 속은 것이니 고소하여 당장 구속시켜 버리겠다."고 말하였다. 이에 丙은 자신이 수령한 잔대금 중 1,800만 원을 甲에게 보관시키되 자신이 4일 내에 삼광여관을 명도하지 못할 때에는 이로써 명도소송비용과 손해금 등에 충당하기로 약정하고 돈을 건네주었다. 이때 甲은 정당한 권리를 행사한 것이며 다소 위협적인 말을 하였다고 하여도 이는 사회통념상 용인될 정도의 것(제20조의 사회상규에 위배되지 않는 행위)이므로 협박에 해당하지 않으므로 공갈죄가 성립하지 않는다(무죄)(대법원 1984.6.26, 84도648). 참고 다만 이러한 공갈죄와 관련해서는, 다수설은 판례와는 달리, 공갈죄는 성립하지 않아도 협박죄는 성립할 수 있다는 입장을 취한다. 후술하는 공갈죄의 위법성 참조.

무집행 여부를 결정하겠다는 취지이더라도 정당한 직무집행이라거나 목적 달성을 위한 상당한 수단으로 인정할 수 없어 정당행위에 해당하지 않는다. 사시 13

4. 소추조건

본죄는 반의사불벌죄(제283조 제3항)이다.

03 존속협박죄

제283조【협박, 존속협박】 ② 자기 또는 배우자의 직계존속에 대하여 제1항의 죄를 범한 때에는 5년 이하의 징역 또는 700만 원 이하의 벌금에 처한다.

③ 제1항 및 제2항의 죄는 피해자의 명시한 의사에 반하여 공소를 제기할 수 없다.

존속협박죄는 단순협박죄와 함께 반의사불벌죄이다.

04 특수협박죄

제284조【특수협박】 단체 또는 다중의 위력을 보이거나 위험한 물건을 휴대하여 전조 제1항, 제2항의 죄를 범한 때에는 7년 이하의 징역 또는 1천만 원 이하의 벌금에 처한다.

특수협박죄는 반의사불벌죄가 아니다. 사시 11 / 사시 16

05 상습협박죄

제285조【상습범】 상습으로 제283조 제1항, 제2항 또는 전조의 죄를 범한 때에는 그 죄에 정한 형의 2분의 1까지 가중한다.

상습협박죄는 종래 폭처법 제2조 제1항에 의하여 3년 이상의 징역으로 가중처벌되고 있었으나, 2016.1.6. 삭제되어 이제는 형법에 의하여 의율되고 있다.

06 강요죄

제324조【강 요】 ① 폭행 또는 협박으로 사람의 권리행사를 방해하거나 의무 없는 일을 하게 한 자는 5년 이하의 징역 또는 3천만 원 이하의 벌금에 처한다. 〈개정 2016.1.6.〉

※ 2016.1.6. 3천만 원 이하의 벌금형을 선택형으로 추가한 것이므로, 형법 제1조 제2항 적용

1. 구성요건

(1) 객관적 구성요건

① 객체 – 자연인인 타인 : 의사의 자유를 가진 의사능력자에 제한되므로 영아, 정신병자 등은 본죄의

객체가 되지 못한다.

② 행위 – 폭행·협박으로 사람의 권리행사를 방해하거나 의무 없는 일을 하게 하는 것

㉠ 폭 행

ⓐ 의의 : 사람에 대한 직접적·간접적인 유형력의 행사이다(광의의 폭행).[120] 본죄의 폭행은 절대적 폭력(vis absoluta)과 심리적(강제적) 폭력(vis compul siva)을 포함한다.

ⓑ 절대적 방법에 의한 폭행 : 유형력이 직접 상대방의 신체를 향하여 행사되는 것을 말한다.

예 구타, 약물에 의한 마취, 밧줄로 묶는 행위, 붙잡아두는 행위, 감금행위, 맹인의 안내견을 살상하는 행위, 자동차 타이어를 손괴하는 행위 등

ⓒ 심리적 방법에 의한 폭행 : 강요죄의 폭행개념을 신체적 유형력의 행사라는 특징보다 점차 심리적 강제효과를 중심으로 이해하는 것이 오늘날 경향이다. 사시 11

예 고속도로상에서 헤드라이트를 켜고 경적을 울리면서 바짝 뒤를 쫓아오는 행위 등

판례연구 강요죄의 폭행에 해당하지 않는 사례

대법원 2021.11.25, 2018도1346

주택 대문 바로 앞에 차량을 주차하여 차량을 주차장에 출입할 수 없도록 한 사례

강요죄의 폭행은 사람에 대한 직접적인 유형력의 행사뿐만 아니라 간접적인 유형력의 행사도 포함하며, 반드시 사람의 신체에 대한 것에 한정되지 않는다. 사람에 대한 간접적인 유형력의 행사를 강요죄의 폭행으로 평가하기 위해서는 피고인이 유형력을 행사한 의도와 방법, 피고인의 행위와 피해자의 근접성, 유형력이 행사된 객체와 피해자의 관계 등을 종합적으로 고려해야 한다. 피고인은 이 사건 도로의 소유자인데, 피해자를 포함한 이 사건 도로 인접 주택 소유자들에게 도로 지분을 매입할 것을 요구하였음에도 피해자 등이 이를 거부하자, 피해자 주택 대문 바로 앞에 피고인의 차량을 주차하여 피해자가 자신의 차량을 주차장에 출입할 수 없도록 한 경우, 피고인이 피해자에 대하여 어떠한 유형력을 행사하였다고 보기 어려울 뿐만 아니라, 피해자는 주택 내부 주차장에 출입하지 못하는 불편을 겪는 외에는 차량을 용법에 따라 정상적으로 사용할 수 있었다는 점에서 피고인의 행위는 강요죄에 해당하지 않는다.

㉡ 협 박

ⓐ 의의 : 협박은 일반적으로 사람으로 하여금 공포심을 일으키게 하는 정도의 해악을 고지하는 것이다(협의의 협박). 즉, 객관적으로 사람의 의사결정의 자유를 제한하거나 의사실행의 자유를 방해할 정도로 겁을 먹게 할 만한 해악을 고지하는 것으로서(대법원 2003.9.26, 2003도763), 해악의 고지는 반드시 명시적인 방법이 아니더라도 말이나 행동을 통해서 상대방으로 하여금 어떠한 해악에 이르게 할 것이라는 인식을 갖게 하는 것이면 족하다. 따라서 한마디 말도 없이 거동에 의하여서도 할 수 있다(대법원 2004.1.15, 2003도5394; 2010.4.29, 2007도7064).

ⓑ 해당되는 경우 : ㉮ 골프시설의 운영자가 골프회원에게 불리하게 변경된 내용의 회칙에 대하여 동의한다는 내용의 등록신청서를 제출하지 아니하면 회원으로 대우하지 아니하겠다고 통지한 것이나(대법원 2003.9.26, 2003도763), 변호사 14 / 경찰간부 17 ㉯ 환경단체 소속 회원들이 축산 농가들의 폐수 배출 단속활동을 벌이면서 폐수 배출현장을 사진촬영하거나 지적하는 한편, 폐수 배출사실을 확인하는 내용의 사실확인서를 징구하는 과정에서 서명하지 아니할 경우 법에 저촉된다고 겁을 주는 행위는 '협박'에 의한 강요행위에 해당한다(대법원 2010.4.29, 2007도7064).

ⓒ 해당되지 않는 경우 : 직장에서 상사가 범죄행위(공사와 관련하여 부정한 청탁과 함께 거액의 돈을

120 김일수/서보학, 123면; 박상기, 110면; 유기천(상), 104면; 이재상, §10－9; 이형국(Ⅰ), 208면; 임웅, 133면.

받은 행위)를 저지른 부하직원에게 징계절차에 앞서 자진하여 사직할 것을 단순히 권유한 것은 본죄의 협박으로 볼 수 없다(대법원 2008.11.27, 2008도7018). 경찰간부 17

판례연구 강요죄의 협박에 해당하지 않는 사례

1. 대법원 2019.8.29, 2018도13792 전원합의체

이익을 기대하며 그 대가로서 요구에 응한 사례

행위자가 직무상 또는 사실상 상대방에게 영향을 줄 수 있는 직업이나 지위에 있고 직업이나 지위에 기초하여 상대방에게 어떠한 요구를 하였더라도 곧바로 그 요구 행위를 위와 같은 해악의 고지라고 단정하여서는 안 된다. 특히 공무원이 자신의 직무와 관련한 상대방에게 공무원 자신 또는 자신이 지정한 제3자를 위하여 재산적 이익 또는 일체의 유·무형의 이익 등을 제공할 것을 요구하고 상대방은 공무원의 지위에 따른 직무에 관하여 어떠한 이익을 기대하며 그에 대한 대가로서 요구에 응하였다면, 다른 사정이 없는 한 공무원의 위 요구 행위를 객관적으로 사람의 의사결정의 자유를 제한하거나 의사실행의 자유를 방해할 정도로 겁을 먹게 할 만한 해악의 고지라고 단정하기는 어렵다.

2. 대법원 2020.1.30, 2018도2236 전원합의체

문화계 블랙리스트 사건의 강요죄 부분

대통령비서실장을 비롯한 피고인들 등은 문화체육관광부(이하 '문체부') 공무원들을 통하여 문화예술진흥기금 등 정부의 지원을 신청한 개인·단체의 이념적 성향이나 정치적 견해 등을 이유로 한국문화예술위원회·영화진흥위원회·한국출판문화산업진흥원(이하 각각 '예술위', '영진위', '출판진흥원')이 수행한 각종 사업에서 이른바 좌파 등에 대한 지원배제에 이르는 과정에서, 공무원 甲 및 지원배제 적용에 소극적인 문체부 1급 공무원 乙 등에 대하여 사직서를 제출하도록 요구하고, 예술위·영진위·출판진흥원 직원들로 하여금 지원심의 등에 개입하도록 지시하였는데(이로써 업무상·신분상 불이익을 당할 위험이 있다는 위구심을 일으켜 의무 없는 일을 하게 하였다는 강요의 공소사실로 기소됨), 사직 요구 또는 지원배제 지시를 할 당시의 구체적인 상황과 요구 경위 및 발언의 내용, 요구자와 상대방의 직위·경력, 사직 또는 지원배제에 이르게 된 경위, 일부 사업에서 특정인 또는 특정단체가 지원배제 지시에도 불구하고 지원 대상자로 선정되기도 한 사정 등을 종합할 때, 피고인들이 상대방의 의사결정의 자유를 제한하거나 의사실행의 자유를 방해할 정도로 겁을 먹게 할 만한 해악을 고지하였다는 점에 대한 증명은 부족하다고 해야 한다.

3. 대법원 2020.2.13, 2019도5186

전경련 보수 시민단체 자금지원 요구 사례

공무원인 행위자가 상대방에게 어떠한 이익 등의 제공을 요구한 경우 해악의 고지로 인정될 수 없다면 직권남용이나 뇌물 요구 등이 될 수는 있어도 협박을 요건으로 하는 강요죄가 성립하기는 어렵다(전경련에 대한 보수 시민단체 자금지원 요구 사건으로서, 전경련 관계자들이 대통령비서실의 요구를 받고도 그에 따르지 않으면 정책 건의 무산, 전경련 회원사에 대한 인허가 지연 등의 불이익을 받는다고 예상하는 것이 합리적이라고 볼 만한 사정도 제시되지 않은 점 등을 고려한 판례).

ⓒ 폭행·협박의 정도 : 폭행(광의)이나 협박(협의)의 정도는 의사결정과 행동의 자유를 제한할 정도이어야 한다. 다만, 상대방의 반항을 곤란하게 할 정도일 필요는 없다.

③ 강요의 내용 – 권리와 의무의 범위 : 강요죄는 폭행·협박으로 타인의 권리행사를 방해하거나 의무없는 일을 강요해야 성립하는 죄이다.

㉠ 권리행사방해

ⓐ 해당되는 경우 : 본죄의 권리행사방해에 있어서 강요받는 '권리'는 재산적 권리와 비재산적 권리를 모두 포함하고(대법원 1962.1.25, 4293형상233L), 법령에 근거한 권리일 필요는 없다. 예를 들어, 피해자를 협박하여 여권을 강제 회수함으로써 해외여행을 못하게 한 행위(대법원 1993.7.27, 93도901)는 강요죄를 구성한다. 법원행시 06 / 변호사 12

ⓑ 해당되지 않는 경우 : '보호받을 수 없는 권리'는 여기에 포함되지 않는다. 예컨대, 전답(田畓)의 점유를 침탈당한 자(자신의 논에 타인이 묘판을 만들어 놓은 경우의 논의 점유자)라 하더라도 이를 실력으로 회수할 수는 없다는 점에서, 그 전답의 점유를 실력으로 회수하려는 자를 폭행한 것은 –단순폭행죄에 불과하고– 권리행사를 방해하였다고는 할 수 없다(대법원 1961.11.9, 4294형상357). 경찰간부 11

ⓛ 의무 없는 일 강요

ⓐ 해당되는 경우 : '의무 없는 일'이라 함은 법령 · 계약 등에 기하여 발생하는 법률상 의무가 아닌 일을 말한다. 경찰승진 12 예컨대, 법률상 의무가 없는데도 사죄장이나 진술서를 작성하도록 한 행위(대법원 1974.5.14, 73도2578)는 본죄를 구성한다.

ⓑ 해당되지 않는 경우 : 폭행 · 협박으로 법률상 '의무 있는 일'을 하게 한 경우에는 폭행 · 협박죄만 성립할 뿐 강요죄는 성립하지 아니한다(대법원 2008.5.15, 2008도1097 – 권상우 사건 – 경찰간부 11 / 경찰간부 12 / 경찰간부 13 / 경찰승진 12 / 사시 13; 2012.11.29, 2010도1233 – 일지 기재 · 보고 명령 사건 –).

판례연구 강요죄의 의무 없는 일을 하게 한 경우에 해당하지 않는 사례

1. 대법원 2008.5.15, 2008도1097

법률상 의무 있는 일을 하게 한 경우 강요죄는 성립하지 않는다는 사례

강요죄는 폭행 또는 협박으로 사람의 권리행사를 방해하거나 의무 없는 일을 하게 하는 것을 말하고, 여기에서 '의무 없는 일'이란 법령, 계약 등에 기하여 발생하는 법률상 의무 없는 일을 말하므로, 폭행 또는 협박으로 법률상 의무 있는 일을 하게 한 경우에는 폭행 또는 협박죄만 성립할 뿐 강요죄는 성립하지 아니한다. …… 甲은 연예인 乙이 팬미팅 공연을 할 의무가 있다고 믿고 있는 상황에서 팬미팅 공연을 할 것을 강요하면서 乙에게 만날 것을 요구하였는데 乙이 거부하자 전화로 재차 만날 것을 요구하면서 팬미팅 공연이 이행되지 않으면 안 좋은 일을 당할 것이라는 협박을 하였던 경우, 甲에게 위 乙에게 공연을 할 의무가 없다는 점에 대한 미필적 인식 즉, 강요죄의 고의가 있었다고 단정하기 어려우므로 강요미수죄는 성립하지 않는다. 경찰간부 11 · 12 · 13 / 경찰승진 12 / 사시 13

2. 대법원 2012.11.2, 2010도1233

문제 있는 부하에게 일지 기재 · 보고를 명한 사건

상관이 직무수행을 태만히 하거나 지시사항을 불이행하고 허위보고 등을 한 부하에게 근무태도를 교정하고 직무수행을 감독하기 위하여 직무수행의 내역을 일지 형식으로 기재하여 보고하도록 명령하는 행위는 직무권한 범위 내에서 내린 정당한 명령이므로 부하는 명령을 실행할 법률상 의무가 있고, 명령을 실행하지 아니하는 경우 군인사법 제57조 제2항에서 정한 징계처분이 내려진다거나 그에 갈음하여 얼차려의 제재가 부과된다고 하여 그와 같은 명령이 형법 제324조의 강요죄를 구성한다고 볼 수 없다.

(2) **주관적 구성요건** – 고의

2. 기수와 미수

본죄는 침해범으로서 폭행 또는 협박으로 인하여 현실적으로 권리행사가 방해되거나 의무 없는 일을 하게 함으로써 기수에 이른다. 본죄는 미수범을 처벌한다.

3. 위법성

(1) 법령에 의한 행위

합법적 노동쟁의(헌법 제33조 제1항, 노동조합 및 노동관계조정법 제2조 제6호)의 범위 내에서 사용자에 대해 임금인상을 강요하거나 근로시간을 단축하도록 강요하는 행위는 법령에 의한 행위로서 위법성이 조각된다.[121]

121 임웅, 143면.

(2) 사회상규에 위배되지 아니하는 행위

협박죄의 위법성에서 검토하였듯이 ① 강요행위라 하더라도 '실질적 권리남용'이 아닌 경우(목적과 수단의 관련성 원칙으로 판단)에는 사회상규에 위배되지 아니하는 행위(제20조)로서 위법성이 조각된다. 예를 들어 채권자가 채무변제를 강요하는 행위나 물품인도를 강요하는 행위(단, 수단이 상당성을 초과한 경우 강요죄 성립), 자살하려고 하는 자를 폭행하여 강제로 저지하는 행위, 범죄행위 직전에 있는 자를 강압적으로 제지하는 행위, 음주운전을 막기 위해 친구를 가볍게 폭행한 행위는 사회상규에 위배되지 않는 행위로서 강요죄를 구성하지 않는다. ② 다만, 실질적 권리남용에 해당한다면 강요죄를 구성하게 됨은 당연하다.

> **판례연구** 실질적 권리남용에 해당한다는 사례
>
> 대법원 2017.10.26, 2015도16696
>
> ○○노총이 어떤 곳인지 아느냐 사건
>
> 해악의 고지가 비록 정당한 권리의 실현 수단으로 사용된 경우라고 하여도 권리실현의 수단 방법이 사회통념상 허용되는 정도나 범위를 넘는다면 강요죄가 성립하고, 여기서 어떠한 행위가 구체적으로 사회통념상 허용되는 정도나 범위를 넘는 것인지는 그 행위의 주관적인 측면과 객관적인 측면, 즉 추구된 목적과 선택된 수단을 전체적으로 종합하여 판단하여야 한다. 피고인들은 공사현장에서 장비를 뺄 것을 요구하면서 그렇지 않을 경우 발주처에 민원을 넣어 공사를 못하게 하겠다고 말하고, 실제로 요구가 받아들여지지 않자 발주처에 부실시공 여부를 철저하게 조사하여 처벌하여 달라는 취지의 진정을 제기한 다음 이를 이용하여 피해자들로 하여금 장비를 철수하게 하고, 공사현장의 모든 건설장비를 피고인들 쪽에서 배차하는 장비만을 사용하도록 하는 취지의 협약서를 작성하도록 하였는데, 이와 같은 피고인들의 행위는 피해자들의 정당한 영업활동을 방해함으로써 피해자들로 하여금 장비를 철수시키고 자신들이 속한 노조 지회의 장비만을 사용하도록 하기 위하여 발주처에 대한 진정이라는 수단을 동원한 것으로 그 의도나 목적이 정당하다고 보기 어렵고, 나아가 피해자들의 정당한 영업활동의 자유를 침해하는 것이며, 피고인들이 피해자들에게 위와 같은 내용의 언사를 사용하고 부실공사가 아님에도 공사 발주처에 부실공사를 조사해 달라는 진정을 하였다면 이는 사회통념상 허용되는 정도나 범위를 넘는 것으로서 강요죄의 수단인 협박에 해당한다.

4. 죄 수

(1) 폭행죄 · 협박죄와의 관계

폭행죄 및 협박죄는 강요죄에 흡수된다(법조경합).

(2) 체포 · 감금 · 강간 · 공갈 · 강도죄와의 관계

체포·감금·강간·공갈죄나 강도죄가 성립하면 강요죄는 별도로 성립하지 않는다(법조경합)(대법원 1985.6.25, 84도2083). 경찰간부 13 / 경찰채용 14 1차 / 국가7급 20

➜ 협박죄 < 강요죄 < 공갈죄 < 강도죄 (법조경합)

> **사례연구** 강요죄와 공갈죄의 죄수관계 및 연속범 경찰간부 13 / 경찰채용 14 1차
>
> 甲은 乙에게 2,000만 원을 투자하였는데, 乙의 사업이 어려워져 다른 채권자들이 乙 등에게 소송을 제기할 기세를 보이는 상황이 되자 투자자금회수를 염려한 甲은 공갈의 고의를 가지고 자신의 말을 듣지 않으면 대공분실지하실에 데리고 가서 쥐도 새도 모르게 죽여버리겠다고 위협하여 甲에게 7,000만 원 정도의 채무가 있다는 乙 명의의 자인서를 乙로 하여금 작성하게 하였다. 이후 甲은 乙이 겁을 먹고 있는 상태를 이용하여 乙로부터 2,000만 원을 주겠다는 승낙을 받아냈다. 甲의 형사책임은?
>
> 해결 甲은 공갈미수죄의 1죄가 된다. 이렇듯 공갈(미수)죄가 성립하는 경우에는 협박죄나 강요죄는 별도로 성립하

지 않고 이에 흡수되어버린다. 또한 위 사례에서 공갈죄가 2개 성립한다고 볼 수 있는 여지도 있으나 판례에 의할 경우 처음부터 단일한 공갈죄의 고의의 연속이 있었으므로 공갈죄의 1죄가 된다고 보게 된다. [판례] 피고인의 주된 고의가 피해자로부터 돈을 갈취하는 데에 있었던 것이라면 피고인은 단일한 공갈의 고의 하에 갈취의 방법으로 일단 자인서를 작성케 한 후 이를 근거로 계속하여 갈취행위를 한 것으로 보아야 할 것이므로 위 행위를 포함하여 공갈죄 일죄만을 구성한다고 보아야 한다(대법원 1985.6.25, 84도2083).[122]

5. 폭처법상 가중처벌규정

폭처법에서는 2인 이상이 공동하여 강요죄를 범한 경우 가중처벌하는 규정을 두고 있다(동법 폭처법 제2조 제2항 제2호). 다만 야간가중처벌규정(동법 제3조 제2항)의 2006년 삭제와 상습범 및 흉기휴대범죄의 가중처벌 규정의 2016.1.6. 삭제는 앞서 상습상해·폭행죄 부분에서 설명한 바와 같다.

07 특수강요죄

제324조【특수강요】 ② 단체 또는 다중의 위력을 보이거나 위험한 물건을 휴대하여 제1항의 죄를 범한 자는 10년 이하의 징역 또는 5천만 원 이하의 벌금에 처한다. 〈신설 2016.1.6.〉

앞서 특수상해죄 부분에서 설명한 바와 같이, 헌법재판소 2015.9.24, 2014헌바154 위헌결정에 의해 2016.1.6. 폭처법상 흉기휴대 폭행 등 규정(폭처법 제3조 제1항 및 제2조 제1항 제2호)이 삭제됨에 따라, 폭처법상 흉기휴대 강요죄가 맡았었던 처벌의 공백을 방지하고 형벌체계상의 정당성과 균형을 갖추도록 형법에 특수강요죄가 신설되었다. 특수강요죄의 구성요건상 단체 또는 다중의 위력을 보이거나 위험한 물건의 휴대에 관한 해석은 특수폭행죄에서 설명한 바와 같다.

08 중강요죄

제326조【중권리행사방해】 제324조 또는 제325조의 죄를 범하여 사람의 생명에 대한 위험을 발생하게 한 자는 10년 이하의 징역에 처한다.

중강요죄는 강요죄를 범하여 사람의 생명에 대한 위험을 발생시킨 경우에 형을 가중시키는 가중적 구성요건이며(구체적 위험범), 부진정결과적 가중범이다.[123·124]

---

122 **보충** 이와 달리 피고인의 처음 고의는 자인서를 받아내는 데에 있었으나 자인서를 받아낸 후 금전갈취의 고의까지 일으켜 폭행·협박을 계속한 것이라면 강요죄와 공갈미수죄의 실체경합으로 볼 여지가 있을 것이지만, 위 사안의 경우에는 공갈죄의 일죄만 인정해야 함에도 불구하고 원심은 이를 경합범으로 처단하고 말았으니 여기에는 위법이 있다(위 판례의 판결이유).

123 오영근, 184면; 임웅, 144면. 다만 진정결과적 가중범으로 보는 견해는 박상기, 117면; 이정원, 152면 참조.

124 **참고 : 입법론** 본죄의 법정형은 중상해죄(제258조)의 그것(1년 이상 10년 이하)보다 가볍다. 그런데 강요죄가 폭행죄보다 무거운 범죄인데, 강요를 하여 생명에 대한 위험을 발생시킨 본죄의 법정형이 폭행을 하여 생명에 대한 위험을 발생시킨 경우(폭행치상죄가 성립하며 중상해죄의 예에 의하여 처벌됨. 제262조, 제258조 제1항)보다 가벼운 것에는 입법론적 비판이 있다. 김일수, 113면; 서일교, 126면; 이재상, §10-17; 이형국(Ⅰ), 213면.

09 인질강요죄

제324조의2【인질강요】 사람을 체포 · 감금 · 약취 또는 유인하여 이를 인질로 삼아 제3자에 대하여 권리행사를 방해하거나 의무 없는 일을 하게 한 자는 3년 이상의 유기징역에 처한다.

제324조의6【형의 감경】 제324조의2 또는 제324조의3의 죄를 범한 자 및 그 죄의 미수범이 인질을 안전한 장소로 풀어 준 때에는 그 형을 감경할 수 있다.

1. 구성요건

(1) 객관적 구성요건

① 객체 – 인질 및 강요당하는 제3자

본죄의 인질(人質)은 성년자와 미성년자를 구분하지 않는다.[125]

② 행위 – 체포(붙잡는 행위) · 감금(가두는 행위) · 약취(폭행 · 협박하여 데리고 가는 행위) · 유인(기망 · 유혹하여 오게 하는 행위)하여 인질로 삼아 제3자에 대하여 강요하는 것

㉠ 인질 : 인질로 삼는다는 것은 체포 · 감금 · 약취 또는 유인된 자의 생명 · 신체 등의 안전에 관한 제3자의 우려를 이용하여 석방이나 생명 · 신체에 대한 안전을 보장하는 대상(代償)으로 제3자를 강요할 목적 하에 체포 · 감금 · 약취 또는 유인된 자의 자유를 구속하는 것을 의미한다.[126] 또한 장소적 이전을 하지 않고도 인질로 삼을 수 있다(통설[127]. ※ 유기, 체포 · 감금, 약취 · 유인의 공통점). 다만, 법문에 의하면 강요의 상대방은 제3자로 명시되어 있기 때문에 인질에 대한 강요는 본죄를 구성하지 않는다. 경찰간부 11

㉡ 강요 : 권리행사를 방해하거나 의무 없는 일을 하게 하는 것이다. 다만, 재산적 법익에 대한 강요는 본죄가 아니라 인질강도죄(人質強盜罪)에 해당된다.

㉢ 3자관계(행위자 · 인질 · 피강요자) : 본죄의 강요행위는 반드시 인질 이외의 제3자에 대하여 이루어져야 한다(소위 삼각강요).

주의 인질강도죄(제336조)와의 차이점이므로 주의를 요한다.

③ 실행의 착수시기 및 기수시기

㉠ 실행의 착수시기 : 체포 · 감금 · 약취 · 유인행위를 개시한 때라는 견해[128]와 강요행위를 개시한 때라는 견해[129]가 팽팽히 대립된다. 전설이 타당하다고 생각된다.

㉡ 기수시기 : 현실적으로 권리행사를 방해하거나 의무 없는 일을 하게 된 때라는 견해가 통설이다.[130]

2. 형의 감경규정(제324조의6)

본죄 또는 후술하는 인질상해 · 치상죄를 범한 자 및 그 죄의 미수범이 인질을 안전한 장소로 풀어 준 때에는 그 형을 감경할 수 있다(해방감경 내지 석방감경 : 임의적 감경). 경찰간부 11 본 해방감경 규정은 인질살해 · 치사죄에는 성질상 적용되지 않는다. 또한 후술하는 인질강도죄(제336조)에는 해방감경 규정이 없다. 경찰승진(경감) 11 / 경찰간부 11 / 경찰승진 13

---

125 다만, 미성년자를 유괴하여 그 부모에게 대가를 구하면 특정범죄가중처벌 등에 관한 법률 제5조의2 제1항 제1호에 의하여 가중처벌된다.

126 1995년 형법개정법률안 제안이유서, 153면.

127 강구진, 159면; 김종원, 116면; 박상기, 118면; 배종대, 190면; 정영석, 264면. 반대설은 황산덕, 207면.

128 김일수/서보학, 127면; 박상기, 120면; 손동권, 178면; 오영근, 185면; 임웅, 137면; 정성근/박광민, 143면; 정영일, 118면.

129 배종대, 177면; 백형구, 272면; 이재상, §11-21; 이정원, 153면; 이형국(Ⅰ), 215면.

130 김일수/서보학, 127면; 배종대, 216면; 백형구, 272면; 손동권, 178면; 오영근, 165면; 이재상, §11-21; 이형국(Ⅰ), 215면; 임웅, 137면. 반면 인질범이 제3자에 대한 강요행위를 시도한 시점으로 보아야 한다는 소수설은 박상기, 120면; 이정원, 166면.

→ 임의적 감경이므로 인질석방시에도 처벌은 된다. 중지범(제26조)과 다른 것은 ① 자의성 여부를 묻지 않으며, ② 기수범에 대해서도 인정되고, ③ 임의적 감경이 된다는 점이다.

10 인질상해 · 치상죄

제324조의3【인질상해 · 치상】 제324조의2의 죄를 범한 자가 인질을 상해하거나 상해에 이르게 한 때에는 무기 또는 5년 이상의 징역에 처한다.

제324조의6【형의 감경】 제324조의2 또는 제324조의3의 죄를 범한 자 및 그 죄의 미수범이 인질을 안전한 장소로 풀어 준 때에는 그 형을 감경할 수 있다.

인질치사상죄는 결과적 가중범임에도 불구하고, 미수범 처벌규정이 있음을 주의해야 한다(제324조의5 참조). 국가7급 07 / 경찰승진(공통) 10 / 경찰승진 14 다만 이에 대해서는 ㉠ 인질살해 · 상해죄의 미수범은 처벌될 수 있으나 인질치사상죄에 대한 미수범 처벌규정은 입법의 오류로서 사실상 본죄의 미수가 성립할 수 없다는 입장(결과적 가중범의 미수 부정설, 다수설)[131]과 ㉡ 인질치사상죄의 기본범죄인 인질강요죄가 미수인데 사상의 결과는 발생된 경우에는 −인질강요기수와 과실치사상의 결합보다는 감경의 여지가 있고 또한 이것이 피고인에게 유리한 법해석이라는 점에서− 인질치사상죄의 미수범이 성립할 수 있다는 입장(결과적 가중범의 미수 긍정설, 소수설)[132]이 대립하고 있다. 후설(後說)이 타당하다고 생각되나, 수험에서는 다수설의 입장에 유의하여야 한다.

11 인질살해 · 치사죄

제324조의4【인질살해 · 치사】 제324조의2의 죄를 범한 자가 인질을 살해한 때에는 사형 또는 무기징역에 처한다. 사망에 이르게 한 때에는 무기 또는 10년 이상의 징역에 처한다.

본죄는 석방감경규정(제324조의6)이 적용되지 않는다.

제2절 체포와 감금의 죄

01 총 설

체포(false arrest)와 감금(illegal confinement)의 죄는 사람을 체포 또는 감금함으로써 그 신체활동의 자유를 침해하는 범죄이다. 그 보호법익은 개인의 현실적 · '잠재적' 신체활동의 자유(Wirklirche der potentielle personli− che Fortbewegungsfreiheit)(장소선택의 자유 혹은 이동의 자유)이다(통설[133]). 따라서 수면 중인 자에 대한 체포 · 감금죄의 성립도 가능하다. 법익보호의 정도는 침해범이다. 그러므로 체포 · 감금행위가 일정시간 계속되

131 김일수/서보학, 129면; 백형구, 273면; 오영근, 166면; 이재상, §11−23; 이형국, 174면; 정성근/박광민, 145면.
132 박상기, 118면; 배종대, 197면; 손동권, 179면; 이정원, 155면; 임웅, 137면.
133 김일수, 130면; 박상기, 123면; 배종대, 179면; 이재상, §8−1; 이형국(Ⅰ), 219면; 임웅, 117면.

어 피해자의 신체활동의 자유가 침해된 때 본죄는 기수에 이른다. 체포와 감금의 죄는 체포·감금치사상죄(결과적 가중범)를 제외하고는 미수를 처벌한다.

02 체포 · 감금죄

제276조【체포, 감금, 존속체포, 존속감금】 ① 사람을 체포 또는 감금한 자는 5년 이하의 징역 또는 700만 원 이하의 벌금에 처한다.

1. 구성요건

(1) 객관적 구성요건

① 객체 – 자연인

㉠ 의사능력과 행위능력을 가져야 하는가

구 분	학설내용	범 위
불필요설	신체활동이 자유를 가졌는지 여부를 불문하고 모든 자연인이 본죄의 객체가 된다.	수면자, 명정자, 정신병자, 불구자, 출산 직후의 영아처럼 신체활동의 자유가 전혀 없는 자도 포함된다.[134]
실현가능성설 (광의설[135] : 통설)	현실적으로는 신체활동의 자유가 없을지라도 활동이 기대되는, 잠재적으로 행동의 자유를 가질 수 있는 자연인도 객체이다.	출산 직후의 영아 경찰간부 14는 본죄의 객체가 되지 않으나 수면자, 명정자, 정신병자, 법원행시 09 / 법원9급 05 / 경찰간부 13 / 경찰간부 14 / 경찰승진(경감) 11 / 사시 12 불구자는 본죄의 객체가 된다.
필요설(협의설)	현실적으로 신체활동의 의사가 있는 자연인만이 본죄의 객체가 된다.	수면자, 명정자, 정신병자, 영아는 본죄의 객체가 되지 않는다.[136]

㉡ 피해자가 체포 · 감금사실을 인식하고 있어야 하는가 : 피감금자가 구속당하고 있으면 충분하고 자신이 감금되어 있다는 사실을 의식하고 있을 필요는 없다(통설 : 불필요설[137]).

표정리 협박 · 강요죄와 감금죄의 객체

협박죄 · 강요죄	체포 · 감금죄
유아·정신병자·명정자·수면자 : ×	• 영아 : × • 수면자·명정자·정신병자·불구자 : ○

② 행위 – 체포·감금

㉠ 의의 : 체포(逮捕, Festnahme)는 사람을 붙잡는 행위이고 감금(監禁, Einsperrung)은 사람을 가두는 행위이다. 체포·감금죄는 사람의 행동의 자유를 그 보호법익으로 하여 사람이 '특정한 구역에서 나가는 것'을 불가능하게 하거나 또는 심히 곤란하게 하는 죄이다. 따라서 '특정한 구역으로 들어오는

134 오영근, 126면에서는 영아도 잠재적 자유를 가지므로 본죄의 객체에 포함된다고 주장한다.
135 강구진, 147면; 김종원, 108면; 박상기, 125면; 유기천(상), 94면; 이재상, §8–5; 임웅, 118면; 정성근/박광민, 109면; 정영석, 264면.
136 정창운, 63면; Sch/Sch/Eser, §239. Rn.3; Maurach/Schroeder, §14 II Rn.4.
137 강구진, 147면; 김일수/서보학, 134면; 박상기, 126면; 이재상, §8–5; 정성근/박광민, 109면. 반대견해로는 백형구, 287면; 임웅, 118면.

것'을 못하게 하는 경우에는 –강요죄의 성립은 별론으로 하고– 본죄는 성립하지 않으며, '일정한 장소로 나오게(출석하게) 하는 행위'도 –강요죄가 성립할 뿐– 본죄가 성립하지 않는다.

㉡ 유형 : 체포 · 감금은 포승(捕繩) · 수갑(手匣)을 사용하여 물리적 · 유형적 장해를 주는 행위뿐만 아니라 칼이나 총과 같은 흉기로서 일정한 장소를 떠나지 못하게 하는 심리적 · 무형적 장해를 주는 행위에 의하여서도 가능하다.[138] 법원행시 12 / 경찰승진(경감) 11 / 경찰승진 14 / 경찰채용 14 1차 / 경찰채용 16 1차 **예** 피해자를 승용차에 태우고 계속 질주함으로써 내리지 못하게 하는 행위(대법원 1982.6.22, 82도705).[139] 경찰채용 18 2차 또한 이상과 같은 작위에 의한 감금뿐만 아니라 부작위에 의한 감금(석방의무가 있는 자의 부작위에 의한 감금으로서 부진정부작위범)도 얼마든지 가능하며, 허위의 신고를 통하여 수사기관을 착오에 빠지게 하여 진범이 아닌 자를 체포 · 감금하게 하는 경우와 같은 간접정범에 의한 감금도 가능하다.

㉢ 정도 : 감금에 있어서의 사람의 행동의 자유의 박탈은 반드시 전면적이어야 할 필요가 없으므로 감금된 특정구역 내부에서 일정한 생활의 자유가 허용되어 있었다고 하더라도 본죄의 성립에는 영향이 없다(대법원 1984.5.15, 84도655[140]; 2000.3.24, 2000도102; 2011.9.29, 2010도5962). 법원행시 09 / 법원행시 12 / 법원9급 05 / 경찰간부 14 / 사시 13 / 변호사 17

표정리 상해죄 · 폭행죄 · 협박죄 · 감금죄의 행위유형

상해죄	폭행죄	협박죄	감금죄
유형 · 무형	유 형	• 주로 무형(언어 · 문서) • 유형도 가능(거동)	• 주로 유형 • 무형도 가능(심리적)

(2) 주관적 구성요건

구성요건적 고의, 즉 사람을 체포 또는 감금한다는 인식과 의사가 있어야 하며, 미필적 고의로도 충분하다.

판례연구 정신질환자 입원과정에서 정신건강의학과 전문의에게 감금의 고의 등을 부정한 사례

대법원 2015.10.29, 2015도8429

정신건강의학과 전문의인 피고인 甲, 乙이 각각 피해자의 아들 피고인 丙 등과 공동하여 피해자를 응급이송차량에 강제로 태워 병원으로 데려가 입원시켰다고 하여 폭처법 위반(공동감금)으로 기소된 경우, 망상장애와 같은 정신질환의 경우 진단적 조사 또는 정확한 진단을 위해 지속적인 관찰이나 특수한 검사가 필요한 때에도 환자의 입원이 고려될 수 있고, 피고인 甲, 乙은 보호의무자인 피고인 丙의 진술뿐만 아니라 피해자를 직접 대면하여 진찰한 결과를 토대로 피해자에게 피해사고나 망상장애의 의심이 있다고 판단하여 입원이 필요하다는 진단을 한 것이므로, 진단 과정에 정신건강의학과 전문의로서 최선의 주의를 다하지 아니하거나 신중하지 못했던 점이 일부 있었더라도 피해자를 정확히 진단하여 치료할 의사로 입원시켰다고 볼 여지 또한 충분하여, 피고인 甲, 乙에게 감금죄의 고의가 있었다거나 이들의 행위가 형법상 감금행위에 해당한다고 단정하기 어렵다.

138 판례1 임의동행형식으로 연행된 피해자가 비록 경찰서 안에서는 자유롭게 활동할 수 있었더라도 그를 경찰서 밖으로 나가지 못하도록 그 신체의 자유를 제한하는 유형 · 무형의 억압을 가한 경우에도 감금(제124조)에 해당한다(대법원 1994.3.16, 94모2).
판례2 : 심리적 · 무형적 장해를 주는 행위에 의해서도 감금은 가능하다는 사례 피해자가 만약 도피하는 경우에는 생명 · 신체에 심한 해를 당할지도 모른다는 공포감에서 도피하기를 단념하고 있는 상태 하에서 그를 호텔로 데리고 가서 함께 유숙한 후 그와 함께 항공기로 국외에 나간 행위는 감금죄를 구성한다(대법원 1991.8.27, 91도1604). 경찰간부 13 / 경찰채용 16 1차 / 경찰승진 23

139 보충 위 판례는 감금을 하기 위한 수단으로서의 협박은 감금죄에 흡수되어 별죄를 구성하지 아니한다는 사례이기도 하다. 경찰승진(경감) 11 후술하는 죄수 부분 참조.

140 판례 : 특정지역 내에서 일정한 생활의 자유가 허용되어도 감금에 해당한다는 사례 피해자가 여관 등에서 8일간 있는 동안 그의 처와 만났으며 피고인 등과 같이 술을 마신 일이 있는 등 특정지역 내에서 일정한 생활의 자유가 허용되었다 하더라도, … 피해자가 그의 행동의 자유에 아무런 제약도 받지 아니하고 그의 자유로운 의사에 의하여 8일간을 여관 등에서 보내게 된 것이라고 볼 수 없다(대법원 1984.5.15, 84도655). 법원행시 09 / 법원행시 12 / 법원9급 05 / 경찰간부 14

2. 미수 · 기수 및 계속범적 성질

(1) 미수 · 기수의 요건

① 침해범 : 본죄는 미수범을 처벌한다. 따라서 체포의 고의로써 타인의 신체적 활동의 자유를 현실적으로 침해하는 행위를 개시한 때 체포죄의 실행에 착수하였다고 볼 것이다. 또한 본죄는 침해범이므로 기수에 도달하기 위해서는 체포 · 감금행위가 시간적으로 '어느 정도 지속될 필요'가 있다. 따라서 일시적인 체포 · 감금행위는 미수범에 불과하다(통설).

② 피해자의 인식을 요하는가의 문제 : 본죄의 성립을 따질 때에는 피해자의 감금사실 인식은 필요하지 않지만(통설), 본죄의 '기수'를 논함에 있어서는 견해가 대립한다. 예를 들어, 연구에 몰두하고 있는 연구자의 연구실 문을 밖에서 잠갔으나 연구자가 이를 모른 채 더욱 연구에 열중하기에 다시 문을 열어 놓은 경우, 감금죄는 기수에 이른 것인가가 문제된다. 이 경우 ㉠ 피해자의 인식이 있어야 기수가 된다는 견해[141]와 ㉡ 인식이 없어도 기수가 된다는 견해[142]가 대립한다. 잠재적 활동의 자유(potentielle Fortbewegungsfreiheit)라는 본죄의 보호법익을 고려한다면 후설이 타당하다고 생각된다.

(2) 계속범

본죄는 계속범이므로 기수 이후에도 위법한 상태가 계속이 되다가 석방되는 등 감금상태가 해제된 시점에서 종료에 이른다. 따라서 공소시효도 이때부터 기산된다.[143]

판례연구 체포미수 관련 판례

1. 대법원 2018.2.28, 2017도21249

강간미수 후 체포미수 사건

형법 제276조 제1항의 체포죄에서 말하는 '체포'는 사람의 신체에 대하여 직접적이고 현실적인 구속을 가하여 신체활동의 자유를 박탈하는 행위를 의미하는 것으로서 수단과 방법을 불문한다. 체포죄는 계속범으로서 체포의 행위에 확실히 사람의 신체의 자유를 구속한다고 인정할 수 있을 정도의 시간적 계속이 있어야 하나, 체포의 고의로써 타인의 신체적 활동의 자유를 현실적으로 침해하는 행위를 개시한 때 체포죄의 실행에 착수하였다고 볼 것이다. …… B는 피고인 A로부터 강간미수 피해를 입은 후 A의 집에서 나가려고 하였는데 A는 B가 나가지 못하도록 현관에서 거실 쪽으로 B를 세 번 밀쳤고, B가 A를 뿌리치고 현관문을 열고 나와 엘리베이터를 누르고 기다리는데 A가 팬티 바람으로 쫓아 나왔으며, B가 엘리베이터를 탔는데도 A는 B의 팔을 잡고 끌어내리려고 해서 이를 뿌리쳤고, A가 닫히는 엘리베이터 문을 손으로 막으며 엘리베이터로 들어오려고 하자 B는 버튼을 누르고 손으로 A의 가슴을 밀어냈다. …… 피고인은 피해자의 신체적 활동의 자유를 박탈하려는 고의를 가지고 피해자의 신체에 대한 유형력의 행사를 통해 일시적으로나마 피해자의 신체를 구속하였다고 판단된다(강간미수죄 외에도 체포미수죄 성립).

2. 대법원 2020.3.27, 2016도18713

체포죄의 착수와 미수

체포죄는 사람의 신체에 대하여 직접적이고 현실적인 구속을 가하여 신체활동의 자유를 박탈하는 죄로서, 그 실행의 착수 시기는 체포의 고의로 타인의 신체적 활동의 자유를 현실적으로 침해하는 행위를 개시한 때이다. 또한 체포죄는 계속범으로서 체포의 행위에 확실히 사람의 신체의 자유를 구속한다고 인정할 수 있을 정도의 시간적 계속이 있어야 기수에 이르고, 신체의 자유에 대한 구속이 그와 같은 정도에 이르지 못하고 일시적인 것으로 그친 경우에는 체포죄의 미수범이 성립할 뿐이다. 경찰채용 23 1차

141 김일수/서보학, 134면; 김종원, 108면; 배종대, 204면; 백형구, 287면; 유기천(상), 94면; 이정원, 163면; 임웅, 118면; 진계호, 132면.

142 권문택(공저), 137면; 박상기, 124면; 서일교, 61면; 손동권, 121면; 오영근, 145면; 이재상, §8-9; 이형국(Ⅰ), 225면; 정성근/박광민, 112면; 정영석, 255면. 독일의 판례의 입장이기도 하다. BGHSt 14, 314.

143 이외에도 계속범의 여러 성질에 관한 설명은 총론 범죄론의 일반이론 중 범죄의 종류를 참조하면 된다.

3. 위법성

(1) 피해자의 동의

체포·감금행위를 당한 피해자의 사전적 승낙이 있는 경우 이는 구성요건해당성을 배제하는 양해가 된다는 입장[144]과 위법성을 조각시키는 승낙이 된다는 입장[145]이 대립한다. 양해로서 구성요건해당성을 배제하는 것으로 보는 것이 자연스러워 보인다.

(2) 정당행위

① 법령에 의한 행위 : 형사소송법상의 현행범체포행위(제212조), (긴급)체포(제200조의2, 제200조의3) 혹은 구속(제201조) 등은 법령에 의한 정당행위이다. 또한 경찰관직무집행법 제4조에 의한 경찰관의 보호유치, 정신건강복지법에 의한 정신질환자의 감금(동법 제43조)도 법령에 의한 정당행위이다. 예 수용시설에 수용 중인 부랑인들의 야간도주를 방지하기 위하여 취침시간 중에 출입문을 안에서 잠근 행위는 정당행위에 해당된다(대법원 1988.11.8, 88도1580 : 부산 '형제복지원' 사례).

② 사회상규에 위배되지 아니하는 행위 : 정신병자의 어머니의 의뢰 및 승낙 하에 그 감호를 위하여 그 보호실 문을 야간에 한해서 3일간 시정하여 출입을 못하게 한 감금행위는 그 병자의 신체의 안정과 보호를 위하여 사회통념상 부득이한 행위로서 위법성이 없다(대법원 1980.2.12, 79도1349). 경찰간부 13

4. 죄 수

(1) 체포 후 감금한 경우

감금죄만 성립한다(포괄일죄). 법원행시 09

(2) 감금 중 재차 감금한 경우

계속범이므로 선행한 감금죄의 일죄로 된다(포괄일죄).

(3) 체포 · 감금하기 위한 수단으로서 폭행 · 협박

체포·감금죄에 흡수된다(대법원 1982.6.22, 82도705).[146] 국가7급 13 / 법원행시 09 / 법원행시 12 / 경찰간부 14 / 경찰승진(경감) 11 / 경찰승진 14 / 경찰승진 17 / 사시 12 / 변호사 17 / 경찰채용 18 2차 / 경찰승진 23

(4) 강도나 강간을 위하여 감금한 경우

① 수죄의 관계 : 감금행위가 강간죄나 강도죄의 수단이 된 경우에도 감금죄는 강간죄나 강도죄에 흡수되지 아니하고 별죄를 구성한다. 따라서 특수강도를 하기 위하여 피해자를 감금한 경우, 특수강도죄와 감금죄는 별개의 죄를 구성한다(대법원 1997.1.21, 96도2715). 법원행시 11 / 법원9급 05 / 법원9급 08 / 경찰간부 13 / 경찰승진(경감) 11 / 사시 11 / 변호사 17

---

144 김성천/김형준, 167면; 손동권, 122면; 오영근, 144면; 이재상, §8－11; 이정원, 165면; 이형국(Ⅰ), 225면; 정성근/박광민, 113면; Horn, SK Rn.9; Sch/Sch/Eser, Rn.8.

145 강구진, 151면; 김종원, 110면; 백형구, 288면; 서일교, 62면; 유기천(상), 94면; 임웅, 127면.

146 사례 : 감금하기 위하여 협박한 것은 감금죄에 흡수된다는 사례 甲은 乙(女, 31세)의 신고로 같은 달 자신이 폭력행위 등으로 구속되어 형사처벌을 받은 것에 불만을 품고 이를 보복하기 위하여 乙에게 "자동차에 타라, 타지 않으면 가만있지 않겠다."고 협박하면서 동녀를 그 곳에 대기시켜 놓았던 자동차 뒷좌석에 강제로 밀어 넣어 앉히고 동녀가 내려 달라고 애원했으나 내려주지 않고 그 곳에서 같은 구 망우리 공동묘지까지 동 자동차를 운전하여 약 20분간 운행하였다. 이때 법원이 감금죄를 무죄로 선고하면서 협박행위에 관하여 별도로 공소기각의 판결을 한 조치는 적법한가? → 감금을 하기 위한 수단으로서 행사된 단순한 협박행위는 감금죄에 흡수되어 따로 협박죄를 구성하지 아니한다. 따라서 협박에 대하여 별도로 판단할 필요가 없으니 만큼 공소기각판결을 한 조치는 적법하지 않다(대법원 1982.6.22, 82도705). 국가7급 13 / 법원행시 09 / 법원행시 12 / 법원9급 05 / 경찰간부 14 / 경찰승진 14 / 법원9급 20

② 상상적 경합 : 강도나 강간을 하기 위하여 감금한 경우, 감금죄가 흡수된다고 할 수는 없고 감금행위를 한 때 강도나 강간도 개시되었다고 볼 수 있으므로, 강도죄·강간죄와 감금죄의 상상적 경합범이 된다(대법원 1983.4.26, 83도323[147]; 1984.8.21, 84도1550). 국가7급 08 / 국가7급 10 / 국가9급 13 / 경찰승진 12 / 경찰승진 14 / 사시 13 / 경찰채용 18 2차

(5) 감금 중에 강간 내지 강도한 경우

실체적 경합관계에 있다.

(6) 약취 · 유인 후 감금한 경우

약취·유인죄 외에 별도로 감금죄가 성립한다(대법원 1961.9.21, 4294형상455). 법원행시 12 / 국가9급 21

> 대법원 1961.9.21, 4294형상455; 1998.5.26, 98도1036
> 미성년자를 유인한 자가 계속하여 미성년자를 불법하게 감금하였을 때에는 미성년자유인죄 이외에 감금죄가 별도로 성립한다. 경찰채용 14 1차 / 경찰채용 12 3차 / 경찰승진 13 · 14 / 국가9급 21 / 국가7급 07 / 법원행시 12 / 경찰채용 23 1차

(7) 강도상해 이후 일정시간 감금한 경우

감금행위가 단순히 강도상해범행의 수단이 되는 데 그친 경우(이 경우 상상적 경합관계가 인정될 수 있음)가 아니라 강도상해의 범행이 끝난 뒤에도 계속된 경우에는 1개의 행위가 감금죄와 강도상해죄에 해당하는 경우라고 볼 수 없고, 이 경우 감금죄와 강도상해죄는 형법 제37조의 경합범관계에 있다고 보아야 한다(대법원 2003.1.10, 2002도4380).[148] 법원행시 09 / 법원행시 12 / 경찰승진(경감) 11 / 경찰승진 12 / 경찰승진 14 / 사시 12 / 사시 13 / 경찰채용 18 2차 / 국가9급 21

03 존속체포 · 감금죄

제276조【체포, 감금, 존속체포, 존속감금】 ② 자기 또는 배우자의 직계존속에 대하여 제1항의 죄를 범한 때에는 10년 이하의 징역 또는 1천 500만 원 이하의 벌금에 처한다.

참고하기 존속에 대한 범죄로 가중규정이 있는 경우

살인, 상해(중상해, 상해치사), 폭행(폭행치상), 협박(상습협박), 유기(중유기, 유기치상), 학대(학대치사상), 체포·감금죄(중체포·감금, 중체포·감금치사상, 특수체포·감금치사상)
※ 약취 · 유인, 과실범, 재산죄 : ×

147 판례 : 강간하기 위하여 감금한 행위는 강간과 감금의 상상적 경합이 된다는 사례 강간의 의도로 주행 중인 자동차에서 탈출 불가능하게 하여 50km를 운행하여 여관 앞까지 강제연행한 후 강간하려다 미수에 그친 경우, 감금죄와 강간미수가 1개의 행위에 의해 실현되었으므로 형법 제40조의 상상적 경합에 해당한다(대법원 1983.4.26, 83도323). 법원행시 12 / 경찰승진 12

148 판례 : 강도상해 이후 일정시간 감금한 행위는 실체적 경합이라는 사례 피고인이 다른 사람과 피해자로부터 돈을 빼앗자고 공모한 다음 그를 강제로 승용차에 태우고 가면서 돈을 빼앗고 상해를 가한 뒤에도 계속하여 상당한 거리를 진행하여 가다가 교통사고를 일으켜 감금행위가 중단된 경우, 피고인이 저지른 감금죄와 강도상해죄는 형법 제37조의 경합범관계에 있다(대법원 2003.1.10, 2002도4380). 법원행시 09 / 법원행시 12 / 경찰승진 12 / 사시 12 / 사시 13

04 중체포 · 중감금죄, 존속중체포 · 중감금죄

제277조【중체포, 중감금, 존속중체포, 존속중감금】 ① 사람을 체포 또는 감금하여 가혹한 행위를 가한 자는 7년 이하의 징역에 처한다.
② 자기 또는 배우자의 직계존속에 대하여 전항의 죄를 범한 때에는 2년 이상의 유기징역에 처한다.

1. 의의 · 성격 : 다른 '중~죄'와의 차이

중체포·중감금죄는 사람을 체포·감금하고 다시 그에게 가혹한 행위 경찰승진(공통) 10 / 사시 14를 가함으로써 성립하는 범죄이므로, 체포·감금행위와 가혹행위가 결합된 결합범(結合犯)이다. 따라서 본죄는 결과적 가중범(중상해죄, 중유기죄, 중강요죄, 중손괴죄)이 아니며, 경찰채용 12 3차 / 경찰승진(경사) 11 구체적 위험범도 아니다. 사시 12

2. 가혹한 행위

가혹한 행위란 사람에게 육체적·정신적 고통을 주는 일체의 행위이다(예 폭행, 협박, 음식을 못 먹게 하는 행위, 수면금지 또는 강제적 수면 또는 마취 –영화 올드보이를 떠올려볼 것– 와 같은 각종 고문행위, 여자를 나체로 만드는 것과 같은 추행 등).

3. 미수범

본죄는 다른 '중~죄'와는 달리 미수범을 처벌하고 있다(제280조). 중체포·중감금죄의 미수범은 ① 가혹행위를 가하기 위해서 체포·감금하려 하였으나 체포·감금하지 못한 경우나, ② 가혹행위를 가할 의사로 체포·감금은 하였으나 가혹행위를 하지 못한 경우, ③ 가혹한 행위가 미수에 그친 경우에 성립한다.[149]

05 특수체포 · 감금죄

제278조【특수체포, 특수감금】 단체 또는 다중의 위력을 보이거나 위험한 물건을 휴대하여 전2조의 죄를 범한 때에는 그 죄에 정한 형의 2분의 1까지 가중한다.

06 상습체포 · 감금죄

제279조【상습범】 상습으로 제276조 또는 제277조의 죄를 범한 때에는 전조의 예에 의한다.

07 체포 · 감금치사상죄

제281조【체포 · 감금 등의 치사상】 ① 제276조 내지 제280조의 죄를 범하여 사람을 상해에 이르게 한 때에는 1년 이상의 유기징역에 처한다. 사망에 이르게 한 때에는 3년 이상의 유기징역에 처한다.

---

149 강구진, 152면; 김종원, 112면; 오영근, 131면; 이재상, §8–15; 임웅, 129면.

② 자기 또는 배우자의 직계존속에 대하여 제276조 내지 제280조의 죄를 범하여 상해에 이르게 한 때에는 2년 이상의 유기징역에 처한다. 사망에 이르게 한 때에는 무기 또는 5년 이상의 징역에 처한다.

1. 진정결과적 가중범

감금치사상죄는 전형적인 진정결과적 가중범이다. 따라서 고의의 기본범죄인 감금(미수·기수), 사상이라는 무거운 결과에 대한 예견가능성(2020.12.8. 우리말 순화 개정법 제15조 제2항) 그리고 양자간의 인과관계 및 객관적 귀속이 인정되어야 한다.

예를 들자면, 4일 가량 물조차 제대로 마시지 못하고 잠도 자지 아니하여 거의 탈진상태에 이른 피해자(정신병자, 감금죄의 객체가 될 수 있음) 경찰승진(경감) 11 / 변호사 17의 손과 발을 17시간 이상 묶어 두고 좁은 차량 속에서 움직이지 못하게 감금한 행위와 묶인 부위의 혈액 순환에 장애가 발생하여 혈전이 형성되고 그 혈전이 폐동맥을 막아 사망에 이르게 된 결과 사이에는 인과관계 및 객관적 귀속(판례 : 상당인과관계)이 인정된다(대법원 2002.10.11, 2002도4315).

사례연구 차량감금과 탈출 사례 : 감금치사죄 인정례

甲은 자신의 승용차로 乙을 가로막아 승차하게 한 연후 乙의 하차요구를 무시한 채 시속 약 60~70km로 달려 乙을 내리지 못하게 하였다. 乙은 여기에서 벗어나고자 차량을 빠져나오다가 길바닥에 떨어져 상해를 입고 그 결과로 인하여 결국 사망하게 되었다. 甲의 형사책임은?

해결 승용차로 피해자를 가로막아 승차하게 한 후 피해자의 하차 요구를 무시한 채 당초 목적지가 아닌 다른 장소를 향하여 시속 약 60 내지 70km의 속도로 진행하여 피해자를 차량에서 내리지 못하게 한 행위는 감금죄에 해당하고, 피해자가 그와 같은 감금상태를 벗어날 목적으로 차량을 빠져 나오려다가 길바닥에 떨어져 상해를 입고 그 결과 사망에 이르렀다면 감금행위와 피해자의 사망 사이에는 상당인과관계가 있다고 할 것이므로 감금치사죄에 해당한다(대법원 2000.2.11, 99도5286). 국가7급 11 / 법원행시 07 / 사시 12 / 경찰간부 23

2. 감금치사죄와 감금 중 살인죄와의 구별

감금 중 피해자가 사망하였다고 하여 무조건 감금치사죄가 성립하는 것은 아니다. 즉, 예를 들어 ① 행위자가 피해자를 유인하여 포박·감금한 후 단지 그 상태를 유지하였을 뿐인데 피감금자가 사망에 이르게 된 것이라면 감금치사죄에만 해당된다.

그러나 ② 그 감금상태가 계속된 어느 시점에서 행위자에게 살인고의가 생겨 위험발생을 방지함이 없이 포박·감금상태에 있던 피감금자를 그대로 방치함으로써 사망하게 한 경우라면 행위자의 부작위는 살인죄에 해당되므로 감금과는 별도로 부작위에 의한 살인죄를 구성하게 되는 것이다(대법원 1982.11.23, 82도2024 참조). 국가7급 11 / 사시 11 / 국가9급 16

3. 중감금치사죄

판례연구 중감금치사죄의 죄책을 인정한 판례 : 허리띠 가혹행위 사례

대법원 1991.10.25, 91도2085

피고인이 아파트 안방에서 안방 문에 못질을 하여 동거하던 피해자가 술집에 나갈 수 없게 감금하고, 피해자를 허리띠로 때리고 옷을 벗기는 등 가혹한 행위를 하여 피해자가 이를 피하기 위하여 창문을 통해 밖으로 뛰어내리려 하자 피고인이 이를 제지한 후 피고인이 거실로 나오는 사이에, 갑자기 안방 창문을 통하여 알몸으로 아파트 아래

잔디밭에 뛰어내리다가 사망한 경우에 피고인의 중감금행위와 피해자의 사망 사이에는 상당인과관계가 있어서 피고인에게는 중감금치사죄의 죄책이 인정된다. 국가9급 12 / 법원행시 13

제3절 약취, 유인 및 인신매매의 죄

01 총 설

약취(kidnapping)·유인(abduction) 및 인신매매(trafficking in persons)의 죄는 사람을 폭행·협박하거나 기망·유혹하여 그 의사에 반하여 자유로운 생활관계 또는 보호관계로부터 이탈시키거나 사람을 매매하여 자기 또는 제3자의 실력적 지배 하에 둠으로써 성립하는 범죄로서, 2013.4.5. 개정형법에 의하여 대폭 개편된 부분이다.[150]

2013.4.5. 개정형법에서는 목적범 형태의 약취, 유인 등의 죄에 "추행, 간음, 결혼, 영리, 국외이송 목적" 외에도 "노동력 착취, 성매매와 성적 착취, 장기적출" 등 신종범죄를 목적으로 하는 경우를 추가하였으며, 결과적 가중범을 신설하되 상해와 치상, 살인과 치사 등의 법정형을 구분하여 책임주의에 부합하도록 하고, 종래 방조범 형태로 인정되던 약취, 유인, 인신매매 등을 위하여 사람을 모집, 운송, 전달하는 행위를 독자적인 구성요건으로 처벌하도록 하며, 예비·음모죄 처벌규정이 종래 국외이송목적 약취·유인죄에 국한되어 있었던 것을 거의 모든 약취·유인 및 인신매매의 죄로 확대하였고(제296조)(약취·유인·매매·이송 등 치사상죄 –제290조 제2항, 제291조 제2항– 및 약취·유인·매매·이송목적 모집·운송·전달죄 –제292조 제2항– 제외), 인류에 대한 공통적인 범죄인 약취·유인과 인신매매죄의 규정이 대한민국 영역 밖에서 죄를 범한 외국인에게도 적용될 수 있도록 세계주의 규정을 도입하게 된 것이다(제296조의2). 한편, 본장의 상습범 처벌규정(구형법 제288조 제3항, 제289조 제3항, 제293조)은 삭제되었다.

약취·유인 및 인신매매의 죄는 신체활동의 자유를 그 보호법익으로 한다는 점에서 체포·감금죄와 유사하나, 체포·감금죄가 장소적 제한을 시키는 데 비하여 약취·유인 및 인신매매의 죄는 장소적 제한과는 관계없이 실력적 지배를 설정한다는 점에서 차이가 있다. 또한 유기죄가 요부조자에 대한 실력적 지배를 포기하는 죄인데 비하여 약취·유인죄 및 인신매매의 죄는 실력적 지배를 새롭게 설정한다는 점에서 차이가 있다.

표정리 약취·유인·인신매매죄와 체포·감금죄, 유기죄의 비교

구 분	약취·유인·인신매매의 죄	체포·감금의 죄	유기의 죄
보호법익	신체활동의 자유	신체활동의 자유(특히 장소 이전의 자유)	생명·신체의 안전

150 본장은 종래 "약취와 유인의 죄"이었던 것을 2000년 12월 13일 우리나라가 서명한 국제연합국제조직범죄방지협약(United Nations Convention against Transnational Organized Crime) 및 인신매매방지의정서의 국내적 이행을 위한 입법으로서, 2013.4.5. 개정형법(법률 11731호)에 의하여 그 장(章)명을 "약취, 유인 및 인신매매의 죄"로 변경하고 인신매매 관련 처벌조항을 신설한 것이다. 2013.4.5. 개정형법은 위 협약 및 의정서상의 입법의무 사항을 반영하여 범죄단체 및 범죄집단의 존속과 유지를 위한 행위의 처벌규정을 마련하는 한편, 범죄단체나 집단의 수입원으로 흔히 사용되는 도박장소의 개설이나 복표발매에 대한 처벌규정의 법정형을 상향하고, 각종 착취 목적의 인신매매죄를 신설하여 인신매매의 처벌범위를 확대함으로써 국제조직범죄를 효율적으로 방지·척결하는 동시에 국제협력을 강화하려는 것이다(개정이유 중에서). 따라서 개정된 부분에 대한 설명은 본장 이외에도 후술하는 범죄단체조직죄 및 도박과 복표의 죄에서 이루어지게 될 것이다.

실력적 지배	장소적 제한 없이 실력적 지배 설정	장소적 제한을 두어 실력적 지배 설정	실력적 지배 포기
미수범	미수범 처벌	미수범 처벌	미수범 처벌규정 없음

02 미성년자약취 · 유인죄

제287조【미성년자의 약취, 유인】 미성년자를 약취 또는 유인한 사람은 10년 이하의 징역에 처한다. 〈전문개정 2013. 4.5.〉

제295조의2【형의 감경】 제287조부터 제290조까지, 제292조와 제294조의 죄를 범한 사람이 약취, 유인, 매매 또는 이송된 사람을 안전한 장소로 풀어준 때에는 그 형을 감경할 수 있다. 법원9급 14 〈전문개정 2013.4.5.〉

1. 의의 및 보호법익

미성년자약취 · 유인죄의 입법 취지는 심신의 발육이 불충분하고 지려와 경험이 풍부하지 못한 미성년자를 특별히 보호하기 위하여 그를 약취 · 유인하는 행위를 처벌하려는 데 있다.

본죄는 미성년자의 자유권 외에 보호감독자의 감독권(내지 감호권)도 그 보호법익으로 하고 있다(다수설 · 판례).[151] 따라서 미성년자(女)를 보호 · 감독하고 있던 그 아버지의 감호권(監護權)을 침해하여 그녀를 자신들의 사실상 지배 하로 옮긴 이상 미성년자약취죄가 성립하게 된다. 법원행시 17 이때 약취행위에 미성년자의 동의가 있었다 하더라도 본죄의 성립에는 변함이 없다(대법원 2003.2.11, 2002도7115; 1982.4.27, 82도186). 경찰간부 13 / 사시 11 / 경찰승진 24 본죄는 침해범이며 계속범이다.

2. 구성요건

(1) 객관적 구성요건

① 주체 : 본죄의 주체는 제한이 없다(2013.4.5. 개정형법에 의해 종래의 "자"에서 "사람"으로 개정됨. 일반범). 심지어 미성년자를 보호 · 감독하는 자라 하더라도 다른 보호 · 감독자의 감호권을 침해하거나 자신의 감호권을 남용하여 미성년자 본인의 이익을 침해하는 경우에는 본죄의 주체가 될 수 있다. 예를 들어, 외조부가 맡아서 양육해 오던 미성년인 자(子)를 자의 의사에 반하여 사실상 자신의 지배하에 옮긴 친권자에게도 미성년자 약취 · 유인죄가 인정된다(대법원 2008.1.31, 2007도8011 – 나쁜 아버지 사건 –).[152] 법원행시 12 / 경찰간부 13 / 경찰승진 14 / 경찰채용 12 3차 / 변호사 14 또한 비양육친이 면접교섭기간이 종료하였음에도 유아를 인도하지 않은 경우에도 미성년자약취죄가 성립할 수 있다(대법원 2021.9.9, 2019도16421). 법원9급 22

판례연구 면접교섭기간이 종료하였음에도 유아를 인도하지 않은 경우 미성년자약취죄가 성립한다는 사례

대법원 2021.9.9, 2019도16421

[양육친 乙(여, 프랑스인)과 이혼소송 중인 비양육친 甲(남, 한국인)이 면접교섭권을 행사하기 위하여 프랑스에

---

151 강구진, 156면; 김일수/서보학, 139면; 박상기, 132면; 유기천(상), 109면; 오영근, 160면; 이재상, §9–4; 이정원, 185면; 이형국(Ⅰ), 236면; 임웅, 142면. 대법원 2002.2.11, 2002도7115.

152 **소위 나쁜 아버지 사건의 사실관계** 乙의 아버지인 甲은 미성년자인 乙의 어머니이자 자신의 妻인 丁이 교통사고로 사망하자 乙의 외조부인 丙에게 피해자의 양육을 맡겨 왔으나, 교통사고 배상금 등을 둘러싸고 丙 등과 사이에 분쟁이 발생하자 甲 자신이 직접 피해자를 양육하기로 마음먹고 학교에서 귀가하는 乙을 본인의 의사에 반하여 강제로 차에 태우고 할아버지에게 간다는 등의 거짓말로 속인 후 고아원에 데려가 乙의 수용문제를 상담하고, 개사육장에서 잠을 재운 후 다른 아동복지상담소에 데리고 가는 등의 행위를 하였다.

서 乙과 함께 살던 아동 丙(5세)을 대한민국으로 데려온 후 면접교섭 기간이 종료하였음에도 丙을 프랑스로 데려다 주지 않은 사례] 미성년자를 보호·감독하는 사람이라고 하더라도 다른 보호감독자의 보호·양육권을 침해하거나 자신의 보호·양육권을 남용하여 미성년자 본인의 이익을 침해하는 때에는 미성년자에 대한 약취죄의 주체가 될 수 있으므로(대법원 2008.1.31, 2007도8011 등), 부모가 이혼하였거나 별거하는 상황에서 미성년의 자녀를 부모의 일방이 평온하게 보호·양육하고 있는데, 상대방 부모가 폭행, 협박 또는 불법적인 사실상의 힘을 행사하여 그 보호·양육 상태를 깨뜨리고 자녀를 자기 또는 제3자의 사실상 지배하에 옮긴 경우 그와 같은 행위는 특별한 사정이 없는 한 미성년자에 대한 약취죄를 구성한다(대법원 2017.12.13, 2015도10032). …… 면접교섭 기간이 종료하였음에도 프랑스에 있는 양육친에게 데려다 주지 않고 양육친과 연락을 두절한 후 가정법원의 유아인도명령 등에도 불응한 피고인의 행위는 그 목적과 의도, 행위 당시의 정황과 피해자의 상태, 결과적으로 피해아동의 자유와 복리를 침해한 점, 법원의 확정된 심판 등의 실효성을 확보할 수 없도록 만든 점 등을 종합해 보면, 불법적인 사실상의 힘을 수단으로 피해아동을 그 의사와 복리에 반하여 자유로운 생활 및 보호관계로부터 이탈시켜 자기의 사실상 지배하에 옮긴 적극적 행위와 형법적으로 같은 정도의 행위로 평가할 수 있으므로, 형법 제287조 미성년자약취죄의 약취행위에 해당한다. 법원9급 22

② 객체 : 미성년자로서 민법을 기준으로 하여 19세 미만의 사람을 말한다.[153] 혼인한 미성년자는 민법의 성년의제규정(민법 제826조의2)에 의해 본죄의 객체에 포함되지 않는다는 일부 견해[154]가 있기는 하나, 혼인한 미성년자도 본죄의 피해자에서 배제시킬 이유가 없다는 점에서 포함된다고 보는 것이 타당하다(통설[155]).

③ 행위 – 약취·유인

㉠ 약취(略取) : 폭행·협박 또는 불법적인 사실상의 힘을 수단으로 하여 사람을 그 의사에 반하여 자유로운 생활관계·보호관계로부터 이탈시켜 자기 또는 제3자의 사실상 지배 하에 옮기는 행위라고 보는 것이 통설[156]·판례이다. 경찰승진 14 폭행·협박의 정도는 상대방을 실력적 지배 하에 둘 수 있을 정도이면 족하고 반드시 상대방의 반항을 억압할 정도일 것은 요하지 아니한다(대법원 1990.2.13, 89도2558; 1991.8.13, 91도1184). 국가7급 07 / 경찰승진 13 / 경찰승진 14 / 경찰채용 12 3차 / 경찰채용 16 2차 / 법원행시 17 기술한 바와 같이 미성년자의 보호·감독자라 하더라도 본죄의 주체가 될 수 있으나, 이 경우에도 그 행위는 위와 같은 의미의 약취에 해당하여야 한다. 따라서 미성년의 자녀를 부모가 함께 동거하면서 보호·양육하여 오던 중 부모의 일방이 상대방 부모나 그 자녀에게 어떠한 폭행·협박이나 불법적인 사실상의 힘을 행사함이 없이 그 자녀를 데리고 종전의 거소를 벗어나 다른 곳으로 옮겨 자녀에 대한 보호·양육을 계속하였다면, 특별한 사정이 없는 한 미성년자에 대한 약취죄의 성립을 인정할 수 없다(대법원 2013.6.20, 2010도14328 전원합의체 – 베트남 엄마 사건 –).[157] 법원9급 14 / 경찰승진 17 / 법원9급 22 / 경찰승진 24

---

153 2011년 3월 7일 개정민법(법률 제10429호, 2013년 7월 1일 시행)은 청소년의 조숙화에 따라 성년연령을 낮추는 세계적 추세와 공직선거법 등의 법령 및 사회·경제적 현실을 반영하여 성년에 이르는 연령을 만 20세에서 만 19세로 낮추었다.

154 이재상, §9–8.

155 강구진, 157면; 김일수/서보학, 141면; 박상기, 134면; 배종대, 190면; 백형구, 297면; 오영근, 163면; 유기천(상), 116면; 이정원, 186면; 이형국(Ⅰ), 239면; 임웅, 150면; 정성근/박광민, 140면.

156 강구진, 157면; 김일수, 142면; 박상기, 133면; 이재상, §9–9; 정성근/박광민, 141면.

157 **판례 : 베트남 엄마 사건** 폭행, 협박 또는 불법적인 사실상의 힘을 사용하여 그 미성년자를 평온하던 종전의 보호·양육 상태로부터 이탈시켰다고 볼 수 없는 행위에 대하여까지 다른 보호감독자의 보호·양육권을 침해하였다는 이유로 미성년자에 대한 약취죄의 성립을 긍정하는 것은 형벌 법규의 문언 범위를 벗어나는 해석으로서 죄형법정주의의 원칙에 비추어 허용될 수 없다고 할 것이다. ① 부모가 이혼하였거나 별거하는 상황에서 미성년의 자녀를 부모의 일방이 평온하게 보호·양육하고 있는데, 상대방 부모가 폭행, 협박 또는 불법적인 사실상의 힘을 행사하여 그 보호·양육 상태를 깨뜨리고 자녀를 탈취하여 자기 또는 제3자의 사실상 지배하에 옮긴 경우, 그와 같은 행위는 특별한 사정이 없는 한 미성년자에 대한 약취죄를 구성한다고 볼 수 있다. ② 그러나 이와 달리 미성년의 자녀를 부모가 함께 동거하면서 보호·양육하여 오던 중 부모의 일방이 상대방 부모나 그 자녀에게 어떠한 폭행, 협박이나 불법적인 사실상의 힘을 행사함이 없이 그 자녀를 데리고 종전의 거소를 벗어나 다른 곳으로 옮겨 자녀에 대한 보호·양육을 계속하였다면, 그 행위가 보호·양육권의 남용에 해당한다는 등 특별한 사정이 없는 한 설령 이에

㉡ 유인(誘引) : 기망 또는 유혹을 수단으로 하여 사람을 자기 또는 제3자의 지배 하에 옮기는 행위이다. 유혹이란 기망의 정도에는 이르지 아니하나 감언이설로써 상대방을 현혹시켜 판단의 적정을 그르치게 하는 것을 말하며 반드시 그 유혹의 내용이 허위일 것을 요하지 않고, 경찰채용 12 3차 유인하려는 상대방이 미성년자인 경우 유인으로 인하여 그가 하자 있는 의사로 승낙하였다 하더라도 본죄의 성립에 영향이 없다(대법원 1982.4.27, 82도186－앵벌이 사건－[158]; 1996.2.27, 95도2980－미성년의 저능아를 제주도로 데려간 사례－[159]; 2001.7.13, 2001도2595).

㉢ 인취(引取)의 대상 : 폭행·협박·기망·유혹은 피인취자에게 행해질 필요는 없고 보호자에게 행해질 수도 있다.

㉣ 실력적 지배

ⓐ 의의 : 본죄는 미성년자를 자기 또는 제3자의 물리적·실력적(사실상) 지배 하에 두는 행위가 있어야 한다. 따라서 미성년자를 단지 부모로부터 이탈하게 하는 행위(단순히 여행을 떠나거나 가출하게 하는 행위)만으로는 성립하지 않는다.

ⓑ 장소적 이전의 필요성 : ㉮ 원칙적으로, 약취·유인은 체포·감금과는 달리 장소적 제한을 요하는 것은 아니다. 따라서 본죄의 약취·유인은 미성년자를 장소적으로 이전시키는 경우뿐만 아니라, 장소적 이전 없이 기존의 자유로운 생활관계 또는 부모와의 보호관계로부터 이탈시켜 범인·제3자의 사실상 지배 하에 두는 경우도 포함된다(통설[160]·판례, 대법원 2008.1.17, 2007도8485). 경찰승진 14 / 변호사 14 / 경찰채용 16 2차 / 경찰채용 23 1차 따라서 장소적 이전이 없더라도 피인취자의 격리는 가능하며, 부작위에 의한 약취죄도 성립할 수 있다. ㉯ 다만, 미성년자와 보호자의 일상생활의 장소적 중심인 주거에서 장소적 이전을 전제로 하지 아니한 채 폭행·협박이 이루어진 경우에는, 그로 인하여 미성년자와 부모의 보호관계가 제한·박탈되었다 하더라도 무조건 본죄가 성립한다고 할 수는 없다. 예를 들어, 미성년자 혼자 머무는 주거에 침입하여 강도 범행을 하는 과정에서 미성년자와 그 부모에게 폭행·협박을 가하여 일시적으로 부모와의 보호관계가 사실상 침해·배제되었더라도, 미성년자가 기존의 생활관계로부터 완전히 이탈되었다거나 새로운 생활관계가 형성되었다고 볼 수 없고 범인의 의도도 위와 같은 생활관계의 이탈이 아니라 단지 금품 강취를 위한 반항 억압에 있었다는 점에서, 본죄는 성립하지 않게 된다(대법원 2008.1.17, 2007도8485).[161] 경찰간부 13 / 경찰승진 13·14·24

관하여 법원의 결정이나 상대방 부모의 동의를 얻지 아니하였다고 하더라도 그러한 행위에 대하여 곧바로 형법상 미성년자에 대한 약취죄의 성립을 인정할 수는 없다고 할 것이다(대법원 2013.6.20, 2010도14328 전원합의체).

보충 베트남 국적 여성인 피고인은 남편의 의사에 반하여 아들인 피해자를 국외에 이송할 목적으로 주거지에서 데리고 나와 베트남에 함께 입국하였는바, 피고인에게는 국외이송목적약취죄의 죄책이 인정되지 않는다는 판례이다. 법원9급 14 / 법원9급 22

158 **판례 : 하자 있는 피해자의 승낙이 있어도 미성년자유인에 해당한다는 사례** 피해자가 스스로 가출하여 피고인 등의 한국복음전도회 부산 및 마산 지관에 입관할 것을 호소하였다고 하더라도 피고인들의 독자적인 교리설교에 의하여 하자 있는 의사로 가출하게 된 것이고, 동 피해자의 보호감독권자의 보호관계로부터 이탈시키고 피고인들의 지배 하에서 그들 교리에서 말하는 소위 '주의 일'(껌팔이 등 행상)을 하도록 도모한 이상 미성년자유인죄의 성립에 지장이 없다(대법원 1982.4.27, 82도186).

159 **판례 : 미성년의 저능아를 보호상태로부터 이탈케 한 사례** 피해자는 사고능력이 현저하게 떨어지는 미성년의 저능아로서 자신의 4촌 매형인 공소외 최○○이 경영하는 청소대행업체에서 일하면서 숙식을 해결하는 등 위 공소외인의 보호 하에 있었는데, 피고인들은 피해자의 위와 같은 사정을 알면서도 그로부터 약 8개월 후 피해자가 다시 서울로 돌아올 때까지도 위 공소외인에게 피고인들이 피해자를 제주도로 데려간 사실을 한 번도 이야기하지 아니한 채 숨겼다면, 피고인들이 피해자를 제주도로 데려간 행위는 미성년자를 유인한 행위에 해당됨이 명백하다(대법원 1996.2.27, 95도2980).

160 강구진, 159면; 김일수/서보학, 143면; 김종원, 116면; 박상기, 133면; 손동권, 132면; 유기천(상), 109면; 이재상, §9－11; 이형국(Ⅰ), 241면; 임웅, 143면; 정성근/박광민, 140면; 정영석, 264면. 반대견해는 서일교, 71면; 황산덕, 207면.

161 **사례 : 미성년자 혼자 머무는 주거에 침입하여 강도 범행을 하는 과정에서 일시적으로 부모와의 보호관계가 사실상 침해·배제된 경우 형법 제287조의 미성년자약취죄가 성립하지 않는다고 한 사례** 甲은 모년 모월 모일 14:30경 아파트 현관문을 열고 집안으로 들어서는 피해자 미성년자 乙을 발견하고 乙에게 달려들어 옆구리에 칼을 들이대고 뒤따라 집안으로 침입한 후 집안을 뒤져 물품을 강취하고, 현금이 발견되지 않자 더 나아가 위 乙을 인질로 삼아 그의 부모로부터 현금을 취득하기로 마음먹고

ⓜ 실행의 착수 및 기수 : 미성년자를 기존의 생활관계 · 보호관계로부터 이탈시킬 의도가 없는 경우에는 실행의 착수조차 인정하기 어려우며, 범행의 목적과 수단, 시간적 간격 등을 고려할 때 사회통념상 실제로 기존의 생활관계 및 보호관계로부터 이탈시킨 것으로 인정되어야만 본죄의 기수가 성립하게 되는 것이다. 국가7급 07

(2) **주관적 구성요건** – 고의

본죄의 고의는 미성년자라는 사실에 대한 인식과 폭행 · 협박 · 기망 또는 유혹에 의하여 미성년자를 인취한다는 인식이 있어야 한다.

또한 본죄는 –다른 대부분의 약취 · 유인범죄들이 목적범인 것과는 달리– 목적범이 아니다. 따라서 추행 · 간음 · 결혼 · 영리, 노동력 착취, 성매매와 성적 착취, 장기적출, 국외이송의 목적이 있는 경우에는 형이 무거운 추행 · 간음 · 결혼 · 영리목적 약취 · 유인죄(제288조 제1항), 노동력 착취, 성매매와 성적 착취, 장기적출목적 약취 · 유인죄(동조 제2항) 및 국외이송목적 약취 · 유인죄(동조 제3항)가 성립하게 된다.

3. 침해범 · 계속범

본죄는 침해범이다. 그러므로 미성년자가 자기 또는 제3자의 실력적 지배 하에 놓이게 된 때(피인취자의 자유가 침해된 때) 기수가 된다. 또한 약취 · 유인행위는 어느 정도 시간적 계속이 되어야 본죄가 기수가 된다. 본죄의 성격에 대해서는 계속범설[162]과 상태범설[163]이 대립하지만, 계속범설이 통설의 입장이다. 따라서 본죄는 미성년자에 대한 약취 · 유인상태가 해제된 때 비로소 공소시효가 기산되는 등 계속범의 여러 성질을 지니게 된다.

4. 위법성

미성년자와 보호자가 모두 동의한 경우에는 구성요건적 양해(다수설,[164] 소수설[165]은 피해자의 승낙으로 봄)에 의하여 구성요건해당성이 조각되어 본죄가 성립하지 않는다.[166] 그러나 미성년자의 동의만 있거나 보호자의 동의만 있는 경우에는 본죄가 성립한다.

위 乙을 결박시킨 다음 두 시간 남짓 부모의 귀가를 기다렸다. 그런데 그 후 19:00경 乙의 모 丙이 위 아파트 안으로 들어오자, 거실에서 앉아 포박된 위 乙의 옆구리에 부엌칼을 들이대면서 "아들을 살리려면 이리 와서 앉아."라고 위협하여 이에 놀란 丙이 황급히 밖으로 도망치자, 수회 전화를 걸어 "아들을 살리려면 돈 300만 원을 지금 마련해서 올라와라, 경찰에는 절대 알리지 마라, 만약 신고하면 아들을 죽이겠다."고 하는 등 수차례 협박하여 19:58경 乙의 부모 丙 · 丁으로부터 아파트 현관 입구에서 금품 50만 원을 전달받았으나, 그 무렵 문밖에서 대기 중이던 경찰관 P에게 체포되기에 이르렀다. 甲에게는 특가법 제5조의2의 약취 · 유인죄의 가중처벌규정상의 죄가 적용되는가? **배경지식** 특가법 제5조의2(약취 · 유인죄의 가중처벌) 제2항 제1호는 형법 제287조(미성년자의 약취, 유인)의 죄를 범한 자가 약취 또는 유인한 미성년자의 부모 기타 그 미성년자의 안전을 염려하는 자의 우려를 이용하여 재물이나 재산상의 이익을 취득하거나 이를 요구한 때에는 무기 또는 10년 이상의 징역에 처한다고 규정하고 있다. 즉 특가법상 약취 · 유인 후 금품요구죄가 되기 위해서는 형법 제287조의 미성년자약취 · 유인죄가 성립하는 것이 그 전제조건이 된다. **판례** 특별한 사정이 없는 한, 피고인의 원심 판시 제4항의 범행을 **형법 제336조(인질강도)로 의율하는 것은 별론으로 하고, 특가법 제5조의2 제2항 제1호, 형법 제287조에 의율할 수는 없다** 할 것인데도, 형법 제287조의 **미성년자약취죄의 성립에 장소적 이전을 필요로 하지 아니한다는 이유만으로 특가법 위반죄의 죄책을 인정한 원심의 판단에는 미성년자약취죄의 성립요건에 관한 법리 오해의 위법이 있다**(대법원 2008.1.17, 2007도8485). 경찰간부 13 / 경찰승진 13 / 경찰승진 14 **해결** 적용되지 않는다(형법상 인질강도죄만 성립).

162 강구진, 159면; 김일수/서보학, 140면; 박상기, 132면; 백형구, 298면; 손동권, 134면; 유기천(상), 211면; 이재상, §9–12; 이형국(Ⅰ), 241면; 임웅, 152면; 정성근/박광민, 142면; 정영석, 264면.

163 김종원, 116면. 한편 본죄의 보호법익을 보호자의 감독권으로 보면 상태범이 되고 미성년자의 자유권으로 보면 계속범이 된다는 견해도 있다. 서일교, 72면; 황산덕, 206면.

164 김일수/서보학, 144면; 박상기, 137면; 백형구, 298면; 오영근, 164면; 이재상, §9–15; 이형국(Ⅰ), 242면.

165 강구진, 160면; 배종대, 213면; 임웅, 152면.

166 **판례 : 아버지의 부탁으로 어머니의 인도요구를 거부한 사례** 미성년자의 아버지의 부탁으로 그 아이들을 보호하고 있는 자는 위 아이를 인도하라는 어머니의 요구를 거부하였다 하여 미성년자약취죄의 죄책을 진다고 볼 수 없다(대법원 1974.5.28, 74도840).

5. 다른 범죄와의 관계

미성년자를 유인한 자가 계속하여 미성년자를 불법하게 감금하였을 때에는 미성년자유인죄 이외에 감금죄가 별도로 성립한다(대법원 1998.5.26, 98도1036). 국가7급 07 / 경찰승진 13 / 경찰승진 14 / 경찰채용 12 3차 / 경찰채용 14 1차 / 경찰채용 23 1차

6. 특가법상 가중처벌규정

기술한 바와 같이, 형법 제287조의 본죄를 범한 자가 그 약취·유인의 목적이 약취·유인한 미성년자의 부모 기타 그 미성년자의 안전을 염려하는 자의 우려를 이용하여 재물 또는 재산상 이익을 취득할 목적일 때에는 무기 또는 5년 이상의 징역에 처하고(특가법 제5조의2 제1항 제1호), 살해할 목적인 때에는 사형, 무기 또는 7년 이상의 징역에 처하는 등(동조 동항 제2호) 특가법 제5조의2에서는 약취·유인죄의 가중처벌규정을 두고 있다.

03 추행·간음·결혼·영리목적 약취·유인죄

제288조【추행 등 목적 약취, 유인 등】 ① 추행, 간음, 결혼 또는 영리의 목적으로 사람을 약취 또는 유인한 사람은 1년 이상 10년 이하의 징역에 처한다. 〈전문개정 2013.4.5.〉

제295조의2【형의 감경】 제287조부터 제290조까지, 제292조와 제294조의 죄를 범한 사람이 약취, 유인, 매매 또는 이송된 사람을 안전한 장소로 풀어준 때에는 그 형을 감경할 수 있다. 〈전문개정 2013.4.5.〉

1. 구성요건

(1) 객 체

사람으로서, 성년·미성년, 남녀를 불문한다. 미성년자를 추행·간음·결혼·영리목적으로 약취·유인하면 추행·간음·결혼·영리목적 약취·유인죄가 성립하고 미성년자약취·유인죄는 별도로 성립하지 않는다. 경찰승진(경장) 11 / 경찰승진 12

(2) 약취·유인

① 약취 : 약취는 폭행 또는 협박뿐만 아니라 사실상의 힘에 의한 경우도 포함되므로, 술에 만취한 자가 초등학교 5학년 여학생의 소매를 잡아끌면서 "우리 집에 같이 자러 가자."고 한 행위도 약취행위의 수단인 '폭행'에 해당될 수 있다(대법원 2009.7.9, 2009도3816).

② 유인 : 유인이란 기망·유혹을 수단으로 자기·제3자의 사실적 지배 아래로 옮기는 행위를 말하므로, 甲이 11세에 불과한 어린 나이의 피해자 乙(女)을 유혹하여 위 모텔 앞길에서부터 위 모텔 301호실까지 데리고 갔는데, 이는 乙을 자유로운 생활관계로부터 이탈시켜 피고인의 사실적 지배 아래로 옮긴 행위로 볼 수 있어, 이 경우 간음목적유인죄의 기수에 해당된다(대법원 2007.5.11, 2007도2318). 경찰간부 13

(3) 추행·간음·결혼·영리의 목적

① 추행·간음의 목적 : 추행의 목적이란 피해자로 하여금 성적 수치심을 일으키는 정도의 행위를 하게 할 목적을 말하고, 간음의 목적이란 성교할 목적을 말한다. 만일 결혼할 목적까지 있다면 간음목적 약취·유인죄가 아니라 아래의 결혼목적 약취·유인죄(제291조)에 해당한다. 반드시 약취·유인된 자와 간음·추행할 목적이 아니어도 본죄에 해당된다. 종래 추행·간음목적 약취·유인죄는 친고죄이었

는데 이는 2012.12.18. 개정형법에 의해 삭제되었다(2013.6.19. 시행).

② 결혼의 목적 : 결혼의 의미에 대해서는 법률혼설[167]이나 사실혼설[168]이 주장된 바 있으나, 사실혼 · 법률혼을 막론하고 약취 · 유인한 이상 본죄의 보호법익을 침해하므로 본죄가 성립한다고 보아야 한다(다수설[169]). 다만 법률혼도 아니고 사실혼도 아닌 단지 성교관계의 목적으로 약취 · 유인한 때에는 위의 간음목적 약취 · 유인죄(제288조 제1항)가 성립한다. 결혼목적으로 미성년자를 약취 · 유인한 경우에는 미성년자약취 · 유인죄의 형이 더 무겁다는 점에서 결혼목적 약취 · 유인죄와 미성년자약취 · 유인죄의 상상적 경합의 보는 견해(상상적 경합설[170])와 양죄는 법조경합의 관계에 있으므로 특별법인 결혼목적 약취 · 유인죄만 성립한다는 입장(법조경합설, 통설[171])이 대립하고 있다. 종래 결혼목적 약취 · 유인죄는 친고죄이었는데 역시 2012.12.18. 개정형법에 의해 삭제되었다(2013.6.19. 시행). 법원9급 14

③ 영리의 목적 : 재물이나 재산상 이익을 취득할 목적을 말한다. 영리목적 약취 · 유인죄는 인질강도죄와의 구별이 문제된다. 원래 사람을 약취 · 유인하여 석방의 대가로 재물을 요구하는 행위는 전형적인 인질강도죄(제336조)에 해당하며 본죄는 적용되지 않는다. 그렇다면 특히 석방 대가로 재산을 요구할 목적을 가지고 사람을 '약취 · 유인하는 행위'는 영리목적 약취 · 유인죄인지 아니면 인질강도미수죄인지 문제될 수 있다.

㉠ 인질강도미수죄설 : 처음부터 인질강도의 의도로 사람을 약취 · 유인한 이상 인질강도미수로 보아야 한다는 입장이다.[172]

㉡ 영리목적 약취 · 유인기수죄설 : 석방대가를 요구하기 위한 미성년자에 대한 약취 · 유인행위는 특가법 제5조의2에 해당하지만 '성년자'에 대해서는 특가법의 규정이 없고, 또한 약취 · 유인행위만으로 '인질강도의 실행의 착수로 볼 수 없다'는 점에서, 영리목적 약취 · 유인죄의 기수로 볼 수밖에 없다는 입장이다(다수설[173]).

㉢ 소결 : 석방의 대가로 재산을 획득하겠다는 것도 본죄의 영리목적으로 볼 수 있으며, 만일 이 경우까지 인질강도죄의 미수가 된다고 본다면 본죄는 사문화(死文化)될 것이기 때문에, 영리목적 약취 · 유인기수죄로 보는 입장이 타당하다고 생각된다.

(4) 기수시기

추행 · 간음 · 결혼 · 영리목적 약취 · 유인죄는 다른 약취 · 유인죄들처럼 미수를 처벌하므로 언제 기수에 이르는가를 정해야 하는바, 본죄는 추행 · 간음 · 결혼 · 영리의 목적으로 사람을 약취 · 유인하여 자기 · 제3자의 사실적 지배 하로 옮기면 기수가 되는 것이고, 경찰승진(경장) 11 추행 · 간음 · 결혼 · 영리 목적의 달성은 요하지 않는다. 따라서 유흥주점에 몸값을 받고 팔 생각으로 여성을 약취하였으면 그 자체로 영리목적 약취죄는 기수에 이른 것이고, 이후 그 여성을 인도해주지 않았더라도 본죄의 기수에는 영향을 주지 아니한다.

---

167 정영석, 270면; 황산덕, 212면.

168 유기천(상), 116면; 이재상, §9－35. 다만 후자의 견해는 본죄의 결혼이 사실혼을 의미한다고 하여 법률혼이 여기서 제외되는 것은 아니라고 주장하고 있다. 이재상, ibid.

169 강구진, 168면; 김일수/서보학, 149면; 김종원, 125면; 박상기, 143면; 배종대, 194면; 백형구, 302면; 손동권, 141면; 오영근, 155면; 이형국(Ⅰ), 253면; 임웅, 162면; 정성근/박광민, 152면; 정영일, 131면.

170 박상기, 144면.

171 김일수/서보학, 150면; 손동권, 140면; 오영근, 155면; 이재상, §9－35; 이형국(Ⅰ), 252면; 임웅, 158면.

172 강구진, 162면; 김종원, 118면; 오영근, 149면; 임웅, 154면; 정성근/박광민, 156면; 정영일, 126면.

173 김성천/김형준, 199면; 김일수/서보학, 146면; 박상기, 139면; 배종대, 217면; 백형구, 300면; 손동권, 135면; 유기천(상), 114면; 이재상, §9－19; 이형국(Ⅰ), 245면.

2. 소추조건 및 미수, 예비 · 음모

추행·간음·결혼목적 약취·유인죄는 친고죄이었으나 기술하였다시피 2012.12.18. 개정형법에 의해 다른 성폭력범죄들과 함께 친고죄의 목록에서 삭제되었다. 본죄는 미수를 처벌함은 물론이다. 또한 본죄는 종래 예비·음모 처벌규정은 두지 않고 있다가 2013.4.5. 개정형법에 의해 예비 · 음모가 처벌되게 되었다(제296조).

04 노동력 착취, 성매매와 성적 착취, 장기적출목적 약취 · 유인죄

제288조 【추행 등 목적 약취, 유인 등】 ② 노동력 착취, 성매매와 성적 착취, 장기적출을 목적으로 사람을 약취 또는 유인한 사람은 2년 이상 15년 이하의 징역에 처한다. 〈전문개정 2013.4.5.〉

제295조의2 【형의 감경】 제287조부터 제290조까지, 제292조와 제294조의 죄를 범한 사람이 약취, 유인, 매매 또는 이송된 사람을 안전한 장소로 풀어준 때에는 그 형을 감경할 수 있다. 〈전문개정 2013.4.5.〉

국내외적으로 나타난 신종범죄에 대응하기 위하여 2013년 4월 5일 개정형법에 의해 신설된 처벌규정이다.

05 국외이송목적 약취 · 유인, 피인취자 국외이송죄

제288조 【추행 등 목적 약취, 유인 등】 ③ 국외에 이송할 목적으로 사람을 약취 또는 유인하거나 약취 또는 유인된 사람을 국외에 이송한 사람도 제2항과 동일한 형으로 처벌한다. 〈전문개정 2013.4.5.〉

제295조의2 【형의 감경】 제287조부터 제290조까지, 제292조와 제294조의 죄를 범한 사람이 약취, 유인, 매매 또는 이송된 사람을 안전한 장소로 풀어준 때에는 그 형을 감경할 수 있다. 〈전문개정 2013.4.5.〉

본죄는 국외에 이송할 목적으로 사람을 약취·유인하거나 약취·유인된 사람을 국외에 이송함으로써 성립한다. 외국에서 우리나라로 옮기는 것은 본죄의 "국외에 이송"에 해당되지 않지만, 국외이송목적의 달성 여부는 본죄의 기수 성립에 영향을 주지 않는다.

국외이송목적 약취·유인죄를 범하고 실제로 국외에 이송한 본죄를 범한 경우에는, ① 포괄일죄설,[174] ② 상상적 경합설,[175] ③ 최초의 국외이송목적 유무 기준설,[176] ④ 실체적 경합범설[177]이 대립하는데, 실체적 경합범으로 보는 것이 타당하다고 생각된다.

본조 후단의 피인취자 국외이송죄는 목적범이 아니다.

06 인신매매죄

제289조 【인신매매】 ① 사람을 매매한 사람은 7년 이하의 징역에 처한다.

② 추행, 간음, 결혼 또는 영리의 목적으로 사람을 매매한 사람은 1년 이상 10년 이하의 징역에 처한다.

174 강구진, 116면; 오영근, 154면; 유기천, 117면.
175 이재상, §9－32; 이형국, 203면; 황산덕, 212면.
176 김일수/서보학, 153면; 배종대, 239면; 정영일, 130면.
177 김종원, 123면; 박상기, 142면; 백형구, 306면; 임웅, 161면; 정성근/박광민, 161면; 정영석, 269면; 진계호/이존걸, 180면.

③ 노동력 착취, 성매매와 성적 착취, 장기적출을 목적으로 사람을 매매한 사람은 2년 이상 15년 이하의 징역에 처한다.
④ 국외에 이송할 목적으로 사람을 매매하거나 매매된 사람을 국외로 이송한 사람도 제3항과 동일한 형으로 처벌한다. 〈전문개정 2013.4.5.〉

제295조의2【형의 감경】 제287조부터 제290조까지, 제292조와 제294조의 죄를 범한 사람이 약취, 유인, 매매 또는 이송된 사람을 안전한 장소로 풀어준 때에는 그 형을 감경할 수 있다. 〈전문개정 2013.4.5.〉

1. 인신매매죄(제1항)

(1) 의 의

종래 부녀매매죄(婦女賣買罪, 구형법 제288조 제2항)의 행위객체가 "부녀"로 제한되었던 것을 2012.12.18. 개정형법에 의하여 "사람"으로 확대함으로써 사실상 본죄는 이미 '인신매매죄(人身賣買罪)'로 된 것인데, 2013. 4.5. 개정형법에 의해 제289조의 제명을 '인신매매'로 정하고 각종 착취목적의 인신매매죄를 신설하여 그 처벌범위를 확대함으로써 본죄는 명실공히 인신매매의 기본적 구성요건이 되었다.

(2) 구성요건

① 주체 : 본죄의 주체에는 제한이 없으니 반드시 친권자 등의 보호자만이 본죄의 주체가 될 수 있는 것은 아니다. 본죄의 성립 여부는 그 주체 및 객체에 중점을 두고 볼 것이 아니라 매매의 일방이 어떤 경위로 취득한 사람에 대한 실력적 지배를, 그 대가를 받고 그 상대방에게 넘기는 '매매행위'에 중점을 두고 판단하여야 한다(대법원 1992.1.21, 91도1402 전원합의체). 인신매매를 처벌하는 규정인 본죄는 매도자와 매수자를 같이 처벌하는 필요적 공범의 성격을 가진다(대향범).

② 객체 : 본죄는 객체에 제한을 두고 그 성립 여부를 판단할 것이 아니라 대가를 받고 상대방에게 넘긴다는 행위를 중심으로 판단하여야 한다(대법원 1992.1.21, 91도1402 전원합의체).[178] 국가7급 07 본죄의 성부는 매도인이 매매 당시 사람을 실력으로 지배하고 있었는가 여부, 즉 계속된 협박이나 명시적·묵시적인 폭행의 위협 등의 험악한 분위기로 인하여 보통의 사람이라면 법질서에 보호를 호소하기를 단념할 정도의 상태에서 그 신체에 대한 인계 · 인수가 이루어졌는가의 여부에 달려 있다. 따라서 사람에 대한 실력적 지배를 이전하는 매매행위로 나아간 이상 인격자각이 있고 법질서에 보호를 요청할 수 있는 사람도 본죄의 행위대상이 되며 성년·미성년, 기혼·미혼을 가리지 않는다.

③ 기수시기 : 실력적 지배가 상대방 측에 이전되었을 때(사실상 인도된 때)이다(통설[179]). 사시 11 본죄는 자유를 침해하는 죄이므로 대금지급 여부와는 관계없이 성립한다. 사시 11 아래의 부진정목적범(목적으로 인하여 형이 가중됨)들에 있어서도 그 목적의 달성 여부는 본죄의 기수 도달에 영향을 주지 아니한다.

④ 주관적 구성요건 : 종래 부녀매매죄는 추업(醜業)에 사용할 목적을 필요로 하는 목적범이었으나, 2013년 4월 5일 개정형법에 의해 본죄는 별도의 목적을 필요로 하지 않는 단순한 고의범으로 개정되었다.

2. 추행 · 간음 · 결혼 · 영리목적 인신매매죄(제2항)

추행·간음·결혼·영리의 목적을 가지고 한 인신매매행위를 단순인신매매죄보다 가중처벌하는 구성요건이다.

---

178 종래의 판례는 인격적 자각이 있고 스스로 법질서에 보호를 요청할 수 있는 부녀자는 법질서상 매매의 대상이 될 수 없으므로 본죄의 객체가 되기 어렵다는 입장을 취해 왔다(대법원 1959.3.13, 4292형상7). 그러나 위 1992년 전원합의체 판례에 의하여 이러한 판례의 입장은 변경된 것이다. 국가7급 07

179 강구진, 164면; 김일수, 147면; 김종원, 120면; 박상기, 140면; 손동권, 137면; 유기천(상), 115면; 이재상, §9－26; 임웅, 156면; 정성근/박광민, 148면; 정영석, 258면.

3. 노동력 착취, 성매매와 성적 착취, 장기적출목적 인신매매죄(제3항)

노동력 착취, 성매매와 성적 착취, 장기적출의 목적으로 가지고 한 인신매매행위를 단순인신매매죄보다 가중처벌하는 구성요건이다.

4. 국외이송목적 인신매매, 피매매자 국외이송죄(제4항)

본죄는 국외에 이송할 목적으로 사람을 매매하거나 매매된 사람을 국외에 이송함으로써 성립하는 범죄로서, 종래 구형법 제289조 제1항 및 제2항에 규정되었던 것을 2013.4.5. 개정형법에 의해 인신매매의 죄로 옮겨 규정한 것에 불과하다. 피매매자 국외이송죄는 목적범이 아니다.

07 약취 · 유인 · 매매 · 이송 등 상해 · 치상, 살인 · 치사죄

제290조【약취, 유인, 매매, 이송 등 상해 · 치상】 ① 제287조부터 제289조까지의 죄를 범하여 약취, 유인, 매매 또는 이송된 사람을 상해한 때에는 3년 이상 25년 이하의 징역에 처한다.
② 제287조부터 제289조까지의 죄를 범하여 약취, 유인, 매매 또는 이송된 사람을 상해에 이르게 한 때에는 2년 이상 20년 이하의 징역에 처한다. 〈전문개정 2013.4.5.〉

제295조의2【형의 감경】 제287조부터 제290조까지, 제292조와 제294조의 죄를 범한 사람이 약취, 유인, 매매 또는 이송된 사람을 안전한 장소로 풀어준 때에는 그 형을 감경할 수 있다. 〈전문개정 2013.4.5.〉

제291조【약취, 유인, 매매, 이송 등 살인 · 치사】 ① 제287조부터 제289조까지의 죄를 범하여 약취, 유인, 매매 또는 이송된 사람을 살해한 때에는 사형, 무기 또는 7년 이상의 징역에 처한다.
② 제287조부터 제289조까지의 죄를 범하여 약취, 유인, 매매 또는 이송된 사람을 사망에 이르게 한 때에는 무기 또는 5년 이상의 징역에 처한다. 〈전문개정 2013.4.5.〉

2013.4.5. 개정형법에 의하여 신설된 약취·유인·매매·이송 등 죄에 대한 고의적 결합범 및 결과적 가중범의 처벌규정이다. 제290조와 제291조의 죄는 상해와 치상, 살인과 치사 등의 법정형을 구분하여 책임주의에 부합하도록 도모하고 있다.

제290조의 약취·유인·매매·이송 등 상해·치상죄는 제295조의2의 석방감경규정의 적용대상이나, 제291조의 약취·유인·매매·이송 등 살인·치사죄가 그 적용대상이 아님은 당연하다. 또한 약취·유인·매매·이송 등 상해·살인죄의 고의적 결합범은 미수와 예비·음모를 처벌하나, 약취 · 유인 · 매매 · 이송 등 치상 · 치사죄의 진정결과적 가중범은 미수와 예비 · 음모를 처벌하지 않는다(제294조 및 제296조).

08 피약취 · 유인 · 매매 · 이송자 수수 · 은닉죄

제292조【약취, 유인, 매매, 이송된 사람의 수수 · 은닉 등】 ① 제287조부터 제289조까지의 죄로 약취, 유인, 매매 또는 이송된 사람을 수수(授受) 또는 은닉한 사람은 7년 이하의 징역에 처한다. 〈전문개정 2013.4.5.〉

피인취자를 수수·은닉해준다는 것은 인취행위에 도움을 주는 의미를 가지므로, 본죄는 총칙상의 방조행위를 특별히 독립범죄로서 규정한 것이다.[180] 따라서 본죄가 성립하면 수수·은닉행위가 방조범의 성격을 띠더

180 본 수수·은닉죄의 성격에 대해서는 ㉠ 약취·유인죄를 상태범으로 보면서 원래 처벌될 수 없는 사후방조를 특별히 처벌하고자 만든 규정이라고 보는 견해(김종원, 125면)와 ㉡ 약취·유인죄를 계속범으로 보면서 피인취자 수수·은닉행위는 위법상태

라도 총칙상의 공범규정은 적용되지 아니한다. 또한 기술한 미성년자약취 · 유인죄(제287조), 피인취 · 매매자 국외이송죄(제288조 제3항 후단, 제289조 제4항 후단)와 함께 본조의 피인취 · 매매 · 이송자 수수 · 은닉죄는 목적범이 아니다.

09 약취 · 유인 · 매매 · 이송목적 모집 · 운송 · 전달죄

제292조【약취, 유인, 매매, 이송된 사람의 수수 · 은닉 등】 ② 제287조부터 제289조까지의 죄를 범할 목적으로 사람을 모집, 운송, 전달한 사람도 제1항과 동일한 형으로 처벌한다. 〈전문개정 2013.4.5.〉

종래 방조범 형태로 인정되던 약취, 유인, 인신매매 등을 위하여 사람을 모집, 운송, 전달하는 행위를 독자적인 구성요건으로 처벌하도록 하기 위하여 2013.4.5. 개정형법에 의해 신설된 규정이다.

10 상습범 처벌규정 삭제와 예비 · 음모죄 처벌대상의 확대

제293조【상습범】 〈삭 제〉
제294조【미수범】 제287조부터 제289조까지, 제290조 제1항, 제291조 제1항과 제292조 제1항의 미수범은 처벌한다. 〈전문개정 2013.4.5.〉
제296조【예비, 음모】 제287조부터 제289조까지, 제290조 제1항, 제291조 제1항과 제292조 제1항의 죄를 범할 목적으로 예비 또는 음모한 사람은 3년 이하의 징역에 처한다. 〈전문개정 2013.4.5〉

종래 구형법에서는 대부분의 약취 · 유인죄에 대해서 상습범 처벌규정을 두고 있었으며 이러한 상습범 처벌규정은 −대부분의 상습범 가중처벌규정들이 그 죄에 정한 형의 2분의 1까지 가중하는 것과는 달리− 별도의 형을 두고 있었다.[181] 그러나 2013.4.5. 개정형법에서는 약취 · 유인 · 매매 · 이송 · 수수 · 은닉에 관한 종래의 상습범 처벌규정들(구형법 제288조 제3항, 제289조 제3항, 제293조)을 모두 삭제하였다. 또한 종래에는 국외이송목적 약취 · 유인 · 매매죄 등에 대해서만 처벌하였던 예비 · 음모 처벌규정이 약취 · 유인 · 매매 · 이송 등 치사상죄(제290조 제2항, 제291조 제2항) 및 약취 · 유인 · 매매 · 이송목적 모집 · 운송 · 전달죄(제292조 제2항)를 제외한 모든 범죄로 확대되었으며, 이는 미수범 처벌규정도 마찬가지이다.

11 석방감경

제295조의2【형의 감경】 제287조부터 제290조까지, 제292조와 제294조의 죄를 범한 사람이 약취, 유인, 매매 또는 이송된 사람을 안전한 장소로 풀어준 때에는 그 형을 감경할 수 있다. 〈전문개정 2013.4.5.〉

피인취 · 매매 · 이송자의 생명을 보호하기 위한 석방감경(해방감경)규정이다. 경찰채용 12 3차 따라서 제291조의 약취 · 유인 · 매매 · 이송 등 살인 · 치사를 범한 자는 본 감경규정의 혜택을 받을 수 없다. 또한 본조는 기수범

계속 중의 가담행위로서 총론상 공범의 성립이 가능하지만 각칙상 특별규정을 두어 독립된 범죄로 처벌하는 것으로 이해하는 입장(다수설)이 대립하고 있다.
181 정리 현행법상 별도의 형을 두는 상습범 가중처벌규정에는 강도, 장물, 도박죄가 있다.

에 대해서도 인정되고 자의성을 요건으로 하지 않은 점에서 총칙상 중지미수와는 다르다.

12 세계주의 규정의 신설

제296조의2【세계주의】 제287조부터 제292조까지 및 제294조는 대한민국 영역 밖에서 죄를 범한 외국인에게도 적용한다. 〈본조신설 2013.4.5.〉

2013년 4월 5일 개정형법에 의하여, 인류에 대한 공통적인 범죄인 약취·유인과 인신매매의 범죄가 대한민국 영역 밖에서 외국인에 의하여 외국인을 대상으로 저질러지더라도 우리 형법이 적용될 수 있게 되었다.

참고하기 약취 · 유인 및 인신매매의 죄 주요 암기사항

1. 친고죄 삭제, 상습범 삭제
2. 예비·음모 대부분 처벌 ○
   처벌되지 않는 죄 : 약취·유인·매매·이송 등 치사상죄 및 약취·유인·매매·이송목적 모집·운송·전달죄
3. 목적범이 아닌 죄 : 미성년자약취·유인죄, 인신매매죄, 피인취·매매자 국외이송죄, 피인취·매매·이송자 수수·은닉죄

제4절 강간과 추행의 죄

01 총 설

강간과 추행(rape and infamous conduct)의 죄의 보호법익은 개인의 성적 자기결정의 자유(Freiheit der sexuellen Selbstbestimmung) 내지 성적 자기결정권(성행위로부터의 소극적 자유)이다.[182] 성적 자기결정권(性的 自己決定權)은 성행위 여부를 스스로 결정할 수 있는 자유를 말하며, 특히 형법상 강간과 추행의 죄에 대한 처벌규정은 원하지 않는 성행위를 하지 않을 자유를 그 주된 보호대상으로 삼고 있다. 이러한 개인의 성적 자기결정권은 개인의 인격을 형성하는 핵심적인 자유 중의 하나로써 헌법 제10조가 규정하는 인간의 존엄과 가치 및 행복추구권에서 나온다고 보는 것이 일반적인 관점이다.[183] 법익보호의 정도는 침해범이다.

강간과 추행의 죄는 종래 대부분 친고죄이었으나 2012.12.18. 개정형법에 의해 모두 비친고죄로 바뀌었다(2013.6.19. 시행, 마찬가지로 2012.12.18. 성폭법 및 아청법이 모두 개정되어 친고죄 및 반의사불벌죄 조항이 모두 삭제됨). 또한 강간죄, 유사강간죄(2012.12.18. 개정형법에 의해 신설), 강제추행죄, 준강간·준강제추행죄, 미성년자의제강간·강제추행죄는 미수를 벌하지만, 강간상해·치상죄, 강간·살인치사죄, 미성년자·심신미약자간음·추행죄, 업무상 위력간음죄, 피구금자간음죄, 미성년자의제강간 등 상해·치상·살인·치사죄는 미수를 벌하지 않는다.

182 1995년 개정형법 이전의 형법각칙 제32장의 제목은 '정조(情操)에 관한 죄'이었다. 그러나 95년 개정을 통하여 '강간과 추행의 죄'로 그 제목을 바꿨다. 또한 각칙 제22장의 성풍속을 해하는 죄가 사회적 법익에 대한 죄임에 비하여, 본장의 죄는 개인의 성적 자유에 대한 죄라는 점에서 구별된다.
183 헌법재판소 1990.9.10, 89헌마82.

나아가, 최근 2020.5.19. 개정형법에서는 미성년자 의제강간의 피해자 연령기준을 13세에서 16세로 상향하고(제305조 제2항 신설) 강간·유사강간 등의 예비·음모에 대한 처벌규정을 신설하였다(제305조의3 신설).

강간과 추행의 죄에 대한 형사특별법으로는 성폭력범죄의 처벌 등에 관한 특례법(본서에서는 '성폭법')과 아동·청소년의 성보호에 관한 법률(본서에서는 '아청법')이 대표적이다.

02 강간죄

제297조【강 간】 폭행 또는 협박으로 사람을 강간한 자는 3년 이상의 유기징역에 처한다. 〈개정 2012.12.28.〉

1. 의의 및 보호법익

강간죄(强姦罪, rape, Vergewaltigung)는 폭행 또는 협박으로 사람을 강간함으로써 성립하는 범죄이다. 즉 강간죄는 이성(異性) 간의 강제적 성기 삽입행위를 처벌하는 구성요건이고, 후술하는 유사강간죄는 주로 강제적인 성기 대 비성기 삽입행위를 처벌하는 구성요건인 것이다. 강간죄의 보호법익은 개인의 성적 자기결정권이고, 법익보호의 정도는 침해범이다.

2. 구성요건

(1) 객관적 구성요건

① 주체 – 제한이 없음 : 본죄는 신분범도 아니고 자수범도 아니어서 누구든지 범할 수 있다. 따라서 여자도 간접정범, 공동정범의 형태로 본죄의 정범이 될 수 있다(대법원 1984.6.12, 84도780). 또한 종래에는 강간이란 남자가 여자에 대하여 범하는 행위이므로 여자는 본죄의 직접정범이 될 수 없었으나, 2012.12.18. 개정형법에 의해 본죄의 객체가 '사람'으로 확대됨에 따라 여자도 남자를 피해자로 하는 강간죄의 직접정범이 될 수 있게 되었다.

② 객체 – 사람 : 강간죄의 객체는 종래 '부녀'이었다가[184] 기술하였듯이 '사람'으로 개정되었으므로 이제는 남·녀를 불문하고, 나아가 성년·미성년, 기혼·미혼을 불문한다. 다만, 부부관계의 배우자도 본죄의 객체가 될 수 있는가, 강간행위는 이성(異性) 간의 성기삽입이 있어야 하므로 필연적으로 따져보아야 하는 성(性)의 판단기준, 그리고 동성애자의 문제 등이 본죄의 객체와 관련되어 논의되어 왔다.

㉠ 부부관계의 배우자 : 법률상의 배우자도 강간죄(및 강제추행죄)의 객체가 되는가의 문제이며, 개정 전 형법에서는 부부관계의 처(妻)에 대해서 강간죄의 성립이 가능한가의 문제로 논의되어 왔다. 이에 대해서는 ⓐ 처의 성적 자기결정권을 보호해야 한다는 취지에서 강간죄의 성립을 긍정하는 견해[185]와 ⓑ 부부간의 특성을 고려할 때 강간죄가 성립할 수 없다는 입장(다수설 : 부정설)[186]이 대립

184 판례는 여자(女子)인가를 판단하는 데 있어서는 생물학적·정신적·사회적 요소를 모두 고려하여 사회통념상 여자인가를 판단해야 한다고 하였다(대법원 2009.9.10, 2009도3580).

185 김성천/김형준, 221면; 박상기, 149면; 백형구, 312면; 오영근, 171면; 유기천(상), 124면 등. 긍정설은 ① 민법상 부부의 동거의무가 인정된다 하더라도 무조건적인 성행위 의무가 인정되는 것은 아니며, ② (종래의) 형법상 강간죄의 객체는 '부녀'로, 강제추행죄의 객체는 '사람'으로 규정되어 있으며 부부(특히 처)를 제외한 명문의 근거가 없으며, ③ 아무리 가정 내 문제라 하더라도 폭행·협박에 의한 강간·강제추행와 같은 중대한 범죄에 대해 형법의 보충성이 적용되기는 어렵다는 점에서, 특히 법률상의 처라 하더라도 강간·강제추행죄의 객체가 된다고 주장하고 있다.

186 김일수/서보학, 156면; 김종원, 128면; 배종대, 199면; 이재상, §11–8; 이형국(Ⅰ), 263면; 임웅, 168면; 정성근/박광민, 159면; 정영석, 272면. 부정설은 ① 부부관계의 특수성을 고려해야 한다고 한다. 예컨대, 민법상 부부는 동거의무(민법 제826조 제1항)가 있고 동거의무는 성생활을 함께할 의무를 내포하는 것이며 또 성생활의 결합이 이혼사유가 된다는 점에서 부부간에 강간죄가 성립하지 않는다는 것이다. 임웅, ibid 등. 또한 부정설은 ② 가정 내 문제에 대해 형사처벌하는 것은 불필요한 형벌

하고 있는데, 부정설에 의하면 강간죄(강제추행죄) 대신에 강요죄(다수설)나 폭행·협박죄로 처벌할 수 있을 뿐이라고 한다. ⓒ 판례는 종래 부정설을 취하다가,[187] 2009년 판례를 통해 실질적 부부관계를 기준으로 판단해야 한다는 제한적 긍정설의 입장으로의 전향적 변화를 보여주었고(대법원 2009.2.12, 2008도8601[188]), 경찰승진(공통) 10 / 경찰승진 12 / 사시 10 드디어 2013년 전원합의체 판례를 통해 혼인관계가 실질적으로 유지되고 있는 경우에도 남편이 반항을 불가능하게 하거나 현저히 곤란하게 할 정도의 폭행·협박을 가하여 아내를 간음한 경우에는 강간죄가 성립한다고 판시함으로써 부부강간 긍정설의 입장을 취하고 있다(대법원 2013.5.16, 2012도14788 전원합의체).[189] 국가9급 14 / 법원행시 10 / 법원행시 13 / 법원행시 14 / 법원행시 17 / 법원행시 18 / 법원9급 14 / 경찰승진 14 / 경찰채용 12 3차 / 경찰채용 13 2차 / 경찰승진 16

ⓛ 성전환자와 성의 기준 : 남성이 주체가 되어 본래 남성이었으나 여성으로 성전환을 한 자를 객체로 하는 강간죄의 성립이 가능한가에 대해서는, ⓐ 호적상 남성이 여성으로 성전환수술을 받았다고 하여 여성으로 볼 수 없으므로 본죄의 객체가 될 수 없다는 점에서 강제추행죄만 성립될 뿐이라는 부정설[190](이는 종래의 판례의 입장이었다. 대법원 1996.6.11, 96도791)과 ⓑ 여성으로 성전환을 한 남자의 경우 신체적·정신적으로 여성으로 볼 수 있으므로 여성으로서의 성적 자기결정권을 보호해야 한다는 점에서 강간죄의 객체가 될 수 있다는 긍정설(다수설)[191]이 대립하였으며, ⓒ 판례는 2006년

권의 확장이라는 것도 주된 논거로 삼고 있다.

187 과거의 판례는 부정설로 분류하는 것이 보통이다. "처가 다른 여자와 동거하고 있는 남편을 상대로 간통죄 고소와 이혼소송을 제기하였으나 그 후 부부간에 다시 새출발을 하기로 약정하고 간통죄 고소를 취하하였다면, 그들 사이에 '실질적인 부부관계가 없다고 단정할 수 없으므로' 설령 남편이 강제로 처를 간음하였다 하더라도 강간죄는 성립되지 아니한다(대법원 1970.3.10, 70도29)." 다만 엄밀히 보면 과거의 판례도 실질적 부부관계를 기준으로 판단을 내리고 있음을 알 수 있다.

188 과거의 판례 혼인관계가 존속하는 상태에서 남편이 처의 의사에 반하여 폭행 또는 협박으로 성교행위를 한 경우 강간죄가 성립하는지 여부는 별론으로 하더라도, 적어도 당사자 사이에 혼인관계가 파탄되었을 뿐만 아니라 더 이상 혼인관계를 지속할 의사가 없고 이혼의사의 합치가 있어 실질적인 부부관계가 인정될 수 없는 상태에 이르렀다면, 법률상의 배우자인 처도 강간죄의 객체가 된다(대법원 2009.2.12, 2008도8601).

189 사례 : 부부강간 사건 A씨와 B(여, 41세)씨는 2001년 혼인신고를 마쳤고 둘 사이에 자녀도 2명을 낳고 생활을 해온 정상적인 부부이었는데, 2~3년 전부터는 불화로 부부싸움을 자주 해오던 차에, 아내가 밤늦게 귀가하는 것에 불만을 품고 있던 A씨는 2011년 11월 어느 날 주먹과 발로 B씨를 때리고, 흉기로 찌를 듯한 태도를 보이며 강제로 세 차례 성관계를 가졌다. A에게는 (특수)강간죄가 성립하는가? 판례 부부 사이에서도 양성의 평등과 성적 자기결정권이 존중되어야 한다는 인식이 국민들의 보편적 법의식으로 자리잡게 된 오늘날에는, 혼인관계가 파탄에 이른 경우는 물론 혼인관계가 실질적으로 유지되고 있는 경우에도 남편의 성폭력이 아내의 성적 자기결정권을 본질적으로 침해하는 정도에 이르렀다면, 국가가 이에 개입하여 더 이상의 피해를 방지하고 건강한 부부관계가 회복될 수 있도록 적절한 조치를 취해야 하며, 필요한 경우 국가형벌권의 행사도 고려하지 않을 수 없다. 형법 제297조는 부녀를 강간한 자를 처벌한다고 규정하고 있는데, 형법이 강간죄의 객체로 규정하고 있는 부녀란 성년이든 미성년이든, 기혼이든 미혼이든 불문하며 곧 여자를 가리키는 것이다(대법원 1996.6.11, 96도791; 2009.9.10, 2009도3580 참조). 이와 같이 형법은 법률상 처를 강간죄의 객체에서 제외하는 명문의 규정을 두고 있지 않으므로, 문언 해석상으로도 법률상 처가 강간죄의 객체에 포함된다고 새기는 것에 아무런 제한이 없다. 결론적으로, 위와 같은 헌법이 보장하는 혼인과 가족생활의 내용, 가정에서의 성폭력에 대한 인식의 변화, 형법의 체계와 그 개정 경과, 강간죄의 보호법익과 부부의 동거의무의 내용 등에 비추어 보면, 형법 제297조가 정한 강간죄의 객체인 '부녀'에는 법률상 처가 포함되고, 혼인관계가 파탄된 경우뿐만 아니라 혼인관계가 실질적으로 유지되고 있는 경우에도 남편이 반항을 불가능하게 하거나 현저히 곤란하게 할 정도의 폭행이나 협박을 가하여 아내를 간음한 경우에는 강간죄가 성립한다고 보아야 한다(대법원 2013.5.16, 2012도14788 전원합의체).
판례의 여론(餘論) - 부부강간에 대한 수사와 재판 가정폭력범죄의 처벌 등에 관한 특례법이 2012.1.17. 법률 제11150호로 개정되면서 형법 제297조의 강간죄 및 이에 대하여 다른 법률에 따라 가중처벌되는 죄도 가정폭력범죄에 해당하게 되었다. 가정폭력특례법은 가정폭력범죄에 대하여는 가정폭력특례법을 다른 법률에 우선하여 적용하고(제3조), 남편의 아내에 대한 강제적인 성행위가 형법상 강간죄의 구성요건을 충족하더라도 형사처벌보다 가정폭력특례법에 따른 보호처분이 적절한 경우에는 이를 가정보호사건으로 처리할 수 있도록 규정하고 있다(제9조 제1항, 제12조, 제40조 제1항 등 참조). 보충 대법원 전원합의체는 자신의 부인을 흉기로 위협해 강제로 성관계를 맺은 데 대해 성폭력범죄의 처벌 등에 관한 특례법상 특수강간죄의 혐의 등으로 기소된 A(남, 45세)씨에 대한 상고심에서 11 : 2의 다수의견으로 징역 3년 6월, 신상정보공개명령 7년, 전자장치부착명령 10년을 선고한 원심(서울고법)을 확정했다. 졸고(拙稿), '부부강간 사건', 공무원저널, 2013.5.28.

190 손동권, 147면; 이정원, 198면; 임웅, 155면.

191 김성천/김형준, 221면; 김일수/서보학, 221면; 박상기, 150면; 백형구, 312면; 오영근, 171면; 이재상, §11-7; 이형국, 214면; 정성근/박광민, 170면; 정영일, 141면; 진계호/이존걸, 193면. 종래 부정설을 취했던 견해들도 위 2009년 대법원 판례 이후에는 긍정설로 입장을 선회하는 것으로 보인다.

에 성전환자의 성별정정을 허가한 판례를 내린 이후(대법원 2006.6.22, 2004스42 전원합의체), 2009년 판례를 통해 강간죄의 객체에 관한 종래의 입장을 변경하여 여성으로 성전환수술을 받은 자의 경우에도 정신적 요소, 생물학적 요소, 사회적 요소를 종합적으로 고려하여 사회통념상 여성으로 평가될 수 있는 경우에는 법률상 부녀로 보아 강간죄의 객체에 해당된다는 사회통념상 여성 기준설 즉, 긍정설의 입장을 취하였다(대법원 2009.9.10, 2009도3580).[192] 법원행시 10 / 법원행시 17 / 법원9급 10 / 경찰간부 12 / 경찰채용 11 1차 / 경찰채용 12 1차 긍정설의 논거가 타당하며 형사정책적으로도 성적 소수자의 인권을 보호하는 데 기여할 수 있는 입장으로 생각된다.[193]

ⓒ 남성인 동성애자 : 종래에는 남성인 동성애자에 대해서는 강간죄는 성립할 수 없고 강제추행죄만 성립한다고 볼 수밖에 없었으나, 2012.12.18. 형법 개정에 의해 여성이 주체가 되는 경우에는 동성애자인 남성도 본죄의 객체에 해당되게 되었다. 다만 남성이 주체가 되어 동성애자 남성을 강간한 행위는 본죄가 아니라 유사강간죄에 해당하게 된다.

③ 행위 – 폭행·협박으로 강간하는 것

㉠ 폭행 · 협박 : 피해자의 항거를 불가능하게 하거나 억압하거나 '현저히 곤란하게 할 정도'의 폭행과 협박이어야 한다(최협의의 폭행·협박 : 통설[194]·판례). 법원행시 13 / 법원9급 06 피해자의 반항을 현저히 곤란하게 하는 정도이면 충분하고, 반항을 불가능하게 할 것을 요하지는 않는다.

판례연구 강간죄의 폭행 · 협박으로 인정되는 사례

1. 대법원 2000.8.18, 2000도1914

여관방으로 유인하여 방문을 걸어 잠근 후 성교할 것을 요구한 사례

甲은 乙(女)을 여관방으로 유인한 다음 방문을 걸어 잠근 후 성교할 것을 요구하였으나 乙이 이를 거부하자 "옆방에 내 친구들이 많이 있다. 소리를 지르면 다 들을 것이다. 조용히 해라. 한 명하고 할 것이냐? 여러 명하고

192 판례 : **사회통념상 부녀가 되면 법률상 부녀로 인정하여 성전환자에 대한 강간을 긍정한 사례** 성전환증을 가진 사람의 경우에도 남성 또는 여성 중 어느 한쪽의 성염색체를 보유하고 있고 그 염색체와 일치하는 생식기와 성기가 형성·발달되어 출생하지만, 출생 당시에는 아직 그 사람의 정신적·사회적인 의미에서의 성을 인지할 수 없으므로, **사회통념상 그 출생 당시에는 생물학적인 신체적 성징에 따라 법률적인 성이 평가된다.** 그러나 ① 출생 후의 성장에 따라 일관되게 출생 당시의 생물학적인 성에 대한 불일치감 및 위화감·혐오감을 갖고 반대의 성에 귀속감을 느끼면서 반대의 성으로서의 역할을 수행하며 성기를 포함한 신체 외관 역시 반대의 성으로서 형성하기를 강력히 원하여, 정신과적으로 성전환증의 진단을 받고 상당기간 정신과적 치료나 호르몬치료 등을 실시하여도 여전히 위 증세가 치유되지 않고 반대의 성에 대한 정신적·사회적 적응이 이루어짐에 따라, 일반적인 의학적 기준에 의하여 성전환수술을 받고 반대 성으로서의 외부 성기를 비롯한 신체를 갖추고(이상 **정신적 · 생물학적 요소** – 필자 주), ② 나아가 전환된 신체에 따른 성을 가진 사람으로서 만족감을 느끼며 공고한 성정체성의 인식 아래 그 성에 맞춘 의복, 두발 등의 외관을 하고 성관계 등 개인적인 영역 및 직업 등 사회적인 영역에서 모두 전환된 성으로서의 역할을 수행함으로써 주위 사람들로부터도 그 성으로서 인식되고 있으며, 전환된 성을 그 사람의 성이라고 보더라도 다른 사람들과의 신분관계에 중대한 변동을 초래하거나 사회에 부정적인 영향을 주지 아니하여 사회적으로 허용된다고 볼 수 있다면(이상 **사회적 요소** – 필자 주), 이러한 여러 사정을 종합적으로 고려하여 사람의 성에 대한 평가 기준에 비추어 **사회통념상 신체적으로 전환된 성을 갖추고 있다고 인정될 수 있는 경우**가 있다. **이와 같은 성전환자는 출생시와는 달리 전환된 성이 법률적으로도 그 성전환자의 성이라고 평가받을 수 있다.** 성전환자를 여성으로 인식하여 강간한 이 사안에서, 피해자가 성장기부터 남성에 대한 불일치감과 여성으로의 성귀속감을 나타냈고, 성전환 수술로 인하여 여성으로서의 신체와 외관을 갖추었으며, 수술 이후 30여 년간 개인적·사회적으로 여성으로서의 생활을 영위해 가고 있는 점 등을 고려할 때, **사회통념상 여성으로 평가되는 성전환자로서 강간죄의 객체인 '부녀'에 해당한다**고 해야 한다(대법원 2009.9.10, 2009도3580). 법원행시 10 / 법원9급 10 / 경찰간부 12 / 경찰채용 11 1차 / 경찰채용 12 1차

193 또한 2012.12.18. 형법 개정에 의하여 강간죄의 객체가 '사람'으로 변경됨에 따라서, 여성이 주체가 되고 사회통념상 여성으로 판단될 수 없는 성전환자(남성)가 객체가 되는 강간죄의 성립도 가능하게 되었다. 여하튼, 강간죄는 이성(異性) 간의 성폭력범죄이므로 위 2009년 대법원판례의 성(性)의 판단기준은 2012년 형법개정에도 불구하고 여전히 유효한 것이다.

194 강구진, 176면; 김종원, 128면; 김일수/서보학, 157면; 배종대, 199면; 백형구, 313면; 손동권, 148면; 오영근, 194면 이하; 이재상, §11–10; 이정원, 199면; 임웅, 155면; 정성근, 224면; 정영석, 272면; 황산덕, 215면. 반면 협의의 폭행·협박으로 충분하다는 소수설은 박상기, 153면 등. 또한 강도죄의 폭행·협박과 마찬가지로 상대방의 반항을 억압할 정도이어야 한다는 소수설은 유기천(상), 122면.

할 것이냐?"라고 말하면서 성행위를 요구하였다면, 甲은 乙의 항거를 현저하게 곤란하게 할 정도의 유형력을 행사한 것으로 인정된다.

2. 대법원 2005.7.28, 2005도3071 ; 2018.2.28, 2017도21249
강간죄가 성립하기 위한 폭행 · 협박이 있었는지 여부의 판단 기준
강간죄가 성립하기 위한 가해자의 폭행·협박이 있었는지 여부는 그 폭행·협박의 내용과 정도는 물론 유형력을 행사하게 된 경위, 피해자와의 관계, 성교 당시와 그 후의 정황 등 모든 사정을 종합하여 피해자가 성교 당시 처하였던 구체적인 상황을 기준으로 판단하여야 하며, 사후적으로 보아 피해자가 성교 이전에 범행 현장을 벗어날 수 있었다거나 피해자가 사력을 다하여 반항하지 않았다는 사정만으로 가해자의 폭행·협박이 피해자의 항거를 현저히 곤란하게 할 정도에 이르지 않았다고 섣불리 단정하여서는 안 된다. 법원9급 06 / 법원행시 16 / 국가9급 21

3. 대법원 2007.1.25, 2006도5979
유부녀인 피해자에 대하여 혼인 외 성관계사실을 폭로하겠다는 등의 내용으로 협박하여 피해자를 간음(또는 추행)한 경우, 위와 같은 협박이 피해자를 단순히 외포시킨 정도를 넘어 적어도 피해자의 항거를 현저히 곤란하게 할 정도의 것이었다고 보기에 충분하기 때문에 강간죄(내지 강제추행죄)가 성립한다고 해야 한다. 경찰채용 10 2차 / 경찰채용 14 1차 / 사시 10 / 사시 13 / 법원행시 16

판례연구 강간죄의 폭행 · 협박으로 인정되지 않는 사례

1. 대법원 1990.9.28, 90도1562
여관주인에게 구조요청을 하지 않았다거나 피고인의 하숙집 주인에게 구조를 요청하지 아니하였다는 점에 이르기까지 강간행위로 인정하는 데는 쉽게 수긍이 가지 않는 사항들이다.

2. 대법원 1991.5.28, 91도546
피고인과 피해자가 전화로 사귀어 오면서 음담패설을 주고받을 정도까지 되었고 당시 간음을 시도한 방에서 피해자가 "여기는 죽은 시어머니를 위한 제청방이니 이런 곳에서 이런 짓을 하면 벌 받는다."고 말하여 안방으로 장소를 옮기게 된 사정 등으로 미루어 본다면, 폭행 또는 협박이 그 반항을 현저히 곤란하게 할 정도에까지 이른 것이라고 보기는 어렵다.

ⓛ 강간행위 – 폭행·협박에 의하여 간음하는 것 : 강간죄에서의 폭행·협박과 간음 사이에는 인과관계가 있어야 한다. 다만, 폭행 · 협박이 반드시 간음행위보다 선행되어야 하는 것은 아니다(대법원 2017.10.12, 2016도16948, 2016전도156). 법원9급 20 / 경찰승진 23 또한, 강간죄는 사람을 간음하기 위하여 피해자의 항거를 불능하게 하거나 현저히 곤란하게 할 정도의 폭행 또는 협박을 개시한 때에 그 실행의 착수가 있다고 보아야 할 것이고, 실제로 그와 같은 폭행 또는 협박에 의하여 피해자의 항거가 불능하게 되거나 현저히 곤란하게 되어야만 실행의 착수가 있다고 볼 것은 아니다(대법원 2000.6.9, 2000도1253).[195] 법원행시 09 / 법원행시 10 / 법원행시 13 간음(姦淫)이란 성기를 이성(異性)의 성기에 삽입하는 행위를 말하며, 삽입에 의하여 기수로 된다(삽입설).

195 판례 : 강간죄의 실행착수에 실제 항거의 불능 · 현저곤란을 요하지 아니한다는 사례 술에 몹시 취한 甲은 乙의 집에서 그녀의 딸인 丙(19세)을 강간할 마음으로 丙의 방에 들어가 丙의 팔을 잡아 그 곳 침대에 눕히고 침대에서 일어나 나가려는 丙의 팔을 낚아채어 일어나지 못하게 하고, 갑자기 입술을 빨고 계속하여 저항하는 丙의 유방과 엉덩이를 만지면서 丙의 팬티를 벗기려 하여 丙이 이를 뿌리치고 동생방으로 건너가는 바람에 그 뜻을 이루지 못하였다. 강간죄는 부녀를 간음하기 위하여 피해자의 항거를 불능하게 하거나 현저히 곤란하게 할 정도의 폭행 또는 협박을 개시한 때에 그 실행의 착수가 있다고 보아야 할 것이고, 실제로 그와 같은 폭행 또는 협박에 의하여 피해자의 항거가 불능하게 되거나 현저히 곤란하게 되어야만 실행의 착수가 있다고 볼 것은 아니다. 따라서 甲에게는 강간미수죄가 성립한다(대법원 2000.6.9, 2000도1253). 법원행시 09 / 법원행시 10 / 법원행시 13

판례연구 강간의 실행의 착수를 인정한 판례

1. 대법원 1991.4.9, 91도288

여자 혼자 있는 방문을 두드리고 여자가 위험을 느껴 가까이 오면 뛰어 내리겠다고 하는 데도 창문으로 침입하려 한 때에는 폭행에 착수하였다고 할 수 있다. ⇨ 강간미수 인정. 이로써 피해자가 창문으로 뛰어내려 상해를 입었다면 강간치상죄 성립 법원행시 10 / 법원행시 13 / 경찰간부 17

2. 대법원 2020.10.29, 2018도16466

신체 노출 사진 인터넷 게시 등으로 피해자를 협박한 사건

피고인은 아동 · 청소년인 피해자2(여, 15세)의 신체 노출 사진을 받아낸 다음 성관계를 하지 않으면 위 사진을 인터넷에 올린다는 등으로 협박하여 강간하려고 하였으나 미수에 그쳤다는 아동·청소년의성보호에관한법률위반으로 기소되었는데, …… 피고인이 페이스북에 3개의 계정을 만들어 1인 3역을 하면서 복잡하고 교묘한 방법을 사용한 이유는 상대여성의 경계심을 풀고 용이하게 성관계에 나아가기 위한 것이므로 그 일련의 과정에서 상대여성에게 한 위협적 언동은 모두 간음의 목적을 달성하기 위한 수단으로 볼 수 있는 점, 이 사건에서도 피해자가 피고인의 협박에 못 이겨 피고인과 접촉하기에 이른 이상 피해자가 성관계를 결심하기만 하면 다른 특별한 사정이 없는 한 피고인의 간음행위를 실행할 수 있는 단계에 이른 것으로 볼 수 있고, 협박에 의한 강간 및 위력에 의한 간음의 실행에 착수한 것으로 볼 수 있다.[196]

판례연구 강간의 실행의 착수를 부정한 판례

대법원 1990.5.25, 90도607

강간죄의 실행의 착수가 있었다고 하려면 강간의 수단으로서 폭행이나 협박을 한 사실이 있어야 할 터인데 피고인이 강간할 목적으로 피해자의 집에 침입하였다 하더라도 안방에 들어가 누워 자고 있는 피해자의 가슴과 엉덩이를 만지면서 간음을 기도하였다는 사실만으로는 강간의 수단으로 피해자의 폭행이나 협박을 개시하였다고 하기에는 어렵다. ⇨ 강간미수죄 불성립 국가7급 10 / 법원행시 11 / 법원9급 07(상) / 법원9급 12 / 법원9급 14 / 법원9급 18 / 경찰간부 12 / 경찰승진(경사) 10 / 경찰채용 12 3차 / 사시 13

(2) **주관적 구성요건** – 고의

피해자의 의사에 반하여(피해자의 승낙이 있으면 양해로서 구성요건해당성 조각) 폭행 또는 협박에 의하여 강간한다는 고의가 필요하다. 따라서 강간을 당할 위험에 직면한 피해자가 더 이상의 피해를 방지하기 위하여 거짓으로 승낙의 의사를 상대방에게 표시한 경우에 이를 진실한 것으로 믿고 간음행위를 마친 행위자에게는 강간의 고의가 배제된다.

---

196 보충 – 또다른 논점 아동 · 청소년이 외관상 성적 결정 또는 동의로 보이는 언동을 하였다 하더라도, 그것이 타인의 기망이나 왜곡된 신뢰관계의 이용에 의한 것이라면, 이를 아동 · 청소년의 온전한 성적 자기결정권의 행사에 의한 것이라고 평가하기 어렵다(대법원 2020.8.27, 2015도9436 전원합의체). 성적 자기결정권은 스스로 선택한 인생관 등을 바탕으로 사회공동체 안에서 각자가 독자적으로 성적 관념을 확립하고 이에 따라 사생활의 영역에서 자기 스스로 내린 성적 결정에 따라 자기책임 하에 상대방을 선택하고 성관계를 가질 권리로 이해된다(헌법재판소 2002.10.31, 99헌바40 등 결정 참조). 여기에는 자신이 하고자 하는 성행위를 결정할 권리라는 적극적 측면과 함께 원치 않는 성행위를 거부할 권리라는 소극적 측면이 함께 존재하는데, 위계에 의한 간음죄를 비롯한 강간과 추행의 죄는 소극적 성적 자기결정권을 침해하는 것을 내용으로 한다(대법원 2020.8.27, 2015도9436 전원합의체; 2019.6.13, 2019도3341). [원심은 피고인이 아동 · 청소년인 피해자1(여, 15세)과 성관계를 하던 중 피해자가 중단을 요구하는데도 계속 성관계를 하여 성적 학대행위를 하였다는 아동복지법위반(아동에 대한 음행강요 · 매개 · 성희롱 등)으로 기소되었고, 원심은 만 15세인 피해자의 경우 일반적으로 미숙하나마 자발적인 성적 자기결정권을 행사할 수 있는 연령대로 보이는 점, 피고인이 피해자와 성관계를 가진 자체에 대하여는 학대행위로 기소하지 아니한 점 등을 들어 성적 학대행위에 해당하지 않는다는 이유로 무죄로 판단하였으나] 피해자가 성적 자기결정권을 제대로 행사할 수 있을 정도의 성적 가치관과 판단능력을 갖추었는지 여부 등을 신중하게 판단하였어야 한다는 점에서 원심을 파기한다(대법원 2020.10.29, 2018도16466).

3. 죄수 및 다른 범죄와의 관계

(1) 동일한 기회에 수회 강간한 경우

동일한 폭행·협박으로 항거가 불능하거나 현저히 곤란한 상태가 계속되는 상태에서 수회에 걸쳐서 간음한 경우에는 범인들의 의사 및 범행시각과 장소로 보아 수회의 간음행위를 하나의 계속된 행위로 볼 수 있는 이상, 이는 실체적 경합범이 아니라 단순일죄 내지 포괄일죄가 성립할 뿐이다(대법원 2002.9.4, 2002도2581; 1970.9.29, 70도1516).

> 대법원 1970.9.29, 70도1516
> 피해자를 위협하여 항거불능케 한 후 1회 간음하고 2백미터쯤 오다가 다시 1회 간음한 경우에 있어 피고인의 의사 및 그 범행시각과 장소로 보아 두번째의 간음행위는 처음 한 행위의 계속으로 볼 수 있어 이를 단순일죄로 처단한 것은 정당하다.

다만, 판례는 '피해자를 1회 강간하여 상처를 입게 한 후 약 1시간 후에 장소를 옮겨 같은 피해자를 다시 1회 강간한 행위'는 그 범행시간과 장소를 달리하고 있을 뿐만 아니라 각 별개의 고의에서 이루어진 행위로서 경합범에 해당된다고 본 판시(대법원 1987.5.12, 87도694)도 있다.

(2) 강간의 수단 또는 그에 수반하여 저질러진 폭행·협박의 경우

강간범행의 수단으로 또는 그에 수반하여 저질러진 폭행·협박은 강간죄의 구성요소로서 그에 흡수되는 법조경합의 관계에 있는 만큼 이를 따로 떼어내어 폭행죄·협박죄 또는 폭처법 위반의 죄로 공소제기할 수 없다(대법원 1974.6.11, 73도2817). 법원행시 08 / 법원9급 14 / 사시 12

(3) 주거침입과 강간의 관계

① 형법상 죄책 : 타인의 주거에 침입하여 강간을 한 경우에는 주거침입죄와 강간죄의 실체적 경합범이 성립한다. 판례도 야간에 흉기를 휴대하고 타인의 주거에 침입하여 강간을 한 경우에, 폭력행위 등 처벌에 관한 법률위반죄(흉기휴대주거침입)와 강간죄의 경합범으로 본 예가 있다(대법원 1988.12.13, 88도1807). 법원9급 07(하)

② 성폭법상 죄책 : 주거침입(기수)하여 강간한 경우에는 성폭법상 특수강도강간죄(동법 제3조 제1항)가 성립하게 된다. 이 경우 주거침입죄는 별죄를 구성하지 아니한다.

(4) 강간을 하기 위하여 감금한 경우

강간을 하기 위하여 감금한 경우에는 강간미수죄와 감금죄의 상상적 경합이 성립한다(대법원 1984.8.21, 84도1550).[197] 다만, 감금을 하던 중에 강간을 한 경우에는 감금죄와 강간죄의 실체적 경합에 해당한다.

4. 성폭법상 가중처벌규정

(1) 특수강도강간 등의 죄

성폭법 제3조 제1항은 "형법 제319조 제1항(주거침입), 제330조(야간주거침입절도), 제331조(특수절도) 또는 제342조(미수범. 다만, 제330조 및 제331조의 미수범으로 한정한다)의 죄를 범한 사람이 같은 법 제297조(강간),

197 종래 강간죄가 친고죄이었던 구 형법에서는 이 경우 강간죄에 대한 피해자의 고소의 취소가 감금죄에는 아무런 영향을 미치지 않는다는 것이 판례이었으나, 2012.12.18. 형법 개정에 의해 이제는 비친고죄로 변경되었으므로 이러한 논의 자체가 무의미한 것이 되게 되었다.

제297조의2(유사강간), 제298조(강제추행) 및 제299조(준강간, 준강제추행)의 죄를 범한 경우"를 특수강도강간죄로 규정하여 무기 또는 7년 이상의 징역으로 가중처벌하고 있다. 판례는 위 죄를 주거침입죄 등의 죄를 범한 후 사람을 강간하는 등의 행위를 하여야 하는 신분범으로 파악한다.

즉, 성폭력처벌법상 주거침입강간 등의 죄가 성립하기 위해서는 강간 등의 실행행위에 착수하기 전에 주거침입죄 등의 실행의 착수가 있어야 하며, 반대로 강간 등 실행행위에 착수한 이후 주거에 침입한 경우에는 본죄가 성립하지 않는다. 한편, 2023년 2월 헌법재판소는 위 성폭법 제3조 제1항의 죄 중 주거침입강제추행죄와 주거침입준강제추행죄에 대해서는 그 법정형이 과잉금지원칙에 위배된다고 보아 위헌결정을 내렸다. 국가7급 23

판례연구 성폭력처벌법 제3조 제1항 관련 판례

1. 대법원 2021.8.12, 2020도17796

유사강간죄의 실행행위에 착수한 이후 타인의 주거 또는 방실에 침입한 사건

성폭력처벌법상 주거침입강간등죄는 사람의 주거 등을 침입한 자가 피해자를 간음하는 등 성폭력을 행사한 경우에 성립하는 것으로서, 주거침입죄를 범한 후에 사람을 강간하는 등의 행위를 하여야 하는 일종의 신분범이다. 따라서 선후가 바뀌어 강간죄 등을 범한 자가 그 피해자의 주거에 침입한 경우에는 이에 해당하지 않고 강간죄 등과 주거침입죄 등의 실체적 경합범이 된다. …… 성폭력처벌법상 주거침입강간등죄의 실행의 착수시기는 주거침입 행위 후 강간죄 등의 실행행위에 나아간 때이다. 한편, 강간죄는 사람을 강간하기 위하여 피해자의 항거를 불능하게 하거나 현저히 곤란하게 할 정도의 폭행 또는 협박을 개시한 때에 그 실행의 착수가 있다고 보아야 할 것이지(대법원 2000.6.9, 2000도1253 등), 실제 간음행위가 시작되어야만 그 실행의 착수가 있다고 볼 것은 아니다(대법원 2003.4.25, 2003도949; 2005.5.27, 2004도7892 등). 유사강간죄의 경우도 이와 같다. 피고인이 피해자에 대하여 유사강간 등 성범죄를 하기로 의욕하고 피해자를 주점의 여자화장실로 끌고 가 여자화장실의 문을 잠근 후 강제로 입맞춤을 하고 유사강간하려고 하였으나 미수에 그친 이 사안에서 피고인은 여자화장실에 들어가기 전에 이미 유사강간죄의 실행행위에 착수하였으므로(피고인은 피해자를 화장실로 끌고 들어갈 때 이미 피해자에게 유사강간 등의 성범죄를 의욕한 것임) 주거침입유사강간죄를 범할 수 있는 지위 즉, '주거침입죄를 범한 자'에 해당되지 아니한다.

2. 헌법재판소 2023.2.23, 2021헌가9 등

주거침입강제추행 · 주거침입준강제추행죄 위헌결정 사례

성폭력범죄의 처벌 등에 관한 특례법 제3조 제1항 중 '형법 제319조 제1항(주거침입)의 죄를 범한 사람이 같은 법 제298조(강제추행), 제299조(준강제추행) 가운데 제298조의 예에 의하는 부분의 죄를 범한 경우에는 무기징역 또는 7년 이상의 징역에 처한다.'는 부분은 헌법에 위반된다. 국가7급 23

(2) 특수강간죄

성폭법 제4조 제1항은 "흉기나 그 밖의 위험한 물건을 지닌 채 또는 2명 이상이 합동하여 형법 제297조(강간)의 죄를 범한 경우"를 특수강간죄로 규정하여 무기 또는 7년 이상의 징역으로 가중처벌하고 있다.

판례연구 성폭력특별법상 특수강간죄의 흉기휴대의 의미

대법원 2004.6.11, 2004도2018

구 성폭법 제6조 제1항 소정의 '흉기 기타 위험한 물건을 휴대하여 강간죄를 범한 자'란 범행현장에서 그 범행에 사용하려는 의도 아래 흉기를 소지하거나 몸에 지니는 경우를 가리키는 것이고, 그 범행과는 전혀 무관하게 우연히 이를 소지하게 된 경우까지를 포함하는 것은 아니라 할 것이나, 범행현장에서 범행에 사용하려는 의도 아래 흉기 등 위험한 물건을 소지하거나 몸에 지닌 이상 그 사실을 피해자가 인식하거나 실제로 범행에 사용하였을 것까지 요구되는 것은 아니라 할 것이다(피고인이 피해자의 주거 부엌에 있던 칼과 운동화 끈을 들고 방으로 들

어가 운동화 끈으로 피해자의 손목을 묶고 강간을 하였고 부엌칼은 군이 사용할 필요가 없어서 범행에 사용하지 않은 경우에도 피고인이 흉기 기타 위험한 물건을 휴대하여 피해자를 강간한 것으로 인정한 원심을 수긍한 예).

(3) 친족강간죄

성폭법 제5조 제1항은 "친족관계[198]인 사람이 폭행 또는 협박으로 사람을 강간한 경우"를 친족강간죄로 규정하여 7년 이상의 유기징역으로 가중처벌하고 있다. 또한 동조 제5항은 제1항의 친족은 사실상의 관계에 의한 친족을 포함한다고 규정하고 있는바, 사실혼으로 인하여 형성되는 인척도 사실상의 관계에 의한 친족(현 4촌 이내 인척)에 해당한다(대법원 2000.2.8, 99도5395). 사시 10

예컨대, 甲이 乙(女)과 혼인신고는 없지만 동거하는 사실혼관계이었는데, 乙과 乙의 전 남편 丁 사이에서 태어난 丙(女)을 강간하였다면, 동법상 친족강간죄에 해당되게 된다. 사시 10 이러한 친족강간죄도 친고죄가 아니다.[199]

판례연구 사실상의 양자의 양부도 친족강간죄의 주체에 해당한다는 사례

대법원 2006.1.12, 2005도8427

피고인이 피해자의 생모의 동의를 얻어 피해자를 입양할 의사로 데려왔으나 자신의 처의 동의 없이 피해자를 자신과 처 사이의 친생자로 출생신고를 한 경우, 피고인은 친생자출생신고 전에는 성폭법 제7조 제5항(현 제5조 제5항)의 '사실상의 관계에 의한 친족'에 해당하고, 친생자출생신고 후에는 같은 법 제7조 제1항(현 제5조 제1항)의 '친족'에 해당한다(사실상의 양자의 양부도 현 성폭법 제5조 제5항이 규정한 사실상의 관계에 의한 친족에 해당함).[200]

(4) 장애인강간죄

성폭법 제6조 제1항에서는 "신체적인 또는 정신적인 장애[201]가 있는 사람에 대하여 「형법」 제297조(강간)의 죄를 범한 경우"를 장애인강간죄로 규정하여 무기 또는 7년 이상의 징역으로 가중처벌하고 있다.

판례연구 성폭법상 장애인의 의미

대법원 2021.2.25, 2016도4404

성폭력처벌법 제6조는 신체적인 장애가 있는 사람에 대하여 강간의 죄 또는 강제추행의 죄를 범하거나 위계 또는 위력으로써 그러한 사람을 간음한 사람을 처벌하고 있다. …… '신체적인 장애가 있는 사람'이란 **'신체적 기능이나 구조 등의 문제로 일상생활이나 사회생활에서 상당한 제약을 받는 사람'**을 의미한다고 해석할 수 있다 (**장애인복지법에 따른 장애인 등록을 하지 않았다거나 그 등록기준을 충족하지 못하더라도 여기에 해당할 수 있다**는 판례는 대법원 2021.10.28, 2021도9051). 한편 장애와 관련된 피해자의 상태는 개인 별로 그 모습과 정

198 성폭법 제5조 제4항에 의하면, 동조 제1항의 친족의 범위는 4촌 이내의 혈족·인척과 동거하는 친족으로 한다.

199 성폭법상 친족강간죄는 2012.12.18. 성폭법 개정 전에도 이미 친고죄가 아니었다(대법원 2001.10.12, 2001도4249).

200 **보충 - 판결이유** 처가 있는 자가 입양을 함에 있어서 혼자만의 의사로 부부 쌍방 명의의 입양신고를 하여 수리된 경우, 처와 양자가 될 자 사이에서는 입양의 일반요건 중 하나인 당사자간의 입양합의가 없으므로 입양이 무효가 되는 것이지만, 처가 있는 자와 양자가 될 자 사이에서는 입양의 일반 요건을 모두 갖추었어도 **부부 공동입양의 요건을 갖추지 못하였으므로 처가 그 입양의 취소를 청구할 수 있으나, 그 취소가 이루어지지 않는 한 그들 사이의 입양은 유효하게 존속**하는 것이고(대법원 1998.5.26, 97므25 등), 당사자가 양친자관계를 창설할 의사로 친생자출생신고를 하고, 거기에 입양의 실질적 요건이 모두 구비되어 있다면 그 형식에 다소 잘못이 있더라도 입양의 효력이 발생하고, 양친자관계는 파양에 의하여 해소될 수 있는 점을 제외하고는 법률적으로 친생자관계와 똑같은 내용을 갖게 되므로, 이 경우의 **허위의 친생자출생신고는 법률상의 친자관계인 양친자관계를 공시하는 입양신고의 기능**을 발휘하게 된다고 함이 대법원의 견해(대법원 1977.7.26, 77다492 전원합의체; 1988.2.23, 85므86 등)인 만큼 이 경우에도 역시 위와 마찬가지의 법리에 따라야 할 것이다.

201 종래 신체장애로 한정되어 있었던 것이 확대된 것이다. 대법원 1998.4.10, 97도3392 참조. 또한 이 판례는 총론 제1편 제2장 죄형법정주의 중 유추해석금지원칙에서 기술하였다.

도에 차이가 있는데 그러한 모습과 정도가 성폭력처벌법 제6조에서 정한 신체적인 장애를 판단하는 본질적인 요소가 되므로 신체적인 장애를 판단함에 있어서는 해당 피해자의 상태가 충분히 고려되어야 하고 비장애인의 시각과 기준에서 피해자의 상태를 판단하여 장애가 없다고 쉽게 단정해서는 안 된다. 아울러 본 죄가 성립하려면 행위자도 범행 당시 피해자에게 이러한 신체적인 장애가 있음을 인식하여야 한다.

03 유사강간죄

제297조의2 【유사강간】 폭행 또는 협박으로 사람에 대하여 구강, 항문 등 신체(성기는 제외한다)의 내부에 성기를 넣거나 성기, 항문에 손가락 등 신체(성기는 제외한다)의 일부 또는 도구를 넣는 행위를 한 사람은 2년 이상의 유기징역에 처한다. 〈본조신설 2012.12.18.〉

1. 의의 및 보호법익

유사강간죄(類似强姦罪, imitative rape)는 폭행 또는 협박으로 사람에 대하여 구강·항문 등 성기를 제외한 신체의 내부에 성기를 넣거나, 성기·항문에 손가락 등 성기를 제외한 신체의 일부 또는 도구를 넣음으로써 성립하는 범죄이며, 경찰간부 14 / 경찰채용 20 2차 보호법익은 개인의 성적 자기결정권이고, 법익보호의 정도는 침해범이다. 본죄는 변화된 시대 상황을 반영하여 다양화된 성범죄에 효과적으로 대처하기 위하여 2012.12.18. 개정형법에 의하여 신설된 구성요건이다. 변호사 16

2. 구성요건

(1) **주체** – 제한이 없음

여자도 본죄의 단독정범·공동정범이 될 수 있다.

(2) **객체** – 사람

강간죄의 구성요건에서 기술하였듯이, 실질적 부부관계가 인정되는 법률상의 배우자도 본죄의 객체가 될 수 있다.

(3) **행위** – 폭행·협박으로 성기 간 삽입을 제외한 삽입행위를 하는 것

① 폭행·협박 : 강간죄의 폭행·협박의 정도와 동일하게 상대방의 반항을 불가능하게 하거나 현저히 곤란하게 할 정도이어야 한다.

② 삽입 : 본죄의 삽입행위는 구체적으로 규정되어 있다. 즉, 구강·항문 등 신체(성기는 제외한다)의 내부에 성기를 넣거나, 성기·항문에 손가락 등 신체(성기는 제외한다)의 일부 또는 도구를 넣는 행위에 해당되어야 한다. 이성(異性)간에 성기를 삽입하는 행위가 강간죄의 구성요건에 해당된다는 전제 하에 그 이외의 삽입행위는 강제추행행위 중에서도 이를 무겁다고 보아 2012.12.18. 개정형법에 신설된 행위태양으로 볼 수 있다.

04 강제추행죄

제298조 【강제추행】 폭행 또는 협박으로 사람에 대하여 추행을 한 자는 10년 이하의 징역 또는 1천 500만 원 이하의 벌금에 처한다.

1. 의의 및 보호법익

강제추행죄(强制醜行罪, indecent act by compulsion, sexuelle Nötigung)는 폭행 또는 협박으로 사람에 대하여 추행을 함으로써 성립하는 범죄이다. 본죄는 사람의 성적 자기결정의 자유를 그 보호법익으로 하며, 법익보호의 정도는 침해범이다(통설[202]).

2. 객관적 구성요건

(1) **주체** – 제한이 없음

(2) **객체** – 사람

(3) **행위** – 폭행·협박으로 추행하는 것

① 폭행 · 협박 : 강간죄의 폭행·협박의 정도와 동일한 최협의의 정도인지 여부가 문제된다.

㉠ 최협의설 : 강간죄의 폭행·협박과 동일한 정도일 것을 요구하는 입장으로서, 강제추행죄의 폭행·협박도 상대방의 반항을 불가능하게 하거나 현저히 곤란하게 할 정도이어야 한다는 견해이다(다수설).[203]

㉡ 협의설 : 강간죄보다는 완화된 정도이면 족하다는 입장으로서 피해자의 의사에 반하는 정도이면 충분하다는 견해이다(소수설[204]). 이는 판례의 입장이기도 한데, 구체적인 것은 아래와 같다.

㉢ 판례 : ⓐ 강간죄가 성립하려면 가해자의 폭행·협박은 피해자의 항거를 불가능하게 하거나 현저히 곤란하게 할 정도의 것이어야 하는데 비하여, ⓑ 강제추행죄의 폭행·협박은 강간죄의 그것보다 완화된 정도로 충분하다고 본다. 판례는 강제추행을 다시 폭행행위 자체가 추행행위인 기습추행형 강제추행과 폭행·협박이 추행보다 시간적으로 앞서 행해지면서 추행의 수단으로 행해지는 폭행·협박 선행형 강제추행으로 나누어, 기습추행형 강제추행의 폭행·협박은 그 힘의 대소강약을 불문한다고 보는 데 비하여(대법원 2002.4.26, 2001도2417), 법원행시 13 / 법원9급 10 / 경찰채용 10 2차 / 경찰채용 12 1차 / 경찰채용 14 1차 / 사시 10 / 사시 11 폭행·협박 선행형 강제추행의 폭행·협박에 관해서 과거의 판례는 상대방의 항거를 곤란하게 하는 정도이어야 한다는 입장이었으나 2023년 9월 대법원 전원합의체 판례를 통하여 대법원은 그 입장을 변경하여 "폭행·협박 선행형 강제추행의 폭행·협박은 상대방의 항거를 곤란하게 할 정도로 강력할 것이 요구되지 아니한다."는 입장을 취했다.

판례연구 강제추행죄의 폭행 · 협박의 의미에 관한 대법원 전원합의체 판례

대법원 2023.9.21, 2018도13877 전원합의체

폭행·협박 선행형의 강제추행죄에서 '폭행 또는 협박'의 의미

대법원은 강제추행죄의 '폭행 또는 협박'의 의미에 관하여 이를 두 가지 유형으로 나누어, 폭행행위 자체가 곧바로 추행에 해당하는 경우(이른바 기습추행형)에는 상대방의 의사를 억압할 정도의 것임을 요하지 않고 상대방의 의사에 반하는 유형력의 행사가 있는 이상 그 힘의 대소강약을 불문한다고 판시하는 한편(대법원 1983.6.28, 83도399; 2002.4.26, 2001도2417 등), 폭행 또는 협박이 추행보다 시간적으로 앞서 그 수단으로 행해진 경우(이른바 폭행·협박 선행형)에는 상대방의 항거를 곤란하게 하는 정도의 폭행 또는 협박이 요구된다고 판시하여 왔다(대법원 2007.1.25, 2006도5979; 2012.7.26, 2011도8805 등, 이하 폭행·협박 선행형 관련 판례 법리를 '종래의 판례 법리'라 한다). 이 사건의 쟁점은 폭행·협박 선행형의 강제추행죄에서 '폭행 또는 협박'의 의미를 위와 같

202 다만 추상적 위험범설은 유기천(상), 123면.

203 김종원, 133면; 배종대, 233면; 백형구, 333면; 오영근, 203면; 이재상, §11–20; 이정원, 205면; 이형국, 270면; 정성근/박광민, 164면; 황산덕, 215면.

204 강구진, 172면; 김성천/김형준, 229면; 김일수/서보학, 166면; 박상기, 161면; 서일교, 82면; 손동권, 153면; 임웅, 169면; 정영석, 275면.

이 제한 해석한 종래의 판례 법리를 유지할 것인지 여부이다. 강제추행죄의 범죄구성요건과 보호법익, 종래의 판례 법리의 문제점, 성폭력범죄에 대한 사회적 인식, 판례 법리와 재판 실무의 변화에 따라 해석기준을 명확히 할 필요성 등에 비추어 강제추행죄의 '폭행 또는 협박'의 의미는 다시 정의될 필요가 있다. 강제추행죄의 '폭행 또는 협박'은 상대방의 항거를 곤란하게 할 정도로 강력할 것이 요구되지 아니하고, 상대방의 신체에 대하여 불법한 유형력을 행사(폭행)하거나 일반적으로 보아 상대방으로 하여금 공포심을 일으킬 수 있는 정도의 해악을 고지(협박)하는 것이라고 보아야 한다. 어떠한 행위가 강제추행죄의 '폭행 또는 협박'에 해당하는지 여부는 행위의 목적과 의도, 구체적인 행위태양과 내용, 행위의 경위와 행위 당시의 정황, 행위자와 상대방과의 관계, 그 행위가 상대방에게 주는 고통의 유무와 정도 등을 종합하여 판단하여야 한다. 이와 달리 강제추행죄의 폭행 또는 협박이 상대방의 항거를 곤란하게 할 정도일 것을 요한다고 본 대법원 2012.7.26, 2011도8805 판결을 비롯하여 같은 취지의 종전 대법원판결은 이 판결의 견해에 배치되는 범위 내에서 모두 변경하기로 한다. 경찰채용 24 1차

② 추행(醜行) : 건전한 상식 있는 일반인을 기준으로 성적 수치심이나 혐오감을 일으키게 하고 선량한 성적 도덕관념에 반하는 행위로서 피해자의 성적 자기결정권을 침해하는 것을 말한다(다수설[205] · 판례). 예를 들어, ㉠ 상대방의 상의를 걷어 올려 유방을 만지고 하의를 끌어내린 행위(대법원 1994.8.23, 94도630)라든가 ㉡ 상대방을 팔로 힘껏 껴안고 강제로 입을 맞춘 행위(대법원 1983.6.28, 83도399), ㉢ 골프장 여종업원들이 거부의사를 밝혔음에도 골프장 사장과의 친분관계를 내세워 함께 술을 마시지 않을 경우 신분상의 불이익을 가할 것처럼 협박하여 이른바 러브샷의 방법으로 술을 마시게 한 행위(대법원 2008.3.13, 2007도10050), 국가9급 13 / 경찰채용 12 3차 / 사시 12 / 국가9급 16 / 경찰승진 24 ㉣ 양부가 취중에 10세의 입양한 딸과 잠을 자다가 다리로 딸의 몸을 누르면서 엉덩이와 가슴을 만진 행위(대법원 2008.4.10, 2007도9487), ㉤ 엘리베이터 안에서 피해자를 칼로 위협하면서 자위행위 모습을 보여준 행위(대법원 2010.2.25, 2009도13716) 국가9급 13 / 경찰승진(공통) 11 / 사시 12 / 사시 13 등이 본죄의 추행이라고 볼 수 있다.[206] 다만 강제추행죄는 개인의 성적 자유라는 개인적 법익을 침해하는 죄로서 여기서 '추행'이란 일반인에게 성적 수치심이나 혐오감을 일으키고 선량한 성적 도덕관념에 반하는 행위인 것만으로는 부족하고 그 행위의 상대방인 피해자의 성적 자기결정의 자유를 침해하는 것이어야 한다(대법원 2012.7.26, 2011도8805). 국가9급 13 / 경찰승진 13 / 사시 14 / 변호사 13

판례연구 강제추행죄의 폭행 · 협박의 정도 및 추행의 의미

1. 대법원 2002.4.26, 2001도2417

피해자와 춤을 추면서 순간적으로 피해자의 유방을 만진 사례

강제추행죄는 상대방에 대하여 폭행 또는 협박을 가하여 추행행위를 하는 경우뿐만 아니라 폭행행위 자체가 추행행위라고 인정되는 경우도 포함되는 것이며, 이 경우에 있어서의 폭행은 반드시 상대방의 의사를 억압할 정도의 것임을 요하지 않고 사시 11 상대방의 의사에 반하는 유형력의 행사가 있는 이상 그 힘의 대소강약을 불문한다(최협의의 폭행이 아니라 협의의 폭행). … '피해자와 춤을 추면서 피해자의 유방을 만진 행위'가 순간적인 행위에

205 김성천/김형준, 229면; 박상기, 164면; 배종대, 234면; 백형구, 334면; 손동권, 154면; 오영근, 204면; 이재상, §11－22; 이정원, 189면; 이형국(Ⅰ), 270면; 정성근/박광민, 165면. 반면 추행이란 '성욕의 흥분 · 자극 · 만족을 목적으로 하여 건전한 상식 있는 일반인의 성적 수치 · 혐오의 감정을 느끼게 하는 선량한 성도덕관념에 반하는 행위'라고 하여 주관적인 성적 경향을 내포하는 것으로 이해하는 소수설은 김일수/서보학, 162면; 김종원, 133면; 유기천(상), 124면; 임웅, 171면; 정영석, 275면.

206 **비교판례 : 추행을 부정한 사례** 형법이나 성폭법에서 규정하고 있는 추행 관련 범죄와 달리 군형법 제92조의 추행죄는 구성요건적 수단이나 정황 등에 대한 제한이 없고 대표적 구성요건인 '계간'을 판단지침으로 예시하고 있을 뿐이며, 법정형도 일괄적으로 1년 이하의 징역형으로 처벌하도록 규정하고 있다. … 따라서 **육군 중대장이 소속 중대원들의 젖꼭지 등 특정 신체부위를 비틀거나 때린 행위는**, 장소의 공개성, 범행시각, 피해자들이 불특정 다수인 점 등에 비추어 군이라는 공동사회의 건전한 생활과 군기를 침해하는 비정상적인 성적 만족 행위라고 보기 어려우므로, 군형법 제92조의 추행죄에 해당하지 않는다(대법원 2008.5.29, 2008도2222).

불과하더라도 이는 피해자의 의사에 반하여 행하여진 유형력의 행사에 해당하고 피해자의 성적 자유를 침해할 뿐만 아니라 일반인의 입장에서도 추행행위라고 평가될 수 있는 것으로서, 폭행행위 자체가 추행행위라고 인정되어 강제추행에 해당된다. 법원행시 13 / 법원9급 10 / 경찰채용 10 2차 / 경찰채용 12 1차 / 경찰채용 14 1차 / 사시 10

2. 대법원 2012.6.14, 2012도3893, 2012감도14, 2012전도83

피고인은 공터에서 피해자들이 놀고 있는 것을 발견하고 다가가 피해자들을 끌어안고 손으로 피해자들의 음부위를 갑자기 1회 만졌다는 것이고, … 결국 피고인의 위 행위는 순간적인 행위이지만 피해자들의 의사에 반하여 행하여진 유형력의 행사로서, 객관적으로 일반인에게 성적 수치심이나 혐오감을 불러일으키고 선량한 성적 도덕관념에 반하는 행위에 해당하고, 그로 인하여 정신적·육체적으로 미숙한 피해자들의 심리적 성장 및 성적 정체성의 형성에 부정적 영향을 미쳤다고 할 것이므로 강제추행행위에 해당한다.

3. 대법원 2015.9.10, 2015도6980

강제추행의 폭행의 의미와 기습추행 사건

추행의 고의로 상대방의 의사에 반하는 유형력의 행사, 즉 폭행행위를 하여 실행행위에 착수하였으나 추행의 결과에 이르지 못한 때에는 강제추행미수죄가 성립하며, 이러한 법리는 폭행행위 자체가 추행행위라고 인정되는 이른바 '기습추행'의 경우에도 마찬가지로 적용된다. 피고인이 밤에 술을 마시고 배회하던 중 버스에서 내려 혼자 걸어가는 피해자 갑을 발견하고 마스크를 착용한 채 뒤따라가다가 인적이 없고 외진 곳에서 가까이 접근하여 껴안으려 하였으나, 갑이 뒤돌아보면서 소리치자 그 상태로 몇 초 동안 쳐다보다가 다시 오던 길로 되돌아갔다고 하여 아동·청소년의 성보호에 관한 법률 위반으로 기소된 경우, 피고인의 행위는 아동·청소년에 대한 강제추행미수죄에 해당한다. 국가9급 16 / 법원행시 16 / 법원행시 18 / 국가9급 20

4. 대법원 2020.3.26, 2019도15994

기습추행 사례

(미용업체인 甲 주식회사를 운영하는 피고인이 甲 회사의 가맹점에서 근무하는 27세 여성 乙을 비롯한 직원들과 노래방에서 회식을 하던 중 乙을 자신의 옆자리에 앉힌 후 갑자기 乙의 볼에 입을 맞추고, 이에 乙이 '하지 마세요'라고 하였음에도 계속하여 오른손으로 乙의 오른쪽 허벅지를 쓰다듬은 사건) 대법원은, 피해자의 옷 위로 엉덩이나 가슴을 쓰다듬는 행위, 피해자의 의사에 반하여 그 어깨를 주무르는 행위, 교사가 여중생의 얼굴에 자신의 얼굴을 들이밀면서 비비는 행위나 여중생의 귀를 쓸어 만지는 행위 등에 대하여 피해자의 의사에 반하는 유형력의 행사가 이루어져 기습추행에 해당한다고 판단한 바 있다. …… 원심은 무죄의 근거로서 피고인이 乙의 허벅지를 쓰다듬던 당시 乙이 즉시 피고인에게 항의하거나 반발하는 등의 거부의사를 밝히는 대신 그 자리에 가만히 있었다는 점을 중시한 것으로 보이나, 성범죄 피해자의 대처 양상은 피해자의 성정이나 가해자와의 관계 및 구체적인 상황에 따라 다르게 나타날 수밖에 없다는 점에서 위 사정만으로는 강제추행죄의 성립이 부정된다고 보기 어려운 점 등을 종합할 때 기습추행으로 인한 강제추행죄의 성립을 부정적으로 볼 수 없을 뿐 아니라, 피고인이 저지른 행위가 자신의 의사에 반하였다는 乙 진술의 신빙성에 대하여 합리적인 의심을 가질 만한 사정도 없으므로, 이와 달리 보아 이 부분에 대하여도 범죄의 증명이 없다고 본 원심의 판단에는 기습추행 내지 강제추행죄의 성립에 관한 법리를 오해한 잘못이 있다.

5. 대법원 2020.12.10, 2019도12282

추행에 있어 신체 부분에 따라 본질적 차이가 있다고 볼 수 없다는 사례

'추행'이란 일반인을 기준으로 객관적으로 성적 수치심이나 혐오감을 일으키게 하고 선량한 성적 도덕관념에 반하는 행위로서 피해자의 성적 자기결정권을 침해하는 것을 말한다. 이에 해당하는지는 피해자의 성별, 연령, 행위자와 피해자의 관계, 그 행위에 이르게 된 경위, 구체적 행위 모습, 주위의 객관적 상황과 그 시대의 성적 도덕관념 등을 종합적으로 고려하여 신중히 결정해야 한다(대법원 2019.6.13, 2019도3341; 2020.6.25, 2015도7102 등). 성적 자기결정 능력은 피해자의 나이, 성장과정, 환경 등 개인별로 차이가 있으므로 성적 자기결정권이 침해되었는지 여부를 판단함에 있어서도 구체적인 범행 상황에 놓인 피해자의 입장과 관점이 충분히 고려되어야 한다(대법원 2020.8.27, 2015도9436 전원합의체 판결의 취지). 여성에 대한 추행에 있어 신체 부분에 따라 본질적인 차이가 있다고 볼 수는 없다(대법원 2004.4.16, 2004도52). …… 피고인이 피해자와만 있는 간부연구실에서 업무 대화 중 '피해자의 손목을 잡고 끌어당긴 행위', '피고인의 다리로 피해자의 다리에 접촉한 행위', '피고인의 팔로 피해자의 어깨에 접촉한 행위'를 한 것은 추행행위에 해당한다.

6. 대법원 2020.12.24, 2020도7981
회사 대표가 회식 장소에서 여성 직원에게 헤드락을 한 사건
회사 대표인 피고인(남, 52세)이 직원인 피해자(여, 26세)를 포함하여 거래처 사람들과 함께 회식을 하던 중 피고인의 왼팔로 피해자의 머리를 감싸고 피고인의 가슴 쪽으로 끌어당기는 일명 '헤드락' 행위를 하고 손가락이 피해자의 두피에 닿도록 피해자의 머리카락을 잡고 흔드는 등 행위를 한 경우, ① 기습추행에서 공개된 장소라는 점이 추행 여부 판단의 중요한 고려요소가 될 수 없고, ② 그 접촉부위 및 방법에 비추어 객관적으로 일반인에게 성적 수치심을 일으키게 할 수 있는 행위이며, ③ 피고인의 행위 전후의 언동에 비추어 성적 의도를 가지고 한 행위로 보이고, ④ 피해자의 피해감정은 사회통념상 인정되는 성적 수치심에 해당하며, ⑤ 동석했던 사람이 피고인의 행위를 말린 것으로 보아 제3자에게도 선량한 성적 도덕관념에 반하는 행위로 인식되었다고 보이므로, 피고인의 행위는 강제추행죄의 추행에 해당하고, 추행의 고의도 인정된다.

7. 대법원 2021.7.21, 2021도6112
동성 사이의 강제추행 여부가 문제된 사건
피고인과 피해자가 모두 여성으로서 동성인 점을 고려하더라도 피고인(여성, 실장)이 이 사건 직장(한의원)에서 거부의사를 밝히는 피해자(함께 근무하는 여성 간호조무사)의 가슴을 움켜쥐거나 엉덩이를 만지고 피고인의 볼을 피해자의 볼에 가져다 대는 등의 행동을 한 것은 피해자로 하여금 성적 수치심을 느끼게 할 만한 행위로서 강제추행에 해당된다.

8. 대법원 2021.10.28, 2021도7538
몰래 피해자의 등에 소변을 보았는데 피해자가 인식하지 못한 사례
추행이라 함은 객관적으로 일반인에게 성적 수치심이나 혐오감을 일으키게 하고 선량한 성적 도덕관념에 반하는 행위로서 피해자의 성적 자유를 침해하는 것으로, …… 성적 자유를 침해당했을 때 느끼는 성적 수치심은 부끄럽고 창피한 감정만으로 나타나는 것이 아니라 다양한 형태로 나타날 수 있다(대법원 2020.12.24, 2019도16258). 추행 행위에 해당하기 위해서는 객관적으로 일반인에게 성적 수치심이나 혐오감을 일으키게 할 만한 행위로서 선량한 성적 도덕관념에 반하는 행위를 행위자가 대상자를 상대로 실행하는 것으로 충분하고, 그 행위로 말미암아 대상자가 성적 수치심이나 혐오감을 반드시 실제로 느껴야 하는 것은 아니다(공중밀집장소추행죄에 관한 대법원 2020.6.25, 2015도7102 참조). …… 甲이 놀이터 의자에 앉아 통화를 하고 있는 乙의 뒤로 몰래 다가가 乙의 등 쪽에 소변을 보았다면, 행위 당시에 乙이 이를 인식하지 못하였다고 하여 추행에 해당하지 않는다고 볼 것은 아니다. 경찰승진 23

판례연구 공간의 밀폐성과 강제추행죄의 관계

1. 대법원 2010.2.25, 2009도13716
엘리베이터 안이므로 강제추행을 인정한 사례
피고인이 엘리베이터라는 폐쇄된 공간에서 피해자들을 칼로 위협하는 등으로 꼼짝하지 못하도록 자신의 실력적인 지배 하에 둔 다음 피해자들에게 성적 수치심과 혐오감을 일으키는 자신의 자위행위 모습을 보여 주고 피해자들로 하여금 이를 외면하거나 피할 수 없게 한 행위는 강제추행죄의 추행에 해당한다. 법원행시 15 / 경찰승진 15 / 사시 12 / 사시 13 / 경찰승진 24

유사판례 25세의 건장한 남자인 피고인은 11세인 여자 피해자가 귀가하는 엘리베이터에 함께 탄 후 자신의 성기를 꺼내어 피해자에게 보여주면서 피해자 쪽으로 다가갔는데, 이는 피해자의 성적 자유의사를 제압하기에 충분한 세력에 의하여 추행행위에 나아간 것으로서 청소년에 대한 위력에 의한 추행죄에 해당한다(대법원 2013.1.16, 2011도7164, 2011전도124). 법원9급 15 / 경찰간부 15 / 경찰승진 14 / 경찰채용 13 2차 / 사시 16 / 법원행시 16

2. 대법원 2012.7.26, 2011도8805
공중에게 공개된 도로라는 점 등을 고려해서 강제추행을 부정한 사례
A는 사람 및 차량의 왕래가 빈번한 도로에서 甲(여, 48세)에게 욕설을 하면서 자신의 바지를 벗어 성기를 보여주었다. … 강제추행죄는 개인의 성적 자유라는 개인적 법익을 침해하는 죄로서, 위 법규정에서의 '추행'이란 일반인에게 성적 수치심이나 혐오감을 일으키고 선량한 성적 도덕관념에 반하는 행위인 것만으로는 부족하고 그 행위의 상대방인 피해자의 성적 자기결정의 자유를 침해하는 것이어야 한다. 따라서 건전한 성풍속이라는 일반적인 사회적 법익을 보호하려는 목적을 가진 형법 제245조의 공연음란죄에서 정하는 '음란한 행위'(또는 이른바 과다노출에 관한 경범죄처벌법 제1조 제41호에서 정하는 행위)가 특정한 사람을 상대로 행하여졌다고 해서 반드

시 그 사람에 대하여 '추행'이 된다고 말할 수 없다(A에게는 강제추행죄가 성립하지 않음). 국가9급 13 / 경찰승진 13 / 사시 14 / 변호사 13 / 법원행시 16 / 경찰승진 17 / 경찰채용 22 2차

3. 주관적 구성요건

(1) 고 의

본죄의 고의로서는 폭행 또는 협박에 의하여 사람을 추행한다는 인식과 인용이 요구된다.

(2) 고의와는 별도의 경향의 요부

강제추행죄의 성립에 고의 이외에 '성욕을 자극·만족시키겠다는 주관적 경향(의도)'까지 필요한가에 대해서는 긍정설[207]과 부정설(다수설[208])이 대립하고 있다. 부정설이 타당하다고 생각된다. 판례도 대체로 같은 입장이다.[209] 따라서 성적 목적 없이 복수심이나 보복의 감정 또는 호기심의 목적으로 상대방을 추행한 경우에도 본죄의 주관적 구성요건을 충족한다고 볼 수 있다(대법원 2013.9.26, 2013도5856).[210] 법원행시 15 / 법원9급 15 / 경찰간부 16 / 경찰승진 16 / 경찰채용 14 1차 / 경찰채용 15 1차

(3) 추행의 의미에 대한 착오

추행이란 사회적 평가를 받는 규범적 구성요건요소이니만큼 '이 정도는 추행은 아니기 때문에 처벌받지 않겠지'라는 생각('추행'의 의미평가 내지 개념에 대한 착오)으로 강제추행을 한 경우에는 소위 포섭(包攝)의 착오로서 금지착오의 문제(형법 제16조)가 될 것이다.

05 준강간죄 · 준유사강간죄 · 준강제추행죄

제299조 【준강간, 준강제추행】 사람의 심신상실 또는 항거불능의 상태를 이용하여 간음 또는 추행을 한 자는 제297조, 제297조의2 및 제298조의 예에 의한다.

1. 의의 및 성격

준강간죄·준유사강간죄·준강제추행죄는 사람의 심신상실 또는 항거불능의 상태를 이용하여 간음·유사

---

207 김일수/서보학, 163면; 임웅, 172면.

208 김성천/김형준, 231면; 박상기, 164면; 백형구, 335면; 손동권, 155면; 오영근, 205면; 이재상, §11－24; 이형국(Ⅰ), 271면; 정성근/박광민, 166면.

209 판례 미성년자의제강제추행죄(제305조)에 있어서 고의와는 별도로 성욕을 자극·흥분시키려는 주관적 동기·목적은 필요 없다는 판례는 대법원 2006.1.13, 2005도6791 경찰승진 13 참조. 공연음란죄(제245조)에 있어서 주관적으로 성욕의 흥분·만족 등의 성적 목적이 있어야 하는 것은 아니며 행위의 음란성에 대한 의미의 인식이 있으면 족하다는 판례는 대법원 2000.12.22, 2000도4372 참조. 경찰승진 12 / 사시 11

210 사례 : 강제추행죄의 성립에 성욕을 자극시키려는 주관적 동기나 목적을 요하지 아니한다는 사례 피고인은 피해자의 입술, 귀, 유두, 가슴, 어깨 부위를 깨물었고, 피해자가 엎어져서 피고인의 머리를 잡아당기는 상황에서 피고인은 감정이 폭발하여 이성적으로 지배할 수 없는 상태에 이르러 그와 같은 행위에 이르렀으며, 피고인이 피해자에게 키스를 하려다가 입술을 깨물고 가슴을 물었다. 이렇듯 성욕을 자극시키려는 등의 주관적 동기나 목적 없이 보복의 의미에서 한 행위도 강제추행죄의 추행에 해당할 수 있는가? 판례 피고인의 행위는, 비록 피해자가 피고인의 머리채를 잡아 폭행을 가하자 이에 대한 보복의 의미에서 한 행위로서 성욕을 자극·흥분·만족시키려는 주관적 동기나 목적이 없었다고 하더라도, 객관적으로 여성인 피해자의 입술, 귀, 유두, 가슴을 입으로 깨무는 등의 행위는 일반적이고도 평균적인 사람으로 하여금 성적 수치심이나 혐오감을 일으키게 하고 선량한 성적 도덕관념에 반하는 행위에 해당하고, 그로 인하여 피해자의 성적 자유를 침해하였다고 봄이 타당하다 할 것이므로, 위 법률조항에서 말하는 '추행'에 해당한다고 평가할 수 있다. 나아가 추행행위의 행태와 당시의 정황 등에 비추어 볼 때 피고인의 고의도 인정할 수 있다(대법원 2013.9.26, 2013도5856). 경찰채용 14 1차 / 법원행시 16

간음·추행함으로써 성립하는 범죄이다. 강간죄·유사강간죄·강제추행죄가 폭행·협박을 수단으로 하여 범하는 죄임에 비하여, 본죄는 폭행·협박 없이 간음·유사간음·추행함으로써 범하는 죄이다. 다만 행위객체인 사람의 심신상실 또는 항거불능의 상태를 이용한다는 점에서 불법의 본질이 있는 것이다. 본죄도 미수를 처벌한다(제300조).

2. 구성요건

(1) 사람의 심신상실·항거불능

① 행위객체 – 사람 : 본죄의 객체는 남·녀를 불문한다.

② 심신상실(心身喪失) : 정신기능의 장애로 인하여 성적 행위에 대한 정상적인 판단능력이 없는 상태를 말한다. 여기에는 심신미약(心身微弱)(제10조 제2항)도 포함된다는 견해[211]가 있으나, 심신미약자에 대한 위계 등에 의한 간음추행죄(제302조)가 따로 규정되어 있기 때문에 포함되지 않는다고 보는 통설[212]의 입장이 타당하다고 생각된다. 본죄의 심신상실과 관련해서는 ㉠ 어렴풋이 잠에서 깨어나 누구냐라고 묻은 여자에 대한 간음의 경우(대법원 2000.2.25, 98도4355) 법행 18, ㉡ 알코올이 기억형성의 실패만을 야기한 알코올 블랙아웃 상태인 경우(기억장애 외에 인지기능이나 의식 상태의 장애에 이르렀다고 인정하기 어려움, 대법원 2021.2.4, 2018도9781)에는 심신상실 상태를 인정할 수 없으나, 술에 취해 수면상태에 빠지는 등 의식을 상실한 패싱아웃 상태인 경우에는 심신상실 상태를 인정할 수 있다(대법원 2021.2.4, 2018도9781). 경찰채용 24 1차

③ 항거불능(抗拒不能) : 심신상실 이외의 원인으로 심리적·정신적 또는 물리적·육체적으로 반항이 절대적으로 불가능하거나 현저히 곤란한 경우를 말한다(대법원 2006.2.23, 2005도9422; 2012.6.28, 2012도2631 등). ㉠ 육체적으로 반항이 불가능한 경우라 함은 피해자가 스스로 수면제를 먹고 잠들어 있다던가(심신상실을 초래한 정신병 등을 제외한 다른) 질병으로 인해 움직일 수 없는 경우 등을 말한다. ㉡ 심리적으로 반항이 불가능한 경우로서 의사가 치료를 가장하여 환자를 간음 또는 추행하는 것과 같이 위계의 방법으로 간음·추행하는 행위가 포함되는가에 대해서는, 본죄가 성립하지 않는다는 부정설(소수설[213])과 항거불능의 상태를 이용한 것으로 보아 본죄가 성립한다는 긍정설(다수설[214])이 대립하고 있다. 대법원은 ㉠ 수면 중인 상태(이를 이용한 간음 시도는 항거불능 상태를 이용한 준강간미수에 해당함, 대법원 2000.1.14, 99도187), ㉡ 피해자가 의식상실 상태에 빠져 있지는 않지만 알코올의 영향으로 의사를 형성할 능력이나 성적 자기결정권 침해행위에 맞서려는 저항력이 현저하게 저하된 상태(대법원 2021.2.4, 2018도9781)의 경우에 항거불능 상태임을 인정할 수 있다고 판시한 바 있다.

판례연구 준강간죄의 심신상실·항거불능과 알코올 문제

대법원 2021.2.4, 2018도9781

알코올에 의한 블랙아웃, 패싱아웃, 의사형성능력·저항력 현저 저하 상태

피해자가 깊은 잠에 빠져 있거나 술·약물 등에 의해 일시적으로 의식을 잃은 상태 또는 완전히 의식을 잃지는 않았더라도 그와 같은 사유로 정상적인 판단능력과 대응·조절능력을 행사할 수 없는 상태에 있었다면 준강간죄

211 유기천(상), 126면; 이재상, §11－28.

212 강구진, 177면; 김성천/김형준, 233면; 김일수/서보학, 165면; 김종원, 130면; 박상기, 167면; 백형구, 318면; 손동권, 156면; 오영근, 207면; 이정원, 200면; 이형국(Ⅰ), 273면; 임웅, 174면; 정성근/박광민, 167면; 진계호, 185면.

213 김성천/김형준, 249면; 임웅, 174면.

214 김일수/서보학, 165면; 배종대, 236면; 손동권, 156면; 오영근, 208면; 이재상, §11－29; 이형국(Ⅰ), 274면; 정성근/박광민, 167면.

또는 준강제추행죄에서의 심신상실 또는 항거불능 상태에 해당한다. 의학적 개념으로서의 '알코올 블랙아웃(black out)'은 중증도 이상의 알코올 혈중농도, 특히 단기간 폭음으로 알코올 혈중농도가 급격히 올라간 경우 그 알코올 성분이 외부 자극에 대하여 기록하고 해석하는 인코딩 과정(기억형성에 관여하는 뇌의 특정 기능)에 영향을 미침으로써 행위자가 일정한 시점에 진행되었던 사실에 대한 기억을 상실하는 것을 말한다. 알코올 블랙아웃은 인코딩 손상의 정도에 따라 단편적인 블랙아웃과 전면적인 블랙아웃이 모두 포함한다. 그러나 알코올의 심각한 독성화와 전형적으로 결부된 형태로서의 의식상실의 상태, 즉 알코올의 최면진정작용으로 인하여 수면에 빠지는 의식상실(passing out)과 구별되는 개념이다. 따라서 음주 후 준강간 또는 준강제추행을 당하였음을 호소한 피해자의 경우, 범행당시 ① 알코올이 위의 기억형성의 실패만을 야기한 알코올 블랙아웃 상태였다면 피해자는 기억장애 외에 인지기능이나 의식 상태의 장애에 이르렀다고 인정하기 어렵지만, 이에 비하여 ② 피해자가 술에 취해 수면상태에 빠지는 등 의식을 상실한 패싱아웃 상태였다면 심신상실의 상태에 있었음을 인정할 수 있다. 또한 '준강간죄 또는 준강제추행죄에서의 심신상실·항거불능'의 개념에 비추어, ③ 피해자가 의식상실 상태에 빠져 있지는 않지만 알코올의 영향으로 의사를 형성할 능력이나 성적 자기결정권 침해행위에 맞서려는 저항력이 현저하게 저하된 상태였다면 '항거불능'에 해당하여, 이러한 피해자에 대한 성적 행위 역시 준강간죄 또는 준강제추행죄를 구성할 수 있다.[215] …… (따라서) 피해사실 전후의 객관적 정황상 피해자가 심신상실 등이 의심될 정도로 비정상적인 상태에 있었음이 밝혀진 경우 혹은 피해자와 피고인의 관계 등에 비추어 피해자가 정상적인 상태하에서라면 피고인과 성적 관계를 맺거나 이에 수동적으로나마 동의하리라고 도저히 기대하기 어려운 사정이 인정되는데도, 피해자의 단편적인 모습만으로 피해자가 단순히 '알코올 블랙아웃'에 해당하여 심신상실 상태에 있지 않았다고 단정하여서는 안된다. 경찰채용 24 1차

(2) (위 상태를) **이용하여 간음 · 추행 : 강간죄와의 구별, 고의, 실행의 착수, 불능미수**

① 이용 : 본죄는 심신상실·항거불능상태를 '이용(利用)'한 경우에 적용된다. 따라서 행위자가 간음 내지 추행을 하기 위하여 심신상실이나 항거불능상태를 '야기'하여 간음·추행을 한 때에는 본조가 적용되지 않고 강간죄나 강제추행죄에 해당된다.

② 고의 : 피해자가 심신상실 또는 항거불능의 상태에 있다는 것과 그러한 상태를 이용하여 간음한다는 구성요건적 결과 발생의 가능성을 인식하고 그러한 위험을 용인하는 내심의 의사를 말한다(대법원 2019.3.28, 2018도16002 전원합의체).

③ 실행의 착수 : 본죄는 미수를 처벌한다(제300조). 실행의 착수시기는 간음·추행에 착수한 때이다(대법원 2000.1.14, 99도5187).[216]

④ 불능미수의 성부 : 행위자가 피해자가 심신상실 또는 항거불능의 상태에 있다고 인식하고 그러한 상

215 **보충** 법의학 분야에서는 알코올 블랙아웃이 '술을 마시는 동안에 일어난 중요한 사건에 대한 기억상실'로 정의되기도 하며, 일반인 입장에서는 '음주 후 발생한 광범위한 인지기능 장애 또는 의식상실'까지 통칭하기도 한다. 따라서 음주로 심신상실 상태에 있는 피해자에 대하여 준강간 또는 준강제추행을 하였음을 이유로 기소된 **피고인이 '피해자가 범행 당시 의식상실 상태가 아니었고 그 후 기억하지 못할 뿐이다.' 라는 취지에서 알코올 블랙아웃을 주장하는 경우,** 법원은 피해자의 범행 당시 음주량과 음주 속도, 경과한 시간, 피해자의 평소 주량, 피해자가 평소 음주 후 기억장애를 경험하였는지 여부 등 **피해자의 신체 및 의식상태가 범행 당시 알코올 블랙아웃인지 아니면 패싱아웃 또는 행위통제능력이 현저히 저하된 상태였는지를 구분할 수 있는 사정들과** 더불어 CCTV나 목격자를 통하여 확인되는 당시 피해자의 상태, 언동, 피고인과의 평소 관계, 만나게 된 경위, 성적 접촉이 이루어진 장소와 방식, 그 계기와 정황, 피해자의 연령·경험 등 특성, 성에 대한 인식 정도, 심리적·정서적 상태, 피해자와 성적 관계를 맺게 된 경위에 대한 피고인의 진술 내용의 합리성, 사건 이후 피고인과 피해자의 반응을 비롯한 제반 사정을 면밀하게 살펴 범행 당시 피해자가 심신상실 또는 항거불능 상태에 있었는지 여부를 판단해야 한다(위 판례의 판결이유).

216 **사례 : 준강간죄의 실행의 착수** 甲은 乙(女)이 잠을 자는 사이 乙의 바지와 팬티를 발목까지 벗기고 웃옷을 가슴 위까지 올린 다음 甲 자신의 바지를 아래로 내린 상태에서 乙의 가슴, 엉덩이, 음부 등을 만지고 甲 자신의 성기를 乙의 음부에 삽입하려고 하였다. 그런데 乙이 몸을 뒤척이고 비트는 등 잠에서 깨어 거부하자 더 이상의 간음행위를 포기하였다. 甲의 형사책임은? **판례** 피고인이 잠을 자고 있는 피해자의 옷을 벗긴 후 자신의 바지를 내린 상태에서 **피해자의 음부 등을 만지고 자신의 성기를 피해자의 음부에 삽입하려고 하였으나** 피해자가 몸을 뒤척이고 비트는 등 잠에서 깨어 거부하는 듯한 기색을 보이자 더 이상 간음행위에 나아가는 것을 포기한 경우, 준강간죄의 실행에 착수한 것이다(대법원 2000.1.14, 99도5187). 법원행시 07 **해결** 준강간죄의 미수(장애미수).

태를 이용하여 간음할 의사로 피해자를 간음하였으나 피해자가 실제로는 심신상실 또는 항거불능의 상태에 있지 않은 경우, 준강간죄의 불능미수가 성립한다는 것이 판례의 입장이다.

판례연구 준강간죄의 불능미수

대법원 2019.3.28, 2018도16002 전원합의체

피해자가 심신상실 · 항거불능 상태에 있다고 믿고 간음하였으나 피해자가 실제로 이러한 상태가 아니었던 사례 피고인이 피해자가 심신상실 또는 항거불능의 상태에 있다고 인식하고 그러한 상태를 이용하여 간음할 의사로 피해자를 간음하였으나 피해자가 실제로는 심신상실 또는 항거불능의 상태에 있지 않은 경우에는, 실행의 수단 또는 대상의 착오로 인하여 준강간죄에서 규정하고 있는 구성요건적 결과의 발생이 처음부터 불가능하였고 실제로 그러한 결과가 발생하였다고 할 수 없다. 피고인이 준강간의 실행에 착수하였으나 범죄가 기수에 이르지 못하였으므로 준강간죄의 미수범이 성립한다. 피고인이 행위 당시에 인식한 사정을 놓고 일반인이 객관적으로 판단하여 보았을 때 준강간의 결과가 발생할 위험성이 있었으므로 준강간죄의 불능미수가 성립한다. …… 피고인이 피해자가 심신상실 또는 항거불능의 상태에 있다고 인식하고 그러한 상태를 이용하여 간음할 의사를 가지고 간음하였으나, 실행의 착수 당시부터 피해자가 실제로는 심신상실 또는 항거불능의 상태에 있지 않았다면, 실행의 수단 또는 대상의 착오로 준강간죄의 기수에 이를 가능성이 처음부터 없다고 볼 수 있다. 이 경우 피고인이 행위 당시에 인식한 사정을 놓고 일반인이 객관적으로 판단하여 보았을 때 정신적·신체적 사정으로 인하여 성적인 자기방어를 할 수 없는 사람의 성적 자기결정권을 침해하여 준강간의 결과가 발생할 위험성이 있었다면 불능미수가 성립한다. 국가9급 20 / 국가7급 20 / 법원9급 20 / 국가9급 21 / 경찰승진 23

(3) 자수범 여부(법원직은 참고)

본죄가 자수범(自手犯)인가 대해서는 긍정설[217]이 있으나, 본죄는 정신병자를 이용하여 간접정범형태로 범할 수 있다는 점을 근거로 하는 자수범 부정설이 통설[218]이다.

3. 성폭법의 관련규정 및 가중처벌규정

(1) 장애인에 대한 간음 · 추행죄

성폭법 제6조 제4항에서는 신체적인 또는 정신적인 장애로 항거불능 또는 항거곤란 상태에 있음을 이용하여 사람을 간음하거나 추행한 사람은 동조 제1항부터 제3항까지의 예에 따라 처벌하고 있다('장애인준강간·준강제추행죄', 동법 제15조에서는 그 미수도 처벌함). 판례에 의하면, 동법상 장애인준강간·준강제추행죄에서의 항거불능의 상태라 함은 '심리적·물리적으로 반항이 절대적으로 불가능하거나 현저히 곤란한 경우'를 의미한다고 보고 있다.[219] 또한 판례에 의할 때 본죄가 성립하려면, 피해자가 신체장애 또는 정신상의 장애로 '인하여' 성적인 자기방어를 할 수 없는 항거불능의 상태에 있어야 한다(대법원 2003.10.14, 2003도5322).[220]

---

217 이재상, §11－26.

218 김성천/김형준, 234면; 김일수/서보학, 164면; 박상기, 161면; 배종대, 235면; 백형구, 317면; 손동권, 156면; 오영근, 206면; 이정원, 192면; 이형국(Ⅰ), 276면.

219 **사례 : 지적 능력이 4~8세에 불과한 정신지체 장애인은 항거불능상태에 해당한다는 사례** 피고인 甲은 별다른 강제력을 행사하지 않고서 **지적 능력이 4~8세에 불과한 정신지체 장애여성** 乙을 간음하였고 장애여성도 이에 대하여 별다른 저항행위를 하지 아니하였는데, 이때 乙은 성폭법상 장애인에 대한 준강간죄의 '항거불능인 상태'에 해당한다고 볼 수 있는가? → 甲은 피해자가 정신장애를 주된 원인으로 항거불능상태에 있었음을 이용하여 간음행위를 한 것으로서, 乙은 동법상 '항거불능인 상태'에 해당한다고 보아야 한다(대법원 2007.7.27, 2005도2994).

220 **사례 : 정신상의 장애가 있었으나 그로 인하여 항거불능의 상태가 있었다고 보기는 어렵다는 사례** 甲은 乙(여, 37세)의 집 안방에서, 정신분열병을 앓고 있는 乙에게 험악한 인상을 지으며 주먹으로 때릴 듯한 태도를 보여 그녀의 반항을 억압한 후, 乙의 팬티를 벗기고 그녀의 가슴과 음부를 수회 만지며 상체를 껴안아 넘어뜨린 뒤 간음하려고 하였으나, 그녀가 크게 소리를 질러 乙의 딸인 A가 오는 바람에 미수에 그쳤다. 甲은 성폭법 제6조의 장애인간음미수죄에 해당되는가? **판례** 이 사건은 **정신상의 장애가 있기는 하였으나 '그로 인하여 항거불능의 상태에 있었던 것은 아닌 피해자'를 피고인이 폭행 · 협박 또는 위력으로써**

판례연구 성폭법상 장애인 간음 · 추행죄 관련판례

1. 대법원 2013.4.11, 2012도12714

'신체적인 또는 정신적인 장애로 항거불능인 상태에 있음'의 의미

성폭력처벌법상 장애인간음·추행죄는 장애인의 성적 자기결정권을 보호법익으로 하므로, 피해자가 지적 장애등급을 받은 장애인이라고 하더라도 단순한 지적 장애 외에 성적 자기결정권을 행사하지 못할 정도의 정신장애를 가지고 있다는 점이 증명되어야 하고, 피고인도 간음 당시 피해자에게 이러한 정도의 정신장애가 있음을 인식하여야 한다.

2. 대법원 2022.11.10, 2020도13672

성폭법 제6조 제4항의 '신체적인 또는 정신적인 장애로 항거불능 또는 항거곤란 상태에 있음'의 의미

성폭력범죄의 처벌 등에 관한 특례법(이하 '성폭력처벌법'이라고 한다) 제6조 제4항은 "신체적인 또는 정신적인 장애로 항거불능 또는 항거곤란 상태에 있음을 이용하여 사람을 간음하거나 추행한 사람은 제1항부터 제3항까지의 예에 따라 처벌한다."라고 규정한다. …… '신체적인 또는 정신적인 장애로 항거불능 또는 항거곤란 상태에 있음'이란 신체적인 또는 정신적인 장애 그 자체로 항거불능 또는 항거곤란의 상태에 있는 경우뿐 아니라 신체적인 또는 정신적인 장애가 주된 원인이 되어 심리적 또는 물리적으로 반항이 불가능하거나 곤란한 상태에 이른 경우를 포함하는 것으로 보아야 하며, …… 피해자가 피고인을 상대로 성적 자기결정권을 행사할 수 없거나 행사하기 곤란한 항거불능 또는 항거곤란 상태에 있었는지 여부는 피해자의 장애 정도와 함께 다른 여러 사정들을 종합하여 범행 당시를 기준으로 판단해야 하는 것이고, 피해자의 장애가 성적 자기결정권을 행사하지 못할 정도인지 여부가 절대적인 기준이 되는 것은 아니다. 그리고 이를 판단함에 있어서는 장애와 관련된 피해자의 상태는 개인별로 그 모습과 정도에 차이가 있다는 점에 대한 이해를 바탕으로 해당 피해자의 상태를 충분히 고려하여야 하고 비장애인의 시각과 기준에서 피해자의 상태를 판단하여 '장애로 인한 항거불능 또는 항거곤란 상태'에 해당하지 않는다고 쉽게 단정해서는 안 된다.

(2) 특수준강간 · 특수준강제추행죄(참고)

성폭법에서는 흉기나 그 밖의 위험한 물건을 지닌 채 또는 2명 이상이 합동하여 형법 제299조(준강간, 준강제추행)의 죄를 범한 자에 대하여 형법상 준강간·준강제추행죄보다 가중처벌하는 규정을 두고 있다(동법 제4조 제3항).

(3) 13세 미만의 미성년자에 대한 준강간 · 준유사강간 · 강제추행죄(참고)

성폭법에서는 13세 미만의 사람에 대하여 형법 제299조(준강간, 준유사강간죄, 준강제추행)의 죄를 범한 자에 대하여도 가중처벌하는 규정을 두고 있다(동법 제7조 제4항).

반항을 쉽게 억압한 뒤 피해자를 간음하려다가 그 뜻을 이루지 못한 것으로 볼 수는 있을지언정, 피해자가 정신상의 장애로 인하여 항거불능인 상태에 있음을 이용하여 피고인이 피해자를 간음하려다가 미수에 그친 것이라고 볼 수는 없으므로, 피고인의 행위가 (구)성폭법 제6조, 제14조의 구성요건에 해당한다고 할 수 없다(대법원 2003.10.14, 2003도5322). 해결 해당되지 않는다. 보충 판례는 이러한 엄격해석의 논거로써, 형법 제302조에서 미성년자·심신미약자에 대하여 위계·위력으로써 간음·추행을 한 자의 처벌에 관하여 따로 규정하고 있다는 점을 들고 있다. 그러나 형법 제302조의 미성년자·심신미약자에 대한 위계·위력에 의한 간음·추행죄의 규정이 성폭력법상 장애인간음·추행죄를 보충하는 성격을 가진 규정은 아니다. 따라서 판례는 성폭력의 잠재적 피해자군인 장애인을 보호함에 있어서 미흡함이 있다. 이 점을 적절히 지적한 글로는 김혜정, "성폭력범죄에 있어서 '항거불능인 상태'의 의미", 형사판례연구(14), 2006년, 박영사 참조.

06 미성년자의제강간 · 유사강간 · 강제추행죄

제305조 【미성년자에 대한 간음, 추행】 ① 13세 미만의 사람에 대하여 간음 또는 추행을 한 자는 제297조, 제297조의2, 제298조, 제301조 또는 제301조의2의 예에 의한다. 〈개정 2012.12.18.〉
② 13세 이상 16세 미만의 사람에 대하여 간음 또는 추행을 한 19세 이상의 자는 제297조, 제297조의2, 제298조, 제301조 또는 제301조의2의 예에 의한다. 〈신설 2020.5.19.〉

1. 의의 및 보호법익

미성년자의제강간 · 유사강간 · 강제추행죄는 13세 미만의 사람을 폭행 · 협박 없이 간음하거나 유사간음하거나 추행함으로써 성립하는 범죄이다. 본죄는 '13세 미만의 아동이 외부로부터의 부적절한 성적 자극이나 물리력의 행사가 없는 상태에서 심리적 장애 없이 성적 정체성(正體性) 및 가치관을 형성할 권익'을 그 보호법익으로 한다.[221]

2. 객관적 구성요건

(1) **객체** – 13세 미만의 사람, 13세 이상 16세 미만의 사람

텔레그램을 이용한 성착취 사건 등 사이버 성범죄로 인한 피해가 날로 증가함에 따라, 2020.5.19. 형법을 개정하여 미성년자 의제강간의 피해자 연령기준을 높였다(법률 제17265호, 강간 등의 예비 · 음모에 대한 처벌규정도 신설되었는바, 이는 후술함). 이에 종래의 제305조는 동조 제1항으로 하고, 제2항은 신설하여 13세 이상 16세 미만의 사람도 미성년자의제강간죄의 피해자로 규정하였다. 다만, 이 경우의 가해자는 19세 이상의 자로 한정하였다. 국가7급 21

(2) **행위** – 간음 · 추행

간음 · 추행하는 것이다. 예컨대 초등학교 4학년 담임교사(남자)가 교실에서 자신이 담당하는 반의 남학생의 성기를 만진 행위는 미성년자의제강제추행죄의 '추행'이다(대법원 2006.1.13, 2005도6791). 법원행시 08 / 경찰승진(공통) 11 / 경찰승진 14 피해자의 동의가 있어도 본죄가 성립하며, 경찰승진(공통) 11 / 사시 13 / 사시 14 폭행 · 협박을 수단으로 한 경우에는 강간죄 · 유사강간죄 · 강제추행죄가 성립한다.[222]

3. 주관적 구성요건

본죄가 성립하기 위해서는 피해자가 13세 미만 또는 13세 이상 16세 미만이라는 사실과 간음 · 추행에 대한 인식과 의사가 있어야 한다(고의). 고의를 초과하는 별도의 성적 경향 등은 필요 없다는 점은 강제추행죄에서 기술한 바와 같다.[223] 착오의 문제는 아래와 같이 해결된다(참고).

---

221 대법원 2006.1.13, 2005도6791.

222 참고 폭행 · 협박에 의한 경우에는 성폭법상 '13세 미만 미성년자에 대한 강간 · 강제추행죄'로 무겁게 처벌된다(동법 제7조 제1항~제3항).

223 판례1 본죄의 성립에 필요한 주관적 구성요건요소는 고의만으로 충분하고, 그 외에 성욕을 자극 · 흥분 · 만족시키려는 주관적 동기나 목적까지 있어야 하는 것은 아니다(대법원 2006.1.13, 2005도6791). 법원행시 08 / 경찰채용 12 3차
판례2 초등학교 기간제 교사가 다른 학생들이 지켜보는 가운데 건강검진을 받으러 온 학생의 옷 속으로 손을 넣어 배와 가슴 등의 신체 부위를 만진 행위는, 설사 성욕을 자극 · 흥분 · 만족시키려는 주관적 동기나 목적이 없었더라도 객관적으로 일반인에게 성적 수치심이나 혐오감을 불러일으키고 선량한 성적 도덕관념에 반하는 행위라고 평가할 수 있고 그로 인하여 피해 학생의 심리적 성장 및 성적 정체성의 형성에 부정적 영향을 미쳤다고 판단되므로, 성폭법 제8조의2(현 제7조) 제5항에서 말하는 '추행'에 해당한다(대법원 2009.9.24, 2009도2576).

(1) 13세 · 16세 미만자를 13세 · 16세 이상자로 오인한 경우

구성요건의 착오로써 고의가 조각된다.[224]

(2) 13세 · 16세 이상자를 13세 · 16세 미만자로 오인한 경우

불능범에 해당되어 본죄는 성립하지 않는다(다수설[225]).

➜ 13세 · 16세 이상자라는 점을 정확히 인식하였음에도 처벌된다고 오인한 경우는 환상범에 해당한다.

4. 미수범 처벌규정의 적용 여부

형법 제300조의 미수범 처벌규정에서는 제301조부터 제305조를 배제하고 있다. 그러나 제305조의 미성년자의제강간 · 유사강간 · 강제추행죄는 제297조(강간) · 제297조의2(유사강간) · 제298조(강제추행)의 예에 의하므로 결론적으로 동죄는 미수범이 처벌된다고 보면 된다(통설 · 판례, 대법원 2007.3.15, 2006도9453). 경찰승진(공통) 11 / 사시 11 / 사시 14 다만 미성년자의제강간 등 살인 · 치사 · 상해 · 치상죄의 경우에는 제301조나 제301조의2의 예에 의하므로 미수범 처벌규정이 적용될 수 없다.

07 강간 등 상해 · 치상죄 및 강간 등 살인 · 치사죄

제301조【강간 등 상해 · 치상】 제297조, 제297조의2 및 제298조부터 제300조까지의 죄를 범한 자가 사람을 상해하거나 상해에 이르게 한 때에는 무기 또는 5년 이상의 징역에 처한다. 〈개정 2012.12.18.〉

제301조의2【강간 등 살인 · 치사】 제297조, 제297조의2 및 제298조부터 제300조까지의 죄를 범한 자가 사람을 살해한 때에는 사형 또는 무기징역에 처한다. 사망에 이르게 한 때에는 무기 또는 10년 이상의 징역에 처한다. 〈개정 2012.12.18.〉

1. 의의 및 성격

(1) 강간 등 상해 · 치상죄

본죄는 강간죄, 유사강간죄, 강제추행죄, 준강간 · 준유사강간 · 준강제추행죄 또는 그 미수범이 사람을 상해하거나 상해에 이르게 함으로써 성립하는 범죄이다. 강간 등 상해죄는 강간 등의 죄와 고의적인 상해행위가 결합된 고의범이며, 강간 등 치상죄는 강간 등의 죄와 과실에 의한 상해행위가 결합된 진정결과적 가중범이다.[226]

(2) 강간 등 살인 · 치사죄

본죄는 강간죄, 유사강간죄, 강제추행죄, 준강간 · 준유사강간 · 준강제추행죄 또는 그 미수범이 사람을 살해하거나 사망에 이르게 함으로써 성립하는 범죄이다. 강간 등 살인죄는 강간 등의 죄와 고의적인 살해행위가 결합된 고의범이며, 강간 등 치사죄는 강간 등의 죄와 과실에 의한 살해행위가 결합된 진정결과적 가중범이다. 이상의 죄들은 모두 미수를 벌하지 않는다(제300조 참조).

---

224 다만 그 착오에 합리적인 이유가 있더라도 고의를 부정하지 않는 미국 판례의 경향을 소개하면서 엄격한 심사가 필요하다는 지적은 박상기, 175면 참조.

225 강구진, 179면; 배종대, 237면; 유기천(상), 128면; 이재상, §11-32; 정성근/박광민, 169면. 반면 불능미수(不能未遂)로 보는 소수설도 있다. 임웅, 183면.

226 1995년 개정형법에 의해 강간상해죄 및 강간살인죄가 신설되었기 때문에, 강간치사상죄는 그 사상의 결과에 대하여 과실이 있을 때에만 성립하는 진정결과적 가중범으로 해석되는 것이다.

2. 강간 등 상해 · 치상, 살인 · 치사의 구성요건

(1) 주 체

강간 등 상해·치상죄의 주체는 강간·유사강간·강제추행·준강간·준강제추행 등의 죄를 범한 자이다. 실행에 착수하면 되고 기수와 미수를 가리지 않는다(제300조). 국가9급 14 다만 미성년자·심신미약자에 대한 위계·위력에 의한 간음·추행죄(제302조)나 업무상 위력 등에 의한 간음죄(제303조 제1항) 및 피구금자간음죄(동조 제2항)는 본죄의 주체가 될 수 없다.

(2) 행위 : 사람을 상해·살해하거나 상해·사망에 이르게 하는 것

① 상해의 개념 : 강간상해·치상죄의 상해는 상해죄의 상해와는 달리 상당한 정도에 달해야 한다고 해석하는 소수설[227]이 있으나, 상해죄의 상해와 동일한 정도로 해석하는 다수설[228]의 입장이 타당하다고 생각한다.

㉠ 상해에 해당되는 경우 : 병리적으로 보아 피해자의 신체의 건강상태가 불량하게 변경되거나 생활기능에 장애가 초래되었다고 볼 수 있다면 본죄의 상해·치상에 해당된다. 즉 상해는 피해자의 신체의 완전성을 훼손하거나 생리적 기능에 장애를 초래하는 것으로, 반드시 외부적인 상처가 있어야만 하는 것이 아니고, 여기서의 생리적 기능에는 육체적 기능뿐만 아니라 정신적 기능도 포함된다(대법원 1999.1.26, 98도3732). 사시 10 / 법원9급 21 또한 피해자의 건강상태가 나쁘게 변경되고 생활기능에 장애가 초래된 것인지는 객관적·일률적으로 판단될 것이 아니라 피해자의 연령 · 성별 · 체격 등 신체 · 정신상의 구체적 상태를 기준으로 판단되어야 한다(대법원 2003.9.26, 2003도4606).

판례연구 강간상해 · 치상죄의 상해에 해당되는 경우

1. 얼굴을 가격하여 코피가 나고 콧등이 부어 오른 경우[229] 법원행시 11
2. 처녀막이 파열된 경우[230] 법원행시 11 / 경찰승진 14 / 경찰채용 12 1차
3. 회음부 찰과상을 입힌 경우[231]
4. 히스테리증[232] · 보행불능 · 수면장애 · 식욕감퇴 등 기능장애가 발생한 경우[233] 법원행시 11 / 경찰채용 10 1차
5. 불안, 불면, 악몽, 자책감, 우울감정, 대인관계 회피, 일상생활에 대한 무관심, 흥미상실 등의 증상을 보였고, 이와 같은 증세가 의학적으로는 통상적인 상황에서는 겪을 수 없는 극심한 위협적 사건에서 심리적인 충격을 경험한 후 일으키는 특수한 정신과적 증상인 외상 후 스트레스 장애로써 나타난 경우[234] 사시 10
6. '우측 슬관절 부위 찰과상 및 타박상, 우측 주관절 부위 찰과상'으로 예상치료기간이 2주인 상해를 입은 피해자가 만 14세의 중학교 3학년 여학생으로 154㎝의 신장에 40㎏의 체구인 경우[235] 경찰간부 13

---

227 오영근, 210면; 이재상, §11－37; 정영일, 398면.
228 김성천/김형준, 240면; 김일수/서보학, 170면; 손동권, 158면; 임웅, 176면; 이형국(Ⅰ), 280면; 정성근/박광민, 170면, 235면; 진계호, 204면.
229 대법원 1991.10.22, 91도1832.
230 대법원 1995.7.25, 94도1351; 1972.6.13, 72도855; 1957.5.3, 4293형상40.
231 판례 피고인들이 피해자를 강간하여 피해자에게 요치 10일의 회음부찰과상을 입혔다면 상해의 정도가 0.1cm 정도의 찰과상에 불과하더라도 이것도 형법상 상해의 개념에 해당하므로 강간치상죄의 성립에 영향이 없다(대법원 1983.7.12, 83도1258).
232 대법원 1970.2.10, 69도2213.
233 대법원 1969.3.11, 69도161.
234 대법원 1999.1.26, 98도3732.
235 판례 이러한 피해자가 40대의 건장한 군인인 피고인과 소형승용차의 좁은 공간에서 밖으로 빠져나오려고 실랑이를 하고 위 차량을 벗어난 후에는 다시 타지 않으려고 격렬한 몸싸움을 하는 과정에서 적지 않은 물리적 충돌로 인하여 위와 같은 상해를 입게 된 사실을 알 수 있는바, 이러한 사실들을 위의 법리에 비추어 보면, 피해자가 입은 위 상해의 정도가 일상생활에 지장이 없고 단기간 내에 자연치유가 가능한 극히 경미한 상처라고 할 수 없고, 그러한 정도의 상처로 인하여 피해자의 신체의 건강상태가 불량하게 변경되고 생활기능에 장애가 초래된 것이 아니라고 단정하기도 어렵다고 할 것이다(대법원 2005.5.26, 2005도1039). 경찰간부 13

7. (미성년자의제강제추행치상죄와 관련하여) 미성년자에 대한 추행행위로 인하여 그 피해자의 외음부 부위에 염증이 발생한 경우(그 증상이 약간의 발적과 경도의 염증이 수반된 정도에 불과하다고 하더라도 상해가 인정됨)[236] 경찰채용 10 1차
8. 수면제(졸피뎀, Zolpidem)와 같은 약물을 투약하여 피해자를 일시적으로 수면 또는 의식불명 상태에 이르게 한 경우 : 약물로 인하여 피해자의 건강상태가 불량하게 변경되고 생활기능에 장애가 초래되었다면 자연적으로 의식을 회복하거나 외부적으로 드러난 상처가 없더라도 이는 강간치상죄나 강제추행치상죄에서 말하는 상해에 해당한다(대법원 2017.6.29, 2017도3196). 국가7급 18

ⓛ 상해에 해당되지 않는 경우 : 신체의 외모에 변화가 생겼다고 하더라도 신체의 생리적 기능에 장애를 초래하지 아니하는 이상 상해에 해당한다고 할 수 없다(대법원 2000.3.23, 99도3099). 일상생활에서도 생길 수 있는 경미한 상처로서 건강상태가 불량하게 변경되거나 생활기능에 장애가 발생한 정도가 아니라면 본죄의 상해에 해당될 수 없는 것이다.

판례연구 강간상해 · 치상죄의 상해에 해당되지 않는 경우

1. 동전크기의 멍이 들어 있는 정도로서 자연적으로 치유될 수 있는 정도로 약 7일간의 가료를 요하는 상처가 생긴 경우[237]
2. 동전크기의 반상출혈상[238] 법원행시 11
3. 강간하려는 과정에서 손바닥에 약 2cm 가량의 긁힌 상처를 낸 경우[239] 법원행시 11 / 법원행시 18 / 경찰채용 10 1차
4. 음모 절단[240]

② 강간 등 치사상죄의 결과적 가중범으로서의 구성요건 : 강간 등 치상 · 치사의 경우는 검토하였듯이 결과적 가중범이다. 따라서 강간 등 치사상죄가 성립하기 위해서는 ㉠ 고의의 기본범죄로서 강간 등의 범죄가 있어야 하고, ㉡ 강간 등 행위와 무거운 결과인 상해 · 사망 사이에 인과관계 및 객관적 귀속(판례는 상당인과관계)이 인정되어야 하며, ㉢ 책임주의의 요청을 반영한 제15조 제2항에 의해 사상의 결과에 대한 행위자의 예견가능성이 요구된다.

㉠ 고의의 기본범죄 : 사상의 결과는 간음행위 그 자체로부터 발생한 경우나 강간의 수단으로 사용한 폭행으로부터 발생한 경우는 물론 강간에 수반하는 행위에서 발생한 경우도 포함한다(대법원 1995.1.12, 94도2781). 법원행시 08 / 법원행시 10 / 법원행시 12 / 국가9급 21 따라서 강간이 미수에 그치더라도 그 수단이 된 폭행에 의하여 피해자가 피해를 입었으면 강간치상죄가 성립하는 것이며, 미수에 그친 것이 피고인이 자의로 실행에 착수한 행위를 중지한 경우이든 실행에 착수하여 행위를 종료하지 못한 경우이든 가리지 않는다(대법원 1988.11.8, 88도1628). 법원행시 08 / 법원행시 14 / 법원행시 18

---

236 대법원 1996.11.22, 96도1395.
237 대법원 1994.11.4, 94도1311.
238 대법원 1986.7.8, 85도2042.
239 대법원 1987.10.26, 87도1880.
240 **사례 : 음모 절단** 甲은 친구 丙의 원룸 오피스텔에 乙을 데려왔다. 그런데 甲은 乙이 밥을 먹지 않는다고 하면서 乙을 강제로 눕힌 연후 옷을 벗긴 뒤 1회용 면도기로 乙의 음모를 위에서 아래로 가로 약 5cm, 세로 약 3cm 정도 깎았다. 甲에게는 강제추행치상죄가 성립하는가?(단, 모근 부분은 남기고 모간 부분만 깎았음) **판례** 음모(陰毛)는 성적 성숙함을 나타내거나 치부를 가려주는 등의 시각적 · 감각적인 기능 이외에 특별한 생리적 기능이 없는 것이므로, 피해자의 음모의 모근(毛根) 부분을 남기고 모간(毛幹) 부분만을 일부 잘라냄으로써 음모의 전체적인 외관에 변형만이 생겼다면, 이로 인하여 피해자에게 수치심을 야기하기는 하겠지만, **병리적으로 보아 피해자의 신체의 건강상태가 불량하게 변경되거나 생활기능에 장애가 초래되었다고 할 수는 없을** 것이므로, 그것이 폭행에 해당할 수 있음은 별론으로 하고 강제추행치상죄의 상해에 해당한다고 할 수는 없다(대법원 2000.3.23, 99도3099). 경찰간부 13 / 경찰간부 14 / 경찰승진(공통) 10 / 경찰채용 12 1차 **해결** 성립하지 않는다.

㉡ 기본범죄와 무거운 결과 간의 인과관계 : 피해자가 강간에 대한 수치심으로 자살을 기도하여 상해를 입은 경우 -판례에 의하면- 상당인과관계가 부정된다(대법원 1982.11.23, 82도1446). 사시 10 / 경찰채용 18 2차 또한 피해자를 폭행하여 비골 골절 등 상해를 가한 다음 강제추행한 경우에는 상해와 강제추행 간의 인과관계가 없으므로 강제추행치상죄로 볼 수 없다(대법원 2009.7.23, 2009도1934).[241] 법원행시 10 / 변호사 14 / 경찰간부 18

㉢ 예견가능성

ⓐ 예견가능성이 인정되는 경우 : 피고인들이 의도적으로 피해자를 술에 취하도록 유도하고 수차례 강간한 후 의식불명 상태에 빠진 피해자를 비닐창고로 옮겨 놓아 피해자가 저체온증으로 사망한 경우, 인과관계 및 예견가능성이 인정되므로 위 비닐창고에서 피해자를 재차 강제추행, 강간하고 하의를 벗겨 놓은 채 귀가한 피고인이 있다 하더라도 피고인들은 강간치사죄의 죄책을 지어야 한다(대법원 2008.2.29, 2007도10120).

ⓑ 예견가능성이 부정되는 경우 : 피고인과 피해자가 여관에 투숙하여 별다른 저항이나 마찰 없이 성행위를 한 후, 피고인이 잠시 방 밖으로 나간 사이에 피해자가 방문을 안에서 잠그고 구내전화를 통하여 여관종업원에게 구조요청까지 한 후라면, 일반경험칙상 피해자가 피고인의 방문 흔드는 소리에 겁을 먹고 강간을 모면하기 위하여 3층에서 창문으로 넘어 탈출하다가 상해를 입을 것이라고 예견할 수는 없다고 볼 것이므로, 이를 강간치상죄로 처단할 수 없다(대법원 1985.10.8, 85도1537).

③ 강간 등 살인 · 상해죄 신설(참고) : 강간 등의 범죄를 범하는 기회에 사람을 고의로 살해하거나 상해하면 본죄가 성립한다. 이는 1995년 형법개정을 통하여 신설된 범죄이다.

㉠ 강간의 기회에 살인한 경우 : 1995년 형법개정 이전의 판례를 보면 피해자를 2회 강간하여 2주간 치료를 요하는 질입구파열창을 입힌 자가 피해자를 살해하여 위 범행을 은폐시키기로 마음먹고 철사줄과 양손으로 피해자의 목을 졸라 질식 사망케 하였다면, 위와 같은 행위는 강간치상죄와 살인죄의 경합범이 된다고 판시한 바 있다(대법원 1987.1.20, 86도2360)('판례에 의함'이라고 출제되는 수험에서는 위 결론으로 정리할 것). 그러나 현행형법은 1995년 개정을 통해 강간살인죄를 신설하였으므로(제301조의2) 이 경우 ⓐ 강간 등의 죄를 범하는 중 또는 범한 직후에(강간 등의 기회에) 살인의 고의가 생겨 살인한 경우라면 강간살인죄가 성립한다고 보아야 하고, ⓑ 강간 등의 죄를 범한 후 일정한 시간이 경과한 시점에서 새로이 살인의 고의가 생겨 살인한 경우라면 강간 등의 죄와 살인죄의 실체적 경합범이 성립한다고 보면 될 것이다.

㉡ 강간치사죄의 부진정결과적 가중범에서 진정결과적 가중범으로의 성격 변화 : 1990년 판례에서는 강간할 의도로 피해자에게 폭행을 가하면서 살인의 고의가 있었고 결국 피해자를 사망케 한 경우에는 -종전의 강간치사상죄는 부진정결과적 가중범으로 해석되었기 때문에- 강간치사죄와 살인죄의 상상적 경합이 된다고 판시하였으나(대법원 1990.5.8, 90도670), 역시 1995년 개정형법에 의해 이제는 -강간치사죄는 부진정결과적 가중범이 아니라 진정결과적 가중범에 불과하므로- 강간살인죄만 성립한다고 보아야 한다.

---

241 **판례의 또 다른 논점** 강제추행치상죄에서 상해의 결과는 강제추행의 수단으로 사용한 폭행이나 추행행위 그 자체 또는 강제추행에 수반하는 행위로부터 발생한 것이어야 한다. 따라서 상해를 가한 부분을 고의범인 상해죄로 처벌하면서 이를 다시 결과적 가중범인 강제추행치상죄의 상해로 인정하여 이중으로 처벌할 수는 없다(위 판례).

3. 성폭법상 가중처벌규정 : 특수강간상해·치상·살인·치사 및 미수범

(1) 특수강간 등 상해·치상죄와 특수강간 등 살인·치사죄

① 특수강간 등 상해·치상죄 : 성폭법 제8조 제1항은 동법 제3조 제1항의 죄(특수강도강간 등)와 제4조의 죄(특수강간 등), 제6조(장애인에 대한 강간·강제추행 등) 또는 제7조(13세 미만 미성년자에 대한 강간·강제추행 등) 또는 제15조(제3조 제1항, 제4조, 제6조 또는 제7조의 미수범)의 죄를 범한 사람이 다른 사람을 상해하거나 상해에 이르게 한 때 무기 또는 10년 이상의 징역으로 처벌하고 있다.[242] 즉 동법 제8조 제1항은 제3조 제1항, 제4조, 제6조, 제7조에 대한 고의적 결합범과 결과적 가중범을 규정하고 있는 것이다. 따라서 흉기를 휴대하고 주거에 침입하여 피해자를 강간하고 상해를 입힌 경우, –동법 제3조 제1항은 주거침입기수범이 강간죄를 범한 경우를 규정하고 있음을 고려할 것– 동법 제8조 제1항 위반죄(특수강간상해·치상죄)의 포괄일죄가 성립한다. 이 경우 주거침입의 행위가 나머지 행위와 별도로 주거침입죄를 구성한다고는 볼 수 없다(대법원 1999.4.23, 99도354).

② 특수강간 등 살인·치사죄(참고) : 성폭법 제9조에서도 동법 제3조부터 제7조까지의 죄(특수강도강간 등, 특수강간 등, 친족관계에 의한 강간 등, 장애인에 대한 간음 등, 13세 미만 미성년자에 대한 강간·강제추행 등) 및 제15조의 죄를 범한 자 및 형법상 강간 등의 죄를 범한 자가 사람을 살해하거나 사망에 이르게 한 때 가중처벌하는 규정을 두고 있다.

③ 특수강간살인과 다른 범죄의 관계 : 미성년자를 약취한 후 강간 목적으로 상해 등을 가하고 나아가 강간 및 살인미수를 범한 경우, 설령 상해의 결과가 피해자에 대한 강간 및 살인미수행위 과정에서 발생한 것이라 하더라도, 약취한 미성년자에 대한 상해 등으로 인한 특가법위반죄와 미성년자에 대한 강간 및 살인미수행위로 인한 성폭법위반죄의 죄수 관계는 실체적 경합에 해당한다(대법원 2014.2.27, 2013도12301). 경찰간부 16

(2) 성폭법에는 있는 미수범 처벌규정과 형법에는 없는 미수범 처벌규정의 문제(참고)

동법 제15조에서는 동법상 특수강간 등 상해·치상죄와 특수강간 등 살인·치사죄의 미수범을 모두 처벌하고 있다. 형법에 강간 등 상해·치상죄와 강간 등 살인·치사죄의 미수범 처벌규정이 없는 것과 비교되는 부분이다. 특히 강간 등 상해·살인죄에 대해 형법에 미수범 처벌규정을 두지 않은 것은 입법의 미비라는 지적[243]이 있다.[244]

한편, 성폭법상 특수강간 등 치사상죄와 같은 진정결과적 가중범에 미수범 처벌규정이 있는 것은 특기할 부분이며, 이는 결과적 가중범의 미수의 문제에서 기술하였다(판례는 결과적 가중범의 미수범 성립 부정).[245]

---

242 성폭력범죄의 처벌 등에 관한 특례법 제8조 【강간 등 상해·치상】 ① 제3조 제1항, 제4조, 제6조, 제7조 또는 제15조(제3조 제1항, 제4조, 제6조 또는 제7조의 미수범으로 한정한다)의 죄를 범한 사람이 다른 사람을 상해하거나 상해에 이르게 한 때에는 무기징역 또는 10년 이상의 징역에 처한다.
② 제5조 또는 제15조(제5조의 미수범으로 한정한다)의 죄를 범한 사람이 다른 사람을 상해하거나 상해에 이르게 한 때에는 무기징역 또는 7년 이상의 징역에 처한다.

243 이재상, §11–36.

244 **참고** 또한, 성폭법 제9조 제1항 후문에는 "형법 제297조(강간)부터 제300조(미수범)까지의 죄를 범한 사람이 다른 사람을 살해한 때"를 규정하고 동법 제15조에서 그 미수범을 처벌하고 있으므로 결국 형법상 강간살인죄의 미수범 처벌규정이 드디어 성폭법에 존재한다고는 볼 수 있다. 다만, 이러한 성폭법의 구성요건까지 고려하더라도 강간상해죄(형법 제301조)의 미수범 처벌규정은 찾을 수 없다. 이러한 입법의 불비의 근본적 원인은 성폭력범죄에 대한 법적 대응을 그때그때의 대중적인 입법으로 땜질하는 데에 있다고 볼 수 있다.

245 총론, 결과적 가중범의 미수 참조.

08 미성년자 · 심신미약자 간음 · 추행죄

제302조 【미성년자 등에 대한 간음】 미성년자 또는 심신미약자에 대하여 위계 또는 위력으로써 간음 또는 추행을 한 자는 5년 이하의 징역에 처한다.

1. 객체 – 미성년자 · 심신미약자

구성요건상 객체는 13세 미만 및 16세 미만의 미성년자는 제1항 및 제2항(미성년자의제강간 · 유사강간 · 강제추행죄)이 적용되므로, 본죄의 '미성년자'는 (보통) 16세 이상, 19세 미만을 뜻한다.[246]

2. 행위 – 위계 법원행시 06 / 법원행시 13 · 위력에 의한 간음 · 추행

(1) 위계에 의한 간음 · 추행

본죄의 위계(僞計)라 함은 행위자가 간음의 목적으로 기망 또는 유혹을 통하여 상대방에게 오인 · 착각 · 부지를 일으키고는 상대방의 그러한 심적 상태를 이용하여 간음의 목적을 달성하는 것을 말한다. 이에 관하여 종래의 판례는 "오인 · 착각 · 부지란 간음행위 자체에 대한 오인 · 착각 · 부지를 말하는 것이고, 간음행위와 불가분적 관련성이 인정되지 않는 다른 조건에 관한 오인 · 착각 · 부지를 가리키는 것은 아니라고 보아야 한다."는 입장이었으나, 2020.8. 대법원 전원합의체는 "행위자가 간음의 목적으로 피해자에게 오인, 착각, 부지를 일으키고 피해자의 그러한 심적 상태를 이용하여 간음의 목적을 달성하였다면 위계와 간음행위 사이의 인과관계를 인정할 수 있고, 따라서 위계에 의한 간음죄가 성립한다."는 판결을 내려 그 입장을 변경하였다.

판례연구 미성년자에 대한 위계에 의한 간음죄의 위계의 의미

1. 대법원 2020.8.27, 2015도9436 전원합의체

미성년자 등에 대한 위계에 의한 간음죄에 관한 판례의 변경

[甲(36세, 피고인)은 자신을 고등학교 2학년으로 가장하여 14세의 피해자와 온라인으로 교제하던 중, 교제를 지속하고 스토킹하는 여자를 떼어내려면 자신의 선배와 성관계하여야 한다는 취지로 피해자에게 거짓말을 하고, 이에 응한 피해자를 그 선배로 가장하여 간음하였다. 甲에게는 아동 · 청소년에 대한 위계에 의한 간음죄의 죄책이 인정되는가의 문제이다.] '위계'라 함은 행위자의 행위목적을 달성하기 위하여 피해자에게 오인, 착각, 부지를 일으키게 하여 이를 이용하는 것을 말한다. 행위자가 간음의 목적으로 피해자에게 오인, 착각, 부지를 일으키고 피해자의 그러한 심적 상태를 이용하여 간음의 목적을 달성하였다면 위계와 간음행위 사이의 인과관계를 인정할 수 있고, 따라서 위계에 의한 간음죄가 성립한다. 왜곡된 성적 결정에 기초하여 성행위를 하였다면 왜곡이 발생한 지점이 성행위 그 자체인지 성행위에 이르게 된 동기인지는 성적 자기결정권에 대한 침해가 발생한 것은 마찬가지라는 점에서 핵심적인 부분이라고 하기 어렵다. 피해자가 오인, 착각, 부지에 빠지게 되는 대상은 간음행위 자체일 수도 있고, 간음행위에 이르게 된 동기이거나 간음행위와 결부된 금전적 · 비금전적 대가와 같은 요소일 수도 있다. 다만 행위자의 위계적 언동이 존재하였다는 사정만으로 위계에 의한 간음죄가 성립하는 것은 아니므로 위계적 언동의 내용 중에 피해자가 성행위를 결심하게 된 중요한 동기를 이룰 만한 사정이 포함되어 있어 피해자의 자발적인 성적 자기결정권의 행사가 없었다고 평가할 수 있어야 한다. 이와 같은 인과관계를 판단함에 있어서는 피해자의 연령 및 행위자와의 관계, 범행에 이르게 된 경위, 범행 당시와 전후의 상황 등 여러 사정을 종합적으로 고려하여야 한다. …… 이와 달리 위계에 의한 간음죄에서 행위자가 간음의 목적으로 상대방에게 일으킨 오인, 착각, 부지는 간음행위 자체에 대한 오인, 착각, 부지를 말하는 것이지 간음행위와 불가분적 관련성이 인정되지 않는 다른 조건에 관한 오인, 착각, 부지를 가리키는 것은 아니라는 취지의 종전 판례인 대법

246 다만 피해 미성년자가 13세 이상 16세 미만인 경우에는 행위주체가 19세 이상이어야 제305조 제2항의 미성년자의제강간 등죄가 성립하므로, 19세 미만인 행위자가 13세 이상 16세 미만의 미성년자를 위계 · 위력으로써 간음 · 추행한 경우에는 본죄를 구성하게 된다. 따라서 행위자가 19세 미만인 경우에는 16세 미만의 미성년자도 본죄의 객체에 해당한다.

원 2001.12.24, 2001도5074, 대법원 2002.7.12, 2002도2029, 대법원 2007.9.21, 2007도6190, 대법원 2012.9.27, 2012도9119, 대법원 2014.9.4, 2014도8423, 2014전도151 판결 등은 이 판결과 배치되는 부분이 있으므로 그 범위에서 이를 변경하기로 한다. 국가7급 21

보충 원심은, 위계에 의한 간음죄에서 행위자가 간음의 목적으로 상대방에게 일으킨 오인, 착각, 부지는 간음행위 자체에 대한 오인, 착각, 부지를 말하는 것이지 간음행위와 불가분적 관련성이 인정되지 않는 다른 조건에 관한 오인, 착각, 부지를 가리키는 것은 아니라고 보아야 한다는 종전 판례에 따라 이 사건 공소사실을 무죄로 판단하였으나, 대법원은 행위자가 간음의 목적으로 피해자에게 오인, 착각, 부지를 일으키고 피해자의 그러한 심적 상태를 이용하여 간음의 목적을 달성하였다면 위계와 간음행위 사이의 인과관계를 인정할 수 있다고 보아 이와 다른 취지의 종전 판례를 변경하고, 이 사건 공소사실을 무죄로 판단한 원심판결을 파기한 것이다.

[변경된 판례 : 미성년자 · 심신미약자에 대한 위계에 의한 간음죄 성립]

① 심신미약자에게 남자를 소개시켜주겠다고 거짓말을 하여 여관으로 유인하고 성관계를 가진 경우(대법원 2002.7.12, 2002도2029) 경찰승진 17 / 사시 12 · 13

② 청소년에게 성교의 대가로 돈을 주겠다고 거짓말을 하고 성관계를 가진 경우(대법원 2001.12.24, 2001도5074) 경찰채용 10 1차

③ 정신장애가 있는 자를 인터넷 쪽지를 이용하여 자신의 집으로 유인한 후 성교행위와 제모행위를 한 경우(대법원 2014.9.4, 2014도8423) 경찰채용 15 1차 / 사시 15

2. 대법원 2022.4.28, 2021도9041

청소년에 대한 위계에 의한 간음 사건

법원은 공소사실의 동일성이 인정되는 범위 내에서 심리의 경과에 비추어 피고인의 방어권 행사에 실질적인 불이익을 초래할 염려가 없다고 인정되는 때에는, 공소장이 변경되지 않았더라도 직권으로 공소장에 기재된 공소사실과 다른 범죄사실을 인정할 수 있고(대법원 2007.9.6, 2006도3583), 이와 같은 경우 공소가 제기된 범죄사실과 대비하여 볼 때 실제로 인정되는 범죄사실의 사안이 가볍지 아니하여 공소장이 변경되지 않았다는 이유로 이를 처벌하지 않는다면 적정절차에 의한 신속한 실체적 진실의 발견이라는 형사소송의 목적에 비추어 현저히 정의와 형평에 반하는 것으로 인정되는 경우라면 법원으로서는 직권으로 그 범죄사실을 인정하여야 한다(축소사실의 인정은 예외적으로는 의무에 해당함, 대법원 2005.1.27, 2004도7537; 2006.4.13, 2005도9268 등). 피고인이 연예기획사 매니저와 사진작가의 1인 2역을 하면서 청소년인 피해자에게 거짓말을 하여 피해자로 하여금 모델이 되기 위한 연기 연습 등의 일환으로 성관계를 한다는 착각에 빠지게 하여 위계로써 피해자를 간음하였다는 공소사실에 대하여, (원심은 피해자가 간음행위 자체에 대한 착오에 빠져 성관계를 하였다는 점의 증명이 부족하다고 보아 무죄로 판단하였으나) 피고인이 '간음행위에 이르게 된 동기' 내지 '간음행위와 결부된 비금전적 대가'에 관한 위계로 피해자를 간음한 것으로 볼 수 있는데, 이는 공소사실에 적시된 위계의 내용과 정확히 일치하지는 않으나, 공소사실의 동일성의 범위 내에 있고, 피고인의 방어권 행사에 실질적인 불이익을 초래할 염려도 없을뿐더러, 원심이 대법원 2020.8.27, 2015도9436 전원합의체 판결의 결과를 장기간 기다려 왔고 위 2015도9436 판결의 법리에 따르면 피고인의 행위는 위계에 의한 간음죄를 구성하는 것이므로 원심의 결론은 법원의 직권심판의무에 반한다.

(2) 위력에 의한 간음 · 추행

위력(威力)이라 함은 폭행 또는 협박의 방법을 통하여 상대방의 자유로운 의사를 제압할 만한 유형 또는 무형의 힘을 사용하는 경우를 말한다. 예컨대, 체구가 큰 만 27세 남자가 만 15세(48kg)인 피해자의 거부 의사에도 불구하고, 성교를 위하여 피해자의 몸 위로 올라간 것 외에 별다른 유형력을 행사하지는 않은 경우에도 청소년의 성보호에 관한 법률상 '위력에 의한 청소년 강간죄'의 성립이 인정된다(대법원 2008.7.24, 2008도4069).

또한 위력이란 피해자의 성적 자유의사를 제압하기에 충분한 세력이라면, 유형적이든 무형적이든 묻지 않으며 폭행 · 협박뿐 아니라 행위자의 사회적 · 경제적 · 정치적인 지위나 권세를 이용하는 것도 이에 포함된다(대법원 2019.6.13, 2019도3341).[247] 경찰채용 21 1차

247 보충 피고인의 행위는 그 경위 및 태양, 피해자의 연령 등에 비추어 볼 때 피해자(16세, 고등학생)와 같은 처지에 있는 일반적 ·

다만 이 경우 폭행·협박이 상대방의 반항을 현저히 곤란케 할 정도이고 이를 통해 간음이나 유사간음이 이루어지면 강간죄나 유사강간죄가 되며, 그 폭행·협박이 상대방의 반항을 곤란케 하거나 그 의사에 반하는 정도이고 이를 통해 추행이 이루어지면 강제추행죄가 된다.

3. 성폭법·아청법상 관련 규정(참고)

행위객체가 13세 미만 또는 16세 미만의 사람일 경우, 형법상으로는 미성년자의제강간죄(제305조)가 성립하지만, 성폭법상으로는 13세 미만 미성년자에 대한 위계·위력에 의한 간음죄(동법 제7조 제5항)가 성립하게 된다. 그런데 이 죄는 동법상 13세 미만 미성년자에 대한 강간죄(동법 동조 제1항 : 무기 또는 10년 이상의 유기징역)의 형으로 처벌되도록 규정되어 있다. 따라서 미성년자에 대한 위계·위력에 의한 간음·추행죄는 미성년자가 13세 미만일 때에는 성폭법에 의해 가중처벌된다. 또한 미성년자가 19세 미만일 때에는 아청법상 19세 미만의 아동·청소년에 대한 위계·위력에 의한 간음·추행죄(아동·청소년의 성보호에 관한 법률 제7조)로 가중처벌된다.

한편 13세 미만 미성년자에 대한 강간죄 및 강제추행죄를 범하여 아청법 위반죄가 아닌 성폭법 위반죄로 공소제기된 경우에도, 아청법 부칙에 따라 신상정보 공개명령의 대상이 된다(대법원 2011.3.24, 2010도16448, 2010전도153).[248]

09 업무상 위력 등에 의한 간음죄

제303조【업무상 위력 등에 의한 간음】 ① 업무, 고용 기타 관계로 인하여 자기의 보호 또는 감독을 받는 사람에 대하여 위계 또는 위력으로써 간음한 자는 7년 이하의 징역 또는 3천만 원 이하의 벌금에 처한다. 〈개정 2018.10.16.〉
② 법률에 의하여 구금된 사람을 감호하는 자가 그 사람을 간음한 때에는 10년 이하의 징역에 처한다. 〈개정 2018.10.16.〉

1. 의의 및 보호법익

업무상 위력 등에 의한 간음죄에는 제303조 제1항의 피보호·감독자간음죄와 동조 제2항의 피구금자간음죄가 있다. 제1항의 피보호·감독자간음죄는 업무·고용 기타 관계로 인하여 자기의 보호·감독을 받는 사람을 위계·위력으로 간음함으로써 성립하는 범죄이며 그 보호법익은 피보호·감독자의 성적 자유이다. 제2항의 피구금자간음죄는 법률에 의하여 구금된 사람을 감호하는 자가 그 사람을 간음함으로써 성립하는 범죄이며 그 보호법익은 피구금자의 성적 자유와 감호자의 청렴성에 대한 일반인의 신뢰이다.[249] 두 범죄 모두 진정

평균적 사람이 예견하기 어려운 가학적인 행위로서 성적 수치심이나 혐오감을 일으키는 데에서 더 나아가 성적 학대라고 볼 수 있다. 피해자가 성매매에 합의하였다 하더라도 이와 같은 행위가 있을 것으로 예상하였다거나 또는 이에 대하여 사전 동의를 하였다고 보기 어렵다. 또한 피해자가 필로폰 투약에 동의하였다 하여 이를 들어 피해자에게 어떠한 성적 행위를 하여도 좋다는 승인을 하였다고 볼 수도 없다. 피해자는 수사기관 및 원심법정에서 필로폰 투약을 한 상태에서 피고인의 행위에 적극적으로 저항할 수 없었다고 진술하고 있다. 심신미약의 상태에 있는 피해자가 원치 않는 성적 접촉 또는 성적 행위에 대하여 거부의사를 명확히 밝히지 않았다 하여 동의를 한 것으로 쉽게 단정해서는 안 됨은 물론이다(2019도3341 판례의 판결이유).

248 참고 2021.3.23. 개정 아청법(법률 제17972호, 2021.9.24. 시행)에서는 아동·청소년의 성을 사기 위해 권유·유인하는 경우의 법정형을 상향하였으며(제13조 제2항), 아동·청소년에 대한 성적 착취를 목적으로 성적 욕망이나 수치심 또는 혐오감을 유발하는 대화를 지속적 또는 반복적으로 하는 행위 등의 처벌 규정을 마련하였고(제15조의2 신설), 아동·청소년성착취물 제작·수입·수출죄의 경우에는 형사소송법상 공소시효를 적용하지 아니하도록 하였으며(제20조 제4항 제2호), 아동·청소년대상 디지털 성범죄에 대한 신분비공개수사 및 신분위장수사를 허용하는 수사 특례 규정을 마련하였다(제25조의2부터 제25조의9까지 신설). 이는 최근 발생한 텔레그램 n번방 사건과 같이 아동·청소년대상 '온라인 그루밍'의 경우 성착취물의 제작 및 유포에 따른 파급효과가 극심하고 피해의 회복이 어려우므로 이를 범죄행위로 규정하여 처벌하는 한편, 아동·청소년대상 디지털 성범죄를 사전에 예방하고 증거능력 있는 자료를 확보하기 위하여 사법경찰관리가 신분을 위장하여 수사할 수 있도록 수사 특례 규정을 마련하려는 것에 그 이유가 있다고 한다.

249 김일수/서보학, 175면; 손동권, 166면; 오영근, 219면; 이재상, §11-43, 46; 이형국(Ⅰ), 286면; 임웅, 185면; 정성근/박광민, 176면.

신분범(眞正身分犯)이고, 제2항의 피구금자간음죄는 자수범(自手犯)이기도 하다(다수설[250]).

2. 피보호 · 감독자간음죄(被保護 · 監督者姦淫罪)(제303조 제1항)

(1) 구성요건

본죄의 행위객체는 업무·고용 기타 관계로 인하여 자기의 보호·감독을 받는 사람이며, 따라서 본죄의 행위주체는 해당자에 대한 보호·감독자가 된다(진정신분범). 또한 본죄의 사람은 업무나 고용뿐만 아니라 기타 관계에 의하여 보호·감독상태에 있는 경우도 포함되므로, 사실상 자기의 보호 · 감독 하에 있는 사람(대법원 1976.2.10, 74도1519)[251]이나 채용절차에서 영향력의 범위 안에 있는 사람도 포함된다. 사시 10

판례연구 채용 절차에서 구직자를 추행한 사건

대법원 2020.7.9, 2020도5646

(채용 절차에 있는 구직자는 성폭법 제10조 제1항의 '업무, 고용이나 그 밖의 관계로 자기의 보호, 감독을 받는 사람'에 해당하는가의 문제이다.) 성폭법 제10조는 '업무상 위력 등에 의한 추행'에 관한 처벌 규정인데, 제1항에서 "업무, 고용이나 그 밖의 관계로 인하여 자기의 보호, 감독을 받는 사람에 대하여 위계 또는 위력으로 추행한 사람은 3년 이하의 징역 또는 1천 500만원 이하의 벌금에 처한다."라고 정하고 있다. '업무, 고용이나 그 밖의 관계로 인하여 자기의 보호, 감독을 받는 사람'에는 직장 안에서 보호 또는 감독을 받거나 사실상 보호 또는 감독을 받는 상황에 있는 사람(형법 제303조의 '업무상 위력 등에 의한 간음'에 관한 대법원 1976.2.10, 74도1519; 2001.10.30, 2001도4085)뿐만 아니라 채용 절차에서 영향력의 범위 안에 있는 사람도 포함된다.

본죄의 행위는 위계 법원행시 13 또는 위력에 의하여 간음하는 것이다. 형법에는 추행이 규정되어 있지 않다. 이에 대해서는, 성폭법 제10조 제1항에서 업무·고용 기타 관계로 인하여 자기의 보호 또는 감독을 받는 사람에 대하여 위계 또는 위력으로써 추행(醜行)한 자를 처벌함으로써, 피보호·감독자에 대한 추행죄를 규정하고 있다.

(2) 다른 범죄와의 관계(참고)

13세 이상의 미성년자 또는 심신미약자이면서 업무·고용 기타 관계로 인하여 자기의 보호·감독을 받는 사람을 간음하는 경우, 본죄와 미성년자간음죄(제302조)의 상상적 경합범이라는 견해[252]와 제302조는 본조에 대해 특별관계에 있는 죄로 보아 미성년자간음죄만 성립한다는 입장(다수설[253])이 대립한다.

3. 피구금자간음죄(被拘禁者姦淫罪)(제303조 제2항)

본죄의 주체는 법률에 의하여 구금된 사람을 감호하는 자이며 직접 범할 것을 요하므로(진정신분범 · 자수범) 본죄는 간접정범의 형태로 범할 수 없다. 본죄의 행위는 간음(姦淫)이므로, 본죄는 피해자의 승낙이 있어도 본죄가 성립한다. 경찰승진 12 그러나 폭행·협박을 이용하여 간음하면 강간죄가 성립한다.

---

250 피구금부녀간음죄의 자수범을 부정하는 소수설은 김일수/서보학, 176면 참조.

251 **판례 : 미장원에서 사실상 보호·감독을 받는 관계** 비록 피고인이 직접 피해자 박○○을 미장원의 종업원으로 고용한 것은 아니라 하더라도 자기의 처가 경영하는 미장원에 매일같이 출입하면서 미장원 일을 돕고 있었다면 동 미장원 종업원인 박○○은 피고인을 주인으로 대접하고 또 그렇게 대접하는 것이 우리의 일반사회실정이라 할 것이고 또한 피고인도 따라서 동 미장원 종업원인 피해자 박○○에 대하여 남다른 정의로서 처우해 왔다고 보는 것이 또한 우리의 인지상정이라 할 수 있을 것이므로 이 사건에서 사정이 그와 같다면 피고인은 박○○에 대하여 **사실상 자기의 보호 또는 감독을 받는 상황에 있는 부녀의 경우에** 해당된다고 못 볼 바 아니다(대법원 1976.2.10, 74도1519). 사시 10

252 박상기, 171면; 임웅, 185면.

253 김종원, 137면; 백형구, 328면; 서일교, 85면; 손동권, 166면; 오영근, 219면; 이재상, §11-45; 이형국(Ⅰ), 286면; 정성근/박광민, 175면; 황산덕, 218면.

표정리 형법상 성범죄와 연령

연 령	~13세 미만 및 16세 미만	16(원칙)~19세 미만	19세~
폭행 · 협박	강간죄(제297조) 등	강간죄(제297조) 등	강간죄(제297조) 등
위 계	의제강간죄(제305조)	미성년자간음죄 (제302조)	업무상 위계· 위력간음죄(제303조 제1항) 외에는 무죄
위 력	의제강간죄(제305조)	미성년자간음죄 (제302조)	업무상 위계· 위력간음죄(제303조 제1항) 외에는 무죄
피해자의 동의	의제강간죄(제305조)	피구금자간음죄 (제303조 제2항) 외에는 무죄	피구금자간음죄 (제303조 제2항) 외에는 무죄

10 상습범

제305조의2 【상습범】 상습으로 제297조, 제297조의2, 제298조부터 제300조까지, 제302조, 제303조 또는 제305조의 죄를 범한 자는 그 죄에 정한 형의 2분의 1까지 가중한다. 〈개정 2012.12.18.〉

2010년 개정형법에서는, 강간 등 성폭력범죄를 범하는 경향이 있는 자는 다시 성폭력범죄를 저지를 가능성이 대단히 높다는 점에서, 성폭력범죄를 억제하고 잠재적 피해자를 보호하기 위하여 성폭력범죄의 상습범을 가중처벌하는 본 규정을 신설하였다. 경찰승진 12 다만 강간 등 상해·치상죄(제301조)나 강간 등 살인·치사죄(제301조의2)에 대해서는 본 상습범 가중처벌규정이 적용되지 않는다.

한편, 2012.12.15. 신설된 본 상습범은 죄수론상 포괄일죄에 속하는데, 죄가 되지 아니하던 행위를 구성요건 신설로 포괄일죄의 처벌대상으로 삼는 경우 신설된 포괄일죄 처벌법규가 시행되기 이전의 행위에 대하여 신설된 법규를 적용하여 처벌할 수 없으므로, 구성요건이 신설된 상습강제추행죄가 시행되기 이전의 범행을 상습강제추행죄로 처벌할 수 없다는 것은 총론에서 기술한 바 있다(대법원 2016.1.28, 2015도15669, 총론, 형법의 시간적 적용범위 참조).

11 강간 등 예비 · 음모죄

제305조의3 【예비, 음모】 제297조, 제297조의2, 제299조(준강간죄에 한정한다), 제301조(강간 등 상해죄에 한정한다) 및 제305조의 죄를 범할 목적으로 예비 또는 음모한 사람은 3년 이하의 징역에 처한다. 〈본조신설 2020.5.19.〉

2020.5.19. 개정형법에 의하여 강간 등 예비·음모죄가 신설되었다. 이에 강간, 유사강간, 준강간, 강간 등 상해, 미성년자의제강간 등 죄를 범할 목적으로 예비 · 음모한 자는 처벌된다. 다만, 강제추행, 준강제추행, 강간치상은 예비·음모를 벌하지 않는다. 국가7급 21

12 성폭법상 기타 규정

(1) 공중밀집장소추행죄

성폭법 제11조에서는 공중밀집장소추행죄를 규정하고 있는데, 동조에 의하면 "대중교통수단, 공연·집회 장소, 그 밖에 공중(公衆)이 밀집하는 장소에서 사람을 추행한 사람"은 3년 이하의 징역 등에 처한다.

판례연구 공중밀집장소추행죄 관련 사례

1. 대법원 2009.10.29, 2009도5704

성폭법상 '공중이 밀집하는 장소'의 의미

'공중이 밀집하는 장소'에는 현실적으로 사람들이 빽빽이 들어서 있어 서로간의 신체적 접촉이 이루어지고 있는 곳만을 의미하는 것이 아니라, 찜질방 등과 같이 공중의 이용에 상시적으로 제공·개방된 상태에 놓여 있는 곳 일반을 의미한다. 따라서 찜질방 수면실에서 옆에 누워 있던 피해자의 가슴 등을 손으로 만진 행위는 성폭법에서 정한 공중밀집장소에서의 추행행위에 해당한다. 법원9급 10/경찰채용 10 1차/경찰채용 18 2차/변호사 13

2. 대법원 2020.6.25, 2015도7102

지하철에서 추행했으나 대상자가 성적 수치심이나 혐오감을 느끼지 못한 사례

구 성폭법 제11조는 '대중교통수단, 공연·집회 장소, 그 밖에 공중이 밀집하는 장소에서 사람을 추행한 사람'을 1년 이하의 징역 또는 300만 원 이하의 벌금에 처하도록 하고 있다. …… 성폭법위반(공중밀집장소에서의추행)죄가 기수에 이르기 위해서는 객관적으로 일반인에게 성적 수치심이나 혐오감을 일으키게 할 만한 행위로서 선량한 성적 도덕관념에 반하는 행위를 행위자가 대상자를 상대로 실행하는 것으로 충분하고, 행위자의 행위로 말미암아 대상자가 성적 수치심이나 혐오감을 반드시 실제로 느껴야 하는 것은 아니다.

(2) 통신매체이용음란죄

성폭법 제13조에서는 통신매체이용음란죄를 규정하고 있는데, 동조에 의하면 "자기 또는 다른 사람의 성적 욕망을 유발하거나 만족시킬 목적으로 전화, 우편, 컴퓨터, 그 밖의 통신매체를 통하여 성적 수치심이나 혐오감을 일으키는 말, 음향, 글, 그림, 영상 또는 물건을 상대방에게 도달하게 한 사람"은 2년 이하의 징역 또는 2천만 원 이하의 벌금에 처한다. 판례는 상대방에게 성적 수치심이나 혐오감을 일으키는 말, 음향, 글, 그림, 영상 또는 물건이 담겨 있는 웹페이지 등에 대한 인터넷 링크(internet link)를 보내는 행위도 위 구성요건을 충족할 수 있다고 보고 있다.

판례연구 통신매체이용음란죄 관련판례

1. 대법원 2017.6.8, 2016도21389

성폭법상 성적 수치심·혐오감을 일으키는 그림 등을 상대방에게 도달하게 한다는 의미

성폭법 제13조에서 '성적 수치심이나 혐오감을 일으키는 말, 음향, 글, 그림, 영상 또는 물건(이하 '성적 수치심을 일으키는 그림 등')을 상대방에게 도달하게 한다'는 것은 '상대방이 성적 수치심을 일으키는 그림 등을 직접 접하는 경우뿐만 아니라 상대방이 실제로 이를 인식할 수 있는 상태에 두는 것'을 의미한다. 따라서 … 상대방에게 성적 수치심을 일으키는 그림 등이 담겨 있는 웹페이지 등에 대한 인터넷 링크(internet link)를 보내는 행위를 통해 그와 같은 그림 등이 상대방에 의하여 인식될 수 있는 상태에 놓이고 실질에 있어서 이를 직접 전달하는 것과 다를 바 없다고 평가되고, 이에 따라 상대방이 이러한 링크를 이용하여 별다른 제한 없이 성적 수치심을 일으키는 그림 등에 바로 접할 수 있는 상태가 실제로 조성되었다면, 그러한 행위는 전체로 보아 성적 수치심을 일으키는 그림 등을 상대방에게 도달하게 한다는 구성요건을 충족한다. 경찰채용 22 2차

2. 대법원 2018.9.13, 2018도9775
성폭법상 통신매체 이용 음란죄의 성립요건
'자기 또는 다른 사람의 성적 욕망을 유발하거나 만족시킬 목적'이 있는지는 피고인과 피해자의 관계, 행위의 동기와 경위, 행위의 수단과 방법, 행위의 내용과 태양, 상대방의 성격과 범위 등 여러 사정을 종합하여 사회통념에 비추어 합리적으로 판단하여야 한다. '성적 욕망'에는 성행위나 성관계를 직접적인 목적이나 전제로 하는 욕망뿐만 아니라, 상대방을 성적으로 비하하거나 조롱하는 등 상대방에게 성적 수치심을 줌으로써 자신의 심리적 만족을 얻고자 하는 욕망도 포함된다. 또한 이러한 '성적 욕망'이 상대방에 대한 분노감과 결합되어 있더라도 달리 볼 것은 아니다.

(3) 카메라이용촬영죄 및 카메라이용촬영물반포 · 판매 · 제공 등의 죄

① 의의 : 카메라나 그 밖에 이와 유사한 기능을 갖춘 기계장치를 이용하여 성적 욕망 또는 수치심을 유발할 수 있는 '사람'(2018.12.18. 개정, 구법은 '다른 사람')의 신체를 촬영대상자의 의사에 반하여 촬영한 자는 7년 이하의 징역 또는 5천만 원 이하의 벌금에 처한다(성폭법 제14조 제1항). 또한 위 촬영물 또는 복제물(복제물의 복제물을 포함함)을 반포 · 판매 · 임대 · 제공 또는 공공연하게 전시 · 상영(이하 '반포 등')한 자 또는 동법 제1항의 촬영이 촬영 당시에는 촬영대상자의 의사에 반하지 아니하는 경우에도 사후에 그 촬영물 또는 복제물을 촬영대상자의 의사에 반하여 촬영물을 반포 등을 한 자도 같은 형으로 처벌한다(동 제2항)(영리목적 정보통신망 유포죄는 동 제3항 참조, 성폭법 제14조는 2018.12.18. 개정되었음).[254 · 255]

② 주체 : 동 제2항의 촬영물을 반포 · 판매 · 제공하는 행위의 주체는 반드시 촬영자일 것을 요하지 않으며 그 행위객체인 촬영물은 누가 촬영한 것인가는 묻지 않는다.

③ 촬영죄의 기수시기 : 동영상 촬영 중 저장버튼을 누르지 않고 촬영을 종료한 경우에도 기수에 이른 것이다(대법원 2011.6.9, 2010도10677). 경찰승진 14 / 경찰채용 24 1차

④ 반포와 제공의 차이 : ㉠ 반포는 불특정 또는 다수인에게 무상으로 교부하는 것을 말하고, 계속적 · 반복적으로 전달하여 불특정 또는 다수인에게 반포하려는 의사를 가지고 있다면 특정한 1인 또는 소수의 사람에게 교부하는 것도 반포에 해당할 수 있으나, ㉡ 제공은 반포에 이르지 아니하는 무상 교부행위를 말하므로, 반포할 의사 없이 특정한 1인 또는 소수의 사람에게 무상으로 교부하는 것은 반포가 아니라 제공에 해당한다.

판례연구 카메라이용촬영죄 관련 사례

1. 대법원 2008.9.25, 2008도7007
버스 옆 자리 허벅지 촬영 사례 : 유죄
야간에 버스 안에서 휴대폰 카메라로 옆 좌석에 앉은 여성(18세)의 치마 밑으로 드러난 허벅다리 부분을 촬영한 경우, 그 촬영 부위는 성폭법 제14조의2(현 제13조) 제1항의 '성적 욕망 또는 수치심을 유발할 수 있는 타인의 신체'에 해당하므로 위 조항 위반죄의 성립이 인정된다. 경찰채용 10 1차

---

254 2018.12.18. **성폭법 제14조의 개정이유 및 주요내용** 구법은 성적 욕망 또는 수치심을 유발할 수 있는 '다른 사람'의 신체를 그 의사에 반하여 촬영하거나 그 촬영물을 유포한 경우 카메라 등을 이용한 촬영죄 등으로 처벌하고 있었다. 따라서 구법에 의하면, 자의에 의해 스스로 '자신의 신체'를 촬영한 촬영물이 촬영당사자의 의사에 반하여 유포된 경우에는 이 법 제14조로 처벌할 수 없다는 문제가 있었다. 이에 2018.12.18. 개정 성폭법은, 자의에 의해 스스로 자신의 신체를 촬영한 촬영물을 촬영대상자의 의사에 반하여 유포한 경우에도 처벌할 수 있도록 한 것이다. 이외 법정형도 다소 강화하였다.

255 **참고** 2020.5.19. 성폭법 개정에 의하여 위 촬영물 또는 복제물을 소지 · 구입 · 저장 또는 시청한 자는 3년 이하의 징역 또는 3천만원 이하의 벌금에 처하고(제14조 4항), 성적 욕망 또는 수치심을 유발할 수 있는 촬영물 또는 복제물(복제물의 복제물을 포함한다)을 이용하여 사람을 협박한 자는 1년 이상의 유기징역에 처하고(제14조의3 제1항), 이러한 협박으로 사람의 권리행사를 방해하거나 의무 없는 일을 하게 한 자는 3년 이상의 유기징역에 처하도록 하였다(동 제2항).

2. 대법원 2011.6.9, 2010도10677

카메라 등 이용 촬영죄의 기수 시기

성폭법상 '카메라 등 이용 촬영죄'는 카메라 기타 이와 유사한 기능을 갖춘 기계장치 속에 들어 있는 필름이나 저장장치에 피사체에 대한 영상정보가 입력됨으로써 기수에 이른다고 보아야 한다. 그런데 최근 기술문명의 발달로 등장한 디지털카메라나 동영상 기능이 탑재된 휴대전화 등의 기계장치는, 촬영된 영상정보가 사용자 등에 의해 전자파일 등의 형태로 저장되기 전이라도 일단 촬영이 시작되면 곧바로 촬영된 피사체의 영상정보가 기계장치 내 RAM(Random Access Memory) 등 주기억장치에 입력되어 임시저장되었다가 이후 저장명령이 내려지면 기계장치 내 보조기억장치 등에 저장되는 방식을 취하는 경우가 많고, 이러한 저장방식을 취하고 있는 카메라 등 기계장치를 이용하여 동영상 촬영이 이루어졌다면 범행은 촬영 후 일정한 시간이 경과하여 영상정보가 기계장치 내 주기억장치 등에 입력됨으로써 기수에 이르는 것이고, 촬영된 영상정보가 전자파일 등의 형태로 영구저장되지 않은 채 사용자에 의해 강제종료되었다고 하여 미수에 그쳤다고 볼 수는 없다. 경찰채용 24 1차

3. 대법원 2016.10.13, 2016도6172

성폭법 제14조 제1항 후단(18년 12월 개정법으로는 동 제2항)에서 촬영물을 반포·판매·임대 또는 공연히 전시·상영한 자는 반드시 촬영물을 촬영한 자와 동일인이어야 하는 것은 아니고, 행위의 대상이 되는 촬영물은 누가 촬영한 것인지를 묻지 아니한다.

4. 대법원 2016.12.27, 2016도16676

성폭법 제14조 제2항에서 반포할 의사 없이 특정한 1인 또는 소수의 사람에게 무상으로 교부한 것은 반포가 아니라 제공에 해당한다는 사례

성폭법 제14조 제2항은 카메라나 그 밖에 이와 유사한 기능을 갖춘 기계장치를 이용하여 성적 욕망 또는 수치심을 유발할 수 있는 다른 사람의 신체를 촬영한 촬영물이 촬영 당시에는 촬영대상자의 의사에 반하지 아니하는 경우에도 사후에 의사에 반하여 촬영물을 반포·판매·임대·제공 또는 공공연하게 전시·상영한 사람을 처벌하도록 규정하고 있다. 여기에서 '반포'는 불특정 또는 다수인에게 무상으로 교부하는 것을 말하고, 계속적·반복적으로 전달하여 불특정 또는 다수인에게 반포하려는 의사를 가지고 있다면 특정한 1인 또는 소수의 사람에게 교부하는 것도 반포에 해당할 수 있다. 한편 '반포'와 별도로 열거된 '제공'은 '반포'에 이르지 아니하는 무상 교부 행위를 말하며, '반포'할 의사 없이 특정한 1인 또는 소수의 사람에게 무상으로 교부하는 것은 '제공'에 해당한다.

5. 대법원 2022.3.17, 2021도13203

청바지를 입은 여성의 뒷모습을 찍은 것이 카메라등이용촬영죄에 해당하는지 여부

성폭법 제14조 제1항은 '카메라나 그 밖에 이와 유사한 기능을 갖춘 기계장치를 이용하여 성적 욕망 또는 수치심을 유발할 수 있는 다른 사람의 신체를 그 의사에 반하여 촬영'하는 행위를 처벌하도록 규정한다. …… 촬영한 대상이 '성적 욕망 또는 수치심을 유발할 수 있는 다른 사람의 신체'에 해당하는지는 객관적으로 피해자와 같은 성별, 연령대의 일반적이고 평균적인 사람들의 관점에서 성적 욕망 또는 수치심을 유발할 수 있는 신체에 해당하는지를 고려함과 아울러, 피해자의 옷차림, 노출의 정도 등은 물론, 촬영자의 의도와 촬영에 이르게 된 경위, 촬영 장소와 촬영 각도 및 촬영 거리, 촬영된 원판의 이미지, 특정 신체 부위의 부각 여부 등을 종합적으로 고려하여 구체적·개별적으로 결정하여야 한다(대법원 2008.9.25, 2008도7007 등). …… 피고인이 유사한 옷차림을 한 여성에 대한 촬영을 오랜 기간 지속한 경우에도 피고인의 행위가 카메라등이용촬영죄에 해당하는지 여부는 개개의 촬영행위별로 구체적·개별적으로 결정되어야 하고, 이 사건 엑셀 파일 중 엉덩이를 부각하여 촬영한 경우는 성적 수치심을 유발할 수 있다고 볼 여지가 있으나 특별히 엉덩이를 부각하지 않고 일상복인 청바지를 입은 여성의 뒷모습 전신을 어느 정도 떨어진 거리에서 촬영하였을 뿐이라면 카메라등이용촬영죄 성립을 단정하기 어렵다. 따라서 원심으로서는 공소제기의 대상을 명확히 한 다음, 피고인의 그와 같은 촬영이 성적 욕망 또는 수치심을 유발할 수 있는 신체를 촬영한 경우에 해당하는지 여부를 구체적·개별적으로 심리·판단하였어야 하므로 원심을 전부 파기하고 환송한다.

6. 대법원 2023.6.15, 2022도15414

성폭법상 촬영대상자의 의사에 반하는 촬영물·복제물의 반포

성폭력처벌법 제14조 제2항 위반죄는 반포등 행위 시를 기준으로 촬영대상자의 의사에 반하여 그 행위를 함으로써 성립하고, 촬영이 촬영대상자의 의사에 반하지 아니하였더라도 그 성립에 지장이 없다.

판례연구 기타 성폭력 관련 판례

1. 대법원 2022.4.21, 2019도3047 전원합의체

동성인 군인들이 영외의 사적 공간에서 항문성교 등 성행위를 한 사례

군형법 제92조의6의 문언(군인 등에 대하여 항문성교나 그 밖의 추행을 한 사람은 2년 이하의 징역에 처한다.), 개정 연혁, 보호법익과 헌법 규정을 비롯한 전체 법질서의 변화를 종합적으로 고려하면, 위 규정은 동성인 군인 사이의 항문성교나 그 밖에 이와 유사한 행위가 사적 공간에서 자발적 의사 합치에 따라 이루어지는 등 군이라는 공동사회의 건전한 생활과 군기를 직접적, 구체적으로 침해한 것으로 보기 어려운 경우에는 적용되지 않는다고 봄이 타당하다(판례변경). 경찰채용 22 2차

2. 대법원 2022.7.28, 2020도12419

피해아동과의 영상통화 중 성적 학대행위 사건

아동복지법 제17조 제2호에서는 아동에게 음란한 행위를 시키거나 이를 매개하는 행위 또는 아동에게 성적 수치심을 주는 성희롱 등의 성적 학대행위를 금지하고 있다. 공소사실은 피고인이 2018.3.14.경 피해아동(여, 14세)과 휴대전화로 영상통화를 하던 중 피해아동에게 '네 가슴을 보고 싶다'고 말하여 피해아동으로 하여금 영상통화 화면에 가슴을 보이도록 하고 이를 보면서 피고인이 자위행위를 하는 장면을 보여준 것을 비롯하여 그 무렵부터 2018.4.경까지 사이에 총 5회에 걸쳐 같은 방법으로 피해아동에게 성적 학대행위를 하였다는 것이다. …… 국가와 사회는 아동·청소년에 대하여 다양한 보호의무를 부담한다. 법원은 아동·청소년이 피해자인 사건에서 아동·청소년이 특별히 보호되어야 할 대상임을 전제로 판단해왔다. 아동복지법상 아동에 대한 성적 학대행위에 해당하는지 판단함에 있어 아동이 명시적인 반대의사를 표시하지 아니하였더라도 성적 자기결정권을 행사하여 자신을 보호할 능력이 부족한 상황에 기인한 것인지 가려보아야 하고(대법원 2015.7.9, 2013도7787 등), 아동복지법상 아동매매죄에 있어서 설령 아동 자신이 동의하였더라도 유죄가 인정된다(대법원 2015.8.27, 2015도6480 참조). 아동·청소년이 자신을 대상으로 음란물을 제작하는 데에 동의하였더라도 원칙적으로 「아동·청소년의성보호에 관한 법률」상 아동·청소년이용 음란물 제작죄를 구성한다(대법원 2015.2.12, 2014도11501, 2014전도197 참조). …… 따라서 아동·청소년이 외관상 성적 결정 또는 동의로 보이는 언동을 하였다 하더라도, 그것이 타인의 기망이나 왜곡된 신뢰관계의 이용에 의한 것이라면, 이를 아동·청소년의 온전한 성적 자기결정권의 행사에 의한 것이라고 평가하기 어렵다(대법원 2020.8.27, 2015도9436 전원합의체).

memo

수험의 핵심포인트

목 차		난 도	출제율	대표 지문
제1절 명예에 관한 죄	01 총 설	下	★	• 명예훼손죄와 모욕죄의 보호법익은 사람의 가치에 대한 사회적 평가인 이른바 외부적 명예이다. (○) • 명예훼손죄에 있어서 공연성은 불특정 또는 다수인이 인식할 수 있는 상태를 의미한다. (○) • 명예훼손죄에 있어서 피고인의 행위에 피해자를 비방할 목적이 함께 숨어 있었다고 하더라도 그 주요한 동기가 공공의 이익을 위한 것이라면 형법 제310조의 적용을 배제할 수 없다. (○) • 허위사실 적시에 의한 명예훼손죄 및 사자명예훼손죄는 미필적 고의에 의해서도 성립하므로 허위사실에 대한 인식은 확정적일 필요가 없다. (○) • 집합적 명사를 쓴 경우에도 시간적·장소적 관련성 속에서 특정인을 가리키는 것이 명백하면, 이를 각자의 명예를 훼손하는 행위라고 볼 수 있다. (○)
	02 명예훼손죄	中	★★★	
	03 사자명예훼손죄	下	★	
	04 출판물 등에 의한 명예훼손죄	上	★★★	
	05 모욕죄	下	★	
제2절 신용·업무와 경매에 관한 죄	01 총 설	下	★	• 형법 제313조에 정한 신용훼손죄에서의 '신용'은 경제적 신용, 즉 사람의 지불능력 또는 지불의사에 대한 사회적 신뢰를 의미한다. (○) • 피고인의 단순한 의견이나 가치판단을 표시하는 것은 형법상 신용훼손죄에서의 '허위사실의 유포'에 해당하지 않는다. (○) • 업무방해죄에 있어서의 업무란 직업 또는 사회생활상의 지위에 기하여 계속적으로 종사하는 사무나 사업의 일체를 의미하고, 그 업무가 주된 것이든 부수적인 것이든 가리지 아니한다. (○) • 동업자들이 무모한 출혈경쟁을 방지하기 위한 수단으로 실질적으로 단독입찰을 하면서 경쟁입찰인 것같이 가장한 경우에 입찰방해죄가 성립한다. (○)
	02 신용훼손죄	中	★	
	03 업무방해죄	中	★★	
	04 컴퓨터 등 장애 업무방해죄	下	★	
	05 경매·입찰방해죄	中	★	

최근 6개년 출제경향 분석

구 분	국가7급						국가9급						법원9급						경찰간부					
	18	19	20	21	22	23	19	20	21	22	23	24	18	19	20	21	22	23	18	19	20	21	22	23
제1절 명예에 관한 죄		1			1	1				1			1	2	1	1	1	2		2	2	1		1
제2절 신용·업무와 경매에 관한 죄													1	1		1	1	1		1	1	1		1
출제빈도수	3/130						1/120						13/150						10/240					

03

명예와 신용에 대한 죄

핵심사항

- 외적 명예
- 명예훼손죄와 모욕죄의 차이
- 명예의 주체
- 공연성과 전파성이론
- 사실
- 제310조의 위법성조각사유
- 출판물명예훼손죄의 비방할 목적

- 신용의 의미
- 허위사실의 유포
- 업무의 개념
- 보호법익으로서의 업무
- 위계, 위력
- 추상적 위험범
- 컴퓨터장애업무방해죄의 기타 방법
- 정보처리의 장애의 결과발생
- 경매·입찰방해죄의 담합

	경찰채용						법원행시						변호사					
	19	20	21	22	23	24	19	20	21	22	23	24	19	20	21	22	23	24
	2	2	2	2	2	1	1	1	1	1	2	1			1		1	1
		1	1	1					1	1	1			1			1	1
	14/264						10/240						6/120					

CHAPTER

03 명예와 신용에 대한 죄

제1절 명예에 관한 죄

01 총 설

명예(名譽, fame, reputation)에 관한 죄는 공연히 사실 또는 허위사실을 적시하여 사람의 명예를 훼손하거나 사람을 모욕하는 범죄이다. 명예에 관한 죄는 사회구성원 각자가 향유하는 내적 명예(innere Ehre)의 연장선상에 있는 개인의 외적 명예(äußere Ehre)를 그 보호법익으로 한다. 명예훼손죄(名譽毁損罪, defamation)뿐만 아니라 모욕죄(侮辱罪, insult)의 보호법익도 외부적 명예이다(통설·판례).[256] 법원9급 12 / 경찰승진 13

표정리 명예의 개념 및 명예에 관한 죄의 보호법익 : 외적 명예

종 류	내 용	형법상 보호대상 여부
내적 명예	유아·정신병자·범죄인 등 모든 사람이면 가지고 있는 인격의 내부적 가치 그 자체이다.	외부로부터 타인에 의해 침해되어 훼손될 수 있는 성질이 아니므로 형법의 보호대상이 아니다.
명예감정	자기의 인격적 가치에 대한 자기 자신의 주관적 평가(명예의식)이다.	사람마다 다양하고 자신이 갖는 주관적 평가이므로 형법의 보호대상으로 볼 수 없다.
외적 명예	사람의 인격적 가치와 그의 도덕적·사회적 행위에 대한 사회적 평가(규범적 명예개념)이다.	외부적인 침해에 의하여 훼손될 수 있으므로 형법의 보호대상이 될 수 있다.
통설·판례의 태도	명예훼손죄와 모욕죄 모두 공연성을 요구하고 명예감정이 없는 국가에 대한 모욕도 인정하고 있으며(제105조, 제106조, 제109조), 정신병자·유아·법인에 대한 모욕죄를 인정하고 있으므로 명예훼손죄·모욕죄의 보호법익은 외적 명예이다(통설·판례).	

따라서 명예훼손죄와 모욕죄는 사실의 적시 유무에 의해서 구별될 뿐이다. 명예에 관한 죄의 법익보호의 정도는 추상적 위험범이며, 미수범 처벌규정을 두고 있지 않다.

256 강구진, 210면; 김종원, 153면; 명형식(공저), 187면; 박상기, 177면; 손동권, 204면; 오영근, 202면; 이재상, §12-6; 이형국(Ⅰ), 301면; 임웅, 192면; 정성근, 246면; 정영석, 282면; 진계호, 188면; 황산덕, 221면. 판례는 대법원 1987.5.12, 87도739 등. 이와 달리 명예훼손죄의 보호법익은 외적 명예이지만 모욕죄의 보호법익은 명예감정이라고 하는 소수설은 유기천(상), 138면 참조. 또한 내적·인격적 명예를 기초로 외적명예를 추가한 규범적·사실적 명예개념을 보호법익으로 보는(따라서 내적 명예도 보호법익으로 이해하고자 하는) 소수설은 김일수/서보학, 182면 참조.

02 명예훼손죄

제307조【명예훼손】 ① 공연히 사실을 적시하여 사람의 명예를 훼손한 자는 2년 이하의 징역이나 금고 또는 500만 원 이하의 벌금에 처한다.

② 공연히 허위의 사실을 적시하여 사람의 명예를 훼손한 자는 5년 이하의 징역, 10년 이하의 자격정지 또는 1천만 원 이하의 벌금에 처한다.

제310조【위법성의 조각】 제307조 제1항의 행위가 진실한 사실로서 오로지 공공의 이익에 관한 때에는 처벌하지 아니한다.

1. 성 격

제307조 제1항은 명예에 관한 죄의 기본적 구성요건이요, 동조 제2항은 적시사실이 허위인 경우 불법이 가중되는 가중적 구성요건이다.

2. 구성요건

(1) 객관적 구성요건

① 주체 – 자연인인 개인

② 객체 – 사람의 명예

③ 명예의 주체 – 본죄의 피해자

㉠ 명예훼손의 대상 : 명예의 개념은 외적 명예로 보는 것이 타당하므로, 유아나 정신병자를 포함한 자연인 모두가 명예의 주체가 되나, 이러한 명예의 주체는 특정(特定)되어야 함은 물론이다. 다만 반드시 피해자의 성명을 명시할 필요는 없다(대법원 1982.11.9, 82도1256–어떤 분자 사건–).[257]

㉡ 사망한 사람도 명예의 주체가 될 수 있는가 : 형법은 사자명예훼손죄를 별도로 두고 있기 때문에 본죄의 명예의 주체에서 사망한 자는 제외된다. 다만 후술하는 사자명예훼손죄(제308조)의 명예의 주체를 사망한 사람으로 볼 수 있는가에 대해서는 견해가 대립한다. 다수설·판례는 사자의 인격적 가치가 남아서 사자가 생전에 누렸던 외적 명예는 사후에까지 계속되므로 역사적 가치로서 사자의 명예는 보호되는 것이라고 보고 있다(긍정설).[258] 국가7급 07

㉢ 가족 · 가문 : 인정되지 않는다. 가족구성원에 대한 명예훼손은 가문의 명예에 대한 훼손이라기보다는 개인의 문제로 파악하는 것이 타당하다.

㉣ 법인 및 기타 단체 : 현대 경제사회의 중요한 주체인 법인은 충분히 명예의 주체가 될 수 있다. 법원행시 05 예를 들어 정당, 노조, 대한적십자사, 상공회의소, 전경련 등이 포함된다. 또한 법인격 없는 단체도 학회나 종친회와 같은 단체처럼 사회생활상 독립된 존재로 인정받아 활동하고 있고 일정한

257 판례 : '어떤 분자' 사례 명예훼손죄가 성립하려면 반드시 사람의 성명을 명시하여 허위의 사실을 적시하여야만 하는 것은 아니므로 사람의 성명을 명시한 바 없는 허위사실의 적시행위도 그 표현의 내용을 주위사정과 종합 판단하여 그것이 어느 특정인을 지목하는 것인가를 알아차릴 수 있는 경우에는 그 특정인에 대한 명예훼손죄를 구성한다. 따라서 **신씨종중의 재산관리위원장이던 공소외인**과 피고인 사이에 종중재산의 관리에 관한 다툼이 있어 왔고 부락민 80세대 중 50세대가 신씨종중원이었다면 **"어떤 분자가 종중재산을 횡령 착복하였다."**는 피고인의 허위사실 방송을 청취한 부락민 중 적어도 신씨종중원들로서는 그 어떤 분자라는 것이 바로 공소외인을 지목하는 것이라는 것쯤은 알아차릴 수 있는 상황이었다고 볼 수 있다(대법원 1982.11.9, 82도1256).

258 강구진, 223면; 김성천/김형준, 283면; 김일수/서보학, 185면; 김종원, 161면; 백형구, 353면; 손동권, 184면; 오영근, 203면; 유기천(상), 139면; 이재상, §12–9; 이형국(Ⅰ), 313면; 임웅, 197면; 정성근/박광민, 184면; 정영석, 285면. 판례는 대법원 1983.10.25, 83도1520(사자명예훼손죄는 "사자에 대한 사회적·역사적 평가를 보호법익으로 하는 것") 참조. 반면 사자명예훼손죄의 보호법익은 유족의 명예 또는 사자에 대한 일반대중의 추모감정(박상기) 또는 유족이 사자에 대하여 가지는 존경·추모의 감정(배종대)으로 보아 사자는 명예의 주체가 될 수 없다는 소수설은 박상기, 178면; 배종대, 214면; 이정원, 208면 참조.

의사를 형성할 수 있는 단체의 경우 명예의 주체로 볼 수 있다. 그러나 이에 이르지 못한 단순한 친목단체나 사교단체는 명예의 주체가 될 수 없다.

ⓜ 정부 · 국가기관 및 공직자 개인 : 정부 또는 국가기관의 정책결정이나 업무수행과 관련된 사항은 항상 국민의 감시와 비판의 대상이 되어야 하고, 이러한 감시와 비판은 이를 주요 임무로 하는 언론보도의 자유가 충분히 보장될 때 비로소 정상적으로 수행될 수 있으며, 정부 또는 국가기관은 형법상 명예훼손죄의 피해자가 될 수 없으므로, 정부 또는 국가기관의 정책결정 또는 업무수행과 관련된 사항을 주된 내용으로 하는 언론보도로 인하여 그 정책결정이나 업무수행에 관여한 공직자에 대한 사회적 평가가 다소 저하될 수 있더라도 −그 보도의 내용이 공직자 개인에 대한 악의적이거나 심히 경솔한 공격으로서 현저히 상당성을 잃은 것으로 평가되지 않는 한− 그 보도로 인하여 곧바로 공직자 개인에 대한 명예훼손이 된다고 할 수 없다(대법원 2011.9.2, 2010도17237). 국가9급 13 / 경찰승진 13 / 변호사 14

판례연구 국가 · 지방자치단체 및 공직자 개인에 대한 명예훼손죄의 성부

1. 대법원 2016.12.27, 2014도15290

국가 · 지방치단체는 명예훼손죄 · 모욕죄의 피해자가 될 수 없다는 사례

형법이 명예훼손죄 또는 모욕죄를 처벌함으로써 보호하고자 하는 사람의 가치에 대한 평가인 외부적 명예는 개인적 법익으로서, 국민의 기본권을 보호 내지 실현해야 할 책임과 의무를 지고 있는 공권력의 행사자인 국가나 지방자치단체는 기본권의 수범자일 뿐 기본권의 주체가 아니고, 정책결정이나 업무수행과 관련된 사항은 항상 국민의 광범위한 감시와 비판의 대상이 되어야 하며 이러한 감시와 비판은 그에 대한 표현의 자유가 충분히 보장될 때에 비로소 정상적으로 수행될 수 있으므로, 국가나 지방자치단체는 국민에 대한 관계에서 형벌의 수단을 통해 보호되는 외부적 명예의 주체가 될 수는 없고, 따라서 명예훼손죄나 모욕죄의 피해자가 될 수 없다. 법원9급 18 / 경찰채용 18 2차 / 법원9급 20 / 경찰승진 24

2. 대법원 2006.10.13, 2005도3112; 2011.9.2, 2010도17237 등; 2021.3.25, 2016도14995

대통령의 업무수행과 관련한 의견을 표명하는 과정에서 의혹을 제기한 사례

정부 또는 국가기관의 정책결정 또는 업무수행과 관련된 사항을 주된 내용으로 하는 발언으로 정책결정이나 업무수행에 관여한 공직자에 대한 사회적 평가가 다소 저하될 수 있더라도, 발언 내용이 공직자 개인에 대한 악의적이거나 심히 경솔한 공격으로서 현저히 상당성을 잃은 것으로 평가되지 않는 한, 그 발언은 여전히 공공의 이익에 관한 것으로서 공직자 개인에 대한 명예훼손이 된다고 할 수 없다(세월호 참사 국민대책회의 공동위원장이자 '4월 16일의 약속 국민연대' 상임운영위원인 피고인 甲이 언론사 기자와 시민 등을 상대로 기자회견을 하던 중 '세월호 참사 당일 7시간 동안 대통령 B가 마약이나 보톡스를 했다는 의혹이 사실인지 청와대를 압수 · 수색해서 확인했으면 좋겠다.'는 취지로 발언한 것은 명예훼손에 해당하지 않음).

ⓑ 집합적 명칭

ⓐ 구성원을 특정할 수 없는 경우 : 명예훼손죄가 성립하지 않는다(대법원 1960.11.26, 4293형상244) (예 상인들, 검사들, 공무원들, 학자들 등).

ⓑ 구성원을 특정할 수 있는 경우 : 집단명칭이라 하더라도 시간적 · 장소적 관련성 속에서 특정이 가능한 경우에는 명예의 주체가 될 수 있다(예 ○○ 출신 국회의원들, ○○구청 공무원들, ○○ 검사들, ○○대학 교수들 등). 판례도 집합적 명사를 쓴 경우에도 그것에 의해 그 범위에 속하는 특정인을 가리키는 것이 명백하다면 이는 그 각자의 명예를 훼손한 것으로 볼 수 있다(대법원 2000.10.10, 99도5407 −3 · 19 동지회 소속 교사 사건−[259]) 법원행시 08 / 법원행시 11 / 법원9급 05 / 국가9급 17 / 변호사 16 / 사시 16

---

259 사례 : 피해자를 집합적 명사로 표현한 경우에도 특정이 가능하면 명예훼손죄가 성립한다는 사례 甲은 '3 · 19 동지회' 소속 교사들이 학생들을 선동하여 무단하교를 하게 하였다는 허위의 사실을 적시한 보도자료를 작성하여 배포하였다. 그런데 피해자

고 보고 있다.

④ 행위 – 공연히 사실(또는 허위의 사실)을 적시하여 명예를 훼손하는 것

㉠ 공연성(公然性)

ⓐ 의의 : '공공연하게(publicly)', 즉 불특정(不特定) 혹은 다수인(多數人)이 인식할 수 있는 상태를 말한다(통설[260])(※ 불특정 및 다수인 : ×). 법원행시 13 / 경찰승진 16 다만 명예훼손적 (허위)사실의 내용이 현실로 불특정 또는 다수인에게 알려져야만 하는 것은 아니다. 공연성에 대해서는 소수설·판례의 전파성이론과 이에 반대하는 통설의 입장이 대립하고 있다.

ⓑ 전파성이론 : 소수설·판례는 공연성 판단의 기준으로서 전파성(傳播性)(또는 전파가능성)이론을 제시하고 있다. 전파성이론이란 '특정의 1인인 개인 또는 소수인에 대하여 사실을 유포하였다고 하더라도 그 사람들에 의해 외부의 불특정 또는 다수인에게 전파 또는 유포될 가능성이 있으면 공연성이 인정되고, 반대로 전파될 가능성이 없다면 특정한 한 사람에 대한 사실의 유포는 공연성이 없다.'는 이론이다.[261] 전파성이론에 의하더라도, 상대방의 전파의사만으로 전파가능성을 판단하거나 실제 전파되었다는 결과를 가지고 책임을 묻는 것이 아니다. 특히 판례는 발언 상대방이 발언자나 피해자의 배우자, 친척, 친구 등 사적으로 친밀한 관계에 있는 경우, 직무상 비밀유지의무 또는 이를 처리해야 할 공무원이나 이와 유사한 지위에 있는 경우에는 그러한 관계나 신분으로 인하여 비밀의 보장이 상당히 높은 정도로 기대되는 경우로서 공연성이 부정된다는 소위 전파가능성 제한의 법리(전파성제한이론)를 제시한다(대법원 1978.4.25, 78도473; 1984.3.27, 84도86; 1981.10.27, 81도1023; 2000.2.11, 99도4579; 2002.11.26, 2002도4800 등).

판례연구 공연성이 인정되는 사례

1. 대법원 1968.12.24, 68도1569

피고인이 자기 집에서 자기 동리 거주 공소외 1에게 공소외 2가 공소외 3과 약혼 전에 피고인과 가까운 사이였고, 원주에 놀러가자면 따라 오고 또 밤이나 낮이나 언제나 만나자고 하면 만나는 가까운 사이였다는 말을 하고, 이어서 음식점에서 공소외 4에게 공소외 3의 처 공소외 2와는 동 女가 결혼 전에 원주에 데리고 가서 동침하여 돌아온 일이 있다는 사실을 적시 유포하였다면, 형법 제307조에 "공연히"라 함은 불특정 또는 다수인이 인식할 수 있는 상태라고 풀이함이 상당하며, 비밀이 잘 보장되어 외부에 전파될 염려가 없는 경우가 아니면 비록 개별적으로 한 사람에 대하여 사실을 유포하였더라도 본건과 같이 연속하여 수인에게 사실을 유포하여 그 유포한 사실이 외부에 전파될 가능성이 있는 이상 공연성이 있다 할 것이다. 법원행시 05

乙 역시 '3·19 동지회'의 일원이었고, 해당 학교의 교사 총 66명 중 약 37명이 '3·19 동지회' 소속 교사들이며 위 학교의 학생, 학부모 및 교육청 관계자들도 누가 '3·19 동지회' 소속 교사들인지를 모두 알고 있었다. 이때 甲의 형사책임은? **판례** 명예훼손죄는 어떤 특정한 사람 또는 인격을 보유하는 단체에 대하여 그 명예를 훼손함으로써 성립하는 것이므로 그 피해자는 특정한 것임을 요하고, 다만 서울시민 또는 경기도민이라 함과 같은 막연한 표시에 의해서는 명예훼손죄를 구성하지 아니한다 할 것이지만, **집합적 명사를 쓴 경우에도 그것에 의하여 그 범위에 속하는 특정인을 가리키는 것이 명백하면, 이를 각자의 명예를 훼손하는 행위**라고 볼 수 있다(대법원 2000.10.10, 99도5407). 법원행시 08 / 법원행시 11 / 법원9급 05 **해결** 명예훼손죄.

260 강구진, 213면; 김성천/김형준, 287면; 김일수/서보학, 185면; 김종원, 154면; 박상기, 180면; 배종대, 222면; 손동권, 185면; 이재상, §12–13; 이정원, 231면; 이형국(Ⅰ), 304면; 임웅, 182면; 정성근/박광민, 184면; 정영석, 282면; 황산덕, 224면.

261 명예훼손죄의 추상적 위험범적 성질을 중시하며 전파(가능)성이론을 지지하는 소수설은 명형식(공저), 194면; 박상기, 184면; 정영석, 283면; 황산덕, 224면. 소수설은 후술하는 기자에게 명예훼손적 사실을 적시하였으나 기사화되지 않은 경우에는 전파성이 없다는 판례(대법원 2000.5.16, 99도5622) 사시 10 / 법원9급 20도 비판하면서, 이 경우에도 전파가능성을 기준으로 하여 공연성이 인정된다고 주장하고 있다(박상기, ibid.). 한편 전파성이론을 제한적으로 긍정하는 견해는 김우진, "명예훼손죄에 있어서의 공연성", 형사판례연구(9), 266면 이하; 손동권, 187면 참조. 제한적 긍정설에서는 특정한 소수의 사람에게 말한 것으로 확정된 경우에는 전파가능성이 있어도 공연성이 인정되어서는 안 되지만(따라서 원칙적으로 받아들일 수는 없지만), 여러 사람에게 사실을 적시한 경우에는 이것이 공연성이 인정되는 정도의 불특정 또는 다수인가를 정함에 있어서는 전파가능성을 고려할 수 있다고 주장한다(손동권, ibid.).

2. 대법원 1983.10.11, 83도2222
피고인이 동네사람 1인 및 피해자의 시어머니가 있는 자리에서 피해자에 대하여 "시커멓게 생긴 놈하고 매일같이 붙어 다닌다. 점방 마치면 여관에 가서 누워 자고 아침에야 들어온다."고 말한 경우에 말의 전파가능성이 없어서 공연성이 결여되었다는 주장은 허용될 수 없다.

3. 대법원 1993.3.23, 92도455
명예훼손의 발언(피해자들이 전과가 많다는 내용)을 들은 사람들이 피해자들과는 일면식이 없다거나 이미 피해자들의 전과사실을 알고 있었다고 하더라도 공연성 즉 발언이 전파될 가능성이 없다고 볼 수 없다. 법원행시 09 / 법원 9급 09 / 경찰채용 13 2차 / 경찰간부 16 / 경찰간부 17

4. 대법원 1996.7.12, 96도1007
피고인의 말을 들은 사람은 한 사람씩에 불과하였으나, 그들은 피고인과 특별한 친분관계가 있는 자도 아니며, 그 범행의 내용도 지방의회 의원선거를 앞둔 시점에 현역 시의회의원이면서 다시 그 후보자가 되고자 하는 자를 비방한 것이라면 '전파될 가능성이 많기 때문에' 공연성을 갖추었다고 보아야 한다. 경찰채용 10 1차 / 경찰승진 16

5. 대법원 2007.3.30, 2007도914
甲이 乙에 대하여 명예훼손의 발언을 할 당시 주변에는 손님인 A가 있었던 외에, 피해자의 꽃농원에는 乙의 남편 B와 직원이 있었으며, 甲의 꽃농원에도 여러 사람이 있었고, B가 甲과 乙이 싸우는 소리를 듣고 달려 나와 싸움을 말렸는데 그 와중에서 甲이 재차 명예훼손적 발언을 한 경우라면 공연성이 인정된다.

6. 대법원 2008.2.14, 2007도8155
개인 블로그의 비공개 대화방에서 상대방으로부터 비밀을 지키겠다는 말을 듣고 일대일로 대화하였다고 하더라도, 그 사정만으로 대화 상대방이 대화내용을 불특정 또는 다수에게 전파할 가능성이 없다고 할 수 없으므로, 명예훼손죄의 요건인 공연성을 인정할 여지가 있다. 국가9급 13 / 법원행시 14 / 법원9급 09 / 경찰승진 13 / 경찰승진 14 / 경찰채용 10 1차 / 경찰채용 12 1차 / 경찰채용 18 1차 / 경찰채용 14 2차 / 경찰간부 16 / 경찰간부 22

7. 대법원 2009.11.12, 2009도9396
피고인이 직장 상사에게 직장 동료인 피해자에 관한 허위내용이 담긴 이메일을 보낸 경우 피고인이 이메일을 보낸 경위와 내용 등에 비추어 전파될 가능성이 있다.

8. 대법원 2019.2.22, 2019도790
피고인이 페이스북 메신저를 통해 피해자에 대한 허위사실을 적시한 경우 그 상대방이 페이스북 등에서 상당한 수의 팔로워가 있는 점과 적시내용 등에 비추어 공연성이 인정된다.

9. 대법원 2019.7.5, 2019도6916
피고인이 오피스텔 관리인 후보로 출마한 피해자에 대한 비위사실을 같은 관리인 후보로 출마한 후보자의 지지자에게 카카오톡 메시지를 보낸 경우에서 분쟁 상황이나 그 상대방의 지위를 고려해 볼 때 상대방이 그 내용을 불특정 또는 다수인에게 알릴 수 있다는 점이 충분히 예상된다.

10. 대법원 2020.11.19, 2020도5813 전원합의체
전파가능성 법리에 관한 대법원 판례 입장의 유지
대법원은 명예훼손죄의 공연성에 관하여 개별적으로 소수의 사람에게 사실을 적시하였더라도 그 상대방이 불특정 또는 다수인에게 적시된 사실을 전파할 가능성이 있는 때에는 공연성이 인정된다고 일관되게 판시하여, 이른바 전파가능성 이론은 공연성에 관한 확립된 법리로 정착되었다. 공연성에 관한 전파가능성 법리는 대법원이 오랜 시간에 걸쳐 발전시켜 온 것으로서 현재에도 여전히 법리적으로나 현실적인 측면에 비추어 타당하므로 유지되어야 한다. …… 공연성의 존부는 발언자와 상대방 또는 피해자 사이의 관계나 지위, 대화를 하게 된 경위와 상황, 사실적시의 내용, 적시의 방법과 장소 등 행위 당시의 객관적 제반 사정에 관하여 심리한 다음, 그로부터 상대방이 불특정 또는 다수인에게 전파할 가능성이 있는지 여부를 검토하여 종합적으로 판단하여야 한다(대법원 2008.2.14, 2007도8155 등 참조). 발언 이후 실제 전파되었는지 여부는 전파가능성 유무를 판단하는 고려요소가 될 수 있으나, 발언 후 실제 전파 여부라는 우연한 사정은 공연성 인정 여부를 판단함에 있어 소극적 사정으로만 고려되어야 한다(대법원 1981.10.27, 81도1023; 1998.9.8, 98도1949; 2000.2.11, 99도4579 등). …… 추상적 위험범으로서 명예훼손죄는 개인의 명예에 대한 사회적 평가를 진위에 관계없이 보호함을 목적으로 하고, 적시

된 사실이 특정인의 사회적 평가를 침해할 가능성이 있을 정도로 구체성을 띠어야 하나(대법원 1994.10.25, 94도1770; 2000.2.25, 98도2188 등), 위와 같이 침해할 위험이 발생한 것으로 족하고 침해의 결과를 요구하지 않으므로, 다수의 사람에게 사실을 적시한 경우뿐만 아니라 소수의 사람에게 발언하였다고 하더라도 그로 인해 불특정 또는 다수인이 인식할 수 있는 상태를 초래한 경우에도 공연히 발언한 것으로 해석할 수 있다.

보충 1 피고인이 피해자 외 2명이 듣는 자리에서 피해자가 전과자라는 사실을 공연히 적시하여 피해자의 명예를 훼손하였다는 공소사실에 대하여 원심은 전파가능성 법리를 인용하여 공연성을 긍정하였고, 피고인은 공연성이 없다고 상고하였으나, 대법원은 전파가능성 법리에 관한 기존의 대법원 판례가 여전히 타당하고, 피고인의 발언 내용, 경위 및 장소와 피고인 또는 피해자와 상대방과의 관계 등을 고려할 때 피고인의 발언에 공연성이 인정되고 위와 같은 취지의 원심을 수긍하여 피고인의 상고를 기각한 사건이다.

보충 2 발언 상대방이 발언자나 피해자의 배우자, 친척, 친구 등 사적으로 친밀한 관계에 있는 경우, 직무상 비밀유지의무 또는 이를 처리해야 할 공무원이나 이와 유사한 지위에 있는 경우에는 그러한 관계나 신분으로 인하여 비밀의 보장이 상당히 높은 정도로 기대되는 경우로서 공연성이 부정된다는 소위 전파가능성 제한의 법리(전파성제한이론)를 제시한다(대법원 1978.4.25, 78도473; 1984.3.27, 84도86; 1981.10.27, 81도1023; 2000.2.11, 99도4579; 2002.11.26, 2002도4800 등). 위와 같이 발언자와 상대방 및 피해자와 상대방이 특수한 관계에 있는 경우, 상대방이 직무상 특수한 지위 내지 신분을 가지고 있는 경우에는 그 상대방에 대한 사실적시행위에 관하여 공연성을 인정하기 위해서는 그러한 관계나 신분에도 불구하고 불특정 또는 다수인에게 전파될 수 있다고 볼 만한 특별한 사정이 존재하여야 한다(전파성제한이론이 적용되는 경우 전파성을 인정하기 위해서는 특별한 사정 필요). 즉, 개별적인 소수에 대한 발언을 불특정 또는 다수인에게 전파될 가능성을 이유로 공연성을 인정하기 위해서는 막연히 전파될 가능성(=단순한 가능성)이 있다는 것만으로 부족하고 고도의 가능성 내지 개연성이 필요하며, 이에 대한 검사의 엄격한 증명을 요한다. → ① 특정된 소수에 대한 사실적시의 경우 : 전파성이 있으면 공연성 인정되나, 전파성은 고도의 가능성 · 개연성 필요. ② 특정된 소수에 대한 사실적시+발언상대방이 발언자 또는 피해자와 특수관계 있는 경우=전파성 인정 위해서는 특별한 사정 필요.

11. 대법원 2020.12.30, 2015도15619

명예훼손죄는 추상적 위험범으로 불특정 또는 다수인이 적시된 사실을 실제 인식하지 못하였다고 하더라도 인식할 수 있는 상태에 놓인 것으로도 명예가 훼손된 것으로 보아야 한다(위 2020도5813 전원합의체). 발언 상대방이 이미 알고 있는 사실을 적시하였더라도 공연성 즉 전파될 가능성이 없다고 볼 수 없다(대법원 1993.3.23, 92도455 등). 피고인들이 피해자에 대한 허위사실을 적시한 서명자료를 만들어 다수의 동료들에게 읽고 서명하게 하였는데, 특히 그 내용이 동료들 사이에 만연한 소문이어서 동료들이 이미 알고 있었다고 하더라도 명예훼손죄의 공연성이 인정된다.

판례연구 공연성이 인정되지 않는 사례

1. 대법원 1982.2.9, 81도2152

피고인이 공소외인에게 피해자가 부정한 여자인 것처럼 허위의 사실을 적시하여 발설한 장소는 마을입구 노상으로서 당시는 밤이고 공소외인 혼자만 있었으며, 또 위와 같은 허위사실을 발설하게 된 것은 피고인이 평소 유혹하려던 과부인 공소외인과 단 둘이 마주치게 되자 남편 있는 여자(피해자)도 서방질을 하는데 과부가 서방을 두는 것이 무슨 잘못이냐 운운하면서 공소외인을 설득하는 과정에서 발설케 되었다는 것이다. 그렇다면 피고인에게 공연히 피해자의 명예를 훼손할 고의가 있었던 것으로 단정키 어렵고, 객관적으로 위와 같은 발설내용의 전파가능성, 즉 공연성도 인정하기 어려우므로 무죄를 선고해야 한다.

2. 대법원 1982.4.27, 82도371

사실적시행위가 피해자와 모두 집안간인 관계에 있는 사람들 앞에서 이루어졌고 그 이외의 타인들에게는 알려지지 않도록 감추려는 것이었다면 불특정 다수인에게 전파될 가능성이 없어 공연성을 갖춘 것이라고 할 수 없다.

3. 대법원 1983.10.25, 83도2190

중학교 교사에 대해 '전과범으로서 교사직을 팔아가며 이웃을 해치고 고발을 일삼는 악덕교사'라는 취지의 진정서를 그가 근무하는 학교법인 이사장 앞으로 제출한 행위 자체는 위 이사장이 위 진정서 내용을 타에 전파할 가능성이 있다고 보기 어려우므로 명예훼손죄의 구성요건인 공연성이 있다고 보기 어렵다. 법원9급 07(하) / 경찰채용 10 2차 / 경찰채용 13 2차

4. 대법원 1984.2.28, 83도891
비밀이 보장되거나 전파될 가능성이 없는 경우는 특정한 사람에 대한 사실의 유포는 공연성을 결여한 것이라고 아니할 수 없는바, 피고인이 다방에서 피해자와 동업관계로 친한 사이인 공소외인에 대하여 피해자의 험담을 한 경우에 있어서 다방 내의 좌석이 다른 손님의 자리와 멀리 떨어져 있고 그 당시 공소외인은 피고인에게 왜 피해자에 관해서 그런 말을 하느냐고 힐책까지 한 사실이 있다면 전파될 가능성이 있다고 볼 수 없다.

5. 대법원 1984.3.27, 84도86
피고인이 집에서 피고인의 처로부터 전날 피고인이 외박한 사실에 대하여 추궁당하자 이를 모면하기 위하여 처에게 피해자와 여관방에서 동침한 사실이 있다고 말한 사실만으로써는 명예훼손죄의 구성요건인 공연성이 있다 할 수 없다. 경찰승진(경감) 11

6. 대법원 1984.4.10, 83도49
피고인이 각 피해자에게 '사이비 기자 운운' 또는 "너 이 쌍년 왔구나."라고 말한 장소가 여관방 안이고 그 곳에는 피고인과 그의 처, 피해자들과 그들의 딸, 사위, 매형밖에 없었다면, 위 발언은 불특정 또는 다수인이 인식할 수 있는 상태 또는 불특정 다수인에게 전파될 가능성이 있는 상태에서 이루어진 것이라 보기 어려우므로 이는 공연성이 없다 할 것이다. ⇨ 모욕죄 불성립

7. 대법원 1985.11.26, 85도2037
피고인이 자기 집에서 피해자와 서로 다투다가 피해자에게 한 욕설을 피고인의 남편 외에 들은 사람이 없다고 한다면 그 욕설을 불특정 또는 다수인이 인식할 수 있는 상태였다고 할 수는 없으므로 공연성을 인정하기 어렵다.

8. 대법원 1989.7.11, 89도886
피고인이 피해자의 남편과 단 둘이 있는 장소에서 그의 처인 피해자의 비리를 지적하는 말을 한 것은 특별한 사정이 없는 한 공연하다고 말하기 어렵다.

9. 대법원 1990.4.27, 89도1467
조합장으로 취임한 피고인이 조합의 원만한 운영을 위하여 피해자의 측근이며 피해자의 불신임을 적극 반대하였던 甲에게 조합운영에 대한 협조를 구하기 위하여 동인과 단둘이 있는 자리에서 이사회가 피해자를 불신임하게 된 사유를 설명하는 과정에서 피해자에 대한 여자관계의 소문이 돌고 있다는 취지의 말을 한 것이라면 그것은 전파될 가능성이 있다고 할 수 없다.

10. 대법원 1996.4.12, 94도3309
피해자를 명예훼손죄로 고소할 수 있도록 그 증거자료를 미리 은밀하게 수집, 확보하기 위하여 피고인의 발언을 유도하였다고 의심되는 사람들에게 한 피해자의 여자 문제 등 사생활에 관한 피고인의 발언은 이들이 수사기관 이외의 다른 사람들에게 전파할 가능성이 있다고 단정하기는 어려우므로 공연성이 인정되지 않는다. 경찰채용 11 1차 / 경찰간부 18

11. 대법원 2000.2.11, 99도4579
이혼소송계속 중인 처가 남편의 친구에게 서신을 보내면서 남편의 명예를 훼손하는 문구가 기재된 서신을 동봉한 경우, 공연성이 결여되었다. 경찰승진(경감) 11 / 사시 10 / 국가7급 22

12. 대법원 2000.5.6, 99도5622
기자에게 사실을 유포하였으나, 기사화되지 않은 경우 공연성의 구비 여부
개별적으로 한 사람에 대하여 사실을 유포하였다고 하더라도 그로부터 불특정 또는 다수인에게 전파될 가능성이 있다면 공연성의 요건을 충족하지만 이와 달리 전파될 가능성이 없다면 특정한 사람에 대한 사실의 유포는 공연성을 결한다고 할 것인바, 통상 ① 기자가 아닌 보통 사람에게 사실을 적시할 경우에는 그 자체로서 적시된 사실이 외부에 공표되는 것이므로 그때부터 곧 전파가능성을 따져 공연성 여부를 판단하여야 할 것이지만, 그와는 달리 ② 기자를 통해 사실을 적시하는 경우에는 기사화되어 보도되어야만 적시된 사실이 외부에 공표된다고 보아야 할 것이므로, 기자가 취재를 한 상태에서 아직 기사화하여 보도하지 아니한 경우에는 전파가능성이 없다고 할 것이어서 공연성이 없다고 봄이 상당하다. 법원행시 13 / 법원9급 11 / 경찰승진(경감) 11 / 사시 10 / 경찰간부 17 / 경찰승진 17 / 경찰채용 18 1차 / 경찰간부 22

13. 대법원 2001.4.10, 2000도5711
피고인이 경찰서에서 피해자와의 다툼 경위에 관한 조사 과정에서 피해자에 대한 명예훼손 발언을 한 경우 공연

성이 인정되지 아니한다.

14. 대법원 2005.12.9, 2004도2880

어느 사람에게 귀엣말 등 그 사람만 들을 수 있는 방법으로 그 사람 본인의 사회적 가치 내지 평가를 떨어뜨릴 만한 사실을 이야기하였다면, 위와 같은 이야기가 불특정 또는 다수인에게 전파될 가능성이 있다고 볼 수 없어 명예훼손의 구성요건인 공연성을 충족하지 못하는 것이며, 그 사람이 들은 말을 스스로 다른 사람들에게 전파하였더라도 위와 같은 결론에는 영향이 없다. 국가7급 07 / 법원행시 06 / 법원행시 11 / 법원9급 09 / 경찰승진(경감) 11 / 경찰채용 11 1차 / 경찰간부 16 / 경찰승진 17

15. 대법원 2006.9.22, 2006도4407

'피해자의 소개로 알게 된 피해자와 친분관계 있는 자'에게 피해자의 명예를 훼손하는 말을 한 경우

A는 평소 B의 소개로 친하게 지내던 C와 D에게 B의 명예를 훼손하는 취지의 말을 하였다. 그런데 A와 B, C와 D 사이의 친분관계가 있었고 C나 D는 A로부터 위와 같은 말을 듣고도 10개월여가 지날 때까지는 그 사실을 B에게 알리거나 제3자에게 전파하지 않고 있던 중 A와 C 사이의 분쟁으로 인해 관계가 악화되자 C가 B에게 위와 같은 사실을 알림으로써 비로소 A의 행위가 문제가 된 경우, A의 행위는 불특정 또는 다수인에게 전파될 가능성이 있었다고 보기는 어렵기 때문에 무죄를 선고한 것은 정당하다. 경찰승진 16

16. 대법원 2011.9.8, 2010도7497

피고인이 자신의 아들 등에게 폭행을 당하여 입원한 피해자의 병실로 찾아가 그의 모(母) 甲과 대화하던 중 甲의 이웃 乙 및 피고인의 일행 丙 등이 있는 자리에서 "학교에 알아보니 피해자에게 원래 정신병이 있었다고 하더라."라고 허위사실을 말하여 피해자의 명예를 훼손하였다는 내용으로 기소된 경우, 피고인이 丙과 함께 피해자의 병문안을 가서 피고인·甲·乙·丙 4명이 있는 자리에서 피해자에 대한 폭행사건에 관하여 대화를 나누던 중 위 발언을 한 것이라면 불특정 또는 다수인이 인식할 수 있는 상태라고 할 수 없고, 또 그 자리에 있던 사람들의 관계 등 여러 사정에 비추어 피고인의 발언이 불특정 또는 다수인에게 전파될 가능성이 있다고 보기도 어려워 공연성이 없다고 보아야 한다. 경찰채용 12 1차 / 경찰채용 13 1차 / 경찰채용 13 2차 / 변호사 14 / 경찰간부 16

17. 대법원 2020.12.30, 2015도12933

상대방이 특수한 관계에 있는 경우의 전파가능성 제한의 법리(전파성제한이론)

공연성은 명예훼손죄의 구성요건으로서, 특정 소수에 대한 사실적시의 경우 공연성이 부정되는 유력한 사정이 있다고 볼 수 있으므로, 전파가능성에 관해서는 검사의 엄격한 증명이 필요하다. 발언 상대방이 발언자나 피해자의 배우자, 친척, 친구 등 사적으로 친밀한 관계에 있는 경우 또는 직무상 비밀유지의무 또는 이를 처리해야 할 공무원이나 이와 유사한 지위에 있는 경우에는 그러한 관계나 신분으로 비밀의 보장이 상당히 높은 정도로 기대되는 경우로서 공연성이 부정된다. 위와 같이 발언자와 상대방, 그리고 피해자와 상대방이 특수한 관계에 있는 경우 또는 상대방이 직무상 특수한 지위나 신분을 가지고 있는 경우에 공연성을 인정하려면 그러한 관계나 신분에도 불구하고 불특정 또는 다수인에게 전파될 수 있다고 볼 만한 특별한 사정이 존재하여야 한다(대법원 2020.11.19, 2020도5813 전원합의체). 피고인이 사무실에서 이 사건 발언을 할 당시 甲만 있었는데, 이는 공연성이 부정될 유력한 사정이므로, 피고인의 발언이 전파될 가능성에 대해서는 검사의 엄격한 증명이 필요하다. 또한 피고인과 甲의 친밀 관계를 고려하면 비밀보장이 상당히 높은 정도로 기대되기 때문에 공연성을 인정하려면 그러한 관계에도 불구하고 불특정 또는 다수인에게 전파될 수 있다고 볼 만한 특별한 사정이 있어야 한다.

18. 대법원 2020.12.30, 2015도15619

상대방이 직무상 비밀유지의무 등이 있는 경우의 전파가능성 제한의 법리(전파성제한이론)

개별적인 소수에 대한 발언을 불특정 또는 다수인에게 전파될 가능성을 이유로 공연성을 인정하기 위해서는 막연히 전파될 가능성이 있다는 것만으로 부족하고, 고도의 가능성 내지 개연성이 필요하며, 이에 대한 검사의 엄격한 증명을 요한다. 특히 발언 상대방이 직무상 비밀유지의무 또는 이를 처리해야 할 공무원이나 이와 유사한 지위에 있는 경우에는 …… 공연성이 부정되고, 공연성을 인정하기 위해서는 …… 특별한 사정이 존재하여야 한다(대법원 2020.11.19, 2020도5813 전원합의체; 2021.4.29, 2021도1677). …… 골프장 경기도우미들이 자율규정을 위반한 경기도우미를 징계하였으니 처리하여 달라는 취지가 기재된 요청서를 절차에 따라 골프장 운영 회사의 담당자에게 전달한 경우, …… 피고인들이 피해자에 대한 출입금지처분을 요청하기 위하여 그 담당자에게 요청서를 제출한 것이어서 담당자를 통하여 불특정 또는 다수인에게 전파될 가능성이 있다고 보이지 않는다.

19. 대법원 2022.7.28, 2020도8336
공사가 신속히 진행되지 못하는 이유를 공사요청을 한 1인에게 설명하는 경우
공연성은 명예훼손죄와 모욕죄의 구성요건으로서, 명예훼손이나 모욕에 해당하는 표현을 특정 소수에게 한 경우 공연성이 부정되는 유력한 사정이 될 수 있으므로, 전파될 가능성에 관해서는 검사의 엄격한 증명이 필요하다. 친밀하고 사적인 관계뿐만 아니라 공적인 관계에서도 조직 등의 업무와 관련하여 사실의 확인 또는 규명 과정에서 발언하게 된 것이거나, 상대방의 가해에 대하여 대응하는 과정에서 발언하게 된 경우와 수사·소송 등 공적인 절차에서 당사자 사이에 공방을 하던 중 발언하게 된 경우 등이라면 발언자의 전파가능성에 대한 인식과 위험을 용인하는 내심의 의사를 인정하는 것은 신중하여야 한다(대법원 2020.11.19, 2020도5813 전원합의체). …… 甲 등은 수원시 이 사건 빌라의 소유자를 대리하여 이 사건 빌라를 관리하는 사람들인데, 甲 등은 이 사건 빌라의 누수 문제로 그 아랫집에 거주하는 A로부터 공사 요청을 받게 되자, (공사가 신속히 진행되지 못하는 이유를 이 사건 빌라를 임차하여 거주하는 가족인 피해자들의 탓으로 돌려 책임추궁을 피하려는 의도로) A와 전화통화를 하면서 乙 등에 대하여 '무식한 것들', '이중인격자' 등이라 표현하면서 누수 공사 협조의 대가로 과도하고 부당한 요구를 하거나 막말과 욕설을 하였다고 말했다. 이 사건 각 발언은 피고인들이 각자 공소외 1 한 사람에게만 한 것으로서, 신속한 누수 공사 진행을 요청하는 공소외 1에게 임차인인 피해자들의 협조 문제로 공사가 지연되는 상황을 설명하는 과정에서 나온 것으로서, 이에 관한 피고인들의 진술내용을 종합해 보더라도 피고인들이 전파가능성에 대한 인식과 위험을 용인하는 내심의 의사에 기하여 이 사건 각 발언을 하였다고 단정하기 어렵다.

보충 공소외 1(A)이 자신의 형과 변호사에게 이 사건 각 발언의 녹음 사실을 알려주었다. 그러나 이는 이 사건 빌라의 누수에 관하여 피고인들을 상대로 한 민사소송에서 이 사건 각 발언이 자료로 제출되도록 하기 위한 것일 뿐이므로, 이를 들어 이 사건 각 발언이 불특정인 또는 다수인에게 전파되었다고 볼 수 없다. 이 사건 각 발언이 불특정인 또는 다수인에게 전파되지 않은 것은 비록 위 각 발언 이후의 사정이기는 하지만 공연성 여부를 판단할 때 소극적 사정으로 고려될 수 있다.

ⓒ 직접 인식할 수 있는 상태설 : 통설은 공연성을 불특정 또는 다수인이 '직접 인식할 수 있는 상태'이어야 한다고 함으로써 전파성이론에 반대하고 있다.[262]

ⓛ (명예훼손적) 사실의 적시

ⓐ 구체적 사실의 적시 : ㉮ '사실(事實)의 적시'란 시간과 공간적으로 구체적인 과거 또는 현재의 사실관계에 관한 보고(報告) 내지 진술(陳述)을 의미하는 것이며 그 표현내용이 증거에 의한 입증이 가능한 것을 말한다(대법원 1998.3.24, 97도2956). 경찰승진(경사) 11 즉 사실의 적시는 가치판단이나 평가를 내용으로 하는 의견표현에 대치되는 개념으로써, 허위이든 진실이든 특정인의 사회적 가치 내지 평가가 침해될 가능성이 있는 구체적 성질의 것을 말하며(대법원 2000.2.25, 98도2188), 반드시 그러한 구체적인 사실이 직접적으로 명시되어 있을 것을 요구하는 것은 아니지만, 적어도 적시된 내용 중의 특정 문구에 의하여 그러한 사실이 곧바로 유추될 수 있을 정도는 되어야 한다(대법원 2011.8.18, 2011도6904). 경찰채용 14 2차 이러한 구체적 사실의 적시에 해당된다면 사실의 적시자가 스스로 실험한 것으로 적시하든, 타인으로부터 전문(傳聞)한 것으로 적시하든 가리지 않는다(대법원 1985.4.23, 85도431). ㉯ 반면 경멸적인 언사나 욕설은 구체적 사실의 적시라고 볼 수 없으며(대법원 1994.10.25, 94도1770), 이는 모욕죄의 행위태양이 될 뿐이다.

---

262 강구진, 215면; 김성천/김형준, 289면; 김일수/서보학, 187면; 김종원, 154면; 배종대, 222면; 백형구, 355면; 오영근, "명예훼손죄의 공연성", 형사판례연구(1), 126면 이하; 오영근, 283면; 이재상, §12－14; 이정원, 216면; 이형국(Ⅰ), 305면; 임웅, 194면; 정성근/박광민, 185면; 진계호, 198면. 통설의 주요 논거는 다음과 같다. ㉮ 명예훼손죄의 처벌근거는 적시된 사실이 계속 전파되어 나갈 위험성(명예훼손의 위험성)에 있는 것이 아니라, 사실의 적시로 인하여 직접 발생하는 명예훼손의 위험성에 있다. ㉯ 개인과 개인 간의 정보전달행위까지도 공연성을 인정하는 전파성이론은 표현의 자유를 본질적으로 침해한다. ㉰ 본죄가 성립하기 위해서는 적어도 불특정 또는 다수인이 –현실로 인식할 것까지 요하지는 않지만– 직접 인식할 수 있는 상태에 이르러야 한다.

판례연구 구체적 사실의 적시로 인정되는 경우

대법원 1991.5.14, 91도420

명예훼손죄의 사실의 적시와 간접적, 우회적 표현

명예훼손죄에 있어서의 사실의 적시는 사실을 직접적으로 표현한 경우에 한정될 것은 아니고, 간접적이고 우회적인 표현에 의하더라도 그 표현의 전(全) 취지에 비추어 그와 같은 사실의 존재를 암시하고, 또 이로써 특정인의 사회적 가치 내지 평가가 침해될 가능성이 있을 정도의 구체성이 있으면 족한 것이므로, 교수가 학생들 앞에서 피해자의 이성관계를 암시하는 발언을 한 것도 명예훼손죄가 성립한다. 법원9급 05

판례연구 구체적 사실의 적시로 인정되지 않는 경우

1. 대법원 1994.6.28, 93도696; 2009.9.24, 2009도6687

자신을 형사고발하였다는 것을 알린 경우 고발인에 대한 명예훼손 여부

누구든지 범죄가 있다고 생각하는 때에는 고발할 수 있는 것이므로, ① 어떤 사람이 범죄를 고발하였다는 사실이 주위에 알려졌다고 하여 그 고발사실 자체만으로 고발인의 사회적 가치나 평가가 침해될 가능성이 있다고 볼 수는 없을 터이고, ② 다만 그 고발의 동기나 경위가 불순하다거나 온당하지 못하다는 등의 사정이 있고 이러한 사정이 함께 알려진 경우에 고발인의 명예가 침해될 가능성이 있다. 피고인이 다만 피해자가 피고인의 범죄를 고발하였다는 내용의 언사만을 하고 그 고발의 동기나 경위에 관하여는 전혀 언급을 하지 아니하였다면("고발당해서 경찰서에 갔다 왔다. 년놈이 신고해서 경찰서에 갔다 왔다. 년은 안나오고 놈만 나왔다."고 한 경우, 甲이 제3자에게 乙이 丙을 선거법 위반으로 고발하였다는 말만 한 경우), 그와 같은 언사만으로는 피해자의 사회적 가치나 평가를 침해하기에 충분한 구체적인 사실이 적시되었다고 보기는 어렵다. 법원행시 08 / 법원행시 14 / 경찰간부 23

2. 대법원 2007.6.15, 2004도4573

'월간중앙'이 '부 · 처별 고려대상자 명단'이라는 '극비 보고서'를 단독 입수했다는 부분은 자신의 기사가 「특종」임을 과시하려는 문구에 불과한 것으로 보이고, 이로써 피해자가 중요문서를 소홀하게 관리하고 있다는 사실을 암시하는 내용이라고 보기는 어렵다(나아가, 신문이나 월간지 등 언론매체가 이른바 '극비 보고서'를 입수하여 보도하였다는 이유만으로 위 보고서의 작성명의자로 되어 있는 특정인이 보안의식 등에 문제가 있는 것처럼 보이게 하여 동인의 명예를 훼손하는 범죄를 저질렀다고 평가하는 것은 언론의 자유 보장이라는 헌법적 가치에 비추어 보더라도 부당하다).

3. 대법원 2011.8.18, 2011도6904

"관할 지청에서 군수로 당선된 甲의 운전기사 乙을 구속하고 甲을 조사하고 있다."는 내용의 문자메시지를 마치 관할 지방검찰청 지청에서 발신하는 것처럼 기자들에게 발송한 경우 지청에 대한 사실적시 여부

문자메시지는 '관할 지청에서 乙을 구속하고 甲 군수를 조사하고 있다.'는 취지의 내용으로 보일 뿐이고, 피고인이 지청장실 전화번호 끝자리를 생략한 허위 발신번호를 게재한 사정까지 함께 고려하더라도 문자메시지 내용에서 '지청장 또는 지청 구성원이 그와 같은 내용을 알린다.'는 사실이 곧바로 유추될 수 있다고 보이지 않으므로, 위 문자메시지에 의하여 지청장 또는 지청 구성원의 사회적 가치나 평가를 저하시키기에 충분한 구체적인 사실의 적시가 있다고 볼 수 없다. 경찰채용 14 2차

4. 대법원 2011.9.2, 2010도17237

방송국 프로듀서 등 피고인들이 특정 프로그램 방송보도를 통하여 '미국산 쇠고기 수입을 위한 제2차 한미 전문가 기술협의'(이른바 '한미 쇠고기 수입 협상')의 협상단 대표와 주무부처 장관이 미국산 쇠고기 실태를 제대로 파악하지 못하였다는 취지의 허위사실을 적시하여 이들의 명예를 훼손하였다는 내용으로 기소된 경우, 명예훼손죄의 사실적시에 관한 법리 및 대법원 2011.9.2. 선고 2009다52649 전원합의체 판결에서 정부 협상단의 미국산 쇠고기 실태 파악 관련 방송보도에 관하여, 정부가 미국 도축시스템의 실태 중 아무것도 본 적이 없다는 구체적 사실을 적시한 것이 아니라, 미국산 쇠고기 수입위생조건 협상에 필요한 만큼 미국 도축시스템의 실태를 제대로 알지 못하였다는 주관적 평가를 내린 것이라고 판시한 점 등에 비추어 볼 때, 이 부분 보도내용은 비판 내지 의견 제시로 볼 수 있으므로 명예훼손죄에서 말하는 '사실의 적시'에 해당하지 않는다고 해야 한다. 경찰채용 12 1차

5. 대법원 2017.5.11, 2016도19255

사실의 적시와 의견표현의 구별 : 다른 사람의 말 · 글을 비평하면서 사용한 표현이 겉으로 보기에 증거에 의해 입증 가능한 구체적인 사실관계를 서술하는 형태이지만, 사실의 적시에 해당하지 않는 경우

다른 사람의 말이나 글을 비평하면서 사용한 표현이 겉으로 보기에 증거에 의해 입증 가능한 구체적인 사실관계를 서술하는 형태를 취하고 있더라도, 글의 집필의도, 논리적 흐름, 서술체계 및 전개방식, 해당 글과 비평의 대상이 된 말 또는 글의 전체적인 내용 등을 종합하여 볼 때, 평균적인 독자의 관점에서 문제 된 부분이 실제로는 비평자의 주관적 의견에 해당하고, 다만 비평자가 자신의 의견을 강조하기 위한 수단으로 그와 같은 표현을 사용한 것이라고 이해된다면 명예훼손죄에서 말하는 사실의 적시에 해당한다고 볼 수 없다.

6. 대법원 2020.5.28, 2019도12750

카카오톡 계정 프로필 상태메시지 게시 명예훼손 사건

학교폭력 피해학생의 모(母)인 피고인이 자신의 카카오톡 계정 프로필 상태메시지에 '학교폭력범은 접촉금지!!!'라는 글과 주먹 모양의 그림말 세 개를 게시한 것이 학교폭력 가해학생인 피해자에 대한 정보통신망법위반(명예훼손)으로 기소된 경우, 피고인은 이 사건 상태메시지를 통해 피해자의 학교폭력 사건이나 그 사건으로 피해자가 받은 조치에 대해 기재함으로써 피해자의 사회적 가치나 평가를 저하시키기에 충분한 구체적인 사실을 드러냈다고 볼 수 없다. 국가7급 22 / 경찰간부 22 / 경찰채용 24 1차

7. 대법원 2022.4.28, 2021도1089

낮에 근무하면서 사적인 일을 본다고 말한 사건

아파트 관리소장인 甲은 오피스텔 관리소장인 乙이 개인적인 이익을 위해 아파트 관리업무에 관해 과다한 민원을 제기하여 아파트 관리업무를 방해한다고 생각하던 차에 乙의 민원으로 과태료까지 부과 받게 되자, 乙이 관리소장으로 근무하는 오피스텔의 입주자대표회의 회장 등이 있는 가운데 "여기 소장인 乙은 낮에 근무하면서 경매를 받으러 다닌다. 구청에 사적으로 일보러 다닌다."는 취지의 발언을 하였다. …… 명예훼손죄가 성립하기 위해서는 피해자의 사회적 가치나 평가가 침해될 가능성이 있어야 하므로, 어떤 표현이 명예훼손적인지는 그 표현에 대한 사회통념에 따른 객관적 평가에 따라 판단하여야 하고(대법원 2008.11.27, 2008도6728 등), 명예훼손죄가 성립하기 위해서는 주관적 구성요소로서 타인의 명예를 훼손한다는 고의를 가지고 사람의 사회적 평가를 저하시키는 데 충분한 구체적 사실을 적시하는 행위를 할 것이 요구된다(대법원 2018.6.15, 2018도4200 등). 이 사건 발언은 피고인과 피해자 및 상대방의 관계, 표현 정도와 방법, 발언에 이르게 된 경위, 발언의 의미와 전체적인 맥락, 발언 이후의 정황 등에 비추어, 피고인의 발언이 사회통념상 피해자의 명예를 훼손할 정도에 이르렀다고 보기 어렵고, 명예훼손의 고의도 인정되지 않는다.

8. 대법원 2022.5.13, 2020도15642

'이혼한 피해자가 왜 마을제사에 왔는지 모르겠다'는 발언 사건

명예훼손죄가 성립하려면 사실의 적시가 있어야 하고 적시된 사실은 특정인의 사회적 가치나 평가가 침해될 가능성이 있을 정도로 구체성을 띠어야 한다(대법원 2000.2.25, 98도2188 등). 사실의 적시란 가치판단이나 평가를 내용으로 하는 의견표현에 대치되는 개념으로서 시간과 공간적으로 구체적인 과거 또는 현재의 사실관계에 관한 보고나 진술을 뜻하며, 표현내용이 증거에 의한 증명이 가능한 것을 말한다. …… 부산 ○○구 ○○동장인 피고인이 ○○구 주민자치위원인 A에게 전화를 걸어 "어제 열린 ○○동 마을제사 행사에 남편과 이혼한 피해자도 참석을 하여, 이에 대해 행사에 참여한 사람들 사이에 안 좋게 평가하는 말이 많았다."고 말하고, ○○동 주민들과 함께한 저녁식사 자리에서 피해자는 "이혼했다는 사람이 왜 마을제사에 왔는지 모르겠다."고 말하였는데, ① 피고인이 피해자의 이혼 경위나 사유, 혼인관계 파탄의 책임 유무를 언급하지 않고 이혼 사실 자체만을 언급한 것은 피해자의 사회적 가치나 평가를 떨어뜨린다고 볼 수 없고, ② 이 사건 발언은 피해자에 관한 과거의 구체적인 사실을 진술하기 위한 것이 아니라 피해자의 당산제 참석에 대한 부정적인 가치판단이나 평가를 표현하고 있을 뿐이다.

9. 대법원 2023.10.26, 2017도18697

학문적 표현과 학문의 자유의 보호영역

정신적 자유의 핵심인 학문의 자유는 기존의 인식과 방법을 답습하지 아니하고 끊임없이 문제를 제기하거나 비판을 가함으로써 새로운 인식을 얻기 위한 활동을 보장하는 데에 그 본질이 있다(대법원 2018.7.12, 2014도

3923). 학문적 표현의 자유는 학문의 자유의 근간을 이룬다. 학문적 표현행위는 연구 결과를 대외적으로 공개하고 학술적 대화와 토론을 통해 새롭고 다양한 비판과 자극을 받아들여 연구 성과를 발전시키는 행위로서 그 자체가 진리를 탐구하는 학문적 과정이며 이러한 과정을 자유롭게 거칠 수 있어야만 궁극적으로 학문이 발전할 수 있다. 헌법 제22조 제1항이 학문의 자유를 특별히 보호하는 취지에 비추어 보면, 학문적 표현의 자유에 대한 제한은 필요 최소한에 그쳐야 한다. 따라서 학문적 표현행위는 기본적 연구윤리를 위반하거나 해당 학문 분야에서 통상적으로 용인되는 범위를 심각하게 벗어나 학문적 과정이라고 보기 어려운 행위의 결과라거나, 논지나 맥락과 무관한 표현으로 타인의 권리를 침해하는 등의 특별한 사정이 없는 한 원칙적으로 학문적 연구를 위한 정당한 행위로 보는 것이 타당하다. …… 대법원은 명예훼손죄에서 '사실의 적시'에 관하여, 객관적으로 피해자의 사회적 평가를 저하시키는 사실에 관한 발언이 보도, 소문이나 제3자의 말을 인용하는 방법으로 단정적인 표현이 아닌 전문 또는 추측의 형태로 표현되었더라도, 표현 전체의 취지로 보아 사실이 존재할 수 있다는 것을 암시하는 방식으로 이루어진 경우에는 사실의 적시로 인정하여 왔다(대법원 2008.11.27, 2007도5312). 하지만 학문적 표현의 자유를 실질적으로 보장하기 위해서는, 학문적 연구 결과 발표에 사용된 표현의 적절성은 형사 법정에서 가려지기보다 자유로운 공개토론이나 학계 내부의 동료평가 과정을 통하여 검증되는 것이 바람직하다. 그러므로 학문적 연구에 따른 의견 표현을 명예훼손죄에서 사실의 적시로 평가하는 데에는 신중할 필요가 있다. 역사학 또는 역사적 사실을 연구 대상으로 삼는 학문 영역에서의 '역사적 사실'과 같이, 그것이 분명한 윤곽과 형태를 지닌 고정적인 사실이 아니라 사후적 연구, 검토, 비판의 끊임없는 과정 속에서 재구성되는 사실인 경우에는 더욱 그러하다. 이러한 점에서 볼 때, 학문적 표현을 그 자체로 이해하지 않고, 표현에 숨겨진 배경이나 배후를 섣불리 단정하는 방법으로 암시에 의한 사실 적시를 인정하는 것은 허용된다고 보기 어렵다. 또한 형사재판에서 공소가 제기된 범죄의 구성요건을 이루는 사실은 그것이 주관적 요건이든 객관적 요건이든 그 증명책임이 검사에게 있으므로, 해당 표현이 학문의 자유로서 보호되는 영역에 속하지 않는다는 점은 검사가 증명하여야 한다.

ⓑ 명예훼손적 사실 : 비록 사실을 적시하였더라도 그 사실이 특정인의 사회적 가치 내지 평가를 침해할 수 있는 내용이 아니라면 명예훼손죄는 성립하지 않는다(대법원 2007.10.26, 2006도5924 – 이단이라는 표현은 종교적 비판의 자유에 속한다는 사례 –).[263] 법원9급 11 / 사시 10 / 법원9급 16 어떤 표현이 명예훼손적인지 여부는 그 표현에 대한 사회통념에 따른 객관적 평가에 의하여 판단하여야 한다. 따라서 가치중립적인 표현을 사용하였다 하더라도 사회통념상 그로 인하여 특정인의 사회적

263 **사례 : 종교적 비판의 자유 사례** 甲은 목사 乙에 대한 유인물을 배포하였다. 그런데 유인물의 내용 중에는 ⓐ "乙(대한예수교침례회)은 구원파 계열의 이단이다.", "乙은 체계적으로 신학을 공부한 적이 없다.", ⓑ "乙이 기성교회를 공격하고 폄하하며 자기들을 드러내기만을 고집하려고 시도하였다.", "乙의 시도를 막아 우리 고장 대전이 이단들이 발호하는 도시라는 불명예를 씻어내고 우리 고장 대전과 우리 가정 및 자녀를 지켜내자.", ⓒ "구원파는 '성경세미나'라는 모임을 통하여 대전시민에게 다가간다."는 등의 표현이 들어있었다. 甲에게는 명예훼손죄가 성립하는가?
판례 사실인가 또는 의견인가를 구별함에 있어서는, 언어의 통상적 의미와 용법, 입증가능성, 문제된 말이 사용된 문맥, 그 표현이 행하여진 사회적 정황 등 전체적 정황을 고려하여 판단하여야 할 것이고, 적시된 사실은 이로써 특정인의 사회적 가치 내지 평가가 침해될 가능성이 있을 정도로 구체성을 띠어야 하는 것이며, **비록 사실을 적시하였더라도 그 사실이 특정인의 사회적 가치 내지 평가를 침해할 수 있는 내용이 아니라면 형법 제307조 소정의 명예훼손죄는 성립하지 않으며, 헌법상 종교의 자유가 보장되는 점에 비추어 다른 종교 또는 종교집단을 비판할 자유 역시 최대한 보장되어야 한다**(대법원 2007.10.26, 2006도5924).
판결이유 정리 ⓐ 기재부분은 그 의견의 기초가 되는 사실을 함께 기술하면서 의견을 표명한 것으로서 피고인들의 주관적인 종교적·교리적 분석에 기초한 순수한 의견 또는 논평에 해당하는 것이고, ⓑ 기재부분도 전체적인 맥락에서 피고인들의 의견을 표명하고 있는 것일 뿐 이를 사실의 적시에 해당한다고 보기 어려우며, ⓒ 기재부분 또한 乙의 사회적 가치 내지 평가를 침해할 수 있는 명예훼손적 표현에 해당하지 않으므로, 피고인들이 이 사건 유인물을 배포한 행위를 명예훼손죄로 의율할 수 없다.
해결 성립하지 않는다. **유사판례** 목사가 예배 중 특정인을 가리켜 **"이단 중에 이단이다."**라고 설교한 부분은 명예훼손죄에서 말하는 '사실의 적시'에 해당하지 않는다(대법원 2008.10.9, 2007도1220). 법원행시 14 / 경찰채용 12 1차
비교 아무리 종교적 목적을 위한 언론·출판의 자유가 고도로 보장되고, 종교적 의미의 검증을 위한 문제의 제기가 널리 허용되어야 한다고 하더라도 구체적 정황의 뒷받침도 없이 악의적으로 모함하는 일이 허용되지 않도록 경계해야 함은 물론, 구체적 정황에 근거한 것이라 하더라도 표현방법에 있어서는 상대방의 인격을 존중하는 바탕 위에서 어휘를 선택하여야 하고, 아무리 비판을 받아야 할 사항이 있다고 하더라도 **모멸적인 표현으로 모욕을 가하는 일은 허용될 수 없다**(대법원 2014.9.4, 2012도13718).

평가가 저하되었다고 판단된다면 명예훼손죄가 성립할 수 있다.[264] 경찰채용 10 1차 / 법원9급 16 따라서 특정인에 대하여 그를 동성애자라고 한 글을 인터넷 사이트 게시판에 게시한 행위는 명예를 훼손한 행위에 해당하게 된다(대법원 2007.10.25, 2007도5077). 경찰간부 17

판례연구 명예훼손적 사실적시에 해당하는 경우

대법원 2007.5.10, 2007도1307

자신의 인터넷 홈페이지에 국회의원에 대하여 명예훼손적 詩를 써서 게시한 사례

인터넷 홈페이지에 게시한 어떠한 글(詩)의 표현행위가 명예훼손과 관련하여 문제가 되는 경우…甲의 詩는 일반 독자에게 그 표현 자체로서 사실의 적시라고 이해될 여지가 충분하고, 그 내용은 피해자의 의정활동에 관한 것으로서 명예에 관련된 사실인 것으로 판단된다(詩는 '민생법안이 널려 있어도 / 국회에 앉아 있으면 하품만 하는 년이지 / 아니지 국회 출석률 꼴지이지'라는 내용을 담고 있었다).

ⓒ 장래의 일을 적시하는 경우 : ㉮ 장래의 일도 본죄의 사실에 포함된다는 것이 다수설이다. 따라서 장래의 일을 적시하면서 과거 또는 현재의 사실을 기초로 하거나 이에 대한 주장을 포함하는 경우에는 명예훼손죄가 성립한다고 보아야 한다. 국가7급 07 예를 들어, 피고인이 경찰관을 상대로 진정한 사건이 혐의가 인정되지 않아 내사종결 처리되었음에도 불구하고 공연히 "사건을 조사한 경찰관이 내일부로 검찰청에서 구속영장이 떨어진다."고 말하였다면, 이는 현재의 사실을 기초로 하거나 이에 대한 주장을 포함하여 장래의 일을 적시한 것으로 볼 수 있어 명예훼손죄에 있어서의 사실의 적시에 해당하게 된다(대법원 2003.5.13, 2002도7420). 국가9급 13 / 법원행시 08 / 경찰채용 10 2차 / 사시 10 / 법원9급 18 / 법원9급 20 ㉯ 나반, '난순히 비래에 그 사람은 어버어버하게 될 것이나.' 내지 "내년에는 사태가 이렇게 악화될 것으로 본다."는 의견진술만으로는 －모욕죄의 성립은 별론으로 하더라도－ 명예훼손의 구성요건인 사실의 적시라고 하기는 어렵다.

ⓓ 공지(公知)의 사실 : 공지의 사실도 명예훼손죄의 사실이다. 즉 본죄가 성립하기 위하여는 반드시 숨겨진 사실을 적발하는 행위만에 한하지 아니하고, 이미 사회의 일부에 잘 알려진 사실이라고 하더라도 이를 적시하여 사람의 사회적 평가를 저하시킬 만한 행위를 한 때에는 본죄를 구성하게 된다(대법원 1994.4.12, 93도3535). 법원행시 06 / 법원9급 07(하) / 경찰승진(경사) 11

ⓔ 제2항의 허위의 사실의 적시와 그 증명 : 거짓의 사실인지 여부를 판단함에 있어서는 그 적시된 사실의 내용 전체의 취지를 살펴 객관적 사실과 합치되지 않는 부분이 중요한 부분인지 여부를 결정하여야 한다. 따라서 적시된 사실의 중요한 부분이 객관적 사실과 합치되는 경우에는 세부에 있어서 진실과 약간 차이가 나거나 다소 과장된 표현이 있다 하더라도 이를 거짓의 사실이라고 볼 수 없다(대법원 2009.2.12, 2008도8310). 법원9급 12 / 사시 10 / 변호사 12 / 국가9급 17 또한 비록 허위의 사실을 적시하였더라도 허위의 사실이 특정인의 사회적 가치 내지 평가를 침해할 수 있는 내용이 아니라면 형법 제307조의 명예훼손죄는 성립하지 않고, 사회 평균인의 입장에서 허위의 사실을 적시한 발언을 들었을 경우와 비교하여 오히려 진실한 사실을 듣는 경우에 피해자의 사회적

264 비교판례 우리나라 유명 소주회사가 일본의 주류회사에 지분이 50% 넘어가 일본 기업이 되었다고 하는 사실적시는 가치중립적 표현으로서 명예훼손적 표현이 아니다['(주)진로가 일본 아사히 맥주에 지분이 50% 넘어가 일본 기업이 됐다.'는 부분은 가치중립적인 표현으로서, 우리나라와 일본의 특수한 역사적 배경과 소주라는 상품의 특수성 때문에 '참이슬' 소주를 생산하는 공소사실 기재 피해자 회사의 대주주 내지 지배주주가 일본 회사라고 적시하는 경우 일부 소비자들이 '참이슬' 소주의 구매에 소극적이 될 여지가 있다 하더라도 이를 사회통념상 공소사실 기재 피해자 회사의 사회적 가치 내지 평가가 침해될 가능성이 있는 명예훼손적 표현이라고 볼 수 없다.](대법원 2008.11.27, 2008도6728). 경찰간부 17

가치 내지 평가가 더 크게 침해될 것으로 예상되거나, 양자 사이에 별다른 차이가 없을 것이라고 보는 것이 합리적인 경우라면, 형법 제307조 제2항의 허위사실 적시에 의한 명예훼손죄로 처벌할 수는 없다(대법원 2014.9.4, 2012도13718). 경찰간부 18 더불어, 과거의 역사적 사실관계 등에 대하여 민사판결을 통하여 어떠한 사실인정이 있었다 하더라도, 그와 반대되는 사실의 주장이나 견해의 개진 등을 원칙적으로 허위의 사실 적시에 해당한다고 단정할 수 없다(대법원 2017.12.5, 2017도15628). 나아가 사람의 사회적 평가를 떨어뜨리는 사실이 적시되었다는 점, 그 적시된 사실이 객관적으로 진실에 부합하지 아니하여 허위일 뿐만 아니라 그 적시된 사실이 허위라는 것을 행위자가 인식하고서 이를 적시하였다는 점은 모두 검사가 증명하여야 한다(대법원 2008.6.12, 2008도1421; 2009.1.30, 2007도5836; 2010.11.25, 2009도12132).

판례연구 민사판결의 사실인정과 반대되는 사실의 주장이나 견해의 개진 사건

대법원 2017.12.5, 2017도15628

민사재판에서 법원은 당사자 사이에 다툼이 있는 사실관계에 대하여 처분권주의와 변론주의, 그리고 자유심증주의의 원칙에 따라 신빙성이 있다고 보이는 당사자의 주장과 증거를 받아들여 사실을 인정하는 것이어서, 민사판결의 사실인정이 항상 진실한 사실에 해당한다고 단정할 수는 없다. 따라서 다른 특별한 사정이 없는 한, 그 진실이 무엇인지 확인할 수 없는 과거의 역사적 사실관계 등에 대하여 민사판결을 통하여 어떠한 사실인정이 있었다는 이유만으로, 이후 그와 반대되는 사실의 주장이나 견해의 개진 등을 형법상 명예훼손죄 등에 있어서 '허위의 사실 적시'라는 구성요건에 해당한다고 쉽게 단정하여서는 아니 된다. 판결에 대한 자유로운 견해 개진과 비판, 토론 등 헌법이 보장한 표현의 자유를 침해하는 위헌적인 법률해석이 되어 허용될 수 없기 때문이다. 경찰채용 21 1차 / 국가9급 21

㉢ 기수시기 : 불특정 또는 다수인이 직접 인식할 수 있는 상태에 이른 때에 기수가 된다(통설). 사실적시의 상대방의 현실적 인식은 요하지 않는다(추상적 위험범). 다만 명예에 관한 죄는 모두 미수를 벌하지 않기 때문에 기수에 도달하지 못하면 무죄가 된다.

판례연구 명예훼손죄의 추상적 위험범적 성질

1. 대법원 2007.10.25, 2006도346

정보통신망을 이용한 명예훼손의 경우 게재행위의 종료 시 범죄도 성립 · 종료한다는 사례

검사는 정보통신망을 이용한 명예훼손의 경우에도 게재행위의 종료만으로 범죄행위가 종료하는 것이 아니고 원래 게시물이 삭제되어 정보의 송수신이 불가능해지는 시점을 범죄의 종료시기로 보아서 이때부터 공소시효를 기산하여야 한다고 주장하나, 이 경우도 게재행위 즉시 범죄가 성립하고 종료한다고 보아야 한다. 서적·신문 등 기존의 매체에 명예훼손적 내용의 글을 게시하는 경우에 그 게시행위로써 명예훼손의 범행은 종료하는 것이며 그 서적이나 신문을 회수하지 않는 동안 범행이 계속된다고 보지는 않는다는 점을 고려해 보면, 정보통신망을 이용한 명예훼손의 경우에, 게시행위 후에도 독자의 접근가능성이 기존의 매체에 비하여 좀 더 높다고 볼 여지가 있다 하더라도 그러한 정도의 차이만으로 정보통신망을 이용한 명예훼손의 경우에 범죄의 종료시기가 달라진다고 볼 수는 없기 때문이다. 경찰간부 18 / 경찰채용 18 2차

2. 대법원 2020.11.19, 2020도5813 전원합의체

명예훼손죄 규정이 '명예를 훼손한'이라고 규정되어 있음에도 이를 침해범이 아니라 추상적 위험범으로 보는 것은 명예훼손이 갖는 행위반가치와 결과반가치의 특수성에 있다. 즉 명예훼손죄의 보호법익인 명예에 대한 침해가 객관적으로 확인될 수 없고 이를 증명할 수도 없기 때문이다. 따라서 불특정 또는 다수인이 적시된 사실을 실제 인식하지 못하였다고 하더라도 그러한 상태에 놓인 것만으로도 명예가 훼손된 것으로 보아야 하고 이를 불능범이나 미수로 평가할 수 없다. 공연성에 관한 위와 같은 해석은 불특정 또는 다수인이 인식할 수 있는 가능

성의 측면을 말하는 것이고, 죄형법정주의에서 허용되는 해석이며, 그와 같은 행위에 대한 형사처벌의 필요성이 있다.

유사판례 피고인은 공개된 식당에서 지나가는 피해자를 보며 부대 동료 A에게 "내가 새벽에 운동을 하고 나오면 헬스장 근처에 있는 모텔에서 피해자가 남자 친구와 나오는 것을 몇 번 봤다. 나를 봤는데 얼마나 창피했겠냐."라고 말한 것은 명예훼손죄의 구성요건으로서 공연성이 인정되고, 명예훼손죄는 추상적 위험범으로 불특정 또는 다수인이 적시된 사실을 실제 인식하지 못하였다고 하더라도 인식할 수 있는 상태에 놓인 것으로도 명예가 훼손된 것으로 보아야 한다(대법원 2020.12.10, 2019도12282).

(2) 주관적 구성요건

① 고의 : 사람의 명예를 훼손할만한 사실을 공연히 적시한다는 고의가 있어야 한다. 전파가능성을 이유로 명예훼손죄의 공연성을 인정하는 경우에는 적어도 미필적 고의가 필요하므로 전파가능성에 대한 인식이 있음은 물론 나아가 그 위험을 용인하는 내심의 의사가 있어야 한다. 행위자가 전파가능성을 용인하고 있었는지 여부는 외부에 나타난 행위의 형태와 상황 등 구체적인 사정을 기초로 일반인이라면 그 전파가능성을 어떻게 평가할 것인가를 고려하면서 행위자의 입장에서 그 심리상태를 추인하여야 한다. 다만, 본죄는 명예훼손의 목적은 요하지 않는다(대법원 1991.3.27, 91도156). 명예훼손의 죄 중 목적범은 출판물 등에 의한 명예훼손죄(제309조)뿐이다. 한편, 명예훼손사실을 발설한 것이 사실이냐는 질문에 대답하는 과정에서 타인의 명예를 훼손하는 사실을 발설하게 된 것이라면, 그 발설내용과 동기에 비추어 명예훼손의 고의를 인정할 수 없고, 질문에 대한 단순한 확인대답이 명예훼손에서 말하는 사실적시라고도 할 수 없다(대법원 1983.8.23, 83도1017). 경찰채용 10 1차

판례연구 명예훼손의 고의를 인정할 수 있는 경우

대법원 2017.9.7, 2016도15819

甲 대학교 사무처장인 피고인이 인터넷신문 기자에게 총장의 성추행 사건 등으로 복잡한 학교 측 입장을 이야기하면서 총장을 성추행 혐의로 고소한 甲 대학교 소속 교수인 피해자들에 대하여 '피해자들이 이상한 남녀관계인데, 치정 행각을 가리기 위해 개명을 하였고, 이를 확인해 보면 알 것이다.'라는 취지의 말을 하여 공연히 허위의 사실을 적시하여 피해자들의 명예를 훼손하였다는 이유로 기소된 경우, 피고인에게는 위와 같은 발언의 전파가능성에 관한 인식 및 용인의 의사가 있었다고 보아야 한다.

판례연구 명예훼손의 고의를 인정할 수 없는 경우

1. 대법원 2008.10.23, 2008도651

소극적 확인답변에 불과한 경우

甲이 관리단 임원들이던 A 등에 대하여 "乙이 전과 13범인 것이 확실하다.", "경찰서에 가서 확인해 보자."라고 말을 했다 하더라도, 이는 그 발언의 경위에 비추어 乙의 전과에 대한 진위가 확인되었다거나 또는 그 진위를 확인해보자는 소극적인 확인답변에 불과하므로 본조의 사실의 적시라고 할 수 없고 고의도 인정할 수 없다고 해야 한다.

2. 대법원 2010.10.28, 2010도2877

질문에 대한 대답에 불과한 경우

명예훼손 사실을 발설한 것이 정말이냐는 질문에 대답하는 과정에서 타인의 명예를 훼손하는 사실을 발설하게 된 것이라면, 그 발설내용과 동기에 비추어 명예훼손의 고의를 인정할 수 없다.[265] 경찰채용 12 2차/법원행시 16

265 사례 입주자대표 등이 모인 삼성아파트 자치회의에서 甲이 乙에게 허위의 사실을 말하였는데, 乙은 甲에게 그와 같은 말을

3. 대법원 2011.9.2, 2010도17237

'한미 쇠고기 수입 협상'의 협상단 대표와 주무부처 장관이 협상을 졸속으로 체결하였다고 방송한 사례

방송국 프로듀서 등 피고인들이 특정 프로그램 방송보도를 통하여 '미국산 쇠고기 수입을 위한 제2차 한미 전문가 기술협의'(이른바 '한미 쇠고기 수입 협상')의 협상단 대표와 주무부처 장관이 협상을 졸속으로 체결하여 국민을 인간광우병(vCJD) 위험에 빠뜨리게 하였다는 취지로 표현하는 등 그 자질 및 공직수행 자세를 비하하여 이들의 명예를 훼손하였다는 내용으로 기소된 경우, 보도내용 중 일부가 객관적 사실과 다른 허위사실 적시에 해당한다고 하면서도, 위 방송보도가 국민의 먹을거리와 이에 대한 정부 정책에 관한 여론형성이나 공개토론에 이바지할 수 있는 공공성 및 사회성을 지닌 사안을 대상으로 하고 있는 점, 허위사실의 적시로 인정되는 방송보도 내용은 미국산 쇠고기의 광우병 위험성에 관한 것으로 공직자인 피해자들의 명예와 직접적인 연관을 갖는 것이 아닐 뿐만 아니라 피해자들에 대한 악의적이거나 현저히 상당성을 잃은 공격으로 볼 수 없는 점 등을 고려할 때, 명예훼손의 고의를 인정하기 어렵고 달리 이를 인정할 증거가 없다. 경찰채용 12 1차 / 경찰채용 12 2차

4. 대법원 2018.6.15, 2018도4200

불미스러운 소문의 진위를 확인하고자 질문을 하는 과정 사례

명예훼손죄가 성립하기 위해서는 주관적 구성요소로서 타인의 명예를 훼손한다는 고의를 가지고 사람의 사회적 평가를 저하시키는 데 충분한 구체적 사실을 적시하는 행위를 할 것이 요구된다. 따라서 불미스러운 소문의 진위를 확인하고자 질문을 하는 과정에서 타인의 명예를 훼손하는 발언을 하였다면 이러한 경우에는 그 동기에 비추어 명예훼손의 고의를 인정하기 어렵다. 법원9급 21 / 경찰승진 23

보충 마트의 운영자인 피고인이 마트에 아이스크림을 납품하는 업체 직원인 甲을 불러 '다른 업체에서는 마트에 입점하기 위하여 입점비를 준다고 하던데, 입점비를 얼마나 줬냐? 점장 乙이 여러 군데 업체에서 입점비를 돈으로 받아 해먹었고, 지금 뒷조사 중이다.'라고 말한 사안이다. 피고인은 재고조사 후 일부 품목과 금액의 손실이 발견되자 마트 관계자들을 상대로 乙의 비리 여부를 확인하고 다니던 중 乙이 납품업자들로부터 현금으로 입점비를 받았다는 이야기를 듣고 甲을 불러 乙에게 입점비를 얼마 주었느냐고 질문하였던 점 등 제반 사정을 종합하면, 피고인에게 명예훼손의 고의를 인정하기 어렵다.

5. 대법원 2021.10.14, 2020도11004

전파성에 대한 고의가 부정되는 경우를 제시한 사례

전파가능성을 이유로 명예훼손죄의 공연성을 인정하는 경우에는 적어도 범죄구성요건의 주관적 요소로서 미필적 고의가 필요하므로 전파가능성에 대한 인식이 있음은 물론 나아가 그 위험을 용인하는 내심의 의사가 있어야 하고, 행위자가 전파가능성을 용인하고 있었는지 여부는 외부에 나타난 행위의 형태와 상황 등 구체적인 사정을 기초로 일반인이라면 그 전파가능성을 어떻게 평가할 것인가를 고려하면서 행위자의 입장에서 그 심리상태를 추인하여야 한다. ① 친밀하고 사적인 관계뿐만 아니라 ② 공적인 관계에 있어서도 조직 등의 업무와 관련하여 사실의 확인 또는 규명 과정에서 발언하게 된 것이거나, ③ 상대방의 가해에 대하여 대응하는 과정에서 발언하게 된 경우 및 ④ 수사·소송 등 공적인 절차에서 그 당사자들 사이에 공방을 하던 중 발언하게 된 경우 등이라면 그 발언자의 전파가능성에 대한 인식과 위험을 용인하는 내심의 의사를 인정하는 것은 신중하여야 한다. …… 피고인이 관련 민사소송에서 피해자의 주장에 부합하는 확인서를 작성해 준 甲을 찾아가 방문 경위를 설명하고 甲으로부터 기존 확인서와 상반되는 취지의 사실확인서를 다시금 교부받는 과정에서 이 사건 발언을 하였고, 실제 이 사건 발언을 들은 상대방은 甲이 유일하며, 이 사건 발언이 달리 전파된 바 없는 경우, 명예훼손죄의 공연성 및 이에 대한 고의가 인정되지 아니한다.

6. 대법원 2022.4.14, 2021도17744

회의에서 상급자의 책임 추궁형 질문에 대답하면서 명예훼손적 발언을 한 사건

회의 자리에서 상급자로부터 책임을 추궁당하며 질문을 받게 되자 이에 대답하는 과정에서 타인의 명예를 훼손하는 듯한 사실을 발설하게 된 것이라면, 그 발설 내용과 경위·동기 및 상황 등에 비추어 명예훼손의 고의를 인정하기 어려울 수 있고, 또한 질문에 대하여 단순한 확인 취지의 답변을 소극적으로 한 것에 불과하다면 이를 명예훼손에서 말하는 사실의 적시라고 단정할 수도 없다. 법원9급 23

한 적이 있는지 그리고 그에 관한 증거가 있는지 해명을 요구하였고, 甲은 이에 대한 답을 하는 차원에서 위 명예훼손적 사실을 발언하였다. 甲에게는 명예훼손죄의 고의가 인정되는가?

해결 고의가 인정되지 않는다(위 판례).

② 착 오

㉠ 진실한 사실을 허위사실로 오인하고 적시한 경우 : (이론적으로는 '무거운 죄를 결의하였는데 가벼운 결과만 발생한' 제15조 제1항의 반전된 형태의 착오로 보아 구성요건착오에 관한 구체적 부합설 내지 법정적 부합설을 적용하여 허위사실적시명예훼손죄의 미수와 사실적시명예훼손죄의 기수의 상상적 경합으로 보아야 하지만[266] 명예에 관한 죄는 미수범 처벌규정이 없기 때문에) 사실적시 명예훼손죄(제307조 제1항)만 성립한다.

㉡ 허위의 사실을 진실한 사실로 오인하고 적시한 경우 : 가중적 구성요건을 인식하지 못한 경우이므로 제15조 제1항이 적용되어 제307조 제1항이 성립한다.

판례연구 허위의 사실의 적시와 제307조 제1항의 관계

대법원 2017.4.26, 2016도18024

제307조 제1항의 '사실'은 제2항의 '허위의 사실'과 반대되는 '진실한 사실'을 말하는 것이 아니라 가치판단이나 평가를 내용으로 하는 '의견'에 대치되는 개념이다. 따라서 제307조 제1항의 명예훼손죄는 적시된 사실이 진실한 사실인 경우이든 허위의 사실인 경우이든 모두 성립될 수 있고, 특히 적시된 사실이 허위의 사실이라고 하더라도 행위자에게 허위성에 대한 인식이 없는 경우에는 제307조 제2항의 명예훼손죄가 아니라 제307조 제1항의 명예훼손죄가 성립될 수 있다. 제307조 제1항의 법정형이 2년 이하의 징역 등으로 되어 있는 반면 제307조 제2항의 법정형은 5년 이하의 징역 등으로 되어 있는 것은 적시된 사실이 객관적으로 허위일 뿐 아니라 행위자가 그 사실의 허위성에 대한 주관적 인식을 하면서 명예훼손행위를 하였다는 점에서 가벌성이 높다고 본 것이다. 경찰간부 18 / 경찰채용 18 2차 / 경찰채용 21 1차 / 경찰채용 23 1차

3. 위법성

(1) 일반적 위법성조각사유

① 피해자의 승낙 : 명예훼손행위의 구성요건해당성은 부정할 수 없으나, 명예는 처분할 수 있는 개인적 법익에 해당하므로 본인의 승낙이 있고 사회상규에 위배되지 않는다면 위법성이 조각될 수 있다(통설[267])(승낙 : 상해 등 신체, 명예, 업무). 법원행시 05

② 정당행위 : ㉠ 형사재판에서 검사의 기소요지진술(형소 제285조 참조)(법령에 의한 행위), ㉡ 학술논평·예술평론·판례평석·학설비판 등 출판·보도·강의에 의한 명예훼손(업무로 인한 행위), ㉢ 변호인의 명예훼손적 변론행위(업무로 인한 행위),[268] ㉣ 재판절차에서 자신의 주장의 정당성을 입증하기 위한 자료의 제출행위(대법원 1995.3.17, 93도923) 등 사회상규에 위배되지 아니하는 행위 등이 정당행위로서 위법성이 조각된다.

판례연구 업무로 인한 행위 또는 사회상규에 위배되지 아니하는 행위의 예

1. 대법원 1986.10.14, 86도1341

사과를 훔쳐간 사실을 말한 행위

과수원을 경영하는 피고인이 사과를 절취당한 피해자의 입장에서 앞으로 이와 같은 일이 재발되지 않도록 예방

266 총론, 구성요건, 구성요건적 착오 중 제15조 제1항의 반전된 형태의 착오의 해결 부분 참조.

267 강구진, 218면; 김성천/김형준, 298면; 김종원, 160면; 박상기, 186면; 배종대, 261면; 백형구, 354면; 손동권, 191면; 유기천(상), 139면; 이재상, §12-25; 이정원, 219면; 정성근, 254면; 정영석, 291면; 진계호, 195면; 황산덕, 227면. 단, 오영근, 215면은 견해를 변경하여 구성요건해당성이 없다고 한다.

268 다만 이 경우에도 허위사실을 적시하여 명예를 훼손하는 경우에는 위법성이 조각될 수 없다. 총론, 위법성, 정당행위 중 업무로 인한 행위 및 형소법, 소송주체 중 변호인의 의무 참조.

하기 위하여 과수원의 관리자와 같은 동네 새마을 지도자에게 각각 그들만이 있는 자리에서 개별적으로 피해자가 피고인 소유의 과수원에서 사과를 훔쳐간 사실을 말한 행위는, 통상적인 사회생활 면으로 보나 사회통념상 위와 같은 피고인의 소위를 위법하다고 말하기 어렵다.

2. 대법원 1990.4.27, 89도1467

조합장이 대의원총회에서 회의진행의 질서유지를 위하여 한 발언 : 업무로 인한 행위

조합의 긴급이사회에서 불신임을 받아 조합장직을 사임한 피해자가 그 후 개최된 대의원총회에서 피고인 등의 음모로 조합장직을 박탈당한 것이라고 대의원들을 선동하여 회의 진행이 어렵게 되자 새 조합장이 되어 사회를 보던 피고인이 그 회의진행의 질서유지를 위한 필요조처로서 이사회의 불신임결의 과정에 대한 진상보고를 하면서 피해자는 긴급 이사회에서 불신임을 받고 쫓겨나간 사람이라고 발언한 것이라면, 피고인에게 명예훼손의 고의가 있다고 볼 수 없을 뿐만 아니라 그러한 발언은 업무로 인한 행위이고 사회상규에 위배되지 아니한 행위라고 한 원심의 판단은 수긍된다.

3. 대법원 1995.3.17, 93도923

자신의 주장의 정당성을 입증하기 위한 자료의 제출행위

피고인이 소속한 교단협의회에서 조사위원회를 구성하여 피고인이 목사로 있는 교회의 이단성 여부에 대한 조사활동을 하고 보고서를 그 교회 사무국장에게 작성토록 하자, 피고인이 조사보고서의 관련 자료에 피해자를 명예훼손죄로 고소했던 고소장의 사본을 첨부한 경우, 이는 자신의 주장의 정당성을 입증하기 위한 자료의 제출행위로서 정당한 행위로 볼 것이지, 고소장의 내용에 다소 피해자의 명예를 훼손하는 내용이 들어 있다 하더라도 이를 이유로 고소장을 첨부한 행위가 위법하다고까지는 할 수 없다.

판례연구 사회상규에 위배되는 행위로서 위법하다고 본 예

1. 대법원 1990.12.26, 90도2473

A사단법인의 이사장이 이사회 또는 임시총회를 진행하다가 회원 10여 명 또는 30여 명이 있는 자리에서 허위사실을 말하였다면 그 공연성이 있으며, 위 이사장이 이사회 또는 임시총회의 의장으로서 의안에 관하여 발언하다가 타인의 명예를 훼손하는 내용의 말을 하였다면 사회상규에 반하지 아니한다고 할 수 없으므로 위법성이 조각되지 아니한다.

2. 대법원 2009.10.29, 2009도4783

인터넷 홈페이지에 심천사혈요법 피해대책위원회 운영위원 乙이 게시한 글을 甲은 자신이 운영하는 인터넷 카페 게시판에 퍼온 뒤, 乙을 지칭하면서 "호로 XX", "견 같은 새끼" 등의 모욕적인 표현을 사용하여 댓글을 달거나 '피해자가 심천사혈요법학회를 마음대로 주물럭거리고, 부당한 이익금을 챙기며, 심천의 지회체계를 무너뜨리려고 하였다'거나 '당시 피해자가 심천에 충성을 다할 것을 맹세하였다.'는 등의 허위사실을 적시하였다면, 피고인 甲이 이 사건 댓글을 게재한 경위에 다소 참작할 만한 사정이 있다 하더라도 이를 사회상규에 위배되지 않는 행위로 평가할 수 없다.

(2) 형법 제310조의 위법성조각사유

제310조【위법성의 조각】 제307조 제1항의 행위가 진실한 사실로서 오로지 공공의 이익에 관한 때에는 처벌하지 아니한다.

① 의의 및 성격 : 형법 제310조의 규정은 제307조 제1항의 사실적시 명예훼손죄의 구성요건에 해당하는 행위라 하더라도 그 행위가 진실한 사실로서 공공의 이익에 관한 것을 적시한 경우에는 위법성이 조각된다는 규정이다. 본조는 인격권으로서의 개인의 명예의 보호와 헌법 제21조에 의한 정당한 표현의 자유 보장이라는 상충되는 두 법익의 조화를 꾀한 것이라고 보아야 할 것이다(대법원 2007.12.14, 2006도2074). 국가9급 11 본조의 법적 성격은 실체법상 위법성조각사유이다(∴ 소송법상으로도 피고인이 위법성조각을 주장하면 검사가 위법성조각사유의 부존재에 관한 거증책임을 진다는 것이 통설임, 단 판례는 실체법상

위법성조각사유로 보면서도 소송법상 거증책임전환규정으로 보는 독특한 입장임).[269]

② 요건 – 공공의 이익에 관한 것 & 진실한 사실일 것

㉠ 공공의 이익에 관한 것

ⓐ 공공의 이익에 관한 사실일 것 : 공공의 이익에는 널리 국가·사회 기타 일반 다수인의 이익에 관한 것뿐만 아니라 특정 사회집단이나 그 구성원 전체의 관심과 이익에 관한 것도 포함된다. 따라서 공적 관심사안에 관하여 진실하거나 진실이라고 봄에 상당한 사실을 공표한 경우에는 그것이 악의적이거나 현저히 상당성을 잃은 공격에 해당하지 않는 한 원칙적으로 공공의 이익에 관한 것이라는 증명이 있는 것으로 보아야 한다(대법원 2007.1.26, 2004도1632).[270] 또한 본조의 '오로지' 공익에 관한 것의 의미는 '주로' 공익에 관한 것의 의미로 해석될 수 있다. 피고인에게 유리한 위법성조각사유에 대한 확장해석은 허용될 수 있기 때문이다. 경찰간부 17

ⓑ 공공의 이익을 위한다는 의사 : 일종의 주관적 정당화요소이다. 즉 ㉮ '행위자의 주요한 동기·목적이 공공의 이익을 위한 것'이라면 부수적으로 다른 개인적인 목적 또는 동기가 내포되어 있거나 그 표현에 있어서 다소 모욕적인 표현이 들어 있다 하더라도 형법 제310조의 적용을 배제할 수 없다(통설·판례).[271] 경찰승진(공통) 10 / 국가9급 17 / 변호사 12 / 사시 16 이는 개인의 사적인 신상에 관하여 적시된 사실도 마찬가지이다(대법원 1996.4.12, 94도3309).[272] 따라서 공공의 이익에 관한 때라 함은 반드시 공공의 이익이 사적 이익보다 우월한 동기가 된 것이 아니더라도 양자가 동시에 존재하고 상당성이 인정된다면 여기에 해당된다(대법원 2002.4.9, 2000도4469). 그러나 ㉯ 사적 이익과 비교하여 공공의 이익이 명목상 동기에 불과하여 부수적인 데 지나지 않는 경우에는 공공의 이익에 관한 것으로 볼 수 없다(대법원 2011.3.10, 2011도168).

판례연구 공익성을 인정하여 제310조의 위법성조각사유를 적용한 사례

1. 대법원 1989.2.14, 88도899

공공의 이익을 위한 동기에 피해자를 비방할 목적도 함께 있을 경우 형법 제310조의 적용가부(적극)

교회 담임목사를 출교처분한다는 취지의 교단산하 재판위원회의 판결문은 성질상 교회나 교단 소속신자들 사이

269 제310조를 위법성조각사유로 보는 것은 거의 일치된 통설이다. 박상기, 187면; 배종대, 270면; 서일교, 107면; 손동권, 195면; 유기천(상), 145면; 이재상, §12-31; 이정원, 242면; 임웅, 202면; 정성근/박광민, 190면 이하; 진계호, 227면; 황산덕, 230면 등. 다만 판례는 제310조는 위법성조각사유이지만 사실의 진실성에 대한 거증책임은 피고인에게 지운 거증책임의 전환에 관한 규정이라는 입장이다(대법원 1996.10.25, 95도1473; 2004.5.28, 2004도1497 등, 후술함). 한편, 독일형법에서는 단순명예훼손죄의 규정 자체에 사실임이 증명되지 않는 때에만 처벌한다고 되어 있다(제186조 : 타인의 명예를 훼손하는 사실을 주장하거나 유포한 자는 그 사실이 진실임이 증명되지 않을 경우에는 1년 이하의 자유형 또는 벌금에 처한다). 이는 일본형법 제230조의2 제1항도 유사하다("진실의 증명이 있는 때에는 벌하지 않는다."). 따라서 독일형법이나 일본형법의 사실증명(Wahrheitsbeweis)은 실체법상 처벌조각사유, 소송법상 거증책임전환규정으로 볼 수 있다. 반면 우리 형법은 제310조의 제목 자체를 '위법성의 조각'으로 함으로써 위법성조각사유임을 명시하고 있을 뿐, 증명에 관하여는 아무런 문구도 명시하고 있지 않으므로, 이는 실체법상 위법성조각사유이고 따라서 소송법상으로도 검사가 그 부존재에 관한 거증책임을 지어야 하는 것이지 피고인에게 그 존재에 관한 거증책임을 물어서는 안 되는 것이다.

270 **보충** 축협중앙회장이 농림부장관을 수입쇠고기 판매를 권장한다는 이유로 비난하는 광고를 게재한 것이, 전체적인 내용의 해석에 있어서 **농림부장관 개인에 대한 비방보다는 공적 기관으로서의 농림부의 구체적 정책 혹은 그 방법론에 대한 비판을 주된 동기 내지 목적**으로 하였다고 볼 여지가 더 많다는 사례이다.

271 강구진, 219면; 김성천/김형준, 296면; 김일수/서보학, 191면; 김종원, 158면; 명형식(공저), 198면; 박상기, 186면; 배종대, 262면; 유기천(상), 147면; 오영근, 264면 이하; 이재상, §12-29; 이정원, 240면; 이형국(Ⅰ), 306면; 정성근/박광민, 189면; 진계호, 202면. 판례는 대법원 1993.6.22, 92도3160 등.

272 **판례** 개인의 사적인 신상에 관한 사실이라고 하더라도 그가 관계하는 사회적 활동의 성질이나 이를 통하여 사회에 미치는 영향력의 정도 등의 여하에 따라서는 그 사회적 활동에 대한 비판 내지 평가의 한 자료가 될 수 있는 것이므로 **개인의 사적인 신상에 관하여 적시된 사실도 그 적시의 주요한 동기가 공공의 이익을 위한 것이라면** 위와 같은 의미에서 형법 제310조 소정의 **공공의 이익에 관한 것**으로 볼 수 있는 경우가 있다(대법원 1996.4.12, 94도3309).

에서는 당연히 전파, 고지될 수 있는 것이므로 위 판결문을 복사하여 예배를 보러온 신도들에게 배포한 행위에 의하여 그 목사의 개인적인 명예가 훼손된다 하여도 그것은 진실한 사실로서 오로지 교단 또는 그 산하교회 소속신자들의 이익에 관한 때에 해당하거나 적어도 사회상규에 위배되지 아니하는 행위에 해당하여 위법성이 없다. 또한 피고인들의 소행에 피해자를 비방할 목적이 함께 숨어 있었다고 하더라도 그 주요한 동기가 공공의 이익을 위한 것이라면 형법 제310조의 적용을 배제할 수 없다. 법원행시 09 / 사시 11

2. 대법원 1993.6.22, 92도3160

주요한 목적이 공익을 위한 것이면 부수적으로 사익적 동기가 있어도 공익성이 인정된다는 사례

적시된 사실이 공공의 이익에 관한 것인지 여부는 사실 자체의 내용과 성질에 비추어 객관적으로 판단하여야 하고, 행위자의 주요한 목적이 공공의 이익을 위한 것이면 부수적으로 다른 사익적 동기가 내포되어 있더라도 형법 제310조의 적용을 배제할 수 없다. 경찰승진 10 / 국가9급 17 / 사시 16 / 변호사시험 12 …… 노동조합 조합장이 전임 조합장의 업무처리내용 중 근거자료가 불명확한 부분에 대하여 대자보를 작성 부착한 행위는 공공의 이익을 위한 것이고 적시된 내용을 진실이라고 믿고 그렇게 믿은 데에 상당한 이유가 있으므로 위법성이 조각된다.

3. 대법원 1996.4.12, 94도3309

개인의 사적인 신상에 관하여 적시된 사실도 그 적시의 주요한 동기가 공공의 이익을 위한 것이라면 형법 제310조 소정의 공공의 이익에 관한 것으로 볼 수 있다는 사례

개인의 사적인 신상에 관한 사실이라고 하더라도 그가 관계하는 사회적 활동의 성질이나 이를 통하여 사회에 미치는 영향력의 정도 등의 여하에 따라서는 그 사회적 활동에 대한 비판 내지 평가의 한 자료가 될 수 있는 것이므로 개인의 사적인 신상에 관하여 적시된 사실도 그 적시의 주요한 동기가 공공의 이익을 위한 것이라면 위와 같은 의미에서 형법 제310조 소정의 공공의 이익에 관한 것으로 볼 수 있는 경우가 있다. 신학대학교의 교수가 출판물 등을 통하여 사회적으로 물의를 일으킨 종교단체인 구원파를 이단으로 비판하는 과정에서 특정인을 그 실질적 지도자로 지목하여 명예를 훼손하는 사실을 적시하였으나 비방의 목적에서라기보다는 공공의 이익을 위하여 한 행위라고 판단된다. 경찰간부 18

4. 대법원 1996.10.25, 95도1473

피고인들이 위와 같은 유인물을 제작·반포하게 된 주요한 동기는 공소외인의 방해행위를 조합원들에게 통지하여 조합원들의 동요를 막기 위한 것으로 보이므로, 이는 위 조합 또는 조합원들 모두의 이익을 위한 것으로서 '오로지 공공의 이익에 관한 때'에 해당한다.

5. 대법원 1999.6.8, 99도1543

특정 기독교 교단의 목사들이 교단 내 목회자들에게 보낸 유인물에서 다른 목사의 목사안수를 비난한 것이 형법 제310조 소정의 '오로지 공공의 이익에 관한 때'에 해당한다고 본 사례

피고인들(목사들)은 교단 내 목회자들에게 보내는 유인물에서 "공소외 1이 체육대회 출전을 위한 축구연습 도중 작전에 대한 여러 의견을 개진하던 중 갑자기 얼굴을 붉히고 웃옷을 벗어 던지며 X같은 놈들 더러워서 못해먹겠다며 목회자로서 입에 담지도 못할 언행을 하였고, 이후 자신의 잘못을 시인하기는커녕 원인 제공자가 누구냐고 따지는 등 안하무인격의 불손한 태도를 보이는 등 비인격적이고 비윤리적인 행동에도 불구하고 목사안수가 되었다."는 내용을 담아 이를 배포하였는데, 이 사건 표현은 지방회시취위원회 또는 그 시취위원들이 지방회 규약의 규정을 무시하고 인격적으로 목사안수를 받을 자격이 없는 자로 하여금 목사안수를 받도록 하였다는 것을 지적하고 있기 때문에 적시된 사실이 객관적으로 볼 때 한국침례회 또는 지방회교인들이라는 특정한 사회 집단이나 그 구성원 전체의 관심과 이익에 관한 것으로서 공공의 이익에 관한 것이라고 할 수 있다. 경찰채용 21 1차

6. 대법원 2005.7.15, 2004도1388

아파트 동대표 부정비리 의혹 해명 사례[273]

273 사례 甲(A아파트 전직 동대표)은 2001.2.26. A아파트 甲의 집에서, 甲 자신에 대한 부정비리 의혹을 해명하기 위하여 "2000.12.10. 乙과 丙(위 부정비리 의혹을 제기한 자들)을 상대로 명예훼손으로 고소를 제기하였고 부평경찰서는 그들을 상대로 수사한바 혐의가 인정되어 2001.2.10. 기소의견으로 인천지방검찰청에 송치하였다는 고소사건처리 결과를 통지 받았으며 앞으로 두 사람은 민사상 위자료까지 부담하게 되어 매우 안타깝게 생각한다."는 취지가 기재된 안내문에 부평경찰서로부터 송부 받은 乙과 丙에 대한 민원사건처리결과통지서 사본을 첨부한 다음, 그 무렵 A아파트 a동 1층 55세대의 우편함에 1부씩 집어넣어 배포케 하였다. 甲의 죄책은? 해결 제310조에 의하여 위법성이 조각되어 무죄.

아파트 동대표인 피고인이 자신에 대한 부정비리 의혹을 해명하기 위하여 그 의혹제기자가 명예훼손죄로 입건된 사실 등을 기재한 문서를 아파트 입주민들에게 배포한 경우, 문서에 기재된 내용이 대체로 객관적인 사실과 일치하고, 배포가 이루어진 상대방의 범위가 제한되며, 그 표현방법도 위 의혹제기자를 비방하는 표현이 없는 점 등 제반 사정에 비추어, 위 문서 배포행위는 오로지 공공의 이익을 위하여 진실한 사실을 적시한 경우로서 형법 제310조의 위법성조각사유에 해당한다. 변호사 12

7. 대법원 2006.4.27, 2003도4735

피고인이 아파트 일부 주민들에게 보낸 문건의 내용이 객관적 사실에 합치되고, 그 문건을 보낸 동기가 아파트 주민들이 위탁관리계약 해지 여부에 관한 적정한 결정을 하기 위한 목적에서 비롯된 것이라면 이는 공공의 이익에 관한 것으로서 위법성이 조각된다.

8. 대법원 2007.12.14, 2006도2074

형법 제310조의 규정은 인격권으로서의 개인의 명예의 보호와 헌법 제21조에 의한 정당한 표현의 자유의 보장이라는 상충되는 두 법익의 조화를 꾀한 것이라고 보아야 할 것이다. 국가9급 11 …… 개인택시운송조합 전임 이사장이 새로 취임한 이사장의 비리에 관한 사실을 적시하여 조합원들에게 유인물을 배포한 행위는 진실한 사실로서 공공의 이익에 관한 것이므로 위법성이 조각된다.[274]

9. 대법원 2008.7.10, 2007도9885

교장 甲이 여성기간제교사 乙에게 차 접대 요구와 부당한 대우를 하였다는 인상을 주는 내용의 글을 게재한 교사 丙의 명예훼손행위는 공공의 이익에 관한 것으로서 위법성이 조각된다.[275]

10. 대법원 2008.11.13, 2008도6342

특정 상가건물관리회의 회장이 위 관리회의 결산보고를 하면서 전 관리회장이 체납관리비 등을 둘러싼 분쟁으로 자신을 폭행하여 유죄판결을 받은 사실을 알린 행위는 건물관리회원 전체의 관심과 이익에 관한 것으로서 형법 제310조에 의하여 위법성이 조각된다. 경찰채용 13 1차

11. 대법원 2011.9.2, 2010도17237

공적사안에 관한 언론보도의 명예훼손죄 성립 여부 판단 기준

언론보도로 인한 명예훼손이 문제되는 경우에는 그 보도로 인한 피해자가 공적인 존재인지 사적인 존재인지, 그 보도가 공적인 관심사안에 관한 것인지 순수한 사적인 영역에 속하는 사안에 관한 것인지, 그 보도가 객관적으로 국민이 알아야 할 공공성, 사회성을 갖춘 사안에 관한 것으로 여론형성이나 공개토론에 기여하는 것인지 아닌지 등을 따져보아 공적 존재에 대한 공적 관심사안과 사적인 영역에 속하는 사안 간 심사기준에 차이를 두어야 하는데, ① 당해 표현이 사적인 영역에 속하는 사안에 관한 것인 경우에는 언론의 자유보다 명예의 보호라는

274 **사례** 부산광역시 개인택시운송조합('조합')의 이사장으로 근무하던 甲은 2000년경부터 개인택시 정보화사업을 추진하여 개인택시에 단말기를 장착하는 등 그 사업을 계속하였으나 2002.7.경 조합 이사장으로 새로 취임한 乙이 위 정보화사업을 중단시켰다는 이유로, 6회에 걸쳐서 조합원들에게 "乙이 자격도 없는 개인연구원에게 부탁하여 공인받을 수 없는 감정서를 만들어 조합원들에게 공인감정서인 것처럼 홍보하고 감정비 명목으로 지출한 2,200만 원은 중간에서 착복하였고, 위 정보화사업에 컨소시움 참여업체인 KTF가 26억 원의 지원금을 내는 조건으로 참여하고는 5억 원만 지원하고 잔액 21억 원이 있었는데 乙이 잔액 21억 원을 안 받기로 탕감해 주었다."라는 발언을 하거나 같은 취지의 유인물을 배포하였다. (그런데 甲의 발언이나 甲이 배포한 유인물의 기재는 대체로 진실에 부합하는 것이거나 피고인의 비판적인 의견을 표명한 것에 지나지 않았으며, 설령 진실인지 여부가 다소 명확하지 않은 부분이 있다고 하더라도 甲으로서는 그것이 진실하다고 믿을 만한 상당한 이유가 있었다) 甲에게 명예훼손죄가 성립하는지를 답하고 그 이유를 제시하라.

해결 단순한 의견 표명에 지나지 않는다면 명예훼손죄의 구성요건해당성이 조각되며, 만일 구체적 사실적시의 점이 인정되어 동죄의 구성요건해당성이 인정된다고 하더라도 명예훼손죄는 성립하지 않으며, 그 이유는 甲에 의하여 적시된 사실 또는 의견은 모두 **조합의 업무집행이 정당하게 이루어지지 아니하였음을 지적하는 취지로서 그 표현행위의 상대방인 조합원들에 대한 관계에서 객관적으로 공공의 이익에** 관한 것이어서 제310조에 의하여 위법성이 조각되는 경우에 해당되기 때문이다.

275 **판결이유** 이 사건 글이 독자들에게 망 공소외 1교장이 여성인 기간제교사에게 차 준비나 차 접대를 채용과 계약유지의 조건으로 내세우고 이를 거부하자 부당한 대우를 하여 사직하도록 하였다는 인상을 줌으로써 위 공소외 1교장의 명예를 훼손한 사실은 인정되지만, 한편 여성 교원의 차 접대와 관련하여 이 사건 발생 3년 전부터 교육·여성 관련 행정기관에서 이를 금지하는 지침을 내려왔던 점, **교육현장에서의 남녀평등은 중요한 헌법적 가치이고, 교육문제는 교육관련자들만의 문제가 아니라 학부모와 학생 등 국가사회 일반의 관심사항이며, 교육문제에 관하여 정보가 공개되고 공론의 장이 마련될 필요가 있는 점,** 이 사건 글이 게재된 이후 교사 업무분장의 잘못과 부적절한 관행에 대하여 시정조치가 이루어진 점 등을 종합하여 보면, 이 사건 글을 게재한 주요 동기 내지 목적은 공공의 이익에 관한 것이라고 볼 수 있다(대법원 2008.7.10, 2007도9885).

인격권이 우선할 수 있으나, ② 공공적·사회적인 의미를 가진 사안에 관한 것인 경우에는 그 평가를 달리하여야 하고 언론의 자유에 대한 제한이 완화되어야 한다.

12. 대법원 2020.3.2, 2018도15868

사이버대학교 총학생회장 입후보자격 관련 댓글 게시 사건

(사이버대학교 법학과 학생인 피고인은 법학과 학생들만 회원으로 가입한 네이버밴드에 甲이 총학생회장 출마자격에 관하여 조언을 구한다는 글을 게시하자 이에 대한 댓글 형식으로 직전 연도 총학생회장 선거에 입후보하였다가 중도 사퇴한 乙의 실명을 거론하며 '○○○이라는 학우가 학생회비도 내지 않고 총학생회장 선거에 출마하려 했다가 상대방 후보를 비방하고 이래저래 학과를 분열시키고 개인적인 감정을 표한 사례가 있다.'고 언급한 다음 '그러한 부분은 지양했으면 한다.'는 의견을 덧붙였다. 피고인에게 乙을 비방할 목적이 있다고 볼 수 있는가의 문제) 위 댓글은 총학생회장 입후보와 관련한 사이버대학교 법학과 학생들의 관심과 이익에 관한 사항이고, 피고인은 甲을 비롯하여 총학생회장에 입후보하려는 법학과 학생들에게 의사결정에 도움이 되는 의견을 제공하고자 댓글을 작성하였으므로, 피고인의 주요한 동기와 목적은 공공의 이익을 위한 것으로서 피고인에게 乙을 비방할 목적이 있다고 보기 어렵다.

13. 대법원 2020.11.19, 2020도5813 전원합의체; 2022.2.11, 2021도10827

종중 회장 선출 종친회에서 특경법위반(횡령) 전과가 있는 자에 대하여 사기꾼은 내려오라고 말한 사건

사실적시의 내용이 사회 일반의 일부 이익에만 관련된 사항이라도 다른 일반인과의 공동생활에 관계된 사항이라면 공익성을 지닌다고 할 것이고, 이에 나아가 개인에 관한 사항이더라도 그것이 공공의 이익과 관련되어 있고 사회적인 관심을 획득한 경우라면 직접적으로 국가·사회 일반의 이익이나 특정한 사회집단에 관한 것이 아니라는 이유만으로 형법 제310조의 적용을 배제할 것은 아니다. 사인이라도 그가 관계하는 사회적 활동의 성질과 사회에 미칠 영향을 헤아려 공공의 이익에 관련되는지 판단하여야 한다.[276]

14. 대법원 2022.7.28, 2020도8421

사망한 환자의 아들이 대학병원 의사의 '재수가 없어 죽었다'는 말을 배포한 사건

甲은 일산 ○○대학교 병원 정문 앞길에서 "잘못된 만행을 알리고자 합니다!! ○○대 병원에서 무릎 인공관절 수술을 하다 돌아가신 A의 아들 甲입니다. ○○대 병원 乙은 의사 자기가 수술하다 죽은 게 '재수가 없어 죽었다' 이런 막말을 하고 있습니다. 어떻게 의사란 사람이 상식 밖의 말을 하는지 ○○대학병원 관계자는 이런 사실을 알고 있는지 궁금합니다!! ○○대학병원을 찾고 있는 모든 환자와 가족분들께 알리고자 합니다. 이런 형태로 의료행위를 한다는 것을 반드시 만천하에 알려야 한다고 생각합니다."라는 문구와 수술경과 모습이 촬영된 사진을 첨부한 전단지를 병원을 출입 하는 불특정 다수인들에게 배포하였다. …… 이 사건 전단지는 피고인이 의료사고로 사망한 환자의 유족으로서 담당 의료인인 피해자와 면담 과정에서 실제 경험한 일과 이에 대한 자신의 주관적 평가를 담고 있고, 주요부분에서 객관적 사실과 합치되는 것으로 볼 여지가 있으며, 환자가 사망한 의료사고의 발생과 이에 대한 담당 의료인의 부적절한 대응으로 인한 의료소비자의 피해사례에 관한 것으로 볼 수 있어 피해자에게 의료행위를 받고자 하는 환자 등 의료소비자의 합리적인 선택권 행사에 도움이 될 수도 있는 정보로서 공적인 관심과 이익에 관한 사안이라는 등의 이유로, 피고인이 이 사건 전단지를 배포한 행위는 형법 제310조의 공공의 이익을 위한 것으로 볼 여지가 있다. 설령 피고인에게 부수적으로 피해자에 대한 원망이나 억울함 등 다른 개인적인 목적이나 동기가 내포되어 있었다고 하더라도 형법 제310조의 적용을 배제할 수 없다.

판례연구 공익성을 인정하지 않아 제310조의 위법성조각사유를 적용하지 않은 사례

1. 대법원 2004.10.15, 2004도3912

회사의 대표이사에게 압력을 가하여 단체협상에서 양보를 얻어내기 위한 방법의 하나로 "공소외 주식회사사장 피해자는 체불임금 지급하고 단체교섭에 성실히 임하라.", "노동임금 갈취하는 악덕업주 피해자사장은 각성하

276 보충 피고인들이 종중 회장 선출을 위한 종친회에서 피해자의 종친회 회장 출마에 반대하면서 "○○○은 남의 재산을 탈취한 사기꾼이다. 사기꾼은 내려오라."로 말한 사안에서, 피해자에게 「특정경제범죄 가중처벌 등에 관한 법률」 위반(횡령)죄의 전과가 있는 이상 위 발언이 주요부분에 있어 객관적 사실에 합치되는 것으로 볼 수 있고, 피해자의 종친회 회장으로서의 적격 여부는 종친회 구성원들 전체의 관심과 이익에 관한 사항으로서 공익성이 인정된다고 본 사례이다.

라."는 등의 내용이 기재된 현수막과 피켓을 들고 확성기를 사용하여 반복해서 불특정다수의 행인을 상대로 소리치면서 거리행진을 함으로써 위 대표이사의 명예를 훼손한 행위는 공공의 이익을 위하여 사실을 적시한 것으로 볼 수 없어 위법성이 조각되지 아니한다.

2. 대법원 2008.3.14, 2006도6049

피해자들이 거주하는 아파트 앞에서 피해자들의 주소까지 명시하여 피해자들의 명예를 훼손한 경우에는 제310조의 오로지 공공의 이익에 관한 것이라고 보기는 어렵다. 경찰채용 13 1차 / 경찰채용 20 2차

3. 대법원 2011.3.10, 2011도168

'사실의 적시'가 공직선거법 제251조 단서에 따라 위법성이 조각되기 위한 요건

사적 이익과 비교하여 공공의 이익이 명목상 동기에 불과하여 부수적인 데 지나지 않는 경우에는 공공의 이익에 관한 것으로 볼 수 없다. 같은 당 시의원 후보자 甲에 대한 불만으로 그가 시의원으로 당선되지 못하도록 하겠다는 것이 중요한 동기가 되어 여러 게시물을 게재한 경우에는, 피고인에게 공적 이익을 위한다는 뜻이 일부 있었더라도 위법성이 조각되지 않는다고 보아야 한다.

4. 대법원 2021.8.26, 2021도6416

업무 담당자가 피해자에 대한 징계절차 회부 안내문을 회사 게시판에 게시한 사건

형법 제310조의 '오로지 공공의 이익에 관한 때'라 함은 적시된 사실이 객관적으로 볼 때 공공의 이익에 관한 것으로서 행위자도 주관적으로 공공의 이익을 위하여 그 사실을 적시한 것이어야 한다. …… 회사 징계절차가 공적인 측면이 있다고 해도 징계절차에 회부된 단계부터 그 과정 전체가 낱낱이 공개되어야 하는 것은 아니고, 징계혐의 사실은 징계절차를 거친 다음 일응 확정되는 것이므로 징계절차에 회부되었을 뿐인 단계에서 그 사실을 공개함으로써 피해자의 명예를 훼손하는 경우, 이를 사회적으로 상당한 행위라고 보기는 어렵고, 그 단계에서의 공개로 원심이 밝힌 공익이 달성될 수 있을지도 의문이다. 법원9급 23

ⓛ 진실한 사실일 것

ⓐ 의의 및 판례의 해석론 : 제310조의 위법성조각사유가 적용되어 위법성이 조각되기 위해서는 적시된 사실이 진실한 사실이어야 한다. 법원행시 14 / 경찰승진(공통) 10 '오로지 공공의 이익에 관한 것'에 대한 해석에서 완화된 확대해석('주로 공공의 이익에 관한 것')을 시도한 판례는 여기에서도 '적시된 사실이 진실한 것'일 때에만 본조를 적용하는 것이 아니라 나아가 '행위자가 그 사실을 진실한 것으로 믿었고 또 그렇게 믿을 만한 상당한 이유가 있는' 경우에는 본조가 적용될 수 있다는 확대해석을 시도하고 있다(대법원 1994.8.26, 94도237). 사시 13 또한 여기에서 적시된 사실이 진실에 부합한다 함은 '그 내용 전체의 취지를 살펴볼 때 중요한 부분이 객관적 사실과 합치되면 족한 것'이면 되고, 세부에 있어 약간의 상위가 있거나 다소 과장된 표현이 있더라도 무방하다고 판시하고 있다(대법원 2002.4.9, 2000도4469). 사시 12

ⓑ 진실성에 대한 착오에 관한 판례와 학설의 대립

㉮ 판례 : 적시된 사실이 공공의 이익에 관한 것이면 진실한 것이라는 증명이 없더라도 행위자가 진실한 것으로 믿었고 또 그렇게 믿을 만한 "상당한 이유가 있는 경우에는 위법성이 없다." 고 보는 것이 흥미로운 판례의 입장이다. 사시 12 / 사시 16 다만 판례가 본조를 위법성조각사유로 이해하면서도 적시사실의 진실성에 대한 착오를 위법성조각사유에 대한 착오의 문제로 접근하지 않는 부분에 대해서는 학설의 비판이 있다.

사례연구 거문도 총학생회장 변사 사건

甲(한겨레신문 민권사회부 기자)은 1989.10.6.자 위 신문 11면 머릿기사 '이○○씨 사망 전 안기부 요원 동행'이라는 제목 아래 '중앙대 안성캠퍼스 총학생회장 이○○씨가 사망하기 직전에 마지막으로 동행한 사람은 남자 한 명, 여자 한 명이며 이 중 여자는 안기부에 근무하고 있다는 새로운 사실이 밝혀졌으며, 숨진 이씨가 배에 타기 직전 이씨를 보았

다는 다방종업원 최○씨는 이씨가 동행한 여자는 사진으로 확인해 보니 도아무개(23세)이고 위 안기부 여직원과 동일인이였다고 경찰에서 진술했고, 선장 A는 이씨와 배에 탄 남자는 백아무개(22세)라고 말하고 도씨는 안기부에 근무하고 있는 것이 밝혀졌다.'는 요지의 기사를 작성, 이를 게재하였다. 그런데 도아무개는 안기부에 근무하는 타자수인 것은 사실이지만 이○○씨와 동행한 것은 아닌 것으로 밝혀졌다. 甲의 죄책은?

해결 제310조에 의하여 위법성이 조각되어 무죄.

참조판례 피고인의 위 취재보도는 ① 출판물명예훼손죄와 관련해서는, 피고인이 일간신문의 기자인 점, 위 공소외 1의 성명을 특정하지 아니하고 '도아무개'라고 기재한 점까지를 고려하여 보면, 피고인이 취재보도한 위 기사의 목적은 당시 이○○씨의 변사사건에 관하여 제기되고 있던 여러 의문점을 취재하여 이를 독자들에게 알림으로써 국민의 알 권리를 충족하려는 것이었고, 피고인에게 위 공소외 1을 비방할 목적이 있었다고 보기는 어렵다 할 것이다. ② 허위사실적시명예훼손죄와 관련해서는 피고인이 위 기사내용을 허위라고 인식하였음을 인정할 증거가 없으므로 피고인을 허위사실 적시로 인한 명예훼손죄로 처벌할 수는 없고, 다만 형법 제307조 제1항의 죄로 처벌할 여지가 있을 뿐인데, ③ 명예훼손죄에 있어서는 개인의 명예보호와 정당한 표현의 자유보장이라는 상충되는 두 법익의 조화를 꾀하기 위하여 형법 제310조를 규정하고 있으므로 적시된 사실이 공공의 이익에 관한 것이면 진실한 것이라는 증명이 없다 할지라도 행위자가 진실한 것으로 믿었고 또 그렇게 믿을 만한 상당한 이유가 있는 경우에는 위법성이 없다고 보아야 한다(대법원 1996.8.23, 94도3191).[277] 법원행시 13

㉯ 학설 : 제310조는 어디까지나 위법성조각사유이므로 허위의 사실을 진실한 사실로 오신하고 공공의 이익을 위하여 공표한 경우에는 위법성조각사유(제310조)의 객관적 전제조건(진실한 사실일 것)에 관한 착오, 즉 허용구성요건의 착오로 보아 접근·해결하자는 입장이다.[278] [279] 다만 학설에 의하더라도, 허용구성요건착오의 해결방법에 있어서는 다음과 같이 견해가 대립한다.[280]

---

277 **보충 - 판결이유** 위 기사는 당시 평양에서 벌어진 세계청년학생축전에 학생운동권 대표가 비밀리에 참가한 것을 계기로 정부 수사기관과 학생운동권 간의 긴장이 고조되고 있던 시점에서 중앙대 안성캠퍼스 총학생회장인 이○○이 거문도의 외딴 해수욕장에서 의문의 변사체로 발견된 것과 관련하여 제기된 의혹들을 취재하여 보도하는 과정에서 작성된 것으로 그 주요 목적이 공공의 이익에 관한 것으로 볼 수 있고, '이○○이 사망 직전에 마지막으로 동행한 사람은 백○○와 안기부 요원인 공소외 1이였다.'라는 취지의 이 사건 기사내용이 진실이라는 것을 입증할 증거가 없고 나아가 그것이 결국에는 사실과 다른 것으로 밝혀졌다 하더라도 안기부의 추적대상이었을 것으로 추정되는 이○○이 거문도에까지 와서 사망하게 된 경위와 그 사망 원인에 의혹이 제기되고 있던 터에 안기부 직원인 공소외 1이 여수에서 거문도까지 가는 배에 위 이○○과 동승하였던 것으로 밝혀지고 나아가 이○○과 공소외 1의 일행이 거문도에서 함께 동행하고 있는 것을 보았다는 목격자까지 나왔으나 그들이 석연치 않은 이유로 그 진술을 번복하였던 까닭에 피고인이 위 기사내용을 진실이라고 믿고 보도하게 되었던 것이므로 **피고인이 그와 같이 믿은 데에는 객관적으로 그럴 만한 상당한 이유가 있었다** 할 것이어서 피고인의 행위는 형법 제310조에 따라 처벌할 수 없다고 봄이 상당하다.

278 **참고** 다만 적시사실의 진실성에 대한 착오가 근본적으로 위법성조각사유의 전제사실이 될 수 없다는 소수설도 있다(손동권, 197면). 소수설은 적시사실이 진실한 경우에도 명예훼손죄가 성립하는 우리 형법(제307조 제1항의 사실적시 명예훼손죄)에 있어서 적시사실의 진실성은 위법성조각사유의 전제사실일 수 없다고 하면서, 허위의 사실을 진실하다고 오인한 착오의 경우에는 제15조 제1항의 구성요건착오(무거운 죄가 되는 사실을 인식하지 못한 경우)에 불과하므로 ⓐ 그 적시사실의 공익성이 인정되는 경우에는 (고의범의 불법은 감경된 형태로 존재하지만) 책임조각의 효과를 인정하고, ⓑ 적시사실의 공익성이 없는 경우에는 위법한 행위를 하였음에도 위법하지 않다고 오인한 법률의 착오가 될 뿐이어서 그 착오의 정당한 이유의 유무에 따라 책임조각 여부가 정해진다는 해결책을 제시하고 있다. ibid.

279 **참고** 형법 제310조를 독일형법 제193조와 유사하게 허용된 위험에 근거한 위법성조각사유로 파악하고, 적시된 사실이 진실한 사실이 아닐 경우라 하더라도 행위자가 의무합치적 심사를 행한 경우라면 위법성이 조각될 수 있다는(위법성이 조각된다는 결론에 있어서는 판례의 입장과 유사한) 소수설도 있다[김일수/서보학, 194면; 김재봉, "형법 제310조와 의무합치적 심사", 형사판례연구(8), 202면 이하; 임웅, 202면 이하; 임웅, "명예훼손행위에 있어서의 착오", 고시연구, 1990.6, 139면 이하]. 소수설은 착오자의 경솔한 오신[(경신(輕信)]이 있는 경우에 엄격책임설은 명예훼손죄로, 제한적 책임설은 과실명예훼손으로써 무죄로 처리된다는 점을 지적하며, 이러한 제한적 책임설의 처벌의 공백은 '성실한 검토의무'를 제310조의 '특별한 주관적 정당화요소'로 파악하는 '허용된 위험의 법리'에 의하여 보완될 수 있다고 주장하고 있다(예를 들어 임웅, 202면). 이러한 소수설의 '의무합치적 심사이론'에 대해서는 독일형법 제193조와 우리 형법 제310조의 요건과 성격의 차이를 간과한 것이라는 비판이 제기되고 있다. 손동권, 196면 참조.

280 총론, 책임론, 법률의 착오 중 위법성조각사유의 객관적 전제사실에 관한 착오 참조.

– 엄격책임설(소수설) 변호사 13 : –허용구성요건의 착오도 다른 금지착오와 다를 바 없다고 보아 제16조의 법률의 착오로 취급하여– 그 오인에 정당한 이유가 없는 경우에는 명예훼손죄가 성립하게 되나 그 반대의 경우에는 책임이 조각되어 무죄가 될 것이다.

– 제한적 책임설 변호사 13(특히 법효과제한적 책임설, 다수설) : 위법성조각사유의 전제사실에 관한 착오가 있는 경우에는 그 오인에 과실조차 없는 경우에는 무죄가 되며, 그 오인에 과실이 있는 경우에도 –다른 금지착오의 유형들과는 달리 허용구성요건착오는 일종의 사실의 착오로 파악해야 하지만 이 경우 명예훼손의 불법고의는 있으나 책임고의가 조각된다고 보아– 고의범이 성립하지 않고 과실범이 성립하게 되나 명예훼손죄는 과실범처벌규정이 없어 무죄가 될 것이다. 법효과제한적 책임설의 입장이 타당하다고 생각된다.

③ 제310조의 적용범위 및 효과

㉠ 적용범위 : 제310조의 위법성조각사유는 '제307조 제1항'의 사실적시에 의한 명예훼손행위에만 적용된다. 국가9급 13 / 법원행시 05 / 법원행시 06 / 법원행시 11 / 법원9급 07(하) / 법원9급 11 / 경찰승진(경사) 11

㉡ 법적 성격 및 효과 : 전술한 바와 같이 우리 형법 제310조의 실체법적 성격이 위법성조각사유라는 것에 대해서는 대체로 견해가 일치한다. 다만, 그 소송법적 성격 및 효과를 어떻게 볼 것인가에 대해서는 견해가 대립한다.

ⓐ 거증책임전환규정설(소수설[281] · 판례[282]) : 공연히 사실을 적시하여 사람의 명예를 훼손한 행위가 형법 제310조의 규정에 따라서 위법성이 조각되어 처벌대상이 되지 않기 위해서는 그것이 진실한 사실로서 오로지 공공의 이익에 관한 때에 해당된다는 점을 행위자가 증명하여야 한다는 입장이다. 국가9급 11 / 법원행시 13 / 법원9급 12 / 사시 12 / 변호사 12 또한 판례는 형법 제310조에 대한 피고인의 증명은 자유로운 증명으로 족하다고 본다.

ⓑ 검사거증책임부담설(다수설[283]) : 제310조를 위법성조각사유로 본다면, 피고인이 제310조에 의하여 위법성이 조각된다고 주장할 경우 제310조의 요건의 부존재에 관한 거증책임은 검사가 부담한다고 해야 한다는 입장이다.

---

281 과거 형사소송법학계의 다수설이었으며, 현재의 소수설이다. 서일교, 106면; 신동운, 신형사소송법, 884면; 유기천(상), 140면; 정성근/박광민, 190면; 정영석, 289면; 정영석/이형국, 형사소송법, 법문사, 1997년, 320면; 황산덕, 234면. 신동운, ibid.에서는 명예훼손죄의 경우에는 예외적으로 형법 제310조가 '의심스러울 때에는 피고인에게 불리하게'라는 기준에 따라서 해결하도록 기준을 제시했다고 주장한다.

282 판례 대법원 1996.10.25, 95도1473; 1993.6.22, 92도3160; 1988.10.11, 85다카29. 또한 판례는 제310조의 증명은 유죄의 인정에 있어 요구되는 것과 같이 법관으로 하여금 의심할 여지가 없을 정도의 확신을 가지게 하는 증명력을 가진 엄격한 증거에 의하여야 하는 것은 아니므로 이때에는 전문증거에 대한 증거능력의 제한을 규정한 형사소송법 제310조의2는 적용될 여지가 없다고 하고 있는데(대법원 1996.10.25, 95도1473), 법원행시 06 / 변호사 12 위법성조각사유의 부존재에 대한 증명은 자유로운 증명의 대상이 될 수 없다는 점에서 이 역시 비판의 여지가 있다.

283 강구진, 221면; 김성천/김형준, 297면; 김일수/서보학, 193면; 김종원, 160면; 박상기, 187면; 배종대, 264면; 백형구, 361면; 손동권, 198면; 오영근, 248면; 이재상, §12–32; 이정원, 243면; 이형국(Ⅰ), 311면; 임웅, 201면; 정성근/박광민, 191면; 진계호, 227면. 검사거증책임부담설이 거증책임전환설에 대하여 제기하는 비판을 정리하면 다음과 같다. ㉠ 무죄추정원리에 의하여 피고인이 향유하는 이익인 '의심스러운 때에는 피고인에게 유리하게(in dubio pro reo)'의 원칙에 반한다. ㉡ 형사소송법의 일반원칙인 "위법성조각사유의 부존재는 형벌을 구하는 검사가 증명하여야 한다."는 원칙에 맞지 않는다. ㉢ 형법 제310조는 –기술한 독일형법 제186조나 일본형법 제230조의2와는 달리– 위법성조각사유를 규정하고 있을 뿐이다. ㉣ 행위자에게 그 거증책임을 부과할 경우 특히 언론기관 종사자인 기자에게 취재원을 스스로 누설하라는 요구를 하는 것이 되어 언론의 자유에 대한 침해가 될 위험도 무시할 수 없다. 따라서 제310조 요건의 부존재는 검사가 입증하여야 한다는 다수설의 입장이 타당하다고 생각된다.

표정리 제310조의 소송법적 성격

구 분	거증책임전환설(소수설 · 판례)	거증책임부전환설(다수설)
내 용	적시사실의 진실성·공익성에 대한 거증책임을 피고인이 부담한다는 견해	적시사실의 진실성·공익성이 없음을 검사의 거증책임으로 보는 견해
소 결	형벌권 존부와 범위에 관한 사항의 거증책임은 예외규정이 없는 한, 모두 검사에게 있다고 보아야 하므로 거증책임전환 부정설(검사거증책임부담설)이 타당하다.	

4. 죄수 및 다른 범죄와의 관계

(1) 죄 수

명예는 일신전속적 법익이어서 명예훼손죄의 죄수는 피해자의 수를 기준으로 하므로, 여러 기회에 연속적으로 동일인의 명예를 훼손한 경우에는 포괄일죄에 해당하지만, 1개의 행위로 수인의 명예를 훼손한 경우에는 수죄의 상상적 경합이 인정된다.

(2) 다른 범죄와의 관계

① 모욕죄와의 관계 : 명예훼손죄와 모욕죄의 법익은 모두 사람의 외적 명예라는 점에서 공통되므로(통설), 법조경합 중 보충관계로서 명예훼손죄만 성립한다.

② 신용훼손죄와의 관계 : 허위사실을 유포하여 명예와 신용을 훼손한 경우, ㉠ 명예와 신용은 별개의 보호법익이므로 상상적 경합관계에 있다는 학설(종래의 다수설[284])과 ㉡ 명예와 신용은 동일한 인격적 법익이므로 양죄는 법조경합 중 특별관계에 있다는 점에서 신용훼손죄만 성립한다는 입장(현재의 다수설[285])이 대립하고 있다. 이러한 학설의 대립은 결국 명예훼손죄의 법익과 본죄의 법익을 어떻게 볼 것인가 －구체적으로는 신용훼손죄의 신용에 대하여 재산적 의미를 중시할 것인가(상상적 경합설) 명예의 일종으로서의 인격적 의미를 중시할 것인가(법조경합설)－ 에 따라 달라지는 것이다. 법조경합설이 타당하다고 생각된다.

③ 업무방해죄와의 관계 : 명예훼손행위가 동시에 업무를 방해한 때에는 본죄와 업무방해죄의 상상적 경합이 인정된다.

④ 공직선거법상 후보자비방죄와의 관계 : 명예훼손죄와 공직선거법상 후보자비방죄(동법 제251조)는 서로 보호법익이 달라 상상적 경합관계이다(대법원 1998.3.24, 97도2956).[286]

5. 소추조건

본죄는 반의사불벌죄이다(제312조 제2항).

---

284 명형식(공저), 217면; 박상기, 203면; 백형구, 372면; 유기천(상), 171면; 정성근/박광민, 202면; 정영석, 291면; 진계호, 208면; 황산덕, 234면.

285 강구진, 229면; 김성천/김형준, 312면; 김일수/서보학, 203면; 배종대, 240면; 오영근, 264면; 이재상, §13－11; 이정원, 251면; 이형국(Ⅰ), 328면; 임웅, 202면; 정영일, 200면.

286 사례 A지역구 국회의원선거에 있어서 후보자 乙은 합동연설회에서 "후보 甲은 ① 국가보안법 위반 전력을 감추기 위하여 본적을 전적하였고 출생연월일을 고쳤으며, ② 건물이 철거된 곳에 위장전입을 하였다."라고 연설하였다. 그런데 위 연설내용은 사실이었고 이러한 사실을 알고 있는 甲은 "乙이 허위사실을 공표하였다."고 합동연설회에서 반박연설하고 나아가 乙을 고소함으로써 공직선거및선거부정방지법 제250조의 허위사실공표죄로 처벌되어야 한다고 주장하였다. 甲의 형사책임은?
판례 甲에게는 위법성조각사유가 있음을 알면서도 乙이 처벌되어야 한다고 고소했다는 점에서 무고죄(제156조)뿐만 아니라 구 공직선거 및 선거부정방지법(현 공직선거법)상 후보자비방죄(제251조)와 명예훼손죄(제307조 제2항)의 상상적 경합범이 인정된다. 중요한 논점은 공직선거법위반죄와 명예훼손죄의 죄수관계인데, 판례는 그 보호법익의 차이를 근거로 수죄의 관계를 인정하고 있다(대법원 1998.3.24, 97도2956). 해결 명예훼손죄와 공직선거법상 후보자비방죄의 상상적 경합과 무고죄와의 실체적 경합.

03 사자명예훼손죄

제308조【사자의 명예훼손】 공연히 허위의 사실을 적시하여 사자의 명예를 훼손한 자는 2년 이하의 징역이나 금고 또는 500만 원 이하의 벌금에 처한다.

1. 의의 및 보호법익

사자명예훼손죄(死者名譽毁損罪)는 공연히 허위의 사실을 적시하여 사자의 명예를 훼손함으로써 성립하는 범죄이다. 본죄의 보호법익에 대해서는 －이미 설명한 바와 같이[287]－ 견해가 대립하지만, 사자가 생전에 가지고 있던 인격적 가치에 대한 객관적 평가(사자의 외적 명예)라고 보는 것이 다수설 및 판례의 입장이다.

2. 구성요건

(1) 객관적 구성요건

① 객체 － 사자(死者)의 명예 : 본죄의 피해자는 명예훼손행위 이전에 사망한 것을 전제로 한다. 형법상 사자가 명예의 주체가 되고 있는 규정이다(다수설·판례).

② 행위 － 공연히 허위사실 적시 : 공연성, 허위, 사실, 적시의 개념은 이미 설명하였다. 따라서 진실한 사실을 적시한 경우에는 사자명예훼손죄에 해당되지 않는다.

판례연구 사자명예훼손죄의 허위사실 적시 관련 사례

1. 대법원 1983.10.25, 83도1520

빚 때문에 도망다니며 죽은 척하는 나쁜 놈 사례 : 사자명예훼손죄 ○

사자명예훼손죄는 사자에 대한 사회적·역사적 평가를 보호법익으로 하는 것이므로 그 구성요건으로서 사실의 적시는 허위의 사실일 것을 요하는데, 피고인이 사망자의 사망사실을 알면서 위 망인은 사망한 것이 아니고 빚 때문에 도망다니며, 죽은 척하는 나쁜 놈이라고 함은 공연히 허위의 사실을 적시한 행위로서 사자의 명예를 훼손하였다고 볼 것이다. 국가7급 07

2. 대법원 2010.4.29, 2007도8411

역사드라마가 그 소재가 된 역사적 인물의 명예를 훼손하였는지 여부 : 사자명예훼손죄 ×

역사적 인물을 모델로 한 드라마(즉, 역사드라마)가 그 소재가 된 역사적 인물의 명예를 훼손할 수 있는 허위사실을 적시하였는지 여부를 판단할 때에는 … 묘사된 사실이 이야기 전개상 상당한 정도 허구로 승화되어 시청자의 입장에서 그것이 실제로 일어난 역사적 사실로 오해되지 않을 정도에 이른 것으로 볼 수 있는지 여부 등을 종합적으로 고려하여야만 한다. … 역사드라마 '서울 1945'의 특정 장면이 마치 '장택상, 이승만이 친일파로서 친일경찰인 박○○을 통해 정판사 사건을 해결하고, 이승만이 여운형의 암살을 암시적으로 지시하고, 박○○이 이에 부응하여 여운형을 암살하려고 하는 것처럼 묘사'함으로써 공연히 허위사실을 적시하여 망인(亡人)인 이승만 등의 명예를 훼손하였다는 부분은, 구체적인 허위사실의 적시가 있었다고 보기 어렵다.

(2) 주관적 구성요건 : 공연히 허위사실을 적시하여 사자의 명예를 훼손한다는 인식과 의사

① 미필적 고의 : 확정적 고의뿐만 아니라 결과발생에 대한 인식이 있고 그를 용인하는 의사인 이른바 미필적 고의도 포함된다(대법원 2014.3.13, 2013도12430－조현오 전 경찰청장 고 노무현 전 대통령 사자명예훼손 사건－). 경찰채용 18 2차

287 본죄의 보호법익에 대해서는 사자에 대한 유족의 추모감정이라는 소수설, 사자에 대한 일반대중의 추모감정이라는 소수설이 있으나, 사자의 명예라는 것이 다수설이라는 점을 기술하였다. 명예훼손죄 중 명예의 주체 부분 참조.

② 착 오

㉠ 생존한 사람을 사망한 것으로 오인한 경우 : 인식한 구성요건은 사자명예훼손인데 발생한 구성요건은 생존자명예훼손이 된 경우이다. 이 경우에는 ⓐ 생존자라는 것을 인식하지 못한 것으로서 '특별히 무거운 죄가 되는 사실'을 인식하지 못한 구성요건적 착오의 문제(2020.12.8. 우리말 순화 개정법 제15조 제1항)로서 허위사실을 적시한 경우라면 -제307조가 아니라- 제308조의 사자명예훼손죄가 적용된다. 다만 ⓑ 본죄는 허위사실을 공연히 적시해야만 성립하기 때문에, 만일 위와 같은 착오를 일으켰으나 진실한 사실을 적시한 경우에는 본죄가 성립하지 않고 무죄가 된다. 국가7급 09

㉡ 사망한 사람을 생존한 것으로 오인한 경우(법원·경찰은 참고) : 인식한 구성요건은 생존자명예훼손인데 발생한 구성요건은 사자명예훼손인 경우이며, 이는 제15조 제1항의 착오가 뒤집혀진 형태, 즉 반전된 제15조 제1항의 착오의 형태가 된다.[288] 다만 명예에 관한 죄는 일체 미수를 벌하지 않기 때문에 사자명예훼손죄만 성립하게 되며, 따라서 본조의 구성요건(공연성, 적시사실의 허위성 등)에 해당하는 경우에 한하여 감경적 구성요건인 본죄가 성립하므로, 진실한 사실로 오인한 경우에는 무죄가 된다. 경찰채용 20 1차

3. 소추조건

본죄는 친고죄이다. 국가7급 14 / 경찰승진(공통) 10 친고죄는 법익의 주체인 피해자가 고소권자가 되는데, 다수설은 본죄의 법익을 사자 자신의 명예로 보기 때문에 이에 관해서는 특별규정이 필요하다.[289] 이에 형사소송법에서는 본죄의 고소권자를 사자의 친족·자손으로 규정하고 있다(형소 제227조). 이때 고소권은 당연히 고유권에 속한다.

04 출판물 등에 의한 명예훼손죄

제309조【출판물 등에 의한 명예훼손】 ① 사람을 비방할 목적으로 신문, 잡지 또는 라디오 기타 출판물에 의하여 제307조 제1항의 죄를 범한 자는 3년 이하의 징역이나 금고 또는 700만 원 이하의 벌금에 처한다.
② 제1항의 방법으로 제307조 제2항의 죄를 범한 자는 7년 이하의 징역, 10년 이하의 자격정지 또는 1천 500만 원 이하의 벌금에 처한다.

1. 의의 및 성격

출판물 등에 의한 명예훼손죄는 사람을 비방할 목적으로 신문·잡지·라디오 기타 출판물에 사실을 적시하거나 허위의 사실을 적시하여 사람의 명예를 훼손함으로써 성립하는 범죄이다. 본죄는 전파성이 매우 높은 매체를 이용한다는 점(행위불법의 가중)과 비방할 목적을 가지고 있다는 점에서 그 형이 가중되는 가중적 구성요건이다. 한편, 정보통신망법 제70조 제1항은 "사람을 비방할 목적으로 정보통신망을 통하여 공공연하게 사실을 드러내어 다른 사람의 명예를 훼손한 자는 3년 이하의 징역 또는 3천만 원 이하의 벌금에 처한다."라고 규정하고 있으므로, 형법상 출판물 등에 의한 명예훼손죄의 구성요건요소에 관한 해석론은 정보통신망법상 소위 사이버명예훼손죄의 해석에도 그대로 적용된다.

288 이 경우에는 생존자명예훼손의 미수와 사자명예훼손의 기수의 상상적 경합이 되는 견해(구체적 부합설의 입장, 법정적 부합설 중 구성요건부합설의 입장, 법정적 부합설 중 죄질부합설 중 일부 입장)와 사자명예훼손기수만 된다는 견해(법정적 부합설 중 죄질부합설의 일부 입장)가 대립한다. 자세한 것은 총론, 구성요건, 구성요건착오 중 제15조 제1항의 반전된 형태의 착오 참조.

289 만일 사자의 명예를 부정하고 유족의 추모감정을 그 보호법익으로 삼는다고 보는 소수설에 의하면, 사자의 친족·자손이 고소권자가 된다는 형사소송법의 규정은 당연한 규정으로 보게 될 것이다.

2. 구성요건

(1) 객관적 구성요건

① 신문 · 잡지 · 라디오 기타 출판물

㉠ 공연성 불요 : 본죄는 신문·잡지·라디오 기타 출판물을 이용해야 한다. 이렇듯 매체 자체의 전파성이 높은 것을 그 요건으로 하고 있기 때문에, 본죄는 공연성을 구성요건요소로 하지 않는다.

㉡ 기타 출판물 : '기타 출판물(出版物)'은 그것이 등록·출판된 제본인쇄물이나 제작물은 아니라고 할지라도 적어도 그와 같은 정도의 효용과 기능을 가지고 사실상 출판물로 유통·통용될 수 있는 외관을 가진 인쇄물로 볼 수 있어야 한다(대법원 1997.8.26, 97도133). 따라서 단순한 복사물이나 프린트물, 직장 내의 전자게시판 등은 제외된다.[290]

㉢ TV · 인터넷 : 본죄의 기타 출판물에 포함될 수 없다는 견해[291]와 포함될 수 있다는 견해(다수설[292])의 대립이 있다. 다만 인터넷과 같은 정보통신망을 이용하여 타인의 명예를 훼손하는 행위는 정보통신망 이용촉진 및 정보보호 등에 관한 법률(이하 '정보통신망법'이라 함)에 의하여 가중처벌되고 있다.[293]

② 사실 또는 허위사실의 적시 : 허위사실 적시로 인한 출판물에 의한 명예훼손과 관련하여, 타인의 발언을 비판할 의도로 출판물에 그 타인의 발언을 그대로 소개한 후 그중 일부분을 부각 · 적시하면서 이에 대한 다소 과장되거나 편파적인 내용의 비판을 덧붙인 경우라 해도 위 소개된 타인의 발언과의 전체적·객관적 해석에도 불구하고 위 비판적 내용의 사실 적시가 허위라고 읽혀지지 않는 한 위 일부사실 적시 부분만을 따로 떼어 허위사실이라고 단정하여서는 안 된다(대법원 2007.1.26, 2004도1632).

법원행시 08

③ 기사의 취재 · 작성과 관련 있는 자에게 사실 또는 허위사실을 적시할 것 : 제보자가 기사의 취재·작성과 직접적인 연관이 없는 자에게 허위사실을 알렸을 뿐인 경우 -제보자가 피제보자에게 그 알리는 사실이 기사화되도록 특별히 부탁하였거나 피제보자가 이를 기사화할 것이 고도로 예상되는 등의 특별한 사정이 없는 한- 피제보자가 언론에 공개하거나 기자들에게 취재됨으로써 그 사실이 신문에 게재되어 일반 공중에게 배포되더라도 출판물에 의한 명예훼손죄의 책임을 물을 수 없다(대법원 2002.6.28, 2000도3045).

국가7급 07 / 경찰승진(경사) 10

---

290 보충 : 기타 출판물에 해당하지 않는 경우 ① 흰 모조지 위에 사인펜으로 기재한 10여 장의 광고문 : × (대법원 1986.3.25, 86도1143), ② 장수가 2장에 불과하며 제본방법도 조잡한 것으로 보이는 최고서 사본(대법원 1997.8.26, 97도133), ③ 컴퓨터 워드프로세서로 작성하여 프린트된 A4 용지 7쪽 분량의 인쇄물 : × (대법원 2000.2.11, 99도3048), 법원9급 11 / 사시 10 ④ 직장 내의 전자게시판 : × (출판물은 인쇄물이어야 함)(대법원 2000.5.12, 99도5734). 국가7급 09

판례 형법이 출판물 등에 의한 명예훼손죄를 일반명예훼손죄보다 중벌하는 취지는 사실적시의 방법으로서 출판물 등의 이용은 그 성질상 다수인이 견문할 수 있고 장기간 보존되는 등 피해자에 대한 법익침해 정도가 더 크다는 데 있다 할 것이므로, 피해자를 비방할 목적으로 흰 모조지 위에 사인펜으로 피해자는 정신분열증 환자로서 무단가출하였으니 연락해 달라는 내용을 기재한 10여 장의 광고문을 가지고 형법 제309조에서 규정하고 있는 출판물에 해당한다고 보기 어렵다(대법원 1986.3.25, 86도1143).

291 오영근, 255면; 임웅, 196면.

292 김성천/김형준, 301면; 김일수/서보학, 198면; 박상기, 192면; 이정원, 244면.

293 정보통신망법에서는 아래와 같이 형법상 출판물명예훼손죄보다 그 벌금형이 가중되어 있는데, 가중처벌의 합리적 근거가 있는가에 대해서는 의문이 있다(拙著, "인터넷범죄의 규제법규에 관한 연구", 한국형사정책연구원, 2000년, 212면).

정보통신망법 제70조 (벌칙) ① 사람을 비방할 목적으로 정보통신망을 통하여 공공연하게 사실을 드러내어 다른 사람의 명예를 훼손한 자는 3년 이하의 징역이나 금고 또는 2천만 원 이하의 벌금에 처한다. ② 사람을 비방할 목적으로 정보통신망을 통하여 공공연하게 거짓의 사실을 드러내어 다른 사람의 명예를 훼손한 자는 7년 이하의 징역, 10년 이하의 자격정지 또는 5천만 원 이하의 벌금에 처한다. ③ 제1항과 제2항의 죄는 피해자가 구체적으로 밝힌 의사에 반하여 공소를 제기할 수 없다. [전문개정 2008.6.13]

사례연구 메디슨 사례

甲은 M주식회사와 사이에 발생한 분쟁을 해결하려고 1996년 3월경 당시의 대표이사 乙을 사기혐의로 고소하였으나 1996년 7월 30일 검찰에서 혐의없음 처분이 내려지자, 이를 야당 국회의원들을 통하여 해결하고자 1996년 9월경 당시 국민회의 소속 서울시 정무부시장 K에게 허위사실들을 적시하면서 그 분쟁경위와 검찰의 사건처리과정 등을 설명하고 국회차원에서 M주식회사의 비리를 조사해 줄 것을 부탁하며 관련 자료를 넘겨주었고, 이에 K는 그 무렵 국회의원 丙에게 그 자료를 넘겨주었으며, 丙은 그와 같은 자료를 바탕으로 1996년 10월 22일 국회에서 M주식회사에 관하여 발표함으로써 허위사실들이 언론에 보도되게 되었다. 판례에 의할 때 甲의 죄책은?

해결 출판물에 의한 명예훼손죄는 성립하지 않고 허위사실 적시에 의한 명예훼손죄(제307조 제2항)가 성립한다. 이 판례는 출판물에 의한 명예훼손의 공소사실을 유죄로 인정한 환송 전 원심판결에 위법이 있다고 한 파기환송판결의 사실판단의 기속력은 파기의 직접 이유가 된 환송 전 원심에 이르기까지 조사한 증거들만에 의하여서는 출판물에 의한 명예훼손의 공소사실이 인정되지 아니한다는 소극적인 부정 판단에만 미치는 것이므로, 환송 후 원심에서 이 부분 공소사실이 형법 제307조 제2항의 명예훼손죄의 공소사실로 변경되었다면 환송 후 원심은 이에 대하여 새롭게 사실인정을 할 재량권을 가지게 되는 것이고 더 이상 파기환송판결이 한 사실판단에 기속될 필요는 없다고 한 사례로서, 이 부분에 대해서는 허위사실 적시에 의한 명예훼손죄(제307조 제2항)가 성립한다고 본 판례이다(대법원 2004.4.9, 2004도340).

(2) 주관적 구성요건 – 고의 및 비방의 목적

본죄의 핵심적 요건은 사람을 비방할 목적이므로, 이에 대해서 검토해본다.

① 의의 및 성격 : 비방(誹謗)할 목적이란 사람의 인격적 평가를 비하(卑下)시키려는 가해(加害)의 의사 내지 의도를 말한다. 사람을 비방할 목적이 있는지 여부는 해당 적시 사실의 내용과 성질, 해당 사실의 공표가 이루어진 상대방의 범위, 표현의 방법 등 표현 자체에 관한 제반 사정을 감안함과 동시에 표현에 의하여 훼손되거나 훼손될 수 있는 명예의 침해 정도 등을 비교·형량하여 판단된다. 통설·판례는 본죄의 비방할 목적을 초과주관적 구성요건요소로 보고 있다.[294] 따라서 허위의 사실을 적시한 경우라 하더라도 사람을 비방할 목적이 당연히 인정되는 것은 아니다.

② 내 용

㉠ 비방할 목적과 공공의 이익을 위한 것의 관계 : '사람을 비방할 목적'이란 가해의 의사 내지 목적을 요하는 것으로서 공공의 이익을 위한 것과는 행위자의 주관적 의도의 방향에 있어 서로 상반되는 관계에 있다고 할 것이다(대법원 2001.10.30, 2001도1803). 국가7급 09 / 법원행시 08 / 법원행시 12 / 변호사 12

㉡ 공공의 이익에 관한 것 : 국가·사회 기타 일반 다수인의 이익에 관한 것뿐만 아니라 특정한 사회집단이나 그 구성원 전체의 관심과 이익에 관한 것을 말한다. 법원행시 09 / 경찰승진 14 이때 당해 명예훼손적 표현으로 인한 피해자가 공무원 내지 공적 인물과 같은 공인(公人, public figure)인지 아니면 사인(私人)에 불과한지 여부, 그 표현이 객관적으로 국민이 알아야 할 공공성 · 사회성을 갖춘 공적 관심사안(public concerns)에 관한 것으로 사회의 여론형성 내지 공개토론에 기여하는 것인지 아니면 순수한 사적인 영역에 속하는 것인지 여부 등이 중요한 기준이 된다. 행위자의 주요한 동기 내지 목적이 공공의 이익을 위한 것이라면 부수적으로 다른 사익적 목적이나 동기가 내포되어 있더라도 공공의 이익에 관한 것으로 인정된다(대법원 2006.10.26, 2004도5288).

---

294 김일수/서보학, 179면; 배종대, 234면; 손동권, 202면; 이재상, §12–37; 이정원, 244면; 임웅, 209면 등. 다만 비방할 목적을 초과주관적 구성요건요소로 보는 것에 반대하는 소수설은 박상기, 185면; 박상기, "출판물에 의한 명예훼손죄", 형사판례연구(3), 168면 참조. 소수설은 비방할 목적과 같은 악의적인 목적성을 별도로 요구하게 되면 언론기관의 취재·보도권만 보장이 되고 개인의 명예보호는 소홀하게 된다는 점을 그 논거로 들고 있다.

판례연구 비방의 목적을 인정한 사례

1. 대법원 1989.11.14, 89도1744

대간첩 작전시의 기념촬영사진을 광주민주화운동 관련 화보로 제공하여 월간잡지에 게재케 한 사례

피고인은 월간중앙 기자로부터 광주민주화운동 관련 화보를 특집으로 게재하게 되었으니 이에 관련된 자료사진을 제공하여 달라는 부탁을 받고, 피고인이 특전사령부에 근무할 당시에 입수하여 소지하고 있던 69년 흑산도 대간첩작전에 참가한 피해자 등이 작전종료 후 사살한 무장공비 및 노획물을 모아놓고 그 앞에서 기념촬영한 사진 1매를 교부하여 위 잡지에 광주민주화운동 관련 화보의 일부로 게재되었다면, 마치 위 피해자들이 1980.5. 광주민주화운동 당시 공수부대원으로 광주에 출동하여 광주시민을 사살하고 사살된 시민들의 앞에서 기념촬영을 한 것처럼 보이게 되므로 피고인에게는 위 피해자들을 비방할 목적이 있었다고 해야 한다.

2. 대법원 2002.8.23, 2000도329

감사원에 근무하는 감사주사가, 감사사항에 대한 감사가 종료된 후 감사반원들의 토론을 거쳐 감사지적사항으로 선정하지 않기로 하여 감사가 종결된 것임에도, 일일감사상황보고서의 일부를 변조하여 제시하면서 자신의 상사인 감사원 국장이 고위층의 압력을 받고 감사기간 중 자신이 감사를 진행 중인 사항에 대한 감사활동을 중단시켰다고 기자회견을 한 경우, 그 적시사실의 허위성에 대한 인식은 물론 상사에 대한 비방의 목적도 있었다고 해야 한다.

3. 대법원 2007.7.13, 2006도6322

백호대학교정상화추진위원회 공동대표 겸 위 대학교 전직 총장의 자격으로 일간신문에 신문광고를 게재하면서, 학교법인 A대학교 이사장 乙이 위 대학교의 기본재산을 탈법적으로 매각하고 지방자치단체에 기부한 사실을 숨기면서 오히려 주상복합아파트(스타시티)의 건설을 통하여 개발을 하고 있다고 홍보함으로써 해교행위를 하고 있다는 내용이 포함되어 있었다면, … 그 적시된 사실은 객관적 사실에 배치되는 것으로서 허위이고, 비방할 목적이 있었다고 판단된다.

4. 대법원 2008.7.10, 2008도2422

인터넷 포털사이트의 기사란에 마치 특정 여자연예인이 재벌의 아이를 낳았거나 그 대가를 받은 것처럼 댓글이 달린 상황에서 같은 취지의 댓글을 추가 게시한 경우에는 －정보통신망 이용촉진 및 정보보호 등에 관한 법률 제61조 제2항의 소위 사이버명예훼손죄의－ 비방할 목적이 인정된다. 변호사 14

5. 대법원 2021.1.14, 2020도8780

피고인 본인의 이익을 추구할 목적으로 피해자를 비난하는 내용의 발언이나 글을 게시한 경우 공공의 이익이 인정되지 않는다는 사례

대안학교의 영어 교과를 담당하던 피고인이 교장인 피해자를 속이고 자신이 별도로 운영하는 교육 콘텐츠 제공 등 업체가 사용권이 있는 영어 교육 프로그램을 도입하면서 청구할 필요 없는 이용료를 학생들로부터 지급받은 문제 등으로 피해자와 대립하면서 학교 운영의 정상화나 학생의 학습권 보장 등의 목적이 아니라 본인의 이익을 추구할 목적으로 피해자를 비난하는 내용의 공소사실 기재 발언 게시행위를 하였다면, 형법 제310조의 공공의 이익에 관한 것이라 할 수 없고 피고인에게 비방할 목적이 없다고 볼 수 없다.

6. 대법원 2024.1.4, 2022도699

양육비 미지급자 신상정보 공개 사건

피고인 甲은 양육비채권자의 제보를 받아 양육비 미지급자의 신상정보를 공개하는 사이트 운영에 관계된 사람, 피고인 乙은 위 사이트에 전 배우자를 제보한 사람이다. 甲은 위 사이트에 乙의 전 배우자를 비롯하여 피해자 A 등 5명의 이름, 거주지, 직장명, 얼굴 등을 공개하는 글이 올라가게 하고, 乙은 甲과 공모하여 전 배우자의 신상을 공개하는 글이 올라가게 하고, 인스타그램에 그 링크 주소를 첨부하고 '미친년'이라는 표현 등을 덧붙인 글을 게시하였다. 피고인 甲과 乙에게는 「정보통신망 이용촉진 및 정보보호 등에 관한 법률」(이하 '정보통신망법') 상 명예훼손죄의 구성요건요소인 '비방할 목적'이 인정되는가?

위 사이트의 신상정보 공개를 통해 양육비 미지급 사실을 알린 것은 결과적으로 양육비 미지급 문제라는 공적 관심 사안에 관한 사회의 여론형성이나 공개토론에 기여하였다고 볼 수 있으나, 글 게시 경위 등을 비추어 살피면 특정된 개별 양육비 채무자를 압박하여 양육비를 신속하게 지급하도록 하는 것을 주된 목적으로 하는 사적

제재 수단의 일환에 가깝다고 볼 수 있는 점, 이 사건 사이트에서 신상정보를 공개하면서 공개 여부 결정의 객관성을 확보할 수 있는 기준이나 양육비채무자에 대한 사전 확인절차를 두지 않고 양육비를 지급할 기회를 부여하지도 않은 것은 양육비채무자의 권리를 침해하는 정도가 커 정당화되기 어려운 점, 이 사건 사이트에서 얼굴 사진, 구체적인 직장명, 전화번호 등을 공개함으로써 양육비채무자가 입게 되는 피해의 정도가 매우 큰 점 등을 종합하여 볼 때 피고인들의 행위에 대해서는 비방할 목적을 인정할 수 있다.

판례연구 비방의 목적을 인정하지 않은 사례

1. 대법원 2005.4.29, 2003도213

국립대학교 교수의 제자 성추행 사실에 대한 여성단체의 공표행위 명예훼손

학교 내 연구실에서 일어난 국립대학 교수의 제자 성추행 사건과 관련하여 여성단체가 기소 전후에 그 교수들의 실명, 신분 및 범죄혐의 내용을 자신의 인터넷홈페이지에 게재하고 아울러 소식지에 담아 배포한 경우, 문제가 된 표현이 공인의 공적 활동과 밀접한 관련이 있는 내용이고, 학내에서 발생한 성폭력 문제는 공적 관심 사안으로서 사회의 여론 형성에 기여하는 측면이 강하며, 피고인들은 위 민간단체의 대표들로서 사건 발생 이후 피해 여학생 등과의 상담을 거쳐 사건 내용을 파악하고 진상조사 및 대책 마련을 촉구하는 활동을 벌이던 중 자신들의 홈페이지 및 소식지에 그 주장 내용을 담은 성명서를 옮겨 담거나 요약하여 게재하였을 뿐 위 피해자와의 사이에 어떠한 개인적 감정도 존재하지 아니하였고, 피해자가 명예훼손적 표현의 위험을 자초하였으며, 그 표현 자체도 피해자를 비하하는 등의 모욕적인 표현은 전혀 없고 객관적인 진실과 함께 자신들의 요구사항을 적시하고 있는 점에 비추어, 그러한 행위는 공공의 이익을 위한 것으로서 비방의 목적이 있다고 단정할 수 없다. 경찰채용 10 2차

2. 대법원 2006.10.26, 2004도5288

고등학교 교사가 피해자가 교감으로 근무하고 있는 고등학교의 여학생에 대한 퇴학처분의 부당함을 알리는 내용의 글을 인터넷 사이트 게시판에 게재한 경우, 정보통신망법상 명예훼손죄의 '사람을 비방할 목적'은 없다고 보아야 한다.

3. 대법원 2007.1.26, 2004도1632

축산업협동조합중앙회장이 농림부장관이 공식 채택한 수입쇠고기 유통 · 판매 권장정책 및 농축협 통합정책의 정당성 여부를 문제삼는 내용의 광고를 게재한 경우, 농림부장관 개인에 대한 비방의 목적이 있다고 단정할 수 없다.

4. 대법원 2008.11.13, 2006도7915

감사원 소속 공무원이 재벌그룹의 콘도미니엄 사업승인과 관련한 특혜의혹사건에 관하여 기자들에게 '양심선언'이란 제목 아래 감사원 국장이 외부의 압력을 받아 감사를 이유 없이 중단시켰다는 내용의 유인물을 배포한 경우, 비방의 목적이나 허위라는 인식이 없으므로 출판물에 의한 명예훼손죄가 성립하지 않는다고 보아야 한다.

5. 대법원 2009.5.28, 2008도8812; 2012.11.29, 2012도10392

소비자가 자신이 겪은 객관적 사실을 바탕으로 인터넷에 사업자에게 불리한 내용의 글을 게시한 사례

실제로 물품을 사용하거나 용역을 이용한 소비자가 인터넷에 자신이 겪은 객관적 사실을 바탕으로 사업자에게 불리한 내용의 글을 게시하는 행위에 비방할 목적이 있는지는 제반 사정을 두루 심사하여 더욱 신중하게 판단하여야 한다. 따라서 인터넷 포털사이트의 지식검색 질문·답변 게시판에 성형시술 결과가 만족스럽지 못하다는 주관적인 평가를 주된 내용으로 하는 한 줄의 댓글을 게시한 경우, 그 표현물은 전체적으로 보아 성형시술을 받을 것을 고려하고 있는 다수의 인터넷 사용자들의 의사결정에 도움이 되는 정보 및 의견의 제공이라는 공공의 이익에 관한 것이어서 비방할 목적이 있었다고 보기 어렵다. 경찰채용 14 2차/변호사 14

6. 대법원 2020.12.10, 2020도11471

드러낸 사실이 거짓인 경우 비방할 목적이 당연히 인정되는 것은 아니라는 사례

정보통신망법 제70조 제2항은 "사람을 비방할 목적으로 정보통신망을 통하여 공공연하게 거짓의 사실을 드러내어 다른 사람의 명예를 훼손한 자는 7년 이하의 징역, 10년 이하의 자격정지 또는 5천만 원 이하의 벌금에 처한다."라고 정하고 있다. 이 규정에 따른 범죄가 성립하려면 피고인이 공공연하게 드러낸 사실이 거짓이고 그 사실이 거짓임을 인식하여야 할 뿐만 아니라 사람을 비방할 목적이 있어야 한다. 비방할 목적이 있는지 여부는 피고인이 드러낸 사실이 거짓인지 여부와 별개의 구성요건으로서, 드러낸 사실이 거짓이라고 해서 비방할 목적이

당연히 인정되는 것은 아니다. 그리고 이 규정에서 정한 모든 구성요건에 대한 증명책임은 검사에게 있다.

7. 대법원 2022.4.28, 2020도15738

직장 갑질 개선 주장 사건

정보통신망법 제70조 제2항이 정한 '허위사실 적시에 의한 명예훼손죄'가 성립하려면 피고인이 적시하는 사실이 허위이고 그 사실이 허위임을 인식하여야 한다. 같은 항에서 정한 '사람을 비방할 목적'은 공공의 이익을 위한 것과는 행위자의 주관적 의도라는 방향에서 상반되므로, 적시한 사실이 공공의 이익에 관한 것인 경우에는 특별한 사정이 없는 한 비방할 목적은 부정된다(대법원 2011.11.24, 2010도10864 등). 공공의 이익에 관한 것에는 널리 국가·사회 그 밖에 일반 다수인의 이익에 관한 것뿐만 아니라 특정한 사회집단이나 그 구성원 전체의 관심과 이익에 관한 것도 포함되며, 나아가 공공의 이익관련성 개념이 시대에 따라 변화하고 공공의 관심사 역시 상황에 따라 쉴 새 없이 바뀌고 있다는 점을 고려하면, 공적인 인물, 제도 및 정책 등에 관한 것만을 공공의 이익관련성으로 한정할 것은 아니다. 따라서 사실적시의 내용이 사회 일반의 일부 이익에만 관련된 사항이라도 다른 일반인과의 공동생활에 관계된 사항이라면 공익성을 지닌다고 할 것이고, 개인에 관한 사항이더라도 그것이 공공의 이익과 관련되어 있고 사회적인 관심을 획득한 경우라면 직접적으로 국가·사회 일반의 이익이나 특정한 사회 집단에 관한 것이 아니라는 이유만으로 공공의 이익관련성을 부정할 것은 아니다. 사인이라도 그가 관계하는 사회적 활동의 성질과 사회에 미칠 영향을 헤아려 공공의 이익에 관련되는지 판단하여야 한다(명예훼손죄에서의 '공공의 이익'에 관한 대법원 2020.11.19, 2020도5813 전원합의체). 피고인이 페이스북에 과거 자신이 근무했던 소규모 스타트업 회사의 대표가 회식 자리에서 직원들에게 술을 강권하였다는 취지의 글을 게시하여 정보통신망법 제70조 제2항 위반죄로 기소된 경우, 개인적 환경이나 근로 환경에 따라 회식 자리에서의 음주와 관련한 근로자 개인이 느끼는 압박감의 정도가 다를 수 있는 등을 고려할 때 피고인이 게시한 글은 허위사실이 아니고 비방할 목적도 인정되지 않는다.

8. 대법원 2022.7.28, 2022도4171

고등학교 동창의 사기 범행 구속사실을 다른 동창들에게 알린 단톡방 사건

甲과 乙은 같은 예술고등학교 무용과를 졸업한 동창으로서 2013년 무렵까지 친분 관계를 유지하였는데, 乙은 다른 고등학교 동창 친구 丙에게 자신의 자력을 속이는 방법으로 기망하여 甲의 신용카드로 5,000만 원이 넘는 금액을 결제하고 다른 친구의 신용카드로 4,000만 원이 넘는 금액을 결제하여 재산상 이익을 취득한 행위로 2016.7.경 구속되었고, 2017.1.6. 형사재판에서 사기죄로 징역 10월에 집행유예 2년의 형을 선고받은 후 석방되었다. 甲은 2019.1. 초순 고등학교 동창생들 10여 명이 참여하고 있던 인터넷 메신저 채팅방에 친구의 초대로 참여하였다가 채팅방에 乙도 참여하고 있음을 알게 되었다. 甲은 채팅방에 참여하고 있던 피해자 외의 다른 동창생들을 대상으로 새로운 채팅방을 만든 후, 그 채팅방에 '乙이 내 돈을 갚지 못해 사기죄로 감방에서 몇 개월 살다가 나왔다. 집에서도 포기한 애다. 너희들도 조심해라.'라는 내용의 글을 게시한 후 곧바로 채팅방에서 나갔다. …… 피고인이 이 사건 글을 작성한 주요한 동기와 목적이 공공의 이익을 위한 것으로 볼 여지가 있어 정보통신망법 제70조 제1항의 정보통신망 이용 명예훼손죄("사람을 비방할 목적으로 정보통신망을 통하여 공공연하게 사실을 드러내어 다른 사람의 명예를 훼손한 자는 3년 이하의 징역 또는 3천만 원 이하의 벌금에 처한다.")의 성립요건인 사람을 비방할 목적이 증명되었다고 보기 어렵다.

③ 비방할 목적이 부정되는 경우의 효과 : 비방의 목적이 부정되는 경우 출판물명예훼손죄(제309조)가 적용되지 않고 일반명예훼손죄(제307조)의 성립을 따질 수밖에 없다. 이 경우 허위사실임에 대한 고의가 부정된다면 제307조 제1항의 명예훼손죄의 구성요건에 해당될 수 있으며 이때 제310조의 위법성조각사유가 적용될 수 있게 된다. 법원행시 09

3. 제보자의 죄책

(타인을 비방할 목적으로 허위사실인 기사의 재료를 비방의 목적이 없는 신문기자에게 제공한 경우에 기사를 신문지상에 게재하느냐의 여부는 신문편집인의 권한에 속한다고 할 것이나, 이를 편집인이 신문지상에 게재한 이상 기사의 게재는 기사재료를 제공한 자의 행위에 기인한 것이므로) 기사재료의 제공행위는 출판물에 의한 명예훼손죄의 죄책을 면

할 수 없다(대법원 1994.4.12, 93도3535; 2002.3.29, 2001도2624; 2009.11.12, 2009도8949－송일국 사건－[295]). 국가7급 13 / 국가9급 11 / 법원행시 06 / 법원행시 11 / 법원행시 14 / 경찰채용 13 1차 / 법원9급 20 또한 출판물에 의한 명예훼손죄는 간접정범에 의하여 범하여질 수도 있으므로 타인을 비방할 목적으로 허위의 기사 재료를 그 사정을 모르는 기자에게 제공하여 신문 등에 보도되게 한 경우에도 성립할 수 있다(대법원 2002.6.28, 2000도3045). 국가7급 07 / 국가7급 13 / 국가9급 13 / 경찰간부 12 / 경찰승진(경사) 10 / 사시 10 그렇다면 (다수설·판례에 의할 때) 비방목적의 제보자는 ① 피이용자인 신문기자 내지 편집인이 비방의 목적이 없는 경우에는 본죄의 간접정범[296]의 죄책을 지게 되며, ② 신문기자 내지 편집인에게도 비방의 목적이 있는 경우에는 본죄의 교사범(敎唆犯)이 성립하게 된다.

4. 제310조의 위법성조각사유의 적용 여부

형법 제310조는 제307조 제1항에만 적용되므로, 본죄(제309조)에는 적용되지 않는다. 국가7급 07 / 국가9급 13 / 법원9급 20 즉 형법 제310조의 '공공의 이익'에 관한 때에는 처벌하지 아니한다는 규정은 사람을 '비방할 목적'이 있어야 하는 형법 제309조 제1항 소정의 행위에 대하여는 적용되지 아니하고 그 목적을 필요로 하지 않는 형법 제307조 제1항의 행위에 한하여 적용되는 것이다. 경찰승진 13 따라서 ① 비방할 목적이 있는 경우에는 형법 제310조의 위법성조각사유가 적용될 수 없다. 반면 ② 비방할 목적이 없는 경우 – 제309조의 구성요건해당성이 조각되고 제307조 제1항의 구성요건에 해당되는 경우– 공공의 이익을 위하여 진실한 사실을 적시하였다면 형법 제310조에 의하여 위법성이 조각되게 된다.

05 모욕죄

제311조【모 욕】 공연히 사람을 모욕한 자는 1년 이하의 징역이나 금고 또는 200만 원 이하의 벌금에 처한다.

1. 의의 및 보호법익

모욕죄(侮辱罪)는 공연히 사람을 모욕함으로써 성립하는 범죄이다. 법익은 명예감정이 아니라 명예훼손죄와 마찬가지로 사람의 외적 명예이다. 따라서 명예훼손죄와 모욕죄는 구체적인 사실을 적시하였는가 아니면 단지 경멸적 감정을 표현하였는가에 따라 구별되어야 한다. 본죄의 법익보호의 정도도 마찬가지로 추상적 위험범이다.

---

295 사례 : 기사재료 제공자와 출판물명예훼손죄 성부 사례 : 송일국 사건 甲은 신문사 기자인 乙에게 연예인 A의 실명을 거론하면서 허위사실을 적시함으로써 A를 비방할 목적으로 기사의 자료를 제공하자, 이를 진실한 것으로 오신한 乙이 기사를 작성하여 공표한 경우, 甲의 죄책은? 판례 그 기사를 편집인이 신문지상에 게재한 이상 그 기사의 게재는 기사재료를 제공한 자의 행위에 기인한 것이므로, 그 기사재료를 제공한 자는 형법 제309조 제2항 소정의 출판물에 의한 명예훼손죄의 죄책을 면할 수 없는 것이다(대법원 2009.11.12, 2009도8949). 국가9급 11 / 법원행시 11 / 법원행시 14
해결 출판물에 의한 명예훼손죄.

296 이 경우 제보자에게 간접정범(제34조 제1항)이 인정되는 결론을 내리기 위한 전제는, '고의는 있으나 목적 없는 피이용자'를 이용한 경우에도 간접정범이 성립할 수 있다는 입장(다수설·판례)을 따르는 것이다. 만일 이를 부정하게 되면 제보자에게는 공범의 성립만 가능하게 된다(소수설).

2. 구성요건

(1) 주체 – 자연인인 개인

(2) 객체 – 사람

자연인 · 법인 · 법인격 없는 단체를 불문하고, 유아 · 정신병자는 포함되나, 사자는 제외된다(사자모욕은 처벌 규정이 없음). 또한 모욕죄는 특정한 사람 또는 인격을 보유하는 단체에 대하여 사회적 평가를 저하시킬 만한 경멸적 감정을 표현함으로써 성립하므로 그 피해자는 특정되어야 한다. 따라서 집단표시에 의한 모욕은 비난의 정도가 희석되지 않아 구성원 개개인의 사회적 평가를 저하시킬 만한 것으로 평가될 경우에 예외적으로 구성원 개개인에 대한 모욕이 성립할 수 있다(대법원 2003.9.2, 2002다63558; 2013.1.10, 2012도13189; 2014.3.27, 2011도15631 – 강용석 전 의원 아나운서 모욕 사건에서는 특정이 인정되지 않아 무죄 –). 법원9급 18 / 경찰채용 18 2차 / 경찰간부 22

(3) 행위 – 공연히 모욕하는 것

① 공연성 : 불특정 또는 다수인이 인식할 수 있는 상태를 말한다(명예훼손의 경우와 같음). 변호사 13

판례연구 모욕죄의 공연성 긍정례

대법원 2022.6.16, 2021도15122

모욕죄에서의 전파가능성

형법 제311조(모욕)는 '공연히 사람을 모욕한 자'를 처벌한다고 규정하는바, 형법 제307조(명예훼손)가 '공연히 사실 또는 허위의 사실을 적시하여 사람의 명예를 훼손한 자'를 처벌한다고 규정하는 것과 마찬가지로 '공연성'을 요건으로 한다. 대법원 2020.11.19, 2020도5813 전원합의체 판결은 명예훼손죄의 구성요건인 공연성이란 '불특정 또는 다수인이 인식할 수 있는 상태'를 의미하는데, 개별적으로 소수의 사람에게 사실을 적시하였더라도 그 상대방이 불특정 또는 다수인에게 적시된 사실을 전파할 가능성이 있는 때에는 공연성이 인정된다는 종전 대법원의 일관된 판시를 재확인하였고, 이러한 법리는 모욕죄에도 동일하게 적용된다. 甲 등은 자신들의 주거지인 아파트에서 위층에 사는 乙이 손님들을 데리고 와 시끄럽게 한다는 이유로 화가 나 인터폰으로 乙에게 전화하여 손님(乙과 친분은 있으나 비밀의 보장이 상당히 높은 정도로 기대되는 관계로는 볼 수 없음)과 그 자녀들이 듣고 있는 가운데 乙의 자녀 교육과 인성을 비하하는 내용의 욕설을 하였다. 위 인터폰은 별도의 송수화기 없이 일방이 인터폰을 작동시켜 말을 하면 그 음향이 상대방 인터폰의 스피커를 통해 울려 퍼져 나오는 구조이고, 이 사건 발언 당시 피고인들과 피해자가 나눈 대화 내용 중에는 피해자가 이전부터 자주 손님을 데려오는 것에 관한 다툼과 이 사건 당시에도 손님이 방문하였음을 전제로 하는 내용이 있다. 피고인들은 피해자의 집에 손님이 방문한 것을 알면서도 그로 인해 층간소음이 발생한다는 이유로 피해자의 집 거실에 음향이 울려 퍼지는 인터폰을 사용하여 이 사건 발언을 하였다. 그렇다면 피고인들에게 이 사건 발언의 전파가능성에 관한 미필적 고의를 부정하기 어렵고, 피고인들이 피해자와 손님의 구체적인 관계를 알았는지는 미필적 고의를 부정하는 요소라고 할 수 없다.

판례연구 모욕죄의 공연성 부정례

대법원 2024.1.4, 2022도14571

모욕죄의 '공연성' 관련 전파가능성 인정 여부에 관한 소극적 사정

모욕죄의 구성요건인 '공연성'에 관하여도 명예훼손죄의 '공연성'에 관한 법리가 동일하게 적용된다(대법원 2022.6.16, 2021도15122 등). …… 발언 후 실제로 전파되었는지 여부는 전파가능성 유무를 판단함에 있어 소극적 사정으로 고려될 수 있다(대법원 2020.11.19, 2020도5813 전원합의체 등). 특히 발언의 내용 역시 피해자의 외부적 명예나 인격적 가치에 대한 사회적 평가를 저하시키거나 인격을 허물어뜨릴 정도로 모멸감을 주는 혐오스러운 표현이라기보다는 전체적으로 피해자의 입장에서 불쾌함을 느낄 정도의 부정적 · 비판적 의견이나 불편한 감정을 거칠게 나타낸 정도의 표현에 그치는 것으로서, 발언에 담긴 취지가 아니라 그와 같은 조악한 표현 자체를 피해자에게 그대로 옮겨 전파하리라는 사정을 쉽게 예상하기 어려운 경우에는 전파가능성을 인정함에 더욱

신중을 기할 필요가 있다. 피고인 甲은 같은 정당에 소속된 상대방 A에게 카카오톡 메신저로 피해자 乙이 같은 정당 소속 의원과 간담회에 참석한 사진을 보내면서 '거기에 술꾼인 乙이 송총이랑 가 있네요 ㅋ 거기는 술 안 사주는데. 입 열면 막말과 비속어, 욕설이 난무하는 乙과 가까이 해서 대장님이 득 될 것은 없다 봅니다.'는 취지의 메시지를 전송한 경우, 피고인이 카카오톡 메시지를 보낸 행위에 모욕죄의 공연성이 있었다거나 피고인에게 전파가능성에 대한 인식과 그 위험을 용인하는 의사가 있었다고 단정하기 어렵다.

보충 상대방은 피고인으로부터 메시지를 받았을 당시 상황에 대하여, '기분이 좋지 않았지만 자율방범대에 대한 외부 평판도 중요했기 때문에 피해자에게 피고인과 사이좋게 지내라고 타일렀을 뿐 메시지를 전달하거나 보여주지 않았다. 피고인으로부터 받은 메시지를 다른 사람에게 전달하지는 않았고, 그렇게 할 생각이 전혀 없었다.' 는 취지로 일관되게 진술하였다(위 판례의 판결이유 중에서).

② 모욕 : 구체적 사실을 적시하지 아니하고 추상적 관념을 사용하여 사람의 인격을 경멸하는 가치판단을 표시하는 것으로, 언어나 거동의 방법에 의하여 모두 가능하다. 표현범(表現犯)이므로 단순히 무례한 행동은 모욕행위라 할 수 없다.

판례연구 모욕죄의 모욕에 해당되는 사례

1. 대법원 1981.11.24, 81도2280

명예훼손죄에 있어서 '사실의 적시'라 함은 사람의 사회적 평가를 저하시키는데 충분한 구체적 사실을 적시하는 것을 말하므로, 이를 적시하지 아니하고 단지 모멸적인 언사를 사용하여 타인의 사회적 평가를 경멸하는, 자기의 추상적 판단을 표시하는 것("빨갱이 계집년", "만신(무당)", "첩년"이라고 말한 것)은 사람을 모욕한 경우에 해당하고, 명예훼손죄에는 해당하지 아니한다.

2. 대법원 1985.10.22, 85도1629

피해자에 대하여 "야 이 개 같은 잡년아, 시집을 열두 번을 간 년아, 자식도 못 낳는 창녀 같은 년"이라고 큰소리친 경우, 위 발언내용은 그 자체가 피해자의 사회적 평가를 저하시킬 만한 구체적 사실이라기보다는 피해자의 도덕성에 관하여 가지고 있는 추상적 판단이나 경멸적인 감정표현을 과장되게 강조한 욕설에 지나지 아니하여 형법 제311조의 모욕에는 해당할지언정, 형법 제307조 제1항의 명예훼손에 해당한다고 보기 어렵다. 법원9급 07(하)

3. 대법원 1987.5.2, 87도739

명예훼손죄와 모욕죄는 보호법익은 다같이 사람의 가치에 대한 사회적 평가인 이른바 외부적 명예인 점에서는 차이가 없으나, 다만 명예훼손죄는 사람의 사회적 평가를 저하시킬 만한 구체적 사실을 적시하여 명예를 침해하는 것이고, 모욕죄는 구체적 사실이 아닌 단순한 추상적 판단이나 경멸적 감정의 표현으로서 사회적 평가를 저하시키는 것이다. 피고인 甲은 공연하게 피해자 乙에 대해 "늙은 화냥년의 간나, 네가 화냥질을 했잖아"라고 말하였다면 乙의 도덕성에 관해 경멸적 감정표현을 과장되게 강조한 욕설에 불과한 것이므로 甲의 행위는 모욕죄에 해당된다.

4. 대법원 1989.3.14, 88도1397

"아무것도 아닌 똥꼬다리 같은 놈"이라는 구절은 모욕적인 언사일 뿐 구체적인 사실의 적시라고 할 수 없고 "잘 운영되어 가는 어촌계를 파괴하려 한다"는 구절도 구체적인 사실의 적시라고 할 수 없으므로 명예훼손죄에 있어서의 사실의 적시에 해당한다고 볼 수 없다. 법원행시 13

5. 대법원 1990.9.25, 90도873

동네사람 4명과 구청직원 2명 등이 있는 자리에서 피해자가 듣는 가운데 구청직원에게 피해자를 가리키면서 "저 망할 년 저기 오네."라고 피해자를 경멸하는 욕설 섞인 표현을 하였다면 피해자를 모욕하였다고 볼 수 있다.

6. 대법원 1994.10.25, 94도1770

"애꾸눈, 병신"이라는 발언 내용은 피고인이 피해자를 모욕하기 위하여 경멸적인 언사를 사용하면서 욕설을 한 것에 지나지 아니하고, 피해자의 사회적 가치나 평가를 저하시키기에 충분한 구체적 사실을 적시한 것이라고 보기는 어렵다.

7. 대법원 2016.10.13, 2016도9674

분노감 표출 내지 무례한 언동을 뛰어넘는다는 사례

모욕죄는 공연히 사람을 모욕하는 경우에 성립하는 범죄로서(형법 제311조), 사람의 가치에 대한 사회적 평가를 의미하는 외부적 명예를 보호법익으로 하고, 여기에서 '모욕'이란 사실을 적시하지 아니하고 사람의 사회적 평가를 저하시킬 만한 추상적 판단이나 경멸적 감정을 표현하는 것을 의미한다. 그리고 모욕죄는 피해자의 외부적 명예를 저하시킬 만한 추상적 판단이나 경멸적 감정을 공연히 표시함으로써 성립하므로, 피해자의 외부적 명예가 현실적으로 침해되거나 구체적·현실적으로 침해될 위험이 발생하여야 하는 것도 아니다.

보충 피고인은 순대국집 식당 영업 업무를 방해하고 식당 주인에게 폭행을 하던 중 112 신고를 받고 출동한 지구대 소속 경장인 피해자로부터 제지를 당하자 위 식당의 업주와 성명불상의 손님들이 있는 가운데 피해자에게 큰 소리로 "젊은 놈의 새끼야, 순경새끼, 개새끼야.", "씨발 개새끼야, 좆도 아닌 젊은 새끼는 꺼져 새끼야."라고 욕설하였는데, 당시 피고인은 업무방해와 폭행의 범법행위를 한 자로서 이를 제지하는 등 법집행을 하려는 경찰관 개인을 향하여 경멸적 표현을 담은 욕설을 함으로써 경찰관 개인의 인격적 가치에 대한 평가를 저하시킬 위험이 있는 모욕행위를 하였다고 볼 것이고, 이를 단순히 당면 상황에 대한 분노의 감정을 표출하거나 무례한 언동을 한 정도에 그친 것으로 평가하기는 어렵다.

판례연구 모욕죄의 모욕에 해당되지 않는 사례

1. 대법원 2007.2.22, 2006도8915

"부모가 그런 식이니 자식도 그런 것이다."와 같은 표현으로 인하여 상대방의 기분이 다소 상할 수 있다고 하더라도, 위 내용은 너무나 막연하여 그것만으로 곧 상대방의 명예감정을 해하여 모욕죄를 구성한다고 보기는 어렵다.

2. 대법원 2008.12.11, 2008도8917

임대아파트의 분양전환과 관련하여 임차인이 아파트 관리사무소의 방송시설을 이용하여 임차인대표회의의 전임 회장을 비판하며 "전 회장의 개인적인 의사에 의하여 주택공사의 일방적인 견해에 놀아나고 있기 때문에"라고 한 표현도 전체 문언상 '모욕'에 해당하지 않는다. 법원행시 16 / 국가9급 21

3. 대법원 2013.1.10, 2012도13189; 2014.3.27, 2011도15631

집단표시에 의한 모욕이 집단 구성원 개개인에 대한 모욕죄를 구성하는 경우 및 구체적인 판단 기준 : 강용석 전 의원 아나운서 모욕죄 불성립 사건[297]

이른바 집단표시에 의한 모욕은, ① 모욕의 내용이 집단에 속한 특정인에 대한 것이라고는 해석되기 힘들고, 집단표시에 의한 비난이 개별구성원에 이르러서는 비난의 정도가 희석되어 구성원 개개인의 사회적 평가에 영향을 미칠 정도에 이르지 아니한 경우에는 구성원 개개인에 대한 모욕이 성립되지 않는다고 봄이 원칙이고, ② 비난의 정도가 희석되지 않아 구성원 개개인의 사회적 평가를 저하시킬 만한 것으로 평가될 경우에는 예외적으로 구성원 개개인에 대한 모욕이 성립할 수 있다. … 피고인의 이 사건 발언은 여성 아나운서 일반을 대상으로 한 것으로서 그 개별구성원인 피해자들에 이르러서는 비난의 정도가 희석되어 피해자 개개인의 사회적 평가에 영향을 미칠 정도에까지는 이르지 아니하므로 형법상 모욕죄에 해당한다고 보기는 어렵다고 볼 여지가 충분하다.

4. 대법원 2014.9.4, 2012도13718

종교적 목적의 언론·출판과 타 종교의 신앙대상에 대한 묘사

우리 헌법이 종교의 자유를 보장함으로써 보호하고자 하는 것은 종교 자체나 종교가 신봉하는 신앙의 대상이 아니라, 종교를 신봉하는 국민, 즉 신앙인이고, 종교에 대한 비판은 성질상 어느 정도의 편견과 자극적인 표현을 수반하게 되는 경우가 많으므로, 타 종교의 신앙의 대상에 대한 모욕이 곧바로 그 신앙의 대상을 신봉하는 종교단체나 신도들에 대한 명예훼손이 되는 것은 아니고, 종교적 목적을 위한 언론·출판의 자유를 행사하는 과정에서 타 종교의 신앙의 대상을 우스꽝스럽게 묘사하거나 다소 모욕적이고 불쾌하게 느껴지는 표현을 사용하였더라도 그것이 그 종교를 신봉하는 신도들에 대한 증오의 감정을 드러내는 것이거나 그 자체로 폭행·협박 등을 유발

297 보충 국회의원이었던 피고인 강용석이 국회의장배 전국 대학생 토론대회에 참여했던 학생들과 저녁회식을 하는 자리에서, 장래의 희망이 아나운서라고 한 여학생들에게 (아나운서 지위를 유지하거나 승진하기 위하여) "다 줄 생각을 해야 하는데, 그래도 아나운서 할 수 있겠느냐. ○○여대 이상은 자존심 때문에 그렇게 못하더라"라는 등의 말을 함으로써 공연히 8개 공중파 방송 아나운서들로 구성된 △△△△△△연합회 회원인 여성 아나운서 154명을 각 모욕하였다는 혐의로 공소가 제기된 사건이다.

할 우려가 있는 정도가 아닌 이상 허용된다고 보아야 한다.[298] 경찰간부 18

5. 대법원 2015.9.10, 2015도2229
어떠한 표현이 상대방의 인격적 가치에 대한 사회적 평가를 저하시킬 만한 것이 아니라면 표현이 다소 무례한 방법으로 표시되었다 하더라도 모욕죄의 구성요건에 해당한다고 볼 수 없다. 아파트 입주자대표회의 감사인 피고인 A가 관리소장 甲의 업무처리에 항의하기 위해 관리소장실을 방문한 자리에서 언쟁을 하다가 "야, 이따위로 일할래.", "나이 처먹은 게 무슨 자랑이냐."라고 말한 경우, 피고인의 발언은 상대방을 불쾌하게 할 수 있는 무례하고 저속한 표현이기는 하지만 객관적으로 甲의 인격적 가치에 대한 사회적 평가를 저하시킬 만한 모욕적 언사에 해당하지 않는다. 법원행시 16

6. 대법원 2015.12.24, 2015도6622
언어는 인간의 가장 기본적인 표현수단이고 사람마다 언어습관이 다를 수 있으므로 그 표현이 다소 무례하고 저속하다는 이유로 모두 형법상 모욕죄로 처벌할 수는 없다. 피고인이 택시 기사와 요금 문제로 시비가 벌어져 112 신고를 한 후, 신고를 받고 출동한 경찰관 甲에게 늦게 도착한 데 대하여 항의하는 과정에서 "아이 씨발!"이라고 말한 경우, 제반 사정에 비추어 피고인의 발언은 직접적으로 피해자를 특정하여 그의 인격적 가치에 대한 사회적 평가를 저하시킬 만한 경멸적 감정을 표현한 모욕적 언사에 해당한다고 단정하기 어렵다. 법원행시 16 / 경찰채용 20 1차

7. 대법원 2018.11.29, 2017도2661
甲 주식회사 해고자 신분으로 노동조합 사무장직을 맡아 노조활동을 하는 피고인은 노사 관계자 140여 명이 있는 가운데 큰 소리로 피고인보다 15세 연장자로서 甲 회사 부사장인 乙을 향해 "야 ○○아, ○○이 여기 있네, 니 이름이 ○○이잖아, ○○아 나오니까 좋지?" 등으로 여러 차례 乙의 이름을 불러 乙을 모욕하였다는 내용으로 기소된 경우, 제반 사정을 종합하면, 피고인의 위 발언은 상대방을 불쾌하게 할 수 있는 무례하고 예의에 벗어난 표현이기는 하지만 객관적으로 乙의 인격적 가치에 대한 사회적 평가를 저하시킬 만한 모욕적 언사에 해당하지 않는다. 경찰채용 22 2차

8. 대법원 2022.8.31, 2019도7370
'정말 야비한 사람인 것 같습니다'라는 표현과 모욕의 의미
甲은 직원들에게 민주노총 지부장 乙이 관리하는 사업소의 문제 등을 지적하는 내용의 카카오톡 문자메시지를 발송하면서 '민주노총 ○○○지부장은 정말 야비한 사람인 것 같습니다'라고 표현하였다. …… 어떠한 표현이 개인의 인격권을 심각하게 침해할 우려가 있는 것이거나 상대방의 인격을 허물어뜨릴 정도로 모멸감을 주는 혐오스러운 욕설이 아니라 상대방을 불쾌하게 할 수 있는 무례하고 예의에 벗어난 정도이거나(대법원 2018.11.29, 2017도2661 등 참조) 상대방에 대한 부정적·비판적 의견이나 감정을 나타내면서 경미한 수준의 추상적 표현이나 욕설이 사용된 경우 등이라면 특별한 사정이 없는 한 외부적 명예를 침해할 만한 표현으로 볼 수 없어 모욕죄의 구성요건에 해당된다고 볼 수 없다. 이 사건 표현은 피고인의 피해자에 대한 부정적·비판적 의견이나 감정이 담긴 경미한 수준의 추상적 표현에 불과할 뿐 피해자의 외부적 명예를 침해할 만한 표현이라고 단정하기 어렵다.

9. 대법원 2023.2.2, 2022도4719
개 얼굴 합성 사건
모욕의 수단과 방법에는 제한이 없으므로 언어적 수단이 아닌 비언어적·시각적 수단만을 사용하여 표현을 하더라도 그것이 사람의 사회적 평가를 저하시킬 만한 추상적 판단이나 경멸적 감정을 전달하는 것이라면 모욕죄가 성립한다. 최근 영상 편집·합성 기술이 발전함에 따라 합성 사진 등을 이용한 모욕 범행의 가능성이 높아지고 있고, 시각적 수단만을 사용한 모욕이라 하더라도 그 행위로 인하여 피해자가 입는 피해나 범행의 가벌성 정도는 언어적 수단을 사용한 경우와 비교하여 차이가 없다. …… 甲은 유튜브 채널에 乙의 방송 영상을 게시하면서 乙의 얼굴에 '개' 얼굴을 합성하는 방법으로 표현하였다. …… 영상의 전체적인 내용을 살펴볼 때, 피고인이 피해자의 얼굴을 가리는 용도로 동물 그림을 사용하면서 피해자에 대한 부정적인 감정을 다소 해학적으로 표현하려 한 것에 불과하다고 볼 여지도 상당하므로, 해당 영상이 피해자를 불쾌하게 할 수 있는 표현이기는 하지만 객관

298 보충 : 종교적 목적을 위한 언론·출판의 자유가 허용되는 범위 아무리 종교적 목적을 위한 언론·출판의 자유가 고도로 보장되고, 종교적 의미의 검증을 위한 문제의 제기가 널리 허용되어야 한다고 하더라도 구체적 정황의 뒷받침도 없이 악의적으로 모함하는 일이 허용되지 않도록 경계해야 함은 물론, 구체적 정황에 근거한 것이라 하더라도 표현방법에 있어서는 상대방의 인격을 존중하는 바탕 위에서 어휘를 선택하여야 하고, 아무리 비판을 받아야 할 사항이 있다고 하더라도 모멸적인 표현으로 모욕을 가하는 일은 허용될 수 없다(위 판례).

적으로 피해자의 인격적 가치에 대한 사회적 평가를 저하시킬 만한 모욕적 표현을 한 경우에 해당한다고 단정하기는 어렵다. 법원9급 23

3. 위법성

(1) 일반적 위법성조각사유 – 사회상규에 위배되지 않는 행위

공연히 타인을 모욕한 경우에 이를 처벌하는 것은 사람의 인격적 가치에 대한 사회적 평가 즉 외부적 명예를 보호하기 위함에 그 목적이 있으나, 모욕죄의 형사처벌은 표현의 자유를 제한하고 있으므로(헌법재판소 2013.6.17, 2012헌바37), 어떠한 글이 모욕적 표현을 포함하는 판단이나 의견을 담고 있을 경우에도 그 시대의 건전한 사회통념에 비추어 살펴보아 그 표현이 사회상규에 위배되지 않는 행위로 볼 수 있는 때에는 형법 제20조의 정당행위에 해당하여 위법성이 조각된다(대법원 2005.12.23, 2005도1453 등). 이로써 표현의 자유로 획득되는 이익 및 가치와 명예 보호에 의하여 달성되는 이익 및 가치를 적절히 조화할 수 있는 것이다(위헌법재판소 2013.6.17, 2012헌바37; 2020.12.23, 2017헌바456 · 475 · 487, 2018헌바114 · 351 – 병합 – 등).

판례연구 사회상규에 위배되지 아니하는 행위에 해당되는 사례

1. 대법원 2003.11.28, 2003도3972
방송국 시사프로그램을 시청한 후 방송국 홈페이지의 시청자 의견란에 작성 · 게시한 글 중 특히 "그렇게 소중한 자식을 범법행위의 변명의 방패로 쓰시다니 정말 대단하십니다."는 등의 표현을 게재한 경우, 사회상규에 위배되지 아니하는 행위로서 위법성이 조각된다.[299] [300]

2. 대법원 2008.7.10, 2008도1433
골프클럽 경기보조원들의 구직편의를 위해 제작된 인터넷 사이트 내 회원 게시판에 특정 골프클럽의 운영상 불합리성을 비난하는 글을 게시하면서, '재수 없으면 벌당 잡힘. 규칙도 없음. 아주 조심해야 됨. 부장이나 조장 마주치지 않게 피해서 다녀야 됨. 조장들 한심한 인간들임. 불쌍한 인간임. 잘못 걸리면 공개처형됨'이라는 내용의 글을 작성 · 게시하였다면, 이는 사회상규의 위배되지 아니하는 행위로서 위법성이 조각된다. 국가7급 13 / 경찰승진 14 / 경찰채용 14 2차 / 법원행시 16

3. 대법원 2021.8.19, 2020도14576
동기생 단체채팅방에서 상관을 '도라이'라고 한 사건
피고인이 해군 부사관 동기생의 단체채팅방에서, 피고인의 직속상관인 피해자가 목욕탕 청소담당 교육생들에게 과실 지적을 많이 한다는 이유로, "도라이 ㅋㅋㅋ 습기가 그렇게 많은데"라고 게시한 경우(군형법상 상관모욕죄가 문제됨), 피고인의 이 사건 표현은 단 1회에 그쳤고, 그 부분이 전체 대화 내용에서 차지하는 비중도 크지 않은 점, 이 사건 표현은 근래 비공개적인 상황에서는 일상생활에서 드물지 않게 사용되고 그 표현이 내포하는 모욕의 정도도 경미한 수준인 점 등의 사정에 비추어 볼 때, 피고인의 이 사건 표현은 동기 교육생들끼리 고충을 토로하고 의견을 교환하는 사이버공간에서 상관인 피해자에 대하여 일부 부적절한 표현을 사용하게 된 것에 불과하고 이로 인하여 군의 조직질서와 정당한 지휘체계가 문란하게 되었다고 보이지 않으므로, 이러한 행위는 사회상규에 위배되지 않는다고 보는 것이 타당하다. 경찰채용 22 2차

299 **보충** 게시글 전체를 두고 보더라도 그 출연자인 피해자에 대한 사회적 평가를 훼손할 만한 모욕적 언사라는 점을 인정하면서도(모욕죄의 구성요건해당성 인정), 이는 그 사실관계나 이를 둘러싼 문제에 관한 자신의 판단과 나아가 이러한 경우에 피해자가 취한 태도와 주장한 내용이 합당한가 하는 점에 대하여 **자신의 의견을 개진하고, 피해자에게 자신의 의견에 대한 반박이나 반론을 구하면서**, 자신의 판단과 의견의 타당함을 강조하는 과정에서 부분적으로 그와 같은 표현을 사용한 것으로서 사회상규에 위배되지 않는다(판결이유).

300 **참고** 이 판례에 대한 자세한 평석은 이동신, "방송국 시사프로그램의 출연자에 대한 모욕적 언사가 포함된 방송국 홈페이지 게시글과 사회상규에 위배되지 아니함을 이유로 한 위법성조각사유의 관계(2003.11.28, 2003도3972 : 공2004상, 84)", 대법원 판례해설, 통권 제48호, 2004년, 법원도서관, 464면 이하 참조. 이 평석에서는 위 대법원 판결에 대하여, "모욕죄의 구성요건에는 해당되나 사회상규에 위배되지 아니하는 행위로서 위법성이 조각된다고 판단한 최초의 대법원판례"라고 평가하고 있다.

4. 대법원 2022.8.25, 2020도16897

"철면피, 파렴치, 양두구육, 극우부패세력" 등의 표현

주식회사 문화방송 심의국 라디오심의부 심의위원으로 한국PD연합회 회장으로 재임 중이며, 팔로워가 304명에 달하는 '피고인' 페이스북을 개설하여 글을 게시하는 甲은 자신의 페이스북에 "또 나쁜 짓한 거 고발당했다. 乙(방송문화진흥회 이사장). 간첩조작질 공안검사 출신 변호사. 매카시스트. 철면피 파렴치 양두구육... 역시 극우부패세력에 대한 기대를 저버리지 않는다. 대한민국의 양심과 양식을 대표하는 인사가 맡아야 할 공영방송 MBC의 감독기관인 방송문화진흥회 이사장 자리에 앉아 버티기 농성에 들어간 乙 체제를 뒤에서 지탱하고 있다."라는 글을 게시하였다. …… 어떤 글이 모욕적 표현을 담고 있는 경우에도 그 글이 객관적으로 타당성이 있는 사실을 전제로 하여 그 사실관계나 이를 둘러싼 문제에 관한 자신의 판단과 피해자의 태도 등이 합당한가에 대한 의견을 밝히고, 자신의 판단과 의견이 타당함을 강조하는 과정에서 부분적으로 다소 모욕적인 표현이 사용된 것에 불과하다면 사회상규에 위배되지 않는 행위로서 형법 제20조에 의하여 위법성이 조각될 수 있다(대법원 2003.11.28, 2003도3972 등 참조). 그리고 인터넷 등 공간에서 작성된 단문의 글이라고 하더라도, 그 내용이 자신의 의견을 강조하거나 압축하여 표현한 것이라고 평가할 수 있고 표현도 지나치게 모욕적이거나 악의적이지 않다면 마찬가지로 위법성이 조각될 수 있다(대법원 2021.3.25, 2017도17643). 피고인이 피해자의 공적 활동과 관련한 자신의 의견을 담은 게시글을 작성하면서 이 사건 표현을 한 것은 사회상규에 위배되지 않는 행위로서 형법 제20조에 의하여 위법성이 조각된다고 볼 여지가 크다.

5. 대법원 2022.10.27, 2019도14421

노동조합원이 페이스북에 노동조합 간부들을 상대로 '악의 축'이라고 적시한 사건

○○버스노동자협의회 회원인 甲은 1991년부터 2008년까지 ○○지역버스노동조합의 위원장이었고 현재 조합의 상임지도위원인 A와 조합의 사무처장이면서 ○○지역마을버스노동조합의 지부장인 B에 대하여, 인터넷을 이용하여 자신의 페이스북에 노동조합 집행부의 공적 활동과 관련한 자신의 의견을 담은 게시글을 작성하고 집회일정을 알리면서 A, B를 지칭하며 "버스노조 악의 축, A, B 구속수사하라!!"는 내용을 적시하였다. …… 노동조합의 운영 등에 대한 비판적인 의견을 표현하는 과정에서 자신의 입장과 의견을 강조하기 위한 의도로 위 표현을 사용한 것으로 보이는 점, '악의 축'이라는 용어는 자신과 의견이 다른 상대방 측의 핵심 일원이라는 취지로 비유적으로도 사용되고 있어 피해자들의 의혹과 관련된 위 표현이 지나치게 모욕적이거나 악의적이라 보기 어려운 점 등 제반 사정을 종합할 때, 피고인이 노동조합 집행부의 공적 활동과 관련한 자신의 의견을 담은 게시글을 작성하면서 그러한 표현을 한 것은 사회상규에 위배되지 않는 정당행위로서 형법 제20조에 따라 위법성이 조각된다고 볼 여지가 크다. 경찰채용 24 1차

판례연구 사회상규에 위배되지 아니하는 행위에 해당되지 아니하는 사례

1. 대법원 2021.9.9, 2016도88

노조위원장을 어용, 앞잡이 등으로 장기간 표현한 사건

피고인들이 소속 노동조합 위원장 甲을 '어용', '앞잡이' 등으로 지칭하여 표현한 현수막, 피켓 등을 장기간 반복하여 일반인의 왕래가 잦은 도로변 등에 게시한 경우, '어용'이란 자신의 이익을 위하여 권력자나 권력 기관에 영합하여 줏대 없이 행동하는 것을 낮잡아 이르는 말, '앞잡이'란 남의 사주를 받고 끄나풀 노릇을 하는 사람을 뜻하는 말로서 언제나 위 표현들이 지칭된 상대방에 대한 모욕에 해당한다거나 사회상규에 비추어 허용되지 않는 것은 아니지만, 제반 사정에 비추어 피고인들의 위 행위는 甲에 대한 모욕적 표현으로서 사회상규에 위배되지 않는 행위로 보기 어렵다. 경찰채용 22 2차

2. 대법원 2022.12.15, 2017도19229

혐오 표현 사건

표현행위의 형식과 내용이 모욕적이고 경멸적인 인신공격에 해당하거나 타인의 신상에 관하여 인격권을 침해한 경우에는 의견 표명으로서의 한계를 벗어난 것으로서 허용되지 않는다(대법원 2018.10.30, 2014다61654 전원합의체). …… 연예인의 사생활에 대한 모욕적인 표현에 대하여 표현의 자유를 근거로 모욕죄의 구성요건에 해당하지 않거나 사회상규에 위배되지 않는다고 판단하는 데에는 신중할 필요가 있다. 특히 최근 사회적으로 인종,

성별, 출신 지역 등을 이유로 한 혐오 표현이 문제되고 있으며, 혐오 표현 중에는 특정된 피해자에 대한 사회적 평가를 저하하여 모욕죄의 구성요건에도 해당하는 것이 적지 않은데, 그러한 범위 내에서는 모욕죄가 혐오 표현에 대한 제한 내지 규제로 기능하고 있는 측면을 고려하여야 한다(헌법재판소 2020.12.23, 2017헌바456 등). …… '국민호텔녀'는 피해자의 사생활을 들추어 피해자가 종전에 대중에게 호소하던 청순한 이미지와 반대의 이미지를 암시하면서 피해자를 성적 대상화하는 방법으로 비하하는 것으로서 여성 연예인인 피해자의 사회적 평가를 저하시킬 만한 모멸적인 표현으로 평가할 수 있고, 정당한 비판의 범위를 벗어난 것으로서 정당행위로 보기도 어렵다. 경찰승진 24

(2) 특별한 위법성조각사유 – 제310조의 위법성조각사유

모욕죄에 형법 제310조가 적용될 수 있는가에 대해서는 견해의 대립이 있다.

① 긍정설[301] : 공익성을 가진 정치·학문·예술 분야의 평론·비판행위가 타인에 대한 경멸적 감정표현이 내포되어 있을 경우에는, 제310조를 적용하여 위법성이 조각될 수 있다는 입장이다.

② 부정설(다수설[302] · 판례) : 제310조는 제307조 제1항의 사실적시 명예훼손행위에만 적용되므로 본죄에 제310조의 위법성조각사유를 적용할 수 없으며, 긍정설이 제시하는 행위에는 제20조의 사회상규에 위배되지 않는 정당행위를 적용해야 한다는 입장이다. 판례도 부정설이다(대법원 1959.12.23, 4291형상539). 이 견해가 타당하다고 생각된다.

4. 죄수 및 다른 범죄와의 관계

(1) 한 문서에 의해 여러 사람을 모욕한 경우

명예훼손죄와 마찬가지로 수개의 모욕죄의 상상적 경합이 된다.

(2) 단순모욕행위와 사실적시 명예훼손행위가 하나의 행위에 포함되어 있는 경우

법조경합으로서 명예훼손죄만 성립한다.

(3) 외국원수모욕·외국사절모욕과의 관계

위 죄들(제107조 제2항, 제108조 제2항)이 성립하는 경우에는 모욕죄는 성립하지 않는다. 위 죄들은 본죄와는 달리 공연성을 필요로 하지 않는다. 또한 모욕죄는 친고죄인 데 비하여, 위 죄들은 반의사불벌죄이다.

5. 소추조건

본죄는 친고죄이다. 국가7급 14 본죄의 고소는 고소장에 명예훼손죄라고 기재하였더라도 내용이 모욕죄를 구성하는 경우에는 모욕죄에 대한 고소로서 효력을 가진다.

표정리 명예에 대한 죄 상호 비교

구 분	사실적시 요부	공연성 요부	제310조 적용	소추조건
명예훼손죄	진실한 사실	○	○	반의사불벌죄
	허위사실	○	×	반의사불벌죄
사자명예훼손죄	허위사실	○	×	친고죄

301 서일교, 110면; 이재상, §13−43; 이형국(Ⅰ), 320면; 황산덕, 238면.
302 김일수/서보학, 210면; 박상기, 187면; 배종대, 270면; 백형구, 360면; 손동권, 207면; 오영근, 250면.

출판물명예훼손죄	진실한 사실	×	×	반의사불벌죄
	허위사실	×	×	반의사불벌죄
모욕죄	사실적시 불요	○	×	친고죄
	추상적 가치평가	○	×	친고죄

제2절 신용·업무와 경매에 관한 죄

01 총 설

형법상 신용(信用), 업무(業務)와 경매(競賣)에 관한 죄는 사람의 신용을 훼손하거나 사람의 업무 및 경매·입찰을 방해하는 범죄이다.

형법각칙 제34장의 신용, 업무와 경매에 관한 죄는 사람의 경제적 측면에서의 사회적 평가를 위협하는 범죄라는 점에서, 본죄가 재산죄의 성격을 가지고 있다는 견해도 있다.[303] 물론 신용이나 업무가 재산적 가치로서의 성격이 있음은 부정할 수 없다. 그러나 사람의 신용은 단순히 재산적인 의미만 가지고 있는 것이 아니라 넓게 보면 명예에도 속하며, 업무방해죄의 업무도 반드시 경제적인 활동으로 제한되는 것은 아니고, 경매·입찰방해죄도 경매·입찰의 자유를 보호하는 측면을 배제할 수 없다. 따라서 신용, 업무와 경매에 관한 죄는 단일한 성격으로 파악될 수는 없고, 인격적 법익인 자유에 대한 범죄이면서 재산에 대한 범죄로서의 성격을 가진다고 보아야 한다(다수설[304]).

명예에 관한 죄와 마찬가지로, 신용훼손죄, 업무방해죄, 컴퓨터 등 장애 업무방해죄 및 경매·입찰방해죄는 모두 추상적 위험범으로서 미수를 벌하지 않는다.

02 신용훼손죄

제313조【신용훼손】 허위의 사실을 유포하거나 기타 위계로써 사람의 신용을 훼손한 자는 5년 이하의 징역 또는 1천 500만 원 이하의 벌금에 처한다.

1. 의의 및 보호법익

신용훼손죄(信用毁損罪, injuring credit)는 허위의 사실을 유포하거나 기타 위계로써 사람의 신용을 훼손함으로써 성립하는 범죄이다. 법원9급 14 본죄는 사람의 사회적 평가를 침해한다는 점에서 명예훼손죄와 동일하지만, 명예훼손죄는 인격적 측면을, 신용훼손죄는 경제적 측면을 침해한다는 점에서 차이가 있다.

---

303 유기천(상), 168면; 백형구, 362면.

304 강구진, 226면; 김일수/서보학, 203면; 김종원, 164면; 명형식(공저), 218면; 박상기, 189면; 배종대, 238면; 오영근, 232면; 이재상, §13-4; 임웅, 214면; 정성근/박광민, 200면; 정영석, 291면; 진계호, 205면; 황산덕, 233면. 다만 경매·입찰방해죄는 경매·입찰의 공정성에 대한 사회적 신뢰라는 사회적 법익에 대한 죄라는 주장은 박상기, ibid.

본죄의 보호법익은 사람의 신용(信用)이다. 신용이란 사람의 지급능력·지급의사 등과 같은 경제적 측면에 대한 객관적 평가이다. 본죄의 법익보호의 정도는 추상적 위험범이다.

2. 구성요건

허위사실의 유포 또는 기타 위계로써 신용을 훼손하는 것이다.

(1) 허위사실의 유포

① 허위사실 : 실제의 객관적 사실과 다른 과거 또는 현재의 사실을 불특정 또는 다수인에게 전파하는 것을 말한다. 따라서 단순한 의견이나 가치판단은 본죄의 사실에 포함되지 않는다(대법원 1983.2.8, 82도2486). 법원9급 14 / 경찰간부 13 / 경찰승진 12

> **판례연구** 신용훼손죄의 허위사실 관련 사례
>
> 대법원 1983.2.8, 82도2486
>
> 집도 남편도 없는 과부 사례 : 신용훼손죄 ×
>
> 공소외 甲은 8년 전부터 남편 없이 세 자녀를 데리고 생계를 꾸려왔을 뿐 아니라 피고인에 대한 다액의 채무를 담보하기 위해 동녀의 아파트와 가재도구까지를 피고인에게 제공한 사실이 인정되니, 공소외 甲이 집도 남편도 없는 과부라고 말한 것이 허위사실이 될 수 없고, 또 공소외 甲이 계주로서 계불입금을 모아서 도망가더라도 책임지고 도와줄 사람이 없다는 취지의 피고인의 말은 피고인의 공소외 甲에 대한 개인적 의견이나 평가를 진술한 것에 불과하여 이를 허위사실의 유포라고 볼 수 없다. 법원9급 14 / 경찰간부 13

② 유포 : '유포(流布, circulate)'라 함은 말 그대로 불특정 또는 다수인에게 전파하는 행위를 말한다. 다만 본죄는 명예훼손죄와는 달리 공연성을 별도의 요건으로 삼지 않는다. 따라서 1인에게 허위사실을 적시하였더라도 이것이 순차적으로 불특정 또는 다수인에게 '전파될 가능성'이 있으면 유포행위로 인정된다. 즉 유포란 허위사실을 '전파가능하게 알리는 행위'를 말한다. 이러한 전파가능성은 본죄의 구성요건요소로 볼 수 있으므로, 후술하는 고의의 대상이 된다.

(2) 위 계 법원행시 06 / 법원행시 13

위계(僞計, fraudulent means)는 사람의 착오·부지를 이용하거나 기망·유혹의 수단을 사용하는 일체의 행위, 즉 사람을 착오에 빠지게 하여 판단을 그르치게 하는 것을 말한다.

> **판례연구** 신용훼손죄의 위계 관련 사례
>
> 대법원 2006.12.7, 2006도3400
>
> 대출이자를 연체하고 있다는 사례 : 신용훼손죄 ○
>
> 피고인은 조흥은행 본점 앞으로 '피해자 공소외 1이 대출금 이자를 연체하여 위 은행의 수락지점장인 공소외 2가 3,000만 원의 연체이자를 대납하였다.'는 등의 내용을 기재한 편지를 보낸 사실, 그러나 실제로 는 공소외 2가 위 연체이자를 대납한 적이 없는 사실을 인정할 수 있고, 피고인은 위 내용이 허위라는 점에 대하여 미필적으로나마 인식하고 있었던 것으로 보이는바, 위 인정 사실에 의하면 피고인이 위 편지를 조흥은행 본점에 송부한 행위가 그 내용을 불특정 또는 다수인에게 전파시킨 경우에 해당한다고 보기는 어려우나, 그로써 조흥은행의 오인 또는 착각 등을 일으켜 위계로써 피해자의 신용을 훼손한 경우에는 해당한다 할 것이다.[305]

---

305 **보충** 허위사실 '유포'에 의한 신용훼손죄에는 해당되지 않고, 위계에 의한 신용훼손죄에 해당된다고 본 사례이다.

(3) 신용훼손

신용의 주체는 사람인데, 여기에는 자연인뿐만 아니라 법인이나 법인격 없는 단체도 포함된다. 신용훼손은 사람의 지급능력 또는 지급의사에 관한 사회적 신뢰를 저하시키는 것을 말한다. 법원9급 14 / 법원9급 12 따라서 어느 가게의 물건 값이 유달리 비싸다는 말을 했다고 하더라도 이는 지급능력·지급의사에 관한 평가가 아니니 신용훼손에 해당하지 않는다. 다만 본죄의 성립에 신용훼손의 결과가 발생하여야 하는 것은 아니다(추상적 위험범).

> **판례연구** 신용훼손죄의 객체인 신용에 해당하지 않는다는 사례
>
> 1. 대법원 2006.5.25, 2004도1313
>
> 어느 회사 제품이 판매가격이 비싸다고 한 사례
>
> 이 사건 문서는 '(주)한남 제작 F.R.P정화조 50ton은 신기술 인정기간이 지나서 신기술 제품이 아닐 뿐더러 그 판매가격이 비싸므로 다른 제품으로 대체할 수 있게 해 달라.'라는 취지로서, 이는 위 정화조를 판매하는 동부건설의 지불능력이나 지불의사에 대한 사회적 신뢰를 저해하는 것이 아니다.
>
> 2. 대법원 2011.5.13, 2009도5549
>
> 퀵서비스 운영자인 피고인이 배달업무를 하면서, 손님의 불만이 예상되는 경우에는 평소 경쟁관계에 있는 피해자 운영의 퀵서비스 명의로 된 영수증을 작성·교부함으로써 손님들로 하여금 불친절하고 배달을 지연시킨 사업체가 피해자 운영의 퀵서비스인 것처럼 인식하게 한 경우, 퀵서비스의 주된 계약내용이 신속하고 친절한 배달이라 하더라도, 그와 같은 사정만으로 위 행위가 피해자의 경제적 신용, 즉 지급능력이나 지급의사에 대한 사회적 신뢰를 저해하는 행위에 해당한다고 보기는 어렵다. 법원9급 14 / 변호사 12

(4) 주관적 구성요건 – 고의

본죄의 고의는 허위사실의 유포 또는 위계로써 타인의 신용을 해할 것에 대한 인식과 의사이다. 따라서 행위자는 행위 당시 자신이 유포한 사실이 허위라는 점을 적극적으로 인식하였을 것을 요하고, 전파가능성을 이유로 허위사실의 유포를 인정하는 경우에는 전파가능성에 대한 인식이 있음은 물론 나아가 그 위험을 용인하는 내심의 의사가 있어야 한다(전파성에 대한 인식+인용 要, 대법원 2006.5.25, 2004도1313[306]). 법원행시 09 / 법원행시 12 이 점은 업무방해죄(제314조 제1항)의 허위사실의 '유포'도 동일하다.

3. 죄수 및 다른 범죄와의 관계

(1) 공연히 허위사실을 유포하여 신용훼손과 명예훼손을 실현한 경우

명예훼손죄와 신용훼손죄의 상상적 경합(종래의 다수설)이라는 입장과 법조경합 중 특별관계로서 신용훼손죄만 성립한다는 입장(현재의 다수설)이 대립한다.

(2) 위계를 사용하여 명예와 신용을 훼손한 경우

위계에 의한 명예훼손죄는 처벌되지 않으므로 신용훼손죄만 성립한다.

(3) 진실한 사실을 적시하여 명예와 신용을 훼손한 경우

신용훼손죄에는 해당되지 않으므로 명예훼손죄만 인정된다. 국가7급 09

---

306 판례 이 사건 문서 중 사실과 다른 내용인 '이 사건 기술의 신기술 인정기간이 지났다.' 부분에 관해서는 사실을 확인하여 실제로 바로잡았으며, 이해관계자 외에 타인에게 전파되었다는 자료도 없으므로, 이 사건 문서 중 사실과 다른 내용이 불특정 또는 다수인에게 전파가능성이 있다거나 피고인에게 그 전파가능성에 대한 인식이 있었다고 단정하기는 어렵다(판결이유).

03 업무방해죄

제314조【업무방해】 ① 제313조의 방법 또는 위력으로써 사람의 업무를 방해한 자는 5년 이하의 징역 또는 1천 500만 원 이하의 벌금에 처한다.

1. 의의 및 보호법익과 업무

(1) 의의 및 보호법익

업무방해죄(業務妨害罪, interference with business)는 허위의 사실을 유포하거나 기타 위계 또는 위력으로 사람의 업무를 방해함으로써 성립하는 범죄이다. 본죄의 보호법익은 업무이며(다수설),[307] 법익보호의 정도는 추상적 위험범이다.

(2) 업 무

① 의의 : 업무라 함은 사람이 직업 또는 사회생활상의 일정한 지위에 기하여 계속적으로 종사하는 사무나 사업을 말하며(사회성+계속성+사무),[308] 그 업무가 주된 것이든 부수적인 것이든 가리지 않는다. 법원9급 08 또한 일회적인 사무라 하더라도 그 자체가 어느 정도 계속하여 행해지는 것이거나 그것이 직업 또는 사회생활상의 지위에서 계속적으로 행하여 온 본래의 업무수행과 밀접불가분의 관계에서 이루어진 경우도 본죄의 업무에 포함된다.

판례연구 사무의 사회성 · 계속성 인정 사례

1. 대법원 1971.5.24, 71도399
상사의 명령에 의해 경비업무 등 노무를 제공하는 경비원이 상사의 명령에 의해 해당 직무를 수행하고 있다면 그것이 일시적인 것이라 할지라도 본죄의 업무에 해당한다. 경찰채용 14 1차

2. 대법원 1992.2.11, 91도1834
공장의 조업이 끝난 후 공장 정문을 개폐하는 등의 관리사무도 본죄의 업무가 된다.[309]

3. 대법원 1995.10.12, 95도1589
종중 정기총회를 주재하는 종중 회장의 의사진행업무 자체는 1회성을 갖는 것이라고 하더라도 그것이 종중 회장으로서의 사회적인 지위에서 계속적으로 행하여 온 종중 업무수행의 일환으로 행하여진 것이라면, 그와 같은 의사진행업무도 형법 제314조 소정의 업무방해죄에 의하여 보호되는 업무에 해당되고, 또 종중 회장의 위와 같은 업무는 종중원들에 대한 관계에서는 타인의 업무라고 해야 한다. 법원행시 08 / 법원행시 12 / 법원9급 13 / 경찰간부 12

4. 대법원 2005.4.15, 2004도8701
회사가 사업장의 이전을 계획하고 그 이전을 전후하여 사업을 중단 없이 영위할 목적으로 이전에 따른 사업의 지속적인 수행방안, 새 사업장의 신축 및 가동개시와 구 사업장의 폐쇄 및 가동중단 등에 관한 일련의 경영상

---

307 다수설이다. 배종대, 241면; 백형구, 373면; 오영근, 235면; 이재상, §13-13; 임웅, 202면 등. 반면에 업무는 본죄의 보호대상이므로 업무 그 자체는 보호법익이 아니고 해당 업무를 수행하는 사람의 활동의 자유라고 보아야 한다는 견해는 김일수/서보학, 206면; 박상기, 206면; 정성근, 271면. 또한 업무의 개념을 사람의 일정한 활동으로 파악한다면 학설대립은 실익이 없다는 견해는 손동권, 212면 참조.
308 업무의 의의는 앞서 검토한 과실치사상의 죄 중 업무상 과실치사상죄 부분 참조.
309 보충 주간에 있어서의 공장 조업이 끝났다고 하더라도 공장을 가동하여 섬유제품을 생산, 가공, 판매하는 회사 본래의 주된 영업활동을 원활하게 수행하기 위하여 위 회사는 공장건물 및 기자재 관리나 당직근무자 등을 통한 공장출입자에 대한 통제를 야간에도 계속해야 함은 물론 전체 회사 직원들의 출퇴근이 제대로 이루어질 수 있도록 공장 정문의 정상적인 개폐 등에도 만전을 기하여야 하는 것이며, 이러한 업무는 위 회사의 주된 업무와 밀접불가분의 관계에 있으면서 계속적으로 수행되어지는 회사의 부수적 업무라 할 것이므로 이는 업무방해죄에서 보호의 대상으로 삼고 있는 업무에 해당된다(위 판례).

계획의 일환으로서 시간적·절차적으로 일정기간의 소요가 예상되는 사업장 이전을 추진·실시하는 행위는 이 점에서도 본죄의 업무에 해당한다. 사시 12

판례연구 사무의 사회성 · 계속성 부정 사례

1. 대법원 1989.9.12, 88도1752
업무방해죄에 있어서의 업무는 주된 업무뿐만 아니라 이와 밀접불가분한 관계에 있는 부수적인 업무도 포함되는 것이지만, 계속하여 행하는 사무가 아닌 공장의 이전과 같은 일회적인 사무는 업무방해죄의 객체가 되는 업무에 해당되지 않는다(공장의 이전사무는 성질상 피해자의 새로운 전자부품 제조업무를 준비하기 위한 일시적인 사무는 될지언정 전자부품 제조업무에 부수되는 계속성을 지닌 업무라고는 볼 수 없다는 이유로 무죄를 선고한 것은 정당하다).

2. 대법원 1993.2.9, 92도2929
구청장의 조경공사 촉구 지시에 따라 건물임대인이 임대 건물 앞에서 1회적인 조경공사를 하는 것을 임차인이 위력으로 방해한 경우 업무방해에 해당하지 않는다.

3. 대법원 2004.10.28, 2004도1256
형법상 업무방해죄의 보호대상이 되는 '업무'라 함은 직업 기타 사회생활상의 지위에 기하여 계속적으로 종사하는 사무 또는 사업을 말하는 것인데, 주주로서 주주총회에서 의결권 등을 행사하는 것은 주식의 보유자로서 그 자격에서 권리를 행사하는 것에 불과할 뿐 그것이 '직업 기타 사회생활상의 지위에 기하여 계속적으로 종사하는 사무 또는 사업'에 해당한다고 할 수 없다. 법원행시 08 / 법원행시 12 / 법원행시 21 / 법원9급 13 / 경찰간부 14 / 경찰승진(공통) 11 / 경찰승진 14 / 사시 10 / 사시 11 / 사시 13

4. 대법원 2013.6.14, 2013도3829
학생들이 수업을 듣는 것은 업무가 아니라는 사례
형법상 업무방해죄의 보호대상이 되는 '업무'라 함은 직업 기타 사회생활상의 지위에 기하여 계속적으로 종사하는 사무 또는 사업을 말하는 것인데, 초등학생들이 학교에 등교하여 교실에서 수업을 듣는 것은 헌법 제31조가 정하고 있는 무상으로 초등교육을 받을 권리 및 초·중등교육법 제12, 13조가 정하고 있는 국가의 의무교육 실시의무와 부모들의 취학의무 등에 기하여 학생들 본인의 권리를 행사하는 것이거나 국가 내지 부모들의 의무를 이행하는 것에 불과할 뿐 그것이 직업 기타 사회생활상의 지위에 기하여 계속적으로 종사하는 사무 또는 사업에 해당한다고 할 수 없다. 법원행시 14 / 경찰간부 14 / 경찰채용 13 2차 / 경찰채용 14 2차

5. 대법원 2023.9.27, 2023도6411
감사의 이사회 출석 및 의견 진술을 방해한 사건
A 등은 공모하여 이사회에서 '급여규정 일부 개정안'에 대하여 허위로 설명 또는 보고하거나 개정안과 관련하여 허위의 자료를 작성하여 제시하였는데, 위와 같은 행위로 위계로써 甲 농협 감사의 甲 농협의 재산과 업무집행 상황에 대한 감사, 이사회에 대한 의견 진술 등에 관한 업무를 방해하였다는 내용으로 기소되었다. …… 이사회가 의안 심의 및 결의에 관한 업무와 관련하여 특정 안건의 심의 및 의결 절차의 편의상 이사회 구성원이 아닌 감사 등의 의견을 청취하는 것은 그 실질에 있어 이사회 구성원인 이사들의 의안 심의 및 결의에 관한 계속적 업무 혹은 그와 밀접불가분의 관계에 있는 업무에 해당할 뿐, (개별 이사회에서 이루어지는 심의·의결 등 업무는 감사가 그 주체로서 행한 업무에 해당하지 아니하고 감사의 특정 이사회 출석 및 의견 진술은 감사의 본래 업무와 밀접불가분의 관계에 있는 부수적인 업무라고 보기 어려우므로) 그와 같은 경위로 이사회에 출석하여 의견을 진술한 이사회 구성원 아닌 감사의 업무를 방해한 경우에 해당한다고 볼 수 없다.

② 성격 : 판례는 업무방해죄를 '일반적인 활동의 자유'를 침해하는 죄로 파악하고 있으며, 반드시 경제적 활동에 관한 것임을 요구하고 있지 않다. 즉 본죄는 재산적 가치로서의 업무만을 보호하는 것이 아니라 업무를 영위하는 사람의 인격적 활동도 보호하고자 하는 것이라는 점에서 재산범죄임과 동시에 인격범죄로서의 성질을 가지고 있는 것이다.

③ 보호법익 : 업무는 업무방해죄의 보호법익이므로 타인의 위법한 침해행위로부터 보호해야 할 형법상 가치가 있는 것이어야 하므로, 어떤 활동이나 사무가 그 위법의 정도가 무거워 사회생활상 용인될 수 없을 정도로 반사회성을 띠는 경우에는 업무방해죄의 보호대상이 되는 '업무'라고 볼 수 없다.

판례연구 업무로서 형법상 보호가치가 인정되지 않는 경우

1. 대법원 1975.12.23, 74도3255
점유자의 승낙을 얻거나 합법적인 절차에 의함이 없이 강제경작하기에 이르렀다면 그 경작하는 농사를 정당한 업무수행이라 할 수 없는 것이므로, 종전의 점유경작자가 그 토지를 점유할 권원을 대항할 수 없다 할지라도 강제경작하려는 행위를 방해하였다 한들 업무방해죄가 성립되지 아니한다.

2. 대법원 1985.10.22, 85도1597
자기 소유의 토지에다 타인이 가옥을 신축하려고 기초를 판 것을 메워버린 행위는 자기소유 및 점유에 대한 부당한 침탈 또는 방해행위를 배제하기 위한 것이므로 타인의 업무를 방해한 것이라고 볼 수 없다.

3. 대법원 1989.3.14, 87도3674
甲회사가, 건축공사를 시공하던 乙에 대한 채권자단 대표로부터 공사시공권을 인수하였다 하더라도 적법한 절차를 거쳐 공사현장을 인수받지 아니하고 실력으로 공사현장을 인수받아 공사를 시행(계속)하려 한다면 乙이 공사현장에 들어오려는 甲회사의 사람들을 제지하였다고 하여 甲회사의 정당한 업무를 방해한 것이라고 할 수 없다.

4. 대법원 1994.4.12, 93도2690
피고인이 피해자들에게 대하양식장에 관한 권리 일체를 양도하고 그 대금일부를 지급받은 상태에서 양식장 양도잔대금의 지급관계 등을 둘러싸고 분규가 끊임없이 계속되자, 피고인이 적극적으로 양식장 운영에 관여하여 대하 사육을 계속하였는데, '피해자들이 관리인이 없는 틈을 타 절단기로 자물쇠를 절단한 후 대하를 포획하였고,'(피해자들의 행위가 보호받을 만한 업무에 해당되지 않음 - 필자 주) 피고인이 경찰관이 지시하는 바에 따라 더 이상의 포획행위를 중지시키기 위하여 수문을 잠그고 또 수문여닫이용 손잡이를 회사 창고에 보관하였다면, 양식대하에 대한 소유권이 피고인에게 귀속되는지의 여부에 관계없이 양식대하에 대한 현재의 관리상태를 유지하려 한 피고인의 위와 같은 행위를 형법상의 업무방해죄에 해당한다고 할 수 없다.

5. 대법원 1999.1.29, 98도3240
도급인의 공사계약 해제가 적법하고 수급인이 스스로 공사를 중단한 상태에서 도급인이 공사현장에 남아 있는 수급인 소유의 공사자재 등을 다른 곳에 옮겨 놓았다고 하여 도급인이 수급인의 공사업무를 방해한 것으로 볼 수는 없다. 법원행시 10 / 경찰승진(공통) 10 / 경찰승진 14

6. 대법원 2001.11.30, 2001도2015
의료인이나 의료법인 아닌 자의 의료기관 개설행위는 의료법에 의하여 금지되는 행위로서 형사처벌의 대상이 되는 범죄행위일 뿐만 아니라 업무방해죄의 보호대상인 업무라고도 볼 수 없다. 법원행시 08 / 법원행시 10 / 법원행시 12 / 법원9급 12 / 경찰간부 12 / 경찰승진(공통) 10 / 경찰승진(공통) 11 / 경찰채용 10 1차 / 변호사 17 / 법원9급 20

7. 대법원 2002.8.23, 2001도5592
법원의 직무집행정지 가처분결정에 의하여 그 직무집행이 정지된 자가 법원의 결정에 반하여 직무를 수행하는 것은 본죄의 업무라고 볼 수 없다. 법원행시 08 / 법원행시 10 / 법원행시 12 / 경찰승진(공통) 10 / 변호사 17

8. 대법원 2007.1.12, 2006도6599
동업관계의 종료로 공인중개사가 부동산중개업을 그만두기로 한 이상 공인중개사가 아닌 자의 중개업은 법에 의하여 금지된 행위로서 형사처벌의 대상이 되는 범죄행위에 해당하는 것으로서 사회통념상 도저히 용인될 수 없는 정도로 반사회성을 띠는 경우에 해당하여 업무방해죄의 보호대상이 되는 업무라고 볼 수 없다. 경찰간부 14

9. 대법원 2007.8.23, 2006도3687
어떠한 업무의 양도·양수 여부를 둘러싸고 분쟁이 발생한 경우에 양수인의 업무에 대한 양도인의 업무방해죄가 인정되려면, 당해 업무에 관한 양도·양수합의의 존재가 인정되어야 함은 물론이고, 더 나아가 그 합의에 따라 당해 업무가 실제로 양수인에게 양도된 후 사실상 평온하게 이루어져 양수인의 사회적 활동의 기반이 됨으로써

타인, 특히 양도인의 위법한 행위에 의한 침해로부터 보호할 가치가 있는 업무라고 볼 수 있을 정도에 이르러야 한다. 따라서 회사 운영권의 양도·양수 합의의 존부 및 효력에 관한 다툼이 있는 상황에서 양수인이 비정상적으로 위 회사의 임원변경등기를 마친 것만으로는 회사 대표이사로서 정상적인 업무에 종사하기 시작하였다거나 그 업무가 양도인에 대한 관계에서 보호할 가치가 있는 정도에 이르렀다고 보기 어려워, 양도인의 침해행위가 양수인의 '업무'에 대한 업무방해죄를 구성하는 것으로 볼 수 없다.

10. 대법원 2010.6.10, 2010도935
정당한 업무집행이라고 할 수 없는 행위에 대하여는 이를 위력으로 배제하였다고 하더라도 업무방해죄가 성립되지 아니한다(대법원 1967.10.31, 67도1086; 1970.8.31, 70도1384; 1980.9.9, 79도249 등). 도로관리청 또는 그로부터 권한을 위임받아 과적차량 단속을 위한 적재량 측정의 업무를 수행하는 자라고 하더라도, 적재량 측정을 강제할 수 있는 법령상의 근거가 없는 한, 측정에 불응하는 자를 고발하는 것은 별론으로 하고, 측정을 강제하기 위한 조치를 취할 권한은 없으므로, 이를 위한 조치가 정당한 업무집행이라고 볼 수는 없다.[310]

11. 대법원 2011.10.13, 2011도7081
성매매알선 등 행위는 법에 의하여 원천적으로 금지된 행위로서 형사처벌의 대상이 되는 중대한 범죄행위일 뿐 아니라 정의관념상 용인될 수 없는 정도로 반사회성을 띠는 경우에 해당하므로, 업무방해죄의 보호대상이 되는 업무라고 볼 수 없다.[311] 법원행시 12 / 법원9급 13 / 사시 12 / 사시 14 / 변호사 13 / 변호사 14 / 경찰승진 23

12. 대법원 2007.8.23, 2006도3687; 2013.8.23, 2011도4763
업무의 양도·양수 여부에 분쟁이 있는 경우 양도인의 업무방해죄 성립의 조건
어떠한 업무의 양도·양수 여부를 둘러싸고 분쟁이 발생한 경우에 양수인의 업무에 대한 양도인의 업무방해죄가 인정되려면, 당해 업무에 관한 양도·양수 합의의 존재가 인정되어야 함은 물론이고, 더 나아가 그 합의에 따라 당해 업무가 실제로 양수인에게 양도된 후 사실상 평온하게 이루어져 양수인의 사회적 활동의 기반이 됨으로써 타인, 특히 양도인의 위법한 행위에 의한 침해로부터 보호할 가치가 있는 업무라고 볼 수 있을 정도에 이르러야 한다.

④ 형식적 적법성·유효성의 요부 : 본죄의 업무는 타인의 위법한 행위에 의한 침해로부터 보호할 가치가 있는 것이면 되고, 그 업무의 기초가 된 계약 또는 행정행위 등이 반드시 형식적으로 적법·유효하여야 하는 것은 아니다. 즉 법률상 보호할 가치가 있는 업무인지 여부는 그 사무가 사실상 평온하게 이루어져 사회적 활동의 기반이 되고 있느냐에 따라 결정되는 것이고, 그 업무의 개시나 수행과정에 실체상·절차상의 하자가 있다고 하더라도 그 정도가 반사회성을 띠는 데까지 이르지 아니한 이상 업무방해죄의 보호대상이 된다. 경찰승진 16

판례연구 업무로서 형법상 보호가치가 인정되는 경우

1. 대법원 1969.5.27, 65도572; 1980.11.25, 79도1956
무효인 계약에 근거하여 토지를 경작하고 있더라도 업무방해죄의 업무로서 보호받아야 한다.

2. 대법원 1986.12.23, 86도1372
건물의 전차인이 임대인의 승낙 없이 전차(轉借)하였다고 하더라도 전차인이 불법침탈 등의 방법에 의하여 건물의 점유를 개시한 것이 아니고 그 동안 평온하게 음식점 등 영업을 하면서 점유를 계속하여 온 이상, 전차인의 업무를 업무방해죄에 의하여 보호받지 못하는 권리라고 단정할 수 없다. 법원행시 05 / 법원행시 14

310 보충 도로관리청으로부터 권한을 위임받아 과적단속 업무를 담당하는 피해자의 적재량 재측정을 거부하면서, 재측정의 목적으로 피고인의 차량에 올라탄 피해자를 그대로 둔 채 차량을 진행한 경우, 위 행위에 대하여 업무방해의 결과가 발생할 위험이 없다고 한 사례이다.

311 보충 폭력조직 간부인 피고인이 조직원들과 공모하여 甲이 운영하는 성매매업소 앞에 속칭 '병풍'을 치거나 차량을 주차해 놓는 등 위력으로써 업무를 방해하였다는 공소사실에 대한 무죄를 선고한 사례이다.

3. 대법원 1991.6.28, 91도944
공소외 서○○에 대한 한국방송공사 이사회의 사장임명제청을 위한 심의 또는 의결과정에 주장하는 바와 같이 공보처장관의 부당한 압력이 개입되었다고 인정할 아무런 자료가 없을 뿐 아니라, 이러한 사유만으로써 위 공사 사장으로 임명된 위 서○○의 위 공사사장으로서의 업무를 업무방해죄의 보호대상인 업무가 되지 못하는 것이라고 볼 것도 아니다.

4. 대법원 2006.3.9, 2006도382
아파트관리사무실의 경리가 관리단 총회에서 새로이 선임된 관리인에 의하여 재임명되어 경리업무를 수행하여 온 경우라면, 위 경리를 재임명한 관리인의 선임절차에 무효사유가 있었다 하더라도 위 경리의 아파트관리업무가 업무방해죄의 보호대상에서 제외된다고 보아서는 안 된다.

5. 대법원 2008.3.14, 2007도11181
피고인 甲은 주차장의 원래의 소유자이었던 A로부터 새로 임대받았다. 따라서 甲은 적법절차에 따라 권리를 확보하였고 또한 이를 보호받는다. 그런데 위 주차장은 A로부터 B, C를 거쳐 丙에게 순차로 임대 또는 전대되어 현재는 丙이 운영하고 있다. 이에 甲은 다른 특별한 사정없이 丙의 주차장 영업을 방해하였다. 甲에게는 업무방해죄가 성립한다. 법원행시 14

6. 대법원 2010.5.27, 2008도2344
한국도로공사가 고속도로 통행료 자동징수시스템을 도입하기로 결정하고 제조구매 입찰을 실시하면서 업체 선정을 위한 현장성능시험을 시행한 경우, 당시 입찰에 참가한 회사의 하이패스 시스템이 시험에 관한 기본가정 내지 도로공사의 제안요청서상 요구되는 기술적 조건을 충족하지 못하였고 입찰참여조건을 위반하여 성능시험 자체가 부적합한 것으로 드러났다고 하더라도, 위 시험의 개시나 수행과정에서의 하자 정도가 반사회성을 띠는 데까지 이르렀다고 볼 수 없으므로, 도로공사의 위 성능시험 업무는 업무방해죄의 보호대상이 된다고 해야 한다. 법원행시 21

7. 대법원 2013.1.10, 2011도15497
파업이 확정된 상황에서 사용자가 근로자를 상대로 순회설명회를 개최하여 노동조합의 파업방침에 대해 비판적 견해를 표명한 행위와 부당노동행위 여부 : 원칙적 소극
사용자 또한 자신의 의견을 표명할 수 있는 자유를 가지고 있으므로, 사용자가 노동조합의 활동에 대하여 단순히 비판적 견해를 표명하거나 근로자를 상대로 집단적인 설명회 등을 개최하여 회사의 경영상황 및 정책방향 등 입장을 설명하고 이해를 구하는 행위 또는 비록 파업이 예정된 상황이라 하더라도 그 파업의 정당성과 적법성 여부 및 파업이 회사나 근로자에 미치는 영향 등을 설명하는 행위는 거기에 징계 등 불이익의 위협 또는 이익제공의 약속 등이 포함되어 있거나 다른 지배·개입의 정황 등 노동조합의 자주성을 해칠 수 있는 요소가 연관되어 있지 않는 한, 사용자에게 노동조합의 조직이나 운영 및 활동을 지배하거나 이에 개입하는 의사가 있다고 가볍게 단정할 것은 아니라 할 것이다.[312] [313]

8. 대법원 2023.2.2, 2022도5940
불법적으로 점유를 개시한 공사현장에 대한 경비 · 관리 업무
법률상 보호할 가치가 있는 업무인지는 그 사무가 사실상 평온하게 이루어져 사회적 활동의 기반이 되고 있느냐에 따라 결정되고, 업무의 개시나 수행과정에 실체상 또는 절차상 하자가 있더라도 사회생활상 도저히 용인할 수 없는 정도로 반사회성을 띠는 데까지 이르거나 법적 보호라는 측면에서 그와 동등한 평가를 받을 수밖에 없는 경우에 이르지 아니한 이상 업무방해죄의 보호대상이 된다(대법원 2006.3.9, 2006도382; 2013.11.28, 2013도4430; 2015.4.23, 2013도9828 등). 피해자들 측이 불법적으로 이 사건 공사현장을 점거하였지만 관할 경찰서로부

312 보충 위 사안에서 한국철도공사 측이 순회설명회에서 발언하고자 하는 내용은 파업이 예정된 상황에서 한국철도공사의 전반적 현황과 파업이 회사에 미치는 영향을 설명하면서 파업 참여에 신중할 것을 호소 · 설득하는 등 사용자 입장에서 노동조합이 예정한 파업방침에 대하여 비판적 견해를 표명한 것이므로 사용자 측에 허용된 언론의 자유의 범위를 벗어난 것이라고 단정하기는 어렵다(위 판례).

313 유사판례 : 회사측의 특별교육을 막은 사례 전국철도노동조합이 파업을 예고한 상황에서 파업 예정일 하루 전에 사용자인 한국철도공사 측 교섭위원 甲이 산하 차량정비단 직원들을 상대로 설명회 등 특별교육을 실시한 것은 부당노동행위가 아니므로, 노동조합 간부인 피고인들 등이 직원들의 교육장 진입을 막는 등 위력으로 甲의 업무를 방해한 것은 업무방해죄를 구성한다(대법원 2013.1.31, 2012도3475).

터 집단민원현장 경비원배치신고 및 관련 허가를 받아 약 65일간 경비원을 상주시키면서 점유·관리하여 온 상황이라면, 피해자들이 이 사건 공사현장 및 건조물을 관리하는 업무는 법률상 보호가치 있는 업무로서 피고인들이 그 업무를 방해한 행위는 업무방해죄에 해당한다.

9. 대법원 2023.3.16, 2021도16482

무자격자가 개설한 의료기관에 고용된 의료인의 진료업무를 방해한 사건

A는 11회에 걸쳐 의료인 B가 진료를 하는 병원에서 큰 소리를 지르거나, 환자 진료 예약이 있는 B를 붙잡고 있는 등의 방법으로 위력으로 B의 진료 업무를 방해하였다. 단, 이 사건 병원은 B를 개설 명의자로 하여 의료인이 아닌 C가 개설하여 운영하는 병원이다. ① 의료인이나 의료법인이 아닌 자가 의료기관을 개설하여 운영하는 행위는 업무방해죄의 보호대상이 되는 업무에 해당하지 않는다(대법원 2001.11.30, 2001도2015). 그러나 ② 무자격자에 의해 개설된 의료기관에 고용된 의료인이 환자를 진료한다고 하여 그 진료행위 또한 당연히 반사회성을 띠는 행위라고 볼 수는 없다. 이때 의료인의 진료업무가 업무방해죄의 보호대상이 되는 업무인지는 의료기관의 개설·운영 형태, 해당 의료기관에서 이루어지는 진료의 내용과 방식, 피고인의 행위로 인하여 방해되는 업무의 내용 등 사정을 종합적으로 고려하여 판단해야 한다. 경찰간부 23

정리 무자격자가 개설한 의료기관에 고용된 의료인이 환자를 진료하는 업무도 업무방해죄의 보호대상이 되는 업무가 될 수 있다.

⑤ 공무가 포함되는가의 문제 : 업무방해죄의 업무는 사무(私務)와 공무(公務)가 모두 포함되는가, 아니면 형법에서는 별도로 공무집행방해죄(제136조)와 위계에 의한 공무집행방해죄(제137조)를 두고 있다는 점에서 본죄의 업무에는 공무가 포함되지 않는 것으로 볼 것인가? 이 문제에 대해서는 다음과 같은 학설의 대립이 있다.

㉠ 업무방해죄의 업무에 공무가 포함된다는 견해(긍정설)[314] : 직무집행 중인 공무원의 공무를 공무라는 점을 인식하지 못하고 단지 업무방해의 고의로 방해한 경우에 공무집행방해죄의 성립은 부정하더라도 본죄의 성립은 긍정하여야 한다는 점에서, 본죄의 업무에는 공무가 포함된다고 보아야 한다는 견해이다. 다만 긍정설을 따른다고 하더라도, 공무집행방해죄가 성립하면 법조경합 중 특별관계로서 업무방해죄는 배제된다. 또한 긍정설을 따를 때, 공무원이 직무집행 중임에도 불구하고 행위자가 이러한 사실을 모른 채 업무방해의 고의로 허위사실유포·위계·위력의 방법(제314조 제1항 참조)을 사용한 경우에는 공무집행방해죄는 성립하지 않지만 업무방해죄는 성립한다고 보게 된다.

㉡ 업무방해죄의 업무에 공무는 원칙적으로 포함되지 않으나 위력에 의한 공무집행방해의 경우에만 공무가 포함되어야 한다는 견해[315] : 일종의 좁은 절충설로서 위계에 의한 공무집행방해죄(제137조)는 있으나 위력에 의한 공무집행방해죄는 없다는 점에 근거하여, 위력에 의한 공무방해행위는 업무방해죄를 구성한다고 보게 된다.

㉢ 업무방해죄의 업무에 공무는 원칙적으로 포함되지 않지만, 비공무원에 의한 공무수행 또는 비권력적 공무수행은 포함되어야 하고 위력에 의한 공무집행방해의 경우의 공무도 포함되어야 한다는 견해[316] : 일종의 넓은 절충설로서 이 견해에 의하면, 위력에 의한 공무방해행위는 업무방해죄만 성립하게 되며, 위계에 의한 공무방해행위는 위계에 의한 공무집행방해죄(제137조)와 업무방해죄의 상상적 경합[317]이 성립하게 된다.

㉣ 업무방해죄의 업무에는 공무가 포함되지 않는다는 부정설(다수설 · 판례)[318] 국가9급 14 / 법원9급 11 / 법원승

314 서일교, 112면; 이정원, 256면; 임웅, 220면 및 859면; 정성근/박광민, 205면 및 773면; 정영석, 293면 참조.

315 김일수/서보학, 266면 및 846면; 이형국(Ⅰ), 332면.

316 권문택(주석), 198면; 명형식(공저), 221면; 진계호, 216면 및 713면; 황산덕, 241면.

317 진계호, 713면.

318 김성천/김형준, 266면; 김종원, 168면; 박상기, 207면; 배종대, 276면; 백형구, 374면; 손동권, 216면; 오영근, 239면; 유기천(상), 176면; 이재상, §13-15. 판례는 대법원 2009.11.19, 2009도4166 전원합의체.

진 10 / 경찰간부 12 / 경찰간부 13 / 경찰채용 14 1차 : 공무는 아예 업무방해죄의 업무에 포함될 수 없다는 입장으로서, 형법상 공무집행방해죄(제136조)와 위계에 의한 공무집행방해죄(제137조)가 별도로 규정되어 있는 이상 업무방해죄의 업무의 성격을 사무(私務)로 제한해야 한다는 견해이다. 이러한 부정설을 따를 때, 폭행·협박에 의한 공무집행방해의 경우에는 업무방해죄의 성립은 배제되고 공무집행방해죄만 성립하며, 허위사실의 유포를 통하여 공무집행을 방해하는 것은 공무집행방해죄도 성립하지 않고 업무방해죄도 성립하지 않으며, 위계에 의한 공무방해는 업무방해죄는 성립하지 않고 위계에 의한 공무집행방해죄(제137조)만 성립하고, 위력에 의한 공무방해는 양 죄 모두 성립하지 않게 된다. 가벌성의 범위를 가장 좁게 보는 입장이다.

판례연구 공무는 업무방해죄의 업무가 아니라고 본 사례

1. 대법원 2009.11.19, 2009도4166 전원합의체

공무원이 직무상 수행하는 공무를 방해하는 행위를 업무방해죄로 의율할 수 있는지 여부 : 소극

업무방해죄와 공무집행방해죄는 그 보호법익과 보호대상이 상이할 뿐만 아니라[319] 업무방해죄의 행위유형에 비하여 공무집행방해죄의 행위유형은 보다 제한되어 있다. 즉 공무집행방해죄는 폭행, 협박에 이른 경우를 구성요건으로 삼고 있을 뿐 이에 이르지 아니하는 위력 등에 의한 경우는 그 구성요건의 대상으로 삼고 있지 않다. 또한, 형법은 공무집행방해죄 외에도 여러 가지 유형의 공무방해행위를 처벌하는 규정을 개별적·구체적으로 마련하여 두고 있으므로, 이러한 처벌조항 이외에 공무의 집행을 업무방해죄에 의하여 보호받도록 하여야 할 현실적 필요가 적다는 측면도 있다. 그러므로 형법이 업무방해죄와는 별도로 공무집행방해죄를 규정하고 있는 것은 사적 업무와 공무를 구별하여 공무에 관해서는 공무원에 대한 폭행, 협박 또는 위계의 방법으로 그 집행을 방해하는 경우에 한하여 처벌하겠다는 취지라고 보아야 한다. 따라서 공무원이 직무상 수행하는 공무를 방해하는 행위에 대해서는 업무방해죄로 의율할 수는 없다고 해석함이 상당하다. 국가9급 14 / 법원9급 11 / 법원승진 10 / 경찰간부 12 / 사시 10 / 사시 12

2. 대법원 2010.2.25, 2008도9049

피고인이 제1심 공동피고인 2와 함께 경찰청 민원실에서 말똥을 책상 및 민원실 바닥에 뿌리고 소리를 지르는 등 난동을 부린 행위는 위력으로 경찰관의 민원접수 업무를 방해한 것이지만 업무방해죄로 인정할 수는 없다. 법원행시 12 / 법원9급 13 / 법원9급 14 / 경찰승진(공통) 11 / 경찰채용 10 1차

3. 대법원 2011.7.28, 2009도11104

A는 甲 등과 공모하여 위력으로 시장(市長) 乙 및 丙 회사 관계자 등의 기자회견 업무를 방해하였는데, 이 중 공무원 乙의 기자회견 업무에 대한 업무방해죄는 인정되지 않는다. 법원9급 14 / 경찰간부 14 / 사시 14

4. 대법원 2023.4.27, 2020도34

집행관의 강제집행에 대한 방해와 집행위임을 한 조합에 대한 업무방해 여부

(甲 등은 재개발정비사업조합의 건물명도소송 확정판결에 따른 강제집행에 대해 조합의 이주, 철거업무를 방해하였다. 甲 등에게는 조합의 업무에 대한 업무방해죄의 죄책이 인정되는가의 문제) 집행관은 집행관법 제2조에 따라 재판의 집행 등을 담당하면서 그 직무 행위의 구체적 내용이나 방법 등에 관하여 전문적 판단에 따라 합리적인 재량을 가진 독립된 단독의 사법기관이다(대법원 2021.9.16, 2015도12632 등). 따라서 채권자의 집행관에 대한 집행위임은 비록 민사집행법 제16조 제3항, 제42조 제1항, 제43조 등에 '위임'으로 규정되어 있더라도 이는

319 보충 : **업무방해죄와 공무집행방해죄의 보호법익과 보호대상의 차이** 형법상 업무방해죄의 보호법익은 업무를 통한 사람의 사회적·경제적 활동을 보호하려는 데 있으므로, 그 보호대상이 되는 '업무'란 직업 또는 계속적으로 종사하는 사무나 사업을 말하고, 여기서 '사무' 또는 '사업'은 단순히 경제적 활동만을 의미하는 것이 아니라 널리 사람이 그 사회생활상의 지위에서 계속적으로 행하는 일체의 사회적 활동을 의미한다. 한편, 형법상 업무방해죄와 별도로 규정한 공무집행방해죄에서 '직무의 집행'이란 널리 공무원이 직무상 취급할 수 있는 사무를 행하는 것을 의미하는데, 이 죄의 보호법익이 공무원에 의하여 구체적으로 행하여지는 국가 또는 공공기관의 기능을 보호하고자 하는 데 있는 점을 감안할 때, 공무원의 직무집행이 적법한 경우에 한하여 공무집행방해죄가 성립하고, 여기에서 적법한 공무집행이란 그 행위가 공무원의 추상적 권한에 속할 뿐 아니라 구체적 직무집행에 관한 법률상 요건과 방식을 갖춘 경우를 가리키는 것으로 보아야 한다(위 판례).

집행개시를 구하는 신청을 의미하는 것이지 일반적인 민법상 위임이라고 볼 수는 없다. 이 사건 강제집행은 특별한 사정이 없는 한 집행위임을 한 이 사건 조합의 업무가 아닌 집행관의 고유한 직무에 해당한다고 보아야 한다. 설령 피고인들이 집행관의 강제집행 업무를 방해하였다고 하더라도 이를 채권자인 이 사건 조합의 업무를 직접 방해한 것으로 볼만한 증거도 부족해 보인다. 따라서 피고인들이 이 사건 공소사실과 같이 이 사건 조합의 업무를 방해하였다고 볼 수 없고 피고인들의 행위와 이 사건 조합의 업무 방해 사이에 상당인과관계가 있다고 단정할 수도 없다(조합의 업무에 대한 업무방해죄 불성립).

㉤ 소결 : 개인의 경제적·인격적 활동인 업무를 보호법익으로 하는 업무방해죄와 국가·지방자치단체 등의 공무를 보호법익으로 하는 공무집행방해죄는 그 보호법익을 서로 엄격히 구별하여 파악하는 것이 형법의 체계에 보다 조화된다는 점에서, 업무방해죄의 업무는 공무가 아닌 사무만을 규정하고 있다고 보는 부정설이 간명하다고 생각된다.

표정리 업무상 과실치사상죄의 업무와의 차이

구 분	업무상 과실치사상죄	업무방해죄
형법적 성격	책임가중요소	보호법익
내 용	생명·신체에 대한 위험방지업무	제한 없음
오락을 위한 업무	포 함	불포함
형법상의 보호가치	불 요	필 요
공무의 포함 여부	포 함	학설대립(부정설–다수설·판례)

2. 구성요건

(1) 객 체

① 업무 : 기술하였듯이 업무는 사무(私務)만을 의미하며 공무(公務)는 포함되지 않는다.

② 사람의 업무 : 사람이라 함은 자연인뿐만 아니라 법인 및 법인격 없는 단체도 포함된다. 따라서 법적 성질이 영조물(營造物)에 불과한 대학교 자체는 업무방해죄에 있어서의 업무의 주체가 될 수 없으므로, 대학 편입학업무의 주체는 대학교가 아닌 총장이고, 성적평가업무의 주체는 대학교가 아닌 담당교수라고 보아야 한다(대법원 1999.1.15, 98도663).

③ 타인의 업무 : 본죄의 업무는 자기의 업무가 아니라 타인의 업무이어야 한다(업무의 타인성). 예컨대, 지방공사 사장이 신규직원 채용권한을 행사하는 것은 공사의 기관으로서 공사의 업무를 집행하는 것이므로, 위 권한의 귀속주체인 사장 본인에 대한 관계에서도 업무방해죄의 객체인 타인의 업무에 해당한다(대법원 2007.12.27, 2005도6404).[320] 경찰승진 12 / 경찰채용 13 1차 / 경찰채용 14 2차 / 사시 10 / 변호사 17

(2) 행 위

① 허위사실유포 : '객관적 진실에 일치하지 않는 사실'(허위사실)을 '불특정 또는 다수인에게 전파 가능하게 알리는 것'(유포)을 말하고, 단순한 의견이나 가치판단의 표시는 이에 해당되지 않지만, 기본적 사실이 진실이더라도 이에 허위사실을 상당 정도 부가시킴으로써 타인의 업무를 방해할 위험이 있는 경우는 이에 포함된다. 다만, 그 내용 전체의 취지를 살펴볼 때 중요한 부분이 객관적 사실과 합치되

320 다만 위 판례에서 결국 업무방해죄는 성립하지 않는다고 보았다. 이는 후술하는 '위계'에 해당되지 않는다고 보았기 때문이다.

고 단지 세부에 있어 약간의 차이가 있거나 다소 과장된 표현이 있는 정도에 불과한 경우는 이에 해당하지 않는다(대법원 2006.9.8, 2006도1580).

판례연구 허위사실 유포에 의한 업무방해죄가 성립하는 경우

1. 대법원 1991.8.27, 91도1344
피고인의 구속 형사사건의 변호인으로 선임된 변호사가 피고인에게 무죄판결을 받아주겠다고 약속한 일이 없고 피고인이 범죄사실을 자백하여 유죄의 선고를 받고 확정되었는데도, 피고인이 사람의 통행이 빈번한 변호사 사무실 앞에서 등에 붉은색 페인트로 "무죄라고 약속하고 이백만 원에 선임했다. 사건담당변호사"라는 등을 기재한 흰 가운을 입고 주변을 배회하는 등 하였다면 이는 공연히 허위의 사실을 적시하여 유포함으로써 변호사로서의 업무의 경영을 저해하는 경우에 해당하므로 업무방해죄를 구성한다.

2. 대법원 2002.3.29, 2000도3231
피해자가 대표이사인 회사의 소방사업부장이 소속 직원들에게 허위의 사실을 유포하는 등의 방법을 사용하여 직원들로부터 사표를 제출받은 경우, 직원들이 집단적으로 사표를 제출함으로써 일시적으로나마 소방사업부의 업무에서 이탈하거나 업무를 중단할 위험이 생겼고 그로 인하여 피해자의 소방사업부 업무의 경영을 저해할 위험성이 발생하였다고 볼 것이므로, 업무방해죄가 성립된다.

3. 대법원 2006.9.8, 2006도1580 등; 2021.9.30, 2021도6634
업무방해죄의 허위사실유포에 해당하는지 판단 기준
업무방해죄에서 '허위사실의 유포'란 객관적으로 진실과 부합하지 않는 사실을 유포하는 것으로서 단순한 의견이나 가치판단을 표시하는 것은 이에 해당하지 않는다. 유포한 대상이 사실과 의견 가운데 어느 것에 속하는지 판단할 때는 언어의 통상적 의미와 용법, 증명가능성, 문제된 말이 사용된 문맥, 당시의 사회적 상황 등 전체적 정황을 고려해서 판단해야 한다(대법원 1998.3.24, 97도2956; 2017.4.13, 2016도19159 등). 의견표현과 사실 적시가 혼재되어 있는 경우에는 이를 전체적으로 보아 허위사실을 유포하여 업무를 방해한 것인지 등을 판단해야지, 의견표현과 사실 적시 부분을 분리하여 별개로 범죄의 성립 여부를 판단해서는 안 된다(대법원 2005.6.10, 2005도89 등). 반드시 기본적 사실이 거짓이어야 하는 것은 아니고 비록 기본적 사실은 진실이더라도 이에 거짓이 덧붙여져 타인의 업무를 방해할 위험이 있는 경우도 업무방해에 해당한다. 그러나 그 내용 전체의 취지를 살펴볼 때 중요한 부분이 객관적 사실과 합치되고 단지 세부적으로 약간의 차이가 있거나 다소 과장된 표현이 있는 정도에 지나지 않아 타인의 업무를 방해할 위험이 없는 경우는 이에 해당하지 않는다.

② 위계 : 행위자의 행위목적을 달성하기 위하여 상대방에게 오인, 착각 또는 부지를 일으키게 하여 이를 이용하는 것을 말한다(대법원 1992.6.9, 91도2221). 법원9급 08 / 변호사 17 특히 신청인이 업무담당자에게 허위의 주장을 하면서 이에 부합하는 허위의 소명자료를 첨부하여 제출한 경우 본죄가 성립하는가가 문제되는데, 이 경우 그 수리 여부를 결정하는 업무담당자가 관계 규정이 정한 바에 따라 그 요건의 존부에 관하여 나름대로 충분히 심사를 하였으나 신청사유 및 소명자료가 허위임을 발견하지 못하여 그 신청을 수리하게 될 정도에 이르렀다면 위계에 의한 업무방해죄가 성립하게 된다. 법원행시 07 / 경찰간부 12 이는 업무담당자의 불충분한 심사가 아니라 신청인의 위계행위에 의하여 업무방해의 위험성이 발생된 것이기 때문이다. 또한 컴퓨터 등 정보처리장치에 정보를 입력하는 등의 행위가 그 입력된 정보 등을 바탕으로 업무를 담당하는 사람의 오인, 착각 또는 부지를 일으킬 목적으로 행해진 경우에는, 그 행위가 업무를 담당하는 사람을 직접적인 대상으로 이루어진 것이 아니라고 하여 위계가 아니라고 할 수는 없다(대법원 2013.11.28, 2013도4178). 다만, 위와 같은 행위로 말미암아 업무과 관련하여 오인, 착각 또는 부지를 일으킨 상대방이 없었던 경우에는 위계가 있었다고 볼 수 없다(대법원 2007.12.27, 2005도6404 등).

판례연구 위계에 의한 업무방해죄가 성립한다는 사례

1. 전통적인 판례들

① 노조의 휴무결정 : 노동조합 인천지부 대의원회가 회사와 협의 없이 일방적으로 휴무를 결정한 후 유인물을 배포하여 유급휴일로 오인한 근로자들이 출근하지 아니하여 공장의 가동을 불가능하게 한 경우(대법원 1992.3.31, 92도58). 법원행시 14

② 부정입학 및 석사학위논문 대작(代作) : 대학원 신입생 전형시험문제를 출제하는 교수가 시험문제를 알려주고 학생들이 답안지에 그대로 베껴 써서 그 사정을 모르는 시험감독관에게 제출한 경우(대법원 1991.11.12, 91도2211), 대학교 총장이 신입생을 추가로 모집하면서 기부금을 낸 학부모나 교직원 자녀들의 성적 또는 지망학과를 고쳐 입학사정하게 한 경우(대법원 1993.5.11, 92도255; 1993.12.28, 93도2669), 타인이 대작(代作)한 논문을 석사학위논문으로 제출하여 심사받은 경우(대법원 1996.7.30, 94도2708)[321] 법원행시 06

※ 총장이 소정의 절차에 따라 사정대장에 날인하지 아니하였음에도 강○○ 등을 합격자로 발표함으로써 편입학업무를 방해한 것이라는 부분은 총장의 편입학업무를 방해한 것이다(대법원 1999.1.15, 98도663).

③ 위장취업 : 노동운동을 하기 위하여 노동현장에 취업하고자 하나 자신이 대학교에 입학한 학력과 국가보안법 위반죄의 처벌전력 때문에 쉽게 입사할 수 없음을 알고, 타인 명의로 허위의 학력과 경력을 기재한 이력서를 작성하고 동인의 고등학교 생활기록부 등 서류를 작성·제출하여 시험에 합격한 경우(대법원 1992.6.9, 91도2221).[322] 법원행시 05

④ 단기금융회사의 가명개설 어음보관계좌에 CD를 보관하며 실명계좌에 보관된 것처럼 조작한 경우에는 위 회사의 실명전환업무를 방해한 것에 해당된다(대법원 1995.11.14, 95도1729).

2. 대법원 1977.4.26, 76도2446

의장권자의 전용실시권자 등에 대한 제조판매 중지 등의 통고행위

전용실시권 없이 의장권만을 경락에 의하여 취득한 자가 전용실시권에 기하여 그 권리범위에 속하는 물품을 제조판매하는 거래에 관하여 자기에게만 실시권이 있는 양 주장하면서 물품의 제조판매의 중지와 불응시 제재하겠다는 통고문을 내용증명우편으로 발송하였다면 이는 업무방해죄의 구성요건을 충족할 수 있다. 법원행시 05

3. 대법원 2004.3.26, 2003도7927

주한외국영사관의 비자발급업무와 같이 상대방으로부터 신청을 받아 일정한 자격요건 등을 갖춘 경우에 한하여 그에 대한 수용 여부를 결정하는 업무에 있어서는 신청서에 기재된 사유가 사실과 부합하지 않을 수 있음을 전제로 하여 그 자격요건 등을 심사 판단하는 것인데, 甲은 A의 미국방문비자를 주한미국대사관 영사부에 신청함에 있어서 허위의 사실을 기재하여 신청서를 제출한 것에 그치지 않고, 그 소명을 위하여 허위로 작성한 서류를 제출하고 위 A으로 하여금 비자 면접 때 그에 맞추어 허위의 답변을 하도록 연습을 시켜 그와 같이 면접을 하게 하고 위 A의 회사 재직 여부를 묻는 미국대사관 직원의 문의 전화에 대하여 허위 답변을 하였다면, 甲에게는 위계에 의한 업무방해죄의 죄책이 인정된다. 경찰간부 12 / 경찰승진 12

4. 대법원 2007.12.27, 2007도5030

주공 시행 공동택지용지 수의공급업무 관련 허위신청 사례

대한주택공사가 시행하는 택지개발사업의 공동택지용지 수의공급업무와 관련하여 신청자격이 없는 자가 매매계약일자를 허위기재한 소유토지조서 등 신청자격이 있는 것처럼 보이는 자료를 첨부하여 수의공급신청을 한 경우, 위계에 의한 업무방해죄를 구성한다.

5. 대법원 2008.1.17, 2006도1721

공적자금 투입업체 출자전환주식 매각 주간사 1차 선정에서 평가표를 수정하여 1순위로 선정한 사례

한국자산관리공사가 공적자금을 회수하기 위하여 공적자금 투입업체의 출자전환주식을 매각하기로 하고 그 매

PART 01 개인적 법익에 대한 죄

321 보충 사립대학교에서 석사학위 논문작성자가 지도교수의 지도에 따라 논문의 제목·주제·목차 등을 직접 작성하기는 하였지만, 자료를 분석·정리하여 논문의 내용을 완성하는 작업의 대부분을 타인에게 맡겨 논문을 완성하고 이를 지도교수에게 제출하여 심사를 받은 경우 업무방해에 해당한다는 사례이다.

322 위장취업의 경우 업무방해죄가 성립할 수 없다는 설득력 있는 비판으로는 박상기, −업무방해죄에서의 업무방해의 의미−소위 "위장취업"과 "업무방해죄", 형사판례연구(2), 216면 이하 참조. 또한 교과서 중에는 배종대, 278면; 백형구, 367면 참조.

각업무의 주간사를 선정하는 과정에서, 1차 선정위원회의 구성원들이 특정 업체에 유리하게 평가표의 평가항목별 배점을 수정하여 그 업체를 1순위로 선정한 다음, 이러한 사실을 고지하지 않은 채 2차 선정위원회에 심사결과와 수정된 평가표를 제출한 행위는 위계에 의한 업무방해죄를 구성한다.

6. 대법원 2009.9.10, 2009도4772

다른 사람이 작성한 논문을 피고인 단독 혹은 공동으로 작성한 논문인 것처럼 학술지에 제출하여 발표한 논문연구실적을 부교수 승진심사 서류에 포함하여 제출한 경우, 당해 논문을 제외한 다른 논문만으로도 부교수 승진 요건을 월등히 충족하고 있었다는 등의 사정만으로는 승진심사 업무의 적정성이나 공정성을 해할 위험성이 없었다고 단정할 수 없으므로, 위계에 의한 업무방해죄를 구성한다고 해야 한다.

7. 대법원 2009.10.15, 2007도9334

약관상 양도가 금지되는 포커머니를 약속된 상대방에게 이전해 준 사례

특정 회사가 제공하는 게임사이트에서 정상적인 포커게임을 하고 있는 것처럼 가장하면서 통상적인 업무처리과정에서 적발해 내기 어려운 사설 프로그램('한도우미 프로그램')을 이용하여 약관상 양도가 금지되는 포커머니를 약속된 상대방에게 이전해 준 경우, 이는 정보통신망법에서 정한 '악성프로그램'이나 형법 제314조 제2항에 정한 '부정한 명령의 입력'에 해당하지는 않지만, 회사의 정상적인 게임사이트 운영 업무를 방해한 것이므로 위계에 의한 업무방해죄를 구성한다. 경찰승진 14 / 사시 10

8. 대법원 2010.3.25, 2008도4228

경품용 상품권 발행업체 지정 여부를 결정하는 한국게임산업개발원의 업무담당자는 관계 규정이 정한 바에 따라 가맹점 내역에 관한 공인회계사 명의의 확인서를 받았고, 가맹점에 가맹점계약의 체결 여부를 확인하였으며, 공인회계사 등 전문적인 지식을 갖춘 자들을 실사위원으로 지정하여 현장실사하게 하는 등의 방법으로 그 요건의 존부에 관하여 나름대로 충분히 심사를 하였으나, 신청사유 및 소명자료가 허위임을 발견하지 못하고 결국 그 신청을 받아들여 공소외 1 주식회사를 경품용 상품권 발행업체로 지정하게 된 것이므로, 이는 위계에 의한 업무방해죄에 해당한다. 법원행시 07

9. 대법원 2010.3.25, 2009도8506

수산업협동조합의 신규직원 채용에 응시한 甲과 乙이 필기시험에서 합격선에 못 미치는 점수를 받게 되자, 채점업무 담당자들이 조합장인 피고인의 지시에 따라 점수조작행위를 통하여 이들을 필기시험에 합격시킴으로써 필기시험 합격자를 대상으로 하는 면접시험에 응시할 수 있도록 한 경우, 위 점수조작행위에 공모 또는 양해하였다고 볼 수 없는 일부 면접위원들이 조합의 신규직원 채용업무로서 수행한 면접업무는 위 점수조작행위에 의하여 방해되었다고 보아야 하므로, 위계에 의한 업무방해죄가 성립한다. 법원9급 11 / 변호사 13

10. 대법원 2011.7.14, 2011도3782

피고인들이 공모한 후 마치 특정 지역에서 甲 주식회사의 농기계 판매권한이 있는 것처럼 광고하여 농기계를 판매한 것은 위 지역에 대한 농기계 위탁판매권한을 취득한 乙의 업무를 위계로써 방해한 것이다.

11. 대법원 2013.1.24, 2012도10629

상호저축은행 경영진인 피고인들이 상호저축은행의 영업정지가 임박해 있던 상황에서 금융감독원 파견감독관에게 알리지 아니한 채 영업마감 후에 전화로 특정 고액 예금채권자들에게 영업정지 예정사실을 알려주어 이들로 하여금 상호저축은행을 방문하여 예금을 인출하도록 한 행위는, 영업정지 예정사실 통지에 관한 파견감독관의 부지를 이용하여 위 예금채권자들로 하여금 예금을 인출하도록 한 것으로 업무방해죄에 있어서의 위계에 해당한다.

12. 대법원 2013.11.28, 2013도4178[323]; 2013.11.28, 2013도5117

컴퓨터 등에 정보를 입력하는 행위가 업무담당자의 오인 등을 일으킬 목적으로 행해진 사례

컴퓨터 등 정보처리장치에 정보를 입력하는 등의 행위가 입력된 정보 등을 바탕으로 업무를 담당하는 사람의 오인, 착각 또는 부지를 일으킬 목적으로 행해진 경우, 그 행위가 업무를 담당하는 사람을 직접적인 대상으로 이루어진 것이 아니라 하여 위계가 아니라고 할 수는 없다.

323 보충 ○○○○당의 제19대 국회의원 비례대표 후보를 추천하기 위한 당내 경선과정에서 피고인이 선거권자들로부터 인증번호만을 전달받은 뒤 그들 명의로 자신이 지지하는 후보자인 공소외인에게 전자투표를 한 행위는 이 사건 당내 경선업무 관계자들로 하여금 비례대표 후보자의 지지율 등에 관한 사실관계를 오인, 착각하도록 함으로써 경선업무의 적정성이나 공정성을 방해한 경우에 해당하고, 그와 같은 범행에 컴퓨터를 이용한 것은 그 범행 수단에 불과하다는 판례이다.

13. 대법원 2020.9.24, 2017도19283

사립학교 봉사활동확인서 허위제출로 봉사상을 받은 사건

(사립고등학교 학생 A는 실제로 봉사활동을 한 사실이 없음에도 그 부모 甲은 다른 학교 교사와 공모하여 외부기관으로부터 허위의 봉사활동내용이 기재된 확인서를 발급받은 후 이를 학교에 제출하여 학생으로 하여금 봉사상을 받도록 하였다. 甲에게 업무방해죄가 인정되는가의 문제) 업무방해죄의 성립에 있어서는 업무방해의 결과가 실제로 발생함을 요하지 않고 업무방해의 결과를 초래할 위험이 발생하면 족하다(대법원 2002.3.29, 2000도3231 등). …… 허위의 봉사활동확인서 제출로써 학교장의 봉사상 심사 및 선정업무 방해의 결과를 초래할 위험이 발생하였고, 위 업무를 학생으로부터 봉사상 수여에 관한 신청을 받아 자격요건 등을 심사하여 수용 여부를 결정하는 것이라거나 확인서의 내용이 사실과 부합하지 않을 수 있음을 전제로 자격요건 등을 심사·판단하는 업무로는 볼 수 없다(소위 학교장의 불충분한 심사에 기인한 것이라 할 수 없다는 의미임 - 필자 주). 이와 달리 본 원심판결을 파기환송한다. 경찰채용 22 2차

판례연구 위계에 의한 업무방해죄가 성립하지 않는다는 사례

1. 대법원 1984.5.9, 83도2270

공장을 양도한 후 계약을 위배하여 외상채무자로부터 외상대금을 수령한 경우 업무방해죄가 성립하지 않는다. 경찰간부 12 / 경찰채용 14 1차

2. 대법원 1984.7.10, 84도638

어장의 대표자였던 피고인이 어장 측에 대한 허위의 채권을 주장하면서 후임대표자에게 그 인장을 인도하기를 거절함으로써 후임대표자가 만기도래한 어장소유의 수산업협동조합 예탁금을 인출하지 못하였고 어장소유 선박의 검사를 받지 못한 결과를 초래하였다 하여, 위 허위주장을 가리켜 허위사실을 유포하거나 기타 위계로써 타인의 업무를 방해한 경우에 해당한다고는 할 수 없다.

3. 대법원 1997.4.17, 96도3377

금융실명제와 관련하여 기존의 비실명예금을 합의차명에 의하여 명의대여자의 실명으로 전환한 사례

금융실명거래 및 비밀보장에 관한 긴급재정경제명령의 목적과 관계규정의 취지를 종합하여 보면, 기존 비실명자산의 거래자가 위 긴급명령의 시행에 따라 이를 실명전환하는 경우 금융기관으로서는 실명전환사무를 처리함에 있어서 거래통장과 거래인감 등을 소지하여 거래자라고 자칭하는 자의 명의가 실명인지 여부를 확인하여야 하고 또 그것으로써 금융기관으로서의 할 일을 다하는 것이라 할 것이고, 그가 과연 금융자산의 실질적인 권리자인지 여부를 조사·확인할 것까지는 없다. 경찰승진(공통) 10 / 경찰간부 18

4. 대법원 2007.6.29, 2006도3839

인터넷 자유게시판 등에 실제의 객관적인 사실을 게시하는 행위는, 설령 그로 인하여 피해자의 업무가 방해된다고 하더라도, 위 법조항 소정의 '위계'에 해당하지 않는다. 법원9급 08 / 법원9급 12

5. 대법원 2007.12.27, 2005도6404

신규직원 채용권한을 가지고 있는 지방공사사장이 시험업무 담당자들에게 지시하여 상호 공모 내지 양해 하에 시험성적조작 등의 부정한 행위를 한 경우, 법인인 공사에게 신규직원 채용업무와 관련하여 오인·착각 또는 부지를 일으키게 한 것은 아니므로, '위계'에 의한 업무방해죄에 해당하지 않는다. 경찰승진 12 / 경찰승진 14 / 경찰채용 13 1차 / 경찰채용 14 2차 / 사시 10

6. 대법원 2008.6.26, 2008도2537; 2007.12.27, 2007도5030

甲은 A대학교 전임교수 채용에 응모하면서 미국 퍼시픽 웨스턴(Pacific Western) 대학 졸업자라고 하였는데, 위 대학은 비인증 대학이었다. 또한 甲이 제출한 이력서와 제출한 성적증명서에도 서로 모순이 있었다. 다만 甲이 위조·변조된 첨부서류를 제출한 바는 없었다. 결국 A대학은 甲을 예술경영학과의 전임교수로 채용하였다. 이는 업무담당자의 불충분한 심사에 기인한 것으로서 甲에게는 업무방해죄가 성립하지 않는다.

7. 대법원 2009.1.30, 2008도6950

대학교 시간강사 임용과 관련하여 허위의 학력이 기재된 이력서만을 제출한 경우, 임용심사업무 담당자가 불충

분한 심사로 인하여 허위 학력이 기재된 이력서를 믿은 것이므로 위계에 의한 업무방해죄를 구성하지 않는다. 국가9급 13 / 사시 16

8. 대법원 2022.2.11, 2021도12394

컴퓨터 등 정보처리장치에 정보를 입력하는 등의 행위로 말미암아 업무와 관련하여 오인, 착각 또는 부지를 일으킨 상대방이 없었던 사례

위계에 의한 업무방해죄에서 '위계'란 행위자가 행위 목적을 달성하기 위하여 상대방에게 오인, 착각 또는 부지를 일으키게 하여 이를 이용하는 것을 말한다. ① 컴퓨터 등 정보처리장치에 정보를 입력하는 등의 행위도 그 입력된 정보 등을 바탕으로 업무를 담당하는 사람의 오인, 착각 또는 부지를 일으킬 목적으로 행해진 경우에는 여기서 말하는 위계에 해당할 수 있으나(대법원 2013.11.28, 2013도5117), ② 위와 같은 행위로 말미암아 업무와 관련하여 오인, 착각 또는 부지를 일으킨 상대방이 없었던 경우에는 위계가 있었다고 볼 수 없다(대법원 2007.12.27, 2005도6404). 전화금융사기 조직의 현금 수거책인 피고인이 무매체 입금거래의 '1인 1일 100만 원' 한도 제한을 회피하기 위하여 은행 자동화기기에 제3자의 주민등록번호를 입력하는 방법으로 이른바 '쪼개기 송금'을 한 것은 은행에 대한 업무방해죄의 위계에 해당하지 않는다.

9. 대법원 2022.6.9, 2020도16182

지방공기업 채용공고상 자격요건 무단변경 채용 사건

지방공기업 사장 甲은 내부 인사규정 변경을 위한 적법한 절차를 거치지 않은 채 채용공고상 자격요건을 무단으로 변경하여 乙을 2급 경력직의 사업처장으로 채용하였다. …… 채용공고가 인사규정에 부합하는지 여부는 서류심사위원과 면접위원의 업무와 무관하고, 피고인들이 서류심사위원과 면접위원에게 오인, 착각 또는 부지를 일으키게 하여 이를 이용하였다고 볼 수 없으며, 공기업 대표이사인 피고인은 직원 채용 여부에 관한 결정에 있어 인사담당자의 의사결정에 관여할 수 있는 권한을 갖고 있어 관련 업무지시를 위력 행사로 볼 수 없고, 피고인들이 서류심사위원과 면접위원, 인사담당자의 업무의 공정성, 적정성을 해하였거나, 이를 해한다는 인식이 있었다고 단정하기 어렵다.

10. 대법원 2023.8.31, 2021도17151

접근매체 양도 의사로 금융기관에 법인명의 계좌 개설을 신청한 사건

계좌개설 신청인이 접근매체를 양도할 의사로 금융기관에 법인 명의 계좌를 개설하면서 예금거래신청서 등에 금융거래의 목적이나 접근매체의 양도의사 유무 등에 관한 사실을 허위로 기재하였으나, 계좌개설 심사업무를 담당하는 금융기관의 업무담당자가 단순히 예금거래신청서 등에 기재된 계좌개설 신청인의 허위 답변만을 그대로 믿고 그 내용의 진실 여부를 확인할 수 있는 증빙자료의 요구 등 추가적인 확인조치 없이 법인 명의의 계좌를 개설해 준 경우 그 계좌개설은 금융기관 업무담당자의 불충분한 심사에 기인한 것이므로, 계좌개설 신청인의 위계가 업무방해의 위험성을 발생시켰다고 할 수 없어 위계에 의한 업무방해죄를 구성하지 않는다고 보아야 한다(금융기관에 대한 업무방해죄 불성립).

보충 2015.1.20. 개정 전자금융거래법은 '대가를 수수·요구 또는 약속하면서 보관·전달·유통하는 행위'를 금지행위에 추가하고(제6조 제3항 제2호), '범죄에 이용할 목적으로 또는 범죄에 이용될 것을 알면서 접근매체를 대여받거나 대여하는 행위 또는 보관·전달·유통하는 행위'를 금지행위로 신설하여(제6조 제3항 제3호) 이를 위반한 경우 처벌하도록 규정하였다(제49조 제4항). …… '범죄에 이용될 것을 알면서'에서 말하는 '범죄'는 형사처벌의 대상이 되는 행위로서 형법 등 형벌법규에 규정된 구성요건에 해당하는 행위를 의미한다. 따라서 접근매체가 형사처벌의 대상이 되는 행위에 이용될 것을 인식하였다면 위 조항의 '범죄에 이용될 것을 알았다.'고 볼 수 있고, 접근매체를 이용하여 저질러지는 범죄의 내용이나 저촉되는 형벌법규, 죄명을 구체적으로 알아야 하는 것은 아니다. 이러한 인식은 미필적 인식으로 충분하다. 범죄에 이용될 것을 알았는지는 접근매체를 대여하는 등의 행위를 할 당시 피고인이 가지고 있던 주관적 인식을 기준으로 판단하면 되고, 거래 상대방이 접근매체를 범죄에 이용할 의사가 있었는지 또는 피고인이 인식한 것과 같은 범죄를 저질렀는지를 고려할 필요는 없다(전자금융거래법상 범죄이용 접근매체 대여등죄는 성립).

11. 대법원 2023.9.14, 2021도13708

대작(代作) 논문 자료를 논문 예비심사에 제출한 사건

학위논문을 작성함에 있어 자료를 분석, 정리하여 논문의 내용을 완성하는 일의 대부분을 타인에게 의존하였다면 그 논문은 타인에 의하여 대작된 것이라고 보아야 할 것이나(대법원 1996.7.30, 94도2708), 학위청구논문의

작성계획을 밝히는 예비심사 단계에서 제출된 논문 또는 자료의 경우에는 아직 본격적인 연구가 이루어지기 전이고, 연구주제 선정, 목차 구성, 논문작성계획의 수립, 기존 연구성과의 정리 등에 논문지도교수의 폭넓은 지도를 예정하고 있다고 할 것이어서 학위논문과 동일하게 볼 수 없다. 피고인 A는 지도교수 등이 대작한 박사학위 논문 예비심사용 자료를 마치 자신이 작성한 것처럼 발표하여 예비심사에 합격함으로써 X대학원장의 박사학위 논문 예비심사 업무를 방해하였다는 공소사실로 기소되었는데, 종래 판례에 의하면 타인에 의하여 대작(代作)된 학위논문을 논문 심사에 제출한 경우 형법상 업무방해죄가 성립하나, 위와 같은 결론은 타인에 의하여 대작된 논문 또는 자료를 학위청구논문의 작성계획을 밝히는 예비심사 단계에 제출하는 행위에는 동일하게 적용되지 않는다.

③ 위력 : 위력(威力, threat of force)이란 사람의 의사를 제압할 만한 유형·무형의 세력을 이용하여 업무를 방해하는 것을 말하며, 피해자의 의사가 실제로 제압되었는가의 여부는 본죄의 성립과 무관하나(대법원 1995.10.12, 95도1589), 법원행시 05 / 법원행시 10 피해자의 자유의사를 제압하기에 충분한 세력이어야 한다(대법원 2011.10.13, 2009도5698)(예 음식점·다방에서 고함을 지르고 난동을 부리는 것,[324] 점포에서 영업을 못하도록 단전조치를 하는 것 등). 여기에는 폭행·협박과 같은 유형적 방법에 의한 경우는 물론 정치적·사회적·문화적 지위나 권세를 이용하는 무형적 방법에 의한 경우가 모두 포함된다. 법원행시 10 또한 반드시 업무에 종사 중인 사람에게 직접 가해지는 세력이어야만 하는 것은 아니고, 사람의 자유의사를 제압하기에 충분한 상태를 조성하여 사람으로 하여금 자유로운 행동을 불가능하게 하거나 현저히 곤란하게 하는 행위도 포함된다(대법원 2009.9.10, 2009도5732; 2011.10.13, 2009도5698). 다만 쟁의행위로서의 파업과 관련하여, 판례는 노동쟁의행위로서 위법성이 조각되지 않는 한 원칙적으로 위력에 해당한다는 종래의 입장을 변경하여, 사용자가 예측할 수 없는 시기에 전격적으로 이루어져 사용자의 사업운영에 심대한 혼란 내지 막대한 손해를 초래하는 등으로 사용자의 사업계속에 관한 자유의사가 제압·혼란될 수 있다고 평가할 수 있는 경우에 비로소 집단적 노무제공의 거부가 위력에 해당하여 업무방해죄가 성립한다고 판시하고 있다(대법원 2011.3.17, 2007도482 전원합의체). 국가9급 14 / 법원행시 14 / 법원9급 12 / 변호사 13

판례연구 위력에 의한 업무방해죄가 성립한다는 사례

1. 전통적인 판례들

① 피해자가 시장번영회를 상대로 잦은 진정을 하고 협조를 하지 않는다는 이유로 시장번영회 총회결의에 의하여 피해자 소유점포에 대하여 정당한 권한 없이 단전조치를 한 것이라면, 이 경우에는 그 결의에 참가한 회원의 위력에 의한 업무방해행위가 성립한다(대법원 1983.11.8, 83도1798). 법원행시 05

② 회사로 통하는 모든 출입문에 바리케이드 등을 설치하고 다수의 근로자들로 하여금 위 회사의 관리직 사원을 포함한 모든 출입자의 출입을 통제하였다면 위력으로 회사의 업무를 방해한 것이며, 그 위법성이 조각되지 아니한다(대법원 1991.6.11, 91도753).

③ 방송국 노동조합이 적법한 절차를 따라 파업결의를 한 후 사태를 지켜보던 중 일부 기자가 징계를 당하자 노조원 40여 명이 파업농성투쟁에 돌입할 것을 결의하고 보도국 사무실 일부를 점거하여 야간에는 교대로 철야농성을 하고 주간에는 다 함께 모여 농성을 하면서 구호를 외치거나 노래를 부르고 북, 장구, 징, 꽹과리를 두드리며 소란행위를 계속하고, 농성에 가담하지 아니하고 근무하는 직원들에게 "노조원들과 적이 되려 하느냐."는 등의 야유와 협박을 하며 농성가담을 적극 권유하고, 그 곳에 있는 테렉스기기에 들어가는 테렉스용지를 찢거나 그 작동을 중단시키는 등의 행위를 한 것은 위력에 의한 업무방해죄를 구성한다(그 방법이나 수단에 있어서 쟁의행위의 정당성의 한계를 벗어나 위법함)(대법원 1992.5.8, 91도3051).

324 손님을 협박하여 업무를 방해하면 협박죄와 업무방해죄의 상상적 경합범이요, 주인을 협박한 후 점포 내의 손님들을 내쫓아 업무를 방해하면 협박죄와 업무방해죄의 실체적 경합이 된다.

2. 대법원 2003.12.26, 2001도3380

노동조합이 회사의 구조조정 자체를 반대하기 위한 목적의 파업을 하면서 난방공급을 중단하는 조치를 취하여 이로 인하여 회사 설비가 손괴된 경우, 업무방해죄와 재물손괴죄의 실체적 경합이 성립한다. 사시 10

3. 대법원 2005.3.10, 2004도341

임대인이 임차인의 물건을 임의로 철거 · 폐기할 수 있다는 임대차계약을 스스로 집행한 사례

"본 임대차계약의 종료일 또는 계약해지통보 1주일 이내에도 임차인이 임차인의 소유물 및 재산을 반출하지 않은 경우에는 임대인은 임차인의 물건을 임대인 임의대로 철거·폐기처분 할 수 있으며, 임차인은 개인적으로나 법적으로나 하등의 이의를 제기하지 않는다."는 임대차계약 조항은 무효이므로,[325] 피고인이 간판업자를 동원하여 피해자가 영업 중인 식당 점포의 간판을 철거한 등의 행위는 위력을 사용하여 피해자의 업무를 방해한 행위에 해당한다. 법원9급 10 / 경찰채용 13 1차

4. 대법원 2005.3.25, 2003도5004

피고인이 자신의 명의로 등록되어 있는 피해자 운영의 학원에 대하여 피해자의 승낙을 받지 아니하고 폐원신고를 하였다고 하더라도 피해자에게 사전에 통고를 한 뒤 폐원신고를 하였다면 피해자에게 오인·착각 또는 부지를 일으켜 이를 이용하여 피해자의 업무를 방해한 것으로 보기는 어렵고, 오히려 피해자가 운영하고 있는 학원이 자신의 명의로 등록되어 있는 지위를 이용하여 임의로 폐원신고를 함으로써 피해자의 업무를 위력으로써 방해한 것이라고 해야 한다. 법원행시 06

5. 대법원 2005.5.27, 2004도8447

대부업체 직원의 전화공세 사례[326]

채권자의 권리행사는 사회통념상 허용되는 방법에 의하여야 하는 것이므로, 가령 우월한 경제적 지위를 가진 대부업자가 그 지위를 이용하여 채무자를 압박하는 방법으로 채권추심행위를 하였다면 이는 위력을 이용한 행위로서 위법하고 그로 인하여 채무자의 업무가 방해될 위험이 발생하였다면 업무방해죄의 죄책을 면할 수 없다 할 것이다. 법원행시 06 / 법원9급 06 / 변호사 17

6. 대법원 2007.6.14, 2007도2178

공사감독자로서 ① 벽돌납품업체를 선정함에 있어 A가 운영하는 연와의 조적번호를 전달받았음에도 공평하게 평가하는 척하면서 B 연와의 적벽돌을 지목하여 추천하였고, 또한 ② 공사감독자로서의 사회적 지위와 권세에 의한 압박을 통하여 甲 자신이 추천하는 하도급업체, 납품업체 또는 감리원을 선정하게 하거나 현장소장을 교체하도록 한 경우 : 하도급업체 또는 납품업체의 선정 업무, 감리원 채용의 업무, 그리고 인사관리의 업무는 모두 부수적이고 일회적인 것이라고 해도 본래의 업무수행의 일환으로 행하여지는 사무로서 형법 제314조 제1항이 규정하는 업무에 해당되고 ①의 행위는 위계에 의한 업무방해죄, ②의 행위는 위력에 의한 업무방해죄를 구성한다.

7. 대법원 2009.4.23, 2007도9924

자신의 명의로 사업자등록이 되어 있고 자신이 상주하여 지게차 판매 등을 하고 있는 지위를 이용하여, 피해자의 사업장 출입을 금지하기 위하여 출입문에 설치된 자물쇠의 비밀번호를 변경한 행위는 위력에 의한 업무방해죄가 성립한다.

8. 대법원 2009.9.10, 2009도5732

피고인이 피해자들이 경작 중이던 농작물을 트랙터를 이용하여 갈아엎은 다음 그 곳에 이랑을 만들고 새로운 농작물을 심어 피해자의 자유로운 논밭 경작 행위를 불가능하게 하거나 현저히 곤란하게 한 경우, 위력에 의한 업무방해죄에 해당한다. 사시 10

9. 대법원 2010.4.8, 2007도6754

긴급조정결정 공표 이후 자택 복귀 도중에 위 결정 규탄대회에 참가한 행위는 회사의 업무를 방해하였다고 볼

---

325 **보충** 강제집행은 국가가 독점하고 있는 사법권의 한 작용을 이루고 채권자는 국가에 대하여 강제집행권의 발동을 신청할 수 있는 지위에 있을 뿐이므로, 법률이 정한 집행기관에 강제집행을 신청하지 않고 채권자가 임의로 강제집행을 하기로 하는 계약은 **사회질서에 반하는 것으로 민법 제103조에 의하여 무효**라고 할 것이다(위 판례).

326 **보충** 대부업체 직원인 甲은 간판업자인 乙의 휴대전화에 대출금 200만 원에 대한 이자 지급을 독촉하기 위하여 한 달 여에 걸쳐 매일 평균 10통 가량, 어떤 날은 심지어 90여 통에 이르는 전화공세를 하여 45일 동안 총 460회 전화를 걸었다(**실제 통화연결된 횟수는 19회에 불과하였다**). 甲에게는 업무방해죄가 성립한다.

수 없으나, 개별적 업무복귀 확인신고에 관한 회사의 지시를 집단적으로 어기고 이를 지체한 행위는 다중의 위력으로 회사의 경영업무를 방해한 것으로서 업무방해죄를 구성한다.

10. 대법원 2011.3.17, 2007도482 전원합의체
쟁의행위로서 파업이 업무방해죄의 '위력'에 해당하는지 여부(원칙적 부정) : 전격적 파업 이론
① 쟁의행위로서 파업(노동조합 및 노동관계조정법 제2조 제6호)도, 단순히 근로계약에 따른 노무의 제공을 거부하는 부작위에 그치지 아니하고 이를 넘어서 사용자에게 압력을 가하여 근로자의 주장을 관철하고자 집단적으로 노무제공을 중단하는 실력행사이므로, 업무방해죄에서 말하는 위력에 해당하는 요소를 포함하고 있다. 그러나 근로자는 원칙적으로 헌법상 보장된 기본권으로서 근로조건 향상을 위한 자주적인 단결권·단체교섭권 및 단체행동권을 가지므로(헌법 제33조 제1항), 쟁의행위로서 파업이 언제나 업무방해죄에 해당하는 것으로 볼 것은 아니고, 전후 사정과 경위 등에 비추어 사용자가 예측할 수 없는 시기에 전격적으로 이루어져 사용자의 사업운영에 심대한 혼란 내지 막대한 손해를 초래하는 등으로 사용자의 사업계속에 관한 자유의사가 제압·혼란될 수 있다고 평가할 수 있는 경우에 비로소 집단적 노무제공의 거부가 위력에 해당하여 업무방해죄가 성립한다고 보는 것이 타당하다.[327] 국가9급 14 / 법원행시 14 / 법원9급 12 / 변호사 13 다만 ② 피고인 甲을 비롯한 전국철도노동조합 집행부가 중앙노동위원회 위원장의 직권중재회부결정에도 불구하고 파업에 돌입할 것을 지시하여, 조합원들이 사업장에 출근하지 아니한 채 업무를 거부하여 사용자에게 손해를 입힌 경우, 한국철도공사로서는 노동조합이 필수공익사업장으로 파업이 허용되지 않는 사업장에서 노동조합 및 노동관계조정법상 직권중재회부 시 쟁의행위 금지규정 등을 위반하면서까지 파업을 강행하리라고는 예측할 수 없었다 할 것이고, 나아가 파업의 결과 수백 회에 이르는 열차 운행이 중단되어 한국철도공사의 사업운영에 예기치 않은 중대한 손해를 끼친 사정들에 비추어, 위 파업은 사용자의 자유의사를 제압·혼란케 할 만한 세력으로서 형법 제314조 제1항에서 정한 '위력'에 해당한다고 보기에 충분하다.[328] 경찰채용 14 1차

11. 대법원 2011.10.13, 2009도5698
피고인을 포함한 집회 참가가 약 1,500명이 당초 신고한 집회장소를 벗어나 피해자 회사가 운영하는 매장을 둘러싸고 함성을 지르며 매장점거를 계속 시도하였고, 그 과정에서 이를 저지하는 경찰과 충돌하여 폭력을 행사하였으며, 위와 같은 매장점거 시도행위로 인하여 손님들의 출입이 현저히 곤란해졌다면, 이는 위력으로써 피해자 회사의 업무를 방해한 업무방해죄를 구성하고 정당행위에 해당하지 아니한다.

12. 대법원 2012.5.24, 2009도4141
자유게시판 접속권한 차단 사례
甲 주식회사 임원인 피고인이 자동차 판매수수료율과 관련하여 대리점 사업자들과 甲 회사 사이에 의견대립이 고조되자, 대리점 사업자 乙이 일정액의 사용료를 지급하고 판매정보 교환 등에 이용해 오던 甲 회사의 내부전산망 전체 및 고객관리시스템 중 자유게시판에 대한 접속권한을 차단하였다면, 위력에 의하여 乙의 업무를 방해하였다고 보아야 한다.

13. 대법원 2022.6.16, 2021도16591
정치적 의사표현을 위한 집회나 발언도 경우에 따라 업무방해죄의 위력에 해당할 수 있다는 사례
정치적인 의사표현을 위한 집회나 행위가 헌법 제21조에 따라 보장되는 정치적 표현의 자유나 헌법 제10조에 내재된 일반적 행동의 자유의 관점 등에서 보호받을 가능성이 있더라도 전체 법질서상 용인될 수 없을 정도로

327 **판례의 변경** 이와 달리, 근로자들이 집단적으로 근로의 제공을 거부하여 사용자의 정상적인 업무운영을 저해하고 손해를 발생하게 한 행위가 당연히 위력에 해당하는 것을 전제로 노동관계 법령에 따른 정당한 쟁의행위로서 위법성이 조각되는 경우가 아닌 한 업무방해죄를 구성한다는 취지로 판시한 대법원 1991.4.23, 선고 90도2771 판결, 대법원 1991.11.8, 선고 91도326 판결, 대법원 2004.5.27, 선고 2004도689 판결, 대법원 2006.5.12, 선고 2002도3450 판결, 대법원 2006.5.25, 선고 2002도5577 판결 등은 이 판결의 견해에 배치되는 범위 내에서 변경한다(위 판례).

328 **비교판례 : 전격적 파업 이론에 근거하여 위력에 해당하지 않는다고 본 사례** 철도노동조합과 산하 지방본부 간부인 甲 등은 한국철도공사의 경영권에 속하는 사항을 주장하면서 업무 관련 규정을 철저히 준수하는 등의 방법으로 안전운행투쟁을 전개하여 열차가 지연 운행되게 하였다. 다만 열차의 지연 운행 횟수나 정도 등에 비추어 안전운행투쟁으로 말미암아 한국철도공사의 사업운영에 심대한 혼란 내지 막대한 손해가 초래될 위험이 있었다고 하기 어려운 경우이었다. 그렇다면 甲 등의 행위는 한국철도공사의 사업계속에 관한 자유의사가 제압·혼란될 수 있다고 평가할 수 있는 경우에 해당하지 않는다고 볼 여지가 충분한데도, 이와 달리 안전운행투쟁의 주된 목적이 정당하지 않다는 이유만으로 업무방해죄가 성립한다고 단정한 원심판단에는 위법이 있다(대법원 2014.8.20, 2011도468).

사회적 상당성을 갖추지 못한 때에는 그 행위 자체가 위법한 세력의 행사로서 형법 제314조 제1항의 업무방해죄에서 말하는 위력의 개념에 포섭될 수 있다. …… A 정당의 전당대회가 개최되는 전시회장 앞 광장에서 甲 등은 50명의 집회참가자들과 공모하여 정당 규탄 기자회견을 추진하면서 행한 집단적으로 정치적 의사표현 행위를 한 경우, 이는 사람의 자유의사를 제압·혼란케 할 만한 '위력'에 해당하고 업무방해의 고의도 인정된다(물리적 충돌이 발생하고 전당대회 개최가 지연되는 등 전당대회 진행, 당대표·최고위원 선출 등 정당의 업무가 방해되는 결과도 발생된 사건).

판례연구 위력에 의한 업무방해죄가 성립하지 않는다는 사례

1. 대법원 1983.10.11, 82도2584

업무수행자에게 한 약간의 욕설이 업무방해죄의 위력 행사에 해당하는지 여부

계약갱신 및 체납임·관리비 상당액을 독려차 나온 사원에게 "너희들이 무엇인데 상인협의회에서 하는 일을 방해하며 협의회에서 돌리는 유인물을 압수하느냐 당장 해임시키겠다"고 한 정도의 욕설을 한 행위만으로는 업무방해죄의 위력을 행사한 것으로 보기 어렵다.

2. 대법원 1999.5.28, 99도495

만 74세를 넘긴 1명의 노인의 측량 방해 사례[329]

형법 제314조의 업무방해죄의 구성요건의 일부인 '위력'이라 함은 현실적으로 피해자의 자유의사가 제압될 것을 요하는 것은 아니지만, 범인의 위세, 사람 수, 주위의 상황 등에 비추어 피해자의 자유의사를 제압하기 족한 세력을 말한다. 이 사건의 경우 피고인은 사건 당시 만 74세를 넘긴 노인이라는 점, 주위에 종중원들 및 마을주민들 10여 명과 지적공사 직원 3명이 모여 있었고 혼자서 측량을 반대했다는 점 등에 비추어 피고인이 공소외 종중들에게 소리치며 시비를 하였다고 하여 측량기사의 자유의사를 제압하기에 족한 위력을 행사한 것이라고 할 수 없다. 국가7급 08

3. 대법원 2010.11.25, 2010도9186

휴원신고 연장 사례

임대인 甲으로부터 건물을 임차하여 학원을 운영하던 A는 건물을 인도한 이후에도 자신 명의로 된 학원설립등록을 말소하지 않고 휴원신고를 연장함으로써 새로운 임차인 乙이 그 건물에서 학원설립등록을 하지 못하도록 한 경우, 피고인 A의 휴원연장신고와 乙이 학원설립등록을 하지 못한 점 사이에 인과관계가 있다고 단정하기 어렵고, 피고인의 행위가 乙의 자유의사를 제압·혼란케 할 정도의 위력에 해당한다고 보기 어렵다. 경찰채용 13 1차

4. 대법원 2011.10.27, 2010도7733

근로자 182명 중 9명이 부분파업에 참여한 사례

전국금속노동조합 부위원장인 피고인이, 조합 핵심간부 및 조합원들 등과 공모하여 '미국산 쇠고기 수입 반대 내지 재협상 요구' 등을 주된 목적으로 조합 산하 전국 사업장에서 총파업을 실시하여 위력으로 사용자의 업무를 방해하였다는 내용으로 기소된 경우, 그중 근로자 182명 중 9명만이 부분파업에 참여하는 등 파업 규모로 보아 사용자의 사업운영에 심대한 혼란이나 막대한 손해가 초래되었다고 볼 수 없는 사업장의 경우에는 사용자의 사업계속에 관한 자유의사가 제압·혼란될 수 있는 경우로 평가할 수 없는 여지가 있다.

5. 대법원 2013.3.14, 2010도410

조중동 광고 소비자불매운동과 업무방해죄[330] : 광고주에 대해서는 ○, 신문사에 대해서는 ×

소비자불매운동이 헌법상 보장되는 정치적 표현의 자유나 일반적 행동의 자유 등의 점에서도 전체 법질서상 용

329 보충 甲은 종손인 자신의 동의 없이 종중이 부당하게 위토(사건 토지)를 처분하려 한다며 종중원, 마을주민, 지적공사 직원 등이 모인 곳에 나타나서 측량기사에게 사건 토지는 자신과 관련된 땅이고 측량을 신청한 사람들과는 관련이 없다고 하면서 측판 설치를 막고 종중원들에게 "내 허락 없이 측량을 하면 가만두지 않겠다."고 소리치고 '협잡꾼, 사기꾼 같은 인간들'이라고 하며 약 30분 동안 시비를 하는 등으로 현황측량을 하지 못하게 했다. 甲에게는 업무방해죄가 성립하지 않는다.

330 보충 2008년 미국산 수입 쇠고기 관련 조선·중앙·동아일보 광고중단 운동을 주도해 업무방해 혐의로 기소된 인터넷 포털 다음 카페 '언론소비자주권 국민캠페인(언소주)' 회원들에 대한 대법원 판례이다. 광고주들에 대한 업무방해는 인정되나, 신문사들에 대한 업무방해를 유죄로 인정한 원심은 파기환송한 판결이다. 졸고(拙稿), '조중동 광고 소비자불매운동과 업무방해죄', 공무원법률저널, 2013.4.9.

인될 수 없을 정도로 사회적 상당성을 갖추지 못한 때에는 그 행위 자체가 위법한 세력의 행사로서 업무방해죄에서 말하는 위력의 개념에 포섭될 수 있으므로, ① 피고인들이 공모하여 광고주들에게 지속적·집단적으로 항의전화를 하거나 항의글을 게시하고 그 밖의 다양한 방법으로 광고중단을 압박한 행위는 피해자인 광고주들의 자유의사를 제압할 만한 세력으로서 위력에 해당하지만, ② 신문사들에 대한 업무방해의 점에 관해서는, 업무방해죄의 위력은 원칙적으로 피해자에게 행사되어야 하고 제3자를 향한 위력의 행사는 이를 피해자에 대한 직접적인 위력의 행사와 동일시할 수 있는 예외적 사정이 인정되는 경우에만 업무방해죄의 구성요건인 위력의 행사로 볼 수 있으므로, 단순히 제3자에 대한 위력의 행사와 피해자의 업무에 대한 방해의 결과나 위험 사이에 인과관계가 인정되기만 하면 곧바로 피해자에 대한 위력의 행사가 있는 것으로 볼 수 있다고 판시한 원심의 판단에는 심리미진의 위법이 있다. 경찰채용 13 2차

6. 대법원 2013.2.28, 2011도16718; 2009.10.15, 2009도5623 등; 2021.7.8, 2021도3805
정당한 권한 행사는 업무방해죄의 위력에 해당하지 않는다는 사례
업무방해죄의 수단인 위력은 사람의 자유의사를 제압·혼란하게 할 만한 일체의 억압적 방법을 말하고 이는 제3자를 통하여 간접적으로 행사하는 것도 포함될 수 있다. 그러나 어떤 행위의 결과 상대방의 업무에 지장이 초래되었다 하더라도 행위자가 가지는 정당한 권한을 행사한 것으로 볼 수 있는 경우에는, 그 행위의 내용이나 수단 등이 사회통념상 허용될 수 없는 등 특별한 사정이 없는 한 업무방해죄를 구성하는 위력을 행사한 것이라고 할 수 없다. 따라서 (회계자료열람권을 가진 피고인이 회계서류 등의 열람을 요구하는 과정에서 다소 언성을 높이는 등 행위를 한 이 사건에서) 제3자로 하여금 상대방에게 어떤 조치를 취하게 하는 등으로 상대방의 업무에 곤란을 야기하거나 그러한 위험이 초래되게 하였더라도, 행위자가 그 제3자의 의사결정에 관여할 수 있는 권한을 가지고 있거나 그에 대하여 업무상의 지시를 할 수 있는 지위에 있는 경우에는 특별한 사정이 없는 한 업무방해죄를 구성하지 아니한다.

7. 대법원 2022.9.7, 2021도9055
대형마트 피켓시위 사건
업무방해죄의 '위력'이란 사람의 자유의사를 제압·혼란하게 할 만한 일체의 세력으로, 유형적이든 무형적이든 묻지 아니하고, 현실적으로 피해자의 자유의사가 제압되어야만 하는 것도 아니지만, 범인의 위세, 사람 수, 주위의 상황 등에 비추어 피해자의 자유의사를 제압하기 족한 정도가 되어야 하는 것으로서 …… A 등 7명(여 4명, 남 3명)은 홈플러스 강서점에 방문한 대표이사 등에게 해고와 전보 인사발령에 항의하기 위하여 식품매장에 들어가 당시 현장점검을 하던 점장과 대표이사 甲 등 간부들(20명 이상)을 약 30분간 따라 다니면서 그 근처에서 피켓을 들고 "강제전배 멈추어라, 통합운영 하지마라, 직원들이 아파한다, 부당해고 그만하라."라고 고성을 지르는 방법으로 약 30분간 甲의 현장점검 업무를 방해하였다는 내용으로 기소되었는데, 피고인들은 甲 등에게 가까이 다가가거나 甲 등의 진행이나 업무를 물리적인 방법으로 막지 않았고, 甲 등에게 욕설, 협박을 하지 않았으며, 甲 등은 약 30분간 현장점검 업무를 계속한 점 등 제반 사정을 종합하면, 피고인들이 甲 등의 자유의사를 제압하기에 족한 위력을 행사하였다고 단정하기 어렵다.

8. 대법원 2023.3.30, 2019도7446
학교장의 권한을 강조한 발언만으로는 업무방해죄의 위력에 해당하지 않는다는 사례
A고등학교 교장 甲이 2016.경 신입생 입학 사정회의 과정에서 면접위원인 乙 등에게 "참 선생님들이 말을 안 듣네. 중학교는 이 정도면 교장 선생님한테 권한을 줘서 끝내는데. 왜 그러는 거죠?" 등 특정 학생을 합격시키라는 취지로 강압적인 이 사건 발언을 한 경우, 발언 경위 등에 비추어 피고인이 이 사건 발언을 하면서 다소 과도한 표현을 사용하였다고 하더라도 그로 인해 피해자들의 자유의사를 제압하거나 사회통념상 허용할 수 없는 위력을 행사였다고 보기 어려운 점 등을 고려할 때 업무방해죄를 유죄로 인정할 수 없다.

④ 업무방해 : 업무를 방해할 우려가 있는 상태가 발생한 때 기수가 되며, 방해결과의 현실적 발생은 요하지 않는다(대법원 1991.6.28, 91도944)(추상적 위험범). 사시 12 또한 업무수행 자체가 아니라 업무의 적정성 내지 공정성이 방해된 경우에도 업무방해죄가 성립한다(대법원 2008.1.17, 2006도1721; 2010.3.25, 2009도8506). 사시 12 다만 본죄가 추상적 위험범이라 하더라도, 결과발생의 염려가 없는 경우까지 본죄가 성립하는 것은 아니다.

판례연구 업무방해의 위험을 인정한 사례

1. 대법원 1994.6.14, 93도288

한국도로공사가 공소외 금성산전주식회사의 고속도로 통행요금징수 기계화시스템의 성능에 대한 2차현장평가를 하게 되었는데, 위 금성산전주식회사의 경쟁사인 공소외 삼성전자주식회사의 직원들인 피고인들이, 위 설비의 차량판별에 있어서의 문제점을 부각시키기 위하여, 한국도로공사에 알리지 아니한 채, 인위적으로 각종 소형화물차 16대의 타이어 공기압을 낮추어 접지면을 증가시킨 후 위 설비가 설치되어 있는 동서울톨게이트 하행선 우측 2번 라인을 통과하도록 하였다면, 이와 같은 피고인들의 행위는 위계를 사용하여 한국도로공사의 현장시험업무에 지장을 줄 위험을 발생케 한 것으로서, 이에 의하여 실지로 업무방해의 결과가 발생하였는지 여부에 상관없이 업무방해죄를 구성함에 충분하다.

2. 대법원 1997.3.11, 96도2801

A주식회사의 임시주주총회 결과 대표이사로 선임된 乙이 업무집행을 위하여 위 회사 사무실에 들어가려고 하자 甲 등이 2개월간 이를 제지한 행위는 A주식회사의 업무방해의 결과를 초래할 위험을 야기하였다고 인정하기에 충분하다.

3. 대법원 1999.5.14, 98도3767

특정 종교를 비방하는 영문전단 발송 사례

甲은 피해자 회사가 고객으로부터 탁송을 의뢰받아 지정된 곳으로 발송 예정인 서류의 포장 안에 피해자 회사 직원 乙에게 통상의 기독교 선교 인쇄물을 집어넣는다고 말하고 乙이 모르는 사이에 타종교를 비방하는 내용의 영문종교 전단을 집어넣어 함께 발송되게 하였다. 甲의 죄책은 업무방해죄이다.[331] 법원행시 08

판례연구 업무방해의 위험을 인정하지 않은 사례

1. 대법원 1992.12.10, 99도3487

객관적으로 보아 당해 출제교사가 출제할 것이라고 예측되는 순수한 예상문제를 선정하여 수험생이나 그 교습자에게 주는 행위를 가지고 시험실시업무를 방해하는 행위라고 할 수는 없다. 그러므로 시험의 출제위원이 문제를 선정하여 시험실시자에게 제출하기 전에 이를 유출하였다고 하더라도 그와 같이 유출된 문제가 시험실시자에게 제출되지도 아니하였다면, 그러한 문제유출로 인하여 시험실시업무가 방해될 추상적인 위험조차 있다고 할 수 없으므로 업무방해죄가 성립하지 않는다. 사시 10

2. 대법원 2007.4.27, 2006도9028

행위자가 도로를 폐쇄한 경우라 하더라도, 대체도로를 이용하여 종전과 같이 조경수 운반차량 등을 운행할 수 있었다고 보여 피해자의 조경수 운반업무 등이 방해되는 결과발생의 염려가 없었다고 볼 여지가 충분한 경우라면 업무방해죄는 성립하지 않는다.

(3) 주관적 구성요건 : 고의

허위의 사실을 유포하거나 위계 또는 위력으로써 타인의 업무를 방해한다는 고의가 필요하다. 물론 본죄는 추상적 위험범이라는 점에서 업무를 방해한다는 법익침해의 점에 대한 고의까지 요하는 것은 아니며, 미필적 고의로도 충분하다.[332]

---

331 **보충** 이 사건의 경우 고객이 배달을 의뢰하지 않은 전단까지 함께 전달됨으로써 그 전단도 배달을 의뢰한 고객이 보낸 것으로 오인하게 되고, 이로써 피해자 회사가 배달을 의뢰한 고객의 위탁취지에 어긋나게 업무를 처리한 결과가 되고 종국에는 피해자의 업무의 경영이 저해될 위험을 발생시킴으로써 피해자 회사의 서류배달업무를 방해하였음이 인정된다.

332 **주의를 요하는 판례** 허위사실을 유포하는 방법에 의하여 타인의 업무를 방해함으로써 성립하는 업무방해죄에 있어, 허위사실을 유포한다고 함은 실제의 객관적 사실과 서로 다른 사항을 내용으로 하는 사실을 불특정 다수인에게 전파시키는 것을 말하고, 특히 이러한 경우 그 행위자에게 행위 당시 자신이 유포한 사실이 허위라는 점을 적극적으로 인식하였을 것을 요한다(대법원 2008.11.27, 2008도6728; 1994.1.28, 93도1278).

> **판례연구** 업무방해죄의 고의가 인정되지 않는 경우
>
> 1. 대법원 2005.10.27, 2005도5432
>
> 甲은 자기 소유 임야에서 조경수 조림농장을 운영하고 있었는데, 그 소유 임야에 철제울타리를 설치하여 乙 등으로 하여금 농장 내 작업도로를 사용하지 못하게 함으로써 그들의 전답 경작에 지장을 주었다. 다만 기존 도로를 이용하여 종전과 같은 경작을 할 수는 있었다. 그렇다면 甲에게는 피해자들의 경작업무를 방해한다는 고의가 없었다고 볼 여지가 있다.[333]
>
> 2. 대법원 2010.10.28, 2009도4949
>
> 甲 회사와 乙의 공유인 특허발명이 그 진보성이 부정된다는 이유로 특허심판원의 무효심결이 내려진 후 확정되기 전에 甲 회사의 대표인 피고인이 '丙이 생산·판매한 제품은 위 특허권을 침해한 제품이다'라는 사실을 인터넷을 통하여 적시하고, 또한 丙의 거래처들에 같은 내용의 내용증명을 발송하였다는 내용으로 기소된 경우, 범행 당시 이미 위 특허발명에 대한 무효심결이 있었다는 사유만으로 위 심결이 확정되지도 않은 상태에서 그 무효사유가 있음을 알고 있었다고 단정하기는 어렵고, 더욱이 丙의 제품이 위 특허발명의 특징적 구성을 가지고 있어 특허권을 침해하는 것이라고 판단할 여지가 없지 않은 사정들에 비추어, 위 각 범행일시에 피고인에게 위와 같이 적시된 사실이 허위라는 인식이 있었다고 보기 어렵다.
>
> 3. 대법원 2011.9.2, 2010도17237
>
> 방송국 프로듀서 등 피고인들이 특정 프로그램 방송보도를 통하여 미국산 쇠고기는 광우병 위험성이 매우 높은 위험한 식품이고 우리나라 사람들이 유전적으로 광우병에 몹시 취약하다는 취지의 허위사실을 유포하여 미국산 쇠고기 수입·판매업자들의 업무를 방해하였다는 내용으로 기소된 경우, 방송보도의 전체적인 취지와 내용이 미국산 쇠고기의 식품 안전성 문제 및 쇠고기 수입 협상의 문제점을 지적하고 협상체결과 관련한 정부 태도를 비판한 것이라는 전제에서, 피고인들에게 업무방해의 고의가 있었다고 볼 수 없다.

3. 위법성

(1) 정당방위

정당방위로서의 업무방해는 위법성이 조각된다. 예를 들어, '피고인이 점유·경작하고 있는 논에 그 논의 소유권을 취득하였다는 이유로 적법한 절차에 의한 인도를 받지 아니한 채 묘판을 설치하려고 한 경우'에는 피고인의 점유에 대한 부당한 침탈 또는 방해행위의 배제를 위해서 '그 묘판을 허물어뜨린 행위'는 정당방위로 볼 수 있다(대법원 1980.9.9, 79도249).

(2) 피해자의 승낙에 의한 행위

승낙에 의한 업무방해도 위법성이 조각된다. 예를 들어, '피고인이 계주의 업무를 대행하는 데 대하여 이를 승인 내지 묵인한 행위'는 피고인에 대하여 다액의 채무를 부담하고 있던 동녀로서 채권확보를 하고자 하는 피고인의 요구를 거절할 수 없어서 해준 행위로서 '승낙'이 있었던 것으로서 그 위법성이 조각된다고 볼 수 있다(대법원 1983.2.8, 82도2486).

(3) 정당행위

① 법령에 의한 행위 : 노동조합 및 노동관계조정법[334]은 헌법에 의한 근로자의 단결권·단체교섭권 및 단체행동권을 보장하여 근로조건의 유지·개선과 근로자의 경제적·사회적 지위의 향상을 도모하는

---

333 보충 : 위 판례의 또 다른 논점 결과발생의 염려가 없는 경우에는 본죄가 성립하지 않는다고 할 것인바, 기록에 의하면, 피해자들은 작업도로 개설 이전에는 기존도로를 이용하여 경작을 하였던 사실, 피고인이 이 사건 철제울타리를 설치할 무렵 기존도로를 측량한 결과 그 폭이 약 2m 정도에 이르는 사실, 피해자들은 작업도로를 1년 중 농번기에만 10차례 정도 농기구 운반통로로 사용하였을 뿐 그 이외의 기간에는 사용하지 않은 사실을 인정할 수 있으므로, 기존도로의 복구가 손쉽게 이루어지고 피해자들이 이를 이용하여 종전과 같은 경작을 할 수 있다면 경작업무 방해라는 결과가 발생할 염려가 없다고 볼 여지가 있다.

334 일부개정 2008.3.28. 법률 제9041호.

데 있으므로(동법 제1조), 파업·태업·직장폐쇄 기타 노동관계 당사자가 그 주장을 관철할 목적으로 행하는 행위와 이에 대항하는 행위로서 업무의 정상적인 운영을 저해하는 행위(동법 제2조 제6호의 쟁의행위의 개념)라 하더라도, 노동조합이 단체교섭·쟁의행위 기타의 행위로서 동법 제1조의 목적을 달성하기 위하여 한 정당한 행위로서, 폭력이나 파괴행위가 아닌 행위는 형법 제20조의 법령에 의한 정당행위로서 위법성이 조각된다(노동관계조정법 제4조). 다만, 쟁의행위는 그 목적·방법 및 절차에 있어서 법령 기타 사회질서에 위반되어서는 아니되며(동법 제37조 제1항), 조합원은 노동조합에 의하여 주도되지 아니한 쟁의행위를 하여서는 아니된다(동법 동조 제2항). 이러한 쟁의행위의 정당화요건으로서 주체의 적격성, 목적의 정당성, 절차의 합법성,[335] 수단의 상당성에 관해서는 총론에서 기술한 바 있다.[336]

② 사회상규에 위배되지 아니하는 행위 : 사회통념상 허용될 만한 정도의 상당성이 있어서 그 위법성이 결여된 행위이라면 정당행위에 해당하는 것으로 볼 여지가 있다.

판례연구 단전·단수조치 중 사회상규에 위배되지 아니하는 행위의 예

1. 대법원 2004.8.20, 2003도4732

피해자가 관리비를 연체하자 시장번영회 회장인 피고인이 관리비 연체시 단전·단수조치를 취할 수 있도록 한 관리규약 및 시장번영회 이사회의 결의에 기초하여 단전조치를 취하고 전기공급 단자함의 전원을 차단함으로써 약 7일 동안 乙·丙의 의류판매와 세탁소업무를 방해한 경우

2. 대법원 2000.3.10, 2000도257

피해자가 관리비 및 임대료를 연체하고 적자운영을 이유로 휴업한 상태에서 가게가 무단 방치되어 방화·누전·무단침입 등의 위험이 있자, 백화점번영회 회장인 피고인이 건물의 안전한 유지·관리를 위하여 단전·단수와 출입문폐쇄 조치를 취한 경우

3. 대법원 1995.6.30, 94도3136

백화점 입주상인들이 영업을 하지 않고 매장 내에서 점거 농성만을 하면서 매장내의 기존의 전기시설에 임의로 전선을 연결하여 각종 전열기구를 사용함으로써 화재위험이 높아 백화점 경영회사의 대표이사인 피고인이 부득이 단전조치를 취한 경우[337] 경찰간부 12

4. 대법원 1994.4.15, 93도2899

시장번영회 관리규정을 위반하여 칸막이를 천장에까지 설치한 일부 점포주들에 대하여 시장번영회 회장인 피고인이 단전조치를 취한 경우[338] 변호사 13

판례연구 사회상규에 위배되므로 위법한 행위의 예

1. 대법원 1996.11.12, 96도2214

폐석운반업무 방해 사례

회사의 폐석운반 업무가 보호대상에 속하는 한, 피고인이 고의로 위 회사의 폐석운반 업무를 방해할 의사로 선착장 앞에 위치한 자신의 어업구역 내에 양식장을 설치한다는 구실로 밧줄을 매어 선박의 출입을 방해한 행위는 정당행위에 해당한다고 보기는 어렵다.

---

335 노동관계조정법 제41조 (쟁의행위의 제한과 금지) ① 노동조합의 쟁의행위는 그 조합원(제29조의2에 따라 교섭대표노동조합이 결정된 경우에는 그 절차에 참여한 노동조합의 전체 조합원)의 직접·비밀·무기명투표에 의한 조합원 과반수의 찬성으로 결정하지 아니하면 이를 행할 수 없다. 이 경우 조합원 수 산정은 종사근로자인 조합원을 기준으로 한다.

336 총론, 위법성, 정당행위, 법령에 의한 행위 중 노동쟁의행위 참조.

337 대법원이 단전조치 당시 보호받을 업무가 존재하지 않았을 뿐만 아니라 화재예방 등 건물의 안전한 유지관리를 위한 정당한 권한행사의 범위 내의 행위에 해당하므로 피고인의 단전조치가 업무방해죄를 구성한다고 볼 수 없다고 본 사례이다.

338 단전이나 단수조치와 업무방해죄의 성부에 관한 문제의식이 잘 드러난 논문으로는 서보학, "단전·단수조치와 업무방해죄의 성립여부", 人權과 正義 : 제358호 (2006.06), 대한변호사협회, 53면 이하 참조.

2. 대법원 2004.10.15, 2004도4467

집회나 시위에서 소음을 발생시키는 행위가 정당행위에 해당하지 않는 경우 : 심각한 소음

집회나 시위는 … ① 어느 정도의 소음이 발생할 수밖에 없는 것은 부득이한 것이므로 집회나 시위에 참가하지 아니한 일반 국민도 이를 수인할 의무가 있다고 할 수 있으며 합리적인 범위에서는 확성기 등 소리를 증폭하는 장치를 사용할 수 있고 확성기 등을 사용한 행위 자체를 위법하다고 할 수는 없으나, ② 그 집회나 시위의 장소, 태양, 내용과 소음 발생의 수단, 방법 및 그 결과 등에 비추어, 집회나 시위의 목적 달성의 범위를 넘어 사회통념상 용인될 수 없는 정도로 타인에게 심각한 피해를 주는 소음을 발생시킨 경우에는 위법한 위력의 행사로서 정당행위라고는 할 수 없다. 따라서 신고한 옥외집회에서 고성능 확성기 등을 사용하여 발생된 소음이 82.9dB 내지 100.1dB에 이르고, 사무실 내에서의 전화통화, 대화 등이 어려웠으며, 밖에서는 부근을 통행하기조차 곤란하였고, 인근 상인들도 소음으로 인한 고통을 호소하는 정도에 이르렀다면 이는 위력으로 인근 상인 및 사무실 종사자들의 업무를 방해한 업무방해죄를 구성한다. 법원행시 14 / 경찰승진(공통) 11

3. 대법원 2006.4.27, 2005도8074

임대차계약 갱신의사표시 지체시 단전조치와 업무방해

甲(임대인)은 乙(임차인)에게 임대한 점포에 대하여 단전조치를 취하였는바, 그 이유는 차임이나 관리비를 단 1회도 연체한 적이 없는 乙이 임대차계약의 종료 후 임대료와 관리비를 인상하는 내용의 갱신계약 여부에 관한 의사표시나 명도의무를 지체하고 있었기 때문이었고, 단전조치는 임대차계약종료일로부터 16일 만에 취해진 것이다. 그런데 甲과 乙 사이의 임대차계약서 제16조 제1항에 의하면 "임대인이 임차인에게 단전조치 등을 요구할 수 있다."는 취지로 규정되어 있다. (즉 일정한 경우에는 임대인의 단전조치에 관하여 임차인의 승낙이 있는 것이다) 또한 甲은 위와 같은 단전조치가 죄가 되지 않는다고 생각하고 있다. 그러나 결론적으로, 甲의 행위는 피해자의 승낙에 의한 행위도 되지 않고, 사회상규에 위배되지 아니하는 행위도 될 수 없고, 법률의 착오에 정당한 이유가 있는 경우라고도 할 수 없다.[339] 국가7급 13

04 컴퓨터 등 장애 업무방해죄

제314조 【업무방해】 ② 컴퓨터 등 정보처리장치 또는 전자기록 등 특수매체기록을 손괴하거나 정보처리장치에 허위의 정보 또는 부정한 명령을 입력하거나 기타 방법으로 정보처리에 장애를 발생하게 하여 사람의 업무를 방해한 자도 제1항의 형과 같다.

1. 의의와 보호법익 및 성격

컴퓨터 등 장애 업무방해죄(이하 '컴퓨터업무방해죄')는 컴퓨터 등 정보처리장치 또는 전자기록 등 특수매체기록을 손괴하거나 정보처리장치에 허위의 정보 또는 부정한 명령을 입력하거나 기타 방법으로 정보처리에 장애를 발생하게 하여 사람의 업무를 방해함으로써 성립하는 범죄이다. 본죄의 보호법익은 업무인데, –컴퓨터 등 장애 공무집행방해죄의 처벌규정이 별도로 없다는 점에서– 공무(公務)도 포함된다. 또한 본죄의 업무도 타인의 업무이어야 한다.[340]

339 판례의 논점 ① 피해자 측이 단전조치에 대해 즉각 항의하였다면 그 승낙은 이미 철회된 것으로 보아야 할 것이다. 이 사건 단전조치는 피해자의 승낙에 의한 행위로서 무죄라고 볼 수 없다. ② 차임이나 관리비를 단 1회도 연체한 적이 없는 피해자가 임대차계약의 종료 후 임대료와 관리비를 인상하는 내용의 갱신계약 여부에 관한 의사표시나 명도의무를 지체하고 있다는 이유만으로 그 종료일로부터 16일 만에 피해자의 사무실에 대하여 단전조치를 취한 피고인의 행위는 그 권리를 확보하기 위하여 다른 적법한 절차를 취하는 것이 매우 곤란하였던 것으로 보이지 않아 그 동기와 목적이 정당하다거나 수단이나 방법이 상당하다고 할 수 없고, 또한 그에 관한 피고인의 이익과 피해자가 침해받은 이익 사이에 균형이 있는 것으로도 보이지 않으므로, 이 사건 단전조치는 사회상규에 위배되지 아니하는 정당행위가 될 수 없다. ③ 사무실 임대를 업으로 하는 피고인이 위와 같은 사정에서 일방적으로 취한 단전조치가 죄가 되지 않는다고 오인한 것에는 정당한 이유가 있다고 볼 수 없다.

340 판례 : 컴퓨터업무방해죄가 성립하려면 '타인의 업무'임이 특정되어야 한다는 사례 형법 제314조 제2항에서 정한 '컴퓨터 등 장

본죄의 법익보호의 정도는 추상적 위험범이다. 즉 업무방해의 현실적 법익침해가 불필요한 범죄이다. 다만 본죄의 구성요건상 손괴·입력·기타의 행위로 인하여 정보처리의 장애라는 구성요건적 결과는 발생해야 한다(결과범). 즉 본죄는 정보처리장애라는 결과발생은 요하나, 그로 인하여 업무방해라는 법익침해가 발생할 필요는 없는 범죄이다(결과범이지만 추상적 위험범).[341] 참고로, 컴퓨터해킹범죄 등을 처벌하는 특별법으로는 정보통신망 이용촉진 및 정보보호 등에 관한 법률이 있다.[342]

2. 구성요건

(1) 행위객체 – 컴퓨터 등 정보처리장치 또는 전자기록 등 특수매체기록

① 컴퓨터 등 정보처리장치 : '컴퓨터 등 정보처리장치(情報處理裝置, data processor)'란 자동적으로 계산이나 데이터처리를 할 수 있는 전자장치로서 주로 하드웨어를 말한다. 소프트웨어가 여기에 포함되는가에 대해서는 견해의 대립이 있다.[343] 다만, 업무와 무관한 오락용 컴퓨터는 본죄의 객체가 되지 못한다.

② 전자기록 등 특수매체기록 : 전자기록(電磁記錄, electromagnetic records)이란 반도체메모리 등의 전자(電子)방식과 현금카드나 신용카드에 부착된 자기띠(magnetic stripe)와 같은 자기(磁氣)방식에 의한 기록이며, 특수매체기록(特殊媒體記錄, special media records)이란 이를 제외한 CD－Rom 등과 같은 광(光)방식에 의한 기록을 말한다.

③ 컴퓨터사용사기죄와의 차이 : 컴퓨터사용사기죄와는 달리 본죄의 객체에는 전자기록 등 특수매체기록이 그 객체로서 규정되어 있다.

④ 공무(公務)에 사용 중인 컴퓨터 등도 포함되는가 여부 : 행위의 객체가 사무 이외에 공무에 사용되는 경우(관공서에서 사용되는 컴퓨터)도 포함된다. 공무집행방해죄나 위계에 의한 공무집행방해죄는 별도로 규정되어 있으나, 컴퓨터 등 장애 공무집행방해죄는 형법에 없기 때문이다.

(2) 행위유형

① 컴퓨터 등 정보처리장치 또는 전자기록 등 특수매체기록을 '손괴'

② 정보처리장치에 허위의 정보 또는 부정한 명령을 '입력'

㉠ 허위의 정보 : 정보가 표현하는 내용이 사실에 부합하지 않는 것을 말하므로, 불완전한 정보에 의하여 업무를 방해하는 경우는 여기에 해당하지 않는다.

㉡ 부정한 명령 : 사무처리과정에서 주어서는 안 되는 명령을 하는 것을 의미한다.

애 업무방해죄'는 피해자의 업무를 보호객체로 삼고 있는데, 불특정 다수인이 업무처리를 위하여 사용하는 컴퓨터 등 정보처리장치 등을 대상으로 위 조항에서 정한 범죄가 저질러진 경우에는 **최소한 컴퓨터 등 정보처리장치 등을 이용한 업무 주체가 구체적으로 누구인지, 나아가 그 업무가 위 조항의 보호객체인 업무에 해당하는지를 심리·판단할 수 있을 정도로 특정되어야만 하고,** 이에 이르지 못한 경우에는 공소사실로서 적법하게 특정되었다고 보기 어렵다(공소사실의 불특정, 대법원 2011.5.13, 2008도10116).

341 같은 지적으로는 임웅, 221면 참조.

342 본서에서는 '정보통신망법'으로 약칭하고 있다. 동법에 의하면, 정당한 접근권한 없이 또는 허용된 접근권한을 넘어 정보통신망에 침입하거나(동법 제48조 제1항), 정보통신망의 안정적 운영을 방해할 목적으로 대량의 신호 또는 데이터를 보내거나 부정한 명령을 처리하도록 하는 등의 방법으로 정보통신망에 장애가 발생하게 한 경우에는(동 제3항) 5년 이하의 징역 또는 5천만 원 이하의 벌금에 처한다(동법 제71조 제9호·제10호). 또한 정당한 사유 없이 정보통신시스템, 데이터 또는 프로그램 등을 훼손·멸실·변경·위조하거나 그 운용을 방해할 수 있는 프로그램(악성프로그램)을 전달 또는 유포한 경우에는(동법 제48조 제3항) 7년 이하의 징역 또는 7천만 원 이하의 벌금에 처한다(동법 제70조의2). 이는 소위 해킹범죄를 처벌하기 위한 것이다. 정보통신망법과 관련되는 사이버범죄의 구성요건에 대한 해석론 및 입법론에 관해서는 졸고(拙稿), 전게논문, 137면 이하 참조.

343 소프트웨어(software)가 정보처리장치에 포함된다는 입장은 김일수/서보학, 212면; 배종대, 249면; 백형구, 377면; 손동권, 224면; 이재상, 고시계(1992/8), 42면. 그러나 엄밀히 말하자면 이는 전자기록에 포함되는 것이라고 보아야 할 것이다. 박상기, 213면; 오영근, 280면; 임웅, 222면. 여하튼 어느 견해에 의하든 본죄의 객체로 볼 수 있는 것은 사실이다.

예 권한 없이 전자기록을 삭제 또는 변경시키는 프로그램을 실행시키거나 전자기록이 삭제·변경되는 컴퓨터 바이러스를 입력하는 행위 등

③ 기타 방법 : 컴퓨터의 정보처리에 장애를 초래하는 가해수단으로서 컴퓨터의 작동에 직접·간접으로 영향을 미치는 일체의 행위를 말한다(예 대량의 spam－mail을 보내거나 컴퓨터의 전원을 고의로 단절하여 작업 중인 자료를 일실하게 하거나 통신회선을 절단하는 행위 등). 따라서 시스템관리자가 퇴직하면서 컴퓨터의 비밀번호를 후임자에게 알려주지 않은 것만으로는 형법 제314조 제2항이 규정하고 있는 '기타 방법으로 정보처리에 장애를 발생하게 하여 사람의 업무를 방해한 행위'에 해당되지 않는다고 보아야 한다(대법원 2004.7.9, 2002도631).

(3) **구성요건적 결과의 발생** – 정보처리의 장애발생과 이로 인한 업무방해

본죄는 결과범이다. 따라서 본죄가 성립하기 위해서는 위와 같은 가해행위(손괴·입력·기타방법)의 결과 정보처리장치가 그 사용목적에 부합하는 기능을 하지 못하거나 사용목적과 다른 기능을 하는 등 정보처리의 장애가 현실적으로 발생하였을 것을 요한다(대법원 2004.7.9, 2002도631). 법원9급 12 본죄는 미수를 처벌하지 않기 때문이다. 그러나 또한 본죄는 추상적 위험범이다. 따라서 정보처리의 장애의 결과가 발생하였다면 업무방해(법익침해)의 결과는 현실적으로 발생하지 않더라도 본죄는 성립한다.

판례연구 컴퓨터업무방해죄가 성립하는 사례

1. 대법원 2007.3.16, 2006도6663

A대학 측의 전보발령으로 웹서버를 관리, 운영할 권한이 없는 상태에서 피고인이 웹서버에 접속하여 홈페이지 관리자의 비밀번호를 무단으로 변경한 행위는 정당한 행위라고 할 수 없고, 그로 인하여 정보처리장치에 현실적인 장애를 발생시킴으로써 A대학 측에 대하여 업무방해의 위험을 초래한 행위에 해당하여 컴퓨터 등 장애업무방해죄를 구성한다. 경찰채용 13 1차 / 경찰채용 13 2차

2. 대법원 2009.4.9, 2008도11978

검색순위에는 변동이 없어도 허위의 클릭정보가 통계에 반영된 사례

컴퓨터업무방해죄는 정보처리에 장애를 발생하게 하여 업무방해의 결과를 초래할 위험이 발생한 이상, 나아가 업무방해의 결과가 실제로 발생하지 않더라도 성립한다. 따라서 포털사이트 운영회사의 통계집계시스템 서버에 허위의 클릭정보를 전송하여 검색순위 결정 과정에서 위와 같이 전송된 허위의 클릭정보가 실제로 통계에 반영됨으로써 정보처리에 장애가 현실적으로 발생하였다면, 그로 인하여 실제로 검색순위의 변동을 초래하지는 않았다 하더라도 본죄가 성립한다.[344] 법원행시 14 / 경찰채용 13 2차 / 사시 12 / 사시 14 / 변호사 16 / 경찰간부 16

판례연구 컴퓨터업무방해죄가 성립하지 않는 사례

1. 대법원 2004.7.9, 2002도631

형법 제314조 제2항의 '기타 방법'이란 컴퓨터의 정보처리에 장애를 초래하는 가해수단으로서 컴퓨터의 작동에

344 **유사판례 : NAVER 검색순위 조작 사건** 허위의 정보자료를 처리하게 하였다고 하더라도 그것이 정보통신망에서 처리가 예정된 종류의 정보자료인 이상 정보통신망법 제48조에서 정한 '부정한 명령'을 처리하게 한 것이라 할 수 없고, 나아가 그와 같이 허위의 자료를 처리하게 함으로써 정보통신망의 관리자나 이용자의 주관적 입장에서 보아 진실에 반하는 정보처리 결과를 만들어 내었다고 하더라도 정보통신망에서 정보를 수집·가공·저장·검색·송신 또는 수신하는 기능을 물리적으로 수행하지 못하게 하거나 그 기능 수행을 저해하지는 아니하는 이상 **형법에서 정한 '정보처리 장애'에 해당하여 컴퓨터 등 장애업무방해죄가 성립될 수 있음은 별론으로 하고 위 규정들에서 정한 '정보통신망 장애'에 해당한다고 할 수 없으므로, 이를 정보통신망 장애에 의한 정보통신망법 위반죄로 처벌할 수는 없다.** … 컴퓨터 등 장애 업무방해죄는 정보처리에 장애를 발생하게 하여 업무방해의 결과를 초래할 위험이 발생한 이상, 나아가 업무방해의 결과가 실제로 발생하지 않더라도 성립한다(대법원 2013.3.28, 2010도14607).

직접·간접으로 영향을 미치는 일체의 행위를 말하며, 위 죄가 성립하기 위해서는 위와 같은 가해행위의 결과 정보처리장치가 그 사용목적에 부합하는 기능을 하지 못하거나 사용목적과 다른 기능을 하는 등 정보처리의 장애가 현실적으로 발생하였을 것을 요한다(시스템관리자가 퇴직하면서 컴퓨터의 비밀번호를 후임자에게 알려주지 않은 것만으로는 형법 제314조 제2항이 규정하고 있는 '기타 방법'으로 정보처리에 장애를 발생하게 하여 사람의 업무를 방해한 행위에 해당되지 않는다고 본 사례).

2. 대법원 2010.9.30, 2009도12238

피고인들이 불특정 다수의 인터넷 이용자들에게 배포한 '업링크솔루션'이라는 프로그램은, 甲 회사의 네이버 포털사이트 서버가 이용자의 컴퓨터에 정보를 전송하는 데에는 아무런 영향을 주지 않고, 다만 이용자의 동의에 따라 위 프로그램이 설치된 컴퓨터 화면에서만 네이버 화면이 전송받은 원래 모습과는 달리 피고인들의 광고가 대체 혹은 삽입된 형태로 나타나도록 하는 것에 불과하므로, 이것만으로는 정보처리장치의 작동에 직접·간접으로 영향을 주어 그 사용목적에 부합하는 기능을 하지 못하게 하거나 사용목적과 다른 기능을 하게 하였다고 볼 수 없어 컴퓨터업무방해죄로 의율할 수 없다. 사시 14

3. 죄수 및 다른 범죄와의 관계

(1) 본죄와 업무방해죄의 관계

컴퓨터 등 업무방해죄가 성립하면 업무방해죄는 성립하지 않는다(법조경합 중 특별관계).

(2) 본죄와 재물손괴죄의 관계

재물손괴죄(제366조)는 본죄와 상상적 경합이 된다는 견해[345]도 있으나, 법조경합관계로서 본죄에 흡수된다고 보아야 한다(다수설[346]). 다만, 업무방해의 고의 없이 타인의 컴퓨터 내의 전자기록을 삭제하면 손괴죄(제366조)만 성립한다. 손괴죄의 행위객체에 전자기록 등 특수매체기록이 1995년 개정형법에 의해 신설되어 있기 때문이다.

05 경매·입찰방해죄

제315조【경매, 입찰의 방해】 위계 또는 위력 기타 방법으로 경매 또는 입찰의 공정을 해한 자는 2년 이하의 징역 또는 700만 원 이하의 벌금에 처한다.

1. 의의 및 보호법익

경매·입찰방해죄(競賣·入札妨害罪, interference with auction or bidding)는 위계 또는 위력 기타 방법으로 경매 또는 입찰의 공정을 해함으로써 성립하는 범죄이다. 본죄는 업무 중에서도 독특한 영역을 차지하고 있는 경매 또는 입찰의 공정성을 보호하기 위한 특별규정이다.

본죄의 보호법익은 경매 또는 입찰의 공정성이며, 법익보호의 정도는 추상적 위험범이다. 다만 아무리 추상적 위험범이어도 입찰방해죄가 성립하려면 최소한 적법하고 유효한 입찰 절차의 존재가 전제되어야 한다(대법원 2005.9.9, 2005도3857).[347] 법원행시 07 / 경찰채용 20 1차 본죄는 미수를 벌하지 않는다.

345 김성천/김형준, 273면; 손동권, 228면; 이재상, §13-27.

346 김일수/서보학, 216면; 박상기, 215면; 백형구, 378면; 오영근, 282면; 임웅, 208면; 정성근/박광민, 212면.

347 사례 甲은 乙이 고철을 매수하려 하니 입찰을 도와달라는 부탁을 받고, SA파 조직원인 후배 丙 등에게 직접 또는 간접으로 지시하여 丙 등이 입찰 장소에서 다른 입찰참가자들에게 甲이 보내서 왔다며 양보를 종용함으로써 응찰을 포기하도록 하게 하였다. 그런데 이 입찰절차는 이전의 제1차 입찰 후 실시된 재입찰절차이었으며 제1차 입찰절차에 의하여 乙이 kg당 150원에

2. 구성요건

(1) **객체** : 경매와 입찰

① 경매 : 매도인 측에서 다수인으로부터 구두로 청약을 받고 최고가격을 제시하는 청약자에게 승낙(경락)을 함으로써 성립하는 형식의 매매를 말한다.

② 입찰 : 경쟁계약에 참가한 다수인으로 하여금 문서로 계약의 내용을 제시하게 하여 가장 유리한 청약을 한 자와 계약을 체결(낙찰)하는 형식의 매매를 말한다. 여기서 입찰은, 입찰시행자가 입찰을 실시할 법적 의무에 기하여 시행한 입찰이어야만 입찰방해죄의 객체가 되는 것은 아니다. 다만 입찰방해 행위가 있다고 하기 위해서는 그 방해의 대상이 되는 입찰절차가 존재하여야 하므로, 공정한 자유경쟁을 통한 적정한 가격형성을 목적으로 하는 입찰절차가 아니라 추첨 등의 공적 · 사적 경제주체의 임의의 선택에 따른 계약체결의 과정이라면, 여기에 공정한 경쟁을 해하는 행위가 개재되었다 하여 입찰방해죄로 처벌할 수는 없다(대법원 2008.5.29, 2007도5037).[348]

(2) **행위** : 위계 또는 위력 기타 방법으로 경매 · 입찰의 공정을 해하는 것

① 위계 법원행시 06 / 법원행시 13 : 기망 등을 통하여 오인 · 착각 · 부지를 일으키는 행위를 말하는데, 위계의 대표적인 예는 바로 담합(談合)이라고 할 수 있다.

② 위력 : 사람의 자유로운 의사를 제압할 만한 유형 · 무형의 세력을 말하며, 여기에는 폭행, 협박은 물론 사회적 · 경제적 · 정치적 지위와 권세에 의한 압력 등이 포함된다. 따라서 위력에는, 입찰장소의 주변을 에워싸고 사람들의 출입을 막는 등 위력을 사용하여 입찰에 참가하려는 사람을 참석하지 못하도록 한 행위(대법원 1993.2.23, 92도3395)는 물론이고, 자신의 지시대로 시행하지 않으면 앞으로 계약을 취소할 것이니 각서를 쓰라고 강요한 행위(대법원 2000.7.6, 99도4079)도 포함된다.

③ 경매 · 입찰의 공정을 해하는 것 : 경매 · 입찰의 공정을 해하는 행위란 공정한 자유경쟁을 방해할 염려가 있는 상태를 발생시키는 것, 즉 공정한 자유경쟁을 통한 적정한 가격형성에 부당한 영향을 주는 상태를 발생시키는 것을 의미한다. 따라서 실질적으로 단독입찰을 하면서 경쟁입찰인 것처럼 가장하는 것은 본죄를 구성하며(대법원 2001.6.29, 99도4525), 법원행시 10 / 법원행시 12 / 법원행시 14 / 경찰채용 12 3차 / 사시 12 가격결정뿐 아니라 적법하고 공정한 경쟁방법을 해하는 행위도 본죄의 입찰방해행위에 해당된다(대법원 2007.5.31, 2006도8070).

3. 담합행위와 본죄의 성립 여부

(1) **성립한 예**

공정한 가격을 침해하거나 부당한 이익을 얻을 목적으로 하는 담합행위(談合行爲)는 경매 · 입찰방해죄에 해

매수하기로 이미 확정 · 종료된 바 있다. 甲의 죄책은? **판례** 이 사건의 경우 **처음부터 무슨 재입찰절차가 존재하였다 할 수 없어** 결국 입찰방해죄는 성립할 수 없게 된다(대법원 2005.9.9, 2005도3857). 법원행시 07 **해결** 무죄.

348 **판례 : 경쟁에 의한 입찰방식이 아니라 추첨방식에 의하였고 입찰시행자가 예정한 범위 내의 행위로서 입찰방해가 아니라고 본 사례** 한국토지공사 지역본부가 중고자동차매매단지를 분양하기 위하여 유자격 신청자들을 대상으로 '무작위 공개**추첨**'하여 1인의 수분양자를 선정하는 절차를 진행하는데, 신청자격이 없는 甲은 총 12인의 신청자 중 9인의 신청자의 자격과 명의를 빌려 그 당첨확률을 약 75%까지 인위적으로 높여 분양을 신청하였다 하더라도, 위 분양절차는 공정한 자유경쟁을 통한 적정한 가격형성을 목적으로 하는 입찰절차에 해당하지 않고, 피고인 甲이 분양절차에 참가한 것은 9인의 신청자와 맺은 합작투자의 약정에 따른 것으로서 위 분양업무의 주체인 **한국토지공사가 예정하고 있던 범위 내의 행위**이므로, 위 추첨방식의 분양업무의 적정성과 공정성 등을 방해하는 행위라고 볼 수 없어 **입찰방해죄나 업무방해죄가 모두 성립하지 않는다**(위 판례).
유사판례 한국토지공사 지사가 폐기물최종처리시설 부지를 분양하면서 일정 요건을 갖춘 분양신청자를 대상으로 **추첨**을 통해 1인의 분양대상자를 선정하는 방식으로 분양절차를 진행한 경우는 입찰방해죄의 입찰절차에 해당하지 않는다(대법원 2008.12.24, 2007도9287).

당된다(대법원 1956.2.24, 4288형상97). 입찰참가자들 사이의 담합행위가 입찰방해죄로 되기 위하여는 반드시 입찰참가자 전원과의 사이에 담합이 이루어져야 하는 것은 아니고, 입찰참가자들 중 일부와의 사이에만 담합이 이루어진 경우라고 하더라도 그것이 입찰의 공정을 해하는 것으로 평가되는 이상 입찰방해죄는 성립한다(대법원 2006.12.22, 2004도2581 : 천안고속도로 휴게소 운영권 입찰 사례).[349] 경찰채용 12 3차

판례연구 위계에 의한 입찰방해죄가 성립하는 사례

1. 대법원 2001.6.29, 99도4525; 1994.11.8, 94도2142; 1988.3.8, 87도2646

입찰방해죄는 위태범으로서 결과의 불공정이 현실적으로 나타나는 것을 요하는 것이 아니며, 그 행위에는 가격을 결정하는 데 있어서 뿐만 아니라 적법하고 공정한 경쟁방법을 해하는 행위도 포함되므로, 그 행위가 설사 동업자 사이의 무모한 출혈경쟁을 방지하기 위한 수단에 불과하여 입찰가격에 있어 입찰실시자의 이익을 해하거나 입찰자에게 부당한 이익을 얻게 하는 것이 아니었다 하더라도, 실질적으로 단독입찰을 하면서 경쟁입찰인 것 같이 가장하였다면, 그 입찰가격으로서 낙찰하게 한 점에서 경쟁입찰의 경쟁을 해한 것이 되어 입찰의 공정을 해한 것이 된다. 법원행시 10 / 법원행시 12 / 법원행시 14 / 경찰채용 12 3차 / 사시 12

2. 대법원 2006.6.9, 2005도8498; 2006.12.22, 2004도2581; 2009.5.14, 2008도11361

담합행위가 입찰방해죄로 되기 위하여는 입찰참가자 전원과 사이에 담합이 이루어져야 하는지 여부(소극)

가장경쟁자를 조작하거나 입찰의 경쟁에 참가하는 자가 서로 통모하여 그 중의 특정한 자를 낙찰자로 하기 위하여 일정한 가격 이하 또는 이상으로 입찰하지 않을 것을 협정하거나 입찰을 포기하게 하는 등의 소위 담합행위가 입찰방해죄로 되기 위하여는 반드시 입찰참가자 전원과의 사이에 담합이 이루어져야 하는 것은 아니고, 입찰참가자들 중 일부와의 사이에만 담합이 이루어진 경우라고 하더라도 그것이 입찰의 공정을 해하는 것으로 평가되는 이상 입찰방해죄는 성립한다. 경찰채용 12 3차 / 법원행시 17

3. 대법원 2007.5.31, 2006도8070

지명경쟁입찰의 시행자인 법인의 대표자가 특정인과 공모하여 그 특정인이 낙찰자로 선정될 수 있도록 예정가격을 알려 주고 그 특정인은 나머지 입찰참가인들과 담합하여 입찰에 응하였다면, 입찰의 실시 없이 서류상으로만 입찰의 근거를 조작한 경우와는 달리 현실로 실시된 입찰의 공정을 해하는 것으로 평가되어 입찰방해죄가 성립한다.

4. 대법원 2009.5.14, 2008도11361

일부 입찰참가자들이 가격을 합의하고, 낙찰이 되면 특정 업체가 모든 공사를 하기로 합의하는 등 담합하여 투찰행위를 한 경우, 이는 '적법하고 공정한 경쟁방법'을 해하는 행위로서 입찰의 공정을 해하는 경우에 해당하며, 결과적으로 위 투찰에 참여한 업체의 수가 많아서 실제로 가격형성에 부당한 영향을 주지 않았다고 하더라도 입찰방해죄가 성립한다. 법원행시 14

5. 대법원 2010.10.14, 2010도4940

입찰자들 상호 간에 특정업체가 낙찰받기로 하는 담합이 이루어진 상태에서 그 특정업체를 포함한 다른 입찰자들은 당초의 합의에 따라 입찰에 참가하였으나 일부 입찰자는 자신이 낙찰받기 위하여 당초의 합의에 따르지 아니한 채 오히려 낙찰받기로 한 특정업체보다 저가로 입찰하였다면, 이러한 일부 입찰자의 행위는 위와 같은 담합을 이용하여 낙찰을 받은 것이라는 점에서 적법하고 공정한 경쟁방법을 해한 것이 되므로, 이러한 일부 입찰자의 행위 역시 입찰방해죄에 해당한다. 법원행시 14 / 경찰승진 12

6. 대법원 2023.12.21, 2023도10254

감정가보다 현저하게 적은 금액으로 입찰행위를 반복한 사건

'입찰의 공정을 해하는 행위'란 공정한 자유경쟁을 방해할 염려가 있는 상태를 발생시키는 것으로서, 그 행위에는 적정한 가격형성에 부당한 영향을 주는 것뿐 아니라 적법하고 공정한 경쟁방법을 해하거나 공정한 경쟁구도의 형성을 저해하는 행위도 포함된다. 피고인이 민사집행법상 기일입찰 방식의 경매절차에서 경매목적물을 매수

349 판례 고속도로 휴게소 운영권 입찰에서 여러 회사가 각자 입찰에 참가하되 누구라도 낙찰될 경우 동업하여 새로운 회사를 설립하고 그 회사로 하여금 휴게소를 운영하기로 합의한 후 입찰에 참가한 경우 입찰방해죄가 성립한다(대법원 2006.12.22, 2004도2581). 법원행시 14

할 의사나 능력 없이 오로지 경매목적물이 제3자에게 매각되는 것을 저지하기 위하여 경매절차를 지연할 목적으로 다른 사람의 명의를 이용하여 감정가와 현저하게 차이가 나는 금액으로 입찰하는 행위를 반복함으로써 제3자의 매수를 사실상 봉쇄하여 전체적으로 경매절차를 형해화하는 정도에 이르렀다면 이는 위계로써 경매의 공정을 해한 것으로 볼 수 있다.

(2) 성립하지 않는 예

담합의 주목적이 단지 기업이윤을 고려한 적정선에서 무모한 출혈경쟁을 방지하기 위한 것이고 일반거래통념상 인정되는 범위 내에서 입찰자 상호 간에 의사의 타진과 절충을 한 것에 불과한 경우에는 담합행위가 아니다(대법원 1994.12.2, 94다41454).[350] 경매·입찰의 공정을 침해하였다고 볼 수 없기 때문이다.

판례연구 무모한 경쟁방지를 위한 담합 사례

대법원 1982.11.9, 81도537; 1971.4.20, 70도2241
주문자의 예정가격 안에서 무모한 경쟁을 방지하고자 담합한 경우에는 담합자끼리 금품수수가 있었더라도 입찰자체의 공정을 해하였다고 볼 수 없다.

(3) 담합 자체가 이루어지지 않은 경우

입찰자들의 전부 또는 일부 사이에서 담합을 시도하는 행위가 있었을 뿐 실제로 담합이 이루어지지 못한 경우에는 본죄는 성립하지 않는다. 물론 이러한 행위는 이론적으로는 입찰방해미수행위에 해당할 수 있으나 본죄는 미수죄 처벌규정이 따로 없다(대법원 2003.9.26, 2002도3924). 법원행시 14

4. 위험범적 성질

본죄는 위험범으로서 입찰의 공정을 해할 위험이 있는 행위만 하면 성립하게 된다.[351] 여기에서 입찰의 공정을 해할 위험이 있는 행위라 함은, 공정한 자유경쟁을 방해할 염려가 있는 상태를 발생시키는 것, 즉 공정한 자유경쟁을 통한 적정한 가격형성에 부당한 영향을 주는 상태를 발생시키는 것을 말한다. 그러므로 공정을 해할 정도의 담합이 이루어진 때 본죄는 기수가 되며, 담합에 따른 경락·낙찰의 결과가 발생할 것을 요하지 않는다.

따라서 공정을 해할 행위를 하면 족하고 현실적으로 공정을 해한 결과가 발생할 것을 요하는 것은 아니므로, 입찰가가 입찰예정가보다 높아 낙찰시행자에게 유리하게 결정되었다 하더라도 본죄가 성립하고(대법원 1994.5.24, 94도600), 담합하여 투찰행위를 하였다면 실제로 가격형성에 부당한 영향을 주지 않았다고 하더라도 본죄가 성립한다(대법원 2009.5.14, 2008도11361). 또한 입찰참가자의 입찰행위를 방해한 경우뿐만 아니라 입찰에 참가할 가능성이 있는 자의 입찰 참가 여부에 영향을 미쳐 입찰행위를 방해한 경우에도 본죄가 성립한다.

---

350 판례 ① 입찰무효의 사유로 규정한 담합이라 함은, 입찰자가 입찰을 함에 즈음하여 실질적으로는 단독입찰인 것을 그로 인한 유찰을 방지하기 위하여 경쟁자가 있는 것처럼 제3자를 시켜 형식상 입찰을 하게 하는 소위 들러리를 세운다거나 입찰자들끼리 특정한 입찰자로 하여금 낙찰받게 하거나 당해 입찰에 있어서 입찰자들 상호 간에 가격경쟁을 하는 경우 당연히 예상되는 적정한 가격을 저지하고 특정 입찰자에게 부당한 이익을 주고 입찰실시자에게 그 상당의 손해를 입히는 결과를 가져올 정도로 싼 값으로 낙찰되도록 하기 위한 사전협정으로서 그 어느 경우이건 최저가 입찰자가 된 입찰자에게 책임을 돌릴 수 있는 경우를 말하고, ② **단지 기업이윤을 고려한 적정선에서 무모한 출혈경쟁을 방지하기 위하여 일반거래통념상 인정되는 범위 내에서 입찰자 상호 간에 의사의 타진과 절충을 한 것에 불과한 경우는** 위의 담합에 포함되지 않는다(대법원 1994.12.2, 94다41454).

351 박상기, 215면; 임웅, 208면; 정영석, 296면.

판례연구 입찰참가 가능성이 있는 자에게 영향을 미친 행위도 입찰방해죄를 구성한다는 사례

대법원 2015.12.24, 2015도13946

건설산업기본법 제95조 제3호 소정의 '입찰행위'의 개념은 형법상의 입찰방해죄에 있어 '입찰'과 동일한 개념이라고 할 것이다. 따라서 동조 소정의 '다른 건설업자의 입찰행위를 방해한 자'에는 입찰에 참가한 다른 건설업자의 입찰행위를 방해한 자뿐만 아니라 입찰에 참가할 가능성이 있는 다른 건설업자의 입찰 참가 여부 결정 등에 영향을 미침으로써 입찰행위를 방해한 자도 포함된다고 보아야 한다. 나아가 형법상의 입찰방해죄와 마찬가지로 건설산업기본법 제95조 제3호 위반죄는 건설공사의 입찰에서 위계 또는 위력, 그 밖의 방법으로 다른 건설업자의 입찰행위를 방해하는 경우에 성립하는 위태범이므로, 다른 건설업자의 입찰행위를 방해할 행위를 하면 그것으로 족하고 현실적으로 다른 건설업자의 입찰행위가 방해되는 결과가 발생할 필요는 없다.

5. 다른 범죄와의 관계

범죄행위가 법원경매업무를 담당하는 집행관의 구체적인 직무집행을 저지하거나 현실적으로 곤란하게 하는 데까지는 이르지 않고 입찰의 공정을 해하는 정도의 행위라면 형법 제315조 경매 · 입찰방해죄만 해당될 뿐, 형법 제137조의 위계에 의한 공무집행방해죄에는 해당되지 않는다(대법원 2000.3.24, 2000도102). 경찰채용 12 3차

memo

수험의 핵심포인트

목 차		난 도	출제율	대표 지문
제1절 비밀침해의 죄	01 총 설	下	★	• '회사의 직원이 회사의 이익을 빼돌린다.'는 소문을 확인할 목적으로 비밀번호를 설정함으로써 비밀장치를 한 전자기록인 피해자가 사용하던 개인용 컴퓨터의 하드디스크를 떼어내어 다른 컴퓨터에 연결한 다음 의심이 드는 단어로 파일을 검색하여 메신저 대화내용, 이메일 등을 출력한 경우 정당행위에 해당한다. (○)
	02 비밀침해죄	中	★	
	03 업무상 비밀누설죄	中	★	
제2절 주거침입의 죄	01 총 설	中	★★	• 주거침입죄는 사실상의 주거의 평온을 보호법익으로 하는 것이므로, 그 주거자 또는 간수자가 건조물 등에 거주 또는 간수할 권리를 가지고 있는가의 여부는 범죄의 성립을 좌우하는 것이 아니다. (○) • 야간에 신체의 일부만이 집 안으로 들어간다는 인식 하에 타인의 집의 창문을 열고 집 안으로 얼굴을 들이미는 행위를 하였다면 주거침입죄의 거의는 인정되지 않는다. (×) • 적법하게 직장폐쇄를 단행한 사용자로부터 퇴거요구를 받고도 불응한 채 직장점거를 계속한 행위는 퇴거불응죄를 구성한다. (○)
	02 주거침입죄	中	★★	
	03 퇴거불응죄	中	★	
	04 특수주거침입죄	下	★	
	05 주거 · 신체수색죄	下	★	

최근 6개년 출제경향 분석

구 분	국가7급						국가9급						법원9급						경찰간부					
	18	19	20	21	22	23	19	20	21	22	23	24	18	19	20	21	22	23	18	19	20	21	22	23
제1절 비밀침해의 죄						1													1					
제2절 주거침입의 죄					1						1			1					1	1	1		1	
출제빈도수	2/130						1/120						1/150						5/240					

04

사생활의 평온에 대한 죄

핵심사항

- 비밀침해죄의 봉함 기타 비밀장치
- 비밀침해죄의 법적 성격
- 통신비밀보호법상 대화비밀침해죄의 요건
- 업무상 비밀누설죄의 주체

- 사실상 평온설
- 주거 및 건조물
- 침입의 의미
- 기수시기와 고의의 내용
- 퇴거불응죄의 법적 성격

경찰채용						법원행시						변호사					
19	20	21	22	23	24	19	20	21	22	23	24	19	20	21	22	23	24
				1							1						1
2	2		1	1		1	1								1		
7/264						3/240						2/120					

CHAPTER

04 사생활의 평온에 대한 죄

인간이라는 존재는 사회생활을 하면서 수많은 외부적 관계를 맺고 있음에도 불구하고, 원초적으로 자신 혼자만의 고유한 영역을 가지고 있고, 또한 이러한 사적 영역을 외부로부터 침범당하지 않으려는 사생활 보호의 본능을 가지고 있다. 한국 사회에서도 사생활 보호에 대한 관심은 날이 갈수록 증대되고 있다. 우리 헌법에서도 사생활의 영역을 보호해주는 것이 국가의 의무임을 분명히 하고 있다. 즉 헌법 제16조에서 "모든 국민은 주거의 자유를 침해받지 아니한다."라고 규정하고 있으며, 제17조에서 "모든 국민은 사생활의 비밀과 자유를 침해받지 아니한다."라고 규정하고 있고, 제18조에서는 "모든 국민은 통신의 비밀을 침해받지 아니한다."라고 규정함으로써 사생활이나 통신의 비밀이 국민의 기본권에 속함을 분명히 하고 있는 것이다.

사생활(私生活)의 평온(平穩, calmness)에 대한 죄는 이러한 프라이버시(privacy)를 보호하기 위해 이를 침해하는 행위를 처벌하기 위한 범죄구성요건이다. 사생활의 평온에 대한 죄는 형법각칙 제35장의 비밀침해의 죄와 제36장의 주거침입의 죄로 이루어져 있다.

제1절 비밀침해의 죄

01 총 설

비밀침해의 죄(crimes of violation of secrecy)는 사람의 비밀을 그 보호법익으로 하는 비밀침해죄(제316조)와 업무상 비밀누설죄(제317조)로 이루어져 있으며, 모두 친고죄로 되어 있고 미수범 처벌규정은 두지 않고 있다. 다만, 이러한 형법상 처벌규정만으로 사생활을 침해하는 범죄에 대한 효과적인 대응이 이루어질 수는 없기 때문에, 우리 법제에서는 통신비밀보호법이나 정보통신망법 등의 특별법에 다양한 처벌규정을 두어 이를 규율하고 있다.

02 비밀침해죄

제316조【비밀침해】 ① 봉함 기타 비밀장치한 사람의 편지, 문서 또는 도화를 개봉한 자는 3년 이하의 징역이나 금고 또는 500만 원 이하의 벌금에 처한다.
② 봉함 기타 비밀장치한 사람의 편지, 문서, 도화 또는 전자기록 등 특수매체기록을 기술적 수단을 이용하여 그 내용을 알아낸 자도 제1항의 형과 같다.
제318조【고 소】 본장의 죄는 고소가 있어야 공소를 제기할 수 있다.

1. 의의 및 보호법익

(1) 의 의

비밀침해죄(秘密侵害罪)는 봉함 기타 비밀장치한 사람의 편지·문서 또는 도화를 개봉하거나 봉함 기타 비밀장치한 위 객체들 또는 전자기록 등 특수매체기록을 기술적 수단을 이용하여 그 내용을 알아냄으로써 성립하는 범죄이다.

(2) 보호법익과 법익의 주체

① 보호법익 : 개인의 비밀(秘密)로서, 본인이 비밀유지를 원하고(주관설[352]) 객관적인 비밀유지이익(객관설)[353]이 있어야 한다(절충설 – 통설[354]·판례[355]). 객관적인 비밀유지의 이익이라 함은 이를 다른 사람에게 알리지 않는 것이 본인에게 이익이 있는 것으로 제한된다.

② '개인'에 법인 또는 법인격 없는 단체도 포함되는가의 여부 : 긍정설은 당연히 포함된다는 입장이고, 부정설은 본죄의 보호법익은 어디까지나 개인의 사생활의 비밀에 있다는 점에서, 법인이나 법인격 없는 단체는 포함되지 않고 자연인인 개인에 한한다는 점을 강조한다.[356] 부정설이 타당하다고 생각된다.[357]

③ 국가·공공단체의 비밀이 포함되는가 여부 : 포함되지 않는다는 견해(부정설[358])도 있으나, 본죄의 객체인 편지·문서·도화 및 전자기록 등 특수매체기록이 반드시 개인 간의 것에 국한될 수 없고 사생활이 아닌 공적 영역에 속하는 사항도 비밀화시켜 국가기관 등에 보내는 경우를 배제시킬 수 없다는 점에서 긍정설이 타당하다고 보아야 한다(다수설[359]).

④ 법익보호의 정도 : 제1항의 죄는 개봉만 하고 비밀을 알아내지 못해도 성립한다는 점에서 추상적 위험범이다(통설[360]). 다만 제2항의 죄는 비밀을 '알아낸' 때 성립한다고 규정되어 있어서, 비밀을 알 수 있는 상태에만 두어도 성립한다는 추상적 위험범설과 비밀을 알아내야 성립한다는 침해범설(다수설)이 대립하고 있다.

---

352 이건호, 515면.
353 남흥우, 104면.
354 강구진, 203면; 김성천/김형준, 325면; 김일수/서보학, 228면; 김종원, 150면; 박상기, 228면; 배종대, 295면; 백형구, 409면; 이재상, §14–21; 이형국(Ⅰ), 354면; 임웅, 219면; 정성근/박광민, 223면.
355 **판례** : 정보와 비밀의 구별 (구)정보통신망법의 해석에 관하여, 정보의 개념보다는 비밀의 개념을 좁게 보아야 하는 점, … 정보훼손과 비밀침해의 양자에 대하여 법정형에 차등을 두고 있는 법의 취지 등에 비추어 보면, 법 제49조에서 말하는 타인의 비밀이란 일반적으로 알려져 있지 않은 사실로서 이를 다른 사람에게 알리지 않는 것이 본인에게 이익이 있는 것을 의미한다고 제한적으로 해석함이 상당하다(대법원 2006.3.24, 2005도7309). **보충** 막연히 피해자의 이메일 출력물을 보여준 것이 타인의 비밀을 누설한 행위에 해당한다는 공소사실만으로는 이메일 출력물이 타인의 비밀에 해당하는지 여부를 판단할 수 없다는 사례이다.
356 긍정설은 김성천/김형준, 318면; 배종대, 290면; 백형구, 396면; 이재상, §14–7; 정성근/박광민, 218면. 부정설은 박상기, 221면; 오영근, 290면; 임웅, 228면.
357 **참고** 이 문제에 대해서는 약간의 헌법적 접근이 필요하다. 우리 헌법 제17조의 사생활의 비밀과 자유는 감정을 소유하고 정신적 고통을 느낄 수 있는 인간의 권리를 의미하므로, 내·외국인을 불문하고 모든 인간이 누릴 수 있다. 원칙적으로 생존하는 자연인만 누릴 수 있고 사자는 그 주체가 될 수 없다는 것은 바로 이 때문이다. 결국 사생활의 비밀과 자유는 인간의 존엄성을 존중하고 인간의 인격적 가치를 보호하려는 것이기 때문에, 법인이나 법인격 없는 단체 및 기타 단체는 원칙적으로 그 주체가 될 수 없다는 부정설이 타당하다고 생각된다. 다만 법인은 명예의 주체가 될 수 있으므로 명예보호의 범위 안에서 보호받을 뿐이다. **판례** "종중 발행의 대동보에서 원고 종중의 시조의 계보를 누락한 것은 원고 종중의 '명예'를 훼손한 것이다."(대법원 1990.2.27, 89다카12775).
358 배종대, 287면; 정성근, 289면; 진계호, 229면; 황산덕, 247면.
359 강구진, 197면; 김일수/서보학, 221면; 김종원, 147면; 박상기, 205면; 백형구, 404면; 서일교, 88면; 오영근, 290면; 유기천(상), 151면; 이재상, §14–7; 이정원, 264면; 이형국(Ⅰ), 345면 등 참조. 다만 긍정설 중에서도 국가·공공단체의 비밀이 보호법익으로서의 비밀에는 속하지 않고 행위객체로서의 비밀의 내용에 포함되는 것이라는 구체적인 주장은 박상기, ibid. 참조.
360 반대견해로서 구체적 위험범으로 보는 소수설은 배종대, 287면 참조.

2. 구성요건

(1) 객 체

봉함 등의 비밀장치를 한 타인의 편지 · 문서 · 도화(圖畵) 또는 전자기록 등 특수매체기록[361]이다. 봉함(封緘, sealed)이란 봉투를 풀로 붙인 것과 같이 제3자의 접근을 막기 위한 외포(外包) 등을 말하며, 비밀장치란 같은 목적의 봉함 이외의 장치를 말한다. 예컨대, 2단 서랍의 아래 칸에 잠금장치가 되어 있다면 이는 본죄의 비밀장치에 해당된다(대법원 2008.11.27, 2008도9071).[362] 여하튼 비밀장치를 하지 않은 우편엽서나 컴퓨터시스템은 본죄의 객체가 아니다.

판례연구 형법상 비밀침해죄의 객체

대법원 2022.3.31, 2021도8900

해킹프로그램을 이용한 타인의 아이디, 비밀번호 탐지 사건

甲은 乙의 컴퓨터에 해킹프로그램을 몰래 설치해 별도의 보안장치가 없는 인터넷 계정의 아이디, 비밀번호를 알아냈다. ① 전자기록은 …… 그 자체로서 객관적 · 고정적 의미를 가지면서 독립적으로 쓰이는 것이 아니라 개인 또는 법인이 전자적 방식에 의한 정보의 생성 · 처리 · 저장 · 출력을 목적으로 구축하여 설치 · 운영하는 시스템에서 쓰임으로써 예정된 증명적 기능을 수행한다(형법 제227조의2에 규정된 공전자기록등위작죄에 관한 대법원 2005.6.9, 2004도6132, 형법 제232조의2에 규정된 사전자기록등위작죄에 관한 대법원 2020.8.27, 2019도11294 전원합의체 등). 따라서 피해자의 아이디, 비밀번호는 전자방식에 의하여 피해자의 노트북 컴퓨터에 저장된 기록으로서 형법 제316조 제2항의 '전자기록 등 특수매체기록'에 해당한다. ② 다만, 형법 제316조 제2항 소정의 전자기록등내용탐지죄는 봉함 기타 비밀장치한 전자기록 등 특수매체기록을 기술적 수단을 이용하여 그 내용을 알아낸 자를 처벌하는 규정인바, 전자기록 등 특수매체기록에 해당하더라도 봉함 기타 비밀장치가 되어 있지 아니한 것은 이를 기술적 수단을 동원해서 알아냈더라도 전자기록등내용탐지죄가 성립하지 않는다.

(2) 행위 – 개봉하거나 기술적 수단을 이용하여 그 내용을 알아내는 것

① 개봉(제1항) : 제1항의 행위는 개봉(開封, open, uncover)이다. 제1항은 개봉함으로써 기수가 된다(추상적 위험범). 다만, 개봉 이외의 방법(예 불빛에 투시하는 것)으로 그 내용을 지득한 경우에는 본죄가 성립하지 않는다. 개봉하였다면 내용을 알 수 있는 상태에 둔 때에 기수가 되며, 내용을 알아야 할 필요가 없다. 개봉시기는 발송 전후를 묻지 않는다.

② 기술적 수단을 이용한 내용탐지(제2항) : 편지를 개봉하지 않고 투시용 판독기 등 광학기계를 사용하여 편지의 내용을 알아내는(detect the content) 경우를 말한다. 단순히 불빛에 투시하여 내용을 알아내는 것만으로는 부족하고 기술적 수단(예 투시기, 약물, 해킹 등)을 이용해야 한다.

---

361 전자기록 등 특수매체기록에 대해서는 앞서 검토한 컴퓨터 등 업무방해죄의 행위객체 참조.

362 판례 : **2단 서랍의 아랫칸에 잠금장치가 되어 있는 경우 '비밀장치'에 해당한다고 한 사례** '기타 비밀장치'는 반드시 문서 자체에 비밀장치가 되어 있는 것만을 의미하는 것은 아니고, 봉함 이외의 방법으로 외부 포장을 만들어서 그 안의 내용을 알 수 없게 만드는 일체의 장치를 가리키는 것으로, **잠금장치 있는 용기나 서랍 등도 포함한**다고 할 것인바, 이 사건과 같이 서랍이 2단으로 되어 있어 그중 아래 칸의 윗부분이 막혀 있지 않아 위 칸을 밖으로 빼내면 아래 칸의 내용물을 쉽게 볼 수 있는 구조로 되어 있는 서랍이라고 하더라도, 피해자가 아래 칸에 잠금장치를 하였고 통상적으로 서랍의 위 칸을 빼어 잠금장치 된 아래 칸 내용물을 볼 수 있는 구조라거나 그와 같은 방법으로 볼 수 있다는 것을 예상할 수 없어 **객관적으로 그 내용물을 쉽게 볼 수 없도록 외부에 의사를 표시**하였다면, 형법 제316조 제1항의 규정 취지에 비추어 아래 칸은 위 칸에 잠금장치가 되어 있는지 여부에 관계없이 그 자체로서 형법 제316조 제1항에 규정하고 있는 비밀장치에 해당한다고 할 것이다(대법원 2008.11.27, 2008도9071).

③ 제2항의 비밀침해죄의 성격 및 기수시기

㉠ 성격 : 제2항의 본죄의 성격에 대해서는 ⓐ 제2항의 법문을 중시한 문리해석(文理解釋)에 의해 그 내용을 지득했을 때 비로소 기수가 된다는 침해범설(다수설[363])과 ⓑ 제1항과의 균형을 중시한 체계해석(體系解釋)에 의해 그 내용을 알 수 있는 상태만 되어도 기수가 된다는 추상적 위험범설[364]이 대립하고 있다.

㉡ 기수시기 : 양 설의 실질적 차이는 제2항의 죄의 기수시기를 어느 시점으로 정하는가에 있다. 즉 타인의 편지 등의 내용을 기술적 수단을 이용하여 알 수 있는 상태로 두었을 뿐 그 내용을 인식하지 않은 상태에 대해, ⓐ 침해범설은 −본죄는 미수범 처벌규정이 없다는 점에서− 무죄, ⓑ 추상적 위험범설은 비밀침해죄로 보게 된다. 생각건대, 이론적으로는 제1항과의 균형을 중시하는 추상적 위험범설이 타당하나, 결론적으로는 본죄의 확대해석을 억제해야 한다는 점에서 침해범으로 보는 것이 불가피하다고 생각된다.

(3) 구성요건적 고의

봉함 기타 비밀장치한 타인의 편지·문서·도화를 개봉하거나 타인의 편지·문서·도화 또는 전자기록 등 특수매체기록을 기술적 수단을 이용하여 그 내용을 알아낸다는 인식과 의사가 있어야 한다. 예컨대, 타인의 비밀임을 인식하였다면 고의가 인정되니, 자신의 아들과 이름이 같은 채무자 승계인 앞으로 송달된 대체집행 결정정본을 개봉한 집행채권자에게는 본죄의 고의가 인정된다(대법원 1984.6.12, 84도620).[365]

3. 위법성

(1) 정당행위

① 법령에 의한 행위 : 편지의 개봉 등 타인의 비밀을 지득할 것이 법령에 의하여 정당화되는 경우로서는 통신비밀보호법의 규정이 대표적이다.[366]

② 사회상규에 위배되지 아니하는 행위 : 회사의 이익을 빼돌린다는 소문을 확인할 목적으로, 피해자가 사용하면서 비밀번호를 설정하여 비밀장치를 한 전자기록인 개인용 컴퓨터의 하드디스크를 열람범위를 범죄 혐의와 관련된 범위로 제한하여 검색한 행위는 제316조 제2항의 전자기록내용탐지죄의 구성요건에 해당하나, 사회상규에 위배되지 아니하는 행위로서 위법성이 조각된다(대법원 2009.12.24, 2007도6243).[367] 경찰간부 11 / 경찰간부 12 / 경찰승진(경사) 11 / 경찰채용 11 2차 / 경찰채용 13 2차 / 법원9급 21

---

363 김성천/김형준, 321면; 김일수/서보학, 225면; 배종대, 295면; 백형구, 406면; 이재상, §14−13; 임웅, 229면; 정성근/박광민, 216면.

364 박상기, 219면; 오영근, 293면; 이정원, 246면; 이형국(Ⅰ), 346면; 장영민, '개정형법의 컴퓨터범죄', 고시계, 1996.2, 56면.

365 **판례 : 아들과 이름이 같은 채무자승계인 앞으로 송달된 대체집행결정정본을 개봉한 집행채권자에게 신서개피의 고의를 인정한 사례** 피고인이 대체집행사건의 채무자의 승계인 甲 앞으로 우송된 결정정본을 평소 동명으로 호명되고 있는 자기의 장남 앞으로 온 신서(信書)인 줄 알고서 개피(開皮)하였다고 주장하나, 피고인이 당초 건물철거 등의 대체집행신청을 하면서 채무자의 승계인 甲의 주소로 표기한 장소에서는 피고인의 장남이 이미 10여년 전에 살다가 타처로 이주하여 버렸다는 점을 고려해 볼 때, 피고인은 위 서류가 바로 대체집행사건의 채무자의 승계인 甲에게 송달되는 소송서류라는 사실을 능히 알고 있었다고 봄이 경험칙에 합치된다고 할 것이니 피고인에게 신서개피의 고의가 있었음을 부정할 수 없다(대법원 1984.6.12, 84도620).

366 **참고 : 통신비밀보호법 제3조(통신 및 대화비밀의 보호)** ① 누구든지 이 법과 형사소송법 또는 군사법원법의 규정에 의하지 아니하고는 우편물의 검열·전기통신의 감청 또는 통신사실확인자료의 제공을 하거나 공개되지 아니한 타인 간의 대화를 녹음 또는 청취하지 못한다. 다만, 다음 각호의 경우에는 당해 법률이 정하는 바에 의한다. (이하 생략)

367 **판례 : 회사의 이익을 빼돌린다는 소문을 확인할 목적으로, 피해자가 사용하면서 비밀번호를 설정하여 비밀장치를 한 전자기록인 개인용 컴퓨터의 하드디스크를 검색한 사건** '회사의 직원이 회사의 이익을 빼돌린다.'는 소문을 확인할 목적으로, 비밀번호를 설정함으로써 비밀장치를 한 전자기록인 피해자가 사용하던 '개인용 컴퓨터의 하드디스크'를 떼어내어 다른 컴퓨터에 연결한 다음 의심이 드는 단어로 파일을 검색하여 메신저 대화 내용, 이메일 등을 출력한 경우, 피해자의 범죄 혐의를 구체적이고 합리적으로 의심할 수 있는 상황에서 피고인이 긴급히 확인하고 대처할 필요가 있었고, 그 열람의 범위를 범죄 혐의와 관련된 범위로 제한하였으며, 피해자가 입사시 회사 소유의 컴퓨터를 무단 사용하지 않고 업무 관련 결과물을 모두 회사에 귀속시키겠다고

(2) 피해자의 동의에 의한 비밀침해

피해자의 동의를 받아 그 비밀을 침해한 경우, 본죄의 구성요건에 해당되지만 피해자의 동의가 있기 때문에 본죄가 성립한다고 볼 수 없게 되는데, 이때 피해자의 동의에 대하여 위법성조각사유인 피해자의 승낙에 해당한다고 보는 견해가 있으나,[368] 비밀의 주체의 비밀유지의사가 포기 내지 철회된 경우이므로 피해자의 동의는 일종의 양해로 보아 본죄의 구성요건해당성이 조각된다고 보아야 할 것이다(다수설[369]).

(3) 가족관계

미성년의 자녀에게 온 편지를 부모가 개봉한 행위는 친권행사(정당행위)가 되어 위법성이 조각된다. 그러나 부부 사이에서는 상호 간 비밀이 존중되어야 하므로 본죄가 성립할 수 있다. 다만, 상대방의 추정적 승낙으로 위법성이 조각될 수 있는 경우는 있다(다수설).

예 일방 배우자가 장기 출타 중에 중대한 사무에 관한 우편물이 온 경우

4. 소추조건

본죄는 친고죄이다(비누모사/재). 국가7급 14 / 경찰승진(경사) 11 발신인·수신인은 모두 언제나 피해자가 된다(다수설[370]).

5. 통신비밀보호법상 통신비밀침해죄·대화비밀침해죄

통신비밀보호법에 의하면, 누구든지 통비법과 형사소송법 또는 군사법원법의 규정에 의하지 아니하고는 … 전기통신의 감청 또는 통신사실확인자료의 제공을 하거나 공개되지 아니한 타인 간의 대화를 녹음 또는 청취하지 못한다(통비법 제3조 제1항). 또한 누구든지 공개되지 아니한 타인 간의 대화를 녹음하거나 전자장치 또는 기계적 수단을 이용하여 청취할 수 없다(통비법 제14조 제1항, 전자장치 등을 이용한 청취로 제한). 따라서 통비법 제3조의 규정에 위반하여 전기통신의 감청을 하거나(통신비밀침해죄) 통비법 제3조 및 제14조 제1항의 규정에 위반하여 공개되지 아니한 타인 간의 대화를 녹음 또는 (전자장치 또는 기계적 수단을 이용하여) 청취한(대화비밀침해죄) 자에 대하여는 그 녹음주체가 수사기관인지 사인인지를 불문하고 1년 이상 10년 이하의 징역과 5년 이하의 자격정지에 처한다(통비 제16조 제1항 제1호). 이 죄는 미수범도 처벌한다(통비 제18조). 이상의 처벌규정은, 편지나 문서 등에 대한 비밀침해보다 더욱 빈번하고 직접적인 비밀침해의 유형은 바로 사적 대화·통신에 대한 비밀침해행위일 것이라는 점[371]에서 마련된 것이다.[372]

예컨대, ① 대화에 원래부터 참여하지 않는 제3자가 일반 공중이 알 수 있도록 공개되지 아니한 타인 간의 발언을 녹음하거나 전자장치 또는 기계적 수단을 이용하여 청취하는 것은 통비법 제3조 제1항에 위반되어 대화비밀침해죄를 구성하므로, 제3자가 전화통화자 중 일방만의 동의를 얻어 통화내용을 녹음한 경우도 본죄

약정하였고, 검색 결과 범죄행위를 확인할 수 있는 여러 자료가 발견된 사정 등에 비추어, 피고인의 그러한 행위는 사회통념상 허용될 수 있는 상당성이 있는 행위로서 형법 제20조의 '정당행위'에 해당한다(대법원 2009.12.24, 2007도6243). 경찰간부 11 / 경찰간부 12 / 경찰채용 11 2차 / 경찰채용 13 2차

368 김종원, 148면; 백형구, 359면; 유기천(상), 153면; 정영석, 300면; 황산덕, 243면.

369 강구진, 201면; 김일수/서보학, 226면; 오영근, 294면; 이재상, §14－15; 이형국(Ⅰ), 351면; 임웅, 230면; 정성근/박광민, 224면; 진계호, 256면.

370 강구진, 201면; 김성천/김형준, 322면; 김일수/서보학, 227면; 김종원, 148면; 박상기, 225면; 배종대, 259면; 백형구, 407면; 이재상, §14－16; 임웅, 216면; 정성근/박광민, 220면; 정영석, 300면; 진계호, 236면. 반면 발송 후에는 피해자가 된다는 견해는 서일교, 89면; 황산덕, 244면. 도착 후에만 피해자가 된다는 견해는 이정원, 250면 참조.

371 1992년 형법개정법률안 제안이유서, 166면. 또한 이형국, '비밀침해죄와 그 문제점', 고시월보, 1984.9, 108면.

372 **참고** 과거 형법개정법률안은 대화비밀침해죄를 형법에 규정하려 하였으나(제183조), 입법에 반영되지 못한 바도 있다. 형법에 적극적으로 입법해야 한다는 견해로는 이재상, §14－5; 임웅, 231면 등 참조.

에 해당된다(대법원 2002.10.8, 2002도123[373]; 2010.10.14, 2010도9016[374]). 다만, ② 대화 당사자 중 1인이 몰래 녹음하는 행위는 타인 간의 대화에 해당되지 않으므로 본죄가 성립하지 않는다(대법원 2006.10.12, 2006도4981).[375] 또한 대화비밀침해죄는 타인간의 대화를 녹음하거나 전자장치 또는 기계적 수단을 이용하여 청취하는 것을 그 행위태양으로 하기 때문에 몰래 엿듣는 행위만으로는 본죄에 해당될 수 없으며, 나아가 이미 수신이 완료된 전기통신 내용을 지득하는 등의 행위도 본죄의 감청에 포함되지 않는다(대법원 2012.7.26, 2011도12407; 2012.10.25, 2012도4644).[376]

판례연구 통신비밀보호법 제14조 제1항의 금지를 위반하는 행위가 같은 법 제3조 제1항 위반행위에 해당하여 같은 법 제16조 제1항 제1호의 처벌대상이 되는지 여부(원칙적 적극)

대법원 2016.5.12, 2013도15616

통비법의 내용 및 형식, 통비법이 공개되지 아니한 타인간의 대화에 관한 녹음 또는 청취에 대하여 제3조 제1항에서 일반적으로 이를 금지하고 있음에도 제14조 제1항에서 구체화하여 금지되는 행위를 제한하고 있는 입법취지와 체계 등에 비추어 보면, 통비법 제14조 제1항의 금지를 위반하는 행위는, 통비법과 형사소송법 또는 군사법원법의 규정에 의한 것이라는 등의 특별한 사정이 없는 한, 같은 법 제3조 제1항 위반행위에 해당하여 같은 법 제16조 제1항 제1호의 처벌대상이 된다고 해석하여야 한다.

---

373 판례 : 제3자가 전화통화자 중 일방만의 동의를 얻어 통화내용을 녹음한 경우, 통신비밀보호법 제3조 제1항 소정의 전기통신감청에 해당하는지 여부(적극) 동법 제2조 제7호가 규정한 '전기통신의 감청'은 그 전호의 '우편물의 검열' 규정과 아울러 고찰할 때 제3자가 전기통신의 당사자인 송신인과 수신인의 동의를 받지 아니하고 같은 호 소정의 각 행위를 하는 것만을 말한다고 풀이함이 상당하다고 할 것이므로, ① 전기통신에 해당하는 전화통화 당사자의 일방이 상대방 모르게 통화내용을 녹음(위 법에는 '채록'이라고 규정한다)하는 것은 여기의 감청에 해당하지 아니하지만(따라서 전화통화 당사자의 일방이 상대방 몰래 통화내용을 녹음하더라도, 대화 당사자 일방이 상대방 모르게 그 대화내용을 녹음한 경우와 마찬가지로 동법 제3조 제1항 위반이 되지 아니한다.), ② 제3자의 경우는 설령 전화통화 당사자 일방의 동의를 받고 그 통화내용을 녹음하였다 하더라도 그 상대방의 동의가 없었던 이상, 사생활 및 통신의 불가침을 국민의 기본권의 하나로 선언하고 있는 헌법규정과 통신비밀의 보호와 통신의 자유신장을 목적으로 제정된 통신비밀보호법의 취지에 비추어 이는 동법 제3조 제1항 위반이 된다고 해석하여야 할 것이다(이 점은 제3자가 공개되지 아니한 타인 간의 대화를 녹음한 경우에도 마찬가지이다)(대법원 2002.10.8, 2002도123).

374 사례 : 불법감청에 의하여 녹음된 전화통화 내용의 증거능력 유무(소극) 수사기관이 甲으로부터 피고인의 마약류관리에 관한 법률 위반(향정) 범행에 대한 진술을 듣고 추가적인 증거를 확보할 목적으로, 구속수감되어 있던 甲에게 그의 압수된 휴대전화를 제공하여 피고인과 통화하고 위 범행에 관한 통화 내용을 녹음하게 하여 획득한 녹음을 근거로 작성된 녹취록 첨부 수사보고는 피고인의 증거동의가 있을 경우 그 증거능력이 인정되는가? 판례 제3자의 경우는 설령 전화통화 당사자 일방의 동의를 받고 그 통화 내용을 녹음하였다 하더라도 그 상대방의 동의가 없었던 이상, 이는 여기의 감청에 해당하여 통신비밀보호법 제3조 제1항 위반이 되고(대법원 2002.10.8, 2002도123), 법 제3조 제1항에 위반한 불법감청에 의하여 녹음된 전화통화의 내용은 법 제4조에 의하여 증거능력이 없다(대법원 2001.10.9, 2001도3106 등). 사생활 및 통신의 불가침을 국민의 기본권의 하나로 선언하고 있는 헌법규정과 통신비밀의 보호와 통신의 자유 신장을 목적으로 제정된 통신비밀보호법의 취지에 비추어 볼 때 피고인이나 변호인이 이를 증거로 함에 동의하였다고 하더라도 달리 볼 것은 아니다(대법원 2009.12.24, 2009도11401; 2010.10.14, 2010도9016).
해결 인정되지 않는다.

375 판례 : 3인 간의 대화에 있어서 그 중 한 사람이 그 대화를 녹음하는 경우 통비법위반이 아니라는 사례 통신비밀보호법 제3조 제1항이 "공개되지 아니한 타인 간의 대화를 녹음 또는 청취하지 못한다."라고 정한 것은, 대화에 원래부터 참여하지 않는 제3자가 그 대화를 하는 타인들 간의 발언을 녹음해서는 아니 된다는 취지이고, 3인 간의 대화에 있어서 그중 한 사람이 그 대화를 녹음하는 경우에 다른 두 사람의 발언은 그 녹음자에 대한 관계에서 '타인 간의 대화'라고 할 수 없으므로, 이와 같은 녹음행위가 통신비밀보호법 제3조 제1항에 위배된다고 볼 수는 없다(대법원 2006.10.12, 2006도4981).

376 판례 : 이미 수신이 완료된 전기통신 내용을 지득하는 등의 행위는 감청이 아니라는 사례 통신비밀보호법의 문언이 송신하거나 수신하는 전기통신 행위를 감청의 대상으로 규정하고 있을 뿐 송·수신이 완료되어 보관 중인 전기통신 내용은 대상으로 규정하지 않은 점, 일반적으로 감청은 다른 사람의 대화나 통신 내용을 몰래 엿듣는 행위를 의미하는 점 등을 고려하여 보면, 통신비밀보호법상 '감청'이란 대상이 되는 전기통신의 송·수신과 동시에 이루어지는 경우만을 의미하고, 이미 수신이 완료된 전기통신의 내용을 지득하는 등의 행위는 포함되지 않는다(대법원 2012.7.26, 2011도12407; 2012.10.25, 2012도4644).

03 업무상 비밀누설죄

제317조【업무상 비밀누설】 ① 의사, 한의사, 치과의사, 약제사, 약종상, 조산사, 변호사, 변리사, 공인회계사, 공증인, 대서업자나 그 직무상 보조자 또는 차등의 직에 있던 자가 그 업무처리 중 지득한 타인의 비밀을 누설한 때에는 3년 이하의 징역이나 금고, 10년 이하의 자격정지 또는 700만 원 이하의 벌금에 처한다.

② 종교의 직에 있는 자 또는 있던 자가 그 직무상 지득한 사람의 비밀을 누설한 때에도 전항의 형과 같다.

1. 의의 및 보호법익

업무상 비밀누설죄(業務上 秘密漏泄罪, occupational disclosure of other's secrets)는 의사 등의 신분에 있는 자 또는 있던 자가 그 업무처리 중 또는 직무상 지득한 사람의 비밀을 누설함으로써 성립하는 범죄이다. 본죄의 보호법익은 '개인의 비밀'과 본죄의 주체로 되어 있는 자들이 그 업무상 지득한 비밀을 누설하지 않을 것에 대한 '일반의 신뢰'이다.[377] 법익보호의 정도는 추상적 위험범이다.

2. 구성요건

(1) 주 체

① 본죄의 주체인 자 : 의사, 한의사, 치과의사, 약제사, 약종상, 조산사, 변호사, 변리사, 공인회계사, 공증인, 대서업자나 그 직무상 보조자 및 이러한 직에 있던 자 또는 종교의 직에 있는 자 또는 있던 자에 국한된다. 이는 제한적으로 열거된 것이다(진정신분범). 여기에서 그 직무상 보조자라 함은 병원에서 의사 등을 보조하는 간호사나 법률사무소에서 변호사를 보조하는 사무장 등을 말한다. 본죄의 주체는 대체로 형사소송법 제149조의 증언거부권자로 규정되어 있다.

② 본죄의 주체가 아닌 자 : 법무사, 변호사가 아닌 변호인, 변호사가 아닌 소송대리인, 수의사, 건축사, 생활설계사, 세무사 등은 본죄의 주체가 되지 못한다. 특히 세무사는 형사소송법상 증언거부권자이지만 본죄의 주체가 될 수는 없다(단, 세무사법 제11조, 제22조 제1항 제2호에 의해 처벌됨). 한편 공무원 또는 공무원이었던 자의 법령에 의한 직무상 비밀의 누설행위는 본죄가 아니라 공무상 비밀누설죄(제127조)로 처벌된다.

③ 자수범인가의 문제 : 본죄가 자수범(自手犯)인가에 대해서는, 부정설[378]이 있으나 긍정설[379]이 다수설이며 본죄의 보호법익을 고려했을 때 타당하다고 생각된다. 따라서 본죄는 간접정범으로 범할 수 없다고 해석해야 할 것이다.

(2) 객체 – 업무처리 중 또는 직무상 지득한 타인의 비밀

비밀이란 본인이 비밀유지의사가 있고 객관적으로 비밀유지이익이 인정되는 것이어야 한다(절충설 : 통설). 따라서 공지의 사실은 여기에 속하지 않는다. 또한 업무처리·직무와 관계없이 알게 된 사실도 여기에 해당되지 않는다.

---

377 김성천/김형준, 323면; 김일수/서보학, 227면; 박상기, 210면; 이재상, §14−17; 이정원, 250면; 이형국(Ⅰ), 346면; 임웅, 233면; 정성근/박광민, 221면; 진계호, 234면. 다만 개인의 비밀은 본죄의 객체이고, 개인의 사생활과 특정 직업종사자의 비밀유지에 관한 일반의 이익이 본죄의 보호법익이라는 견해는 박상기, ibid. 참조.

378 김성천/김형준, 324면; 김일수/서보학, 228면; 오영근, 297면.

379 박상기, 총론, 87면; 배종대, 296면; 백형구, 400면; 손동권, 총론, 491면; 이재상, §14−18; 임웅, 234면; 정성근/박광민, 222면; 진계호, 235면.

(3) 행위 – 누설

누설(漏泄, disclose, offenbaren)이란 비밀을 모르는 사람에게 이를 알게 하는 것이다. 공연성은 요하지 않고 상대방의 수는 불문한다. 본죄는 고지에 의해서 상대방에게 도달한 때 기수가 되며, 상대방의 현실적 인식은 요하지 않는다(추상적 위험범).

> **판례연구** 업무상 비밀누설죄의 누설행위의 의미
>
> 대법원 1992.5.22, 91다39320
> 법원에 제출하는 것은 업무상 비밀누설죄 ×
> 분실한 자료의 일부를 법원에 증거로 제출하는 것은 업무상 비밀누설에 해당되지 않는다.

(4) 주관적 구성요건 – 고의

본죄의 주체에 해당하는 신분 및 본죄의 객체에 해당하는 비밀 그리고 이를 누설한다는 인식과 의사가 필요하다. 비밀이라는 점 자체를 인식하지 못하면 본죄의 고의가 조각된다.[380]

3. 위법성

(1) 정당행위(제20조)

법령에 의한 비밀고지의무이행(전염병예방법 제4조, 후천성면역결핍증예방법 제5조 제1항), 변호인의 변호권 행사(업무로 인한 정당행위) 등이 있다. 예컨대 변호사가 자신의 의뢰인의 이익을 위해 업무처리 중 지득한 타인의 비밀을 재판에서 공개하는 행위는 업무로 인한 행위로 파악될 수 있다.

(2) 피해자의 승낙

피해자의 승낙은 양해로서 구성요건해당성을 조각시킨다.

(3) 증언거부권을 행사하지 않고 증언한 행위

증언거부권자(형소 제149조, 민소 제315조)임에도 불구하고 증언거부권을 행사하지 않고 타인의 비밀을 누설하는 증언을 하였을 경우 위법성이 조각될 수 있는가가 문제된다. ① 부정설에서는 증언거부권이 있음에도 불구하고 증언을 함으로써 비밀을 누설한 것은 비밀준수의무를 위반한 것이므로 위법성이 조각될 수 없다고 하며,[381] ② 긍정설에서는 ㉠ 증언거부권을 행사하지 않으면 증언의무가 있으므로 이때 비밀준수의무에서 벗어나는 것이고 ㉡ 진실 발견이라는 보호법익과 비밀누설이라는 피해법익 사이에 이익교량을 통해 보호법익의 우월성이 인정되는 한 위법성이 조각될 수 있다고 한다. 긍정설이 다수설[382]이다.

예컨대 폭력조직의 범죄사실을 재판에서 진실대로 증언한 해당 조직의 변호사와 같은 경우에는 자신의 위험을 무릅쓰고 공익에 헌신한 점을 부정하기 어려울 것이다. 따라서 긍정설이 타당하며, 그 논거는 해당 증언을 통해 우월한 이익을 보호한 경우에 한하여 위법성의 조각을 인정할 수 있다는 점에 있을 것이다(긍정설 중 이익교량설).

---

380 **참고** 다만, 일정한 경우에 있어 본인에게 비밀유지의무가 존재함에도 불구하고 이를 공개할 권한이 있다고 오신하여 공개한 경우에는 금지착오(제16조)의 문제가 발생하며, 따라서 그 오인에 정당한 이유가 있는가를 따져 책임조각 여부를 결정해야 한다.

381 강구진, 204면; 김성천/김형준, 327면; 김일수/서보학, 232면; 이정원, 275면; 이형국(Ⅰ), 356면.

382 김종원, 151면; 박상기, 229면; 배종대, 263면; 백형구, 412면; 오영근, 300면; 유기천(상), 156면; 이재상, §15－27; 임웅, 236면; 정성근/박광민, 224면; 정영석, 302면; 진계호, 240면; 황산덕, 245면. 다만 긍정설 중에서도 ㉠의 비밀준수의무에서 벗어난다는 논거를 주장하는 견해는 대표적으로 이재상, ibid. 한편 이를 비판하면서 ㉡의 이익형량을 통해 그 위법성 조각 여부를 검토해야 한다는 견해는 대표적으로 박상기, ibid.; 오영근, ibid.; 임웅, ibid. 후설(긍정설 중 이익교량설)이 타당하다고 생각된다.

4. 소추조건

본죄는 친고죄이다(제318조). 경찰승진(경위) 11

제2절 주거침입의 죄

01 총 설

1. 의 의

주거침입(住居侵入, intrusion upon a human habitation, violation of domicile, Hausfriedensbruch)의 죄는 사람의 주거, 관리하는 건조물·선박·항공기, 점유하는 방실에 침입하거나 위 장소에서 퇴거요구를 받고 이에 응하지 않음으로써 성립하는 범죄이다. 우리 헌법이 제16조에서 "모든 국민은 주거의 자유를 침해받지 아니한다."라고 규정함으로써 주거의 자유를 헌법상 기본권으로 인정한 데 근거하여, 이를 침해하는 행위를 형사처벌하기 위한 범죄구성요건인 것이다.

2. 보호법익

(1) 주거권설(신주거권설)(참고)

① 내용 : 주거권(住居權, Hausrecht), 즉 '집에 대한 권리'(형식적 주거개념)를 보호법익이라고 보는 견해이다. 여기서 주거권이라 함은 자기 집이나 기타 보호구역 안에서 타인의 방해를 받지 않고 자기의사에 따라 활동할 수 있는 권리를 말한다. 따라서 주거권설은 주거에의 진입 및 퇴거를 통제할 수 있는 주거권자의 권리(주거권)를 본죄의 보호법익으로 이해하고 있다. 이 점에서 주거침입죄는 자유(自由)에 대한 범죄로 보게 된다(독일의 통설 및 우리의 소수설).[383] 주거권설에 의하면 주거침입죄의 법익보호의 정도는 위험범으로 보게 된다.

② 비판 : 주거권의 개념이 명백하지 않으며, 주거침입죄를 주거권의 침해로 보는 것은 범죄를 권리의 침해로 보는 낡은 사고방식의 유물에 지나지 않는다는 비판이 있다.

(2) 사실상 평온설

① 내용 : 본죄는 사실상의 주거의 평온(平穩)['살 수 있는 권리'(실질적 주거개념)]을 보호법익으로 한다는 입장이다(다수설[384]·판례). 여기서의 사실상의 주거의 평온이라 함은 공동생활자 전원이 타인의 침해

383 신주거권설 : 강구진, 189면; 박상기, 233면; 이재상, §15-8; 이정원, 289면. 참고로, 구(舊)주거권설도 종래 판례가 따른 바 있는데, 이는 가장 내지 호주의 주거권을 본죄의 보호법익을 보는 입장으로서 현재 지지자가 없다. 신(新)주거권설에서는 주거권설과 주거권의 내용에 있어서는 구주거권설과 동일하게 이해하지만, 주거권을 향유하는 주체를 가장에게만 한정하지 않고 동일한 주거에 거주하는 다수의 구성원 모두로 본다는 점에서 구주거권설과는 차이가 있다.

384 강구진, 189면; 김성천/김형준, 337면; 김종원, 141면; 배종대, 265면; 백형구, 394면; 손동권, 244면; 유기천(상), 160면; 이형국(Ⅰ), 360면; 임웅, 239면; 정성근/박광민, 227면; 정영석, 302면; 진계호, 243면; 황산덕, 247면. 행위객체에 따라 보호법익을 개별적으로 파악해야 한다는 입장은 김일수/서보학, 242면 이하 참조. 사실상 평온설을 취하면서도 개인의 사적 장소에 관해서는 주거의 사실상 평온으로, 공중의 자유로운 출입이 허용된 장소에 대해서는 업무상 평온과 비밀로 그 보호법익을 구분하는 견해는 임웅, ibid. 한편 사실상 평온과 주거권을 동일하게 보는 견해는 이정원, 256면 참조.

를 받지 않을 수 있는 평온한 상태를 의미한다. 따라서 어떠한 행위가 거주자가 누리는 사실상의 주거의 평온을 해할 수 있는 정도에 이르렀다면 본죄의 범죄구성요건을 충족한다고 보게 된다. 사실상 평온설에 따르면 주거침입죄는 침해범(侵害犯)으로 파악된다.

② 논거 : 사실상 평온설은 그 주된 논거로서 형법 제319조의 주거침입죄의 객체가 '관리하는 건조물 등' 뿐만 아니라 '점유하는 방실'까지 규정되어 있다는 점을 들고 있다. 사실상 평온설에 의할 때 주거에 대한 사실상의 지배가 있으면 해당 주거의 점유는 정당한 권원이 없더라도 보호받기 때문이다.

③ 비판(참고) : 사실상의 평온설에 의하면 주거침입죄가 –공공의 안전·평온이 사회적 법익인 것처럼– 공공의 질서를 보호하는 죄로 파악될 수 있다.

④ 주거권설과의 차이 : 사실상 평온설에 의하면 거주자 또는 간수자가 건조물 등에 거주·관리할 권리를 가지고 있는가의 여부는 범죄의 성립을 좌우하는 것이 아니며, 점유할 권리 없는 자의 점유라고 하더라도 그 주거의 평온은 보호되어야 할 것이므로, 법적 권리자의 권리실행이라 하더라도 –법정절차에 의하지 않고– 자력구제의 수단으로 타인이 평온하게 점유하는 건조물에 침입한 경우에는 본죄가 성립한다. 예컨대, 임대차계약이 소멸한 뒤에 임대인이 임차인의 의사에 반하여 주거에 들어가는 것은 주거침입죄에 해당되는 것이다.

판례연구 사실상 평온설을 취한 사례

1. 대법원 1983.3.8, 82도1363

사법상의 불법점유와 주거침입죄 성립은 무관하다

주거침입죄는 사실상의 주거의 평온을 보호법익으로 하는 것이므로 그 거주자 또는 간수자가 건조물 등에 거주 또는 간수할 법률상 권한을 가지고 있는 여부는 범죄의 성립을 좌우하는 것이 아니며 국가9급 13 / 경찰채용 20 1차 일단 적법하게 거주 또는 간수를 개시한 후에 그 권한을 상실하여 사법상 불법점유가 되더라도 권리자가 이를 배제하기 위하여 정당한 절차에 의하지 아니하고 그 주거 또는 건조물을 침입한 경우에는 주거침입죄가 성립한다. 법원행시 13

2. 대법원 1984.4.24, 83도1429

무효인 경락허가결정에 의한 인도집행에 기하여 경락인이 점유하는 건물에 소유자가 무단히 들어간 경우

근저당권설정등기가 되어 있지 아니한 별개 독립의 이 사건 건물이 근저당권의 목적으로 된 대지 및 건물과 일괄하여 경매된 경우 이 사건 건물에 대한 경락허가결정이 당연무효라고 하더라도 이에 기한 인도명령에 의한 집행으로서 일단 이 사건 건물의 점유가 경락인에게 이전된 이상 이 사건 건물의 소유자인 피고인이 위 무효인 인도집행에 반하여 위 건물에 들어간 경우에도 주거침입죄는 성립한다. 법원9급 10

3. 대법원 2001.4.24, 2001도1092

위요지에 침입하여도 주거침입죄

주거침입죄에 있어서 주거라 함은 단순히 가옥 자체만을 말하는 것이 아니라 그 위요지(圍繞地)를 포함한다 할 것이므로, 이미 수일 전에 2차례에 걸쳐 피해자를 강간하였던 피고인이 대문을 몰래 열고 들어와 담장과 피해자가 거주하던 방 사이의 좁은 통로에서 창문을 통하여 방안을 엿보던 상황이라면 피해자의 주거에 대한 사실상의 평온상태가 침해된 것으로, 피고인의 이와 같은 행위는 주거침입죄에 해당한다. 국가9급 13 / 법원행시 13 / 법원9급 12 / 변호사 12 / 법원행시 16 / 사시 13 / 국가7급 22

4. 대법원 2007.3.15, 2006도7044

비닐하우스의 소유권이 甲에게 있다 하더라도, 乙이 丙으로부터 위 비닐하우스를 인도받아 점유하고 있는 상태에서, 甲이 함부로 위 비닐하우스의 열쇠를 손괴하고 그 안에 들어간 행위는 재물손괴죄 및 주거침입죄를 구성한다.

5. 대법원 2007.7.27, 2006도3137

재단 측이 위 공동대책위원회의 진입을 저지하면서 농아원을 사실상 관리하는 상황에서는 설사 재단 측이 농아원을 관리할 법률상의 권한을 상실하였다고 하더라도 그 경우의 **사실상의 평온** 역시 건조물침입죄의 보호법익

에 포함되므로, 피고인들이 그 진입과정에서 재단 측의 점유를 배제하기 위하여 관계 법령에 의한 정당한 절차에 의하지 아니한 채 재단 측을 물리적으로 제압함으로써 건조물에 침입한 이상 건조물침입죄를 구성한다.[385]

6. 대법원 2023.2.2, 2022도5940

불법적으로 점유를 개시한 공사현장에 침입한 사건

건조물침입죄는 관리하는 건조물의 사실상 평온을 보호법익으로 하므로, 관리자가 건조물을 관리할 법률상 정당한 권한을 가지고 있는지는 범죄의 성립을 좌우하는 것이 아니며 관리자가 건조물을 사실상 점유·관리하는 경우라면 설령 정당한 권원이 없는 사법상 불법점유이더라도 적법한 절차에 의하여 점유를 풀지 않는 한 그에 따른 사실상 평온은 보호되어야 하므로 사법상 권리자라 하더라도 정당한 절차에 의하지 아니하고 건조물에 침입한 경우에는 건조물침입죄가 성립한다(대법원 1984.4.24, 83도1429; 2006.9.28, 2006도4875; 2023.2.2, 2022도5940 등). 피해자들 측이 불법적으로 이 사건 공사현장을 점거하였지만 관할 경찰서로부터 집단민원현장 경비원 배치신고 및 관련 허가를 받아 약 65일간 경비원을 상주시키면서 점유 · 관리하여 온 상황에서 피고인들이 정당하고 적법한 절차에 의하지 않고 이 사건 공사현장 및 건조물에 침입한 이상 건조물침입죄가 성립한다.

정리 불법적으로 건조물의 점유를 개시한 점유자의 점유를 탈환하기 위하여 적법한 절차를 거치지 않고 건조물에 들어간 경우 건조물침입죄가 성립한다.

3. 구성요건체계

주거침입의 죄는 주거침입죄(제319조 제1항), 퇴거불응죄(동조 제2항), 특수주거침입죄(제320조), 주거 · 신체수색죄(제321조)으로 되어 있는데, 모두 미수를 처벌하고 있다(제322조). 국가7급 12 / 경찰승진 13 / 경찰채용 12 3차

02 주거침입죄

제319조 【주거침입, 퇴거불응】 ① 사람의 주거, 관리하는 건조물, 선박이나 항공기 또는 점유하는 방실에 침입한 자는 3년 이하의 징역 또는 500만 원 이하의 벌금에 처한다. 경찰채용 11 1차

1. 구성요건

(1) 객관적 구성요건

① 객체 – 사람의 주거, 관리하는 건조물·선박·항공기, 점유하는 방실

㉠ 건조물의 의의 : 건조물(建造物)은 주거를 제외한 일체의 건축물(建築物)[386]을 말하며, 주위 벽 또는 기둥과 지붕 또는 천장으로 구성된 구조물로서 사람이 기거하거나 출입할 수 있는 장소를 말한다(대법원 1989.2.28, 88도2430, 88감도194).

ⓐ 건조물에 해당하는 경우 : 건조물은 골리앗크레인(대법원 1991.6.11, 91도753) 경찰간부 11과 같은 건조물 자체만을 가리키는 것이 아니라, 그 위요지(圍繞地)도 포함하며, 사시 13 / 변호사 12 위요지는 건조물에 인접한 그 주변 토지로서 관리자가 외부와의 경계에 문과 담 등을 설치하여 그 토지가 건조물의 이용을 위하여 제공되었다는 것이 명확히 드러나야 한다. 예컨대 ㉮ 월정사 경내(대법원 1983.3.8, 82도1363), ㉯ 정부 세종로 청사 앞마당(대법원 2002.9.24, 2002도959), ㉰ 대학교 종합

385 **사례 : 점유권원 없는 자의 건조물 침입 사례** '에바다사태 해결을 위한 공동대책위원회' 측에서 법원으로부터 농아원을 점거 중인 일부 농아원생 및 직원들에 대하여 위 공동대책위원회 측 이사 등의 농아원 출입을 방해하여서는 아니 된다는 등의 출입방해금지 가처분결정을 받은 후, 위 이사인 甲과 그 일행은 구 재단측이 관리하는 농아원에 강제적으로 진입하였다. 甲 등에게는 건조물침입죄가 성립하는가? **해결** 성립한다.

386 **참고** '건축물(建築物)'이라 함은 토지에 정착하는 공작물 중 지붕과 기둥 또는 벽이 있는 것과 이에 부수되는 시설물, 지하 또는 고가의 공작물에 설치하는 사무소·공연장·점포·창고 기타 대통령령이 정하는 것을 말한다(건축법 제2조 제1항 제2호).

운동장(대법원 2004.6.10, 2003도6133),[387] ㉣ 다가구용 단독주택인 빌라의 공용 계단(대법원 2009.8.20, 2009도3452),[388] 국가9급 14 / 법원9급 10 / 경찰승진(공통) 11 / 경찰승진 14 / 경찰채용 10 1차 / 경찰채용 13 2차 / 사시 10 / 경찰채용 23 1차 ㉤ 아파트 내부의 엘리베이터(대법원 2009.9.10, 2009도4335),[389] 법원행시 13 / 법원9급 12 / 경찰승진 13 / 경찰채용 12 2차 / 변호사 12 / 경찰승진 16 ㉥ 병원 건물의 앞 또는 옆 마당(대법원 2010.3.11, 2009도12609)[390]은 주거침입 또는 건조물침입죄의 객체가 된다.

판례연구 사드기지 부지 침입 사건

대법원 2020.3.12, 2019도16484

피고인들은 골프장 부지에 설치된 사드(THAAD : 고고도 미사일 방어 체계)기지 외곽 철조망을 미리 준비한 각목과 장갑을 이용해 통과하여 300m 정도 진행하다가 내곽 철조망에 도착하자 미리 준비한 모포와 장갑을 이용해 통과하여 사드기지 내부 1km 지점까지 진입하였다. …… 건조물침입죄에서 건조물이란 단순히 건조물 그 자체만을 말하는 것이 아니고 위요지를 포함하는 개념이다. 위요지란 건조물에 직접 부속한 토지로서 그 경계가 장벽 등에 의하여 물리적으로 명확하게 구획되어 있는 장소를 말한다. …… 위 사드기지는 더 이상 골프장으로 사용되고 있지 않을 뿐만 아니라 이미 사드발사대 2대가 반입되어 이를 운용하기 위한 병력이 골프장으로 이용될 당시의 클럽하우스, 골프텔 등의 건축물에 주둔하고 있었고, 군 당국은 외부인 출입을 엄격히 금지하기 위하여 사드기지의 경계에 외곽 철조망과 내곽 철조망을 2중으로 설치하여 외부인의 접근을 철저하게 통제하고 있었으므로, 위 사드기지의 부지는 기지 내 건물의 위요지에 해당한다.

ⓑ 건조물에 해당하지 않는 경우 : 우선 ㉮ 물탱크시설은 건조물로 볼 수 없다(대법원 2007.12.13, 2007도7247). 법원행시 11 또한 위요지와 관련해서, 내부에 건물이 있고 그 주변이 담장이나 철조망 등의 장애물로 둘러싸여 있는 구역이라 하더라도 언제나 위요지로 인정되는 것은 아니다. 따라서 ㉯ 타워크레인 경찰간부 12 / 경찰채용 10 1차이나 ㉰ 공사현장의 구내(대법원 2005.10.7, 2005도5351) 경찰간부 18 / 국가7급 22 나 ㉱ 인적·물적 통제가 없어 자유롭게 드나들 수 있는 축사 앞 공터(대법원 2010.4.29, 2009도14643)[391] 법원행시 13 / 경찰간부 11 / 경찰채용 22 1차 / 경찰채용 12 2차는 본죄의 객체에 해당되

---

387 이 판례의 평석으로는 최수환, "건조물침입죄에 있어서 건조물과 위요지의 의미(대법원 2004.6.10, 2003도6133 : 공보불게재)", 대법원 판례해설 : 50호(2004년), 법원도서관, 645면 이하 참조.

388 **판례 : 다가구용 단독주택이나 공동주택 내부에 있는 공용 계단과 복도는 '사람의 주거'에 해당한다는 사례 다가구용 단독주택이나 다세대주택 · 연립주택 · 아파트 등 공동주택 안에서 공용으로 사용하는 계단과 복도**는, 주거로 사용하는 각 가구 또는 세대의 전용 부분에 필수적으로 부속하는 부분으로서 그 거주자들에 의하여 일상생활에서 감시·관리가 예정되어 있고 사실상의 주거의 평온을 보호할 필요성이 있는 부분이므로, 특별한 사정이 없는 한 주거침입죄의 객체인 '사람의 주거'에 해당한다. 따라서 **다가구용 단독주택인 빌라의 잠기지 않은 대문을 열고 들어가 공용 계단으로 빌라 3층까지 올라갔다가 1층으로 내려온 경우**, 주거인 공용 계단에 들어간 행위가 거주자의 의사에 반한 것이라면 주거에 침입한 것이라고 보아야 한다(대법원 2009.8.20, 2009도3452).

389 **판례 : 강간할 목적으로 피해자를 따라 피해자가 거주하는 아파트 내부의 엘리베이터에 탄 다음 그 안에서 폭행을 가하여 반항을 억압한 후 계단으로 끌고 가 피해자를 강간하고 상해를 입힌 사건 다가구용 단독주택이나 다세대주택 · 연립주택 · 아파트 등 공동주택의 내부에 있는 '엘리베이터', 공용 계단과 복도**는 특별한 사정이 없는 한 주거침입죄의 객체인 '사람의 주거'에 해당하고, 위 장소에 거주자의 명시적, 묵시적 의사에 반하여 침입하는 행위는 주거침입죄를 구성하므로, 피고인이 강간할 목적으로 피해자를 따라 피해자가 거주하는 아파트 내부의 엘리베이터에 탄 다음 그 안에서 폭행을 가하여 반항을 억압한 후 계단으로 끌고 가 피해자를 강간하고 상해를 입힌 경우, 피고인은 **성폭법 제5조 제1항(현 제3조 제1항)에 정한 주거침입범의 신분을 가지게 되었다**고 보아야 하므로, 주거침입을 인정하지 않고 강간상해죄만을 선고한 원심판결을 파기하여야 한다(대법원 2009.9.10, 2009도4335). 국가9급 14 / 법원9급 10 / 경찰승진 12 / 경찰승진 13 / 경찰채용 10 1차 / 경찰채용 13 2차 / 변호사 12

390 **판례** 이 사건 시위 장소와 병원 외부 사이에 문이나 담이 설치되어 있지 아니하고 또 관리자가 있어 이 사건 시위 장소에 일반인의 출입을 제한하고 있지는 아니하나, 이 사건 시위 장소를 **병원의 건물들과 화단, 그리고 화단에 식재된 수목들이 둘러싸고 있으면서 병원 외부와의 경계 역할을 하고 있는 사실, 이 사건 시위 장소가 각 병원 건물의 앞 또는 옆 마당으로서 병원 각 건물로 오가는 통행로 등으로 이용되고 있는 사실** 등이 인정되므로, 이 사건 시위 장소는 병원 건물의 이용에 제공되었다는 것이 명확히 드러난다고 할 것이므로, 이 사건 시위 장소는 병원 건물의 위요지에 해당한다(대법원 2010.3.11, 2009도12609). 경찰승진 13

391 **판례 : 주거침입죄에서 침입행위의 객체인 '건조물'에 포함되는 '위요지'의 의미 : 축사 앞 공터 사건** 건조물의 이용에 기여하는

지 않는다.

㉡ 타인의 건조물 : 본죄의 사람의 주거란 타인의 주거를 말한다. 사실상 평온설에 의할 때 이는 건조물에 대한 법적 소유관계를 따지는 것이 아니며 타인이 평온하게 점유하고 있는 사실상의 상태를 가리킨다.

ⓐ 타인의 건조물에 해당하는 경우 : ㉮ 자기 소유의 집을 동거 중인 자가 제3자에게 멋대로 매각하고 명도를 하였다 하여도 제3자가 점유하고 있는 위 주거에 무단으로 들어가면 주거침입죄를 구성하고(대법원 1969.12.23, 69도2098), ㉯ 경매절차에서 부지를 매수한 자가 그 부동산의 종물(從物)이 아닌 건물을 통로로 삼아 출입한 경우, 위 건물은 자기의 건조물이 아니라 타인의 건조물이므로 건조물침입죄를 구성한다(대법원 2007.12.13, 2007도7247).[392] 경찰간부 12

ⓑ 타인의 건조물에 해당하지 않는 경우 : ㉮ 건물소유자에 대한 인도명령으로 임차인 점유부동산에 대하여 인도집행이 되었다 하더라도, 임차인이 자기소유 백미를 반출하기 위하여 위 건물에 출입한 것은 건조물침입죄를 구성하지 않고(대법원 1976.5.25, 75도528),[393] ㉯ 주택의 매수인이 계약금과 중도금을 지급하고서 그 주택을 명도받아 점유하고 있던 중 위 매매계약을 해제하고 중도금반환청구소송을 제기하여 얻은 그 승소판결에 기하여 강제집행에 착수한 이후에, 매도인이 매수인이 잠가 놓은 위 주택의 출입문을 열고 들어간 행위는 주거침입죄를 구성하지 않는다(대법원 1987.5.12, 87도3).[394]

② 행위 – 침입(侵入)

㉠ 의의 : 거주자의 의사에 반하여 들어가는 것이다. 따라서 거주자의 동의 하에 들어가는 것은 구성요건해당성이 조각된다(양해). 다만 최근 판례는 침입이란 '출입 당시 객관적 · 외형적으로 드러난 행위태양에 비추어 거주자가 주거에서 누리는 사실상의 평온상태를 침해하는 행위태양으로 주거에 들어가는 것'을 의미한다고 보아, 거주자의 의사보다는 객관적 행위태양 및 사실상 평온의 침해를

인접의 부속 토지라고 하더라도 인적 또는 물적 설비 등에 의한 구획 내지 통제가 없어 통상의 보행으로 그 경계를 쉽사리 넘을 수 있는 정도라고 한다면 일반적으로 외부인의 출입이 제한된다는 사정이 객관적으로 명확하게 드러났다고 보기 어려우므로, 이는 다른 특별한 사정이 없는 한 주거침입죄의 객체에 속하지 아니한다고 봄이 상당하다. 따라서 차량 통행이 빈번한 도로에 바로 접하여 있고, 도로에서 주거용 건물, 축사 4동 및 비닐하우스 2동으로 이루어진 시설로 들어가는 입구 등에 그 출입을 통제하는 문이나 담 기타 인적 · 물적 설비가 전혀 없고 노폭 5m 정도의 통로를 통하여 누구나 축사 앞 공터에 이르기까지 자유롭게 드나들 수 있다면, 차를 몰고 위 통로로 진입하여 축사 앞 공터까지 들어간 행위는 주거침입에 해당하지 않는다(대법원 2010.4.29, 2009도14643). 법원행시 13 / 경찰간부 11 / 경찰채용 12 2차 / 경찰채용 20 1차

392 사례 : 저당부동산의 종물이 아닌 건조물 사례 乙 소유의 축사 건물 및 그 부지를 임의경매절차에서 매수한 甲은 위 부지 밖에 설치된 乙 소유 소독시설을 통로로 삼아 위 축사건물에 출입하였다. 그런데 위 소독시설은 축사의 종물(從物)은 아니었다. 甲의 위 출입행위는 건조물침입죄를 구성하는가? 판례 저당권의 효력이 미치는 저당부동산의 종물은 민법 제100조가 규정하는 종물과 같은 의미인바, 어느 건물이 주된 건물의 종물이기 위하여는 주물의 상용에 이바지하는 관계에 있어야 하고 이는 주물 자체의 경제적 효용을 다하게 하는 것을 말하는 것이므로, 주물의 소유자나 이용자의 사용에 공여되고 있더라도 주물 자체의 효용과 관계없는 물건은 종물이 아니다. 따라서 피해자 소유의 축사 건물 및 그 부지를 임의경매절차에서 매수한 사람이 위 부지 밖에 설치된 피해자 소유 소독시설을 통로로 삼아 위 축사건물에 출입한 경우, 위 소독시설은 축사출입차량의 소독을 위하여 설치한 것이기는 하나 별개의 토지 위에 존재하는 독립한 건조물로서 축사 자체의 효용에 제공된 종물이 아니므로, 위 출입행위는 건조물침입죄를 구성한다(대법원 2007.12.13, 2007도7247). 경찰간부 12 해결 구성한다.

393 판례 : 건물소유자에 대한 인도명령으로 임차인 점유부동산에 대하여 인도집행을 한 경우에 임차인이 자기소유 백미를 반출하기 위하여 위 건물에 출입한 사례 경매법원의 인도명령은 어디까지나 채무자에 대해서만 효력이 있다 할 것이므로 집달리는 채무자 아닌 제3자 점유 부동산에 대하여서는 그 인도집행을 할 수 없고 제3자인 임차인 점유의 정미소에 대하여 인도집행을 하였다 하여도 임차인의 점유에는 아무런 영향을 줄 수 없어 동 정미소는 의연 임차인의 점유 아래 있다 할 것이니 임차인이 자기 점유하에 있는 정미소에 자기소유의 백미를 반출하기 위하여 출입하였다 하여 건조물침입죄를 구성한다고 볼 수 없다(대법원 1976.5.25, 75도528).

394 보충 주거침입죄의 보호법익이 소멸되어 그 범죄가 성립될 수 없다는 사례이다. 즉 매도인으로서는 매수인이 그 주택에 대한 모든 권리를 포기한 것으로 알고 그 주택에 들어간 것이라고 할 수 있을 뿐만 아니라 또한 그 주택에 대하여 보호받아야 할 피해자의 주거에 대한 평온상태는 소멸되었다고 볼 수 있으므로 매도인의 위 소위는 주거침입죄를 구성하지 아니한다(위 판례).

기준으로 주거침입 해당 여부를 판단하는 입장을 보여주고 있다(자세한 것은 후술).

ⓐ 거주자 : 주거권은 주거에 대한 적법한 점유의 개시로써 얻어지며, 그 이후의 주거권은 주거에 사실상 거주하고 있으면 계속 유지되고, 점유할 권리의 여부는 문제되지 않는다(대법원 1987.11.10, 87도1760).

판례연구 주거권자가 누구인가의 사례

대법원 2021.1.14, 2017도21323

세차업자의 아파트 단지 안 주차장 출입 사건

건조물의 거주자나 관리자와의 관계 등으로 평소 그 건조물에 출입이 허용된 사람이라 하더라도 건조물에 들어간 행위가 거주자나 관리자의 명시적 또는 추정적 의사에 반함에도 불구하고 감행된 것이라면 건조물침입죄가 성립한다(대법원 2012.4.12, 2012도976 등). …… 입주자대표회의가 입주자등이 아닌 자(이하 '외부인')의 단지 안 주차장에 대한 출입을 금지하는 결정을 하고 그 사실을 외부인에게 통보하였음에도 외부인이 입주자대표회의의 결정에 반하여 그 주차장에 들어갔다면, 출입 당시 관리자로부터 구체적인 제지를 받지 않았다고 하더라도 그 주차장의 관리권자인 입주자대표회의의 의사에 반하여 들어간 것이므로 건조물침입죄가 성립한다. 설령 외부인이 일부 입주자등의 승낙을 받고 단지 안의 주차장에 들어갔다고 하더라도 개별 입주자등은 그 주차장에 대한 본질적인 권리가 침해되지 않는 한 입주자대표회의의 단지 안의 주차장 관리에 관한 결정에 따를 의무가 있으므로 건조물침입죄의 성립에 영향이 없다. 따라서 공동주택인 아파트의 '단지 안 주차장'에 대한 입주자등이 아닌 외부인의 출입에 관한 '출입을 승낙'한 일부 입주자등의 의사와 '출입을 금지'한 아파트 입주자대표회의의 의사가 상충(相衝)하는 경우, 세차업자인 피고인이 '아파트 지하주차장 출입을 금지'하는 아파트 입주자대표회의의 결정 및 법원의 출입금지가처분 결정에 반하여 세차영업을 위하여 아파트 지하주차장에 들어간 행위는 건조물침입죄를 구성한다.

ⓑ 거주자의 의사 : 자신의 주거에 들어올 것을 허락하는 거주자의 의사는 명시적인 것뿐만 아니라 묵시적인 것도 포함된다(대법원 1993.3.23, 92도455).

판례연구 관리자에 의해 출입이 통제되는 건조물의 관리자의 승낙

대법원 2022.3.31, 2018도15213

시사프로그램 제작진의 몰래 구치소 촬영 사건

시사프로그램의 프로듀서 甲과 촬영감독 乙은 구치소장의 허가 없이 구치소에 수용 중인 사람을 취재하기 위하여 명함지갑 형태의 녹음·녹화장비를 몰래 소지한 채 접견담당 교도관의 승낙을 받아 접견실에 들어가 수용자를 취재하였다. …… 관리자에 의해 출입이 통제되는 건조물에 관리자의 승낙을 받아 건조물에 통상적인 출입방법으로 들어갔다면, 이러한 승낙의 의사표시에 기망이나 착오 등의 하자가 있더라도 특별한 사정이 없는 한 형법 제319조 제1항에서 정한 건조물침입죄가 성립하지 않는다. 이러한 경우 관리자의 현실적인 승낙이 있었으므로 가정적·추정적 의사는 고려할 필요가 없다. 단순히 승낙의 동기에 착오가 있다고 해서 승낙의 유효성에 영향을 미치지 않으므로, 관리자가 행위자의 실제 출입 목적을 알았더라면 출입을 승낙하지 않았을 사정이 있더라도 건조물침입죄가 성립한다고 볼 수 없다. 나아가 관리자의 현실적인 승낙을 받아 통상적인 출입방법에 따라 건조물에 들어간 경우에는 출입 당시 객관적·외형적으로 드러난 행위태양에 비추어 사실상의 평온상태를 해치는 모습으로 건조물에 들어간 것이라고 평가할 수도 없다. 국가9급 23

유사 대법원 2022.4.28, 2020도8030

시사프로그램을 제작하는 PD 甲이 구치소장의 허가 없이 구치소에 수용 중인 사람을 취재하기 위하여 접견신청서에 수용자의 지인이라고 기재하고, 반입이 금지된 녹음·녹화기능이 내장된 안경을 착용하고 접견실에 들어가 수용자를 접견하면서 대화 장면과 내용을 촬영하고 녹음한 행위는 건조물침입죄를 구성하지 않는다.

ⓒ 기망수단에 의하여 거주자의 착오에 기한 (명시적 · 묵시적) 허락을 받고 들어간 경우 : 본죄의 성부에 대해서 긍정설(다수설[395])과 부정설[396]이 대립하고 있는바, 판례는 긍정설의 입장에 서 있다고 생각된다. 즉 판례는 주변사정에 따라서는 거주자의 반대의사가 추정될 수 있기 때문에, 사용 중인 공중화장실의 용변 칸에 노크하여 남편으로 오인한 피해자가 용변 칸 문을 열어주자 강간할 의도로 용변 칸에 들어간 것이라면 피해자가 명시적·묵시적으로 이를 승낙하였다고 볼 수 없어 주거침입죄에 해당한다고 보고 있다(대법원 2003.5.30, 2003도1256). 법원승진 14 / 법원9급 09 / 법원9급 12 / 사시 11 / 사시 13 / 변호사 12 / 경찰채용 18 2차

ⓓ 절도 · 강도 · 폭행 등 범죄목적으로 타인의 주거에 들어간 경우 : 기술하였듯이 위법한 목적이 있으면 거주자의 반대의사가 추정되고 구성요건해당성을 조각시키는 양해는 없다고 보아야 하므로 본죄가 성립한다(통설). 판례도 이웃 사이여서 평소 그 주거에 무상 출입하던 관계에 있더라도 범죄목적으로 피해자의 승낙 없이 그 주거에 들어간 경우 본죄가 성립한다고 보고 있다(대법원 1983.7.12, 83도1394). 법원행시 05 / 경찰간부 16

ⓔ 정상적 출입방법에 의하지 않은 경우 : 출입문을 통한 정상적인 출입이 아닌 경우 특별한 사정이 없는 한 그 침입 방법 자체에 의하여 거주자의 의사에 반하는 것으로 보아야 한다(대법원 1990.3.13, 90도173－출입금지 시간에 창문으로 들어간 사례－[397]; 2007.8.23, 2007도2595－회사 퇴사 후 비정상적 방법으로 들어간 사례－[398]). 경찰승진 12

㉡ 임대차기간이 종료한 이후에 임차인이 건물을 계속 점유하고 있는 경우 : 주거침입죄는 사실상의 주거의 평온을 보호법익으로 하는 것이므로, 소유자가 임차인의 허락을 받지 않고 출입하면 주거침입죄가 성립한다. 그러나 반대로 소유자가 폐쇄한 출입구를 임차인이 뜯고 그 건물에 들어가더라도 본죄에 해당되지는 않는다(대법원 1989.9.12, 89도889). 국가7급 10 / 경찰승진(공통) 11 / 경찰채용 18 3차

㉢ 공동거주자 중 1인의 의사에 반하는 경우 : 복수(複數)의 주거권자가 있는 경우 한 사람의 승낙이 다른 거주자의 의사에 직접·간접으로 반하는 경우를 말한다. 특히 남편의 부재 중 혼외성관계의 목적으로 처(妻)의 동의를 받고 주거에 들어간 경우가 문제되는바, 이 경우 본죄의 성립에 관하여 ⓐ 주거권 또는 잠재적 평온을 침해한 것이므로 본죄가 성립한다는 긍정설[399]과 ⓑ 현실적 거주자인 처의 동의가 있었기 때문에 사실상 평온은 침해되지 않았다고 보아 본죄의 성립을 부정하는 부정설(사실상 평온설에 의한 부정설, 다수설)[400]이 대립한다. ⓒ 판례는 종래에는 사실상 평온설에 의한

395 김종원, 143면; 배종대, 307면; 백형구, 396면; 손동권, 249면; 오영근, 313면; 이재상, §15－17; 이형국(Ⅰ), 363면; 정영석, 307면; 진계호, 246면; 황산덕, 250면.

396 김성천/김형준, 342면; 김일수/서보학, 240면; 박상기, 235면; 이정원, 285면; 임웅, 277면; 하태훈, '승낙의 의사표시의 흠결과 주거침입죄의 성부', 형사판례연구(6), 232면.

397 **판례 : 일반적으로 출입이 허가된 건물에 비정상적인 방법으로 들어간 사례** 일반적으로 출입이 허가된 건물이라 하여도 피고인의 출입이 금지된 시간에 그 건물 담벽에 있던 드럼통을 딛고 담벽을 넘어 들어간 후 그 곳 마당에 있던 아이스박스통과 삽을 같은 건물 화장실 유리창문 아래에 놓고 올라가 위 창문을 연 후 이를 통해 들어간 것이라면 그 **침입방법 자체가 일반적인 허가에 해당되지 않는 것이 분명하게 나타난 것**이므로, 건조물침입죄가 성립되는 것이다(대법원 1990.3.13, 90도173).

398 **사례 : 회사 퇴사 후 비정상적 방법으로 들어간 사례** 甲은 회장으로서 A회사의 업무처리를 위해 이 사건 사무실을 사용하였던 것이고, A회사와는 무관하게 개인적인 용도에 사용한 것은 아니었는데, 甲은 乙과 결별하고 사실상 A회사를 퇴사하였다. 그런데 甲은 이후 위 사무실에 나타나지 않다가 약 20일이 지나서 A회사의 명시적인 의사에 반하여 비정상적인 방법으로 위 사무실에 들어갔다. 甲의 행위는 주거침입죄(방실침입죄)를 구성하는가? **판례** 평소 그 건조물에 출입이 허용된 사람이라 하더라도 주거에 들어간 행위가 **거주자나 관리자의 명시적 또는 추정적 의사에 반함에도 불구하고 감행된** 것이라면 주거침입죄는 성립하며, **출입문을 통한 정상적인 출입이 아닌 경우** 특별한 사정이 없는 한 **그 침입 방법 자체에** 의하여 위와 같은 **의사에 반하는** 것으로 보아야 한다(대법원 2007.8.23, 2007도2595). 법원행시 11 / 법원9급 08 / 경찰승진 12 **해결** 구성한다.

399 주거권설을 취했기 때문에 일관되게 본죄의 성립을 긍정한다는 견해는 박상기, 238면; 이재상, §15－15. 다만 사실상 평온설은 취하면서도 잠재적 평온상태의 침해로 보아 본죄의 성립을 긍정하는 견해는 손동권, 252면; 정성근/박광민, 231면. 한편 주거권과 사실상 평온을 같은 의미로 해석하면서 본죄의 성립을 긍정하는 견해는 이정원, 263면.

400 강구진, 193면; 김성천/김형준, 345면; 김일수/서보학, 239면; 김종원, 143면; 백형구, 396면; 유기천(상), 164면; 이형국(Ⅰ),

긍정설을 취하다가[401] 최근 입장을 변경하여 사실상 평온설에 의한 부정설을 취하고 있다.

판례연구 공동거주자의 출입 또는 일부 공동거주자의 승낙에 의한 출입

1. 대법원 2021.9.9, 2020도12630 전원합의체

혼외 성관계 목적으로 현실적 거주자의 허락을 받고 들어간 사례

주거침입죄의 보호법익은 사적 생활관계에 있어서 사실상 누리고 있는 주거의 평온, 즉 '사실상 주거의 평온'이다. 주거침입죄의 구성요건적 행위인 침입은 주거침입죄의 보호법익과의 관계에서 해석하여야 한다. 따라서 침입이란 '거주자가 주거에서 누리는 사실상의 평온상태를 해치는 행위태양으로 주거에 들어가는 것'을 의미한다. 침입에 해당하는지 여부는 출입 당시 객관적·외형적으로 드러난 행위태양을 기준으로 판단함이 원칙이다. 단순히 주거에 들어가는 행위 자체가 거주자의 의사에 반한다는 거주자의 주관적 사정만으로 바로 침입에 해당한다고 볼 수는 없다. …… 외부인이 공동거주자의 일부가 부재중에 주거 내에 현재하는 거주자의 현실적인 승낙을 받아 통상적인 출입방법에 따라 공동주거에 들어간 경우라면 그것이 부재중인 다른 거주자의 추정적 의사에 반하는 경우에도 주거침입죄가 성립하지 않는다고 보아야 한다. …… 피고인은 피해자의 부재중에 피해자의 처로부터 현실적인 승낙을 받아 통상적인 출입방법에 따라 주거에 들어갔으므로 주거의 사실상 평온상태를 해치는 행위태양으로 주거에 들어간 것이 아니어서 주거에 침입한 것으로 볼 수 없고, 설령 피고인의 출입이 부재중인 피해자의 추정적 의사에 반하더라도 주거침입죄의 성립에 영향을 미치지 않는다고 보아 피고인에 대한 주거침입죄의 성립을 부정한 원심판결은 정당하다. …… 이와 달리 공동거주자 중 한 사람의 승낙에 따라 주거에 출입한 것이 다른 거주자의 의사에 반한다는 사정만으로 다른 거주자의 사실상 주거의 평온을 해치는 결과가 된다는 전제에서, 공동거주자 중 주거 내에 현재하는 거주자의 현실적인 승낙을 받아 통상적인 출입방법에 따라 주거에 출입하였는데도 부재중인 다른 거주자의 추정적 의사에 반한다는 사정만으로 주거침입죄가 성립한다는 취지로 판단한 대법원 1984.6.26. 선고 83도685 판결을 이 판결의 견해에 배치되는 범위 내에서 모두 변경한다. 국가9급 23 / 경찰승진 23 / 경찰간부 22

2. 대법원 2021.9.9, 2020도6085

일시 별거 중인 남편과 그 부모의 공동주거 출입 사건

(가정불화로 처 A와 일시 별거 중인 남편 甲은 그의 부모 乙·丙과 함께 주거지에 들어가려고 하는데 처로부터 집을 돌보아 달라는 부탁을 받은 처제 B가 출입을 못하게 하자, 출입문에 설치된 잠금장치를 손괴하고 주거지에 출입하였다.) ① 공동거주자 각자는 특별한 사정이 없는 한 공동주거관계의 취지 및 특성에 맞추어 공동주거 중 공동생활의 장소로 설정한 부분에 출입하여 공동의 공간을 이용할 수 있는 것과 같은 이유로, 다른 공동거주자가 이에 출입하여 이용하는 것을 용인할 수인의무도 있다. 이처럼 공동거주자 각자가 공동생활의 장소에서 누리는 사실상 주거의 평온이라는 법익은 공동거주자 상호간의 관계로 인하여 일정 부분 제약될 수밖에 없고, 공동거주자는 이러한 사정에 대한 상호 용인 하에 공동주거관계를 형성하기로 하였다고 보아야 한다. 따라서 공동거주자 상호간에는 특별한 사정이 없는 한 다른 공동거주자가 공동생활의 장소에 자유로이 출입하고 이를 이용하는 것을 금지할 수 없다. …… 공동거주자 중 한 사람이 법률적인 근거 기타 정당한 이유 없이 다른 공동거주자가 공동생활의 장소에 출입하는 것을 금지한 경우, 다른 공동거주자가 이에 대항하여 공동생활의 장소에 들어갔더라도 이는 '사전 양해된 공동주거의 취지 및 특성에 맞추어 공동생활의 장소를 이용하기 위한 방편'에 불과할 뿐, 그의 출입을 금지한 공동거주자의 사실상 주거의 평온이라는 법익을 침해하는 행위라고는 볼 수 없으므로 주거침입죄는 성립하지 않는다. 설령 그 공동거주자가 공동생활의 장소에 출입하기 위하여 다소간의 물리력을 행사하여 그 출입을 금지한 공동거주자의 사실상 평온상태를 해쳤더라도 주거침입죄는 성립하지 않는다. (또한) ② 외부인이 공동거주자 중 한 사람의 승낙에 따라서 공동생활의 장소에 함께 출입한 것도 외부인의 출입을 승낙한 공동거주자의 통상적인 공동생활 장소의 출입 및 이용행위의 일환이자 이에 수반되는 행위로 평가할 수 있는 경우에는 이러한 외부인의 행위는 전체적으로 그 공동거주자의 행위와 동일하게 평가할 수 있다. 경찰채용 23 1차 / 국가7급 22 / 경찰간부 22

364면; 임웅, 245면; 정영석, 293면; 진계호, 247면.

401 **참고판례** 남편이 일시부재 중 간통의 목적 하에 그 처의 승낙을 얻어 주거에 들어간 경우라도 남편의 주거에 대한 지배관리관계는 여전히 존속한다고 봄이 옳고 **사회통념상 간통의 목적으로 주거에 들어오는 것은 남편의 의사에 반한다**고 보이므로, 처의 승낙이 있었다 하더라도 **남편의 주거의 사실상의 평온은 깨졌다** 할 것이므로 이 경우 주거침입죄가 성립한다(대법원 1984.6.26, 83도685). 법원행시 05 / 법원9급 08 / 경찰간부 13 / 경찰채용 11 1차 / 경찰채용 18 3차 / 사시 13

출입권한을 보유한 자와 건조물침입죄 성립 여부

[문제] 건조물에 대한 공동 거주 · 관리 · 점유권한이 있는 자가 해당 건조물에 절도의 목적으로 임의로 출입하는 경우 건조물침입죄가 성립하는가?

판례 주거침입죄의 객체는 행위자 이외의 사람, 즉 '타인'이 거주하는 주거 등이라고 할 것이므로 행위자 자신이 단독으로 또는 다른 사람과 공동으로 거주하거나 관리 또는 점유하는 주거 등에 임의로 출입하더라도 주거침입죄를 구성하지 않는다. 다만 다른 사람과 공동으로 주거에 거주하거나 건조물을 관리하던 사람이 공동생활관계에서 이탈하거나 주거 등에 대한 사실상의 지배·관리를 상실한 경우 등 특별한 사정이 있는 경우에 주거침입죄가 성립할 수 있을 뿐이다(대법원 2021.9.9, 2020도6085 전원합의체). 피고인이 피해자와 공동으로 관리 · 점유하는 피해 회사 사무실에 임의로 출입한 것이므로 원칙적으로 건조물침입죄가 성립한다고 볼 수 없고, 피고인이 피해자와의 관계에서 피해 회사에 대한 출입과 관련하여 공동생활관계에서 이탈하였거나 이에 관한 사실상의 지배·관리를 상실한 경우 등의 특별한 사정이 있다고 보기도 어려우며, 피고인이 피해자로부터 교부받은 스마트키를 이용하여 피해 회사에서 예정한 통상적인 출입방법에 따라 위 사무실에 들어간 것일 뿐 그 당시 객관적·외형적으로 드러난 행위태양을 기준으로 볼 때 사실상의 평온상태를 해치는 방법으로 피해 회사에 들어갔다고 볼 만한 사정도 없다(야간건조물침입절도죄 불성립, 대법원 2023.6.29, 2023도3351).

해결 성립하지 않는다.

판례연구 공동거주자도 아닌 자가 사실상 평온 침해 방법으로 들어간 사례

1. 대법원 2021.10.28, 2021도9242

공동거주자가 아닌 자가 사실상의 평온상태를 해치는 행위태양으로 자신의 장인이 거주하는 처갓집에 들어간 사건

피고인은 자신과 다툰 후 집을 나간 처를 만나기 위해 피해자가 거주하는 처갓집(이하 '이 사건 집')을 방문하여 그 안으로 들어간 것으로서, 피고인은 이 사건 집의 공동거주자가 아니고, 피고인은 이 사건 범행 전 피해자 측에게 '처가 지금 오지 않으면 이 사건 집에 가서 휘발유를 뿌리겠다'는 취지의 문자메시지를 보냈으며, 이에 피해자와 가족들이 피고인을 피해 이 사건 집을 비웠음에도 피고인은 휘발유로 추정되는 물질을 소지한 채 이 사건 집을 방문하였고, 피해자 측에게 '이 사건 집을 부수고 불을 지르겠다'는 취지의 문자메시지 등을 보냈을 뿐더러 이 사건 집에 들어가는 과정에서 창문을 깨뜨리기도 하였는바, 피고인은 피해자가 이 사건 집에서 누리는 사실상의 평온상태를 해치는 행위태양으로 이 사건 집에 들어간 점 등에 비추어, 주거침입죄가 인정된다.

2. 대법원 2021.12.30, 2021도13639

피해자의 집에서 피해자와 일정기간 함께 생활한 피고인이 피해자의 집에 몰래 들어간 사례

피고인은 2020. 11. 초순 피해자를 알게 되어 교제하기 시작하였고 같은 달 중순부터 2020. 12. 31.까지 1개월 조금 넘는 기간 동안 피해자의 집에서 함께 생활한 점, 피고인은 수사기관부터 원심 법정에 이르기까지 주거지를 자신이 일하는 사무실 방 또는 주민등록지(피해자의 집과 무관한 장소) 중 한 곳으로만 진술하였던 점, 피고인은 피해자가 집을 비운 틈을 이용해 아파트 1층 베란다를 타고 올라가 2층에 있는 피해자의 집 거실 베란다 문을 열고 피해자의 집 안으로 들어간 점 등에 비추어, 주거침입죄의 성립이 인정된다. …… 공동거주자 중 한 사람이 공동생활의 장소에 들어간 경우 주거침입죄의 성립을 부정한 대법원 2021.9.9, 2020도6085 전원합의체 판결은 이 사건과는 사안을 달리한다.

3. 대법원 2022.1.27, 2021도15507

교제하다 헤어진 피해자의 주거가 속해 있는 아파트 동의 출입구에 설치된 공동출입문에 피해자나 다른 입주자의 승낙 없이 비밀번호를 입력하는 방법으로 아파트의 공용 부분에 출입한 사건

아파트 등 공동주택의 공동현관에 출입하는 경우에도, 그것이 주거로 사용하는 각 세대의 전용 부분에 필수적으로 부속하는 부분으로 거주자와 관리자에게만 부여된 비밀번호를 출입문에 입력하여야만 출입할 수 있거나, 외부인의 출입을 통제·관리하기 위한 취지의 표시나 경비원이 존재하는 등 외형적으로 외부인의 무단출입을 통제·관리하고 있는 사정이 존재하고, 외부인이 이를 인식하고서도 그 출입에 관한 거주자나 관리자의 승낙이 없음은 물론, 거주자와의 관계 기타 출입의 필요 등에 비추어 보더라도 정당한 이유 없이 비밀번호를 임의로 입력하거나

조작하는 등의 방법으로 거주자나 관리자 모르게 공동현관에 출입한 경우와 같이, 그 출입 목적 및 경위, 출입의 태양과 출입한 시간 등을 종합적으로 고려할 때 공동주택 거주자의 주거의 사실상의 평온상태를 해치는 행위태양으로 볼 수 있는 경우라면 공동주택 거주자들에 대한 주거침입에 해당한다. 경찰간부 22 / 경찰승진 24 / 변호사 24

㉣ 공중의 자유로운 출입이 허용되는 장소에 범죄 목적으로 들어간 경우 : 공중의 출입이 자유롭게 허용되는 장소란 관공서나 백화점·음식점과 같은 곳을 말하며, 범죄의 목적으로 위 장소에 들어간 행위가 건조물침입죄를 구성하는가에 대해서는 ⓐ 일반적으로 개방되어 있는 장소라 하더라도 관리자가 필요에 따라 그 출입을 제한할 수 있으며 범죄 목적을 가지고 출입하는 경우까지 영업주가 허락한 것이라고 볼 수 없다는 점에서 본죄가 인정된다는 긍정설(소수설[402] 및 과거의 판례)과 ⓑ 위 장소는 출입에 관한 영업주 등의 포괄적인 허락이 전제된 곳이어서 목적이 불법하다는 것만으로 침입이 될 수는 없다는 부정설(다수설[403])이 대립한다. ⓒ 과거의 판례는 ㉮ 관리자의 출입제지에도 불구하고 다중이 고함이나 소란을 피우면서 건조물에 출입하는 경우(대법원 1996.5.10, 96도419), ㉯ 촉석루 내 의기사에 보관 중이던 공용물건인 논개영정을 적법한 권한 없이 강제로 철거할 목적으로 위 의기사에 들어간 경우(대법원 2007.3.15, 2006도7079), ㉰ 일반인의 출입이 허용된 음식점이라 하더라도 영업주의 명시적·추정적 의사에 반하여 들어간 경우(소위 '초원복집 사건[404]', 대법원 1997.3.28, 95도2674) 법원행시 12 / 경찰채용 10 1차 / 경찰채용 11 1차 주거침입에 해당한다는 긍정설의 입장을 보여 왔다(범죄목적을 가진 경우 침입에 해당한다는 긍정설을 보여준 판례로는 대법원 1985.2.8, 84도2917[405]). 법원행시 12 / 경찰채용 10 1차 / 경찰채용 11 1차 그런데 최근 대법원은 입장을 변경하여, 일반인의 출입이 허용된 음식점에 영업주의 승낙을 받아 통상적인 출입방법으로 들어간 경우, 설령 행위자가 범죄 등을 목적으로 음식점에 출입하였거나 영업주가 행위자의 실제 출입 목적을 알았더라면 출입을 승낙하지 않았을 것이라는 사정이 인정되더라도, 특별한 사정이 없는 한 침입행위에 해당하지 않는다고 판시하였다(대법원 2022.3.24, 2017도18272 전원합의체).[406] 국가9급 23 / 경찰승진 23 / 국가7급 22 / 경찰간부 22

---

402 서일교, 95면; 정영석, 306면.

403 강구진, 194면; 김성천/김형준, 343면; 박상기, 236면; 백형구, 397면; 손동권, 250면; 오영근, 314면; 이재상, §15－19; 이정원, 286면; 이형국(Ⅰ), 364면; 임웅, 244면; 정성근/박광민, 232면; 진계호, 243면.

404 사실관계 평소 A시 시장 乙이 불법선거운동을 하지 않나 의심해오던 甲이 乙 등 기관장들의 조찬모임이 예약되어 있는 초원복집에 대화내용을 도청하기 위한 도청용 송신기를 설치할 목적으로 손님을 가장하여 들어갔으나, 甲은 제보를 받고 대기 중인 경찰에 의해 검거되었다.

405 판례 다방, 당구장, 독서실 등의 영업소가 들어서 있는 건물 중 공용으로 사용되는 계단과 복도는 주야간을 막론하고 관리자의 명시적 승낙이 없어도 누구나 자유롭게 통행할 수 있는 곳이라 할 것이므로 관리자가 1층 출입문을 특별히 시정하지 않는 한 범죄의 목적으로 위 건물에 들어가는 경우 이외에는 그 출입에 관하여 관리자나 소유자의 묵시적 승낙이 있다고 봄이 상당하여 그 출입행위는 주거침입죄를 구성하지 않는다(대법원 1985.2.8, 84도2917).

406 보충 위 2017도18272 전원합의체 판례는 95도2674 판결(초원복집 사건)을 비롯하여 '같은 취지의 대법원 판결들'을 변경한다고 판시하였으므로 어느 범위에서 종래의 판례들이 변경되는가가 향후 문제될 것이다. 명시적인 판례의 입장이 없어 다소 모호하기는 하나, 독자들의 수험을 위해서 몇 개의 판례들을 정리해본다.
[여전히 침입에 해당하는 경우]
① 대리시험을 치르기 위하여 시험장에 들어간 경우(대법원 1967.12.19, 67도1281)
② 관리자의 출입 제지에도 불구하고 다중이 고함이나 소란을 피우면서 건조물에 출입한 경우(대법원 1996.5.10, 96도419)
[이제는 침입에 해당하지 않는 경우]
① 논개영정을 철거목적으로 의기사에 들어간 경우(대법원 2007.3.15, 2006도7079)
② 금남여객자동차주식회사에서 버스차장으로 근무하는 관계로 그 회사의 차고나 사무실에 출입하였는데 절취의 목적이 있었던 경우(대법원 1979.10.30, 79도1882)
비교판례 : 친족의 집에 잠시 들어가 있다가 그 친족을 찾아온 타인의 돈을 절취한 경우 별도로 주거침입죄의 성부 피고인이 인근동리에 사는 고모의 아들인 피해자의 집에 잠시 들어가 있는 동안에 동 피해자에게 돈을 갚기 위하여 찾아온 동 피해자의 돈을 절취하였다면 피고인이 당초부터 불법목적을 가지고 위 피해자의 집에 들어갔거나 그의 의사에 반하여 그의 집에 들어간 것이 아니어서 주거침입죄 부분의 공소사실은 범죄의 증명이 없는 때에 해당한다(위 전원합의체 판례와 무관하게 여전히 침입에 해당하지 않음, 대법원 1984.2.14, 83도2897). 법원행시 09 / 사시 13

판례연구 일반인의 출입이 허용된 장소에 영업주의 승낙을 받아 통상적인 출입방법으로 들어간 사례

1. 대법원 2022.3.24, 2017도18272 전원합의체

영업주 몰래 카메라를 설치하기 위하여 음식점에 출입한 사건

(피고인들은 피해자가 운영하는 음식점에서 기자인 공소외 3을 만나 식사를 대접하면서 공소외 3이 부적절한 요구를 하는 장면 등을 확보할 목적으로 녹음·녹화 장치를 설치하거나 장치의 작동 여부 확인 및 이를 제거하기 위하여 위 음식점의 방실에 들어갔다.) …… 거주자의 의사에 반하는지는 사실상의 평온상태를 해치는 행위태양인지를 평가할 때 고려할 요소 중 하나이지만 주된 평가 요소가 될 수는 없다. 침입행위에 해당하는지는 거주자의 의사에 반하는지가 아니라 사실상의 평온상태를 해치는 행위 태양인지에 따라 판단되어야 한다. 행위자가 거주자의 승낙을 받아 주거에 들어갔으나 범죄 등을 목적으로 한 출입이거나 거주자가 행위자의 실제 출입 목적을 알았더라면 출입을 승낙하지 않았을 것이라는 사정이 인정되는 경우 행위자의 출입행위가 주거침입죄에서 규정하는 침입행위에 해당하려면 …… 행위자의 출입 당시 객관적·외형적으로 드러난 행위 태양에 비추어 주거의 사실상 평온상태가 침해되었다고 평가되어야 한다. 이때 거주자의 의사도 고려되지만 주거 등의 형태와 용도·성질, 외부인에 대한 출입의 통제·관리 방식과 상태 등 출입 당시 상황에 따라 그 정도는 달리 평가될 수 있다. 일반인의 출입이 허용된 음식점에 영업주의 승낙을 받아 통상적인 출입방법으로 들어갔다면 특별한 사정이 없는 한 주거침입죄에서 규정하는 침입행위에 해당하지 않는다. 설령 행위자가 범죄 등을 목적으로 음식점에 출입하였거나 영업주가 행위자의 실제 출입 목적을 알았더라면 출입을 승낙하지 않았을 것이라는 사정이 인정되더라도 그러한 사정만으로는 출입 당시 객관적·외형적으로 드러난 행위 태양에 비추어 사실상의 평온상태를 해치는 방법으로 음식점에 들어갔다고 평가할 수 없으므로 침입행위에 해당하지 않는다. 이와 달리 일반인의 출입이 허용된 음식점이더라도 음식점의 방실에 도청용 송신기를 설치할 목적으로 들어간 것은 영업주의 명시적 또는 추정적 의사에 반한다고 보아 주거침입죄가 성립한다고 인정한 대법원 1997.3.28, 95도2674 판결을 비롯하여 같은 취지의 대법원 판결들은 이 판결의 견해에 배치되는 범위 안에서 이를 변경하기로 한다. 경찰간부 22 / 국가9급 23 / 경찰승진 23 / 국가7급 22 / 경찰승진 24

2. 대법원 2022.6.16, 2021도7087

노동조합원들 다수가 시청 1층 로비에 들어간 사건

노동조합원 甲 등 150 여명의 조합원들은 공동하여 관리자의 출입 제한이나 제지가 없는 상태에서 ○○시청 1층 로비로 통상적인 방법으로 들어가 바닥에 앉아 구호를 외치며 소란을 피웠다. …… 일반적으로 출입이 허용되어 개방된 시청사 로비에 관리자의 출입 제한이나 제지가 없는 상태에서 통상적인 방법으로 들어간 이상 사실상의 평온상태를 해치는 행위 태양으로 시청 1층 로비에 들어갔다고 볼 수 없으므로 건조물침입죄에서 규정하는 침입행위에 해당하지 않는다.

3. 대법원 2022.8.25, 2022도3801

상가 1층 엘리베이터 앞까지 피해자들을 뒤따라 들어가 강제추행한 사건

甲은 A(여, 16세)를 추행하기로 마음먹고 피해자를 뒤따라 ㅁㅁ프라자 상가 1층에 들어가, 그곳에서 엘리베이터를 기다리는 피해자의 뒤에서 갑자기 피해자의 교복 치마 안으로 손을 넣어 피해자의 음부를 만졌다. …… 상가 1층의 공용 부분 내 엘리베이터 앞 부분까지 들어간 부분에 대해서는 그것이 범죄 등을 목적으로 한 출입으로서 침입에 해당한다는 점에 대한 증명이 충분하다고 볼 수 없다.

4. 대법원 2022.9.7, 2021도9055

대형마트 피켓시위 사건

A 등 7명(여 4명, 남 3명)은 홈플러스 강서점에 방문한 대표이사 등에게 해고와 전보 인사발령에 항의하기 위하여 식품매장에 들어가 당시 현장점검을 하던 점장과 대표이사 甲 등 간부들(20명 이상)을 약 30분간 따라 다니면서 그 근처에서 피켓을 들고 "강제전배 멈추어라, 통합운영 하지마라, 직원들이 아파한다, 부당해고 그만하라."라고 고성을 지르는 방법으로 약 30분간 甲의 현장점검 업무를 방해하였다는 내용으로 기소되었다. …… 일반적으로 출입이 허용되어 개방된 건조물에 관리자의 출입 제한이나 제지가 없는 상태에서 통상적인 방법으로 들어갔다면, 사실상의 평온상태를 해치는 행위 태양으로 그 건조물에 들어갔다고 볼 수 없으므로 건조물침입죄에서 규정하는 침입행위에 해당하지 않는다(대법원 2022.5.12, 2022도2907; 2022.6.16, 2021도7087)(업무방해죄의 위력에도 해당하지 않음). 경찰채용 23 1차

5. 대법원 2024.1.4, 2022도15955

업무시간 중 출입자격 등의 제한 없이 일반적으로 개방되어 있는 장소에 들어간 사례

업무시간 중 출입자격 등의 제한 없이 일반적으로 개방되어 있는 장소에 들어간 경우, 관리자의 명시적 출입금지 의사 및 조치가 없었던 이상 그 출입 행위가 결과적으로 관리자의 추정적 의사에 반하였다는 사정만으로는 사실상의 평온상태를 해치는 행위태양으로 출입하였다고 평가할 수 없다. 피고인들이 업무시간 중 일반적으로 출입이 허용되어 개방된 장소이거나 업무상 이해관계인의 출입에 별다른 제한이 없는 영업장소에 업무상 이해관계인 자격으로 관리자의 출입제한이나 제지가 없는 상태에서 사전에 면담약속·방문 통지를 한 후 방문한 것이거나 면담요청을 하기 위해 통상적인 방법으로 들어간 이상, 사실상의 평온상태를 해치는 행위 태양으로 들어갔다고 볼 수 없어 건조물침입죄에서 규정하는 침입행위에 해당한다고 보기 어려우며, 사후적으로 볼 때 위 피고인들의 위 각 장소에의 순차적 출입이 앞서 본 소란 등 행위로 인하여 결과적으로 각 관리자의 추정적 의사에 반하는 결과를 초래하게 되었더라도, 그러한 사정만으로는 사실상의 평온상태를 해치는 행위 태양으로 출입하였다고 평가할 수 없다.

보충 호텔관리단 소속 피고인들 甲 등이 업무시간 중 A건설, B저축은행, C저축은행에 사전 면담약속·방문 통지를 한 후 방문하거나 면담요청을 하기 위해 방문하였다가 면담이 무산되어 각 장소를 점거한 행위는 건조물침입죄를 구성하지 않는다는 사례이다.

㉤ 해고된 근로자의 회사 건물의 출입의 경우 : 해고된 근로자라 할지라도 법률적 쟁송의 방법(노동위원회나 법원에 부당노동행위의 구제신청이나 해고무효확인의 소를 제기하는 것)으로 상당한 기간 내에 해고의 효력을 다투고 있는 경우가 있다.

ⓐ 건조물침입에 해당하는 경우 : 근로자인 피고인이 경비원들의 제지를 뿌리치고 회사 내로 들어간 후 식당에서 유인물을 배포하였다면 피고인이 단지 노동조합 사무실에 가기 위하여 회사 내에 들어갔다고 볼 수 없을 것이므로 건조물침입죄가 성립한다(대법원 1991.11.8, 91도326).[407] 또한 노조가 회사 건물을 점거하는 상황에서 노조 임시사무실에 들어가는 행위는 본죄를 구성한다(대법원 1994.2.8, 93도120).[408]

ⓑ 건조물침입에 해당하지 않는 경우 : 해고근로자라 하여도 근로자 또는 조합원의 자격이 인정되기 때문에 회사 내 노조사무실에 들어가는 것은 정당한 행위로서 회사 측에서도 이를 제지할 수 없다. 따라서 노조사무실 출입목적으로 경비원의 제지를 뿌리치고 회사 내로 들어가는 것은 건조물침입죄로 벌할 수 없다(대법원 1991.11.8, 91도326).

③ 착수시기 : 본죄의 실행의 착수는 주거자·관리자·점유자 등의 의사에 반하여 주거나 관리하는 건조물 등에 들어가는 행위, 즉 구성요건의 일부를 실현하는 행위까지 요구하는 것은 아니고 범죄구성요건의 실현에 이르는 현실적 위험성을 포함하는 행위를 개시하는 것으로 족하다(대법원 2003.10.24, 2003도4417; 2006.9.14, 2006도2824). 국가7급 11 / 경찰승진 13 / 국가7급 20 / 국가9급 23

㉠ 실행의 착수가 인정되는 경우 : 주거로 들어가는 문의 시정장치를 부수거나 문을 여는 등 '침입을

407 유사판례 해고를 당한 후 해고처분무효확인소송을 제기하여 그 효력을 다툼으로써 노동조합의 조합원인 근로자의 지위를 그대로 갖고 있다 하더라도 회사가 조합의 대의원이 아닌 피고인에게 회사 내의 조합대의원회의에 참석하는 것을 허락하지 아니하였는데도 그 의사에 반하여 함부로 거기에 들어가고 회사경비원들의 출입통제업무를 방해한 것은 건조물침입죄와 업무방해죄의 실체적 경합에 해당한다(대법원 1991.9.10, 91도1666).

408 사례 : 회사점거 중 노조사무실에 들어간 사례 甲(법률적 쟁송이 아닌 개별적 또는 집단적 협의과정을 통하여 해고의 효력을 다투고 있는 해고근로자)은 위 회사 노조수석부위원 A 등이 노조사무실에서 경찰에 의해 구속영장이 집행되자 이에 반발한 위 회사 노조원들이 위 회사 각 출입문 경비실을 장악하고 관리직 사원들의 출입을 봉쇄하며 경찰과 대치하면서 투석시위를 벌이는 등으로 회사를 점거하였을 때에 생산차량 2대를 나누어 타고 와 위 회사 조립부 풀팀(pool team) 사무실(노조 임시사무실로 사용하고 있는 곳)로 들어갔다. 甲의 죄책은? 판례 특별한 사정이 없는 한 해고근고자인 피고인이 노조원들에 의한 회사 점거 중 노조 임시사무실에 들어간 행위는 관리자인 회사 측의 의사 내지 추정적 의사에 반하는 것이라 아니할 수 없고, 또 피고인이 그와 같은 승낙이 있다고 믿었음에 정당한 이유가 있다고도 보기 어려운 것이다(대법원 1994.2.8, 93도120).
해결 건조물침입죄.

위한 구체적 행위'를 시작하였다면 본죄의 실행의 착수를 인정할 수 있다. 예컨대 출입문이 열려 있으면 안으로 들어가겠다는 의사 아래 출입문을 당겨보는 행위는 바로 주거의 사실상의 평온을 침해할 객관적인 위험성을 포함하는 행위를 한 것으로 볼 수 있어 주거침입의 실행에 착수한 것으로 보아야 한다(대법원 2006.9.14, 2006도2824). 국가7급 10 / 국가9급 13 / 법원행시 07 / 법원행시 08 / 법원행시 09 / 법원9급 08 / 법원9급 12 / 경찰승진(경감) 10 / 경찰채용 10 2차 / 경찰채용 12 2차

㉡ 실행의 착수가 부정되는 경우 : 침입 대상인 아파트에 사람이 있는지를 확인하기 위해 그 집의 초인종을 누른 행위만으로는 침입의 현실적 위험성을 포함하는 행위를 시작하였다거나, 주거의 사실상의 평온을 침해할 객관적인 위험성을 포함하는 행위를 한 것으로 볼 수 없다(대법원 2008.4.10, 2008도1464). 국가7급 11 / 법원행시 09 / 법원9급 10 / 경찰승진 12

④ 기수시기

㉠ 일부침입설 내지 보호법익기준설 : 사실상 평온설의 입장에 서서 보호법익을 기준으로 하여 ⓐ 신체의 일부만 타인의 주거 안으로 들어갔다고 하더라도 거주자가 누리는 사실상의 주거의 평온을 해할 수 있는 정도에 이르렀다면 기수가 되고, 반면 ⓑ 신체의 극히 일부분이 주거 안으로 들어갔지만 사실상 주거의 평온을 해하는 정도에 이르지 아니하였다면 미수에 그친다는 입장이다(소수설·판례 : 일부침입설 또는 보호법익기준설,[409] 대법원 1995.9.15, 94도2561).[410] 국가9급 11 / 법원행시 05 / 법원행시 11 / 법원행시 12 / 법원9급 07(하) / 법원9급 08 / 법원9급 10 / 법원9급 18 / 경찰간부 13 / 경찰승진(공통) 11 / 경찰승진 12 / 경찰승진 14 / 경찰채용 2차 10

㉡ 전부침입설 : 행위자의 신체가 전부 들어간 때에 기수가 되며, 일부만 들어가면 미수범에 해당한다는 입장이다(다수설[411]). 독일과는 달리 우리 형법에는 주거침입죄의 미수범 처벌규정이 있다는 점을 그 주된 논거로 삼고 있다.

㉢ 소결 : 침입이라는 행위의 완성은 그 주거에 신체의 전부가 '들어간다'고 해석하는 것이 아무래도 자연스럽다는 점에서 전부침입설이 타당하다고 생각된다. 다만 어느 견해에 의하든 본죄의 침해범적 성질을 고려한다면, 신체의 전부가 타인의 주거 안으로 들어갔다고 하더라도 사실상 주거의 평온을 해하지 않은 시점에서 곧바로 그 주거에서 퇴거한 경우에는 주거침입죄의 기수를 인정하기는 어렵고 미수에 불과하다고 보게 될 것이다(다만, 수험에서는 판례의 일부침입설에 유의할 것).

⑤ 종료시기 : 본죄는 계속범이므로 기수 이후에도 위법한 주거침입상태가 계속되다가 그 주거에서 퇴거한 때 종료가 된다. 사시 13

(2) 주관적 구성요건 – 고의

① 보호법익기준설(일부침입설) : 본죄의 고의는 거주자의 의사에 반하여 자기 신체의 일부라도 타인의 주거 안으로 들어간다는 인식이 있으면 족하다는 입장이다(소수설·판례 : 대법원 1995.9.15, 94도2561). 법원행시 12 즉 이 경우에도 본죄의 기수의 고의는 인정된다는 것이다.

---

409 김성천/김형준, 345면; 이정원, 261면; 임웅, 246면.

410 판례 : 주거침입죄의 기수와 그 범의에 관하여 일부침입설 내지 보호법익기준설을 판시한 판례 주거침입죄는 사실상의 주거의 평온을 보호법익으로 하는 것이므로, 반드시 행위자의 신체의 전부가 범행의 목적인 타인의 주거 안으로 들어가야만 성립하는 것이 아니라 신체의 일부만 타인의 주거 안으로 들어갔다고 하더라도 거주자가 누리는 사실상의 주거의 평온을 해할 수 있는 정도에 이르렀다면 범죄구성요건을 충족하는 것이라고 보아야 하고, 따라서 주거침입죄의 고의는 반드시 신체의 전부가 타인의 주거 안으로 들어간다는 인식이 있어야만 하는 것이 아니라 신체의 일부라도 타인의 주거 안으로 들어간다는 인식이 있으면 족하다. 따라서 야간에 타인의 집의 창문을 열고 집 안으로 얼굴을 들이미는 등의 행위를 하였다면 피고인이 자신의 신체의 일부가 집 안으로 들어간다는 인식하에 하였더라도 주거침입죄의 고의는 인정되고, 또한 비록 신체의 일부만이 집 안으로 들어갔다고 하더라도 사실상 주거의 평온을 해하였다면 주거침입죄는 기수에 이르렀다고 할 것이다(대법원 1995.9.15, 94도2561). 법원행시 05 / 법원행시 11 / 법원행시 12 / 법원9급 07(하) / 법원9급 08 / 법원9급 10 / 경찰간부 13 / 경찰채용 10 2차

411 강구진, 195면; 김종원, 144면; 박상기, 235면; 백형구, 389면; 유기천(상), 164면; 이재상, §15–12; 이형국(Ⅰ), 364면; 정성근/박광민, 232면; 정영석, 307면.

② 전부침입설 : 신체의 전부가 들어간다는 인식과 의사가 있어야 한다는 입장이다(다수설). 따라서 신체의 일부만 들어간다는 생각으로는 본죄의 고의를 인정할 수 없어 무죄가 된다.

2. 위법성

(1) 정당행위

① 법령에 의한 행위

㉠ 형사소송법상의 구속 · 압수 · 수색 · 검증을 위한 경우(형소 제109조, 제216조, 제219조) : 법령에 의한 행위(공무원의 직무집행행위)로서 위법성이 조각된다.

㉡ 민사집행법상의 강제집행을 위한 경우(민집 제5조 제1항) : 위 ㉠과 같다.

㉢ 사인이 현행범체포를 위해서 타인의 주거에 들어가는 경우 : 사인의 현행범체포행위의 한계를 넘어서는 것으로서 위법성이 조각될 수 없다. 판례도 현행범을 추격하여 그 범인의 父의 집에 들어가서 동인과 시비 끝에 상해를 입힌 경우 주거침입죄가 성립한다고 보고 있다(대법원 1965.12.21, 65도899).

㉣ 노동쟁의행위와 관련되는 경우 : 판례에 의하면 ⓐ 해고되어 회사의 근로자도 아닌 자가 시위근로자 570명과 함께 회사건물 본관 앞까지 이동한 다음 무단점거를 저지하려는 관리직사원들을 힘으로 밀어붙이고 동 건물을 점거한 경우 건조물침입죄(및 업무방해죄)를 구성하고(대법원 1990.6.12, 90도672), 근로자들이 사용자가 제3자와 공동으로 관리 · 사용하는 공간을 사용자에 대한 정당한 쟁의행위를 이유로 관리자의 의사에 반하여 침입·점거한 경우, 위 제3자에 대한 관계에서 정당행위가 인정되지 않아 주거침입의 위법성이 조각되지 않는다(대법원 2010.3.11, 2009도5008). 경찰간부 12 / 경찰채용 11 1차 / 사시 12 ⓑ 그러나 반대로 사용자의 직장폐쇄가 정당한 쟁의행위로 인정되지 아니하는 때에는, 다른 특별한 사정이 없는 한 근로자가 평소 출입이 허용되는 사업장 안에 들어가는 행위는 주거침입죄를 구성하지 아니한다(대법원 2002.9.24, 2002도2243). 법원9급 07(하) / 경찰승진(공통) 11 / 사시 12 / 경찰승진 23

② 사회상규에 위배되지 아니하는 행위 : ㉠ 채권자가 채무변제를 독촉하기 위해 채무자의 집에 임의로 들어간 행위 등은 정당하다고 볼 수 없으며, ㉡ 점유할 권리 없는 자의 점유라고 하더라도 그 주거의 평온은 보호되어야 할 것이므로, 권리자가 그 권리실행으로서 자력구제의 수단으로 건조물에 침입한 경우에도 주거침입죄가 성립하고(대법원 1985.3.26, 85도122), 법원9급 07(하) / 경찰간부 13 / 사시 10 / 사시 13 ㉢ 甲이 자신이 건물의 소유자라고 주장하는데 이 건물을 점유·관리하고 있는 乙은 이에 동의하지 않아 소유권 분쟁이 계속되는 중에 甲이 乙의 동의 없이 위 건물에 들어갔다면, 피해자의 추정적 승낙이 있었다거나 사회상규에 위배되지 않는다고 볼 수 없으므로 건조물침입죄를 구성한다(대법원 1989.9.12, 89도889). 국가7급 10 / 경찰채용 18 3차

(2) 긴급피난

강도를 피하기 위해 타인의 집으로 들어간 경우는 긴급피난에 해당한다.

3. 죄 수

다른 사람의 주택에 무단 침입한 범죄사실로 이미 유죄판결을 받은 사람이 그 판결이 확정된 후에도 퇴거하지 않은 채 계속하여 당해 주택에 거주한 경우, 위 판결 확정 이후의 행위는 별도의 주거침입죄를 구성한다(대법원 2008.5.8, 2007도11322). 국가9급 13 / 경찰승진 14 / 경찰채용 10 2차 / 사시 14

4. 폭처법상 가중처벌규정

폭처법에서는 주거침입죄와 퇴거불응죄를 2인 이상이 공동하여 범한 경우를 가중처벌하고 있다(폭처법 제2조

제2항 제1호). 다만, 야간 범행시 가중처벌규정(구 폭처법 제3조 제2항)은 2006년에, 상습적으로, 또는 단체 또는 다중의 위력으로써 또는 단체나 집단을 가장하여 위력을 보임으로써 또는 흉기 기타 위험한 물건을 휴대하여, 또한 이러한 범죄를 상습적으로 범한 경우 가중처벌규정(구 폭처법 제2조 제1항, 제3조 제1항·제3항)은 2016.1.6. 삭제되었다.

03 퇴거불응죄

제319조【주거침입, 퇴거불응】 ② 전항의 장소에서 퇴거요구를 받고 응하지 아니한 자도 전항의 형과 같다. 법원9급 09 / 경찰채용 10 2차

1. 구성요건

(1) 주 체

타인의 주거에 적법하게 또는 과실로 들어간 후 퇴거요구를 받고 퇴거하지 않은 자이다. 처음부터 거주자의 의사에 반하여 들어가면 주거침입죄가 성립된다(주거침입+퇴거불응=주거침입).

(2) 행 위

① 의의 : 퇴거요구를 받고 퇴거하지 아니한 것이다(진정부작위범 · 거동범 · 계속범). 국가7급 07

② 퇴거불응에 해당하는 경우 : ㉠ 교회의 예배를 방해할 목적으로 교회에 출입하는 자에 대하여 교회당회가 출입금지의결을 하고 퇴거를 요구하였는데도 이에 불응하거나(대법원 1992.4.28, 91도2309),[412] ㉡ 적법하게 직장폐쇄를 단행한 사용자로부터 퇴거요구를 받고도 불응한 채 직장점거를 계속한 행위는 본죄를 구성한다(대법원 2005.6.9, 2004도7218).[413] 국가7급 07 / 법원행시 11

③ 퇴거불응에 해당하지 않는 경우 : ㉠ 퇴거요구를 받고 이에 응하여 당해 건물에서 퇴거하면서 가재도구 등을 남겨두었다 하더라도 퇴거불응죄를 구성하지 않으며(대법원 2007.11.15, 2007도6990), 법원9급 09 / 경찰간부 12 / 경찰승진(공통) 11 / 경찰채용 20 2차 ㉡ 적법한 쟁의행위로 사업장을 점거한 근로자가 부당한 직장폐쇄에 대항하여 퇴거요구에 불응한 것도 퇴거불응죄를 구성하지 않는다(대법원 2007.12.28, 2007도5204).[414] 법원9급 09 / 경찰간부 12 / 경찰간부 18 / 사시 12 / 사시 13

---

412 판례 : 교회 예배 방해 목적 퇴거불응 사례 피고인이 예배의 목적이 아니라 교회의 예배를 방해하여 교회의 평온을 해할 목적으로 교회에 출입하는 것이 판명되어 위 교회 건물의 관리주체라고 할 수 있는 교회당회에서 피고인에 대한 교회출입금지의결을 하고, 이에 따라 위 교회의 관리인이 피고인에게 퇴거를 요구한 경우 피고인의 교회출입을 막으려는 위 교회의 의사는 명백히 나타난 것이기 때문에 이에 기하여 퇴거요구를 한 것은 정당하고 이에 불응하여 퇴거를 하지 아니한 행위는 퇴거불응죄에 해당한다(대법원 1992.4.28, 91도2309).

413 사례 : 적법한 직장폐쇄에 대한 불법한 퇴거불응에 대항한 정당방위 사례 2002년 11월 15일 당시 축협에 의하여 적법하게 직장폐쇄가 이루어지고 있었음에도, 근로자가 아닌 乙이 일방적으로 업무에 복귀하겠다면서 사용자인 甲의 퇴거요구에도 응하지 않은 채 계속하여 사업장 내로 진입을 시도하자, 甲이 이에 대응하여 乙을 폭행·협박하였다. 甲에게는 폭행·협박죄가 성립하는가? 판례 공소외 축협에 의하여 적법하게 직장폐쇄가 이루어지고 있었음에도, 근로자가 아닌 피해자가 일방적으로 업무에 복귀하겠다면서 피고인의 퇴거 요구에도 응하지 않은 채 계속하여 사업장 내로 진입을 시도한 것은 건조물침입죄 또는 퇴거불응죄를 구성하고, 이에 대응하여 피고인이 공소외 11과 공동하여 피해자를 폭행·협박한 것은 사업장 내의 평온과 노조의 업무방해행위를 방지하기 위한 목적에서 행하여진 것으로서 그 목적 내지 방법의 상당성 등에 비추어 정당방위 내지 정당행위에 해당한다(대법원 2005.6.9, 2004도7218). 해결 성립하지 않는다.

414 판례 : 적법한 쟁의행위로 사업장을 점거한 근로자가 부당한 직장폐쇄에 대항하여 퇴거요구에 불응한 사례 사용자 측의 노사간 교섭에 소극적인 태도, 노동조합의 파업이 노사 간 교섭력의 균형과 사용자측 업무수행에 미치는 영향 등에 비추어 노동조합이 파업을 시작한 지 불과 4시간 만에 사용자가 바로 직장폐쇄 조치를 취한 것은 정당한 쟁의행위로 인정되지 아니하므로, 사용자 측 시설을 정당하게 점거한 조합원들이 사용자로부터 퇴거요구를 받고 이에 불응하였더라도 퇴거불응죄가 성립하지 아니한다(대법원 2007.12.28, 2007도5204). 법원9급 09 / 경찰간부 12 / 사시 13

2. 미수범

본죄는 진정부작위범(거동범)임에도 미수범 처벌규정(제322조)을 두고 있다. 국가7급 12 / 법원9급 09 / 경찰승진(공통) 10 / 경찰채용 10 2차 다만 퇴거불응죄의 미수범이 실제 성립할 여지가 있는가에 대해서는 견해가 대립한다.[415]

04 특수주거침입죄

제320조 【특수주거침입】 단체 또는 다중의 위력을 보이거나 위험한 물건을 휴대 법원9급 13 하여 전조의 죄를 범한 때에는 5년 이하의 징역에 처한다.

위험한 물건을 휴대하여 주거에 침입한 경우에는 본죄가 성립하지만, 이 경우 주거에 침입한 범인이 위험한 물건을 휴대해야 하기 때문에 밖에서 망을 보고 있던 자만 위험한 물건을 휴대한 경우에는 본죄에 해당될 수 없다. 판례도 주거에 침입한 범인을 기준으로 위험한 물건 휴대 여부를 결정하는 입장이다(대법원 1994.10.11, 94도1991).

또한 본죄의 고의는 위험한 물건을 휴대한다는 사실에 대한 인식 · 인용이 요구된다. 그러나 주거침입을 위해 위험한 물건을 구체적으로 사용해야 한다는 인식은 요하지 않는다.

05 주거 · 신체수색죄

제321조 【주거 · 신체수색】 사람의 신체, 주거, 관리하는 건조물, 자동차, 선박이나 항공기 또는 점유하는 방실을 수색한 자는 3년 이하의 징역에 처한다.

본죄는 사람의 신체와 자동차가 그 객체로 규정되어 있다는 점에서 주거침입죄 · 퇴거불응죄와는 차이가 있다. 예컨대 주거용 차량이 아닌 타인의 자동차에 함부로 들어간 행위는 주거침입죄를 구성하지 않지만 그 내부를 조사하는 행위를 한 경우에는 본죄에 해당된다.

다만 타인의 주거 또는 신체를 수색함에 있어서 형사소송법(제109조, 제215조, 제219조)이나 민사집행법(제5조 제1항)에 의한 적법한 권한이 있는 경우에는 본죄의 위법성이 조각된다(법령에 의한 정당행위).[416] 그러나 대법원은 회사와 소수 주주들 간의 분쟁과 관련된 판례에서 '회사 측이 회사운영을 부실하게 하여 소수 주주들에게 손해를 입게 한 경우' 주주총회에 참석한 주주가 '강제로 사무실을 뒤져 회계장부를 찾아내는 것'이 사회통념상 용인되는 정당행위로 되는 것은 아니라고 보고 있다(대법원 2001.9.7, 2001도2917). 법원행시 08 자기 또는 타인의 권리를 실행하기 위한 행위라 하더라도 권리남용금지의 원칙이 존중되어야 한다는 판례이다.

---

415 보충 : 퇴거불응죄의 미수범의 성립 여지 ㉠ 본죄는 미수범 처벌규정이 있으나 진정부작위범으로서 거동범의 성질을 가지므로 사실상 성립할 여지가 없다고 보는 부정설이 다수설이다. 박상기, 240면; 배종대, 312면; 백형구, 392면; 서일교, 96면; 손동권, 257면; 이재상, §15-27; 이정원, 267면; 이형국(Ⅰ), 368면; 정성근/박광민, 235면; 황산덕, 257면. ㉡ 반면 본죄는 침해범의 성격을 가질 뿐 아니라 열을 셀 때까지 나가라는 요구를 받은 경우 퇴거요구에 불응하다가 중간에 퇴거한 경우에는 미수범이 성립할 여지가 있다는 긍정설은 김성천/김형준, 349면; 김일수(Ⅲ), 491면; 오영근, 286면; 임웅, 250면.

416 피수색자의 승낙이 있는 경우에는 구성요건해당성을 조각하는 양해라고 보는 것이 다수설이다. 김성천/김형준, 351면; 백형구, 394면; 손동권, 258면; 오영근, 323면; 이재상, §15-29; 정성근/박광민, 236면. 한편 위법성조각사유로 보는 소수설도 있다. 임웅, 252면.

수험의 핵심포인트

목 차		난 도	출제율	대표 지문
제1절 재산죄의 일반이론	01 재산죄의 분류	中	★	• 재산죄의 객체인 재물은 반드시 객관적인 금전적 교환가치를 가질 필요는 없고 소유자, 점유자가 주관적인 가치를 가지고 있음으로써 족하다. (○) • 컴퓨터에 저장되어 있는 '정보' 그 자체는 재물이 될 수 없고, 또 이를 복사하거나 출력한 행위를 가지고 절도죄를 구성한다고 볼 수도 없다. (○) • '아버지와 사실혼 관계에 있는 사람으로부터 돈을 갈취한 경우'는 친족상도례가 적용되지 아니한다. (○)
	02 재 물	中	★★	
	03 재산상 이익	中	★	
	04 점 유	中	★★	
	05 불법영득의사	中	★★	
	06 친족상도례	上	★★★	
제2절 절도의 죄	01 총 설	下	★	• 피고인이 자신의 어머니 甲 명의로 구입·등록하여 甲에게 명의신탁한 자동차를 乙에게 담보로 제공한 후 乙 몰래 가져간 경우, 乙에 대한 절도죄가 성립하는 것이 아니라 乙에 대한 권리행사방해죄가 성립한다. (×) • 주간에 사람의 주거 등에 침입하여 야간에 타인의 재물을 절취한 행위는 형법 제330조의 야간주거침입절도죄를 구성하지 않는다. (○)
	02 절도죄	中	★★★	
	03 야간주거침입절도죄	中	★★	
	04 특수절도죄	上	★★	
	05 (자동차·선박·항공기·원동기장치자전거) 불법사용죄	下	★	
	06 상습절도죄	下	★	
제3절 강도의 죄	01 총 설	下	★	• 주간에 절도의 목적으로 타인의 주거에 침입하였다가 실행의 착수 이전에 발각되어 체포를 면탈하고자 폭행을 가한 경우에는 단순 주거침입죄와 폭행죄의 경합범만이 성립한다. (○) • 甲이 야간에 절도의 목적으로 乙이 경영하는 자동차수리공장의 담을 넘다가 방범대원 丙에게 발각되어 추격을 받자 체포를 면탈할 목적으로 丙에게 폭행을 가하였다면 준강도미수죄가 성립한다. (○) • 강도범인이 체포를 면탈할 목적으로 경찰관에게 폭행을 가한 때에는 강도죄와 공무집행방해죄는 상상적 경합관계에 있게 된다. (×) • 피해자로부터 신용카드를 강취하고 비밀번호를 알아내는 과정에서 피해자에게 입힌 상처가 일상생활에 지장을 초래하지 않았고, 그 회복을 위하여 치료행위가 특별히 필요하지 않은 경우에는 강도상해죄의 상해에 해당하지 않는다. (○)
	02 강도죄	中	★★★	
	03 특수강도죄	中	★	
	04 준강도죄	上	★★★	
	05 인질강도죄	中	★	
	06 강도상해 · 치상죄	下	★★	
	07 강도살인 · 치사죄	下	★	
	08 강도강간죄	下	★	
	09 해상강도죄	下	★	
	10 상습강도죄	下	★	
	11 강도예비 · 음모죄	中	★★	
제4절 사기의 죄	01 총 설	中	★★	• 수입소고기를 사용하는 식당영업주가 한우만을 취급한다는 취지의 상호를 사용하고 식단표 등에도 한우만을 사용한다고 기재한 경우는 사기죄의 기망행위에 해당된다. (○) • 甲이 피담보채권인 공사대금 채권을 실제와 달리 허위로 크게 부풀려 유치권에 의한 경매를 신청한 행위는 소송사기의 실행의 착수에 해당한다. (○) • 피해자들을 유인하여 사기도박으로 도금을 편취한 경우, 피해자들에 대한 각 사기죄는 실체적 경합의 관계에 있는 것으로 보아야 한다. (×)
	02 사기죄	上	★★★	
	03 컴퓨터 등 사용사기죄와 신용카드범죄	中	★★	
	04 준사기죄	中	★	
	05 편의시설부정이용죄	下	★	
	06 부당이득죄	下	★	
	07 상습사기죄	下	★	
제5절 공갈의 죄	01 총 설	下	★	• 조상천도제를 지내지 아니하면 피해자와 그의 가족의 생명과 신체 등에 어떤 위해가 발생할 것처럼 겁을 주고 이에 외포된 피해자로부터 예금계좌로 835,000원을 송금받은 경우 공갈죄가 성립한다. (×)
	02 공갈죄	中	★★	
	03 특수공갈죄	下	–	
	04 상습공갈죄	中	★	
제6절 횡령의 죄	01 총 설	中	★★	• 동산을 양도담보로 제공하고 점유개정의 방법으로 이를 점유하고 있는 양도담보설정자가 그 동산을 제3자에게 처분한 경우 횡령죄가 성립한다. (×) • 포주가 윤락녀와 사이에 윤락녀가 받은 화대를 포주가 보관하였다가 절반씩 분배하기로 약정하고도 보관중인 화대를 임의로 소비한 경우 횡령죄가 성립한다. (○)
	02 횡령죄	上	★★★	
	03 업무상 횡령죄	上	★★	
	04 점유이탈물횡령죄	中	★★	
제7절 배임의 죄	01 총 설	中	★★	• 배임죄에 있어서의 타인의 사무라 함은 신임관계에 기초를 둔 타인의 재산의 보호 내지 관리의무가 있을 것을 그 본질적 내용으로 하는 것이다. (○) • 채권자가 양도담보로 제공된 부동산을 변제기 후에 담보권의 실행차원에서 처분한 경우, 그 목적물을 부당하게 염가로 처분하거나 청산금의 잔액을 채무자에게 지급해주지 않으면 배임죄가 성립한다. (×)
	02 배임죄	上	★★★	
	03 업무상 배임죄	上	★★	
	04 배임수재죄	中	★★	
	05 배임증재죄	中	★★	
제8절 장물의 죄	01 총 설	中	★★	• 장물죄의 장물이 되기 위하여는 본범이 절도, 강도, 사기, 공갈, 횡령 등 재산죄에 의하여 영득한 물건이면 족하고 그 중 어느 범죄에 의하여 영득한 것인지를 구체적으로 명시할 것을 요하지 않는다. (○)
	02 장물취득 · 양도 · 운반 · 보관 · 알선죄	中	★★★	
	03 상습장물취득 · 양도 · 운반 · 보관 · 알선죄	下	★	
	04 업무상 과실 · 중과실 장물취득 · 양도 · 운반 · 보관 · 알선죄	下	★	
제9절 손괴의 죄	01 재물손괴죄	中	★★	• '손괴'란 물리적 훼손을 의미하며, 감정상 물건을 본래 용도에 따라 사용할 수 없게 된 경우는 이에 해당하지 않는다. (×) • 자기 명의의 문서라 할지라도 이미 타인에 접수되어 있는 문서에 대하여 함부로 이를 무효화시켜 그 용도에 사용하지 못하게 했다면 문서손괴죄가 성립한다. (○)
	02 공익건조물파괴죄	下	–	
	03 중손괴죄 · 손괴치사상죄	下	–	
	04 특수손괴죄	下	★	
	05 경계침범죄	中	★	
제10절 권리행사를 방해하는 죄	01 권리행사방해죄	上	★★	• 형법 제323조의 권리행사방해죄와 관련하여, 취거, 은닉 또는 손괴한 물건이 자기의 물건이 아니라면 권리행사방해죄가 성립할 여지가 없다. (○) • 장래 발생할 특정의 조건부채권을 담보하기 위하여 부동산에 근저당권을 설정한 경우 강제집행면탈죄가 성립한다. (×)
	02 점유강취죄 · 준점유강취죄	中	★	
	03 중권리행사방해죄	下	–	
	04 강제집행면탈죄	上	★	

최근 6개년 출제경향 분석

구 분	국가7급						국가9급						법원9급						경찰간부					
	18	19	20	21	22	23	19	20	21	22	23	24	18	19	20	21	22	23	18	19	20	21	22	23
제1절 재산죄의 일반이론					1		1	1			1		1		1	1		1		2	1	1		
제2절 절도의 죄	1	1	1											1		1			1	1	1	1		1
제3절 강도의 죄	1						1												1	2	2			
제4절 사기의 죄		1	1		1	1	1			1	1		2	1	2	1	1		1	4	5	1	2	1
제5절 공갈의 죄												1		1		1		1			1			
제6절 횡령의 죄	1	1		2		1			1	1		1	2		2	1	1	1		2	1		1	1
제7절 배임의 죄	1			1			1						1	2	1	1	1	1	1	1	1	1	1	
제8절 장물의 죄			1		1						1	1	1			1		1				1	1	
제9절 손괴의 죄					1			1			1	1				1		1	1					
제10절 권리행사를 방해하는 죄				1									1	1	1		1	1	1					
출제빈도수	20/130						17/120						40/150						44/240					

05

재산에 대한 죄

핵심사항

• 재물죄와 이득죄 • 재물의 개념에 관한 관리가능성설 • 정보의 재물성	• 경제적 재산설 • 형법상의 점유 • 공동점유	• 사자의 점유 • 불법영득의사의 내용 • 물체 또는 가치설	• 사용절도 • 친족상도례의 법적 성격 • 친족의 범위
• 타인소유·타인점유 • 절취의 의미	• 점유배제·점유취득 • 야간침입	• 특수절도의 실행의 착수시기 • 합동절도의 공범	• 야간주거침입절도죄의 실행의 착수시기
• 재산상 이익 • 폭행·협박의 정도 • 폭행·협박과 재산취득 간의 인과관계	• 강도죄와 다른 범죄와의 관계 • 준강도죄의 특징 • 준강도의 주체인 절도 • 절도의 기회	• 기수·미수의 판단기준 • 체포면탈 등의 목적 • 강도상해·치상죄의 강도의 기회 • 강도살인죄의 불법영득의사와	재산상 이익의 취득의 의미 • 강도강간죄와 강간죄의 구별 • 강도예비·음모죄의 강도할 목적
• 기망의 대상 • 신용카드범죄 • 삼각사기	• 소송사기 • 기망의 정도 • 부작위에 의한 기망행위	• 사기죄의 실행착수시기 • 죄수와 다른 범죄와의 관계 • 재산상 손해발생의 요부	• 컴퓨터사용사기죄의 객체인 재산상 이익
• 해악의 고지	• 처분행위	• 삼각공갈	• 청구권자의 공갈과 정당행위
• 1인회사 • 월권행위설과 영득행위설 • 위탁관계 • 표현설	• 금전수수 수반 사무처리 • 타인의 소유 • 동업재산 • 목적·용도 특정 금전	• 불법영득의사 • 부동산의 보관 • 동산양도담보 • 불법원인급여	• 부동산양도담보 • 부동산명의신탁 • 소유권유보부 매매
• 배임행위 • 동산이중매매 • 대물변제예약 • 부정한 청탁	• 부동산이중매매 • 부동산이중저당 • 필요적 몰수·추징 • 타인의 사무를 처리하는 자	• 배신설 • 재산상 손해와 위험 • 배임수증재죄의 보호법익 • 재산상 이익의 취득	• 고의와 불법이득의사 • 사기죄와 배임죄의 죄수 • 배임죄와 배임수재죄의 차이 • 재물 또는 재산상 이득의 취득
• 추구권설과 유지설	• 장물의 개념	• 친족상도례	
• 손괴의 의미	• 문서손괴죄와 문서변조죄의 구별		

경찰채용						법원행시						변호사					
19	20	21	22	23	24	19	20	21	22	23	24	19	20	21	22	23	24
1	2	1	1		1		1	3	1				1				
1	1		3	1	1			1		2		1	1	1	1		
		2	1			1	1		1		1	1				1	1
1	1	1		1	2	1	2		1	1	1		2	1	2	1	1
				1	1				1		1						1
	2	1	1		1	3		2	1	1		2			1	2	
2	1	2	2	2		1	2	1		3	1	1	1	1		1	
3				1					1	1							
			1	2		1					1						
		1		1		1	2	1	1	2	1		1		1		
47/264						47/240						27/120					

CHAPTER

05 재산에 대한 죄

제1절 재산죄의 일반이론

01 재산죄의 분류

분류 기준	분 류	해당 범죄
보호법익에 따른 분류	소유권	절도죄 · 횡령죄 · 손괴죄
	전체로서 재산권	강도죄 · 사기죄 · 공갈죄 · 배임죄 · 장물죄(견해대립)
	소유권 이외의 물권과 채권	권리행사방해죄
침해방법에 따른 분류 (형법상 분류기준)	탈취죄	절도죄 · 강도죄 · 장물죄
	편취죄	사기죄 · 공갈죄
	신임관계위반죄	횡령죄 · 배임죄
	훼기죄	손괴죄
객체에 따른 분류	재물죄	절도죄 · 횡령죄 · 장물죄 · 손괴죄
	재물죄인 동시에 이득죄	강도죄 · 사기죄 · 공갈죄 · 배임수재죄
	이득죄	배임죄 · 컴퓨터사용사기죄 · 부당이득죄
재물죄에 있어서 영득의사에 따른 분류	영득죄	절도죄 · 강도죄 · 사기죄 · 공갈죄 · 횡령죄 · 장물죄(견해대립)
	비영득죄(내지 훼기죄)	손괴죄 · 자동차 등 불법사용죄 · 권리행사방해죄

02 재 물

재물(財物, property, spezialisierte Vermögensgüter)은 재산상 이익과 함께 재산죄의 행위객체이다. 재물의 개념에 대해서는 유체성설과 관리가능성설의 대립이 있다.

1. 유체성설과 관리가능성설

(1) 유체성설(有體性說, Körperlichkeitslehre)(소수설[417])

① 재물이란 일정한 공간을 차지하고 있는 유체물에 국한된다는 입장이다.

417 강구진, 245면; 김일수/서보학, 264면; 박상기, 244면; 배종대, 319면; 손동권, 265면; 이정원, 274면.

② 유체성설에 의하면 형법 제346조의 동력(動力)은 유체물이 아니므로 원래 재물이 아니지만, 재물로 간주하는 규정으로 해석한다. 즉, 형법 제346조는 특별규정으로 보게 된다. 이 견해에 의하면, 절취한 동력을 사정을 알고 구입한 자에게 장물취득죄의 성립을 인정하는 것은 허용될 수 없는 유추해석으로 이해하게 된다.

(2) **관리가능성설**(管理可能性說, Beherrschbarkeitslehre)(다수설[418] · 판례)

① 무체물도 관리가 가능하면 재물에 포함된다는 입장이다.

② 여기에서 관리란 물리적 관리가능성을 의미하며, 사무적 · 법률적인 관리가능성은 제외된다. 즉 재물이라 함은 비단 고체뿐만 아니라 액체 · 기체를 불문하고, 전력과 같은 동력(에너지)도 무체물이지만 물리적 관리가 가능하기 때문에 재물이 된다. 그러나 전화(전화를 이용할 수 있는 서비스)는 전기로 작동하는 것이기는 하나 에너지 그 자체는 아닐 뿐만 아니라 엄밀히 보자면 전기통신사업자에게 그 대가를 지불하고 받는 서비스이므로 이는 법률적 · 사무적 관리의 대상이다. 이는 재물이 아니라 재산상 이익일 뿐이다.

예 • 재물(○) : 인공냉기, 전력
• 재물(×) : 전파, 전화서비스(역무)(서비스절도는 ×), 채권(권리절도는 ×), 정보(정보절도는 ×)

③ 관리가능성설에 의하면 형법 제346조는 단순한 주의규정(注意規定)에 지나지 않는다. 따라서 동력재물간주규정(제346조)의 준용규정이 없는 장물죄와 권리행사방해죄의 재물에도 관리할 수 있는 동력이 포함된다고 보게 된다. 그러므로 관리가능성설에 의하면 절취한 전력을 사정을 알면서 구입한 자에게도 장물취득죄(제362조 제1항)의 성립을 인정하게 된다.

> **사례연구** 재물은 물리적 관리가능성을 요하므로 법률적 · 사무적 관리가능성은 포함되지 않는다는 사례 : 타인의 전화에 의한 무단국제폰팅 사건
>
> 甲은 1997년 4월경부터 한 달간 乙의 방에 무단으로 침입하여 통화료 금 80만 원 상당의 국제폰팅전화를 사용하였다. 甲의 형사책임은?
>
> 해결 타인의 전화기를 무단으로 사용하여 전화통화를 하는 행위는 전기통신업자가 전기통신설비를 이용하고 전기의 성질을 과학적으로 응용한 기술을 사용하여 전화가입자에게 음향의 송수신이 가능하도록 해줌으로써 상대방과의 통신을 매개하여 주는 역무, 즉 전기통신사업자에 의하여 가능하게 된 전화기의 음향송수신기능을 부당하게 이용하는 것으로, 이러한 내용의 역무는 무형적 이익에 불과하고 물리적 관리의 대상이 될 수 없어 재물이 아니라고 할 것이므로 절도죄의 객체가 되지 아니한다(대법원 1998.6.23, 98도700). 국가7급 07 / 법원행시 06 / 법원행시 14 / 법원9급 06 / 법원9급 11 / 경찰채용 14 2차 / 사시 13
>
> 정답 절도죄는 성립하지 않고, 주거침입죄만 성립한다.

2. 가치성

재물이라고 하는 것이 전혀 재산적 가치가 없는 것이 포함될 수는 없는 일이다. 예를 들어 누가 여러분들의 방에서 창문에 낀 먼지를 닦아 가져갔다면 절도죄가 되겠는가? 그렇지 않을 것이다. 먼지는 재물이 될 수 없기 때문이다. 다만 그렇다고 하여 재물이라고 하기 위하여 반드시 객관적 · 경제적 가치까지 요구하는 것은 아니고, 자기 자신이 소중하게 생각하는 가치인 주관적 · 소극적 가치만이라도 존재한다면 재물로 볼 수 있다.[419]

---

418 김종원, 174면; 유기천(상), 184면; 이재상, §16－10; 이형국(Ⅰ), 384면; 임웅, 248면; 정영석, 322면; 진계호, 259면; 황산덕, 266면.
419 강구진, 246면; 김성천/김형준, 362면; 김일수/서보학, 267면; 박상기, 245면; 배종대, 323면; 손동권, 267면; 유기천(상), 184면; 이재상, §16－15; 이형국(Ⅰ), 385면; 임웅, 265면.

판례도 절도죄의 객체인 재물은 반드시 객관적인 금전적 교환가치를 가질 필요는 없고 소유자·점유자가 주관적인 가치를 가지고 있음으로써 족하다고 할 것이고, 이 경우 주관적 가치의 유무를 판별함에 있어서는 그것이 타인에 의하여 이용되지 않는다고 하는 소극적 관계에 있어서 그 가치가 인정되더라도 관계없다고 보고 있다(대법원 2004.10.28, 2004도5183 등). 법원행시 14 / 경찰승진(경위) 10 법원으로부터 송달된 심문기일소환장(대법원 2000.2.25, 99도5715) 법원9급 07(하) / 경찰승진(경감) 10 / 경찰채용 10 2차 / 경찰채용 14 1차 / 사시 13이나 작성권한 없는 자에 의하여 위조된 유가증권(대법원 1998.11.24, 98도2967) 법원행시 14 또는 백지의 자동차 출고의뢰서 용지(대법원 1996.5.10, 95도3057)를 절도죄의 객체로 인정한 것도 바로 이러한 까닭이다.

판례연구 가치가 있는 재물에 해당되는 경우

1. 대법원 1976.1.27, 74도3442

주관적 가치만 있으면 형법상 재물이라는 사례 : 세 조각으로 찢어버린 약속어음

발행자가 회수하여 세 조각으로 찢어 버림으로써 폐지로 되어 쓸모없는 것처럼 보이는 약속어음의 소지를 침해하여 가져갔다면 절도죄가 성립한다. 또한 찢어서 폐지로 된 타인발행 명의의 약속어음 파지면을 이용·조합하여 어음의 외형을 갖춘 경우에는 새로운 약속어음을 작성한 것으로서 그 행사의 목적이 있는 이상 유가증권위조죄가 성립한다. ⇨ 절도죄와 유가증권위조죄의 경합범 법원행시 06

2. 대법원 1986.9.23, 86도1205

사원이 회사를 퇴사하면서 회사의 목적 업무상 기술분야에 관한 문서사본을 절취한 사례

피고인이 근무하던 회사를 퇴사하면서 가져간 서류가 이미 공개된 기술내용에 관한 것이고 외국회사에서 선전용으로 무료로 배부해 주는 것이며 동 회사연구실 직원들이 사본하여 사물처럼 사용하던 것이라도 위 서류들이 회사의 목적업무 중 기술분야에 관한 문서들로서 국내에서 쉽게 구할 수 있는 것도 아니며 연구실 직원들의 업무수행을 위하여 필요한 경우에만 사용이 허용된 것이라면 위 서류들은 위 회사에 있어서는 소유권의 대상으로 할 수 있는 주관적 가치뿐만 아니라 그 경제적 가치도 있는 것으로 재물에 해당한다 할 것이어서 이를 취거하는 행위는 절도에 해당하고 비록 그것이 문서의 사본에 불과하고 또 인수인계 품목에 포함되지 아니하였다 하여 그 위법성이 조각된다 할 수 없다. 경찰승진(경사) 11

3. 대법원 2007.8.23, 2007도2595

퇴사하면서 회사의 부동산매매계약서를 가지고 간 사례

甲이 A회사에서 사실상 퇴사하면서 A회사의 승낙 없이 A회사의 부동산매매계약서를 가지고 간 경우에는, 비록 甲이 평소 위 서류들을 사본·부본의 형태로 업무상 필요에 따라 사용할 수 있었다 하더라도 A회사의 점유가 상실된다거나 甲이 A회사와는 무관하게 독자적으로 점유를 하고 있었다고 볼 수는 없기 때문에 甲의 행위는 절도죄를 구성하게 된다. 법원행시 14

비교판례 상사와의 의견 충돌 끝에 항의의 표시로 사표를 제출한 다음 평소 피고인이 전적으로 보관, 관리해 오던 이른바 비자금 관계 서류 및 금품이 든 가방을 들고 나온 경우, 불법영득의 의사가 있다고 할 수 없을 뿐만 아니라, 그 서류 및 금품이 타인의 점유 하에 있던 물건이라고도 볼 수 없다(대법원 1995.9.5, 94도3033). 변호사 14

3. 가동성

(1) 사기죄 · 공갈죄 · 횡령죄의 경우

이들 범죄들에 있어서는 동산·부동산 모두 재물이 된다. 부동산은 사기나 공갈의 편취(騙取, 처분행위에 의한 취득)가 가능하고 횡령(橫領, 보관하고 있는 재물을 영득)의 대상이 될 수 있기 때문이다.

(2) 절도죄 · 강도죄의 경우

부동산도 절도죄·강도죄의 객체가 될 수 있는가 여부가 문제되지만, 부동산은 그 성질상 점유배제와 점유

확립이 불가능하므로 절도죄(절취)·강도죄(강취)의 객체에서 제외된다고 보아야 한다(다수설).[420] 따라서 타인의 부동산을 무단 점거하는 것은 경계침범죄(제370조) 등에 해당할 뿐이다.

➜ 부동산절도 : ×. 단, 강도죄의 객체에는 '이익'도 포함되므로 강도죄의 성립은 가능하다.

4. 적법성

(1) 금제품(禁制品)은 재물인가의 문제

단순히 점유가 금지된 물건인 상대적 금제품(예 불법무기, 대마)은 절도죄의 객체가 되고, 소유 자체가 금지되어 소유권의 객체가 될 수 없는 물건인 절대적 금제품(예 위조통화, 아편흡식기)은 절도죄의 객체가 될 수 없다는 것이 구분설[421] 국가7급 08이다. 다만, 소유가 금지된 금제품이라고 할지라도 사인의 소유가 금지된 것일 뿐 국가가 이를 몰수하여 소유권을 확보해야만 한다는 점에서 절도죄의 객체인 재물이 될 수 있다는 적극설[422]이 유력하다. 판례도 스키장 직원이 리프트탑승권을 위조하고 이를 탑승권 발매기에서 뜯어 가는 방법으로 취득한 행위에 대하여 "작성권한 없는 자에 의하여 위조된 유가증권이라고 하더라도 절차에 따라 몰수되기까지는 그 소지자의 점유를 보호해야 한다는 점에서 형법상 재물로서 절도죄의 객체가 된다(대법원 1998.11.24, 98도2967)." 법원행시 14라고 판시한 것을 볼 때, 적극설의 입장으로 볼 수 있다. 절대적 금제품이라 하더라도 재산죄의 보호법익이 존재한다는 점을 고려할 때 적극설이 타당하다고 생각된다.[423]

(2) 신체·시체는 재물인가의 문제

① 신 체

㉠ 신체와 신체의 일부 : 원칙적으로 재물이 아니다. ✔ (중)상해죄의 대상일 뿐이다.

㉡ 수정되기 전의 정자·난자 : 재물에 해당한다(정자은행을 상기할 것).

㉢ 신체로부터 분리된 신체의 일부 : 재물에 해당되며 분리당한 사람의 소유에 속한다.

② 시 체

㉠ 매장이나 제사의 대상인 시체 : 유해(遺骸)는 재물이 아니고 신앙(사후절차)의 대상이다. 따라서 소유권의 객체에서 제외된다. 이에 대한 영득행위 등은 시체 등 영득죄(領得罪)(2020.12.8. 우리말 순화 개정법 제161조)에 해당될 뿐이다.

㉡ 매장용도 이외의 시체 : 해부용 시체처럼 별도의 목적을 띠게 된 경우에는 소유권의 객체가 된다.

5. 정보의 재물성

현대정보사회에 있어서 정보(情報, information, data)의 가치는 막대하고도 중요하다. 그러나 정보가치는 그 현실적인 보호의 필요성에도 불구하고 정보 자체는 물리적 관리의 대상이 아니라는 점에서 형법상 재물이라

---

420 ① 다수설은 부동산절도 부정설이다. 강구진, 247면; 김성천/김형준, 363면; 김일수/서보학, 269면; 박상기, 247면; 배종대, 325면; 백형구, 128면; 손동권, 268면; 유기천(상), 187면; 이재상, §16-17; 이정원, 279면; 이형국(Ⅰ), 386면; 진계호, 262면. 반면 ② 부동산도 절도·강도죄의 객체가 된다는 소수설은 김종원, 177면; 오영근, 369면; 임웅, 268면; 정성근/박광민, 247면; 정영석, 325면; 황산덕, 279면. ③ 판례의 입장에 대해서는 권원에 의하여 식재한 대나무를 토지소유자가 베어간 경우(대법원 1980.9.30, 80도1874)와 권원 없이 식재한 감나무의 감을 식재자가 수확해 간 경우(대법원 1998.4.24, 97도3425) 법원행시 06 / 법원행시 14 / 경찰승진 13 / 경찰채용 14 1차 / 경찰채용 14 2차 / 변호사 13 / 경찰승진(경감이하) 16 / 경찰채용 22 2차 절도죄의 성립을 인정하는 것을 보고 우리 판례가 부동산절도를 인정하고 있다고 평석하는 견해(임웅, 268면)도 있으나, 판례는 부동산절도에 관한 입장을 명시하고 있지 않다고 보는 것이 타당할 것이다.

421 김종원, 174면; 배종대, 324면; 백형구, 128면; 이재상, §16-21; 이정원, 281면; 이형국(Ⅰ), 385면; 이정원, 303면; 정영석, 324면; 황산덕, 272면.

422 강구진, 248면; 김일수/서보학, 268면; 김성천/김형준, 365면; 박상기, 246면; 손동권, 277면; 오영근, 340면; 유기천(상), 187면; 임웅, 253면; 정성근/박광민, 248면.

423 조언 다만 수험을 위해서는, 다수설(구분설)과 판례(적극설)의 입장을 비교하여 정리해 두어야 한다.

고 볼 수 없다. 다만, 정보가 수록된 테이프나 디스켓, 서류 등과 같이 화체된 물건이 존재할 때 그것은 재물이 될 수 있다. 판례도 컴퓨터에 저장되어 있는 '정보'의 재물성을 부정하는 입장이다.

예컨대 판례는, 甲이 乙의 사무실 바닥에 떨어져 있는 회사 중역들에 대한 특별상여금 지급내역서 1부 및 퇴직금 지급내역서 2부를 임의로 그 옆 총무과 사무실로 가지고 가서 복사를 한 후 원본은 제자리에 갖다 놓고 그 사본만을 가지고 간 경우, 甲이 회사 소유의 문서의 '사본'을 절취한 것으로 볼 수는 없다고 판시하였다. 법원행시 06 사본은 甲이 창출해낸 것으로서 원래 회사나 乙의 소유·점유에 속하는 것이 아니고, 정보 자체에 대한 절도는 인정되지 않기 때문이다(대법원 1996.8.23, 95도192. 단 이 판례는 그 사본에 대한 '복사용지 자체'가 乙의 것이었다면 복사 과정에서 복사용지를 절취한 것으로 볼 수는 있다고 보았다).[424] 경찰채용 10 1차

판례연구 컴퓨터에 저장되어 있는 '정보'의 재물성 유무

대법원 2002.7.12, 2002도745

절도죄의 객체는 관리가능한 동력을 포함한 재물에 한한다 할 것이고, 또 절도죄가 성립하기 위해서는 그 재물의 소유자 기타 점유자의 점유 내지 이용가능성을 배제하고 이를 자신의 점유 하에 배타적으로 이전하는 행위가 있어야만 할 것인바, 컴퓨터에 저장되어 있는 정보 그 자체는 유체물이라고 볼 수도 없고, 물질성을 가진 동력도 아니므로 재물이 될 수 없다 할 것이며, 또 이를 복사하거나 출력하였다 할지라도 그 정보 자체가 감소하거나 피해자의 점유 및 이용가능성을 감소시키는 것이 아니므로 그 복사나 출력행위를 가지고 절도죄를 구성한다고 볼 수도 없다. 법원행시 14 / 경찰승진(경사) 10 / 경찰승진 14 / 사시 13 / 사시 16 / 법원9급 16 / 변호사 17 / 국가9급 18

03 재산상 이익

재산상 이익(pecuniary advantage, Vermögen als Ganzes)은 재물과 함께 재산죄의 또 다른 행위객체이다. 재산상 이익을 어떻게 파악할 것인가에 대해서는 아래와 같은 견해의 대립이 있다.

표정리 형법상 재산개념

구 분	법률적 재산설	경제적 재산설[425]	법률적·경제적 재산설[426]
재산개념	민법상 재산적 권리와 의무의 총체	경제적 이익의 총체 (판례·소수설)	법질서에 의하여 인정되는 경제적 가치 있는 재산은 재산상의 이익(다수설)
특 징	재산의 경제적 가치는 문제삼지 않는다.	권리가 아니라도 경제적 가치가 있으면 재산상 이익이 된다(노동력, 기대권 등).	법질서의 통일성의 관점 하에서 경제적 재산설의 재산상 이익의 범위를 제한한다.
문제점	경제적 가치가 있는 재산도 민법상 권리가 아니면 재산상의 이익이 될 수 없다.	불법한 이익도 재산상 이익에 포함하게 되어 법질서의 통일성을 해친다.	불법한 이익은 형법상 재산개념에서 배제되어 버린다.

424 다만, 용지 또한 경제적 가치가 매우 경미한 것이어서 이를 이유로 절도죄의 위법성을 인정하는 것에는 논란이 있을 수 있다. 결국 입법이 필요한 부분이라고 생각된다. 주의 대법원 1986.9.23, 86도1205는 회사의 업무수행을 위하여 생성되어 보관된 문서의 사본(이미 타인소유·점유 하의 재물임)을 근무자가 그 회사를 퇴사하면서 가져간 경우로서 이 사건과 사안을 달리하므로 주의를 요한다.
425 손동권, 316면; 오영근, 336면; 이재상, §17-11; 임웅, 258면; 정성근/박광민, 250면; 진계호, 256면.
426 강구진, 250면; 김성천/김형준, 402면; 김일수/서보학, 308면; 박상기, 250면; 배종대, 373면; 이형국(Ⅰ), 421면.

재산상 이익을 취득하는 범죄를 처벌하기 위해 형법의 재산죄 처벌규정이 있다는 점을 고려한다면 경제적 재산설(經濟的 財産說, wirtschaftliche Vermögenstheorie)이 타당하다고 생각된다. 즉 재산상 이익은 반드시 사법상 유효한 이익에 한정되지 않고 경제적인 이익을 얻을 수 있다면 불법한 이익도 포함된다고 보아야 한다. 이것을 대상으로 하는 재산죄가 발생되기 때문이다. 쉽게 말해서 재산상 거래의 대상이 될 수 있다면 재산상 이익이라고 볼 수 있다.

판례연구 재산상 이익은 경제적 재산설에 의함

1. 대법원 2001.10.23, 2001도2991

금품이 전제된 성관계와 재산상 이익

① 일반적으로 부녀와의 성행위 자체는 경제적으로 평가할 수 없고, 부녀가 상대방으로부터 금품이나 재산상 이익을 받을 것으로 약속하고 성행위를 하는 약속 자체는 선량한 풍속 기타 사회질서에 위반한 사항을 내용으로 하는 법률행위로서 무효이지만, ② 사기죄의 객체가 되는 재산상의 이익이 반드시 사법상 보호되는 경제적 이익만을 의미하지 않고, 부녀가 금품 등을 받을 것을 전제로 성행위를 하는 경우 그 행위의 대가는 사기죄의 객체인 경제적 이익에 해당하므로, 부녀를 기망하여 성행위 대가의 지급을 면하는 경우 사기죄가 성립한다. 법원9급 06 / 경찰승진(경장) 10 / 경찰승진(경위) 10 / 사시 10 / 경찰간부 17

2. 대법원 1992.5.26, 91도2963

배임죄에 있어서 재산상 손해의 유무에 대한 판단은 본인의 전재산 상태와 관계에서 법률적 판단에 의하지 아니하고 경제적 관점에서 파악하여야 하며, 법률적 판단에 의하여 당해 배임행위가 무효라 하더라도 경제적 관점에서 파악하여 배임행위로 인하여 본인에게 현실적인 손해를 가하였거나 재산상 손해발생의 위험으로 초래한 경우에는 재산상의 손해를 가한 때에 해당되어 배임죄를 구성한다. 법원행시 10 / 법원9급 13

04 점 유

1. 서 설

(1) 점유의 개념

점유(占有, Gewahrsam)라 함은 재물에 대하여 사실상의 지배를 하고 있는 상태를 말한다. 용어로서는 점유(제329조, 제323조 등)나 보관(제355조 제1항, 제362조) 등이 사용된다.

(2) 형법상 점유의 특징 – 민법상 점유와의 차이

형법상의 점유는 '지배의사에 의한 사실상의 재물의 지배'라는 순수한 사실상의 개념이라는 점에서, 규범적 개념인 민법상의 점유(Besitz)와 구별된다(통설·판례).[427] 즉 민법상 간접점유(민법 제194조)나 상속에 의한 점유의 이전(민법 제193조)은 형법상 점유로서 인정될 수 없고, 민법상의 점유보조자가 민법상 점유는 하지 못하지만 그 물건에 대하여 사실상 지배력을 행사하는 경우에는 형법상 보관(점유)의 주체로 볼 수 있다(대법원 1970.5.12, 70도649). 법원행시 06 / 경찰간부 12 / 경찰채용 10 2차

예컨대, 당구장의 종업원(점유보조자)이 손님이 놓고 간 물건을 발견하고 보관하고 있었는데, 다른 손님이 이를 가져갔다면 이는 피해손님 소유 및 종업원 점유 하의 재물을 절취한 것이라고 볼 수 있다. 이렇듯 민법

427 강구진, 262면; 김성천/김형준, 367면; 김일수/서보학, 269면; 박상기, 252면; 배종대, 327면; 손동권, 270면; 유기천(상), 192면; 이재상, §16–22; 이정원, 283면; 이형국(Ⅰ), 387면; 임웅, 271면; 정성근/박광민, 261면; 하태훈, 「형법상의 점유개념」, 형사판례연구(3), 174면; Sch/Sch/Eser, §242 Rn.14.

상 점유보조자도 형법상 점유의 주체로 인정될 수는 있다(대외적 관계에서는 점유 인정). 그러나 종업원이 해당 재물을 보관하다가 욕심이 생겨 이를 가져갔다면 이는 피해손님 소유 및 당구장 주인 점유 하의 재물을 역시 절취한 것이 된다. 이렇듯 점유보조자는 주인과의 관계에서는 상하관계의 공동점유 중 종속적 하위점유자로서의 지위만 인정되어 점유를 할 수 없다고 보게 된다(대내적 관계에서는 점유 부정). 이렇듯 점유는 상대적·관계적 점유개념으로 파악되어야 한다.

판례연구 재물을 점유하는 소유자의 사망에 따라 소유권을 취득한 상속인이 그 점유를 취득하여 상속인에 대한 절도죄가 성립할 수 있는 시기 : 사실상의 지배를 갖지 못한 상속인의 점유 X

대법원 2012.4.26, 2010도6334

절도죄란 재물에 대한 타인의 점유를 침해함으로써 성립하는 것이다. 여기서의 '점유'라고 함은 현실적으로 어떠한 재물을 지배하는 순수한 사실상의 관계를 말하는 것으로서, 민법상의 점유와 반드시 일치하는 것이 아니다. 그렇게 보면 종전 점유자의 점유가 그의 사망으로 인한 상속에 의하여 당연히 그 상속인에게 이전된다는 민법 제193조[428]는 절도죄의 요건으로서의 '타인의 점유'와 관련하여서는 적용의 여지가 없고, 재물을 점유하는 소유자로부터 이를 상속받아 그 소유권을 취득하였다고 하더라도 상속인이 그 재물에 관하여 위에서 본 의미에서의 사실상의 지배를 가지게 되어야만 이를 점유하는 것으로서 그때부터 비로소 상속인에 대한 절도죄가 성립할 수 있다.[429] 법원행시 13 / 법원9급 14 / 경찰채용 13 1차 / 경찰채용 13 2차 / 법원행시 16 / 경찰채용 20 1차

(3) 형법상의 점유의 성격 – 각 재산죄별 점유의 기능

절도죄의 객체는 타인소유·타인점유의 재물이며 횡령죄의 객체는 타인소유·자기점유의 재물이라는 점에서 점유가 누구에게 귀속하는가에 따라 절도죄와 횡령죄가 구별되게 된다. 그리고 점유의 유무에 의해 절도죄와 점유이탈물횡령죄가 구별된다.

① 침해대상으로서 점유 : 절도죄를 포함한 탈취죄(奪取罪)의 점유를 말한다. 타인이 사실상 점유를 하고 있고 그러한 점유를 침해하면 절도죄가 성립된다는 점에서, 절도 등 탈취죄의 점유는 침해대상(행위객체)으로서의 타인의 점유로 볼 수 있다.

② 보호객체로서 점유 : 권리행사방해죄(제323조)의 점유를 말한다. 권리행사방해죄는 자기가 소유하지만 타인이 점유하는 재물을 그 객체로 삼고 있다는 점에서 '점유'가 일종의 보호법익으로서 기능하고 있다. 권리행사방해죄의 점유가 형법상 보호가치가 있는 적법한 권원에 기한 점유로 제한되는 이유도 바로 여기에 있다.

③ 침해주체로서 점유 : 횡령죄(제355조 제1항)의 점유를 말한다. 횡령죄는 위탁관계에 의하여 타인소유의 재물을 보관하고 있는 자만 범죄의 주체가 될 수 있다는 점에서 '점유'가 일종의 신분요소로서 기능하고 있다. 예컨대, 부동산의 '보관'자로서 횡령죄의 주체(신분)가 될 수 있는가의 문제에 있어서, 사실상 점유를 기준으로 하지 않고 '부동산을 유효하게 처분할 수 있는 권능'을 가지고 있는가를 검토하여야 한다(후술).

---

428 민법 제193조(상속으로 인한 점유권의 이전) 점유권은 상속인에 이전한다.

429 사례 A는 자신과 내연관계에 있는 甲과 아파트에서 동거하다가, 甲이 사망한 후 부동산 등기권리증 등이 들어 있는 가방을 위 아파트에서 가지고 나갔다. 甲에게는 상속인 乙 및 丙이 있으나 乙 및 丙이 甲 사망 후 그들의 소유권 등에 기하여 아파트 또는 그곳에 있던 가방의 인도 등을 요구한 일은 없다. A에게는 절도죄의 죄책이 인정되는가? 해결 인정되지 않는다. 법원행시 13 / 법원9급 14 / 경찰채용 13 1차 / 경찰채용 13 2차

표정리 절도죄 · 횡령죄 · 점유이탈물횡령죄 · 권리행사방해죄의 점유 비교

구 분	절도 / 강도 / 사기 / 공갈	횡 령	점유이탈물 횡령	권리행사방해
소 유	타 인	타 인	타 인 ∴ 無主物 ×	자 기 ∴ 공동소유물 ×
점 유	• 침해대상으로서의 점유 • 타인 • 사실상의 점유 ∴ 절도범인의 점유 포함	• 침해주체 • 신분요소 • 자기(법률상의 보관 포함) • 처분권능 ○ → 점유 ○ 예 등기명의	×	• 타인 • 보호법익 • 형법상 보호가치 要 • 절도범인의 점유 × 법원행시 05 / 법원행시 06 / 법원행시 10

2. 침해대상으로서 점유 – 타인의 점유(절도 · 강도 · 사기 · 공갈)

(1) 점유의 개념요소

① 객관적 · 물리적 요소 – 점유의 사실(事實)

㉠ 밀접한 장소적 관련성의 존재시 : 점유가 인정된다.

예 휴대 · 악지하고 있는 물건, 집 · 공장 · 가게 안에 있는 물건 등

㉡ 사실적 처분가능성의 존재시 : 법적 처분권(處分權)이 존재할 것을 요하지 않는다. 따라서 절도범에게도 절취장물에 대한 점유가 인정되므로, 그 물건을 다시 절취하였다면 절도죄에 해당된다.

② 주관적 · 정신적 요소 – 점유의 의사(意思)

㉠ 사실상의 지배의사 : 순수한 사실상 지배의사(支配意思, Herrschaftswille)(또는 처분의사)를 말하므로, 법적 처분권 · 행위능력은 요하지 않는다. 따라서 유아 · 정신병자의 점유도 인정된다.

㉡ 일반적 지배의사 : 개개의 재물의 소재에 대한 인식을 요하지 않는다. 예를 들어 새벽에 집 앞에 배달된 우유는 그 집의 우유사용자에게 점유가 있다.

판례연구 재물의 점유 : 일반적 지배의사

대법원 1998.11.24, 98도2967

유가증권이 위조된 것이라 하더라도 정상적 절차에 의하여 몰수되기 전까지는 형법상 재물이라고 보아야 하며 그 점유도 '일반적'으로 판단된다.

[판결이유] 유가증권도 그것이 정상적으로 발행된 것은 물론 비록 작성권한 없는 자에 의하여 위조된 것이라고 하더라도 절차에 따라 몰수되기까지는 그 소지자의 점유를 보호하여야 한다는 점에서 형법상 재물로서 절도죄의 객체가 된다고 할 것이다[금제품(禁制品)의 재물성에 관한 적극설의 입장을 보여준 판례임]. 기록에 의하면 J는 무주리조트 서편매표소에 있던 탑승권 발매기의 전원을 켠 후 날짜를 입력시켜서 탑승권발행화면이 나타나면 전산실의 테스트카드를 사용하여 한 장씩 찍혀 나오는 탑승권을 빼내어 가지고 가는 방법으로 리프트탑승권을 발급 · 취득한 사실이 인정되고, 그와 같이 발매기에서 나오는 위조된 탑승권은 J가 이를 뜯어가기 전까지는 ○○○개발의 소유 및 점유 하에 있다고 보아야 할 것이므로(점유의사 중 일반적 지배의사의 개념을 인정한 판례임), 위 J의 행위는 발매할 권한 없이 발매기를 임의조작함으로써 유가증권인 리프트탑승권을 위조하는 행위와 발매기로부터 위조되어 나오는 리프트탑승권을 절취하는 행위에 해당된다.

㉢ 잠재적 지배의사(potentieller Herrschaftswille) : 현실적 지배의사는 요하지 않는다. 사시 10

예 따라서 수면자 · 일시적 의식상실자의 점유도 인정된다. 그런데 사자(死者)에게 점유가 인정되는가와 관련하여 소수설 · 판례는 인정하는 입장이고 다수설은 부정하는 입장이다.

③ 사회적 · 규범적 요소 – 거래상의 경험칙(經驗則)

㉠ 점유의 개념이 확대되는 경우

ⓐ 정신적 점유가 인정되는 경우 : 점유가 인정된다. 따라서 휴가 떠난 빈집 속의 물건은 집 주인에게 점유가 있고, 주차장이나 도로변에 세워둔 자동차는 차주가 멀리 떨어진 곳에서 일을 보고 있다고 하더라도 차주에게 점유가 있고, 가축이 집으로의 귀로를 습관적으로 길들여져 알고 있는 경우에도 가축에 대하여 가축 주인에게 점유가 있다.

판례연구 강간피해자의 점유 : 현장에 두고 간 손가방 사례

대법원 1984.2.28, 84도38

강간을 당한 피해자가 도피하면서 현장에 두고 간 손가방은 사회통념상 피해자의 지배 하에 있는 물건이라고 보아야 할 것이므로, 피고인이 그 손가방 안에 들어 있는 피해자 소유의 물건을 꺼낸 행위는 절도죄에 해당한다(강간죄와 절도죄의 실체적 경합, cf. 피해자 있을 때 : 강간과 강도).

ⓑ 유류물(遺留物) · 분실물(紛失物)에 대한 점유 : 유실물 및 준유실물(유실물법 제12조 : 착오로 인하여 점유한 물건, 타인이 놓고 간 물건이나 일실한 가축)이라 하더라도 다른 사람의 배타적 지배 하에 두고 왔다면 이는 점유이탈물이 아니라 타인의 점유 하에 있는 재물로 볼 수 있으므로 절도죄의 객체가 된다.[430] 예를 들어, 목욕탕에 두고 온 시계는 목욕탕 주인의 점유에 속하고, 당구장에서 잃어버린 물건은 당구장 주인의 점유에 속한다. 판례도 ㉠ "당구장과 같이 타인의 관리 아래 있는 장소에서 물건을 잃은 때에는 그 물건은 일응 그 관리자의 점유에 속한다 할 것이고, 이를 그 관리자가 아닌 종업원(대내적 관계에서는 점유 부정)이나 제3자가 취거하는 것은 점유이탈물횡령죄가 아니라 절도죄에 해당한다(대법원 2002.1.11, 2001도6158)."고 보고 있으며, 법원9급 06 ㉡ 피해자가 PC방에 두고 간 핸드폰은 관리자의 점유 하에 있기 때문에 제3자가 이를 취한 행위는 절도죄를 구성한다고 보고 있다(대법원 2007.3.15, 2006도9338). 법원승진 13 / 법원9급 10 / 국가9급 17 / 경찰채용 22 2차 그러나 지하철이나 고속버스와 같이 공중의 출입이 빈번하고 자유롭게 이루어짐으로써 관리자의 배타적 지배·관리가 어려운 곳에서의 분실물은 절도죄의 타인 점유 하의 재물이라고 보기 어렵다. 판례도 고속버스 안에서 승객이 잊고 내린 물건에 대하여 고속버스의 운전사에게 점유를 인정하지 않아 그 물건을 다른 사람이 가지고 간 경우 절도죄의 성립을 부정하고 점유이탈물횡령죄가 성립될 뿐이라고 본다(대법원 1993.3.16, 92도3170) 법원행시 11 / 법원행시 14 / 경찰승진 13 / 사시 10

대법원 1988.4.25, 88도409

종업원으로 종사하던 당구장에서 주운 금반지를 처분한 자의 죄책

어떤 물건을 잃어버린 장소가 당구장과 같이 타인의 관리 아래 있을 때에는 그 물건은 일응 그 관리자의 점유에 속한다 할 것이고, 이를 그 관리자 아닌 제3자(종업원 포함)가 취거하는 것은 유실물횡령이 아니라 절도죄에 해당한다. 법원9급 06

㉡ 점유의 개념이 제한되는 경우

예 음식점에서 손님이 사용하는 그릇이라고 하여도 손님이 점유하고 있는 것이 아니다.

430 **참고** 관리자가 있는 선박, 차량이나 건축물 기타 공중의 통행을 금지한 구내에서 타인의 물건을 습득한 자는 그 물건을 관리자에게 교부하여야 한다(유실물법 제10조 제1항). 전항의 경우에는 선박, 차량이나 건축물 등의 점유자를 습득자로 한다. 자기가 관리하는 장소에서 타인의 물건을 습득한 경우에도 또한 같다(동조 제2항).

(2) **점유의 타인성(他人性)**

① 의의 : 절도죄의 객체는 타인이 점유하는 재물이어야 한다.

② 공동점유(共同占有; Mitgewahrsam)

㉠ 대등관계에 의한 공동점유

ⓐ 공동점유 인정시 : 공동점유자 중 1인이 다른 점유자의 동의 없이 자신의 단독점유로 옮기면 절도죄에 해당된다. 여기에는 주로 민법상의 공동소유관계에서 파생되는 점유형태가 해당될 수 있다. 예를 들어, 타인과 공유관계에 있는 물건, 동업관계인 조합원의 합유물 그리고 서로 동의하여 금고를 열 수 있는 수인의 회사원의 공동점유 등이 여기에 속할 것이다. 판례도 "조합원의 1인이 조합원의 공동점유에 속하는 합유의 물건을 다른 조합원의 승낙 없이 조합원의 점유를 배제하고 단독으로 자신의 지배 하에 옮긴다는 인식이 있었다면, 절도죄에 있어서 불법영득의 의사가 있었다(대법원 1982.12.28, 82도2058)."고 보고 있다. 법원행시 06 / 경찰승진(경감) 10

ⓑ 공동점유 부정시 : 두 사람으로 된 동업관계인 조합관계에 있어 그중 1인이 탈퇴하면 조합재산은 남은 자의 단독소유가 되어 그 자가 이를 처분하여도 절도죄나 횡령죄의 죄책은 인정되지 않는다(대법원 2009.2.12, 2008도11804).[431] 경찰채용 23 1차

㉡ 상하관계의 공동점유

ⓐ 비독립적 점유 : 소규모의 상점의 주인과 종업원의 상점 안의 물건에 대한 점유에 있어서 종업원의 점유는 상점 주인과의 관계에서 비독립적(종속적) 하위점유에 불과하므로, 주인의 단독점유만이 성립한다(다수설 · 판례).

➜ 다만, 상위점유자로부터 하위점유자에게 특별한 위탁이 있다면 하위점유자의 점유가 된다.

판례연구 상하관계의 공동점유에서의 위탁관계 : 오토바이 열쇠 사례

대법원 1986.8.19, 86도1093

유○○(다방주인)이 피고인 甲(종업원)에게 오토바이 열쇠를 주면서 그 오토바이를 타고 가서 수표를 현금으로 바꾸어 오라고 시키자 피고인 甲이 이를 응낙하고 그 오토바이를 타고 갔다면, 그것은 피고인과 피해자 사이에 오토바이의 보관에 따른 신임관계를 위배한 것이 되어 횡령죄를 구성함은 별론으로 하고 적어도 절도죄는 구성하지 않는다 할 것이다. 법원행시 06 / 법원9급 10 / 경찰간부 11 / 경찰채용 14 2차 / 경찰채용 22 2차

ⓑ 독립적 점유 : 종업원의 단독점유가 인정된다. 예를 들어, 은행 · 역 · 백화점의 금전출납 직원이 금전을 영득한 경우나 화물자동차의 운전자가 운반 중인 재물을 영득한 경우가 여기에 속하는데 이 경우 횡령죄의 성립이 인정된다.

③ 재물의 운반자와 위탁자 간의 점유 : 재물운반자가 당해 재물을 영득한 경우, 위탁자가 운반자에 대하여 현실적인 감독 · 통제가 가능한가에 따라서 그것이 가능하다면 절도죄가 성립하고, 통제가 어렵다면 횡령죄가 성립한다는 것이 다수설 · 판례의 입장(현실적 감독 · 통제설)이다.

---

431 판결이유 조합관계에서 탈퇴하면 조합관계는 해산됨이 없이 종료되어 청산이 뒤따르지 아니하며 조합원의 합유에 속한 조합재산은 남은 조합원의 단독소유에 속하고, 탈퇴자와 남은 자 사이에 탈퇴로 인한 계산을 하여야 한다(대법원 1983.2.22, 82도3236; 1999.3.12, 98다54458).

판례연구 재물의 운반자와 위탁자 간의 점유 관련 판례

1. 대법원 1982.12.23, 82도2394
피해자가 시장 점포에서 물건을 매수하여 그 곳에 맡겨 놓은 후 그 곳에서 약 50m 떨어져 동 점포를 살펴볼 수 없는 딴 가게로 가서 지게꾼이던 피고인을 불러 피고인 단독으로 위 점포에 가서 맡긴 물건을 운반해 줄 것을 의뢰하자, 피고인은 동 점포에 가서 맡긴 물건을 찾아 피해자에게 운반하여 주지 않고 용달차에 싣고 가서 처분한 것이라면 횡령죄를 구성한다. 경찰승진 12

2. 대법원 1967.7.8, 65도798
피고인들은 열차사무소 취급수(철도승무원)로서 합동하여 그들이 승무한 화차 내에서 동 화차에 적재해 운송 중인 철도청의 수탁화물 중 이삿짐 포장을 풀고 그 속에 묶어 넣어 둔 탁상용 시계 1개 외 의류 9점을 빼내어 절취하였다는 것인데, 이 운송 중의 화물은 교통부의 기관에 의하여 점유 · 보관되는 것이라 해석되므로 특수절도로 보았음은 정당하다.

3. 대법원 1957.9.20, 4290형상281
피고인은 조선운수주식회사 소속의 화물자동차 운전수로서 조선운수주식회사 인천지점에서 작업 중 지시에 의하여 인천항 구내 제1창고에서 인천시 부평동 소재 미군 제55보급부대까지 커피 3상자를 화물자동차로 운송하던 도중에 인천시 송림동 소재 박모가에서 이를 자의로 매각처분하였다는 것인데, 이를 횡령죄로 문의한 원판결은 정당하다.

④ 임치된 포장물의 점유

㉠ 포장물 · 내용물 기준설 : 포장물 전체에 대해서는 수탁자에게 점유가 있고, 그 내용물에 대해서는 위탁자에게 점유가 유보되므로, 수탁자가 그 전체를 영득하면 횡령죄, 내용물을 영득하면 절도죄가 성립한다는 견해로서 판례의 입장이다.

판례연구 가마니 안의 정부미 사례 : 절도죄

대법원 1956.1.27, 4288형상375
피고인이 보관계약에 의하여 보관 중인 정부 소유의 미곡 가마니에서 삭대를 사용하여 약간량씩을 발취한 경우, 피고인이 발취한 포장함 입내의 보관 중의 정부소유미의 점유는 정부에 있다 할 것이므로 이를 발취한 행위는 절도죄에 해당한다.

㉡ 위탁관계 성질 기준설 : 구체적인 위탁관계의 취지 · 태양에 따라, 형식적 위탁관계인 때에는 위탁자에게 점유가 있으므로 수탁자가 이를 영득한 경우 절도죄가 되고, 실질적 위탁관계인 때에는 수탁자에게 점유가 인정되므로 횡령죄가 성립한다는 것이 다수 학설의 입장이다.[432]

432 ㉠ 다수설이다. 김일수/서보학, 276면; 배종대, 336면; 서일교, 143면; 이정원, 316면; 이형국(Ⅰ), 383면; 정성근/박광민, 269면; 진계호, 292면. 한편 ㉡ 내용물을 포함한 포장물 전체가 수탁자의 점유에 속하므로 횡령죄가 성립할 뿐이라는 소수설은 김종원 183면; 백형구, 132면; 손동권, 275면; 오영근, 353면. ㉢ 내용물을 포함한 포장물 전체가 위탁자의 점유에 속하므로 절도죄가 성립한다는 견해는 황산덕, 275면. 또한 ㉣ 위탁된 용기의 크기와 이에 대한 위탁자의 접근가능성을 기준삼아 움직일 수 없는 경우에는 위탁자의 단독점유로, 가동물건일 경우에는 수탁자의 단독점유로, 내용물에 대해 위탁자가 자유롭게 접근할 수 있을 때에는 공동점유를 인정하는 견해는 이재상, §16-39. ㉤ 위탁관계를 원칙적 기준으로 하면서도 다만 용기가 일정한 장소에 고정된 경우(예를 들어, 은행의 개인보관함, 역 · 백화점 등의 보관함)에는 용기를 열 수 있는 열쇠의 소지자가 점유자로 보아야 한다는 견해는 박상기, 257면 참조.

(3) 점유의 주체

① 자연인(自然人) : 자연인만이 점유(사실상 지배) 주체가 되고, 법인의 점유는 부정된다는 것이 다수설[433] 이다. 점유의 의사가 없기 때문이다.

② 사자(死者)

㉠ 소극설(다수설[434]) : 점유의사를 아무리 잠재적 지배의사로 파악한다 하더라도 사자의 점유까지는 인정할 수 없으므로, 사자의 재물을 취거하는 행위는 절도죄가 아니라 점유이탈물횡령죄에 해당한다는 입장이다.

㉡ 적극설(소수설[435] · 판례) : 피해자가 사망한 후에도 그 생전의 점유는 계속되므로 이를 보호해야 한다는 점에서, 범인이 피해자를 살해한 다음 현장에서 피해자의 재물을 영득한 행위는 살인죄와 절도죄의 경합범이 된다는 입장이다. 다만, 이 견해에서도 사망 후 상당한 시간이 경과한 시체에 대해서는 점유의 계속을 부정하게 된다.

판례연구 사자의 점유를 긍정하여 절도죄의 성립을 인정한 사례

대법원 1993.9.28, 93도2143

피고인 甲이 부엌칼로 피해자 乙의 배 부분을 1회, 허벅지 부분을 2~3회, 얼굴과 몸통을 십여 차례 힘껏 찌르는 등 고의로 피해자를 살해한 사실을 인정할 수 있을뿐더러 … 甲이 피해자 乙을 살해한 방에서 사망한 피해자 乙 곁에 4시간 30분쯤 있다가 그 곳 피해자의 자취방 벽에 걸려 있던 피해자가 소지하는 원심판시 물건들을 영득의 의사로 가지고 나온 사실이 인정되는데, 이와 같은 경우에 피해자가 생전에 가진 점유는 사망 후에도 여전히 계속되는 것으로 보아 이를 보호함이 법의 목적에 맞는 것이라고 할 것이므로 피고인의 위 행위는 피해자의 점유를 침탈한 것으로서 절도죄에 해당한다. 법원9급 06 / 경찰승진(경위) 10 / 변호사 13 / 변호사 17 / 국가9급 20 / 국가9급 21

3. 보호객체로서 점유 – 타인의 (권원에 기한) 점유

권리행사방해죄의 점유(보호법익 : 적법한 권원 要)를 말한다.

4. 침해주체로서 점유 – 자기의 점유

횡령죄의 점유(신분요소)를 말한다.

표정리 형법상 점유의 기능

구 분	보호객체로서 점유	행위주체로서 점유	행위대상으로서 점유
해당 범죄	권리행사방해죄에 있어서 점유 (보호법익)	횡령죄에 있어서 점유 (신분요소)	탈취죄(절도·강도죄)의 점유 (침해대상)
요 건	점유 자체가 보호법익이므로 적법한 권원에 의할 것을 요한다.	• 위탁관계 필요 • 사실상 지배뿐만 아니라 법률상 지배까지 확장된다.	• 객관적·물리적 요소 • 주관적·정신적 요소 • 사회적·규범적 요소

433 다수설이다. 김성천/김형준, 370면; 배종대, 328면; 백형구, 131면; 오영근, 342면; 유기천(상), 205면; 이재상, §16–26; 정성근/박광민, 262면. 반면 법인의 점유를 인정하는 소수설은 김일수/서보학, 271면; 임웅, 272면 참조.

434 김일수/서보학, 271면; 김종원, 207면; 백형구, 131면; 손동권, 272면; 오영근, 436면; 이재상, §16–26; 이정원, 308면.

435 김성천/김형준, 371면; 박상기, 255면; 배종대, 335면; 유기천(상), 221면; 이회창, 주석(Ⅲ), 69면; 임웅, 274면; 최철환, "사자의 점유 및 사자명의의 문서", 형사판례연구(3), 195면. 한편 사자의 생전의 점유가 계속된다고 보는 것이 아니라 사자의 점유 그 자체를 인정하여 절도죄가 성립 가능하다고 보는 소수설은 서일교, 143면; 황산덕, 277면.

05 불법영득의사

1. 서 설

(1) 의 의

불법영득의사(不法領得意思, in der Absicht, sich rechtswidrig zuzueignen)라 함은 권리자를 배제하고 타인의 재물을 자기의 소유물과 같이 –그 경제적 용법에 따라– 임의로 이용·처분할 의사를 말한다. 즉, 배제의사(排除意思)와 이용의사(利用意思)를 내용으로 한다.

(2) 법적 성격

영득죄에 있어서 고의 이외에 요구되는 초과주관적 구성요건요소이다.

(3) 필요 여부

불요설도 있으나 필요설이 통설[436]·판례이며, 타당하다고 생각된다.

2. 내 용

(1) 영득의사

① 영득의사의 요소

㉠ 학설 · 판례

ⓐ 배제의사 · 이용의사설(통설) : 영득의사의 요소에는 권리자의 점유를 배제(제거)한다는 배제의사(소극적 요소, Enteignung)와 이러한 재물을 최소한 일시적으로라도 소유자처럼 이용(취득)한다는 이용의사(적극적 요소, Aneignung)가 요구된다는 견해이다.

ⓑ 판례의 입장 : "불법영득의 의사라 함은 권리자를 배제하고 타인의 물건을 자기의 소유물과 같이 그 경제적 용법에 따라서 이용하고 처분할 의사를 말한다(대법원 1961.6.28, 4294형상179)."고 판시하고 있다. 법원9급 14

㉡ 구체적 내용

ⓐ 소극적 요소(배제의사 내지 제거의사)

㉮ 사용절도(使用竊盜)와의 구별 : 영득의 의사가 인정되려면 배제의사를 필요로 하기 때문에 절도죄는 단순한 사용절도와 구별된다. 사용절도는 반환의사를 가지고 있는 경우에 불과하므로 원칙적으로 불가벌이다.

㉯ 처벌되는 사용절도 : 1995년 개정형법부터 자동차 등의 사용절도만큼은 처벌하고 있다(제331조의2).

---

436 강구진, 271면; 김성천/김형준, 377면; 김일수/서보학, 283면; 김종원, 185면; 박상기, 259면; 백형구, 139면; 손동권, 285면; 이재상, §16–49; 이정원, 324면; 이형국(Ⅰ), 390면; 임웅, 285면. 반면 불법영득의사 불요설은 이건호, 524면; 정성근, 381면; 정성근/박광민, 276면; 정영석, 330면(절도죄의 보호법익을 소유권이 아니라 '점유'로 보기 때문에 절취의 고의만 있으면 되고 영득의사는 필요없다는 견해임). 또한 불법영득의사도 고의의 한 내용에 속하므로 별도의 초과주관적 구성요건요소로 볼 수 없다는 소수설은 배종대, 340면; 오영근, 375면(독일형법이 '취거'(wegnehmen)로 행위를 규정하고 별도로 영득의사를 요구하는 데 비해, 우리 형법은 '절취'로 규정하고 영득의사를 명문으로 규정하지 않고 있으므로 '절취' 자체에 영득의 의미가 들어있다는 주장임); 유기천(상), 213면; 정성근/박광민, 281면; 진계호, 257면.

사례연구 사표제출 사례 : 영득의사 부정

A화재보험주식회사 강남지점의 영업과장인 甲은 새로 부임한 지점장 乙로부터 업무인수인계의 지연과 甲의 노동조합활동과 관련하여 질책을 듣고는 그 자리에서 사표를 써서 제출한 다음 회사의 비자금과 관계서류가 들어 있는 가방을 들고 회사를 나갔으나, 甲은 사표제출 후에도 정상적으로 근무하였다. 甲은 평소에 금원과 서류를 전적으로 관리하면서 수시로 집에 가져가 정리하기도 하였고, 특히 외부에서 감사가 나올 때에는 이를 숨기기 위해 자신의 집에 보관하기도 하였다. 甲의 죄책은?

해결 상사와의 의견 충돌 끝에 항의의 표시로 사표를 제출한 다음 평소 피고인이 전적으로 보관·관리해 오던 이른바 비자금 관계서류 및 금품이 든 가방을 들고 나온 경우, 불법영득의 의사가 있다고 할 수 없을 뿐 아니라, 그 서류 및 금품이 타인의 점유 하에 있던 물건이라고도 볼 수 없다(대법원 1995.9.5, 94도3033).[437] 변호사 14

정답 무죄

ⓑ 적극적 요소(이용의사 내지 취득의사)

㉮ 이용의사의 정도 : 영득의 의사는 타인의 재물에 대하여 소유권자처럼 이를 이용하겠다는 적극적 요소가 있음을 요하며, 이 점에서 손괴죄(損壞罪)와 구별된다. 이용의사는 일시적 이용의 사도 포함된다.

㉯ 이용의사가 없는 경우 : 피해자의 전화번호를 알아두기 위하여 피해자가 떨어뜨린 전화요금 영수증을 습득한 후 돌려주지 않은 경우 불법영득의사가 있다고 인정하기 어렵다(대법원 1989.11.28, 89도1679). 경찰승진(공통) 11 소유권자로서 당해 재물을 지배할 의사가 없기 때문이다. 또한 국가에 반납하기 위하여 타인이 점유하는 총기를 절취한 경우에도 절도죄의 성립이 부정된다(대법원 1977.6.7, 77도1038).

판례연구 이용의사가 인정되지 아니한 사례

1. 대법원 1992.9.8, 91도3149

사격장에서 군무를 이탈하면서 총기를 휴대한 경우 총기에 대한 불법영득의사가 없다는 사례

절도죄의 성립에 필요한 불법영득의 의사라 함은 권리자를 배제하고 타인의 물건을 자기의 소유물과 같이 그 경제적 용법에 따라 이용·처분할 의사를 말하는 것으로 영구적으로 그 물건의 경제적 이익을 보유할 의사가 필요한 것은 아니지만 단순한 점유의 침해만으로서는 절도죄를 구성할 수 없고 소유권 또는 이에 준하는 본권을 침해하는 의사 즉 목적물의 물질을 영득할 의사이거나 또는 그 물질의 가치만을 영득할 의사이든 적어도 그 재물에 대한 영득의 의사가 있어야 한다. 피고인이 군무를 이탈할 때 총기를 휴대하고 있는지조차 인식할 수 없는 정신상태에 있었고 총기는 어떤 경우라도 몸을 떠나서는 안 된다는 교육을 지속적으로 받아왔다면 사격장에서 군무를 이탈하면서 총기를 휴대하였다는 것만 가지고는 피고인에게 총기에 대한 불법영득의 의사가 있었다고 할 수 없다.

유사 국가에 반납하기 위하여 타인이 점유하는 총기를 절취한 경우에도 절도죄의 성립이 부정된다(대법원 1977.6.7, 77도1038).

2. 대법원 2000.10.13, 2000도3655

살해된 피해자의 주머니에서 꺼낸 지갑을 다른 증거품들과 함께 태워버린 경우

절도죄의 성립에 필요한 불법영득의 의사라 함은 권리자를 배제하고 타인의 물건을 자기의 소유물과 같이 그 경제적 용법에 따라 이용·처분하려는 의사를 말한다. 따라서 피고인이 살해된 피해자의 주머니에서 꺼낸 지갑

437 판결이유 피고인의 사직서 제출은 진정으로 위 회사를 사직할 의사에서 제출하였기보다는 위 乙과의 의견 충돌 끝에 항의의 표시로 제출한 것으로 보아야 할 것이므로, 피고인이 이 사건 서류와 금품이 든 위 가방을 들고 나간 것은 여전히 위 회사를 위한 보관자의 지위에서 한 행위로서 불법영득의 의사가 있다고 볼 수 없다.

을 살해도구로 이용한 골프채와 옷 등 다른 증거품들과 함께 자신의 차량에 싣고 가다가 쓰레기 소각장에서 태워버린 경우, 살인 범행의 증거를 인멸하기 위한 행위로서 불법영득의 의사가 있었다고 보기 어렵다.[438] 법원행시 11 / 법원9급 17

② 영득의사의 대상(객체)

㉠ 학설 · 판례 : ⓐ 영득의사의 대상에 대한 전통적인 입장으로서 물체 그 자체를 영득의사의 대상으로 보는 물체설(物體說, Substanztheorie)[439]과 ⓑ 영득의사의 객체는 물체 속에 화체되어 있는 경제적 가치라고 보는 가치설(價値說, Sachwerttheorie)[440]이 제시된 바 있으나, 물체설에 의하면 절도죄의 성립범위가 지나치게 좁아지게 되고, 가치설에 의하면 이득죄도 절도죄에 포함되기 때문에 절도죄의 성립범위가 과도하게 확장될 것이다.[441] 이에 ⓒ 통설 · 판례는 결합설(물체 또는 가치설)을 취하고 있다(Vereinigungstheorie).[442] 결합설은 영득의사의 본질이 타인의 소유권을 배제하고 자신(또는 제3자[443])의 소유물처럼 이를 사용 · 수익 · 처분하겠다는 데 있고, 이러한 이용의사는 바로 물체 자체 또는 그 물체가 가지고 있는 경제적 가치를 이용하겠다는 데에 있다는 견해로서, 타당하다고 생각된다. 따라서 어떠한 물건을 점유자의 의사에 반하여 취거하는 행위가 결과적으로 소유자의 이익으로 된다는 사정 또는 소유자의 추정적 승낙이 있다고 볼 만한 사정이 있다고 하더라도, 특별한 사정이 없는 한 불법영득의 의사가 없다고 할 수는 없으며(대법원 2014.2.21, 2013도14139), 법원행시 16 / 경찰채용 16 2차 / 변호사 16 / 국가7급 18 / 국가9급 20 / 국가7급 20 / 법원9급 21 후일 변제할 의사가 있었다고 하더라도 불법영득의사가 없다고 할 수 없다(대법원 1999.4.9, 99도519).[444] 그러나 여기에서도 순수한 이득죄(利得罪)와의 구별을 위해 '가치의 범위'를 어느 선에서 정할 것인가가 중요한 문제가 되는데, 결국 당해 '재물이 본질적으로 가지고 있는 가치'를 획득한 경우에만 영득죄가 성립하게 된다.

㉡ 가치의 범위 – 고유한 기능가치(機能價値)[445]

ⓐ 예금통장을 절취(강취)하여 예금을 인출하고 통장을 반환한 경우 : 예금통장은 예금청구권이라는 고유한 기능가치가 내재되어 있으므로 물체 자체를 반환했다 하더라도 그 가치에 대한 영득은 인정되므로 불법영득의사가 인정된다. 따라서 예금통장 자체에 대한 절도죄(강도죄)가 성립한다(대법원 2010.5.27, 2009도9008). 국가7급 12 / 국가9급 13 / 법원행시 12 / 법원행시 13 / 경찰간부 14 / 경찰승진(공통) 11 / 경찰

438 **판례에 대한 보충설명** 불법영득의사라 함은 타인의 소유를 배제하고 자신의 소유물처럼 사용 · 수익 · 처분하겠다는 의사를 말하며, 따라서 배제의사와 이용의사를 그 개념요소로 한다. 위 사례의 경우 적극적 이용의사가 결여되어 있어 불법영득의사가 부정되는 것이다. 참고로 증거인멸죄는 타인의 형사사건 · 징계사건에 관한 증거를 대상으로 하므로 이 사안에는 해당될 수 없다. 또한 일반물건방화죄는 구체적 위험범이므로 역시 해당되지 않는다.

439 물체설은 독일의 일부 학자들의 견해이다. 보통 물체설에 대해서는 "예금통장을 가져와서 그 예금을 인출하고 물체 자체는 반환한 경우에는 영득의사를 인정할 수 없다."라는 비판(김일수/서보학, 286면; 박상기, 261면; 손동권, 291면; 이재상, §16–55; 임웅, 289면)이 제기된다.

440 RGSt 40, 10 (Biermarkenfall). 가치설에 대해서는 보통 '재물에 대한 영득죄를 이득죄로 변질시킨다'는 비판(김일수/서보학, ibid; 손동권, ibid; 이재상, §16–56; 임웅, ibid.)이 제기된다.

441 다른 한편 가치설에 의하면 애인의 빛바랜 사진 한 장과 같이 경제적 가치가 없는 재물은 영득의 대상에서 배제된다는 점에서 문제가 있다. 김일수/서보학, ibid; 박상기, ibid; 손동권, ibid; 이재상, ibid; 임웅, ibid.

442 강구진, 274면; 김성천/김형준, 379면; 김일수/서보학, 287면; 김종원, 217면; 박상기, 262면; 배종대, 348면; 백형구, 138면; 손동권, 291면; 이재상, §16–57; 이정원, 329면; 이형국(I), 393면; 임웅, 289면; 진계호, 271면; 황산덕, 271면.

443 강도죄 · 사기죄 · 공갈죄 · 배임죄의 구성요건과는 달리, 절도죄에 있어서는 제3자를 위한 절취를 규정하고 있지 않다. 학설에서는 제3자로 하여금 영득하게 하겠다는 의사도 불법영득의사로 볼 수 있다는 견해가 있으며(김일수/서보학, 290면; 박상기, 263면; 손동권, 288면; 임웅, 293면 등), 타당하다고 생각된다.

444 **판례** 피고인이 현금 등이 들어 있는 피해자의 지갑을 가져갈 **당시에 피해자의 승낙을 받지 않았다면** 가사 피고인이 **후일 변제할 의사가 있었다고 하더라도 불법영득의사가 있었다**고 할 것이다(대법원 1999.4.9, 99도519).

445 재물의 기능가치(Funktionswert)란 재물의 종류와 기능에 따라 개념적으로 결합되어 있는 가치인 '재물의 특수한 가치'를 말한다. 재물의 특수한 기능가치를 침해해야만 영득의 의사를 인정할 수 있다는 설명은 이재상, §16–58; Sch/Sch/Eser, §242 Rn.49 참조.

승진 13 / 경찰채용 12 2차 / 사시 12 / 국가9급 16 / 경찰채용 16 1차 / 경찰승진 24

ⓑ 주민등록증 등의 증명서를 사용 후 반환할 의사로 절취한 경우 : 주민등록증에는 가치가 없으므로 불법영득의사가 부정된다(대법원 1971.10.19, 70도1399). 따라서 주민등록증 사용행위에 대한 공문서부정행사죄 등의 문서죄는 별론으로 하고 주민등록증 자체에 대한 절도죄의 성립은 부정된다. 마찬가지로, 피해자의 승낙 없이 혼인신고서를 작성하기 위하여 피해자의 도장을 몰래 꺼내어 사용한 후 곧바로 제자리에 갖다 놓은 경우에도 도장에 대한 불법영득의 의사가 있었다고 볼 수 없다(대법원 2000.3.28, 2000도493). 국가7급 12 / 사시 13 / 사시 16 / 법원9급 17

ⓒ 현금카드를 사용하고 반환하기 위하여 절취한 경우 : 피해자로부터 지갑을 잠시 건네받아 임의로 지갑에서 피해자 소유의 현금카드를 꺼내어 현금자동인출기에서 현금을 인출하고 곧바로 피해자에게 현금카드를 반환한 경우, 현금카드에 대한 불법영득의사가 없다(대법원 1998.11.10, 98도2642). 경찰간부 13

ⓓ 신용카드(또는 직불카드)로 현금서비스를 받고 신용카드 자체는 반환한 경우 : 신용카드 자체에 대한 절도죄는 부정된다(대법원 1999.7.9, 99도857. 직불카드는 대법원 2006.3.9, 2005도7819 참조). 법원행시 11 / 법원9급 07(하) / 경찰승진(경위) 10 / 경찰채용 11 2차 / 국가9급 16 / 법원9급 16 / 법원9급 18

판례연구 불법영득의사의 객체 관련판례

1. 대법원 1999.7.9, 99도857

신용카드로 현금서비스를 받고 신용카드를 반환한 경우

신용카드업자가 발행한 신용카드는 이를 소지함으로써 신용구매가 가능하고 금융의 편의를 받을 수 있다는 점에서 경제적 가치가 있다 하더라도, 그 자체에 경제적 가치가 화체되어 있거나 특정의 재산권을 표창하는 유가증권이라고 볼 수 없고, 단지 신용카드회원이 그 제시를 통하여 신용카드회원이라는 사실을 증명하거나 현금자동지급기 등에 주입하는 등의 방법으로 신용카드업자로부터 서비스를 받을 수 있는 증표로서의 가치를 갖는 것이어서, 이를 사용하여 현금자동지급기에서 현금을 인출하였다 하더라도 신용카드 자체가 가지는 경제적 가치가 인출된 예금액만큼 소모되었다고 할 수 없으므로, 이를 일시사용하고 곧 반환한 경우에는 불법영득의 의사가 없다. 경찰승진(경위) 10 / 경찰채용 11 2차 / 국가9급 16

2. 대법원 2010.5.27, 2009도9008

월급을 제대로 받지 못할까 염려하여 회사 통장에서 예금을 인출하고 반환한 사례

예금통장은 예금채권을 표창하는 유가증권이 아니고 그 자체에 예금액 상당의 경제적 가치가 화체되어 있는 것도 아니지만, 이를 소지함으로써 예금채권의 행사자격을 증명할 수 있는 자격증권으로서 예금계약사실 뿐 아니라 예금액에 대한 증명기능이 있고 이러한 증명기능은 예금통장 자체가 가지는 경제적 가치라고 보아야 하므로, 예금통장을 사용하여 예금을 인출하게 되면 그 인출된 예금액에 대하여는 예금통장 자체의 예금액 증명기능이 상실되고 이에 따라 그 상실된 기능에 상응한 경제적 가치도 소모된다고 할 수 있다. 그렇다면 타인의 예금통장을 무단사용하여 예금을 인출한 후 바로 예금통장을 반환하였다 하더라도 그 사용으로 인한 위와 같은 경제적 가치의 소모가 무시할 수 있을 정도로 경미한 경우가 아닌 이상, 예금통장 자체가 가지는 예금액 증명기능의 경제적 가치에 대한 불법영득의 의사를 인정할 수 있으므로 절도죄가 성립한다.[446] 국가7급 12 / 국가9급 13 / 법원행시 12 / 법원행시 13 / 경찰승진(공통) 11 / 경찰승진 13 / 경찰채용 12 2차 / 사시 12

446 **사실관계** 甲은 A주식회사의 사무실에서 A회사 명의의 농협 통장을 몰래 가지고 나와 예금 1,000만 원을 인출한 후 다시 위 통장을 제자리에 갖다 놓았다. 그런데 甲은 A회사의 현장소장으로 근무하던 중 월급 등을 제대로 지급받지 못할 것을 염려하여 위 행위를 한 것이다. 위 통장 자체에 대하여 甲의 죄책은 절도죄가 성립한다.

(2) **영득의 불법**(내지 위법성)

정당한 반환청구권자가 점유자의 의사에 반하여 자기의 소유물을 가져온 행위가 절도죄와 같은 영득죄의 구성요건에 해당하는가의 문제이다.

① 절취의 불법설(판례) : 정당한 청구권을 가지고 있다 하더라도 절취행위 자체가 적법하지 않으면 불법영득의사를 인정해야 한다는 견해이다. 이에 의하면 절취에 대한 위법성조각사유가 없어야만 불법영득의사를 인정할 수 있고, 행위자가 임의로 타인의 재물을 취거하였다면 행위자에게 반환청구권이 있더라도 절도죄가 성립하게 된다. 대법원은 절취의 불법설을 취하고 있다고 여겨진다.

사례연구 양도담보가 설정된 쇄석장비를 담보권자가 임의로 가져간 사례

A 회사는 채무자 乙과의 사이에 乙 소유 쇄석장비들에 관하여 점유개정의 방법에 의한 양도담보부 금전소비대차계약을 체결하고 돈을 빌려주었는데, 乙이 변제기일이 지나도 채무를 변제하지 아니하자 A 회사의 직원들인 甲 등이 합동하여 乙의 의사에 반하여 쇄석장비들을 임의로 분해하여 가지고 갔다. 甲 등의 죄책은?

해결 형법상 절취란 타인이 점유하고 있는 자기 이외의 자의 소유물을 점유자의 의사에 반하여 그 점유를 배제하고 자기 또는 제3자의 점유로 옮기는 것을 말하는 것으로, 비록 약정에 기한 인도 등의 청구권이 인정된다고 하더라도, 취거 당시에 점유 이전에 관한 점유자의 명시적·묵시적인 동의가 있었던 것으로 인정되지 않는 한, 점유자의 의사에 반하여 점유를 배제하는 행위를 함으로써 절도죄는 성립하는 것이고, 그러한 경우에 특별한 사정이 없는 한 불법영득의 의사가 있다고 할 것이다(대법원 2005.6.24, 2005도2861). 경찰채용 12 2차

보충 점유개정의 방법에 의한 양도담보부 금전소비대차계약의 채권자가 변제기일 후 채무자의 의사에 반하여 담보목적물을 가져간 경우 절도죄가 성립한다는 판례이다.

정답 특수절도죄(합동범).

판례연구 약정에 기한 인도청구권이 인정되어도 절도죄의 점유배제 행위를 인정한 사례

1. 대법원 1973.2.28, 72도2538

외상물품의 반환청구권이 있어도 승낙을 받지 않고 가져갔다면 절도에 해당한다는 사례

매매계약의 해제가 있고 동 외상 매매물품의 반환청구권이 피고인(채권자)에게 있다고 하여도 절도라 함은 타인이 점유하는 재물을 도취하는 행위, 즉 점유자의 의사에 의하지 아니하고 그 점유를 취득하는 행위로서 절도행위의 객체는 점유라 할 것이므로, 피고인이 정○○(채무자)의 승낙을 받지 않고 위 물품들을 가져갔다면 그 물품에 대한 반환청구권이 피고인에게 있었다 하여도 피고인의 그 행위는 절도행위에 해당되는 법리라 할 것임에도 불구하고 원판결이 위와 같이 반환청구권이 있다는 이유만으로 절도죄를 구성할 여지없다고 판단한 것은 절도행위의 객체에 관한 법리를 오해한 것이다. 국가7급 13

2. 대법원 2001.10.26, 2001도4546

굴착기 취거 사례

굴착기 매수인이 약정된 기일에 대금채무를 이행하지 아니하면 굴착기를 회수하여 가도 좋다는 약정을 하고 각서와 매매계약서 및 양도증명서 등을 작성하여 판매회사 담당자에게 교부한 후 그 채무를 불이행하자 그 담당자가 굴착기를 취거하여 매도한 경우, 굴착기에 대한 소유권 등록 없이 매수인의 위와 같은 약정 및 각서 등의 작성·교부만으로 굴착기에 대한 소유권이 판매회사로 이전될 수는 없으므로 굴착기 취거 당시 그 소유권은 여전히 매수인에게 남아 있고, 매수인의 의사표시 중에 자신의 동의나 승낙 없이 현실적으로 자신의 점유를 배제하고 굴착기를 가져가도 좋다는 의사까지 포함되어 있었던 것으로 보기는 어렵기 때문에, 그 굴착기 취거행위는 절도죄에 해당하고 불법영득의 의사도 인정된다.[447]

447 **판례에 대한 보충설명** 약정에 기한 인도청구권이 인정되는 경우에도 점유자의 의사에 반하여 점유를 배제하는 행위를 함으로써

3. 대법원 2010.2.25, 2009도5064
리스료 미납 덤프트럭을 가져간 사례
피고인 甲이 할부매매 덤프트럭을 가져가기 전에 B 주식회사에 "여신거래기본약관상의 기한이익 상실조항에 의거하여 리스료의 일시상환 청구를 하게 되었으며 또한 귀하의 재산에 대한 법적조치 및 연체자 정보제공 준비에 있습니다."라는 내용의 통보서를 보냈고, A 주식회사와 B 주식회사 간에 "B 주식회사가 채무를 이행하지 아니하는 경우에 A 주식회사가 이를 관리하고 그 처분 혹은 임대수익으로써 채무의 변제에 충당할 수 있다."는 취지의 서면약정이 있었다고 하더라도, 피고인이 할부매매 덤프트럭을 가져간 행위는 B 주식회사의 의사에 반하는 절취행위에 해당한다고 본 것은 정당하다.

② 영득의 불법설(통설[448])(변시 외 객관식에서는 참고) : 실질적으로 소유권질서에 일치하는가의 여부를 따져야 한다는 견해로서, 반환청구권이 있는 경우에는 영득은 -구성요건에 해당되지 않아- 불법하지 않게 된다는 견해이다. 다만 이 견해도 지적하다시피 위 법리는 특정물채권(特定物債權)에 대해서는 적용되나 종류채권(種類債權)에 대해서는 적용되지 않으므로, 종류채권에 대해서는 반환청구권뿐만 아니라 나아가 추가적인 위법성조각사유(예 자구행위)까지 구비해야만 영득죄가 성립하지 않게 된다. 예컨대, 영득의 불법설에 의하더라도 乙에게 100만 원을 소비대차에 의해 빌려준 채권자 甲이 乙의 허락없이 乙의 지갑에서 100만 원을 가져간 경우에는 甲에게 불법영득의사가 인정된다.

3. 사용절도

(1) 의 의

타인의 재물을 점유자의 승낙 없이 무단사용하는 경우에 있어서 그 사용으로 인하여 물건 자체가 가지는 경제적 가치가 상당한 정도로 소모되거나 또는 사용 후 그 재물을 본래 있었던 장소가 아닌 다른 장소에 버리거나 곧 반환하지 아니하고 장시간 점유하고 있는 것과 같은 때에는 그 소유권 또는 본권을 침해할 의사가 있다고 보아 불법영득의 의사를 인정할 수 있을 것이다. 반면, 그 사용으로 인한 가치의 소모가 무시할 수 있을 정도로 경미하고 사용 후 곧 반환한 것과 같은 때에는 그 소유권 또는 본권을 침해할 의사가 있다고 할 수 없어 불법영득의 의사가 있다고 인정할 수 없다. 사용절도(furtum usus)라 함은 이렇게 '불법영득의사를 가지지 않고 타인의 재물을 무단으로 일시적으로 사용한 후에 소유자에게 반환하는 행위'를 말한다. 사용절도는 현행법상 자동차 등의 교통수단(제331조의2)이 아닌 한 처벌되지 아니한다.

(2) 절도와 사용절도의 한계

① 반환의사(返還意思) : 반환의사가 있다면 영득의사(배제의사)가 부정되어 절도죄가 성립하지 않게 된다. 구체적으로는 재물을 일시적으로 사용한 후 -방치하면 안 되고- 소유자의 지배범위에 돌려놓아 권리자가 이를 확실하게 취득할 수 있도록 해야만 사용절도가 되어 절도죄가 성립하지 않는다.

절도죄가 성립한다는 판례이다. 형법상 절취란 타인이 점유하고 있는 자기 이외의 자의 소유물을 점유자의 의사에 반하여 그 점유를 배제하고 자기 또는 제3자의 점유로 옮기는 것을 말하는 것으로, **비록 약정에 기한 인도 등의 청구권이 인정된다고 하더라도**, 취거 당시에 점유 이전에 관한 점유자의 명시적·묵시적인 동의가 있었던 것으로 인정되지 않는 한, **점유자의 의사에 반하여 점유를 배제하는 행위를 함으로써 절도죄는 성립하는 것**이고, 그러한 경우에 특별한 사정이 없는 한 불법영득의 의사가 없었다고 할 수는 없다는 것이다.

448 김일수/서보학, 289면; 박상기, 262면; 배종대, 292면; 손동권, 290면; 이재상, §16-65; 이형국(Ⅰ), 393면; 임웅, 274면; 진계호, 264면. 독일의 통설이기도 하다. Samson, SK Rn.85; Sch/Sch/Eser, Rn.59.

판례연구 반환의사 관련 판례

1. 대법원 1987.12.8, 87도1959

인감도장 사용 후 반환 사례 : 사용절도

피고인이 피해자 이○○의 도장과 인감도장을 그의 책상서랍에서 몰래 꺼내어 가서 그것을 차용금증서의 연대보증인란에 찍고 난 후 곧 제자리에 넣어둔 경우에는 위 도장에 대한 불법영득의 의사가 있었다고 인정할 수 없다.

법원행시 11 / 경찰채용 10 2차 / 국가9급 16

✔ 위 판례는 영득의사의 객체인 물체 또는 가치에 있어서 가치의 범위에 관한 "주민등록증 등 증명서를 사용 후 반환한 경우 단지 당해 증명서의 사용가치만 문제되는 경우이므로 영득의사를 인정할 수 없다(대법원 1971.10.19, 70도1399)."라는 판례나, "피해자의 승낙 없이 혼인신고서를 작성하기 위하여 피해자의 도장을 몰래 꺼내어 사용한 후 곧바로 제자리에 갖다 놓은 경우, 도장에 대한 불법영득의 의사가 있었다고 볼 수 없다(대법원 2000.3.28, 2000도493)."라는 판례 국가7급 12 / 사시 13와 일맥상통한다.

2. 대법원 1992.5.12, 92도280

내연관계 회복을 위해 잠시 피해자의 재물을 가져온 사례 : 사용절도

피고인이 나○○과의 내연관계를 회복시켜 볼 목적으로 그녀의 물건을 가져와 보관한 후 이를 찾으러 오면 그때 그 물건을 반환하면서 잘 타일러 다시 내연관계를 지속시킬 생각으로 그 물건을 가져온 것이라면 불법영득의 의사가 있다고 할 수 없다. 법원9급 11 / 법원9급 17

② 재물의 가치의 소멸 내지 현저한 감소 : 이 경우에는 반환의사가 있다 하더라도 물체의 특수한 기능가치가 훼손·제거된 경우라고 볼 수 있으므로 불법영득의사는 인정된다.

예 자동차의 장시간 사용에 의한 타이어의 과도한 마모

③ 구체적 사례에 있어서 판례의 입장 정리

㉠ 일시사용의 목적으로 자동차 등을 사용하고 반환한 경우 : 불법영득의사가 부정된다. 다만, 아래 판례들은 그 정리에 있어서 주의를 요한다.

㉡ 해변의 배를 절취하여 볼일을 마치고 다른 곳에 방치한 경우 : 절도죄가 성립한다(대법원 1961.6.28, 4294형상179).

판례연구 사용절도 관련 판례

1. 대법원 1992.4.24, 92도118

평소 친분 있는 자의 차량을 잠시 사용 · 반환한 사례

피고인들은 자동차 소유자인 박○○과 같은 동네에 거주하는 선후배 관계로 평소 잘 알고 지내는 사이였고, 1990.12.경에는 피고인 나○○가 공소외 윤○○로부터 위 차량을 빌려 잠시 운행한 일이 있었는데, 그때 반환하지 아니한 보조열쇠를 이용하여 판시와 같이 3차례에 걸쳐 위 차량을 2~3시간 정도 운행한 후 원래 주차된 곳에 갖다 놓아 반환하였다면 … 피고인들과 피해자 간의 친분관계, 차량의 운행경위, 운행시간, 운행 후의 정황 등에 비추어 피고인들에게 불법영득의 의사가 있었다고 볼 수 없다.

2. 대법원 1981.10.13, 81도2394

승낙 없이 오토바이를 사용 후 방치한 사례

피고인은 소유자 공소외 문○○이 길가에 세워둔 오토바이를 그 승낙 없이 타고 가서 용무를 마친 약 1시간 30분 후 본래 있던 곳에서 약 7~8m 되는 장소에 방치하였다는 것이므로 여기에 불법영득의 의사가 있었다고 할 것이다.[449]

449 이 판례에 대해 불법영득의사를 부정해야 한다는 비판은 이재상, §16-63 참조.

3. 대법원 2011.8.18. 2010도9570

타인의 재물을 점유자의 승낙 없이 무단 사용하고 곧 반환하지 않고 장시간 점유한 경우

甲 주식회사 감사인 A는 회사 경영진과의 불화로 한 달 가까이 결근하다가 자신의 출입카드가 정지되어 있는데도 이른 아침에 경비원에게서 출입증을 받아 컴퓨터 하드디스크를 절취하기 위해 회사 감사실에 침입하여 자신이 사용하던 컴퓨터에서 하드디스크를 떼어간 후 4개월 가까이 지난 시점에 반환하였다. A가 회사 감사실에 침입한 행위는 그 수단, 방법의 상당성을 결하는 것으로서 정당행위에 해당하지 않는다(방실침입죄 성립). 또한 타인의 재물을 점유자의 승낙 없이 무단 사용하는 경우에 있어서 그 사용으로 인하여 물건 자체가 가지는 경제적 가치가 상당한 정도로 소모되거나 또는 사용 후 그 재물을 본래 있었던 장소가 아닌 다른 장소에 버리거나 곧 반환하지 아니하고 장시간 점유하고 있는 것과 같은 때에는 그 소유권 또는 본권을 침해할 의사가 있다고 보아 불법영득의 의사를 인정할 수 있을 것이다(대법원 2006.3.9, 2005도7819 등 참조).[450] 변호사 14 / 변호사 16

4. 대법원 2012.7.12. 2012도1132

타인의 재물을 점유자의 승낙 없이 무단 사용하고 본래의 장소와 다른 곳에 유기한 경우

A는 甲의 영업점 내에 있는 甲 소유의 휴대전화를 허락 없이 가지고 나와 사용한 다음 약 1~2시간 후 위 영업점 정문 옆 화분에 놓아두고 갔다. 일시 사용의 목적으로 타인의 점유를 침탈한 경우에도 사용으로 인하여 물건 자체가 가지는 경제적 가치가 상당한 정도로 소모되거나 또는 상당히 장시간 점유하고 있거나 본래의 장소와 다른 곳에 유기하는 경우에는 이를 일시 사용하는 경우라고는 볼 수 없으므로 영득의 의사가 없다고 할 수 없다. A는 甲의 휴대전화를 자신의 소유물과 같이 경제적 용법에 따라 이용하다가 본래의 장소와 다른 곳에 유기한 것이므로, A에게는 불법영득의사가 있었다고 할 것이다. 경찰승진 14 / 변호사 14 / 변호사 16 / 법원행시 16 / 사시 16 / 법원9급 16 / 법원9급 17 / 국가7급 18 / 국가7급 22

06 친족상도례

제328조【친족 간의 범행과 고소】 ① 직계혈족, 배우자, 동거친족, 동거가족 또는 그 배우자 간의 제323조의 죄는 형을 면제한다.

② 제1항 이외의 친족 간에 제323조의 죄를 범한 때에는 고소가 있어야 공소를 제기할 수 있다.

③ 전2항의 신분관계가 없는 공범에 대하여는 전2항을 적용하지 아니한다.

1. 의의 및 법적 성질

친족상도례(親族相盜例)라 함은 재산죄에 있어서 일정한 친족관계가 있음으로서 적용되는 특례규정이다. 친족 사이의 재산범죄는, 범죄는 성립하지만 친족이라는 특수관계를 고려하여 형벌만을 과하지 않는 것으로서, 현행법상 인적 처벌조각사유[451]에 해당하거나(제328조 제1항) 친고죄에 해당된다(동조 제2항)(입법론상 모두 친고죄로 하는 것이 타당하나, 상론詳論은 생략).

2. 적용범위

(1) 적용되는 범죄

① 형법상의 재산죄 : 권리행사방해죄 법원행시 05 / 법원행시 06 / 경찰간부 11에 규정되어 있고, 절도죄 · 사기죄 법원

450 보충 상고이유에서 들고 있는 대법원 1995.9.5, 94도3033 판결은 피고인이 상사의 질책을 듣고 홧김에 사표를 제출한 후 평소 전적으로 관리하던 회사 비자금 서류 등이 든 가방을 들고 회사를 나갔다가 사표 제출 후에도 정상적으로 근무한 사안으로서, 이 사건과는 사안을 달리하여 그대로 원용하기에 적절하지 아니하다(위 판례).

451 종래에는 위법성조각사유설이나 책임조각사유설도 주장된 바 있었으나, 현재 인적 처벌조각사유설이 통설이다. 강구진, 291면; 김성천/김형준, 381면; 김일수/서보학, 256면; 김종원, 189면; 박상기, 279면; 배종대, 299면; 유기천(상), 223면; 이재상, §16-95; 이정원, 348면; 이형국(Ⅰ), 399면; 정성근/박광민, 251면; 정영석, 313면; 진계호, 265면; 황산덕, 256면.

행시 05 / 경찰간부 17 · 공갈죄 법원행시 05 · 횡령죄 · 배임죄 · 장물죄 법원행시 05에 대하여 준용된다. 친족상도례는 정범뿐만 아니라 신분관계가 있는 한 공범에게도 적용된다. 다만, 강도죄 · 손괴죄 국가7급 14 / 법원행시 05 / 법원9급 07(상) / 경찰승진(경정) 10 / 경찰승진(경사) 10 / 경찰승진(경위) 10 / 경찰채용 10 2차 / 사시 16 / 경찰채용 16 1차 / 경찰채용 17 1차는 제외된다(점유강취 · 강제집행면탈도 ×).

② 특별법상의 재산죄 : 산림절도(산림자원의 조성 및 관리에 관한 법률 제73조)에도 적용되며(대법원 1959.9.18, 4292형상 290), 특경법상 사기죄(대법원 2000.10.13, 99오1), 국가7급 09 / 법원행시 10 / 법원행시 12 / 법원승진 11 / 경찰승진(경위) 11 / 경찰승진(경감) 11 / 경찰채용 14 1차 / 사시 16 폭처법상 공갈죄(대법원 1994.5.27, 94도617), 특경법상 횡령죄(대법원 2013.9.13, 2013도7754) 법원행시 11 / 법원행시 13 / 법원승진 13 / 법원9급 05 / 법원9급 11 / 법원9급 12 / 법원9급 14 / 경찰채용 12 1차 / 변호사 13에도 적용된다.

(2) 친족의 범위

① 판단기준 : 민법(民法)에 의한다.

② 친족관계의 내용

㉠ 직계혈족(直系血族) : 동거 유무, 자연혈족 · 법정혈족 여부를 불문한다. 양자의 생가와의 관계도 단절되지 않는다.

㉡ 배우자(配偶者) : 법률혼상의 배우자만을 의미한다(다수설[452]). 법원행시 12 따라서 혼인이 무효인 경우에는 친족상도례가 적용되는 배우자에 해당하지 아니한다. 법원행시 16

판례연구 혼인이 무효인 경우 친족상도례의 배우자에 해당하지 않는다는 사례

대법원 2015.12.10, 2014도11533

민법 제815조 제1호는 당사자 사이에 혼인의 합의가 없는 때에는 그 혼인을 무효로 한다고 규정하고 있고, 이 혼인무효 사유는 당사자 사이에 사회관념상 부부라고 인정되는 정신적 · 육체적 결합을 할 의사를 가지고 있지 않은 경우를 가리킨다. 그러므로 비록 당사자 사이에 혼인의 신고가 있었더라도, 그것이 단지 다른 목적을 달성하기 위한 방편에 불과한 것으로서 그들 사이에 참다운 부부관계의 설정을 바라는 효과의사가 없을 때에는 그 혼인은 무효라고 할 것이다. 그리고 형법 제354조, 제328조 제1항에 의하면 배우자 사이의 사기죄는 이른바 친족상도례에 의하여 형을 면제하도록 되어 있으나, 사기죄를 범하는 자가 금원을 편취하기 위한 수단으로 피해자와 혼인신고를 한 것이어서 그 혼인이 무효인 경우라면, 그러한 피해자에 대한 사기죄에서는 친족상도례를 적용할 수 없다고 할 것이다. 법원행시 16 / 법원9급 18 / 경찰채용 21 1차

㉢ 동거친족(同居親族) : 친족상도례가 적용되는 친족은 배우자, 혈족 및 인척이다(민법 제767조). 이 중 동거친족이라 함은 직계혈족과 배우자를 제외한 동일한 주거에서 일상생활을 같이하는 친족을 말한다. 그러므로 일시적으로 숙박하고 있는 친족은 해당되지 않는다. 사시 11

㉣ 동거가족(同居家族) : 형면제가 되려면 가족 중 동거하는 관계이어야 한다. 가족이란 일가의 구성원으로서 호주(2008.1.1. 폐지[453])가 아닌 자를 말한다(민법 제779조[454]). 법정분가된 경우에는 가족이 아

452 박상기, 280면; 배종대, 368면; 백형구, 124면; 손동권, 311면; 이재상, §16－98; 이정원, 324면; 이형국(Ⅰ), 401면; 정성근/박광민, 252면. 반면 사실상의 배우자를 포함시켜야 한다는 소수설은 김성천/김형준, 383면; 김일수/서보학, 257면; 오영근, 403면; 임웅, 296면; 황산덕, 275면.

453 호주제도에 대한 헌법불합치결정은 헌법재판소 2005.2.3, 2001헌가9 참조. 이에 의해 2005.3.31. 민법 개정이 이루어졌다. 그리고 이 개정민법은 2008.1.1.부터 시행되고 있다.

454 민법 제779조 (가족의 범위) ① 다음의 자는 가족으로 한다.
1. 배우자, 직계혈족 및 형제자매
2. 직계혈족의 배우자, 배우자의 직계혈족 및 배우자의 형제자매

니다(대법원 2000.10.13, 99오1).[455]

ⓜ 또는 '그 배우자' : 제328조 제1항에서 '그 배우자'는 동거가족의 배우자만을 의미하는 것이 아니라, 직계혈족, 동거친족, 동거가족 모두의 배우자를 의미한다.[456] 경찰승진 14 / 경찰채용 17 1차 따라서 장인이 사위를 기망하여 그 재산을 편취한 경우 양자 간에는 직계혈족의 배우자 관계가 있으므로 그 형이 면제된다.

ⓑ 인척(姻戚)의 범위 : 혈족의 배우자, 배우자의 혈족, 배우자의 혈족의 배우자만을 인척으로 한다(민법 제769조). 따라서 구 민법(1990년 개정 전의 것) 제769조에서 인척으로 규정하였던 사돈 등 '혈족의 배우자의 혈족'은 인척이 되지 않는다. 법원9급 20

판례연구 사기죄의 피고인과 피해자가 사돈지간인 경우 친족에 해당하는지 여부(소극)

대법원 2011.4.28, 2011도2170

사기죄의 피고인과 피해자가 사돈지간이라고 하더라도 이를 민법상 친족으로 볼 수 없다. 따라서 피고인이 백화점 내 점포에 입점시켜 주겠다고 속여 피해자로부터 입점비 명목으로 돈을 편취하였다며 사기로 기소된 경우, 피고인의 딸과 피해자의 아들이 혼인하여 피고인과 피해자가 사돈지간이라고 하더라도 민법상 친족으로 볼 수 없는데도, 2촌의 인척인 친족이라는 이유로 위 범죄를 친족상도례가 적용되는 친고죄라고 판단한 후 피해자의 고소가 고소기간을 경과하여 부적법하다고 보아 공소를 기각한 원심판결 및 제1심판결에는 친족의 범위에 관한 법리오해의 위법이 있다.[457] 법원행시 11 / 법원행시 12 / 법원승진 13 / 법원9급 12 / 경찰간부 14 / 경찰승진 13 / 경찰채용 12 1차 / 법원행시 16 / 경찰채용 16 1차 / 경찰채용 18 1차 / 국가9급 23

③ 친족관계의 존재시기 : 원칙적으로 행위시에 존재하여야 한다. 법원행시 09 / 경찰승진(경위) 11 / 사시 14 다만, 인지(認知)의 소급효는 친족상도례 규정에 영향을 미친다. 판례도 "인지가 범행 후에 이루어진 경우라고 하더라도 그 소급효에 따라 형성되는 친족관계를 기초로 하여 친족상도례의 규정이 적용되어야 한다(형면제)(대법원 1997.1.24, 96도1731)."고 보고 있다. 국가7급 09 / 국가7급 12 / 국가7급 13 / 법원행시 07 / 법원행시 08 / 법원행시 10 / 법원행시 11 / 법원행시 12 / 법원승진 13 / 법원9급 07(상) / 법원9급 14 / 법원9급 18 / 경찰간부 11 / 경찰간부 14 / 경찰채용 13 1차 / 사시 11 / 사시 14 / 변호사 12 / 변호사 16 / 법원행시 16 / 법원9급 20 / 국가9급 23

(3) 친족관계의 존재범위

친족관계는 범죄자와 피해자 사이에 있어야 한다. 구체적으로, 판례에 의하면 절도죄의 보호법익은 소유권 및 점유권이므로 행위자와 소유자 · 점유자 사이 모두에 친족관계가 있을 때 친족상도례가 적용된다고 한다

---

② 제1항 제2호의 경우에는 생계를 같이 하는 경우에 한한다. [전문개정 2005.3.31.]

455 **판례 : 친족상도례의 '가족'** 甲에게는 아들 A(장남), B, C가 있었는데 그중 B가 결혼을 하여 동거하지 않는 경우 비록 제328조의 친족상도례 규정 제1항의 동거하는 친족이라고는 볼 수 없으며 동조 동항의 '가족'의 관계도 인정되지 않는다(대법원 2000.10.13, 99오1). **판결이유** 구 민법(1990.1.13. 법률 제4199호로 개정되기 전의 것) 제789조 제1항은, '가족은 혼인하면 당연히 분가된다'고 규정하고 있었으므로, 호주의 직계비속 장남자 아닌 가족인 남자가 혼인하면 법률의 규정에 의하여 당연히 분가되어야 함에도 호적상 **법정분가**의 절차를 거치지 아니하여 호주의 호적부에 가족으로 남아 있다고 하더라도, 그러한 **호적 기재와는 관계없이 혼인신고를 한 이후에는 호주의 가족이라는 신분관계는 소멸되는 것이다. 판례에 대한 보충설명** 위 사건 부동산에 대한 특경법 위반(사기) 및 사기미수의 점에 대하여 피고인과 피해자는 형법 제328조 제2항에 정하는 친족간이므로 고소가 있어야 공소를 제기할 수 있는 바, 피해자가 피고인을 고소하였음을 인정할 자료가 없어 이 부분 공소는 형사소송법 제327조 제2호에 정한 공소제기의 절차가 법률의 규정에 위반하여 무효인 때에 해당하므로, 이 부분 공소를 기각하게 된다.

456 **판례 : 친족상도례를 규정한 형법 제328조 제1항에서 '그 배우자'가 동거가족의 배우자만을 의미하는 것은 아니라는 사례** 피고인이 상습으로 재물을 편취하였다고 하여 특정경제범죄 가중처벌 등에 관한 법률 위반(사기)으로 기소된 경우, 피고인이 피해자 甲의 **직계혈족의 배우자**임을 이유로 형법 제354조, 제328조 제1항에 따라 甲에 대한 상습사기의 공소사실에 대하여 형을 면제한 것은 정당하다(대법원 2011.5.13, 2011도1765).

457 **사례** 甲은 백화점 내 점포에 입점시켜 주겠다고 속여 피해자 乙로부터 입점비 명목으로 돈을 편취하여 사기죄로 기소되었다. 그런데 甲의 딸과 乙의 아들은 혼인한 사이로 甲과 乙은 사돈지간이다. 그렇다면 甲의 사기죄는 친고죄인가? **해결** 친고죄가 아니다.

(다수설도 같음[458]). 국가7급 09 / 국가7급 12 / 법원행시 10 / 법원승진 13 / 법원9급 07(상) / 법원9급 11 / 법원9급 14 / 경찰승진(경사) 10 / 경찰승진(경감) 10 / 경찰승진(경위) 11 / 변호사 18 또한 친족과 비친족의 합유 등 공동소유물을 편취한 경우에는 친족상도례는 적용되지 아니한다.

판례연구 피해자와의 사이에 친족관계가 인정되지 않아 친족상도례가 적용되지 않는다는 사례

1. 대법원 1980.11.11, 80도131; 2014.9.25, 2014도8984 등

다이아몬드의 소유자와 점유자 사례

형법 제344조에 의하여 준용되는 형법 제328조 제1항에 정한 친족간의 범행에 관한 규정은 범인과 피해물건의 소유자 및 점유자 쌍방간에 같은 규정에 정한 친족관계가 있는 경우에만 적용되는 것이며, 단지 절도범인과 피해물건의 소유자 간에만 친족관계가 있거나 절도범인과 피해물건의 점유 자간에만 친족관계가 있는 경우에는 그 적용이 없다고 보아야 한다. 피고인 甲은 공소외 정○○이 경영하는 금은세공공장에서 동 정○○이 공소외 홍○○로부터 가공의뢰를 받아 보관 중이던 위 홍○○ 소유의 다이아몬드 6개(도합 시가 금 138만 원 상당)를 절취하였는데, 위 정○○은 피고인 甲의 생질(피고인의 누이의 아들)로서 피고인 甲과 위 정○○은 형법 제344조에 의하여 준용되는 같은 법 제328조 제2항 소정의 친족관계가 있는 것이고 … 절도죄는 재물의 점유를 침탈하므로 인하여 성립하는 범죄이므로 재물의 점유자가 절도죄의 피해자가 되는 것이나 절도죄는 점유자의 점유를 침탈함으로 인하여 그 재물의 소유자를 해하게 되는 것이므로 재물의 소유자도 절도죄의 피해자로 보아야 할 것이다.

✔ 정○○의 고소가 없더라도 절도죄로 처벌 가능(제328조 제2항 ×) 법원9급 18 / 경찰간부 18

2. 대법원 2007.3.15, 2006도2704

무단 계좌이체로 인한 컴퓨터 등 사용사기죄의 피해자는 거래금융기관이라는 사례

절취한 친족 소유의 예금통장을 현금자동지급기에 넣고 조작하여 예금 잔고를 다른 금융기관의 자기 계좌로 이체하는 방법으로 저지른 컴퓨터 등 사용사기죄에 있어서의 피해자는 예금통장 소유자인 친족이 아니라 친족 명의 계좌의 금융기관이다. 따라서 손자가 할아버지 소유 농업협동조합 예금통장을 절취하여 이를 현금자동지급기에 넣고 조작하는 방법으로 예금 잔고를 자신의 거래 은행 계좌로 이체한 경우, 컴퓨터 등 사용사기 범행 부분의 피해자는 위 농업협동조합이므로 친족상도례를 적용할 수 없다. 경찰채용 18 1차 / 법원9급 20 / 국가9급 23

3. 대법원 2015.6.11, 2015도3160

친족과 비친족의 합유인 재산상 이익을 기망하여 편취한 경우의 친족상도례 적용 여부

피고인 등이 공모하여, 피해자 甲, 乙 등을 기망하여 甲, 乙 및 丙과 부동산 매매계약을 체결하고 소유권을 이전받은 다음 잔금을 지급하지 않아 같은 금액 상당의 재산상 이익을 편취하였다는 내용으로 기소된 경우, 甲은 피고인의 8촌 혈족, 丙은 피고인의 부친이나, (乙은 피고인의 친족이 아니고) 위 부동산이 甲, 乙, 丙의 합유로 등기되어 있어 피고인에게 형법상 친족상도례 규정이 적용되지 않는다고 해야 한다. 법원행시 16

3. 친족상도례에 대한 인식의 요부

친족상도례와 같은 인적 처벌조각사유에 대한 인식의 유무는 범죄성립에 영향을 미치지 않는다.[459] 국가7급 12 / 국가9급 14 / 경찰승진(경감) 11 / 경찰채용 10 1차 / 변호사 17

458 강구진, 291면; 김종원, 289면; 박상기, 280면; 백형구, 123면; 오영근, 404면; 유기천(상), 223면; 이형국(Ⅰ), 403면; 임웅, 297면; 정성근/박광민, 253면; 정영석, 136면; 진계호, 266면; 황산덕, 275면. 반면 소유자와의 관계에서만 친족관계가 있으면 된다는 소수설은 김성천/김형준, 382면; 김일수/서보학, 258면; 배종대, 369면; 이재상, §16－97; 이정원, 324면.

459 **보충 : 친족상도례(인적 처벌조각사유)에 대한 착오의 해결** 구체적으로 형법체계상 행위자의 인식의 대상, 즉 착오의 대상이 되는 요소는 구성요건요소(그중에서도 객관적 구성요건요소인 사실)와 위법성(직접적 금지규범과 간접적 금지규범)뿐이라고 정리하면 된다. 따라서 인적 처벌조각사유(통설)인 친족상도례의 존부에 관한 인식은 요구되지 않으며, 이에 대한 착오도 범죄성립에 아무런 영향을 주지 않는다(판례도 동지). 예를 들어 타인소유의 물건을 자신의 父의 물건으로 오인하고 절취한 경우에도 절도죄가 성립하고 친족상도례가 적용되지 않아 처벌도 받게 된다. 마찬가지로 자신의 父의 물건을 타인소유의 물건으로 오인하고 절취한 경우에는 절도죄가 성립하지만 친족상도례가 적용되어 형이 면제되게 된다. 즉, 친족상도례의 적용 여부에 관한 판단은 객관적으로 특례가 적용되는지 안 되는지의 판단에만 의하면 된다.

4. 적용효과

(1) 원 칙

① 직계혈족 · 배우자 · 동거친족 · 동거가족 또는 그 배우자 간의 범죄 : 형을 면제한다(제328조 제1항). 법원9급 10 / 법원9급 14

② 그 밖의 친족 간의 범죄 : 고소가 있어야 한다(상대적 친고죄)(제328조 제2항). 법원9급 10

예 절도죄의 피고인이 피해자의 외사촌동생이라면 형법 제344조, 제328조 제2항에 의하여 피해자의 고소가 있어야 처벌할 수 있다(대법원 1991.7.12, 91도1077).

③ 친족상도례 개별화의 원칙 : 친족상도례는 친족관계 있는 사람에게만 적용되고 해당 관계가 없는 공범자에게는 적용되지 않는다(제328조 제3항). 국가7급 09 / 법원9급 07(상) / 경찰승진(경장) 10 / 경찰승진(경위) 10 즉, 인적 처벌조각사유는 일신전속적 사유로서의 성질을 가진다. 예를 들어 甲과 乙이 甲의 父인 丙의 재물을 합동하여 절취하였다면 甲 · 乙은 특수절도죄(제331조 제2항)가 성립하나 甲은 그 형이 면제되고 乙만 처벌되게 된다. 국가7급 09 / 법원9급 07(상) / 경찰승진(경장) 10 / 경찰승진(경위) 10

(2) 장물죄의 특칙

① 장물범과 피해자 사이에 제328조 제1항 · 제2항의 신분관계가 있는 경우 : 형면제 또는 친고죄로 처리한다(제365조 제1항). 국가9급 14 / 경찰승진(경장) 10 / 경찰채용 16 1차 / 국가9급 23

② 장물범과 본범 사이에 제328조 제1항의 신분관계가 있는 경우 : 형을 필요적으로 감면한다(제365조 제2항 본문). 국가9급 14 / 법원행시 06 / 경찰채용 12 1차 / 경찰채용 17 1차 / 국가9급 23

표정리 친족상도례 정리

친족관계의 범위	절도죄	• 소유자설(소수설) • 소유자 및 점유자설(다수설 · 판례) 법원행시 12 / 법원9급 11
	사기죄	피해자(소유자)와만 있으면 됨(피기망자와는 불요) 국가9급 11 / 국가9급 14 / 법원행시 10
	공갈죄	피공갈자, 교부자 모두와
	횡령 · 배임죄	소유자, 위임자 모두와 국가9급 14 / 법원행시 10 / 법원행시 11 / 법원9급 09 / 법원9급 12 / 경찰간부 11 / 경찰채용 10 1차 / 경찰채용 12 1차 / 경찰채용 13 1차 / 변호사 12
	장물죄	• 피해자와의 관계 : 원칙 적용(형면제 또는 친고죄) • 본범과의 관계 : 제328조 제1항의 친족이면 필요적 감면
친족의 범위	형면제	법률상의 직계혈족, 배우자(법률혼만), 동거친족, 동거가족 또는 그 배우자(제328조 제1항)
	친고죄	그 밖의 법률상 친족
친족관계의 존재시기		행위시(단, 인지의 소급효 인정)

표정리 형법상 친족관계의 취급 개관

구 분	범죄례	친족관계의 성질
처벌되지 않는 경우	범인은닉죄, 증거인멸죄	책임조각
형의 면제 또는 친고죄	친족상도례	인적 처벌조각사유
형이 가중되는 경우	존속살해죄 등	책임가중

제2절 절도의 죄

01 총 설

1. 의의 및 구별개념

절도죄(竊盜罪, larceny, Diebstahl)는 타인이 소유하고 타인이 점유하는 재물을 절취함으로써 성립하는 범죄이다. 절도죄는 강도죄·공갈죄와 아래와 같은 이동(異同)이 있다.

표정리 강도죄 · 절도죄 · 공갈죄의 비교

구 분	강도죄	절도죄	공갈죄
보호법익	재산권 및 자유권	소유권	재산권 및 자유권
침해방법	탈취죄	탈취죄	편취죄
폭행·협박	반항을 억압할 정도의 폭행·협박	불필요	공포심을 생기게 할 정도의 폭행·협박
객 체	재물·재산상 이익	재 물	재물·재산상 이익
처분행위	불필요	불필요	필 요
친족상도례	적용되지 않음	적 용	적 용

2. 보호법익

타인의 '소유권(所有權)'이라고 보는 견해도 있지만(소유권설[460]), '소유권 및 점유(占有)'라고 보아야 한다(소유권·점유설[461]). 소유권설에서는 점유는 보호의 객체가 아니라 행위의 객체에 불과하며 소유권의 한 내용에 불과하다는 점을 그 논거로 제시하지만, 횡령죄는 그 보호법익을 소유권으로 삼고 있고 타인소유·자기점유의 재물을 그 객체로 삼고 있으며 그 형은 5년 이하의 징역인 데 비하여(형법 제355조 제1항 참조) 절도죄는 타인소유·타인점유의 재물을 그 객체로 삼고 있으며 그 형은 6년 이하의 징역으로서 횡령죄의 그것보다 무겁다는 점을 고려하지 않을 수 없기 때문이다. 법익보호의 정도는 침해범이다(다수설[462]).

460 김성천/김형준, 358면; 김일수/서보학, 262면; 박상기, 250면; 유기천(상), 189면; 이재상, §16-2; 이정원, 272면; 배종대, 276면.
461 강구진, 260면; 김종원, 178면; 손동권, 262면; 이형국(Ⅰ), 376면; 임웅, 246면; 정성근/박광민, 259면; 정영석, 331면.
462 강구진, 257면; 김일수/서보학, 263면; 김종원, 180면; 박상기, 250면; 손동권, 263면; 오영근, 366면; 이정원, 292면; 임웅, 283면. 반면 위험범으로 보는 소수설은 김성천/김형준, 359면; 유기천(상), 190면; 이재상, §16-3.

02 절도죄

제329조 【절 도】 타인의 재물을 절취한 자는 6년 이하의 징역 또는 1천만 원 이하의 벌금에 처한다.

1. 구성요건

(1) 객관적 구성요건

① 객체 – 타인이 점유하는 타인(소유)의 재물

절도죄의 객체는 '타인이 소유하고' '타인이 점유하는' 재물이어야 한다.[463] 여기서 소유권의 귀속은 민법적 기준에 의하여 정해지기 때문에 '재물의 타인성'(재물이 타인의 소유일 것)은 규범적 구성요건요소가 된다. 예컨대, 공동소유물은 타인의 소유물에 해당되므로 이에 대해서는 권리행사방해죄가 성립할 수 없고 절도죄가 성립한다. 법원승진 10

판례연구 타인의 소유임을 인정한 사례 : 절도죄 ○

1. 대법원 1998.11.24, 98도2967

위조한 리프트탑승권을 발매기에서 뜯어간 사례

유가증권도 그것이 정상적으로 발행된 것은 물론 비록 작성권한 없는 자에 의하여 위조된 것이라고 하더라도 절차에 따라 몰수되기까지는 그 소지자의 점유를 보호하여야 한다는 점에서 형법상 재물로서 절도죄의 객체가 된다. 법원행시 14 따라서 리프트탑승권 발매기를 전산조작하여 위조한 탑승권을 발매기에서 뜯어 간 행위는 탑승권 위조행위와 위조탑승권 절취행위가 결합된 것이고, 따라서 위조탑승권의 장물성도 인정된다(위조리프트탑승권 구입 : 장물취득 ○).

2. 대법원 1998.4.24, 97도3425

권원 없이 식재한 감나무의 감을 수확한 행위는 절도죄

타인의 토지상에 권원 없이 식재한 수목의 소유권은 토지소유자에게 귀속하고 권원에 의하여 식재한 경우에는 그 소유권이 식재한 자에게 있으므로, 권원 없이 식재한 감나무(다년생 작물이므로 토지소유자에게 부합됨)에서 감을 수확한 것은 절도죄에 해당한다. 법원행시 06 / 법원행시 14 / 경찰승진 13 / 경찰채용 14 1차 / 경찰채용 14 2차 / 변호사 12 / 경찰승진(경감이하) 16 / 국가9급 18

3. 대법원 2004.3.12, 2002도5090

명의대여자가 명의대여약정에 따라 발급된 영업허가증 · 사업자등록증을 가지고 간 것은 절도 ○

식품접객업 영업허가가 행정관청의 허가이고 그 영업 자체가 국민의 보건과 관계가 있으며, 나아가 부가가치세법에 의한 사업자등록이 납세의무와 관련되어 있다 하더라도, 당사자 사이에서 그 허가명의 및 등록명의를 대여하는 것이 허용되지 않는다고 볼 것은 아니다. … 명의대여 약정에 따른 신청에 의하여 발급된 영업허가증과 사업자등록증은 피해자가 인도받음으로써 피해자의 소유가 되었다고 할 것이므로, 이를 명의대여자가 가지고 간 행위가 절도죄에 해당한다. 국가7급 07 / 법원행시 09 / 법원행시 10 / 경찰승진(경감) 11 / 경찰채용 14 2차 / 경찰승진(경감이하) 17

4. 대법원 2007.2.22, 2006도8649

이중의 동산양도담보에서 뒤에 양도담보설정계약을 체결한 이중양수 채권자가 임의로 가져간 사례

피고인은 돼지 반출행위 당시 그 돼지들이 피고인이 아닌 타인의 소유와 점유에 속함을 알았음에도[464] 이를 불

463 점유와 관련된 설명(절도죄의 점유는 침해대상으로서의 점유)은 일반이론에서 상세히 검토하였다.

464 판결이유 돈사에서 대량으로 사육되는 돼지를 집합물에 대한 양도담보의 목적물로 삼은 경우, 그 돼지는 번식, 사망, 판매, 구입 등의 요인에 의하여 증감 변동하기 마련이므로 양도담보권자가 그 때마다 별도의 양도담보권설정계약을 맺거나 점유개정의 표시를 하지 않더라도 하나의 집합물로서 동일성을 잃지 아니한 채 양도담보권의 효력은 항상 현재의 집합물 위에 미치게 되고(대법원 2004.11.12, 2004다22858), 금전채무를 담보하기 위하여 채무자가 그 소유의 동산을 채권자에게 양도하되 점유개정의 방법으로 인도하고 채무자가 이를 계속 점유하기로 약정한 경우 특별한 사정이 없는 한 그 동산의 소유권은 신탁적으로 이전되는 것에 불과하여, **채권자와 채무자 사이의 대내적 관계에서는 채무자가 소유권을 보유하나 대외적인 관계에서의**

법하게 영득할 의사로 그 기재와 같이 돼지를 실어 갔다고 보아야 하며, 판시와 같이 피고인이 (업체명 생략)랜드의 돼지 출하를 방해한 행위는 (업체명 생략)랜드의 업무를 방해하는 위법한 행위로 보기에 충분하다(절도죄와 업무방해죄 성립). 경찰간부 12

5. 대법원 2007.1.11, 2006도4498

자동차 명의신탁과 소유권 판단 : 특별한 사정이 있으면 대내적으로는 등록명의자 아닌 자 소유

① 자동차나 중기(또는 건설기계)의 소유권의 득실변경은 등록을 함으로써 그 효력이 생기고 그와 같은 등록이 없는 한 대외적 관계에서는 물론 당사자의 대내적 관계에 있어서도 그 소유권을 취득할 수 없는 것이 원칙이지만, ② 당사자 사이에 그 소유권을 그 등록 명의자 아닌 자가 보유하기로 약정하였다는 등의 특별한 사정이 있는 경우에는 그 내부관계에 있어서는 그 등록 명의자 아닌 자가 소유권을 보유하게 된다. 이러한 자동차 명의신탁관계에서 제3자가 명의수탁자로부터 승용차를 가져가 매도할 것을 허락받고 인감증명 등을 교부받아 위 승용차를 명의신탁자 몰래 가져간 경우, 위 제3자와 명의수탁자의 공모·가공에 의한 절도죄의 공모공동정범이 성립한다.[465] 법원행시 14 / 경찰간부 11 / 사시 16 / 경찰승진(경감이하) 17 / 경찰채용 18 2차 / 국가7급 22

유사판례 대법원 2013.2.28, 2012도15303

피고인 A는 자신의 명의로 등록된 자동차를 사실혼 관계에 있던 甲에게 증여하여 甲만이 이를 운행·관리하여 오다가 서로 별거하면서 재산분할 내지 위자료 명목으로 甲이 소유하기로 하였는데, 피고인 A는 이를 임의로 운전해 간 경우, 자동차에 대한 소유권의 득실변경은 등록을 함으로써 그 효력이 생기고 등록이 없는 한 대외적 관계에서는 물론 당사자의 대내적 관계에서도 소유권을 취득할 수 없는 것이 원칙이지만, 당사자 사이에 소유권을 등록명의자 아닌 자가 보유하기로 약정하였다는 등의 특별한 사정이 있는 경우에는 그 내부관계에 있어서는 등록명의자 아닌 자가 소유권을 보유하게 된다고 할 것이다(대법원 1989.9.12, 88다카18641; 2003.5.30, 2000도5767). 사시 14 / 사시 16 / 경찰채용 21 1차

6. 대법원 2008.2.15, 2005도6223

사원이 회사를 퇴사하면서 회사의 영업비밀에 해당하는 자료를 가지고 간 사례

사원 甲(피고인)은 A회사(피해회사)를 퇴사하면서 A회사의 영업비밀에 해당하는 원료의 배합비율, 제조공정, 시제품의 품질 확인이나 제조기술 향상을 위한 각종 실험결과 등을 기재한 자료를 가져갔다. 위 문서들은 피해회사의 직원들이 피해회사의 목적 달성을 위하여 작성한 피해회사의 소유로서 甲의 행위는 절도죄에 해당한다(cf. 영업비밀 유출·미반환·미폐기 : 업무상 배임).

7. 대법원 2010.2.25, 2009도5064

소유권 이전을 위하여 등기나 등록을 요하는 재산에 대하여 소유권유보부매매가 인정되지 않음

소유권유보부매매는 동산을 매매함에 있어 매매목적물을 인도하면서 대금완납시까지 소유권을 매도인에게 유보하기로 특약한 것을 말하며, 이러한 내용의 계약은 동산의 매도인이 매매대금을 다 수령할 때까지 그 대금채권에 대한 담보의 효과를 취득·유지하려는 의도에서 비롯된 것이다. 따라서 부동산과 같이 등기에 의하여 소유권이 이전되는 경우에는 등기를 대금완납시까지 미룸으로써 담보의 기능을 할 수 있기 때문에 굳이 위와 같은 소유권유보부매매의 개념을 원용할 필요성이 없으며, 일단 매도인이 매수인에게 소유권이전등기를 경료하여 준 이상은 특별한 사정이 없는 한 매수인에게 소유권이 귀속되는 것이다. 한편 자동차, 중기, 건설기계 등은 비록 동산이기는 하나 부동산과 마찬가지로 등록에 의하여 소유권이 이전되고, 등록이 부동산 등기와 마찬가지로 소유권이전의 요건이므로, 역시 소유권유보부매매의 개념을 원용할 필요성이 없는 것이다(따라서 덤프트럭에 대한 리스료를 미납했다 하더라도 이를 함부로 가져오면 절도죄가 성립한다).

채무자는 동산의 소유권을 이미 채권자에게 양도한 무권리자가 되는 것이어서 다시 다른 채권자와 사이에 양도담보설정계약을 체결하고 점유개정의 방법으로 인도하더라도 선의취득이 인정되지 않는 한 **나중에 설정계약을 체결한 채권자로서는 양도담보권을 취득할 수 없는데**, 현실의 인도가 아닌 점유개정의 방법으로는 선의취득이 인정되지 아니하므로 결국 **뒤의 채권자는 적법하게 양도담보권을 취득할 수 없다**(대법원 2005.2.18, 2004다37430).

465 **보충** 이 사건 승용차는 피해자 공소외 1이 구입한 것으로 위 피해자의 실질적인 소유이고, 다만 장애인에 대한 면세 혜택 등의 적용을 받기 위해 피고인의 어머니인 공소외 2의 명의를 빌려 등록한 것이고, 나아가 원심 판시와 같이 피고인이 이 사건 당시 공소외 2로부터 위 승용차를 가져가 매도할 것을 허락받고 그녀의 인감증명 등을 교부받은 뒤에 피고인이 이 사건 승용차를 위 피해자 몰래 가져갔다면, 피고인과 공소외 2의 공모·가공에 의한 절도죄의 공모공동정범이 성립된다고 보아야 한다(위 판례).

8. 대법원 2012.4.26, 2010도11771; 2014.9.25, 2014도8984 등

자동차 명의신탁과 소유권 판단 : 대외적 관계에서는 등록명의자 소유

A는 자신의 모(母) 甲 명의로 구입·등록하여 甲에게 명의신탁한 자동차를 乙에게 담보로 제공한 후 乙 몰래 가져갔다. 이렇듯 당사자 사이에 자동차의 소유권을 등록명의자 아닌 자가 보유하기로 약정한 경우, 약정 당사자 사이의 내부관계에서는 등록명의자 아닌 자가 소유권을 보유하게 된다고 하더라도 제3자에 대한 관계에서는 어디까지나 등록명의자가 자동차의 소유자라고 할 것이다(대법원 2007.1.11, 2006도4498 등). 따라서 피고인이 자신의 모(母) 甲 명의로 구입·등록하여 甲에게 명의신탁한 자동차를 乙에게 담보로 제공한 후 乙 몰래 가져가 절취하였다는 내용으로 기소된 경우, 乙에 대한 관계에서 자동차의 소유자는 甲이고 피고인은 소유자가 아니므로 乙이 점유하고 있는 자동차를 임의로 가져간 이상 절도죄가 성립한다고 해야 한다. 국가9급 12 / 법원행시 13 / 법원9급 14 / 경찰승진 14 / 경찰채용 12 2차 / 경찰채용 15 2차 / 변호사 14 / 법원행시 16 / 경찰채용 16 1차 / 경찰승진 24

판례연구 타인의 소유임을 인정하지 않은 사례 : 절도죄 ×

1. 대법원 2002.1.11, 2001도3832

지입차량의 소유자는 지입회사

일반적으로 회사에 지입한 차량은 대외적으로 그 소유권이나 운행관리권이 그 회사에 귀속되는 것이어서 이를 지입차주가 직접 운행·관리하는 경우에도 지입차주는 회사로부터 지입차량에 관한 운행관리권을 위임받아 운행관리상 통상업무에 속하는 행위를 대리하는 데 불과하고, 그 차량의 소유자라고 할 수 없다(cf. 지입차주는 횡령죄의 주체인 차량 보관자에는 해당).

2. 대법원 2008.11.27, 2006도4263

동산의 양도담보권자로부터 목적물반환청구권을 양도받은 자의 취거 : 절도 ×

양도담보권자인 채권자가 제3자에게 담보목적물을 매각한 경우, 제3자는 채권자와 채무자 사이의 정산절차 종결 여부와 관계없이 양도담보 목적물을 인도받음으로써 소유권을 취득하게 되는 것이고, 양도담보의 설정자가 담보목적물을 점유하고 있는 경우 그 목적물의 인도는 채권자로부터 목적물반환청구권을 양도받는 방법으로도 가능한 것인바, 채권자가 양도담보 목적물을 위와 같은 방법으로 제3자에게 처분하여 그 목적물의 소유권을 취득하게 한 다음 그 제3자로 하여금 그 목적물을 취거하게 한 경우 그 제3자로서는 자기의 소유물을 취거한 것에 불과하므로, 사안에 따라 권리행사방해죄를 구성할 여지가 있음은 별론으로 하고, 절도죄를 구성할 여지는 없는 것이다.[466] 변호사 14 / 경찰간부 18

3. 대법원 2010.4.8, 2009도11827

수산업법에 의한 양식어업권을 행사하는 구역 내에서 자연 번식하는 수산동식물의 채취 사례

수산업법에 의한 양식어업권은 행정관청의 면허를 받아 해상의 일정구역 내에서 패류·해조류 또는 정착성 수산동물을 포획·채취할 수 있는 권리를 가리키는 것으로서 이는 그 지역에서 천연으로 생육하는 수산동식물을 어업면허를 받은 종류에 한하여 배타적·선점적으로 채취할 수 있는 권리에 불과하고 그 지역 내의 수산동식물의 소유권을 취득하는 권리는 아니므로 어업권의 취득만으로 당연히 그 지역 내에서 자연 번식하는 수산동식물의 소유권이나 점유권까지 취득한다고는 볼 수 없다(대법원 1983.2.8, 82도696 참조). 따라서 어업권자와 어업권행사계약을 체결하고 어업권을 행사하는 피해자의 양식장에서 모시조개를 채취한 경우 절도죄가 성립하기 위해서는 그 채취한 모시조개가 자연 번식하는 것이 아니라 그 피해자가 양식하는 것으로서 피해자의 소유임이 인정되어야 한다.[467] 법원행시 13 / 경찰채용 13 2차 / 사시 16

466 **사실관계** 통발어구의 양도담보권자인 주식회사 세웅수산의 상무이사 甲 등은 양도담보의 목적물인 위 어구를 제3자인 乙에게 매각한 후 乙로 하여금 이를 임의로 취거하게 하였다. 그렇다면 甲 등에게 절도죄가 성립하는가? → 성립하지 않는다.
판결이유 금전채무를 담보하기 위하여 채무자가 그 소유의 동산을 채권자에게 양도하되 점유개정에 의하여 채무자가 이를 계속 점유하기로 한 경우, 특별한 사정이 없는 한 동산의 소유권은 신탁적으로 이전되고, 채권자와 채무자 사이의 대내적 관계에서 채무자는 의연히 소유권을 보유하나 대외적인 관계에 있어서 채무자는 동산의 소유권을 이미 채권자에게 양도한 무권리자가 된다고 할 것이고(대법원 2004.6.25, 2004도1751), 따라서 동산에 관하여 양도담보계약이 이루어지고 채권자가 점유개정의 방법으로 인도를 받았다면, 그 정산절차를 마치기 전이라도 양도담보권자인 채권자는 제3자에 대한 관계에 있어서는 담보목적물의 소유자로서 그 권리를 행사할 수 있다고 할 것이다(대법원 2008.11.27, 2006도4263; 1994.8.26, 93다44739).

467 甲이 어업권자와 어업권행사계약을 체결하고 어업권을 행사하는 乙의 양식장에서 '자연산' 모시조개를 무단 채취한 경우, 甲

② 행위 – 절취(竊取, stealing, Wegnahme)

폭행·협박에 의하지 않고 타인점유의 재물을 점유자의 의사에 반하여 그 점유를 배제하고 자기 또는 제3자의 점유 하에 옮기는 것을 말한다. 경찰승진 12 / 경찰승진(경감이하) 17

㉠ 점유의 배제(排除) : 지금까지의 점유자의 재물에 대한 사실상의 지배를 점유자의 의사에 반하여(즉 그의 동의 없이) 제거하는 것(Bruch fremdes Gewahrsams)을 말한다. 따라서 피해자의 의사에 기하여 그 점유를 이전하는 것은 절취에 해당되지 않는다.

ⓐ 점유배제에 해당하는 경우 : ㉮ 절취한 신용카드를 이용하여 현금자동지급기에서 현금을 인출한 경우, 현금인출 행위는 현금자동지급기 관리자의 의사에 반하여 그의 지배를 배제하고 그 현금을 자기의 지배 하에 옮겨 놓는 것이 되어 절도죄를 구성하며, ㉯ 강취한 현금카드나 직불카드를 사용하여 현금자동인출기에서 현금을 인출하여 가진 경우에도 절도죄가 성립한다(대법원 2007.5.10, 2007도1375; 2007.4.13, 2007도1377). 국가9급 14 / 경찰승진(경사) 10 / 사시 12 / 사시 13

ⓑ 점유배제에 해당하지 않는 경우 : ㉮ 타인의 신용카드를 이용하여 현금지급기에서 계좌이체를 하고 난 후(계좌이체를 하는 행위가 제347조의2의 컴퓨터사용사기죄에 해당됨은 물론이나) 현금지급기에서 현금을 인출한 경우에는, 자신의 신용카드나 현금카드를 이용한 것이어서 현금지급기 관리자의 의사에 반한다고 볼 수 없어 절취행위에 해당되지 않으며(대법원 2008.6.12, 2008도2440), 국가7급 12 / 경찰승진 14 / 경찰채용 12 2차 / 경찰채용 18 2차 / 사시 14 / 국가9급 18 / 국가7급 20 ㉯ 예금주인 현금카드 소유자를 협박하여 그 카드를 갈취한 다음 피해자의 승낙에 의하여 현금카드를 사용할 권한을 부여받아 이를 이용하여 현금자동지급기에서 현금을 인출한 경우에도, 이는 모두 피해자의 예금을 갈취하고자 하는 피고인의 단일하고 계속된 고의 아래에서 이루어진 일련의 행위로서 포괄하여 하나의 공갈죄를 구성하므로, 현금자동지급기에서 피해자의 예금을 인출한 행위를 현금카드 갈취행위와 분리하여 따로 절도죄로 처단할 수는 없다(대법원 2007.5.10, 2007도1375).[468] 법원행시 10 / 법원행시 12 / 법원행시 13 / 법원9급 08 / 변호사 12

판례연구 점유의 배제를 인정하지 않은 사례 : 절도죄 ×

대법원 2008.7.10, 2008도3252

자기 점유 하에 있던 전기가 계속 소비된 데 불과하다는 사례

임차인의 퇴거 후 점유·관리 중이었던 냉장고를 통하여 전기가 계속 사용되었다 하더라도 이는 당초부터 자기의 점유·관리 하에 있던 전기를 사용한 것일 뿐 타인의 점유·관리 하에 있던 전기가 아니어서 절도죄가 성립하지 아니한다.[469] 국가7급 14 / 경찰간부 11 / 경찰간부 14 / 사시 13

유사판례 대법원 2016.12.15, 2016도15492

甲은 강제경매 절차에서 피고인 A 소유이던 토지 및 그 지상 건물을 매수한 후 법원으로부터 인도명령을 받아 인도집행을 하였는데, 피고인 A는 이 인도집행 전에 건물 외벽에 설치된 전기코드에 선을 연결하여 A가 점유하며 창고로 사용 중인 컨테이너로 전기를 공급받아 사용하였다. 피고인은 인도명령의 집행이 이루어지기 전까지는 당초부터 피고인이 점유·관리하던 전기를 사용한 것에 불과할 뿐 타인이 점유·관리하던 전기를 사용한 것이라고 할 수 없고, 피고인에게 절도의 고의도 인정할 수 없다.

에게 절도죄의 죄책을 인정하지 않은 판례이다.

468 **보충** 판례는 그 이유로서, 위 예금 인출 행위는 하자 있는 의사표시이기는 하지만 피해자의 승낙에 기한 것이고 피해자가 그 승낙의 의사표시를 취소하기까지는 현금카드를 적법·유효하게 사용할 수 있으므로, 은행으로서도 피해자의 지급정지 신청이 없는 한 그의 의사에 따라 그의 계산으로 적법하게 예금을 지급할 수밖에 없기 때문이라는 근거를 제시하고 있다(대법원 2007.5.10, 2007도1375).

469 **사례** 임차인이 임대계약 종료 후 식당건물에서 퇴거하면서 종전부터 사용하던 냉장고의 전원을 켜 둔 채 그대로 두어 전기가 소비되었다. 임차인에게는 절도죄가 성립하는가? → 성립하지 않는다.

㉡ 점유의 취득(取得) : 행위자가 재물에 대하여 방해받지 않는 사실상의 지배를 갖는 것(Begründung neues Gewahrsams)을 말한다. 여기에서 사실상의 지배란 영구적이고 확실한 점유일 필요는 없고 일시적 취득이라도 무방하다.

③ 착수시기 : 판례는 사실상의 지배를 배제하는 데 밀접한 행위(접근·접촉)를 하거나 목적물을 물색한 때(밀접행위설, 실질적 객관설)라고 보지만, 다수설은 주관적(개별적) 객관설에 의하여 이를 정한다.[470]

판례연구 절도죄의 실행의 착수를 인정한 사례

1. 대법원 2003.6.24, 2003도1985, 2003감도26
방안까지 들어가서 두리번거리다가 거실로 나온 사례
야간이 아닌 주간에 절도의 목적으로 다른 사람의 주거에 침입하여 절취할 재물의 물색행위를 시작하는 등 그에 대한 사실상의 지배를 침해하는 데에 밀접한 행위를 개시하면 절도죄의 실행에 착수한 것으로 보아야 한다. 주간에 절도의 목적으로 방 안까지 들어갔다가 절취할 재물을 찾지 못하여 거실로 돌아나온 경우, 절도죄의 실행 착수가 인정된다.[471] 국가7급 11 / 법원행시 06 / 변호사 13 / 사시 16

2. 대법원 2009.9.24, 2009도5595
차 문 손잡이를 잡고 열려고 하는 절도미수 사례
야간에 손전등과 박스 포장용 노끈을 이용하여 도로에 주차된 차량의 문을 열고 현금 등을 훔치기로 마음먹고, 차량의 문이 잠겨 있는지 확인하기 위해 양손으로 운전석 문의 손잡이를 잡고 열려고 하던 중 경찰관에 발각된 경우, 절도죄의 실행에 착수한 것으로 보아야 한다. 경찰간부 14 / 사시 11 / 법원9급 16 / 국가7급 16 / 경찰승진(경감이하) 16 / 경찰간부 18 / 경찰간부 22

④ 기수시기 : 취득설(取得說, Apprehensionstheorie)[472]이 통설이다. 따라서 사실상의 지배를 획득하였다고 인정되는 시점이 되면 본죄는 기수에 이른다. 이 경우 취득사실에 대한 피해자의 감시·인지 여부는 불문한다.[473]

㉠ 창고에서 물건을 밖으로 들고 나와 운반해 가다가 방범대원들에게 발각되어 체포되었다면 절도의 기수에 해당한다(대법원 1984.2.14, 83도3242).

㉡ 방안에 있는 물건을 들고 나오다 이를 방과 방문 밖에 던지고 달아난 경우에도 절도의 기수이다(대법원 1964.4.22, 64도112).

㉢ 목욕탕에서 타인이 떨어뜨린 금반지를 그 목욕탕 안에서 다른 사람이 쉽게 찾을 수 없는 구멍 속에

470 **보충** 주관적 객관설(개별적 객관설, 절충설)이란 행위자의 범행계획에 기초하여 행해진 행위로 인하여 보호법익에 대한 직접적 위험이 발생된 시점에서 실행의 착수가 있다고 보는 입장이다.

471 **사례** [제1문] 甲은 2002.8.21. 18:30 무렵 구리시 수택동 어느 다세대주택 2층에 있는 乙의 집에 재물을 훔치기 위하여 피해자가 빨래를 걷으러 옥상으로 올라간 사이에 열려 있는 현관문을 통하여 절취할 재물을 찾으려고 신발을 신은 채 거실을 통하여 안방으로 들어가 여기 저기를 둘러보고는 절취할 재물을 찾지 못하고 다시 거실로 나와서 두리번거리고 있다가 乙이 현관문을 통하여 거실로 들어가다가 마주치게 되었다. 甲의 죄책은? [제2문] 이때 甲은 체포를 면탈할 목적으로 乙을 밀어 1층 난간으로 떨어뜨리고, 다시 乙이 일어나 甲의 목덜미를 붙잡자 甲은 주먹으로 乙의 얼굴을 1회 때려 6주간의 치료가 필요한 우측요골골두골절상 등을 가하였다. 제1문과 제2문을 종합할 때 甲의 죄책은? **해설** 피고인이 방안으로 들어가다가 곧바로 피해자에게 발각되어 물색행위 등을 할 만한 시간적 여유가 없었던 경우가 아니고 피고인이 방안까지 들어갔다가 절취할 재물을 찾지 못하고 거실로 돌아나온 경우라면 피고인이 절도의 목적으로 침입한 이상, 물색행위를 하는 등 재물에 대한 피해자의 사실상 지배를 침해하는 데 밀접한 행위를 하였던 것으로 보아야 한다. 따라서 절도미수죄가 성립하고, 이때 제2문의 행위처럼 체포면탈의 목적으로 상해를 가하였다면 강도상해죄(=준강도미수죄+상해죄)가 성립하게 되는 것이다. [제1문의 해결] 주거침입죄와 절도미수죄의 경합범, [제2문의 해결] 주거침입죄와 강도상해죄의 경합범.

472 종래 접촉설, 은닉설, 이전설이 제시되어 온 바 있으나, 취득설이 통설이다. 강구진, 268면; 김성천/김형준, 376면; 김일수/서보학, 280면; 박상기, 259면; 배종대, 336면; 백형구, 134면; 손동권, 283면; 유기천(상), 196면; 이재상, §16-47; 이형국(Ⅰ), 389면; 임웅, 265면; 정성근/박광민, 272면; 정영석, 329면.

473 BGHSt 16, 271.

감춘 경우에는 절도의 기수이다(일본의 판례).

(2) 주관적 구성요건 – 고의 및 불법영득의사

타인이 점유하는 타인 소유의 재물임을 인식하고도 그 점유를 배제하여 이를 자기(또는 제3자)의 점유로 취득한다는 것에 대한 인식과 의사가 본죄의 구성요건적 고의로서 요구된다. 또한 이러한 고의와는 달리 객관적 구성요건표지에 상응하지 않는 별도의 초과주관적 구성요건요소로서 불법영득의사가 필요하다.[474]

사례연구 절도죄의 고의 관련 사례

甲은 2004년 4월 22일 영주시 임야에 있는 A조합 점유의 경량철골조 패널지붕 단층 창고 2동에서, A조합으로부터 이 사건 창고의 패널을 철거하여도 좋다는 허락을 받은 사실이 없음에도 불구하고 그 사정을 모르는 위 창고 소유자 乙로 하여금 드릴, 산소용접기 등을 이용하여 이 사건 창고 중 한 동의 패널 82장 시가 약 1,376,000원 상당을 뜯어내어 甲 자신이 운영하는 산림목탄 숯 공장으로 운반하게 하고, 2004년 8월 11일 같은 장소에서 그 사정을 모르는 乙로 하여금 같은 방법으로 나머지 한 동의 창고의 패널 82장 시가 약 1,376,000원 상당을 뜯어내어 위 숯 공장으로 운반하게 하여 甲 자신이 이를 가지게 되었다. 甲에게는 절도죄가 성립하는가?

해결 여러 사정에 비추어 보면, 비록 피고인이 조합 또는 조합의 임원들로부터 현실적인 승낙을 얻어 이 사건 창고의 패널을 뜯어간 것은 아니라 할지라도, 피고인에게 조합의 의사에 반하여 이 사건 창고의 패널을 뜯어간다는 고의가 있었다고 단정하기는 어렵다고 여겨진다. 따라서 원심판결의 이유 설시에 부적절한 점(소유자를 도구로 이용하는 절도죄의 간접정범 형태가 가능함에도 불구하고 이를 부정한 원심의 판단을 지적하고 있음 – 필자 주)이 있으나 원심이 이 사건 절도 공소사실에 대하여 무죄를 선고한 결론에 있어서는 정당하다(대법원 2006.9.28, 2006도2963). 사시 11 / 경찰간부 16

정답 성립하지 않는다.

표정리 절도죄의 전통적 판례

절도죄가 성립하는 경우	절도죄가 성립하지 않는 경우
① 3조각으로 찢어버린 어음용지를 가지고 와서 조합한 행위(주관적·소극적 가치만 있어도 재물, 절도죄와 유가증권위조죄) 경찰승진(경감이하) 16 ② 정자나 난자의 절취행위 ③ 이미 분리된 신체의 일부(혈액·안구·모발·장기)의 절취 ④ 매장용도 이외 다른 용도의 시체의 절취 ⑤ 절도범이 점유하는 장물의 절취(사실상 점유이면 점유 인정) ⑥ 유아·정신병자가 점유하는 재물의 절취 ⑦ 수면자·일시적 의식상실자가 점유하는 재물의 절취(잠재적 지배의사도 점유) ⑧ 강간피해자가 현장에 두고 간 손가방을 가해자가 절취(정신적 점유가 인정)	① 타인의 방에 들어가 무단으로 국제전화를 사용한 행위(물리적 관리가 불가능, 주거침입죄만 됨) 법원행시 06 ② 부동산(점유의 대상 ×, 경계침범죄만 됨) ③ 신체 또는 신체 일부 ④ 시체나 유골(시체영득죄만 됨) ⑤ 정보의 절도(디스켓 등으로 화체되지 않는 한 ×) ⑥ 고속버스에 놓고 내린 물건을 다른 승객이 영득(점유이탈물횡령죄) 법원행시 14 ⑦ 지하철 선반 위에 놓고 내린 물건을 다른 승객이 영득(점유이탈물횡령죄) 법원행시 09 / 법원9급 07(하) / 법원9급 07(하) / 경찰채용 10 2차 ⑧ 다방주인이 종업원에게 오토바이 열쇠와 수표를 맡겼는데 종업원이 이를 영득(종업원의 점유가 인정되어 횡령죄)

474 보충 : 재물의 타인성에 대한 착오 규범적 구성요건요소에 대한 착오가 원칙적으로는 구성요건착오에 속하나, 개별적인 경우에는 금지착오로도 파악될 수 있다(총론, 구성요건론, 고의 중 고의의 대상). 고의의 내용 중 '타인의 소유'는 기술적 구성요건요소가 아니라 규범적 구성요건요소이므로, 타인의 소유물인 것 자체를 인식하지 못한 경우(규범적 구성요건요소의 대상에 대한 착오)에는 사실의 착오로써 고의가 조각된다. 다만 '타인의 소유'의 개념에 대한 잘못된 포섭으로 인하여 타인의 소유물임에도 불구하고 그 소유권이 자신에게 귀속된다고 오인하여 절도죄로 처벌받지 않는다고 생각한 경우(규범적 구성요건요소의 개념 내지 의미평가에 대한 착오)에는 포섭의 착오로서 법률의 착오의 문제가 된다.

⑨ 목욕탕·당구장 법원9급 06에 두고 온 물건을 다른 손님이 절취(관리자의 점유이므로 타인점유)
⑩ 타인의 토지에 권원 없이 식재한 감나무의 감을 식재자가 따간 경우(토지소유자의 소유) 법원행시 06 / 법원행시 14 / 경찰채용 14 1차 / 경찰채용 14 2차 / 경찰승진(경감이하) 16
⑪ 공유관계·합유관계의 재물 절취(공동소유·공동점유이면 타인소유·타인점유)
⑫ 상점 종업원의 상점물건 절취(상위점유자에게만 점유 인정)
⑬ 철도승무원이 운송 중인 화물을 절취(건설교통부 기관의 점유이므로 절도죄)
⑭ 정부 소유 미곡 가마니 안의 쌀을 삭대를 사용하여 절취(내용물은 위탁자 점유)
⑮ 살인 후 사자의 재물을 절취(사자의 점유가 일정시간까지는 인정)
⑯ 묘지기가 관리하던 석등을 처분

〈기 타〉
예금통장을 절취하여 예금을 인출하고 통장을 반환한 행위(예금통장의 고유한 기능가치 인정, 절도죄, 사문서위조죄 및 동행사죄, 사기죄) 법원행시 12 / 법원행시 14 / 경찰간부 14 / 경찰채용 12 2차

⑨ 시장에서 지게꾼에게 맡긴 물건을 지게꾼이 가지고 가서 처분(현실적 감독·통제가 어려우므로 지게꾼의 점유 인정, 횡령죄)
⑩ 화물자동차 운전수가 운송물을 임의처분(역시 횡령죄)
⑪ 내연관계의 회복을 위해 반환의사로 잠시 피해자의 재물을 가져온 행위(사용절도)
⑫ 도장과 인감도장을 몰래 가지고 가서 차용금증서의 연대보증인란에 찍고 난 후 제자리에 넣어둔 행위(사용절도)
⑬ 주민등록증 등 증명서를 사용 후 반환할 의사로 가져온 행위(사용절도, 주민등록증이나 인장 등은 예금통장과 달리 고유한 '기능가치'가 없으므로 영득의사의 대상 ×)
⑭ 현금카드나 신용카드를 사용하고 반환하기 위하여 가져온 행위
⑮ 평소 친분 있는 자의 차량을 잠시 사용하고 반환한 행위(사용절도로서 자동차불법사용죄만 성립)

2. 죄수 및 다른 범죄와의 관계

(1) **죄수** – 절취(점유침해)의 수

절도죄의 죄수는 소유자의 인원수가 아니라 '점유'의 수에 따라 결정된다. 법원승진 12 / 법원9급 16

① 1개의 행위로 1인 점유의 수인 소유의 수개 재물을 절취한 경우 : 1개의 절도죄가 성립한다. 법원9급 16

② 수개의 행위로 수개의 재물을 절취한 경우 : 수개의 절도죄가 성립한다. 다만, 수개의 행위가 시간적·장소적으로 결합되어 있는 경우에는 접속범으로서 1개의 절도죄의 포괄일죄가 되고, 하나의 단일한 범죄의사의 연속으로 볼 수 있는 경우에는 연속범으로서 역시 1개의 절도죄가 성립한다. 법원9급 16

(2) 다른 범죄와의 관계

① 타인의 주거에 침입하여 재물을 절취하는 경우

㉠ 주간의 경우

ⓐ 절취행위가 실행에 착수한 경우 : 주거침입죄와 절도죄(미수 내지 기수)의 경합범이 성립한다. 이때 체포면탈 등의 목적으로 폭행하면 (주거침입죄와) 준강도죄가 성립한다.

ⓑ 절취행위가 실행에 착수하지 못한 경우 : 주거침입죄만 성립한다. 절도죄는 예비를 벌하는 규정이 없기 때문이다. 이때 체포면탈 등의 목적으로 폭행하면 준강도죄가 성립하지 않고(준강도죄는 최소한 절도의 미수이어야 그 주체가 됨) 주거침입죄와 폭행죄의 경합범만 된다.

㉡ 야간의 경우 : 주거에 침입함으로써 야간주거침입절도죄(제330조 : 미수 내지 기수)가 성립한다. 이때 체포면탈 등의 목적으로 폭행하면 준강도죄가 성립한다.

② 교사자가 피교사자로부터 절취한 장물을 취득한 경우

㉠ 교사자가 절도를 교사하고 피교사자가 절도를 하여 절취한 장물을 교사자가 취득한 경우 : 교사자

는 피교사자가 절도를 하였으므로 절도죄의 교사범이며 그 이후 절취한 장물을 취득하였으므로 장물취득죄의 정범이다(실체적 경합).[475]

㉡ 교사자가 강도를 교사하였는데 피교사자가 절도를 하여 절취한 장물을 교사자가 취득한 경우 : 교사자는 절도교사와 강도예비·음모의 상상적 경합이 성립하고(강도예비·음모로 처벌), 장물취득죄와는 실체적 경합이 성립하게 된다.

03 야간주거침입절도죄

第330条【야간주거침입절도】 야간에 사람의 주거, 관리하는 건조물, 선박, 항공기 또는 점유하는 방실(房室)에 침입하여 타인의 재물을 절취(竊取)한 자는 10년 이하의 징역에 처한다. 〈개정 2020.12.8.〉

1. 행위상황 – 야간

야간(夜間)이라 함은 행위지의 일몰(日沒) 후부터 일출(日出) 전까지를 의미한다(천문학적 해석).

2. 행위 – 야간 주거침입 및 재물절취

(1) 실행의 착수시기

착수시기는 주거, 관리하는 건조물·선박·항공기, 점유하는 방실[476]에 침입한 때 경찰간부 17이다. 즉, 야간에 타인의 재물을 절취할 목적으로 사람의 주거에 침입한 경우에는 주거에 침입한 단계에서 이미 본죄의 실행에 착수한 것이라고 보아야 한다. 예컨대 주거로 들어가는 문의 시정장치를 부수거나 문을 여는 등 침입을 위한 구체적 행위를 시작하였다면 주거침입죄의 실행의 착수는 있었다고 보아야 한다.

이때 주거침입죄의 실행의 착수는, 주거자·관리자·점유자 등의 의사에 반하여 주거나 관리하는 건조물 등에 들어가는 행위, 즉 구성요건의 일부를 실현하는 행위까지 요구하는 것은 아니고, 범죄구성요건의 실현에 이르는 현실적 위험성을 포함하는 행위를 개시하는 것으로 족하다. 국가7급 11 / 경찰간부 11 따라서 ㉠ 야간에 아파트에 침입하여 물건을 훔칠 의도 하에 아파트의 베란다 철제난간까지 올라가 유리창문을 열려고 시도하였거나(대법원 2003.10.24, 2003도4417),[477] 국가7급 10 / 국가7급 14 / 법원행시 / 05법행 09 / 법원9급 08 / 법원9급 17 / 경찰간부 11 / 경찰승

---

475 장물죄의 주체가 되려면 이처럼 절도죄(본범)의 교사범 내지 종범과 같이 협의의 공범이어야 한다. 절도죄의 (간접 또는 공동) 정범은 장물죄의 주체가 될 수 없다.

476 **정리** 구형법에서는 야간주거침입절도·특수절도의 침입장소(사람의 주거, 간수하는 저택·건조물·선박, 점유하는 방실)와 주거침입·특수강도의 침입장소(사람의 주거, 관리하는 건조물·선박·항공기, 점유하는 방실 : 주/건/선/항/방)가 서로 다르게 규정되어 있었다. 2020.12.8. 개정형법에서는 이를 주거침입죄의 침입장소로 통일한 것이다. 이와 비교하여, 기술한 주거·신체수색죄의 수색장소와 후술할 자동차등불법사용죄의 객체를 정리해둔다.
- 주거·신체수색죄(제321조)의 수색장소 : 사람의 신체·주거, 관리하는 건조물·자동차·선박·항공기, 점유하는 방실(신/주/건/자/선/항/방)
- 자동차 등 불법사용죄(제331조의2)의 일시 사용의 객체 : 타인의 자동차·선박·항공기·원동기장치자전거(자/선/항/원)

477 **사례** 甲은 2003.3.2. 19:45경 부천시 원미구 상동 소재 꿈동산 신안아파트 1909동 뒤편에 이르러 금품을 절취할 목적으로 난간을 잡고 1909동 202호 뒤쪽 베란다로 올라가 미리 준비한 소형손전등을 창문에 비추면서 내부를 살피던 중, 때마침 위 아파트에 근무하는 경비원인 乙(58세)에게 발각되어 그 곳 베란다에서 뛰어내려 도주하다가 체포를 면탈할 목적으로 미리 소지하고 있던 드라이버를 위 乙의 얼굴에 들이대면서 "너 잡지마, 잡으면 죽여"라고 말하였다. 甲의 죄책은?
해결 준강도의 주체는 절도, 즉 절도범인으로, 절도의 실행에 착수한 이상 미수이거나 기수이거나 불문하고, 야간에 타인의 재물을 절취할 목적으로 사람의 주거에 침입한 경우에는 주거에 침입한 단계에서 이미 형법 제330조에서 규정한 야간주거침입절도죄라는 범죄행위의 실행에 착수한 것이라고 보아야 한다(대법원 2003.10.24, 2003도4417). 국가7급 14 / 법원행시 09 / 법원9급 08 / 경찰간부 11 / 경찰채용 10 2차 / 사시 10 **보충** 야간주거침입절도미수 + 체포면탈목적의 협박 = 준강도미수죄.
죄책 준강도미수죄.

진(경사) 10 / 경찰채용 10 2차 / 사시 10 / 국가9급 17 / 경찰간부 16 / 경찰채용 16 1차 ㉡ 출입문이 열려 있으면 안으로 들어가겠다는 의사 아래 출입문을 당겨보는 행위(대법원 2006.9.14, 2006도2824)[478] 사시 14는 바로 주거의 사실상의 평온을 침해할 객관적인 위험성을 포함하는 행위를 한 것으로 볼 수 있어 본죄의 실행에 착수한 것으로 보아야 한다. 국가9급 13 / 법원행시 07 / 법원행시 08 / 법원행시 09 / 법원9급 08 / 법원9급 12 / 경찰채용 10 2차 / 경찰채용 12 2차

(2) 주거침입과 절취 중 야간에 이루어져야 하는 것

이에 대해서는 ① 주거침입과 절취행위 중 어느 하나만 야간에 이루어지면 본죄가 성립한다는 입장(다수설[479]), ② 절취행위를 기준으로 절취가 야간에 이루어져야 본죄에 해당한다는 입장,[480] ③ 주거침입과 절취가 모두 야간에 이루어져야 한다는 입장,[481] ④ 주거침입행위가 야간에 이루어져야 한다는 입장(소위 주거침입 야간시설)[482] 등이 대립하고 있다. 판례는 제4설을 취하고 있다.

판례연구 주거침입 야간시설을 취한 판례

대법원 2011.4.14, 2011도300, 2011감도5

형법은 제329조에서 절도죄를 규정하고 곧바로 제330조에서 야간주거침입절도죄를 규정하고 있을 뿐, 야간절도죄에 관하여는 처벌규정을 별도로 두고 있지 아니하다. 이러한 형법 제330조의 규정형식과 그 구성요건의 문언에 비추어 보면, 형법은 야간에 이루어지는 주거침입행위의 위험성에 주목하여 그러한 행위를 수반한 절도를 야간주거침입절도죄로 중하게 처벌하고 있는 것으로 보아야 하고, 따라서 주거침입이 주간에 이루어진 경우에는 야간주거침입절도죄가 성립하지 않는다고 해석하는 것이 타당하다.[483] 국가7급 12 / 국가9급 14 / 법원행시 12 / 법원행시 13 / 법원승진 13 / 법원9급 13 / 경찰채용 12 2차 / 사시 12 / 사시 14 / 사시 16 / 변호사 16 / 경찰간부 17 / 경찰채용 16 2차 / 국가9급 20 / 경찰채용 23 1차

04 특수절도죄

제331조 【특수절도】 ① 야간에 문이나 담 그 밖의 건조물의 일부를 손괴하고 제330조의 장소에 침입하여 타인의 재물을 절취한 자는 1년 이상 10년 이하의 징역에 처한다. 〈개정 2020.12.8.〉

② 흉기를 휴대하거나 2명 이상이 합동하여 타인의 재물을 절취한 자도 제1항의 형에 처한다. 〈개정 2020.12.8.〉

1. 제1항의 특수절도죄(야간 손괴 후 주거침입절도)

제331조 제1항의 특수절도죄의 구성요건 중 '문이나 담 그 밖의 건조물의 일부'라 함은 주거 등에 대한 침입을 방지하기 위하여 설치된 일체의 위장시설(圍障施設)을 말하고, '손괴'라 함은 물리적으로 위와 같은 위

478 판례의 사실관계 甲은 출입문이 열려있는 집에 들어가 재물을 절취하기로 마음먹고 야간에 乙이 주거하는 다세대주택에 들어가 그 건물 101호의 출입문을 손으로 당겨보았는데 문이 잠겨있자 그 옆의 102호, 2층의 201호, 202호, 3층의 301호, 302호, 옆 건물의 주택 1층에 이르러 똑같이 출입문을 당겨보았는데 모두 잠겨있어 범행에 실패하였다. 甲은 야간주거침입절도죄의 미수범에 해당된다. 법원행시 09 / 사시 14

479 김종원, 191면; 배종대, 353면; 정성근/박광민, 284면; 이형국(Ⅰ), 406면; 임웅, 300면; 정성근/박광민, 283면; 진계호, 284면; 황산덕, 285면.

480 김성천/김형준, 387면; 박상기, 268면; 유기천(상), 232면. 이 견해는 절도가 야간에 이루어져야 한다는 점을 기준으로 해야 한다는 입장이다. 따라서 이 견해에 의하면, 주간에 침입하였으나 야간에 절도가 이루어지면 본죄가 성립하지만, 야간에 주거에 침입하였는데 주간에 절도가 이루어지면 주거침입죄와 절도죄의 실체적 경합에 불과하다는 결론에 이르게 된다.

481 김일수/서보학, 296면; 손동권, 298면.

482 오영근, 387면; 이재상, §16-69.

483 사례 '주간에' 사람의 주거 등에 침입하여 '야간에' 타인의 재물을 절취한 행위를 형법 제330조의 야간주거침입절도죄로 처벌할 수 있는가? 해결 처벌할 수 없다.

장시설을 훼손하여 그 효용을 상실시키는 것을 말한다. 여기에는 출입문을 발로 걷어차 잠금 고리가 출입문에서 떨어지게 하는 행위도 포함된다(대법원 2004.10.15, 2004도4505).[484]

또한 본죄는 건조물 등의 일부를 손괴하기 시작한 때부터 실행의 착수에 해당된다. 변호사 16 판례도 "야간에 절도의 목적으로 출입문에 장치된 자물통 고리를 절단하고 출입문을 손괴한 뒤 집안으로 침입하려다가 발각된 것이라면 이는 특수절도죄의 실행에 착수한 것(대법원 1986.9.9, 86도1273)" 국가7급 13 / 경찰간부 16 / 국가7급 20으로 보고 있다. 다만, 창문과 방충망을 창틀에서 분리한 데 불과한 행위는 여기서의 손괴에 포함되지 아니한다(대법원 2015.10.29, 2015도7559). 변호사 17 / 경찰채용 18 3차 / 국가9급 24

2. 제2항의 특수절도죄

(1) 흉기휴대절도

① 흉기(凶器, Waffe) : 형법이 흉기와 위험한 물건을 구분하여 규정한다는 점, 유추해석금지원칙, 제331조 제2항에서 '흉기를 휴대하여 타인의 재물을 절취한' 행위를 특수절도죄로 가중하여 처벌하는 것은 흉기의 휴대로 인하여 피해자 등에 대한 위해의 위험이 커지는 점에 근거한 것이라는 점 등을 고려할 때, 흉기는 본래 살상용 · 파괴용으로 만들어진 것이거나 이에 준할 정도의 위험성을 가진 것으로 봄이 상당하다(대법원 2012.6.14, 2012도4175). 다만 여기에 해당한다면 고체 · 액체 · 기체를 불문한다.

예 총기, 칼, 청산가루, 염산, 마취제, 지팡이, 곤봉 등. 단, 일반적인 드라이버 ×[485]

② 휴대(携帶) : 반드시 몸에 지니지 않더라도 사용할 수 있는 상태이면 족하다. 행위자는 흉기 휴대사실을 인식하고 있어야 한다. 변호사 17 한편 피해자는 이를 인식할 필요가 없다.

(2) 합동절도

① 합동하여 : 합동(合同)의 의미에 대해서는 가중적 공동정범설,[486] 공모공동정범설,[487] 현장적 공동정범설[488]이 제시되어 왔으나, 본죄는 다수인의 현장에서의 시간적 · 장소적 협동(zeitliches und räumliches Zusammenwirken)이 있어야만 성립한다고 보아야 한다(현장설 : 다수설[489] · 판례[490]).[491] 또한 본죄의 실

---

484 사례 : 형법 제331조 제1항에 정한 문이나 담 그 밖의 건조물의 일부를 손괴한 사건 甲은 2004.1.8. 22:50경 남원시 광치동에 있는 乙 경영의 편의점 앞에 이르러 위 상점 출입문을 발로 걷어차 잠금 고리의 아래쪽 부착 부분이 출입문에서 떨어져 출입문과의 사이가 뜨게 되자 그 안으로 침입한 다음, 상점 내에 진열되어 있던 담배를 봉투에 넣고, 카운터의 금고에서 현금을 꺼내어 자신의 상의 주머니에 집어넣고 나왔다. 甲의 죄책은? 판례 야간에 불이 꺼져 있는 상점의 출입문을 손으로 열어보려고 하였으나 출입문의 하단에 부착되어 있던 잠금 고리가 잠겨져 있어 열리지 않았는데, 출입문을 발로 걷어차자 잠금 고리의 아래쪽 부착 부분이 출입문에서 떨어져 출입문과의 사이가 뜨게 되면서 출입문이 열려 상점 안으로 침입하여 재물을 절취하였다면, 이는 물리적으로 위장시설을 훼손하여 그 효용을 상실시키는 행위에 해당한다(대법원 2004.10.15, 2004도4505). 해결 특수절도죄.

485 판례 : 일반적인 드라이버와 흉기를 휴대한 특수절도죄의 성부 피고인은 절도 범행에 있어서 택시 운전석 창문을 파손하는 데 드라이버를 사용하였고, 이 사건 드라이버는 일반적인 드라이버와 동일한 것으로 특별히 개조된 바는 없는 것으로 보이고, 그 크기와 모양 등 제반 사정에 비추어 보더라도 피고인의 이 사건 범행이 흉기를 휴대하여 타인의 재물을 절취한 경우에 해당한다고 보기는 어렵다고 보인다(대법원 2012.6.14, 2012도4175).

486 김종원, 194면; 황산덕, 284면.

487 김종수, "공모공동정범", 법조, 1965.2, 20면 이하.

488 김일수/서보학, 총론, 617면; 김일수, 264면; 김일수(Ⅳ), 81면.

489 강구진, 287면; 김성천/김형준, 389면; 박상기, 270면; 손동권, 302면; 유기천(상), 215면; 오영근, 395면; 이재상, §16-83; 이정원, 343면; 이형국(Ⅰ), 410면; 임웅, 304면; 정성근/박광민, 288면; 정영석, 335면. 독일에서도 통설의 입장이다. Samson, SK Rn.21; Sch/Sch/Eser, Rn.26; Tröndle/Fischer, §244, Rn.14.

490 대법원 1998.5.21, 98도321; 1996.3.22, 96도313; 1988.9.13, 88도1197; 1976.7.27, 75도2720; 1969.7.22, 67도1117.

491 판례 : 형법 제331조 제2항 후단의 합동범의 성립요건 A는 C의 형인 B와 절도를 모의하고 B가 C의 집에서 절취행위를 하는 동안 그 집 안의 가까운 곳에 대기하고 있다가 절취품을 가지고 같이 나왔다. 형법 제331조 제2항 후단의 2인 이상이 합동하여 타인의 재물을 절취한 경우의 특수절도죄가 성립하기 위하여는 주관적 요건으로서의 공모와 객관적 요건으로서의 실행행위의 분담이 있어야 하고, 그 실행행위에 있어서는 시간적으로나 장소적으로 협동관계에 있음을 요한다(대법원 1996.3.22, 96도313).

행착수시기는 일반적인 절도의 실행착수시기에 준하여 판단하면 족하다. 판례도 밀접행위설의 기준에 의하여 행위자들이 '함께 담을 넘어 피해회사 마당에 들어가 그중 1명이 그 곳에 있는 구리를 찾기 위하여 담에 붙어 걸어가다가 잡힌' 경우 특수절도미수에 해당된다고 보고 있다. 절취대상품에 대한 물색행위가 없었다고 할 수 없기 때문이다(대법원 1989.9.12, 89도1153). 국가7급 13 / 경찰채용 11 1차 / 경찰간부 16 / 경찰승진(경감이하) 16

② 합동범의 공범문제

㉠ 합동범의 공동정범 : 甲·乙·丙이 절도를 공모하고 乙·丙이 현장에서 절도한 경우 전원합의체 판례가 내려져 甲에게 특수절도죄(합동범)의 공동정범을 인정하고 있다(소위 삐끼 사례 : 대법원 1998.5.21, 98도321). 국가7급 08 / 국가7급 12 / 사시 10 [492]

㉡ 합동범의 교사범 · 방조범 : 가능하다는 데에 이론(異論)이 없다. 국가7급 12

(3) 제331조 제2항의 특수절도죄의 실행의 착수시기

제1항의 죄와는 달리, 제2항의 특수절도죄의 실행의 착수시기는 일반적인 절도죄의 실행의 착수시기로 본다. 따라서 판례에 의하면, 재물에 대한 타인의 사실상의 지배를 침해하는 데에 밀접한 행위를 개시한 행위가 있어야 한다.

반면, ① 2명 이상이 합동하여 야간이 아닌 주간에 절도의 목적으로 타인의 주거에 침입하였다 하여도 아직 절취할 물건의 물색행위를 시작하기 전인 경우(대법원 1992.9.8, 92도1650, 92감도80), 법원행시 12 ② 주간에 피해자의 아파트 출입문 시정장치를 손괴하다가 마침 귀가하던 피해자에게 발각되어 도주한 경우(대법원 2009.12.24, 2009도9667), 국가7급 10 / 국가7급 12 / 법원행시 13 / 법원9급 10 / 법원9급 12 / 법원9급 18 / 경찰채용 13 2차 / 경찰채용 18 3차 / 변호사 13 / 변호사 16 / 사시 16 / 경찰간부 17 / 경찰간부 18 ③ 아파트 신축공사 현장 안에 있는 건축자재 등을 훔칠 생각으로 공범과 함께 위 공사현장 안으로 들어간 후 창문을 통하여 신축 중인 아파트의 지하실 안쪽을 살핀 경우(대법원 2010.4.29, 2009도14554)[493] 법원행시 13 / 사시 11 / 사시 13 / 사시 16에는 특수절도죄의 실행의 착수에 해당되지 못한다.

표정리 절도죄의 유형별 실행의 착수시기(판례)

§329	밀접행위설(물색/접근/접촉)
§330	침입 : 침입을 위한 구체적 행위
§331 ①	(야간) 손괴
②	밀접행위설(물색/접근/접촉)

(4) 제331조 제2항의 특수절도죄와 주거침입죄의 관계

제331조 제2항의 특수절도에 있어서 주거침입은 그 구성요건이 아니므로, 절도범인이 그 범행수단으로 주

따라서 A는 특수절도죄(의 합동범)에 해당된다. 법원행시 09

492 참고 이에 대해서는 다수설의 비판이 있다. 판례의 입장은 합동범의 요건을 완화시킨 해석이라는 점에서 다수설의 입장이 타당하다고 생각된다. 총론, 정범과 공범론, 공동정범 중 합동범 참조.

493 판결이유 피고인이 성명불상의 공범과 합동하여 2009.5.20. 22:15경 아파트 신축공사현장에서 피해자 공소외인소유의 건축공사용 자재인 동파이프를 절취하려다가 미수에 그쳤다는 공소사실에 대하여, 원심에서는 피고인이 이 사건 공사현장 안에 있는 건축자재 등을 훔칠 생각으로 성명불상의 공범과 함께 마스크를 착용하고 위 공사현장 안으로 들어간 후 창문을 통하여 건축 중인 아파트의 지하실 안쪽을 살폈을 뿐이고 나아가 위 지하실에까지 침입하였다거나 훔칠 물건을 물색하던 중 동파이프를 발견하고 그에 접근하였다는 등의 사실을 인정할 만한 증거가 없는 이상, 비록 피고인이 창문으로 살펴보고 있었던 지하실에 실제로 값비싼 동파이프가 보관되어 있었다고 하더라도 피고인의 위 행위를 위 지하실에 놓여있던 동파이프에 대한 피해자의 사실상의 지배를 침해하는 밀접한 행위라고 볼 수 없다(대법원 2010.4.29, 2009도14554). 법원행시 13

거침입을 한 경우에 그 주거침입행위는 절도죄에 흡수되지 아니하고 별개로 주거침입죄를 구성하므로 절도죄와는 실체적 경합의 관계에 있게 된다(대법원 2008.11.27, 2008도7820). 법원행시 09 / 법원행시 12 / 법원9급 10 / 경찰승진 14 / 변호사 16

05 (자동차 · 선박 · 항공기 · 원동기장치자전거) 불법사용죄

제331조의2 【자동차 등 불법사용】 권리자의 동의 없이 타인의 자동차, 선박, 항공기 또는 원동기장치자전거를 일시사용한 자는 3년 이하의 징역, 500만 원 이하의 벌금, 구류 또는 과료에 처한다.

1. 의의 및 보호법익

본죄는 권리자의 동의 없이 타인의 자동차 · 선박 · 항공기 · 원동기장치자전거를 일시사용함으로써 성립하는 범죄이다. 경찰간부 11 본죄는 자동차 등의 교통수단에 대한 영득의사 없는 사용절도(使用窃盜)를 처벌하기 위해 1995년 개정형법에서 신설된 범죄이다. 사용절도에 대해서는 재산죄의 일반이론에서 기술하였다. 본죄의 보호법익에 대해서는 소유권설[494]과 사용권설[495]이 대립한다. 절도죄와의 구별을 위해서 사용권설이 타당하다고 생각된다. 법익보호의 정도는 침해범이다.

2. 객 체

동력기관을 장치한 자동차, 선박, 항공기 또는 원동기장치자전거이다. 그러므로 동력 없는 자전거는 본죄의 행위객체에 포함되지 않는다. 또한 본죄의 행위객체에는 중기 등 건설기계는 포함되지 않는다(자동차관리법 제2조 제1호).

3. 행 위

본죄의 행위는 일시사용(사용절도)이다. 법원승진 10 일시사용이란 시간적으로 영득의사를 인정할 수 없을 만큼 짧은 시간 내에 본죄의 행위객체를 '본래의 용도에 따라' 사용하는 것을 말한다. 따라서 영득의사가 인정되면 절도죄가 성립하고 본죄는 인정되지 않는다.

이때 영득의사란 영구적으로 재물의 경제적 이익을 보유할 목적을 요하지 않는다. 그러므로 일시사용의 목적으로 타인의 점유를 침탈할 경우에도 이를 반환할 의사 없이 상당기간 점유한다거나 본래의 장소와 다른 곳에 유기하는 경우에는 이를 일시사용하는 경우라 할 수 없으므로 영득의사가 없다고 할 수 없다(대법원 2002.9.6, 2002도3465[496]; 1988.9.13, 88도917). 국가7급 12 / 법원9급 11 / 법원9급 14 / 경찰채용 14 1차 / 사시 13

---

494 박상기, 274면; 배종대, 361면; 이재상, §16-88; 이정원, 320면; 진계호, 288면. 소유권설에서는, 사용권설에 의하면 소유자도 사용권자에 대하여 본죄를 범할 수 있게 되는데 이는 타당하지 않다는 점을 주요 논거로 제시하고 있다.

495 사용권설에 의하면 소유자도 본죄의 주체가 될 수 있다. 김일수/서보학, 302면; 백형구, 146면; 손동권, 305면; 오영근, 400면; 이형국(Ⅰ), 412면; 임웅, 306면; 정성근/박광민, 294면. 사용권설에서는 본죄가 불법영득의사를 필요로 하지 않는다는 점을 주요 논거로 삼고 있다.

496 **판례의 사실관계** A는 강도상해 등의 범행을 저지르고 도주하기 위하여 자신이 인천 중구 항동7가 소재 연안아파트 상가 중국집 앞에 세워져 있는 B 소유의 오토바이를 B의 승낙 없이 타고가서 신흥동 소재 뉴스타호텔 부근에 버린 다음 버스를 타고 광주로 가버렸다. 국가7급 12 / 경찰승진(공통) 11 / 사시 13

판례 형법 제331조의2에서 규정한 자동차 등 불법사용죄는 타인의 자동차 등의 교통수단을 불법영득의 의사 없이 일시 사용하는 경우에 적용되는 것으로서 불법영득의사가 인정되는 경우에는 절도죄로 처벌할 수 있을 뿐 본죄로 처벌할 수 없다 할 것이다. 따라서 A에게는 절도죄가 성립하고 자동차불법사용죄는 성립하지 않는다(대법원 2002.9.6, 2002도3465). 경찰채용 14 1차

06 상습절도(야간주거침입절도 · 특수절도 · 자동차 등 불법사용)죄

제332조【상습범】 상습으로 제329조 내지 제331조의2의 죄를 범한 자는 그 죄에 정한 형의 2분의 1까지 가중한다.

1. 포괄일죄 – 기판력

상습절도는 포괄일죄로 취급된다. 그러므로 일부범죄에 대한 상습범의 확정판결이 있으면 나머지 범죄에 대해서도 기판력이 미친다(대법원 1990.2.13, 89도2377; 1991.10.8, 91도1874).

2. 구성요건 – 상습성

전과사실이 상습성 인정의 자료가 되는 것은 사실이나, 단지 절도행위의 전과가 여러 번 있었다는 사실만으로는 상습성이 인정된다고 볼 수 없다(대법원 1984.3.27, 84도69; 1986.7.8, 86도963; 1987.2.24, 86도2725). 반면 전과사실이 없더라도 상습성을 인정할 수 있는 경우도 있다.

3. 죄수 및 다른 범죄와의 관계

상습으로 절도를 반복하면 상습절도죄의 포괄일죄가 되고, 절도·야간주거침입절도·특수절도를 상습으로 반복한 경우에는 가장 무거운 상습특수절도죄의 포괄일죄가 성립한다(대법원 1975.5.27, 75도1184). 다만 상습절도를 범한 범인이 그 범행의 수단으로 주간에 주거침입을 한 경우 주간 주거침입행위는 별개로 주거침입죄를 구성한다(대법원 2015.10.15, 2015도8169). 변호사 18 / 경찰채용 21 1차

사례연구 상습절도와 자동차불법사용의 관계

甲(절도죄 등 동종 전과 4범인 자)은 2001년 8월 27일 수원지방법원 2001고단5960호로, 상습으로 2001년 5월 16일부터 같은 해 7월 31일까지 사이에 모두 7회에 걸쳐 타인의 재물을 절취한 범죄사실에 대하여 특가법 제5조의 4 제1항 위반죄로 공소가 제기되었는데, 이에 대한 제1심판결 선고 후인 2001년 9월 28일 수원지방법원 2001고단6939호로, 甲이 2000년 5월 1일 03:00경 광주 서구 광천동 소재 상호 불상의 신용협동조합 앞 노상에서 피해자 P가 빌린 광주 60허 1223호 소나타승용차를 그의 동의 없이 몰고가 이를 일시 사용한 범죄사실에 대하여 자동차 등 불법사용죄로 공소가 제기되었다. 법원은 甲에게 어떠한 조치를 취하여야 하는가?

해결 상습절도 등의 범행을 한 자가 추가로 자동차 등 불법사용의 범행을 한 경우에 그것이 절도 습벽의 발현이라고 보이는 이상 자동차 등 불법사용의 범행은 상습절도 등의 죄에 흡수되어 1죄만이 성립하고 이와 별개로 자동차 등 불법사용죄는 성립하지 않는다고 보아야 한다. 사시 10 이 사건 공소사실은 먼저 수원지방법원 2001고단5960호로 공소가 제기된 상습절도의 범죄사실과 함께 특가법 제5조의4 제1항 위반의 포괄1죄의 관계에 있고, 이 공소제기의 효력은 이 사건 공소사실에 대하여도 미치는 것이므로 공소기각의 판결(형사소송법 제327조 제3호)을 선고하여야 한다(대법원 2002.4.26, 2002도429). 법원행시 06 / 법원행시 07 / 법원행시 14 / 경찰채용 22 1차 / 경찰채용 23 1차

판례연구 상습절도와 주거침입의 죄수관계에 관한 서로 다른 판례

대법원 2015.10.15, 2015도8169

형법 제332조에 규정된 상습절도죄를 범한 범인이 범행의 수단으로 주간에 주거침입을 한 경우, 주간 주거침입행위가 별개로 주거침입죄를 구성하는지 여부(적극)

형법 제330조에 규정된 야간주거침입절도죄 및 형법 제331조 제1항에 규정된 특수절도(야간손괴침입절도)죄를 제외하고 일반적으로 주거침입은 절도죄의 구성요건이 아니므로 절도범인이 범행수단으로 주거침입을 한 경우

에 주거침입행위는 절도죄에 흡수되지 아니하고 별개로 주거침입죄를 구성하여 절도죄와는 실체적 경합의 관계에 서는 것이 원칙이다. 또 형법 제332조는 상습으로 단순절도(형법 제329조), 야간주거침입절도(형법 제330조)와 특수절도(형법 제331조) 및 자동차 등 불법사용(형법 제331조의2)의 죄를 범한 자는 그 죄에 정한 각 형의 2분의 1을 가중하여 처벌하도록 규정하고 있으므로, 위 규정은 주거침입을 구성요건으로 하지 않는 상습단순절도와 주거침입을 구성요건으로 하고 있는 상습야간주거침입절도 또는 상습특수절도(야간손괴침입절도)에 대한 취급을 달리하여, 주거침입을 구성요건으로 하고 있는 상습야간주거침입절도 또는 상습특수절도(야간손괴침입절도)를 더 무거운 법정형을 기준으로 가중처벌하고 있다. 따라서 상습으로 단순절도를 범한 범인이 상습적인 절도범행의 수단으로 주간(낮)에 주거침입을 한 경우에 주간 주거침입행위의 위법성에 대한 평가가 형법 제332조, 제329조의 구성요건적 평가에 포함되어 있다고 볼 수 없다. 그러므로 형법 제332조에 규정된 상습절도죄를 범한 범인이 범행의 수단으로 주간에 주거침입을 한 경우 주간 주거침입행위는 상습절도죄와 별개로 주거침입죄를 구성한다. 또 형법 제332조에 규정된 상습절도죄를 범한 범인이 그 범행 외에 상습적인 절도의 목적으로 주간에 주거침입을 하였다가 절도에 이르지 아니하고 주거침입에 그친 경우에도 주간 주거침입행위는 상습절도죄와 별개로 주거침입죄를 구성한다. 법원9급 16 / 경찰간부 16 / 변호사 16 / 사시 16 / 변호사 17

비교판례 대법원 2017.7.11, 2017도4044

특가법 제5조의4 제6항에 규정된 상습절도와 주거침입의 죄수관계

특정범죄 가중처벌 등에 관한 법률 제5조의4 제6항에 규정된 상습절도 등 죄를 범한 범인이 그 범행의 수단으로 주거침입을 한 경우에 주거침입행위는 상습절도 등 죄에 흡수되어 위 조문에 규정된 상습절도 등 죄의 1죄만이 성립하고 별개로 주거침입죄를 구성하지 않으며, 또 위 상습절도 등 죄를 범한 범인이 그 범행 외에 상습적인 절도의 목적으로 주거침입을 하였다가 절도에 이르지 아니하고 주거침입에 그친 경우에도 그것이 절도상습성의 발현이라고 보이는 이상 주거침입행위는 다른 상습절도 등 죄에 흡수되어 위 조문에 규정된 상습절도 등 죄의 1죄만을 구성하고 상습절도 등 죄와 별개로 주거침입죄를 구성하지 않는다.

제3절 강도의 죄

01 총 설

강도죄(强盜罪, robbery)는 폭행 또는 협박으로 타인이 소유하고 타인이 점유하는 재물을 강취하거나 재산상의 이익을 취득함으로써 성립하는 범죄이다. 주된 보호법익은 재산권이며 부차적 보호법익은 의사결정과 의사활동의 자유이다. 후술하듯이 이 점이 강도죄의 죄수를 피해자의 수에 의하여 판단하는 근거가 된다. 법익보호의 정도는 침해범이다. 기술한 바와 같이 강도의 죄는 친족상도례 준용규정을 두고 있지 않다.

02 강도죄

제333조【강 도】 폭행 또는 협박으로 타인의 재물을 강취하거나 기타 재산상의 이익을 취득하거나 제3자로 하여금 이를 취득하게 한 자는 3년 이상의 유기징역에 처한다.

1. 구성요건

(1) 객관적 구성요건

① 객체 : 타인의 재물 또는 재산상 이익이다(재물죄이면서 이득죄). 제333조 후단의 강도죄(이른바 강제이득죄)의 요건이 되는 재산상의 이익이란 경제적 재산개념에 의하여 파악되므로,[497] 반드시 사법상 유효한 재산상의 이득만을 의미하는 것이 아니고 외견상 재산상의 이득을 얻을 것이라고 인정할 수 있는 사실관계만 있으면 여기에 해당된다(대법원 1997.2.5, 96도3411).[498] 법원행시 14 / 법원9급 11 / 경찰승진(경위) 11 / 경찰채용 14 2차 즉 해당 이익의 적법성이나 유효성을 따질 필요가 없으며, 경제적으로 가치가 있다면 본죄의 재산상 이익에 포함될 수 있다.

② 행위 : 폭행·협박으로 타인의 재물을 강취하거나 기타 재산상의 이익을 취득하거나 제3자로 하여금 이를 취득하게 하는 것을 말한다.

㉠ 폭행 · 협박의 정도 : 소위 최협의의 폭행 · 협박이다(통설). 따라서 상대방의 반항을 불가능하게 하거나 억압할 정도일 것을 요한다. 경찰승진(경감이하) 16 그러므로 행위자가 강도의 고의를 가지고 있다 하더라도 객관적으로 폭행·협박의 정도가 공갈의 정도인 경우(상대방의 반항을 곤란하게 하는 정도)에는 공갈죄(제350조)가 성립할 뿐이다(대법원 2001.3.23, 2001도359).[499]

㉡ 폭행 · 협박과 재물취득 간의 인과관계 요부의 문제 : 인과관계가 요구된다(적극설 : 통설·판례). 따라서 ⓐ 상대방의 반항을 억압함에 충분한 정도의 폭행·협박을 가한 사실이 있다 해도 그 타인이 재물 취거의 사실을 알지 못하는 사이에 우발적으로 재물을 취거한 경우에는 폭행·협박과 재물취득 사이에 인과관계가 없어 강도죄가 성립하지 않고(대법원 2009.1.30, 2008도10308[500]; 1956.8.17, 4289

---

497 기술한 재산죄의 일반이론, 재산상 이익 참조.

498 사실관계 甲은 동거녀가 경영하는 A주점에서 乙에게 그 곳 중간방에서 잠을 자고 있던 丙을 데리고 오라고 말하였다. 이에 乙은 甲의 말에 따라 丙을 깨워 방안으로 데리고 가 무릎을 꿇게 한 다음, 甲이 있는 가운데 丙에게 "내가 강릉 조직폭력배 대부다. 잠을 잤으면 방세를 주고 가야지."라고 말하고 맥주를 강제로 마시게 한 후, 맥주병으로 丙의 머리를 3~4회 때리며 "이 자식아, 술을 먹었으면 돈을 내야지."라고 말하며, 주먹으로 얼굴을 1회 때리고, 甲은 옆에서 丙이 말을 듣지 않으면 위해를 가할 듯한 태도를 보였다. 이어 甲은 丙이 소지하고 있던 J은행 신용카드 1장과 K은행 신용카드 1장을 받아서 그 곳에 있던 신용카드 매출전표발급기를 이용하여 각 매출전표를 작성하였다(이 때 J은행 신용카드로는 금액 30만 원짜리 매출전표 1장, K은행 신용카드로는 각 금액 30만 원, 20만 원, 10만 원짜리 매출전표 3장을 만들었음). 계속하여 甲은 위 전표들을 丙에게 들이대고 가위를 丙의 귓가에 바짝 들이대면서 "서명하지 않으면 귀를 잘라버리겠다"고 말하여 위 매출전표들에 서명하게 하였다. 甲과 乙의 형사책임은? → 피해자가 각 매출전표에 허위서명한 탓으로 신용카드회사들이 신용카드 가맹점 규약 또는 약관의 규정을 들어 그 금액의 지급을 거절할 가능성이 있다 하더라도, 그로 인하여 피고인들이 각 매출전표상의 금액을 지급받을 가능성이 완전히 없어져 버린 것이 아니고 외견상 여전히 그 금액을 지급받을 가능성이 있는 상태이므로 특수강도죄가 성립한다(대법원 1997.2.5, 96도3411). 법원행시 14 / 법원9급 11 / 경찰승진(경감) 10 / 경찰채용 14 2차

499 판례 피고인들 일행 4명이 피해자를 체포하여 승합차에 감금한 상태에서 경찰관을 사칭하면서 기소중지 상태의 피해자에 대하여 '경찰서로 가자', '돈을 갚지 않으면 풀어줄 수 없다' 또는 '돈을 더 주지 않으면 가만 두지 않겠다'는 등의 협박을 하였다는 정도만으로는, 공갈죄에 있어서의 폭행과 협박에 해당함은 별론으로 하더라도, 사회통념상 객관적으로 상대방의 반항을 억압하거나 항거불능케 할 정도에 이르렀다고 볼 수는 없다(경우에 따라 감금행위 자체를 강도의 수단인 폭행으로 볼 수 있다고 하더라도, 원심이 인정하고 있는 사정만으로는 이 사건에서의 감금행위가 위에서 말하는 반항을 억압하거나 항거불능케 할 정도라고 보이지 아니한다). 따라서 강도죄가 성립하지 않으며, 대신 공갈죄와 감금죄의 상상적 경합은 성립할 수 있다.

500 판례 : 강도죄 성립에서 폭행 · 협박과 재물취득 간의 관련성이 필요하다는 사례 甲(男)은 주점에서 만난 도우미 피해자 乙(女)과의 윤락을 위해 위 주점을 나와 A모텔로 갈 당시 화대를 지급하기 위해 현금인출기에서 20만 원을 인출하여 모텔비 35,000원을 지급한 다음 위 모텔 408호실에서 성관계를 하던 중에 乙이 甲의 성교행위가 너무 과격하다는 이유로 항의를 하면서 성교를 중단하는 바람에 말다툼이 벌어져 이에 화가 난 甲은 乙에 대한 폭행을 시작하면서 乙이 이불을 뒤집어쓴 후에도 계속해서 주먹과 발로 乙을 구타한 후 이불 속에 들어 있는 乙을 두고 옷을 입고 방을 나가다가 탁자 위의 피해자 손가방 안에서 현금 20만 원 등이 든 乙의 키홀더를 우발적으로 가져갔다. 甲에게는 강도죄가 성립하는가? 판결이유 위 폭행이나 협박이 재물 탈취의 방법으로 사용된 것이 아님은 물론, 그 폭행 또는 협박으로 조성된 피해자의 반항억압의 상태를 이용하여 재물을 취득한 경우에도 해당하지 아니하여 양자 사이에 인과관계가 존재하지 아니한다 할 것이므로, 위 폭행 또는 협박에 의한 반항억압의 상태가 처음부터 재물 탈취의 계획 하에 이루어졌다거나 양자가 시간적으로 극히 밀접되어 있는 등 전체적·실질적으로 단일한 재물 탈취의 고의의 실현행위로 평가할 수 있는 경우에 해당하지 아니하는 한 강도죄의 성립을 인정하여서는 안 될 것이다

형상170), 사시 14 ⓑ 마찬가지로 재물의 취거가 기수에 이른 후에 폭행·협박을 하면 준강도죄가 성립할 뿐이다(통설·판례). ⓒ 나아가 폭행·협박을 하였으나 상대방이 공포심을 느끼지 않고 재물을 교부한 경우에도 강도죄의 미수범이 성립할 뿐이다.

㉢ 인과관계 문제의 구체적 적용

ⓐ 강간의 고의로 폭행·협박하고 강간하여 상대방이 항거불능의 상태에 빠진 후 재물강취의 고의가 생겨 피해자인 부녀의 재물을 취득한 경우 : 강간죄와 절도죄의 경합범으로 보는 것이 통설이며 타당하다. 다만, 판례는 강간(미수)죄와 강도죄의 경합범으로 본다(대법원 1977.9.28, 77도1350, cf. 강간을 당한 피해자가 도피하면서 놓고 간 손가방 안의 돈을 꺼낸 경우 : 강간죄와 절도죄의 경합범 – 대법원 1984.2.28, 84도38 –). 법원9급 06

ⓑ 강도의 폭행·협박을 하여 피해자가 공포심은 느꼈으나 반항이 억압되지 않은 상태에서 재물을 교부한 경우 또는 피해자가 전혀 공포심을 느끼지 않고 연민의 정으로 재물을 교부한 경우 : 강도죄의 미수범이다(통설).

ⓒ 강도의 폭행·협박을 하여 피해자가 재산상의 처분행위를 하여야 강도죄가 성립하는가 : 피해자의 재산상 처분행위의 의사표시는 없어도 강도죄(탈취죄)가 성립한다는 것이 다수설·판례이다.

(2) **주관적 구성요건** – 고의+불법영득·불법이득의 의사

고의와 불법영득의사(객체가 재물인 경우) 내지 불법이득의사(객체가 재산상 이익일 경우)가 요구된다. 이때 강도의 고의는 실행착수 전에 있을 것을 요하지 않으므로 강도의 고의 없이 폭행하다가 공범들이 계속 폭행하는 사이에 재물을 강취한 경우에도 강도죄를 구성한다(대법원 2013.12.12, 2013도11899).[501]

판례연구 강도죄의 불법이득의사의 판단기준

대법원 2021.6.30, 2020도4539

강도상해죄가 성립하려면 먼저 강도죄의 성립이 인정되어야 하고, 강도죄가 성립하려면 불법영득 또는 불법이득의 의사가 있어야 한다(대법원 2004.5.14, 2004도1370 등). 채권자를 폭행·협박하여 채무를 면탈함으로써 성립하는 강도죄에서 불법이득의사는 단순 폭력범죄와 구별되는 중요한 구성요건 표지이다. 폭행·협박 당시 피고인에게 채무를 면탈하려는 불법이득 의사가 있었는지는 신중하고 면밀하게 심리·판단되어야 한다. 불법이득 의사는 마음속에 있는 의사이므로, 피고인과 피해자의 관계, 채무의 종류와 액수, 폭행에 이르게 된 경위, 폭행의 정도와 방법, 폭행 이후의 정황 등 범행 전후의 객관적인 사정을 종합하여 불법이득 의사가 있었는지를 판단할 수밖에 없다.

2. 죄수 및 다른 범죄와의 관계

(1) 죄 수

① 죄수판단의 기준 : 강도죄는 소유권 등의 재산권에 관한 점유관리뿐만 아니라 개인의 의사결정의 자

(대법원 2009.1.30, 2008도10308; 1956.8.17, 4289형상170). 국가7급 13 / 경찰승진(경사) 11 / 사시 14 해결 성립하지 않는다.

501 사례 : 강도의 고의 없이 폭행 중 재물을 취거한 행위와 강도죄 甲은 강도의 고의 없이 공범들과 함께 피해자 乙의 반항을 억압함에 충분한 정도로 폭행하던 중 공범들이 계속하여 폭행하는 사이에 乙의 재물을 취거하였다면 강도죄가 성립하는가? 판례 형법 제333조의 강도죄는 사람의 반항을 억압함에 충분한 폭행 또는 협박을 사용하여 타인의 재물을 강취하거나 재산상의 이익을 취득함으로써 성립하는 범죄이므로, 피고인이 강도의 고의 없이 공범들과 함께 피해자의 반항을 억압함에 충분한 정도로 피해자를 폭행하던 중 공범들이 피해자를 계속하여 폭행하는 사이에 피해자의 재물을 취거한 경우에는 피고인 및 공범들의 위 폭행에 의한 반항억압의 상태와 재물의 탈취가 시간적으로 극히 밀접하여 전체적·실질적으로 재물 탈취의 고의를 실현한 행위로 평가할 수 있으므로 강도죄의 성립을 인정할 수 있고(대법원 2009.1.30, 2008도10308 참조), 그 과정에서 피해자가 상해를 입었다면 강도상해죄가 성립한다고 보아야 한다(대법원 2013.12.12, 2013도11899). 해결 성립한다.

유도 보호법익으로 고려되므로(행위유형 : 폭행·협박) '피해자의 수'가 고려될 것이다.

② 구체적 적용

㉠ 1인이 점유하는 수인의 소유물을 1개 행위로 강취한 경우 : 강도죄의 1죄가 된다.

㉡ 1개의 폭행으로 수인으로부터 재물을 강취한 경우 : 강도죄는 실질상 수죄이지만 1개의 행위에 의한 경우이므로 상상적 경합(제40조)으로 처리한다(다수설[502]).

➜ 동일가족 내의 수인으로부터 재물을 강취한 경우에는 강도죄의 1죄가 된다(판례).

(2) 다른 범죄와의 관계

① 절도죄와의 관계 : 강도죄가 성립한 경우에는 절도죄는 성립하지 않는다.

② 주거침입죄와의 관계 : 타인의 주거에 침입하여 강도한 경우에는 주거침입죄와 강도죄의 경합범이다. 다만, 야간에 타인의 주거에 침입하여 강도한 경우에는 특수강도죄가 성립한다(제334조 제1항).

③ 체포·감금죄와의 관계 : ㉠ 감금행위가 강도행위를 위한 수단으로 이용된 경우에는 감금죄와 강도죄의 상상적 경합이 되고, ㉡ 감금행위 중에 강도를 한 경우에는 실체적 경합이 된다(다수설). 한편, ㉢ 감금행위가 단순히 강도상해 범행의 수단이 되는 데 그치지 아니하고 강도상해의 범행이 끝난 뒤에도 계속된 경우에는, 1개의 행위가 감금죄와 강도상해죄에 해당하는 경우라 볼 수 없고, 감금죄와 강도상해죄는 실체적 경합범관계에 해당한다(대법원 2003.1.10, 2002도4380). 법원행시 09 / 법원행시 12 / 사시 11 / 사시 13 / 변호사 18

④ 상습강도죄와 강도예비죄의 관계 : (구)특가법 제5조의4 제3항의 상습강도죄를 범한 범인이 그 범행 외에 상습적인 강도의 목적으로 강도예비를 하였다가 강도에 이르지 아니하고 강도예비에 그친 경우에도, 그것이 강도상습성의 발현이라고 보이는 경우에는 강도예비행위는 상습강도죄에 흡수되어 위 법조에 규정된 상습강도죄의 1죄만을 구성하고 이 상습강도죄와 별개로 강도예비죄를 구성하지 않는다고 보아야 한다(대법원 2002.11.26, 2002도5211). 법원행시 14 / 법원9급 11

⑤ 강도죄와 사기죄의 죄수관계 : 강도가 강취한 재물을 처분한 경우 강도죄가 성립하고 처분행위는 불가벌적 사후행위가 된다. 다만, 그 처분행위가 다른 사람의 독자적 법익을 침해한 경우에는 사기죄 등의 별도의 범죄가 성립한다.

판례연구 예금통장 강도 후 예금인출 사례

대법원 1991.9.10, 91도1722

피고인이 예금통장을 강취하고 예금자 명의의 예금청구서를 위조한 다음 이를 은행원에게 제출·행사하여 예금인출금명목의 금원을 교부받았다면 강도, 사문서위조, 동 행사, 사기의 각 범죄가 성립하고 이들은 실체적 경합관계에 있다 할 것이다. 변호사 17 / 국가7급 20

⑥ 강취한 현금카드를 이용하여 현금자동지급기에서 현금을 인출한 행위 : 강도죄는 공갈죄와는 달리 피해자의 반항을 억압할 정도로 강력한 정도의 폭행·협박을 수단으로 재물을 탈취하여야 성립하는 것이므로, 피해자로부터 현금카드를 강취하였다고 인정되는 경우에는 피해자로부터 현금카드의 사용에 관한 승낙의 의사표시가 있었다고 볼 여지가 없다. 따라서 강취한 현금카드를 사용하여 현금자동지급기에서 예금을 인출한 행위는 피해자의 승낙에 기한 것이라고 할 수 없으므로, 현금자동지급기 관리자의 의사에 반하여 그의 지배를 배제하고 그 현금을 자기의 지배 하에 옮겨 놓는 것이 되어서 강도죄

502 김성천/김형준, 408면; 박상기, 286면; 손동권, 323면; 오영근, 416면; 이재상, §17-29; 이정원, 366면; 이형국(Ⅰ), 425면; 임웅, 317면. 반면 단순일죄로 보는 소수설은 김일수/서보학, 317면; 정성근/박광민, 306면.

와는 별도로 절도죄를 구성한다고 할 것이다(대법원 2007.5.10, 2007도1375). 국가7급 11 / 국가9급 14 / 법원승진 10 / 경찰승진(경사) 10 / 사시 12

03 특수강도죄

제334조 【특수강도】 ① 야간에 사람의 주거, 관리하는 건조물, 선박이나 항공기 또는 점유하는 방실에 침입하여 제333조의 죄를 범한 자는 무기 또는 5년 이상의 징역에 처한다.
② 흉기를 휴대하거나 2인 이상이 합동하여 전조의 죄를 범한 자도 전항의 형과 같다.

1. 제1항의 특수강도죄(야간주거침입강도)

야간에 사람의 주거, 관리하는 건조물·선박·항공기 또는 점유하는 방실에 침입하여 강도죄를 범하는 것이다. 우리 형법은, 절도에서는 이러한 형태를 야간주거침입절도(제330조)로 의율하나, 강도에서는 특수강도죄로 규정하고 있다.

(1) 주거침입 · 강도

주거침입은 주거침입죄에서, 강도는 강도죄에서 설명하였다.

(2) 실행의 착수시기

① 주거침입시설(소수설[503] 및 일부 판례) : 야간주거침입절도죄의 경우와 같이 주거침입시에 실행의 착수가 있다는 견해이다.[504]

② 폭행 · 협박시설(다수설[505] 및 일부 판례) : 야간주거침입절도죄와 특수강도죄의 실행의 착수시기를 달리 보아 폭행·협박시에 본죄의 실행의 착수가 있다고 보는 입장이다(대법원 1991.11.22, 91도2296). 법원승진 10 강도죄의 본질을 고려할 때 이 입장이 타당하다고 생각한다. 예컨대, 폭행·협박시설을 취하는 판례는 "특수강도의 실행의 착수시기는 어디까지나 강도의 실행행위, 즉 사람의 반항을 억압할 수 있는 정도의 폭행 또는 협박에 나아갈 때에 있다."고 하면서, 야간에 칼을 휴대한 채 타인의 주거에 침입하여 집안의 동정을 살피다가 피해자를 발견하고 갑자기 욕정을 일으켜 칼로 협박하여 강간한 경우, 야간에 흉기를 휴대한 채 타인의 주거에 침입하여 집안의 동정을 살피는 것만으로는 특수강도의 실행에 착수한 것이라고 할 수 없으므로 위의 특수강도에 착수하기도 전에 저질러진 위 강간행위는 구 특가법상 특수강도강간죄에 해당할 수 없다고 판시하고 있다[∴ 형법상 강도강간죄(제339조)에도 해당될 수 없다. 성폭법상 특수강도강간죄를 별론으로 하고, 형법상 주거침입죄와 강도예비죄와 강간죄의 실체적 경합이 될 뿐이다]. 경찰채용 16 2차

(3) 제1항의 특수강도에 의한 강도상해죄와 주거침입죄의 관계

형법 제334조 제1항 특수강도죄는 주거침입이라는 요건을 포함하고 있으므로, 본죄가 성립할 경우 별도로 주거침입죄는 성립하지 않는다(대법원 2012.12.27, 2012도12777).[506]

---

503 김성천/김형준, 409면; 이정원, 376면.
504 일부 판례도 주거침입시설을 취하고 있다. 대법원 1992.7.28, 92도917 참조.
505 김일수/서보학, 318면; 박상기, 287면; 배종대, 381면; 백형구, 157면; 손동권, 324면; 이재상, §17－45; 이형국(Ⅰ), 426면; 정성근/박광민, 316면; 진계호, 300면.
506 판례 형법 제334조 제1항은 "야간에 사람의 주거, 관리하는 건조물, 선박이나 항공기 또는 점유하는 방실에 침입하여 제333조

2. 제2항의 특수강도죄(흉기휴대강도)

흉기에 대해서는 특수절도죄에서, 휴대에 대해서는 특수폭행 등의 죄 및 특수절도죄에서 설명하였다.

3. 제2항의 특수강도죄(합동강도)

합동에 대해서는 총론의 공동정범 중 합동범과 전술한 특수절도죄에서 설명하였다.

04 준강도죄

제335조【준강도】 절도가 재물의 탈환에 항거하거나 체포를 면탈하거나 범죄의 흔적을 인멸할 목적으로 폭행 또는 협박한 때에는 제333조 및 제334조의 예에 따른다. 〈개정 2020.12.8.〉

1. 의의 및 성격

준강도죄(準强盜罪)는 절도가 재물의 탈환에 항거하거나 체포를 면탈하거나 범죄의 흔적을 인멸할 목적으로 폭행 또는 협박을 함으로써 성립하는 범죄이다. 강도죄가 폭행·협박에 이은 재물 또는 재산상 이익의 취득으로 범하는 결합범이라면, 준강도죄는 재물에 대한 절도에 이은 폭행·협박으로써 범하는 결합범이다. 마찬가지로, 강도죄가 성립하려면 폭행·협박과 재산 취득 간에 인과관계가 필요하듯이, 준강도죄도 절도와 분리된 폭행·협박으로서는 범할 수 없고 어디까지나 절도와 연관된(절도의 기회에) 폭행·협박을 행함으로써 범할 수 있다. 또한 본죄는 목적범이다. 경찰승진(경위) 11 / 경찰승진 13

2. 구성요건

(1) 객관적 구성요건

① 주체 – 절도

㉠ 절도의 의미 : 행위주체는 단순절도·야간주거침입절도·특수절도 등의 절도범인이다. 또한 다수설[507]에 의하면, 본죄의 주체에는 절도뿐 아니라 강도도 포함된다. 강도가 처음에는 단순강도범행을 하였는데 범행 직후 재물탈환항거 등의 목적으로 흉기를 휴대하고 폭행을 하였다면 준특수강도죄(내지 특수강도의 준강도, 제335조에 의한 제334조의 예에 의한 처벌)[508]로 처벌될 수 있기 때문이다. 경찰승진 12

㉡ 절도의 기수·미수 : 준강도의 주체는 절도 즉 절도범인으로, 절도의 실행에 착수한 이상 미수·기수를 불문한다(통설·판례).[509] 법원행시 05

ⓐ 준강도의 주체인 절도에 해당하는 경우 : 야간에 타인의 재물을 절취할 목적으로 사람의 주거에

(강도)의 죄를 범한 자는 무기 또는 5년 이상의 징역에 처한다."라고 규정하고 있고, 형법 제337조는 "강도가 사람을 상해하거나 상해에 이르게 한 때에는 무기 또는 7년 이상의 징역에 처한다."라고 규정하고 있는데, **강도상해죄에 있어서의 강도는 형법 제334조 제1항 특수강도도 포함된다**고 보아야 한다. 그런데 형법 제334조 제1항 특수강도죄는 '주거침입'이라는 요건을 포함하고 있으므로 형법 제334조 제1항 특수강도죄가 성립할 경우 '주거침입죄'는 별도로 처벌할 수 없고, **형법 제334조 제1항 특수강도에 의한 강도상해가 성립할 경우에도 별도로 '주거침입죄'를 처벌할 수 없다**고 보아야 할 것이다(대법원 2012.12.27, 2012도12777).

507 참고 – 준강도의 주체인 절도에는 강도도 포함되는가의 문제 ① 강도도 포함된다는 긍정설(다수설)은 김성천/김형준, 411면; 배종대, 391면; 이재상, §17–32; 이정원, 340면; 이형국(Ⅰ), 428면. 반면 ② 절도로 한정해야 한다는 부정설(소수설)은 김일수/서보학, 321면; 손동권, 329면; 임웅, 321면. ③ 결론 : 피고인에게 불리한 유추해석이 금지되어야 한다는 점에서 이미 강도죄가 성립된 자를 준강도의 규정을 통해서 다시 준특수강도로 가중처벌하는 것은 타당하지 않다고 본다. 소수설이 타당하다고 생각된다. 다만, 본서의 특성상 본문에서는 다수설에 의하였다.

508 소수설에 의하면 단순강도와 특수폭행죄의 실체적 경합이 된다.

509 다만 절도의 기수에 한정된다는 소수설은 김일수, 282면.

침입한 경우에는 주거에 침입한 단계에서 이미 형법 제330조에서 규정한 야간주거침입절도죄라는 범죄행위의 실행에 착수한 것이라고 보아야 하며 이때 본죄의 목적을 가지고 폭행·협박을 하면 본죄가 성립하므로, 야간에 아파트에 침입하여 물건을 훔칠 의도 하에 아파트의 베란다 철제난간까지 올라가 유리창문을 열려고 시도하였다면 야간주거침입절도죄의 실행에 착수한 것이기 때문에(대법원 2003.10.24, 2003도4417) 국가7급 14 / 경찰승진(경감) 10 / 경찰채용 16 1차 이때 체포면탈 등의 목적으로 폭행하였다면 준강도(미수)죄가 성립한다. 법원행시 05 / 법원행시 09 / 법원9급 09

ⓑ 준강도의 주체인 절도에 해당하지 않는 경우 : 준강도죄가 되기 위해서는 그 주체는 최소한 절도의 실행에 착수한 자이어야 한다. 절도의 예비·음모는 처벌되지도 않으며 본죄의 행위주체가 되기에 부족하다. 따라서 ㉮ 주간에 절도의 목적으로 타인의 주거에 침입하였는데 그 집주인에게 발각당하자 체포면탈목적으로 폭행을 한 경우에는, 주거침입죄와 폭행죄의 경합범만 성립하게 된다. 법원행시 09 / 법원행시 13 / 법원9급 13 아직 절도의 실행에 착수한 행위가 없기 때문이다. 또한, ㉯ 술집 운영자로부터 술값의 지급을 요구받자 지급할 술값의 지급을 면하고자 폭행하고 도주한 경우에도 준강도죄가 성립하지 않는다(대법원 2014.5.16, 2014도2521).

판례연구 준강도죄의 주체 관련 판례

대법원 2014.5.16, 2014도2521

준강도죄의 주체는 (최소) 절도(미수)범인이어야 한다는 사례

피고인이 술집 운영자 甲을 유인·폭행하고 도주함으로써 술값의 지급을 면하여 재산상 이익을 취득하고 상해를 가하였다고 하여 강도상해로 기소되었는데, 절도의 실행에 착수하였다는 내용이 포함되어 있지 않음에도 '피고인이 술값의 지급을 면하여 재산상 이익을 취득하고 甲을 폭행하였다'는 범죄사실로 인정하여 준강도죄를 적용한 것은 위법하다. 경찰채용 15·16 1차 / 경찰채용 15 2차 / 경찰간부 15·18 / 경찰승진(경감이하) 16 / 국가7급 14 / 법원9급 13 / 법원행시 09·13·16 / 사시 16 / 변호사시험 15

㉢ 절도의 협의의 공범(교사범·방조범)도 본죄의 주체가 될 수 있는가 : ⓐ 절도의 종범도 재물을 점유하고 있을 때에는 본죄의 주체가 될 수 있다는 입장(긍정설[510])이 있으나, ⓑ 절도죄의 정범에 한정시켜야 할 것이다(부정설 : 통설[511]). 법원행시 07

㉣ 준강도죄는 신분범인가 여부 : 긍정설[512]과 부정설(다수설[513])이 대립하나, ⓐ 신분이란 객관적 행위자표지(行爲者標識)를 의미하고 ⓑ 본죄는 절도라는 행위로 이루어진다는 점 및 ⓒ 본죄의 주체는 절도의 정범으로 한정한다는 해석론의 취지, 그리고 ⓓ 절도를 신분으로 이해할 경우에는 절도가 아닌 자도 절도와 께 제33조 본문[514]에 의해 준강도죄의 공범이 성립할 수 있다는 점(허용될 수 없는 유추해석)에서 부정설이 타당하다고 생각된다. 따라서 준강도죄는 신분범이 아니라고 보아야 한다.

② 행위 – 폭행·협박(사후강도)

㉠ 폭행·협박의 정도 : 준강도에 있어서 폭행·협박은 강도죄(제333조)와의 균형상 사람의 반항을 억압할 정도의 것(소위 최협의의 폭행·협박)임을 요하므로, 일반적·객관적으로 체포 또는 재물탈환을

510 BGHSt 6, 248.
511 김성천/김형준, 411면; 김일수/서보학, 320면; 배종대, 391면; 백형구, 158면; 손동권, 329면; 오영근, 421면; 이재상, §17–33; 이형국(Ⅰ), 427면; 임웅, 321면; 정성근/박광민, 309면.
512 김일수/서보학, 326면; 박상기, 288면.
513 백형구, 159면; 손동권, 327면; 오영근, 420면; 임웅, 319면.
514 신분관계로 인하여 성립될 범죄에 가공한 행위는 신분관계가 없는 자에게도 전3조의 규정을 적용한다는 내용이다.

하려는 자의 체포의사나 탈환의사를 제압할 정도라고 인정될 만한 폭행·협박이 있어야 한다(대법원 1990.4.24, 90도193). 법원행시 05 / 법원행시 10 / 경찰승진(경사) 10 / 경찰승진 12 / 경찰승진 13 / 경찰승진 14

ⓐ 준강도의 폭행 · 협박에 해당하는 경우(참고) : 판례는 준강도의 폭행·협박을 다소 폭넓게 인정하는 경향을 보인다. 예를 들어, ㉮ 절도가 체포를 면탈할 목적으로 상대방의 왼쪽 손바닥을 1회 입으로 깨물어 동인에게 전치 1주일을 요하는 좌측 수장교상을 입힌 경우(대법원 1967.9.19, 67도1015), ㉯ 피고인이 절도의 현장에서 발각되어 도주하다가 추격하여 온 피해자에 대하여 체포를 면할 목적으로 소지하고 있던 손전지로 피해자의 오른손을 구타한 행위(대법원 1966.9.20, 66도1108), ㉰ 순경이 체포하려 하므로 체포당하지 않으려고 그 포승을 문다는 것이 손가락을 문 사실이 있고 도주하려다가 붙잡히게 되자 뿌리칠 때 손이 순경의 흉부에 맞은 경우(대법원 1959.11.6, 4292형상438)에 본죄의 폭행·협박으로 인정한 예가 그러하다.[515]

ⓑ 준강도죄의 폭행 · 협박에 해당하지 않는 경우 : ㉮ 피고인들이 피해자를 체포하여 승합차에 감금한 상태에서 경찰관을 사칭하면서 기소중지 상태의 피해자에 대하여 '경찰서로 가자', '돈을 갚지 않으면 풀어줄 수 없다', '돈을 더 주지 않으면 가만 두지 않겠다'는 등의 협박을 하였다는 정도만으로는 −공갈죄에 있어서의 폭행과 협박에 해당함은 별론으로 하더라도− 사회통념상 객관적으로 상대방의 반항을 억압하거나 항거불능케 할 정도에 이르렀다고 볼 수는 없고(대법원 2001.3.23, 2001도359), ㉯ 체포에 필요한 정도를 넘는 절도피해자의 심한 폭력에 대항하기 위하여 절도범이 체포자에게 상해를 입힌 경우 준강도죄가 성립하지 않는다(대법원 1990.4.24, 90도193). 법원행시 10

판례연구 준강도죄의 폭행 · 협박을 인정한 판례(참고)

1. 대법원 1983.3.8, 82도2838

추격한 피해자의 얼굴을 주먹으로 때리고 놓아주지 아니하면 죽여버리겠다고 한 사례

오토바이를 끌고 가다가 추격하여 온 피해자에게 멱살을 잡히게 되자 체포를 면탈할 목적으로 피해자의 얼굴을 주먹으로 때리고, 놓아주지 아니하면 죽여버리겠다고 협박한 경우에는 위와 같은 폭행·협박은 피해자의 반항을 억압하기 위한 수단으로써 일반적·객관적으로 가능하다고 인정되는 정도의 폭행·협박에 해당한다고 볼 수 있으므로 준강도죄를 구성한다.

2. 대법원 1984.7.24, 84도1167

절도범인의 전화확인 제의를 거부한 경비원을 폭행한 사례

피고인이 점유자 또는 소유자의 승낙 없이 물건을 갖고 나오다 경비원에게 발각되어 동인이 절도범인 체포사실을 파출소에 신고전화 하려는데 피고인이 잘해 보자며 대들면서 폭행을 가한 경우에는, 설사 위와 같은 행위가 피고인이 사장도 잘 안다 하며 전화확인을 하자는 제의를 경비원이 거부하면서 내일이나 모레 와서 확인한 후에 가져가라 하자 피고인이 자기의 것이니 무조건 달라고 시비한 끝에 저질러진 것이라 하여도, 그곳이 체포현장이었고 주위 사람에게 도주를 방지케 부탁한 상태 아래 일어난 것이라면 준강도행위에 해당한다.

3. 대법원 1960.4.23, 68도334

야간주거침입절도미수가 수권으로 방범대원의 안면을 1회 강타하여 지면에 전도케 한 사례

피고인이 (야간에) 절도의 목적으로 타인이 경영하는 자동차수리공장의 담을 넘으려다가 방범대원에게 발각되어 추격을 받자 체포를 면탈할 양으로 수권으로 동인의 안면을 1회 강타하여 지면에 전도케 하는 등 폭행을 가한

515 **보충** 대법원의 이러한 입장에 대해서는, 강도죄(및 공갈죄) 성립에 있어서 폭행·협박의 정도에 대하여는 엄격히 해석하고 있음에도 불구하고, 준강죄에 있어서는 폭행·협박의 정도를 지나치게 넓게 해석하는 것은 준강도의 본질(강도죄의 특수유형)과 맞지 않는다는 점에서 문제가 있다는 평석으로는 이천현, "준강도죄의 기수 및 미수의 판단기준", 형사판례연구(14), 114면 참조.

경우 피고인은 주거침입과 절도의 결합범인 야간주거침입절도행위에 착수하였다 할 것이고 따라서 피고인이 체포를 면탈할 목적으로 폭행을 가한 이상 준강도죄가 성립한다 할 것이다. 법원행시 09

판례연구 준강도의 성립을 인정하지 않은 판례

대법원 1990.4.24, 90도193

체포에 필요한 정도를 넘는 심한 폭력에 대항하기 위하여 절도범이 체포자에게 상해를 입힌 사례

피고인을 체포하려는 피해자가 체포에 필요한 정도를 넘어서서 발로 차며 늑골 9, 10번 골절상, 좌폐기흉증, 좌흉막출혈 등 전치 3개월을 요하는 중상을 입힐 정도로 심한 폭력을 가해오자 피고인이 이를 피하기 위하여 엉겁결에 솥뚜껑을 들어 위 폭력을 막아 내려다가 그 솥뚜껑에 스치어 피해자가 상처를 입게 되었다면 피고인의 위 행위는 일반적·객관적으로 피해자의 체포의사를 제압할 정도의 폭행에 해당하지 않는다고 할 것이므로 준강도(상해)죄는 성립되지 않는다.[516] 법원행시 10

㉡ 폭행·협박의 시기와 장소 : 준강도는 절도범인이 '절도의 기회(機會)'에 재물탈환의 항거 등의 목적으로 폭행 또는 협박을 가함으로써 성립한다. 여기에서 절도의 기회란 절도와의 시간적·장소적 근접성이 인정되는 상황을 말한다.

ⓐ 시간적 근접성 : 절도의 실행 착수 이후부터 절도의 종료 직후까지를 의미한다(다수설[517]). 판례도 같은 취지인데, 피고인이 피해자의 집에서 절도범행을 마친 지 10분쯤 지나 피해자의 집에서 200m 가량 떨어진 버스정류장이 있는 곳에서 피고인을 절도범인이라고 의심하고 뒤쫓아온 피해자에게 붙잡혀 피해자의 집으로 돌아왔을 때 비로소 피해자를 폭행한 것은 사회통념상 '절도범행이 이미 완료된 이후'라 할 것이므로 준강도죄가 성립할 수 없다는 판시도 이러한 의미로 이해될 수 있다(대법원 1999.2.26, 98도3321). 법원행시 09 / 법원행시 13 / 경찰승진(경사) 10 / 사시 11 / 사시 16

ⓑ 장소적 근접성 : 절도범인과 피해자 측이 절도의 현장에 있는 경우, 절도에 잇달아 또는 절도의 시간·장소에 접착하여 피해자 측이 범인을 체포할 수 있는 상황, 범인이 범죄의 흔적 인멸에 나올 가능성이 높은 상황에 있는 경우, 피해자 측이 추적태세에 있는 경우나 범인이 일단 체포되어 아직 신병확보가 확실하다고 할 수 없는 경우 등이 모두 포함된다.

판례연구 준강도죄에서 폭행·협박의 시기와 장소 관련 판례

1. 대법원 2001.10.23, 2001도4142

체포되었으나 신병확보가 확실치 않은 단계는 준강도의 요건인 절도의 기회에 해당한다는 사례

절도범인이 일단 체포되었으나 아직 신병확보가 확실하지 않은 단계에서 체포상태를 면하기 위해 폭행하여 상해를 가한 경우, 그 행위는 절도의 기회에 체포를 면탈할 목적으로 폭행하여 상해를 가한 것으로서 강도상해죄에 해당한다.[518] 국가9급 13 / 법원행시 10 / 법원행시 16

516 이 판례는 강도상해죄가 성립하지 않는다는 판례로 정리될 수도 있다.
517 강구진, 305면; 김성천/김형준, 412면; 박상기, 289면; 배종대, 392면; 손동권, 331면; 오영근, 423면; 임웅, 322면. 한편 절도의 실행착수 이후부터 절도의 기수 직후까지 사이에 폭행·협박이 행해져야 하며 절도가 종료된 후에는 성립할 수 없다는 소수설은 이재상, §17－36; 정성근/박광민, 310면; 진계호, 307면. 절도의 실행착수 이후부터 절도의 종료까지 행해져야 한다는 소수설은 김일수/서보학, 322면; 이형국(Ⅰ), 429면 참조.
518 판례의 사실관계 A는 절도행위가 발각되어 도주하다가 곧바로 뒤쫓아 온 보안요원 B에게 붙잡혀 보안사무실로 인도되어 C로부터 그 경위를 확인받던 중 체포된 상태를 벗어나기 위해서 C에게 폭행을 가하여 상해를 가했다. A의 C에 대한 폭행은 '절도의 기회'에 행해진 것으로 볼 수 있다.

2. 대법원 1984.9.11, 84도1398

현장에서 계속 추격당하는 상태라면 절도와의 시간적 · 장소적 근접성이 인정된다는 사례

피고인이 야간에 절도의 목적으로 피해자의 집에 담을 넘어 들어간 이상, 절취한 물건을 물색하기 전이라고 하여도 이미 야간주거침입절도의 실행에 착수한 것이라고 하겠고, 그 후 피해자에게 발각되어 계속 추격당하거나 체포를 면탈하고자 피해자에게 폭행을 가하였다면 그 장소가 소론과 같이 범행현장으로부터 200m 떨어진 곳이라고 하여도 절도의 기회 계속 중에 폭행을 가한 것이라고 보아야 할 것이다.

㉢ 폭행 · 협박의 상대방 : 재물의 소유자 · 점유자뿐만 아니라 체포면탈 등의 목적에 장애가 될 수 있는 제3자에 대한 폭행 · 협박에 대하여도 본죄가 성립한다. 법원9급 05

예 ① 야간에 주거에 침입하여 절도를 하려고 하였으나 주인에게 발각되어 대문 밖으로 도주하다가 자신을 체포하려는 경찰관과 직면하자, 그에게 폭행을 한 경우에는 본죄가 성립한다. 이 경우 **준강도죄와 공무집행방해죄의 상상적 경합범**이 성립한다. 다만, ② '강도범'이 경찰관에게 폭행을 가하면 강도죄와 공무집행방해죄의 경합범이 성립한다는 점이다(판례). 사시 12 강도죄가 이미 성립한 경우이므로 경찰관을 폭행한 것이 별도의 준강도죄가 성립한다고 볼 필요가 없기 때문이다(강도죄와 준강도죄는 기본법 대 보충법 관계).

㉣ 본죄의 미수 · 기수의 판단기준 : 1995년 형법개정을 통해 제342조의 미수범 처벌규정의 적용대상에 제335조의 준강도죄도 포함되게 되었다. 따라서 본죄의 미수 · 기수의 판단기준을 정해야 하는 문제가 발생하게 되었다.

ⓐ 폭행 · 협박기준설[519] : 준강도의 미수와 기수는 어디까지나 제335조의 구성요건에 근거하여 본죄의 폭행 · 협박이 행해졌는가를 기준으로 결정해야 한다는 입장이다. 폭행 · 협박기준설에 의하면 절도가 미수이든 기수이든 상관없이 최협의의 폭행 · 협박이 행해져서 상대방의 반항이 억압될 정도에 도달하면 기수가 되고, 그렇지 못한 경우에는 미수가 된다고 보게 된다.

ⓑ 절취행위기준설(**판례**)[520] : 준강도의 미수와 기수는 절취행위의 미수와 기수에 따라 결정되어야 한다는 입장이다. 이에 따르면 절도가 미수인 상태에서 폭행 · 협박이 행해져 상대방의 반항이 억압되어도 본죄는 미수에 불과하다고 보게 된다. 대법원은 2004년 11월 18일 전원합의체 판결에 의해 준강도의 기수시기를 절취행위를 기준으로 판단하고 있다. 따라서 판례에 의할 경우 절도미수범의 경우에는 체포면탈 등의 목적으로 폭행을 하였더라도 준강도 '미수'에 불과하게 된다 (대법원 2004.11.18, 2004도5074).[521] 국가7급 08 / 국가7급 12 / 국가7급 13 / 국가9급 13 / 법원행시 07 / 법원행시 10 / 법원행

519 강구진, 308면; 김성천/김형준, 414면; 김일수/서보학, 324면; 박상기, 291면; 배종대, 312면; 백형구, 162면; 오영근, 425면; 유기천(상), 211면; 이형국(Ⅰ), 430면.

520 김종원, 202면; 이재상, §17-38; 정성근/박광민, 312면; 정영석, 341면; 진계호, 317면. 또한 절취행위기준설과 유사하지만 절취행위와 폭행 · 협박의 양자를 기준으로 결정해야 한다는 종합설은 오영근, 425면; 이정원, 346면; 임웅, 325면. 종합설의 의도는 본죄의 기수의 범위를 최소화시키고 미수의 범위를 최대화시켜 피고인에게 유리한 해석을 시도한 것에 있다고 판단된다. 다만 실제적으로 절취행위기준설과 의미 있는 차이가 있는지는 의문이다.

521 **절도미수범이 체포를 면탈할 목적으로 폭행한 행위에 대하여 준강도미수죄로 의율한 원심판결을 수긍한 사례** [**사실관계**] 甲과 乙이 합동하여 양주를 절취할 목적으로 장소를 물색하던 중, 2003.12.9. 06:30경 부산 부산진구 부전동 소재 5층 건물 중 2층 A가 운영하는 주점에 이르러, 乙은 1층과 2층 계단 사이에서 甲과 무전기로 연락을 취하면서 망을 보고, 甲은 위 주점의 잠금장치를 뜯고 침입하여 위 주점 내 진열장에 있던 양주 45병 시가 1,622,000원 상당을 미리 준비한 바구니 3개에 담고 있던 중, 위 주점 종업원 B, C가 계단에서 서성거리고 있던 乙을 수상히 여기고 주점으로 돌아오려는 소리를 甲이 듣고서 양주를 그대로 둔 채 출입문을 열고 나오다가 B 등이 甲을 붙잡자, 甲은 체포를 면탈할 목적으로 甲의 목을 잡고 있던 B의 오른손을 깨물었다.

판례 피해자에 대한 폭행 · 협박을 수단으로 하여 재물을 탈취하고자 하였으나 그 목적을 이루지 못한 자가 강도미수죄로 처벌되는 것과 마찬가지로, 절도미수범인이 폭행 · 협박을 가한 경우에도 강도미수에 준하여 처벌하는 것이 합리적이라 할 것이다. 만일 강도죄에 있어서는 재물을 강취하여야 기수가 됨에도 불구하고 준강도의 경우에는 폭행 · 협박을 기준으로 기수와 미수를 결정하게 되면 재물을 절취하지 못한 채 폭행 · 협박만 가한 경우에도 준강도죄의 기수로 처벌받게 됨으로써 강도미수죄와의 불균형이 초래된다. 위와 같은 준강도죄의 입법취지, 강도죄와의 균형 등을 종합적으로 고려해 보면, 준강도죄의 기수 여부는

시 13 / 법원행시 14 / 법원승진 10 / 법원9급 08 / 법원9급 10 / 법원9급 13 / 경찰간부 12 / 경찰간부 18 / 경찰승진(경장) 10 / 경찰승진(경사) 10 / 경찰승진 12 / 경찰승진 13 / 경찰승진 14 / 사시 12 / 법원행시 16 / 사시 16 / 경찰승진(경감이하) 17 / 국가7급 20 / 경찰채용 21 2차

(2) **주관적 구성요건** – 고의와 재물탈환항거 · 체포면탈 · 범죄흔적인멸의 목적(목적범)

① 재물탈환항거(財物奪還抗拒) · 체포면탈(逮捕免脫) · 범죄흔적인멸(犯罪痕迹湮滅)의 목적 : '재물의 탈환에 항거할 목적'이라 함은 일단 절도가 재물을 자기의 배타적 지배 하에 옮긴 뒤 탈취한 재물을 피해자 측으로부터 탈환당하지 않기 위한 목적을 말하고, '체포를 면탈할 목적'은 체포되지 않으려는 목적을 말하며, '범죄의 흔적을 인멸할 목적'은 범죄의 증적을 없애려는 목적을 말한다. 목적이 없을 때에는 폭행 · 협박이 이루어져도 절도죄와 폭행 · 협박죄의 경합범이 될 뿐이므로, 소매치기가 자신의 절도범행을 방해한 제3자에게 분을 풀려는 목적에서 폭행을 가한 경우에는 절도미수죄와 폭행죄의 경합범에 불과하다.

② 구체적 적용 : ㉠ 피해자의 상해가 차량을 이용한 날치기 수법의 절도시 점유탈취의 과정에서 우연히 가해진 것에 불과하고, 그에 수반된 강제력 행사도 피해자의 반항을 억압하기 위한 목적 또는 정도의 것은 아닌 경우에는 준강도죄 자체가 성립하지 않는다(∴ 강도치상죄도 성립할 수 없음, 대법원 2003.7.25, 2003도2316 – 부천시 여월동 사건 –).[522] 법원행시 12 / 변호사 14 다만 이와는 달리, ㉡ 그 강제력의 행사가 사회통념상 객관적으로 상대방의 반항을 억압하거나 항거불능케 할 정도의 것이라면 이는 강도죄에서의 폭행에 해당하므로, 날치기 수법의 점유탈취 과정에서 이를 알아채고 재물을 뺏기지 않으려는 피해자의 반항에 부딪혔음에도 계속하여 피해자를 끌고 가면서 억지로 재물을 빼앗은 행위는 피해자의 반항을 억압한 후 재물을 강취한 것으로서 강도의 죄로 의율함이 마땅하다(강도죄 자체가 성립, 대법원 2007.12.13, 2007도7601 – 대구 황금동 사건 –).[523] 법원행시 12 / 법원행시 14 / 경찰승진 14 / 경찰채용 14 2차 / 경찰채용 21 2차 / 사시 11 / 변호사 14

절도행위의 기수 여부를 기준으로 하여 판단하여야 한다고 봄이 상당하다(대법원 2004.11.18, 2004도5074). 국가7급 12 / 법원행시 07 / 법원행시 10 / 법원행시 13 / 법원행시 14 / 법원9급 08 / 법원9급 10 / 법원9급 13 / 법원9급 18 / 경찰간부 12 / 경찰채용 21 2차 → 甲의 죄책은 준강도미수죄이다.

522 **날치기 수법에 의한 절도범이 점유탈취의 과정에서 우연히 피해자를 부상케 한 사례 : 부천시 여월동 사건 [사실관계]** 甲은 乙, 丙과 합동하여 2002.8.8. 19:15경 부천시 오정구 여월동 6 – 1 앞길에서, 丙은 승용차를 운전하고, 甲과 乙은 위 승용차에 승차하여 범행 대상을 물색하던 중, 마침 그 곳을 지나가는 피해자 권○○(여, 49세)을 발견하고 그녀를 상대로 절도를 하기로 결의하였다. 이에 그들은 피해자 권모에게 위 승용차로 접근한 후 乙이 창문으로 손을 내밀어 100만 원권 자기앞수표 2장, 현금 25만 원, 휴대폰 1개 시가 50만 원 상당, 신용카드 3장이 든 피해자 소유의 손가방 1개를 낚아채어 가려 하였다. 그런데 바로 그 순간 피해자 권모가 위 손가방을 꽉 붙잡고 이를 빼앗기지 않으려고 하자, 乙은 피해자가 붙잡고 있는 위 가방을 붙잡은 채 있었고 丙이 위 승용차를 그대로 운행하여 가버림으로써 손가방을 탈취함과 동시에 피해자에게는 약 4주간의 치료를 요하는 좌수 제3지 중위지골 골절상을 입혔다. → 甲의 죄책은 (준강도죄가 성립하지 않으므로) 강도치상죄는 성립하지 않고, 특수절도죄와 과실치상죄(의 상상적 경합)이다.

523 **'날치기'의 수법의 점유탈취 과정에서 벌어진 강제력의 행사가 피해자의 반항을 억압하거나 항거 불능케 할 정도인 사례 : 대구 황금동 사건 [사실관계]** 甲과 乙 등은 빌린 승용차를 함께 타고 돌아다니다가 범행대상 여자가 나타나면 甲이 범행대상을 쫓아가 돈을 빼앗고 乙은 승용차에서 대기하다가 범행을 끝낸 甲을 차에 태워 도주하기로 공모한 다음, 2006.12.1. 11:00경 대구 수성구 황금동 소재 롯데캐슬아파트 부근으로 차량을 운전해 가 운전석 창문으로 농협 현금인출기가 잘 보이도록 차량을 주차해 놓고 1시간동안 그곳에서 돈을 인출하는 사람을 지켜보고 있던 중, A(여, 55세)가 위 현금인출기에서 돈을 인출하여 가방에 넣고 나오는 것을 발견하고 甲은 차에서 내려 A를 뒤따라가 그곳에서 400m가량 떨어진 대구은행 황금동지점 입구까지 5~6m 정도의 거리를 두고 A를 따라가다가 A가 상가건물 안의 위 은행으로 들어가려고 하는 것을 보고 A의 뒤쪽 왼편으로 접근하여 그녀의 왼팔에 끼고 있던 손가방의 끈을 오른손으로 잡아당겼으나 A는 가방을 놓지 않으려고 버티다가 몸이 돌려지면서 등을 바닥 쪽으로 하여 넘어졌다. 그런데 甲은 가방 끈을 잡고 계속하여 당기자 A는 바닥에 넘어진 상태로 가방 끈을 놓지 않은 채 "내 가방, 사람 살려!"라고 소리치면서 약 5m 가량 끌려가다가 힘이 빠져 가방을 놓쳤고, 그 사이에 甲은 A의 가방을 들고 도망가던 중 아파트경비업체 직원에게 붙잡히게 되었다. 甲의 위와 같은 행위로 인하여 A의 가방이 약간 찢어졌으며 A는 바닥에 넘어져 끌려가는 과정에서 왼쪽 무릎이 조금 긁히고 왼쪽 어깨부위에 견관절 염좌상을 입었다. 甲과 乙에게는 강도치상죄가 성립하는가, 특수절도죄와 과실치상죄가 성립하는가? → 강도치상죄가 성립한다(대법원 2007.12.13, 2007도7601). 경찰채용 14 2차 / 경찰채용 21 2차 / 경찰승진(경감이하) 16

(3) 공동정범의 성립문제

① 문제의 소재 : 절도의 공동정범 내지 합동범 가운데 한 사람이 준강도죄를 범한 경우에 다른 공동정범도 본죄에 따라 처벌되는가의 여부에 대하여 견해의 대립이 있다.

② 예견가능성설(판례) : 다른 공동정범의 준강도행위에 대하여 예견이 가능하였다면 준강도죄의 공동정범을 인정하는 입장이다(대법원 1989.12.12, 89도1991; 1988.2.9, 87도2460; 1984.12.26, 84도2552; 1984.10.10, 84도1887; 1972.1.31, 71도2073).[524] 국가7급 10

③ 공동의사설(통설) : 폭행 · 협박에 대한 예견가능성이 있다는 이유만으로 고의범이자 결합범인 준강도죄의 공동정범이 성립한다고 보는 판례의 입장은 부당하다는 견해이다. 이 견해가 타당하다고 생각된다. 따라서 본죄의 공동정범이 되기 위해서는 절도범이라 하더라도 폭행 · 협박에 대한 주관적 · 객관적 성립요건을 모두 갖추어야 할 것이다.

3. 다른 범죄와의 관계

(1) 강도범이 특수강도의 준강도를 범한 경우

(다수설에 의하면) 처음에는 단순강도의 고의로 폭행하여 재물을 강취하였으나 추적 과정에서 흉기를 휴대하고 추적자를 폭행하였다면 이는 준특수강도죄(특수강도의 준강도)가 성립한다. 법원행시 05 / 법원행시 10 / 법원행시 13 / 법원9급 13 / 경찰승진 12

(2) 준강도가 상해 · 살인 · 강간을 한 경우

강도상해죄, 강도살인죄, 강도강간죄가 성립한다. 강도죄의 예에 의하기 때문이다. 특수강도가 동 행위를 한 경우에도 역시 마찬가지이다. 사시 16 / 변호사 17

(3) 절도가 체포면탈 목적으로 경찰관을 폭행한 경우

준강도죄와 공무집행방해죄의 상상적 경합이 성립한다. 국가7급 07 / 법원행시 05 / 법원행시 09 / 법원행시 11 / 법원행시 12 / 법원9급 08 / 법원9급 10 / 경찰승진(공통) 10 / 경찰승진 13 / 사시 11 / 사시 16 / 경찰간부 16 / 변호사 17

(4) 강도가 체포면탈 목적으로 경찰관을 폭행한 경우

강도죄와 공무집행방해죄의 실체적 경합이 성립한다. 법원행시 10 / 법원행시 12 / 법원행시 13 / 법원행시 14 / 법원9급 07(하) / 법원9급 13 / 경찰채용 14 2차 / 사시 12 / 사시 13 / 사시 14 / 경찰승진(경감이하) 16

(5) 절도범이 체포면탈 목적으로 체포하려는 수명에게 같은 기회에 폭행하여 그중 1인에게만 상해를 가한 경우

포괄하여 강도상해죄의 일죄가 된다(대법원 2001.8.21, 2001도3447).[525] 국가9급 13 / 법원행시 09 / 법원행시 14 / 법원행시 16 / 경찰승진(경감) 10 / 경찰승진(경사) 11 / 사시 11 / 사시 14 / 사시 16 / 변호사 14 / 변호사 17 / 경찰승진(경감이하) 17 / 경찰채용 2차 21

---

524 주의 다만 예견가능성을 부정함으로써 준강도죄(내지 여기에서 발전된 강도상해 · 치상죄)의 공동정범의 성립을 부정하고 특수절도(미수)죄의 성립만 인정한 판례로는 대법원 1984.2.28, 83도3321(망을 보다가 도주한 사례); 1982.7.13, 82도1352(먼저 체포되어 동네 사람들에게 인계된 사례) 참조. 자세한 것은 총론, 정범과 공범론, 공동정범 중 공동정범의 실행의 양적 초과 참조.

525 **사실관계** 甲은 2001.2.2. 01:50경 대전 동구 삼성동 소재 평화빌라 내 지하주차장에서 A 소유의 베스타 승합차의 조수석 문을 열고 안으로 들어가 공구함을 뒤지던 중 위 차에 설치된 도난경보장치의 경보음을 듣고 달려 온 A에게 발각되는 바람에 절취의 뜻을 이루지 못한 채 미수에 그친 후 A의 신고를 받고 출동한 대전경찰서 소속 경장 乙, 丙이 자신을 붙잡으려고 하자 체포를 면탈할 목적으로 팔꿈치로 乙의 얼굴을 1회 때리고 (상해의 고의로) 발로 丙의 정강이를 1회 걷어 차 丙에게 약 2주간의 치료를 요하는 우측하퇴부좌상 등을 가했다. → 공무집행방해의 점은 별론으로 할 때 甲의 죄책은 강도상해죄의 포괄일죄이다. 사시 14

사례연구 강도죄와 강도상해죄의 관계 : 포괄일죄의 판단례

甲은 乙(女) 소유의 손목시계 1개 및 그 밖에 12종의 물건을 절취한 다음 도망하려고 할 때에 순찰 중인 방범원 丙과 丁에게 발각되어 추격당하자, 체포를 면탈할 목적으로 가지고 있던 단도로 위 丙의 왼쪽 배, 얼굴과 가슴 등 6개소를 찔러 그 사람으로 하여금 전치 3주일을 요하는 안부 및 흉부자창의 상해를 입게 하고 계속하여 도망하다가 다시 추격하여 온 위의 丁에게 단도를 내밀며 쫓아오면 이 칼로 찔러 죽인다고 소리쳐 협박하였다. 甲의 형사책임은?

해결 甲의 행위는 강도상해죄의 포괄일죄가 된다는 것이 판례의 입장이다(대법원 1966.12.6, 66도1392). 변호사 12
다만, 강도상해죄와 준강도죄의 수죄가 된다는 비판도 있다.

05 인질강도죄

제336조【인질강도】 사람을 체포, 감금, 약취 또는 유인하여 이를 인질로 삼아 재물 또는 재산상의 이익을 취득하거나 제3자로 하여금 이를 취득하게 한 자는 3년 이상의 유기징역에 처한다.

1. 의의 및 성격

인질강도죄(人質强盜罪)는 사람을 체포·감금·약취·유인하여 이를 인질로 삼아 재물 또는 재산상의 이익을 취득하거나 제3자로 하여금 이를 취득하게 함으로써 성립하는 범죄이다. 본죄는 종래 약취와 재물에 대한 공갈의 결합범이었던 약취강도죄를 1995년 개정형법을 통해 개정한 것이다. 이로써 약취뿐만 아니라 그 행위방법에 유인과 체포·감금을 추가함으로써 인질강요죄의 행위와 균형을 맞추었고 그 행위객체에도 재물뿐만 아니라 재산상 이익을 추가하여 강도죄의 객체와 균형을 맞춘 것이다.

본죄의 보호법익은 인질의 신체활동의 자유와 그 안전 그리고 재산권이다. 따라서 만일 재산권에 대한 범죄가 아니라 일반적인 의사결정 및 의사실현의 자유를 침해하는 경우에는 전술한 인질강요죄(제324조의2)의 죄책만 지게 된다.

2. 행위객체 – 재물·재산상 이익, 인질, 제3자

(1) 재물 또는 재산상 이익

(2) 체포·감금·약취·유인의 객체

성년·미성년·남녀·기혼·미혼을 불문한다. 다만, 특별법까지 고려한다면 미성년자의 경우에는 특가법 제5조의2 제2항 제1호가 적용되며 본죄는 적용되지 않는다(법조경합).

(3) 2자관계 및 3자관계

본죄는 행위자와 피해자의 2자관계 및 행위자와 인질과 제3자의 3자관계를 모두 전제로 하고 있다.

➜ 인질강요죄(제324조의2)의 3자관계

3. 실행의 착수 및 기수시기

(1) 착수시기

석방 내지 안전보장의 대가로 재물 또는 재산상의 이익을 요구하는 시점에서 본죄의 실행의 착수가 있다(다수설).

➜ 석방의 대가로 재물 등을 요구하기 위하여 **약취·유인행위를 한 데 그친 경우**에는 **영리목적 약취·유인죄(제288조 제1항)**

에 해당한다고 보아야 한다.[527]

(2) **기수시기**

재물 또는 재산상의 이익을 취득한 때이다.

4. 죄수 및 다른 범죄와의 관계

체포·감금죄(제276조)나 미성년자약취·유인죄(제287조)나 영리목적 약취·유인죄(제288조 제1항)는 본죄가 성립하면 흡수된다(법조경합). 다만 미성년자를 행위객체로 한 인질강도행위는 특가법 제5조의2에 의하여 가중처벌된다.

06 강도상해 · 치상죄

제337조 【강도상해, 치상】 강도가 사람을 상해하거나 상해에 이르게 한 때에는 무기 또는 7년 이상의 징역에 처한다.

1. 객관적 구성요건

(1) **행위주체** – 강도

본죄의 주체는 강도로서 단순강도, 특수강도, 준강도 및 인질강도를 불문한다. 강도의 기수 · 미수는 불문한다(대법원 1988.2.9, 87도2492; 1985.10.22, 85도2001; 1982.5.25, 82도494). 따라서 범인이 강도의 기회에 사람을 상해하여 상해의 결과가 발생하면 강도상해죄의 기수가 되는 것이고, 반드시 재물탈취의 목적달성을 필요로 하는 것은 아니다(대법원 1988.2.9, 87도2492).

(2) **행위** – 사람을 상해하거나 상해에 이르게 하는 것

① 의 의

㉠ 상해(傷害) : 강도가 고의로 상해행위를 하는 경우를 말한다(고의+고의=결합범).

판례연구 강도상해죄의 상해에 해당되지 않는다고 본 사례

대법원 2002.1.11, 2001도4389
피고인의 폭행으로 인하여 입은 피해자의 상처는 이마 부분이 긁혀서 경도의 부종이 있는 정도에 불과하고, 굳이 치료를 받지 않더라도 일상생활을 하는 데 지장이 없으며, 시일이 경과함에 따라 자연적으로 치유될 수 있는 정도이고, 피해자도 그 상처로 병원에서 치료를 받지 아니하였다는 사실이 인정되므로, 상처의 정도 및 내용에 비추어 볼 때 그 상처로 인하여 피해자의 신체의 완전성이 손상되고 생활기능에 장애가 왔다거나 건강상태가 불량하게 변경되었다고 볼 수는 없으므로 강도상해죄의 상해에 해당되지 않는다.[528] 국가7급 10 / 경찰승진 13

㉡ 상해에 이르게 하는 것(치상) : 원래 강도치상죄는 강도가 상해의 고의는 없었지만 강도의 행위인 폭행·협박의 과정 내지 그 결과로 상해가 발생하는 것을 말한다. 이러한 상해의 결과는 그것이 발

527 전술한 자유에 대한 죄, 약취·유인, 인신매매의 죄, 영리목적 약취·유인죄 참조.
528 비교판례 가해자가 범행 당시 주먹으로 머리를 1회 때리고 피해자의 발을 걸어 넘어뜨린 후, 발로 가슴을 1회 걷어 차 피해자가 범행 당일 우측 두부 타박으로 인한 피하출혈, 부종 및 찰과상, 두정부와 우측 발목 타박으로 부종과 동통 소견이 있어 약 2주일간의 치료를 요한다는 내용의 상해진단서를 발급받은 경우, 피해자의 신체의 건강상태가 불량하게 변경되고 생활기능에 장애가 초래된 것이라고 볼 수 있어, 강도상해죄를 구성하는 상해에 해당한다(대법원 2002.1.11, 2001도5925).

생하였다고 하여 무조건 강도치상죄(결과적 가중범)가 성립하는 것이 아니라, 무거운 결과에 대한 예견가능성(과실)이 있어야 한다(2020.12.8. 우리말 순화 개정법 제15조 제2항). 따라서 상해의 결과가 발생하였다 하더라도 그것이 강도의 고의를 가진 폭행·협박에 의한 것이 아니라 절도행위의 과정에서 우연하게 행해진 것이라면 이는 강도죄(내지 준강도죄) 자체가 성립하는 경우가 아니므로 본죄가 성립하지 않고 절도죄(와 과실치상죄)의 문제가 될 뿐이다.

판례연구 폭행·협박행위를 피하려다 상해를 입게 된 경우 : 강도치상죄

대법원 1996.7.12, 96도1142

피고인이 피해자와 함께 도박을 하다가 돈 3,200만 원을 잃자 도박을 할 때부터 같이 있었던 일행 2명 외에 후배 3명을 동원한 데다가 피고인은 식칼까지 들고 위 피해자로부터 돈을 빼앗으려고 한 점, 위 피해자는 이를 피하려고 도박을 하고 있었던 위 집 안방 출입문을 잠그면서 출입문이 열리지 않도록 완강히 버티고 있었던 점, 이에 피고인이 위 피해자에게 "이 새끼 죽여 버리겠다."고 위협하면서 위 출입문 틈 사이로 위 식칼을 집어 넣어 잠금장치를 풀려고 하고 발로 위 출입문을 수회 차서 결국 그 문을 열고 위 안방 안으로 들어왔으며, 칼을 든 피고인 외에도 그 문 밖에 피고인의 일행 5명이 있어 그 문을 통해서는 밖으로 탈출하기가 불가능하였던 점 등을 종합하여 보면 피고인의 위 폭행·협박행위와 위 피해자의 상해 사이에는 상당인과관계가 있고, 피고인으로서는 위 피해자가 위 도박으로 차지한 금원을 강취당하지 않기 위하여 반항하면서 경우에 따라서는 베란다의 외부로 통하는 창문을 통하여 위 주택 아래로 뛰어내리는 등 탈출을 시도할 가능성이 있고 그러한 경우에는 위 피해자가 상해를 입을 수 있다는 예견도 가능하였다고 봄이 상당하므로, 피고인의 위 범죄사실은 강도치상죄를 구성한다. 법원행시 13

② 상해·치상의 상대방 : 강도의 피해자뿐만 아니라 제3자도 이에 포함된다.

예 강도현장을 순찰하던 경찰관 : ○(대법원 1992.1.21, 91도2727)

③ 상해·치상의 발생원인 : 상해와 치상이 반드시 폭행·협박에서 야기된 것일 필요는 없고 '강도의 기회'에 발생하면 충분하다는 견해가 통설[529]·판례[530] 국가7급 12이다.

㉠ 강도상해·치상에 해당하는 경우 : 채권자로부터 채무자에 대한 외상물품 대금채권의 회수를 의뢰받은 자가 그 추심과정에서 채무자의 반항을 억압할 정도의 폭행과 협박을 가하여 재물 및 재산상 이익을 취득한 이상(이는 정당한 권리행사라고 할 수 없고) 이때 상해를 가하였다면 강도상해죄를 구성한다(대법원 1995.12.12, 95도2385).

판례연구 강도의 기회에 해당하는 사례

1. 대법원 1984.6.26, 84도970

강도의 기회에 입힌 상해 사례

강도가 재물강취의 수단으로서 한 폭행에 의하여 손해를 입힌 경우가 아니라도 강도의 기회에 상해를 입힌 것이라면 강도상해죄가 성립한다 할 것인데, 강취현장에서 피고인의 발을 붙잡고 늘어지는 피해자를 30m쯤 끌고 가서 폭행함으로써 상해한 피고인의 소위는 강도상해죄에 해당한다 할 것이다. 법원행시 06 / 경찰승진(경사) 11

2. 대법원 1985.1.15, 84도2397

택시요금 지급을 면할 목적으로 과도로 협박하였는데 놀란 운전수가 급회전하다가 찔린 사례

강도치상죄에 있어서의 상해는 강도의 기회에 범인의 행위로 인하여 발생한 것이면 족한 것이므로, 피고인이 택

529 김성천/김형준, 418면; 김종원, 205면; 박상기, 294면; 배종대, 383면; 백형구, 166면; 손동권, 338면; 오영근, 430면; 이재상, §17-49; 이형국(Ⅰ), 434면; 임웅, 329면; 정성근/박광민, 317면; 진계호, 301면.

530 대법원 1985.1.15, 84도2397; 1984.6.26, 84도970.

시를 타고 가다가 요금지급을 면할 목적으로 소지한 과도로 운전수를 협박하자 이에 놀란 운전수가 택시를 급우회전하면서 그 충격으로 피고인이 겨누고 있던 과도에 어깨부분이 찔려 상처를 입었다면, 피고인의 위 행위를 강도치상죄로 의율함은 정당하다. 국가7급 12 / 경찰승진 14 / 경찰승진(경감이하) 16

3. 대법원 2014.9.26, 2014도9567
강도상해죄의 성립요건인 강도의 기회에 상해행위를 하는 것의 의미
형법 제337조의 강도상해죄는 강도범인이 강도의 기회에 상해행위를 함으로써 성립하므로 국가7급 12 강도범행의 실행 중이거나 실행 직후 또는 실행의 범의를 포기한 직후로서 사회통념상 범죄행위가 완료되지 아니하였다고 볼 수 있는 단계에서 상해가 행하여짐을 요건으로 한다. 그러나 반드시 강도범행의 수단으로 한 폭행에 의하여 상해를 입힐 것을 요하는 것은 아니고 상해행위가 강도가 기수에 이르기 전에 행하여져야만 하는 것은 아니므로, 경찰채용 18 3차 / 변호사시험 16 · 18 강도범행 이후에도 피해자를 계속 끌고 다니거나 차량에 태우고 함께 이동하는 등으로 강도범행으로 인한 피해자의 심리적 저항불능 상태가 해소되지 않은 상태에서 강도범인의 상해행위가 있었다면 강취행위와 상해행위 사이에 다소의 시간적 · 공간적 간격이 있었다는 것만으로는 강도상해죄의 성립에 영향이 없다.

ⓛ 강도상해 · 치상에 해당하지 않는 경우 : 피해자가 입은 상해가 피해자의 적극적 체포행위의 과정에서 스스로의 행위의 결과로 입은 부상인 경우에는 강도상해 · 치상죄가 성립할 수 없다(대법원 1990.4.24, 90도193 – 솥뚜껑 사건 –; 1985.7.9, 85도1109). 사시 11 / 경찰간부 16

판례연구 강도상해 · 치상죄에 해당하지 않는 사례

대법원 1985.7.9, 85도1109
피해자들의 부상이 강도를 적극적으로 체포하려는 과정에서 스스로의 행위의 결과로 생긴 사례
강도상해죄는 강도가 사람을 상해한 경우에 성립하는 것이므로 도주하는 강도를 체포하기 위해 위에서 덮쳐 오른손으로 목을 잡고, 왼손으로 앞부분을 잡는 순간 강도가 들고 있던 벽돌에 끼어 있는 철사에 찔려 부상을 입었다거나 또는 도망하려는 공범을 뒤에서 양팔로 목을 감싸잡고 내려오다 같이 넘어져 부상을 입은 경우라면 위 부상들은 피해자들의 적극적인 체포행위 과정에서 스스로의 행위의 결과로 입은 상처이어서 위 상해의 결과에 대하여 강도상해죄로 의율할 수 없다. 경찰간부 16 / 사시 11

2. 정범과 공범

(1) 문제의 소재

강도의 공동정범 내지 특수강도(합동강도) 중 1인이 강도의 기회에 고의적인 상해행위를 하거나 과실에 의한 치상행위를 한 경우 다른 공동정범 내지 특수강도자에게도 강도상해 · 치상죄가 성립하는가의 문제이다.

(2) 학설 · 판례

① 다수설의 입장(강도상해죄 부정 및 강도치상죄 단독정범 제한적 긍정설) : 결과적 가중범의 공동정범에 대하여 부정설의 입장인 다수설은 강도범 각각을 독립행위로 파악하여 상해의 결과발생에 대하여 예견가능성이 있는 경우에 한하여 강도치상죄의 단독정범으로 파악하는 입장이다. 다수설이 타당하다고 생각된다.

② 판례의 입장(강도상해 · 치상죄 성립 긍정설) : 판례는 강도의 공범 중 1인이 강도의 기회에 행한 상해행위에 대하여 책임을 면할 수 없고, 준강도의 공동정범도 상해의 결과에 대한 예견가능성이 인정되면 강도상해죄의 책임을 질 수 있다는 입장이다. 경찰간부 16

사례연구 강도상해 공동정범 사례

甲과 乙은 사전에 과도를 들고 강도범행을 실행할 것을 공모하고, 乙이 강도범행을 실행하기 위하여 피해자의 집에 들어갔을 때에 甲은 대문 밖에서 망을 보았다. 乙은 甲과 공모한 대로 과도를 들고 피해자의 거소에 들어가 피해자를 향하여 칼을 휘둘러 피해자를 찔러 상해를 입히고 재물을 취거하였다. 甲과 乙의 형사책임은?

해결 乙은 甲과 공모한 대로 과도를 들고 강도를 하기 위하여 피해자의 거소로 들어가 피해자를 향하여 칼을 휘두른 이상, 이미 강도의 실행행위에 착수한 것임이 명백하고, 乙이 피해자를 과도로 찔러 상해를 가하였다면 甲이 乙과 구체적으로 상해를 가할 것까지 공모하지 않았다 하더라도 피고인은 상해의 결과에 대하여도 공범으로서 책임을 면할 수 없다(대법원 1998.4.14, 98도356). 사시 14

정답 강도상해죄의 공동정범 성립[531]

3. 미수 – 결과적 가중범의 미수의 문제

강도상해·치상죄에는 미수범 처벌규정이 적용된다(제342조). 강도상해죄는 고의범이므로 강도가 고의로 상해행위를 하였으나 상해의 결과가 발생하지 않은 경우에는 강도상해죄의 미수범으로 처벌될 것이고, 이 점은 후술할 강도살인죄도 마찬가지이다. 한편, 결과적 가중범인 강도치사상죄의 미수범 성립이 가능한가에 대해서는 견해의 대립이 있다.[532]

4. 죄 수

사례연구 강도상해죄와 특수강도죄의 죄수관계

甲 등 4인은 모여관에 새벽에 들어가 1층 안내실에 있는 위 여관관리인 乙의 목에 칼을 들이대고 그의 발을 칼로 찌르는 상해를 가하고 그로부터 현금 등과 여관객실의 열쇠들을 강취한 연후에, 다시 2층으로 올라가서 201호 등 3개의 방에 투숙한 손님 丙 등의 금품을 강취하였다. 甲 등의 형사책임은?

---

531 **판례에 대한 보충설명** 판례는 甲이 乙과 같이 강도상해죄의 공동정범으로 된다고 판시하고 있다. 즉 위 판례에서 乙은 강도상해죄(특수강도+상해)가 성립하는데, 이때 망을 보고 있던 甲도 강도에 대한 공모가 있는 이상(기본범죄에 대한 공동이 있다면) 무거운 결과인 상해에 대한 예견가능성도 있다고 보아 (그렇다면 일단 특수강도+'과실'치상으로서) 강도치상죄가 성립하게 된다. 이때 판례는 甲이 강도치상죄도 아니고 더 나아가 아예 乙과 함께 강도상해죄의 공동정범이 된다고 보고 있다(이는 아마도 제337조에서 강도상해죄와 강도치상죄의 법정형이 동일한 것에 기인한 다소 무성의한 판단이 아닌가 추측된다).
판례에 대한 비판 판례는 甲이 乙과 같이 강도상해죄의 공동정범으로 된다고 판시하고 있다. 그러나 결과적 가중범의 공동정범을 인정할 수 있는가의 문제에 대하여는 **부정설**이 다수설이다. 다수설이 타당하다고 생각된다(자세한 것은 총론, 정범과 공범론, 공동정범 중 실행의 양적 초과; 총론, 범죄의 특수한 출현형태, 결과적 가중범 중 결과적 가중범의 공동정범 참조). 따라서 기본범죄의 공동정범자 가운데 1인의 행위를 기준으로 다른 공동정범자의 죄책을 판단할 것이 아니라 어디까지나 발생한 무거운 결과에 대한 개별행위자의 관련성을 기준으로 판단해야 한다. 따라서 위 사례에 대하여도 乙의 상해행위에 대하여 甲에게 그 결과에 대한 결과적 가중범이 성립하는가의 요건을 엄격히 심사하고 그것이 긍정된다고 하여도 이는 甲이 결과적 가중범(강도치상죄)의 공동정범이 되는 것이 아니라 결과적 가중범의 단독정범이 된다고 보아야 할 것이다.

532 **참고 – 강도치사상죄의 미수범의 성립이 가능한가** ① 긍정설 : 강도가 미수인 상태에서 무거운 결과인 상해의 결과가 발생된 경우 강도치상죄의 미수범을 긍정하여 임의적 감경(제25조 제2항)의 여지를 두어야 한다고 주장한다(김일수, 총론, 477면; 박상기, 총론, 305면 이하; 손동권, 339면; 이정원, 380면; 임웅, 330면). 피고인에게 보다 유리한 혜택을 주기 위한 견해라고 볼 수 있다. ② 부정설(多) : 진정결과적 가중범의 경우 무거운 결과에 대하여 과실이 있을 때에만 성립하는 범죄유형이므로 이론적으로 미수범이 성립할 수 없다는 점을 근거로, 제342조의 미수범 처벌규정은 어디까지나 강도상해죄(및 강도살인죄와 해상강도상해·살인죄)에 대한 미수범 처벌규정이지 강도치상죄(및 강도치사죄와 해상강도치사상죄)에 대한 미수범 처벌규정은 아니라고 해석하고 있다(김성천/김형준, 418면; 배종대, 386면; 오영근, 432면; 이재상, §17–51; 이형국 I, 435면; 정성근/박광민, 318면).

해결 여관관리인에 대한 강도상해죄와 손님들에 대한 특수강도죄의 실체적 경합범이 된다고 본 판례이다(∴ 기판력이 미치지 않음). 법원9급 11 / 경찰승진 13 다만, 위 사례에서는 설시하지 않았지만 이 사건에서 여관의 종업원에 대한 강도상해와 연이은 여관주인에 대한 특수강도행위는 법률상 1개의 행위로 평가됨이 상당하다고 하여 상상적 경합을 인정하고 있다(∴ 기판력이 미침). 사실관계에 따라 법률상 1개의 행위인가 수개의 행위인가의 판단을 달리하는 판례(대법원 1991.6.25, 91도643)로서 구체적 타당성이 있는 결론이라고 할 수 있다. 법원9급 11 / 경찰승진 13

07 강도살인 · 치사죄

제338조 【강도살인, 치사】 강도가 사람을 살해한 때에는 사형 또는 무기징역에 처한다. 사망에 이르게 한 때에는 무기 또는 10년 이상의 징역에 처한다.

1. 행위주체 – 강도

(1) 강도살인죄의 주체인 강도

강도살인죄가 성립하려면 먼저 강도죄(기수·미수 불문)의 성립이 인정되어야 하고, 강도의 기회에 살인 내지 사망에 이르게 하면 본죄에 해당된다. 구체적으로 본죄가 성립하려면 재물 또는 재산상 이익에 대한 불법영득(또는 불법이득)의 의사가 있어야 하는데, '재산상 이익의 취득'을 인정하기 위하여는 재산상 이익이 사실상 피해자에 대하여 불이익하게 범인 또는 제3자 앞으로 이전되었다고 볼 만한 상태가 이루어져야 한다(대법원 2004.6.24, 2004도1098).

(2) 강도살인죄의 주체인 강도에 해당되는 경우

① 술값을 내지 않으려고 술집 주인을 살해하고 곧바로 피해자가 소지하던 현금을 탈취한 경우에도 강도살인죄에 해당되고(대법원 1999.3.9, 99도242), 경찰간부 14 ② 택시요금을 요구하는 피해자(택시기사)의 추급을 벗어나고자 피해자를 살해한 직후 피해자의 주머니에서 택시열쇠와 돈을 꺼내어 피해자의 택시를 운전한 경우에도 본죄에 해당된다(대법원 1985.10.22, 85도1527). 경찰간부 14 / 경찰간부 18

(3) 강도살인죄의 주체인 강도에 해당되지 않는 경우

① 남편이 생명보험에 가입된 것을 기화로 남편을 죽여 생명보험금을 타려고 남편을 살해한 처의 행위는 강도살인죄가 아니라 살인죄에 해당할 뿐이다. 강도행위의 실행에 착수한 것으로 볼 수 없기 때문이다. 또한 ② 채무를 면탈할 의사로 채권자를 살해하였다 하더라도 무조건 강도살인죄가 성립하는 것이 아니기 때문에 만일 채무자가 일시적으로 채권자 측의 추급을 면한 것에 불과한 경우에도 본죄에 해당되지 못한다(대법원 2004.6.24, 2004도1098; 2005.6.23, 2005도1947; 2010.9.30, 2010도7405). 경찰승진(경장) 11 / 경찰승진(경사) 11 / 경찰승진 14 / 경찰채용 21 1차 채무의 존재가 명백할 뿐만 아니라 채권자의 상속인이 존재하고 그 상속인에게 채권의 존재를 확인할 방법이 확보되어 있기 때문에, 살해행위로 인하여 재산상 이익의 지배가 채권자 측으로부터 범인 앞으로 이전되었다 보기 어렵기 때문이다.[533] 법원행시 11 / 법원행시 12 / 법원행시 14 / 경찰간부 13 / 경찰승진(경감이하) 17

533 학계에서는 채무를 면탈할 목적으로 채권자를 살해한 경우, 강도살인죄의 성부에 관하여 ① 강도의 수단으로 살인이 행해졌다면 살인행위가 행해진 시점이 강취행위의 전·후인지를 불문하고 본죄가 성립한다는 긍정설(다수설 : 김종원, 199면; 배종대, 384면; 백형구, 168면; 손동권, 343면; 이재상, §17–54; 이형국(Ⅰ), 437면)과 ② 채무면탈목적으로 채권자를 살해하더라도 채무면탈의 구체적·현실적 위험성(가능성)이 있는 경우에만 본죄가 성립한다는 제한적 긍정설(소수설 : 김일수/서보학, 333면; 박상기, 297면; 임웅, 332면; 정성근/박광민, 391면)이 대립하고 있다. 위 2004년도 대법원판례는 제한적 긍정설의 입장을

2. 행위 – 사람을 살해하거나 사망에 이르게 하는 것

강도치사죄는 강도범인이 그 기회에 과실치사죄를 범함으로써 성립하는 결과적 가중범이고, 강도살인죄는 강도범인이 강도의 기회에 살인행위를 함으로써 성립하는 고의범이다. 강도살인죄의 경우, 강도범행의 실행 중이거나 그 실행 직후 또는 실행의 고의를 포기한 직후로서 사회통념상 범죄행위가 완료되지 아니하였다고 볼 수 있는 단계에서 살인이 행하여져야 성립한다. 경찰승진(경감이하) 17 따라서 피고인이 피해자 소유의 돈과 신용카드에 대하여 불법영득의 의사를 갖게 된 것이 살해 후 상당한 시간이 지난 후로서 살인의 범죄행위가 이미 완료된 후의 일이라면, 살해 후 상당한 시간이 지난 후에 별도의 고의에 터잡아 이루어진 재물 취거행위를 그보다 앞선 살인행위와 합쳐서 강도살인죄로 처단할 수 없다(대법원 2004.6.24, 2004도1098). 경찰간부 14

판례연구 강도살인 · 치사죄 관련 판례

1. 대법원 1985.10.22, 85도1527

택시강도 살인 사건 : 강도살인죄

피고인은 피해자의 택시를 무임승차하고 택시요금을 요구하는 피해자의 추급을 벗어나고자 동인을 살해한 직후 피해자의 주머니에서 택시 열쇠와 돈 8,000원을 꺼내어 피해자의 택시를 운전하고 현장을 벗어난 사실이 인정되는데, 위와 같은 사실관계에 비추어 보면 피고인은 채무면탈의 목적으로 피해자를 살해하고 피해자의 반항능력이 완전히 상실된 것을 이용하여 즉석에서 피해자가 소지하였던 재물까지 탈취한 것이므로, 살인행위와 재물탈취행위는 서로 밀접하게 관련되어 있어 살인행위를 이용한 재물탈취행위라고 볼 것이니 피고인을 강도살인죄로 의율한 원심조치는 정당하다. 경찰간부 14

2. 대법원 1990.11.27, 90도2262

등산용 칼을 이용한 노상강도 중 살인한 사례 : 강도살인범 이외의 자들은 강도치사죄의 공동정범

피고인들이 등산용 칼을 이용하여 노상강도를 하기로 공모한 사건에서 범행 당시 차안에서 망을 보고 있던 피고인 甲이나 등산용 칼을 휴대하고 있던 피고인 乙과 함께 차에서 내려 피해자로부터 금품을 강취하려 했던 피고인 丙으로서는 그때 우연히 현장을 목격하게 된 다른 피해자를 피고인 乙이 소지 중인 등산용 칼로 살해하여 강도살인행위에 이를 것을 전혀 예상하지 못하였다고 할 수 없으므로 피고인들 모두는 강도치사죄로 의율 처단함이 옳다. 국가7급 08 / 법원행시 05 / 변호사 16

3. 대법원 1996.7.12, 96도1108

강도범행 직후 경찰관에게 붙잡혀 파출소로 연행되던 자가 과도로 경찰관을 찔러 사망케 한 사례

강도범행 직후 신고를 받고 출동한 경찰관이 위 범행현장으로부터 약 150m 지점에서, 화물차를 타고 도주하는 피고인을 발견하고 순찰차로 추적하여 격투 끝에 피고인을 붙잡았으나, 피고인이 너무 힘이 세고 반항이 심하여 수갑도 채우지 못한 채 피고인을 순찰차에 억지로 밀어 넣고서 파출소로 연행하고자 하였는데, 그 순간 피고인이 체포를 면하기 위하여 소지하고 있던 과도로 옆에 앉아 있던 경찰관을 찔러 사망케 하였다면 피고인의 위 살인행위는 강도행위와 시간상 및 거리상 극히 근접하여 사회통념상 범죄행위가 완료되지 아니한 상태에서 이루어진 것이라고 보여지므로(위 살인행위 당시에 피고인이 체포되어 신체가 완전히 구속된 상태이었다고 볼 수 없음), 원심이 피고인을 강도살인죄로 적용하여 처벌한 것은 옳다. 경찰간부 14 / 경찰승진(경장) 11

3. 사자(死者)의 점유(참고)

처음부터 강도의 고의로 사람을 살해하고 재물을 탈취한 경우에는 강도살인죄가 성립한다. 이 경우 행위자는 누구의 점유를 침해한 것인가에 대해서는 견해가 대립한다.[534]

보여준 것으로 생각된다. 같은 주장은 임웅, 333면 참조.

534 **참고 – 강도살인죄의 점유** ① 어느 누구의 점유도 인정되지 않는다는 견해(김일수, 240면), ② 사자의 점유 그 자체를 인정해야 한다는 견해(황산덕, 297면), ③ 강도에 착수했을 때 엄연히 점유자가 생존한 상태이었고 사람의 사망 이후에도 일정한

08 강도강간죄

제339조【강도강간】 강도가 사람을 강간한 때에는 무기 또는 10년 이상의 징역에 처한다. 〈개정 2012.12.18.〉

1. 객관적 구성요건

(1) **행위주체** – 강도

① 강도의 의미 및 범위 : 단순강도·특수강도·준강도·인질강도를 불문한다. 또한 강간범인이 폭행·협박에 의한 반항억압 상태가 계속 중임을 이용하여 재물을 탈취하는 경우 강도죄의 성립을 위하여 새로운 폭행·협박을 요하지 않으므로 이러한 재물탈취행위에 대해서는 강도죄가 성립하고 뒤이어 강간행위가 있었다면 강도강간죄에 해당된다(대법원 1985.10.22, 85도1527; 2010.12.9, 2010도9630[535]). 법원행시 14 / 법원9급 11 / 경찰채용 14 2차 / 사시 12 / 사시 13

② 강도의 미수·기수와 본죄 : 본죄의 주체는 강도죄의 실행에 착수하면 족하다. 그러므로 강간행위를 마치기 전에 강도행위를 한 때에는 본죄가 성립한다. 따라서 특수강간범이 강간행위 종료 전에 특수강도의 행위를 한 이후에 그 자리에서 강간행위를 계속하는 때에도 특수강도가 부녀를 강간한 때에 해당하여 성폭력특별법상 특수강도강간죄로 의율할 수 있다(대법원 2010.7.15, 2010도3594). 변호사 13 / 경찰채용 18 1차

판례연구 강간범의 강도행위시점에 따른 강도강간죄 성립여부

1. 대법원 1988.9.9, 88도1240

강간 후 강도인가, 강간 전 강도인가에 따라 강도강간죄의 성부가 정해진다는 사례

강도강간죄는 강도라는 신분을 가진 범인이 강간죄를 범하였을 때에 성립하는 범죄이다. 따라서 ① 강간범이 강간행위 후에 강도의 고의를 일으켜 그 부녀의 재물을 강취하는 경우에는 강도강간죄가 아니라 강도죄와 강간죄의 경합범이 성립될 수 있을 뿐이나, 법원9급 10 / 변호사 13 ② 강간범이 강간행위 종료 전, 즉 그 실행행위의 계속 중에 강도의 행위를 할 경우에는 이때에 바로 강도의 신분을 취득하는 것이므로 이후에 그 자리에서 강간행위를 계속하는 때에는 강도가 부녀를 강간하는 때에 해당하여 형법 제339조 소정의 강도강간죄를 구성한다. 법원9급 14 / 경찰간부 12

2. 대법원 2002.2.8, 2001도6425

강간 후 특수강도한 경우 성폭법상 특수강도강간죄로 의율할 수 없다는 사례

강간범이 강간행위 후에 강도의 고의를 일으켜 그 부녀의 재물을 강취하는 경우에는 형법상 강도강간죄가 아니라 강간죄와 강도죄의 경합범이 성립될 수 있을 뿐인바, 성폭법 제5조 제2항은 형법 제334조(특수강도) 등의 죄를 범한 자가 형법 제297조(강간) 등의 죄를 범한 경우에 이를 특수강도강간 등의 죄로 가중하여 처벌하고 있으므로, 다른 특별한 사정이 없는 한 강간범이 강간의 범행 후에 특수강도의 고의를 일으켜 그 부녀의 재물을 강취한 경우에는 이를 성폭력범죄의 처벌 및 피해자보호 등에 관한 법률 제5조 제2항 소정의 특수강도강간죄로 의율할 수 없다. 법원행시 12 / 경찰승진 14 / 사시 10

시간 동안 그 점유의 계속을 인정할 수 있으므로 사자의 생전의 점유를 침해한 것으로 보아야 한다는 견해(다수설 : 김종원, 207면; 서일교, 158면; 손동권, 344면; 유기천上, 221면; 이재상, §17-56; 임웅, 334면; 정성근, 361면)가 대립한다. 한편, 강도의 고의 없이 사람을 살해한 후 재물탈취의 고의가 생겨 이를 가지고 간 경우에는 살인죄와 절도죄의 경합범이 성립한다는 소수설·판례의 입장과 살인죄와 점유이탈물횡령죄의 경합범이 성립한다는 다수설의 입장이 대립하고 있음은 앞서 재산죄 일반이론 중 점유 부분에서 이미 기술한 바와 같다.

535 **판례 : 강간범인이 폭행, 협박에 의한 반항억압 상태가 계속 중임을 이용하여 재물을 탈취하는 경우 새로운 폭행, 협박을 요하지 아니한다는 사례** 야간에 甲의 주거에 침입하여 드라이버를 들이대며 협박하여 甲의 반항을 억압한 상태에서 강간행위의 실행도중 범행현장에 있던 乙 소유의 핸드백을 가져간 (후 이어 강간을 한) 피고인의 행위는 포괄하여 성폭법 위반(특수강도강간 등)죄에 해당한다(대법원 2010.12.9, 2010도9630). 법원행시 13 / 법원9급 11 / 경찰채용 14 2차 / 사시 12 / 사시 13

(2) **행위** – 사람을 강간하는 것

① 강간의 시기 및 상대방 : 강취의 전후를 불문하며 강도의 기회에 행해지면 된다. 이때 강간의 피해자가 반드시 강도의 피해자일 필요는 없다. 형법 제339조는 '강도'가 사람을 강간한 경우라고 규정하고 있기 때문에, 가령 A가 강도하기로 모의를 한 후 피해자 甲남으로부터 금품을 빼앗고 이어서 피해자 乙녀를 강간하였다면 강도강간죄를 구성하게 된다(대법원 1991.11.12, 91도2241). 법원행시 08 / 법원행시 12 / 경찰승진 12 / 경찰채용 18 3차

② 미수 · 기수시기 : 기수 · 미수는 강간의 기수 · 미수에 따라 결정한다.

판례연구 강도강간미수가 중지범의 요건인 자의성을 결여하였다고 본 사례

대법원 1992.7.28, 92도917

피고인 甲 · 乙 · 丙이 강도행위를 하던 중 피고인 甲 · 乙은 피해자를 강간하려고 작은 방으로 끌고가 팬티를 강제로 벗기고 음부를 만지던 중 피해자가 수술한 지 얼마 안되어 배가 아프다면서 애원하는 바람에 그 뜻을 이루지 못하였다면, 강도행위의 계속 중 이미 공포상태에 빠진 피해자를 강간하려고 한 이상 강간의 실행에 착수한 것이고, 피고인들이 간음행위를 중단한 것은 피해자를 불쌍히 여겨서가 아니라 피해자의 신체조건상 강간을 하기에 지장이 있다고 본 데에 기인한 것이므로, 이는 일반의 경험상 강간행위를 수행함에 장애가 되는 외부적 사정에 의하여 범행을 중지한 것에 지나지 않는 것으로서 중지범의 요건인 자의성을 결여하였다고 보아야 한다.

2. 죄수 및 다른 범죄와의 관계

(1) **죄수** : 강간피해자의 수에 따라 결정한다.

(2) **다른 범죄와의 관계**

① 강도가 사람을 강간하여 치상 · 치사하게 한 경우

㉠ 강도강간죄와 강도치사상죄의 상상적 경합범설(소수설[536] · 판례) 사시 12 : 강간치사상죄를 인정하지 않고 강도치사상죄를 인정한 것은 강도치사상죄의 형이 강간치사상죄의 그것보다 더욱 무겁다는 데 그 이유가 있다.

판례연구 강도미수범의 강간으로 인한 치상 사례

대법원 1988.6.28, 88도820

강도미수 + 강간미수 + 과실치상 = 강도강간미수와 강도치상의 상상적 경합

강도가 재물강취의 뜻을 재물의 부재로 이루지 못한 채 미수에 그쳤으나 그 자리에서 항거불능의 상태에 빠진 피해자를 간음할 것을 결의하고 실행에 착수했으나 역시 미수에 그쳤더라도 반항을 억압하기 위한 폭행으로 피해자에게 상해를 입힌 경우에는 강도강간미수죄와 강도치상죄가 성립되고 이는 1개의 행위가 2개의 죄명에 해당되어 상상적 경합관계가 성립된다. 법원9급 07(상) / 경찰승진(경장) 10 / 사시 12

㉡ 강도강간죄와 (치사상의 원인에 따라) 강도치사상죄 내지 강간치사상죄의 상상적 경합범설(현재의 다수설[537]) : 본죄가 성립하는 것은 물론이고, 사상의 원인이 무엇인가에 따라 강도치사상죄인지 강간치사상죄인지 구분하여야 한다는 입장이다.

---

536 서일교, 158면; 정성근, 428면; 정영석, 329면; 진계호, 339면; 황산덕, 295면.

537 강구진, 313면; 김성천/김형준, 421면; 김일수/서보학, 336면; 박상기, 299면; 손동권, 348면; 유기천(상), 209면; 이재상, §17－59; 이형국(Ⅰ), 439면. 한편 강도강간죄와 강도치사상죄와 강간치사상죄라는 세 범죄의 상상적 경합으로 보는 소수설은 임웅, 335면 참조.

② 강도가 사람을 강간하고 다시 살해(내지 상해)한 경우 : ㉠ 강도강간죄와 강도살인죄(내지 강도상해죄)의 상상적 경합범설[538]과 ㉡ 강도강간죄와 강도살인죄(강도상해죄)의 실체적 경합범설[539]이 대립하고 있다. 생각건대, 강간과 살인(내지 상해)의 고의 및 행위는 상호 구별되어야 한다는 점에서 실체적 경합범설이 타당하다고 생각된다.[540]

09 해상강도(상해 · 치상 · 살인 · 치사 · 강간)죄

제340조【해상강도】 ① 다중의 위력으로 해상에서 선박을 강취하거나 선박 내에 침입하여 타인의 재물을 강취한 자는 무기 또는 7년 이상의 징역에 처한다.
② 제1항의 죄를 범한 자가 사람을 상해하거나 상해에 이르게 한 때에는 무기 또는 10년 이상의 징역에 처한다.
③ 제1항의 죄를 범한 자가 사람을 살해 또는 사망에 이르게 하거나 강간한 때에는 사형 또는 무기징역에 처한다.

해상강도살인죄뿐만 아니라 해상강도강간죄나 해상강도치사죄에도 그 법정형으로 사형이 규정되어 있다. 또한 해상강도살인죄를 범한 이후에 행한 시체유기는 불가벌적 사후행위로 인정되지 않고 별도의 시체유기죄를 구성한다(대법원 1997.7.25, 97도1142 – 페스카마 15호 사건 –).[541] 법원9급 05 / 법원9급 07(하) / 법원9급 12 / 경찰간부 13 / 경찰채용 12 2차

10 상습강도죄

제341조【상습범】 상습으로 제333조, 제334조, 제336조 또는 전조 제1항의 죄를 범한 자는 무기 또는 10년 이상의 징역에 처한다.

강도상해 · 치상죄, 강도살인 · 치사죄, 강도강간죄는 본 상습범 가중처벌규정의 대상이 아니므로, 상습강도죄 이외에 강도상해죄 등 위의 범죄를 범한 경우에는 상습강도죄와 강도상해죄 등 위의 범죄의 경합범이 성립한다(대법원 1990.9.28, 90도1365).[542]

마찬가지로 강도상해죄와 강도강간죄를 범한 자에 대하여 그 실행행위의 일부인 강도(미수)에 대한 상습범 가중은 불가능하다(대법원 2010.4.29, 2010도1099).[543]

538 배종대, 311면; 손동권, 348면; 이재상, §17–59; 이형국(I), 439면; 진계호, 304면; 황산덕, 298면.
539 강구진, 313면; 김일수/서보학, 336면; 김종원, 208면; 박상기, 299면; 백형구, 178면; 서일교, 158면; 임웅, 316면. 다만 실체적 경합범설 내에서도 강도살인(상해)죄인가 살인(상해)죄인가에 대해서는 다소 차이가 있다.
540 다만 보다 세심하게 생각해보면, 현행형법에는 강간살인죄(제301조의2)나 강간상해죄(제301조)의 규정도 있는 만큼, 강도의 기회에 살인(내지 상해)한 것인지 강간의 기회에 살인(내지 상해)한 것인지까지 따져보아 강도강간죄와 이러한 죄의 실체적 경합을 인정해야 할 것으로 생각된다.
541 **판례 : 페스카마 15호 사건** 피고인들은 참치잡이 원양어선 페스카마(PESCAMAR) 15호에 승선하여 남태평양 해상에서 근무하던 중 한국인 선원 7명을 살해하고 나머지 선원들의 반항을 억압하여 선박의 지배권을 장악한 범행을 다중의 위력으로 선박을 강취한 것으로 보아 이를 해상강도살인죄로 의율한 조치는 모두 정당하고, 또한 사람을 살해한 자가 그 시체를 다른 장소로 옮겨 유기하였을 때에는 **별도로 시체유기죄가 성립**하고, 이와 같은 시체유기를 불가벌적 사후행위로 볼 수는 없다(대법원 1997.7.25, 97도1142).
542 **판례** 형법 제333조, 제334조, 제337조, 제341조, 특정범죄가중처벌 등에 관한 법률 제5조의4 제3항, 제5조의5의 각 규정을 살펴보면, **강도죄와 강도상해죄는 따로 규정되어 있고 상습강도죄(제341조)에 강도상해죄가 포괄 흡수될 수는 없는 것**이다(대법원 1990.9.28, 90도1365).
543 **사례** 강도가 피해자에게 상해를 입혔으나 재물의 강취에는 이르지 못하고 그 자리에서 항거불능 상태에 빠진 피해자를 간음한 경우, 그 실행행위의 일부인 강도미수 행위에 대하여 특가법 제5조의4 제3항에 의한 상습범 가중처벌규정의 적용이 가능한가?

또한 특가법 제5조의4 제3항에 규정된 상습강도죄를 범한 범인이 그 범행 외에 상습적인 강도의 목적으로 강도예비를 하였다가 강도에 이르지 아니하고 강도예비에 그친 경우에도 그것이 강도상습성의 발현이라고 보이는 경우에는 강도예비행위는 상습강도죄에 흡수되어 위 법조에 규정된 상습강도죄의 1죄만을 구성하고 이 상습강도죄와 별개로 강도예비죄를 구성하지 아니한다(대법원 2003.3.28, 2003도665). 국가7급 09 / 법원행시 14

11 강도예비 · 음모죄

제343조 【예비, 음모】 강도할 목적으로 예비 또는 음모한 자는 7년 이하의 징역에 처한다.

강도예비 · 음모죄가 성립하기 위해서는 예비 · 음모 행위자에게 미필적으로라도 '강도'를 할 목적이 있음이 인정되어야 하고 그에 이르지 않고 단순히 준강도할 목적이 있음에 그치는 경우에는 강도예비 · 음모죄로 처벌할 수 없다(대법원 2006.9.14, 2004도6432).[544] 국가7급 09 / 국가7급 13 / 국가9급 13 / 법원행시 07 / 법원행시 12 / 경찰승진(경장) 10 / 경찰승진 12 / 경찰승진 14 / 경찰채용 14 1차 / 사시 11 / 사시 12 / 사시 14 / 변호사 14 / 변호사 16 / 경찰채용 16 2차 / 국가7급 20 / 법원9급 20 / 법원9급 21 예를 들어, 甲이 휴대 중이던 등산용 칼을 뜻하지 않게 절도 범행이 발각되었을 경우 체포를 면탈하는 데 도움이 될 수 있을 것이라는 정도의 생각에서 가지고 있을 뿐, 타인으로부터 물건을 강취하는 데 사용하겠다는 생각으로 준비하였다고 볼 수 없는 경우에는, 甲에게는 준강도할 목적만 인정되고 강도할 목적은 부정되므로 강도예비죄의 죄책을 인정할 수 없다(위 판례).

제4절 사기의 죄

01 총 설

1. 의의 및 구별개념

사기죄(詐欺罪, fraud, Betrug)는 사람을 기망하여 착오를 일으켜 처분행위를 하게 하여 재물 또는 재산상 이익을 취득함으로써 성립하는 범죄이다. 본죄는 처분행위가 필요한 편취죄의 요소와 재물죄이면서 이득죄

판례 강도가 피해자에게 상해를 입혔으나 재물의 강취에는 이르지 못하고 그 자리에서 항거불능 상태에 빠진 피해자를 간음한 경우에는 강도상해죄와 강도강간죄만 성립하고(대법원 1988.6.28, 88도820), 경찰승진(경장) 10 / 사시 12 그 실행행위의 일부인 강도미수 행위는 위 각 죄에 흡수되어 별개의 범죄를 구성하지 않는다. 또한, 특가법은 제5조의4 제3항에서 강도, 특수강도, 인질강도, 해상강도의 각 죄에 관해서만 상습범 가중처벌을 규정하고 있는 이상 이에 해당하지 않는 강도상해죄와 강도강간죄가 유죄로 인정된다 하여 위 상습범으로 가중처벌할 수는 없고, 별개의 독립한 범죄로 처벌하는 위 각 죄의 일부로서 그에 흡수된 강도미수 행위만을 따로 떼어 강도 등의 상습범에 관한 위 가중처벌 규정을 적용할 수도 없다(대법원 2010.4.29, 2010도1099). 해결 가능하지 않다.

544 준강도할 목적이 있음에 그치는 경우에 강도예비 · 음모죄가 성립하지 않는다는 사례 [판결이유] 형법은 흉기를 휴대한 절도를 특수절도라는 가중적 구성요건(형법 제331조 제2항)으로 처벌하면서도 그 예비행위에 대한 처벌조항은 마련하지 않고 있는데, 만약 준강도를 할 목적을 가진 경우까지 강도예비로 처벌할 수 있다고 본다면 흉기를 휴대한 특수절도를 준비하는 행위는 거의 모두가 강도예비로 처벌받을 수밖에 없게 되어 형법이 흉기를 휴대한 특수절도의 예비행위에 대한 처벌조항을 두지 않은 것과 배치되는 결과를 초래하게 된다는 점 및 정당한 이유 없이 흉기 기타 위험한 물건을 휴대하는 행위 자체를 처벌하는 조항을 폭력행위 등 처벌에 관한 법률 제7조에 따로 마련하고 있다는 점 등을 고려해야 한다.

의 성격을 가지고 있는데 이는 공갈죄의 성질과도 같은 것이다. 사기죄와 공갈죄를 비교하면 아래와 같다.

표정리 사기죄와 공갈죄의 비교

구 분	사기죄	공갈죄
수 단	기 망	폭행·협박
보호법익	재산권(및 거래상 신의칙)	재산권 및 자유권
피해자	재산의 소유자	피공갈자, 재산의 소유자

2. 보호법익

사기죄의 보호법익에 대해서는 ① 순수하게 재산권이라는 견해(다수설[545])와 ② 재산권뿐만 아니라 거래의 진실성 · 신의성실까지 보호법익이 된다는 견해(소수설[546] · 판례)가 대립한다. 여하튼 조세의 강제징수와 같은 국가 · 지방자치단체의 권력작용은 사기죄의 보호법익에 포함되지 아니한다. 법익보호 정도에 관하여 사기죄는 침해범이다.

판례연구 사기죄의 보호법익과 조세에 관한 권력작용의 구별

1. 대법원 2008.11.27, 2008도7303

기망행위에 의하여 조세를 포탈하거나 조세의 환급 · 공제를 받은 사례

기망행위에 의하여 국가적 또는 공공적 법익을 침해한 경우라도 그와 동시에 형법상 사기죄의 보호법익인 재산권을 침해하는 것과 동일하게 평가할 수 있는 때에는 당해 행정법규에서 사기죄의 특별관계에 해당하는 처벌 규정을 별도로 두고 있지 않는 한 사기죄가 성립할 수 있다. 그런데 기망행위에 의하여 조세를 포탈하거나 조세의 환급·공제를 받은 경우에는 조세범처벌법 제9조(지방세법 제84조에서 준용)에서 이러한 행위를 처벌하는 규정을 별도로 두고 있을 뿐만 아니라, 조세를 강제적으로 징수하는 국가 또는 지방자치단체의 직접적인 권력작용을 사기죄의 보호법익인 재산권과 동일하게 평가할 수 없는 것이므로, 기망행위에 의하여 조세를 포탈하거나 조세의 환급·공제를 받은 경우에는 조세범처벌법위반죄가 성립함은 별론으로 하고, 형법상 사기죄는 성립할 수 없다.[547]

국가7급 14 / 법원행시 11 / 경찰승진(경감) 10 / 법원9급 16 / 변호사 17 / 경찰간부 17

비교판례 주유소 운영자가 농민들에게 면세유를 공급한 것처럼 부당하게 발급받은 면세유류공급확인서로 석유정제업자를 기망하여 부가가치세 등에 상당한 석유류를 취득한 경우에는, 석유정제업자에게 현실적인 재산상 손해가 없더라도 사기죄가 성립한다(대법원 2009.1.15, 2006도6687).

2. 대법원 2019.12.24, 2019도2003

공무원을 기망하여 납부의무가 있는 농지보전부담금을 면제받은 사건

중앙행정기관의 장, 지방자치단체의 장 등 법률에 따라 금전적 부담의 부과권한을 부여받은 자(이하 '부과권자')가 재화 또는 용역의 제공과 관계없이 특정 공익사업과 관련하여 권력작용으로 부담금을 부과하는 것은 일반 국민의 재산권을 제한하는 침해행정에 속한다. 이러한 침해행정 영역에서 일반 국민이 담당 공무원을 기망하여 권력작용에 의한 재산권 제한을 면하는 경우에는 부과권자의 직접적인 권력작용을 사기죄의 보호법익인 재산권과 동일하게 평가할 수 없는 것이므로, 행정법규에서 그러한 행위에 대한 처벌규정을 두어 처벌함은 별론으로

545 김일수/서보학, 403면; 박상기, 302면; 백형구, 172면; 손동권, 352면; 이재상, §18-3; 이정원, 382면; 이형국(Ⅰ), 447면; 정성근/박광민, 325면.

546 김종원, 212면; 배종대, 397면; 서일교, 161면; 유기천(상), 231면; 임웅, 321면; 진계호, 312면. 참고로 재산권과 개인의 경제적 의사결정·활동의 자유라는 견해도 있다. 오영근, 450면 참조.

547 **보충** 주유소 운영자가 농·어민 등에게 조세제한특례법에 정한 면세유를 공급한 것처럼 위조한 면세유류공급확인서로 정유회사를 기망하여 면세유를 공급받음으로써 면세유와 정상유의 가격 차이 상당의 이득을 취득한 사안에서, 정유회사에 대하여 사기죄를 구성하는 것은 별론으로 하고, 국가 또는 지방자치단체를 기망하여 국세 및 지방세의 환급세액 상당을 편취한 것으로 볼 수 없다고 한 사례이다.

하고, 사기죄는 성립할 수 없다.

3. 대법원 2021.10.14, 2016도16343
시설물안전법상 하도급 제한 규정을 위반한 사건
시설물안전법상 하도급 제한 규정은 시설물의 안전점검과 적정한 유지관리를 통하여 재해와 재난을 예방하고 시설물의 효용을 증진시킨다는 국가적 또는 공공적 법익을 보호하기 위한 것이므로, 이를 위반한 경우 구 시설물안전법에 따른 제재를 받는 것은 별론으로 하고 곧바로 사기죄의 보호법익인 재산권을 침해하였다고 단정할 수 없다. 사기죄가 성립된다고 하려면 이러한 사정에 더하여 이 사건 각 안전진단 용역계약의 내용과 체결 경위, 계약의 이행과정이나 결과 등까지 종합하여 살펴볼 때 과연 피고인들이 안전진단 용역을 완성할 의사와 능력이 없음에도 불구하고 용역을 완성할 것처럼 거짓말을 하여 용역대금을 편취하려 하였는지 여부를 기준으로 판단하여야 한다.

3. 재산상 손해

(1) 재산상 손해의 요부

독일형법 제263조와는 달리 우리 형법상 사기죄의 구성요건에는 재산상 손해의 발생을 명문으로 규정하고 있지 않다. 따라서 사기죄의 성립에 재산상의 손해가 필요한가에 대해서는 견해의 대립이 있다. 이 문제는 구체적으로 상당한 대가가 지급된 경우에도 본죄의 성립이 가능한가의 문제라고 할 수 있다.

① 재산상 손해발생 불요설(소수설[548] · 판례) : 독일형법과는 달리 우리 형법상 재산상 손해발생은 명시되어 있지 않기 때문에 기망을 통하여 재산을 취득한 이상 별도의 재산상 손해발생이 필요 없다고 보는 견해이다. 판례도 배임죄(제355조 제2항[549])의 경우와는 달리 사기죄에 있어서는 재산상의 손해발생을 요구하지 않고 있다.

판례연구 재산상 손해는 사기죄의 성립요건이 아니라고 본 판례

1. 대법원 2000.7.7, 2000도1899
재산상 손해의 유무는 사기죄 성립에 영향이 없다
재물편취를 내용으로 하는 사기죄에 있어서는 기망으로 인한 재물교부가 있으면 그 자체로서 피해자의 재산침해가 되어 이로써 곧 사기죄가 성립하는 것이고, 상당한 대가가 지급되었다거나 피해자의 전체 재산상에 손해가 없다 하여도 사기죄의 성립에는 그 영향이 없으므로 사기죄에 있어서 그 대가가 일부 지급된 경우에도 그 편취액은 피해자로부터 교부된 재물의 가치로부터 그 대가를 공제한 차액이 아니라 교부받은 재물 전부라 할 것이다.
법원행시 09 / 법원행시 10 / 경찰간부 11 / 경찰간부 14

2. 대법원 1994.10.21, 94도2048
피해자가 재산권을 회복하여도 사기죄는 성립한다
피해자가 피고인의 기망에 의하여 당해 부동산의 소유권을 취득할 수 없게 될지도 모른다는 사정을 알지 못한 채 이를 매수하였다면 이미 재산의 침해가 있었다 할 것이고, 그 이후 피해자가 매수인 명의변경절차나 국가에 대한 민사소송 등을 통하여 소유권이전등기를 경료받아 재산상의 손해가 없게 되었다 하더라도 이는 사기죄의 성립에 아무런 영향을 미칠 수 없다.

② 이분설(소수설[550]) : 재물을 취득한 사기취재죄(詐欺取財罪)의 경우에는 재물의 취득 자체가 손해이기 때문에 별도의 손해발생이 필요 없으나, 재산상 이익을 취득한 사기이득죄(詐欺利得罪)에 있어서는 손해의 발생을 요한다는 견해이다. 따라서 사기이득죄에 한해서 상당한 대가를 지급한 경우에는 죄가

548 백형구, 180면; 서일교, 168면; 오영근, 474면; 정영석, 339면.
549 배임죄(제355조 제2항)에서는 '손해'의 발생을 명문으로 규정하고 있다.
550 김종원, 172면; 진계호, 361면; 황산덕, 307면.

되지 않는다고 보게 된다.

③ 재산상 손해발생 필요설(다수설[551]) : 사기죄는 재산권을 법익으로 하는 범죄이므로 당연히 재산상 손해의 발생은 필수적인 구성요건요소가 된다는 견해이며 우리의 다수설이다. 다수설에 의할 때 정당한 대가를 지급하여 재산상 손해가 없는 경우에는 본죄의 성립이 부정된다. 이 견해가 타당하다고 생각된다.

(2) **손해판단의 기준**(참고)

① 객관적 요소(경제적 재산개념) : 경제적 거래의 관점에서 처분행위 전후의 전체적 재산가치가 감소되었을 경우에 재산상 손해가 인정된다. 따라서 물품을 판매함에 있어서 객관적으로는 시가(時價)에 맞는 금액이었다 하더라도 피해자가 개인적으로 필요로 하지 않는 물품을 기망을 통해 판매하고 대금을 지급받은 것은, 피해자로 하여금 하지 않아도 될 지출을 하게 한 것으로서 그로 하여금 기회비용을 감소·상실시켰다는 점에서 재산상 손해가 발생된 것으로 볼 수 있다.

② 손해발생의 위험 : 재산상 손해는 현실적으로 발생한 경우에 제한되지 않고 경제적 관점에서 재산가치에 대한 구체적 위험이 인정된다면 재산상의 손해가 인정된다.

예 지급능력·지급의사가 없으면서도 신용카드발급신청을 하여 이를 발급받은 행위 ⇨ 신용카드회사의 재산에 구체적 위험이 발생한 경우로서 사기죄가 성립한다.

02 사기죄

제347조【사 기】 ① 사람을 기망하여 재물의 교부를 받거나 재산상의 이익을 취득한 자는 10년 이하의 징역 또는 2천만 원 이하의 벌금에 처한다.
② 전항의 방법으로 제3자로 하여금 재물의 교부를 받게 하거나 재산상의 이익을 취득하게 한 때에도 전항의 형과 같다.

1. 구성요건

(1) 객관적 구성요건

그림정리 사기죄의 객관적 구성요건 개관

기망행위자	→	피기망자(=처분행위자)
① 기망행위(명시적, 묵시적, 부작위)		② 착오
		③ 처분행위
④ 재물, 재산상 이익취득		⑤ 재산상 손해발생

※ 1. 삼각사기 : 피기망자(=처분행위자)와 재산상 피해자가 다른 경우로서, 처분행위자가 재산상 피해자의 재산을 '사실상 처분할 수 있는 지위'(예 법원 ○, 등기관 ×)에 있는 경우
2. 처분행위의 직접성 : 없으면 절도죄[금목걸이(판례)], 있으면 사기죄[자전거(판례)]
3. 판례에 의하면 재산상 손해발생은 불필요(배임죄와의 차이)

551 강구진, 326면; 김일수/서보학, 422면; 박상기, 326면; 배종대, 326면; 손동권, 375면; 유기천(상), 235면; 이재상, §18－6; 이형국(Ⅰ), 456면; 임웅, 357면; 정성근/박광민, 341면. 재산상 손해발생 필요설의 입장에 선다면, 재산상의 손해는 피해자의 전체 재산에 대해 처분행위가 있기 이전과 이후를 비교하여 그것이 감소하는 경우에 발생하므로, 피해자가 처분행위로 인하여 상실한 이익이 있음과 동시에 취득한 이익도 존재하는 경우에는 양자를 비교해서 '전체재산이 감소'된 경우에만 재산상 손해발생을 인정하여야 한다. 구체적으로 이때의 손해산정은 전체계산의 원칙에 따라 객관적·개별적 평가기준에 의하여 산출된다.

① 객체 - 타인이 점유하는 타인의 재물 또는 재산상의 이익(재물죄이면서 이득죄)

㉠ 재물 : 재물이란 물리적으로 관리가능한 유체물 및 무체물이다. ⓐ 절도죄와 강도죄의 재물에는 부동산이 포함되지 않았던 데 비하여, 본죄의 재물에는 부동산이 포함된다는 것이 다수설이다. 또한 ⓑ 사기 범행의 피해자로부터 현금을 예금계좌로 송금받은 경우, 이는 재물에 해당하는 현금을 교부하는 방법이 예금계좌로 송금하는 형식으로 이루어진 것에 불과하여, 피해자의 은행에 대한 예금채권은 당초 발생하지 않으므로 그 사기죄의 객체는 재산상 이익이 아니라 '재물'이 된다(재물인지 이익인지는 피해자에 대한 관계에서 판단, 대법원 2010.12.9, 2010도6256). 사시 12 / 변호사 12 ⓒ '인감증명서'도 인감과 함께 소지함으로써 인감 자체의 동일성을 증명함과 동시에 거래행위자의 동일성과 거래행위가 행위자의 의사에 의한 것임을 확인하는 자료로서 재산적 가치를 가지는 것이어서 형법상의 '재물'에 해당한다(대법원 1986.9.23, 85도1775; 2008.7.24, 2006다63273; 2011.11.10, 2011도9919).[552] 법원행시 12 / 법원행시 13 / 경찰채용 2차 12

㉡ 재산상의 이익 : 적극적(노무의 제공, 담보의 제공, 연고권의 취득, 채권추심의 승인) · 소극적(채무의 면제, 채무변제의 유예) · 일시적 · 영구적 이익인가를 불문한다. 나아가 경제적 이익을 기대할 수 있는 자금운용의 권한 내지 지위를 획득하는 것도 사기죄의 객체인 재산상 이익에 포함될 수 있다(대법원 2012.9.27, 2011도282).[553] 경찰채용 2차 13 또한 재산상 이익 취득은 -강도죄에서 설명한 바와 마찬가지로- 그 재산상의 이익을 법률상 유효하게 취득함을 필요로 하지 아니하고 그 이익 취득이 법률상 무효라고 하여도 외형상 취득한 것이면 충분하므로(경제적 재산개념) 피전부채권이 법률상으로 유효하지 않고 전부명령이 효력을 발생할 수 없다고 하여도 피전부채권이나 전부명령이 외형상 존재하는 한 재산상 이익에 해당한다(대법원 1975.5.27, 75도760; 2015.2.12, 2014도10086).

② 행위 - 기망행위

㉠ 기망(欺罔)의 의의 : 널리 거래관계에서 지켜야 할 신의칙에 반하는 행위로서 '사람으로 하여금' 착오(錯誤)를 일으키게 하는 것을 말한다. 따라서 휴대전화 문자메시지를 발송하더라도 이용대금을 납부할 의사와 능력이 없는데도 사용이 정지되거나 사용할 수 없게 된 휴대전화를 구입한 후 이른바 '대포폰'으로 유통시켜 전산상으로 사용할 수 있도록 하거나 '유심칩(USIM Chip) 읽기'를 통하여 해당 휴대전화의 문자발송제한을 해제하고 광고성 문자를 대량 발송하였다 하더라도 사기죄에 해당하지 않는다(대법원 2011.7.28, 2011도5299).[554] 법원행시 12 / 경찰채용 13 2차 / 경찰간부 16

---

552 **'인감증명서'가 형법상 '재물'에 해당하고 인감증명서를 편취하는 경우 소지인에 대한 관계에서 사기죄가 성립한다는 사례** 甲은 乙에게서 매수한 재개발아파트 수분양권을 이미 매도하였는데도 마치 자신이 乙의 입주권을 정당하게 보유하고 있는 것처럼 乙의 딸과 사위에게 거짓말하여 乙 명의의 인감증명서를 교부받았다. 甲의 행위는 사기죄를 구성하는가?
판례 **인감증명서**는 인감과 함께 소지함으로써 인감 자체의 동일성을 증명함과 동시에 거래행위자의 동일성과 거래행위가 행위자의 의사에 의한 것임을 확인하는 자료로서 개인의 권리의무에 관계되는 일에 사용되는 등 일반인의 거래상 극히 중요한 기능을 가진다. 따라서 그 문서는 다른 특별한 사정이 없는 한 재산적 가치를 가지는 것이어서 **형법상의 '재물'에 해당한다**고 할 것이다(대법원 1986.9.23, 85도1775; 2008.7.24, 2006다63273 등 참조). 이는 그 내용 중에 재물이나 재산상 이익의 처분에 관한 사항이 포함되어 있지 아니하다고 하여 달리 볼 것이 아니다. 따라서 위 용도로 발급되어 그 소지인에게 재산적 가치가 있는 것으로 인정되는 **인감증명서를 그 소지인을 기망하여 편취하는 것은 그 소지인에 대한 관계에서 사기죄가 성립한다**고 할 것이다(대법원 2011.11.10, 2011도9919). 법원행시 12 / 법원행시 13 / 경찰채용 12 2차 **해결** 구성한다.

553 **판례 : 경제적 이익을 기대할 수 있는 자금운용의 권한 내지 지위를 획득하는 것이 사기죄의 객체인 재산상 이익에 포함될 수 있다는 사례** **경제적 이익을 기대할 수 있는 자금운용의 권한 내지 지위의 획득도 그 자체로 경제적 가치가 있는 것으로 평가할 수 있다면 사기죄의 객체인 재산상의 이익에 포함된다.** … 주식운용에 따른 수익금이 발생할 경우 피고인이 그중 1/2에 해당하는 돈을 매달 지급받기로 약정한 점 등 제반 사정을 종합하면, 피고인은 장래의 수익 발생을 조건으로 한 수익분배청구권을 취득하였을 뿐 아니라 그러한 **경제적 이익을 기대할 수 있는 자금운용의 권한과 지위를 획득하였고, 이는 주식거래의 특성 등에 비추어 충분히 경제적 가치가 있다고 평가할 수 있으므로** 甲을 기망하여 그러한 권한과 지위를 획득한 것 자체를 사기죄의 객체인 재산상 이익을 취득한 것으로 볼 수 있다(대법원 2012.9.27, 2011도282). 경찰채용 13 2차

554 **휴대전화의 문자발송제한을 해제하고 문자를 대량 발송한 행위는 사람에 대한 기망이 아니라는 사례** [판결이유] 사기죄는 사람을

㉡ 기망의 대상 : 기망대상은 사실(事實)이며 순수한 주관적인 의견진술이나 판단은 원칙적으로 제외되나, 판단자의 전문적 지식과 결부된 것은 사실에 관한 것으로 볼 수 있으므로 본죄의 대상으로 보아야 한다.[555] 여기서 사실이란 증명가능한 과거 및 현재의 외부적 상태(예 채무변제능력)와 내부적 상태(예 채무변제의사)를 말한다. 예컨대 한우만 판매한다고 해놓고는 수입쇠고기를 판매한 행위는 쇠갈비의 원산지에 관한 기망이 이루어진 것으로 볼 수 있다(대법원 1997.9.9, 97도1561). 국가7급 13 / 경찰승진 14 / 경찰간부 22

판례연구 기망행위로 볼 수 없거나 기망행위의 대상이 아닌 경우

1. 대법원 1983.8.23, 83도1447
순수한 가치판단 내지 의사표시
순수한 미래예측, 상품광고에 있어서 약간의 과장적 주장은 기망행위에 해당되지 않는다. ⇨ 화가의 그림이 아름답다고 하는 평가, 순수한 법적 의견의 진술 등도 기망행위의 대상이 안 된다.

2. 대법원 1995.7.28, 95도19515 · 19522(반소)
연립주택분양 평수 과장광고 사례
연립주택의 서비스면적을 포함하여 평형을 과장한 광고는 거래에 있어 중요한 사항에 관하여 구체적 사실을 거래상의 신의성실의 의무에 비추어 비난받을 정도의 방법으로 허위로 고지함으로써 사회적으로 용인될 수 있는 상술의 정도를 넘은 기망행위에 해당하지 않는다.

3. 대법원 2006.10.27, 2004도6083
만성피로증후군 비보험 치료 사례
피고인이 진단·처방한 만성피로증후군은 비록 한국표준질병사인분류상으로는 신경쇠약증으로 분류되고 있다 하더라도 … 피고인의 만성피로증후군의 진단 및 처방 자체에 기망의 점이 존재함을 인정할 증거가 없는 이 사건에 있어서 위와 같은 사정만으로는 전문적인 의료판단에 따라 진단·처방하고 그에 상응하는 대가로서의 진료비를 수령한 피고인의 행위가 형법상 기망행위 혹은 편취행위에 해당한다고 단정할 수는 없다.

4. 대법원 2011.5.13, 2009도5386
예금명의자가 아닌 제3자를 예금계약의 당사자로 볼 수 없다는 사례
乙이 금융기관에 피고인 甲 명의로 예금을 하면서 자신만이 이를 인출할 수 있게 해달라고 요청하여 금융기관 직원이 예금관련 전산시스템에 '乙이 예금, 인출 예정'이라고 입력하였고 피고인도 이의를 제기하지 않았는데, 그 후 피고인이 금융기관을 상대로 예금 지급을 구하는 소를 제기하였다가 금융기관의 변제공탁으로 패소한 경우, 금융기관과 乙 사이에 실명확인 절차를 거쳐 서면으로 이루어진 피고인 명의의 예금계약을 부정하여 예금명의자인 피고인의 예금반환청구권을 배제하고, 乙에게 이를 귀속시키겠다는 명확한 의사의 합치가 있었다고 인정할 수 없어 예금주는 여전히 피고인이므로, 이와 달리 예금주가 乙이라는 전제하에 피고인에게 사기미수죄를 인정한 원심판단에는 예금계약의 당사자 확정 방법에 관한 법리오해의 위법이 있다.[556] 경찰간부 16

기망하여 재물의 교부를 받거나 재산상의 이익을 취득하거나 제3자로 하여금 취득하게 하는 경우에 성립한다(대법원 2003.10.10, 2003도3516; 2011.4.14, 2011도769 등). 피고인이 이동통신 판매대리점의 컴퓨터를 이용하여 이동통신회사들의 전산망에 접속한 다음 전산상으로 사용정지된 휴대전화를 사용할 수 있도록 하거나 유심칩 읽기를 통해 문자메시지 발송한도를 해제한 것은 전산상 자동으로 처리된 것일 뿐 사기죄의 구성요건인 '사람을 기망하여 재산상 이득을 취득한 경우'에 해당한다고 볼 수 없다(대법원 2011.7.28, 2011도5299). 법원행시 12 / 경찰채용 13 2차

555 기망의 대상은 사실에 한하며 의견 내지 가치판단은 제외된다고 보는 부정설은 김성천/김형준, 435면; 김일수/서보학, 408면; 박상기, 306면; 배종대, 407면; 이재상, §18－13; 이정원, 358면; 임웅, 344면; 정성근/박광민, 329면. 반면 의견 내지 가치판단도 포함된다는 긍정설은 강구진, 319면; 김종원, 213면; 백형구, 175면; 서일교, 165면; 손동권, 356면; 오영근, 456면; 유기천(상), 237면; 진계호, 315면; 황산덕, 298면. 다만 사실과 가치판단을 언제나 명백하게 구별할 수 있는 것은 아니며 순수한 가치판단이 기망의 대상이 아니라는 점에서 부정설과 긍정설은 차이가 없기 때문에 두 입장의 차이는 크지 않다.

556 **사례** 乙이 금융기관에 甲 명의로 예금을 하면서 자신만이 이를 인출할 수 있게 해달라고 요청하여 금융기관 직원이 예금관련 전산시스템에 '乙이 예금, 인출 예정'이라고 입력하였고 甲도 이의를 제기하지 않았는데, 그 후 甲이 금융기관을 상대로 예금 지급을 구하는 소를 제기하였다가 금융기관의 변제공탁으로 패소한 경우, 甲에게 사기미수죄의 죄책이 인정되는가?

5. 대법원 2019.12.27, 2015도10570

문화재수리법 위반 문화재수리업자에게 발주처에 대한 공사대금 편취의 기망행위가 없다는 사례

공사도급계약에서 편취에 의한 사기죄의 성립 여부는 계약 당시를 기준으로 피고인에게 공사를 완성할 의사나 능력이 없음에도 피해자에게 공사를 완성할 것처럼 거짓말을 하여 피해자로부터 공사대금 등을 편취할 고의가 있었는지에 의하여 판단하여야 한다. 이때 법원으로서는 공사도급계약의 내용, 체결 경위 및 계약의 이행과정이나 그 결과 등을 종합하여 판단하여야 한다. …… 사기죄의 보호법익은 재산권이므로, 기망행위에 의하여 국가적 또는 공공적 법익이 침해되었다는 사정만으로 사기죄가 성립한다고 할 수 없다. 따라서 공사도급계약 당시 관련 영업 또는 업무를 규제하는 행정법규나 입찰 참가자격, 계약절차 등에 관한 규정을 위반한 사정이 있는 때에는 그러한 사정만으로 공사도급계약을 체결한 행위가 기망행위에 해당한다고 단정해서는 안 되고, 그 위반으로 말미암아 계약 내용대로 이행되더라도 공사의 완성이 불가능하였다고 평가할 수 있을 만큼 그 위법이 공사의 내용에 본질적인 것인지 여부를 심리·판단하여야 한다.

6. 대법원 2023.1.12, 2017도14104

도급계약·물품구매조달계약 체결 당시 행정법규·입찰참가자격·계약절차 관련규정 위반과 기망행위

사기죄의 보호법익은 재산권이므로, 기망행위에 의하여 국가적 또는 공공적 법익이 침해되었다는 사정만으로 사기죄가 성립한다고 할 수 없다. 따라서 도급계약이나 물품구매 조달계약 체결 당시 관련 영업 또는 업무를 규제하는 행정법규나 입찰 참가자격, 계약절차 등에 관한 규정을 위반한 사정이 있더라도 그러한 사정만으로 도급계약을 체결한 행위가 기망행위에 해당한다고 단정해서는 안 되고, 그 위반으로 말미암아 계약 내용대로 이행되더라도 일의 완성이 불가능하였다고 평가할 수 있을 만큼 그 위법이 일의 내용에 본질적인 것인지 여부를 심리·판단하여야 한다.

ⓒ 기망의 수단

ⓐ 작위에 의한 기망행위

㉮ 명시적 기망행위 : 언어·문서에 의하여 허위의 주장을 하는 것을 말한다. 주로 구두에 의한 기망행위이나 이에 국한되는 것은 아니다.

예 진짜 단원(김홍도)의 풍속화라고 말하는 것, 계기의 조작, 문서의 위조, 가격표시의 교환에 의한 기망행위

㉯ 묵시적 기망행위 : 행동에 의하여 허위의 주장을 하는 것을 말한다. 행위자의 전체적 행위가 구체적 상황 하에서 일정한 내용의 의사를 표시하는 특정한 설명가치(Erklärungswert)를 가질 때에 인정된다.

- 무전취식·무전숙박 : ⓐ 처음부터 지급능력·지급의사가 없으면서도 취식·숙박을 청약한 경우에는 묵시적 기망행위에 해당되지만, ⓑ 취식·숙박 후 지급능력이 없음을 알고 도망한 경우에는 기망행위가 없는 것이어서 사기죄의 성립이 부정된다.
- 절취한 장물을 선의의 제3자에게 담보로 제공하고 금원을 차용한 경우 : 절도범인이 그 절취한 장물을 자기 것인 양 제3자를 기망하여 금원을 편취한 경우 -장물에 관해 소비·손괴하는

판례 금융실명거래 및 비밀보장에 관한 법률에 따라 실명확인 절차를 거쳐 예금계약을 체결하고 실명확인 사실이 예금계약서 등에 명확히 기재되어 있는 경우에는, 일반적으로 예금계약서에 예금주로 기재된 예금명의자나 그를 대리한 행위자 및 금융기관의 의사는 예금명의자를 예금계약의 당사자로 보려는 것이라고 해석하는 것이 경험법칙에 합당하고, 예금계약의 당사자에 관한 법률관계를 명확히 할 수 있어 합리적이다. 따라서 본인인 예금명의자의 의사에 따라 그의 실명확인 절차가 이루어지고 그를 예금주로 하여 예금계약서를 작성하였음에도, 위에서 본 바와 달리 예금명의자가 아닌 출연자 등을 예금계약의 당사자라고 볼 수 있는 경우는, 금융기관과 출연자 등 사이에 실명확인 절차를 거쳐 서면으로 이루어진 예금명의자와의 예금계약을 부정하여 그의 예금반환청구권을 배제하고, 출연자 등과 예금계약을 체결하여 그에게 예금반환청구권을 귀속시키겠다는 명확한 의사의 합치가 있는 극히 예외적인 경우로 제한되어야 하고, 이러한 의사의 합치는 위 법률에 따라 실명확인 절차를 거쳐 작성된 예금계약서 등의 증명력을 번복하기에 충분할 정도의 명확한 증명력을 가진 구체적이고 객관적인 증거에 의하여 매우 엄격하게 인정하여야 한다. 해결 인정되지 않는다.

경우와는 달리- 제3자에 대한 관계에서는 새로운 법익의 침해가 있다고 할 것이므로 절도죄 외에 사기죄의 성립이 인정된다(대법원 1980.11.25, 80도2310). 국가9급 11 / 법원9급 09 / 사시 13 / 경찰간부 17

- 절취한 예금통장으로 예금을 청구하는 경우 : ⓐ 사기죄가 성립한다. 출금전표에 대한 사문서위조죄 및 동 행사죄도 성립할 것이다. 그러나 ⓑ 송금의뢰인이 원인되는 법률관계 없이 수취인의 예금계좌에 계좌이체 등을 한 이후, 수취인이 은행에 대하여 예금반환을 청구함에 따라 은행이 수취인에게 그 예금을 지급하는 행위는 은행을 피해자로 하는 사기죄에 해당하지 않는다(대법원 2010.5.27, 2010도3498). 법원9급 05 / 법원9급 08 / 경찰승진(경사) 11 / 경찰승진(경감) 11 / 경찰채용 12 2차 / 경찰채용 13 2차 / 경찰채용 14 1차 / 사시 12 / 경찰승진(경감이하) 16 / 경찰채용 16 1차 / 국가7급 21
- 지급의사 · 지급능력이 없음에도 불구하고 어음 · 수표를 발행하는 경우 : ⓐ 어음의 발행인이 그 지급기일에 결제되지 않으리라는 점을 예견하였거나 지급기일에 지급될 수 있다는 확신이 없으면서도 그러한 내용을 상대방에게 고지하지 아니한 채 이를 속여 어음을 발행 · 교부하고 상대방으로부터 그 대가를 교부받았다면 묵시적 기망행위에 의한 사기죄가 성립한다. 반면 ⓑ 어음의 발행인들이 각자 자력이 부족한 상태에서 자금을 편법으로 확보하기 위하여 서로 동액의 융통어음을 발행하여 교환한 경우에는, 상대방이 발행한 어음이 지급기일에 결제되지 아니할 때 자기가 발행한 어음도 결제하지 않겠다는 약정 하에 서로 어음을 교환하는 것이므로, 사기죄가 성립하는 것은 아니다(대법원 2002.4.23, 2001도6570). 경찰승진(경위) 10

판례연구 작위에 의한 기망행위에 해당하는 경우

1. 대법원 1980.11.25, 80도2310

절취한 도품을 선의의 제3자에게 처분한 사례

절도범인이 절취한 장물을 자기 것인 양 제3자에게 담보로 제공하고 금원을 편취한 경우에는 별도의 사기죄가 성립된다. 경찰간부 17 / 국가9급 11 / 법원9급 09 / 사시 13

2. 대법원 1995.4.28, 95도250

승리제단 사건 : 헌금하지 않으면 영생할 수 없다고 하여 헌금 명목의 금원을 교부받은 사례

세칭 '승리제단' 교주가 자신을 생미륵, 구세주로 지칭하면서 자신이 인간들의 길흉화복과 우주의 풍운조화를 좌우하므로 … 풍년을 들게 하였으며 재물을 자신에게 맡기고 충성하며 자기들이 시행하는 건축공사에 참여하면 피속의 마귀를 빨리 박멸 · 소탕해주겠다고 하고 자신이 하나님인 사실이 알려져 세계 각국에서 금은보화가 모이면 1인당 1,000억 원씩 나누어 주겠으며 헌금하지 않는 신도는 영생할 수 없다는 취지인 설교를 사실인 것처럼 계속하여 신도를 기망하여 신도들로부터 헌금 명목으로 금원을 교부받은 경우 사기죄가 성립한다.

3. 대법원 2004.10.14, 2004도4705

휴대폰으로 메시지가 도착한 것으로 오인하게 하여 정보이용료가 부과되게 한 사례

접속 후 매 30초당 정보이용료 1,000원이 부과되는 060 회선을 임차하여 휴대폰 사용자들인 피해자들에게 음악편지도착 등의 문자메시지를 무작위로 보내어 마치 아는 사람으로부터 음악 및 음성메시지가 도착한 것으로 오인하게 하여 통화버튼을 눌러 접속하게 한 후 정보이용료가 부과되게 한 행위는 사기죄의 구성요건에 해당한다.

4. 대법원 2007.6.1, 2006도1813

개정 후 기업회계기준 적용한 재무제표를 금융기관에 제출한 사례

편법을 사용하여 작성된 재무제표를 금융기관에 제출하게 되면 금융기관으로서는 원래 해당 회계연도에 적용되는 개정 전 회계처리기준에 의하여 위 재무제표가 작성되었고 그 결과 당기 순이익이 발생한 것으로 잘못 인식할 수 있는바, 이는 해당 회계연도의 회사 재무상황에 대하여 금융기관의 착오를 일으키는 것이어서 기망행위에 해당한다 할 것이다.

5. 대법원 2010.2.25, 2009도1950

전기공사업 면허를 양도하면서 전기공사공제조합 대출금을 축소 고지한 사례

A 주식회사 대표이사인 甲은 乙과 전기공사업 양도계약을 체결함에 있어, 전기공사공제조합 대출금액을 축소하여 고지하고 대출금 연체 사실 및 공제조합 출자증권에 대한 가압류 사실을 숨기고 고지하지 않은 채 乙로부터 계약금을 송금받았다. 이 경우, 각종 불이익을 양수인이 모두 승계하여야 하는 것이었던 점을 고려한다면, 피해자가 사전에 이 사건 회사의 공제조합에 대한 대출금의 정확한 액수 및 그 연체 사실을 고지받았다면 이 사건 계약과 같은 내용의 전기공사업 양도양수계약을 체결하지 않았을 것임이 충분히 추단된다 할 것이므로, 甲의 행위는 사기죄를 구성한다.

[판결이유] 출자증권에 가압류가 되어 있는 경우 모든 업무거래가 정지되고, 출자증권의 양도·양수가 불가능하며, 전기공사업 면허의 양도도 불가능하다는 것인바, 만일 위 각 사실조회 회신의 취지대로 출자증권에 가압류가 되어 있는 경우 전기공사업 면허의 양도가 불가능하다면, 피해자가 사전에 위 가압류 사실을 고지받았을 경우 이 사건 계약과 같은 내용의 전기공사업 양도양수계약을 체결하지 않았을 것으로 충분히 추단된다.

6. 대법원 2013.4.26, 2011도10797

전화 진찰을 대면 진찰인 것처럼 요양급여비를 청구한 사례

전화 진찰[557]이 의료법에 정한 '직접 진찰'에 해당한다 하더라도 그러한 사정만으로 요양급여의 대상이 된다고 할 수 없는 이상,[558] 피고인이 전화 진찰하였음을 명시적으로 밝히면서 요양급여비용청구를 시도하는 등의 경우는 별론으로 하고, 전화 진찰을 요양급여대상으로 되어 있던 내원 진찰인 것으로 하여 요양급여비용을 청구한 것은 기망행위로서 사기죄를 구성한다고 할 것이다. 경찰승진 14

유사판례 대법원 2015.7.9, 2014도11843

비의료인 개설 의료기관이 요양기관 가장하여 요양급여비를 청구한 사례

의료법에서는 의료기관 개설자격(의사, 한의사 등)이 없는 자가 의료기관을 개설하는 것을 금지하면서 이를 위반한 경우 형사처벌하고, 국민건강보험법 제42조 제1항 제1호는 요양급여를 실시할 수 있는 요양기관 중의 하나인 의료기관을 '의료법에 따라 개설된 의료기관'으로 한정하고 있다. 따라서 의료법 제33조 제2항을 위반하여 적법하게 개설되지 아니한 의료기관에서 환자를 진료하는 등의 요양급여를 실시하였다면 해당 의료기관은 국민건강보험법상 요양급여비용을 청구할 수 있는 요양기관에 해당되지 아니하므로 요양급여비용을 적법하게 지급받을 자격이 없다(대법원 2012.1.27, 2011두21669; 2015.5.14, 2012다72384 참조). 따라서 비의료인이 개설한 의료기관이 마치 의료법에 의하여 적법하게 개설된 요양기관인 것처럼 국민건강보험공단에 요양급여비용의 지급을 청구하는 것은 국민건강보험공단으로 하여금 요양급여비용 지급에 관한 의사결정에 착오를 일으키게 하는 것으로서 사기죄의 기망행위에 해당하고, 이러한 기망행위에 의하여 국민건강보험공단으로부터 요양급여비용을 지급받을 경우에는 사기죄가 성립한다. 이 경우 설령 그 의료기관의 개설인인 비의료인이 자신에게 개설 명의를 빌려준 의료인으로 하여금 환자들에게 요양급여를 제공하게 하였다 하여도 마찬가지이다. 법원9급 16 / 변호사 16 / 법원9급 17 / 경찰승진 23

비교판례 다른 의료인 명의로 개설·운영되는 의료기관에서 의료인이 요양급여비용을 지급받은 것을 사기죄를 구성하지 않는다(대법원 2019.5.30, 2019도1839, 자세한 것은 후술).

7. 대법원 2013.7.26, 2012도4438

기업구매전용카드 사용 거래에서 허위 납품 내역을 고지하지 않고 대금을 청구한 사례

'기업구매전용카드'를 사용한 거래에서 판매기업(가맹점)이 카드회사에 용역제공을 가장한 허위 내용의 납품내역임을 고지하지 아니하고 대금을 청구한 경우, 카드회사가 판매기업의 용역제공을 가장한 허위 내용의 납품내역에 의한 대금청구에 대하여는 이를 거절할 수 있는 등 납품내역이 허위임을 알았더라면 판매기업에 그 대금의

557 관련판례 : 전화진찰 무죄 사건 구 의료법 제17조 제1항은 '의료업에 종사하고 직접 진찰한 의사'가 아니면 진단서·검안서·증명서 또는 처방전을 작성하여 환자에게 교부하지 못한다고 정하고 있다. 이 조항은 스스로 진찰을 하지 아니하고 처방전을 발급하는 행위를 금지하는 규정일 뿐이고, 대면 진찰을 하지 아니하였거나 충분한 진찰을 하지 아니한 상태에서 처방전을 발급하는 행위 일반을 금지하는 조항이 아니다. 따라서 죄형법정주의 원칙, 특히 유추해석 금지의 원칙상 전화나 화상 등을 이용하여 진찰(전화 진찰)을 하였다는 사정만으로 '직접 진찰'을 한 것이 아니라고 볼 수 없다(대법원 2013.4.11, 2010도1388).

558 보충 구 '국민건강보험 요양급여의 기준에 관한 규칙'에 기한 보건복지부장관의 고시는 내원을 전제로 한 진찰만을 요양급여의 대상으로 정하고 있고 전화 진찰이나 이에 기한 약제 등의 지급은 요양급여의 대상으로 정하고 있지 않다(위 판례).

지급을 하지 아니하였을 관계가 인정된다면, 판매기업이 용역제공을 가장한 허위의 납품내역임을 고지하지 아니한 채 카드회사에 대금을 청구한 행위는 사기죄의 실행행위로서의 기망행위에 해당하고, 판매기업에 이러한 기망행위에 관한 고의가 있었다면, 비록 당시 그 운영자에게 카드 이용대금을 변제할 의사와 능력이 있었다고 하더라도 사기죄의 고의가 있었음이 인정되어 사기죄가 성립한다(대법원 1999.2.12, 98도3549).[559]

8. 대법원 2015.7.23, 2015도6905

초과보험 상태 의도적 유발 사례

보험계약자가 보험계약 체결 시 보험금액이 목적물의 가액을 현저하게 초과하는 초과보험 상태를 의도적으로 유발한 후 보험사고가 발생하자 초과보험 사실을 알지 못하는 보험자에게 목적물의 가액을 묵비한 채 보험금을 청구하여 보험금을 교부받은 경우, 보험자가 보험금액이 목적물의 가액을 현저하게 초과한다는 것을 알았더라면 같은 조건으로 보험계약을 체결하지 않았을 뿐만 아니라 협정보험가액에 따른 보험금을 그대로 지급하지 아니하였을 관계가 인정된다면, 보험계약자가 초과보험 사실을 알지 못하는 보험자에게 목적물의 가액을 묵비한 채 보험금을 청구한 행위는 사기죄의 실행행위로서의 기망행위에 해당한다. 법원9급 16 / 법원9급 17

9. 대법원 2021.6.24, 2021도2068

직영 가산금의 지급요건인 병원 식당의 '직영' 여부가 문제된 사건

직영 가산금 제도의 취지와 직영의 문언적 의미에 비추어 보면, 직영 가산금의 지급요건인 '직영'은 요양기관이 식당을 자기의 계산으로 운영하고 그로 인한 이익과 손실의 귀속주체 또한 요양기관이 되는 것을 의미한다. …… 위 각 병원이 식당을 직영함을 전제로 하는 직영 가산금을 청구할 수 없음에도 위 각 병원의 운영자인 피고인이 이를 알면서도 직영 가산금을 청구한 것은 사기죄에 해당한다.

판례연구 작위에 의한 기망행위에 해당하지 않는 경우

1. 대법원 2010.5.27, 2010도3498

원인되는 법률관계 없이 자기 계좌에 이체된 돈을 인출한 사례

송금의뢰인이 수취인의 예금계좌에 계좌이체 등을 한 이후, 수취인이 은행에 대하여 예금반환을 청구함에 따라 은행이 수취인에게 그 예금을 지급하는 행위는 계좌이체금액 상당의 예금계약의 성립 및 그 예금채권 취득에 따른 것으로서 은행이 착오에 빠져 처분행위를 한 것이라고 볼 수 없으므로, 결국 이러한 행위는 은행을 피해자로 한 사기죄에 해당하지 않는다고 봄이 상당하다.[560] 경찰승진(경감) 11 / 경찰채용 12 2차 / 경찰채용 13 2차 / 경찰채용 14 1차 / 경찰채용 16 1차 / 사시 12 / 경찰승진(경감이하) 16

2. 대법원 2016.3.24, 2015도17452

자동차 양도 후 GPS 위치추적으로 절취한 사건

피고인 등이 피해자 甲 등에게 자동차를 매도하겠다고 거짓말하고 자동차를 양도하면서 매매대금을 편취한 다음, 자동차에 미리 부착해 놓은 지피에스(GPS)로 위치를 추적하여 자동차를 절취하였다고 하여 사기 및 특수절도로 기소된 경우, 피고인이 甲 등에게 자동차를 인도하고 소유권이전등록에 필요한 일체의 서류를 교부함으로써 甲 등이 언제든지 자동차의 소유권이전등록을 마칠 수 있게 된 이상, 피고인이 자동차를 양도한 후 다시 절취할 의사를 가지고 있었더라도 자동차의 소유권을 이전하여 줄 의사가 없었다고 볼 수 없고, 피고인이 자동차를 매도

559 **보충 – 또 다른 논점** 피고인이 '기업구매전용카드'를 이용하여 물품판매 또는 용역제공을 가장하여 거래하는 방법으로 자금을 융통하였다고 하여 구 여신전문금융업법 위반으로 경우, 위 카드에 의한 거래를 같은 법 제70조 제2항 제2호 (가)목에서 정한 **신용카드에 의한 거래로 보기 어렵다**(위 판례).

560 **사례** 예금주인 甲은 제3자 丙에게 편취당한 송금의뢰인 乙로부터 甲 자신의 은행계좌에 계좌송금된 돈을 출금하였다. 횡령죄의 성립은 별론으로 하고, 甲의 죄책은? **판결이유** 계좌이체 또는 현금으로 계좌송금(이하 '계좌이체 등'이라고 한다)이 되었지만 예금원장에 입금의 기록이 된 때에 예금이 된다고 예금거래기본약관에 정하여져 있을 뿐이고, 수취인과 은행 사이의 예금계약의 성립 여부를 송금의뢰인과 수취인 사이에 계좌이체 등의 원인인 법률관계가 존재하는지 여부에 의하여 좌우되도록 별도로 약정하였다는 등의 특별한 사정이 없다면, 송금의뢰인과 수취인 사이에 계좌이체 등의 원인인 법률관계가 존재하는지 여부에 관계없이 수취인과 은행 사이에는 계좌이체금액 상당의 예금계약이 성립하고, 수취인은 은행에 대하여 위 금액 상당의 예금채권을 취득한다. … 피고인은 예금주로서 은행에 대하여 예금반환을 청구할 수 있는 권한을 가진 자이므로, 위 은행을 피해자로 한 사기죄가 성립하지 않는다는 원심의 판단은 정당하다. **해결** 무죄.

할 당시 곧바로 다시 절취할 의사를 가지고 있으면서도 이를 숨긴 것을 기망이라고 할 수 없어, 결국 피고인이 자동차를 매도할 당시 기망행위가 없었으므로 사기죄를 인정한 원심판결에는 법리오해의 잘못이 있다. 법원9급 17 / 경찰채용 16 2차 / 변호사 18

3. 대법원 2016.12.29, 2015도3394

어린이집 운영자가 어린이집의 운영과 관련하여 허위로 지출을 증액한 내용으로 '재무회계규칙에 의한 회계'를 하고 그 결과를 보고하여 기본보육료를 지급받았더라도 그와 같이 회계보고에 허위가 개입되어 있다는 사정은 기본보육료의 지급에 관한 의사결정에 영향을 미쳤다고 볼 수 없으므로, 이를 들어 구 영유아보육법 제54조 제2항의 '거짓이나 그 밖의 부정한 방법으로 보조금을 교부받은 경우'에 해당한다고 볼 수 없고, 이와 같은 행위가 형법 제347조 제1항에 정한 사기죄에 해당한다고 볼 수도 없다(장애인단체 보조금 사건, 태풍피해복구 보조금 사건과 유사).

4. 대법원 2018.4.10, 2017도17699

의료기관 개설 자격의 존부와 사기죄 성립 범위에 관한 사건

① (요양급여비 지급 청구) 의료인의 자격이 없는 일반인(비의료인)이 개설(의료법 제33조 제2항 위반)한 의료기관이 마치 의료법에 의하여 적법하게 개설된 요양기관인 것처럼 국민건강보험공단에 요양급여비용의 지급을 청구하는 것은 국민건강보험공단으로 하여금 요양급여비용 지급에 관한 의사결정에 착오를 일으키게 하는 것이 되어 사기죄의 기망행위에 해당하고, 이러한 기망행위에 의하여 국민건강보험공단으로부터 요양급여비용을 지급받을 경우에는 사기죄가 성립한다. …… ② (자동차보험진료수가 청구) 설령 개설자격이 없는 비의료인이 의료법 제33조 제2항을 위반하여 개설한 의료기관이라고 하더라도, 면허를 갖춘 의료인을 통해 피해자에 대한 진료가 이루어지고 보험회사 등에 자동차손해배상 보장법에 따라 자동차보험진료수가를 청구한 것이라면 보험회사 등으로서는 특별한 사정이 없는 한 그 지급을 거부할 수 없다고 보아야 한다. 따라서 피해자를 진료한 의료기관이 위 의료법 규정에 위반되어 개설된 것이라는 사정은 피해자나 해당 의료기관에 대한 보험회사 등의 자동차보험진료수가 지급의무에 영향을 미칠 수 있는 사유가 아니어서, 해당 의료기관이 보험회사 등에 이를 고지하지 아니한 채 그 지급을 청구하였다고 하여 사기죄에서 말하는 기망이 있다고 볼 수는 없다. …… ③ (실손의료비 지급 청구) 특별한 사정이 없는 한 피보험자를 진료한 의료기관이 의료법 제33조 제2항에 위반되어 개설된 것이라는 사정은 해당 피보험자에 대한 보험회사의 실손의료비 지급의무에 영향을 미칠 수 있는 사유가 아니라고 보아야 하고, 설령 해당 의료기관이 보험회사 등에 이를 고지하지 아니한 채 보험수익자에게 진료사실증명 등을 발급해 주었다 하더라도, 그러한 사실만으로는 사기죄에서 말하는 기망이 있다고 볼 수는 없다.

5. 대법원 2019.5.30, 2019도1839

다른 의료인 명의로 개설운영되는 의료기관에서 의료인이 요양급여비용을 지급받은 사례

의료법 제4조 제2항은 '의사, 치과의사, 한의사 또는 조산사'(이하 '의료인')가 다른 의료인의 명의로 의료기관을 개설하거나 운영하는 행위를 제한하고 있으나, 이를 위반하여 개설 · 운영되는 의료기관도 의료기관 개설이 허용되는 의료인에 의하여 개설되었다는 점에서 제4조 제2항이 준수된 경우와 본질적 차이가 있다고 볼 수 없다. …… 따라서 의료인으로서 자격과 면허를 보유한 사람이 의료법에 따라 의료기관을 개설하여 건강보험의 가입자 또는 피부양자에게 국민건강보험법에서 정한 요양급여를 실시하고 국민건강보험공단으로부터 요양급여비용을 지급받았다면, 설령 그 의료기관이 다른 의료인의 명의로 개설 · 운영되어 의료법 제4조 제2항을 위반하였더라도 그 자체만으로는 국민건강보험법상 요양급여비용을 청구할 수 있는 요양기관에서 제외되지 아니하므로, 달리 요양급여비용을 적법하게 지급받을 수 있는 자격 내지 요건이 흠결되지 않는 한 국민건강보험공단을 피해자로 하는 사기죄를 구성한다고 할 수 없다. 경찰채용 21 1차

ⓑ 부작위에 의한 기망행위

㉮ 성립요건 : 소극적 행위로서의 부작위(不作爲)에 의한 기망은 법률상 고지의무 있는 자가 일정한 사실에 관하여 상대방이 착오에 빠져 있음을 알면서도 이를 고지하지 아니함을 말한다. 국가7급 11 / 법원승진 10 이 경우 고지의무(Aufklärungspflicht)는 일반거래의 경험칙상 상대방이 그 사실을 알았더라면 당해 법률행위를 하지 않았을 것이 명백한 경우에 신의성실원칙(민법 제2조)

에 비추어 그 사실을 고지해 주어야 할 법률상 의무가 인정되는 것이다. 예를 들어, ㉠ 임대인이 임대차계약을 체결하면서 임차인에게 임대목적물이 경매진행 중인 사실을 알리지 아니한 경우, 임차인이 등기부를 확인 또는 열람하는 것이 가능하더라도 사기죄가 성립하며(대법원 1998.12.8, 98도3263), 경찰승진(경장) 11 / 경찰승진(경위) 11 / 사시 14 / 변호사 12 / 국가9급 21 ㉡ 주식매도인이 주식매수인에게 주식거래의 목적물이 증자 전의 주식이 아니라 증자 후의 주식이라는 점을 제대로 알리지 않은 것도 사기죄의 기망행위에 해당하고(대법원 2006.10.27, 2004도6503), 법원행시 11 ㉢ 특정 질병(신장 결핵)을 앓고 있는 사람이 보험회사가 정한 약관에 그 질병에 대한 고지의무를 규정하고 있음을 알면서도 이를 고지하지 아니한 채 그 사실을 모르는 보험회사와 그 질병을 담보하는 보험계약을 체결한 다음 바로 그 질병의 발병을 사유로 하여 보험금을 청구한 경우에도 사기죄가 성립하게 된다(대법원 2007.4.12, 2007도967). 법행 10 / 사시 14

이러한 부작위에 의한 기망행위의 요건을 간추려 보자면 다음과 같다.

- 상대방이 행위자와 관계없이 스스로 착오에 빠져 있어야 할 것(다수설)
- 행위자가 상대방의 착오를 제거해야 할 보증인지위에 있을 것
- 작위와 동가치가 인정될 만한 부작위일 것

㉯ 구체적 적용

- 점유이탈된 거스름돈 횡령
  - 과다한 거스름돈을 주는 것을 알고 수령한 경우 : 형법상 고지의무가 인정될 수 없으므로 점유이탈물횡령죄가 성립할 뿐이라는 입장(사기죄 부정설, 다수설)[561]과 부작위에 의한 사기죄가 성립한다는 입장[562]이 대립하고, 판례는 명시적인 입장이 없다.[563] 사기죄 부정설이 타당하다 생각된다.
  - 과다한 거스름돈의 수령 후에야 비로소 이를 알았으나 묵비하고 영득한 경우 : 점유이탈물횡령죄가 성립한다(통설).
- 부동산매매계약[564]
  - 매매목적물의 소유권귀속에 관한 재심소송의 계속사실을 알리지 않고 부동산을 매도한 경우(대법원 1986.9.9, 86도956)
  - 매도인이 부동산에 대한 명도소송이 계속 중이고 점유이전금지가처분까지 되어 있는 사실을 알리지 않고 매도한 경우(대법원 1985.3.26, 84도301)
  - 토지에 여객정류장시설 또는 유통업무시설을 설치하는 도시계획이 입안되어 있어 토지가 협의매수되거나 수용될 것이라는 점을 알고 있었음에도 불구하고 이러한 사정을 알지 못하는 매수인에게 고지하지 않은 경우(대법원 1993.7.13, 93도14) 변호사 14 / 법원행시 16 / 국가9급 16 / 경찰채용 16 1차

---

561 김성천/김형준, 500면; 김일수/서보학, 413면; 박상기, 308면; 이재상, §18－20; 이정원, 394면; 이형국(Ⅰ), 452면; 정성근/박광민, 336면.

562 백형구, 176면; 손동권, 358면; 오영근, 458면; 임웅, 348면.

563 참고 후술하는 2003도4531 판례를 근거로 판례가 사기죄 긍정설이라는 평석도 있으나, 이 판례는 신의성실의 원칙이 강하게 요청되는 부동산매매계약의 매매잔금에 관한 것이므로 과다한 거스름돈의 고지의무가 인정되는가의 문제에는 동일하게 적용될 수 없다고 해야 한다.

564 아래의 경우는 부작위에 의한 기망의 예로 설명되는 것이 다수설 · 판례이다. 김종원, 214면; 박상기, 288면; 유기천(상), 239면; 임웅, 346－347면; 정영석, 350면; 진계호, 353면; 황산덕, 299면. 부작위에 의한 기망행위로 보는 것이 보증인적 지위에 기한 고지의무를 추가적인 요건으로 요구하기 때문에 사기죄의 성립범위를 줄일 수 있다는 논거를 제시한 주장은 박상기, ibid. 반면 묵시적 기망행위의 예로 보아야 한다는 소수설은 손동권, 359면; 이재상, §18－19. 소수설은 부작위에 의한 기망행위는 묵시적 기망행위가 아닌 경우로 제한해야 한다는 것을 논거로 주장한다.

– 부동산의 매도인이 부동산매매목적물이 유언으로 재단법인에 출연된 사실을 숨기고 매도하여 대금을 교부받은 경우(대법원 1992.8.14, 91도2202) 법원행시 16

판례연구 부작위에 의한 기망행위 긍정 판례

1. 대법원 1994.10.14, 94도1911

토지수용보상금 출급신청 수령 사례

비록 자신이 토지의 소유자로 등기되어 있다고 하더라도 자신이 진정한 소유자가 아닌 사실을 알게 되었음에도 불구하고, 이러한 사실을 고지하지 아니한 채 수용보상금으로 공탁된 공탁금의 출급을 신청하여 이를 수령한 경우, 당해 토지의 수용보상금을 수령함에 있어서 당해 토지를 수용한 기업자나 공탁공무원에게 그러한 사실을 고지하여야 할 의무가 있다.[565] 경찰간부 12 / 경찰채용 11 1차

2. 대법원 2000.1.28, 99도2884

소위 아들 낳는 수술 사례

특정 시술을 받으면 아들을 낳을 수 있을 것이라는 착오에 빠져 있는 피해자들에게 그 시술에 관해 사실대로 고지하지 아니한 채 아들을 낳을 시술인 것처럼 가장하여 일련의 시술과 처방을 행한 의사의 경우 사기죄가 성립한다. 경찰채용 12 1차

3. 대법원 2003.12.12, 2003도4450

생계형 창업자금 허위 신청 사례

명의상의 학원 원장에 불과한 자가 외환위기 후 신규창업 자금을 지원하기 위한 생계형 창업특별보증제도의 목적 및 대출금의 용도에 반하여 창업자금 대출금 중 일부를 개인적인 용도로 사용할 생각이었음에도 불구하고 이를 속이고 위 대출금을 위 학원 운전자금 용도로 사용하겠다면서 보증을 신청한 경우 사기죄가 성립한다.

4. 대법원 2004.10.27, 2004도4974

경매신청사실 불고지 사례

건물을 임대하는 임대인이 그 건물에 설정된 근저당권자로부터 근저당권에 기한 경매신청이 있을 것이라는 사실을 통고받았음에도 불구하고 (이 경우 이를 임대차계약체결 전에 임차인에게 고지하여 줄 신의칙상 의무가 있음) 그러한 사실을 고지하지 아니한 경우 사기죄가 성립한다.

5. 대법원 2004.4.9, 2003도7828

자동차할부금융 대출금 허위 신청 사례

사채업자가 대출희망자로부터 대출을 의뢰받은 다음 대출희망자가 자동차의 실제 구입자가 아니어서 자동차할부금융의 대상이 되지 아니함에도 그가 실제로 자동차를 할부로 구입하는 것처럼 그 명의의 대출신청서 등 관련 서류를 작성한 후 이를 할부금융회사에 제출하여 자동차할부금융으로 대출금을 받은 경우 사기죄가 성립한다.[566] 국가7급 14 / 법원승진 11

6. 대법원 2006.2.23, 2005도8645

금융기관으로부터 대출받으면서 비정상적인 이면약정이 있음을 고지하지 않은 사례

빌딩을 경락받은 피고인들이 수분양자들과 사이에 대출금으로 충당되는 중도금을 제외한 계약금과 잔금의 지급을 유예하고 재매입을 보장하는 등의 비정상적인 이면약정을 체결하고 점포를 분양하였음에도, 금융기관에 대해

565 **판례의 사실관계** A는 자신이 토지의 소유자로 등기되어 있지만 자신이 진정한 소유자가 아닌 사실을 알게 되었다. 그런데 A는 당해 토지의 수용보상금을 수령함에 있어서 당해 토지를 수용한 기업자나 공탁공무원에게 그러한 사실을 고지하지 않고 수용보상금으로 공탁된 공탁금의 출급을 신청하여 이를 수령하였다. A의 죄책은 사기죄이다.

566 **보충** 이 경우 할부금융회사로서는 사채업자가 할부금융의 방법으로 대출의뢰인들 명의로 자동차를 구입하여 보유할 의사 없이 단지 자동차할부금융대출의 형식을 빌려 자금을 융통하려는 의도로 할부금융대출을 신청하였다는 사정을 알았더라면 할부금융대출을 실시하지 않았을 것이므로, 사채업자로서는 신의성실의 원칙상 사전에 할부금융회사에게 자동차를 구입하여 보유할 의사 없이 자동차할부금융대출의 방법으로 자금을 융통하려는 사정을 고지할 의무가 있다. 그럼에도 불구하고 이를 고지하지 아니한 채 대출의뢰인들 명의로 자동차할부금융을 신청하여 그 대출금을 지급하도록 한 행위에 대하여 판례는 고지할 사실을 묵비함으로써 거래상대방인 할부금융회사를 기망한 것이 되어 사기죄를 구성한다고 보고 있는 것이다.
해결 구성한다.

서는 그러한 이면약정의 내용을 감춘 채 분양 중도금의 집단적 대출을 교섭하여 중도금 대출 명목으로 금원을 지급받은 경우, 대출 금융기관에 대하여 비정상적인 이면약정의 내용을 알릴 신의칙상 의무가 있다고 보아야 하므로 이를 알리지 않은 것은 사기죄의 요건으로서의 부작위에 의한 기망에 해당한다.

7. 대법원 2009.10.15, 2009도7459
위조 콘도회원권 판매 사례
콘도회원권 판매 등의 대리점 영업을 하는 자가 위조한 회원증 등을 마치 사용가능한 것으로 피해자들에게 말하거나 위조된 사실을 숨긴 채 판매하고 그 대금을 지급받은 행위는 사기죄를 구성한다. 또한 피고인은 추후 피해자들에게 진정한 회원증 등을 교부하였다고 주장하고 피해자들 중 일부는 추후 진정한 회원증 등을 교부받은 것으로 보이기는 하나, 위와 같은 기망행위로 인하여 그 대금을 교부받은 이상 그 자체로써 피해자들의 재산침해가 되어 이로써 곧 사기죄가 성립하고, 추후 피해자들에게 진정한 회원증 등을 교부하였다고 하더라도 사기죄의 성립에는 영향이 없다.

8. 대법원 2014.1.16, 2013도9644
홈쇼핑 보험상담원의 1회 보험료 결제 후 보험계약 불유지 사실의 불고지 사례
피고인은 피해자인 보험회사의 보험 상품을 판매하는 보험상담원으로 근무하면서 보험가입자와 전화 상담 후 피해자와 보험계약을 체결하도록 하고 그 보험계약 체결 실적에 따라 피해자로부터 ○○홈쇼핑을 거쳐 수수료를 지급받은 것이므로, 피고인으로서는 신의성실의 원칙상 사전에 피해자에게 진정으로 보험계약을 성립시킬 의사 없이 수수료 수입을 올리기 위한 방편으로 보험가입신청서를 접수한다는 사정을 고지할 의무가 있다 할 것이고, 그럼에도 불구하고 이를 고지하지 아니한 채 보험가입자로 하여금 피해자와 보험계약을 체결하게 하고 이에 따른 수수료를 지급받은 행위는 고지할 사실을 묵비함으로써 피해자를 기망한 것이 되어 사기죄를 구성한다.

판례연구 부작위에 의한 기망행위 부정 판례

1. 대법원 1983.6.14, 83도575
식육점과 그에 딸린 식당의 매매에 있어서 매도인의 식당영업무허가의 불고지 사례
위 매매가 식당영업허가가 있음을 전제로 하는 것이라고는 단정할 수 없으므로 매도인이 식당영업허가가 없는 사실을 고지하지 아니하였다 하더라도 기망행위에 해당한다고 볼 수 없다.

2. 대법원 1989.10.24, 89도1397
대물변제예약을 고지하지 않고 한 매매계약 사례
자동차의 매도인이 이미 제3자와의 사이에 자동차매매계약이 체결된 사실을 고지하지 아니한 채 매수인과 매매계약을 체결하였다고 하더라도 제3자와의 위 자동차매매계약이 그 제3자에 대한 차용금채무를 담보하기 위하여 대물변제의 예약을 한 것이라면 매도인은 제3자 명의로 소유권이전등록이 되기까지는 언제든지 차용원리금을 변제하고 위 대물변제예약을 해제할 수 있는 것이며 이 대물변제의 예약 때문에 당연히 매수인이 그 자동차를 인도받아 소유권을 취득하는 데 장애가 되는 것은 아니므로 이와 같은 사실만으로는 매도인이 매수인을 기망하여 그 매매대금을 편취한 것이라고 볼 수 없다.[567]

3. 대법원 1998.4.14, 98도231
중고차할부금 불고지 사례
甲은 할부금이 남아 있는 승용차를 丙으로부터 매수한 다음 승용차의 할부금이 남아 있음에도 甲은 마치 자신이 丙인 것처럼 가장하면서 乙(피해자)에게 위 승용차에 남아 있는 할부금이 있다는 사실을 이야기하지 않아 이에 속은 乙과 위 승용차를 매도하는 계약을 체결하고 그 자리에서 매매대금명목으로 금 950만 원을 교부받았다. 이 경우 중고매매에 있어서 매도인(甲)의 할부금융회사 또는 보증보험에 대한 할부가 매수인(乙)에게 당연히 승

567 **보충** 위 판례는 대물변제예약을 고지하지 않고 한 매매계약은 기망은 아니라고 본 판례이다. 즉 피고인과 乙의 위 자동차매매계약은 대물변제의 예약을 한 것으로서 피고인은 위 乙 명의로 소유권이전등록이 되기까지는 언제든지 위 차용금의 원리금을 변제하고 위 대물변제 예약을 해제할 수 있는 것이며 이 대물변제의 예약 때문에 당연히 매수인인 B가 이 사건 자동차를 인도받아 소유권을 취득하는 데 장애가 되는 것은 아니라 할 것이므로 이와 같은 사실만으로는 피고인이 B를 기망하여 그 매매대금을 편취한 것이라고 볼 수 없다는 것이다.

계되는 것이 아니다. 그러므로 그 할부금의 존재를 매수인(乙)에게 고지하지 아니한 것이 부작위에 의한 기망에 해당하지 아니한다. 따라서 위 사례에 있어서 甲에게는 사기죄의 성립이 부정된다. 국가7급 13 / 법원9급 11 / 경찰승진(경장) 10 / 경찰승진 13 / 경찰채용 10 2차 / 경찰채용 11 1차 / 경찰채용 16 1차 / 사시 11 / 변호사 13 / 변호사 18 / 법원행시 16

4. 대법원 2004.4.27, 2004도1232; 2011.1.27, 2010도5124
중개인이 매도인이 전매인이라는 사정과 매도인과 원소유자 간의 매매대금의 액수를 고지하지 않은 사례
부동산중개인이 매매계약을 중개함에 있어서 매도인이 전매인이라는 사정과 매도인과 원소유자 사이의 매매대금의 액수에 관하여 이를 고지하지 않았다고 하더라도 이는 매매로 인한 법률관계에 아무런 영향을 미칠 수 없는 것이어서 매수인의 권리의 실현에 장애가 되지 아니하는 사유로 매수인에게 고지하지 않더라도 사기죄가 성립하는 것은 아니다.

5. 대법원 2004.5.27, 2003도4531
매도인이 매수인으로부터 매매잔금을 지급 받음에 있어 초과하여 교부한 돈을 수령한 사례
일반거래의 경험칙상 상대방이 그 사실을 알았더라면 당해 법률행위를 하지 않았을 것이 명백한 경우에는 신의칙에 비추어 그 사실을 고지할 법률상 의무가 인정된다 할 것인바, ⓐ 매수인이 매도인에게 매매잔금을 지급함에 있어 착오에 빠져 지급해야 할 금액을 초과하는 돈을 교부하는 경우, 매도인이 사실대로 고지하였다면 매수인이 그와 같이 초과하여 교부하지 아니하였을 것임은 경험칙상 명백하므로, 매도인이 매매잔금을 교부받기 전 또는 교부받던 중에 그 사실을 알게 되었을 경우에는 특별한 사정이 없는 한 매도인으로서는 매수인에게 사실대로 고지하여 매수인의 그 착오를 제거하여야 할 신의칙상 의무를 지므로 그 의무를 이행하지 아니하고 매수인이 건네주는 돈을 그대로 수령한 경우에는 사기죄에 해당될 것이지만, ⓑ 그 사실을 미리 알지 못하고 매매잔금을 건네주고 받는 행위를 끝마친 후에야 비로소 알게 되었을 경우에는 주고 받는 행위는 이미 종료되어 버린 후이므로 매수인의 착오 상태를 제거하기 위하여 그 사실을 고지하여야 할 법률상 의무의 불이행은 더 이상 그 초과된 금액 편취의 수단으로서의 의미는 없으므로, 교부하는 돈을 그대로 받은 그 행위는 점유이탈물횡령죄가 될 수 있음은 별론으로 하고 사기죄를 구성할 수는 없다(매도인이 매매잔금을 교부받을 당시 매수인이 자기앞수표 1장을 착오로 보태어 함께 교부한다는 사정을 알면서도 이를 수령하였다고 인정할 만한 증거가 없다는 이유로 원심판결을 파기한 사례). 국가7급 07 / 국가7급 11 / 경찰승진(경감) 11 / 경찰채용 16 1차

6. 대법원 2012.4.13, 2011도2989
신탁금지약정 사실 불고지 사례
A는 부동산에 대해 甲과 신탁금지약정을 체결한 사실을 乙 은행에 알리지 아니한 채 위 부동산을 담보신탁하고 乙 은행에서 대출을 받아 대출금을 취득하였다. 그런데, 법률행위에 따른 상대방의 법률상 지위에 아무런 영향을 미칠 수 없는 사유에 대해서도 형법상 고지의무가 인정되지 않는다는 점에서, 신탁금지약정 사실을 고지하지 아니하였다고 하여 乙 은행을 기망하였다고 평가할 수 없기 때문에, A에게는 사기죄의 죄책이 인정되지 아니한다. 경찰채용 20 2차

㉣ 기망의 정도

ⓐ 의의 : 적어도 거래관계에 있어서의 신의칙(信義則)에 반하는 행위이어야 한다.

ⓑ 허위 · 과장광고의 문제 : 일반적으로 상품의 선전·광고에 있어 다소의 과장 · 허위가 수반되는 것은 그것이 일반상거래의 관행과 신의칙에 비추어 시인될 수 있는 한 기망성이 결여된다. 따라서 단순한 과장광고는 기망행위가 아니다. 예컨대, 유료 인터넷 사이트에서 실제 제공되는 성인영화 영상물과 노골적인 포르노를 볼 수 있을 것 같은 기대감을 가지게 한 광고내용이 다소 차이가 있었던 경우는 기망행위라 볼 수 없고(대법원 2008.6.12, 2008도76), 매수인들에게 토지의 매수를 권유하면서 언급한 내용이 객관적 사실에 부합하거나 비록 확정된 것은 아닐지라도 연구용역보고서와 신문스크랩 등에 기초한 것이라면 기망행위에 해당한다고 보기는 어렵다(대법원 2007.1.25, 2004도45). 경찰승진(경위) 10 / 법원9급 16

그러나 거래에 있어서 중요한 사항에 관하여 구체적 사실을 거래상의 신의성실의 의무에 비추어

비난받을 정도의 방법으로 허위로 고지한 경우에는 과장·허위광고의 한계를 넘어(i.e. 사술의 정도가 상술의 정도를 넘어) 사기죄의 기망행위에 해당한다. 예컨대 신생 수입브랜드의 시계를 마치 오랜 전통을 지닌 브랜드의 제품인 것처럼 허위광고함으로써 그 품질과 명성을 오인한 구매자들에게 고가로 판매한 행위는 사기죄의 기망행위로 보아야 한다(대법원 2008.7.10, 2008도1664; 1992.9.14, 91도2994).

판례연구 허위 · 과장광고 관련 기망행위 긍정 판례

1. 대법원 1992.9.14, 91도2994

백화점 변칙세일 사례 : 거래상의 신의성실의 의무도 사기죄의 보호법익이다

이 사건에 문제가 되고 있는 위와 같은 변칙세일은 진실규명이 가능한 구체적 사실인 가격조건에 관하여 기망이 이루어진 경우로서 그 사술의 정도가 사회적으로 용인될 수 있는 상술의 정도를 넘은 것이어서 사기죄의 기망행위를 구성한다고 하지 않을 수 없으며, 이 변칙세일이 소비자들의 그릇된 소비심리에 편승한 것이라거나 소비자들도 나름대로 가격을 교량하여 물품을 구매하였을 것이라는 점은 기망행위의 성립에 아무런 영향이 없다.

2. 대법원 2002.2.5, 2001도5789

통신판매에서의 허위광고가 사기죄의 기망행위를 구성한다고 한 사례

농업협동조합의 조합원이나 검품위원이 아닌 자가 TV홈쇼핑업체에 납품한 삼(蔘)이 제3자가 산삼의 종자인지 여부가 불분명한 삼의 종자를 뿌려 이식하면서 인공적으로 재배한 삼이라는 사실을 알면서도, 광고방송에 출연하여 위 삼이 위 조합의 조합원들이 자연산삼의 종자를 심산유곡에 심고, 자연방임상태에서 성장시킨 산양산삼이며 자신이 조합의 검품위원으로서 위 삼 중 우수한 것만을 선정하여 감정인의 감정을 받은 것처럼 허위 내용의 광고를 한 것은 진실규명이 가능하고 구매의 결정에 있어 가장 중요한 요소로서 구체적 사실인 판매물품의 품질에 관하여 기망한 것으로서 그 사술의 정도가 용인될 수 있는 상술의 정도를 넘은 것이어서 사기죄를 구성한다. 경찰승진 14

3. 대법원 2004.1.15, 2001도1429

녹동달오리골드 사례 : 부정의약품제조+사기=실 · 경

오리, 하명, 누에, 동충하초, 녹용 등 여러가지 재료를 혼합하여 제조·가공한 '녹동달오리골드'라는 제품이 당뇨병, 관절염, 신경통 등의 성인병 치료에 특별한 효능이 있는 좋은 약이라는 허위의 강의식 선전·광고행위를 하여 이에 속은 노인들로 하여금 위 제품을 고가에 구입하도록 한 것은 그 사술의 정도가 상술의 정도를 넘은 것이어서 사기죄의 기망행위를 구성한다.[568] 경찰승진(경감이하) 16

판례연구 허위 · 과장광고 관련 기망행위 부정 판례

대법원 2010.9.9, 2010도7298

구청에 작업을 해놓아 입주권이 나온다고 한 사례

기획부동산업자인 甲 등은 도시계획시설 사업으로 수용되는 철거주택의 입주권을 받게 해줄 의사나 능력이 없는데도 '구청 공무원들에게 이미 작업을 해놓아 입주권이 나올 것이 확실하다.'는 취지로 乙 등에게 말하여 입주권 매매대금을 교부받았다. 그런데 甲 등은 이전부터 수채의 주택을 대상으로 입주권 판매사업을 하면서 도시계획시설 결정에 관한 권한을 가진 서대문구청장 공소외 3등에게 금전을 제공하는 대가로 그들의 도움을 받은 바 있었고, 이 사건 홍제동 다가구주택 역시 매수 단계에서부터 같은 방식으로 그들의 도움을 받았으므로, 피고인들이 피해자들에게 언급한 내용은 객관적 사실에 부합하거나, 비록 다소의 과장이나 허위가 수반되었다고 하더라도 일반 상거래의 관행과 신의칙에 비추어 시인될 수 있는 정도를 벗어나 사기죄에 있어서의 기망행위에 해당한다고 보기는 어렵다.

568 보충 위 판례는 보건범죄단속에 관한 특별조치법위반죄(부정의약품제조등)와 특정경제범죄가중처벌 등에 관한 법률위반(사기)의 실체적 경합이 인정된 사건이다.

ⓒ 부동산이중매매 · 부동산이중저당 · 부동산이중양도담보 : 부동산의 이중매매에 있어서 매도인이 제1의 매매계약을 일방적으로 해제할 수 없는 처지에 있었다는 사정만으로는, 바로 제2의 매매계약의 효력이나 그 매매계약에 따르는 채무의 이행에 장애를 가져오는 것이라고 할 수 없음은 물론, 제2의 매수인의 매매목적물에 대한 권리의 실현에 장애가 된다고 볼 수도 없는 것이므로 매도인이 제2의 매수인에게 그와 같은 사정을 고지하지 아니하였다고 하여 제2의 매수인을 기망한 것이라고 평가할 수는 없다(대법원 1991.12.24, 91도2698; 2005.11.25, 2005도5021). 따라서 매도인이 부동산을 제2매수인에게 매각한 행위는 (제2매수인이 정당한 소유권을 취득하기 때문에 매수인과의 거래상 신의칙에 反하는 정도라고 볼 수 없으므로) 사기죄가 성립하지 않고(대법원 2008.5.8, 2008도1652)[569] 제1매수인에 대한 관계에서 배임죄가 성립할 뿐이다. 또한 사기죄가 성립하지 않는다는 법리는 부동산의 이중양도담보에 있어서도 마찬가지라고 할 것이다(대법원 2012.1.26, 2011도15179).

➜ 다만, 처음부터 이중매매를 의도한 매도인의 경우 : 사기죄 성립

ⓓ 부동산명의신탁 · 자동차명의신탁 : 부동산에 관한 2자간 명의신탁 내지 양자간 명의신탁에 있어서 명의신탁부동산을 명의수탁자(名義受託者)가 명의신탁자(名義信託者)의 허락 없이 제3자에게 임의로 처분한 행위가 횡령죄를 구성하는가에 대해서는 학설이 대립한다(판례는 최근 전원합의체 판결을 내려 횡령죄 성립을 부정하였음, 대법원 2021.2.18, 2016도18761 전원합의체). 그렇다면 다른 각도에서, 명의신탁부동산을 명의수탁자가 제3자에게 처분한 행위가 제3자를 피해자로 한 사기죄를 구성하지는 않을 것인가가 문제될 수 있다. 그러나 명의신탁의 법리상 대외적으로 수탁자에게 그 부동산의 처분권한이 있는 것임이 분명하고, 제3자로서도 자기 명의의 소유권이전등기가 마쳐진 이상 무슨 실질적인 재산상의 손해가 있을 리 없으므로 그 명의신탁 사실과 관련하여 신의칙상 고지의무가 있다거나 기망행위가 있었다고 볼 수도 없어서 그 제3자에 대한 사기죄가 성립될 여지가 없고, 나아가 그 처분시 매도인(명의수탁자)의 소유라는 말을 하였다고 하더라도 역시 사기죄가 성립하지 않으며, 이는 자동차의 명의수탁자가 처분한 경우에도 마찬가지이다(대법원 2007.1.11, 2006도4498). 법원행시 10 / 법원9급 08 / 법원9급 09 / 경찰승진(경사) 11 / 경찰승진 12 / 경찰채용 10 2차 / 경찰채용 12 1차 / 경찰채용 14 1차 / 경찰승진(경감이하) 17

㈒ 기망의 상대방(피기망자)

ⓐ 의의 : 기망의 상대방은 재물에 대해서 '처분행위를 할 수 있는 권한 · 지위'가 있는 자이어야 하며(피기망자=처분행위자), 반드시 재물의 소유자 · 점유자일 것은 요하지 않는다.

ⓑ 기망행위자와 동일인인 경우 : 기망행위자와 피기망자가 동일인인 경우에는 사기죄가 성립하지 않는다. 예컨대, 피해자 법인이나 단체의 대표자 또는 실질적으로 의사결정을 하는 최종결재권자 등 기망의 상대방이 기망행위자와 동일인이거나 기망행위자와 공모하는 등 기망행위를 알고 있었던 경우에는 사기죄가 성립하지 않는다.

---

569 **판례의 사실관계** 부동산의 이중매매에서 매도인 甲은 제2의 매수인 丙에게 제1매수인 乙과의 제1의 매매계약을 일방적으로 해제할 수 없는 처지에 있음을 고지하지 아니하고 丙과 매매계약을 체결하고 계약금을 지급받았다. 甲의 행위는 사기죄의 기망행위에 해당하는가? → 이 사건 제2매매계약 당시 피고인이 공소외 4에 대하여 이 사건 부동산에 대한 소유권이전등기의 무를 부담하고 있었다는 사정은, 이 사건 제2매매계약의 효력이나 그 매매계약에 따르는 채무의 이행에 장애를 가져오는 것이라고 볼 수 없음은 물론, 제2매수인의 매매목적물에 대한 권리의 실현에 장애가 된다고도 볼 수 없으므로, 피고인이 제2매수인에게 그와 같은 사정을 고지하지 아니하였다고 하여 제2매수인을 기망한 것이라고 평가할 수는 없다고 할 것이다(대법원 2008.5.8, 2008도1652).

판례연구 피기망자가 기망행위자와 동일인이거나 공모자 등인 경우 사기죄가 성립하지 아니한다는 사례

대법원 2017.8.29, 2016도18986

피해자 법인 · 단체의 대표 등이 기망행위자와 동일인 · 공모자인 경우

사기죄는 타인을 기망하여 착오에 빠뜨려 재물을 교부받거나 재산상의 이익을 얻음으로써 성립하므로 기망행위의 상대방 또는 피기망자는 재물 또는 재산상 이익을 처분할 권한이 있어야 한다. 사기죄의 피해자가 법인이나 단체인 경우에 기망행위가 있었는지는 법인이나 단체의 대표 등 최종 의사결정권자 또는 내부적인 권한 위임 등에 따라 실질적으로 법인의 의사를 결정하고 처분을 할 권한을 가지고 있는 사람을 기준으로 판단하여야 한다. 피해자 법인이나 단체의 대표자 또는 실질적으로 의사결정을 하는 최종결재권자 등 기망의 상대방이 기망행위자와 동일인이거나 기망행위자와 공모하는 등 기망행위를 알고 있었던 경우에는 기망의 상대방에게 기망행위로 인한 착오가 있다고 볼 수 없고, 기망의 상대방이 재물을 교부하는 등의 처분을 했더라도 기망행위와 인과관계가 있다고 보기 어렵다. 이러한 경우에는 사안에 따라 업무상횡령죄 또는 업무상 배임죄 등이 성립하는 것은 별론으로 하고 사기죄가 성립한다고 보기 어렵다. 경찰채용 21 1차

비교판례 **대법원 2017.9.26, 2017도8449**

피해자 법인의 실무자는 알지만, 대표자 등은 몰랐던 경우

사기죄의 피해자가 법인이나 단체인 경우에 기망행위로 인한 착오, 인과관계 등이 있었는지는 법인이나 단체의 대표 등 최종 의사결정권자 또는 내부적인 권한 위임 등에 따라 실질적으로 법인의 의사를 결정하고 처분을 할 권한을 가지고 있는 사람을 기준으로 판단하여야 한다. …… 피해자 법인이나 단체의 업무를 처리하는 실무자인 일반 직원이나 구성원 등이 기망행위임을 알고 있었더라도, 피해자 법인이나 단체의 대표자 또는 실질적으로 의사결정을 하는 최종결재권자 등이 기망행위임을 알지 못한 채 착오에 빠져 처분행위에 이른 경우라면, 피해자 법인에 대한 사기죄의 성립에 영향이 없다.

ⓒ 삼각사기(三角詐欺, Dreiecksbetrug) : 피기망자와 재산상의 피해자가 같은 사람이 아닌 경우를 삼각사기라 한다. 이 경우 피기망자가 피해자를 위하여 그 재산을 처분할 수 있는 권능을 갖거나 사실상 지위에 있어야 사기죄가 성립하게 된다(사실상 지위설, 통설 · 판례).[570] 법원승진 10 / 변호사 12 사기죄는 처분행위가 그 요건이 되기 때문이다. 여기에서 피해자를 위하여 재산을 처분할 수 있는 권능 · 지위라 함은 반드시 사법상의 위임이나 대리권의 범위와 일치하여야 하는 것은 아니다. 예컨대, 법관, 피해자의 가족, 동거하는 가사도우미 등의 경우뿐만 아니라, '피해자의 의사에 기하여 재산을 처분할 수 있는 서류 등이 교부된 경우'에는 피기망자의 처분행위가 설사 피해자의 진정한 의도와 어긋나는 경우라고 할지라도 위와 같은 권능을 갖거나 그 지위에 있는 것으로 보아야 한다(대법원 1994.10.11, 94도1575).[571]

㉮ 소송사기의 경우 : 타인의 재산을 편취할 의도로 법원에 소를 제기하여 판결을 받아내는 행

570 **참고 – 삼각사기의 요건** ① 법적 권한설 : 처분행위자가 법적으로 유효한 점유이전처분을 할 수 있는 법적 권한이 있어야 한다는 입장이다. 과거의 판례의 입장으로서 현재는 거의 지지를 받지 못하는 입장이다. ② 사실상 지위설(Lagertheorie) : 사실상의 처분가능성을 가진 자에게도 처분능력이 인정된다는 견해이다(통설 · 판례)(김성천/김형준, 447면; 김일수/서보학, 419면; 박상기, 318면; 손동권, 373면; 오영근, 469면; 이재상, §18–33; 이정원, 402면; 임웅, 350면; 정성근/박광민, 340면. Sch/Sch/Cramer, §263 Rn.66; Wessels 2, S.158.). 이 견해가 타당하다.

571 **보충 : 법적 권한설과 사실상 지위설의 차이** ① A는 B의 옛 애인으로서 B의 동의 아래 B의 차를 계속해서 주차장에서 꺼내어 운행 · 사용하는 사이인데, A와 B는 결별하여 애인관계가 소멸된 뒤에도 A는 주차장에 나타나 여전히 B의 동의가 있는 것처럼 하여 **주차장 관리인 C의 묵인** 하에 B의 차를 꺼내어 몰고 갔다. C는 A와 B의 관계가 예전과 같았던 줄 안 것이다. 이 경우 법적 권한설에 의하면 A는 절도죄가 되고, 사실상 지위설에 의하면 A는 삼각사기에 의한 사기죄가 성립한다(BGHSt 18, 221; 배종대, 330면). ② X는 대학에 다니는 Y가 사진촬영에 취미가 있어서 고급카메라를 많이 가지고 있는 것을 알고 있었다. 어느 날 X는 Y의 집에 가서 집을 보고 있던 Y의 할머니 Z에게 Y의 친구인데 Y가 부탁하여 카메라를 급히 가지러 왔으니 꺼내어 달라고 하였다. X의 거짓말을 믿은 **Y의 할머니는 카메라를 꺼내어 X에게 주자** X는 이를 가지고 가서 팔아버렸다. 이 경우 법적 권한설에 의하면 X는 절도죄가 되고, 사실상 지위설에 의하면 X는 사기죄가 성립한다(박상기, 318면).

위를 소송사기라 하는데, 이 경우 법원이 피기망자이면서 처분행위자가 되어 재산상 피해자와는 구별되는 삼각사기의 형태를 띠게 된다. 법원은 판결을 통하여 강제집행을 하는 등 재산상의 처분권한을 가지고 있으므로, 법원에 대한 기망행위는 사기죄를 구성할 수 있는 것이다.

㈏ 법원공무원에 대한 경우 : 피기망자가 등기관(법원공무원)인 경우에는 이 자에게는 형식적 심사권밖에 부여되어 있지 않으므로 허위서류를 제출하여 이전등기를 하였다 하여도 –공정증서원본부실기재죄는 논외로 하고– 사기죄는 성립하지 않는다. 법원9급 16

㈐ 사실상 지위가 인정 · 부정되는 경우의 형사책임 : 피기망자에게 사실상 지위가 인정되는 경우에는 사기죄가 성립하지만, 부정되는 경우에는 (간접정범에 의한) 절도죄가 성립한다.

판례연구 삼각사기의 성립요건에 관한 사실상 지위설

대법원 2022.12.29, 2022도12494

분실물을 습득한 매장 주인의 지위

피해자 甲은 드라이버를 구매하기 위해 특정 매장에 방문하였다가 지갑을 떨어뜨렸는데, 10분쯤 후 피고인이 같은 매장에서 우산을 구매하고 계산을 마친 뒤, 지갑을 발견하여 습득한 매장 주인 乙로부터 “이 지갑이 선생님 지갑이 맞느냐?”라는 질문을 받자 “내 것이 맞다.”라고 대답한 후 이를 교부받아 가지고 갔다(피고인의 행위는 절도죄인가, 사기죄인가의 문제). 형법상 절취란 타인이 점유하고 있는 자기 이외의 자의 소유물을 점유자의 의사에 반하여 점유를 배제하고 자기 또는 제3자의 점유로 옮기는 것을 말한다. 이에 반해 기망의 방법으로 타인으로 하여금 처분행위를 하도록 하여 재물 또는 재산상 이익을 취득한 경우에는 절도죄가 아니라 사기죄가 성립한다. 사기죄에서 처분행위는 행위자의 기망행위에 의한 피기망자의 착오와 행위자 등의 재물 또는 재산상 이익의 취득이라는 최종적 결과를 중간에서 매개·연결하는 한편, 착오에 빠진 피해자의 행위를 이용하여 재산을 취득하는 것을 본질적 특성으로 하는 사기죄와 피해자의 행위에 의하지 아니하고 행위자가 탈취의 방법으로 재물을 취득하는 절도죄를 구분하는 역할을 한다. 처분행위가 갖는 이러한 역할과 기능을 고려하면 피기망자의 의사에 기초한 어떤 행위를 통해 행위자 등이 재물 또는 재산상의 이익을 취득하였다고 평가할 수 있는 경우라면, 사기죄에서 말하는 처분행위가 인정된다. 한편 사기죄가 성립되려면 피기망자가 착오에 빠져 어떠한 재산상의 처분행위를 하도록 유발하여 재산적 이득을 얻을 것을 요하고, 피기망자와 재산상의 피해자가 같은 사람이 아닌 경우에는 피기망자가 피해자를 위하여 그 재산을 처분할 수 있는 권능을 갖거나 그 지위에 있어야 한다. 乙은 지갑을 습득하여 진정한 소유자에게 돌려주어야 하는 지위에 있으므로 甲을 위하여 이를 처분할 수 있는 권능을 갖거나 그 지위에 있었으며, 이러한 처분 권능과 지위에 기초하여 지갑의 소유자라고 주장하는 피고인에게 지갑을 교부하였고 이를 통해 피고인이 지갑을 취득하여 자유로운 처분이 가능한 상태가 되었으므로, 乙의 행위는 사기죄에서 말하는 처분행위에 해당하고 피고인의 행위를 절취행위로 평가할 수 없다. 따라서 피고인에 대한 주위적 공소사실인 절도 부분을 이유에서 무죄로 판단하면서 예비적 공소사실인 사기 부분을 유죄로 인정한 원심의 판단은 정당하다.

ⓓ 소송사기(訴訟詐欺, Prozessbetrug)

㈎ 소송사기의 성립요건

- 소송사기의 주체 : 소송사기의 경우에 피기망자는 법원(法院)이며, 피해자는 재판의 상대방, 즉 패소자이다. 이 경우 기망행위자는 소송을 제기하는 원고(原告)가 되는 경우가 대부분이겠지만, 민사소송의 피고(被告)도 소송사기의 기망행위자로서 파악될 수 있으며(대법원 1998. 2.27, 97도2786), 법원행시 05 / 법원행시 06 / 법원행시 08 / 법원행시 10 / 법원행시 11 / 법원승진 10 / 법원승진 14 / 법원9급 10 / 법원9급 12 / 경찰승진(경사) 10 / 경찰채용 10 1차 / 경찰간부 17 / 경찰채용 24 1차 경우에 따라서는 간접정범 형

태의 소송사기죄도 성립할 수 있다(대법원 2007.9.6, 2006도3591).[572] 국가9급 13 / 법원행시 13 / 법원9급 09 / 경찰승진(경감) 10 / 사시 11 / 경찰승진(경감이하) 17

- 법원에 대한 기망행위와 그 인식 : 소송사기의 성립요건인 법원에 대한 기망행위는 제소 당시 주장하는 권리가 존재하지 않아 패소하였다는 사실만 가지고 인정할 수 없으며, 권리의 부존재사실을 알고 있으면서 '적극적인 허위의 주장 또는 입증'으로 법원을 기망하여야 한다(대법원 2004.3.12, 2003도333).[573] 따라서 소송상 주장이 다소 사실과 다르더라도 존재한다고 믿는 권리를 이유 있게 하기 위한 과장된 표현에 지나지 아니하는 경우 사기의 고의가 있다고 볼 수 없다. 다만, 허위의 내용으로 소송을 제기하여 법원을 기망한다는 고의가 있다면, '반드시 허위의 증거를 이용하지 않더라도' 당사자의 주장이 법원을 기망하기에 충분한 것이라면 기망수단이 된다(대법원 2004.6.24, 2002도4151[574]; 2011.9.8, 2011도7262[575]). 경찰채용 12 1차

---

572 판례 : 간접정범 형태에 의한 소송사기죄가 성립하는 경우 甲은 존재하지 않는 약정이자에 관한 내용을 부가하여 위조한 乙 명의 차용증을 바탕으로 乙에 대한 차용금채권을 丙에게 양도하고, 이러한 사정을 모르는 丙으로 하여금 乙을 상대로 양수금 청구소송을 제기하게 하였다면, 존재하지 않는 약정이자에 관한 부분에 대해서는 甲이 丙을 도구로 이용한 간접정범 형태의 소송사기죄를 범했다고 볼 수 있게 된다(위 판례).

573 사실관계 A의 위증교사를 받은 X가, B가 원고가 되어 원우종합건설 주식회사를 상대로 한 어음금청구사건의 항소심 법정에서 "Y가 어음 2장의 뒷면에 배서가 되어 있지 않은 것을 보고 B에게 배서를 요구하자 B가 사무실 밖으로 나가더니 잠시 후 나무로 된 명판과 검정색 도장을 가져와 어음 2장의 이면에 명판과 인장을 날인하였는데, 그것이 원우종합건설의 명판과 인장이었다."라는 취지의 위증을 하였고, 이에 속은 항소심 법원이 B가 승소한 제1심판결을 취소하여 그 청구를 기각하는 판결을 선고하고 그 판결이 대법원의 상고기각판결로 확정됨으로써 원우종합건설로 하여금 어음금채무의 이행을 면하게 하였다.
판례 피고 측에 의한 소송사기가 성립하기 위하여는 원고 주장과 같은 채무가 존재한다는 것만으로는 부족하고 **그 주장의 채무가 존재한다는 사실을 잘 알고 있으면서도 허위의 주장과 입증으로써 법원을 기망한다는 인식을 하고 있어야만 하는 것이다.** … 그런데 피고인에 대하여 위증교사죄가 성립하는 점에 치우친 나머지, 소송사기죄의 기수를 가볍게 인정한 것은 위법이 있다(대법원 2004.3.12, 2003도333).

574 사례 甲은 B에게 A가 발행한 액면 2,000만 원의 당좌수표 1장을 할인해 주었음에도 불구하고, 위 수표가 부도나서 할인해 준 금원을 회수할 수 없게 되자, B를 甲 자신에게 소개시켜 준 乙 때문에 손해를 보게 되었다는 이유로, 마치 乙에게 그 수표를 할인해 준 것처럼 허위 주장을 하며 전주지방법원 김제시법원에 乙을 상대로 그 법원 98차1524호로 "채무자(乙)는 채권자(甲)에게 2,000만 원 및 이에 대한 지급명령 송달 다음날부터 완제일까지 연 25%의 비율에 의한 지연손해금과 독촉절차비용을 지급하라."라는 **허위의 지급명령을 신청하고, (이 과정에서 갑은 B에게 위증을 교사하였다)** 이에 속은 그 법원 판사로부터 같은 해 12.15.경 위와 같은 취지의 지급명령을 송달받은 후 지급명령정본에 집행문을 부여받아 1999.2.12. 강제경매개시결정을 받았다. 甲의 죄책은?
판례 법원을 기망하는 것은 반드시 **허위의 증거를 이용하지 않더라도(증거를 조작하지 않더라도-필자 주) 당사자의 주장이 법원을 기만하기 충분한 것이라면 기망수단이 되는 것이다. 나아가, 지급명령신청에 대해 상대방이 이의를 하면 지급명령은 이의의 범위 안에서 그 효력을 잃게 되고 지급명령을 신청한 때에 소를 제기한 것으로 보게 되는 것이지만 이로써 이미 실행에 착수한 사기의 범행 자체가 없었던 것으로 되는 것은 아니라고 할 것이다.** 그리고 지급명령을 송달받은 채무자가 2주일 이내에 이의를 하지 않는 경우에는 구 민사소송법(2002.1.26. 법률 제6626호로 전문 개정되기 전의 것) 제445조에 따라 지급명령은 확정되고, 이와 같이 확정된 지급명령에 대해서는 항고를 제기하는 등 동일한 절차 내에서는 불복절차가 따로 없어서 이를 취소하기 위해서는 재심의 소를 제기하거나 위 법 제505조에 따라 청구이의의 소로써 강제집행의 불허를 소구할 길이 열려 있을 뿐인데, 이는 피해자가 별도의 소로써 피해구제를 받을 수 있는 것에 불과하므로 **허위의 내용으로 신청한 지급명령이 그대로 확정된 경우에는 소송사기의 방법으로 승소판결을 받아 확정된 경우와 마찬가지로 사기죄는 이미 기수에 이르렀다고 볼 것이다**(대법원 2004.6.24, 2002도4151). 국가7급 13 / 법원행시 05 / 법원행시 08 / 법원행시 11 / 경찰승진(경위) 11 / 경찰승진(경사) 11
해결 사기기수죄.

575 사례 甲 주식회사의 경영자인 A는, 甲 회사와 乙 주식회사 사이에 허위로 작성된 물품공급계약서에 따른 공급을 완료하였음을 전제로 乙 회사를 상대로 물품대금 청구소송을 제기하면서 증거자료로 위 물품공급계약서를 제출하였다가 그 후 소송을 취하하였다. A의 행위는 사기미수죄를 구성하는가? 판례 허위의 내용으로 소송을 제기하여 법원을 기망한다는 고의가 있는 경우에 법원을 기망하는 것은 반드시 허위의 증거를 이용하지 않더라도 당사자의 주장이 법원을 기망하기에 충분한 것이라면 기망수단이 되므로, 피고인의 행위는 사기미수죄에 해당한다(대법원 2011.9.8, 2011도7262). 해결 구성한다.

판례연구 소송사기죄 적용의 엄격성

대법원 1998.2.27, 97도2786; 2007.9.6, 2006도3591

소송사기죄의 성립요건

소송사기는 법원을 속여 자기에게 유리한 판결을 얻음으로써 상대방의 재물 또는 재산상 이익을 취득하는 범죄로서, 이를 쉽사리 유죄로 인정하게 되면 누구든지 자기에게 유리한 주장을 하고 소송을 통하여 권리구제를 받을 수 있는 민사재판제도의 위축을 가져올 수밖에 없으므로, 피고인이 그 범행을 인정한 경우 외에는 그 소송상의 주장이 사실과 다름이 객관적으로 명백하고 피고인이 그 주장이 명백히 거짓인 것을 인식하였거나 증거를 조작하려고 하였음이 인정되는 때와 같이 범죄가 성립하는 것이 명백한 경우가 아니면 이를 유죄로 인정하여서는 아니 되고, 단순히 사실을 잘못 인식하였다거나 법률적 평가를 잘못하여 존재하지 않는 권리를 존재한다고 믿고 제소한 행위는 사기죄를 구성하지 아니하며, 소송상 주장이 다소 사실과 다르더라도 존재한다고 믿는 권리를 이유 있게 하기 위한 과장표현에 지나지 아니하는 경우 사기의 범의가 있다고 볼 수 없고, 또한 소송사기에서 말하는 증거의 조작이란 처분문서 등을 거짓으로 만들어내거나 증인의 허위 증언을 유도하는 등으로 객관적·제3자적 증거를 조작하는 행위를 말한다. 법원9급 14

• 판결의 효력 발생 : 법원의 판결은 효력발생을 전제로 한다. 소송사기에 있어서 피기망자인 법원의 재판은 피해자의 처분행위에 갈음하는 내용과 효력이 있는 것이어야 하고, 그렇지 아니하는 경우에는 착오에 의한 재물의 교부행위가 있다고 할 수 없어서 사기죄는 성립되지 아니한다. 따라서 판결의 효력이 발생하지 않는 다음과 같은 경우에는 소송사기가 될 수 없다.

1	피고인의 제소가 사망한 자를 상대로 한 경우(사망한 자에 대한 판결은 그 내용에 따른 효력이 생기지 아니하여 상속인에게 그 효력이 미치지 아니하므로 사기죄를 구성한다고 할 수 없고, 상속인에게도 판결의 효력이 미치지 않음)(대법원 1997.7.8, 97도632).[576] 국가9급 12 / 법원행시 12 / 경찰간부 12 / 경찰승진(경장) 10 / 경찰승진(경사) 10 / 경찰채용 10 2차
2	재판상 화해의 경우 즉, 미등기토지를 편취할 목적으로 허위인 매매를 원인으로 하는 소유권이전등기절차이행의 소송진행 중 쌍방의 소송대리인들이 화해한 것처럼 가장하여 재판부로 하여금 소송상 화해조서를 작성하게 한 경우(화해조서는 소송당사자들 사이에만 미치고 제3자인 토지소유자에게는 미치지 아니하여 화해조서에 기하여 토지에 대한 제3자의 소유권이 이전되는 것이 아님)(대법원 1987.8.18, 87도1153).
3	소유권자 아닌 자 또는 아무런 권한이 없는 사람을 상대로 소를 제기하여 승소한 경우(판결의 효력이 제3자인 소유자에게 미치지 않음)(대법원 1985.10.8, 84도2642) 법원행시 06 / 법원행시 12
4	타인과 공모하여 그 공모자를 상대로 제소하여 의제자백의 판결을 받아 이에 기하여 부동산의 소유권이전등기를 한 경우(대법원 1997.12.23, 97도2430[577]; 2013.11.28, 2013도459[578]). 법원행시 12 / 법원9급 07(하) / 법원9급 10 / 법원9급 11 / 법원9급 12 / 법원9급 14 / 경찰승진(경사) 10 / 경찰승진(경위) 11 / 경찰승진(경감) 11 / 경찰승진(경감이하) 17

576 다만 사자 또는 허무인을 상대로 한 소송사기에서 승소할 것으로 오신하고 소를 제기한 경우에는 수단의 착오로 인한 사기죄의 불능미수가 성립한다는 주장은 김일수/서보학, 422면; 임웅, 352면. 반면 일종의 법률적 불능에 속하므로 불능범에 속한다고 보아 무죄로 봄으로써 판례와 같은 결론을 주장하는 견해로는 손동권, 369면 참조.

577 **유사판례** 소송사기에 있어서 피기망자인 법원의 재판은 피해자의 처분행위에 갈음하는 내용과 효력이 있는 것이어야 하므로, **① 피고인들이 타인과 공모하여 그 공모자를 상대로 제소한 경우나, ② 피고인들이 법원을 기망하여 얻으려고 한 판결의 내용이 소송 상대방의 의사에 부합하는 것일 때에는**, 착오에 의한 재물의 교부행위가 있다고 할 수 없어 소송사기죄가 성립되지 아니한다(대법원 1996.8.23, 96도1265).

보충 甲은 이 사건 유지의 소유자인 乙로부터 이 사건 유지에 관하여 소송상의 처분권한을 포함하는 모든 권한을 위임받았는데 피고인들은 위 甲으로부터 사전승낙을 받아 위 乙을 피고로 한 원심판시 민사소송을 제기하였고, 위 甲은 위 민사소송의 판결을 통하여 피고인들을 비롯한 몽리민 전원에게 이 사건 유지의 소유권을 이전하여 주려고 한 사실을 인정하기에 넉넉하므로 위 민사소송의 피고인 乙의 의사와 피고인들의 의사가 합치되어 피고인들의 행위가 소송사기로 되지 아니한다고 한 원심의 사실인정과 판단은 모두 정당하다.

578 **사례** 건물을 신축하여 그 소유권을 원시취득한 미등기건물의 소유자 A가 있고 그에 대한 채권담보 등을 위하여 건축허가명의만을 가진 자 乙이 따로 있는 상황에서, 건축허가명의자에 대한 채권자 甲은 위 명의자 乙과 공모하여 乙을 상대로 위 건물에

㉯ 실행의 착수 및 기수시점 : 민사소송의 원고가 소송사기를 범할 때 그 착수시점은 법원에 소를 제기한 때[소장(訴狀)을 제출한 때]이다. 이 경우 법원을 기망한다는 인식을 가지고 소를 제기하면 이로써 실행의 착수가 있고 소장의 유효한 송달을 요하지 아니한다고 할 것이다. 법원승진 14 / 법원9급 05 따라서 제소자가 상대방의 주소를 허위로 기재함으로써 그 허위주소로 소송서류가 송달되어 그로 인하여 상대방 아닌 다른 사람이 그 서류를 받아 소송이 진행된 경우에도 실행의 착수는 인정된다(대법원 2006.11.10, 2006도5811). 법원행시 07 / 법원9급 07(상) / 법원9급 14 / 경찰승진 14 / 사시 13 / 국가7급 16 그리고 민사소송의 피고가 소송사기를 범할 때 그 착수시점은 적극적인 방법으로 법원을 기망할 의사를 가지고 허위내용의 서류를 증거로 제출하거나 그에 따른 주장을 담은 답변서나 준비서면을 제출한 시점으로 보면 된다. 한편, 기수시점은 승소판결이 확정된 때이다. 법원행시 06 / 법원9급 05 / 법원9급 12 또한 허위의 내용으로 신청한 지급명령이 그대로 확정된 경우에는 소송사기의 방법으로 승소판결을 받아 확정된 경우와 마찬가지로 사기죄는 이미 기수에 이르게 된 것이다(대법원 2004.6.24, 2002도4151). 국가7급 13 / 법원행시 05 / 법원행시 08 / 법원행시 11 / 경찰승진(경감) 10 / 경찰승진(경위) 11 / 경찰승진(경사) 11 / 경찰승진 13

㉰ 타죄와의 관계 : 법원을 기망하여 승소판결을 받고 그 확정판결에 의하여 소유권이전등기를 경료한 경우에는 사기죄와 별도로 공정증서원본부실기재죄(실체적 경합)가 성립한다. 국가7급 13 / 경찰간부 12 / 사시 13 나아가 승소판결을 받기 위하여 매매계약서를 위조하여 법원에 제출하였다면 사문서위조죄와 동 행사죄가 별도로 성립하게 된다.

㉱ 판례에 의해 구체적으로 문제되는 소송사기의 경우

판례연구 소송사기 긍정 판례

1. 대법원 1992.12.22, 92도2218

채권이 소멸된 판결정본에 의하여 강제집행을 한 경우

민사판결의 주문에 표시된 채권을 변제받거나 상계하여 그 채권이 소멸되었음에도 불구하고 판결정본을 소지하고 있음을 기화로 하여 이를 근거로 강제집행을 하였다면 사기죄를 구성한다. 법원행시 08 / 법원9급 07(하) / 경찰승진(경장) 10 / 경찰승진(경감) 10

비교판례 이에 비해 채권이 없음에도 채권압류 및 전부명령을 신청하여 받은 행위는 사기죄를 구성하지 않는다는 판례(대법원 2009.12.10, 2009도9982 : 피압류채권이 없는데도 있는 것처럼 하여 채권압류 및 전부명령을 신청하게 하여 그 명령을 받게 한 행위만으로는 소송사기의 실행에 착수하였다고 할 수 없음) 사시 12 가 있음은 소송사기 부정판례에서 후술될 것이며, 구별을 요한다.

2. 대법원 1997.10.14, 96도1405

자주점유(自主占有)의 권원에 관한 처분문서를 위조하고 위증을 교사한 경우

토지를 20년 이상 점유하여 왔더라도 그 점유권원의 성질이 불분명하여 일단 자주점유로 추정받기는 하나, 상대방이 그 추정을 번복시킬 수 있는 사실을 입증하면 취득시효(取得時效)를 인정받을 수 없어 결국 상대방의 입증 여부에 따라 소송의 승패가 결정되는 소송에서, 소송의 승패에 결정적인 증거인 자주점유의 권원에 관한 처분문서를 위조하고, 그 성립에 관한 위증을 교사함으로써 상대방의 추정 번복의 입증을 원천적으로 봉쇄하고 법원으로서도 그 처분문서의 성립이 인정되는 한, 채증법칙상 그 문서의 내용대로 인정할 수밖에 없도록 하는 등의 소송

관한 강제경매를 신청하여 법원의 경매개시결정이 내려지고, 그에 따라 위 명의자 乙 앞으로 촉탁에 의한 소유권보존등기가 되고 나아가 그 경매절차에서 건물이 매각되었다. 그렇다면 甲의 위와 같은 경매신청행위 등이 진정한 소유자에 대한 관계에서 사기죄를 구성하는가? **판례** 경매신청행위 등이 진정한 소유자에 대한 관계에서 사기죄가 된다고 볼 수는 없다. 왜냐하면 위 경매절차에서 한 법원의 재판이나 법원의 촉탁에 의한 소유권보존등기의 효력은 그 재판의 당사자도 아닌 위 진정한 소유자에게는 미치지 아니하는 것이어서, 피기망자인 법원의 재판이 피해자의 처분행위에 갈음하는 내용과 효력이 있는 것이라고 보기는 어렵기 때문이다(대법원 2013.11.28, 2013도459). **해결** 구성하지 않는다.

행위는 사회통념상 도저히 용인될 수 없다고 할 것이므로, 비록 점유자가 자주점유로 추정받는다고 하더라도 위와 같은 기망행위에 의하여 적극적으로 법원을 기망하여 착오에 빠지게 함으로써 승소판결을 받고, 등기까지 했던 것이라면 그 행위는 정당한 권리행사라 할 수 없어 사기죄를 구성한다. 법원행시 10 / 경찰승진(경감) 10 / 경찰채용 10 2차

3. 대법원 2003.7.22, 2003도1951

부동산소유자로 등기된 적이 있는 자의 말소등기청구소송 사례

부동산등기부상 소유자로 등기된 적이 있는 자가 자기 이후에 소유권이전등기를 경료한 등기명의인들을 상대로 허위의 사실을 주장하면서 그들 명의의 소유권이전등기의 말소를 구하는 소송을 제기한 경우 그 소송에서 승소한다면 등기명의인들의 등기가 말소됨으로써 그 소송을 제기한 자의 등기명의가 회복되는 것이므로 이는 법원을 기망하여 재물이나 재산상 이익을 편취한 것이라고 할 것이고 따라서 등기명의인들 전부 또는 일부를 상대로 하는 그와 같은 말소등기청구소송의 제기는 사기의 실행에 착수한 것이라고 보아야 한다. 법원행시 10 / 경찰간부 11 / 경찰채용 16 2차 / 국가9급 23

4. 대법원 2003.12.26, 2003도4914

허위의 분실사유로 자기앞수표(내지 가계수표)에 대하여 제권판결(除權判決)을 받은 경우

자기앞수표를 교부한 자가 이를 분실하였다고 허위로 공시최고신청을 하여 제권판결을 선고받아 확정되었다면, 그 제권판결의 적극적 효력에 의해 그 자는 그 수표상의 채무자인 은행에 대하여 수표를 소지하지 않고도 수표상의 권리를 행사할 수 있는 지위를 취득한 것이다. 따라서 이로써 사기죄에 있어서의 재산상 이익을 취득한 것으로 보기에 충분하다. 이는 제권판결이 그 신청인에게 수표상의 권리를 행사할 수 있는 형식적 자격을 인정하는 데 그치고, 그를 실질적 권리자로 확정하는 것이 아니라는 점만으로 달리 볼 수는 없다. 국가7급 12 / 법원행시 08 / 법원행시 09 / 법원9급 06 / 경찰승진(경장) 10 / 경찰승진(경감) 10 / 경찰승진(경장) 11

5. 대법원 2004.6.25, 2003도7124

진정한 권원과 별개의 허위의 권원을 추가로 주장한 사례

원고가 특정 권원(權原)에 기하여 민사소송을 진행하던 중 법원에 조작된 증거를 제출하면서 종전에 주장하던 특정 권원과 별개의 허위의 권원을 추가로 주장하는 경우에는 원칙적으로 소송사기의 실행의 착수라고 볼 수 있다.[579]

6. 대법원 2006.4.7, 2005도9858 전원합의체[580]

소유권보존등기 말소소송에 의한 판결이 확정된 사례

피고인 또는 그와 공모한 자가 자신이 토지의 소유자라고 허위의 주장을 하면서 소유권보존등기 명의자를 상대로 보존등기의 말소를 구하는 소송을 제기한 경우 그 소송에서 위 토지가 피고인 또는 그와 공모한 자의 소유임을 인정하여 보존등기 말소를 명하는 내용의 승소확정판결을 받는다면, 이에 터 잡아 언제든지 단독으로 상대방의 소유권보존등기를 말소시킨 후 위 판결을 부동산등기법 제130조 제2호 소정의 소유권을 증명하는 판결로 하여 자기 앞으로의 소유권보존등기를 신청하여 그 등기를 마칠 수 있게 되므로, 이는 법원을 기망하여 유리한 판결을 얻음으로써 '대상 토지의 소유권에 대한 방해를 제거하고 그 소유명의를 얻을 수 있는 지위'라는 재산상 이익을 취득한 것이어서 사기죄에 해당하고, 그 경우 '기수시기는 위 판결이 확정된 때'이다.[581] 법원행시 07 / 법원행시 11 / 법원승진 13 / 경찰승진(경감) 10 / 사시 12 / 법원9급 18

7. 대법원 2008.12.11, 2008도7631

강제집행절차에서 채무자가 제3자를 허위채권자로 내세우는 방법으로 법원을 기망한 소송사기의 피해자

배당절차와 같은 강제집행절차에서 배당될 금전의 소유자 겸 채무자가 제3자와 공모하여 그 제3자를 허위채권자로 내세우는 방법으로 법원을 기망함으로써 배당을 받아 재산상 이득을 취득하는 경우, 그로 인한 피해자는

579 판례의 사실관계 A는 B에 대하여 보관금 지급약정에 따른 2,000만 원의 지급을 구하는 민사소송을 진행하던 중 2001.3.13. C의 A에 대한 2,000만 원의 지급 채무에 대한 연대보증 책임을 주장하면서 이를 입증하기 위하여 '입회인 C' 앞에 '연대보증'이라는 문구를 임의로 기재한 지불각서를 법원에 제출하였다. 그런데 그 후 2002.5.24.경 연대보증 채무를 청구원인으로 한 주장을 철회하였다. 사문서위조 및 동행사죄의 성립 여부는 논외로 할 때, A의 죄책은 사기미수죄이다.

581 보충 이와는 달리, 소유권보존등기 명의자를 상대로 그 보존등기의 말소를 구하는 소송을 제기한 경우, 설령 승소한다고 하더라도 상대방의 소유권보존등기가 말소될 뿐이고 이로써 원고가 당해 부동산에 대하여 어떠한 권리를 회복 또는 취득하거나 의무를 면하는 것은 아니므로 법원을 기망하여 재물이나 재산상 이익을 편취한 것이라고 볼 수 없다는 취지로 판시한 대법원 1983.10.25, 83도1566 판결 등은 위 법리에 저촉되는 범위 내에서 변경한다(위 판례).

그 절차에서 법원에 대한 기망이 없었을 경우 배당을 받을 수 있었음에도 위 기망으로 인하여 배당을 받지 못하게 된 자라고 보아야 할 것이다.[582]

8. 대법원 2011.12.13. 2011도8873

토지의 소유명의를 얻을 수 있는 지위와 재산상 이익의 취득

이미 국가 명의로 소유권보존등기가 되어 있는 상태에서 소유권보존등기의 말소 청구를 하고 청구의 일부인용 판결에 준하는 화해권고결정이 확정된 이상, 청구인용 부분에 대하여는 법원을 기망하여 유리한 결정을 받음으로써 '대상 토지의 소유명의를 얻을 수 있는 지위'라는 재산상 이익을 취득하였다고 할 것이고(대법원 2006.4.7, 2005도9858 전원합의체), 법원9급 10 / 사시 12 이는 사기죄의 대상인 재산상 이익의 편취에 해당한다(청구인용 부분에 대하여 사기죄, 그리고 화해권고결정에 의하여 등기말소청구를 포기한 부분에 대하여 사기미수죄가 각 인정됨).[583]

9. 대법원 2012.5.24. 2010도12732

법원에 허위의 임차권등기명령을 신청한 사례

임차권등기명령의 절차 및 그 집행에 의한 임차권등기의 법적 효력을 고려하면, 다른 특별한 사정이 없는 한, 법원의 임차권등기명령은 피신청인의 재산상의 지위 또는 상태에 영향을 미칠 수 있는 행위로서 피신청인의 처분행위에 갈음하는 내용과 효력이 있다고 보아야 하고,[584] 따라서 이러한 법원의 임차권등기명령을 이용한 소송사기의 경우 피해자인 피신청인이 직접 처분행위를 하였는지 여부는 사기죄의 성부에 아무런 영향을 주지 못한다. 법원의 임차권등기명령을 피해자의 재산적 처분행위에 갈음하는 내용과 효력이 있는 것으로 보고 그 집행에 의한 임차권등기가 마쳐짐으로써 신청인이 재산상 이익을 취득하였다고 보는 이상, 진정한 임차권자가 아니면서 허위의 임대차계약서를 법원에 제출하여 임차권등기명령을 신청하면 그로써 소송사기의 실행행위에 착수한 것으로 보아야 하고, 나아가 그 임차보증금 반환채권에 관하여 현실적으로 청구의 의사표시를 하여야만 사기죄의 실행의 착수가 있다고 볼 것은 아니다. 사시 14 / 법원행시 16

10. 대법원 2012.11.15. 2012도9603

피담보채권인 공사대금 채권을 실제와 달리 허위로 부풀려 유치권에 의한 경매를 신청한 사례

유치권에 의한 경매를 신청한 유치권자는 일반채권자와 마찬가지로 피담보채권액에 기초하여 배당을 받게 되는 결과 피담보채권인 공사대금 채권을 실제와 달리 허위로 크게 부풀려 유치권에 의한 경매를 신청할 경우 정당한 채권액에 의하여 경매를 신청한 경우보다 더 많은 배당금을 받을 수도 있으므로, 이는 법원을 기망하여 배당이라는 법원의 처분행위에 의하여 재산상 이익을 취득하려는 행위로서, 불능범에 해당한다고 볼 수 없고, 소송사기죄의 실행의 착수에 해당한다. 법원행시 13 / 경찰채용 13 2차 / 사시 14 / 사시 16 / 경찰간부 16 / 경찰승진(경감이하) 17 / 경찰채용 17 1차 / 법원9급 18

11. 대법원 2015.2.12. 2014도10086

부동산에 대한 권리이전청구권에 대한 강제집행절차를 통한 소송사기에서 실행의 착수시기

민사집행법 제244조에서 규정하는 부동산에 관한 권리이전청구권에 대한 강제집행은 그 자체를 처분하여 대금으로 채권에 만족을 기하는 것이 아니고, 부동산에 관한 권리이전청구권을 압류하여 청구권의 내용을 실현시키고 부동산을 채무자의 책임재산으로 귀속시킨 다음 다시 부동산에 대한 경매를 실시하여 매각대금으로 채권에 만족을 기하는 것이다. 이러한 경우 소유권이전등기청구권에 대한 압류는 당해 부동산에 대한 경매의 실시를 위한 사전

582 **사례 : 허위의 배당 신청 사례** 甲은 이미 전액을 변제받은 D재단법인에 대한 판결 상의 채권에 기하여 D재단법인이 공탁한 341,858,500원의 공탁금회수청구권에 대하여 채권압류 및 추심명령을 받은 다음 그 공탁금에 관한 배당절차에 참가하여 배당법원을 기망하여 그중 일부 금액을 배당받음으로써, 甲이 배당요구를 하지 않았더라면 배당받았을 乙이 배당을 받지 못하는 결과가 발생하였다. 그런데 D재단법인에서는 甲의 위 공탁금에 대한 배당신청 및 금전의 수령에 대하여 양해 내지 승낙을 하였다. 이 경우 甲이 배당금을 수령한 것은 사기죄가 성립하는가? **판례** 피고인이 '피해자 乙이 아닌' D재단법인 측으로부터 위와 같은 허위의 배당신청과 배당금 수령에 대하여 양해 또는 승낙을 얻었다는 사정만으로 사기죄에 해당하지 아니한다고 할 수는 없다(대법원 2008.12.11, 2008도7631).

583 **사례 : 국가명의 보존등기에 대해 말소청구를 하여 청구가 인용된 사례** 甲이 일제시대 사정(査定)받은 토지에 대하여 소유자 미복구를 원인으로 국가 명의의 소유권보존등기가 되어 있는 상태에서, A는 乙이 사정명의인 甲의 소유권을 대습상속한 것처럼 상속인의 사망 시기 등을 조작한 다음 乙을 원고로 하여 국가를 상대로 소유권보존등기 말소등기 청구소송을 제기하여 이를 일부 인용하는 취지의 화해권고결정이 확정되었다. A에게는 사기죄의 죄책이 인정되는가? **해결** 인정된다. 법원행시 12

584 **참고** 통정허위표시로서 무효인 임대차계약에 기초하여 임차권등기명령을 받아 **임차권등기**를 마친 경우에도 외형상 임차인으로서 취득하게 되는 권리는 사기죄의 객체인 '재산상 이익'에 해당한다. 변호사 17

단계로서의 의미를 가지나, 전체로서의 강제집행절차를 위한 일련의 시작행위라고 할 수 있으므로, 허위 채권에 기한 공정증서를 집행권원으로 하여 채무자의 소유권이전등기청구권에 대하여 압류신청을 한 시점에 소송사기의 실행에 착수하였다고 볼 것이다(실행착수를 위해 부동산 자체에 대한 경매신청은 불요). 경찰채용 15 3차 /법원9급 18

12. 대법원 2017.6.19, 2013도564

허위의 근저당권자가 집행법원을 기망하여 배당금을 지급받은 사례

근저당권자가 집행법원을 기망하여 원인무효이거나 피담보채권이 존재하지 않는 근저당권에 기해 채무자 또는 물상보증인 소유의 부동산에 대하여 임의경매신청을 함으로써 경매절차가 진행된 결과 부동산이 매각되었더라도 그 경매절차는 무효로서 채무자나 물상보증인은 부동산의 소유권을 잃지 않고, 매수인은 부동산의 소유권을 취득할 수 없다. 이러한 경우에 허위의 근저당권자가 매각대금에 대한 배당절차에서 배당금을 지급받기에 이르렀다면 집행법원의 배당표 작성과 이에 따른 배당금 교부행위는 매수인에 대한 관계에서 그의 재산을 처분하여 직접 재산상 손해를 야기하는 행위로서 매수인의 처분행위에 갈음하는 내용과 효력을 가진다.

판례연구 소송사기 부정 판례

1. 대법원 1982.7.27, 82도1160

기한미도래의 채권을 즉시 지급받기 위한 지급명령 신청 사례

허위의 증거를 조작하는 등의 적극적인 사술이 사용되지 아니한 위와 같은 행위는 소송사기의 요건상 기망행위로 보기 어렵다. 법원승진 13 / 국가9급 23

비교판례 지급명령 신청의 사기죄 성립 여부 : ① 기한미도래의 채권을 즉시 지급받기 위하여 지급명령을 신청한 행위 : X (위 판례), ② 타인 명의로 가집행선고부 지급명령을 발부받아 채권압류 및 전부명령을 받은 행위 : ○ (대법원 1977.1.11, 76도3700), 법원행시 05 ③ 증거를 조작함이 없이 허위의 내용으로 지급명령을 신청한 행위 : ○ (대법원 2004.6.24, 2002도4151). 국가7급 13 / 법원행시 05 / 법원행시 08 / 법원행시 11 / 경찰승진(경감) 10 / 경찰승진(경위) 11

2. 대법원 1982.10.26, 82도1529

가압류 내지 가처분의 신청행위

가압류는 강제집행의 보전방법에 불과하고 그 기초가 되는 허위의 채권에 의하여 실제로 청구의 의사표시를 한 것이라고 할 수 없으므로 소의 제기 없이 가압류신청을 한 것만으로는 사기죄의 실행에 착수한 것이라고 할 수 없다. 법원행시 05 / 법원행시 06 / 법원행시 10 / 법원행시 11 / 법원행시 12 / 법원승진 13 / 법원9급 10 / 법원9급 12 / 경찰승진(경장) 10 / 경찰승진(공통) 11 / 경찰채용 17 1차 / 경찰채용 16 2차 / 국가9급 23

3. 대법원 2009.4.9, 2009도128

부동산을 매수한 사실이 없음에도 소유권이전등기 말소청구소송을 제기한 경우

피고인이 甲이 "부동산을 매수한 일이 없음"에도 매수한 것처럼 허위의 사실을 주장하여 위 부동산에 대한 소유권이전등기를 거친 사람을 상대로 그 이전등기의 원인무효를 내세워 그 이전등기의 말소를 구하는 소송을 甲 명의로 제기하고 그 소송의 결과 원고로 된 갑이 승소한다고 가정하더라도 그 피고의 등기가 말소될 뿐이고 이것만으로 (甲이 위 부동산에 관한 어떠한 재산상 이익을 취득할 수는 없으므로) 피고인이 위 부동산에 관한 어떠한 권리를 취득하거나 의무를 면하는 것은 아니므로 법원을 기망하여 재물이나 재산상 이익을 편취한 것이라고 보기 어렵고, 따라서 위 소제기 행위를 가리켜 사기의 실행에 착수한 것이라고 할 수 없다(대법원 1981.12.8, 81도1451). 사시 14

4. 대법원 2009.4.9, 2009도128

예고등기로 인한 경매대상 부동산의 경매가격 하락 등을 목적으로 허위의 채권을 주장하며 채권자대위의 방식에 의한 원인무효로 인한 소유권보존등기 말소청구소송을 제기한 경우

피고인 등이 위 소유권보존등기말소청구 소송을 제기한 것은 예고등기가 경료되도록 하여 경매대상 부동산에 대한 경매가격의 하락 등을 위한 것이라 할 것이고, 소송을 통하여 법원을 기망하여 승소판결을 얻음으로써 재물 또는 재산상 이익을 취득하고자 하는 의사가 여기에 포함되어 있다고 할 수 없다.[585] 경찰채용 12 2차 / 사시 16

585 판결이유 피고인과 그 공모자들은 원인무효로 인한 소유권보존등기말소청구소송을 제기하여 그 결과 법원의 촉탁으로 예고등

5. 대법원 2009.9.24, 2009도5900

부동산경매절차에서 허위의 공사대금채권을 근거로 유치권 신고를 한 사례

부동산 경매절차에서 피고인들이 허위로 유치권을 신고한 경우, 유치권자가 경매절차에서 유치권을 신고하는 경우 법원은 이를 매각물건명세서에 기재하고 그 내용을 매각기일공고에 적시하나, 이는 경매목적물에 대하여 유치권 신고가 있음을 입찰예정자들에게 고지하는 것에 불과할 뿐 처분행위로 볼 수는 없고, 또한 유치권자는 권리신고 후 이해관계인으로서 경매절차에서 이의신청권 등 몇 가지 권리를 얻게 되지만 이는 법률의 규정에 따른 것으로서 재물 또는 재산상 이득을 취득하는 것으로 볼 수도 없으므로, 허위 공사대금채권을 근거로 유치권 신고를 하였더라도 이를 소송사기 실행의 착수가 있다고 볼 수는 없다. 법원9급 13 / 법원9급 14 / 법원승진 11 / 경찰승진(공통) 11

6. 대법원 2009.12.10, 2009도9982

피압류채권이 없는데도 있는 것처럼 하여 채권압류 및 전부명령을 신청하여 받은 사례

채권에 대한 압류 및 전부(추심)명령을 신청한 경우, 집행력 있는 정본의 존부, 집행개시의 요건 구비 여부 등은 법원의 심사 대상이지만 피압류채권의 존부는 그 심사 대상이 아니다. 따라서 피고인(甲회사 운영자)이 '甲회사의 乙에 대한 채권'이 존재하지 않는다는 사실을 알면서 그 사실을 모르는 丙(甲회사에 대한 채권자)에게 '甲회사의 乙에 대한 채권'의 압류 및 전부(추심)명령을 신청하게 하여 그 명령을 받게 한 경우, 丙이 甲회사에 대하여 진정한 채권을 가지고 있는 이상, 위와 같은 사정만으로는 법원을 기망하였다고 볼 수 없고, 丙이 乙을 상대로 전부(추심)금 소송을 제기하지 않은 이상 소송사기의 실행에 착수하였다고 볼 수도 없다고 해야 한다.

비교판례 대법원 2015.2.12, 2014도10086

허위의 채권에 기하여 채권압류 및 전부명령을 신청한 것은 사기죄를 구성한다는 사례

사기죄의 재산상 이익 취득은 법률상 무효라고 하여도 외형상 취득한 것이면 충분하므로 피전부채권이 법률상으로 유효하지 않고 전부명령이 효력을 발생할 수 없다고 하여도 피전부채권이나 전부명령이 외형상 존재하는 한 재산상 이익취득으로 보아 사기죄로 인정할 수 있다(대법원 1975.5.27, 75도760 등). 피고인이 허위 내용의 약속어음 공정증서를 집행권원으로 하여 채권압류 및 전부명령 신청을 하고 그 결정을 받은 것은 사기죄를 구성한다(유사: 2002도4251).

7. 대법원 2010.1.28, 2007도9331

어음발행인이 어음을 분실하였다고 허위신고하여 제권판결을 받았으나, 위 어음은 지방자치단체에 기부금을 납부하기로 약정하고 골프장사업을 승인받으면서 그 이행을 위해 발행 · 교부된 것인 경우

행정처분과 실제적 관련성이 없어 부관으로 붙일 수 없는 부담을 사법상 계약의 형식으로 행정처분의 상대방에게 부과할 수 없으므로,[586] 甲 주식회사의 실질적 경영자인 피고인이, 전(前) 대표이사 乙이 지방자치단체에 기

기(豫告登記)가 이루어지는 경우 경매절차가 진행 중인 부동산의 경우에 경매 유찰 등으로 인하여 경매가격이 하락된다는 사실에 착안하여 경매절차가 진행 중인 적당한 부동산을 물색하거나 또는 경매 유찰로 싼 가격에 부동산을 낙찰받기를 원하는 사람들의 부탁을 받고 허위의 소유권보존등기말소청구 소송 등을 제기하고 그 과정에서 자신들이 직접 부동산을 낙찰받아 이익을 취하거나 타인으로 하여금 싼 가격에 낙찰받도록 하여 사례비를 받아 재산상 이익을 취하거나 합의금 명목의 금원을 교부받는 방식으로 범행을 저지르기로 공모하였다는 것이다. 그런데, 피고인 등이 **허위의 주장을 하여 소유권보존등기말소청구 소송 등을 제기한 것은 그로 인하여 경매절차가 진행 중인 부동산에 예고등기가 경료되도록 함으로써 경매가격 하락 등을 의도한 것으로 보일 뿐이고, 위 말소청구소송을 통하여 승소판결을 받아 재산상의 이익을 취하려고 한 것으로 보기 어렵다. 보충** 소송사기는 법원을 기망하여 자기에게 유리한 재판을 얻고 이에 기하여 상대방으로부터 재물의 교부를 받거나 재산상 이익을 취득하는 것이어서(대법원 2003.7.22, 2003도1951 등), 판례는 위 공모내용에 의하더라도 피고인들에게는 법원의 승소판결에 의하여 재산상 이익을 취득하고자 하는 의사가 있었다고 볼 수 없다고 본 것이다.

586 **판결이유** 기부금품모집금지법에서는 공무원은 여하한 명목의 기부금도 모집할 수 없으며, 국가 또는 지방자치단체 및 그 소속기관과 공무원은 기부금품의 모집을 할 수 없고, 비록 자발적으로 기탁하는 금품이라도 원칙적으로 이를 접수할 수 없다고 규정하고 있는데, 이러한 규정들은 기부행위가 공무원의 직무와 사이에 외관상 대가관계가 없는 것으로 보이더라도 사실상 공권력의 영향력에 의한 것이거나 또는 그러한 의심을 자아내는 경우가 있음을 경계하여 직무 관련 여부를 묻지 아니하고 이를 금지함으로써 공무의 순수성과 염결성이 훼손되지 않도록 함에 그 취지가 있는바, 하물며 직무와 사이에 대가관계가 인정되는 기부행위라면 이는 결코 허용되어서는 아니 된다 할 것이다. 뿐만 아니라, 공무원이 인 · 허가 등 수익적 행정처분을 하면서 상대방에게 그 처분과 관련하여 이른바 부관으로서 부담을 붙일 수 있다 하더라도, 그러한 부담은 법치주의와 사유재산 존중, 조세법률주의 등 헌법의 기본원리에 비추어 비례의 원칙이나 부당결부금지의 원칙에 위배되지 않아야만 적법한 것인 바(대법원 1997.3.11, 96다49650 참조), **행정처분과 부관 사이에 실제적 관련성이 있다고 볼 수 없는 경우** 공무원이 위와 같은 공법상의 제한을 회피할 목적으로 행정처분의 상대방과 사이에 사법상 계약을 체결하는 형식을 취하였다면 이는 법치행정의 원리에 반하는 것으로서 위법하다고 보지 않을 수 없다. 위와 같은 모든 점을 종합할 때, **이 사건 증여는 공무수행과 결부된**

부금을 납부하기로 약정하고 골프장사업을 승인받으면서 그 이행을 위해 약속어음을 발행·교부한 사실을 잘 알고 있음에도 위 어음을 분실하였다는 허위 사유를 들어 법원을 기망하고 제권판결을 선고받은 경우, 위 기부금 증여계약은 지방자치단체장의 공무수행과 결부된 금전적 대가로서 그 조건이나 동기가 사회질서에 반하여 무효이므로 지방자치단체로서는 위 어음금의 지급을 청구할 수 없음에도, 위 증여가 유효하다고 판단하여 피고인을 유죄로 인정한 원심에는 민법 제103조[587]에 관한 법리오해의 위법이 있다.

8. 대법원 2018.12.28, 2018도13305

소송사기죄가 성립하기 위한 요건

소송사기가 성립하기 위하여는 제소 당시에 그 주장과 같은 채권이 존재하지 아니한다는 것만으로는 부족하고 그 주장의 채권이 존재하지 아니하는 사실을 잘 알면서도 허위의 주장과 증명으로써 법원을 기망한다는 인식을 하고 있어야만 하고, 단순히 사실을 잘못 인식하였다거나 법률적 평가를 잘못하여 존재하지 않는 권리를 존재한다고 믿고 제소한 행위는 사기죄를 구성하지 않는다.[588]

㉮ 소송사기 – 공소시효의 기산점 : 공소시효기산점은 범죄종료시이므로, 소송사기에 있어서 공소시효의 기산점은 소송이 종료한 때이다.

ⓔ 사기죄의 간접정범의 피이용자 : 간접정범을 통한 범행에서 피이용자는 간접정범의 의사를 실현하는 수단으로서의 지위를 가질 뿐이므로, 피해자에 대한 사기범행을 실현하는 수단으로서 타인을 기망하여 그를 피해자로부터 편취한 재물이나 재산상 이익을 전달하는 도구로서만 이용한 경우, 피해자에 대한 사기죄 외에 도구로 이용된 타인에 대한 사기죄가 별도로 성립하지 아니한다(대법원 2017.5.31, 2017도3894, ※ 구별 : 위조문서행사죄의 간접정범에서는 도구로 이용된 자도 그 상대방이 됨). 변호사 18 / 법원9급 18 / 법원행시 18 / 경찰채용 23 1차

③ 피기망자의 착오

㉠ 의의 : 착오(Irrtum)란 사실에 관한 인식과 현실의 불일치를 말한다.

㉡ 착오의 내용

ⓐ 기망행위의 대상이 착오의 내용 : 착오의 대상은 사실뿐만 아니라 가치판단도 포함되지만(적극설), 순수한 가치판단은 배제된다. 다만 기망에 의하여 발생되는 착오는 반드시 법률행위의 내용의 중요부분에 대한 착오일 필요가 없고 동기의 착오도 포함된다(통설·판례).[589] 경찰승진 12

금전적 대가로서 그 조건이나 동기가 사회질서에 반하는 것이어서 민법 제103조에 의해 무효라고 할 것이다.

587 **보충** 민법 제103조에 의하여 무효로 되는 반사회질서 행위는 법률행위의 목적인 권리의무의 내용이 선량한 풍속 기타 사회질서에 위반되는 경우뿐만 아니라, 그 내용 자체는 반사회질서적인 것이 아니라고 하여도 법률적으로 이를 강제하거나 법률행위에 반사회질서적인 조건 또는 금전적인 대가가 결부됨으로써 반사회질서적 성질을 띠게 되는 경우 및 표시되거나 상대방에게 알려진 법률행위의 동기가 반사회질서적인 경우를 포함한다(대법원 2000.2.11, 99다56833; 2009.9.10, 2009다37251 등 참조).

588 **판결이유** 甲 주식회사 대표이사인 A는, 2011.11.경 甲 회사에 입사하였다가 2016.3.11. 퇴직한 근로자 乙을 상대로 2011.12.부터 2015.4.까지 포괄일급에 포함하여 이미 지급한 퇴직적립금에 대하여 부당이득반환청구 소송을 제기하면서 2015.5.1.자 근로계약서의 일급란 기재 금액을 변조하여 증거자료로 제출하였다. 그런데 甲 회사는 乙에게 포괄일급에 일급의 8.3%에 해당하는 퇴직적립금을 포함하여 임금을 지급하였는데, 乙의 퇴사 후 위와 같이 乙에게 지급된 퇴직적립금이 퇴직금 지급으로서의 효력이 없다는 자문을 받고 별도로 퇴직금 전액을 지급하였으므로 피고인이 부당이득반환의 소를 제기한 것은 정당한 권리행사의 일환으로 보아야 한다. 따라서 피고인에게 사기미수죄를 인정한 원심판결에는 소송사기의 법리를 오해한 잘못이 있다.

589 다만 동기의 착오만으로 착오라고 할 수 없다는 소수설은 이재상, §18–24 참조.

사례연구 사기죄의 착오에는 동기의 착오도 포함된다는 사례 : 그린벨트 해제 접대비용

甲은 부산 동래구 연산동 소재 개발제한구역(그린벨트) 내의 토지에 대한 개발제한구역 지정을 해제하여 줄 의사와 능력이 없음에도 불구하고 乙에게 건설교통부 고위 공직자에게 청탁하여 제3자 소유의 위 토지에 대한 개발제한구역 지정을 해제하고자 하는 데 접대 비용이 필요하다고 하면서 "만약 금 20,000,000원을 빌려주면 이를 접대 비용으로 사용하여 2개월 내에 위 토지에 대한 개발제한구역 지정을 해제받고 토지소유자로부터 상당한 금액의 커미션을 받아 그 중 일부를 위 차용금과 함께 돌려주겠다."고 거짓말하여 이에 속은 乙로부터 금 20,000,000원을 차용한 다음, 이를 자신의 부족한 생활비로 소비하였다. 그런데 甲이 진정한 용도를 고지하였더라면 乙은 甲에게 돈을 빌려주지 않았을 것이다. 甲에게는 사기죄가 성립하는가?

해결 사기죄의 실행행위로서의 기망은 반드시 법률행위의 중요 부분에 관한 허위표시임을 요하지 아니하고 상대방을 착오에 빠지게 하여 행위자가 희망하는 재산적 처분행위를 하도록 하기 위한 판단의 기초가 되는 사실에 관한 것이면 족한 것이므로, 용도를 속이고 돈을 빌린 경우에 있어서 만일 진정한 용도를 고지하였더라면 상대방이 돈을 빌려 주지 않았을 것이라는 관계에 있는 때에는 사기죄의 실행행위인 기망은 있는 것으로 보아야 한다(대법원 1996.2.27, 95도2828). 법원9급 11

정답 성립한다.

ⓑ 착오의 유형 : 착오는 적극적 착오뿐만 아니라 소극적 부지(不知)도 포함된다. 그러나 어떠한 생각도 가지지 않는 경우, 즉 사실 그 자체에 대하여 아무런 관념이 없는 경우(ignorantia facti)에는 착오가 인정되지 않는다.

ⓒ 기망행위와 착오의 인과관계 : 사기죄는 타인을 기망하여 착오에 빠뜨리고 처분행위를 유발하여 재물을 교부받거나 재산상 이익을 얻음으로써 성립하는 것이므로, 기망행위, 착오, 재산적 처분행위 사이에 인과관계가 있어야 한다(대법원 1988.3.8, 87도1872). 경찰간부 14 또한 착오에 빠진 원인 중에 피기망자 측의 과실이 있다 하여도 사기죄의 성립에는 지장이 없다(대법원 2009.6.23, 2008도1697).[590] 사시 11 / 사시 13 다만, 기망행위가 인정되고 피기망자의 착오가 인정되어도 양자간에 인과관계가 없다면 사기죄의 미수범이 성립할 뿐이다.

판례연구 임대주택건설자금 대출을 신청하면서 아파트 부지의 매매가격을 부풀린 매매계약서 등을 제출한 사건

대법원 2016.7.14, 2015도20233

甲 회사가 시행하고 乙 회사가 시공하는 아파트 중 임대아파트 부분의 신축과 관련하여 甲 주식회사의 실질적 운영자이자 乙 주식회사의 대표이사인 A는 戊 은행에 임대주택건설자금 대출을 신청하면서 아파트 부지의 매매가격을 부풀린 매매계약서 등을 제출하였다. 戊 은행은 '호당 대출금액'과 임대아파트 세대수를 기준 삼아 전체 대출금액을 정하였고, '호당 대출금액'은 '호당 주택가격', 즉 '호당 부지가격'과 '호당 건물가격'을 기초로 산정되는데, '호당 건물가격'은 戊 은행이 정한 표준건축비 단가를 적용하여 산정되므로 아파트 부지의 가치와는 무

590 판례 : 피기망자 측의 과실이 있는 경우에도 인과관계가 인정된다는 사례 대부업자가 새마을금고와 제3자에 대한 차량담보대출 채권을 담보로 제공하고 개개 자동차담보채권액만큼 대출받는 것을 내용으로 하는 '대출채권담보대출 중개운용에 관한 업무협약 및 채권담보계약'을 체결하였음에도, 계약 취지와 달리 대출금을 기존 채무의 변제에 사용하고 새마을금고의 허락 없이 임의로 차량에 설정된 근저당권을 해제하는 등 새마을금고에 대한 채무변제를 성실히 이행하지 않은 경우, 위 대부업자가 대출 당시 대출금채무를 변제할 의사나 능력이 없음에도 있는 것처럼 새마을금고를 기망하여 이에 속은 새마을금고로부터 대출금을 편취하였고 그 편취의 고의도 인정되므로, 위 대출이 새마을금고의 재무상태 등에 대한 실사를 거쳐 실행됨으로써 새마을금고가 위 대출이 가능하다는 착오에 빠지는 원인 중에 새마을금고 측의 과실이 있더라도 사기죄의 성립이 인정된다(대법원 2009.6.23, 2008도1697). 사시 11

관하고 허위 매매계약서 등에 의하여 영향을 받을 수 있는 부분은 '호당 부지가격'뿐이며, '호당 부지가격'은 戊 은행이 정한 '사정가격'에 의하여 정해지는데, 戊 은행은 별도의 감정평가법인이 정한 감정평가액을 기초로 '사정가격'을 결정하였고, 감정평가액이 피고인들의 행위로 부당하게 높게 산정되었다는 점에 대한 증명이 부족하여 戊 은행이 담보가치 평가를 그르쳐 적정 담보가치를 반영하지 못한 '사정가격'을 결정하였다고 단정하기 어려우므로, 피고인들이 아파트 부지의 매매가격을 부풀린 매매계약서 등을 제출한 행위와 戊 은행의 대출 사이에는 인과관계가 존재한다고 보기 어렵다.

보충 착오 자체가 존재하지 않는다고 볼 수도 있는 사례이다.

④ 처분행위

㉠ 의의 : '처분행위(處分行爲, Vermögensverfügung)'란 직접 재산상의 손해를 초래하는 재산적 처분행위로서, 주관적으로 피기망자가 처분의사를 가지고 객관적으로는 이러한 의사에 지배된 행위가 있을 것을 요하며, 작위(계약의 체결이나 채무면제의 의사표시와 같은 법률행위 및 노무의 제공이나 물건의 인도와 같은 사실행위) 또는 부작위(채권추심을 하지 않는 등의 청구권을 행사하지 않는 행위) 또는 피해자의 자유로운 의사에 따른 수인(受忍, 일종의 부작위로서 취거의 묵인행위 등)을 포함하고, 법률행위인가 사실행위인가를 불문한다. 이러한 처분행위는 상대방에게 일정한 처분권을 준다는 의미가 있어야만 한다(편취죄). 처분행위는 사기죄의 '기술되지 않은 구성요건요소'이지만 해석상 도출되는 필수적 요소이다(다수설[591]).

판례연구 사기죄의 처분행위 긍정 판례

1. 대법원 2002.11.22, 2000도4419

항소 취하 사례

배당이의(配當異議) 소송의 제1심에서 패소판결을 받고 항소한 자가 그 항소를 취하하면 그 즉시 제1심판결이 확정되고 상대방이 배당금을 수령할 수 있는 이익을 얻게 되는 것이므로 위 항소를 취하하는 것 역시 사기죄에서 말하는 재산적 처분행위에 해당한다. 법원행시 09 / 경찰간부 14 / 경찰채용 14 1차 / 경찰간부 17 / 경찰승진(경감이하) 17

2. 대법원 2007.7.12, 2005도9221

작가의 인세청구권 불행사 유도 사례

출판사 경영자가 출고현황표를 조작하는 방법으로 실제출판부수를 속여 작가에게 인세의 일부만을 지급한 경우, 작가가 나머지 인세에 대한 청구권의 존재 자체를 알지 못하는 착오에 빠져 이를 행사하지 아니한 것은 사기죄에 있어 부작위에 의한 처분행위에 해당한다. 법원행시 08 / 경찰채용 14 1차 / 경찰채용 16 1차 / 경찰채용 23 1차

3. 대법원 2007.9.20, 2007도5507

기망에 의하여 가압류를 해제한 사례

부동산가압류결정을 받아 부동산에 관한 가압류집행까지 마친 자가 그 가압류를 해제하면 소유자는 가압류의 부담이 없는 부동산을 소유하는 이익을 얻게 되므로, 가압류를 해제하는 것 역시 사기죄에서 말하는 재산적 처분행위에 해당하고, 사시 14 그 이후 가압류의 피보전채권이 존재하지 않는 것으로 밝혀졌다고 하더라도 가압류의 해제로 인한 재산상의 이익이 없었다고 할 수 없다. 법원행시 08 / 법원행시 11 / 법원9급 08 / 법원9급 09 / 경찰승진(경감) 10 / 사시 10 / 경찰간부 16

591 김일수/서보학, 416면; 박상기, 314면; 배종대, 420면; 이재상, §18-30; 이형국(Ⅰ), 454면; 정성근/박광민, 337면. 반면 제347조 제1항 법문의 "교부받거나"라든가 "취득"이라는 표현을 볼 때 기술된 구성요건요소로 보아야 한다는 소수설은 임웅, 350면.

4. 대법원 2008.1.24, 2007도9417
기망에 의하여 무효인 가등기를 말소한 사례[592]
부동산 위에 소유권이전청구권 보전의 가등기를 마친 자가 그 가등기를 말소하면 부동산 소유자는 가등기의 부담이 없는 부동산을 소유하게 되는 이익을 얻게 되는 것이므로, 가등기를 말소하는 것 역시 사기죄에서 말하는 재산적 처분행위에 해당하고, 설령 그 후 위 가등기에 의하여 보전하고자 하였던 소유권이전청구권이 존재하지 않아 위 가등기가 무효임이 밝혀졌다고 하더라도 가등기의 말소로 인한 재산상의 이익이 없었던 것으로 볼 수 없다. 피고인이 피해자를 기망하여 이 사건 가등기를 말소하도록 한 이상, 설령 이 사건 가등기가 부동산 실권리자명의 등기에 관한 법률에 위반하여 무효라 하더라도 피고인으로서는 가등기의 부담이 없는 부동산을 소유하게 되는 재산상의 이익을 취득한 것으로 보아야 한다. 경찰승진(경위) 11

5. 대법원 2009.3.26, 2008도6641
권리금을 지급한 것처럼 하여 출자금 지급을 면제받으려 한 사례
甲은 사실은 오락실 개업준비를 위하여 권리금을 지급한 사실이 없음에도 허위의 사용내역서를 작성·교부하여 마치 자신이 권리금 6,000만 원을 지급한 것처럼 동업자인 乙 등을 속여 6,000만 원의 출자금 지급을 면제받아 재산상의 이익을 취득하려 하였으나 乙 등이 근거자료 제시를 요구하며 이의를 제기하는 바람에 그 뜻을 이루지 못하고 미수에 그쳤다. 이 경우, 비록 동업자들이 피고인에 대하여 출자의무를 명시적으로 면제하지 아니하더라도, 피고인의 기망행위에 의하여 피고인이 출자금 전액에 대한 출자의무를 이행하였다는 착오에 빠진 결과 이를 면제해 주는 결과에 이를 수 있는 만큼 이는 부작위에 의한 처분행위에 해당한다(사기미수 성립). 국가7급 16

6. 대법원 2012.4.13, 2012도1101
기망행위로 인하여 채권자가 채무를 확정적으로 소멸 내지 면제시키는 특약 등 처분행위를 한 경우, 채무의 면제라고 하는 재산상 이익에 관한 사기죄가 성립한다는 사례
사기죄에서 '재산상의 이익'이란 채권을 취득하거나 담보를 제공받는 등의 적극적 이익뿐만 아니라 채무를 면제받는 등의 소극적 이익까지 포함하며, 채무자의 기망행위로 인하여 채권자가 채무를 확정적으로 소멸 내지 면제시키는 특약 등 처분행위를 한 경우에는 채무의 면제라고 하는 재산상 이익에 관한 사기죄가 성립하고, 후에 재산적 처분행위가 사기를 이유로 민법에 따라 취소될 수 있다고 하여 달리 볼 것은 아니다. 따라서 피고인이 피해자들을 기망하여 부동산을 매도하면서 매매대금 중 일부를 피해자들의 피고인에 대한 기존 채권과 상계하는 방법으로 지급받아 채무 소멸의 재산상 이익을 취득한 경우, 피고인이 상계에 의하여 기존 채무가 소멸되는 재산상 이익을 취득하였다고 보아 사기죄를 인정한 원심판단은 정당하다. 경찰채용 12 2차 / 법원행시 18

판례연구 사기죄의 처분행위 부정 판례

1. 대법원 1996.10.15, 96도2227
결혼예식장 축의금 접수인 행세 사례
피해자가 결혼예식장에서 신부 측 축의금 접수인인 것처럼 행세하는 피고인에게 축의금을 내어 놓자 이를 교부받아 가로챈 사안에서, 피해자의 교부행위의 취지는 신부 측에 전달하는 것일 뿐 피고인에게 그 처분권을 주는 것이 아니므로, 이를 피고인에게 교부한 것이라고 볼 수 없고 단지 신부 측 접수대에 교부하는 취지에 불과하므로 피고인이 그 돈을 가져간 것은 신부 측 접수처의 점유를 침탈하여 범한 절취행위라고 보는 것이 정당하다. 법원행시 08 / 법원9급 10 / 경찰승진(경장) 10 / 경찰승진(경사) 10 / 경찰승진 12 / 경찰채용 10 2차 / 경찰채용 14 2차 / 사시 13 / 법원9급 16

---

592 **사례** 乙은 甲에 대한 농지에 관한 명의신탁약정에 기한 소유권이전등기청구권을 보전할 목적으로 2001.10.25.경 위 농지에 자신(乙)의 아들인 A명의로 가등기를 마쳤다(**다만 이 가등기는 부동산 실권리자명의 등기에 관한 법률에 위반하여 무효이었다**). 그런데 乙은 2003.12.27.경 甲의 기망에 의해 위 가등기를 말소해 주었는데, 이는 甲이－위 농지의 소유권을 乙에게 이전해 줄 의사가 없었음에도 불구하고－ 乙의 요구가 있으면 언제든지 위 농지의 소유권을 이전해 줄 것처럼 행세하면서 위 가등기의 말소를 요청하여 이에 속은 乙이 위 가등기를 말소해준 것이었다. 그 후 甲은 2004.12.경 및 2005.1.20.경 乙 몰래 이 사건 농지를 제3자에게 매도하고 그 소유권이전등기를 마쳐주었다. 甲에게는 사기죄가 성립하는가? **논점** 위 판례의 요점은 ① 무효인 가등기를 말소하는 것이 사기죄의 재산적 처분행위에 해당한다는 점과 ② 무효인 가등기여서 그 말소를 구할 권리를 가진 자라 하더라도 기망행위를 사용하여 이를 말소하게 하였다면 사기죄가 성립한다는 점이다. **해결** 사기죄가 성립한다.

2. 대법원 1997.3.8, 96도2625
기망에 의하여 보험가입사실증명원을 발급받은 사례
A가 보험가입자인 B의 형사책임을 면하게 하기 위하여 甲화재보험주식회사를 기망하여 보험가입사실증명원을 발급받아 수사기관에 제출하도록 한 경우, A에게는 사기죄가 성립하지 않는다. 보험가입사실증명원은 교통사고를 일으킨 차가 교통사고처리특례법 제4조에서 정한 취지의 보험에 가입하였음을 보험회사가 증명하는 내용의 문서일 뿐이고, 거기에 재물이나 재산상의 이익의 처분에 관한 사항을 포함하고 있는 것은 아니기 때문이다. 경찰간부 11 / 사시 10 / 경찰채용 16 2차

3. 대법원 2001.7.13, 2001도1289
부동산매도용인감증명서를 교부받은 것으로는 부동산에 관한 처분행위가 인정되지 않는다는 사례
피해자에게 부동산매도용인감증명서 및 등기의무자본인확인서면의 진실한 용도를 속이고 그 서류들을 교부받아 행위자의 명의로 해당 부동산에 관한 소유권이전등기를 경료하였더라도 피해자의 위 부동산에 관한 처분행위가 있었다고 할 수 없어 사기죄를 구성하지 않는다.[593] 법원9급 11 / 경찰승진(경장) 10 / 경찰승진(경사) 11 / 경찰승진 12 / 사시 10 / 법원9급 16

4. 대법원 2007.11.16, 2007도3475
일본국 특허청 공무원으로부터 특허출원자 명의를 변경받은 사례
피고인이 피해자 명의의 양도증서 등 명의변경 서류를 위조하여 일본국 특허청 공무원에게 제출함으로써 피고인 명의로 이 사건 특허의 출원자 명의를 변경하였다고 하더라도 위 피해자의 이 사건 특허를 받을 수 있는 권리에 관한 처분행위가 있었다고 할 수 없을 뿐만 아니라 일본국 특허청 공무원에게 이 사건 특허를 받을 수 있는 권리의 처분권한이 있다고도 볼 수 없으므로, 이 부분 공소사실은 사기죄를 구성한다고 보기 어렵다.[594] 경찰간부 12

5. 대법원 2009.2.12, 2008도10971
채무를 확정적으로 소멸 · 면제시키는 행위가 없었다면 처분행위가 인정되지 않는다는 사례
사기죄에 있어서 '재산상의 이익'이란 채권을 취득하거나 담보를 제공받는 등의 적극적 이익뿐만 아니라 채무를 면제받는 등의 소극적 이익까지 포함하는 것이기는 하지만, 단순한 채무변제 유예의 정도를 넘어서 채무의 면제라고 하는 재산상 이익에 관한 사기죄가 성립하기 위해서는 채무자의 기망행위로 인하여 그 채무를 확정적으로 소멸 내지 면제시키는 채권자의 처분행위가 있어야만 하는 것이므로, 단지 채무의 이행을 위하여 채권 기타 재산적 권리의 양도가 있었다는 사정만으로 그러한 처분행위가 있었다고 단정하여서는 안 될 것이고(대법원 2008.12.24, 2008도8600), 그것이 기존 채무의 확정적인 소멸 내지 면제를 전제로 이루어진 것인지 여부를 적극적으로 살핀 다음, 채무면제를 목적으로 하는 사기죄의 성립 여부를 판단하여야 할 것이다.[595]

---

593 사례 甲(피고인)은 1995년 8월 말경 남양주시 수동면 소재 수동면사무소에서, 내연관계에 있던 Y가 남양주시 수동면 수산리 217의 3 전 3,379㎡를 대금 9,500만 원에 乙(피해자)로부터 매수하기로 계약을 체결한 후 계약금 및 중도금으로 4,500만 원을 지급하고 나머지 잔금을 지급하지 않은 상태에서 사실은 乙로부터 부동산매도용인감증명서 및 등기의무자본인확인서면을 교부받더라도 이를 이용하여 위 부동산에 대한 형질변경 및 건축허가를 받는 데에 사용하지 아니하고 乙의 의사에 반하여 위 부동산을 甲 명의로 소유권이전등기를 하는 데에 사용할 생각임에도 불구하고, 乙에게 형질변경 및 건축허가를 받는 데에 부동산매도용인감증명서 및 확인서면이 반드시 필요하니 이를 甲에게 건네주면 위 용도로만 사용하겠다고 거짓말하여, 이에 속은 乙로부터 즉석에서 부동산매도용인감증명서 및 등기의무자본인확인서면을 교부받은 후 이를 이용하여 같은 해 9일경 위 부동산을 甲 외 4인 명의로 소유권이전등기를 경료하였다. 甲의 죄책은? 판례 사기죄는 타인을 기망하여 착오에 빠뜨리고 그로 인한 처분행위로 재물의 교부를 받거나 재산상의 이익을 취득한 때에 성립하는 것이므로, 피고인이 피해자에게 부동산매도용인감증명서 및 등기의무자본인확인서면의 진실한 용도를 속이고 그 서류들을 교부받아 피고인 등 명의로 위 부동산에 관한 소유권이전등기를 경료하였더라도 피해자의 위 부동산에 관한 처분행위가 있었다고 할 수 없고, 따라서 사기죄를 구성하지 않는다(대법원 2001.7.13, 2001도1289). 해결 무죄.

594 사례 甲은 乙로부터 乙이 그 명의로 일본국 특허청에 출원 중인 6건의 특허를 받을 수 있는 권리를 양도받은 사실이 없음에도 불구하고, 2003.11.5.경 乙 명의의 양도증서 6장 및 위임장 6장을 각 위조하고, 같은 달 7.경 일본 동경도 소재 특허청 민원실에서 일본인 변리사를 통하여 그 사정을 모르는 민원실 담당 직원에게 위와 같이 위조된 양도증서 6장 및 위임장 6장을 교부하여 이에 속은 위 특허청 담당 직원으로 하여금 乙 명의의 시가 불상의 이 사건 특허의 출원자를 甲의 명의로 변경케 함으로써 위 특허에 관한 권리를 편취하였다. 甲의 죄책은? 판례 사문서위조 및 위조사문서행사의 죄책이 인정됨은 자명하다. 그런데 사기죄는 다른 사람을 기망하여 착오에 빠뜨리고 그로 인한 처분행위로 재물의 교부를 받거나 재산상 이익을 얻음으로써 성립하는 것인데, 특허권에 관한 처분행위가 있었다고 볼 수 없으므로 사기죄를 구성하지 않는다. 해결 사문서위조죄와 위조사문서행사죄의 실체적 경합(사기죄는 성립하지 않음).

595 사례 : 공장기계 양도담보 설정 후 다른 채권자에게 차용금 변제에 갈음해 양도한 행위에 대한 사기죄 부정례 甲은 자신의 기계

6. 대법원 2011.4.14, 2011도769

이자 지급 약정 하에 대여금(투자금 명목)을 교부받아 편취하였는데, 이자를 지급하지 않은 사례

피고인이 피해자들을 기망하여 투자금 명목의 돈을 편취하는 과정에서 이자 지급 약정하에 대여금을 교부받았으나 이자를 지급하지 않은 경우, 위 이자 부분에 대해서도 사기죄가 성립하기 위하여는 피고인의 기망행위로 인해 이자 부분에 관한 별도의 처분행위가 있어야 하는데, 이에 대하여 피해자들의 처분행위가 있었다고 단정할 자료가 없는데도, 피고인의 기망행위와 위 이자 발생 사이에 인과관계를 인정하여 유죄를 인정한 원심판단은 위법이 있다.

7. 대법원 2012.6.28, 2012도4773

사업자등록 명의 대여는 사기죄의 처분행위가 아니라는 사례

피고인이 甲에게 사업자등록 명의를 빌려주면 세금이나 채무는 모두 자신이 변제하겠다고 속여 그로부터 명의를 대여받아 호텔을 운영하면서 甲으로 하여금 호텔에 관한 각종 세금 및 채무 등을 부담하게 한 경우, 甲이 명의를 대여하였다는 것만으로 피고인이 위와 같은 채무를 면하는 재산상 이익을 취득하는 甲의 재산적 처분행위가 있었다고 보기 어렵다.

㉡ 처분행위의 내용

ⓐ 처분의사의 필요 여부 : 처분의사의 요부에 대해서는 필요설과 불요설이 대립한다.[596] 판례는 종래 처분의사 필요설을 취하였으나(대법원 1987.10.26, 87도1042; 1999.7.9, 99도1326; 2011.4.14, 2011도769; 2012.6.28, 2012도4773 등), 2017년 2월 소위 서명사취 사건에서는 전원합의체 판례를 통해 입장을 변경하여 "피기망자가 처분행위의 의미나 내용을 인식하지 못하였더라도, 피기망자의 작위 또는 부작위가 직접 재산상 손해를 초래하는 재산적 처분행위로 평가되고, 이러한 작위 또는 부작위를 피기망자가 인식하고 한 것이라면 처분행위에 상응하는 처분의사는 인정되므로, 피기망자가 자신의 작위 또는 부작위에 따른 결과까지 인식하여야 처분의사를 인정할 수 있는 것은 아니다."라는 판시를 내렸다(대법원 2017.2.16, 2016도13362 전원합의체 : 소위 서명사취에 대하여 피기망자가 처분결과인 문서의 구체적 내용과 법적 효과를 미처 인식하지 못하였더라도, 어떤 문서에 스스로

들에 대해 부산은행에 양도담보권을 설정해 주었음에도, 그 사실을 A 주식회사에 알리지 않고 A 주식회사에 대한 차용금의 변제에 갈음하여 양도해주었다. 다만 이후에도 A 주식회사는 차용금을 변제받지 못할 경우에 대비하여 甲으로부터 다시 담보의 제공을 요구하여 지급받은 돈 중 일부를 차용원리금 채무 중 일부에 변제충당하였다. 이러한 사실들을 고려할 때, 甲의 A 주식회사에 대한 행위는 사기죄를 구성하는가? **판례 단순한 채무변제 유예의 정도를 넘어서 채무의 면제라고 하는 재산상 이익에 관한 사기죄가 성립하기 위해서는 채무자의 기망행위로 인하여 그 채무를 확정적으로 소멸 내지 면제시키는 채권자의 처분행위가 있어야만 하는 것이므로, 단지 채무의 이행을 위하여 채권 기타 재산적 권리의 양도가 있었다는 사정만으로 그러한 처분행위가 있었다고 단정하여서는 안 될 것이다**(대법원 2008.12.24, 2008도8600; 2009.2.12, 2008도10971). 법원행시 10 **판결이유** 피해자 주식회사는 피고인으로부터 이 사건 기계들을 6억 원의 차용금채무에 대한 대물변제로 양도받은 후에도, 이 사건 기계들로 6억 원을 회수하지 못할 경우에 대비하여 피고인에게 다시 담보의 제공을 요구하여, 이에 피고인이 2006.8.10. 김해시 한림면 공장건물 및 그 부지에 관하여 피해자 주식회사에 가등기를 마쳐주었다는 것이고, 기록에 의하면, 피고인은 위와 같이 대물변제계약을 체결한 이후 피해자 주식회사 또는 피해자 주식회사의 실질적 사주인 공소외인에게 2006.7.21.부터 같은 해 10.10.까지 합계 2억 4,490만 원을 지급하였는데, 피해자 주식회사는 위와 같이 지급받은 돈 중 112,144,000원으로 위 6억 원의 차용원리금채무 중 일부에 변제충당한 사실을 인정할 수 있다. 위 인정 사실에 의하면, **피고인과 피해자 주식회사 사이에 기존의 6억 원 차용금채무의 이행에 갈음하여 이 사건 기계들을 양도함으로써 위 차용금채무를 확정적으로 면제 내지 소멸시키기로 하는 약정 내지 처분행위가 있었다고 단정할 수는 없다. 해결** 구성하지 않는다.

596 **참고** ① 필요설 : 편취죄의 성질상 처분의사가 필요하다는 견해는 김일수, 359면; 배종대, 417면; 임웅, 350면; 진계호, 322면. 필요설 내에서도 사기취재의 경우에는 절도와의 구별을 위해 처분의사가 필요하나, 사기이득의 경우에는 처분의사가 필요 없다는 입장도 있다(김일수/서보학, 347면). 예컨대, 처분자가 서명날인의 재산적 관련성을 인식하지 못하고 차용증이나 물품인도증에 서명날인을 했더라도 재산적 처분행위가 인정된다고 설명한다(ibid.). ② 불요설 : 피기망자가 자신의 행위가 처분행위라고 인식할 필요가 없으며 처분행위의 결과 객관적인 재산의 감소만 있으면 처분행위라고 보아야 한다는 불요설은 권오걸, 451면; 박상기, 294면; 손동권, 371면; 이재상, §18-31; 이정원, 366면. ③ 결론 : 본서는 사기죄의 성립에 있어서 처분행위는 필요하나 피기망자의 처분의사는 요하지 않는다는 불요설을 따르고 있으며, 2017년 2월 대법원 전원합의체 판례도 같은 입장으로 판단된다.

서명 또는 날인함으로써 처분문서에 서명 또는 날인하는 행위에 관한 인식이 있었던 이상 피기망자의 처분의사가 인정된다는 사례).[597] 이는 종래의 필요설에서 불요설로 입장을 변경한 것이다.

판례연구 서명사취 사건 : 처분행위의 의미 · 내용 · 결과를 인식하지 못하더라도 처분문서에 서명 · 날인한다는 인식이 있었다면 처분의사가 인정된다는 사례

대법원 2017.2.16, 2016도13362 전원합의체

[다수의견] 처분의사는 착오에 빠진 피기망자가 어떤 행위를 한다는 인식이 있으면 충분하고, 그 행위가 가져오는 결과에 대한 인식까지 필요하다고 볼 것은 아니다. 사기죄의 성립요소로서 기망행위는 널리 거래관계에서 지켜야 할 신의칙에 반하는 행위로서 사람으로 하여금 착오를 일으키게 하는 것을 말하고, 착오는 사실과 일치하지 않는 인식을 의미하는 것으로, 사실에 관한 것이든, 법률관계에 관한 것이든, 법률효과에 관한 것이든 상관없다. 또한 사실과 일치하지 않는 하자 있는 피기망자의 인식은 처분행위의 동기, 의도, 목적에 관한 것이든, 처분행위 자체에 관한 것이든 제한이 없다. 따라서 피기망자가 기망당한 결과 자신의 작위 또는 부작위가 갖는 의미를 제대로 인식하지 못하여 그러한 행위가 초래하는 결과를 인식하지 못하였더라도 그와 같은 착오 상태에서 재산상 손해를 초래하는 행위를 하기에 이르렀다면 피기망자의 처분행위와 그에 상응하는 처분의사가 있다고 보아야 한다. …… 결론적으로 사기죄의 본질과 구조, 처분행위와 그 의사적 요소로서 처분의사의 기능과 역할, 기망행위와 착오의 의미 등에 비추어 보면, 비록 피기망자가 처분행위의 의미나 내용을 인식하지 못하였더라도, 피기망자의 작위 또는 부작위가 직접 재산상 손해를 초래하는 재산적 처분행위로 평가되고, 이러한 작위 또는 부작위를 피기망자가 인식하고 한 것이라면 처분행위에 상응하는 처분의사는 인정된다. 다시 말하면 피기망자가 자신의 작위 또는 부작위에 따른 결과까지 인식하여야 처분의사를 인정할 수 있는 것은 아니다.

이른바 '서명사취' 사기는 기망행위에 의해 유발된 착오로 인하여 피기망자가 내심의 의사와 다른 처분문서에 서명 또는 날인함으로써 재산상 손해를 초래한 경우이다. 피기망자가 행위자의 기망행위로 인하여 착오에 빠진 결과 내심의 의사와 다른 효과를 발생시키는 내용의 처분문서에 서명 또는 날인함으로써 처분문서의 내용에 따른 재산상 손해가 초래되었다면 그와 같은 처분문서에 서명 또는 날인을 한 피기망자의 행위는 사기죄에서 말하는 처분행위에 해당한다. 아울러 비록 피기망자가 처분결과, 즉 문서의 구체적 내용과 법적 효과를 미처 인식하지 못하였더라도, 어떤 문서에 스스로 서명 또는 날인함으로써 처분문서에 서명 또는 날인하는 행위에 관한 인식이 있었던 이상 피기망자의 처분의사 역시 인정된다. 법원9급 18 / 경찰간부 18 / 법원행시 18 / 경찰승진 23

보충 A는 토지의 소유자이자 매도인인 甲 등에게 토지거래허가 등에 필요한 서류라고 속여 근저당권설정계약서 등에 서명 · 날인하게 하고 인감증명서를 교부받은 다음, 이를 이용하여 甲 등의 소유 토지에 A를 채무자로 한 근저당권을 乙 등에게 설정하여 주고 돈을 차용하였다. 甲 등은 피고인(A) 등의 기망행위로 착오에 빠진 결과 토지거래허가 등에 필요한 서류로 잘못 알고 처분문서인 근저당권설정계약서 등에 서명 또는 날인함으로써 재산상 손해를 초래하는 행위를 하였으므로, 甲 등의 행위는 사기죄에서 말하는 처분행위에 해당하고, 甲 등이 비록 자신들이 서명 또는 날인하는 문서의 정확한 내용과 문서의 작성행위가 어떤 결과를 초래하는지를 미처 인식하지 못하였더라도 토지거래허가 등에 관한 서류로 알고 그와 다른 근저당권설정계약에 관한 내용이 기재되어 있는 문서에 스스로 서명 또는 날인함으로써 그 문서에 서명 또는 날인하는 행위에 관한 인식이 있었던 이상 처분의사도 인정된다.

---

597 **판례** 처분행위에 관하여 종래 대법원은 주관적으로 피기망자에게 처분의사, 즉 처분결과에 대한 인식이 있고, 객관적으로 이러한 의사에 지배된 행위가 있어야 한다고 판시하여 왔다(대법원 1987.10.26, 87도1042 등). 이에 따르면 피해자가 기망을 당하여 자신에게 재산상 손해를 초래하는 행위를 하였다고 하더라도 그로써 생겨나는 결과에 대한 인식이 없으면 처분행위가 인정될 수 없기 때문에 사기죄는 성립하지 않는다. 그러나 사기죄는 본래 행위자가 기망행위를 수단으로 피기망자를 착오에 빠뜨려 피기망자로 하여금 자신의 행위가 어떤 결과를 가져올지 잘 모르는 상태에서 처분행위를 하도록 만드는 범죄이다. 피기망자가 자신의 행위가 가져올 결과를 정확하게 인식하였다면 그것은 결국 기망을 당하지 않았거나 기망행위로 착오에 빠지지 않았다는 것을 의미하므로 사기죄가 성립할 수 없다. 따라서 **처분결과에 대한 피기망자의 인식이 있어야 처분의사를 인정할 수 있다는 종전의 견해는 재검토할 필요가 있다. … 사기죄에서 말하는 처분행위가 인정되려면 피기망자에게 처분결과에 대한 인식이 있어야 한다고 판시한 대법원 1987.10.26, 선고 87도1042 판결, 대법원 1999.7.9, 선고 99도1326 판결, 대법원 2011.4.14, 선고 2011도769 판결 등은 이 판결과 배치되는 범위에서 이를 변경하기로** 한다(대법원 2017.2.16, 2016도13362 전원합의체).

ⓑ 처분행위의 자의성(自意性) : 처분행위자에게 행위의 선택가능성이 주어져 있을 경우에만 처분행위로 볼 수 있다는 것을 말한다. 예를 들어, 위조지폐 수색명목으로 진화를 위화라고 속여 압수명목으로 가져간 경우 피해자의 처분행위는 그 자의성이 없는 경우이므로 이는 사기죄가 성립할 수 없고 절도죄에 불과할 뿐이다.

ⓒ 처분행위자 : 처분행위자는 피기망자와 동일인이어야 하지만, 재산상 피해자와 일치할 필요는 없다(삼각사기). 경찰채용 17 1차

㉢ 피기망자의 착오와 처분행위 간의 인과관계 : 인과관계가 당연히 필요하므로, 처분행위는 착오로 인한 것이어야 한다. 경찰승진 13 기망행위와 재산적 처분행위 사이에 인과관계가 있는지는 거래의 상황, 상대방의 지식, 성격, 경험, 직업 등 행위 당시의 구체적 사정을 고려하여 일반적 · 객관적으로 판단하여야 한다(대법원 1988.3.8, 87도1872). 처분행위가 있었지만 그것이 착오에 기인한 것이 아니라 피해자의 동정심에 의한 것이었다면 사기의 미수에 지나지 않는다. 따라서 ⓐ 처(妻)가 남편의 폭행으로 목을 다쳤을 뿐인데도 교통사고로 상해를 입었다는 취지로 보험금을 청구하여 다수의 보험회사들로부터 보험금을 교부받았다 하더라도, 보험회사들의 보험금 지급이 처의 기망으로 인한 것으로 볼 수 없다면 사기죄가 성립하지 않는다(대법원 2011.2.24, 2010도17512, 또한 처의 보험금 지급청구를 기망행위로 보기도 어렵다).[598] 또한, ⓑ 피해자의 재산적 처분행위나 이러한 재산적 처분행위를 유발한 행위자의 행위가 그가 도모하는 어떠한 '사업의 성패 내지 성과와 밀접한 관련 아래 이루어진 경우'에는, 단순히 피고인의 재력이나 신용상태 등을 토대로 기망행위나 인과관계 존부를 판단할 수는 없고, 당해 사업의 성공가능성 등의 사정을 모두 종합하여 판단하여야 한다(대법원 2011.10.13, 2011도8829).[599] 법원행시 18

㉣ 처분행위와 재산상 손해의 관계(처분효과의 직접성) : 처분행위가 직접 재산상의 손해를 초래하여야 한다. 직접성이란 피기망자의 착오로 인한 행동이 기망행위자의 중간적 범죄행위를 개입시키지 않고도 직접 재산감소를 일으키는 것을 의미한다. 처분효과의 직접성이 인정되지 않는 경우에는 책략절도(策略竊盜, Trickdiebstahl)가 될 뿐이다. 예를 들어, 의류 등의 상품을 사겠다고 하여 진열대에 내어 놓은 것을 들고 가거나 한번 입어보고 사겠다고 하여 옷을 가지고 가버리는 경우, 가스검침원이라고 사칭하여 집에 들어가 물건을 절취한 경우에는 처분행위가 인정될 수 없기 때문에 절도죄가

598 **피고인이 남편의 폭행으로 목을 다쳤을 뿐인데도 교통사고로 상해를 입었다는 취지로 보험금을 청구하여 다수의 보험회사들로부터 보험금을 받은 사건 [판결이유]** 피고인이 위와 같이 상해를 입고 수술을 받았으나 후유장해가 남은 것은 사실이고 이는 일반재해에 해당되므로, 피고인의 교통재해를 이유로 한 보험금청구가 보험회사에 대한 기망에 해당할 수 있으려면 각 보험약관상 교통재해만이 보험사고로 규정되어 있을 뿐 일반재해는 보험사고로 규정되어 있지 않거나 교통재해의 보험금이 일반재해의 보험금보다 다액으로 규정되어 있는 경우에 해당한다는 점이 전제되어야 할 것임에도, 피고인이 가입한 각 보험의 보험사고가 무엇인지 및 각 보험회사들이 보험금을 지급한 것이 피고인의 기망으로 인한 것인지 등에 대하여 상세히 심리·판단하지 아니한 채 피고인의 보험금청구가 기망행위에 해당한다거나 인과관계가 있다고 쉽사리 단정하여 사기죄를 인정한 원심판결에는 법리오해 또는 심리미진의 위법이 있다.

599 **피해자의 재산적 처분행위 또는 이를 유발한 피고인의 행위가 피고인이 도모하는 사업의 성패 내지 성과와 밀접하게 관련된 경우, 사기죄 성립 여부에 관한 판단 방법 [사실관계 및 판결이유]** 甲 주식회사 운영자인 피고인이 회사 운영이 어려워 돈을 차용하거나 투자를 받더라도 갚을 의사나 능력이 없는데도 피해자들을 기망하여 회사 운영자금 명목으로 돈을 차용하여 편취하였다는 내용으로 기소된 사안에서, 피해자들은 부동산 중개업자 또는 은행지점장 출신으로 甲 회사에서 부사장으로 행세하거나 자금담당 상무로 근무하면서 자금조달 및 투자유치 등의 업무를 직접 수행하여 왔으므로 그 과정에서 甲 회사나 피고인이 타인으로부터 투자금을 조달하지 않는 한 자력으로는 대여금을 변제할 만한 능력이 없다는 것을 충분히 알게 되었으리라고 보이는 점, 자금담당 상무로 근무하던 피해자가 임원진 선임을 둘러싼 의견대립으로 고용계약을 해지하면서 甲 회사의 자금조달에 문제가 생겼고, 피해자들로부터 차용한 돈은 甲 회사의 운영경비 등으로 사용된 점 등 피해자들의 경험과 직업, 피해자들이 甲 회사에 대여한 자금의 용도 등 제반 사정을 종합할 때, 피고인이 피해자들을 기망하였다거나 피고인의 기망행위로 인하여 피해자들이 착오에 빠져 어떠한 재산적 처분행위를 하였다고 보기는 어렵다(대법원 2011.10.13, 2011도8829).

성립할 뿐이다(통설). 판례도 ⓐ "피고인이 피해자 경영의 금방에서 마치 귀금속을 구입할 것처럼 가장하여 피해자로부터 순금목걸이 등을 건네받은 다음, 화장실에 갔다 오겠다는 핑계를 대고 도주한 것이라면, 위 순금목걸이 등은 도주하기 전까지는 아직 피해자의 점유 하에 있었다고 할 것이므로 이를 절도죄로 의율 처단한 것은 정당하다(대법원 1994.8.12, 94도1487)."라고 보고 있다. 법원행시 09 / 법원행시 11 / 법원9급 10 / 변호사 13 / 경찰승진(경감이하) 16 판례는 그러나 ⓑ "자전거를 살 의사도 없이 시운전을 빙자하여 교부받은 자전거를 타고 도주한 때에는 사기죄가 성립한다(대법원 1968.5.21, 68도480)."라고 하여 시운전을 허락한 행위가 처분행위의 의미가 있다고 보고 있다.[600]

⑤ 재산상의 손해 : ㉠ 다수 학설은 사기죄의 성립에 있어서 재산상 손해가 필요하다고 보고 다만 이는 재산상 위험으로도 충분하다는 입장이다(필요설). 그러나 ㉡ 판례는 기술하였듯이 상대방에게 현실적으로 재산상 손해가 발생함을 요하지 아니한다는 입장이다(판례 : 재산상 손해 불요설). 경찰승진(경감) 11 예를 들어, ⓐ 판례는 "사기죄는 상대방을 기망하여 하자 있는 상대방의 의사에 의하여 재물을 교부받음으로써 성립하는 것이므로 분식회계에 의한 재무제표 등으로 금융기관을 기망하여 대출을 받았다면 사기죄는 성립하고, 변제의사와 변제능력의 유무 그리고 충분한 담보가 제공되었다거나 피해자의 전체 재산상에 손해가 없고, 사후에 대출금이 상환되었다고 하더라도 사기죄의 성립에는 영향이 없다(대법원 2005.4.29, 2002도7262).[601]" 법원행시 10 / 경찰승진(경위) 11 / 사시 10라거나, ⓑ "상대방의 과실에 의하여 야기된 교통사고로 일부 경미한 상해를 입은 것이 사실이라고 하더라도, 이를 기화로 그 상해를 과장하여 병원에 장기간 입원하고, 이를 이유로 다액의 보험금을 받는 경우 그 보험금 전체에 대해 사기죄가 성립한다(대법원 2005.9.9, 2005도3518, 통원치료의 경우에도 보험금 전액에 대한 사기죄가 성립한다는 판례는 대법원 2021.8.12, 2020도13704)." 법원9급 09 / 경찰간부 14 / 경찰승진 13 / 사시 16 / 국가7급 16고 판시하고 있다

사례연구 사기죄의 성립에 재산상 손해는 필요 없다는 사례

기망수단으로서 변조 또는 위조한 차용증서 등을 제시하여 (그 과정에서 일부 진정한 금전 소비대차관계가 성립되어 피해자가 그 차용인들로부터 일부를 회수하였다) 금전을 차용한 경우 당초의 수령액 전부에 대하여 사기죄가 성립하는가, 그 수령액에서 진정하게 소비대차가 성립한 금액을 공제한 액수에 한하여 사기죄가 성립하는가?

해결 기망수단으로서 변조 또는 위조한 차용증서 등을 제시하였고(그 과정에서 일부 진정한 금전 소비대차관계가 성립되어 피해자가 그 차용인들로부터 일부를 회수하였다고 할지라도) 당초의 수령액 전부에 대하여 사기죄가 성립하는 것이지 그 수령액에서 진정하게 소비대차가 성립한 금액을 공제한 액수에 한하여 사기죄가 성립하는 것은 아니다(대법원 1998.4.24, 98도248).

정답 당초의 수령액 전부에 대하여 사기죄가 성립한다.

⑥ 재물 또는 재산상 이익의 취득 : 피기망자의 처분행위로 인하여 자기 또는 제3자가 재물 또는 재산상 이익을 취득하여야 한다.

600 판례의 입장과 같은 주장은 손동권, 374면; 이재상, §18－36. 다만 사기죄를 부정하는 것이 다수설로 보인다. 김일수/서보학, 427면; 박상기, 295면; 배종대, 430면; 오영근, 467면; 임웅, 351면 등 참조. 특히 위 판례에 대해 교부행위가 아니라 도주행위에 의하여 비로소 손해가 발생하였기 때문에 사기죄가 아니라 절도죄가 성립한다고 보아야 한다는 비판은 박상기, 295면 참조.

601 유사판례 A회사(대표이사 甲)는 당해 회계연도의 결산이 적자인 경우 다음 해에 관급공사의 수주나 금융기관으로부터의 대출이 어렵게 되는 것을 피하기 위하여 실제로는 손실을 입었음에도 이익이 발생한 것처럼 이른바 분식결산서를 작성한 후 이를 토대로 금융기관으로부터 대출을 받았다. 甲에게는 사기죄의 죄책이 인정된다(대법원 2000.9.8, 2000도1447).

판례연구 재산상 이익 취득 관련 판례

1. 대법원 1998.12.9, 98도3282; 2009.7.23, 2009도2384

어음수표 할인에 의한 사기죄의 재산상의 이익액은 실제 수령액

수표나 어음이 지급기일에 결제되지 않으리라는 점을 예견하였거나 지급기일에 지급될 수 있다는 확신이 없으면서도 그러한 내용을 수취인에게 고지하지 아니하고 이를 속여서 할인을 받으면 사기죄가 성립한다. 어음·수표의 할인에 의한 사기죄에 있어서 피고인이 피해자로부터 수령한 현금액이 피고인이 피해자에게 교부한 어음·수표의 액면금보다 적을 경우, 피고인이 취득한 재산상의 이익액은, (당사자가 선이자와 비용을 공제한 현금액만을 실제로 수수하면서도 선이자와 비용을 합한 금액을 대여원금으로 하기로 하고 대여이율을 정하는 등의 소비대차특약을 한 경우 등의 특별한 사정이 없는 한) 위 어음·수표의 액면금이 아니라 피고인이 수령한 현금액이라고 할 것이다.[602]

법원승진 10 / 경찰승진(경감) 10 / 사시 14

2. 대법원 2006.2.10, 2005도8995

편취금을 재투자 형식으로 다시 편취한 경우 편취액의 산정방법

재물을 편취한 후 예금계좌 등으로 그 일부를 수당 등의 명목으로 입금해 주어 피해자가 이를 '현실적으로 수령'한 다음, 일정기간 후 이를 가지고 다시 물품을 구매하는 형식으로 재투자하였다면, 이는 새로운 법익의 침해가 발생한 경우라고 할 것이어서 그 재구매 금액은 편취액에서 제외할 성질의 것이 아니다.

3. 대법원 2007.4.26, 2007도1274; 2013.11.14, 2012도15254; 2013.11.28, 2011도7229

대한주택보증 임대보증금 사기 사건

甲은 고의부도 준비사실 등을 고지하지 아니한 채 대한주택보증 주식회사의 임대보증금 보증에 가입한 경우, 대한주택보증의 임대보증금 보증서 발급이 甲의 기망행위에 의하여 이루어졌다면, 그로써 곧 사기죄는 성립하는 것이고, 이로 인하여 취득한 재산상 이익은 대한주택보증이 보증한 임대보증금 상당액이라 할 것이다. 법원9급 17

유사판례 대법원 2008.2.28, 2007도10416

신용보증기금의 신용보증서 발급이 기망행위에 의하여 이루어진 이상 그로써 곧 사기죄는 성립하고, 그로 인하여 기망행위자가 취득한 재산상 이익은 신용보증금액 상당액이다. 법원행시 11

4. 대법원 2007.7.26, 2007도3160

아파트 소유권이전등기청구권을 가압류당한 아파트 수분양권자가 가압류채권자에게 "가압류를 해제하여 주면 아파트 매도대금으로 채무를 변제하겠다."라고 거짓말하여 이에 속은 채권자로부터 가압류해제신청서를 받아 가압류를 해제한 후 아파트를 매도하였으면서도 위 채무를 변제하지 아니한 경우에는, 위 수분양권자로서는 가압류가 해제됨으로써 아파트 매도가 용이해져 매도대금을 수령할 수 있게 된 이익이 있으므로 가압류청구금액 상당의 재산상의 이익을 취득한 데 대한 사기죄가 성립한다.

5. 대법원 2007.3.30, 2005도5972

채무이행을 연기받을 목적으로 어음을 발행·교부한 사건

채무이행을 연기받는 것도 사기죄에 있어서 재산상의 이익이 되므로 채무자가 채권자에 대하여 소정기일까지 지급할 의사나 능력이 없음에도 종전 채무의 변제기를 늦출 목적에서 어음을 발행, 교부한 경우에는 사기죄가 성립한다.

6. 대법원 2008.2.14, 2007도10658

유동적 무효인 계약의 상대방에게 매매대금을 정산해줄 것처럼 하여 근저당권을 설정하게 한 사례

사기죄는 타인을 기망하여 그로 인한 하자있는 의사에 기하여 재물을 교부받거나 재산상 이익을 취득함으로써

---

602 유사판례 甲은 항만의 선박에 유류를 공급하는 회사를 운영하면서 외국 국적선에 공급하는 유류의 종류나 양을 허위로 기재한 서류를 작성, 제출하고 정유회사로부터 해상면세유를 매입함으로써 A정유회사로부터 해당 부분 유류, 즉 재물을 편취함으로써 특경법 위반죄(사기)를 범했다. 그렇다면 이 경우 이득액은 편취한 유류의 가액의 합계인가, 아니면 위 유류를 타에 처분함으로써 얻은 이윤인가? → 특정경제범죄 가중처벌 등에 관한 법률(이하 '특경법') 제3조 제1항의 이득액은 거기에 열거된 범죄행위로 인하여 취득하거나 제3자로 하여금 취득하게 한 불법영득의 대상이 된 재물이나 재산상 이익의 가액의 합계이고, 궁극적으로 그와 같은 이득을 실현할 것인지 여부는 영향이 없다고 할 것인바, 이득액은 편취한 유류의 가액의 합계라고 보아야 할 것이므로, 위와 같이 편취한 유류를 타에 처분함으로써 얻은 이윤을 특경법 제3조 제1항 소정의 이득액으로 보아야 한다는 취지의 주장은 이유 없다(대법원 2006.3.10, 2005도9387).

성립되는 범죄인만큼, 설사 피고인과 피해자들 사이의 매매계약이 토지거래허가를 받지 아니하여 유동적 무효의 상태에 있었다 하더라도, 피고인이 대출금 및 매매대금을 정산해 줄 것처럼 피해자를 기망하여 그로 하여금 근저당권을 설정하게 함으로써 재산상의 이익을 취득한 이상 피고인으로서는 사기죄의 죄책을 면할 수 없다. 사시 10

7. 대법원 2012.4.13, 2012도216
위임받은 범위를 초과한 대출의 편취액
자금중개업자인 피고인이 대출의뢰인 甲에게서 일정 금액을 대출해 달라는 부탁을 받았음에도 위임받은 범위를 초과한 금액의 대출의뢰를 받은 것처럼 사채업자 乙을 속여 돈을 대출받아 편취하였다고 하여 특경법 위반(사기)으로 기소된 경우, 피고인이 乙로부터 교부받은 돈 전부를 편취액으로 인정한 것은 정당하다.

⑦ 착수시기 · 기수시기

㉠ 착수시기 : 기망행위를 개시한 때이다.

예 • 보험사기 : 보험금의 지급을 청구한 때 • 소송사기 : 소(訴)를 제기한 때

판례연구 사기죄의 실행의 착수를 부정한 판례

1. 대법원 2003.6.13, 2003도1279
장애인단체 보조금 정산보고서를 허위로 제출한 것만으로 실행착수 부정
보조금 정산보고서는 참고자료에 불과하므로 허위의 정산보고서를 제출한 것만으로는 다음 해의 보조금 편취의 실현에 이르는 현실적 위험성을 포함하는 행위를 개시한 것이라고 볼 수 없어 기망의 실행의 착수가 있다고 보기 어렵다.

유사판례 1 대법원 1999.3.12, 98도3443
태풍 피해복구보조금 지원절차가 행정당국에 의한 실사를 거쳐 피해자로 확인된 경우에 한하여 보조금 지원신청을 할 수 있도록 되어 있는 경우, 피해신고는 국가가 보조금의 지원 여부 및 정도를 결정함에 있어 그 직권조사를 개시하기 위한 참고자료에 불과하다는 이유로 허위의 피해신고만으로는 위 보조금 편취범행의 실행에 착수한 것이라고 볼 수 없다. 법원승진 14 / 법원9급 20

유사판례 2 대법원 2016.12.29, 2015도3394
어린이집 회계보고에 허위가 개입되었다 하여 사기에 해당하지 않는다는 사례
어린이집 운영자가 어린이집의 운영과 관련하여 허위로 지출을 증액한 내용으로 '재무회계규칙에 의한 회계'를 하고 그 결과를 보고하여 기본보육료를 지급받았더라도 그와 같이 회계보고에 허위가 개입되어 있다는 사정은 기본보육료의 지급에 관한 의사결정에 영향을 미쳤다고 볼 수 없으므로, 이를 들어 구 영유아보육법 제54조 제2항의 '거짓이나 그 밖의 부정한 방법으로 보조금을 교부받은 경우'에 해당한다고 볼 수 없고, 이와 같은 행위가 형법 제347조 제1항에 정한 사기죄에 해당한다고 볼 수도 없다.

2. 대법원 2013.11.14, 2013도7494
피보험자 가장 보험계약 체결만으로는 보험사기의 실행착수 부정
타인의 사망을 보험사고로 하는 생명보험계약을 체결함에 있어 제3자가 피보험자인 것처럼 가장하여 체결하는 등으로 그 유효 요건이 갖추어지지 못한 경우에도, 그 보험계약 체결 당시에 이미 보험사고가 발생하였음에도 이를 숨겼다거나 보험사고의 구체적 발생 가능성을 예견할 만한 사정을 인식하고 있었던 경우 또는 고의로 보험사고를 일으키려는 의도를 가지고 보험계약을 체결한 경우와 같이 보험사고의 우연성과 같은 보험의 본질을 해칠 정도라고 볼 수 있는 특별한 사정이 없는 한, 그와 같이 하자 있는 보험계약을 체결한 행위만으로는 미필적으로라도 보험금을 편취하려는 의사에 의한 기망행위의 실행에 착수한 것으로 볼 것은 아니다(대법원 2012.11.15, 2010도6910 참조). 그러므로 그와 같이 기망행위의 실행의 착수로 인정할 수 없는 경우에 피보험자 본인임을 가장하는 등으로 보험계약을 체결한 행위는 단지 장차의 보험금 편취를 위한 예비행위에 지나지 않는다 할 것이다. 변호사 16 / 법원9급 17

㉡ 기수시기 : 본죄가 기수로 되기 위하여는 기망행위, 착오, 처분행위, 재산상의 손해 사이에 인과관계가 있어야 한다. 본죄의 기수시기는 (다수설에 의하면) 재산상의 손해가 발생한 때[603](판례에 의하면 재물 또는 재산상 이익 취득시)이다.

판례연구 사기죄의 기수 관련 판례

1. 대법원 2003.5.16, 2001도1825

주문에 따라 제작된 (백두산 미륵불상 건립사업 홍보)도자기가 배달을 위하여 보관 중인 경우

사기죄에 있어서 '재물의 교부'란 범인의 기망에 따라 피해자가 착오로 재물에 대한 사실상의 지배를 범인에게 이전하는 것을 의미하는데, 재물의 교부가 있었다고 하기 위하여 반드시 재물의 현실의 인도가 필요한 것은 아니고, 재물이 범인의 사실상의 지배 아래에 들어가 그의 자유로운 처분이 가능한 상태에 놓인 경우에도 재물의 교부가 있었다고 보아야 한다. 경찰승진(경위) 11 / 경찰승진(경감이하) 16 / 경찰채용 16 1차 따라서 피고인의 주문에 따라 제작된 도자기 중 실제로 배달된 것뿐만 아니라 피고인이 지정하는 장소로의 배달을 위하여 피해자가 보관중인 도자기도 피고인에게 모두 교부되었다고 판단하여 사기죄의 기수를 인정한 것은 정당하다. 경찰승진(경위) 11 / 법원9급 07(하)

2. 대법원 2003.7.25, 2003도2252

사기죄의 기수시기 : 기망을 통하여 통장으로 돈을 송금받은 때

타인의 명의를 빌려 예금계좌를 개설한 후, 통장과 도장은 명의인에게 보관시키고 자신은 위 계좌의 현금인출카드를 소지한 채, 명의인을 기망하여 위 예금계좌로 돈을 송금하게 한 경우, 자신은 통장의 현금인출카드를 소지하고 있으면서 언제든지 카드를 이용하여 차명계좌 통장으로부터 금원을 인출할 수 있었고, 명의인을 기망하여 위 통장으로 돈을 송금받은 이상, 이로써 송금받은 돈을 자신의 지배 하에 두게 되어 편취행위는 기수에 이르렀다고 할 것이고, 이후 편취금을 인출하지 않고 있던 중 명의인이 이를 인출하여 갔다 하더라도 이는 범죄성립 후의 사정일 뿐 사기죄의 성립에 영향이 없다. 법원행시 05 / 법원9급 11 / 국가9급 21

3. 대법원 2003.12.26, 2003도4914

수표를 스스로 교부하고서도 제권판결을 받고 그 판결을 제출하여 은행으로부터 수표금 상당액을 수령한 경우 사기죄의 기수시기 : 제권판결을 선고받아 확정된 때

수표를 스스로 교부하고서도 공시최고 신청을 하여 제권판결을 선고받아 확정되었다면 그 제권판결의 적극적 효력에 의하여 피고인은 수표상 채무자인 은행에 대하여 수표를 소지하지 않고도 수표상의 권리를 행사할 수 있는 지위를 취득하였다고 할 것이므로, 이로써 사기죄에 있어서의 재산상 이익을 취득한 것으로 보기에 충분하다.[604] 국가7급 12 / 국가7급 13 / 법원행시 08 / 법원행시 09 / 경찰승진(경장) 10

4. 대법원 2015.11.26, 2015도3012

이미 취득한 재물 또는 재산상 이득을 사후에 반환하거나 변상하였더라도 사기죄는 성립한다.

5. 대법원 2019.4.3, 2014도2754

보험사기의 기수시기

보험계약자가 고지의무를 위반하여 보험회사와 보험계약을 체결한다 하더라도 그 보험금은 보험계약의 체결만으로 지급되는 것이 아니라 보험계약에서 정한 우연한 사고가 발생하여야만 지급되는 것이다. …… 피고인이 위와 같은 고의의 기망행위로 보험계약을 체결하고 위 보험사고가 발생하였다는 이유로 보험회사에 보험금을 청구하여 보험금을 지급받았을 때 사기죄는 기수에 이른다.

---

603 김일수(상), 732면; 박상기, 299면; 손동권, 378면; 이재상, §18－45; 이형국(Ⅰ), 457면; 임웅, 359면 등.

604 **비교판례** 대여금 채권자인 A는 채무자 B에 대하여 승소확정판결을 받은 후 대여금 전액을 변제받고서도 위 판결정본으로 집행관으로 하여금 채무자 소유의 동산에 압류집행을 하게 하였다. 대여금 채권자가 채무자에 대하여 승소확정판결을 받은 대여원리금채권을 그 판결확정 후에 전액을 변제받고서도 형식상 적법한 채무명의인 판결정본을 그대로 소지하고 있음을 이용하여 위 판결정본에 기한 채권이 존재함을 내세워 집달관으로 하여금 그 집행절차를 수임하게 하여 위 **채무자 소유의 동산에 압류집행**을 하도록 하였다면 채권자의 위 소위는 **사기미수**에 해당한다(대법원 1988.4.12, 87도2394). 법원행시 05

(2) **주관적 구성요건** – 고의+불법영득·이득의 의사

사기죄의 구성요건적 고의는 기망행위를 통하여 상대방으로 하여금 착오를 일으키게 하여 처분행위를 하게 함으로써 재물 또는 재산상의 이익을 취득하고 이로써 재산상 손해를 입히게 하겠다는 객관적 구성요건요소에 대한 인식과 의사를 말하며, 사기죄는 영득죄이면서 이득죄이므로 여기에서 더 나아가 객관적 구성요건 표지에 상응하지 않는 주관적 표지인 불법영득의사 또는 불법이득의사가 추가적으로 요구된다.

판례연구 사기죄의 고의 · 영득의사 긍정 판례

1. 대법원 2005.4.29, 2005도741

무리하게 쇼핑몰 상가분양을 강행한 경우

쇼핑몰 상가 분양사업을 계획하면서 사채와 분양대금만으로 사업부지 매입 및 공사대금을 충당할 수 있다는 막연한 구상 외에 체계적인 사업계획 없이 무리하게 쇼핑몰 상가 분양을 강행한 경우 편취의 고의를 인정할 수 있다. 국가7급 12 / 경찰승진(경위) 10

2. 대법원 2005.8.19, 2004도6859

이미 과다한 부채의 누적이 있는데도 신용카드를 사용한 경우

카드회원이 일시적인 자금궁색 등의 이유로 그 채무를 일시적으로 이행하지 못하게 되는 상황이 아니라 이미 과다한 부채의 누적 등으로 신용카드 사용으로 인한 대출금채무를 변제할 의사나 능력이 없는 상황에 처하였음에도 불구하고 신용카드를 사용하였다면 사기죄에 있어서 기망행위 내지 편취의 고의를 인정할 수 있다. 국가9급 11 / 법원행시 07 / 법원행시 14 / 법원9급 13 / 경찰간부 22

3. 대법원 2006.3.24, 2006도282 ; 2004.5.28, 2004도1465

시세조종된 주식을 담보로 제공한 사례

시세조종된 주식임을 잘 알면서도 이를 숨긴 채 담보로 제공하였다면 대출받을 당시 담보가치가 충분히 있었다고 하더라도 편취의 고의가 인정된다. 경찰승진(경위) 10

4. 대법원 2007.4.27, 2006도7634

대출조건 · 용도가 한정된 정책자금을 실제보다 부풀려 대출받은 사례

농어촌구조개선 특별회계기금을 재원으로 하여 임업후계자육성을 위해 이루어지는 정책자금대출로서 그 대출의 조건 및 용도가 임야매수자금으로 한정되어 있는 정책자금을 대출받음에 있어 임야매수자금을 실제보다 부풀린 허위의 계약서를 제출함으로써 대출취급기관을 기망하였다면, 대출받을 자금을 상환할 의사와 능력이 있었는지 여부를 불문하고 편취의 고의가 인정된다. 법원행시 11

5. 대법원 2007.11.29, 2007도8549

파산신청 2년 전부터 40여 일 전까지 돈을 빌린 사례

개인파산·면책제도를 통하여 면책을 받은 채무자에 대한 차용금 사기죄의 인정 여부는 그 사기로 인한 손해배상채무가 면책대상에서 제외되어 경제적 회생을 도모하려는 채무자의 의지를 꺾는 결과가 될 수 있다는 점을 감안하여 보다 신중한 판단을 요하지만, 차용금 사기죄로 기소된 자가 파산신청을 하여 면책허가결정이 확정된 경우, 파산신청 2년 전부터 불과 40여 일 전까지 여러 사람들로부터 돈을 빌려서 채무변제와 생활비 등으로 사용한 것은 사기죄를 구성한다.

비교판례 **개인파산 · 면책제도를 통하여 면책을 받은 채무자에 대한 차용금 사기죄의 심리방법**

차용인이 대여인으로부터 관광버스 구입자금을 차용한 후 계속된 사업실패로 파산신청을 하여 면책허가결정이 확정되자 대여인이 차용금 사기죄로 고소한 사안에서, 차용 당시 차용인에게 편취의 고의가 있었다고 볼 수 없다고 한 사례도 있다(대법원 2008.2.14, 2007도10770).

6. 대법원 2013.9.26, 2013도3631

투자금 편취에 의한 사기죄에 있어서 원금반환약정과 편취의 고의 유무 판단의 기준시점

투자금의 편취에 의한 사기죄의 성립 여부에 있어 투자약정 당시 투자받은 사람이 투자자로부터 투자금을 지급받아 투자자에게 설명한 투자사업에 사용하더라도 일정 기간 내에 원금을 반환할 의사나 능력이 없음에도 마치

일정 기간 내에 투자자에게 원금을 반환할 것처럼 거짓말을 한 경우에는 투자자가 원금반환 약정을 전적으로 믿고 투자를 한 경우라면 사기죄의 요건으로서 기망행위에 해당할 수 있고, 이때 투자금 약정 당시를 기준으로 피해자로부터 투자금을 편취할 고의가 있었는지 여부를 판단하여야 할 것이다.

7. 대법원 2018.8.1, 2017도20682

금전대차관계의 채무불이행과 편취의 고의 판단

① 민사상 금전대차관계에서 채무불이행 사실을 가지고 바로 차용금 편취의 고의를 인정할 수는 없으나 ② 피고인이 확실한 변제의 의사가 없거나 또는 차용 시 약속한 변제기일 내에 변제할 능력이 없는데도 변제할 것처럼 가장하여 금원을 차용한 경우에는 편취의 고의를 인정할 수 있다.

보충 A는 甲 저축은행에 대출을 신청하여 심사를 받을 당시 동시에 다른 저축은행에 대출을 신청한 상태였는데도 甲 저축은행으로부터 다른 금융회사에 동시에 진행 중인 대출이 있는지에 대하여 질문을 받자 '없다'고 답변하였고, 甲 저축은행으로부터 대출을 받은 지 약 6개월 후에 신용회복위원회에 대출 이후 증가한 채무를 포함하여 프리워크아웃을 신청하였다. A의 행위는 사기죄를 구성한다.

8. 대법원 2021.9.9, 2021도8468

대학 교수의 국가연구개발사업의 연구비 편취 사건

① 국가연구개발사업에서 연구책임자인 교수가 처음부터 소속 학생연구원들에 대한 개별지급의사 없이 공동관리계좌를 관리하면서 이를 숨기고 산학협력단에 연구비를 신청하여 이를 지급받은 경우 산학협력단에 대한 관계에서 부작위에 의한 기망행위에 해당한다. ② 다만 연구책임자가 원래 용도에 부합하게 학생연구원들의 사실상 처분권 귀속 하에 학생연구원들의 공동비용 충당 등을 위하여 학생연구원들의 자발적인 의사에 근거하여 공동관리계좌를 조성하고 실제로 그와 같이 운용한 경우라면, 비록 공동관리계좌의 조성 및 운영이 관련 법령이나 규정 등에 위반되더라도 그러한 사정만으로 불법영득의사가 추단되어 사기죄가 성립한다고 단정할 수 없다. …… 국가연구개발사업 연구책임자인 의과대학교수가 학생연구원들의 연구비를 처음부터 실질적으로 자신이 관리하는 공동관리계좌에 귀속시킬 의도로 산학협력단으로부터 학생연구비를 지급받아 개인적인 용도 등으로 사용하였다면, 산학협력단에 대한 관계에서 부작위에 의한 기망행위 및 불법영득의사가 모두 인정되어 사기죄가 성립된다.

판례연구 사기죄의 고의 · 영득의사 부정 판례

1. 대법원 2007.4.13, 2005도4222

법률문외한인 자가 동일한 채권에 기해 거듭 배당을 요구하여 배당을 받은 사례

법률문외한(法律門外漢)인 자가 두 개의 각 근저당권의 피담보채권이 별개의 것이라고 여긴 끝에 실질적으로는 동일한 그 각 피담보채권에 관하여 각각 배당을 요구하여 배당받았다는 것만으로는 법원을 기망하여 재물을 편취할 고의가 있었다고 단정하기 어렵다.

2. 대법원 2008.9.25, 2008도5618

분양대금 편취에 의한 사기죄와 관련하여 편취 고의의 판단 시점을 건별로 판단해야 한다고 본 사례

사기죄의 성립 여부는 그 행위 당시를 기준으로 판단하여야 하고, 그 행위 이후의 경제사정의 변화 등으로 인하여 피고인이 채무불이행 상태에 이르게 된다고 하여 이를 사기죄로 처벌할 수는 없다. 따라서 이른바 분양대금 편취에 의한 사기죄의 성립 여부를 판단할 때에도 분양계약을 체결할 당시 또는 그 분양대금을 수령할 당시에 피고인에게 그 편취의 고의가 있었는지 여부, 즉 그 당시에 분양목적물에 관하여 분양계약을 체결하고 그 분양대금을 수령하더라도 수분양자에게 해당 목적물을 분양해 주는 것이 불가능하게 될 가능성을 인식하고 이를 용인한 채 그러한 행위를 한 것인지 여부를 기준으로 판단하여야 한다. 따라서 각 전전대분양계약에 관하여 각 사기죄 상호 간에 실체적 경합범 관계에 있다면, 피고인에게 편취의 고의가 인정되는지 여부도 이 사건 각 전전대분양계약마다 개별적, 구체적으로 판단하여야 할 것이다. 법원행시 18

3. 대법원 2012.11.15, 2010도6910; 2017.4.26, 2017도1405

피보험자의 과거 항암치료 전력을 고지하지 않은 종신보험계약 체결 사례

보험계약자가 상법상 고지의무를 위반하여 보험자와 생명보험계약을 체결한다고 하더라도 그 보험금은 보험계

약의 체결만으로 지급되는 것이 아니라 우연한 사고가 발생하여야만 지급되는 것이므로, 상법상 고지의무를 위반하여 보험계약을 체결하였다는 사정만으로 보험계약자에게 미필적으로나마 보험금 편취를 위한 고의의 기망행위가 있었다고 단정하여서는 아니 되고, 더 나아가 보험사고가 이미 발생하였음에도 이를 묵비한 채 보험계약을 체결하거나 보험사고 발생의 개연성이 농후함을 인식하면서도 보험계약을 체결하는 경우 또는 보험사고를 임의로 조작하려는 의도를 갖고 보험계약을 체결하는 경우와 같이 그 행위가 '보험사고의 우연성'과 같은 보험의 본질을 해할 정도에 이르러야 비로소 보험금 편취를 위한 고의의 기망행위를 인정할 수 있다고 할 것이다.

4. 대법원 2016.4.2, 2012도14516

대주가 차주의 장래의 변제 지체 또는 변제불능 위험을 예상하거나 충분히 예상할 수 있는 사례

사기죄가 성립하는지 여부는 그 행위 당시를 기준으로 판단하여야 하므로, 소비대차 거래에서 차주가 돈을 빌릴 당시에는 변제할 의사와 능력을 가지고 있었다면 비록 그 후에 변제하지 않고 있다 하더라도 이는 민사상의 채무불이행에 불과하며 형사상 사기죄가 성립하지는 아니한다. 따라서 소비대차 거래에서, 대주(貸主)와 차주(借主) 사이의 친척·친지와 같은 인적 관계 및 계속적인 거래 관계 등에 의하여 대주가 차주의 신용 상태를 인식하고 있어 장래의 변제 지체 또는 변제불능에 대한 위험을 예상하고 있었거나 충분히 예상할 수 있는 경우에는, 차주가 차용 당시 구체적인 변제의사, 변제능력, 차용 조건 등과 관련하여 소비대차 여부를 결정지을 수 있는 중요한 사항에 관하여 허위 사실을 말하였다는 등의 다른 사정이 없다면, 차주가 그 후 제대로 변제하지 못하였다는 사실만을 가지고 변제능력에 관하여 대주를 기망하였다거나 차주에게 편취의 고의가 있었다고 단정할 수 없다.

5. 대법원 2001.3.27, 2001도202; 2016.6.9, 2015도18555; 2017.1.25, 2016도18432

채무불이행을 피할 수 있다고 믿었고 노력할 의사가 있는 경우 사기의 고의를 부정한 사례

사업의 수행과정에서 이루어진 거래에서 기업경영자가 파산에 의한 채무불이행의 가능성을 인식할 수 있었으나 그러한 사태를 피할 수 있는 가능성이 있다고 믿었고, 계약이행을 위해 노력할 의사가 있었을 경우, 사기죄의 고의가 있었다고 단정할 수 없다.

판례연구 재물을 스스로 취득하지 않고 제3자에게 취득하게 한 경우와 불법영득의사

대법원 2009.1.30, 2008도9985[605]; 2012.5.24, 2011도15639

기망행위를 통해 제3자에게 재물을 교부받게 한 경우 사기죄가 성립하기 위한 요건

범인이 기망행위에 의해 스스로 재물을 취득하지 않고 제3자로 하여금 재물의 교부를 받게 한 경우에 사기죄가 성립하려면, 그 제3자가 범인과 사이에 사정을 모르는 도구 또는 범인의 이익을 위해 행동하는 대리인의 관계에 있거나, 그렇지 않다면 적어도 불법영득의사와의 관련상 범인에게 그 제3자로 하여금 재물을 취득하게 할 의사가 있어야 할 것인바, 위와 같은 의사는 반드시 적극적 의욕이나 확정적 인식이어야 하는 것은 아니고 미필적 인식이 있으면 충분하며, 그 의사가 있는지 여부는 범인과 그 제3자 및 피해자 사이의 관계, 기망행위 혹은 편취행위의 동기, 경위와 수단·방법, 그 행위의 내용과 태양 및 당시의 거래관행 등 여러 사정을 종합하여 사회통념에 비추어 합리적으로 판단하여야 한다. 한편, 재물편취를 내용으로 하는 사기죄에 있어서는 기망으로 인한 재물교부가 있으면 그 자체로써 피해자의 재산침해가 되어 곧 사기죄는 성립하는 것이고, 그로 인한 이익이 결과적으로 누구에게 귀속하는지는 사기죄의 성부에 아무런 영향이 없다. 사시 11 / 국가7급 16

2. 위법성

(1) 문제의 소재

권리자가 자신의 청구권 등의 권리실현의 수단으로 기망에 의하여 재물을 교부받거나 재산상의 이익을 취득하는 경우, 사기죄의 구성요건해당성이 조각되는가의 문제이다.[606]

605 **사실관계** 甲이 乙에게 이중매도한 택지분양권을 순차 매수한 丙·丁에게 이중매도 사실을 숨긴 채 자신의 명의로 형식적인 매매계약서를 작성해 주면서 甲이 직접 매매대금을 수령하지 않은 경우, 甲은 丙·丁에 대한 사기죄가 성립하는가? → 성립한다. 사시 11

606 이 문제는 재산죄 일반이론, 불법영득의사 중 영득의 불법(위법성)에서 기술하였던 영득의 불법설과 절취의 불법설의 대립과

(2) 학설 · 판례

① 영득의 불법설[내지 불법영득(이득)의사설](다수설[607]) : 영득 내지 이득의 불법이 있어야 구성요건에 해당한다고 본다. 그러므로 사기죄의 구성요건에 해당되지 않는다고 보게 된다.

② 편취의 불법설(소수설[608] · 판례) : 재산죄의 성립에 불법영득(이득)의사는 불필요한 것이므로, 기망이라는 위법한 수단을 사용하였다는 점에서 사기죄의 구성요건에 해당되며, 다만 정당행위 등의 요건을 갖출 때에만 예외적으로 위법성이 조각된다는 견해이다. 이 경우 정당행위 등의 요건을 갖추었는가를 판단함에 있어서는, 기망행위를 수단으로 한 권리행사의 경우 그 권리행사에 속하는 행위와 그 수단에 속하는 기망행위를 전체적으로 관찰하여 그와 같은 기망행위가 사회통념상 권리행사의 수단으로서 용인할 수 없는 정도라면 그 권리행사에 속하는 행위는 위법성이 인정되어 사기죄를 구성한다고 보게 된다.

판례연구 기망행위를 수단으로 한 권리행사가 권리의 남용이 되어 위법하다고 판시한 사례

1. 대법원 2003.6.13, 2002도6410

특정 일자에 업무상 재해를 입지 않은 자의 산재보상급여 신청 사례

산업재해보상 보험급여를 지급받을 수 있는 지위에 있었다고 하더라도 특정 일자에 업무상 재해를 입은 사실이 전혀 없음에도 불구하고, 허위내용의 목격자진술서를 첨부하는 등의 부정한 방법으로 요양신청을 하여 산업재해보상 보험급여를 지급받았다면, 이러한 행위는 그 자체로 이미 사회통념상 권리행사의 수단으로 용인할 수 없다.

2. 대법원 2003.12.26, 2003도4914

자기앞수표를 갈취당한 자가 분실신고를 하여 제권판결을 받아낸 사례

자기앞수표를 갈취당한 자라 하더라도 자기 권리 실현의 수단으로서 이를 분실하였다고 허위로 공시최고신청을 하여 제권판결을 선고받은 것은 그 수표를 갈취하여 소지하고 있는 자에 대해 사기죄가 성립된다. 법원행시 08 / 법원행시 09 / 법원9급 06 / 경찰승진(경장) 10 / 경찰승진(경장) 11

3. 대법원 2009.5.28, 2008도4665

입원 권유 및 퇴원 만류 등의 방법으로 장기간의 입원을 시켜 과다한 요양급여비를 청구한 사례

보험금을 지급받을 수 있는 사유가 있다 하더라도 이를 기화로 실제 지급받을 수 있는 보험금보다 다액의 보험금을 편취할 의사로 장기간의 입원 등을 통하여 과다한 보험금을 지급받는 경우에는 지급받은 보험금 전체에 대하여 사기죄가 성립하므로, 환자들의 건강상태에 맞게 적정한 진료행위를 하지 않은 채 입원의 필요성이 적은 환자들에게까지 입원을 권유하고 퇴원을 만류하는 등으로 장기간의 입원을 유도하여 국민건강보험공단에 과다한 요양급여비를 청구한 행위는 사회통념상 권리행사의 수단으로 용인할 수 없는 것이어서, 비록 그중 일부 기간에 대하여 실제 입원치료가 필요하였다고 하더라도 그 부분을 포함한 당해 입원기간의 요양급여비 전체에 대하여 사기죄가 성립한다. 법원승진 10 / 경찰승진(경장) 10 / 경찰승진(경감) 10 / 사시 12 / 사시 13

4. 대법원 2009.7.9, 2009도295

근저당권자의 대리인의 위임 없는 경매개시결정 정본 수령 사례

근저당권자의 대리인인 피고인이 채무자 겸 소유자인 피해자를 대리하여 경매개시결정 정본을 받을 권한이 없음에도, 경매개시결정 정본 등 서류의 수령을 피고인에게 위임한다는 내용의 피해자 명의의 위임장을 위조하여 법원에 제출하는 방법으로 경매개시결정 정본을 교부받은 경우, 위 행위는 사회통념상 도저히 용인될 수 없으므로 비록 근저당권이 유효하다고 하더라도 사기죄의 기망행위에 해당한다고 해야 한다.[609] 법원행시 10 / 법원행시 18 / 법원승진 10

같은 맥락으로 이해하면 된다.

607 김일수/서보학, 289면; 박상기, 328면; 배종대, 292면; 손동권, 380면; 이재상, §16-65; 이형국(Ⅰ), 393면; 임웅, 274면; Samson SK Rn.191; Sch/Sch/Cramer Rn.171; Tröndle/Fischer Rn.43.

608 유기천(상), 247면; 정영석, 356면.

609 **사실관계 및 결론** 근저당권자 丙의 대리인인 甲은 채무자 겸 소유자인 乙을 대리하여 경매개시결정 정본을 받을 권한이 없음에

5. 대법원 2011.3.10, 2010도14856
부동산 소유권이전등기절차 이행을 구하는 소를 제기하여 동시이행 조건 없이 이행을 명하는 승소확정판결을 받은 자가 매매잔금을 공탁해 줄 것처럼 거짓말을 하여 소유권을 이전받은 사례
피고인이 피해자에 대하여 동시이행 조건 없이 이 사건 부동산에 관한 소유권이전등기절차의 이행을 명하는 승소확정판결을 받아 단독으로 이전등기를 경료할 수 있었다 하더라도, 피고인이 그 판결에 기해 이전등기를 경료하지 않고 위 판결 확정 후 피해자에게 매매잔금을 공탁해 줄 것처럼 거짓말을 하여 '이 사건 부동산에 관한 이전등기를 경료받은 후 피해자에게 매매잔금을 공탁해 주는 조건으로 이 사건 부동산의 소유권을 임의로 이전받기로' 피해자와 합의하고 그에 기해 이 사건 부동산의 소유권을 이전받은 이상, 피고인의 행위는 사회통념상 권리행사의 수단으로서 용인할 수 있는 범위를 벗어난 것으로 사기죄에 있어서의 기망행위에 해당한다고 할 것이다.

6. 대법원 2011.11.24, 2010도15454
허위의 임금 지급 증빙서류를 작성 · 제출하여 지자체 보조금을 교부받아 취득한 사례
영농조합법인의 대표이사인 甲은 버섯재배사 신축사업 진행과 관련하여 허위의 임금 지급 증빙서류들을 작성·제출하여 지방자치단체로부터 지원되는 보조금을 교부받아 취득한 경우, 보조금을 지급받기 위해서는 실제 지출금원의 증빙서류들을 제출해야 함에도, 실제 지급한 적이 없는 임금을 마치 정상적으로 지급한 것처럼 허위의 노무비 지급명세서 및 영수증, 입금증 등 임금 지급을 증빙하는 서류들을 작성한 다음 이를 제출함으로써 이에 속은 담당공무원으로부터 보조금을 교부받은 것은, 전체적으로 보아 사회통념상 권리행사의 수단으로서 용인할 수 있는 범위를 벗어난 것으로서 기망행위에 해당하고, 나아가 피고인들에게 편취의 고의 및 불법영득의 의사도 인정된다.
비교판례 허위의 정산보고서를 제출하여 장애인단체 보조금을 신청한 사례(대법원 2003.6.13, 2003도1279), 허위의 피해신고를 통하여 태풍 피해복구보조금 지원을 신청한 사례(대법원 1999.3.12, 98도3443), 어린이집 운영자가 허위로 지출을 증액한 내용을 보고하여 기본보육료를 지급받은 사례(대법원 2016.12.29, 2015도3394)에서는 사기죄의 성립을 부정하였다.

7. 대법원 2016.10.13, 2015도11200
수급인 또는 하수급인이 시공물량을 부풀려 기성금을 청구하고 지급받은 사례
공사의 도급 또는 하도급계약에서 공사대금을 기성고 비율에 따라 산정한 기성금으로 분할 지급하기로 약정한 경우에 수급인 또는 하수급인이 시공물량을 부풀려 기성금을 청구하고 이를 지급받는 행위가 거래관계에서 신의와 성실의 의무를 저버리는 것으로서 사회통념상 권리행사의 수단으로 용인할 수 없는 정도에 이르렀다고 볼 수 있다면 사기죄로 인정할 수 있다.

8. 대법원 2017.11.9, 2016도12460
길흉화복에 관한 어떠한 결과를 약속하고 기도비를 교부받은 사례
피고인이 피해자에게 불행을 고지하거나 길흉화복에 관한 어떠한 결과를 약속하고 기도비 등의 명목으로 대가를 교부받은 경우에 전통적인 관습 또는 종교행위로서 허용될 수 있는 한계를 벗어났다면 사기죄에 해당한다.

판례연구 용인될 수 있는 권리행사로 보아 무죄로 판시한 사례

1. 대법원 2002.2.8, 2001도6669
임차인이 임대차계약서의 임차인 명의를 자신의 처(妻)의 명의로 변경하여 배당을 요구한 사례
임대인과 임대차계약을 체결한 임차인이 임차건물에 거주하기는 하였으나 그의 처만이 전입신고를 마친 후에 경매절차에서 배당을 받기 위하여 임대차계약서상의 임차인 명의를 처로 변경하여 경매법원에 배당요구를 한 경우, 실제의 임차인이 전세계약서상의 임차인 명의를 처의 명의로 변경하지 아니하였다 하더라도 소액임대차보

도, 경매개시결정 정본 등 서류의 수령을 甲에게 위임한다는 내용의 乙 명의의 위임장을 위조하여 법원에 제출하는 방법으로 경매개시결정 정본을 교부받아 경매절차가 진행되도록 하였다. 다만 위 근저당권은 유효한 것이다. 甲에게는 사기미수죄의 죄책이 인정된다.

증금에 대한 우선변제권 행사로서 배당금을 수령할 권리가 있다 할 것이어서, 경매법원이 실제의 임차인을 처로 오인하여 배당결정을 하였더라도 이로써 재물의 편취라는 결과의 발생은 불가능하다 할 것이고, 이러한 임차인의 행위를 객관적으로 결과발생의 가능성이 있는 행위라고 볼 수도 없으므로 형사소송법 제325조에 의하여 무죄를 선고하여야 한다(위험성이 없어 불능미수가 아니라 불능범으로서 무죄로 본 판례임).[610]

2. 대법원 2004.7.22, 2003도6412

실제의 임차인이 임대차보증금반환채권으로 전환하기로 합의하여 확정일자를 받은 사례

공사대금채권·대여금채권을 합산하여 임대차보증금반환채권으로 전환하기로 합의하여 임대차계약을 체결하고, 실제로 임차인이 임대차목적물에 거주하면서 주민등록전입신고·확정일자를 받은 경우, 임차인이 이에 기하여 경매법원으로부터 배당을 받은 행위를 사기죄로 의율할 수 없다. 법원행시 10

3. 대법원 2010.6.10, 2010도1777

상해를 입은 경위에 대해서 거짓말을 하여 건강보험급여처리를 받은 사례

타인의 폭행으로 상해를 입고 병원에서 치료를 받으면서, 상해를 입은 경위에 관하여 거짓말을 하여 국민건강보험공단으로부터 보험급여 처리를 받은 경우, 위 상해는 '전적으로 또는 주로 피고인의 범죄행위에 기인하여 입은 상해'라고 할 수 없으므로 사기죄는 인정되지 아니한다.[611] 경찰승진(경위) 11 / 경찰승진 14

3. 죄수 및 관련 문제와 다른 범죄와의 관계

(1) 사기죄의 죄수

① 수인의 피해자에 대해 기망행위를 한 경우 : 사기죄의 죄수판단기준은 피해자의 수에 의한다. ㉠ 여러 사람의 피해자에 대하여 따로 기망행위를 하여 각각 재물을 편취한 경우에는 비록 고의가 단일하고 범행방법이 동일하더라도 각 피해자의 피해법익은 독립한 것이므로 그 전체가 포괄일죄로 되지 아니하고 피해자별로 독립한 여러 개의 사기죄가 성립하고(대법원 1989.6.13, 89도582; 2003.4.8, 2003도382; 2013.1.24, 2012도10629[612] 등), 상호간에는 실체적 경합범의 관계에 있다(대법원 1996.2.13, 95도2121[613]; 2010.4.29, 2010도2810 : 다수의 계에 의한 수인에 대한 사기 사례[614]). 국가7급 07 / 국가7급 10 / 국가9급 12 / 법원승진 12 / 법원9급 05 / 법원9급 12 / 경찰간부 12 / 경찰승진 13 / 경찰채용 10 1차 따라서 사기죄 피해자들의 피해 법익이 동일하다고 볼 근거가 없는데도 위 피해자들이 '부부'라는 사정만으로 이들에 대한 각 사기 행위가 포괄하여 일죄에 해당한다고 볼 수는 없다(대법원 2011.4.14, 2011도769)(cf. ≠ 가족에 대한 강도는 1죄-96도1285-). 다만 ㉡ 사회관념상 한 개의 행위로 평가되는 경우에는 상상적 경합이 될 수 있다. 예컨대, 甲 등이 乙 등을 유인하여 '사기도박'으로 도금을 편취한 경우, 乙 등을 피해자로 한 甲 등의 수개의

610 단, 위 판례는 판례의 전통적인 입장인 편취의 불법설의 내용이라기보다는 오히려 영득의 불법설에 가깝다.

611 보험과 관련된 사기 판례의 간단한 정리 ① 특정일자에 업무상 재해를 입은 사실이 없음에도 상해를 입었다고 산업재해보상보험급여 신청 : 권리남용 → 사기 ○, ② 상해를 입은 경위에 대해 거짓말을 하여 국민건강보험급여처리 받음 : 사기 ×, ③ 보험회사를 기망하여 화재보험가입사실증명원을 발급받은 행위 : 사기 ×, 경찰간부 11 / 사시 10 ④ 신용보증기금을 기망하여 신용보증서를 발급받은 행위 : 사기 ○

612 판례 : 사기죄의 죄수판단기준은 피해자의 수 상호저축은행의 경영진인 피고인들이 허위 재무제표를 이용하여 피해자들을 기망하여 후순위채권을 매입하게 하였다는 공소사실에 관하여 포괄일죄가 성립한 것으로 본 원심판결에는 죄수에 관한 법리를 오해하여 법령의 적용을 그르친 위법이 있다.

613 사실관계 및 결론 백화점 직원 甲은 판매하다 남은 식품에 부착되어 있는 바코드와 비닐랩 포장을 뜯어내고 다시 포장을 하면서 가공일이 당일로 기재된 바코드와 백화점 상표를 부착하여 진열대에 진열하여 마치 위 상품이 판매 당일 구입되어 가공된 신선한 것인 것처럼 많은 백화점 고객들에게 판매하였다. 甲은 수개의 사기죄의 실체적 경합이 된다(대법원 1996.2.13, 95도2121). 법원행시 08

614 수인의 피해자에 대하여 단일한 범의하에 동일한 방법으로 각 피해자별로 기망행위를 하여 재물을 편취한 사례 : 다수의 계(契)를 조직하여 수인의 계원들을 개별적으로 기망하여 계불입금을 편취한 사건 [사실관계 및 결론] 甲은 다수의 계(契)를 조직하여 수인의 계원들을 개별적으로 기망하여 계불입금을 편취하였다. 甲은 수개의 사기죄의 실체적 경합범이 된다(대법원 2010.4.29, 2010도2810). 경찰간부 12

사기죄는 상상적 경합의 관계에 있다(대법원 2011.1.13, 2010도9330). 국가9급 14 / 경찰간부 14 / 경찰간부 18 / 경찰채용 12 1차 / 사시 12 / 경찰승진 24

② 1인의 피해자에 대하여 여러 개의 기망행위를 한 경우 : ㉠ 여러 차례에 걸쳐 돈을 교부받거나 재산상 이익을 취득하였다 하더라도 고의가 단일하고 범행방법이 동일하다면 사기죄의 포괄일죄(연속범)만이 성립하고, ㉡ 고의의 단일성과 계속성이 인정되지 아니하거나 범행방법이 동일하지 아니하다면 각 범행은 실체적 경합에 해당한다.

(2) 불가벌적 사후행위

① 절취 등으로 영득한 재물을 제3자에게 매각하는 행위 : ㉠ 제3자가 절취 등으로 영득한 재물이라는 사정을 알고 있는 악의(惡意)의 자인 경우에는 행위자에게는 절도죄 등의 죄 이외에 별도의 사기죄가 성립하지 않는다. 그러나 ㉡ 제3자가 이를 모르는 선의(善意)의 제3자인 경우에는 민법상 동산선의취득은 가능하나(민법 제249조) 도품·유실물 특례(민법 제250조)에 의하여 원래의 소유자로부터 반환청구권의 행사를 당하기 때문에, 행위자에게는 절도죄 등의 죄뿐만 아니라 사기죄의 죄책도 인정되게 된다.

② 사취품 · 횡령물을 제3자에게 매각한 행위 : 사취품이나 횡령물은 민법 제250조의 도품(盜品)에 해당되지 않는다. 따라서 제3자는 원래의 소유자로부터 반환청구권 행사를 당하지 않고 안정적인 점유상태를 유지할 수 있다. 행위자가 사기죄·횡령죄를 범한 것 외에는 제3자에게 대하여 별도의 사기죄가 성립하지 않는 것도 이러한 까닭에 있다.

③ 기망하여 편취한 재물의 반환을 회피할 목적으로 기존 차입원리금을 새로이 투자하는 행위 : ㉠ 재물편취를 내용으로 하는 사기죄에 있어서는 기망으로 인한 재물교부가 있으면 그 자체로 피해자의 재산침해가 되어 이로써 곧 사기죄가 성립하고, 그 후 피해자를 기망하여 편취한 재물의 반환을 회피할 목적으로 현실적인 자금의 수수 없이 기존 차입원리금을 새로이 투자하는 형식을 취하였다 하더라도 이는 새로운 법익을 침해하는 것이 아니므로 별도로 사기죄를 구성하지 않는다(대법원 2001.4.10, 2001도661; 2000.11.10, 2000도3483).[615] 다만 ㉡ 현실적인 자금의 수수가 있었다면 이는 새로운 법익의 침해가 발생한 경우이어서 별도의 사기죄가 성립하게 된다.[616] 사기죄에서 피해자에게 '대가가 지급된 후' 피해자를 기망하여 그가 보유하고 있는 그 대가를 다시 편취하거나 피해자로부터 그 대가를 위탁받아 보관하던 중 횡령한 경우, 별도의 사기죄나 횡령죄가 성립한다는 판례(대법원 2009.10.29, 2009도7052) 경찰승진 12 / 사시 13 / 사시 16 / 국가7급 16 / 경찰채용 24 1차도 동일한 맥락이라고 볼 수 있다.

(3) 불법원인급여(不法原因給與)의 경우 사기죄의 성부

① 문제의 소재 : 甲이 공무원 A에게 뇌물(賂物)을 전달할 의사가 없음에도 불구하고 뇌물을 전달할 것처럼 乙을 속여 乙로 하여금 甲에게 뇌물 용도의 재물을 제공하게 하는 등의 불법원인급여를 하게 한

---

615 **피해자를 기망하여 재물을 편취한 후 그 반환을 회피할 목적으로 현실적인 자금의 수수 없이 기존 차입원리금을 새로이 투자하는 형식을 취한 경우, 별도의 사기죄가 성립하지 않는다는 사례 [판례의 사실관계]** 甲은 2000년 4월 부천시 원미구 중동에 있는 주식회사 동방클래식 부천지점 사무실에서 乙에게 고액 배당을 약속하는 수법으로 기망하여 이에 속은 乙로부터 즉석에서 유사 금융상품 4천만 원 상당을 매도하면서 현금 4천만 원을 교부받아 그 출자금증서도 발행하였는데, 甲은 종전 차입금이 만기에 이르자 乙에게 이를 다시 투자하면 종전과 같은 고수익을 보장하여 주겠다고 기망하여 반환하여야 할 원리금의 전액 또는 일부를 새로이 차입하는 것으로 하고 그 출자금증서를 발행하여 주었다. 다만 실제로는 그 증서상에 표시된 금액 상당의 차입금이 수수되지 아니하였다. 甲은 사기죄의 1죄가 성립한다.

616 **판례** ① 재물을 편취한 후 현실적인 자금의 수수 없이 형식적으로 기왕에 편취한 금원을 새로이 장부상으로만 재투자하는 것으로 처리한 경우에는 그 재투자금액은 이를 편취액의 합산에서 제외하여야 할 것이나, 경찰채용 17 1차 ② **그렇지 아니하고 재물을 편취한 후 예금계좌 등으로 그 일부를 수당 등의 명목으로 입금해 주어 피해자가 이를 현실적으로 수령한 다음, 일정기간 후 이를 가지고 다시 물품을 구매하는 형식으로 재투자하였다면,** 이는 새로운 법익의 침해가 발생한 경우라고 할 것이어서 그 재구매 금액은 편취액에서 제외할 성질의 것이 아니다(대법원 2006.2.10, 2005도8995).

경우에 乙에게 반환청구권이 없음에도 불구하고 사기죄가 인정되는가의 문제이다.

② 부정설[617] : 민법상 반환청구권이 없으므로 본죄가 성립하지 않는다는 입장이다.

③ 긍정설(**통설**[618] · **판례**) : 횡령죄의 경우와는 달리 민법상 반환청구권이 본죄의 요건이 될 수는 없다는 입장이다. 즉, 사기죄가 성립하게 된다. 긍정설이 타당하다고 생각한다. 판례도 "민법 제746조의 불법원인급여에 해당하여 급여자가 수익자에 대한 반환청구권을 행사할 수 없다고 하더라도 수익자가 기망을 통하여 급여자로 하여금 불법원인급여에 해당하는 재물을 제공하도록 하였다면 사기죄가 성립한다(대법원 2006.11.23, 2006도6795; 2004.5.14, 2004도677)." 국가9급 13 / 경찰간부 14 / 사시 11 / 변호사 13 / 경찰채용 21 1차 / 경찰채용 23 1차 고 보고 있다

(4) 친족상도례의 적용문제

삼각사기에 있어서는 기망행위자와 재산상 피해자 간에 친족관계가 있으면 친족상도례가 적용되며, 피기망자에게 친족의 신분이 있을 것은 요하지 않는다(다수설[619] · 판례 : 대법원 1976.4.13, 75도781). 국가9급 14 / 법원행시 10 / 경찰승진(경장) 10 / 경찰승진(경위) 10 / 경찰승진(경위) 11 / 경찰채용 13 1차 / 사시 11 / 법원9급 20 따라서 법원이 피기망자에 해당하는 소송사기에 있어서 사기범죄자와 피해자 간에 친족관계가 있으면 친족상도례가 적용된다. 법원행시 16 / 경찰채용 17 1차

(5) 다른 범죄와의 관계

① 공무원이 직무에 관하여 타인을 기망하여 재물을 편취한 경우 : (다수설 · 판례에 의해 정리해보면) 수뢰죄와 사기죄의 상상적 경합이 성립한다. 그 상대방에게는 증뢰죄가 성립한다. 반면 직무관련성이 인정되지 않는다면 사기죄만 성립한다. 이 경우 그 상대방은 사기죄의 피해자에 불과하므로 증뢰죄가 성립하지 않고 무죄가 된다.

② 위조통화를 행사하여 타인의 재물을 편취한 경우 : 위조통화행사행위는 해당 화폐가 진정한 통화라고 믿는 거래상대방의 오인 · 부지를 이용하는 기망행위로 평가된다. 따라서 위조통화행사죄뿐만 아니라 사기죄도 성립하게 된다. 양죄의 죄수관계에 대해 판례는 위조통화행사죄와 사기죄의 실체적 경합이 된다고 본다(대법원 1979.7.10, 78도840). 법원행시 05 / 법원행시 06 / 경찰채용 13 1차 / 사시 13 / 변호사 12 다만, 다수설은 상상적 경합으로 본다. 기술한 바와 같이[620] 다수설의 입장이 타당하다고 생각된다(객관식에서는 실체적 경합으로 정리).

③ 자기가 보관하는 타인의 소유물을 기망에 의해 편취한 경우 : 횡령죄가 성립할 뿐이다(통설 · 판례[621]). 국가7급 11 / 법원행시 08 / 법원9급 06 / 경찰승진(경위) 10 / 경찰승진(경감) 10 / 경찰승진(경장) 11 / 경찰승진(경위) 11 / 사시 13 / 변호사 17 사기죄의 행위객체(타인소유 · 타인점유의 재물)로 볼 수 없을 뿐만 아니라 피기망자의 착오에 기한 처분행위라는 사기죄의 필수적 요소가 결여되었기 때문이다.

④ 타인의 사무처리자가 '본인'을 기망하여 재산상 이익을 취득한 경우 : 과거 판례는 사기죄만 성립한다는 입장이었다(대법원 1983.7.12, 82도1910). 그러나 ㉠ 사기죄가 성립하는 데 있어서 배임행위가 필수

---

617 김일수/서보학, 425면; 이정원, 381면.

618 강구진, 333면; 김성천/김형준, 500면; 김종원, 217면; 배종대, 428면; 백형구, 180면; 서일교, 169면; 유기천(상), 237면; 이재상, §18-47; 이형국(Ⅰ), 454면; 임웅, 355면; 정성근/박광민, 346면; 452면; 정영석, 356면; 진계호, 369면; 황산덕, 304면.

619 다만 사기죄의 보호법익을 재산권 및 거래의 진실성에 대한 개인의 신뢰로 보고 재산상 피해자 이외에 피기망자도 피해자로 보아, 행위자와 재산상 피해자뿐만 아니라 피기망자에게까지 친족관계가 있어야 친족상도례가 적용된다는 소수설은 임웅, 364면 참조.

620 총론, 죄수론, 죄수론의 일반이론 중 법익표준설 및 수죄 중 상상적 경합 참조.

621 대법원 1980.12.9, 80도1177.

적으로 행해져야 하는 행위가 아니므로 양 죄는 별개의 죄의 관계로 보아야 한다는 점 및 배임행위와 기망행위가 동시에 이루어질 수 있다는 점에서 양 죄는 상상적 경합관계가 있다고 보아야 하며(다수설[622]), 변경된 판례도 이렇게 보고 있다(대법원 2002.7.18, 2002도669 전원합의체). 국가7급 11 / 법원행시 06 / 경찰채용 12 1차 / 사시 11 / 사시 13 / 사시 14 / 변호사 12 다만, ㉡ 기망행위가 '본인 이외의 제3자'에 대한 경우에는 사기죄와 (업무상) 배임죄의 실체적 경합이 성립한다(대법원 2010.11.11, 2010도10690).[623] 국가7급 11 / 사시 12

⑤ 기망에 의한 근저당권 설정 약정 후 이중저당한 경우 : 자기 소유 부동산에 피해자 명의의 근저당권을 설정하여 줄 의사가 없음에도 피해자를 속이고 근저당권 설정을 약정하여 금원을 편취한 후 그 부동산에 관하여 제3자 명의로 근저당권설정등기를 마친 경우, 종래의 판례는 사기죄와 배임죄의 실체적 경합으로 보았으나(대법원 2008.3.27, 2007도9328), 부동산이중저당과 관련해서는 배임죄 부분에서 후술하듯이 채무의 담보를 위해 자기의 부동산에 저당권을 설정한 채무자는 배임죄의 주체인 타인의 사무를 처리하는 자에 해당하지 않으므로 배임죄가 성립하지 않는다는 것이 전원합의체 판례이다(대법원 2020.6.18, 2019도14340 전원합의체). 따라서 위 경우 사기죄만 성립하게 된다.

⑥ 사기도박의 경우 : 도박이란 2인 이상의 자가 상호 간에 재물을 도(賭)하여 우연한 승패에 의하여 그 재물의 득실을 결정하는 것이므로, 이른바 사기도박과 같이 도박당사자의 일방이 사기의 수단으로써 승패의 수를 지배하는 경우에는 도박에서의 우연성(偶然性)이 결여되어 사기죄만 성립하고 도박죄는 성립하지 아니한다(대법원 1960.11.16, 4293형상743). 국가9급 14 / 법원행시 05 / 법원행시 12 / 경찰간부 13 / 경찰채용 11 2차 / 사시 11 / 변호사 12 따라서 사기도박에서 사기적인 방법으로 도금을 편취하려고 하는 자가 상대방에게 도박에 참가할 것을 권유하는 등 기망행위를 개시한 때에 사기죄의 실행의 착수가 있는 것이지, 도박이 개시될 것까지 요하는 것은 아니다(대법원 2011.1.13, 2010도9330). 경찰간부 14 / 경찰승진 14 / 경찰채용 13 1차 / 변호사 12 / 법원9급 17 / 경찰채용 22 2차 예컨대, 甲 등은 사기도박에 필요한 준비를 갖추고 그 실행에 착수한 후에 사기도박을 숨기기 위하여 얼마간 정상적인 도박을 하였다 하더라도, 甲 등에게는 사기죄만 성립할 뿐 도박죄의 죄책이 따로 성립하는 것은 아니다(대법원 2011.1.13, 2010도9330[624]; 2015.10.29, 2015도10948). 국가9급 14 / 경찰간부 13 / 경찰간부 14 / 사시 11 / 사시 13 / 변호사 12 따라서 피해자의 도박이 피고인들의 기망행위에 의하여 이루어졌다면 그로써 사기죄는 성립하며, 이로 인하여 피고인들이 취득한 재물이나 재산상 이익은 도박 당일 피해자가 잃은 도금 상당액이라 할 것이다(대법원 2015.10.29, 2015도10948).

✔ 참고로, 도박의 판돈은 장물이 될 수 없지만, 사기도박의 판돈은 장물이 될 수 있다. 장물은 재산범죄에 의하여 영득한 재물을 말하고, 도박은 재산범죄가 아니며, 사기도박은 사기죄를 구성하기 때문이다.

⑦ 사기의 수단으로 발행한 수표가 지급거절된 경우 : 판례에 의하면 부정수표단속법 위반죄와 사기죄는 그 행위의 태양과 보호법익을 달리하므로 실체적 경합범의 관계에 있다(대법원 2004.6.25, 2004도1751)(부+사=실). 법원행시 12 / 경찰간부 13 / 경찰간부 18 / 경찰채용 10 1차 / 경찰채용 17 1차

---

622 이는 판례가 변경되기 이전부터의 학설의 지적이었다. 강구진, 328면; 김성천/김형준, 456면; 김일수/서보학, 433면; 김종원, 244면; 박상기, 329면; 배종대, 450면; 유기천(상), 249면; 이재상, §18－52; 이정원, 388면; 이형국(Ⅰ), 458면; 임웅, 363면; 정성근/박광민, 345면. 2002년도 전원합의체 판례는 이러한 다수학설의 지적에 따른 것으로 생각된다. 한편 사기죄만 성립한다는 소수설은 이건호, 345면; 백형구, 183면. 배임죄만 성립한다는 소수설은 서일교, 190면; 황산덕, 324면 참조.

623 자세한 것은 배임죄의 죄수 및 다른 범죄와의 관계에서 후술할 것이다.

624 **이른바 '사기도박'의 경우 도박죄가 별도로 성립하지 않고, 기망행위 개시 시에 사기도박도 실행에 착수된다는 사례 [판결이유]** 피고인 등이 사기도박에 필요한 준비를 갖추고 그러한 의도로 피해자들에게 도박에 참가하도록 권유한 때 또는 늦어도 그 사정을 알지 못하는 피해자들이 도박에 참가한 때에는 이미 사기죄의 실행에 착수하였다고 할 것이므로, 피고인 등이 그 후에 사기도박을 숨기기 위하여 얼마간 정상적인 도박을 하였더라도 이는 사기죄의 실행행위에 포함되는 것이어서 피고인에 대하여는 피해자들에 대한 사기죄만이 성립하고 도박죄는 따로 성립하지 아니함에도, 이와 달리 피해자들에 대한 사기죄 외에 도박죄가 별도로 성립하는 것으로 판단하고 이를 유죄로 인정한 원심판결에 사기도박에 있어서의 실행의 착수시기 등에 관한 법리오해의 위법이 있다.

⑧ 공무원이 취급하는 사건에 관한 청탁 · 알선을 할 의사 · 능력이 없음에도 기망하고 금품을 교부받은 경우 : 변호사법 위반죄(내지 특가법 위반죄)인 알선수재죄가 성립하는 것과 상관없이 사기죄가 성립한다(대법원 2008.2.28, 2007도10004). 만약 두 죄 모두에 해당한다면 상상적 경합관계를 구성할 수 있다(알+사=상). 국가7급 14 / 법원9급 09 / 경찰채용 10 1차

> 대법원 2012.6.28, 2012도3927
> 특경법위반(알선수재)죄와 사기죄의 상상적 경합 사례
> 금융회사 등의 임직원의 직무에 속하는 사항의 알선에 관하여 금품이나 그 밖의 이익을 수수한 때에는 위와 같은 금품 등을 수수하는 것으로써 특정경제범죄 가중처벌 등에 관한 법률 위반(알선수재)죄가 성립되고, 위와 같은 금품 등을 수수한 자가 실제로 알선할 생각이 없었다 하더라도 금품 등을 수수하는 것이 자기의 이득을 취하기 위한 것이라면 위 죄의 성립에는 영향이 없다. 따라서 피고인이 금융회사 등의 임직원의 직무에 속하는 사항에 관하여 알선할 의사와 능력이 없음에도 알선을 한다고 기망하고 이에 속은 피해자로부터 알선을 한다는 명목으로 금품 등을 수수하였다면, 이러한 피고인의 행위는 형법 제347조 제1항의 사기죄와 특정경제범죄 가중처벌 등에 관한 법률 제7조 위반죄에 각 해당하고 위 두 죄는 상상적 경합의 관계에 있다(알+사=상). 경찰채용 10 1차 / 국가7급 14 / 법원9급 09

> **판례연구** 기타 사기죄의 죄수 관련 판례
>
> 1. 대법원 2017.2.15, 2016도15226
> 피고인의 일련의 행위에 대한 법률적 평가에서 범죄의 비양립성이 인정되는 경우 : 사기죄가 인정되므로 배임죄가 인정되지 않는다는 사례
> 아파트 소유권자인 피고인이 가등기권리자 甲에게 아파트에 관한 소유권이전청구권가등기를 말소해 주면 대출은행을 변경한 후 곧바로 다시 가등기를 설정해 주겠다고 속여 가등기를 말소하게 하여 재산상 이익을 편취하고, 가등기를 회복해 줄 임무에 위배하여 아파트에 제3자 명의로 근저당권 및 전세권설정등기를 마침으로써 갑에게 손해를 가하였다고 하여 사기 및 배임으로 기소된 경우, 사기죄를 인정하는 이상 비양립적 관계에 있는 배임죄는 별도로 성립하지 않는다고 본 원심판단은 정당하다.
>
> 2. 대법원 2017.5.30, 2016도21713
> 하나의 선거비용 보전청구서에 의한 사기 사건
> 피고인이 수개의 선거비용 항목을 허위기재한 하나의 선거비용 보전청구서를 제출하여 대한민국으로부터 선거비용을 과다 보전받아 이를 편취하였다면 이는 일죄로 평가되어야 하고, 각 선거비용 항목에 따라 별개의 사기죄가 성립하는 것은 아니다. 경찰채용 20 2차 / 국가7급 22

표정리 사기죄의 전통적 사례 정리

사기죄가 성립하는 경우	사기죄가 성립하지 않는 경우
① 백화점 변칙세일(판례) (기망 정도가 신의칙에 위반) ② 수입쇠고기 한우판매(판례) (사술의 정도가 상술의 정도를 초과) ③ 처음부터 알고 한 무전취식 · 무전숙박(묵시적 기망행위) ④ 가짜보석에 대해 진짜의 가격을 부르는 행위(묵시적 기망행위) ⑤ 절취한 도품(장물)의 선의의 제3자로의 처분행위	① 연립주택분양시 평수의 과장광고(판례)(용인될 수 있는 상술의 정도) ② 상품광고에 있어서 약간의 과장된 주장(판례)(순수한 가치판단으로서 기망의 대상이 아님) ③ 나중에야 알게 된 무전취식 · 무전숙박(기망 ×) ④ 과다한 거스름돈을 주는 것을 알고 수령한 행위(부작위에 의한 기망 ×, 점유이탈물횡령죄)(다수설) ⑤ 과다한 거스름돈 수령 후 알고 영득한 행위(점유이탈물횡령죄)

(판례)(묵시적 기망행위)
⑥ 절취한 예금통장으로 예금을 인출한 행위(묵시적 기망행위, 독자적 제3자의 법익침해)
⑦ 지급의사·능력 없음에도 어음·수표를 발행하는 행위
⑧ 아들 낳는 수술인 것처럼 가장한 의사의 행위(판례)(부작위에 의한 기망)
⑨ 부동산매도인이 매수인에게 매매목적물의 소송계속사실(점유이전금지가처분, 도시계획 – 협의매수, 수용, 유언으로 재단법인 출연) 등을 고지하지 않은 경우(이상 판례)(부작위) 법원행시 16 / 국가9급 16 / 경찰채용 16 1차
⑩ 법원에 대한 소송사기(판례)(허위주장으로 법원을 적극 기망한 경우, 소제기시 착수)
⑪ 타인 명의로 가집행선고부 지급명령을 받아 채권압류·전부명령을 받은 행위(판례)(사술 ○) 국가7급 13
⑫ 가계수표에 허위분실사유로 공시최고신청을 하여 제권판결받은 행위(판례)(소송사기) 국가7급 13 / 경찰승진(경장) 10
⑬ 임대차목적물에 경매진행 중인 사실을 고지하지 않은 행위(판례)(부작위)
⑭ 채권소멸된 판결정본에 의한 강제집행(판례) 경찰승진(경장) 10
⑮ 도난·분실된 타인의 신용카드를 가맹점에서 사용한 행위(판례)(신용카드부정사용죄와는 실체적 경합의 관계)

<기 타>
• 사기도박 법원행시 05 / 법원행시 12 / 경찰채용 11 2차
• 타인의 사무처리자가 본인을 기망해 재산상 이익을 취득(판례)(배임죄와 사기죄의 상상적 경합)

⑥ 중고차의 할부금을 매수인에게 고지하지 않은 매도인의 행위(판례)
⑦ 일반적인 과장광고
⑧ 부동산이중매매시 매도인의 제2매수인에 대한 매도행위(제2매수인이 유효하게 소유권 취득, 기망의 정도가 신의칙 위반 ×)
⑨ 부동산명의수탁자의 제3자에 대한 임의처분행위(역시 소유권 취득) 법원행시 16
⑩ 법원공무원에 대한 허위의 등기이전신청(사실상 처분의 지위 ×, 공정증서원본부실기재죄만 ○)
⑪ 사망한 자에 대한 제소(판례)(판결효력 ×)
⑫ 재판상 화해(판례)
(화해당사자간에만 효력)
⑬ 기한미도래 채권의 지급명령(판례)
(적극적 사술 ×)
⑭ 가압류·가처분(판례)
(강제집행의 보전절차)
⑮ 금목걸이를 구입하는 것처럼 하여 도주하거나 피해자가 한눈을 파는 사이 물건을 가지고 가는 행위(판례)(처분행위의 직접성이 없어 사기죄 ×, 절도죄 ○, 반대로 자전거를 살 의사 없이 시운전을 빙자해 도주한 행위는 판례가 사기죄 ○)

<기 타>
• 자기가 보관하는 타인의 소유물을 기망수단으로 영득한 행위(횡령죄만 됨) 법원행시 08 / 법원9급 06
• 결혼식 축의금 접수인으로 가장하여 축의금을 가로챈 행위(판례)(축의금 교부는 접수인에게 처분권을 주는 것이 아니므로 사기죄 ×, 절도죄 ○) 법원행시 08 / 법원9급 10

03 컴퓨터 등 사용사기죄와 신용카드범죄

제347조의2【컴퓨터 등 사용사기】 컴퓨터 등 정보처리장치에 허위의 정보 또는 부정한 명령을 입력하거나 권한 없이 정보를 입력·변경하여 정보처리를 하게 함으로써 재산상의 이익을 취득하거나 제3자로 하여금 취득하게 한 자는 10년 이하의 징역 또는 2천만 원 이하의 벌금에 처한다.

1. 의의 및 성격

컴퓨터 등 사용사기죄(fraud by use of computer, etc.)는 컴퓨터 등 정보처리장치에 허위의 정보 또는 부정한 명령을 입력하거나 권한 없이 정보를 입력·변경하여 정보처리를 하게 함으로써 재산상의 이익을 취득하거나 제3자로 하여금 이를 취득하게 함으로써 성립하는 범죄이다. 본죄는 재산변동에 관한 사무가 사람의 개입 없이 컴퓨터 등에 의하여 기계적·자동적으로 처리되는 경우가 증가함에 따라 이를 악용하여 불법적인 이익을 취하는 행위도 증가하였으나 이들 새로운 유형의 행위는 사람에 대한 기망행위나 상대방의 처분행위 등을

수반하지 않아 기존 사기죄로는 처벌할 수 없다는 점 등을 고려하여 1995년 개정형법에서 신설된 규정이다. 본죄는 컴퓨터범죄의 유형에 따르자면 컴퓨터조작범죄(computer-manipulation)에 속한다는 점에서, 컴퓨터파괴범죄의 대표적 유형인 컴퓨터 등 장애 업무방해죄(제314조 제2항)와 구분된다.

또한 타인의 신용카드를 절취하여 이를 마치 자신의 것처럼 사용함으로써 재산적 이익을 취득하는 등의 소위 신용카드범죄도 현대 신용사회에서 비일비재하다. 이하에서는 컴퓨터사용사기죄의 구성요건 등을 검토하면서 더불어 신용카드범죄에 대해서도 상세히 다루어보기로 하겠다.

2. 구성요건

(1) 객관적 구성요건

① 행위객체 : 본죄의 객체는 재산상의 이익으로 한정되어 있다(순수한 이득죄). 경찰간부 11 따라서 A가 B의 신용카드나 현금카드를 몰래 가져와서 현금자동지급기(ATM)에서 계좌이체거래를 하여 자신의 예금계좌액수를 증액시켰거나 인터넷을 이용하여 자신이 이행하여야 할 채무를 B의 신용카드로 결제하였다면 본죄에 해당되나, 현금신용대출(현금서비스) 또는 현금인출거래를 하여 현금 자체를 취득한 경우에는 재산상 이익이 아닌 재물을 취득한 것이므로 절도죄가 성립할 뿐 본죄에는 해당될 수 없다(다수설[625] · 판례).[626]

판례연구 컴퓨터 등 사용사기죄의 이득죄의 성질과 이익의 의미

1. 대법원 2003.5.13, 2003도1178

컴퓨터사용사기죄는 재물죄가 아니라 이득죄라는 사례

우리 형법은 재산범죄의 객체가 재물인지 재산상의 이익인지에 따라 이를 재물죄와 이득죄로 명시하여 규정하고 있는데, 형법 제347조가 일반 사기죄를 재물죄 겸 이득죄로 규정한 것과 달리 형법 제347조의2는 컴퓨터 등 사용사기죄의 객체를 재물이 아닌 재산상의 이익으로만 한정하여 규정하고 있으므로, 절취한 타인의 신용카드로 현금자동지급기에서 현금을 인출하는 행위가 재물에 관한 범죄임이 분명한 이상 이를 위 컴퓨터 등 사용사기죄로 처벌할 수는 없다고 할 것이고, 입법자의 의도가 이와 달리 이를 위 죄로 처벌하고자 하는 데 있었다거나 유사한 사례와 비교하여 처벌상의 불균형이 발생할 우려가 있다는 이유만으로 그와 달리 볼 수는 없다. 국가7급 10 / 법원행시 05 / 법원9급 11 / 경찰채용 24 1차

2. 대법원 2006.3.24, 2005도3516

현금카드 소유자로부터 일정액의 현금을 인출해 오라는 부탁을 받은 자가 초과 인출한 사례

예금주인 현금카드 소유자로부터 일정한 금액의 현금을 인출해 오라는 부탁을 받으면서 이와 함께 현금카드를 건네받은 것을 기화로 그 위임을 받은 금액을 초과하여 현금을 인출하는 방법으로 그 차액 상당을 위법하게 이득할 의사로 현금자동지급기에 그 초과된 금액이 인출되도록 입력하여 그 초과된 금액의 현금을 인출한 경우에는 그 인출된 현금에 대한 점유를 취득함으로써 이때에 그 인출한 현금 총액 중 인출을 위임받은 금액을 넘는 부분의 비율에 상당하는 재산상 이익을 취득하는 것으로 볼 수 있으므로 이러한 행위는 그 차액 상당액에 관하여 형법 제347조의2에 규정된 '컴퓨터 등 정보처리장치에 권한 없이 정보를 입력하여 정보처리를 하게 함으로써 재산상의 이익을 취득'하는 행위로서 컴퓨터 등 사용사기죄에 해당된다. 법원승진 12 / 법원9급 08 / 법원9급 09 / 법원9급 11 / 법원9급 18 / 경찰간부 11 / 경찰간부 14 / 경찰승진(경장) 10 / 경찰승진(공통) 11 / 경찰채용 11 1차 / 경찰채용 12 1차 / 사시 16 / 국가9급 24

---

625 다만 본죄의 재산상 이익에는 재물이 포함된다고 해석하는 소수설도 있다. 김일수/서보학, 438면; 오영근, 497면; 이재상, 형법연습, 2002년, 신조사, 391면.

626 **참고** 1995년 개정형법 제347조의2가 시행되면서 나타난 문제라고 볼 수 있는 부분이다. 입법론적 측면에서 생각해보면, ① 사기죄와의 균형 또한 중시해야 하고 ② 동일한 액수의 금액을 계좌로 송금시킨 행위(컴퓨터사용사기)와 현금으로 취득한 행위(절도)를 달리 취급할 수밖에 없다는 것은 입법의 미비라고 볼 수밖에 없다. 입법론적으로 본죄의 객체에 재물을 추가해야 할 것이다. 동지 : 강동범, "컴퓨터 등 사용사기죄", 고시연구, 2000.7, 164면; 박상기, 332면; 임웅, 366면. 또한 졸고(拙稿), "인터넷범죄의 규제법규에 관한 연구", 한국형사정책연구원, 2000년, 182면.

② 행위방법 : 컴퓨터 등 정보처리장치에 허위의 정보나 부정한 명령을 입력하거나 권한 없이 정보를 입력·변경하여 정보처리를 하게 함으로써 재산상의 이득을 취하는 것이다.

㉠ 허위의 정보의 입력 : 입금사실이 없음에도 불구하고 입금한 것처럼 예금잔고를 늘려 놓은 행위 등을 말한다.

㉡ 부정한 명령의 입력 : 부정(不正)한 명령(improper order)이란 당해 사무처리시스템에 예정되어 있는 사무처리의 목적에 비추어 지시해서는 안 될 명령을 입력하는 것을 의미한다. 따라서 설령 '허위의 정보'를 입력한 경우가 아니라고 하더라도, 당해 사무처리시스템의 프로그램을 구성하는 개개의 명령을 부정하게 변개·삭제하는 행위는 물론 프로그램 자체에서 발생하는 '오류를 적극적으로 이용'하여 그 사무처리의 목적에 비추어 정당하지 아니한 사무처리를 하게 하는 행위도 특별한 사정이 없는 한 위 '부정한 명령의 입력'에 해당한다고 보아야 한다(대법원 2013.11.14, 2011도4440).[627] [628] 경찰채용 14 2차 / 국가7급 20

㉢ 권한 없는 정보입력 · 변경 : 절취한 현금카드 등으로 비밀번호를 정확히 입력하여 자기 계좌에 예금이체하는 경우 등과 같이 진실한 자료를 권한 없는 자가 사용하는 행위가 컴퓨터사용사기죄를 구성하는가에 대하여 종래에는 견해가 대립하였으나, 2001.12. 형법 개정에 의하여 "권한 없이 정보를 입력 또는 변경"하는 행위태양이 추가됨으로써 당연히 본죄를 구성하는 것으로 입법적 해결이 이루어졌다.

㉣ 정보처리를 하게 함 : 사기죄에서 피해자의 처분행위에 상응하는 요소로서, 입력된 허위의 정보 등에 의하여 계산이나 데이터의 처리가 이루어짐으로써 직접적으로 재산처분의 결과를 초래하는 것을 말한다(대법원 2014.3.13, 2013도16099). 경찰채용 13 1차 / 국가7급 20

③ 기수시기 : 사기죄와 마찬가지로 본죄는 결과범이자 침해범이며, 미수범도 당연히 처벌하고 있다(제352조). 본죄의 기수시기는 재산상의 손해가 발생한 때이다(다수설)(판례에 의하면 재산상 이득을 취득한 때이다). 행위자나 제3자의 '재산상 이익 취득'은 사람의 처분행위가 개재됨이 없이 컴퓨터 등에 의한 정보처리 과정에서 이루어져야 한다(대법원 2014.3.13, 2013도16099 : 악성프로그램을 이용하여 낙찰하한가를 알아내어 일부 응찰자에게 정보를 알려준 것으로는 본죄 부정).[629] 경찰채용 13 1차 또한 금융기관 직원이 전

---

627 **컴퓨터 등 사용사기죄의 구성요건 중 '부정한 명령의 입력'의 의미 : 사무처리시스템의 프로그램 자체에서 발생하는 오류를 적극적으로 이용한 사례** 피고인 A는 甲 주식회사에서 운영하는 전자복권구매시스템에서 일정한 조건하에 복권 구매명령을 입력하면 가상계좌로 복권 구매요청금과 동일한 액수의 가상현금이 입금되는 프로그램 오류를 이용하여 복권 구매명령을 입력하는 행위를 반복함으로써 자신의 가상계좌로 구매요청금 상당의 금액이 입금되게 하였다. A의 행위는 컴퓨터 등 사용사기죄에서 정한 '부정한 명령의 입력'에 해당하는가? **해결** 해당한다. 경찰채용 14 2차 / 변호사 16

628 **참고 : 정확하지만 정당하지 못한 명령과 부정한 명령의 구별** 2001년 개정형법 이전에는 정확하기는 하나 정당하지 못한 명령도 여기에 포함될 여지가 있었다. 아래의 판례도 그러한 취지를 판시하고 있다. **사례** 甲은 컴퓨터를 이용하여 신용정보 조회서비스사이트에 접속하여 신용정보를 조회한 후 乙의 인적 사항을 도용하여 乙 명의로 발급받은 신용카드의 번호와 그 비밀번호를 입력하여 그 이용대금을 결제하였다. 대금결제행위에 관한 甲의 죄책은? **판례** 구 형법(2001.12.29. 법률 제6543호로 개정되기 전의 것) 제347조의2 컴퓨터 등 사용사기죄 규정의 입법취지와 목적은 프로그램 자체는 변경(조작)함이 없이 명령을 입력(사용)할 권한 없는 자가 명령을 입력하는 것도 부정한 명령을 입력하는 행위에 포함한다고 보아, 진실한 자료의 권한 없는 사용에 의한 재산상 이익 취득행위도 처벌대상으로 삼으려는 것이었음을 알 수 있고, …그와 같은 **권한 없는 자에 의한 명령 입력행위를 '명령을 부정하게 입력하는 행위' 또는 '부정한 명령을 입력하는 행위'에 포함된다고 해석하는 것이 그 문언의 통상적인 의미를 벗어나는 것이라고 할 수도 없고,** 그렇다면 … 이러한 해석이 죄형법정주의에 의하여 금지되는 **유추적용에 해당한다고 할 수도 없다**(대법원 2003.1.10, 2002도2363). 법원9급 09 / 경찰간부 11 **결론** 다만 2001년 12월 형법개정에 의하여 본조에 '권한 없이 정보를 입력·변경하는 행위'가 추가되었으니만큼 '부정한 명령의 입력'에 대한 해석은 제한적이어야 할 것이다.

629 **사례 : 컴퓨터 등 사용사기죄에서 정보처리 및 재산상 이익 취득의 의미** 甲은 시설공사 발주처인 지방자치단체 등의 재무관 컴퓨터에는 암호화되기 직전 15개의 예비가격과 그 추첨번호를 해킹하여 볼 수 있는 악성프로그램을, 입찰자의 컴퓨터에는 입찰금액을 입력하면서 선택하는 2개의 예비가격 추첨번호가 미리 지정된 추첨번호 4개 중에서 선택되어 조달청 서버로 전송되도록 하는 악성프로그램을 각각 설치하여 낙찰하한가를 미리 알아낸 다음 A 건설사에 낙찰이 가능한 입찰금액을 알려주어

산단말기를 이용하여 다른 공범들이 지정한 특정계좌에 돈이 입금된 것처럼 허위의 정보를 입력하는 방법으로 위 '계좌로 입금'되도록 한 경우, 이러한 입금절차를 완료함으로써 장차 그 계좌에서 이를 인출하여 갈 수 있는 재산상 이익을 취득하였으므로 본죄는 기수에 이른 것이다(대법원 2006.9.14, 2006도4127). 국가7급 08 / 국가7급 12 / 경찰승진 14 / 사시 13 / 사시 16 / 국가7급 20 설사 그 후 그러한 입금이 취소되어 현실적으로 인출되지 못하였다고 하더라도 영향이 없다. 법원행시 07 / 법원9급 09 / 경찰채용 13 1차 / 경찰채용 16 1차 / 경찰승진(경감) 10 / 사시 13 / 변호사 12

(2) **주관적 구성요건** – 고의와 불법이득의사

3. 친족상도례

친척 소유 예금통장을 절취한 자가 그 친척 거래 금융기관에 설치된 현금자동지급기에 예금통장을 넣고 조작하는 방법으로 친척 명의 계좌의 예금 잔고를 자신이 거래하는 다른 금융기관에 개설된 자기 계좌로 이체(컴퓨터등사용사기)한 경우, 그 범행으로 인한 피해자는 이체된 예금 상당액의 채무를 이중으로 지급해야 할 위험에 처하게 되는 그 거래 금융기관이라 할 것이므로, 이 경우의 컴퓨터사용사기죄에 대해서는 친족상도례가 적용되지 않는다(대법원 2007.3.15, 2006도2704).[630] 국가7급 12 / 국가9급 11 / 법원행시 07 / 법원행시 08 / 법원행시 09 / 법원행시 11 / 법원승진 12 / 법원9급 12 / 법원9급 13 / 경찰간부 13 / 경찰간부 14 / 경찰승진(경장) 10 / 경찰승진(경사) 10 / 경찰승진(경감) 11 / 경찰승진 14 / 경찰채용 11 2차 / 경찰채용 13 1차 / 사시 11 / 사시 14 / 법원9급 23

4. 다른 범죄와의 관계(참고)

본죄의 행위방법인 허위의 정보 또는 부정한 명령의 입력으로 정보처리를 하게 하는 행위가 전자기록위작·변작죄(제227조의2, 제232조의2) 및 동행사죄(제229조, 제234조)에 해당하는 경우에 있어서는 본죄와의 상상적 경합이 인정될 것이다.

그 건설사가 낙찰 받게 하였다. 甲에게는 컴퓨터 등 사용사기죄가 성립하는가? 판례 적격심사를 거치게 되어 있는 이 사건 각 시설공사의 전자입찰에 있어서 특정 건설사가 낙찰하한가에 대한 정보를 사전에 알고 투찰할 경우 그 건설사가 낙찰자로 결정될 가능성이 높은 것은 사실이나, 낙찰하한가에 가장 근접한 금액으로 투찰한 건설사라고 하더라도 적격심사를 거쳐 일정 기준 이상이 되어야만 낙찰자로 결정될 수 있는 점 등을 감안할 때, 피고인 1 등이 조달청의 국가종합전자조달시스템에 입찰자들이 선택한 추첨번호가 변경되어 저장되도록 하는 등 권한 없이 정보를 변경하여 정보처리를 하게 함으로써 직접적으로 얻은 것은 낙찰하한가에 대한 정보일 뿐, 위와 같은 정보처리의 직접적인 결과 특정 건설사가 낙찰자로 결정되어 낙찰금액 상당의 재산상 이익을 얻게 되었다거나 그 낙찰자 결정이 사람의 처분행위가 개재됨이 없이 컴퓨터 등의 정보처리과정에서 이루어졌다고 보기 어렵다(대법원 2014.3.13, 2013도16099). 해결 성립하지 않는다.

630 절취한 친족 소유의 예금통장을 현금자동지급기에 넣고 조작하여 예금 잔고를 다른 금융기관의 자기 계좌로 이체하는 방법으로 저지른 컴퓨터등사용사기죄에 있어서 친족상도례가 적용되지 않는다는 사례 [사실관계] 손자 甲은 할아버지 乙 소유의 농업협동조합 예금통장을 절취하여 이를 현금자동지급기에 넣고 조작하는 방법으로 예금 잔고를 자신의 거래 은행 계좌로 이체하였다. 예금통장 자체에 대한 절도의 점은 논외로 할 때 甲의 죄책은 무엇이며 甲에게는 친족상도례가 적용되는지 판단하시오. 판결이유 컴퓨터 등 정보처리장치를 통하여 이루어지는 금융기관 사이의 전자식 자금이체거래는 금융기관 사이의 환거래관계를 매개로 하여 금융기관 사이나 금융기관을 이용하는 고객 사이에서 현실적인 자금의 수수 없이 지급·수령을 실현하는 거래방식인바, 권한 없이 컴퓨터 등 정보처리장치를 이용하여 예금계좌 명의인이 거래하는 금융기관의 계좌 예금 잔고 중 일부를 자신이 거래하는 다른 금융기관에 개설된 그 명의 계좌로 이체한 경우, 예금계좌 명의인의 거래 금융기관에 대한 예금반환 채권은 이러한 행위로 인하여 영향을 받을 이유가 없는 것이므로, 거래 금융기관으로서는 예금계좌 명의인에 대한 예금반환 채무를 여전히 부담하면서도 환거래관계상 다른 금융기관에 대하여 자금이체로 인한 이체자금 상당액 결제채무를 추가 부담하게 됨으로써 이체된 예금 상당액의 채무를 이중으로 지급해야 할 위험에 처하게 된다. 따라서 … 거래 약관의 면책 조항이나 채권의 준점유자에 대한 법리 적용 등에 의하여 위와 같은 범행으로 인한 피해가 최종적으로는 예금 명의인인 친척에게 전가될 수 있다고 하여, 자금이체 거래의 직접적인 당사자이자 이중지급 위험의 원칙적인 부담자인 거래 금융기관을 위와 같은 컴퓨터 등 사용사기 범행의 피해자에 해당하지 않는다고 볼 수는 없으므로, 위와 같은 경우에는 친족 사이의 범행을 전제로 하는 친족상도례를 적용할 수 없다(대법원 2007.3.15, 2006도2704). 법원행시 07 / 법원행시 08 / 법원행시 09 / 법원행시 11 / 법원9급 12 / 법원9급 13 / 경찰간부 13 / 경찰간부 14 / 경찰승진(경장) 10 / 경찰승진(경사) 10 / 경찰채용 11 2차 / 경찰채용 13 1차
해결 컴퓨터사용사기죄가 성립하고, 친족상도례는 적용되지 않아 위 죄로 처벌된다.

5. 신용카드 관련 범죄와 형사책임

(1) 신용카드의 의의

"신용카드(credit card)"라 함은 이를 제시함으로써 반복하여 신용카드가맹점에서 일정한 사항을 제외한 사항을 결제할 수 있는 증표(證票)로서 신용카드업자(외국에서 신용카드업에 상당하는 영업을 영위하는 자를 포함한다)가 발행한 것을 말한다(여신전문금융업법 제2조 제3호). 이때 신용카드업자(신용카드발급회사)가 가맹점에 그 대금을 결제하면, 나중의 결제기일에 신용카드회원은 신용카드업자에게 카드이용대금을 지급해야 한다. 또한 신용카드회원은 신용카드대출약정에 의거하여 자신의 신용카드를 사용하여 현금자동지급기에서 바로 일정 금액 범위 내의 금원을 대출받을 수 있는데, 이를 일상적으로는 현금서비스라 하고 법률적으로는 현금(신용)대출이라고 한다. 이러한 신용카드와 관련된 범죄를 규율하는 법률로서는 형법뿐만 아니라 '여신전문금융업법'이 있으며, 여신전문금융업법에서는 신용카드뿐만 아니라 직불카드와 선불카드에 대한 규정도 두고 있다.[631] [632]

(2) 신용카드의 재물성

신용카드는 절도죄, 강도죄, 사기죄, 공갈죄, 횡령죄, 장물죄, 손괴죄 등 재물죄의 객체인 재물에 해당한다는 데 이론이 없다.

(3) 신용카드의 유가증권성

형법 제214조의 유가증권(有價證券)이란 증권상에 표시된 재산상의 권리의 행사와 처분에 그 증권의 점유를 필요로 하는 것을 총칭하는 것이므로 그것이 유통성을 반드시 가질 필요는 없는 것이나, 재산권이 증권에 화체된다는 것과 그 권리의 행사·처분에 증권의 점유를 필요로 한다는 두 가지 요소를 갖추어야 하는 것이고, 위 두 가지 요소 중 어느 하나를 갖추지 못한 경우에는 형법 제214조에서 말하는 유가증권이라 할 수

---

631 참고 : **직불카드와 선불카드** 신용카드 외에도 재화나 용역을 구입하는 등의 신용을 사용하는 기능이 부여되어 있는 직불카드와 선불카드까지는 여신전문금융업법의 적용대상이 된다. 현금카드(내지 현금인출카드, cash card, cash dispensers' card)는 현금을 지급받는 기능이나 계좌이체의 기능 정도에 국한되기 때문에 동법의 대상이 되지 않는다. **"직불(直拂)카드(debit card)"**라 함은 직불카드회원과 신용카드가맹점간에 전자 또는 자기적 방법에 의하여 금융거래계좌에 이체하는 등의 방법으로 물품 또는 용역의 제공과 그 대가의 지급을 동시에 이행할 수 있도록 신용카드업자가 발행한 증표(자금을 융통받을 수 있는 증표를 제외한다.)를 말한다(동법 동조 제6호). 즉 직불카드회원이 가맹점에서 물품을 구매하면서 이를 결제수단으로 제시하면, 직불카드발급회사를 통해 그 회원의 연결계좌에서 그 가맹점의 계좌로 그 물품대금액이 즉시 이체되게 된다. 그리고 **"선불(先拂)카드(prepaid card)"**라 함은 신용카드업자가 대금을 미리 받고 이에 상당하는 금액을 기록(전자 또는 자기적 방법에 의한 기록을 말한다.)하여 발행한 증표로서 선불카드소지자의 제시에 따라 신용카드가맹점이 그 기록된 금액의 범위내에서 물품 또는 용역을 제공할 수 있게 한 증표를 말한다(동법 동조 제8호). 선불카드는 신용카드와 반대로 그 소지인(선불카드에는 회원이라는 개념이 존재하지 않는다.)이 사전에 신용카드업자에게 사용금액을 지불하고 나중에 그 사용금액 범위 내에서 가맹점에서 물품을 구입하거나 용역을 제공받으면서 그 사용대금이 결제되게 된다. 예를 들어, 지하철 역내의 매표소나 교통카드자동충전기를 통하여 선금을 지급하고 교통카드를 구입 내지 충전한 다음 그 선금의 범위 내에서 운송서비스를 제공받는 경우가 여기에 속한다. 다만 직불카드나 선불카드 모두 '신용카드업자가 발행한 것만 여신전문금융업의 적용대상'이 되고, 그 실질이 직불카드나 선불카드라 하더라도 신용카드업자가 발행한 것이 아니라면 동법의 적용대상이 될 수 없다(동법 제2조 제6호 및 제8호 참조). **여신전문금융업법 제70조 제1항 제3호 또는 제4호에서 규정되어 있듯이 동조항의 '신용카드부정사용죄'의 객체는 신용카드 또는 직불카드에 한하고, 선불카드는 해당되지 않는다. 선불카드는 미리 돈을 지급하고 구입한 카드라는 점에서 현금과 다름이 없다. 따라서 타인의 선불카드를 절취한 것 자체는 절도죄를 구성하지만, 그 선불카드를 사용한 행위는 별도의 죄를 구성하지 않는다.**

632 여신전문금융업법 제70조 (벌칙) ① 다음 각 호의 어느 하나에 해당하는 자는 7년 이하의 징역 또는 5천만 원 이하의 벌금에 처한다.

1. 신용카드등을 위조하거나 변조한 자
2. 위조되거나 변조된 신용카드등을 판매하거나 사용한 자
3. 분실하거나 도난당한 신용카드나 직불카드를 판매하거나 사용한 자 (이하 생략)

③ 다음 각 호의 어느 하나에 해당하는 자는 3년 이하의 징역 또는 2천만원 이하의 벌금에 처한다. (중략)

2. 다음 각 목의 어느 하나에 해당하는 행위를 통하여 자금을 융통하여 준 자 또는 이를 중개·알선한 자 : 가. 물품의 판매 또는 용역의 제공 등을 가장하거나 실제 매출금액을 넘겨 신용카드로 거래하거나 이를 대행하게 하는 행위 (이하 중략)

⑥ 제1항 제1호 및 제2호의 미수범은 처벌한다. (이하 생략)

없는 것이다. 판례는 신용카드는 그 자체에 특수한 경제적 가치가 화체되어 있거나 재산권을 표창하는 것은 아니므로 유가증권으로 볼 수 없다(대법원 1999.7.9, 99도857)는 입장이다. 경찰간부 13 / 경찰승진(경위) 10 / 경찰채용 10 1차 따라서 신용카드를 위조·변조하는 행위도 형법상 유가증권위조·변조죄(형법 제214조 제1항)가 되는 것이 아니라 여신전문금융업법상 신용카드위조·변조죄를 구성하게 되는 것이다(여신전문금융업법 제70조 제1항 제1호).

(4) 자기명의 신용카드에 대한 범죄

신용카드 관련 범죄행위의 유형은 자기명의 신용카드에 대한 범죄와 타인명의 신용카드에 대한 범죄로 나누어 볼 수 있다. 판례의 입장에 의해 이와 관련되는 범죄를 정리하면 그 대강의 모습은 아래의 도표와 같다.

<table>
<tr><th colspan="2">구 분</th><th>자기명의 신용카드</th><th>타인명의 신용카드</th></tr>
<tr><td colspan="2">발급신청·부정취득행위</td><td>사기죄</td><td>사기죄, 사문서위조 및 동 행사죄</td></tr>
<tr><td rowspan="2">부정 사용행위</td><td>기계(ATM) 현금서비스</td><td rowspan="2">사기죄</td><td>절도죄, 신용카드부정사용죄</td></tr>
<tr><td>가맹점(사람) 기망</td><td>사기죄, 신용카드부정사용죄
✔ 사문서위조·동행사죄는 흡수됨</td></tr>
</table>

'자기명의 신용카드'에 대한 범죄와 관련하여, 행위자가 카드사용으로 인한 대금 결제의 의사와 능력이 없으면서도 있는 것처럼 가장하여 자기명의 신용카드를 발급 신청하여 이를 발급받았다면, 카드회사는 착오를 일으켜 일정 한도 내에서 카드사용을 허용해 준 것이고 이는 기망당한 카드회사(피기망자 : 카드회사)의 신용공여라는 하자 있는 의사표시에 해당하며, 행위자는 이러한 처분행위에 편승하여 자동지급기(ATM)를 통한 현금대출도 받고 가맹점을 통한 물품구입대금 대출도 받아(처분행위자 : 카드회사) 카드발급회사로 하여금 같은 액수 상당의 피해를 입게 하였다면(재산상 피해자 : 카드회사),[633] 이는 카드사용으로 인한 일련의 편취행위가 포괄적으로 이루어지는 것이다(피기망자 = 처분행위자 = 재산상 피해자 = 카드회사). 판례도 이 경우 카드 사용으로 인한 카드회사의 손해는 그것이 자동지급기에 의한 인출행위이든 가맹점을 통한 물품구입행위이든 불문하고 모두가 피해자인 카드회사의 기망당한 의사표시에 따른 카드발급에 터잡아 이루어지는 사기죄의 포괄일죄(대법원 1996.4.9, 95도2466) 국가9급 11 / 경찰간부 11 / 사시 10 / 국가7급 16라고 보고 있다.

다음으로 타인명의 신용카드에 대한 범죄에 관해서 항목을 달리 하여 살펴보도록 하겠다. 타인명의 신용카드와 관련된 범죄가 신용카드범죄의 주류를 이룬다고 할 수 있다.

(5) 타인명의 신용카드에 대한 범죄

① 타인명의 신용카드 자체에 대한 범죄 : 타인에게 진정하게 발행된 신용카드를 절취·강취·사취·갈취·횡령 등의 수법으로 취득하거나, 분실된 신용카드를 취득하는 행위는, 모두 절도죄·강도죄·사기죄·공갈죄·횡령죄·점유이탈물횡령죄에 해당한다. 기술하였듯이 신용카드는 재산죄의 객체로서 재물에 해당하는데 의심의 여지가 없기 때문이다.

다만, 피고인이 타인의 신용카드를 몰래 가져가 이를 사용하여 가맹점에서 물품을 구입하거나 현금자동지급기에서 현금을 인출한 후에 위 카드를 곧바로 피해자에게 반환하는 소위 사용절도의 경우에도 '신용카드 자체에 대한 절도죄를 구성하는가'에 대해서는, 판례는 불법영득의사를 인정할 수 없어 절도죄가 성립하지 않는다는 입장이다(대법원 1992.4.24, 92도118; 1984.4.24, 84도311).[634] 국가9급 13

633 구체적으로 발급받은 자기명의 신용카드를 사용한 시점에서 사기죄의 기수가 된다고 보는 견해는 안경옥, "신용카드 부정취득·사용행위에 대한 형사법적 고찰", 형사법연구, 제11호, 1999.5, 254면; 임웅, 373면 참조.

634 **보충** 왜냐하면 신용카드 회원 본인의 승낙 없이 신용카드를 사용하여 가맹점에서 물품을 구매하거나 현금자동지급기에서 현

② 타인명의 신용카드를 명의자의 허락없이 발급신청하여 발급받은 행위(참고) : (자기명의 신용카드의 부정발급신청에 의한 취득행위는 사기죄만 구성하였으나) 타인의 명의를 모용하여 신용카드를 발급받은 부정취득행위에 대해서는, 신용카드발급신청에 필요한 신용카드발급신청서에 타인명의를 모용함으로써 범하게 된 사문서위조죄 및 동행사죄가 성립하고, 신용카드회사로부터 신용카드를 발급받아 편취한 부분에 대해서는 사기죄가 성립한다. 즉 사문서위조죄, 동행사죄, 사기죄의 실체적 경합에 해당된다.

③ 타인명의 신용카드를 무단사용하는 행위

㉠ 여신전문금융업법상 신용카드부정사용죄의 성부

ⓐ 신용카드부정사용죄가 성립하는 경우 : 여신전문금융업법 제70조 제1항에서는 "분실하거나 도난당한 신용카드나 직불카드를 판매하거나 사용한 자(제3호)" 및 "강취(强取) · 횡령하거나, 사람을 기망(欺罔)하거나 공갈(恐喝)하여 취득한 신용카드나 직불카드를 판매하거나 사용한 자(제4호)"를 7년 이하의 징역 또는 5천만 원 이하의 벌금에 처하고 있다. 따라서 절취 또는 강취한 타인의 신용카드 등을 가지고 카드가맹점에서 사용하거나 현금자동지급기에서 현금신용대출을 받으려고 사용하는 경우에는 사기죄 · 절도죄 등의 재산범죄가 성립하는 외에 여신전문금융업법상 신용카드부정사용죄가 성립하게 된다.

판례연구

대법원 2022.12.16, 2022도10629

여신전문금융업법에서 정한 '기망하거나 공갈하여 취득한 신용카드나 직불카드'의 의미

법률을 해석할 때 입법취지와 목적, 제 · 개정 연혁, 법질서 전체와의 조화, 다른 법령과의 관계 등을 고려하는 체계적 · 논리적 해석 방법을 사용할 수 있으나, 문언 자체가 비교적 명확한 개념으로 구성되어 있다면 원칙적으로 이러한 해석 방법은 활용할 필요가 없거나 제한되어야 한다. 여신전문금융업법 제70조 제1항 제4호에서는 '강취 · 횡령하거나, 사람을 기망하거나 공갈하여 취득한 신용카드나 직불카드를 판매하거나 사용한 자'를 처벌하도록 규정하고 있는데, 여기에서 '사용'은 강취 · 횡령, 기망 또는 공갈로 취득한 신용카드나 직불카드를 진정한 카드로서 본래의 용법에 따라 사용하는 경우를 말한다. 그리고 '기망하거나 공갈하여 취득한 신용카드나 직불카드'는 문언상 '기망이나 공갈을 수단으로 하여 다른 사람으로부터 취득한 신용카드나 직불카드'라는 의미이므로, '신용카드나 직불카드의 소유자 또는 점유자를 기망하거나 공갈하여 그들의 자유로운 의사에 의하지 않고 점유가 배제되어 그들로부터 사실상 처분권을 취득한 신용카드나 직불카드'라고 해석되어야 한다.[635] 경찰채용 24 1차

ⓑ 신용카드 · 직불카드로 현금인출을 하는 경우 : 신용카드 · 직불카드를 그 본연의 기능인 재화나 용역의 구입 또는 현금신용대출(현금서비스) 용도로 사용하지 않고, 신용카드 · 직불카드의 '현금카드' 겸용기능을 사용하여 타인의 계좌에서 '현금을 인출'하는 경우에는 여신전문금융업법상 신

금을 인출한다 하더라도 이로 인하여 신용카드 자체의 경제적 가치가 감소되었다고 할 수는 없기 때문이다. 하태훈, "현금자동인출기 부정사용에 대한 형법적 평가", 형사판례연구(4), 1996년, 337면 참조.

635 **보충** 피고인은 2019. 2. 19. 춘천교도소에 수용 중인 피해자 공소외인에게 '피해자의 항소심 재판을 위해 변호인을 선임했는데 성공사례비를 먼저 주어야 한다. 며칠 뒤 큰돈이 나오니 영치된 피해자 명의의 신용카드로 성공사례비를 지불한 뒤 카드대금을 금방 갚겠다'는 취지의 편지를 보냈다. 그러나 피고인은 사실 피해자의 신용카드로 성공사례비를 지불하더라도 그 대금을 변제할 의사나 능력이 없었고, 피해자의 신용카드를 생활비 등 개인적인 용도로 사용할 생각이었다. 그런데도 피고인은 위와 같이 피해자를 기망하여 2019. 2. 22. 춘천교도소에서 피해자로부터 신용카드 1장을 교부받은 뒤, 2019. 2. 26.부터 같은 해 3. 25.까지 이 사건 신용카드로 총 23회에 걸쳐 합계 29,997,718원 상당을 결제하였다. 피고인은 피해자를 기망하여 이 사건 신용카드를 교부받은 뒤 이를 총 23회에 걸쳐 피고인의 의사에 따라 사용하였으므로, 피해자는 피고인으로부터 기망당함으로써 피해자의 자유로운 의사에 의하지 않고 이 사건 신용카드에 대한 점유를 상실하였고 피고인은 이에 대한 사실상 처분권을 취득하였다고 보아야 하기에, 이 사건 신용카드는 피고인이 그 소유자인 피해자를 기망하여 취득한 신용카드에 해당하고 이를 사용한 피고인의 행위는 기망하여 취득한 신용카드 사용으로 인한 여신전문금융업법 위반죄에 해당한다(위 판례).

용카드부정사용죄가 성립하는가에 대해서는 긍정설[636]과 부정설[637]이 대립하고 있다. 판례는 (현행 여신전문금융업법 시행 전) 구 신용카드업법 하에서 현금인출행위도 신용카드 본래의 용도에 사용하는 것으로서 동죄가 성립한다는 긍정설의 입장이었지만(대법원 1998.2.27, 97도2974[638]), 여신전문금융업법이 시행된 이후 현재의 판례는 절취한 직불카드를 온라인 현금자동지급기에 넣고 비밀번호 등을 입력하여 피해자의 예금을 인출한 행위는 직불카드의 본래의 용법을 벗어난 것이어서 여신전문금융업법 제70조 제1항 소정의 부정사용의 개념에 포함될 수 없다는 부정설의 입장이다(대법원 2003.11.14, 2003도3977). 여신전문금융업법상 신용카드업자의 부대업무를 고려할 때 부정설이 타당하다고 본다.[639]

판례연구 신용카드 · 직불카드의 사용과 현금카드의 사용의 구별

대법원 2003.11.14, 2003도3977

절취한 직불카드를 이용하여 현금자동지급기로부터 예금을 인출하는 행위는 직불카드부정사용죄에 해당하지 않는다는 사례

여신전문금융업법 제70조 제1항 소정의 부정사용이라 함은 위조·변조 또는 도난·분실된 신용카드나 직불카드를 진정한 카드로서 신용카드나 직불카드의 본래의 용법에 따라 사용하는 경우를 말하는 것이므로, 절취한 직불카드를 온라인 현금자동지급기에 넣고 비밀번호 등을 입력하여 피해자의 예금을 인출한 행위는 여신전문금융업법 제70조 제1항 소정의 부정사용의 개념에 포함될 수 없다.

ⓒ 결제하라고 건네준 신용카드를 사용하는 경우 : 신용카드회원이 결제하라고 건네준 신용카드를 사용하는 행위는 본죄(도난 또는 분실된 타인의 신용카드의 사용)를 구성하지 않는다는 것이 판례의 입장이다(대법원 2006.7.6, 2006도654).[640] 법원행시 07 / 경찰승진(경장) 10

636 긍정설은 예컨대, 임웅, 380면 참조.

637 부정설은 예컨대, 손동권, "신용(현금)카드 부정사용의 유형별 범죄성립과 죄수", 형사판례연구(7), 1999년, 332면; 안경옥, "신용카드 부정취득·사용행위에 대한 형사법적 고찰", 형사법연구, 제11호, 1999.5, 258면 주 42); 원유석, "신용카드범죄에 대한 약간의 고찰", 사법연수원논문집, 제1집, 2004년, 사법연수원, 214면 참조. 신용카드와 현금카드의 겸용카드 중 신용카드업자의 신용업무와 무관한 예금 잔고 내에서의 현금인출만을 위한 카드의 사용을 단순히 신용카드 기능과 현금카드 기능이 물체적으로 하나의 카드로 되어 있다는 이유만으로 '신용카드'의 부정사용에 포함시킬 수 없다는 지적은 손동권, "신용(현금)카드 부정사용의 유형별 범죄성립과 죄수", 형사판례연구(7), 1999년, 332면 참조. 또한 구 신용카드업법 제6조 제2항 제8호에서는 신용카드업자가 영위할 수 있는 부대업무를 '기타 대통령령으로 정하는 제1조(목적)의 규정에 의한 목적을 달성하기 위하여 필요한 업무'라고 규정하였던 데 비하여, 현행 여신전문금융업법 제13조는 -구 신용카드업법과는 달리- 신용카드업자가 영위할 수 있는 부대업무를 '회원에 대한 자금의 융통(1호), 직불카드업(2호), 선불카드업(3호)'으로 한정하고 있다는 점에서, 현금카드를 겸하는 신용카드의 현금카드 기능을 사용하여 예금을 인출하는 행위를 신용카드 본래의 용도에 사용하는 것으로 해석할 수 있을지 의문이 있다는 비판은 원유석, "신용카드범죄에 대한 약간의 고찰", 사법연수원논문집, 제1집, 2004년, 사법연수원, 214면 참조.

638 참고 : 과거의 판례 구 신용카드업법(1997.8.28. 법률 제5374호 '여신전문금융업법'에 의하여 1998. 1.1.자로 폐지되기 전의 것) 제25조 제1항 소정의 부정사용이라 함은 위조·변조 또는 도난·분실된 신용카드를 진정한 카드로서 신용카드의 본래의 용법에 따라 사용하는 경우를 말하는 것이므로, … 피고인이 강취한 신용카드를 온라인 현금자동지급기에 주입하고 비밀번호 등을 조작하여 피해자의 예금을 인출한 행위는 재정경제원장관의 인가를 받아 신용카드업자가 시행하고 있는 신용카드의 현금카드 기능을 사용한 것으로 이와 같은 일련의 행위도 신용카드 본래 용도에 따라 사용하는 것으로 보아야 할 것이므로 구 신용카드업법 제25조 제1항 소정의 부정사용의 개념에 포함된다(대법원 1998.2.27, 97도2974).

639 보충 신용카드·직불카드부정사용행위에 대한 적용법률인 위 판례 당시의 구 신용카드업법이 신용업자의 부대업무(신용카드·직불카드의 용도·기능)를 포괄적으로 규정하였던 데 비해, 1998년부터 시행된 적용법률인 '여신전문금융업법'에서는 신용카드업자의 부대업무를 '1. 신용카드회원에 대한 자금의 융통, 2. 직불카드의 발행 및 대금의 결제, 3. 선불카드의 발행·판매 및 대금의 결제'로 한정하고 있다(동법 제13조). 따라서 **현금카드를 겸하는 신용카드 · 직불카드의 '현금카드 기능'을 사용하여 예금을 인출하는 행위는, 현행법상 신용카드 · 직불카드의 본래의 용도로 사용하는 것으로 볼 수는 없다**고 해야 한다. 쉽게 말해서 이는 사용권한 없는 자가 '신용카드를 사용'한 것이 아니라 '현금카드를 사용'한 것에 불과한 것이다.

640 판례 : 결제하라고 건네준 신용카드를 사용한 행위는 신용카드부정사용죄에 해당하지 않는다는 사례 유흥주점 업주가 과다한

㉡ 현금자동지급기를 통하여 현금을 인출하는 행위

ⓐ 타인의 명의를 모용하여 신용카드를 발급받은 후 그 신용카드로 현금자동지급기에서 현금을 인출한 경우 : 현금 인출 행위가 절도죄에 해당하는가에 대해서는 긍정설[641]과 부정설[642]이 대립하고 있으며, 판례는 현금자동지급기의 관리자의 의사에 반하여 그의 지배를 배제한 채 그 현금을 자기의 지배하에 옮겨 놓는 행위로서 절도죄에 해당한다는 입장이다(대법원 2002.7.12, 2002도2134).[643] 법원행시 07 / 법원9급 07(상) / 법원9급 07(하) / 경찰채용 14 1차 / 변호사 12 긍정설이 타당하다고 본다.[644] 다만, 신용카드를 발급받아 사용한 이러한 행위는 '분실 또는 도난된' 신용카드를 사용하는 행위(여신전문금융업법 제70조 제1항 제3호)로는 볼 수 없기 때문에 신용카드부정사용죄는 성립하지 않는다. 한편 현금을 인출하는 행위가 컴퓨터 등 사용사기죄에 해당하는가에 대해서는 기술한 바 있지만 아래에서 다시 검토하기로 한다.

ⓑ 타인명의의 신용카드를 절취 · 강취하여 그 신용카드로 현금자동지급기를 통하여 현금을 인출하는 행위의 죄책

- 불가벌적 사후행위인가(신용카드 자체에 대한 절도죄 · 강도죄와는 별도로 신용카드부정사용죄가 성립할까)? : 신용카드를 절취한 후 이를 사용하는 것은 새로운 법익의 침해로서 절도범행보다 법익의 침해가 큰 경우이므로, 그 부정사용 등을 신용카드를 절취한 절도죄의 불가벌적 사후행위로 볼 여지는 없다(대법원 1996.7.12, 96도1181). 법원행시 05 / 경찰승진(공통) 10 또한 현금을 인출하는 행위가 신용카드의 용도에 속하는 현금신용대출(현금서비스)에 의한 것이었다면, 앞서 범한 절도죄 · 강도죄와는 별도로 신용카드부정사용죄를 구성하고 양죄는 실체적 경합관계에 있게 된다.
- 현금을 인출하는 행위는 절도죄인가 컴퓨터사용사기죄인가? : 컴퓨터사용사기죄(형법 제347조의2)의 성립 여부에 대해서 견해의 대립이 있으나, 동죄의 객체가 '재산상 이익'으로 한정되어 있으므로 해석론상 부정설이 타당하다는 점은 기술한 바 있다. 판례도 현금을 인출하는 것은 재산상 이익이 아니라 '재물'을 취득한 것에 해당되므로 컴퓨터사용사기죄는 성립하지 않고 절도죄(만일 현금서비스를 받은 것이라면 신용카드부정사용죄도 성립하며 양죄는 실체적 경합)에 해당될 뿐이라고 보고 있다(대법원 2003.5.13, 2003도1178).[645] 국가7급 10 / 법원행시 05 / 법원9급 11 /

술값 청구에 항의하는 피해자들을 폭행 또는 협박하여 피해자들로부터 일정 금액을 지급받기로 합의한 다음, 피해자들이 결제하라고 건네준 신용카드로 합의에 따라 현금서비스를 받거나 물품을 구입한 경우, **신용카드에 대한 피해자들의 점유가 피해자들의 의사에 기하지 않고 이탈하였거나 배제되었다고 보기 어려워 여신전문금융업법상의 신용카드 부정사용에 해당하지 않는다**(위 판례).

641 박상기, 340면; 백형구, 158면; 이재상, §16-42.

642 김영환, "신용카드 부정사용에 관한 형법해석론의 난점", 형사판례연구(3), 318면; 김일수/서보학, 441면; 배종대, 444면; 임웅, 379면; 정성근/박광민, 352면; 하태훈, "현금자동인출기 부정사용에 대한 형법적 평가", 형사판례연구(4), 330면 이하.

643 **판례 : 타인의 명의를 모용하여 발급받은 신용카드로 현금자동지급기에서 현금을 인출한 행위는 절도죄에 해당한다는 사례** 비록 카드회사가 피고인으로부터 기망을 당한 나머지 피고인에게 피모용자 명의로 발급된 신용카드를 교부하고, 사실상 피고인이 지정한 비밀번호를 입력하여 현금자동지급기에 의한 현금대출(현금서비스)을 받을 수 있도록 하였다 할지라도, **카드회사의 내심의 의사는 물론 표시된 의사도 어디까지나 카드명의인인 피모용자에게 이를 허용하는 데 있을 뿐**, 피고인에게 이를 허용한 것은 아니다.

644 **보충** 또한 사람을 상대로 하는 기망행위라고는 볼 수 없어 사기죄가 성립할 수 없음은 물론이다.

645 **유사판례1 : 강취한 현금카드로 현금을 인출한 사례** 강취한 현금카드를 이용하여 현금자동지급기에서 현금을 인출한 행위가 강도죄와 별도로 절도죄를 구성하는가? **판례 예금주인 현금카드 소유자를 협박하여 그 카드를 갈취한 다음 피해자의 승낙에 의하여 현금카드를 사용할 권한을 부여받아 이를 이용하여 현금자동지급기에서 현금을 인출한 행위**는 모두 피해자의 예금을 갈취하고자 하는 피고인의 단일하고 계속된 고의 아래에서 이루어진 일련의 행위로서 **포괄하여 하나의 공갈죄를 구성한다**고 볼 것이므로, 현금자동지급기에서 피해자의 예금을 인출한 행위를 현금카드 갈취행위와 분리하여 따로 절도죄로 처단할 수는 없는 것이다. 왜냐하면, 위 예금 인출 행위는 하자 있는 의사표시이기는 하지만 피해자의 승낙에 기한 것이고, 피해자가 그 승낙의 의사표시를 취소하기까지는 현금카드를 적법 · 유효하게 사용할 수 있으므로, 은행으로서도 피해자의 지급정지 신청이 없는

국가7급 20

ⓒ 타인명의의 －현금카드가 아닌－ 신용카드를 '갈취'하여 그 신용카드로 현금자동지급기를 통하여 현금을 인출하는 행위의 죄책 : 현금카드를 갈취하여 그 현금카드로 현금을 인출한 행위의 경우에는, 이론적으로 공갈죄의 단순일죄로 보아야 하고 이후의 현금인출행위는 별도의 죄를 구성하지 않는다고 보아야 하지만, 판례는 공갈죄의 포괄일죄로 보는 입장이다(대법원 2007.5.10, 2007도1375; 1996.9.20, 95도1728). 법원행시 10 / 법원행시 12 / 법원행시 13 / 법원행시 16 / 법원9급 08 / 법원9급 17 / 경찰승진(경위) 10 / 경찰승진 14 / 사시 13 / 사시 14 / 변호사 12 또한 타인명의의 '신용카드'를 공갈을 통하여 갈취한 이후(갈취한 행위는 공갈죄를 구성하며) 그 신용카드로 현금을 인출하는 행위도 역시 별도의 절도죄를 구성한다고 볼 수 없다.

ⓓ 타인 명의의 (도난 또는 분실된) 현금카드나 신용카드로 계좌이체거래 · ARS서비스대출거래를 한 후 자기 계좌에서 해당 현금을 인출하는 행위의 죄책 : 계좌이체 · ARS서비스대출거래[646]를 하는 행위는 재산상 이익을 취득한 경우이므로 컴퓨터사용사기죄(형법 제347조의2)에 해당된다. 그런데 이러한 계좌이체로 인하여 자신이 관리하는 계좌에 입금한 돈을 자신의 현금카드 · 신용카드를 이용하여 인출한 행위는 절도죄를 구성하지 않는다. 타인이 점유하는 재물을 절취한 행위가 아니기 때문이다.

㉢ 가맹점에서 물품 등을 구입하는 행위 : 절취 등의 행위로 소지하게 된 타인의 신용카드를 가지고 자신이 그 신용카드의 정당한 소지인인 양 가맹점 점주를 속여 물품 등을 제공받아 이를 취득한 행위는 여신전문금융업법상 신용카드부정사용죄와 사기죄를 구성한다는 것이 통설 · 판례[647]의 입장이다. 예컨대, 강취한 신용카드를 가지고 자신이 그 신용카드의 정당한 소지인인 양 가맹점의 점주를 속이고 그에 속은 점주로부터 주류 등을 제공받아 이를 취득한 것이라면 역시 신용카드부정사용죄와 별도로 사기죄가 성립한다(대법원 1997.1.21, 96도2715).[648] 국가9급 13 / 법원행시 08 / 법원9급 13 / 경찰승진

한 그의 의사에 따라 그의 계산으로 적법하게 예금을 지급할 수밖에 없는 것이기 때문이다. 그러나 **강도죄는 공갈죄와는 달리** 피해자의 반항을 억압할 정도로 강력한 정도의 폭행 · 협박을 수단으로 재물을 탈취하여야 성립하는 것이므로, 피해자로부터 현금카드를 강취하였다고 인정되는 경우에는 피해자로부터 현금카드의 사용에 관한 승낙의 의사표시가 있었다고 볼 여지가 없다. 따라서 **강취한 현금카드를 사용하여 현금자동지급기에서 예금을 인출한 행위는 피해자의 승낙에 기한 것이라고 할 수 없으므로,** 현금자동지급기 관리자의 의사에 반하여 그의 지배를 배제하고 그 현금을 자기의 지배 하에 옮겨 놓는 것이 되어서 **강도죄와는 별도로 절도죄를 구성한**다고 할 것이다(대법원 2007.5.10, 2007도1375). 국가7급 11 / 국가9급 14 / 사시 12 / 사시 13 / 경찰채용 20 2차 **해결** 별도로 절도죄를 구성한다.

유사판례2 : 신용카드부정사용죄와 절도죄의 죄수 사례 甲은 乙의 신용카드를 훔친 다음에 현금자동인출기에서 현금서비스 50만 원을 받았다. 甲의 형사책임은? **해결** 甲의 행위는 **카드 자체에 대한 절도죄, 신용카드부정사용죄, 현금에 대한 절도죄**가 성립하며 이 모두는 실체적 경합범의 관계에 있다(대법원 1995.7.28, 95도997 참조). 사시 12

646 **사례 : 타인의 명의를 모용하여 발급받은 신용카드를 이용하여 현금자동지급기에서 현금을 인출한 행위와 ARS 전화서비스 등으로 신용대출을 받은 행위는 카드회사에 대한 사기죄의 포괄일죄가 아니라는 사례** 타인의 명의를 모용하여 발급받은 신용카드를 이용하여 현금자동지급기에서 현금을 인출한 행위[1]와 ARS 전화서비스 등으로 신용대출을 받은 행위[2]는 카드회사에 대한 사기죄의 포괄일죄를 구성하는가? **판례** [1] 피고인이 **타인의 명의를 모용하여 발급받은 신용카드를 사용하여 현금자동지급기에서 현금대출을 받는 행위**는 카드회사에 의하여 미리 포괄적으로 허용된 행위가 아니라, 현금자동지급기의 관리자의 의사에 반하여 그의 지배를 배제한 채 그 현금을 자기의 지배하에 옮겨 놓는 행위로서 **절도죄**에 해당한다. [2] **타인의 명의를 모용하여 발급받은 신용카드의 번호와 그 비밀번호를 이용하여 ARS 전화서비스나 인터넷 등을 통하여 신용대출을 받는 방법으로 재산상 이익을 취득하는 행위** 역시 미리 포괄적으로 허용된 행위가 아닌 이상, 컴퓨터 등 정보처리장치에 권한 없이 정보를 입력하여 정보처리를 하게 함으로써 재산상 이익을 취득하는 행위로서 **컴퓨터 등 사용사기죄**에 해당한다(대법원 2006.7.27, 2006도3126). 국가7급 12 / 국가7급 16 / 국가9급 11 / 국가9급 14 / 국가9급 18 / 법원승진 12 / 법원행시 07 / 경찰승진 12 / 사시 13 / 사시 14 / 경찰간부 17 / 경찰승진(경감이하) 16 / 경찰채용 16 1차 **해결** 사기죄의 포괄일죄를 구성하지 않는다(현금자동지급기에서 현금대출을 받는 행위는 절도죄를 구성하고, ARS전화서비스 등으로 신용대출을 받는 행위는 컴퓨터사용사기죄를 구성함).

647 예컨대 대법원 1996.7.12, 96도1181 참조.

648 판례는 신용카드부정사용죄와 사기죄의 죄수관계에 대해서는 실체적 경합범으로 보고 있다. 단 상상적 경합으로 보아야 한다는 반대견해는 임웅, 375면.

경장) 10 / 사시 10 / 사시 14 / 경찰간부 18 / 경찰채용 18 2차 다만 절취한 타인의 신용카드로 가맹점에서 물품 등을 구입할 때에는 신용카드 매출전표에 타인의 명의를 모용하는 사문서위조 및 이를 행사하는 위조사문서행사행위가 있었을 터인데, 이는 어디까지나 신용카드를 부정사용하는 행위의 과정에 수반되는 것이어서 별도의 죄를 구성하지 않고 신용카드부정사용죄에 흡수될 것이다.[649] 법원행시 14 / 국가7급 16 이는 불가벌적 수반행위(법조경합 중 흡수관계)로 이해될 수 있다.[650] 국가9급 14

(6) 신용카드부정사용죄의 기수시기와 미수범 처벌규정

'절취한 신용카드로 대금을 결제하기 위하여 신용카드를 제시하였으나 확인과정에서 도난카드임이 밝혀져 바로 검거된 경우'에는, 신용카드부정사용죄의 실행에는 착수하였으나 그 결과에는 이르지 못한 것이라고 볼 수 있다. 따라서 여신전문금융업법 제70조 제1항 제3호의 신용카드부정사용죄의 기수범 또는 미수범이 되는가가 문제된다. 신용카드부정사용죄의 기수시기에 대해서는 견해의 대립이 있으나,[651] 위 경우 신용카드부정사용죄의 기수에 해당되지 않는다는 점에서 견해의 대립이 없다.

따라서 신용카드부정사용죄의 미수범이 성립하는가가 문제되는바, 여신전문금융업법에는 '신용카드위조·변조죄'(동법 제70조 제1항 제1호) 및 '위조·변조신용카드판매·사용죄'(동조 동항 제2호)의 미수범은 처벌하고 있으나(동조 제6항)[652] '도난·분실신용카드판매·사용죄'(동조 동항 제3호) 및 '강취·횡령·사취·갈취신용카드판매·사용죄'(동조 동항 제4호)의 미수범 처벌규정은 두고 있지 않다.[653] 따라서 동죄의 미수범으로 처벌할 수는 없다.[654] [655] 국가7급 10 / 국가9급 13 / 사시 14 / 사시 16 / 경찰간부 16 참고로 이 경우 사기죄는 재물 또는 재산상 이익을 취득하기 이전인가 이후인가에 따라 사기미수죄 또는 사기기수죄의 성립이 가능할 것이다.

(7) 신용카드부정사용죄의 죄수

신용카드를 사용하여 여러 곳의 가맹점들로부터 물품을 구입하는 경우 신용카드부정사용죄는 여러 차례 범하게 된 것이다. 이 경우 신용카드의 각 부정사용의 피해법익이 모두 위 신용카드를 사용한 거래의 안전

---

649 同旨 : 대법원 1992.6.9, 92도77.

650 총론, 죄수론, 일죄, 법조경합 중 흡수관계 참조.

651 **보충 : 신용카드부정사용죄의 기수시기** ① 도난 또는 분실된 타인명의의 신용카드를 가맹점에 제시하여 매출전표를 발급받아 매출전표에 서명한 후 이를 교부한 때로 보는 견해(김우진, "신용카드부정사용죄의 기수시기", 형사판례연구(3), 1995, 293면; 박상기, 342면; 손동권, 전게논문, 333면; 원유석, 전게논문, 215면)와 ② 서명된 매출표를 교부받은 가맹점이 서명을 확인하여 이상 없음의 표시로 매출표 중의 한 장을 다시 교부하는 때로 보는 견해(하태훈, "현금자동인출기 부정사용에 대한 형법적 평가", 형사판례연구(4), 1996, 340면)가 대립하고 있다. ③ 판례는 제1설의 입장인 것으로 생각된다(대법원 2008.2.14, 2007도8767). 국가7급 10 / 국가9급 13 / 경찰승진(경장) 10 / 사시 10 / 사시 14 / 사시16 / 경찰간부 16 / 경찰채용 17 1차 신용카드부정사용죄의 기수시점은 신용카드를 '사용하는 행위'라고 규정되어 있다는 점에서 가맹점측이 이상 없음의 표시로 매출표 중의 한 장을 교부하였는가에 따라 본죄의 기수 여부를 결정하는 것(제2설)에는 의문이 있다. 따라서 제1설이 타당하다고 생각된다.

652 심지어 신용카드위조·변조죄는 예비·음모죄 처벌규정도 두고 있다(동조 제6항).

653 분실·도난된 신용카드부정사용죄는 거동범(형식범)이라는 설명은 임웅, 375면 참조.

654 판례도 이 점을 적절히 지적하고 있다. 대법원 2008.2.14, 2007도8767; 1993.11.23, 93도604 참조.

655 **사례 : 신용카드부정사용죄의 기수와 미수** 乙의 신용카드를 절취한 甲은 대금을 결제하기 위하여 신용카드를 제시하고 카드회사의 승인까지 받았으나, 매출전표에 서명은 아직 못한 상태에서 도난카드임이 밝혀져 최종적으로 매출취소로 거래가 종결되었다. 甲의 행위는 신용카드부정사용기수죄에 해당되는가? **판례** 여신전문금융업법 제70조 제1항은 분실 또는 도난된 신용카드 또는 직불카드를 판매하거나 사용한 자는 7년 이하의 징역 또는 5천만 원 이하의 벌금에 처한다고 규정하고 있는바, 위 부정사용죄의 구성요건적 행위인 신용카드의 사용이라 함은 신용카드의 소지인이 신용카드의 본래 용도인 대금결제를 위하여 가맹점에 **신용카드를 제시하고 매출전표에 서명하여 이를 교부하는 일련의 행위**를 가리키므로, 단순히 신용카드를 제시하는 행위만으로는 신용카드부정사용죄의 실행에 착수한 것이라고 할 수는 있을지언정 그 사용행위를 완성한 것으로 볼 수 없고, 신용카드를 제시한 거래에 대하여 카드회사의 승인을 받았다고 하더라도 마찬가지라 할 것이다. 따라서 피고인의 행위는 **신용카드 부정사용의 미수행위에 불과하다** 할 것인데 **여신전문금융업법에서 위와 같은 미수행위를 처벌하는 규정을 두고 있지 아니한 이상 피고인을 위 법률위반죄로 처벌할 수 없다**(대법원 2008.2.14, 2007도8767). 국가7급 10 / 국가9급 13 / 경찰승진(경장) 10 / 경찰채용 13 1차 / 경찰채용 17 1차 / 사시 10 / 사시 14 / 사시 16 / 경찰간부 16

해결 해당되지 않는다(미수범 처벌규정도 없으므로 동죄에 관한 한 무죄이다).

및 이에 대한 공중의 신뢰인 것으로 동일하다는 점을 고려하여 연속범(連續犯)[656] 이론을 적용하면 신용카드부정사용죄의 포괄일죄가 된다고 볼 수 있다. 판례도 같은 입장이다(대법원 1996.7.12, 96도1181).[657] 국가7급 10 / 사시 10 다만 이 경우 신용카드부정사용죄(의 일죄)와 (7개의 실체적 경합관계에 있는) 사기죄의 죄수관계는 실체적 경합관계에 있다(위 판례). 국가7급 10 / 국가7급 16

(8) 카드가맹점주의 허위매출전표 제출에 의한 대금청구행위의 죄책

카드가맹점주가 매출전표가 용역의 제공을 가장한 허위의 매출전표임을 고지하지 아니한 채 신용카드회사에게 제출하여 대금을 청구한 행위는 사기죄의 실행행위로서 기망행위에 해당한다(대법원 1999.2.12, 98도3549).[658] 법원행시 10 / 법원9급 06

(9) 여신전문금융업법상 불법자금융통죄

여신전문금융업법 제70조 제3항 제2호에서는 "물품의 판매 또는 용역의 제공 등을 가장하거나 실제 매출금액을 넘겨 신용카드로 거래하거나 이를 대행하게 하는 행위"(가목)와 "신용카드회원으로 하여금 신용카드로 구매하도록 한 물품·용역 등을 할인하여 매입하는 행위"(나목)를 구성요건으로 하는 불법자금융통죄의 처벌규정을 두고 있다. 이는 소위 카드깡 행위를 처벌하는 규정이다. 불법자금융통죄 및 그 죄수와 관련된 판례의 입장은 아래와 같다.

판례연구 여신전문금융업법상 불법자금융통죄 관련 판례

1. 대법원 2008.5.29, 2007도1925

甲이 신용카드회원(乙)의 신용카드로 쌀을 구매한 다음, 이를 스스로 할인매입하지 않고 제3자에게 처분하여 그 대금에서 일정 금액을 수수료 명목으로 떼고 나머지를 신용카드회원에게 지급한 사례

여신전문금융업법 제70조 제2항 제3호 (나)목은 '신용카드회원으로 하여금 신용카드에 의하여 물품·용역 등을 구매하도록 한 후 신용카드회원이 구매한 물품·용역 등을 할인하여 매입하는 행위'를 통하여 자금을 융통하여 준 자 또는 이를 중개·알선한 자를 처벌하도록 규정하고 있는바, 이는 신용카드회원이 신용카드에 의하여 구매한 물품 등을 자금을 융통하여 주는 자가 직접 할인하여 매입함으로써 신용카드회원에게 그 매입대금 상당의 자금을 융통하여 주는 경우뿐만 아니라, 신용카드회원이 신용카드에 의하여 구매한 물품 등을 자금을 융통하여 주는 자가 제3자로 하여금 할인하여 매입하도록 하고 그 매입대금의 전액 또는 일부를 신용카드회원에게 지급하는 방법으로 자금을 융통하여 주는 경우에도 적용되는 것으로 봄이 상당하다.

2. 대법원 2001.6.12, 2000도3559

여신전문금융업법상 불법자금융통죄를 다수인을 상대로 수회 범한 경우

여신전문금융업법 제70조 제2항 제3호는 '물품의 판매 또는 용역의 제공을 가장하거나 실제 매출금액을 초과하여 신용카드 매출전표를 작성하고 자금을 융통하여 준 자'를 처벌하도록 규정하고 있는데, 그 구성요건 및 보호법익에 비추어 볼 때 위 규정 위반의 죄는 신용카드를 이용한 자금융통행위 1회마다 하나의 죄가 성립한다고 할

656 총론, 죄수론, 일죄, 포괄일죄 중 연속범 참조.

657 판례 : 동일한 신용카드의 반복적인 부정사용에 대한 포괄일죄를 인정한 사례 약 2시간 20분 동안에 걸쳐 카드가맹점 7곳에서 도합 2,008,000원 상당의 물품을 구입하면서 그 각 구입대금을 절취한 신용카드로 결제한 경우, 신용카드부정사용죄는 포괄일죄가 된다.

658 사례 : 카드가맹점주의 용역제공을 가장한 카드대금 청구 사례 甲은 乙 명의의 비자카드를 빌린 후, 자신이 경영하는 여관에 乙이 투숙하고 대금결제를 乙 명의의 비자카드로 한 것처럼 매출전표를 작성하여 신용카드회사에 위 매출전표를 제출, 숙박비 상당의 금원을 교부받았다. 甲의 죄책은? 판례 신용카드회사가 가맹점의 용역의 제공을 가장한 허위내용의 매출전표에 의한 대금청구에 대하여는 이를 거절할 수 있는 등 매출전표가 허위임을 알았더라면 피고인에게 그 대금의 지급을 하지 아니하였을 관계가 인정된다면, 피고인이 이 사건 매출전표가 용역의 제공을 가장한 허위의 매출전표임을 고지하지 아니한 채 신용카드회사에게 제출하여 대금을 청구한 행위는 사기죄의 실행행위로서의 기망행위에 해당한다고 할 것이고, 피고인에게 이러한 기망행위에 대한 고의가 있었다면, 비록 당시 피고인에게 신용카드 이용대금을 변제할 의사와 능력이 있었다고 하더라도 피고인에게 사기죄의 고의가 있었음을 인정할 수 있다(대법원 1999.2.12, 98도3549). 법원행시 10 / 법원9급 06 해결 사기죄.

것이고, 일정기간 다수인을 상대로 동종의 자금융통행위를 계속하였다고 하더라도 그 고의가 단일하다고 할 수 없으므로 이를 포괄하여 하나의 죄가 성립한다고 할 수 없다.

알아두기 신용카드범죄 관련 중요판례 핵심정리

① 신용카드는 유가증권이 아니다(대법원 1999.7.9, 99도857). 경찰채용 10 1차 / 경찰간부 13 / 경찰승진(경위) 10

② 카드채무에 대한 이행의사·능력 없이 신용카드 발급신청을 하여 현금대출도 받고 가맹점을 통한 물품구입대금 대출도 받은 경우는 사기죄의 포괄일죄이다(대법원 1996.4.9, 95도2466). 경찰간부 11 / 사시 10 / 국가7급 16

③ 타인의 명의를 모용하여 발급받은 신용카드로 현금자동지급기에서 현금을 인출한 행위는 (신용카드부정사용죄는 성립하지 않고) 절도죄를 구성한다(대법원 2002.7.12, 2002도2134). 경찰채용 14 1차 / 법원9급 07(상) / 법원9급 07(하) / 법원행시 07 / 변호사시험 12

④ 절취한 신용카드로 가맹점에서 물품을 구입하는 행위는 신용카드부정사용죄와 사기죄를 구성한다(대법원 1996. 7.12, 96도1181; 1997.1.21, 96도2715). 경찰간부 18 / 경찰승진 10 / 경찰승진(경장) 10 / 법원행시 08

⑤ 신용카드회원이 결제하라고 건네준 신용카드를 사용한 행위는 신용카드부정사용죄를 구성하지 않는다(대법원 2006.7.6, 2006도654). 경찰승진(경장) 10 / 법원행시 07

⑥ 절취한 직불카드를 온라인 현금자동지급기에 넣고 예금을 인출한 행위는 직불카드의 본래의 용법을 벗어난 것이어서 부정사용죄에 해당되지 않는다(대법원 2003.11,14, 2003도3977).

⑦ 타인의 명의를 모용하여 발급받은 신용카드를 이용하여 현금자동지급기에서 현금을 인출한 행위(절도에 해당)와 ARS 전화서비스 등으로 신용대출을 받은 행위(컴퓨터사용사기에 해당)는 카드회사에 대한 사기죄의 포괄일죄를 구성하지 않는다(대법원 2006.7.27, 2006도3126). 경찰승진 12 / 국가9급 11·14 / 국가7급 12 / 법원9급 18 / 사시 13·14 / 국가9급 24

⑧ 신용카드를 부정사용하는 과정에서 신용카드 매출전표에 카드명의인의 명의를 모용하는 행위를 한 경우에는 별도의 문서위조죄를 구성하지 않고 신용카드부정사용죄에 흡수된다(대법원 1992.6.9, 92도77). 국가9급 14

⑨ 절취한 신용카드로 대금을 결제하기 위해 신용카드를 제시하고 카드회사의 승인까지 받았으나 매출전표에 서명은 아직 못한 상태에서 도난카드임이 밝혀져 최종적으로 매출취소로 거래가 종결되면 이러한 신용카드 부정사용죄의 미수범처벌규정이 없으므로 죄가 되지 않는다(대법원 2008.2.14, 2007도8767). 경찰채용 13·17 1차 / 경찰간부 16 / 경찰승진(경장) 10 / 국가9급 13 / 사시 10·14·16

⑩ 용역의 제공을 가장한 허위의 매출전표를 신용카드회사에게 제출하여 대금을 청구하여 지급받은 여관 업주의 행위는 사기죄에 해당된다(대법원 1999.2.10, 98도3549). 법원9급 06 / 법원행시 10

⑪ 여신전문금융업법상 불법자금융통죄를 다수인을 상대로 수회 범한 경우 자금융통행위 1회마다 하나의 죄가 성립한다고 할 것이므로 포괄하여 하나의 죄가 성립한다고 할 수 없다(대법원 2001.6.12, 2000도3559).

⑫ 여신전문금융업법상 불법자금융통죄는 제3자로 하여금 할인하여 매입하도록 하는 경우에도 적용된다(대법원 2008.5.29, 2007도1925).

04 준사기죄

제348조 【준사기】 ① 미성년자의 사리분별력 부족 또는 사람의 심신장애를 이용하여 재물을 교부받거나 재산상 이익을 취득한 자는 10년 이하의 징역 또는 2천만원 이하의 벌금에 처한다. 〈개정 2020.12.8.〉

② 제1항의 방법으로 제3자로 하여금 재물을 교부받게 하거나 재산상 이익을 취득하게 한 경우에도 제1항의 형에 처한다. 〈개정 2020.12.8.〉

준사기죄(準詐欺罪)는 미성년자의 사리분별력 부족 또는 사람의 심신장애를 이용하여 재물을 교부받거나 재산상 이익을 취득함으로써 성립하는 범죄이다(2020.12.8. 우리말 순화 개정, 참고로 사리분별력 부족을 구법에서는 '지려천박'이라 하였음). 여기에서 사리분별력 부족이라 함은 지식과 사려가 평균적인 수준에 도달하지 못하여 군이 기망수단을 사용하지 않더라도 하자 있는 의사표시를 하게 만들 수 있는 상태를 말한다.

사기죄와 준사기죄는 기본법과 보충법의 관계로서 법조경합 중 소위 보충관계에 해당된다. 따라서 사기죄가 성립하면 본죄는 성립할 필요가 없다. 즉 행위자가 적극적 기망을 사용한 경우에는 사기죄가 성립할 뿐이다.

05 편의시설부정이용죄

제348조의2【편의시설부정이용】 부정한 방법으로 대가를 지급하지 아니하고 자동판매기, 공중전화 기타 유료자동설비를 이용하여 재물 또는 재산상의 이익을 취득한 자는 3년 이하의 징역, 500만 원 이하의 벌금, 구류 또는 과료에 처한다.

1. 의 의

편의시설부정이용죄(便宜施設不正利用罪, unlawful use of facilities for convenience)는 부정한 방법으로 대가를 지급하지 아니하고 자동판매기·공중전화 기타 유료자동설비를 이용하여 재물 또는 재산상의 이익을 취득함으로써 성립하는 범죄이다. 본죄는 공중전화 기타 유료자동설비의 이용에 그치는 경우에는 재물을 취득하지 않으므로 절도죄가 성립하지 않는다는 점과 사람에 대한 기망이 아니라 기계에 대한 경우이므로 사기죄가 성립하지 않는다는 점 때문에 1995년 개정형법에 신설된 규정이다. 즉, 본죄는 사기죄의 흠결을 보충하는 보충적 구성요건(Auffangtatbestand)이자, 본죄가 성립하면 절도죄가 별도로 성립하지 않는다는 점에서 절도죄에 대한 특별규정이다. 또한 컴퓨터사용사기죄가 성립하면 본죄는 별도로 성립할 필요가 없다는 점에서 컴퓨터사용사기죄에 대한 보충규정의 성격을 가진다.

2. 구성요건

(1) 객관적 구성요건

① 행위객체 : 공중전화·자동판매기 기타 유료자동설비

㉠ 유료자동설비 : 자동판매기와 공중전화는 유료자동설비(有料自動設備; Automat)의 예시에 지나지 않는다. 유료자동설비라 함은 사용자가 대가를 지불하는 경우에 기계적·전자적 장치가 작동하여 일정한 재화·용역 등의 편의를 제공하는 일체의 기계를 말한다. 예컨대, 오락실에서 500원을 넣고 사용할 수 있는 컴퓨터게임기에 다른 물체를 넣거나 넣는 것처럼 하여 이를 사용한 행위는 본죄를 구성하며, 이 경우 위 컴퓨터게임기는 본죄의 기타 유료자동설비에 해당된다고 보면 된다. 다만 가정용 전화기나 개인 소유의 휴대전화기는 여기에 속하지 않는다.

㉡ 교통시설의 무료이용 및 공연장소·공공시설물에의 무료입장 : 그것이 무인화 내지 자동화되어 있는 경우에는 본죄에 해당된다.

② 행위 : '부정(不正)한 이용'에 의한 재물·재산상 이익 취득

㉠ 의의 : 자동편의시설의 권한 없는 이용이나 이용규칙·방법에 반하여 사용하는 것을 의미한다.

예 자동판매기에 위조주화 등을 투입하여 물품을 취득하거나(이 경우 본죄가 성립하므로 절도죄는 별도로 성립하지 않음) 공중전화를 이용하는 행위 ✔ 이 경우에는 통화위조죄 및 동 행사죄도 성립한다.

㉡ 요금자동설비를 비정상적인 방법으로 이용하는 행위 : 이용행위가 요구되므로 이 경우에는 본죄가 성립하지 않고[659] 절도죄 등의 다른 범죄가 성립한다.

---

659 김성천/김형준, 464면; 김일수/서보학, 448면; 박상기, 348면; 배종대, 456면; 오영근, 501면; 이재상, §18- 71; 이형국(Ⅰ),

예 공중전화기 등을 손괴하여 그 안의 돈을 가져가는 행위 : 손괴죄와 절도죄의 경합범이 될 뿐이고, 본죄는 성립하지 않는다.

ⓒ 기술적 결함을 단순히 이용한 경우 : 부정한 이용을 한 바 없기 때문에 경우에 따라 점유이탈물횡령죄가 성립할 뿐이다.

예 자동판매기가 이미 고장이 나서 동전을 넣지 않아도 물건이 나오는 경우 등

ⓓ 대가를 지급하지 않음의 의미 : 타인의 KT전화카드(한국통신의 후불식 통신카드)를 절취하여 전화통화에 이용한 경우, 판례는 통신카드서비스이용계약을 한 피해자가 그 통신요금을 납부할 책임을 부담하게 되므로, 이러한 경우에는 피고인이 '대가를 지급하지 아니하고' 공중전화를 이용한 경우에 해당된다고 볼 수 없어 편의시설부정이용의 죄를 구성하지 아니한다고 보고 있다(대법원 2001.9.25, 2001도3625).[660] 국가9급 13 / 변호사 17 그러나 생각건대, 본죄의 행위불법을 충분히 갖추었음에도 이를 부정하는 것은 의문의 여지가 있다.[661]

(2) 주관적 구성요건 – 고의 · 불법영득(이득)의사

(3) 미수범

본죄의 미수범은 처벌한다(제352조).

예 위조주화를 공중전화기 등에 투입하였으나, 전화통화가 이루어지지 않은 경우

3. 다른 범죄와의 관계

(1) 절도죄와의 관계

자동판매기를 조작하여 대가를 지급하지 않고 물품을 취득해 가지고 간 경우, 본죄가 성립하게 되는데 이 경우 절도죄는 별도로 성립하지 않는다.

(2) 컴퓨터사용사기죄와의 관계

공중전화카드나 교통카드 등의 선불카드의 자기(磁氣)기록부분(magnetic stripe)에 허위의 정보나 부정한 명령을 입력하여 공중전화나 지하철 등을 대가를 지급하지 아니하고 이용한 경우 편의시설부정이용죄가 성립하는가에 대해서는 견해의 대립이 있으나,[662] 컴퓨터사용사기죄를 구성하게 되므로 본죄는 성립하지 않는다고 보아야 한다. 본죄는 컴퓨터사용사기죄의 보충규정에 지나지 않기 때문이다.

06 부당이득죄

제349조【부당이득】 ① 사람의 곤궁하고 절박한 상태를 이용하여 현저하게 부당한 이익을 취득한 자는 3년 이하의 징역 또는 1천만 원 이하의 벌금에 처한다. 〈개정 2020.12.8.〉

② 제1항의 방법으로 제3자로 하여금 부당한 이익을 취득하게 한 경우에도 제1항의 형에 처한다. 〈개정 2020.12.8.〉

468면; 임웅, 387면; 정성근/박광민, 361면; 진계호, 335면.

660 단, 사문서부정행사죄는 성립한다는 것이 판례이다(대법원 2002.6.25, 2002도461). 국가9급 13 / 경찰승진(경장) 11 후술하는 문서에 관한 죄 중 사문서부정행사죄 참조.

661 이 판례에 대한 비판으로는 박상기, 350면 참조.

662 컴퓨터사용사기죄가 성립하므로 편의시설부정이용죄가 성립하지 않는다는 입장은 박상기, 348면; 이형국(Ⅰ), 469면; 정성근/박광민, 362면; 진계호, 335면 등. 반면, 편의시설부정이용죄가 성립하는 경우에는 컴퓨터사용사기죄는 이에 흡수된다는 반대견해는 김일수/서보학, 448면; 오영근, 502면; 임웅, 388면 참조.

1. 의의 및 성격

부당이득죄(不當利得罪, unjustifiable profit)는 사람의 곤궁하고 절박한 상태(2020.12.8. 우리말 순화 개정 전 구법에서는 '궁박한 상태'라 하였음)를 이용하여 현저하게 부당한 이익을 취득함으로써 성립하는 범죄이다. 법원행시 06 본죄는 일정한 요건 하의 폭리(暴利)행위를 처벌하기 위한 구성요건으로서 그 보호법익은 재산권이며 법익보호의 정도는 침해범이다(다수설[663]). 다만 본죄는 미수를 처벌하지 않는다(제352조 참조).

2. 구성요건

(1) **객체** – 재산상의 이익(이득죄)

(2) **곤궁하고 절박한 상태의 이용**

부당이득죄(不當利得罪)에 있어서 곤궁하고 절박한 상태라 함은 부도(不渡) 등에 직면한 '급박한 곤궁상태'를 의미하는 것으로서, 피해자가 곤궁하고 절박한 상태(needy condition)에 있었는지 여부는 거래 당사자의 신분과 상호간의 관계, 피해자가 처한 상황의 절박성의 정도 등 제반 상황을 종합하여 구체적으로 판단하여야 한다. 법원행시 06 여기에는 경제적 궁박상태뿐만 아니라 정신적·육체적 궁박상태 또는 사회적 궁박상태도 포함된다. 스스로 자초한 궁박상태도 배제되지 않는다.[664] 법원행시 06 또한 본죄가 성립하기 위해서는 피해자의 궁박한 상태를 '이용'하여 이익을 취득하였다는 점이 인정되어야 한다.[665]

판례연구 부당이득죄의 곤궁하고 절박한 상태 관련 판례

1. 대법원 2005.4.15, 2004도1246

자기 조합의 이익에 부합한다는 판단에 의한 경우 : 궁박한 상태 ×

피고인이 피해자인 ○○재건축조합에게 토지를 시세보다 비싼 가격으로 매도하였더라도 그 매매대금이 현저하게 부당하다고 단정할 수 없고, 피해자 조합이 재건축사업을 추진함에 있어서 위 토지가 반드시 필요한 것은 아니었고, 이를 매입하지 아니하고도 재건축을 추진할 대안이 있었음에도 피해자 조합의 이익에 가장 부합한다는 판단하에 피고인을 설득하여 위 토지를 매입하게 된 사정들에 비추어 피해자 조합의 궁박상태를 인정하기에는 부족하다.

2. 대법원 2008.5.29, 2008도2612

주택신축사업을 미리 알고 토지소유자를 회유하여 자신에게 팔게 한 후 비싼 값에 재매도한 사례 : 궁박한 상태 ○

甲건설회사의 공동주택신축사업 계획을 미리 알고 있던 乙은 사업부지 내의 토지소유자 丙을 회유하여 甲과 맺은 토지매매 약정을 깨고 자신에게 이를 매도 및 이전등기하게 한 다음 이를 甲에게 재매도하면서 2배 이상의 매매대금과 양도소득세를 부담시켰다. 그런데 위 토지는 이 사건 사업부지 중간에 위치하고 있어 위 토지를 제외하고는 사업시행이 불가능하여 甲으로서는 반드시 이 사건 토지를 취득하여야 하는 처지에 있었다. 위 토지가 전체 사업부지 내에서 갖는 중요성, 乙의 자력, 甲의 사업진행정도 등을 고려할 때 乙의 행위는 부당이득죄를 구성한다.

3. 대법원 2009.1.15, 2008도8577

미리 알고 부동산을 매수한 것이 아니라 아파트 건축 추진 수년 전부터 일부 부동산을 소유해온 사례 : 궁박한 상태 ×

우리 헌법이 규정하고 있는 자유시장경제질서와 여기에서 파생되는 사적 계약자유의 원칙을 고려하여 부당이득죄의 성립을 인정함에 있어서는 신중을 요한다(대법원 2008.12.11, 2008도7823; 2005.4.15, 2004도1246). 개발사

663 김성천/김형준, 466면; 김일수/서보학, 451면; 박상기, 352면; 백형구, 189면; 오영근, 503면; 이정원, 396면; 이형국(Ⅰ), 471면; 임웅, 389면; 정성근/박광민, 362면; 진계호, 336면. 반면 독일형법 §302a조의 폭리죄(Wucher)가 위험범이라는 점에서 우리 형법상 부당이득죄의 해석에 있어서도 재산상 위험으로도 충분한 위험범으로 보는 소수설은 강구진, 336면; 유기천(상), 253면; 이재상, §18-74.

664 박상기, 353면; 임웅, 389면; 이재상, §18-75.

665 이러한 비동정성(非同情性, Rücksichtlosigkeit)은 본죄의 구성요건요소가 된다는 설명은 이재상, §18-77 참조.

업 등이 추진되는 사업부지 중 일부의 매매와 관련된 이른바 '알박기' 사건에서 부당이득죄의 성립 여부가 문제되는 경우, 그 범죄의 성립을 인정하기 위해서는 피고인이 피해자의 개발사업 등이 추진되는 상황을 미리 알고 그 사업부지 내의 부동산을 매수한 경우이거나 피해자에게 협조할 듯한 태도를 보여 사업을 추진하도록 한 후에 협조를 거부하는 경우 등과 같이, 피해자가 궁박한 상태에 빠지게 된 데에 피고인이 적극적으로 원인을 제공하였거나 상당한 책임을 부담하는 정도에 이르러야 한다. 이러한 정도에 이르지 않은 상태에서 단지 개발사업 등이 추진되기 오래 전부터 사업부지 내의 부동산을 소유하여 온 피고인이 이를 매도하라는 피해자의 제안을 거부하다가 수용하는 과정에서 큰 이득을 취하였다는 사정만으로 함부로 부당이득죄의 성립을 인정해서는 안 된다.[666]

법원행시 06 / 사시 13

(3) 현저하게 부당한 이익

부당이득죄가 성립하려면 행위 당시의 사정을 구체적으로 종합하여 현저하게 부당한 이익을 취득하여야 한다. 현저히 부당하다 함은 행위자의 급부와 피해자의 반대급부가 통상적 거래수준에 비추어 과도한 불균형을 이루는 경우를 말한다.

판례는 특히 부동산의 매매와 관련하여 행위자가 취득한 이익이 현저하게 부당한지 여부는 우리 헌법이 규정하고 있는 자유시장경제질서와 여기에서 파생되는 계약자유의 원칙을 바탕으로 행위자가 해당 토지를 보유하게 된 경위 및 보유기간, 주변 부동산의 시가, 가격 결정을 둘러싼 쌍방의 협상과정 및 거래를 통한 피해자의 이익 등을 종합하여 구체적으로 신중하게 판단하여야 할 것이라고 한다(대법원 2005.4.15, 2004도1246). 토지지분을 시가의 약 10배에 해당하는 가격으로 매도함으로써 사회통념상 과도한 이득을 취하였다는 사정만으로 현저하게 부당한 이득을 취득하였다고 단정할 수 없다는 판례는 이러한 의미로 이해된다(대법원 2006.9.8, 2006도3366).

판례연구 채무액의 2배 대물변제 사례 : 현저한 부당이 아니다

대법원 1972.10.31, 72도1803

피고인 甲이 피해자 乙에게 매도한 대지 잔대금 300만 원의 변제에 갈음하여 대지 666평 시가 300만 원 상당, 주택은행융자금 200만 원, 가옥매매대금 100만 원, 합계 600여 만 원의 이득을 취득하여 지급받을 300만 원을 공제한 300만 원의 이득을 취득한 것만으로 형법 제349조에서 말하는 현저하게 부당한 이득을 취득한 것이라고 보기 어렵다고 판단하였음은 상당하다.

07 상습사기죄

제351조【상습범】 상습으로 제347조 내지 전조의 죄를 범한 자는 그 죄에 정한 형의 2분의 1까지 가중한다.

상습범으로서 포괄일죄의 관계에 있는 여러 개의 범죄사실 중 일부에 대하여 유죄판결이 확정된 경우 그 확정판결의 사실심판결 선고 전에 저질러진 나머지 범죄에 대해 면소판결을 선고하기 위해서는, 전의 확정판결에서 당해 피고인이 상습범으로 기소되어 처단되었을 것을 필요로 하기 때문에, 상습범 아닌 기본 구성요

666 **유사판례** 이른바 알박기의 목적을 가지지 않은 甲은 주상복합건물 신축사업 부지 중 일부 부동산을 매수하였다가, 위 사업의 시행사에 주변 부지의 평당 매매가보다 약 2.4배 이상 비싼 금액에 다시 매도하였다. 甲의 행위는 부당이득죄를 구성하지 않는다(대법원 2010.5.27, 2010도778).

건의 범죄로 처단되는 데 그친 경우에는 그 기판력이 그 사실심판결 선고 전의 나머지 범죄에 미친다고 보아서는 아니 된다는 것이 판례이다(대법원 2004.9.16, 2001도3206 전원합의체). 법원승진 11 또한 상습사기로 인하여 취득한 가액이 일정액(5억 원) 이상인 경우에는 특경법에 의하여 가중처벌된다(특경법 제3조).

제5절 공갈의 죄

01 총 설

1. 의의 및 보호법익

공갈죄(恐喝罪, extortion, Erpressung)는 사람을 폭행·협박하여 처분행위를 하게 하여 재물의 교부를 받거나 재산상의 이익을 취득함으로써 성립하는 범죄이다. 그 보호법익은 재산권이요, 법익보호의 정도는 침해범이다. 편취죄라는 점에서 사기죄와 유사하고, 폭행·협박을 사용한다는 점에서 강도죄와 유사하나, 아래와 같은 차이점도 가지고 있다.

2. 사기죄와의 구별

사기죄나 공갈죄는 모두 상대방으로 하여금 처분행위를 하게 함으로써 재물 내지 재산상 이익을 편취한다는 점에서 공통점이 있다. 그러나 사기죄와는 달리 공갈죄에서는 피공갈자까지도 피해자로 보게 되어 친족상도례를 적용할 때 재산상 피해자뿐만 아니라 피공갈자와도 친족관계가 있을 것을 요구하게 된다. 이는 사기죄가 기망행위를 그 행위태양으로 하는 데 비하여 공갈죄는 폭행·협박을 그 행위태양으로 삼고 있기 때문이다.

표정리 사기죄·공갈죄의 비교

구 분	사기죄	공갈죄
수 단	기 망	폭행·협박
보호법익	재산권(및 거래상 신의칙)	재산권 및 자유권
피해자	재산의 소유자	피공갈자 및 재산의 소유자

3. 강도죄와의 구별

강도죄는 상대방의 반항을 억압할 정도인 최협의의 폭행·협박에 의해 재물 내지 재산상 이익을 강취함으로써 성립하는 데 비하여, 공갈죄는 사람의 의사의 자유를 제한하는 정도의 광의의 폭행이나 협의의 협박에 의해 피공갈자 스스로의 하자 있는 의사에 의하여 재산상의 처분행위를 하게 하여 재물 내지 재산상 이익을 갈취한다는 점에서 양자는 다르다.

02 공갈죄

제350조【공 갈】 ① 사람을 공갈하여 재물의 교부를 받거나 재산상의 이익을 취득한 자는 10년 이하의 징역 또는 2천만 원 이하의 벌금에 처한다.

② 전항의 방법으로 제3자로 하여금 재물의 교부를 받게 하거나 재산상의 이익을 취득하게 한 때에도 전항의 형과 같다.

1. 구성요건

(1) 객관적 구성요건

① 객체 : 타인이 소유하고 타인이 점유하는 재물 또는 재산상의 이익(사기죄와 동일)이다. 따라서 상대방을 공갈하더라도 자기의 재물을 교부받는 경우에는 공갈죄가 성립하지 아니하므로, 금전을 도난당한 경우 절도범이 절취한 금전만 소지하고 있는 때 등과 같이 구체적으로 절취된 금전을 특정할 수 있어 객관적으로 다른 금전 등과 구분됨이 명백한 예외적인 경우에는 절도 피해자에 대한 관계에서 그 금전이 절도범인 타인의 재물이라고 할 수 없다(대법원 2012.8.30, 2012도6157).[667] 법원9급 14 / 법원행시 13 / 경찰채용 13 1차 / 사시 13 / 법원행시 16 / 변호사 18

② 행 위

㉠ 공갈(恐喝) : 재물 · 이익을 취득하기 위해 폭행 · 협박으로 공포심을 일으키는 것

ⓐ 폭행(Gewalt)의 의의 : 공갈죄의 폭행은 사람에 대한 직접적 · 간접적인 유형력의 행사를 의미한다(광의의 폭행). 다수설[668]에 의하면, 본죄의 폭행은 사람의 의사에 대한 정신적 폭력인 심리적 폭력(강제적 폭력 : vis compulsiva)을 의미하고, 물리적 폭력인 절대적 폭력(vis absoluta)은 제외된다. 이 점은 총론상 강요된 행위(제12조)와도 유사하다.

ⓑ 폭행 · 협박의 정도 : 사람의 의사결정과 의사활동의 자유를 제한하는 정도(광의의 폭행 및 협의의 협박) 경찰승진(경감이하) 16 / 경찰승진(경감이하) 17 로서 충분하며, 상대방의 반항을 억압할 정도(강도죄의 폭행 · 협박의 정도)일 것은 요하지 않는다. 예컨대, 행위자가 그의 직업 · 지위에 기하여 불법한 위세를 이용하여 재물의 교부를 요구하고 상대방으로 하여금 그 요구에 응하지 않을 때에는 부당한 불이익을 초래할 위험이 있다는 위구심(危懼心)을 야기하게 하는 경우도 여기에서 말하는 해악의 고지가 된다(대법원 2002.8.27, 2001도6747).

ⓒ 협박의 해악의 내용 : 고지하는 해악의 내용에는 제한이 없으므로, 생명 · 신체 · 자유 · 명예 · 신용 · 재산 등에 대한 해악의 고지는 모두 본죄의 협박이다. 나아가 비밀을 폭로하겠다고 하는 경우,

---

667 **사례 : 공갈죄의 대상인 '타인의 재물'인지 판단하는 기준** 甲이 乙의 돈을 절취한 다음 다른 금전과 섞거나 교환하지 않고 쇼핑백 등에 넣어 자신의 집에 숨겨두었는데, A가 乙의 지시로 丙과 함께 甲에게 겁을 주어 위 돈을 교부받아 갈취하였다. A에게는 공갈죄의 죄책이 성립하는가? **판례** 공갈죄의 대상이 되는 재물은 **타인의 재물**을 의미하므로, **사람을 공갈하여 자기의 재물을 교부받는 경우에는 공갈죄가 성립하지 아니한다.** 그리고 타인의 재물인지는 민법, 상법, 기타의 실체법에 의하여 결정되는데, **금전을 도난당한 경우 절도범이 절취한 금전만 소지하고 있는 때 등과 같이 구체적으로 절취된 금전을 특정할 수 있어 객관적으로 다른 금전 등과 구분됨이 명백한 예외적인 경우에는 절도 피해자에 대한 관계에서 그 금전이 절도범인 타인의 재물이라고 할 수 없다.** 피고인 등이 甲에게서 되찾은 돈은 절취 대상인 당해 금전이라고 구체적으로 특정할 수 있어 객관적으로 甲의 다른 재산과 구분됨이 명백하므로 **이를 타인인 甲의 재물이라고 볼 수 없으므로** 공갈죄가 성립된다고 볼 수 없다(대법원 2012.8.30, 2012도6157). 법원9급 14 / 법원행시 13 / 경찰채용 13 1차 / 사시 13 **해결** 성립하지 않는다.

668 김성천/김형준, 476면; 김일수/서보학, 455면; 배종대, 460면; 오영근, 509면; 유기천(상), 255면; 이재상, §19－7; 이정원, 399면; 이형국(Ⅰ), 477면; 임웅, 393면. 반면 다수설은 독일형법상 단순공갈죄(§253, Erpressung)의 경우 행위수단을 심리적 폭력만으로 제한하는 데 기인한 것인데, 독일형법은 가중적 공갈죄(§255, Räuberische Erpressung)에서 사람에 대한 절대적 폭력을 행위방법으로 규정하고 있는 점을 고려할 때, 우리 형법상 공갈죄의 해석으로는 양자 모두 포함되어야 한다는 소수설이 있다. 박상기, 357면 참조.

절교 또는 단교계속의 통보(집단따돌림을 받지 않으려면 돈을 내라고 하는 경우), 거래단절, 형사고소 등이 모두 포함된다. 또한 해악의 내용은 허위사실이어도 무방하며 위법하지 않더라도 상관없다.

판례연구 공갈죄의 해악의 고지로 볼 수 있는 경우

1. 대법원 1984.5.9, 84도573

간통을 한 다음 이러한 비밀을 폭로하겠다고 한 경우

피고인의 연령이 당시 16세이고, 고소인은 32세인 점 및 한 집에 여러 사람이 취침한다는 점에 미루어 … 피해자의 유혹으로 간통관계를 갖게 되었다 하더라도 이를 미끼로 판시와 같이 협박하여 금원의 교부를 받은 사실이 인정되는 이상, 범죄의 성립에는 영향이 없다 할 것이므로 이를 공갈죄로 의율한 조치는 정당하다. 경찰승진(경위) 10

2. 대법원 1991.5.28, 91도80

방송사 기자가 건설회사에게 부실공사를 보도하겠다고 한 경우

방송기자인 피고인이 피해자에게 피해자 경영의 건설회사가 건축한 아파트의 진입도로 미비 등 공사하자에 관하여 방송으로 계속 보도할 것 같은 태도를 보임으로써 피해자가 위 방송으로 말미암아 그의 아파트 건축사업이 큰 타격을 받고 자신이 경영하는 회사의 신용에 커다란 손실을 입게 될 것을 우려하여 방송을 하지 말아 달라는 취지로 돈 200만 원을 피고인에게 교부한 경우 공갈죄의 구성요건이 충족되고 또 인과관계도 인정된다고 할 것이다. 경찰간부 14

3. 대법원 1997.2.14, 96도1959

해당 업체의 반박광고에 대하여 신문사 측에서 기자들의 격앙된 분위기를 전한 경우

신문의 부실공사 관련 기사에 대한 해당 건설업체의 반박광고가 있었음에도 재차 부실공사 관련 기사가 나가는 등 그 신문사 기자들과 그 건설업체 대표이사의 감정이 악화되어 있는 상태에서, 그 신문사 사주 및 광고국장이 보도자제를 요청하는 그 건설업체 대표이사에게 자사 신문에 사과광고를 싣지 않으면 그 건설업체의 신용을 해치는 기사가 계속 게재될 것 같다는 기자들의 분위기를 전달하는 방식으로 사과광고를 게재토록 하면서 과다한 광고료를 받은 행위는 공갈죄의 구성요건에 해당한다. 경찰채용 18 2차

4. 대법원 2013.4.11, 2010도13774

소비자불매운동 사건 : 조중동에 광고하면 광고주에 대해 불매운동하겠다는 것은 공갈이라는 사례[669]

소비자불매운동이라 하더라도 대상 기업에게 특정한 요구를 하면서 이에 응하지 않을 경우 불매운동의 실행 등 대상 기업에 불이익이 되는 조치를 취하겠다고 고지하거나 공표하는 것과 같이 소비자불매운동의 일환으로 이루어지는 것으로 볼 수 있는 표현이나 행동이 정치적 표현의 자유나 일반적 행동의 자유 등의 관점에서도 전체 법질서상 용인될 수 없을 정도로 사회적 상당성을 갖추지 못한 때에는 그 행위 자체가 강요죄나 공갈죄에서 말하는 협박의 개념에 포섭될 수 있으므로, 소비자불매운동 과정에서 이루어진 어떠한 행위가 강요죄나 공갈죄의 수단인 협박에 해당하는지 여부는 해당 운동의 목적 등 제반 사정을 종합적·실질적으로 고려하여 판단하여야 한다.[670]

판례연구 공갈죄의 해악의 고지로 볼 수 없는 경우

대법원 2002.2.8, 2000도3245

조상천도제를 지내지 아니하면 좋지 않은 일이 생긴다는 취지의 해악의 고지가 공갈죄의 수단으로써 협박으로 평가될 수 없다고 한 사례

669 보충 2013년 4월 11일 대법원에서는, 2008년 ㈜광동제약 관계자에게 조선일보·중앙일보·동아일보(이하 '조중동')에 대한 광고를 중단하지 않으면 불매운동을 벌이겠다고 협박한 언론소비자주권국민캠페인(이하 '언소주') 김○○ 대표에 대해 공갈죄의 성립을 인정하고 징역 6월에 집행유예 2년을 선고한 원심을 확정했다. 즉 위 판결에서 대법원은, 소비자불매운동은 헌법 제124조에 의해 소비자보호운동의 일환으로 보호를 받으며, 만일 소비자보호운동의 차원이 아니라 하더라도 헌법 제21조에 의해 정치적 표현의 자유나 헌법 제10조에 의해 일반적 행동의 자유의 관점에서 보호를 받을 수 있으나, 이와 동시에 그 한계도 명시하고 있는 것이다. 졸고(拙稿), '조중동에 광고하면 불매운동하겠다는 것은 공갈', 공무원저널, 2013.5.9.

670 비교 광고주에 대한 불매운동이 신문사들에 대한 업무방해죄가 무조건 되는 것은 아니라는 판례(대법원 2013.3.14, 2010도410)는 앞서 기술하였다.

공갈죄의 수단으로써 협박은 객관적으로 사람의 의사결정의 자유를 제한하거나 의사실행의 자유를 방해할 정도로 겁을 먹게 할 만한 해악을 고지하는 것을 말하고, 법원9급 11 그 해악에는 인위적인 것뿐만 아니라 천재지변 또는 신력이나 길흉화복에 관한 것도 포함될 수 있으나, 다만 천재지변 또는 신력이나 길흉화복을 해악으로 고지하는 경우에는 상대방으로 하여금 행위자 자신이 그 천재지변 또는 신력이나 길흉화복을 사실상 지배하거나 그에 영향을 미칠 수 있는 것으로 믿게 하는 명시적 또는 묵시적 행위가 있어야 공갈죄가 성립한다. 따라서 조상천도제를 지내지 아니하면 좋지 않은 일이 생긴다는 취지의 해악의 고지는 길흉화복이나 천재지변의 예고로서 행위자에 의하여 직접·간접적으로 좌우될 수 없는 것이고 가해자가 현실적으로 특정되어 있지도 않으며 해악의 발생가능성이 합리적으로 예견될 수 있는 것이 아니므로 협박으로 평가될 수 없다. ⇨ 단순한 경고는 협박이 아니다. 경찰간부 11 / 경찰간부 12 / 경찰간부 14 / 경찰승진(경사) 10 / 경찰승진(경위) 10 / 경찰채용 12 1차 / 경찰승진(경감이하) 16 / 경찰승진 23

ⓛ 재물 내지 재산상 이익의 갈취(喝取)

ⓐ 재산상 이익 : 금품이 전제된 부녀와의 성관계는 재산상 이익으로 볼 수 있으나(경제적 재산개념, 대법원 2001.10.23, 2001도2991), 법원9급 06 / 경찰승진(경장) 10 / 경찰승진(경위) 10 / 사시 10 금품이 전제되지 않은 부녀와의 성관계는 재산상 이익에 해당되지 않으므로 접대부를 공갈하여 성관계를 가진 경우에는 공갈죄에 해당되지 않는다(대법원 1983.2.8, 82도2714). 국가7급 14 / 경찰승진 13

ⓑ 처분행위의 직접성 및 처분행위자 : 본죄는 처분행위를 필요로 한다는 점에서 사기죄와 마찬가지로 편취죄의 성격을 가진다. 이때 처분행위는 사기죄의 그것처럼 법률행위뿐만 아니라 사실상의 처분행위로도 족하다. 따라서 상대방이 외포심을 일으켜 '묵인'하고 있는 동안에 공갈자가 직접 재물을 탈취한 때에도 공갈죄의 성립이 인정된다(통설·판례 : 대법원 1960.2.29, 4292형상997). 또한 처분행위자는 재산상 피해자와 일치할 필요가 없다. 즉 사기죄에 있어서 삼각사기가 가능한 것처럼 본죄에 있어서도 삼각공갈(三角恐喝)이 가능한 것이다. 이 경우 피공갈자가 재산상 피해자의 재산을 사실상 처분할 수 있는 지위에 있어야 한다는 점도 삼각사기와 마찬가지다(사실상 지위설). 법원행시 10 / 법원9급 11 / 법원9급 14 / 경찰승진 12 / 경찰채용 12 3차 / 경찰승진(경감이하) 17 예컨대, 룸살롱의 여종업원에게 신체에 위해를 가할 듯한 태도를 보여 이에 겁을 먹은 위 종업원으로부터 주류를 제공받은 행위는 공갈죄를 구성한다(대법원 2005.9.29, 2005도4738[671]).

다만, 폭행·협박의 상대방이 위와 같은 의미에서의 처분행위를 한 바 없고, 단지 행위자가 법적으로 의무 있는 재산상 이익의 공여를 면하기 위하여 상대방을 폭행하고 현장에서 도주함으로써 상대방이 행위자로부터 원래라면 얻을 수 있었던 재산상 이익의 실현에 장애가 발생한 것에 불과하다면, 그 행위자에게 공갈죄의 죄책을 물을 수 없다. 따라서 택시기사의 택시요금 지급 요구를 면하고자 그를 폭행하고 달아난 자에게는 공갈죄의 죄책이 인정되지 않는다(대법원 2012.1.27, 2011도16044).[672] 국가9급 12 / 법원행시 12 / 법원행시 13 / 법원행시 16 / 경찰승진 14 / 경찰채용 12 3차

---

671 판례 공갈죄에 있어서 공갈의 상대방은 재산상의 피해자와 동일함을 요하지는 아니하나, 공갈의 목적이 된 재물 기타 재산상의 이익을 처분할 수 있는 사실상 또는 법률상의 권한을 갖거나 그러한 지위에 있음을 요한다고 할 것이다(대법원 2005.9.29, 2005도4738). 법원행시 12 / 경찰승진(경감이하) 17

672 사례 : 공갈죄는 편취죄로서 재산상 처분행위가 있어야 한다는 사례 – 택시기사를 폭행하고 도주한 사건 甲은 乙이 운전하는 택시를 타고 간 후 목적지가 다르다는 이유로 택시요금의 지급을 면하고자 이를 요구하는 乙을 폭행하고 달아났다. 甲에게는 공갈죄의 죄책이 인정되는가? 판례 재산상 이익의 취득으로 인한 공갈죄가 성립하려면 폭행 또는 협박과 같은 공갈행위로 인하여 피공갈자가 재산상 이익을 공여하는 처분행위가 있어야 한다. 물론 그러한 처분행위는 반드시 작위에 한하지 아니하고 부작위로도 족하여서, 피공갈자가 외포심을 일으켜 묵인하고 있는 동안에 공갈자가 직접 재산상의 이익을 탈취한 경우에도 공갈죄가 성립할 수 있다. 그러나 **폭행의 상대방이 위와 같은 의미에서의 처분행위를 한 바 없고, 단지 행위자가 법적으로 의무 있는 재산상 이익의 공여를 면하기 위하여 상대방을 폭행하고 현장에서 도주함으로써 상대방이 행위자로부터 원래라면 얻을 수 있었던 재산상 이익의 실현에 장애가 발생한 것에 불과하다면, 그 행위자에게 공갈죄의 죄책을 물을 수 없다.** 피고인이 피해자가 운전하는 택시를 타고 간 후 최초의 장소에 이르러 택시요금의 지급을 면할 목적으로 다른 장소에 가자고 하였다면서 택시에서 내린 다음 택시요금 지급을 요구하는 피해자를 때리고 달아나자, 피해자가 피고인이 말한 다른 장소까지 쫓아가 기다리다

㉢ 재산상 손해 : 재산상의 손해발생이 필요하지 않다는 입장(소수설[673])과 사기죄와 동일하게 피공갈자의 처분행위에 의하여 피공갈자나 제3자에게 재산상의 손해가 발생하여야 한다는 입장(다수설[674])이 대립되어 있다. 재산상 손해발생 필요설이 타당함은 사기죄에서의 설명과 같다. 판례는 명시적이지 않지만 사기죄에서의 입장을 유추해보면 불요설의 입장으로 분류될 수 있다. 본죄는 사기죄와 마찬가지로 침해범(侵害犯)이다.

㉣ 착수시기와 기수시기 : 본죄의 착수시기는 갈취의 의사로 공갈을 개시한 때이다(대법원 1969.7.29, 69도894). 또한 본죄의 기수시기는 재산상 손해가 발생한 때이다(판례에 의하면 **'재물 또는 재산상 이익을 취득한 때'**). 예컨대, 부동산에 대한 공갈죄는 그 부동산에 관하여 소유권이전등기를 경료받거나 또는 인도를 받은 때에 기수로 되는 것이고, 소유권이전등기에 필요한 서류를 교부 받은 때에 기수로 되어 그 범행이 완료되는 것은 아니다(대법원 1992.9.14, 92도1506). 법원행시 07 / 법원행시 10 / 법원행시 12 / 법원9급 08 / 법원9급 09 / 법원9급 16 / 경찰승진(경사) 10 / 경찰승진(경감) 10 / 경찰승진(경정) 11 / 경찰승진 12 / 경찰승진 13 / 경찰승진(경감이하) 16 / 경찰채용 12 3차

(2) **주관적 구성요건** – 고의, 불법영득·이득의 의사

2. 위법성

(1) 문제의 소재

정당한 청구권자가 권리실현의 수단으로 공갈행위를 사용한 경우의 문제이다.

(2) 학 설

① 협박죄설(다수설[675]) : 정당한 청구권이 있는 경우에는 불법영득의사가 부정되므로 재산죄인 본죄가 아니라(공갈죄의 구성요건에 해당되지 않고) 폭행죄·협박죄의 구성요건에 해당될 뿐이라는 견해이다.

② (공갈죄 또는) 무죄설(소수설[676] · 판례) : 일단 공갈죄의 구성요건에 해당되는 것을 전제로 하여, 권리행사라 할지라도 권리남용이 되는 경우에는 공갈죄가 성립한다는 것이 판례의 입장이다. 법원행시 16 / 법원9급 17 / 경찰승진(경감이하) 17 즉, 제20조의 사회상규에 위배되지 않는 정당행위에 해당되는가가 관건이다. 따라서 권리행사가 권리의 남용이 아닌 정당한 권리의 실행행위에 해당되는 경우에는 공갈죄의 위법성이 조각되게 된다(이러한 논리구성은 기술한 협박죄나 강요죄의 위법성에서도 같음).

판례연구 실질적 권리남용 여부 : 사회상규에 위배되지 아니하는 행위

공갈죄를 인정한 경우 : 권리남용 ○

1. 피고인이 교통사고로 2주일간의 치료를 요하는 상해를 당하여 그로 인한 손해배상청구권이 있음을 기화로 사고차량의 운전사가 바뀐 것을 알고서 그 운전사의 사용자에게 과다한 금원을 요구하면서 이에 응하지 않으

그곳에서 피고인을 발견하고 택시요금 지급을 요구하였는데 피고인이 다시 피해자의 얼굴 등을 주먹으로 때리고 달아난 경우, 피해자가 피고인에게 계속해서 택시요금의 지급을 요구하였으나 피고인이 이를 면하고자 피해자를 폭행하고 달아났을 뿐, 피해자가 폭행을 당하여 외포심을 일으켜 수동적·소극적으로라도 피고인이 택시요금 지급을 면하는 것을 용인하여 이익을 공여하는 처분행위를 하였다고 할 수 없는데도, 이와 달리 보아 공갈죄를 인정한 원심판결에는 법리오해 등 위법이 있다(대법원 2012.1.27, 2011도16044). 국가9급 12 / 법원행시 12 / 법원행시 13 / 경찰채용 12 3차 **해결** 인정되지 않는다.

673 김종원, 223면; 백형구, 195면; 오영근, 517면; 유기천(상), 257면; 정영석, 362면; 황산덕, 308면.
674 김성천/김형준, 478면; 김일수/서보학, 457면; 박상기, 360면; 배종대, 352면; 이재상, §19-14; 이정원, 433면; 이형국(Ⅰ), 478면; 임웅, 371면; 정성근/박광민, 372면; 진계호, 343면.
675 김성천/김형준, 479면; 김일수/서보학, 460면; 박상기, 361면; 배종대, 465면; 이재상, §19-16; 이형국(Ⅰ), 479면; 임웅, 373면.
676 백형구, 201면; 유기천(상), 260면; 정성근/박광민, 375면; 정영석, 365면.

면 수사기관에 신고할 듯한 태도를 보여 이에 겁을 먹은 동인(同人)으로부터 금 350만 원을 교부받은 것이라면, 이는 손해배상을 받기 위한 수단으로서 사회통념상 허용되는 범위를 넘어서 그 권리행사를 빙자하여 상대방을 외포하게 함으로써 재물을 교부받은 경우에 해당하므로 공갈죄가 성립한다고 할 것이다(대법원 1971.11.9, 71도1629). 경찰간부 14 / 경찰승진(경장) 11

2. 남편 乙의 정신병원에서의 퇴원요구를 거절해 온 처 甲이 乙에 대하여 계속적인 재산이전요구를 한 경우, 乙이 재산이전요구에 응하지 않으면 퇴원시켜 주지 않겠다고 甲이 말한 바 없더라도 이는 암묵적 의사표시로서 공갈죄의 수단인 해악의 고지에 해당하고 이러한 해악의 고지는 그것이 권리의 실현수단으로 사용되었더라도 그 수단·방법이 사회통념상 허용되는 정도나 범위를 넘는 것으로서 공갈죄를 구성한다(대법원 2001.2.23, 2000도4415).

공갈죄를 부정한 경우 : 권리남용 ×

1. 손해배상을 청구하면서 고소하겠다고 한 경우(대법원 1984.1.24, 83도3023)
2. 보증금을 환불하지 않으면 구속시키겠다고 한 경우(대법원 1977.6.7, 77도1107)
3. 공사금을 지급하지 않으면 진정하겠다고 한 경우(대법원 1979.10.30, 79도1660)
4. 다소 시위를 할 듯한 태도를 보이는 경우(대법원 1980.11.25, 79도2656)

3. 죄수 및 다른 범죄와의 관계

(1) 죄수 – 피해자의 수

① 1개의 공갈행위로 동일인으로부터 수회 재물을 갈취 : 연속범 등의 포괄일죄가 된다.[677]

② 1개의 공갈행위로 수인을 공갈하여 재물을 갈취 : 수개의 공갈죄의 상상적 경합이 된다.

(2) 다른 범죄와의 관계

① 수뢰죄와의 관계

㉠ 공무원이 직무집행을 빙자하여 타인을 공갈하여 재물을 교부하게 한 경우에는 공갈죄만 성립하고, 이러한 경우 재물의 교부자는 공갈죄의 피해자이므로 뇌물공여죄는 성립하지 않는다(대법원 1969.7.22, 65도1166). 법원행시 06 / 법원행시 14 / 법원9급 05 / 법원9급 09 / 법원9급 14 / 경찰채용 14 1차 / 변호사 17

㉡ 반면 공무원이 직무집행과 관련하여 뇌물을 수수하였다면 공갈죄와 수뢰죄의 상상적 경합이 인정된다. 그 상대방에게는 증뢰죄가 성립한다. 법원행시 07 / 변호사 12

② 장물죄와의 관계(참고) : (장물죄의 본질에 관한 유지설에 의할 때) 장물을 갈취한 경우에는 공갈죄만 성립한다. 장물 거래에 있어서 위법상태를 유지하는 데 대한 거래당사자간의 합의가 결여되어 있기 때문이다(다수설).[678]

③ 체포·감금죄와의 관계(참고) : 감금하여 공갈한 경우에는 양죄는 실체적 경합이 되지만, 공갈의 수단으로 감금한 행위에 대하여는 양죄가 상상적 경합의 관계에 있다.

④ 사기죄와의 관계(참고) : 기망과 공갈을 동시에 행사하여 재물 또는 재산상의 이익을 취득한 경우 양죄 중 어느 죄가 성립할 것인가가 문제된다. 예를 들어 미성년자 B가 유괴된 사실을 알게 된 A가 B의 부모에게 전화를 하여 자신이 유괴범인 것처럼 속이고 현금을 계좌로 송금하지 않으면 B를 살해

---

677 판례 : 가루로 만들어 버리겠다는 사례 甲은 같은 학원에 다니면서 알게 된 乙과 부산 등지로 여행하던 중 부산 소재 모여관에서 乙에게 현금카드를 빌려 주지 않으면 부산에 있는 아는 깡패를 동원하여 가루로 만들어 버리겠다고 말하여 이에 겁을 먹은 乙로부터 즉석에서 현금카드 1장을 교부받았다. 甲은 그 이후 17회에 걸쳐 위 현금카드를 이용하여 현금자동지급기에서 도합 750만 원을 인출하였다. 甲의 형사책임은? 해결 판례에 의하면 甲은 공갈죄의 연속범으로서 1죄가 성립한다(대법원 1996.9.20, 95도1728). 경찰승진(경위) 10 / 사시 14 이 경우 현금지급기에서 현금을 인출한 행위는 포괄하여 하나의 공갈죄를 구성할 뿐이며 별도로 절도죄를 구성하는 것은 아니다.

678 반면 장물죄의 본질에 관한 추구권설(후술함)만 따르면 공갈죄와 장물취득죄의 상상적 경합이 성립한다고 보게 된다.

하겠다고 위협하여 돈을 받은 경우,[679] 어느 죄가 성립할 것인가의 문제이다. 이에 대해서는 ㉠ 기망행위가 공갈의 수단이 된 경우에는 공갈죄만 성립하지만 ㉡ 기망행위와 공갈행위 중 어느 것이 주요한 행위수단인지 혹은 피해자의 의사결정에 어느 행위가 영향을 미쳤는가를 판단하기 어려운 경우에는 양 죄의 상상적 경합을 인정하는 것이 다수설이다.

⑤ 부동산중개업법 위반죄와의 관계 : 피해자를 협박하여 부동산중개업법에 정한 법정중개수수료 상한을 초과하는 금액을 취득한 경우에는 공갈죄와 부동산중개업법 위반죄의 상상적 경합범이 성립한다(대법원 1996.10.15, 96도1301).

03 특수공갈죄

제350조의2【특수공갈】 단체 또는 다중의 위력을 보이거나 위험한 물건을 휴대하여 제350조의 죄를 범한 자는 1년 이상 15년 이하의 징역에 처한다. 〈신설 2016.1.6.〉

앞서 특수상해죄(제258조의2)·특수강요죄(제324조 제2항) 부분에서 설명한 바와 같이, 헌법재판소 2015.9.24, 2014헌바154 위헌결정에 의해 2016.1.6. 폭처법상 흉기휴대 폭행 등 규정(폭처법 제3조 제1항 및 제2조 제1항 제3호)이 삭제됨에 따라, 폭처법상 흉기휴대 공갈죄가 맡았었던 처벌의 공백을 방지하고 형벌체계상의 정당성과 균형을 갖추도록 형법에 특수공갈죄를 신설하였다. 특수공갈죄의 구성요건상 단체 또는 다중의 위력을 보이거나 위험한 물건의 휴대에 관한 해석은 특수폭행죄에서 설명한 바와 같다(공공폭체협주강손상). 참고로, 특수상해죄와 특수공갈죄는 그 법정형의 단기가 징역 1년이지만 제1심의 합의부 관할에는 속하지 아니한다(법원조직법 제32조 제1항 제3호 가목).

04 상습공갈죄

제351조【상습범】 상습으로 제347조 내지 전조의 죄를 범한 자는 그 죄에 정한 형의 2분의 1까지 가중한다.
제352조【미수범】 제347조 내지 제348조의2, 제350조와 제350조의2와 제351조의 미수범은 처벌한다. 〈개정 2016.1.6.〉
제353조【자격정지의 병과】 본장의 죄에는 10년 이하의 자격정지를 병과할 수 있다.
제354조【친족간의 범행, 동력】 제328조와 제346조의 규정은 본장의 죄에 준용한다.

종래 폭처법에 의할 때 상습공갈죄는 3년 이상의 징역으로 처벌되었으나(동법 제2조 제1항 제3호), 2016.1.6. 폭처법 해당규정의 삭제로 이제는 상습공갈죄는 형법 제351조에 의하여 의율되게 되었다. 다만 종래 판례는, 친족상도례(형법 제354조)에 관하여 형법상 공갈죄뿐만 아니라 구 폭처법상 공갈죄에도 적용된다(대법원 1994.5.27, 94도617; 2010.7.29, 2010도5795)고 판시한 바 있다. 법원행시 13 / 경찰승진(경장) 11 / 경찰승진 14 / 사시 14 / 법원9급 18

판례연구 폭처법상 흉기휴대공갈죄와 친족상도례의 적용 문제

대법원 2010.7.29, 2010도5795
흉기 기타 위험한 물건을 휴대하고 공갈죄를 범하여 (구) 폭력행위 등 처벌에 관한 법률 제3조 제1항에 의해 가중처벌되는 경우 친족상도례 규정이 적용된다는 사례

679 BGHSt 23, 294. 공갈미수죄만 성립하고 사기죄는 성립하지 않는다는 독일의 판례이다.

형법 제354조, 제328조의 규정에 의하면, 직계혈족, 배우자, 동거친족, 동거가족 또는 그 배우자 간의 공갈죄는 그 형을 면제하여야 하고 그 외의 친족 간에는 고소가 있어야 공소를 제기할 수 있는바, 흉기 기타 위험한 물건을 휴대하고 공갈죄를 범하여 '폭력행위 등 처벌에 관한 법률' 제3조 제1항, 제2조 제1항 제3호에 의하여 가중처벌되는 경우에도 형법상 공갈죄의 성질은 그대로 유지되는 것이고, 특별법인 위 법률에 친족상도례에 관한 형법 제354조, 제328조의 적용을 배제한다는 명시적인 규정이 없으므로, 형법 제354조는 '폭력행위 등 처벌에 관한 법률 제3조 제1항 위반죄'에도 그대로 적용된다.[680] 경찰승진(경장) 11 / 경찰승진 14 / 법원9급 18 / 법원행시 13 / 사시 14

한편, 본죄의 피해자에는 재산상 피해자뿐만 아니라 폭행·협박을 당한 피공갈자도 포함되므로, 친족상도례가 적용되기 위해서는 위 모두와 친족관계가 있어야 한다. 또한 상습사기죄와 마찬가지로 상습공갈죄도 공갈로 인하여 취득한 액수가 일정가액(5억 원) 이상인 때에는 특경법 제3조에 의하여 가중처벌된다.

제6절 횡령의 죄

01 총 설

1. 의의 및 보호법익

횡령죄(橫領罪, embezzlement, Unterschlagung)는 타인의 재물을 보관하는 자가 타인소유·자기점유의 그 재물을 횡령하거나 그 반환을 거부함으로써 성립하는 범죄이다. 횡령죄의 보호법익은 소유권이다(통설). 법익보호의 정도에 대하여는 침해범설(다수설[681])과 위험범설(소수설[682]·판례)이 대립하고 있으나, 본죄는 소유권이 현실적으로 침해되어야 하는 것이 아니라 침해될 위험성이 있으면 성립한다고 보아야 한다는 점에서 위험범설이 타당하다고 생각된다. 위험범설을 취한 이상, 횡령죄의 기수시기에 대해서도 불법영득의사가 표현된 행위만 있으면 기수가 된다는 표현설(表現說)의 입장이 타당하다.

2. 본 질

횡령죄의 본질에 대해서는 월권행위설과 영득행위설의 대립이 있으나, 월권행위설에 의할 경우에는 불법영득의사를 필요로 하지 않기 때문에, 예컨대 타인소유·자기보관의 재물을 손괴한 경우에도 —이 경우 현행법상 손괴죄(제366조 : 3년 이하의 징역 등으로 처벌)에 불과함에도 불구하고— 횡령죄가 성립해야 한다는 결론에 이르게 된다. 따라서 월권행위설은 타당하지 않고, 본죄의 성립에는 불법영득의사가 필요하다고 보는 영득행위설의 입장이 타당하다고 생각된다.

---

680 **보충** 피고인과 친족관계에 있는 피해자에 대한 '흉기휴대 공갈'의 '폭력행위 등 처벌에 관한 법률 위반죄'를 형법 제354조, 제328조에 의하여 피해자의 고소가 있어야 논할 수 있는 친고죄로 보고, 제1심판결 선고 전에 피고인의 처벌을 바라지 아니하는 의사가 표시된 합의서가 제출되었다는 이유로, 형사소송법 제327조 제5호에 의하여 공소를 기각한 원심판결을 수긍한 사례이다.

681 김일수/서보학, 339면; 배종대, 356면; 백형구, 204면; 오영근, 525면; 이정원, 437면; 이형국(Ⅰ), 485면; 정성근/박광민, 382면; 진계호, 349면.

682 김성천/김형준, 485면; 박상기, 365면; 손동권, 410면; 유기천(상), 299면; 이재상, §20－1; 임웅, 377면.

표정리 횡령죄의 본질에 관한 학설 비교

구 분	월권행위설[683]	영득행위설(다수설[684] · 판례)
횡령죄의 본질	위탁물에 대한 권한을 초과하는 행위를 함으로써 신뢰관계를 깨뜨림	위탁된 타인의 재물에 대한 불법영득
불법영득의사 요부	불법영득의사 불요	불법영득의사 필요
일시적 무단사용 손괴	횡령죄 성립	횡령죄 불성립
배임죄의 본질과의 관계	권한남용설과 관련	배신설과 관련
횡령죄와 배임죄의 구별	사실행위 대 법률행위	특별법 대 일반법

3. 횡령죄와 배임죄의 관계

횡령죄와 배임죄는 특별관계에 있다는 것이 통설의 설명방식이다. 즉 양 죄 모두 타인과의 신임관계를 위반 또는 배반한다는 점에 그 공통점이 있는 범죄이지만, 횡령죄는 이러한 일반법적 요소에서 더 나아가 타인 소유의 재물을 보관하는 자가 그 재물을 영득한다는 특별한 요소까지 갖추어야 성립한다는 점에서, 횡령죄와 배임죄는 특별법 대 일반법의 관계, 즉 법조경합 중 특별관계에 있으며, 따라서 횡령죄가 성립하면 배임죄는 별도로 성립하지 않는다는 것이다. 양 죄의 성부가 문제되는 사안이 있을 때 횡령죄의 성부 판단이 선행되어야 하는 이유도 바로 여기에 있으며, 이때 해당 재물이 타인의 소유에 속하는가가 관건이 된다.

4. 구성요건체계

형법상 횡령의 죄는 횡령죄를 기본적 구성요건으로 하고, 업무상 횡령죄를 가중적 구성요건으로 하며, 점유이탈물횡령죄를 독자적 구성요건으로 규정하고 있다. 횡령의 죄는 점유이탈물횡령죄(제360조)를 제외하고는 모두 미수범 처벌규정이 적용된다(제359조). 친족상도례와 동력재물간주규정도 준용되고 있다(제361조). 또한 횡령범행으로 인하여 취득한 이득액이 일정가액 이상이 되면 특경법 제3조에 의하여 가중처벌된다.

02 횡령죄

제355조【횡령, 배임】 ① 타인의 재물을 보관하는 자가 그 재물을 횡령하거나 그 반환을 거부한 때에는 5년 이하의 징역 또는 1천 500만 원 이하의 벌금에 처한다.

1. 객관적 구성요건

(1) **주체** : 위탁관계에 의하여 타인의 재물을 보관하는 자(진정신분범)

① 보 관

㉠ 의의 : 보관(保管)이란 점유 또는 소지를 말한다. 형법상의 점유를 말하므로 민법상의 점유와는 구별이 된다.

예 민법상 점유를 가지지 않는 점유보조자(제195조)도 (별도의 위탁관계가 존재하는 경우에는) 본죄의 보관자가 될 수 있다.[685] 법원행시 06 / 경찰간부 12 / 경찰채용 10 2차

683 강동범, "소위 불법원인급여와 횡령죄의 성부", 형사판례연구(1), 183면; 정성근/박광민, 381면.
684 영득행위설이 다수설이나, 영득행위설과 월권행위설의 결합설도 있다. 박상기, 366면; 배종대, 470면; 오영근, 527면.
685 **판례** 다방 주인이 '종업원'에게 오토바이 열쇠를 주면서 그 오토바이를 타고 가서 수표를 현금으로 바꾸어 오라고 시키자 종업

표정리 절도죄의 점유와 횡령죄의 보관의 구분

구 분	절도죄의 점유	횡령죄의 보관
기 능	6행위의 객체	신분요소(침해주체)
범 위	사실상의 지배	사실상·법률상의 지배

ⓛ 특 징

ⓐ 신분요소로서의 점유 : 횡령죄의 보관은 신분요소로서 기능하므로, 사실상의 재물지배(절도죄의 점유)뿐만 아니라 법률상의 지배[**예** 부동산의 등기명의인(내지 건축허가명의인), －소위 예금명의신탁에 있어서의－ 예금계좌명의인,[686] 은행예금증서소지인, 화물상환증 등 유가증권의 소지인]가 포함된다.

ⓑ 부동산의 보관 : 동산의 경우와 달리 그 부동산에 대한 점유를 기준으로 할 것이 아니라 그 부동산을 제3자에게 유효하게 처분할 수 있는 권능의 유무를 기준으로 삼는다(대법원 1996.1.23, 95도784, 부동산의 보관에 관한 '법률적 지배' 개념). 법원행시 08 / 법원행시 10 / 경찰채용 10 1차 / 경찰채용 12 3차 / 법원9급 16 따라서 부동산을 보관한다 함은 ㉮ 원칙적으로 등기부상의 소유명의인에 대하여 인정된다. 다만 ㉯ 등기부상의 명의인이 아니라도 소유자의 위임에 의거해서 실제로 타인의 부동산을 관리·지배하면서 제3자에게 유효하게 처분할 수 있는 지위에 있는 자는 그 부동산에 대한 지배력을 가지고 있는 자로서 횡령죄의 성립에 있어 그 부동산을 보관하는 자에 해당한다. 따라서 아직 소유권보존등기가 되어 있지 않은 미등기부동산의 경우에는 건축허가명의(대법원 1990.3.23, 89도1911[687])라든가 현실적인 관리·지배 여부(대법원 1993.3.9, 92도2999[688]) 경찰채용 11 2차 / 경찰채용 12 3차로 보관자인가를 판단할 수 있다.

ⓒ 부동산의 보관에 해당하지 않는 경우 : ㉮ 원인무효인 소유권이전등기의 명의자는 횡령죄의 주체인 타인의 재물을 보관하는 자에 해당한다고 할 수 없으며(대법원 2007.5.31, 2007도1082[689]; 2010.6.24, 2009도9242[690]), 국가9급 12 / 법원행시 08 / 법원행시 10 / 법원행시 11 / 경찰승진(경사) 11 / 경찰승진 12 / 사시 13 /

원이 이를 응낙하고 그 오토바이를 타고 간 행위는 **오토바이의 보관에 따른 신임관계를 위배한 것**이 되어 횡령죄를 구성함은 별론으로 하고 적어도 절도죄는 구성하지 않는다(대법원 1986.8.19, 86도1093). 법원행시 06 / 법원9급 10 / 경찰간부 11 / 경찰채용 14 2차 / 경찰채용 22 2차

686 **판례** 횡령죄에 있어서 보관이라 함은 재물이 사실상 지배하에 있는 경우뿐만 아니라 **법률상의 지배·처분이 가능한 상태를 모두 가리키는 것으로 타인의 금전을 위탁받아 보관하는 자는 보관방법으로 이를 은행 등의 금융기관에 예치한 경우에도 보관자의 지위를 갖는 것**이다(대법원 2000.8.18, 2000도1856). 경찰간부 12

687 **판례 : 건축허가명의를 수탁받은 회사의 실질적 경영자가 소유권보존등기가 되지 않은 신축건물의 보관자로서 횡령죄의 주체라고 본 사례** 소유권보존등기가 되어 있지 않은 이 사건 건물이 실제로 피해자가 재료의 주요부분과 노력을 제공하여 건축한 피해자의 소유로서 **건축허가명의만을 甲회사에게 신탁한 경우**에 있어서, 甲회사의 실질적인 경영자인 피고인은 **건축허가명의자인 甲회사**의 명의로 소유권보존등기를 하여 대외적으로 유효하게 위 건물을 보관하는 자에 해당한다(대법원 1990.3.23, 89도1911).

688 **판례 : 횡령죄에 있어서 미등기부동산의 보관자** 미등기부동산에 대해서는 **위탁관계에 의하여 현실적으로 부동산을 관리·지배하는 자**가 보관자라고 할 수 있다(대법원 1993.3.9, 92도2999). 경찰채용 11 2차 / 경찰채용 12 3차

689 **사실관계** 이 사건 임야는 이태원동(이태원 1동, 2동 주민들로 구성된 비법인 사단)의 소유로서 1948년경 당시 이태원동의 노인회 대표이던 공소외 망인, 공소외 4에게 명의신탁되어 위 망인들의 공동 명의로 소유권이전등기가 경료되었던 것인데, 그 후 위 망인들의 자손들이 위 임야를 불법 처분한 이후 위 임야에 관하여 원인무효인 각 소유권이전등기, 지분이전등기, 소유권이전청구권가등기 등이 순차 경료되었고, 이에 이태원동이 그 등기명의자들을 상대로 그 각 원인무효등기(공소외 2및 피고인 명의의 각 지분이전등기를 포함)의 말소청구소송을 제기하여 승소판결을 받고 이 판결이 확정되었다. → 원인무효인 소유권이전등기의 명의자인 수탁자가 처분하여도 횡령죄가 성립하지 않는다.

690 **사례** 물품제조 회사 A회사가 농지를 매수하여 甲의 명의로 소유권이전등기를 마침으로써 소유명의를 신탁하여 두었는데, 甲은 그 후 이를 타인에게 처분하였다. 그런데 원래 물품제조 회사는 농지의 소유권을 취득할 수 없다. 甲에게 횡령죄의 죄책이 인정되는가? **판례 원인무효인 소유권이전등기의 명의자는 횡령죄의 주체인 타인의 재물을 보관하는 자에 해당한다고 할 수 없다.** … **물품제조 회사**가 농지를 매수하여 피고인 명의로 소유권이전등기를 마침으로써 소유명의를 신탁하여 두었는데 피고인이 그 후 이를 타인에게 처분함으로써 횡령하였다는 공소사실에 대하여, 제조업을 하는 일반 법인은 농지에 관한 매매계약을

경찰간부 17 / 경찰승진(경감이하) 17 ㉯ 부동산의 공유자 중 1인이 다른 공유자의 지분을 임의로 처분하거나 임대하여도 그에게는 그 처분권능이 없어 횡령죄가 성립하지 않게 될 것이다. 경찰간부 11 예를 들어, 구분소유자 전원의 공유에 속하는 공용부분인 지하주차장 일부를 그중 1인이 독점 임대하고 수령한 임차료를 임의로 소비한 경우 횡령죄가 성립하지 아니한다(대법원 2004.5.27, 2003도6988).[691 692] 법원행시 11 / 경찰승진(경사) 11 / 경찰승진 13 / 사시 13 / 법원9급 20 / 국가9급 21 마찬가지로 ㉰ 부동산을 공동으로 상속한 자들 중 1인이 부동산을 혼자 점유하던 중 다른 공동상속인의 상속지분을 임의로 처분하여도 그에게는 그 처분권능이 없어 횡령죄가 성립하지 아니한다(대법원 2000.4.11, 2000도565;[693] 대법원 2006.6. 30, 2005도5338[694]). 법원행시 14 / 법원9급 06 / 법원9급 09 / 법원9급 10 / 경찰간부 12 / 경찰승진(경장) 11 / 경찰승진(경감이하) 17

판례연구 횡령죄의 주체로서 보관자임을 인정한 판례

1. 대법원 2010.1.28, 2009도1884

등기부상 소유명의인의 배우자

등기부상 소유명의인의 배우자로서 소유명의인의 위임에 의하여 그 부동산의 실질적인 지배·관리권 및 대외적인 처분권을 갖고 있는 경우에는 그 부동산의 보관자에 해당한다고 할 것이다.

2. 대법원 2005.8.19, 2005도3045; 2010.12.23, 2008도8851; 2011.3.24, 2010도17396; 2012.6.28, 2012도2628; 2019.12.24, 2019도9773; 2022.4.28, 2022도1271

주식회사의 주주나 대표이사가 회사 소유 재산을 사적인 용도로 임의 처분한 경우

주식회사는 주주와 독립된 별개의 권리주체로서 그 이해가 반드시 일치하는 것은 아니므로, 회사 소유 재산을 주주나 대표이사 또는 회사의 자금관리, 회계처리 등 회사 자금의 보관이나 운용에 관한 '사실상의 사무를 처리하는 자'와 같이 회사재산에 대한 위탁관계에 의해 보관자의 지위가 인정되는 자가 제3자의 자금 조달을 위하여 담보로 제공하는 등 사적인 용도로 임의 처분하였다면 그 처분에 관하여 주주총회나 이사회의 결의가 있었는지 여부와는 관계없이 횡령죄의 죄책을 면할 수는 없다. 법원행시 06 / 법원행시 08 / 경찰승진 13 / 변호사 14 / 국가9급 22

체결하였더라도 당시 시행되던 구 농지개혁법(1994.12.22. 법률 제4817호 농지법 부칙 제2조로 폐지)상의 농지매매증명을 발급받을 수가 없어 소유권을 취득할 수 없으므로, 매도인들이 매수인인 물품제조 회사에 대하여 부담하는 소유권이전등기의무는 원시적으로 이행불능이다. 따라서 이 농지 매매계약은 채권계약으로서도 무효로 보아야 하며, 위 법이 폐지되고 농지법이 시행되었다고 하여 위 매매계약이 유효하게 될 수는 없는 것이므로, 피고인은 애초부터 명의수탁자가 아니라 원인무효인 소유권이전등기의 명의자에 불과하여 위 토지를 제3자에게 유효하게 처분할 수 있는 권능을 가지지 아니한다고 해야 한다(대법원 2010.6.24, 2009도9242). 법원행시 10 / 법원행시 11 해결 인정되지 않는다.

691 물론 공유자들이 그중 1인의 공유자에게 위탁을 시킨 경우에는 횡령죄가 성립할 수 있다.

692 비교판례 甲과 乙은 건물을 丙에게 임대해 준 공동임대인인데, 그 중 甲은 임대보증금을 보관하다가 임의로 소비하였다. 공동소유자 중 1인에 불과한 甲이 乙의 승낙 없이 위 임대보증금 잔금을 임의로 처분하였으므로 횡령죄가 성립한다(대법원 2001.10.30, 2001도2095).

693 판례 : 공동상속인 중 1인이 상속 부동산을 혼자 점유하던 중 다른 공동상속인의 상속지분을 임의로 처분한 사례 A, B의 계모인 甲은 A, B와 공동으로 상속한 건물에 거주·관리하면서 이를 乙에게 임의로 매도하였다. 甲에게는 횡령죄가 성립하지 않는다(대법원 2000.4.11, 2000도565). 법원9급 06 / 경찰채용 18 1차

694 사례 A법인(채무자 법인)의 대표이사 甲을 비롯한 공동상속인들이 피상속인 乙의 채무자 법인에 대한 대여금채권을 공동상속하였다. 그런데 A법인의 대표이사 甲은 단독으로 피상속인 乙의 채무자 법인에 대한 채권을 변제받는 것으로 회계처리하면서 채무자 법인의 자금을 인출하였다. 甲에게는 업무상 횡령죄의 죄책이 인정되는데, 그렇다면 그 피해자는 A법인인가, 다른 공동상속인들인가? 판례 채무자 법인의 대표이사인 피고인을 비롯한 공동상속인들이 피상속인의 채무자 법인에 대한 대여금채권을 공동상속한 경우, 피고인이 다른 공동상속인들로부터 위 대여금채권의 변제수령에 관한 권한을 위임받은 바가 없음에도 단독으로 피상속인의 채무자 법인에 대한 채권을 변제받는 것으로 회계처리하면서 채무자 법인의 자금을 인출하였다면, 그 인출금액 중 피고인의 상속분을 초과하는 부분에 대하여는 권한 없이 채무자 법인 소유의 금원을 인출한 것이어서 채무자 법인에 대한 업무상 횡령죄가 성립한다 할 것이고, 피고인이 위와 같이 인출한 금원에 대하여 다른 공동상속인들과 사이에 어떠한 위탁관계를 맺고 있다고 할 수 없으므로 다른 공동상속인들을 위하여 위 인출금원을 보관하는 자의 지위에 있다고 할 수 없다(대법원 2006.6.30, 2005도5338). 해결 A법인.

3. 대법원 2011.2.10, 2010도13284
국민연금 보험료 횡령 사건
국민연금법에 의하여 사용자는 매월 임금에서 국민연금 보험료 중 근로자가 부담할 기여금을 원천공제하여 근로자를 위하여 보관하고, 국민연금관리공단에 위 보험료를 납부하여야 할 업무상 임무를 부담하게 되며, 사용자가 이에 위배하여 근로자의 임금에서 원천공제한 기여금을 위 공단에 납부하지 아니하고, 나아가 이를 개인적 용도로 소비하였다면 업무상 횡령죄의 죄책이 있다.[695] 경찰승진 13

4. 대법원 2015.6.25, 2015도1944 전원합의체
차량의 등록명의자가 아닌 보관위임자나 보관자 : 차량도 등록 기준이 아니라 점유 기준
소유권의 취득에 등록이 필요한 타인 소유의 차량을 인도받아 보관하고 있는 사람이 이를 사실상 처분하면 횡령죄가 성립하며, 그 보관 위임자나 보관자가 차량의 등록명의자일 필요는 없다. 그리고 이와 같은 법리는 지입회사에 소유권이 있는 차량에 대하여 지입회사로부터 운행관리권을 위임받은 지입차주가 지입회사의 승낙 없이 그 보관 중인 차량을 사실상 처분하거나 지입차주로부터 차량 보관을 위임받은 사람이 지입차주의 승낙 없이 그 보관 중인 차량을 사실상 처분한 경우에도 마찬가지로 적용된다. … 이와 달리 소유권의 취득에 등록이 필요한 차량에 대한 횡령죄에서 타인의 재물을 보관하는 사람의 지위는 일반 동산의 경우와 달리 차량에 대한 점유 여부가 아니라 등록에 의하여 차량을 제3자에게 법률상 유효하게 처분할 수 있는 권능 유무에 따라 결정하여야 한다는 취지의 대법원 1978.10.10, 78도1714 판결, 대법원 2006.12.22, 2004도3276 판결 등은 이 판결과 배치되는 범위에서 이를 변경하기로 한다. 사시 16 / 법원9급 17 / 법원9급 18 / 경찰간부 17 / 법원행시 18 / 국가7급 21 / 법원9급 22

5. 대법원 2019.12.24, 2019도9773
주식회사의 주주나 대표이사 또는 그에 준하여 회사 자금의 보관이나 운용에 관한 사실상의 사무를 처리하는 자가 회사 소유의 재산을 사적인 용도로 함부로 처분한 사례
횡령죄는 타인의 재물에 대한 재산범죄로서 재물의 소유권 등 본권을 보호법익으로 하는 범죄이다. 따라서 횡령죄의 객체가 타인의 재물에 속하는 이상 구체적으로 누구의 소유인지는 횡령죄의 성립 여부에 영향이 없다. 주식회사는 주주와 독립된 별개의 권리주체로서 그 이해가 반드시 일치하는 것은 아니므로, 주주나 대표이사 또는 그에 준하여 회사 자금의 보관이나 운용에 관한 사실상의 사무를 처리하는 자가 회사 소유의 재산을 사적인 용도로 함부로 처분하였다면 횡령죄가 성립한다. …… 피고인들이 공모하여 甲 주식회사 등 피해 회사가 납품하는 물품을 마치 피해 회사의 자회사로서 서류상으로만 존재하는 乙 주식회사 등이 납품하는 것처럼 서류를 꾸며 피해 회사가 지급받아야 할 납품대금을 자회사 명의의 계좌로 지급받아 급여 등의 명목으로 임의로 사용하였다고 하여 특경법위반(횡령)으로 기소된 경우, 법인격 부인 또는 남용 법리는 회사가 법인격을 남용했다고 볼 수 있는 예외적인 경우에 회사에 법인격이 있더라도 이를 무시하고 그 뒤에 있는 배후자에게 책임을 추궁하는 것이므로, 피고인들이 피해 회사의 자회사 계좌를 이용하여 피해 회사의 납품대금을 횡령한 사건에서 법인격 부인 여부에 따라 횡령죄의 성립이 좌우되는 것은 아니라고 할 것이다.

판례연구 횡령죄의 주체로서 보관자임을 인정하지 않은 판례

1. 대법원 2010.6.24, 2009도9242
원인무효인 소유권이전등기의 명의자
물품제조 회사가 농지를 매수하여 피고인 명의로 소유권이전등기를 마침으로써 소유명의를 신탁하여 두었는데 피고인이 그 후 이를 타인에게 처분한 경우, 물품제조회사는 농지를 소유할 수 없으므로 위 농지 매매계약은 무효이므로 피고인은 애초부터 명의수탁자가 아니라 원인무효인 소유권이전등기의 명의자에 불과하여 위 토지를

695 **사례 : 국민연금 횡령 사례** 사용자가 근로자의 임금에서 국민연금 보험료 중 근로자가 부담하는 기여금을 원천공제한 뒤 국민연금관리공단에 납부하지 않고 개인적 용도로 사용한 경우, 업무상 횡령죄가 성립하는가? **판례** 구 국민연금법 제90조 제1항, 제95조 제1항, 구 국민연금법 시행령 제64조 등의 규정에 의하여 **사용자는 매월 임금에서 국민연금 보험료 중 근로자가 부담할 기여금을 원천공제하여 근로자를 위하여 보관하고, 국민연금관리공단에 위 보험료를 납부하여야 할 업무상 임무를 부담**하게 되며, 사용자가 이에 위배하여 근로자의 임금에서 원천공제한 기여금을 위 공단에 납부하지 아니하고, 나아가 이를 개인적 용도로 소비하였다면 업무상 횡령죄의 책임을 면할 수 없다(대법원 2011.2.10, 2010도13284). 경찰승진 13 **해결** 성립한다.

제3자에게 유효하게 처분할 수 있는 권능을 가지지 아니한다는 점에서 위 토지의 보관자라 할 수 없다. 법원행시 08 / 법원행시 10 / 법원행시 11 / 경찰간부 17 / 경찰승진(경감이하) 17

2. 대법원 2010.1.28, 2009도11868
지방자치단체가 사인과 국가를 당사자로 계약에 관한 법률에 따르지 않고 예약 · 계약을 한 경우
甲교육청이 乙주식회사가 사용해 오던 교육청 토지를 매도하면서 乙회사의 직원인 피고인을 낙찰자로 선정한 다음, 매수인을 피고인으로 명시한 계약서를 작성하고 甲교육청 교육장과 피고인이 기명날인하였는데, 피고인이 그 토지의 보상금을 임의로 소비한 경우, 계약당사자는 乙회사가 아니라 피고인이므로 피고인은 회사에 대한 보관자라 할 수 없다.[696]

② 위탁관계 : 횡령죄의 본질은 신뢰관계에 위배하여 타인의 재물을 영득한다는 배신성에 있으므로, 횡령죄의 점유는 위탁관계(委託關係, 또는 위탁신임관계)에 의한 것이어야 한다. 법원9급 09 다만 이러한 위탁관계는 반드시 사용대차 · 임대차 · 위임 등의 계약에 의하여 설정될 것을 요하지 아니하고, 사실상의 관계에 있으면 충분하므로(대법원 2001.7.10, 2000도5597; 2008.1.31, 2007도9632; 2011.10.13, 2009도13751[697]) 사무관리 · 관습 · 조리 · 신의칙 등에 의해서도 성립될 수 있다(대법원 2003.9.23, 2003도3840). 법원행시 08 / 법원9급 10 예컨대, 어떤 예금계좌에 돈이 착오로 잘못 송금되어 입금된 경우에는 그 예금주와 송금인 사이에 '신의칙상 보관관계'가 성립한다고 할 것이므로, 송금절차의 착오로 인하여 자기 명의의 은행계좌에 입금된 돈을 임의로 인출하여 소비한 행위는 횡령죄에 해당한다(대법원 1968.7.24, 1966도1705; 2005.10.28, 2005도5975; 2006.10.12, 2006도3929 등). 경찰승진(경장) 10 / 사시 11 / 사시 12 / 경찰간부 22 나아가 이는 송금인과 피고인 사이에 별다른 거래관계가 없다고 하더라도 마찬가지이다(대법원 2010.12.9, 2010도891).[698] 법원행시 13 / 법원9급 11 / 법원9급 16 / 법원9급 18 / 경찰채용 10 2차 / 경찰채용 11 1차 / 변호사 14 / 변호사 16 / 국가7급 16 / 국가9급 17

다만, 횡령죄의 본질이 신임관계에 기초하여 위탁된 타인의 물건을 위법하게 영득함에 있음에 비추어 볼 때 위탁신임관계는 횡령죄로 보호할 만한 가치 있는 신임에 의한 것으로 한정함이 타당하다(대법원 2016.5.19, 2014도6992 전원합의체 : 중간생략등기형 명의신탁의 명의수탁자와 명의신탁자 사이에는 위탁신임관계가 존재하지 아니한다는 판례). 법원행시 16 / 법원9급 17 / 국가7급 16 / 국가9급 17 / 국가9급 18 / 변호사 17 / 경찰채용 16 2차

---

696 **사례 : 지방자치단체가 사인과 국가를 당사자로 하는 계약에 관한 법률에 따르지 않고 예약 · 계약을 한 경우** 甲교육청이 乙주식회사가 사용해 오던 교육청 토지를 매도하면서 관련 법령에 따라 공개경쟁입찰절차를 거쳐 乙회사의 직원인 A(피고인)를 낙찰자로 선정한 다음, 매수인을 A로 명시한 계약서를 작성하고 甲교육청 교육장과 A가 각 기명 · 날인한 경우, A가 위 토지의 보상금을 임의 소비한 행위는 횡령죄를 구성하는가? **판례** 매매계약의 체결경위나 소요자금의 부담관계 등의 사정을 고려하더라도 이 사건 매매계약에서 충청북도의 **계약상대방으로서 매수인의 지위에 있는 자는 그 계약서 표시된 바에 따라 피고인으로** 봄이 상당하다. 따라서 이와 달리 피해자 회사가 이 사건 매매계약의 매수인임을 전제로 이 사건 교육청 토지의 등기만을 이전받은 피고인은 이 사건 교육청 토지 및 그와 동일성이 인정되는 보상금을 피해자 회사를 위하여 보관하는 지위에 있었다는 이유로, 피고인이 위 보상금을 임의 소비한 행위가 피해자 회사에 대한 관계에서 횡령죄에 해당한다고 본 원심판단에는 이 사건에서 횡령죄 판단의 전제가 된 매매당사자 확정에 관한 법리를 오해하여 판결 결과에 영향을 미친 위법이 있다 할 것이다(대법원 2010.1.28, 2009도11868).
보충 – 판결이유 중에서 발췌 지방재정법 및 국가를 당사자로 하는 계약에 관한 법률에 의하여, 지방자치단체가 사경제의 주체로서 사인과 사법상의 계약을 체결함에 있어서는 위 법률에 따른 계약서를 따로 작성하는 등 그 요건과 절차를 이행하여야 할 것이고, 지방자치단체와 사인 간에 사법상의 계약 또는 예약이 체결되었다 하더라도 위 법률상의 요건과 절차를 거치지 아니한 계약 또는 예약은 그 효력이 없다(대법원 2004.1.27, 2003다14812 등). 해결 구성하지 않는다.

697 **판례** 학교법인 이사장인 피고인이, 학교법인이 설치 · 운영하는 대학의 교비회계자금 및 대학 산학협력단 자금을 횡령하였다는 내용으로 기소된 사안에서, **피고인이 대학과 산학협력단 운영에 직 · 간접적으로 영향력을 행사하였고, 대학 교비나 산학협력단 자금에 관하여 입출금을 지시하기도 하였던 점** 등을 종합할 때 자금에 관하여 사실상 보관자의 지위에 있었다고 본 원심판단은 정당하다(위 판례). 사시 13

698 다만 이에 대해서는 위탁관계를 인정할 수 없으므로 횡령죄는 성립하지 않고 점유이탈물횡령죄(제360조)의 성립만 가능하다는 학계의 비판도 유력하다.

판례연구 횡령죄의 요건인 위탁관계를 인정한 판례

1. 대법원 1983.4.26, 82도3079

약속어음을 그 할인을 위하여 교부받은 수탁자도 그 위탁의 취지에 따라 보관하는 것에 불과하고 위 약속어음을 교부할 당시에 그 할인의 편의를 위하여 배서양도의 형식을 취하였다 하더라도 다를 바 없다.[699]

비교판례 대법원 1995.1.20, 94도2760

백지의 약속어음 보관자가 보충권을 남용하여 보충 후 채무변제조로 제3자에게 교부한 사례

발행인으로부터 일정한 금액의 범위 내에서 액면을 보충·할인하여 달라는 의뢰를 받고 액면 백지인 약속어음을 교부받아 보관 중이던 자가 발행인과의 합의에 의하여 정해진 보충권의 한도를 넘어 보충을 한 경우에는 발행인의 서명날인 있는 기존의 약속어음 용지를 이용하여 새로운 별개의 약속어음을 발행한 것에 해당하여 이러한 보충권의 남용행위로 인하여 생겨난 새로운 약속어음에 대하여는 발행인과의 관계에서 보관자의 지위에 있다 할 수 없으므로, 설사 그 약속어음을 자신의 채무변제조로 제3자에게 교부하여 임의로 사용하였다고 하더라도, 발행인으로 하여금 제3자에 대하여 어음상의 채무를 부담하는 손해를 입게 한 데에 대한 배임죄가 성립될 수 있음은 별론으로 하고, 보관자의 지위에 있음을 전제로 횡령죄가 성립될 수는 없다.

2. 대법원 1996.1.23, 95도784

사망한 부동산명의수탁자의 상속인(포괄승계인) 사례 : 횡령죄 ○[700]

횡령죄에 있어 부동산에 대한 보관자의 지위는 그 부동산에 대한 점유를 기준으로 할 것이 아니라 그 부동산을 유효하게 처분할 수 있는 권능이 있는지의 여부를 기준으로 하여 결정하여야 할 것이고, 위 임야의 사정명의자

---

699 사례 : 약속어음의 할인을 위하여 교부받은 수탁자 사례 – 대법원 1983.4.26, 82도3079 – 명○○는 안○○으로부터 약속어음 2매를 할인하여 달라는 부탁과 함께 교부받고 다시 甲에게 그 할인을 부탁하고 이를 교부함에 있어서(이때 甲은 할인을 해주지 않겠다는 의사를 가지고 있었던 것은 아니었다) 甲의 요구에 따라 배서양도하는 형식을 취하였으며 한편 명○○에 대하여 대여금채권을 갖고 있던 甲은 위 약속어음을 교부받은 후부터는 이를 채권변제에 충당한다면서 할인을 하여 주지 않고 있던 중에 명○○와 안○○으로부터 위 약속어음은 원래 안○○의 소유로서 명○○를 거쳐서 甲에게 교부된 것이니 반환해 달라는 항의를 받게 되자 그 반환조건으로 명○○의 위 차용금 지불에 대한 각서 및 담보제공을 요구하기에 이르러 이를 모두 제공받고도, 그것만으로는 채권확보에 미흡하다고 하면서 甲 자신의 채권자인 이○○에게 위 약속어음 2매를 교부하여 그 채권변제에 충당하였다. 이 경우 甲의 죄책은? (제1문) 또한 만약 甲이 처음부터 할인을 해주겠다는 의사를 가지고 있지 않은 상태에서 약속어음을 교부받았다면 甲의 죄책은? (제2문) **판례** 약속어음을 그 할인을 위하여 교부받은 수탁자가 배서양도의 형식으로 위탁된 약속어음을 수탁자가 자신의 채무변제에 충당하였다면 이와 같은 수탁자의 행위는 위탁의 취지에 반하는 것으로서 **횡령죄**를 구성한다(이상 제1문). 다만 피고인이 **당초부터 피해자를 기망하여 약속어음을 교부받은 경우**에는 그 교부받은 즉시 **사기죄**가 성립하고 그 후 이를 피해자에 대한 피고인의 채권의 변제에 충당하였다 하더라도 **불가벌적 사후행위가 됨에 그칠 뿐, 별도로 횡령죄를 구성하지 않는다**(이상 제2문). 법원행시 06 / 경찰승진(경감) 11 **보충** – 제2문의 판결이유 피고인이 당초부터 할인하여 줄 의사가 없으면서 있는 것처럼 명○○를 기망하여 위 약속어음을 교부받은 사실을 엿볼 수 있다고 설시한 대목이 있고, 과연 **피고인이 당초부터 명○○를 기망하여 위 약속어음을 교부받은 것이라면 그 교부받은 즉시 사기죄가 성립하고 그후 이를 명○○에 대한 피고인의 채권의 변제에 충당하였다 하더라도 불가벌적 사후행위가 됨에 그칠 뿐, 별도로 횡령죄를 구성하지는 않는다고** 할 것임은 소론과 같으나 원심판결을 전체적으로 자세히 살펴보면 피고인은, 당초에는 위 약속어음을 할인하여 줄 의사를 가졌다가 나중에 철회하였다는 취지로 판시한 것으로 보여지고 또 기록상 피고인의 기망행위를 인정할만한 뚜렷한 증거도 찾아 볼 수 없고, 원심은 결론에 있어서도 **사기죄의 성립을 부정하고 횡령죄를 인정**하고 있는 만큼 피고인에게 당초부터 기망의 의사가 있었음을 인정하는 듯한 설시의 잘못은 판결결과에 영향을 미치지는 않았다고 할 것이므로 이 점을 들어 비난하는 논지는 이유 없다. 해결 횡령죄(제1문), 사기죄(제2문).

비교판례 A회사의 대표이사 甲은 회사의 상가분양사업을 통해 수분양자들로부터 기망을 통하여 편취한 분양대금을 개인채무변제용도로 유용하였다. 쇼핑몰 상가분양사업을 계획하면서 사채와 분양대금만으로 사업부지 매입 및 공사대금을 충당할 수 있다는 막연한 구상 외에 체계적인 사업계획 없이 무리하게 쇼핑몰 상가 분양을 강행한 경우 편취의 고의를 인정할 수 있다고 한 원심의 판단은 수긍이 된다. 그리고 대표이사가 회사의 상가분양 사업을 수행하면서 **수분양자들을 기망하여 편취한 분양대금은 회사의 소유로 귀속되는 것이므로, 대표이사가 그 분양대금을 횡령하는** 것은 사기 범행이 침해한 것과는 다른 법익을 침해하는 것이어서 **회사를 피해자로 하는 별도의 횡령죄가 성립된다**(대법원 2005.4.29, 2005도741). 국가7급 12 / 법원행시 14 / 경찰승진(경위) 10 / 경찰채용 11 1차 / 사시 14

700 **판례의 사실관계** 경북 울진군 후포면 금음 3리 주민들의 공동소유로서 甲의 조부인 亡 A가 위 주민들의 위탁에 따라 위 망인의 명의로 사정받은 임야를 甲이 위 亡 A, 甲의 父 亡 B로부터 순차로 상속받아 관리하여 오던 중 이를 임의로 처분하였다. 甲에게는 횡령죄의 타인의 재물을 보관하는 자의 지위가 인정된다.

로서 명의수탁자인 조부가 사망함에 따라 그의 자인 부가, 또 위 부가 사망함에 따라 피고인이 각 그 상속인이 됨으로써 피고인은 위 임야의 수탁관리자로서의 지위를 포괄승계한 것이어서, 피고인은 위 임야를 유효하게 처분할 수 있는 보관자로서의 지위를 취득하였다고 할 것이다. 법원행시 08 / 법원행시 10 / 경찰채용 10 1차 / 경찰채용 12 3차

3. 대법원 1996.5.14, 96도410

가계수표를 찢어버린 채무자 사례 : 횡령죄 ○

피고인인 채무자가 채무총액에 대한 지불각서를 써줄 것으로 믿고 채권자가 채무자에게 액면금액을 확인할 수 있도록 가계수표를 건네주자, 채무자가 이들 중 일부를 찢은 것은 반환거부의사를 드러낸 것으로써, 이는 만일 채권자와 채무자 사이에 합의가 결렬되어 지불각서를 써주지 아니한 경우에는 곧바로 그 가계수표들을 채권자에게 반환하기로 하는 조리(條理)에 의한 위탁관계를 위배한 것으로서 횡령죄에 해당한다. 경찰승진(경장) 11

4. 대법원 2006.1.12, 2005도7610

주식회사의 대표이사의 처(妻)가 피해자도 지분을 가지고 있는 위 회사의 주식을 제3자에게 양도하고 피해자의 몫이 포함된 주식양도대금을 지급받았음에도 이를 소비한 경우에도 횡령죄의 죄책을 진다(사무관리 내지 신의칙상의 위탁관계에 기하여 피해자의 몫을 보관하는 자의 지위에 있었다고 볼 수 있음).[701]

판례연구 횡령죄의 요건인 위탁관계를 인정하지 않은 판례

1. 대법원 1987.2.10, 86도2349

사망한 부동산관리자의 아들 사례 : 횡령죄 ×

부동산의 소유명의 및 관리를 위탁받은 자가 자기명의로의 소유권이전등기를 생략한 채 그 子에게 소유권이전등기를 하여 주고 사망하였다면, 비록 子가 그러한 사정을 알고 있었다 하더라도 그로써 곧 그 자가 위탁자와의 관계에 있어 등기명의 및 관리의 수탁자로서 지위를 취득하거나 승계하게 된다고는 할 수 없어 위탁자에게 그 부동산의 반환을 거부한다 하더라도 횡령죄를 구성하지 않는다. 경찰간부 11 / 경찰채용 18 2차

2. 대법원 2022.6.30, 2017도21286

무자격자들끼리 노인요양병원을 설립 · 운영하기로 한 약정에 따라 교부받은 투자금 사례

횡령죄의 본질이 신임관계에 기초하여 위탁된 타인의 물건을 위법하게 영득하는 데 있음에 비추어 볼 때 위탁관계는 횡령죄로 보호할 만한 가치 있는 신임에 의한 것으로 한정함이 타당하다(대법원 2016.5.19, 2014도6992 전원합의체; 2021.2.18, 2016도18761 전원합의체 참조). 위탁관계가 있는지는 재물의 보관자와 소유자 사이의 관계, 재물을 보관하게 된 경위 등에 비추어 볼 때 보관자에게 재물의 보관 상태를 그대로 유지해야 할 의무를 부과하여 그 보관 상태를 형사법적으로 보호할 필요가 있는지 등을 고려하여 규범적으로 판단해야 한다. …… 甲은 의료기관을 개설할 자격이 없는 자('무자격자')들끼리 노인요양병원을 설립·운영하기로 한 약정에 따라 교부받은 투자금을 임의로 처분하였다. 무자격자가 의료법 제33조 제2항을 위반하여 의료기관을 개설하거나 운영하는 행위는 의료법 제87조에 따라 10년 이하의 징역이나 1억 원 이하의 벌금으로 처벌되는 범죄행위이다. …… 횡령죄의 위탁관계는 사용대차·임대차·위임 등의 계약뿐만 아니라 사무관리·관습·조리·신의칙 등에 의해서도 성립될 수 있으나, 재물의 위탁행위가 범죄의 실행행위나 준비행위 등과 같이 범죄 실현의 수단으로서 이루어진 경우 그 행위 자체가 처벌 대상인지와 상관없이 그러한 행위를 통해 형성된 위탁관계는 횡령죄로 보호할 만한 가치 있는 신임에 의한 것이 아니라고 봄이 타당하다. 피고인이 보관하던 투자금은 의료법 제87조, 제33조 제2항에 따라 처벌되는 무자격자의 의료기관 개설·운영이라는 범죄의 실현을 위해 교부되었으므로, 해당 금원에 관하여 피고인과 피해자 사이에 횡령죄로 보호할 만한 신임에 의한 위탁관계는 인정되지 않으므로 피고인에게는 횡령죄의 타인의 재물을 보관하는 자의 지위가 인정되지 않는다.

701 **사례 : 주식양도대금 사례** 甲은 A주식회사의 대표이사로 재직하던 B의 妻인바, 위 회사의 주식 중 60%를 B가, 20%를 B의 동생인 C가, 나머지 20%를 피해자 乙이 각 나누어 소유하고 있는 상황에서, 甲은 2002.8.28.경 B·C 양인을 대리하여 乙과 함께 위 회사의 주식 전부를 E에게 양도하되 그 대금 중 1억 원을 乙에게 지급하기로 약정한 후, 2003.3.19.경 군포시 산본동에 있는 F법무사 사무실에서 E로부터 위 회사의 양도대금으로 3억 원을 수령하여 그중 乙의 몫에 해당하는 1억 원을 개인 용도에 임의 소비하였다. 甲의 죄책은? **판례** 피고인이 E로부터 피해자의 몫도 포함된 주식양도대금 3억 원을 지급받은 것이라면, 피고인이 사무관리 내지 신의칙상의 위탁관계에 기하여 피해자의 몫인 1억 원을 보관하는 자의 지위에 있었다고 보아야 할 것이다(대법원 2006.1.12, 2005도7610). **해결** 횡령죄.

(2) **객체** – 자기가 보관하는 타인의 재물(재물죄)

① 재물 : 재물이라 함은 물리적으로 관리가능한 유체물 및 무체물이다. 본죄의 재물에는 동산·부동산[702]뿐만 아니라 관리할 수 있는 동력도 포함된다(제361조 : 준용규정).

㉠ 재물에 해당하는 경우 : 본죄의 재물에는 유가증권도 포함되므로, 예컨대 약속어음의 발행인이 유통시킬 의사로 어음상에 발행인의 기명·날인까지 마쳐 어음으로서의 외관을 갖춘 경우의 약속어음은 횡령죄의 객체인 재물에 해당하고, 위와 같은 약속어음을 업무상 등의 이유로 보관하던 중 그 임무에 위배하여 제3자에게 대여하거나 할인 목적으로 사용하도록 교부하는 행위 또는 제3자가 금전을 차용하는 데 대한 담보로 제공하는 행위 등은 약속어음을 객체로 한 횡령행위에 해당될 수 있다(대법원 2006.8.25, 2006도3631[703]).

㉡ 재물에 해당하지 않는 경우 : 관리란 물리적·물질적 관리(管理)를 가리킨다고 볼 것이고, 재물과 재산상 이익을 구별하고 횡령과 배임을 별개의 죄로 규정한 현행 형법의 규정에 비추어 볼 때, ⓐ 단지 사무적으로 관리가 가능한 채권이나 그 밖의 광업권(대법원 1994.3.8, 93도2272)[704] 경찰승진(경감) 10 / 경찰승진(경장) 11 / 변호사 16 / 경찰간부 17 / 경찰채용 16 2차 등의 권리 등은 재물에 포함된다고 해석할 수 없다. 또한, ⓑ 상법상 주식(株式)은 유가증권인 주권(株券)과는 구분이 되기 때문에 –주권은 유가증권으로서 재물에 해당되므로 횡령죄의 객체가 될 수 있으나– 횡령죄의 객체인 재물이 될 수 없다(대법원 2005.2.18, 2002도2822).

> **판례연구** 횡령죄의 객체인 재물인지 여부
>
> 대법원 2023.6.1, 2020도2884
>
> 주식(株式)이 횡령죄의 재물에 해당하는지 문제된 사건
>
> 상법상 주식은 자본구성의 단위 또는 주주의 지위(주주권)를 의미하고, 주주권을 표창하는 유가증권인 주권과는 구분된다. 주권은 유가증권으로서 재물에 해당되므로 횡령죄의 객체가 될 수 있으나, 자본의 구성단위 또는 주주권을 의미하는 주식은 재물이 아니므로 횡령죄의 객체가 될 수 없다(대법원 2005.2.18, 2002도2822). 따라서 예탁결제원에 예탁되어 계좌 간 대체 기재의 방식에 의하여 양도되는 주권은 유가증권으로서 재물에 해당되므로 횡령죄의 객체가 될 수 있으나(대법원 2007.10.11, 2007도6406), 주권이 발행되지 않은 상태에서 주권불소지 제도, 일괄예탁 제도 등에 근거하여 예탁결제원에 예탁된 것으로 취급되어 계좌 간 대체 기재의 방식에 의하여 양도되는 주식은 재물이 아니므로 횡령죄의 객체가 될 수 없다.

② 타인의 재물 : 횡령죄는 영득죄이므로 그 객체인 재물은 타인의 소유에 속하는 것이어야 한다. 예컨대 공동소유물(공유물·합유물 등)도 타인의 소유로 볼 수 있다는 점에서 본죄의 타인의 재물에 속한다. 아래에서는 횡령죄의 성립요건 중 가장 중요한 문제라고 할 수 있는 '재물이 타인의 소유일 것'과 관련하여 발생하는 다양한 문제들에 대해 판례의 입장을 위주로 검토해보기로 하겠다.

---

702 절도죄·강도죄의 재물에는 부동산이 포함되는가에 대하여 견해의 대립이 있었으며 포함되지 않는다는 부정설이 다수설임은 기술한 바 있다.

703 **판례** 회사의 대표이사가 회사의 약속어음을 보관하던 중 자신과 사적으로 주식 및 경영권 양도계약을 체결한 지위에 있을 뿐인 사람에게 교부한 경우 업무상 횡령죄를 구성한다(대법원 2006.8.25, 2006도3631).

704 **사례 : 광업권이 횡령죄의 객체가 되지 않는다는 사례** 甲은 1990년 8월경 乙과 합의 하에 그로부터 그 소유의 예당저수지 124광구의 사금채취 광업권을 명의신탁받아 보관하던 중, 1991년 5월 중순경 乙로부터 위 광업권을 반환하라는 요구를 받고도 1990년 9월 15일 乙로부터 위 광업권을 금 5,000만 원에 매수한 것이라고 주장하면서 그 반환요구를 거부하였다. 甲에게 횡령죄의 죄책이 인정되는가? **판례** 광업권은 재물인 광물을 취득할 수 있는 권리에 불과하지 재물 그 자체는 아니므로 횡령죄의 객체가 된다고 할 수 없다(대법원 1994.3.8, 93도2272). 법원행시 08 / 변호사 16 따라서 횡령죄가 성립하지 않는다. **해결** 인정되지 않는다.

(3) 타인의 소유에 속한 재물이어야 함 : 재물의 타인성에 관련된 구체적 문제점

① 부동산양도담보 중 매도담보와 (협의의) 양도담보

㉠ 매도담보와 양도담보의 의의 : 채권담보목적으로 채무자가 자기 소유의 부동산을 채권자에게 담보로 제공하는 형태가 있는데 이를 총칭하여 부동산양도담보(不動産讓渡擔保)라고 한다. 이러한 부동산양도담보에는 매도담보와 협의의 양도담보가 있다. 매도담보라 함은 매매에 기한 양도담보를 말하고, 협의의 양도담보라 함은 소비대차에 기한 양도담보를 말한다.

㉡ 매도담보(賣渡擔保)에 있어서의 형사책임 : 판례는 매도담보의 목적물(부동산)의 소유권은 채권자(매도담보권자)에게 있기 때문에 채권자가 이를 처분하면 채무자(매도담보권설정자)의 환매권(還買權)에 대한 침해로서 배임죄가 된다는 입장이다. 즉 채권담보를 목적으로 부동산소유권이전등기를 마친 채권자(환매권유보부매매의 채권자)는 채무자가 변제기일까지 그 채무를 변제하면 채무자에게 그 소유명의를 환원하여 주기 위하여 그 소유권이전등기를 이행할 의무가 있으므로, 그 변제기일 이전에 그 임무에 위배하여 제3자에게 근저당권을 경료하여 주었다면 변제기일까지 채무자의 채무변제가 없었다고 하더라도 배임죄는 성립되고, 그와 같은 법리는 채무자에게 환매권을 주는 형식을 취하였다고 하더라도 다를 바가 없다는 것이다(대법원 2007.1.25, 2005도7559; 1995.5.12, 95도283; 1992.7.14, 92도753[705]). 국가7급 21 반면 통설에서는 채무자의 소유권을 존중하여 횡령죄가 성립한다고 본다.[706]

㉢ (협의의) 양도담보(讓渡擔保)에 있어서의 형사책임 : 협의의 양도담보는 채무자가 자기 소유의 부동산에 대하여 '소유권 이전의 의사 없이' 채권자에게 소유권이전등기를 넘겨 줌으로써 부동산을 담보로 제공하는 형태를 말한다. 판례는 채권담보를 목적으로 부동산의 소유권이전등기를 넘겨받은 채

---

705 **판례의 사실관계** 甲은 乙에게 합계 금 10억 원을 대여하여 주고 그 양도담보의 방법으로 乙 소유 건물에 대한 각 1/2지분에 관하여 甲의 명의로 소유권이전등기를 마쳤는바, 1987.8.19.경 乙의 위 금 10억 원의 채무의 변제기를 1992.7.20.로 5년간 연장하여 주되 그 변제기까지 금 16억 원에 乙이 환매할 수 있도록 하는 내용으로 제소 전 화해를 하고, 다시 1992.10.21.경 위 금 16억 원의 채무의 변제기를 1993.4.20.로 6개월 간 재연장하되 그 변제기 전에는 22억 원에 乙이 환매할 수 있도록 하는 내용으로 합의하였다. 그런데 甲은 ① 1991.10.31.경 부산지방법원 동래등기소에서 이 사건 부동산에 대하여 채권 최고액 1억 8천만 원으로 A 주식회사 동광상호신용금고 앞으로 근저당권설정등기를 마쳐주고 금 1억 2천만 원을 차용하였고, ② 1992.11.11.경 같은 등기소에서 이 사건 부동산에 대하여 채권최고액 2억 5천만 원으로 B 앞으로 근저당권설정등기를 마쳐주고 금 1억 5천만 원을 차용하였다. 판례에 의하면 甲에게는 횡령죄가 아니라 배임죄가 성립한다. 국가7급 21

706 **참고 – 매도담보 관련 학설 정리** 가등기담보 등에 관한 법률은 차용물의 반환에 관하여 차주(借主, 채무자)가 차용물에 갈음하여 다른 재산권을 이전할 것을 예약할 때 그 재산의 예약 당시 가액이 차용액과 이에 붙인 이자를 합산한 액수를 초과하는 경우에 이에 따른 담보계약과 그 담보의 목적으로 마친 가등기(假登記) 또는 소유권이전등기의 효력을 정함을 그 목적으로 하고 있는바(동법 제1조), 통설은 가등기담보법은 부동산양도담보를 규율하기 위하여 제정된 법이므로 부동산양도담보와 관련된 법률관계에 있어서는 이러한 가등기담보법을 존중해야 한다는 점에서 본문과 같은 판례의 입장에 대해서는 비판적이다(김성천/김형준, 490면; 김일수/서보학, 353면; 박상기, 374면; 오영근, 537면; 이재상, §20–26; 임웅, 419면 등). 즉, 가등기담보법에 의하면 채무의 변제기까지 채무변제가 이루어지지 않은 경우에는 변제기 이후 2개월의 청산기간을 거쳐 채권자가 담보목적물을 처분하는 등 자신의 채권을 만족시키고 정산의무를 이행하면 그때 비로소 채권자가 소유권을 취득하게 된다. 따라서 부동산양도담보가 양도담보나 대물반환의 예약이나 환매 등 어떠한 형식을 빌려 행해졌는가를 따지지 않고, 채권자의 정산의무 이행 전에는 채무자에게 양도담보목적물인 부동산의 소유권이 남아 있다는 해석이 불가피하므로, '채권자의 처분행위는 모두 횡령죄'를 구성하게 된다는 것이다. 이론적으로 가등기담보법에 의한 해석이 필요하고 정책적으로도 경제적 약자인 채무자를 보호(채무자의 소유권을 존중)해야 한다는 취지에서 통설이 타당하다고 생각된다(다만 객관식 수험에서는 판례의 입장에 유의할 것).
참고 – 가등기담보법에 의한 채권자의 소유권 취득의 요건 가등기담보법 제3조(담보권 실행의 통지와 청산기간) ① 채권자가 담보계약에 따른 담보권을 실행하여 그 담보목적부동산의 소유권을 취득하기 위하여는 그 채권(債權)의 변제기(辨濟期) 후에 제4조의 청산금(清算金)의 평가액을 채무자등에게 통지하고, 그 통지가 채무자등에게 도달한 날부터 2개월(이하 "청산기간"이라 한다)이 지나야 한다. 이 경우 청산금이 없다고 인정되는 경우에는 그 뜻을 통지하여야 한다.
제4조(청산금의 지급과 소유권의 취득) ① 채권자는 제3조 제1항에 따른 통지 당시의 담보목적부동산의 가액에서 그 채권액을 뺀 금액(이하 "청산금"이라 한다.)을 채무자등에게 지급하여야 한다. 이 경우 담보목적부동산에 선순위담보권(先順位擔保權) 등의 권리가 있을 때에는 그 채권액을 계산할 때에 선순위담보 등에 의하여 담보된 채권액을 포함한다.
② 채권자는 담보목적부동산에 관하여 이미 소유권이전등기를 마친 경우에는 청산기간이 지난 후 청산금을 채무자등에게 지급한 때에 담보목적부동산의 소유권을 취득하며, 담보가등기를 마친 경우에는 청산기간이 지나야 그 가등기에 따른 본등기(本登記)를 청구할 수 있다.

권자가 임의로 처분한 경우 배임죄의 성립을 인정하고 있다(대법원 1989.11.28, 89도1309[707]; 1987.4.28, 87도265[708]). 법원9급 07(상) 반면 통설은 횡령죄설을 취하고 있다.[709]

② 부동산양도담보의 채무자가 채무이행을 못하자 채권자가 변제기 이후 담보목적물을 처분하고 정산의무를 이행하지 않은 경우의 죄책 : 부동산양도담보의 채무자가 변제기까지 채무를 이행하지 못하게 되자 채권자인 양도담보권자가 담보목적부동산을 처분하여 자신의 채권을 만족시키고 나서 나머지가 있을 경우, 이를 채무자에게 반환하지 않았다 하여도 판례는 −횡령죄뿐만 아니라− 배임죄도 성립하지 않는다고 보고 있다. 반면 통설은 횡령죄가 성립한다는 입장이다.[710]

판례연구 부동산양도담보권자의 변제기 이후 정산의무 불이행은 자기사무 처리이므로 배임죄 불성립[711]

대법원 1985.11.26, 85도1493 전원합의체

양도담보가 처분정산형의 경우이건 귀속정산형의 경우이건 간에 담보권자가 변제기 경과 후에 담보권을 실행하여 그 환가대금 또는 평가액을 채권원리금과 담보권 실행비용 등의 변제에 충당하고 환가대금 또는 평가액의 나머지가 있어 이를 담보제공자에게 반환할 의무는 담보계약에 따라 부담하는 자신의 정산의무이므로, 그 의무를 이행하는 사무는 곧 자기의 사무처리에 속하는 것이라 할 것이고 이를 부동산매매에 있어서의 매도인의 등기의무와 같이 타인인 채무자의 사무처리에 속하는 것이라고 볼 수는 없어 그 정산의무를 이행하지 아니한 소위는 배임죄를 구성하지 않는다. 법원행시 10 / 법원행시 13 / 법원9급 07(상) / 변호사 12 / 경찰승진(경감이하) 16

③ 가등기담보권자가 −채무자의 변제공탁(辨濟供託) 후− 처분한 경우의 죄책 : 판례는 담보목적으로 가등기가 경료된 부동산에 대하여 채무자 측의 변제공탁 후 채권자가 자기 앞으로 본등기를 경료함과 동시에 그가 제3자 앞으로 가등기를 경료하여 준 경우에는 배임죄가 성립한다는 입장이다(대법원 1990.8.10, 90도414).[712] 경찰간부 11 반면 통설은 역시 가담법에 의하여 횡령죄가 성립한다는 입장이다.

---

707 **판례** **채권담보의 목적으로 부동산의 소유권이전등기를 넘겨받은 채권자**(부동산양도담보 중 매도담보권자 내지 양도담보권자 − 필자 주)는 채무자가 변제기까지 그 채무를 변제하면 그 등기를 환원하여 줄 의무가 있는 것이므로, 그 변제기일 이전에 그 임무에 위배하여 제3자에게 **소유권이전청구권의 보전을 위한 가등기를 하여 주었다면** −설사 그 때문에 채권자의 환매권을 종국적으로 상실케 하는 것은 아니라고 하더라도− 그 담보가치 상당의 실해가 발생할 위험을 초래한 것이 되므로 비록 채무자가 변제기일까지 채무를 변제하지 아니하였더라도 배임죄의 성립에는 아무런 영향이 없다(대법원 1989.11.28, 89도1309).

708 **판례** **채권의 담보를 목적으로 부동산의 소유권이전등기를 경료받은 채권자**는 채무자가 변제기일까지 그 채무를 변제하면 채무자에게 그 소유명의를 환원하여 주기 위하여 그 소유권이전등기를 이행할 의무가 있으므로 그 변제기일 이전에 그 임무에 위배하여 제3자에게 근저당권설정등기를 경료하여 주었다면 변제기일까지 채무자의 채무변제가 없었다 하더라도 배임죄는 성립된다 할 것이고(**이상은 부동산양도담보 중 협의의 양도담보에 있어서 양도담보권자의 임의적 처분에 대하여 배임죄의 성립을 인정한 판례의 입장이 나타나 있음 − 필자 주**) 그와 같은 법리는 채무자에게 환매권을 주는 형식을 취하였다 하여 다를 바 없다(**이 부분은 부동산양도담보 중 매도담보권에 있어서 매도담보권자의 임의적 처분에 대하여 배임죄의 성립을 인정한 판례의 입장이 나타나 있음**)(대법원 1987.4.28, 87도265). 법원9급 07(상)

709 **참고** 통설에서는, 담보목적물의 소유권이 채무자에게 남아 있다고 보아야 하므로, 채무자가 이를 함부로 처분하면 채권자 측의 담보권을 상실케 하는 것이 되어 배임죄를 구성하게 되고, 채권자가 임의로 이를 자신의 명의로 본등기를 하여 제3자에게 처분하거나 담보로 제공하는 등의 행위를 하였다면 횡령죄의 죄책을 구성한다고 본다.

710 **참고** 통설은 가등기담보법 제3조 및 제4조에 근거하여 채무자에게 지급해야 할 청산금을 지급하지 않는 것은 타인(청산금을 지급하기 전까지는 채무자 소유)의 소유물을 결국 영득한 것에 해당하므로 횡령죄가 성립한다고 본다. 이 점은 청산금을 지급하기 전 채권자가 담보목적물을 처분한 경우에도 동일하다. 김성천/김형준, 490면; 김일수/서보학, 353면; 박상기, 373면; 이형국(Ⅰ), 491면; 임웅, 420면 등.

711 **판례의 사실관계** 서울 강남구 역삼동 대지 94평과 그 지상건물에 관하여 乙로부터 甲 앞으로 경료된 1983.10.17.자 소유권이전등기(1983.3.23자 소유권청구권 가등기의 본등기)는 甲이 1981.12.18. 강원도 명주군 왕산면 대기리 소재 태륜탄광을 위 乙의 아들인 丙에게 대금 3,500만 원에 매도하고 1983.9.21.까지 지급받기로 한 잔대금 채권 1,700만 원의 담보목적으로 경료한 것이었다. 그런데 甲은 약정기일까지 위 잔대금의 이행을 받지 못하자 위 담보부동산을 A에게 처분하여 그 대금 3,500만 원을 전액 수령하고서도 채권액 1,700만 원 등을 공제한 나머지 돈을 정산하여 乙에게 반환하지 아니하였다. 판례에 의하면, 甲에게는 배임죄가 성립하지 않는다.

712 **판례의 사실관계** A는 담보목적으로 A 명의로 가등기가 경료된 B 소유의 부동산에 대하여(따라서 A는 가등기담보권자임) B의

그림정리 부동산양도담보 개관

■ 매도담보 : 매매에 기한 양도담보

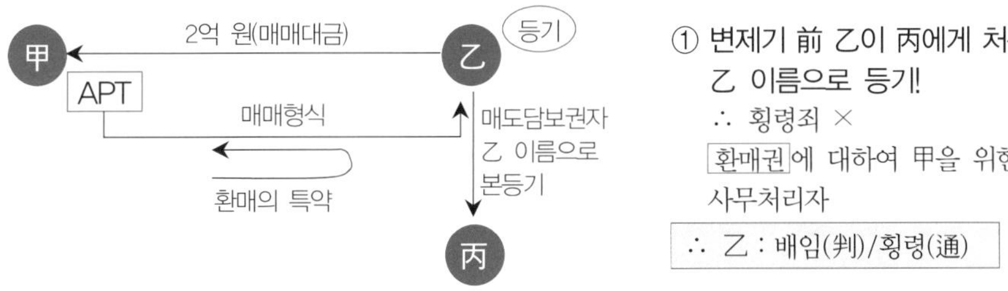

② 변제기 이후 乙은 부동산을 매도하여 충당하였다. 나머지 금액을 정산할 의무를 불이행하였다면?
판례는 정산의무는 채권자 자기의 사무로 보아
∴ 타인의 사무처리자도 아니므로 乙 → 무죄

■ (협의의) 양도담보 : 소비대차에 기한 양도담보

④ 동산양도담보(動産讓渡擔保)의 담보권자인 채권자 혹은 담보권설정자인 채무자가 제3자에게 해당 동산을 처분한 경우 그 죄책 : 금전채무를 담보하기 위하여 채무자가 그 소유의 동산을 채권자에게 양도하되 점유개정(占有改定)에 의하여 채무자가 이를 계속 점유하기로 한 경우, 특별한 사정이 없는 한 동산 '양도담보'란 －매도담보[713]와는 달리－ 말 그대로 채권자에게 양도담보권만 부여한다는 점에서 양도담보목적물의 소유권은 여전히 채무자에게 있다.[714] 동산의 소유권은 신탁적으로 이전됨에 불과하여 채권자와 채무자 사이의 대내적 관계에서 채무자는 의연히 '소유권'을 보유하고 있다고 보기 때문이다. 따라서 ㉠ 담보권자인 채권자가 동산양도담보목적물을－일정한 사유에 의하여 보관하게 되었다가－임의로 처분한 경우에는 타인(채무자) 소유의 재물을 영득했다는 점에서 '횡령죄'가 성립한다.[715] 한편, ㉡ 동산을 양도담보로 제공한 채무자가 제3자에게 담보에 제공된 동산을 처분한 경우에는 동산양도담보의 채무자는 타인의 사무를 처리하는 자에 해당되지 않으므로 '배임죄가 성립하지 않는다'는 것이 변경된 전원합의체 판례의 입장이다(대법원 2020.2.20, 2019도9756 전원합의체).

아들인 C로부터 채무가 변제 공탁된 사실을 통고받고서도 A 앞으로 본등기를 경료하고 다른 D 앞으로 가등기를 경료해주었다. 판례에 의하면 A의 죄책은 배임죄이다. 경찰간부 11

713 참고로 동산매도담보는 민법학에서 특별한 논의의 대상이 되지 않고 있다.

714 **동산양도담보의 법적 성질에 관한 간단한 정리** 동산의 양도담보시에는 점유개정(민법 제189조)의 방법이 이용되게 된다. 즉, 채무자인 동산의 양도인이 양도 후에도 직접점유를 계속하면서 채권자인 양수인은 간접점유를 취득하게 된다. 동산양도담보권의 법적 성질에 대해서는 신탁적 소유권이전설과 담보물권설의 대립이 있다. **신탁적 소유권이전설**에 의하면 동산에 대해서는 가등기담보 등에 관한 법률이 적용되지 않으며 법률관계는 양도담보된 동산에 대하여 신탁적 소유권이전이 되므로 동산의 소유자는 채권자가 된다는 입장이다. 반면 **담보물권설**에 의하면 동산에 대해서도 가등기담보 등에 관한 법률을 유추적용하여 채권자는 소유권이 아닌 양도담보권만을 취득하므로 채무자가 동산의 소유자가 된다는 것이다. 담보물권설이 채무자의 권리를 보호하는 데 기여하므로 타당하다고 생각된다. 형법학계에서는 대체로 담보물권설에 의한 해석론을 펼치는 경향이 있다.

715 다만 동산양도담보의 채권자는 목적물을 직접 점유하고 있지도 않고 법률상 보관자의 지위에 있다고 보기 어렵다는 점에서 횡령죄의 주체가 될 수 없다는 견해는 임웅, 419면 참조.

판례연구 동산양도담보권설정자와 동산양도담보권자의 상호 간 형사책임

1. 대법원 2020.2.20, 2019도9756 전원합의체

동산양도담보권설정자인 채무자가 임의로 해당 동산을 처분한 경우 : 배임죄 ×

배임죄에서 '타인의 사무를 처리하는 자'라고 하려면, 이익대립관계에 있는 통상의 계약관계에서 채무자의 성실한 급부이행에 의해 상대방이 계약상 권리의 만족 내지 채권의 실현이라는 이익을 얻게 되는 관계에 있다거나, 계약을 이행함에 있어 상대방을 보호하거나 배려할 부수적인 의무가 있다는 것만으로는 채무자를 타인의 사무를 처리하는 자라고 할 수 없고(대법원 2015.3.26, 2015도1301 등), 위임 등과 같이 계약의 전형적·본질적인 급부의 내용이 상대방의 재산상 사무를 일정한 권한을 가지고 맡아 처리하는 경우에 해당하여야 한다. 채무자가 금전채무를 담보하기 위하여 그 소유의 동산을 채권자에게 양도담보로 제공함으로써 채권자인 양도담보권자에 대하여 담보물의 담보가치를 유지·보전할 의무 내지 담보물을 타에 처분하거나 멸실·훼손하는 등으로 담보권 실행에 지장을 초래하는 행위를 하지 않을 의무를 부담하게 되었더라도, 이를 들어 채무자가 통상의 계약에서의 이익대립관계를 넘어서 채권자와의 신임관계에 기초하여 채권자의 사무를 맡아 처리하는 것으로 볼 수 없다. 따라서 채무자를 배임죄의 주체인 '타인의 사무를 처리하는 자'에 해당한다고 할 수 없고, 그가 담보물을 제3자에게 처분하는 등으로 담보가치를 감소 또는 상실시켜 채권자의 담보권 실행이나 이를 통한 채권실현에 위험을 초래하더라도 배임죄가 성립한다고 할 수 없다. 위와 같은 법리는, 채무자가 동산에 관하여 양도담보설정계약을 체결하여 이를 채권자에게 양도할 의무가 있음에도 제3자에게 처분한 경우에도 적용되고, 주식에 관하여 양도담보설정계약을 체결한 채무자가 제3자에게 해당 주식을 처분한 사안에도 마찬가지로 적용된다. 경찰채용 20 1차 / 경찰채용 23 1차 / 법원9급 22

보충 1 이와 달리 채무담보를 위하여 동산이나 주식을 채권자에게 양도하기로 약정하거나 양도담보로 제공한 채무자가 채권자인 양도담보권자의 사무를 처리하는 자에 해당함을 전제로 채무자가 담보목적물을 처분한 경우 배임죄가 성립한다고 한 대법원 1983.3.8, 82도1829, 1998.11.10, 98도2526, 2007.6.15, 2006도3912, 2010.2.25, 2009도13187, 2010.11.25, 2010도11293, 2011.11.22, 2010도7923 판결을 비롯한 같은 취지의 대법원 판결들은 이 판결의 견해에 배치되는 범위 내에서 모두 변경하기로 한다.[716] 예컨대, ① "수입업자가 신용장개설은행에게 양도담보로 제공한 수입 물품을 신용장대금 변제 전에 보세창고업자로부터 인도받아 임의 처분한 경우(대법원 1998.11.10, 98도2526)", ② "채무자가 채권자로부터 돈을 차용하면서 담보로 채무자 소유의 주식에 대하여 주권교부의 방법으로 양도담보를 설정하기로 약정하고 아직 채권자에게 주식의 현실 교부가 이루어지지 아니한 상태에서 다시 제3자와 그 주식의 일부 또는 전부에 대하여 양도담보를 설정하기로 약정하고 차용금의 일부 또는 전부를 수령한 경우(대법원 2010.2.25, 2009도13187)", 종래 판례는 배임죄가 성립한다고 하였으나 이제는 위 전원합의체 판결에 의해 배임죄가 성립하지 않는다.

보충 2 회사의 은행에 대한 대출금 담보를 위해 동산을 양도담보로 제공한 자(회사 운영자)에 대하여 '은행(채권자)이 담보 목적을 달성할 수 있도록 담보물을 보관·관리할 의무나 임무를 위배하여 타에 매각함으로써 채권자에게 재산상 손해를 가하였다.'는 사실로 배임죄로 기소된 사안이다.

2. 대법원 2020.8.27, 2019도14770 전원합의체

동산담보권 설정자의 임의 처분 사건 : 배임죄 ×

(A회사의 대표이사인 甲은 乙에게 금전채무에 대한 담보로 A회사 소유의 기계에 대하여 동산·채권 등의 담보에 관한 법률에 의한 동산담보권을 설정했음에도 丙에게 위 기계를 매도하였다. 甲에게 배임죄의 죄책이 인정되는가의 문제) 채무자가 금전채무를 담보하기 위하여 그 소유의 동산을 채권자에게 동산·채권 등의 담보에 관한 법률에 따른 동산담보로 제공함으로써 채권자인 동산담보권자에 대하여 담보물의 담보가치를 유지·보전할 의무 또는 담보물을 타에 처분하거나 멸실, 훼손하는 등으로 담보권 실행에 지장을 초래하는 행위를 하지 않을 의무를 부담하게 되었더라도, 이를 들어 채무자가 통상의 계약에서의 이익대립관계를 넘어서 채권자와의 신임관계에 기초하여 채권자의 사무를 맡아 처리하는 것으로 볼 수 없다. 따라서 이러한 경우 채무자를 배임죄의 주체인 '타인의 사무를 처리하는 자'에 해당한다고 할 수 없고, 그가 담보물을 제3자에게 처분하는 등으로 담보가치를 감소 또는

716 대법원은 금전채권채무 관계에서 채권자가 채무자에 대한 신임을 기초로 그의 재산을 보호 또는 관리하는 임무를 부여하였다고 할 수 없고, 금전채무의 이행은 어디까지나 채무자가 자신의 급부의무의 이행으로서 행하는 것이므로 이를 두고 채권자의 사무를 맡아 처리하는 것으로 볼 수 없어 채무자를 '타인의 사무를 처리하는 자'에 해당한다고 볼 수 없으며, 또한 채무자가 채무를 담보하기 동산을 채권자에게 양도하기로 약정하거나 양도담보로 제공한 경우에도 **채무자가 양도담보설정계약에 따라 부담하는 의무는 채무자 자신의 급부의무로 이를 이행하는 것은 자신의 사무이고, 담보설정계약의 체결이나 담보권 설정 전후를 불문하고 당사자 관계의 전형적·본질적 내용은 여전히 금전채권의 실현 내지 피담보채무의 변제에 있으므로 담보설정계약상의 의무를 이유로 담보를 제공한 채무자를 '타인의 사무를 처리하는 자'로 볼 수 없으므로** 채무자가 담보물을 처분하였다 하여 배임죄로 처벌할 수 없다는 등의 이유로 이와 다른 취지의 종래 판례를 변경하고, 배임죄를 유죄로 판단한 원심판결을 파기한 것이다.

상실시켜 채권자의 담보권 실행이나 이를 통한 채권실현에 위험을 초래하더라도 배임죄가 성립하지 아니한다.

3. 대법원 2020.10.22, 2020도6258 전원합의체

저당권이 설정된 동산을 임의처분한 경우 및 권리이전에 등기·등록을 요하는 동산에 대한 이중양도 사건 : 배임죄 ×

(甲은 ① 피해자 메리츠캐피탈 주식회사에게 저당권을 설정해 준 버스를 임의처분하였고, ② 피해자 이○○에게 버스를 매도하기로 하여 중도금까지 지급받았음에도 버스에 공동근저당권을 설정하였다. 甲의 각 행위에 대하여 배임죄가 성립하는가의 문제) ① 금전채권채무 관계에서 금전채무의 이행은 어디까지나 채무자가 자신의 급부의무의 이행으로서 행하는 것이므로 이를 두고 채권자의 사무를 맡아 처리하는 것으로 볼 수 없으므로 채무자를 채권자에 대한 관계에서 '타인의 사무를 처리하는 자'에 해당한다고 할 수 없다. …… 채무자가 저당권설정계약에 따라 부담하는 의무, 즉 동산을 담보로 제공할 의무, 담보물의 담보가치를 유지·보전하거나 담보물을 손상, 감소 또는 멸실시키지 않을 소극적 의무, 담보권 실행 시 채권자나 그가 지정하는 자에게 담보물을 현실로 인도할 의무와 같이 채권자의 담보권 실행에 협조할 의무 등은 모두 저당권설정계약에 따라 부담하게 된 채무자 자신의 급부의무이다. 또한 채무자가 위와 같은 급부의무를 이행하는 것은 채무자 자신의 사무에 해당할 뿐이고, 채무자가 통상의 계약에서의 이익대립관계를 넘어서 채권자와의 신임관계에 기초하여 채권자의 사무를 맡아 처리한다고 볼 수 없으므로 채무자를 채권자에 대한 관계에서 배임죄의 주체인 '타인의 사무를 처리하는 자'에 해당한다고 할 수 없다. 그러므로 채무자가 담보물을 제3자에게 처분하는 등으로 담보가치를 감소 또는 상실시켜 채권자의 담보권 실행이나 이를 통한 채권실현에 위험을 초래하더라도 배임죄가 성립하지 아니한다. 위와 같은 법리는, 금전채무를 담보하기 위하여 「공장 및 광업재단 저당법」에 따라 저당권이 설정된 동산을 채무자가 제3자에게 임의로 처분한 사안에도 마찬가지로 적용된다. ② 동산 매매계약에서의 매도인은 매수인에 대하여 그의 사무를 처리하는 지위에 있지 아니하므로, 매도인이 목적물을 타에 처분하였다 하더라도 형법상 배임죄가 성립하지 아니한다(대법원 2011.1.20, 2008도10479 전원합의체 등). 위와 같은 법리는 권리이전에 등기·등록을 요하는 동산에 대한 매매계약에서도 동일하게 적용되므로, 자동차 등의 매도인은 매수인에 대하여 그의 사무를 처리하는 지위에 있지 아니하여, 매도인이 매수인에게 소유권이전등록을 하지 아니하고 타에 처분하였다고 하더라도 마찬가지로 배임죄가 성립하지 아니한다. 경찰채용 23 1차/법원9급 22

4. 대법원 1989.4.11, 88도906

동산양도담보권자(채권자)가 임의로 해당 동산을 처분한 경우 : 횡령죄

채무자가 채무이행의 담보를 위하여 동산에 관한 양도담보계약을 체결하고 점유개정의 방법으로 여전히 그 동산을 점유하는 경우 그 계약이 채무의 담보를 위하여 양도의 형식을 취하였을 뿐이고 실질은 채무의 담보와 담보권실행의 정산절차를 주된 내용으로 하는 것이라면 별단의 사정이 없는 한, 그 동산의 소유권은 여전히 채무자에게 남아 있고 채권자는 단지 양도담보물권을 취득하는 데 지나지 않으므로 그 동산을 다른 사유에 의하여 보관하게 된 채권자는 타인 소유의 물건을 보관하는 자로서 횡령죄의 주체가 될 수 있다.[717] 변호사 12

⑤ 불법원인급여

㉠ 불법원인급여와 민법 제746조 본문의 규정 : 불법원인급여(不法原因給與)라 함은 예컨대 공무원에게 뇌물로 전달해달라는 뇌물공여의 목적으로 금품을 교부하거나 타인의 사무를 처리하는 자에게 그

717 **유사판례의 사례** 甲은 乙에게 금전을 대여하면서 채무자 乙로부터 그 담보로 동산을 교부받은 담보권자 甲은 담보목적물을 보관하고 있음을 기화로 실제의 피담보채권 이외에 甲 자신의 丙(제3자)에 대한 기존의 채권까지 변제받을 의도로, 담보제공자 乙과 사이의 소비대차 및 담보설정관계를 부정하고 그 담보목적물이 甲 자신과 제3자 丙 사이의 소비대차 및 담보설정계약에 따라 제공된 것으로서 실제의 피담보채권 외에 丙에 대한 기존의 채권까지도 피담보채권에 포함되는 것이라고 주장하면서 그것까지 포함하여 변제가 이루어지지 아니할 경우 乙에게 반환하지 않을 것임을 표명하다가 A에게 담보목적물을 매각해버림으로써 乙과의 피담보채무 이외의 丙에 대한 채권까지도 변제충당해버렸다. 甲의 죄책은? **판례 금전을 대여하면서 채무자로부터 그 담보로 동산을 교부받은 담보권자**는 그 담보권의 범위 내에서 담보권을 행사할 수 있을 것인데, 담보권자가 담보목적물을 보관하고 있음을 기화로 실제의 피담보채권 이외에 자신의 제3자에 대한 기존의 채권까지 변제받을 의도로, 채무자인 담보제공자와 사이의 소비대차 및 담보설정관계를 부정하고 그 담보목적물이 자신과 제3자 사이의 소비대차 및 담보설정계약에 따라 제공된 것으로서 실제의 피담보채권 외에 제3자에 대한 기존의 채권까지도 피담보채권에 포함되는 것이라고 주장하면서 그것까지 포함하여 변제가 이루어지지 아니할 경우 반환하지 않을 것임을 표명하다가 타인에게 담보목적물을 매각하거나 담보로 제공하여 피담보채무 이외의 채권까지도 변제충당한 경우에는 정당한 담보권의 행사라고 볼 수 없고, 위탁의 취지에 반하여 자기 또는 제3자의 이익을 위하여 권한 없이 그 재물을 자기의 소유인 것 같이 처분하는 것으로서 불법영득의 의사가 인정된다(대법원 2007.6.14, 2005도7880). **해결** 횡령죄.

임무에 관한 부정한 청탁을 해달라는 배임증재의 목적으로 금품을 교부하는 경우와 같이, 선량한 풍속 기타 사회질서에 위반하는 원인에 기한 급여를 말한다. 민법에서는 "불법의 원인으로 인하여 재산을 급여하거나 노무를 제공한 때에는 그 이익의 반환을 청구하지 못한다."고 규정하고 있으며(민법 제746조 본문), 민사판례에서는 동조에 의할 때 불법원인급여를 한 사람은 그 원인행위가 법률상 무효임을 내세워 상대방에게 부당이득반환청구를 할 수 없고, 또 급여한 물건의 소유권이 자기에게 있다고 하여 소유권에 기한 반환청구도 할 수 없어서 결국 급여한 물건의 소유권은 급여를 받은 상대방에게 귀속된다고 판시하고 있다(대법원 1979.11.13, 79다483 전원합의체).[718] 여기서 민법 제746조에서 말하는 '불법'이 있다고 하려면, 급여의 원인된 행위가 내용이나 성격 또는 목적이나 연유 등으로 볼 때 선량한 풍속 기타 사회질서에 위반될 뿐 아니라 반사회성 · 반윤리성 · 반도덕성이 현저하거나, 급여가 강행법규를 위반하여 이루어졌지만 이를 반환하게 하는 것이 오히려 규범목적에 부합하지 아니하는 경우 등에 해당하여야 한다(대법원 2017.4.26, 2016도18035).[719] 법원행시 18

ⓛ 불법원인급여의 수익자에 대한 횡령죄 성부에 관한 학설 · 판례 : 위탁관계가 불법한 불법원인급여물에 대해서도 횡령죄가 성립하는가에 대하여는 아래와 같이 견해가 대립한다(적극설 : 소수설,[720] 소극설 : 다수설[721] · 판례, 절충설 : 소수설[722]). 판례는 민법과의 통일성을 중시하여 불법원인급여의 경우에 위탁자는 그 반환청구권을 상실하기 때문에 수탁자는 위탁자에 대하여 그 재물을 반환할 법률상의 의무가 없다는 점과 수탁자에게 소유권이 귀속되므로 횡령죄의 '타인의' 재물이라 할 수 없다는 점에 근거하여 횡령죄의 성립을 부정하고 있으며(대법원 1988.9.20, 86도628[723]), 국가7급 14 / 법원행시 10 / 법원행시 12 / 변호사 12 / 변호사 14 / 법원9급 18 이러한 소극설이 타당하다고 생각된다.

---

718 **관련판례** 민법 제746조는 단지 부당이득제도만을 제한하는 것이 아니라 동법 제103조와 함께 사법의 기본이념으로서, 결국 사회적 타당성이 없는 행위를 한 사람은 스스로 불법한 행위를 주장하여 복구를 그 형식 여하에 불구하고 소구할 수 없다는 이상을 표현한 것이므로, 급여를 한 사람은 그 원인행위가 법률상 무효라 하여 상대방에게 부당이득반환청구를 할 수 없음은 물론 급여한 물건의 소유권은 여전히 자기에게 있다고 하여 소유권에 기한 반환청구도 할 수 없고 따라서 급여한 물건의 소유권은 급여를 받은 상대방에게 귀속된다(대법원 1979.11.13, 79다483 전원합의체).

719 **보충 : 판례에 의한 불법원인급여 개념의 확대** 판례는 이러한 불법원인의 범위를 다소 확대하는 입장이다. 즉 판례에 의할 때, 불법원인이라 함은 그 원인되는 행위가 선량한 풍속 기타 사회질서에 위반하는 경우를 말하는데, 법률행위의 목적인 권리의무의 내용이 선량한 풍속 기타 사회질서에 위반되는 경우뿐만 아니라, **그 내용 자체는 반사회질서적인 것이 아니라고 하여도 법률적으로 이를 강제하거나 그 법률행위에 반사회질서적인 조건 또는 금전적 대가가 결부됨으로써 반사회질서적 성질을 띠게 되는 경우 및 표시되거나 상대방에게 알려진 법률행위의 동기가 반사회질서적인 경우**에도 불법원인급여에 해당될 수 있다(대법원 1999.6.11, 99도275; 2002.4.12, 2002도53). 경찰승진 13 이에 대해서는 견해의 대립이 있을 수 있으나 본서의 목적상 자세한 논의는 생략하기로 한다.

720 강구진, 353면; 백형구, 204면; 유기천(상), 271면; 임웅, 395면; 정영석, 371면.

721 김종원, 229면; 박상기, 386면; 배종대, 360면; 서일교, 179면; 오영근, 532면; 이재상, §20－21; 이정원, 447면; 이형국(Ⅰ), 489면; 정성근/박광민, 390면.

722 강동범, "소위 불법원인급여와 횡령죄의 성부", 형사판례연구(1), 193면 이하; 김일수/서보학, 345면; 김성천/김형준, 498면. 이러한 절충설(제한적 긍정설)은 불법원인급여의 문제는 민법 제746조와의 연관성에서 접근되어서는 안 된다고 주장한다. 구체적으로 불법원인급여의 경우에는 횡령죄가 성립하지 않지만 불법원인위탁의 경우에는 횡령죄에는 불능미수가 된다는 견해(김일수/서보학)와 횡령죄가 성립하지 않는다는 견해(강동범)로 나뉜다.

723 **사례 : 뇌물횡령의 경우 횡령죄 부정 사례** 1981년 1월 초순경 중계동 새마을연립주택조합의 조합장인 甲이 자신의 집에서 도봉구청 도시정비국장 乙에게 공여한다는 명목으로 조합공금에서 인출한 금 100만 원 중 금 50만 원을 甲의 생활비 등에 임의소비하고, 위 일시 · 장소에서 위 도봉구청 녹지과 직원들에게 공여한다는 명목으로 조합공금에서 인출한 금 50만 원 중 금 23만 원을 甲의 생활비 등에 임의소비하였다. 甲에게는 횡령죄의 죄책이 인정되는가? **판례** 민법 제746조에 불법의 원인으로 인하여 재산을 급여하거나 노무를 제공한 때에는 그 이익의 반환을 청구하지 못한다고 규정한 뜻은 급여를 한 사람은 그 원인행위가 법률상 무효임을 내세워 상대방에게 부당이득반환청구를 할 수 없고, 또 급여한 물건의 소유권이 자기에게 있다고 하여 소유권에 기한 반환청구도 할 수 없어서 **결국 급여한 물건의 소유권은 급여를 받은 상대방에게 귀속된다**는 것이므로, 조합장이 조합으로부터 공무원에게 뇌물을 전달하여 달라고 금원을 교부받은 것은 불법원인으로 인하여 지급받은 것으로서 이를 뇌물로 전달하지 않고 타에 소비하였다고 해서 타인의 재물을 보관 중 횡령하였다고 볼 수는 없다(대법원 1988.9.20, 86도628). 법원행시 10 / 법원행시 12 / 변호사 12 / 변호사 14 **해결** 인정되지 않는다.

표정리 불법원인급여와 횡령죄의 성립에 관한 학설

구 분	소극설(다수설·판례)	적극설(소수설)	절충설(소수설)
횡령죄 성립 여부	불법원인급여물에 대하여는 민법상 반환청구권이 없으므로 횡령죄 불성립	범죄의 성부는 형법의 독자적 입장에서 판단해야 하므로 횡령죄 성립	소유권 이전의사가 있는 불법원인급여의 경우에는 횡령죄가 성립하지 않으나, 위 의사가 없었던 불법원인위탁의 경우에는 횡령죄 성립
논 거	• 민법상 반환의무가 없는 자에게 형법이 반환을 강제하는 것은 법질서의 통일성을 해함 • 불법원인급여물의 소유권은 수탁자에게 귀속되므로 타인의 재물이 아님	• 민법상 반환청구권이 없다고 하여 위탁자가 소유권을 상실하는 것은 아님 • 신임관계를 전제로 한 위탁관계가 존재함	민법상의 불법원인급여와 형법상의 불법원인급여는 상이하므로 경우를 구별하여 따져야 함

ⓒ 불법원인급여에 있어서 수익자의 불법이 현저히 큰 경우 : 판례에 의하면, 수익자의 불법성이 급여자의 그것보다 현저히 큰 데 반하여 급여자의 불법성은 미약한 경우에도 급여자의 반환청구가 허용되지 않는다면 공평에 반하고 신의성실의 원칙에도 어긋나므로, 이러한 경우에는 민법 제746조 본문의 적용이 배제되어 급여자의 반환청구는 허용된다[724](대법원 1999.9.17, 98도2036 : 포주의 화대 횡령 사례[725]). 법원행시 14 / 법원9급 09 / 법원9급 10 / 경찰승진(경위) 10 / 경찰승진 13 이는 판례가 민법 제746조 단서의 "그러나 그 불법원인이 수익자에게만 있는 때에는 그러하지 아니하다."는 규정을 적용한 것이다.

판례연구 불법원인급여 관련 판례

1. 대법원 2008.10.9, 2007도2511

병원을 대신하여 제약회사들로부터 의약품을 공급받는 대가로 그 의약품 매출액에 비례하여 기부금 명목의 금원을 제공받아 병원을 위하여 보관하는 관계 : 불법원인급여 ×, 횡령죄 ○

피고인이 병원을 대신하여 제약회사들로부터 의약품을 공급받는 대가로 그 의약품 매출액에 비례하여 기부금 명목의 금원을 제공받은 다음 병원을 위하여 보관하여 왔던 것뿐이라면, 다른 특별한 사정이 없는 한 이를 두고 선량한 풍속 기타 사회질서에 반하는 행위로서 불법원인급여에 해당한다고 보기는 어려우므로, 위 병원이 병원을 대신하여 위 제약회사들로부터 위와 같은 금원을 제공받아 보관하고 있던 피고인에 대해 그 반환을 구하지 못한다고 할 수는 없다. 국가7급 16

2. 대법원 2013.8.14, 2013도321

성매매알선 동업계약시 성매매 권유 등 수단으로 교부한 선불금 : 불법원인급여 ○, 횡령죄 ×

성매매 및 성매매알선 등 행위는 선량한 풍속 기타 사회질서에 반하여 성매매할 사람을 고용함에 있어 성매매의

724 **보충 : 불법비교이론** 민법학에서는 이를 소위 **불법(성)비교이론**이라고 하며 판례는 이를 긍정하는 입장이다. 다만 수익자의 불법이 급여자의 불법보다 현저히 크다는 기준이 명확한 것인가에 대해서는 견해의 대립이 있을 수 있다. 즉 모호한 불법성의 비교를 통해 수익자의 불법이 현저히 큰 경우를 인정해 이를 횡령죄의 성립을 긍정하는 논거로 삼는 것이 과연 타당한가에 대해서는 의문의 여지가 있다. 본서의 목적상 이에 관한 자세한 논의는 생략한다(물론 포주와 윤락녀 사이의 화대의 위탁보관 관계는 불법원인급여 그 자체가 아닌 일반적인 위탁관계에 속한다고 볼 수 있으므로, 포주의 반환거부에 대하여 횡령죄가 성립한다는 위 판례의 결론에 대하여는 의문이 없다).

725 **사례 : 포주의 화대 횡령 사건** 피고인 甲(**포주**)은 자신의 처인 공소외 신○○과 공모하여, 1994년 5월 1일 인천 남구 학익동 소재 甲 경영의 윤락업소에서 피해자 조○○과 사이에 피해자가 손님을 상대로 윤락행위를 하고 그 대가로 받은 화대를 절반씩 분배하기로 약정한 다음, 그때부터 같은 해 9월 30일까지 피해자가 甲의 업소에 찾아온 손님들을 상대로 윤락행위를 하고서 받은 화대 합계 2,700만 원을 보관하던 중 그중 절반인 1,350만 원을 피해자에게 반환하지 아니하고 甲과 위 신○○의 생활비 등으로 임의로 소비하였다. 甲의 형사책임은? **판례** 포주가 윤락녀와의 사이에 윤락녀가 받은 화대를 보관하였다가 절반씩 분배하기로 약정하고도 보관 중인 화대를 임의로 소비한 경우에는, **포주와 윤락녀의 사회적 지위, 약정에 이르게 된 경위와 약정의 구체적 내용, 급여의 성격 등을 종합해 볼 때 포주의 불법성이 윤락녀의 불법성보다 현저하게 크다**고 봄이 상당하므로, **민법 제746조 본문의 적용은 배제되어** 윤락녀가 포주에게 보관한 화대의 소유권은 여전히 윤락녀에게 속하는 것이어서, 윤락녀는 그 전부의 반환을 청구할 수 있으며, 포주가 이를 임의로 소비한 행위는 횡령죄를 구성한다(대법원 1999.9.17, 98도2036). **해결** 횡령죄

권유·유인·강요의 수단으로 이용되는 선불금 등 명목으로 제공한 금품이나 그 밖의 재산상 이익 등은 불법원인급여로서 반환을 청구할 수 없는바(대법원 2004.9.3, 2004다27488, 27495 등), 성매매알선 등 행위에 관하여 동업계약을 체결한 당사자 일방이 상대방에게 그 동업계약에 따라 성매매의 권유·유인·강요의 수단으로 이용되는 선불금 등 명목으로 사업자금을 제공하였다면 그 사업자금 역시 불법원인급여에 해당하여 반환을 청구할 수 없다.[726]

3. 대법원 2017.4.26, 2016도18035

자금세탁을 위해 교부받은 범죄수익 등인 수표를 소비한 행위 : 불법원인급여 ○, 횡령죄 ×

피고인 A는 甲으로부터 수표를 현금으로 교환해 주면 대가를 주겠다는 제안을 받고 위 수표가 乙 등이 사기범행을 통해 취득한 범죄수익 등이라는 사실을 잘 알면서도 교부받아 그 일부를 현금으로 교환한 후 丙, 丁과 공모하여 아직 교환되지 못한 수표 및 교환된 현금을 임의로 사용하였다. … 피고인이 甲으로부터 수표를 교부받은 원인행위는 이를 현금으로 교환해 주고 대가를 지급받기로 하는 계약으로서, 범죄수익은닉의 규제 및 처벌 등에 관한 법률('범죄수익은닉규제법') 제3조 제1항 제3호에 의하여 형사처벌되는 행위, 즉 거기에서 정한 범죄수익 등에 해당하는 수표를 현금으로 교환하여 그 특정, 추적 또는 발견을 현저히 곤란하게 하는 은닉행위를 법률행위의 내용 및 목적으로 하는 것이므로 선량한 풍속 기타 사회질서에 위반되고, 범죄수익은닉규제법에 의하여 직접 처벌되는 행위를 내용으로 하는 위 계약은 그 자체로 반사회성이 현저하며, 형벌법규에서 금지하고 있는 자금세탁행위를 목적으로 교부된 범죄수익 등을 특정범죄를 범한 자가 다시 반환받을 수 있도록 한다면, 범죄자로서는 교부의 목적을 달성하지 못하더라도 언제든지 범죄수익을 회수할 수 있게 되어 자금세탁행위가 조장될 수 있으므로, 범죄수익의 은닉이나 가장, 수수 등의 행위를 억지하고자 하는 범죄수익은닉규제법의 입법목적에도 배치되므로, 결국 피고인이 甲으로부터 범죄수익 등의 은닉범행 등을 위해 교부받은 수표는 불법의 원인으로 급여한 물건에 해당하여 소유권이 피고인에게 귀속되고, 따라서 피고인이 그중 교환하지 못한 수표와 이미 교환한 현금을 임의로 소비하였더라도 횡령죄가 성립하지 않는다. 법원행시 18

유사판례 대법원 2017.10.26, 2017도9254

범죄수익 은닉을 위해 교부받은 무기명 양도성예금증서 사건

A는 甲 등이 금융다단계 사기 범행을 통하여 취득한 범죄수익 등인 무기명 양도성예금증서를 乙로부터 건네받아 현금으로 교환한 후 임의로 소비하였다. 피고인(A)이 乙로부터 범죄수익 등의 은닉을 위해 교부받은 무기명 양도성예금증서는 불법의 원인으로 급여한 물건에 해당하여 소유권이 피고인에게 귀속되므로, 피고인이 무기명 양도성예금증서를 교환한 현금을 임의로 소비하였더라도 횡령죄가 성립하지 않는다.

⑥ 목적·용도를 정해서 (내지 금전수수를 수반하는 사무처리관계에서) 위탁한 금전의 경우

㉠ 문제의 소재 : '금전 기타 대체물을 위탁받은 수탁자가 이를 위탁자의 허락 없이 임의로 처분한 경우에 횡령죄가 성립하는가'의 문제이다. 이는 해당 대체물의 소유권이 누구에게 귀속되는가에 달려 있다. 이러한 경우는 크게 ⓐ 아예 처음부터 '특정물'로 위탁시킨 경우와, ⓑ 불특정물로 위탁받기는 하였으나 용도나 목적이 지정 내지 특정된 경우로 나누어 검토해야 한다. ⓐ의 경우에는 대체물이라 하여도 '봉함물', '포장물', '공탁금'처럼 특정물이라고 보아야 할 경우이므로 그 소유권은 위탁자에게 귀속된다는 점에서 이를 임의로 처분한 수탁자에게는 횡령죄가 성립한다는 데 거의 견해가 일치한다. 다만, ⓑ의 경우 횡령죄의 성부에 대해서는 다음과 같은 견해의 대립이 있다.

㉡ 학설·판례 : 학설로서는 ⓐ 금전 기타 대체물은 고도의 유통성과 대체성 때문에 −일종의 소비임치처럼− 점유의 이전과 더불어 소유권도 함께 수치인(수탁자)에게 이전된다는 점에서 이를 임의로 처분한 수탁자에게는 배임죄의 성립은 별론으로 하고 횡령죄는 성립할 수 없다는 견해(횡령죄 부정, 배임죄 긍정설)[727]와 ⓑ 수탁자가 정해진 용도에 사용할 때까지는 위탁물에 대한 소유권이 위탁자에

726 **보충** 다만 이 사안에서, 피고인이 운영하던 직업소개소 소속 여종업원들의 근무시간·장소 및 내용, 접대비용 및 그 지급방법, 피고인의 여종업원들에 대한 관리형태 등을 알 수 있는 자료를 찾을 수 없어 피고인이 성매매알선 등 행위를 하였다거나, 피해자가 피고인의 성매매알선 등 행위 사실을 알면서 동업계약에 따라 위 돈을 지급하였다고 쉽게 단정할 수 없다(위 판례).

727 횡령죄가 성립하지 않고 배임죄만 성립한다는 견해는 김종원, 228면; 배종대, 484면; 오영근, 539면; 이재상, §20−32; 이형국

게 유보되어 있으며, 금전 기타 대체물이라 하더라도 재물이라고 하지 않을 수 없기 때문에 횡령죄가 성립한다는 견해(횡령죄 긍정설)[728]가 대립하고 있다. 판례는 횡령죄 긍정설의 입장을 일관하고 있다.[729] 법원행시 08 / 변호사 12 / 법원9급 17

㉢ 금전수수를 수반하는 사무의 처리를 위임받은 경우의 횡령죄의 성부 : 위 법리가 동일하게 적용된다. 즉 이러한 사무처리를 위임받은 자가 그 행위에 기하여 위임자를 위하여 제3자로부터 수령한 금전은 그 목적이나 용도를 한정하여 위탁된 금전과 마찬가지로 특별한 사정이 없는 한, 그 수령과 동시에 위임자의 소유에 속하는 것이고, 위임을 받은 자는 이를 위임자를 위하여 보관하는 관계에 있다고 보아야 한다.

판례연구 금전수수 수반 사무처리 위임의 경우

대법원 1998.4.10, 97도3057

금전수수를 수반하는 사무처리를 위임받은 자가 그 행위에 기하여 위임자를 위하여 제3자로부터 수령한 금전은 위임자 소유로 귀속되므로 수임자가 이를 임의로 소비한 행위는 횡령죄가 성립한다는 사례

금전수수를 수반하는 사무의 처리를 위임받은 자가 그 행위에 기하여 위임자를 위하여 제3자로부터 수령한 금전은 그 목적이나 용도를 한정하여 위탁된 금전과 마찬가지로 특별한 사정이 없는 한 그 수령과 동시에 위임자의 소유에 속하는 것이고, 위임을 받은 자는 이를 위임자를 위하여 보관하는 관계에 있다. 따라서 위탁자로부터 당좌수표 할인을 의뢰받은 피고인이 제3자를 기망하여 당좌수표를 할인받은 다음 그 할인금을 임의소비한 경우, 제3자에 대한 사기죄와 별도로 위탁자에 대한 횡령죄가 성립한다.[730] 국가7급 07

㉣ 목적 · 용도 특정 대체물 또는 금전수수 수반 사무처리에 대하여 횡령죄의 성립이 긍정된 경우 : 목적 · 용도가 특정되어 위탁된 금전을 보관하는 경우 내지 금전수수를 수반하는 사무처리를 위임받은 경우로 보아 횡령죄의 성립을 긍정한 경우는 다음과 같다.

1	문화예술진흥기금을 소비한 경우(대법원 1997.3.28, 96도3155)
2	양곡구입대금으로 교부받은 금원을 임의로 소비한 경우(대법원 1982.3.9, 81도572)
3	집행되지 않은 정부출연금을 반환 않고 임의로 사용한 경우(대법원 1999.7.9, 98도4088)
4	되돌이 거래를 한 자가 목적물을 반환하지 않은 경우(대법원 2002.3.29, 2001도6650)[731]
5	사립학교법상 교비회계에 속하는 금원을 같은 학교법인에 속하는 다른 학교의 교비회계에 사용한 경우(대법원 2002.5.10, 2001도1779; 2010.3.11, 2009도6482)

(Ⅰ), 490면; 임웅. 다만 임웅, 424~425면에서는 위탁받은 경우와 증여받은 경우 그리고 피고용인으로서 임의사용하는 경우로 나누어 검토하고 있다.

728 강구진, 351면; 김성천/김형준, 496면; 김일수/서보학, 358면; 박상기, 377면; 백형구, 203면; 정성근/박광민, 392면; 정영석, 371면; 황산덕, 317면.

729 **판례 : 타인으로부터 용도가 엄격히 제한된 자금을 위탁받아 집행하면서 그 제한된 용도 이외의 목적으로 자금을 이용한 경우 – 횡령죄 ○** 타인으로부터 용도가 엄격히 제한된 자금을 위탁받아 집행하면서 그 제한된 용도 이외의 목적으로 자금을 사용하는 것은, 그 사용이 개인적인 목적에서 비롯된 경우는 물론 결과적으로 자금을 위탁한 본인을 위하는 면이 있더라도, **그 사용행위 자체로서 불법영득의사를 실현한 것**이 되어 횡령죄가 성립한다(대법원 2002.8.23, 2002도366). 국가9급 12 / 법원행시 09 / 변호사 12 / 경찰채용 18 1차

730 **보충** 甲으로부터 **액면금 2,000만 원인 당좌수표 1장의 할인을 의뢰받은** 乙이 丙에게 부도가 예상되는 위 수표를 제시하면서 "틀림없이 결제될 수표이니 할인하여 달라."고 하여 丙으로부터 그 자리에서 선이자를 공제한 금 1,850만 원에 할인을 받아 그중 1,000만 원을 甲에게 주고 850만 원은 자신이 보관하던 중 이를 임의로 소비한 경우, 乙은 丙에 대하여는 기망행위를 하여 정상적으로 결제될 수표인 것처럼 착오를 일으키게 하여 처분행위를 하게 하여 제3자인 甲이 재산상 이익을 취득하도록 하였으므로 사기죄가 성립함은 당연하며, 위 1,850만 원의 성격이 단순한 대체물이 아니라 그 목적 · 용도를 정해서 위탁한 금전이라는 점에서 그 소유권은 수탁자가 가지는 것이 아니라 위탁자에게 귀속되므로 이는 횡령죄의 '타인의 재물'에 해당되는 것이다. 따라서 乙에게는 사기죄와 횡령죄의 실체적 경합범이 성립한다.

731 **사례 : 되돌이 사례** 甲은 보석가게를 운영하는 자인바, 2000년 8월 16일 14:00경 위 상가 1층 소재 乙 운영의 보석가게에서,

6	대학 총장이나 단체의 대표자가 자기 개인의 변호사 비용을 교비회계자금이나 법인회계자금 등과 같은 단체의 비용으로 지출한 경우(대법원 2003.5.30, 2002도235[732]; 2006.10.26, 2004도6280[733]; 2008.6.26, 2007도9679[734]; 2009.9.10, 2009도4987; 2011.9.29, 2011도4677[735]) 사시 13
7	대학 학장이 사립학교의 교비회계에 속하는 수입을 적법한 교비회계의 세출에 포함되는 용도(당해 학교의 교육에 직접 필요한 용도가 아닌 다른 용도)에 사용한 경우(대법원 2008.2.29, 2007도9755[736]; 2012.5.10, 2011도12408[737])

위 甲의 가게에 찾아온 손님이 급하게 다이아몬드를 찾자 물건을 구하던 중, 乙로부터 다이아몬드 1.06캐럿짜리 1개 시가 900만원 상당을 잠시 빌려 보관하던 중, 같은 해 9월 6일경 위 乙로부터 빌려간 다이아몬드를 돌려달라는 요청을 받고도 그 반환을 거부하였다. 甲의 죄책은? **판례** 피고인은 상당한 기간이 지난 후에도 위 다이아몬드 대금을 지급하지 않았고, 그렇다고 하여 위 다이아몬드를 반환하지도 않았다는 것이며, 피해자가 그 반환을 요구하자 아예 다이아몬드를 가져온 사실을 부인하면서 반환을 거부하고 있다는 것인바, 만약 피고인이 피해자로부터 위 다이아몬드를 가져간 것이 맞다면 앞서 본 바와 같이 피고인은 위 다이아몬드 대금이나 다이아몬드 자체를 피해자에게 반환하여야 할, **횡령죄 소정의 '타인의 재물을 보관하는 자'의 지위에 있다** 할 것인바, 그와 같은 지위에 있는 피고인이 피해자로부터 다이아몬드를 교부받은 사실조차 부인하는 이상, 피고인의 위 다이아몬드에 대한 불법영득의사가 객관적으로 외부에 드러났다 할 것이다(대법원 2002.3.29, 2001도6650). **해결** 횡령죄.

732 **사례 : 대학총장 변호사비용 지출 사례** B대학교의 총장 甲(학교법인 A학원의 이사이기도 하며 B대학교는 A학원이 설립한 것임)은 丙(A학원의 설립자이자 전 이사장)이 학원의 반환을 요구하면서 분규를 일으키고 그를 추종하는 B대학교 직원들이 파업에 들어가자 이에 대항하게 되었다. 이 과정에서 甲은 명예훼손으로 고소를 당하게 되자 자신의 변호사 비용을 법인회계자금 및 교비회계자금에서 지출하였다. 甲에게는 업무상 횡령죄가 성립하는가? **판례** 법인회계자금에서 변호사비용을 지출한 부분에 관하여 살펴보면 법인의 구성원은 적법한 방법으로 그 법인을 위한 업무를 수행하여야 하므로, **법인의 구성원이 업무수행에 있어 관계 법령을 위반함으로써 형사재판을 받게 되었다면 그의 개인적인 변호사비용을 법인자금으로 지급한다는 것은 횡령에 해당**하며, 그 변호사비용을 법인이 부담하는 것이 관례라고 하여도 그러한 행위가 사회상규에 어긋나지 않는다고 할 만큼 사회적으로 용인되어 보편화된 관례라고 할 수 없다. 그런데 이 부분 변호사비용은 피고인 1이 공소외 학원 및 제1대학교의 분규 와중에서 제1대학교총장의 업무수행 중 관계 법령을 위반한 행위로 인하여 받게 된 형사재판을 위한 것으로서, 그 변호사비용은 법인회계자금에서 지출할 수 없는 것이라 봄이 타당하고, 따라서 피고인이 법인의 이사장인 공소외 1과 공모하여 그 변호사비용을 법인자금에서 인출하여 지출하였다면 이는 업무상횡령죄를 구성한다 할 것이다. 또한 교비회계자금에서 변호사비용을 지출한 부분을 살펴보면, **학교회계 중 특히 교비회계에 속하는 수입은 다른 회계에 전출하거나 대여할 수 없는 등 용도가 엄격히 제한되어 있기 때문에 교비회계자금을 다른 용도에 사용하였다면 그 자체로서 횡령죄가 성립한다** 할 것이므로, 피고인들이 교비회계자금에서 변호사비용을 지출한 행위는 그 자체로서 업무상 횡령죄를 구성하는 것이다(대법원 2003.5.30, 2002도235). **해결** 업무상 횡령죄가 성립한다.

733 **판례 : 단체의 대표자 개인이 당사자가 된 소송사건의 변호사 비용을 단체의 비용으로 지출한 경우, 그 비용 지출에 대한 횡령죄 성립 여부의 판단 기준 '원칙'적으로 단체의 비용으로 지출할 수 있는 변호사 선임료는 단체 자체가 소송당사자가 된 경우에 한하므로 단체의 대표자 개인이 당사자가 된 민 · 형사사건의 변호사 비용은 단체의 비용으로 지출할 수 없고, '예외'적으로** 분쟁에 대한 실질적인 이해관계는 단체에게 있으나 법적인 이유로 그 대표자의 지위에 있는 개인이 소송 기타 법적 절차의 당사자가 되었다거나 대표자로서 단체를 위해 적법하게 행한 직무행위 또는 대표자의 지위에 있음으로 말미암아 의무적으로 행한 행위 등과 관련하여 분쟁이 발생한 경우와 같이, 당해 법적 분쟁이 단체와 업무적인 관련이 깊고 당시의 제반 사정에 비추어 단체의 이익을 위하여 소송을 수행하거나 고소에 대응하여야 할 특별한 필요성이 있는 경우에 한하여 단체의 비용으로 변호사 선임료를 지출할 수 있다. 사시 13 … **재건축조합 조합장이 조합장 개인을 위하여 자신의 위법행위에 관한 형사사건의 변호인을 선임하는 것을 재건축조합의 업무라고 볼 수 없으므로,** 그가 재건축조합의 자금으로 자신의 변호사 비용을 지출하였다면 이는 횡령에 해당하고, 위 형사사건의 변호사 선임료를 지출함에 있어 이사 및 대의원회의 승인을 받았다 하여도 재건축조합의 업무집행과 무관한 조합장 개인의 형사사건을 위하여 변호사 선임료를 지출하는 것이 위법한 이상 위 승인은 내재적 한계를 벗어나는 것으로서 횡령죄의 성립에 영향을 미치지 아니한다(**재건축조합장이 개인 명의의 손해배상청구소송을 위하여 변호사를 소송대리인으로 선임하고 그 선임료를 재건축조합의 비용으로 지출한 행위가 업무상 횡령죄에 해당한다**고 본 사례)(대법원 2006.10.26, 2004도6280). 법원행시 10

734 **판례 : 회사의 대표이사의 배임행위 소송 관련 변호사 비용을 회사의 자금으로 지급한 경우** 법인의 대표자 개인이 당사자이거나 법인이 형식적 소송당사자에 불과한 소송사건에서 변호사 비용을 법인의 비용으로 지출한 경우 횡령죄가 성립하므로, **회사의 대표이사가 자신이 당사자일 뿐만 아니라 자신의 경영권을 방어하기 위한 목적으로 신주를 발행하는 과정에서 저지른 배임행위에 대한 소송을 수행하면서 그 변호사 비용을 회사의 자금으로 지급한 경우 업무상 횡령죄가 성립한다**(대법원 2008.6.26, 2007도9679).

735 **판례 : 단체의 대표자 개인이 자신이 소송당사자가 된 민 · 형사사건의 변호사 비용을 단체의 비용으로 지출한 경우, 횡령죄가 성립하는지 여부(원칙적 적극)** 집합건물 입주자대표회의의 회장과 대표자인 피고인들이 자신들의 형사사건 변호사 선임비용을 입주자대표회의비로 지출한 경우, ① **피고인 甲에 대한 형사소송은 다른 입주자대표들의 자격, 기존의 입주자대표회의가 처리해 온 업무의 효력 등과 연관되어 있는 점**에서 그와 관련한 변호사 비용을 지출한 것은 단체의 업무수행에 필요한 비용을 지급한 것이나(횡령죄 불성립), ② 피고인 乙의 **개인적인 형사사건을 위하여 단체의 비용으로 변호사 선임료를 지출한 것은 위법하다(횡령죄 성립)**(대법원 2011.9.29, 2011도4677).

736 **사례 : 대학 학장의 교비회계자금의 계속적 사용 사례** A대학 학장인 甲은 乙 소유 은마상가 중 일부를 임차하기로 하고, A 대학 교비회계에 속하는 금원을 위 임대차와 관련하여 임대차보증금, 임대료, 시설용역관리비, 공사비 등으로 지출하였다. 甲의 죄책은? **판례 사립학교의 교비회계에 속하는 수입을 적법한 교비회계의 세출에 포함되는 용도, 즉 당해 학교의 교육에 직접 필요한 용도가 아닌 다른 용도에 사용하였다면 그 사용행위 자체로서 불법영득의사를 실현하는 것이** 되어 그로 인한 죄책을 면할 수

8	학교법인 이사장이 학교법인이 설치·운영하는 대학 산학협력단이 용도를 특정하여 교부받은 보조금 중 일부를 대학 교비계좌로 송금하여 교직원 급여 등으로 사용한 경우(대법원 2011.10.13, 2009도13751)[738] 법원승진 14 / 사시 13
9	버스 매각대금을 임의로 소비한 경우(대법원 2003.6.24, 2003도1741)[739]
10	부동산의 매매계약금으로 수령한 돈을 자신의 피해자에 대한 채권의 변제에 충당한다는 명목으로 그 반환을 거부하면서 자기의 소유인 것 같이 처분한 경우(대법원 2004.3.12, 2004도134)
11	집합건물의 관리회사가 구분소유자들로부터 특별수선충당금의 명목으로 금원을 납부받아 보관하던 중 이를 일반경비로 사용한 경우(대법원 2004.5.27, 2003도6988)
12	대표이사가 회사의 상가분양 사업을 수행하면서 수분양자들을 기망하여 편취한 분양대금(이는 회사의 소유로 귀속되는 것이다)을 대표이사가 개인 채무 변제 용도로 소비한 경우(대법원 2005.4.29, 2005도741) 국가7급 12 / 법원행시 14 / 경찰승진(경위) 10 / 경찰채용 11 1차
13	노동조합이 사용자단체로부터 조합원들의 출퇴근 편의를 위한 통근차량의 구입 및 유지에 사용하도록 용도가 제한된 자금을 다른 용도로 사용한 행위(대법원 2007.2.22, 2006도2238)
14	회사의 경영권 방어 또는 회사의 매각 등을 위하여 위탁받은 주식과 현금을 개인적인 용도로 사용한 경우(대법원 2008.5.8, 2008도1652; 1997.9.26, 97도1520; 1999.7.9, 98도4088)
15	임대인 회사 대표이사가 임차인으로부터 수도요금 등 납부라는 특정한 목적으로 위탁받은 돈을 은행대출이자 용도 등으로 임의소비한 경우(대법원 2008.10.9, 2008도3787)
16	상품판매대금을 지급하기 전까지는 피해회사가 상품 소유권을 가지기로 하는 상품거래계약을 맺은 자가 판매대금 중 일부를 임의로 사용한 경우(대법원 2010.1.14, 2009도7737)[740]
17	지방자치단체의 조례상의 보조금을 경비부족을 메우기 위하여 전용한 경우(대법원 2002.8.23, 2002도366; 2008.9.25, 2006도5636; 2010.9.30, 2010도987[741]) 등 국가7급 18

없다. 또한 수개의 업무상 횡령행위라 하더라도 피해법익이 단일하고, 범죄의 태양이 동일하며, 단일 고의의 발현에 기인하는 일련의 행위라고 인정될 때에는, 포괄하여 1개의 범죄라고 봄이 상당하다(대법원 2008.2.29, 2007도9755). 법원행시 08 / 경찰간부 17 **해결** 업무상 횡령죄의 포괄일죄.

737 **판례 : 학교법인 이사장이 교비회계로 개인주거 공사대금 지급 사례** 학교법인 이사장인 B는 산하 대학의 건물 중 일부를 규정상 근거 없이 주거용으로 사용하다가 거실 확장 공사 등을 한 후 공사대금을 대학 교비회계에 속하는 수입으로 지급하게 하였다. B에게는 업무상 횡령의 죄책이 인정된다(위 판례).

738 **사례 : 학교법인 이사장이 대학 산학협력단이 교부받은 보조금을 사용한 사례** A 학교법인 이사장 甲은 A 학교법인이 설치·운영하는 대학 산학협력단이 용도를 특정하여 교부받은 보조금 중 일부를 대학 교비계좌로 송금하여 교직원 급여 등으로 사용하였다. 위 행위는 업무상 횡령죄에 해당하는가? **판례** '보조금의 예산 및 관리에 관한 법률'의 제 규정의 취지를 고려하면 **보조금은 용도가 엄격히 제한된 자금**으로 보아야 한다(대법원 2004.12.24, 2003도4570). 법원승진 14 또한 '산업교육진흥 및 산학협력촉진에 관한 법률'의 규정 등에 비추어 보면, 위 각 규정이 산학협력단이 특정사업으로 용도를 정하여 교부받은 보조금을 사업과 무관하게 대학의 일반관리비나 교직원 급여 등으로 사용하는 것을 허용하는 취지라고 볼 수 없다(대법원 2011.10.13, 2009도13751). 사시 13 **해결** 해당한다.

739 **사례 : 버스대금 횡령 사례** 乙은 甲으로부터 차량(**그랜버드버스**)을 매수하여 甲을 통하여 지입회사에 지입하여 두었으나 그 권리관계에 문제가 발생하자 甲이 乙과 합의하여 이를 처분한 다음 그 대금으로 압류되어 있는 다른 차량을 찾아서 乙에게 넘겨주기로 약정하였다. 그런데 甲은 그 매각대금을 보관·위탁의 취지에 반하여 임의로 소비하였다. 甲의 죄책은? **판례 금전의 수수를 수반하는 사무처리를 위임받은 자**가 그 행위에 기하여 위임자를 위해 제3자로부터 수령한 금전은, 목적이나 용도를 한정하여 위탁된 금전과 마찬가지로, 달리 특별한 사정이 없는 한 그 수령과 동시에 위임자의 소유에 속하고 위임을 받은 자는 이를 위임자를 위하여 보관하는 관계에 있다. 따라서 피고인이 그 매각대금을 보관 위탁의 취지에 반하여 임의로 소비하였다면 횡령죄가 성립한다(대법원 2003.6.24, 2003도1741). 법원9급 11 / 경찰채용 11 2차 **해결** 횡령죄.

740 **판례 : 상품대금 지급 전까지 공급회사의 소유권을 인정하는 상품거래계약의 경우** 甲(피고인)은 A회사(피해회사)로부터 상품을 양도받으면서, 그 대금 지급에 관하여 매일 그날의 매출액 전부를 A회사에 송금하되 그 대금을 모두 지급하기 전까지는 A회사가 위 상품에 대한 소유권을 가지기로 하는 상품거래계약을 체결한 후, 상품의 판매대금 중 일부 금원만 A회사에 송금하고 나머지 금원은 매장 인테리어 비용, 홍보비용 등에 사용하였다. 이 경우 **대금을 전액 지급하기 전까지는 피고인은 피해회사를 위하여 상품 및 그 '판매대금 전액'을 보관하는 지위에 있다**고 할 것이므로, 상품의 판매대금 중 공급가에 해당하는 금원만을 피해회사를 위하여 보관하고 있었다고 본 원심판결은 횡령죄에 있어 '보관자의 지위'에 관한 법리를 오해한 것이다(대법원 2010.1.14, 2009도7737).

741 **판례 : 지방자치단체의 조례상 보조금 사례** '장흥군 사회단체보조금 지원에 관한 조례' 등의 규정에 비추어 위 조례상의 보조금은 그 **용도가 엄격히 제한된 자금**으로 보아야 하고, 위와 같은 보조금을 집행할 직책에 있는 자가 자기 자신의 이익을 위한 것이 아니고 **경비부족을 메우기 위하여 보조금을 전용하였더라도, 업무상횡령죄의 '불법영득의사'를 부인할 수 없다**(대법원 2010.9.30, 2010도987). **유사판례** 마을 이장인 피고인이 경로당 화장실 개·보수 공사를 위하여 업무상 보관 중이던 공사비를 그

ⓜ 목적 · 용도 특정 대체물에 관하여 횡령죄의 성립이 부정된 경우 : 위탁받은 금전의 특정성이 인정되지 않거나 위탁받은 자에게 그 사용에 관한 광범위한 재량권이 인정되는 등 해당 금전의 소유권이 위탁자가 아니라 수탁자에게 귀속되는 경우에는 이를 사용했다 하여도 횡령죄를 구성하지 않게 된다. 다음과 같은 경우가 있다.

1	물건(감자)납품을 위한 선매대금을 매수인으로부터 건네받은 매도인이 이를 임의로 소비한 경우(대법원 1986.6.24, 86도631)[742] 경찰승진(경감) 11
2	법인의 이사를 상대로 한 이사직무집행정지가처분결정에 대하여 항쟁할 필요가 있어 법인의 대표자가 법인 경비에서 필요한 소송비용을 지급한 경우(대법원 2003.5.30, 2003도1174)[743]
3	공동운영자로부터 위임을 받은 자가 수금한 물품대금을 그들을 위하여 경비로 사용한 경우(대법원 2003.7.25, 2003도2331)[744]
4	보험을 유치하면서 보험회사로부터 지급받은 시책비 중 일부를 개인적인 용도로 사용한 경우(대법원 2006.3.9, 2003도6733)[745] 국가9급 12 / 경찰채용 14 2차
5	원래 교비회계에 속하는 자금으로 지출할 수 있는 항목(학교교육시설에 관한 건축비 사용)에 관한 차입금을 상환하기 위하여 －사립학교법의 규정을 준수하지 않고－ 교비회계자금을 지출한 경우(대법원 2006.4.28, 2005도4085)[746] 국가9급 12 / 경찰채용 16 1차

용도 외에 다른 용도로 사용한 이상 횡령죄는 성립하고, 피고인이 과거 마을을 위하여 개인 돈을 지출하였다고 하여 이에 충당할 수는 없다(대법원 2010.9.30, 2010도7012). 사시 13

742 **사례 : 감자선매대금 사례** 甲은 H로부터 감자 선매대금을 지급받고 감자를 납품하는 거래를 과거에 여러 차례 해오던 자인데 甲은 H로부터 위와 같은 감자 선매대금을 교부받아 이를 임의로 소비하였다. 甲에게는 횡령죄가 성립하는가? **판례 물건납품을 위한 선매대금은 매수인으로부터 매도인에게 교부되면 그 소유권이 매도인에게 이전되는** 것이고 따라서 매수인을 위하여 그 대금을 보관하는 지위에 있지 아니하므로 피고인이 그 대금으로 교부받은 돈을 임의로 소비하였다고 하더라도 이는 횡령죄를 구성하지 아니한다(대법원 1986.6.24, 86도631). 경찰승진(경감) 11
보충 - 판결이유 검사가 들고 있는 대법원 1982.3.9, 81도572 판결은 다른 사람으로부터 양곡을 구입하여 달라는 부탁을 받고 그 구입자금을 교부받아 보관하고 있다가 수탁 취지에 위배하여 임의로 소비한 것(양곡구입대금 사례 – 필자 주)으로서 이 사건과 사안을 달리하여 이 사건에 적절치 못하므로 결국 상고 논지는 이유 없다. **해결** 횡령죄가 성립하지 않는다.

743 **사례 : 이사직무집행정지가처분에 대하여 항쟁할 필요가 있었던 사례** A주식회사의 대표이사인 甲에 대하여 이사직무집행정지가처분결정이 내려졌는데, 甲은 이에 대하여 적법한 이사회 결의를 통하여 정당한 직무집행을 한 것이라고 적극 다투고 있고, 당시 甲의 대표이사 자격의 부존재가 객관적으로 명확하여 항쟁의 여지가 없었다고 보기는 어려웠었다. 이 경우 甲이 위 신청사건 및 소송사건에 응소하여 A주식회사의 자금으로 자신의 변호사 선임비용을 지급하였다면 이는 업무상 횡령죄에 해당하는가? **판례** 법인의 이사를 상대로 한 이사직무집행정지가처분결정이 된 경우, 당해 법인의 업무를 수행하는 이사의 직무집행이 정지당함으로써 사실상 법인의 업무수행에 지장을 받게 될 것은 명백하므로 **법인으로서는 (그 이사 자격의 부존재가 객관적으로 명백하여 항쟁의 여지가 없는 경우가 아닌 한) 위 가처분에 대항하여 항쟁할 필요가 있**다고 할 것이고, 이와 같이 필요한 한도 내에서 법인의 대표자가 법인 경비에서 당해 가처분 사건의 피신청인인 **이사의 소송비용을 지급하더라도 이는 법인의 업무수행을 위하여 필요한 비용을 지급한 것**에 해당하고, 법인의 경비를 횡령한 것이라고는 볼 수 없다(대법원 2003.5.30, 2003도1174). **해결** 해당하지 않는다.

744 **사례 : 전체 공동운영자들을 위한 경비 사용 사례** 공동운영자 중 과반수 이상의 위임을 받아 물품대금을 수금한 수탁자가 그 후에 전체 공동운영자들을 위하여 공증서류작성, 대책회의 개최, 교통비 등으로 일시 지출한 경우 횡령죄가 성립하는가? **판례 위탁받은 금전의 특정성이 요구되지 아니하는 경우** 수탁자가 위탁의 취지에 반하지 않고 필요한 시기에 다른 금전으로 대체시킬 수 있는 상태에 있는 한 **묵시적으로 허용된 용도에 일시 사용**하더라도 횡령죄를 구성하지 아니하는 것인바(대법원 1995.10.12, 94도2076), 위 경우 수탁자에게 불법영득의사를 인정할 수 없어 횡령죄가 성립하지 않는다(대법원 2003.7.25, 2003도2331). **해결** 성립하지 않는다.

745 **판례** 목적과 용도를 정하여 위탁한 금전은 정해진 목적, 용도에 사용할 때까지는 이에 대한 소유권이 위탁자에게 유보되어 있는 것으로서, 수탁자가 임의로 소비하면 횡령죄를 구성하지만, 피고인들이 **보험을 유치하면서 보험회사로부터 지급받은 시책비 중 일부를 개인적인 용도로 사용한 행위**는 횡령죄를 구성하지 않는다(대법원 2006.3.9, 2003도6733). 국가9급 12 / 경찰채용 14 2차
판결이유 보험을 유치하면서 특별이익 제공과는 무관한 통상적인 실적급여로서의 시책비를 지급받아 그중 일부를 개인적인 용도로 사용한 점을 알 수 있는데, 그렇다면 위 피고인들이 소비한 금전은 모두 **통상적인 실적급여로서의 성격을 가진 시책비**에 해당하여 그 목적이나 용도가 특정되어 위탁된 금전이라고 보기 어렵다고 할 것이다.

746 **사례 : 건축비 채무 상환 목적의 교비회계자금 사용 사례** 甲은 A학교법인 소속 B대학의 학교교육시설에 관한 건축비 채무를 다른 곳에서 일시적으로 차용한 돈으로 변제한 다음 그 차용금의 변제를 위하여 B대학의 교비회계에 속하는 자금을 지출하였다. 그런데 甲은 이러한 차입을 하거나 지출을 하는 과정에서 사립학교법의 규정을 제대로 준수하지 않았다. 甲에게는 횡령죄의 불법영득의사가 인정되는가? **판례 사립학교**에 있어서 **학교교육**에 **직접 필요한 시설, 설비를 위한 경비** 등과 같이 원래 교비회

6	금전수수를 수반하는 사무처리를 위임받은 자라 하더라도 자신의 명의로 배당받은 공탁금에 대하여 반환을 거부한 경우(대법원 2007.7.26, 2007도1840)[747]
7	골프회원권 매매중개업체를 운영하는 자가 매수의뢰와 함께 입금받아 보관하던 금원을 다른 회사자금과 함께 보관하다가 일시적으로 다른 회원권의 매입대금 등으로 임의로 소비한 경우(대법원 2008. 3.14, 2007도7568 : 목적·용도가 특정되어 있으나 다른 자금과 함께 보관되어 그 특정성이 인정되지 않는 경우)[748] 국가7급 16
8	사립학교 경영자가 학생 등이 납부한 수업료 등을 교비회계 아닌 다른 회계에 임의로 사용한 경우(대법원 2012.5.10, 2011도12408)[749] 경찰채용 12 3차/경찰채용 13 2차
9	아파트 입주자대표회의 회장이 아파트 특별수선충당금을 구조진단 견적비 및 손해배상청구소송의 변호사 선임료로 사용하였으나, 구분소유자들·입주민들로부터 포괄적인 동의를 얻어 특별수선충당금을 위탁의 취지에 부합하는 용도에 사용한 것으로 볼 수 있는 경우(대법원 2017.2.15, 2013도14777) 등

판례연구 **소송비용을 법인의 경비에서 지급한 경우와 횡령죄의 성부**

대법원 2008.6.26, 2007도9679; 2019.5.30, 2016도5816

① 법인의 이사를 상대로 한 이사직무집행정지가처분 신청이 받아들여질 경우, 당해 법인의 업무를 수행하는 이사의 직무집행이 정지당함으로써 사실상 법인의 업무수행에 지장을 받게 될 것이 명백하므로, 해당 법인으로서는 그 이사 자격의 부존재가 객관적으로 명백하여 항쟁의 여지가 없는 경우가 아닌 한 위 가처분신청에 대항하여 항쟁할 필요가 있고, 위와 같은 필요에서 법인의 대표자가 법인 경비에서 당해 가처분사건의 소송비용을 지급하는 것은 법인의 업무수행을 위하여 필요한 비용을 지급하는 것에 해당한다. 따라서 이러한 지급을 가지고 법인의 경비를 횡령한 것이라고 할 수 없다(대법원 2010.6.24, 2010도4512). ② 이러한 법리는 상가관리운영위원회의 운영위원장이 그에 대하여 제기된 직무집행정지가처분 신청에 대응하기 위하여 선임한 변호사의 선임료를 상가 관리비에서 지급한 경우에도 마찬가지로 적용된다. ③ 그리고 법인 자체가 소송당사자가 된 경우에는 원칙적으로 그 소송의 수행이 법인의 업무수행이라고 볼 수 있으므로 그 소송에서 법인이 형식적으로 소송당사자가 되어 있을 뿐 실질적인 당사자가 따로 있고 법인으로서는 그 소송의 결과에 있어서 별다른 이해관계가 없다고 볼 만한 특별한 사정이 없는 한 그 변호사 선임료를 법인의 비용으로 지출할 수 있다.

계에 속하는 자금으로 지출할 수 있는 항목에 관한 차입금을 상환하기 위하여 교비회계 자금을 지출한 경우, 이러한 차입금 상환행위에 관하여 교비회계 자금을 임의로 횡령하고자 하는 **불법영득의 의사가 있다고 보기는 어렵고**, 만일 그 행위자가 이러한 차입을 하거나 지출을 하는 과정에서 사립학교법의 관련 규정을 제대로 준수하지 아니하였다면 이에 대하여 사립학교법에 따른 형사적 제재 등이 부과될 수 있을 뿐이다(대법원 2006.4.28, 2005도4085).
해결 인정되지 않는다.

747 **사례 : 자기의 명의로 배당받은 공탁금 사례** 甲은 주식회사 대방건설과 사이에 공탁금을 수령하여 그중 4,100만 원을 대방건설에게 반환하기로 약정하고, 배당절차에서 甲 자신의 명의로 수령한 금원에 대하여 대방건설의 반환요구가 있었음에도 불구하고 반환을 거부하였다. 甲의 행위는 횡령죄를 구성하는가? **판례** 횡령죄는 타인의 재물을 보관하는 자가 그 재물을 횡령하는 것을 처벌하는 범죄이므로, 횡령죄가 성립되기 위해서는 횡령의 대상이 된 재물이 타인의 소유일 것을 요한다 할 것이므로, **금전의 수수를 수반하는 사무처리를 위임받은 자**가 그 행위에 기하여 위임자를 위하여 제3자로부터 수령한 금전이라고 하더라도 이것이 **위임자의 소유에 속하지 아니한 경우**라면, 그 반환을 거부하는 수임자를 횡령죄로 처벌할 수 없는 것이다. 위 사안의 경우 **자신의 명의로 배당받은 공탁금은 피고인 자신의 소유에 속한다**고 판단하였는바, 이 사건 횡령의 대상이 된 금원이 대방건설의 소유에 속하지 아니한 이상, 피고인이 위 약정에 반하여 4,100만 원의 반환을 거부한다고 하여 횡령죄로 처벌할 수는 없다고 할 것이다(대법원 2007.7.26, 2007도1840).
해결 구성하지 않는다.

748 **판례 : 골프회원권 매수의뢰자금을 다른 자금과 함께 보관한 사례** **골프회원권** 매매중개업체를 운영하는 자가 **매수의뢰와 함께 입금받아 보관하던 금원**을 일시적으로 다른 회원권의 매입대금 등으로 임의로 소비한 경우, 위 매입대금은 그 목적과 용도를 정하여 위탁된 금전으로서 골프회원권 매입시까지 그 소유권이 위탁자에게 유보되어 있으나, **다른 회사자금과 함께 보관된 이상 그 특정성을 인정하기 어렵고**, 피고인의 불법영득의사를 추단할 수 없으므로 횡령죄를 구성하지 아니한다(대법원 2008. 3.14, 2007도7568). **보충설명** 이 판례는 목적과 용도를 정하여 위탁한 금전이라 하더라도 다른 자금과 함께 보관되어 그 특정성을 인정하기 어렵고 불법영득의사도 인정될 수 없다고 한 사례이다.

749 **판례 : 사립학교 경영자의 수업자 사용 사례** 피고인이 甲 사립학교 경영자 乙과 공모하여 학생이나 학부모가 납부한 수업료 기타 납부금을 교비회계 아닌 다른 회계에 임의로 사용하였다고 하여 구 특정경제범죄 가중처벌 등에 관한 법률 위반(횡령)으로 기소된 경우, **甲 학교는 사인(私人)인 乙 등이 설립하여 운영하는 학교로서 수업료 등으로 조성된 교비는 특별한 사정이 없는 한 甲 학교의 설치·경영자인 乙 등의 소유**에 속하므로, 피고인이 乙과 공모하여 이를 임의로 사용하였더라도 사립학교법 위반죄가 성립하는 것 외에 따로 횡령죄가 성립하지 않는다고 보아야 한다(대법원 2012.5.10, 2011도12408). 경찰채용 12 3차/경찰채용 13 2차

⑦ 위탁매매 : 위탁매매의 경우도 기술한 금전수수를 수반하는 사무처리를 위임받은 경우와 유사하다. 즉 위탁물의 소유권은 위탁자에게 속하므로 위탁매매인이 판매대금을 소비한 경우에는 특단의 사정이 없는 한 횡령죄가 성립한다(대법원 1990.8.28, 90도1019[750]; 2011.6.10, 2010도17202[751]; 2013.3.28, 2012도16191[752]). 변호사 12 / 경찰간부 16

⑧ 조합(組合)의 재산 등 동업체(同業體)의 재산

㉠ 동업재산이어서 횡령죄가 성립하는 경우 : 조합재산은 조합원의 합유에 속하므로 조합원 중 한 사람이 조합재산 처분으로 얻은 대금을 임의로 소비하였다면 횡령죄의 죄책을 면할 수 없고, 동업체의 재산은 조합원 내지 동업자 상호 간에 합유(合有)하는 것으로서 상호간 '타인의 소유'에 속하므로 그중 1인이 조합재산 처분으로 얻은 대금을 임의로 소비하는 등 이를 영득하면 횡령죄에 해당한다(대법원 1982.9.28, 81도2777; 1989.11.14, 89도17[753]; 1993.2.23, 92도387[754]; 1995.10.12, 94도2076[755]; 2005.4.15, 2003도7773[756]; 2011.5.26, 2011도1904[757]). 법원승진 11 / 변호사 12 이러한 법리는 내부적

---

750 **판례 : 팔아달라는 부탁을 받고 교부받은 다이아몬드를 판매한 대금을 임의 소비한 사례 – 횡령죄 ○** 피고인이 피해자로부터 피해자 소유의 다이아몬드 반지 1개를 팔아 달라는 부탁을 받고 교부받아 이를 판매한 대금을 보관하던 중 임의 소비한 경우 피고인에게 불법영득의 의사가 있었다고 보아야 할 것이므로 피고인의 행위는 횡령죄를 구성한다(대법원 1990.8.28, 90도1019).

751 **사례 : 위탁판매 및 구매계약 사무처리 위임에 따른 판매대금 소비 사례** 의류유통 판매업체인 甲 주식회사 대표이사 및 실질적 운영자인 A 등은 공모하여, 甲 회사가 乙 유한회사 등과 체결한 투자약정과 乙 회사와 체결한 위탁판매 및 구매계약의 사무처리 위임에 따라 투자금으로 구입한 의류의 판매대금을 甲 회사 명의 미지정계좌로 입금받아 임의로 소비하였다. A 등에게는 횡령죄의 죄책이 인정되는가? **판례** **피고인이 수령한 금전은 위임자인 피해자 회사의 소유로 귀속되고, 공소외 1 주식회사는 피해자 회사를 위하여 이를 보관하는 지위에 있다**고 할 것인데, 피고인들이 그 판매대금을 공소외 1 주식회사 명의의 미지정계좌로 입금받아 임의로 소비한 행위는 사용방법이 엄격히 제한된 자금을 위탁받아 집행하면서 그 제한된 사용방법 이외의 부당한 경로를 통해 자금을 사용한 것으로서 그 사용이 결과적으로 피해자 회사를 위하는 측면이 있다고 하더라도 불법영득의 의사를 실현한 것이 되어 횡령죄가 성립한다(대법원 2011.6.10, 2010도17202). **해결** 인정된다.

752 **판례 : 금 위탁판매대금 횡령 사례** 금은방을 운영하는 피고인이, 甲이 맡긴 금을 시세에 따라 사고파는 방법으로 운용하여 매달 일정한 이익금을 지급하는 한편 **甲의 요청이 있으면 언제든지 보관 중인 금과 현금을 반환하기로 甲과 약정**하였는데, 그 후 경제사정이 악화되자 이를 자신의 개인채무 변제 등에 사용하였다면, 甲이 매매를 위탁하거나 피고인이 그 결과로 취득한 금이나 현금은 모두 甲의 소유이므로 횡령죄의 죄책이 성립한다(대법원 2013.3.28, 2012도16191).

753 **사례 : 동업체의 재산인 중기 운영 수익금 횡령 사례** 甲이 乙과의 사이에 동업계약을 체결하고 중기의 운영으로 인한 수익금을 乙 명의의 통장에 입금시켰다가 그의 결재를 받아 지출하기로 약정하고서도 위 중기가 자신의 단독소유라고 주장하며 乙의 동의 없이 위 약정에 따른 절차를 거치지 아니하고 그 수익금을 임의로 소비하였다면 甲에게는 횡령죄가 성립하는가? **판례** 2인이 **동업계약**을 체결하고 **수익금**을 상대방 명의의 장부에 입금시키고 그의 결제에 의해 지출하기로 약정하였는데도 수익금을 임의로 소비하였다면 횡령죄가 성립한다(대법원 1989.11.14, 89도17).
해결 성립한다.

754 **판례 : 동업자의 동의 없이 통지만 하고 동업체의 재산을 임의처분한 경우 – 횡령죄 ○ 동업체에 속하는 재산**을 다른 동업자들의 동의 없이 임의로 처분하거나 반출하는 행위는 이를 다른 동업자들에게 통지를 하였다 하더라도 횡령죄를 구성한다(대법원 1993.2.23, 92도387).

755 **사례 : 동업체의 재산에 대한 절도 및 횡령 사례** 甲은 乙과 공모하여 동업자인 A의 동의 없이 A와의 공동점유에 속하는 기술자료, 제조공구 등을 가져오고, 문안을 바꾼 동업계약서 1매를 임의로 작성한 다음 그 사정을 모르는 경리직원으로 하여금 위 A의 이름 옆에 동인의 인장을 날인하도록 하여 위 A 명의의 동업계약서 1매를 작성하고, 또한 甲은 丙과 공모하여 위 丙이 A로부터 근관충전제 원료구입 대금으로 교부받아 보관 중이던 금 6,000,000원을 甲이 사용할 근관충전제 원료 대금으로 지급하였다. 甲의 죄책은? **판례** 판시 절취품은 피고인과 위 A와의 동업체에 제공된 물품으로서 **동업관계가 청산되지 않는 한 그들의 공동점유에 속한다**고 할 것이므로, 그 물품이 원래 피고인의 소유라거나 피고인이 다른 곳에서 빌려서 제공하였다는 사유만으로는 절도죄의 객체가 됨에 지장이 없다고 할 것이니, 甲의 행위는 절도죄가 성립한다. 또한 위 丙이 위 보관금을 일시 사용한 것만으로는 횡령죄가 성립되지 아니하고 이를 **위탁의 취지에 반하여 甲을 위한 용도로 사용함**으로써 횡령죄를 범한 것이라 할 것이니 횡령죄가 성립한다고 본 것은 정당하다(대법원 1995.10.12, 94도2076). **해결** 절도죄, 사문서위조죄, 횡령죄.

756 **판례** 2인이 동업계약을 체결하고 수익금을 상대방 명의의 장부에 입금시키고 그의 결제에 의해 지출하기로 약정하였는데도 수익금을 임의로 소비하였다면 횡령죄가 성립한다(대법원 1989.11.14, 89도17; 1993.2.23, 92도387). 조합원 상호 간의 合有가 인정되기 때문이다. 마찬가지로 **동업약정**에 따라 주택건축사업 등을 목적으로 하는 주식회사를 설립하고 그 사업을 공동으로 영위하기 위하여 자신이 매수한 토지를 위 회사에 출자하였음에도, 토지의 매수자금에 상당하는 금액이 위 회사의 회계장부상 甲으로부터의 단기차입금으로 계상되어 있다는 이유만으로 **다른 동업자들의 반대에 불구하고 위 회사 명의로 금융기관에 예치 중인 돈을 임의로 인출하여 자신의 채무변제에 사용한** 행위는 업무상 횡령죄를 구성하게 된다(대법원 2005.4.15, 2003도7773).

757 **사례 : 동업재산인 부가가치세 환급금 임의사용 사례** 甲이 대표이사로서 운영하는 오피스텔 등 신축·분양사업 시행사인 A주식

으로는 조합관계에 있지만 대외적으로는 조합관계가 드러나지 않는 이른바 내적 조합의 경우에도 마찬가지이다(대법원 2008.2.14, 2007도10645; 2009.10.15, 2009도7423). 따라서 ⓐ 동업자 사이에 손익분배의 정산이 되지 아니하였다면 동업자의 한 사람이 임의로 동업자들의 합유에 속하는 동업재산을 처분할 권한이 없는 것이므로, 동업자의 한 사람이 동업재산을 보관 중 임의로 횡령하였다면 지분비율에 관계없이 임의로 횡령한 금액 전부에 대하여 횡령죄의 죄책을 부담한다(대법원 2000.11.10, 2000도3013; 2009.10.15, 2009도7423; 2011.6.10, 2010도17684[758]). 법원행시 08 / 법원9급 06 / 경찰승진 14 / 경찰승진(경위) 10 / 경찰채용 12 2차 / 경찰채용 16 2차 또한 ⓑ 수개의 회사 소유 자금을 지분 비율을 알 수 없는 상태로 구분 없이 함께 보관하던 사람이 그 자금 중 일부를 횡령한 경우 수개의 회사는 횡령된 자금에 대하여 지분 비율을 알 수 없는 공동 소유자의 지위에 있다고 할 것이니, 수개의 회사는 모두 횡령죄의 피해자에 해당한다(대법원 2007.6.1, 2006도1813). 경찰승진 12

ⓛ 동업재산이 아니어서 횡령죄가 성립하지 않는 경우 : ⓐ 익명조합관계에 있는 영업에 대한 익명조합원이 상대방의 영업을 위하여 출자한 금전 기타의 재산은 상대방인 영업자의 재산으로 되는 것이므로 영업자가 그 영업의 이익금을 함부로 자기 용도에 소비하였다 하여도 횡령죄가 될 수 없으므로(대법원 1971.12.28, 71도2032; 1973.1.30, 72도2704)[759] 경찰간부 11 / 경찰승진(경장) 10 '내적 조합'이 아닌 '익명조합에 유사한 무명계약'으로 볼 수 있는 경우에는 횡령죄가 성립하지 않는다(대법원 2011.11.24, 2010도5014).[760] 국가7급 21 / 경찰채용 13 1차 또한 ⓑ 2인의 동업으로 인한 조합관계에서 타인이 탈퇴하였다면 그 동업재산은 탈퇴하지 않고 남은 자의 단독소유에 속하게 되고 탈퇴한 자와 남은 자 사이에는 탈퇴에 따른 투자금의 환급 등 계산만이 남는다고 할 것이므로, 조합에 남은 자가 공장의 운영권을 제3자에게 넘겨주었다 하더라도 횡령죄를 구성하지는 아니한다(대법원 2005.7.15, 2003도6934).

⑨ 채권양도(債權讓渡) : ㉠ 채무변제로서 자신의 채권을 양도한 채권양도인(통상의 채권양도의 경우)이 채

회사가 시공사인 B주식회사와 공동사업자로서 상호 협력하여 사업을 추진하기로 약정하여 동업계약을 체결함으로써 조합을 구성하였는데, 甲이 조합 사업과 관련된 부가가치세를 납부한 후 돌려받은 환급금을 공동 운영계좌에 입금하지 않고 개인적인 용도에 임의로 사용하였다면 그 죄책은? **판례** 동업관계로 인하여 발생한 수익금은 합유에 속하는 동업재산에 해당하고, 위 **부가가치세 환급금은 동업재산**이므로 피고인이 이를 개인적인 용도에 임의로 사용하였다면 A회사와 B회사의 이익분배비율과 관계없이 그 전액에 대하여 횡령죄의 죄책을 부담한다(대법원 2011.5.26, 2011도1904). **해결** (업무상) 횡령죄. **보충** 다만, 위 판례는 甲이 위 돈을 조합 사업과 직·간접적으로 관련된 비용에 지출하였다면 **불법영득의사가 부정**되어 횡령죄가 성립하지 않게 된다는 점도 인정하였다(후술하는 불법영득의사 참조).

758 **보충** 피고인과 甲 주식회사가 동업약정을 맺고 사업을 진행하다가 乙 주식회사에 사업권을 양도하는 양도양수계약을 체결한 다음 이익금을 같은 비율로 분배하기로 약정했는데도, 피고인이 乙 회사에게서 송금받은 계약금을 보관 중 甲 회사 대표이사인 丙 승낙 없이 그 대부분을 임의로 소비한 사안에서, 피고인은 지분비율에 관계없이 임의로 소비한 금액 전부에 대하여 횡령죄의 죄책을 부담한다는 판례이다.

759 **비교판례 : 익명조합이 아님에도 익명조합관계임을 주장하는 경우** 실질적으로 피해자가 단독으로 운영하여 오던 사업장이어서 그 사업장의 재산은 **피해자의 단독 소유**라고 할 것임에도, 피고인이 익명조합관계의 영업자의 지위에 있다고 주장하면서 사업장의 재산의 반환을 거부한 경우, **횡령죄**가 성립한다(또한 피고인이 자신의 명의로 사업자등록이 되어 있고 자신이 상주하여 지게차 판매 등을 하고 있는 지위를 이용하여, 피해자의 사업장 출입을 금지하기 위하여 출입문에 설치된 자물쇠의 비밀번호를 변경하였다면, 위력에 의한 **업무방해죄**가 성립한다)(대법원 2009.4.23, 2007도9924).

760 **사례 : 내적 조합이 아닌 익명조합의 경우** A가 甲과 특정 토지를 매수하여 전매한 후 전매이익금을 정산하기로 약정한 다음 甲이 조달한 돈 등을 합하여 토지를 매수하고 소유권이전등기는 A의 명의로 마쳐 두었다. 그런데 甲은 토지의 전매차익을 얻을 목적으로 일정 금원을 출자하였으나, **토지의 매수 및 전매를 A에게 전적으로 일임하고 그 과정에 전혀 관여하지 아니하였고, 이후 업무감시권 등에 근거하여 업무집행에 관여한 적이 전혀 없다.** 이후 A는 위 토지를 제3자에게 임의로 매도한 후 甲에게 전매이익금 반환을 거부한 경우, A에게는 횡령죄의 죄책이 인정되는가? **판례** 어떠한 법률관계가 내적 조합에 해당하는지 아니면 익명조합에 해당하는지는, 당사자들의 내부관계에 공동사업이 있는지, 조합원이 업무검사권 등을 가지고 조합의 업무에 관여하였는지, 재산의 처분 또는 변경에 전원의 동의가 필요한지 등을 모두 종합하여 판단하여야 한다(대법원 2008.2.14, 2007도10645; 2010.11.25, 2009도7001). 피고인과 甲의 약정은 **조합 또는 내적 조합에 해당하는 것이 아니라 '익명조합과 유사한 무명계약'**에 해당한다고 보아야 하므로, 피고인이 타인의 재물을 보관하는 자의 지위에 있지 않다고 보아 횡령죄의 성립은 부정되어야 한다(대법원 2011.11.24, 2010도5014). 국가7급 21 / 경찰채용 13 1차 **해결** 인정되지 않는다.

무자로부터 수령한 금전을 소비하면 횡령죄가 성립한다는 것이 과거의 판례이었으나(대법원 1995.4.15, 97도666 전원합의체), 법원행시 06 / 법원9급 07(하) / 경찰승진(경사) 11 / 경찰승진(경감) 11 / 경찰채용 14 2차 / 변호사 14 / 경찰승진(경감 이하) 16 2022년 6월 판례는 입장을 변경하여 위 금전은 채권양도인 자신의 소유이고 채권양도인과 채권양수인 사이에 신임관계가 존재하지 않으므로 채권양도인이 이를 임의로 처분하여도 횡령죄가 성립하지 않는다고 판시하였다(대법원 2022.6.23, 2017도3829 전원합의체). 또한, ㉡ 채무자가 기존 금전채무를 담보하기 위하여 다른 금전채권을 채권자에게 양도하였는데 채권양도인(채무자)이 제3채무자로부터 변제금을 수령하여 소비한 행위도 채권자에 대한 횡령죄를 구성하지 않는다(대법원 2021.2.25, 2020도12927).

판례연구 채권양도담보에서 양도인의 횡령죄 성립 여부가 문제된 사건

1. 대법원 2021.2.25, 2020도12927

채무의 담보로서 채권을 양도한 채권양도인의 임의소비는 횡령죄를 구성하지 않는다는 사례

채무자가 기존 금전채무를 담보하기 위하여 다른 금전채권을 채권자에게 양도하는 경우, 채무자가 채권자에 대하여 부담하는 '담보 목적 채권의 담보가치를 유지·보전할 의무'는 채권 양도담보계약에 따라 부담하게 된 채무의 한 내용에 불과하다. 또한 통상의 채권양도계약은 그 자체가 채권자지위의 이전을 내용으로 하는 주된 계약이고, 그 당사자 사이의 본질적 관계는 양수인이 채권자지위를 온전히 확보하여 채무자로부터 유효하게 채권의 변제를 받는 것이다. 그런데 채권 양도담보계약은 피담보채권의 발생을 위한 계약(예컨대 금전소비대차계약 등)의 종된 계약으로, 채권 양도담보계약에 따라 채무자가 부담하는 위와 같은 의무는 담보목적을 달성하기 위한 것에 불과하고, 그 당사자 사이의 본질적이고 주된 관계는 피담보채권의 실현이다. 이처럼 채권 양도담보계약의 목적이나 본질적 내용을 통상의 채권양도계약과 같이 볼 수는 없다. 따라서 채무자가 채권 양도담보계약에 따라 담보 목적 채권의 담보가치를 유지·보전할 의무는 계약에 따른 자신의 채무에 불과하고, 채권자와 채무자 사이에 채무자가 채권자를 위하여 담보가치의 유지·보전사무를 처리함으로써 채무자의 사무처리를 통해 채권자가 담보 목적을 달성한다는 신임관계가 존재한다고 볼 수 없다. 그러므로 채무자가 제3채무자에게 채권양도 통지를 하지 않은 채 자신이 사용할 의도로 제3채무자로부터 변제를 받아 변제금을 수령한 경우, 이는 단순한 민사상 채무불이행에 해당할 뿐, 채무자가 채권자와의 위탁신임관계에 의하여 채무자를 위해 위 변제금을 보관하는 지위에 있다고 볼 수 없고, 채무자가 이를 임의로 소비하더라도 횡령죄는 성립하지 않는다.

2. 대법원 2022.6.23, 2017도3829 전원합의체

채권양도인이 채권양도 통지를 하기 전에 채무자로부터 채권을 추심하여 금전을 수령한 경우 채권양도인은 타인의 재물을 보관하는 자가 아니므로 횡령죄의 주체가 되지 않는다는 사례

채권양도인이 채무자에게 채권양도 통지를 하는 등으로 채권양도의 대항요건을 갖추어 주지 않은 채 채무자로부터 채권을 추심하여 금전을 수령한 경우, 특별한 사정이 없는 한 금전의 소유권은 채권양수인이 아니라 채권양도인에게 귀속하고 채권양도인이 채권양수인을 위하여 양도 채권의 보전에 관한 사무를 처리하는 신임관계가 존재한다고 볼 수 없다. 따라서 채권양도인이 위와 같이 양도한 채권을 추심하여 수령한 금전에 관하여 채권양수인을 위해 보관하는 자의 지위에 있다고 볼 수 없으므로, 채권양도인이 위 금전을 임의로 처분하더라도 횡령죄는 성립하지 않는다. 이와 달리 채권양도계약을 체결한 채권양도인이 채무자에게 채권양도 통지를 하는 등으로 채권양도의 대항요건을 갖추어 주기 전에 채무자로부터 채권을 추심하여 금전을 수령한 경우, 그 금전은 채권양도인과 채권양수인 사이에서 채권양수인의 소유에 속하고 채권양도인이 채권양수인을 위하여 채권보전에 관한 사무를 처리하는 지위에 있으므로 보관자 지위가 인정된다는 전제에서, 채권양도인이 위 금전을 임의로 처분한 경우 횡령죄가 성립한다고 한 대법원 1999.4.15, 97도666 전원합의체 판결, 대법원 2007.5.11, 2006도4935 판결을 비롯한 같은 취지의 대법원 판결들은 이 판결의 견해에 배치되는 범위 내에서 모두 변경하기로 한다. 경찰승진 23 / 국가9급 24 / 경찰채용 24 1차

⑩ 1인회사의 재산 : 주식회사의 주주가 1인인 경우라 하더라도 회사와 주주는 별개의 인격(권리능력)이어서 1인주주가 회사의 재물을 영득하거나 회사의 재산에 손해를 끼친 경우에는 횡령죄 내지 배임죄의 성립이 모두 가능하다.

판례연구 1인주주의 1인회사에 대한 형사책임 관련 판례

1. 대법원 1989.5.23, 89도570; 1995.3.14, 95도59

1인주주가 1인회사의 금원을 보관 중 임의 처분하면 업무상 횡령죄가 성립한다는 판례[761]

주식회사의 주식이 사실상 1인의 주주에 귀속하는 1인회사에 있어서도 회사와 주주는 분명히 별개의 인격이어서 1인회사의 재산이 곧바로 그 1인주주의 소유라고는 볼 수 없으므로, 피고인이 회사의 사실상 1인주주라고 하더라도 그 회사의 금원을 업무상 보관 중 이를 임의로 처분하면 업무상 횡령죄가 성립한다.[762]

2. 대법원 1983.12.13, 83도2330 전원합의체

1인주주가 1인회사에 손해를 끼친 경우 횡령죄가 아니라 업무상 배임죄가 성립한다는 판례

주식회사의 주식이 사실상 1인 주주에 귀속하는 소위 1인 회사에 있어서도 행위의 주체와 그 본인은 분명히 별개의 인격이며 그 본인인 주식회사에 재산상 손해가 발생하였을 때 배임의 죄는 기수가 되는 것이므로 궁극적으로 그 손해가 주주의 손해가 된다고 하더라도(또 주식회사의 손해가 항시 주주의 손해와 일치한다고 할 수도 없다) 이미 성립한 죄에는 아무 소장이 없다고 할 것이며 한편 우리 형법은 배임죄에 있어 자기 또는 제3자의 이익을 도모하고 또 본인에게 손해를 가하려는 목적을 그 구성요건으로 규정하고 있지 않으므로 배임죄의 고의는 자기의 행위가 그 임무에 위배한다는 인식으로 족하고 본인에게 손해를 가하려는 의사는 이를 필요로 하지 않는다고 보아야 한다(회사의 돈을 1인 주주의 개인의 채무변제의 용도로 사용함으로써 회사에 손해를 끼친 경우에는 업무상 배임죄가 성립하게 된다는 판례).

⑪ 독립채산제 방식으로 운영되는 주식회사의 지점 또는 사단법인의 지부 · 지회가 보유한 재산 : 주식회사의 지점, 합명회사의 분사무소, 사단법인의 지부 · 지회가 주식회사의 본점, 합명회사의 주사무소, 사단법인의 회계와는 별도의 독립채산제 방식으로 운영되고 있다고 하더라도 주식회사의 지점, 합명회사의 분사무소, 사단법인의 지부 · 지회가 보유한 재산은 그 주식회사, 합명회사, 사단법인의 소유일 뿐이므로 지점 · 분사무소 · 지부 · 지회에서 이를 비자금으로 조성한 행위는 횡령죄를 구성한다(대법원 2007.9.6, 2007도4099; 2010.5.13, 2009도1373[763]; 2012.1.27, 2010도10739). 경찰채용 14 2차 / 사시 13 / 경찰승진(경감이하) 16

⑫ 공동의 복권당첨금 : 복권당첨금을 공평하게 나누기로 하였다면 공동소유가 인정되므로 보관자가 반환을 거부한 행위는 횡령죄를 구성한다(대법원 2000.11.10, 2000도4335).[764]

---

761 **판례의 사실관계** A는 X건설회사(주주가 A 1인뿐인 1인회사)의 대표이사로서 위 회사가 육군상무사업통제단 발주의 상무대이전공사 중 본공사의 39.68% 지분을 도급받은 후 그 무렵부터 육군중앙경리단으로부터 **위 공사의 선수금 및 기성금 조로 수십 회에 걸쳐 합계 금 69,042,369,421원을 교부받아 이를 보관**하던 중, 1991.11.9.부터 위 회사 사무실에서 자신의 개인용도로 사용할 의사로 금 11,000,000원을 인출하고 경리직원으로 하여금 장부상에는 도시고속도로 공사 전도금 명목으로만 기재하게 하는 등 그때부터 1992. 12. 31.까지 같은 방법으로 모두 182회에 걸쳐 합계 금 18,890,795,540원을 인출하여 자신의 개인용도로 임의 소비하였다. A의 죄책은 업무상 횡령죄이다.

762 **유사판례** 이른바 **1인 회사에서 1인 주주가 회사에 대한 횡령죄의 주체가 될 수 있으며**, 회사에 대하여 별도의 가수금채권을 가지고 있다는 사정이 이미 성립한 업무상 횡령죄에 영향을 주는 것은 아니다(대법원 2011.11.24, 2009도980).

763 **사례 : 주식회사의 지점이나 합명회사의 분사무소 구성원들이 법인을 위하여 보관 중이던 돈을 비자금으로 조성한 사례** A감정평가법인의 지사에서 근무하는 감정평가사들이 접대비 명목 등에 사용할 목적으로 감정평가법인을 위하여 보관 중이던 돈의 일부를 비자금으로 조성한 행위의 죄책은? **판례** 감정평가법인 지사에서 근무하는 감정평가사들이 접대비 명목 등으로 임의로 나누어 사용할 목적으로 감정평가법인을 위하여 보관 중이던 돈의 일부를 비자금으로 조성한 경우, 피고인들이 위 지사를 독립채산제로 운영하기로 했다고 하더라도 그것은 지사가 처리한 감정평가업무로 인한 경제적 이익의 분배에 관하여 그와 같이 약정을 한 것에 불과한 것이므로 **피고인들이 사용한 지사의 자금이 법률상으로는 위 법인의 자금이 아니라고 할 수는 없고**, 당초의 비자금 조성 목적 등에 비추어 비자금 조성 당시 피고인들의 불법영득의사가 객관적으로 표시되었다고 보아야 하기 때문에, 위 비자금 조성행위는 업무상 횡령죄에 해당한다고 해야 한다(대법원 2010.5.13, 2009도1373). 경찰채용 14 2차 / 사시 13 **해결** 업무상 횡령죄.

764 **판례 : 복권당첨금 횡령 사건** 피고인이 2,000원을 내어 피해자를 통하여 구입한 복권 4장을 피고인과 피해자를 포함한 4명이 한 장씩 나누어 그 당첨 여부를 확인한 결과, 피해자 등 2명이 긁어 확인한 복권 2장이 1,000원씩에 당첨되자 이를 다시 복권 4장으로 교환하여 같은 4명이 각자 한 장씩 골라잡아 그 당첨 여부를 확인한 결과, 피해자 등 2명이 긁어 확인한 복권 2장이 2,000만 원씩에 당첨되었으나 당첨금을 수령한 피고인이 피해자에게 그 당첨금의 반환을 거부한 경우, 피고인과 피해자를 포

⑬ 공동임대인 중 1인이 임대보증금을 임의로 처분한 경우 : 위탁관계에 의하여 보관하는 1인이 이를 임의로 처분하면 횡령죄가 성립한다(대법원 2001.10.30, 2001도2095).[765] 공동소유에 속하기 때문이다.

⑭ 수개의 학교법인 운영자의 학교법인 사이에서의 자금이동 : 1인 회사의 경우와 유사하다. 수개의 학교법인을 운영하는 자가 각 학교법인의 금원을 다른 학교법인을 위하여 사용한 경우, 각 학교법인은 별개의 법인격을 가진 소유의 주체로서 이를 실질적으로 1개의 학교법인이라고 볼 수 없으므로, 이를 단순히 예산항목을 유용하거나 장부상의 분식이나 이동에 불과하다고 할 수 없고, 각 학교법인 사이에서의 자금이동이 단순한 대차관계에 불과하다고 할 수도 없으므로 (업무상) 횡령죄가 성립한다(대법원 2000.12.8, 99도214).[766] 법원행시 14

⑮ 채권에 상계충당(相計充當)한 경우 – 원칙적으로 횡령죄 인정

㉠ 보통의 경우 : 금전수수를 수반하는 사무처리를 위임받은 자가 그 행위에 기해 제3자로부터 수령한 금전도 목적·용도를 한정하여 위탁된 금전과 마찬가지로 그 소유권이 위임자에게 속하므로, 이를 그 위임취지대로 사용하지 않고 피고인의 위임자에 대한 채권에 상계충당함은, 상계정산의 특약이 없는 한, 당초 위임취지에 반하므로 횡령죄를 구성한다(대법원 2002.9.10, 2001도3100).[767] 법원9급 16

㉡ 회사에 채권을 가지고 있는 대표이사의 상계충당의 경우 : 회사에 대하여 개인적인 채권을 가지고 있는 대표이사가 회사를 위하여 보관하고 있는 회사 소유의 금전으로 자신의 채권변제에 충당하는 행위는 회사와 이사의 이해가 충돌하는 자기거래행위에 해당하지 않는 것이므로, 대표이사가 이사회의 승인 등의 절차 없이 그와 같이 자신의 회사에 대한 채권을 변제하였더라도, 이는 대표이사의 권한 내에서 한 회사 채무의 이행행위로서 유효하다. 따라서 불법영득의 의사가 인정되지 아니하여 횡령죄의 죄책을 물을 수 없다(대법원 2002.7.26, 2001도5459). 법원행시 09 / 법원행시 14 / 법원승진 14 / 경찰승진(경감) 11 / 법원9급 16 / 경찰승진(경감이하) 16 / 국가7급 22

함한 4명 사이에는 어느 누구의 복권이 당첨되더라도 당첨금을 공평하게 나누거나 공동으로 사용하기로 하는 묵시적인 합의가 있었다고 보아야 하므로 **그 당첨금 전액은 같은 4명의 공유**라고 봄이 상당하여 피고인으로서는 피해자의 당첨금 반환요구에 따라 그의 몫을 반환할 의무가 있고 피고인이 이를 거부하고 있는 이상 불법영득의사가 있다는 이유로 횡령죄가 성립될 수 있다(대법원 2000.11.10, 2000도4335).

765 **판례 : 공동임대인 중 1인이 임대보증금을 임의로 처분한 사건** 피고인과 甲이 이 사건 임대목적물을 공동으로 임대한 것이라면 그 보증금반환채무는 성질상 **불가분채무**에 해당하므로, 위 **임대보증금 잔금은 이를 정산하기까지는 피고인과 甲의 공동소유에 귀속한다**고 할 것이고, 공동소유자 1인에 불과한 피고인이 甲의 승낙 없이 위 임대보증금 잔금을 임의로 처분하였다면 횡령죄가 성립한다(대법원 2001.10.30, 2001도2095). **보충** 위 판례의 경우에는 공동임대인 간의 일정한 위탁관계에 의해 임대보증금을 그중 1인이 보관하고 있다는 점이 그 전제가 되고 있다.

766 **사례 : 수개의 학교법인을 운영하는 자가 각 학교법인의 금원을 다른 학교법인을 위하여 사용한 사례** A는 그의 남편인 B 등과 공모하여, 1995년 1월경부터 1997.4.22.경까지 사이에 업무상 보관 중이던 X학교법인의 금원 중 합계 금 2,135,042,562원, Y학교법인의 금원 중 합계 금 1,425,000,000원을 임의로 **위 각 학교법인의 용도 이외에 사용**하였고, **위 각 학교법인이 설립한 각 학교의 교비회계에 속하는 수입 중** 제1대학교의 수입금 7,337,845,479원, 제2산업대학교의 수입금 849,408,646원, 제3전문대학교의 수입금 4,814,572,157원, 제4예술학교 및 제5예술대학교의 수입금 910,801,506원을 **위 학교들을 각 설치·운영하는 학교법인의 다른 회계로 전출**하였다. A의 죄책은? **판례** 피고인 S와 L이 설립· 운영하는 **각 학교법인은 별개의 법인격을 가진 소유의 주체**로서 이를 실질적으로 1개의 학교법인이라고 볼 수 없으므로, 각 학교법인의 금원을 다른 학교법인을 위하여 사용하거나 피고인 및 L의 개인적인 용도에 사용한 행위는 불법영득의 의사를 실현한 행위라고 충분히 인정할 수 있으며, 또한 일부 학교법인의 경우 그 학교법인으로부터 전출한 금원보다 더 많은 금원을 유입하였다고 하더라도 **각 학교법인의 금원을 다른 학교법인 등에 임의로 사용함으로써 불법영득의 의사가 객관적으로 외부에 표시되어 횡령죄가 기수에 이르게 된 이상, 위와 같은 사정은 이미 성립한 횡령죄에 아무런 영향이 없다** 할 것이다(대법원 2000.12.8, 99도214). **해결** 업무상 횡령죄.

767 **임의로 채권에 상계충당한 행위는 횡령죄에 해당한다는 사례 판례의 [사실관계]** 암달러상 甲은 A로부터 환전하여 달라는 부탁을 받고 그 자금으로 교부받은 현금 110,000,000원을 마음대로 이를 환전하여 주지 아니한 채 그 반환을 거절하고 있다. 그런데 甲의 주장은 A로부터 교부받은 위 돈은 A의 소유가 아니라 A의 남편인 B 소유의 돈이고 B는 이전부터 甲과 환전거래를 하여 오다가 甲으로부터 1996.1.16. 금 5,000만 원 상당의, 같은 달 23일 금 6,500만 원 상당의 엔화를 매수하였으나 B가 대금지급조로 교부한 약속어음과 수표들이 부도처리되는 바람에 甲이 B에 대하여 합계 금 115,000,000원 상당의 대금채권이 있었는데, 甲이 B를 대리한 위 A로부터 환전의뢰를 받은 후 무허가 환전상에 대한 당국의 단속이 심해져 동인들과 계속적인 거래가 어렵게 되므로 **환전을 의뢰받은 이 사건 돈을 위 B에 대한 위 채권에 상계충당함으로써 일단 동인들과 거래를 청산한 것에 지나지 않는 것이라고 주장**하고 있다. 甲의 죄책은 횡령죄이다.

⑯ 예금명의신탁의 명의수탁자(예금명의자 내지 예금채권자)의 예금인출 · 소비 : 판례에 의하면, 타인의 금전을 위탁받아 보관하는 자가 보관방법으로 금융기관에 자신의 명의로 예치한 경우 횡령죄의 주체인 보관자의 지위를 가지게 된다(대법원 2000.8.18, 2000도1856 등).[768] 경찰간부 12 / 경찰간부 17 / 경찰채용 16 1차 따라서 예금명의수탁자가 이를 함부로 인출하여 소비하거나 또는 위탁자로부터 반환요구를 받았음에도 이를 영득할 의사로 반환을 거부하는 경우에는 횡령죄가 성립한다. 법원행시 16 / 사시 16 그러나 공동명의 예금채권자가 다른 채권의 집행확보를 위해 초과입금된 돈의 반환을 거부한 경우에는 불법영득의사가 인정되지 않으므로 횡령죄가 성립하지 않는다(대법원 2008.12.11, 2008도8279).[769]

⑰ 소유권유보부 매매 : ㉠ 보통 할부판매약관에 의하여 매매가 이루어지면 할부대금을 완납할 때까지는 여전히 소유권이 매도인에게 유보되기 때문에, 매수인이 할부대금 완납 이전에 매매목적물을 임의로 처분한 경우에는 횡령죄가 성립하게 된다. ㉡ 그러나 모든 할부판매가 소유권유보부 매매라고는 할 수 없다. 예컨대, ⓐ 자동차처럼 비록 할부판매로 판매될 수는 있으나 자동차관리법에 의한 등록에 의하여 그 소유권의 귀속이 정해지는 관계에 있어서는, 등록명의인인 매수인이 소유자가 되므로 할부대금 완납 이전에 매매된 자동차를 제3자에게 임의로 처분했다 하더라도 횡령죄가 성립하지 않게 된다. 또한 ⓑ 약관(約款)에 기하지 않고 할부판매된 동산의 매수인의 경우도 마찬가지라고 보아야 한다.

⑱ 기타 : 횡령죄의 성부

㉠ 횡령죄가 성립하는 경우

ⓐ 근로자의 운송수입금 소비 : 근로자가 운송회사로부터 일정액의 급여를 받으면서 당일 운송수입금을 전부 운송회사에 납입하고, 운송회사는 이를 월 단위로 정산하기로 하는 약정이 체결된 경우, 근로자가 사납금을 초과하는 수입금 일부를 배분받을 권리가 있다 하더라도 운송수입금을 임의로 소비한 행위는 원칙적으로 횡령죄를 구성한다(대법원 2014.4.30, 2013도8799).[770] 경찰간부 17 / 경찰간부 16

ⓑ 조합장의 이사회 결의 없는 보수 수령 : 관광지조성사업조합의 조합장이 정관에서 정한 절차를 거치지 않고 조합 계좌에서 급여 명목의 보수를 수령하여 개인 채무 변제 등에 사용한 경우, 정관에서 정한 이사회 결의 등의 절차를 거쳐 보수를 지급받은 것이 아닌 이상 조합에 대해 보수채권을 주장할 수 없으므로, 횡령죄가 성립한다(대법원 2013.8.30, 2013도2761).

---

768 위 판례는 금융실명거래 및 비밀보장에 관한 긴급재정경제명령이 시행된 이후 금융기관으로서는 특별한 사정이 없는 한 실명확인을 한 예금명의자만을 예금주로 인정할 수밖에 없으나, 그렇다고 하여 **보관을 위탁받은 위 금전이 수탁자 소유로 된다거나 위탁자가 위 금전의 반환을 구할 수 없는 것은 아니라고 한다**(이는 판례가 1997년 시행된 금융실명거래 및 비밀보장에 관한 법률 –소위 금융실명법– 을 효력규정이 아니라 단속규정 정도로 보고 있음을 보여주고 있다).

769 **사례 : 구상금채권의 집행확보를 위해 초과입금된 개발부담금 반환을 거부한 사례** 공동명의 예금채권자인 甲 등은 A 등 조합원들이 이 사건 예금계좌에 초과로 입금된 개발부담금의 반환을 거부하였는데, 그 이유는 A 등 조합원들이 제기한 소송으로 인하여 조합이 입게 되는 손해에 대한 구상금채권의 집행 확보를 위한 것에 있었다면, 甲 등과 같은 보관자의 지위에 있는 공동명의 예금채권자가 다른 채권의 집행 확보를 위하여 위 예금계좌에 초과로 입금된 돈의 반환을 거부한 위와 같은 행위에 대해서는 횡령죄의 죄책이 성립하는가? **판례** **반환거부의 이유 및 주관적인 의사 등을 종합하여** 반환거부행위가 횡령행위와 같다고 볼 수 있을 정도이어야만 횡령죄가 성립하므로, **위 행위는 위 개발부담금을 영득하기 위한 것이라고 볼 수 없다**(대법원 2008.12.11, 2008도8279). 경찰채용 20 1차 **해결** 성립하지 않는다.

770 **판례 : 근로자의 운송수입금 소비 사건** 운송회사와 소속 근로자 사이에 근로자가 운송회사로부터 일정액의 급여를 받으면서 **당일 운송수입금을 전부 운송회사에 납입**하되, 운송회사는 근로자가 납입한 운송수입금을 월 단위로 정산하여 그 운송수입금이 월간 운송수입금 기준액인 사납금을 초과하는 경우에는 그 초과금액에 대하여 운송회사와 근로자에게 일정 비율로 배분하여 정산하고, 사납금에 미달되는 경우에는 그 부족금액에 대하여 근로자의 급여에서 공제하여 정산하기로 하는 약정이 체결되었다면, 근로자가 사납금 초과 수입금을 개인 자신에게 직접 귀속시키는 경우와는 달리, **근로자가 애초 거둔 운송수입금 전액은 운송회사의 관리와 지배 아래 있다고 봄이 상당하므로 근로자가 운송수입금을 임의로 소비하였다면 횡령죄를 구성한다. 이는 근로자가 운송회사에 대하여 사납금을 초과하는 운송수입금의 일부를 배분받을 권리를 가지고 있다고 하더라도 다른 특별한 사정이 없는 한 다를 바 없다**고 할 것이다(대법원 2014.4.30, 2013도8799).

ⓒ 회사자금으로 뇌물 공여 또는 배임증재를 한 경우 : 회사의 이사 등이 업무상의 임무에 위배하여 보관 중인 회사의 자금으로 뇌물을 공여하거나 부정한 청탁을 하고 배임증재를 하였다면 이는 오로지 회사의 이익을 도모할 목적이라기보다는 뇌물공여 또는 배임증재 상대방의 이익을 도모할 목적이나 기타 다른 목적으로 행하여진 것이라고 보아야 하므로, 그 이사 등은 회사에 대하여 업무상 횡령죄의 죄책을 면하지 못한다(대법원 2013.4.25, 2011도9238). 국가9급 13 / 법원행시 13 / 법원행시 16 / 경찰승진 14

ⓛ 횡령죄가 성립하지 않는 경우

ⓐ 프랜차이즈계약 : 물품위탁판매의 경우와는 달리, 가맹점주가 판매하여 보관 중인 물품판매대금은 본사의 소유가 아니라 가맹점주 자기의 소유에 속하므로, 이를 임의소비한 행위는 횡령죄를 구성하지 않는다(대법원 1998.4.14, 98도292).[771] 국가7급 07 / 경찰승진(경장) 10 / 경찰승진(경위) 11 / 경찰승진 14 / 변호사 16 / 사시 16

ⓑ 낙찰부동산 : 부동산 입찰절차에서 수인이 대금을 분담하되 그중 1인 명의로 낙찰받기로 약정하여 그에 따라 낙찰이 이루어진 경우, 그 입찰절차에서 낙찰인의 지위에 서게 되는 사람은 바로 그 명의인이므로 입찰목적부동산의 소유권은 경락대금을 실질적으로 부담한 자가 누구인가와 상관없이 그 명의인이 취득한다. 따라서 낙찰받은 명의인이 이를 임의로 처분하더라도 횡령죄를 구성하지 않는다(대법원 2000.9.8, 2000도258).[772] 법원행시 09 / 법원9급 07(하) / 경찰승진(경장) 11 / 경찰승진 14 / 사시 14 / 국가9급 18

ⓒ 채권담보로써 수표를 발행 · 교부받은 경우 : 채권자가 그 채권의 지급을 담보하기 위하여 채무자로부터 수표를 발행·교부받아 이를 소지한 경우에는, 단순히 보관의 위탁관계에 따라 수표를 소지하고 있는 경우와는 달리 그 수표상의 권리가 채권자에게 유효하게 귀속되고, 채권자와 채무자 사이의 수표 반환에 관한 약정은 원인관계상의 인적 항변사유에 불과하므로, 채권자는 횡령죄의 주체인 타인의 재물을 보관하는 자의 지위에 있다고 볼 수 없다(대법원 2000.2.11, 99도4979)[773] 국가7급 07 / 법원행시 12 / 경찰간부 12 / 경찰승진(경사) 10

ⓓ 지입회사의 지입료 항목 유용 : 지입차주(持入車主)들이 차량위탁관리료와 산업재해보상보험료 및 제세공과금을 합한 일정 금액을 일괄하여 납입하는 지입료는 일단 지입회사의 소유로 되어 회사가 그 지입료 등을 가지고 그 운영비와 전체 차량의 제세공과금 및 보험료에 충당할 수 있는

771 **판례 : 프랜차이즈 가맹점주가 물품판매대금을 임의소비한 사례** 피고인이 본사와 맺은 가맹점계약은 독립된 상인 간에 일방이 타방의 상호·상표 등의 영업표지를 이용하고 그 영업에 관하여 일정한 통제를 받으며 이에 대한 대가를 타방에 지급하기로 하는 특수한 계약 형태인 이른바 **'프랜차이즈계약'으로서 그 기본적인 성격은 각각 독립된 상인으로서의 본사 및 가맹점주 간의 계약기간 동안의 계속적인 물품공급계약**이고, 본사의 경우 실제로는 가맹점의 영업활동에 관여함이 없이 경영기술지도·상품대여의 대가로 결과적으로 매출액의 일정 비율을 보장받는 것에 지나지 아니하여 본사와 가맹점이 독립하여 공동경영하고, 그 사이에서 손익분배가 공동으로 이루어진다고 할 수 없으므로 이러한 가맹점계약을 동업계약관계로는 볼 수 없고, 따라서 **가맹점주인 피고인이 판매하여 보관 중인 물품판매대금은 피고인의 소유라 할 것이어서 피고인이 이를 임의소비한 행위는 프랜차이즈계약상의 채무불이행에 지나지 아니하므로, 결국 횡령죄는 성립하지 아니한다**(대법원 1998.4.14, 98도292).

772 **사례 : 낙찰부동산 임의처분 사례** 甲(**피고인**)은 1997년 12월경 乙(**피해자**) 및 丙과 사이에 3인이 공동으로 출자하여 경매물건인 이 사건 대지를 甲 명의로 낙찰받은 다음 이를 전매하여 그 차익을 출자가액비율로 나누기로 약정한 후, 1997년 12월 9일 입찰기일에 甲 명의로 이 사건 대지에 관하여 211,700,000원에 매수신청한 결과 같은 달 29일 낙찰허가결정을 받고 3인이 공동으로 분담하여 1998년 1월 9일 그 대금을 완납하였다. 그런데 甲은 자기 앞으로의 소유권이전등기 비용을 마련하기 위해 평소 금전거래를 해오던 S로부터 돈을 차용하면서 그 차용금 및 기존 채무변제를 위해 같은 해 3월 5일경 乙 및 丙의 동의 없이 甲 명의로 소유권이전등기를 마침과 동시에 S 명의로 채권최고액 145,000,000원으로 된 근저당권설정등기를 마쳐 주었다. 甲은 횡령죄가 성립하는가? **해결** 성립하지 않는다(대법원 2000.9.8, 2000도258). 법원행시 09 / 법원9급 07(하) / 경찰승진 14 / 사시 14

773 **판례의 사실관계** A는 B에게 가계수표 3장을 할인하여 주면서 그 담보조로 B가 발행한 가계수표 3장을 별도로 교부받아 이를 임의로 C에게 빌려주었다. A는 횡령죄가 성립하지 않는다.

것이므로 지입차주들이 낸 보험료나 세금을 회사가 항목유용하였다 하더라도 횡령죄가 되지 아니한다(대법원 1997.9.5, 97도1592).

ⓔ 변제공탁 : 제3채무자가 집행공탁을 하여야 할 것을 착오로 변제공탁을 한 경우, 압류채권금을 변제받아 집행채권자에게 반환을 거부한 집행채무자에게는 횡령죄가 성립하지 않는다(대법원 2012.1.12, 2011도12604).[774]

ⓕ 기업주의 필요하고 합리적인 고문 위촉 : 회사 운영자나 대표 등이 그 내부절차를 거쳐 고문 등을 위촉하고 급여를 지급한 행위가 필요성이나 정당성이 명백히 결여되거나 그 지급되는 급여가 합리적 수준을 현저히 벗어나는 경우가 아닌 때에는 업무상 횡령죄가 성립하지 않는다고 보아야 한다(대법원 1998.2.13, 97도1962; 2002.11.26, 2002도5130; 2013.6.27, 2012도4848).

ⓖ 자동차 명의신탁의 명의신탁자의 처분 : 자동차 명의신탁 관계에 있어서 당사자 사이에 등록명의자 아닌 자가 소유권을 보유하기로 약정하는 특별한 사정이 있는 경우에는 등록명의자 아닌 자가 소유권을 보유하므로, 자동차 매매계약의 매수인이 매도인으로부터 승낙을 받고 이전등록 전 이를 사용하다가 차량 반환 요구를 거부한 것은 횡령죄에 해당하지 않는다(대법원 2023.6.1, 2023도1096).

PART 01 개인적 법익에 대한 죄

판례연구 자동차 명의신탁에 있어서 소유권자의 기준

대법원 2023.6.1, 2023도1096

자동차 매매계약의 매수인의 이전등록 전 자동차 사용 중 반환거부 사건

자동차에 대한 소유권의 득실변경은 등록을 함으로써 그 효력이 생기고 등록이 없는 한 대외적 관계에서는 물론 당사자의 대내적 관계에서도 소유권을 취득할 수 없는 것이 원칙이지만, 당사자 사이에 소유권을 등록명의자 아닌 자가 보유하기로 약정하였다는 등의 특별한 사정이 있는 경우에는 그 내부관계에 있어서는 등록명의자 아닌 자가 소유권을 보유하게 된다(대법원 2013.2.28, 2012도15303; 2014.9.25, 2014도8984). 피고인이 피해자 측으로부터 이 사건 차량을 매수하면서, 피고인이 매매대금의 지급에 갈음하여 피고인이 ○○캐피탈에 대한 차량 할부금을 납부한 후 피고인 운영의 회사 명의로 이전등록을 하기로 약정하고, 이 사건 차량을 인도받아 사용하던 중 할부대금 및 과태료 등을 납부하지 않아 피해자 측이 이 사건 차량의 반환을 요구하였으나 피고인이 이를 거부한 경우, 적어도 피고인·피해자 측 사이의 대내적 관계에서는 이 사건 차량의 등록명의에 관계없이 이 사건 차량에 관한 소유권을 매수인 측인 피고인이나 이 사건 회사가 보유하기로 정한 것이라고 볼 여지가 크다(횡령죄 불성립).

774 **사례 : 제3채무자가 집행공탁을 하여야 할 것을 착오로 변제공탁을 한 경우, 집행채무자가 압류채권금을 변제받아 집행채권자에게 반환을 거부한 사례** 甲이 한국수자원공사에 대하여 가지는 토지보상금채권에 관하여 甲의 채권자 A 주식회사가 압류 및 추심명령을 받아 그 명령이 甲에게 송달되었는데, 그 후 한국수자원공사가 업무착오로 토지보상금을 집행공탁이 아닌 변제공탁하자 甲이 이를 수령하여 보관하며 반환요구를 거절하였다. 甲에게는 횡령죄의 죄책이 인정되는가? **판례** 집행채무자가 제3채무자에 대하여 가지는 금전채권에 관하여 압류 및 추심명령이 행하여져서 제3채무자는 집행채무자에게 그 채권금을 지급하는 것이, 집행채무자는 이를 수령하는 것이 각 금지된다고 하더라도(민사집행법 제227조 제1항 참조), 제3채무자가 위와 같은 금지에도 불구하고 피압류채무를 스스로 변제하였거나 또는 그에 관하여 민법 제487조에 기한 **변제공탁을 하였다면, 집행채무자가 그로써 수령한 금전은 자기 채권에 관한 원래의 이행으로 또는 변제공탁 등과 같이 변제에 갈음하는 방법을 통하여 취득한 것으로서 역시 그의 소유에 속한다고 할 것이고, 그가 단지 집행채권자 또는 제3채무자의 금전을 '보관'하는 관계에 있다고 할 수 없다.** 따라서 집행채무자가 그 금전을 집행채권자에게 반환하는 것을 거부하였다고 하여 그에게 횡령의 죄책을 물을 수는 없다. 이는 제3채무자가 원래 민사집행법 제248조에서 정하는 집행공탁을 하여야 할 것을 착오로 변제공탁을 하였다고 해서 달리 볼 수 없다(대법원 2012.1.12, 2011도12604).
해결 인정되지 않는다.

(4) 부동산명의신탁 등 명의신탁과 횡령죄의 성부

부동산명의신탁(不動産名義信託)이란 실질적인 소유자인 신탁자가 목적부동산을 용익·관리하면서 등기부상의 소유명의만은 수탁자 앞으로 이전시키는 제도이다. 이러한 부동산명의신탁에 대한 법이론은 부동산명의신탁계약이 유효하다고 보고 대외적으로는 명의수탁자를 소유자로, 대내적으로 명의신탁자가 실질적인 소유자라는 식의 법리에 근거를 두고 있는데, 보통 조세포탈, 부동산투기, 불법상속 등을 위한 탈법의 수단으로 악용되어 왔다.

1995년 7월 1일부터 시행된 부동산 실권리자명의 등기에 관한 법률(이하 부동산실명법[775]이라 함)은 부동산에 관한 물권을 명의수탁자의 명의로 등기하는 명의신탁약정 및 명의신탁약정에 따라 행하여진 등기에 의한 부동산물권변동을 무효로 하고 있으며(동법 제4조) 부동산에 관한 물권을 명의신탁약정에 의하여 명의수탁자의 명의로 등기해서는 안 된다는 금지규정(동법 제3조 제1항)에 위반한 명의신탁자와 명의수탁자를 형사처벌하고 있다.[776] 그러나 부동산실명법이 제정된 이후에도, 부동산명의신탁에 있어서 명의수탁자의 임의적인 처분행위에 대하여 부동산실명법위반죄뿐만 아니라 형법상 어떠한 죄책이 인정되는가에 관한 학설 대립은 유지되고 있다.[777]

부동산명의신탁의 유형에는 크게 3가지가 있다고 볼 수 있다. 즉, 2자간 명의신탁과 3자간 명의신탁(중간생략등기형 명의신탁) 그리고 계약명의신탁[778]이 바로 그것이다. 더불어 부동산실명법에서 특별히 유효로 규정하고 있는 종중 및 배우자의 명의신탁의 유형이 있다. 여기에서는 이러한 4가지 유형의 명의신탁과 그 형사책임에 관하여 정리하기로 하겠다.

① 2자간 명의신탁 : 2자간 명의신탁 또는 양자간 명의신탁이란 부동산소유자인 명의신탁자가 타인(명의수탁자)과 명의신탁약정을 하고 타인 명의로 부동산등기를 하는 경우를 말한다. 이때 명의수탁자가 명의신탁자의 동의 없이 임의로 제3자에게 부동산을 매도해버린 경우 그 형사책임이 문제된다. 이에 관하여는, ㉠ 부동산명의신탁에 관한 전통적 법리에 근거하여, 명의신탁 부동산의 대외적 소유자는 명의수탁자이지만 실질은 보관자에 해당한다고 보아 이를 처분하면 횡령죄가 성립한다는 횡령죄설 법원행시 06 / 법원행시 12 / 법원행시 14 / 법원승진 10 / 법원9급 10 / 법원9급 13 / 경찰간부 11 / 경찰승진(경위) 11 / 변호사 14(다수설[779] 및 과거의 판례 : 대법원 1989.12.8, 89도1220; 1996.11.29, 96도1755; 2008.4.10, 2008도1033[780]; 2009.11.26, 2009

---

775 부동산실명법에 대한 민법적 논의와 비판을 소개하는 것은 의미있는 일이지만 본서의 목적과 맞지 않으므로 생략한다.

776 **부동산실명법 중 중요 참조조문 제4조【명의신탁약정의 효력】** ① 명의신탁약정은 무효로 한다.
② 명의신탁약정에 따라 행하여진 등기에 의한 부동산에 관한 물권변동은 무효로 한다. 다만, 부동산에 관한 물권을 취득하기 위한 계약에서 명의수탁자가 어느 한쪽 당사자가 되고 상대방 당사자는 명의신탁약정이 있다는 사실을 알지 못한 경우에는 그러하지 아니하다.
③ 제1항 및 제2항의 무효는 제3자에게 대항하지 못한다.
제7조【벌 칙】① 다음 각 호의 1에 해당하는 자 및 그를 교사하여 당해 규정을 위반하도록 한 자는 5년 이하의 징역 또는 2억 원 이하의 벌금에 처한다.
1. 제3조 제1항의 규정을 위반한 명의신탁자, 2. 제3조 제2항의 규정을 위반한 채권자 및 동조 동항의 규정에 의한 서면에 채무자를 허위로 기재하여 제출하게 한 실채무자
② 제3조 제1항의 규정을 위반한 명의수탁자 및 그를 교사하여 당해 규정을 위반하도록 한 자는 3년 이하의 징역 또는 1억 원 이하의 벌금에 처한다.
③ 제3조의 규정을 위반하도록 방조한 자는 1년 이하의 징역 또는 3천만 원 이하의 벌금에 처한다.

777 참고로, 판례는 금융실명제가 시행되고 있음에도 불구하고 타인의 금전을 자기명의의 계좌에 맡아 보관하는 소위 예금명의신탁의 계좌명의인에게 당해 금전의 소유권을 인정하지 않아 이를 임의 소비한 경우 횡령죄의 성립을 긍정하고 있다. 부동산명의신탁과도 비슷한 맥락이다.

778 이를 매수위임형 명의신탁이라고도 부른다. 임웅, 383면.

779 엄밀히는 부동산실명법위반죄(동법 제7조 제2항)와 횡령죄의 실체적 경합범이 된다는 입장이다. 김일수/서보학, 356면; 배종대, 480면; 손동권, "명의신탁부동산의 처분행위에 대한 횡령죄의 성립 여부", 고시연구, 1997.12, 45면; 이재상, §20－28; 임웅, 411면; 장영민, "명의신탁된 부동산영득행위의 죄책", 고시계, 1997.12, 37면; 정성근/박광민, 402면; 최상욱, "명의신탁부동산의 처분과 형사책임", 형사법연구, 제13호, 2000.6, 198면 등.

780 판례 : 농지의 명의신탁 당시에는 신탁자가 농지매매증명을 발급받을 수 없었으나 그 후 사정변경으로 신탁자가 명의신탁을 해지

도5547[781])과 ㉡ 부동산실명법에 의하면 명의신탁약정은 물론 이에 따른 부동산물권변동에 관한 등기를 무효로 하고 있으므로(동법 제4조 제1항·제2항) 명의수탁자는 더 이상 명의신탁부동산의 보관자도 될 수 없다고 보아야 하므로 형법상 횡령죄 성립은 부정되어야 하며, 부동산실명법(동법 제7조 제1항·제2항)에 의하여 처벌되어야 한다는 횡령죄 부정설(부동산실명법위반죄설[782])이 제시되고 있다. ㉢ 판례는 과거에는 부동산명의신탁에 의한 타인 명의의 등기가 이루어졌다 하여도 이를 '불법원인급여'에 해당하지 않는다고 보아(대법원 2003.11.27, 2003다41722; 2010.9.30, 2010도8556) 횡령죄 긍정설을 취하였으나(대법원 1989.12.8, 89도1220; 1996.11.29, 96도1755; 2008.4.10, 2008도1033; 2009.11.26, 2009도5547), 최근 전원합의체 판결에서 "부동산실명법에 위반한 이른바 양자간 명의신탁의 경우에도, 중간생략등기형 명의신탁에 관한 대법원 전원합의체 판결(대법원 2016.5.19, 2014도6992 전원합의체)의 법리가 마찬가지로 적용되어, 명의신탁자와 명의수탁자 사이에 무효인 명의신탁약정 등에 기초하여 존재한다고 주장될 수 있는 사실상의 위탁관계를 형법상 보호할 만한 가치 있는 신임에 의한 것이라고 할 수 없으므로 명의수탁자가 신탁부동산을 임의로 처분하여도 횡령죄가 성립하지 않는다(대법원 2021.2.18, 2016도18761 전원합의체)."고 판시함으로써 횡령죄 부정설로 입장을 변경하였다.

표정리 학설 비교

횡령죄설 (多)	부동산명의신탁에 있어서도 명의신탁계약 및 부동산물권변동의 유효 및 무효와는 무관하게 명의상의 위탁관계가 존재하는 이상 명의수탁자는 보관자의 지위에 선다고 보아야 하고 부동산실명법상 명의신탁을 무효로 보고 있다는 점에서 명의신탁부동산의 소유권은 여전히 명의신탁자에게 남아 있으므로 명의수탁자에게 횡령죄의 성립을 인정하는 입장이다. 법원행시 06 / 법원행시 12 / 법원행시 14 / 법원9급 10 / 법원9급 13 / 경찰간부 11 / 변호사 14
횡령죄 부정설 (실명법위반설, 少·判)	㉠ 부동산명의신탁행위에 의한 명의이전을 일종의 불법원인급여로서 파악된다는 점에서 명의신탁자에게 반환청구권을 인정하지 않음으로써 실명전환 기간 이내에 실명전환하지 않은 경우 수탁자에게 소유권을 인정하는 부동산실명법의 정신을 존중해야 한다(주로 소수설의 논거). ㉡ 부동산실명법에 위반하는 양자간 명의신탁의 경우, 계약인 명의신탁약정과 그에 부수한 위임약정, 명의신탁약정을 전제로 한 명의신탁 부동산 및 그 처분대금 반환약정은 모두 무효이고, 명의신탁자와 명의수탁자 사이에 무효인 명의신탁약정 등에 기초하여 존재한다고 주장될 수

하고 그 반환을 구할 수 있게 된 경우 구 농지개혁법상 농지를 매수할 수 있는 자는 농가이거나 농가가 되려는 자에 한하므로, 농지를 명의신탁하는 경우에도 수탁자가 구 농지개혁법에 의하여 그 농지를 매수할 수 없는 경우라면 그 명의신탁은 무효이지만, 수탁자가 적법하게 그 농지를 매수할 수 있는 경우에는 비록 그 명의신탁 시점에 신탁자가 농지매매증명을 발급받을 수 없어 위 농지를 매수할 수 없었다고 하더라도, 그 후 사정변경으로 인하여 신탁자가 수탁자에 대하여 위 농지에 관한 명의신탁을 해지하고 그 반환을 구할 수 있게 된 이상, 그 시점부터는 수탁자가 신탁자를 위하여 위 농지를 보관하는 자의 지위에 서게 되고, 신탁자와 수탁자 사이의 별도의 법률행위가 없었다고 하여 달리 볼 것은 아니다(대법원 2008.4.10, 2008도1033). 법원승진 10

781 **사례 : 부동산 소유자가 그 중 일부 지분을 제3자를 위하여 대외적으로만 보유하는 관계에 관한 약정을 맺은 경우, 그 법률관계(=2자간 등기명의신탁관계) 사례** 甲은 피해자 乙과 맺은 공동매수약정에 반하여 甲 자신의 단독명의로 소유권이전등기를 마쳤다가 피해자 乙에게 소유권확인증서를 작성해 주었다. 그 후 甲은 해당 토지에 관해 수령한 도시개발사업보상금 중 피해자 乙의 지분 부분에 대한 반환 요구를 거부하였다. 甲의 죄책은? **판례 명의신탁관계의 성립에 명의수탁자 앞으로의 새로운 소유권이전등기가 행하여지는 것이 반드시 필요한 것은 아니므로, 명의수탁자가 소유하는 부동산에 관하여도 명의신탁자와 사이의 사후적인 명의신탁약정에 의하여 등기명의신탁관계가 성립할 수 있다. 따라서 부동산 소유자가 그 중 일부 지분을 제3자(명의신탁자)를 위하여 '대외적으로만' 보유하는 관계에 관한 약정(명의신탁약정)을 맺으면, 그 지분에 관하여 이른바 2자간 등기명의신탁관계가 성립한다.** …… 피고인이 피해자와 특정 토지를 공동으로 매수하여 공동으로 소유권이전등기를 마치되 그 업무를 피고인이 처리하기로 하는 공동매수약정을 맺었음에도 그에 반하여 피고인 단독명의로 소유권이전등기를 마쳤다가, 이에 대해 항의하는 피해자에게 해당 지분에 관한 소유권확인증서를 작성·교부하였는데 그 후 해당 토지에 관해 수령한 도시개발사업보상금 중 피해자의 지분 부분에 대한 반환 요구를 거부한 경우, 위 소유권확정증서 작성으로 피고인과 피해자 사이에 '2자간 등기명의신탁약정'이 성립하였음을 전제로 피고인에게 횡령죄가 성립한다고 한 것은 정당하다(대법원 2009.11.26, 2009도5547). 법원9급 11 **해결** 횡령죄.

782 박상기, 380면; 오영근, 547면. 민법학적으로는 민법 제746조 본문에 의하여 불법원인급여물로 취급하여 명의신탁자의 반환청구권을 인정하지 않으려는(그리하여 명의수탁자에게 횡령죄의 성립을 부정하는) 주장과 일맥상통하는 입장이다.

횡령죄 부정설 (실명법위반설, 少 · 判)	있는 사실상의 위탁관계라는 것은 부동산실명법에 반하여 범죄를 구성하는 불법적인 관계에 지나지 아니하므로 형법상 보호할 만한 가치 있는 신임에 의한 위탁관계가 존재하지 않는다(후술하는 중간생략등기형 명의신탁의 명의수탁자에게 횡령죄 성립을 부정한 판례와 동일한 논거로서 대법원 전원합의체 판례의 논거).

판례연구 부동산실명법 위반 양자간 명의신탁과 횡령죄의 성부

대법원 2021.2.18, 2016도18761 전원합의체

부동산실명법 위반 양자간 명의신탁에서 명의수탁자가 신탁부동산을 임의로 처분한 경우 횡령죄 부정

형법 제355조 제1항이 정한 횡령죄에서 보관이란 위탁관계에 의하여 재물을 점유하는 것을 뜻하므로 횡령죄가 성립하기 위하여는 재물의 보관자와 재물의 소유자(또는 기타의 본권자) 사이에 법률상 또는 사실상의 위탁관계가 존재하여야 한다. 이러한 위탁관계는 사용대차·임대차·위임 등의 계약에 의하여서뿐만 아니라 사무관리·관습·조리·신의칙 등에 의해서도 성립될 수 있으나, 횡령죄의 본질이 신임관계에 기초하여 위탁된 타인의 물건을 위법하게 영득하는 데 있음에 비추어 볼 때 위탁관계는 횡령죄로 보호할 만한 가치 있는 신임에 의한 것으로 한정함이 타당하다(대법원 2016.5.19, 2014도6992 전원합의체 참조). 위탁관계가 있는지 여부는 재물의 보관자와 소유자 사이의 관계, 재물을 보관하게 된 경위 등에 비추어 볼 때 보관자에게 재물의 보관 상태를 그대로 유지하여야 할 의무를 부과하여 그 보관 상태를 형사법적으로 보호할 필요가 있는지 등을 고려하여 규범적으로 판단하여야 한다(대법원 2018.7.19. 2017도17494 전원합의체 참조). …… 부동산실명법의 명의신탁관계에 대한 규율 내용 및 태도 등에 비추어 보면, 부동산실명법에 위반하여 명의신탁자가 그 소유인 부동산의 등기명의를 명의수탁자에게 이전하는 이른바 양자간 명의신탁의 경우, 계약인 명의신탁약정과 그에 부수한 위임약정, 명의신탁약정을 전제로 한 명의신탁 부동산 및 그 처분대금 반환약정은 모두 무효이다(대법원 2006.11.9, 2006다35117; 2015.9.10, 2013다55300 등 참조). 나아가 명의신탁자와 명의수탁자 사이에 무효인 명의신탁약정 등에 기초하여 존재한다고 주장될 수 있는 사실상의 위탁관계라는 것은 부동산실명법에 반하여 범죄를 구성하는 불법적인 관계에 지나지 아니할 뿐 이를 형법상 보호할 만한 가치 있는 신임에 의한 것이라고 할 수 없다(위 대법원 2014도6992 전원합의체 판결 참조). 명의수탁자가 명의신탁자에 대하여 소유권이전등기말소의무를 부담하게 되나, 위 소유권이전등기는 처음부터 원인무효여서 명의수탁자는 명의신탁자가 소유권에 기한 방해배제청구로 말소를 구하는 것에 대하여 상대방으로서 응할 처지에 있음에 불과하다. 명의수탁자가 제3자와 한 처분행위가 부동산실명법 제4조 제3항에 따라 유효하게 될 가능성이 있다고 하더라도 이는 거래 상대방인 제3자를 보호하기 위하여 명의신탁약정의 무효에 대한 예외를 설정한 취지일 뿐 명의신탁자와 명의수탁자 사이에 위 처분행위를 유효하게 만드는 어떠한 위탁관계가 존재함을 전제한 것이라고는 볼 수 없다. 따라서 말소등기의무의 존재나 명의수탁자에 의한 유효한 처분가능성을 들어 명의수탁자가 명의신탁자에 대한 관계에서 '타인의 재물을 보관하는 자'의 지위에 있다고 볼 수도 없다. 그러므로 부동산실명법에 위반한 양자간 명의신탁의 경우 명의수탁자가 신탁받은 부동산을 임의로 처분하여도 명의신탁자에 대한 관계에서 횡령죄가 성립하지 아니한다. 이러한 법리는 부동산 명의신탁이 부동산실명법 시행 전에 이루어졌고 같은 법이 정한 유예기간 이내에 실명등기를 하지 아니함으로써 그 명의신탁약정 및 이에 따라 행하여진 등기에 의한 물권변동이 무효로 된 후에 처분행위가 이루어진 경우에도 마찬가지로 적용된다. 이와 달리 부동산실명법에 위반한 양자간 명의신탁을 한 경우, 명의수탁자가 명의신탁자에 대한 관계에서 '타인의 재물을 보관하는 자'의 지위에 있다고 보아 명의수탁자가 그 명의로 신탁된 부동산을 임의로 처분하면 명의신탁자에 대한 횡령죄가 성립한다고 판시한 대법원 판결들(대법원 1999.10.12, 99도3170; 2000.2.22, 99도5227; 2000.4.25, 99도1906; 2003.12.26, 2003도4893; 2009. 8.20, 2008도12009; 2009.11.26, 2009도5547; 2011.1.27, 2010도12944 판결 등)은 이 판결에 배치되는 범위에서 이를 변경하기로 한다.

법원9급 23

② 3자간 명의신탁(중간생략등기형 명의신탁) : 중간생략등기형 명의신탁이란 甲(명의신탁자, 부동산매수인)이 乙(명의수탁자)과 명의신탁약정을 체결하고, 甲(매수인)이 丙(부동산매도인, 원권리자)과 부동산매매계약을 체결하여 丙으로부터 매입한 부동산을 곧바로 乙의 명의로 이전등기를 한 경우를 말한다. 이때 명의수탁자 乙이 당해 부동산을 임의로 제3자에게 처분하거나 甲이 丙을 대위하여 행사한 부동산의 소유권이전청구에 대하여 이를 거부한다면 乙의 형사책임은 어떻게 될 것인가가 문제되는바, 다수설

은 甲과 乙 사이의 부동산명의신탁약정은 무효이고 丙(대체로 악의)으로부터 乙에게 이전된 등기에 의한 물권변동도 모두 무효가 되므로(동법 제4조 제1항과 제2항 본문), 乙은 자신이 보관하고 있는 타인(부동산매도인인 丙) 소유의 재물(부동산)을 처분한 것으로서 횡령죄의 죄책을 져야 한다고 본다.[783] 한편, 판례는 과거에는 횡령죄의 성립을 긍정하였으나(대법원 2001.11.27, 2000도3463[784]; 2010.1.28, 2009도1884[785]; 2010.9.30, 2010도8556) 법원행시 06 / 법원승진 10 / 법원승진 11 / 법원승진 12 / 법원승진 14 / 법원9급 13 / 경찰채용 11 1차 / 경찰승진(경사) 10 / 경찰승진(경위) 11 / 경찰승진 12, 전원합의체 판결을 통하여 종래의 입장을 변경하고 횡령죄의 성립을 부정하였다(대법원 2016.5.19, 2014도6992 전원합의체).

판례연구 중간생략등기형 명의신탁에서 명의수탁자의 횡령죄의 성부

1. 대법원 2016.5.19, 2014도6992 전원합의체

중간생략등기형 명의신탁의 명의수탁자에게 횡령죄의 성립을 부정한 전원합의체 판례

① (횡령죄의 위탁신임관계) 횡령죄의 본질이 신임관계에 기초하여 위탁된 타인의 물건을 위법하게 영득함에 있음에 비추어 볼 때 위탁신임관계는 횡령죄로 보호할 만한 가치 있는 신임에 의한 것으로 한정함이 타당하다.

② (중간생략등기형 명의신탁 부동산의 소유관계) 부동산을 매수한 명의신탁자가 자신의 명의로 소유권이전등기를 하지 아니하고 명의수탁자와 맺은 명의신탁약정에 따라 매도인에게서 바로 명의수탁자에게 중간생략의 소유권이전등기를 마친 경우, 부동산실명법 제4조 제2항 본문에 의하여 명의수탁자 명의의 소유권이전등기는 무효이고, 신탁부동산의 소유권은 매도인이 그대로 보유하게 된다. 따라서 명의신탁자로서는 매도인에 대한 소유권이전등기청구권을 가질 뿐 신탁부동산의 소유권을 가지지 아니하고, 명의수탁자 역시 명의신탁자에 대하여 직접 신탁부동산의 소유권을 이전할 의무를 부담하지는 아니하므로, 신탁부동산의 소유자도 아닌 명의신탁자에 대한 관계에서 명의수탁자가 횡령죄에서 말하는 '타인의 재물을 보관하는 자'의 지위에 있다고 볼 수는 없다.

③ (중간생략등기형 명의신탁의 신탁자와 수탁자 사이의 위탁신임관계) 부동산실명법의 입법 취지와 아울러 명의신탁약정에 따른 명의수탁자 명의의 등기를 금지하고 이를 위반한 명의신탁자와 명의수탁자 쌍방을 형사처벌까지 하고 있는 부동산실명법의 명의신탁관계에 대한 규율 내용 및 태도 등에 비추어 볼 때, 명의신탁자와 명의수탁자 사이에 위탁신임관계를 근거 지우는 계약인 명의신탁약정 또는 이에 부수한 위임약정이 무효임에도 불구하고 횡령죄 성립을 위한 사무관리 · 관습 · 조리 · 신의칙에 기초한 위탁신임관계가 있다고 할 수는 없다. 또한 명의신탁자와 명의수탁자 사이에 존재한다고 주장될 수 있는 사실상의 위탁관계라는 것도 부동

783 횡령죄 긍정설(다수설) 중에서도 피해자를 명의신탁자로 보는 입장(배종대, 정영일, 장영민)과 매도인으로 보는 입장(박상기, 정성근/박광민, 백재명 및 종래의 판례)이 대립한다. 한편, 통설과 달리 횡령죄의 성립을 부정하는 견해로는 강동범 · 이강민, "등기명의신탁과 수탁자의 형사책임", 법학논고, 2013.2, 16면; 우인성, "명의신탁 부동산의 처분과 재산범죄의 성립 여부", 형사판례연구 24, 364면과 392면.

784 **중간생략등기형 명의신탁에 관한 종래의 판례 1** 부동산을 소유자로부터 매수한 자가 그의 명의로 등기를 하지 아니하고 제3자와 맺은 명의신탁약정에 따라 매도인으로부터 바로 그 제3자에게 중간생략의 소유권이전등기를 경료한 경우, 그 제3자가 그와 같은 명의신탁약정에 따라 자신의 명의로 신탁된 부동산을 임의로 처분한 경우에는 횡령죄가 성립하고, 그 명의신탁이 부동산 실권리자명의등기에 관한 법률 시행 전에 이루어졌고 같은 법이 정한 유예기간 이내에 실명등기를 이행하지 않음으로써 그 명의신탁약정 및 이에 따라 이루어진 등기에 의한 물권변동이 무효로 된 후에 처분이 이루어졌다고 하여 달리 볼 것은 아니다(대법원 2001.11.27, 2000도3463). 법원행시 10 / 법원행시 12

785 **중간생략등기형 명의신탁에 관한 종래의 판례 2** 고소인과 피고인들 사이의 이 사건 명의신탁은, 고소인이 이 사건 각 임야의 1/3 지분을 매수하고 그 지분을 피고인들과 사이의 명의신탁약정에 기하여 피고인 1및 피고인 2의 남편 공소외 1에게 중간생략의 소유권이전등기를 경료한 것으로서, 위와 같은 법리에 의하면, 비록 이 사건 명의신탁이 위 법률 시행 전에 이루어졌고 위 유예기간이 경과한 후 피고인들의 처분이 이루어졌다고 하더라도 피고인들의 처분행위는 횡령죄에 해당할 수 있다고 할 것이다. 또한 부동산의 보관은 원칙적으로 등기부상의 소유명의인에 대하여 인정되지만, 등기부상의 명의인이 아니라도 소유자의 위임에 의거해서 실제로 타인의 부동산을 관리 · 지배하면서 제3자에게 유효하게 처분할 수 있는 지위에 있는 자는 그 부동산에 대한 지배력을 가지고 있는 자로서 횡령죄의 성립에 있어 그 부동산을 보관하는 자에 해당한다고 보아야 할 것이므로(대법원 1990.3.23, 89도1911; 1993.3.9, 92도2999 등), **등기부상 소유명의인의 '배우자'로서 소유명의인의 위임에 의하여 그 부동산의 실질적인 지배 · 관리권 및 대외적인 처분권을 갖고 있는 경우에는 그 부동산의 보관자에 해당한다**고 할 것이다(대법원 2010.1.28, 2009도1884).

산실명법에 반하여 범죄를 구성하는 불법적인 관계에 지나지 아니할 뿐 이를 형법상 보호할 만한 가치 있는 신임에 의한 것이라고 할 수 없다.

④ 중간생략등기형 명의신탁의 명의수탁자의 죄책 : 그러므로 명의신탁자가 매수한 부동산에 관하여 부동산실명법을 위반하여 명의수탁자와 맺은 명의신탁약정에 따라 매도인에게서 바로 명의수탁자 명의로 소유권이전등기를 마친 이른바 중간생략등기형 명의신탁을 한 경우, 명의신탁자는 신탁부동산의 소유권을 가지지 아니하고, 명의신탁자와 명의수탁자 사이에 위탁신임관계를 인정할 수도 없다. 따라서 명의수탁자가 명의신탁자의 재물을 보관하는 자라고 할 수 없으므로, 명의수탁자가 신탁받은 부동산을 임의로 처분하여도 명의신탁자에 대한 관계에서 횡령죄가 성립하지 아니한다. 법원행시 16 / 법원9급 17 / 국가7급 16 / 국가9급 17 / 변호사 17 / 경찰채용 18 1차 / 경찰채용 16 2차 / 경찰채용 18 2차

2. 대법원 2016.5.26, 2015도89

부동산을 증여받는 중간생략등기형 명의신탁에서도 명의수탁자는 횡령죄 부정

부동산을 증여받은 명의신탁자가 자신의 명의로 소유권이전등기를 하지 아니하고 명의수탁자와 맺은 명의신탁약정에 따라 증여자로부터 바로 명의수탁자에게 중간생략의 소유권이전등기를 마친 경우, 부동산실명법 제4조 제2항 본문에 의하여 명의수탁자 명의의 소유권이전등기는 무효이고, 신탁부동산의 소유권은 증여자가 그대로 보유하게 된다. 따라서 명의신탁자로서는 증여자에 대한 소유권이전등기청구권을 가질 뿐 신탁부동산의 소유권을 가지지 아니하고, 명의수탁자 역시 명의신탁자에 대하여 직접 신탁부동산의 소유권을 이전할 의무를 부담하지는 아니하므로, 신탁부동산의 소유자도 아닌 명의신탁자에 대한 관계에서 명의수탁자가 횡령죄에서 말하는 타인의 재물을 보관하는 자의 지위에 있다고 볼 수는 없다. 따라서 명의수탁자가 신탁받은 부동산을 임의로 처분하여도 명의신탁자에 대한 관계에서 횡령죄가 성립하지 아니한다.

③ 계약명의신탁 : 계약명의신탁(매수위임형 명의신탁)이란 甲(명의신탁자)이 乙(명의수탁자, 부동산매수인)에게 丙(부동산매도인, 원권리자)으로부터 부동산의 매수를 위임함과 동시에 명의신탁약정을 맺고 乙(명의수탁자)이 매매당사자가 되어 丙(매도인)과 부동산매매계약을 체결한 후 그 등기를 乙 자신 앞으로 이전등기하는 형식의 명의신탁을 말한다. 예컨대, 명의신탁자 甲은 명의수탁자 乙의 권유로 부동산을 매수하면서 수탁자 乙을 매수인으로 한 매매계약서를 작성하고 수탁자 명의로 소유권이전등기를 마쳤는데, 乙이 위 부동산을 임의로 처분하였다면, 이러한 명의신탁은 3자간 명의신탁이 아니라 계약명의신탁에 해당된다(대법원 2010.11.11, 2008도7451).[786] 국가7급 08

부동산실명법은 동법 제4조 제2항 단서에서 "명의신탁약정에 따라 행하여진 등기에 의한 부동산에 관한 물권변동은 무효로 한다. 다만, 부동산에 관한 물권을 취득하기 위한 계약에서 명의수탁자가 어느 한쪽 당사자가 되고 상대방 당사자는 명의신탁약정이 있다는 사실을 알지 못한 경우에는 그러하지 아니하다."라고 규정하고 있다. 위 규정은 계약명의신탁을 규정하면서, 부동산매도인인 丙이 甲과 乙간의 명의신탁약정이 있었음을 몰랐던 때, 즉 선의인 때에는 거래의 안전을 보호하기 위하여 丙으로부터 乙에게 이전된 등기에 의한 부동산물권변동은 유효하다고 규정하고 있는 것이다(동법 제4조 제2항 단서). 여하튼 이 경우에도 -丙이 악의이었던 경우처럼- 甲과 乙 사이의 명의신탁약정은 무효이다(동법 제4조 제1항). 이때 명의수탁자 乙이 당해 부동산을 임의로 제3자에게 처분하거나 甲이 丙을 대

786 판례 : **3자간 명의신탁인가 계약명의신탁인가에 관한 판단기준** 계약을 체결하는 행위자가 타인의 이름으로 법률행위를 한 경우에 행위자 또는 명의인 가운데 누구를 계약당사자로 볼 것인지에 관하여는, 우선 행위자와 상대방의 의사가 일치한 경우에는 그 일치한 의사대로 행위자 또는 명의인을 계약당사자로 확정하여야 하고, **행위자와 상대방의 의사가 일치하지 않는 경우에는 그 계약의 성질 · 내용 · 목적 · 체결경위 등 그 계약 체결 전후의 여러 사정을 토대로 상대방이 합리적인 사람이라면 행위자와 명의자 중 누구를 계약당사자로 이해할 것인지에 따라 결정할** 것이나(대법원 1998.3.13, 97다22089; 2003.12.12, 2003다44059 등), 타인을 통하여 부동산을 매수함에 있어 매수인 명의를 그 타인 명의로 하기로 하였다면 이와 같은 매수인 명의의 신탁관계는 그들 사이의 내부적인 관계에 불과한 것이므로 **특별한 사정이 없는 한 대외적으로는 그 타인을 매매당사자로 보아야 할** 것이다(대법원 2003.9.5, 2001다32120; 2007.9.7, 2005다48154,48161; 2010.11.11, 2008도7451).

위하여 행사한 부동산의 소유권이전청구를 거부한다면 乙의 형사책임은 어떻게 될 것인가가 문제되는바, 아래에서는 부동산매도인의 악의·선의 여부에 따라 나누어 살펴보도록 한다.

㉠ 부동산매도인인 원권리자 丙이 악의(惡意)인 경우 : 乙의 죄책에 대해서 학계에서는 ⓐ 매도인에 대한 횡령죄설, ⓑ 명의신탁자에 대한 배임죄설, ⓒ 횡령죄·배임죄 모두 성립하지 않는다는 견해가 대립하나,[787] ⓓ 판례는 명의수탁자 乙이 명의신탁자나 매도인에 대한 관계에서 신임관계에 의하여 '타인의 재물을 보관하는 자' 또는 '타인의 사무를 처리하는 자'의 지위에 있다고 볼 수 없으므로 횡령죄와 배임죄의 죄책을 모두 지지 않는다고 판시하고 있다(대법원 2012.11.29, 2011도7361[788]; 2012.12.13, 2010도10515). 국가7급 08 / 법원9급 13 / 경찰채용 13 2차 / 사시 13 / 법원행시 16 / 경찰간부 16 / 경찰승진(경감이하) 17

㉡ 부동산매도인인 원권리자인 丙이 선의(善意)인 경우

ⓐ 횡령죄의 성부 : 丙이 명의신탁약정사실을 몰랐던 경우에는 甲과 乙 사이의 명의신탁약정은 무효라는 점에는 변함이 없지만(동법 제4조 제1항) '선의자 丙의 신뢰를 보호하기 위하여' 丙으로부터 乙에게 넘어온 등기에 의한 부동산물권변동은 유효하다고 보아야 한다(동법 제4조 제2항 단서). 그렇다면 乙을 해당 부동산에 대한 소유자라고 보아야 할 것이므로 乙이 위 부동산을 임의로 제3자에게 처분하였다고 하더라도 乙의 위 행위는 횡령죄에 해당되지 않게 된다(통설·판례 : 대법원 2000.3.24, 98도4347[789]; 2006.9.8, 2005도9733; 2009.9.10, 2009도4501).[790] 국가7급 14 / 법원행시 06 / 법원행시 10 / 법원행시 12 / 경찰승진(경위) 11 / 변호사 12

ⓑ 배임죄의 성부 : 乙의 甲에 대한 관계에 있어 명의신탁약정에 의한 사실상 신임관계를 인정해야 한다는 점에서 乙에게 배임죄가 성립한다는 견해(다수설[791])와 이는 부동산실명법상 인정되지 않

---

787 ① 매도인에 대한 관계에서 횡령죄의 성립을 인정하는 견해로는 김성천/김형준, 493면; 박상기, 381면; 백재명, '부동산명의신탁과 횡령죄', 형사판례연구(7), 382면; 오영근, 548면; 임웅, 412면, ② 부동산매도인인 丙이 명의신탁사실을 알고 있을 뿐만 아니라 매매대금이 지급되고 등기까지 이전된 부동산에 대하여 매도인에 대한 신임관계위반을 인정할 수 없다고 해야 한다는 점에서 乙은 甲(명의신탁자)에 대한 관계에서만 배임죄의 죄책을 지어야 한다는 견해로는 김일수/서보학, 358면; 배종대, 478면; 이재상, §20-30; 장영민, 전게논문, 39면; 정성근/박광민, 404면; 최상욱, 전게논문, 199면, ③ 횡령죄나 배임죄 모두 성립하지 않는다는 입장은 강동범, "계약명의신탁과 수탁자의 형사책임", 법학논집, 2014.6, 159면; 천진호, "부동산실명법상 부동산명의수탁자의 형사책임", 형사재판의 제문제, 2005, 288면 참조.

788 **판례 : 악의의 계약명의신탁의 명의수탁자에게 횡령죄와 배임죄의 성립을 부정한 판례** 명의신탁자와 명의수탁자가 이른바 계약명의신탁 약정을 맺고 명의수탁자가 당사자가 되어 **명의신탁 약정이 있다는 사실을 알고 있는 소유자**와 부동산에 관한 매매계약을 체결한 후 매매계약에 따라 부동산의 소유권이전등기를 명의수탁자 명의로 마친 경우에는 부동산실명법 제4조 제2항 본문에 의하여 수탁자 명의의 소유권이전등기는 무효이고 부동산의 소유권은 매도인이 그대로 보유하게 되므로, ① **명의수탁자**는 부동산 취득을 위한 계약의 당사자도 아닌 **명의신탁자에 대한 관계에서** 횡령죄에서 '타인의 재물을 보관하는 자'의 지위에 있다고 볼 수 없고, 또한 명의수탁자가 명의신탁자에 대하여 매매대금 등을 부당이득으로 반환할 의무를 부담한다고 하더라도 이를 두고 배임죄에서 '타인의 사무를 처리하는 자'의 지위에 있다고 보기도 어렵다. 한편 위 경우 ② **명의수탁자는 매도인에 대하여** 소유권이전등기말소의무를 부담하게 되나, 위 소유권이전등기는 처음부터 원인무효여서 명의수탁자는 매도인이 소유권에 기한 방해배제청구로 말소를 구하는 것에 대하여 상대방으로서 응할 처지에 있음에 불과하고, 그가 제3자와 한 처분행위가 부동산실명법 제4조 제3항에 따라 유효하게 될 가능성이 있다고 하더라도 이는 거래 상대방인 제3자를 보호하기 위하여 명의신탁 약정의 무효에 대한 예외를 설정한 취지일 뿐 **매도인과 명의수탁자 사이에 위 처분행위를 유효하게 만드는 어떠한 신임관계가 존재함을 전제한 것이라고는 볼 수 없으므로**, 말소등기의무의 존재나 명의수탁자에 의한 유효한 처분가능성을 들어 명의수탁자가 매도인에 대한 관계에서 횡령죄에서 '타인의 재물을 보관하는 자' 또는 배임죄에서 '타인의 사무를 처리하는 자'의 지위에 있다고 볼 수도 없다(대법원 2012.11.29, 2011도7361). 법원9급 13 / 경찰채용 13 2차 / 사시 13

789 **판례 : 계약명의신탁에 의하여 선의의 매도인으로부터 소유권이전등기를 받은 명의수탁자는 횡령죄의 '타인의 재물을 보관하는 자'의 지위에 있지 않다는 사례** 부동산실명법 제2조 제1호 및 제4조의 규정에 의하면, 신탁자와 수탁자가 명의신탁약정을 맺고, 이에 따라 **수탁자가 당사자가 되어 명의신탁약정이 있다는 사실을 알지 못하는 소유자와 사이에서 부동산에 관한 매매계약을 체결한 후 그 매매계약에 기하여 당해 부동산의 소유권이전등기를 수탁자 명의로 경료한 경우에는**, 그 소유권이전등기에 의한 당해 부동산에 관한 물권변동은 유효하고, 한편 신탁자와 수탁자 사이의 명의신탁약정은 무효이므로, 결국 수탁자는 전소유자인 매도인뿐만 아니라 신탁자에 대한 관계에서도 유효하게 당해 부동산의 소유권을 취득한 것으로 보아야 할 것이므로 **그 수탁자는 타인의 재물을 보관하는 자라고 볼 수 없다**(대법원 2000.3.24, 98도4347).

790 다만, 횡령죄가 성립한다는 입장은 백재명, 전게논문, 384면 참조.

는 명의신탁약정을 사실상 인정되는 결과가 되므로 타당하지 않다는 점에서 횡령죄와 배임죄가 모두 성립하지 않는다는 견해 법원행시 12 / 법원승진 10 / 법원9급 13 / 경찰간부 11(소수설[792]·판례, 대법원 2001.9.25, 2001도2722[793]; 2004.4.27, 2003도6994[794])의 대립이 있다. 생각건대, 신탁자와 수탁자 사이의 명의신탁약정 자체가 무효라는 점에서 乙은 타인의 사무를 처리하는 자라고 볼 수 없을 뿐 아니라, 乙은 丙에 대한 관계뿐만 아니라 甲에 대한 관계에 있어서도 유효하게 소유권을 취득한다는 점에서 –甲이 乙에 대하여 부당이득반환청구권을 행사할 수 있음은 별론으로 하더라도– 이 경우 甲과의 소위 '사실상의 신임관계'도 인정되지 않는다고 보는 소수설·판례의 입장이 간명하다고 생각된다.

④ 종중 및 배우자의 명의신탁 : 부동산실명법에 의하면 조세포탈, 강제집행의 면탈 또는 법령상 제한의 회피를 목적으로 하지 아니함을 전제로, 종중(宗中)이 보유한 부동산에 관한 물권을 종중(종중과 그 대표자를 같이 표시하여 등기한 경우를 포함) 외의 자의 명의로 등기한 경우, 배우자 명의로 부동산에 관한 물권을 등기한 경우, 그리고 종교단체의 명의로 그 산하 조직이 보유한 부동산에 관한 물권을 등기한 경우에는, 명의신탁약정 및 등기이전에 따른 동법 제4조의 적용을 받지 않으므로 부동산물권변동을 예외적으로 유효하다고 본다(동법 제8조, 이에 동법 제7조의 벌칙도 적용되지 않음). 이와 관련하여 종중 또는 배우자가 자신 명의로 등기되어 있는 종중의 부동산 또는 타방 배우자의 부동산을 임의로 처분하는 경우, ㉠ 부동산실명법의 규정에 근거하여 당해 물권변동이 유효하다는 점에서 횡령죄가 성립하지 않으므로 배임죄의 성립이 가능할 뿐이라는 견해[795]와 ㉡ 이는 유효한 명의신탁이라는 점에서 횡령죄가 성립한다는 견해[796]가 대립되어 있다.

(5) 행위 – 횡령 또는 반환 거부

본죄는 횡령행위 즉, 자기가 보관하는 타인의 재물을 횡령하거나 반환을 거부함으로써 불법영득의사를 표현하는 행위(후술하는 표현설, 다수설·판례)가 있어야 성립한다. 이러한 '횡령' 행위는 단순한 내심의 의사만으

791 배종대, 482면; 이재상, §20–30; 장영민, 전게논문, 40면; 임웅, 413면; 정성근/박광민, 405면; 최상욱, 전게논문, 201면.

792 김일수/서보학, 359면; 박상기, 381면 이하; 강동범, 전게논문, 152면 이하.

793 **판례 : 계약명의신탁에 있어서 횡령죄·배임죄 부정례** (이 경우의 계약명의)수탁자는 전소유자인 매도인뿐만 아니라 신탁자에 대한 관계에서도 유효하게 당해 부동산의 소유권을 취득한 것으로 보아야 할 것이고, 따라서 그 수탁자는 타인의 재물을 보관하는 자라고 볼 수 없다. 또한 이러한 경우 신탁자가 수탁자에 대하여 부당이득반환청구권을 행사하는 것은 별론이나, 수탁부동산의 반환이나 처분대금의 반환은 물론 불법행위를 원인으로 한 손해배상청구 등도 할 수 없게 된다(대법원 2001.9.25, 2001도2722).

794 **판례 : 계약명의신탁에 의하여 선의의 매도인으로부터 소유권이전등기를 받은 명의수탁자는 배임죄의 '타인의 사무를 처리하는 자'의 지위에 있지 않다는 사례** 신탁자와 수탁자가 명의신탁약정을 맺고, 그에 따라 수탁자가 당사자가 되어 명의신탁약정이 있다는 사실을 알지 못하는 소유자와 사이에서 부동산에 관한 매매계약을 체결한 계약명의신탁에 있어서 수탁자는 신탁자에 대한 관계에서도 신탁 부동산의 소유권을 완전히 취득하고 단지 신탁자에 대하여 명의신탁약정의 무효로 인한 **부당이득반환의무만을 부담할 뿐**인바, 그와 같은 부당이득반환의무는 명의신탁약정의 무효로 인하여 수탁자가 신탁자에 대하여 부담하는 통상의 채무에 불과할 뿐 아니라, 신탁자와 수탁자 간의 명의신탁약정이 무효인 이상 특별한 사정이 없는 한 신탁자와 수탁자 간에 명의신탁약정과 함께 이루어진 부동산매입의 위임 약정 역시 무효라고 볼 것이어서 수탁자를 신탁자와의 신임관계에 기하여 신탁자를 위하여 신탁 부동산을 관리하면서 신탁자의 허락 없이는 이를 처분하여서는 아니 되는 의무를 부담하는 등으로 신탁자의 재산을 보전·관리하는 지위에 있는 자에 해당한다고 볼 수 없어 **수탁자는 타인의 사무를 처리하는 자의 지위에 있지 아니하다** 할 것이고, 이러한 계약명의신탁의 법리는 부동산 실권리자명의 등기에 관한 법률 제4조 제1항에 따라 무효인 명의신탁약정에 대하여 신탁자가 그 소유권이전등기의 경료 이전에 해지의 의사를 표시한 경우에도 마찬가지로 적용되는 것으로 보아야 할 것이다(피고인이 이 사건 계약명의신탁의 약정에 따라 체결한 분양권 매수계약에 기하여 취득한 이 사건 아파트에 관한 수분양자로서의 지위 및 그 분양권 관련서류에 대한 수분양자로서의 권리는 피고인 자신의 사무 또는 권리라 할 것이므로, 신탁자인 피해 회사의 반환요구를 거절하고 피고인 명의로 그 소유권이전등기를 경료하였다 하여 업무상 배임죄가 성립하지 아니한다고 한 사례)(대법원 2004.4.27, 2003도6994). 법원승진 10

795 임웅, 415면.

796 오영근, 545면; 이재상, §20–27; 정성근/박광민, 400면.

로는 인정될 수 없고 그 영득의 의사가 외부에 인식될 수 있는 객관적 행위가 있을 때 인정되나(대법원 1993.3.9, 92도2999), 사실행위·법률행위인가는 불문한다. 또한 '반환의 거부'라고 함은 보관물에 대하여 소유자의 권리를 배제하는 의사표시를 하는 행위를 뜻하므로, 타인의 재물을 보관하는 자가 단순히 반환을 거부한 사실만으로는 횡령죄를 구성하는 것은 아니며, 반환거부의 이유 및 주관적인 의사 등을 종합하여 반환거부 행위가 횡령행위와 같다고 볼 수 있을 정도이어야만 횡령죄가 성립한다(대법원 1992.11.27, 92도2079; 2002.9.4, 2000도637 등). 다만, 횡령죄의 본질을 영득행위로 파악한 이상 손괴행위는 횡령행위에 포함되지 않는다(영득행위설).

표정리 횡령죄의 재물의 타인성 관련 판례 요약

부동산 양도담보 중 매도담보	① 매도담보의 목적물(부동산)의 소유권은 채권자(매도담보권자)에게 있고, 채권담보를 목적으로 부동산소유권이전등기를 마친 채권자는 변제기일까지 그 채무를 변제하면 채무자에게 소유명의를 환원하여 주기 위하여 소유권 이전등기를 이행할 의무가 있음 ② 채권자(매도담보권자)의 제3자에게 근저당권 설정 : 배임죄(대법원 2007.1.25, 2005도7559; 1995.5.12, 95도283; 1992.7.14, 92도753)
부동산 양도담보 중 양도담보	① 협의의 양도담보는 채무자가 자기 소유의 부동산에 대하여 "소유권 이전의 의사 없이" 채권자에게 소유권이전등기를 함으로써 부동산을 담보로 제공하는 것 ② 채권자(양도담보권자)가 임의로 자신의 명의로 본등기를 하여 제3자에게 처분하거나 담보로 제공 : 배임죄 ③ "채권담보 목적으로 부동산의 소유권 이전등기를 넘겨받은 채권자가 임의로 처분한 경우" : 배임죄(대법원 1989.11.28, 89도1309; 1987.4.28, 87도265) 법원9급 07(상) ④ 채무자(양도담보권설정자)의 처분 : 채무자가 금전채무에 대한 담보로 부동산에 관하여 양도담보설정계약을 체결하고 이에 따라 채권자에게 소유권이전등기를 해 줄 의무가 있음에도 제3자에게 그 부동산을 처분한 경우 : 배임죄 ×(대법원 2020.6.18, 2019도14340 전원합의체, 배임죄에서 후술) 경찰채용 21 1차 / 경찰승진 23 ⑤ 양도담보권자의 변제기 이후 처분 : 담보목적부동산 처분, 나머지를 채무자에게 반환하지 않은 경우, 정산의무는 자기사무 ∴ 배임죄 ×(대법원 1985.11.26, 85도1493) 법원9급 07(상) / 법원행시 10·13 / 변호사시험 12
부동산 양도담보 중 가등기담보	① 담보목적으로 가등기가 경료된 부동산에 대하여 채무자 측의 변제공탁 후 채권자가 자기 앞으로 본등기를 경료함과 동시에 제3자 앞으로 가등기 경료 : 배임죄 ② 변제기 후 채권자의 정산의무 불이행 : 무죄
동산양도담보	① 금전채무를 담보하기 위하여 채무자가 그 소유의 동산을 채권자에게 점유개정에 의하여 양도한 동산양도담보의 경우, 양도담보목적물의 '소유권'은 대내적으로는 여전히 채무자에게 있다. ② 채무자(동산양도담보권설정자)의 임의 처분 : 채무자가 양도담보설정계약에 따라 부담하는 의무는 채무자 자신의 급부의무로 자신의 사무이므로 담보설정계약상의 의무를 이유로 담보를 제공한 채무자를 '타인의 사무를 처리하는 자'로 볼 수 없음(배임죄 불성립, 대법원 2020.2.20, 2019도9756 전합합의체) ③ 채권자(동산양도담보권자)의 임의적 처분 : 횡령죄(대법원 1989.4.11, 88도906) 국가9급 18 ④ 동산양도담보권자가 채무자 점유 담보목적물 매각하고 목적물반환청구권 양도하여 매수인으로 하여금 목적물을 취거하게 한 경우 : (권리행사방해죄는 별론으로 하고) 절도죄 × (대법원 2008.11.27, 2006도4263) 변호사시험 14 ⑤ 후순위 담보권자의 절취 : 절도죄(돈사 돼지 절도, 대법원 2007.2.22, 2006도8649) 경찰간부 12
소유권유보부 매매	① (할부판매약관에 의한 할부판매시) 매수인이 임의 처분 : 횡령죄 ② 자동차 할부대금 완납 전 임의 처분 : 횡령죄 × ③ 할부판매약관에 기하지 않고 할부판매된 동산 처분 : 횡령죄 ×

부동산 이중매매	① 제1매수인으로부터 중도금 수령한 매도인이 임의 처분 : 배임죄 ○ ② 제1매수인에 대해 매도인은 횡령죄 × ③ 제2매수인에 대해 매도인은 사기죄 × ④ 단, 매도인이 처음부터 이중매매를 의도하고 계약금 수령 : 사기죄
부동산 명의신탁	① 2자간 명의신탁 : 2021년 2월 전합판례에 의해 횡령죄 ×(대법원 2021.2.18, 2016도18761 전원합의체) ② 3자간 명의신탁(중간생략등기형) : (부동산을 그 소유자로부터 매수한 자가 자신 명의로 소유권이전등기를 하지 아니하고 제3자와 맺은 명의신탁약정에 따라 매도인으로부터 바로 제3자 앞으로 중간생략의 소유권이전등기를 경료한 경우) 임의 처분한 명의수탁자는 횡령죄 ×(대법원 2016.5.19, 2014도6992 전원합의체) 경찰채용 16 2차 / 국가9급 17 / 국가7급 16 / 법원9급 17 / 법원행시 16 / 변호사시험 17 ③ 계약명의신탁(매수위임형) : 신탁자와 수탁자가 명의신탁약정을 맺고 이에 따라 수탁자가 당사자가 되어 소유자와 사이에서 부동산에 관한 매매계약을 체결한 후 그 매매계약에 기하여 당해 부동산의 소유권이전등기를 수탁자 명의로 경료한 경우 ㉠ 부동산매도인인 원권리자가 악의 : 명의수탁자는 횡령죄 · 배임죄 모두 부정 ㉡ 원권리자가 선의 : 명의수탁자는 횡령죄 · 배임죄 모두 부정 경찰간부 11 · 16 / 경찰승진(경위) 11 / 국가7급 14 / 법원9급 13 / 법원행시 10 · 12 · 16 ④ 종중 · 배우자 명의신탁 : 명의수탁자는 횡령죄
예금명의신탁	① 타인 금전을 위탁받은 자가 보관방법으로 금융기관에 자신 명의 예치시 횡령죄의 보관자 인정 ∴ 예금명의수탁자의 반환거부는 횡령죄(대법원 2000.8.18, 2000도1856) 경찰채용 16 1차 / 경찰간부 12 · 17 / 법원행시 16 · 17 / 사시 16 ② 공동명의 예금채권자가 '다른 채권의 집행확보를 위해' 초과입금된 돈의 반환 거부시 불법영득의사 부정되어 횡령죄 ×(대법원 2008.12.11, 2008도8279)
목적 · 용도를 특정하여 위탁한 대체물 등	① 수탁자가 정해진 용도에 사용할 때까지는 위탁물에 대한 소유권이 위탁자에게 유보되어 있으므로, 용도 이외 목적으로 사용하는 것은 그 사용행위 자체가 불법영득의사를 실현한 것이 되어 횡령죄 성립(대법원 2002.8.23, 2002도366) 법원행시 08 · 09 ② 횡령죄 긍정 판례 ㉠ 당좌수표 할인대금(대법원 1998.4.10, 97도3057), 국가7급 07 ㉡ 문화예술진흥기금(대법원 1997.3.28, 96도3155), ㉢ 양곡구입대금(대법원 1982.3.9, 81도572), ㉣ 정부출연금(대법원 1999.7.9, 98도4088), ㉤ 사립학교법상 교비회계에 속하는 금원(대법원 2002.5.10, 2001도1779) =교육인적자원부장관으로부터 학교 캠퍼스 이전승인의 조건으로 법인부담금을 부담하게 된 학교법인이 교비회계 자금을 수당지급과 기부금모집 등의 방법을 가장하여 법인회계로 전출한 경우(대법원 2010.3.11, 2009도6482), 법원행시 10 / 사시 13 ㉥ 부동산의 매매계약금으로 수령한 돈(대법원 2004.3.12, 2004도134), ㉦ 특별수선충당금(대법원 2004.5.27, 2003도6988), ㉧ 단체의 대표자 개인이 당사자가 된 소송사건의 변호사 비용을 단체의 비용으로 지출(대법원 2006.10.26, 2004도6280), ㉨ 수분양자들을 기망하여 편취한 분양대금(대법원 2005.4.29, 2005도741), 경찰승진(경위) 10 / 국가7급 12 / 법원행시 14 ㉩ 조합원들의 출퇴근 편의를 위한 통근차량의 구입 및 유지 자금(대법원 2007.2.22, 2006도2238), ㉪ 회사의 경영권 방어 또는 회사의 매각 등을 위하여 위탁받은 주식과 현금(대법원 2008.5.8, 2008도1652), ㉫ 임차인의 수도요금 납부용도 위탁자금(대법원 2008.10.9, 2008도3787), ㉬ 상품을 양도받으며 그 대금 완납 전에는 회사가 상품 소유권을 가지는 상품거래계약시 그 판매대금 전액(대법원 2010.1.14, 2009도7737) 등 ③ 횡령죄 부정 판례 ㉠ 물건납품을 위한 선매대금(감자 선매대금) : 소유권이 매도인에게 이전되어 횡령죄 ×(대법원 1986.6.24, 86도631), 경찰승진(경감) 11 ㉡ 이사직무 집행정지 가처분결정에 대해 항쟁할 필요가 있는 경우 법인경비로 지출(대법원 2003.5.30, 2003도1174), ㉢ 전체 공동운영자들을

목적 · 용도를 특정하여 위탁한 대체물 등	위한 경비로 사용(대법원 2003.7.25, 2003도2331), ㉣ 보험회사 시책비(대법원 2006.3.9, 2003도6733), 경찰채용 14 2차 / 국가9급 12 ㉤ 건축비 상환목적 법인회계자금 사용(대법원 2006.4.28, 2005도4085), 국가9급 12 ㉥ 자신의 명의로 배당받은 공탁금의 반환 거부(대법원 2007.7.26, 2007도1840), ㉦ 보관 중인 금전 용도가 추상적으로만 정해져있고 광범위한 재량권이 부여된 경우(대법원 2010.6.24, 2007도5899) 등 ④ 약속어음을 그 할인을 위하여 교부받은 수탁자(대법원 1983.4.26, 82도3079) 경찰승진(경감) 11 ㉠ 배서양도 형식으로 위탁된 약속어음을 자기 채무변제에 충당 : 횡령죄 ㉡ 당초부터 피해자를 기망하여 약속어음을 교부받은 수탁자 : 사기죄가 성립할 뿐, 별도의 횡령죄는 불성립
위탁매매	위탁자 소유 ∴ 위탁매매인이 위탁판매대금 소비하면 횡령죄(대법원 1990.8.28, 90도1019) 변호사 12
조합 · 동업체	① 조합원 합유 ∴ 횡령죄(대법원 1989.11.14, 89도17; 2004.7.9, 2004도810; 2011.5.26, 2011도1904) ② 동업 조합관계 탈퇴시 남은 자의 단독소유 ∴ 횡령죄 ×(대법원 2005.7.15, 2003도6934)
공동의 복권당첨금	공동소유이므로 당첨금 반환거부는 횡령죄(대법원 2000.11.11, 2000도4335)
채권양도	① 채권양도인이 양도 통지 받지 못한 채무자로부터 금전 수령 : 사기죄 × ② 수령한 금전을 소비 : 횡령죄 ×(대법원 2022.6.23, 2017도3829 전원합의체) 경찰채용 14 2차 / 법원9급 07(하) / 법원행시 06 / 변호사 14 ③ 채무담보 채권양도인의 소비 : 횡령죄 ×(대법원 2021.2.25, 2020도12927)
1인회사	① 1인주주가 회사 금원 업무상 보관 중 임의 처분 : 업무상 횡령죄(1인 회사에 있어서도 회사와 주주는 분명히 별개의 인격이어서 1인 회사의 재산이 곧바로 그 1인주주의 소유라고 볼 수 없음)(대법원 1989.5.23, 89도570; 1995.3.14, 95도59; 2010.4.29, 2007도6553) 국가7급 07 ② 1인주주가 회사 금원 개인채무변제용도 사용, 회사 손해 : 업무상 배임죄(대법원 1983.12.13, 83도2330 전원합의체)
공동임대인	보증금반환채무는 불가분채무 ∴ 임대보증금은 공동임대인의 공동소유이므로 임의 처분하면 횡령죄(대법원 2001.10.30, 2001도2095)
수개의 학교법인	각 학교법인은 별개의 법인격을 가진 소유의 주체 ∴ 각 학교법인의 금원을 다른 학교법인을 위해 사용하면 업무상 횡령죄(대법원 2000.12.8, 99도214) 법원행시 14
채권 상계충당	① 금전수수 수반 사무처리 위임과 같은 법리 ∴ 위임취지대로 사용하지 않고 위임자에 대한 채권에 상계충당한 위임받은 자는 횡령죄(대법원 2002.7.26, 2001도3100) ② 회사에 채권을 가진 대표이사의 상계충당은 횡령죄 ×(대법원 2002.7.26, 2001도5459) 경찰승진(경감) 11 / 법원행시 09 · 14 / 국가7급 22
프랜차이즈	물품판매대금을 가맹점주가 임의 소비해도 횡령죄 ×(대법원 1998.4.14, 98도292) 경찰승진(경장) 10 / 경찰승진(경위) 11 / 경찰승진 14 / 국가9급 18 / 국가7급 07 / 사시 16 / 변호사 16
낙찰부동산	입찰목적부동산의 소유권은 경락대금을 실질적으로 부담한 자와 관계없이 낙찰명의인이 취득하므로 임의처분하여도 횡령죄 ×(대법원 2000.9.8, 2000도258) 경찰승진 14 / 법원9급 07(하) / 법원행시 09 / 사시 14
채권담보 수표	채무자로부터 수표를 발행 · 교부받아 소지한 채권자는 횡령죄 ×(대법원 2000.2.11, 99도4979) 경찰간부 12 / 경찰승진(경사) 10 / 국가7급 07 / 법원행시 12

지입료 유용	지입료는 지입회사 소유 ∴ 지입차주들이 낸 보험료·세금을 회사가 항목유용해도 횡령죄 ×(대법원 1997.9.5, 97도1592)
자동차 명의신탁	자동차 매매계약의 매수인이 매도인으로부터 이전등록을 받기 전 사용하던 중 매도인의 반환요구를 거부한 것은 횡령죄 ×(대법원 2023.6.1, 2023도1096)

2. 주관적 구성요건 – 고의·불법영득의사

(1) 의 의

횡령죄의 주관적 구성요건요소로서는 횡령의 고의와 불법영득의사가 요구된다(횡령죄의 본질에 관한 영득행위설).[797] 여기에서 불법영득의사라 함은 타인의 재물을 보관하는 자가 자기 또는 제3자의 이익을 꾀할 목적으로 (업무상의 임무에 위배하여) 보관하는 타인의 재물을 자기의 소유인 경우와 같이 사실상 또는 법률상 처분하는 의사를 의미 법원9급 17하고, 반드시 자기 스스로 영득하여야만 하는 것은 아니다(대법원 2000.12.27, 2000도4005). 또한 횡령한 재물을 사후에 반환하거나 변상·보전하는 의사가 있다 하여도 불법영득의사는 인정된다(대법원 1995.3.14, 95도59; 2006.6.2, 2005도3431; 2012.6.14, 2010도9871).

(2) 불법영득의사가 인정되는 경우

다음과 같은 경우 (업무상) 횡령죄의 불법영득의사가 인정된다.

1	사후에 이를 반환하거나 변상·보전하려는 의사가 있다 하더라도 타인의 소유물을 보관하는 자가 이를 임의로 소비한 경우(대법원 2005.5.26, 2004도1925[798]; 2006.11.10, 2004도5167)
2	회사의 이사가 회사의 이익을 위함이 아니라 국회의원 후보자 개인의 이익이나 정권의 이익을 도모하기 위하여 회사재산으로 선거자금을 지원한 경우(대법원 1999.6.25, 99도1141)[799] 법원행시 10 / 경찰승진 12 / 사시 13
3	주식회사의 대표이사가 회사의 금원을 인출하여 사용하였는데 그 사용처에 관한 증빙자료를 제시하지 못하고 있고 그 인출사유와 금원의 사용처에 관하여 납득할 만한 합리적인 설명을 하지 못하는 경우(대법원 2003.8.22, 2003도2807; 2008.3.27, 2007도9250)[800] 법원행시 08 / 법원행시 09 / 법원9급 11 / 경찰승진(경감) 10 / 경찰승진(경감 이하) 17

797 다만 횡령죄는 타인의 재물을 스스로 보관하고 있는 자가 영득한다는 점에서 횡령의 고의 자체 내에 불법영득의사가 내포되어 있다고 보아야 할 것이다. 박상기, 355면; 배종대, 486면; 오영근, 551면; 이정원, 418면; 임웅, 429면; 정성근/박광민, 399면. 반면 횡령죄에 있어서도 고의 이외에 별도의 초과주관적 구성요건요소로서 불법영득의사가 필요하다는 입장은 강구진, 347면; 김일수/서보학, 366면; 백형구, 206면; 이형국(Ⅰ), 493면 참조.

798 **판례 : 물탱크 보관 사례** 사회복지법인의 이사가 설립자를 대리하여 선교지원금 명목의 금원을 수령하고, 그 금원에 대하여 설립자 개인 명의로 영수증을 작성해주고 **선교지원금 명목의 금원을 자기 집의 물탱크 안에 보관**하다가 나중에 반환한 경우에는 업무상 횡령죄가 성립한다(대법원 2005.5.26, 2004도1925).

799 **사례 : 선거자금 지원 사례** 甲은 제15대 국회의원 선거 전인 1996년 초경 당시의 국가안전기획부 차장이 甲을 불러 "지금 각 기업마다 의원들이 할당되어 있는데 이 모 후보는 기아사람이니 기아에서 지원하라."는 취지로 말하여 이를 거절하지 못하고 회사재산을 처분하여 그 대금으로 위 후보의 선거자금을 지원하였다. 甲에게는 횡령죄가 성립하는가? **판례** 회사의 이사가 보관 중인 회사 재산을 처분하여 그 대금을 공직선거에 입후보한 타인의 선거자금으로 지원한 경우 그것이 회사의 이익을 도모할 목적으로 합리적인 범위 내에서 이루어졌다면 그 이사에게 횡령죄에 있어서 요구되는 불법영득의 의사가 있다고 할 수 없을 것이나, 그것이 회사의 이익을 도모할 목적보다는 그 후보자 개인의 이익을 도모할 목적이나 기타 다른 목적으로 행하여졌다면 그 이사는 회사에 대하여 횡령죄의 죄책을 면하지 못한다고 할 것이다. 이 사건 **선거자금의 지원은 그 주된 목적이 국회의원 입후보자인 이 모 개인의 이익이나, 국가안전기획부 차장에 의하여 대변되는 정권의 이익을 도모함에 있었던 것으로 보여질 뿐,** 전적으로 회사 자체의 이익을 도모함에 있었던 것으로는 보이지 않으므로, 피고인에게는 횡령죄에 있어서 요구되는 불법영득의 의사가 있었다 할 것이다(대법원 1999.6.25, 99도1141). 법원행시 10 / 사시 13 **해결** 성립한다.

800 **유사판례1** 자신이 위탁받아 보관하고 있던 재물(**금제삼존불상**)이 없어졌는데도 그 행방이나 사용처를 제대로 설명하지 못하는 경우(대법원 2009.12.10, 2008도10669)
유사판례2 위탁받은 비자금을 이용하여 친지들 명의로 부동산을 구입하여 이를 개인적으로 관리하면서도 그 부동산 구입에

4	주식회사 대표이사가 회사의 주식을 매도하는 과정에서 중도금 마련을 위하여 위 회사 소유의 양도성예금증서를 대출금의 담보로 제공해 달라는 매수인 측의 요청을 받아들여 위 회사의 재산인 양도성예금증서를 담보로 제공한 경우(LBO[801]방식에 의한 M&A계약의 피인수회사 대표이사 사건)(대법원 2005. 8.19, 2005도3045)[802]
5	타인을 위하여 금전 등을 보관·관리하는 자가 개인적 용도로 사용할 자금을 마련하기 위하여 적정한 금액보다 과다하게 부풀린 금액으로 공사계약을 체결하기로 공사업자 등과 사전에 약정하고 그에 따라 과다지급된 공사대금 중의 일부를 공사업자로부터 되돌려 받는 경우(대법원 2007.10.12, 2005도7112; 2010.5.27, 2010도3399; 2015.12.10, 2013도13444) 법원행시 08 / 법원행시 11 / 법원행시 12 / 법원행시 13 / 법원9급 09 / 경찰채용 11 1차 / 경찰채용 14 1차 / 사시 11 / 사시 13
6	회사의 대표이사가 이자나 변제기의 약정 없이 이사회 결의 등 적법한 절차를 거치지 아니하고 회사를 위한 지출 이외의 용도로 거액의 회사 자금을 가지급금 등의 명목으로 인출·사용한 경우(대법원 2006. 4.27, 2003도135; 2010.5.27, 2010도3399)
7	회사의 비자금을 보관하는 자가 비자금을 사용하였는데 해당 비자금 사용의 주된 목적이 개인적인 용도에 사용하기 위한 경우(대법원 2009.2.28, 2007도4784; 2010.4.15, 2009도6634) 변호사 17
8	주식회사의 대표이사가 회사의 돈을 인출하여 사용하고도 그 사용처에 관한 증빙자료를 제시하지 못하거나 사용처에 사용된 자금이 그 돈과 다른 자금으로 충당된 것으로 드러나는 등 대표이사가 주장하는 사용처에 그 돈이 사용되었다는 점을 인정할 수 있는 자료가 부족하고, 오히려 그 돈을 개인적인 용도에 사용하였다는 점에 대한 신빙성 있는 자료가 많은 경우(대법원 2002.7.26, 2001도5459; 2008.3.27, 2007도9250; 2010.4.29, 2007도6553) 법원행시 08 / 법원행시 09 / 법원9급 11
9	대표이사가 회사 명의로 대출을 받을 당시 금융기관에 '자신이 실제 채무자이고 회사는 단순히 형식상의 주채무자'라는 의사표시를 하지 않고, 대표이사가 회사에 귀속된 위 대출금을 인출하여 임의로 사용한 경우(대법원 2010.5.27, 2010도369)[803]

관하여 납득할 만한 합리적인 설명을 하지 못하고 오히려 개인적인 목적으로 부동산을 구입하였다는 점에 대한 신빙성 있는 자료가 많은 경우(대법원 2009.12.24, 2008도11967)

801 LBO라 함은 Leveraged Buy Out의 약어이며, M&A거래에 있어서 취득하고자 하는 투자대상회사(매수대상기업)의 자산을 직접 또는 간접으로 담보로 하여 기업매수자금을 외부로부터의 차입금으로 조달하고, 그것을 기초로 당해 회사를 매수하는 M&A의 기법이다. LBO의 본질은 투자대상회사의 현 경영진으로 하여금 기업인수 후의 신설회사에 잔류할 것을 약정하고 타인자본을 이용한다는 데에 있다. 즉 타인자본 대비 자기자본의 비율을 공개회사의 그것보다 훨씬 높게 이루게 하여, 부채의 활용으로 자본의 수익률을 증폭시키는 지렛대 효과(leverage effect)를 기하는 데에 있다. 송종준, "PEF와 M&A : LBO의 구조와 법적 문제", 금융법연구, 제2권 제1호(통권 제3호), 2005년, 한국금융법학회, 62면 이하 참조.

802 **사례 : LBO 거래의 피인수회사의 대표이사 사례** 甲(주식회사 사이어스의 주주이자 대표이사임)이 주식회사 사이어스의 주식을 매도하는 과정에서 1차 중도금 50억 원 마련을 위하여 위 회사 소유의 양도성예금증서를 대출금의 담보로 제공해 달라는 丙(매수인)측의 요청을 乙(甲의 대리인)을 통하여 전달받은 다음 이에 응하는 방법으로 순차 공모하여, 위 회사의 재산이자 자금으로 준비한 53억 원 상당의 양도성예금증서를 담보로 제공하였다. [그 거래의 형식은 LBO(Leveraged Buy Out)방식에 의한 M&A계약의 외양을 갖추었다] 한편 이러한 과정에서 乙은 甲에 대하여 양도성예금증서의 준비를 독촉하는 외에 머뭇거리는 甲과 양도성예금증서의 교부를 반대하는 위 회사 주주이자 이사인 丁에게 법적으로 책임질 것이 없다는 취지로 말하면서 강력히 권유하여 위와 같이 양도성예금증서를 丙측에 담보로 제공할 수 있게 하였다. 甲과 乙의 형사책임은? **판례** 주식회사는 주주와 독립된 별개의 권리주체로서 그 이해가 반드시 일치하는 것은 아니므로, 회사 소유 재산을 주주나 대표이사가 제3자의 자금 조달을 위하여 담보로 제공하는 등 사적인 용도로 임의 처분하였다면 그 처분에 관하여 **주주총회나 이사회의 결의가 있었는지 여부와는 관계없이 횡령죄의 죄책을 면할 수는 없는** 것이고, 횡령죄에 있어서 불법영득의 의사라 함은 자기 또는 제3자의 이익을 꾀할 목적으로 업무상의 임무에 위배하여 보관하는 타인의 재물을 자기의 소유인 경우와 같은 처분을 하는 의사를 말하고 **사후에 이를 반환하거나 변상, 보전하는 의사가 있다 하더라도 불법영득의 의사를 인정함**에 지장이 없다. 또한 주식회사의 재산을 임의로 처분하려는 **대표이사의 횡령행위를 주선하고 그 처분행위를 적극적으로 종용한 경우에는 대표이사의 횡령행위에 가담한 공동정범**의 죄책을 면할 수 없다(대법원 2005.8.19, 2005도3045). 법원행시 06 / 법원행시 08 / 법원9급 07(상)
해결 업무상 횡령죄의 공동정범.

803 **사례 : 대표이사가 회사 명의로 대출받은 돈을 임의로 사용한 사례** A회사 대표이사 甲은 회사 명의로 금융기관에서 대출을 받으면서 자기가 실제 채무자이고 회사는 단순히 형식상 주채무자라는 의사표시를 하지 않고 대출을 받아 위 대출금을 인출하여 임의로 사용하였다. 다만 甲은 이후 자신의 개인자금으로 대출금 상당액을 상환하였다. 甲의 죄책은? **판례** 대표이사가 회사 명의로 대출을 받을 당시 금융기관에 '자신이 실제 채무자이고 회사는 단순히 형식상의 주채무자'라는 의사표시를 하거나,

10	법인의 운영자 또는 관리자가 법인과 아무런 관련이 없거나 개인적인 용도로 착복할 목적 하에 법인 자금으로 부외자금(簿外資金) 등의 비자금을 조성한 뒤 자기 또는 제3자인 다른 계열사들의 이익을 위하여 사용한 경우(계열회사 전부가 자신의 1인회사인 경우에도 마찬가지임)(대법원 2011.2.10, 2010도12920) 등 사시 16

(3) 불법영득의사가 인정되지 않는 경우

다음과 같은 경우 (업무상) 횡령죄의 불법영득의사가 인정되지 않는다.

1	법인의 이사를 상대로 한 이사직무집행정지가처분결정이 되었는데, 법인으로서는 (그 이사 자격의 부존재가 객관적으로 명백하여 항쟁의 여지가 없는 경우가 아닌 한) 위 가처분에 대항하여 항쟁할 필요가 있고, 이와 같이 필요한 한도 내에서 법인의 대표자가 법인 경비에서 당해 가처분 사건의 피신청인인 이사의 소송비용을 지급한 경우(대법원 1990.6.26, 89도1102; 2003.5.30, 2003도1174; 2009.3.12, 2008도10826) 경찰승진(경사) 10 / 사시 16 / 국가7급 16
2	재단법인 이사장이 재단의 신규사업을 추진하는 용도로 법인의 자금을 인출한 경우(대법원 1998.2.13, 97도1962)[804]
3	회사의 비자금이 회사의 장부상 일반자금 속에 은닉되어 있는 경우(장부상의 분식－粉飾－에 불과함)(대법원 1999.9.17, 99도2889)[805]
4	사찰 창건 이래 사찰재산에 대한 관리처분권한이 부여되어 사찰창건주이자 주지로서 사찰의 운영을 책임지고 있었던 자가 병원치료비와 장학금지급 등을 위하여 사찰재산을 사용한 경우(대법원 2001.5.8, 99도4699)
5	예산을 집행할 직책에 있는 자가 자기 자신의 이익을 위한 것이 아니고 경비부족을 메우기 위하여 예산을 전용한 경우(그 예산의 항목유용 자체가 위법한 목적을 가지고 있다거나 예산의 용도가 엄격하게 제한되어 있는 경우가 아님을 전제함)(대법원 2002.2.5, 2001도5439)
6	법인의 기밀비 지출이 법인 업무와 관련되어 지출된 경우(대법원 2005.2.18, 2002도2822)[806]

대출담당자가 '회사에 대해서는 채무자로서의 책임을 지우지 아니하려는 의도'를 가지고 있었다고 인정할 아무런 자료가 없는 경우, **금융기관과 회사 사이의 대출약정을 통정허위표시로 볼 수 없으므로**(대법원 2008.6.12, 2008다7772,7789 등), 대표이사가 **회사에 귀속된 위 대출금**을 인출하여 임의로 사용한 행위는 업무상 횡령에 해당하고, 그 후 개인자금으로 대출금 상당액을 상환하였다는 등의 사정은 범죄 성립에 영향을 미치지 아니한다(대법원 2010.5.27, 2010도369). **해결** 업무상 횡령죄.

804 **사례 : 재단 신규사업을 위해 법인자금 인출 사례** 재단법인 이사장 甲은 1989년도 법인세신고를 앞두고 전년도에 비하여 급격한 세액신고의 증가를 피하려는 동기에서 위 법인의 자금을 인출하여 재단과 무관한 자가 아니라 자신과 위 재단의 이사 3인의 명의로 은행계좌에 보관하면서 이 자금을 재원으로 하여 묘원 확장을 위한 토지 구입을 비롯한 재단의 신규사업을 검토 및 추진하여 왔다. 甲의 행위는 횡령에 해당하는가? **판례** 불법영득의사를 실현하는 행위로서의 횡령행위가 있다는 점은 어디까지나 검사가 입증하여야 하는 것으로서, 그 입증은 법관으로 하여금 합리적인 의심을 할 여지가 없을 정도의 확신을 생기게 하는 증명력을 가진 엄격한 증거에 의하여야 하고, 이와 같은 증거가 없다면 설령 피고인에게 유죄의 의심이 간다 하더라도 피고인의 이익으로 판단할 수밖에 없다 할 것인바, 이 사건에서 피고인 1은 위 인출금을 자신과 이사 3인의 명의로 비록 전 기간에 걸쳐 전액을 예치한 것은 아니더라도 이를 금융기관에 예치하여 관리하고 있었던 것으로 보이므로, 횡령죄가 되기 위해서는 피고인들의 자금 인출행위가 **그 인출금을 재단의 자금으로 별도 관리하기 위한 것이 아니라 불법영득의사의 실행으로 한 것이고, 그 결과 위 예치금도 재단을 위하여 보관한 것이 아니라는 점이 증거에 의하여 입증되어야 할 것이다**(대법원 1998.2.13, 97도1962). **해결** 해당하지 않는다.

805 **사례 : 장부상의 분식에 불과한 사례** 회사의 비자금을 회계장부상 일반자금 속에 은닉한 행위는 횡령에 해당하는가? **판례** 횡령행위의 한 태양으로서의 은닉이란, 타인의 재물의 보관자가 위탁의 본지에 반해 그 재물을 발견하기 곤란한 상태에 두는 것을 말하는 것인바, 피고인이 조성한 비자금이 회사의 장부상 일반자금 속에 은닉되어 있었다 하더라도 이는 당해 비자금의 소유자인 회사 이외의 제3자가 이를 발견하기 곤란하게 하기 위한 **장부상의 분식(粉飾)에 불과하여 그것만으로 피고인의 불법영득의 의사를 인정할 수는 없다**(대법원 1999.9.17, 99도2889). **해결** 해당하지 않는다.

806 **판례 : 법인 기밀비 사용 사례** 법인의 기밀비와 같은 경우에는 법인의 업무와 관련하여 지출한 접대비의 일종으로서 일정한 한도 내에서는 접대비로 간주되어 손금에 산입될 수 있으므로, 기밀비의 지출이 법인의 업무와 관련되어 지출된 이상 불법영득의사를 인정하기는 어렵다(대법원 2005.2.18, 2002도2822).

7	회사의 이사가 회사 채무의 변제를 위하여 회사 소유 재물에 대한 반환을 거부한 경우(반환 거부에 정당한 이유가 있음)(대법원 2006.2.10, 2003도7487)[807]
8	지방재정법 시행령에 따라 행정안전부령으로 '지방자치단체 업무추진비 집행에 관한 규칙'이 제정되기 전 포괄적으로 그 용도가 정해져 있을 뿐인 업무추진비의 경우(지방자치단체장이 내부지침을 위반하여 이를 집행하였다거나 사후적으로 그 사용에 관한 증빙자료가 제출되지 못하고 있다고 하여 불법영득의 의사가 인정될 수 없음)(대법원 2010.6.24, 2008도6755)[808]
9	법인이나 단체에서 지급되는 이른바 판공비 또는 업무추진비가 실비변상적 급여의 성질을 가지고 있고 포괄적으로 용도를 정하고 있을 뿐인 경우(대법원 2010.6.24, 2007도5899)[809] 경찰간부 16
10	타인으로부터 용도가 엄격히 제한된 자금을 위탁받아 집행하면서 제한된 용도 이외의 목적으로 자금을 사용하는 경우가 아님을 전제로, 행위자가 불법영득의사의 존재를 인정하기 어려운 사유를 들어 돈의 행방이나 사용처에 대한 설명을 하고 있고 이에 부합하는 자료도 있는 경우(대법원 2006.8.24, 2006도3272; 2009.4.23, 2009도495; 2011.5.26, 2011도1904[810]) 또는 회사의 경영자가 회사를 위하여 자금을 지출하면서 자금을 집행하기 위한 회사 내부의 정상적인 절차를 거친 경우(원래 사용될 이외의 목적으로 자금을 지출하였다는 사정만으로 불법영득의사가 있다고 단정할 수 없음)(대법원 2012.5.24, 2012도535; 2013.2.15, 2011도13606[811]) 등.

807 **판례 : 버스회수권 반환거부 사례** 회사의 대표이사가 대표이사 직무대행자에게 **회사 소유 버스회수권**을 반환하지는 않았으나, 그 회수권은 원래 회사 채권자에 대한 회사 채무의 변제를 위하여 사용하기로 하였던 것이어서 회사 채권자에게 회사 채무에 대한 담보나 대물변제조로 교부해 줄 의사로 그 반환을 거부한 것으로 인정되는 경우(**그리고 실제로 이를 회사 채권자에게 교부하였다면**), 불법영득의 의사로 반환을 거부한 것이라고 볼 수는 없게 된다(대법원 2006.2.10, 2003도7487).

808 **보충 – 판결이유** 업무추진비의 성질상 집행의 시기나 범위를 사전에 명확히 하기가 곤란하여 사전에 내부적인 결제절차를 취한 후 금원을 수령하여 집행하는 것이 어려운 경우가 많으며, 현금거래 등으로 인하여 이를 사용한 후에도 그 지출에 관한 영수증 등 증빙자료를 구비하는 것이 어렵다. 이러한 사정 하에서는 **지방자치단체장에게 업무추진비의 사용처나 규모, 공무와 관련된 것인지 여부 등에 대한 판단이 맡겨져 있었다**고 할 것이고, 그 판단은 우선적으로 존중되어야 할 것이다.

809 **사례 : 버스운송사업조합의 이사장이 현금으로 지급된 판공비 또는 조합활동비의 구체적인 사용처를 설명하지 못한다거나 사후적으로 그 증빙자료를 제출하지 못하지만 횡령죄의 성립이 부정된 사례** 서울특별시마을버스운송사업조합 이사장인 甲에게는 2003.1.경부터 2005.7.경까지 사이에 업무수행을 위하여 매월 500만 원 또는 400만 원씩 현금으로 판공비가 지급되었다. 위 조합 정관에는 업무수행을 위하여 지급할 수 있다고만 되어 있을 뿐 그 사용 대상이나 목적, 지출 방법 등에 대하여 제한을 두지 않았고, 달리 그 사용에 관한 기준도 마련되어 있지 않았으며, 그동안 이 사건 조합에서는 이사장 등에게 판공비 등을 사용한 이후 그 지출에 관한 영수증 등 증빙자료를 제출하도록 하거나 사용처 등을 밝히도록 요구하지도 않았다. 그런데 甲은 그간 사용한 판공비의 구체적인 사용처를 설명하지 못하고 있을 뿐만 아니라 조합을 위하여 사용하였다고 인정할 아무런 자료를 제시하지 못하고 있다. 甲에게는 업무상 횡령죄가 성립하는가? **판례** 불법영득의 의사에 관한 입증책임은 어디까지나 **검사**에게 있는 것이므로, 어떤 **금전의 용도가 추상적으로 정하여져 있다 하여도 그 구체적인 사용 목적이나 사용처, 사용 시기 등에 관하여 보관자에게 광범위한 재량을 가지고 이를 사용할 권한이 부여되어 있고, 지출한 후에 그에 관한 사후보고나 증빙자료의 제출도 요구되지 않는 성질의 것**이라면, 그 보관자가 위 금전을 사용한 다음 그 행방이나 사용처를 제대로 설명하지 못하거나 증빙자료를 제출하지 못하고 있다고 하여 함부로 불법영득의 의사를 추단하여서는 아니되고, 그 금전이 본래의 사용 목적과는 관계없이 개인적인 이익을 위하여 지출되었다거나 합리적인 범위를 넘어 과다하게 이를 지출하였다는 등 불법영득의 의사를 인정할 수 있는 사정을 검사가 입증하여야 함은 입증책임의 법리상 당연하다 하겠다(대법원 2010.6.24, 2007도5899). **해결** 성립하지 않는다.

810 **보충** 비록 동업재산에 해당하는 부가가치세 환급금이라 하더라도 목적·용도가 엄격히 제한된 자금을 그 제한된 용도 이외의 목적으로 사용하는 경우가 아니라 **조합 사업과 직·간접적으로 관련된 비용에 지출한 경우**에는 함부로 불법영득의사를 인정할 수 없다는 판례이다.

811 **판례** 甲 주식회사의 공동운영자인 A 등은 乙 주식회사의 자금집행 담당자 丙과 공모하여, 乙 회사가 甲 회사와 체결한 선박건조계약에 따라 甲 회사로부터 지급받은 선박건조 선수금을 **甲 회사의 대출금 변제** 등 다른 용도에 사용하였다. 다만 **위 선수금의 용도가 선박건조용으로 엄격하게 제한되어 있었다거나 丙에게 불법영득의사가 있었다고 단정하기 어려운 경우**이었다. 그렇다면 A 등에게는 업무상 횡령죄의 죄책이 인정되지 않는다.

3. 횡령죄의 기수시기, 죄수 및 다른 범죄와의 관계

(1) 기수시기

① 표현설(表現說, Manifestationstheorie)[812] : 처분행위에 의해 영득의사가 객관적으로 인식될 수 있도록 확정적으로 외부에 표현된 때 횡령죄는 기수가 된다는 견해이다. 판례도 표현설을 취하여, 다른 사람의 재물을 보관하는 사람이 그 사람의 동의 없이 함부로 이를 담보로 제공하는 행위가 민법 등 사법상 무효이거나 그로 인하여 피해자의 소유권이 침해되는 결과가 발생하지 않더라도 횡령죄를 구성한다고 보고 있다(대법원 2002.11.13, 2002도2219[813]; 2008.11.13, 2006도4885[814]; 2009.2.12, 2008도10971). 국가7급 14 / 법원행시 12 따라서 횡령죄의 성립에서 소유권침해의 결과발생은 그 요건이 아니다. 횡령죄를 위태범이라고 볼 때 이 견해가 타당하다. 또한 횡령의 범행을 한 자가 물건의 소유자에 대하여 별도의 금전채권을 가지고 있었다 하더라도 횡령 범행 전에 상계 정산하였다는 등 특별한 사정이 없는 한 그러한 사정만으로 이미 성립한 업무상 횡령죄에 영향을 미칠 수는 없다(대법원 1995.3.14, 95도59; 2006.6.2, 2005도3431; 2012.6.14, 2010도9871; 2014.5.16, 2013도15895). 이러한 표현설에 의하면, 횡령죄의 미수는 불능미수나 중지미수를 논외로 하고는 사실상 인정되기 어려워진다.

② 실현설(實現說)[815] : 불법영득의사가 실현된 때 횡령죄는 기수가 된다는 견해이다. 대체로 횡령죄의 성격을 침해범으로 이해할 때 나오는 입장이다.[816] 실현설에 의하면, 타인소유의 부동산을 위탁관계에 의하여 보관하는 자가 이를 제3자에게 임의로 매각하는 횡령의 범행에 있어서, 부동산매매계약을 체결하면 미수이고 소유권이전등기를 경료하면 기수가 된다고 이해한다.

(2) 횡령죄의 죄수 및 다른 범죄와의 관계

① 횡령죄의 죄수판단기준 : 횡령죄는 신임관계를 보호하는 구성요건이라는 점에서 그 죄수판단의 기준은 위탁관계의 수이다. 따라서 여러 개의 위탁관계에 의하여 보관하던 여러 개의 재물을 한 개의 행위에 의하여 횡령한 경우 위탁관계별로 수개의 횡령죄가 성립하고, 그 사이에는 상상적 경합의 관계가 있는 것으로 보아야 한다(대법원 2013.10.31, 2013도10020). 국가9급 16 / 경찰승진(경감이하) 17

② 횡령죄의 불가벌적 사후행위 : 횡령죄는 상태범(狀態犯)이므로 타인의 재물을 점유하는 자가 그 점유를 자기를 위한 점유로 바꾸려고 하는 의사를 가지고 그러한 영득의 의사가 외부에 인식될 수 있는 객관적 행위를 하였을 때에는 그 재물 전체에 대한 횡령죄가 성립되고, 일단 횡령을 한 이후에 다시

---

812 김성천/김형준, 503면; 박상기, 365면; 배종대, 485면; 유기천(상), 303면; 이재상, §20-36; 임웅, 402면; 정영석, 373면.

813 **사례 : 횡령죄가 위태범이므로 보관 중인 타인의 재물을 담보로 제공하는 행위가 사법상 무효인 경우에도 횡령죄가 성립한다는 사례** 甲은 충남 예산군 소재 도예공품 공장과 기계 일부를 조카 명의로 공매받아 M세라믹이라는 상호로 경영하던 중 은행에 공장과 자신이 보관하고 있던 乙 소유의 자동포장기 등을 포함한 기계전부를 담보로 제공하고 채권최고액을 6억 5천만 원으로 하는 근저당권설정계약을 체결하였다(**그런데 공장저당법 관련규정에 의하면 乙 소유의 기계에는 저당권의 효력이 미치지 않으므로 이 부분에 대한 저당권설정행위는 무효임**). 甲의 乙에 대한 죄책은? **판례** 횡령죄는 다른 사람의 재물에 관한 소유권 등 본권을 그 보호법익으로 하고 본권이 침해될 위험성이 있으면 그 침해의 결과가 발생되지 않더라도 성립하는 이른바 **위태범(危殆犯)**이므로 다른 사람의 재물을 보관하는 사람이 그 사람의 동의 없이 함부로 이를 담보로 제공하는 행위는 불법영득의 의사를 표현하는 횡령행위로서 **사법상 그 담보제공행위가 무효이거나 그 재물에 대한 소유권이 침해되는 결과가 발생하는지 여부에 관계없이 횡령죄를 구성한다**(대법원 2002.11.13, 2002도2219). 국가7급 14 **해결** 횡령죄

814 **판례 : 대표이사가 자신의 다른 횡령사실을 감추기 위하여 가공의 공사대금을 지급한 것처럼 회계처리하고 가공의 공사대금에 대한 부가가치세 명목으로 회사 자금을 임의로 지출한 사례** 주식회사의 대표이사가 **자신의 다른 횡령사실을 감추기 위한 목적**으로 가공의 공사대금을 지급한 것처럼 허위로 회계처리하면서 가공의 공사대금에 대한 부가가치세 명목으로 회사 자금을 임의로 지출한 경우에는 **그로써 횡령죄는 기수에 이른다**. 그 후에 그 지출액 상당을 매입세액으로 환급받아 회사에 다시 입금하였다고 하더라도 이미 성립한 횡령죄에 영향을 미치지 아니한다(대법원 2008.11.13, 2006도4885). 사시 12

815 김일수/서보학, 364면; 김종원, 225면; 백형구, 210면; 오영근, 556면; 이정원, 453면; 이형국(Ⅰ), 493면; 정성근/박광민, 397면.

816 다만 횡령죄를 침해범으로 보면서도 기수시기에 관해서는 표현설을 취하는 견해는 배종대, ibid.

그 재물을 처분하는 것은 불가벌적 사후행위에 해당하여 처벌할 수 없다(대법원 1978.11.28, 78도2175; 1998.2.24, 97도3282). 법원9급 05 따라서 공동상속인 중 1인인 甲이 상속재산인 임야를 보관 중 다른 상속인들로부터 매도 후 분배 또는 소유권이전등기를 요구받고도 그 반환을 거부함으로써 횡령죄를 범한 후, 甲이 그 임야에 관하여 다시 제3자 앞으로 근저당권설정등기를 경료해 준 행위는 새로운 법익침해를 수반하지 않는 불가벌적 사후행위로서 별도의 횡령죄를 구성하지 않는다(대법원 2010.2.25, 2010도93). 경찰채용 12 2차

③ 횡령죄의 불가벌적 사후행위가 아닌 경우 : ㉠ 종래에는 타인으로부터 명의신탁(부동산실명법위반이 아닌 명의신탁을 전제함)받아 보관 중이던 토지에 대해 피해자인 명의신탁자의 승낙 없이 제3자에게 근저당권설정등기를 경료해 주면 이미 횡령죄가 성립하므로 그 토지를 다른 사람에게 매도하더라도 이는 횡령물의 처분행위로서 별개의 횡령죄를 구성하지 아니한다는 것이 판례의 입장이었다(대법원 1998.2.24, 97도3282).[817] 그러나 대법원은 2013년도 전원합의체 판례에 의하여 "타인의 부동산을 보관 중인 자가 불법영득의사를 가지고 그 부동산에 근저당권설정등기를 경료함으로써 일단 횡령행위가 기수에 이르렀다 하더라도 그 후 부동산을 매각함으로써 기존의 근저당권과 관계없이 법익침해의 결과를 발생시켰다면 이는 임의경매에 의한 매각 등 근저당권 실행으로 인해 당연히 예상될 수 있는 범위를 넘어 새로운 법익침해의 위험을 추가한 것이므로 불가벌적 사후행위로 볼 수 없고, 별도로 횡령죄를 구성한다."고 판시함으로써 종래의 판례의 입장을 변경하였다(대법원 2013.2.21, 2010도10500 전원합의체). 국가7급 14 / 국가9급 18 / 법원행시 08 / 법원행시 09 / 법원행시 10 / 법원행시 11 / 법원행시 14 / 법원행시 16 / 법원승진 14 / 경찰채용 13 2차 / 경찰채용 18 3차 / 변호사 16 / 법원9급 16 / 경찰간부 18 / 국가7급 20 / 법원9급 20 이외에도 ㉡ 재물을 횡령한 자가 다시 회사장부를 허위로 기재하여 국가로부터 세금을 포탈한 경우 별도의 조세포탈죄가 성립하며 이는 횡령죄에 대한 불가벌적 사후행위가 아니다(대법원 1992.3.10, 92도147). 또한 ㉢ 명의수탁자가 신탁받은 부동산의 일부에 대한 토지수용보상금 중 일부를 소비하고, 이어 수용되지 않은 나머지 부동산 전체에 대한 반환을 거부한 경우에도 새로운 법익의 침해로서 별개의 횡령죄가 성립하는 것이고 불가벌적 사후행위로 볼 수 없다(대법원 2001.11.27, 2000도3463). 국가9급 11 / 법원승진 12 / 경찰승진(경사) 10 / 경찰승진(경감) 10 / 경찰채용 11 1차 / 경찰채용 16 1차 / 사시 14 / 변호사 12

④ 횡령죄의 포괄일죄가 인정되는 경우 : 법인의 운영자·관리자가 법인과는 아무런 관련이 없거나 개인적인 용도로 착복할 목적 하에 법인 자금으로 별도의 비자금을 조성한 경우 업무상 횡령죄의 불법영득의사가 인정되며, 이후 비자금의 조성 및 사용행위가 반복되었다면 이러한 수개의 업무상 횡령행위는 포괄일죄로 보아야 한다(대법원 2009.2.12, 2006도6994).

⑤ 전기통신금융사기 또는 사기범행으로 송금된 현금을 인출하는 행위

㉠ 범인이 인출하는 경우 : 전기통신금융사기(이른바 보이스피싱 범죄)의 범인이 피해자를 기망하여 피해자의 자금을 사기이용계좌로 송금·이체받으면 사기죄는 기수에 이르고, 범인이 피해자의 자금을 점유하고 있다고 하여 피해자와의 어떠한 위탁관계나 신임관계가 존재한다고 볼 수 없을 뿐만 아니라, 그 후 범인이 사기이용계좌에서 현금을 인출하였더라도 이는 이미 성립한 사기범행이 예정하고 있던 행위에 지나지 아니하여 새로운 법익을 침해한다고 보기도 어려우므로, 위와 같은 인출행위는 사기의 피해자에 대하여 별도의 횡령죄를 구성하지 아니한다. 이러한 법리는 사기범행에 이용되리

817 **유사판례** 공동상속인 중 1인인 甲은 상속재산인 임야를 보관 중 다른 상속인들로부터 매도 후 분배 또는 소유권이전등기를 요구받고도 그 반환을 거부함으로써 횡령죄를 범하였다. 그 후 甲은 그 임야에 관하여 다시 제3자 앞으로 근저당권설정등기를 경료해 주었다 하더라도 이 부분은 **불가벌적 사후행위**로서 별도의 횡령죄를 구성하지 않는다(대법원 2010.2.25, 2010도93). 국가7급 12 / 법원행시 12 / 법원9급 14 / 경찰채용 12 2차

라는 사정을 알고서 자신 명의 계좌의 접근매체를 양도함으로써 사기범행을 방조한 종범이 사기이용계좌로 송금된 피해자의 자금을 임의로 인출한 경우에도 마찬가지로 적용된다(대법원 2017.5.31, 2017도3045; 2017.5.31, 2017도3894).

㉡ 단순 계좌명의인이 인출하는 경우 : 송금의뢰인과 계좌명의인 사이에 송금·이체의 원인이 된 법률관계가 존재하지 않음에도 송금·이체에 의하여 계좌명의인이 그 금액 상당의 예금채권을 취득한 경우(소위 '착오송금'의 경우), ⓐ 계좌명의인은 송금의뢰인에게 그 금액 상당의 돈을 반환하여야 하므로, 계좌명의인은 그와 같이 송금·이체된 돈에 대하여 송금의뢰인을 위하여 보관하는 지위에 있다. 따라서 계좌명의인이 그와 같이 송금·이체된 돈을 그대로 보관하지 않고 영득할 의사로 인출하면 횡령죄가 성립한다(대법원 2005.10.28, 2005도5975; 2010.12.9, 2010도891 등). 이러한 법리는 계좌명의인이 개설한 예금계좌가 전기통신금융사기 범행에 이용되어 그 계좌에 피해자가 사기피해금을 송금·이체한 경우(소위 '사기피해송금'의 경우)에도 마찬가지로 적용되므로, 만약 계좌명의인이 그 돈을 영득할 의사로 인출하면 피해자에 대한 횡령죄가 성립한다(대법원 2018.7.19, 2017도17494 전원합의체). 다만, ⓑ 계좌명의인의 인출행위는 전기통신금융사기의 범인에 대한 관계에서는 횡령죄가 되지 않는다. 계좌명의인과 전기통신금융사기의 범인 사이의 관계는 횡령죄로 보호할 만한 가치가 있는 위탁관계가 아니기 때문이다(대법원 2018.7.19, 2017도17494 전원합의체). 경찰채용 20 2차 / 국가7급 21 / 국가9급 20

⑥ 강제집행면탈죄와의 관계 : 양 죄의 구성요건[818] 및 강제집행면탈죄에 있어 은닉(隱匿)의 개념에 비추어 보면 타인의 재물을 보관하는 자가 보관하고 있는 재물을 영득할 의사로 은닉하였다면 이는 횡령죄를 구성하는 것이고, 채권자들의 강제집행을 면탈하는 결과를 가져온다 하여 이와 별도로 강제집행면탈죄를 구성하는 것은 아니다(대법원 2000.9.8, 2000도1447). 법원행시 09 / 법원9급 11 / 경찰채용 13 1차 / 사시 10

⑦ 상법상 납입가장죄(納入假裝罪)와의 관계

㉠ 가장납입에 해당하는 경우 : 타인으로부터 금원을 차용하여 주금을 납입하고 그에 따른 등기를 마친 직후 이를 인출하여 그 타인에 대한 차용금 변제에 사용한 경우, 이러한 가장납입행위는 상법상 납입가장죄가 성립할 뿐 이와 별도로 업무상 횡령죄가 성립하는 것은 아니다(대법원 2004.6.17, 2003도7645 전원합의체; 2009.6.25, 2008도10096[819]; 2011.9.8, 2011도7262[820]). 법원행시 07 / 법원행시 09 / 법원행시 10 /

---

818 횡령죄의 구성요건으로서 횡령행위란 불법영득의 의사, 즉 타인의 재물을 보관하는 자가 자기 또는 제3자의 이익을 꾀할 목적으로 위탁의 취지에 반하여 권한 없이 그 재물을 자기의 소유인 것처럼 사실상 또는 법률상 처분하려는 의사를 실현하는 행위를 말하고, 강제집행면탈죄에 있어서 은닉이라 함은 강제집행을 면탈할 목적으로 강제집행을 실시하는 자로 하여금 채무자의 재산을 발견하는 것을 불능 또는 곤란하게 만드는 것을 말하는 것으로서 진의에 의하여 재산을 양도하였다면 설령 그것이 강제집행을 면탈할 목적으로 이루어진 것으로서 채권자의 불이익을 초래하는 결과가 되었다고 하더라도 강제집행면탈죄의 허위양도 또는 은닉에는 해당하지 아니한다. 법원9급 06 / 법원9급 07(하) / 법원9급 11

819 **판례 : 소위 견금방식의 납입가장행위의 횡령죄 성부** 주식회사의 설립업무 또는 증자업무를 담당한 자와 주식인수인이 사전 공모하여 주금납입취급은행 이외의 제3자로부터 납입금에 해당하는 금액을 차입하여 주금을 납입하고 납입취급은행으로부터 납입금보관증명서를 교부받아 회사의 설립등기절차 또는 증자등기절차를 마친 직후 이를 인출하여 위 차용금채무의 변제에 사용하는 경우, 위와 같은 행위는 실질적으로 회사의 자본을 증가시키는 것이 아니고 등기를 위하여 납입을 가장하는 편법에 불과하여, **주금의 납입 및 인출의 전과정에서 회사의 자본금에는 실제 아무런 변동이 없다고 보아야 할 것이므로, 그들에게 회사의 돈을 임의로 유용한다는 불법영득의 의사가 있다고 보기 어렵다** 할 것이고, 이러한 관점에서 **상법상 납입가장죄의 성립을 인정하는 이상 회사 자본이 실질적으로 증가됨을 전제로 한 업무상 횡령죄가 성립한다고 할 수는 없다**(이에 배치되는 종전의 대법원 판결들 변경)(대법원 2004.6.17, 2003도7645 전원합의체; 2009.6.25, 2008도10096). 사시 13

820 **사례 : 타인으로부터 금원을 차용하여 주금을 납입하고 설립등기나 증자등기 후 바로 인출하여 차용금 변제에 사용하는 경우, 상법상 납입가장죄의 성립 외에 업무상횡령죄가 성립하지 않는다는 사례** 甲 주식회사의 사실상 경영자인 A는, 乙에게서 돈을 차용하여 가장납입의 방법으로 甲 회사의 유상증자에 참여한 후 乙이 납입한 주금 해당액을 바로 인출하여 자기앞수표로 반환하였는데, **이후 회계감사에 대비하여 위 수표를 乙에게서 잠시 돌려받아 甲 회사 계좌에 입금한 뒤** 다시 해당 금액을 인출하여 변제하였다. A에게는 업무상 횡령죄의 불법영득의사가 인정되는가?

경찰승진 12 / 사시 13 / 경찰간부 17 / 경찰승진(경감이하) 17

ⓛ 가장납입에 해당하지 않는 경우 : 자신의 1인 회사의 자금을 회사의 증자자금 명목으로 자신의 예금계좌로 입금받았다면 이미 횡령죄가 성립하고 그 후 이를 실제 증자대금을 사용하여 회사에 다시 입금하였다 하더라도 횡령죄의 성립에 영향을 주는 것은 아니다(대법원 2006.11.10, 2004도5167).[821]

⑧ 정치자금법위반죄와의 관계 : 회사의 대표이사가 부외자금을 인출하여 회사의 이익을 도모하기보다는 후보자 개인의 이익을 위하여 정치자금으로 기부하였다면 특경법위반(횡령)죄와 기부제한규정위반으로 인한 정치자금법위반죄는 보호법익과 구성요건의 내용이 서로 다른 별개의 범죄이므로 실체적 경합범이 성립한다(대법원 2005.5.26, 2003도5519).

(3) 친족상도례

횡령범인이 위탁자가 소유자를 위해 보관하고 있는 물건을 위탁자로부터 보관받아 이를 횡령한 경우에 친족상도례(제361조, 제328조)는 범인과 피해물건의 소유자 및 위탁자 쌍방 사이에 같은 조문에 정한 친족관계가 있는 경우에만 적용된다. 따라서 횡령범인과 피해물건의 소유자간에만 친족관계가 있거나 횡령범인과 피해물건의 위탁자 간에만 친족관계가 있는 경우에는 적용되지 않는다(대법원 2008.7.24, 2008도3438).[822] 국가9급 11 / 국가9급 14 / 법원행시 10 / 법원행시 11 / 법원승진 12 / 법원9급 09 / 법원9급 12 / 경찰간부 11 / 경찰승진(경사) 10 / 경찰승진(경감) 10 / 경찰승진 14 / 경찰채용 12 1차 / 경찰채용 13 1차 / 경찰채용 16 1차 / 경찰채용 18 1차 / 사시 11 / 사시 14 / 변호사 12 / 경찰채용 23 1차

03 업무상 횡령죄

제356조 【업무상의 횡령과 배임】 업무상의 임무에 위배하여 제355조의 죄를 범한 자는 10년 이하의 징역 또는 3천만원 이하의 벌금에 처한다.

판례 납입된 주금이 회사에 일단 귀속되어 회사 자본이 실질적으로 증가한 것으로 볼 수 있는지 여부는 그 주금의 납입 경위, 납입된 주금의 보관 및 인출 형태와 경위 등 제반 사정을 종합하여 판단하여야 한다. 피고인이 주금 가장납입의 방법에 의한 납입금에 해당하는 금액을 자기앞수표로 인출한 것이 甲 회사에 실질적으로 귀속되는 회사 자금의 횡령행위라고 볼 수 없음은 원심이 인정한 바와 같으나, 나아가 회계감사에 대비하여 수표를 甲 회사에 일시 반환하도록 하였다가 다시 인출하여 돌려준 사정만으로는 위 돈이 갑 회사에 실질적으로 귀속된 것으로 볼 수 없고, 오히려 위 인출 및 반환과 재인출 경위에 비추어 이는 즉시 반환이 예정된 일시 차용에 불과하여 그 실질은 위 가장납입금의 당초 약정에 따른 종국적 인출행위라고 보는 것이 타당하므로, 이러한 행위를 들어 피고인에게 甲 회사의 돈을 임의로 유용한다는 불법영득의사가 존재한다고 볼 수 없는데도, 이와 달리 판단한 원심판결에는 법리오해의 위법이 있다(대법원 2011.9.8, 2011도7262).
해결 인정되지 않는다.

821 **사례 : 회사의 자금을 빼돌린 후 이를 증자자금으로 사용한 사례** 甲이 자신의 1인 회사인 B회사 소유의 자금 150억 원을 B회사 대표이사 丙과 공모하여 B회사의 증자자금 명목으로 甲의 개인 예금계좌로 입금받은 경우, 甲이 이를 실제 증자대금으로 사용함으로써 결과적으로 위 회사에 다시 입금되었다고 한다면 甲에게 (업무상) 횡령죄의 불법영득의사가 인정되는가? **판례** 피고인이 공소외 2 회사(B회사)에 증자대금을 납입한 행위가 단순한 가장납입에 해당한다고 보기는 어려울 뿐만 아니라, 만약 공소외 2 회사가 피고인을 통해 어음을 할인한 후 피고인이 납입해야 할 증자대금으로 사용하도록 하기 위하여 그 할인대금을 임의로 피고인에게 교부한 것이라면, 그 단계에서 회사의 돈을 임의로 유용한 것이 되어 횡령죄는 이미 기수에 이르는 것이고, 피고인이 실제 이를 증자대금으로 사용함으로써 결과적으로 공소외 2 회사에 다시 입금되었다고 하더라도 그러한 사정만으로 불법영득의 의사가 없었다고 볼 수는 없다 할 것이다(대법원 2006.11.10, 2004도5167).
해결 인정된다.

822 **사례 : 횡령범인이 피해물건의 소유자와 위탁자 중 한쪽과 친족관계가 있는 경우, 친족상도례는 적용되지 않는다는 사례** 甲은 乙로부터 丙에게 전달해 달라는 부탁과 함께 금 2,000,000원을 교부받은 丁으로부터 丙에게 전달해 주겠다며 위 금원을 받아 보관하던 중 위 금 2,000,000원을 임의 사용함으로써 이를 횡령하였다. 그런데 甲은 乙의 삼촌이고 乙은 甲을 고소한 사실이 없다. 다만 丁은 甲과는 친족관계가 없다. 이처럼 횡령범인(甲)이 피해물건의 소유자(乙)와 위탁자(丁) 중 한쪽과 친족관계가 있는 경우, 친족상도례가 적용되는가? **해결** 적용되지 않는다.

1. 의의 및 성격

업무상 횡령죄는 업무상의 임무에 위배하여 횡령죄를 범함으로써 성립하는 범죄이다. 본죄는 '타인의 재물을 보관하는 자'라는 범죄구성적 신분과 '업무자'라는 형벌가중적 신분이 모두 구비되어야 성립하는 이중적 신분범(二重的 身分犯)의 성격을 가지는 부진정신분범이다.

2. 구성요건

본죄는 '업무상' 보관자가 불법영득의 의사로써 위탁관계에 기하여 보관하는 타인 소유의 재물을 횡령하거나 반환을 거부하여야 성립한다. 여기서 '업무'란 법령 · 계약에 의한 것뿐만 아니라 관례를 따르거나 사실상의 것이거나를 묻지 않고 같은 행위를 반복할 지위에 따른 사무를 가리키는 것이다. 경찰채용 12 2차 따라서 회사의 대표이사 혹은 그에 준하여 회사 자금의 보관이나 운용에 관한 사실상의 사무를 처리하여 온 자가 회사를 위한 지출 이외의 용도로 거액의 회사 자금을 가지급금 등의 명목으로 인출 · 사용함에 있어서 이자나 변제기의 약정이 없음은 물론 이사회 결의 등 적법한 절차도 거치지 아니하는 것은 통상 용인될 수 있는 범위를 벗어나 대표이사 등의 지위를 이용하여 회사 자금을 사적인 용도로 임의로 대여 · 처분하는 것과 다름없어 '업무상' 횡령죄를 구성한다고 볼 수 있다(대법원 2006.4.27, 2003도135).[823]

3. 공 범

업무상 보관자의 횡령범행에 일반인이 가담한 경우에 공범 성립의 문제에 대해서는 이미 총론 공범론 중 제33조의 적용에서 살펴보았듯이 학설 · 판례의 대립이 있는 문제이다.[824]

04 점유이탈물횡령죄

제360조【점유이탈물횡령】 ① 유실물, 표류물 또는 타인의 점유를 이탈한 재물을 횡령한 자는 1년 이하의 징역이나 300만 원 이하의 벌금 또는 과료에 처한다.
② 매장물을 횡령한 자도 전항의 형과 같다.

본죄의 객체는 유실물 · 표류물, 기타 점유이탈물, 매장물이다(무주물 ×). 국가9급 17 판례는 고속버스 내에 승객이 두고 간 물건은 버스운전사의 점유에도 속하지 않는다고 보아 점유이탈물이라고 보았으며(대법원 1993.3.16, 92도3170), 법원행시 11 / 법원행시 14 / 경찰승진 13 / 사시 10 최근에는 지하철 내의 선반 위에 두고 내린 물건도 점유이탈물이라고 보고 있다(대법원 1999.11.26, 99도3963). 법원행시 09 / 법원9급 07(하) / 경찰승진(경장) 10 / 경찰승진(경감) 10 / 경찰채용 10 2차 본죄는 영득죄(領得罪)이므로 주관적 구성요건으로 고의 이외에 불법영득의사를 요한다.

본죄는 횡령과 배임의 죄 중 유일하게 미수범 처벌규정을 두지 않은 죄이다(제359조 참조). 다만 친족상도례와 동력재물간주규정은 준용된다(제361조 참조).

---

823 사례 : 사실상 회사 자금을 운용하는 자 사례 甲(A주식회사의 상무이사이자 기획예산관리, 자금계획 및 운영계획, 주식관리 총괄 등을 공식 업무로 하는 경영기획본부장의 직책에 있는 자)은 A회사의 주가조작용으로 2000년 7월경부터 같은 해 10월경까지 3개월간 총 6회에 걸쳐 지속적으로 5억 5,000만 원의 회사의 자금을 이사회의 승인 없이 이자부담이 없는 업무가불의 형식으로 금원을 인출하여 사용하였다. 甲의 죄책은 횡령죄인가, 업무상 횡령죄인가? 해결 업무상 횡령죄.

824 총론, 정범과 공범론, 공범과 신분 참조.

제7절 배임의 죄

01 총 설

1. 의의 및 보호법익

배임죄(背任罪, breach of trust, Untreue)는 타인의 사무를 처리하는 자가 그 임무에 위배하는 행위로써 재산상의 이익을 취득하거나 제3자로 하여금 이를 취득하게 하여 본인에게 손해를 가함으로써 성립하는 범죄이다. 본죄의 보호법익은 재산권이며, 그 보호받는 정도는 위험범[825]이라는 점에서 횡령죄와 같다(소수설·판례 : 대법원 2000.4.11, 99도334[826]; 2002.6.28, 2000도3716, 판례는 구체적 위험범설)(반대견해 : 침해범설 −다수설[827]−). 그럼에도 불구하고 본죄는 미수범 처벌규정을 두고 있다(제359조). 또한 본죄는 재산상의 이익만을 대상으로 삼는 순수한 이득죄이다. 따라서 본죄는 장물죄의 본범이 될 수 없다.

판례연구 배임죄의 재산상 손해에 있어서 재산상 실해 발생의 위험의 의미 : 구체적 위험범설

대법원 2015.9.10, 2015도6745

배임죄는 본인에게 재산상의 손해를 가한 때 성립하는데, 여기서 재산상의 손해에는 현실적인 손해가 발생한 경우뿐만 아니라 재산상 실해 발생의 위험을 초래한 경우도 포함되고, 재산상 손해의 유무에 대한 판단은 법률적 판단에 의하지 않고 경제적 관점에서 파악하여야 한다. 그런데 재산상 손해가 발생하였다고 평가될 수 있는 재산상 실해 발생의 위험이란 본인에게 손해가 발생할 막연한 위험이 있는 것만으로는 부족하고 경제적인 관점에서 보아 본인에게 손해가 발생한 것과 같은 정도로 구체적인 위험이 있는 경우를 의미한다. 따라서 재산상 실해 발생의 위험은 구체적·현실적인 위험이 야기된 정도에 이르러야 하고 단지 막연한 가능성이 있다는 정도로는 부족하다. 법원행시 16 / 사시 16 / 경찰채용 16 2차

보충 甲 은행 지점장인 A가 업무상 임무에 위배하여 물품대금지급보증서를 발급한 후 乙 주식회사의 거래처인 丙 주식회사에 건네주었으나 丙 회사가 乙 회사와 거래를 개시하지 않아 지급보증 대상인 물품대금 지급채무 자체가 현실적으로 발생하지 않았다면, 보증인인 甲 은행에 경제적인 관점에서 손해가 발생한 것과 같은 정도로 구체적인 위험이 발생하였다고 평가할 수 없으므로, A에게는 배임죄의 죄책이 인정되지 않는다는 사례이다.

---

825 강구진, 378면; 박상기, 397면; 유기천(상), 332면; 이재상, §21−1.

826 **사례 : 규정에 위반한 백미 외상거래 사례** 甲 등은 乙과 백미 외상거래를 함에 있어 마땅히 조합 내부의 제 규정 등에 따라 먼저 담보를 취득한 다음 감정평가 기준에 의한 정확한 감정을 통하여 평가된 담보가액의 범위 안에서 외상거래 약정을 체결하되 그 거래 약정금액이 5억 원을 초과할 때에는 농협중앙회 전남지역본부의 심사를 거치거나 조합 이사회의 의결을 얻어야 하고 나아가 거래처에 대한 신용정도를 면밀히 파악하여 외상거래를 하더라도 그 대금의 지불능력이 있는지 여부 등까지 충분히 검토한 후 외상거래를 하여야 할 업무상 임무가 있음에도 아무런 담보의 설정 없이 그리고 거래약정의 체결 및 이사회의 의결 등을 거치지 아니한 상태에서 乙과의 외상거래를 개시하였다. 甲 등의 행위는 배임에 해당하는가?
판례 배임죄는 현실적인 재산상 손해액이 확정될 필요까지는 없고 단지 재산상 권리의 실행을 불가능하게 할 염려 있는 상태 또는 손해 발생의 위험이 있는 경우에 바로 성립되는 **위태범**이므로(대법원 1989.4.11, 88도1247), 이 사건에서와 같이 피고인들이 그 업무상 임무에 위배하여 부당한 외상 거래행위를 함으로써 업무상 배임죄가 성립하는 경우 담보물의 가치를 초과하여 외상 거래한 금액이나 실제로 회수가 불가능하게 된 외상거래 금액만이 아니라 **재산상 권리의 실행이 불가능하게 될 염려가 있거나 손해 발생의 위험이 있는 외상 거래대금 전액**을 그 손해액으로 보아야 한다(대법원 2000.4.11, 99도334).
해결 배임에 해당한다(배임죄의 공동정범). 법원행시 12

827 김성천/김형준, 515면; 김일수/서보학, 464면; 백형구, 219면; 손동권, 447면; 이정원, 460면; 이형국(Ⅰ), 507면; 임웅, 410면; 정성근/박광민, 417면; 진계호, 420면.

2. 배임죄의 본질

권한남용설 (權限濫用說)	배임행위의 본질을 법적 대리권의 남용에서 찾는 입장으로서, 이 설에 의하면 법적 대리권이 있는 자만이 본죄의 주체가 되며, 그 권한의 행사(남용)에 의하여만 본죄가 범하여지므로 배임행위는 법률행위에 제한되게 된다. 따라서 권한남용설에 의하면 횡령죄는 사실행위, 배임죄는 법률행위가 된다. 권한남용설의 문제점은 법적 대리권이 존재할 때에만 본죄의 성립을 인정하고 배임행위가 법률행위로 제한된다는 점에서 다양한 배임행위의 태양을 포섭할 수 없다는 점에 있다.
배신설 (背信說) 경찰간부 12	배임행위는 신의성실의무를 위배하거나 신임관계를 침해하는 것이라는 입장이다. 즉 본인과의 신임관계에 근거한 재산상의 이익을 보호할 의무를 위배하는 데에 배임죄의 본질이 있다고 본다(통설·판례). 따라서 배임죄의 성립에 적법한 대리권이 존재할 필요는 없다고 보게 된다(대법원 1999.9.17, 97도3219).[828] 경찰채용 14 1차/ 경찰채용 18 1차 기본적으로 배신설이 타당하다. 다만 배신설에 의하면 모든 신뢰관계 위반행위를 배임죄로 포함시킬 수 있으므로, 이를 '보완'할 필요가 있다. 따라서 계약이행과 관련된 일반적·부수적 의무에 위배하는 행위는 민사상 채무불이행에 불과하고(단순채무불이행 ≠ 배임), 타인의 재산을 관리하는 의무가 그 신임관계의 전형적·본질적인 내용을 이루는 경우 이에 대한 의무위반만이 배임죄에 해당한다고 보아야 한다.

3. 구성요건체계

배임의 죄는 배임죄를 기본적 구성요건으로 하고, 업무상 배임죄를 가중적 구성요건으로 하되, 배임수증재죄를 배임죄와는 다른 독자적인 구성요건으로 하고 필요적 몰수 규정을 두고 있다. 배임의 죄는 모두 미수를 처벌한다.

02 배임죄

제355조【횡령, 배임】 ② 타인의 사무를 처리하는 자가 그 임무에 위배하는 행위로써 재산상의 이익을 취득하거나 제3자로 하여금 이를 취득하게 하여 본인에게 손해를 가한 때에도 전항의 형과 같다.

1. 구성요건

(1) 객관적 구성요건

① 주체 – 타인의 사무를 처리하는 자

㉠ 의의 : 타인과의 대내관계에서 신의성실의 원칙에 비추어 그 사무를 처리한 신임관계가 존재하는 자만이 본죄의 주체가 된다(진정신분범). 공무원도 그 임무에 위배되는 행위로써 제3자로 하여금 재산상의 이익을 취득하게 하여 국가에 손해를 가하였다면 (업무상) 배임죄가 성립한다(대법원 2008.

828 **사례 : 배임죄의 성립에 적법한 대리권이 필요없다는 사례** 甲은 항공화물 운송회사가 개설한 은행계좌에 乙(수입자)이 예치한 운송보증금을 수출대금 결제시까지 관리하고 그 후 乙이 반환받도록 할 임무에 위배하여 화물항공 알선회사에 대해 위 운송보증금을 수출자가 지불해야 할 운송료 및 항공알선 수수료로 전환하는 데 동의하여 운송료 등으로 지불되게 함으로써 수출업자에게 재산상 이익을 취득하게 하고 乙에게 손해를 가하였다. 甲의 형사책임은?
판례 배임죄에 있어서 타인의 사무를 처리하는 자라 함은 양자간의 신임관계에 기초를 둔 타인의 재산보호 내지 관리의무가 있음을 그 본질적 내용으로 하는 것이므로, **배임죄의 성립에 있어 행위자가 대외관계에서 타인의 재산을 처분할 적법한 대리권이 있음을 요하지 아니한다**(대법원 1999.9.17, 97도3319). 경찰채용 14 1차 따라서 甲이 乙과의 신임관계를 위반하여 이 사건 운송보증금을 운송료 등으로 전환함에 동의함으로써 乙에게 손해를 가한 사실이 인정되는 이상, 甲은 위 운송보증금을 운송료 등으로 전환하는 데 동의할 수 있는 적법한 권한이 없었다 하더라도, 이러한 甲의 행위는 배임죄를 구성한다. **해결** 배임죄.

6.26, 2006도2222; 2013.9.27, 2013도6835).

㉡ 사무처리의 근거 : 법령(친권자, 후견인, 파산관재인, 집행관 또는 회사의 대표자), 계약 등 법률행위(위임, 고용, 임치 등 대리권 수여를 내용으로 하는 계약), 관습, 사무관리 등이 본죄의 사무처리의 근거가 될 수 있다. 배임죄의 본질에 관한 배신설에 의할 때, 사무처리의 근거가 반드시 적법한 대리권에 있을 필요는 없으므로 사실상의 신임관계가 존재하는 경우에도 본죄의 주체가 될 수 있으므로, 미성년자와 친생자관계가 없으나 호적(현 가족관계등록부)상 친모로 등재되어 있는 자도 본죄의 주체가 될 수 있다(대법원 2002.6.14, 2001도3534).[829] 법원행시 09 / 법원9급 08

다만 이러한 사무처리근거에 기인하지 않은 사무, 즉 법적 의무 없는 사무에 대한 의무불이행은 배임죄의 임무위배에 해당하지 않는다. 예컨대 사회질서에 반하는 법률행위는 민법 제103조에 의하여 무효가 되므로 본죄의 사무처리의 근거가 될 수 없다. 따라서 토지구획정리사업조합이 국가에 납세담보 제공 약정에 의해 제공한 '체비지'의 보관에 관하여, 위 약정은 무효이므로 위 조합은 배임죄의 주체인 타인의 사무를 처리하는 자의 지위에 있다고 볼 수 없다(대법원 2010.5.27, 2007도11279).[830]

㉢ 사무의 내용 : 재산상의 사무이어야 한다(다수설[831] · 판례[832]). 즉, 타인의 재산보호가 신임관계의 전형적 · 본질적인 요소인 재산상 사무에 한한다. 이 점은 후술하는 배임수재죄(제357조 제1항)의 주체인 타인의 사무를 처리하는 자의 사무가 재산상 사무임을 요하지 않는 것과 구별되는 점이다. 배임죄의 주체인 재산상 사무처리자의 예는 다음과 같다.

---

829 **사례 : 미성년자와 친생자관계가 없으나 호적상 친모로 등재되어 있는 자가 미성년자의 상속재산 처분에 관여한 사례** 사망한 A는 1980. 말경부터 B와 동거하면서 甲(A의 妻)을 멀리하였으나 신체적 결함으로 자녀를 가질 수 없자, 1982.경 당시 타인의 아들인 생후 5개월의 乙을 입양하기로 하여 실부모로부터 입양에 대한 동의를 얻고, 1983.1.경부터 B와 함께 국내의 거주지에서 乙을 양육하면서 1988.7.20. A와 甲의 친생자로 출생신고하였다. 그런데 甲은 A가 1995.2.9. 일본에서 사망하자, 같은 해 3.2. 일본에서 귀국하여 B를 찾아가 A의 재산소유 현황을 알아본 후, 같은 달 초경 B와 함께 중앙상호신용금고를 찾아가 A명의의 정기예금을 인출하려 하였으나 A에게 미성년인 子 乙이 있으므로 특별대리인과 함께 오지 않으면 예금을 인출할 수 없다고 하자, 같은 달 17. 서울가정법원으로부터 A의 누나 S를 乙의 특별대리인으로 선임하는 결정을 받은 후 같은 달 20. S로 하여금 乙의 상속분을 공동상속인인 甲에 대하여 포기한다는 취지의 각서를 작성하게 하여 2,373,009,202원을 인출하였다. 甲의 죄책은? **판례** 배임죄의 주체로서 '타인의 사무를 처리하는 자'란 타인과의 대내관계에서 신의성실의 원칙에 비추어 그 사무를 처리할 신임관계가 존재한다고 인정되는 자를 의미하고, 반드시 제3자에 대한 대외관계에서 **그 사무에 관한 대리권이 존재할 것을 요하지 않으며**, 나아가 업무상 배임죄에서 업무의 근거는 법령, 계약, 관습의 어느 것에 의하건 묻지 않고, **사실상의 것도 포함**한다(대법원 2002.6.14, 2001도3534). **해결** 배임죄. 법원행시 09 / 법원9급 08

830 **판례 : 토지구획정리사업법상의 토지구획정리사업 시행자가 장래 환지처분시에 취득하게 되는 같은 법 제54조 제1항의 '체비지'를 대상으로 한 납세담보 제공 약정 사례** 국세기본법은 제29조에서 세법에 따라 제공하는 담보의 종류를 제한적 · 열거적으로 규정하는 한편(대법원 2000.6.13, 98두10004 참조), 제31조에서 납세담보의 제공방법에 대하여도 별도로 정하고 있으므로, 이와 같이 **국세기본법이 정하는 방법에 의하지 아니한 납세담보 제공의 약정은 조세법률주의의 원칙에 비추어 세법상 담보제공으로서의 효력이 없음은 물론, 그 사법상 담보설정계약으로서의 효력도 인정되지 않는다**(대법원 1976.3.23, 76다284 참조). … 구 토지구획정리사업법의 토지구획정리사업 시행자인 이 사건 토지구획정리사업조합이 장래 환지처분시에 취득하게 되는 소유권의 전신에 해당하는 '물권 유사의 사용수익권'에 불과한 이 법 제54조 제1항 소정의 체비지는 국세기본법 제29조가 납세담보의 대상 중 하나로 규정하고 있는 '토지'에 해당하지 아니하지 않을 뿐만 아니라 그에 관한 납세담보 제공의 절차에 관해서도 법령상 규정되어 있지 아니하므로, 이를 대상으로 한 납세담보 제공의 약정은 세법상의 효력은 물론 사법상 담보설정계약으로서의 효력도 인정되지 않는다 할 것이다. 그렇다면 위 **토지구획정리사업조합은 국가에 대하여 납세담보물로 제공한 체비지의 보관에 관한 타인의 사무를 처리하는 자의 지위에 있지 아니하여 배임죄의 주체가 될 수 없다**(대법원 2010.5.27, 2007도11279).

831 ㉠ **재산상 사무에 국한된다**는 것이 다수설이다. 강구진, 375면; 김성천/김형준, 517면; 김일수/서보학, 467면; 김종원, 238면; 박상기, 401면; 배종대, 372면; 백형구, 221면; 손동권, 451면; 유기천(상), 294면; 이재상, §21－11; 이정원, 465면; 이형국(Ⅰ), 509면; 정성근/박광민, 422면; 진계호, 421면. 반면 ㉡ 재산상의 사무일 필요는 없으나 재산적 이해관계를 가지는 사무임을 요한다는 소수설(서일교, 187면; 정영석, 383면; 황산덕, 322면)과 ㉢ 재산상 사무일 필요가 없다는 소수설(임웅, 444면)도 있다.

832 대법원 1999.9.17, 97도3219; 1994.9.9, 94도902; 1987.4.28, 86도2490; 1984.12.26, 84도2127; 1983.2.8, 81도3137; 1982.9.28, 81도2777.

1	계주[833]
2	부동산에 가등기를 해 둔 가등기권리자(가등기담보권자)나 소유권이전등기에 필요한 서류를 임치받고 있는 채권자(채무자가 채무를 변제할 때까지 해당 서류를 보전해야 할 타인의 사무를 부담함)[834] 법원승진 10
3	저금통장에서 돈의 인출을 의뢰받은 자[835]
4	담보권설정자로부터 금융기관에 대한 피담보채무를 이행인수하면서 공장저당권이 설정된 공장기계를 함께 양수한 자[836] 경찰승진(경사) 11
5	타인과 공동으로 토지를 매수하여 그 지상에 창고사업을 하는 내용의 동업약정을 하고 동업재산이 될 토지에 관한 매매계약을 체결한 자(이 경우 배임죄의 피해자는 동업체인 '조합')[837] 등

㉣ 타인의 사무일 것

ⓐ 타인의 사무에 해당되는 경우 : 배임죄의 주체인 '타인의 사무를 처리하는 자'란 당사자 관계의 전형적·본질적 내용이 타인의 재산관리에 관한 사무의 전부 또는 일부를 타인을 위하여 대행하는 경우와 같이 단순한 채권·채무관계와 같은 통상의 계약에서의 이익대립관계를 넘어서 그들 사이의 신임관계에 기초하여 타인의 재산을 보호·관리하는 데에 있어야 한다(대법원 1987.4.28, 86도2490; 2009.2.26, 2008도11722; 2011.1.20, 2008도10479 전원합의체; 2014.8.21, 2014도3363 전원합의체; 2020.2.20, 2019도9756). 법원승진 14 다만 그 사무의 처리가 오로지 타인의 이익을 보호·관리하는 것만을 내용으로 해야 할 필요는 없고, 자신의 이익을 도모하는 성질도 아울러 가진다 하더라도 타인을 위한 사무로서의 성질이 부수적·주변적인 의미를 넘어서 중요한 내용을 이루는 경우에는 타인의 사무를 처리하는 자에 해당한다. 따라서 (i) 위임·고용 등의 계약상 타인의 재산의

833 **판례** 乙은 甲이 계주가 되어 조직한 낙찰계의 계원으로서 1회부터 14회 때까지 빠짐없이 계불입금을 성실하게 납입하여 오다가 제15회 계모임에 참석하여 낙찰을 받았는데 甲은 계원들로부터 계금을 전부 징수하였음에도 불구하고 乙에게 계금을 지급하지 않았다. **계주 甲이 계원들로부터 월불입금을 모두 징수하였음에도 불구하고 그 임무에 위배하여 정당한 사유 없이 이를 지정된 계원에게 지급하지 아니하였다면** 다른 특별한 사정이 없는 한, 그 지정된 계원에 대한 관계에 있어서 배임죄를 구성한다(대법원 1995.9.29, 95도1176). 경찰승진(경장) 10

834 **판례1** 매매예약으로 인한 소유권이전등기청구권 보전을 위한 가등기권자는 채무의 변제기 까지는 가등기 상태를 유지할 것이요 그 변제기한이 지나도록 채무이행이 없을 경우에 비로소 본등기를 경료할 임무가 있고 그 범위 안에서는 타인의 사무를 처리하는 자라 할 것이므로 **가등기권자가 위의 임무에 위배하여 변제기한 전에 채무자의 승낙 없이 이 사건 부동산을 그의 처 앞으로 소유권이전등기를 경료한 경우에는** 배임죄가 성립한다(대법원 1976.9.14, 76도2069). 법원승진 10

판례2 채권담보를 위해 부동산에 가등기를 해 둔 가등기권리자나 소유권이전등기에 필요한 서류를 임치받고 있는 채권자는 채무자가 채무를 변제할 때까지 해당 서류를 보전해야 할 타인의 사무를 부담한다(대법원 1990.8.10, 90도414). 경찰간부 11

835 대법원 1972.3.28, 72도297.

836 **판례 담보권설정자로부터 그의 금융기관에 대한 피담보채무를 이행인수하면서 공장저당법에 의하여 공장저당권이 설정된 공장기계를 함께 양수한 자는** 그 채무변제시까지 목적물을 담보 목적에 맞게 보관하여야 할 임무가 있다. 이러한 임무는 타인의 재산을 보호·관리하는 것을 그 임무의 본질로 하는 재산상 사무인 것이다. 따라서 그 임무에 위배하여 금융기관에 대한 채무변제 없이 제3자에게 임의로 매도하였다면 공장저당권자의 담보권을 상실시키는 위험을 발생케 하였다는 점에서 배임죄가 성립한다(대법원 2003.7.11, 2003도67).

837 **사례 : 동업재산이 될 토지에 대한 매매계약 위반과 배임죄의 피해자인 조합 사례** 甲이 乙과 공동으로 토지를 매수하여 그 지상에 창고사업을 하는 내용의 동업약정을 하고 동업재산이 될 토지에 관한 매매계약을 체결하였는데, 이후 乙 몰래 제3자 명의로 소유권이전등기를 마치는 배임행위를 하였다. 이 경우 배임죄의 피해자는 동업체인 '조합'인가, '乙'인가? **판례** 피고인이 乙과 공동으로 토지를 매수하여 그 지상에 창고사업을 하는 내용의 동업약정을 하고 동업재산이 될 토지에 관한 매매계약을 체결하였는데, 이후 소유권이전등기 업무를 처리하면서 乙 몰래 매도인과 사이에 위 매매계약을 해제하고 甲을 배제하는 내용의 새로운 매매계약을 체결한 다음 제3자 명의로 소유권이전등기를 마친 사안에서, 피고인과 乙은 2인 이상이 상호출자 하여 공동사업을 경영할 것을 내용으로 하는 민법 제703조가 정한 조합계약을 체결한 것이고, 피고인은 부동산의 소유권이전등기 등 업무에 관하여 동업체인 조합에 대하여 선량한 관리자의 주의로 사무를 처리해야 할 의무가 있으므로(민법 제707조, 제681조), **'조합의 사무를 처리하는 자'의 지위에 있다고 할 것인데도 그 임무에 위배하여 위와 같이 소유권이전등기를 마침으로써 위 '조합'에 대한 배임행위를 한 것으로 보아야 한다.** 따라서 피해자를 '乙'이라고 본 원심판단에는 배임죄의 피해자 특정에 관한 법리오해의 위법이 있다(대법원 2011.4.28, 2009도14268). **해결** 조합.

관리·보전의 임무를 부담하는데 본인을 위하여 일정한 권한을 행사하는 경우처럼 타인의 재산관리에 관한 사무를 대행하는 경우뿐 아니라 (ⅱ) 등기협력의무와 같이 매매 등 자기의 거래를 완성하기 위한 자기의 사무인 동시에 상대방의 재산보전에 협력할 의무가 있는 경우 등도 여기에 포함된다(대법원 1999.9.17, 97도3219; 2005.3.25, 2004도6890 등). 경찰간부 11 이러한 타인의 사무처리자의 예는 다음과 같다.

1	종중의 임원(대법원 2007.12.28, 2007도6554)[838]
2	계주(대법원 1995.9.29, 95도1176) 경찰승진(경장) 10
3	1인회사의 1인주주(대법원 1983.12.13, 83도2330 전원합의체)
4	그 고유의 권한으로서 사무처리를 하는 자뿐만 아니라 그 자의 보조기관으로서 직접·간접으로 그 처리에 관한 사무를 담당하는 자(대법원 2004.6.24, 2004도520) 법원행시 09 / 경찰승진(경감이하) 17
5	매매대금 지급 담보를 위한 처분신탁계약상 수익권에 관한 권리질권설정자(매수인)(대법원 2010.8.26, 2010도4613)[839]
6	영화제작사 대표이사가 영화 현상료 등을 자신이 변제하지 못할 경우 장래에 발생할 영화사 예금으로 변제에 충당할 의사로 영화사 명의의 은행통장 등을 투자회사에 건네 준 경우의 영화사 대표이사(대법원 2010.8.19, 2010도6280)[840]

838 **판례** 종중 소유 재산의 관리·처분은 종중규약에 정한 바가 있으면 이에 따르고 그 전에 관한 종중규약이 없으면 종중총회의 결의에 의하여야 하므로(대법원 1994.9.30, 93다27703 참조), 종중과 위임에 유사한 계약관계에 있는 **종중의 임원은 종중 소유 재산의 관리·처분에 관한 사무를 처리함에 있어 종중규약의 규정 또는 종중총회의 결의에 따라야 함은 물론 선량한 관리자로서의 주의를 다하여야 할 의무가 있다.** 종중규약의 규정 또는 종중총회의 결의 등에 기하여 그와 같은 자금대여가 허용된다고 볼 수 있는 특별한 사정이 없는 한, 이는 타인에게 이익을 얻게 하고 종중에 손해를 가하는 행위로서 종중에 대하여 배임행위가 되고, 이러한 이치는 그 타인이 종원이라 하여 달라지지 않는다(대법원 2007.12.28, 2007도6554).

839 **사례 : 먼저 이전등기를 받은 매수인이 매매대금 지급 담보를 위해 신탁계약상 수익권에 관한 권리질권을 설정해 준 사례** 피고인 A는 甲으로부터 토지를 매수하여 먼저 소유권이전등기를 넘겨받은 다음 매매대금 지급을 담보하기 위해 이를 신탁회사에 처분신탁하고 신탁계약상의 수익권에 관하여 甲에게 권리질권을 설정해 주었으나, 매매대금 일부가 미지급된 상태에서 일부 토지에 관한 신탁계약을 해지하고 이를 제3자에게 처분하였다. A의 행위는 배임죄를 구성하는가? **판례** ① 이 사건 매매계약은 피고인이 운영하는 공소외 주식회사가 피해자로부터 먼저 이 사건 토지에 관하여 소유권이전등기를 넘겨받아 이를 다시 신탁회사에 처분신탁한 다음 그 신탁계약에 따른 토지의 처분대금으로 피해자에게 매매대금을 지급하기로 한 것이어서, **매매대금도 모두 지급받지 못한 상태에서 매수인에게 소유권을 먼저 이전하여 주는 위험을 부담하게 되는 피해자와 피고인 사이에는 고도의 신임관계가 필요불가결하게 전제되어야 하고, 피고인은 약정된 방식에 따라 이 사건 토지를 관리할 의무가 있는 점,** ② 이 사건 매매계약에서는 위와 같은 신임관계를 담보하기 위한 방편으로 이 사건 토지에 관하여 신탁회사에 처분신탁을 한 후 위탁자 겸 수익자인 공소외 주식회사가 수탁자인 신탁회사에 대하여 가지는 처분대금 등에 대한 수익권에 관하여 피해자에게 권리질권을 설정하는 방법을 취한 것이므로, **피고인이 신탁회사와 사이에서 신탁계약에 따른 신탁관계를 유지하면서 처분대금을 받아 매도인인 피해자에게 권리질권의 피담보채무인 매매대금을 지급하여야 하는 의무는, 단순한 채권관계를 넘어 피고인이 피해자의 재산을 보호 또는 관리하기로 하는 피해자와 피고인 간의 고도의 신임관계를 기초로 한 것으로서 이 사건 매매계약의 본질적 내용인 점,** ③ 이 사건 매매대금채무를 담보하기 위하여 설정된 질권설정계약에서 피담보채무(매매대금채무)의 지급기일인 2005.6.7.이 도래하는 경우 질권자는 수탁자에게 요청하여 신탁부동산에 대한 근저당권 설정 등 채권보전조치를 하거나 질권설정자로부터 수익자의 지위를 양도받기로 약정하기까지 하였으므로, 피고인은 위 지급기일 이후에는 피해자가 신탁부동산에 관한 근저당권을 취득하도록 협조하거나 피해자에게 신탁계약에서의 수익자 지위를 양도하여야 하는 의무도 있는 점 등에 비추어 볼 때, **피고인은 이 사건 매매계약 및 질권설정계약에 의하여 발생한 신임관계를 기초로 하여 신탁계약을 유지하고 그 신탁계약의 목적 달성에 적극적으로 협조함으로써 피해자의 매매대금채권 또는 권리질권이라는 재산의 보호 또는 관리를 위하여 협력하여야 하는 지위에 있으므로 '타인의 사무를 처리하는 자'에 해당한다**(대법원 2010.8.26, 2010도4613). **해결** 구성한다.

840 **사례 : 영화제작사 대표이사 영화 현상료 통장 담보 사례** 영화제작사인 甲회사의 대표이사 A는 투자자인 乙회사 부담의 영화 현상료 등을 자신이 변제하지 못할 경우 장래에 발생할 甲회사 예금으로 변제에 충당할 의사로 甲회사 명의의 은행통장 등을 乙회사에 건네 준 후 위 통장계좌에 입금된 예금을 출금·소비한 경우, A의 행위는 배임죄를 구성하는가? **판례** 영화제작사인 甲 회사의 대표이사가, 회사 제작의 영화 '어린왕자'에 관련된 프린트 및 현상료를 투자자인 乙 회사가 부담하는 대신, 乙 회사에 甲 회사 명의의 은행통장과 법인인감, 보안카드를 건네주고, **자신이 이를 변제하지 못할 경우 위 통장계좌로 입금받을**

7	甲 주식회사와 가맹점 관리대행계약 등을 체결하고 그 대리점으로서 가맹점 관리업무 등을 수행하는 자가 甲 회사의 가맹점을 다른 경쟁업체 가맹점으로 임의로 전환한 경우(대법원 2012.5.10, 2010도3532) 경찰승진 14
8	직무발명에 대한 권리를 사용자 등에게 승계한다는 취지를 정한 약정 또는 근무규정의 적용을 받는 종업원 등이 직무발명의 완성 사실을 사용자 등에게 통지하지 아니한 채 그에 대한 특허를 받을 수 있는 권리를 제3자에게 이중으로 양도하여 제3자가 특허권 등록까지 마치도록 하는 등으로 발명의 내용이 공개되도록 한 경우(대법원 2012.11.15, 2012도6676)[841] 등 법원승진 13
9	지입계약관계에서 지입회사 운영자가 임의로 지입차량에 저당권을 설정한 경우(대법원 2021.6.30, 2015도19696)

판례연구 배임죄의 타인의 사무처리자 긍정 판례

대법원 2021.6.30, 2015도19696

지입계약관계에서 지입회사 운영자는 지입차주의 사무를 처리하는 자라는 사례

이른바 지입제는 자동차운송사업면허 등을 가진 운송사업자와 실질적으로 자동차를 소유하고 있는 차주간의 계약으로 외부적으로는 자동차를 운송사업자 명의로 등록하여 운송사업자에게 귀속시키고 내부적으로는 각 차주들이 독립된 관리 및 계산으로 영업을 하며 운송사업자에 대하여는 지입료를 지불하는 운송사업형태를 말한다(대법원 2003.9.2, 2003도3073; 2009.9.24, 2009도5302 등). 따라서 지입차주가 자신이 실질적으로 소유하거나 처분권한을 가지는 자동차에 관하여 지입회사와 지입계약을 체결함으로써 지입회사에 자동차의 소유권등록 명의를 신탁하고 운송사업용 자동차로서 등록 및 그 유지 관련 사무의 대행을 위임한 경우에는, 특별한 사정이 없는 한 지입회사 측이 지입차주의 실질적 재산인 지입차량에 관한 재산상 사무를 일정한 권한을 가지고 맡아 처리하는 것으로서 당사자 관계의 전형적·본질적 내용이 그들 사이의 신임관계에 기초하여 타인의 재산을 보호 또는 관리하는 데에 있으므로, 지입회사 운영자는 지입차주와의 관계에서 '타인의 사무를 처리하는 자'의 지위에 있다(지입회사 운영자가 지입차량에 임의로 저당권을 설정한 행위는 배임죄에 해당함).

ⓑ 타인의 사무에 해당되지 않는 경우 : 배임죄는 타인의 사무를 처리하는 자가 그 신임관계를 위반하는 범죄이지만, 여기서 사무처리의 내용에 나름대로의 제한을 가하지 않는다면 배임죄는 과도하게 확대될 우려가 있다. 따라서 배임죄의 사무처리란 타인의 재산보호가 주된 의무로서 신임관계에 기초한 그 사무의 본질적 내용이 되는 경우로 제한해야 하고 단순한 부수적 의무인 것만으로는 부족하다고 해야 하므로, 그 사무가 타인의 사무가 아니고 자기의 사무라면, 그 사무의 처리가 타인에게 이익이 되어 타인에 대하여 이를 처리할 의무를 부담하는 경우라도, 그는 타인의 사무를 처리하는 자에 해당하지 않는다고 보아야 한다(대법원 2014.2.27, 2011도3482). 이렇게

예정인 부가가치세 환급금으로 대체하기로 하는 내용의 지불각서를 작성하여 주었으나, 그 후 환급금의 입금 사실을 먼저 확인하고 통장 분실신고를 한 뒤 재발급받은 새 통장을 이용하여 위 돈을 다른 계좌로 이체하고 출금하여 다른 채권자들에게 지급한 경우, 이러한 경우 대표이사로서는 자신이 위 현상료 등을 변제할 때까지 乙 회사가 위 예금채권에 대한 실질적인 담보권을 유지하고, 나아가 이를 변제하지 못한 경우에는 乙 회사가 위 예금을 직접 출금할 수 있도록 협력해야 할 의무가 있음에도, 스스로 위 예금을 출금·소비함으로써 위 의무에 위배하여 乙 회사에 손해를 가하였으므로 대표이사 A의 행위는 배임죄를 구성한다(대법원 2010.8.19, 2010도6280). 해결 구성한다.

841 판례 : **특허권 이중양도 사건** 직무발명에 대한 특허를 받을 수 있는 권리 등을 사용자 등에게 승계한다는 취지를 정한 약정 또는 근무규정의 적용을 받는 종업원 등은 사용자 등이 이를 승계하지 아니하기로 확정되기 전까지는 임의로 위와 같은 승계 약정 또는 근무규정의 구속에서 벗어날 수 없는 상태에 있는 것이어서, 종업원 등이 그 발명의 내용에 관한 비밀을 유지한 채 사용자 등의 특허권 등 권리의 취득에 협력하여야 할 의무는 자기 사무의 처리라는 측면과 아울러 상대방의 재산보전에 협력하는 타인 사무의 처리라는 성격을 동시에 가지게 되므로, 이러한 경우 종업원 등은 배임죄의 주체인 '타인의 사무를 처리하는 자'의 지위에 있다고 할 것이다. 따라서 위와 같은 지위에 있는 종업원 등이 임무를 위반하여 직무발명을 완성하고도 그 사실을 사용자 등에게 알리지 않은 채 그 발명에 대한 특허를 받을 수 있는 권리를 제3자에게 이중으로 양도하여 제3자가 특허권 등록까지 마치도록 하는 등으로 그 발명의 내용이 공개되도록 하였다면, 이는 사용자 등에게 손해를 가하는 행위로서 배임죄를 구성한다(대법원 2012.11.15, 2012도6676). 법원승진 13

타인의 사무처리자가 될 수 없는 예는 다음과 같다.

1	부동산을 경락받은 자가 경락허가결정이 확정된 뒤에 경매부동산의 소유자들에게 대하여 경락을 포기하겠노라고 약속하여 놓고 경매법원에서 경락대금지급명령이 전달되자 약속을 어기고 경락대금을 완납함으로써 경락부동산에 대한 소유권을 취득한 경우(대법원 1969.2.25, 69도46) 법원승진 14 / 경찰승진(경감) 11
2	월부상환 중인 자동차를 타인에게 매도한 자동차등록명의인(그 자동차매수인을 위한 할부금의 완납의무에 관하여)(대법원 1983.11.8, 83도2493)
3	변제기 이후의 가등기담보권자(그 가등기담보설정자를 위한 정산금반환의무에 관하여)(대법원 1985.11.26, 85도1493 전원합의체)[842] 법원행시 10 / 법원행시 13 / 법원9급 07(상) / 변호사 12
4	양도담보권자가 담보권의 실행으로 담보목적물을 환가처분하는 경우(변제기 이후)(채권의 변제충당을 위하여 적절한 환가처분을 하여 원리금에 충당하고 나머지가 있으면 이를 채무자에게 정산해야 한다는 의미에서 자기사무 처리자에 불과함)(대법원 1989.10.24, 87도126; 1997.12.23, 97도2430[843]) 국가9급 18 / 법원9급 18 / 경찰간부 18
5	청산회사의 대표청산인(처리하는 채무의 변제나 재산의 환가처분 등 회사의 청산업무는 청산인 자신인 사무 또는 청산회사의 업무에 속하는 것이므로 청산인이 회사의 채권자들에 대한 관계에서)(대법원 1990.5.25, 90도6) 법원승진 14 / 경찰승진(경감) 11
6	음식점 임대차계약에 의하여 임차인의 지위를 양도한 자(임차권 양도인으로서 부담하는 채무가 있을 뿐이어서)(대법원 1991.12.10, 91도2184) 법원행시 11 / 법원행시 13 / 경찰승진(경감) 11 / 경찰간부 16
7	골프시설의 운영자가 일반회원들을 위한 회원의 날을 없애고 일반회원들 중에서 주말예약에 대하여 우선권이 있는 특별회원을 모집함으로써 일반회원들의 주말예약권을 사실상 제한하거나 박탈하는 결과가 된 경우(이는 일반회원들에 대한 회원가입계약에 따른 민사상의 채무를 불이행한 것에 불과함)(대법원 2003.9.26, 2003도763) 법원9급 08
8	신주발행에 있어서 일반 주주들에 대한 대표이사의 경우(그들의 신주인수권과 기존 주식의 가치를 보존하는 임무를 대행한다거나 주주의 재산보전 행위에 협력하는 자의 지위에 있는 것은 아님)(대법원 2004.5.13, 2002도7340[844]; 2010.10.14, 2010도387[845])

842 앞서 횡령죄에서 기술하였듯이, 양도담보권자가 변제기 경과 후에 담보권을 실행하여 그 환가대금 또는 평가액을 채권원리금과 담보권 실행비용 등의 변제에 충당하고 환가대금 또는 평가액의 나머지가 있어 이를 담보제공자에게 반환할 의무는 담보계약에 따라 부담하는 **자신의 정산의무**이므로 그 의무를 이행하는 사무는 곧 자기의 사무처리에 속하는 것이라 할 것이어서 그 정산의무를 이행하지 아니한 소위는 배임죄를 구성하지 않는다는 것이 판례이다(대법원 1985.11.26, 85도1493 전원합의체). 법원행시 10 / 법원행시 13 / 변호사 12 다만 통설은 현행 가등기담보법의 취지에 따라 횡령죄의 성립을 주장한다는 점도 횡령죄를 검토하면서 기술한 바 있다.

843 **판례의 사실관계** 甲(채권자)은 홍일건설(채무자)에 대한 이 사건 건물의 신축공사로 인한 공사대금채권 등을 보전하기 위하여 1991.11.26. 홍일건설의 실질적인 사주인 乙로부터 이 사건 대지 및 건물 중에서 종전에 실제 매도된 부분을 공제한 나머지를 대금 30억 원에 매매하는 매매계약서를 작성하여 받으면서 위임장, 건축허가신청서 및 이 사건 대지의 사용승낙원 등 일체의 서류를 교부받았고, 이어 1992.3.31. 위 乙로부터 이 사건 건물 공사는 甲이 그 비용을 부담하여 공사를 마무리하고, 소유권이전 등은 甲 명의로 하며, 乙, 丙은 이에 필요한 모든 제반 서류를 제출하여야 하고 이 사건 대지와 건물은 甲이 매각 또는 분양, 임대의 권리를 가지되, 다만 매각 또는 임대한 금액에서 공사대금과 발생되는 제세공과금 등을 우선 공제하고 잔여 금액을 3자가 합의하여 처리한다는 취지의 합의각서를 교부받았다. 이때 甲이 공사를 마무리한 후 위 건물을 매각하였는데 乙·丙은 甲이 부당하게 염가로 처분하였다고 주장하고 있지만, 甲에게 배임죄가 성립하지 않는다.

844 **판례 : 신주발행에 있어서 주식회사의 대표이사가 기존 주주의 사무를 처리하는 자의 지위에 있어 그의 가장납입행위가 업무상 배임죄를 구성하는지 여부** 신주발행은 주식회사의 자본조달을 목적으로 하는 것으로서 신주발행과 관련한 대표이사의 업무는 회사의 사무일 뿐이므로 신주발행에 있어서 대표이사가 납입된 주금을 회사를 위하여 사용하도록 관리·보관하는 업무 역시 회사에 대한 선관주의의무 내지 충실의무에 기한 것으로서 회사의 사무에 속하는 것이고, **신주발행에 있어서 대표이사**가 일반 주주들에 대하여 그들의 신주인수권과 기존 주식의 가치를 보존하는 임무를 대행한다거나 주주의 재산보전 행위에 협력하는 자로서 **타인의 사무를 처리하는 자의 지위에 있다고는 볼 수 없을 뿐만 아니라**, 납입을 가장하는 방법에 의하여 주금이 납입된 경우 회사의 재산에 대한 지분가치로서의 기존 주식의 가치가 감소하게 될 수는 있으나, 이는 가장납입에 의하여 회사의 실질적 자본의 감소가 초래됨에 따른 것으로서 업무상 배임죄에서의 재산상 손해에 해당된다고 보기도 어렵다. 따라서 **신주발행에 있어서 대표이사가 납입의 이행을 가장한 경우에는 상법 제628조 제1항에 의한 가장납입죄가 성립하는 이외에 따로 기존 주주에 대한 업무상 배임죄를 구성한다고 할 수 없다**(대법원 2004.5.13, 2002도7340). 경찰승진(경장) 11

845 소위 론스타 사건에 관한 판례 중에서, 주식회사 한국외환은행의 매각 관련 신주발행에서 은행장 甲 및 부행장 乙이 위 은행에 대한 관계에서 사무처리자의 지위에 있으나 위 은행의 기존 주주들에 대한 관계에서는 사무처리자의 지위에 있지 않다는 판례이다.

9	주식회사 한국외환은행의 매각 관련 신주발행에서 위 은행이나 그 주주들에 대한 재정경제부 금융정책국장의 경우(대법원 2010.10.14, 2010도387[846])
10	채무자가 제3자 소유의 부동산을 채무의 담보로 제공하기로 한 약정에 따라 채권자를 위하여 그 부동산에 근저당권설정등기를 경료하여 준 경우(이로써 채무자는 담보제공약정상의 의무를 이행한 것이 되고, 그 후 위 근저당권설정등기를 임의로 말소해서는 안 되는 것은 물권의 대세적 효력의 당연한 귀결로서 채무자를 포함한 모든 사람이 부담하는 의무이고 채무자가 그 담보제공약정에 따라 채권자의 재산의 관리보호를 위하여 특별히 부담하는 의무는 아니므로)(대법원 1987.8.18, 87도201; 2007.8.24, 2007도3408)[847]
11	건설회사가 피해자들로부터 이 사건 다세대주택 분양대금의 선지급 명목으로 피해자들 소유 대지들의 소유권을 이전받은 경우(다세대주택의 건설 목적 범위 내에서 위 대출금을 관리·사용하여야 할 임무는 단순한 채무에 불과하지 피해자들의 재산관리 내지 보전의 사무라고 볼 수 없음)(대법원 2007.10.11, 2007도6161)[848]
12	아파트 건축공사 시행사가 시공사와의 아파트 건축공사 도급계약을 체결하면서 분양수입금을 공동명의로 개설한 예금계좌로만 수령하고 그 분양수입금으로 공사대금 등을 지급하기로 특약하였음에도, 시행사가 이를 어기고 아파트에 대한 분양수입금을 공동명의 예금계좌에 입금하지 아니한 채 이를 자신의 기존 채무의 변제 등에 사용한 경우(그 분양수입금으로 시공사에 공사대금을 지급하는 사무는 시행사 자신의 사무)(대법원 2008.3.13, 2008도373)[849] 법원승진 13
13	금융기관의 임직원인 甲은 임의로 예금주 乙의 예금계좌에서 5,000만 원을 인출한 경우(금융기관의 임직원은 예금주로부터 예금계좌를 통한 적법한 예금반환 청구가 있으면 이에 응할 의무가 있을 뿐 예금주와의 사이에서 그의 재산관리에 관한 사무를 처리하는 자의 지위에 있다고 할 수 없음)(대법원 2008.4.24, 2008도1408)[850] 법원행시 08 / 법원행시 13 / 법원9급 09 / 경찰승진(경장) 10 / 경찰승진(경감) 10 / 경찰승진 14 / 경찰승진(경감이하) 16 / 국가7급 18 / 경찰채용 18 1차
14	신탁회사와 신축아파트에 대한 부동산관리처분 신탁계약을 체결하고 소유권이전등기까지 경료해 준 아파트 건축분양회사가 임의로 신탁목적물인 아파트를 제3자에게 매도하여 제3자로 하여금 아파트를 임대하고 보증금을 받게 한 경우(신탁계약의 목적은 소유권이전등기의 경료로써 이미 달성되었고 신탁목적물에 대한 보존·관리 및 비용부담 등의 사무는 위탁자인 건축분양회사 자신의 사무에 해당함)(대법원 2009.2.26, 2008도11722)

846 **판례 : 론스타 사건 중 재경부 국장 사례** 주식회사 한국외환은행의 매각 관련 신주발행 업무가 위 은행 이사회의 결정 사항으로 그 대표이사 또는 이사의 사무에 속하는 점, 재정경제부 금융정책국장으로서의 업무집행은 국가나 정부, 국민을 위하여 부담하는 공무일 뿐, 달리 특별한 사정이 없는 한 위 은행에 대하여 부담하는 사무의 처리라고 볼 수는 없는 점 등에 비추어, **재정경제부 금융정책국장이 위 신주발행에서 위 은행이나 그 주주들에 대한 사무처리자의 지위에 있다고 볼 수는 없다**(대법원 2010.10.14, 2010도387).

847 따라서 채무자가 등기관계 서류를 위조하여 근저당권설정등기를 말소하였다 하더라도 이는 문서에 관한 범죄를 구성할 뿐이고 달리 배임죄를 구성한다고 할 수 없다.

848 **사례 : 선지급받은 분양대금 명목의 토지를 담보로 대출받아 사용한 건설업자 사례** 건설업자 甲은 乙 등 소유의 토지 위에 다세대주택을 신축하여 그 중 일부를 乙 등에게 분양해 주기로 하면서 분양대금의 선지급 명목으로 토지의 소유권을 이전받은 후 이를 담보로 대출받은 돈을 임의로 사용하였다. 甲의 행위는 배임죄를 구성하는가? **판례** 공소외 회사가 피해자들로부터 이 사건 다세대주택 분양대금의 선지급 명목으로 피해자들 소유 대지들의 소유권을 이전받았다면, 공소외 회사의 대표이사인 피고인으로서는 피해자들에 대하여 이 사건 다세대주택 중 각 1세대에 관한 소유권이전등기를 경료해 줄 임무가 있고, 이러한 피고인의 임무는 배임죄에 있어서의 타인의 사무에 해당한다고 볼 수 있으나, 위 공소사실 기재와 같은 이 사건 **다세대주택의 건설 목적 범위 내에서 위 대출금을 관리 · 사용하여야 할 임무는 단순한 채무에 불과하지 피해자들의 재산관리 내지 보전의 사무라고 볼 수 없으므로,** 피고인에게 그러한 의무가 있더라도 피고인을 배임죄에 있어서의 타인의 사무를 처리하는 자에 해당한다고 할 수 없고, 한편 위 공소사실 기재와 같은 **피고인의 위 대출금 유용행위를 피고인의 피해자들에 대한 위 소유권이전등기 임무에 위배되는 행위라고 볼 수도 없다**(대법원 2007.10.11, 2007도6161). **해결** 구성하지 않는다.

849 위 특약은 시행사의 수급인인 시공사에 대한 공사대금 채무의 변제를 확보하는 방편으로 약정한 것에 불과할 뿐이고, 위 아파트의 수분양자로부터 분양수입금을 수령할 권한 자체는 여전히 시행사에 있기 때문이다.

850 이른바 보통예금은 은행 등 법률이 정하는 금융기관을 수취인으로 하는 금전의 소비임치 계약으로서, 그 예금계좌에 입금된 금전의 소유권은 금융기관에 이전되고, 예금주는 그 예금계좌를 통한 예금반환채권을 취득하는 것이다.

15	계원들에게서 계불입금을 징수하지 않은 상태의 낙찰계의 계주(그가 부담하는 계금지급의무는 단순한 채권관계상의 의무에 불과함)(대법원 2009.8.20, 2009도3143)[851] 법원9급 10 / 법원9급 11 / 사시 13 / 경찰승진(경감이하) 16 / 법원행시 18
16	乙과 동일 기업집단 내 계열사인 甲(甲회사의 이사들)이 乙의 보유주식 매각과 관련하여 乙로부터 乙의 이사회의 결의 없이 작성된 손실보상각서를 乙의 이사회의 승인이 있었는지 확인하지 않고 받고 위 주식의 매수인 丁과 주식매수청구권 부여계약을 체결한 경우(위 각서는 乙이 주식매매대금을 지급받기 위하여 부담하여야 할 주식재매수의무를 甲이 대신 부담하면서 그 사무를 처리하는 과정에서 발생되는 주식환매대금 상당의 비용을 상환받기로 확약받은 것에 불과함)(대법원 2009.5.14, 2007도6564)
17	부동산매매에서 미리 소유권을 이전받은 매수인이 목적물을 담보로 제공하는 방법으로 매매대금을 마련하여 매도인에게 제공하기로 약정한 경우(매수인에게 있어서 그 대금의 지급은 당사자 사이의 신임관계에 기하여 매수인에게 위탁된 매도인의 사무가 아니라 애초부터 매수인 자신의 사무임)(대법원 2011.4.28, 2011도3247)[852] 경찰간부 14 / 경찰채용 12 2차 / 변호사 14 / 경찰승진(경감이하) 17
18	택시노조 지역본부 교섭위원인 자가 사용자단체인 지역택시운송사업조합과 노사교섭을 담당하면서, 근로자 과반수의 동의 없이 부가가치세 경감세액 중 일부를 단체협약상 운송사업자가 부담할 비용에 사용할 수 있도록 합의한 경우(지역본부 교섭위원으로서 한 합의의 체결은 지역본부의 사무이고, 소속 조합원들에 대한 관계에서 직접 그들의 사무를 처리하는 자의 지위에 있다고 할 수 없음)(대법원 2012.3.15, 2010도3207)
19	채권 담보 목적으로 부동산에 관한 대물변제예약을 체결한 채무자가 대물로 변제하기로 한 부동산을 제3자에게 처분한 경우(대법원 2014.8.21, 2014도3363 전원합의체)[853] 법원행시 16 / 국가7급 16 / 국가9급 16 / 경찰간부 16 / 경찰승진(경감이하) 17 / 국가9급 23

851 **판례 : 계불입금을 받지 않은 상태의 계주 사례** 낙찰계의 계주가 계원들과의 약정에 따라 부담하는 계금지급의무가 배임죄에서 말하는 '타인의 사무'에 해당하려면 그 관계의 본질적 내용이 단순한 채권관계상의 의무를 넘어서 신임관계에 기초하여 타인의 재산을 보호 내지 관리하는 데 이르러야 하는바, ① 계주가 계원들로부터 계불입금을 징수하게 되면 그 계불입금은 실질적으로 낙찰계원에 대한 계금지급을 위하여 계주에게 위탁된 금원의 성격을 지니고 따라서 계주는 이를 낙찰·지급받을 계원과의 사이에서 단순한 채권관계를 넘어 신의칙상 그 계금지급을 위하여 위 계불입금을 보호 내지 관리하여야 하는 신임관계에 들어서게 되므로, 이에 기초한 계주의 계금지급의무는 배임죄에서 말하는 타인의 사무에 해당한다. 그러나 ② **계주가 계원들로부터 계불입금을 징수하지 아니하였다면 그러한 상태에서 부담하는 계금지급의무는 위와 같은 신임관계에 이르지 아니한 단순한 채권관계상의 의무에 불과하여 타인의 사무에 속하지 아니하고, 이는 계주가 계원들과의 약정을 위반하여 계불입금을 징수하지 아니한 경우라 하여 달리 볼 수 없다**(대법원 2009.8.20, 2009도3143). 법원9급 10 / 법원9급 11 / 사시 13 / 법원행시 18

852 **사례 : 부동산매매에서 미리 소유권이전등기를 받은 매수인 사례** 甲은 乙에게서 부동산을 매수하면서, 계약금을 지급하는 즉시 甲 앞으로 소유권을 이전받되 매매잔금은 일정기간 내에 이를 담보로 대출을 받아 지급하고 건축허가를 받지 못하면 계약을 해제하여 원상회복해 주기로 약정하였는데도, 소유권을 이전받은 직후 이에 관하여 다른 용도로 근저당권을 설정하였다. 甲의 죄책은? **판례** 일정한 신임관계의 고의적 외면에 대한 형사적 징벌을 핵심으로 하는 배임의 관점에서 보면, 부동산매매에서 매수인이 대금을 지급하는 것에 대하여 매도인이 계약상 권리의 만족이라는 이익이 있다고 하여도 대금의 지급은 어디까지나 매수인의 법적 의무로서 행하여지는 것이고, 그 사무의 처리에 관하여 통상의 계약에서의 이익대립관계를 넘는 신임관계가 당사자 사이에 발생한다고 할 수 없다. 따라서 **그 대금의 지급은 당사자 사이의 신임관계에 기하여 매수인에게 위탁된 매도인의 사무가 아니라 애초부터 매수인 자신의 사무라고 할 것이다. 또한 매도인이 대금을 모두 지급받지 못한 상태에서 매수인 앞으로 목적물에 관한 소유권이전등기를 경료하였다면, 이는 법이 동시이행의 항변권 등으로 마련한 대금 수령의 보장을 매도인이 자신의 의사에 기하여 포기한 것으로서, 다른 특별한 사정이 없는 한 대금을 받지 못하는 위험을 스스로 인수한 것**으로 평가된다. 그리고 그와 같이 미리 부동산을 이전받은 매수인이 이를 담보로 제공하여 매매대금 지급을 위한 자금을 마련하고 이를 매도인에게 제공함으로써 잔금을 지급하기로 당사자 사이에 약정하였다고 하더라도, 이는 기본적으로 매수인이 매매대금의 재원을 마련하는 방편에 관한 것이고, 그 성실한 이행에 의하여 매도인이 대금을 모두 받게 되는 이익을 얻는다는 것만으로 매수인이 신임관계에 기하여 매도인의 사무를 처리하는 것이 된다고 할 수 없다(대법원 2011.4.28, 2011도3247).
해결 무죄.

853 **사례** 채무자인 A는 채권자 甲에게 차용금을 변제하지 못할 경우 자신의 어머니 소유 부동산에 대한 유증상속분을 대물변제하기로 약정한 후 유증을 원인으로 위 부동산에 관한 소유권이전등기를 마쳤음에도 이를 제3자에게 매도하였다. A에게는 배임죄의 죄책이 인정되는가? **판례** (가) 채무자가 채권자에 대하여 소비대차 등으로 인한 채무를 부담하고 이를 담보하기 위하여 장래에 부동산의 소유권을 이전하기로 하는 내용의 **대물변제예약에서, 약정의 내용에 좇은 이행을 하여야 할 채무는 특별한 사정이 없는 한 '자기의 사무'에 해당하는 것이 원칙**이다. (나) 채무자가 대물변제예약에 따라 부동산에 관한 소유권을 이전해 줄 의무는 예약 당시에 확정적으로 발생하는 것이 아니라 채무자가 차용금을 제때에 반환하지 못하여 채권자가 예약완결권을 행사한 후에야 비로소 문제가 되고, 채무자는 예약완결권 행사 이후라도 얼마든지 금전채무를 변제하여 당해 부동산에 관한

20	투자금반환채무의 변제를 위하여 담보로 제공한 임차권 등의 권리를 그대로 유지할 계약상 의무가 있는 채무자(대법원 2015.3.26, 2015도1301)[854] 사시 16
21	임차인과 아파트 임대차계약을 체결하면서 자신이 소유권을 취득하는 즉시 임차인에게 알려 전입신고를 하고 확정일자를 받아 대항력을 취득할 수 있도록 약정한 임대인(대법원 2015.11.26, 2015도4976)[855]
22	동산양도담보를 한 채무자(대법원 2020.2.20, 2019도9756 전원합의체, 횡령죄에서 전술함) 유사 자동차 양도담보 채무자(대법원 2022.12.22, 2020도8682)
23	새마을금고로부터 건물 신축에 필요한 공사자금을 대출받으면서 이를 담보하기 위하여 새마을금고를 우선수익자로 한 담보신탁계약을 체결한 채무자(대법원 2020.4.29, 2014도9907)[856]

소유권이전등기절차를 이행할 의무를 소멸시키고 의무에서 벗어날 수 있다. 한편 채권자는 당해 부동산을 특정물 자체보다는 담보물로서 가치를 평가하고 이로써 기존의 금전채권을 변제받는 데 주된 관심이 있으므로, 채무자의 채무불이행으로 인하여 대물변제예약에 따른 소유권등기를 이전받는 것이 불가능하게 되는 상황이 초래되어도 채권자는 채무자로부터 금전적 손해배상을 받음으로써 대물변제예약을 통해 달성하고자 한 목적을 사실상 이룰 수 있다. 이러한 점에서 **대물변제예약의 궁극적 목적은 차용금반환채무의 이행 확보에 있고, 채무자가 대물변제예약에 따라 부동산에 관한 소유권이전등기절차를 이행할 의무는 궁극적 목적을 달성하기 위해 채무자에게 요구되는 부수적 내용이어서 이를 가지고 배임죄에서 말하는 신임관계에 기초하여 채권자의 재산을 보호 또는 관리하여야 하는 '타인의 사무'에 해당한다고 볼 수는 없다.** (다) 그러므로 채권 담보를 위한 대물변제예약 사안에서 채무자가 대물로 변제하기로 한 부동산을 제3자에게 처분하였다고 하더라도 형법상 배임죄가 성립하는 것은 아니다. 따라서 피고인이 대물변제예약에 따라 甲에게 부동산의 소유권이전등기를 마쳐 줄 의무는 민사상 채무에 불과할 뿐 타인의 사무라고 할 수 없어 피고인이 '타인의 사무를 처리하는 자'의 지위에 있다고 볼 수 없는데도, 피고인이 이에 해당된다고 전제하여 유죄를 인정한 원심판결에는 배임죄에서 '타인의 사무를 처리하는 자'의 의미에 관한 법리오해의 위법이 있다(대법원 2014.8.21, 2014도3363 전원합의체). **해결** 성립하지 않는다.

854 **판례 : 투자금반환채무 변제를 위해 임차권 등 권리유지의 의무가 있는 채무자 사례** 채무자가 투자금반환채무의 변제를 위하여 담보로 제공한 임차권 등의 권리를 그대로 유지할 계약상 의무가 있다고 하더라도, 이는 **기본적으로 투자금반환채무의 변제의 방법에 관한 것이고,** 그 성실한 이행에 의하여 채권자가 계약상 권리의 만족이라는 이익을 얻는다고 하여도 이를 가지고 통상의 계약에서의 이익대립관계를 넘어서 배임죄에서 말하는 신임관계에 기초하여 채권자의 재산을 보호 또는 관리하여야 하는 '타인의 사무'에 해당한다고 볼 수 없다(대법원 2015.3.26, 2015도1301).

855 **사례 : 대항력 취득 약정과 임대인의 지위** 임대인 A는 임차인 B와 아파트에 관한 임대차계약을 체결하면서 자신이 소유권을 취득하는 즉시 임차인 B에게 알려 B가 전입신고를 하고 확정일자를 받아 1순위 근저당권자 다음으로 대항력을 취득할 수 있도록 하기로 약정하였는데, 그 후 A는 B에게서 전세금 전액을 수령하고 소유권을 취득하였음에도 취득 사실을 고지하지 않고 다른 2, 3순위 근저당권을 설정해 주었다. 임대인 A에게는 배임죄의 죄책이 인정되는가? **판례 ① 일반적으로 임차인이 전입신고를 하고 확정일자를 받는 것은 임대인의 도움 없이 임차인이 일방적으로 할 수 있는 점,** ② 이 사건의 경우 임대인인 피고인 측의 필요에 의하여 '임차인의 전입신고는 피고인 측이 소유권을 취득하고 국민은행에 1순위 근저당권을 설정해 준 후에 하기로' 약정하였던 관계로 피고인이 소유권 취득 사실을 고지하지 않은 상태에서 피해자가 전입신고를 하기는 어려웠던 사정은 있으나, 그렇다고 하여 피고인과 피해자 관계의 본질적 내용이 단순한 채권관계상의 의무를 넘어서 피고인과 피해자 간의 신임관계에 기초하여 피해자의 재산을 보호 내지 관리하는 데 있다고까지 보기는 어려운 점 등을 고려할 때, 피고인은 타인의 사무를 처리하는 자의 지위에 있다고 보기 어렵다(대법원 2015.11.26, 2015도4976). **해결** 인정되지 않는다.

856 **사례 : 공사자금 대출에 대한 담보신탁계약을 체결한 채무자 사례** A는 甲 새마을금고로부터 특정 토지 위에 건물을 신축하는 데 필요한 공사자금을 대출받으면서 이를 담보하기 위하여 乙 신탁회사를 수탁자, 甲 금고를 우선수익자, A를 위탁자 겸 수익자로 한 담보신탁계약 및 자금관리대리사무계약을 체결하였다. 따라서 A는 위 계약 내용에 따라 건물이 준공된 후 乙 회사에 신탁등기를 이행하여 甲 금고의 우선수익권을 보장할 임무가 있다. 그런데 A는 이를 위배하여 丙 앞으로 건물의 소유권보존등기를 마쳐주었다. A에게는 배임죄의 죄책이 인정되는가? **판례** 이익대립관계에 있는 통상의 계약관계에서 채무자의 성실한 급부이행에 의해 상대방이 계약상 권리의 만족 내지 채권의 실현이라는 이익을 얻게 되는 관계에 있다거나, 계약을 이행함에 있어 상대방을 보호하거나 배려할 부수적인 의무가 있다는 것만으로는 **채무자를 타인의 사무를 처리하는 자라고 할 수 없다**(대법원 2015.3.26, 2015도1301; 2020.2.20, 2019도9756 전원합의체 등). A(피고인)가 乙 회사, 甲 금고와 체결한 담보신탁계약의 신탁 대상 부동산은 토지이고, 건물에 대해서는 위 계약에 따라 신탁등기가 이루어지는 것이 아니라 향후 건물이 준공되어 소유권보존등기까지 마친 후 乙 회사를 수탁자로, 甲 금고를 우선수익자로 한 담보신탁계약 등을 체결하고 그에 따른 등기절차 등을 이행하기로 약정한 것에 불과한 점, 건물에 관하여 추가 담보신탁하기로 약정한 것은 甲 금고가 피고인에 대한 대출금 채권의 변제를 확보하기 위함이고, **甲 금고의 주된 관심은 건물에 대한 신탁등기 이행 여부가 아닌, 대출금 채권의 회수에 있다고** 봄이 타당한 점, 피고인은 甲 금고와의 관계에서 향후 건물이 준공되면 乙 회사와 건물에 대한 담보신탁계약, 자금관리대리사무계약 등을 체결하고, 그에 따라 신탁등기절차를 이행하여 甲 금고에 우선수익권을 보장할 민사상 의무를 부담함에 불과하고, '甲 금고의 우선수익권'은 계약당사자인 피고인, 甲 금고, 乙 회사 등이 약정한 바에 따라 각자의 의무를 성실히 이행하면 그 결과로서 보장될 뿐인 점을 종합하면, 결국 **피고인은 통상의 계약에서의 이익대립관계를 넘어서 甲 금고와의 신임관계에 기초하여 甲 금고의 우선수익권을 보호 또는 관리하는 등 그의 사무를 처리하는 자의 지위에 있다고 보기 어려우므로** 배임죄에서의 '타인의 사무를 처리하는 자'에 해당하지 않는다(대법원 2020.4.29, 2014도9907). **해결** 인정되지 않는다.

24	주권발행 전 주식을 이중으로 양도한 양도인(대법원 2020.6.4, 2015도6057)[857] 법원9급 22
25	부동산 저당권·양도담보 설정을 약정하였음에도 부동산이중저당이나 부동산 처분을 한 채무자(대법원 2020.6.18, 2019도14340 전원합의체, 횡령죄에서 전술함)
26	저당권이 설정된 동산을 임의처분한 채무자 및 권리이전에 등기·등록을 요하는 동산에 대한 이중양도를 한 매도인(대법원 2020.10.22, 2020도6258 전원합의체, 횡령죄에서 전술함)
27	아파트 수분양권 매매계약을 체결하였는데 수분양권(또는 목적물)을 제3자에게 처분한 아파트 수분양권 매도인(대법원 2021.7.8, 2014도12104)
28	채권자와 채권양도담보계약을 체결한 채무자(대법원 2021.7.14, 2015도5184) 유사 채무담보 채권양도인의 임의 소비는 횡령죄도 불성립(대법원 2021.2.25, 2020도12927)
29	알 수 없는 경위로 비트코인을 자신의 계정으로 이체받은 자(대법원 2021.12.16, 2020도9789)

판례연구 배임죄의 타인의 사무처리자 부정 판례

1. 대법원 2021.7.8, 2014도12104

아파트 수분양권 매도인은 매수인의 사무처리자는 아니라는 사례

매매와 같이 당사자 일방이 재산권을 상대방에게 이전할 것을 약정하고 상대방이 그 대금을 지급할 것을 약정함으로써 그 효력이 생기는 계약의 경우(민법 제563조), 쌍방이 그 계약의 내용에 좇은 이행을 하여야 할 채무는 특별한 사정이 없는 한 '자기의 사무'에 해당하는 것이 원칙이다. 또한 수분양권 매매계약의 매도인으로서는 원칙적으로 수분양자 명의변경에 관한 분양자 측의 동의 내지 승낙을 얻어 수분양자 명의변경절차를 이행하면 계약상 의무를 다한 것이 되고, 그 수분양권에 근거하여 목적물에 관한 소유권을 취득한 다음 매수인 앞으로 소유권이전등기를 마쳐 줄 의무까지는 없다(대법원 2006.11.23, 2006다44401 등). …… 수분양권 매매계약에 따른 당사자 관계의 전형적·본질적 내용이 통상의 계약에서의 이익대립관계를 넘어서 그들 사이의 신임관계에 기초하여 타인의 재산을 보호 또는 관리하는 데에 있다고 할 수 없다. 따라서 특별한 사정이 없는 한 수분양권 매도인이 수분양권 매매계약에 따라 매수인에게 수분양권을 이전할 의무는 자신의 사무에 해당할 뿐이므로, 매수인에 대한 관계에서 '타인의 사무를 처리하는 자'라고 할 수 없다. 그러므로 수분양권 매도인이 위와 같은 의무를 이행하지 아니하고 수분양권 또는 이에 근거하여 향후 소유권을 취득하게 될 목적물을 미리 제3자에게 처분하였다고 하더라도 형법상 배임죄가 성립하는 것은 아니다.

2. 대법원 2021.7.14, 2015도5184

채권양도담보계약을 체결한 채무자가 채권자에게 담보 목적 채권에 관한 대항요건을 갖추어 주기 전에 이를 이중으로 양도하고 제3채무자에게 그 채권양도통지를 한 사례

금전채권채무의 경우 채무자는 채권자에 대한 관계에서 '타인의 사무를 처리하는 자'에 해당한다고 할 수 없다(대법원 2011.4.28, 2011도3247 등). 채무자가 기존 금전채무를 담보하기 위하여 다른 금전채권을 채권자에게 양도하는 경우에도 마찬가지이다. 채권양도담보계약에 따라 채무자가 부담하는 '담보 목적 채권의 담보가치를 유지·보전할 의무' 등은 담보목적을 달성하기 위한 것에 불과하며, 채권양도담보계약의 체결에도 불구하고 당사자 관계의 전형적·본질적 내용은 여전히 피담보채권인 금전채권의 실현에 있다(대법원 2020.2.20, 2019도9756 전

857 판례 : 주권발행 전 주식을 이중으로 양도한 경우 양도인에게 배임죄가 성립하지 않는다는 사례 주권발행 전 주식의 양도는 양도인과 양수인의 의사표시만으로 그 효력이 발생한다. 그 주식양수인은 특별한 사정이 없는 한 양도인의 협력을 받을 필요 없이 단독으로 자신이 주식을 양수한 사실을 증명함으로써 회사에 대하여 그 명의개서를 청구할 수 있다(대법원 2019.4.25, 2017다21176 등). 따라서 양도인이 양수인으로 하여금 회사 이외의 제3자에게 대항할 수 있도록 확정일자 있는 증서에 의한 양도통지 또는 승낙을 갖추어 주어야 할 채무를 부담한다 하더라도 이는 자기의 사무라고 보아야 하고, 이를 양수인과의 신임관계에 기초하여 양수인의 사무를 맡아 처리하는 것으로 볼 수 없다. 그러므로 주권발행 전 주식에 대한 양도계약에서의 양도인은 양수인에 대하여 그의 사무를 처리하는 지위에 있지 아니하여, 양도인이 위와 같은 제3자에 대한 대항요건을 갖추어 주지 아니하고 이를 타에 처분하였다 하더라도 형법상 배임죄가 성립하는 것은 아니다(대법원 2020.6.4, 2015도6057). 보충 동산이중매매와 유사한 결론으로 정리해도 된다. 법원9급 22

원합의체 등). 따라서 채무자가 채권양도담보계약에 따라 부담하는 '담보 목적 채권의 담보가치를 유지·보전할 의무'를 이행하는 것은 채무자 자신의 사무에 해당할 뿐이고, 채무자가 통상의 계약에서의 이익대립관계를 넘어서 채권자와의 신임관계에 기초하여 채권자의 사무를 맡아 처리한다고 볼 수 없으므로, 이 경우 채무자는 채권자에 대한 관계에서 '타인의 사무를 처리하는 자'에 해당한다고 할 수 없다.

유사판례 전세보증금반환채권에 관하여 채권양도담보계약을 체결한 채무자가 양도담보의 관한 대항요건을 갖추어 주기 전에 제3자에게 전세권근저당권을 설정하여 준 경우 배임죄가 성립하지 않는다(대법원 2021.7.15, 2020도3514).

3. 대법원 2021.12.16, 2020도9789

비트코인 착오이체 사건 : 알 수 없는 경위로 자신의 계정으로 이체된 비트코인을 자신의 다른 계정으로 이체한 행위는 배임죄를 구성하지 않는다는 사례

가상자산 권리자의 착오나 가상자산 운영 시스템의 오류 등으로 법률상 원인관계 없이 다른 사람의 가상자산 전자지갑에 가상자산이 이체된 경우, 가상자산을 이체 받은 자는 가상자산의 권리자 등에 대한 부당이득반환의무를 부담하게 될 수 있다. 그러나 이는 당사자 사이의 민사상 채무에 지나지 않고 이러한 사정만으로 가상자산을 이체 받은 사람이 신임관계에 기초하여 가상자산을 보존하거나 관리하는 지위에 있다고 볼 수 없다. 또한 피고인과 피해자 사이에는 아무런 계약관계가 없고 피고인은 어떠한 경위로 이 사건 비트코인을 이체 받은 것인지 불분명하여 부당이득반환청구를 할 수 있는 주체가 피해자인지 아니면 거래소인지 명확하지 않다. 설령 피고인이 피해자에게 직접 부당이득반환의무를 부담한다고 하더라도 곧바로 가상자산을 이체 받은 사람을 피해자에 대한 관계에서 배임죄의 주체인 '타인의 사무를 처리하는 자'에 해당한다고 단정할 수는 없다. …… 배임죄의 성립 범위를 제한하고 있다. 이 사건과 같이 가상자산을 이체 받은 경우에는 피해자와 피고인 사이에 신임관계를 인정하기가 쉽지 않다. 가상자산은 국가에 의해 통제받지 않고 블록체인 등 암호화된 분산원장에 의하여 부여된 경제적인 가치가 디지털로 표상된 정보로서 재산상 이익에 해당한다(대법원 2021.11.11, 2021도9855). 가상자산은 보관되었던 전자지갑의 주소만을 확인할 수 있을 뿐 그 주소를 사용하는 사람의 인적사항을 알 수 없고, 거래 내역이 분산 기록되어 있어 다른 계좌로 보낼 때 당사자 이외의 다른 사람이 참여해야 하는 등 일반적인 자산과는 구별되는 특징이 있다. 이와 같은 가상자산에 대해서는 현재까지 관련 법률에 따라 법정화폐에 준하는 규제가 이루어지지 않는 등 법정화폐와 동일하게 취급되고 있지 않고 그 거래에 위험이 수반되므로, 형법을 적용하면서 법정화폐와 동일하게 보호해야 하는 것은 아니다. …… 원인불명으로 재산상 이익인 가상자산을 이체 받은 자가 가상자산을 사용·처분한 경우 이를 형사처벌하는 명문의 규정이 없는 현재의 상황에서 착오송금 시 횡령죄 성립을 긍정한 판례(대법원 2010.12.9, 2010도891 등)를 유추하여 신의칙을 근거로 피고인을 배임죄로 처벌하는 것은 죄형법정주의에 반한다. 이 사건 비트코인이 법률상 원인관계 없이 피해자로부터 피고인 명의의 전자지갑으로 이체되었더라도 피고인이 신임관계에 기초하여 피해자의 사무를 맡아 처리하는 것으로 볼 수 없는 이상, 피고인을 피해자에 대한 관계에서 '타인의 사무를 처리하는 자'에 해당한다고 할 수 없다.

4. 대법원 2022.12.22, 2020도8682

자동차 양도담보 채무자 사례

甲은 乙 회사에게 자신의 자동차를 양도담보로 제공하기로 약정하여 이에 관하여 등록명의를 이전해 주어야 할 의무를 부담함에도 제3자에게 임의로 매도하였다. …… 채무자가 통상의 계약에서 이익대립관계를 넘어서 채권자와 신임관계에 기초하여 채권자의 사무를 맡아 처리한다고 볼 수 없으므로 채무자를 채권자에 대한 관계에서 '타인의 사무를 처리하는 자'라고 할 수 없다(대법원 2020.2.20, 2019도9756 전원합의체). 위와 같은 법리는, 권리이전에 등기·등록을 요하는 동산에 관한 양도담보설정계약에도 마찬가지로 적용된다. 따라서 자동차 등에 관하여 양도담보설정계약을 체결한 채무자는 채권자에 대하여 그의 사무를 처리하는 지위에 있지 아니하므로, 채무자가 채권자에게 양도담보설정계약에 따른 의무를 다하지 아니하고 이를 타에 처분하였다고 하더라도 배임죄가 성립하지 아니한다(甲은 배임죄 불성립). 경찰채용 24 1차/변호사 24

② 객체 : 재산상의 이익이다(이득죄). 이 점에서 횡령죄와 구별된다.

③ 행위 – 배임행위, 재산상 손해의 발생, 재산상 이익의 취득

㉠ 의의 : 배임행위(背任行爲)란 임무에 위배하는 행위, 즉 사무처리의 신뢰관계에 위배하는 행위이다.

즉 '임무에 위배하는 행위'라 함은 처리하는 사무의 내용·성질 등에 비추어 법령의 규정, 계약의 내용 또는 신의칙상 당연히 하여야 할 것으로 기대되는 행위를 하지 않거나(부작위) 당연히 하지 않아야 할 것으로 기대되는 행위를 함(작위)으로써 본인과의 신임관계를 저버리는 일체의 행위를 포함하며(대법원 1995.12.22, 94도3013; 2004.6.24, 2004도520; 2008.5.29, 2005도4640 등) 법률행위뿐 아니라 사실행위도 포함된다(배신설).

ⓐ 배임행위로 인정되는 경우 : 행위자는 배임행위로써 본인에게 재산상의 손해를 가하여야 하고 행위자는 재산상의 이익을 취득하여야 본죄가 성립한다. 이러한 배임행위에 해당하는 예는 다음과 같다.

1	회사의 이사가 이미 채무변제능력을 상실한 타인에게 회사자금을 대여하거나 타인의 채무를 회사 이름으로 지급보증하는 행위(대법원 1999.6.25, 99도1141)[858]
2	주식회사의 이사가 타인 발행의 약속어음에 회사 명의로 배서할 경우 그 타인이 어음금의 지급능력이 없어 그 배서로 인해 회사에 손해가 발생하리라는 점을 알면서 이에 나아간 경우(대법원 2000.5.26, 99도2781)[859] 법원9급 07(하) / 국가9급 21
3	기업의 영업비밀을 사외로 유출하지 않을 것을 서약한 회사의 직원이 경제적인 대가를 얻기 위하여 경쟁업체에 영업비밀을 유출하거나(대법원 2001.1.19, 2000도2914[860]; 2011.7.28, 2010도9652), 변호사 17 회사직원이 퇴사시 회사의 영업비밀 또는 영업상 주요한 자산에 해당하는 업무관련 파일들을 회사에 반환·폐기하지 않은 행위(대법원 2008.4.24, 2006도9089[861]; 2009.10.15, 2008도9433)

---

858 **사례 : 부실계열사 자금 지원 사례** 기아자동차 회장 甲은 이미 채무변제능력을 상실하여 한계상황에 도달한 기아특수강 주식회사와 주식회사 기산, 아시아자동차 주식회사, 주식회사 기아인터트레이드 등 계열사를 위하여 자금대여나 지급보증을 해 줄 경우 이를 회수하지 못하거나 보증책임을 지게 되어 기아자동차에 손해가 발생하리라는 점을 충분히 인식하면서도 별다른 채권보전조치도 없이 이 사건 지급보증 또는 자금대여를 해주었다. 甲의 행위는 배임에 해당하는가? **판례** 회사의 이사가 타인에게 회사자금을 대여하거나 타인의 채무를 회사 이름으로 지급보증함에 있어 **그 타인이 이미 채무변제능력을 상실하여 그를 위하여 자금을 대여하거나 지급보증을 할 경우 회사에 손해가 발생하리라는 점을 충분히 알면서 이에 나아갔다면, 그와 같은 자금대여나 지급보증은 타인에게 이익을 얻게 하고 회사에 손해를 가하는 행위로서 회사에 대하여 배임행위가 되고, 회사의 이사는 단순히 그것이 경영상의 판단이라는 이유만으로 배임죄의 죄책을 면할 수는 없으며, 이러한 이치는 그 타인이 자금지원 회사의 계열회사라 하여 달라지지 않는다.** 따라서 이는 회사에 대하여 배임행위가 되고, 그에 대한 고의도 충분히 인정되며, 피고인으로서는 단순히 그것이 경영상의 판단이라는 이유를 내세워 그에 대한 죄책을 면할 수는 없다(대법원 1999.6.25, 99도1141). **해결** 해당한다.

859 **사례 : 주식회사 이사가 발행인이 지급능력 없는 약속어음에 회사 명의로 배서한 사례** 금융권에서 신용이 있는 주식회사 HH건설의 대주주이자 이사 겸 부사장으로서 경영을 사실상 책임지고 있던 甲은 항도종합금융 주식회사의 경영권을 인수할 목적으로 그 회사 발행의 주식을 매집하고자 그에 소요되는 자금을 마련하기 위한 방편으로써 10억 원을 투자하여 급조한 주식회사 HJ 및 거래실적이나 자산이 거의 없는 乙 경영의 KD종합건설 주식회사 명의로 액면 합계 467억 원에 달하는 약속어음들을 발행하고, 나아가 이를 금융기관에서 할인하기 위해 HH건설의 명의로 배서를 하였다. 당시 주식회사 HJ 및 KD종합건설 주식회사는 위 약속어음들을 결제할 자금이나 능력이 없어 결국 그 배서인인 HH건설이 모두 책임을 져야 할 상황이었다. 이에 甲은 그 배서에 앞서 HH건설 이사회의 결의를 거치고, 또한 HH건설의 대주주로서 甲의 형들인 A·B의 승낙을 받았다. 甲의 형사책임은? **판례 주식회사의 이사가 타인 발행의 약속어음에 회사 명의로 배서할 경우** 그 타인이 어음금의 지급능력이 없어 그 배서로 인해 회사에 손해가 발생하리라는 점을 알면서 이에 나아갔다면, 이러한 약속어음의 배서행위는 타인에게 이익을 얻게 하고 회사에 손해를 가하는 행위로서 회사에 대해 배임행위가 되고, **그것이 경영상의 판단이라는 이유만으로 배임죄의 죄책을 면할 수는 없다.** 또한 이 경우 그 배임행위에 대해 **사실상 대주주의 양해를 얻었다거나 이사회의 결의를 거쳤다고 하여 그 배임행위가 정당화될 수는 없다**(대법원 2000.5.26, 99도2781). 법원9급 07(하) **해결** 업무상 배임죄.

860 **판례 : 경제적 대가를 얻기 위한 기업의 영업비밀 유출 사례 기업의 영업비밀을 사외로 유출하지 않을 것을 서약한 회사의 직원이 경제적인 대가를 얻기 위하여 경쟁업체에 영업비밀을 유출하는 행위**는 피해자인 회사와의 신임관계를 저버리는 행위로서 업무상 배임죄를 구성한다. 이 사건에서 피고인이 피해자 회사의 영업비밀인 설계도면 등의 자료를 취득함으로써 얻은 이익은 그 자료가 가지는 재산가치 상당이고, 그 재산가치는 **그 자료를 가지고 경쟁사 등 다른 업체에서 제품을 만들 경우 그 자료로 인하여 기술개발에 소요되는 비용이 감소되는 경우의 그 감소분 상당과 나아가 그 자료를 이용하여 제품생산까지 발전시킨 경우 제품의 판매이익 중 그 자료가 제공되지 않았을 경우와의 차액 상당**으로서 그러한 가치를 감안하여 시장경제원리에 의하여 형성될 **시장교환가격**이라고 보아야 한다(대법원 2001.1.19, 2000도2914). 변호사 17

861 **판례 : 영업비밀 또는 영업상 주요한 자산에 대한 미반환·미폐기 사례** 영업비밀은 아니지만 영업상 주요한 자산인 자료를 무단 반출하거나 적법하게 반출한 영업비밀 등을 퇴사시 반환·폐기의무에 위배하여 경쟁업체에 유출하거나 반환·폐기하지 않은 행위는 업무상 배임죄를 구성한다. 그렇다면 회사직원이 퇴사시 업무관련 파일들을 회사에 반환하거나 폐기할 의무가 있음에도 이를 폐기하지 않고 계속 보관하다가 경쟁업체에 반출한 경우, **위 파일들이 회사의 영업비밀 또는 영업상 주요한 자산에 해당한다**

4	고등학교 교장으로 사실상 학교법인의 경영을 주도하는 자가 학교법인 이사회의 의결과 관할 교육청 및 구청의 허가를 얻고 학교법인 부지를 시세보다 저렴하게 임대하는 경우(대법원 2003.3.14, 99도457)[862]
5	대학교수나 주식회사 임원이 (학교) 법인으로부터 교부받아 소지하고 있던 판공비 지출용 법인신용카드를 업무와 무관하게 개인적 용도(지인들과의 식사대금)에 사용하는 행위(대법원 2006.5.26, 2003도8095; 2014.2.21, 2011도8870) 법원행시 07 / 경찰채용 14 2차 / 사시 14
6	부도로 인하여 회사정리절차가 진행 중인 회사의 자산을 인수하는 과정에서 그 회사의 자산을 주식인수자금을 대출받는 데 담보로 제공하거나(대법원 2006.11.9, 2004도7027)[863] 변호사 14 이른바 LBO 방식의 기업인수 과정에서 인수자가 제3자가 주채무자인 대출금 채무에 대하여 아무런 대가 없이 피인수회사의 재산을 담보로 제공하는 행위(대법원 2008.2.28, 2007도5987),[864] 또는 이 때 피인수기업이 회생절차를 밟고 있는 경우(대법원 2012.6.14, 2012도1283)[865]

면, 위 파일들의 각 반출행위 또는 파일들의 미반환 · 미폐기 행위는 업무상 배임죄를 구성한다(대법원 2008.4.24, 2006도9089). 변호사 18

862 사례 : 고등학교 교장의 저렴한 임대 사례 고등학교의 교장으로서 사실상 학교법인의 경영을 주도하며 재산관리 및 수익사업을 비롯한 법인업무 전반을 총괄하는 한편 위 고등학교의 교무를 총괄하면서 교비회계에 속하는 자금을 비롯하여 위 고등학교의 운영을 위하여 위 고등학교에 귀속된 모든 자금을 보관·관리하는 업무를 취급하고 있는 자인 甲은 학교법인의 부지를 시세보다 현저히 저렴한 임대료로 임차하여 甲의 처이며 이사장인 乙로 하여금 골프연습장을 경영하도록 하였다. 이때 위 골프연습장 부지의 임대에 관하여 학교법인의 이사회의 의결을 거쳤으며 관할 교육청 및 구청의 허가를 얻었다. 甲의 행위는 업무상 배임에 해당하는가? 판례 甲은 업무상 배임죄의 주체가 될 수 있다. 이 사건과 같은 경우, 피고인이 위 고등학교의 교장에 불과하여 학교법인의 재산에 관한 사무를 처리하는 주체가 될 수 없다는 것은 타당하지 않다. 또한 배임죄에 있어서 배임행위에 해당하는 한 이에 관하여 재산처분에 관한 결정권을 가진 학교법인의 이사회의 결의가 있었다거나 그것이 감독청의 허가를 받아서 한 것이라고 하여 그 배임행위를 정당화할 수 없다(대법원 2003.3.14, 99도457). 해결 해당한다.

863 사례 : 회사정리절차 진행 중인 회사를 인수하는 자의 회사 자산 담보 제공 사례 A회사에 대해서 회사정리절차가 진행 중인데 甲은 A회사를 인수하기 위하여 서류상 B회사를 설립하고 대출을 받아 A회사의 주식 등을 인수하는 과정에서 A회사의 자산을 위 주식인수자금을 대출받는 데에 있어서 담보로 제공하였다. 甲의 죄책은? 판례 인수자 또는 제3자에게 담보 가치에 상응한 재산상 이익을 취득하게 하고 피인수회사에게 그 재산상 손해를 가하였다고 봄이 상당하다. 부도로 인하여 회사정리절차(2006.4.1. 채무자 회생 및 파산에 관한 법률의 시행으로 '회생절차'로 바뀌었다)가 진행 중인 주식회사의 경우에도 그 회사의 주주나 채권자들의 잠재적 이익은 여전히 보호되어야 할 것이므로, 피인수회사가 회사정리절차를 밟고 있는 기업이라고 하더라도 위와 같은 결론에는 아무런 영향이 없다(대법원 2006.11.9, 2004도7027). 변호사 14 보충 회사의 대표이사가 제3자를 위하여 회사의 재산을 담보로 제공한 후 이미 설정한 담보물을 교체하는 경우에 기존 담보물의 가치보다 새로 제공하는 담보물의 가치가 더 크다면, 특별한 사정이 없는 한 회사에게 위와 같은 방법으로 증가된 담보가치 중에서 피담보채무액에 상당하는 액수만큼 재산상 손해가 발생하였다고 할 것이나, 회사의 대표이사가 제3자를 위하여 회사의 재산을 담보로 제공한 후 이미 설정한 담보물을 교체하는 경우에 기존 담보물의 가치보다 새로 제공하는 담보물의 가치가 더 작거나 동일하다면 회사에 재산상 손해가 발생하였다고 볼 수 없다. 해결 업무상 배임죄.

864 사례 : LBO 방식의 M&A에서 인수자의 피인수회자 자산 담보 제공 사례 A회사의 인수자인 甲은 제3자인 乙이 주채무자인 대출금 채무에 대하여 아무런 대가 없이 피인수회사인 A회사의 재산을 담보로 제공하였다. 그런데 주채무자인 제3자 乙은 대출원리금 상당의 정리채권 등을 담보로 제공하고 있었다. 甲의 행위는 업무상 배임죄를 구성하는가? 판례 이른바 LBO(Leveraged Buyout) 방식의 기업인수 과정에서, 인수자가 제3자가 주채무자인 대출금 채무에 대하여 아무런 대가 없이 피인수회사의 재산을 담보로 제공하였다면, 설사 주채무자인 제3자가 대출원리금 상당의 정리채권 등을 담보로 제공하고 있었다고 하더라도, 피인수회사로서는 이로 인하여 그 담보가치 상당의 재산상 손해를 입었다고 할 것이므로 배임죄가 성립한다(대법원 2008.2.28, 2007도5987)(유사판례로는 대법원 2020.10.15, 2016도10654). 해결 구성한다.

비교판례 : 차입매수 또는 LBO 방식의 기업인수에서 배임죄에 해당하는지 여부를 일률적으로 단정할 수 없다는 판례 이른바 차입매수 또는 LBO(Leveraged Buy-Out의 약어)란 일의적인 법적 개념이 아니라 일반적으로 기업인수를 위한 자금의 상당 부분에 관하여 피인수회사의 자산을 담보로 제공하거나 그 상당 부분을 피인수기업의 자산으로 변제하기로 하여 차입한 자금으로 충당하는 방식의 기업인수 기법을 일괄하여 부르는 경영학상의 용어로, 거래현실에서 그 구체적인 태양은 매우 다양하다. 이러한 차입매수에 관하여는 이를 따로 규율하는 법률이 없는 이상 일률적으로 차입매수 방식에 의한 기업인수를 주도한 관련자들에게 배임죄가 성립한다거나 성립하지 아니한다고 단정할 수 없는 것이고, 배임죄의 성립 여부는 차입매수가 이루어지는 과정에서의 행위가 배임죄의 구성요건에 해당하는지 여부에 따라 개별적으로 판단되어야 한다(대법원 2010.4.15, 2009도6634; 2013.6.13, 2011도524).

865 판례 부도로 인하여 회생절차가 진행 중인 주식회사의 경우에도 회사의 주주나 채권자들의 잠재적 이익은 여전히 보호되어야 하므로, 피인수회사가 회생절차를 밟고 있는 기업이라고 하더라도 위와 같은 결론에는 아무런 영향이 없다(대법원 2012.6.14, 2012도1283).

7	회사의 대표이사가 회사 소유의 건물을 임대하고 교부받은 임대보증금 중 일부를 자신의 다른 회사에 대한 체불임금채권에 충당한 행위(대법원 2008.7.24, 2008도287)
8	마을의 물류창고 신축 회사로부터 공사에 따른 피해보상 예치금을 받아 보관하던 마을 이장이 탄핵으로 사임한 후에도 후임 이장에게 위 예치금을 인계하지 않고 계속 보관하다가 예치금 반환기간이 종료되자 마을 주민들의 동의 없이 회사에 반환한 행위(대법원 2009.2.12, 2008도10915)
9	회사의 이사가 회사에 필요한 물품을 납품받음에 있어 할인된 가격으로 납품가격을 정할 수 있었음에도 납품 과정에서 자신이 이익을 취득할 의도로 납품업자에게 가공의 납품업체를 만들게 한 뒤 그 납품업체로부터 할인되지 않은 가격으로 납품을 받은 경우(대법원 2009.10.15, 2009도5655)[866] 법원 9급 11 / 경찰간부 14
10	甲 회사와 乙 회사의 주식매수청구권 계약과 관련하여 甲 회사와 동일 기업집단 내 계열사 대표이사가 위 계열사 명의의 손실보상각서를 그 계열사의 이사회의 결의 없이 작성하여 준 경우(대법원 2009.10.29, 2009도7783)
11	종중 소유이나 종원 5명의 공유로 명의신탁된 토지를 매도하는 계약의 이행 등 종중 사무를 총괄하는 자가 종중의 유효한 결의를 받지 못하였음에도 그 임무에 위배하여 등기이전을 거부하는 공유자들에게 매매대금 중 일부를 지급한 경우(대법원 2010.9.9, 2010도7380)
12	회사의 임원이 사실상 1인 사원이나 대지분을 가진 사원의 양해를 얻고 행한 임무에 위배되는 행위로 재산상 이익을 취득하거나 제3자로 하여금 이를 취득하게 하여 회사에 손해를 가한 행위(대법원 2011.3.10, 2008도6335)[867]
13	재무구조가 열악한 회사의 대표이사가 제3자에게 회사의 자산으로 거액의 기부를 한 경우(대법원 1983.12.13, 83도2330 전원합의체; 2005.6.10, 2005도946; 2011.3.10, 2008도6335; 2012.6.14, 2010도9871)[868] 변호사 16
14	회사의 이사가 사기적인 포괄적 주식교환계약을 이행한 경우(대법원 2012.11.15, 2010도11382)[869]

---

866 **보충 : 재산상 손해액이 밝혀지지 않는 경우의 처리** 구체적 사정에 비추어 할인받을 수 있는 가격을 특정할 수 없는 등의 특별한 사정이 있다면 이사가 취득한 이익 전체를 회사에 발생한 재산상 손해액이라고 할 수는 없고, 회사에는 가액을 산정할 수 없는 손해가 발생하였다고 봄이 상당하다.

867 **판례 : 론스타 사례 중 론스타코리아 회사의 수익 이전 논점** 甲 회사 및 乙 회사 모두의 자산관리자인 丙 회사의 대표이사 丁이 甲 회사의 1인 사원의 동의를 얻어 甲 회사의 수익을 乙 회사에 불법적으로 이전한 행위가 배임죄를 구성하는가? **판례** 유한회사와 그 사원은 별개의 법인격을 가진 존재로서 동일인이라 할 수 없고 유한회사의 손해가 항상 사원의 손해와 일치한다고 할 수도 없으므로, **1인 사원이나 대지분을 가진 사원도 본인인 유한회사에 손해를 가하는 임무위배행위를 한 경우에는 배임죄의 죄책을 진다.** 따라서 회사의 임원이 임무에 위배되는 행위로 재산상 이익을 취득하거나 제3자로 하여금 이를 취득하게 하여 회사에 손해를 가한 경우, 임무위배행위에 대하여 **사실상 1인 사원이나 대지분을 가진 사원의 양해를 얻었다고 하더라도 배임죄의 성립에는 지장이 없다.** 따라서 甲 회사 및 乙 회사 모두의 자산관리자인 丙 회사의 대표이사 丁이 甲 회사의 수익을 乙 회사에 불법적으로 이전한 행위는 배임죄를 구성하고, 丁의 배임행위가 甲 회사의 1인 사원 동의하에 이루어진 것이라도 달리 볼 수 없다(대법원 2011.3.10, 2008도6335).

참고 - 위 판례의 또 다른 논점 이 판례에서 대법원은 2003년 외환카드 합병 당시 '허위 감자설'을 유포한 혐의(증권거래법 위반) 등으로 기소된 유회원 론스타코리아 대표에 대해 증권거래법 위반(주가조작) 부분을 무죄로 선고한 원심을 깨고 이 사건을 서울고법으로 돌려보냈다. 당시 론스타코리아의 유 대표가 론스타 측 임원들과 공모, 외환카드 인수자금을 줄이기 위해 계획도 없는 감자설을 유포시켜 주가를 끌어내렸다고 본 것이다. **해결** 구성한다.

868 **판례** 그로써 회사를 채무초과 상태에 빠뜨리거나 채무상환이 곤란한 상태에 처하게 하는 등 **그 기부액수가 회사의 재정상태 등에 비추어 기업의 사회적 역할을 감당하는 정도를 넘는 과도한 규모로서 상당성을 결여한 것이고 특히 그 기부의 상대방이 대표이사와 개인적 연고가 있을 뿐 회사와는 연관성이 거의 없다면, 그 기부는 대표이사의 선량한 관리자로서의 업무상 임무에 위배되는 행위에 해당한다** 할 것이고, **그 대표이사가 실질적 1인 주주라는 등의 사정이 있다고 하더라도 마찬가지라** 할 것이다(위 판례). 변호사 16

869 **사례 : 사기적 포괄적 주식교환계약 이행 사건** 甲 주식회사 대표이사인 A는 乙 주식회사 대표이사 丙과 포괄적 주식교환계약을 체결하면서 甲 회사의 매출액을 부풀려 허위 계상한 회계자료를 평가기관에 제공하는 방법으로 甲 회사의 주식가치가 과대평가되도록 하여 주식교환비율을 정한 다음 乙 회사의 대표이사로 취임한 후 위 계약에 따라 주식교환을 실시하였다. A의 행위는 업무상 배임죄를 구성하는가? **판례** 포괄적 주식교환계약의 이행 사무를 처리할 당시 피고인은 乙 회사 대표이사의 지위에 있었고, 허위 매출자료 등에 의하여 甲 회사의 주당가치가 증가되었다는 사정과 포괄적 주식교환계약을 그대로 실시하면 乙 회사가 주당가치에 상당 정도 미달하는 甲 회사의 주식을 인수하고 그 대가로 乙 회사의 신주를 甲 회사 주주들에게 발행하게

15	상호저축은행 경영진인 자가 사업의 전망이나 대출채권의 회수가능성에 대한 충분한 검토를 하거나 대출규정에 정해진 바에 따라 대체담보를 취득하는 등 채권회수조치를 취하지 아니한 채 담보물인 수익권증서의 기초가 되는 부동산담보신탁계약 해지에 동의하는 방법으로 담보를 해지하여 주거나,[870] 영업정지가 임박한 단계에 있는 상호저축은행의 특정 예금채권자들에게만 그 사실을 알려주어 그들로 하여금 예금을 인출하도록 한 경우(대법원 2013.1.24, 2012도10629)
16	실질적으로 전환사채 인수대금이 납입되지 않았음에도 전환사채를 발행한 경우(대법원 2015.12.10, 2012도235)[871] 등
17	펀드매니저가 증권사 브로커와 채권 파킹 거래를 하고 그로 인한 증권사 손실을 피해자의 투자일임재산으로 보전한 경우(대법원 2021.11.25, 2017도11612)[872]

ⓑ 배임행위로 인정되지 않는 경우 : 배임행위에 해당하지 않는 예는 다음과 같다.

1	다수의 이해관계가 충돌하는 복잡한 사안에서 담당공무원이 직무범위 내에서 가장 합리적인 방안을 강구하여 직무를 처리하였음에도 불구하고, 결과적으로 국가에 재산적 손해를 야기하거나 제3자에게 재산적 이익이 귀속된 경우(대법원 2008.6.26, 2006도2222[873]; 2010.10.14, 2010도387[874])

되어 乙 회사가 상당한 재산상 손해를 입게 되리라는 사정을 잘 알고 있었으므로, 乙 회사의 사무를 처리하는 지위에 있었던 피고인에게는 乙 회사의 이사회나 주주총회를 소집하여 위와 같은 사정을 알리고 기망을 이유로 포괄적 주식교환계약을 취소하는 등 선량한 관리자로서 乙 회사가 입을 재산상 손해를 방지하고 乙 회사에 최선의 이익이 되도록 직무를 충실하게 수행할 업무상 임무가 있었다고 보아야 한다(대법원 2012.11.15, 2010도11382). 해결 구성한다.

870 **보충** 상호저축은행 임직원인 피고인들이 대체담보를 취득하지 아니한 채 대출채권에 대한 기존 담보를 해지함으로써 업무상 배임죄가 성립하는 경우 그 **손해액은 담보물 가액을 한도로 한 대출잔액으로 보아야** 할 것임에도, 담보물의 가액을 초과하는 대출잔액을 재산상 손해액으로 인정한 원심은 파기되어야 한다(위 판례).

871 **판례** 전환사채의 발행업무를 담당하는 사람과 전환사채 인수인이 사전 공모하여 제3자에게서 전환사채 인수대금에 해당하는 금액을 차용하여 전환사채 인수대금을 납입하고 전환사채 발행절차를 마친 직후 인출하여 차용금채무의 변제에 사용하는 등 **실질적으로 전환사채 인수대금이 납입되지 않았음에도 전환사채를 발행한 경우 특별한 사정이 없는 한, 전환사채의 발행업무를 담당하는 사람은 업무상 배임죄의 죄책을 진다.** 그리고 그 후 전환사채의 인수인이 전환사채를 처분하여 대금 중 일부를 회사에 입금하였거나 또는 사채로 보유하는 이익과 주식으로 전환할 경우의 이익을 비교하여 전환권을 행사함으로써 전환사채를 주식으로 전환하였더라도, 이러한 사후적인 사정은 이미 성립된 업무상 배임죄에 영향을 주지 못한다(대법원 2015.12.10, 2012도235).

872 **보충** '채권 파킹 거래'란 펀드매니저의 지시에 따라 증권사 브로커가 증권사의 계산으로 채권을 매수하여 증권사의 계정에 보관(parking)한 후, 손익 정산을 전제로 펀드매니저가 다시 그 채권을 매수하거나 이를 다른 곳에 매도하도록 증권사 브로커에게 지시함으로써 그 보관을 해소하는 일련의 거래를 포괄하는 채권 거래 방식이다. 위 사건에서 대법원은 피고인이 한 **채권 파킹 거래는 임무위배행위에** 해당하고 그 임무위배행위를 통해 투자자에게는 금액을 특정할 수 없는 재산상 손해가 발생하였으며 증권사는 금액을 특정할 수 없는 재산상 이익을 취득한 것이므로 배임죄가 성립한다고 본 것이다.

873 **판례 : 불법매각 국유지 환수업무 처리 공무원 사례** 불법매각된 국유지의 환수업무를 처리하는 공무원이 다수의 이해관계가 충돌하고 그 법적 해결이 용이하지 않은 상황에서 이를 해결하기 위하여 **선의의 취득자 보호를 위한 국유재산법상 특례매각에 관한 규정을 유추적용하면서 그 매각범위를 확장 시행한 경우,** 그로 인해 결과적으로 국가의 재산적 손실이 발생하였다고 하더라도 업무상 배임죄에 해당하지 않는다(대법원 2008.6.26, 2006도2222).

874 **판례 : 론스타 사례 중 공무원의 배임행위 논점** 주식회사 한국외환은행의 매각 관련 신주발행 및 구주매각 당시 위 은행에 대규모 자본확충의 필요성이 있었는지, 미국계 사모펀드인 론스타펀드와의 협상절차가 적정하였는지, 신주발행가격 및 구주매각가격이 적정하였는지 여부 등 제반 사정에 비추어, **피고인들인 은행장 甲, 부행장 乙, 재정경제부 금융정책국장 丙에게 임무위배행위가 있었다거나 피해자들에게 손해 또는 그 위험이 발생하였다고 볼 수 없기 때문에,** 위 피고인들에 대해서는 그 손해에 대한 행정적인 책임 기타 다른 법령상의 책임을 묻는 것은 모르되 그 행위가 배임죄에 해당한다고 할 수는 없다는 점에서 특정경제범죄 가중처벌 등에 관한 법률 위반(배임)의 공소사실에 대하여 무죄를 선고한 원심판단을 수긍한 판례이다.

2	회사의 이사가 주주에게 시가보다 현저하게 낮은 가액으로 신주를 발행한 경우(대법원 2009.5.29, 2007도4949 전원합의체 : 에버랜드 전환사채 발행사례)[875][876] 법원행시 09
3	재건축정비사업조합의 조합장이 조합에 대한 법원의 판결에 대하여 항소를 제기하는 등으로 다투고 있는 경우 등에도 조합장이 당연히 그 판결의 취지에 따른 조치를 취하여야 할 임무가 있다고 볼 수는 없으며, 또한 조합이 아닌 조합 임원들을 상대로 한 직무집행정지 가처분 등이 있다고 하여 조합장에게 반드시 그에 따른 조치를 취하여야 할 임무가 있다고 볼 수도 없는 경우(대법원 2009.9.10, 2009도4987)
4	회사 직원이 경쟁업체 또는 자신의 이익을 위하여 이용할 의사로 무단으로 자료를 반출하는 행위를 업무상 배임죄로 의율할 때에는 위 자료가 반드시 영업비밀에 해당할 필요까지는 없더라도 적어도 '영업상 주요한 자산'에 해당할 것을 요하므로(대법원 2005.7.14, 2004도7962; 2008.7.10, 2008도3435; 2011.6.30, 2009도3915; 2011.7.14, 2010도3043) 여기에 해당하지 않는 자료를 반출한 경우(대법원 2011.6.30, 2009도3915)[877] 유사 역설계로 입수가능한 정보의 반출행위(대법원 2022.6.30, 2018도4794)
5	주식회사의 임원·종업원이 자신들의 직무발명에 대한 특허출원인 명의를 회사 명의가 아니라 자신의 명의로 변경하여 특허출원이 이루어지도록 한 경우(특허를 받을 수 있는 권리는 원래 발명자에게 있다는 점에서 이는 배임에 해당하지 않음)(대법원 2011.7.28, 2010도12834[878]; 2012.12.27, 2011도15093)

875 **보충** 회사의 이사가 제3자에게 시가보다 현저하게 낮은 가액으로 신주 등을 발행하면 업무상 배임죄가 성립하지만, 주주에게 시가보다 현저하게 낮은 가액으로 신주 등을 발행한 경우 업무상 배임죄가 성립하지 않으므로, 신주 등의 발행에서 **회사가 기존 '주주'들에게 지분비율대로 신주 등을 인수할 기회를 부여하였다면 주주들이 그 인수를 포기함에 따라 발생한 실권주 등을 시가보다 현저히 낮은 가액으로 제3자에게 배정한 경우**에는 주주 배정방식으로 볼 수 있다. … 주주배정의 방법으로 주주에게 전환사채인수권을 부여하였지만 주주들이 인수청약하지 아니하여 실권된 부분을 제3자에게 발행하더라도 주주의 경우와 같은 조건으로 발행할 수밖에 없고, **이러한 법리는 주주들이 전환사채의 인수청약을 하지 아니함으로써 발생하는 실권의 규모에 따라 달라지는 것은 아니다**(대법원 2009.5.29, 2007도4949 전원합의체).

876 **보충** 이사가 주식회사의 지배권을 기존 주주의 의사에 반하여 제3자에게 이전하는 것은 기존 주주의 이익을 침해하는 행위일 뿐 지배권의 객체인 주식회사의 이익을 침해하는 것으로 볼 수는 없는데, 주식회사의 이사는 주식회사의 사무를 처리하는 자의 지위에 있다고 할 수 있지만 **주식회사와 별개인 주주들에 대한 관계에서 직접 그들의 사무를 처리하는 자의 지위에 있는 것은 아니고**, 더욱이 경영권의 이전은 지배주식을 확보하는 데 따르는 부수적인 효과에 불과한 것이어서, **회사 지분비율의 변화가 기존 주주 자신의 선택에 기인한 것이라면 지배권 이전과 관련하여 이사에게 임무위배가 있다고 할 수 없다**(대법원 2009.5.29, 2007도4949 전원합의체). 법원행시 09

877 **사례 : 영업상 주요한 자산인가와 배임죄의 성부** 회사 직원이 무단으로 자료를 반출하는 행위를 업무상 배임죄로 의율하기 위해서는 위 자료가 '영업상 주요한 자산'에 해당하여야 하는가? **판례 회사 직원이 경쟁업체 또는 자신의 이익을 위하여 이용할 의사로 무단으로 자료를 반출하는 행위를 업무상 배임죄로 의율할 때에는, 위 자료가 반드시 영업비밀에 해당할 필요까지는 없더라도, 적어도 불특정 다수인에게 공개되어 있지 않아 보유자를 통하지 아니하고는 이를 입수할 수 없고 보유자가 자료 취득이나 개발을 위해 상당한 시간, 노력 및 비용을 들인 것으로 이를 통해 경쟁상 이익을 얻을 수 있는 정도의 '영업상 주요한 자산'에 해당할 것을 요한다.** 따라서 피고인들이 甲 주식회사를 퇴사하면서 甲 회사가 제조·판매하는 특정 단말기에 관한 회로도, 부품리스트, 다운로드 매뉴얼, 테스트 매뉴얼, 소프트웨어, 사양서 등이 저장된 CD와 컴퓨터를 반출하였다고 하여 업무상배임으로 기소된 사안에서, 기술 자료 중 회로도는 이미 공개되어 있는 표준회로도와 매우 유사하고, 단말기는 피고인들이 자료 반출 당시 이미 판매되고 있었으며, 단말기를 구성하는 부품 자체는 모두 공지된 것이어서 자료의 부품리스트를 쉽게 알아낼 수 있었던 것이고, 다운로드 매뉴얼과 테스트 매뉴얼 및 사양서는 제품의 하드웨어 구조와 소프트웨어 기능이 확정되면 작성될 수 있는 것이어서, 위 자료는 불특정 다수인에게 공개된 것이 아니라거나 보유자가 자료 취득·개발을 위해 상당한 시간, 노력 및 비용을 들인 것으로 이를 통해 경쟁상 이익을 얻을 수 있는 정도에 이르렀다고 할 수 없으므로 이를 甲 회사의 '영업상 주요한 자산'에 해당한다고 볼 수 없는데도, 이와 달리 판단하여 피고인들에게 유죄를 인정한 원심판결에 법리오해의 위법이 있다(대법원 2011.6.30, 2009도3915). **해결** 해당하여야 한다.

878 **사례 : 발명진흥법상 '직무발명'의 사용자 승계와 배임죄의 성부** A주식회사의 임원 또는 종업원인 甲 등은 직무발명에 대한 특허출원인 명의를 甲 등으로 변경하여 특허출원이 이루어지도록 하였다. 甲 등은 A회사에 대하여 업무상 배임죄를 범한 것인가? **판례** 甲 주식회사의 임원 또는 종업원인 피고인들이 직무발명에 대한 특허출원인 명의를 피고인들 등으로 변경해서 특허출원이 이루어지도록 하여 甲 회사에 재산상 손해를 가하였다는 내용으로 기소된 경우, 피고인들이 직무에 관하여 발명한 '3D 입체게임 전용 컨트롤러'는 **발명진흥법에서 정한 '직무발명'에 해당하여 이에 대하여 특허를 받을 수 있는 권리는 당연히 발명자인 피고인들에게 있으므로** 사용자인 甲 회사가 발명의 특허출원을 하기 위하여는 피고인들로부터 특허를 받을 수 있는 권리를 승계하여야 하는데, 제반 사정에 비추어 **甲 회사가 위 발명에 대하여 특허를 받을 수 있는 권리를 적법하게 승계하였다고 할 수 없으므로**, 피고인들이 위 발명에 대하여 특허출원인 명의를 피고인들 등으로 변경하여 출원하였다 하여 그와 같은 행위가 업무상 배임죄에 해당한다고 할 수 없다(대법원 2011.7.28, 2010도12834). **해결** 범한 것이 아니다.

6	동일인 대출한도 제한규정을 위반하여 초과대출을 한 행위(원칙적 부정)(대법원 2008.6.19, 2006도4876 전원합의체; 2011.8.18, 2009도7813[879])

판례연구 영업비밀 또는 영업상 주요한 자산의 유출에 관한 법리

대법원 2017.6.29, 2017도3808

① 회사직원이 영업비밀 또는 영업상 주요한 자산을 경쟁업체에 유출하거나 스스로의 이익을 위하여 이용할 목적으로 무단으로 반출한 경우, 업무상 배임죄의 기수시기(=유출 또는 반출시) : 업무상 배임죄의 주체는 타인의 사무를 처리하는 지위에 있어야 한다. 따라서 회사직원이 재직 중에 영업비밀 또는 영업상 주요한 자산을 경쟁업체에 유출하거나 스스로의 이익을 위하여 이용할 목적으로 무단으로 반출하였다면 타인의 사무를 처리하는 자로서 업무상의 임무에 위배하여 유출 또는 반출한 것이어서 유출 또는 반출 시에 업무상 배임죄의 기수가 된다. 국가7급 18 / 법원9급 18

② 영업비밀 등을 적법하게 반출하였으나 퇴사시에 회사에 반환하거나 폐기할 의무가 있음에도 같은 목적으로 이를 반환하거나 폐기하지 아니한 경우, 업무상 배임죄의 기수시기(=퇴사시) : 또한 회사직원이 영업비밀 등을 적법하게 반출하여 반출행위가 업무상배임죄에 해당하지 않는 경우라도, 퇴사시에 영업비밀 등을 회사에 반환하거나 폐기할 의무가 있음에도 경쟁업체에 유출하거나 스스로의 이익을 위하여 이용할 목적으로 이를 반환하거나 폐기하지 아니하였다면, 이러한 행위 역시 퇴사 시에 업무상배임죄의 기수가 된다. 경찰승진 23

③ 퇴사한 회사직원이 위와 같이 반환하거나 폐기하지 아니한 영업비밀 등을 경쟁업체에 유출하거나 스스로의 이익을 위하여 이용한 행위가 따로 업무상 배임죄를 구성하는지 여부(원칙적 소극) : 그러나 회사직원이 퇴사한 후에는 특별한 사정이 없는 한 퇴사한 회사직원은 더 이상 업무상 배임죄에서 타인의 사무를 처리하는 자의 지위에 있다고 볼 수 없고, 위와 같이 반환하거나 폐기하지 아니한 영업비밀 등을 경쟁업체에 유출하거나 스스로의 이익을 위하여 이용하더라도 이는 이미 성립한 업무상 배임 행위의 실행행위에 지나지 아니하므로, 그 유출 내지 이용행위가 부정경쟁방지 및 영업비밀보호에 관한 법률 위반(영업비밀누설 등)죄에 해당하는지는 별론으로 하더라도, 따로 업무상 배임죄를 구성할 여지는 없다.

④ 제3자가 위와 같은 유출 내지 이용행위에 공모·가담한 경우, 업무상 배임죄의 공범이 성립하는지 여부(원칙적 소극) : 그리고 위와 같이 퇴사한 회사직원에 대하여 타인의 사무를 처리하는 자의 지위를 인정할 수 없는 이상 제3자가 위와 같은 유출 내지 이용행위에 공모·가담하였더라도 타인의 사무를 처리하는 자의 지위에 있다는 등의 사정이 없는 한 업무상 배임죄의 공범 역시 성립할 수 없다.

---

879 판례 : **동일인 대출한도 제한규정 위반 초과대출행위의 배임죄 성부** 동일인 대출한도를 초과하여 대출함으로써 상호저축은행법을 위반하였다고 하더라도, ① 대출한도 제한규정 위반으로 처벌함은 별론으로 하고, **그 사실만으로 특별한 사정이 없는 한 업무상 배임죄가 성립한다고 할 수 없으나,** ② 일반적으로 이러한 동일인에 대한 대출한도 초과대출이라는 임무위배의 점에 더하여 대출 당시의 대출채무자의 재무상태, 다른 금융기관으로부터의 차입금, 기타 채무를 포함한 전반적인 금융거래상황, 사업현황 및 전망과 대출금의 용도, 소요기간 등에 비추어 볼 때 채무상환능력이 부족하거나 제공된 담보의 경제적 가치가 부실하여 대출채권의 회수에 문제가 있는 것으로 판단되는 경우에는 재산상 손해가 발생하였다고 보아 업무상 배임죄가 성립한다고 할 것이다(대법원 2008.6.19, 2006도4876 전원합의체; 2011.8.18, 2009도7813).

유사판례 : 브리지론 신용대여 사건 금융기관이 아닌 일반기업의 전문경영인인 대표이사와 임직원이, 위 회사로 하여금, 부동산개발사업자가 **초기 개발자금(일종의 브리지론)**을 금융기관에서 신용대출 받는 데 지급보증하게 하거나, 부동산개발사업자에게 초기 개발자금을 직접 대여하게 한 경우, **피고인들이 C(차주)가 위 대출금을 위 약정에 반하여 다른 사업체에 사용할 것을 알고 있었다거나 혹은 위 피고인들과 C 사이에 위 연대보증과 관련하여 부정한 대가가 수수되었다는 등의 특별한 사정이 없는 한,** 단지 위 피고인들이 C가 운영하는 E회사의 대출금 사용처를 통제·감독하기 위한 조치 없이 B회사로 하여금 연대보증하게 하였다는 사정을 주된 이유로 하여 위 피고인들의 행위를 업무상 배임죄에 있어서의 임무위배행위에 해당한다거나 위 피고인들에게 배임의 고의가 있었다고 섣불리 단정하여서는 아니 될 것이다(대법원 2013.12.26, 2013도7360).

판례연구 영업상 주요한 자산 관련 판례

대법원 2022.6.30, 2018도4794

역설계 등의 방법으로 입수 가능한 상태에 있는 회사의 정보와 영업상 주요한 자산

회사 직원이 경쟁업체 또는 스스로의 이익을 위하여 이용할 의사로 무단으로 자료를 반출한 행위가 업무상 배임죄에 해당하기 위하여는, 그 자료가 반드시 영업비밀에 해당할 필요까지는 없다고 하겠지만 적어도 그 자료가 불특정 다수인에게 공개되어 있지 않아 보유자를 통하지 아니하고는 이를 통상 입수할 수 없고 그 보유자가 자료의 취득이나 개발을 위해 상당한 시간, 노력 및 비용을 들인 것으로서, 그 자료의 사용을 통해 경쟁상의 이익을 얻을 수 있는 정도의 영업상 주요한 자산에는 해당하여야 한다. 또한 비밀유지조치를 취하지 아니한 채 판매 등으로 공지된 제품의 경우, 역설계(reverse engineering)를 통한 정보의 획득이 가능하다는 사정만으로 그 정보가 불특정 다수인에게 공개된 것으로 단정할 수 없으나, 상당한 시간과 노력 및 비용을 들이지 않고도 통상적인 역설계 등의 방법으로 쉽게 입수 가능한 상태에 있는 정보라면 보유자를 통하지 아니하고서는 통상 입수할 수 없는 정보에 해당한다고 보기 어려우므로 영업상 주요한 자산에 해당하지 않는다.

ⓛ 모험거래와 배임행위 : 기대되는 이익이 큰 만큼 감수해야 할 위험도 큰 모험거래(冒險去來, Risiko geschäft)에 있어서는 배임죄가 성립하지 않음이 원칙이다.

ⓒ 재산상 손해(損害)의 발생

ⓐ 재산상 손해발생의 의의 : 배임죄가 성립하기 위하여는 타인의 사무처리자의 배임행위로 인하여 피해자(본인)의 전체 재산가치의 감소가 경제적 관점에서 있어야 한다[재산상 손해 : 사기죄 – 不要, 배임죄 – 要(판례)]. 따라서 배임죄에 있어서 손해액이 구체적으로 명백하게 산정되지 않았더라도 배임죄의 성립에는 영향이 없다고 할 것이나, 발생된 손해액을 구체적으로 산정하여 인정하는 경우 이를 잘못 산정하는 것은 위법하다(대법원 1999.4.13, 98도4022; 2012.1.26, 2011도15179[880]).

ⓑ 재산상 손해발생이 인정된 경우 : 여기에는 ㉮ 재산의 처분 등 직접적인 재산의 감소, 보증이나 담보제공 등 채무 부담으로 인한 재산의 감소와 같은 적극적 손해를 야기한 경우는 물론, ㉯ 객관적으로 보아 취득할 것이 충분히 기대되는데도 임무위배행위로 말미암아 이익을 얻지 못한 경우인 소극적 손해를 야기한 경우도 포함되고, 나아가 ㉰ 부실대출이나 담보권의 상실과 같은 재산상의 위험도 포함된다. 구체적으로 재산상 위험이라 함은, 법률적 판단에 의하여 당해 배임행위가 무효라 하더라도 경제적 관점에서 파악하여 배임행위로 인하여 본인에게 현실적인 손해를 가하였거나 재산상 실해 발생의 위험을 초래한 경우에는 재산상의 손해를 가한 때에 해당된다고 보면 된다. 따라서 일단 손해의 위험성을 발생시킨 이상 사후에 담보를 취득하였거나 피해가 회복되었다 하여도 배임죄의 성립에 영향을 주는 것은 아닌 것이다.

사례연구 신협 이사장이 비조합원 · 무자격자에게 대출한 사례

[제1문] 일반 금융기관과 달리 상호유대를 가진 자 사이의 협동조직을 통하여 자금의 조성과 이용 등을 도모하기 위하여 설립된 A신용협동조합의 이사장 甲은 乙이 비조합원 또는 무자격자임에도 대출해주었다. 다만 乙은 적정한 담보

880 판례 : 배임죄의 손해액 매도인이 부동산의 매도 후 그 부동산에 양도담보계약을 체결하고 제3자에게 돈을 차용한 경우에 매수인이 입은 손해액은 그 **양도담보권에 의하여 담보되는 피담보채무 상당액**이라고 봄이 상당하다(위 판례).
유사판례 피고인이 피해자 甲으로부터 명의신탁(부동산실명법위반이 아님을 전제함)을 받아 보관 중인 부동산에 임의로 근저당권을 설정하였는데, 위 부동산에는 이전에 별도의 근저당권설정등기가 마쳐져 있던 경우, 피고인이 부동산을 **횡령**하여 취득한 이득액은 **부동산을 담보로 제공한 피담보채무액 또는 채권최고액**이라고 보아야 하는데, 이와 달리 부동산의 시가 상당액을 기초로 이득액을 산정한 원심판결에는 법리오해의 잘못이 있다(대법원 2013.5.9, 2013도2857).

를 제공하였고 또한 위 대출금은 회수할 수 있는 상태이었고, 甲은 위 대출에 있어 조합 내 여신위원회의 사전심사와 결의절차를 모두 거쳤다. 甲의 죄책은?

[제2문] 위 대출은 乙의 명의로 하되 丙(조합원)의 계산으로 하는 대출이었는데, 그 대출금액과 추가대출금액을 포함한 대출총액이 丙의 대출한도액을 초과하고 있다. 그렇다면 甲에게는 별도의 배임죄가 성립하는가?

해결 [제1문] 조합이 다른 조합원에게 정당하게 대출할 자금을 부당하게 감소시킨 결과가 되어 그 대출금에 대한 회수의 가능 여부나 담보의 적정 여부에 관계없이 조합에 재산적 손해를 입게 한 것으로 보아야 할 것이고, 이 경우 이사장의 임무위배가 인정되는 이상 설령 조합 내 여신위원회의 사전심사와 결의를 거쳤다고 하더라도 업무상 배임죄의 성립에 영향이 없다.

[제2문] 동일 조합원에 대한 대출한도의 초과 여부를 판단함에 있어 본인의 계산으로 타인의 명의에 의하여 행하는 대출은 그 본인의 대출로 보아야 할 것이고(1998.1.13. 법률 제5506호로 전문 개정된 신용협동조합법 제42조 단서에서는 이 점을 명문화하였다), 이때 종전 대출명의자인 타인이 비조합원 또는 무자격자이고 그 무자격자에 대한 대출이 별도의 배임행위로 처벌받는다고 하더라도 그 대출금액과 추가대출금액을 포함한 대출총액이 본인의 대출한도액을 초과하는 때에는 이에 대하여 별도의 배임죄가 성립한다(대법원 2001.11.30, 99도4587).

정답 [제1문] 업무상 배임죄 [제2문] 별도의 업무상 배임죄가 성립한다.

사례연구 재단법인 불교방송의 이사장 직무대리의 후원회 기부금 대여 사례

재단법인 불교방송 이사장 직무대리로서 위 법인의 업무일체를 총괄하여 오던 승려 甲(피고인)은 평소 알고 지내던 신도 丙이 자금압박을 받고 있고 은행대출에 필요한 제반조건을 갖추지 못해 대출을 받는 데 어려움이 있다는 사정을 알고 있던 중, 재단사무국 사무실에서 불교방송 사장 직무대리로 있던 乙을 통해 전국의 불교신도들로 구성된 불교방송프로그램후원회로부터 적립금 2억 2천 5백여만 원을 전달받아 재단사무국 수시자금 거래통장에 입금시켰는데, 丙에게 정당한 사유 없이 금원을 대여해 주기로 마음먹고, 그로부터 적정한 담보를 제공받지 아니한 데다 이사회의 의결이나 승인을 받지도 않은 채 재단 회계담당자를 통해 위 통장에서 금 2억 원을 인출한 후 丙에게 단기대여 명목으로 송금하였다. 甲의 형사책임은?

해결 배임죄에서 '재산상의 손해를 가한 때'라 함은 현실적인 손해를 가한 경우뿐만 아니라 재산상 실해발생의 위험을 초래한 경우도 포함되고 일단 손해의 위험성을 발생시킨 이상, 사후에 피해가 회복되었다 하여도 배임죄의 성립에 영향을 주는 것은 아니다. 따라서 재단법인 불교방송의 이사장 직무대리인이 후원회 기부금을 정상 회계처리하지 않고 자신과 친분관계에 있는 신도에게 확실한 담보도 제공받지 않은 채 대여하였다면, 그 신도가 이자금을 제때에 불입하고 나중에 원금을 변제했다 하더라도 배임죄가 성립한다(대법원 2000.12.8, 99도3338). 법원행시 07 / 법원행시 16 / 사시 10 / 사시 11

사례연구 배임죄의 재산상 손해의 의미 : 소극적 손해 사건

피고인 甲은 피해자 회사 A 회사의 부사장 직책으로 대외적 영업활동을 하여 그 활동 및 계약 등을 A 회사에 귀속시키기로 하고, A 회사에 귀속된 금형제작 · 납품계약을 이행하기 위한 금형제작물량 중 50%는 피고인이 운영하던 B 주식회사에서, 나머지 50%는 A 회사에서 제작하여 그 수익을 1/2씩 나누기로 하는 약정을 체결하였다. 그럼에도 피고인 甲은 A 회사에 알리지 않고 甲 자신이 A 회사의 대표인 것처럼 가장하거나 甲이 별도로 설립한 C 주식회사명의로 5회에 걸쳐 합계 2억 원의 금형제작 · 납품계약을 체결하였다. 그 후 甲은 그 납품대금으로 합계 1억 원을 수령하였는데, 나머지 계약대금은 계약 해지 등으로 인해 지급받지 못하였다. 이 경우 업무상 배임죄의 재산상 손해액은 ① 甲이 실제로 수령한 1억 원인가? ② 받지 못하게 된 계약대금까지 모두 포함된 2억 원인가?

해결 업무상 배임죄에서 재산상 손해의 유무에 관한 판단은 법률적 판단에 의하지 아니하고 경제적 관점에서 실질적으로 판단되어야 하는데, 여기에는 재산의 처분 등 직접적인 재산의 감소, 보증이나 담보제공 등 채무

부담으로 인한 재산의 감소와 같은 적극적 손해를 야기한 경우는 물론, 객관적으로 보아 취득할 것이 충분히 기대되는데도 임무위배행위로 말미암아 이익을 얻지 못한 경우, 즉 소극적 손해를 야기한 경우도 포함된다. 그렇다면 이러한 재산상 손해는 피고인이 위와 같은 임무위배행위로 금형제작·납품계약을 체결한 때에 발생되는 것이므로, 원칙적으로 그 임무위배행위로 위 금형제작·납품계약을 체결한 때를 기준으로 위 금형제작·납품계약 대금에 기초하여 산정하여야 할 것이며, 따라서 위 금형제작·납품계약 대금 중에서 사후적으로 발생되는 미수금이나 계약의 해지로 인해 받지 못하게 되는 나머지 계약대금 등은 특별한 사정이 없는 한 위 금형제작·납품계약 대금에서 공제할 것이 아니다(대법원 2013.4.26, 2011도6798). 법원행시 13

정답 ② 2억 원

판례연구 배임죄의 재산상 손해 긍정 판례

1. 대법원 1982.11.9, 81도2501

1번 저당권을 의뢰받고 2번 저당권을 설정한 사례 : 배임죄[881]

저당권 내지 근저당권의 순위는 저당물건의 가액으로부터 어느 저당권이 우선하여 변제를 받을 수 있는가 하는 재산상의 이해에 관하여 우열을 정하는 것이므로, 본건에서 피해자는 제1순위의 근저당권이 설정될 것으로 알고 금원을 대여하고 그런 내용의 근저당권설정에 관한 문서작성을 위촉하였는데도 불구하고 피고인이 후순위인 제2번 내지 제3번의 근저당권설정에 관한 문서를 작성하여 그에 따른 신청으로 등기가 경료되었다면 이는 의뢰자인 본인에게 손해를 가하였다고 볼 것이다. 법원승진 13 / 경찰채용 14 1차

2. 대법원 1983.2.8, 81도3190

위조된 문서에 의한 대출 사례 : 재산상 손해 인정 – 배임죄

배임죄에 있어서 손해를 가한 때라 함은 현실적인 손해를 가한 경우뿐만 아니라 실해발생의 위험을 초래할 경우도 포함되는 것이므로 위조된 문서를 근거로 대출해 준 행위는 업무상 배임죄에 해당한다.

3. 대법원 2000.11.10, 99도5463

퇴출 위기의 회사 대표이사의 전 직원에 대한 퇴직위로금 지급행위

퇴출 위기에 있는 회사의 대표이사가 전 직원의 명예퇴직을 실시하고 이에 따라 전 직원에게 퇴직금 외에 별도로 퇴직위로금을 지급한 행위는 업무상 배임죄를 구성한다.

4. 대법원 2003.10.10, 2003도3516; 2010.1.28, 2009도10730[882]

금융기관이 실제로 거래처에게 대출금을 새로 교부한 경우

금융기관이 실제로 거래처에게 대출금을 새로 교부한 경우에는 (거래처가 그 대출금을 임의로 처분할 수 없다거나 그 밖에 어떠한 이유로든 그 대출금이 기존 대출금의 원리금으로 상환될 수밖에 없다는 등의 특별한 사정이 없는 한) 비록 새로운 대출금이 기존 대출금의 원리금으로 상환되도록 약정되어 있다고 하더라도 그 대출과 동시에 이미 손해발생의 위험은 발생하였다고 해야 한다. 사시 11

---

881 **판례의 사실관계 및 검토** 乙은 자신에게 A 소유의 부동산에 관하여 제1순위의 근저당권이 설정될 것으로 알고 법무사 甲에게 금원을 대여하고 그런 내용의 근저당권설정에 관한 문서작성을 위촉하였는데도 불구하고 甲은 제2번 근저당권설정에 관한 문서(근저당권설정계약서·위임장)를 작성하여 그에 따른 신청으로 등기가 경료되었다. 원래 근저당권설정계약서나 위임장에는 저당권의 순위번호가 필수적인 기재사항은 아니다. 그렇다고 하더라도 '부동산에 관한 근저당권설정계약서나 그 등기신청에 첨부되는 위임장에 설정할 근저당권의 순위번호의 기재가 필수적 요건은 아니나 피고인이 문서작성의 위촉을 받을 때 제1순위의 근저당권설정 및 그 등기신청에 관한 것이 뚜렷한 이 사건에 있어서 그 위임의 취지에 배치되는 제2심 및 제3심의 근저당권설정에 관한 문서를 작성한 소위는 문서위조죄에 해당된다.' 따라서 甲에게는 사문서위조죄 및 동행사죄가 성립한다. 또한 '저당권 내지 근저당권의 순위는 저당물건의 가액으로부터 어느 저당권이 우선하여 변제를 받을 수 있는가 하는 재산상의 이해에 관하여 우열을 정하는 것이므로 이는 의뢰자인 본인에게 손해를 가하였다고 볼 것이다.' 따라서 甲에게는 업무상 배임죄도 성립한다.

882 **사례 : 부실 대출금 새로 교부한 사례** A상호저축은행의 임원 甲 등은 A은행의 실질적 최대주주인 乙의 지시에 따라 상당한 담보를 확보하지 아니하고 관계 규정상의 적법한 대출심사를 거치지도 아니한 채 각 부실대출을 실행하여, 乙에게 실제로 귀속된 그 대출금 중 일부를 기존 대출금의 변제충당을 위하여 위 은행에 다시 입금하는 등의 용도로 사용한 경우, 甲 등에게는 업무상 배임죄의 죄책이 인정되는가? 해결 인정된다(대법원 2010.1.18, 2009도10730).

5. 대법원 2004.3.26, 2003도7878[883]

만기에 여신지원된 돈이 상환되지 않은 상태가 일정기간 지속된 경우

실제로 만기에 여신지원된 돈이 상환된 것이 아니라 만기 연장을 거듭하다가 피고인의 일부 채무 변제거부와 다른 사람의 회유, 핵심사업의 처분 등으로 비로소 상환되거나 일부 채무가 출자전환방식으로 채무가 변제된 것으로 정리되었다면 사후에 피해가 대부분 회복되었다고 하더라도 배임죄의 성립에 영향을 주지 않는다.

6. 대법원 2004.11.26, 2003도1791

타인의 채무에 대하여 보증을 하였는데 피보증인이 변제자력이 없는 상태에서 보증인이 피보증인에게 신규로 자금을 제공한 행위에 대한 배임죄 성부 판단기준

이미 타인의 채무에 대하여 보증을 하였는데, 피보증인이 변제자력이 없어 결국 보증인이 그 보증채무를 이행하게 될 우려가 있다고 하더라도 ⓐ 보증인이 피보증인에게 신규로 자금을 제공하거나 피보증인이 신규로 자금을 차용하는 데 담보를 제공하면서 그 신규자금이 이미 보증을 한 채무의 변제에 사용되도록 한 경우가 아니라면 보증인으로서는 결국 기보증채무와 별도로 새로 손해를 발생시킬 위험을 초래한 것이라고 볼 수밖에 없다. 그러나 그 ⓑ 신규로 대여한 자금이 이미 보증을 한 채무의 변제에 사용되도록 한 것이라면 그로 인하여 기왕의 채무보증행위로 인한 손해와는 별도로 새로운 손해를 발생시킬 위험을 초래한 것이라고 볼 수는 없다고 할 것이다. 법원행시 16

유사판례 상호지급보증관계에 있는 회사 간에 보증회사가 채무변제능력이 없는 피보증회사에 대하여 합리적인 채권회수책 없이 새로 금원을 대여하거나 예금담보를 제공하였다면 업무상 배임죄를 구성한다(대법원 2004.7.9, 2004도810).

7. 대법원 2005.4.29, 2005도856

비상장주식의 매입행위가 배임행위가 되는 경우

비상장주식이 실거래가격이 시가와 근사하거나 적정한 가격으로 볼 수 있는 범위 내에 속하는 것으로 보여 실거래가격과의 차액 상당의 손해가 있다고 할 수 없는 경우에 있어서도, 그 거래의 주된 목적이 비상장주식을 매도하려는 매도인의 자금조달에 있고 회사가 그 규모 및 재정 상태에 비추어 과도한 대출을 일으켜 그 목적달성에 이용된 것에 불과하다고 보이는 등의 특별한 사정이 있는 경우라면 그와 같이 비상장주식을 현금화함으로써 매도인에게 유동성을 증가시키는 재산상의 이익을 취득하게 하고 반대로 회사에 그에 상응하는 재산상의 손해로서 그 가액을 산정할 수 없는 손해를 가한 것으로 볼 수 있다고 할 것이다[모회사(母會社)와 자회사(子會社)가 모회사의 대주주로부터 그가 소유한 다른 회사의 비상장주식을 매입한 사안에서 대주주와 모회사 및 자회사의 임직원들에 대하여 업무상 배임죄의 성립을 인정한 사례].[884]

---

883 사실관계 한국산업은행 임원 甲은 채무자 乙회사(남북정상회담을 전후하여 대북경제협력사업을 추진 중인 H건설 및 H상선)의 채무변제기가 다가오자 만기에 다시 여신지원을 하였는데, 위 여신지원된 돈이 상환되지 않고 만기 연장을 거듭하다가 乙의 일부 채무 변제거부와 甲의 회유, 핵심사업의 처분 등으로 비로소 상환되거나 일부 채무가 출자전환 방식으로 채무가 변제된 것으로 정리되었다. 즉 사후에 피해가 대부분 회복되었다고 볼 수 있다. 甲의 업무상 배임죄의 성립과 관련하여 한국산업은행에 재산상 손해가 발생한 것으로 볼 수 있다(위 판례는 남북정상회담을 전후하여 대북경제협력사업을 추진 중인 기업에 대하여 대규모 여신지원을 한 금융기관이 국책은행이라고 하더라도 은행 관련자들에게 배임의 고의가 인정된다는 판례이다. 왜냐하면 금융기관의 임직원들이 대출을 함에 있어 대출채권의 회수를 확실하게 하기 위하여 충분한 담보를 제공받는 등 상당하고도 합리적인 조치를 강구하지 아니한 채 만연히 대출을 해 주었다면 업무위배행위로 제3자로 하여금 재산상 이득을 취득하게 하고 금융기관에 손해를 가한다는 인식이 없었다고 볼 수 없기 때문이다).

884 유사판례1 : 재벌그룹 계열사 대표이사의 주식 1원 매도 및 대주주의 이익을 위한 자사주 매각 사례 재벌그룹 소속 甲회사가 골프장 건설 사업을 진행 중인 비상장회사 乙의 주식 전부를 보유하고 乙회사를 위하여 수백억 원의 채무보증을 한 상태에서 甲회사의 대표이사 A와 이사 B 등이 乙회사의 주식 전부를 주당 1원으로 계산하여 위 그룹 회장 등에게 매도하였다. 이는 주식의 적정한 객관적 교환가치보다 현저하게 낮은 가격이었다. A와 B 등은 甲회사에 주식의 내재된 가치를 포기하면서 신용위험만을 부담시키는 것으로서 甲회사에 주식의 적정한 거래가격과 매도가격의 차액 상당에 해당하는 손해를 가한 배임행위에 해당한다. … 또한 재벌그룹 소속의 상장법인인 회사의 이사들이 대표이사이자 대주주인 丙에게 그의 개인적 이익을 위해 자사주(自社株)를 매각하였다(대법원 2008.5.15, 2005도7911).

유사판례2 : 재벌그룹 계열사 유상증자 동원 및 매도인의 자금 조달을 위한 비상장주식 적정가 매입 사례 재벌그룹 회장과 그룹 구조조정추진본부 임원들이 해외금융자본과 특정 계열사의 분쟁을 해결하기 위하여 그 계열사의 유상증자에 다른 계열사들을 동원하여 참여시킴으로써 다른 계열사들에 손해를 입힌 행위는 업무상 배임죄를 구성하고, 회사의 이사가 회사를 대표하여 주주 등 특수관계자와 주식교환계약을 체결한 것이 경영상 필요에 의한 정상적인 거래로 허용될 수 없는 것으로서 특수관계자의 개인적 이익을 위한 것이라면 역시 업무상 배임죄를 구성하며, 비상장주식의 매입가격이 적정하다고 하더라도 그 거래의 주된 목적이 비상장주식을 매도하려는 매도인의 자금조달에 있고 회사로서는 그 목적 달성에 이용된 것에 불과하다고 보이는 등의 특별한

8. 대법원 2006.4.27, 2004도1130

상당하고 합리적인 조치 없이 만연히 대출해준 사례

금융기관의 직원들이 대출을 하면서 대출채권의 회수를 확실하게 하기 위하여 충분한 담보를 제공받는 등 상당하고도 합리적인 조치를 강구함이 없이 만연히 대출을 해줌으로써 부실대출에 의한 업무상 배임죄가 성립하는 경우에는[885] 담보물의 가치를 초과하여 대출한 금액이나 실제로 회수가 불가능하게 된 금액만을 손해액으로 볼 것은 아니고, 재산상 권리의 실행이 불가능하게 될 염려가 있거나 손해발생의 위험이 있는 대출금 전액을 손해액으로 보아야 할 것이다.

9. 대법원 2007.4.27, 2007도1038

특정 목적을 위하여 조성된 자금을 지원한도를 초과하여 대출하는 행위로 인하여 자금운용 주체에게 (업무상 배임죄의) 재산상 손해가 발생한 사례

수협의 수산업경영개선자금을 부적격자에게 대출하거나 적격자에게 대출하더라도 그 지원한도를 초과하여 대출하는 행위는, 비록 충분한 담보가 제공되어 대출금의 회수가 보장된다고 하더라도, 결국 특정 목적을 위하여 조성된 위 경영개선자금의 감소를 초래하여 위 자금이 본래의 목적을 위하여 사용됨을 저해하는 것이므로, 해수어류수산업협동조합은 위와 같은 경영개선자금의 부당대출로 인하여 재산상의 손해를 입었다고 보아야 한다.

10. 대법원 2009.10.29, 2008도11036

경영권 프리미엄[886]을 지닌 주식 매도와 배임죄의 손해액

① 배임죄의 성립을 인정하려면 손해의 발생이 합리적인 의심이 없는 정도의 증명에 이르러야 하는바, 배임행위로 인한 재산상 손해의 발생 여부가 충분히 입증되지 않았음에도 가볍게 액수 미상의 손해는 발생하였다고 인정함으로써 배임죄의 성립을 인정하는 것은 허용될 수 없다. 따라서 주식 거래와 관련한 배임행위로 인한 손해의 발생 여부를 판단하기 위하여 주식 가치의 평가가 요구되는 경우에는, 그 평가 방법이나 기준에 따라 주식의 가치가 구구하게 산정된다고 하더라도 이를 쉽게 포기하지 말고 상대적으로 가장 타당한 평가방법이나 기준을 심리하여 손해의 발생 여부를 구체적으로 판단하는 것이 필요하다. 다만, ② 주식 거래에 수반하는 경영권 프리미엄의 가치를 함께 평가하는 경우에는 경영권 프리미엄 자체가 궁극적으로 거래 상대방과의 교섭조건, 교섭능력 등에 따라 평가될 수밖에 없는 것이므로 이를 산정할 방법이 없어서 결과적으로 배임죄의 손해액을 구체적으로 산정할 수 없게 되었다고 하더라도 여기에 위법이 있다고 볼 수 없다. 법원승진 10

11. 대법원 2009.10.29, 2007도6772

본인의 손해액이 구체적으로 명백하게 산정되지 않은 경우에도 배임죄 성립

업무상 배임죄에서 본인에게 손해를 가한 때라 함은 총체적으로 보아 본인의 재산상태에 손해를 가한 경우를 말하고, 실해 발생의 위험을 초래케 한 경우도 포함하는 것이므로 손해액이 구체적으로 명백하게 산정되지 않았더라도 업무상 배임죄의 성립에는 영향이 없다(대법원 2001.1.19, 2000도2914; 2006.10.27, 2004도6876 등). 법원행시 06

사정이 있다면 역시 배임죄가 성립할 수 있다(대법원 2008.5.29, 2005도4640). 사시 10

885 **유사판례1 : 상당한 조치를 취하지 않고 회사의 자금을 대여한 사례** 회사의 이사 등이 타인에게 **회사자금을 대여함에 있어** 그 타인이 이미 채무변제능력을 상실하여 그에게 자금을 대여할 경우 회사에 손해가 발생하리라는 사정을 충분히 알면서 이에 나아갔거나, **충분한 담보를 제공받는 등 상당하고도 합리적인 채권회수조치를 취하지 아니한 채 만연히 대여해** 주었다면, 그와 같은 자금대여는 타인에게 이익을 얻게 하고 회사에 손해를 가하는 행위로서 회사에 대하여 배임행위가 되고, 회사의 이사는 단순히 그것이 경영상의 판단이라는 이유만으로 배임죄의 죄책을 면할 수는 없으며, 이러한 이치는 **그 타인이 자금지원 회사의 계열회사라 하여 달라지지 않는다**(대법원 1999.6.25, 99도1141; 2000.3.14, 99도4923; 2003.4.8, 2002도6020; 2006.11.10, 2004도5167 등).

유사판례2 종중의 임원이 해당 종중 소유 재산의 관리·처분에 관한 사무로서 타인에게 **종중의 자금을 대여함에 있어 충분한 담보를 제공받는 등 상당하고도 합리적인 채권회수조치를 취하지 아니한 채 만연히 대여해** 준 경우에도 배임죄가 성립하게 된다(대법원 2007.12.28, 2007도6554).

유사판례3 회사의 이사가 회사에 손해가 발생하리라는 점을 충분히 알면서 **채무변제능력을 상실한 계열회사에 회사자금을 대여하거나 회사 이름으로 지급보증**을 하는 것은 회사에 대하여 배임행위에 해당된다(대법원 2010.11.25, 2009도9144).

886 경영권프리미엄이라 함은 보통 기업이 경영활동을 통해 쌓아 온 무형의 자산가치를 말하는데, 어떤 기업을 평가할 때는 기업 소유의 부동산이나 기업의 주식가격 같은 유형자산뿐만 아니라 고객 인지도나 상표 가치 등 계량적 수치로 나타낼 수 없는 경영권 프리미엄으로 표현되는 무형자산을 포괄해서 평가하게 된다. M&A의 경우에도 이러한 경영권프리미엄은 적정선에서 고려 대상이 된다.

12. 대법원 2010.9.9, 2010도5972

상호저축은행의 실질적 사주의 지시에 따른 부실대출 사례

A상호저축은행의 실질적 사주인 甲의 지시에 따라 대출명의자 乙에 대한 기본적인 신용조사 절차 없이 별도의 상당한 채권회수조치가 강구되지도 않은 채 대출한도를 초과한 신용대출이 이루어진 경우, 금융기관의 담당자가 대출을 함에 있어 대출채권의 회수를 확실하게 하기 위하여 상당하고도 합리적인 조치를 강구함이 없이 만연히 대출을 해주었다면, 업무위배행위로 제3자로 하여금 재산상 이득을 취득하게 하고 금융기관에 손해를 가한다는 인식이 없었다고 볼 수 없다(대법원 2000.3.14, 99도4923; 2004.3.26, 2003도7878 등). 또한 배임죄에 있어서 '재산상의 손해를 가한 때'라 함은 현실적인 손해를 가한 경우뿐만 아니라 재산상 실해 발생의 위험을 초래한 경우도 포함되고 일단 손해의 위험성을 발생시킨 이상 사후에 피해가 회복되었다 하여도 배임죄의 성립에 영향을 주는 것은 아니다(대법원 2000.12.8, 99도3338; 2004.7.22, 2002도4229 등). 사시 10 / 사시 11 / 경찰간부 18

13. 대법원 2014.2.21, 2011도8870

타인의 사무를 처리하는 회사의 대표이사가 회사로 하여금 타인에 대한 채무를 부담하게 한 사례

회사가 타인의 사무를 처리하는 일을 영업으로 영위하고 있는 경우, 회사의 대표이사가 그 타인의 사무를 처리하면서 업무상 임무에 위배되는 행위를 함으로써 재산상 이익을 취득하거나 제3자로 하여금 이를 취득하게 하고 그로 인하여 회사로 하여금 그 타인에 대한 손해배상책임 등 채무를 부담하게 한 때에는 회사에 손해를 가하거나 재산상 실해 발생의 위험을 초래한 것으로 볼 수 있으므로, 이러한 행위는 회사에 대한 관계에서 업무상 배임죄를 구성한다. 변호사 16

14. 대법원 2015.8.13, 2014도5713

농지관리기금 부당지원 사례

한국농어촌공사의 직원이 구 한국농어촌공사 및 농지관리기금법 제18조에서 정한 농지매매사업 등을 수행하기 위하여 정부에서 위탁받아 운용하는 농지관리기금을 농지매매사업의 지원대상에 해당하지 아니하는 농지를 매입하는 데 사용하거나 지원요건을 갖추지 아니한 농업인을 위하여 부당하게 지원하도록 한 경우, 한국농어촌공사는 업무상 배임죄의 재산상 손해를 입은 것으로 보아야 한다.

15. 대법원 2015.11.26, 2014도17180

주식회사 대표이사 연대보증 사건

甲 주식회사 대표이사인 A는 자신과 딸이 발행주식 전부를 소유하고 있는 乙 주식회사를 운영하면서 乙 주식회사가 건물 신축 과정에서 받은 대출금 등 채무를 甲 회사로 하여금 연대보증하게 하고 신축될 건물을 미리 임차하여 임대차보증금을 선지급하도록 하였다. A에게는 업무상 배임죄의 죄책이 인정된다.

16. 대법원 2017.9.21, 2014도9960

재산상 실해발생의 위험이 발생하였다면 배임기수에 해당한다는 사례

타인의 사무를 처리하는 자가 배임의 고의로, 즉 임무에 위배하는 행위를 한다는 점과 이로 인하여 자기 또는 제3자가 이익을 취득하여 본인에게 손해를 가한다는 점에 대한 인식이나 의사를 가지고 임무에 위배한 행위를 개시한 때 배임죄의 실행에 착수한 것이고, 이러한 행위로 인하여 자기 또는 제3자가 이익을 취득하여 본인에게 손해를 가한 때 배임죄는 기수가 된다(형법 제355조 제2항). 그런데 타인의 사무를 처리하는 자의 임무위배행위는 민사재판에서 법질서에 위배되는 법률행위로서 무효로 판단될 가능성이 적지 않고, 그 결과 본인에게도 아무런 손해가 발생하지 않는 경우가 많다. 이러한 때에는 배임죄의 기수를 인정할 수 없다. 그러나 의무부담행위로 인하여 실제로 채무의 이행이 이루어지거나 본인이 민법상 불법행위책임을 부담하게 되는 등 본인에게 현실적인 손해가 발생하거나 실해 발생의 위험이 생겼다고 볼 수 있는 사정이 있는 때에는 배임죄의 기수를 인정하여야 한다(회사 대표이사의 의무부담행위로 인하여 회사의 채권에 대한 압류·전부명령에 기하여 실제 채무의 이행이 이루어진 경우는 배임기수에 해당한다는 사례).

17. 대법원 2018.2.13, 2017도17627

과다한 용역비를 지급한 것인지는 충분한 증명을 요한다는 사례

회사의 대표이사 등이 임무에 위배하여 회사로 하여금 다른 사업자와 용역계약을 체결하게 하면서 적정한 용역비의 수준을 벗어나 부당하게 과다한 용역비를 정하여 지급하게 하였다면 다른 특별한 사정이 없는 한 통상 그와 같이 지급한 용역비와 적정한 수준의 용역비 사이의 차액 상당의 손해를 회사에 가하였다고 볼 수 있다. 이

경우 배임죄가 성립하기 위해서는 해당 용역비가 적정한 수준에 비하여 과다하다고 볼 수 있는지가 객관적이고 합리적인 평가 방법이나 기준을 통하여 충분히 증명되어야 하고, 손해의 발생이 그와 같이 증명된 이상 손해액이 구체적으로 명백하게 산정되지 아니하였더라도 배임죄의 성립에는 영향이 없다. 그러나 적정한 수준에 비하여 과다한지 여부를 판단할 객관적이고 합리적인 평가 방법이나 기준 없이 단지 임무위배행위가 없었다면 더 낮은 수준의 용역비로 정할 수도 있었다는 가능성만을 가지고 재산상 손해 발생이 있었다고 쉽사리 단정하여서는 안 된다.

ⓒ 재산상 손해발생을 부정한 경우 : 배임죄는 임무에 위배하는 행위로 인한 현실적인 손해의 발생이나 재산상 실해발생의 위험을 요건으로 하므로 그러한 손해발생의 위험이 초래되지 아니한 경우에는 배임죄가 성립하지 아니한다(대법원 2010.9.30, 2010도6490 등). 따라서 재산상의 손실을 야기한 임무위배행위가 동시에 그 손실을 보상할 만한 재산상의 이익을 준 경우, 예컨대 그 배임행위로 인한 급부와 반대급부가 상응하고 다른 재산상 손해(현실적인 손해 또는 재산상 실해 발생의 위험)도 없는 때에는 재산상 손해가 있다고 할 수 없다(대법원 2005.4.15, 2004도7053[887]; 2011.4.28, 2009도14268).

판례연구 배임죄의 재산상 손해 부정 판례

1. 대법원 1990.4.24, 89도2281; 2006.6.15, 2004도5102; 2009.9.24, 2008도9213; 2011.1.13, 2009도10541

전세권설정의무자의 근저당권설정행위가 배임죄를 구성하지 않는다는 사례[888]

전세권설정의무를 부담하는 자(甲)가 제3자에게 근저당권을 설정하여 준 경우 그 행위가 배임죄에 해당하는지 여부를 판단하기 위해서는 당시 그 부동산의 시가 및 선순위담보권의 피담보채권액을 계산하여 그 행위로 인하여 당해 부동산의 담보가치가 상실되었는지를 따져 보아야 할 것인바, 甲의 행위는 배임죄를 구성하지 않는다. 또한 타인에 대하여 근저당권설정의무를 부담하는 자가 제3자에게 근저당권을 설정하여 주는 배임행위로 인하여 취득하는 재산상 이익 내지 그 타인의 손해는 그 타인에게 설정하여 주기로 한 근저당권의 담보가치 중 제3자와의 거래에 대한 담보로 이용함으로써 상실된 담보가치 상당으로서, 이를 산정하는 때에 제3자에 대한 근저당권 설정 이후에도 당해 부동산의 담보가치가 남아 있는 경우에는 그 부분을 재산상 이익 내지 손해에 포함시킬 수 없다. 법원9급 10

➜ 다만 대법원 2020.6.18, 2019도14340 전원합의체 판례(부동산이중저당에서 후술)에 의하여 채무의 담보로 자기 소유 부동산에 저당권을 설정해주기로 한 채무자는 배임죄의 타인의 사무처리자에 해당하지 않는 것으로 보므로, 이제 위 전세권설정의무자는 근본적으로 배임죄의 주체에 해당되지 않는 것으로 볼 가능성이 크다.

2. 대법원 1999.7.9, 99도1864

타인의 사무를 처리하는 자가 채무자에게 기존 대출금에 대한 대출기한을 연장해 준 경우

타인의 사무를 처리하는 자가 그 임무에 위배하여 채무자에게 기존 대출금에 대한 대출기한을 연장해 준 경우,

887 판례 : **급부와 반대급부가 상응하는 등 전체 재산상에 손해가 없는 경우** 위 판례는 **회사의 선박과 어획물을 객관적 가치보다 더 높게 계산하여 회사의 채권자에게 채무변제조로 제공한 경영자는 배임죄가 될 수 없다**는 판례이다. 또한 이와 유사하게, 적법하게 선임 또는 채용된 이 사건 임직원이 이 사건 재건축조합을 위하여 **실제 사무를 처리하거나 노무를 제공해 왔다면**, 이 사건 재건축조합으로서는 조합원총회의 결의를 거친 임직원 보수규정의 제정이 없더라도 이들에게 정관규정과 관련 법규 등에 따라 **그 사무처리 또는 노무제공에 상응하는 대가로서 보수를 지급할 의무가 있는 것**이므로, 그 보수지급이 있었다고 하여 바로 이 사건 재건축조합에 전체적 재산가치의 감소, 즉 재산상 손해가 있었다고 쉽게 단정할 수 없다는 판례(대법원 2007.6.15, 2005도4338)도 있다.

888 판례 : **전세권설정의무자가 근저당권을 설정했지만 충분한 담보가치가 남아있는 경우** 甲은 금 180,000,000원의 1번 근저당권설정등기가 되어 있는 토지와 건물 중 건물에 대하여만 乙과 전세계약을 체결하면서 전세금 130,000,000원의 전세권설정등기를 하여 주기로 하고서도 그 등기를 하지 아니한 채 위 토지와 건물에 대하여 丙에게 금 270,000,000원의 2번 근저당권설정등기를 경료하였다. 다만 위 2번 근저당권설정등기를 하던 시점에서 위 건물은 시가 7억 원 정도로 평가가 되기 때문에 **그 담보가치는 충분히 남아 있었다.** 甲의 행위는 배임죄에 해당하지 않는다.
유사판례 : 타인에게 근저당권설정의무를 부담하는 자가 제3자에게 근저당권을 설정해 준 경우
비교판례 : 아파트 건축공사 시행사의 이전등기 전 계약위반 근저당권설정등기 사례 아파트 건축공사의 시행사가 수분양자들에게 소유권 이전 등기절차를 이행하지 않은 채 **분양계약서에 기재된 대출한도금액을 초과한 근저당권설정등기**를 경료한 경우, 수분양자들에 대한 (업무상) 배임죄의 성립이 인정된다(대법원 2009.5.28, 2009도2086).

기한 연장 당시에는 채무자로부터 대출금을 모두 회수할 수 있었는데 기한을 연장해 주면 채무자의 자금사정이 대출금을 회수할 수 없을 정도로 악화되리라는 사정을 알고 그 기한을 연장해 주었다면 그 기한연장으로 인한 새로운 손해가 발생하였다고 할 수 있을 것이므로, 이러한 사정이 밝혀지지 않고서는 대출기한을 연장해 준 부분을 따로 떼어 배임죄가 성립된다고 할 수는 없다.

3. 대법원 2000.6.27, 2000도1155

실제로 대출금을 새로 교부한 것이 아닌 경우

금융기관이 거래처의 기존 대출금에 대한 원리금에 충당하기 위하여 거래처에게 신규대출을 함에 있어서 형식상 신규대출을 하는 것처럼 서류상 정리를 하였을 뿐 실제로 거래처에게 대출금을 새로 교부한 것이 아니라면 그로 인하여 금융기관에게 어떤 새로운 손해가 발생한 것은 아니라고 할 것이므로 따로 업무상 배임죄가 성립된다고 볼 수 없다. 법원행시 10 / 경찰승진(경사) 11

4. 대법원 2004.4.9, 2004도771

대표이사가 개인명의로 작성 · 교부한 차용증에 회사 법인 인감을 날인한 사례

대표이사가 개인의 차용금 채무에 관하여 개인 명의로 작성하여 교부한 차용증에 추가로 회사의 법인 인감을 날인하였다고 하더라도 대표이사로서 행한 적법한 대표행위라고 할 수 없으므로 회사가 위 차용증에 기한 차용금 채무를 부담하게 되는 것이 아니다(또한 금원의 대여자는 위와 같은 행위가 적법한 대표행위가 아님을 알았거나 알 수 있었다 할 것이어서 회사가 대여자에 대하여 사용자책임이나 법인의 불법행위 등에 따른 손해배상의무도 부담할 여지가 없으므로, 결국 회사에 재산상 손해가 발생하였다거나 재산상 실해발생의 위험이 초래되었다고 볼 수 없음). 경찰승진(경장) 11 / 경찰승진(경감) 11 / 경찰채용 14 1차 / 사시 10

5. 대법원 2007.2.22, 2006도6686

점유개정의 방법으로 양도담보에 제공한 동산인 어선(20t 이하)을 다시 제3자에게 매도하고 어선원부상 소유자명의를 변경 등록한 경우

피고인은 2002.11.21. 이 사건 어선(20t 이하의 동력 어선이어서 선박등기법의 적용을 받지 않아 동산에 준하여 취급된다)을 피해자에게 점유개정에 의한 방식으로 양도담보로 제공한 후 2003.8.13. 이 사건 어선을 동생인 공소외인에게 매도하는 매도증서를 작성하고 공소외인을 어선원부상 소유자로 변경 등록하면서도 피고인은 계속 이 사건 어선을 점유하여 사용하였다. 그리고 피고인과 공소외인은 담보대출기간의 연장 등을 이유로 위와 같이 공부상 명의만 변경하였을 뿐 아무런 실질적 권리이전은 없었다. 그렇다면 어선원부(漁船原簿) 등은 행정상 편의를 위하여 소유자를 등록, 변경하는 공부에 불과할 뿐 사법상 권리변동과는 무관하므로, 어선원부상의 소유자 명의 변경만으로는 양도담보권자인 피해자에게 사실상 담보물의 발견을 어렵게 하여 어떠한 재산상 손해를 발생시킬 위험이 없다. 따라서 피고인에게는 배임죄가 성립하지 않고 무죄가 된다.

6. 대법원 2007.6.1, 2006도1813

대출의 실질이 자금이동 없는 서류상의 채무자 변경에 불과한 경우

회사가 행한 대출의 실질이 자금이동 없는 서류상의 채무자 변경에 불과하고 실질적인 담보력에 변화가 없어 이로 인하여 대출 채권을 회수하지 못할 위험이 발생하였거나 발생할 염려가 생긴 것이 아니라면 그 대출행위는 배임죄를 구성하지 않는다.

7. 대법원 2008.2.14, 2007도7716

회수할 수 없게 된 은행채권을 회수하기 위한 신규대출과 배임죄의 성부

이미 신용불량자로 등록되어 있어 추가대출이 불가능한데도 마치 그 연체대출금이 모두 변제된 것처럼 전산조작을 하여 부정대출을 해주었더라도, 이로 인하여 결과적으로 회수한 채권액이 더 많아졌다면 계산상 대출금융기관에게 손해가 아닌 이익이 되었다고 볼 여지가 있다.

8. 대법원 2008.5.8, 2008도484

담보교체를 통한 어음 회수 사례

선행 담보제공행위로 백지약속어음을 제공할 때 이미 회사에 그 피담보채무액 상당의 손해발생 위험이 발생하였으므로 이후 다른 담보를 제공하고 위 어음을 회수했다 하더라도, 경제적인 관점에서 볼 때 전후의 담보제공에 의해 발생하는 손해발생의 위험성은 결국 동일하므로, 위 담보교체행위로 선행 담보제공으로 인한 기존의 위험과는 별개로 회사에 새로운 손해발생의 위험을 초래하였다고는 보기 어렵다. 국가7급 21

9. 대법원 2008.6.19, 2006도4876 전원합의체

새마을금고 임 · 직원이 동일인 대출한도 제한규정을 위반하여 초과대출행위를 한 사실만으로 업무상 배임죄를 구성하는 재산상 손해가 발생하였다고 볼 수 있는가의 사례

새마을금고의 동일인 대출한도 제한규정은 새마을금고 자체의 적정한 운영을 위하여 마련된 것이지 대출채무자의 신용도를 평가해서 대출채권의 회수가능성을 직접적으로 고려하여 만들어진 것은 아니므로 동일인 대출한도를 초과하였다는 사실만으로 곧바로 대출채권을 회수하지 못하게 될 위험이 생겼다고 볼 수 없고, 구 새마을금고법(2007.5.25. 법률 제8485호로 개정되기 전의 것) 제26조의2, 제27조에 비추어 보면 동일인 대출한도를 초과하였다는 사정만으로는 다른 회원들에 대한 대출을 곤란하게 하여 새마을금고의 적정한 자산운용에 장애를 초래한다는 등 어떠한 위험이 발생하였다고 단정할 수도 없다. 따라서 동일인 대출한도를 초과하여 대출함으로써 구 새마을금고법을 위반하였다고 하더라도, 대출한도 제한규정 위반으로 처벌함은 별론으로 하고, 그 사실만으로 특별한 사정이 없는 한 업무상 배임죄가 성립한다고 할 수 없다.[889] 법원행시 14 / 사시 13 / 경찰승진(경감이하) 17

10. 대법원 2008.8.21, 2008도3651

저당권설정자가 자동차를 매도한 사례

자동차에 대하여 저당권이 설정되는 경우 자동차의 교환가치는 그 저당권에 포섭되고, 저당권설정자가 자동차를 매도하여 그 소유자가 달라지더라도 저당권에는 영향이 없으므로, 특별한 사정이 없는 한 저당권설정자가 단순히 그 저당권의 목적인 자동차를 다른 사람에게 매도한 것만으로는 배임죄가 성립하지 아니한다. 법원행시 10 / 법원9급 09 / 경찰승진(경감) 10 / 경찰간부 14

11. 대법원 2009.2.12, 2008도10971

자신의 공장기계를 양도담보로 제공한 채무자가 다시 공장근저당권을 설정해주었으나 무효인 사례

① 채무자가 자기 소유의 동산을 양도담보로 제공하고 점유개정의 방법으로 점유하고 있다가 이를 다시 제3자에게 역시 점유개정의 방법으로 양도하는 경우 이 경우 제3자가 그 동산을 선의취득할 수 없으므로 최초의 양도담보권자에게 어떠한 재산상 손해의 위험이 발생한다고 할 수 없어 배임죄가 성립하지 않는다(대법원 1990.2.13, 89도1931). 또한 ② 자신의 공장기계를 채권자에게 양도담보로 제공한 후 은행으로부터 대출을 받으면서 위 기계들에 대하여 임의로 공장근저당권을 설정해준 경우 이러한 저당권설정행위는 횡령죄를 구성하지 않음은 물론이거니와 나아가 공장저당법에 의하여 그 효력도 인정되지 않으므로 채무자는 양도담보권자에게 어떠한 손해를 준 것도 없어 배임죄의 죄책도 지지 않는다.[890]

12. 대법원 2009.7.23, 2007도541[891]; 2010.11.25, 2009도9144

보증인이 피보증인에게 신규로 자금을 제공하는데 그 자금이 기보증채무의 변제에 사용되도록 한 경우

이미 타인의 채무에 대하여 보증을 하였는데 피보증인이 변제자력이 없어 결국 보증인이 그 보증채무를 이행하게 될 우려가 있고, 보증인이 피보증인에게 신규로 자금을 제공하거나 피보증인이 신규로 자금을 차용하는 데 담보를 제공하면서 '그 신규자금이 이미 보증을 한 채무의 변제에 사용되도록 한 경우'라면, 보증인으로서는 기보증채무와 별도로 새로 손해를 발생시킬 위험을 초래한 것이라고 볼 수 없다. 법원승진 10

13. 대법원 2011.4.28, 2009도14268

동업재산이 될 토지에 관한 매매계약 체결에 의해 계약금이 지급된 상태에서 조합의 의사에 반하여 타인 명의로 소유권이전등기를 마친 경우의 재산상 손해액

피고인이 乙과 공동으로 토지를 매수하여 그 지상에 창고사업을 하는 내용의 동업약정을 하고 동업재산이 될

889 보충 위 판례에 의하여 종래의 대법원 2003.5.16, 2002도2030 판결, 대법원 2004.8.20, 2004도3926 판결, 대법원 2004.11.25, 2004도5332 판결, 대법원 2006.7.28, 2005도6586 판결 등에서, 대법원이 새마을금고의 임 · 직원이 단순히 동일인 대출한도를 초과하여 대출하였다는 사정을 근거로 하여 대출금에 대한 회수 가능 여부나 담보의 적정 여부 등을 따져보지 아니한 채 당해 새마을금고에 재산상 손해를 가한 것이라고 판시한 의견은 변경된 것이다.

890 앞서 횡령죄, 동산양도담보에서 상술한 판례이다.

891 보충 위 판례는, 대규모기업집단에 속한 A 회사가 종합금융회사의 지급보증 아래 할인받은 어음을 결제하지 못하여 **종합금융회사가 현실적 · 구체적으로 어음금을 대위변제하여야 할 상황**에서, 종합금융회사와의 어음거래약정에 기한 채무에 관하여 연대보증을 하고 있던 A 회사와 같은 그룹 내 계열사인 B 회사와 C 회사가 A 회사의 어음을 매입하거나 전면보증을 하는 방법으로 **A 회사를 지원하여 B 회사와 C 회사가 보증한 기존의 채무를 변제하도록 한 것은** 자신의 보증채무를 감소시킨 것으로서, 기왕의 보증행위로 인한 손해와는 별도의 새로운 손해를 발생시킬 위험을 가져온 것으로 볼 수 없다는 취지이다. 법원승진 10

토지에 관한 매매계약을 체결한 다음 매도인에게 계약금을 지급하였는데, 이후 소유권이전등기 업무를 처리하면서 乙 몰래 매도인과 사이에 위 매매계약을 해제하고 乙을 배제하는 내용의 새로운 매매계약을 체결한 다음 제3자 명의로 소유권이전등기를 마친 경우, 피해자인 조합으로서는 장차 취득할 것이 기대되었던 토지의 가치에 상응하는 재산이 감소되었지만 다른 한편으로는 토지의 잔금지급의무를 면하게 되었으므로 토지의 매수대금 상당액이 위 배임행위로 인하여 조합이 입게 된 재산상 손해액에 해당한다고 할 수는 없는데도, 피고인이 얻은 이득액 및 피해자가 입은 손해액을 토지의 매수대금 상당액으로 인정하여 특경법위반(배임)죄로 의율한 원심판단에는 배임죄의 재산상 손해액에 관한 법리오해의 위법이 있다.[892]

14. 대법원 2011.5.13, 2010도16391
주식양도인이 주식을 매도한 후 주식명의개서에 협조하지 않은 사례
주식양도인이 甲 주식회사의 주권 발행 전 주식을 이미 乙 주식회사에 매도하였음에도, 주식 명의개서(名義改書)[893]를 받을 수 있도록 협조하지 않고 위 주식을 포기하고 甲 회사에 반환하였다 하여도 주식양수인인 乙 주식회사에 재산상 손해를 초래한 것이라 할 수 없다.[894]

15. 대법원 2011.12.13, 2011도10525
특허출원서 발명자란 허위 기재 사례
甲 주식회사 직원인 피고인이 대표이사 乙 등이 직무에 관하여 발명한 '재활용 통합 분리수거 시스템'의 특허출원을 하면서 임의로 특허출원서 발명자란에 乙 외에 피고인의 성명을 추가로 기재하여 공동발명자로 등재되게 한 경우, 발명자에 해당하는지는 특허출원서 발명자란 기재 여부와 관계없이 실질적으로 정해지므로 피고인의 행위만으로 곧바로 甲 회사의 특허권 자체나 그와 관련된 권리관계에 어떠한 영향을 미친다고 볼 수 없어, 결국 그로 인하여 甲 회사에 재산상 손해가 발생하였다거나 재산상 손해발생의 위험이 초래되었다고 볼 수 없고, 달리 공소사실을 인정할 증거가 없으므로 업무상 배임죄가 성립하지 않는다.

16. 대법원 2016.4.2, 2015도5665
질권설정자가 질권자의 동의 없이 제3채무자에게서 질권의 목적인 채권의 변제를 받은 사례
타인에 대한 채무의 담보로 제3채무자에 대한 채권에 대하여 권리질권을 설정한 경우 질권설정자는 질권자의 동의 없이 질권의 목적된 권리를 소멸하게 하거나 질권자의 이익을 해하는 변경을 할 수 없다(민법 제352조). 또한 질권설정자가 제3채무자에게 질권설정의 사실을 통지하거나 제3채무자가 이를 승낙한 때에는 제3채무자가 질권자의 동의 없이 질권의 목적인 채무를 변제하더라도 이로써 질권자에게 대항할 수 없고, 질권자는 여전히 제3채무자에 대하여 직접 채무의 변제를 청구하거나 변제할 금액의 공탁을 청구할 수 있다(민법 제353조 제2항, 제3항). 그러므로 타인에 대한 채무의 담보로 제3채무자에 대한 채권에 대하여 권리질권을 설정하고, 질권설정자가 제3채무자에게 질권설정의 사실을 통지하거나 제3채무자가 이를 승낙한 상태에서, 질권설정자가 질권자의

---

892 **보충** 甲이 乙과 공동으로 토지를 매수하여 그 지상에 창고사업을 하는 내용의 동업약정을 하고 동업재산이 될 토지에 관한 매매계약을 체결한 다음 매도인에게 계약금을 지급하였는데, 이후 乙 몰래 제3자 명의로 소유권이전등기를 마치는 배임행위를 한 경우, 이로 인해 甲이 얻은 이득액 및 피해자인 조합이 입은 **손해액을 위 토지의 매수대금 상당액으로 본 것은 위법하다**는 판례이다.

893 보통 주주명부(株主名簿)의 명의개서를 말하는바, 주주명부의 명의개서는 기명주식(記名株式)에 대한 권리의 이전이 있는 때에 그 주식을 취득한 자의 주주권(株主權)의 행사를 위하여 그의 성명과 주소를 주주명부(株主名簿)에 기재하는 것이다(상법 제337조). 즉 기명식증권(記名式證券)의 권리이전의 사실을 공시하고 또한 그 사실로써 제3자에게 대항할 수 있도록 하는 것이다.

894 **사례 : 주식양도인이 주식양수인에게 명의개서를 받도록 협조하지 않은 사례** A는 甲 주식회사의 주권 발행 전 주식을 이미 乙 주식회사에 매도하였음에도, 주식 명의개서(名義改書)를 받을 수 있도록 협조할 임무에 위배하여 위 주식을 포기하고 甲 회사에 반환함으로써 乙 회사에 재산상 손해를 가하였다는 내용으로 기소되었다. A에게는 배임죄의 죄책이 인정되는가? **판례** 피해자 회사가 공소사실과 같이 피고인으로부터 이 사건 주식을 적법하게 양수하였다면, 피해자 회사는 주식 양수인으로서 특별한 사정이 없는 한 양도통지 등 피고인의 협력 없이 단독으로 위 주식 양수 사실을 증명하여 공소외 1 주식회사에 대하여 명의개서 청구를 하는 등 자신이 적법한 주주임을 주장할 수 있는 것이고, **주식 양수인이 명의개서 여부를 자유로이 결정할 권리를 가지고 있어 주식 양도인인 피고인에게는 명의개서 청구권이 없으므로 피고인에게 피해자 회사의 명의개서 절차에 협조할 의무가 있다고 보기 어렵고, 피고인이 이 사건 주식 양도 이후 임의로 공소외 1 주식회사에 대하여 그 주식을 포기한다거나 이를 반환한다는 의사표시를 하였을지라도 이는 무권한자의 행위로서 아무런 효력이 없어 피해자 회사가 자신이 여전히 적법한 주주임을 주장하는 데에 아무런 장애가 없으므로** 이로써 분쟁을 야기하는 등 사실상 불편을 초래하였다고 볼 수 있을지언정 피고인이 피해자 회사에 현실적인 손해를 가하였거나 재산상 실해 발생의 위험을 초래하였다고 보기 어렵다(대법원 2011.5.13, 2010도16391). **해결** 인정되지 않는다.

동의 없이 제3채무자에게서 질권의 목적인 채권의 변제를 받은 경우, 질권설정자가 질권의 목적인 채권의 변제를 받았다고 하여 질권자에 대한 관계에서 타인의 사무를 처리하는 자로서 임무에 위배하는 행위를 하여 질권자에게 손해를 가하거나 손해 발생의 위험을 초래하였다고 할 수 없으므로 배임죄가 성립하지 않는다.

17. 대법원 2017.2.3, 2016도3674
유치권자로부터 점유를 위탁받아 부동산을 점유하는 자의 재판상 자백 사례
유치권자인 피해자로부터 점유를 위탁받아 부동산을 점유하는 피고인이 경매를 통하여 부동산을 매수한 자로부터 소유권에 기한 부동산 인도소송을 당하자 점유권원에 대한 항변을 하지 않은 채 상대방의 주장을 그대로 인정한다는 취지로 진술하여 재판상 자백한 것은 배임죄를 구성하지 아니한다.[895]

18. 대법원 2004.4.9, 2004도771; 2009.8.20, 2009도4120; 2010.3.25, 2009도14585; 2010.5.27, 2010도1490[896]; 2010.9.30, 2010도6490[897]; 2011.7.14, 2011도3180[898]; 2012.2.9, 2010도176; 2012.2.23, 2011도15857; 2012.5.24, 2012도2142; 2013.3.28, 2010도7439[899]

895 **보충 – 판결이유** ① 피고인과 피해자의 점유위탁관계가 이미 해지되어 피고인이 점유를 상실한지 약 2년의 기간이 경과한 사정, 피고인이 부동산을 점유할 당시 소유자가 피고인을 상대로 점유이전금지가처분결정을 받았기 때문에 인도청구소송의 상대방으로 특정되었을 뿐인 사정, 피해자가 인도소송이 제기된 사정을 알면서도 피고인에게 소송대리인을 선임해주거나, 직접 보조참가를 시도하는 등의 별다른 조치를 취하지 않았다는 사정 등을 종합하여 **피고인이 타인의 사무를 처리하는 자에 해당하거나 피고인의 행위를 임무위배행위라고 단정할 수 없다.** ② **피고인의 재판상 자백의 내용은 결국 소유자의 소유권 및 자신의 가처분 당시 점유사실을 인정하는 것에 불과하여 그 자체로 피해자의 유치권 성립 · 존속에 어떤 영향을 미친다고 할 수 없는데다가**, 소유자가 승소판결을 선고받더라도 승계인에 해당하지 않는 유치권자인 피해자를 상대로 집행할 수 없을 것으로 보이며, 만약 소유자가 승소판결에 기초하여 현재의 점유자를 상대로 집행하려고 하더라도 피해자는 유치권자로서 제3자 이의의 소를 제기하여 그 집행의 배제를 구할 수 있을 것으로 보인다는 사정 등에 비추어 배임죄에서의 재산상 손해 발생에 이르렀다고 단정할 수 없다.

896 **사례 : 회사 명의의 차용증 작성 · 교부가 무효인 사례** A회사의 대표이사 甲은 대표권을 남용하여 자신의 개인채무에 대하여 A회사 명의의 차용증을 작성하여 주었고, 그 상대방 乙도 이와 같은 진의를 알았거나 알 수 있었다. 甲의 행위는 업무상 배임죄를 구성하는가? **판례** 대표이사가 대표권의 범위 내에서 한 행위는 설사 대표이사가 회사의 영리목적과 관계없이 자기 또는 제3자의 이익을 도모할 목적으로 그 권한을 남용한 것이라 할지라도 일단 회사의 행위로서 유효하지만, 그 행위의 상대방이 대표이사의 진의를 알았거나 알 수 있었을 때에는 회사에 대하여 무효가 되는 것이다(대법원 1993.6.25, 93다13391; 2005.7.28, 2005다3649 등 참조). 그에 따라 **이 사건 회사는 이 사건 차용증에 기한 변제책임 내지 보증책임을 부담하지 않는 것이고** 달리 이 사건 회사가 사용자책임 등에 따른 손해배상 의무를 부담할 여지도 없는 점 등에 비추어 보면 피고인들이 공소외 1에게 이 사건 차용증을 작성하여 준 것만으로는 이 사건 회사에 재산상 손해가 발생하였다거나 재산상 실해 발생의 위험이 초래되었다고 볼 수 없어 피고인들에 대하여 업무상 배임죄가 성립하지 않는다고 판단한 것은 정당하다(대법원 2010.5.27, 2010도1490). **해결** 구성하지 않는다.

897 **판례 : 상호저축은행 대표이사의 행위가 법률상 무효인 경우 상호저축은행이 채무를 보증하거나 담보를 제공하는 행위**를 금지하는 구 상호저축은행법 제18조의2 제4호는 효력규정으로서 이에 위배하는 상호저축은행 대표이사 등의 행위는 무효이므로(대법원 2004.6.11, 2003다1601; 2004.6.25, 2004다2199), 그로 인하여 상호저축은행이 민법상 사용자책임 또는 법인의 불법행위 책임을 부담하는 등의 특별한 사정이 없는 한 배임죄는 성립하지 아니한다는 판례이다.

898 **사례 : 인위적 주가관리를 하는 과정에서 법인의 대표자가 법인 명의로 한 채무부담행위** A주식회사 대표이사인 甲은 B주식회사 등의 주식에 대한 인위적 주가관리를 하는 과정에서 乙에게서 필요한 자금을 제공받은 후 A회사를 채무자로 하는 금전소비대차계약 등의 약정을 체결하였다. 甲의 행위는 (업무상) 배임죄를 구성하는가? **판례** 배임죄에서 '재산상 손해를 가한 때'란 현실적인 손해를 가한 경우뿐만 아니라 재산상 실해발생의 위험을 초래한 경우도 포함되나, 그러한 손해발생의 위험조차 초래되지 아니한 경우에는 배임죄가 성립하지 아니하는데(대법원 2010.3.25, 2009도14585 등), **법인의 대표자가 법인 명의로 한 채무부담행위가 법률상 효력이 없는 경우에는 특별한 사정이 없는 한 그로 인하여 법인에 어떠한 손해가 발생하거나 발생할 위험이 있다고 할 수 없으므로, 대표자의 행위는 배임죄를 구성하지 아니한다**(대법원 2010.9.30, 2010도6490 등). **2인 이상이 공모하여 범죄를 실행하는 과정에서, 범죄에 필요한 자금을 제공한 공범에게 자금제공에 대한 대가를 지급하거나 자금제공에 따른 손실을 보전하여 주기로 하는 공범 간 약정은 사회질서에 위배되어 무효이고, 공범 아닌 제3자가 그 무효인 약정에 기한 채무를 부담하거나 이행하기로 하는 약정도 역시 무효이다.** 따라서 피고인이 甲 회사로 하여금 약정에 따른 채무를 부담하게 하는 행위는 회사의 영리목적 또는 경영상 필요와 관계없이 피고인 또는 제3자의 이익을 도모할 목적으로 권한을 남용한 것으로 상대방 丙도 그와 같은 진의를 알았거나 알 수 있었다고 볼 여지가 있을 뿐만 아니라(대법원 1993.6.25, 93다13391; 2010.5.27, 2010도1490 등), 위 **금전소비대차계약 자체가 사기적 부정거래 등을 통한 주가조작 범행을 공모하여 실행한 공범 사이에서 범행에 필요한 자금제공에 대한 대가를 지급하거나 그에 따른 손실을 보전하여 주기로 하는 반사회질서 법률행위에 기초한 것으로 볼 수도 있어 위 채무부담행위는 甲 회사에 대하여 무효이므로, 그로 인하여 甲 회사에 어떠한 재산상 손해가 발생하거나 발생할 위험이 있다고 보기 어려운데도** 피고인에게 유죄를 인정한 원심판단에는 대표권의 남용, 반사회질서의 법률행위, 배임행위로 인한 손해의 의미 등에 관한 법리오해의 위법이 있다(대법원 2011.7.14, 2011도3180). **해결** 구성하지 않는다.

899 **사례 : 주식회사 대표이사로 선임된 것으로 위조한 자의 대물변제 사건** 주식회사의 주주총회결의에서 자신이 대표이사로 선임된 것으로 주주총회의사록 등을 위조한 자가 회사를 대표하여 대물변제 등의 행위를 한 경우, 원칙적으로 회사에 대한 배임죄

법인 대표자의 행위가 무효이어서 위험조차 인정되지 않는 경우

① 법인의 대표자·피용자가 그 법인 명의로 한 채무부담행위가 관련 법령에 위배되어 법률상 효력이 없는 경우에는 그로 인하여 법인에게 어떠한 손해가 발생한다고 할 수 없으므로, 그 행위로 인하여 법인이 민법상 사용자책임 또는 법인의 불법행위책임을 부담하는 등의 특별한 사정이 없는 한 그 대표자·피용자의 행위는 배임죄를 구성하지 않는다. 이러한 예는 다음과 같다. 법원승진 11 / 경찰승진(경장) 11 / 사시 10 / 변호사 17

1. 상호저축은행이 채무를 보증하거나 담보를 제공하는 것을 금지하는 상호저축은행법상 효력규정을 위반하여 무효인 경우(대법원 2010.9.30, 2010도6490)
2. 인위적 주가관리와 같은 범죄를 실행하는 과정에서 범죄에 필요한 자금을 제공하는 약정이 사회질서에 위배되어 무효인 경우(대법원 2011.7.14, 2011도3180)
3. 주식회사의 주주총회결의에서 자신이 대표이사로 선임된 것으로 주주총회의사록 등을 위조한 자가 회사를 대표하여 대물변제 등의 행위를 한 경우(대법원 2013.3.28, 2010도7439)

② 마찬가지로 주식회사의 대표이사가 회사의 영리목적과 관계없이 자기 또는 제3자의 이익을 도모할 목적으로 그 권한을 남용한 행위에 대하여 그 행위의 상대방이 대표이사의 진의를 알았거나 알 수 있었을 때에도 회사에 대하여 무효가 되므로 해당 회사에 재산상 손해 내지 실해 발생의 위험이 초래되었다고 볼 수 없어 배임죄에 해당되지 않는다. 이러한 예는 다음과 같다.

1. 대표권을 남용하여 자신의 개인채무에 대하여 회사 명의의 차용증을 작성해 주었는데 상대방이 악의·유과실인 경우(대법원 2010.5.27, 2010도1490)
2. 대표이사가 회사에 대한 '자신'의 대여금 채권의 담보를 취득하기 위해 회사 명의의 약속어음을 발행·취득한 경우(대법원 2012.2.9, 2010도176)
3. 주식회사의 실질적 경영자가 자신의 개인채무를 담보하기 위하여 회사 소유 부동산에 상대방 앞으로 근저당권설정등기를 마쳤는데 상대방은 대표권 남용임을 알고 있는 경우(대법원 2012.2.23, 2011도15857)
4. 대표권을 남용하여 개인 채권자들에게 회사 명의의 금전소비대차 공정증서와 약속어음 공정증서를 작성해 주었는데 상대방이 악의·유과실인 경우(대법원 2012.5.24, 2012도2142) 변호사 14 / 경찰승진(경감이하) 17

비교판례 **대표이사의 행위가 법률적으로는 무효이지만 경제적으로는 손해가 인정된 사례**

1. 甲 주식회사의 실질적 경영자가, 자신의 개인사업체가 회사에 수목을 매도하였다는 허위의 매매계약을 체결하고 그 매매대금 채권과 甲 회사의 A에 대한 채권을 '상계'처리하였는데, 위 상계가 법률상 무효가 된다 하더라도 甲 회사에 대한 실해발생의 위험을 초래된 것으로 볼 수 있다(대법원 2012.2.23, 2011도15857). 법원승진 13
2. 회사의 대표이사가 대표권을 남용하여 회사 명의의 '약속어음을 발행'하였고 상대방이 그 남용의 사실을 알았거나 중대한 과실로 알지 못하여 회사가 상대방에 대하여는 채무를 부담하지 아니한다 하더라도, 약속어음이 제3자에게 유통되었다면 회사의 어음채무 부담 위험이 구체적으로 발생하여 배임죄의 기수범이 되고, 약속어음이 제3자에게 유통되지 않았다면 배임죄의 기수범이 아니라 배임미수죄로 처벌되어야 한다(대법원 2017.7.20, 2014도1104 전원합의체, 이 판례에 대해서는 항을 바꾸어 상세히 소개함). 경찰간부 14 / 경찰간부 18 / 경찰채용 16 2차 / 변호사 17 / 국가9급 18 / 경찰채용 21 1차
3. 회사의 대표이사가 회사로 하여금 타 회사로부터 아무런 담보나 대가를 받지 아니한 채 타 회사의 채무에 대하여 연대보증하게 하고, 타 회사가 발행한 '약속어음에도 연대보증'하게 한 다음 채권자가 위 약속어음 공정증서에 기하여 '강제집행을 함에 있어 강제집행에 아무런 이의를 제기하지 않기로 하는 약정을 체결'하여 채권자로 하여금 약속어음 액면금 전액을 추심하도록 함으로써 회사에 동액 상당의 손해를 입힌 경우, (업무상) 배임죄가 성립한다(대법원 2013.4.11, 2012도15890). 국가9급 21

19. 대법원 2017.7.20, 2014도1104 전원합의체

주식회사의 대표이사가 대표권을 남용하는 등 임무에 위배하여 약속어음 발행을 한 행위가 배임죄의 기수 또는 미수에 해당하는지 판단하는 기준

를 구성하는가? 판례 주식회사의 주주총회결의에서 자신이 대표이사로 선임된 것으로 주주총회의사록 등을 위조한 자가 회사를 대표하여 한 대물변제 등의 행위는 법률상 효력이 없어 그로 인하여 회사에 어떠한 손해가 발생한다고 할 수 없으므로, 그 행위로 인하여 회사가 상법 제395조의 표현대표이사책임을 부담하는 등의 특별한 사정이 없는 한 그 대표이사를 사칭한 자의 행위는 배임죄를 구성하지 아니한다(대법원 2013.3.28, 2010도7439). 해결 구성하지 않는다.

주식회사의 대표이사가 대표권을 남용하는 등 그 임무에 위배하여 회사 명의로 의무를 부담하는 행위를 하더라도 일단 회사의 행위로서 유효하고, 다만 상대방이 대표이사의 진의를 알았거나 알 수 있었을 때에는 회사에 대하여 무효가 된다. 따라서 상대방이 대표권남용 사실을 알았거나 알 수 있었던 경우 그 의무부담행위는 원칙적으로 회사에 대하여 효력이 없고, 경제적 관점에서 보아도 이러한 사실만으로는 회사에 현실적인 손해가 발생하였다거나 실해 발생의 위험이 초래되었다고 평가하기 어려우므로, 달리 그 의무부담행위로 인하여 실제로 채무의 이행이 이루어졌다거나 회사가 민법상 불법행위책임을 부담하게 되었다는 등의 사정이 없는 이상 배임죄의 기수에 이른 것은 아니다. 그러나 이 경우에도 대표이사로서는 배임의 고의로 임무위배행위를 함으로써 실행에 착수한 것이므로 배임죄의 미수범이 된다. 그리고 상대방이 대표권남용 사실을 알지 못하였다는 등의 사정이 있어 그 의무부담행위가 회사에 대하여 유효한 경우에는 회사의 채무가 발생하고 회사는 그 채무를 이행할 의무를 부담하므로, 이러한 채무의 발생은 그 자체로 현실적인 손해 또는 재산상 실해 발생의 위험이라고 할 것이어서 그 채무가 현실적으로 이행되기 전이라도 배임죄의 기수에 이르렀다고 보아야 한다. … 주식회사의 대표이사가 대표권을 남용하는 등 그 임무에 위배하여 약속어음 발행을 한 행위가 배임죄에 해당하는지도 원칙적으로 위에서 살펴본 의무부담행위와 마찬가지로 보아야 한다. 다만 약속어음 발행의 경우 어음법상 발행인은 종전의 소지인에 대한 인적 관계로 인한 항변으로써 소지인에게 대항하지 못하므로(어음법 제17조, 제77조), ① 어음발행이 무효라 하더라도 그 어음이 '실제로 제3자에게 유통되었다면' 회사로서는 어음채무를 부담할 위험이 구체적·현실적으로 발생하였다고 보아야 하고, 따라서 그 어음채무가 실제로 이행되기 전이라도 배임죄의 기수범이 된다. 그러나 ② 약속어음 발행이 무효일 뿐만 아니라 그 어음이 '유통되지도 않았다면' 회사는 어음발행의 상대방에게 어음채무를 부담하지 않기 때문에 특별한 사정이 없는 한 회사에 현실적으로 손해가 발생하였다거나 실해 발생의 위험이 발생하였다고도 볼 수 없으므로, 이때에는 배임죄의 기수범이 아니라 배임미수죄로 처벌하여야 한다.[900] 국가7급 21 / 국가9급 24

20. 대법원 2017.10.12, 2017도6151
재산상 실해 발생의 구체적 위험이 야기된 것으로 볼 수 없다는 사례
배임죄에서 재산상 손해가 발생하였다고 평가할 수 있는 '재산상 실해 발생의 위험'은 '구체적·현실적인 위험이 야기된 정도'에 이르러야 하고 단지 막연한 가능성이 있다는 정도로는 부족하다. …… 업무상배임죄에서 타인의 사무를 처리하는 자의 임무위배행위는 민사재판에서 법질서에 위배되는 법률행위로서 무효로 판단될 가능성이 적지 않고, 그 결과 본인(타인)에게도 아무런 손해가 발생하지 않는 경우가 많다. 이러한 경우에는 그 의무부담행위로 인하여 실제로 채무의 이행이 이루어졌는지 또는 본인이 민법상 사용자책임 등을 부담하게 되었는지 등과 같이 현실적인 손해가 발생하거나 실해 발생의 위험이 생겼다고 볼 수 있는 사정이 있는지를 면밀히 심리·판단하여야 한다(장려금 등 명목으로 단가를 조정해준 것만으로는 배임죄를 구성하지 아니한다는 사례).

㉣ (배임행위로 인한) 재산상 이익의 취득

ⓐ 재산상 이익의 취득 : 배임죄는 본인에게 재산상의 손해를 가하는 외에 배임행위로 인하여 행위자 또는 제3자가 재산상의 이익을 취득할 것을 요건으로 한다.[901] 경찰승진 14 따라서 본인에게 손해

900 **보충** 피고인의 약속어음 발행행위로 인해 甲 회사에 현실적인 손해나 재산상 실해 발생의 위험이 초래되었다고 볼 수 없는데도, 이에 대한 심리 없이 약속어음 발행행위가 배임죄의 기수에 이르렀음을 전제로 공소사실을 유죄로 판단한 원심판결에는 배임죄의 재산상 손해 요건 및 기수시기 등에 관한 법리오해의 잘못이 있다. 이와 달리 **대표이사의 회사 명의 약속어음 발행행위가 무효인 경우에도 그 약속어음이 제3자에게 유통되지 아니한다는 특별한 사정이 없는 한 재산상 실해 발생의 위험이 초래된 것으로 보아야 한다**는 취지의 대법원 2012.12.27, 2012도10822, 대법원 2013.2.14, 2011도10302 판결 등은 **배임죄의 기수 시점에 관하여 이 판결과 배치되는 부분이 있으므로 그 범위에서 이를 변경하기로** 한다.

901 **참고판례 : 부동산 이중매매로 인한 배임죄에서 특경법 제3조 제1항의 적용을 전제로 대상 부동산 가액을 산정할 때, 부동산 시가 상당액에서 근저당권 등에 의한 부담 금액을 공제한다는 사례** 배임행위로 얻은 재산상 이익의 일정한 액수 자체를 가중적 구성요건으로 규정하고 있는 **특정경제범죄 가중처벌 등에 관한 법률 제3조 제1항**의 적용을 전제로 하여 이중매매 대상이 된 부동산 가액을 산정하는 경우, 부동산에 아무런 부담이 없는 때에는 부동산 시가 상당액이 곧 가액이라고 볼 것이지만, **부동산에 근저당권설정등기가 경료되어 있거나 압류 또는 가압류 등이 이루어진 때에는 특별한 사정이 없는 한 아무런 부담이 없는 상태의 부동산 시가 상당액에서 근저당권의 채권최고액 범위 내에서 피담보채권액, 압류에 걸린 집행채권액, 가압류에 걸린 청구금액 범위 내에서 피보전채권액 등을 뺀 실제 교환가치를 부동산 가액으로 보아야 한다**(대법원 2007.4.19, 2005도7288 전원합의체; 2007.5.31, 2005도3102; 2011.6.30, 2011도1651). 경찰채용 24 1차

를 가하였다 하더라도 행위자가 이익을 취득한 사실이 없으면 배임죄가 성립하지 않는다.[902] 법원9급 10 / 법원9급 11 재산상 이익을 취득하지 않았으므로 배임죄가 성립하지 않는 예는 다음과 같다.

1	계주가 계원으로부터 받은 계불입금을 마지막 곗날까지 낙찰받지 못한 정당한 계원에게 지급한 이상 계원들 중 계금을 지급받지 못한 사람이 있어 그에게 손해를 가하였다 하더라도 이로써 계주가 재산상 이익을 취득한 바가 없는 경우(대법원 2004.4.9, 2004도18)
2	A회사의 사업부 영업팀장 甲이 체인점들에 대한 전매입고 금액을 삭제하여 전산상 회사의 체인점들에 대한 외상대금채권이 줄어든 것으로 처리하는 전산조작행위를 하였다 하더라도 재산상 이익을 행위자 또는 제3자가 취득한 사실이 없는 경우(대법원 2006.7.27, 2006도3145) 경찰간부 11 / 경찰채용 14 1차 / 경찰채용 16 2차
3	A회사를 대표하여 기계 제작·설치 계약의 이행에 관한 업무를 처리하는 甲이 고의로 기계 제작 의무를 이행하지 않아 계약이 해제됨으로써 계약상대방 乙이 보증보험회사로부터 선급금반환 및 위약금 명목의 보험금을 수령한 경우(대법원 2007.7.26, 2005도6439)
4	입주자대표회의 회장이 열 사용요금의 납부를 위한 지출결의서의 날인을 거부함으로써 아파트 입주자들에게 그 연체료를 부담시켰다 하더라도 열 사용요금 납부연체료를 지급받은 공급업체가 연체료 상당의 재산상 이익을 취득한 것으로 볼 수 없는 경우(대법원 2009.6.25, 2008도3792)[903] 변호사 14
5	회사의 승낙 없이 임의로 지정 할인율보다 더 높은 할인율을 적용하여 회사가 지정한 가격보다 낮은 가격으로 제품을 '덤핑판매'하였다 하더라도 이로써 거래처가 재산상 이익을 취득하였다고 볼 수 없는 경우(대법원 2009.12.24, 2007도2484)[904] 사시 10 / 사시 13 등
6	군수가 축협 정기예금을 해지하고 농협에 재예치한 경우(대법원 2022.8.25, 2022도3717)

판례연구 배임죄에서 재산상 이익과 손해의 관계

1. 대법원 2021.11.25, 2016도3452[905]

손해를 가하였어도 이익을 취득하지 않았다면 배임죄가 성립할 수 없다는 사례

업무상배임죄는 업무상 타인의 사무를 처리하는 자가 임무에 위배하는 행위를 하고 그러한 임무위배행위로 인

902 **참고판례 : 특경법상 배임죄와 그 요건인 이득액** 형법 제355조 제2항의 배임죄는 타인의 사무를 처리하는 자가 그 임무에 위배하는 행위로써 재산상의 이익을 취득하거나 제3자로 하여금 이를 취득하게 하여 본인에게 손해를 가함으로써 성립하고, 그 취득한 재산상 이익의 가액(이하 '이득액'이라고 한다)이 얼마인지는 문제되지 아니하는 데 비하여, **배임으로 인한 특경법 위반죄**에 있어서는 취득한 이득액이 5억 원 이상 또는 50억 원 이상이라는 것이 범죄구성요건의 일부로 되어 있고 이득액에 따라 그 죄에 대한 형벌도 가중되어 있으므로, **이를 적용함에 있어서는 취득한 이득액을 엄격하고 신중하게 산정**함으로써, 범죄와 형벌 사이에 적정한 균형이 이루어져야 한다는 죄형균형 원칙이나 형벌은 책임에 기초하고 그 책임에 비례하여야 한다는 책임주의 원칙이 훼손되지 않도록 유의하여야 한다(대법원 2007.4.19, 2005도7288 전원합의체; 2012.9.13, 2012도3840). 따라서 **업무상 배임으로 인한 재산상의 이익이 있었다는 점은 인정되지만 그 가액을 구체적으로 산정할 수 없는 경우에는 재산상 이익의 가액을 기준으로 가중 처벌하는 특경법 위반(배임)죄로 의율할 수는 없다**(대법원 2001.11.13, 2001도3531; 2012.8.30, 2012도5220).

903 **판결이유** 열 사용요금 납부 연체로 인하여 발생한 연체료는 금전채무 불이행으로 인한 손해배상에 해당하므로, 공급업체가 연체료를 지급받았다는 사실만으로 공급업체가 그에 해당하는 재산상의 이익을 취득하게 된 것으로 단정하기 어렵고, 나아가 공급업체가 열 사용요금 연체로 인하여 실제로는 아무런 손해를 입지 않았거나 연체료 액수보다 적은 손해를 입었다는 등의 특별한 사정이 인정되는 경우에 한하여 비로소 연체료 내지 연체료 금액에서 실제 손해액을 공제한 차액에 해당하는 재산상의 이익을 취득한 것으로 볼 수 있을 뿐이므로, 공급업체가 연체료 상당의 재산상 이익을 취득한 것으로 보아 업무상 배임죄의 성립을 인정한 원심판결을 파기되어야 한다.

904 **판례 : 덤핑판매 사례** 피고인이 피해 회사의 승낙 없이 임의로 지정 할인율보다 더 높은 할인율을 적용하여 회사가 지정한 가격보다 낮은 가격으로 제품을 판매하는 **이른바 '덤핑판매'로 제3자인 거래처에 재산상의 이익이 발생하였는지 여부는 경제적 관점에서 실질적으로 판단하여야 할 것인바**, 피고인이 피해 회사가 정한 할인율 제한을 위반하였다 하더라도 시장에서 거래되는 가격에 따라 제품을 판매하였다면 **지정 할인율에 의한 제품가격과 실제 판매시 적용된 할인율에 의한 제품가격의 차액 상당을 거래처가 얻은 재산상의 이익이라고 볼 수는 없다**(대법원 2009.12.24, 2007도2484).

905 **보충** 새마을금고 임직원인 피고인이 새마을금고의 여유자금 운영에 관한 규정을 위반하여 금융기관으로부터 금융상품을 매입함으로써 새마을금고에 액수 불상의 손해를 가하고, 금융기관에 수수료 상당의 이익을 취득하게 하였다고 하여 업무상배임 등으로 기소되었는데, 대법원은 **피고인의 임무위배행위로 새마을금고에 액수 불상의 재산상 손해가 발생하였다고 하더라도 금융기관이 취득한 수수료 상당의 이익을 그와 관련성 있는 재산상 이익이라고 인정할 수 없고**, 공소사실에 재산상 이익으로 기재된 수수료 상당의 이익은 배임죄에서의 재산상 이익에 해당한다고 볼 수 없다고 본 것이다.

하여 재산상의 이익을 취득하거나 제3자로 하여금 이를 취득하게 하여 본인에게 재산상의 손해를 가한 때 성립한다. 여기서 '재산상 이익 취득'과 '재산상 손해 발생'은 대등한 범죄성립요건이고, 이는 서로 대응하여 병렬적으로 규정되어 있다(형법 제356조, 제355조 제2항). 따라서 임무위배행위로 인하여 여러 재산상 이익과 손해가 발생하더라도 재산상 이익과 손해 사이에 서로 대응하는 관계에 있는 등 일정한 관련성이 인정되어야 업무상배임죄가 성립한다. …… 업무상배임죄는 본인에게 재산상 손해를 가하는 외에 임무위배행위로 인하여 행위자 스스로 재산상 이익을 취득하거나 제3자로 하여금 재산상 이익을 취득하게 할 것을 요건으로 하므로, 본인에게 손해를 가하였다고 할지라도 행위자 또는 제3자가 재산상 이익을 취득한 사실이 없다면 배임죄가 성립할 수 없다(대법원 2007.7.26, 2005도6439; 2009.6.25, 2008도3792).

2. 대법원 2022.8.25, 2022도3717
정기예금의 중도해지와 새로운 정기예금 가입 사례
A군의 군수이자 사단법인 A군교육발전위원회 이사장인 甲은 A축협 조합원들이 A군에서 추진하던 신공항 사업을 반대한다는 이유 등으로 이 사건 위원회 명의로 A축협에 예치된 20억 원 상당의 정기예금을 중도해지하고 그 돈을 A농협에 재예치하였으나, A농협의 재산상 이익과 이 사건 위원회의 재산상 손해 사이에 대응관계 등의 관련성이 인정된다고 볼 수 없고, A농협이 이 사건 위원회에 통상적인 이율보다 지나치게 낮은 정기예금 이자를 지급하였다는 등의 특별한 사정이 없는 한 A농협이 취득한 자금운용의 기회가 곧바로 피고인의 임무위배행위로 인하여 취득한 재산상 이익에 해당한다고 단정하기 어렵다.

판례연구 특경법상 배임죄 관련 판례

1. 대법원 2015.12.23, 2014도11042
특경법 제3조 제1항의 '이득액'의 의미
특경법 제3조 제1항의 (가중처벌기준이 되는) '이득액'이란 거기에 열거된 범죄행위로 취득하거나 제3자로 하여금 취득하게 한 불법영득의 대상이 된 재물이나 재산상 이익의 가액의 합계액이지 궁극적으로 그와 같은 이득이 실현되었는지 여부는 영향이 없다.

2. 대법원 2015.9.10, 2014도12619
형법상 배임죄와 특경법상 배임죄의 차이
① 형법 제355조 제2항의 배임죄는 타인의 사무를 처리하는 자가 임무에 위배하는 행위로써 재산상의 이익을 취득하거나 제3자로 하여금 이를 취득하게 하여 본인에게 손해를 가함으로써 성립하고, 형법 제356조의 업무상배임죄는 업무상의 임무에 위배하여 제355조 제2항의 죄를 범한 때에 성립하는데, 취득한 재산상 이익의 가액이 얼마인지는 범죄 성립에 영향을 미치지 아니한다. 반면 ② 배임 또는 업무상배임으로 인한 특경법 제3조 위반죄는 취득한 재산상 이익의 가액(이득액)이 5억 원 이상 또는 50억 원 이상이라는 것이 범죄구성요건의 일부로 되어 있고 이득액에 따라 형벌도 매우 가중되어 있으므로, 배임행위로 취득한 재산상 이익의 가액(이득액)을 산정할 수 없는 경우 특경법 제3조 제1항 제1호를 적용할 수 없다.

3. 대법원 2022.6.30, 2022도3784
자금돌리기 방식으로 신주인수권부사채를 발행 · 인수한 후 신주인수권을 행사한 사건
자기자금 납입 없이 이른바 자금돌리기 방식으로 신주인수권부사채를 발행·인수한 후 신주인수권을 행사한 행위 등에 대해서 부정한 수단 등의 사용에 의한 자본시장법위반죄 및 특정경제범죄법위반(배임)죄 등의 성립, '위반행위로 얻은 이익' 및 '손해액' 등이 문제된다. 신주인수권부사채의 발행업무를 담당하는 사람과 신주인수권부사채 인수인이 사전 공모하여 제3자로부터 차용한 돈으로 인수대금을 납입하고 신주인수권부사채 발행절차를 마친 직후 곧바로 이를 인출하여 직·간접적으로 위 차용금 채무의 변제에 사용하는 등 실질적으로 신주인수권부사채 인수대금이 납입되지 않았음에도 신주인수권부사채를 발행한 경우, 특별한 사정이 없는 한 신주인수권부사채의 발행업무를 담당하는 사람은 회사에 대하여 신주인수권부사채 인수대금이 모두 납입되어 실질적으로 회사에 귀속되도록 조치할 업무상의 임무를 위반하였다고 보아야 한다. 자금돌리기 방식은 가장납입으로서 부정한 수단 등 사용에 의한 자본시장법위반죄에 해당할 뿐만 아니라 특정경제범죄법위반(배임)죄에서의 임무위반행위에 해당하고, 그 경우 손해액은 미취득 사채 인수대금으로서 인수대금 상당액이다.

ⓑ 배임행위와 재산상 이익 취득 간의 인과관계 : 재산상의 이익취득에 관하여 배임죄의 죄책을 인정하기 위해서는 그러한 재산상의 이익취득과 임무위배행위 사이에 상당인과관계가 인정되어야 한다(대법원 1984.12.26, 84도2127; 1987.4.28, 86도2490; 2007.7.26, 2005도6439; 2008.6.26, 2007도7060[906]). 법원승진 10

㉢ 착수시기 및 기수시기

ⓐ 착수시기 : 본죄는 배임행위를 개시한 때 실행의 착수가 있다.

ⓑ 기수시기 : 본죄는 본인에게 재산상의 손해가 발생한 때 기수가 된다. 여기에는 재산적 실해를 가한 경우뿐만 아니라 실해발생의 위험을 초래한 경우도 포함되므로, 피해자의 재산을 무단으로 반출하여 실해발생의 위험을 초래하는 때에는 배임죄의 기수로 되고(대법원 1983.3.8, 82도2873; 2003.10.30, 2003도4382), 그와 같은 무단 반출 당시의 손해가 배임죄의 손해액이 된다(대법원 2010.12.23, 2008도8851). 다만, 회사의 대표이사가 회사 명의로 체결한 계약이 관련 법령이나 정관에 위배되어 법률상 효력이 없는 경우에는, 원칙적으로 그 계약의 체결행위만으로 배임의 범행이 기수에 이르렀거나 범행이 종료되었다고 볼 수 없다(대법원 2011.11.24, 2010도11394).[907]

(2) **주관적 구성요건** – 고의·불법이득의사

① 고의 : (업무상) 배임죄가 성립하려면 주관적 요건으로서 임무위배의 인식과 그로 인하여 자기 또는 제3자가 이익을 취득하고 본인에게 손해를 가한다는 인식, 즉 배임의 고의가 있어야 하고, 이러한 인식은 미필적 인식으로도 충분하다.

㉠ 배임의 고의가 인정되는 경우 : 배임의 고의가 인정되는 예는 다음과 같다.

---

906 **사례 : 연구용역결과를 다른 곳에 제공하였으나 그로 인해 재산상 이익을 취득한 것은 아닌 경우** A대학 환경공학과 교수 甲은 축산분뇨 처리장치[일명 타오(TAO) 시스템] 기술을 실용화하기 위하여 알켐코리아 주식회사와 체결한 시험연구용역계약에 위반하여, 피고인이 2000.8.24.경 강원지역환경기술센터와 위 시험연구용역계약과 동일한 계약을 체결하고, 2001.9.경 강원지역환경기술센터에 이미 알켐코리아에 제출한 시험연구용역 결과를 다시 제공함으로써, 알켐코리아가 甲에게 제공한 연구용역비 2억 1,000만 원, 알켐코리아가 연구용역 담당직원에게 지급한 임금 17,355,140원, 합계 227,355,140원의 재산상 이익을 취득하고, 알켐코리아에 같은 금액 상당의 재산상의 손해를 가하였다는 공소사실로 기소되었다. 甲의 행위와 연구용역비 및 임금 취득 사이에는 상당인과관계가 인정되는가? **판례** 피고인이 알켐코리아로부터 제공받아 취득한 재산상 이익인 연구용역비와 담당직원 임금은 이 사건 시험연구용역계약에 따른 알켐코리아의 의무이행에 기한 것일 뿐, 이 사건 공소사실에서 **피고인의 임무위배행위로 적시되어 있는 강원지역환경기술센터와의 계약 체결 또는 용역결과 제공으로 인하여 초래된 것이 아니므로**, 원심이 지적하고 있는 **재산상 이익의 취득과 피고인의 임무위배행위 사이에는 상당인과관계를 인정할 수 없다**(대법원 2008.6.26, 2007도7060). **해결** 인정되지 않는다.

907 **사례 : 매도인이 매수인으로부터 중도금을 수령한 이후에 매매목적물인 '동산'을 제3자에게 양도하는 행위는 배임죄를 구성하지 않는다는 사례** 회사의 대표이사가 회사 명의로 체결한 계약이 관련 법령이나 정관에 위배되어 법률상 효력이 없는 경우, 원칙적으로 그 계약의 체결행위만으로 배임의 범행이 기수에 이르렀거나 범행이 종료되었다고 볼 수 있는가? **판례 회사의 대표이사가 회사 명의로 체결한 계약이 관련 법령이나 정관에 위배되어 법률상 효력이 없는 경우에는 그로 인하여 회사가 계약 상대방에게 민법상 불법행위책임을 부담하게 되는 등 특별한 사정이 없는 한 계약의 체결행위만으로 회사에 현실적인 손해가 발생하거나 재산상 실해 발생의 위험이 초래되었다고 할 수 없어서, 그것만으로 배임죄 구성요건이 모두 충족되어 범행이 기수에 이르렀거나 범행이 종료되었다고 볼 수 없다.** 따라서 甲 주식회사 대표이사인 피고인이 주주총회 의사록을 허위로 작성하고 이를 근거로 피고인을 비롯한 임직원들과 주식매수선택권부여계약을 체결함으로써 甲 회사에 재산상 손해를 가하였다고 하며 특정경제범죄 가중처벌 등에 관한 법률 위반(배임)으로 기소된 경우, 상법과 정관에 위배되어 법률상 무효인 계약을 체결한 것만으로는 업무상 배임죄 구성요건이 완성되거나 범행이 종료되었다고 볼 수 없고, 임직원들이 이후 계약에 기초하여 甲 회사에 주식매수선택권을 행사하고, 피고인이 이에 호응하여 주식의 실질가치에 미달하는 금액만을 받고 신주를 발행해 줌으로써 비로소 甲 회사에 현실적 손해가 발생하거나 그러한 실해 발생의 위험이 초래되었다고 볼 수 있으므로, 피고인에 대한 업무상 배임죄는 피고인이 의도한 배임행위가 모두 실행된 때로서 최종적으로 주식매수선택권이 행사되고 그에 따라 신주가 발행된 시점에 종료되었다고 보아야 **하는데도, 이와 달리 계약을 체결한 시점에 범행이 종료되었음을 전제로 공소시효가 완성되었다고 보아 면소를 선고한 원심판결에는 법리오해의 위법**이 있다(대법원 2011.11.24, 2010도11394). 법원승진 11 / 법원행시 13 / 경찰채용 14 1차 **해결** 볼 수 없다.

1	대기업의 회장 또는 주식회사의 이사가 경영상의 판단이라는 이유로 甲 계열회사의 자금으로 재무구조가 상당히 불량한 상태에 있는 乙 계열회사가 발행하는 신주를 액면가격으로 인수하거나 계열회사에게 충분한 담보를 제공받지 않고 회사의 자금을 대여한 행위(이익을 취득하는 제3자가 같은 계열회사이고 계열그룹 전체의 회생을 위한다는 목적에서 이루어진 행위로서 그 행위의 결과가 일부 본인을 위한 측면이 있다 하더라도 본인의 이익을 위한다는 의사는 부수적일 뿐이고 이득 또는 가해의 의사가 주된 것임이 판명되면 배임죄의 고의를 부정할 수 없음)(대법원 2000.3.14, 99도4923; 2004.6.24, 2004도520; 2008.5.29, 2005도4640; 2009.7.23, 2007도541; 2010.10.28, 2009도1149; 2010.12.23, 2008도8851) 법원행시 07
2	대기업 또는 대기업의 회장 등 개인이 정치적으로 난처한 상황에서 벗어나기 위하여 자회사 및 협력회사 등으로 하여금 특정 회사의 주식을 매입수량, 가격 및 매입시기를 미리 정하여 매입하게 한 경우(대법원 2007.3.15, 2004도5742)
3	법인 임원이 당해 법인의 자금을 다른 법인에 대여한 행위와 관련하여 당해 법인 임원이 부적정한 회계처리를 통해 자금대여 사실 자체를 은폐한 경우(대법원 2010.10.28, 2009도1149)
4	법령의 규정, 계약 내용 또는 신의성실의 원칙상 구체적 상황과 자신의 역할 · 지위에서 당연히 하여야 할 것으로 기대되는 행위를 하지 않거나 하지 않아야 할 것으로 기대되는 행위를 한 경우(경영자의 경영상 판단에 관한 사정을 고려하더라도 배임의 고의가 인정됨)(대법원 2011.10.27, 2009도14464)[908] 등

ⓛ 배임의 고의가 부정되는 경우 : 배임의 고의가 인정되지 않는 예는 다음과 같다.

1	담보물에 대한 일체의 권한을 위임받은 자가 대위변제를 한 후 그 명의로 소유권이전등기를 경료받은 경우(대법원 1983.9.13, 82도2613)[909]
2	보증보험회사의 경영자가 경영상의 판단에 따라 보증보험회사의 영업으로 행한 보증보험계약의 인수(대법원 2004.7.22, 2002도4229)[910]

908 **사례 : 경영상 판단과 관련하여 경영자에게 배임의 고의와 불법이득의 의사가 있었는지를 판단하는 방법** 甲 상호저축은행 임원인 A 등은 타인 명의로 토지를 매수한 다음 이른바 특수목적법인(SPC)인 乙 주식회사를 설립하고 乙 회사에 甲 은행 자금을 대출하여 乙 회사 명의로 골프장 건설사업을 추진하였다. A 등에게는 업무상 배임의 고의가 인정되는가? **판례** 피고인들이 **상호저축은행법 등 관계 법령에 위배되는** 까닭에 甲 은행이 실질적 당사자가 되어 시행하거나 보유할 수 없는 골프장 건설사업을 타인의 명의 등을 내세워 편법으로 추진하고, 임원의 임무에 위배하여 구체적인 사업성 검토도 제대로 거치지 아니한 채 함부로 甲 은행의 자금을 지출한 행위는 법령의 규정, 직무 내용은 물론 신의성실의 원칙상 당연히 하지 않아야 할 것으로 기대되는 행위를 함으로써 본인과 맺은 신임관계를 저버리고 그로 인하여 본인에게 재산상 손해를 가하고 제3자로 하여금 재산상 이익을 취득하게 한 경우이므로, 이와 달리 피고인들에게 업무상 배임의 고의를 인정할 수 없다고 보아 무죄를 선고한 원심판결에는 법리오해의 위법이 있다(대법원 2011.10.27, 2009도14464). **해결** 인정된다.

909 **사례 : 담보물 대위변제 후 소유권이전등기의 경우 배임 고의 부정례** 乙은 甲의 알선으로 대주(貸主) 2인으로부터 금원을 차용하고 부동산을 담보로 제공하여 대주 명의로 제1, 2순위 가등기를 경료한 후 그 부동산에 관한 권한 일체를 甲에게 위임하였다. 그런데 甲은 제1, 2순위 가등기에 우선하는 근저당권에 기한 경매를 막기 위하여 그 피담보채권을 변제하고, 또 제1순위 가등기권자가 그 명의로 본등기를 하여 제2순위 가등기가 말소되자 제1순위 가등기권자의 피담보채권까지 변제하고, 위 두개의 구상채권과 제2순위 가등기권자의 채권을 담보하기 위하여 제1순위 가등기권자와 사이에 이미 변제한 채무원리금을 乙에 대한 매매대금으로 하여 甲 자기 명의로 소유권이전등기를 하였다. 甲에게는 배임의 고의가 인정되는가? **판례** 배임의 고의가 있다 할 수 없다(대법원 1983.9.13, 82도2613). **해결** 인정되지 않는다.

910 **판례 : 보증보험회사의 경영자의 보증보험계약의 인수 사례** 기업의 경영에는 원천적으로 위험이 내재하여 있어서 경영자가 아무런 개인적인 이익을 취할 의도 없이 선의에 기하여 가능한 범위 내에서 수집된 정보를 바탕으로 기업의 이익에 합치된다는 믿음을 가지고 신중하게 결정을 내렸다 하더라도 그 예측이 빗나가 **기업에 손해가 발생하는 경우**가 있을 수 있는바, 이러한 경우에까지 고의에 관한 해석기준을 완화하여 업무상 배임죄의 형사책임을 묻고자 한다면 이는 죄형법정주의의 원칙에 위배되는 것임은 물론이고 정책적인 차원에서 볼 때에도 영업이익의 원천인 기업가 정신을 위축시키는 결과를 낳게 되어 당해 기업뿐만 아니라 사회적으로도 큰 손실이 될 것이므로, 현행 형법상의 배임죄가 위태범이라는 법리를 부인할 수 없다 할지라도, 문제된 경영상의 판단에 이르게 된 경위와 동기, 판단대상인 사업의 내용, 기업이 처한 경제적 상황, 손실발생의 개연성과 이익획득의 개연성 등 제반 사정에 비추어 **자기 또는 제3자가 재산상 이익을 취득한다는 인식과 본인에게 손해를 가한다는 인식(미필적 인식을 포함) 하의 의도적 행위임이 인정되는 경우에 한하여 배임죄의 고의를 인정하는 엄격한 해석기준은 유지되어야** 할 것이고, 그러한 인식이 없는데 단순히 본인에게 손해가 발생하였다는 결과만으로 책임을 묻거나 주의의무를 소홀히 한 과실

3	부동산신탁회사의 상무이사가 토지개발신탁사업의 개발투자비 상환채권을 담보하기 위해 제공된 부동산의 관리·처분신탁계약을 해지하고 소유권이전등기를 환원해 준 경우(대법원 2005.6.9, 2004도2786)[911]
4	퇴사한 전직 동료의 편의를 위하여 회사 컴퓨터에 저장된 (영업비밀이 아닌) 개인 파일 등을 복사해 준 경우(대법원 2009.5.28, 2008도5706)
5	甲 회사가 부실회사인 乙 회사를 인수할 당시 이미 검토되었던 투자의 실행으로서 이루어진 유상증자 참여결정에 따라 乙 회사의 발행주식을 적정가액보다 고가로 인수한 경우(대법원 2010.1.14, 2007도10415)[912]
6	방송사 사장이 방송사의 조세소송 관련 사무를 처리하면서 보다 유리한 내용으로 조정안을 관철하지 못한 경우(대법원 2012.1.12, 2010도15129)[913] 등

② 불법이득의 의사 : 본죄는 배임의 고의 이외에 불법이득의 의사가 필요하다. 예컨대, 경영자의 자금지원의 주된 목적이 종업원의 재산형성을 통한 복리증진보다는 안정주주를 확보함으로써 경영자의 회사에 대한 경영권을 계속 유지하고자 하는 데 있다면 불법이득의사는 인정된다(대법원 1999.6.25, 99도1141).[914] 반면 주식회사의 설립업무·증자업무를 담당한 자와 주식인수인이 사전 공모하여 주금납입취급은행 이외의 제3자로부터 납입금에 해당하는 금액을 차입하여 주금을 납입하고 납입취급은행으로부터 납입금보관증명서를 교부받아 회사의 설립등기절차·증자등기절차를 마친 직후 이를 인출하여 위 차용금채무의 변제에 사용하는 경우, 이는 등기를 위하여 납입을 가장하는 편법에 불과하여 불법이득의 의사가 있다고 볼 수 없다(대법원 2005.4.29, 2005도856). 경찰승진(경감) 10 / 경찰승진 12

이 있다는 이유로 책임을 물을 수는 없다(대법원 2004.7.22, 2002도4229).

911 **판결이유** 피고인은 결재권자로서 담당 지점장이 보고한 내용을 검토, 확인한 후 이를 승인하였고, 피고인 자신의 개인적인 이익을 취하거나 위탁자로 하여금 재산상의 이익을 취하게 할 의도가 있었다고 볼 사정이 없으므로, 단순히 **부동산신탁회사에 손해가 발생하였다는 결과만으로 피고인에게 책임을 묻거나 주의의무를 소홀히 한 과실이 있다는 이유로 피고인에게 배임의 고의가 있었다고 하기는 어렵다**(대법원 2005.6.9, 2004도2786).

912 **보충** 乙 회사 유상증자에의 참여를 결정한 甲 회사의 대표이사 및 이사에게는 자기 또는 제3자가 재산상 이익을 취득한다는 인식과 본인에게 손해를 가한다는 인식이 없는데 단순히 본인에게 손해가 발생하였다는 결과만으로 책임을 묻거나 주의의무를 소홀히 한 과실이 있다는 이유로 책임을 물을 수는 없다(위 판례).

913 **판례 : 경영상 판단과 배임의 고의 경영상 판단**과 관련하여 경영자에게 배임의 고의와 불법이득의 의사가 있었는지를 판단할 때에도, 문제된 경영상의 판단에 이르게 된 경위와 동기, 판단 대상인 사업의 내용, 기업이 처한 경제적 상황, 손실 발생과 이익 획득의 개연성 등의 여러 사정을 고려할 때 **자기 또는 제3자가 재산상 이익을 취득한다는 인식과 본인에게 손해를 가한다는 인식하의 의도적 행위임이 인정되는 경우에 한하여 배임죄의 고의를 인정하여야 하고, 그러한 인식이 없는데도 본인에게 손해가 발생하였다는 결과만으로 책임을 묻거나 단순히 주의의무를 소홀히 한 과실이 있다는 이유로 책임을 물어서는 안 된다**(대법원 2004.7.22, 2002도4229; 2007.11.15, 2007도6075; 2010.1.14, 2007도10415; 2012.1.12, 2010도15129).

914 **사례 : 경영자의 자금 지원의 목적이 경영권 보전에 있었던 사례** 기아자동차 회장 甲을 중심으로 한 경영진이 사실상 지배하는 경영발전위원회는 원래 기아자동차 주식회사(이하 '기아자동차'라고만 한다)와 그 계열사의 종업원들로부터 2개월에 한 번씩 통상임금의 2%(월 1%)씩을 갹출하여 그 금원을 기금으로 하여 운영되어 왔는데, 1993.11.경 삼성 측이 기아자동차의 주식을 집중적으로 매집하여 회사지배권을 넘보는 사태가 발생하자 피고인을 중심으로 한 경영진은 자신들이 사실상 지배하는 경영발전위원회 등의 주식지분 비율을 높여 회사 경영권을 계속 보전할 목적으로 회사 자금으로 경영발전위원회 등에게 이 사건 자금지원을 하였다. 甲의 행위는 배임에 해당하는가? **판례** 경영자의 자금지원의 주된 목적이 종업원의 재산형성을 통한 복리증진보다는 안정주주를 확보함으로써 **경영자의 회사에 대한 경영권을 계속 유지하고자 하는 데 있다면**, 그 자금지원은 경영자의 이익을 위하여 회사재산을 사용하는 것이 되어 회사의 이익에 반하므로 회사에 대한 관계에서 임무위배행위가 된다. 따라서 피고인을 중심으로 한 회사의 경영진이 외부의 회사지배권 쟁탈 기도에 즈음하여 자신들이 사실상 지배하는 경영발전위원회 등의 주식지분 비율을 높여 회사 경영권을 계속 보전할 목적으로 회사의 자금으로 경영발전위원회 등에게 이 사건 자금지원을 하기에 이르렀다면, 그 자금지원은 피고인을 비롯한 **경영진 자신들의 이익을 위하여 회사재산을 사용하는 것**이 되어 회사에 대한 관계에서 임무위배행위가 된다 할 것이고, 그 자금지원의 목적이 위와 같은 이상 피고인에게는 임무에 위배하여 자금지원을 함으로써 경영발전위원회 등에 이익을 주고 회사에 손해를 가한다는 인식 즉, 배임죄의 고의와 재산죄에 있어서 요구되는 불법이득의 의사도 있었다고 봄이 상당하다(대법원 1999.6.25, 99도1141). **해결** 해당한다.

2. 부동산이중매매와 이중저당 및 동산이중매매의 형사책임

(1) 부동산의 이중매매

甲(매도인)이 자기 소유의 부동산에 관한 매매계약을 乙(제1매수인)과 체결하고 乙로부터 대금을 지급받고서도 다른 사람인 丙(제2매수인)과 매매계약을 체결한 경우 주로 甲의 죄책에 관한 문제이다.

① 매도인의 의무 – 배임죄의 주체 : 매수인의 소유권이전에 필요한 매도인의 등기협력의무는 매수인(他人)의 재산보호를 본질적 내용으로 하는 배임죄의 사무로 볼 수 있다.

예 이때 참고로 甲은 乙에 대해 횡령죄의 죄책은 지지 않는다(민법상 물권변동에 관한 형식주의). 또한 甲은 丙에 대해 사기죄의 죄책도 지지 않는다(丙이 정당한 소유권을 취득하므로 甲의 행위는 기망의 정도에 이른 것이라고 볼 수 없음).

② 등기협력의무의 발생시기 · 요건과 배임죄의 성부

㉠ 계약금만 수령한 경우 : 매도인은 (2배의 위약금을 배상하면 계약을 해제할 수 있는 권리를 가지고 있다는 점에서) 매수인(타인)의 사무를 처리하는 자에 해당되지 않고 단순한 채무자에 지나지 않으므로 배임죄의 주체가 될 수 없다. 법원행시 16 / 국가9급 17 또한 계약금이 다소 과다하다 하더라도 매도인이 합의한 계약금 전부를 지급받지 못한 때에는 더더욱 배임죄의 주체가 될 수 없다(대법원 2007.6.14, 2007도379).[915]

㉡ 중도금 또는 잔금을 수령한 경우 : 매도인은 제1매수인으로부터 중도금을 지급받으면 매수인에 대하여 임의로 계약을 해제할 수 없는 상태가 되어 등기협력의무를 부담하는 사무처리자가 되어 그 이후 이중으로 제2매수인에게 매도하거나 제3자에게 가등기를 경료하는 등의 행위로 소유권이전등기의무가 이행불능되거나 이행불능에 빠질 위험성을 발생시켰다면 제1매수인에 대하여 배임죄가 성립한다(통설[916] · 판례[917]).[918] 사시 12 / 변호사 14

판례연구 부동산 이중매매에 관한 종래 입장을 고수한 최근 판례

1. 대법원 2018.5.17, 2017도4027 전원합의체

다수의견 부동산 매매계약에서 계약금만 지급된 단계에서는 어느 당사자나 계약금을 포기하거나 그 배액을 상환함으로써 자유롭게 계약의 구속력에서 벗어날 수 있다. 그러나 중도금이 지급되는 등 계약이 본격적으로 이행되는 단계에 이른 때에는 계약이 취소되거나 해제되지 않는 한 매도인은 매수인에게 부동산의 소유권을 이전해 줄 의무에서 벗어날 수 없다. 따라서 이러한 단계에 이른 때에 매도인은 매수인에 대하여 매수인의 재산보전에 협력하여 재산적 이익을 보호·관리할 신임관계에 있게 된다. 그때부터 매도인은 배임죄에서 말하는 '타인의 사무를 처리하는 자'에 해당한다고 보아야 한다. 그러한 지위에 있는 매도인이 매수인에게 계약 내용에 따라 부동산의 소유권을 이전해 주기 전에 그 부동산을 제3자에게 처분하고 제3자 앞으로 그 처분에 따른 등기를 마쳐

---

915 판례 : **계약금이 다소 과하다 하더라도 이를 모두 지급받지 못한 상태의 매도인 사례** 이중매매에 있어서 매도인이 매수인의 사무를 처리하는 자로서 배임죄의 주체가 되기 위하여는 **매도인이 계약금을 받은 것만으로는 부족하고** 적어도 중도금을 받는 등 매도인이 더 이상 임의로 계약을 해제할 수 없는 상태에 이르러야 하는바, 특별한 사정이 없는 한 **매매계약 당시 합의한 계약금이 매매대금 총액에 비하여 다소 과다하다는 사정만으로 매도인이 그 배액을 상환하여 매매계약을 해제할 권한을 유보하지 아니한 것으로 볼 수는 없고**, 이러한 경우 매도인이 합의한 계약금 전부를 지급받지 못하고 있다면, 아직 타인의 사무를 처리하는 자의 지위에 있다고 할 수 없으므로 이중으로 제3자에게 처분한 행위에 대하여 배임죄의 책임을 물을 수 없다(대법원 2007.6.14, 2007도379).

916 강구진, 381면; 김일수/서보학, 474면; 박상기, 410면; 백형구, 225면; 손동권, 466면; 이정원, 475면; 이형국(Ⅰ), 514면; 임웅, 454면; 정영석, 390면. 다만 중도금을 받은 것만으로는 부족하고 잔금의 수령과 등기서류의 교부가 이루어져 사회통념상 소유권을 매수인에게 이전하는 매도인의 의사가 표명된 시점인 물권적 합의가 이루어져 매수인에게 물권적 기대권이 생겨야만 매도인이 본죄의 주체가 된다는 소수설(김종원, 238면; 오영근, 594면)도 있다.

917 대법원 1988.12.13, 88도750; 1986.10.28, 86도936; 1986.7.8, 85도1873; 1985.1.19, 84도1814 등.

918 **유사판례** 또한 중도금을 지급받은 것과 마찬가지로 평가받을 수 있는 상태가 된 경우에도 역시 이중매매행위를 하면 배임죄가 성립한다. "**부동산의 매도인이 매수인으로부터 계약금과 중도금에 갈음하여 양수인소유 부동산을 이전받기로 하고 소유권이전등기 소요서류를 모두 교부받은 후 그 양도부동산을** 제3자에게 이중양도한 사례에서 사회통념 내지 신의칙상 계약금 및 중도금이 지급된 것과 마찬가지로 볼 수 있으므로 배임죄가 성립한다."(대법원 1986.10.28, 86도936) 법원행시 06 / 사시 12

준 행위는 매수인의 부동산 취득 또는 보전에 지장을 초래하는 행위이다. 이는 매수인과의 신임관계를 저버리는 행위로서 배임죄가 성립한다. 국가7급 21

2. 대법원 2018.12.13, 2016도19308

부동산이중매매와 서면으로 부동산 증여의 의사를 표시한 증여자

(위 1.번 판례의) 법리는 서면에 의한 부동산 증여계약에도 마찬가지로 적용된다. 서면으로 부동산 증여의 의사를 표시한 증여자는 계약이 취소되거나 해제되지 않는 한 수증자에게 목적부동산의 소유권을 이전할 의무에서 벗어날 수 없다. 그러한 증여자는 '타인의 사무를 처리하는 자'에 해당하고, 그가 수증자에게 증여계약에 따라 부동산의 소유권을 이전하지 않고 부동산을 제3자에게 처분하여 등기를 하는 행위는 수증자와의 신임관계를 저버리는 행위로서 배임죄가 성립한다. 경찰채용 23 1차

ⓐ 배임죄가 성립하는 경우

1	부동산 매도인 甲이 잔금까지 치른 매수인 乙의 의사에 반하여 甲 자신의 丙으로부터 빌린 차용금에 대한 담보조로 위 매매목적부동산에 대하여 丙에게 가등기를 경료해 준 경우(대법원 1982.2.23, 81도3146)
2	부동산의 매도인으로서 매수인에 대하여 그 앞으로의 소유권이전등기절차에 협력할 의무 있는 자가 같은 부동산을 매수인 이외의 제3자에게 이중으로 매도하고 제3자 앞으로 소유권이전청구권 보전을 위한 가등기를 마쳐준 경우(대법원 1983.6.14, 81도2278; 2006.11.9, 2006도3626; 2008.7.10, 2008도3766) 사시 10
3	매도인과 매수인 사이에 소유권이전등기절차를 이행하기로 하는 재판상 화해가 성립하는 등 위임받은 타인의 사무가 소유권이전등기의무인 때 매도인의 소유권이전등기의무가 이행불능되거나 이행불능에 빠질 위험성이 발생한 경우(대법원 1993.5.27, 93도169; 2007.7.26, 2007도3882; 2011.6.30, 2011도1651; 2012.1.26, 2011도15179) 등

ⓑ 배임죄가 성립하지 않는 경우

1	부동산을 이중매매함에 있어서 매도인이 선매수인에게 소유권이전의무를 이행한 경우(후매수인에 대한 관계에서 그가 임무를 위법하게 위배한 것이라고 할 수 없음)(대법원 1992.12.24, 92도1223; 2009.2.26, 2008도11722[919]; 2010.4.29, 2009도14427) 법원행시 10 / 경찰승진(경장) 11 / 경찰승진 12 / 경찰승진(경감이하) 17
2	매도인이 자신의 명의로 가등기를 마친 경우(제1매수인의 재산을 해할 위험이 없음)(대법원 1985.8.20, 84도2109)[920] 등

㉢ 제1차 매매계약은 유효해야 함 : 제1매매계약이 사법적으로 유효하여야만 매도인에게 등기협력의무가 발생하므로, 다음과 같이 제1매매계약이 무효인 경우에는 매도인에게 배임죄의 죄책이 인정되

919 **사례 : 선매수인에게 소유권 이전한 경우 후매수인에 대한 배임죄의 성부** 아파트 건축분양회사 A회사는 수분양자들에게 소유권이전등기절차를 이행하지 않은 채 분양 전 B금융기관과 체결한 근저당권설정계약에 따라 위 아파트에 대하여 근저당권설정등기를 경료해주었다. A회사에게는 수분양자들에 대하여 배임죄의 죄책이 성립하는가? **해결** 성립하지 않는다.

920 **사례 : 매도인 자신의 이름으로 가등기를 마친 경우** A는 B, C와 공모하여 1982.3.22. 서울 중구 을지로2가 평화합동법률사무소에서 C와 공동 매입하여 B명의로 신탁등기하여 두었던 이 사건 부동산을 대금 32,800,000원에 한일가스산업주식회사에 매도하기로 매매계약을 체결하고 동일 계약금으로 금 3,000,000원, 같은 해 4.12. 중도금으로 금 13,000,000원을 수령하였으므로 그 잔금지급기일인 같은 해 5.3. 그 잔금을 수령하고 위 부동산의 소유권이전등기를 위 회사에 이행하여 줄 의무가 있었다. 그런데 A는 같은 해 5.6. A명의로 위 부동산에 대한 가등기를 경료해버렸다. A에게는 배임죄가 성립하는가? **판례** 위 매매계약은 그 매도인이 등기명의자인 B로 형식상 기재되어 있을 뿐 실제로는 A와 C가 위 회사와 직접 체결한 계약임이 엿보이는 만큼 이 사건 부동산은 실질적으로 A와 C의 공동소유로서, 위 매매에 따른 소유권이전등기의무도 A와 C가 실질적으로 부담하는 것으로 보아야 되며, 이와 같이 소유권이전등기의무자 중의 한 사람인 A가 실질적으로 자신의 소유인(C와 공동소유인) 이 사건 부동산에 A자신 명의의 가등기를 경료하였다 하여 특단의 사정이 없는 한 그 사유만으로써 매수인인 위 회사의 소유권이전등기청구권이 이행불능될 위험성이 있다거나 또는 기타 다른 어떤 손해가 발생할 위험성이 있다고 보기 어렵다(대법원 1985.8.20, 84도2109). **해결** 성립하지 않는다.

지 않는다.

1	자경 · 자영할 의사가 없는 농지의 매수인은 농지개혁법상 농지에 대한 소유권을 취득할 수 없고 비농가인 매수인이 자경·자영의사가 없었다고 인정되면 매수인은 매도인에 대하여 소유권이전등기절차의 이행을 청구할 수 없는데 이러한 매수인에게 농지를 매도한 경우(대법원 1960.2.10, 4292형상958; 1979.3.27, 79도141[921]; 2011.1.27, 2009도10701[922])
2	제1매매계약이 사회질서에 반하여 무효인 경우(내연관계 유지목적의 증여계약은 무효 : 대법원 1986.9.9, 86도1382)[923] 사시 11
3	통정허위표시에 해당되어 무효인 경우(대법원 1983.7.12, 82도2941)[924]
4	구 국토의 이용 및 관리에 관한 법률(현재의 '국토의 계획 및 이용에 관한 법률')상 토지거래허가지역 내의 토지에 대하여 토지거래허가가 없어서(대법원 1996.8.23, 96도1514; 1996.2.9, 95도2891; 1992.10.13, 92도1070)[925] [926](유동적) 무효인 경우[927] 법원행시 10 / 법원행시 11 / 법원행시 13

921 **판례 : 비농가이고 자경의사도 없는 사람에게 농지를 매도하였다가 제3자에게 이중양도한 경우 농가가 아니고 농지를 자경하거나 자영할 의사도 없어 농지개혁법상 농지를 취득할 수 없는 자에 대하여 농지를 매도한 계약은 무효**이어서 매도인은 소유권이전등기절차를 이행할 임무가 없으므로 매도인이 그 농지를 제3자에게 이중으로 양도하였다 하더라도 배임죄가 성립되지 아니한다(대법원 1979.3.27, 79도141).

비교판례 물권변동에 관하여 형식주의를 취하고 있는 현행 민법 하에 있어서는 **농지매매에 관하여 소재지관서의 증명이 없는 경우**에는 매매에 의한 물권변동의 효과 즉 소유권이전의 효과를 발생할 수는 없으나 농지매매 당사자 사이의 채권계약 자체의 효력이 발생하지 아니하는 것은 아니며, 농지매매에 있어 소재지관서의 증명이 없을지라도 농지매매 당사자 사이에 채권계약으로서의 매매계약은 유효히 성립할 수 있다는 것이 당원의 견해이므로(대법원 1964.10.1, 64다563 전원합의체; 1967.3.21, 64다255; 1968.6.18, 68다646; 1971.10.23, 70다1750; 1972.6.27, 72다700; 1979.8.28, 79다1077; 1987.4.28, 85다카971), 농지를 이중으로 매도한 경우에 **먼저의 농지매매에 관하여 소재지관서의 증명이 없다는 이유만으로는 배임죄의 성립을 부정할 수 없다고** 할 것이다(대법원 1996.8.23, 96도1514; 1991.7.9, 91도846).

922 **사례 : 자경 · 자영의사 없는 매수인과의 농지매매계약 사례** 망(亡) 甲은 망 乙에게, 망 乙은 자경 또는 자영의사 없는 丙에게 농지를 매매하는 계약을 체결하고 매매대금을 교부받았는데, 매도인 甲의 처인 A는 甲의 위와 같은 의무를 상속하였음에도 위 토지를 제3자에게 처분하고 소유권이전등기를 마쳤다. A에게는 丙에 대한 배임죄의 죄책이 인정되는가? **판례 乙과 丙 사이의 토지 매매는 자경 또는 자영할 의사가 없었던 매매로서 丙은 구 농지개혁법상 위 토지의 소유권을 취득할 수 없으므로**, 피고인이 제3자에게 위 토지를 처분하고 소유권이전등기절차를 마쳤더라도 丙에 대하여 배임죄를 구성하지 아니한다고 본 원심판단은 정당하다(대법원 2011.1.27, 2009도10701).

해결 인정되지 않는다.

923 **판례 내연의 처와의 불륜관계를 지속하는 대가**로서 부동산에 관한 소유권이전등기를 경료해 주기로 약정한 경우, 이러한 부동산 증여계약은 **선량한 풍속과 사회질서에 반하는 것으로서 무효**이어서 위 증여로 인한 소유권이전등기의무가 인정되지 아니하는 이상, 동인이 타인의 사무를 처리하는 자에 해당한다고 볼 수 없어 비록 위 등기의무를 이행하지 않는다 하더라도 **배임죄를 구성하지 않는다**(대법원 1986.9.9, 86도1382). 법원9급 09 / 사시 11

924 **사례 : 통정허위표시로서 무효인 경우** 甲이 자신의 부동산 14필지에 대한 乙과의 분쟁을 甲의 처남 丙을 내세워 결정할 생각으로 丙에게 허위로 위 부동산에 대한 매매계약서를 작성·교부하고 가등기를 경료하였다. 이후 甲은 丙 명의의 가등기권리증 및 위 부동산 14필지에 대한 소유권이전등기의 말소등기신청서 각 1통씩을 작성하여 등기소에 제출하여 등기부원본에 가등기 기재를 말소시켰다. 결국 위 부동산 14필지 중 3필지를 丁에게 매도하였다. 甲의 형사책임은?

해결 처남에 대한 의사표시가 통정허위표시로서 무효이므로, 배임죄가 성립하지 않는다.

925 **사례 : 토지거래허가지역 내의 토지에 관한 토지거래허가 없는 매매계약의 효력** 甲은 乙이 1990년 12월 3일과 그 달 31일 乙 소유의 국토이용관리법상 토지거래허가지역 내에 있는 토지를 丙, 丁에게 각 매도하고 계약금과 중도금까지 수령하였으므로 잔금 수령과 동시에 위 각 토지에 대한 소유권이전등기를 경료해 주어야 할 의무가 있음을 잘 알면서도 적극적으로 이중매매를 권유하여 1991년 2월 13일경 위 乙로부터 위 각 토지를 이중으로 매수한 다음 戊의 명의로 소유권이전등기를 경료하였다. 甲과 乙의 형사책임은? **판례** 국토이용관리법 소정의 거래허가를 받은 바 없다면, 그 매매계약은 **채권적 효력도 없는 것**이어서 乙에게 피해자들에 대한 소유권이전등기에 협력할 의무가 생겼다고 볼 수 없으므로 乙을 배임죄의 주체인 타인의 사무를 처리하는 자에 해당한다고 할 수 없다(대법원 1992.10.13, 92도1070). 법원행시 10 / 법원행시 11 / 법원행시 13

926 **유사판례** 이 사건 토지와 건물이 국토이용관리법상의 허가구역 안에 있는데 토지거래계약에 관하여 같은 법에 따른 허가를 받은 바 없다면 매도인인 피고인이 토지에 관하여 배임죄의 주체인 타인의 사무를 처리하는 자에 해당한다고 할 수 없음은 물론이고(대법원 1992.10.13, 92도1070; 1993.6.22, 91다21435 참조), **토지에 관한 거래허가가 없으면 건물만이라도 매매하였을 것이라고 볼 수 있는 특별한 사정이 없는 한 토지와 그 지상의 건물은 법률적인 운명을 같이 한다고 볼 것이고**, 토지에 대한 거래허가가 있어 그 매매계약이 유효한 것으로 확정되지 아니한 상태에서 건물부분의 매매계약만 유효한 것으로 보아 매도인에

5	국토의 계획 및 이용에 관한 법률에서 정한 토지거래계약 허가구역 내 토지에 관하여 허가를 배제 · 잠탈하는 내용으로 체결된 매매계약에 해당되어 확정적 무효인 경우(대법원 2011.6.30, 2011도614)[928] 등

㉣ 매도인이 매매계약을 해제한 경우 : 매매계약에 있어서 매도인이 부동산을 매도한 후 그 매매계약을 해제하고 이를 다시 제3자에게 매도한 경우에 ⓐ 그 매매계약의 해제가 해제요건을 갖추지 못하여 부적법하더라도 매도인이 그 해제가 적법한 것으로 믿고 그 믿음에 정당한 이유가 있다면 매도인에게 배임죄의 고의를 인정할 수 없지만, ⓑ 피고인이 들고 있는 계약해제사유가 적법한 것이 아닌데 피고인이 이를 적법한 해제사유로 믿고 그 믿음에 정당한 사유가 있었다고 보이지 아니하는 경우 피고인의 배임의 고의는 인정되며(대법원 2006.5.12, 2006도1140), 이와 같은 법리는 기부약정과 같은 증여계약에도 마찬가지로 적용된다(대법원 2007.3.29, 2006도6674).

③ 실행의 착수 · 기수시기

㉠ 착수시기 : 부동산이중매매행위가 배임죄로서 그 실행에 착수하는 시기에 관해서는 ⓐ 매도인이 후매수인을 위한 등기이전에 착수한 행위를 한 때라고 보는 견해(제2매수인에 대한 등기이전착수시설)[929]와 ⓑ 매도인이 제2매수인과 매매계약을 체결하고 계약금과 중도금을 수령한 때에 배임죄의 실행의 착수가 있다는 견해(제2매수인으로부터 중도금 수령시설)[930]의 대립이 있다.[931] 판례는 부동산 이중

게 건물만에 대한 이전등기의무가 있다고 할 수 없는 것이므로(대법원 1992.10.13, 92다16836), 원심으로서는 이 부분 사실관계를 밝혀 건물부분에 대한 배임죄가 성립되는지 여부를 판단하여야 할 것이다(대법원 1994.6.28, 94도1279).

비교판례 : 허가구역이 아니라 신고구역인 경우 국토이용관리법 제21조의7 소정의 **신고구역** 내 토지를 신고 없이 거래한 행위에 관하여 동 규정은 단속법규에 속하고 신고의무에 위반한 거래계약의 사법적 효력까지 부인되는 것은 아니므로(대법원 1988.11.22, 87다카2777; 1991.2.12, 90다14218) 신고구역 내 토지에 대하여 매매당사자들이 당국에 신고하지 아니하고 매매계약을 체결한 것이라고 하여도 이를 무효라고 할 수 없으므로 이중매도로 인한 배임죄는 성립한다(대법원 1996.8.23, 96도1514; 1991.7.9, 91도846).

927 **참고할 민사판례 : 유동적 무효설** 국토이용관리법 제21조의2 소정의 규제구역 내에 있는 토지에 관하여 소유권 등 권리를 이전 또는 설정하는 내용의 거래계약은 같은 법 제21조의3 제1항 소정의 관할관청의 허가를 받아야 그 효력이 발생하고 허가를 받기 전에는 **물권적 효력은 물론 채권적 효력도 발생하지 않는다.** 관할관청의 허가를 받기 전의 토지거래계약은 물리적 효력은 물론 채권적 효력도 발생치 아니하여 무효라고 보아야 할 것인바, 다만 그 계약이 처음부터 허가를 배제하거나 잠탈하는 내용의 계약일 경우에는 확정적으로 무효여서 유효화될 여지가 없으나 이와 달리 허가받을 것을 전제로 한 거래계약일 경우에는 허가를 받을 때까지는 법률상 미완성의 법률행위로서 소유권 등 권리의 이전 또는 설정에 관한 거래의 효력은 발생하지 않지만 일단 허가를 받으면 그 계약은 소급하여 유효한 계약이 되고 이와 달리 불허가가 된 때에는 무효로 확정되므로 허가를 받기까지는 유동적 무효의 상태에 있다고 보는 것이 타당하다(대법원 1991.12.24, 90다12243 전원합의체).

928 **사례 : 구 국토의 계획 및 이용에 관한 법률에서 정한 토지거래계약 허가구역 내 토지에 관하여 허가를 배제하거나 잠탈하는 내용으로 체결된 매매계약** 부동산 매매업자 乙은 甲에게서 구 국토의 계획 및 이용에 관한 법률에서 정한 토지거래허가구역 내 토지를 매수하면서, 매수인을 **법상 토지거래허가에 필요한 거주요건을 갖추지 못한 자신(乙) 대신에** 자신이 운영하는 부동산 컨설팅 회사 직원 A 등의 명의로 하고, 소유권이전등기는 乙이 지정하는 자에게 하기로 하는 내용의 토지매매계약을 체결하고 대금을 지급하였는데, 그 후 위 토지가 허가구역 지정에서 해제되자 甲이 이를 임의로 처분하였다. 甲에게는 배임죄의 죄책이 인정되는가? **판례** 구 국토의 계획 및 이용에 관한 법률(이하 '법'이라 한다)에서 정한 **토지거래계약 허가구역 내 토지에 관하여 허가를 배제하거나 잠탈하는 내용으로 매매계약이 체결된 경우에는** 법 제118조 제6항에 따라 **그 계약은 체결된 때부터 확정적으로 무효**이다. 이러한 '허가의 배제나 잠탈 행위'에는 토지거래허가가 필요한 계약을 허가가 필요하지 않은 것에 해당하도록 계약서를 허위로 작성하는 행위뿐만 아니라, 정상적으로는 토지거래허가를 받을 수 없는 계약을 허가를 받을 수 있도록 계약서를 허위로 작성하는 행위도 포함된다. 따라서 **법상 토지거래허가에 필요한 거주요건을 갖추지 못한 乙이 허가요건을 갖춘 A 명의로 허가를 받으려는 의사로 위와 같이 토지매매계약을 체결한 이상, 이와 같은 행위는 처음부터 토지거래허가를 잠탈한 경우에 해당하고, 따라서 위 계약은 처음 체결된 때부터 확정적으로 무효**이므로 피고인의 행위가 배임죄를 구성한다고 보기 어려운데도, 위 계약이 토지거래허가를 잠탈하는 내용의 계약이라고 단정할 수 없다는 이유로 피고인에게 배임죄를 인정한 원심판결에 논리와 경험법칙 위반 또는 법리오해의 위법이 있다(대법원 2011.6.30, 2011도614).
해결 인정되지 않는다.

929 오영근, 595면; 이재상, §21-33; 이형국(Ⅰ), 514면; 임웅, 454면; 정성근/박광민, 429면.

930 김일수/서보학, 477면; 박상기, 408면; 배종대, 503면; 백형구, 221면; 손동권, 466면; 진계호, 382면.

931 제1설의 논거는 예를 들어 甲이 乙과 丙으로부터 각각 중도금만을 수령한 단계에서는 甲이 장차 乙과 丙 중에서 한 사람을 선택하여 잔금수령과 함께 소유권이전등기를 해줄 수 있다는 점에서 제1매수인 乙에게 여전히 계약을 이행하여 줄 가능성이

양도에 있어서 매도인이 제2차 매수인으로부터 계약금만을 지급받고 중도금을 수령한 바 없다면 배임죄의 실행의 착수가 있었다고 볼 수 없다고 함으로써 제2설의 입장을 일관하고 있다(대법원 1983.10.11, 83도2057; 2003.3.25, 2002도7134; 2010.4.29, 2009도14427). 국가7급 08 / 국가7급 10 / 법원행시 06 / 법원행시 08 / 법원행시 11 / 법원9급 10 / 법원9급 12 / 법원9급 14 / 사시 11 / 사시 13 / 변호사 12

㉡ 기수시기 : 제2매수인에게 소유권이전등기를 마치거나(경료하거나) 제1매수인 이외의 제3자에게 채권담보목적 등의 가등기를 마친 때이다. 판례도 자신 명의의 소유권이전등기절차에 협력할 의무 있는 매도인이 그 임무에 위배하여 다시 차용금의 담보로 제공하여 제3자명의의 가등기를 경료해 준 경우 그 가등기절차를 마침으로서 배임행위는 기수가 되었다고 볼 것이며 그것이 후에 말소되었다 하더라도 이미 성립한 배임죄에 아무런 영향이 없다고 보고 있다(대법원 1985.10.8, 83도1375).

㉢ 처음부터 이중매매를 의도하였던 경우 : 예컨대 甲은 자기 소유 부동산을 A에게 매도할 뜻이 없으면서도 A와 매매계약을 체결하고 계약금을 받았다면 甲은 A에 대한 사기죄가 성립한다. 또한 이후 甲은 원래 범행계획대로 위 부동산을 B에게 매도하는 계약을 체결하고는 계약금과 중도금까지 받았는데, C가 더 높은 가격으로 구입하겠다고 하자 甲은 다시 C에게 매도하고 이전등기를 해주었다고 하면, 甲은 B에 대한 배임죄가 성립하게 된다. 결국 甲은 사기죄와 배임죄의 실체적 경합이 될 것이다.[932]

④ 선의(善意)의 제2매수인의 형사책임 : 배임죄가 성립하지 않는다는 것이 판례의 입장이다(대법원 1992.12.24, 92도1223).

⑤ 악의(惡意)의 후매수인의 형사책임

㉠ 배임죄의 성부 : 단순히 이중매매라는 사실을 알고 있는 것만으로는 부족하고(원칙적 부정), 제1매수인을 해할 목적으로 매도인을 교사하거나 매도인과 적극 공모하여 이중매수한 경우에만 배임죄의 교사범 · 공동정범이 성립한다(제한적 인정).[933] 국가7급 14 / 사시 13

㉡ 장물취득죄의 성부 : 이중매매된 부동산은 재산범죄로 인하여 영득한 재물이 아니라 제공된 재물이므로 매수인에게는 장물취득죄가 성립하지 않는다.[934] 법원행시 11 / 법원9급 11 / 경찰채용 12 2차 배임죄와 장물취득죄의 관계는 소위 기름과 물의 관계 정도로 이해하면 된다. 즉 장물(贓物)이라 함은 재산범죄로 인하여 영득한 재물 그 자체를 말하는데, 배임행위에 제공된 물건은 재산범죄로 인하여 '영득'한 재물이 아니라 제공된 재물에 불과하다. 따라서 이를 취득하여도 장물죄가 성립하지 않는 것이다.

남아 있으므로 제2매수인에게서 중도금을 수령한 행위만으로는 제1매수인에 대한 배임죄의 성립을 인정할 여지가 없다는 점에 있다. 반면 제2설의 논거는 제2매수인으로부터 중도금을 수령한 것은 제2매매를 임의로 해제할 수 없는 상태가 됨으로써 제1매수인에 대한 등기협력의무를 어긴 것이 된다는 점에 있다.

932 입법고시 20회에서 출제되었던 문제이기도 하다.

933 판례도 같은 입장이다. 대법원 1983.7.12, 82도180; 1975.6.10, 74도2455 참조. 국가7급 14 / 사시 13

934 **판례 : 이중매도로 인한 배임범죄에 제공된 부동산은 장물이 아니라는 사례** 형법상 장물죄의 객체인 장물(贓物)이라 함은 재산권상의 침해를 가져올 위법행위로 인하여 영득한 물건으로서 피해자가 반환청구권을 가지는 것을 말하고, 본건 대지에 관하여 매수인 '甲'에게 소유권이전등기를 하여 줄 임무에 위반하여 이를 '乙'에게 매도하고 소유권이전등기를 경료하여 준 경우에는 위 **부동산소유자가 배임행위로 인하여 영득한 것은 재산상의 이익이고 위 배임범죄에 제공된 대지는 범죄로 인하여 영득한 것 자체는 아니므로** 그 취득자 또는 전득자(轉得者)에게 대하여 **배임죄의 가공 여부를 논함은 별문제로 하고 장물취득죄로 처단할 수 없다**(대법원 1975.12.9, 74도2804). 법원행시 11 / 법원9급 11 / 경찰채용 12 2차

유사판례 S약품 대표인 공소외 임○○는 S약품의 재고약품을 피해자 우○○의 S약품에 대한 채권확보책으로 우○○에게 양도담보로 제공한 후 재고약품 중 일부를 다시 피고인 노○○ 등에게 양도한 사실을 확정하고, 임○○의 위 피고인들에 대한 양도행위는 배임죄에 해당하는 것이며(참고 : 2019도9756 전합 판례에 의해 이제는 배임죄에 해당하지 않음), 임○○가 **다시 양도한 재고약품 중 일부는 그의 배임행위에 제공한 물건이지 배임행위로 인하여 영득한 물건 자체는 아니므로** 장물이라고 볼 수 없다(대법원 1983.11.8, 82도2119). 법원행시 09 / 경찰승진(경감) 11 / 사시 11

(2) 부동산의 이중저당

부동산의 이중저당(二重抵當)이란 부동산의 소유자가 제1채권자에 대하여 금전을 차용하면서 저당권 등의 담보물권을 설정해주기로 해놓고 저당권 등 설정등기를 해주기 전에 다시 제2채권자에게 금전을 차용하고 제2채권자에게 담보권을 먼저 설정등기해주는 경우를 말한다. 판례는 종래 채무의 담보로 근저당권설정등기를 하여 줄 임무가 있음에도 불구하고 이를 이행하지 않고 임의로 제3자 명의로 근저당권설정등기를 마치는 행위는 배임죄를 구성한다는 입장이었으나(대법원 2008.3.27, 2007도9328), 최근 배임죄가 성립하지 않는다는 전원합의체 판결을 내려 그 입장을 변경하였다(대법원 2020.6.18, 2019도14340 전원합의체).

판례연구 부동산이중저당 · 부동산이중양도담보 사건

대법원 2020.6.18, 2019도14340 전원합의체

채무 담보를 위하여 채권자에게 부동산에 관하여 근저당권을 설정해주기로 약정한 채무자가 담보목적물을 처분한 경우 배임죄가 성립하지 않는다는 사례

배임죄는 타인의 사무를 처리하는 자가 그 임무에 위배하는 행위로써 재산상의 이익을 취득하거나 제3자로 하여금 이를 취득하게 하여 사무의 주체인 타인에게 손해를 가할 때 성립하는 것이므로, 그 범죄의 주체는 타인의 사무를 처리하는 지위에 있어야 한다. 여기에서 '타인의 사무를 처리하는 자'라고 하려면, 타인의 재산관리에 관한 사무의 전부 또는 일부를 타인을 위하여 대행하는 경우와 같이 당사자 관계의 전형적·본질적 내용이 통상의 계약에서의 이익대립관계를 넘어서 그들 사이의 신임관계에 기초하여 타인의 재산을 보호 또는 관리하는 데에 있어야 한다(대법원 2011.1.20, 2008도10479 전원합의체; 2014.8.21, 2014도3363 전원합의체 등 참조). 이익대립관계에 있는 통상의 계약관계에서 채무자의 성실한 급부이행에 의해 상대방이 계약상 권리의 만족 내지 채권의 실현이라는 이익을 얻게 되는 관계에 있다거나, 계약을 이행함에 있어 상대방을 보호하거나 배려할 부수적인 의무가 있다는 것만으로는 채무자를 타인의 사무를 처리하는 자라고 할 수 없고(대법원 2015.3.26, 2015도1301 등), 위임 등과 같이 계약의 전형적·본질적인 급부의 내용이 상대방의 재산상 사무를 일정한 권한을 가지고 맡아 처리하는 경우에 해당하여야 한다(대법원 2020.2.20, 2019도9756 전원합의체 참조). 채무자가 금전채무를 담보하기 위한 저당권설정계약에 따라 채권자에게 그 소유의 부동산에 관하여 저당권을 설정할 의무를 부담하게 되었다고 하더라도, 이를 들어 채무자가 통상의 계약에서 이루어지는 이익대립관계를 넘어서 채권자와의 신임관계에 기초하여 채권자의 사무를 맡아 처리하는 것으로 볼 수 없다. 채무자가 저당권설정계약에 따라 채권자에 대하여 부담하는 저당권을 설정할 의무는 계약에 따라 부담하게 된 채무자 자신의 의무이다. 채무자가 위와 같은 의무를 이행하는 것은 채무자 자신의 사무에 해당할 뿐이므로, 채무자를 채권자에 대한 관계에서 '타인의 사무를 처리하는 자'라고 할 수 없다. 따라서 채무자가 제3자에게 먼저 담보물에 관한 저당권을 설정하거나 담보물을 양도하는 등으로 담보가치를 감소 또는 상실시켜 채권자의 채권실현에 위험을 초래하더라도 배임죄가 성립한다고 할 수 없다. 위와 같은 법리는, 채무자가 금전채무에 대한 담보로 부동산에 관하여 양도담보 설정계약을 체결하고 이에 따라 채권자에게 소유권이전등기를 해 줄 의무가 있음에도 제3자에게 그 부동산을 처분한 경우에도 적용된다. 이와 달리 채무 담보를 위하여 채권자에게 부동산에 관하여 근저당권을 설정해주기로 약정한 채무자가 채권자의 사무를 처리하는 자에 해당함을 전제로 채무자가 담보목적물을 처분한 경우 배임죄가 성립한다고 한 대법원 판결들(대법원 2008.3.27, 2007도9328; 2011.11.10, 2011도11224 판결을 비롯한 같은 취지의 대법원 판결들)은 이 판결의 견해에 배치되는 범위 내에서 모두 변경하기로 한다. 경찰승진 23 / 국가9급 24 / 경찰채용 24 1차

보충 한편 대법원 2018.5.17, 2017도4027 전원합의체 판결은 부동산 이중매매의 경우 배임죄의 성립을 인정하였다. 위 판결은 부동산이 국민의 경제생활에서 차지하는 비중이 크고, 부동산 매매대금은 통상 계약금, 중도금, 잔금으로 나뉘어 지급되는데, 매수인이 매도인에게 매매대금 중 상당한 부분을 차지하는 계약금과 중도금까지 지급하고도 매도인의 이중매매를 방지할 충분한 수단이 마련되어 있지 않은 거래 현실의 특수성을 고려하여 부동산 이중매매의 경우 배임죄가 성립한다는 종래의 견해를 유지한 것이다. 이러한 점에 비추어 보면, 위 전원합의체 판결의 취지는 이 판결의 다수의견에 반하지 아니함을 밝혀둔다(2019도14340 전원합의체 판결의 내용 중에서).

(3) 동산의 이중매매

자기 소유의 동산에 대하여 매매계약을 하고 중도금을 수령한 매도인이 이를 이중매매한 경우에는 배임죄의 성립을 인정하는 견해[935] 국가7급 14 가 있으나, 전원합의체 판례는 동산매매계약에서의 매도인은 매수인에 대하여 그의 사무를 처리하는 지위에 있지 아니하므로 매도인이 목적물을 매수인에게 인도하지 아니하고 이를 타에 처분하였다 하더라도 배임죄가 성립하지 않는다고 판시하고 있다(대법원 2011.1.20, 2008도10479 전원합의체). 국가7급 14 / 법원행시 11 / 법원행시 12 / 법원승진 11 / 법원9급 11 / 경찰간부 13 / 경찰간부 16 / 경찰승진 14 / 사시 12 / 사시 13 / 사시 14 / 변호사 12 / 변호사 18 / 경찰채용 18 1차 / 경찰채용 16 2차 / 경찰승진(경감이하) 17 / 경찰승진 23 즉 매매의 목적물이 동산일 경우, 매도인은 매수인에게 계약에 정한 바에 따라 그 목적물인 동산을 인도함으로써 계약의 이행을 완료하게 되고 그때 매수인은 매매목적물에 대한 권리를 취득하게 되는 것이므로, 매도인에게는 자기의 사무인 동산인도채무 외에 별도로 매수인의 재산의 보호·관리 행위에 협력할 의무가 있다고 할 수 없다는 것이다.

3. 죄수 및 다른 범죄와의 관계

(1) 죄수 – 신임관계의 수

신임관계에 기초한 임무위배의 수를 기준으로 죄수를 결정한다. 그러므로 신임관계가 다수인 때에는 수개의 배임죄가 성립한다(대법원 1994.5.13, 93도3358).[936]

(2) 불가벌적 사후행위의 문제

선행한 배임행위에 뒤이은 또 다른 배임행위의 경우 불가벌적 사후행위인지 여부가 문제된다. 그러나 배임죄는 재산상 이익을 객체로 하는 범죄이므로, 1인 회사의 주주가 자신의 개인채무를 담보하기 위하여 회사 소유의 부동산에 대하여 근저당권설정등기를 마쳐 주어 배임죄가 성립한 이후에 그 부동산에 대하여 새로운 담보권을 설정해 주는 행위는, 선순위 근저당권의 담보가치를 공제한 나머지 담보가치 상당의 재산상 이익을 침해하는 행위로서 별도의 배임죄가 성립한다(대법원 2005.10.28, 2005도4915).[937] 법원행시 08 / 법원행시 10 / 법원행시 12 / 경찰승진(경감) 11 / 경찰승진 12 / 경찰간부 18 / 국가7급 21 즉 불가벌적 사후행위에 해당하지 않는다.

---

935 김일수/서보학, 491면; 오영근, 519면; 임웅, 481면. 또한 2008도10479 전원합의체 판례의 소수의견이기도 하다. 참고로 매도인이 선매수인에게 **점유개정**(민법 제189조)에 의하여 매매를 한 경우라든가 **반환청구권 양도에 의한 인도**(민법 제190조)를 하였음에도 후매수인에게 현실의 인도를 하였거나 반환청구권 양도를 한 경우에는, 선매수인에게 소유권이 인정되어야 한다는 점에서 매도인에게는 '횡령죄'의 죄책을 인정하는 것이 유력한 입장이다. 김일수/서보학, 492면; 오영근, 520면; 임웅, 482면.

936 **판례 : 아파트를 분양받은 수인의 피해자에 대한 각 배임행위의 죄수 – 배임죄의 죄수의 기준은 신임관계의 수 아파트의 각 세대를 분양받은** 각 피해자에 대하여 소유권이전등기절차를 이행하여 주어야 할 업무상의 임무가 있었다면 각 피해자의 보호법익은 독립된 것이므로, 고의가 단일하고 제3자 앞으로 각 소유권이전등기 및 근저당권설정등기를 한 각 행위시기가 근접하여 있으며 피해자들이 모두 위 회사로부터 소유권이전등기를 받을 동일한 권리를 가진 자라고 하여도, 각 공소사실이 포괄일죄의 관계에 있다고 할 수 없고 **피해자별로 독립한 수개의 업무상 배임죄의** 관계에 있다(대법원 1994.5.13, 93도3358).

비교판례1 : 하나의 부실대출 사례 대출에 있어 부실한 담보를 받고 대출한도 거래약정 또는 여신한도 거래약정을 체결하면 그 때에 그 한도금액 범위 내에서 한 개의 배임죄가 성립한다고 볼 것이며, 그 한도금액을 여러 번에 걸쳐 나누어 인출하였다고 하여 그 여러 번의 인출행위를 **포괄하여 배임죄의 일죄가 성립한다고 볼 것은 아니다**(대법원 2001.2.9, 2000도5000). ⇨ **배임죄의 포괄일죄 ×, 단순일죄 ○**

비교판례2 : 주택조합부지 등기명의 무단 이전 사례 주택조합 아파트 건립 예정 부지에 관한 등기명의가 주택공급을 맡은 건설회사 앞으로 이전·경료되어 있던 상태에서 그 건설회사의 이사로 있던 피고인의 1회의 임무위배행위로 다른 회사 앞으로 소유권이전등기를 경료하게된 것이라면, 그로 인한 그 토지 시가 상당의 피해가 실질적으로 각 주택조합원들에게 돌아가게 된다 하더라도 **업무상 배임의 단순1죄**가 성립한다(대법원 1995.2.17, 94도3297).

937 **판례의 사실관계** 1인 회사의 주주인 A는 국가에 대한 상속세 납부의무를 담보하기 위하여 회사 명의로 되어 있는 부동산에 대하여 국가 명의로 근저당권설정등기를 마쳐 주었다. 그 후 A는 자신의 개인채무를 담보하기 위하여 역시 회사 소유로 되어 있는 부동산에 대하여 근저당권설정등기를 마쳐 주었다. A의 죄책은 배임죄와 배임죄의 실체적 경합이 된다.

(3) 다른 범죄와의 관계

① 횡령죄와의 관계 : 통설에 의하면 횡령죄는 배임죄에 대하여 특별관계에 있으므로, 횡령죄가 성립하면 배임죄는 성립하지 않게 된다.

② 사기죄와의 관계

㉠ 상상적 경합의 경우 : 타인의 사무처리자가 '본인'을 기망하여 재산상 이익을 취득한 경우의 문제이다. 이에 대해 과거의 판례는 사기죄만 된다고 하였으나 그 후 입장을 바꿔 양 죄의 상상적 경합을 인정하고 있다(대법원 2002.7.18, 2002도669 전원합의체).[938] 국가7급 11 / 법원행시 06 / 경찰채용 12 1차 / 사시 13 / 사시 14 / 변호사 12

㉡ 실체적 경합의 경우 : 본인에 대한 배임행위가 '본인 이외의 제3자'에 대한 사기죄를 구성한다 하더라도 그로 인하여 본인에게 손해가 생긴 때에는 사기죄와 함께 별도로 배임죄가 성립하며(대법원 1987.4.28, 83도1568) 두 죄의 죄수 관계는 실체적 경합이 된다(대법원 2010.11.11, 2010도10690).[939] 국가7급 11 / 사시 12 / 변호사 18

③ 장물취득죄와의 관계 : 배임행위에 제공된 물건은 재산범죄로 인하여 '영득'한 재물이 아니라 제공된 재물에 불과하다. 따라서 이를 취득하여도 장물죄가 성립하지 않는다. 법원승진 14[940]

03 업무상 배임죄

제356조【업무상의 횡령과 배임】 업무상의 임무에 위배하여 제355조의 죄를 범한 자는 10년 이하의 징역 또는 3천만 원 이하의 벌금에 처한다.

1. 주 체

업무상 배임죄는 업무상 횡령죄와 마찬가지로 타인의 사무를 처리하는 자라는 범죄구성적 신분과 업무자

---

938 **판례 : 타인의 사무처리자가 본인을 기망하여 재산상 이익을 취득한 경우 사기죄와 (업무상) 배임죄의 죄수관계** (신용협동조합의 전무인 피고인이 조합의 담당직원을 기망하여 예금인출금 또는 대출금 명목으로 금원을 교부받은 위 각 행위에 대하여 원심은 제1심을 파기자판하면서 사기죄의 성립만 인정하였으나) 업무상 배임행위에 사기행위가 수반된 때의 죄수관계에 관하여 보면, 사기죄는 사람을 기망하여 재물의 교부를 받거나 재산상의 이익을 취득하는 것을 구성요건으로 하는 범죄로서 임무위배를 그 구성요소로 하지 아니하고 **사기죄의 관념에 임무위배행위가 당연히 포함된다고 할 수도 없으며**, 업무상 배임죄는 업무상 타인의 사무를 처리하는 자가 그 업무상의 임무에 위배하는 행위로써 재산상의 이익을 취득하거나 제3자로 하여금 이를 취득하게 하여 본인에게 손해를 가하는 것을 구성요건으로 하는 범죄로서 기망적 요소를 구성요건의 일부로 하는 것이 아니어서 양 죄는 그 구성요건이나 보호법익을 달리하는 별개의 범죄이고 형법상 편제로도 각각 별개의 장에 규정되어 있어, **1개의 행위에 관하여 사기죄와 업무상 배임죄의 각 구성요건이 모두 구비된 때에는 양 죄를 법조경합관계로 볼 것이 아니라 상상적 경합관계로 봄이 상당하다 할 것이고, 나아가 업무상 배임죄가 아닌 단순배임죄라고 하여 양 죄의 관계를 달리 볼 이유도 없다.** 이와 달리 위와 같은 경우 사기죄와 배임죄의 관계에서 사기죄만이 성립하고 별도로 배임죄를 구성하지 아니한다는 견해를 표명한 대법원 1983.7.12, 82도1910 판결을 이와 저촉되는 한도 내에서 이를 변경하기로 한다(대법원 2002.7.18, 2002도669 전원합의체). 법원행시 06 / 경찰채용 12 1차 / 변호사 12

939 **판례 : 배임행위가 본인 이외의 제3자에 대한 '사기죄'를 구성하는 경우 사기죄와 (업무상) 배임죄의 죄수관계** (건물관리인 甲은 건물주 乙로부터 월세임대차계약 체결업무를 위임받고도 임차인들을 속여 전세임대차계약을 체결하고 그 보증금을 편취하였다. 甲의 죄책에 관하여) 피고인이 이 사건 각 건물에 관하여 전세임대차계약을 체결할 권한이 없음에도 임차인들을 속이고 전세임대차계약을 체결하여 그 임차인들로부터 전세보증금 명목으로 돈을 교부받은 행위는 건물주인 공소외인이 민사적으로 임차인들에게 전세보증금반환채무를 부담하는지 여부와 관계없이 **사기죄**에 해당하고, 이 사건 각 건물에 관하여 전세임대차계약이 아닌 월세임대차계약을 체결하여야 할 업무상 임무를 위반하여 전세임대차계약을 체결하여 그 건물주인 피해자 공소외인으로 하여금 전세보증금반환채무를 부담하게 한 행위는 **위 사기죄와 별도로 업무상 배임죄**에 해당한다. **나아가 위 각 죄는 서로 구성요건 및 그 행위의 태양과 보호법익을 달리하고 있어 상상적 경합범의 관계가 아니라 실체적 경합범의 관계에 있다**(대법원 2010.11.11, 2010도10690).

라는 형벌가중적 신분이라는 2개의 신분요소를 필요로 하는 이중적 신분범으로서 부진정신분범에 해당된다.

업무상 배임죄의 주체인 타인의 사무를 처리하는 자라 함은 고유의 권한으로서 그 처리를 하는 자에 한하지 않고, 직접 업무를 담당하고 있는 자가 아니더라도 그 업무 담당자의 상급기관으로서 실행행위자의 행위가 피해자인 본인에 대한 배임행위에 해당한다는 것을 알면서도 실행행위자의 배임행위를 교사하거나 또는 배임행위의 전 과정에 관여하는 등으로 배임행위에 적극 가담한 경우에는 배임죄의 주체가 된다(대법원 2004. 7.9, 2004도810).

2. 배임행위, 재산상 이익의 취득, 재산상 손해의 발생

본죄가 성립하기 위해서는 배임죄와 마찬가지로 임무에 위배하는 행위, 이로 인한 재산상 이익의 취득 및 재산상 손해의 발생이 필요하다.

3. 주관적 구성요건

본죄의 주관적 구성요건요소에 대한 설명은 대체로 배임죄의 그것과 일치한다. 즉 주관적으로 배임행위의 결과 본인에게 재산상의 손해가 발생하거나 발생할 염려가 있다는 인식과 자기 또는 제3자가 재산상의 이득을 얻는다는 인식이 있으면 족하고, 본인에게 재산상의 손해를 가한다는 의사나 자기 또는 제3자에게 재산상의 이득을 얻게 하려는 목적은 요하지 아니한다.

4. 공 범

(1) 업무자의 배임행위에 가담한 일반인의 죄책과 과형

① 문제의 소재 : 업무상 배임죄는 업무상 횡령죄와 마찬가지로 부진정신분범(不眞正身分犯)이므로 업무자의 배임행위에 가담한 업무자 아닌 일반인을 어떻게 처리해야 하는가에 대해서 제33조의 적용과 관련하여 견해가 대립한다.

② 다수설 : 일반인에게는 제33조 단서가 적용되어 단순배임죄의 공범이 성립하고 단순배임죄의 공범의 형으로 처벌된다.

③ 소수설 · 판례 : 일반인에게도 제33조 본문이 적용되어 업무상 배임죄의 공범의 죄책이 인정되지만 그 과형에 있어서는 제33조 단서가 적용되어 단순배임죄의 공범의 형으로 처벌받게 된다.[941] 국가9급 12 / 법원승진 11 / 사시 11 / 변호사 16

(2) 업무상 배임행위의 수익자 · 제3자의 공범 성부

① 수익자 · 제3자의 공범 성립의 요건 : 업무상 배임죄의 실행으로 인하여 이익을 얻게 되는 수익자 또는 그와 밀접한 관련이 있는 제3자를 배임의 실행행위자와 공범으로 인정하기 위해서는 실행행위자의 행위가 피해자 본인에 대한 배임행위에 해당한다는 것을 알면서도 소극적으로 그 배임행위에 편승하여 이익을 취득한 것만으로는 부족하고, 실행행위자의 배임행위를 교사하거나 또는 배임행위의 전 과정에 관여하는 등으로 배임행위에 적극 가담할 것을 필요로 한다(대법원 2003.10.30, 2003도4382; 2007.

941 판례 : **업무상 배임죄의 공범관계에 있어서 제33조 본문과 단서를 모두 적용하는 것이 판례의 입장임** 업무상 배임죄는 업무상 타인의 사무를 처리하는 지위에 있는 사람이 그 임무에 위배하는 행위로써 재산상의 이익을 취득하거나 제3자로 하여금 이를 취득하게 하여 본인에게 손해를 가한 때에 성립하는 것으로서, 이는 타인의 사무를 처리하는 지위라는 점에서 보면 신분관계로 인하여 성립될 범죄이고, 업무상 타인의 사무를 처리하는 지위라는 점에서 보면 단순배임죄에 대한 가중규정으로서 신분관계로 인하여 형의 경중이 있는 경우라고 할 것이므로, 그와 같은 신분관계가 없는 자가 그러한 신분관계가 있는 자와 공모하여 **업무상 배임죄를 저질렀다면**(제33조 본문), 그러한 신분관계가 없는 자에 대하여는 형법 제33조 단서에 의하여 **단순배임죄에 정한 형으로 처단**하여야 할 것이다(제33조 단서)(대법원 1999.4.27, 99도883). 국가9급 12 / 경찰승진(경장) 10 / 사시 11 / 사시 13

2.8, 2006도483[942]; 2008.7.24, 2008도287[943]). 국가9급 13 / 법원행시 08 / 법원행시 10 / 사시 14

> **판례연구** 거래상대방의 대향적 행위의 존재를 필요로 하는 유형의 배임죄에서 수익자는 배임죄의 공범 ×(원칙)
>
> 대법원 2016.10.13, 2014도17211
>
> 거래상대방의 대향적 행위의 존재를 필요로 하는 유형의 배임죄에서 거래상대방은 기본적으로 배임행위의 실행행위자와 별개의 이해관계를 가지고 반대편에서 독자적으로 거래에 임한다는 점을 고려하면, 업무상 배임죄의 실행으로 인하여 이익을 얻게 되는 수익자는 배임죄의 공범이라고 볼 수 없는 것이 원칙이고, 실행행위자의 행위가 피해자 본인에 대한 배임행위에 해당한다는 점을 인식한 상태에서 배임의 의도가 전혀 없었던 실행행위자에게 배임행위를 교사하거나 또는 배임행위의 전 과정에 관여하는 등으로 배임행위에 적극 가담한 경우에 한하여 배임의 실행행위자에 대한 공동정범으로 인정할 수 있다. 甲이 丙 등의 공동소유인 이 사건 특허권에 대하여 丙 등으로부터 명의신탁을 받아 관리하는 업무를 맡아오던 乙에게 대금 1,000만 원을 지급하고 위 특허권에 관하여 甲 앞으로 이전등록한 경우, 甲이 이 사건 특허권이 乙의 소유가 아니라는 사정을 알 수 있었던 상황에서 乙에게 특허권을 이전하라고 제의하였다고 하더라도, 배임행위의 실행행위자인 乙과는 별개의 이해관계를 가지고 대향적 지위에서 독자적으로 거래하면서 자신의 이익을 위하여 이 사건 특허권을 이전받은 것이므로 甲에게 배임의 결의를 하게 하여 교사하였다거나 배임행위의 전 과정에 관여하는 등 배임행위에 적극 가담하였다고 단정하기 어렵다. 변호사 18
>
> **보충** 또한, 乙과 甲에게는 배임수재 · 배임증재의 죄책도 인정되지 않는다. 이는 배임수증재죄에서 후술한다.

② 업무자의 배임행위 후 가담한 제3자의 죄책 : 수익자에게 함부로 공범의 성립을 인정할 수 없다는 것은 기술한 바와 같다. 따라서 회사직원이 영업비밀을 경쟁업체에 유출하거나 스스로의 이익을 위하여 무단으로 반출한 때에는 이미 업무상 배임죄의 기수에 이르렀다고 할 것이고, '그 이후에 위 직원과 접촉하여 영업비밀을 취득하려고 한 자'는 업무상 배임죄의 공동정범이 될 수 없다고 보아야 한다(대법원 2003.10.30, 2003도4382).[944] 법원행시 07

---

942 판례 : 주식회사의 임원 · 회계책임자와 대주주가 적극 공동한 사례 주식회사의 임원이나 회계책임자가 당해 회사의 주식을 매수하여 대주주가 되려고 하는 자에게 미리 대주주대여금 명목으로 회사자금을 교부하여 그 돈으로 주식매수대금을 지급하게 하는 행위는 대주주가 되려는 자의 개인적인 이익을 도모하고 회사의 부실을 초래하는 것으로서, (그 대여행위가 회사의 이익을 위한 것임이 명백하고 회사 내부의 정상적인 의사결정절차를 거쳤으며 그로 인하여 회사의 자금운용에 아무런 어려움이 발생하지 않을 뿐만 아니라 대여금 회수를 위한 충분한 담보도 확보되어 있다는 등의 특별한 사정이 없는 한) 업무상 배임죄(경우에 따라서는 업무상 횡령죄)에 해당하고, 또 그와 같은 방법으로 회사의 대주주가 된 자가 회사 임원 등의 배임행위를 교사하거나 배임행위의 전 과정에 관여하는 등으로 적극 가담한 경우에는 업무상 배임죄의 공동정범이 된다(대법원 2007.2.8, 2006도483). 국가9급 13

943 사례 : 업무상 배임죄의 실행으로 이익을 얻는 수익자와 그와 밀접한 관련이 있는 제3자를 배임행위의 공동정범으로 인정하기 위한 요건 A회사의 대표이사 甲은 A회사 소유의 건물을 乙에게 임대하고 교부받은 임대보증금 중 일부를 甲 자신의 B회사에 대한 체불임금채권에 충당하였다. 그런데 이 사건 임대차계약은 乙의 제안에 따라 체결된 것이고, 乙은 그 당시 甲이 B회사의 직원으로서 A회사의 명목상 대표이사에 불과한 사실을 알고 있었다. 甲의 행위는 업무상 배임죄를 구성하는바, 乙에게는 위 죄에 대한 공범이 성립하는가? 판례 피고인 1이 이 사건 임대차계약 체결 당시 피고인 2가 Y산업의 직원으로서 D산업의 명목상 대표이사에 불과한 사실을 알고 있었다는 이유만으로 피고인 1이 피고인 2의 업무상 배임죄의 공범에 해당한다고 할 수 없다(대법원 2008.7.24, 2008도287). 해결 성립하지 않는다.

944 사례 : 영업비밀 유출 이후 해당 직원을 채용하려고 한 자에게 업무상 배임의 공동정범을 부정한 사례 B는 GSM휴대폰, CDMA휴대폰, CDMA무선 모델의 각 제조기술을 개발한 뒤 그 기술을 휴대폰 제조업체에 이전하여 그 대가로 기술개발 용역비, 로열티를 취득하는 기술개발업체인 주식회사 벨웨이브(이하 '벨웨이브'라 한다)의 대표이사이고, A는 1984.3.21.부터 2000.7.19.경까지는 주식회사 삼성전자 산하 기흥통신연구소의 수석연구원으로서 삼성 휴대폰 GCH800 모델개발 등 GSM 휴대폰 기술개발 업무를 담당하고 있는 자이다(그런데 A는 같은 해 7.1.경부터는 벨웨이브의 GSM휴대폰 사업부 이사로서 같은 업무를 담당하게 된다). 그런데 A는 2000.4.경 삼성전자를 퇴직하기로 마음먹고 퇴직 후에 삼성전자의 영업비밀과 관련된 벤처기업에 취업할 경우 업무에 활용할 목적으로, 같은 달 하순경 삼성전자의 영업비밀("SGH 800 신규 및 개선항목"을 비롯하여 당시 위 회사에서 시판 중인 SGH 800모델 휴대폰에 관한 일체의 자료)을 씨디롬(CD-R)과 디스켓에 저장한 후 같은 해 5.경 위 씨디롬을 회사 밖으로 반출하여 집으로 가져왔다. 그 후 A는 같은 해 6.경 B를 만나 벨웨이브에 취업하고 싶다는 뜻을 표시하면서 삼성전자의 영업비밀에 관한 자료를 집에 보관하고 있다고 말하였는데, B는 알았다고 하면서 A의 요구를 받아들여 연봉 6,500만 원 외에

04 배임수재죄

제357조 【배임수증재】 ① 타인의 사무를 처리하는 자가 그 임무에 관하여 부정한 청탁을 받고 재물 또는 재산상의 이익을 취득하거나 제3자로 하여금 이를 취득하게 한 때에는 5년 이하의 징역 또는 1천만 원 이하의 벌금에 처한다. 〈개정 2016.5.29.〉

③ 범인 또는 그 사정을 아는 제3자가 취득한 제1항의 재물은 몰수한다. 그 재물을 몰수하기 불가능하거나 재산상의 이익을 취득한 때에는 그 가액을 추징한다. 〈개정 2016.5.29, 개정 2020.12.8.〉

1. 의의 및 성격

(1) 의의 및 보호법익

배임수재죄와 배임증재죄를 합쳐 배임수증재죄(背任收贈財罪, receiving or giving bribe by breach of trust)라고 부른다. 그중 배임수재죄는 타인의 사무를 처리하는 자가 그 임무에 관하여 부정한 청탁을 받고 재물 또는 재산상 이익을 취득하거나 제3자로 하여금 이를 취득하게 함으로써 성립하는 범죄이며, 배임증재죄는 위 재물 또는 재산상 이익을 공여함으로써 성립하는 범죄이다. 법원9급 11 / 경찰채용 17 1차 2016.5.29. 개정에 의하여 "제3자로 하여금 이를 취득하게 한 때"에도 배임수재죄가 성립하게 되었다. 이를 소위 제3자 배임수재죄라고도 한다. 형법의 조문체계상, 공무원 또는 중재인이 그 직무에 관하여 뇌물을 수수하는 등의 행위로써 범하는 것이 뇌물수수죄(제129조 이하)라면, 본죄는 타인의 사무처리를 공정하게 해야 하는 자의 신뢰관계 위반행위를 처벌하는 범죄인 것이다.

배임수증재죄의 보호법익은 '사무처리 내지 거래의 공정성 · 청렴성'이다(다수설[945] · 판례[946]). 경찰승진(공통) 11 뇌물죄가 국가적 법익 중 직무의 불가매수성을 보호하기 위해 규정된 것이라면, 배임수증재죄는 개인적 법익 중 '사무처리의 공정성'을 보호하기 위해 존재한다.

(2) 배임죄와의 차이

배임수재죄는 배임죄와는 달리 ① 타인의 사무가 재산상 사무일 것을 요하지 않고, ② 부정한 청탁을 요하며, ③ 그 객체로써 재산상 이익뿐만 아니라 재물까지 포함되고, ④ 배임행위를 할 것을 필요로 하지 않으며, ⑤ 재산상 손해의 발생을 요하지 않고, ⑥ 필요적 몰수의 규정을 두고 있다. 이상을 종합할 때 배임수증재죄는 배임죄와는 다른 성격을 가지는 별개의 독자적 범죄라고 보아야 한다. 법원9급 13 / 경찰채용 17 1차

2. 구성요건

(1) 객관적 구성요건

① 주체 - 타인의 사무를 처리하는 자 : 배임수재죄(背任收財罪)는 타인과 대내관계에서 신의성실의 원칙에 비추어 사무를 처리할 신임관계가 존재한다고 인정되는 자만이 범할 수 있는 진정신분범이다(배임죄에 대한 가중적 신분범이 아니라 별개의 독자적인 범죄). 법원행시 16 배임죄와 마찬가지로 본죄의 주체는

벨웨이브의 주식 3만 주를 주기로 약정하였고, 그 후 A는 같은 해 6. 말경 삼성전자에 사직서를 제출하면서 위 디스켓마저 집으로 가져와 보관하고 있다가, 같은 해 7.1.경 벨웨이브에 먼저 취업한 다음 같은 해 7. 19. 삼성전자를 퇴사한 후인 같은 해 10.경 위 씨디롬 및 디스켓에 들어 있는 영업비밀을 벨웨이브의 서버컴퓨터에 제공하였다. 해결 B는 A의 업무상 배임죄의 범행에 대한 공동정범이 성립하지 않는다.

945 김성천/김형준, 532면; 김일수/서보학, 482면; 박상기, 413면; 배종대, 512면; 백형구, 225면; 손동권, 473면; 이재상, §21-40; 임웅, 461면. 반면 사무처리의 공정성 외에도 재산권까지 보호법익으로 파악하는 소수설은 오영근, 606면; 이형국(Ⅰ), 517면; 정성근/박광민, 433면; 진계호, 385면.

946 대법원 1984.11.27, 84도1906; 1987.11.24, 87도1560; 1996.3.8, 95도2930; 1998.6.9, 96도837.

반드시 제3자에 대한 대외관계에서 사무에 관한 권한이 존재할 것을 요하지 않으며(배신설), 법원9급 12 / 법원승진 11 또 사무가 포괄적 위탁사무일 것을 요하는 것도 아니고, 사무처리의 근거(신임관계의 발생근거)는 법령의 규정, 법률행위, 관습 또는 사무관리에 의하여도 발생할 수 있다. 다만 배임죄와는 달리, 본죄의 사무는 재산상 사무일 것을 요하지 않으며 업무에 의한 것인가도 묻지 않는다.

㉠ 타인의 사무처리자로 인정되는 경우 : 배임수재죄의 타인의 사무처리자에 해당하는 예는 다음과 같다.

1	점포 등의 임대 · 관리를 담당하는 자
2	방송국 소속 가요담당 프로듀서(PD)(대법원 1991.6.11, 91도688)[947]
3	신문사 직원
4	은행 등 금융기관의 임직원
5	제약회사로부터 자기 회사의 의약품만을 처방해달라는 청탁을 받은 종합병원 의사(대법원 1991.6.11, 91도413)[948]
6	출판사로부터 자기 출판사의 교재만 채택해달라는 청탁을 받은 대학교수(대법원 1996.10.11, 95도2090)
7	특정학원 소속 강사만 채용하고 특정회사에서 출판되는 교재만 채택하는 수능과외방송을 내용으로 하는 방송협약을 체결해 달라는 청탁을 받은 광고대행업무를 수행하는 주식회사의 이사(대법원 2002.4.9, 99도2165) 법원행시 06 / 법원9급 08
8	감정평가법인의 지점을 독립채산제로 운영하는 자(대법원 2004.10.27, 2003도7340)[949]
9	재건축 현장의 철거공사 수주와 관련하여 철거업체로부터 금품을 수수한 재건축조합장(대법원 2007. 6.29, 2007도3096)
10	미리 인수회사 그룹에 피인수회사의 매각업무에 관한 정보를 제공하고 인수회사의 대표이사로부터 거액의 재산상 이익을 취득한 피인수회사의 이사(대법원 2010.4.15, 2009도6634)[950]

947 **판례 : 가수매니저로부터 돈을 받은 PD 사례** 방송국에 소속되어 가요 프로그램의 제작연출 등의 사무를 처리하는 가요담당 프로듀서는, 방송법이 규정하고 있는 방송의 공적 책임수행과 그 내용의 공정성 및 공공성의 요청에 따라 방송국의 내규가 정하는 제한범위 내에서 방송될 가요를 선곡하는 임무를 방송국으로부터 부여받은 자로서 '타인의 사무를 처리하는 자'이므로 배임수재죄의 주체가 될 수 있다. 이러한 **가요담당 방송프로듀서가 직무상 알고 지내던 가수매니저들로부터 많게는 100만 원, 적게는 20만 원 정도의 금품을 28회에 걸쳐 받은 것을 가리켜 의례적이라거나 사회상규에 위반되지 아니한다고 할 수도 없다**(대법원 1991.6.11, 91도688).

948 **판례 : 독점처방을 청탁받은 의사 사례** 종합병원 또는 대학병원 소속 의사들이 자신들이 처방하는 약을 환자들이 예외 없이 구입 복용하는 것을 기화로, 의약품수입업자로부터 병당 사례비를 줄 터이니 수입하여 독점판매하고 있는 약을 본래의 적응증인 순환기질환뿐 아니라 내분비 등 거의 모든 병에 잘 듣는 약이니 그러한 **환자에게 원외처방하여 그들로 하여금 위 약을 많이 사먹도록 해달라는 부탁을 받고 금원을 교부받은 경우**, 위 의사들은 그 임무에 관하여 부정한 청탁을 받고 금품을 수수하였다고 할 것이므로 위와 같은 행위는 배임수재죄를 구성한다(대법원 1991.6.11, 91도413).

949 **판례 : 감정평가법인의 지점 사례** 피고인이 ○○감정평가법인의 △△지점의 지배인 겸 ○○법인의 총무이사인데… 피고인이 이 사건 각 부동산에 관하여 담보목적에 부적합한 수준으로 과대하게 평가하자 위 금융기관은 이를 이유로 ○○법인의 △△지점뿐만 아니라 ○○법인의 전체 본·지점의 감정평가를 6개월간 정지하기도 하였는 바, 이러한 점 등에 비추어 보면 비록 **피고인이 행한 업무로 인한 경제적 이익을 피고인에게 귀속시키기로 약정하였다고 하더라도 피고인이 행한 모든 감정평가업무가 ○○법인의 사무가 아닌 피고인의 사무로 되는 것은 아니라고 할 것**이므로 피고인은 타인인 ○○법인의 사무를 수행하였다고 할 것이다(대법원 2004.10.27, 2003도7340).

950 **판례 : 피인수회사의 대표이사 사례 인수 · 합병 추진계획이 있는 피인수회사의 이사로 취임한 甲이 미리 인수회사 그룹에 피인수회사의 매각업무에 관한 정보를 제공하고 인수회사의 대표이사 乙로부터 거액의 재산상 이익을 취득한 사안**에서, 피고인 甲이 회사의 이사로서 다른 이사들에 대한 감시의무가 있고, 이사 본래의 사무로서 이사회에 참석하여 발언하고 의결하는 등의 방법으로 그 회사의 매각절차에 관여할 수 있는 지위에 있었으며, 실제 이사 취임을 전후로 인수회사 그룹에 매각업무에 관한 정보를 제공하고 피인수회사에 이 그룹을 인수업체로 추천하였을 뿐만 아니라, 인수회사와 사이에 경영자문계약을 체결한 점 등에 비추어 위 **매각절차에 관련한 업무를 처리하는 지위에 있다**고 볼 것이고, 피고인 甲이 위 정보제공 외에 피고인 乙로부

11	회사 측으로부터 부정한 청탁을 받은 이른바 현장조직(노동조합과는 별개의 사업장 내 단체)의 간부(대법원 2010.9.9, 2009도10681)[951]
12	전국화물자동차운송사업연합회 회장 선거에서 특정 후보자를 지지해달라는 취지의 청탁을 받은 지역화물자동차운송사업협회의 대표자(대법원 2011.8.25, 2009도5618)

ⓛ 타인의 사무처리자로 인정되지 않는 경우 : 배임수재죄의 타인의 사무처리자에 해당하지 않는 예는 다음과 같다.

1	대학의 편입학사무와 관련이 없는 학교법인의 상무이사(대법원 1982.4.13, 81도2646)[952]
2	조합장선거와 관련하여 금원을 교부받은 지역별 수산업협동조합의 총대(대법원 1990.2.27, 89도970)[953]
3	공사에 관하여 일괄하도급계약을 체결하는 수급인(대법원 2005.11.10, 2003도7970)[954]
4	잠실야구장의 광고권자 선정에 관하여 청탁을 받은 한국야구위원회(KBO) 사무총장(대법원 2006.3.24, 2005도6433)

ⓒ 타인의 사무처리자의 지위를 취득하기 전에 부정한 청탁을 받은 경우 : ⓐ 원칙적으로, 타인의 사무처리자의 지위를 취득하기 전에 부정한 청탁을 받은 경우에 배임수재죄로는 처벌할 수 없다고 보는 것이 죄형법정주의의 원칙에 부합한다(대법원 2009.5.28, 2009도991; 2010.7.22, 2009도12878[955]).

터 특별한 대가를 받을 이유가 없고, 일부 금원은 인수회사의 비자금에서 지급된 점 등에 비추어 **정보제공 등으로 인수를 도와달라는 취지의 묵시적 청탁이 있었다**고 추인함이 상당하고, 위와 같은 청탁은 사회상규 또는 신의성실의 원칙에 반하는 부정한 청탁이라고 보아야 하기 때문에, 피고인 甲의 배임수재 및 피고인 乙의 배임증재의 공소사실에 대하여 무죄를 선고한 원심판결은 파기되어야 한다(대법원 2010.4.15, 2009도6634).

951 **판례 : 현장조직 간부 사례** 여러 사업 및 활동을 총괄하고 이를 추진하는 사무를 처리해 온 피고인이 **노동조합 활동이나 위 현장조직 소속 대의원 내지 교섭위원들에 대하여 사실상의 영향력을 행사**하는 것을 단순히 친분관계를 이용하여 평소 알고 지내던 노조원들에게 부탁을 한 것이라거나 조합원 내지 소속 회원으로서 지지를 표방하거나 사업에 참여하는 등의 개인적 차원의 활동을 한 것이라고 볼 수는 없기 때문에 청탁의 '임무관련성'을 충분히 인정할 수 있다(대법원 2010.9.9, 2009도10681).

952 **판례 : 학교법인 상무이사와 편입학업무** 교육법 및 동시행령에 의하면 대학에의 편입학에 관한 사무는 특별한 사정이 없는 한 대학의 총장이나 학장의 임무에 속하고 **학교법인의 상무이사가 처리할 임무가 아니므로** 가사 피고인이 편입학에 대한 사례로 학교법인의 상무이사에게 재물을 공여한 것으로 인정되더라도 배임증재에는 해당하지 아니한다(대법원 1982.4.13, 81도2646). **유사판례** 교사에게 전입학 업무에 대해 부정한 청탁을 한 경우도 교사가 사무처리자가 아니라는 점에서 배임수재에 해당하지 않는다(2003도7970). "○○공고에서 학생의 전입학 여부를 결정하는 최종 권한은 교장에게 있고, 학생 전입학 관련 업무 및 성적 등 학사관리업무를 담당하고 있는 자는 교무부장으로서, **연구부장인 피고인**은 교사연수 및 교육계획 등을 수립하는 업무를 담당하고 있을 뿐 **전입학 업무를 담당하지는 아니하였고**, … 따라서 피고인이 A의 전입학과 관련하여 부정한 청탁을 받고 금품을 수수하였다고 하더라도 스스로 타인의 사무를 처리하는 자로서 그러한 행위를 하였다고는 볼 수 없으므로 피고인의 위와 같은 행위를 배임수재죄로 처벌할 수는 없다고 할 것이다."

953 **판례 : 지역별 수산업협동조합의 총대 사례** 지역별 수산업협동조합의 총대는 조합의 의결기관인 총회의 구성원일 뿐 임원이나 기타 업무집행기관이 아니며 선출지역 조합원의 지시나 간섭을 받지 않고 **스스로의 권한으로 총회에서 임원선거에 참여하고 의결권을 행사하는 등 자주적으로 업무를 수행하는** 것이므로 총회에서의 의결권 또는 선거권의 행사는 자기의 사무이고 이를 선거구역 조합원이나 조합의 사무라고 할 수 없는 것이고, 따라서 총대가 조합장선거에 출마한 후보자들로부터 자신을 지지하여 달라는 부탁과 함께 금원을 교부받았더라도 배임수재죄로 처벌할 수 없다(대법원 1990.2.27, 89도970).

954 **판례 : 일괄하도급의 대가로 차액 상당액을 교부한 행위는 배임증재죄를 구성하지 않는다는 사례** '타인의 사무처리'로 인정되려면 타인의 재산관리에 관한 사무의 전부 또는 일부를 타인을 위하여 대행하는 경우와 타인의 재산보전행위에 협력하는 경우라야만 되는 것이고 **단순히 타인에 대하여 채무를 부담하는 경우에는 본인의 사무로 될지언정 타인의 사무처리에 해당한다고 볼 수는 없다** 할 것이다. … 주식회사의 행위는 수급인(受給人)으로서 발주청에 대한 단순한 채무불이행에 불과하여 건설산업기본법 등에 따른 책임을 부담하는 것은 별론으로 하고 **수급인이 위 신축공사에 대한 일괄 하도급계약을 체결하는 행위는 타인을 위한 사무처리가 아니라 바로 수급인 자신의 사무처리행위에 해당되고**, 따라서 피고인 4가 하수급인 원심 공동피고인 1을 통하여 수급인에게 차액 상당액인 164,000,000원을 교부하였다고 하더라도 이는 자신의 사무를 처리한 자에 대한 교부에 불과하므로 위 피고인을 배임증재죄로 처벌할 수는 없다고 할 것이다(대법원 2005.11.10, 2003도7970).

955 **사례 : '타인의 사무를 처리하는 자'의 지위를 취득하기 전에 부정한 청탁을 받은 사례** 시(市)에서 발주한 도시형폐기물종합처리시설 건설사업의 기본설계 적격심의 및 평가위원 甲은 부정한 청탁을 받을 당시에 위 건설사업에 관한 사무를 처리하는 지위

변호사 16 ⓑ 다만, 타인의 사무를 처리하는 자가 그 신임관계에 기한 사무의 범위에 속한 것으로서 장래에 담당할 것이 합리적으로 기대되는 임무에 관하여 부정한 청탁을 받고 재물 · 이익을 취득한 후 그 청탁에 관한 임무를 현실적으로 담당하게 되었다면 배임수재죄의 성립을 인정할 수 있다(대법원 2010.4.15, 2009도4791).[956] 국가7급 13 / 법원행시 16

② 객체 – 재물(배임죄와의 차이)과 재산상의 이익 : 본죄는 배임죄와는 달리 재산상 이익뿐만 아니라 재물도 그 객체로 삼고 있다(∴ 본죄는 장물죄의 본범 ○). 예컨대, 타인의 사무를 처리하는 자가 증재자로부터 돈이 입금된 계좌의 예금통장이나 이를 인출할 수 있는 현금카드나 신용카드를 교부받은 경우에는 그 예금된 돈을 취득한 것으로 볼 수 있다.

판례연구 예금통장 · 현금카드 등을 교부받은 경우 배임수재죄의 성부

대법원 2017.12.5, 2017도11564

타인의 사무를 처리하는 자가 그 임무에 관하여 부정한 청탁을 받고 재물 또는 재산상의 이익을 취득하거나 제3자로 하여금 이를 취득하게 하면 배임수재죄가 성립한다(형법 제357조 제1항). 타인의 사무를 처리하는 자가 증재자로부터 돈이 입금된 계좌의 예금통장이나 이를 인출할 수 있는 현금카드나 신용카드를 교부받아 이를 소지하면서 언제든지 위 예금통장 등을 이용하여 예금된 돈을 인출할 수 있어 예금통장의 돈을 자신이 지배하고 입금된 돈에 대한 실질적인 사용권한과 처분권한을 가지고 있는 것으로 평가될 수 있다면, 예금된 돈을 취득한 것으로 보아야 한다.

③ 행위 – 임무에 관하여 부정한 청탁을 받고 재물 또는 재산상 이익을 취득할 것

㉠ 임무에 관하여 : 위탁관계로 인한 본래의 사무뿐만 아니라 그와 밀접한 관계가 있는 범위 내의 사무도 포함된다(대법원 1982.2.9, 80도2130). 법원행시 16

㉡ 부정(不正)한 청탁(請託) 법원행시 09 / 법원9급 07(하) : 임무에 관하여 부정한 청탁(不正한 請託, Illegal Solicitation)을 받고 재물 또는 재산상 이익을 취득하여야 배임수재죄는 성립한다. 즉, 본죄는 어떠한 임무위배행위를 하거나 본인에게 손해를 가하는 것을 요건으로 하지 아니하나, 재물 또는 이익을 공여하는 사람과 취득하는 사람 사이에 부정한 청탁이 개재되지 않는 한 본죄는 성립하지 않는다. 법원행시 16 /

에 있었다고 인정되지 않는다. 甲에게 배임수재죄가 성립하는가? **판례** 형법 제357조 제1항에 정한 배임수재죄는 타인의 사무를 처리하는 자가 그 임무에 관하여 부정한 청탁을 받고 재물 또는 재산상의 이익을 취득한 경우에 성립하는 범죄로서 원칙적으로 타인의 사무를 처리하는 자라야 그 범죄의 주체가 될 수 있고, 그러한 신분을 가지지 아니한 자는 신분 있는 자의 범행에 가공한 경우에 한하여 그 주체가 될 수 있으며(대법원 1999.1.15, 98도663; 2008.3.27, 2006도3504 등 참조), 배임수재죄는 타인의 사무를 처리하는 지위를 가진 자에게 부정한 청탁을 행하여야 성립하는 것으로 형법 제357조 제1항에 규정되어 있고, **타인의 사무를 처리하는 자의 지위를 취득하기 전에 부정한 청탁을 받은 행위를 처벌하는 별도의 구성요건이 존재하지 않는 이상, 타인의 사무처리자의 지위를 취득하기 전에 부정한 청탁을 받은 경우에 배임수재죄로는 처벌할 수 없다**고 보는 것이 죄형법정주의의 원칙에 부합한다고 할 것이다(대법원 2009.5.28, 2009도991 참조)(대법원 2010.7.22, 2009도12878). 변호사 16 **해결** 성립하지 않는다.

956 **사례 : 장래에 담당할 임무에 관하여 부정한 청탁을 받고 재물 또는 재산상 이익을 취득한 후 그 임무를 현실적으로 담당하게 된 사례** 방송국 예능담당 프로듀서인 甲은 연예기획사 운영자로부터 상당한 시세차익이 예상되는 주식의 매수기회를 제공받음으로써 甲이 제작하는 예능프로그램 등에 그 소속 연예인을 출연시키거나 뮤직비디오를 방영해 달라는 청탁을 받고, 이 주식을 매수함으로써 재산상 이익을 취득하였다. 甲의 죄책은? **판례** 타인의 사무를 처리하는 자가 그 신임관계에 기한 사무의 범위에 속한 것으로서 **장래에 담당할 것이 합리적으로 기대되는 임무에 관하여 부정한 청탁을 받고 재물 또는 재산상 이익을 취득한 후 그 청탁에 관한 임무를 현실적으로 담당하게 되었다면 이로써 타인의 사무를 처리하는 자의 청렴성은 훼손되는 것이어서 배임수재죄의 성립을 인정**할 수 있는바, 설령 피고인이 위와 같이 부정한 청탁을 받을 당시에는 그 청탁과 관련한 임무로서 현실적으로 담당하고 있던 것이 없었다 하더라도, 앞서 본 사실관계에 의하면, 피고인이 위와 같이 부정한 청탁을 받고 재산상 이익을 취득한 후 실제 그 청탁과 관련한 임무를 담당하게 되었고 **이는 그 청탁 당시 장래에 담당할 것이 합리적으로 기대되었던 임무**라고 볼 수 있으므로, 피고인에게 배임수재죄가 성립하지 않는다고 할 수 없다(대법원 2010.4.15, 2009도4791). 국가7급 13 / 법원행시 16 **해결** 배임수재죄.

법원9급 16 부정한 청탁은 업무상 배임에 이르는 정도일 것은 요하지 않고, 사회상규 또는 신의성실의 원칙에 반하는 것을 내용으로 하며, 이러한 부정한 청탁은 묵시적이어도 무방하다. 법원행시 10 / 법원9급 11 / 법원9급 16 / 경찰승진(경사) 10 / 경찰채용 12 3차

ⓐ 부정한 청탁에 해당하는 경우 : 배임수증재죄의 부정한 청탁에 해당하는 예는 다음과 같다.

1	신문사 지국장이 무허가 벌채사건의 기사를 본사에 송고(送稿)하지 않을 것을 청탁받은 경우(대법원 1970. 9.17, 70도1355)
2	은행장이 회수불능이 예상되는 회사로부터 거액의 불량대출을 청탁받은 경우(대법원 1983.3.8, 82도2873)
3	보험회사 지부장이 피보험자의 사인(死因)에 관하여 보험회사가 의심을 가지고 내사를 진행하는데도 보험금을 빨리 지급받도록 해달라고 청탁받은 경우(대법원 1978.11.1, 78도2081)
4	종중으로부터 회관을 매수하는 사무를 수탁처리함에 있어 매도인으로부터 그 매수대금을 증액결가함과 또 약정의 대금지급기일 이전에 (소유권이전도 받기 전에) 대금을 지급할 것을 청탁받은 경우(대법원 1980.10. 14, 79도190) 경찰채용 18 3차
5	파산 직전의 B건설회사의 전무로부터 피고인 자신이 대표이사로 있는 A건설회사가 발주하는 공사에 파산 직전의 위 B회사를 입찰경쟁업체로 지명하여 주는 청탁을 받은 경우(대법원 1983.12.13, 82도735)
6	아파트 건축회사 협상대표(甲)가 보상금지급요구 문제 등에 관한 협상권한을 위임받은 아파트입주자 대표들(乙)에게 보상금을 대폭 감액하여 조속히 합의하여 달라고 부탁한 경우(甲 : 배임증재, 乙 : 배임수재)(대법원 1993.3.26, 92도2033)
7	납품계약과 위탁관리계약의 당사자로부터 그 계약이 종료되는 경우에 적어도 계약을 갱신하여 계속적으로 유지할 수 있도록 해 주고, 그 계약내용을 이행함에 있어서도 다른 경쟁업체들보다 상대적으로 유리하도록 영향력을 행사하여 달라는 청탁을 받은 경우(대법원 2004.3.26, 2002도4131)
8	KOC 위원장으로서 업무를 처리하는 과정에서 "KOC 위원으로 선임해 달라, 부산아시아경기대회 조직위원회 조직위원 및 KOC 상임위원으로 선임해 달라."라는 등의 부탁을 받고 금원을 수령한 경우(대법원 2005.1.14, 2004도6646) 경찰승진(공통) 11
9	투자대상회사의 기금을 운영하는 자가 그 투자대상회사의 전환사채에 관한 청탁을 받고 금원을 취득한 경우(대법원 2006.5.12, 2004도491)
10	회원제 골프장의 예약업무 담당자가 부킹대행업자의 청탁에 따라 회원에게 제공해야 하는 주말부킹권을 부킹대행업자에게 판매하고 그 대금 명목의 금품을 받은 경우(대법원 2008.12.11, 2008도6987) 경찰승진(공통) 11 / 법원행시 18
11	재건축조합의 업무를 실질적으로 주도하는 재건축조합의 총무로서 시공사로부터 건설회사가 시공사의 지위를 계속 유지하고 재건축공사를 진행함에 있어 시공사에게 유리한 쪽으로 편의를 보아 달라는 청탁을 받은 경우(대법원 2008.12.24, 2008도9602)
12	주택조합아파트 시공회사 직원들이 조합장으로부터 조합의 이중분양에 관한 민원을 회사에 보고하지 않고 묵인하거나 이중분양에 대한 조치를 강구할 때 조합의 입장을 배려하여 달라는 청탁을 받고 위 아파트 분양권을 취득한 경우(대법원 2011.2.24, 2010도11784)
13	대학병원 의사가 의약품 등을 지속적으로 납품할 수 있도록 해달라는 부정한 청탁 또는 의약품 등을 사용해 준 대가로 제약회사 등으로부터 명절 선물이나 골프접대 등 향응을 제공받은 경우(대법원 2011.8.18, 2010도10290) 경찰간부 13
14	언론사 기자에 대한 유료기사 게재 청탁(대법원 2021.9.30, 2019도17102)

판례연구 배임수증재죄의 부정한 청탁 긍정 판례

대법원 2021.9.30, 2019도17102

언론사 소속 기자에게 소위 '유료 기사' 게재를 청탁하는 것은 부정한 청탁이라는 사례

언론의 보도는 공정하고 객관적이어야 하며, 언론은 공적인 관심사에 대하여 공익을 대변하며, 취재·보도·논평 또는 그 밖의 방법으로 민주적 여론형성에 이바지함으로써 그 공적 임무를 수행한다(언론중재 및 피해구제 등에 관한 법률 제4조 제1항, 제3항). …… 신문사 등이 광고주로부터 홍보자료 등을 전달받아 실질은 광고이지만 기사의 형식을 빌린 이른바 '기사형 광고'를 게재하는 경우에는, 독자가 광고임을 전제로 정보의 가치를 합리적으로 판단할 수 있도록 그것이 광고임을 표시하여야 하고, 언론 보도로 오인할 수 있는 형태로 게재하여서는 안 된다(대법원 2018.1.25, 2015다210231 등). 그러므로 보도의 대상이 되는 자가 언론사 소속 기자에게 소위 '유료 기사' 게재를 청탁하는 행위는 사실상 '광고'를 '언론 보도'인 것처럼 가장하여 달라는 것으로서 '언론 보도의 공정성 및 객관성에 대한 공공의 신뢰를 저버리는 것이므로, 배임수재죄의 부정한 청탁에 해당한다(대법원 2014. 5.16, 2012도11259 등). 설령 '유료 기사'의 내용이 객관적 사실과 부합하더라도, 언론 보도를 금전적 거래의 대상으로 삼은 이상 그 자체로 부정한 청탁에 해당한다.

ⓑ 부정한 청탁에 해당하지 않는 경우 : 배임수재죄 및 배임증재죄에서 공여 또는 취득하는 재물 또는 재산상 이익은 부정한 청탁에 대한 대가 또는 사례이어야 한다. 따라서 거래상대방의 대향적 행위의 존재를 필요로 하는 유형의 배임죄에서 그 거래상대방이 양수대금 등 그 해당거래에 따른 계약상 의무를 이행하고 배임행위의 실행행위자가 이를 이행받은 것을 두고 부정한 청탁에 대한 대가로 수수하였다고 쉽게 단정하여서는 아니된다(대법원 2016.10.13, 2014도17211). 배임수증재죄의 부정한 청탁에 해당하지 않는 예는 다음과 같다.

1	실질적으로 학교법인의 이사장 직무를 수행하면서 학교공사와 관련하여 공개입찰을 하지 않고 공사대금 중 수급인이 학교법인 부담부분 상당액을 학교법인에 기부하는 것을 조건으로 공사계약을 체결한 후(수의계약) 공사를 완성하여 이 부분에 대한 공사대금 지급의무를 면제받은 경우(학교법인의 이익으로 되는 것일 뿐 실질적으로 학교법인의 이사장 직무를 수행한 자가 면제받은 대금 상당의 이익을 취득하였다고 볼 수 없음)(대법원 2001.2.9, 2000도4700)
2	청탁 내용이 단순히 규정이 허용하는 범위 내에서 최대한 선처를 바란다는 내용에 불과하거나 위탁받은 사무의 적법하고 정상적인 처리범위에 속하는 경우(대법원 1982.9.28, 82도1656)
3	종중 사무를 총괄하는 자가 공동주택사업을 추진하던 건설회사 담당직원으로부터 '토지매매대금 이외에 수고비를 주겠으니 종중 토지의 공유자(등기명의인)들로부터 조속히 소유권이전에 필요한 모든 서류를 하자 없이 받아달라.'는 취지의 청탁을 받고 재산상 이익을 취득한 경우(대법원 2010.9.9, 2010도7380)[957]

957 **보충 : 종중의 사무를 총괄하는 자의 배임수재죄 부정 사례** 종중 사무를 총괄하는 피고인이 공동주택사업을 추진하던 건설회사 담당직원 甲으로부터 '토지매매대금 이외에 수고비를 주겠으니 **종중 토지의 공유자(등기명의인)들로부터 조속히 소유권이전에 필요한 모든 서류를 하자 없이 받아달라.**'는 취지의 부정한 청탁을 받고 재산상 이익을 취득하였다는 배임수재의 공소사실에 대해서는, 甲이 피고인에게 부정한 청탁을 하고 피고인이 그 대가로 건설회사로부터 보상금 명목의 금원을 받은 것으로 보기 어렵기 때문에 무죄를 선고해야 한다(대법원 2010.9.9, 2010도7380).

참고판례 : 배임수증재죄 부정 및 긍정 사례 ① 피고인 甲이 한국자산관리공사 직원인 피고인 乙, 丙에게 한 청탁은 그 구체적 내용 및 乙, 丙이 **내부 규정을 위반하지 않으면서 업무를 신속하게 처리해 준 점, 금품의 교부일시 등 제반 사정에 비추어 부정한 청탁에 해당하지 않으므로** 위 피고인들의 배임수증재 공소사실에 대해서는 무죄를 선고한 것은 정당하나, ② 피고인 甲이 **집행관사무소 사무원**인 피고인 丁에게 한 청탁은 그 구체적 내용 및 丁에게 현금으로 6,700만 원에 이르는 거액이 교부된 점, 丁에게는 **높은 직무청렴성이 요구되는 점** 등 제반 사정에 비추어 부정한 청탁에 해당하므로 이 부분에 대한 위 피고인들의 배임수증재 공소사실은 유죄이다(대법원 2010.9.30, 2009도5793).

4	대학병원 등의 의사가 의약품을 사용해 준 대가 또는 향후 의약품을 지속적으로 납품할 수 있도록 해달라는 청탁의 취지로 제약회사 등이 제공하는 의약품에 관한 '시판 후 조사' 연구용역계약을 체결하고 연구비 명목의 돈을 수수한 경우(대법원 2011.8.18, 2010도10290[958]) 경찰간부 13
5	아파트개발사업 시행업체 측으로부터 철거공사를 담당할 업체를 선정할 권한과 함께 명도·이주 업무를 책임지고 수행할 임무를 위임받은 자가, 시행업체의 양해 하에 철거업체로 선정되면 철거공사 하도급대금 중 일부를 자신에게 지급하기로 하는 내용의 약정을 철거업체와 체결한 경우(대법원 2006.11.23, 2006도906; 2011.4.14, 2010도8743[959]) 법원행시 06 / 경찰채용 12 3차
6	사회복지법인의 설립자 내지 운영자, 학교법인의 이사장 또는 사립학교 경영자가 사회복지법인이나 학교법인의 운영권을 양도하고 양수인으로부터 양수인 측을 사회복지법인·학교법인의 임원으로 선임해 주는 대가로 양도대금을 받기로 하는 내용의 청탁을 받은 경우(대법원 2013.12.26, 2010도16681; 2014.1.23, 2013도11735)[960] 법원9급 16
7	거래상대방의 대향적 행위의 존재를 필요로 하는 유형의 배임죄에서 그 거래상대방이 양수대금 등 그 해당 거래에 따른 계약상 의무를 이행하고 배임행위의 실행행위자가 이를 이행받은 경우(특허권 명의 이전의 대가를 받은 사례, 대법원 2016.10.13, 2014도17211) : 배임수재죄 및 배임증재죄에서 공여 또는 취득하는 재물 또는 재산상 이익은 부정한 청탁에 대한 대가 또는 사례여야 한다. 따라서 甲은 乙에게 특허권의 명의를 대금 1,000만 원에 이전해 달라고 하고 1,000만 원을 지급한 경우, 이는 甲이 乙과 체결한 계약에 따른 의무의 이행으로 1,000만 원을 지급하고 乙이 이를 받은 것을 두고 부정한 청탁에 대한 대가로 수수하였다고 단정하기 어렵다. 변호사 17

ⓒ 재물 또는 재산상 이익의 취득

ⓐ 내용 : 재물 또는 재산상의 이익을 취득하여야 배임수재죄가 성립한다. 여기서 취득이란 현실적인 취득을 의미하며 요구하거나 약속을 한 것만으로는 본죄의 미수범에 불과하다(제359조). 법원행시 10 / 법원9급 13 / 경찰간부 12 / 경찰승진(경사) 10 / 경찰승진(경감) 10 / 경찰채용 12 3차 / 사시 16 이 점은 수뢰죄(收賂罪)와의 차이점이다. 다만, 재물 또는 재산상 이익의 취득만 있으면 본죄는 기수가 되므로 나아가 (업무상) 배임행위까지 할 필요는 없다. 사시 11 따라서 배임수재를 한 자가 배임행위까지 한 경우에는 배임수재죄와 배임죄의 경합범이 성립하게 된다(다수설[961] · 판례[962]). 한편, 공동의 사기 범행으로 인하여 얻은 돈을 공범자끼리 수수한 행위가 공동정범들 사이의 범행에 의하여 취득한 돈

958 **판결이유** 연구목적의 적정성 및 필요성, 연구결과 신뢰성을 확보하려는 노력의 유무, 연구 수행과정과 방법의 적정성 및 결과 충실성, 연구대가의 적정성 등 제반 사정에 비추어, **연구용역계약은 의학적 관점에서 필요성에 따라 근거와 이유를 가지고 정당하게 체결되어 수행되었을 뿐**, 제약회사 등의 조영제 납품에 관한 부정한 청탁 또는 대가 지급 의도로 체결된 것으로 볼 수 없다고 한 원심판단은 정당하다.

959 **보충** 이 사건 아파트개발사업의 시행업체 측은 피고인에게 철거업체로부터 명도·이주 업무 등의 보수를 지급받는 것을 허용하였고, … 피고인에게 철거업체로 선정되게 해달라고 부탁한 것도 **피고인에게 철거공사 하도급업체 선정을 위탁한 시행업체 측의 양해하에 그 철거업체 선정의 전제로 내세운 위 차액 반환이라는 계약조건을 받아들인 것에 불과하므로, 이를 타인의 위탁을 받아 계약과 관련된 사무를 처리하는 사람이 특정인으로부터 계약체결의 상대방이 될 수 있게 해 달라는 부정한 청탁을 받고 그 대가를 받은 경우라고 보기는 어렵다**(위 판례).

960 **보충** 사회복지법인·학교법인의 운영권의 유상 양도를 금지·처벌하는 입법자의 결단이 없는 이상 사회복지법인·학교법인 운영권의 양도 및 그 양도대금의 수수 등으로 인하여 향후 사회복지법인·학교법인의 기본재산에 악영향을 미칠 수 있다거나 사회복지법인의 건전한 운영에 지장을 초래할 경우가 있다는 **추상적 위험성만으로 운영권 양도계약에 따른 양도대금 수수행위를 형사처벌하는 것은 죄형법정주의나 형벌법규 명확성의 원칙에 반하는 것이어서 허용될 수 없다.** 따라서 그 청탁의 내용이 당해 사회복지법인·학교법인의 설립 목적과 다른 목적으로 기본재산을 매수하여 사용하려는 것으로서 실질적으로 법인의 기본재산을 이전하는 것과 다름이 없어 사회복지법인·학교법인의 존립에 중대한 위협을 초래할 것임이 명백하다는 등의 **특별한 사정**(대법원 2001.9.28, 99도2639 참조)**이 없는 한 사회상규 또는 신의성실의 원칙에 반하는 것을 내용으로 하는 청탁이라고 할 수 없으므로 이를 배임수재죄의 성립 요건인 '부정한 청탁'에 해당한다고 할 수 없다**(위 판례).

961 다만 상상적 경합을 인정해야 한다는 소수설은 임웅, 489면 참조.

962 대법원 1984.11.27, 84도1906.

이나 재산상 이익의 내부적인 분배행위에 해당되는 경우라면 위 돈의 수수행위는 따로 배임수증재죄를 구성하지 아니한다.

판례연구 사기 범행의 공동정범 사이 수수행위는 배임수증재죄를 구성하지 않는다는 사례

대법원 2016.5.24, 2015도18795

공동의 사기 범행으로 인하여 얻은 돈을 공범자끼리 수수한 행위가 공동정범들 사이의 범행에 의하여 취득한 돈이나 재산상 이익의 내부적인 분배행위에 지나지 않는다면 돈의 수수행위가 따로 배임수증재죄를 구성한다고 볼 수는 없다. … 공사 발주처의 입찰 업무를 처리하는 자가 공사업자와 공모하여 부정한 방법으로 낙찰하한가를 알아낸 다음 공사업자에게 알려주어 발주처가 공사업자를 낙찰자로 선정하도록 하여 공사계약의 체결에 이르게 하고 공사업자에게서 돈을 수수한 경우에, 돈의 성격을 타인의 업무에 관한 부정한 청탁의 대가로 볼 것인지, 아니면 공동의 사기 범행에 따라 편취한 것으로 볼 것인지는 돈을 공여하고 수수한 당사자들의 의사, 공사계약 자체의 내용 및 성격 등을 종합적으로 고려하여 객관적으로 평가하여 판단해야 한다. 법원행시 16

ⓑ 제3자가 취득한 경우 배임수재죄의 성부 : 종래 형법 제357조 제1항에서는 타인의 사무를 처리하는 자가 그 임무에 관하여 부정한 청탁을 받고 재물 또는 재산상의 이익을 취득한 경우에만 배임수재죄가 성립하는 것으로 규정하고 있었으나,[963] 2016.5.29. 개정형법에서는 "제3자로 하여금 이를 취득하게 한 때"에도 본죄가 성립하는 것으로 규정하여 소위 제3자 배임수재죄가 성립할 수 있음을 명백히 하였다.

판례연구 제3자 배임수재죄의 제3자의 범위

대법원 2021.9.30, 2020도2641

제3자 배임수재죄의 제3자에는 사무처리를 위임한 타인은 포함되지 아니한다는 사례

(신문사 기자들인 A 등은 홍보성 기사를 게재하는 대가로 기자들이 소속된 신문사들이 甲으로부터 돈을 교부받은 경우 甲에게 배임증재죄가 성립하지 않음) 제3자 배임수재죄가 신설된 것은 사무처리자 본인이 직접 재물 등을 취득하는 행위뿐만 아니라 제3자로 하여금 재물 등을 취득하게 하는 행위도 처벌할 수 있도록 하기 위한 것이므로, 특별한 사정이 없는 한 형법 제357조 제1항의 '제3자'에는 사무처리를 위임한 '타인'이 포함되지 않는다. …… 신문사 기자들이 홍보성 기사를 게재(이는 배임수증재죄의 부정한 청탁에는 해당)하는 대가로 기자들이 소속된 신문사들이 피고인으로부터 돈을 교부받은 행위는 형법 제357조 제1항의 사무처리자 또는 제3자가 돈을 교부받은 경우가 아니다. 따라서 신문사들의 배임수재죄가 성립하지 않고 이를 전제로 하는 피고인의 배임증재죄 역시 성립하지 않는다.

---

963 정리1 구 형법 하의 판례는 "법문상 '타인'의 사무를 처리하는 자가 그 임무에 관하여 부정한 청탁을 받았다 하더라도 자신이 아니라 다른 사람으로 하여금 재물 또는 재산상의 이익을 취득하게 한 경우에는 위 죄가 성립하지 않음이 명백하다(대법원 2008.4.24, 2006도1202) 법원9급 11 / 경찰승진(공통) 11."는 입장이었다. 그러나 2016.5.29. 형법 개정에 의하여 위 지문은 틀린 것으로 처리하여야 한다.

정리2 구 형법 하의 판례는 "천안고속도로주식회사 직원 X가 고속도로 휴게소 입찰참가업자 丙으로부터 '앞으로 휴게소 운영과 관련하여 업무편의를 봐 달라.'는 부정한 청탁을 받고 이에 응하여 그 대가로 이 사건 휴게소 내 제과·제빵 판매점 2개소의 영업권 시가 1,000만 원 상당을 X의 처제인 Y로 하여금 취득하게 하였으나, X가 평소 Y에 대하여 대리권·사자·채무관계·생활비제공 등의 관계를 가지고 있지 않았다는 점에서, X와 丙을 배임수증재죄로 볼 수 없다(대법원 2006.12.22, 2004도2581, 처제에게 고속도로 휴게소 제과점 영업권을 취득하게 한 사례)."고 하였으나, 역시 형법 개정에 의하여 유지될 수 없는 판례이다.

ⓒ 임무 관련된 부정한 청탁을 받은 후 사직한 다음에 취득한 경우 : 배임수재죄는 타인의 사무를 처리하는 자의 청렴성을 보호법익으로 하는 것으로서, 그 임무에 관하여 부정한 청탁을 받고 재물을 수수함으로써 성립하고 반드시 수재(收財) 당시에도 그와 관련된 임무를 현실적으로 담당하고 있음을 그 요건으로 하는 것은 아니다(cf : 뇌물수수외와의 차이). 따라서 타인의 사무를 처리하는 자가 그 임무에 관하여 부정한 청탁을 받은 이상 그 후 사직으로 인하여 그 직무를 담당하지 아니하게 된 상태에서 재물을 수수하게 되었다 하더라도, 그 재물 등의 수수가 부정한 청탁과 관련하여 이루어진 것이라면 배임수재죄가 성립한다(대법원 1997.10.24, 97도2042).[964] 법원9급 14 / 경찰승진(경사) 10 이는 부정한 청탁의 결과로 상대방이 얻은 재물 또는 재산상 이익의 일부를 상대방으로부터 청탁의 대가로 취득한 경우에도 마찬가지이다(대법원 2013.11.14, 2011도11174). 법원행시 18

㉣ 재산상 손해의 발생 요부 : 배임죄와는 달리 본죄는 사무처리자의 본인에게 재산상 손해가 발생할 필요가 없다(대법원 1980.10.14, 79도190; 2011.2.24, 2010도11784[965]). 경찰간부 16 예컨대 자신이 대표이사로 있는 A회사가 발주하는 공사에 관하여 B건설회사를 입찰경쟁업체로 지명함에 있어서 부적당하다는 사정을 알면서도 부정한 청탁을 받고 지명하고 그 사례조로 금원을 수수하여 배임수재죄가 성립하였다면, 그 후 위 건설업체가 동 공사를 아무런 하자 없이 시공하여 준공검사를 마침으로써 그 회사에 아무런 손해가 발생하지 아니하였더라도 본죄의 성립에 아무런 영향이 없다(대법원 1983.12.13, 82도735).

(2) **주관적 구성요건** – 고의, 불법영득 · 이득의사

배임수재죄가 성립하면 고의뿐 아니라 불법영득의사 · 불법이득의사가 있어야 한다. 예컨대, 임무에 관하여 부정한 청탁을 받고 금원을 수수하였다면 그 후에 그중 일부 금원을 다시 되돌려 준 것만으로 이를 수수할 당시에 영득의 의사가 없었다고 단정할 수 없으므로 배임수재죄의 성립에 영향이 없다(대법원 1991.6.11, 91도413).

3. 필요적 몰수 · 추징

형법 제357조는 제1항에서 배임수재죄를, 제2항에서 배임증재죄를 규정하고 있으며, 제3항에서는 범인이 취득한 제1항(배임수재죄)의 재물은 몰수한다고 규정하고 있다. 따라서 범인이 취득한 제1항(배임수재죄)의 재물은 몰수하며(필요적 몰수), 경찰승진(경감) 11 몰수하기 불가능하거나 재산상의 이익을 취득한 경우에는 추징한다(제357조 제3항). 동 제3항에서 몰수의 대상으로 규정한 '범인이 취득한 제1항의 재물'은 배임수재죄의 범인이 취득한 목적물이자 배임증재죄의 범인이 공여한 목적물을 가리키는 것이지 배임수재죄의 목적물만을 한정하여 가리키는 것이 아니다. 다만 '배임증재에 제공하려고 한 재물'은 제357조 제3항에 규정되어 있지 않으므로 필요적 몰수의 대상이 아니고 제48조 제1항 제1호에 의하여 임의적 몰수의 대상이 될 뿐이다.

또한 수인이 공동으로 수재한 경우에는 그 분배받은 금원, 즉 실질적으로 귀속된 이익금만을 개별적으로 몰수 · 추징하도록 하여야 하고, 그 분배받은 금원을 확정할 수 없을 때에는 이를 평등하게 분할한 금원을 몰수 · 추징하여야 한다. 그리고 여기의 범인에는 공동정범자뿐만 아니라 종범 또는 교사범도 포함되고 소추 여부를 불문한다(대법원 2001.3.9, 2000도794).

---

964 **비교** 다만 후술하는 수뢰죄에서는 공무원일 때 뇌물을 받을 것을 약속하고 퇴직 후 수수한 경우에는 수뢰죄는 성립하지 않고 뇌물약속죄나 사후수뢰죄가 성립할 뿐이다. 자세한 것은 뇌물죄에서 후술한다.

965 **판례 : '임무위배행위'나 '본인에게 손해를 가할 것'이 배임수재죄의 성립 요건이 아니라는 사례** 주택조합아파트 시공회사 직원인 피고인들이 조합장으로부터 **조합의 이중분양에 관한 민원을 회사에 보고하지 않고 묵인하거나 이중분양에 대한 조치를 강구할 때 조합의 입장을 배려하여 달라는 청탁**을 받고 위 아파트 분양권을 취득한 경우, 피고인들에게 배임수재죄의 죄책이 인정된다(대법원 2011.2.24, 2010도11784).

한편, 수재자가 증재자로부터 받은 재물을 그대로 가지고 있다가 증재자에게 반환한 경우에도 범인이 취득한 제1항의 재물에 해당한다고 보아 몰수 · 추징하여야 하고, 이 경우 몰수 · 추징의 상대방은 수재자가 아니라 증재자가 된다.

판례연구 **형법 제357조 제3항의 범인이 취득한 제1항의 재물의 의미와 관련하여 배임수재자가 받은 재물을 그대로 증재자에게 반환한 사례**

대법원 2017.4.7, 2016도18104

배임수재죄와 배임증재죄는 이른바 대향범으로서 위 제3항에서 필요적 몰수 또는 추징을 규정한 것은 범행에 제공된 재물과 재산상 이익을 박탈하여 부정한 이익을 보유하지 못하게 하기 위한 것이므로, 제3항에서 몰수의 대상으로 규정한 '범인이 취득한 제1항의 재물'은 배임수재죄의 범인이 취득한 목적물이자 배임증재죄의 범인이 공여한 목적물을 가리키는 것이지 배임수재죄의 목적물만을 한정하여 가리키는 것이 아니다. 그러므로 수재자가 증재자로부터 받은 재물을 그대로 가지고 있다가 증재자에게 반환하였다면 증재자로부터 이를 몰수하거나 그 가액을 추징하여야 한다.

보충 상고이유 주장은 위와 같이 재물을 그대로 반환한 경우에는 수재자는 물론 증재자로부터도 몰수나 추징을 할 수 없다는 취지이나 이유 없다. 원심이 피고인 2로부터 5,000만 원을 추징한 것은 정당하고, 거기에 배임수증재죄에서의 추징에 관한 법리를 오해한 잘못이 없다.

4. 죄 수

배임수재죄의 죄수판단기준은 청탁의 수, 구체적으로는 청탁을 한 사람의 수이다. 따라서 ① 타인의 사무를 처리하는 자가 동일인으로부터 그 직무에 관하여 부정한 청탁을 받고 여러 차례에 걸쳐 금품을 수수한 경우, 그것이 단일하고도 계속된 고의 아래 일정기간 반복하여 이루어진 것이고 그 피해법익도 동일한 때에는 이를 포괄일죄로 보아야 한다(대법원 1999.1.29, 98도3584; 2000.6.27, 2000도1155). 다만, ② 여러 사람으로부터 각각 부정한 청탁을 받고 그들로부터 각각 금품을 수수한 경우에는 비록 그 청탁이 동종의 것이라고 하더라도 단일하고 계속된 고의 아래 이루어진 범행으로 보기 어려워 그 전체를 포괄일죄로 볼 수 없다(대법원 2008.12.11, 2008도6987). 법원9급 09 / 경찰승진(공통) 11 / 사시 10

05 배임증재죄

제357조 【배임수증재】 ② 제1항의 재물 또는 재산상 이익을 공여한 자는 2년 이하의 징역 또는 500만 원 이하의 벌금에 처한다. 〈개정 2020.12.8.〉
③ 범인 또는 그 사정을 아는 제3자가 취득한 제1항의 재물은 몰수한다. 그 재물을 몰수하기 불가능하거나 재산상의 이익을 취득한 때에는 그 가액을 추징한다. 〈개정 2020.12.8.〉

배임증재죄는 배임수재죄와 필요적 공범(*必要的 共犯*) 중 대향범의 관계에 있다. 그러므로 그 내부에서는 총칙상 공범규정이 적용되지 않는다. 그러나 배임수재죄와 배임증재죄가 통상 필요적 공범의 관계에 있기는 하나 이것은 반드시 수재자와 증재자가 같이 처벌받아야 하는 것을 의미하는 것은 아니므로 증재자에게는 정당한 업무에 속하는 청탁이라도 수재자에게는 부정한 청탁이 될 수도 있다(대법원 1979.6.12, 79도708; 1991.1.15, 90도2257; 2011.10.27, 2010도7624). 법원행시 13 / 법원9급 12 / 법원9급 16 / 경찰채용 11 1차 / 경찰채용 12 2차

또한 배임수재를 한 자가 나아가 배임행위까지 범한 경우, 그 배임행위에 대하여는 배임증재를 범한 자도

공범관계가 성립할 수 있다(대법원 1999.4.27, 99도883 : 소위 아파트 하자보수추진위 사례).[966] 배임수재죄는 배임죄와는 필요적 공범 관계가 없기 때문이다.

사례연구 가수 매니저와 가요담당 PD 사례

다음은 대법원 1991.1.15, 90도2257 판결을 문제로 만든 것이다. 잘 읽고 물음에 답하시오.

> 甲은 한국방송공사 라디오국 프로듀서로 근무하면서 각종 프로그램의 제작연출 등 사무를 처리하고 있던 중 당시 제작하는 가요프로그램에 실을 수 있는 가요의 수는 제한되어 있음에도 A가수 또는 그 매니저 乙로부터 위 프로그램에 위 가수들의 노래를 선곡하여 자주 방송함으로써 인기도가 올라갈 수 있도록 하여 달라는 청탁을 받고 그 사례금명목으로 31회에 걸쳐 합계금 7,900,000원을 교부받았다.

[제1문] 가요담당 PD 甲의 임무에 관한 부정한 청탁이 있는가? [제2문] 甲의 죄책은?
[제3문] 乙의 입장에서는 부정한 청탁에 해당하는가? [제4문] 乙의 죄책은?

해결 [제1문 · 제2문] 방송은 공적책임을 수행하고 그 내용의 공정성과 공공성을 유지하여야 하는 것이므로(방송법 제4조, 제5조 참조), 방송국에서 프로그램의 제작연출 등의 사무를 처리하는 피고인으로서는 특정가수의 노래만을 편파적으로 선곡하여 계속 방송하여서는 아니되고 청취자들의 인기도, 호응도 등을 고려하여 여러 가수들의 노래를 공정성실하게 방송하여야 할 임무가 있음에도 위와 같이 피고인이 담당하는 제한된 방송프로그램에 특정가수의 노래만을 자주 방송하여 달라는 청탁은 사회상규나 신의성실의 원칙에 반하는 부정한 청탁이라 할 것이다. 법원행시 06 / 사시 11

[제3문 · 제4문] 형법 제357조 제1항의 배임수재죄와 같은 조 제2항의 배임증재죄는 통상 필요적 공범의 관계에 있기는 하나 이것은 반드시 수재자와 증재자가 같이 처벌받아야 하는 것을 의미하는 것은 아니고 증재자에게는 정당한 업무에 속하는 청탁이라도 수재자에게는 부정한 청탁이 될 수도 있는 것이고(대법원 1979.6.12, 79도708), 법원행시 13 / 법원9급 12 / 경찰승진(경사) 10 / 경찰채용 12 2차 또한 여기서 수재자에 대한 부정한 청탁이라 함은 업무상 배임에 이르는 정도가 아니나 사회상규 또는 신의성실의 원칙에 반하는 것을 내용으로 하는 청탁을 의미한다.

보충 배임증재죄가 배임수재죄와 필요적 공범관계에 있다고 해서 반드시 두 범죄가 항상 함께 성립하는 것은 아니다. 예를 들어, 방송국 소속 가요담당 프로듀서(PD)에게 가수 매니저가 선곡을 많이 해달라고 청탁을 한 것은 PD 입장에서는 부정한 청탁이지만 가수 매니저의 업무로서는 당연한 부탁이므로 배임증재죄는 성립하지 않을 것이다(대법원 1991.6.11, 91도688).

정답 [제1문] 부정한 청탁이 있다. / [제2문] 배임수재죄 / [제3문] 부정한 청탁에 해당하지 않는다. / [제4문] 무죄

사례연구 처분금지가처분 취하 청탁과 배임수증재죄의 성부

甲 주식회사를 사실상 관리하는 乙이 甲 회사가 사업용 부지로 매수한 토지에 관하여 처분금지가처분등기를 마쳐두었는데, 토지를 매수하려는 丙에게서 가처분을 취하해 달라는 청탁을 받고 돈을 수수하였다. 乙과 丙에게 배임수재죄와 배임증재죄가 성립하는가?

해결 형법 제357조 제1항의 배임수재죄와 같은 조 제2항의 배임증재죄는 통상 필요적 공범의 관계에 있기는 하나, 이것은 반드시 수재자와 증재자가 같이 처벌받아야 하는 것을 의미하는 것은 아니고, 증재자에게는 정당한 업무에 속하는 청탁이라도 수재자에게는 부정한 청탁이 될 수도 있다(대법원 1991.1.15, 90도2257). 법원행시 13 / 법원9급 12 / 경찰승진(경사) 10 / 경찰채용 12 2차 … 乙이 받은 돈은 부정한 청탁의 대가임이 분명하고 乙에게 부정한 청탁에 대한 인식이 없었다고 볼 수 없어 배임수재죄가 성립하나, 반면 丙은 사업의 더 큰 손실을 피하기 위하여 가처분 취하의 대가로 乙이 지정하는 계좌로 돈을 송금한 점, 丙으로서는 위 돈이 궁극적으로

966 이 판례에 대하여 자세한 사례연구는 총론, 정범과 공범론, 공범과 신분 참조.

甲 회사에 귀속될 것인지 乙에게 귀속될 것인지에 관한 분명한 인식이 있었다고 볼 수 없는 점 등 제반 사정에 비추어, 丙이 가처분 취하의 대가로 돈을 교부한 행위는 사회상규에 위배되지 아니하여 배임증재죄를 구성할 정도의 위법성은 없다(대법원 2011.10.27, 2010도7624). 법원행시 18

보충 **전제되는 논점** 부동산에 처분금지가처분결정을 받아 가처분집행까지 마친 경우, 피보전채권의 실제 존재 여부를 불문하고 가처분이 되어 있는 부동산은 매매나 담보제공 등에 있어 그렇지 않은 부동산보다 불리할 수밖에 없는 점, 가처분집행이 되어 있는 부동산의 가처분집행이 해제되면 가처분 부담이 없는 부동산을 소유하게 되는 이익을 얻게 되는 점 등을 고려하면 가처분권리자로서는 가처분 유지로 인한 재산상 이익이 인정되고, 그 후 가처분의 피보전채권이 존재하지 않는 것으로 밝혀졌더라도 가처분의 유지로 인한 재산상 이익이 있었던 것으로 보아야 한다(대법원 2007.1.11, 2006도4400; 2007.9.20, 2007도5507). 법원행시 11 / 법원9급 12 / 경찰승진(경감) 10 / 사시 10

정답 乙은 배임수재죄가 성립하지만, 丙에게는 배임증재죄가 성립하지 않는다.

제8절 장물의 죄

01 총 설

1. 의의 및 성격

장물(贓物, stolen property, Hehlerei)의 죄는 장물을 취득, 양도, 운반 또는 보관하거나 이러한 행위들을 알선하는 범죄로서(형법 제362조, 제363조, 제364조), 본범(本犯, original criminal, Vortat, Vortäter)을 유발하거나 비호·은닉하는 성격을 지닌 범죄이며, 본범의 공동정범·교사범·종범이 아니라 어디까지나 본범과는 독립된 범죄이다. 장물죄의 형이 7년 이하의 징역으로서 절도죄(6년 이하)나 횡령죄(5년 이하)보다 더 무겁다는 점도 장물죄의 독자적 성격 및 재산범죄의 유인범죄·비호범죄적 성격을 가지고 있다는 점에 기인한다. 또한 장물범죄 자체가 또 하나의 재산범죄라는 점에서 장물범죄자와 피해자 사이에 친족관계가 있는 경우 친족상도례가 적용된다(제365조).

2. 보호법익

본죄의 보호법익은 재산권이며, 그 보호정도는 침해범설[967]과 위험범설[968] 그리고 이원설[969]이 대립한다. 이원설의 입장이 기본적으로 침해범설의 입장임을 고려한다면, 침해범으로 이해하는 것이 다수설이라 할 수 있다.

3. 본 질

종래 추구권설(追求權說, Resitutionsvereitelungstheorie)과 유지설(維持說, Perpetuierungs-bzw. Aufrechterhaltungs theorie) 국가7급 08이 대립하였으나, 현재에는 유지설에 근간을 두면서도 추구권설과 조화롭게 해석해야 한다는

967 강구진, 389면; 손동권, 481면; 이정원, 480면; 정성근/박광민, 443면; 배종대, 387면; 진계호, 437면.
968 김성천/김형준, 544면; 오영근, 616면; 유기천(상), 350면; 이재상, §22-4; 임웅, 436면.
969 구별설이라고도 하며, 장물알선죄는 추상적 위험범이고, 나머지 장물범죄는 침해범이라는 입장이다. 김일수/서보학, 488면; 박상기, 384면.

것이 현재의 다수설이다(결합설).[970][971] 판례도 이러한 판시를 내리고 있다(대법원 1987.10.13, 87도1633).[972] 따라서 불법원인급여물도 유지설에 의하여 장물로 인정되며, 수렵법위반으로 획득한 조수는 추구권설에 의하여 장물로서 인정되지 않고, 장물양도죄의 처벌근거는 추구권에 대한 침해 내지 위험에 있다고 설명될 수 있다.

예 대체장물이라 함은 장물을 처분함으로써 얻은 대가이다. 이는 장물 그 자체가 아니므로 장물이라고 볼 수 없다. 경찰간부 11 / 경찰간부 16 이는 장물죄의 본질에 관한 추구권설과 유지설의 차이에 의하여 영향을 받지 않는다.

4. 장 물

(1) 장물의 개념

장물이란 절도, 강도, 사기, 공갈, 횡령, 배임수재, 장물 등 재산범죄에 의하여 영득한 재물을 말한다.[973] 법원행시 14 / 법원9급 12 / 경찰승진(경위) 11 여기에서 절도, 강도, 사기, 공갈, 횡령, 배임수재, 장물 등 재산범죄를 장물의 개념을 만들어준 뿌리가 되는 범죄라 하여 본범(本犯)이라고 한다.

(2) 요 건

① 재물성 : 장물은 재물임을 요하며 동산·부동산을 불문한다. 관리할 수 있는 동력은 －비록 제346조의 준용규정은 없으나－ 장물이 될 수 있다(다수설·판례 : 재물의 개념에 관한 관리가능성설[974]). 그러나 재산상의 이익·권리는 물리적 관리가 가능한 것이 아니므로 장물이 아니다. 예를 들어 전화가입권은 채권적 권리에 불과하므로 재산상의 이익은 될지언정 재물이 아니므로 전화가입권 매수행위를 업무상 과실장물취득죄로 처단할 수 없다(대법원 1971.2.23, 70도2589). 법원행시 10 / 경찰승진(경감) 11 / 경찰간부 16

970 참고 – 장물죄의 본질 ① 추구권설 : 본범의 피해자가 점유를 상실한 재물에 대해서 **사법상 추구·회복하는 것(반환청구권의 행사)을 곤란하게 하는 데에 장물죄의 본질이 있다**는 견해이다(과거의 다수설, 김종원, 248면; 남흥우, 220면; 이건호, 566면; 정영석, 394면; 황산덕, 327면). 추구권설에 대해서는 지나치게 민법적인 반환청구권의 보호에 초점을 맞춘 나머지 장물의 범위가 지나치게 협소해진다는 비판이 제기된다. 예컨대, 반환청구권이 없는 불법원인급여물, 피해자가 취소·해지할 수 없는 경우(상법 제651조), 시효가 완성된 물건, 대체장물 등은 장물이 되지 못한다고 보게 된다.
② 유지설 : 위법상태유지설이라고도 하며, 본범의 행위에 의해서 성립된 **위법한 재산상태를 본범 또는 재물의 점유자와의 합의하에 유지·존속시키는 데**(도품 등의 '검은 거래')에 **장물죄의 본질**이 있다는 견해이다[김성천/김형준, 546면; 심재우, "장물죄의 범죄성", 고시계, 1979.12, 50면; 이정원, 482면; 임웅, 439면. 독일의 통설(Samson SK Rn.1; Sch/Sch/Stree Rn.1; Tröndle/fischer §259, Rn.1 등) 및 판례(BGHSt 7, 137; 27, 45)의 입장]. 유지설에 의하면, 추구권설과는 달리 불법원인급여물에 대하여도 장물성을 인정하게 된다. 그러나 대체장물은 위법상태가 유지된 재물 자체가 아니어서 역시 장물성이 상실된다. 유지설에 대해서는 위법상태를 유지시키는 행위가 있으면 장물로서 인정되기 때문에, 장물의 범위가 지나치게 확장될 위험은 있다는 비판이 제기된다. 또한 유지설을 견지할 경우 조수보호 및 수렵에 관한 법률 위반행위로 획득한 조수를 취득한 자도 장물취득죄가 인정된다는 점과 형법에 규정되어 있는 장물양도죄를 설명하기 어렵다는 점 등의 비판도 제기된다.
③ 결합설 : **유지설을 기본으로 하되 추구권설에 의해 보충하는** 입장이다[현재의 다수설, 강구진, 392면; 김일수/서보학, 490면; 박상기, 425면; 배종대, 521면; 백형구, 237면; 서일교, 193면; 손동권, 483면; 이재상, §22－9; 이형국(Ⅰ), 527면; 정성근/박광민, 442면].

971 참고 이외에도 공범설(Teilnahmetheorie)도 있는데, 이 견해는 장물죄는 재산범죄(본범)의 이익을 취득하기 위해 사후에 가담한다는 사후공범적 성격에 장물죄의 본질이 있다고 주장하는 견해이다(이수성, "장물죄", 고시연구, 1975.8, 51면). 공범설에 의하면 추구권이나 위법상태의 유지와 같은 것은 장물죄의 요건으로 파악하지 않음에 따라 장물의 범위가 지나치게 확장되며, 또한 공범설에 의하면 장물죄의 성립에는 이득의 의사를 필요로 하게 되는데, 우리 형법은 이득을 목적으로 하지 않는 장물양도, 운반이나 보관행위도 처벌하고 있으므로 형법과 조화되지 못하는 주장이라 생각된다.

972 다만 판례는 추구권설에 의한 판시(대법원 1975.12.9, 74도2804; 1972.2.22, 71도2296 등)도 내리고 있으므로, 일관된 입장은 아니다.

973 따라서 관세법위반으로 획득한 관세장물이나 문화재보호법위반으로 취득한 소위 문화재장물(예 도굴품)은 －재산범죄를 본범으로 하고 있지 않다는 점에서－ 형법상 장물범죄와는 그 성격이 다른 것이다. 이는 장물의 개념에서도 차이를 나타내는데, 예를 들어 형법상 장물죄의 본범은 소추조건이 구비되었는가를 묻지 않는데 비하여, 위와 같은 관세법·문화재보호법위반의 장물죄의 본범은 소추조건이 충족된 경우에만 관세장물죄나 문화재장물죄가 성립하게 된다. 따라서 위 특별법위반죄의 공소시효가 완성된 이후에는 동법상 장물죄는 성립하지 않게 된다.

974 반대입장의 소수설은 박상기, 422면; 배종대, 522면; 황산덕, 331면.

② 본범(本犯)의 성질

㉠ 재산범죄 : 장물은 타인의 재산범죄에 의해서 불법하게 영득된 재물이어야 한다. 경찰간부 16

ⓐ 장물죄의 본범인 재산범죄 : 여기의 재산범죄에는 ㉮ 절도 · 강도 · 사기 · 공갈 · 횡령 · 배임수재 · 장물죄 등이 포함된다(특히 장물죄가 본범인 경우의 장물을 연쇄장물이라고도 부름).[975][976] 사시 16 재산죄인 이상 ㉯ 특별법상의 재산범죄(산림법 위반)[977]도 포함된다. 또한 ㉰ '장물'이라 함은 재산범죄로 인하여 취득한 물건 그 자체를 말하므로, 재산범죄를 저지른 이후에 별도의 재산범죄의 구성요건에 해당하는 사후행위가 있었다면 비록 그 행위가 '불가벌적 사후행위'로서 처벌의 대상이 되지 않는다 할지라도 그 사후행위로 인하여 취득한 물건은 장물이 될 수 있다. 법원행시 06 / 법원행시 11 / 법원행시 14 / 법원9급 05 / 경찰채용 10 1차 / 경찰승진 16 / 경찰승진 17 나아가 ㉱ 본범의 행위에 관한 법적 평가는 그 행위에 대하여 우리 형법이 적용되지 아니하는 경우에도 우리 형법을 기준으로 하여야 하고 또한 이로써 충분하므로, 본범의 행위(미국에서 미국인 리스이용자가 리스차량을 임의처분한 행위)가 우리 형법에 비추어 절도죄 · 횡령죄 등의 구성요건에 해당하는 위법한 행위라고 인정되는 이상 이에 의하여 영득된 재물은 장물에 해당한다(대법원 2011.4.28, 2010도15350).[978] 법원행시 13 / 경찰간부 14 / 사시 13 / 국가9급 24

ⓑ 장물죄의 본범인 재산범죄에 해당하지 않는 경우 : 재산죄라 하더라도 ㉮ 손괴죄의 경우는 재물의 취득이 없는 범죄이므로 이에 포함되지 않으며, ㉯ 배임죄의 경우는 배임행위에 의하여 취득한 것이 재산상 이익이라는 점에서 여기에 해당하지 않는다. 변호사 14 마찬가지로 ㉰ 컴퓨터사용사기죄로 인하여 취득한 예금채권에 기하여 인출된 현금은 장물이 될 수 없다(대법원 2004. 4.16, 2004도353).[979] 국가7급 07 / 국가7급 11 / 국가7급 13 / 국가9급 13 / 국가9급 14 / 법원승진 12 / 법원행시 05 / 법원행시 08 / 법원행

---

975 다만 권리행사방해죄(제323조)에 의해 취거한 재물도 장물이 될 수 있는가에 대해서는 견해가 대립한다. 권리행사방해죄도 재산범죄라는 점에서 장물죄의 본범성을 긍정하는 견해(김일수/서보학, 504면; 손동권, 485면; 이재상, §22-4)와 권리행사방해죄는 자기소유의 물건을 취거 · 은닉 · 손괴하는 범죄이므로 영득행위가 없고 권리행사방해죄를 범한 범인(소유자)으로부터 물건을 넘겨받은 것을 처벌하는 것은 법리에 맞지 않는다는 점에서 부정하는 견해(오영근, 622면; 이정원, 487면)가 대립하고 있다. 장물범죄의 범위를 확장해석해서는 안 된다는 점에서 후자의 부정설이 타당하다고 생각된다.

976 타인의 재물을 자기의 물건으로 오인하고 가져온 경우에서 그 재물도 장물이라고 할 수 있는가에 대해서는, 긍정설(김일수/서보학, 505면; 박상기, 428면; 이재상, §22-17)과 부정설(백형구, 234면; 오영근, 147면)이 대립하고 있다.

977 **산림절도로 절취한 임산물과는 달리 임산물단속법 위반으로 생긴 임산물이 장물이 될 수는 없다는 사례** 산림법 제116조 및 제117조 참조. 다만 **산림법 위반으로 절취한 임산물이 아니고, 임산물단속에 관한 법률 위반죄에 의하여 생긴 임산물은** 재산범죄적 행위에 의한 것이 아니므로 장물이 될 수 없다(대법원 1975.9.23, 74도1804).

978 **사례 : 장물죄에서 본범이 되는 범죄행위에 대하여 우리 형법이 적용되지 않는 경우, 그에 관한 법적 평가 기준 및 '장물'에 해당하기 위한 요건 - 미국 리스 차량 수입 사건** 대한민국 국민 또는 외국인이 미국 캘리포니아주에서 미국 리스회사와 미국 캘리포니아주의 법에 따라 차량 이용에 관한 리스계약을 체결하였는데, 이후 자동차수입업자인 甲이 리스기간 중 위 리스이용자들이 임의로 처분한 위 차량들을 수입하였다. 甲에게는 장물취득죄가 성립하는가? **판례 본범의 행위에 관한 법적 평가는 그 행위에 대하여 우리 형법이 적용되지 아니하는 경우에도 우리 형법을 기준으로 하여야 하고** 국가9급 13 **또한 이로써 충분하므로, 본범의 행위가 우리 형법에 비추어 절도죄 등의 구성요건에 해당하는 위법한 행위라고 인정되는 이상 이에 의하여 영득된 재물은 장물에 해당한다.** … 대한민국 국민 또는 외국인이 미국 캘리포니아주에서 미국 리스회사와 미국 캘리포니아주의 법에 따라 차량 이용에 관한 리스계약을 체결하면서 준거법에 관하여는 별도로 약정하지 아니하였는데, 이후 자동차수입업자인 피고인이 리스기간 중 위 리스이용자들이 임의로 처분한 리스계약의 목적물인 차량들을 수입한 경우, **국제사법에 따라 위 리스계약에 적용될 준거법인 미국 캘리포니아주의 법에** 의하면, 위 차량들의 소유권은 리스회사에 속하고, 리스이용자는 일정 기간 차량의 점유 · 사용의 권한을 이전받을 뿐이어서(미국 캘리포니아주 상법 제10103조 제a항 제10호도 참조), **리스이용자들은 리스회사에 대한 관계에서 위 차량들에 관한 보관자로서의 지위에 있으므로, 위 차량들을 임의로 처분한 행위는 형법상 횡령죄의 구성요건에 해당하는 위법한 행위로 평가되고 이에 의하여 영득된 위 차량들은 장물에 해당하므로,** 피고인에게 장물취득죄를 인정한 원심판단의 결론은 정당하다(대법원 2011.4.28, 2010도15350). 법원행시 13 / 경찰간부 14 / 경찰승진 13 / 사시 13 **해결** 성립한다.

979 **판례 : 컴퓨터등사용사기죄의 범행으로 예금채권을 취득한 다음 자기의 현금카드를 사용하여 현금자동지급기에서 현금을 인출한 경우, 그 인출된 현금은 장물이 될 수 없다고 한 사례** (甲은 컴퓨터등사용사기죄의 범행으로 예금채권을 취득한 다음 자기의 현금카드를 사용하여 현금자동지급기에서 현금을 인출하였는데, 乙은 이러한 사정을 알고 위 현금을 甲으로부터 받아 취득하였다) 컴퓨터 등 사용사기죄의 범행으로 예금채권을 취득한 다음 자기의 현금카드를 사용하여 현금자동지급기에서 현금을

시 09 / 법원행시 10 / 법원행시 11 / 법원행시 12 / 법원행시 13 / 법원9급 13 / 법원9급 18 / 경찰간부 14 / 경찰간부 16 / 경찰간부 17 / 경찰승진(경장) 10 / 경찰승진(경사) 10 / 경찰승진 12 / 경찰승진 14 / 경찰승진 17 / 사시 10 / 사시 11 / 사시 16 / 변호사 14 / 변호사 16 / 국가7급 20 / 국가9급 23 물론 ㉣ 수뢰·도박 등 비재산범죄로 인하여 취득한 재물도 장물이 아니다.[980]

ⓛ 영득한 재물 : 영득하여야 하므로 재산범죄의 수단으로 제공된 재물은 장물이 아니다.

예 이중매매된 부동산 등

ⓒ 본범의 실현정도 : 구성요건에 해당하는 위법한 행위이면 되고 책임은 요하지 않는다. 그러므로 형사미성년자가 절취한 재물도 장물이다. 처벌조건 · 소추조건이 구비될 것도 요하지 않는다. 즉, 본범이 공소시효가 완성되거나 친족상도례가 적용되어 형이 면제되는 경우이더라도 장물이 된다.[981]

ⓔ 횡령행위에 가공하면서 이를 구입한 행위 : 본범(횡령)의 기수와 장물취득죄가 동시에 성립이 가능한가의 문제이다. 예컨대, A의 재물을 위탁관계에 의하여 보관하는 甲이 이를 횡령하고자 임의로 －장물인 것을 알고 있는－ 乙에게 처분해버린 경우, 甲에게 횡령기수죄가 성립함과 동시에 乙에게 장물취득죄가 성립할 수 있는가의 문제이다. 이에 대해서는 견해가 대립하나,[982] 판례는 장물취득죄의 성립을 인정하는 입장이다. 즉, 甲이 회사 자금으로 乙에게 주식매각 대금조로 금원을 지급한 경우, 그 금원은 단순히 횡령행위에 제공된 물건이 아니라 횡령행위에 의하여 영득된 장물에 해당한다고 할 것이고, 나아가 설령 甲이 乙에게 금원을 교부한 행위 자체가 횡령행위라고 하더라도 이러한 경우 甲의 업무상 횡령죄가 기수에 달하는 것과 동시에 그 금원은 장물이 된다고 함으로써 乙에게 장물취득죄의 죄책을 인정한 것이다(대법원 2004.12.9, 2004도5904).[983] 법원행시 11 / 법원행시 12 / 경찰승진 14 / 사시 10 / 법원9급 18

인출한 경우, 현금카드 사용권한 있는 자의 정당한 사용에 의한 것으로서 현금자동지급기 관리자의 의사에 반하거나 기망행위 및 그에 따른 처분행위도 없었으므로, **별도로 절도죄나 사기죄의 구성요건에 해당하지 않는다 할 것이고, 그 결과 그 인출된 현금은 재산범죄에 의하여 취득한 재물이 아니므로 장물이 될 수 없다.** 따라서 甲이 권한 없이 인터넷뱅킹으로 타인의 예금계좌에서 자신의 예금계좌로 돈을 이체한 후 그중 일부를 인출하여 그 사정을 아는 乙에게 교부한 경우, 甲이 컴퓨터 등 사용사기죄에 의하여 취득한 예금채권은 재물이 아니라 재산상 이익이므로, 그가 자신의 예금계좌에서 돈을 인출하였더라도 장물을 금융기관에 예치하였다가 인출한 것으로 볼 수 없다. 따라서 乙의 장물취득죄의 성립은 부정된다(대법원 2004.4.16, 2004도353). 국가7급 11 / 국가7급 13 / 국가9급 13 / 법원행시 05 / 법원행시 08 / 법원행시 09 / 법원행시 10 / 법원행시 11 / 법원행시 12 / 법원행시 13 / 법원승진 12 / 법원9급 13 / 경찰간부 14 / 변호사 14

980 **보충 – 장물죄의 본범에 해당하지 않는 경우** 수뢰죄 경찰승진(경감) 11, 도박죄, 통화위조죄, 시체 등 영득죄, 조수보호 및 수렵에 관한 법률 위반죄, 수산업법 위반죄, 관세법 위반죄(밀수품은 형법상 장물이 아니라 관세장물임), 문화재보호법 위반죄 등.

981 **참고 장물죄가 성립하기 위해서는 본범이 기수에 이르러야 하는가**(절도가 자기가 점유하게 된 재물을 탈환하려는 피해자로부터 그 탈환에 항거할 목적으로 폭행·협박을 가하려고 하였으나 상대방이 전혀 공포심을 갖지 않은 경우에는 준강도미수죄가 성립하게 되는바, 이러한 준강도미수범으로부터 당해 재물을 넘겨받은 자를 장물취득죄로 처벌할 수 있는가)에 대해서는, ① 본범이 기수에 이르러야 장물죄가 성립한다는 입장(본범은 기수에 이르러야 한다는 긍정설, 강구진, 394면; 김일수/서보학, 505면; 김종원, 250면; 배종대, 538면; 서일교, 194면; 손동권, 485면; 이정원, 451면; 정성근/박광민, 448면; 정영석, 396면; 진계호, 396면; 황산덕, 334면)과 ② 본범의 기수 여부와는 관계가 없고 영득행위가 종료하였으면 된다는 입장(기수에 이를 필요가 없다는 부정설, 오영근, 625면; 이재상, §22－18; 임웅, 477면)이 대립한다. 긍정설이 다수설이지만, 영득행위를 기준으로 하는 부정설의 입장이 타당하다고 생각된다. 또한 어느 견해에 의하든, 영득행위 종료 이전에 가담한 자는 장물죄가 되는 것이 아니라 본범의 공범이 성립하게 된다.

982 **보충** ① 甲의 매도의사표시로써 횡령행위는 이미 종료된 것이어서 횡령기수죄가 이미 성립하고 그 이후 乙이 그 재물을 매입한 것은 장물취득죄가 성립한다는 입장(甲은 횡령죄, 乙은 장물취득죄)(다수설 : 김일수/서보학, 505면; 박상기, 428면; 배종대, 538면; 백형구, 239면; 서일교, 194면; 정성근/박광민, 448면; 황산덕, 334면), ② 甲의 매도의사표시만에 의해서는 그 횡령행위가 기수가 되지 않기 때문에 乙은 자신의 매수의사표시로써 甲의 횡령범행이 기수가 되기 전에 이를 방조하였다는 점이 인정되어 횡령죄의 방조범이 되고, 乙이 그 재물을 인도받을 때 甲의 횡령행위는 비로소 기수가 되었다는 점에서 이때 乙의 행위는 장물취득죄가 된다는 입장(甲은 횡령죄, 乙은 횡령방조죄와 장물취득죄의 상상적 경합)(김종원, 250면; 진계호, 444면), ③ 甲의 매도의사표시만에 의해서는 그 횡령행위가 종료되지 않았다는 점에서 乙의 매수행위를 횡령죄에 가공하는 것으로 볼 수 있다는 점에서 乙은 횡령죄의 방조범이 된다는 입장(甲은 횡령죄, 乙은 횡령방조죄)(손동권, 486면; 오영근, 625면; 이재상, §22－18; 이형국(Ⅰ), 530면; 임웅, 444면)이 대립하고 있다. 판례는 제1설의 입장으로 볼 수 있다.

983 **사실관계** 乙은 2001.5. 하순경 甲으로부터 甲이 업무상 보관중인 D 주식회사 소유의 5,000만 원을 그것이 횡령한 것임을 알고 주식매각 대금조로 교부받았다. 판례에 의하면, 甲에게는 업무상 횡령죄가 성립하는데 이와 동시에 乙에게도 장물취득죄가 성립한다.

③ 추구권 · 위법재산상태의 존재(참고)

㉠ 의의 : 재산죄에 의하여 영득한 재물은 피해자에게 추구권이 있거나 위법한 재산상태가 유지되는 동안만 장물이 된다.

㉡ 장물성의 상실 여부가 문제되는 경우

ⓐ 민법상 취소할 수 있는 경우(민법 제110조[984]) : 취소 전·후를 불문하고 장물이 된다.

ⓑ 불법원인급여물 : (결합설 중 유지설의 관점에서) 장물성이 긍정된다.

ⓒ 새로운 소유권이 생긴 경우 : 민법상 부합(제257조) · 혼화(제258조) · 가공(제259조)에 의하여 소유권이 가공자에게 귀속되는 경우에는 장물성이 상실된다.

④ 재물의 동일성

㉠ 의의 : 장물은 재산범죄에 의해서 영득된 재물 그 자체이거나 그것과 동일성이 인정되는 것이어야 한다. 예컨대 장물을 전당잡힌 전당표는 동일성이 없어 장물이 될 수 없다.

㉡ 원형이 변경된 경우 : 어느 정도 원형의 변경이 있더라도 재물의 동일성이 유지되면 여전히 장물성이 존재한다(예 귀금속의 원형을 변경하여 금괴로 만든 경우 ⇨ 동일성 인정). 다만, 가공하여 새로운 물건을 제조한 경우가 되면 동일성이 상실된다.

㉢ 복사물 : 물질적 동일성이 부정되므로 장물이 아니다.

예 절취한 문서나 녹음테이프를 복사한 문서와 테이프는 장물이 아니다.

㉣ 대체장물의 장물성 : 장물의 매각대금 내지 장물인 금전으로 구입한 물건 등과 같이 장물과 바꾼 물건을 대체장물(代替贓物, Ersatzhehlerei)이라 한다.

ⓐ 대체장물은 장물성 부정 : 원칙적으로 대체장물은 장물 그 자체가 아니므로 장물성이 부정된다. 경찰간부 11

ⓑ 다른 재산범죄의 영득물이 된 경우 : 절도범이 훔친 보석을 자기 물건인 것처럼 속여 선의의 제3자에게 판매한 경우의 보석판매대금은 절도죄와 관련하여서는 대체장물이므로 장물성이 상실되지만, 보석의 선의의 매수인에 대하여는 사기죄가 성립하므로[985] 결국 보석판매대금은 사기죄로 영득한 재물이 되어 장물로 인정받게 된다.

ⓒ 절취한 현금을 선의의 제3자에게 주고 구입한 물건의 경우 : 일단 대체장물일 뿐만 아니라, 절취한 현금을 절취한 사정을 모르는 선의의 상대방에게 교부하고 물건을 구입한 행위는 사기죄를 구성하지 않으므로[986] 이때 구입한 물건은 장물이 될 수 없다.

㉤ 환전통화(換錢通貨) 및 수표와 교환된 현금 : 판례는 장물인 현금이나 자기앞수표를 금융기관에 예금의 형태로 보관하였다가 이를 반환받기 위하여 동일한 액수의 현금을 인출한 경우, 예금계약의 성질상 인출된 현금과 같은 대체성이 있는 물건은 물리적 동일성을 중시하지 않고 그 가치의 동일성만 인정된다면 장물성을 인정하며(대법원 2000.3.10, 98도2579[987]; 2004.4.16, 2004도353), 국가7급 07 / 검

---

984 사기·강박에 의한 의사표시의 경우로서 피해자가 취소할 수 있는 경우를 말한다.

985 총론, 죄수론 중 불가벌적 사후행위에서 자세히 다루었던 문제이다. 이 경우 선의의 제3자는 민법 제249조의 동산 선의취득 규정에 의하여 그 소유권을 취득하지만, 도품·유실물의 특례(민법 제250조)에 의하여 원래의 소유자로부터 2년간 반환청구권을 행사받게 된다. 따라서 절도범이 선의의 제3자에게 도품을 매각한 행위는 절도죄와는 별도로 사기죄를 구성한다.

986 현금과 같은 경우에는 도품·유실물 특례의 적용대상이 아님을 유의할 것.

987 판례 : **장물인 현금과 자기앞수표를 금융기관에 예치하였다가 현금으로 인출한 경우, 인출한 현금의 장물성이 상실되지 않는다는 사례** 장물이라 함은 재산범죄로 인하여 취득한 물건 그 자체를 말하고, 그 장물의 처분대가는 장물성을 상실하는 것이지만, 금전은 고도의 대체성을 가지고 있어 다른 종류의 통화와 쉽게 교환할 수 있고, **그 금전 자체는 별다른 의미가 없고 금액에 의하여 표시되는 금전적 가치가 거래상 의미를 가지고 유통되고 있는 점**에 비추어 볼 때, 장물인 현금을 금융기관에 예금의 형태로 보관하였다가 이를 반환받기 위하여 동일한 액수의 현금을 인출한 경우에 예금계약의 성질상 인출된 현금은 **당초의 현금과**

찰7급 13 / 국가9급 13 / 국가9급 14 / 법원행시 06 / 법원행시 08 / 법원행시 10 / 법원행시 11 / 법원9급 07(상) / 법원9급 12 / 경찰채용 11 2차 / 경찰승진(경사) 10 / 경찰승진 12 / 경찰승진 13 / 경찰승진 14 / 사시 10 / 사시 11 / 사시 14 국고수표를 횡령하여 타인의 예금계좌에 입금시켜 놓았다가 현금으로 되찾은 경우 그 현금도 여전히 횡령죄의 장물로서의 성질을 잃지 않는다고 보고 있다(대법원 1999.9.17, 98도2269). 다만, 학계에서는 견해가 대립한다.[988]

02 장물취득 · 양도 · 운반 · 보관 · 알선죄

제362조【장물의 취득, 알선 등】 ① 장물을 취득, 양도, 운반 또는 보관한 자는 7년 이하의 징역 또는 1천 500만 원 이하의 벌금에 처한다.
② 전항의 행위를 알선한 자도 전항의 형과 같다.

1. 객관적 구성요건

(1) 주체 – 본범의 정범을 제외한 모든 자

본범 자신이 다시 장물취득을 한다는 것은 논리적으로 불가능하므로 본범의 정범(단독정범 · 합동범 · 공동정범 · 간접정범)은 장물죄의 주체가 될 수 없지만, 법원행시 05 본범의 교사범 · 종범은 장물죄의 주체가 될 수 있으므로, 절도를 교사한 자가 장물을 취득하면 절도교사죄와 장물취득죄의 경합범이 된다.[989] 법원행시 05

(2) 객체 – 장물(재물죄)

장물죄에는 동력 재물간주규정(제346조)의 명시적 준용규정은 없다. 다만 재물의 개념에 관한 관리가능성설(다수설 · 판례)에 의할 때에는 법조문상 근거가 없더라도 관리할 수 있는 동력도 해석상 장물로 파악되게 된다.[990]

(3) 행위 – 장물을 취득 · 양도 · 운반 · 보관 · 알선하는 것

① 취득(取得, Verschaffen) : 점유를 이전받음으로써 재물에 대한 사실상의 처분권을 얻는 것을 말하며, 유상이든 무상이든 가리지 않는다. ㉠ 점유를 이전받아야 한다는 점에서, 본인 명의의 예금계좌를 양도하는 방법으로 본범의 사기 범행을 용이하게 한 방조범이 본범의 사기행위 결과 그의 예금계좌에 입금된 돈(현금은 재물이므로 장물성은 인정됨)을 인출한 경우 점유의 이전을 통해 취득하였다고 할 수 없어 장물취득죄가 성립하지 않는다(대법원 2010.12.9, 2010도6256).[991] 국가9급 12 / 법원행시 14 / 법원9급 11 / 사시

물리적인 동일성은 상실되었지만, 액수에 의하여 표시되는 금전적 가치에는 아무런 변동이 없으므로 장물로서의 성질은 그대로 유지된다고 봄이 상당하고, 자기앞수표도 그 액면금을 즉시 지급받을 수 있는 등 현금에 대신하는 기능을 가지고 거래상 현금과 동일하게 취급되고 있는 점에서 금전의 경우와 동일하게 보아야 한다(대법원 2000.3.10, 98도2579). 국가7급 13 / 법원행시 06 / 법원행시 10 / 법원행시 11 / 법원9급 07(상) / 법원9급 12 / 경찰채용 11 2차

988 **보충** ① 장물성을 긍정하는 견해는 강구진, 396면; 김성천/김형준, 551면; 서일교, 196면; 손동권, 488면; 유기천(상), 314면; 이재상, §22–20; 정성근/박광민, 398면; 정영석, 397면. ② 위법한 재산상태가 단절되었다고 보아 장물성을 부정하는 견해는 김일수/서보학, 497면; 김종원, 251면; 박상기, 423면; 배종대, 523면; 백형구, 235면; 오영근, 626면; 이정원, 451면; 이형국(Ⅰ), 532면, 임웅, 502면.

989 **판례 : 재산범죄의 공범과 장물죄의 성립 사례** 장물죄는 타인(본범)이 불법하게 영득한 재물의 처분에 관여하는 범죄이므로 자기의 범죄에 의하여 영득한 물건에 대하여는 성립되지 아니하고 이는 불가벌적 사후행위에 해당한다고 할 것이지만, 여기에서 자기의 범죄라 함은 정범자(공동정범과 합동정범을 포함)에 한정되는 것이므로, 평소 본범과 공동하여 수차 상습으로 강도 등 범행을 자행함으로써 실질적인 범죄집단을 이루고 있었다고 하더라도, 당해 범죄행위의 정범자로 되지 않는 이상 이를 자기의 범죄라고 할 수 없고, 따라서 그 장물의 취득을 불가벌적 사후행위라고 할 수 없다(대법원 1986.9.9, 86도1273). 법원행시 09 / 경찰간부 14 / 사시 12

990 재산죄 일반이론 중 재물의 개념 및 바로 앞서 설명한 장물의 개념 참조.

991 **판례 : 본인 명의의 예금계좌를 양도하는 방법으로 본범의 사기 범행을 용이하게 한 방조범이 본범의 사기행위 결과 그의 예금계**

12 / 사시 14 / 사시 16 / 변호사 14 또한 ㉡ 사실상의 처분권을 획득해야 한다는 점에서, 단순히 보수를 받고 본범을 위하여 장물을 일시 사용하거나 그와 같이 사용할 목적으로 장물을 건네받은 것만으로는 장물을 취득한 것으로 볼 수 없다(대법원 2003.5.13, 2003도1366).[992] 국가7급 11 / 국가7급 13 / 법원행시 13 / 법원승진 14 / 법원9급 12 / 경찰승진 12 / 경찰승진 16 / 변호사 12 / 국가9급 24 그리고 본죄는 미수범 처벌규정이 없기 때문에 점유의 이전 전(前)의 계약체결만으로는 무죄가 된다. 여기에서 점유의 이전은 직접적 점유의 취득이든 간접적 점유의 취득이든 불문한다. 예컨대 장물이 들어있는 지하철 물품보관함의 열쇠를 건네받는 경우에도 장물취득에 해당된다.

② 양도(讓渡) : 장물인 사정을 알지 못하고 취득 후 그 사정을 알면서 제3자에게 수여하는 것을 말한다. 장물인 수입자동차를 국내에서 신규등록하고 나서 위 자동차가 장물일지 모른다고 생각하면서 이를 양도한 행위는, 신규등록하였다 하여 이를 원시취득이라 할 수 없다는 점에서 장물성이 그대로 유지되기 때문에 장물양도죄를 구성한다(대법원 2011.5.13, 2009도3552).[993] 법원행시 12 / 사시 14 이러한 양도는 유지설에 의하면 설명하기 곤란한 행위유형이다.[994]

③ 운반(運搬) : 장물을 장소적으로 이전하는 것을 말한다. 예컨대, 절취한 차량을 이용하여 강도를 하려 한다는 사실을 알면서 위 차량을 운전해 준 행위는 장물운반죄에 해당된다(대법원 1999.3.26, 98도3030 : 장물운반죄와 강도예비죄의 상상적 경합). 국가7급 10 / 법원행시 08 / 법원행시 14 / 경찰간부 17 / 경찰승진(경사) 10 / 국가7급 20 / 국가9급 23 그러나 타인이 절취하여 운전하는 승용차의 뒷자석에 편승한 것을 운반이라 할 수는 없다(대법원 1983.9.13, 83도1146).

④ 보관(保管) : 위탁을 받아 장물을 자기의 점유 하에 두는 것을 말한다. 사실상 처분권을 획득하는 장물취득과는 구별되는 행위태양이다. 또한 장물인 사정을 모르고 장물을 보관하였다가 그 후에 장물인 사정을 알게 된 경우 그 사정을 알고서도 이를 계속하여 보관하는 행위는 장물보관죄를 구성하지만, 법원승진 14 / 경찰승진 13 / 경찰승진 16 / 사시 16 이 경우 점유할 권한이 있는 때에는 이를 계속하여 보관하더라도

좌에 입금된 돈을 인출한 사례 장물취득죄에서 '취득'이라 함은 장물의 점유를 이전받음으로써 그 장물에 대하여 사실상 처분권을 획득하는 것을 의미하는데(대법원 2003.5.13, 2003도1366), 국가7급 11 이 사건의 경우 **본범의 사기행위는 피고인이 예금계좌를 개설하여 본범에게 양도한 방조행위가 가공되어 본범에게 편취금이 귀속되는 과정 없이 피고인이 피해자로부터 피고인의 예금계좌로 돈을 송금받아 취득함으로써 종료되는 것이고, 그 후 피고인이 자신의 예금계좌에서 위 돈을 인출하였다 하더라도 이는 예금명의자로서 은행에 예금반환을 청구한 결과일 뿐**(대법원 2009.3.19, 2008다45828 전원합의체) **본범으로부터 위 돈에 대한 점유를 이전받아 사실상 처분권을 획득한 것은 아니므로,** 피고인의 위와 같은 인출행위를 장물취득죄로 벌할 수는 없다. 따라서 사기 범행에 이용되리라는 사정을 알고서도 자신의 명의로 새마을금고 예금계좌를 개설하여 甲에게 이를 양도함으로써 甲이 乙을 속여 乙로 하여금 1,000만 원을 위 계좌로 송금하게 한 사기 범행을 방조한 피고인이 위 계좌로 송금된 돈 중 140만 원을 인출하여 甲이 편취한 장물을 취득하였다는 공소사실에 대하여, 甲이 사기 범행으로 취득한 것은 재산상 이익이어서 장물에 해당하지 않는다는 원심판단은 적절하지 아니하지만, 피고인의 위와 같은 인출행위를 장물취득죄로 벌할 수는 없으므로, 위 '장물취득' 부분을 무죄로 선고한 원심의 결론은 정당하다(대법원 2010.12.9, 2010도6256). 법원행시 14 / 법원9급 11 / 사시 14 / 변호사 14

992 **사실관계** 甲은 乙로부터 보수를 받는 조건으로 乙이 습득한 신용카드로 물품을 구입하여 주기로 하고, 위 신용카드를 교부받아 가지고 있었다. 甲에게는 장물보관죄만 성립하며, 장물취득죄는 성립하지 않는다. 국가7급 11

993 **사례 : 장물인 수입자동차를 국내에서 신규등록한 것이 원시취득에 해당하지 않는다는 사례** 甲은 도난차량인 미등록 수입자동차를 취득하여 신규등록을 마친 후 위 자동차가 장물일지도 모른다고 생각하면서 이를 양도하였다. 甲의 죄책은? **판례** 장물죄에 있어서 장물의 인식은 확정적 인식임을 요하지 않으며 장물일지도 모른다는 의심을 가지는 정도의 미필적 인식으로서도 충분하다(대법원 2004.12.9, 2004도5904 등). 법원행시 06 / 법원행시 07 / 법원9급 12 / 경찰승진(공통) 11 / 경찰승진 14 / 사시 14 **또한** 구 자동차관리법 제6조가 "자동차 소유권의 득실변경은 등록을 하여야 그 효력이 생긴다."고 규정하고 있기는 하나, 위 규정은 도로에서의 운행에 제공될 자동차의 소유권을 공증하고 안전성을 확보하고자 하는 데 그 취지가 있는 것이므로, **장물인 수입자동차를 신규등록하였다고 하여 그 최초 등록명의인이 해당 수입자동차를 원시취득하게 된다거나 그 장물양도행위가 범죄가 되지 않는다고 볼 수는 없다**(대법원 2011.5.13, 2009도3552). 법원행시 12
해결 장물양도죄.

994 **보충** 장물인 사정을 알지 못하고 취득(선의취득)하였다는 점에서 위법상태의 유지에 관한 합의가 결여되어 있기 때문이다. 따라서 장물양도의 본질은 결합설 중 추구권설에 의해 파악해야 할 것이다.

장물보관죄가 성립한다고 할 수 없다(대법원 1986.1.21, 85도2472).[995] 법원행시 08 / 법원행시 09 / 법원행시 10 / 법원행시 11 / 경찰승진(경장) 10 / 경찰승진(경사) 11 / 경찰승진 12 / 사시 11 / 법원9급 20

⑤ 알선(斡旋) : 장물의 취득·양도·운반·보관을 매개·주선하는 행위를 말한다. 장물알선죄의 성립시기에 대해서는 견해의 대립이 있으나,[996] 판례는 알선행위만 있으면 되고 계약성립이나 점유이전은 필요 없다는 입장이다(대법원 2009.4.23, 2009도1203).[997] 법원행시 13 / 법원행시 14 / 경찰채용 12 2차 / 경찰승진 16 / 경찰승진 17 / 사시 11 / 사시 14 / 사시 16 / 변호사 13 / 변호사 17 / 법원9급 18

2. 주관적 구성요건

장물취득 등에 대한 고의가 있어야 한다. 또한 장물취득죄는 영득죄이지만, 장물양도·운반·보관·알선죄는 고의만 있으면 되고 추가적인 영득 내지 이득의 의사가 필요하지 않다(다수설[998]). 그리고 고의는 미필적 고의로도 충분하지만(대법원 1995.1.20, 94도1968[999]; 2001.5.8, 2001도2181[1000]) 국가7급 14 '장물을 취득하는 행위 등을 할 당시'에는 가지고 있어야 한다(대법원 1971.4.20, 71도468[1001]; 2006.10.13, 2004도6084[1002]). 국가7급 11 / 사시 14

3. 죄수 및 다른 범죄와의 관계

(1) 죄수(참고)

① 장물인 사정을 알면서 보관하다가 취득한 경우 : 장물취득죄가 된다.

② 장물을 운반한 후에 계속하여 보관하는 경우 : 장물운반죄만 된다(보관은 불가벌적 사후행위). 다만 장물을 보관하기 위해 운반한 경우에는 보관죄만 된다(운반은 불가벌적 수반행위).

---

995 **판례 : 채권담보로 교부받은 장물인 사정을 알고도 보관한 경우** 장물인 사정을 모르고 채권담보로써 수표를 교부받았다가 그 사정을 알고서도 계속 보관한 경우와 같이 **적법한 권원이 있는 경우의 보관행위**는 장물보관죄에 해당되지 않는다(대법원 1986.1.21, 85도2472). 법원행시 08 / 법원행시 11 / 경찰승진 12 / 사시 11

996 ㉠ 사실상의 알선행위만 있으면 기수가 되고 알선에 의해 별도의 매매계약이 성립할 것을 요하지 않는다는 견해(김성천/김형준, 554면; 김일수/서보학, 502면; 김종원, 254면; 박상기, 426면; 서일교, 198면; 황산덕, 337면), ㉡ 알선행위에 뒤이은 계약의 성립이 필요하다는 견해(유기천(상), 319면; 이형국(Ⅰ), 535면; 임웅, 484; 정성근/박광민, 455면; 정영석, 401면) 그리고 ㉢ 알선행위로 인하여 해당 장물에 대한 점유의 이전까지 필요하다는 견해(배종대, 530면; 백형구, 243면; 손동권, 492면; 오영근, 633면; 이재상, §22-27; 이정원, 457면; 진계호, 401면)의 대립이 그것이다.

997 **사례 : 장물알선죄의 성립요건** 장물인 귀금속의 매도를 부탁받은 甲은 그 귀금속이 장물임을 알면서도 매매를 중개하고 매수인 乙에게 이를 전달하려다가 매수인을 만나기도 전에 체포되었다. 甲에게는 장물알선죄가 성립하는가? **판례** 장물인 사정을 알면서 장물을 취득·양도·운반·보관하려는 당사자 사이에 서서 서로를 연결하여 장물의 취득·양도·운반·보관행위를 중개하거나 편의를 도모하였다면, **그 알선에 의하여 당사자 사이에 실제로 장물의 취득·양도·운반·보관에 관한 계약이 성립하지 아니하였거나 장물의 점유가 현실적으로 이전되지 아니한 경우라도 장물알선죄가 성립한다**(대법원 2009.4.23, 2009도1203). 법원행시 13 / 법원행시 14 / 경찰승진 12 / 경찰채용 12 2차 / 사시 11 / 변호사 13 **해결** 성립한다.

998 반대입장의 소수설은 김일수/서보학, 504면; 배종대, 589면 등.

999 **판례** 장물의 인정을 알고 있었느냐의 여부는 장물 소지자의 신분, 재물의 성질, 거래의 대가 기타 상황을 참작하여 이를 인정할 수밖에 없다(대법원 1995.1.20, 94도1968).

1000 **판례** 회사직원의 공금횡령행위에 대하여 공모를 하지는 않았지만 그가 정상적이 아닌 부정한 방법으로 금원을 마련하여 송금하는 사정을 **미필적으로나마 인식**하고 있으면서도 이를 계속하여 묵인한 채 송금을 받은 경우, **횡령행위에 대한 방조 또는 장물취득**행위에 해당한다(대법원 2001.5.8, 2001도2181).

1001 **판례** 장물취득죄는 **취득 당시 장물인 줄을 알면서 이를 취득하여야 성립**하는 것이므로, 피고인이 위 자전거의 인도를 받은 후에 비로소 장물이 아닌가 하는 의구심을 가졌다고 해서 그 수수행위가 장물취득죄를 구성한다고 할 수 없다(대법원 1971.4.20, 71도468). 국가7급 11

1002 **판례** 전당포영업자가 돈을 대여하고 물건을 전당잡는 행위(질권설정행위)는 전당잡은 물건에 대하여 사실상의 처분권을 획득하는 행위로서 장물취득죄에 있어서의 취득행위에 해당하므로 장물취득죄에 있어서의 고의 유무는 이때를 기준으로 판단하여야 하는데, **전당포영업자가 보석들을 전당잡으면서 인도받을 당시 장물이라는 사정을 알았다고 볼 증거가 없다면, 그 후 장물일지도 모른다고 의심하면서 소유권포기각서를 받았다 하더라도 장물취득죄에 해당하지 않는다**(대법원 2006.10.13, 2004도6084). 경찰간부 11 / 사시 14 **보충 또한 전당포영업자인 피고인이 대여금채권의 담보로 보석들을 전당잡은 경우에는 이를 점유할 권한이 있는 때에 해당하여 장물보관죄가 성립할 여지 역시 없다.**

③ 장물을 취득한 자가 이를 양도 · 운반 · 보관한 경우 : 장물취득죄만 되고 양도·운반·보관은 불가벌적 사후행위로 본다.

④ 장물을 알선하기 위하여 운반 · 보관한 후 알선한 경우 : 장물알선죄만 성립한다. 운반·보관은 알선의 목적달성을 위한 수단에 불과하기 때문이다.

(2) 다른 범죄와의 관계

① 장물을 절취 · 강취 · 사취 · 갈취한 경우 : 상대방과의 합의가 없으므로 위법상태가 유지되지 않아서 장물죄는 성립하지 않고 위의 범죄(절도죄·강도죄·사기죄·공갈죄)만 성립한다. 법원행시 05

② 장물보관자가 그 장물을 횡령한 경우 : 절도 범인으로부터 장물보관 의뢰를 받고 이를 보관하다가 임의처분하였다 하여도 장물보관죄가 성립하는 때에는 그 후의 횡령행위는 불가벌적 사후행위에 불과하여 별도로 횡령죄가 성립하지 않는다.[1003] 국가7급 11 / 국가7급 13 / 국가9급 11 / 법원행시 05 / 법원행시 06 / 법원행시 08 / 법원행시 11 / 법원행시 13 / 법원9급 07(상) / 법원9급 10 / 법원9급 13 / 법원9급 14 / 경찰간부 13 / 경찰간부 17 / 경찰승진(경장) 10 / 경찰승진(경감) 10 / 경찰승진(경감) 11 / 경찰승진 12 / 경찰승진 14 / 사시 10 / 사시 14 이는 업무상 과실장물보관죄의 경우에도 마찬가지이다(대법원 2004. 4.9, 2003도8219). 경찰간부 14 / 법원9급 18 / 경찰채용 18 3차

4. 친족 간의 정의를 고려한 특별규정(친족상도례)

제365조 【친족 간의 범행】 ① 전3조의 죄를 범한 자와 피해자 간에 제328조 제1항·제2항의 신분관계가 있는 때에는 동조의 규정을 준용한다.
② 전3조의 죄를 범한 자와 본범 간에 제328조 제1항의 신분관계가 있는 때에는 그 형을 감경 또는 면제한다. 단, 신분관계가 없는 공범에 대하여는 예외로 한다.

장물범과 피해자 간에 직계혈족·배우자·동거친족, 동거가족 또는 그 배우자의 신분관계가 있는 때에는 장물죄는 성립하지만 형이 면제된다(제365조 제1항, 제328조 제1항). 경찰간부 11 만일 이러한 관계 이외의 친족관계가 존재한다면 상대적 친고죄가 된다(제365조 제1항, 제328조 제2항).

그런데 장물범과 본범 간에 직계혈족 등의 신분관계가 있는 때에는 장물죄는 성립하지만 그 형이 필요적 감면된다(제365조 제2항). 국가9급 14 / 법원행시 06 / 경찰승진(경장) 10 / 경찰승진 13 / 경찰승진 17 / 경찰채용 12 1차 / 경찰채용 17 1차 / 경찰간부 17 / 사시 14 이는 장물범죄의 본범비호적 성격 및 친족 간의 정의(情誼)를 고려한 것이다. 이 경우 장물범의 '공범'이 신분관계 없는 때에는 필요적 형감면의 특례를 적용할 수 없다(동조 제2항 단서). 주의할 것은 장물범과 본범 간에 위와 같은 관계 이외의 친족관계(제328조 제2항의 신분관계)가 있는 경우에는 －장물범과 피해자 간의 경우와는 달리－ 아무런 특례도 적용되지 않고 그대로 장물죄로 처벌된다는 점이다.

03 상습장물취득 · 양도 · 운반 · 보관 · 알선죄

제363조 【상습범】 ① 상습으로 전조의 죄를 범한 자는 1년 이상 10년 이하의 징역에 처한다.
② 제1항의 경우에는 10년 이하의 자격정지 또는 1천 500만 원 이하의 벌금을 병과할 수 있다.

장물범죄의 속성상 영업적으로 연속될 가능성이 높다는 점에서 형법은 상습범 처벌규정을 두고 있다. 상습장물죄는 강도·도박과 함께 상습범 중 별도의 형으로 처벌하는 규정이다.

1003 통설·판례이다. 다만 장물보관죄와 횡령죄의 경합범을 인정해야 한다는 소수설은 임웅, 485면 참조.

04 업무상 과실 · 중과실 장물취득 · 양도 · 운반 · 보관 · 알선죄

제364조【업무상 과실, 중과실】 업무상 과실 또는 중대한 과실로 인하여 제362조의 죄를 범한 자는 1년 이하의 금고 또는 500만 원 이하의 벌금에 처한다.

장물을 취급하기 쉬운 업무에 종사하는 자의 주의의무를 요구하고, 보통인의 중과실(重過失)을 이와 같이 취급하는 규정이다. 업무상 과실장물범죄는 보통과실장물죄가 없다는 점을 고려할 때, 본죄의 업무는 형을 가중시키는 신분이 아니라 범죄를 구성하는 신분이다. 경찰간부 11 보통 업무상 매수자의 주의의무는 매도인의 사업자등록증과 주민등록증을 확인하고 위 물품을 인수한 후에 이를 장부에 이를 모두 기재하였다면 다한 것이지만,[1004] 장물인지 의심할 만한 특별한 사정이 있는 경우에는 이 정도로는 불충분하고 당해 물건의 매수 경위 등을 문의하여야 한다.[1005]

제9절 손괴의 죄

01 재물손괴죄

제366조【재물손괴 등】 타인의 재물, 문서 또는 전자기록 등 특수매체기록을 손괴 또는 은닉 기타 방법으로 그 효용을 해한 자는 3년 이하의 징역 또는 700만 원 이하의 벌금에 처한다.

1. 의의 및 보호법익과 특징

손괴죄(損壞罪, destruction and damage)는 타인의 재물, 문서 또는 전자기록 등 특수매체기록을 손괴 또는 은닉 기타 방법으로 그 효용을 해함으로써 성립하는 범죄이다. 본죄의 보호법익은 소유권의 이용가치이며, 법익보호의 정도는 침해범이다. 이에 비해 후술하는 공익건조물파괴죄의 보호법익은 공익건조물의 이용에 관한 공공의 이익이요, 경계침범죄의 보호법익은 토지경계의 명확성이다. 모두 침해범으로 해석된다. 따라서 손괴의 죄는 대체로 미수를 처벌하나, 경계침범죄나 결과적 가중범인 중손괴죄나 손괴치사상죄는 미수범 처벌규정이 없다.

1004 판례 : 장물 여부에 관한 영업자의 주의의무의 정도 전당포영업자인 甲은 전당의뢰자 乙로부터 목적물을 전당잡으면서 **전당포영업법 제15조 소정의 확인방법에 따라 의뢰자의 주민등록증을 제시받아 그의 주소, 성명, 직업, 연령 등 인적 사항을 확인하고 전당물대장에 전당물과 전당물주의 특징 등을 기재하는 한편 그의 전화번호를 적어두었다.** 그런데 위 목적물은 장물이었다. 甲은 **전당업무처리상의 주의의무를 다한 것**으로 보아야 할 것이고, 더 나아가 전당물의 구입경위나 출처, 전당의 동기까지 확인해야 할 주의의무는 없다(대법원 1984.9.25, 84도1488). 따라서 甲은 무죄이다. 같은 취지의 판례로는 대법원 1986.6.24, 86도396; 1991.11.26, 91도2332 등 참조.

1005 사례 : 장물인지 의심할 만한 특별한 사정이 있는 경우 금은방 운영자 甲은 반지를 매수함에 있어 매도인 乙(19세)이 2001.11. 말경에도 14K 커플링 반지를 가지고 운영의 금은방에 와서 이를 매수한 적이 있는데, 불과 1주일여 만에 다시 이 사건 반지[종류가 다른 18K 큐빅 반지 2개(여자용 및 남녀공용 각 1개)]를 팔러 왔고, 乙은 이 사건 반지를 팔러 왔을 때 그 중량이나 가격을 알지 못하고, 오히려 甲에게 몇 돈이 나가느냐고 물어보았음에도 甲은 乙의 주민등록증을 제시받아 신원을 확인하였을 뿐 이 사건 반지의 소유관계 등에 대해서는 물어보지 않았다. 甲의 죄책은? 판례 **금은방 운영자가 반지를 매수함에 있어 장물인 사정을 알 수 있었거나 장물인지 여부를 의심할 만한 특별한 사정이 있었다면**(비록 이 사건 반지의 매수시세가 17만 원 정도로 그다지 고가가 아니라고 하더라도 동일한 전과까지 있는 피고인으로서는 이 사건 반지가 장물인 점을 알 수 있었거나 장물인지의 여부를 의심할 만한 특별한 사정이 있는 경우에 해당한다. – 판결이유 중에서) **매도인의 신원확인 외에 반지의 출처 및 소지경위 등에 대하여도 확인할 업무상 주의의무가 있다**(대법원 2003.4.25, 2003도348). 해결 업무상 과실장물취득죄.

손괴죄는 재물만을 객체로 삼고 있다는 점에서 절도죄·횡령죄·장물죄와 마찬가지로 재물죄이며, 불법영득의사를 필요로 하지 않는다는 점에서 자동차불법사용죄와도 공통점이 있고, 친족상도례가 준용되지 않는 범죄라는 점에서 강도죄와도 공통점이 있다.[1006]

2. 구성요건

(1) 객관적 구성요건

① 객체 – 타인의 재물·문서 또는 전자기록 등 특수매체기록(재물죄)

㉠ 재물 : 절도죄와 동일하다. 국가9급 11 유체물과 관리할 수 있는 동력을 포함하고(제372조에 의한 제346조의 준용), 동산·부동산을 불문한다. 동물도 해당된다. 또한 공익건조물도 파괴(제367조)의 정도에 이르지 않을 때에는 본죄의 대상이 된다. 그러나 공용건조물의 경우에는 –파괴(공용물파괴죄 : 제141조 제2항)의 정도에 도달하지 않는 경우라 하더라도– 공용물건손상죄(제141조 제1항)의 객체에 해당되므로 본죄의 객체에는 해당되지 않는다.

㉡ 문서 : 제141조 제1항의 서류(공용서류)에 해당되지 않는 문서를 말한다. 여기서 문서란 거기에 표시된 내용이 법률상·사회생활상 중요한 사항에 관한 것이어야 하므로, 잘못 기재된 부분을 찢어버린 행위는 본죄에 해당되지 않는다(대법원 1989.10.24, 88도1296).[1007] 사시 16 / 국가9급 23

㉢ 전자기록 등 특수매체기록 : 전자기록 등 손괴죄도 처벌된다(1995년 신설된 규정).

㉣ 타인의 소유 : 타인의 소유에 속하는 재물이면 그 점유가 자기에게 있다 하더라도 무방하며,[1008] 자기명의의 문서라 하더라도 상관없다.[1009] 경찰간부 12 / 경찰승진 12 / 경찰승진 16 예컨대, 채무자가 채권자에게 교부한 차용증서의 액면금액을 고쳐쓰는 행위도, 해당 차용증서가 채권자의 소유에 속한다는 점에서 (문서)손괴죄에 해당되며, 구 도시재개발법에 의한 관리처분계획의 인가·고시 이후 분양처분 고시 이전에 재개발구역 안의 무허가건물을 임의로 손괴하는 행위도 재물손괴죄에 해당된다(대법원 2004.5.28, 2004도434).[1010] 국가9급 11 / 경찰승진(경위) 10 그러나 수확되지 않은 농작물을 매수한 자가 명인방법을 실시하지 않은 경우에는 소유권을 취득하지 못한 것이기 때문에 타인이 이를 손괴하여도 본죄에 해당되지 않는다(대법원 1996.2.23, 95도2754).[1011] 법원행시 10 / 법원행시 13 / 경찰승진 12 / 경찰승진 16

1006 다른 재산범죄와의 균형상 친족상도례를 도입하거나 적어도 반의사불벌죄로는 해야 한다는 입법론이 있다. 강구진, 407면; 김종원, 258면; 서일교, 200면; 손동권, 499면; 이재상, §23–2; 임웅, 490면 등.

1007 **보충** 이미 작성되어 있던 장부의 기재를 **새로운 장부로 이기하는 과정에서 누계 등을 잘못 기재하다가 그 부분을 찢어버리고** 계속하여 종전 장부의 기재내용을 모두 이기(移記)한 행위는 문서손괴죄에 해당되지 않는다는 판례이다. 이기과정에서 잘못 기재되어 찢어버린 부분 그 자체가 손괴죄의 객체가 되는 재산적 이용가치 내지 효용이 있는 재물이라고도 볼 수 없기 때문이다.

1008 **판례 : 자기가 점유하는 타인소유 문서도 문서손괴죄의 객체가 된다는 사례** 甲(임대인 : 전세보증금반환채무자)은 乙(임차인 : 채권자)로부터 전세금 2백만 원을 받고 영수증을 작성·교부한 뒤에 乙에게 전세금을 반환하겠다고 말하여 乙로부터 영수증을 교부받고 나서 전세금을 반환하기 전에 이를 찢어버렸다. 이 경우 **甲 자신의 점유 하에 있는 문서라고 할지라도 타인의 소유에 속하는 이상**, 이를 손괴하는 행위는 문서손괴죄에 해당한다(대법원 1984.12.26, 84도2290). 사시 14

1009 **판례 : 타인(타기관)에 접수되어 있는 자기명의의 문서를 무효화시킨 행위도 문서손괴죄에 해당한다는 사례** 학교장 甲은 합법적인 절차에 따라 결재하여 서울특별시교육회에 이미 제출·접수시킨 추천서를 피추천인인 乙에게 아무런 양해도 구함이 없이 임의로 무효화시킴으로써 일본방문에 필요한 서류인 위 추천서를 그 용도에 사용할 수 없게 하였다. 이 경우 **비록 자기명의의 문서라 할지라도 이미 타인(타기관)에 접수되어 있는 문서**에 대하여 함부로 이를 무효화시켜 그 용도에 사용하지 못하게 하였다면 일응 형법상의 문서손괴죄를 구성한다(대법원 1987.4.14, 87도177). 경찰승진 12 / 경찰간부 18 / 국가9급 24

1010 **판례 : 구 도시재개발법에 의한 관리처분계획의 인가·고시 이후 분양처분의 고시 이전에 재개발구역 안의 무허가 건물을 제3자가 임의로 손괴한 사례** 2002년 폐지되기 전의 구 도시재개발법에 의한 재개발구역 안의 무허가건물에 대한 사실상 소유권은 관리처분계획의 인가·고시에 의하여 이에 해당하는 아파트 등을 분양받을 조합원의 지위로 잠정적으로 바뀌고, 분양처분의 고시가 있는 경우에는 위 법 제39조 제1항 전문의 규정에 의하여 그에 대한 사실상 소유권이 소멸하고 분양받은 아파트에 대한 소유권만이 남게 되는 것이므로, **관리처분계획의 인가·고시 이후 분양처분의 고시 이전**에 재개발구역 안의 무허가건물을 제3자가 임의로 손괴할 경우 특별한 사정이 없는 한 **재물손괴죄가 성립한다**(대법원 2004.5.28, 2004도434). 국가9급 11

1011 **판례 : 명인방법을 갖추지 못한 수확되지 아니한 농작물에 대하여 매도인의 허락으로 손괴한 사례** 물권변동에 있어서 **형식주의**

② 행위 – 손괴 · 은닉 · 기타 방법으로 그 효용을 해하는 것

㉠ 손괴(損壞, Beschädigen) : 재물 · 문서에 직접 유형력을 행사하여 그 이용가능성을 침해하는 것(예 한적한 곳에 주차한 차의 타이어 바람을 빼는 것)을 말한다. 손괴의 방법은 다양하다. 예컨대 어음배서의 연속성을 상실시키는 명의 추가 기입행위,[1012] 반환거부와 같은 부작위에 의한 손괴(대법원 1971.11.23, 71도1576)[1013] 등이 여기에 속한다. 반면, 어느 문서에 대한 종래의 사용상태가 문서 소유자의 의사에 반하여 또는 문서 소유자의 의사와 무관하게 이루어진 경우, 단순히 종래 사용상태를 제거 또는 변경시킨 것만으로는 문서손괴죄가 성립하지 않는다(대법원 2015.11.27, 2014도13083). 경찰간부 18

㉡ 은닉(隱匿) : 재물 등의 소재를 불분명하게 함으로써 발견하기 곤란하게 만드는 행위를 말한다. 따라서 타인 명의의 등기권리증을 그 말소등기를 구하는 민사사건에 증거로 제출하였다면, 甲에게는 문서은닉죄가 성립하지 않는다(대법원 1979.8.28, 79도1266).[1014]

㉢ 기타 방법으로 그 효용을 해함 : 사실상 또는 감정상 본래의 용도에 사용할 수 없게 하는 행위이다. 국가9급 11 여기에서 '효용을 해한다.'고 함은 물질적인 파괴행위로 물건 등을 본래의 목적에 사용할 수 없는 상태로 만드는 경우뿐만 아니라 일시적으로 물건 등의 구체적 역할을 할 수 없는 상태로 만들어 효용을 떨어뜨리는 경우도 포함된다(대법원 1992.7.28, 92도1345; 2016.11.25, 2016도9219). 국가9급 11 / 법원행시 10 / 경찰승진 14 / 경찰간부 18 / 경찰승진 23 예컨대 건물 벽면에 래커 스프레이로 낙서를 하는 행위[1015] 경찰승진(경위) 10, 자동문을 자동으로 작동하지 않고 수동으로만 개폐가 가능하게 하여 자동잠금장치로서 역할을 할 수 없도록 한 행위(대법원 2016.11.25, 2016도9219)는 본죄를 구성한다. 경찰승진 23 / 법원9급 22 / 국가9급 24 반면, 계란을 건물에 투척한 행위는 해당되지 않는다(대법원 2007.6.28, 2007도2590).[1016] 법원행시 07 / 법원행시 18 / 경찰

를 채택하고 있는 현행 민법 하에서는 소유권을 이전한다는 의사 외에 부동산에 있어서는 등기를, 동산에 있어서는 인도를 필요로 함과 마찬가지로 이 사건 쪽파와 같은 **수확되지 아니한 농작물**에 있어서는 **명인방법**을 실시함으로써 그 소유권을 취득한다. 그러므로 **쪽파의 매수인이 명인방법을 갖추지 않은 경우**, 쪽파에 대한 소유권을 취득하였다고 볼 수 없어 그 소유권은 여전히 매도인에게 있고 매도인과 제3자 사이에 일정 기간 후 임의처분의 약정이 있었다면 그 기간 후에 제3자가 쪽파를 손괴하였더라도 재물손괴죄가 성립하지 않는다(대법원 1996.2.23, 95도2754). 법원행시 10 / 법원행시 13

1012 **판례 : 어음배서의 연속성을 상실시키는 명의 추가 기입 행위는 문서손괴에 해당한다는 사례** 甲은 A에게 약속어음을 발급하고 위 A는 B에게 백지배서의 방식으로 양도하였는데 그 후 甲은 소지인인 위 B에게 위 어음의 액면과 지급기일을 개서하여 주겠다고 하여 위 어음을 교부받은 후 함부로 위 어음의 수취인란에 "C, D, E"의 이름을 추가로 기입하였다. 이처럼 약속어음의 발행인이 소지인에게 어음의 액면과 지급기일을 개서하여 주겠다고 하여 위 어음을 교부받은 후 **위 어음의 수취인란에 타인의 이름을 추가로 기입하여 위 어음배서의 연속성을 상실하게 함으로써 그 효용을 해한 경우**에는 문서손괴죄에 해당한다(대법원 1985.2.26, 84도2802).

1013 **판례 : 반환 거부와 같은 부작위에 의한 손괴 사례 회사의 경리사무처리상 필요불가결한 매출계산서 · 매출명세서 등의 반환을 거부**함으로써 그 문서들을 일시적으로 그와 같은 용도에 사용할 수 없게 하는 것도 그 문서의 효용을 해한 경우에 해당한다(대법원 1971.11.23, 71도1576). 법원행시 10

1014 **보충** 甲이 자기가 속하고 있는 종중 소유라고 믿고 있는 임야에 대한 乙 명의의 등기권리증을 그 소지인인 丙이 제시하자 위 종중이 원고가 되어 그 말소등기를 구하는 민사 사건에 증거로 제출한 사례이다.

1015 **유사판례** 타인 소유의 광고용 간판을 백색페인트로 도색하여 광고문안을 지워버린 경우, 재물손괴죄를 구성한다(대법원 1991.10.22, 91도2090). 법원행시 13 / 법원행시 18 / 경찰승진 14

1016 **판례 : 건조물의 벽면에 낙서를 하거나 게시물을 부착 또는 오물을 투척한 행위가 재물손괴에 해당하는 경우 – 래커 스프레이 낙서 사건 건조물의 벽면에 낙서를 하거나 게시물을 부착하는 행위 또는 오물을 투척하는 행위 등이 그 건조물의 효용을 해하는 것에 해당하는지 여부**는, 당해 건조물의 용도와 기능, 그 행위가 건조물의 채광 · 통풍 · 조망 등에 미치는 영향과 건조물의 미관을 해치는 정도, 건조물 이용자들이 느끼는 불쾌감이나 저항감, 원상회복의 난이도와 거기에 드는 비용, 그 행위의 목적과 시간적 계속성, 행위 당시의 상황 등 제반 사정을 종합하여 사회통념에 따라 판단하여야 할 것이다(대법원 2007.6.28, 2007도2590). 법원행시 07 / 경찰간부 12

비교판례 : 유색 페인트와 래커 스프레이를 이용하여 회사 소유의 도로 바닥에 직접 문구를 기재하거나 도로 위에 놓인 현수막 천에 문구를 기재하여 페인트가 바닥으로 배어 나와 도로에 배게 한 사례 甲 주식회사의 직원인 피고인들이 유색 페인트와 래커 스프레이를 이용하여 甲 회사 소유의 **도로 바닥**에 직접 문구를 기재하거나 도로 위에 놓인 현수막 천에 문구를 기재하여 페인트가 바닥으로 배어 나와 **도로에 배게** 하는 방법으로 다중의 위력으로써 도로의 효용을 해하였다고 하여 특수재물손괴로 기소된 경우, 피고인들이 위와 같은 방법으로 도로 바닥에 여러 문구를 써놓은 행위는 위 도로의 효용을 해하는 정도에 이른 것이라고 보기 어렵다(대법원 2020.3.27, 2017도20455).

간부 12 / 경찰승진(경위) 10 / 경찰승진 14 / 경찰승진 16 / 경찰승진 23 본죄는 효용을 해한 때 기수가 되므로 그 전까지는 미수범에 불과하다.

판례연구 재물손괴죄 부정 판례

1. 대법원 2015.11.27, 2014도13083

문서의 종래 사용상태가 문서소유자의 의사에 반하거나 무관하게 이루어진 경우, 종래 사용상태의 제거 또는 변경은 문서손괴죄가 성립하지 아니한다는 사례

문서손괴죄는 타인 소유의 문서를 손괴 또는 은닉 기타 방법으로 그 효용을 해함으로써 성립하고, 문서의 효용을 해한다고 함은 그 문서를 본래의 사용목적에 제공할 수 없게 하는 상태로 만드는 것은 물론 일시적으로 그것을 이용할 수 없는 상태로 만드는 것도 포함한다. 따라서 ① 소유자의 의사에 따라 어느 장소에 게시 중인 문서를 소유자의 의사에 반하여 떼어내는 것과 같이 소유자의 의사에 따라 형성된 종래의 이용상태를 변경시켜 종래의 상태에 따른 이용을 일시적으로 불가능하게 하는 경우에도 문서손괴죄가 성립할 수 있다. 그러나 ② 문서손괴죄는 문서의 소유자가 그 문서를 소유하면서 사용하는 것을 보호하려는 것이므로, 어느 문서에 대한 종래의 사용상태가 문서 소유자의 의사에 반하여 또는 문서 소유자의 의사와 무관하게 이루어진 것일 경우에 단순히 그 종래의 사용상태를 제거하거나 변경시키는 것에 불과하고 이를 손괴, 은닉하는 등으로 새로이 문서 소유자의 그 문서 사용에 지장을 초래하지 않는 경우에는 문서의 효용, 즉 문서 소유자의 문서에 대한 사용가치를 일시적으로도 해하였다고 할 수 없어서 문서손괴죄가 성립하지 아니한다. 경찰간부 18

2. 대법원 2022.10.27, 2022도8024

타인의 석축에 화살표 표시한 사건

(甲은 乙과 토지경계에 관한 분쟁이 발생하자 경계의 표시를 위하여, 乙 소유의 석축 중 돌 3개에 빨간색 락카를 사용해 화살표 모양을 표시하였다. 甲의 행위는 손괴죄를 구성하는가?)

건조물의 벽면이나 구조물 등에 낙서를 하는 행위가 구조물 등의 효용을 해하는 것인지는, 해당 구조물 등의 용도와 기능, 낙서 행위가 구조물 등의 본래 사용 목적이나 기능에 미치는 영향, 구조물 등의 미관을 해치는 정도, 구조물 등의 이용자들이 느끼는 불쾌감과 저항감, 원상회복의 난이도와 거기에 드는 비용, 낙서 행위의 목적과 시간적 계속성, 행위 당시의 상황 등 제반 사정을 종합하여 사회통념에 따라 판단하여야 한다(대법원 2007.6.28, 2007도2590; 2020.3.27, 2017도20455). …… 이 사건 석축이 시공된 형상에 비추어 이 사건 석축의 주요한 용도·기능은 피해자의 집 대지보다 높이 있는 인접 토지의 흙과 모래가 피해자의 집으로 무너지는 것을 방지하고, 인접 토지와의 경계 구분을 위한 것으로 보인다. …… 미관 조성이 이 사건 석축의 주요한 용도·기능이라고 보기 어려우므로 이 사건 낙서는 이러한 이 사건 석축의 주요한 용도나 기능에 영향을 미쳤다고 보이지 않는다.

3. 대법원 2022.11.30, 2022도1410

다른 사람의 소유물을 본래의 용법에 따라 무단으로 사용·수익하는 행위

재물손괴죄는 다른 사람의 재물을 손괴 또는 은닉하거나 그 밖의 방법으로 그 효용을 해한 경우에 성립하는 범죄로, 행위자에게 다른 사람의 재물을 자기소유물처럼 그 경제적 용법에 따라 이용·처분할 의사(불법영득의사)가 없다는 점에서 절도, 강도, 사기, 공갈, 횡령 등 영득죄와 구별된다. 다른 사람의 소유물을 본래의 용법에 따라 무단으로 사용·수익하는 행위는 소유자를 배제한 채 물건의 이용가치를 영득하는 것이고, 그 때문에 소유자가 물건의 효용을 누리지 못하게 되었더라도 효용 자체가 침해된 것이 아니므로 재물손괴죄에 해당하지 않는다. …… 부지의 점유 권원 없는 건물 소유자였던 피고인 甲은 토지 소유자와의 철거 등 청구소송에서 패소하고 강제집행을 당했는데도 무단으로 새 건물을 지었는데, 이는 토지를 본래의 용법에 따라 사용·수익함으로써 그 소유자로 하여금 효용을 누리지 못하게 한 것일 뿐 효용을 침해한 것은 아니다.

(2) 주관적 구성요건

① 고의 : 타인의 재물·문서 또는 전자기록 등 특수매체기록을 손괴·은닉 기타 방법으로 그 효용을 해한다는 사실에 대한 인식과 의사를 말한다.[1017] 경찰승진 16 손괴죄는 과실범을 벌하지 않는다. 다만 도로

1017 고의 인정 판례 : 경락받은 공장건물을 개조하기 위하여 그 안에 시설되어 있는 타인의 자재를 적법한 절차 없이 철거하게 하여

교통법에서는 업무상과실손괴죄를 벌하는 규정이 있다.[1018]

② 영득의사 · 이득의사 : 요하지 않는다(훼기죄 내지 비영득죄).

3. 위법성

손괴죄의 구성요건에 해당하는 행위도 제20조의 정당행위 규정에 의하여 정당화될 수 있는 경우도 있는데, 예컨대 甲이 자신의 뽕밭을 유린하는 소의 고삐가 나무에 얽혀 풀 수 없는 상황에서 고삐를 낫으로 끊고 소를 밭에서 끌어낸 행위는 사회상규상 용인되어 처벌할 수 없다(대법원 1976.12.28, 76도2359). 반면, 일정한 장소에 대한 피해자 측의 점유가 이미 확립된 상태에서 출입문과 잠금장치를 훼손하는 등 점유를 실력에 의하여 탈환한 행위는 민법상 자력구제에 해당하지 않으므로 본죄를 구성한다.

판례연구 손괴행위의 위법성이 인정된 사례 : 이미 타인의 점유가 확립된 상태에서 실력에 의하여 탈환한 행위

대법원 2017.9.7, 2017도9999

민법 제209조 제2항 전단은 '점유물이 침탈되었을 경우에 부동산일 때에는 점유자는 침탈 후 직시(直時) 가해자를 배제하여 이를 탈환할 수 있다.'고 하여 자력구제권 중 부동산에 관한 자력탈환권에 관하여 규정하고 있다. 여기에서 '직시'란 '객관적으로 가능한 한 신속히' 또는 '사회관념상 가해자를 배제하여 점유를 회복하는 데 필요하다고 인정되는 범위 안에서 되도록 속히'라는 뜻으로, 자력탈환권의 행사가 '직시'에 이루어졌는지는 물리적 시간의 장단은 물론 침탈자가 확립된 점유를 취득하여 자력탈환권의 행사를 허용하는 것이 오히려 법적 안정 내지 평화를 해하거나 자력탈환권의 남용에 이르는 것은 아닌지 함께 살펴 판단하여야 한다. 집행관이 집행채권자 甲 조합 소유 아파트에서 유치권을 주장하는 피고인 A를 상대로 부동산인도집행을 실시하자, 피고인 A가 이에 불만을 갖고 아파트 출입문과 잠금 장치를 훼손하며 강제로 개방하고 위 아파트에 들어갔다면, 피고인이 아파트에 들어갈 당시에는 이미 甲 조합이 집행관으로부터 아파트를 인도받은 후 출입문의 잠금 장치를 교체하는 등으로 그 점유가 확립된 상태여서 점유권 침해의 현장성 내지 추적가능성이 있다고 보기 어려워, 점유를 실력에 의하여 탈환한 피고인의 행위는 민법상 자력구제에 해당하지 않으므로 유죄를 인정한 원심판단은 수긍이 된다(건조물침입과 재물손괴 인정).

손괴한 사례 甲은 자신이 경락받은 농수산물 저온저장 공장건물 중 공냉식 저온창고를 수냉식으로 개조함에 있어 **그 공장에 시설된 乙 소유의 자재에 관하여 乙에게 철거를 최고하는 등 적법한 조치를 취함이 없이 이를 일방적으로 철거하게 하였다.** 甲에게는 재물손괴의 고의가 없었다고 할 수 없고 이것이 사회상규상 당연히 허용되는 것이라고 할 수도 없다(대법원 1990.5.22, 90도700). 사시 11 / 법원행시 18

고의 부정 판례 1 : 영업을 방해하기 위하여 타인이 설치하려는 철조망을 영업자가 당초 놓여있던 곳으로부터 200 내지 300미터 떨어진 곳으로 옮긴 사례 甲과 乙 사이에 권리관계에 다툼이 생긴 토지상에서 甲이 버스터미널을 운영하고 있는 데 乙이 甲의 영업을 방해하기 위하여 철조망을 설치하려 하자 **甲이 위 철조망을 가까운 곳에 마땅한 장소가 없어 터미널로부터 약 200 내지 300미터 가량 떨어진 甲 소유의 다른 토지 위에 옮겨 놓았다**면 甲의 행위에는 재물은닉의 고의가 있다고 할 수 없다(대법원 1990.9.25, 90도1591). 법원행시 10 / 법원행시 18

고의 부정 판례 2 : 방치된 이웃 소유의 대지의 구석 부분에 구덩이를 파고 쓰레기를 버린 사례 甲은 이웃 소유의 대지를 임차하여 자신의 집 마당으로 사용하던 중 생활하수 등을 처리하기 위하여 위 대지 중 자신의 집의 담에 인접한 구석부분에 구덩이를 파고 거기에 깨어진 콘크리트조각 50개 가량을 집어넣었다. (**그런데 甲이 위 대지를 임차할 때부터 현재까지 위 대지가 다른 용도로는 사용되지 아니한 채 방치되어 있어 잡초가 곳곳에 나고 동네사람들이 버린 쓰레기와 돌조각 등으로 덮여져 있었다**) 甲에게는 손괴의 고의가 인정되지 않는다(대법원 1989.1.31, 88도1592).

고의 부정 판례 3 : 공중전화가 고장난 것으로 생각하여 조치를 취한 사례 공중전화기가 고장난 것으로 생각하고 파출소에 신고하기 위하여 전화선코드를 빼고 이를 떼어낸 것이라면 전화기의 효용을 해하려는 고의가 있다고 볼 수 없다(대법원 1986.9.23, 86도941).

1018 도로교통법 제151조 (벌칙) 차 또는 노면전차의 운전자가 업무상 필요한 주의를 게을리하거나 중대한 과실로 다른 사람의 건조물이나 그 밖의 재물을 손괴한 경우에는 2년 이하의 금고나 500만원 이하의 벌금에 처한다.

4. 다른 범죄와의 관계

(1) 문서변조죄(文書變造罪)와의 관계

① 타인명의의 문서의 내용을 변경한 경우 : 타인명의의 문서의 동일성을 변경하지는 않았으나 그 내용을 무단으로 변경한 것은 유형위조행위로서 (사)문서변조죄(제231조)가 된다.

② 자기명의의 문서의 내용을 변경한 경우 : 자기명의의 문서의 내용을 변경한 것은 사문서의 무형위조가 원칙적으로 처벌되지 않는다는 점에서[1019] 문서(文書)에 대한 죄에는 해당되지 않으며, 타인소유인 경우에 한하여 그 소유 문서의 효용을 해하였다는 점에서 문서손괴죄(제366조)가 성립하게 된다(대법원 1984.12.26, 84도2290).[1020] 경찰간부 12 / 사시 14

표정리 문서의 손괴와 변조의 정리

구 분	자기소유	타인소유
자기명의(변경권한 있음)	무 죄	문서손괴죄 경찰간부 12
타인명의(변경권한 없음)	문서변조죄	문서변조죄

(2) 컴퓨터업무방해죄와의 관계

전자기록을 손괴하여 업무를 방해한 경우 흡수관계로서 컴퓨터업무방해죄만 성립한다(다수설).

02 공익건조물파괴죄

제367조 【공익건조물파괴】 공익에 공하는 건조물을 파괴한 자는 10년 이하의 징역 또는 2천만 원 이하의 벌금에 처한다.

공익건조물이란 일반인이 손쉽게 출입하면서 공공의 이익을 위해 사용되는 건조물을 말하며, 파괴(破壞)란 손괴보다 무거운 행위태양으로서 건조물의 중요부분을 손괴하여 건조물 본래의 용도에 사용할 수 없게 하는 행위를 말한다.

공무소에서 사용하는 건조물(공용건조물)은 공용물파괴죄(제141조)의 적용을 받으므로 본죄의 객체에서 제외된다. 또한 공용 또는 공익에 공하는 건조물을 방화한 경우에는 공용건조물방화죄(제165조)가 성립할 뿐이며, 일수한 경우에는 공용건조물일수죄(제178조)만 성립할 뿐이다.

03 중손괴죄 · 손괴치사상죄

제368조 【중손괴】 ① 전 2조의 죄를 범하여 사람의 생명 또는 신체에 대하여 위험을 발생하게 한 때에는 1년 이상 10년 이하의 징역에 처한다.

1019 허위진단서작성죄(제233조)로 처벌되는 예외만이 있을 뿐이다.

1020 판례 : **자기점유에 있는 타인소유문서 손괴 사례** 피고인은 피해자 임○○으로부터 전세금 200만 원을 받고 영수증(문서제목은 계약서라고 되어 있음)을 작성·교부한 뒤에 피해자에게 전세금을 반환하겠다고 말하여 피해자로부터 영수증을 교부받고 나서 전세금을 반환하기도 전에 이를 찢어버린 사건에서, **문서손괴죄의 객체는 타인소유의 문서이며** 피고인 **자신의 점유하에 있는 문서라고 할지라도 타인소유인 이상,** 이를 손괴하는 행위는 문서손괴죄에 해당한다(대법원 1984.12.26, 84도2290).

② 제366조 또는 제367조의 죄를 범하여 사람을 상해에 이르게 한 때에는 1년 이상의 유기징역에 처한다. 사망에 이르게 한 때에는 3년 이상의 유기징역에 처한다.

제1항(중손괴죄)은 생명 · 신체에 대한 구체적 위험을 발생시킨 경우에 성립하는 부진정결과적 가중범이고, 제2항(손괴치사상죄)은 진정결과적 가중범이다.

04 특수손괴죄

제369조【특수손괴】 ① 단체 또는 다중의 위력을 보이거나 위험한 물건을 휴대 법원9급 13하여 제366조의 죄를 범한 때에는 5년 이하의 징역 또는 1천만 원 이하의 벌금에 처한다.
② 제1항의 방법으로 제367조의 죄를 범한 때에는 1년 이상의 유기징역 또는 2천만 원 이하의 벌금에 처한다.

위험한 물건을 휴대하고 다른 사람의 재물을 손괴하면 상대방이 그 위험한 물건의 존재를 인식하지 못하였거나 그 위험한 물건의 사용으로 생명 또는 신체에 위해를 입지 아니하였다고 하더라도 특수손괴죄가 성립하므로, ① 위험한 물건인 자동차를 이용하여 다른 사람의 자동차 2대를 손괴한 이상, 그 자동차의 소유자 등이 실제로 해를 입거나 해를 입을 만한 위치에 있지 아니하였다고 하더라도 위 죄가 성립한다(대법원 2003.1.24, 2002도5783). 법원행시 13 반면, ② 충격 당시 차량의 크기 · 속도 · 손괴 정도 등 제반 사정에 비추어 자동차가 본죄의 위험한 물건에 해당하지 않을 수도 있다(대법원 2009.3.26, 2007도3520).[1021] 법원행시 13 / 변호사 13

05 경계침범죄

제370조【경계침범】 경계표를 손괴, 이동 또는 제거하거나 기타 방법으로 토지의 경계를 인식불능하게 한 자는 3년 이하의 징역 또는 500만 원 이하의 벌금에 처한다.

경계침범죄(境界侵犯罪, trespassing boundary)는 토지경계의 명확성을 그 보호법익으로 하는 범죄로서 토지의 경계에 관한 권리관계의 안정을 확보하여 사권을 보호하고 사회질서를 유지하려는 데 그 목적이 있다. 본죄의 경계(境界)란 법률상의 정당한 경계인지 여부나 실체법상 권리와의 일치와는 상관없이[1022] 종래부터 경계로서 일반적으로 승인되어 왔거나 이해관계인들의 명시적 · 묵시적 합의가 존재하는 등 어느 정도 객관적으로 통용되어 오던 사실상의 경계를 의미한다. 법원9급 12 / 경찰간부 13 따라서 단지 주관적으로만 경계라고 생각한 것은 본죄의 객체가 아니다.[1023]

1021 사례 : 자동차를 이용하여 다른 자동차를 충격한 경우에서, 위 자동차가 폭처법 제3조 제1항에 정한 '위험한 물건'에 해당하지 않는다고 한 사례 甲은 이혼 분쟁 과정에서 자신의 아들 S를 승낙 없이 자동차에 태우고 떠나려고 하는 乙 일행을 상대로 급하게 추격 또는 제지하는 과정에서 자신의 소형승용차(라노스)로 중형승용차(쏘나타)를 충격하였다. 충격할 당시 두 차량 모두 정차하여 있다가 막 출발하는 상태로서 차량 속도가 빠르지 않았으며 상대방 차량의 손괴 정도가 그다지 심하지 아니하였고, 위 충격으로 피해자들이 입은 상해의 정도가 비교적 경미하였다. 그렇다면 甲에게는 폭력행위 등 처벌에 관한 법률의 집단 · 흉기 등 상해죄나 집단 · 흉기 등 손괴죄의 죄책이 인정되는가? 판례 어떤 물건이 폭력행위 등 처벌에 관한 법률 제3조 제1항에 정한 '위험한 물건'에 해당하는지 여부는 구체적인 사안에서 사회통념에 비추어 그 물건을 사용하면 상대방이나 제3자가 생명 또는 신체에 위험을 느낄 수 있는지 여부에 따라 판단하여야 한다(대법원 2009.3.26, 2007도3520). 법원행시 13 해결 인정되지 않는다.

1022 판례 : 경계침범죄의 경계표에 해당하는 사례 실제상의 경계선에 부합되지 않는 경계표라 할지라도 그것이 종전부터 일반적으로 승인되어 온 것이라면 그와 같은 경계표(境界標)는 계표에 해당된다 할 것이다(대법원 1991.9.10, 91도856). 법원행시 12

1023 판례 : 일반적으로 승인된 것이 아닌 일방적 주장에 의한 것은 본죄의 계표에 해당하지 않는다는 사례 기존경계가 진실한 권리

본죄는 미수범 처벌규정을 두고 있지 않다. 따라서 본죄는 단순히 경계표를 손괴, 이동 또는 제거하는 것만으로는 부족하고 위와 같은 행위나 기타 방법으로 토지의 경계를 인식불능하게 하는 결과를 발생시켜야 비로소 성립된다(대법원 1991.9.10, 91도856[1024]; 1992.12.8, 92도1682; 2010.9.9, 2008도8973[1025]). 국가7급 13 / 법원행시 12 / 법원행시 14 / 경찰승진(경위) 11 따라서 기왕에 건립되어 있던 담벽의 연장선상에 추가로 담벽을 설치한 행위는 본죄에 해당하지 않는다(대법원 1992.12.8, 92도1682). 다만 이 경우 타인 소유의 재물에 대한 손괴행위가 있었다면 손괴죄는 성립할 수 있다.[1026]

본죄와 관련하여 타인의 토지를 영득할 의사로 경계를 침범한 경우 부동산에 대한 절도죄는 부정되므로(다수설)[1027] 경계침범죄만 성립한다.

제10절 권리행사를 방해하는 죄

01 권리행사방해죄

제323조【권리행사방해】 타인의 점유 또는 권리의 목적이 된 자기의 물건 또는 전자기록 등 특수매체기록을 취거, 은닉 또는 손괴하여 타인의 권리행사를 방해한 자는 5년 이하의 징역 또는 700만 원 이하의 벌금에 처한다.

1. 의의 및 보호법익과 특징

권리행사방해죄(權利行使妨害罪)는 타인의 점유 또는 권리의 목적이 된 자기의 물건 또는 전자기록 등 특수매체기록을 취거·은닉·손괴하여 타인의 권리행사를 방해함으로써 성립하는 범죄이다. 본죄의 보호법익은 자기소유의 재물에 대한 다른 사람의 (소유권 이외의) 재산권(제한물권·채권)과 의사결정·의사활동의 자유이다. 법익보호의 정도는 추상적 위험범이다(다수설[1028]). 점유강취·준점유강취죄(제325조 제1항·제2항) 및 강요의 죄(제324조부터 제324조의4에 대한 제324조의5 참조)를 제외하고는 권리행사방해의 죄에는 미수범 처벌규정이 없다.

본죄는 물건, 즉 재물을 객체로 삼는 재물죄이지만 자기 소유의 물건 등을 그 객체로 삼는다는 점에서 불법

상태와 맞지 않는다는 이유로 당사자의 어느 한쪽이 기존경계를 무시하고 일방적으로 경계측량을 하여 이를 실체권리관계에 맞는 경계라고 주장하면서 그 위에 계표(界標)를 설치하더라도 이와 같은 경계표는 위 법조에서 말하는 계표에 해당되지 않는다 할 것이므로 무죄이다(대법원 1986.12.9, 86도1492). 법원행시 12

1024 판례 : 계표의 손괴 등의 행위가 있더라도 토지경계의 인식불능의 결과가 발생하지 않은 경우 피고인은 피해자의 집과 그 옆 피고인들의 집 사이의 경계가 되는 담벽 아래에 피해자가 보일러를 설치하려고 한다는 이유로 위 담벽을 손괴하였다. 이 경우, 계표의 손괴 등의 행위가 있더라도 토지경계의 인식불능의 결과가 발생하지 않은 한 본죄가 성립될 수 없다(대법원 1991.9.10, 91도856). 경찰승진(경위) 11

1025 판례 피고인이 인접한 피해자 소유의 토지를 침범하여 나무를 심고 도랑을 파내는 등의 행위를 하였다 하더라도, 피고인과 피해자 소유의 토지는 이전부터 경계구분이 되어 있지 않았고 피고인의 행위로 인하여 새삼스럽게 토지경계에 대한 인식불능의 결과를 초래하였다고 볼 수 없는 이상, 경계침범의 점은 그 범죄의 증명이 없다(대법원 2010.9.9, 2008도8973).

1026 판례 : 판결에 의하여 명도받은 토지의 경계에 설치한 철조망과 경고판을 치워버린 사례 재물손괴죄에서의 효용을 해하는 행위에는 일시 물건의 구체적 역할을 할 수 없는 상태로 만드는 경우도 해당하므로 판결에 의하여 명도받은 토지의 경계에 설치해 놓은 철조망과 경고판을 치워 버림으로써 울타리로서의 역할을 해한 때에는 재물손괴죄가 성립한다(대법원 1982.7.13, 82도1057). 법원행시 07

1027 기술한 재산죄 일반이론 중 재물의 개념과 관련되어 부동산의 문제 부분 참조.

1028 다만 구체적 위험범이라는 소수설은 박상기, 440면; 배종대, 545면 참조.

영득의사는 필요로 하지 않으며, 관리할 수 있는 동력에 대해서는 재물간주규정(제346조)의 준용규정은 없으나 관리가능성설에 의할 때 본죄의 객체가 될 수 있고, 장물죄의 본범이 될 수 있는가에 대해서는 견해의 대립이 있으며,[1029] 친족상도례(제328조)를 규정하고 있다.[1030] 다만 친족상도례는 제323조의 권리행사방해죄에만 적용되고 점유강취죄·중권리행사방해죄·강제집행면탈죄에는 적용되지 않는다.[1031] 사시 16 / 경찰승진 17

2. 구성요건

(1) 객관적 구성요건

① 객체 : 타인의 점유 또는 권리의 목적이 된 자기소유의 물건 또는 특수매체기록(재물죄)

㉠ 자기의 물건 : 범인 자신이 소유하는 물건을 의미하므로 타인소유의 물건은 권리행사방해죄의 객체가 될 수 없다(대법원 1985.5.28, 85도494; 2003.5.30, 2000도5767 등). 법원행시 05 / 법원9급 08 / 사시 10 나아가, 권리행사방해죄의 공범으로 기소된 물건의 소유자에게 고의가 없는 등 범죄가 성립하지 않는 경우, 물건의 소유자가 아닌 사람은 권리행사방해죄의 공동정범도 될 수 없다. 소유권의 귀속에 대한 판단은 민법 기타 법령에 의하여 정하여진다.

판례연구 소유자에게 고의가 없다면 이에 가담한 자도 권리행사방해죄의 공동정범이 될 수 없다는 사례

대법원 2017.5.30, 2017도4578

형법 제323조의 권리행사방해죄는 타인의 점유 또는 권리의 목적이 된 자기의 물건을 취거, 은닉 또는 손괴하여 타인의 권리행사를 방해함으로써 성립하므로 그 취거, 은닉 또는 손괴한 물건이 자기의 물건이 아니라면 권리행사방해죄가 성립할 수 없다. 또한, 물건의 소유자가 아닌 사람은 형법 제33조 본문에 따라 소유자의 권리행사방해 범행에 가담한 경우에 한하여 그의 공범이 될 수 있을 뿐이다. 그러나 권리행사방해죄의 공범으로 기소된 물건의 소유자에게 고의가 없는 등으로 범죄가 성립하지 않는다면 공동정범이 성립할 여지가 없다. 경찰승진 23

ⓐ 자기의 물건에 해당하는 경우 : 회사에 지입(持入)한 자동차는 회사 소유이므로 회사의 대표이사가 직무상 취거한 경우에는 자기 소유물을 취거한 것이 되어 본죄가 성립한다(대법원 1992.1.21, 91도1170).[1032] 법원행시 09 / 법원행시 10 / 법원승진 13 / 법원9급 10 / 법원9급 17 / 국가7급 21 / 경찰간부 12 / 경찰승진 17 / 사시 13 / 변호사 17

ⓑ 자기의 물건에 해당하지 않는 경우 : 자기 소유로 볼 수 없어 권리행사방해죄가 성립하지 않는 예는 다음과 같다.

1	공동소유물(대법원 1984.6.26, 83도2413)
2	선의의 매도인일 경우의 계약명의신탁 이외의 부동산명의신탁의 명의수탁자(대법원 2007.1.11, 2006도4215)[1033]

1029 기술한 장물의 개념 참조.

1030 친족상도례에 대한 상세한 검토는 재산죄의 일반이론 중 친족상도례 부분에서 이루어졌다.

1031 참고 입법론적으로 본죄는 타인소유의 재물에 대한 손괴죄보다 그 형이 더 높은데 이는 적정성원칙에 위반되지 않는가라는 의문이 있다(박상기, 439면; 손동권, 518면; 이재상, §24-3; 임웅, 504면 등). 손괴죄와의 균형을 고려하는 입법의 정비가 필요할 것이다.

1032 판례 : 계표의 손괴 등의 행위가 있더라도 토지경계의 인식불능의 결과가 발생하지 않은 경우 피고인의 회사의 대표이사의 지위에 처하여 그 직무집행행위로서 지입차주 등이 점유하는 버스를 취거하는 경우에는 피고인의 행위는 위 회사의 대표기관으로서의 행위라고 평가되므로, 위 회사의 물건도 권리행사방해죄에 있어서 자기의 물건이라고 보아야 한다(대법원 1992.1.21, 91도1170). 법원행시 09 / 법원행시 10 / 법원9급 10 / 경찰간부 12 / 사시 13

1033 보충 부동산명의신탁 중 2자간 명의신탁은 명의신탁자 소유, 3자간 명의신탁은 매도인 소유, 악의의 매도인일 경우의 계약명의신탁은 매도인 소유에 속하므로 모두 명의수탁자 소유가 아닌 경우들이다. 다만 선의의 매도인일 경우의 계약명의신탁에

3	자신의 처(妻)에게 점포를 명의신탁한 실제 소유자가 그 점포에 자물쇠를 채워 임차인의 출입을 막은 경우(대법원 2005.9.9, 2005도626)[1034] 법원9급 20 / 국가9급 23
4	회사에 지입한 차량을 지입차주가 취거한 경우(대법원 1985.9.10, 85도899[1035]; 2003.5.30, 2000도 5767[1036]) 법원행시 09 / 법원행시 10 / 사시 10나 회사 명의로 소유권등기가 경료된 선박을 회사의 과점주주 · 부사장이 취거한 경우(대법원 1984.6.26, 83도2413[1037] 법원행시 09 / 법원행시 10)와 같이 차량 등의 등록명의가 타인 명의로 되어 있다거나 미등록상태인 경우(대법원 2005.11.10, 2005도6604[1038]; 2006.3.23, 2005도4455[1039]; 2010.2.25, 2009도5064[1040]). 법원행시 06 / 법원행시 10 / 법원승진 13 / 경찰간부 12 / 경찰승진(경장) 10 / 경찰승진(경사) 10 / 경찰승진 14 / 사시 10 / 사시 13 / 경찰승진 23

서는 명의수탁자에게 이전된 등기가 유효하다고 보아 명의수탁자 소유가 되는 것이다. 판례는 다음과 같다.

사례 : 선의의 매도인과의 계약명의신탁이 아닌 부동산명의신탁의 명의수탁자와 권리행사방해죄의 성부 A진흥영농조합법인이 乙로부터 이 사건 과수원을 매수할 당시 甲에게 그 매수인 명의를 신탁하였고 乙도 그 사실을 알고 있었다. 그런데 甲은 위 과수원을 처분해버렸다. **제1문** 권리행사방해죄에서 있어서 명의신탁 받은 부동산이 원칙적으로 명의수탁자의 '자기의 물건'이 되는가? **제2문** 위 甲에게는 권리행사방해죄의 죄책이 인정되는가?

판례 형법 제323조의 권리행사방해죄에서 말하는 '자기의 물건'이라 함은 범인이 소유하는 물건을 의미하고, 여기서 소유권의 귀속은 민법 기타 법령에 의하여 정하여진다 할 것인바, (부동산실명법 제4조 제1항, 제2항 및 제8조에 의하면 종중 및 배우자에 대한 특례가 인정되는 경우나 부동산에 관한 물권을 취득하기 위한 계약에서 명의수탁자가 그 일방당사자가 되고 그 타방 당사자가 명의신탁약정이 있다는 사실을 알지 못하는 경우 이외에는) **명의수탁자는 명의신탁 받은 부동산의 소유자가 될 수 없고**, 이는 제3자에 대한 관계에 있어서도 마찬가지이므로, **명의수탁자로서는 명의신탁 받은 부동산이 '자기의 물건'이라고 할 수 없다**. 따라서 위 명의신탁약정 및 그에 기하여 이루어진 이 사건 과수원에 대한 피고인 명의의 소유권이전등기는 모두 무효이므로, 이 사건 과수원 및 그 지상에 식재된 감귤나무를 피고인의 소유로 볼 수 없다고 하여, 주위적 공소사실인 **권리행사방해의 점을 무죄**로 판단한 것은 정당하다(대법원 2007.1.11, 2006도4215).

제1문의 해결 원칙적으로 명의수탁자의 자기의 물건이 되지 않는다. **제2문의 해결** 인정되지 않는다.

보충 다만 이 사안에서, 甲은 丙에 대한 차용금의 담보로 위 과수원에 관하여 丙 앞으로 근저당권설정등기를 경료하여 주었고, 甲은 丙의 경매신청에 의하여 이 사건 과수원에 대한 경매절차가 개시된 후에 위 과수원에 대한 폐원신청을 하고 그 지상에 식재된 감귤나무들을 모두 굴취한 후 북제주군으로부터 폐원보상비를 지급받았다. 이 부분은 피고인이 이 사건 과수원에 대한 근저당권설정자로서 근저당권자인 피해자가 담보목적을 달성할 수 있도록 담보물인 감귤나무를 보관할 의무가 있다 할 것임에도 위와 같이 폐원신청을 하고 감귤나무를 굴취함으로써 폐원보상비 상당의 재산상의 이득을 취득하고 피해자로 하여금 이 사건 근저당권의 담보가치가 감소되는 손해를 입도록 하였으므로, **배임죄의 죄책을 면할 수 없다**.

1034 **판례 甲이 중간생략등기형 명의신탁 또는 계약명의신탁의 방식으로 자신의 처 乙에게 등기명의를 신탁하여 놓은 점포에 자물쇠를 채워 점포의 임차인 A를 출입하지 못하게 한 경우**, 그 점포는 **대외적 관계에서는 명의수탁자 소유**가 되므로 본죄의 객체인 자기의 물건에 해당하지 않는다(대법원 2005.9.9, 2005도626). 법원행시 09 / 법원승진 10 / 경찰승진(경감) 11 / 경찰승진 12 / 사시 10 / 사시 13

1035 **판례** 굴삭기를 회사에 지입한 자가 지입한 굴삭기를 취거한 행위는 권리행사방해죄에 해당하지 않는다. 왜냐하면 피고인이 이 건 굴삭기를 취거할 당시 **그 굴삭기를 공소외 회사에 지입하여 그 회사명의로 중기등록원부에 소유권등록이 되어 있었다면** 위 굴삭기는 위 회사의 소유이고 피고인의 소유가 아니라 할 것이기 때문이다(대법원 1985.9.10, 85도899).

1036 **판례** 피고인이 택시를 **회사에 지입하여** 운행하였다고 하더라도, **(피고인이 회사와 사이에 위 택시의 소유권을 피고인이 보유하기로 약정하였다는 등의 특별한 사정이 없는 한)** 위 택시는 **그 등록명의자인 회사의 소유**이고 피고인의 소유는 아니라고 할 것이므로 회사의 요구로 위 택시를 회사 차고지에 입고하였다가 회사의 승낙을 받지 않고 이를 가져간 피고인의 행위는 권리행사방해죄에 해당하지 않는다(대법원 2003.5.30, 2000도5767). 법원행시 09 / 법원행시 10

1037 **판례** 이 사건 선박이 공소외 **회사명의로 소유권등기가 경료된 것**이라면 위 선박은 피고인의 소유라 할 수 없고 **피고인이 위 회사의 과점주주라거나 부사장이라 하여도 피고인의 소유라 할 수 없는 것**이므로, 피고인이 타인이 점유 중인 위 선박을 취거하였다 하여도 이는 권리행사방해죄를 구성하지 아니한다(대법원 1984.6.26, 83도2413). 법원행시 10

1038 **판례** A는 B에게 자신의 채무에 대한 담보로 BMW 차량을 제공하였는데 위 차량은 그 자동차등록원부에 제3자인 C의 명의로 등록되어 있다. A는 B의 승낙 없이 미리 소지하고 있던 위 차량의 보조키를 이용하여 이를 운전하여 가져갔다. A의 행위는 권리행사방해죄를 구성하지 않는다. **위 차량은 자동차등록원부에 비엠더블유파이낸셜서비스코리아 명의로 등록되어 있고**, 자동차관리법 제6조에 의하면, 자동차 소유권의 득실변경은 등록을 하여야 그 효력이 생기는 것이므로, 위 차량은 그 등록명의자인 비엠더블유파이낸셜서비스코리아의 소유이고 **피고인의 소유는 아니기 때문이다**(대법원 2005.11.10, 2005도6604). 법원행시 06 / 법원행시 10 / 경찰간부 12 / 경찰승진(경장) 10 / 경찰승진 14 / 사시 10 / 사시 13

1039 **판례** 렌터카회사의 공동대표이사 중 1인인 乙이 회사 보유 차량을 개인적인 채무담보 명목으로 A에게 양도하였는데 다른 공동대표이사인 甲이 위 차량을 임의로 가져간 경우, -비록 위 차량에 대한 A의 점유가 본죄의 점유에는 해당이 되지만- **위 차량이 위 회사 또는 乙 명의로 등록되어 있지 않은 상태**라면 자기의 소유물을 객체로 하는 본죄는 성립하지 않는다(대법원 2006.3.23, 2005도4455). 법원행시 10 / 법원승진 13 / 법원9급 07(하) / 법원9급 08 / 사시 10 / 변호사 13

1040 **판례** 리스료를 미납한 '덤프트럭'이어도 **등록명의**가 B 주식회사에 있는 이상 이는 B 주식회사의 소유일 뿐 A 주식회사 측의 위임을 받은 피고인 甲의 소유는 아니므로, 甲이 이를 운전하여 갔더라도 위 행위는 -절도죄를 구성할 뿐- 권리행사방해죄

㉡ 전자기록 등 특수매체기록 : 특수매체기록도 본죄의 객체가 된다(손괴죄와의 유사점).

㉢ 타인의 점유 또는 권리의 목적

ⓐ 점유 : 본죄의 점유는 형법상 점유이면서도 보호법익으로서의 점유이므로 적법한 권원에 기한 점유에 한정된다는 것이 통설과 판례의 입장이다. 다만 본죄의 점유가 반드시 본권에 의한 점유에 한하는 것은 아니다.

㉮ 권리행사방해죄의 점유에 해당하는 경우 : 본죄의 점유에 해당하는 예는 다음과 같다.

1	유치권 등에 기한 점유(대법원 2011.5.13, 2011도2368)[1041]
2	무효인 경매절차에 의하여 부동산을 낙찰받은 자가 가지는 동시이행항변권 등에 기한 점유(대법원 2003.11.28, 2003도4257)[1042] 법원행시 10 / 경찰승진(경사) 10 / 경찰승진(경위) 10 / 경찰승진(경감) 11 / 사시 10 / 사시 13 / 변호사 13
3	전차인으로서 권리에 기하여 전대차 목적물에 대한 가지는 점유사용권에 기한 점유(대법원 2001.9.14, 2001도3454)[1043]
4	적법한 권원에 의하여 점유한 이상 설령 그 후에 그 점유물을 소유자에게 명도해야 할 사정이 발생하였다고 할지라도 점유자가 임의로 명도를 하지 않고 계속 점유하고 있는 경우(명도의무 있는 건물의 점유자로 본죄의 피해자로 인정됨)(대법원 1977.9.13, 77도1672). 경찰승진 17 즉 명도의무 있는 건물의 점유자도 본죄의 점유자로 인정된다.

㉯ 권리행사방해죄의 점유에 해당하지 않는 경우 : 본죄의 점유에 해당하지 않는 예는 다음과 같다.

1	단순한 채권적인 사용관계(대법원 1971.6.29, 71도926)[1044]
2	본권과 같은 적법한 권원을 갖지 아니한 절도범인의 점유 법원행시 05 / 법원행시 06 / 법원행시 10 / 법원9급 08 / 법원9급 10 / 법원9급 17 / 경찰간부 11 / 사시 13

를 구성하지 아니한다(대법원 2010.2.25, 2009도5064).

1041 사례 : **유치권에 기한 점유** 甲 종합건설회사가 유치권 행사를 위하여 점유하고 있던 주택에 A가 그 소유자인 처(妻)와 함께 출입문 용접을 해제하고 들어가 거주하였다면, A에게는 권리행사방해죄의 죄책이 인정되는가? 판례 형법 제323조의 권리행사방해죄에 있어서의 타인의 점유라 함은 권원으로 인한 점유, 즉 정당한 원인에 기하여 물건을 점유하는 것을 의미하지만, **반드시 본권에 기한 점유만을 말하는 것이 아니라 유치권 등에 기한 점유도 여기에 해당한다**(대법원 2011.5.13, 2011도2368). 해결 인정된다.

1042 판례 : **무효인 경매절차에 의하여 부동산을 낙찰받아 점유하게 된 자의 점유** 쌍무계약이 무효로 되어 각 당사자가 서로 취득한 것을 반환하여야 할 경우, 어느 일방의 당사자에게만 먼저 그 반환의무의 이행이 강제된다면 공평과 신의칙에 위배되는 결과가 되므로 각 당사자의 반환의무는 **동시이행관계**에 있다고 보아 **민법 제536조**를 준용함이 옳다고 해석되고, 이러한 법리는 **경매절차가 무효로 된 경우에도** 마찬가지라고 할 것이므로, **무효인 경매절차에서 경매목적물을 경락받아 이를 점유하고 있는 낙찰자의 점유는 적법한 점유**로서 그 점유자는 권리행사방해죄에 있어서의 타인의 물건을 점유하고 있는 자라고 할 것이다(대법원 2003.11.28, 2003도4257). 법원행시 10 / 경찰승진(경사) 10 / 경찰승진(경위) 10 / 변호사 13

1043 판례 : **전차인의 점유사용권에 대한 방해가 권리행사방해죄를 구성하는지 여부** 권리행사방해죄에서 타인의 점유의 목적이 된 자기의 물건에 대한 타인의 권리행사를 방해한다 함에는 **적법한 권원에 기하여 타인으로 하여금 목적물을 점유케 한 경우 소유자가 그 점유를 법절차에 따라 이전받기 전에 그 타인의 그 물건에 대한 점유를 방해한 경우도 포함되는 것이며**, 민법 제631조에 의하여 임차인이 임대인의 동의를 얻어 임차물을 전대한 경우에는 임대인과 임차인 간의 계약이 해지 등으로 종료된 경우에도 **전차인의 전차건물에 대한 권리는 소멸하지 아니하는 것**이므로, 이 사건 피해자가 전차인으로서 권리에 기하여 전대차 목적물에 대한 점유사용권을 행사하던 중에 임대인인 피고인이 방해한 것은 권리행사방해죄가 된다(대법원 2001.9.14, 2001도3454). **보충 민법 제631조 【전차인의 권리의 확정】** 임차인이 임대인의 동의를 얻어 임차물을 전대한 경우에는 임대인과 임차인의 합의로 계약을 종료한 때에도 전차인의 권리는 소멸하지 아니한다.

1044 판례 **승낙을 얻어 타인의 변소를 사용하는 권리**는 권리행사방해죄의 권리에 해당하지 않는다. 즉 소유자가 위 변소사용자가 있음에도 불구하고 변소를 손괴하는 행위는 권리행사방해죄를 구성하지 않는 것이다. 이는 **단순한 채권적인 사용관계이고 점유권을 내용으로 하는 것이 아니기 때문에** 위 변소를 손괴하여도 본죄는 성립하지 않는 것이다(대법원 1971.6.29, 71도926).

ⓑ 권리 : 본죄는 타인의 점유뿐만 아니라 권리의 대상이 된 자기의 물건 등도 그 객체가 된다. 따라서 권리행사방해죄는 자기소유, 타인점유의 대상인 물건뿐만 아니라 자기소유, 자기점유, 타인권리의 대상이 물건 등도 그 객체가 된다. 여기서의 권리라 함은 자기의 소유물에 대한 타인의 제한물권이나 채권이며 ㉮ 공장근저당권도 포함된다(대법원 1994.9.27, 94도1439).[1045] 법원행시 05 / 법원9급 07(하) / 법원9급 10 따라서 ㉯ 점유를 수반하지 않는 채권인 원목 인도청구권과 같은 타인의 채권의 목적이 되어 있는 한 자기의 점유 하의 재물도 본죄의 대상이다(대법원 1991.4.26, 90도1958).[1046] 법원행시 05 / 법원행시 06 / 법원9급 10 / 경찰간부 11 / 경찰승진(경장) 10 / 경찰승진(경사) 10 / 경찰승진(경위) 11 / 경찰승진(경감) 11

예 • 정지조건부 대물변제예약이 되어 있는 물권(대법원 1968.6.18, 66도616)
• 가압류되어 있는 물건(대법원 1960.9.14, 4292형상537)

② 행위 – 취거 · 은닉 · 손괴하여 타인의 권리행사를 방해하는 것

취거(取去)란 점유자의 의사에 반하여 자기소유 · 타인점유의 물건 등을 자기 또는 제3자의 사실상 지배로 옮기는 행위를 말한다. 따라서 점유자의 의사나 그의 하자있는 의사에 기하여 점유가 이전된 경우에는 본죄의 취거로 볼 수 없다(대법원 1988.2.23, 87도1952).[1047] 법원승진 13 / 법원행시 05 / 법원행시 10 / 법원9급 08 / 법원9급 17 / 경찰승진(경사) 10 또한 은닉(隱匿)이란 위 물건 등의 소재를 불명하게 만들어 발견하기 어렵게 만드는 행위이고, 손괴(損壞)란 유형력의 행사로써 위 물건의 효용을 해하는 것을 말한다. 본죄는 이러한 행위만 있으면 되고, 현실적인 권리행사방해의 결과를 필요로 하지 않는다(위험범). 경찰간부 11

판례연구 권리행사방해죄의 행위태양 및 현실적인 권리행사방해 결과는 필요없다는 판례들

1. 대법원 1994.9.27, 94도1439; 2016.11.10, 2016도13734

저당권이 설정된 차량을 대포차로 유통되게 한 사례

피고인 甲은 차량을 구입하면서 피해자 乙로부터 차량 매수대금을 차용하고 담보로 차량에 피해자 명의의 저당권을 설정해 주었는데, 그 후 대부업자 丙으로부터 돈을 차용하면서 차량을 대부업자에게 담보로 제공하여 이른바 '대포차'로 유통되게 하였다. 형법 제323조의 권리행사방해죄의 '은닉'이란 타인의 점유 또는 권리의 목적이 된 자기 물건 등의 소재를 발견하기 불가능하게 하거나 또는 현저히 곤란한 상태에 두는 것을 말하고, 그로 인하여 권리행사가 방해될 우려가 있는 상태에 이르면 권리행사방해죄가 성립하고 현실로 권리행사가 방해되었을 것까지 필요로 하는 것은 아니다. 따라서 피고인에게는 권리행사방해죄의 죄책이 인정된다. 국가7급 21

2. 대법원 2017.5.17, 2017도2230

저당권등록된 차량들의 차량등록을 직권말소시켜 저당권이 소멸되게 한 사례

피고인들이 공모하여 렌트카 회사인 甲 주식회사를 설립한 다음 乙 주식회사 등의 명의로 저당권등록이 되어

1045 판례 : **공장근저당권도 권리행사방해죄의 타인의 권리에 해당한다는 사례** 공장근저당권이 설정된 선반기계 등을 이중담보로 제공하기 위하여 이를 다른 장소로 옮긴 경우, 이는 공장저당권의 행사가 방해될 우려가 있는 행위로서 권리행사방해죄에 해당한다(대법원 1994.9.27, 94도1439). 법원행시 05 / 법원9급 07(하) / 법원9급 10

1046 판례 : **점유를 수반하지 않는 채권도 권리행사방해죄의 보호대상인 타인의 권리에 해당한다는 사례** A와 甲 간에 甲이 임야의 입목을 벌채하는 등의 공사를 완료하면 A는 甲에게 벌채한 원목을 인도하기로 하는 계약이 성립되어 甲이 계약상의 의무를 다 이행하였다. 그런데 A가 이를 甲에게 인도하지 아니하고 타인에게 매도하였다. 이 경우 A의 행위는 절도죄를 구성하지 않지만, 권리행사방해죄의 구성요건 중 타인의 '권리'에 점유를 수반하지 아니하는 채권도 포함되므로 권리행사방해죄를 구성하게 된다(대법원 1991.4.26, 90도1958). 법원행시 05 / 법원행시 06 / 법원9급 10 / 경찰간부 11 / 경찰승진(경장) 10 / 경찰승진(경사) 10 / 경찰승진(경감) 11

1047 판례 : **점유자의 의사에 기하여 점유가 이전된 것은 형법 제323조 소정의 '취거'에 해당하지 않는다는 사례** 채권자인 乙은 채무자인 甲으로부터 차용금 채무의 담보로 제공받은 甲 소유의 맥콜을 A 등 2인에게 보관시키고 있던 중 甲은 위 맥콜은 B로부터 교부받은 것이고 이를 B에게 반환한다는 내용으로 된 반환서를 B에게 작성해 주어 B가 위 A 등 2인에게 이 반환서를 제시하면서 위 맥콜은 甲에게 자신이 편취당한 장물이므로 이를 인계하여 달라고 요구하여 이를 믿은 A 등 2인들로부터 이를 교부받아 가져갔다. 이는 취거에 해당하지 않으므로 권리행사방해죄가 성립하지 않는다(대법원 1988.2.23, 87도1952). 법원행시 05 / 법원행시 10

있는 다수의 차량들을 사들여 甲 회사 소유의 영업용 차량으로 등록한 후 자동차대여사업자등록 취소처분을 받아 차량등록을 직권말소시켜 저당권 등이 소멸되게 함으로써 乙 회사 등의 저당권의 목적인 차량들을 은닉하는 방법으로 권리행사를 방해하였다는 내용으로 기소된 경우, 이러한 행위는 그 자체로 저당권자인 乙 회사 등으로 하여금 자동차등록원부에 기초하여 저당권의 목적이 된 자동차의 소재를 파악하는 것을 현저하게 곤란하게 하거나 불가능하게 하는 행위에 해당함에도, 이와 달리 피고인들이 차량들을 은닉하였다고 단정할 수 없다는 이유로 무죄로 판단한 원심판결에는 권리행사방해죄에 관한 법리오해의 잘못이 있다. 국가7급 21 / 경찰간부 18

3. 대법원 2021.1.14, 2020도14735

담보유지의무가 문제되는 사안에서 권리행사방해죄를 인정한 사건

(甲은 자동차정비업을 운영하는 자기 소유의 건물과 기계·기구에 대하여 乙에게 근저당권을 설정하였음에도 위 건물을 철거한 뒤 멸실등기를 마치고 기계·기구를 다른 사람에게 양도하였다. 甲에게는 권리행사방해죄가 성립함) 검사는 2018.12.21. 피고인들이 이 사건 건물과 기계·기구에 근저당권을 설정하고도 담보유지의무를 위반하여, 이 사건 건물을 철거 및 멸실등기 하고, 이 사건 기계·기구를 양도한 행위를 배임의 점으로 공소 제기하였다가 2019. 9. 25. 권리행사방해의 점으로 공소장변경을 신청하여 허가되었다. …… 피고인들은 근저당권이 설정된 이 사건 건물을 철거한 뒤 멸실등기를 마치고, 이 사건 기계·기구를 양도함으로써 피해자의 권리의 목적이 된 피고인들의 물건을 손괴 또는 은닉하여 피해자의 권리행사를 방해하였다고 보아야 한다(배임죄가 아니라 권리행사방해죄에 해당함).

(2) **주관적 구성요건** – 고의

고의가 있어야 하며, 불법영득의사는 요하지 않는다. 본죄의 객체는 자기의 소유물이기 때문이다.

3. 죄 수

권리행사방해죄는 타인의 점유 또는 권리를 보호하는 범죄이므로, 그 죄수판단의 기준도 점유자 또는 권리자의 수로 할 수밖에 없다. 예컨대, 부부인 A와 B가 공모하여 자기들의 공유의 건물을 철거함으로써 A·B에 대한 각자의 유류분반환청구권을 보전하기 위하여 위 건물을 공동으로 가압류한 甲, 乙의 권리행사를 방해하였다면, A·B의 권리행사방해죄의 죄수는 상상적 경합에 해당한다(대법원 2022.5.12, 2021도16876).

4. 친족 간의 특례

직계혈족, 배우자, 동거친족, 동거가족 또는 그 배우자 간에 본죄를 범하면 형을 면제한다(제328조 제1항). 이외의 친족 간에 본죄를 범한 때에는 고소가 있어야 공소를 제기할 수 있다(제328조 제2항). 이러한 친족상도례는 제323조(권리행사방해죄)에 대해서 적용되고, 경찰승진(경장) 10 제325조의 점유강취죄와 제327조의 강제집행면탈죄에 대해서는 적용되지 않는다(제328조 참조).

판례연구 **권리행사방해죄의 죄수와 친족 간의 특례**

대법원 2022.5.12, 2021도16876

수인의 권리의 목적이 된 물건에 대한 권리행사방해죄의 죄수와 친족상도례의 적용

여러 사람의 권리의 목적이 된 자기의 물건을 취거, 은닉 또는 손괴함으로써 그 여러 사람의 권리행사를 방해하였다면 권리자별로 각각 권리행사방해죄가 성립하고 각 죄는 서로 상상적 경합범의 관계에 있다. 여러 명의 유류분권리자가 각자의 유류분반환청구권을 보전하기 위하여 부동산에 대한 가압류결정을 받아 가압류등기가 마쳐진 경우, 위 부동산은 유류분권리자들 각자의 유류분반환청구권 집행을 보전하기 위한 가압류의 목적이 되고 이는 유류분권리자들이 가압류를 개별적으로 신청하였는지 공동으로 신청하였는지에 따라 다르지 않다. 한편 형법 제328조 제1항은 "직계혈족, 배우자, 동거친족, 동거가족 또는 그 배우자간의 제323조의 죄는 그 형을 면제한다."라고 정하고 있는데, 위 조항에 따른 형면제 요건에 해당하는지는 각 죄마다 살펴보아야 한다.

02 점유강취죄 · 준점유강취죄

제325조【점유강취, 준점유강취】 ① 폭행 또는 협박으로 타인의 점유에 속하는 자기의 물건을 강취(强取)한 자는 7년 이하의 징역 또는 10년 이하의 자격정지에 처한다. 〈개정 2020.12.8.〉
② 타인의 점유에 속하는 자기의 물건을 취거(取去)하는 과정에서 그 물건의 탈환에 항거하거나 체포를 면탈하거나 범죄의 흔적을 인멸할 목적으로 폭행 또는 협박한 때에도 제1항의 형에 처한다. 〈개정 2020.12.8.〉

점유강취죄는 자기의 물건에 대한 강도행위이고, 준점유강취죄는 준강도이다.

표정리 준(準)~죄 개관

준강간 · 준강제추행	심신상실 · 항거불능의 상태를 이용
준강도 · 준점유강취	재물탈환의 항거, 체포면탈, 증거인멸의 목적으로 폭행 · 협박
준사기	미성년자의 사리분별력 부족, 사람의 심신장애를 이용

03 중권리행사방해죄

제326조【중권리행사방해】 제324조 또는 제325조의 죄를 범하여 사람의 생명에 대한 위험을 발생하게 한 자는 10년 이하의 징역에 처한다.

형법은 강요죄 또는 점유강취죄 · 준점유강취죄를 범하여 사람의 생명에 대한 위험을 발생하게 한 행위를 중권리행사방해죄로 처벌하고 있다.[1048] 경찰승진 12

표정리 중(重)~죄 개관

중상해	생명에 대한 위험	불 구	불치 · 난치의 질병
중유기	생명에 대한 위험		
중강요	생명에 대한 위험		
중권리행사방해	생명에 대한 위험		
중손괴	생명 · 신체에 대한 위험		
중체포 · 감금	가혹한 행위 경찰승진(공통) 10 / 경찰승진(경사) 11		

➜ 중체포 · 감금죄를 제외하고 나머지는 (부진정) 결과적 가중범, 구체적 위험범 경찰승진 12 / 사시 12

1048 참고 그런데 이로 인한 치사상죄에 대한 규정은 두고 있지 않다. 손괴치사상죄나 강도치사상죄가 있음을 고려할 때 이는 입법의 미비로 생각된다(손동권, 520면; 이재상, §24-3; 임웅, 510면). 강요치사상죄 및 점유강취치사상죄의 규정이 입법될 필요가 있다.

04 강제집행면탈죄

제327조【강제집행면탈】 강제집행을 면할 목적으로 재산을 은닉, 손괴, 허위양도 또는 허위의 채무를 부담하여 채권자를 해한 자는 3년 이하의 징역 또는 1천만 원 이하의 벌금에 처한다.

1. 의의 및 보호법익과 특징

강제집행면탈죄(强制執行免脫罪)는 강제집행을 면할 목적으로 재산에 대해 은닉·손괴·허위양도·허위채무부담의 행위를 하여 채권자를 해함으로써 성립하는 범죄이다. 본죄는 채권자의 정당한 권리행사를 주된 보호법익으로 하며, 2차적으로는 강제집행기능의 보호까지도 그 보호법익으로 삼고 있다. 개념필수적으로 채권자의 (강제집행 직전단계의) 권리인 채권의 존재는 본죄의 성립요건이다(대법원 1982.10.26, 82도2157; 1988.4.12, 88도48; 2007.7.12, 2007도3005; 2008.5.8, 2008도198[1049]). 법원행시 11 / 법원행시 13 / 법원9급 11 / 법원9급 16 / 사시 12 / 변호사 13 따라서 상계로 인하여 소멸한 것으로 보게 되는 채권에 관하여는 상계의 효력이 발생하는 시점 이후에는 채권의 존재가 인정되지 않으므로 강제집행면탈죄가 성립하지 않는다(대법원 2012.8.30, 2011도2252).[1050] 법원행시 13 / 변호사 16

또한 강제집행면탈죄는 강제집행을 실시하려는 자에 대하여 재산의 발견을 불능·곤란케 하는 은닉 등의 행위를 통하여 채권자를 해할 위험상태에 이르게 함으로써 성립하는 위태범(危殆犯)이다. 즉 본죄는 채권자를 해할 위험이 있으면 성립한다(통설·판례). 법원행시 13 / 법원9급 09

2. 구성요건

본죄는 객관적으로 민사집행법에 의한 강제집행·가압류·가처분의 집행을 받을 우려가 있는 상태에서 채무자·제3자가 주관적으로 강제집행을 면탈하려는 목적으로 재산을 은닉·손괴·허위양도·허위채무부담함으로써 성립하며, 채권자를 해할 위험이 있으면 족하다. 법원행시 13 / 법원9급 12

(1) 객관적 구성요건

① 주체 : 채무자 및 제3자이다(다수설[1051]·판례). 여기서 제3자에는 채무자의 법정대리인, 법인의 기관,

1049 판례 : '채권의 존재'는 강제집행면탈죄의 성립요건이라는 사례 채권자가 민사소송에서 승소확정판결을 받기 전에 당해 채권(공사대금채권)을 제3자에게 양도한 경우, 양도 전 수개의 가압류가 경합하고 있었고 채무자가 민사소송에서 채권이 양도되었다는 항변을 제출하지 않아 승소판결이 되었다면, **강제집행면탈죄의 성립요건인 '채권의 존재'를 인정할 수 있게 된다**(대법원 2008.5.8, 2008도198).

1050 **사례 : 상계로 인하여 소멸하는 채권에 대한 강제집행면탈죄 성립 여부** A는 妻 甲 명의로 임차하여 운영하는 주유소의 주유대금 신용카드 결제를, 별도로 운영하는 다른 주유소의 신용카드 결제 단말기로 처리함으로써 甲 명의 주유소의 매출채권을 다른 주유소의 매출채권으로 바꾸는 수법으로 은닉하여 甲에 대하여 연체차임 등 채권이 있어 甲 명의 주유소의 매출채권을 가압류한 乙 주식회사의 강제집행을 면탈하였다는 내용으로 기소되었다. 그런데 乙 회사가 甲을 상대로 미지급 차임 등의 지급을 구하는 민사소송을 제기하였으나 甲이 임대차보증금 반환채권으로 상계한다는 주장을 하여 乙 회사의 청구가 기각된 판결이 확정되었다. A에게는 강제집행면탈죄의 죄책이 인정되는가? **판례** 형법 제327조의 강제집행면탈죄는 채권자의 권리보호를 주된 보호법익으로 하므로 **강제집행의 기본이 되는 채권자의 권리, 즉 채권의 존재는 강제집행면탈죄의 성립요건이다.** 따라서 채권의 존재가 인정되지 않을 때에는 강제집행면탈죄는 성립하지 않는다. 한편 **상계의 의사표시가 있는 경우에는 각 채무는 상계할 수 있는 때에 소급하여 대등액에 관하여 소멸한 것으로 보게 된다. 따라서 상계로 인하여 소멸한 것으로 보게 되는 채권에 관하여는 상계의 효력이 발생하는 시점 이후에는 채권의 존재가 인정되지 않으므로 강제집행면탈죄가 성립하지 않는다.** … 상계의 의사표시에 따라 乙 회사의 차임채권 등은 채권 발생일에 임대차보증금 반환채권과 대등액으로 상계되어 소멸되었으므로 피고인의 행위 당시 乙 회사의 채권의 존재가 인정되지 아니하여 강제집행면탈죄가 성립하지 않는다(대법원 2012.8.30, 2011도2252). 법원행시 13
해결 인정되지 않는다.

1051 김종원, 273면; 배종대, 553면; 백형구, 275면; 손동권, 521면; 오영근, 669면; 이재상, §24-23; 이형국(Ⅰ), 565면; 정성근/박광민, 485면; 정영석, 317면; 진계호, 427면; 황산덕, 265면. 반면 제3자는 공범의 성립은 논외로 하고 본죄의 주체가 될 수 없다고

기타 제3자가 포함된다.

② 객체 – 강제집행의 대상이 될 수 있는 재산 : 본죄의 객체인 재산에는 재물 이외에 권리도 포함되는 점에서 권리행사방해죄의 객체인 물건과는 다르다. 다만 본죄의 객체인 재산은 채무자의 재산 중에서 채권자가 민사집행법상 강제집행 또는 보전처분의 대상으로 삼을 수 있는 것이어야 한다. 법원행시 09 / 법원9급 12

㉠ 강제집행의 대상이 되는 재산에 해당되는 경우 : ⓐ 장래 조건부로 발생할 채권이라도 원칙적으로 강제집행의 대상이 되므로 이러한 조건부 채권에 대한 강제집행을 면할 목적으로 은닉·허위양도 등의 행위를 하였다면 본죄를 구성하며(대법원 2000.12.26, 99도5562), ⓑ 동산·부동산뿐만 아니라 재산적 가치가 있어 민사집행법에 의한 강제집행 또는 보전처분이 가능한 특허 내지 실용신안 등을 받을 수 있는 권리도 포함되고(대법원 2001.11.27, 2001도4759), 법원9급 09 / 경찰간부 11 / 경찰승진(경감) 10 / 경찰승진(경장) 11 / 경찰승진(경감) 11 / 경찰승진 17 / 경찰채용 13 1차 ⓒ 장래의 권리라도 채무자와 제3채무자 사이에 채무자의 장래청구권이 충분하게 표시되었거나 결정된 법률관계가 존재한다면 재산에 해당하는 것으로 보아야 한다(대법원 2011.7.28, 2011도6115).[1052] 변호사 13

㉡ 강제집행의 대상이 되는 재산에 해당되지 않는 경우 : ⓐ 민사집행법상 강제집행·보전처분의 대상이 될 수 없는 보전처분 단계에서 '가압류채권자의 지위' 자체(대법원 2008.9.11, 2006도8721)[1053] 국가9급 12 / 법원승진 10 / 법원행시 09 / 법원행시 11 / 법원행시 13 / 법원9급 09 / 경찰간부 11 / 경찰승진(경위) 11 / 경찰승진(경감) 11, ⓑ 계약명의신탁의 방식으로 명의수탁자가 당사자가 되어 소유자와 부동산에 관한 매매계약을 체결하고 그 명의로 소유권이전등기를 마친 경우의 그 부동산(채무자인 명의신탁자의 재산이 아니므로 명의신탁자가 범하였는가가 문제되는 본죄의 객체가 될 수 없음, 대법원 2009.5.14, 2007도2168; 2011.12.8, 2010도4129)[1054] 경찰간부 11 / 경찰승진 13 / 경찰채용 13 1차 / 경찰채용 17 1차 / 사시 11 / 사시 12 / 변호사 16, ⓒ 지하 4층, 지상 12층으로 건축허가를 받았으나 명의 변경 당시 지상 8층까지 골조공사가 완료된 채 공사가 중단된 상태의

보는 소수설은 김성천/김형준, 583면; 김일수/서보학, 520면; 박상기, 442면; 유기천(상), 344면; 이정원, 475면; 임웅, 511면 참조.

1052 **사례 : 강제집행면탈죄의 객체인 '재산'에 '장래의 권리'가 포함될 수 있다는 사례** 피해자 甲은 乙의 채권자로서 乙이 丙 소유 부동산 경매사건에서 지급받을 배당금 채권의 일부에 가압류를 해 두었는데, 乙 사망 후 피고인과 丙, 乙의 상속인 등이 공모하여 丙의 乙에 대한 채무가 완제된 것처럼 허위의 채무완제확인서를 작성하여 법원에 제출하는 등의 방법으로 매각허가결정된 丙 소유 부동산의 경매를 취소하였다. 피고인에게는 강제집행면탈죄의 죄책이 인정되는가? **판례 장래의 권리라도 채무자와 제3채무자 사이에 채무자의 장래청구권이 충분하게 표시되었거나 결정된 법률관계가 존재한다면 재산에 해당하는 것으로 보아야 한다.** 위 사안에서, 乙의 상속인들이 丙 소유 부동산의 **경매절차에서 배당받을 배당금지급채권**은 강제집행면탈죄의 객체인 '재산'에 해당하고, 피고인 등이 丙의 乙에 대한 채무가 완제된 것처럼 가장하여 乙의 상속인 등을 상대로 청구이의의 소를 제기하고 그 판결에 기하여 강제집행정지 및 경매취소에 이르게 한 행위는 소유관계를 불명하게 하는 방법에 의한 '재산의 은닉'에 해당한다(대법원 2011.7.28, 2011도6115). **해결** 인정된다.

1053 **판례 : '보전처분 단계에서 가압류채권자의 지위' 자체는 강제집행면탈죄의 재산에 해당하지 않는다는 사례** 어떤 채권·채무관계의 **채무자가 자신이 가압류채권자의 지위를 가지고 있을 때 가압류집행해제를 신청함으로써 그 지위를 상실하는 것**(가압류채권의 상태에서 가압류를 해제하여 단순채권의 상태로 바뀌는 것 – 필자 주)은, 가압류채권자의 지위 자체가 본죄의 객체에 해당하지 않고 위 행위가 본죄의 행위유형에 속하지 않는다는 점에서 결국 강제집행면탈죄에 해당하지 않는다. 이는 가압류채무자가 가압류해방금을 공탁한 경우에도 마찬가지이다(대법원 2008.9.11, 2006도8721). 법원행시 09 / 법원행시 11 / 법원행시 13 / 법원승진 10 / 법원9급 09 / 경찰간부 11

1054 **판례 : 계약명의신탁에 있어서 당해 부동산이 채무자인 명의신탁자의 재산으로서 강제집행면탈죄의 객체가 될 수는 없다는 사례** 명의신탁자와 명의수탁자가 이른바 계약명의신탁 약정을 맺고 명의수탁자가 당사자가 되어 **명의신탁 약정이 있다는 사실을 알지 못하는 소유자**와 부동산에 관한 매매계약을 체결한 후 그 매매계약에 따라 당해 부동산의 소유권이전등기를 명의수탁자 명의로 마친 경우에는, 명의신탁자와 명의수탁자 사이의 명의신탁 약정의 무효에도 불구하고 부동산 실권리자명의 등기에 관한 법률 제4조 제2항 단서에 의하여 그 명의수탁자는 당해 부동산의 완전한 소유권을 취득한다. 이와 달리 **소유자가 계약명의신탁 약정이 있다는 사실을 안 경우**에는 수탁자 명의의 소유권이전등기는 무효이고 당해 부동산의 소유권은 매도인이 그대로 보유하게 된다. **어느 경우든지 명의신탁자는 그 매매계약에 의해서는 당해 부동산의 소유권을 취득하지 못하게 되어, 결국 그 부동산은 명의신탁자에 대한 강제집행이나 보전처분의 대상이 될 수 없다**(대법원 2009.5.14, 2007도2168; 2011.12.8, 2010도4129). 경찰간부 11 / 경찰채용 13 1차 / 사시 12

건물(대법원 2014.10.27, 2014도9442) 등은 본죄의 객체에 해당하지 아니한다.

판례연구 강제집행면탈죄의 객체인 재산에 해당되지 않는다는 사례

1. 대법원 2017.4.26, 2016도19982

의료법에 의하여 적법하게 개설되지 아니한 의료기관에서 요양급여가 행하여진 경우 (위 의료기관이 국민건강보험공단에 대한) 요양급여비용 채권은 강제집행면탈죄의 객체가 되지 않는다는 사례

의료법에 의하여 적법하게 개설되지 아니한 의료기관에서 요양급여가 행하여졌다면 해당 의료기관은 국민건강보험법상 요양급여비용을 청구할 수 있는 요양기관에 해당되지 아니하여 해당 요양급여비용 전부를 청구할 수 없고, 해당 의료기관의 채권자로서도 위 요양급여비용 채권을 대상으로 하여 강제집행 또는 보전처분의 방법으로 채권의 만족을 얻을 수 없는 것이므로, 결국 위와 같은 채권은 강제집행면탈죄의 객체가 되지 아니한다.

2. 대법원 2017.8.18, 2017도6229

압류금지채권의 목적물을 수령하는 데 사용하던 기존 예금계좌가 채권자에 의해 압류된 채무자가 압류되지 않은 다른 예금계좌를 통하여 그 목적물을 수령하는 행위는 강제집행면탈죄를 구성하지 않는다는 사례

① 압류금지채권의 목적물이 채무자의 예금계좌에 입금된 경우에는 그 예금채권에 대하여 더 이상 압류금지의 효력이 미치지 아니하므로 그 예금은 압류금지채권에 해당하지 않지만, ② 압류금지채권의 목적물이 채무자의 예금계좌에 입금되기 전까지는 여전히 강제집행 또는 보전처분의 대상이 될 수 없으므로, 압류금지채권의 목적물을 수령하는 데 사용하던 기존 예금계좌가 채권자에 의해 압류된 채무자가 압류되지 않은 다른 예금계좌를 통하여 그 목적물을 수령하더라도 강제집행이 임박한 채권자의 권리를 침해할 위험이 있는 행위라고 볼 수 없어 강제집행면탈죄가 성립하지 않는다.

③ 행위 : 은닉 · 손괴 · 허위양도 · 허위채무부담을 하여 채권자를 해하는 것

㉠ 은닉 · 손괴 · 허위양도 · 허위의 채무부담

ⓐ 은닉 : 본죄의 은닉이란 널리 재산의 소유관계를 불명(不明)하게 하는 행위로서, 재물 등의 점유가 채무자에게 있는 것을 채권자가 확인할 수 있다 하더라도 본죄의 은닉에 해당되지 못하는 것은 아니다. 예컨대, ㉮ 부동산의 선순위가등기권자와 그 부동산 소유자가 사전모의하여 그 부동산에 관한 다른 채권자의 강제집행을 면할 목적으로 선순위가등기권자 앞으로 소유권이전의 본등기를 하거나(대법원 1983.5.10, 82도1987; 2000.7.28, 98도4558[1055]), 경찰채용 17 1차 ㉯ 채권자에 의하여 압류된 채무자 소유의 유체동산을 채무자의 母 소유인 것으로 사칭하면서 母의 명의로 제3자이의의 소를 제기하고 집행정지결정을 받아 그 집행을 저지하는 행위를 말한다(대법원 1992.12.8, 92도1653). 법원9급 09 / 경찰승진 14 또한 ㉰ 사업장의 유체동산에 대한 강제집행을 면탈할 목적으로 사업자 등록의 사업자 명의를 변경함이 없이 사업장에서 사용하는 금전등록기의 사업자 이름만을 변경한 경우, 본죄의 재산의 '은닉'에 해당한다(대법원 2003.10.9, 2003도3387).[1056] 법원행시 09 / 국가7급 21 / 경찰간부 11 / 경찰승진 17

그러나, ㉮ 채무자가 제3자 명의로 되어 있던 사업자등록을 또 다른 제3자 명의로 변경하였다는

1055 판례 : **담보목적의 가등기권자와 채무자가 공모하여 다른 채권자들의 강제집행을 불가능하게 할 목적으로 위 선순위 가등기권자 앞으로 본등기를 경료한 사건** 강제집행면탈의 한 행위유형인 '재산의 은닉'이라 함은 재산의 소유관계를 불명하게 하는 행위를 포함하는 것으로서, 피고인이 자신의 채권담보의 목적으로 채무자 소유의 선박들에 관하여 가등기를 경료하여 두었다가 채무자와 공모하여 위 선박들을 가압류한 다른 채권자들의 강제집행을 불가능하게 할 목적으로 정확한 **청산절차도 거치지 않은 채 의제자백판결을 통하여 선순위 가등기권자인 피고인 앞으로 본등기를 경료함과 동시에 가등기 이후에 경료된 가압류등기 등을 모두 직권말소하게 하였음**은 소유관계를 불명하게 하는 방법에 의한 '재산의 은닉'에 해당한다(대법원 2000.7.28, 98도4558).

1056 판결이유 여기에서 재산의 소유관계를 불명하게 하는 행위라 함은 반드시 공부상의 소유자 명의를 변경하거나 폐업 신고 후 다른 사람 명의로 새로 사업자 등록을 할 것까지 요하는 것은 아니다.

사정만으로는 그 변경이 채권자의 입장에서 볼 때 사업장 내 유체동산에 관한 소유관계를 종전보다 더 불명하게 하여 채권자에게 손해를 입게 할 위험성을 야기한다고 단정할 수 없으며(대법원 2014.6.12, 2012도2732), 법원9급 16 ㉯ 회사 대표가 계열회사들 소유 자금 중 일부를 임의로 빼돌려 자기 소유 자금과 구분없이 거주지 안방에 보관한 경우에는, 이는 계열회사들에 대한 횡령행위의 일부를 구성하는 것일 뿐이고 회사 대표 개인의 채권자들에 대한 강제집행면탈행위로서의 은닉행위로 평가할 수는 없다(횡령죄와 강제집행면탈죄는 택일관계)(대법원 2007.6.1, 2006도1813). 경찰승진 12

ⓑ 손괴 : 재산을 물질적으로 훼손시켜 그 효용을 해하는 것을 말한다.

ⓒ 허위양도 : 허위양도라 함은 진실한 양도가 아님에도 불구하고 액면상 진실한 양도인 것처럼 가장하여 재산의 명의를 변경하는 것을 말한다(대법원 1987.9.22, 87도1579). 따라서 진실한 양도인 때에는 강제집행을 면할 목적이 있는 경우에도 본죄는 성립하지 않는다(대법원 1983.7.26, 82도1524).[1057] 법원행시 11 / 법원9급 17 / 경찰승진(경장) 10 / 사시 12 / 변호사 16 / 경찰승진 17

ⓓ 허위채무부담 : 허위의 채무를 부담하는 행위이어야 본죄의 구성요건에 해당하므로, 진실한 채무부담인 때에는 본죄는 성립되지 않는다. 예컨대 ㉮ 장래에 발생할 특정의 조건부채권을 담보하기 위한 방편으로 부동산에 대하여 근저당권을 설정한 행위는 장래 발생할 진실한 채무를 담보하기 위한 것이므로 본죄에 해당될 수 없고(대법원 1996.10.25, 96도1531), 법원9급 11 / 경찰간부 12 ㉯ 단지 소유권이전청구권의 보전을 위한 가등기로는 본죄의 채무부담이라 할 수 없다(대법원 1984.2.14, 83도708[1058]; 1987.8.18, 87도1260[1059]). 경찰승진(경장) 11 / 경찰승진(경감) 11

㉡ 채권자를 해하는 것 : 본죄는 위태범이므로 채권자를 해하는 결과가 있어야 하거나 행위자가 어떤 이득을 취하여야 하는 것은 아니고, 채권자를 해할 위험만 있으면 족하다. 법원행시 13 / 법원9급 05 / 경찰승진 13 / 법원9급 16

ⓐ 채권자를 해할 위험이 있는 경우 : 은닉 · 허위양도한 부동산의 시가액보다 그 부동산에 의하여 담보된 채무액이 더 많다고 하여 그 허위양도로 인하여 채권자를 해할 위험이 없다고 할 수 없다

1057 **판례 : 명의신탁을 해지하고 타인에게 명의신탁한 것은 정당한 권리행사라는 사례** 교회의 목사인 피고인 및 공소외 甲의 공동명의로 신탁된 교회 소유의 대지가 甲의 사업실패로 그 채권자들로부터 강제집행의 우려가 있자, 교회건축위원회에서 피고인 및 甲에 대한 명의신탁을 해지한 후 다른 제직회 임원인 공소외 乙 등 5명 앞으로 명의신탁하기로 결정하고 이에 따라 매매를 원인으로 하여 경료된 소유권이전등기는 **신탁자의 신탁재산에 대한 정당한 권리행사**로서 강제집행면탈죄의 구성요건인 허위양도에 해당하지 아니한다(대법원 1983.7.26, 82도1524).

1058 **사례 : 허위의 매매예약을 원인으로 한 가등기와 강제집행면탈죄의 성부** A는 B로부터 돈 1,500만 원을 빌려 쓰고, 그 원리금을 1974.4.27.까지 변제하지 못하면 A 소유의 건물1동(미등기건물)을 B에게 명도하여 주기로 하는 제소 전 화해를 하고 그 기한 내에 그 원리금을 변제하지 못하여 B가 위 제소 전 화해조서에 기한 강제집행을 할 기세를 보이자 甲과 A는 공모하여 A가 甲에게 위 건물의 시가에 해당하는 금 8,000만 원의 채무가 있는 양 가장하고 위 허위채무를 담보한다는 구실 하에 1980.12.31. 위 건물에 관하여 甲 명의로 매매예약을 원인으로 한 가등기를 경료하고, B로부터 말소소송이 제기되자 甲은 이를 불교재산으로 명의신탁받은 것이라는 취지의 부당쟁송을 하였다. A와 甲에는 강제집행면탈죄가 성립하는가? **판례** 현실적으로 강제집행이 있을 것이 예상되는 권리는 피해자들의 **위 건물에 대한 명도청구권**으로서 원심공동피고인이 판시와 같은 허위의 금전채무를 부담하였다하여, 명도청구권의 집행에 어떠한 장애가 된다고는 할 수 없고, 또 '**피고인 등 명의로 경료된 가등기는 본등기를 위한 순위보전의 효력밖에 없는 것**' 이므로 가등기가 경료되었다는 것만으로는 **피해자들의 위 건물에 대한 명도청구권에 기한 강제집행을 불능케 하는 사유에 해당한다고는 할 수 없고** 또 그 후 위 가등기말소청구소송에서 피고인등이 항쟁을 하였다 하여 위 가등기가 강제집행에 장애사유가 되었다고는 할 수 없는 것이므로, 위 허위채무 부담과 가등기경료사실 등만으로는 강제집행면탈죄는 성립되지 않는다 할 것이다(대법원 1984.2.14, 83도708). **해결** 성립하지 않는다.

1059 **판례 : 단지 소유권이전청구권보전을 위한 가등기를 경료한 것은 채무부담이 아니라는 사례** 피고인이 타인에게 채무를 부담하고 있는 양 가장하는 방편으로 피고인 소유의 부동산들에 관하여 **소유권이전청구권보전을 위한 가등기**를 경료하여 주었다 하더라도, 그와 같은 가등기는 원래 **순위보전의 효력밖에 없는** 것이므로 그와 같이 가등기를 경료한 사실만으로 피고인이 강제집행을 면탈할 목적으로 허위채무를 부담하여 채권자를 해한 것이라 할 수 없다(대법원 1987.8.18, 87도1260). 경찰승진(경장) 11 / 경찰승진(경감) 11

(대법원 1999.2.12, 98도2474; 2006.12.21, 2006도4775; 2008.5.8, 2008도198). 법원9급 06 / 경찰승진(경장) 11 / 변호사 12 / 경찰채용 17 1차 즉, 은닉 · 허위양도 이후 채무자에게 잉여재산과 같은 적극재산이 있더라도 본죄의 성립에 영향이 없다(대법원 2008.4.24, 2007도4585).[1060] 사시 12

ⓑ 채권자를 해할 위험조차 없는 경우 : 본죄가 (추상적) 위험범이라 하더라도 채무자 자기의 재산에 대한 채무부담 등의 행위로 인하여 채권자의 채권에 어떠한 영향도 주지 못한 경우라면 -추상적 위험조차 없기 때문에- 본죄가 성립하지 않을 것이다. 따라서 다음의 경우에는 강제집행면탈죄가 성립하지 않는다.

1	(조건부 채권이라 하더라도 당해 채권의 보전처분을 면탈하는 행위를 한 경우에는 설사 사후에 채권의 부관-附款-인 그 조건이 불성취된 경우라 하더라도 강제집행면탈죄가 성립할 수 있으나) 채권압류 및 전부명령이 송달된 후(이미 집행이 종료되었음을 의미함) 피전부채권에 관한 허위영수증의 발행 및 수취행위를 한 경우(강제집행을 방해한 것도 아닐 뿐 아니라 본죄의 행위태양에도 해당되지 않음)(대법원 1984.6.12, 82도1544)[1061]
2	가압류 후에 목적물의 소유권을 취득한 제3취득자가 다른 사람에 대한 허위의 채무에 기하여 근저당권설정등기 등을 경료한 경우(가압류에는 처분금지적 효력이 있으므로 가압류 후에 목적물의 소유권을 취득한 제3취득자 또는 그 제3취득자에 대한 채권자는 도대체 그 소유권 또는 채권으로써 가압류권자에게 대항할 수 없기 때문에, 가압류채권자의 법률상 지위에 어떤 영향을 미치지 않음)(대법원 2008.5.29, 2008도2476) 법원행시 09 / 법원행시 11 / 법원9급 12 / 경찰승진(경장) 11 / 경찰승진(경감) 11
3	토지 소유자가 그 지상 건물 소유자에 대하여 건물철거 및 토지인도청구권을 갖는 때, 건물 소유자가 허위채무로 위 건물에 근저당권설정등기를 경료한 경우(토지소유자의 강제집행을 불능케 하는 사유에 해당한다고 할 수 없음)(대법원 2008.6.12, 2008도2279)[1062] 경찰승진 12 / 경찰승진 13 / 경찰채용 13 1차

1060 **판례** 허위채무 등을 공제한 후 **채무자의 적극재산이 남는다고 예측되더라도** 위 허위채무 부담행위로 채권자를 해할 위험이 있으므로 강제집행면탈죄가 성립한다(대법원 2008.4.24, 2007도4585). 사시 12

1061 **사례 : 조건부채권의 조건이 불성취되었더라도 보전처분 면탈행위를 한 경우의 법리 및 채권전부명령 송달로 강제집행이 완료된 후 허위영수증 발행으로 강제집행면탈죄가 성립하는가의 사례** A는 자신의 아버지인 X의 이름으로 1979.8.20. Y로부터 경양식집의 영업권 및 집기류를 대금 10,000,000원에 매수키로 하면서 그 영업소내 집기류가 B에 의하여 처분금지가처분이 되어 있던 관계로 해서 위 집기류대금에 상당하는 금 2,500,000원은 잔대금으로 하여 매도인(Y)이 2월 내에 위 가처분을 해제하여 인도하면 이를 지급하고 그 기간 내에 해제하지 못할 경우에는 위 잔대금 채권은 소멸한다고 약정하였는데 같은 해 8.29. B가 Y에 대한 채무명의에 기하여 X를 상대로 위 잔대금 채권에 대한 압류 및 전부명령을 받고 그 명령이 같은 달 30일 제3채무자에게 송달되자 A와 Y는 공모하여 같은 해 9.5. 위 잔대금이 같은 해 8.30.까지 2차에 걸쳐 전액 지급된 양 허위의 영수증을 발행하였다. 그런데 그 뒤 B가 X를 상대로 한 전부금청구소송에서는 Y가 위 집기류에 대한 가처분을 해제하지 아니한 채로 약정기간 2월이 경과됨으로써 Y의 X에 대한 조건부 잔대금채권은 위 허위영수증과는 관계없이 소멸되었다. Y에게는 강제집행면탈죄가 성립하는가? **판례** 이 경우 ① **집행할 채권이 조건부 채권이라 하여도** 그 채권자는 이를 피보전권리로 하여 보전처분을 함에는 법률상 아무런 장해도 없다 할 것이니 이와 같은 **보전처분을 면할 목적으로 형법 제327조 소정의 행위를 한 이상 강제집행면탈죄는 성립되며 그 후 그 조건의 불성취로 채권이 소멸되었다 하여도 일단 성립한 범죄에는 영향을 미칠 수 없다**고 해석함이 상당하다. 그러나 ② 채권자가 채무자에 대한 채무명의에 기하여 제3채무자에 대한 매매잔대금채권에 관하여 압류 및 전부명령을 받고 그 명령이 제3채무자에게 송달되자 **피고인이 채무자와 공모하여 위 잔대금이 전부명령 송달 전에 전액 지급된 양 허위영수증을 발행한 경우** 피고인이 채무자로부터 허위영수증을 수취한 것이 제3채무자에 대한 **전부명령의 송달로 위 잔대금채권에 대한 집행이 완료된 후**라면 이로써는 동 채권에 대한 채권자의 강제집행을 방해하였다고는 볼 수 없고 또 위 영수증의 발행 및 그 수취행위는 제3채무자의 재산에 대한 형법 제327조 소정의 어느 행위에도 해당되지 않는다 할 것이므로 강제집행면탈죄는 성립되지 아니한다(대법원 1984.6.12, 82도1544). **해결** 성립하지 않는다.

1062 **사례 : 토지소유자의 철거에 대해 건물소유자가 근저당권 설정한 경우** A는 채권자이면서도 토지 소유자로서 지상 건물의 소유자에 대하여 건물철거 및 토지인도청구권을 가지고 있는바, 이러한 A가 그 지상의 건물 소유자인 甲을 상대로 소송을 통하여 위 건물의 철거 및 토지인도를 구하고 있는 도중에, 甲은 위 건물에 관하여 B 명의로 근저당권설정등기를 경료해 주었다. 甲의 행위는 강제집행면탈죄를 구성하는가? **판례** 채권자의 채권이 금전채권이 아니라 토지 소유자로서 그 지상 건물의 소유자에 대하여 가지는 건물철거 및 토지인도청구권인 경우라면 채무자인 건물 소유자가 제3자에게 허위의 금전채무를 부담하면서 이를 피담보채무로 하여 건물에 관하여 근저당권설정등기를 경료하였다는 것만으로는 **직접적으로 토지소유자의 건물철거 및 토지인도청구권에 기한 강제집행을 불능케 하는 사유에 해당한다고 할 수 없으므로 건물 소유자에게 강제**

4	채권이 존재하는 경우에도 채무자에게 채권자의 집행을 확보하기에 충분한 다른 재산이 있는 경우(대법원 2011.9.8, 2011도5165)[1063] 법원행시 13 / 변호사 16

④ 상황 – 강제집행(强制執行)을 받을 구체적 위험이 있는 객관적 상태

㉠ 의의 · 범위 : 본죄의 상황은 채권자가 이행청구의 소 또는 그 보전을 위한 가압류, 가처분신청을 제기하거나 제기할 기세를 보이는 등 강제집행을 받을 구체적 염려가 있는 상태를 말한다(대법원 1986.10.28, 86도1553). 법원행시 11 / 변호사 13 이러한 객관적 상태가 존재하지 않는 경우에는 비록 강제집행을 면할 목적으로 허위양도 등을 하더라도 본죄가 성립하지 않는다. 또한 이때의 강제집행은 민사집행법 제2편의 적용 대상인 강제집행 또는 가압류 · 가처분 등의 집행을 가리키므로(대법원 1972.5.31, 72도1090; 2012.4.26, 2010도5693), 금전채권의 강제집행은 물론이고 소유권이전등기의 강제집행(대법원 1983.10.25, 82도808), 광의의 강제집행인 의사의 진술에 갈음하는 판결의 강제집행(대법원 2015.9.15, 2015도9883) 등이 본죄의 강제집행에 포함된다. 그러나 본죄는 개인적 법익인 채권자의 채권을 그 보호법익으로 하므로, 벌금 · 몰수 · 추징 등 형사재판의 집행, 국세징수법에 의한 체납처분은 포함되지 않고(통설 · 판례[1064]) 법원9급 05 / 사시 12 / 변호사 13 / 변호사 17 나아가 민사집행법 제3편의 담보권 실행 등을 위한 경매(대법원 2015.3.26, 2014도14909)도 제외된다. 법원행시 15

㉡ 소송제기의 기세 : 본죄의 상황은 소송제기의 기세로도 충분하다. 즉, 현실적인 민사소송의 제기나 강제집행 등의 개시가 없을지라도 채권자들이 채권확보를 위하여 소송을 제기할 기세를 보이면 충분하다. 예컨대, ⓐ 약속어음이 부도가 난 경우라든가(대법원 1999.2.9, 96도3141),[1065] 변호사 13 ⓑ 이혼을 요구하는 처(妻)로부터 재산분할청구권에 근거한 가압류 등 강제집행을 받을 우려가 있는 상태(대법원 2008.6.26, 2008도3184[1066]) 사시 12 / 경찰채용 17 1차와 같은 경우가 여기에 해당된다.

집행면탈죄가 성립한다고 할 수 없고, 이는 건물 소유자가 토지 임차인으로서 임대인인 토지 소유자에 대하여 민법 제643조 소정의 건물매수청구권을 행사함으로써 건물 소유자와 토지 소유자 사이에 건물에 관한 매매관계가 성립되어 토지 소유자가 건물 소유자에 대하여 건물에 관한 소유권이전등기 및 명도청구권을 가지게 된 이후에 건물 소유자가 제3자에게 허위의 금전채무를 부담하면서 이를 피담보채무로 하여 건물에 관하여 근저당권설정등기를 경료한 경우에도 마찬가지라고 할 것이다(대법원 2008.6.12, 2008도2279). 경찰채용 13 1차 **해결** 강제집행면탈죄를 구성하지 않는다(A의 건물철거 및 토지인도청구권의 집행에 아무런 장애가 되지 않기 때문에).

1063 **사례 : 채무자에게 충분한 다른 재산이 있는 경우** A는 자신을 상대로 사실혼관계해소 청구소송을 제기한 甲에 대한 채무를 면탈하려고 A 명의 아파트를 담보로 대출을 받아 그 중 대부분을 타인 명의 계좌로 입금하였다. 그런데 A에게는 甲의 위자료 채권액을 훨씬 상회하는 다른 재산이 있었다. A에게는 강제집행면탈죄의 죄책이 인정되는가? **판례** (채권이 존재하지 않으면 강제집행면탈죄도 성립하지 않으며 만일) **채권이 존재하는 경우에도 채무자의 재산은닉 등 행위 시를 기준으로 채무자에게 채권자의 집행을 확보하기에 충분한 다른 재산이 있었다면 채권자를 해하였거나 해할 우려가 있다고 쉽사리 단정할 것이 아니다.** … 피고인이 자신을 상대로 사실혼관계해소 청구소송을 제기한 갑에 대한 채무를 면탈하려고 피고인 명의 아파트를 담보로 10억 원을 대출받아 그중 8억 원을 타인 명의 계좌로 입금하여 은닉하였다고 하여 강제집행면탈죄로 기소된 이 사건에서, (피고인의 재산은닉 행위 당시 갑의 재산분할청구권은 존재하였다고 보기도 어렵고) 가사사건 제1심판결에 근거하여 위자료 4,000만 원의 채권이 존재한다는 사실이 증명되었다고 볼 여지가 있었을 뿐이므로, **피고인에게 위자료채권액을 훨씬 상회하는 다른 재산이 있었던 이상 강제집행면탈죄는 성립하지 않는다고 보아야 하는데도**, 이와 달리 피고인에게 유죄를 인정한 원심판단에는 법리오해의 위법이 있다(대법원 2011.9.8, 2011도5165). 법원행시 13 **해결** 인정되지 않는다.

1064 대법원 1972.5.31, 72도1090; 2012.4.26, 2010도5693

1065 **판례 : 약속어음 부도 후 다른 약속어음 지급기일 이전에 재산을 허위양도한 것이 강제집행면탈죄를 구성하는 지 여부** 피고인 발행의 **약속어음이 부도가 난 이상** 특별한 사정이 없는 한 피고인 발행의 다른 약속어음들도 만기에 지급거절이 될 것이 예상되어 그 소지인들이 만기 전이라고 할지라도 소구가 가능할 뿐만 아니라(대법원 1984.7.10, 84다카424; 1993.12.28, 93다35254), 통상 약속어음의 부도는 그 발행인의 신용상태가 파탄상태에 이른 것이 객관적으로 확인되는 의미가 있어 위와 같은 정도의 채무초과 상태라면 변제기가 도래하지 아니한 피고인의 다른 일반 채권자들도 채권확보에 나설 것이 예상되므로 피고인은 현실적으로 **강제집행을 당할 구체적인 위험이 있는 상태**라고 할 것이므로 그와 같은 상황에서 재산을 허위양도하였다면 강제집행면탈죄를 구성한다(대법원 1999.2.9, 96도3141). 변호사 13

1066 **보충** 이때 남편이 이를 면탈할 목적으로 허위의 채무를 부담하고 소유권이전청구권보전가등기를 경료하였다면 이는 강제집행면탈죄에 해당된다. 사시 12

(2) **주관적 구성요건** – 고의와 강제집행을 면할 목적

본죄는 강제집행을 면할 목적을 초과주관적 구성요건요소로 요구하고 있다. 다만 목적의 달성 여부는 본죄의 성립에 영향을 주지 않는다.

(3) **기수 및 종료시점**

본죄의 위태범적 성질을 고려할 때, 경찰승진 12 ① 허위의 채무를 부담하는 내용의 채무변제계약 공정증서를 작성한 후 이에 기하여 채권압류 및 추심명령을 받은 때에 강제집행면탈죄는 성립함과 동시에 그 범죄행위가 종료되어 공소시효가 진행하고(대법원 2009.5.28, 2009도875), 법원행시 13 / 경찰승진 17 / 사시 11 / 변호사 16 ② 강제집행면탈의 목적으로 채무자가 제3채무자에 대한 채권을 허위로 양도한 경우에는 제3채무자에게 채권양도의 통지가 행해진 때 실제로 위험이 발현된 것이므로(통상 제3채무자가 이때 채권 귀속의 변동을 인식할 수 있게 됨) 이때 범죄행위가 종료하여 그때부터 공소시효가 진행된다고 보아야 한다(대법원 2011.10.13, 2011도6855).

3. 죄수 및 다른 범죄와의 관계

(1) **죄 수**

① 죄수판단의 기준 : 강제집행면탈죄의 죄수판단의 기준은 채권자의 수이다. 따라서 채권자가 '수인'이어서 채권자들에 의한 복수의 강제집행이 예상되는 경우 재산을 은닉 또는 허위양도함으로써 채권자들을 해하였다면 채권자별로 각각 강제집행면탈죄가 성립하고, 상호 상상적 경합범의 관계에 있다(대법원 2011.12.8, 2010도4129). 법원행시 13 / 법원9급 13 / 법원9급 16 / 경찰승진 14 / 경찰간부 18

② 불가벌적 사후행위 여부 : 강제집행면탈 이후의 불가벌적 사후행위 여부에 관하여, 예컨대 채무자 A가 자신의 부동산에 甲 명의로 허위의 금전채권에 기한 담보가등기를 설정하고 이를 乙에게 양도하여 乙 명의의 본등기를 경료하게 한 경우, 甲명의 담보가등기 설정행위로 인하여 강제집행면탈죄가 성립하게 되는데, 그 후 乙명의로 이루어진 가등기 양도 및 본등기 경료행위는 강제집행면탈죄의 불가벌적 사후행위가 될 수 없다(대법원 2008.5.8, 2008도198). 그 가등기를 양도하여 본등기를 경료하게 함으로써 소유권을 상실케 하는 행위는 면탈의 방법과 법익침해의 정도가 훨씬 무겁기 때문이다.

(2) **다른 범죄와의 관계**

강제집행 직전에 범하게 된다는 점에서, 강제집행 절차 중에 공무상 표시를 손상시키는 등의 행위로써 범하는 공무상비밀표시무효죄(제140조 제1항)나 강제집행으로 명도 또는 인도된 부동산에 침입함으로써 범하는 부동산강제집행효용침해죄(제140조의2)와는 구별되는 범죄이다.

백광훈
통합
형법각론

PART

02

사회적 법익에 대한 죄

수험의 핵심포인트

목 차		난 도	출제율	대표 지문
제1절 공안을 해하는 죄	01 총 설	下	–	• 범죄단체조직죄는 목적범이다. (○) • 추심을 위임받은 채권을 용이하게 추심하는 방편으로 합동수사반원임을 사칭하고 협박한 경우에는 공무원자격사칭죄로 처벌할 수 없다. (○) • 사형, 무기 또는 장기 4년 이상의 징역에 해당하는 범죄를 목적으로 하는 단체 또는 집단을 조직하거나 이에 가입 또는 구성원으로 활동한 사람은 그 목적한 죄에 정한 형으로 처벌한다. 다만 형을 감경할 수 있다. (○)
	02 범죄단체조직죄	下	★	
	03 소요죄	下	–	
	04 다중불해산죄	下	–	
	05 전시공수계약불이행죄	下	–	
	06 공무원자격사칭죄	下	★	
제2절 폭발물에 관한 죄	01 폭발물사용죄	下	★	• 평시에 폭발물을 사용하여 사람을 다치게 한 자도 사형에 처해질 수 있다. (○) • 대법원은 화염병은 형법 제119조 소정의 폭발물에 해당하지 않는다고 판시한 바 있다. (○)
	02 전시폭발물사용죄	下	–	
	03 폭발물사용예비 · 음모 · 선동죄	下	–	
	04 전시폭발물제조 · 수입 · 수출 · 수수 · 소지죄	下	–	
제3절 방화와 실화의 죄	01 총 설	下	★	• 방화죄의 주된 보호법익은 공공의 안전으로서 방화죄의 기본적 성격은 공공위험죄이지만, 부차적으로 개인의 재산도 보호법익에 포함된다. (○) • 피고인이 주택주변과 피해자의 몸에 휘발유를 상당히 뿌린 상태에서 라이터를 켜 불꽃을 일으켰는데, 불이 피해자의 몸에만 붙고 방화 목적물인 주택 자체에 불이 옮겨 붙지 않았다면 현존건조물방화죄의 실행의 착수가 있었다고 볼 수 없다. (×) • 방화죄는 화력이 매개물을 떠나 스스로 연소할 수 있는 상태에 이르렀을 때에 기수가 되고 반드시 목적물의 중요부분이 소실하여 그 본래의 효용을 상실한 때라야만 기수가 되는 것이 아니다. (○) • 타인 소유의 현주건조물에 방화하자 불이 옆에 있는 자기 소유의 일반건조물에 옮겨 붙은 경우 연소죄가 성립한다. (×)
	02 현주건조물 등 방화죄	中	★★	
	03 현주건조물 등 방화치사상죄	中	★	
	04 공용건조물 등 방화죄	下	–	
	05 일반건조물 등 방화죄	下	–	
	06 일반물건방화죄	中	★	
	07 연소죄	中	★	
	08 방화예비 · 음모죄	下	–	
	09 진화방해죄	下	–	
	10 폭발성물건파열죄 및 폭발성물건파열치사상죄	下	–	
	11 가스 · 전기 등 방류죄 및 가스 · 전기 등 방류치사상죄	下	–	
	12 가스 · 전기공급방해죄 및 가스 · 전기공급방해치사상죄	下	–	
	13 실화죄	下	★	
	14 과실폭발성물건파열죄, 업무상과실 · 중과실폭발성물건파열죄	下	–	
제4절 일수와 수리에 관한 죄	01 총 설	下	–	• 평시에 폭발물을 사용하여 사람을 다치게 한 자도 사형에 처해질 수 있다. (○) • 대법원은 화염병은 형법 제119조 소정의 폭발물에 해당하지 않는다고 판시한 바 있다. (○)
	02 현주건조물 등 일수죄	下	–	
	03 공용건조물 등 일수죄	下	–	
	04 일반건조물 등 일수죄	下	–	
	05 일수 예비 · 음모죄	下	–	
	06 방수방해죄	下	–	
	07 과실일수죄	下	–	
	08 수리방해죄	下	★	
제5절 교통방해의 죄	01 총 설	下	–	• 일반교통방해죄는 이른바 추상적 위험범으로서 교통이 불가능하거나 또는 현저히 곤란한 상태가 발생하면 바로 기수가 되고 교통방해의 결과가 현실적으로 발생하여야 하는 것은 아니다. (○)
	02 일반교통방해죄	中	★	
	03 기차 · 선박 등 교통방해죄	下	–	
	04 기차 등 전복죄	下	–	
	05 교통방해 등 예비 · 음모죄	下	–	
	06 교통방해치사상죄	下	–	
	07 과실교통방해죄	下	–	

최근 6개년 출제경향 분석

구 분	국가7급						국가9급						법원9급						경찰간부					
	18	19	20	21	22	23	19	20	21	22	23	24	18	19	20	21	22	23	18	19	20	21	22	23
제1절 공안을 해하는 죄																1								
제2절 폭발물에 관한 죄																								
제3절 방화와 실화의 죄			1			1	1			1									1			1	1	1
제4절 일수와 수리에 관한 죄																								
제5절 교통방해의 죄					1			1			1								1					
출제빈도수	3/130						4/120						1/150						5/240					

CHAPTER

01

공공의 안전과 평온에 대한 죄

핵심사항

• 범죄단체조직죄의 2013년 개정 내용	• 소요죄와 내란죄의 차이
• 폭발물과 폭발성물건의 차이	
• 방화죄의 보호법익 • 실행의 착수시기와 기수시기	• 추상적 위험범과 구체적 위험범 • 실화죄의 해석
• 방화죄와 일수죄의 비교	• 수리방해죄의 수리권의 근거
• 육로의 개념 • 교통방해행위	• 업무상 과실교통방해죄

경찰채용						법원행시						변호사					
19	20	21	22	23	24	19	20	21	22	23	24	19	20	21	22	23	24
	1								1		1						
	1			1	1								1				
						1			1								
4/264						4/240						1/120					

CHAPTER

01 공공의 안전과 평온에 대한 죄

제1절 공안을 해하는 죄

01 총 설

형법 각칙 제5장 공안(公安, public peace)을 해하는 죄는 안전을 해하는 죄라고도 하는데, 공공의 법질서 또는 공공의 안전(安全)과 평온(平穩)을 해하거나 위협하는 죄를 말한다. 이에 대해서는 국가적 법익에 대한 죄로 보는 견해[1067]도 있으나, 본장의 죄 중 중심을 이루는 죄를 범죄단체조직죄, 소요죄 그리고 다중불해산죄로 파악하고 이 범죄들은 사회적 법익에 대한 죄로 보는 것이 통설이다.[1068] 그 법익보호의 정도는 추상적 위험범이다. 다만, 본장의 죄 중에서 전시공수계약불이행죄나 공무원자격사칭죄는 국가의 기능을 보호하기 위한 처벌규정으로서 국가적 법익에 대한 죄이다. 본장의 죄는 모두 미수를 벌하지 않는다.

02 범죄단체조직죄

제114조【범죄단체 등의 조직】 사형, 무기 또는 장기 4년 이상의 징역에 해당하는 범죄를 목적으로 하는 단체 또는 집단을 조직하거나 이에 가입 또는 그 구성원으로 활동한 사람은 그 목적한 죄에 정한 형으로 처벌한다. 다만, 형을 감경할 수 있다. 법원행시 16 / 경찰채용 20 1차 〈전문개정 2013.4.5〉

1. 의 의

범죄단체 등 조직죄(organization of criminal groups, etc.)는 사형, 무기 또는 장기 4년 이상의 징역에 해당하는 범죄를 목적으로 하는 단체 또는 집단을 조직하거나 이에 가입 또는 그 구성원으로 활동함으로써 성립하는 범죄이다.[1069]

1067 유기천(하), 275면.

1068 김일수, 456면; 박상기, 449면; 배종대, 559면; 백형구, 445면; 서일교, 276면; 오영근, 595면; 이재상, §25-3; 이정원, 481면; 이형국(공저), 444면; 임웅, 521면; 정성근/박광민, 493면; 정영석, 107면; 진계호, 559면; 황산덕, 34면.

1069 참고 종래 구형법상 범죄단체조직죄는 법정형의 제한 없이 범죄를 목적으로 단체를 조직하기만 하면 구성요건에 해당하게 되어 그 처벌범위가 너무 넓다는 비판이 제기되어 왔다. 또한 국제연합국제조직범죄방지협약도 법정형이 장기 4년 이상인 범죄를 목적으로 하는 단체를 조직하는 행위 등을 범죄화 하도록 규정하여 범위를 제한하고 있으며, 한편 범죄단체에는 이르지 못하였으나 그 위험성이 큰 범죄집단을 조직한 경우에 관한 처벌규정도 없는 실정이었다. 이에 2013년 4월 5일 본조에 대한 개정이 이루어져, "사형, 무기 또는 장기 4년 이상의 징역"에 해당하는 범죄를 목적으로 하는 단체의 조직 행위를 처벌하도록 하여 그 범위를 제한함으로써 국제연합국제조직범죄방지협약의 내용과 조화를 이루게 하는 한편, 범죄단체뿐만 아니라 이에 이르지 못한 범죄집단을 조직한 경우에도 처벌할 수 있도록 하게 된 것이다(개정이유 중에서 발췌).

2. 객관적 구성요건

(1) 범 죄

본죄의 '범죄'는 반드시 형법상의 범죄를 목적으로 할 필요는 없으며, 특별법상의 범죄도 포함된다. 다만, 단체의 조직·가입 그 자체를 처벌하는 조직범죄(Orga nisationsdelikt)는 제외된다고 보아야 한다. 예를 들어 폭처법이 적용되는 범죄단체를 조직한 경우에는 형법이 아니라 폭처법(제4조)이 적용되고,[1070] 절도를 목적으로 한 범죄단체조직은 특가법(제5조의8)이 적용되며, 반국가단체를 구성하거나 이에 가입한 경우에는 국가보안법(제3조)이 적용된다. 또한 경범죄처벌법이 적용되는 경범죄는 본죄의 범죄에서 제외된다.

(2) 단체 또는 집단(필요적 공범 – 집합범)

① 단체 : 특정 다수인의 범죄수행이라는 공동목적 아래 이루어진 계속적인 결합체를 말하며, 단순한 다중의 집합과는 달라 단체를 주도하는 최소한도의 통솔체계를 갖추고 있어야 한다(대법원 1976.4.13, 76도340; 1977.5.24, 77도1015; 1981.11.24, 81도2608). 경찰승진 12

② 집단 : 현재는 범죄단체에는 이르지 못하였으나 그 위험성이 큰 다수인의 집합을 말한다.

판례연구 범죄단체와 범죄집단의 구별

대법원 2020.8.20, 2019도16263

범죄집단 조직·가입·활동 사건

(중고차량을 시세보다 비싸게 판매해 금원을 편취할 목적으로 조직된 외부사무실은 형법 제114조의 범죄집단에 해당하는가의 문제) 형법 제114조에서 정한 '범죄를 목적으로 하는 단체'란 특정 다수인이 일정한 범죄를 수행한다는 공동목적 아래 구성한 계속적인 결합체로서 그 단체를 주도하거나 내부의 질서를 유지하는 최소한의 통솔체계를 갖춘 것을 의미한다(대법원 2016.5.12, 2016도1221)(범죄단체 조직·가입·활동죄에는 해당하지 않음). …… 형법 제114조에서 정한 '범죄를 목적으로 하는 집단'이란 특정 다수인이 사형, 무기 또는 장기 4년 이상의 범죄를 수행한다는 공동목적 아래 구성원들이 정해진 역할 분담에 따라 행동함으로써 범죄를 반복적으로 실행할 수 있는 조직체계를 갖춘 계속적인 결합체를 의미한다. '범죄단체'에서 요구되는 '최소한의 통솔체계'를 갖출 필요는 없지만, 범죄의 계획과 실행을 용이하게 할 정도의 조직적 구조를 갖추어야 한다. 경찰간부 22

보충 소위 '뜬플', '쌩플'의 수법으로 중고차량을 시세보다 비싸게 판매해 금원을 편취할 목적으로 조직된 이 사건 외부사무실은 특정 다수인이 사기범행을 수행한다는 공동목적 아래 구성원들이 대표, 팀장, 출동조, 전화상담원 등 정해진 역할분담에 따라 행동함으로써 사기범행을 반복적으로 실행하는 체계를 갖춘 결합체, 즉 형법 제114조의 '범죄를 목적으로 하는 집단'에 해당한다고 보아, 이를 무죄로 판단한 원심판결을 파기한 사례이다.

(3) 조직·가입·활동 및 임의적 감경

본죄는 범죄를 목적으로 하는 단체·집단을 조직하거나 이에 가입하거나 그 구성원으로 활동함으로써 성립하는 범죄이고, 그 목적하는 범죄를 실행하였는가는 본죄의 성립과는 무관하다(대법원 1975.9.23, 75도2321 : 목적하는 범죄를 실행하더라도 범죄단체조직죄는 별도로 성립함). 또한 본죄는 일종의 예비·음모단계를 기수범화시켜 "그 목적한 죄에 정한 형으로 처단한다."고 하면서도, 이 경우 그 형이 너무 무거울 수 있기 때문에 '형을

1070 판례 : 폭처법상 범죄단체 구성·가입죄에 해당한다고 한 사례 A, B, C 등은 甲으로부터 단체생활에 필요한 자금 등을 제공받고 싸움에 대비하여 수시로 단체 및 개인훈련을 실시하는 한편, 甲의 사주를 받거나 고향의 선배들을 괴롭히는 자들을 응징한다는 명목 등으로 단체를 구성한 후 1년 10개월 동안 16건에 걸쳐 강도상해 및 폭력행위(상해, 협박 등)를 자행하여 왔다. 다만 이들은 생활비 절감 등의 편의상 함께 모여 단체생활을 한 것이고 또한 단체의 명칭이 수사단계에서야 비로소 붙여진 것이다. A, B, C 등은 폭력행위 등 처벌에 관한 법률 제4조의 "폭력을 목적으로 하는 범죄단체를 구성 또는 이에 가입한 죄"에 해당된다(대법원 1987.10.13, 87도1240).

감경할 수 있다.'(임의적 감경)는 단서를 붙여두고 있다. 다만, 판례는 본죄를 즉시범으로 파악하여[1071] 범죄단체 조직시부터 공소시효가 기산된다고 보고 있으나, 이에 대해서는 계속범으로 보아야 한다는 비판이 많다.

> **판례연구** 범죄단체조직죄가 성립하지 않는 사례
>
> 1. 대법원 1981.11.24, 81도2608
>
> 피고인들이 각기 소매치기의 범죄를 목적으로 그 실행행위를 분담하기로 약정하였으나 계속적이고 통솔체제를 갖춘 단체를 조직하였거나 그와 같은 단체에 가입하였다고 볼 수 없다면 범죄단체조직죄는 성립하지 않는다.
>
> 2. 대법원 1985.10.8, 85도1515
>
> 甲은 乙, 丙, 丁 등과 은행에 당좌계정을 개설하여 은행으로부터 어음용지를 교부받아 거액의 어음을 발행한 후 이를 부도시키는 방법 등으로 타인의 재물을 편취하기로 모의한 뒤 위 범죄를 목적으로 제1실업이라는 상호로 사무실을 개설하여 전자제품 도매상을 경영하는 것처럼 위장하고 甲은 대표자, 乙, 丁은 대외적인 업무를 맡고 丙은 감사로서의 임무를 수행하기로 한 사실은 인정되지만, 이는 어음사기를 목적으로 한 범죄단체로서의 단체 내부의 질서를 유지하는 통솔체제를 갖춘 계속적인 결합체에 이른 것으로는 볼 수 없다(2013년 개정으로 범죄집단에는 해당할 수 있음). 경찰간부 17
>
> 3. 대법원 2004.7.8, 2004도2009
>
> 사북 지역 출신의 청년들에 의하여 자생적으로 조직된 사북청년회라는 단체의 일부 회원들이 사북 지역에 내국인 카지노가 들어서면서 폭력 범행을 저지르거나 관여하게 되었다고 하여 사북청년회 자체가 폭처법상의 폭력범행을 목적으로 한 범죄단체에 해당하는 것은 아니다.

3. 주관적 구성요건

본죄는 고의 및 사형·무기 및 장기 4년 이상의 징역에 해당하는 범죄를 범할 목적을 요한다(목적범). 경찰채용 10 1차

03 소요죄

제115조 【소 요】 다중이 집합하여 폭행, 협박 또는 손괴의 행위를 한 자는 1년 이상 10년 이하의 징역이나 금고 또는 1천 500만 원 이하의 벌금에 처한다.

1. 구성요건

(1) 객관적 구성요건

① 주체 – 다중(多衆, Menschenmenge)

소요죄(騷擾罪, riot, Landfriedensbruch)의 주체는 '집합한 다중을 구성하는 개인'이다(필요적 공범 – 집합범). 다중은 한 지방의 평온 · 안전을 해할 수 있는 정도의 다수인임을 요한다(통설[1072]).

1071 판례 : 한 범죄단체에 가입한 후 별개의 범죄단체에 가입하였다는 이유로 추가 기소된 경우, 이중처벌이라고 볼 수 없다는 사례
폭처법 제4조 소정의 단체 등의 조직죄는 같은 법에 규정된 범죄를 목적으로 한 단체 또는 집단을 구성하거나 가입함으로써 즉시 성립하고 그와 동시에 완성되는 **즉시범**이라 할 것이므로, 피고인이 범죄단체인 연주파에 가입한 이후 별개의 범죄단체에 가입하였다는 이유로 추가 기소가 되었다고 하여 이를 이중처벌이라고 할 수는 없다(대법원 1997.10.10, 97도1829). 경찰승진(경장) 11

1072 김성천/김형준, 600면; 김일수/서보학, 535면; 박상기, 458면; 배종대, 427면; 백형구, 459면; 오영근, 686면; 유기천(하), 280면; 이재상, §25-13; 이정원, 524면; 임웅, 527면; 정성근/박광민, 448면; 정영석, 104면; 진계호, 563면.

② 행위 – 폭행·협박·손괴

㉠ 의의 : 폭행은 사람·물건에 대한 유형력 행사(최광의의 폭행)이고 협박은 공포심을 일으킬 수 있는 일체의 해악의 고지(광의의 협박)이며 손괴는 재물 등의 효용을 해하는 일체의 행위이다.

㉡ 정도 : 본죄의 폭행·협박·손괴는 적극적 행위이어야 하므로, 연좌농성이나 해산행위에 대한 소극적 방어행위로는 본죄를 구성하지 않는다.

㉢ 기수시기 : 소요죄는 한 지방의 공공안전을 해할 수 있는 정도의 위험성이 있는 행위가 있는 때 기수에 이르며, 현실적 결과발생은 요하지 않는다(추상적 위험범).[1073]

(2) 주관적 구성요건

다중의 합동력(vereinte Kräfte)으로 폭행·협박 또는 손괴한다는 공동의사(共同意思)를 요한다(다수설[1074]·판례). 따라서 소요를 공동으로 한다는 의사를 가지지 않고 다중이 집합하여 폭행·협박·손괴하는 경우에는 특수폭행죄(제261조)·특수협박죄(제284조)·특수손괴죄(제369조)만 성립할 뿐이다. 다만 공동의사가 필요하다고 하여 사전적인 범행모의나 계획을 별도로 요하는 것은 아니다.

2. 공범규정의 적용

(1) 다중의 구성원 내부

본죄는 필요적 공범에 해당하는 집합범이므로 다중의 구성원 사이에는 임의적 공범을 전제한 총칙상의 공범규정을 적용하지 않는다(통설).

(2) 외부관여자

공동정범은 적용되지 않지만, 총칙상의 공범규정(교사범·종범)은 적용될 수 있다(통설).

3. 다른 범죄와의 관계

(1) 내란죄와의 관계

① 국헌문란(國憲紊亂)의 목적이 없는 점, ② 한 지방의 평온·안전을 해하는 정도가 상대적으로 낮다는 점, ③ 주모자를 필요로 하지 않는 점(법정형의 등급구별이 없음), ④ 예비·미수를 벌하지 않는 점에서 내란죄와 구별되며, 내란죄가 성립하면 본죄는 흡수된다(법조경합).

(2) 소요행위과정에서 실현된 다른 구성요건과의 관계

소요죄보다 법정형이 무거운 살인죄나 방화죄는 본죄와 상상적 경합관계에 있지만,[1075] 형이 가벼운 공무집행방해죄나 주거침입죄는 모두 소요죄에 흡수된다(다수설[1076]).

1073 본죄는 추상적 위험범으로 파악하는 것이 다수설이다. 김성천/김형준, 599면; 김일수/서보학, 534면; 박상기, 458면; 백형구, 458면; 오영근, 685면; 유기천(하), 279면; 이재상, §25-11; 이정원, 524면; 임웅, 527면; 정성근/박광민, 500면. 반면 구체적 위험범으로 보는 소수설은 배종대, 427면; 서일교, 278면 참조.

1074 김성천/김형준, 600면; 배종대, 428면; 오성환(주석), 77면; 오영근, 687면; 유기천(하), 281면; 이재상, §25-18; 이정원, 525면; 이형국(공저), 448면; 임웅, 528면; 정성근/박광민, 500면; 정영석, 109면; 진계호, 607면; 황산덕, 34면. 다만 소요죄에서 공동의 의사를 필요로 한다고 하면, 상호 의사연락 하에 이루어지는 공동정범의 공동의사와 혼동될 수 있기 때문에 소요죄의 성립에 있어서 공동의 의사까지는 필요없다는 소수설은 김일수/서보학, 537면; 박상기, 460면 참조.

1075 **판례 : 소요죄와 포고령위반죄의 죄수** 피고인의 행위가 수십명의 군중과 함께 정치적 구호를 외치며 거리를 진행하는 등 다중이 집합하여 폭행, 협박, 손괴행위를 한 것이라면 그 행위자체가 포고령 제10호가 금지한 정치목적의 시위를 한 것이라고 보아야 할 것이므로 소요죄와 위 포고령위반죄는 1개의 행위가 동시에 수개의 죄에 해당하는 형법 제40조의 **상상적 경합범**의 관계에 있다(대법원 1983.6.14, 83도424).

1076 김일수/서보학, 538면; 배종대, 567면; 서일교, 279면; 오성환(주석), 77면; 이건호, 104면; 이정원, 486면; 이형국(공저), 449면; 정성근/박광민, 503면; 정영석, 108면; 진계호, 566면; 황산덕, 35면. 다만 특수폭행죄·특수협박죄·특수손괴죄는 소요죄

04 다중불해산죄

제116조 【다중불해산】 폭행, 협박 또는 손괴의 행위를 할 목적으로 다중이 집합하여 그를 단속할 권한이 있는 공무원으로부터 3회 이상의 해산명령을 받고 해산하지 아니한 자는 2년 이하의 징역이나 금고 또는 300만 원 이하의 벌금에 처한다.

1. 객관적 구성요건

(1) **주체** : 다중불해산죄(多衆不解散罪, failure of dispersion of masses)도 소요죄와 마찬가지로 집합한 다중(多衆)의 구성원 개인이 그 주체이다. 즉, 본죄도 필요적 공범 중 집합범이다.

(2) **행위**(진정부작위범)

① 단속할 권한이 있는 공무원 : 경찰과 같이 해산명령권을 가진 공무원을 말한다.

② 해산하지 아니하는 것 : 본죄는 구성요건 자체가 '해산하지 않음(불해산)'이라는 부작위를 행위유형으로 삼고 있다는 점에서 진정부작위범이다.

③ 3회 이상의 해산명령을 받고 해산하지 아니하는 것 : 본죄의 성립은 최종해산명령시를 기준으로 판단해야 하므로, 3회째의 해산명령을 받고 해산하지 않다가 4회째의 해산명령을 받고 '해산한' 때에는 본죄가 성립하지 않는다(통설). 따라서 실질적인 성립 시기는 4회째의 해산명령에도 해산하지 아니한 때이다.

2. 주관적 구성요건

고의 및 폭행·협박·손괴의 목적을 요한다(목적범).

3. 다른 범죄와의 관계

본죄는 소요죄의 예비단계를 벌하는 죄이다. 따라서 다중불해산죄를 범하고 연이어 소요행위로 나아가면 소요죄만 성립하고 다중불해산죄는 성립하지 않는다(법조경합 중 보충관계).

05 전시공수계약불이행죄

제117조 【전시공수계약불이행】 ① 전쟁, 천재 기타 사변에 있어서 국가 또는 공공단체와 체결한 식량 기타 생활필수품의 공급계약을 정당한 이유 없이 이행하지 아니한 자는 3년 이하의 징역 또는 500만 원 이하의 벌금에 처한다.
② 전항의 계약이행을 방해한 자도 전항의 형과 같다.
③ 전 2항의 경우에는 그 소정의 벌금을 병과할 수 있다.

전시공수계약불이행죄(戰時公需契約不履行罪, non fulfillment of contract of public demand in wartime)는 국가 또는 공공단체의 기능보호를 목적으로 한다(국가적 법익에 대한 죄). 본죄와 공무원자격사칭죄는 사실 국가적 법익에 대한 범죄이므로, 형법 개정시 재배치를 요한다.

의 행위수단이므로 소요죄에 흡수되지만 그 이외의 범죄는 소요죄와 상상적 경합관계에 있다고 보는 견해는 김성천/김형준, 602면; 박상기, 461면; 유기천(하), 281면; 이재상, §25-22 참조.

06 공무원자격사칭죄

제118조 【공무원자격의 사칭】 공무원의 자격을 사칭하여 그 직권을 행사한 자는 3년 이하의 징역 또는 700만 원 이하의 벌금에 처한다.

1. 구성요건

(1) 공무원의 자격사칭 – 사칭한 공무원 자격＝행사한 직권

사칭(詐稱)하는 공무원의 직권내용은 공무원만이 행사할 수 있는 권한사항이어야 하므로, 직권행사를 한 것이 사칭한 그 공무원의 직권에 속하지 않는 경우에는 본죄가 성립하지 않는다(국가적 법익에 대한 죄). 따라서 ① 위임받은 채권을 용이하게 추심하는 방편으로 합동수사반원임을 사칭하고 협박한 사실이 있다고 하여도 이러한 채권추심행위는 개인적 업무이지 수사기관의 수사업무범위에는 속하지 않으므로 본죄에 해당되지 않고(대법원 1981.9.8, 81도1955), 법원행시 14 / 경찰승진(경장) 11 / 경찰간부 17 / 경찰간부 22 ② 청와대 민원비서관임을 사칭하여 시외전화의 고장을 수리하라고 한 행위(대법원 1972.12.26, 72도2552)와 ③ 중앙정보부원임을 사칭하고 대통령사진이 든 액자가 파손되었다는 자인서를 쓰라고 한 행위(대법원 1977.12.13, 77도2750)는 모두 공무원자격사칭죄(公務員資格詐稱罪, false impersonation of public official)에 해당될 수 없다.

(2) 사칭한 권한행사

권한행사가 있어야 하므로 직권행사 없는 단순한 공무원자격의 사칭은 본죄가 성립하지 않고 경범죄에 해당할 뿐이다(경범죄처벌법 제1조 제8호 참조).

2. 다른 범죄와의 관계

공무원의 자격을 사칭하여 재물 등을 사취·갈취한 경우에는 공무원자격사칭죄와 사기죄·공갈죄의 상상적 경합이 성립한다.

3. 미수범 처벌규정의 부존재

본장의 공안을 해하는 죄(범죄단체조직죄, 소요죄, 다중불해산죄, 전시공수계약불이행죄, 공무원자격사칭죄)에는 미수범 처벌규정이 없다.

제2절 폭발물에 관한 죄

01 폭발물사용죄

제119조 【폭발물 사용】 ① 폭발물을 사용하여 사람의 생명, 신체 또는 재산을 해하거나 그 밖에 공공의 안전을 문란하게 한 자는 사형, 법원행시 13 무기 또는 7년 이상의 징역에 처한다. 〈개정 2020.12.8.〉
③ 제1항과 제2항의 미수범은 처벌한다. 〈개정 2020.12.8.〉

1. 의의 및 보호법익

폭발물사용죄(爆發物使用罪, use of explosives)는 폭발물을 사용하여 사람의 생명·신체·재산을 해하거나 그 밖에 공공의 안전을 문란하게 함(2020.12.8. 우리말 순화 개정 전 구법에서는 '기타 공안을 문란함'이라 하였음)으로써 성립하는 범죄이다. 본죄의 보호법익은 사회의 안전과 평온이며, 법익보호의 정도에 대해서는 추상적 위험범설[1077]과 구체적 위험범설(다수설)[1078]이 대립하고 있으나, '사람의 생명·신체·재산을 해하거나 공안(公安)을 문란(紊亂)하게 하는 구체적 위험의 발생'을 요건으로 보아야 한다는 점에서 구체적 위험범설이 타당하다고 생각된다.

2. 구성요건

(1) 폭발물

본죄의 객체인 폭발물은 제172조의 폭발성물건파열죄의 폭발성물건과는 구별해야 하므로, 폭발작용의 위력이나 파편의 비산 등으로 사람의 생명, 신체, 재산 및 공공의 안전이나 평온에 직접적이고 구체적인 위험을 초래할 수 있는 정도의 강한 파괴력을 가지는 물건을 의미한다. 따라서 어떠한 물건이 형법 제119조에 규정된 폭발물에 해당하는지는 폭발작용 자체의 위력이 공안을 문란하게 할 수 있는 정도로 고도의 폭발성능을 가지고 있는지에 따라 엄격하게 판단하여야 한다(대법원 2012.4.26, 2011도17254).[1079] 법원행시 13 / 경찰간부 17 예컨대, 다이너마이트, 수류탄 등은 여기에 해당되나, 오락용 폭약이나 화염병은 폭발물이 아니고(대법원 1968.3.5, 66도1056), 법원행시 13 폭발성물건파열죄의 객체인 보일러·고압가스 등 폭발성 있는 물건도 폭발물이 아니다.

(2) 고 의

본죄는 구체적 위험범이므로, 폭발물사용죄의 주관적 구성요건으로서 고의의 내용은 폭발물을 사용하여 사람의 생명·신체·재산을 침해하고 '공공의 안전을 문란하게 한다는 점에 대한 인식'이 필요하다(다수설[1080]). 판례도 폭발물사용죄가 성립하기 위하여서는 폭파시 신체를 해한다는 등의 고의가 있어야 한다고 판시하고 있다(대법원 1969.7.8, 69도832). 경찰간부 12

3. 예비죄·미수범·기수시기, 과실범 처벌규정의 부존재

본죄는 미수범(제119조 제3항)뿐만 아니라 예비·음모, 선동행위도 처벌하는 죄이다(제120조). 본죄의 기수시기는 공안문란의 결과발생시점으로 보는 것이 다수설이다.[1081] 다만 본죄는 폭발성물건파열죄(제172조)와는

1077 유기천(하), 287면; 진계호, 615면.

1078 김성천/김형준, 607면; 김일수/서보학, 544면; 박상기, 465면; 배종대, 434면; 백형구, 441면; 이재상, §26-5; 이정원, 529면; 임웅, 535면; 정성근/박광민, 509면. 다만 사람의 생명·신체·재산도 부차적 보호법익으로 이해하면서 이 부분에 대해서는 침해범으로서의 보호의 정도로 파악하는 견해는 임웅, ibid.

1079 **판례 : 형법 제119조 폭발물사용죄에서 '폭발물'의 의미 및 어떠한 물건이 폭발물에 해당하는지 판단하는 기준** 피고인이 자신이 제작한 폭발물을 배낭에 담아 고속버스터미널 등의 물품보관함 안에 넣어 두고 폭발하게 함으로써 공안을 문란하게 하였다고 하여 폭발물사용으로 기소된 경우, 피고인이 제작한 물건의 구조, 그것이 설치된 장소 및 폭발 당시의 상황 등에 비추어, 위 물건은 폭발작용 자체에 의하여 공공의 안전을 문란하게 하거나 사람의 생명, 신체 또는 재산을 해할 정도의 성능이 없거나, 사람의 신체 또는 재산을 경미하게 손상시킬 수 있는 정도에 그쳐 사회의 안전과 평온에 직접적이고 구체적인 위험을 초래하여 공공의 안전을 문란하게 하기에는 현저히 부족한 정도의 파괴력과 위험성만을 가진 물건이므로 형법 제172조 제1항에 규정된 '폭발성 있는 물건'에는 해당될 여지가 있으나 이를 형법 제119조 제1항에 규정된 '폭발물'에 해당한다고 볼 수는 없다(대법원 2012.4.26, 2011도17254). 법원행시 13

1080 김일수/서보학, 546면; 백형구, 451면; 오영근, 699면; 유기천(하), 289면; 이재상, §26-9; 임웅, 499면; 이형국(공저), 455면; 정성근/박광민, 511면; 정영석, 116면. 다만 소수설에 의하면, 생명·신체·재산을 침해한다는 고의가 있으면 공안을 문란하게 하는 고의는 그대로 인정되는 것으로 보고 있다. 박상기, 468면; 배종대, 436면 참조.

1081 배종대, 435면; 오영근, 613면; 이재상, §26-8; 임웅, 538면; 정성근/박광민, 511면 등. 한편 이와 유사하지만, 생명·신체·재산에 대한 구체적 위험 또는 공안에 대한 구체적 위험이 발생한 때 기수로 보는 입장은 김일수/서보학, 546면 참조. 또한 다수설에 의하면 공안문란개념의 추상성 때문에 기수시기가 너무 이르게 될 수 있다는 점에서 사람의 생명·신체·재산을 해하는

달리 과실범 처벌규정은 두고 있지 않다. 경찰승진(공통) 10

02 전시폭발물사용죄

제119조【폭발물사용】 ② 전쟁, 천재지변 그 밖의 사변에 있어서 제1항의 죄를 지은 자는 사형이나 무기징역에 처한다. 〈개정 2020.12.8.〉

전시 등의 행위상황의 위험성을 이유로 불법이 가중되는 구성요건이다. 판례는 휴전 중이라도 전시에 해당한다고 보지만(대법원 1956.11.30, 4289형상217) 이는 의문이다.

03 폭발물사용예비 · 음모 · 선동죄

제120조【예비 · 음모 · 선동】 ① 전조 제1항 · 제2항의 죄를 범할 목적으로 예비 또는 음모한 자는 2년 이상의 유기징역에 처한다. 단, 그 목적한 죄의 실행에 이르기 전에 자수한 때에는 그 형을 감경 또는 면제한다.
② 전조 제1항 · 제2항의 죄를 범할 것을 선동한 자도 전항의 형과 같다.

예비 · 음모 · 선동의 형법상 유일한 처벌규정이다. 법원행시 13 총칙상 자수는 임의적 감면사유이지만, 본죄의 자수(제1항 단서)는 필요적 감면사유이다.

→ 내란 · 외환 · 외국사전 · 방화 · 폭발물사용 · 통화죄의 예비 · 음모범이 실행착수 전에 자수(自首) : 필요적 감면사유

04 전시폭발물제조 · 수입 · 수출 · 수수 · 소지죄

제121조【전시폭발물제조 등】 전쟁 또는 사변에 있어서 정당한 이유 없이 폭발물을 제조, 수입, 수출, 수수 또는 소지한 자는 10년 이하의 징역에 처한다.

본죄는 예비 · 음모뿐 아니라 미수범 처벌규정도 없다.

제3절 방화와 실화의 죄

01 총 설

1. 의의 및 보호법익

방화(放火, arson)와 실화(失火, fire caused by negligence)의 죄는 고의 또는 과실로 불을 놓아 물건 등을 불태

결과가 발생한 때 기수가 된다는 입장은 박상기, 467면 참조.

움으로써 성립하는 범죄로서, 공공의 안전과 함께 개인의 재산도 보호법익으로 하는 공공위험죄와 재산죄로서의 이중의 성격을 가지는 범죄이다(이중성격설 : 통설 · 판례)[1082]. 경찰간부 14 형법은 자기소유물에 대한 방화죄와 타인소유물에 대한 방화죄의 법정형에 차이를 두고 있기 때문에, 개인의 재산도 고려하는 이러한 해석이 합당할 것이다. 그 법익보호의 정도는 구성요건에 따라 다르다.

2. 구성요건체계

방화죄는 크게 방화죄 및 실화죄, 준방화죄 및 실화죄로 나누어볼 수 있는데, ① 방화죄 및 실화죄는 현주건조물, 공용건조물, 일반건조물, 일반물건에 대한 방화죄와 실화죄가 있고, ② 준방화죄 및 실화죄는 진화방해, 폭발성물건파열, 가스 · 전기방류, 가스 · 전기공급방해죄와 이에 대한 과실범이 있다. 방화죄 및 실화죄의 기본적 구성요건은 일반물건방화죄 및 일반물건실화죄이다.

방화죄 중에서 현주건조물방화죄, 공용건조물방화죄, 타인소유일반건조물방화죄는 추상적 위험범이고 미수와 예비 · 음모를 처벌하며, 준방화죄 중에서 폭발성물건파열죄, 가스 · 전기방류죄, 가스 · 전기공급방해죄는 구체적 위험범이고 미수와 예비 · 음모를 처벌하는데 비하여, 방화죄 중 자기소유일반건조물방화죄(제166조 제2항) · 일반물건방화죄(제167조)는 구체적 위험범이고 미수와 예비 · 음모를 벌하지 않는다. 실화죄의 경우에도 자기소유일반건조물과 일반물건에 대한 실화(제170조 제2항)는 구체적 위험범이다.

02 현주건조물 등 방화죄

제164조【현주건조물 등 방화】 ① 불을 놓아 사람이 주거로 사용하거나 사람이 현존하는 건조물, 기차, 전차, 자동차, 선박, 항공기 또는 지하채굴시설을 불태운 자는 무기 또는 3년 이상의 징역에 처한다. 〈개정 2020.12.8.〉

제174조【미수범】 제164조 제1항, 제165조, 제166조 제1항, 제172조 제1항, 제172조의2 제1항, 제173조 제1항과 제2항의 미수범은 처벌한다.

1. 구성요건

(1) **객체** – 사람이 현주 · 현존하는 건조물 · 기차 · 전차 · 자동차 · 선박 · 항공기 · 지하채굴시설

① 사람 : 범인 이외의 모든 자연인을 말한다(대법원 1948.3.19, 4281형상5). 범인 자신이 혼자 살고 있는 집에 방화한 때에는 일반건조물방화죄(제166조)에 해당하나, 처와 함께 살고 있는 집에 방화한 때에는 현주건조물방화죄(現住建造物放火罪)가 성립한다(통설).

② 주거로 사용 : 거주하는 사람을 모두 죽이고 방화한 때에도 연속성이 인정되므로 본죄가 성립한다고 보아야 한다.

③ 건조물 등 : 형법상 방화죄의 객체인 건조물은 토지에 정착되고 벽 또는 기둥과 지붕 또는 천장으로 구성되어 사람이 내부에 기거하거나 출입할 수 있는 공작물을 말하고, 반드시 사람의 주거용이어야 하는 것은 아니라도 사람이 사실상 기거 · 취침에 사용할 수 있는 정도는 되어야 한다(대법원 2013.12. 12, 2013도3950). 법원행시 16 / 국가9급 22 / 경찰간부 17 또한 자동차는 주거침입죄(제319조)의 객체는 아니지만, 주거수색죄(제321조)나 본죄의 객체에는 해당된다. 따라서 사람이 현존하는 자동차에 방화한 경우에는 후술하는 일반물건방화죄에 해당되지 않고 현주건조물등방화죄에 해당되는 것이다.

1082 김일수/서보학, 555면; 박상기, 472면; 배종대, 576면; 백형구, 419면; 서일교, 285면; 오영근, 702면; 유기천(하), 19면; 이정원, 532면; 이형국(공저), 457면; 임웅, 546면; 정성근/박광민, 515면; 정영석, 117면; 진계호, 652면; 황산덕, 103면. 판례는 대법원 1983.1.18, 82도2341; 2009.10.15, 2009도7421 등 참조. 반면 순수한 공공위험죄로 보는 소수설은 이재상, §27–8 참조.

(2) **행위** – 불을 놓아 태우는 것

① 착수시기 : 방화죄의 실행의 착수를 인정하기 위하여는 발화(發火) 또는 점화(點火)가 있을 것을 요하는 것이 다수설 · 판례이다(개별적 객관설에 의해 반대하는 입장도 있음). 목적물에 인접한 매개물(媒介物)에 발화되어도 실행의 착수가 인정된다.

판례연구 매개물을 통한 점화 시 방화죄의 실행의 착수가 인정된다는 사례 : 형식적 객관설

대법원 2002.3.26, 2001도6641

매개물을 통한 점화에 의하여 건조물을 소훼함을 내용으로 하는 형태의 방화죄의 경우에, 범인이 그 매개물에 불을 켜서 붙였거나 또는 범인의 행위로 인하여 매개물에 불이 붙게 됨으로써 연소작용이 계속될 수 있는 상태에 이르렀다면, 그것이 곧바로 진화되는 등의 사정으로 인하여 목적물인 건조물 자체에는 불이 옮겨 붙지 못했더라도, 방화죄의 실행의 착수가 있었다고 보아야 할 것이다. … 피고인이 방화의 의사로 뿌린 휘발유가 인화성이 강한 상태로 주택주변과 피해자의 몸에 적지 않게 살포되어 있는 사정을 알면서도 라이터를 켜 불꽃을 일으킴으로써 피해자의 몸에 불이 붙은 경우, 비록 외부적 사정에 의하여 불이 방화 목적물인 주택 자체에 옮겨 붙지는 아니했더라도 현존건조물방화죄의 실행의 착수가 있었다고 봄이 상당하다. 국가7급 12 / 국가7급 14 / 국가9급 12 / 국가9급 13 / 법원9급 06 / 법원9급 07(상) / 법원9급 13 / 법원9급 14 / 경찰간부 14 / 경찰승진(경사) 10 / 경찰승진 13 / 경찰채용 12 2차 / 사시 11 / 변호사 12 / 법원행시 16 / 경찰승진(경감이하) 16 / 경찰승진(경감이하) 17 / 국가7급 20 / 경찰승진 24

② 기수시기(2020.12.8. 우리말 순화 개정 전 구법에서는 '소훼(燒燬)', 개정법에서는 '불태운')

㉠ 독립연소설(獨立燃燒說) : 불이 매개물을 떠나 목적물에 독립하여 연소할 수 있는 상태에 이르렀을 때에 기수가 된다는 견해이다(다수설 · 판례). 국가7급 12 / 경찰간부 13 / 경찰간부 14 / 경찰승진(경사) 10 이 학설은 방화죄의 공공위험죄적 성질을 중시하여 목적물 자체가 독립하여 연소할 수 있는 상태에 이르면 공공의 위험은 발생한 것으로 본다.[1083] 예컨대 판례는 피해자의 시체 위에 옷가지 등을 올려놓고 불을 붙인 천 조각을 던져서 그 불길이 방안을 태우면서 천장에까지 옮겨 붙었다면 도중에 진화되었다 하더라도 본죄의 기수에 이른 것으로 보고 있다(대법원 2007.3.16, 2006도9164). 국가9급 13 / 법원행시 16 / 경찰간부 16 / 국가7급 20 / 경찰승진 24

㉡ 효용상실설(效用喪失說) : 화력에 의하여 목적물의 중요부분이 소실되어 그 효용이 상실된 때에 기수가 된다고 해석하는 견해이다(과거의 다수설).[1084]

㉢ 절충설 : 중요부분연소개시시설[1085] 및 일부손괴설[1086] 그리고 이원설이 주장되고 있다. 이원설이란 추상적 위험범인 방화죄에 있어서는 독립연소설을 취하면서도 구체적 위험범인 방화죄에 있어서는 중요부분연소개시시점으로 파악하는 견해이다.[1087]

1083 김성천/김형준, 619면; 박보무(주석), 257면; 박상기, 474면; 배종대, 445면; 손동권, 551면; 이재상 §27–18; 이정원, 538면. 판례는 대법원 1983.1.18, 82도2341; 1970.3.24, 70도330 등 참조.
판례 : 독립연소설 현주건조물에의 방화죄는 공중의 생명, 신체, 재산 등에 대한 위험을 예방하기 위하여 공공의 안전을 그 제1차적인 보호법익으로 하고 제2차적으로는 개인의 재산권을 보호하는 것이라고 할 것이나, 여기서 공공에 대한 위험은 **구체적으로 그 결과가 발생됨을 요하지 아니하는 것이고 이미 현주건조물에의 점화가 독립연소의 정도에 이르면 동 죄는 기수에 이르러 완료되는** 것이다(대법원 1983.1.18, 82도2341).

1084 백형구, 416면; 서일교, 290면; 유기천(하), 24면; 정영석, 119면.

1085 독립하여 연소하더라도 목적물의 중요부분에 연소가 개시되어야 한다는 중요부분연소개시설은 이건호, 111면; 이형국(공저), 461면; 황산덕, 108면 참조.

1086 목적물의 일부분에 손괴가 있을 때 방화기수를 인정하는 일부손괴설은 오영근, 708면; 임웅, 551면; 정성근/박광민, 523면 참조.

1087 김일수/서보학, 560면; 배종대, 582면; 진계호, 582면 참조.

(3) 고 의

현주건조물 등에 불을 놓아 태운다(소훼케 한다)는 인식과 의사가 필요하다. 따라서 홧김에 죽은 동생의 서적 등을 뒷마당에 내어 놓고 불태운 경우에는 고의가 인정되지 않는다(대법원 1984.7.24, 84도1245). 경찰승진(경장) 10 / 경찰승진 13 / 경찰채용 12 2차 / 경찰채용 14 2차 / 경찰간부 17 다만 본죄는 추상적 위험범이므로 공공의 위험을 발생케 한다는 인식은 필요 없다.

2. 죄수 및 다른 범죄와의 관계

(1) 공공위험죄의 죄수 – 공공의 안전

본죄는 공공의 위험에 관한 범죄 중 대표적 유형이다. 따라서 그 죄수결정의 기준은 행위객체의 수를 표준으로 결정할 것이 아니라 '공공의 안전'이라는 보호법익을 기준으로 결정해야 한다. 경찰간부 13 따라서 1개의 방화행위로 수개의 현주건조물을 불태운 때에도 한 개의 현주건조물방화죄가 성립한다. 이 경우 건조물이 수인의 소유에 속한 때에도 동일하다. 한 개의 방화행위로 적용법조를 달리하는 건조물과 물건을 불태운 때에는 가장 무거운 적용법조에 해당하는 포괄일죄가 된다.

(2) 거주자의 동의가 있는 경우

방화죄가 공공위험죄인 동시에 재산죄의 성격을 갖기 때문에 현주건조물 등 방화의 경우에도 소유자 및 거주자의 동의가 있으면 자기소유일반건조물방화죄(제166조 제2항)가 된다(통설).

(3) 다른 범죄와의 관계

① 내란죄와의 관계 : 내란죄의 실행과정에서 방화한 경우 방화죄는 내란죄에 흡수된다.

② 소요죄와의 관계 : 소요죄의 실행 중 방화한 경우 방화죄와 소요죄의 상상적 경합이 된다(다수설). 방화죄의 법정형이 보다 무겁기 때문이다.

03 현주건조물 등 방화치사상죄

제164조 【현주건조물 등 방화】 ② 제1항의 죄를 지어 사람을 상해에 이르게 한 경우에는 무기 또는 5년 이상의 징역에 처한다. 사망에 이르게 한 경우에는 사형, 무기 또는 7년 이상의 징역에 처한다. 〈개정 2020.12.8.〉

현주건조물방화치사상죄(現住建造物放火致死傷罪)는 그 형량이 살인죄·상해죄보다 높다는 점에서 무거운 결과인 사상에 대한 고의가 있는 경우에도 성립하는 부진정결과적 가중범이다.[1088] 본죄의 성립에 있어서, 불을 피하여 뛰어내리다가 결과가 발생한 경우는 해당되나(인과관계 및 객관적 귀속 인정), 피해자가 진화작업에 열중하다가 화상을 입은 경우는 제외된다(대법원 1966.6.28, 66도1).

04 공용건조물 등 방화죄

제165조 【공용건조물 등 방화】 불을 놓아 공용(公用)으로 사용하거나 공익을 위해 사용하는 건조물, 기차, 전차, 자동차, 선박, 항공기 또는 지하채굴시설을 불태운 자는 무기 또는 3년 이상의 징역에 처한다. 〈개정 2020.12.8.〉

1088 총론에서 상술하였다. 총론, 범죄의 특수한 출현형태, 결과적 가중범 중 결과적 가중범의 종류 참조.

공용건조물방화죄(公用建造物放火罪)는 공용건조물과 공익건조물을 모두 객체로 하며 그 성립에 있어서 공공의 위험은 인식할 필요가 없다(추상적 위험범).

05 일반건조물 등 방화죄

제166조【일반건조물 등 방화】① 불을 놓아 제164조와 제165조에 기재한 외의 건조물, 기차, 전차, 자동차, 선박, 항공기 또는 지하채굴시설을 불태운 자는 2년 이상의 유기징역에 처한다. 〈개정 2020.12.8.〉
② 자기 소유인 제1항의 물건을 불태워 공공의 위험을 발생하게 한 자는 7년 이하의 징역 또는 1천만원 이하의 벌금에 처한다. 〈개정 2020.12.8.〉
제176조【타인의 권리대상이 된 자기의 물건】 자기의 소유에 속하는 물건이라도 압류 기타 강제처분을 받거나 타인의 권리 또는 보험의 목적물이 된 때에는 본장의 규정의 적용에 있어서 타인의 물건으로 간주한다.

1. 타인소유일반건조물방화죄(제166조 제1항)

타인소유일반건조물방화죄(他人所有一般建造物放火罪)는 추상적 위험범이므로 공공의 위험에 대한 인식은 필요하지 않다. 다만 본죄의 객체는 건조물 등이므로, 지붕과 문짝, 창문이 없고 담장과 일부 벽체가 붕괴된 철거 대상 건물로서 사실상 기거 · 취침에 사용할 수 없는 상태의 폐가는 본죄의 객체에 해당될 수 없다(대법원 2013.12.12, 2013도3950).[1089] 경찰채용 24 1차

또한 자기소유의 물건이라도 압류 기타 강제처분을 받거나 타인의 권리 또는 보험의 목적물이 된 때에는 타인의 물건으로 간주되므로(제176조), 만일 甲이 화재보험금을 편취하기 위해 보험에 가입되어 있는 자신이 홀로 거주하는 가옥에 방화한 경우, 甲에게는 타인소유일반건조물방화죄의 죄책이 인정된다(사기죄는 실행의 착수가 없어 불성립).

2. 자기소유일반건조물방화죄(제166조 제2항)

자기소유일반건조물방화죄(自己所有一般建造物放火罪)는 공공의 위험에 대한 인식이 필요하다(구체적 위험범). 소유자가 방화에 동의한 경우 및 무주물인 경우에도 자기소유에 준하는 것으로 본다. 반대로 자기소유에 속하는 건조물 등이라도 압류 기타 강제처분을 받거나 타인의 권리 또는 보험의 목적물이 된 때에는 타인의 물건으로 간주된다(제176조).

06 일반물건방화죄

제167조【일반물건 방화】 ① 불을 놓아 제164조부터 제166조까지에 기재한 외의 물건을 불태워 공공의 위험을 발생하게 한 자는 1년 이상 10년 이하의 징역에 처한다. 〈개정 2020.12.8.〉

1089 **사례 : 방화죄의 객체인 건조물의 개념** 甲은 폐가의 내부와 외부에 쓰레기를 모아놓고 태워 그 불길이 위 폐가 주변 수목 4~5그루를 태우고 폐가의 벽을 일부 그을리게 하였다. 위 폐가는 지붕과 문짝, 창문이 없고 담장과 일부 벽체가 붕괴된 철거 대상 건물로서 사실상 기거·취침에 사용할 수 없는 상태의 것이었다. 甲의 죄책은 일반건조물방화미수죄, 일반물건방화죄, 무죄 중 어느 것인가? **판례** 형법상 방화죄의 객체인 건조물은 토지에 정착되고 벽 또는 기둥과 지붕 또는 천장으로 구성되어 사람이 내부에 기거하거나 출입할 수 있는 공작물을 말하고, 반드시 사람의 주거용이어야 하는 것은 아니라도 사람이 사실상 기거 · 취침에 사용할 수 있는 정도는 되어야 한다(대법원 2013.12.12, 2013도3950). **보충** 위 행위는 건조물에 대한 방화도 아니고, 방화죄의 기수에 이르렀다고 보기 어려우며, 일반물건방화죄에 관하여는 미수범의 처벌 규정이 없으므로 무죄가 된다. **해결** 무죄.

② 제1항의 물건이 자기 소유인 경우에는 3년 이하의 징역 또는 700만 원 이하의 벌금에 처한다. 〈개정 2020.12.8.〉

제176조 【타인의 권리대상이 된 자기의 물건】 자기의 소유에 속하는 물건이라도 압류 기타 강제처분을 받거나 타인의 권리 또는 보험의 목적물이 된 때에는 본장의 규정의 적용에 있어서 타인의 물건으로 간주한다.

일반물건방화죄(一般物件放火罪)는 그 물건의 소유관계를 따지지 않고 모두 구체적 위험범 변호사 17이므로 공공의 위험이라는 구체적 위험이 발생해야 기수가 된다. 따라서 乙과 원한관계가 있는 甲이 乙이 아무 수목도 심지 않은 乙의 밭 가운데 놓여진 乙의 농기구를 불태워 못 쓰게 만들었다면, 甲에게는 타인소유일반물건방화죄가 성립하지 않고 손괴죄만 성립한다. 또한 전봇대 주변에 놓인 재활용품과 쓰레기 등의 무주물(無主物)은 자기소유의 물건으로 보아 제2항의 자기소유일반물건방화죄의 대상이 된다(대법원 2009.10.15, 2009도7421).[1090] 국가9급 12 / 국가9급 13 / 경찰승진 12 / 경찰승진 13 / 경찰채용 10 2차 / 경찰채용 12 2차 / 경찰채용 14 2차 / 경찰간부 16 / 경찰간부 18 / 경찰승진(경감이하) 16 / 경찰승진(경감이하) 17 / 경찰승진 23 / 경찰채용 24 1차

전술한 자기소유일반건조물방화죄(제166조 제2항)와 일반물건방화죄는 미수범 처벌규정이 없다(제174조 참조).

07 연소죄

제168조 【연 소】 ① 제166조 제2항 또는 전조 제2항의 죄를 범하여 제164조, 제165조 또는 제166조 제1항에 기재한 물건에 연소한 때에는 1년 이상 10년 이하의 징역에 처한다.

② 전조 제2항의 죄를 범하여 전조 제1항에 기재한 물건에 연소한 때에는 5년 이하의 징역에 처한다.

연소죄(延燒罪, spread of fire)는 진정결과적 가중범이다. 경찰채용 10 1차 / 경찰채용 16 2차 고의의 기본범죄는 자기소유일반건조물방화죄 또는 자기소유일반물건방화죄인데, 경찰승진(경사) 10 / 경찰채용 14 2차 / 경찰승진(경감이하) 16 이 죄들은 미수범 처벌규정이 없으므로 연소죄가 성립하기 위해서는 기본범죄가 기수에 이르러야 한다(통설). 과실의 무거운 결과는 현주건조물 · 공용건조물 · 타인소유일반건조물 또는 타인소유일반물건의 연소이다.

본죄는 진정결과적 가중범이므로 무거운 결과에 대해서는 과실이 있을 때에만 성립한다. 따라서 고의가 있는 경우에는 본죄는 성립하지 않는다. 예컨대 현주건조물방화의 고의를 가지고 자기소유 일반건조물에 불을 질러 현주건조물을 불태운 경우에는, 현주건조물방화죄가 성립하고 연소죄는 성립하지 않는다.

1090 **판례 : 불을 놓아 '무주물'을 소훼하여 공공의 위험을 발생하게 한 경우, 형법 제167조 제2항을 적용하여 처벌할 수 있다는 사례 – 재활용품 · 쓰레기에 불을 놓아 공공의 위험을 발생시킨 사건** 형법 제167조 제2항은 방화의 객체인 물건이 자기의 소유에 속한 때에는 같은 조 제1항보다 감경하여 처벌하는 것으로 규정하고 있는바, 방화죄는 공공의 안전을 제1차적인 보호법익으로 하지만 제2차적으로는 개인의 재산권을 보호하는 것이라고 볼 수 있는 점(방화죄의 보호법익에 관한 이중성격설 – 필자 주), 현재 소유자가 없는 물건인 무주물에 방화하는 경우에 타인의 재산권을 침해하지 않는 점은 자기의 소유에 속한 물건을 방화하는 경우와 마찬가지인 점, 무주의 동산을 소유의 의사로 점유하는 경우에 소유권을 취득하는 것에 비추어(민법 제252조) 무주물에 방화하는 행위는 그 무주물을 소유의 의사로 점유하는 것이라고 볼 여지가 있는 점 등을 종합하여 보면, **불을 놓아 무주물을 소훼하여 공공의 위험을 발생하게 한 경우에는 '무주물'을 '자기 소유의 물건'에 준하는 것으로 보아 형법 제167조 제2항을 적용하여 처벌하여야 한다.** 따라서 **노상에서 전봇대 주변에 놓인 재활용품과 쓰레기 등에 불을 놓아 소훼한 경우,** 그 재활용품과 쓰레기 등은 '무주물'로서 형법 제167조 제2항에 정한 '자기 소유의 물건'에 준하는 것으로 보아야 하므로, 여기에 불을 붙인 후 불상의 가연물을 집어넣어 그 화염을 키움으로써 전선을 비롯한 주변의 가연물에 손상을 입히거나 바람에 의하여 다른 곳으로 불이 옮아붙을 수 있는 공공의 위험을 발생하게 하였다면, **자기소유일반물건방화죄가 성립한다**(대법원 2009.10.15, 2009도7421). 경찰승진 12 / 경찰승진 13 / 경찰채용 10 2차 / 경찰채용 12 2차 / 경찰채용 14 2차 / 경찰채용 24 1차

08 방화예비 · 음모죄

제175조【예비, 음모】 제164조 제1항, 제165조, 제166조 제1항, 제172조 제1항, 제172조의2 제1항, 제173조 제1항과 제2항의 죄를 범할 목적으로 예비 또는 음모한 자는 5년 이하의 징역에 처한다. 단, 그 목적한 죄의 실행에 이르기 전에 자수한 때에는 그 형을 감경 또는 면제한다. 경찰간부 16

자기소유일반건조물방화죄(제166조 제2항) 및 일반물건방화죄(제167조) 등은 예비·음모죄 처벌규정이 없다. 또한 방화예비·음모죄는 실행에 이르기 전에 자수한 때 형을 감면하는 필요적 감면규정을 두고 있다. 후술하는 일수죄는 이렇지 않다.

09 진화방해죄

제169조【진화방해】 화재에 있어서 진화용의 시설 또는 물건을 은닉 또는 손괴하거나 기타 방법으로 진화를 방해한 자는 10년 이하의 징역에 처한다.

진화방해죄(鎭火妨害罪)는 방화죄 그 자체는 아니지만 방화죄에 준하여 처벌되는 범죄(준방화죄)이다. 본죄는 화재 시에 범할 것을 요한다. 또한 본죄는 진화용 시설·물건을 은닉·손괴하는 행위 외에 '기타 방법'으로 범할 수 있기 때문에, 화재현장에 진입하려는 소방차의 통행을 차단한다든가 소방관의 진화활동을 방해하기 위하여 그를 체포하는 등의 행위로도 범할 수 있다. 또한 소화활동을 해야 할 의무 있는 자가 소화활동을 하지 않은 행위는 부작위에 의한 진화방해죄(부진정부작위범)를 구성할 수 있다. 다만 일반인은 부작위에 의한 진화방해죄의 주체가 되기 어려울 것이다.

본죄는 위와 같은 행위만으로도 기수가 되며 현실적인 진화방해의 결과는 요하지 않는다(추상적 위험범). 본죄의 미수범 처벌규정이 없다는 점도 이러한 해석을 뒷받침한다.

10 폭발성물건파열죄 및 폭발성물건파열치사상죄

제172조【폭발성 물건파열】 ① 보일러, 고압가스 기타 폭발성 있는 물건을 파열시켜 사람의 생명, 신체 또는 재산에 대하여 위험을 발생시킨 자는 1년 이상의 유기징역에 처한다. 경찰채용 11 1차

② 제1항의 죄를 범하여 사람을 상해에 이르게 한 때에는 무기 또는 3년 이상의 징역에 처한다. 사망에 이르게 한 때에는 무기 또는 5년 이상의 징역에 처한다.

제174조【미수범】 제164조 제1항, 제165조, 제166조 제1항, 제172조 제1항, 제172조의2 제1항, 제173조 제1항과 제2항의 미수범은 처벌한다.

폭발성물건파열죄(爆發性物件破裂罪)의 객체는 폭발물(제119조)은 아니지만 그와 유사한 폭발력을 지닌 물건으로서, 본죄는 이를 폭발시켜 사람의 생명·신체·재산에 대한 위험을 발생시킨 때 성립하는 구체적 위험범이다. 폭발성물건파열치사죄는 진정결과적 가중범이지만, 폭발성물건파열치상죄는 부진정결과적 가중범이다.[1091]

1091 **참고** 따라서 판례의 입장에 의하면, 사람의 신체를 상해하려는 의도로 폭발성물건을 파열시켜 상해의 결과가 발생한 경우에는 폭발성물건파열치상죄와 상해죄의 법조경합이 성립하게 된다(총론, 결과적 가중범 중 부진정결과적 가중범의 설명에서

11 가스 · 전기 등 방류죄 및 가스 · 전기 등 방류치사상죄

제172조의2 【가스 · 전기 등 방류】 ① 가스, 전기, 증기 또는 방사선이나 방사성 물질을 방출, 유출 또는 살포시켜 사람의 생명, 신체 또는 재산에 대하여 위험을 발생시킨 자는 1년 이상 10년 이하의 징역에 처한다. 경찰채용 11 1차

12 가스 · 전기공급방해죄 및 가스 · 전기공급방해치사상죄

제173조 【가스 · 전기 등 공급방해】 ① 가스, 전기 또는 증기의 공작물을 손괴 또는 제거하거나 기타 방법으로 가스, 전기 또는 증기의 공급이나 사용을 방해하여 공공의 위험을 발생하게 한 자는 1년 이상 10년 이하의 징역에 처한다.
② 공공용의 가스, 전기 또는 증기의 공작물을 손괴 또는 제거하거나 기타 방법으로 가스, 전기 또는 증기의 공급이나 사용을 방해한 자도 전항의 형과 같다.
③ 제1항 또는 제2항의 죄를 범하여 사람을 상해에 이르게 한 때에는 2년 이상의 유기징역에 처한다. 사망에 이르게 한 때에는 무기 또는 3년 이상의 징역에 처한다.

➜ 폭발성물건파열, 가스 · 전기 등 방류, 가스 · 전기 등 공급방해의 공통 특징

1. 구체적 위험범
2. 과실범 처벌규정
3. 예비 · 음모
4. 결과적 가중범규정

13 실화죄

1. 단순실화죄

제170조 【실 화】 ① 과실로 제164조 또는 제165조에 기재한 물건 또는 타인 소유인 제166조에 기재한 물건을 불태운 자는 1천 500만원 이하의 벌금에 처한다. 〈개정 2020.12.8.〉
② 과실로 자기 소유인 제166조의 물건 또는 제167조에 기재한 물건을 불태워 공공의 위험을 발생하게 한 자도 제1항의 형에 처한다. 〈개정 2020.12.8.〉

(1) 의의 및 성격

실화죄(失火罪)는 과실로 물건 등을 불태움으로써 성립하는 과실범이다. 제170조 제1항의 현주건조물 또는 공용건조물 또는 타인소유일반건조물에 대한 실화죄는 추상적 위험범이요, 동조 제2항의 자기소유일반건조물 또는 일반물건에 대한 실화죄는 구체적 위험범이라는 것은 해당 물건에 대한 고의적 방화죄의 성격과 일치하는 것이다.

(2) 제2항의 '자기 소유인 제166조 또는 제167조에 기재한 물건'의 해석

제170조 제2항이 규정하는 '자기 소유인 제166조 또는 제167조에 기재한 물건'에서 제167조의 일반물건이 자기 소유인 물건이어야 하는가에 대하여 견해의 대립이 있다. 판례의 입장은 제167조에 기재한 물건은 자

'특수공무방해치상죄와 상해죄의 법조경합'이 성립하는 판례에 대한 설명 부분을 참조할 것). 이러한 폭발성물건파열치사죄(진정결과적 가중범)와 폭발성물건파열치상죄(부진정결과적 가중범)에 대한 설명은 가스 · 전기등 방류치사죄와 가스 · 전기등 방류치상죄, 가스 · 전기등 공급방해치사죄와 가스 · 전기등 공급방해치상죄에 대해서도 그대로 적용되며, 국가적 법익에 대한 죄 중 공무방해의 죄에서 검토하게 될 특수공무방해치사죄와 특수공무방해치상죄에 대해서도 동일하게 적용된다.

기소유인지 타인소유인지를 불문하고 본죄의 객체가 된다고 보는 입장이다. 즉, 이러한 해석은 법규정의 가능한 의미를 벗어나 법형성이나 법창조행위에 이른 것이라고 할 수 없어 죄형법정주의의 원칙상 금지되는 유추해석(類推解釋)이나 확장해석(擴張解釋)에 해당한다고 볼 수 없다는 것이다(대법원 1994.12.20, 94모32).[1092]
사시 16

> **사례연구** 타인소유 사과나무 실화 사례 : 실화죄
>
> 甲은 乙 소유의 사과나무 밭에서 마른 풀을 모아 놓고 성냥불을 마른 풀에 붙여 담뱃불을 붙인 뒤 자리를 떠났다. 그런데 남은 불씨가 잔디에 옮겨 붙고 결국 乙 소유의 사과나무에 옮겨 붙어 사과나무 217주(시가 671만 원 상당)가 소훼되었다. 甲의 형사책임은?
>
> 해결 형법 제170조 제2항에서 말하는 "자기의 소유에 속하는 제166조 또는 제167조에 기재한 물건"이라 함은 '자기의 소유에 속하는 제166조에 기재한 물건 또는 자기의 소유에 속하든, 타인의 소유에 속하든 불문하고 제167조에 기재한 물건'을 의미하는 것이라고 해석하여야 할 것이며, 제170조 제1항과 제2항의 관계로 보아서도 제166조에 기재한 물건(일반건조물 등) 중 타인의 소유에 속하는 것에 관하여는 제1항에서 이미 규정하고 있기 때문에 제2항에서는 그 중 자기의 소유에 속하는 것에 관하여 규정하고, 제167조에 기재한 물건에 관하여는 소유의 귀속을 불문하고 그 대상으로 삼아 규정하고 있는 것이라고 봄이 관련조문을 전체적·종합적으로 해석하는 방법일 것이다. 이렇게 해석한다고 하더라도 그것이 법규정의 가능한 의미를 벗어나 법형성이나 법창조행위에 이른 것이라고는 할 수 없어 죄형법정주의의 원칙상 금지되는 유추해석이나 확장해석에 해당한다고 볼 수는 없을 것이다. 따라서 이 점을 지적하는 논지는 이유 있다(대법원 1994.12.20, 94모32 전원합의체). ⇨ 형법 제170조 제2항의 실화죄 성립

2. 업무상 실화죄 · 중실화죄

제171조【업무상 실화, 중실화】 업무상 과실 또는 중대한 과실로 인하여 제170조의 죄를 범한 자는 3년 이하의 금고 또는 2천만 원 이하의 벌금에 처한다.

(1) 업무상 실화죄

본조의 업무상 실화죄의 '업무'라 함은 직무로서 화기로부터의 안전을 배려해야 할 사회생활상의 지위를 뜻한다. 판례는 유조차운전사가 석유구판점의 위험물취급주임의 지시를 받아 유조차의 석유를 구판점 탱크로 급유하다가 탱크주입구에서 급유호스가 빠지는 바람에 화기에 인화되어 화재가 발생한 경우 운전사에게는 업무상 과실이 없다고 보고 있다(대법원 1990.11.13, 90도2011). 또한 제268조의 업무에는 사람의 생명·신체의 위험을 방지하는 것을 의무내용으로 하는 업무도 포함된다는 점에서 업무상 실화죄와 업무상 과실치사죄는 하나의 사건에 관하여 동시에 성립할 수 있는 범죄로 보아야 할 것이다(대법원 1988.10.11, 88도1273).

(2) 중실화죄

중실화죄(重失火罪)의 중과실이란 행위자가 극히 작은 주의를 함으로써 결과발생을 예견할 수 있었는데도 부주의로 이를 예견하지 못하는 경우를 말한다(대법원 1988.8.23, 88도855). 따라서 ① 연탄아궁이로부터 80cm 떨어진 곳에 쌓아둔 스펀지요, 솜 등이 연탄아궁이 쪽으로 넘어지면서 화재현장에 의한 화재가 발생한 경우

1092 유추해석금지원칙에 위반되지 않는다는 점에서 판례의 결론을 타당하다고 보는 견해는 박상기, 482면; 이재상, 「1995면도 형사판례회고」, 형사판례연구(4), 408면 참조. 또한 법전상의 명백한 편집상의 오류에 속한다는 점에서 결론적으로 판례의 입장이 타당하다는 견해로는 신동운, 「판례백선」, 35면 참조. 반면 판례는 과도한 목적론적 해석을 통하여 허용되는 해석의 한계를 벗어난 것이라는 비판으로는 김영환, "형법해석의 한계 – 허용된 해석과 금지된 유추와의 상관관계", 형사판례연구(4), 1면 이하 참조.

(대법원 1989.1.17, 88도643), 경찰간부 11 ② 호텔오락실의 경영자가 그 오락실 천장에 형광등을 설치하는 공사를 하면서 그 호텔의 전기보안담당자에게 아무런 통고를 하지 아니한 채 무자격 전기기술자로 하여금 전기공사를 하게 하였는데 전선의 합선으로 인한 화재가 발생한 경우(대법원 1989.10.13, 89도204), 경찰승진(경장) 10 ③ 전기석유난로를 켜 놓은 채 귀가하여 전기석유난로 과열로 화재가 발생한 경우(대법원 1994.3.11, 93도3001)에는 중실화죄가 성립하지 않는다.

반면, ① 2.5평 넓이의 주방에 설치된 간이온돌용 새마을보일러에 연탄을 갈아 넣음에 있어서 그 주의의무를 게을리 하여 위 보일러로부터 5 내지 10cm쯤의 거리에 가연물질을 그대로 두고 신문지를 구겨서 보일러의 공기조절구를 살짝 막아놓은 채 그 자리를 떠나버렸기 때문에 화재가 발생한 경우(대법원 1988.8.23, 88도855) 경찰간부 11와 ② 성냥불이 꺼진 것을 확인하지 아니한 채 플라스틱 휴지통에 던졌는데 화재가 발생한 경우(대법원 1993.7.27, 93도135) 경찰승진(경사) 10 / 경찰승진(경감이하) 17에는 중실화죄에 해당된다.

14 과실폭발성물건파열죄, 업무상 과실 · 중과실폭발성물건파열죄

제173조의2【과실폭발성 물건파열 등】 ① 과실로 제172조 제1항, 제172조의2 제1항, 제173조 제1항과 제2항의 죄를 범한 자는 5년 이하의 금고 또는 1천 500만 원 이하의 벌금에 처한다.
② 업무상 과실 또는 중대한 과실로 제1항의 죄를 범한 자는 7년 이하의 금고 또는 2천만 원 이하의 벌금에 처한다.

① 임차인이 자신의 비용으로 설치·사용하던 가스설비의 휴즈콕크를 아무런 조치 없이 제거하고 이사를 간 후 가스공급을 개별적으로 차단할 수 있는 주밸브가 열려져 가스가 유입되어 폭발사고가 발생한 경우, 임차인의 과실과 가스폭발사고 사이의 상당인과관계가 인정되어 과실폭발성물건파열죄가 성립하며(대법원 2001.6.1, 99도5086), 경찰채용 10 2차 ② 건설업자가 건설업법 소정의 건설기술자 현장배치의무를 위반한 과실과 공사현장 인접 소방도로의 지반침하 방지를 위한 그라우팅공사 과정에서 발생한 가스폭발사고 사이에 상당인과관계가 있으니 업무상 과실폭발성물건파열죄가 성립한다(대법원 1997.1.24, 96도776).

제4절 일수와 수리에 관한 죄

01 총 설

일수죄(溢水罪, inundation)는 고의 또는 과실로 물을 넘겨 건조물 등을 침해케 함으로써 성립하는 범죄로서 일반건조물일수죄를 기본적 구성요건으로 한다. 주된 보호법익은 공공의 안전이요, 부차적인 보호법익은 개인의 재산이라는 점, 현주건조물일수·공용건조물일수·타인소유일반건조물일수죄는 추상적 위험범인데 비하여 자기소유일반건조물일수죄는 구체적 위험범이라는 점 등에서 방화죄와 매우 유사하지만 차이점도 있다. 즉 일수죄는 방화죄와 달리, 단순과실범만을 규정하고 있으며(제181조), 예비·음모를 처벌하기는 하나 자수감면규정을 두고 있지 않고, 수리에 관한 죄로서 수리방해죄를 두고 있다.

일수죄 중 자기소유일반건조물일수죄(제179조 제2항)는 미수, 예비·음모를 벌하지 않는다.

표정리 방화죄와 일수죄의 비교

방화죄	일수죄
현주건조물 등 방화죄	현주건조물 등 일수죄
공용건조물 등 방화죄	공용건조물 등 일수죄
일반건조물 등 방화죄	일반건조물 등 일수죄
진화방해죄	방수방해죄
실화죄	과실일수죄

02 현주건조물 등 일수죄

제177조 【현주건조물 등에의 일수】 ① 물을 넘겨 사람이 주거에 사용하거나 사람이 현존하는 건조물, 기차, 전차, 자동차, 선박, 항공기 또는 광갱을 침해한 자는 무기 또는 3년 이상의 징역에 처한다.
② 제1항의 죄를 범하여 사람을 상해에 이르게 한 때에는 무기 또는 5년 이상의 징역에 처한다. 사망에 이르게 한 때에는 무기 또는 7년 이상의 징역에 처한다.

일수죄(溢水罪, Überschwemmung)의 '물을 넘긴다.'[일수(溢水)]는 것은 제방(堤防, 둑) 등에 의해 수계(水界) 내에서 관리·통제되고 있는 물을 그 밖으로 방출시켜 관리·통제되지 않게 하는 행위를 말한다. 본죄의 기수시기에 대해서는 일수행위로 인하여 목적물을 침해(浸害)하는 정도가 그 효용의 상실에 이르러야 한다는 견해[1093]와 −방화죄의 기수시기에 관한 독립연소설의 입장과 마찬가지로− 목적물의 효용이 상실될 것은 요하지 않으며 목적물 일부에 대한 효용의 감소로도 충분하다는 견해(다수설)[1094]가 대립하고 있다.

제2항의 현주건조물일수치사상죄 중 일수치사죄는 진정결과적 가중범이며, 일수치상죄는 부진정결과적 가중범이다. 특히 현주건조물일수치상죄의 미수범 처벌규정이 형법에 있기 때문에(제182조) 이를 어떻게 해석해야 하는가(결과적 가중범의 미수를 긍정할 것인가, 부정할 것인가)가 문제되며, 이에 대해서는 견해의 대립이 있다.[1095]

03 공용건조물 등 일수죄

제178조 【공용건조물 등에의 일수】 물을 넘겨 공용 또는 공익에 공하는 건조물, 기차, 전차, 자동차, 선박, 항공기 또는 광갱을 침해한 자는 무기 또는 2년 이상의 징역에 처한다.

1093 목적물의 중요부분의 효용이 상실될 정도에 이를 것을 요한다는 입장이다. 백형구, 435면; 서일교, 301면; 유기천(하), 45면; 정영석, 135면.
1094 김성천/김형준, 637면; 김일수/서보학, 575면; 박상기, 486면; 배종대, 454면; 이재상, §28−4; 임웅, 534면; 정성근/박광민, 541면.
1095 총론, 범죄의 특수한 출현형태론, 결과적 가중범 중 결과적 가중범의 미수 부분 참조.

04 일반건조물 등 일수죄

제179조【일반건조물 등에의 일수】 ① 물을 넘겨 전2조에 기재한 이외의 건조물, 기차, 전차, 자동차, 선박, 항공기 또는 광갱 기타 타인의 재산을 침해한 자는 1년 이상 10년 이하의 징역에 처한다.
② 자기의 소유에 속하는 전항의 물건을 침해하여 공공의 위험을 발생하게 한 때에는 3년 이하의 징역 또는 700만 원 이하의 벌금에 처한다.
③ 제176조의 규정은 본조의 경우에 준용한다.

제1항의 타인소유일반건조물 등 일수죄는 추상적 위험범이고, 제2항의 자기소유일반건조물 등 일수죄는 구체적 위험범이다. 제2항의 죄는 미수, 예비·음모를 벌하지 않는다.

05 일수 예비 · 음모죄

제183조【예비, 음모】 제177조 내지 제179조 제1항의 죄를 범할 목적으로 예비 또는 음모한 자는 3년 이하의 징역에 처한다.

실행에 착수하기 전 자수한 때 필요적 형감면 규정을 두고 있지 않다(방화예비·음모죄와의 차이점). 이는 입법의 불비이다.

06 방수방해죄

제180조【방수방해】 수재에 있어서 방수용의 시설 또는 물건을 손괴 또는 은닉하거나 기타 방법으로 방수를 방해한 자는 10년 이하의 징역에 처한다.

진화방해죄(제169조)에 상응하는 것이 방수방해죄(防水妨害罪)다. 진화방해죄와 마찬가지로 본죄 역시 추상적 위험범이어서 방수방해의 현실적 결과발생은 요하지 않는다(통설).[1096]

07 과실일수죄

제181조【과실일수】 과실로 인하여 제177조 또는 제178조에 기재한 물건을 침해한 자 또는 제179조에 기재한 물건을 침해하여 공공의 위험을 발생하게 한 자는 1천만 원 이하의 벌금에 처한다.

일수의 죄는 이렇듯 단순과실범 처벌규정만 두고 있으며 업무상 과실범과 중과실범의 처벌규정은 두고 있지 않다. 경찰간부 11 / 경찰간부 12 / 경찰채용 10 2차 입법론상 정비가 필요한 부분이라고 생각한다.

1096 다만 현실적 결과를 요한다는 반대견해는 오영근, 651면. 또한 공무원의 방수활동에 대한 협력거부행위는 본죄가 아니라 경범죄처벌법(동법 제1조 제36호)의 적용대상일 뿐이다.

08 수리방해죄

제184조 【수리방해】 둑을 무너뜨리거나 수문을 파괴하거나 그 밖의 방법으로 수리(水利)를 방해한 자는 5년 이하의 징역 또는 700만 원 이하의 벌금에 처한다. 〈개정 2020.12.8.〉

1. 의 의

수리방해죄(水利妨害罪)는 둑을 무너뜨리거나(2020.12.8. 우리말 순화 개정 전 구법에서는 '제방을 결궤하거나'라 하였음) 수문을 파괴하거나 그 밖의 방법으로 타인의 수리를 방해함으로써 성립하는 범죄이며, 본죄의 보호법익은 수리권(水利權)이다. 법익보호의 정도에 대해서는 다수설은 추상적 위험범으로 파악하나[1097] 판례는 침해범으로 보고 있다(대법원 1960.9.21, 4293형상522).[1098]

2. 수리의 의의 및 수리권의 근거

(1) 수 리

수리(水利)라 함은 관개용·목축용·발전이나 수차 등의 동력용·상수도의 원천용 등 널리 물이라는 천연자원을 사람의 생활에 유익하게 사용하는 것을 가리킨다. 다만, 형법 제185조의 일반교통방해죄 또는 형법 제195조의 수도불통죄의 경우 등 다른 규정에 의하여 보호되는 형태의 물의 이용은 제외될 것이다. 또한 하수 · 폐수의 배수를 방해하는 것도 본죄에 포함되지 않는다(대법원 2001.6.26, 2001도404). 법원9급 07(상) / 경찰채용 10 2차

사례연구 하수나 폐수의 배수를 방해하는 경우, 수리방해죄의 성립 여부

甲(피고인)은 乙 등의 집(농촌주택)에서 배출되는 생활하수의 배수관(소형 PVC관)을 토사로 막아 하수가 내려가지 못하게 하였다. 甲의 죄책은?

해결 원천 내지 자원으로서 물의 이용이 아니라, 하수나 폐수 등 이용이 끝난 물을 배수로를 통하여 내려보내는 것은 형법 제184조 소정의 수리에 해당한다고 할 수 없고, 그러한 배수 또는 하수처리를 방해하는 행위는, 특히 그 배수가 수리용의 인수와 밀접하게 연결되어 있어서 그 배수의 방해가 직접 인수에까지 지장을 초래한다는 등의 특수한 경우가 아닌 한, 수리방해죄의 대상이 될 수 없다. 이에 농촌주택에서 배출되는 생활하수의 배수관(소형 PVC관)을 토사로 막아 하수가 내려가지 못하게 했다면, 그러한 행위가 하수도법이나 경범죄처벌법 등 다른 법률규정에 해당하는지 여부는 별론으로 하고, 수리방해죄에는 해당하지 아니한다(대법원 2001.6.26, 2001도404). 법원9급 07(상) / 경찰채용 10 2차 / 국가9급 16

(2) 수리권의 근거

본죄는 타인의 수리권을 보호법익으로 하므로 본죄가 성립하기 위해서는 법령, 계약 또는 관습 등에 의하여 타인의 권리에 속한다고 인정될 수 있는 물의 이용을 방해하는 것이어야 한다. 즉, 수리권의 근거는 관습에 의한 경우도 포함된다(관습법은 형법 해석의 보충적 근거자료로 사용될 수 있으므로, 소위 '보충적 관습법' 개념은 인정된다).

1097 추상적 위험범설이 다수설이다. 김일수/서보학, 598면; 박상기, 487면; 임웅, 578면; 정성근/박광민, 595면 등. 침해범설은 오영근, 652면.

1098 판례 수리방해죄가 성립하려면 현존하는 수리이익을 침해하여야 한다(대법원 1960.9.21, 4293형상522).

3. 행위 및 결과

본죄의 행위는 둑을 무너뜨리거나 수문을 파괴하는 등 조문에 예시된 것을 포함하여 저수시설, 유수로나 송·인수시설 또는 이들에 부설된 여러 수리용 장치를 손괴·변경하거나 효용을 해침으로써 수리에 지장을 일으키는 행위를 가리킨다. 다만 삽으로 흙을 떠올려 물줄기를 막은 행위만으로는 본죄의 행위에 해당하지 않는다(대법원 1975.6.24, 73도2594).

본죄의 성립에 있어서 현실적인 수리방해의 결과가 필요한가에 대해서는, 추상적 위험범이므로 수리방해의 위험만 있으면 족하다는 입장(다수설)과 침해범이므로 현실적인 수리방해가 있어야 한다는 입장(소수설·판례)의 대립이 있다. 본죄는 미수를 벌하지 않는다는 점을 고려하면 추상적 위험범설이 자연스러워 보인다.

제5절 교통방해의 죄

01 총 설

교통방해(交通妨害, traffic obstruction, Verkehrsstraftaten)의 죄 중에 일반교통방해죄는 '일반 공중의 교통안전'을 그 보호법익으로 하는 범죄이다(대법원 1995.9.15, 95도1475). 또한 기차·선박 등 교통방해죄와 기차 등 전복죄는 일반 공중의 교통안전뿐만 아니라 일반의 생명·신체·재산의 안전도 그 보호법익으로 하고 있다.

교통방해의 죄는 과실범이나 결과적 가중범을 제외하고는 전반적으로 미수범 처벌규정을 두고 있는 편이다. 다만 예비·음모를 처벌하는 것은 기차·선박 등 교통방해죄와 기차 등 전복죄에 한한다.

02 일반교통방해죄

제185조 【일반교통방해】 육로, 수로 또는 교량을 손괴 또는 불통하게 하거나 기타 방법으로 교통을 방해한 자는 10년 이하의 징역 또는 1천 500만 원 이하의 벌금에 처한다.

1. 의의 및 성격

일반교통방해죄는 육로 등을 손괴 또는 불통하게 하거나 기타의 방법으로 교통을 방해함으로써 성립하는 범죄로서, 육로 등의 통행을 불가능하게 하거나 현저하게 곤란하게 하는 일체의 행위를 처벌하는 것을 그 목적으로 한다. 일반교통방해죄는 추상적 위험범[1099]으로서 교통이 불가능하거나 또는 현저히 곤란한 상태가 발생하면 바로 기수가 되고 교통방해의 결과가 현실적으로 발생하여야 하는 것은 아니다(대법원 2005.10.28, 2004도7545). 법원행시 07

본죄는 미수를 처벌하나, 예비·음모는 벌하지 않는다.

1099 김일수/서보학, 580면; 박상기, 489면; 백형구, 470면; 손동권, 570면; 이재상, §29-2; 이정원, 556면; 임웅, 580면; 정성근/박광민, 547면; 진계호, 687면. 반면 구체적 위험범으로 보는 소수설은 배종대, 596면.

2. 구성요건

(1) 객체 – 육로·수로·교량

① 육로(陸路) 법원9급 07(상) / 사시 16 / 법원9급 16 : 육로란 공중의 왕래에 사용되는 육상도로로서, '사실상 불특정 다수인이나 차마(車馬)의 자유로운 왕래에 사용되고 있는 공공성을 지닌 도로'이면 충분하다. 반드시 도로법(동법 제2조, 제11조) 및 도로교통법(동법 제2조)의 적용을 받는 도로일 것을 요하지 않으며[1100] 통행인의 많고 적음도 가리지 않고,[1101] 관리자·소유자가 누구인가는 불문하므로(대법원 1989.6.27, 88도2264; 1994.11.4, 94도2112), 자기 소유의 도로도 포함된다.

> **판례연구** 교통방해죄의 육로에 해당하는 경우
>
> 대법원 1995.9.15, 95도1475
> 도로가 농가의 영농을 위한 경운기나 리어카 등의 통행을 위한 농로로 개설되었다 하더라도 그 도로가 사실상 일반 공중의 왕래에 공용되는 도로로 된 이상 교통방해죄의 도로에 해당된다. 법원행시 16 / 사시 16

> **판례연구** 교통방해죄의 육로에 해당하지 않는 경우
>
> 1. 대법원 2007.10.11, 2005도7573
> 목장 소유자가 목장운영을 위해 목장용지 내에 임도를 개설하고 차량 출입을 통제하면서 인근 주민들의 일부 통행을 부수적으로 묵인한 경우, 위 임도는 공공성을 지닌 장소가 아니어서 일반교통방해죄의 '육로'에 해당하지 않는다.[1102] 사시 16 / 국가9급 20 / 국가7급 22
>
> 2. 대법원 2010.2.25, 2009도13376
> 피고인 소유의 임야 내 타인의 음식점으로 통하는 진입도로는 일반교통방해죄에서 정한 불특정 다수인을 위한 공공성을 가진 도로라고 보기 어렵다.
>
> 3. 대법원 2017.4.7, 2016도12563
> 통행로를 이용하는 사람이 적은 경우에도 위 규정에서 말하는 육로에 해당할 수 있으나, 공로에 출입할 수 있는 다른 도로가 있는 상태에서 토지 소유자로부터 일시적인 사용승낙을 받아 통행하거나 토지 소유자가 개인적으로 사용하면서 부수적으로 타인의 통행을 묵인한 장소에 불과한 도로는 위 규정에서 말하는 육로에 해당하지 않는다.

② 수로(水路) : 선박의 운행에 사용되는 바다, 하천, 운하, 호수 등을 말한다. 육로와 마찬가지로 소유관계를 따지지 않는다. 공해상의 해로도 포함된다.

1100 김일수/서보학, 581면; 박상기, 490면; 이재상, §29-9; 임웅, 582면.

1101 **골목길을 자신의 소유라는 이유로 약간의 공간만 남겨두고 담장을 설치한 사례 [사실관계]** 甲 소유의 대지 및 이에 인접한 乙의 집 사이에 존재하던 폭 2m의 이 사건 골목길은 위 乙, 丙 등 주민들에 의하여 공로로 통하는 유일한 통행로로 오랫동안 이용되어 왔는데, 甲은 위 대지 상에 건축물을 재축하면서 그 부지가 자기 소유라는 이유로 폭 50 내지 75cm가량만 남겨두고 담장을 설치하여 위 乙 등 인근 7세대 주민들의 통행을 현저히 곤란하게 하였다. **판례** 형법 제185조 소정의 육로라 함은 **사실상 일반공중의 왕래에 공용되는 육상의 통로**를 널리 일컫는 것으로서 **그 부지의 소유관계나 통행권리관계 또는 통행인의 많고 적음 등은 가리지 않는 것**이므로, 사정이 위와 같다면 이 사건 골목길은 위 법조 소정의 육로에 해당한다 할 것이고, 나아가 피고인이 원심인정과 같이 담장을 설치함으로써 주민들의 통행을 현저히 곤란하게 하였다면 이러한 행위는 일반교통방해죄를 구성한다(대법원 1994.11.4, 94도2112). 경찰간부 13 / 경찰승진(경사) 10 / 경찰채용 14 1차

1102 **유사판례** 충남 홍성읍 고암리 이 사건 대지 294평방미터는 甲의 소유 토지였는데 그 북쪽에 위치한 삼일제재소(乙 경영)가 위 대지 북쪽부분을 목재적치장으로 사용하고 있어 이의 수거 및 토지인도소송의 승소판결을 받아 1980.1.5. 그 집행을 하여 **일시 그 부분이 공터로 두었을 때 인근주민들이 위 토지의 동서쪽에 있는 도로에 이르는 지름길로 일시 이용한 적이 있다.** 그러나 이는 일반공중의 내왕에 공용되는 도로라고 할 수 없음을 알 수 있으므로 이런 취지에서 원심판결이 이를 **육로로 볼 수 없다**고 한 조치는 정당하다(대법원 1984.11.13, 84도2192). 법원9급 09

③ 교량(橋梁) : 공중의 교통에 사용되는 다리를 말하며, 육교도 포함되고, 소유관계를 불문한다. 기차가 다니는 철교는 후술하는 궤도에 속하므로 여기에 포함되지 않는다(통설).[1103]

(2) 행 위

본죄는 육로, 수로, 교량을 손괴 또는 불통하게 하거나 기타 방법으로 교통을 방해하는 행위를 해야 성립하고, 이 경우 교통을 방해할 정도의 행위가 요구된다. 다만 추상적 위험범이므로 교통방해의 현실적 결과는 요하지 않는다. 사시 16 / 법원9급 16

판례연구 교통방해죄의 교통방해행위에 해당하는 경우

1. 대법원 1994.11.4, 94도2112

골목길을 자신의 소유라는 이유로 약간의 공간만 남겨두고 담장을 설치하여 주민들의 통행을 현저히 곤란하게 하는 행위는 일반교통방해죄에 해당한다.[1104] 경찰승진(경사) 10 / 경찰채용 14 1차

2. 대법원 2002.4.26, 2001도6903

도로의 토지 일부의 소유자라 하더라도 일반교통방해죄(및 업무방해죄)에 해당된다는 사례[1105]

불특정 다수인의 통행로로 이용되어 오던 도로의 토지 일부의 소유자라 하더라도 그 도로의 중간에 바위를 놓아두거나 이를 파헤침으로써 차량의 통행을 못하게 한 행위는 일반교통방해죄 및 업무방해죄에 해당한다. 법원9급 09 / 경찰간부 13 / 경찰승진(경사) 10 / 경찰승진(경장) 11 / 경찰승진 13

3. 대법원 2005.10.28, 2004도7545

쇠파이프구조물을 설치하거나 화물차로 도로를 가로막는 방법도 일반교통방해에 해당한다.

4. 대법원 2007.3.15, 2006도9418

깊이 1m 정도의 구덩이를 파는 등의 행위를 한 것은 교통방해죄에 해당된다.

5. 대법원 2007.12.14, 2006도4662

왕복 4차로의 도로 중 편도 3개 차로 쪽에 차량 2, 3대와 간이테이블 수십 개를 이용하여 길가 쪽 2개 차로를 차지하는 포장마차를 설치하고 영업행위를 한 것은 비록 행위가 교통량이 상대적으로 적은 야간에 이루어졌다 하더라도 교통방해죄를 구성한다.[1106] 법원행시 16 / 경찰간부 18

6. 대법원 2009.1.30, 2008도10560

육로인 도로를 침범한 상태로 자신의 트랙터를 세워두거나 철책 펜스를 설치해 차량들이 통행할 수 없도록 한 행위는 교통방해죄를 구성한다. 경찰승진 12

1103 포함된다는 소수설은 오영근, 657면.

1104 이외에도 고속도로상에서 진행방향과 반대로 진입하여 주행하는 행위나 도로를 점용하여 진행중인 공사장에서 교통사고를 방지하기 위해 설치해야 할 안전장치 또는 안내표지판을 설치하지 않은 행위도 본죄에 해당된다는 설명은 박상기, 491면 참조.

1105 **판례의 사실관계** A가 1995.5.경 이 사건 토지 위쪽으로 아리랑여관 및 식당 건물을 신축하면서 공사차량이 국도에서 진입하기 가까운 그 곳의 일부를 통행로로 이용하기 시작한 이후로 B가 운영하는 벧엘버섯농장의 작업차량과 위 여관 및 식당의 손님들도 그 곳을 진입로로 이용하여 왔다. 그런데 **甲은** 1996.8.30. 한국수자원공사로부터 이 사건 **토지를 매입한 이후** 1997.3.경부터 그 곳의 평탄작업을 하게 되었는데, A는 자신의 비용으로 공사업자로 하여금 그 곳의 일부인 이 사건 통행로 부분(이 사건 도로)을 도로로 만들게 하였고, 그 이후에도 계속 아리랑여관 및 식당과 벧엘버섯농장의 차량이나 손님, 등산객, 인근 주민들이 이 사건 도로를 통행로로 이용하여 왔고, 이에 대하여 甲도 별다른 이의를 제기한 적이 없었으며, 이 사건 도로는 그 길이가 총 80m 정도로서 국도에서부터 국도부지 및 하천부지를 지나 甲의 토지를 통과하여 위 여관 및 버섯농장으로 연결되도록 설치되었는데(그중 甲 소유의 토지는 약 20여 m 부분임), 甲은 그 도로의 중간에 바위를 놓아두거나 이를 파헤쳐 차량의 통행을 못하게 하였다. 甲의 죄책은 **일반교통방해죄와 업무방해죄(의 상상적 경합)**이다(대법원 2002.4.26, 2001도6903). 법원9급 09 / 경찰승진 13

1106 그로 인하여 이 사건 도로의 교통을 방해하여 차량통행이 현저히 곤란한 상태가 발생하였다고 하지 않을 수 없고, 이 사건 도로를 통행하는 차량이 나머지 1개 차로와 반대편 차로를 이용할 수 있었다고 하여 피고인들의 행위가 일반교통방해죄에 해당하지 않는다고 볼 수도 없다(위 판례의 판결이유 중에서 인용).

판례연구 교통방해죄의 교통방해행위에 해당하지 않는 경우

1. 대법원 1992.8.18, 91도2771

약 600명의 노동조합원들이 보도가 따로 마련되어 있지 아니한 도로 우측의 편도 2차선의 대부분을 차지하면서 행진하는 방법으로 시위를 함으로써 나머지 편도 2차선으로 상, 하행차량이 통행하느라 차량의 소통이 방해되었다 하더라도 그 시위행위에 대하여 교통방해죄를 적용할 수 없다.[1107] 경찰승진(경사) 10 / 경찰채용 14 1차

2. 대법원 2003.10.10, 2003도4485

도로변의 노상 주차장에 주차된 차량들 옆으로 바짝 붙여 주차시키기는 하였지만, 그 옆으로 다소 불편하기는 하겠으나 다른 차량들이 충분히 지나갈 수 있었을 것으로 보인다면 일반교통방해죄로 처벌하기 어렵다.

3. 대법원 2009.1.30, 2008도10560

차량들의 앞을 가로막고 자신이 직접 앉아서 일시 통행하지 못하도록 한 것만으로 교통방해죄에 해당되지 않는다. 경찰승진 12

4. 대법원 2009.7.9, 2009도4266

공항 여객터미널 버스정류장 앞 도로 중 공항리무진 버스 외의 다른 차의 주차가 금지된 구역에서 밴 차량을 40분간 불법주차하고 호객행위를 한 것은, 다른 차량들의 통행을 불가능하거나 현저히 곤란하게 한 것으로 볼 수 없어 형법 제185조의 일반교통방해죄를 구성하지 않는다. 법원행시 16 / 경찰간부 18

(3) 추상적 위험범 및 계속범의 성질

일반교통방해죄는 이른바 추상적 위험범으로서 교통이 불가능하거나 또는 현저히 곤란한 상태가 발생하면 바로 기수가 되고 교통방해의 결과가 현실적으로 발생하여야 하는 것은 아니다. 국가9급 23 또한 일반교통방해죄에서 교통방해 행위는 계속범의 성질을 가지는 것이어서 교통방해의 상태가 계속되는 한 가벌적인 위법상태는 계속 존재한다(대법원 2018.1.24, 2017도11408).

3. 다른 범죄와의 관계

(1) 도로교통법위반죄의 관계

도로교통법은 교통에 방해가 될 만한 물건을 함부로 도로에 방치한 사람을 처벌하도록 규정하고 있는 바,[1108] 예컨대 포장마차를 도로에 설치하여 교통에 방해가 될 만한 물건을 함부로 도로에 방치한 행위와 그로 인하여 성립하는 형법상 일반교통방해죄는 한 개의 행위가 여러 개의 죄에 해당하는 형법 제40조 소정의 상상적 경합관계에 있게 된다.

(2) 집시법위반죄의 관계

① 원칙 : 집시법 제6조 제1항 및 입법 취지에 비추어, 적법한 신고를 마치고 도로에서 집회나 시위를 하는 경우 도로의 교통이 어느 정도 제한될 수밖에 없으므로, 그 집회 또는 시위가 신고된 범위 내에서 행해졌거나 신고된 내용과 다소 다르게 행해졌어도 신고된 범위를 현저히 일탈하지 않는 경우에는, 그로 인하여 도로의 교통이 방해를 받았다고 하더라도 특별한 사정이 없는 한 형법 제185조의 일반교통방해죄가 성립한다고 볼 수 없다(다만, '원칙적으로 교통방해죄가 성립할 수 있다.'는 상반된 표현의 2017도11408 판례도 있으므로, 수험에서는 주의할 것. 아래 판례연구 참조). 국가9급 23

② 예외 : 집회 또는 시위가 당초 신고된 범위를 현저히 일탈하거나 집시법 제12조에 의한 조건을 중대하게 위반하여 도로 교통을 방해함으로써 통행을 불가능하게 하거나 현저하게 곤란하게 하는 경우에

1107 보충 보도가 따로 마련되어 있지 아니한 도로라는 사실관계를 고려한 판례이다.

1108 2005.5.31. 법률 제7545호로 개정되기 전의 도로교통법 제109조 제5호, 제63조 제2항 참조.

는 일반교통방해죄가 성립한다(대법원 2008.11.13, 2006도755).[1109] 경찰승진(경사) 10 / 경찰승진 13 / 경찰채용 14 1차 / 법원9급 16 / 경찰간부 18

③ 공범 : 위 ②의 경우에도 참가자 모두에게 당연히 일반교통방해죄가 성립하는 것은 아니고, 실제로 참가자가 위와 같이 신고 범위를 현저하게 벗어나거나 조건을 중대하게 위반하는 데 가담하여 교통방해를 유발하는 직접적인 행위를 하였거나, 참가자의 참가 경위나 관여 정도 등에 비추어 그 참가자에게 공모공동정범의 죄책을 물을 수 있는 경우라야 일반교통방해죄가 성립한다(대법원 2016.11.10, 2016도4921; 2018.1.24, 2017도11408 등; 2021.7.15, 2018도11349).

④ 죄수 : 위 ②의 경우, 집회 및 시위와 그로 인하여 성립하는 일반교통방해는 상상적 경합관계에 있다(대법원 2011.8.25, 2008도10960).

판례연구 집회 · 시위가 교통방해를 수반할 경우 교통방해죄가 성립할 수 있다는 사례

대법원 2018.1.24, 2017도11408; 2018.5.11, 2017도9146

일반교통방해죄에서 교통을 방해하는 방법을 위와 같이 포괄적으로 정하고 있는 데다가 도로에서 집회와 시위를 하는 경우 일반 공중의 교통안전을 직접적으로 침해할 위험이 있는 점을 고려하면, 집회나 시위로 교통방해 행위를 수반할 경우에 특별한 사정이 없는 한 일반교통방해죄가 성립할 수 있다. …… 신고 범위를 현저히 벗어나거나 집회 및 시위에 관한 법률 제12조에 따른 조건을 중대하게 위반함으로써 교통방해를 유발한 집회에 참가한 경우, 참가 당시 이미 다른 참가자들에 의해 교통의 흐름이 차단된 상태였더라도 교통방해를 유발한 다른 참가자들과 암묵적 · 순차적으로 공모하여 교통방해의 위법상태를 지속시켰다고 평가할 수 있다면 일반교통방해죄가 성립한다. 국가9급 23 / 국가7급 22

03 기차 · 선박 등 교통방해죄

제186조【기차, 선박 등의 교통방해】 궤도, 등대 또는 표지를 손괴하거나 기타 방법으로 기차, 전차, 자동차, 선박 또는 항공기의 교통을 방해한 자는 1년 이상의 유기징역에 처한다.

본죄는 일반교통방해죄보다 피해의 정도가 보다 무겁다는 점을 고려하여 불법이 가중되는 구성요건으로서, 아래의 기차 등 전복죄와 함께 예비 · 음모를 처벌한다.

04 기차 등 전복죄

제187조【기차 등의 전복 등】 사람이 현존하는 기차, 전차, 자동차, 선박 또는 항공기를 전복, 매몰, 추락 또는 파괴한 자는 무기 또는 3년 이상의 징역에 처한다.

1. 행 위

본죄는 사람이 현존하는 기차 등을 전복시키는 등의 행위로써 성립하는 추상적 위험범이다. 다만 본죄의 행위

1109 보충 전국민주노동조합총연맹 준비위원회가 주관한 도로행진시위가 사전에 구 집회 및 시위에 관한 법률에 따라 옥외집회신고를 마쳤어도, 신고의 범위와 위 법률 제12조에 따른 제한을 현저히 일탈하여 주요도로 전차선을 점거하여 행진 등을 함으로써 교통소통에 현저한 장해를 일으켰다면, 일반교통방해죄를 구성한다고 보아야 한다는 판례이다. 경찰채용 14 1차

유형 중 '파괴'란 다른 구성요건 행위인 전복, 매몰, 추락 등과 같은 수준으로 인정할 수 있을 만큼 교통기관으로서의 기능·용법의 전부나 일부를 불가능하게 할 정도의 파손을 의미하고, 그 정도에 이르지 아니하는 단순한 손괴는 포함되지 않는다(대법원 2009.4.23, 2008도11921[1110]; 1983.9.27, 82도671; 1970.10.23, 70도1611). 경찰승진(경위) 10

2. 추상적 위험범 - 결과발생 요부 및 고의의 내용

본죄는 추상적 위험범이므로, 기차 등에 현존하는 사람의 사상이라는 결과의 발생은 본죄의 성립요건이 아니다. 따라서 사람이 현존하는 선박에 대해 매몰행위의 실행을 개시하여 선박을 매몰시켰으나 그 결과발생 시 사람이 현존하지 않았거나 범인이 선박에 있는 사람을 안전하게 대피시킨 경우라 하더라도 선박매몰죄의 기수가 된다(대법원 2000.6.23, 99도4688). 경찰승진(경장) 11 / 경찰승진 13 또한 선박매몰죄의 고의는 사람이 현존하는 선박을 매몰한다는 인식과 의사가 있으면 족하고 현존하는 사람을 사상에 이르게 한다는 등 공공의 위험에 대한 인식까지는 필요하지 않다(위 판례).

05 교통방해 등 예비·음모죄

제191조 【예비, 음모】 제186조 또는 제187조의 죄를 범할 목적으로 예비 또는 음모한 자는 3년 이하의 징역에 처한다.

※'기차 · 선박~' : 예비 · 음모 ○

06 교통방해치사상죄

제188조 【교통방해치사상】 제185조 내지 제187조의 죄를 범하여 사람을 상해에 이르게 한 때에는 무기 또는 3년 이상의 징역에 처한다. 사망에 이르게 한 때에는 무기 또는 5년 이상의 징역에 처한다.

교통방해치사죄는 진정결과적 가중범이요, 교통방해치상죄는 부진정결과적 가중범이다. 변호사 17 따라서 교통방해치상죄는 사람의 상해에 대하여 과실뿐 아니라 고의가 있는 경우에도 성립한다. 본죄에 대해서는 교통방해를 통한 사상의 결과발생을 예상할 수 없으므로 삭제하자는 입법론과 그 반대의 존치론이 대립하고 있다.[1111]

07 과실교통방해죄

1. 과실일반교통방해, 기차·전차 등 교통방해, 기차 등 전복죄

제189조 【과실, 업무상 과실, 중과실】 ① 과실로 인하여 제185조 내지 제187조의 죄를 범한 자는 1천만 원 이하의 벌금에 처한다.

1110 판례 : 예인선단과 대형 유조선의 충돌로 초래된 '태안반도 유조선 기름누출사고'와 형법 제187조 선박파괴죄에서 말하는 '파괴'의 의미 총 길이 338m, 갑판 높이 28.9m, 총 톤수 146,848톤, 유류탱크 13개, 평형수탱크 4개인 대형 유조선의 유류탱크 일부에 구멍이 생기고 선수마스트, 위성통신 안테나, 항해등 등이 파손된 것은 형법 제187조에 정한 선박의 '파괴'에 해당하지 않는다. 다만 위 판례에서 기름누출에 관해서는 해양오염방지법상 선박오염물질배출죄의 죄책을 인정하였다.

1111 삭제하자는 견해는 유기천(하), 50면; 배종대, 594면; 이재상, §29-5면; 정성근/박광민, 549면 참조. 존치해야 한다는 견해로는 박상기, 493면 참조.

2. 업무상 과실 · 중과실 일반교통방해, 기차 · 선박 등 교통방해, 기차 등 전복죄

제189조【과실, 업무상 과실, 중과실】 ② 업무상 과실 또는 중대한 과실로 인하여 제185조 내지 제187조의 죄를 범한 자는 3년 이하의 금고 또는 2천만 원 이하의 벌금에 처한다.

(1) 업무상 과실일반교통방해죄

예인선 정기용선자의 현장소장 甲은 사고의 위험성이 높은 해상에서 철골 구조물 및 해상크레인 운반작업을 함에 있어 선적작업이 지연되어 정조시점에 맞추어 출항할 수 없게 되었음에도, 출항을 연기하거나 대책을 강구하지 않고 예인선 선장 乙의 출항연기 건의를 묵살한 채 출항을 강행하도록 지시하였고, 예인선 선장 乙은 甲의 지시에 따라 사고의 위험이 큰 시점에 출항하였고 해상에 강조류가 흐르고 있었음에도 무리하게 예인선을 운항한 결과 무동력 부선에 적재된 철골 구조물이 해상에 추락하여 해상의 선박교통을 방해한 경우, 甲과 乙은 업무상과실일반교통방해죄의 공동정범으로 처벌된다(대법원 2009.6.11, 2008도11784). 국가7급 22

(2) 업무상 과실항공기추락죄

헬리콥터에 승객 3명을 태우고 운항하던 조종사가 엔진고장이 발생한 경우에 항공기를 긴급시의 항법으로서 정해진 절차에 따라 운항하지 못한 과실로 말미암아 사람이 현존하는 항공기를 안전하게 비상착수시키지 못하고(항공법 제57조 제4항 및 제132조) 해상에 추락시켰다면 본죄에 해당한다(업무상 과실항공기추락죄 : 대법원 1990.9.11, 90도1486).

(3) 업무상 과실일반교통방해죄와 업무상 과실자동차추락죄의 상상적 경합

성수대교 붕괴사고에서 교량 건설회사의 트러스 제작 책임자, 교량공사 현장감독, 발주관청의 공사감독공무원 등에게는 (업무상 과실치사상죄 뿐만 아니라) 업무상 과실일반교통방해죄와 업무상 과실자동차추락죄의 상상적 경합이 인정된다(대법원 1997.11.28, 97도1740). 국가9급 23 / 국가7급 22

> **판례연구** 성수대교 붕괴 사례
>
> 대법원 1997.11.28, 97도1740
>
> 성수대교 붕괴사고에서 교량 건설회사의 트러스 제작 책임자, 교량공사 현장감독, 발주관청의 공사감독공무원 등에게 업무상 과실치사상, 업무상 과실일반교통방해, 업무상 과실자동차추락죄 등의 유죄를 인정한 사례
>
> ① 업무상 과실로 인하여 교량을 손괴하여 자동차의 교통을 방해하고 그 결과 자동차를 추락시킨 경우에는 구 형법 제189조 제2항, 제185조 소정의 업무상 과실일반교통방해죄와 같은 법 제189조 제2항, 제187조 소정의 업무상 과실자동차추락죄가 성립하고, 위 각 죄는 형법 제40조 소정의 상상적 경합관계에 있다. 국가9급 23 / 국가7급 22
>
> ② 성수대교와 같은 교량이 그 수명을 유지하기 위하여는 건설업자의 완벽한 시공, 감독공무원들의 철저한 제작 시공상의 감독 및 유지·관리를 담당하고 있는 공무원들의 철저한 유지·관리라는 조건이 합치되어야 하는 것이므로, 위 각 단계에서의 과실 그것만으로 붕괴원인이 되지 못한다고 하더라도, 그것이 합쳐지면 교량이 붕괴될 수 있다는 점은 쉽게 예상할 수 있으므로 위 각 단계에 관여한 자는 전혀 과실이 없다거나 과실이 있다고 하여도 교량붕괴의 원인이 되지 않았다는 등의 특별한 사정이 있는 경우를 제외하고는 붕괴에 대한 공동책임을 면할 수 없다.[1112]
>
> ③ 2인 이상이 상호의사의 연락 없이 동시에 범죄구성요건에 해당하는 행위를 하였을 때에는 원칙적으로 각인에 대하여 그 죄를 논하여야 하나, 그 결과발생의 원인이 된 행위가 분명하지 아니한 때에는 각 행위자를 미수범으로 처벌하고(독립행위의 경합), 이 독립행위가 경합하여 특히 상해의 경우에는 공동정범의 예에 따라 처단(동시범)하는 것이므로, 상호의사의 연락이 있어 공동정범이 성립한다면, 독립행위경합 등의 문제는 아예 제기될 여지가 없다. 법원행시 16

1112 과실범의 공동정범의 문제에 관한 행위공동설(行爲共同說)의 입장을 판시하고 있다.

memo

수험의 핵심포인트

목 차		난 도	출제율	대표 지문
제1절 통화에 관한 죄	01 총 설	下	★	• 통화위조죄와 위조통화행사죄의 객체인 위조통화는 유통과정에서 일반인이 진정한 통화로 오인할 정도의 외관을 갖추어야 한다. (○) • 형법 제207조 제2항 소정의 내국에서 '유통하는'이란, 같은 조 제1항, 제3항 소정의 '통용하는'과 달리, 강제통용력이 없이 사실상 거래 대가의 지급수단이 되고 있는 상태를 가리킨다. (○) • 진정한 통화라고 하여 위조통화를 다른 사람에게 증여하는 경우에도 위조통화행사죄가 성립한다. (○)
	02 내국통화위조 · 변조죄	中	★★	
	03 내국유통 외국통화위조 · 변조죄	中	★	
	04 외국통용 외국통화위조 · 변조죄	下	★	
	05 통화위조 등 예비 · 음모죄	下	★	
	06 위조 · 변조통화행사 등 죄	下	★★	
	07 위조 · 변조통화취득죄	下	★	
	08 위조통화취득 후 지정행사죄	下	★	
	09 통화유사물제조 등 죄	下	–	
제2절 유가증권, 우표와 인지에 관한 죄	01 총 설	下	★	• 문방구 약속어음 용지를 이용하여 작성되었다고 하더라도 그 전체적인 형식·내용에 비추어 일반인이 진정한 것으로 오신할 정도의 약속어음 요건을 갖추고 있으면 당연히 형법상 유가증권에 해당한다. (○) • 신용카드업자가 발행한 신용카드는 그 자체에 경제적 가치가 화체되어 있거나 특정의 재산권을 표창하는 유가증권이라고 볼 수 없다. (○) • 약속어음 액면란에 보충권의 범위를 초월하는 금액을 기입하는 행위는 변조에 해당한다. (×)
	02 유가증권위조 · 변조죄	中	★★	
	03 유가증권의 권리 · 의무에 관한 기재의 위조 · 변조죄	下	★	
	04 자격모용에 의한 유가증권작성죄	中	★	
	05 허위유가증권작성죄	中	★★	
	06 위조 등 유가증권행사죄	下	★	
	07 인지 · 우표위조 · 변조죄	下	–	
	08 위조 · 변조 인지 · 우표행사 등 죄	下	–	
	09 위조 · 변조 인지 · 우표취득죄	下	–	
	10 소인말소죄	下	–	
	11 우표 · 인지 등 유사물 제조 등 죄	下	–	
	12 유가증권위조 · 변조 등 예비 · 음모죄	下	–	
제3절 문서에 관한 죄	01 총 설	中	★★	• 컴퓨터 모니터 화면에 나타나는 이미지는 형법상 문서에 관한 죄에서의 문서에 해당 하지 않는다. (○) • 대리권·대표권이 있는 자가 권한의 범위 내에서 단순히 권한을 남용하는 문서를 작성함에 불과한 경우에는 문서위조죄가 성립하지 않는다. (○) • 문서죄에 있어서 죄수는 문서의 수를 기준으로 정한다. (×) • 문서를 작성할 권한이 있는 공무원을 보조하는 기안담당자인 공무원이 결재를 받지 않고 임의로 허위공문서를 작성한 경우에는 공문서위조죄가 성립한다. (○) • 민사조정법상의 조정절차에서 작성되는 조정조서는 형법 제228조 제1항에서 말하는 공정증서원본에 해당한다. (×)
	02 사문서위조 · 변조죄	下	★	
	03 자격모용에 의한 사문서작성죄	中	★	
	04 사전자기록 위작 · 변작죄	下	★	
	05 공문서위조 · 변조죄	中	★★	
	06 자격모용에 의한 공문서작성죄	中	★★	
	07 공전자기록 위작 · 변작죄	下	★	
	08 허위진단서 등 작성죄	下	★	
	09 허위공문서작성죄	中	★★	
	10 공정증서원본 등 부실기재죄	中	★★	
	11 위조 · 변조 · 허위작성 사문서행사죄	下	★	
	12 위조 · 변조 · 허위작성 · 부실기재 등 공문서행사죄	下	★	
	13 사문서 부정행사죄	中	★	
	14 공문서 부정행사죄	中	★	
제4절 인장에 관한 죄	01 총 설	下	★	• 경찰서에서 조사를 받던 사람이 제3자로 행세하면서 피의자신문조서에 제3자의 서명을 기재하였으나 조사경찰관의 서명·날인 등이 완료되기 전에 그 서명위조사실이 발각된 경우 사서명위조 및 위조사서명행사죄가 성립한다. (○)
	02 사인 등 위조 · 부정사용죄	下	★	
	03 위조사인 등 행사죄	下	–	
	04 공인 등 위조 · 부정사용죄	下	–	
	05 위조공인 등 행사죄	下	–	

최근 6개년 출제경향 분석

구 분	국가7급						국가9급						법원9급						경찰간부					
	18	19	20	21	22	23	19	20	21	22	23	24	18	19	20	21	22	23	18	19	20	21	22	23
제1절 통화에 관한 죄																						1		
제2절 유가증권, 우표와 인지에 관한 죄															1				1					
제3절 문서에 관한 죄	1			1	1	1		1	1		1	1	2	1	1	1	2	2	2			1	3	1
제4절 인장에 관한 죄																				1	1			
출제빈도수	4/130						4/120						10/150						11/240					

CHAPTER

02

공공의 신용에 대한 죄

핵심사항

- 통화의 개념
- 통화위조와 변조의 개념
- 유통과 통용의 차이
- 행사의 개념

- 유가증권의 개념
- 유가증권위조와 변조의 개념
- 허위유가증권작성의 사례
- 위조유가증권행사의 개념

- 형식주의와 실질주의
- 유형위조와 무형위조
- 문서의 개념
- 공문서와 사문서
- 허위공문서작성의 허위
- 허위작성의 사례
- 허위공문서작성의 간접정범
- 공정증서원본부실기재
- 공정증서원본
- 허위신고
- 부실기재
- 행사와 부정행사의 구별

- 사서명위조 및 동행사
- 공기호부정사용 및 동행사

경찰채용						법원행시						변호사					
19	20	21	22	23	24	19	20	21	22	23	24	19	20	21	22	23	24
				1													
						1					1						
	1	2	4	2	1	1	1	1	2	3	3	1	1	2		1	
11/264						13/240						5/120					

CHAPTER

02 공공의 신용에 대한 죄

제1절 통화에 관한 죄

01 총 설

통화(通貨, currency)에 관한 죄(Geldfälschung, Münzverbrechen)는 행사할 목적으로 대한민국 또는 외국의 통화를 위조·변조하거나, 위조·변조된 통화를 행사하거나, 위조·변조된 통화를 행사할 목적으로 수입·수출하거나, 판매할 목적으로 통화유사물을 제조·수입·수출하거나 이러한 통화유사물을 판매함으로써 성립하는 범죄이다. 통화에 관한 죄는 통화위조죄(counterfeiting currency)를 기본적 구성요건으로 하고 있다.

보호법익에 대해서는 ① 통화의 진정에 대한 공공의 신용이라는 사회적 법익과 통화고권(通貨高權, Münzhoheit)이라는 국가적 법익이라는 견해,[1113] ② 국가의 화폐주권(貨幣主權)과 통화에 대한 사회적 신용뿐만 아니라 재산상태의 위험까지 해당된다는 견해,[1114] ③ 통화에 대한 거래상의 신용과 안전이라는 사회적 법익이라고 보는 견해(통설)[1115]가 대립하나, 통설이 타당하며, 법익보호의 정도는 추상적 위험범이다. 통화에 관한 죄는 위조통화취득 후 지정행사죄를 제외하고는 미수를 처벌하고, 그 중 위조·변조죄는 예비·음모를 처벌한다.

02 내국통화위조 · 변조죄

제207조 【통화의 위조 등】 ① 행사할 목적으로 통용하는 대한민국의 화폐, 지폐 또는 은행권을 위조 또는 변조한 자는 무기 또는 2년 이상의 징역에 처한다.

1. 구성요건

(1) 객관적 구성요건

① 객 체

㉠ 통용하는 대한민국의 통화 : 화폐(貨幣)[금속화폐인 경화(硬貨)]·지폐(紙幣)·은행권(銀行券)을 말한다. 우리나라는 화폐 발행권을 한국은행(韓國銀行)만 가지고 있으므로 한국은행권이 주화(鑄貨)와 함께 통화로 사용되고 있다.

1113 서일교, 231면.
1114 황산덕, 120면.
1115 김성천/김형준, 649면; 김일수/서보학, 657면; 박상기, 495면; 배종대, 605면; 백형구, 496면; 손동권, 593면; 오영근, 688면; 유기천(하), 219면; 이재상, §30-4; 이정원, 562면; 임웅, 588면; 정성근/박광민, 613면; 정영석, 143면; 진계호, 489면.

㉡ 통용(通用) : 법률에 의하여 강제통용력이 인정되는 것을 말한다.[1116] 사실상 국내에서 사용되고 있는 유통(流通)과 구별된다. 통용기간이 경과하여 교환기간 중인 구화(舊貨)는 강제통용력이 없으므로 통화가 아니다(통설).[1117]

② 행위 – 위조·변조

㉠ 위조(僞造, Nachmachen)

ⓐ 의의 : 통화발행권자 아닌 자가 통화의 외관을 가지는 물건을 만드는 것을 말한다.[1118]

ⓑ 정도 : 통화위조는 일반인이 진화로 오인할 정도의 외관을 갖추면 충분하며(대법원 1985.4.23, 85도570; 2012.3.29, 2011도7704) 반드시 진화와의 식별이 불가능할 정도에 이를 것을 요하지 않는다. 법원행시 06 / 경찰승진(공통) 10 / 경찰승진 13 / 경찰간부 17 그러나 위조의 정도에 이르지 못한 경우에는 통화유사물제조죄(제211조)에 해당할 뿐이다. 따라서 한국은행권 10원짜리 주화의 표면에 하얀 약칠을 하여 100원짜리 주화와 유사한 색채를 갖도록 색채의 변경만을 한 경우 이는 일반인으로 하여금 진정한 통화로 오신케 할 정도의 새로운 화폐를 만들어 낸 것이라고 볼 수 없다(대법원 1979.8.28, 79도639). 경찰간부 13

판례연구 전자복사기 사례 : 통화위조죄 ×[1119]

대법원 1986.3.25, 86도255

통화위조죄와 위조통화행사죄의 객체인 위조통화는 그 유통과정에서 일반인이 진정한 통화로 오인할 정도의 외관을 갖추어야 할 것이므로, 한국은행발행 일만 원권의 지폐의 앞, 뒷면을 전자복사기로 복사하여 비슷한 크기로 자른 정도의 것은 객관적으로 진정한 통화로 오인할 정도에 이르지 못하여 통화위조죄 및 위조통화행사죄의 객체가 될 수 없다.

ⓒ 진화의 존재 요부 : 위조에 해당하기 위해서 진화(眞貨)의 존재를 요하는가에 대해서는, 아직 진화가 없다 하더라도 통화의 발행이 예정된 경우에는 통화위조가 가능하다고 보는 것이 통설이다.

ⓓ 가치의 증가의 요부 : 반드시 가치가 증가될 필요가 없다. 즉 위화(僞貨)가 진화(眞貨)보다 실질가치가 더 높은 경우, 예를 들어 순은(純銀)으로 500원짜리 주화를 위조한 경우에도 통화위조죄는 성립한다.

㉡ 변조(變造, Verfälschen) : 진정한 통화에 가공하여 그 가치를 변경하는 것을 말한다. 예를 들어, 5,000원권에 변경을 가하여 동일성이 유지되는 상태에서 금액만 10,000원권으로 고치는 행위는 변조에 속한다. 이처럼 변조란 진화의 동일성이 상실되지 않을 것을 요한다는 점에서 위조와 구별된다(통설). 따라서 진화에 변경을 가하여 완전히 새로운 위화로 만든 경우에는 변조가 아니라 위조가 된다. 경찰승진 12

1116 김성천/김형준, 650면; 김일수/서보학, 658면; 박상기, 496면; 배종대, 606면; 백형구, 497면; 손동권, 595면; 이재상, §30–7; 이정원, 564면; 임웅, 590면.

1117 한편 기념주화(紀念鑄貨)를 통화로 볼 것인가에 대해서는 견해가 대립한다.

1118 이에 비하여 후술하는 유가증권위조죄나 문서위조죄는 작성권자의 명의를 모용(冒用)하는 행위를 말한다. 예컨대 甲이 乙의 허락을 받지 않고 그 명의를 사용하여 유가증권이나 문서를 작성하는 행위이다.

1119 **판례의 사실관계** A는 한국은행발행 일만 원권 지폐의 앞, 뒷면을 전자복사기로 복사하고 비슷한 크기로 잘라 진정한 지폐와 유사한 형태로 만들어냈으나, 그 복사상태가 정밀하지 못하고 진정한 통화의 색채를 갖추지 못한 흑백으로만 되어 있고, 실제로 행사의 상대방인 택시기사 B는 야간에 택시 안에서도 이를 진정한 것으로 오인하지 않았다. A의 행위는 통화위조죄 및 위조통화행사죄를 구성하지 않는다.

(2) **주관적 구성요건** – 고의 및 행사할 목적(목적범)

형법상 모든 위조·변조죄는 목적범이므로(다만 후술하듯이 부정수표단속법상 수표위조·변조죄는 목적범이 아님 법원행시 13), 통화위조·변조죄도 행사할 목적을 요한다. 여기서 '행사할 목적'이란 유가증권위조의 경우와 달리 위조·변조한 통화를 진정한 통화로서 유통에 놓겠다는 목적을 말하므로, 자신의 신용력을 증명하기 위하여 타인에게 보일 목적으로 통화를 위조한 경우에는 행사할 목적이 있다고 할 수 없다(대법원 2012.3.29, 2011도7704). 법원행시 13 / 경찰승진 13 / 경찰채용 18 2차

2. 죄수 및 타죄와의 관계

(1) 죄 수

통화위조죄의 죄수는 통화에 대한 공공의 신용에 대한 위험을 기준으로 판단해야 하므로 위조된 통화의 종류를 기준으로 죄수가 나뉘게 된다. 즉, 동일한 기회에 수개의 동종 통화를 위조한 경우에는 한 개의 통화위조죄만 성립하지만, 여러 종류의 통화를 위조한 경우에는 종류의 개수만큼의 여러 개의 통화위조죄가 성립한다.

(2) 다른 범죄와의 관계

① 통화위조죄와 위조통화행사죄의 관계 : 통화를 위조한 후 이를 행사한 경우에는 통화위조죄와 동행사죄의 실체적 경합이 된다(다수설·판례).

② 통화죄와 문서죄의 관계 : 형법상 통화에 관한 죄는 문서에 관한 죄에 대하여 특별관계에 있으므로 통화에 관한 죄가 성립하는 때에는 문서에 관한 죄는 별도로 성립하지 않는다(대법원 2013.12.12, 2012도2249).

03 내국유통 외국통화위조 · 변조죄

제207조【통화의 위조 등】 ② 행사할 목적으로 내국에서 유통하는 외국의 화폐, 지폐 또는 은행권을 위조 또는 변조한 자는 1년 이상의 유기징역에 처한다.

본조의 내국(內國)에는 북한도 포함되므로 북한에서 통용하는 소련 군표도 내국유통 외국통화에 해당된다(대법원 1948.3.24, 4281형상10). 또한 본조의 '유통(流通)하는'이란 사실상 유통되고 있는 상태를 말하는데, 제1항·제3항 소정의 '통용'과는 달리, 강제통용력이 없이 사실상 거래대가의 '지급수단'이 되고 있는 상태를 가리킨다. 법원행시 06 따라서 어떠한 거래에 있어서 상인이 어떠한 화폐를 은행에서의 매수환율보다 낮은 가격에 매수하여 은행에 매도함에 따른 차익을 목적으로 이를 취득한 경우라면, 이는 지급수단이라기보다는 은행에서 환전하는 경우와 마찬가지로 외국환거래의 대상에 불과하므로 해당화폐는 본조의 '내국유통' 외국통화가 될 수 없다(대법원 2003.1.10, 2002도3340 : 스위스 화폐는 내국유통 외국통화가 아니라는 사례). 법원행시 05 / 법원행시 06 / 법원행시 14 / 경찰간부 11 / 경찰간부 12

04 외국통용 외국통화위조 · 변조죄

제207조【통화의 위조 등】 ③ 행사할 목적으로 외국에서 통용하는 외국의 화폐, 지폐 또는 은행권을 위조 또는 변조한 자는 10년 이하의 징역에 처한다.

1. 의 의

외국통용 외국통화위조·변조죄까지 처벌하는 우리 형법은 그 장소적 적용범위에 관하여 부분적으로 세계주의를 채택하고 있다. 외국의 통화도 우리나라의 통화와 교환될 여지가 있기 때문에 외국통화에 대한 위조·변조행위에 대해서도 우리 형법이 관심을 가지는 것이다.

2. 구성요건

(1) 외국에서 통용하는

외국에서 통용한다고 함은 그 외국에서 강제통용력(强制通用力)을 가지는 것을 의미하는 것이다. 경찰승진(공통) 10 따라서 본조의 외국에서 통용하는 지폐에 일반인의 관점에서 통용할 것이라고 오인할 가능성이 있는 지폐까지 포함시키는 것은 죄형법정주의 원칙(유추해석금지원칙)에 어긋나는 것으로 허용되지 않는다. 국가7급 07 / 국가9급 12 / 법원행시 05 / 법원9급 07(상) / 경찰간부 13 / 경찰승진(공통) 10 / 경찰승진 13 / 경찰채용 10 1차 / 경찰채용 16 1차

판례도 미국에서 발행된 적이 없이 단지 여러 종류의 관광용 기념상품으로 제조·판매되고 있는 미합중국 100만 달러 지폐와 과거에 발행되어 은행 사이에서 유통되다가 현재는 발행되지 않고 있으나 화폐수집가나 재벌들이 이를 보유하여 오고 있는 미합중국 10만 달러 지폐는 본죄의 객체가 아니라고 본다(대법원 2004.5.14, 2003도3487).

(2) 위조 · 변조

본죄의 위조·변조란 객관적으로 보아 일반인으로 하여금 외국에서 통용하는 외국의 화폐로 오신케 할 정도의 새로운 화폐를 만들어내는 정도에 이르러야 한다. 따라서 진정한 통화인 미화 1달러 및 2달러 지폐의 발행연도, 발행번호, 미국 재무부를 상징하는 문양, 재무부장관의 사인, 일부 색상을 고쳤다 하더라도, 진정한 통화에 대한 가공행위로 인하여 기존 통화의 명목가치나 실질가치가 변경되었다거나 객관적으로 보아 일반인으로 하여금 기존 통화와 다른 진정한 화폐로 오신하게 할 정도의 새로운 물건을 만들어 낸 것으로 볼 수 없다면 통화가 변조되었다고 볼 수 없다(대법원 2004.3.26, 2003도5640). 법원행시 05 / 경찰간부 12 / 사시 10 / 경찰채용 24 1차

> **판례연구** 일본국의 자동판매기에 투입, 사용 목적으로 500원짜리 주화의 표면을 깎아낸 행위[1120]
>
> 대법원 2002.1.11, 2000도3950
>
> 피고인이 한국은행 발행 500원짜리 주화의 표면 일부를 깎아내어 손상을 가하였지만 그 크기와 모양 및 대부분의 문양이 그대로 남아 있어 이로써 기존의 500원짜리 주화의 명목가치나 실질가치가 변경되었다거나(통화변조죄×), 객관적으로 보아 일반인으로 하여금 일본국의 500¥짜리 주화로 오신케 할 정도의 새로운 화폐를 만들어 낸 것이라고 볼 수 없는 이상(외국통화위조죄 ×), 일본국의 자동판매기 등이 이와 같이 가공된 주화를 일본국의 500¥짜리 주화로 오인한다는 사정만을 들어 그 명목가치가 일본국의 500¥으로 변경되었다거나 일반인으로 하여금 일본국의 500¥짜리 주화로 오신케 할 정도에 이르렀다고 볼 수는 없다. 국가7급 07 / 경찰간부 12 / 경찰간부 17 / 경찰승진(공통) 10 / 사시 13 / 경찰채용 16 1차

1120 **판례의 사실관계** 한국은행발행 500원짜리 주화와 일본국의 500¥짜리 주화는 그 재질 및 크기가 유사하여 한국은행발행 500원짜리 주화의 표면을 깎아내어 일본국의 500¥짜리 주화의 무게와 같도록 하면 이를 일본국의 자동판매기 등에 투입하여 일본국의 500¥짜리 주화처럼 사용할 수 있는데, 甲은 이에 착안하여 한국은행발행 500원짜리 주화를 매집한 다음, 일부는 앞면의 학 문양 부분을 선반으로 깎아내고 그 나머지는 일본에서 가공하기로 하여 그 전부를 일본국에 밀반출하였다. 이와 같이 가공한 주화는 그 이전의 주화와 비교하여, 앞면의 학 문양 일부가 깎여나가 무게가 약간 줄어들었을 뿐이고 그 크기와 모양, 앞면의 다른 문양 및 500원이라는 액면이 표시된 뒷면의 문양은 그대로 남아있었다.

05 통화위조 등 예비 · 음모죄

제213조【예비, 음모】 제207조 제1항 내지 제3항의 죄를 범할 목적으로 예비 또는 음모한 자는 5년 이하의 징역에 처한다. 단, 그 목적한 죄의 실행에 이르기 전에 자수한 때에는 그 형을 감경 또는 면제한다.

통화위조·변조죄의 예비·음모 처벌규정이다. 위조통화취득죄, 위조통화취득 후 지정행사죄(이 죄는 미수도 없음), 통화유사물제조죄는 예비죄 처벌규정이 없다. 또한 예비·음모죄를 범한 자가 실행에 착수하기 전에 자수(自首)한 때에는 예비·음모죄의 형에서 필요적으로 감경 또는 면제해야 한다. 법원승진 10 / 경찰승진 12 그리고 예비·음모죄에 대한 방조범의 성립이 가능한가에 대해서는 견해가 대립하나[1121] 부정설(다수설)이 타당하다.

판례연구 통화위조 예비 사례

대법원 1966.12.6, 66도1317

피고인이 행사할 목적으로 미리 준비한 물건들과 옵셋인쇄기를 사용하여 한국은행권 100원권을 사진찍어 그 필름 원판 7매와 이를 확대하여 현상한 인화지 7매를 만들었음에 그쳤다면 아직 통화위조의 착수에는 이르지 아니하였고 그 예비단계에 불과하다. ⇨ 실행의 착수 × ⇨ 통화위조예비죄 O 법원행시 05 / 법원행시 14 / 사시 14

06 위조 · 변조통화행사 등 죄

제207조【통화의 위조 등】 ④ 위조 또는 변조한 전3항 기재의 통화를 행사하거나 행사할 목적으로 수입 또는 수출한 자는 그 위조 또는 변조의 각 죄에 정한 형에 처한다.

1. 위조통화행사죄의 행사행위

위조통화의 행사(行使, utter, Inverkehrbringen)라고 함은 위조통화를 유통 과정에서 진정한 통화로서 사용하는 것을 말하고 그것이 유상인가 무상인가는 묻지 않는다. 쉽게 말해서 돈을 사용하는 것처럼 사용하는 행위를 말한다. 따라서 진정한 통화라고 하여 위조통화를 다른 사람에게 증여하는 경우에도 위조통화행사죄가 성립된다. 경찰간부 12 이 점에서 보면 그 행사자(증여자)는 아무런 재산의 불법영득이 없는 것이어서 위조통화의 행사에 언제나 재물의 영득이 수반되는 것이라고는 할 수 없는 것이다(대법원 1979.7.10, 79도840).

(1) 본죄의 행사에 해당되지 않는 경우

① 단순히 자기의 신용력을 보이기 위해 위조통화를 제시하는 것이라든가, 경찰간부 13 / 경찰간부 17 / 국가9급 16 ② 위조통화를 명가 이하의 상품으로 매매하는 것(통설)은 행사가 아니다.

(2) 본죄의 행사에 해당되는 경우

① 위조통화를 진화로서 화폐수집상에게 판매하는 것도 행사이고, ② 위조통화의 사용이 위법인 경우(**예** 도박자금으로 사용하는 것)에도 유통시킨 이상 행사이다. 또한 ③ 공중전화기·자동판매기 등의 유료자동설비에 투입하는 것도 행사이다(통설).

1121 본죄를 독립범죄로 보고 이에 대한 방조범의 성립도 인정하는 견해[김일수/서보학, 675면; 유기천(하), 230면; 진계호, 558면]와 구체적인 행위를 특별히 구성요건화시킨 독일형법 제149조와는 달리 우리 형법상 통화위조·변조예비·음모죄는 독립된 범죄로 볼 여지가 없기 때문에 총론상 예비죄에 대한 방조범의 성립이 부정되는 것처럼 본죄에 대한 방조범의 성립도 부정된다는 견해(박상기, 505면; 배종대, 612면; 백형구, 507면; 손동권, 605면; 오영근, 796면; 이재상, §31-34; 임웅, 601면; 정성근/박광민, 625면 등)가 대립하고 있다.

(3) 위조통화임을 알고 있는 자에게 그 위조통화를 교부한 경우

피교부자가 이를 유통시키리라는 것을 예상 내지 인식하면서 교부하였다면, 그 교부행위 자체가 통화에 대한 공공의 신용 또는 거래의 안전을 해할 위험이 있으므로 위조통화행사죄가 성립한다(대법원 2003.1.10, 2002도3340 참조). 국가7급 07 / 법원행시 06 / 법원9급 07(상) / 경찰간부 11 / 경찰간부 13 / 경찰간부 16 / 경찰간부 17 / 경찰승진 12 / 사시 10 / 경찰채용 16 1차 이는 유가증권 · 우표 · 인지의 경우에도 마찬가지이다. 다만 문서의 경우에는 유통성이 없어 동일한 논리구성이 불가능하므로, 위조된 사정을 알고 있는 상대방에게 제시하는 행위는 위조문서행사죄를 구성하지 아니한다.

2. 주관적 구성요건

위조 · 변조통화수입 · 수출죄는 목적범이지만, 위조 · 변조통화행사죄는 목적범이 아니다. 따라서 위조 · 변조통화행사죄는 위조 · 변조통화를 행사한다는 고의만 있으면 성립한다.

3. 다른 범죄와의 관계

(1) 통화위조 · 변조행위와 행사죄의 관계

경합범(다수설)이다.

(2) 취득죄와 행사죄의 관계

① 행위자가 위조통화인 사실을 모르고 취득하였다가 이를 안 후에 행사한 때에는 위조통화취득 후 지정행사죄(제210조)가 성립한다.

② 위조통화인 사실을 알고 취득하여 행사한 경우에는 취득죄와 행사죄의 경합범이 성립한다.

(3) 행사죄와 사기죄의 관계

위화인 사실을 알고 이를 행사하여 재물 또는 재산상 이익을 취득한 경우, 이에 대하여는 ① 사기죄는 본죄에 흡수된다는 법조경합을 주장하는 견해,[1122] ② 상상적 경합을 인정하는 견해(다수설),[1123] ③ 양죄의 법익이 다르다는 점을 고려하여(법익표준설) 실체적 경합을 인정하는 견해(대법원 1979.7.10, 79도840)[1124]가 대립되어 있으나, 국가7급 07 / 법원승진 12 / 법원행시 05 / 법원행시 06 / 경찰간부 11 / 경찰간부 13 / 경찰승진(경감) 11 / 경찰승진 12 / 사시 10 / 사시 11 / 변호사 12 행사로 인한 이익이 항상 기망행위를 내포하는 것은 아니므로(예 위조통화의 증여) 법조경합이 된다는 견해는 타당하지 않으며, 실체적 경합으로 이해하는 판례의 입장 또한 행위의 부분적 동일성을 고려하지 않고 있다는 점에서, 결론적으로 다수설이 타당하다고 생각한다.

(4) 위조통화행사죄와 위조문서행사죄의 관계

위조통화행사죄를 구성하지 않는 경우에는 위조문서행사죄가 성립할 수 있다. 예컨대 위조된 외국의 화폐 · 지폐 · 은행권이 강제통용력을 가지지 않는다면 '외국통용 외국통화'(제207조 제3항)에 해당하지 않고, 그 화폐 등이 국내에서 사실상 거래 대가의 지급수단이 되고 있지 않다면 '내국유통 외국통화'(동조 제2항)에도 해당되지 않아, 이러한 화폐 등을 행사하더라도 위조통화행사죄(동조 제4항)를 구성하지 않는다. 이 경우 통화죄와 문서죄는 특별관계에 놓이므로, 위조사문서행사죄 또는 위조사도화행사죄(제234조)로 의율할 수 있게 된다(대법원 2013.12.12, 2012도2249 : 10만 파운드화 사건). 법원행시 16 / 경찰간부 16

1122 서일교, 235면; 유기천(하), 230면; 이정원, 570면; 황산덕, 125면.

1123 김성천/김형준, 657면; 김일수/서보학, 667면; 박상기, 502면; 배종대, 610면; 백형구, 501면; 손동권, 602면; 이재상, §30-15; 임웅, 597면; 정성근/박광민, 620면; 정영석, 513면.

1124 진계호, 539면. 판례의 입장은 위조통화행사죄의 보호법익(통화의 신용이라는 사회적 법익)과 사기죄의 보호법익(개인의 재산권이라는 개인적 법익)이 확연히 다르다는 것을 근거로 하고 있다.

07 위조 · 변조통화취득죄

제208조【위조통화의 취득】 행사할 목적으로 위조 또는 변조한 제207조 기재의 통화를 취득한 자는 5년 이하의 징역 또는 1천 500만 원 이하의 벌금에 처한다.

범죄행위로 인하여 취득한 경우도 포함된다. 예를 들어 甲이 乙이 위조한 통화를 절취한 경우에도 위조통화취득죄가 성립한다. 다만, 자기가 보관하는 타인의 위조 또는 변조된 통화를 횡령하는 경우 취득이라는 견해(소수설[1125])도 있으나, 횡령은 –점유이탈물횡령의 경우를 제외하고는– 점유의 이전이 없다는 점에서 취득이라고 볼 수 없다(다수설).[1126]

08 위조통화취득 후 지정행사죄

제210조【위조통화 취득 후의 지정행사】 제207조에 기재한 통화를 취득한 후 그 사정을 알고 행사한 자는 2년 이하의 징역 또는 500만 원 이하의 벌금에 처한다. 〈개정 2020.12.8.〉

위조통화취득 후 지정행사죄(僞造通貨取得 後 知情行使罪)는 위조된 사정을 모르고 통화를 취득한 자가 나중에 그 사정을 알게 되었다면 자신만 경제적 손해를 입은 것을 피하기 위하여 이를 거래수단으로 제시할 심정을 가질 수 있다는 점을 고려하여 위조통화행사죄보다 그 형을 감경한 구성요건이다. 즉, 위조통화행사죄보다 책임(비난가능성)이 감경되는 구성요건이다. 본죄는 통화에 관한 죄 중 가장 가벼우며 이에 미수범 처벌규정도 두고 있지 않다.

위조통화취득 후 지정행사행위가 동시에 상대방에 대한 기망행위가 될 경우에는 본죄만 성립하고 사기죄는 성립하지 않는다는 입장[1127]과 사기죄만 성립한다는 입장[1128] 그리고 본죄와 사기죄의 상상적 경합이 성립하게 된다는 입장[1129]이 대립한다. 상상적 경합으로 보아야 할 것이다.

09 통화유사물제조 등 죄

제211조【통화유사물의 제조 등】 ① 판매할 목적으로 내국 또는 외국에서 통용하거나 유통하는 화폐, 지폐 또는 은행권에 유사한 물건을 제조, 수입 또는 수출한 자는 3년 이하의 징역 또는 700만 원 이하의 벌금에 처한다.
② 전항의 물건을 판매한 자도 전항의 형과 같다.

통화유사물제조죄(通貨類似物製造罪)는 진정한 통화로 오인될 정도의 통화위조행위를 하였지만 이에 실패하여 통화유사물을 제조하게 된 데 그친 경우에 성립한다(통화위조미수는 불성립). 수입 · 수출하는 행위도 처벌한다. 본죄는 판매할 목적이 있어야 성립하는 목적범이다. 다만 제2항의 제조통화유사물판매죄는 목적을 요하지 않는다.

1125 김성천/김형준, 658면; 김일수/서보학, 669면; 유기천(하), 227면; 이정원, 572면.

1126 박상기, 502면; 배종대, 626면; 백형구, 495면; 손동권, 602면; 오영근, 792면; 이재상, §30–25; 임웅, 598면; 정성근/박광민, 621면; 정영석, 150면; 진계호, 555면.

1127 서일교, 237면; 정영석, 150면.

1128 오영근, 794면.

1129 김일수/서보학, 686면; 박상기, 504면; 배종대, 626면; 백형구, 493면; 손동권, 604면; 이재상, §30–29; 이정원, 576면; 임웅, 600면; 정성근/박광민, 623면; 진계호, 556면.

사례연구 통화위조죄 · 위조통화행사죄 · 컴퓨터사용사기죄의 죄수관계

甲은 10,000원권 지폐 1,000장을 컬러복사기로 복사한 후 위조지폐 1,000만 원 중 금 9,500,000원을 자신의 채권자에게 채무변제조로 교부하고 나머지 500,000원을 자신의 H은행 현금카드로 위 은행 현금자동입출금기에서 예금입금거래를 통하여 자신의 잔고가 없는 위 은행계좌에 입금시킨 후 그 다음날 동일한 방법으로 예금출금거래를 통하여 500,000원을 진화로 인출받았다. 판례에 의할 때, 甲의 형사책임은?

해결 甲이 위조지폐 500,000원을 현금자동인출기에 투입하여 위 기기의 입력장치를 통하여 '500,000원'의 입금명령을 내렸을 것이기 때문에 이는 형법 제347조의2의 '허위의 정보'를 입력한 것으로 볼 수 있다. 허위의 정보 입력행위는 컴퓨터 등 사용사기죄의 행위이며 사기죄의 구성요건에 해당하는 기망행위는 아니다. 또한 입금한 계좌에서 다시 예금을 인출하는 행위는 이미 자기의 점유에 속하였다는 점에서 절도죄 자체에 해당될 수 없다. 따라서 甲은 통화위조죄(제207조 제1항), 위조통화행사죄(제207조 제4항), －채권자에 대한－ 사기죄(제347조 제1항) 그리고 컴퓨터사용사기죄(제347조의2)가 성립하며, 죄수관계는 판례에 의하자면, 통화위조죄와 동행사죄 간은 실체적 경합, 위조통화행사죄와 사기죄도 역시 실체적 경합, 그리고 위조통화행사죄와 컴퓨터사용사기죄도 아직 명시된 판례는 없지만 사기죄와의 죄수판단에서 근거를 두고 있는 법익표준설에 의하여 역시 실체적 경합으로 보게 된다. (다만 다수설에 의하면 위조통화행사죄와 사기죄의 관계는 상상적 경합으로 보고 있으며 이론적으로는 다수설이 타당하다고 생각한다.)
결론적으로 판례에 의하면, 甲은 통화위조죄(제207조 제1항), 위조통화행사죄(제207조 제4항), 사기죄(제347조 제1항), 컴퓨터사용사기죄(제347조의2)의 실체적 경합이 성립한다.

제2절 유가증권, 우표와 인지에 관한 죄

01 총 설

1. 의의 및 보호법익

유가증권에 관한 죄는 행사할 목적으로 대한민국 또는 외국의 유가증권을 위조 또는 변조하거나, 자격을 모용하여 작성하거나, 허위작성하거나, 위조 · 변조 · 허위작성된 유가증권을 행사하거나 행사할 목적으로 수입 · 수출함으로써 성립하는 범죄이다. 우표와 인지에 관한 죄는 행사할 목적으로 대한민국 또는 외국의 우표 · 인지를 위조 · 변조하거나, 위조 · 변조한 우표 · 인지를 행사하거나, 행사할 목적으로 수입 · 수출 또는 취득하거나, 행사할 목적으로 소인을 말소하거나, 판매할 목적으로 우표 · 인지유사물을 제조 · 수입 · 수출하거나 제조 등이 된 우표 · 인지유사물을 판매함으로써 성립하는 범죄이다.

본장의 죄의 보호법익은 유가증권, 우표와 인지에 대한 공공의 신용 및 거래의 안전이며, 법익보호의 정도는 추상적 위험범이다.

2. 유가증권의 의의

(1) 개 념

유가증권(有價證券, valuable security, Wertpapier)이라 함은 증권상에 표시된 재산상의 권리의 행사와 처분에 그 증권의 점유를 필요로 하는 것을 총칭하고, 그 명칭 여하에 불구하고 재산권이 증권에 화체된다는 것과

그 권리의 행사와 처분에 증권의 점유를 필요로 한다는 두 가지 요소를 갖추면 족하다. 유가증권은 일반인이 진정한 것으로 오신할 정도의 형식과 외관을 갖추고 있으면 되는 것으로서, 상법상의 개념에 따르나(규범적 구성요건요소) 형법에서는 보호법익을 기준으로 범죄의 성립 여부를 판단하는 것이므로, 상법상 유가증권의 필요적 기재사항을 모두 갖추어야만 유가증권위조죄가 성립하는 것은 아니다.

판례연구 유가증권임을 인정한 사례

1. 대법원 2001.8.24, 2001도2832
증권이 비록 문방구 약속어음 용지를 이용하여 작성되었다 하더라도 전체적인 형식·내용에 비추어 일반인이 진정한 것으로 오신할 정도의 약속어음요건을 갖추고 있으면 유가증권에 해당한다.[1130] 법원행시 11 / 법원행시 13 / 법원9급 13 / 경찰승진(경사) 11 / 경찰승진 12 / 경찰채용 18 1차

2. 대법원 1995.3.14, 95도20
할부구매전표는 그 소지인이 판매회사의 영업소에서 그 취급상품을 그 금액한도 내에서 구매할 수 있는 권리가 화체된 증권으로서 유가증권으로 봄이 정당하다.

3. 대법원 1984.11.27, 84도1862
한국외환은행 소비조합이 그 소속 조합원들에게 발행한 신용카드는 그 카드에 의해서만 신용구매의 권리를 행사할 수 있는 점에서 재산권이 증권에 화체되었다고 볼 수 있으므로 유가증권이라 할 것이다. 경찰간부 12 / 경찰승진(경사) 10 / 경찰채용 11 2차

4. 대법원 1998.2.27, 97도2483
공중전화카드는 문자로 기재된 부분과 자기기록 부분이 일체로써 공중전화 서비스를 제공받을 수 있는 재산상의 권리를 화체하고 있고, 이를 카드식 공중전화기의 카드 투입구에 투입함으로써 그 권리를 행사하는 것으로 볼 수 있으므로, 공중전화카드는 형법 제214조의 유가증권에 해당한다.[1131] 경찰승진(경감) 10

(2) 요소 및 다른 증권과의 구별

① 요소 : 유가증권은 우선 ㉠ 물권·채권·사원권 등 사법(私法)상의 재산권이 증권에 화체된 것이어야 한다. 따라서 공법적인 지위·권한을 표창하는 증권(예 국적증서, 노인우대증, 여권, 영업허가장, 임명장 등)은 유가증권이 아니다. 그리고 ㉡ 그 권리의 행사와 처분에 증권의 점유를 필요로 하는 것이어야 한다. 대부분의 유가증권은 통화보다는 낮지만 강한 유통성을 가지는 것이 사실이나, 반드시 유통성을 가질 필요는 없다(대법원 1995.3.14, 95도20).[1132] 경찰간부 12 / 경찰간부 14 / 경찰승진(경사) 11 / 경찰승진 12 / 경찰채용 11 2차

예 유가증권 : 어음, 회사채, 주권, 화물상환증, 창고증권, 선하증권, 양도성예금증서(CD), 각종 국·공채(산업금융채권, 지하철공채, 주택채권), 상품권, 할부구매전표, 리프트탑승권, 공중전화카드(후불식 KT전화카드 : 유가증권 ×, 사문서 ○), 문방구용지로 작성한 약속어음, 법원행시 11 / 법원행시 13 / 법원9급 13 구두를 구입할 수 있는 신용카드, 기명된 승차권(유통성이 없지만 유가증권임) 등

1130 **판례의 사실관계** A, B는 수차 甲에게 돈을 대여하여 주면서 대여금채권 총액이 늘어나게 되자 평소 甲뿐만 아니라 甲의 남편인 乙과도 가까운 사이인데다가 乙이 확실한 직장을 갖고 있으면서 적지 않은 급여를 받고 있는 것을 잘 알고 있었으므로, 甲에게 "너만 보고 돈을 빌려 줄 수 없으니 남편도 채무내용을 알게 하고 확실히 하기 위하여 대여금에 대한 변제담보조로 남편 명의로 약속어음을 발행하여 달라."라고 요구하였고, 이에 甲은 남편 몰래 남편의 목도장을 새겨 1993.8.25, 같은 해 9월 15일, 1994.4.6. 세 차례에 걸쳐 B로부터 돈을 빌리면서(다만, 마지막은 그간 누계액인 125,000,000원에 대하여) 乙 명의로 **문방구 용지로 작성된 약속어음** 3장을 작성하여 그 사정을 모르는 B에게 대여금에 대한 변제담보조로 이를 교부하였다. 甲의 죄책은 유가증권위조 및 동행사죄의 실체적 경합이다.

1131 **사례 : 폐공중전화카드 사례** 甲은 폐공중전화카드의 자기기록부분에 전자정보를 기록하여 사용가능한 공중전화카드를 만든 후 이를 사용하여 공중전화를 걸었다. 甲의 죄책은? **해결** 유가증권위조죄 및 동행사죄. 법원행시 11 / 경찰승진(경사) 10 / 경찰채용 11 2차

1132 **기명된 승차권**처럼 유통성이 없는 것도 유가증권이 될 수 있다고 보는 것이 통설이다. 김성천/김형준, 662면; 김일수/서보학, 679면; 박상기, 506면; 배종대, 614면; 백형구, 511면; 손동권, 610면; 오영근, 799면; 유기천(하), 202면; 이재상, §31－9; 이정원, 536면; 임웅, 605면; 정성근/박광민, 630면; 정영석, 153면; 진계호, 503면; 황산덕, 126면.

② 다른 증권과의 구별

㉠ 증거증권(證據證券, Beweisurkunde) : 증거증권은 법률관계의 내용을 증명하기 위해 작성한 계약서, 차용증서, 영수증, 운송장, 물품구입증(대법원 1972.12.26, 72도1688) 등을 말하는데, 이러한 증권들은 권리가 화체·표창되는 정도에 이르지 못하고 다만 권리를 증명함에 지나지 않는 것이므로 유가증권이 아니고 문서에 불과하다.[1133] 또한 신용카드에 대해서는 견해가 대립하나[1134] 재산권이 화체되어 있다고 볼 수 없으므로 유가증권이 아니다(다수설·판례). 신용카드에 대한 위조·변조는 여신전문금융업법에 의하여 별도로 의율되고 있다(동법 제70조 제1항 제1호).[1135]

판례연구 재산권이 화체되어 있다고 볼 수 없으므로 유가증권이 아니라는 사례

1. 대법원 1999.7.9, 99도857

신용카드는 유가증권이 아니라는 판례

신용카드업자가 발행한 신용카드는 이를 소지함으로써 신용구매가 가능하고 금융의 편의를 받을 수 있다는 점에서 경제적 가치가 있다 하더라도, 그 자체에 경제적 가치가 화체되어 있거나 특정의 재산권을 표창하는 유가증권이라고 볼 수 없고, 단지 신용카드회원이 그 제시를 통하여 신용카드회원이라는 사실을 증명하거나 현금자동지급기 등에 주입하는 등의 방법으로 신용카드업자로부터 서비스를 받을 수 있는 증표로서의 가치를 갖는 것이다. 경찰간부 13 / 경찰승진(경위) 10 / 경찰채용 10 1차

2. 대법원 2010.5.13, 2008도10678

피고인이 위조하였다는 선하증권은 "COPY NON NEGOTIABLE"이라고 찍힌 선하증권의 사본임을 알 수 있어, 거기에 운송물 인도청구권이 화체되어 있다고 볼 수 없음이 명백하고, 따라서 위 법리에 의할 때, 위 선하증권을 형법 제214조의 유가증권에 해당하는 것으로 볼 수는 없다.

3. 대법원 2013.12.26, 2011도7184

백지수표 부정수표단속법 적용 부정 사건

① 금액과 발행일자의 기재가 없는 이른바 백지수표도 유통증권에 해당하므로[1136] 백지수표의 발행도 부정수표단속법의 규제를 받아야 함은 물론이다(대법원 1973.7.10, 73도1141 참조). ② 다만 백지수표를 발행한 목적과 경위 등에 비추어 백지수표를 교부받은 수표소지인이 이를 제3자에게 유통시킬 가능성이 없을 뿐만 아니라 장차 백지보충권을 행사하여 지급제시를 하게 될 때에는 이미 당좌거래가 정지될 상황에 있을 것임이 그 수표 발행 당시부터 명백하게 예견되는 등의 특별한 사정이 인정된다면 그 백지수표는 유통증권성을 가지지 아니한 단순한 증거증권에 지나지 아니하는 것으로서 그러한 백지수표를 발행한 행위에 대해서까지 부정수표단속법 제2조 제2항 위반죄로 처벌할 수는 없다 할 것이다(대법원 1995.9.29, 94도2464; 1998.3.10, 98도180).[1137]

㉡ 면책증권(免責證券, Legistimationspapier) : 면책증권은 그 증권의 소지인이 진정한 권리자가 아니라 하더라도 채무자가 당해 증권 소지인에게 채무를 이행하면 책임을 면제받는 증권으로서 자격증권

1133 이렇듯 단순한 증거증권은 유가증권이 아니다. 그러나 유가증권은 전부가 증거증권이 된다.

1134 일반적인 신용카드에 대해서는 유가증권으로 인정하지 않는 부정설이 다수설·판례이다. 부정설로는 김일수/서보학, 680면; 배종대, 678면; 손동권, 610면; 오영근, 705면; 이재상, §31-5; 이정원, 535면; 임웅, 606면; 정성근/박광민, 628면; 정영일, 559면 참조. 다만 신용카드도 유가증권으로 보는 긍정설은 박상기, 465면; 백형구, 501면 참조.

1135 **참고** 여신전문금융업법 제70조 제1항 제1호에서 그 위조행위를 처벌하고 있는 '신용카드 등'은 신용카드업자가 발행한 신용카드·직불카드 또는 선불카드만을 의미할 뿐, **회원권카드나 현금카드** 등은 신용카드 기능을 겸하고 있다는 등의 특별한 사정이 없는 한 이에 해당할 여지가 없는 것이다(대법원 2010.6.10, 2010도3409).

1136 **보충** 백지수표도 소지인이 보충권을 행사하여 금액과 날짜를 기입하면 완전무결한 유가증권인 수표가 되는 것이고, 특별한 사정이 없는 한 백지수표를 발행하는 그 자체로서 보충권을 소지인에게 부여하였다고 보아야 하며, 수표면이나 그 부전에 명시되어 있지 않는 한 보충권의 제한을 선의의 취득자에게 대항할 수 없다.

1137 **보충** 백지수표의 금액란이 부당보충된 경우 적어도 보충권의 범위 내에서는 백지수표의 발행인이 그 금액을 보충한 것과 다를 바 없어 백지수표의 발행인은 그 범위 내에서는 부정수표단속법위반죄의 죄책을 진다고 할 것이나, 이와 달리 보충권을 넘어서는 금액에 관하여는 발행인이 그와 같은 금액으로 보충한 것과 동일하게 볼 수는 없으므로, **그 발행인에게 보충권을 넘어서는 금액에 대하여까지 부정수표단속법위반죄의 죄책을 물을 수는 없다.**

(資格證券)이라고도 부른다. 면책증권은 정기예탁금증서(대법원 1984.11.27, 84도2147) 등 은행예금증서, 공중접객업소에서 발행하는 신발표, 철도수하물상환증, 수리점의 물품보관증 등을 말하는데, 이러한 면책증권은 당사자간의 채권·채무관계에 관한 증거증권에 채무자의 이익을 위해 면책력을 인정한 것에 지나지 않으므로 권리를 표시하는 것이 아니고, 채권자의 반환청구권 등은 증권에 화체된 증권적 채권이 아니므로 채권의 행사에 증권의 제시를 꼭 필요로 하는 것이 아니라는 점에서 형법상 유가증권이 아니다.[1138]

3. 구성요건체계

유가증권, 우표와 인지에 관한 죄도 통화에 관한 죄와 같이 고도의 유통성을 가지는 유가증권에 대한 공공의 신용 및 거래의 안전을 보호하기 위한 구성요건이므로 대부분 미수를 처벌하고, 그 중 유가증권위조·변조죄, 자격모용유가증권작성죄, 인지·우표위조변조죄와 같은 유형위조는 예비·음모도 처벌한다. 미수를 처벌하지 않는 죄는 소인말소죄뿐이다.

유가증권 중 수표(手票)에 대한 죄는 특별법인 부정수표단속법에서 규정하고 있다.

02 유가증권위조·변조죄

제214조【유가증권의 위조 등】 ① 행사할 목적으로 대한민국 또는 외국의 공채증서 기타 유가증권을 위조 또는 변조한 자는 10년 이하의 징역에 처한다.

1. 구성요건

(1) 객관적 구성요건

① 객체 – 대한민국 또는 외국의 공채증서 기타 유가증권 : 외국의 유가증권도 본죄의 객체가 되며, 외국인이 국외에서 유가증권에 대한 죄를 범한 경우에도 보호주의(제5조)에 의하여 우리 형법의 적용대상이 된다.

② 행위 – 위조·변조

㉠ 위조(僞造)의 개념 : 작성권한 없는 자가 타인의 명의(名義)를 사칭하거나 모용(冒用)하여 그 명의의 유가증권을 발행하는 행위를 말한다(대법원 1984.2.28, 83도3284).[1139] 다만 타인의 명의나 가명을 사용하였더라도 그 명칭이 거래상 본인을 가리키는 것으로 인식되고 있는 경우에는 위조라 할 수 없다(대법원 1982.9.28, 82도296[1140]; 1996.5.10, 96도527[1141]). 경찰승진(경사) 11 / 사시 13

1138 이렇듯 면책증권은 유가증권이 아니다. 그러나 증권에 면책성이 있다는 것은 변제를 용이하게 하므로 유가증권과 같이 유통성을 존중하는 증권은 대부분 면책증권이라고 볼 수 있다.

1139 **판례** 명의대여자의 승낙 없이(지점장 임명 없이) 제1의 명의임차인으로부터 영업권을 매수한 제2의 명의임차인이 **명의대여자의 승낙 없이 명의대여자의 명의로 어음을 배서한** 경우 유가증권위조죄가 성립한다(대법원 1984.2.28, 83도3284).

1140 **판례 : 망부 사망 후 망부 명의를 거래상 자기를 표시하는 명칭으로 사용하여 온 사건** 어음에 기재되어야 할 어음행위자의 명칭은 반드시 어음행위자의 본명에 한하는 것은 아니고 상호, 별명 그 밖의 거래상 본인을 가리키는 것으로 인식되는 칭호라면 어느 것이나 다 가능하다고 볼 것이므로 비록 **그 칭호가 타인의 명칭이라도 통상 그 명칭은 자기를 표시하는 것으로 거래상 사용하여 그것이 그 행위자를 지칭하는 것으로 인식되어 온 경우**에는 그것을 어음상으로도 자기를 표시하는 칭호로 사용할 수 있다 할 것이므로 **피고인이 그 망부의 사망 후 그의 명의를 거래상 자기를 표시하는 명칭으로 사용하여 온 경우**에는 피고인에 의한 망부 명의의 어음발행은 피고인 자신의 어음행위라고 볼 것이고 이를 가리켜 타인의 명의를 모용하여 어음을 위조한 것이라고 할 수 없다(대법원 1982.9.28, 82도296). 경찰승진(경사) 11 / 사시 13

1141 **판례** 수표에 기재되어야 할 수표행위자의 명칭은 반드시 수표행위자의 본명에 한하는 것은 아니고 상호, 별명 그 밖의 거래상 본인을 가리키는 것으로 인식되는 칭호라면 어느 것이나 다 가능하다고 볼 것이므로, 비록 **그 칭호가 본명이 아니라 하더라**

ⓛ 위조의 유형 : 위조의 유형은 비단 타인의 명의를 권한 없이 직접 작성하는 행위에만 제한되어 있는 것은 아니다. 이외에도 ⓐ 찢어진 약속어음을 조합하는 것, ⓑ 약속어음의 액면란에 보충권의 범위를 초월한 금액을 기입하는 것, 법원9급 07(하) / 경찰간부 14 ⓒ 타인이 위조한 백지의 약속어음을 완성하는 것, ⓓ 기간이 경과한 정기승차권의 종기를 변경하는 것 등이 여기에 해당된다. 이 중에서 ⓑ, ⓒ의 금액란을 부당보충(不當補充)하는 백지위조(白地僞造) 행위와 관련하여, 예컨대 乙이 甲에게 액면금 3,000,000원으로 된 수표를 발행하면서 그 이자 상당액의 담보를 위하여 금액란을 백지로 하여 교부하였는데, 乙이 부도가 나자 甲은 乙의 재산에 대하여 진행되는 경매절차에서 위 수표금 3,000,000원을 확보할 의도로 금액란을 금 30,000,000원으로 보충하였다면, 甲은 유가증권위조죄의 죄책을 지게 될 것이다(참고로 乙은 부정수표단속법위반죄, 대법원 1999.6.1, 99도1201).[1142] 그러나, 주식회사의 대표이사가 다른 공동 대표이사가 발행한 것처럼 약속어음을 발행한 경우(A주식회사 대표이사 甲이 A주식회사의 또 다른 대표이사 乙이 약속어음을 발행한 것처럼 약속어음을 허위로 작성한 경우)에는 유가증권위조죄에 해당하지 아니한다(대법원 2015.11.27, 2014도17894).

사례연구 백지어음의 보충행위 : 백지위조 사례

甲은 乙이 위조하여 액면과 지급기일이 백지로 된 약속어음 1매를 그 사정을 알면서 乙로부터 사들인 후 행사할 목적으로 백지의 액면란에 1억 원이라고 기입하여 위 약속어음을 완성하였다. 甲의 형사책임은?

해결 유가증권위조죄가 성립한다. 타인이 위조한 백지의 약속어음에 행사할 목적으로 백지인 금액란에 금액을 기입하여 위조어음을 완성하는 행위는 백지어음형태의 위조행위(위 乙이 이미 범하고 있는 유가증권위조죄)와는 별개의 유가증권위조죄를 구성하는 것이다. 이는 진정하게 성립된 백지어음의 액면란을 보충권 없이 함부로 기입하는 행위가 유가증권위조죄에 해당한다는 법리와 다를 바 없다(대법원 1982.6.22, 82도677). 법원9급 09(상) / 경찰승진 13 / 경찰채용 12 3차 / 경찰채용 17 1차 / 경찰채용 18 1차

사례연구 당좌거래 명의변경 없는 대표이사 수표발행 사례 : 무죄

甲은 DM광업개발주식회사의 대표이사직에 있는 자로서 은행과의 당좌거래약정이 전 대표이사 乙 명의로 되어 있어 당좌거래명의를 변경함이 없이 그대로 전 대표이사 乙 명의를 사용하여 회사의 수표를 발행하였다. 甲의 형사책임은?

해결 타인의 대리 또는 대표자격으로서 문서를 작성하는 경우 그 대표자 또는 대리인은 자기를 위하여 작성하는 것이 아니고 본인을 위하여 작성하는 것으로서 그 문서는 본인의 문서이고 본인에 대해서만 효력이 생기는 것인데, 본건 수표의 발행인은 어디까지나 위 DM광업개발주식회사이고 위 乙은 아님이 명백하여 위 회사의 대표이사로서 그 회사 명의의 수표를 발행할 권한이 있는 피고인 甲이 위 회사 명의의 수표를 위조한 것으로 볼 수는 없다(대법원 1975.9.23, 74도1684). 따라서 甲은 무죄이다(타인소유문서로 볼 수 있다면 손괴죄는 가능).[1143]

도 통상 그 명칭을 자기를 표시하는 것으로 거래상 사용하여 그것이 그 행위자를 지칭하는 것으로 인식되어 온 경우에는 그것을 수표상으로도 자기를 표시하는 칭호로 사용할 수 있다(대법원 1996.5.10, 96도527).

1142 **판례** 금액란이 백지인 수표의 소지인이 보충권을 남용하여 그 금액을 부당보충하는 행위가 백지 보충권의 범위를 초월하여 발행인의 서명날인이 있는 기존의 수표용지를 이용한 새로운 수표를 발행하는 것에 해당하여 **유가증권위조죄**를 구성하는 경우에도, 백지수표의 발행인은 보충권의 범위 내에서는 **부정수표단속법 위반죄**의 죄책을 진다(대법원 1999.6.1, 99도1201).

1143 **유사판례 : 주식회사 대표이사가 1인 주주의 위임 · 승낙 없이 퇴임한 전 대표이사 명의로 회사 명의의 문서를 작성한 사례** 주식회사 대표이사의 대표권은 정관이나 주주총회 또는 이사회 결의 등에 의하여 적법하게 제한할 수 있지만, 회사의 운영을 실질적으로 장악 · 통제하고 있는 **1인 주주가 적법한 대표이사의 권한 행사를 사실상 제한하고 있다는 것만으로는 대표이사의 대표권을 적법하게 제한하였다고 할 수 없으므로,** 대표이사가 권한을 행사하는 과정에서 단순히 그 1인 주주의 위임 또는 승낙을 받지 않았다고 하여 그 대표권 행사가 권한을 넘어서는 행위가 되는 것은 아니다. 따라서 **"주식회사의 대표이사"가 실질적 운영자인 1인 주주의 구체적인 위임이나 승낙을 받지 않고 이미 퇴임한 전 대표이사를 대표이사로 표시하여 회사 명의의 문서를 작성한 경우, 문서위조죄의 성립은 인정되지 않는다**(대법원 2008.11.27, 2006도9194). 국가9급 16

판례연구 대표이사가 다른 공동 대표이사가 발행한 것처럼 약속어음을 발행한 사건

대법원 2015.11.27, 2014도17894

주식회사의 대표이사가 그 대표 자격을 표시하는 방식으로 작성한 문서에 표현된 의사 또는 관념이 귀속되는 주체는 대표이사 개인이 아닌 주식회사이므로 그 문서의 명의자는 주식회사라고 보아야 한다. 따라서 위와 같은 문서 작성행위가 위조에 해당하는지는 그 작성자가 주식회사 명의의 문서를 적법하게 작성할 권한이 있는지에 따라 판단하여야 하고, 문서에 대표이사로 표시되어 있는 사람으로부터 그 문서 작성에 관하여 위임 또는 승낙을 받았는지에 따라 판단할 것은 아니다. 원래 주식회사의 적법한 대표이사는 회사의 영업에 관하여 재판상 또는 재판외의 모든 행위를 할 권한이 있으므로, 대표이사가 직접 주식회사 명의의 문서를 작성하는 행위는 자격모용사문서작성 또는 위조에 해당하지 않는 것이 원칙이다. 이는 그 문서의 내용이 진실에 반하는 허위이거나 대표권을 남용하여 자기 또는 제3자의 이익을 도모할 목적으로 작성된 경우에도 마찬가지이다. 이러한 법리는 주식회사의 대표이사가 대표 자격을 표시하는 방식으로 약속어음 등 유가증권을 작성하는 경우에도 마찬가지로 적용된다.

㉢ 위조의 정도 : 일반인으로 하여금 유효한 유가증권이라고 오신할 수 있을 정도의 외관을 갖추었다면 유가증권위조에 해당된다.

ⓐ 위조의 정도에 이른 경우 : 유가증권은 사법상 유효할 것을 요하지 않기 때문에, 비록 사자(死者)나 허무인(虛無人) 명의로 작성되었거나 유가증권으로서의 요건의 흠결 등 사유로 무효한 것이라 하여도 유가증권위조죄의 성립에는 아무런 영향이 없으며(대법원 1971.7.27, 71도905; 1979.9.25, 78도1980), 법원행시 13 / 경찰승진 13 상법상 유가증권 성립의 필요적 기재사항인 대표자의 날인이 없는 주권(株券)(대법원 1974.12.24, 74도294)을 작성한 경우도 유가증권위조죄에 해당된다. 국가9급 16

판례연구 유가증권의 위조의 정도에 이른 사례

1. 대법원 1974.12.24, 74도294

대표이사의 날인이 없어 상법상 무효이나 회사의 사인은 날인된 주권 사건

대표이사의 날인이 없어 상법상 무효인 주권이라도 발행인인 대표이사의 기명을 비롯한 그 밖의 주권의 기명을 비롯한 그 밖의 주권의 기재요건을 모두 구비하고 회사의 사인까지 날인하였다면 일반인으로 하여금 일견 유효한 주권으로 오신시킬 정도의 외관을 갖추었으므로 유가증권에 해당한다.

2. 대법원 1983.10.25, 83도1520; 2009.10.29, 2009도4658; 2011.7.14, 2010도1025

사망자의 생존 시를 발행일자로 한 사자 명의 유가증권을 위조한 사례

사자(死者) 명의로 된 약속어음을 작성함에 있어 사망자의 처로부터 사망자의 인장을 교부받아 생존 당시 작성한 것처럼 약속어음의 발행일자를 그 명의자의 생존 중의 일자로 소급하여 작성한 때에는 발행명의인의 승낙이 있었다고 볼 수 없다. 사시 13 / 법원행시 16

ⓑ 위조의 정도에 이르지 못한 경우 : 위조한 가계수표가 발행인의 날인이 없는 것이라면 일반인이 진정한 것으로 오신할 정도의 형식과 외관을 갖춘 수표라 할 수는 없으므로 부정수표법상 수표위조죄에 해당되지 않는다(대법원 1985.9.10, 85도1501).

㉣ 자격모용유가증권작성죄(제215조)와의 구별 : 제214조는 명의위조, 제215조는 자격위조이다. 제215조의 자격모용유가증권작성죄는 본 유가증권위조죄와의 구별을 위해서라도 자기명의로 작성한 경우(타인의 자격만 모용한 경우)로 국한시켜 이해해야 한다.

㉤ 변조(變造, alter) : 본죄의 변조란 권한 없는 자가 진정하게 성립된 타인 명의의 유가증권의 내용에

동일성을 해하지 않는 범위 내에서 변경을 가하는 것을 말한다(예 발행일자 · 액면 · 지급인의 주소의 임의 변경 등)(대법원 2006.1.26, 2005도4764).[1144] 경찰채용 18 1차

ⓐ 타인 명의의 유가증권일 것 : 자기명의의 유가증권은 변조의 대상이 아니므로, 타인에게 속한 자기명의의 유가증권에 무단히 변경을 가하였다 하더라도 -그것이 문서손괴죄나 허위유가증권작성죄에 해당되는 경우가 있음은 별론으로 하고- 유가증권변조죄를 구성하는 것은 아니다(대법원 1978.11.14, 78도1904). 경찰간부 14 / 경찰채용 10 2차

ⓑ 동일성을 해하지 않을 것 : 동일성을 해하지 않아야 변조에 해당되므로, 이미 실효된 유가증권을 변경하여 새로운 유가증권을 만드는 것은 변조가 아니라 위조이다. 약속어음의 액면금액을 권한 없이 변경하는 행위라든가 기간이 남아있는 정기승차권의 종기를 변경하는 행위 등의 정도에 그쳐야 유가증권위조가 아니라 유가증권변조에 해당할 뿐이다.

ⓒ 진정하게 성립된 유가증권을 대상으로 할 것 : 유가증권변조죄는 진정하게 성립된 유가증권의 내용을 변경하는 것 경찰채용 17 1차이기 때문에, ㉮ 이미 타인에 의하여 위조된 약속어음의 기재사항을 권한 없이 변경하였다고 하더라도 유가증권변조죄는 성립하지 아니하며(대법원 2006.1.26, 2005도4764), 법원9급 07(상) / 경찰간부 12 / 경찰간부 14 / 경찰채용 10 1차 / 경찰채용 12 3차 / 국가9급 16 ㉯ 백지 약속어음의 액면란 등을 부당보충하여 위조한 후 위 금액란을 임의변경한 행위는 유가증권위조 · 변조에 해당하지 않는다(대법원 2008.12.24, 2008도9494).[1145] 법원9급 11

ⓓ 작성권한 없는 자에 의할 것 : 변조란 권한 없는 자의 내용변경행위를 말하므로, 약속어음의 발행인(乙)으로부터 어음금액이 백지인 약속어음의 할인을 위임받아 그 위임 범위 내에서 어음금액을 기재한 후 어음할인을 받으려는 자(甲)가, 그 목적을 이루지 못하게 되자 유통되지 아니한 당해 약속어음을 원상태대로 발행인(乙)에게 반환하기 위하여 어음금액의 기재를 삭제한 것은 -그 권한 범위 내에 속한다고 할 것이므로- 유가증권변조라고 볼 수는 없다(대법원 2006.1.13, 2005도6267). 경찰승진(경감) 10

ⓔ 간접정범 형태도 가능 : 작성권한 없이 유가증권의 내용을 변경한 경우에는 변조로 되는 것이고 간접정범 형태로도 범할 수 있다.

판례연구 간접정범에 의한 유가증권변조죄 성립

대법원 1984.11.27, 84도1862
신용카드(구두를 구입할 수 있는 신용카드) 소지인이 상점점원에게 자신이 그 카드의 금액란을 정정기재할 수 있는 권리가 있는 양 기망하여 정정기재하게 하였다면 이는 간접정범에 의한 유가증권변조로 봄이 상당하다.
국가7급 13

ⓗ 제214조 제2항 : 권리의무에 관한 기재(부수적 증권행위)를 위조 · 변조한 경우이다.[1146]

예 배서인(背書人)의 명의를 모용한 행위는 기재의 위조죄에 해당된다.

1144 판례 : 위조 유가증권에 대한 유가증권변조죄는 성립하지 않는다는 사례 약속어음의 액면금액을 권한 없이 변경하는 것은 유가증권변조에 해당할 뿐 유가증권위조는 아니므로, 약속어음의 액면금액을 권한 없이 변경하는 행위가 당초의 위조와는 별개의 새로운 유가증권위조로 된다고 할 수 없다(대법원 2006.1.26, 2005도4764).
1145 이는 마치 허위작성된 공문서의 내용을 변경한 행위가 공문서변조죄를 구성하지 않는 법리와도 유사하다.
1146 주로 어음이나 수표의 뒷면에 행하는 행위라고 생각하면 연상이 될 것이다.

(2) **주관적 구성요건** – 고의 및 행사할 목적

'유가증권위조 · 변조죄'는 다른 위조 · 변조죄의 구성요건과 마찬가지로 행사할 목적을 필요로 하는 목적범이다. 다만, 부정수표단속법상 수표위조 · 변조죄는 수표(手票)의 강한 유통성과 거래수단으로서의 중요성을 감안하여 행사할 목적을 초과주관적 구성요건요소로서 규정하고 있지 않으므로(부정수표단속법 제5조 참조[1147]) 목적범이 아니다(대법원 2008.2.14, 2007도10100). 법원행시 09 / 법원행시 12 / 법원행시 13 / 법원9급 13

그림정리 **유가증권 · 문서죄의 위조 · 자격모용작성 · 허위작성 등 행위유형 정리**

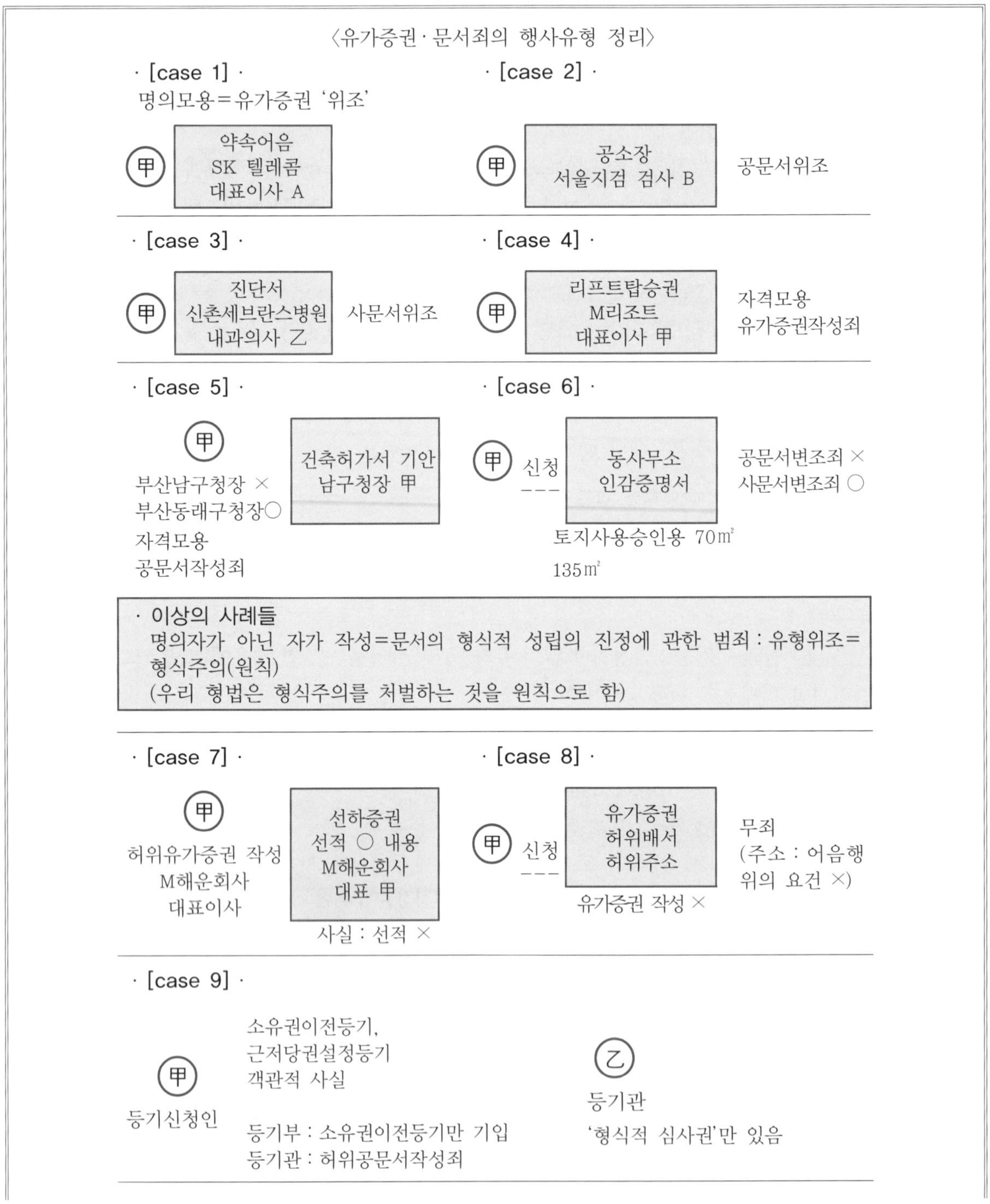

1147 부정수표단속법 제5조는 "수표를 위조 또는 변조한 자는 1년 이상의 유기징역과 수표금액의 10배 이하의 벌금에 처한다."라고 규정하고 있다.

· [case 10] ·

甲
고대병원의사
乙 : 정상

진단서
乙 : 전치 10주

甲 – 허위진단서작성죄

· [case 11] ·

甲
국군수통병원
|
공무원 의사
乙 : 전치 2주

진단서
乙 : 전치 10주
수통병원의사 甲

甲 – 허위공문서작성죄

· [case 12] ·

甲
매도인
3억
APT

乙
매수인

매매계약서
1억 8천만 원
甲, 乙

甲 – 허위사문서작성죄 ×
무죄(사문서의 무형위조)

· 이상의 사례들
작성권자의 허위내용의 작성 : 내용의 진정성 / 무형위조=실질주의(예외)

2. 죄수 및 다른 범죄와의 관계

(1) **유가증권위조죄의 죄수** : 유가증권의 매수(枚數)

원칙적으로 위조된 유가증권의 매수 내지 장수를 기준하므로, 동일한 기회에 약속어음 2매를 위조하는 것은 포괄일죄가 아니라 경합범이라는 것이 판례의 입장이다(대법원 1983.4.12, 82도2938).[1148] 법원9급 20

(2) **다른 범죄와의 관계**

① 유가증권을 위조하고 이를 행사한 경우 : 유가증권위조죄와 동행사죄의 실체적 경합이 성립한다(다수설).[1149]

② 유가증권의 위조를 위하여 인장을 위조한 경우 : 인장위조죄는 본죄에 흡수된다(법조경합 중 흡수관계 : 불가벌적 수반행위).

③ 위조된 약속어음을 진정약속어음이라 속여 물품대금채무를 변제하기 위하여 채권자에게 이를 교부한 경우 : 위조유가증권행사죄만 성립하고 사기죄는 성립하지 않는다.

사례연구 약속어음의 교부행위는 사기죄가 성립하는가 : 약속어음교부 사례

甲은 丙 명의의 약속어음 2장을 위조하여 그 사정을 모르는 자신의 채권자 乙에게 이를 교부하였다. 위 위조된 약속어음의 액면금액은 도합 1억 원이었으며, 乙의 甲에 대한 채권금액도 1억 원이었다. 그 후 乙은 이 약속어음이 위조어음이라

1148 학설에서도 실체적 경합범설은 김성천/김형준, 664면; 박상기, 510면; 백형구, 513면; 임웅, 609면 참조. 반면 동일한 일시·장소에서 수통을 작성한 행위는 상상적 경합을 인정해야 한다는 견해로는 김일수/서보학, 683면; 배종대, 617면; 손동권, 614면; 이재상, §31－20; 정성근/박광민, 633면; 진계호, 505면. 반면 위조·변조행위의 수를 기준으로 기준으로 해야 하므로 포괄일죄로 보아야 한다는 입장은 오영근, 710면.

1149 박상기, 515면; 백형구, 503면; 이정원, 541면; 이형국, 583면; 정성근/박광민, 703면; 진계호/이존걸, 652면. 반면 상상적 경합설은 배종대, 681면; 이재상, §31－21. 법조경합 중 보충관계로서 위조유가증권행사죄만 성립한다는 입장은 오영근, 710면; 임웅, 633면 참조.

는 사실을 발견하고 경찰에 신고하였다. 판례에 의할 때 甲의 형사책임은?

해결 甲은 유가증권위조죄(2개의 경합범)와 동 행사죄의 경합범이 된다. 문제는 사기죄가 성립하는가이다. 판례는 약속어음을 채권자에게 교부하였다 하여도 어음이 결제되지 않는 한 물품대금채무가 소멸되지 아니하므로 사기죄는 성립되지 않는다고 한다(대법원 1983.4.12, 82도2938).

④ 절취한 유가증권 용지를 사용하여 이를 위조 · 변조한 경우 : 형법상 재물은 주관적 · 소극적 가치만 있으면 되므로 절도죄가 성립하고 위조(명의모용)의 방법은 제한이 없으므로 유가증권위조죄가 성립하며, 절도죄와 유가증권위조죄는 경합범이 된다(세 조각으로 찢어진 약속어음 사건, 대법원 1976.1.27, 74도3442). 경찰승진 13

⑤ 유가증권을 위조 · 절취하고 이를 사정을 아는 자에게 판매한 경우 : 유가증권위조죄, 절도죄 및 위조유가증권행사죄가 성립하고 상대방에게는 장물취득죄가 성립한다(아래 사례).

사례연구 MJ리조트 리프트탑승권 사례

甲은 MJ리조트 매표소에 있던 탑승권발매기의 전원을 켠 후 날짜를 입력시켜서 탑승권발행화면이 나타나면 전산실의 테스트카드를 사용하여 한 장씩 찍혀 나오는 탑승권을 빼내어 가지고 가는 방법으로 리프트탑승권 100장을 부정발급 · 취득하여 이를 사정을 아는 乙에게 금 279만 원에 판매하였다. 甲과 乙의 형사책임은?

해결 甲은 유가증권위조죄, 절도죄 및 위조유가증권행사죄, 乙은 장물취득죄가 성립한다. 이 판례에서 나타난 법리 중 흥미로운 것은 유가증권위조죄뿐만 아니라 절도죄를 인정함으로써 장물취득죄까지 성립시키고 있다는 점이다.

참조판례 형법상 유가증권이라 함은 증권상에 표시된 재산상의 권리의 행사와 처분에 그 증권의 점유를 필요로 하는 것을 총칭하는 것이므로, 이 사건 회원용 리프트탑승권은 그와 같은 의미에서 유가증권의 일종이고, 甲이 위와 같이 발매할 권한 없이 발매기를 임의조작함으로써 리프트탑승권을 부정발급한 행위가 유가증권인 리프트탑승권을 위조하는 행위에 해당함은 원심이 인정한 바와 같다. 그러나 유가증권도 그것이 정상적으로 발행된 것은 비록 작성권한 없는 자에 의하여 위조된 것이라고 하더라도 절차에 따라 몰수되기까지는 그 소지자의 점유를 보호하여야 한다는 점에서 형법상 재물로써 절도죄의 객체가 된다고 할 것이므로, 법원행시 14 이 사건에서 甲의 행위가 원심이 인정한 것처럼 유가증권위조행위일 뿐 위조된 유가증권인 리프트탑승권의 절도죄에는 해당하지 아니한다고 단정하기 위하여는 과연 전○○가 구체적으로 어떠한 방법으로 이 사건 리프트탑승권발매기를 조작하여 탑승권을 부정발급하였는지를 살펴보아야 할 것이다. 그런데 기록에 의하면, 甲은 MJ리조트 서편 매표소에 있던 탑승권발매기의 전원을 켠 후 날짜를 입력시켜서 탑승권발행화면이 나타나면 전산실의 테스트카드를 사용하여 한 장씩 찍혀 나오는 탑승권을 빼내어 가지고 가는 방법으로 리프트탑승권을 발급 · 취득한 사실이 인정되고, 그와 같이 발매기에서 나오는 위조된 탑승권은 甲이 이를 뜯어가기 전까지는 ○○○개발의 소유 및 점유 하에 있다고 보아야 할 것이므로, 위 甲의 행위는 발매할 권한 없이 발매기를 임의조작함으로써 유가증권인 리프트탑승권을 위조하는 행위와 발매기로부터 위조되어 나오는 리프트탑승권을 절취하는 행위가 결합된 것이고, 나아가 그와 같이 위조된 리프트탑승권을 판매하는 행위는 일면으로는 위조된 리프트탑승권을 행사하는 행위임과 동시에 절취한 장물인 위조 리프트탑승권의 처분행위에 해당한다 할 것이다. 따라서 이 사건에서 甲이 위 위조된 리프트탑승권을 위와 같은 방법으로 취득하였다는 사정을 피고인 乙이 알면서 이를 甲으로부터 매수하였다면 위조된 유가증권인 리프트탑승권에 대한 장물취득죄를 구성한다고 보아야 한다(대법원 1998.11.24, 98도2967). 국가7급 10 / 법원행시 14

03 유가증권의 권리 · 의무에 관한 기재의 위조 · 변조죄

제214조【유가증권의 위조 등】 ② 행사할 목적으로 유가증권의 권리의무에 관한 기재를 위조 또는 변조한 자도 전항의 형과 같다.

1. 의 의

유가증권의 권리 · 의무에 관한 기재(記載)의 위조 · 변조죄는 부수적(附隨的) 증권행위(證券行爲)에 관한 명의모용 및 내용변경행위를 처벌하는 규정이다. 어음의 발행이 기본적 증권행위라면, 어음의 배서, 인수, 보증 등은 부수적 증권행위인데, 예컨대 어음의 배서란에 타인의 명의로 함부로 배서한 행위는 유가증권의 권리 · 의무에 관한 기재의 위조죄에 해당되는 것이다.

2. 구성요건

(1) 본죄에 해당되는 경우

"유가증권의 권리 · 의무에 관한 기재를 변조한다."라는 것은 진정하게 성립된 타인명의의 부수적 증권행위에 관한 유가증권의 기재내용에 작성권한이 없는 자가 변경을 가하는 것을 말한다. 따라서 어음발행인이라 하더라도 어음상에 권리의무를 가진 자가 있는 경우에는 이러한 자의 동의를 받지 아니하고 어음의 기재내용에 변경을 가하였다면 이는 유가증권의 권리 · 의무에 관한 기재를 변조한 것에 해당한다(대법원 2003.1.10, 2001도6553).

(2) 본죄에 해당되지 않는 경우

약속어음을 제3배서인으로부터 백지식 배서의 방식에 의하여 교부양도받아 백지를 보충하지 아니하고 배서도 하지 아니한 채 제3자에게 교부양도한 자가 만기에 어음금의 지급이 거절됨에 따라 양수인에게 소구의무를 이행하고 약속어음을 환수하여 약속어음의 정당한 소지인이 되었다면, 약속어음의 제3배서란과 제4배서란 사이에 보전지를 결합시키고 그 보전지의 배서란에 자신의 성명과 배서일자를 기재하고 날인하였다고 하더라도 이와 같은 행위는 타인의 명의를 모용하여 한 것이 아님은 물론 타인명의의 유가증권의 기재내용에 변경을 가한 것도 아니므로 본조의 유가증권 위조 · 변조죄에 해당하지 아니한다(대법원 1989.12.8, 88도753).

04 자격모용에 의한 유가증권작성죄

제215조【자격모용에 의한 유가증권의 작성】 행사할 목적으로 타인의 자격을 모용하여 유가증권을 작성하거나 유가증권의 권리 또는 의무에 관한 사항을 기재한 자는 10년 이하의 징역에 처한다.

1. 의 의

자격모용유가증권작성죄(資格冒用有價證券作成罪, drafting of valuable securities by assuming false capacity)는 작성권한 없는 자가 유가증권을 작성한다는 점에서 유가증권위조죄와는 같다(마찬가지로 유형위조). 그러나 본죄는 자기의 명의를 사용하면서도 타인의 자격을 권한 없이 사용한다는 점에서 유가증권위조죄와는 다소 다르다(유가증권위조죄는 명의모용, 본죄는 자격모용).

2. 구성요건

(1) 타인의 자격모용

정당한 대표권(代表權) 또는 대리권(代理權)이 '없는' 자가 타인의 대리인(代理人) 또는 대표자(代表者)인 것처럼 가장하여 자기명의로 유가증권을 작성하는 것을 말한다.

> **판례연구** 자격모용유가증권작성죄에 해당되는 사례
>
> 1. 대법원 1991.2.26, 90도577
>
> 대표이사 변경 후 전대표이사가 대표이사 직함으로 어음을 발행·행사
>
> 주식회사 대표이사로 재직하던 피고인이 대표이사가 타인으로 변경되었음에도 불구하고 이전부터 사용하여 오던 피고인 명의로 된 회사 대표이사의 명판을 이용하여 여전히 피고인을 회사의 대표이사로 표시하여 약속어음을 발행·행사하였다면, 설사 약속어음을 작성·행사함에 있어 후임 대표이사의 승낙을 얻었다거나 회사의 실질적인 대표이사로서 권한을 행사하는 피고인이 은행과의 당좌계약을 변경하는 데에 시일이 걸려 잠정적으로 전임 대표이사인 그의 명판을 사용한 것이라 하더라도 이는 합법적인 대표이사의 권한행사라 할 수 없어 자격모용유가증권작성 및 동 행사죄에 해당한다.[1150] 법원행시 11 / 경찰간부 17
>
> 2. 대법원 1987.8.18, 87도145
>
> 대표이사직무집행정지 가처분을 받고 대표이사 명의의 유가증권을 작성한 행위
>
> 대표이사직무집행정지 가처분결정은 대표이사의 직무집행을 정지시킬 뿐 대표이사의 자격까지 박탈하는 것은 아니나 가처분결정이 송달되어 일체의 직무집행이 정지됨으로써 직무집행의 권한이 없게 된 대표이사가 그 권한 밖의 일인 대표이사 명의의 유가증권을 작성·행사하는 행위가 회사업무의 중단을 막기 위한 긴급한 인수인계행위라 하더라도 합법적인 권한행사라 할 수 없으므로 이는 자격모용유가증권작성 및 동 행사죄에 해당한다.

(2) 대리권·대표권자가 권한을 '남용(濫用)'하여 본인(회사) 명의 유가증권을 발행한 경우

권한의 남용(濫用)이라 함은 자신에게 부여된 대표권한을 행사하면서 그 내용을 허위작성하는 등의 경우를 말한다. 예컨대 A 주식회사가 대표이사 甲에 대하여 월 1,000만 원의 판공비 사용에 대한 어음발행권한을 부여한 경우, 甲이 전액을 모두 판공비로 사용하지 않을 것을 인식하면서 1,000만 원의 어음을 발행하였다 하더라도, 대표이사 자격이 없는 자의 자격모용이라고까지 하기는 어렵고, 이 경우 배임죄 및 허위유가증권작성죄가 인정될 뿐이다.

(3) 대리권이나 대표권이 있더라도 권한남용이 아니라 권한범위를 명백히 '일탈(逸脫)' 혹은 '초과(超過)' 또는 '초월(超越)'하여 본인 또는 회사 명의의 유가증권을 발행하는 행위

예컨대 A 주식회사가 대표이사 甲에게 월 1,000만 원의 판공비 사용을 위한 어음발행권한을 부여하였는데, 甲이 2,000만 원짜리 어음을 발행한 경우에는 본죄가 성립한다(통설[1151]).

1150 비교판례 약속어음을 발행함에 있어 발행인의 주소란에 '안동택시' 발행인란에 '피고인'이라고 기재하고 피고인이라는 이름 밑에 '주식회사 안동택시 대표이사 피고인'이라는 인장을 압날하여 동 어음을 타인에게 교부하였다면 이 사실만으로 안동택시의 대표이사의 자격을 모용하여 유가증권인 약속어음을 작성 행사하였다고 할 수 없다(대법원 1974.11.26, 74도1708). **보충** 위 행위만으로는 '피고인' 발행의 어음일 뿐 '주식회사 안동택시'가 발생한 약속어음으로 인식될 수는 없다고 본 것이다.

1151 김성천/김형준, 665면; 박상기, 512면; 배종대, 618면; 백형구, 515면; 손동권, 615면; 오영근, 808면; 유기천(하), 525면; 이재상, §31-23; 이정원, 585면; 임웅, 611면; 진계호, 548면; 정영석, 154면. 반면에 본죄가 아니라 유가증권위조죄가 성립한다는 견해로는 김일수/서보학, 686면 참조.

05 허위유가증권작성죄

제216조【허위유가증권의 작성 등】 행사할 목적으로 허위의 유가증권을 작성하거나 유가증권에 허위사항을 기재한 자는 7년 이하의 징역 또는 3천만 원 이하의 벌금에 처한다.

1. 의의 및 성격

허위유가증권작성죄(虛僞有價證券作成罪, drafting untrue valuable securities)는 작성권한 있는 자가 자기 명의로 기본적 증권행위를 함에 있어서 유가증권의 효력에 영향을 미칠 기재사항에 관하여 진실에 반하는 내용을 기재하는 경우에 성립한다. 본죄는 위조·변조죄와는 달리 예비·음모를 벌하는 규정을 두고 있지 않다. 이는 형법에서 본죄와 같은 무형위조(無形僞造)행위를 유형위조(有形僞造)행위보다는 가볍게 처리하고 있기 때문이다.[1152]

2. 구성요건

(1) 행 위

본죄는 작성권한 있는 자가 타인의 명의를 모용하지 않고 유가증권의 내용을 허위(객관적 진실에 반하는 내용)로 작성하는 행위를 말한다(무형위조). 본조의 '허위의 유가증권을 작성'하는 것은 유가증권을 발행하는 기본적 증권행위에 있어서 허위내용을 기재하는 것이고, '유가증권에 허위사항을 기재'하는 것은 유가증권에 배서 등의 부수적 증권행위를 함에 있어서 허위내용을 기재하는 것을 말한다.

(2) 허위유가증권작성에 해당하는 경우

허위유가증권작성죄에 해당하는 예는 다음과 같다.

1	지급은행과 당좌거래사실이 없거나 거래정지처분을 당했음에도 수표를 발행하는 행위(대법원 1956.6.26, 4289형상128)
2	어음발행인이 실재하지 않는 회사 명의의 약속어음을 발행하는 행위(대법원 1970.12.29, 70도2389)
3	어음발행인이 실제보다 발행일자를 소급하여 주권을 발행하는 경우(대법원 1974.1.15, 73도2041)
4	발행인 명의로 진실에 반하는 피고인의 인장을 날인하여 약속어음을 발행하는 행위(대법원 1975.6.10, 74도2594)[1153] 경찰간부 13
5	화물이 선적되지도 않았는데 선적되었다는 내용의 선(先)선하증권을 발행하는 행위(아래 사례) 또는 타인에게 부탁하여 선선하증권을 발행하게 한 행위(대법원 1985.8.20, 83도2575)[1154] 경찰간부 13 / 경찰간부 18

1152 유형위조와 무형위조에 대해서는 문서에 관한 죄에서 후술한다.

1153 **판례** 형법 19장 소정의 유가증권은 실체법상 유효한 유가증권만을 지칭하는 것이 아니고 절대적 요건 결여 등 사유로서 실체법상은 무효한 유가증권이라 할지라도 일반인으로 하여금 일견 유효한 유가증권이라고 오신케 할 수 있을 정도의 외관을 구유한 유가증권도 포함하는 것이고 약속어음 작성권자의 승낙 내지 위임을 받아 약속어음을 작성함에 있어서 발행인 명의 아래 진실에 반하는 내용인 피고인의 인장을 날인하여 일견 유효한 듯한 약속어음의 발행은 형법 제216조 전단 소정의 허위유가증권작성죄 및 동 행사가 성립한다(대법원 1975.6.10, 74도2594). 경찰간부 13

1154 **판례** 유가증권의 허위작성행위 자체에는 직접 관여한 바 없다 하더라도 타인에게 그 작성을 부탁하여 의사연락이 되고 그 타인으로 하여금 범행을 하게 하였다면 공모공동정범에 의한 허위작성죄가 성립한다(대법원 1985.8.20, 83도2575). 경찰간부 12 / 경찰간부 13 / 경찰채용 10 1차

사례연구 소위 선(先)선하증권 사례 : 허위유가증권작성죄 및 동행사죄

甲(화물운송주선업체인 HL해운주식회사의 경영자 - 이사)은 乙(주식회사 S무역 대표이사)과 공모하여 1993년 12월 18일 위 HL해운주식회사 사무실에서 乙이 중국 심양에 물품을 수출할 계획도 없고 乙이 인천항을 출발하여 중국 대련항에 입항할 안셍 287W호에 화물을 선적한 사실이 없음에도, 행사할 목적으로 乙이 같은 날 안셍 298W호에 알루미늄호일 등 미화 20만 달러 상당의 화물을 선적하였다는 내용의 선하증권을 발급하여 같은 달 20일 국민은행 도곡동지점에서 乙이 위 선하증권을 수출환매입서에 첨부하여 이를 동 지점장인 丙에게 제시하였으며, 즉석에서 사실관계를 모르는 丙으로부터 위 선하증권의 매입대금으로 161,286,279원을 乙의 예금계좌로 입금받았다. 甲과 乙의 형사책임은?(사기죄는 제외)

해결 甲은 허위유가증권작성죄가 성립한다. 또한 甲과 乙은 허위작성유가증권행사죄의 공동정범이 된다. 소위 선선하증권을 허위내용의 유가증권이라고 본 사례이다.

참조판례 진실에 반하는 선하증권을 작성하면서 곧 위 물품이 선적될 것이라고 예상하였다고 하여 위 각 선하증권의 허위성의 인식이 없었다고 할 수 없으며, 화물이 선적되기도 전에 이른바 선선하증권을 발행하는 것이 해운업계의 관례라고 하더라도 이를 가리켜 정상적인 행위라거나 그 목적과 수단의 관계에서 보아 사회적 상당성이 있다고 할 수는 없으므로(위법성 인정 - 필자 주) 피고인들이 위 행위가 죄가 되지 아니한다고 그릇 인식하였다고 하더라도 거기에 정당한 이유가 있는 경우라고 할 수 없으므로(정당한 이유 있는 법률의 착오 부정 - 필자 주) 허위유가증권작성죄의 죄책을 면할 수 없다. 또한 허위작성된 유가증권을 피교부자가 그것을 유통하게 한다는 사실을 인식하고 교부한 때에는 허위작성유가증권행사죄의 공동정범이 성립된다(대법원 1995.9.29, 95도803). 경찰간부 13

(3) 허위유가증권작성에 해당하지 않는 경우

유가증권에 대한 허위사항을 기재한 경우에도 어음 · 수표상의 권리관계에 아무런 영향을 미치지 않는다거나 어음 · 수표의 효력에 영향이 없는 경우에는 본죄를 구성하지 않는다. 허위유가증권작성죄에 해당하지 않는 예는 다음과 같다.

1	주권발행 전에 주식을 양도받은 자에 대하여 주권을 발행한 경우(-만약 그 주식양도가 주권발행 전에 이루어진 것이어서 상법 제335조에 의하여 무효라 할지라도- 권리의 실체관계에 부합되므로 허위의 주권발행의 고의가 있다고 할 수 없음)(대법원 1982.6.22, 81도1935)
2	약속어음 배서인(背書人)의 주소(住所)를 허위로 기재한 경우(배서인의 주소 기재는 어음배서의 요건이 아니므로 그것이 배서인의 인적 동일성을 해쳐서 배서인이 누구인지를 알 수 없는 경우가 아닌 한, 약속어음상의 권리관계에 아무런 영향을 미치지 않는다고 할 것임)(대법원 1986.6.24, 84도547) 법원행시 11 / 경찰승진 13 / 경찰채용 12 3차
3	은행을 통하여 지급이 이루어지는 약속어음의 발행인이 그 발행을 위하여 은행에 신고된 것이 아닌 발행인(發行人)의 다른 인장을 날인한 경우(그것이 발행인의 인장인 이상 그 어음의 효력에는 아무런 영향이 없음)(대법원 2000.5.30, 2000도883) 국가9급 13 / 경찰승진(경사) 10 / 경찰승진(경사) 11 / 경찰승진(경감) 10 / 경찰채용 10 2차 / 경찰채용 12 3차 / 사시 16
4	자기앞수표의 발행인이 수표의뢰인으로부터 수표자금을 입금받지 아니한 채 자기앞수표를 발행한 경우(그 수표의 효력에는 아무런 영향이 없음)(대법원 2005.10.27, 2005도4528)[1155] 경찰간부 13 / 경찰채용 10 2차 / 경찰채용 17 1차 / 경찰채용 18 1차

1155 유사판례 당좌거래은행에 자금이 없음을 알면서 수표를 발행한 경우(대법원 1960.11.30, 4293형상78)나 원인관계가 존재하지 않는데도 약속어음을 발행한 경우(대법원 1977.5.24, 76도4132)에도 허위유가증권작성죄는 성립하지 않는다.

06 위조 등 유가증권행사죄

제217조 【위조유가증권 등의 행사 등】 위조, 변조, 작성 또는 허위기재한 전3조 기재의 유가증권을 행사하거나 행사할 목적으로 수입 또는 수출한 자는 10년 이하의 징역에 처한다.

1. 구성요건

(1) 객 체

본죄의 행사(行使)란 위조·변조·작성·허위기재된 유가증권의 '원본(原本)'을 진정하게 작성·기재된 진실한 내용의 유가증권처럼 사용하는 것을 말한다. 따라서 전자복사기 등을 사용하여 기계적으로 복사한 사본(寫本)은 이에 해당하지 않는다(대법원 1998.2.13, 97도2922[1156]; 2007.2.8, 2006도8480; 2010.5.13, 2008도10678[1157]).

법원9급 07(상) / 변호사 13 / 경찰간부 17 / 경찰채용 17 1차

(2) 행 위

① 위조유가증권행사에 해당하는 경우 : 본죄의 행사는 위조유가증권을 반드시 유통시킬 것은 요하지 않는다. 따라서 ㉠ 할인(割引)을 위한 제시를 하거나 신용(信用)을 얻기 위하여 타인에게 제시하는 것도 본죄의 행사가 된다(대법원 1966.9.27, 66도1011; 1970.2.10, 69도2070)(위조통화행사죄와의 차이). 또한 ㉡ –위조유가증권행사죄의 처벌목적은 유가증권의 유통질서를 보호하고자 함에 있는 만큼 단순히 문서의 신용성을 보호하고자 하는 위조 공·사문서행사죄의 경우와는 달리 교부자가 진정 또는 진실한 유가증권인 것처럼 위조유가증권을 행사하였을 때뿐만 아니라– 위조유가증권임을 알고 있는 자에게 교부하였더라도 피교부자가 이를 유통시킬 것임을 인식하고 교부하였다면, 그 교부행위 자체가 유가증권의 유통질서를 해할 우려가 있어 본죄가 성립한다(대법원 1983.6.14, 81도2492). 법원승진 13 / 법원행시 11 / 경찰승진(경사) 10 / 경찰승진 12 / 경찰승진 13

② 위조유가증권행사에 해당하지 않는 경우 : 위조유가증권의 교부자와 피교부자가 서로 유가증권위조를 공모하였거나 위조유가증권을 타에 행사하여 그 이익을 나누어 가질 것을 공모한 공범의 관계에 있다면, 그들 사이의 위조유가증권 교부행위는 그들 이외의 자에게 행사함으로써 범죄를 실현하기 위한 전 단계의 행위에 불과한 것으로서 위조유가증권은 아직 범인들의 수중에 있다고 볼 것이지 행사되었다고 볼 수는 없다고 할 것이다(대법원 2007.1.11, 2006도7120; 2003.6.27, 2003도2372; 2010.12.9, 2010도12553[1158]). 법원행시 13 / 법원9급 11 / 법원9급 13 / 경찰승진 13 / 경찰채용 12 3차 / 사시 13

(3) 주관적 구성요건

위조통화행사죄에서 설명했던 것과 같은 내용이 적용된다. 즉 위조 등 유가증권행사죄의 주관적 구성요건

1156 사례 : 위조유가증권을 복사한 사본을 행사한 사례 甲은 그가 위조한 O 명의의 유가증권(甲은 O 등으로부터 그 전에 미리 서명날인만을 받아놓은 백지 약속어음에 발행일 '1993.4.15.', 금액 '일십팔억 원정, 1,800,000,000', 수취인 'K, C'라고 함부로 기재하여 위조하였음)인 약속어음 1매를 복사한 사본을 甲이 위 O를 상대로 제기한 서울지방법원 약속어음금청구사건에서 그 청구를 대여금청구로 변경하면서 그 소 변경신청서에 이를 첨부하여 제출하여 행사하였다. 甲에게는 위조유가증권행사죄가 성립하는가? 판례 피고인이 위 위조약속어음을 그 소송대리인인 P 변호사 사무실에서 사본하여 이 사본을 위 민사소송사건에 관하여 위와 같이 소 변경신청서에 첨부하여 제출한 사실은 인정되나, 그 당시 위의 위조한 약속어음 원본을 위 소 변경신청서에 첨부하여 제출함으로써 행사하였다고 볼 아무런 증거가 없으므로, 위조유가증권행사죄는 성립하지 않는다(대법원 1998.2.13, 97도2922). 변호사 13 해결 성립하지 않는다. 참고 이 판례에 대한 평석으로는 오영근, "유가증권위조죄 해석상의 문제점", 형사판례연구(7), 398면 이하 참조.

1157 판례 甲은 A은행에 위조 선하증권의 사본을 제출하였다. 甲의 행위는 위조유가증권행사죄를 구성하지 않는다.

1158 판례 A와 甲은 甲이 A로부터 돈을 차용하는 것처럼 가장하기로 공모한 다음, A가 위조된 자기앞수표가 들어 있는 봉투를 乙을 통해 공범 甲과 그 위조사실을 모르는 丙이 함께 있는 자리에서 甲에게 교부하였는데, 이때 甲은 위조된 자기앞수표를 봉투에서 꺼내거나 丙에게 보여 주지도 않았다. A에게는 위조유가증권행사죄의 죄책이 인정되지 않는다.

은 고의만으로도 충분하고 별도의 목적이 있을 것을 요하지 않지만, 위조 등 유가증권수입·수출죄에 대해서는 고의뿐만 아니라 행사의 목적이 있을 것을 요한다.

2. 다른 범죄와의 관계

위조 등 유가증권을 행사하여 기망함으로써 타인의 재물 등을 편취한 경우는 사기죄도 성립한다. 예컨대, 허위의 선하증권을 발행하여 타인에게 교부하여 줌으로써 그 타인으로 하여금 이를 행사하여 그 선하증권상의 물품대금을 지급받게 한 행위는 허위작성유가증권행사죄와 사기죄의 공동정범을 인정하기에 충분하다(대법원 1985.8.20, 83도2575). 경찰간부 13 이러한 경우 위조 등 유가증권행사죄와 사기죄의 죄수에 대해서는, 위조유가증권행사죄와 사기죄의 상상적 경합이 된다는 견해(다수설[1159])와 실체적 경합이 된다는 견해[1160]의 대립이 있다. 판례는 법익표준설의 관점에 입각하여 위조통화행사죄와 사기죄의 관계를 실체적 경합으로 보았기 때문에 여기에서도 실체적 경합을 취한다고 볼 수 있다.

07 인지 · 우표위조 · 변조죄

제218조【인지 · 우표의 위조 등】 ① 행사할 목적으로 대한민국 또는 외국의 인지, 우표 기타 우편요금을 표시하는 증표를 위조 또는 변조한 자는 10년 이하의 징역에 처한다.

인지(印紙, revenue)란 수수료 또는 인지세를 납부하는 방법으로 사용하기 위해 정부 등 발행권자가 일정한 금액을 표시하여 발행한 증표를 말하고, 우표(郵票, postage stamp)란 우편요금을 납부하는 방법으로 정부 등 발행권자가 일정한 금액을 표시하여 발행한 증표를 말한다. 기타 우편요금을 표시하는 증표(vouchers indicating the postage)란 요금별납, 요금후납 등의 표시를 말한다.

08 위조 · 변조 인지 · 우표행사 등 죄

제218조【인지 · 우표의 위조 등】 ② 위조 또는 변조된 대한민국 또는 외국의 인지, 우표 기타 우편요금을 표시하는 증표를 행사하거나 행사할 목적으로 수입 또는 수출한 자도 제1항의 형과 같다.

위조된 우표를 그 사정을 알고 있는 자에게 교부하더라도 그 자가 이를 진정하게 발행된 우표로서 사용할 것이라는 사정을 인식하면서 교부한다면 위조우표행사죄에 해당된다(위조통화행사죄 및 위조유가증권행사죄와의 공통점). 법원행시 09 따라서 위조우표를 우편요금 납부용으로 사용하는 것뿐만 아니라 우표수집의 대상으로 매매하는 행위도 그 상대방이 이를 진정한 우표처럼 사용할 것을 예상하면서 교부하였다면 이는 위조우표행사죄를 구성한다(대법원 1989.4.11, 88도1105).[1161]

1159 김일수/서보학, 689면; 박상기, 514면; 배종대, 620면; 백형구, 517면; 손동권, 618면; 이재상, §31－29; 임웅, 614면; 정영석, 156면.

1160 정성근/박광민, 639면; 진계호, 770면.

1161 **판례 : 형법 제218조 및 제219조의 "행사"의 의미와 관련하여 위조우표를 수집의 대상으로 매매하는 경우도 이에 포함된다는 사례** 甲은 우표상인으로서 乙의 우표가 위조우표라는 사정을 알면서 액면가의 10 내지 20배의 가격으로 이를 구입하여 위조우표라는 사실을 익히 알고 있는 다른 우표상인인 丙에게 이윤을 남기고 팔았다. 그런데 이 위조우표는 그 위조의 정도가 일반인이 육안으로 진품과 구별하기 어려울 정도로 인쇄되어 있었다. 위조우표취득죄 및 위조우표행사죄에 관한 형법 제219조 및 제218조 제2항의 소정의 행사라 함은 위조된 대한민국 또는 외국의 우표를 진정한 우표로서 사용하는 것으로 반드시

위조인지·우표행사죄는 고의만으로 성립하고, 위조인지·우표수입·수출죄는 행사할 목적으로 필요로 하는 목적범이다.

09 위조·변조 인지·우표취득죄

제219조【위조 인지·우표 등의 취득】 행사할 목적으로 위조 또는 변조한 대한민국 또는 외국의 인지, 우표 기타 우편요금을 표시하는 증표를 취득한 자는 3년 이하의 징역 또는 1천만 원 이하의 벌금에 처한다.

위조유가증권취득행위는 처벌규정이 없으나, 위조통화나 위조인지·우표의 경우에는 취득죄를 두고 있다. 전술했듯이 우표수집을 하면서 위조우표를 구입한 행위도 위조우표취득죄에 해당된다는 것이 판례이다. 본죄는 목적범이다.

10 소인말소죄

제221조【소인말소】 행사할 목적으로 대한민국 또는 외국의 인지, 우표 기타 우편요금을 표시하는 증표의 소인 기타 사용의 표지를 말소한 자는 1년 이하의 징역 또는 300만 원 이하의 벌금에 처한다.

소인(消印, postmark) 기타 사용의 표지란 인지나 우표를 사용하였음을 표시하는 인장 기타의 표시를 말한다. 본죄는 유가증권·인지·우표에 관한 죄 중 유일하게 미수범 처벌규정이 없다.

11 우표·인지 등 유사물 제조 등 죄

제222조【인지·우표유사물의 제조 등】 ① 판매할 목적으로 대한민국 또는 외국의 공채증서, 인지, 우표 기타 우편요금을 표시하는 증표와 유사한 물건을 제조, 수입 또는 수출한 자는 2년 이하의 징역 또는 500만 원 이하의 벌금에 처한다.
② 전항의 물건을 판매한 자도 전항의 형과 같다.

유사물제조란 진정한 인지 등으로 오인케 할 정도에는 이르지 못한 외관을 가지는 물건을 만드는 행위를 말한다. 본죄는 판매할 목적을 필요로 하는 목적범이다.

12 유가증권위조·변조 등 예비·음모죄

제224조【예비, 음모】 제214조, 제215조와 제218조 제1항의 죄를 범할 목적으로 예비 또는 음모한 자는 2년 이하의 징역에 처한다.

유가증권위조·변조죄, 자격모용유가증권작성죄, 인지·우표위조·변조죄의 예비·음모 처벌규정이다. 허

우편요금의 납부용으로 사용하는 것에 한정되지 않고 우표수집의 대상으로서 매매하는 경우도 이에 해당한다. 따라서 甲의 죄책은 위조우표취득죄와 위조우표행사죄의 실체적 경합이다(대법원 1989.4.11, 88도1105).

위유가증권작성죄, 위조유가증권행사죄, 위조우표취득죄, 소인말소죄(이 죄는 미수도 없음), 인지·우표유사물 제조죄는 예비죄 처벌규정이 없다.

그런데 통화에 관한 죄에 있어서는 예비·음모죄를 범한 자라 하더라도 실행행위에 이르기 전에 자수(自首)한 때에는 예비죄의 형에서 필요적으로 감면하는 규정을 두고 있는데 비하여(제213조 단서), 유가증권에 대한 죄에 있어서는 이러한 예비죄의 자수감면특례가 없다. 이에 대해서는 자수감면특례를 두어야 한다는 입법론이 유력하다.[1162]

제3절 문서에 관한 죄

01 총 설

1. 의의 및 보호법익

문서(文書, document, Urkunde)에 관한 죄(Urkundenstraftaten)는 행사할 목적으로 공무원·공무소 또는 권리·의무 또는 사실증명에 관한 타인의 문서·도화를 위조 또는 변조하거나, 자격을 모용하여 작성하거나, 허위로 공문서 또는 진단서 등을 작성하거나, 전자기록을 위작·변작하거나, 공무원에 대하여 허위신고를 하여 공정증서원본 또는 이와 동일한 전자기록 등 특수매체기록, 면허증·허가증·등록증·여권에 부실의 사실을 기재 또는 기록하게 하거나, 위조 등이 된 문서 등을 행사하거나, 진정하게 성립된 문서를 부정행사함으로써 성립하는 범죄이다. 본죄는 문서 등에 대한 공공의 신용을 그 보호법익으로 하며, 법익보호의 정도는 추상적 위험범이다.

2. 형식주의와 실질주의 – 유형위조와 무형위조

(1) 형식주의

형식주의(形式主義)란 문서의 성립(成立)의 진정을 보호하는 입법방식이다. 형식주의에 의하면 문서의 내용이 객관적으로 진실하다 하더라도 문서의 작성명의가 진정하지 않을 때에는 문서죄가 성립한다. 형식주의에 의한 문서위조는 유형위조(有形僞造)이고, 위조·변조나 자격모용작성은 유형위조에 속한다.

(2) 실질주의

실질주의(實質主義)는 문서의 내용(內容)의 진실보호를 목적으로 하는 입법방식이다. 실질주의에 의하면 문서의 작성명의가 진정하더라도 문서의 내용이 객관적으로 진실에 반할 때에는 문서죄가 성립한다. 실질주의에 의한 문서위조는 무형위조(無形僞造)이고, 허위작성은 무형위조에 속한다.

(3) 형법의 태도

형법은 공문서의 경우 공문서위조 등 유형위조와 허위공문서작성 등 무형위조를 모두 처벌하나, 사문서의 경우에는 사문서위조 등 유형위조를 처벌하면서도 허위사문서작성 등 무형위조는 –허위진단서작성죄(제233조)의 경우를 제외하고는– 처벌하지 않으므로, 현행형법은 형식주의를 원칙으로 하면서 예외적으로 실질주의를 취

1162 박상기, 517면; 배종대, 619면; 서일교, 245면; 손동권, 620면; 정성근, 798면; 이재상, §31–35; 임웅, 615면.

하고 있다고 할 수 있다.[1163]

> **판례연구** 사문서의 무형위조는 처벌하지 않는 것이 형법의 원칙
>
> 대법원 1985.10.22, 85도1732
> 이사회를 개최함에 있어 이사들이 그 참석·의결권의 행사에 관한 권한을 피고인에게 위임하였다면 그 이사들이 실제로 이사회에 참석하지도 않았는데 마치 참석하여 의결권을 행사한 것처럼 피고인이 이사회 회의록에 기재하였다 하더라도 이는 이른바 사문서의 무형위조에 해당할 따름이어서 처벌대상이 되지 아니한다. 경찰채용 18 3차

표정리 유형위조와 무형위조

분 류	유형위조	무형위조
내 용	문서를 작성할 권한이 없는 자가 타인의 명의를 사칭(모용)하여 타인명의의 문서를 작성하는 것	문서를 작성할 권한이 있는 자가 진실에 반하는 내용의 문서를 작성하는 것
용 어	'위조', '자격모용작성'	'허위작성'

3. 문서의 개념 – 계속성·증명성·보증성

문서라 함은, 문자 또는 이에 대신할 수 있는 가독적 부호로써 물체상에 계속적으로 기재된(계속성) 작성명의인(보증성)의 의사 또는 관념의 표시인 원본 또는 사회적 기능 및 신용성 등을 동일시할 수 있는 기계적 방법에 의한 복사본으로서, 그 내용이 법률상·사회생활상 주요 사항에 관한 증거(證據)로 될 수 있는 것(증명성)을 말한다. 여기서 3가지 문서의 개념요소가 도출되는데, 의사·관념의 표시의 계속성, 증명성, 보증성이 그것이다.

(1) 의사·관념의 표시의 계속성(지속성, Perpetuierungsfunktion) – 문서내용의 표현방법

① 의의 : 문서는 사람의 의사·관념·사상 등을 내용으로 하여 외부에서 인식이 가능하도록 표시되어야 하며 그 표시는 계속적으로 나타낼 수 있어야 한다. 따라서 '의사·관념의 표시가 있을 것'과 '계속적으로 나타날 것'의 두 가지 요소가 표시의 계속성의 내용이 된다.

② 의사·관념의 표시가 있을 것

㉠ 의사·관념의 표시의 내용 : 문서는 사람의 의사, 관념 또는 사상이 외부에서 인식될 수 있도록 표시되어야 한다. 여기에는 민법상 의사표시뿐 아니라 사람의 관념의 표시가 포함된다. 따라서 민법상 의사표시의 요건인 표시의사를 요하는 것이 아니라 단지 그러한 의사나 관념이 표현된 물체가 있다면 형법상 문서에 해당될 수 있다. 다만 문서에는 사람의 사상이나 관념이 표시되어야 한다는 점에서, 단순한 사실만 나타내는 체중계 등의 표시나 혈흔이자 지문이 묻은 물체 등은 문서가 될 수 없다.

㉡ 의사·관념의 표시의 방법 : 문자뿐만 아니라 부호(符號)로도 전달이 가능하며, 종이가 아닌 상품과 같은 물건에 의사표시를 담을 수도 있다. 따라서 상품의 유통기한·유효기간, 생산지표시 등도 문서에 포함된다. 또한 문자나 부호가 아닌 그림과 같은 상형적 부호를 통해 작성자의 관념이 표시된 것을 도화(圖畵)라 한다.

ⓐ 서명(署名)·낙관(落款) : 견해가 대립하나, 사람의 의사나 관념을 내용으로 하지 않고 단지 사람의 동일성을 표시하는 표시에 불과하다는 점에서 문서가 아니라 인장(印章)에 관한 죄의 객체로

1163 김일수/서보학, 698면; 박상기, 518면; 배종대, 621면; 백형구, 525면; 손동권, 623면; 손해목(주석), 381면; 유기천(하), 137면; 이재상, §32-6; 임웅, 621면; 정성근/박광민, 561면; 진계호, 515면. 한편 형법이 형식주의를 취하고 있다고 보는 소수설은 서일교, 247면; 황산덕, 130면.

보는 것이 타당하다(통설).[1164]

ⓑ 생략문서 : 생략문서[1165]는 세금영수필통지서에 날인하는 구청 세무계장 명의의 소인(消印), 은행의 접수일부인(接受日附印)의 날인처럼 인장이나 기호로 되어 있으나 사람의 동일성과 함께 그 이외의 일정한 사항도 증명·표시하는 것으로서, 인장이 아니라 문서에 해당한다(대법원 1995.9.5, 95도1269). 법원행시 09 / 법원행시 11 / 법원9급 10 / 경찰채용 13 1차

㉢ 부호의 가독성 : 가독적(可讀的) 부호이면 족하고 발음적 부호임을 요할 필요는 없다(다수설).[1166] 따라서 속기용 부호, 전신부호, 맹인의 점자도 문서의 표시방법이다.

③ 계속적으로 나타날 것 : 의사나 관념의 표시는 물체상에 계속적·시각적으로 나타나야 하므로 '계속성·시각성'이라고도 할 수 있다. 따라서 모래나 눈 위에 쓴 글은 문서가 아니며, 구두(口頭)에 의한 의사표현도 문서가 아니고, 음반, 녹음테이프 등도 문서가 될 수 없다.

㉠ 계속성 · 시각성이 인정되는 경우 : '위조한 휴대전화 신규 가입신청서'를 스캐너로 읽어 들여 이미지화한 다음 그 이미지 파일을 그대로 그 사정을 모르는 제3자에게 이메일로 전송한 행위는 위조사문서행사죄를 구성한다(대법원 2008.10.23, 2008도5200).[1167] 국가7급 14 / 국가9급 12 / 법원승진 11 / 법원행시 09 / 법원행시 14 / 경찰승진(경사) 10 / 경찰채용 10 2차 / 경찰채용 12 1차 / 사시 12 / 변호사 12 / 법원9급 20 / 경찰간부 22

㉡ 계속성 · 시각성이 인정되지 않는 경우

ⓐ 컴퓨터 모니터 화면에 나타나는 이미지(image) : 이미지 파일을 보기 위한 프로그램을 실행할 경우에 그때마다 전자적 반응을 일으켜 화면에 나타나는 것에 지나지 않아서 계속적으로 화면에 고정된 것으로는 볼 수 없으므로, 형법상 문서에 관한 죄에 있어서의 '문서'에는 해당되지 않는다고 할 것이다(대법원 2007.11.29, 2007도7480[1168]; 2010.7.15, 2010도6068[1169]). 국가7급 14 / 국가9급 13 / 법원승진 11 / 법원행시 10 / 법원행시 12 / 법원행시 14 / 법원9급 10 / 경찰간부 18 / 국가7급 22

ⓑ 컴퓨터 스캔작업을 통하여 만들어낸 공인중개사 자격증의 이미지 파일 : 전자기록으로서 전자기록 장치에 전자적 형태로서 고정되어 계속성이 있다고 볼 수 있을 뿐, 그러한 형태는 그 자체로서 시각적 방법에 의해 이해할 수 있는 것이 아니어서 이를 '문서'로 보기는 어렵다(대법원 2008.4.10, 2008도1013). 법원승진 14 / 경찰간부 11 / 사시 10 / 변호사 18 / 경찰간부 22

1164 김일수/서보학, 701면; 박상기, 521면; 손동권, 624면; 손해목(상), 383면; 오영근, 820면; 유기천(하), 135면; 임웅, 624면; 정성근/박광민, 565면; 진계호, 783면; 황산덕, 136면. 반면 서명 또는 낙관은 예술가가 자기의 작품이라는 의사를 표현한 것이므로 문서에 속한다는 소수설은 김성천/김형준, 676면; 이재상, §32-12; 이정원, 600면 참조.

1165 **참고 : 생략문서와 완전문서** 생략문서와 대비되는 개념이 완전문서인데 이는 사람의 의사나 관념이 정상적인 문장의 형식을 갖추어 표현되는 문서를 말한다.

1166 반드시 발음적 부호이어야 한다는 소수설은 손해목(주석), 382면; 정영석, 162면; 진계호, 564면.

1167 **사례 : 휴대전화 신규 가입신청서를 위조한 후 이를 스캔한 이미지 파일을 제3자에게 이메일로 전송한 사례 - 형법상 문서는 의사·관념의 표시가 계속적으로 나타나야 한다는 사례(계속성 부정 사례)** 甲은 자신이 위조한 휴대전화 신규 가입신청서를 스캐너로 읽어 들여 이미지화한 다음 그 이미지 파일을 그대로 그 사정을 모르는 제3자에게 이메일로 전송하여 컴퓨터 화면상에서 보게 하였다. 甲에게는 위조사문서행사죄가 성립하는가? **판례** 위조문서행사죄에서 '행사'라 함은 위조된 문서를 진정한 문서인 것처럼 그 문서의 효용방법에 따라 이를 사용하는 것을 말하고, 위조된 문서를 제시 또는 교부하거나 비치하여 열람할 수 있게 두거나 우편물로 발송하여 도달하게 하는 등 위조된 문서를 진정한 문서인 것처럼 사용하는 한 그 행사의 방법에 제한이 없으며, 또 **위조된 문서 그 자체를** 직접 상대방에게 제시하거나 이를 기계적인 방법으로 복사하여 그 복사본을 제시하는 경우는 물론, 이를 모사전송의 방법으로 제시하거나 **컴퓨터에 연결된 스캐너(scanner)로 읽어 들여 이미지화한 다음 이를 전송하여 컴퓨터 화면상에서 보게 하는 경우도 행사에 해당하여** 위조문서행사죄가 성립한다(대법원 2008.10.23, 2008도5200). 법원행시 09 / 법원행시 14 / 법원승진 11 / 경찰승진(경사) 10 / 경찰채용 10 2차 / 경찰채용 12 1차 / 변호사 12 / 경찰간부 22 **해결** 성립한다.

1168 **사례 : 형법상 문서는 의사 · 관념의 표시가 계속적으로 나타나야 한다는 사례(계속성 부정 사례)** 甲은 자신의 이름과 나이를 속이는 용도로 사용할 목적으로 주민등록증의 이름·주민등록번호란에 글자를 오려붙인 후 이를 **컴퓨터 스캔 장치를 이용하여 이미지 파일로 만들어** 컴퓨터 모니터로 출력하는 한편 타인(乙)에게 이메일로 전송하였다. 甲의 죄책은? **해결** (위조된 문서 자체가 존재하지 않는다는 점을 고려하여) 공문서위조·동행사죄가 성립하지 않아 무죄이다(대법원 2007.11.29, 2007도7480). 법원행시 10 / 변호사 14

1169 **판례 국립대학교 교무처장 명의의 '졸업증명서 파일'**을 위조한 행위는 공문서위조죄를 구성하지 않는다(대법원 2010.7.15, 2010도6068). 법원행시 12

(2) **증명성**(증명기능, Beweisfunktion) – 문서의 내용적 요건

① 의의 : 문서는 사문서든 공문서든 간에 그 내용이 권리·의무 등 법률관계(法律關係) 내지 사실증명(事實證明)에 관한 것이어야 한다(통설).

② 명문의 근거 : 사문서의 경우 형법은 "권리, 의무 또는 사실증명에 관한 문서"(제231조)라고 '명문'으로 규정하고 있다.[1170]

③ 권리·의무에 관한 문서 : 권리의무의 발생·변경·소멸에 관한 사항이 기재된 것을 말한다. 후술하는 공정증서는 여기에 한정된다.

④ 사실증명에 관한 문서 : 권리·의무에 관한 문서 이외의 문서로서 거래상 중요한 사실을 증명하는 문서를 의미한다. 거래상 중요한 사실을 증명하는 문서는, 법률관계의 발생·존속·변경·소멸의 전후과정을 증명하는 것이 주된 취지인 문서뿐만 아니라 직접적인 법률관계에 단지 간접적으로만 연관된 의사표시 내지 권리·의무의 변동에 사실상으로만 영향을 줄 수 있는 의사표시를 내용으로 하는 문서도 포함될 수 있다(대법원 2009.4.23, 2008도8527).

㉠ 사실증명 기능이 인정되는 경우

1	○○작가협회 회원이 다른 회원 명의를 도용하여 협회 교육원장을 비방하는 내용으로 작성한 호소문(구체적인 요구사항이 적시되어 있고 이를 이행하지 않으면 법적·행정적 책임을 묻겠다는 의사표시가 기재되어 있음)(대법원 2009.4.23, 2008도8527)[1171]
2	담뱃갑(그 안에 들어 있는 담배가 특정 제조회사가 제조한 특정한 종류의 담배라는 사실을 증명하는 기능을 하므로 도화–圖畵–에 해당함)(대법원 2010.7.29, 2010도2705) 법원행시 11 / 법원행시 12 / 법원행시 13 / 법원행시 14 / 변호사 12 / 경찰간부 18
3	조합원들의 권리·의무의 변동 및 조합원들과 조합임원들 간의 법적 분쟁에 직·간접적으로 영향을 줄 수 있는 의사표시를 내용으로 하는 안내문(대법원 2012.5.9, 2010도2690) 변호사 17

㉡ 사실증명 기능이 인정되지 않는 경우 : "단순히 백지(白紙)에 피해자 회사의 법인명판과 인감도장을 찍었다." 하더라도 이것만으로 그 백지에 사실증명에 관한 피해자 회사의 일정한 의미가 있는 구체적인 의사가 표현되어 있다고 볼 수 없으므로 이를 사문서위조죄에서 말하는 사실증명에 관한 문서로 볼 수 없다(대법원 2002.12.10, 2002도5533).

판례연구 문서의 내용적 요건인 증명성

대법원 2024.1.4, 2023도1178

특정 대통령후보자 지지선언 서명부 사건

문서죄의 문서는 그 문서의 주된 취지가 단순히 개인적·집단적 의견의 표현에 불과한 것이어서는 아니 되고, 적어도 실체법 또는 절차법에서 정한 구체적인 권리·의무와의 관련성이 인정되는 경우이어야 한다. 피고인이 허무인 명의로 작성한 이 사건 서명부 21장은 주된 취지가 특정 대통령후보자에 대한 정치적인 지지 의사를 집단적 형태로 표현하고자 한 것일 뿐, 실체법 또는 절차법에서 정한 구체적인 권리·의무에 관한 문서 내지 거래상 중

1170 이 규정을 근거로 문서의 증명적 기능은 사문서에 대해서만 의미를 가지므로 문서의 개념요소가 될 수 없다는 소수설은 유기천(하), 145면 참조.

1171 **판례** 사실증명에 관한 문서는 권리·의무에 관한 문서 이외의 문서로서 거래상 중요한 사실을 증명하는 문서를 의미한다(대법원 2002.12.10, 2002도5533). 거래상 중요한 사실을 증명하는 문서는, 법률관계의 발생·존속·변경·소멸의 전후과정을 증명하는 것이 주된 취지인 문서뿐만 아니라 직접적인 법률관계에 단지 간접적으로만 연관된 의사표시 내지 권리·의무의 변동에 사실상으로만 영향을 줄 수 있는 의사표시를 내용으로 하는 문서도 포함될 수 있다. 위 호소문은 중요한 사실을 증명하는 사실증명에 관한 문서에 해당한다고 할 것이다(대법원 2009.4.23, 2008도8527). **보충** 사문서위조죄와 명예훼손죄의 실체적 경합이 성립하는 사례이다.

요한 사실을 증명하는 문서에 해당한다고 보기 어렵다.

보충 특정 후보자에 대한 지지선언 형식의 기자회견을 위해 허무인 명의 서명부를 작성한 행위는 사문서위조죄를 구성하지 않는다는 사례이다.

⑤ 증명성의 요소

㉠ 증명의 적합성(증명능력) – 증명기능의 객관적 요소 : 문서의 내용은 객관적으로 볼 때 법률관계와 사회생활상의 중요사항을 증명할 수 있는 내용을 가지고 있어야 한다. 시(詩)나 소설(小說) 및 수필(隨筆)이 문서가 될 수 없는 이유도 여기에 있다. 증명능력과 관련해서는 진정문서와 부진정문서의 구별이 문제되는바, 다수설은 진정문서만 문서죄의 객체가 되고, 부진정문서를 만드는 것은 문서죄가 되며, 부진정문서는 문서죄의 객체가 될 수 없다고 보고 있다.[1172]

ⓐ 진정문서 : 문서의 작성명의인과 실제 작성자가 일치하는 문서를 말한다. 다수설에 의하면, 문서죄의 객체는 진정문서에 한한다.

ⓑ 부진정문서 : 문서의 작성명의인과 실제 작성자가 일치하지 않는 문서를 말한다. 위조, 변조, 허위작성 등이 된 문서는 부진정문서이다. 다수설은 부진정문서는 위조·변조·허위작성되었다는 사실을 증명하기 위한 검증의 대상에 불과하고, 문서변조죄의 객체가 될 수 없다고 보고 있다. 판례도 이미 허위로 작성된 공문서(폐품반납증)는 공문서변조죄의 객체가 될 수 없다고 판시하고 있다(대법원 1986.11.11, 86도1984). 법원행시 10 / 경찰간부 18

㉡ 증명목적(증명의사) – 증명기능의 주관적 요소 : 증명의사는 확정적임을 요한다. 공문서는 목적문서이고 사문서는 목적문서·우연문서가 모두 가능하다.[1173] 따라서 확정적 의사가 결여된 초안(草案)은 문서가 아니다. 다만, 가계약서(假契約書) · 가영수증(假領收證)은 시한부를 조건으로 하더라도 확정의사를 담고 있으므로 문서가 된다.

(3) **보증성**(보장성, 보증기능, Garantiefunktion)

① 의 의

㉠ 의의 : 문서는 작성명의인에 의해 그 내용이 보증될 수 있어야 하므로, 문서에 사람이나 공무소 등의 작성명의인(作成名義人)이 명시되어 있거나, 그렇지 않은 경우에는 작성명의인을 특정할 수 있어야 함을 의미한다. 이러한 작성명의인을 알 수 없는 문건은 문서로 볼 수 없다(대법원 1997.12.26, 95도2221).[1174]

㉡ 작성명의인

ⓐ 의의 : 현실적인 문서의 작성자를 말하는 것이 아니라, 일정한 의사 내지 관념을 표시한 주체(의사표시의 주체), 즉 문서의 실질적인 작성권자를 의미한다(실질적 명의인설).

1172 **참고 : 진정문서와 부진정문서에 관한 소수설** 이에 비해 문서위조죄의 행위객체는 부진정문서라는 주장은 김일수, 572면; 임웅, 651면. 진정문서이든 부진정문서이든 모두 문서죄의 객체가 될 수 있다는 주장은 오영근, 726면 참조. 문서죄는 결국 문서에 대한 공공의 신용을 보호하는 것을 그 목표로 삼는다는 점에서 마지막 견해가 타당하다고 생각되나, 자세한 논의는 생략한다.

1173 **보충 : 목적문서와 우연문서** 처음부터 증명의사로 작성한 문서는 **목적문서**(Absichtsurkunde)라 하고, 처음에는 증명의사에 의하여 작성된 것은 아니지만 사후에 우연한 계기로 인하여 증명의사가 발생되는 문서를 **우연문서**(Zufallsurkunde)라 한다. 공문서는 항상 목적문서이어야 하는데, 사문서에는 양자가 포함될 수 있다는 분류는 오영근, 726면; 이재상, §32–19; 임웅, 651면 등 참조.

1174 **판례 : 작성명의인을 알 수 없는 문건은 문서로 볼 수 없다는 사례(보증성 부정 사례)** 甲이 작성명의자인 乙의 승낙이나 위임 없이 토지사용에 관한 책임각서 등을 작성하면서 **작성명의인인 乙의 서명이나 날인은 하지 않고**, 다만 甲 자신의 이름으로 보증인란에 서명·날인하였다면, 甲에게는 사문서위조죄가 성립하지 않는다(대법원 1997.12.26, 95도2221). **보충** 문서위조죄는 그 보호법익을 고려할 때, '명의자가 진정으로 작성한 문서로 볼 수 있을 정도의 형식과 외관'을 갖추어 일반인이 명의자의 진정한 문서로 오신하기에 충분한 정도일 것을 요하기 때문이다.

ⓑ 명의인의 표시 정도 : 명의인의 명시적인 날인·서명이 있을 것을 요하지 않고 묵시적으로 표현되어도 무방하다(대법원 2000.2.11, 99도4819; 2010.7.29, 2010도2705). 문서죄의 보호법익을 고려할 때 일반인의 관점에서 명의인이 작성한 것으로 볼 수 있는 형식·외관을 갖춘 이상 문서이기 때문이다.

판례연구 문서상 작성명의인의 명시는 요하지 아니한다는 사례(보증성 인정 사례)

대법원 2019.3.14, 2018도18646

허위공문서작성죄의 객체가 되는 문서는 문서상 작성명의인이 명시된 경우뿐 아니라 작성명의인이 명시되어 있지 않더라도 문서의 형식, 내용 등 문서 자체에 의하여 누가 작성하였는지를 추지할 수 있을 정도의 것이면 된다. 법원9급 20 / 경찰채용 21 1차

ⓒ 대필·대리, 익명의 문건의 문서성 : 작성명의인은 실질적 작성권자를 의미하므로, 대필(代筆)이나 대리(代理)의 경우 대필자나 대리인은 문서의 작성명의인이 아니지만 대리권수여자가 작성명의인이 된다는 점에서 문서성을 인정할 수 있으나, 작성명의인이 누구인지 알 수 없는 익명(匿名)의 문건(文件)은 문서가 되지 않는다.

ⓓ 복본·사본·등본의 문서성 : ㉮ 복본(複本, Durchschrift)이란 작성명의인이 일정한 증명을 위하여 수통을 작성한 것이기 때문에 문서에 해당한다. 반면, ㉯ 필사자가 원본을 필기의 방법으로 베껴 쓰는 등 (기계적 방법에 의하지 않은) 사본(寫本, Abschrift)이나 등본(謄本)은 필사자의 의식이 개재할 여지가 있으므로, 원본과 동일함을 증명하는 취지의 인증(認證)이 없는 한 문서라고 볼 수 없다. 그러나 오늘날에는 기계적 방법에 의한 복사문서가 보편화되었으므로 사본·등본이 문제될 여지는 거의 없어졌다.

ⓔ 복사문서(複寫文書) : 등본이나 사본은 작성명의인에 의한 보증성이 결여되어 있으므로 별도의 인증이 없는 한 문서가 아니라는 것이 종래의 판례이었으나, 1989년 전원합의체 판례는 입장을 변경하여 복사문서의 문서성을 긍정하였다(대법원 1989.9.12, 87도506 전원합의체). 법원9급 10 / 경찰간부 13 / 변호사 12 이는 현대사회의 일상거래에서 복사기술의 발달로 인하여 복사문서가 원본을 대신하는 증명수단으로서의 기능이 증대되고 있는 실정에 비추어 이에 대한 사회적 신용을 보호할 필요가 있음을 고려한 결과이다. 이에 1995년 개정형법에서도 전자복사기, 모사전송기(팩시밀리), 기타 이와 유사한 기기를 사용하여 복사한 문서 또는 도화의 사본도 문서 또는 도화로 규정함으로써(제237조의2) 변호사 12 위 전원합의체 판례의 입장을 정면으로 수용하게 되었다. 또한 복사문서에도 작성명의인의 의사나 관념이 표현되었다는 점이 인정된다는 점에서, 이러한 복사문서를 다시 복사한 문서의 재사본(再寫本)에서도 동일한 법리가 적용된다(대법원 2000.9.5, 2000도2855).
국가7급 09 / 국가9급 13 / 법원행시 08 / 법원9급 08 / 경찰승진(경위) 11

판례연구 복사문서의 문서성을 긍정한 사례

1. 대법원 1989.9.12, 87도506 전원합의체

복사문서가 문서위조 및 동행사죄의 객체인 문서에 해당하는지 여부(적극)

사진기나 복사기 등을 사용하여 기계적인 방법에 의하여 원본을 복사한 문서, 이른바 복사문서는 사본이더라도 필기의 방법 등에 의한 단순한 사본과는 달리 복사자의 의식이 개재할 여지가 없고, 그 내용에서부터 규모, 형태에 이르기까지 원본을 실제 그대로 재현하여 보여주므로 관계자로 하여금 그와 동일한 원본이 존재하는 것으로 믿게 할 뿐만 아니라 그 내용에 있어서도 원본 그 자체를 대하는 것과 같은 감각적 인식을 가지게 하고, 나

아가 오늘날 일상거래에서 복사문서가 원본에 대신하는 증명수단으로서의 기능이 증대되고 있는 실정에 비추어 볼 때 이에 대한 사회적 신용을 보호할 필요가 있으므로 복사한 문서의 사본은 문서위조 및 동행사죄의 객체인 문서에 해당한다. 법원9급 / 경찰간부 13 / 변호사 12

2. 대법원 2000.9.5, 2000도2855
복사문서를 전자복사기를 이용하여 조작을 가하면서 복사하여 전혀 다른 재사본을 만든 행위는 문서위조
형법 제237조의2에 따라 전자복사기, 모사전송기 기타 이와 유사한 기기를 사용하여 복사한 문서의 사본도 문서원본과 동일한 의미를 가지는 문서로서 이를 다시 복사한 문서의 재사본도 문서위조죄 및 동 행사죄의 객체인 문서에 해당한다 할 것이고, 진정한 문서의 사본을 전자복사기를 이용하여 복사하면서 일부 조작을 가하여 그 사본 내용과 전혀 다르게 만드는 행위는 공공의 신용을 해할 우려가 있는 별개의 문서사본을 창출하는 행위로서 문서위조행위에 해당한다. 국가7급 09 / 국가9급 13 / 법원행시 05 / 법원행시 08 / 법원9급 07(상) / 법원9급 08 / 경찰승진(경위) 11 / 변호사 16 / 국가7급 16 / 경찰승진(경감이하) 16

3. 대법원 2016.7.14, 2016도2081
'문서가 원본인지 여부'가 중요한 거래에서 다른 조작을 가함이 없이 문서 원본을 그대로 컬러복사기로 복사하고 사본을 원본인 것처럼 행사한 사건
문서위조 및 동행사죄의 보호법익은 문서에 대한 공공의 신용이므로 '문서가 원본인지 여부'가 중요한 거래에서 문서의 사본을 진정한 원본인 것처럼 행사할 목적으로 다른 조작을 가함이 없이 문서의 원본을 그대로 컬러복사기로 복사한 후 복사한 문서의 사본을 원본인 것처럼 행사한 행위는 사문서위조죄 및 동행사죄에 해당한다. …… 변호사인 피고인이 대량의 저작권법 위반 형사고소 사건을 수임하여 피고소인 30명을 각 형사고소하기 위하여 20건 또는 10건의 고소장을 개별적으로 수사관서에 제출하면서 각 하나의 고소위임장에만 소속 변호사회에서 발급받은 진정한 경유증표 원본을 첨부한 후 이를 일체로 하여 컬러복사기로 20장 또는 10장의 고소위임장을 각 복사한 다음 고소위임장과 일체로 복사한 경유증표를 고소장에 첨부하여 접수한 경우, 변호사회가 발급한 경유증표는 증표가 첨부된 변호사선임서 등이 변호사회를 경유하였고 소정의 경유회비를 납부하였음을 확인하는 문서이므로 법원, 수사기관 또는 공공기관에 이를 제출할 때에는 원본을 제출하여야 하고 사본으로 원본에 갈음할 수 없으며, 각 고소위임장에 함께 복사되어 있는 변호사회 명의의 경유증표는 원본이 첨부된 고소위임장을 그대로 컬러 복사한 것으로서 일반적으로 문서가 갖추어야 할 형식을 모두 구비하고 있고, 이를 주의 깊게 관찰하지 아니하면 그것이 원본이 아닌 복사본임을 알아차리기 어려울 정도이므로 일반인이 명의자의 진정한 사문서로 오신하기에 충분한 정도의 형식과 외관을 갖추었다고 보아야 한다(사문서위조죄 및 동행사죄). 경찰승진 23

사례연구 사문서위조 후 위조죄의 공소시효 지나 전자복사하여 행사한 행위

甲은 乙 명의의 매도증서를 위조하여 소지하고 있다가 매도증서에 대한 사문서위조죄의 공소시효가 완성된 후 이를 전자복사기로 그대로 복사하여 그 복사본을 법원에 제출하였다. 甲의 형사책임은?

해결 甲은 사문서위조죄, 동행사죄, 사기미수죄의 실체적 경합범이다. 판례는 위조된 문서원본을 단순히 전자복사기로 복사하여 그 사본을 만드는 행위도 공공의 신용을 해할 우려가 있는 별개의 문서사본을 창출하는 행위로서 문서위조행위에 해당한다고 보고 있다. 또한 소송사기의 형태로서 사기미수죄가 성립한다는 것도 이 사례의 논점이다(피고인은 이 사건 토지에 대한 자신의 점유가 타주점유여서 점유취득시효완성으로 인한 소유권이전등기청구권이 발생하지 않았다는 것을 잘 알면서도, 마치 자신의 점유가 자주점유인 것처럼 법원을 기망하여 취득시효완성으로 인한 소유권이전등기절차의 이행을 명하는 승소판결을 받을 목적으로, 이 사건 매도증서를 위조한 다음 이를 법원에 증거로 제출한 사실을 충분히 인정할 수 있으므로, 피고인을 소송사기에 의한 사기미수죄로 처단한 원심판결은 정당함)(대법원 1996.5.14, 96도785).

② 사자(死者) · 허무인(虛無人) 명의의 문서 문제

㉠ 학설의 입장 : 공문서·사문서를 불문하고 문서명의인으로 볼 수 있다는 입장이다(통설). 문서위조죄는 '문서의 진정에 대한 공공의 신용'을 그 보호법익으로 하는 것이므로 행사할 목적으로 작성된

문서가 '일반인으로 하여금 당해 명의인의 권한 내에서 작성된 문서라고 믿게 할 수 있는 정도'의 형식과 외관을 갖추고 있으면 —허무인·사자명의 위조문서도 공공의 신용을 위협할 수 있으며 또한 문서에 관한 죄는 추상적 위험범이라는 점에서— 문서위조죄가 성립하는 것이라고 보아야 한다는 것이다.

㉡ 판례의 입장 : 2005년 전원합의체 판례를 통하여 입장을 변경하여 위 학설의 입장을 따르고 있다.[1175] 즉, 일반인으로 하여금 문서의 작성명의자가 진정한 명의인으로 오인케 할 만한 위험이 존재하는 이상 그 명의인이 실재하지 않는 허무인이거나 또는 문서의 작성일자 전에 이미 사망하였다고 하더라도 그러한 문서 역시 공공의 신용을 해할 위험성이 있으므로 문서위조죄가 성립한다는 것이며, 이는 공문서뿐만 아니라 사문서의 경우에도 마찬가지라고 보고 있다(대법원 2005.2.24, 2002도18 전원합의체). 국가7급 07 / 국가7급 09 / 국가7급 11 / 국가7급 13 / 법원행시 05 / 법원행시 06 / 법원행시 08 / 법원행시 09 / 법원행시 10 / 법원행시 11 / 법원승진 10 / 법원9급 07(상) / 법원9급 08 / 법원9급 10 / 법원9급 11 / 법원9급 12 / 경찰승진 12 / 경찰채용 18 1차 / 경찰채용 14 2차 / 국가9급 16 / 경찰승진(경감이하) 17 / 변호사 18 나아가, 위와 같은 요건을 갖추고 있다면 해산등기를 마쳐 그 법인격이 소멸한 법인 명의의 사문서를 위조한 행위도 사문서위조죄를 구성하는 데 아무런 지장이 없다고 보아야 한다(대법원 2005.3.25, 2003도4943).[1176] 법원행시 05 / 경찰채용 11 2차 / 사시 10 / 사시 13 / 경찰승진(경감이하) 16 이러한 법리가 법률적·사회적으로 자연인과 같이 활동하는 법인 또는 단체에도 그대로 적용되지 못할 이유가 없기 때문이다.

표정리 문서의 개념요소 개관

구 분	의사·관념의 표시의 계속성		증명성		보증성	
의 의	사람의 의사·관념의 지속적(계속적) 표시		법률관계 및 사회생활상 중요사항 증명		작성명의인(의사·관념의 표시주체)의 특정	
내 용	의사관념표시	• 사람의 의사·관념의 표시 • 문자·부호 모두 가능	증명능력	• 객관적 기준 • 시·소설 × • 부진정문서 ×	작성명의인	• 실질적 명의인설 • 대리권수여자가 작성 명의인 • 익명 ×
	의사표시방법	• 서명·낙관은 인장 • 생략문서도 문서 • 가독적 부호이면 족함 • 지속성 요구 • 시각적 방법만 인정	증명의사	• 주관적 기준 • 목적문서 : 공/사 • 우연문서 : 사 • 확정적 증명의사	복본 사본 · 사자 허무인 명의 문서	• 복본 ○ • 사본·등본은 인증을 요함 • 기계적 복사문서 ○ • 사자·허무인명의문서 ○

1175 과거 대법원은 공문서의 경우에는 작성명의인이 사자나 허무인과 같이 존재하지 않는 경우에도 문서로서 인정되지만, 사문서는 명의인이 실재하여야 한다는 입장이었다(대법원 1992.12.24, 92도2322; 1991.1.29, 90도2542). 따라서 종래에는 허무인 명의의 사문서는 문서가 아니며, 사자 명의의 사문서도 원칙적으로 문서가 될 수는 없지만 당해 문서의 작성일자가 생존 중의 일자인 경우에만 예외적으로 문서성을 인정하고 있었다.

1176 **판례의 사실관계** 甲은 삼성종합건설 주식회사 명의의 아파트공급계약서, 입금표를 위조, 행사하였는데, 그 당시 삼성종합건설은 1993.7.경 삼성건설 주식회사로 명칭이 변경되었다가 1996.1.27. 기존에 존재하던 삼성물산 주식회사에 **흡수·합병되면서 해산등기를 마친 회사**이었다. 사시 13
참고 회사가 다른 회사에 흡수합병이 될 때에는 존속회사(상법상의 개념으로서 회사가 흡수·합병된 후에도 존속하는 회사를 말한다. 존속회사는 정관을 변경하고 소멸 회사의 권리와 의무를 승계하게 된다.)를 제외한 모든 회사들이 소멸하고, 이들의 일체의 권리·의무관계는 별도의 이전절차 없이 법률상 당연히 존속회사에 승계되는 것이다. **해결** 甲의 죄책은 사문서위조죄와 위조사문서행사죄의 실체적 경합이다. 경찰채용 11 2차

(4) **문서의 종류** : 문서의 종류와 관련해서는 진정문서와 부진정문서, 목적문서와 우연문서, 완전문서와 생략문서로 분류가 가능한데 이에 대해서는 기술하였고, 여기서는 공문서와 사문서, 개별문서와 복합문서를 구별해보기로 한다.

① 공문서와 사문서

㉠ 공문서(公文書, official document, öffentliche Urkunde) : 공문서는 공무원 또는 공무소가 그 직무에 관하여 작성하는 문서이다. 따라서 공문서는 공무관련성(公務關聯性)이 있어야 한다. 공문서에 해당하는 예는 다음과 같다.

1	십지지문 지문대조표(수사기관이 피의자의 신원을 특정하고 지문대조조회를 하기 위하여 직무상 작성하는 서류로서 비록 자서란에 피의자로 하여금 스스로 성명 등의 인적사항을 기재하도록 하고 있다 하더라도 이를 사문서로 볼 수 없음)(대법원 2000.8.22, 2000도2393) 법원행시 12 / 법원승진 10 / 경찰승진 14
2	민사분쟁사건처리특례법에 의하여 공증사무 취급이 인가된 합동법률사무소 명의로 작성된 공증에 관한 문서(직무의 근거가 법률에 근거를 두고 있다는 점에서 공정증서 기타 공문서에 해당됨)(대법원 1977.8.23, 74도2715 전원합의체)[1177] 경찰간부 12 / 경찰승진(경위) 10
3	외부 전문기관이 작성·보고하였다 하더라도 지방자치단체의 장 또는 계약담당자가 결재·승인한 검사조서(대법원 2010.4.29, 2010도875).[1178] 법원9급 11
4	자동차등록증의 '비고'란(∴ 비고란을 임의로 변경·행사한 행위는 공문서변조 및 동행사죄 성립, 대법원 2016.3.24, 2014도6287) 등
5	금융감독원장 명의의 금융감독원 대출정보내역(대법원 2021.3.11, 2020도14666)[1179]

㉡ 사문서(私文書, private document, Privaturkunde) : 공문서가 아닌 문서로서 사인의 명의로 작성한 문서를 말한다. 형법상 공문서죄는 사문서죄보다 그 형이 무겁기 때문에, 공문서의 해석에 관해서는 엄격해석의 원칙이 준수되어야 한다. 따라서 문서의 작성명의인이 공무원과 공무소가 아닌 경우에는 -형법 또는 기타 특별법에 의하여 공무원 등으로 의제되는 경우를 제외하고는- '계약 등에 의하여 공무와 관련되는 업무를 일부 대행하는 경우'가 있다 하더라도 공문서가 될 수 없다(유추해석금지원칙). 법원행시 10 / 경찰채용 16 2차 공문서에 해당하지 않고 사문서에 불과한 예는 다음과 같다.

1	(설사 공무원이 자기명의의 문서를 작성할 권한을 부여받았다 하더라도) 개인 채무부담의 의견표시인 문서(대법원 1984.3.27, 83도2892)
2	지방세의 수납업무를 일부 관장하는 시중은행의 세금수납영수증(대법원 1996.3.26, 95도3073) 법원행시 09 / 법원행시 14 / 경찰채용 11 1차 / 국가9급 16

1177 **판례의 사실관계** 甲은 공증사무취급이 인가된 한일합동법률사무소의 사무원으로 종사하는 자인바, 위 합동법률사무소 소속 변호사 W의 참여하에 K의 유언에 대한 공정증서를 작성하기 위하여 그 초안을 작성하였는데 1973.5.15. 15:00 경 위 합동법률사무소 사무실에서 **甲은 허위의 유언내용의 초안을 작성하여 이미 작성된 초안과 대체한 후 이를 진정한 공정증서 초안인 것처럼 가장하여** 그 사정을 모르는 위 W에게 제출함으로써 이를 그대로 믿은 W로 하여금 해당요소에 서명날인케 하여 위 허위의 유언내용의 초안의 기재와 같은 내용이 기재된 한일합동법률사무소명의의 공정증서가 작성되게 하였다. 甲의 죄책은 공정증서원본부실기재죄이다.

1178 허위공문서작성죄에서 후술한다.

1179 **보충** 보이스피싱 현금 수거 및 전달책인 甲이 성명불상자와 공모하여 금융감독원장 명의의 '금융감독원 대출정보내역'이라는 문서를 위조하여 피해자에게 교부한 행위는 사문서위조·동행사죄가 아니라 공문서위조·동행사죄를 구성한다는 사례이다.

3	공증인이 사서증서(私書證書)에 인증(認證[1180])을 한 경우의 사서증서(이를 일부 변조한 행위는 공문서변조죄가 아니라 사문서변조죄에 해당함)(대법원 2005.3.24, 2003도2144) 국가7급 11 / 경찰승진(경위) 10
4	선박안전기술공단이 해양수산부장관의 선박검수업무 등을 대행하면서 발급한 선박검사증서(대법원 2016.1.14, 2015도9133) 등
5	식당의 주·부식 구입 업무 담당공무원이 계약 등에 의하여 공무소의 주·부식 구입·검수 업무 등을 담당하는 조리장·영양사 등의 명의를 위조하여 작성한 검수결과보고서(대법원 2008.1.17, 2007도6987) 법원행시 10 / 경찰채용 20 1차

② 개별문서와 복합문서

㉠ 개별문서 : 개개의 문서가 각각 독립적으로 의사나 관념이 표시된 문서로서 일반적인 문서를 말한다.

㉡ 복합문서 : 한 개의 서류 내에 두 종류 이상의 문서가 병존하고 있는 문서를 말한다. 예컨대 인감증명서의 사용용도란을 개인이 기재하는 경우나 사서증서에 대하여 공증인이 인증을 하여 인증서가 작성된 경우 등을 말한다. 이렇듯 공문서와 사문서와 병존하고 있는 문서를 공사병존문서라 할 수 있는데, 이 경우 각각 독립성을 지님이 원칙이며 이에 대해서는 후술하기로 한다.

4. 구성요건체계

형법상 문서죄는 우선 공문서죄가 제225조부터 제230조까지 규정되어 있으며(순서대로 보자면 공문서위조·변조죄, 자격모용공문서작성죄, 허위공문서작성죄, 공전자기록위작·변작죄, 공정증서원본부실기재죄, 위조등 공문서행사죄, 공문서부정행사죄), 제231조부터 제236조까지 사문서죄가 규정되어 있고(사문서위조·변조죄, 자격모용사문서작성죄, 사전자기록위작·변작죄, 허위진단서작성죄,[1181] 위조등 사문서행사죄, 사문서부정행사죄), '사문서부정행사죄'를 제외한 문서죄는 미수범을 처벌하고 있으며(제235조), 기계적 방법에 의한 복사문서도 문서로 보고 있다(제237조의2). 변호사 12

문서죄는 ① 문서위조·변조와 자격모용문서작성과 같은 전형적인 유형위조, ② (1995년 개정형법에서 신설된) 전자기록위작·변작, ③ 허위문서작성과 공정증서원본부실기재와 같은 전형적인 무형위조, ④ 위조·변조·허위작성·부실기재된 문서행사, ⑤ 위조·변조·허위작성·부실기재되지 않은 진정한 문서를 행사하는 경우인 문서부정행사의 유형으로 이루어져있다. 문서죄의 기본적 구성요건은 사문서위조·변조죄이다.

02 사문서위조 · 변조죄

제231조 【사문서 등의 위조 · 변조】 행사할 목적으로 권리·의무 또는 사실증명에 관한 타인의 문서 또는 도화를 위조 또는 변조한 자는 5년 이하의 징역 또는 1천만 원 이하의 벌금에 처한다.

1. 객관적 구성요건

(1) **객체** – 권리·의무, 사실증명에 관한 타인의 문서(文書)·도화(圖畵)

1180 보충 공증인법 제57조 제1항의 규정에 의하여 공증인(公證人)이 사서증서에 대하여 하는 인증은 ① 당해 사서증서에 나타난 서명 또는 날인이 작성명의인에 의하여 정당하게 성립하였음을 인증하는 것에 불과하므로 사서증서 인증서 중 그 인증기재 부분은 공문서에 해당하지만, ② 이러한 공증인의 인증이 그 사서증서의 기재 내용의 진정성까지 인증하는 것은 아니므로 사서증서의 기재내용은 사문서에 해당한다.

1181 따라서 후술하듯이 판례는 공무원인 의사가 공무소의 명의로 허위의 진단서를 작성한 경우에는 공문서죄에 속하므로 허위진단서작성죄에는 해당되지 않고 허위공문서작성죄로 의율하고 있다.

① 권리 · 의무에 관한 문서

예 계약서, 청구서, 예금청구서, 예금통장, 차용증 등

② 사실증명에 관한 문서

예 사립학교의 성적증명서, 이력서, 각종 회의록, 영수증, 보고서 등

(2) **행위** – 위조 · 변조

① 위조(僞造, counterfeit, Fälschen) : 작성권한이 없는 자가 타인의 명의(名義)를 그의 승낙 없이 모용(冒用)하여 문서를 작성하거나 문서의 동일성 자체를 변경시키는 것을 말한다.

㉠ 작성권한 없는 자가 작성명의인의 명의를 모용하여 작성할 것

ⓐ 작성권한 없는 자의 명의모용 : 작성권한 없는 자가 작성명의인의 의사에 반하여 그 명의를 작성하여야 사문서위조죄가 성립한다.

판례연구 작성권한 없는 자의 명의모용이 인정되어 사문서위조죄가 성립하는 사례

1. 대법원 1987.4.11, 87도399

사실혼 관계에 있던 자의 일방적인 혼인신고서 작성행위와 사문서위조죄의 성부

혼인신고 당시에는 피해자가 피고인과의 동거관계를 청산하고 피고인을 만나주지 아니하는 등으로 피하여 왔다면 당초에는 피해자와 사실혼 관계에 있었고 또 피해자에게 혼인의 의사가 있었다 하더라도 위 혼인신고 당시에는 그 혼인의사가 철회되었다고 보아야 할 것이므로 피고인이 일방적으로 혼인신고서를 작성하여 혼인신고를 한 소위는 설사 혼인신고서 용지에 피해자 도장이 미리 찍혀 있었다 하더라도 사문서 위조 기타 관계법조의 범죄에 해당한다 할 것이다. 법원9급 07(상)

2. 대법원 2007.3.29, 2006도9425

예금통장 명의신탁자와 수탁자 사이 분쟁 계속 중에 신탁자 측에서 수탁자의 명의를 임의로 사용한 사례

수탁자가 신탁받은 채권을 자신이 신탁자로부터 증여받았을 뿐 명의신탁받은 것이 아니라고 주장하는 상황에서, 신탁자의 상속인이 수탁자의 동의를 받지 아니하고 그 명의의 채권이전등록청구서를 작성 · 행사한 행위는 사문서위조 및 위조사문서행사죄에 해당한다. 법원행시 09 / 경찰승진(경장) 11

3. 대법원 2010.11.11, 2010도1835

본명 대신 가명이나 위명을 사용하여 사문서를 작성한 경우, 사문서위조죄가 성립하는지 여부

실제의 본명 대신 가명(假名)이나 위명(僞名)을 사용하여 사문서를 작성한 경우에 그 문서의 작성명의인과 실제 작성자 사이에 인격의 동일성이 그대로 유지되는 때에는 위조가 되지 않으나, 명의인과 작성자의 인격이 상이할 때에는 위조죄가 성립할 수 있다(대법원 1979.6.26, 79도908). 피고인이 다방 업주로부터 선불금을 받고 그 반환을 약속하는 내용의 현금보관증을 작성하면서 가명과 허위의 출생연도를 기재한 후 이를 교부한 행위는, 사문서위조죄 및 동행사죄에 해당한다.[1182] 사시 12

1182 **사례 : 가명 사용 현금보관증 작성 사례** 甲은 다방 업주로부터 선불금을 받고 그 반환을 약속하는 내용의 현금보관증을 작성하면서 타인으로 가장하기 위해 가명과 허위의 출생연도를 기재한 후 이를 교부하였다. 甲의 행위는 사문서위조죄 및 동행사죄에 해당하는가? **판례** 이 사건 현금보관증에 표시된 명칭과 주민등록번호 등으로부터 인식되는 인격은 '1954년에 출생한 52세 가량의 여성인 ○○○'이고 피고인은 위 다방에 취업하기 위하여 실제 나이보다 4살 어린 1954년생으로 가장하였고 1950년생인 피고인과는 다른 인격인 것이 분명하고 상대방도 이를 모르고 있었으므로, 이 사건 **문서의 명의인과 작성자 사이에 인격의 동일성이 인정되지 않는다**고 보아야 한다. 비록 피고인이 위 '○○○'이라는 가명을 다방에 근무하는 동안 계속 사용해 왔고, 주소는 실제 피고인의 주소와 동일하게 기재되어 있으며, 피고인이 위 문서로부터 발생할 책임을 면하려는 의사나 편취의 목적을 가지지는 않았다고 하더라도, **위 문서를 작성함에 있어서 자신이 위 문서에 표시된 명의인인 '1954년생 ○○○'인 체 가장한 것만은 분명하므로, 명의인과 작성자의 인격의 동일성을 오인케 한 피고인의 이러한 행위는 사문서 위조, 동행사죄에 해당한다**고 보아야 한다(대법원 2010.11.11, 2010도1835). 사시 12 / 경찰채용 21 1차 **해결** 해당한다.

판례연구 작성권한 없는 자의 명의모용이 인정되지 않아 사문서위조죄가 성립하지 않는 사례

대법원 2007.3.15, 2007도169

세금계산서의 공급받는 자란에 타인의 이름을 기재한 사례

세금계산서상의 공급받는 자는 그 문서 내용의 일부에 불과할 뿐 세금계산서의 작성명의인은 아니라 할 것이니, 공급받는 자 란에 임의로 다른 사람을 기재하였다 하여 그 사람에 대한 관계에서 사문서위조죄가 성립된다고 할 수 없다.[1183] 국가7급 14 / 국가7급 22

ⓑ 명의인의 포괄적 위임 내지 사전승낙에 의한 문서작성의 경우 : 명의를 모용했다 할 수 없으므로 위조라고 할 수 없다(구성요건해당성 조각). 이 경우 작성명의인의 승낙은 명시적·묵시적임을 불문한다. 나아가 포괄적 위임을 받은 대리인이 본인 명의의 문서를 허위로 작성하였다 하더라도 이는 작성권의 남용에 불과할 뿐 작성권이 없는 것은 아니므로 위조에 해당하지 아니한다. 또한 행위 당시 명의자의 현실적인 승낙은 없었지만 행위 당시의 모든 객관적 사정을 종합하여 명의자가 행위 당시 그 사실을 알았다면 당연히 승낙했을 것이라고 추정되는 경우 역시 사문서위·변조죄가 성립하지 않는다(대법원 2003.5.30, 2002도235[1184]; 2015.11.26, 2014도781). 사시 10 / 사시 13 / 국가9급 16

판례연구 작성명의인의 포괄적 위임 내지 승낙 혹은 추정적 승낙이 인정되므로 위조에 해당하지 않는 사례

1. 대법원 1980.4.22, 79도3034; 1983.10.25, 83도2257; 2008.11.27, 2006도2016; 2008.12.24, 2008도7836[1185]

대표이사가 권한을 남용하여 허위로 주식회사 명의의 문서를 작성한 경우, 자격모용사문서작성죄 또는 사문서위조죄가 성립하는지 여부(소극)

1183 보충 위 세금계산서는, 부가가치세 과세사업자가 재화나 용역을 공급하는 때에 이를 공급받은 자에게 작성·교부하여야 하는 계산서이므로(부가가치세법 제16조 제1항), 그 작성권자는 어디까지나 재화나 용역을 공급하는 공급자가 된다. 따라서 공급받는 자의 상호, 성명, 주소는 필요적 기재사항이 아닌 임의적 기재사항에 불과하여(부가가치세법 시행령 제53조 제1항) 공급받는 자의 상호, 성명, 주소가 기재되어 있지 않은 세금계산서라도 그 효력에는 영향이 없다(위 판례).

1184 **사례 : 대학교 캠퍼스 건설본부장 공사계약서 추가 날인 사례** B대학교 직원들의 파업으로 인하여 B대학교 건물신축 관련 행정업무에는 차질이 생기게 되었고 이에 A학원 측에서는 원활한 공사시행을 위하여 법인소속의 캠퍼스 건설본부를 설치한 후 乙을 건설본부장으로 하여 건설공사를 진행시키게 되었다. 그런데 乙은 교육부 감사를 당하게 되자 **신속하게 캠퍼스 건설공사를 진행시키려는 의도로 A학원 명의로 작성된 공사계약서의 도급인란에 甲의 동의를 받지 않고 기존의 A학원 명의 옆에 추가로 총장 甲의 고무인을 찍고 그 옆에 총장 직인을 날인하여 이를 위 직원에게 제시하였다.** 乙에게는 사문서변조죄가 성립하는가? **판례** 사문서의 위·변조죄는 작성권한 없는 자가 타인 명의를 모용하여 문서를 작성하는 것을 말하는 것이므로 사문서를 작성·수정함에 있어 그 명의자의 명시적이거나 묵시적인 승낙이 있었다면 사문서의 위·변조죄에 해당하지 않고, 한편 **행위 당시 명의자의 현실적인 승낙은 없었지만 행위 당시의 모든 객관적 사정을 종합하여 명의자가 행위 당시 그 사실을 알았다면 당연히 승낙했을 것이라고 추정되는 경우 역시 사문서의 위·변조죄가 성립하지 않는다**(대법원 2003.5.30, 2002도235). **해결** 사문서변조죄가 성립하지 않는다.

1185 **사례 : 주식회사 대표이사의 주식회사 명의의 문서작성 사례 甲은 A주식회사의 대표이사**로서, 전처(前妻)인 乙이 A주식회사에 대하여 32억 원의 대여금채권을 가지고 있는 것처럼 허위로 꾸며 乙로 하여금 위 허위의 대여금채권에 기하여 A주식회사 앞으로 공탁된 공탁금 231,169,555원에 대한 출급청구권에 대하여 채권압류 및 추심명령을 받게 함으로써, A주식회사에 대한 채권자인 B가 위 공탁금 출급청구권에 대한 채권압류 및 추심명령에 기하여 위 공탁금을 출급하는 것을 막고 나아가 각자의 채권액에 비례하여 안분배당을 받게 하기 위하여, 2005.1.3. **작성일자를 '1995.12.18.'로, 채무자를 'A주식회사 대표이사 丙'으로 표시하여 마치 A주식회사가 乙에 대하여 32억 원의 채무를 부담하고 있는 것처럼 기재한 차용증을 작성한 다음,** 이를 공증담당 변호사에게 교부하였다. 甲의 차용증 작성행위는 위조 내지 자격모용작성에 해당하는가? **해결** 甲에게는 **위조 내지 자격모용사문서작성 및 동행사의 죄책이 인정되지 않는다**(다만 이 사건에서, 甲은 A주식회사가 乙에 대하여 32억 원의 채무를 부담하고 있는 것처럼 기재한 허위의 차용증을 작성한 다음 이를 공증담당변호사에게 교부하여 공증을 받아 공정증서원본이 작성되게 하고 이를 비치하게 하였는데, 이 부분에 대해서는 **공정증서원본부실기재죄 및 동행사죄**의 죄책이 인정된다).

원래 주식회사의 적법한 대표이사는 회사의 영업에 관하여 재판상 또는 재판외의 모든 행위를 할 권한이 있으므로, 대표이사가 직접 주식회사 명의 문서를 작성하는 행위는 자격모용사문서작성 또는 위조에 해당하지 않는 것이 원칙이다. 이는 그 문서의 내용이 진실에 반하는 허위이거나 대표권을 남용하여 자기 또는 제3자의 이익을 도모할 목적으로 작성된 경우에도 그러하다. 법원행시 10 / 법원9급 12

2. 대법원 1984.2.14, 83도2650

가등기담보권을 양수한 자가 임의로 양도인 명의로 가등기말소신청서를 작성한 경우에는 위조라고 볼 수 없다.[1186]

3. 대법원 1984.7.10, 84도1146

대리인이 본인의 명의로 문서를 작성하면서 허위의 내용을 기재한 경우 사문서위조죄의 성부(소극)

매수인으로부터 매도인과의 토지매매계약체결에 관하여 포괄적 권한을 위임받은 자는 위임자 명의로 토지매매계약서를 작성할 적법한 권한이 있다 할 것이므로 매수인으로부터 그 권한을 위임받은 피고인이 실제 매수가격 보다 높은 가격을 매매대금으로 기재하여 매수인 명의의 매매계약서를 작성하였다 하여도 그것은 작성권한 있는 자가 허위내용의 문서를 작성한 것일 뿐 사문서위조죄가 성립될 수는 없다. 경찰승진(경사) 11 / 경찰채용 14 2차 / 변호사 18

4. 대법원 1984.10.10, 84도1566

연대보증인이 될 것을 허락한 자의 인감도장과 인감증명서를 교부받아 그를 직접 차주로 하는 차용금 증서를 작성한 경우 위조에 해당되지 않는다.[1187] 변호사 18 / 법원9급 18

5. 대법원 1985.10.22, 85도1732

이사들이 작성자에게 출석·의결권을 위임하고 불출석하자 작성자가 이사들이 출석하여 의결권을 행사한 것으로 회의록을 작성한 경우 위조가 아니다.

6. 대법원 1988.1.12, 87도2256

전세계약서를 작성함에 있어 그 명의자의 명시적이거나 묵시적인 승낙(위임)이 있은 것이라면 이는 사문서위조에 해당한다 할 수 없다.

7. 대법원 2009.5.14, 2009도11040

사임의사를 표시하였던 이사를 포함한 이사 3인 명의로 이사회 의사록을 작성하고 비치하거나 교부하였다 하더라도, 사임으로 인하여 필요한 이사의 수에 결원이 생기는 등의 사유가 있는 경우에는 사임을 한 이사가 자신의 명의사용을 곧바로 금지한 것이라고 볼 수도 없고 상대방인 1인 회사의 대표이사도 그 금지의 의사를 인식하였다고 단정할 수는 없기 때문에, 위 행위는 사문서위조·동행사죄에 해당하지 아니한다.[1188]

8. 대법원 2010.5.13, 2010도1040

주식회사의 지배인이 권한을 남용하여 허위로 회사 명의의 문서를 작성한 경우, 사문서위조 또는 자격모용사문서

1186 판례의 사실관계 고소인 K는 피고인 甲의 소개로 사채업자인 공소외 H에게 대여한 700만 원에 대한 회수가 어렵게 되자 피고인 甲은 위 양자간의 소개인으로서 책임지고 변제하라는 이유로 그 변제책임을 피고인 甲에게 떠맡기는 대신 위 K가 위 H에게 위 금원을 대여하면서 설정한 가등기에 의한 담보권을 완전히 피고인 甲에게 양도하게 되었다. 이에 피고인 甲은 위 가등기를 말소함에 있어서 고소인 K 명의의 위 가등기말소등기 신청서류 등을 임의로 작성하였다. 甲의 행위는 사문서위조죄를 구성하지 않는다. 왜냐하면 피고인 甲이 위 가등기를 말소함에 있어서 고소인 K 명의의 위 가등기말소등기 신청서류 등을 임의로 작성하였다 하더라도 이는 결국 위 K로부터의 포괄적 위임 내지 승낙에 기한 것이어서 피고인 甲이 가등기말소신청서 등을 위조하였다 할 수 없기 때문이다.

1187 판례 피해자들이 일정한도액에 관한 연대보증인이 될 것을 허락하고 이에 필요한 문서를 작성하는데 쓰일 인감도장과 인감증명서(대출보증용)를 채무자에게 건네준 취지는 채권자에 대해 동액상당의 채무를 부담하겠다는 내용의 문서를 작성하도록 허락한 것으로 보아야 할 것이므로 비록 차용금증서에 동 피해자들을 연대보증인으로 하지 않고 직접 차주로 하였을지라도 그 문서는 정당한 권한에 기하여 그 권한의 범위 안에서 적법하게 작성된 것으로 보아야 한다(대법원 1984.10.10, 84도1566).

1188 판결이유 법인의 이사가 사임하는 행위는 상대방 있는 단독행위여서 그 의사표시가 상대방에게 도달함과 동시에 그 효력을 발생하는 것이고, 통상 이사가 사임하면 그 즉시 이사로서의 지위를 상실하므로 자신의 이름을 회사의 이사인 것처럼 사용하도록 허락한 사람이 사임의 의사표시를 하는 경우 그 의사표시에는 명의사용에 대한 기존의 승낙이나 동의를 더 이상 유지하지 않는다는 의사도 포함된 것이고 상대방도 이러한 의사를 인식하였다고 보는 것이 일반적이므로, 그 이후에는 더 이상 그 명의를 사용할 수 없다. 그러나 사임으로 인하여 필요한 이사의 수에 결원이 생기는 등의 사유가 있는 경우에는 명의사용을 곧바로 금지한 것이고 상대방인 1인 회사의 대표이사도 그 금지의 의사를 인식하였다고 단정할 수는 없다. 그러므로 이사가 사임한 경우에 더 이상의 명의사용을 금지한 것인지 여부 및 상대방이 이를 인식하였는지 여부는 당초 이사로 선임된 동기, 사임으로 인한 이사 정원의 미달 여부, 사임의 동기, 이사와 회사 및 1인 주주와의 관계, 사임 이후의 명의사용에 대하여 이의를 제기하였는지 여부 등의 사정을 종합하여 살펴보아야 한다.

작성죄에 해당하는지 여부(소극)
주식회사의 지배인이 자신을 그 회사의 대표이사로 표시하여 연대보증채무를 부담하는 취지의 회사 명의의 차용증을 작성·교부한 경우, 그 문서에 일부 허위 내용이 포함되거나 위 연대보증행위가 회사의 이익에 반하는 것이더라도 사문서위조 및 위조사문서행사에 해당하지 않는다. 법원승진 11 / 법원9급 11 / 경찰승진 14 / 사시 13 / 변호사 17 / 경찰채용 16 1차 / 경찰채용 18 1차

ⓒ 작성권한의 포괄적 위임 내지 승낙이 없는데도 작성하거나 그 위임을 받은 자가 위임의 취지에 반하거나 위임받은 권한을 초과하여 문서를 작성한 경우 : ㉮ 작성권자의 위임이나 승낙이 없음에도 작성한 경우, 변호사 17 ㉯ 승낙이 추정되지 않거나 승낙이 추정되더라도 사자 명의의 문서로서 생존사실이 중요한 전제가 된 경우, ㉰ 위임의 취지에 반하거나 위임받은 권한을 초월하여 문서의 금액란 등의 백지를 보충하는 소위 백지위조(白地僞造)도 위조죄가 성립한다 경찰간부 14(이와는 달리 '대표권·대리권자임이 표시된 문서'의 경우 권한 초월 작성은 자격모용사문서작성에 해당됨).

판례연구 작성권자의 포괄적 위임 내지 승낙이 없는데도 작성하여 위조죄에 해당되는 사례

1. 대법원 1997.3.28, 96도3191
신축상가건물의 명목상 건축주의 포괄적 승낙 하에 업무를 처리하던 실제 건축주 사례
신축상가건물의 명목상 건축주의 포괄적 승낙 하에 분양에 관한 모든 업무를 처리하던 실제 건축주가 실제 분양되지도 않은 상가에 대하여 명목상의 건축주 명의로 분양계약서 및 입금표를 작성하고 그 분양계약서 및 입금표를 이용하여 대출을 받는 식으로 금원을 편취한 경우, 상가건물이 실제 분양되지도 않았고 분양대금이 납부된 바도 없는데도 그러한 사실이 있는 것으로 되어 있는 허위 내용의 문서를 작성하는 것과 같은 범죄행위는 포괄적으로 위임받은 분양업무에 속하는 것이라고 볼 수 없으므로, 위와 같은 내용의 문서 작성 및 행사는 사문서위조 및 동행사에 해당된다. 경찰채용 18 3차

2. 대법원 2007.11.30, 2007도4812
신탁자가 수탁자의 개별적 승낙 없이 수탁자 명의로 신탁재산의 처분에 필요한 서류를 작성하는 행위가 사문서위조·동행사죄를 구성하는 경우
① 신탁자에게 아무런 부담이 없이 재산이 수탁자에게 명의신탁된 경우에는 그 재산의 처분 기타 권한행사에 있어서는 수탁자가 자신의 명의사용을 포괄적으로 신탁자에게 허용하였다고 봄이 상당하므로, 신탁자가 수탁자 명의로 신탁재산의 처분에 필요한 서류를 작성함에 있어 수탁자로부터 개별적인 승낙을 받지 아니하였다 하더라도 사문서위조·동행사죄가 성립하지 아니하지만, ② 수탁자가 명의신탁 받은 사실을 부인하면서 신탁재산이 수탁자 자신의 소유라고 주장하는 등으로 두 사람 사이에 신탁재산의 소유권에 관하여 다툼이 있는 경우에는 더 이상 신탁자가 그 재산의 처분 등과 관련하여 수탁자의 명의를 사용하는 것이 허용된다고 볼 수 없으며, ③ 이는 수탁자가 명의신탁 받은 사실 자체를 부인하는 것은 아니더라도 신탁자의 신탁재산 처분권한을 다투는 등 신탁재산에 관한 처분이나 기타 권한행사에 있어서 신탁자에게 부여하였던 수탁자 명의사용에 대한 포괄적 허용을 철회한 것으로 볼 만한 사정이 있는 경우에도 마찬가지이다. 따라서 수탁자가 신탁자에게 '자신에 대한 차용금채무를 변제하지 않는 한 신탁재산을 타인에게 매도하는 데 필요한 서류 작성에 협조하지 않겠다.'는 취지의 말을 한 경우, 신탁자에게 부여하였던 수탁자 명의사용에 대한 포괄적 허용을 철회한 것으로 보아야 한다(신탁자는 사문서위조·동행사죄).[1189]

1189 보충 : 위 판례의 또 다른 논점 또한 위 판례는 명의신탁자가 매도인 명의를 수탁자로 하여 제3자에게 신탁재산을 매도하는 계약을 체결하면서 수탁자가 위 신탁재산의 매도를 반대하며 매도에 따른 절차이행에 협조하기를 거절하고 있는 사정을 숨긴 경우, 매수인인 제3자에 대한 기망행위가 된다고 한 사례이기도 하다.

3. 대법원 2008.11.27, 2006도2016
대표이사로부터 권한을 위임받은 사람이 회사 명의로 문서를 작성하는 행위가 적법하기 위한 요건(=개별적 · 구체적 위임 또는 승낙)
주식회사의 적법한 대표이사라 하더라도 그 권한을 포괄적으로 위임하여 다른 사람으로 하여금 대표이사의 업무를 처리하게 하는 것은 허용되지 않는다. 따라서 ① 대표이사로부터 포괄적으로 권한 행사를 위임받은 사람이 주식회사 명의로 문서를 작성하는 행위는 원칙적으로 권한 없는 사람의 문서 작성행위로서 자격모용사문서작성 또는 위조에 해당하고, ② 대표이사로부터 개별적·구체적으로 주식회사 명의의 문서 작성에 관하여 위임 또는 승낙을 받은 경우에만 예외적으로 적법하게 주식회사 명의로 문서를 작성할 수 있다. ③ 따라서 A회사의 대표이사 甲이 B회사의 대표이사 乙로부터 포괄적 위임을 받아 두 회사의 대표이사 업무를 처리하면서 두 회사 명의로 허위 내용의 영수증과 세금계산서를 작성한 경우, B회사 명의 부분은 乙의 개별적·구체적 위임 또는 승낙 없는 행위로서 사문서위조 및 위조사문서행사죄가 성립하지만, A회사 명의 부분은 이미 퇴직한 종전의 대표이사를 승낙 없이 대표이사로 표시하였더라도 이에 해당하지 않는다.

4. 대법원 2011.1.13, 2010도9725
교회를 탈퇴해 새로운 교회를 설립한 목사가 기존 교회 명의를 사용한 사례
甲 교회 목사인 A는 자신을 지지하는 일부 교인들과 甲 교회를 탈퇴한 후, 甲 교회 명의로 甲 교회 소유 부동산을 자신에게 매도하는 내용의 매매계약서를 작성하고 이를 행사하였다. A의 행위는 사문서위조죄 및 위조사문서행사죄에 해당한다. 경찰채용 13 1차

5. 대법원 2012.9.27, 2012도7467
내부규정으로 권한이 제한된 주식회사의 지배인의 회사 명의의 문서 작성 사례
원래 주식회사의 지배인은 회사의 영업에 관하여 재판상 또는 재판 외의 모든 행위를 할 권한이 있으므로, ① 지배인이 직접 주식회사 명의 문서를 작성하는 행위는 위조나 자격모용사문서작성에 해당하지 않는 것이 원칙이고, 이는 문서의 내용이 진실에 반하는 허위이거나 권한을 남용하여 자기 또는 제3자의 이익을 도모할 목적으로 작성된 경우에도 마찬가지이다. 그러나 ② 회사 내부규정 등에 의하여 각 지배인이 회사를 대리할 수 있는 행위의 종류, 내용, 상대방 등을 한정하여 권한을 제한한 경우에 제한된 권한 범위를 벗어나서 회사 명의의 문서를 작성하였다면, 이는 자기 권한 범위 내에서 권한 행사의 절차와 방식 등을 어긴 경우와 달리 문서위조죄에 해당한다.[1190] 국가7급 21

6. 대법원 2022.3.31, 2021도17197
주식의 명의신탁자가 명의수탁자 명의로 과세표준신고서를 작성 · 제출한 사건
신탁자에게 아무런 부담이 지워지지 않은 채 재산이 수탁자에게 명의신탁된 경우 특별한 사정이 없는 한 수탁자는 신탁자에게 자신의 명의사용을 포괄적으로 허용하였다고 봄이 타당한바, 사법행위와 공법행위를 구별하여 신탁재산의 처분 등과 관련한 사법상 행위에 대하여만 명의사용을 승낙하였다고 제한할 수는 없다. 특히 명의신탁된 주식의 처분 후 수탁자 명의의 과세표준신고를 하는 것은 법령에 따른 절차로서 신고를 하지 않는다면 오히려 수탁자에게 불이익할 수 있다는 점까지 고려한다면, 명의수탁자가 명의신탁주식의 처분을 허용하였음에도 처분 후 과세표준 등의 신고행위를 위한 명의사용에 대하여는 승낙을 유보하였다고 볼 특별한 사정이 존재하지 않는 한 허용된 범위에 속한다고 보아야 할 것이다. …… 甲이 자신의 주식을 乙에게 명의신탁한 후 명의수탁자를 변경하기 위해 제3자인 丙에게 주식을 양도하면서 임의로 乙의 명의로 증권거래세 과세표준신고서를 작성하여 관할세무서에 제출한 행위는 사문서위조죄 및 위조사문서행사죄를 구성하지 않는다.

1190 **사례 : 주식회사의 지배인이 회사 내부규정 등에 의하여 제한된 권한 범위를 벗어나 회사 명의의 문서를 작성한 사례** 甲 은행의 지배인으로 등기되어 있는 A는, 신용이나 담보가 부족한 차주 회사가 저축은행 등 대출기관에서 대출을 받는 데 사용하도록 지급보증의 성질이 있는 甲 은행 명의의 대출채권양수도약정서와 사용인감계를 작성하였다. 그런데 甲 은행의 내부규정은 지급보증 등 여신에 관하여 금액 규모 등에 따라 전결권자를 구분하고 나아가 여신 결재가 이루어진 것을 전제로 인감관리자의 결재를 받아 사용인감계를 작성하도록 하는 등으로 지급보증 등의 의사결정 권한을 상위 결재권자에게 부여하고 있다. 그렇다면 이러한 A의 문서작성행위는 사문서위조죄를 구성하는가? **판례** 위와 같은 문서작성 행위는 **제한된 지배인의 대리권한을 넘는 경우에 해당하여 사문서위조죄**가 성립한다(대법원 2012.9.27, 2012도7467). 국가7급 21 **해결** 구성한다.

판례연구 작성명의인의 승낙이 추정되지 않거나, 추정되더라도 사자명의의 문서의 명의자의 생존사실이 중요한 전제가 되어 있는 경우이므로 문서위조 · 변조에 해당되는 사례

1. 대법원 2011.9.29, 2010도14587

명의인의 승낙에 대한 막연한 기대나 예측만으로 승낙이 추정된다고 단정할 수 있는지 여부(소극) : 사문서변조죄 및 동행사죄 ○

명의자의 명시적인 승낙이나 동의가 없다는 것을 알고 있으면서도 명의자가 문서작성 사실을 알았다면 승낙하였을 것이라고 기대하거나 예측한 것만으로는 그 승낙이 추정된다고 단정할 수 없다(대법원 2008.4.10, 2007도9987). 사시 10 피고인이 행사할 목적으로 권한 없이 甲 은행 발행의 피고인 명의 예금통장 기장내용 중 특정 일자 입금자 명의를 가리고 복사하여 그 통장사본을 법원에 증거로 제출한 행위는 사문서변조죄 및 동행사죄를 구성한다.[1191] 법원9급 18 / 국가7급 20 / 국가9급 21

2. 대법원 2011.9.29, 2011도6223

사망한 아버지 명의로 인감증명서 발급 위임장을 작성하여 행사한 사례

사망한 사람 명의의 사문서를 위조한 경우 문서명의인이 생존하고 있다는 점이 문서의 중요한 내용을 이루거나 그 점을 전제로 문서가 작성되었다면, 사망한 명의자의 승낙이 추정된다는 이유로 사문서위조죄의 성립을 부정할 수 없다. 따라서 피고인이 자신의 부(父) 甲에게서 甲 소유 부동산 매매에 관한 권한 일체를 위임받아 이를 매도하였는데, 그 후 甲이 갑자기 사망하자 소유권 이전에 사용할 목적으로 甲이 자신에게 인감증명서 발급을 위임한다는 취지의 인감증명 위임장을 작성하여 주민센터 담당직원에게 제출한 경우에는 사문서위조죄 및 동행사죄가 성립한다.[1192] 국가7급 13 / 국가7급 16 / 법원행시 14 / 사시 14 / 변호사 14 / 국가7급 20 / 경찰승진 23 / 국가9급 24

1191 **사례** A는 행사할 목적으로 권한 없이 甲 은행 발행의 A 명의 예금통장 기장내용 중 특정 일자 입금자 명의를 가리고 복사하여 그 통장사본을 법원에 증거로 제출하였다. A의 죄책은? **판례** 피고인이 행사할 목적으로 권한 없이 甲 은행 발행의 피고인 명의 예금통장 기장내용 중 특정 일자에 乙 주식회사로부터 지급받은 월급여의 입금자 부분을 화이트테이프로 지우고 복사하여 통장 1매를 변조한 후 그 통장사본을 법원에 증거로 제출하여 행사하였다는 내용으로 기소된 경우, 관련 민사소송에서 피고인이 언제부터 乙 회사에서 급여를 받았는지가 중요한 사항이었는데 2006.4.25.자 입금자 명의를 가리고 복사하여 이를 증거로 제출함으로써 2006.5.25.부터 乙 회사에서 급여를 수령하였다는 새로운 증명력이 작출되었으므로 공공적 신용을 해할 위험성이 있었다고 볼 수 있고, 제반 사정을 종합할 때 통장 명의자인 甲 은행장이 행위 당시 그러한 사실을 알았다면 이를 당연히 승낙했을 것으로 추정된다고 볼 수 없으며, 피고인이 쟁점이 되는 부분을 가리고 복사함으로써 문서내용에 변경을 가하고 증거자료로 제출한 이상 사문서변조 및 동행사의 고의가 없었다고 할 수 없다(대법원 2011.9.29, 2010도14587). **해결** 사문서변조죄와 변조사문서행사죄의 실체적 경합.

1192 **사례** A는 자신의 부(父) 甲에게서 甲 소유 부동산 매매에 관한 권한 일체를 위임받아 이를 매도하였는데, 그 후 甲이 갑자기 사망하자 소유권 이전에 사용할 목적으로 甲이 자신에게 인감증명서 발급을 위임한다는 취지의 인감증명 위임장을 작성하여 주민센터 담당직원에게 제출하였다. A에게는 사문서위조죄가 성립하는가? **판례** 사망한 사람 명의의 사문서에 대하여도 문서에 대한 공공의 신용을 보호할 필요가 있다는 점을 고려하면(대법원 2005.2.24, 2002도18 전원합의체), 문서명의인이 이미 사망하였는데도 문서명의인이 생존하고 있다는 점이 문서의 중요한 내용을 이루거나 그 점을 전제로 문서가 작성되었다면 이미 문서에 관한 공공의 신용을 해할 위험이 발생하였다 할 것이므로, 그러한 내용의 문서에 관하여 사망한 명의자의 승낙이 추정된다는 이유로 사문서위조죄의 성립을 부정할 수는 없다. … 甲의 사망으로 포괄적인 명의사용의 근거가 되는 위임관계 내지 포괄적인 대리관계는 종료된 것으로 보아야 하므로 특별한 사정이 없는 한 피고인은 더 이상 위임받은 사무처리와 관련하여 甲의 명의를 사용하는 것이 허용된다고 볼 수 없고, 피고인이 사망한 甲의 명의를 모용한 인감증명 위임장을 작성하여 인감증명서를 발급받아야 할 급박한 사정이 있었다고 볼 만한 사정도 없으며, 인감증명 위임장은 본래 생존한 사람이 타인에게 인감증명서 발급을 위임한다는 취지의 문서라는 점을 고려하면, 이미 사망한 甲이 '병안 중'이라는 사유로 피고인에게 인감증명서 발급을 위임한다는 취지의 인감증명 위임장이 작성됨으로써 문서에 관한 공공의 신용을 해할 위험성이 발생하였다 할 것이고, 피고인이 명의자 甲이 승낙하였을 것이라고 기대하거나 예측한 것만으로는 사망한 甲의 승낙이 추정된다고 단정할 수 없는데도, 이와 달리 피고인에게 무죄를 인정한 원심판결에 사망한 사람 명의의 사문서위조죄에서 승낙 내지 추정적 승낙에 관한 법리오해의 위법이 있다(대법원 2011.9.29, 2011도6223). 국가7급 13 / 국가7급 16 / 법원행시 14 / 변호사 14 **해결** 성립한다.

판례연구 위임의 취지에 반하거나 위임받은 권한을 초과하여 작성하여 문서위조에 해당되는 사례

1. 대법원 1982.10.12, 82도2023
일정금액의 차용권한을 위임받으면서 명의인으로부터 작성해 받은 대출신청서 및 영수증의 백지로 된 금액란에 위임받은 금액보다 많은 금액을 기재한 소위가 사문서위조죄에 해당하는지 여부(적극)
위탁된 권한을 초월하여 위탁자 명의의 문서를 작성하거나 위탁자의 서명날인이 정당하게 성립한 때라 하더라도 그 서명날인자의 의사에 반하는 문서를 작성한 경우에는 사문서위조죄가 성립한다 할 것이므로 피고인이 공소외 甲으로부터 금 75,000,000원의 차용 위탁을 받고 백지의 대출신청서 및 영수증에 동인의 날인을 받은 연후에 차용금액을 금 150,000,000원으로 기입하여 공소외 甲 명의의 대출신청서 및 영수증을 작성하였다면 문서위조죄가 성립한다.

2. 대법원 1984.6.12, 83도2408
수임인의 위임취지에 반한 문서작성과 사문서위조죄의 성부
피고인 甲이 공소외 乙과의 동업계약에 따라 甲의 명의로 변경하기 위하여 乙의 인장이 날인된 백지의 건축주 명의변경신청서를 받아 보관하고 있던 중 그 위임의 취지에 반하여 피고인 丙 앞으로 건축주명의를 변경하는 건축주명의변경신청서를 작성하여 구청에 제출하였다면 사문서위조 및 그 행사죄가 성립한다. 경찰승진(경장) 11

3. 대법원 1992.3.31, 91도2815
백지 동의서에 날인을 받은 다음 분묘소재지 바로 옆에서 골재채취를 하도록 기재한 사례
A가 다른 곳의 토지에 분묘를 소유하고 있는 B에게 위 분묘 소재지는 A가 신청한 골재채취장과는 멀리 떨어져 있어 토석채취를 한다고 하여도 피해가 없으니 동의해 달라고 말하여 백지의 동의서 양식에 인감도장을 날인하게 한 다음, 행사할 목적으로 그 동의서에 B의 의사에 반하여 분묘 소재지를 위 골재채취장 주변의 토지로 기재하였다면, A에게는 사문서위조죄가 성립하게 된다.[1193]

4. 대법원 1992.12.22, 92도2047
백지위조 사례
작성명의자의 날인이 정당하게 성립된 사문서라고 하더라도 내용을 기재할 정당한 권한이 없는 자가 내용을 기재하거나 또는 권한을 위임받은 자가 권한을 초과하여 내용을 기재함으로써 날인자의 의사에 반하는 사문서를 작성한 경우에는 사문서위조죄가 성립한다.[1194] 법원승진 13 / 경찰승진(경장) 11

5. 대법원 1994.7.29, 93도1091
공동대표이사로 법인등기를 하기로 하여 이사회의사록 작성 등 그 등기절차를 위임받았음에도 단독대표이사 선임의 이사회의사록을 작성하여 단독대표이사로 법인등기한 행위는 사문서위조, 동행사, 공정증서원본부실기재, 동행사의 죄에 해당한다. 법원행시 09

6. 대법원 1997.2.14, 96도2234
문서를 작성할 권한을 위임받지 아니한 문서기안자가 문서 작성권한을 가진 사람의 결재를 받은 바 없이 권한을 초과하여 문서를 작성하였다면 이는 사문서위조죄가 된다. 경찰채용 14 2차

1193 **보충** 피고인이 작성한 피해자 작성명의의 동의서는 피해자가 동의서의 양식에 인감도장을 날인하면서 그 공란을 기재하도록 승낙한 내용과 다른 것이고, 위 동의서의 공란을 기재하여 완성하도록 승낙한 취지에도 어긋나는 것이어서 **피고인은 피해자가 승낙한 문서 아닌 문서를 작성한 셈**이 되고, 피해자의 의사에 반한 내용의 동의서를 작성한 것이 되어 사문서를 위조한 경우에 해당한다고 보아야 할 것이고, 그 동의서에 미리 날인받은 피해자의 인영이 진정한 것이었다고 하여 이것만 가지고 사문서를 위조한 것이 아니라고 할 수 없다(위 판례).

1194 **보충 : 백지위조 사례** 乙은 1989.4.20. 丙에게 같은 해 6.5.까지 원심판시 금액을 변제하지 않을 경우 그 다음날 이후에는 이 사건 나이트클럽의 명의를 위 丙 앞으로 변경하기로 약정하고 **소정사항이 기재되어 있지 아니한 백지의 양도양수서 용지에 그의 도장을 날인하여 교부**하였는데, 피고인 甲은 위 丙으로부터 같은 해 5.3. 위 서류를 같은 해 6.5.까지 보관만 하기로 약정하고 교부받았을 뿐임에도 불구하고 같은 해 5.6. 위 서류에 위 乙이 같은 달 1.자로 **위 나이트클럽을 피고인 甲에게 양도한다는 내용을 기재**하였다는 것인바, 이에 의하면 피고인 甲은 위 양도양수서 중 백지로 되어 있는 부분에 위와 같은 내용을 기재할 수 있는 권한을 위임받은 바 없으면서 작성명의인인 위 乙의 의사에 반하여 동인명의의 사문서를 작성하였다고 할 것이므로 피고인의 위 행위는 사문서위조죄에 해당한다(위 판례).

7. 대법원 2006.9.28, 2006도1545
상법상 특별배임죄의 범행에 사용할 목적으로 회사 대표이사 명의로 '인허가권 및 토지 양도양수 계약서' 등을 작성한 행위는 위임된 위 회사 명의의 문서작성권한을 남용한 정도에 그치는 것이 아니라 위임된 권한의 범위를 벗어나는 것으로서 사문서위조죄를 구성한다고 보아야 한다.

ⓓ 기망에 의한 위조의 경우 : 명의인을 기망하여 문서를 작성케 하는 경우는 서명·날인이 정당히 성립된 경우에도 기망자는 명의인을 이용하여 서명·날인자의 의사에 반하는 문서를 작성케 하는 것이므로 사문서위조죄가 성립한다(대법원 2000.6.13, 2000도778 : 정기문중총회 회의록 기망 작성 사례).[1195] 국가7급 11 / 법원행시 11 / 법원승진 10 / 법원9급 12 / 경찰승진(경위) 11 / 경찰승진 12 / 경찰채용 14 2차 / 경찰채용 18 3차 / 경찰승진(경감이하) 17

판례연구 기망에 의한 위조가 되어 위조죄가 성립하는 사례

1. 대법원 1970.9.29, 70도1759
기망에 의한 위조가 인정되는 경우
문서의 작성명의자를 기망하여 명의자가 당해 문서에 기재된 의사표시를 한다는 사실 자체를 알지 못하는 상태에서 문서에 서명날인하게 하거나, 작성 명의자로 하여금 문서의 내용을 오신시켜 이를 이용하여 문서에 서명날인을 받은 경우에도 사문서위조죄가 성립한다.

2. 대법원 1983.6.28, 83도1036
허위의 신탁증서에 명의자를 속여 날인을 받아 행사한 경우 사문서위조 · 동행사죄의 성부(적극)
권리의무에 관한 사문서인 타인명의의 신탁증서 1통을 작성한 후 마치 이를 다른 내용의 문서인 것처럼 그 타인에게 제시하여 날인을 받은 후 이를 법원에 증거로 제출하여 사용하였다면 사문서위조 및 동행사죄가 성립한다. 경찰간부 17

판례연구 기망에 의한 위조로 볼 수 없어 위조죄가 인정되지 않는 사례

1. 대법원 2003.11.28, 2003도5340
기망에 의한 위조가 인정되지 않는 경우
문서 작성명의자가 '당해 문서의 행사결과 취득할 금전이나 재산상 이득의 처분 등에 관하여' 타인으로부터 기망을 당하거나 착오에 빠져 직접 문서를 작성하여 타인에게 교부하거나, 문서작성권한을 타인에게 위임하거나 문서작성을 승낙하여 타인으로 하여금 문서를 작성하게 한 경우에는 문서작성 자체는 명의인의 의사에 기인한 것이므로 사문서위조죄를 구성하지 않는다.

2. 대법원 2010.11.25, 2010도11509
법무사 명의의 확인서면의 등기의무자란에 허위로 날인한 사례
피고인들이 甲 등과 공모하여, 부동산등기법 제49조 제3항, 제2항에서 정한 확인서면의 등기의무자란에 등기의무자 乙 대신 甲이 우무인을 날인하는 방법으로 사문서인 乙 명의의 확인서면을 작성한 다음 법무사를 통해 이를 교부받은 경우, 위 확인서면은 법무사 명의의 문서이고, 작성명의인인 법무사가 피고인들 등에게 속아 등기의무자를 乙로 하는 내용의 확인서면을 작성하였다고 하더라도 이를 피고인들 등이 위조하였다고는 볼 수 없다. 경찰채용 12 2차

1195 사례 : 명의인 기망 사례 甲은 문중 소유 임야의 매도와 관련된 정기문중총회 회의록을 임의로 작성하고는 종중원들을 찾아다니면서 서명·날인을 받았는데, 이때 종중원들에게 위 임야의 등기 및 매도권한을 甲에게 일임하고 매도금액 3분의 1을 문중에 반납하고 나머지를 甲에게 소송대행비용으로 준다는 회의록의 내용 등에 관해서는 제대로 알려주지 아니한 채, 단지 위 임야에 관하여 문중 명의로 소유권이전등기를 하는 데 필요하다는 정도로만 얘기하면서 서명·날인을 받았다. 甲의 죄책은? 해결 사문서위조죄.

㉡ 문서의 동일성(同一性) 자체를 변경할 것 : 문서의 동일성 자체를 변경해야 위조에 해당하며 그렇지 못한 내용변경은 변조죄를 구성할 뿐이다. 예컨대, 주민등록증이나 운전면허증에 기재되어 있는 이름을 바꾸거나 사진을 바꾸어 붙이는 것은 문서의 동일성 자체를 변경하는 행위이기 때문에 변조가 아니라 위조에 해당된다(대법원 1998.4.10, 98도164).[1196] 국가9급 16 / 경찰간부 18

㉢ 위조의 정도 : 사문서위조죄는 그 명의자가 진정으로 작성한 문서로 볼 수 있을 정도의 형식과 외관을 갖추어 일반인이 명의자의 진정한 사문서로 오신하기에 충분한 정도이면 성립한다. 따라서 반드시 그 작성명의자의 서명·날인이 있어야 하는 것은 아니다. 법원9급 12 / 법원9급 17 / 경찰승진 14 / 사시 13 / 사시 14 / 변호사 17

판례연구 일반인이 명의자의 진정한 사문서로 오신하기에 충분한 정도에 이른 경우

다소 미완성이라도 진정한 사문서로 오신할 수 있는 경우에는 위조에 해당한다는 전통적 사례

① 날인이 없는 예금청구서를 권한 없이 작성하는 것 : 일반인으로 하여금 진정한 문서로 오인할 정도로 문서로서의 형식과 외관을 갖추고 있으면 족하다(대법원 1967.3.28, 67도253).

② 졸업증명서나 수료증에 성명기재가 없는 경우(대법원 1962.9.27, 62도113)

③ 작성자의 고무명판을 찍고 서명날인이 없는 경우(대법원 1988.3.22, 88도3)

1. 대법원 2007.5.10, 2007도1674

명의자의 사문서로 오신할 만한 사례

차용증에 연대보증인의 이름과 주민등록번호 및 주소가 함께 적혀 있고 날인(捺印)은 없는 경우에도 반드시 작성명의자의 서명·날인이 있어야 하는 것은 아니므로 이러한 차용증도 사문서에 해당한다. 사시 14

2. 대법원 2011.2.10, 2010도8361

직인을 오려붙인 흔적을 감추기 위하여 복사하여 추천서와 경력증명서를 위조하고 행사한 사례

피고인이 다른 서류에 찍혀 있던 甲의 직인을 칼로 오려내어 풀로 붙인 후 이를 복사하는 방법으로 甲 명의의 추천서와 경력증명서를 위조하고 이를 행사한 경우, 위 문서는 피고인이 직인을 오려붙인 흔적을 감추기 위하여 복사한 것으로서 일반적으로 문서가 갖추어야 할 형식을 다 구비하고 있고, 주의 깊게 관찰하지 아니하면 외관에 비정상적인 부분이 있음을 알아차리기가 어려울 정도이므로, 일반인이 명의자의 진정한 사문서로 오신하기에 충분한 정도의 형식과 외관을 갖추었다고 볼 수 있다. 변호사 16

판례연구 일반인이 명의자의 진정한 사문서로 오신하기에 충분한 정도에 이르지 못한 경우

1. 대법원 1965.7.20, 65도280

문서로 볼만한 정도에 이르지 못한 경우

작성명의인의 인장도 없고 모두에 사본이라고 써두어 외관상 문서라고 볼 수 없는 것을 작성한 데 그친 경우 위조죄에 해당하지 않는다.

2. 대법원 2006.9.14, 2005도2518

명의자의 사문서로 오신할 만한 정도에 이르지 못한 입금확인서 사례

어떤 입금확인서가 수기(手記)로 기재된 부분이 전혀 없이 컴퓨터 활자로만 작성되어 있고, 공동 작성명의자 중 甲의 이름 다음에는 날인이 되어 있으나 乙의 이름 다음에는 날인이 되어 있지 않은 경우, 이러한 입금확인서는 문서에 해당하지 않는다.

1196 사례 : **국제운전면허증 사진 교체 사례** 피고인 甲은 행사할 목적으로 1996년 8월 21일 16:00경 피고인의 아파트 응접실에서 홍콩 교통국장이 공소외 乙에게 발행한 국제운전면허증에 붙어 있던 乙의 사진을 떼어내고 그 자리에 피고인 甲의 사진을 붙여 홍콩 교통국장 명의의 사문서인 국제운전면허증 1장을 위조하였다. 국가9급 16 甲의 죄책은? 해결 사문서위조죄.

3. 대법원 2009.5.14, 2009도5
문서의 정도에 이르지 못한 매매계약동의서 사례
건설시행업자가 재개발사업 대상 토지 소유자들이 일정한 기한 내에 매매계약을 체결할 것을 동의한다는 내용의 매매계약동의서를 컴퓨터 및 필기구를 이용하여 작성하였지만, 위 매매계약동의서에는 동의 당사자들의 성명 및 주소만 기재되어 있을 뿐 날인은 없었던 점, 다른 토지 소유자들의 매매동의를 얻어 날인까지 받은 매매계약동의서와 함께 제시됨으로써 위 매매계약동의서의 소유자들은 확정적으로 매매계약에 동의하지 않았다는 사실을 쉽게 구별·확인 가능한 점, 매매계약동의서의 성격 등을 고려해 볼 때, 위 매매계약동의서가 진정한 문서로 오신하기에 충분한 정도의 형식과 외관을 갖춘 완성된 문서로 인정하기에 부족하므로, 사문서위조죄는 성립하지 않는다.

㉣ 대리권·대표권과 관련된 문서작성행위의 문제

ⓐ 대리권·대표권 '없는' 자가 대리인으로서 본인명의문서를 작성한 경우 : 본죄가 아니라 자격모용문서작성죄(제226조, 제232조)에 해당된다.[1197]

ⓑ 대리권·대표권 있는 자가 그 권한을 '초월'하여(그 권한 이외의 사항에 대하여) 문서를 작성한 경우 : 자격모용문서작성죄가 성립한다(통설). 다만 대리권·대표권이 표시되지 않은 문서의 경우 위임받은 권한을 초월하여 작성한 것은 위조죄에 해당된다.

ⓒ 대리권·대표권 있는 자가 그 권한을 '남용'하여(그 권한의 범위 내에서) 문서를 작성한 경우 : 작성권의 행사이므로 위조나 자격모용작성에 해당하지 않는다(통설·판례).[1198] 국가7급 07 / 경찰간부 14 / 변호사 16

표정리 위조·변조죄에서 대리권·보충권의 모용·남용

대리권 모용	자격모용작성
대리권 남용	배임죄 또는 허위작성죄 국가7급 07
대리권 (명백한) 초월·일탈	• 대리권·대표권이 표시된 문서 : 자격모용작성죄 • 대리권·대표권이 표시되지 않은 문서 : 위조죄
위임받은 권한 초과	
백지보충권 남용	위 조 법원9급 07(하)

② 변조(變造, alteration, Verfälschen) : 권한 없이 이미 진정하게 성립된 타인명의의 문서 내용에 그 동일성을 해하지 않을 정도로 변경하는 것을 말한다. 다만 변조는 위조와 마찬가지로 기존의 문서와는 다른 내용의 새로운 증명력을 작출케 하는 정도에는 해당되어야 한다.

판례연구 사문서변조에 해당하는 사례

1. 대법원 1976.8.24, 76도1774
매매계약서의 매수인을 추가기재한 사례
부동산매매계약을 체결함에 있어서 甲을 매수인으로 내세우고 乙은 그 계약의 단순한 입회인의 자격으로서 그 계약을 체결한 이상 그 전에 甲과 乙이 서로 돈을 대어 丙으로부터 이 사건 부동산을 공동매수하기로 합의하였

1197 황산덕, 192면; 김일수/서보학, 712면; 박상기, 526면; 배종대, 638면; 백형구, 545면; 손동권, 664면; 오영근, 837면; 이재상, §32-36; 임웅, 643면; 정성근/박광민, 575면; 진계호, 590면. 반면 자격모용작성죄가 아니라 사문서위조죄를 인정하는 견해는 이정원, 610면 참조.
1198 김일수/서보학, 712면; 박상기, 527면; 백형구, 545면; 손동권, 664면; 유기천(하), 155면; 이재상, §32-36; 임웅, 644면; 정성근/박광민, 575면; 정영석, 167면; 진계호, 576면. 판례는 대법원 1983.10.25, 83도2257; 1983.4.27, 92도2688 참조.

다 하더라도 이는 甲과 乙만의 대내적인 합의에 불과하였다 할 것이므로 甲·乙 등만이 마음대로 乙을 매수인이라고 기재하여 그 매매계약서를 고쳤다면 그 행위는 사문서변조죄에 해당한다. 법원승진 10

2. 대법원 1995.2.24, 94도2092

보관 중인 영수증에 작성명의인의 승낙 없이 새로운 증명력을 가져오게 하는 문구를 기재한 사례

피고인이 나중에 관련 민사소송에서 그 어음을 그 계쟁 부동산을 담보물로 한 은행융자금채무의 상환을 위하여 교부받은 것이라는 주장사실을 입증하는 데 사용할 목적으로 당시 보관 중이던 그 영수증 위의 '할부금'이라는 기재부분 옆에다 그 작성명의인인 망인의 승낙 없이 임의로 그 계쟁 부동산을 지칭하는 표시로서 '733-19번지'라고 써 넣은 것이라면, 그 변경 내용이 비록 객관적인 진실에 합치하는 것이라 하더라도, 이는 그 영수증에 새로운 증명력을 가져오게 한 것임이 분명하므로, 사문서변조죄의 구성요건을 충족한다.

3. 대법원 2010.1.28, 2009도9997

일련번호 16번까지 투표지를 받은 사람들의 기명 및 서명이 기재되어 있고, 투표 후 확인업무 담당자인 甲, 乙이 그 하단 공백 부분에 서명한 '건물 임시관리단집회 투표지대장'의 일련번호 17번란에 피고인이 자신의 이름을 기명하고 서명한 행위는 甲, 乙 명의의 사문서인 위 투표지대장을 변조한 것에 해당한다.

4. 대법원 2018.9.13, 2016도20954

이사장이 이사의 서명거부기재를 삭제한 사건

이사회 회의록에 관한 이사의 서명권한에는 서명거부사유를 기재하고 그에 대해 서명할 권한이 포함된다. 이사가 이사회 회의록에 서명함에 있어 이사장이나 다른 이사들의 동의를 받을 필요가 없는 이상 서명거부사유를 기재하고 그에 대한 서명을 함에 있어서도 이사장 등의 동의가 필요 없다고 보아야 한다. 따라서 이사가 이사회 회의록에 서명 대신 서명거부사유를 기재하고 그에 대한 서명을 하면, 특별한 사정이 없는 한 그 내용은 이사회 회의록의 일부가 되고, 이사회 회의록의 작성권한자인 이사장이라 하더라도 임의로 이를 삭제한 경우에는 이사회 회의록 내용에 변경을 가하여 새로운 증명력을 가져오게 되므로 사문서변조에 해당한다. 경찰채용 21 1차

판례연구 사문서변조에 해당하지 않는 사례

대법원 2017.12.5, 2014도14924

진정하게 성립된 타인 명의의 문서가 존재하지 않는 경우

사문서변조죄는 권한 없는 자가 이미 진정하게 성립된 타인 명의의 문서 내용에 대하여 동일성을 해하지 않을 정도로 변경을 가하여 새로운 증명력을 작출케 함으로써 공공적 신용을 해할 위험성이 있을 때 성립한다. 따라서 이미 진정하게 성립된 타인 명의의 문서가 존재하지 않는다면 사문서변조죄가 성립할 수 없다.

2. 주관적 구성요건 – 고의와 행사할 목적

(1) 고 의

본죄의 고의라 함은 작성명의자의 동의 없이 그 명의를 함부로 사용하여 문서를 작성한다는 인식과 의사를 말한다.

판례연구 사문서위조의 고의가 인정되는 사례

대법원 2008.4.10, 2007도9987

법무사가 위임인이 문서명의자로부터 문서작성권한을 위임받지 않았음을 알면서도 법무사법 제25조에 따른 확인절차[1199]를 거치지 아니하고 권리의무에 중대한 영향을 미칠 수 있는 문서를 작성한 경우, 사문서위조 및 동행사죄의 고의를 인정할 수 있다.

1199 보충 법무사법 제25조에 의하면 법무사가 사건의 위임을 받은 경우에는 주민등록증·인감증명서 등 법령에 의하여 작성된 증명서의 제출이나 제시 기타 이에 준하는 확실한 방법으로 위임인이 본인 또는 그 대리인임을 확인하여야 한다.

판례연구 사문서위조의 고의가 인정되지 않는 사례

대법원 1984.3.27, 84도115

대금수령에 관하여 포괄적 위임을 받은 자가 대금을 지급받는 방법으로 본인명의의 차용증서를 작성해 준 경우의 사문서위조 및 동행사의 고의

급식용 가공돼지고기를 납품하는 단지원들에 의하여 돼지고기의 가공, 납품 및 대금수령에 관한 사무를 총괄적으로 위임받고 이를 위하여 그들의 인장을 맡아 사용하는 단지장이 그 대금의 수령을 위해 납품자인 단지원의 이름으로 축산협동조합에 예금청구서와 차용증서를 작성 제출하고 선급금명목으로 납품대금을 받아 이를 단지원에게 지급한 사실이 인정된다면 위 예금청구서와 차용증서는 단지원들로부터 돼지고기의 가공, 납품에 따른 포괄적 위임에 따라 작성된 것이라고 보여져 이에 대하여 사문서위조 동행사의 고의를 인정할 수 없다. 국가7급 11

(2) 행사할 목적

문서위조·변조죄에 있어서 행사할 목적이란 위조·변조된 문서를 진정한 문서인 것처럼 사용할 목적을 말하는 것으로 적극적 의욕이나 확정적 인식을 요하지 아니하고 미필적 인식이 있으면 족하다는 것이 판례의 입장(대법원 2006.1.26, 2004도788) 경찰승진(경위) 10이지만,[1200] 목적을 고의와 동일시할 수는 없다는 점에서 직접적 · 확정적 인식을 요한다는 것이 다수설이다.[1201]

3. 죄수 및 다른 범죄와의 관계

(1) 문서에 관한 죄의 죄수 결정기준 : 명의인의 수

판례는 명의인의 수[1202]를 기준으로 하여 2인 이상의 연명으로 된 문서를 위조한 때에는 수죄의 상상적 경합이 된다는 입장이다(대법원 1987.7.21, 87도564). 법원행시 06 / 법원9급 07(상) / 경찰간부 12 / 경찰간부 14 / 경찰승진(경감이하) 17 / 국가9급 24

✔ 유가증권은 매수를 기준

(2) 본죄와 위조문서행사죄의 관계

위조죄와 행사죄를 독립적으로 규정하는 한 경합범관계가 된다(다수설·판례).[1203]

(3) 인장위조죄와의 관계

행사할 목적으로 타인의 인장을 위조하고 그 위조한 인장을 사용하여 권리의무 또는 사실증명에 관한 타인의 사문서를 위조한 경우 인장위조죄는 사문서위조죄에 흡수되고 따로 인장위조죄가 성립하는 것은 아니다(대법원 1978.9.26, 78도1787).[1204] 법원행시 14 / 경찰승진(경감) 11 / 변호사 12

1200 미필적 인식으로 족하다는 학설은 서일교, 254면; 오도기(공저), 532면; 진계호, 576면 참조.

1201 김일수/서보학, 732면; 배종대, 652면; 오영근, 842면; 이재상, §32-45; 정성근/박광민, 579면.

1202 문서죄의 죄수결정기준에 대해서는 판례가 명의인의 수를 가지고 판단하는 입장이나, 구체적인 죄수결정기준에 대해서는 문서의 수(백형구, 544면; 정영석, 181면), 행위와 문서의 수(박상기, 525면), 행위와 명의인의 수(임웅, 638면), 범죄의사(황산덕, 139면), 보호법익[서일교, 260면; 유기천(하), 188면; 진계호, 574면], 법익을 기준으로 하면서 행위·범죄의사의 수를 고려하는 입장(배종대, 497면; 이재상, § 32-46), 이상 모든 것을 고려해야 한다는 입장(손동권, 662면)을 표준으로 해야 한다는 견해가 대립하고 있다.

1203 박상기, 526면; 백형구, 517면; 손동권, 663면; 이정원, 572면; 정성근/박광민, 580면; 정영석, 181면; 진계호, 528면; 황산덕, 141면. 판례는 대법원 1991.9.10, 91도1722; 1983.7.26, 83도1378 참조. 한편 행사할 목적으로 실현하는 한 개의 행위라고 주장하면서 상상적 경합으로 보는 설은 배종대, ibid; 이재상, ibid. 참조. 법조경합 중 보충관계로 보아 위조문서행사죄만 성립한다는 견해는 오영근, 793면; 임웅, ibid.

1204 **판례의 사실관계** 甲은 乙의 인장을 위조한 후, 이 인장을 이용하여 사정을 모르는 법무사 丁을 시켜서 부산 동래구 중동 소재 甲의 임야와 건물에 대한 乙 명의의 소유권이전청구권보전을 위한 가등기말소등기신청서와 근저당권말소등기신청서와 위 각 말소등기에 필요한 乙 명의의 위임장을 작성케 하여 이를 관할 법원등기소(동래등기소)의 등기관 丙에게 제출하여 등기부에 위의 사항을 기재하게 하였다.

4. 몰 수

위조문서는 몰수할 수 있다(2020.12.8. 우리말 순화 개정법 제48조 제1항 제2호). 다만 문서의 일부가 몰수의 대상이 된 경우에는 그 부분을 폐기한다(2020.12.8. 우리말 순화 개정법 제48조 제3항).

03 자격모용에 의한 사문서작성죄

제232조【자격모용에 의한 사문서의 작성】 행사할 목적으로 타인의 자격을 모용하여 권리 · 의무 또는 사실증명에 관한 문서 또는 도화를 작성한 자는 5년 이하의 징역 또는 1천만 원 이하의 벌금에 처한다.

1. 의 의

자격모용사문서작성죄(資格冒用私文書作成罪)는 대표권 · 대리권 '없는' 자가 있는 것처럼 자격을 모용(冒用)하거나 대표권 · 대리권 있는 자가 그 권한을 '초월'하여 자격을 모용하는 행위를 처벌하는 규정이다. 제225조 · 231조의 공 · 사문서위조죄가 타인의 명의를 모용하는 행위를 처벌한다면, 제226조 · 232조의 자격모용 공 · 사문서작성죄는 −명의는 자신의 명의를 사용하였으므로 명의모용행위는 하지 않았으나− 자기에게 없는 타인의 자격을 자기가 갖춘 것처럼 기재하는 행위를 처벌하는 것이다.

2. 객관적 구성요건

(1) 유형위조 · 자격모용작성

① 위조죄와의 공통점 : 자격모용사문서작성죄를 구성하는지 여부는 그 문서를 작성함에 있어 타인의 자격을 모용하였는지 아닌지의 형식(形式)에 의하여 결정하여야 하고, 그 문서의 내용(內容)이 진실한지 아닌지는 이에 아무런 영향을 미칠 수 없다. 이렇듯 작성권한 없는 자의 작성행위인 유형위조를 처벌한다는 점에서 본죄는 사문서위조죄와 공통점이 있다. 따라서 대리인이 본인 명의의 문서를 허위로 작성한 무형위조는 본죄를 구성하지 않는다.

② 위조죄와의 구별 − 명의모용이 아닌 자격모용

㉠ 자격모용 : 문서위조죄와 자격모용문서작성죄는 구별해야 한다. 따라서 명의와 자격이 모두 모용된 경우에는 문서위조죄에 해당하고 본죄에는 해당되지 않으며, 명의는 자기명의이나 타인의 자격을 모용한 경우에 비로소 본죄에 해당된다.

㉡ 대표권 · 대리권 표시 : ⓐ 본죄는 대표권 · 대리권이 표시된 문서의 경우 대표권 · 대리권 없는 자가 자격을 모용하거나 대표권 · 대리권 있는 자가 그 권한을 초월하여 작성한 경우에 성립한다. 반면 ⓑ 대표권 · 대리권 표시가 없는 형식의 문서에 있어서 위임을 받은 바 없음에도 본인 명의로 작성하거나 위임의 취지에 반하거나 위임받은 권한을 초월하여 백지를 보충하는 등의 행위를 한 경우에는 본죄가 아니라 위조죄에 해당된다.

해결 이 판례의 주된 요지는 ① 인장위조죄는 문서위조죄가 성립하면 이에 흡수되어 별도로 성립하지 않는 법조경합의 관계가 있다는 점과 ② 위 사건에서는 검사가 인장위조와 문서위조의 경합범으로 보고 인장위조의 사실관계를 인정하고 있지만 원심은 인장위조의 사실 자체가 아예 인정되지 않는 사안이라고 판단하기 때문에 검사의 논지가 이유 없다는 점, 두 가지이다. 참고로 사기죄가 성립하지 않음을 주의하여야 한다. 삼각사기에 있어서 재산상 피해자의 재산을 사실상 처분할 수 있는 가능성 내지 지위를 법원의 등기관은 가지지 못하기 때문이다. 그리고 인장위조죄 및 동행사죄는 사문서위조죄가 성립하면 이에 흡수되므로 별도로 성립하지 않는다. 따라서 甲에게는 (간접정범에 의한) 사문서위조죄와 위조사문서행사죄와 공정증서원본부실기재죄의 실체적 경합이 인정된다.

판례연구 자격모용에 의한 사문서작성죄 인정 사례

1. 대법원 1991.10.8, 91도1703

양식계장 아닌 자가 양식계장 명의 내수면사용동의신청서의 계장란에 자신의 이름을 쓴 사례

양식계의 계장이나 그 직무를 대행하는 자가 아닌 자가 양식계의 계장 명의의 내수면사용동의신청서 하단의 계장란에 자신의 이름을 쓰게 하고 그 옆에 자신의 도장을 날인하여 사실증명에 관한 문서인 위 내수면사용동의신청서 1매를 작성하고 이를 행사하였다면 이는 자격모용에 관한 사문서작성, 동행사죄에 해당한다.

2. 대법원 2007.7.26, 2005도4072

종중의 신임 대표자 등이 선임되고 전임 대표자에 대한 직무집행정지가처분결정이 있은 후 위 가처분결정이 취소된 경우, 신임 대표자 선임결의가 무효라 하더라도 전임 대표자가 위 가처분결정을 알면서 가처분결정시부터 취소시 사이에 대표자 자격으로 작성한 이사회 의사록 등은 자격을 모용하여 작성한 문서가 된다. 사시 14

3. 대법원 2007.7.27, 2006도2330

재건축조합장 아닌 사람이 재건축조합장 직함 사용한 사례

재건축조합의 조합장이 아닌 사람이 재건축조합 조합장의 직함을 사용하여 재건축사업에 관한 계약서를 작성하였다면, 계약의 상대방이 자격모용사실을 알고 있었다거나 그 계약서에 조합장의 직인이 아닌 다른 인장을 날인하였더라도 자격모용에 의한 사문서작성죄의 고의와 행사의 목적이 인정된다고 보아야 한다. 법원행시 09

4. 대법원 2008.2.14, 2007도9606

부동산중개사무소를 대표하거나 대리할 권한이 없는 사람이 부동산매매계약서의 공인중개사란에 '○○부동산 대표 △△△(피고인의 이름)'라고 기재한 경우, '○○부동산'이라는 표기는 단순히 상호를 가리키는 것이 아니라 독립한 사회적 지위를 가지고 활동하는 존재로 취급될 수 있으므로 자격모용사문서작성죄의 '명의인'에 해당하므로, 위 행위는 자격모용사문서작성죄에 해당된다. 법원행시 10 / 경찰채용 11 1차 / 사시 12

5. 대법원 2017.12.22, 2017도14560

자격모용사문서작성죄의 성립에 필요한 대표 또는 대리관계의 표시 정도 및 판단 방법

자격모용에 의한 사문서작성죄는 문서위조죄와 마찬가지로 문서의 진정에 대한 공공의 신용을 보호법익으로 하는 것으로, 행사할 목적으로 타인의 자격을 모용하여 작성된 문서가 일반인으로 하여금 명의인의 권한 내에서 작성된 문서라고 믿게 할 수 있는 정도의 형식과 외관을 갖추고 있으면 성립한다. 대표자 또는 대리인의 자격으로 임대차 등 계약을 하는 경우 그 자격을 표시하는 방법에는 특별한 규정이 없다. 피고인 자신을 위한 행위가 아니고 작성명의인을 위하여 법률행위를 한다는 것을 인식할 수 있을 정도의 표시가 있으면 대표 또는 대리관계의 표시로서 충분하다.

보충 A는 甲 주식회사 소유의 오피스텔에 대한 분양대행 권한을 가지게 되었을 뿐 甲 회사의 동의 없이 오피스텔을 임대할 권한이 없는데도 임차인들과 임대차계약을 체결하면서 甲 회사가 분양사업을 위해 만든 乙 회사 명의로 계약서를 작성·교부하였는데, 임대차계약서에는 임대인 성명이 '乙 회사(A)'로 기재되어 대표자 또는 대리인의 자격 표시가 없고 또 A의 개인 도장이 찍혀 있는 경우이었다. 그렇다면, 일반인으로서는 임대차계약서가 乙 회사의 대표자 또는 대리인의 자격을 가진 피고인에 의해 乙 회사 명의로 작성된 문서라고 믿게 할 수 있는 정도의 형식과 외관을 갖추고 있어 피고인의 행위는 자격모용사문서작성과 자격모용작성사문서행사에 해당된다.

6. 대법원 2022.6.30, 2021도17712

어느 회사의 대표이사가 자기 회사와 다른 회사의 총괄대표이사 자격을 사용한 사건

A회사의 대표이사 甲은 A회사와 B회사의 '총괄대표이사'의 자격으로 작성된 도급계약서에 자신의 이름과 A회사 대표이사의 직인을 날인하였다. …… 자격모용사문서작성죄는 문서위조죄와 마찬가지로 문서의 진정에 대한 공공의 신용을 보호법익으로 하는 것으로, 행사할 목적으로 타인의 자격을 모용하여 작성된 문서가 일반인으로 하여금 명의인의 권한 내에서 작성된 문서라고 믿게 할 수 있는 정도의 형식과 외관을 갖추고 있으면 성립한다(대법원 2008.2.14, 2007도9606 등 참조). 주식회사의 대표 자격으로 계약을 하는 경우 피고인 자신을 위한 행위가 아니고 작성명의인인 회사를 위하여 법률행위를 한다는 것을 인식할 수 있을 정도의 표시가 있으면 대표관계의 표시라고 할 수 있다. …… 도급계약서의 형식과 외관, 계약서 작성 경위, 종류, 내용 등의 사정을 종합할 때 위 계약서를 수령한 상대방으로서는 위 계약서가 A회사의 대표이사 또는 A회사와 B회사의 총괄대표이사의 자격을

가진 피고인에 의하여 A회사 및 B회사 명의로 작성된 문서라고 믿게 할 정도의 형식과 외관을 갖추고 있는 것으로 볼 수 있고 설령 상대방이 피고인이 B회사의 대표이사가 아님을 알고 있더라도 자격모용사문서작성죄의 성립에 영향이 없다.

(2) 대표권 · 대리권자의 작성권한 남용과의 구별

본죄는 대표권·대리권 없는 자의 자격모용행위를 처벌하는 것이므로, 타인의 대표자 또는 대리자가 그 대표·대리 명의를 써서 또는 직접 본인의 명의를 사용하여 문서를 작성할 권한을 가지는 경우라면, '그 지위를 남용(濫用)'하여 단순히 자기 또는 제3자의 이익을 도모할 목적으로 마음대로 문서를 작성하였다 하여도 본죄나 문서위조죄와 같은 유형위조죄는 성립하지 아니한다(대법원 1983.4.12, 83도332). 법원행시 09

판례연구 자격모용이 아니거나 대표권 · 대리권을 남용하여 작성한 것에 불과한 사례

1. 대법원 1975.11.25, 75도2067

회사의 대표이사직에 있었던 자가 재직시에 발행한 약속어음의 발행명의인과 일치시키기 위하여 위 약속어음에 대한 회사명의의 지급각서를 작성함에 있어서 당시의 대표이사의 승낙을 받아 작성하였다면 이는 진정한 문서로서 타인의 자격을 모용하여 문서를 작성하였다고 볼 수 없다.

2. 대법원 2006.4.27, 2005도8875

후임 이사가 유효하게 선임되었으나 선임의 효력을 둘러싼 다툼이 있는 경우, 임기가 만료된 구 이사만이 직무수행권한을 가지는지 여부(소극)

후임 이사가 유효히 선임되었는데도 그 선임의 효력을 둘러싼 다툼이 있다고 하여 그 다툼이 해결되기 전까지는 후임 이사에게는 직무수행권한이 없고 임기가 만료된 구 이사만이 직무수행권한을 가진다고 할 수는 없다. 따라서 사단법인의 이사장 선거에서 당선된 후 전임 이사장의 임기만료에 따라 이사장으로 취임한 피고인이 선거결과를 둘러싼 민사소송에서 적법한 당선자라는 취지의 판결을 선고받아 확정된 경우, 피고인은 이미 위 법인의 이사장으로서의 권한을 가지고 있었다고 보아야 하므로, 피고인의 이사장 자격 사용 문서작성은 자격모용작성에 해당하지 않는다.

3. 대법원 2007.7.26, 2005도4072

민법상 법인의 이사의 임기가 만료하였다고 하더라도 후임 이사가 선임되지 않은 경우 전임 이사들이 계속 종전 그 직무를 수행하면서 임원 자격으로 작성한 이사회 의사록 등은 자격을 모용하여 작성한 문서가 아니다.[1205] 사시 14

4. 대법원 2007.10.11, 2007도5838

대표 또는 대리명의로 문서를 작성할 권한을 가진 자가 이를 남용하여 문서를 작성한 경우, 자격모용 사문서작성죄의 성립 여부(소극)

A로부터 토지매수권한을 위임받은 대리인 甲이 매도인측 대표자 乙과 공모하여 매매대금 일부를 착복하기로 하고 위임받은 특정 매매금액보다 낮은 금액을 허위로 기재한 매매계약서를 작성하였다 하더라도 甲에게는 자격모용 사문서작성죄는 성립하지 않는다.

3. 주관적 구성요건 – 고의 및 행사할 목적

자격모용사문서작성죄가 성립하기 위해서는 행사할 목적 이외에 정당한 대표권이나 대리권이 없음을 알고도 마치 대표권이나 대리권이 있는 것처럼 가장하여 타인의 자격을 모용한다는 고의가 있어야 한다.

1205 보충 또는 후임 이사가 선임되었다고 하더라도 그 선임결의가 무효이고 임기가 만료하지 아니한 다른 이사만으로는 정상적인 법인의 활동을 할 수 없는 경우에는, 임기가 만료한 구 이사로 하여금 법인의 업무를 수행케 함이 부적당하다고 인정할 만한 특별한 사정이 없는 한, 구 이사는 후임 이사가 선임될 때까지 종전의 직무를 수행할 수 있다(위 판례).

판례연구 자격모용사문서작성의 고의를 인정하지 않은 사례

대법원 1996.7.12, 93도2628

교단이 A협회와 B협회로 분열됨으로써 위 각 분열된 교단 모두 원래의 교단과의 동일성을 상실하게 되었다고 하더라도 피고인 등은 자신들이 소속한 B협회가 원래의 교단의 교리를 따르고 있었으므로 동 교단이 동일성을 그대로 유지한다고 믿었을 것이라고 보이고, 그렇다면 위 B협회의 회장으로 선출된 피고인이 이 사건 진정서 등을 작성, 제출할 당시 타인의 자격을 모용한다는 고의가 있었다고 보기는 어렵다.

04 사전자기록 위작 · 변작죄

제232조의2【사전자기록 위작 · 변작】 사무처리를 그르치게 할 목적으로 권리 · 의무 또는 사실증명에 관한 타인의 전자기록 등 특수매체기록을 위작 또는 변작한 자는 5년 이하의 징역 또는 1천만 원 이하의 벌금에 처한다.

1. 객관적 구성요건

(1) **객체** – 권리 · 의무 또는 사실증명에 관한 타인의 전자기록 등 특수매체기록

① 전자기록 등 특수매체기록

㉠ 의의 : 사전자기록위작 · 변작죄(私電磁記錄僞作 · 變作罪)에서 전자기록 등 특수매체기록이라 함은 일정한 저장매체에 전자방식이나 자기방식, 광학적 방식에 의해 저장된 '기록'을 말하며,[1206] 그 자체로는 물적 실체를 가진 것이 아니어서 별도의 표시 · 출력장치를 통하지 아니하고는 보거나 읽을 수 없는 것을 말한다.

㉡ 계속성 : 기록은 계속성을 요하므로 전송 중인 데이터나 컴퓨터 모니터상 이미지는 포함될 수 없다. 다만 컴퓨터의 기억장치 중 하나인 램(RAM, Random Access Memory)에 올려진 전자기록은 임시적이기는 하나 기록에 포함된다(대법원 2003.10.9, 2000도4993).[1207] 법원행시 08 / 경찰채용 10 2차 / 사시 10

㉢ 매체와 기록의 구별 : CD 자체는 재물에 불과하지만 그 안에 들어있는 기록이 권리 · 의무 또는 사실증명에 관한 것이라면 본죄의 특수매체기록에 해당된다.

㉣ 마이크로필름 : 단순히 문자의 축소 · 확대에 의한 재생에 불과하여 포함되지 않는다.[1208]

② 증명성 : 본죄의 기록은 권리 · 의무 또는 사실증명에 관한 것이어야 한다. 따라서 컴퓨터에 대한 작업명령을 내용으로 하는 프로그램은 포함되지 않는다.

③ 타인 : 타인의 의미에 대해서는 ㉠ 작성명의인뿐만 아니라 소유자 · 점유자를 포함한다는 견해[1209]와 ㉡ 문서와 마찬가지로 작성명의인을 의미한다는 견해[1210]가 대립한다. 작성권자가 아닌 자가 소유하게 된 전자기록의 내용을 작성권자가 변경시킨 경우, 제1설은 본죄의 성립을 인정하고 제2설은 본죄가 아니라 전자기록손괴죄(제366조)에 해당한다고 본다. (필자주 – 제2설이 타당하다고 생각된다.) 또한

1206 기술한 컴퓨터 등 장애업무방해죄 참조.

1207 판례 : RAM 수정입력 사건 램이 비록 임시기억장치 또는 임시저장매체이기는 하지만, 형법이 전자기록위 · 변작죄를 문서위 · 변조죄와 따로 처벌하고자 한 입법취지, 전자기록의 계속성과 증명적 기능과의 관계, 본죄의 보호법익과 그 침해행위의 태양 및 가벌성 등에 비추어 볼 때, 위 램에 올려진 전자기록 역시 본죄에서 말하는 전자기록 등 특수매체기록에 해당한다(대법원 2003.10.9, 2000도4993). 법원행시 08 / 경찰채용 10 2차 / 사시 10

1208 법무부, 형법개정법률안 제안이유서, 229면 이하.

1209 김일수/서보학, 746면; 임웅, 670면; 정성근/박광민, 637면.

1210 박상기, 533면; 이형국, 633면; 정영일, 619면.

이는 본죄의 위작·변작의 의미를 어떻게 볼 것인가와 관련된 문제이다.

(2) 행위 및 기수시점

① 유형위조와 무형위조

㉠ 문제의 소재 : 위작·변작의 의미에 대해서 공전자기록위작·변작의 경우에는 유형위조뿐만 아니라 무형위조도 포함된다는 것이 통설·판례이다(후술함). 그런데 사전자기록위작·변작에 대해서 무형위조를 포함시킬 것인가에 대해서는 학설과 판례의 대립이 있다.

㉡ 긍정설 : ⓐ 전자기록위작·변작죄의 입법취지는 공전자기록인가 사전자기록인가를 불문하고 무형위조까지도 처벌하는 것이고,[1211] ⓑ 전자기록에서는 문서와 달리 작성자의 명의가 표시되지 않는 경우가 대부분이며, ⓒ 전자기록을 만드는 것 자체가 고도의 기술과 전문성을 요하는 작업이라는 점에서 무형위조도 처벌해야 하고, ⓓ 형법상 사문서의 무형위조도 예외적으로 처벌하고 있다는 점에서, 무형위조도 포함된다는 입장이다.[1212]

㉢ 부정설 : ⓐ 사문서의 경우 무형위조를 원칙적으로 처벌하지 않는 점에 비추어 사전자기록에 대해서도 유형위조만 처벌하는 것으로 보아야 하고, ⓑ 전자기록에 대한 작성권은 어떤 기록을 만드는가에 대한 결정권을 포함하므로 작성권자가 허위내용의 기록을 만드는 경우에는 본죄에 해당되지 않는다는 입장이다.[1213]

㉣ 판례 : 대법원은 사전자기록등위작죄의 위작의 의미를 사문서위조죄의 위조(유형위조로 제한)와 동일하게 해석할 필요가 없고 공전자기록등위작의 위작(유형위조뿐만 아니라 무형위조도 포함)과 동일하게 보는 입장으로서 긍정설에 서 있다. 즉, 판례는 형법 제232조의2에서 정한 '위작'의 포섭 범위에 권한 있는 사람이 그 권한을 남용하여 허위의 정보를 입력함으로써 시스템 설치·운영 주체의 의사에 반하는 전자기록을 생성하는 행위를 포함하는 것으로 보더라도, 이러한 해석이 '위작'이란 낱말이 가지는 문언의 가능한 의미를 벗어났다거나 피고인에게 불리한 유추해석 또는 확장해석을 한 것이라고 볼 수 없으므로, 시스템의 설치·운영 주체로부터 각자의 직무 범위에서 개개의 단위정보의 입력 권한을 부여받은 작성권한 있는 사람이 그 권한을 남용하여 허위의 정보를 입력함으로써 시스템 설치·운영 주체의 의사에 반하는 전자기록을 생성하는 경우도 사전자기록등위작죄의 위작에 포함된다고 보고 있다(대법원 2020.8.27, 2019도11294 전원합의체).

판례연구 작성권한 있는 자의 허위 정보 입력 사전자기록 생성 사건

대법원 2020.8.27, 2019도11294 전원합의체

(작성권한 있는 자가 그 권한을 남용하여 허위의 정보를 입력함으로써 시스템 설치·운영 주체의 의사에 반하는 전자기록을 생성한 행위가 형법 제232조의2에서 정한 사전자기록의 '위작'에 해당하는가의 문제) 형법 제227조의2의 공전자기록등위작죄는 사무처리를 그르치게 할 목적으로 공무원 또는 공무소의 전자기록 등 특수매체기록을 위작 또는 변작한 경우에 성립한다. 대법원은, 형법 제227조의2에서 위작의 객체로 규정한 전자기록은 그 자체로는 물적 실체를 가진 것이 아니어서 별도의 표시·출력장치를 통하지 아니하고는 보거나 읽을 수 없고, 그 생성 과정에 여러 사람의 의사나 행위가 개재됨은 물론 추가 입력한 정보가 프로그램에 의하여 자동으로 기존의 정보와 결합하여 새로운 전자기록을 작출하는 경우도 적지 않으며, 그 이용 과정을 보아도 그 자체로서 객관적·고정적 의미를 가지면서 독립적으로 쓰이는 것이 아니라 개인 또는 법인이 전자적 방식에 의한 정보의 생

1211 법무부, 형법개정법률안 제안이유서, 230면 및 232면.
1212 오영근, 749면; 임웅, 646면.
1213 박상기, 532면; 이재상, §32－103.

성·처리·저장·출력을 목적으로 구축하여 설치·운영하는 시스템에서 쓰임으로써 예정된 증명적 기능을 수행하는 것이므로, 위와 같은 시스템을 설치·운영하는 주체와의 관계에서 전자기록의 생성에 관여할 권한이 없는 사람이 전자기록을 작출하거나 전자기록의 생성에 필요한 단위정보의 입력을 하는 경우는 물론 시스템의 설치·운영 주체로부터 각자의 직무 범위에서 개개의 단위정보의 입력 권한을 부여받은 사람이 그 권한을 남용하여 허위의 정보를 입력함으로써 시스템 설치·운영 주체의 의사에 반하는 전자기록을 생성하는 경우도 형법 제227조의2에서 말하는 전자기록의 '위작'에 포함된다고 판시하였다(대법원 2005.6.9, 2004도6132). 위 법리는 형법 제232조의2의 사전자기록등위작죄에서 행위의 태양으로 규정한 '위작'에 대해서도 마찬가지로 적용된다(대법원 2016.11.10, 2016도6299). 이와 같은 위작에 관한 대법원의 법리는 타당하므로 이 사건에서도 적용할 수 있다.[1214]

보충 코미드라는 상호로 인터넷 가상화폐 거래소를 운영하는 주식회사 코미드의 대표이사 내지 사내이사인 피고인들이 가상화폐 거래시스템상 차명계정에 허위의 원화 포인트 및 가상화폐 포인트를 입력하고, 이를 위 거래시스템상 표시하게 한 것은 사전자기록등위작죄 및 위작사전자기록등행사죄에 해당한다는 판례이다.

ⓜ 소결 : 문서와 전자기록을 구별해야 하는 근거가 뚜렷하지 않고 형법상 사문서의 허위작성을 처벌하는 것은 진단서 등에 제한되고 있다는 점에서 사전자기록위작·변작에는 무형위조가 포함되지 않는다는 부정설이 타당하다고 생각된다. 사전자기록에 대한 허위작성을 처벌하기 위해서는 별도의 입법이 필요하다고 본다.

② 위작·변작 : 위작이란 작성권한 없는 자가 그 내용을 새로 만든 경우 내지 동일성을 해할 정도로 변경하는 것을 의미하고, 변작이란 작성권한 없는 자가 동일성을 해하지 않을 정도로 그 내용을 변경하는 것을 말한다. 램에 올려진 전자기록의 내용을 권한 없이 수정·입력한 행위가 비록 원본파일의 변경까지 초래하지는 아니하였더라도 본죄의 변작에 해당된다(대법원 2003.10.9, 2000도4993). 법원행시 08 / 경찰채용 10 2차 / 사시 10 램에 올려진 전자기록은 원본파일과 불가분적인 것으로 원본파일의 개념적 연장선상에 있는 것이기 때문이다.

③ 기수 : 전자기록에 허구의 내용을 권한 없이 수정입력한 것은 그 자체로 그러한 사전자기록을 변작한 행위의 구성요건에 해당되므로, 그러한 수정입력의 시점에서 사전자기록변작죄의 '기수'에 이르렀다고 볼 수 있다(대법원 2003.10.9, 2000도4993). 사시 10

1214 **보충** (대법관 이기택, 대법관 김재형, 대법관 박정화, 대법관 안철상, 대법관 노태악의 반대의견) 사전자기록위작죄의 구성요건의 형식과 내용, 그 법정형, 사문서위조죄에 관한 형법의 태도, 그에 대한 일반 국민들의 확립된 관념 등에 비추어 보면, 형법 제232조의2에서 정한 '위작'은 유형위조만을 의미하는 것으로 해석하여야 한다. 이렇게 해석하는 것이 불명확성에 따른 위헌 소지를 제거하는 헌법합치적 해석이라고 할 수 있다. 그런데 사문서위조와 사전자기록위작을 달리 규율할 합리적 이유가 없음에도, 유형위조만을 처벌하는 사문서위조와 달리 사전자기록위작에 대해서는 형법 제232조의2에서의 '위작'에 무형위조를 포함한다고 해석하는 것은 불명확한 용어를 피고인에게 불리하게 해석하는 것일 뿐만 아니라 합리적 이유 없이 문언의 의미를 확장하여 처벌범위를 지나치게 넓히는 것이어서, 형사법의 대원칙인 죄형법정주의의 원칙에 반한다고 할 것이다. …… 우리 형법이 사문서의 무형위조를 처벌하지 않는 것은 공문서와 달리 사적 자치의 영역에는 국가의 형벌권 행사를 최대한 자제하기 위함이다. 이러한 형법의 태도는 문서가 아닌 전자기록에도 그대로 적용될 수 있다. 회사는 그 영업을 함에 있어 진실에 부합하는 전자기록 이외에도 부득이한 상황에서 진실에 일부 부합하지 않는 허위내용이 담긴 전자기록을 작성하는 경우도 얼마든지 있을 수 있다. 그런데 허위내용이 담긴 사전자기록이라는 이유만으로 그 작성권자가 누구인지와 상관없이 모두 '위작'에 해당하는 것으로 해석한다면 수사기관은 압수수색 과정에서 당초 수사 중인 피의사실과 관련된 증거를 발견하지 못하더라도 허위내용이 담긴 사전자기록을 발견하여 별건 수사에 활용하는 등 수사권 남용을 초래할 위험이 있다. 이 경우 회사의 경영활동이 위축될 수 있음은 쉽게 예상할 수 있다. 따라서 무형위조와 유형위조에 관한 일반인의 관념이 변화되지 않은 상태에서 형법 제232조의2에서의 '위작'에 사문서위조죄에서의 '위조'와 달리 무형위조를 포함한다고 해석하는 것은 이러한 점에서도 문제가 된다. 요컨대, 형법 제232조의2에서 정한 '위작'이란 전자기록의 생성에 관여할 권한이 없는 사람이 전자기록을 작성하거나 전자기록의 생성에 필요한 단위정보를 입력하는 경우만을 의미한다고 해석하여야 한다.

2. 주관적 구성요건

본죄의 주관적 구성요건으로서는 고의와 목적이 필요한데, 여기서의 목적은 다른 문서죄(행사할 목적)와는 달리 '사무처리를 그르치게 할 목적'으로서, 국가9급 12 위작·변작된 전자기록이 사용됨으로써 위와 같은 시스템을 설치·운영하는 주체의 사무처리를 잘못되게 하는 것을 말한다.

> **판례연구** 사전자기록위작·변작죄의 사무처리를 그르치게 할 목적을 인정하지 않은 사례
>
> 1. 대법원 2008.4.24, 2008도294
>
> 인터넷 포털사이트에 개설한 카페의 설치·운영 주체로부터 글쓰기 권한을 부여받은 사람이 위 카페에 접속하여 자신의 아이디로 허위내용의 글을 작성·게시한 사례
>
> '사무처리를 그르치게 할 목적'이란 위작 또는 변작된 전자기록이 사용됨으로써 위와 같은 시스템을 설치·운영하는 주체의 사무처리를 잘못되게 하는 것을 말한다(대법원 2005.6.9, 2004도6132). 따라서 인터넷카페의 설치·운영 주체로부터 위 카페에 글을 게시할 수 있는 권한을 부여받아 자신의 아이디로 허위 내용의 전자기록을 작성하여 게시하였다 하더라도, 이는 위 인터넷카페의 사무처리를 그르치게 할 목적으로 인정할 수 없다.[1215] 법원행시 08 / 경찰간부 16
>
> 2. 대법원 2008.6.12, 2008도938
>
> 새마을금고 직원 甲이 위 금고의 전 이사장 乙에 대한 위 금고의 채권확보를 위해 금고의 예금 관련 컴퓨터 프로그램에 전 이사장 乙 명의의 예금계좌 비밀번호를 乙의 동의 없이 입력하여 위 예금계좌에 입금된 상조금(相助金)을 위 금고의 가수금(假受金)계정으로 이체한 경우, 甲에게 위 금고의 사무처리를 그르치게 할 목적은 인정되지 않는다. 경찰간부 16

05 공문서위조·변조죄

제225조 【공문서 등의 위조·변조】 행사할 목적으로 공무원 또는 공무소의 문서 또는 도화를 위조 또는 변조한 자는 10년 이하의 징역에 처한다.

1. 의의 및 성격

공문서위조·변조죄(公文書僞造·變造罪)는 행사할 목적으로 공무원 또는 공무소의 문서 또는 도화를 위조 또는 변조함으로써 성립하는 범죄이다. 사문서위조·변조죄에 비하여 그 행위객체(공문서)의 특성상 가중된 구성요건이다. 공문서위조·변조죄와 자격모용공문서작성죄는 문서죄 중 가장 무거운 범죄이고, 따라서 그 법정형에도 벌금형이 규정되어 있지 않다.

2. 객관적 구성요건

(1) 주 체

① 일반범 : 공문서위조·변조죄의 행위주체에는 제한이 없다(일반범).

② 공무원 : 설사 공무원이라 하더라도, 공무원의 문서작성을 보조하는 자나 보충기재권한만을 위임받은 공무원이 함부로 허위내용의 공문서를 작성한 경우에는 허위공문서작성죄가 아니라 본죄가 성립한다

1215 보충 甲이 '북한산 월드메르디앙 아파트 입주자대표회의'를 반대하는 일부 주민들이 개설한 인터넷 포털사이트 네이버 상의 북한산 월드메르디앙 아파트 카페에 접속한 다음 '북한산 월드메르디앙 아파트 원로회의'의 사무처리를 그르치게 할 목적으로 그 내용이 중립적인 입장을 천명한 위 원로회의가 마치 위 입주자대표회의에 반대하는 입장에 있는 듯하게 보일 수 있는 위 원로회의 명의의 전자기록을 작성, 게시하였다 하여도, 사전자기록위작 및 동행사죄에 해당되지 않는다는 사례이다.

(대법원 1991.9.10, 91도1610). 경찰승진(경장) 11

③ 상사(작성명의인)의 포괄적 위임 내지 승낙이 있는 경우 : 위조라고 볼 수는 없다. 예컨대, 지단장이 백지에 자기 이름을 써 보이면서 담당과장으로 하여금 이를 보고 흉내를 내어 기안지 결재란에 대신 서명하라고 하여 담당과장이 지단장의 서명을 한 것이라면 이는 공문서위조에 해당하지 않는다(대법원 1983.5.24, 82도1426). 국가7급 10 / 법원행시 09

④ 보조공무원 : 작성권자인 상관을 보조하는 공무원과 관련해서는, ㉠ 보조공무원이 허위공문서를 기안하여 그 사정을 모르는 작성권자의 결재를 받아 공문서를 완성한 때에는 허위공문서작성죄의 간접정범이 되고, 법원9급 13 ㉡ 이러한 결재를 거치지 않고 임의로 허위내용의 공문서를 완성한 때에는 공문서위조죄가 성립한다고 보면 된다(대법원 1981.7.28, 81도898). 국가7급 07 / 법원행시 11 / 경찰승진(경장) 10 / 경찰채용 14 1차

판례연구 보조공무원이 상관의 위임 · 승낙 없이 직접 작성권자의 명의를 모용한 사례

1. 대법원 1980.11.11, 80도2216
공문서 작성권자의 부하인 업무담당자가 유효기간이 경과하여 무효인 공문서에 기간과 발행일자를 정정하여 정정기재 부분을 함부로 작성권한자의 직인을 압날한 경우 공문서위조죄가 성립한다.

2. 대법원 1990.10.12, 90도1792
면사무소 호적계장이 임의로 가족관계등록부의 내용을 고쳐 쓰고 함부로 면장의 직인을 날인한 경우에는 공문서위조죄에 해당된다.[1216] 경찰간부 14 / 경찰간부 17

(2) **객체** – 공무원·공무소가 그의 명의로 작성한 공문서 또는 공도화

① 예시 : 여기에는 대통령의 훈장증, 판사가 발부한 구속영장(이상 공무원 명의), 중앙선거관리위원회가 발행한 국회의원당선통지서, 행정안전부장관 명의의 사법시험 합격통지서(이상 공무소 명의) 등이 속한다.

② 공무원 · 공무소 '발행'의 문서로 제한되는가 : 제한되는 것은 아니다. 예컨대, 공증인·집행관 작성 문서도 공문서에 해당한다(대법원 1977.8.23, 74도2715 전원합의체). 경찰승진(경위) 10

③ 공무원 작성문서와 개인 작성문서가 결합되어 있는 경우 : 소위 공사병존문서는 복합문서로서 각각 독립성을 가짐이 원칙이다. 예컨대, 사서증서인증서 중 사서증서의 기재 내용을 변조한 행위는 공문서변조가 아니라 사문서변조죄를 구성한다. 왜냐하면 사서증서 인증서 중 인증기재 부분은 공문서에 해당한다고 하겠으나, 위와 같은 내용의 인증이 있었다고 하여 사서증서의 기재 내용이 공문서인 인증기재 부분의 내용을 구성하는 것은 아니기 때문이다(대법원 2005.3.24, 2003도2144).[1217] 국가7급 11 / 경찰승진(경위) 10

1216 사례 : 면 호적계장의 직접 작성 사례 면사무소 호적계장인 甲은 호적정정사유가 없음을 알면서도 행사할 목적으로 乙의 가족관계등록부에 출생연도와 주민등록번호를 임의로 정정하고 작성권자 직인날인란에 甲이 소지하고 있던 면장 丙의 직인을 날인한 후 그 가족관계등록부가 진정성립한 것처럼 면사무소에 비치하였다. 甲의 형사책임은? 판례 형법 제227조가 규정한 허위공문서작성죄는 그 문서를 작성할 권한이 있는 공무원이 허위내용의 공문서를 작성한 경우에 성립하는 것이고, **그 공무원을 보조하는 직무에 종사하는 공무원이 작성권한을 가진 공무원의 결재도 받지 아니하고 임의로 허위내용의 공문서를 작성권한자 명의로 작성한 때에는 공문서위조죄가 성립한다**고 할 것이다(대법원 1990.10.12, 90도1792). 경찰간부 14 해결 공문서위조죄.

1217 판례 피고인이 피해자와 사이에 온천의 시공에 필요한 비용을 포함한 일체의 비용을 자신이 부담하기로 약정하였음에도 피해자를 상대로 공사대금청구의 소를 제기하면서 시공 외의 비용은 모두 피해자가 부담한다는 내용으로 변조한 인증합의서를 소장에 첨부하여 제출한 경우, **사문서변조죄 및 동행사죄가 성립하며 더불어 소송사기의 실행에 착수하였다**고 한 사례이다.

판례연구 공사병존문서 중 사문서 부분에 대한 위조 사례 : 공문서위조 ×

1. 대법원 1991.9.24, 91도1733

공립학교 교사가 작성하는 교원의 인적사항과 전출희망사항 등을 기재하는 부분과 학교장이 작성하는 학교장의 견란 등으로 구성되어 있는 교원실태조사카드는 학교장의 작성명의 부분은 공문서라고 할 수 있으나, 작성자가 교사 명의로 된 부분은 개인적으로 전출을 희망하는 의사표시를 한 것에 지나지 아니하여 이것을 가리켜 공무원이 직무상 작성한 공문서라고 할 수는 없을 것이므로 위 카드의 교사 명의 부분을 명의자의 의사에 반하여 작성하였다고 하여도 공문서를 위조한 것이라고 할 수 없다. 경찰채용 13 2차 / 경찰채용 14 1차 / 경찰채용 16 1차 / 경찰승진(경감이하) 17

2. 대법원 2004.8.20, 2004도2767

권한 없는 자가 임의로 (부동산매도용 이외의) 인감증명서의 사용용도란의 기재를 고쳐 썼다고 하더라도 공무원 또는 공무소의 문서 내용에 대하여 변경을 가하여 새로운 증명력을 작출한 경우라고 볼 수 없으므로 공문서변조죄나 이를 전제로 하는 변조공문서행사죄가 성립되지는 않는다.[1218] 국가7급 09 / 법원승진 11 / 경찰승진(경사) 10 / 경찰채용 16 2차 / 경찰채용 16 1차

3. 대법원 2004.12.23, 2004도6483

주취운전자 적발보고서 및 주취운전자 정황진술보고서의 각 운전자란에 타인의 서명을 한 다음 이를 경찰관에게 제출한 것은 사문서위조 및 동행사죄에 해당한다. 법원행시 07 / 사시 12 / 법원9급 16

4. 대법원 2009.1.30, 2006도7777

법원이 이혼의사확인서등본 뒤에 이혼신고서를 첨부하고 간인하여 교부하였는데 당사자가 이를 떼어내고 다른 내용의 이혼신고서를 붙여 호적관서에 제출한 경우, 공문서변조 및 변조공문서행사죄가 성립하지 않는다.[1219] 경찰승진(경위) 10 / 경찰승진 14 / 경찰채용 10 2차 / 경찰채용 11 1차 / 경찰채용 14 1차 / 경찰채용 18 1차 / 국가7급 16 / 경찰채용 21 1차

④ 복사하여 만들어진 문서의 사본 : 기계적 방법에 의한 복사문서도 문서에 해당된다(제237조의2). 변호사 12 그러므로 타인의 진정한 주민등록증 사본을 전자복사기를 이용하여 복사하면서 그 사진란에 자신의 사진을 붙이는 방법으로 일부 조작을 가하여 복사하는 행위는 공공의 신용을 해할 우려가 있는 별개의 문서사본을 창출하는 행위로서 공문서위조행위에 해당한다(대법원 2000.9.5, 2000도2855). 국가9급 12 / 법원행시 05 / 경찰간부 13 / 경찰승진(경감) 10 / 경찰승진(경위) 11 / 법원9급 16

⑤ 허위작성된 공문서는 본죄(공문서변조죄)의 객체가 되는가 : 공문서변조죄의 객체는 진정하게 성립된 공문서(진정문서)일 것을 요하므로 이미 허위작성된 부진정한 공문서는 공문서변조죄의 객체가 되지 않는다(대법원 1986.11.11, 86도1984). 법원행시 10

1218 **사실관계** 甲은 乙의 승낙 없이, 서울 서초구 서초 제2동장이 乙에게 발행한 이 사건 인감증명서 2통의 사용용도란에 기재된 토지사용승인용(70㎡)의 '70'을 지운 후 '135'로 기재하여, 이를 성남시 분당구청 공무원에게 일괄 제출하였다. 甲에게는 공문서변조죄 및 변조공문서행사죄가 성립하지 않는다. 법원승진 11

보충 인감증명법 제12조 제1항, 동법시행령(2002.12.31. 대통령령 제17867호로 개정되기 전의 것) 제13조 등 인감증명의 신청과 인감증명서의 발급에 관한 법령의 규정에 의하면, 인감의 증명을 신청함에 있어서 그 용도가 **부동산매도용**일 경우에는 부동산매수자란에 매수자의 성명(법인인 경우에는 법인명), 주소 및 주민등록번호를 기재하여 신청하여야 하지만 **그 이외의** 경우에는 신청 당시 사용용도란을 기재하여야 하는 것은 아니고, 필요한 경우에 신청인이 직접 기재하여 사용하도록 되어 있으며, 사용용도에 따른 인감증명서의 유효기간에 관한 종전의 규정도 삭제되어 유효기간의 차이도 없으므로 인감증명서의 사용용도란의 기재는 증명청인 동장이 작성한 증명문구에 의하여 증명되는 부분과는 아무런 관계가 없다고 할 것이기 때문이다(대법원 2004.8.20, 2004도2767의 판결이유 중 발췌).

1219 **판결이유** 구 호적법(2007.5.17. 법률 제8435호로 폐지) 제79조 제1항 및 구 호적법 시행규칙(2007.11.28. 대법원규칙 제2119호로 폐지) 등을 종합하여 볼 때, 가정법원의 서기관 등이 이혼의사확인서등본을 작성한 뒤 이를 이혼의사확인신청 당사자 쌍방에게 교부하면서 이혼신고서를 확인서등본 뒤에 첨부하여 그 직인을 간인하였다고 하더라도, 그러한 사정만으로 이혼신고서가 공문서인 이혼의사확인서등본의 일부가 되었다고 볼 수 없다.

(3) **행위** – 위조·변조

① 위조(僞造)

㉠ 의의 : 작성권한 없는 자의 명의모용에 의한 문서작성행위 및 내용에 대한 동일성을 해할 정도의 변경행위를 말한다. 따라서 甲이 행사할 목적으로 乙의 주민등록증에 붙어 있는 사진을 떼어내고 그 자리에 甲의 사진을 붙였다면 이는 기존 공문서의 본질적 또는 중요부분에 변경을 가하여 새로운 증명력을 가지는 별개의 공문서를 작성한 경우에 해당하므로 공문서위조죄를 구성한다(대법원 1991.9.10, 91도1610).[1220] 법원행시 05 / 경찰승진(경장) 11 / 경찰승진(경위) 11

㉡ 정도 : ⓐ 일반인으로 하여금 공무원 또는 공무소의 권한 내에서 작성된 문서라고 믿을 수 있는 형식과 외관을 구비한 문서를 작성하면 공문서위조죄가 성립하지만, ⓑ 평균 수준의 사리분별력을 갖는 사람이 조금만 주의를 기울여 살펴보면 공무원 또는 공무소의 권한 내에서 작성된 것이 아님을 쉽게 알아볼 수 있을 정도로 공문서로서의 형식과 외관을 갖추지 못한 경우에는 공문서위조죄가 성립하지 않는다(대법원 1992.5.26, 92도699).

판례연구 일반인이 명의자의 진정한 공문서로 오신하기에 충분한 정도에 이른 경우

대법원 1987.9.22, 87도1443

다소 미완성 상태이어도 공공의 신용을 해할 위험이 있다는 사례

일반인으로 하여금 공무원 또는 공무소의 권한 내에서 작성된 문서라고 믿을 수 있는 형식과 외관을 구비한 문서를 작성하면 공문서위조죄가 성립되므로, 피고인이 국립경찰병원장 명의의 진단서에 직인과 계인을 날인하고 환자의 성명과 병명 및 향후치료소견을 기재하였다면 비록 진단서 발행번호나 의사의 서명날인이 없더라도 이는 공문서로서 형식과 외관을 구비하였으므로 공문서위조죄가 성립한다.

판례연구 일반인이 명의자의 진정한 공문서로 오신하기에 충분한 정도에 이르지 못한 경우

1. 대법원 1992.5.26, 92도699

외견상 공무소 또는 공무원이 그 직무권한 내에서 작성한 공문서라고 보기 어려울 정도인 경우

위조 행사하였다는 출근통지서는 타자용지에 타자기로 작성한 것으로 그 두문에 발신기관명이 기재되어 있지 않고, 그 작성명의도 공무소인 시청이나 공무원인 그 시장 또는 보조기관인 총무과장으로 되어 있지 않고 말단에 총무과로만 기재되어 있어 본문의 내용을 읽어 보지 않고는 어느 기관의 총무과인지 선뜻 알아 볼 수 없게 되어 있고, 위 "총무과"라는 기재 부분 옆에는 직인이나 관인이 아닌 공소외인의 사인이 찍혀 있어 그 외관이 공문서라고 보기 어려울 정도로 극히 조악하고, 그 본문에 있어서도 출근통지라는 매우 이례적인 내용을 담고 있는 점 등을 종합 고찰하여 보면, 위 출근통지서는 외견상으로도 공무소 또는 공무원이 그 직무권한 내에서 작성한 공문서라고 보기 어려울 정도로 공문서로서의 외관과 형식을 갖추지 못하였다고 보아야 한다.

2. 대법원 2020.10.24, 2019도8443

자신의 인감증명서에 직인을 붙여 이를 메신저 단체대화방에 올린 사건

피고인이 제주도 콘도 입주민들의 모임인 '한국녹지한라산소진 시설운영위원회' 직인을 행정기관에 등록한 것처럼 꾸미기 위하여 서귀포시 동홍동장이 발급한 개인 인감증명서에 위원회 직인 2개를 날인한 종이를 오려붙이는 방법으로 인감증명서를 위조하고, 이를 메신저 단체대화방에 게재하는 방법으로 행사한 경우, 피고인이 만든 종

1220 **보충** 종래의 판례 중에는 **운전면허증의 사진을 바꿔 붙인 경우**에 공문서변조죄가 성립한다는 것이 있다(대법원 1957.4.10, 4290형상52). 그러나 행사할 목적으로 타인의 주민등록증에 붙어 있는 사진을 떼어내고 그 자리에 자신의 사진을 붙였다면 이는 기존 공문서의 본질적 또는 중요부분에 변경을 가하여 새로운 증명력을 가지는 별개의 공문서를 작성한 경우에 해당하므로 공문서위조죄를 구성한다고 보아야 하며, 현재의 판례도 이러한 입장을 취하고 있다. 따라서 신분증의 사진을 바꾸어 붙인 행위는 **위조**에 해당된다고 정리하면 된다.

이 문서 자체를 평균수준의 사리분별력을 갖춘 일반인이 보았을 때 진정한 문서로 오신할 만한지 여부를 판단해야 하는데, 피고인이 만든 문서가 그와 같은 외관과 형식을 갖추었다고 인정하기는 어렵고, 공문서위조죄가 성립한다고 보기 어려운 이상 이를 사진촬영 하여 메신저 단체대화방에 게재한 행위가 위조공문서행사죄에 해당한다고 할 수도 없다.

㉢ 공무원 아닌 자의 허위 증명원 제출에 의한 담당공무원의 증명서 발급의 경우 : 공무원 아닌 자가 관공서에 허위내용의 증명원을 제출하여 그 내용이 허위인 사정을 모르는 담당공무원으로부터 그 증명원 내용과 같은 증명서를 발급받은 경우에는 공문서위조죄의 간접정범으로 의율할 수는 없다(대법원 2001.3.9, 2000도938). 국가7급 13 / 법원행시 11 / 법원행시 17 / 법원9급 13 / 법원9급 18 / 경찰간부 12 / 경찰간부 18 / 경찰승진(경장) 10 / 경찰승진(경감) 10 / 사시 10 / 국가7급 16 / 경찰간부 16 / 경찰승진 23 그 문서의 성립은 공무원 자신에 의하여 직접 이루어진 것이어서 진정하며 작성명의를 모용한 사실도 없기 때문이다.

사례연구 비공무원이 관공서에 허위내용의 증명원을 제출하여 그 사정을 모르는 공무원으로부터 그 증명원 내용과 같은 증명서를 발급받은 경우

甲은 A 건설회사의 대표이사인데, 대전시 종합건설본부에서 발주하는 대덕연구단지 진입도로 확장공사에 입찰하여 적격심사 1순위자로 선정되었으나, 위 건설본부에서 요구하는 공사실적이 부족하여 최종낙찰에 탈락될 위기에 처하자, 관공서 등에서 발급하는 공사실적증명서를 위조하여 위 건설본부에 제출하기로 마음먹고, 총 12회에 걸쳐 공사실적증명서 18장을 각 위조하고 각 관할관청에 사업마다 약 10부씩의 공사실적증명원을 제출하였다. 그런데 이 가운데 1부의 증명원에는 사실과 다른 허위의 내용을 기재하였고, 각 관할관청의 담당공무원들은 제출된 약 10부의 증명원 전부가 사실에 맞게 기재된 것으로 생각하고 증명원 기재와 같은 사실을 증명한다는 취지로 각 관할관청의 직인을 찍어 공사실적증명서를 작성해준 것이다. 甲의 형사책임은?

해결 어느 문서의 작성권한을 갖는 공무원이 그 문서의 기재사항을 인식하고 그 문서를 작성할 의사로써 이에 서명날인하였다면, 설령 그 서명날인이 타인의 기망으로 착오에 빠진 결과 그 문서의 기재사항이 진실에 반함을 알지 못한 데 기인한다고 하여도, 그 문서의 성립은 진정하며 여기에 하등 작성명의를 모용한 사실이 있다고 할 수는 없으므로, 공무원 아닌 자가 관공서에 허위내용의 증명원을 제출하여 그 내용이 허위인 사정을 모르는 담당공무원으로부터 그 증명원 내용과 같은 증명서를 발급받은 경우 공문서위조죄의 간접정범으로 의율할 수는 없다(대법원 2001.3.9, 2000도938). 국가7급 13 / 국가7급 16 / 법원행시 11 / 법원9급 13 / 경찰간부 12 / 경찰간부 16 / 경찰간부 18 / 경찰승진(경장) 10 / 사시 10 / 경찰승진(경감이하) 16 / 경찰승진 23

보충 일반인 甲이 공무원 乙에게 허위의 증명원을 제출하여 乙이 그 내용을 검토하였으나 허위임을 인식하지 못하고 같은 내용의 증명원을 발급해준 경우, ① 위 판례처럼 甲은 공문서위조죄의 간접정범은 성립하지 않는다. 乙이 해당 내용을 검토하고 직접 자신의 명의로 증명서를 작성하였기 때문이다. (만일 甲이 乙에게 마치 다른 내용의 증명원인 것처럼 乙을 기망하였다면 甲에게 위조죄의 성립은 가능함) ② 甲은 허위공문서작성죄의 간접정범도 성립하지 않는다. 甲은 작성권한 있는 공무원이 아니기 때문이다. ③ 甲은 허위공문서작성죄의 교사범 · 방조범도 성립하지 않는다. 乙에게 허위작성의 고의가 없기 때문이다. ④ 甲은 공정증서원본부실기재죄도 성립하지 않는다. 위 증명서는 공정증서원본에 해당하지 않기 때문이다. ⑤ 甲은 위계에 의한 공무집행방해죄도 성립하지 않는다. 乙이 충분히 심사를 하였어도 그 허위임을 인식할 수 없는 정도가 되어야 위계에 해당되는데, 이러한 사실이 적시되어 있지 않기 때문이다.

② 변조(變造)

㉠ 의의 : 작성권한 없는 자가 공무소 또는 공무원이 작성한 타인명의의 문서 · 도화의 내용에 동일성을 해하지 않을 정도로 변경을 가하여 새로운 증명력을 작출하게 함으로써 공문서 또는 공도화에 대한 공공적 신용을 해할 위험성이 있는 행위를 말한다.

㉡ 정도 : 변조는 동일성을 해하지 않는 범위 내에서 내용을 변경하는 것이지만, 위조와 마찬가지로

일반인으로 하여금 공무원 또는 공무소의 권한 내에서 작성된 문서라고 믿을 수 있는 형식과 외관을 구비한 문서를 작성함으로써 새로운 증명력을 작출케 하는 정도에 이르러야 한다.

ⓐ 변조에 해당하는 경우 : ㉮ 건축허가서에 첨부된 설계도면을 떼내고 건축사협회의 도서등기일부인을 건축허가신청시 일자로 소급변조하여 새로 작성한 설계도면을 그 자리에 가철한 경우(대법원 1982.12.14, 81도81 : 공용서류무효와 공문서변조의 경합범), ㉯ 인터넷을 통하여 출력한 등기사항전부증명서 하단의 열람일시 부분을 수정 테이프로 지우고 복사한 경우(대법원 2021.2.25, 2018도19043) 공문서변조에 해당한다. 법원9급 22

ⓑ 변조에 해당하지 않는 경우 : 원래의 문서와 다른 내용으로 변경하였다고 인정되기 어려운 때에는 본죄는 성립하지 않는다. 예컨대, ㉮ 주민등록증 비닐커버 위에 주민등록번호를 덧기재하고 투명 테이프를 붙이는 방법으로 주민등록번호를 고친 경우(대법원 1997.3.28, 97도30),[1221] ㉯ 공문서의 일부만을 복사한 경우(대법원 2003.12.26, 2002도7339), ㉰ 인낙조서(認諾調書)에 첨부되어 있는 도면과 그 사본에 임의로 점선(點線)을 그은 경우(그와 같은 점선을 그은 행위는 –문서의 손괴에 해당할 수 있으나– 공도화로서의 공공적 신용을 해할 위험이 있는 공도화변조죄에 해당하지 않음, 대법원 2000.11.10, 2000도3033)[1222] 공문서변조(내지 공도화변조)에 해당하지 않는다.

㉢ 허위공문서작성죄와의 구별 : 작성권한 있는 공무원이 공문서의 내용을 허위로 변개(變改)하였다면 허위공문서작성죄에 해당되나, 작성권한 없는 공무원이 공문서의 내용을 임의로 변경한 경우에는 공문서변조죄에 해당된다(대법원 1996.11.22, 96도1862).[1223] 사시 13 예컨대, 결재된 원안문서에 이미 기재되어 있음에도 이를 자세히 인정치 않고 단순히 결재 때 빠진 것으로 생각하고 가필변경할 권한이 없는 공무원이 원안에 없는 새로운 항을 만들어 중복되게 기재해 넣은 행위는 본죄를 구성한다(대법원 1970.12.29, 70도116). 경찰간부 12

3. 주관적 구성요건 – 고의 및 행사할 목적

(1) 고 의

본죄의 고의란 공문서 · 공도화의 작성명의를 모용하여 문서를 작성하거나 이미 진정하게 성립한 공문서의 내용을 변경한다는 사실에 대한 인식과 의사이다. 따라서 허위공문서작성의 고의에 불과한 경우에는 본죄가 성립하지 않는다(대법원 1997.7.11, 97도1082).

1221 보충 자신의 주민등록증 비닐커버 위에 검은색 볼펜을 사용하여 주민등록번호 전부를 덧기재하고 투명 테이프를 붙이는 방법으로 주민등록번호 중 출생연도를 나타내는 '71'을 '70'으로 고친 경우, 변조행위가 공문서 자체에 변경을 가한 것이 아니며 그 변조방법이 조잡하여 공문서에 대한 공공의 위험을 초래할 정도에 이르지 못하였다는 이유로 공문서변조의 점에 대하여 무죄로 본 사례이다.

1222 보충 인낙조서 본문이나 도면에서 그에 대한 설명이 없는 이상 특정한 의미내용을 갖지 아니한 단순한 도형에 불과하여 그 자체로 새로운 증명력이 작출하게 된다고 할 수 없기 때문이다.

1223 사례 : 재산세 과세대장의 작성 권한이 있던 자가 인사이동되어 그 권한이 없어진 사례 甲은 1992. 4.21.경부터 1993.11.30.경까지 사이에 지방세무주사보로서 대구 북구청 세무과에서 부동산 취득세의 과세 및 징수업무 등에 종사하던 중 1993.5.20. 위 북구청 사무실에서 대구 북구 산격동 소재 토지를 취득한 乙로부터 취득세 955,200원을 수령한 다음 위 토지에 대한 재산세 과세대장의 변동사항 기록 확인란에 "93.5.20. 신납"이라고 기재한 후 위 취득세를 횡령하였다가 1994. 11. 하순경 위 취득세 횡령사실을 은폐하기 위하여 행사할 목적으로 위 재산세 과세대장 변동사항 기록 확인란의 "93.5.20. 신납"이라는 기재를 한 줄로 그어 버리고 그 옆에 "94.11.30. 납기"라고 기재하고 위 과세대장을 북구청에 비치케 하였다. **그런데 甲이 위와 같이 정정할 당시에는 인사이동되어 위 과세대장의 작성권한이 없었다.** 甲의 죄책은? 판례 피고인이 위 乙로부터 취득세를 수납한 이상 위 재산세 과세대장에 "93.5.20. 신납"이라고 기재한 것을 허위라고 할 수 없으므로 그것이 허위임을 전제로 피고인이 이를 "94.11.30. 납기"라고 정정한 행위는 공문서변조죄가 되지 않는다고 할 수 없다(대법원 1996.11.22, 96도1862). 사시 13 보충 참고로 만약 이미 허위작성된 공문서의 내용을 고쳤다면 그것은 공문서변조죄가 되지 않는다. 그런데 위 판례는 진실하게 작성된 공문서의 내용을 권한 없이 고쳤다는 점에서 변조죄에 해당된다는 것이다.
해결 공문서변조죄와 변조공문서행사죄의 실체적 경합.

판례연구 공문서변조죄의 고의 관련 사례

1. 대법원 1995.3.24, 94도1112

공문서 기안담당자가 적법한 절차를 거침이 없이 임의로 결재된 원문서에 누락사실을 추가기재한 경우, 문서변조의 고의를 인정한 사례

최종 결재권자를 보조하는 기안담당자가 토지가격 감정의뢰서에 첨부된 재산명세서상에 일부 기재가 누락된 토지가 있었으나 그 감정의뢰에 따른 감정을 하는 과정에서 그 누락사실이 발견되어 감정평가사가 그 토지까지 감정하여 작성한 감정평가서를 송부하여 오자, 사후에 이를 일치시킨다는 생각에서 위 재산명세서상에 그 누락된 토지들을 추가기재하였더라도 그 과정에서 적법한 절차를 거침이 없이 임의로 결재된 원문서에 없는 사항을 추가기재한 이상 그러한 행위에 대하여는 공문서변조의 고의를 인정하기에 충분하고, 감정의뢰서에 누락된 토지에 대한 감정까지 하여 작성한 감정평가서에 대하여 위 감정의뢰서 작성명의자인 최종 결재권자의 결재가 있었다고 하여 이로써 위 감정의뢰서 추가기재 행위에 대하여 작성명의자의 승낙이 있었다고 볼 수 없다.

2. 대법원 1997.7.11, 97도1082

대리인의 신청에 의한 인감증명을 본인 신청에 의한 것으로 기재 발급한 경우의 죄책(=허위공문서작성죄)

면사무소의 호병계 소속 직원(차석)으로 근무하던 A가 병사관계 업무와 면장 명의의 제증명발급 등의 업무를 담당하던 중에 그 면사무소 산업계에 근무하는 동료직원인 B의 부탁을 받고 그 용도를 '대출보증용' 또는 '대출용'으로 하여 세 차례에 걸쳐 C 본인이 나오지 아니하였음에도 불구하고 마치 그 본인이 직접 출두하여 신청한 것처럼 인감증명서 상단의 본인, 대리인 여부란의 본인란에 ○표를 하는 방법으로, 면장명의의 C에 대한 인감증명서를 각 발급하였다면, A에게는 위의 각 인감증명서 발급에 관하여 공문서위조의 고의가 있었던 것이 아니라, 대리인의 신청에 의한 것임에도 불구하고 본인의 직접 신청에 의한 것처럼 인감증명서를 발급한 데 대한 허위공문서 작성의 고의만 있었다고 보이기 때문에, 공문서위조죄·동행사죄가 성립하지 않고 허위공문서작성죄·동행사죄만 성립할 뿐이다.[1224] 사시 14/경찰채용 17 1차

(2) 행사할 목적

공문서변조죄에 있어서 행사할 목적이란 변조된 공문서를 진정한 문서인 것처럼 사용할 목적을 말하고, 이는 행사의 상대방이 누구이든지 간에 그 상대방에게 문서의 진정에 대한 착오를 일으킬 목적이면 충분한 것이지, 반드시 변조 전의 그 문서의 본래의 용도에 사용할 목적에 한정되는 것은 아니다(대법원 1995.3.24, 94도1112).[1225] 법원행시 09

06 자격모용에 의한 공문서작성죄

제226조【자격모용에 의한 공문서 등의 작성】 행사할 목적으로 공무원 또는 공무소의 자격을 모용하여 문서 또는 도화를 작성한 자는 10년 이하의 징역에 처한다.

자격모용공문서작성죄(資格冒用公文書作成罪)는 자신의 명의는 그대로 기재하였으나 타인(공무원·공무소)의 자격을 자신의 자격인 것처럼 기재하였다는 점에서 역시 유형위조에 해당하며, 정당한 대표권·대리권 없는

1224 **보충** A는 계속 부탁하는 동료직원(B)의 청을 거절하지 못한 채, 원심 공동피고인(B)이 C로부터 인감증명서의 발급신청을 위임받은 것으로 믿고 단지 C 본인이 출두하지 아니하였지만 그 본인이 직접 신청한 것처럼 편의를 보아준다는 생각으로 위와 같이 인감증명서를 각 발급하였던 사실, 피고인이 이로 인하여 아무런 대가나 이익도 얻지 아니하였던 사실 등을 알 수 있다(위 판례).

1225 **보충** 따라서 피고인이 군검찰에 제출하기 위하여 (감정의뢰서에) 추가기재 행위를 하였다고 하여 같은 피고인에게 행사할 목적이 없었다거나 그와 같은 방법으로 변조한 감정의뢰서를 진정한 문서인 것처럼 군검찰에 제출한 같은 피고인의 행위가 변조공문서를 행사한 것이 아니라고 볼 수 없다(위 판례).

자가 마치 대표권·대리권이 있는 것처럼 가장하여 타인의 공무원 등의 자격을 모용하여 문서를 작성하는 경우 자격모용공문서작성죄가 성립한다.

판례연구 자격모용에 의한 공문서작성죄가 성립하는 사례

1. 대법원 1993.4.27, 92도2688
전 구청 구청장으로 작성 : 자격모용공문서작성죄
피고인이 동래구청장으로 전보된 후에 남구청장의 권한에 속하는 이 사건 건축허가에 관한 기안용지의 결재란에 서명을 하였다면 이는 자격모용에 의한 공문서작성죄를 구성한다. 경찰채용 12 2차/경찰채용 16 2차/사시 14/경찰간부 17

2. 대법원 1993.7.27, 93도1435
피고인 甲이 부동산매매계약서와 영수증을 작성함에 있어 매도인란 또는 영수인란에 "국방부 합참자료실장 이사관 피고인 甲"이라는 이름을 기재하고 그 옆에 위 피고인의 도장을 압날한 다음 그 상단에 '국방부장관'이라는 고무인을 압날함으로써 마치 위 피고인이 국방부장관으로부터 적법한 문서작성권한을 부여받아 그 문서를 작성할 자격이 있는 것처럼 이를 모용하여 위 부동산매매계약서와 영수증을 작성하고 이를 행사한 경우에는 자격모용에 의한 공문서작성 및 동행사죄가 성립한다.

3. 대법원 2008.1.17, 2007도6987
식당의 주·부식 구입 업무를 담당하는 공무원 甲은 주·부식구입요구서의 과장(課長)결재란에 권한 없이 자신의 서명을 했다면, 이는 과장의 자격을 모용하여 자신의 이름으로 공문서를 작성한 것이므로 자격모용공문서작성죄가 성립하고 공문서위조죄는 성립할 수 없다. 경찰채용 11 1차/국가7급 16/국가7급 22

07 공전자기록 위작·변작죄

제227조의2【공전자기록 위작·변작】 사무처리를 그르치게 할 목적으로 공무원 또는 공무소의 전자기록 등 특수매체기록을 위작 또는 변작한 자는 10년 이하의 징역에 처한다.

1. 객체 – 전자기록 등 특수매체기록

공전자기록위작·변작죄(公電磁記錄僞作·變作罪)에서 객체로 규정된 전자기록은 그 자체로서 객관적·고정적 의미를 가지면서 독립적으로 쓰이는 것뿐만 아니라 개인·법인이 전자적 방식에 의한 정보의 생성·처리·저장·출력을 목적으로 구축하여 설치·운영하는 시스템(일종의 종합정보처리시스템)에서 쓰임으로써 예정된 증명적 기능을 수행하는 경우도 있다.[1226]

2. 행위 – 위작·변작

(1) 유형위조와 무형위조

위작·변작은 작성권한 없는 자가 작성하는 유형위조뿐만 아니라 작성권한 있는 자가 허위내용으로 작성하는 무형위조도 포함된다는 것이 통설·판례이다. 형법상 공문서에 대해서는 유형위조뿐 아니라 허위공문서 작성과 같은 무형위조도 벌하고 있기 때문이다.

1226 또한 전자기록은 그 생성 과정에 여러 사람의 의사나 행위가 개재됨은 물론, 추가 입력한 정보가 프로그램에 의하여 자동으로 기존의 정보와 결합하여 새로운 전자기록을 작출(作出)하는 경우도 많다.

(2) 유형위조

정보처리 시스템을 설치·운영하는 주체와의 관계에서 전자기록의 생성에 관여할 권한이 없는 사람이 전자기록을 작출하거나 전자기록의 생성에 필요한 단위 정보의 입력을 하는 경우에도 본죄의 위작에 해당된다.

(3) 무형위조

① 공전자기록위작에 해당하는 경우 : 전자기록작성과정의 특성을 고려할 때 시스템의 설치 · 운영 주체로부터 각자의 직무 범위에서 개개의 단위정보의 입력 권한을 부여받은 사람이 그 권한을 남용하여 허위의 정보를 입력함으로써 시스템 설치·운영 주체의 의사에 반하는 전자기록을 생성하는 경우도 본죄에서 말하는 전자기록의 '위작'에 포함된다(대법원 2005.6.9, 2004도6132). 법원행시 08 / 경찰간부 18

② 공전자기록위작에 해당하지 않는 경우 : 입력권한을 부여받은 사람이 그 권한을 남용하여 허위의 정보를 입력하는 경우에 있어서 '허위의 정보'라 함은 진실에 반하는 내용을 의미하는 것으로서, 관계 법령에 의하여 요구되는 자격을 갖추지 못하였음에도 불구하고 고의로 이를 갖춘 것처럼 단위 정보를 입력하였다고 하더라도 그 전제 또는 관련된 사실관계에 대한 내용에 거짓이 없다면 허위의 정보를 입력하였다고 볼 수 없다(대법원 2011.5.13, 2011도1415). 경찰간부 18

판례연구 공전자기록위작죄가 성립하는 사례

1. 대법원 2005.6.9, 2004도6132

경찰관이 고소사건을 처리하지 아니하였음에도 경찰범죄정보시스템에 그 사건을 검찰에 송치한 것으로 허위사실을 입력한 행위는 공전자기록위작죄를 구성한다. 법원행시 08 / 경찰간부 16 / 경찰간부 18

2. 대법원 2007.7.27, 2007도3798

공무원 甲의 업무를 보조하는 乙이 체비지(替費地) 현장에 출장을 나간 사실이 없고 甲만이 체비지 현장에 출장을 나갔음에도 불구하고, 甲과 乙은 공모하여 마치 乙이 직접 그 출장을 나간 것처럼 부천시청 행정지식관리시스템에 허위의 정보를 입력하여 출장복명서를 생성한 후 이를 그 사정을 모르는 위 시청 도시과장에게 전송한 것도 공전자기록위작죄 및 위작공전자기록행사죄의 실체적 경합이 인정된다. 경찰승진(경사) 11 / 사시 10

3. 대법원 2010.7.8, 2010도3545

공전자기록위작·변작죄의 '사무처리를 그르치게 할 목적'이란 위작 또는 변작된 전자기록이 사용됨으로써 위와 같은 시스템을 설치·운영하는 주체의 사무처리를 잘못되게 하는 것을 말하므로, 공군 복지근무지원단 예하 지구대의 부대매점 및 창고관리 부사관이 창고 관리병으로 하여금 위 지원단의 업무관리시스템인 복지전산시스템에 자신이 그 전에 이미 횡령한 바 있는 면세주류를 마치 정상적으로 판매한 것처럼 허위로 입력하게 한 경우, 공전자기록위작죄의 '사무처리를 그르치게 할 목적'이 인정된다. 사시 16

판례연구 공전자기록위작죄가 성립하지 않는 사례

대법원 2011.5.13, 2011도1415

법령에 의하여 요구되는 자격을 갖추지 못하였음에도 불구하고 고의로 이를 갖춘 것처럼 단위 정보를 입력하였다고 하더라도 그 전제 또는 관련된 사실관계에 대한 내용에 거짓이 없는 경우

자동차등록 담당공무원인 피고인이 여객자동차 운수사업법상 차량충당연한 규정에 위배되어 영업용으로 변경 및 이전등록을 할 수 없는 차량인 것을 알면서 자동차등록정보 처리시스템의 자동차등록원부 용도란에 '영업용'이라고 입력하였으나, 변경 및 이전등록에 관한 구체적 등록내용인 최초등록일 등은 사실대로 입력한 경우, 자동차등록원부상 '영업용으로의 용도변경 및 이전'에 관한 등록정보가 확인·공시하는 내용에 자동차가 영업용으로 용도변경되어 이전되었다는 사실 외에 변경 및 이전등록에 필요한 법령상 자격의 구비 사실까지 포함한다고

볼 법적인 근거가 없고, 최초등록일 등 등록과 관련된 사실관계에 대한 내용에 거짓이 있다고 볼 수 없는 이상, 위 행위는 공전자기록등위작죄의 '위작'에 해당한다고 할 수 없다. 경찰간부 16

08 허위진단서 등 작성죄

제233조 【허위진단서 등의 작성】 의사, 한의사, 치과의사 또는 조산사가 진단서, 검안서 또는 생사에 관한 증명서를 허위로 작성한 때에는 3년 이하의 징역이나 금고, 7년 이하의 자격정지 또는 3천만 원 이하의 벌금에 처한다.

1. 객관적 구성요건

(1) 행위주체 – 의사 · 한의사 · 치과의사 · 조산사

① 진정신분범 : 허위진단서작성죄(虛僞診斷書作成罪)는 의사 · 한의사 · 치과의사 · 조산사만 범할 수 있는 진정신분범이다. 따라서 위의 신분이 없는 자는 간접정범에 의하여 본죄를 범할 수 없다.

② 자수범 : 본죄가 자수범인가에 대해서는 견해의 대립이 있으나 다수설은 자수범(自手犯)으로 보고 있다.[1227]

③ 공무원의 신분인 의사가 작성한 허위진단서 등 작성행위 : ㉠ 본죄와 허위공문서작성죄의 상상적 경합이 된다는 것이 다수설[1228]의 입장이자 종래의 판례의 입장이다. ㉡ 반대견해로는 허위진단서작성죄만 성립한다는 견해가 있다.[1229] 그러나 ㉢ 소수설 및 판례는 공무원인 의사가 공무소의 명의로 허위진단서를 작성한 경우 허위공문서작성죄만 성립한다고 보고 있다.[1230]

판례연구 공무원인 의사가 공무소의 명의로 허위진단서를 작성한 사례

대법원 2004.4.9, 2003도7762
형법이 제225조 내지 제230조에서 공문서에 관한 범죄를 규정하고, 이어 제231조 내지 제236조에서 사문서에 관한 범죄를 규정하고 있는 점 등에 비추어 볼 때 형법 제233조 소정의 허위진단서작성죄의 대상은 공무원이 아닌 의사가 사문서로서 진단서를 작성한 경우에 한정되고, 공무원인 의사가 공무소의 명의로 허위진단서를 작성한 경우에는 허위공문서작성죄만이 성립하고 허위진단서작성죄는 별도로 성립하지 않는다. 국가9급 14 / 법원승진 13 / 법원행시 08 / 법원행시 11 / 법원행시 14 / 법원9급 07(하) / 경찰승진 12 / 경찰채용 10 2차 / 사시 13 / 사시 14 / 변호사 12 / 변호사 18 / 국가7급 20

(2) 객체 · 행위

① 객체 : 진단서 · 검안서 그리고 생사에 관한 증명서로서 사문서에 해당하는 것들이다. 다만 입퇴원확인서에 여기에 해당되지 않는다(대법원 2013.12.12, 2012도3173).[1231] 법원행시 16 / 경찰간부 16

1227 자수범 긍정설은 김일수/서보학, 749면; 박상기, 537면; 배종대, 657면; 백형구, 536면; 손해목(주석), 403면; 유기천, 163면; 이재상, §32-57; 임웅, 649면; 진계호, 534면. 이 중 진정자수범이라는 견해는 배종대, 이재상, 부진정자수범이라는 견해는 백형구, 임웅, 정성근/박광민. 반면 자수범 부정설은 손동권, 666면; 오영근, 768면. 간접정범이 가능하다는 점에서 자수범 부정설이 타당해 보이지만 본서의 특성상 자세한 설명은 생략한다.

1228 김성천/김형준, 699면; 박상기, ibid; 배종대, ibid; 백형구, ibid; 이재상, ibid; 임웅, 650면; 정성근/박광민, 589면; 진계호, ibid.

1229 김일수/서보학, ibid.

1230 판례와 같은 입장은 손동권, 667면; 오영근, 768면; 이정원, 577면.

1231 판례 형법 제233조의 허위진단서작성죄에서 '진단서'란 의사가 진찰의 결과에 관한 판단을 표시하여 사람의 건강상태를 증명하기 위하여 작성하는 문서를 말하고, 위 조항에서 규율하는 진단서에 해당하는지 여부는 서류의 제목, 내용, 작성목적 등을

② 행위 : 본죄는 이러한 문서에 허위의 내용을 작성하는 것을 그 행위태양으로 삼는다. 여기서 허위작성이란 객관적으로 진실에 어긋나는 것을 말한다. 본죄는 사문서의 무형위조를 예외적으로 처벌하는 규정이다. 우리 형법이 형식주의를 원칙으로, 실질주의는 예외적으로 채택하고 있다고 평가하는 것도 여기에서 기인한다. 한편, 의사가 진단서에 환자에 대한 진단 결과 또는 향후 치료 의견 등을 함께 제시하고 그와 결합하여 수형생활 또는 수감생활의 가능 여부에 대하여 판단한 경우, 그 전체가 환자의 건강상태를 나타내고 있는 의료적 판단에 해당하여, 이를 허위로 작성하였다면 본죄에 해당할 수 있다.

판례연구 수형생활 또는 수감생활의 가능 여부에 대한 판단 관련 사례

대법원 2017.11.9, 2014도15129

허위진단서 작성에 해당하는 허위의 기재는 사실에 관한 것이건 판단에 관한 것이건 불문하므로, 현재의 진단명과 증상에 관한 기재뿐만 아니라 현재까지의 진찰 결과로서 발생 가능한 합병증과 향후 치료에 대한 소견을 기재한 경우에도 그로써 환자의 건강상태를 나타내고 있는 이상 허위진단서 작성의 대상이 될 수 있다. (형사소송법 제471조 제1항 제1호에서 정한 형집행정지 요건인 '형의 집행으로 인하여 현저히 건강을 해할 염려가 있는 때'에 해당하는지에 대하여) 의사가 환자의 수형생활 또는 수감생활의 가능 여부에 관하여 기재한 의견이 환자의 건강상태에 기초한 향후 치료 소견의 일부로서 의료적 판단을 기재한 것으로 볼 수 있다면, 이는 환자의 건강상태를 나타내고 있다는 점에서 허위진단서 작성의 대상이 될 수 있다. 따라서 의사가 진단서에 단순히 환자의 수형생활 또는 수감생활의 가능 여부에 대한 의견만 기재한 것이 아니라, 그 판단의 근거로 환자에 대한 진단 결과 또는 향후 치료 의견 등을 함께 제시하였고 그와 결합하여 수형생활 또는 수감생활의 가능 여부에 대하여 판단한 것이라면 그 전체가 환자의 건강상태를 나타내고 있는 의료적 판단에 해당한다.

2. 주관적 구성요건 – 목적이 필요없는 고의범

본죄는 허위공문서작성죄와는 달리 목적범이 아니기 때문에, 국가9급 12 / 경찰승진(경장) 11 그 주관적 구성요건으로서는 허위작성의 고의만 있으면 된다. 본죄가 성립하기 위하여는 진단서의 내용이 실질상 진실에 반하는 기재여야 할 뿐 아니라 그 내용이 허위라는 의사의 주관적 인식이 필요하다. 따라서 의사가 주관적으로 진찰을 소홀히 한다던가 착오를 일으켜 오진한 결과로 객관적으로 진실에 반한 진단서를 작성하였다면 허위진단서작성에 대한 인식이 있다고 할 수 없으므로 본죄는 성립하지 아니한다(대법원 2006.3.23, 2004도3360).[1232]

판례연구 허위진단서작성의 고의 관련 사례

1. 대법원 2001.6.29, 2001도1319

고의가 인정된 사례

사체검안의가 빙초산의 성상이나 이를 마시고 사망하는 경우의 소견에 대하여 알지 못함에도 불구하고 변사자가 '약물음독', '빙초산을 먹고 자살하였다.'는 취지로 사체검안서를 작성한 경우, 검안서작성에 있어 허위성에 대한 인식이 있다고 해야 한다.

종합적으로 고려하여 판단하여야 한다. … '입퇴원 확인서'는 문언의 제목, 내용 등에 비추어 의사의 전문적 지식에 의한 진찰이 없더라도 확인 가능한 환자들의 입원 여부 및 입원기간의 증명이 주된 목적인 서류로서 환자의 건강상태를 증명하기 위한 서류라고 볼 수 없어 허위진단서작성죄에서 규율하는 진단서로 보기 어렵다(대법원 2013.12.12, 2012도3173).

1232 유사한 법리가 나타난 판례로는 대법원 1978.12.13, 78도2343; 1976.2.10, 75도1888 참조.

2. 대법원 2006.3.23, 2004도3360
의사가 진찰을 소홀히 한 것만으로는 허위진단서작성의 고의가 인정되지 않는다는 사례
의사인 甲이 환자 乙에 대한 장애진단서를 발급해준 경우, 그의 장애상태를 정밀하게 관찰하기 위한 MRI 검사 등을 하지 아니하는 등 일부 소홀한 점이 있었다는 것을 제시하는 것만으로는 甲에게 본죄의 고의를 인정할 수 없다고 보아야 한다.

09 허위공문서작성죄

제227조【허위공문서작성 등】 공무원이 행사할 목적으로 그 직무에 관하여 문서 또는 도화를 허위로 작성하거나 변개한 때에는 7년 이하의 징역 또는 2천만 원 이하의 벌금에 처한다.

1. 구성요건

(1) 객관적 구성요건

① 주체 – 직무상 공문서·공도화의 작성권한이 있는 공무원

'공무원이 아닌 자' 및 '공무원이라 할지라도 문서의 작성권한이 없는 자'(아래 사례)는 허위공문서작성죄(虛僞公文書作成罪)의 주체가 될 수 없다(진정신분범). 즉 본죄는–작성권자를 보조하는 역할을 하는 작성권한 없는 보조공무원에 대하여 허위공문서작성죄의 간접정범이 성립하는가의 문제를 논외로 한다면–작성권한 있는 공무원만 범할 수 있다. 이 점은 허위진단서작성죄와 유사한 특징이나, 공정증서원본부실기재죄와는 다른 것이다.

예 작성권한 없는 공무원의 경우 : 사법경찰리의 권한이 없는 행정서기보가 피의자신문조서를 작성하는 행위나 동사무소 임시직원이 소재증명서를 작성하는 행위는 본죄에 해당하지 않는다(판례). 대신 공문서위조나 자격모용공문서작성과 같은 유형위조가 될 것이다.

사례연구 허위공문서작성과 공문서위조의 구별 : 오토바이 사용신고필증 사례

동사무소의 사무장으로서 동장의 업무처리를 보조하는 공무원인 甲은 동장에게 이륜자동차 사용신고필증의 교부를 신청한 丙이 오토바이의 실제 소유자가 아니라는 사실을 잘 알면서도 동장을 보조하여 이륜자동차사용신고필증의 교부를 담당하던 乙에게 동장의 직인을 날인하여 허위내용의 사용신고필증을 교부하도록 지시하여 乙은 이 사실을 알면서도 보관하던 동장의 직인을 날인하여 동 신고필증을 임의로 발급하여 주었다. 甲과 乙의 형사책임은?

해결 乙은 공문서위조죄의 정범, 甲은 공문서위조죄의 교사범이다.

참조판례 공문서 작성권자로부터 일정한 요건이 구비되었는지 여부를 심사하여 그 요건이 구비되었음이 확인될 경우에 한하여 작성권자의 직인을 사용하여 작성권자 명의의 공문서를 작성하라는 포괄적인 권한을 수여받은 업무보조자인 공무원이, 그 위임의 취지에 반하여 공문서 용지에 허위내용을 기재하고 그 위에 보관하고 있던 작성권자의 직인을 날인하였다면, 그 업무보조자인 공무원에게 공문서위조죄가 성립할 것이고, 그에게 그와 같은 행위를 하도록 지시한 중간결재자인 공무원도 공문서위조죄의 공범으로서의 책임을 면할 수 없다 할 것이다(대법원 1996.4.23, 96도424). 사시 11 / 사시 14

② 객체 – 직무에 관한 공문서(公文書)·공도화(公圖畵) : 허위공문서작성죄에 있어서 직무에 관한 문서·도화라 함은 공무원이 직무권한 내에서 작성하는 문서·도화를 말하고, 그 직무권한이 반드시 법률상

근거가 있음을 필요로 하는 것이 아니고, 명령 · 내규 또는 관례에 의한 직무집행의 권한으로 작성하는 경우라도 포함되는 것으로서, 대외적인 것이거나 내부적인 것을 구별하지 아니한다.

판례연구 허위공문서작성죄의 공문서의 예

1. 대법원 1975.3.25, 74도2855
사법경찰리(司法警察吏)가 작성한 피의자신문조서도 본죄의 공문서가 된다.

2. 대법원 1990.10.16, 90도1307
연립주택이 당초의 설계도대로 공사되어 있지 아니한 것을 담당공무원이 세밀히 조사하지 아니하여 그 주택공사의 설계와의 적합여부를 제대로 알지 못하면서도 준공검사보고서 용지에 함부로 '적합'이라고 기재하고 서명날인을 하여 허위의 내용을 기재한 것이라면 위 준공검사보고서는 허위공문서작성죄의 객체가 되는 문서에 해당한다.

3. 대법원 2009.9.24, 2007도4785
도립대학 교수가 특성화사업단장의 지위에서 납품검사와 관련하여 작성한 납품검수조서 및 물품검수내역서 등은 허위공문서작성죄의 공문서에 해당한다.[1233]

4. 대법원 2010.4.29, 2010도875
외부 전문기관이 작성 · 보고하였다 하더라도 지방자치단체의 장 또는 계약담당자가 결재 · 승인한 검사조서의 경우에는 본죄의 공문서에 해당된다. 자생식물원 조성공사의 감리업체의 책임감리원 甲과 이 공사를 감독하는 담당공무원 乙이 공모하여 허위 내용의 준공검사조서를 작성한 다음, 이를 준공검사결과보고서에 첨부하여 공무원들의 결재를 받아 사무실에 비치한 경우, 위 '준공검사조서'는 공문서에 해당한다.[1234] 법원9급 11

비교판례 영상물등급위원회 임직원이 게임물 등급분류와 관련하여 영상물등급위원회장 명의의 접수일부인을 허위로 작성 · 행사한 경우, 처벌법규의 개정으로 형법상 뇌물 관련 범죄 외에는 더 이상 공무원으로 의제되지 않게 된 영상물등급위원회 임직원들에 대해 허위공문서작성죄 및 동행사죄를 적용한 것은 위법이다(대법원 2009.3.26, 2008도93).

보충 법률의 변경의 동기가 종전의 조치가 잘못이었다는 반성적 성찰에 기인한 것이라고 본 판례이기도 하다(형법의 적용범위 중 시간적 적용범위에서 기술하였음).

5. 대법원 2015.10.29, 2015도9010
국정원에서 주선양총영사관에 파견된 영사인 피고인은 공식적으로는 외교부 소속 사건사고 담당 영사로서, 비공식적으로는 국정원 소속 해외정보관으로 근무하면서, 국정원의 지시에 따라 국정원에서 파견된 영사가 수행하는 직무권한 범위 내에서 공무의 일환으로써 '주선양총영사관 피고인 명의'로 '2013.9.27.자 확인서 및 사실확인서'와 '2013.12.17.자 확인서'를 작성하였으므로, 위 각 확인서 등은 허위공문서작성죄의 객체가 되는 공문서에 해당한다. 경찰간부 18

③ 행위 – 허위내용의 문서 · 도화를 작성 · 변개하는 것

㉠ 허위작성(虛僞作成) : 문서 · 도화에 객관적 진실에 반하는 내용을 기재하는 것을 말한다. 예컨대 진술거부권을 고지하지 않았음에도 피의자신문조서에 고지하였다고 기재하는 경우 또는 피의자가 자

1233 보충 도립 ○○전문대학의 특성화사업단은 위 대학이 산업체 등과 협력하여 특성화사업을 수행함에 있어 산업협력단과 별개로 조직한 기구이고, 위 대학의 교수인 피고인이 특성화사업단장으로서 관여한 납품검사는 교육공무원인 피고인의 직무권한에 속하므로, 피고인이 위 납품검사와 관련하여 작성한 이 사건 납품검수조서 및 물품검수내역서는 공무원이 직무권한 내에서 작성한 문서로서 공문서에 해당한다(대법원 2009.9.24, 2007도4785).

1234 보충 지방자치단체를 당사자로 하는 계약의 이행완료에 관한 검사는 지방자치단체의 장 또는 계약담당자의 직무권한에 속하는 사항으로서 이를 전문기관에 위임하여 수행하게 한다고 하여 그 직무 소관이 달라지는 것은 아니고 다만 이때에는 전문기관으로부터 검사결과를 문서로 통보받아 확인하는 방법으로 그 직무를 집행하게 되는 것이므로, 지방자치단체의 장 또는 계약담당자가 그 검사를 위임받아 수행한 전문기관으로부터 검사결과를 검사조서로 작성 · 보고받고 이를 확인하여 승인하는 의미로 검사조서에 결재하였다면 그와 같이 결재된 검사조서는 공무원이 그 직무권한 내에서 작성한 문서로서 허위공문서작성죄의 객체인 공문서에 해당한다(대법원 2010.4.29, 2010도875). 법원9급 11

백하지 않았음에도 자백하였다고 기재한 경우(이상 작위) 또는 자백하였다는 사실을 고의로 누락시킨 경우(부작위)를 말한다.

ⓐ 허위작성에 해당하는 경우 : 허위라 함은 표시된 내용과 진실이 부합하지 아니하여 그 문서에 대한 공공의 신용을 위태롭게 하는 것을 말한다(대법원 1985.6.25, 85도758). 법원9급 18

판례연구 허위공문서작성에 해당하는 경우

1. 대법원 1960.5.18, 4293형상125

금전출납부에 수입사실을 기재하지 않은 행위와 같이 부작위에 의해서도 허위공문서작성은 가능하다.

2. 대법원 1973.10.23, 73도395

공무원이 작성한 가옥증명서의 기재내용이 객관적인 사실에 부합되는 것으로 그 내용이 허위가 아닐지라도, 가옥증명서 자체가 시청에 비치한 가옥대장과 대조하여 상위가 없다는 증명서이므로, 가옥대장기재와 다른 내용을 기재하여 가옥증명서를 발행한 이상 허위공문서작성죄가 성립한다. 경찰간부 14

3. 대법원 1978.6.27, 76도2196

진술조서를 폐기하고 새로 작성하는 행위와 법률의 착오

수사처리의 관례상 일부 상치된 내용을 일치시키기 위하여 적법하게 작성된 참고인 진술조서를 찢어버리고 진술인의 진술도 듣지 아니하고 그 내용을 일치시킨 새로운 진술조서를 작성한 행위는 그 행위를 적법한 것으로 잘못 믿었다고 할지라도 그렇게 잘못 믿은 데 대하여 정당한 이유가 있다고 볼 수 없다. 국가9급 11

4. 대법원 1981.9.22, 80도3180

공무원이 실제로 원본과 대조함이 없이 원본대조필(原本對照畢)이라고 기재한 것은 허위공문서작성에 해당한다. 법원9급 18

5. 대법원 1983.12.13, 83도1458

무허가건물을 허가받은 건물로 건축물관리대장에 기입하는 행위는 허위공문서작성이다. 경찰간부 14 / 법원9급 18

6. 대법원 1983.12.27, 82도3063

준공검사조서를 작성함에 있어서 정산설계서를 확인하고 준공검사를 한 것이 아님에도 마치 한 것처럼 준공검사용지에 정산설계서에 의하여 준공검사를 하였다는 내용을 기입한 것은 허위공문서작성죄를 구성한다. 경찰간부 14 / 국가9급 18

7. 대법원 1989.12.12, 89도1253

충청남도청 도로과 공사감독관(공무원) 甲은 골재가 자재시험관의 시험검사를 마친 합격품인지 여부와 골재반입량을 직접 확인하지 않고 다만 시공자측에서 제출하는 서류와 구두보고 등만을 검토·확인하였음에도 '직접 확인한 것처럼 공사감독일지를 작성'하고 이를 위 도청 도로과에 비치하였다. 이는 진실에 부합하지 아니하여 허위기재에 해당한다고 할 것이고, 자재시험은 그 시험관의 소관사항이며, 골재반입량은 시공자의 보고에 따라 공사감독일지를 작성함이 통상의 업무집행관행이라 하여 달리 해석할 수는 없다 할 것이다. 따라서 甲은 허위공문서작성죄와 허위작성공문서행사죄의 실체적 경합의 죄책이 인정된다. 경찰채용 18 2차

8. 대법원 1995.6.13, 95도491

준공검사관이 매몰 부분 공사의 미완성을 알면서도 공사감독관의 감독조서를 근거로 준공검사조서를 작성한 경우 허위공문서작성죄가 성립한다.

9. 대법원 1996.10.15, 96도1669

소유권이전등기와 근저당설정등기의 신청이 동시에 이루어지고 그와 함께 등본의 교부신청이 있는 경우 등기관이 소유권이전등기만 기입하고 근저당권설정등기는 기입하지 아니한 채 등기부등본을 발급한 것은 허위공문서작성에 해당한다.[1235] 법원9급 09 / 경찰승진(경위) 10

1235 보충 당시 부동산등기법 제53조 제1항, 제54조 및 1994.1.1.부터 시행된 등기예규 제13조의 규정에 의하면, 소유권이전등기와 근저당설정등기의 신청이 동시에 이루어지고 그와 함께 등본의 교부신청이 있는 경우에는, 등기관은 소유권이전등기와

10. 대법원 2003.2.11, 2002도4293
폐기물처리사업계획이 관계 법령의 규정에 적합하지 아니한데도 적합하다는 내용의 통보서 작성 사례
허위공문서작성죄란 공문서에 진실에 반하는 기재를 하는 때에 성립하는 범죄이므로, ① 고의로 법령을 잘못 적용하여 공문서를 작성하였다고 하더라도 그 법령적용의 전제가 된 사실관계에 대한 내용에 거짓이 없다면 허위공문서작성죄가 성립될 수 없다(대법원 2000.6.27, 2000도1858 등 참조). 경찰승진(경사) 11 / 국가9급 18 / 법원9급 18 그러나 ② 폐기물관리법 제26조 제2항에 의한 폐기물처리사업계획 적합 통보서는 단순히 폐기물처리사업을 관계 법령에 따라 허가한다는 내용이 아니라, 폐기물처리업을 하려는 자가 폐기물관리법 제26조 제1항에 따라 제출한 폐기물처리사업계획이 폐기물관리법 및 관계 법령의 규정에 적합하다는 사실을 확인하거나 증명하는 것이라 할 것이므로, 그 폐기물처리사업계획이 관계 법령의 규정에 적합하지 아니함을 알면서 적합하다는 내용으로 통보서를 작성한 것이라면 그 통보서는 허위의 공문서라고 보지 아니할 수 없다.

11. 대법원 2005.10.14, 2003도1154
농림부 주관 농림기술개발사업의 일환으로 시행되고, 국립대학교 총장 명의로 체결된 연구 용역 약정에 기하여 소속 대학 교수가 행하는 연구활동은 교육공무원인 위 교수의 직무 집행 행위에 해당하므로, 위 연구결과보고서에 각 허위 내용을 기재하는 것은 국립대학교 총장 명의의 공문서를 허위로 작성하고, 이를 제출하여 각 행사한 것에 해당한다.

12. 대법원 2006.12.22, 2004도7356
특별세무조사 후 증빙자료에 의하여 탈루세액임이 확실한 추징세액 일부를 고의로 누락시킨 채 작성된 특별조사 종결보고서는 허위공문서에 해당한다.

13. 대법원 2007.1.25, 2006도3996
농지취득자격증명의 신청인에게 농업경영능력이나 영농의사가 없음을 알거나 이를 제대로 알지 못하면서도 농지취득자격증명통보서를 작성한 경우, 허위공문서작성죄가 성립한다. 경찰채용 17 1차

14. 대법원 2007.1.25, 2006도3844
공증담당 변호사가 법무사의 직원으로부터 인증촉탁서류를 제출받았을 뿐 법무사가 공증사무실에 출석하여 사서증서의 날인이 당사자 본인의 것임을 확인한 바 없음에도 마치 그러한 확인을 한 것처럼 인증서에 기재한 경우 －설사 이것이 업계의 관행이라고 할지라도 그와 같은 업계의 관행이 정당하다고 볼 수 없어－ 허위공문서작성죄가 성립한다. 국가9급 21

15. 대법원 2013.10.24, 2013도5752
청원경찰인 공무원이 실제로 현장확인을 하지 않고 동료 청원경찰에게 원상복구 여부에 대한 현장확인을 부탁한 다음, 동료가 작성한 출장복명서가 진실한 것인지를 제대로 알지도 못하면서 자신이 직접 현장확인을 하여 보니 원상복구가 완료되었다는 내용의 출장복명서에 자신의 서명을 함으로써 출장복명서를 완성하여 그 사정을 모르는 담당공무원에게 제출하였다면, 허위공문서작성 및 동행사죄를 구성한다. 법원행시 16

16. 대법원 2023.3.30, 2022도6886
사법경찰관이 재수사 결과서에 허위 내용을 기재한 사건
사법경찰관 P는 검사로부터 '피해자들로부터 교통사고경위에 대해 구체적인 진술을 청취하여 운전자 도주 여부에 대해 재수사할 것'을 요청받았는데 재수사 결과서의 재수사 결과란에 피해자들로부터 진술을 청취하지 않고도 진술을 듣고 그 진술내용을 적은 것처럼 기재하고 자신의 독자적인 의견이나 추측에 불과한 것을 마치 피해자들로부터 직접 들은 진술인 것처럼 기재했다. 이 경우 피해자의 진술로 기재된 내용 중 일부가 결과적으로 사실과 부합하는지, 재수사 요청을 받은 사법경찰관이 검사에 의하여 지목된 참고인이나 피의자 등에 대한 재조사 여부와 재조사 방식 등에 대해 재량을 가지는지 등과 무관하게 피고인의 공소사실 기재 행위는 허위공문서작성죄를 구성한다. 경찰채용 24 1차

ⓑ 허위작성에 해당하지 않는 경우 : 문서·도화 등에 기재한 사실이 객관적 진실에 어긋나지 않는 경우로서, '고의로 법령을 잘못 적용'하여 공문서를 작성하였다고 하더라도 그 법령 적용의 전제

근저당권설정등기 모두에 관하여 등기부에의 기입을 마치고 그에 따른 등기부등본을 교부하여야 한다. 따라서 위 등기부등본은 이미 접수된 신청서에 따라 기입하여야 할 사항 중 일부를 고의로 누락한 채 작성되어 그 내용이 진실하지 아니한 것으로서 허위공문서에 해당한다.

가 된 사실관계에 대한 내용에 거짓이 없다면 본죄를 구성하지 않는다(대법원 2000.6.27, 2000도1858). 법원9급 13 / 경찰간부 11 / 경찰승진(경사) 11

판례연구 허위공문서작성에 해당하지 않는 경우

1. 대법원 1987.8.18, 87도1263
비록 그 용도에 따른 사용수익을 할 수 없을 정도로 미완공인 건축물이라 할지라도 과세대상이 될 정도에 이른 건축물이라면 이를 재산세과세대장에 올려 그 납세의무자에게 소정의 지방세를 부과징수할 수 있는 것이므로 과세대상이 되는 미완공건축물을 재산세과세대장에 등재하였다고 하여 곧 허위공문서를 작성하였다고 단정할 수는 없다.

2. 대법원 1996.5.14, 96도554
고의로 적용해서는 안 될 조항을 적용하여 과세표준을 결정하고 그에 기하여 세액을 산출한 사례
허위공문서작성죄란 공문서에 진실에 반하는 기재를 하는 때에 성립하는 범죄이므로, 고의로 법령을 잘못 적용하여 공문서를 작성하였다고 하더라도 그 법령적용의 전제가 된 사실관계에 대한 내용에 거짓이 없다면 허위공문서작성죄가 성립될 수 없는바, 당사자로부터 뇌물을 받고 고의로 적용하여서는 안될 조항을 적용하여 과세표준을 결정하고 그 과세표준에 기하여 세액을 산출하였다고 하더라도, 그 세액계산서에 허위내용의 기재가 없다면 허위공문서작성죄에는 해당하지 않는다. 법원행시 09 / 법원9급 09 / 경찰승진(경감) 10 / 국가9급 21

3. 대법원 2000.6.27, 2000도1858
건축법상의 요건을 갖추지 못하고 설계된 사실을 알면서도 건축허가서를 작성한 경우
건축 담당 공무원이 건축허가신청서를 접수·처리함에 있어 건축법상의 요건을 갖추지 못하고 설계된 사실을 알면서도 기안서인 건축허가통보서를 작성하여 건축허가서의 작성명의인인 군수의 결재를 받아 건축허가서를 작성한 경우, 건축허가서는 그 작성명의인인 군수가 건축허가신청에 대하여 이를 관계 법령에 따라 허가한다는 내용에 불과하고 위 건축허가신청서와 그 첨부서류에 기재된 내용(건축물의 건축계획)이 건축법의 규정에 적합하다는 사실을 확인하거나 증명하는 것은 아니라 할 것이므로 군수가 위 건축허가통보서에 결재하여 위 건축허가신청을 허가하였다면 위 건축허가서에 표현된 허가의 의사표시 내용 자체에 어떠한 허위가 있다고 볼 수는 없다 할 것이어서, 이러한 건축허가에 그 요건을 구비하지 못한 잘못이 있고 이에 담당 공무원의 위법행위가 개입되었다 하더라도 그 위법행위에 대한 책임을 추궁하는 것은 별론으로 하고 위 건축허가서를 작성한 행위를 허위공문서작성죄로 처벌할 수는 없다.[1236] 국가7급 13 / 법원9급 13 / 경찰승진(경사) 11

4. 대법원 2021.9.16, 2019도18394
공사계약일반조건과는 달리 기성부분을 인정하여 작성한 기성검사조서 사건
허위공문서작성죄는 공문서에 진실에 반하는 기재를 하는 때에 성립하는 범죄이므로, 공문서를 작성하는 과정에서 법령 등을 잘못 적용하거나 적용하여야 할 법령 등을 적용하지 아니한 잘못이 있더라도 그 적용의 전제가 된 사실관계에 관하여 거짓된 기재가 없다면 허위공문서작성죄가 성립할 수 없고, 이는 그와 같은 잘못이 공무원의 고의에 기한 것이라도 달리 볼 수 없다. 공문서 작성 과정에서 법령 등을 잘못 적용하였다고 하여 반드시 진실에 반하는 기재를 하여 공문서를 작성하게 되는 것은 아니므로, 공문서 작성 과정에서 법령 등의 적용에 잘못이 있다는 것과 기재된 공문서 내용이 허위인지 여부는 구별되어야 한다. …… 관급공사의 현장감독관인 甲이 공사 현장이 아닌 제작 공장에서의 기성검사의 경우 기성검사에서 합격된 자재의 100분의 50 범위 내에서만 기성부분으로 인정할 수 있도록 한 공사계약일반조건과 달리, 자재 제작을 내용으로 하는 부분 전부를 기성부분으로 인정하여 이를 바탕으로 산정된 기성고 비율과 기성부분 준공금액을 기재하여 기성검사조서를 작성한 행위는 허위작성에 해당하지 않는다.

1236 **사례 : 법령적용은 허위이나 사실관계는 거짓이 없는 경우** 건축담당공무원 甲은 기존의 S건물을 청소년수련시설로 용도변경하고 추가로 약 300km의 건축물을 증축하겠다는 내용의 설계도면이 첨부된 P의 건축허가신청서를 접수·처리함에 있어 그 설계도면을 검토하여 철골조로 설계되어 있는 동 건물 2, 3층의 주요구조부가 **건축법상의 내화구조로 설계된 것이 아님을 알고 있었음에도 위 신청을 허가한다는 취지의 기안서인 건축허가통보서를 작성**하여 계장인 乙, 과장인 丙이 순차 결재한 다음, 행사할 목적으로 위 건축허가신청서 뒷면에 있는 "이 허가서 및 첨부서류에 기재한 건축물의 건축계획은 **건축법의 규정에 적합하므로** 건축법 제8조의 규정에 의하여 '**건축물의 건축을 허가하며**', 이 허가로 건축법 제8조 제5항 각 호의 허가 등을 받거나 신고를 한 것으로 봅니다"라고 기재된 건축허가서란에 '허가 제414－1호, 1998.2.26.'이라고 기재한 후 허가명의자란에 군수의 직인을 찍어 공문서인 건축허가서를 작성하고 이를 P에게 교부하였다.
해결 甲은 허위공문서작성죄가 성립하지 않는다.

5. 대법원 2022.8.19, 2020도9714

대통령비서실장이 국회의원 서면질의에 대하여 주관적 의견을 담은 답변서를 작성 · 제출한 사례

허위공문서작성죄의 허위는 표시된 내용과 진실이 부합하지 아니하여 그 문서에 대한 공공의 신용을 위태롭게 하는 경우여야 하고, 그 내용이 허위라는 사실에 관한 피고인의 인식이 있어야 한다(대법원 1995.11.10, 95도1395; 1985.6.25, 85도758 등). 피고인이 국회 서면질의에 대하여 작성·제출한 답변서 기재사항 중 '대통령은 직접 대면보고 받는 것 이상으로 상황을 파악하고 있었다고 생각한다.'라는 부분은 피고인의 주관적 의견으로서 그 자체로 내용의 진실 여부를 판단할 수 있다거나 문서에 대한 공공의 신용을 위태롭게 할 만한 증명력과 신용력을 갖는다고 볼 수 없고, '비서실에서 20~30분 단위로 간단없이 유·무선으로 보고를 하였다.'라는 부분은 실제로 있었던 객관적 사실을 기반으로 하여 기재된 내용으로 허위라고 볼 수 없으며, 이미 국회에서 위증에 대한 제재를 감수하는 증인선서 후 증언한 내용과 동일한 점 등에서 피고인에게 허위의 답변서를 작성·제출한다는 인식이 있었다고 보기도 어렵다.[1237]

ⓛ 공무원이 형식적 심사권만 가지고 있는 경우 : 가족관계등록부·등기부와 같이 신고내용을 심사하는 공무원에게 실질적 심사권은 없고 형식적 심사권만 있는 경우가 있다. 이때 신고내용이 객관적 진실에 반한다는 것을 공무원이 알게 되었음에도 불구하고 신고내용대로 공문서를 작성한 경우 본죄가 성립하는가가 문제된다. 학설에서는 ⓐ 해당 공무원은 일정한 형식을 갖춘 신고가 있으면 이를 받아들여 문서를 작성할 의무가 있다는 점에서 본죄가 성립하지 않는다는 부정설[1238]과 ⓑ 해당 공무원은 허위사실의 기재를 거부할 수 있기 때문에 본죄가 성립한다는 긍정설(다수설[1239])이 대립하고 있다. 판례는 긍정설의 입장이다.[1240] 긍정설이 타당하다고 생각된다.

ⓒ 변개(變改) : 작성권한 있는 공무원이 진정하게 기존문서의 내용을 허위로 고치는 것이다.

(2) **주관적 구성요건** – 고의 및 행사할 목적

① 고의 : 작성권한 있는 공무원의 공문서 또는 공도화를 허위내용으로 작성하거나 변개한다는 사실에 대한 인식과 의사를 말한다.

㉠ 고의가 인정되는 경우 : ⓐ 허위라는 사실을 인식하고 작성을 하였다면 상사나 상급관청의 양해·지시가 있어도 고의가 조각되지 않으며(대법원 1971.11.9, 71도177), ⓑ 담당공무원이 토지·하천 등

1237 보충 甲은 세월호 침몰사고에 대한 청와대 대응에 비난 여론이 확산되고 장차 진상규명을 위한 국정조사특별위원회의 국정조사('이 사건 국조특위') 등에서 책임 추궁을 받게 될 상황에 놓이자, 수차례 대통령비서실장 회의를 주재하면서 사고 상황보고에 관한 국회의 예상질의에 대하여 미리 답변기조를 준비하고, 실무자들로 하여금 향후 예상질의응답 자료, 국회 서면답변서 등에 이러한 내용을 기재하도록 지시하였다. 甲은 2014.7.10. 이 사건 국조특위에 증인으로 출석하여, 대면보고를 하지 않아 대통령이 사고 상황을 제대로 파악하지 못한 것이 아니냐는 국회의원 질의에 대하여 미리 준비한 답변기조에 따라 "저희들이 계속 간단없이 20~30분 단위로 문서로 보고를 드렸습니다. 그렇기 때문에 대통령이 충분히 직접 만나서 물어보는 것 이상으로 상황을 파악하고 있었다고 저희들은 생각합니다."라는 등으로 증언하였다. 이 사건 국조특위 종료 후인 2014.8.경 '비서실장의 대통령 대면보고는 언제 이루어졌는지? 사안이 심각한데 대통령께 서면, 유선보고만 하면 다 된다고 판단한 것인지?'라는 내용의 국회 서면질의가 추가되자, 질의응답 자료 정리 등 실무를 담당한 행정관은 甲의 기존 국회 증언 내용 그대로 이 사건 답변서를 작성한 후 그에 대한 보고를 거쳐 국회에 제출하였다. 甲에게는 허위공문서작성 및 그 행사죄가 성립하지 않는다(위 판례).

1238 서일교, 262면; 손해목(주석), 397면; 오도기(공저), 534면; 정영석, 174면.

1239 김일수/서보학, 756면; 박상기, 539면; 배종대, 660면; 백형구, 522면; 손동권, 637면; 오영근, 754면; 유기천(하), 166면; 이재상, §32-66; 이정원, 631면; 임웅, 654면; 진계호, 601면.

1240 판례 호적사무를 관장하는 호적리(戶籍吏)는 호적에 기재를 함에 있어서 그 신고가 적어도 형식상의 요건을 갖추고 있는 경우에 있어서는 이것의 기재절차를 밟은 것이고 그 신고사항이 진실한 여부를 심사한 후 그 수리 여부를 정정할 필요는 없다고 할 것은 소론과 같으나, **호적부(현 가족관계등록부)**는 사람의 신분을 공증하고 타인으로 하여금 각 사람이 가지는 신분지위 등을 알게 하기 위하여 설정된 공부로서 그 기재사항의 적법하고 진실에 부합될 것임은 당연한 이치이므로 **신고사항이 허위인 것이 명백한 경우에 있어서는 호적리는 그 기재를 거부할 수 있다고 해석함이 법정신에 적합한** 것이라 할 것이다. 그러므로 호적리는 신고사항이 허위인 것을 알고 있으면서 고의로 신고인의 뜻을 받아 이를 호적부에 기재한 때에는 형법 제227조의 허위공문서작성죄를 구성한다고 할 것이다(대법원 1977.12.27, 77도2155). 법원9급 09

의 경계나 면적을 측량하지 않은 채 지적도상의 그 경계를 정정한 경우에는 허위공도화작성의 고의가 있다고 볼 수 있다(대법원 1997.12.26, 96도3057).

판례연구 허위공문서작성의 고의가 인정되는 경우

대법원 2010.6.24, 2008도11226

체포사유 및 변호인선임권을 고지하였다는 내용의 허위의 현행범인체포서와 확인서를 작성한 사례

피고인들을 비롯한 경찰관들이 피의자 4명을 현행범으로 체포하거나 현행범인체포서를 작성할 때 체포사유 및 변호인선임권을 고지하지 아니하였음에도 불구하고, '체포의 사유 및 변호인 선임권 등을 고지 후 현행범인 체포한 것임'이라는 내용의 허위의 현행범인체포서 4장과 '현행범인으로 체포하면서 범죄사실의 요지, 구속의 이유와 변호인을 선임할 수 있음을 고지하고 변명의 기회를 주었다'는 내용의 허위의 확인서 4장을 각 작성한 경우, 당시 피고인들에게 허위공문서작성에 대한 고의도 있었다고 보아야 한다.

㉡ 고의가 인정되지 않는 경우 : ⓐ 작성자가 단순히 오기(誤記) 또는 부주의에 의한 기재누락을 한 경우(대법원 1982.12.28, 82도1617; 1978.4.11, 77도3781), ⓑ 사전에 출장조사한 다음 출장조사 내용이 변동 없다는 확신 하에 출장복명서를 작성하고 다만 그 출장일자를 작성일자로 기재한 경우에는 본죄의 고의가 인정되지 않는다(대법원 2001.1.5, 99도4101). 법원행시 14 / 경찰채용 16 1차 즉 통상 있을 수 있는 사소한 차이에 불과하다면 허위작성의 고의는 인정될 수 없다.

판례연구 허위공문서작성의 고의가 인정되지 않는 경우

1. 대법원 1985.5.28, 85도327

대수선허가 면적보다 1층은 1.12평, 2층은 0.25평이 더 증축된 것을 알면서도 허가된 면적대로 준공되었다는 준공검사보고서를 작성하였으나 통상 있을 수 있는 사소한 차이인 것에 불과하다면 허위공문서작성 및 동행사의 고의를 인정할 수 없다.

2. 대법원 1997.3.11, 96도2329

교통사고 실황조사서의 사고원인기재란 중 사고도주 표시란에는 아무런 표시를 하지 않은 사례

교통사고 가해자가 사고발생 후 즉시 피해자를 구호조치하지 않고 사고현장으로부터 약 600m 정도 도주한 후 다시 사고현장으로 되돌아 와 경찰관에게 자신이 사고야기자라고 말한 경우, 교통사고 가해자의 사고 후의 행동이 기재된 가해자 및 피해자의 관련자 진술서만 첨부하고 교통사고 실황조사서의 사고원인기재란 중 사고도주 표시란에는 아무런 표시를 하지 않은 것은, 실황조사서의 위와 같은 기재누락으로 인해 위 문서가 바로 허위내용이 되었다고 보기도 힘들 뿐더러 피고인이 이 사건 실황조사서의 기재 내용을 허위기재한다는 고의가 있었다고 볼 수 없다는 점에서, 허위공문서작성에 해당하지 않는다.

② 행사할 목적 : 본죄는 목적범이다. 이 점은 허위유가증권작성죄(제216조 : 목적범)와는 같은 점이지만, 허위진단서작성죄나 공정증서원본부실기재죄와는 다른 점이다.

2. 간접정범의 성부

(1) 작성권한 있는 자

작성권한 있는 공무원이 작성권한 없는 자 또는 작성권한 있는 다른 공무원을 이용하여 허위공문서를 작성한 경우에는 본죄의 간접정범이 성립한다.

(2) 작성권한 없는 자

① 비공무원이 작성권자인 공무원을 이용하는 경우 : 본죄의 간접정범의 성립이 부정된다(통설·판례[1241]). 본죄의 신분요소(身分要素)가 결여되어 있기 때문이다.

② 공문서작성의 보조자가 작성권자를 이용하는 경우 : 허위공문서작성죄의 주체는 직무상 그 문서를 '작성할 권한이 있는 공무원'에 한하고 작성권자를 보조하는 직무에 종사하는 공무원은 허위공문서작성죄의 주체가 되지 못함이 원칙이다. 그러나 이러한 보조직무에 종사하는 공무원이 허위공문서를 기안하여 허위인 사정을 모르는 작성권자에게 제출하고 그로 하여금 그 내용이 진실한 것으로 오신하게 하여 서명 또는 기명날인하게 함으로써 공문서를 완성한 때, 본죄의 간접정범이 성립하는가에 대해서는 견해의 대립이 있다.

㉠ 긍정설 : 기안담당 공무원과 같은 보조공무원도 본죄의 작성주체가 될 수 있다는 전제에서 본죄의 간접정범의 성립도 인정해야 한다는 입장이다(다수설[1242]·판례). 예를 들어, 면의 호적계장이 사정을 모르는 면장의 결재를 받아 허위내용의 호적부(현 가족관계등록부)를 작성한 경우 허위공문서작성 및 동행사죄의 간접정범이 성립된다는 것이 다수설·판례이다(대법원 1990.10.30, 90도1912)(아래 사례들 참조). 국가7급 13 / 국가7급 16 / 법원행시 10 / 법원행시 16 / 경찰채용 13 2차 / 경찰승진(경사) 10 / 사시 16 / 경찰간부 17

㉡ 부정설 : 본죄는 작성권한 있는 공무원만 범할 수 있는 진정신분범이므로 신분 없는 자는 본죄의 간접정범도 될 수 없다고 보아야 하고, 이 경우 발생하는 처벌의 흠결은 입법에 의해서 해결하거나 위계에 의한 공무집행방해죄로 처벌하는 수밖에 없다는 입장이다(소수설[1243]). 이론적으로 부정설이 타당하다고 본다.

사례연구 예비군동대의 방위병 사례 : 허위공문서작성죄의 간접정범 및 공범관계

甲은 예비군훈련에 불참하고서도 평소 잘 알던 예비군동대 방위병 乙에게 훈련을 받았다는 확인증을 발급하여 달라고 부탁하자 乙은 확인증을 발급받기 위한 방법을 甲과 공모한 연후에, 乙은 사정을 모르는 예비군 동대장 丙에게 甲의 출석사실을 보고하고 확인증 발급지시를 받고서 동대장의 직인이 이미 찍혀져 있는 확인서용지에 甲의 인적 사항과 훈련일자 등의 사실을 기재하여 甲에게 교부하였다. 甲과 乙의 죄책은?

해결 乙은 허위공문서작성죄(의 간접정범)가 성립하며, 甲은 이러한 허위공문서작성죄의 공동정범이다. 즉, 乙에 대하여는 허위공문서작성죄는 작성권한 있는 공무원만이 범할 수 있는 것이 원칙이나 작성권한 있는 공무원을 보조하는 업무를 담당하는 보조공무원이 사정을 모르는 상사를 이용하여 본죄의 주체(간접정범)가 될 수 있다는 것이 확립된 판례이고, 법원9급 13 甲에 대하여는 허위공문서작성죄는 작성권한 있는 공무원이라는 신분이 있어야 성립하는 진정신분범이라고 볼 때에, "신분관계로 인하여 성립하는 범죄에 가공한 행위는 전3조의 예에 의한다."라는 형법 제33조를 甲에게 적용하여 그 또한 본죄의 공동정범이 된다고 보는 것이 판례이다(대법원 1992.1.17, 91도2837). 경찰승진(경장) 10 / 경찰승진(경감) 11

1241 대법원 1961.12.14, 4292형상647 전원합의체 참조. 이후 판례는 일관되어 있다.

1242 김성천/김형준, 688면; 배종대, 647면; 백형구, 523면; 손동권, 642면; 유기천(하), 171면; 정성근/박광민, 598면; 진계호, 540면.

1243 간접정범 부정설로는 김일수/서보학, 746면; 박상기, 542면; 오영근, 758면; 이재상, §32-73; 이정원, 585면; 임웅, 658면. 구체적으로, 본죄가 직권남용을 처벌하려는 것이 아니라 공문서의 신용력을 보호하기 위한 엄격한 진정신분범이라는 점을 중시하여 본죄의 성립을 부정하는 견해(이재상, ibid)에 의하면 작성권한 없는 공무원에 대한 처벌의 흠결은 입법적으로 해결해야 한다고 주장한다. 또한 자신의 행위의 의미를 파악하지 못하고 이용당하는 작성권한 있는 공무원의 경우를 상정할 수 없다고 보아 부정하는 견해(박상기, ibid)도 있으며, 본죄의 정범적격이 없는 자이므로 본죄의 성립은 부정하되 위계에 의한 공무집행방해죄의 성립은 가능하다는 견해(임웅, ibid)도 있다.

사례연구 경찰서 보안과장 음주운전보고서 사례

경찰서 보안과장인 甲은 친구 乙의 음주운전을 단속당하지 않게 하기 위하여 그에 대한 음주운전자적발보고서를 찢어 버리고 부하로 하여금 일련번호가 동일한 가짜 음주운전적발보고서에 丙의 음주운전사실을 기재케 하여 그 사정을 모르는 담당경찰관 丁으로 하여금 주취운전자음주측정처리부에 丙에 대한 음주운전사실을 기재하도록 하였다. 甲의 죄책은?

해결 甲은 허위공문서작성(제227조) 및 동 행사죄(제229조)의 간접정범 및 공용서류무효죄(제141조 제1항)의 실체적 경합이 성립한다. 판례는 작성권한 없는 공무원이라 하더라도 사정을 모르는 작성권한 있는 공무원을 이용하여 허위공문서작성죄의 간접정범이 될 수 있다는 입장이다. 법원9급 13 / 국가7급 16 / 경찰간부 16 그렇다면 甲은 丙이 음주운전으로 인하여 처벌을 받았는지 여부와는 관계없이 허위공문서작성 및 동 행사죄의 간접정범으로서의 죄책을 면할 수 없다(대법원 1996.10.11, 95도1706). 사시 10 또한 음주운전자적발보고서를 무단으로 찢어 버린 행위는 공용서류무효죄에도 해당된다.

판례연구 허위공문서작성의 간접정범 등이 성립한다는 사례

1. 대법원 2009.12.24, 2009도7815 ; 1997.7.11, 97도1180

부동산등기법상 허위보증서작성죄의 간접정범 사례

보증인이 아닌 자가 허위 보증서 작성의 고의 없는 보증인들을 이용하여 허위의 보증서를 작성하게 한 경우, 부동산소유권 이전등기 등에 관한 특별조치법 제13조 제1항 제3호에 정한 '허위보증서작성죄'의 간접정범이 성립한다.

2. 대법원 2011.5.13, 2011도1415

보조공무원의 허위공문서작성죄의 간접정범 사례 : 간접정범임에도 공동정범으로 본 것은 잘못이나 판결에는 영향이 없다는 사례

공무원 甲이 허위의 사실을 기재한 자동차운송사업변경(증차)허가신청 검토조서를 작성한 다음 이를 자동차운송사업변경(증차)허가신청 검토보고에 첨부하여 결재를 상신하였고, 담당계장으로서 그와 같은 사정을 알고 있는 중간 결재자인 피고인과 담당과장으로서 그와 같은 사정을 모르는 최종 결재자인 乙이 차례로 결재를 하여 자동차운송사업 변경허가가 이루어진 경우, 피고인과 甲의 행위가 허위공문서작성죄의 간접정범에 해당하는데도 공동정범에 해당한다고 본 원심판단은 잘못이지만, 그러한 잘못은 판결에 영향이 없다.[1244] 사시 14

판례연구 허위공문서작성의 간접정범이 성립하지 않는다는 사례

1. 대법원 2010.1.14, 2009도9963

군청 산림과 공무원이 토지이용계획확인서를 작성하거나 군청 민원봉사과에 보내어 발급하게 한 사례

군청 산림과 소속 공무원인 피고인 甲과 乙이 공모하여 乙이 기안하고 甲이 전결한 해당 임야에 대한 허위의 '산지이용구분 내역 통보'를 군청 민원봉사과에 보내거나, 또는 피고인 乙이 일부 임야에 대하여는 단독으로, 일부 임야에 대하여는 공무원 아닌 피고인 丙과 공모하여 허위의 각 '산지이용구분 내역 통보' 공문을 기안하고 그 사정을 모르는 피고인 甲의 전결로 위 각 공문을 군청 민원봉사과로 보내어, 그 사정을 모르는 민원봉사과 소속 공무원으로 하여금 군수 명의의 위 각 임야에 대한 토지이용계획확인서를 작성·발급하게 한 경우, 甲과 乙이 위 각 토지이용계획확인서의 작성권한자라고 볼 수 없을 뿐만 아니라 위 각 문서의 발급을 담당하는 민원봉사과 소속 공무원의 업무를 보조하는 직무에 종사하거나 위 각 문서의 작성을 기안하는 업무에 종사하는 지위

1244 보충 공문서인 위 검토보고의 작성자는 乙이라고 보아야 하므로, 위 검토보고의 내용 중 일부에 불과한 위 검토조서의 작성자인 甲은 물론 乙의 업무상 보조자이자 중간 결재자인 피고인은 허위공문서작성죄의 주체가 될 수 없는데도 피고인과 甲의 행위가 공동정범에 해당한다고 본 원심판단은 잘못이지만, 이는 허위의 사정을 모르는 작성권자 乙로 하여금 허위의 공문서를 결재·작성하게 한 경우에 해당하여 그 간접정범에 해당하고, 간접정범은 형법 제34조 제1항, 제31조 제1항에 의하여 죄를 실행한 자와 동일한 형으로 처벌되는 것이므로 그러한 잘못은 판결에 영향을 미친 위법이 되지 못한다(위 판례의 판결이유).

에서 위 각 '산지이용구분 내역 통보' 공문을 보내 준 것으로 보기도 어려우므로, 피고인 甲, 乙을 각 허위공문서작성죄의 간접정범 내지 간접정범의 공동정범으로 볼 수는 없다고 할 것이고, 피고인 乙에게 각 허위공문서작성죄의 간접정범으로서의 죄책이 인정되지 않으므로 그와 공모한 공무원 아닌 피고인 丙 역시 각 허위공문서작성죄의 간접정범의 공동정범으로 처단할 수 없다 할 것이다.

2. 대법원 2017.5.17, 2016도13912
작성권자의 직인 보관자를 기망하여 날인받은 사례
허위공문서작성죄의 주체는 문서를 작성할 권한이 있는 명의인인 공무원에 한하고 그 공무원의 문서작성을 보조하는 직무에 종사하는 공무원은 허위공문서작성죄의 주체가 될 수 없다. 따라서 ① 보조 직무에 종사하는 공무원이 허위공문서를 기안하여 허위임을 모르는 작성권자의 결재를 받아 공문서를 완성한 때에는 허위공문서작성죄의 간접정범이 될 것이지만, ② 이러한 결재를 거치지 않고 임의로 작성권자의 직인 등을 부정 사용함으로써 공문서를 완성한 때에는 공문서위조죄가 성립한다. 이는 공문서의 작성권한 없는 사람이 허위공문서를 기안하여 작성권자의 결재를 받지 않고 공문서를 완성한 경우에도 마찬가지이다. 나아가 작성권자의 직인 등을 보관하는 담당자는 일반적으로 작성권자의 결재가 있는 때에 한하여 보관 중인 직인 등을 날인할 수 있을 뿐이다. 이러한 경우 다른 공무원 등이 작성권자의 결재를 받지 않고 직인 등을 보관하는 담당자를 기망하여 작성권자의 직인을 날인하도록 하여 공문서를 완성한 때에도 공문서위조죄가 성립한다. 경찰채용 18 1차

3. 공동정범 · 교사범 · 방조범의 성부

이상에서 살펴본 바와 같이, 공무원이 아닌 자는 -형법 제228조의 공정증서원본부실기재죄를 범하는 경우를 제외하고는- 허위공문서작성죄의 간접정범으로 처벌할 수 없으나(대법원 1971.1.26, 70도2598), 사시 10 공무원이 아닌 자가 공무원의 범행에 공동 · 교사 · 방조하여 허위공문서작성죄를 범한 때에는 공무원이 아닌 자도 형법 제33조 및 제30 · 31 · 32조에 의하여 허위공문서작성죄의 공동정범 · 교사범 · 방조범이 된다(대법원 2006.5.11, 2006도1663).[1245] 국가7급 13 / 경찰승진(경감이하) 17 총론의 공범과 신분에 관한 제33조의 해석에서 논했듯이, 진정신분범의 범행에 가담한 자는 설사 그가 비신분자라 하더라도 진정신분범의 공범이 성립하고 그 형으로 처벌되는 것이다.

4. 다른 범죄와의 관계

(1) 공무원인 의사가 허위진단서를 작성한 경우 본죄와 허위진단서작성죄의 관계

기술한 바와 같이 상상적 경합설, 허위진단서작성죄설, 허위공문서작성죄설이 대립하며, 판례는 허위공문서작성죄설을 취한다. 법원행시 14

(2) 본죄와 직무유기죄의 관계

① 원칙 - 법조경합 : 판례는 직무유기죄는 부진정부작위범으로 이해하고 있다 국가9급 14 (후술하는 직무유기죄 참조). 따라서 작위범인 허위공문서작성죄가 성립하게 되면 부작위범인 직무유기죄는 동시에 성립할 수 없다는 점에서 양죄는 상상적 경합의 관계로는 볼 수 없게 된다. 따라서 허위공문서작성죄가 성립하게 되면 직무유기죄는 원칙적으로 흡수된다(법조경합)(대법원 1982.12.28, 82도2210). 경찰승진(공통) 10

② 예외 - 실체적 경합 : 직무유기행위를 하고 난 이후 이러한 위법사실을 적극적으로 은폐하기 위한 목적이 아닌 다른 사항에 관하여 허위공문서작성행위를 한 경우에는 양죄가 별도로 성립할 수는 있기 때문에 직무유기죄와 허위공문서작성죄의 실체적 경합이 성립한다.

1245 **보충** 이 판례는, 공무원 乙이 허위로 재해대장 및 농가별농작물피해조사대장을 작성할 당시, 甲이 乙의 행위를 알면서도 이를 묵비하였을 뿐만 아니라 乙로 하여금 재해대장 및 농가별농작물피해조사대장에 甲의 비닐하우스가 설치된 지번(地番)을 허위로 기재하도록 하는 등의 방법으로 乙의 행위에 가공한 경우, 甲에게 허위공문서작성죄의 공동정범을 인정한 사례이다.

10 공정증서원본 등 부실기재죄

제228조 【공정증서원본 등의 부실기재】 ① 공무원에 대하여 허위신고를 하여 공정증서원본 또는 이와 동일한 전자기록 등 특수매체기록에 부실의 사실을 기재 또는 기록하게 한 자는 5년 이하의 징역 또는 1천만 원 이하의 벌금에 처한다.
② 공무원에 대하여 허위신고를 하여 면허증, 허가증, 등록증 또는 여권에 부실의 사실을 기재하게 한 자는 3년 이하의 징역 또는 700만 원 이하의 벌금에 처한다.

1. 의 의

공정증서원본부실기재죄[1246](公正證書原本不實記載罪, untrue entry in officially authe nticated original deed)는 특별한 신빙성이 인정되는 권리의무에 관한 공문서에 대한 공공의 신용을 보장함을 보호법익으로 하는 범죄로서, 공무원에 대하여 진실에 반하는 허위신고를 하여 공정증서원본에 그 증명하는 사항에 관하여 실체관계에 부합하지 아니하는 부실의 사실을 기재하게 함으로써 성립하는 죄이다.

2. 객관적 구성요건

(1) **주체** – 제한 없음

일반인이든 공무원이든 '(고의가 없는) 공무원'[1247]에 대하여 허위신고를 하여 공정증서원본등에 부실의 기재를 하게 한 경우에는 본죄의 주체가 된다(일반범). 따라서 본죄는 허위신고인 사실을 모르는 공무원을 도구처럼 이용하여 범한다는 점에서 간접정범(間接正犯)의 형태를 가지고 있다. 즉 본죄는 간접적 무형위조(間接的 無形僞造)를 그 유형으로 삼고 있다.

(2) **객체** : 본죄는 모든 공문서를 객체로 하지 않는다. '공정증서원본 또는 이와 동일한 전자기록 등 특수매체기록'(제1항)과 '면허증, 허가증, 등록증 또는 여권'(제2항)만을 그 객체로 한다.

① 공정증서원본 : 공정증서(公正證書)란 공무원이 작성한 문서로서 '권리 · 의무에 관한 사실을 증명하는 효력을 가진 것만'을 의미하며 단순한 사실증명을 위한 공문서는 포함되지 않는다(다수설[1248]). 또한 공정증서원본에 공정증서의 정본(定本)이 포함될 수 없는 것도 유추해석금지원칙의 요청이다(대법원 2002.3.26, 2001도6503).[1249] 법원9급 07(상) / 경찰승진(경위) 10 / 사시 16 / 국가9급 20

㉠ 공정증서원본에 해당하는 것 : 화해조서, 가족관계등록부, 부동산등기부, 상업등기부, 민사분쟁사건처리특례법에 의해 합동법률사무소 명의로 작성된 공정증서(대법원 1977.8.23, 74도2715),[1250] 경찰간부 12 / 경찰승진(경위) 10 집행수락부 약속어음 공정증서(대법원 2006.6.27, 2006도2864)[1251] 법원승진 14 등

1246 우리 판례는 '부실(不實)'을 '불실'로 표기하는 경우가 많다. '부실'로 쓰는 것이 올바른 표기법이다.

1247 보충 만일 허위사실임을 알고 있다면 해당 공무원은 허위공문서작성죄의 정범이 되고 허위신고자는 허위공문서작성죄의 공범이 성립하게 될 것이다.

1248 권리 · 의무에 관한 사실을 증명하는 것에 한하며 단순한 사실증명을 위한 공문서는 포함되지 않는다는 것이 다수설이다. 김성천/김형준, 690면; 김일수/서보학, 749면; 박상기, 543면; 손동권, 647면; 오영근, 863면; 이재상, §32–79; 이정원, 634면; 임웅, 661면; 정성근/박광민, 600면. 권리 · 의무에 관한 사실을 증명할 것을 반드시 필요로 하지 않고 사실을 증명하는 효력을 가진 공문서도 공정증서로 볼 수 있다는 소수설은 오도기(공저), 536면; 유기천(하), 177면; 진계호, 583면 참조.

1249 보충 따라서 부실의 사실이 기재된 공정증서의 '정본'을 그 사정을 모르는 법원 직원에게 교부한 행위도 제229조의 부실기재 공정증서원본행사죄에 해당하지 아니한다(위 판례).

1250 판례 간이절차에 의한 민사분쟁사건처리특례법에 의하여 합동법률사무소 명의로 작성된 공증에 관한 문서는 형법상의 공문서에 해당되고 동 **합동법률사무소의 구성원인 변호사에게 허위신고를 하여서 동 합동법률사무소 명의의 공정증서에 부실의 사실을 기재하게 한 행위는** 형법 제228조 제1항에 해당된다(대법원 1977.8.23, 74도2715). 경찰간부 12 / 경찰승진(경위) 10
비교판례 공정증서란 권리의무에 관한 공정증서를 가리키는 것이라 할 것이므로 **공증인이 인증한 사서증서 자체는** 위 법조에서 말하는 공정증서원본이 될 수 없다(대법원 1984.10.23, 84도1217). 경찰승진(경위) 10

1251 판례 甲은 1억 4,000만 원의 차용을 알선해주겠다면서 피해자 乙로부터 乙과 주식회사 업체 A의 각 인감도장, 각 인감증명서,

㉡ 공정증서원본이 아닌 것 : 주민등록부(대법원 1968.11.19, 68도1231[1252]), 인감대장(대법원 1969.3.25, 69도163; 1968.11.19, 68도1231[1253]), 법원9급 06 토지대장(대법원 1988.5.24, 87도2696[1254]; 1971.1.29, 69도2238), 법원행시 05 / 법원행시 12 / 법원9급 06 / 경찰간부 12 / 경찰승진(경위) 10 / 경찰승진(경감이하) 17 가옥대장(대법원 1971.4.20, 71도359), 임야대장, 도민증, 시민증, 경찰승진(경위) 10 주민등록증, 공증인이 인증한 사서증서(대법원 1984.10.23, 84도1217; 1975.9.9, 75도331), 경찰승진(경위) 10 판결원본, 수사기관의 진술조서,[1255] 자동차운전면허증대장(대법원 2010.6.10, 2010도1125), 법원행시 11 / 법원9급 12 / 경찰승진(공통) 11 / 경찰채용 17 1차 조정조서(대법원 2010.6.10, 2010도3232)[1256] 법원행시 11 / 법원행시 13 / 법원9급 12 / 경찰간부 12 / 사시 14 / 경찰승진 24 등

② 전자기록 등 특수매체기록 : 공정증서원본과 동일하게 취급되는 전기적·자기적 기록 및 광(光) 기록을 말한다. 전산화된 부동산등기파일, 자동차등록파일이 여기에 속한다.

③ 면허증 : 일정한 기능을 보유한 자에게 그 기능을 수행할 수 있는 권능을 부여하는 운전면허증이나 의사면허증 등 증명서를 말한다. 그러나 단순한 자격을 표시하는 데 불과한 시험합격증, 교사자격증은 여기에 해당되지 않는다.

④ 허가증 : 특정인에게 일정한 업무나 영업을 하도록 허가함을 증명하는 증서를 말한다.

⑤ 등록증 : 일정한 자격·요건을 갖춘 자에게 그 자격·요건에 상응하는 활동을 할 수 있는 권능 등을 인정하기 위하여 공무원이 작성한 증서를 말한다. 예컨대 변호사등록증이나 변리사등록증 등이 여기에 속한다. 그러나 사업자등록증은 단순한 사업사실의 등록을 증명하는 증서에 불과하고 그에 의하여 사업을 할 수 있는 자격·요건을 갖추었음을 인정하는 것은 아니므로 본조의 '등록증'에 해당하지 않는다(대법원 2005.7.15, 2003도6934). 법원9급 06 / 경찰간부 12 / 경찰승진(경위) 10 / 사시 11 / 사시 14

⑥ 여권 법원9급 06 : 공무원 또는 공무소가 발행하는 여행허가증을 말한다. 판례는 여권발급신청서에 허위사실을 기재하여 여권을 발급받은 경우, 여권법 제13조 제2항 제1호 위반죄와 형법 제228조 제2항의 죄는 상상적 경합의 관계에 있다고 한다(대법원 1974.4.9, 73도2334).

백지약속어음 등을 교부받아 편취하고, 丙으로부터 1억 4,000만 원을 차용하여 그중 4,500만 원만 乙에게 송금하고 나머지 9,500만 원을 임의로 사용한 다음 丙에게 교부하기 위해 위 각 인감도장 등을 이용하여 유가증권인 乙과 주식회사 업체 A명의의 액면 1억 원인 약속어음 1장을 위조하고, 공증인가 중앙합동법률사무소 직원에게 이를 교부하여 행사하고, 허위의 사실이 기재된 **집행수락부 약속어음 공정증서**를 작성·비치하게 한 행위는, 인감도장 등 편취의 **사기, 유가증권위조 및 위조유가증권행사, 공정증서원본부실기재 및 부실기재공정증서원본행사**의 죄책이 인정된다(대법원 2006.6.27, 2006도2864). 법원승진 14

1252 **판례** **주민등록부**는 권리의무의 득실변경 등의 증명을 목적으로 하는 공제가 아니라 할 것이므로 형법 제228조 소정의 공정증서가 아니다(위 판례).

1253 **판례** **인감대장**은 행정청이 출원자의 현재 사용하고 있는 인감을 증명함으로써 국민의 편의를 도모하기 위하여 출원자의 인감신고를 받아두는 공부로서 공정증서가 아니라 할 것이다(위 판례).

1254 **판례** 권리의무에 변동을 주는 효력이 없는 **토지대장**은 공정증서에 해당하지 아니한다(위 판례).

1255 **법원의 판결문원본이나 지급명령문원본 또는 수사기관의 진술조서** 등은 공정증서이기는 하지만 본죄의 객체는 될 수 없다. 본죄의 공정증서란 허위신고에 의하여 그 신고내용이 받아들여지고 그리하여 해당 공정증서가 부실하게 기재될 수 있는 성질을 갖춘 것이어야 하고, 또한 해당 공정증서가 일정한 권리·의무를 나타내는 증명을 직접적 목적으로 하는 것으로 보아야 하기 때문이다.

1256 **판례** 형법 제228조 제1항이 규정하는 공정증서원본은 **그 성질상 허위신고에 의해 불실한 사실이 그대로 기재될 수 있는 공문서**이어야 한다고 할 것인바, 민사조정법상 조정신청에 의한 조정제도는 원칙적으로 조정신청인의 신청 취지에 구애됨이 없이 조정담당판사 등이 제반 사정을 고려하여 당사자들에게 상호 양보하여 합의하도록 권유·주선함으로써 화해에 이르게 하는 제도인 점에 비추어, 그 조정절차에서 작성되는 **조정조서는 그 성질상 허위신고에 의해 불실한 사실이 그대로 기재될 수 있는 공문서로 볼 수 없어 공정증서원본에 해당하는 것으로 볼 수 없다**(대법원 2010.6.10, 2010도3232). 법원행시 11 / 법원행시 13 / 법원9급 12 / 경찰간부 12 / 경찰승진 24

표정리 공정증서원본부실기재죄의 객체 정리

공정증서원본	○	가족관계등록부, 등기부, 상업등기부, 화해조서, 민사분쟁사건처리특례법에 의하여 합동법률사무소 명의로 작성된 공정증서, 경찰간부 12 집행수락부 약속어음 공정증서 법원승진 14 등
	×	• 주민등록부, 주민등록증, 각종 대장, 법원행시 05 / 법원행시 11 / 법원행시 12 / 법원9급 06 / 법원9급 12 / 경찰간부 12 지적도, 임야도, 사서증서, 진술조서, 판결원본, 지급명령원본, 조정조서 법원행시 11 / 법원행시 13 / 법원9급 12 / 경찰간부 12 등 • 공정증서의 등본, 초본, 사본
전자기록 등 특수매체기록		전산화한 부동산등기파일, 자동차등록파일, 호적파일, 국세청의 세무자료파일 등
면허증	○	의사면허증, 운전면허증, 수렵면허증, 침구사자격증[1257] 등
	×	시험합격증서, 교사자격증, 외국인등록증명서, 자동차검사증 등
허가증		고물상허가증, 주류판매업허가증, 미용실영업허가증 등
등록증		자동차등록증, 선박등록증, 변호사등록증, 법무사등록증 등 ✔ 사업자등록증 : × 법원9급 06
여 권		여권, 법원9급 06 가석방자에 대한 여행허가증 등

(3) **행위** – 공무원에 대하여 허위신고를 하여 부실의 사실을 기재하게 하는 것

① 허위신고(虛僞申告) : 허위란 진실에 반하는 사실을 말하며, 허위의 개념에는 이러한 내용허위뿐 아니라 신고인이 자격을 사칭하는 경우도 포함되고, 신고의 방법에도 구두·서면의 제한이 없다. 예컨대 사자 명의로 소유권이전등기를 신청하는 것(대법원 1969.1.28, 68도1596)도 전형적인 허위신고에 해당한다. 다만 본죄는 '허위신고' 행위에 의하여 범할 것을 구성요건으로 하고 있기 때문에, '법원의 촉탁에 의한' 부실등기가 이루어진 경우에는 본죄가 성립하지 않는다(대법원 1983.12.27, 83도2442). 경찰간부 12

판례연구 공정증서원본부실기재죄의 허위신고에 해당하는 사례

1. 대법원 1985.9.10, 85도1481

해외이주의 목적으로 위장결혼의 혼인신고를 하는 것은 본죄의 허위신고에 해당한다. 경찰승진(경장) 10 / 경찰채용 12 1차 / 경찰간부 17

2. 대법원 1987.11.20, 87도2072

주금을 가장납입하고 마치 주식인수인이 납입을 완료한 것처럼 상업등기부 원본에 증자등기를 신청하여 이 사실이 기재된 경우 본죄가 성립한다. 사시 11 / 경찰간부 17

3. 대법원 1996.5.31, 95도1967

확정판결이 내려진 경우라 하더라도 진실에 반하는 사실관계를 근거로 확정판결이 내려진 것을 알고 이 확정판결에 기하여 등기관에게 등기신청을 하는 것도 본죄의 허위신고이다.[1258] 국가7급 13 / 법원9급 07(하) / 경찰승진(경장) 10

1257 대법원 1976.7.27, 76도1709.

1258 **판례의 사실관계** 등기부의 기재가 확정판결에 의하여 되었다 하더라도 **피고인이 그 확정판결의 내용이 진실에 반하는 것임을 알면서 이에 기하여 등기관에게 등기신청**을 하는 것은 형법 제228조의 소위 공무원에 대하여 허위신고를 하는 데 해당한다 할 것이다. … 종중의 승소판결이 선고되어 확정되자, 이를 기화로 1988.4.6. 서울지방법원 북부지원 등기과 사무실에서 그 사정을 모르는 등기관에게 위 서울민사지방법원 72가합1421호 확정판결을 토대로 토지소유권이전등기의 말소등기신청을 하여 이 사건 부동산에 대한 위 A 등 15명 명의의 소유권이전등기를 등기부에서 각 말소케 하였다면, **피고인은 등기부상 유효한 등기를 말소케 한다는 점을 인식하고 있었다** 할 것이므로 피고인의 위와 같은 행위는 공정증서원본에 부실의 사실을 기재한 것에 해당하고, 위와 같이 부실기재된 등기부를 비치케 한 이상 이는 동 행사죄에도 해당한다 할 것이다. 법원9급 07(하)

4. 대법원 2006.10.26, 2006도5147
유상증자 등기의 신청시 발행주식 총수 및 자본의 총액이 증가한 사실이 허위임을 알면서 증자등기를 신청하여 상업등기부원본에 그 기재를 하게 한 경우 공정증서원본부실기재죄가 성립한다.

5. 대법원 2007.11.30, 2005도9922
토지거래 허가구역 안의 토지에 관하여 실제로는 매매계약을 체결하고서도 처음부터 토지거래허가를 잠탈하려는 목적으로 등기원인을 '증여'로 하여 소유권이전등기를 경료한 행위는 본죄의 허위신고에 해당한다.[1259] 법원행시 10 / 경찰채용 12 3차 / 경찰채용 13 1차 / 사시 11 / 경찰승진(경감이하) 17

판례연구 공정증서원본부실기재죄의 허위신고에 해당하지 않는 사례

대법원 2011.5.13, 2011도1415
영업용 차량 규정에 위배되는 차량을 영업용 등록신청하여 자동차등록원부에 기재된 사례 : 공전자기록등부실기재 및 동행사죄 ×
중고자동차매매업자인 피고인이 여객자동차 운수사업법상 차량충당연한 규정에 위배되어 여객자동차운수사업에 충당될 수 없는 차량인 것을 알면서 영업용으로 변경 및 이전등록신청을 하였으나, 구체적 등록내용인 최초등록일 등은 사실대로 기재한 경우, 자동차등록원부상 '영업용으로의 용도변경 및 이전'에 관한 등록정보가 확인·공시하는 내용에 자동차가 영업용으로 용도변경되어 이전되었다는 사실 외에 변경 및 이전등록에 필요한 법령상 자격의 구비 사실까지 포함한다고 볼 법령상의 근거가 없고, 최초등록일 등 등록과 관련된 사실관계에 대한 내용에 거짓이 있다고 볼 수 없는 이상, 피고인이 허위의 신고를 하였다고 할 수 없다.

② 부실(不實)의 사실의 기재 : 부실의 사실을 기재한다 함은 실체관계와 어긋난 사실을 기재한다는 것을 의미한다. 이때 ㉠ 부실의 사실이란 권리·의무와 관련된 중요한 사실에 관한 것으로서 공정증서원본에 기재된 사항이 부존재하거나 외관상 존재한다고 하더라도 무효에 해당하는 하자가 있음에도 그러한 사실이 존재하는 것처럼 기재하였다면 그 기재는 부실기재에 해당한다. 반면 ㉡ 기재된 사항이나 그 원인된 법률행위가 객관적으로 존재하고 다만 거기에 취소사유에 해당하는 하자가 있을 뿐일 경우(일단은 유효함) 취소되기 전에 공정증서원본에 기재되거나, 사소한 사실에 대해서 허위인 점이 있다고 하여도 중요한 부분이 사실에 해당하거나, 등기에 절차상 하자가 있거나 등기의 원인을 가장(假裝)하는 등 그 원인이 실제와 다르다 하더라도 당사자의 의사에 부합하거나 실체적 권리관계에 부합하게 하기 위하거나 부합하는 유효한 등기인 경우에는 부실기재에 해당하지 않는다. 법원행시 05

판례연구 공정증서원본부실기재죄의 부실기재에 해당하는 사례

1. 대법원 1992.9.14, 92도1564
1인 주주가 이사가 사임하지 않았음에도 사임하였다고 등기한 경우
이른바 1인회사에 있어서 1인 주주의 의사는 바로 주주총회나 이사회의 의사와 같은 것이어서 ① 가사 주주총회나 이사회의 결의나 그에 의한 임원변경등기가 불법하게 되었다 하더라도 그것이 1인 주주의 의사에 합치되는 이상 이를 가리켜 의사록을 위조하거나 부실의 등기를 한 것이라고는 볼 수 없다 하겠으나, 한편 ② 임원의 사임서나 이에 따른 이사사임등기(理事辭任登記)는 위와 같은 주주총회나 이사회의 결의 또는 1인 주주의 의사와는 무관하고 오로지 당해 임원의 의사에 따라야 하는 것이므로 당해 임원의 의사에 기하지 아니한 사임

1259 보충 국토의 계획 및 이용에 관한 법률상의 토지거래 허가구역 내의 토지에 대한 토지거래계약은 관할 관청의 허가를 받아야만 그 효력이 발생하고 허가를 받기 전에는 원칙적으로 무효라 할 것인바, 다만 허가받을 것을 전제로 체결한 거래계약은 일단 허가를 받으면 소급해서 유효한 계약이 되는 것이지만, 처음부터 허가를 배제하거나 잠탈하는 내용의 계약을 체결한 경우에는 확정적으로 무효라고 할 것이다(대법원 1991.12.24, 90다12243 전원합의체 등).

서의 작성이나 이에 기한 등기부의 기재를 하였다면 이는 사문서위조 및 공정증서원본부실기재의 죄책을 면할 수 없다. 법원9급 07(하)

2. 대법원 1997.7.25, 97도605

근저당권은 근저당물의 소유자가 아니면 설정할 수 없으므로 타인의 부동산을 자기 또는 제3자의 소유라고 허위의 사실을 신고하여 소유권이전등기를 경료한 후 나아가 그 부동산이 자기 또는 당해 제3자의 소유인 것처럼 가장하여 그 부동산에 관하여 자기 또는 당해 제3자 명의로 채권자와의 사이에 근저당권설정등기를 경료한 경우에는 공정증서원본부실기재 및 동행사죄가 성립한다. 법원행시 07 / 경찰간부 16

3. 대법원 2003.7.25, 2002도638

실제로는 채권·채무관계가 존재하지 아니함에도 공증인에게 허위신고를 하여 가장된 금전채권에 대하여 '집행력이 있는 공정증서 원본'을 작성하고 이를 비치하게 한 것이라면 공정증서원본부실기재죄 및 동행사죄의 죄책을 면할 수 없다.[1260] 경찰승진(경사) 10

유사판례 대법원 1969.11.11, 69도1804; 2008.9.11, 2007도5386; 2017.2.15, 2014도2415

실제로는 채권·채무관계가 존재하지 않는데도 허위의 채무를 가장하고 이를 담보한다는 명목으로 허위의 근저당권설정등기를 마친 것이라면 등기공무원에게 허위신고를 하여 등기부에 불실의 사실을 기재하게 한 때에 해당하므로 공정증서원본 등의 부실기재죄 및 부실기재공정증서원본 등의 행사죄가 성립한다.

4. 대법원 2005.8.25, 2005도4910

종중재산의 취득·처분이 종중총회의 결의사항으로 되어 있는 종중의 대표자가 종중총회의 결의 없이 종중재산인 부동산에 근저당권설정등기를 마친 행위는 공정증서원본부실기재죄를 구성한다.

5. 대법원 2005.10.28, 2005도3772

교회의 교인들 간에 갈등이 심화되어 교회가 분열된 후에 일방의 교회가 타방의 교회를 배제한 채 소집·개최한 당회에서 교회 재산인 부동산을 총회유지재단에 증여하기로 하는 내용의 결의를 하고 등기공무원에게 위 결의에 따른 취지의 등기신청을 하여 위 부동산에 관하여 증여를 원인으로 한 소유권이전등기를 마친 경우, 위 당회의 결의는 그 소집 및 결의절차가 부적법하므로 공정증서원본부실기재죄 및 동행사죄가 성립한다.

6. 대법원 2006.1.13, 2005도4790

부동산에 관한 종중 명의의 등기에 있어서 허위의 신고를 통하여 허위의 종중 대표자를 기재하게 한 행위도, 종중 대표자의 기재는 당해 부동산의 처분권한과 관련된 중요한 부분의 기재로서 이에 대한 공공의 신용을 보호할 필요가 있다는 점에서 본죄를 구성한다. 법원행시 10 / 경찰승진(경장) 10

7. 대법원 2006.3.10, 2005도9402

물권적 합의가 없는 상태에서의 잔금지급 전 이전등기 사례

부동산 매수인이 매도인과 사이에 부동산의 소유권이전에 관한 물권적 합의가 없는 상태에서, 소유권이전등기신청에 관한 대리권이 없이 단지 소유권이전등기에 필요한 서류를 보관하고 있을 뿐인 법무사를 기망하여 매수인 명의의 소유권이전등기를 신청하게 한 경우, 이는 단지 소유권이전등기신청절차에 하자가 있는 것에 불과한 것이 아니라 허위의 사실을 신고한 것이라고 보아야 하고, 위 소유권이전등기는 원인무효의 등기로서 부실기재에 해당한다.[1261] 법원행시 07 / 경찰승진(경감이하) 17

1260 **보충** 강제집행을 면탈할 목적으로 **허위의 채권**을 만들어 공증인에게 허위의 신고를 하여 **가장된 금전채권**에 관하여 합동법률사무소 명의의 공정증서를 작성·비치케 한 행위는 공정증서원본부실기재죄·동행사죄에 해당한다.

1261 **사례 : 잔금지급 전 이전등기 사례** 부동산을 甲(**피고인**)에게 매도한 乙이 2002년 11월 5일 甲을 만나 이 사건 매매대금잔금에서 甲이 인수할 채무 등을 공제하여 매매잔대금 액수를 확정한 다음, 그가 경기도 성남에 거주하고 있어 또 다시 강원도 홍천으로 오기 곤란하였기 때문에, 다음날 甲으로부터 잔금을 지급받는 조건으로 법무사 사무실에 등기신청을 위임해 두기로 하고, 18:00경 백호법무사 사무실의 사무장 丙에게 연락하여 그 사무실 직원 丁에게 등기신청에 관한 위임장을 작성해주고 이 사건 부동산의 소유권이전등기에 필요한 서류 일체를 교부하여 등기신청행위를 백호법무사에게 위임하였다. 甲은 2002년 11월 6일 잔금을 지급하기만 하면 된다는 생각에서, 사실은 乙과 사이에 협의를 하거나 허락을 받은 바가 없음에도 불구하고, 위 사무장 丙에게 "이 사건 부동산에 관하여 소유권이전등기를 먼저 마치고 위 부동산에 저당권을 설정한 후 대출을 받아 잔금을 지급하도록 乙이 허락하였다."라고 거짓말하여, 이 사건 부동산에 관한 소유권이전등기절차를 밟도록 함으로써 같은 날 甲 앞으로 소유권이전등기를 마치게 하였다. 甲의 죄책은? **판례** **단지 소유권이전등기신청절차에 하자가 있는 것에 불과한 것이 아니라 허위의 사실을 신고한 것**이라고 보아야 하고 위 소유권이전등기는 원인무효의 등기로서 부실기재에 해당

8. 대법원 2007.2.23, 2006도5074

제3자 명의의 근저당권설정등기 말소 사례

근저당권은 채권담보를 위한 것이므로 원칙적으로 채권자와 근저당권자는 동일인이 되어야 하지만, 제3자를 근저당권 명의인으로 하는 근저당권을 설정하는 경우 그 점에 대하여 채권자와 채무자 및 제3자 사이에 합의가 있고, 채권양도, 제3자를 위한 계약, 불가분적 채권관계의 형성 등 방법으로 채권이 그 제3자에게 실질적으로 귀속되었다고 볼 수 있는 특별한 사정이 있는 경우에는 제3자명의의 근저당권설정등기도 유효하다고 보아야 한다(대법원 2001.3.15, 99다48948 전원합의체; 2006.7.28, 2006다8351 등). 따라서 채무자가 채권자 및 제3자의 승낙 없이 이러한 근저당권설정등기를 말소하였다면 (사문서위조, 위조사문서행사,) 공정증서원본부실기재, 부실기재공정증서원본행사의 죄책이 있다.[1262] 경찰채용 18 3차

9. 대법원 2008.9.25, 2008도3198

지교회가 소속된 교단의 헌법상 지교회의 부동산을 특정 재단법인 앞으로 등기하도록 하는 규정이 있다고 하더라도, 지교회의 대표자가 총회의 결의 없이 지교회 교인들의 총유에 속하는 교회 부지·건물을 위 재단법인 앞으로 소유권이전등기를 마친 행위는 공정증서부실기재죄를 구성한다.

10. 대법원 2012.4.26, 2009도5786; 2007.7.12, 2007도3005

무효인 어음발행행위가 있는 것처럼 공증을 받은 사례

발행인과 수취인 사이에 통정허위표시로서 무효인 어음발행행위를 공증인에게는 마치 진정한 어음발행행위가 있는 것처럼 허위로 신고함으로써 공증인으로 하여금 어음발행행위에 대하여 집행력 있는 어음공정증서원본을 작성케 하고 이를 비치하게 하였다면, 이러한 행위는 공정증서원본부실기재 및 동행사죄에 해당한다.[1263] 법원9급 14 / 법원행시 16 / 경찰승진(경감이하) 17

하므로 공정증서원본부실기재죄가 성립한다(대법원 2006.3.10, 2005도9402). 법원행시 07 **보충** 원심은 무죄를 선고하였으나, 대법원은 일반적으로 부동산매도인이 잔금을 모두 지급받기 전에 먼저 매수인에게 소유권이전등기를 마쳐 주었다가 매수인이 잔금을 지급하지 않은 채 그 부동산을 제3자에게 처분하여 버리면 매도인은 잔금을 지급받지 못하면서도 매매목적물의 소유권은 상실해버리는 손해를 입게 될 위험이 크므로, **잔금을 지급받기에 앞서 매도인이 매수인에게 먼저 소유권이전등기를 하여 주기로 약정한다는 것이 그리 흔하지 않은 점** 등을 고려한 것이다. **해결** 공정증서원본부실기재죄.

1262 **사례 : 제3자 명의의 근저당권설정등기 말소 사례** 乙은 甲에게 자신의 토지를 매도한 후 2001. 7. 하순경 당시 乙의 丙에 대한 3억 원의 차용금채무를 담보하기 위하여 甲의 동의 아래 乙의 甲에 대한 위 매매로 인한 매매대금채권을 丙에게 양도하였고, 결국 이 사건 토지에 관하여 甲 명의로 소유권이전등기가 경료된 후인 2001.8.7. 丙을 근저당권자로 한 채권최고액 5억 원의 이 사건 근저당권설정등기가 경료되었다. 그런데 甲은 乙과 丙의 승낙 없이 이 사건 근저당권설정등기를 말소하기 위하여 丙 명의의 말소신청서를 위조하고 이를 제출하여 위 근저당권설정등기를 말소하고 위 등기부를 비치케 하였다. 甲의 죄책은? **판례** 설령 공소외 2(丙)가 피고인(甲)의 동의 아래 공소외 1(乙)로부터 위 매매대금채권을 양수하였다고 단정하기 어렵다고 하더라도 **피고인과 공소외 1, 2사이에 위 매매대금채권을 공소외 2에게 귀속시키기로 합의함에 따라 위 매매대금채권은 공소외 2에게 귀속되었다고 할 것이므로, 당사자 사이가 아닌 제3자 명의의 근저당권설정등기도 유효하다는 법리**(法理)에 비추어 보면 원심이 이 사건 근저당권이 담보물권의 부종성(附從性)에 반하여 무효라는 피고인의 주장을 배척한 조치는 정당하다(대법원 2007.2.23, 2006도5074). **보충** 제3명의 근저당권 설정계약은 담보물권의 부종성에 반해 원칙적으로 위법하지만 제3자를 근저당권의 명의인으로하여 근저당권을 설정하는 경우, 채권이 그 제3자에게 실질적으로 귀속될 만한 특별한 사정이 있는 경우, 예외적으로 3자명의 설정계약은 유효한 것으로 본다. 또한 담보물권의 부종성이란 저당권은 피담보채권과 분리해서 처분하지 못하는 성질을 말하며 위에 반하는 계약 등 법률행위는 무효로 본다. 위 사례에서 甲측의 주장은 매매대금채권이 乙에게 있는데 근저당권(담보물권)은 丙에게 있는 것은 담보물권의 부종성(附從性)에 반한다는 주장이나, 판례는 乙은 丙에 대한 차용금 채무의 담보를 위해 甲의 동의를 구해 매매대금 채권을 丙에 양도하고 丙을 근저당권자로 한 근저당권설정등기가 유효하게 경료된 바, 甲, 乙, 丙 사이 채권 양도에 대한 합의는 동 채권이 丙에 실질적으로 귀속될 만한 특별한 사정이라 보이므로 이러한 근저당권설정등기는 유효하다고 본 것이다. **해결** 사문서위조, 위조사문서행사, 공정증서원본부실기재, 부실기재공정증서원본행사의 실체적 경합.

1263 **사례** 발행인 甲과 수취인 乙은 통모하여 진정한 어음채무 부담이나 어음채권 취득 의사 없이 단지 발행인의 채권자 A에게서 채권 추심이나 강제집행을 받는 것을 회피하기 위하여 형식적으로만 약속어음의 발행을 가장한 후 공증인 X에게 마치 진정한 어음발행행위가 있는 것처럼 허위로 신고하여 어음공정증서원본을 작성·비치하게 하였다. 甲·乙에게는 공정증서원본불실기재 및 동행사죄가 성립하는가? **판례** 발행인과 수취인이 통모하여 진정한 어음채무 부담이나 어음채권 취득에 관한 의사 없이 단지 발행인의 채권자에게서 채권 추심이나 강제집행을 받는 것을 회피하기 위하여 형식적으로만 약속어음의 발행을 가장한 경우 **이러한 어음발행행위는 통정허위표시로서 무효**이므로(대법원 1996.8.23, 96다18076; 2005.4.15, 2004다70024 등) … 위 행위는 공정증서원본부실기재 및 동행사죄에 해당한다(대법원 2012.4.26, 2009도5786). 법원9급 14 / 법원행시 16 / 경찰승진(경감이하) 17 **해결** 성립한다.

판례연구 공정증서원본부실기재죄의 부실기재에 해당하지 않는 사례

1. 대법원 1957.4.12, 4290형상32; 1967.7.11, 65도592

등기원인이 실제는 명의신탁인데 매매라고 기재하였다 하더라도 공정증서원본부실기재죄에 해당하지 않는다. 경찰채용 12 1차

2. 대법원 1970.5.12, 70도643

공정증서원본부실기재죄는 어디까지나 공정증서원본에 부실을 기재케 하여야 하는 것이므로 가등기가 권리자와 의무자의 합의에 의하여 경료된 이상 공정증서원본부실기재죄가 되지 않는다.

3. 대법원 1972.3.28, 71도2417 전원합의체; 1991.9.24, 91도1164; 2009.10.15, 2009도5780; 2011.7.14, 2010도1025

가장매매계약을 원인으로 한 등기

피고인이 부동산에 관하여 가장매매를 원인으로 소유권이전등기를 경료했더라도, 그 당사자 사이에는 소유권이전등기를 경료시킬 의사는 있었다고 할 것이므로 공정증서원본부실기재죄 및 동행사죄는 성립하지 않고, 또한 등기의무자와 등기권리자(피고인)간의 소유권이전등기신청의 합의에 따라 소유권이전등기가 된 이상, 등기의무자 명의의 소유권이전등기가 원인이 무효인 등기로서 피고인이 그 점을 알고 있었다고 하더라도, 특별한 사정이 없는 한 바로 피고인이 등기부에 불실의 사실을 기재하게 했다고 볼 것은 아니다. 법원행시 10 / 법원행시 16 / 법원9급 14 / 경찰채용 12 1차

4. 대법원 1972.10.31, 72도1966

공정증서의 권리의무에 관한 사항에 관계없는 것이고 아무런 의미가 없는 상태 하에 있는 예고등기는 이를 말소한다 할지라도 공정증서원본부실기재죄가 성립하지 아니한다. 경찰승진(경장) 10

5. 대법원 1976.9.14, 76도1014

해외이주의 목적으로 일시 이혼하기로 하여 이혼신고를 한 행위는 실체법률관계에 합치되므로 부실의 사실기재가 아니다.

6. 대법원 1982.7.13, 82도39

부동산의 소유자로 하여금 근저당권자를 자금주라고 믿도록 속여서 근저당권설정등기를 경료케 한 경우라도 정당한 권한있는 자에 의하여 작성된 문서를 제출하여 그 등기가 이루어진 것이라면 당사자의 의사에 합치되는 등기라 할 것이므로 공정증서원본부실기재죄가 성립하지 않는다. 법원행시 05

7. 대법원 1984.12.11, 84도2285

허위의 보증서를 발급받아 부동산소유권이전등기부에 관한 특별조치법에 의거 소유권이전등기를 거쳤더라도 그것이 권리의 실체관계에 부합하는 등기라면 공정증서에 부실의 사실을 기재하였다고는 할 수 없다. 경찰간부 12

8. 대법원 1985.10.8, 84도2461

당사자 간의 합의에 의하여 진정한 채무자 아닌 제3자를 채무자로 등기부상 등재한 사례

근저당설정등기는 등기권리자인 채권자와 등기의무자인 근저당권설정자와의 합의를 기초로 이루어지는 것이므로 설사 등기의 편의상 진정한 채무자가 아닌 제3자를 채무자로 등기부상 등재케 하였다 하더라도 그것이 계약당사자간의 합의에 의하여 이루어진 것이라면 당사자 사이에 이와 같은 등기를 경료하게 할 의사가 있었던 것이므로 공정증서원본부실기재죄는 성립되지 않는다. 경찰간부 16

9. 대법원 1993.9.10, 93도698; 1996.6.11, 96도233; 1997.1.24, 95도448 등

① 공정증서원본에 기재된 사항이 부존재하거나 외관상 존재한다고 하더라도 무효에 해당되는 하자가 있다면 그 기재는 부실기재에 해당하는 것이나, ② 기재된 사항이나 그 원인된 법률행위가 객관적으로 존재하고 다만 거기에 취소사유인 하자가 있을 뿐인 경우 취소되기 전에 공정증서원본에 기재된 이상 그 기재는 공정증서원본의 부실기재에 해당하지는 않는다. 법원행시 07 / 법원행시 10 / 법원9급 12 / 법원9급 14 / 경찰채용 13 2차

10. 대법원 1995.11.7, 95도898

공동상속인 중의 1인이 다른 공동상속인들과의 합의 없이 법정상속분에 따른 공동상속등기를 마쳤다고 하더라도 그것이 실체적 권리관계에 부합되는 것이라면 부실의 등기라고는 할 수 없다. 경찰승진(공통) 11

11. 대법원 1996.6.11, 95도2817
1인 주주인 피고인이 특정인과의 합의 없이 주주총회의 소집 등 상법 소정의 형식적 절차도 거치지 않고 특정인을 이사의 지위에서 해임하였다는 내용을 법인등기부에 기재하게 한 경우, 1인 주주회사에 있어서는 그 1인 주주의 의사가 바로 주주총회 및 이사회의 결의로서 1인 주주는 타인을 이사 등으로 선임하였다 하더라도 언제든지 해임할 수 있기 때문에, 공정증서원본의 부실기재에 해당하지 않는다. 경찰채용 12 1차 / 사시 11

12. 대법원 1996.6.11, 96도223
부동산매수인이 법무사를 기망하여 잔금이 모두 지급된 것으로 잘못 알고 등기신청을 하여 그 소유권이전등기가 경료된 경우, 위 법무사의 등기신청행위에 하자가 있다고 할 수는 있으나(위 신청이 무효라고는 할 수 없음), 위 소유권이전등기의 원인이 되는 법률관계인 매매 내지 물권적 합의가 객관적으로 존재하지 아니하는 것이라고는 할 수 없다.

13. 대법원 1997.1.24, 95도448
협의상 이혼의 의사표시가 기망에 의하여 이루어진 것일지라도 그것이 취소되기까지는 유효하게 존재하는 것이므로, 협의상 이혼의사의 합치에 따라 이혼신고를 하여 호적에 그 협의상 이혼사실이 기재되었다면, 이는 공정증서원본부실기재죄에 정한 부실의 사실에 해당하지 않는다.[1264] 법원행시 07 / 법원행시 10 / 법원9급 14 / 경찰승진(경감) 10

14. 대법원 2004.1.27, 2001도5414
허위의 채권을 양도한다는 취지의 공정증서를 작성하게 한 사례
공증인이 채권양도·양수인의 촉탁에 따라 그들의 진술을 청취하여 채권의 양도·양수가 진정으로 이루어짐을 확인하고 채권양도의 법률행위가 진정으로 이루어졌다는 것일 뿐 그 공정증서가 나아가 양도되는 채권이 진정하게 존재한다는 사실까지 증명하는 것으로 볼 수는 없기 때문에 채권양도인이 허위의 채권에 관하여 그 점을 모르는 양수인과 실제로 채권양도의 법률행위를 한 이상, 부실의 사실을 기재하게 하였다 볼 것이 아니다.[1265] 법원행시 05 / 법원9급 07(상) / 경찰승진(공통) 11 / 경찰채용 12 3차 / 사시 11

15. 대법원 2004.9.24, 2004도4012
피고인 명의의 소유권이전등기의 원인행위인 증여계약은 객관적으로 존재하는 것이므로, 설사 거기에 취소사유에 해당되는 위와 같은 기망이라는 하자가 있다고 하더라도 이를 이유로 그 증여계약이 취소되지 아니한 이상 피고인이 등기공무원에게 허위의 사실을 신고하여 등기부에 불실의 사실을 기재하게 한 것이라고 할 수 없다.

16. 대법원 2004.10.15, 2004도3584
민법상 사단법인의 총회결의의 사법상 효력과 공정증서원본부실기재죄의 관계
민법상의 사단법인의 총회의 결의에 따라 이사 등의 변경등기를 하는 경우에 있어서 그와 같은 행위가 공정증서원본부실기재의 원인이 되는 행위에 해당하는지 여부는 특별한 사정이 없는 한 총회결의의 사법상 효력의 여부와 관계없이 그와 별도로 현실적으로 사원총회에서 그와 같은 내용의 이사 등 변경에 관한 결의가 있었다고 평가할 수 있는지 여부에 따라서 결정하여야 함이 상당하다. 따라서 재건축조합 임시총회의 소집절차나 결의방법이 법령이나 정관에 위반되어 임원개임결의가 사법상 무효라고 하더라도, 실제로 재건축조합의 조합총회에서 그와 같은 내용의 임원개임결의가 이루어졌고 그 결의에 따라 임원변경등기를 마쳤다면 공정증서원본부실기재죄

1264 **보충** 민법 제836조 제1항, 호적법 제79조, 제79조의2, 호적법 시행규칙 제87조 제1항 등의 규정에 의하면, 협의상 이혼은 이혼의사의 존부에 관하여 가정법원의 확인을 받아 호적법이 정한 바에 의하여 신고하여야 효력이 생기도록 규정하고 있으므로, 협의상 이혼이 가장이혼으로서 무효로 인정되려면 누구나 납득할 만한 특별한 사정이 인정되어야 하고, 그렇지 않으면 이혼당사자 간에 일시적으로나마 법률상 적법한 이혼을 할 의사가 있었다고 보는 것이 이혼신고의 법률상 및 사실상의 중대성에 비추어 상당하다 할 것이다(대법원 1996.11.22, 96도2049). … 피고인 甲이 공소외 乙과 협의 없이 일방적으로 이혼신고를 하였다거나 또는 실제로는 이혼할 의사가 없음에도 위 乙과 통모하여 형식적으로만 협의상 이혼을 한 것이라고 보기 어렵고, 오히려 피고인 甲과 위 乙에게는 일시적으로나마 호적상 이혼신고를 하여 법률상 부부관계를 해소할 의사의 합치가 있었다고 보이므로, 그 이혼신고를 무효라고 할 수 없다. 그렇다면 같은 취지에서 피고인에 대한 공정증서원본부실기재 및 동 행사죄에 대하여 무죄를 선고함이 정당하다(대법원 1997.1.24, 95도448). 법원행시 07 / 법원행시 10 / 법원9급 14

1265 **판례의 사실관계** 甲(채무자)은 채권자 乙에게 甲 자신이 丙에 대하여 채권을 가지고 있고(허위의 채권이었음) 이를 乙에게 양도한다고 하여 그의 승낙을 얻고 허위의 채권에 관하여 그 사정을 모르는 양수인 乙과 실제로 채권양도의 법률행위를 하고 이 사실을 공증인에게 신고하여 위 채권을 양도한다는 취지의 공정증서를 작성·비치하게 하였다. 甲에게는 공정증서원본부실기재죄·동행사죄가 성립하지 않는다.

가 성립하지 아니한다. 법원행시 07 / 경찰채용 17 1차 / 경찰간부 18

17. 대법원 2007.5.31, 2006도8488

신주발행이 판결로써 무효로 확정되기 이전에 그 신주발행사실을 담당공무원에게 신고하여 법인등기부에 기재하게 한 경우에는 부실기재에 해당되지 않는다.[1266] 경찰간부 16

18. 대법원 2008.6.26, 2008도1044

대주주가 적법한 소집절차나 임시주주총회 개최 없이 나머지 주주들의 의결권을 위임받아 자신이 임시의장이 되어 임시주주총회 의사록을 작성하여 법인등기를 마친 경우, 해당 주주총회 결의가 유효한 이상 －자격모용사문서작성 및 동행사죄를 구성하지 않을 뿐 아니라－ 공정증서원본부실기재죄도 구성하지 않는다. 경찰승진(경감) 10 / 경찰간부 16

19. 대법원 2009.2.12, 2008도10248

주주총회의 소집절차에 관한 하자가 있는데 주주총회 결의에 따라 감사변경등기를 한 경우, 공정증서원본에 기재된 사항이 외관상 존재하는 사실이라 하더라도 이에 무효나 부존재에 해당되는 흠이 있다면 그 기재는 부실기재에 해당되지만, 그것이 객관적으로 존재하는 사실이고 이에 취소사유에 해당되는 하자가 있을 뿐인 경우에는 그 취소 전에 그 사실의 내용이 공정증서원본에 기재된 이상, 그 기재는 공정증서원본부실기재죄를 구성하지 않는다. 경찰승진(경감) 10

20. 대법원 2013.1.24, 2012도12363

부동산 거래당사자가 거래가액을 실제와 다른 내용으로 부동산등기부에 등재되도록 한 것이 공전자기록등불실기재죄에 해당하지 않는다.[1267] 경찰채용 13 2차 / 사시 14 / 사시 16 / 법원행시 16 / 경찰간부 16 / 경찰채용 16 2차 / 경찰간부 22

21. 대법원 2014.5.16, 2013도15895; 2002.12.24, 2000다69927

법령 및 정관상 요구되는 이사회 결의나 소집절차 없이 이루어졌으나 주주 전원이 참석하여 만장일치로 행한 임시주주총회 결의에 따른 등기는 부실의 사항을 기재한 등기가 아니다.[1268] 경찰간부 16

22. 대법원 2020.2.27, 2019도9293; 2020.3.26, 2019도7729

범죄에 이용할 목적으로 주식회사 설립등기를 한 사건

주식회사의 발기인 등이 상법 등 법령에 정한 회사설립의 요건과 절차에 따라 회사설립등기를 함으로써 회사가 성립하였다고 볼 수 있는 경우 회사설립등기와 그 기재 내용은 특별한 사정이 없는 한 공정증서원본 부실기재죄나 공전자기록 등 부실기재죄에서 말하는 부실의 사실에 해당하지 않는다. 발기인 등이 회사를 설립할 당시 회사를 실제로 운영할 의사 없이 회사를 이용한 범죄 의도나 목적이 있었다거나, 회사로서의 인적·물적 조직 등 영업의 실질을 갖추지 않았다는 이유만으로는 부실의 사실을 법인등기부에 기록하게 한 것으로 볼 수 없다.

보충 주식회사 명의로 통장을 개설하여 대포통장을 유통시킬 목적이었던 사건이다.

PART 02 사회적 법익에 대한 죄

1266 보충 주식회사의 신주발행의 경우 신주발행에 법률상 무효사유가 존재한다고 하더라도 그 무효는 신주발행무효(新株發行無效)의 소(訴)에 의해서만 주장할 수 있고, 신주발행무효의 판결이 확정되더라도 그 판결은 장래에 대하여만 효력이 있으므로(상법 제429조, 제431조 제1항), 그 신주발행이 판결로써 무효로 확정되기 이전에 그 신주발행사실을 담당 공무원에게 신고하여 공정증서인 법인등기부에 기재하게 하였다고 하여 그 행위가 공무원에 대하여 허위신고를 한 것이라거나 그 기재가 부실기재에 해당하는 것이라고 할 수는 없다(위 판례).

1267 보충 부동산등기부에 기재되는 거래가액은 당해 부동산의 권리의무관계에 중요한 의미를 갖는 사항에 해당한다고 볼 수 없다. 따라서 부동산의 거래당사자가 거래가액을 시장 등에게 거짓으로 신고하여 신고필증을 받은 뒤 이를 기초로 사실과 다른 내용의 거래가액이 부동산등기부에 등재되도록 하였다면, '공인중개사의 업무 및 부동산 거래신고에 관한 법률'에 따른 과태료의 제재를 받게 됨은 별론으로 하고, 형법상의 공전자기록등불실기재죄 및 불실기재공전자기록등행사죄가 성립하지는 아니한다(피고인이 토지를 1억 1,000만 원에 매수하고도 1억 8,000만 원에 매수한 것처럼 허위신고를 하여 소유권이전등기를 마치게 한 것이 공전자기록등불실기재죄에 해당하지 않는다고 본 원심의 판단을 수긍한 사안)(대법원 2013.1.24, 2012도12363). 경찰채용 13 2차 / 사시 14 / 경찰간부 22

1268 보충 주식회사의 임시주주총회가 법령 및 정관상 요구되는 이사회의 결의나 소집절차 없이 이루어졌다고 하더라도, 주주 전원이 참석하여 총회를 개최하는 데 동의하고 아무런 이의 없이 만장일치로 결의가 이루어졌다면 그 결의는 특별한 사정이 없는 한 유효하고, 그 결의에 따른 등기는 실체관계에 부합하는 것으로 이를 불실의 사항을 기재한 등기라고 할 수 없다.

③ 부실의 사실의 기재의 판단시점 : 소유권에 관한 부실의 사실의 기재가 이루어졌는가는 소유권이전등기 경료 당시를 기준으로 그 등기가 실체권리관계에 부합하여 유효한 경우에 한정되는 것이다. 그러므로 소유권이전등기 경료 당시 이미 실체권리관계에 부합하지 아니한 등기인 경우에는[1269] 사후에 이해관계인들의 동의 또는 추인 등의 사정으로 실체권리관계에 부합하게 된다 하더라도 본죄의 성립에 영향이 없다(대법원 1998.4.14, 98도16; 2001.11.9, 2001도3959). 국가7급 14 / 국가9급 14 / 법원9급 07(상) / 법원9급 07(하) / 법원9급 08 / 경찰승진(경감) 10 / 경찰승진(공통) 11 / 경찰승진 12 / 경찰채용 12 2차 / 변호사 13 / 경찰승진(경감이하) 16

④ 중간생략등기(中間省略登記)의 문제 : 등기부의 기재내용이 당사자의 의사 또는 실체법률관계와 일치된다고 보아 본죄의 성립을 부정하는 견해가 다수설의 입장이다.[1270] 또한 판례도 민법적으로 중간생략등기의 유효성을 인정하며,[1271] 형법적으로도 본죄를 구성하지 않는다는 입장이다(대법원 1970.5.26, 69도826). 다만 우리의 부동산 현실을 고려할 때 본죄의 성립을 긍정해야 한다고 본다.[1272]

⑤ 착수 및 기수시기 : 허위신고시에 실행의 착수가 있고, 공정증서원본 등에 부실의 사실의 기재가 있을 때에 본죄는 기수에 이른다.

3. 주관적 구성요건 – 고의

본죄는 목적범이 아니다. 따라서 사정을 모르는 공무원에게 허위의 신고를 하여 공정증서원본 등에 부실의 기재를 하게 한다는 점에 대한 인식과 의사, 즉 고의만 있으면 된다. 다만, 적법하게 취득한 토지인 것으로 알고 실체관계에 부합하게 하기 위하여 소유권보존등기를 경료한 경우에는 등기 당시 부실기재의 고의는 없었다고 볼 수 있다(대법원 1996.4.26, 95도2468). 경찰채용 12 1차 / 경찰채용 12 3차

4. 위법성

타인을 대표이사로 선임한 회사의 주주총회결의가 부존재 내지 무효라 하더라도 상법 소정의 소송절차에 의하여 그 효력을 배제함이 없이 자신이 임의로 작성한 주주총회의사록을 행사하여 자신을 회사의 대표이사로 등기부상 등재한 행위는 정당행위로 볼 수 없다(대법원 1987.2.10, 86도2524).

11 위조 · 변조 · 허위작성 사문서행사죄

제234조【위조사문서 등의 행사】 제231조 내지 제233조의 죄에 의하여 만들어진 문서, 도화 또는 전자기록 등 특수매체기록을 행사한 자는 그 각 죄에 정한 형에 처한다.

1. 의 의

위조사문서행사죄(僞造私文書行使罪)는 위조 · 변조 · 자격모용작성 · 허위작성된 사문서 등을 마치 진정한 것

1269 **보충** 부동산의 실제 양도인과 양수인의 각 상속인이 수인인 데도 위 보증서 및 확인서발급신청서에는 실제 양도인의 공동상속인 중의 1인으로부터 실제 양수인의 공동상속인 중의 1인이 부동산 전부를 양수한 것처럼 기재하여 확인서를 발급받아 이를 행사한 경우를 말한다.

1270 김성천/김형준, 693면; 김일수, 754면; 배종대, 652면; 백형구, 535면; 손동권, 648면; 이재상, §32-86; 이정원, 638면; 정성근/박광민, 604면.

1271 **보충** 부동산등기특별조치법상 조세포탈과 부동산투기 등을 방지하기 위하여 위 법률 제2조 제2항 및 제8조 제1호에서 등기하지 아니하고 제3자에게 전매하는 행위를 일정 목적범위 내에서 형사처벌하도록 되어 있으나 이로써 순차 매도한 당사자 사이의 중간생략등기합의에 관한 사법상 효력까지 무효로 한다는 취지는 아니다(대법원 1993.1.26, 92다39112).

1272 본죄가 성립한다는 긍정설로는 박상기, 545면; 오영근, 870면; 임웅, 667면; 황산덕, 163면 참조.

처럼 사용함으로써 문서에 대한 공공의 신용을 해하는 범죄이다.

2. 행사의 주체 · 객체 · 상대방 및 목적의 요부

(1) **주체** : 제한이 없으므로 반드시 위조·변조한 자가 행사할 것을 요하지 않는다.

(2) **객체** : 위조 등이 된 사문서 등을 말한다. 작성명의자의 서명 · 날인이 없는 위조 선하증권의 사본이라 하더라도 일반인으로 하여금 일정한 작성주체의 진정한 사문서로 보기에 충분한 형식과 외관을 갖추고 있는 문서라면 본죄의 객체에 해당된다(대법원 2010.5.13, 2008도10678).

> **판례연구** 작성명의자의 서명 · 날인이 없는 위조 선하증권의 사본을 은행에 제출한 경우, 위조유가증권행사에는 해당되지 않지만 위조사문서행사에는 해당된다는 사례
>
> 대법원 2010.5.13, 2008도10678
>
> 甲은 A은행에 위조 선하증권의 사본을 제출하였는데, 위 선하증권에는 작성명의자의 서명·날인은 되어 있지 않았으나 DIMERCO 명의의 진정한 사문서로 보기에 충분한 형식과 외관을 갖추고 있고, 실제로도 甲이 이를 A은행에 증빙자료로 제출하여 수입대금이 지급된 바도 있었다면, -위조유가증권행사죄의 유가증권은 원본이어야 한다는 점에서 사본을 행사한 甲의 행위는 위조유가증권행사죄에는 해당되지 않지만- 이는 위조사문서행사죄의 대상인 문서에 해당하는 것으로 보기 충분하므로, 甲의 행위는 위조사문서행사죄를 구성한다.

(3) **상대방** : 아무런 제한이 없고, ① 위조된 문서의 작성명의인이라고 하여 행사의 상대방이 될 수 없는 것은 아니다(대법원 2005.1.28, 2004도4663). 법원행시 08 / 경찰승진(경감) 10 / 경찰채용 12 1차 / 사시 14 / 법원9급 20 또한 ② 간접정범을 통한 위조문서행사 범행에서 도구로 이용된 자에게 행사한 경우에도 위조문서행사죄가 성립한다(대법원 2012.2.23, 2011도14441).[1273] 법원행시 13 / 국가7급 21 / 변호사 16 / 경찰간부 16 다만, ③ 사정을 아는 공범자에게 제시 · 교부하는 행위는 본죄의 행사가 아니다(대법원 1986.2.25, 85도2798). 국가9급 14 / 법원행시 16 / 경찰간부 16

(4) **목적의 요부** : 본죄는 고의만 있으면 족하고 행사할 목적을 요하지 않는다.

3. 행사의 의의 · 방법 및 기수시기

(1) **의의 · 방법** : 행사(Gebrauchen)는 위조된 문서를 진정한 문서인 것처럼 그 문서의 효용방법에 따라 이를 사용하는 것을 말하고(대법원 1975.3.25, 75도422; 1988.1.19, 87도1217 등), 위조된 문서를 제시 또는 교부하거나 비치하여 열람할 수 있게 두거나 우편물로 발송하여 도달하게 하는 등 위조된 문서를 진정한 문서인 것처럼 사용하는 한 그 행사의 방법에 제한이 없다. 또한, 위조된 문서 그 자체를 직접 상대방에게 제시하거나 이를 기계적인 방법으로 복사하여 그 복사본을 제시하는 경우는 물론, 이를 모사전송의 방법

1273 **사례 : 간접정범을 통한 위조문서행사범행에서 도구로 이용된 자에게 행사한 경우에도 위조문서행사죄가 성립한다는 사례** A는 위조·변조한 공문서의 이미지 파일을 甲 등에게 이메일로 송부하여 프린터로 출력하게 하였다. 다만 甲 등은 위 파일이 위조된 것임을 알지 못하였으며, 출력 이후 위 출력물을 다른 사람에게 교부한 상태는 아니었다. A의 의도는 甲 등을 위조문서행사죄의 간접정범의 도구로 이용하려 한 것이었다. 그렇다면 A의 행위는 위조문서행사죄를 구성하는가? **판례** 위조문서행사죄에 있어서 행사는 위조된 문서를 진정한 것으로 사용함으로써 문서에 대한 공공의 신용을 해칠 우려가 있는 행위를 말하므로 그 행사의 상대방에는 아무런 제한이 없고, 다만 문서가 위조된 것임을 이미 알고 있는 공범자 등에게 행사하는 경우에는 위조문서행사죄가 성립할 수 없으나(대법원 2005.1.28, 2004도4663), **간접정범을 통한 위조문서행사범행에 있어 도구로 이용된 자라고 하더라고 문서가 위조된 것임을 알지 못하는 자에게 행사한 경우에는 위조문서행사죄가 성립한다.** 공소외 1 또는 공소외 2는 피고인으로부터 이메일로 송부받은 컴퓨터 이미지 파일을 프린터로 출력할 당시 그 이미지 파일이 위조된 것임을 알지 못하였던 사실을 알 수 있으므로, 피고인의 위와 같은 행위는 형법 제229조의 위조·변조공문서행사죄를 구성한다(대법원 2012.2.23, 2011도14441). 법원행시 13 / 국가7급 21 / 변호사 16 **해결** 구성한다.

으로 제시하거나 컴퓨터에 연결된 스캐너(scanner)로 읽어 들여 이미지화한 다음 이를 전송하여 컴퓨터 화면상에서 보게 하는 경우도 행사에 해당하여 위조문서행사죄가 성립한다(대법원 2008.10.23, 2008도5200). 국가7급 14 / 국가7급 21 / 국가9급 12 / 법원행시 09 / 법원행시 14 / 법원승진 11 / 법원9급 07(하) / 경찰승진(경사) 10 / 경찰채용 10 2차 / 경찰채용 16 2차 / 경찰채용 12 1차 / 변호사 12

(2) **기수시기** : 상대방으로 하여금 위조된 문서를 인식할 수 있는 상태에 둠으로써 기수가 되고 상대방이 실제로 그 내용을 인식하여야 하는 것은 아니다. 따라서 위조된 문서를 우송한 경우에는 그 문서가 상대방에게 도달한 때에 기수가 되고 상대방이 실제로 그 문서를 보아야 하는 것은 아니다(대법원 2005.1.28, 2004도4663). 법원행시 07 / 경찰승진(경감) 10 / 경찰채용 12 1차 / 변호사 12

표정리 위조 · 변조물 행사죄의 성부

구 분	(신용을 얻기 위한) 제시	상대방이 악의인 경우
위조통화행사죄	× (∵ 유통성이 본질)	○
위조유가증권행사죄	○	○
위조문서행사죄	○	× (∵ 사정을 아는 공범자에게 제시 : ×)

4. 위조사문서행사죄와 사기죄의 죄수

다수설에서는 행위의 부분적 동일성을 인정하여 상상적 경합범으로 보는 입장이다. 판례는 위조사문서행사죄가 보호하고자 하는 공공의 신용이라는 법익과 사기죄가 보호하고자 하는 개인의 재산권이라는 법익이 다르다는 점을 중시하여(법익표준설) 실체적 경합범의 관계로 보고 있다(대법원 1974.11.26, 74도2817).

사례연구 위조사문서행사죄와 사기죄의 죄수

甲은 乙의 예금통장과 도장을 몰래 훔치고 나와서 평소 알고 있는 乙의 비밀번호를 출금전표에 적고 그의 필체를 모방하여 乙의 성명을 기재한 후 그의 도장을 찍고 은행원 丙에게 위 예금통장과 함께 제시하여 금 4,000,000원을 인출받았다. 甲의 형사책임은?

해결 甲의 행위는 우선 예금통장과 도장에 대한 절도죄, 출금전표에 대한 명의모용의 점에서 사문서위조죄 및 동 행사죄, 은행원에 대한 사기죄가 성립하며 판례에 의하면 이 모두는 실체적 경합이 된다.

12 위조 · 변조 · 허위작성 · 부실기재 등 공문서행사죄

제229조 【위조 등 공문서의 행사】 제225조 내지 제228조의 죄에 의하여 만들어진 문서, 도화, 전자기록 등 특수매체기록, 공정증서원본, 면허증, 허가증, 등록증 또는 여권을 행사한 자는 그 각 죄에 정한 형에 처한다.

위조공문서행사죄(僞造公文書行使罪)도 위조사문서행사죄의 행사개념과 마찬가지로 위조 등이 된 공문서 등을 상대방이 인식할 수 있는 상태에 둠으로써 성립한다. 따라서 상대방에게 교부하는 행위는 물론이고, 부실기재된 등기부를 등기소에 비치하여 일반인이 열람할 수 있는 상태에 두는 행위도 본죄의 행사에 해당된다. 다만, 위조된 면허증을 소지하고 운전한 것만으로는 행사가 될 수 없다(대법원 1956.11.2, 4289형상240).

13 사문서 부정행사죄

제236조【사문서의 부정행사】 권리 · 의무 또는 사실증명에 관한 타인의 문서 또는 도화를 부정행사한 자는 1년 이하의 징역이나 금고 또는 300만 원 이하의 벌금에 처한다.

1. 의 의

위조 등 사문서행사죄가 위조 · 변조 · 자격모용작성 · 허위작성된 문서를 행사하는 죄라면, 사문서부정행사죄(私文書不正行使罪)는 진정하게 성립된 사문서를 사용권한 없는 자가 함부로 사용하는 죄를 말한다. 다만 구체적인 성립범위에 대해서는 견해의 대립이 있다.

2. 구성요건

(1) 객 체

① 진정하게 성립된 사문서 : 권리 · 의무 또는 사실증명에 관한 타인의 문서 또는 도화로서 진정하게 성립된 것에 한한다. 위조 등이 된 문서는 위조사문서행사죄의 객체가 될 뿐이다.

② 사용권한자와 용도가 특정된 사문서 : 본죄는 사용권한자와 용도가 특정되어 작성된 사문서를 그 객체로 한다. 따라서 실질적 채권채무관계 없이 당사자 간의 합의로 작성한 '차용증 및 이행각서'는 작성명의인들이 자유의사로 작성한 문서로 그 사용권한자가 특정되어 있지 않고 또 그 용도도 다양하므로 해당되지 않는다(대법원 2007.3.30, 2007도629).[1274] 법원승진 14

(2) 행위 – 부정행사

권리의무 · 사실증명에 관한 타인의 사문서 · 사도화를 ① 사용권한 없는 자가 사용권한이 있는 것처럼 가장하여 부정한 목적으로 행사함으로써 성립한다. 그런데 여기에서 더 나아가 ② 권한 있는 자라 하더라도 정당한 용법에 반하여 부정하게 행사하는 경우(사용권한 있는 자의 용도 이외의 사용) 본죄가 성립하는가에 대해서는 견해의 대립이 있다. 판례는 긍정설이다.[1275]

또한 판례에 의하면 절취한 후불식(KT)전화카드를 공중전화기에 넣어 사용한 것은 권리의무에 관한 타인의 사문서를 부정행사한 경우에 해당한다(대법원 2002.6.25, 2002도461).[1276] 국가9급 13 / 경찰승진(경장) 11 다만 단지 현금보관증이 자기 수중에 있다는 사실 자체를 증명하기 위하여 증거로서 법원에 제출하는 행위는 사문서의 부정행사죄에 해당하지 아니한다(대법원 1985.5.28, 84도2999). 법원승진 13

(3) 목적의 요부

본죄는 고의만 있으면 족하고 별도의 목적은 필요로 하지 않는다.

3. 미수범 처벌규정의 부존재

사문서부정행사죄는 문서죄 중에서 가장 가벼운 죄이므로 미수범 처벌규정이 없다. 경찰승진 12

1274 보충 피고인이 그 작성명의인들의 의사에 의하지 아니하고 위 '차용증 및 이행각서'상의 채권이 실제로 존재하는 것처럼 그 지급을 구하는 민사소송을 제기하면서 소지하고 있던 위 '차용증 및 이행각서'를 법원에 제출하였다고 하더라도 사문서부정행사죄에 해당하지 않는다. 법원승진 14

1275 이 부분에 대해서는 공문서부정행사죄에서 논할 것이다.

1276 이 경우 사견으로는 편의시설부정이용죄(제348조의2)로 처벌되어야 한다고 생각된다. 그러나 판례는 대가지급이 이루어졌다고 보아 편의시설부정이용죄의 성립은 부정하고 있다.

14 공문서 부정행사죄

제230조【공문서 등의 부정행사】 공무원 또는 공무소의 문서 또는 도화를 부정행사한 자는 2년 이하의 징역이나 금고 또는 500만 원 이하의 벌금에 처한다.

1. 의 의

공문서부정행사죄(公文書不正行使罪)는 진정하게 성립된 공문서를 사용권한 없는 자가 사용권한 있는 것처럼 가장하여 당해 공문서의 사용용도대로 행사함으로써 성립하는 범죄이다. 즉 본죄가 성립하기 위해서는 ① 용도가 특정된 공문서를, ② (원칙적으로) 사용권한 없는 자가, ③ (원칙적으로) 그 해당 용도대로 사용해야 한다. 다만 구체적인 성립범위에 대해서는 견해의 대립이 있다.

2. 구성요건

(1) 객 체

① 진정하게 성립된 공문서 : 공무원 또는 공무소의 문서 또는 도화로서 진정하게 성립된 것에 한한다. 위조 등이 된 공문서는 위조 등 공문서행사죄의 객체가 될 뿐이다. 또한 운전면허증을 촬영한 이미지 파일도 본죄의 객체에 해당하지 않는다(대법원 2019.12.12, 2018도2560). 국가9급 23 / 국가7급 23

판례연구 공문서부정행사죄의 객체

대법원 2019.12.12, 2018도2560

타인의 자동차운전면허증을 촬영한 이미지파일을 제시한 사건

공문서부정행사죄는 사용권한자와 용도가 특정되어 작성된 공문서 또는 공도화를 사용권한 없는 자가 사용권한이 있는 것처럼 가장하여 부정한 목적으로 행사하거나 또는 권한 있는 자라도 정당한 용법에 반하여 부정하게 행사하는 경우에 성립한다. …… 만일 경찰공무원이 자동차 등의 운전자로부터 운전면허증의 이미지파일 형태를 제시받는 경우에는 그 입수 경위 등을 추가로 조사·확인하지 않는 한 이러한 목적을 달성할 수 없을 뿐만 아니라, 그 이미지파일을 신용하여 적법한 운전면허증의 제시가 있었던 것으로 취급할 수도 없다. 따라서 도로교통법 제92조 제2항에서 제시의 객체로 규정한 운전면허증은 적법한 운전면허의 존재를 추단 내지 증명할 수 있는 운전면허증 그 자체를 가리키는 것이지, 그 이미지파일 형태는 여기에 해당하지 않는다. …… 자동차 등의 운전자가 경찰공무원에게 다른 사람의 운전면허증 자체가 아니라 이를 촬영한 이미지파일을 휴대전화 화면 등을 통하여 보여주는 행위는 운전면허증의 특정된 용법에 따른 행사라고 볼 수 없는 것이어서 그로 인하여 경찰공무원이 그릇된 신용을 형성할 위험이 있다고 할 수 없으므로, 이러한 행위는 결국 공문서부정행사죄를 구성하지 아니한다. 국가9급 23 / 국가7급 23

② 사용권한자와 용도가 특정된 공문서 : 타인의 주민등록표등본을 자기의 것처럼 행사하는 것은 본죄에 해당되지 않는다. 왜냐하면 주민등록표등본의 용도 자체가 다양하다는 점에서 본죄의 행위객체로 부적합하기 때문이다(대법원 1999.5.14, 99도206). 국가9급 13 / 변호사 14 / 국가9급 23

(2) 행위 – 부정행사

① 본죄가 성립하는 경우 : 사용권한 없는 자가 공문서의 본래의 용도대로 사용함으로써 본죄는 성립한다. 예컨대 타인의 주민등록증 등 신분증을 마치 자기의 것인 것처럼 행사하는 경우에 여기에 해당한다(대법원 1982.9.28, 82도1297). 국가7급 10 / 경찰승진(경장) 11 또한 종래에는 대법원이 경찰관에게 신분증 제시 요구를 받아 타인의 운전면허증을 제시하는 것도 본죄의 행사에 포함될 수 없다고 판시했었으나, 이는 운전면허증이 실제 우리 사회에서 신분증의 기능을 하고 있다는 점을 고려할 때 타당하지 못한

것이었고, 이에 2001년 전원합의체 판례에서는 입장을 변경하여 공문서부정행사죄의 성립을 인정하고 있다(대법원 2001.4.19, 2000도1985 전원합의체). 국가9급 13 / 국가7급 10 / 법원승진 14 / 경찰채용 11 2차 / 경찰승진(경사) 11 / 사시 11 / 사시 13 / 변호사 14 / 변호사 16 / 법원9급 16 / 국가9급 23

② 본죄가 성립하지 않는 경우

㉠ 사용권한 있는 자가 공문서의 본래의 용도대로 사용하는 경우 : 당연히 본죄에 해당될 수 없다. 예컨대, 어떤 선박이 사고를 낸 것처럼 허위로 사고신고를 하면서 그 선박의 선박국적증서와 선박검사증서를 함께 제출하였다고 하더라도, 선박국적증서와 선박검사증서는 위 선박의 국적과 항행할 수 있는 자격을 증명하기 위한 용도로 사용된 것일 뿐 그 본래의 용도를 벗어나 행사된 것으로 보기는 어려우므로, 이와 같은 행위는 본죄에 해당되지 않는 것이다(대법원 2009.2.26, 2008도10851). 국가9급 12 / 경찰승진(경사) 10 / 경찰승진(경장) 11 / 경찰채용 13 1차 / 변호사 14

㉡ 사용권한 없는 자가 공문서의 본래의 용도 이외의 용도로 사용하는 경우 : 사용권한자와 용도가 특정되어 있는 공문서를 사용권한 없는 자가 사용한 경우에도 그 '공문서 본래의 용도에 따른 사용'이 아닌 경우에는 본죄가 성립되지 아니한다. 예를 들어 판례는 "피고인이 기왕에 습득한 타인의 주민등록증을 피고인 가족의 것이라고 제시하면서 그 주민등록증상의 명의 또는 가명으로 이동전화 가입신청을 한 경우 본죄가 성립하지 않는다(대법원 2003.2.26, 2002도4935)" 국가7급 07 / 국가7급 09 / 국가7급 10 / 국가9급 14 / 법원9급 07(하) / 법원9급 08 / 법원9급 16 / 경찰채용 10 2차 / 사시 14 / 변호사 14 / 국가9급 23 고 보고 있는바, 이는 타인의 주민등록증을 본래의 사용용도인 신분확인용으로 사용한 것이라고 볼 수 없기 때문이다.[1277]

판례연구 공문서를 본래 용도 이외의 용도로 사용한 사례

대법원 2022.9.29, 2021도14514

실효된 장애인사용자동차표지를 비치한 승용차를 장애인전용주차구역이 아닌 장소에 주차한 사건

형법 제203조의 공문서부정행사죄는 공문서의 사용에 대한 공공의 신용을 보호법익으로 하는 범죄로서 추상적 위험범이다. 형법 제230조는 본죄의 구성요건으로 단지 '공무원 또는 공무소의 문서 또는 도화를 부정행사한 자'라고만 규정하고 있어, 자칫 처벌범위가 지나치게 확대될 염려가 있으므로 본죄에 관한 범행의 주체, 객체 및 태양을 되도록 엄격하게 해석하여 처벌범위를 합리적인 범위 내로 제한하여야 한다(대법원 2001.4.19, 2000도1985 전원합의체). 사용권한자와 용도가 특정되어 있는 공문서를 사용권한 없는 자가 사용한 경우에도 그 공문서 본래의 용도에 따른 사용이 아닌 경우에는 공문서부정행사죄가 성립되지 아니한다(대법원 2003.2.26, 2002도4935). …… 장애인사용자동차표지는 장애인이 이용하는 자동차에 대한 조세감면 등 필요한 지원의 편의를 위하여 장애인이 사용하는 자동차를 대상으로 발급되는 것이고, 장애인전용주차구역 주차표지가 있는 장애인사용자동차표지는 보행상 장애가 있는 사람이 이용하는 자동차에 대한 지원의 편의를 위하여 발급되는 것이다. 따라서 장애인사용자동차표지를 사용할 권한이 없는 사람이 장애인전용주차구역에 주차하는 등 장애인 사용 자동차에 대한 지원을 받을 것으로 합리적으로 기대되는 상황이 아니라면 단순히 이를 자동차에 비치하였더라도 장애인사용자동차표지를 본래의 용도에 따라 사용했다고 볼 수 없어 공문서부정행사죄가 성립하지 않는다. 경찰승진 23

③ 본죄의 성립이 문제되는 경우 : 문제가 되는 것은, 사용권한 있는 자가 해당 공문서의 정당한 용법에 반하여 사용하는 행위(사용권한 있는 자의 용도 이외의 사용행위)도 본죄를 구성하는가이다. 이에 대해서는 학설이 대립한다.

1277 보충 : 주민등록법상 주민등록증부정사용죄 사례 주민등록법 제21조 제2항 제8호 주민등록증부정사용죄와 관련하여, 타인의 주민등록증을 그 명의자의 허락 없이 신분확인용 외의 용도로 사용한 경우에는 동죄가 성립하지 않으므로, 타인 명의로 할부금융을 받거나 신용카드를 발급받기 위하여 타인의 주민등록증을 제시한 행위는 주민등록증 본래의 사용용도인 신분확인용으로 사용한 것으로 볼 수 없어 주민등록법 위반죄가 성립하지 아니한다(대법원 2004.3.26, 2003도7830).

㉠ 긍정설 : 용도 이외의 사용은 '부정'사용으로 보아야 한다는 입장이다.[1278] 판례는 긍정설의 입장으로 볼 수 있다.[1279]

㉡ 부정설 : '사용권한 없는 자의 용도 외의 사용'도 본죄를 구성하지 않는데 '사용권한 있는 자의 용도 외의 사용'이 본죄에 해당된다는 것은 균형에 맞지 않는다는 입장이다.[1280]

㉢ 소결 : 이론적으로 부정설이 타당하다고 생각된다.

(3) 목적의 요부

본죄는 고의만 있으면 족하고 별도의 목적은 필요로 하지 않는다.

표정리 공문서부정행사죄 판례 정리

성립되는 경우	성립되지 않는 경우
① 자동차대여업체에 타인의 운전면허증 제시(대법원 1998.8.21, 98도1701) 국가7급 10 / 경찰승진(경장) 11 ② 불심검문에 타인의 주민등록증 제시(대법원 1982.9.28, 82도1297) 국가7급 10 / 경찰승진(경장) 11 ③ 불심검문에 타인의 운전면허증 제시(대법원 2001.4.19, 2000도1985 전원합의체) 국가7급 10 / 국가9급 13 / 경찰승진(경사) 11 / 경찰채용 11 2차 / 사시 11 / 사시 13 / 변호사 14	① 인감증명서 제시(대법원 1983.6.28, 82도1985) ② 신원증명서(대법원 1995.5.11, 93도127) ③ 화해조서 경정신청 기각결정문(대법원 1984.2.28, 82도2851) ④ 주민등록표 등본(대법원 1999.5.14, 99도206) 국가9급 13 / 변호사 14 ⑤ 타인의 주민등록증을 피고인 가족의 것이라고 제시하면서 그 주민등록증상의 명의 또는 가명으로 이동전화 가입신청을 한 경우(대법원 2003.2.26, 2002도4935). 국가7급 10 / 국가9급 14 / 법원9급 07(하) / 법원9급 08 / 경찰채용 10 2차 / 사시 14 / 변호사 14 ⑥ 선박국적증서 · 선박검사증서로 허위의 사고신고(대법원 2009.2.26, 2008도10851) 국가9급 12 / 경찰승진(경사) 10 / 경찰승진(경장) 11 / 경찰채용 13 1차 / 변호사 14 ⑦ 운전면허증 이미지파일 제시(대법원 2019.12.12, 2018도2560) ⑧ 실효된 장애인사용자동차표지가 비치된 승용차를 장애인전용주차구역 아닌 장소에 주차(대법원 2022.9.29, 2021도14514)
〈이 유〉 특정 용도 문서를 사용권한 없는 자가 그 용도로 제시	〈이 유〉 • 용도 자체가 다양한 문서(①②③④) • 해당 용도 이외의 사용(⑤⑦) • 사용권한자의 해당 용도 이내의 사용(⑥)

1278 배종대, 670면; 정성근/박광민, 610면; 백형구, 528면; 진계호, 617면.
1279 다만 판례가 '사용권한 있는 자의 용도 외의 사용'을 공문서부정행사죄가 된다고 판시한 구체적 예는 아직 없다.
1280 김일수/서보학, 760면; 박상기, 550면; 이재상, §32-99; 이정원, 647면; 김성천/김형준, 697면; 오영근, 879면.

제4절 인장에 관한 죄

01 총 설

인장(印章, seal)에 관한 죄는 행사할 목적으로 공무원·공무소 또는 타인의 인장·서명·기명·기호를 위조 또는 부정사용하거나 위조 또는 부정사용한 인장·서명·기명·기호를 행사함으로써 성립하는 범죄이다. 본죄는 인장·서명·기명·기호의 진정성에 대한 공공의 신용을 그 보호법익으로 하며, 법익보호의 정도는 추상적 위험범이다. 인장에 관한 죄는 모두 미수를 처벌한다.

02 사인 등 위조·부정사용죄

제239조【사인 등의 위조, 부정사용】 ① 행사할 목적으로 타인의 인장, 서명, 기명 또는 기호를 위조 또는 부정사용한 자는 3년 이하의 징역에 처한다. 법원행시 16

1. 의 의

사인위조·부정사용죄(私印僞造·不正使用罪, counterfeit or misappropriation of private seal)는 행사할 목적으로 다른 사람의 인장·서명 등을 위조하거나 부정하게 사용하는 행위로써 성립하는 범죄이다.

2. 구성요건

(1) 객 체

① 인장(印章) : 특정인의 인격과 동일성을 증명하기 위하여 사용되는 일정한 상형(象形)을 말하며, 도장이 대표적이고, 반드시 문자로 표시되어야 하는 것이 아니므로 지장이나 무인도 포함된다. 인장에는 도장을 종이에 찍어서 나타난 모습인 인영(印影)과 도장 그 자체인 인과(印顆)가 모두 포함된다. 참고로 주택임대차계약서에 받는 확정일자인(確定日字印)과 같은 생략문서는 기술한 바와 같이 인장이 아니라 문서에 해당된다.

② 서명(署名) : 특정인이 자기를 표시하는 문자로서 자필로 한 자서(自署)를 말한다.

③ 기명(記名) : 특정인이 자기를 표시하는 문자로서 컴퓨터나 타자기로 입력하여 나타내거나 타인이 대필해 주는 등 자필로 하지 않은 것을 말한다.

④ 기호(記號) : 물건에 눌러 압날(押捺)하는 등의 방법으로 일정한 사실을 증명하는 문자 또는 부호를 말한다. 사람의 동일성을 증명하는 것이 인장이라면 그 이외의 사항을 증명하는 것은 기호에 해당한다.

(2) 행 위

① 위조 : 권한 없이 타인의 인장·서명·기명·기호를 작성하거나 기재하는 것을 말한다. 인과 등을 제조하거나 인영을 오려붙이거나 복사하는 방법이 모두 포함된다. 다만 위조는 일반인이 진정한 인장 등으로 오인할 만한 형식과 외관을 갖춘 정도는 되어야 한다. 반면, 타인의 인장을 조각할 당시에 그 명의자로부터 명시적이거나 묵시적인 승낙 내지 위임을 받았다면 인장위조죄가 성립하지 아니한다(대법원 2014.9.26, 2014도9213). 경찰간부 16 / 경찰간부 18

② 부정사용 : 타인의 진정한 인장·서명·기명·기호를 권한 없이 사용하거나 권한이 있어도 권한 외의 사항으로 사용하거나 권한을 남용하여 부당하게 사용하는 것을 말한다.

(3) 기수시기

어떤 문서에 권한 없는 자가 타인의 서명을 기재하는 경우에는, 그 문서가 완성되기 전이라도 일반인으로서는 그 문서에 기재된 타인의 서명을 그 명의인의 진정한 서명으로 오신할 수도 있으므로, 일단 서명이 완성된 이상 문서가 완성되지 아니한 경우에도 서명의 위조죄는 성립한다(대법원 2005.12.23, 2005도4478; 2011.3.10, 2011도503). 변호사 16

(4) 주관적 구성요건 – 고의 및 행사할 목적

본죄는 고의뿐 아니라 행사할 목적까지 요구되는 목적범이다. 따라서 인장위조죄는 그 명의인의 의사에 반하여 위법하게 행사할 목적이 인정되어야 하며, 타인의 인장을 조각할 당시에는 미처 그 명의인의 승낙을 얻지 아니하였다고 하더라도 인장을 조각하여 그 명의인의 승낙을 얻어 그 명의인의 문서를 작성하는 데 사용할 의도로 인장을 조각하였으나 그 명의인의 승낙을 얻지 못하여 이를 사용하지 아니하고 명의인에게 돌려주었다면, 특별한 사정이 없는 한 행사의 목적이 있었다고 인정할 수 없다(대법원 1992.10.27, 92도1578). 변호사 12

판례연구 사인위조죄 등의 성립을 인정한 사례

1. 대법원 2005.7.14, 2005도3357

피의자가 피의자신문조서 말미의 서명날인란에 타인의 서명을 한 경우 사서명위조 및 동행사죄가 성립한다.

2. 대법원 2005.12.23, 2005도4478; 2011.3.10, 2011도503[1281]

피의자신문조서의 진술자란에 제3자의 이름을 기재한 사례

수사기관이 수사대상자의 진술을 기재한 후 진술자로 하여금 그의 면전에서 조서의 말미에 서명 등을 하도록 한 후 그 자리에서 바로 회수하는 수사서류의 경우에는, 그 진술자가 그 문서에 서명을 하는 순간 바로 수사기관이 열람할 수 있는 상태에 놓이게 되는 것이므로, 음주운전 등으로 경찰서에서 조사를 받으면서 제3자로 행세하여 피의자신문조서의 진술자란에 제3자의 이름을 기재하였다면 무인(拇印) 및 간인(間印)을 하기 전에 발각된 경우에도 사서명위조죄와 위조사서명행사죄가 성립하게 된다. 사시 10

3. 대법원 2010.1.14, 2009도5929

사립대학 교무처장 직인 복사 배포 사례

아파트 주민대표회 간부들이, 동대표로 당선된 공소외 甲이 사실은 대학을 졸업하지 않았음이 사립대학 교무처장 명의로 된 학력조회 회보서를 통해 확인되자, 甲의 허위학력 사실을 아파트 주민들에게 공고문 형식으로 알리면서 그 공고문의 신뢰성 제고를 위해 공고문 안에 대학 교무처장 명의의 직인을 (위 회보서의 직인 부분을 복사하고 오려붙여 복사하는 방법으로) 함께 나타내게 하였다면, 사인위조죄 및 동행사죄의 죄책이 인정된다.

4. 대법원 2020.12.30, 2020도14045

이름의 기명 없이 의미를 알 수 없는 부호를 기재한 행위도 사서명위조에 해당한다는 사건

사서명(私署名) 등 위조죄가 성립하려면 서명 등이 일반인으로 하여금 특정인의 진정한 서명 등으로 오신하게 할 정도에 이르러야 하는바, …… 피고인이 음주운전으로 단속되자 동생의 이름을 대며 조사를 받다가 휴대용정보단말기(PDA)에 표시된 음주운전단속결과통보 중 운전자의 서명란에 동생의 이름 대신 의미를 알 수 없는 부호(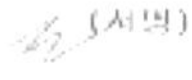)를 기재한 행위는 동생의 서명을 위조한 것에 해당한다.

1281 판례 피고인은 공소외인으로 행세하면서 피의자로서 조사를 받은 다음 신분이 탄로나기 전에 이미 경찰관에 의하여 작성된 피의자신문조서의 말미에 공소외인의 서명 및 무인을 하고, 공소외인의 이름이 기재된 수사과정확인서에 무인을 하였다면, 사서명위조죄 및 위조사서명행사죄가 인정된다(대법원 2011.3.10, 2011도503).

판례연구 사인위조죄 등의 성립을 인정하지 않은 사례

대법원 1981.5.6, 81도721

선거무효로 노동조합 지부장직을 상실한 자가 동 조합지부인과 지부장인을 동 지부장 직무대리에게 인계하지 아니하므로, 이에 대한 대응책으로 동 지부의 문서에 사용할 목적으로 동 지부장 직무대리의 승인 하에 동 지부인과 지부장인을 조각한 행위는 부정한 방법으로 정당한 인장인 양 가장하기 위하여 직인 등을 위조한 것이라고 할 수 없다.

03 위조사인 등 행사죄

제239조【사인 등의 위조, 부정사용】 ② 위조 또는 부정사용한 타인의 인장, 서명, 기명 또는 기호를 행사한 때에도 전항의 형과 같다.

1. 구성요건

(1) 행사의 의의

위조사인 등 행사죄에 있어서 행사라 함은 위조된 사인(私印) 등을 진정한 것처럼 용법에 따라 사용하는 행위를 말하며, 상대방이 인식할 수 있는 상태에 둠으로써 성립한다. 따라서 위조된 인과(印顆)의 경우에는 날인하여 일반인이 열람할 수 있는 상태에 두면 그것으로 행사가 되는 것이나, 위조된 인과 그 자체를 타인에게 교부한 것만으로는 위조인장행사죄를 구성한다고는 할 수 없다(대법원 1984.2.28, 84도90).

(2) 행사죄의 성립시기

수사기관이 수사대상자의 진술을 기재한 후 진술자로 하여금 그의 면전에서 조서의 말미에 서명 등을 하도록 한 후 그 자리에서 바로 회수하는 수사서류의 경우, 그 진술자가 마치 타인인 양 행세하며 타인의 서명 등을 기재한 경우, 그 서명 등을 수사기관이 열람하기 전에 즉시 파기하였다는 등의 특별한 사정이 없는 이상, 그 서명 등 기재와 동시에 위조사서명 등 행사죄가 성립하는 것이며, 그와 같이 위조사서명 등 행사죄가 성립된 직후에 수사기관이 위 서명 등이 위조된 것임을 알게 되었다고 하더라도 이미 성립한 위조사서명 등 행사죄를 부정할 수 없다(대법원 2005.12.23, 2005도4478; 2011.3.10, 2011도503). 사시 10

2. 죄 수

(1) 인장위조와 위조인장행사죄의 관계

① 인장을 위조한 자가 이를 행사한 경우에는 법조경합으로서 위조인장행사죄만 성립하다는 입장,[1282] ② 처음부터 행사의 목적이 있었던 경우에는 위조인장행사죄만 성립하고 인장 위조 후 새롭게 행사한 경우에는 인장위조와 동행사죄의 실체적 경합이 성립한다는 입장,[1283] ③ 위조한 행위와 행사한 행위는 다르다는 점에서 인장위조와 동행사죄의 실체적 경합이 성립한다는 입장(다수설)[1284]이 대립한다. 실체적 경합범으로 보는 것이 타당하다고 생각된다.

1282 오영근, 785면; 임웅, 683면.
1283 김일수/서보학, 792면.
1284 박상기, 557면; 이형국, 641면; 정성근/박광민, 713면; 진계호/이존걸, 727면.

(2) **인장위조 · 동행사죄와 유가증권 · 문서위조죄의 관계**

유가증권이나 문서를 위조하기 위하여 인장을 위조하고 행사한 경우에는 불가벌적 수반행위로서 유가증권위조나 문서위조죄만 성립한다(대법원 1978.9.26, 78도1787). 경찰승진(경감) 11

04 공인 등 위조 · 부정사용죄

제238조【공인 등의 위조, 부정사용】 ① 행사할 목적으로 공무원 또는 공무소의 인장, 서명, 기명 또는 기호를 위조 또는 부정사용한 자는 5년 이하의 징역에 처한다.

공인등위조 · 부정사용죄(公印等僞造 · 不正使用罪)의 객체는 인장 · 서명 · 기명 · 기호인데, 여기에서 공기호(公記號)는 자동차등록번호판, 임산물 생산확인용 철제극인(대법원 1981.12.22, 80도1472)이나 택시미터기의 검정 납봉의 봉인(대법원 1982.6.8, 82도138) 등을 예로 들 수 있다. 다만, 검찰 업무표장은 이에 해당하지 않는다(대법원 2024.1.4, 2023도11313).

부정사용이라 함은 예를 들어 진정하게 만들어진 자동차등록번호판을 권한 없는 자가 사용한다든가 권한 있는 자라도 권한을 남용하여 부당하게 사용하는 행위를 말하는 것이다.

판례연구 공기호위조죄의 공기호의 의미

대법원 2024.1.4, 2023도11313

검찰 업무표장 무단 제작 · 사용 사건

피고인 甲은 온라인 구매사이트에서, 검찰 업무표장 아래 피고인의 전화번호, 승용차 번호 또는 '공무수행' 문구를 표시한 표지판 3개를 주문하고 그 판매자로 하여금 제작하게 하여 배송받은 다음 이를 자신의 승용차에 부착하고 다녔다. 형법상 인장에 관한 죄에서 인장은 사람의 동일성을 표시하기 위하여 사용하는 일정한 상형을 의미하고, 기호는 물건에 압날하여 사람의 인격상 동일성 이외의 일정한 사항을 증명하는 부호를 의미한다(대법원 1995.9.5, 95도1269). 그리고 형법 제238조의 공기호는 해당 부호를 공무원 또는 공무소가 사용하는 것만으로는 부족하고, 그 부호를 통하여 증명을 하는 사항이 구체적으로 특정되어 있고 해당 사항은 그 부호에 의하여 증명이 이루어질 것이 요구된다. 위 각 검찰 업무표장은 검찰수사, 공판, 형의 집행부터 대외 홍보 등 검찰청의 업무 전반 또는 검찰청 업무와의 관련성을 나타내기 위한 것으로 보일 뿐, 이것이 부착된 차량은 '검찰 공무수행 차량'이라는 것을 증명하는 기능이 있다는 등 이를 통하여 증명을 하는 사항이 구체적으로 특정되어 있다거나 그 사항이 이러한 검찰 업무표장에 의하여 증명된다고 볼 근거가 없고, 일반인들이 위 각 표지판이 부착된 차량을 '검찰 공무수행 차량'으로 오인할 수 있다고 해도 위 각 검찰 업무표장이 위와 같은 증명적 기능을 갖추지 못한 이상 이를 공기호라고 할 수는 없다.

05 위조공인 등 행사죄

제238조【공인 등의 위조, 부정사용】 ② 위조 또는 부정사용한 공무원 또는 공무소의 인장, 서명, 기명 또는 기호를 행사한 자도 전항의 형과 같다.

위조공인등행사죄(僞造公印等行使罪)는 위조된 공인(公印) 등을 진정한 것처럼 용법에 따라 사용함으로써 성립한다. 예컨대 공기호인 자동차등록번호판을 다른 자동차에 부착하는 행위는 공기호부정사용죄를 구성하고, 그것이 부착된 자동차를 운행한 행위는 부정사용공기호행사죄에 해당한다(대법원 2006.9.28, 2006도5233 : 자동차관리법상 부정사용죄도 성립함).

사례연구 자동차등록번호판 사례 : 공기호부정사용죄와 동 행사죄의 경합범

甲은 … 소외 乙로부터 빌린 A승용차의 앞 · 뒤 번호판을 떼어낸 다음 이미 절취하여 가지고 있던 B승용차의 앞 · 뒤 번호판을 A승용차에 부착하고 C호텔 주차장에 이르기까지 A승용차를 운전하여 운행함으로써 부정사용한 공기호를 행사하였다. 甲의 형사책임은?

해결 자동차등록번호판의 용법에 따른 사용행위인 행사라 함은 이를 자동차에 부착하여 운행함으로써 일반인으로 하여금 자동차의 동일성에 관한 오인을 불러일으킬 수 있는 상태, 즉 그것이 부착된 자동차를 운행함을 의미한다고 할 것이고 그 운행과는 별도로 부정사용한 자동차등록번호판을 타인에게 제시하는 등 행위가 있어야 그 행사죄가 성립한다고 볼 수 없다. 따라서 甲이 절취한 자동차등록번호판을 부착한 A승용차를 운행하였다면 이는 부정사용된 공기호행사죄에 해당한다(대법원 1997.7.8, 96도3319).

표정리 위조 · 변조의 처벌 개관

구 분	위 조		변 조
	유형위조	무형위조	
통 화	○	×	○
유가증권	○	○	○
문 서	○	예외적 처벌	○
인 장	○	×	×

참고하기 위조 · 변조죄의 주의사항

1. 각종 위조 · 변조죄 중 목적범이 아닌 것 : 허위진단서작성죄, 국가9급 12 공정증서원본부실기재죄, 각종 행사 · 부정행사죄
2. 문서에 관한 죄에는 예비 · 음모 처벌규정, 자격정지 · 벌금의 병과규정이 없다.
3. 사문서부정행사죄를 제외한 모든 문서에 관한 죄는 미수를 처벌한다.
   ※ ┌ 통화 : 위조통화취득 후 지정행사죄, 유가증권 · 우표 · 인지 : 소인말소죄(이상 미수범 처벌규정 없음)
   └ 인장 : 모두 미수 처벌
4. 위조유가증권취득죄는 존재하지 않는다.
5. 죄 수
   ① 통화에 관한 죄 : 동일한 기회에 수개의 통화를 위조해도 1죄가 된다.
   ② 유가증권에 관한 죄 : 유가증권의 매수에 따른다.
   ③ 문서에 관한 죄 : 판례 – 명의인의 수, 학설 – 보호법익의 수

수험의 핵심포인트

목차		난도	출제율	대표 지문
제1절 먹는 물에 관한 죄	01 먹는 물의 사용방해죄	下	–	• 시설자가 관계당국으로부터 설치허가를 받아 사재로써 시의 상수도관에다가 특수가압간선을 시설한 경우, 그 시설에 의한 급수를 받고자 하는 자는 시설자와의 계약에 의하여 시설운영위원회에 가입한 후 시의 급수승인을 받아야 하는데 이러한 절차를 거치지 않은 불법이용자라 하더라도 그에 대한 단수조치로써 시설자가 급수관을 발굴 절단하였다면 수도불통죄에 해당한다. (×)
	02 먹는 물의 유해물혼입죄	下	–	
	03 수돗물의 사용방해죄	下	–	
	04 수돗물의 유해물혼입죄	下	–	
	05 먹는 물의 혼독치사상죄	下	–	
	06 수도불통죄	下	★	
제2절 아편에 관한 죄	01 아편흡식죄	下	–	–
	02 아편흡식장소제공죄	下	–	
	03 아편 등 제조 · 수입 · 판매 · 판매목적소지죄	下	–	
	04 아편흡식기 제조 · 수입 · 판매 · 판매목적소지죄	下	–	
	05 세관공무원의 아편 등 수입 · 수입허용죄	下	–	
	06 상습아편흡식 · 아편제조 · 수입 · 판매죄	下	–	
	07 아편 등 소지죄	下	–	

최근 6개년 출제경향 분석

구 분	국가7급						국가9급						법원9급						경찰간부					
	18	19	20	21	22	23	19	20	21	22	23	24	18	19	20	21	22	23	18	19	20	21	22	23
제1절 먹는 물에 관한 죄																								
제2절 아편에 관한 죄																								
출제빈도수	0/130						0/120						0/150						0/240					

CHAPTER

03

공중의 건강에 대한 죄

핵심사항

- 먹는 물의 개념
- 예비·음모 처벌규정

- 단순소지 처벌규정
- 상습범 처벌규정
- 필요적 몰수·추징

경찰채용						법원행시						변호사					
19	20	21	22	23	24	19	20	21	22	23	24	19	20	21	22	23	24
0/264						0/240						0/120					

CHAPTER

03 공중의 건강에 대한 죄

제1절 먹는 물에 관한 죄

01 먹는 물의 사용방해죄

제192조【먹는 물의 사용방해】 ① 일상생활에서 먹는 물로 사용되는 물에 오물을 넣어 먹는 물로 쓰지 못하게 한 자는 1년 이하의 징역 또는 500만원 이하의 벌금에 처한다. 〈개정 2020.12.8.〉

1. 의의 및 보호법익

형법각칙 제16장 먹는 물에 관한 죄 중 기본적 구성요건인 '먹는 물의 사용방해죄'(2020.12.8. 우리말 순화 개정 전 구법의 죄명은 음용수사용방해죄飮用水使用妨害罪)는 '일상생활에서 먹는 물로 사용되는 물'(2020.12.8. 우리말 순화 개정 전 구법에서는 '일상음용에 공하는 정수淨水'라 하였음)에 오물을 넣어 먹지 못하게 함으로써 성립하는 범죄이다. 2020.12.8. 우리말 순화 개정이 된 내용인데, 죄명만큼은 구법의 음용수사용방해로 하는 것이 자연스러워 보인다.

물은 인간의 생존을 위해서 필수불가결한 요소가 된다. 특히 인간의 일상생활에서 먹는 물로 사용되는 물은 공기와 함께 가장 직접적인 생존의 요소이다. 형법상 먹는 물에 관한 죄는 헌법상 인정되는 인간의 기본권인 환경권(環境權)에 근거하여 이러한 먹는 물의 이용의 원활함 및 그 안전을 위태롭게 하는 행위들을 처벌하고 있다. 따라서 본죄의 보호법익은 먹는 물에 관한 공중의 건강 내지 보건이라고 할 수 있고, 법익보호의 정도에 관해서는 추상적 위험범의 성격을 가진다.

2. 구성요건

일상생활에서 먹는 물이란 불특정·다수인이 반복·계속하여 먹는 물로서, 여기서의 다수인은 일정한 정도만 되면 되기 때문에 예컨대 일가족의 음용에 사용하기 위해 담아둔 물도 포함된다.[1285] 또한 정수(淨水)는 자연수(自然水)나 인공수(人工水)를 불문하고,[1286] 그 소유관계도 따지지 않는다.[1287] 다만 본죄의 먹는 물은 계속적·반복적으로 일상의 음용에 제공되는 것이어야 하므로 계곡에 흐르는 물처럼 일시적으로 이용되는 것은 제외된다.[1288]

본죄에 있어서 오물(汚物)을 넣어서 음용하지 못하게 한다는 것은 반드시 물리적·화학적으로 먹는 물로 사용하는 것을 불가능하게 만드는 것뿐만 아니라 심리적·감정적인 불쾌감에 기하여 마실 수 없게 하는 것도 포함

1285 김석휘(주석), 311면; 박상기, 562면; 배종대, 661면; 백형구, 470면; 서일교, 235면; 손동권, 581면; 이재상, §34-7; 이정원, 605면; 유기천(하), 71면; 임웅, 692면; 정영석, 181면; 진계호, 519면; 황산덕, 117면.
1286 김석휘(주석), ibid; 김일수/서보학, 602면; 명형식(공저), 482면; 박상기, 563면; 배종대, 661면; 손동권, ibid; 이재상, §34-8; 임웅, 691면; 정성근, 815면; 정영석, 189면; 진계호, 518면.
1287 김일수/서보학, 602면; 손동권, 581면; 유기천(하), 79면; 이재상, §34-8; 임웅, 691면.
1288 김석휘(주석), 311면; 명형식(공저), 428면; 박상기, 562면; 손동권, ibid; 이재상, §34-7; 임웅, 692면; 정성근, ibid.

된다.[1289] 다만 먹을 수 없는 정도에 도달해야 하기 때문에 이에 도달하지 못하는 오물혼입행위는 경범죄처벌법의 적용대상(동법 제1조 제14호)이 될 뿐이다.[1290]

02 먹는 물의 유해물혼입죄

제192조【먹는 물의 사용방해】 ② 제1항의 먹는 물에 독물(毒物)이나 그 밖에 건강을 해하는 물질을 넣은 사람은 10년 이하의 징역에 처한다. 〈개정 2020.12.8.〉

본조는 제1항의 죄는 예비·음모와 미수를 벌하지 않지만 제2항의 죄는 예비죄와 미수범의 처벌규정이 있다. 먹는 물에 대한 죄에 있어서는 이렇듯 먹는 물의 유해물혼입죄, 수돗물의 유해물혼입죄, 수도불통죄의 미수범 처벌규정(제196조)과 예비·음모 처벌규정(제197조)을 두고 있다.

03 수돗물의 사용방해죄

제193조【수돗물의 사용방해】 ① 수도(水道)를 통해 공중이 먹는 물로 사용하는 물 또는 그 수원(水原)에 오물을 넣어 먹는 물로 쓰지 못하게 한 자는 1년 이상 10년 이하의 징역에 처한다. 〈개정 2020.12.8.〉

수도(水道)라 함은 도관(道管) 기타 공물(工物)로써 물을 정수로 하여 공급하는 시설의 총체를 말하지만, 일시적인 목적으로 시설된 것도 포함된다. 이는 수도법(동법 제2조)의 수도의 개념과는 다른 점이다.[1291] 또한 수원(水源)이란 저수지 또는 정수지(淨水池)의 물이나 그곳에 이르는 수로(水路)를 말한다. 공중(公衆)의 음용에 사용되는 것이어야 하므로 자신의 가족만이 이용하는 전용수도는 본죄의 객체가 될 수 없다.[1292]

04 수돗물의 유해물혼입죄

제193조【수돗물의 사용방해】 ② 제1항의 먹는 물 또는 수원에 독물 그 밖에 건강을 해하는 물질을 넣은 자는 2년 이상의 유기징역에 처한다. 〈개정 2020.12.8.〉

05 먹는 물의 혼독치사상죄

제194조【먹는 물 혼독치사상】 제192조 제2항 또는 제193조 제2항의 죄를 지어 사람을 상해에 이르게 한 경우에는 무기 또는 3년 이상의 징역에 처한다. 사망에 이르게 한 경우에는 무기 또는 5년 이상의 징역에 처한다. 〈개정 2020.12.8.〉

먹는 물 혼독치사죄는 진정결과적 가중범이요, 먹는 물 혼독치상죄는 부진정결과적 가중범이다.[1293] 따라

1289 김일수/서보학, 603면; 배종대, 680면; 백형구, 470면; 이재상, §34-9; 임웅, 692면; 정성근/박광민, 655면; 정영일, 581면; 진계호, 531면.
1290 김일수/서보학, ibid; 손동권, 582면; 이재상, ibid; 임웅, ibid.
1291 김일수/서보학, 605면; 이재상, §34-14.
1292 김석휘(주석), 314면; 김일수/서보학, 605면; 명형식(공저), 485면; 손동권, 583면; 유기천(하), 74면; 이재상, §34-14; 임웅, 694면; 정성근, 818면.
1293 김일수/서보학, 594면; 박상기, 565면; 배종대, 666면; 손동권, 584면; 오영근, 768면; 유기천(하), 72면; 이재상, §34-18; 임

서 상해의 결과에 대하여 고의가 있는 때에도 먹는 물 혼독치상죄가 성립한다.

06 수도불통죄

제195조【수도불통】 공중이 먹는 물을 공급하는 수도 그 밖의 시설을 손괴하거나 그 밖의 방법으로 불통(不通)하게 한 자는 1년 이상 10년 이하의 징역에 처한다. 〈개정 2020.12.8.〉

본조에서 말하는 공중이 먹는 물을 공급하는 수도(水道)라 함은 불특정 또는 다수인에게 현실적으로 먹는 물을 공급하고 있는 상수도시설인 이상 그것이 공설의 것이건 사설의 것이건 가리지 않으며(서울고법 1977.5.27, 76노1703), 공중의 음용수 공급을 주된 목적으로 설치된 것에 한정되지 않고(대법원 2022.6.9, 2022도2817), 반드시 적법한 절차를 밟은 수도임을 요하지 않는다(대법원 1957.2.1, 4289형상317). 경찰간부 14 공중이 먹는 물을 공급하는 시설만 본죄의 객체가 되기 때문에, 불법이용자의 이용을 방지하기 위한 사설 특수가압(加壓)수도시설은 해당될 수 없다(대법원 1971.1.26, 70도2654).[1294] 경찰간부 14

본죄는 먹는 물의 유해물혼입죄와 더불어 예비·음모 처벌규정을 두고 있는 죄이다(제197조).

판례연구 수도불통죄 관련 판례

대법원 2022.6.9, 2022도2817

수도불통죄의 수도 기타 시설의 개념

구 형법 제195조가 규정한 수도불통죄는 공중의 음용수를 공급하는 수도 기타 시설을 손괴하거나 기타 방법으로 불통하게 함으로써 성립하는 공공위험범죄로서 공중의 건강 또는 보건을 보호법익으로 한다. 수도불통죄의 대상이 되는 '수도 기타 시설'이란 공중의 음용수 공급을 주된 목적으로 설치된 것에 한정되는 것은 아니고, 설령 다른 목적으로 설치된 것이더라도 불특정 또는 다수인에게 현실적으로 음용수를 공급하고 있는 것이면 충분하며 소유관계에 따라 달리 볼 것도 아니다. …… 주상복합아파트 입주자대표회의 회장 甲은 상가입주자들과의 수도관리비 인상 협상이 결렬되자, 상가입주자들이 상가 2층 화장실에 연결하여 이용 중인 수도배관을 분리하여 불통하게 하였는데, 원래 화장실 용수 공급용으로 설치되었으나 현실적으로 불특정 또는 다수인이 음용수 공급용으로도 이용 중인 수도배관이라면 수도불통죄의 대상에 해당하고, 정당행위로서 위법성조각사유에 해당한다는 피고인의 주장은 받아들일 수 없다.

제2절 아편에 관한 죄

01 아편흡식죄

제201조【아편흡식 등, 동 장소제공】 ① 아편을 흡식하거나 몰핀을 주사한 자는 5년 이하의 징역에 처한다.

웅, 695면; 진계호, 479면. 반면 먹는 물유독물혼입죄와 상해죄 또는 살인죄의 상상적 경합을 인정하는 소수설은 백형구, 483면 참조.

1294 김일수/서보학, 607면; 이재상, §35-20.

형법각칙 제17장 아편(opium)에 관한 죄의 보호법익은 공중의 건강이며 법익보호의 정도는 추상적 위험범이다.

본죄의 객체는 아편 또는 몰핀[1295](morphine)인데, 아편이란 양귀비의 액즙이 응결된 것과 이를 가공한 것(의약품으로 가공된 것은 제외)을 말하며(마약류관리에 관한 법률 제2조 제2호 나목), 몰핀은 양귀비·아편·코카엽에서 추출되는 알카로이드(마약류관리에 관한 법률 제2조 제2호 나목)로서 동법 시행령에서 정한 것을 말한다.[1296]

다만 특별법으로서 2000년 7월 1일부터 시행된 마약류관리에 관한 법률(2000.1.12. 법률 제6146호)이 제정됨에 따라 종래의 마약법, 향정신성의약품관리법, 대마관리법은 폐지되었으며 더불어 형법상 아편에 관한 죄도 적용될 여지가 없게 되었다. 또한 특정범죄가중처벌 등에 관한 법률에서도 마약류관리에 관한 법률 제58조·59조·60조 중 마약과 관련된 죄를 범한 자를 가중처벌하는 규정을 두고 있다(동법 제11조).

02 아편흡식장소제공죄

제201조【아편흡식 등, 동 장소제공】 ② 아편흡식 또는 몰핀주사의 장소를 제공하여 이익을 취한 자도 전항의 형과 같다.

03 아편 등 제조·수입·판매·판매목적소지죄

제198조【아편 등의 제조 등】 아편, 몰핀 또는 그 화합물을 제조, 수입 또는 판매하거나 판매할 목적으로 소지한 자는 10년 이하의 징역에 처한다.

형법상 아편에 관한 죄에 있어서 단순소지죄(제205조)를 제외한 다른 아편죄에 대해서는 모두 미수범 처벌규정을 두고 있다(제202조). 따라서 기수시점이 언제인가를 검토할 필요가 있다.

특히 본죄 중에서도 아편 등 수입죄에 있어서 기수시기를 정할 필요가 있으며, 육상에서는 국내의 국경선으로 들어온 때, 해상에서는 선박으로부터 국내의 육지에 양륙된 때 기수가 되며,[1297] 항공에서는 항공기에서 지상으로 운반된 때[1298] 기수가 된다고 해야 할 것이다.

또한 본죄는 제205조의 아편 '단순'소지죄에 비하여 판매할 목적을 가짐으로써 형이 가중되는 아편 등 판매목적소지죄를 두고 있다(부진정목적범). 따라서 단순소지의 경우와는 달리, 판매할 목적으로 아편을 소지하다가 아편을 흡식한 경우에는 판매목적아편소지죄와 아편흡식죄의 실체적 경합범이 성립한다고 해야 한다.

1295 올바른 표현은 모르핀이다. 다만 여기서는 법조문상 용어를 그대로 쓰기로 한다.

1296 아편과 몰핀은 마약으로, 이러한 마약과 메스암페타민 등의 향정신성의약품 및 대마를 총칭하여 마약류라고 한다(마약류관리에 관한 법률 제2조).

1297 김석휘(주석), 320면; 김일수/서보학, 611면; 명형식(공저), 490면; 박상기, 568면, 배종대, 666면; 백형구, 478면; 손동권, 587면; 이재상, §35－13; 임웅, 701면; 정성근/박광민, 663면; 정영석, 193면; 진계호, 525면. 한편 세관을 통과한 때 기수로 보는 소수설은 유기천(하), 83면.

1298 김일수/서보학, ibid; 박상기, ibid; 배종대, ibid; 백형구, ibid; 손동권, ibid; 오영근, 777면; 이재상, §35－13; 이정원, 663면; 임웅, ibid; 정성근/박광민, ibid; 정영일, 585면; 진계호, ibid.

04 아편흡식기 제조 · 수입 · 판매 · 판매목적소지죄

제199조【아편흡식기의 제조 등】 아편을 흡식하는 기구를 제조, 수입 또는 판매하거나 판매할 목적으로 소지한 자는 5년 이하의 징역에 처한다.

05 세관공무원의 아편 등 수입 · 수입허용죄

제200조【세관공무원의 아편 등의 수입】 세관의 공무원이 아편, 몰핀이나 그 화합물 또는 아편흡식기구를 수입하거나 그 수입을 허용한 때에는 1년 이상의 유기징역에 처한다.

본죄는 제198조 · 199조에 비하여 세관공무원이라는 신분 때문에 그 형이 가중되는 부진정신분범이다.[1299] 따라서 세관공무원과 일반인이 아편등 수입을 한 경우에는 제33조의 규정을 적용해야 한다.

06 상습아편흡식 · 아편제조 · 수입 · 판매죄

제203조【상습범】 상습으로 전5조의 죄를 범한 때에는 각 조에 정한 형의 2분의 1까지 가중한다.

07 아편 등 소지죄

제205조【아편 등의 소지】 아편, 몰핀이나 그 화합물 또는 아편흡식기구를 소지 법원9급 09한 자는 1년 이하의 징역 또는 500만 원 이하의 벌금에 처한다.

제206조【몰수, 추징】 본장의 죄에 제공한 아편, 몰핀이나 그 화합물 또는 아편흡식기구는 몰수한다. 그를 몰수하기 불능한 때에는 그 가액을 추징한다.

아편을 흡식할 목적으로 단순소지하고 흡식한 경우에는 아편소지는 아편흡식을 위한 불가벌적 사전행위에 불과하므로 아편흡식죄만 성립한다(법조경합 중 묵시적 보충관계).

아편에 관한 죄에서 주의할 점은 상습범 처벌규정이 있다는 점과 필요적 몰수규정이 있다는 점이다. 또한 아편죄는 단순소지 처벌규정(제205조)과 판매목적소지 처벌규정(제198조)을 모두 두고 있다. 그리고 단순소지죄를 제외한 다른 아편죄는 모두 미수를 처벌한다.

1299 김일수/서보학, 614면; 명형식(공저), 492면; 박상기, 569면; 배종대, 668면; 백형구, 480면; 손동권, 589면; 유기천(하), 86면; 이재상, §35-19; 임웅, 703면; 정성근/박광민, 664면. 반면에 진정신분범이라는 소수설은 오영근, 779면; 이정원, 664면; 진계호, 543면.

memo

수험의 핵심포인트

목 차		난 도	출제율	대표 지문
제1절 성풍속에 관한 죄	01 총 설	下	★	• 음행매개죄에서 16세의 부녀가 음행에 자진 동의한 경우 승낙에 의한 행위로서 동죄가 성립하지 않는다. (×) • 공연윤리위원회의 심의를 마친 영화의 장면으로써 제작한 포스타 등의 광고물이라 하더라도 건전한 성풍속이나 성도덕 관념에 반하는 것이라면 음화에 해당할 수 있다. (○)
	02 음행매개죄	下	★	
	03 음화 등 반포 · 판매 · 임대 · 공연전시 · 상영죄	下	★	
	04 음화 등 제조 · 소지 · 수입 · 수출죄	下	–	
	05 공연음란죄	下	★	
제2절 도박과 복표에 관한 죄	01 총설	下	–	• 도박은 '재물을 걸고 우연에 의하여 재물의 득실을 결정하는 것'을 의미하는 바, 당사자의 능력이 승패의 결과에 영향을 미친다면 다소간 우연성의 영향을 받는다고 하여도 도박죄는 성립하지 않는다. (×) • 도박개장죄는 영리의 목적을 필요로 하는 이른바 목적범이다. (○)
	02 단순도박죄	中	★★	
	03 상습도박죄	下	★	
	04 도박장소 · 공간개설죄	中	★★	
	05 복표 발매 · 중개 · 취득죄	下	★	
제3절 신앙에 관한 죄	01 장례식 등 방해죄	下	★	• 교회의 교인이었던 사람이 교인들의 총유인 교회 현판, 나무십자가 등을 떼어 내고 예배당 건물에 들어가 출입문 자물쇠를 교체하여 7개월 동안 교인들의 출입을 막은 경우 예배방해죄가 성립한다. (×) • 사람을 살해한 후에 그 시체를 다른 장소로 옮겨 유기하였다면 살인죄 외에도 시체유기죄가 성립한다. (○)
	02 시체 등 오욕죄	下	★	
	03 분묘발굴죄	下	★	
	04 시체 등 손괴 · 유기 · 은닉 · 영득죄	下	★	
	05 변사체검시방해죄	下	★	

최근 6개년 출제경향 분석

구 분	국가7급						국가9급						법원9급						경찰간부					
	18	19	20	21	22	23	19	20	21	22	23	24	18	19	20	21	22	23	18	19	20	21	22	23
제1절 성풍속에 관한 죄																						1		
제2절 도박과 복표에 관한 죄																			1					
제3절 신앙에 관한 죄																								
출제빈도수	0/130						0/120						0/150						2/240					

CHAPTER

04

사회의 도덕에 대한 죄

핵심사항

- 음행매개죄의 객체 개정
- 음란성

- 도박죄에 대한 형법 개정
- 우연성
- 일시 오락
- 도박개장죄에 대한 형법 개정
- 도박개장의 기수시기와 영리의 목적
- 복표의 개념

경찰채용						법원행시						변호사					
19	20	21	22	23	24	19	20	21	22	23	24	19	20	21	22	23	24
			1			1											
			1							1							
									1								
2/264						3/240						0/120					

CHAPTER

04 사회의 도덕에 대한 죄

제1절 성풍속에 관한 죄

01 총 설

성풍속(sexual morals)에 관한 죄는 음행매개죄, 음화반포 등 죄, 음화제조 등 죄, 공연음란죄로 되어 있으며, 그 보호법익은 우리 사회의 건전한 성풍속 또는 성도덕이다. 본장의 죄는 미수범 처벌규정이 일체 없다. 더불어 본장의 죄는 종래 그 비범죄화 여부에 대해서 입법론적 논의가 이루어져 오던 차제에, 헌법재판소에서 배우자 있는 자의 간통행위 및 그와의 상간행위를 2년 이하의 징역에 처하도록 규정한 형법 제241조가 성적 자기결정권 및 사생활의 비밀과 자유를 침해한다는 위헌결정이 내려졌고(헌법재판소 2015.2.26, 2009헌바17 등), 2016.1.6. 개정형법(법률 제13719호)에서는 이를 반영하여 간통죄 처벌조항을 규정한 제241조를 삭제하였다.

02 음행매개죄

제242조【음행매개】 영리의 목적으로 사람을 매개하여 간음하게 한 자는 3년 이하의 징역 또는 1천 500만 원 이하의 벌금에 처한다. 〈개정 2012.12.18.〉

1. 객관적 구성요건

(1) **주체 :** 음행의 매개자

음행(淫行)의 매개자는 누구든지 될 수 있다.[1300] 따라서 간음한 사람의 부모나 남편도 될 수 있다. 음행을 매개하여 간음하게 한 자와 직접 음행을 행한 사람은 필요적 공범 중 대향범의 관계에 있으나, 본죄는 음행을 매개한 자를 처벌하는 것이지 직접 음행을 행한 사람을 처벌하는 규정은 아니다. 따라서 양자 사이에서는 총칙상 공범규정이 적용될 수 없다.

(2) **객체 :** 사람

13세 또는 16세 이상의 사람을 말한다. 만일 '13세 또는 16세 미만'의 사람을 매개하여 간음하게 한 자는 미성년자의제강간죄(제305조)의 교사범이 성립한다. 또한 미성년자에 대한 음행매개죄의 성립에는 그 미성년자가 음행의 상습이 있거나 그 음행에 자진 동의한 사실은 하등 영향을 미치는 것이 아니다(대법원 1955.7.8,

1300 참고 다만 친족·고용 그 밖의 관계로 타인을 보호·감독하는 것을 이용하여 성을 파는 행위를 하게 한 자는 '성매매 알선 등 행위의 처벌에 관한 법률'에 의하여 10년 이하의 징역 또는 1억 원 이하의 벌금으로 가중처벌되고(동법 제18조 제1항 제3호), 업무·고용이나 그 밖의 관계로 자신의 보호 또는 감독을 받는 것을 이용하여 아동·청소년으로 하여금 아동·청소년의 성을 사는 행위의 상대방이 되게 한 자는 아청법에 의하여 5년 이상의 유기징역으로 무겁게 처벌된다(동법 제11조 제1항 제3호).

4288형상37). 경찰승진 12 / 사시 11

(3) **행위** : 매개하여 간음하게 하는 것

매개하여 간음(姦淫)하게 해야 하므로 추행(醜行)하게 하는 것은 본죄에 해당되지 않는다. 또한 본죄는 미수범 처벌규정이 없으므로 간음의 결과가 발생하지 않으면 무죄가 될 뿐이다.

2. 주관적 구성요건 – 고의 및 영리의 목적

영리의 목적이란 재산적 이익을 취득할 목적을 말한다(목적범). 그러므로 영리목적이 아닌 무상의 음행매개행위는 본죄에 해당하지 않는다.

3. 특별법상의 음행매개행위 처벌규정

아동이나 청소년에 대한 음행매개를 통하여 그 인격적 법익을 침해하는 행위를 처벌하는 법률로서는 아동복지법과 청소년의 성보호에 관한 법률이 있고, 일반적인 성매매 알선을 처벌하는 특별법으로서는 성매매알선 등 행위의 처벌에 관한 법률(이하 '성매매처벌법')이 있다.[1301]

판례연구 성매매처벌법상 성매매알선죄의 성격

대법원 2023.6.29, 2020도3626

성매매알선죄와 성매매죄의 관계

성매매처벌법 제2조 제1항 제2호가 규정하는 '성매매알선'은 성매매를 하려는 당사자 사이에 서서 이를 중개하거나 편의를 도모하는 것을 의미하므로, 성매매의 알선이 되기 위하여는 반드시 그 알선에 의하여 성매매를 하려는 당사자가 실제로 성매매를 하거나 서로 대면하는 정도에 이르러야만 하는 것은 아니고, 성매매를 하려는 당사자들의 의사를 연결하여 더 이상 알선자의 개입이 없더라도 당사자 사이에 성매매에 이를 수 있을 정도의 주선행위만 있으면 족하다. 그리고 성매매처벌법 제19조에서 정한 성매매알선죄는 성매매죄 정범에 종속되는 종범이 아니라 성매매죄 정범의 존재와 관계없이 그 자체로 독자적인 정범을 구성하므로, 알선자가 위와 같은 주선행위를 하였다면 성매수자에게 실제로는 성매매에 나아가려는 의사가 없었다고 하더라도 위 법에서 정한 성매매알선죄가 성립한다.[1302]

1301 보충 아동복지법에 의하면, 아동(18세 미만)에게 음행을 시키거나 음행을 매개하는 행위를 해서는 안 되고(동법 제29조 제6호) 이를 위반한 경우 10년 이하의 징역 또는 5천만 원 이하의 벌금에 처한다(동법 제40조 제1호). 또한 아청법에 의하면 청소년의 성(性)을 사는 행위를 한 자는 5년 이하의 징역 또는 3천만 원 이하의 벌금에 처하고(동법 제10조), 폭행·협박, 위계·선불금·채무를 이용하는 등의 방법, 청소년을 곤경에 빠뜨리거나, 업무·고용이나 그 밖의 관계로 자신의 보호 또는 감독을 받는 것을 이용하거나, 영업으로 청소년으로 하여금 청소년의 성을 사는 행위의 상대방이 되게 한 자는 5년 이상의 유기징역에 처하며(동법 제11조 제1항), 그 미수범도 처벌한다(동조 제4항). 그리고 종전의 윤락행위 등 방지법을 폐지하면서 그 대체입법으로 신설된 법률이자 비단 청소년뿐만 아니라 모든 성매매에 관한 형사특별법인 성매매알선 등 행위의 처벌에 관한 법률에 의하면, 성매매알선 등 행위를 한 자는 3년 이하의 징역 또는 3천만 원 이하의 벌금에 처하고(동법 제19조 제1항 제1호), 영업으로 성매매알선 등 행위를 한 자는 7년 이하의 징역 또는 7천만 원 이하의 벌금에 처한다(동법 동조 제2항 제1호). 또한 직접 성매매를 한 자는 1년 이하의 징역이나 300만 원 이하의 벌금·구류 또는 과료에 처한다(동법 제21조 제1항).

1302 보충 검사가 공소장에 기재한 공소사실 기재 범행이 "피고인이 2017. 10. 10.부터 2017. 10. 12.까지 자신이 운영하던 성매매업소에서 성매매 광고를 보고 방문한 손님들에게 대금 10만 원을 받고 종업원인 태국 국적 여성 6명과의 성매매를 알선하였다."는 것이라면, 공소제기의 적법요건으로서의 공소사실의 특정이 인정된다(위 판례).

03 음화 등 반포 · 판매 · 임대 · 공연전시 · 상영죄

제243조 【음화반포 등】 음란한 문서, 도화, 필름 기타 물건을 반포, 판매 또는 임대하거나 공연히 전시 또는 상영한 자는 1년 이하의 징역 또는 500만 원 이하의 벌금에 처한다.

1. 객관적 구성요건

(1) **객체** – 음란한 문서·도화·필름·기타 물건

① 음란성

㉠ 개념 : 음란성(淫亂性, obscenity)이란 일반적으로 성욕을 자극하거나 흥분 또는 만족하게 하는 내용으로서 일반인의 정상적인 성적 수치심을 해치고 선량한 성적 도덕관념에 반하는 것으로서(다수설[1303] · 판례[1304]), 법원9급 09 사회와 시대적 변화에 따라 변동하는 상대적이고도 유동적인 것이고, 그 시대에 있어서 사회의 풍속·윤리·종교 등과 밀접한 관계를 가지는 추상적인 개념이다. 다만 어떠한 물건을 음란하다고 평가하려면, 그 물건을 전체적으로 볼 때 단순히 저속하다는 느낌을 주는 정도를 넘어 사람의 존엄성과 가치를 심각하게 훼손 · 왜곡하였다고 평가할 수 있을 정도로 노골적으로 사람의 특정 성적 부위 등을 적나라하게 표현 · 묘사하는 것이어야 한다(대법원 2014.5.29, 2013도15643; 2014도3312).

㉡ 판단기준 : 구체적인 음란성의 판단에 있어서는 사회통념상 일반 보통인의 정서를 그 판단의 기준으로 삼을 수밖에 없으며, 일정한 가치판단에 기초하여 정립할 수 있는 규범적(規範的)인 구성요건요소이다. 음란성의 판단은 작성자의 주관적 의도가 아니라 객관적으로 도화 등 자체에 의하여 판단되어야 한다(대법원 1991.9.10, 91도1550). 경찰간부 14 / 경찰승진(경위) 11 또한 작품전체를 평가하는 전체적 · 종합적 고찰방법에 의하여 판단하여야 하므로 작품의 일부만을 분리·판단하는 것이 아니라 전체적인 맥락 내지 관련성의 흐름 속에서 판단해야 한다.

판례연구 음란성의 판단기준에 관한 사례

1. 대법원 1975.12.9, 74도976

소설 '반노사건' : 전체적 내용 흐름 중시 – 음란성 부정

소설 반노에 기재된 사실은 그 표현에 있어 과도하게 성욕을 자극시키거나 또는 정상적인 성적 정서를 크게 해칠 정도로 노골적이고 구체적인 묘사라고 볼 수 없고, 더욱이 그 전체적인 내용의 흐름이 인간에 내재하는 향락적인 성욕에 반항함으로써 결국 그로부터 벗어나 새로운 자아를 발견하는 과정으로 이끌어 매듭된 경우에는 이 소설을 음란한 작품이라고 단정할 수 없다.

2. 대법원 1995.6.16, 94도2413

소설 '즐거운 사라사건' : 음란성은 예술성 여부와 사회의 성도덕도 기준 – 음란성 인정

문서의 음란성의 판단에 있어서는 당해 문서의 성에 관한 노골적이고 상세한 묘사·서술의 정도와 그 수법, 묘

1303 김일수/서보학, 631면; 박상기, 581면; 배종대, 699면; 백형구, 570면; 손동권, 696면; 오영근, 909면; 유기천(하), 88면; 이재상, §36–24; 이정원, 677면; 정성근/박광민, 677면; 정영석, 201면; 진계호, 498면; 황산덕, 154면. 한편 다수설을 취하면서도 그 대상이 청소년인가 일반인인가에 따라 음란물개념을 달리 정해야 한다고 하면서 예컨대 청소년보호를 위해서는 '성에 대한 과도한 집착을 야기하게 하거나 성을 혐오스러운 것으로 표현한 것, 성을 추잡하고 더러운 것으로 인식하게 하는 내용'을 담고 있다면 음란성이 있다는 견해는 박상기, 583면 참조. 반면 이러한 다수설의 음란성 개념에 사회적 유해성의 관점을 덧붙여 '성욕을 자극·흥분시키는 내용으로서 성적 표현이 매우 조잡하거나 왜곡되어 사회의 건전한 성도덕에 반하고 공중에 심한 성적 불쾌감을 주는 것'이라는 개념을 주장하는 소수설은 임웅, 724면 참조.

1304 대법원 2002.8.23, 2002도2889; 1997.8.22, 97도937; 1987.12.22, 87도2331 등 참조.

사·서술이 문서 전체에서 차지하는 비중, 문서에 표현된 사상 등과 묘사·서술과의 관련성, 문서의 구성이나 전개 또는 예술성·사상성 등에 의한 성적 자극의 완화의 정도, 이들의 관점으로부터 당해 문서를 전체로서 보았을 때 주로 독자의 호색적 흥미를 돋우는 것으로 인정되느냐의 여부 등 여러 점을 검토하는 것이 필요하고 이들의 사정을 종합하여 그 시대의 건전한 사회통념에 비추어 그것이 공연히 성욕을 흥분 또는 자극시키고 또한 보통인의 정상적인 성적 수치심을 해하고, 선량한 성적 도의관념에 반하는 것이라고 할 수 있는가의 여부에 따라 결정되어야 한다.

㉢ 판단의 주체 : '음란'이라는 개념을 정립하는 것은 물론 구체적인 표현물의 음란성 여부도 종국적으로는 법원이 이를 판단하여야 한다(대법원 2008.3.13, 2006도3558). 따라서 공연윤리위원회(현 영상물등급위원회)의 심의를 마친 영화의 장면으로써 제작한 포스터 등의 광고물도 음화에 해당할 수 있다(대법원 1990.10.16, 90도1485).[1305] 사시 11 / 법원행시 16

㉣ 학술성 · 예술성과 음란성의 관계 : 학문서·예술작품에 있어서는 예술성이 인정되더라도 음란물이 될 수 있으며, 예술성이 없더라도 사회의 선량한 성적 도의관념을 해치는 정도가 미약할 경우에는 음란물이 아닐 수 있다는 것이 다수설[1306]·판례의 입장이다(양립설·적극설)(대법원 1970.10.30, 70도1879). 법원9급 09 그러나 예술성·과학성과 음란성은 전적으로 차원이 다른 개념이므로 양립할 수 없고 학술성·예술성이 인정되는 경우에는 음란성은 인정될 수 없다는 견해도 있다.[1307] [1308]

판례연구 형식적 예술개념에 의해 예술성과 음란성의 양립을 인정한 사례

1. 대법원 2000.10.27, 98도679

문학성 · 예술성과 음란성은 양립할 수 있다는 판례 : 소설 '내게 거짓말을 해봐' 사례

문학성 내지 예술성과 음란성은 차원을 달리하는 관념이므로 어느 문학작품이나 예술작품에 문학성 내지 예술성이 있다고 하여 그 작품의 음란성이 당연히 부정되는 것은 아니라 할 것이고, 다만 그 작품의 문학적·예술적 가치, 주제와 성적 표현의 관련성 정도 등에 따라서는 그 음란성이 완화되어 결국은 형법이 처벌대상으로 삼을 수 없게 되는 경우가 있을 수 있을 뿐이다.

2. 대법원 2005.7.22, 2003도2911

미술교사가 자신의 인터넷 홈페이지에 게시한 자신의 미술작품, 사진 및 동영상의 일부에 대하여 음란성이 인정된다고 한 사례

예술성과 음란성은 차원을 달리하는 관념이고 어느 예술작품에 예술성이 있다고 하여 그 작품의 음란성이 당연히 부정되는 것은 아니라 할 것이며, 다만 그 작품의 예술적 가치, 주제와 성적 표현의 관련성 정도 등에 따라서는 그 음란성이 완화되어 결국은 처벌대상으로 삼을 수 없게 되는 경우가 있을 뿐이다.

㉤ 시청(視聽)환경과의 관계 : 표현물의 음란 여부를 판단함에 있어서는 표현물 제작자의 주관적 의도가 아니라 그 사회의 평균인의 입장에서 그 시대의 건전한 사회통념에 따라 객관적이고 규범적으로

1305 판례 : 공연윤리위원회의 심의를 마친 영화의 장면으로써 제작한 포스터 등도 음화에 해당할 수 있다는 사례 공연윤리위원회의 심의를 마친 영화작품이라 하더라도 이것을 영화관에서 상영하는 것이 아니고 관람객을 유치하기 위하여 영화장면의 일부를 포스터나 스틸사진 등으로 제작하였고, 제작된 포스터 등 도화가 그 영화의 예술적 측면이 아닌 선정적 측면을 특히 강조하여 그 표현이 과도하게 성감을 자극시키고 일반인의 정상적인 성적 정서를 해치는 것이어서 건전한 성풍속이나 성도덕 관념에 반하는 것이라면 그 포스터 등 광고물은 음화에 해당한다(대법원 1990.10.16, 90도1485). 사시 11

1306 김성천/김형준, 740면; 김종원(공저), 556면; 박상기, 583면; 백형구, 559면; 손동권, 697면; 이정원, 678면; 정성근/박광민, 680면; 정영일, 594면; 진계호, 500면.

1307 김일수/서보학, 633면; 배종대, 702면; 이재상, §36-28; 임웅, 727면.

1308 위와 같은 양립설(적극설, 다수설)과 배제설(소극설)은 각각 예술개념과 음란개념을 구별할 수 없다는 형식적(개방적) 예술개념과 양 개념을 구별할 수 있다는 실질적 예술개념에 근거하고 있다. 이와 관련된 독일의 판례(BGHSt 37, 57 : "Opus Pistorum")에 관한 자세한 설명은 박상기, ibid 참조.

평가하여야 한다. 따라서 시청환경이나 표현매체에 따라 음란성 판단기준의 엄격성이 좌우되는 것은 아니다. 예컨대 영상물등급위원회로부터 18세 관람가로 등급분류 받은 비디오물을 편집·변경함이 없이 그대로 옮겨 제작한 동영상을 정보통신망을 통하여 제공한 경우, 정보통신망을 통하여 제공한다는 시청환경 때문에 보다 엄격한 기준으로 음란 여부를 판단할 것은 아니며(대법원 2008.3.13, 2006도3558), 인터넷에 게재된 이른바 야설을 인터넷 서비스한 회사가 특정 통신사를 통한 음란성 유무에 관한 검수절차 및 청소년 접근 방지를 위한 성인인증절차 등의 조치를 취했다 하더라도 정보통신망법상 음란물유포죄가 성립한다(대법원 2008.6.12, 2007도3815).

ⓑ 상대적 음란개념(relative Unzüchtichkeit) : 판례는 고야의 '나체의 마야' 사건에서 "비록 명화집에 실려있는 그림이라 할지라도 이것을 예술 문학 등 공공의 이익을 위해서가 아닌 성냥갑 속에 넣어 판매할 목적으로 그 카드사진을 복사 제조하거나 시중에 판매하였다면 명화를 모독하여 음화화시켰다(대법원 1970.10.30, 70도1879)."라고 판시하고 있는데, 이는 예술작품이라 하더라도 그것의 공개대상이나 방법에 따라서는 음란할 수 있다는 소위 '상대적 음란개념'을 인정한 것이다. 이에 대해서는 음란개념의 판단이 불명확하고 자의적이 될 수 있다는 점에서 부정하는 것이 다수설[1309]이다.

② 문서·도화·필름 기타 물건

문서·도화	예 소설, 그림, 사진, 만화, 그래픽 등
필 름	개정형법에서 예시적으로 추가된 것이다. 예 도색영화, 비디오 등
기타 물건	물건(物件)이란 일정한 고정성·영속성을 지닌 것이어야 한다(예 조각품, 음반, 녹음테이프, CD-ROM, 사진, 모조성기 등). 판례에 의하면 컴퓨터프로그램파일은 부호(符號)일 뿐 물건은 아니라고 한다.

판례연구 음란한 물건에 해당한다는 사례

대법원 2003.5.16, 2003도988

남성용 자위기구인 모조여성성기가 음란한 물건에 해당한다고 한 사례

어떤 물건이 음란한 물건에 해당하는지 여부는 행위자의 주관적 의도나 반포·전시 등이 행하여진 상황에 관계없이 그 물건 자체에 관하여 객관적으로 판단하여야 한다. 이 사건 기구와 같은 남성용 자위기구는 여성성기를 지나치게 노골적으로 표현함으로써 사회통념상 그것을 보는 것 자체만으로도 성욕을 자극하거나 흥분시킬 수 있고 일반인의 정상적인 성적 수치심을 해치고 선량한 성적 도의관념에 반한다고 하지 않을 수 없다.

판례연구 음란한 물건에 해당하지 않는다는 사례

1. 대법원 1999.2.24, 98도3140

컴퓨터 프로그램파일과 음란한 물건(고정성·영속성 要) : 음화반포죄 ×

컴퓨터 프로그램파일은 형법 제243조에서 규정하고 있는 문서, 도화, 필름 기타 물건에 해당한다고 할 수 없으므로, 음란한 영상화면을 수록한 컴퓨터 프로그램파일을 컴퓨터 통신망을 통하여 전송하는 방법으로 판매한 행위에 대하여 전기통신기본법 제48조의2(현재에는 정보통신망법[1310] 및 성폭법[1311]에 해당됨 – 필자 주)의 규정

1309 김일수/서보학, 633면; 박상기, 586면; 백형구, 573면; 이재상, §36-29; 임웅, 687면; 정성근/박광민, 682면; 진계호, 486면. 이에 반해 상대적 음란개념을 긍정하는 입장은 서일교, 210면; 손동권, 697면; 유기천(하), 96면; 이정원, 678면; 정영석, 200면.
1310 정보통신망법 제44조의7 (불법정보의 유통금지 등) ① 누구든지 정보통신망을 통하여 다음 각 호의 어느 하나에 해당하는 정보를 유통하여서는 아니 된다. 1. 음란한 부호·문언·음향·화상 또는 영상을 배포·판매·임대하거나 공공연하게 전시하는 내용의 정보.
1311 성폭법 제13조(통신매체를 이용한 음란행위) 자기 또는 다른 사람의 성적 욕망을 유발하거나 만족시킬 목적으로 전화, 우편,

을 적용할 수 있음은 별론으로 하고, 형법 제243조의 규정을 적용할 수 없다.[1312] 법원행시 08 / 법원행시 14 / 법원9급 07(상) / 경찰채용 13 2차 / 사시 11

2. 대법원 2000.10.13, 2000도3346
여성용 자위기구나 돌출콘돔이 음란한 물건에 해당하지 않는 경우
여성용 자위기구나 돌출콘돔의 경우 그 자체로 남성의 성기를 연상케 하는 면이 있다 하여도 그 정도만으로 그 기구 자체가 성욕을 자극, 흥분 또는 만족시키게 하는 물건으로 볼 수 없을 뿐만 아니라 일반인의 정상적인 성적 수치심을 해치고 선량한 성적 도의관념에 반한다고도 볼 수 없으므로 음란한 물건에 해당한다고 볼 수 없다.

3. 대법원 2014.5.29, 2013도15643,2014도3312
음란하지 않은 남성용 자위기구 사례
피고인이 실리콘을 소재로 하여 여성의 특정 신체부위를 개괄적인 형상과 단일한 재질, 색상을 이용하여 재현한 남성용 자위기구를 전시한 경우, 위 물품은 남성용 자위기구로서의 기능과 목적을 위하여 사람의 피부와 유사한 질감, 촉감, 색상을 가진 실리콘을 소재로 하여 여성의 특정 신체부위를 개괄적인 형상과 단일한 재질, 색상을 이용하여 재현한 것일 뿐, 단순히 저속하다거나 문란한 느낌을 준다는 정도를 넘어서서 존중·보호되어야 할 인격을 갖춘 존재인 사람의 존엄성과 가치를 심각하게 훼손·왜곡하였다고 평가할 수 있을 정도로 노골적인 방법에 의하여 성적 부위를 적나라하게 표현 또는 묘사한 것으로 보이지 않으므로 음란한 물건에 해당하지 않는다.

4. 대법원 2023.12.14, 2020도1669
음란합성사진 파일 사건
피고인은 성명불상자에게 지인의 얼굴과 나체사진이 합성된 음란한 사진(음란합성사진) 파일 제작을 의뢰한 음화제조교사의 사실로 공소가 제기되었다. 컴퓨터 프로그램파일은 형법 제243조의 음화반포등죄의 문서, 도화, 필름 기타 물건에 해당한다고 할 수 없다(대법원 1999.2.24, 98도3140). 이는 형법 제243조의 행위에 공할 목적으로 음란한 물건을 제조, 소지, 수입 또는 수출한 자를 처벌하는 규정인 형법 제244조(음화제조등)의 '음란한 물건'의 해석에도 그대로 적용된다. 위 법리에 의하면, 피고인이 성명불상자에게 제작을 의뢰하여 전송받은 음란합성사진 파일은 형법 제244조의 '음란한 물건'에 해당한다고 볼 수 없다.

(2) **행위** – 반포·판매·임대·공연전시·공연상영

반포(頒布)란 불특정·다수인에게 무상으로 주는 것이요, 판매란 유상으로 파는 것이요, 임대란 유상으로 빌려주는 것을 말한다. 공연히 전시한다는 것은 불특정·다수인이 보고 구경할 수 있는 상태에 두는 것이요, 공연히 상영하는 것이란 필름을 영사하여 불특정·다수인이 볼 수 있도록 두는 것을 말한다.

따라서 ① 甲이 친구 A의 집 방안에서 자기 친구인 A와 B 두 사람이 보는 앞에서 영사기로 도색영화필름을 상영한 행위는 공연한 상영이라 할 수 없으나(대법원 1973.8.21, 73도409), ② 인터넷 사이트에 집단 성행위 목적의 카페를 개설·운영한 자가 남녀 회원을 모집한 후 특별모임을 빙자하여 집단 성행위를 하고 그 촬영물 등을 카페에 게시한 경우라면, 카페의 회원 수에 비추어 위 행위는 음란물을 공연히 전시한 것에 해당할 수 있다(대법원 2009.5.14, 2008도10914). 경찰승진 13

2. 주관적 구성요건

본죄의 주관적 구성요건으로서는 음란한 문서·도화·필름 기타 물건을 반포·판매·임대, 공연히 전시 또는 상영한다는 고의가 있어야 한다. 음란성은 규범적 구성요건요소이므로 전문가가 아닌 일반인(문외한)으로서 소박하게 음란하다는 평가를 가지고 있어야 할 것이다. 이를 음란성에 대한 의미의 인식이라 할 수 있으며

컴퓨터, 그 밖의 통신매체를 통하여 성적 수치심이나 혐오감을 일으키는 말, 음향, 글, 그림, 영상 또는 물건을 상대방에게 도달하게 한 사람은 2년 이하의 징역 또는 2천만원 이하의 벌금에 처한다.

1312 참고판례 ① 숙박업소에서 위성방송수신기를 이용하여 수신한 **외국의 음란한 위성방송프로그램**을 투숙객들로 하여금 시청하게 한 행위는, **풍속영업법상 '음란한 물건'**을 관람하게 하는 행위에 해당하고, ② **'텔레비전방송프로그램'**은 영화 및 비디오물의 진흥에 관한 법률에서 규정한 **'비디오물'에 해당하지 않는다**(대법원 2010.7.15, 2009도4545).

본죄의 고의의 내용이 된다.

3. 공 범

음행매개죄와 마찬가지로 음화반포죄도 필요적 공범 중 대향범이므로, 반포 · 판매 · 임대의 상대방은 공범으로 처벌받지 않는다.[1313]

04 음화 등 제조 · 소지 · 수입 · 수출죄

제244조 【음화제조 등】 제243조의 행위에 공할 목적으로 음란한 물건을 제조, 소지, 수입 또는 수출한 자는 1년 이하의 징역 또는 500만 원 이하의 벌금에 처한다.

본죄는 음화 등 반포 · 임대 · 공연전시 · 상영죄의 예비단계를 독립된 구성요건으로 규정한 것으로서, 음화 등 반포죄를 범할 목적이 있어야 하는 목적범이다. 해면체비대기(성기확대기)는 본죄의 음란한 물건이 될 수 없다(대법원 1978.11.14, 78도2327). 법원9급 09

판례연구 아청법상 아청이용음란물제작죄 관련 판례

대법원 2018.1.25, 2017도18443; 2018.9.13, 2018도9340; 2021.3.25, 2020도18285

아동 · 청소년을 협박하여 그들로 하여금 스스로 자신을 대상으로 한 음란물을 촬영하게 한 사건

피고인이 아동 · 청소년으로 하여금 스스로 자신을 대상으로 하는 음란물을 촬영하게 한 경우 피고인이 직접 촬영행위를 하지 않았더라도 그 영상을 만드는 것을 기획하고 촬영행위를 하게 하거나 만드는 과정에서 구체적인 지시를 하였다면, 특별한 사정이 없는 한 아동 · 청소년이용음란물 '제작'에 해당하고, 이러한 촬영을 마쳐 재생이 가능한 형태로 저장이 된 때에 제작은 기수에 이른다.

05 공연음란죄

제245조 【공연음란】 공연히 음란한 행위를 한 자는 1년 이하의 징역, 500만 원 이하의 벌금, 구류 또는 과료에 처한다.

1. 음란한 행위 및 고의

본죄의 '음란한 행위'라 함은 일반 보통인의 성욕을 자극하여 성적 흥분을 유발하고 정상적인 성적 수치심을 해하여 성적 도의관념에 반하는 것을 가리킨다고 할 것이고, 주관적으로 그 행위의 음란성에 대한 의미의 인식이 있으면 족하다(대법원 2000.12.22, 2000도4372). 경찰승진 12 / 경찰승진 13 다만 성욕의 흥분 또는 만족 등의 성적인 목적이 있어야 하는 것은 아니다. 법원행시 14 / 법원9급 09 / 경찰승진 13 / 사시 11 / 국가9급 17

2. 본조 해석의 원칙 및 경범죄처벌법과의 구별

본죄는 그 개념의 모호함과 피해의 경미함으로 인하여 비범죄화론의 논의대상에 속하므로 가능한 한 제한해석이 필요하다. 따라서 신체의 노출행위가 단순히 다른 사람에게 부끄러운 느낌이나 불쾌감을 주는 정도

1313 반면 매수자가 적극적으로 가담한 경우 공범의 성립을 인정하는 소수설로는 김일수, 651면 참조.

에 불과하다면 경범죄처벌법상 과다노출행위(동법 제3조 제1항 제33호 : 공개된 장소에서 공공연하게 성기 · 엉덩이 등 신체의 주요한 부위를 노출하여 다른 사람에게 부끄러운 느낌이나 불쾌감을 준 사람은 10만원 이하의 벌금, 구류 또는 과료의 형으로 처벌한다) 해당되는 것은 별론으로 하고 본죄에는 해당될 수 없다(대법원 2004.3.12, 2003도6514).[1314] 경찰채용 22 2차

본조의 '음란한 행위'라 함은 일반 보통인의 성욕을 자극하여 성적 흥분을 유발하고 정상적인 성적 수치심을 해하여 성적 도의관념에 반하는 행위를 가리키는 것이고, 그 행위가 반드시 성행위를 묘사하거나 성적인 의도를 표출할 것을 요하는 것은 아니다(대법원 2020.1.16, 2019도14056).

판례연구 공연음란죄 관련 사례

1. 대법원 1996.6.11, 96도980

연극공연행위의 음란성의 유무는 그 공연행위 자체로서 객관적으로 판단해야 할 것이고, 그 행위자의 주관적인 의사에 따라 좌우되는 것은 아니다. 법원행시 16

2. 대법원 2000.12.22, 2000도4372

고속도로의 공중 앞에서 알몸이 되어 성기를 노출한 행위는 공연음란죄에 해당한다. 법원행시 07 / 법원행시 16 / 경찰간부 14 / 경찰채용 13 2차 / 사시 11

3. 대법원 2004.3.12, 2003도6514

말다툼을 한 후 항의의 표시로 엉덩이를 노출시킨 행위는 음란한 행위에 해당하지 않는다.[1315] 법원행시 07 / 법원행시 16 / 법원행시 14 / 경찰채용 13 2차 / 경찰채용 22 2차

4. 대법원 2006.1.13, 2005도1264

요구르트 제품의 홍보를 위하여 전라의 여성 누드모델들이 일반 관람객과 기자 등 수십명이 있는 자리에서, 알몸에 밀가루를 바르고 무대에 나와 분무기로 요구르트를 몸에 뿌려 밀가루를 벗겨내는 방법으로 알몸을 완전히 드러낸 채 음부 및 유방 등이 노출된 상태에서 무대를 돌며 관람객들을 향하여 요구르트를 던진 행위는 -퍼포먼스공연의 형식을 취했다 해도- 공연음란죄에 해당한다. 법원행시 07 / 법원행시 16 / 경찰승진(경위) 11

5. 대법원 2011.9.8, 2010도10171

풍속영업의 규제에 관한 법률에서 정한 '음란행위'의 의미

나이트클럽 무용수인 피고인이 무대에서 공연하면서 겉옷을 모두 벗고 성행위와 유사한 동작을 연출하거나 속옷에 부착되어 있던 모조 성기를 수차례 노출한 경우, 제반 사정에 비추어 위 공연이 구 풍속영업의 규제에 관한 법률 제3조 제1호의2에서 정한 음란행위에 해당한다.

6. 대법원 2020.1.16, 2019도14056

형법 제245조 공연음란죄에서 '음란한 행위'의 의미

단순히 다른 사람에게 부끄러운 느낌이나 불쾌감을 주는 정도에 불과하다면 경범죄 처벌법 제3조 제1항 제33호에 해당할 뿐이지만, 그와 같은 정도가 아니라 일반 보통인의 성욕을 자극하여 성적 흥분을 유발하고 정상적인 성적 수치심을 해하는 것이라면 형법 제245조의 '음란한 행위'에 해당한다고 할 수 있다.

1314 **참고판례 : 야한 유흥주점 사례** 유흥주점 여종업원들이 웃옷을 벗고 브래지어만 착용하거나 치마를 허벅지가 다 드러나도록 걷어 올리고 가슴이 보일 정도로 어깨끈을 밑으로 내린 채 손님을 접대한 경우, 풍속영업법 제3조 제1호에 정한 '음란행위'에 해당하지 않는다(대법원 2009.2.26, 2006도3119).

1315 **보충** 피고인은 말다툼할 때 공소외 1이 피고인에게 "술을 먹었으면 입으로 먹었지 똥구멍으로 먹었냐."라고 말한 것에 화가 나 이를 항의하기 위하여 다시 공소외 1이 경영하는 상점으로 찾아가 상점카운터를 지키던 공소외 1의 딸인 공소외 3(여, 23세)을 보고 … 등을 돌려 엉덩이가 드러날 만큼 바지와 팬티를 내린 다음 엉덩이를 들이밀며 "똥구멍으로 어떻게 술을 먹느냐, 똥구멍에 술을 부어 보아라."라고 말한 행위는 보는 사람에게 부끄러운 느낌이나 불쾌감을 주는 정도에 불과하고, 일반 보통인의 성욕을 자극하여 성적 흥분을 유발하거나 정상적인 성적 수치심을 해할 정도에 해당한다고 보기는 어렵다(위 판례). 법원행시 07 / 법원행시 14 / 경찰채용 13 2차

제2절 도박과 복표에 관한 죄

01 총 설

도박(賭博, gambling, Glückspiel)과 복표(福票, lottery ticket, Lotterie)에 관한 죄는 도박을 하거나 도박을 개장하거나 복표를 발매·중개·취득함으로써 성립하는 범죄이다. 복표에 관한 죄도 넓게는 도박의 죄의 범위 내에 있는 것으로 파악된다. 이러한 도박과 복표에 관한 죄에 대해서는 2013년 4월 5일 개정형법에 의하여 전반적인 개정이 이루어졌다.[1316]

02 단순도박죄

제246조【도박, 상습도박】 ① 도박을 한 사람은 1천만 원 이하의 벌금에 처한다. 다만, 일시오락 정도에 불과한 경우에는 예외로 한다. 〈전문개정 2013.4.5.〉

1. 의의 및 보호법익

본죄는 도박을 함으로써 성립하는 범죄로서, 본죄의 보호법익에 대해서는 외국에서는 재산권으로 보는 견해도 있으나 우리 형법에서는 사회적 법익에 대한 죄로 규정되어 있으므로 사회의 건전한 근로관념과 공공의 미풍양속으로 보는 것이 보통이다.[1317] 법익보호의 정도는 추상적 위험범이다.

2. 객관적 구성요건

(1) **주체** – 제한 없음

2인 이상의 자이다(필요적 공범 중 대향범).

1316 참고 이는 2000년 12월 13일 우리나라가 서명한 국제연합국제조직범죄방지협약(United Nations Convention against Transnational Organized Crime) 및 인신매매방지의정서의 국내적 이행을 위한 입법이다. 즉 종래 도박죄는 그 객체에 "재산상 이익"도 포함되는 것으로 해석상 인정되고 있으나 구 형법에서는 그 객체를 "재물"로 한정하여 규정하고 있었고, 인터넷 상에 도박사이트를 개설하여 전자화폐나 온라인으로 결제하도록 하는 경우 판례상 도박개장죄로 처벌하고 있으나 구 형법에서는 "도박을 개장"한 경우를 처벌하도록 규정되어 있어 도박할 수 있는 사이버 공간을 제공한 경우 처벌되지 않는 것으로 비추어 질 수 있으며, 최근 도박장소 등의 개설이나 복표발매로 인한 수입이 범죄단체의 운영자금 등으로 사용되는 등 도박장소 등의 개설이나 복표발매로 인하여 각종 사회문제가 발생하고 있는 실정이었다. 이에 2013년 4월 5일 형법 개정에 의해, ① 도박죄의 객체에 "재물"뿐만 아니라 "재산상 이익"도 포함됨을 명확하게 하기 위하여 도박죄의 구성요건 중 "재물로써" 부분을 삭제하고, ② 도박하는 장소뿐만 아니라 도박하는 공간을 개설한 경우도 처벌할 수 있도록 규정을 명확화 하는 한편, ③ 범죄단체나 집단의 수입원으로 흔히 사용되는 도박장소의 개설과 복표발매죄가 국제연합국제조직범죄방지협약의 대상범죄가 될 수 있도록 법정형을 "3년 이하의 징역 또는 2천만 원 이하의 벌금"에서 "5년 이하의 징역 또는 3천만 원 이하의 벌금"으로 상향하고, 그 밖에 ④ 복표발매중개 및 복표취득죄도 물가 인상률 등을 고려하여 법정형을 현실화 한 것이다(개정이유 중에서 발췌).

1317 김일수/서보학, 632면; 박상기, 589면; 배종대, 689면; 서일교, 212면; 손동권, 702면; 오영근, 918면; 이재상, §37－2; 이정원, 682면; 임웅, 734면; 정성근/박광민, 686면; 진계호, 454면; 황산덕, 156면. 한편 입법론상 단순도박죄를 비범죄화해야 한다는 견해는 김기춘, 형법개정시론, 546면; 배종대, 689면; 서일교, 215면; 손동권, 703면; 오영근, 919면; 이재상, §37－5; 임웅, 693면; 정성근/박광민, 687면; 진계호, 507면 참조. 반면 존치해야 한다는 견해는 김일수/서보학, 631면; 박상기, 590면; 백형구, 576면; 정영일, 597면 참조. 복표발매죄는 각종 복권이 성행하고 있는 현실과 사행행위 등 규제법의 존재를 고려할 때 형법에서는 삭제하고 특별법으로 규율하면 된다는 견해가 보편적이다. 김일수/서보학, 644면; 박상기, 590면; 배종대, 689면; 손동권, 703면; 이재상, §37－6; 정성근/박광민, 687면; 진계호, 455면 참조.

(2) **행위** – 도박

① 객체 : 종래 구형법상 재물로 규정되어 있었으며, 구형법의 해석으로도 여기서의 재물은 재산죄의 재물과는 달리 재물과 재산상 이익을 모두 포함한다고 해석되었었다. 2013.4.5. 개정에 의하여 재물 규정이 삭제됨으로써 이를 보다 명확히 한 것이다.

② 우연성 : 도박이란 당사자가 서로 재물을 걸고 우연(偶然)한 승부에 의하여 그 재물의 득실을 결정하는 것을 말하며, 여기서 '우연'이라 함은 주관적으로 '당사자가 확실히 예견 또는 자유로이 지배할 수 없는 사실에 관하여 승패를 결정하는 것'을 말하고, 객관적으로 불확실할 것까지 요구하지는 않는다.

㉠ 경기(競技, Geschichklichkeitsspiel) : 골프 · 당구 · 바둑 · 장기 등과 같은 경기는 당사자의 능력이 승패의 결과에 영향을 미친다고 하더라도 다소라도 우연성의 사정에 의하여 영향을 받게 된다는 점에서 도박죄에 해당될 수 있다(다수설[1318] · 판례 : 대법원 2008.10.23, 2006도736). 국가9급 14 / 경찰승진(경감) 11 / 경찰승진 12 따라서 일시오락의 정도에 불과하지 않은 '내기 골프'는 본죄에 해당된다고 보아야 한다(위 판례). 경찰간부 13

㉡ 사기도박(편면적 도박) : 도박이란 우연성에 의하는 것이므로, 사기도박은 이러한 우연성을 깨는 것이기 때문에 도박이라 할 수 없으며 사기죄에 해당한다(통설 · 판례). 법원행시 05 / 법원행시 12 / 경찰채용 11 2차 / 경찰승진(경감이하) 16 이 경우 사기도박행위자는 사기죄가 성립하지만, 사기도박의 상대방인 재산상 피해자에게는 도박죄도 성립하지 않아 무죄가 된다. 사시 11

(3) **기수시기**

도박행위의 착수가 있는 때 기수가 되며 승패가 결정될 것까지 요하는 것은 아니다(추상적 위험범). 법원행시 05

3. 일시오락 – 위법성조각사유

도박행위가 일시오락의 정도에 불과한 때에는 구성요건해당성은 있지만 위법성이 조각되어(대법원 1985.11.12, 85도2096) 국가9급 12 본죄가 성립하지 않는다(제246조 제1항 단서). 이는 사회상규에 위배되지 않는 행위이기 때문이다(다수설).

일시오락 정도의 판단기준에 대하여는 도박가액의 근소성 이외에 도박행위자의 주관적 판단이나 부수적 상황에 따라야 한다는 견해가 통설 · 판례이다(대법원 1990.2.9, 89도1992). 즉, 도박의 시간과 장소, 도박에 건 재산의 가액, 도박에 가담한 자들의 사회적 지위 및 재산 정도, 그리고 도박으로 인한 이득의 정도를 종합적으로 참작한다는 입장이다. 따라서 금전을 걸기는 하였으나 속칭 민화투놀이에 건 재물의 득실이 승패결정의 흥미를 북돋우기 위한 것이고 그 재물의 경제적 가치도 근소한 경우에는 일시오락의 정도에 불과한 것이다(대법원 1983.3.22, 82도2151).

판례연구 해외 스포츠 도박 사이트 베팅 사건

대법원 2022.11.30, 2022도6462

국민체육진흥법 제26조 제1항은 "서울올림픽기념국민체육진흥공단과 수탁사업자가 아닌 자는 체육진흥투표권 또는 이와 비슷한 것을 발행(정보통신망에 의한 발행을 포함한다)하여 결과를 적중시킨 자에게 재물이나 재산상의 이익을 제공하는 행위를 하여서는 아니 된다."라고 규정하면서 같은 법 제47조 제2호에서 이를 위반한 자를 7년 이하의 징역이나 7천만 원 이하의 벌금으로 처벌하도록 규정하는 한편, 같은 법 제48조 제3호는 "제26조 제

1318 김일수/서보학, 643면; 박상기, 591면; 백형구, 564면; 이정원, 686면; 정성근/박광민, 689면; 진계호, 509면 참조. 반면 도박이 아니라는 부정설도 많은데, 김성천/김형준, 745면; 배종대, 691면; 손동권, 704면; 오영근, 922면; 이재상, §37-12; 임웅, 695면; 정영일, 598면 참조.

1항의 금지행위를 이용하여 도박을 한 자"를 5년 이하의 징역이나 5천만 원 이하의 벌금으로 처벌하도록 규정하고 있다. …… 정보통신망을 이용하는 스포츠 도박 사업은 장소적 제약을 뛰어넘어 규제·정도가 낮은 국가의 정보통신망과 연동함으로써 쉽게 자국의 규제를 회피할 수 있고, 스포츠 도박이 합법화된 국가의 정보통신망을 이용하여 이루어지는 경우도 많다. (따라서) 대한민국 영역 내에서 해외 스포츠 도박 사이트에 접속하여 베팅을 하는 방법으로 체육진흥투표권과 비슷한 것을 정보통신망을 이용하여 발행받은 다음 결과를 적중시킨 경우 재산상 이익을 얻는 내용의 도박을 하였다면, 그 스포츠 도박 사이트를 통한 도박 행위는 국민체육진흥법 제26조 제1항에서 금지하고 있는 유사행위를 이용한 도박 행위에 해당하므로, 제48조 제3호에 따라 처벌할 수 있다. 이는 그 스포츠 도박 사이트의 운영이 외국인에 의하여 대한민국 영역 외에서 이루어진 것이라고 하더라도 마찬가지이다.

03 상습도박죄

제246조【도박, 상습도박】 ② 상습으로 제1항의 죄를 범한 사람은 3년 이하의 징역 또는 2천만 원 이하의 벌금에 처한다. 〈전문개정 2013.4.5.〉

상습범은 집합범으로서 포괄일죄로 처리된다.[1319] 따라서 도박의 습벽이 있는 자가 도박을 하고 또 도박방조를 하였을 경우 상습도박방조의 죄는 무거운 상습도박의 죄에 포괄시켜 1죄로서 처단하여야 한다(대법원 1984.4.24, 84도195). 국가9급 14 / 경찰간부 14 / 사시 11 / 사시 13 / 변호사 16 / 경찰승진(경감이하) 16 / 경찰채용 20 1차 / 경찰채용 21 1차

본죄의 상습성의 판단에는 전과가 주요한 참고자료는 되지만 필요적인 관계는 없다. 따라서 전과가 없어도 상습성이 인정될 수 있다. 또한 본죄는 부진정신분범이며 상습성은 책임가중요소로 기능한다. 따라서 상습성 있는 자와 상습성 없는 자가 어울려 도박을 한 경우에는 상습성 있는 자만 상습도박죄의 죄책을 진다(책임개별화원칙 : 제33조 단서).

한편 상습범과 누범은 그 요건과 성격이 다르기 때문에 본죄에 대해서도 누범가중규정(제35조)이 적용될 수 있다(통설[1320]). 상습범은 도박죄에 대해서만 있으며, 도박개장죄 및 복표발매죄에는 없다.

04 도박장소 · 공간개설죄

제247조【도박장소 등 개설】 영리의 목적 법원9급 11 / 경찰채용 10 1차 / 경찰채용 12 3차으로 도박을 하는 장소나 공간을 개설한 사람은 5년 이하의 징역 또는 3천만 원 이하의 벌금에 처한다. 〈전문개정 2013.4.5.〉

1. 구성요건

(1) 객관적 구성요건

① 도박장소의 개설 : 도박장소를 개설하는 것은 개정 전 형법의 "도박개장(賭博開場)"의 의미와 같이 도박장소와 설비를 개설·제공하는 것을 의미한다. 이 경우 행위자는 스스로 도박의 주재자(主宰者)가 될 것을 요하므로, 주재자가 되지 않고 도박장소만을 제공한 때에는 도박죄의 종범(從犯)이 될 뿐 본죄는 성립하지 않는다(통설). 법원9급 11

1319 반면 상습성만으로 일죄로 처리하는 것에 반대하는 소수설은 이재상, §37－19 참조.
1320 김일수/서보학, 650면; 배종대, 711면; 백형구, 567면; 손동권, 705면; 이재상, §37－23; 임웅, 740면; 정성근/박광민, 693면; 진계호, 513면. 다만 반대의 소수설로는 황산덕, 154면 참조.

② 도박공간의 개설 : 종래 구 형법에서도 인터넷 상에 도박사이트를 개설하여 전자화폐나 온라인으로 결제하도록 하는 경우 판례상 도박개장죄로 처벌하고 있었으나, 구 형법의 조문상의 표현은 "도박을 개장"한 것으로만 되어 있어, 마치 도박할 수 있는 사이버 공간을 제공한 경우에는 처벌되지 않는 것으로 비추어질 수 있었다. 이에 2013.4.5. 개정형법에서는 도박하는 장소뿐만 아니라 도박하는 공간을 개설한 경우도 명문으로 규정함으로써 형법의 일반예방기능을 강화한 것이다.

③ 기수시기 : 도박하는 장소나 공간을 개설한 때이다. 현실로 도박이 행해질 것은 요하지 않는다. 법원9급 11 / 경찰간부 14 / 경찰승진(경위) 11 / 경찰승진(경감이하) 16

판례연구 도박개장죄의 방조범 및 기수시기 등 관련 사례

1. 대법원 2007.11.29, 2007도8050

도박개장방조가 성립하지 않는다는 사례

인터넷 게임사이트의 온라인게임에서 통용되는 사이버머니를 구입하고자 하는 사람을 유인하여 돈을 받고 위 게임사이트에 접속하여 일부러 패하는 방법으로 사이버머니를 판매한 사람은, 정범인 위 게임사이트 개설자의 도박개장행위를 인정할 수 없는 이상 종범인 도박개장방조죄도 성립하지 않는다. 경찰채용 13 1차 / 사시 11

2. 대법원 2009.12.10, 2008도5282

인터넷 도박게임 사이트를 개설하여 운영하는 경우, 도박개장죄의 기수 시기

피고인이 가맹점을 모집하여 인터넷 도박게임이 가능하도록 시설 등을 설치하고 도박게임 프로그램을 가동하던 중 문제가 발생하여 더 이상의 영업으로 나아가지 못한 경우, 실제로 이용자들이 도박게임 사이트에 접속하여 도박을 한 사실이 없더라도 도박개장죄는 이미 '기수'에 이르렀다고 볼 수 있다. 경찰간부 13 / 경찰승진(경감) 11 / 경찰승진 12 / 경찰채용 11 2차 / 경찰채용 12 3차 / 경찰채용 13 1차 / 경찰채용 22 2차

(2) **주관적 구성요건** – 고의 및 영리의 목적

영리의 목적이란 도박 장소·공간 개설의 대가로 불법한 재산상의 이익을 얻으려는 의사를 의미한다(대법원 2009.2.26, 2008도10582). 반드시 도박 장소·공간 개설의 직접적 대가가 아니라 그 개설을 통하여 간접적으로 얻게 될 이익을 위한 경우에도 영리의 목적이 인정되며, 또한 현실적으로 그 이익을 얻었을 것을 요하지는 않는다. 경찰채용 12 3차 / 사시 11

판례연구 도박개장죄의 영리의 목적 관련 사례

1. 대법원 2002.4.12, 2001도5802

인터넷 고스톱게임 사이트를 유료화하는 과정에서 사이트를 홍보하기 위하여 고스톱대회를 개최하면서 참가자들로부터 참가비를 받고 입상자들에게 상금을 지급한 행위는 도박개장죄가 성립한다. 경찰채용 13 1차 / 경찰간부 18

2. 대법원 2008.9.11, 2008도1667

인터넷 사이트 운영자가 회원들로 하여금 온라인에서 현금화할 수 있는 게임코인을 걸고 속칭 고스톱, 포커 등을 하도록 하고, 수수료 명목으로 일정액을 이익으로 취한 행위는 도박개장죄에 해당한다.

3. 대법원 2008.10.23, 2008도3970

성인피시방 운영자가 손님들로 하여금 컴퓨터에 접속하여 인터넷 도박게임을 하고 게임머니의 충전과 환전을 하도록 하면서 게임머니의 일정 금액을 수수료 명목으로 받은 행위는 도박개장죄를 구성한다. 경찰간부 14

4. 대법원 2009.2.26, 2008도10582

유료낚시터를 운영하는 자가 입장료 명목으로 요금을 받은 후 물고기에 부착된 시상번호에 따라 경품을 지급하였다면 도박개장죄가 성립한다. 국가9급 14 / 경찰간부 14 / 경찰승진(경감) 11 / 경찰채용 12 3차

2. 다른 범죄와의 관계

도박 장소·공간을 개설한 자가 나아가 도박까지 하였다면 본죄와 도박죄의 실체적 경합이 된다(통설).[1321] 또한 무허가 카지노영업으로 인한 관광진흥법위반죄와 도박장소개설죄는 상상적 경합범 관계에 있다(대법원 2009.12.10, 2009도11151). 경찰승진(경감) 11

05 복표 발매 · 중개 · 취득죄

제248조【복표의 발매 등】 ① 법령에 의하지 아니한 복표를 발매한 사람은 5년 이하의 징역 또는 3천만 원 이하의 벌금에 처한다.
② 제1항의 복표발매를 중개한 사람은 3년 이하의 징역 또는 2천만 원 이하의 벌금에 처한다.
③ 제1항의 복표를 취득한 사람은 1천만 원 이하의 벌금에 처한다.
〈전문개정 2013.4.5.〉

1. 복표의 요건

복표(福票)라 함은 표찰(標札)을 발행하여 다수인으로부터 금품을 모집하여 추첨 등의 방법에 의하여 당첨자에게만 재산상 이익을 제공하고 다른 참가자들에게는 손실이 발생하게 하는 증표를 말한다(사행행위 등 규제법 제2조).

복권(福券)을 발매함에 있어서 특정한 사업자가 아닌 불특정 또는 다수의 사람들을 상대로 하여 표찰을 계속적으로 발매함으로써 다수인의 복표구매자로부터 금품을 모았다거나 이에 따라 표찰이 추첨결과를 이용한 우연성에 의하여 일부 당첨자만 이익을 얻고 그 이외의 사람들은 손실을 볼 수밖에 없는 구조를 갖춘 정도가 되면 본죄의 복표의 요건을 갖춘 것이다.

표정리 복표와 도박의 구별

구 분	도 박	복 표
재물의 소유관계	승패가 결정될 때까지 승자에 이전되지 않는다.	재물의 제공에 의해 발행자에게 이전된다.
재물상실의 위험부담	당사자 전원	복표구매자
승패 결정방식	우연	추첨

2. 다른 기능이 가미된 경우의 복표 여부의 판단

어떠한 표찰이 본죄의 복표에 해당하는지 여부는 그 표찰 자체가 갖는 성질에 의하여 결정되어야 하고, 그 기본적인 성질이 복표로서의 개념요소를 갖고 있다면, 거기에 광고 등 다른 기능이 일부 가미되어 있는 관계로 당첨되지 않는 참가자의 손실을 그 광고주 등 다른 사업주들이 대신 부담한다고 하더라도 복표로서의 성질을 상실하지 않는다고 보아야 할 것이다.

판례는 "광고주들로부터 일정한 대가를 받고 광고문구가 기재된 복권을 발행하여 주고, 광고주들이 광고 및 판촉 목적으로 그 복권을 자신들의 고객들에게 무료로 교부하여 준 경우 복권발행업자의 행위가 본죄에 해당된다."라고 보고 있다(대법원 2003.12.26, 2003도5433). 국가7급 07

1321 반면 도박장소개설죄만 성립한다는 소수설로는 황산덕, 155면 참조.

3. 행 위

본죄의 행위는 복표에 대한 발매(發賣), 발매의 중개(仲介), 취득(取得)이다.

4. 위법성 조각 여부

복표라 하더라도 법령에 의한 것은 구성요건해당성은 있으나 위법성이 조각된다. 제20조의 법령에 의한 정당행위로 볼 수 있기 때문이다(통설).

제3절 신앙에 관한 죄

01 장례식 등 방해죄

제158조【장례식 등의 방해】 장례식, 제사, 예배 또는 설교를 방해한 자는 3년 이하의 징역 또는 500만 원 이하의 벌금에 처한다.

1. 신앙에 관한 죄의 보호법익

신앙에 관한 죄[1322]는 장례식 등 방해죄, 시체 등 오욕죄, 분묘발굴죄, 시체 등 유기 등 죄, 변사체검시방해죄로 이루어져 있는데, 이는 서로 다른 성격의 죄가 혼재되어 있는 모습이다. 즉 장례식 등 방해죄는 '공중의 종교생활(장례·제사·예배)의 평온과 종교감정'을 보호법익으로 하는 추상적 위험범이지만(판례도 동지, 대법원 2008.2.28, 2006도4773), 변사체검시방해죄는 종교적 평온·감정과는 무관한 '범죄수사를 방해하는 공무방해의 죄'이며, 그 이외의 시체 등 오욕죄 등의 본장의 죄는 '사자에 대한 숭앙심 등의 종교적 감정(일반인의 존경의 감정)'을 보호법익으로 한다.[1323]

2. 객 체

(1) 장례식·제사·예배·설교

본죄의 객체는 장례식(葬禮式)·제사(祭祀)·예배(禮拜)·설교(說教)이므로, 교회에서 회합이 이루어졌다 하더라도 그것이 종교적 의식이 아닌 학술회의나 결혼식과 같은 경우에는 본죄의 객체에서 제외된다.[1324]

(2) 시 기

본죄는 제전의 평온을 그 보호법익으로 하는 것이므로 제전(祭典)이 집행 중이거나 제전의 집행과 시간적 밀접·불가분의 관계에 있는 준비단계에서 이를 방해하는 경우에만 성립한다(대법원 1982.2.23, 81도2691). 따

1322 형법 제12장의 제목이 '신앙(信仰)에 관한 죄'로 되어 있는데, 이에 대해서는 유교적 영향을 배제할 수 없는 우리의 경우 사자에 관한 죄를 신앙에 관한 죄에서 규정한 것으로 이해된다는 견해(이재상, §38-3 각주2)와 부적절한 제목이라는 견해(김일수/서보학, 654면; 박상기, 596면; 배종대, 696면; 임웅, 704면)가 대립된다.

1323 다수설이다. 김일수/서보학, 654면; 박상기, 596면; 손동권, 680면; 오영근, 825면; 이재상, §38-3; 임웅, 704면. 다만 사회풍속인 종교적 감정이라는 견해는 김종원(공저), 567면; 서일교, 219면; 황산덕, 100면.

1324 김일수/서보학, 655면; 백형구, 572면; 손동권, 681면; 오영근, 932면; 유기천(하), 7면; 이재상, §38-6; 임웅, 748면; 정성근/박광민, 698면; 진계호, 519면.

라서 교회의 교인이었던 사람이 교인들의 총유인 교회 현판, 나무십자가 등을 떼어 내고 예배당 건물에 들어가 출입문 자물쇠를 교체하여 7개월 동안 교인들의 출입을 막으면서 장기간 예배당 건물의 출입을 통제하였다 하더라도, 예배방해죄는 성립하지 않는다(대법원 2008.2.1, 2007도5296). 경찰승진(경위) 11 / 경찰간부 18

> **판례연구** 제전과는 상관없이 제사상을 발로 찬 행위는 장례식방해죄 ×
>
> 대법원 1982.2.23, 81도2691
>
> 피고인이 피해자의 집에 가서 시비 중에 마침 제사상에 사용할 음식을 마련하여 임시로 작은 상위에 올려 놓은 것을 발로 찼다는 정도의 행위는 제전방해죄에 해당하지 않는다고 할 것이다.

(3) 형법상 보호가치 있는 예배 등

예배는 형법적으로 보호할 만한 가치가 있는 것이어야 한다.

① 보호받을 만한 예배 : 주관하는 목사 등의 성직자가 정식절차를 밟아 위임되었는가 여부는 따지지 않는다. 따라서 정식절차를 밟은 위임목사가 아닌 자가 당회의 결의에 반하여 설교와 예배인도를 한 경우라 할지라도, 그가 그 교파의 목사로서 그 교의를 신봉하는 신도 약 350여 명 앞에서 그 교지에 따라 설교와 예배인도를 한 것이라면 다른 특별한 사정이 없는 한 그 설교와 예배인도는 형법상 보호를 받을 가치가 있고 이러한 설교와 예배인도의 평온한 수행에 지장을 주는 행위를 하면 본조의 설교 또는 예배방해죄가 성립한다(대법원 1971.9.28, 71도1465).

② 보호받을 수 없는 예배 : 순전히 기존 교회의 교인들의 예배를 방해하기 위한 행위로서의 예배는 본죄의 객체로서 보호받을 수 없다. 예컨대 소속 교단으로부터 목사면직의 판결을 받은 목사가 일부 신도들과 함께 소속 교단을 탈퇴한 후 아무런 통보나 예고도 없이, 부활절 예배를 준비 중이던 종전 교회 예배당으로 들어와 찬송가를 부르고 종전 교회의 교인들로부터 예배당을 비워달라는 요구를 받았으나 이를 계속 거부하였다면, 이는 예배방해죄에서 보호하는 '예배'에 해당한다고 보기는 어렵다 (대법원 2008.2.28, 2006도4773).

3. 행 위

장례식방해죄의 행위인 방해(妨害, Stören)라 함은 장식 등의 정상적인 진행에 지장을 주는 일체의 행위를 말하므로, 범인의 행위로 인하여 장례식이 현실적으로 저지·방해되었다고 하는 결과의 발생까지 요하지 않고 방해행위의 수단과 방법에도 아무런 제한이 없으며 일시적인 행위라 하더라도 무방하나, 다만 적어도 객관적으로 보아 장례식의 평온한 수행에 지장을 줄 만한 행위를 함으로써 장례식의 절차와 평온을 저해할 위험이 초래될 수 있는 정도는 되어야 비로소 방해행위가 있다고 보아 장례식방해죄가 성립한다고 할 것이다 (대법원 2013.2.14, 2010도13450).[1325]

1325 **보충** 피고인이 이 사건 영결식장에서 한 행위, 즉 이명박 대통령의 헌화 순서에 맞추어 헌화대 쪽을 향하여 몇 걸음을 옮기면서 크게 소리를 지른 행위가 비록 피고인이 대통령의 헌화를 방해하려는 의도를 가지고 한 행동이라 하더라도, 그 행위의 내용, 경호원들의 제압에 대한 피고인의 반응, 소란이 있었던 시간 등 여러 객관적 사정으로 보아 피고인의 위와 같은 행위가 이 사건 영결식의 평온한 수행에 지장을 줄 만한 행위로서 이로 말미암아 이 사건 영결식의 절차와 평온을 저해할 위험이 초래될 정도라고 단정하기는 어렵다고 할 것이다.

02 시체 등 오욕죄

제159조【시체 등의 오욕】 시체, 유골 또는 유발(遺髮)을 오욕한 자는 2년 이하의 징역 또는 500만 원 이하의 벌금에 처한다. 〈개정 2020.12.8.〉

1. 객 체

본죄의 객체는 시체(屍體)·유골(遺骨)·유발(遺髮)이다(2020.12.8. 우리말 순화 개정 전 구법에서는 사체死體라 한 것을 개정법에서는 '시체'라 한 것임). 시체에 인체의 형태를 갖춘 사태(死胎)가 포함되는가에 대해서는 부정설[1326]이 있으나, 긍정설[1327]이 통설이다. 또한 유골이란 화장(火葬) 기타 방법에 의해 백골(白骨)이 된 것을 말하며, 유발이란 사자를 제사·기념하기 위해 보존한 모발을 말한다. 따라서 해부학이나 고고학 등의 학술적 목적으로 보관하는 시체·유골·유발은 본죄의 객체가 되지 않는다.

2. 행위 · 고의

본죄는 이러한 객체를 오욕(汚辱)함으로써 성립한다. 오욕이란 폭행 기타 유형력의 행사에 의해 모욕의 의사를 표현하는 것을 말한다. 예컨대, 시체에 침을 뱉거나 방뇨하거나 시간(屍姦)하는 것이 여기에 속한다. 사자의 명예를 실추시키는 언어적 행동은 사자명예훼손죄(제308조)가 될 뿐 본죄에 해당될 수는 없다.

본죄는 고의만 있으면 성립하고, 별도의 목적은 요하지 않는다.

03 분묘발굴죄

제160조【분묘의 발굴】 분묘를 발굴한 자는 5년 이하의 징역에 처한다.

1. 의 의

분묘발굴죄(墳墓發掘罪)는 그 분묘에 대하여 아무런 권한 없는 자나 또는 권한이 있는 자라도 시체에 대한 종교적 양속에 반하여 함부로 이를 발굴하는 경우만을 처벌대상으로 삼고 있다.

2. 객 체

본죄의 객체는 분묘(墳墓)이다. 분묘란 사람의 시체·유골·유발을 매장하여 사자를 제사·기념하는 장소를 말한다. 사태(死胎)를 매장한 장소를 분묘로 볼 수 있는가에 대해서는 부정설[1328]이 있으나 인체의 형상을 갖추고 있는 사태를 매장한 장소라면 본죄의 분묘로 보아야 한다는 긍정설[1329]이 통설이다.

또한 본죄의 분묘는 적법하게 매장된 분묘임을 요하지 않는다(대법원 1976.10.29, 76도2828). 따라서 사체의 유골이 토괴화(土塊化)하였을 때에도 분묘인 것이며, 매장된 시체 · 유골이 토괴화된 것을 화장하여 다시 묻은 시설도 그 시설이 자연장의 요건을 갖추었다는 등의 사정이 없는 한 본죄의 분묘에 포함된다(대법원 2012.10.

1326 유기천(하), 10면.
1327 김성천/김형준, 754면; 김일수/서보학, 658면; 김종원(공저), 569면; 배종대, 715면; 백형구, 574면; 손동권, 682면; 오영근, 935면; 이재상, §38-12; 이정원, 693면; 임웅, 749면; 정성근/박광민, 701면; 정영석, 209면; 정영일, 603면; 진계호, 521면; 황산덕, 100면.
1328 유기천(하), 8면.
1329 김일수/서보학, 660면; 백형구, 575면; 손동권, 683면; 오영근, 936면; 이재상, §38-16; 임웅, 750면; 정성근/박광민, 702면; 정영일, 603면; 진계호, 523면.

25, 2010도5112). 또한 그 사자가 누구인지 불명하다고 할지라도 현재 제사 · 숭경하고 종교적 예의의 대상으로 되어 있고 이를 수호·봉사하는 자가 있으면 여기에 해당한다(대법원 1990.2.13, 89도2061).

> **판례연구** 분묘의 의미
>
> 대법원 1976.10.29, 76도2828
>
> 무연고분이라고 하여도 제사와 신앙의 대상이 되는 분묘라 할 수 없다거나 분묘발굴죄의 객체인 분묘에 해당되지 않는다고는 할 수 없다. 또한 암장된 분묘라 하더라도 당국의 허가 없이 자구행위로 이를 발굴하여 개장할 수 없는 것이다.

3. 행 위

본죄의 행위는 발굴(發掘)로서, 복토(覆土)의 전부 또는 일부를 제거하거나 묘석(墓石) 등을 파괴하여 분묘를 손괴하는 것을 말한다. 분묘발굴죄의 기수시기에 대해서는 ㉠ 복토제거설(판례 : 대법원 1962.3.29, 4294형상539)과 ㉡ 외부인지설(통설[1330])이 대립한다. 분묘 내의 관이나 시체 등을 외부에서 인식할 수 있는 상태에 둘 필요가 없이 평지 위의 덮은 흙만 제거하면 된다는 것이 판례의 입장이나, 본죄의 미수범 처벌규정이 있다는 점을 고려할 때 외부인지설을 취하는 것은 불가피하다고 생각된다.

4. 위법성

본죄의 구성요건에 해당된다 하더라도, ① 법률상 그 분묘를 수호 · 봉사하며 관리하고 처분할 권한이 있는 자 또는 그로부터 정당하게 승낙을 얻은 자[1331]가 시체에 대한 종교적 · 관습적 양속에 따른 존숭(尊崇)의 예를 갖추어 이를 발굴하는 경우에는 그 행위의 위법성은 조각된다(대법원 2007.12.13, 2007도8131; 1995.2.10, 94도1190). 다만 ② 토지구획정리사업시행자로부터 분묘의 개장명령을 받았다 하더라도 그 분묘를 보존 · 수호하는 권한 있는 자의 제지를 무릅쓰고 한 분묘발굴행위는 정당한 것으로 될 수 없다(대법원 1978.5.9, 77도3588).

04 시체 등 손괴 · 유기 · 은닉 · 영득죄

> 제161조【시체 등의 유기 등】 ① 시체, 유골, 유발 또는 관 속에 넣어 둔 물건을 손괴(損壞), 유기, 은닉 또는 영득(領得)한 자는 7년 이하의 징역에 처한다. 〈개정 2020.12.8.〉
> ② 분묘를 발굴하여 제1항의 죄를 지은 자는 10년 이하의 징역에 처한다. 〈개정 2020.12.8.〉

1. 객 체

본죄의 객체는 시체·유골·유발 또는 관 속에 넣어 둔 물건이다. 병원에 기증한 해부용 시체는 절도죄 등의 재산죄의 객체가 될 뿐 본죄의 객체는 될 수 없다.

다만 관 속에 넣어 둔 물건(2020.12.8. 우리말 순화 개정 전 구법에서는 '관내에 장치한 물건'이라 하였음)에 대해서

1330 김성천/김형준, 755면; 김일수/서보학, 648면; 박상기, 598면; 배종대, 698면; 백형구, 588면; 손동권, 683면; 유기천(하), 10면; 이재상, §38-17; 임웅, 709면; 정성근/박광민, 702면; 정영석, 210면; 진계호, 523면.

1331 판례 사실상 분묘를 관리·수호하던 피고인이 종중 결의에 따라 망인의 가를 계승한 양손자의 승낙하에 종교적 예를 갖추어 분묘를 발굴하였다면, 양손녀들의 승낙을 얻지 아니하였다 하더라도 위법한 행위라고 단정할 수 없다(대법원 1995.2.10, 94도1190).

는 ① 재산죄의 성립에 필요한 법익침해가 없으므로 본죄만 성립한다는 견해도 있으나,[1332] ② 재물성을 가진다고 보아 이를 영득한 경우에는 본죄와 해당 재산범죄의 상상적 경합이 인정된다고 보아야 한다(다수설).[1333] 따라서 관 속에 넣어 둔 물건을 절취한 경우에는 시체 등 영득죄와 절도죄의 상상적 경합에 해당한다.

2. 행위 및 죄수

본죄의 행위는 손괴·유기·은닉·영득인데, 이 중 유기(遺棄)라 함은 시체를 종교적으로 매장하는 등의 행위를 하지 않고 작위·부작위[1334]에 의하여 방치해버리는 행위를 말하고, 은닉(隱匿)이라 함은 시체의 발견을 불가능 또는 심히 곤란하게 하는 것을 말한다.

따라서 ① 사람을 살해한 다음 그 범죄의 흔적을 은폐하기 위하여 그 시체를 다른 장소로 옮겨 유기하였을 때에는 살인죄와 시체유기죄의 경합범이 성립하고 시체유기를 불가벌적 사후행위라 할 수 없다(대법원 1984.11.27, 84도2263). 국가9급 11 / 법원행시 08 / 경찰간부 13 / 경찰승진 14 / 경찰채용 14 1차 / 변호사 12 그러나 ② 인적이 드문 장소로 피해자를 유인하거나 실신한 피해자를 끌고 가 그 곳에서 살해하고 시체를 그대로 둔 채 도주한 경우에는 비록 결과적으로 사체의 발견이 현저하게 곤란을 받게 되는 사정이 있다 하더라도 별도로 시체은닉죄가 성립하지 아니한다(대법원 1986.6.24, 86도891). 법원행시 12 / 경찰간부 13 / 변호사 12 / 경찰채용 18 2차

3. 제2항의 분묘발굴 시체손괴 등 죄

분묘를 발굴하여 시체를 영득하면 분묘발굴죄와 시체영득죄의 경합범이 되는 것이 아니라 제161조 제2항의 분묘발굴시체영득죄의 일죄가 성립한다. 따라서 본죄는 포괄일죄 중 결합범이다.

4. 미수범

신앙에 관한 죄에 있어서는 장례식 등 방해죄와 시체오욕죄는 미수가 없고, 분묘발굴, 시체유기 등, 분묘발굴 시체손괴 등 죄는 미수범 처벌규정이 있다(제162조).

05 변사체검시방해죄

제163조【변사체 검시 방해】 변사자의 시체 또는 변사(變死)로 의심되는 시체를 은닉하거나 변경하거나 그 밖의 방법으로 검시(檢視)를 방해한 자는 700만 원 이하의 벌금에 처한다. 〈개정 2020.12.8.〉

변사체검시방해죄(變死體檢視妨害罪)는 신앙에 대한 죄로 규정되어 있기는 하지만 국가의 수사기능에 대한 공무방해범죄로서의 성격이 보다 강한 죄이다.[1335] 본죄의 객체인 변사자(變死者)라 함은 통상의 병사와 같은 자연사(自然死)를 하지 않은 자를 말한다.

범죄로 인하여 사망한 경우처럼 사망의 원인이 무엇인지 명백한 시체에 대해서는, ① 변사자는 형사소송법상 검증(檢證)의 대상이므로 본죄의 보호법익을 고려할 때 본죄의 객체로 보아야 한다는 긍정설[1336]과 ② 변

1332 박상기, 599면; 정영석, 212면.
1333 백형구, 591면; 손동권, 686면; 오영근, 832면; 이재상, §38－19; 이정원, 696면; 임웅, 752면; 정성근/박광민, 703면.
1334 생모가 수면 중 과실로 영아를 질식사에 이르게 한 후 그 시체를 방치한 경우에도 과실치사죄뿐만 아니라 시체유기죄도 성립한다. 이것이 부작위에 의한 시체유기죄의 예이다.
1335 입법론으로서 본죄는 형법에서 삭제하자는 견해[유기천(하), 3면]나 삭제하거나 공무방해의 죄에서 규정해야 한다는 견해(이재상, §38－4; 임웅, 753면 등)가 제기되고 있다.
1336 김성천/김형준, 858면; 김종원(공저), 571면; 박상기, 600면; 서일교, 223면; 이건호, 137면; 임웅, 754면; 정영석, 212면.

사자라는 말을 문리해석(文理解釋)하여 범죄의 피해자임이 명백할 때 변사자라 할 수 없다는 부정설(판례 : 대법원 1970.2.24, 69도2272)[1337] 경찰간부 13이 대립하고 있다. 수사의 단서인 변사자 검시와 수사의 방법인 검증은 서로 다르고, 검증을 방해한 경우에는 본죄가 아니라 공무방해의 죄로 의율해야 한다는 점에서 부정설이 타당하다.

본죄가 성립하는 경우에도 공무집행방해죄와 상상적 경합이 성립할 수 있다는 견해가 있으나, 변사체검시방해죄만 성립한다고 보는 해석(다수설)이 보다 간명할 것이다. 또한 본죄는 미수범 처벌규정이 없다. 경찰간부 13

1337 김일수/서보학, 665면; 백형구, 579면; 손동권, 687면; 오영근, 942면; 유기천(하), 14면; 이재상, §38-28; 정성근/박광민, 706면; 진계호, 527면.

memo

백광훈

통합

형법각론

PART

03

국가적 법익에 대한 죄

수험의 핵심포인트

목 차		난 도	출제율	대표 지문
제1절 내란의 죄	01 총 설	下	★	• 내란죄의 구성요건인 폭동의 내용으로서의 폭행 또는 협박은 일체의 유형력의 행사나 외포심을 생기게 하는 해악의 고지를 의미하는 최광의의 폭행·협박을 말하는 것으로서, 이를 준비하거나 보조하는 행위를 전체적으로 파악한 개념이다. (○)
	02 내란죄	中	★★	
	03 내란목적살인죄	下	★	
	04 내란 예비·음모·선동·선전죄	下	–	
제2절 외환의 죄	01 총 설	下	–	• 지령에 의하여 해외교포 사회의 민심동향을 파악·수집하는 것은 간첩죄에 해당하지 않는다. (×) • 대법원은 국가기밀과 관련해 국내에서 공지에 속하거나 국민에게 널리 알려진 사실도 국가기밀이 될 수 있다는 입장이다. (×) • 간첩으로서 군사기밀을 탐지·수집하면 그로써 간첩행위는 기수가 되고 그 수집한 자료가 지령자에게 도달됨으로써 범죄의 기수가 되는 것은 아니다. (○)
	02 외환유치죄	下	–	
	03 여적죄	下	–	
	04 이적죄	下	–	
	05 간첩죄	中	★★	
	06 전시군수계약불이행죄	下	–	
제3절 국기에 관한 죄	01 총 설	下	–	–
	02 국기·국장모독죄	中	–	
	03 국기·국장비방죄	中	–	
제4절 국교에 관한 죄	01 총 설	下	–	• 외교상 기밀누설죄는 공무원 또는 공무원이었던 자가 직무와 관련하여 알게 된 외교상 기밀을 누설한 때에 성립하는 신분범이다. (×)
	02 외국원수에 대한 폭행 등 죄	下	–	
	03 외국사절에 대한 폭행 등 죄	下	–	
	04 외국국기·국장모독죄	下	–	
	05 외국에 대한 사전죄	下	–	
	06 중립명령위반죄	下	–	
	07 외교상 기밀누설죄	下	★	

최근 6개년 출제경향 분석

구 분	국가7급						국가9급						법원9급						경찰간부					
	18	19	20	21	22	23	19	20	21	22	23	24	18	19	20	21	22	23	18	19	20	21	22	23
제1절 내란의 죄																								
제2절 외환의 죄																								
제3절 국기에 관한 죄																								
제4절 국교에 관한 죄																			1					
출제빈도수	0/130						0/120						0/150						1/240					

01

국가의 존립과 권위에 대한 죄

핵심사항

• 내란죄의 폭동 • 국헌문란의 목적	• 다른 범죄와의 관계 • 예비 · 음모 · 선동 · 선전	
• 간첩 • 국가기밀	• 간첩죄의 기수시기 • 간첩방조	• 일반이적죄의 성격
• 모독과 비방의 차이		
• 외국원수모욕 · 외국사절 • 모욕죄와 일반 모욕죄의 차이	• 국기 · 국장모독죄와 외국 • 국기 · 국장모독죄의 차이	

경찰채용						법원행시						변호사					
19	20	21	22	23	24	19	20	21	22	23	24	19	20	21	22	23	24
							1										
0/264						1/240						0/120					

CHAPTER

01 국가의 존립과 권위에 대한 죄

국가적 법익에 대한 죄는 우리나라, 즉 대한민국(大韓民國)의 존립과 권위 및 그 기능을 보호하기 위한 처벌규정인데, 이는 국가의 존립과 권위에 대한 죄와 국가의 기능에 대한 죄로 나누어볼 수 있다. 그중 국가의 존립과 권위에 대한 죄는 말 그대로 대한민국의 존재 및 유지와 권위 내지 체면을 보호하기 위한 범죄처벌규정으로서 다시 형법각칙 제1장 내란의 죄, 제2장 외환의 죄, 제3장 국기에 대한 죄, 제4장 국교에 대한 죄로 이루어진다.

제1절 내란의 죄

01 총 설

내란(內亂, insurrection)의 죄는 대한민국 영토의 전부 또는 일부에서 국가권력을 배제하거나 국헌을 문란하게 할 목적으로 폭동을 일으키거나 사람을 살해하는 죄로서, 그 보호법익은 국가의 내적 안전(내부로부터의 안전)과 헌법질서(verfassungsmäßige Ordnung)이다. 내란의 죄는 내란죄와 내란목적살인죄로 이루어져있는데, 내란죄의 법익보호의 정도는 위험범이고,[1338] 내란목적살인죄의 법익보호의 정도는 침해범이다. 내란의 죄는 예비·음모, 선동·선전행위를 처벌하며, 예비·음모죄를 범한 자가 실행에 이르기 전에 자수한 때에는 형을 감경 또는 면제해줌으로써 실행에 착수하지 않도록 예방하고자 하는 정책적 규정도 두고 있다. 내란의 죄는 외환의 죄 및 국기에 대한 죄와 함께 외국인의 국외범을 처벌할 수 있는 죄, 즉 보호주의(제5조)의 대상이다.

02 내란죄

제87조【내 란】 대한민국 영토의 전부 또는 일부에서 국가권력을 배제하거나 국헌을 문란하게 할 목적으로 폭동을 일으킨 자는 다음 각 호의 구분에 따라 처벌한다. 〈개정 2020.12.8.〉

1. 우두머리는 사형, 무기징역 또는 무기금고에 처한다.
2. 모의에 참여하거나 지휘하거나 그 밖의 중요한 임무에 종사한 자는 사형, 무기 또는 5년 이상의 징역이나 금고에 처한다. 살상, 파괴 또는 약탈 행위를 실행한 자도 같다.
3. 부화수행(附和隨行)하거나 단순히 폭동에만 관여한 자는 5년 이하의 징역이나 금고에 처한다.

1338 위험범설 내에서도 다시 구체적 위험범설과 추상적 위험범설의 대립이 있다. **구체적 위험범**으로 보는 견해는 김일수/서보학, 937면; 배종대, 730면; 백형구, 691면; 손동권, 714면; 정성근/박광민, 852면; 진계호, 832면 참조. **추상적 위험범**으로 보는 입장은 김성천/김형준, 702면; 박상기, 603면; 오영근, 949면; 이재상, §39-6; 이정원, 702면; 임웅, 760면 참조.

제91조【국헌문란의 정의】 본장에서 국헌을 문란할 목적이라 함은 다음 각 호의 1에 해당함을 말한다.
1. 헌법 또는 법률에 정한 절차에 의하지 아니하고 헌법 또는 법률의 기능을 소멸시키는 것
2. 헌법에 의하여 설치된 국가기관을 강압에 의하여 전복 또는 그 권능 행사를 불가능하게 하는 것

1. 의 의

내란죄는 대한민국 영토의 전부 또는 일부에서 국가권력을 배제하거나(영토내란죄, 2020.12.8. 우리말 순화 개정 전 구법에서는 '국토를 참절하거나'라 하였음) 국헌을 문란하게 할(헌법내란죄) 목적으로 폭동을 일으킴으로써 성립하는 범죄이다. 내란이라 함은 보통 무력정변, 즉 쿠데타(coup d'Etat)를 말한다. 우리나라의 헌법질서 아래에서는 헌법에 정한 민주적 절차에 의하지 아니하고 폭력에 의하여 헌법기관의 권능행사를 불가능하게 하거나 정권을 장악하는 행위는 어떠한 경우에도 용인될 수 없는 것이다(대법원 1997.4.17, 96도3376 전원합의체).[1339]
경찰간부 13

2. 객관적 구성요건

(1) 주 체

본죄는 최고지휘자인 우두머리(2020.12.8. 우리말 순화 개정 전 구법에서는 '수괴首魁'라 하였음) 등을 필두로 하여 조직화된 다수인의 공동이 필요하다는 점에서 상당한 정도의 다수가 있어야만 범할 수 있는 집합범(필요적 공범)이다. 우두머리, 모의참여자, 지휘자, 중요임무종사자는 각각 반드시 1인일 필요가 없다. 부화수행자는 단순가담자와 마찬가지로 중요한 역할을 맡지는 못하고 단지 폭동에만 가담한 자를 말한다.

(2) 행위 – 폭동

① 의의 : 폭동(暴動)이다. 내란죄의 구성요건인 폭동의 내용으로서의 폭행·협박은 일체의 유형력의 행사나 외포심을 생기게 하는 해악의 고지를 의미하는 최광의의 폭행·협박(최광의의 폭행 또는 광의의 협박)을 말하는 것으로서, 이를 준비하거나 보조하는 행위를 전체적으로 파악한 개념이며, 그 정도가 한 지방의 평온을 교란할 정도의 위력이 있음을 요한다. 경찰간부 12 / 경찰간부 13

② 범위 : '비상계엄의 전국확대조치'와 같은 법령·제도라 하더라도 그 강압적·위협적 효과가 국헌문란의 목적을 가진 자에 의하여 그 목적을 달성하기 위한 수단으로 이용되는 경우에는 폭동의 내용으로서의 협박행위가 될 수 있다(대법원 1997.4.17, 96도3376 전원합의체).

③ 기수시기 : 폭동이 한 지방의 평온을 교란할 정도에 도달하면 본죄는 기수가 되고, 그 목적의 달성 여부는 본죄의 기수 도달 여부와는 무관하다(위태범). 법원행시 14 / 경찰간부 13 / 법원행시 16 다만, 다수인이 폭동하였으나 한 지방의 평온을 교란할 정도에 미치지 못하였다면 이는 미수에 불과하다.

④ 상태범 : 한 지방의 평온을 해하였다고 볼 수 있는 기수시점에서 내란죄의 구성요건도 충족되었다고 볼 수 있기 때문에 종료(終了)도 된 것이고, 그 이후 내란의 상태가 있게 된다는 점에서 내란죄는–살인죄나 절도죄와도 유사하게–상태범(대법원 1997.4.17, 96도3376, 전원합의체)의 성질을 가지고 있다. 국가9급 14 / 법원행시 14 / 변호사 14

1339 **보충** 우리나라는 제헌헌법의 제정을 통하여 국민주권주의, 자유민주주의, 국민의 기본권보장, 법치주의 등을 국가의 근본이념 및 기본원리로 하는 헌법질서를 수립한 이래 여러 차례에 걸친 헌법개정이 있었으나, 지금까지 한결같이 위 헌법질서를 유지하여 오고 있다. 따라서 군사반란과 내란을 통하여 폭력으로 헌법에 의하여 설치된 국가기관의 권능행사를 사실상 불가능하게 하고 정권을 장악한 후 국민투표를 거쳐 헌법을 개정하고 개정된 헌법에 따라 국가를 통치한다 하더라도 군사반란과 내란을 통하여 새로운 헌법질서를 수립한 것이라고 할 수 없다(위 판례).

3. 주관적 구성요건 – 고의·목적

(1) 목적범

본죄는 폭동의 고의뿐 아니라 대한민국 영토의 전부 또는 일부에서의 국가권력 배제(구법에서는 국토참절國土僭竊) 또는 국헌문란(國憲紊亂)의 목적이 있어야 성립하는 목적범이다.

(2) 대한민국 영토의 전부 · 일부에서의 국가권력배제 또는 국헌문란의 목적

① 대한민국 영토의 전부 · 일부에서의 국가권력 배제의 목적 : 대한민국의 영토를 외국에 양도하거나 대한민국의 법적·사실적 지배에서 배제·분리시킴을 말한다.

② 국헌문란의 목적

㉠ 의의 : 국헌을 문란한다 함은 형법 제91조에서 규정하고 있다. 동조는 국헌문란의 정의로써 ⓐ 헌법 또는 법률에 정한 절차에 의하지 아니하고 헌법 또는 법률의 기능을 소멸시키거나 ⓑ 헌법에 의하여 설치된 국가기관을 강압에 의하여 전복 또는 그 권능 행사를 불가능하게 하는 것이라고 규정하고 있다.

㉡ 국헌문란의 범위

ⓐ 제91조에 한정되는가의 문제 : 국헌문란이라 함은 국민주권주의, 자유민주주의, 국민의 기본권 보장, 법치주의 등과 같은 대한민국 헌법의 기본질서를 침해하는 것이라면 제91조에 한정되지 않은 다른 행위도 포함될 수 있다고 보아야 한다. 판례가 형법 제91조에 대하여 국헌문란의 대표적인 행태를 예시하고 있는 규정이라고 볼 수도 없다(대법원 1997.4.17, 96도3376 전원합의체)고 평가하는 것도 이러한 이유 때문이다.

ⓑ 제91조 제2호의 '헌법에 의하여 설치된 국가기관' : 대통령, 행정부, 국회, 사법부 등을 말한다. 국민이 헌법의 수호자로서의 지위를 가진다는 것만으로 '헌법수호를 목적으로 집단을 이룬 시위국민들'이 제91조 제2호에서 규정한 '헌법에 의하여 설치된 국가기관'에 해당될 수는 없다(위 판례).

ⓒ 제91조 제2호의 '권능행사를 불가능하게 하는 것' : 그 기관을 제도적으로 영구히 폐지하는 경우만을 가리키는 것은 아니고 사실상 상당기간 기능을 제대로 할 수 없게 만드는 것을 포함한다(위 판례).[1340] 다만, 대통령 개인이나 국무위원 개인을 실각시켜 그 직을 수행하지 못하도록 하는 것은 국헌문란의 목적에는 해당하지 않는다.[1341]

(3) 목적의 인식 정도

본죄의 목적의 인식의 정도에 대해서는 미필적 인식으로 족하다는 견해(소수설[1342] · 판례[1343]) 법원행시 14와 확정적 인식임을 요한다는 견해[1344]가 대립하고 있으나, 확정적 인식을 요한다고 보는 통설이 타당하다. 다만 목적의 달성 여부는 본죄의 성립과는 무관하다.

1340 판례 5 · 18내란 행위자들이 1980.5.17. 24:00를 기하여 비상계엄을 전국으로 확대하는 등 헌법기관인 대통령, 국무위원들에 대하여 강압을 가하고 있는 상태에서, 이에 항의하기 위하여 일어난 광주시민들의 시위는 국헌을 문란하게 하는 내란행위가 아니라 헌정질서를 수호하기 위한 정당한 행위였음에도 불구하고 이를 난폭하게 진압함으로써, 대통령과 국무위원들에 대하여 보다 강한 위협을 가하여 그들을 외포하게 하였다면, 그 시위진압행위는 내란행위자들이 헌법기관인 대통령과 국무위원들을 강압하여 그 권능행사를 불가능하게 한 것으로 보아야 하므로 국헌문란에 해당한다(대법원 1997.4.17, 96도3376 전원합의체).

1341 김일수/서보학, 940면; 배종대, 732면; 오영근, 954면; 이재상, §39–15; 임웅, 763면; 정성근/박광민, 857면; 진계호, 835면 참조.

1342 염정철(주석), 36면.

1343 대법원 1980.5.20, 80도306; 1992.3.31, 90도2033 전원합의체.

1344 김일수/서보학, 941면; 배종대, 732면; 손동권, 715면; 오영근, 954면; 이재상, §39–20; 정성근/박광민, 857면; 진계호, 834면.

4. 공범 규정의 적용 여부

내란죄는 공동정범 규정이 적용될 여지가 없다. 내란죄 자체가 필요적 공범 중 집합범이기 때문이다. 다만, 내란을 교사하거나 내란단체 밖에서 자금 또는 식량을 제공하여 그 실행을 용이하게 함으로써 방조하는 경우, 내란죄의 교사범 · 방조범의 성립이 가능한가에 대해서는, ① 집단범죄 고유의 성격을 가지고 있는 내란죄의 필요적 공범의 특성상 총칙상 공범규정은 적용되지 않는다는 소극설[1345]과 ② 필요적 공범이라 하더라도 외부관여자에 대해서는 총칙상 공범규정이 적용될 수 있으므로 내란죄의 협의의 공범은 성립할 수 있다는 제한적 긍정설(다수설[1346])이 대립하고 있다. 제한적 긍정설의 입장이 타당하다고 생각된다.

한편, 간접정범에 대해서는 '목적'을 가진 자가 그러한 목적이 없는 자를 이용하여 내란죄의 간접정범을 범할 수 있다는 것이 판례의 입장이다(대법원 1997.4.17, 96도3376 전원합의체).[1347] 경찰간부 13 / 경찰간부 16 / 법원행시 16

5. 다른 범죄와의 관계

내란의 실행과정에서 폭동행위에 수반하여 개별적으로 발생한 살인행위는 내란행위의 한 구성요소를 이루는 것이므로 내란행위에 흡수된다는 것이 다수설 · 판례이다(대법원 1997.4.17, 96도3376 전원합의체).[1348] 경찰간부 12 살인뿐만 아니라 내란의 과정에서 폭동행위에 수반하여 발생한 방화 · 강도 · 상해 등의 범죄도 마찬가지로 내란죄에 흡수된다. 마찬가지로 군형법상 반란의 진행과정에서 그에 수반하여 일어난 지휘관계엄지역수소이탈 및 불법진퇴는 반란 자체를 실행하는 전형적인 행위라고 인정되므로, 반란죄에 흡수되어 별죄를 구성하지 아니한다(대법원 1997.4.17, 96도3376 전원합의체).

판례연구 내란의 과정에서의 살인 · 상해 · 방화 등 : 흡수관계

대법원 1997.4.17, 96도3376 전원합의체

내란목적살인죄는 국헌을 문란할 목적을 가지고 직접적인 수단으로 사람을 살해함으로써 성립하는 범죄라 할 것이므로, 국헌문란의 목적을 달성함에 있어 내란죄가 '폭동'을 그 수단으로 함에 비하여 내란목적살인죄는 '살인'을 그 수단으로 하는 점에서 두 죄는 엄격히 구별된다. 따라서 ① 내란의 실행과정에서 폭동행위에 수반하여 개별적으로 발생한 살인행위는 내란행위의 한 구성요소를 이루는 것이므로 내란행위에 흡수되어 내란목적살인의 별죄를 구성하지 아니하나, ② 특정인 또는 일정한 범위 내의 한정된 집단에 대한 살해가 내란의 와중에 폭동에 수반하여 일어난 것이 아니라 그것 자체가 의도적으로 실행된 경우에는 이러한 살인행위는 내란에 흡수될 수 없고 내란목적살인의 별죄를 구성한다. 법원행시 14 / 법원행시 16 / 경찰간부 12

1345 김일수/서보학, 941면; 서일교, 373면; 이정원, 705면; 정영석, 22면.

1346 김성천/김형준, 768면; 박상기, 601면; 배종대, 731면; 백형구, 693면; 손동권, 715면; 오영근, 956면; 유기천(하), 245면; 임웅, 764면; 정성근/박광민, 858면; 정영일, 610면; 진계호, 835면; 황산덕, 20면.

1347 물론 목적범에 있어서 목적 있는 자가 목적 없는 도구를 이용하여 해당 목적범의 간접정범을 범할 수 있는가에 대해서는 긍정설과 부정설이 대립하고 있다. 이에 대해서는 총론, 정범과 공범론, 간접정범 참조.

1348 내란의 폭동과정에서 행해진 살인 · 상해 · 방화 · 강도(약탈) 등의 행위가 있을 때 죄수관계의 판단에 대해서는 ㉠ 판례와 같은 입장으로서 법조경합 중 흡수관계를 인정하여 내란죄만 성립한다는 다수설(김일수/서보학, 939면; 배종대, 732면; 백형구, 692면; 서일교, 370면; 손동권, 716면; 오영근, 953면; 임웅, 762면; 정성근/박광민, 859면; 정영석, 19면; 정영일, 608면; 진계호, 835면; 황산덕, 20면)과 ㉡ 내란죄와 동죄들 간에는 상상적 경합이 인정된다는 소수설(김성천/김형준, 768면; 박상기, 607면; 이재상, §39-16; 이정원, 649면)이 대립하고 있다.

03 내란목적살인죄

第88条【내란목적의 살인】 대한민국 영토의 전부 또는 일부에서 국가권력을 배제하거나 국헌을 문란하게 할 목적으로 사람을 살해한 자는 사형, 무기징역 또는 무기금고에 처한다. 〈개정 2020.12.8.〉

1. 의의 및 보호법익

내란목적살인죄는 국가의 내적 안전과 사람의 생명을 보호법익으로 하는 범죄이다.

2. 객 체

본죄의 객체인 '사람'의 의미에 대해서는 ① 본죄는 제87조 제2호의 죄(내란과정에서의 살인행위)보다는 가중처벌되는 정도의 규정에 불과하고 또한 중요인사를 정할 수 있는 뚜렷한 기준을 찾기가 어렵다는 점에서 요인으로 제한할 수 없다는 비한정설(다수설[1349])과 ② 본죄는 내란죄와는 다른 독립범죄이므로 일반인이 아닌 국가의 중요인사(要人)로 제한되어야 한다는 한정설[1350]의 입장이 대립하고 있다. 생각건대, 본죄가 성립하지 않는 경우 내란죄로 처벌이 가능하다는 점과 축소해석의 관점에서 한정설이 타당하다고 생각된다.

3. 제87조 제2호의 내란과정에서의 살인행위(내란죄)와의 관계

해석상 약간의 문제는 제87조 제2호와의 관계를 어떻게 정립할 것인가의 문제이다. 제87조 제2호에서는 폭동과정에서 살상행위를 한 자를 사형 또는 무기 또는 5년 이상의 징역 또는 금고의 형으로 처벌하고 있다. 따라서 이러한 내란죄와 내란목적살인죄를 어떻게 구별해야 하는가가 문제된다.

본죄가 제87조 제2호의 내란죄보다 그 형이 무겁다는 점에서(부진정목적범),[1351] ① 제87조 제2호의 내란죄는 내란(폭동)의 과정에서 부수적으로 살인행위가 일어난 경우에 성립하고, ② 본죄는 어디까지나 폭동에 수반함이 없이 의도적으로 사람을 살해함으로써 내란의 목적을 달성하려고 한 경우에만 성립한다고 보아야 할 것이다. 대체적인 학설 및 판례의 입장이다(대법원 1997.4.17, 96도3376 전원합의체).

4. 죄 수

폭동의 준비단계에서 일반인을 살해하는 경우에는, ① 본죄를 내란죄의 가중처벌규정 정도로 이해하여 본죄의 객체를 정부요인으로 제한하지 않는 입장에서는 내란예비죄와 내란목적살인죄의 상상적 경합으로 보게 되고,[1352] ② 본죄를 내란죄와는 다른 별도의 독립범죄로 파악함으로써 본죄의 행위객체를 정부의 중요인사로 제한하는 입장에서는 −내란목적살인죄는 성립하지 않는다고 보아− 내란예비죄와 살인죄의 상상적 경합[1353]으로 해석하게 된다. 역시 제한해석의 관점에서 후설(後說)이 타당하다고 생각된다.

1349 김성천/김형준, 770면; 배종대, 733면; 손동권, 717면; 오영근, 958면; 이재상, §39−22; 임웅, 767면; 정성근/박광민, 861면; 진계호, 837면. 내란목적살인죄의 성격에 대하여 독립범죄설이나 살인죄의 가중유형설이라는 용어로써 정리하는 문헌은 예컨대 손동권, 716면; 임웅, 765−766면 참조.

1350 김일수/서보학, 943면; 박상기, 610면; 이정원, 706면.

1351 본죄는 목적 때문에 보통살인죄보다도 가중된 구성요건이라는 점에서 부진정목적범의 성질도 가지고 있다.

1352 이재상, §39−27; 임웅, 766면; 진계호, 784면.

1353 김일수/서보학, 945면; 박상기, 610면; 이정원, 706면.

04 내란 예비 · 음모 · 선동 · 선전죄

제90조 【예비, 음모, 선동, 선전】 ① 제87조 또는 제88조의 죄를 범할 목적으로 예비 또는 음모한 자는 3년 이상의 유기징역이나 유기금고에 처한다. 단, 그 목적한 죄의 실행에 이르기 전에 자수한 때에는 그 형을 감경 또는 면제한다.
② 제87조 또는 제88조의 죄를 범할 것을 선동 또는 선전한 자도 전항의 형과 같다.

내란죄는 예비 · 음모뿐 아니라 선동 · 선전도 동일한 형으로 처벌하며, 예비 · 음모단계에서 실행에 이르기 전에 자수한 때에는 필요적 형감면의 특례도 두고 있다. 국가7급 08 / 사시 16

판례연구 이석기 전 의원 사건 : 내란선동 유죄, 내란음모 무죄

1. 대법원 2015.1.22, 2014도10978

내란선동죄의 성립요건

내란선동이라 함은 내란이 실행되는 것을 목표로 하여 피선동자들에게 내란행위를 결의, 실행하도록 충동하고 격려하는 일체의 행위를 말한다. 내란선동은 주로 언동, 문서, 도화 등에 의한 표현행위의 단계에서 문제되는 것이므로 내란선동죄의 구성요건을 해석함에 있어서는 국민의 기본권인 표현의 자유가 위축되거나 그 본질이 침해되지 아니하도록 죄형법정주의의 기본정신에 따라 엄격하게 해석하여야 할 것이다. 따라서 내란을 실행시킬 목표를 가지고 있다 하여도 단순히 특정한 정치적 사상이나 추상적인 원리를 옹호하거나 교시하는 것만으로는 내란선동이 될 수 없고, 그 내용이 내란에 이를 수 있을 정도의 폭력적인 행위를 선동하는 것이어야 하고, 나아가 피선동자의 구성 및 성향, 선동자와 피선동자의 관계 등에 비추어 피선동자에게 내란 결의를 유발하거나 증대시킬 위험성이 인정되어야만 내란선동으로 볼 수 있다. … 내란선동을 처벌하는 근거가 선동행위 자체의 위험성과 불법성에 있다는 점 등을 전제하면, 내란선동에 있어 시기와 장소, 대상과 방식, 역할분담 등 내란 실행행위의 주요 내용이 선동 단계에서 구체적으로 제시되어야 하는 것은 아니고, 또 선동에 따라 피선동자가 내란의 실행행위로 나아갈 개연성이 있다고 인정되어야만 내란선동의 위험성이 있는 것으로 볼 수도 없다.[1354] 경찰간부 16 / 경찰간부 18 / 법원행시 16 / 법원9급 17 / 경찰채용 16 2차 / 국가9급 21

2. 대법원 1999.11.12, 99도3801

내란음모죄의 성립요건

어떤 범죄를 실행하기로 막연하게 합의한 경우나 특정한 범죄와 관련하여 단순히 의견을 교환한 경우까지 모두 범죄실행의 합의가 있는 것으로 보아 음모죄가 성립한다고 한다면 음모죄의 성립범위가 과도하게 확대되어 국민의 기본권인 사상과 표현의 자유가 위축되거나 그 본질이 침해되는 등 죄형법정주의의 원칙이 형해화될 우려가 있으므로, 음모죄의 성립범위도 이러한 확대해석의 위험성을 고려하여 엄격하게 제한하여야 할 것이다. … 따라서 내란음모가 성립하였다고 하기 위해서는 개별 범죄행위에 관한 세부적인 합의가 있을 필요는 없으나, 공격의 대상과 목표가 설정되어 있고, 그 밖의 실행계획에 있어서 주요 사항의 윤곽을 공통적으로 인식할 정도의 합의가 있어야 할 것이다. 나아가 합의는 실행행위로 나아간다는 확정적인 의미를 가진 것이어야 하고, 단순히 내란에 관한 생각이나 이론을 논의한 것으로는 부족하다. 또한, 내란음모가 단순히 내란에 관한 생각이나 이론을 논의 내지 표현한 것인지 실행행위로 나아간다는 확정적인 의미를 가진 합의인지를 구분하기가 쉽지 않다는 점을 고려하면, 내란음모죄에 해당하는 합의가 있다고 하기 위해서는 단순히 내란에 관한 범죄결심을 외부에 표시 · 전달하는 것만으로는 부족하고 객관적으로 내란범죄의 실행을 위한 합의라는 것이 명백히 인정되고, 그러한 합의에 실질적인 위험성이 인정되어야 할 것이다.[1355] 법원9급 21

1354 보충 – 내란선동 무죄취지의 반대의견 다수의견에 대하여, 내란선동죄에서도 내란음모죄와 마찬가지로 객관적으로 보아 내란의 주요한 부분, 즉 시기, 대상, 수단 및 방법, 실행 또는 준비에 관한 역할분담 등 윤곽에 관하여 어느 정도 개략적으로 특정된 선동이라는 것이 명백히 인정되고 이러한 선동에 따라 피선동자가 내란으로 나아갈 실질적인 위험성이 인정되는 경우에 한하여 범죄가 성립한다고 보아야 하며, 내란선동에 실질적인 위험성이 있는지를 판단할 때에는 표현의 내용 자체가 가장 중요하겠지만, 이와 함께 선동자의 경력과 지위, 회합의 개최 경위와 진행 과정 등 해당 표현을 하게 된 경위, 당시의 객관적인 정세, 청중의 수와 인적 구성, 청중의 반응, 해당 표현 전후에 내란의 실행을 위한 객관적 준비행위가 있었는지 등도 종합적으로 고려하여야 한다는 취지의 대법관 이인복 · 이상훈 · 김신의 반대의견이 있었다.

1355 보충 – 내란음모 유죄취지의 반대의견 다수의견에 대하여, 일정한 시기에 내란을 실행하자는 내용의 의사합치는 이루어졌으나 구체적인 공격의 대상과 목표, 방법 등에 관하여는 확정적인 합의에 이르지 못하고 논의하는 데 그쳐 합의의 구체성이

제2절 외환의 죄

01 총 설

외환(外患, foreign aggression)의 죄는 외국과 통모하거나 적국과 합세하여 대한민국에 항적하거나 적국을 이롭게 하는 모병·간첩 등의 행위를 하는 범죄로써, 내란의 죄의 보호법익이 국가의 내적 안전임에 비하여, 외환유치죄를 비롯한 외환의 죄의 보호법익은 국가의 외적 안전(äußere Sicherheit des Staates), 즉 외부로부터의 안전이다.[1356] 외환의 죄는 전시군수계약불이행죄를 제외하고는 미수 및 예비·음모, 선동·선전행위를 처벌하며, 예비·음모죄를 범한 자가 실행에 이르기 전에 자수한 때에는 형을 감경 또는 면제한다. 외환의 죄도 내란의 죄와 마찬가지로 외국인의 국외범을 처벌할 수 있는 보호주의(제5조)의 대상이다.

02 외환유치죄

제92조【외환유치】 외국과 통모하여 대한민국에 대하여 전단을 열게 하거나 외국인과 통모하여 대한민국에 항적한 자는 사형 또는 무기징역에 처한다.

외환유치죄(外患誘致罪)에 있어서 외국(外國)이라 함은 대한민국 이외의 국가로서 여적죄(제93조)의 적국과의 체계해석상 '적국 이외의 국가'를 말한다. 또한 전단(戰端)을 연다는 것은 전투행위를 개시하는 것을 말하며, 전쟁은 국제법상 전쟁개시에 한하지 않고 사실상의 전쟁을 모두 포함한다(통설). 또한 대한민국에 항적(抗敵)한다는 것은 외국의 군무 등의 업무에 종사하면서 우리나라에 적대행위를 하는 것을 말한다. 본죄는 통모에 의하여 전단이 열리거나(전투행위를 개시하거나) 항적하는 행위를 하면 기수에 이르며, 별도의 목적을 요하지 않는다.

03 여적죄

제93조【여 적】 적국과 합세하여 대한민국에 항적한 자는 사형에 처한다.

여적죄(與敵罪)의 적국(敵國)이란 반드시 우리나라에 국제법상의 선전포고를 하고 전쟁을 수행하는 국가로 한정되지 않고, 사실상 전쟁을 수행하는 나라는 모두 포함된다(통설).[1357] 본죄는 적국과 합세해야 한다는 점에서 외국과 통모하는 외환유치죄보다 무거운 범죄라는 점에서, 절대적 법정형으로써 사형만 규정되어 있다.

다소 떨어지는 경우라고 하더라도, … 제반 사정에 비추어 볼 때 모의 참가자들이 합의한 일정한 시기에 자신들이 논의했던 방법이나 그와 유사한 방식으로 내란의 실행행위로 나아갈 개연성이 크다고 인정되면, 이는 일반적·추상적 합의를 넘어서는 실질적 위험성이 있는 내란 실행에 관한 합의로서 내란음모죄를 구성한다는 취지의 대법관 신영철, 대법관 민일영, 대법관 고영한, 대법관 김창석의 반대의견이 있음.

1356 본장의 죄의 법익보호의 정도에 대해서는 추상적 위험범설(김성천/김형준, 773면; 오영근, 960면; 이정원, 710면; 임웅, 771면)과 구체적 위험범설(다수설 : 김일수/서보학, 948면; 배종대, 735면; 백형구, 682면; 정성근/박광민, 853면; 진계호, 840면)이 대립하고 있다.

1357 국제법상 선전포고한 국가로 한정해야 한다는 소수설은 황산덕, 22면 참조.

04 이적죄

1. 모병이적죄

제94조【모병이적】 ① 적국을 위하여 모병한 자는 사형 또는 무기징역에 처한다.
② 전항의 모병에 응한 자는 무기 또는 5년 이상의 징역에 처한다.

적국을 위하여 병사를 모집하거나 모병에 응하는 죄이다. 본죄는 '적국을 위하여' 범할 것을 요하므로, 고의 이외에 적국을 위한다는 이적의사를 필요로 한다. 따라서 대한민국을 위한다는 의사가 있는 경우에는 구성요건에 해당하지 않는다.

2. 시설제공이적죄

제95조【시설제공이적】 ① 군대, 요새, 진영 또는 군용에 공하는 선박이나 항공기 기타 장소, 설비 또는 건조물을 적국에 제공한 자는 사형 또는 무기징역에 처한다.
② 병기 또는 탄약 기타 군용에 공하는 물건을 적국에 제공한 자도 전항의 형과 같다.

3. 시설파괴이적죄

제96조【시설파괴이적】 적국을 위하여 전조에 기재한 군용시설 기타 물건을 파괴하거나 사용할 수 없게 한 자는 사형 또는 무기징역에 처한다.

본죄는 고의 이외에 적국을 위하여 범한다는 이적의사를 필요로 한다.

4. 물건제공이적죄

제97조【물건제공이적】 군용에 공하지 아니하는 병기, 탄약 또는 전투용에 공할 수 있는 물건을 적국에 제공한 자는 무기 또는 5년 이상의 징역에 처한다.

5. 일반이적죄

제99조【일반이적】 전7조에 기재한 이외에 대한민국의 군사상 이익을 해하거나 적국에 군사상 이익을 공여한 자는 무기 또는 3년 이상의 징역에 처한다.

일반이적죄(一般利敵罪, benefiting enemy by other methods)는 외환의 죄의 기본적 구성요건으로서 다른 이적죄들을 보충하는 규정이다(법조경합 중 명시적 보충관계). 예컨대 제98조 제2항의 간첩죄는 직무에 관하여 군사상 기밀을 지득한 자가 이를 적국에 누설한 경우에 성립하는바, 만일 직무에 관계없이 지득한 군사기밀을 누설하였다면 동죄는 될 수 없으니 일반이적죄만 성립하게 되는 것이다. 경찰채용 13 2차 단, 본죄는 구성요건에 규정된 바와 같이 타 이적죄와는 약간 다르게 '군사상 이익'과 관련되어야 성립한다.

6. 이적 예비 · 음모 · 선동 · 선전죄

제101조【예비, 음모, 선동, 선전】 ① 제92조 내지 제99조의 죄를 범할 목적으로 예비 또는 음모한 자는 2년 이상의 유기징역에 처한다. 단, 그 목적한 죄의 실행에 이르기 전에 자수한 때에는 그 형을 감경 또는 면제한다.
② 제92조 내지 제99조의 죄를 선동 또는 선전한 자도 전항의 형과 같다.

전시군수계약불이행죄를 제외한 이적죄에 대한 예비·음모뿐만 아니라 선동·선전을 처벌하는 규정이며, 예비·음모단계에서 실행에 이르기 전에 자수한 때에는 형을 필요적으로 감면하는 규정이다.

05 간첩죄

제98조【간 첩】 ① 적국을 위하여 간첩하거나 적국의 간첩을 방조한 자는 사형, 무기 또는 7년 이상의 징역에 처한다.
② 군사상의 기밀을 적국에 누설한 자도 전항의 형과 같다.

1. 간첩(제98조 제1항 전단)

(1) 적국을 위한 간첩(間諜)

적국에 알리기 위하여 국가기밀을 탐지·수집(· 누설)하는 것을 말하며, 적국과의 의사연락이 필요하다(편면적 간첩[1358] 부정 : 다수설·판례[1359]). 경찰간부 12 / 경찰간부 13 / 경찰채용 13 2차

> **판례연구** 간첩죄에 있어서의 적국과의 의사의 연락
>
> 대법원 1975.9.23, 75도1773
>
> 적국 등과의 의사 연락 없는 편면적 간첩은 간첩이 아니라는 사례
>
> 형법 제98조 제1항의 간첩이라 함은 적국을 위하여 적국의 지령 사주 기타 의사의 연락 하에 군사상(총력전하에서는 정치 경제, 사회, 문화에 관한 분야를 포함한 광의로 해석하여야 할 것임) 기밀사항 또는 도서 물건을 탐지 모집하는 것을 의미하는 것이므로 북괴의 지령사주 기타의 의사의 연락 없이 단편적으로 지득하였던 군사상의 기밀사항을 북괴에 납북된 상태 하에서 제보한 행위는 위 법조 소정의 간첩죄에 해당하지 아니하고 다만 반공법 제4조 제1항 소정의 반국가단체를 이롭게 하는 행위에 해당한다. 경찰채용 13 2차 / 경찰간부 12·13

여기서의 적국 역시 국제법상 국가뿐만 아니라 사실상 국가에 준하는 단체를 포함하므로, 대법원은 북한도 간첩죄의 적국에 준하는 것으로 판단한다.[1360] 또한 대한민국에 적대하는 외국 또는 외국인의 단체도 본죄의 적국으로 간주된다(제102조 : 준적국). 또한 적국을 위하여 범한다는 점에서 고의 이외에 이적의사를 필요로 한다.

(2) 국가기밀

① 실질적 기밀개념 법원9급 14 : 간첩행위의 객체는 국가기밀(國家機密, Staatsgeheimnis)이다. 국가기밀이란 군사기밀뿐만 아니라 정치·경제·사회·문화의 각 방면에 걸쳐 우리나라의 국방정책상 적국 또는 북한에 알려지지 아니함이 우리의 이익이 되는 모든 기밀을 포함한다. 그 판단기준은 실질적 기밀개념에 의한다. 이는 국가기관의 표지이나 기밀유지의사(형식적 기밀개념)와는 무관하고, 대한민국의 안전을 위해 비밀로 해야 할 실질적 이익이 있느냐에 따라 판단한다(통설·판례 : 실질적 기밀개념; materieller Geheimnisbegriff). 예컨대 지령에 의하여 민심동향을 파악·수집하는 것도 이에 해당하므로 해외교포사회에 대한 정보로서 그 사항이 국외에 존재한다고 해도 본죄의 국가기밀에 포함된다(대법원 1988.

1358 **보충 : 편면적~ 정리** 편면적 공동정범 ×, 편면적 교사범 ×, 편면적 종범 ○, 편면적 간첩 ×, 편면적 도박 ×(사기)

1359 대법원 1975.9.23, 75도1773. 다만 **월북하여 북한의 관헌의 호의를 사기 위하여** 누설할 생각으로 군사에 관한 정보를 수집한 편면적 간첩의 경우에는 **간첩예비죄**로 처벌될 여지는 있다(대법원 1959.5.18, 59도34).

1360 **판례** 북한괴뢰집단은 우리 헌법상 반국가적인 불법단체로서 국가로 볼 수 없으나, 간첩죄의 적용에 있어서는 이를 국가에 준하여 취급하여야 한다(대법원 1983.3.22, 82도3036). 입법론적으로 본죄의 적국이라는 용어 대신에 '외국 또는 이에 준하는 단체'로 바꾸어야 한다는 견해는 박상기, 616면; 임웅, 776면 참조.

11.8, 88도1630). 경찰간부 12

② 공지의 사실 : 공지의 사실은 국가기밀에 포함되지 않는다. 원래 국내에서 공지에 속하거나 매스컴을 통하여 보도되어 알려진 사실도 국가기밀에 포함된다는 것이 종래의 판례 입장이었다(대법원 1983.4.26, 83도416). 이러한 판례의 입장에 대하여는 다수설의 비판이 있었으며, 이제 판례도 더 이상 국가기밀로 인정하지 않는다(대법원 1997.7.16, 97도985).[1361] 경찰간부 12

판례연구 실질적 기밀개념, 공지의 사실 부정

대법원 1997.7.16, 97도985 전원합의체

국가보안법 제4조 제1항 : 실질적 기밀개념 긍정, 공지의 사실의 기밀성 부정

현행 국가보안법 제4조 제1항 제2호 나목에 정한 기밀을 해석함에 있어서 그 기밀은 정치·경제·사회·문화 등 각 방면에 관하여 반국가단체에 대하여 비밀로 하거나 확인되지 아니함이 대한민국의 이익이 되는 모든 사실, 물건 또는 지식으로서, 그것들이 국내에서의 적법한 절차 등을 거쳐 이미 일반인에게 널리 알려진 공지의 사실, 물건 또는 지식에 속하지 아니한 것이어야 하고, 또 그 내용이 누설되는 경우 국가의 안전에 위험을 초래할 우려가 있어 기밀로 보호할 실질가치를 갖춘 것이어야 한다. … 따라서 이와 일부 다른 견해를 취한 대법원 1993.10.8, 93도1951; 1994.5.24, 94도930; 1995.7.28, 95도1121; 1995.9.26, 95도1624 및 이와 같은 취지의 종전 판결들은 이를 변경하기로 한다. 경찰간부 12

③ 모자이크이론 : 각 사실만으로는 공지의 사실이지만 이를 조합·정리하면 전체적으로 기밀성을 가질 수 있다는 것이 모자이크(Mosaik)이론이지만, 통설은 국가기밀 개념의 확장을 억제한다는 취지에서 이에 반대한다.

(3) 착수시기

판례에 의하면, 간첩의 목적으로 국내에 잠입·입국한 때이다(대법원 1984.9.11, 84도1381).[1362] 국가7급 11 / 법원행시 08 / 법원행시 14 이는 실행의 착수시기에 관한 주관설의 입장을 보여준 것이다. 반면 통설에 의하면 국내에 잠입하는 행위만으로는 국가보안법상 잠입죄(동법 제6조 제1항)에 불과하므로 국가기밀을 탐지·수집하기 시작한 때 본죄는 비로소 미수가 된다고 보고 있다.[1363] 다만 판례에 의하더라도 모든 경우에 실행의 착수를 인정하는 것은 아니다.

판례연구 간첩미수죄를 인정하지 않은 사례

1. 대법원 1968.7.30, 68도754

외국에서 우리나라로 귀국함에 있어 반국가단체의 구성원으로부터 국내에서의 동지포섭 및 지하당조직과 같은 지령만 받았을 뿐 국가기밀을 탐지보고하라는 지령을 전혀 받은 바 없다면 귀국행위가 바로 간첩죄의 착수가 된다고 할 수 없다.

1361 **보충 : 공지의 사실 정리** ① 명예훼손죄 성립, ② 간첩죄 불성립, ③ 외교상 기밀누설죄 불성립.

1362 **판례 : 간첩행위의 착수시기 – 잠입·입국 시** 간첩의 목적으로 외국 또는 북한에서 국내에 침투 또는 월남하는 경우에는 기밀탐지가 가능한 **국내에 침투 상륙**함으로써 간첩죄의 실행의 착수가 있다고 할 것이다. 또한 피고인이 기밀탐지임무를 부여받고 대한민국에 입국 기밀을 탐지 수집 중 **경찰관이 피고인의 행적을 탐문하고 갔다는 말을 전해 듣고 지령사항수행을 보류하고** 있던 중 체포되었다면 피고인은 기밀탐지의 기회를 노리다가 검거된 것이므로 이를 **중지범으로 볼 수는 없다**(대법원 1984.9.11, 84도1381). 법원행시 08 / 법원행시 14

1363 김성천/김형준, 784면; 박상기, 619면; 배종대, 724면; 백형구, 703면; 손동권, 725면; 오영근, 974면; 이재상, §40–23; 이정원, 715면; 임웅, 779면; 진계호, 847면.

2. 대법원 1974.11.12, 74도2662
간첩미수죄는 국가기밀을 탐지·수집하라는 지령을 받았거나 소위 무인포스트를 설정하는 것만으로는 부족하고 그 지령에 따라 국가기밀을 탐지수집하는 행위의 실행의 착수가 있어야 성립된다.

(4) 기수시기

간첩의 개념을 ① 탐지·수집행위로 이해하면 본죄의 기수시기도 탐지·수집시가 될 것이지만(다수설),[1364] ② 탐지·수집에 이은 누설행위로 이해하면 본죄의 기수시기는 누설시가 될 것이다(소수설).[1365] 판례는 "국가기밀을 탐지한 이상 기수가 되는 것이고 그 탐지한 국가기밀을 지령자에게 전달하여야 비로소 기수가 되는 것은 아닌 것"(대법원 1963.12.12, 63도312; 2011.1.20, 2008재도11 전원합의체[1366]) 경찰채용 13 2차 / 사시 11이라고 하여 제1설인 탐지·수집시설을 취하고 있다.

(5) 죄 수

간첩죄는 적국을 위하여 국가기밀을 탐지·수집하면 이미 기수가 되므로 그 후에 탐지·수집한 기밀을 적국에 누설하는 행위는 별도의 죄를 구성하지 않는다. 법원9급 14 / 경찰간부 11 / 경찰간부 13 / 경찰채용 13 2차 판례는 이를 포괄일죄로 보고 있다(대법원 1974.7.26, 74도1477; 1982.4.27, 82도285; 1982.11.23, 82도2201).

2. 간첩방조(제98조 제1항 후단)

(1) 의의 및 성격

적국의 간첩이라는 사정을 알면서 국가기밀을 탐지·수집하는 '간첩행위 그 자체'를 원조하여 용이하게 하는 일체의 행위를 말한다. 간첩방조죄는 '방조'라는 용어를 사용하고는 있으나 어디까지나 각칙상 독립된 범죄이므로 총칙상의 방조범 규정(제32조)은 적용될 수 없다. 경찰간부 13

(2) 판례 정리

간첩방조죄도 간첩죄와 마찬가지의 법정형에 의한다는 점을 고려할 때, ① 대남공작원을 상륙시켰다든가(대법원 1961.1.27, 4293형상807) 합법적인 신분을 가장케 하기 위한 행위를 해주었거나(대법원 1970.10.30, 70도1870) 국내에 입국한 간첩과 접선방법을 합의하였다면(대법원 1971.2.25, 70도2417) 간첩방조죄에 해당되지만, ② 간첩범행을 용이하게 하려는 의사 없이 간첩을 숨겨주었다거나(대법원 1979.10.10, 75도1003) 단순한 숙식제공이나 안부편지전달, 무전기매몰을 돕는 행위는 간첩방조죄에 해당되지 않는다고 보아야 한다(대법원 1986.2.25, 85도2533). 법원9급 14 / 경찰간부 13

3. 군사상의 기밀누설(제98조 제2항)

직무에 관하여 군사상의 기밀을 지득한 자가 그것을 적국에 알리는 것을 말하며(신분범), 작위에 의하든 부작위에 의해 알게 하든 불문한다. 다만, 본죄는 신분범이므로 직무에 관계없이 알게 된 기밀을 누설한 때에는 일반이적죄(제99조)가 성립할 뿐이다(대법원 1982.7.13, 82도968). 본죄는 −군사기밀보호법과는 달리− 과실군사기밀누설행위의 처벌규정을 두고 있지 않다.

1364 김일수/서보학, 955면; 김성천/김형준, 783면; 배종대, 742면; 손동권, 725면; 오영근, 971면; 이재상, §40−24; 이정원, 717면; 정성근/박광민, 871면; 진계호, 847면.

1365 박상기, 619면; 임웅, 779면.

1366 판례 : 간첩행위의 의미와 기수시기 간첩행위는 기밀에 속한 사항 또는 도서, 물건을 탐지·수집한 때에 기수가 되므로 간첩이 이미 탐지·수집하여 지득하고 있는 사항을 타인에게 보고·누설하는 행위는 간첩의 사후행위로서 위 조항에 의하여 처단의 대상이 되는 간첩행위 자체라고 할 수 없다(대법원 2011.1.20, 2008재도11 전원합의체). 법원행시 14

06 전시군수계약불이행죄

제103조【전시군수계약불이행】 ① 전쟁 또는 사변에 있어서 정당한 이유 없이 정부에 대한 군수품 또는 군용공작물에 관한 계약을 이행하지 아니한 자는 10년 이하의 징역에 처한다.
② 전항의 계약이행을 방해한 자도 전항의 형과 같다.

제1항의 불이행행위는 그 자체가 부작위범으로 규정된 것이므로, 부작위에 의한 부작위범, 즉 진정부작위범의 성질을 가진다. 본죄는 외환의 죄 중 유일하게 미수, 예비·음모 처벌규정을 두고 있지 않다.

제3절 국기에 관한 죄

01 총 설

국기(國旗, national flag)에 관한 죄는 국기 또는 국장을 모독하거나 비방하는 죄로서, 국가의 상징인 국기와 국장을 보호함으로써 본죄의 보호법익인 '국가의 권위(權威) 또는 국가의 체면(體面)'을 유지하기 위한 규정이고, 법익보호의 정도는 구체적 위험범이다(다수설).[1367] 본장의 죄는 모두 목적범이나, 미수범 처벌규정은 두고 있지 않다. 이러한 국기에 관한 죄는 보호주의(제5조)의 대상이어서 외국인의 국외범도 처벌할 수 있으나, 후술하는 국교에 관한 죄는 그렇지 않다.

02 국기 · 국장모독죄

제105조【국기, 국장의 모독】 대한민국을 모욕할 목적으로 국기 또는 국장을 손상, 제거 또는 오욕한 자는 5년 이하의 징역이나 금고, 10년 이하의 자격정지 또는 700만 원 이하의 벌금에 처한다.

본죄의 객체인 국기란 태극기를 말하며, 국장(國章, national emblem)이란 국가를 상징하는 국기 이외의 휘장으로서 나라문장규정(紋章規程)에 의한 나라문장뿐만 아니라 군기(軍旗), 대사관·공관 등의 휘장(徽章)도 포함된다. 법원9급 05 또한 제109조의 외국국기모독죄와는 달리 본죄의 국기는 공용 · 사용을 불문한다(통설). 본죄의 행위는 손상(損傷) · 제거(除去) · 오욕(汚辱)인데, 법원9급 05 이는 대한민국의 권위나 체면을 깎아내리는 정도의 행위일 것을 요하며, 이러한 구체적 위험이 발생한 때 본죄는 기수가 된다(구체적 위험범).

본죄와 국기·국장비방죄는 목적범으로서 모두 대한민국을 모욕할 목적이 있어야 한다. 법원9급 05

1367 본장의 죄의 법익보호의 정도에 대해서는 추상적 위험범설(오영근, 868면; 임웅, 785면)과 **구체적 위험범설**[다수설 : 김일수, 827면; 배종대, 723면; 백형구, 669면; 손동권, 729면; 오성환(주석), 57면; 이재상, §40-7]이 대립하고 있다. 본죄는 국기·국장에 대한 손상·제거·오욕행위가 대한민국의 권위와 체면을 손상시킬 구체적 위험에 이르러야만 성립한다는 점에서, 구체적 위험범설이 타당하다고 생각된다.

03 국기 · 국장비방죄

제106조 【국기, 국장의 비방】 전조의 목적으로 국기 또는 국장을 비방한 자는 1년 이하의 징역이나 금고, 5년 이하의 자격정지 또는 200만 원 이하의 벌금에 처한다.

비방(誹謗)이라 함은 주로 언어로서 모욕적 의사를 표명하는 것을 말하는데, 언어에 제한되는 것은 아니고 거동이나 그림으로도 가능하다. 다만 성경교리상 국기에 절을 하지 말고 국기를 존중하는 의미의 경의만 표하라고 말한 것은 본죄의 비방이라고 볼 수 없다(대법원 1975.5.13, 74도2183). 또한 비방의 말뜻과 본죄의 처벌 취지를 고려할 때 비방에 해당되기 위해서는 공연성(公然性)이 필요하다.[1368]

제4절 국교에 관한 죄

01 총 설

국교(國交, foreign relations)에 대한 죄는 외국과의 외교관계의 평화로움을 보호하고자 마련된 구성요건이다. 외국원수폭행죄를 비롯한 국교에 관한 죄의 보호법익은 이중적 성격을 가지는데, 국제주의적 관점에서의 외국의 이익과 국가주의적 관점에서 우리나라의 대외적 지위가 모두 보호법익으로 파악된다(다수설[1369]). 법익보호의 정도는 추상적 위험범이다.

본장의 죄 중 외국에 대한 사전죄는 예비 · 음모를 처벌하며, 예비 · 음모단계에서 실행에 이르기 전 자수하면 형을 감경 또는 면제한다. 나머지 죄들은 미수조차 처벌하지 않는다.

02 외국원수에 대한 폭행 등 죄

제107조 【외국원수에 대한 폭행 등】 ① 대한민국에 체재하는 외국의 원수에 대하여 폭행 또는 협박을 가한 자는 7년 이하의 징역이나 금고에 처한다.
② 전항의 외국원수에 대하여 모욕을 가하거나 명예를 훼손한 자는 5년 이하의 징역이나 금고에 처한다.

외국원수의 '외국'은 우리나라와 정식 수교관계를 맺고 있지 않는 국가도 포함되고,[1370] 원수(元首)라 함은 대통령이나 군주를 말하며 의원내각제 내지 내각책임제 하의 수상(首相)은 포함될 수 없다.[1371] 또한 제107조 ·

1368 김일수/서보학, 962면; 박상기, 622면; 배종대, 746면; 백형구, 669면; 손동권, 730면; 오영근, 980면; 이재상, §41-9; 임웅, 786면; 정성근/박광민, 877면; 정영일, 620면; 진계호, 714면.
1369 김성천/김형준, 790면; 김일수/서보학, 946면; 박상기, 623면; 백형구, 689면; 손동권, 730면; 오영근, 981면; 유기천(하), 268면; 이재상, §42-2; 이정원, 722면; 임웅, 787면; 정성근/박광민, 878면; 진계호, 1111면. 반면 외국의 이익으로만 보는 입장은 서일교, 379면; 정영석, 30면 참조. 우리의 이익으로만 보는 입장은 배종대, 728면 참조.
1370 김일수/서보학, 965면; 박상기, 624면; 배종대, 747면; 손동권, 732면; 오영근, 982면; 이재상, §42-6; 이정원, 726면; 임웅, 789면; 정성근/박광민, 879면; 진계호, 853면.
1371 김성천/김형준, 791면; 박상기, 624면; 배종대, 747면; 백형구, 673면; 손동권, 732면; 이재상, §42-6; 이정원, 727면; 임웅, 789면; 정성근/박광민, 879면; 진계호, 863면; 황산덕, 29면.

제108조·제109조는 폭행죄나 명예훼손죄처럼 반의사불벌죄이다(제110조). 법원행시 16 그리고 외국원수·외국사절'명예훼손', 외국원수·외국사절 '모욕'죄는 일반명예훼손·모욕죄와는 달리 공연성(公然性)을 요하지 않으며, 외국원수·외국사절 '모욕'죄는 일반모욕죄(제311조)와는 달리 친고죄가 아니라 반의사불벌죄라는 점은 주의할 필요가 있다.

03 외국사절에 대한 폭행 등 죄

제108조【외국사절에 대한 폭행 등】 ① 대한민국에 파견된 외국사절에 대하여 폭행 또는 협박을 가한 자는 5년 이하의 징역이나 금고에 처한다.
② 전항의 외국사절에 대하여 모욕을 가하거나 명예를 훼손한 자는 3년 이하의 징역이나 금고에 처한다.

외국사절(外國使節)이라 함은 대사(大使)·공사(公使)를 말하며, 그 가족 및 내국인 아닌 수행원은 -1961년 Wien 협약에 의한 치외법권자일뿐- 본죄의 객체에는 포함되지 않는다.

04 외국국기·국장모독죄

제109조【외국의 국기, 국장의 모독】 외국을 모욕할 목적으로 그 나라의 공용에 공하는 국기 또는 국장을 손상, 제거 또는 오욕한 자는 2년 이하의 징역이나 금고 또는 300만 원 이하의 벌금에 처한다.

본죄는 제105조의 국기모독죄와는 달리 '공용(公用)'에 공하는 외국국기·국장만 객체가 되며 장식용과 같이 사용(私用)에 공하는 것은 제외된다. 또한 외국의 국기이어야 하므로 국제연합(UN)기(旗)나 외국군대의 기(旗)는 여기에 포함되지 않는다.[1372]

05 외국에 대한 사전죄

제111조【외국에 대한 사전】 ① 외국에 대하여 사전한 자는 1년 이상의 유기금고에 처한다.
② 전항의 미수범은 처벌한다.
③ 제1항의 죄를 범할 목적으로 예비 또는 음모한 자는 3년 이하의 금고 또는 500만 원 이하의 벌금에 처한다. 단, 그 목적한 죄의 실행에 이르기 전에 자수한 때에는 감경 또는 면제한다.

사전(私戰)이란 국가의 전투상황도 아닌데 사인이 스스로 외국과 전투를 벌이는 것을 말한다. 본죄는 국교에 대한 죄 중 유일하게 미수, 예비·음모를 처벌하며, 예비·음모죄를 범한 자가 실행에 이르기 전에 자수한 경우 필요적 감면규정을 두고 있다.

1372 김성천/김형준, 792면; 김일수/서보학, 966면; 배종대, 748면; 백형구, 676면; 손동권, 733면; 오영근, 984면; 이재상, §42-11; 이정원, 728면; 임웅, 790면; 정영석, 33면; 진계호, 855면; 황산덕, 30면.

06 중립명령위반죄

제112조 【중립명령위반】 외국 간의 교전에 있어서 중립에 관한 명령에 위반한 자는 3년 이하의 금고 또는 500만 원 이하의 벌금에 처한다.

중립(中立)명령은 형법 이외의 타 명령에 의해 결정되므로 본죄는 보충규범(補充規範)을 필요로 하는 전형적인 백지형법(白地刑法)이자 한시법(限時法)이다.[1373]

07 외교상 기밀누설죄

제113조 【외교상 기밀의 누설】 ① 외교상의 기밀을 누설한 자는 5년 이하의 징역 또는 1천만 원 이하의 벌금에 처한다. 국가9급 17

② 누설할 목적으로 외교상의 기밀을 탐지 또는 수집한 자도 전항의 형과 같다.

본죄는 국교에 관한 죄의 성격과 함께 우리나라의 외적 안전에 관한 이익을 보호하는 외환(外患)의 죄의 성격을 가지고 있다. 본죄는 (후술하는 공무상 비밀누설죄와는 달리) 행위주체로서 신분을 요하지 않는 일반범이다. 본죄의 외교상의 기밀(機密)이라 함은 외교정책상 외국에 대하여 비밀로 함이 우리나라의 이익이 되는 모든 정보자료를 말한다. 그러나 외국에 이미 널리 알려진 사실(예 외국언론에 이미 보도된 바 있는 우리나라의 외교정책 등)에 대하여는 정부가 '보도지침'의 형식으로 국내언론의 보도를 통제하고 있다고 하여도 본죄에 해당되지 않는다(대법원 1995.12.5, 94도2379). 법원행시 11 / 법원행시 18 / 경찰간부 18

또한 외교상 기밀도 국가기밀이 될 수 있기 때문에 간첩죄와의 중복적용의 문제가 발생한다. 따라서 ① 외교상 기밀을 적국에 누설한 경우에는 본죄가 아니라 간첩죄가 성립하고, ② 본죄는 적국이 아닌 외국에 누설하는 때에만 성립한다고 새겨야 한다(통설).[1374]

그리고 외교상 기밀누설죄(제113조 제1항)는 목적범이 아니지만, 외교상 기밀탐지·수집죄(동조 제2항)는 누설의 전(前) 단계로서 －마치 예비·음모죄가 기본범죄를 범할 목적을 필요로 하는 것처럼－ 목적범으로 규정되어 있다.

1373 김성천/김형준, 794면; 김일수/서보학, 968면; 박상기, 625면; 배종대, 749면; 손동권, 734면; 유기천(하), 272면; 이재상, §42－16; 임웅, 792면; 정성근/박광민, 882면; 진계호, 856면. 반대견해로는 백형구, 679면.

1374 김성천/김형준, 795면; 김일수/서보학, 969면; 박상기, 622면; 배종대, 750면; 손동권, 735면; 오영근, 988면; 유기천(하), 255면; 이재상, 659면; 이정원, 729면; 임웅, 793면; 정성근/박광민, 883면; 정영일, 625면; 진계호, 858면; 황산덕, 32면.

memo

수험의 핵심포인트

목 차		난 도	출제율	대표 지문
제1절 공무원의 직무에 관한 죄	01 총 설	下	★	• 공무원이 병가 중인 경우에는 구체적인 작위의무 내지 국가기능의 저해에 대한 구체적인 위험성이 있다고 할 수 없어 직무유기죄의 주체로 될 수 없다. (○) • 직무유기죄는 그 직무를 수행하여야 하는 작위의무의 존재와 그에 대한 위반을 전제로 하고 있으므로, 그 작위의무를 수행하지 아니함으로써 곧바로 성립하는 즉시범이다. (×) • 뇌물죄에서 말하는 '직무'에는 사무분장에 따라 현실적으로 담당하지 않는 직무라도 법령상 일반적인 직무권한에 속하는 직무 등 공무원이 그 직위에 따라 공무로 담당할 일체의 직무를 포함한다. (○) • 정치자금 기부행위가 정치인의 구체적 직무범위와 관련하여 기부자에게 유리한 행위를 기대하거나 그에 대한 사례로서 이루어졌다면 그 기부금에 대해서는 뇌물성이 인정된다. (○) • 뇌물로 제공하려고 한 금품이 특정되지 않았던 것은 몰수할 수는 없지만, 그 가액을 추징할 수는 있다. (×) • 공무원이 직무집행의 의사 없이 타인을 공갈하여 재물을 교부하게 한 경우에도 재물의 교부자는 뇌물공여죄로 처벌된다. (×)
	02 직무유기죄	中	★★★	
	03 피의사실공표죄	下	–	
	04 공무상 비밀누설죄	下	★	
	05 직권남용죄	中	★★	
	06 불법체포 · 감금죄	下	★	
	07 폭행 · 가혹행위죄	下	–	
	08 선거방해죄	下	–	
	09 단순수뢰죄	中	★★★	
	10 사전수뢰죄	下	★	
	11 제3자 뇌물제공죄	中	★★	
	12 수뢰 후 부정처사죄	中	★★	
	13 사후수뢰죄	下	★	
	14 알선수뢰죄	中	★★	
	15 증뢰죄 · 증뢰물전달죄	中	★★	
제2절 공무방해에 관한 죄	01 총 설	下	★	• 불법주차 차량에 불법주차 스티커를 붙였다가 이를 다시 떼어낸 직후에 있는 주차단속공무원을 폭행한 경우, 공무집행방해죄가 성립한다. (○) • 공무집행방해죄가 성립하기 위해서는 공무원의 직무집행이 적법해야 한다. (○) • 범죄신고를 받고 출동한 두 명의 경찰관에게 욕설을 하면서 폭행을 한 경우에는 공무를 집행하는 경찰관의 수에 따라 공무집행방해죄가 성립한다. (○) • 공무상표시무효죄의 경우에는, 행위 당시에 강제처분의 표시가 현존할 것을 요하지 않는다. (×) • 특수공무방해치상죄는 상해의 결과에 대한 예견가능성이 있었는데도 예견하지 못한 경우뿐만 아니라 그것에 대한 고의가 있는 경우에도 성립한다. (○)
	02 공무집행방해죄	中	★★★	
	03 직무 · 사직강요죄	中	★	
	04 위계에 의한 공무집행방해죄	中	★★★	
	05 법정 · 국회회의장모욕죄	下	–	
	06 인권옹호직무방해죄	下	★	
	07 공무상 비밀표시무효죄	中	★★	
	08 공무상 비밀개봉죄	下	–	
	09 공무상 비밀내용탐지죄	下	–	
	10 부동산강제집행효용침해죄	下	★	
	11 공용서류 등 무효죄	中	★★	
	12 공용물파괴죄	下	–	
	13 공무상 보관물무효죄	中	★	
	14 특수공무방해죄 · 특수공무방해치사상죄	中	★★	
제3절 도주와 범인은닉의 죄	01 총 설	下	–	• 도주죄의 범인이 도주행위를 하여 기수에 이르른 이후에 범인의 도피를 도와주는 행위는 도주원조죄에 해당할 수 있을 뿐 범인도피죄에는 해당하지 않는다. (×) • 공동정범 중의 1인이 다른 공동정범을 은닉한 경우, 범인은닉죄는 성립하지 않는다. (×)
	02 단순도주죄	下	★	
	03 집합명령위반죄	下	–	
	04 특수도주죄	下	★	
	05 도주원조죄	下	★	
	06 범인은닉죄	中	★★★	
제4절 위증과 증거인멸의 죄	01 총 설	下	★	• 증언거부사유가 있음에도 증언거부권을 고지받지 못함으로 인하여 그 증언거부권을 행사하는데 사실상 장애가 초래되었다고 볼 수 있는 경우 위증죄가 성립한다. (×) • 증인이 기억에 반하는 진술을 한 경우 그 내용이 객관적 사실과 부합한다 하더라도 위증죄가 성립한다. (○)
	02 위증죄	中	★★★	
	03 모해위증죄	下	★	
	04 허위감정 · 통역 · 번역죄	下	★	
	05 증거인멸죄	中	★★	
	06 증인은닉 · 도피죄	中	★	
	07 모해증거인멸죄	下	–	
제5절 무고의 죄	01 총 설	下	–	• 상대방의 범행에 공범으로 가담한 자가 자신의 가담사실을 숨긴 채 상대방을 고소한 경우 무고죄가 성립하지 않는다. (○) • 경찰서에 허위 내용의 고소장을 우송하였고 그 고소장이 도달하였다면 수사에 착수하기 전에 그 고소장을 다시 반환받았다고 하더라도 무고죄의 기수가 된다. (○)
	02 무고죄	中	★★★	

최근 6개년 출제경향 분석

구 분	국가7급						국가9급						법원9급						경찰간부					
	18	19	20	21	22	23	19	20	21	22	23	24	18	19	20	21	22	23	18	19	20	21	22	23
제1절 공무원의 직무에 관한 죄		3		1	1	1	1			1		1	2	2	2	1	2	1	1	1	1	2	1	
제2절 공무방해에 관한 죄	1				1	1			1				1	1			1		2	2	2		2	1
제3절 도주와 범인은닉의 죄	1	1	1	1		1							1									1	1	
제4절 위증과 증거인멸의 죄					1		1						1	1	1			2	1			1	1	
제5절 무고의 죄				1										1		1	1	1	1	1	1			1
출제빈도수	16/130						5/120						23/150						24/240					

02

국가의 기능에 대한 죄

핵심사항

- 직무범죄
- 공무원
- 직무유기죄의 성격과 개념
- 직무유기죄와 다른 범죄의 관계
- 공무상 비밀누설죄의 비밀
- 직권남용죄의 직권과 결과
- 뇌물의 개념
- 뇌물의 몰수·추징
- 수뢰죄의 주체
- 뇌물수수
- 제3자뇌물제공죄의 부정한 청탁
- 제3자뇌물수수죄와 수뢰죄의 구별
- 알선수뢰죄의 지위의 이용
- 증뢰물전달죄의 요건

- 공무집행방해죄의 직무집행의 적법성
- 공무집행방해죄와 다른 범죄의 관계
- 위계에 의한 공무집행방해죄의 위계
- 인권옹호직무명령불준수
- 공무상표시무효죄의 강제처분의 표시
- 공용서류무효죄의 공용
- 특수공무방해치사상

- 도주죄의 주체
- 도주
- 도주원조죄의 객체
- 범인은닉죄의 주체와 객체
- 은닉·도피
- 친족간 특례

- 위증죄의 법률에 의하여 선서한 증인
- 증언거부권자
- 허위의 진술
- 자백·자수의 특례
- 증거인멸죄의 타인의 증거

- 무고죄의 허위의 사실
- 신고
- 고의
- 목적

경찰채용						법원행시						변호사					
19	20	21	22	23	24	19	20	21	22	23	24	19	20	21	22	23	24
1	1	3	1	1	1	3	5		3	2	1	1	1		2		1
1		1	1	2	1	1		1	2	2							
1	1		1	1		1					1						
1				2		1	2		1	1	2	1					1
			1		1				1	1			1	1		1	
23/264						31/240						10/120					

CHAPTER

02 국가의 기능에 대한 죄

국가의 기능에 대한 죄는 국가의 다양한 기능의 원활한 수행을 보호하기 위한 범죄처벌규정으로서 다시 형법각칙 제7장 공무원의 직무에 관한 죄, 제8장 공무방해에 관한 죄, 제9장 도주와 범인은닉의 죄, 제10장 위증과 증거인멸의 죄, 제11장 무고의 죄로 이루어진다.

공무원의 직무에 관한 죄는 공무원이 주체가 되어 그 직무를 수행하면서 범하게 되는 여러 직무범죄를 처벌함으로써 공무원의 직무라는 국가기능의 공정함을 보호하기 위한 규정이고, 공무방해에 관한 죄는 공무를 집행하거나 집행 예정인 공무원을 객체로 범하는 여러 범죄를 처벌함으로써 공무 내지 공무수행의 안전을 보호하기 위한 규정이다. 또한 도주와 범인은닉의 죄는 국가의 구금기능 및 수사기능 등의 형사사법기능을 보호하기 위한 규정이요, 위증과 증거인멸의 죄는 국가의 진실발견을 통한 정의실현의 기능인 사법기능을 보호하기 위한 규정이며, 끝으로 무고의 죄는 국가의 형사사법기능과 징계기능의 적정함과 피무고자 개인의 법적 안정성을 보호하고자 마련된 규정이다.

제1절 공무원의 직무에 관한 죄

01 총 설

1. 의의 및 보호법익

형법각칙 제7장의 공무원의 직무(duties of public officials)에 관한 죄는 공무원의 직무상의 의무를 위배하거나(예 직무유기) 직권을 남용하거나(예 직권남용) 뇌물을 수수하는 등(예 수뢰)의 범죄를 규정하고 있다.[1375] 이를 보통 공무원의 직무범죄(職務犯罪, Amtsdelikte)라고 하는데 이는 국가의 기능을 보호법익으로 삼고 있다는 점에서 후술하는 공무방해의 죄와 같지만, 공무원이 주체가 되어 범하는 죄라는 점에서 공무원이 주로 객체가 되는 형태인 공무방해죄의 죄와는 다르다. 법익보호의 정도는 추상적 위험범이 대부분이나, 직무유기죄는 구체적 위험범이고 불법체포·감금죄는 침해범이다. 현대 형법각론에서 특히 강조되는 것 중의 하나가 부정부패범죄를 비롯한 공무원의 직무범죄이다.[1376]

1375 공무원의 직무범죄는 이렇듯 3가지 유형으로 나누어 설명하는 것이 보통이다.

1376 **보충 : 공직제도(公職制度)의 사회국가적 의의** 현대사회에서 국가가 차지하는 비중은 상당히 높다. 산업사회를 거쳐 정보화사회로 이행되어 가는 오늘날 사회구조의 변화에 적응하기 위해 사회국가적 행정임무의 대폭적 증대현상이 일어났고 이는 공무원 인원과 그 기능이 기하급수적으로 늘어나는 원인이 되었다. 현대민주주의 국가에 이르러 사회국가원리에 입각한 **공직제도**의 중요성이 특히 강조됨에 따라 사회적 법치국가이념을 추구하는 자유민주국가에서 공직제도란 사회국가의 실현수단일 뿐 아니라, 그 자체가 사회국가(社會國家)의 대상이며 과제라는 점을 중요시하게 되었다. 사회국가적 행정임무의 공정한 수행과 공직제도의 원활한 기능의 전제조건은, 공무원이 국민에 대한 봉사자로서의 지위를 지니는 것이고 공정한 공직수행을 위한 직무상 높은 수준의 염결성(廉潔性)이 유지되어야 하는 것이다. 이러한 독립적인 직업공무원제도의 유지 및 운용은

2. 직무범죄의 종류

(1) 진정직무범죄와 부진정직무범죄

① 진정직무범죄(echte Amtsdeliket) : 공무원 신분이 있어야만 범할 수 있는 범죄로서, 진정신분범을 말한다. 예컨대 직무유기죄는 공무원 신분이 없는 자는 범할 수 없다.

예 직무유기, 직권남용, 피의사실공표, 공무상비밀누설, 선거방해, 수뢰죄 등

② 부진정직무범죄(unechte Amesdeliket) : 공무원이 아닌 자도 범할 수는 있으나 공무원이라는 신분 때문에 가중되는 범죄로서, 부진정신분범을 말한다. 예컨대 체포·감금죄는 일반인도 범할 수 있지만, 재판·검찰·경찰 등 공무원 신분이 있으면 그 형이 가중되는 불법체포·감금죄를 구성하게 되는 것이다.

예 불법체포·감금, 폭행·가혹행위, 간수자도주원조 등

③ 구별의 실익 : 전자는 진정신분범이고 후자는 부진정신분범이므로 결국 형법 제33조를 적용하는 데 있어서 그 구별의 실익이 발생하게 된다. 즉 진정직무범죄는 일반인이 가담한 경우에는 제33조 본문이 적용되어 진정직무범죄의 공범을 구성하게 되지만, 부진정직무범죄는 일반인이 가담한 경우에는 판례에 의하면 제33조 본문에 의하여 부진정직무범죄(예 불법체포·감금죄)의 공범이 성립하고 제33조 단서에 의하여 직무범죄가 아닌 일반범죄(예 체포·감금죄)의 공범의 형으로 처벌되는데 비하여, 통설에 의하면 제33조 단서에 의하여 일반범죄의 공범이 성립하고 그 형으로 처벌되게 된다

(2) 일반직무범죄와 특수직무범죄

① 일반직무범죄 : 모든 공무원이 그 주체가 될 수 있는 범죄를 말한다. 예컨대 직무유기죄는 직무의 종류를 가리지 않고 모든 공무원이 그 주체가 될 수 있다.

예 직무유기, 직권남용, 공무상비밀누설, 수뢰죄 등

② 특수직무범죄 : 특수한 지위에 있는 공무원만 그 주체가 될 수 있는 범죄를 말한다. 예컨대 불법체포·감금죄는 재판·검찰·경찰 기타 인신구속에 관한 직무를 행하는 자 또는 이를 보조하는 공무원만 그 주체가 될 수 있다.

예 불법체포·감금, 폭행·가혹행위, 피의사실공표, 선거방해죄 등

3. 공무원

(1) 의 의

형법에서는 별도로 공무원의 개념을 정하고 있지 않으므로 공무원의 개념은 공법상의 공무원개념을 따를 수밖에 없다(규범적 구성요건요소). 일반적으로 공무원(公務員)이라 함은 광의로는 '국가 또는 공공단체의 공무를 담당하는 일체의 자'를 의미하며, 협의로는 '국가 또는 공공단체와 공법상 근무관계에 있는 모든 자'를 말한다(대법원 1997.3.11, 96도1258).[1377] 형법상 공무원의 직무범죄에 있어서 공무원이라 함은 정기적인 급여를 받을 것은 요건으로 하지 않는다.

(2) 성격 – 국민 전체의 봉사자

모든 국가작용은 현실적으로 공무원 개개인을 통하여 이루어지므로 헌법이 추구하는 가치의 실현을 위해

헌법학적으로 일종의 권력견제적 의미도 지니고 있다.

1377 판례 '지방의회의원'은 비록 일정한 비용을 지급받을 뿐 정기적인 급여를 지급받지는 아니한다고 하더라도, 지방공무원법 제2조 제3항에 의하면 특수경력직 공무원 중 정무직 공무원으로 '선거에 의하여 취임하는 자'를 규정하고 있고, 지방자치법 제35조 이하에 의하면 지방의회의원은 여러 가지 공적인 사무를 담당하도록 규정하고 있으며, 공직자윤리법에 의하면 지방의회의원도 공직자로 보아 재산등록 대상자로 규정하고 있는 점 등에 비추어 볼 때, 형법상 공무원에 해당한다고 볼 수 있다(위 판례).

서는 공무원의 성실하고 책임 있는 복무자세가 요구된다. 우리 헌법도 이러한 인식에 바탕하여 헌법 제7조 제1항에서 "공무원은 국민 전체에 대한 봉사자이며, 국민에 대하여 책임을 진다."라고 하여 공무원의 지위와 책임을 규정하고 있다. 이에 따라 공무원은 특정인이나 특정집단의 이익만을 대표하여서는 안 되고 국민전체의 이익을 위하여 봉사해야 하며, 헌법과 법률에 따라 그 직무를 성실히 수행하여야 할 책임이 있다.[1378]

(3) **범위** : 공무원의 범위는 국가공무원법과 지방공무원법에 의하여 정하여지지만, 다른 법령이나 형법상 독자적 견지에서 공무원개념을 인정할 것인가의 여부가 문제된다.

① 다른 법령에 의하여 공무원의 지위가 인정되는 경우 : 예컨대 사법연수원생, 집행관, 공증인, 청원경찰법상 청원경찰, 한국은행법상 한국은행의 임 · 직원, 산업은행법상 산업은행의 임원, 수출입은행법상 한국수출입은행의 임원, 국민은행법상 국민은행의 임원, 기업은행법상 중소기업은행의 임원, 주택은행법상 한국주택은행의 임 · 직원 등이 여기에 속하며, 이들은 명문의 규정에 근거하고 있으므로 직무범죄의 주체인 공무원으로 볼 수 있다.

② 형법상 독자적 공무원 개념이 문제되는 경우

㉠ 행정기관에 준하는 공법인(公法人)의 직원

ⓐ 부정설 : 다른 법령에 의하여 공무원의 지위가 인정되는 경우가 아닌 한 공무원으로 볼 수 없다는 입장이다.[1379]

ⓑ 긍정설 : 구체적인 상황에 따라 공무원에 포함된다는 입장이다(다수설 · 판례).[1380]

판례연구 준정부기관인 도로교통공단의 임직원은 뇌물죄 규정의 공무원에 해당한다는 사례

대법원 2016.11.25, 2014도14166

공공기관운영법 제53조는 담당업무의 성격을 불문하고 형법상 뇌물죄 규정을 적용할 때에 한정하여 공무원으로 보도록 규정하고 있다. 반면 도로교통법은 형법이나 그 밖의 법률에 따른 벌칙을 적용할 때 뇌물수수죄 등에 한정하지 아니하고 공무원으로 보도록 규정하고 있다. 이와 같이 공공기관운영법 제53조와 도로교통법 제129조의2는 입법목적, 입법연혁, 규정사항 및 적용범위 등을 달리하여 서로 모순 · 저촉되는 관계에 있다고 볼 수 없다. 따라서 공공기관운영법에 따른 준정부기관인 도로교통공단의 임직원에 대하여 도로교통법 제129조의2가 특별법 내지 신법으로 우선하여 적용되고 공공기관운영법 제53조의 적용이 배제된다고 볼 수 없다.

㉡ 단순한 기계적 · 육체적 노무 종사자

ⓐ 긍정설 : 예컨대 환경미화원이라 하더라도 뇌물죄의 보호법익인 직무의 불가매수성 및 이에 대한 일반의 신뢰는 존재한다고 보아 공무원에 포함된다고 보는 입장이다.[1381]

ⓑ 부정설 : 형법상 직무범죄의 특성을 고려할 때 사환 · 청소부 · 인부 등과 같이 기계적 · 육체적 노무에 종사하는 자는 제외된다는 입장이다(다수설 · 판례).[1382] 법원9급 05 다만 부정설에 의하더라

1378 보충 : 공무원의 의무 등 공무원의 위와 같은 헌법상 책무를 실현하기 위하여 국가공무원법과 지방공무원법에서는 공무원에 대하여 많은 의무를 부과하고 있는바, 법령준수의무, 성실의무, 직무상 복종의무, 친절 · 공정의무, 비밀엄수의무, 청렴의무, 품위유지의무, 직장이탈금지의무, 영리행위 및 겸직금지의무, 정치운동금지의무, 종교중립의무, 집단행위금지의무, 선서의무가 그것이다. 또한 이러한 의무를 위반한 행위와 직무태만행위에 대해서는 징계사유에 해당함을 명시하고 있기도 하다. 따라서 공무원의 직무범죄 중 직무유기죄에 해당하는 행위는 징계사유에도 당연히 해당하며, 특히 그 정상(情狀)이 나쁠 때에는 무거운 징계처분인 파면 · 해임의 사유에 해당하게 된다.

1379 오영근, 992면; 이재상, §43-10; 정성근/박광민, 712면.

1380 권문택(공저), 681면; 김일수/배종대, 789면; 배종대, 752면; 이정원, 733면; 진계호, 702면 참조. 판례는 대법원 1969.9.23, 69도1241 참조.

1381 김용세, "뇌물죄의 보호법익과 구성요건체계", 형사법연구, 제8호, 1995, 88면; 임웅, 796면.

1382 권문택(공저), 681면; 김일수/서보학, 789면; 배종대, 752면; 손동권, 738면; 오영근, 992면; 유기천(하), 295면; 이재상,

도 우편 집배원,[1383] 세무수습행정원(대법원 1961.12.14, 4294형상99), 군인 중 사병(대법원 1969.9.23, 69도1214) 은 일정한 정신적 판단이 있어야 그 기능의 수행이 가능하다는 점에서 공무원에 포함된다.

4. 직무범죄에 대한 가중처벌

공무원이 직권을 이용하여 본장(형법각칙 제7장 공무원의 직무에 관한 죄) 이외의 죄를 범한 때에는 그 죄에 정한 형의 2분의 1까지 가중한다. 단 공무원의 신분에 의하여 특별히 형이 규정된 때에는 예외로 한다(형법 제135조).

5. 구성요건체계

공무원의 직무에 관한 죄는 ① 공무원의 직무상의 의무를 위배하는 범죄로서 직무유기죄(제122조), 피의사실공표죄(제126조), 공무상비밀누설죄(제127조), ② 공무원이 그 직권을 남용하는 범죄로서 직권남용죄(제123조), 불법체포·감금죄(제124조), 폭행·가혹행위죄(제125조), 선거방해죄(제128조), ③ 마지막으로 뇌물범죄(제129조부터 제134조까지)로 분류할 수 있다.

공무원의 직무범죄는 전체적으로 위험범 위주로 되어 있어서 미수범 처벌규정이 거의 없으나 침해범인 불법체포·감금죄는 미수를 처벌하고 있다.

02 직무유기죄

제122조【직무유기】 공무원이 정당한 이유 없이 그 직무수행을 거부하거나 그 직무를 유기한 때에는 1년 이하의 징역이나 금고 또는 3년 이하의 자격정지에 처한다.

1. 의의 및 보호법익

직무유기죄(職務遺棄罪, abandonment of duties)는 공무원이 정당한 이유 없이 그 직무수행을 거부하는 행위를 하거나 그 직무를 수행하여야 함에도 불구하고 이를 유기해 버릴 때 성립하는 범죄이다.[1384] 직무유기죄는 공무원이 법령·내규·지시·통첩에 의한 추상적인 충근(忠勤)의 의무를 태만(怠慢)하는 일체의 경우를 처벌하고자 마련된 규정은 아니므로, 직무유기란 직장의 무단이탈, 직무의 의식적인 포기 등과 같이 그것이 국가의 기능을 저해하며 국민에게 피해를 야기시킬 가능성이 있는 경우를 말하는 것으로 해석해야 한다.[1385] 법원9급

§43-9; 정성근/박광민, 712면; 진계호, 703면.

1383 권문택, 주석(상), 91면; 김일수/서보학, 789면; 배종대, 752면; 서일교, 309면; 손동권, 738면; 유기천(하), 295면; 이재상, §43-9; 이정원, 733면; 임웅, 795면; 정성근/박광민, 712면; 진계호, 702면.

1384 **참고** 사법경찰관리가 폭처법위반죄를 범한 자를 수사하지 않거나 범인임을 알면서 체포하지 않는 경우에는 1년 이상의 징역으로 가중처벌되고 있으며(폭처법 제9조 제1항), 범죄수사직무에 종사하는 공무원이 특가법위반죄를 범한 자를 인지하였음에도 직무를 유기한 경우에도 1년 이상의 징역으로 가중처벌되고 있다(특가법 제15조).

1385 **참고 : 직무유기는 명확성원칙에 위배되지 않음** 직무유기죄에 대해서는 죄형법정주의의 명확성원칙에 반한다는 비판(유기천(하), 292면)이 있어왔다는 점을 고려할 때에도 이러한 **제한적 해석이 필요**하다. 물론 헌법재판소는 명확성원칙에 위반되지는 않는다고 보고 있다. "형법 제122조 중 '직무' 또는 '유기'의 의미가 무엇인지, 그에 해당하는 범위가 어디까지인지는 다소 불분명한 점이 있으나, 직무유기죄의 입법취지 및 보호법익, 그 적용대상의 특수성 등을 고려할 때, '직무'란 공무원이 법령의 근거 또는 특별한 지시, 명령에 의하여 맡은 일을 제 때에 집행하지 아니함으로써 그 집행의 실효를 거둘 수 없게 될 가능성이 있는 때의 구체적인 업무를 말한다 할 것이고, '유기'는 직무의 의식적 방임 내지 포기로서 단순한 태만, 분망, 착각 등으로 인하여 직무를 성실히 수행하지 아니한 경우나 형식적으로 또는 소홀히 직무를 수행하였기 때문에 성실한 직무수행을 못한 것에 불과한 경우는 제외된다고 해석할 수 있는바, 이 사건 법률조항이 지닌 약간의 불명확성은 법관의 통상적

06 / 법원9급 16 / 국가9급 17 따라서 본죄는 구체적 위험범이다(다수설[1386]·판례). 판례가 병가 중인 자의 경우 구체적인 작위의무 내지 국가기능의 저해에 대한 구체적인 위험성이 있다고 할 수 없어 직무유기죄의 주체로 될 수는 없다고 판시[1387] 법원9급 06 / 법원9급 12 / 법원9급 16한 까닭도 본죄를 구체적 위험범으로 파악했기 때문이다.

2. 구성요건

(1) 객관적 구성요건

① 주체 : 공무원이다. 그 의의 및 범위에 대해서는 기술하였다. 본죄는 진정신분범이자 진정직무범죄에 속한다.

② 객체 – 직무(職務) : '직무'란 공무원이 법령의 근거 또는 특별한 지시·명령에 의하여 맡은 일을 제 때에 집행하지 아니함으로써 그 집행의 실효를 거둘 수 없게 될 가능성이 있는 때의 구체적인 업무를 말한다. 즉, 공무원의 추상적 권한사항에 속하는 모든 직무가 여기에 포함되는 것은 아니다. 본죄의 직무로 인정되려면 법령에 구체적 근거가 있거나 특별한 지시에 의하여 구체적이고도 고유한 직무를 형성하고 있어야 하는 것이다.

③ 행위 – 직무수행의 거부 또는 직무유기

㉠ 직무수행의 거부 : 직무를 적극적으로 수행할 의무가 있는 공무원이 직무를 수행하지 않는 경우를 말한다. 이는 작위와 부작위에 의해 모두 가능하다(다만, 수행거부는 진정부작위범으로 보아야 한다는 소수설은 김/서, 629면). 예를 들어, 신고된 민원서류를 접수·처리해야 할 직무상 의무를 가진 담당공무원이 이를 우편으로 반송해 버린 행위는 작위에 의한 직무수행 거부행위이다(임웅, 799면).

㉡ 직무유기

ⓐ 의의 : 정당한 이유 없이 '직무를 의식적으로 방임·포기'함으로써 그 직무를 수행하지 않는 것을 말한다. 따라서 공무원이 어떠한 형태로든 직무집행의 의사로 자신의 직무를 수행한 경우에는, 그 직무집행의 내용이 위법한 것으로 평가된다는 점만으로 직무유기죄의 성립을 인정할 것은 아니다(대법원 2007.7.12, 2006도1390; 2011.7.28, 2011도1739; 2013.4.26, 2012도15257). 법원9급 12 / 경찰채용 20 2차

판례연구 직무를 수행하였으므로 직무유기에 해당하지 않는 사례

1. 대법원 1982.6.8, 82도117

사법경찰관이 경미한 범죄혐의사실을 인지하고 혐의자를 훈방조치하여 검사의 수사지휘를 받지 않은 경우에도 사법경찰관리가 직무집행의사로 위법사실을 조사하여 훈방하는 등 어떤 형태로든지 그 직무집행행위를 하였다면 형사피의사건으로 입건수사하지 않았다 하여 곧 직무유기죄가 성립한다고 볼 수 없다.

2. 대법원 1983.3.22, 82도3065

피고인 이○○과 최○○은 이 사건 도박사건을 직접 취급하지 아니한 관계로 그 조사처리과정에 일절 관여하지 아니하였으므로 위 도박사건을 적법하게 조사·처리해야 할 직무를 담당하였다고 볼 수 없고, 또 피고인 두○○

인 해석작용에 의하여 충분히 보완될 수 있고, 건전한 상식과 통상적인 법감정을 가진 일반인 및 이 사건 법률조항의 피적용자인 공무원이라면 금지되는 행위가 무엇인지 예측할 수 있다고 할 것이므로 이 사건 법률조항은 죄형법정주의에서 요구되는 명확성의 원칙에 위배되지 아니한다(헌법재판소 2005.9.29, 2003헌바52)."

1386 김일수/서보학, 792면; 배종대, 754면; 백형구, 656면; 유기천(하), 323면; 이재상 §43－11; 정성근/박광민, 715면; 정영일, 627면; 진계호, 705면. 다만 추상적 위험범으로 보는 소수설로는 박상기, 625면; 오영근, 994면; 이정원, 738면; 임웅, 798면 참조.

1387 대법원 1997.4.22, 95도748. 다만 병가 중인 자라 하더라도 업무집행 중인 자와 함께 직무유기죄의 공동정범은 성립할 수 있다(위 판례).

과 양○○의 위 도박사건의 처리조치가 직무유기의 의사에 의한 것이라고 인정할 수 있는 증거가 없다 하여 무죄를 선고한 원심의 조치는 정당하다.

3. 대법원 2007.7.12, 2006도1390
지방자치단체장이 전국공무원노동조합이 주도한 파업에 참가한 소속 공무원들에 대하여 관할 인사위원회에 징계의결요구를 하지 아니하고 가담 정도의 경중을 가려 자체 인사위원회에 징계의결요구를 하거나 훈계처분을 하도록 지시한 경우, 직무유기죄가 성립하지 않는다. 변호사 14

ⓑ 행위태양 : ㉮ 판례는 직무유기를 부진정부작위범(부작위에 의한 작위범)으로서 구체적으로 그 직무를 수행하여야 할 작위의무가 있는 데도 이러한 직무를 버린다는 인식 하에 그 작위의무를 수행하지 아니함으로써 성립하는 범죄라고 보고 있다(판례는 작위의무를 중시하여 직무유기를 부작위범으로 봄, 대법원 1972.9.12, 72도1175; 1975.11.25, 75도306; 1983.3.22, 82도3065). 국가9급 14 / 법원행시 11 / 법원9급 08 / 경찰승진 14 그러나 ㉯ 통설은 직무유기 자체가 작위뿐만 아니라 부작위에 의해서도 범할 수 있는 범죄로 파악하고 있다. 생각건대 ㉰ 본죄는 작위(일정한 행위를 수행해서는 안 될 직무상의 의무가 있는 경우 그 직무를 적극적으로 수행함으로써 본죄가 성립되는 경우) · 부작위(일정한 행위를 수행해야 할 직무상 의무가 있음에도 불구하고 그 직무를 소극적으로 이행하지 않음으로써 본죄가 성립되는 경우)에 의해 모두 성립할 수 있다고 보아야 한다는 점에서 통설이 타당함은 물론이다.

ⓒ 직무거부 · 유기의 정도 : 단순히 내규 또는 지시나 통첩에 의한 추상적 근무태만을 의미하는 것이 아니라 직장의 무단이탈 내지 직무의 의식적 포기와 같이 구체적 피해가능성이 있는 경우를 말한다(구체적 위험범). 따라서 근무 시간 중 졸았다거나 잠을 잔다고 하여 −이에 대한 내부적 징계는 별론으로 하고− 본죄를 구성하는 것은 아니다.

(2) 주관적 구성요건

직무를 유기(遺棄)한다(버린다)는 고의가 있어야 한다. 따라서 직무를 집행한 이상 태만 · 착각 · 황망 등 일신상 또는 객관적 사유로 직무집행을 소홀히 하여 부실한 결과에 불과한 경우에는 본죄는 성립하지 않는다(대법원 1991.6.11, 91도96; 1997.8.29, 97도675). 경찰승진(공통) 10

판례연구 직무유기죄를 인정한 사례

1. 직무유기죄를 인정한 전통적 사례
① 자동차에 편승했던 경찰관이 운전사가 일으킨 교통사고를 인지하고서도 의법조치하지 않은 경우(대법원 1956.10.19, 4289형상244)
② 세관서기가 무단승선자가 있음에도 이를 묵인하고 결국 밀수품 양륙에 대한 조치를 취하지 않은 경우(대법원 1959.12.4, 4291형상105)
③ 세관감시과 소속 공무원으로서 항구에 정박 중인 외항선에 머무르면서 밀수여부의 감시, 방지 등 근무명령을 받았음에도 불구하고 감기가 들어 몸이 불편하다는 구실로 위 임무를 도중에 포기하고 집에 돌아와 자버린 경우(대법원 1970.9.29, 70도1790)
④ 세무공무원이 담당구역 내에 거주하는 자에 관한 양도소득세 과세자료를 다른 공무원이 은닉하고 있는 사실을 발견하고도 이를 방치한 경우(대법원 1984.4.10, 83도1653)
⑤ 소속대 수송관 겸 3종 출납관으로서 소속대 유류수령과 불출 및 그에 따른 결산 기타 업무를 수행할 직무있는 자가 신병치료를 이유로 상부의 승인없이 1984.12. 초부터 1985.3.경까지 3종 출납관 도장과 창고열쇠를 포함한 3종 업무일체를 계원에게 맡겨두고 이에 대한 일체의 확인감독마저 하지 않은 경우(이는 부대관례에 따른 정당한 위임의 정도를 벗어난 직무의 의식적인 포기이다. 대법원 1986.2.11, 85도2471)

⑥ 가축도축업체에 배치되어 가축검사원으로 재직하는 공무원이 퇴근시 소 계류장의 시정·봉인 조치를 취하지 아니하고 그 관리를 도축장 직원에게 방치한 경우(대법원 1990.5.25, 90도191)

⑦ 경찰관이 불법체류자의 신병을 출입국관리사무소에 인계하지 않고 훈방하면서 이들의 인적사항조차 기재해 두지 아니한 경우(대법원 2008.2.14, 2005도4202)(이상 부작위에 의한 직무유기 – 필자 주) 법원행시 14 / 경찰간부 12 / 경찰승진(공통) 10 / 경찰승진(공통) 11 / 경찰승진 14 / 경찰승진(경감이하) 16

⑧ 인감증명발급사무를 담당하는 공무원이 청탁을 받고 인감증명서의 주민등록번호·성명·생년월일란에 아무런 기재를 하지 않고 또한 신고한 인감과의 상위 여부를 확인함이 없이 동장 직인 및 계인을 압날하여 증명신청인에게 교부한 경우(대법원 1971.6.22, 71도778)

⑨ 차량번호판의 교부담당공무원이 운행정지처분을 받은 자동차에 대하여 번호판을 재교부한 경우(대법원 1972. 6.27, 72도969)(이상 작위에 의한 직무유기 – 필자 주)

2. 대법원 1990.12.21, 90도2425

당직사관의 당직근무 불인계·불인수 퇴근행위 사례

피고인(당직사관)이 학생군사교육단의 당직사관으로 주번근무를 하도록 지휘관의 명령을 받은 육군중위로 당직근무를 함에 있어서, 17:00경부터 20:00경까지 훈육관실에서 학군사관후보생 2명과 함께 외부의 음식점에서 시켜온 술과 중국요리를 먹고, 20:00경부터 24:00경까지는 내무반에서 학군사관후보생 2명 및 애인 등과 함께 화투놀이를 한 다음, 24:00경부터 다음날 08:00까지는 내무반에서 애인과 성교를 하면서 함께 자고, 08:30경에는 교대할 당직근무자에게 당직근무의 인계·인수도 하지 아니한 채 퇴근하였다면, 정당한 이유 없이 당직근무자로서의 직무를 유기한 것이다. 법원행시 07 / 경찰승진(경감이하) 16

3. 대법원 1993.12.24, 92도3334

농지사무담당 군직원의 농지불법전용사실 불보고 사례

농지사무를 담당하고 있는 군직원으로서는 그 관내에서 발생한 농지불법전용사실을 알게 되었으면 군수에게 그 사실을 보고하여 군수로 하여금 원상회복을 명하거나 나아가 고발을 하는 등 적절한 조치를 취할 수 있도록 하여야 할 직무상 의무가 있는 것이므로 농지불법전용사실을 외면하고 아무런 조치를 취하지 아니한 것은 자신의 직무를 저버린 행위로서 농지의 보전·관리에 관한 국가의 기능을 저해하며 국민에게 피해를 야기시킬 가능성이 있어 직무유기죄에 해당한다. 법원행시 14

4. 대법원 2002.5.17, 2001도6170

경찰관이 방치된 오토바이가 있다는 신고를 받거나 순찰 중 이를 발견하고 오토바이 상회 운영자에게 연락하여 오토바이를 수거해 가도록 하고 그 대가를 받은 경우, 직무유기죄에 해당한다고 한 사례

경찰관이 장기간에 걸쳐 여러 번 오토바이를 오토바이 상회 운영자에게 보관시키고도 경찰관 스스로 소유자를 찾아 반환하도록 처리하거나 상회 운영자에게 반환 여부를 확인한 일이 전혀 없고, 상회 운영자로부터 오토바이를 보내준 대가 또는 그 처분대가로 돈까지 지급받았다면, 경찰관의 이와 같은 행위는 습득물을 단순히 상회 운영자에게 보관시키거나 소유자를 찾아서 반환하도록 협조를 구한 정도를 벗어나 상회 운영자에게 그 습득물에 대한 임의적인 처분까지 용인한 것으로서 습득물 처리지침에 따른 직무를 의식적으로 방임 내지 포기하고 정당한 사유 없이 직무를 수행하지 아니한 경우에 해당한다. 국가7급 12 / 국가7급 16 / 법원행시 07 / 법원행시 14 / 법원9급 08 / 경찰간부 12 / 경찰승진(경감이하) 16

5. 대법원 2010.6.24, 2008도11226

경찰관들이 현행범으로 체포한 도박혐의자들에게 현행범인체포서 대신에 임의동행동의서를 작성하게 하거나 압수한 일부 도박자금에 관하여 검사의 지휘도 받지 않고 반환한 사례

피고인들을 비롯한 경찰관들이 현행범으로 체포한 도박혐의자 17명에 대해 현행범인체포서 대신에 임의동행동의서를 작성하게 하고, 그나마 제대로 조사도 하지 않은 채 석방하였으며, 현행범인 석방사실을 검사에게 보고도 하지 않았고, 석방일시·사유를 기재한 서면을 작성하여 기록에 편철하지도 않았으며, 압수한 일부 도박자금에 관하여 압수조서 및 목록도 작성하지 않은 채 검사의 지휘도 받지 않고 반환하였고, 일부 도박혐의자의 명의도용 사실과 도박 관련 범죄로 수회 처벌받은 전력을 확인하고서도 아무런 추가조사 없이 석방한 경우, 이는 단순히 업무를 소홀히 수행한 것이 아니라 정당한 사유 없이 의도적으로 수사업무를 방임 내지 포기한 것이라고 봄이 상당하다. 경찰간부 12 / 사시 12

6. 대법원 2011.9.8, 2009도13371

사법경찰관이 벌금미납자를 검거하지 않은 사례

벌금미납자에 대한 노역장유치 집행을 위하여 검사의 지휘를 받아 형집행장을 집행하는 경우, 벌금미납자 검거는 사법경찰관리의 직무범위에 속하므로,[1388] 경찰관인 피고인이 벌금미납자로 지명수배되어 있던 甲을 세 차례에 걸쳐 만나고도 그를 검거하여 검찰청에 신병을 인계하는 등 필요한 조치를 취하지 않은 것은 직무유기죄를 구성한다. 경찰승진 14

판례연구 직무유기죄를 인정하지 않은 사례

1. 직무유기죄를 인정하지 않은 전통적 사례

① 면장이 면 소유 물품의 매매와 면 경영공사의 도급 등 계약을 체결함에 있어서 경쟁입찰에 의하지 아니하고 수의계약에 의한 경우(그 직무를 수행함에 있어서 필요로 하는 법적 절차를 이행하지 아니함에 불과한 경우로서 직무유기라 할 수 없다)(대법원 1961.8.23, 4294형상223)

② 중대장이 연대장에게 보고를 하지 아니한 경우(중대장의 보고의무는 특단의 사정이 없는 한 그 직속 상관인 대대장에게 보고함으로써 족하기 때문이다)(대법원 1965.9.7, 65도464)

③ 영림(營林)서장이 국유임산물의 매수인이 농림부장관의 허가를 받지 않고 타인에게 전매한 사실을 알면서 국유임야산물의 매각계약을 해제하지 아니한 경우(대법원 1965.12.10, 65도826)

④ 약사 감시원이 무허가 약국개설자를 적발하고 상사에 보고하여 그 지시에 따라 약국을 폐쇄토록 하면서 수사관서에 고발하지 아니한 경우(대법원 1969.2.4, 67도184)

⑤ 세관수입과에서 검사사무를 맡아보던 세관검사사무 담당공무원이 검사사무 중 항구부두 창고 내에 수입장치되어 있는 염료 및 안료라는 물품을 검사할 때에 그 물품이 들어있는 깡통 중에는 "신나"라는 물품표시와 화기엄금이라는 위험표시가 있었음에도 불구하고 15개의 각 깡통 중에서 분석 감정용으로 조금씩 채취하기만 하고 보세화물장치요강에 따라 이를 위험물창고에 옮기도록 상사나 소관과나 장, 차장에게 협의하는 등 조치를 취하지 않고 방치한 경우(대법원 1970.11.24, 70도2113)

⑥ 지방검찰청검사장의 지명을 받은 군사법경찰관리가 군용물등 범죄에 관한 특별조치법에 규정된 범죄 이외의 범죄를 수사하다가 중단한 경우(대법원 1974.6.11, 74도1270)

⑦ 대대장이 소속부대원이 부대 내에서 소란을 일으킨 것을 상급부대에 보고하지 않은 경우[1389] 및 군사법경찰업무에 종사하지 않는 하사관이 상관으로부터 군무이탈자를 체포·동행하라는 명령지시를 받아 군무이탈자를 동행 중 놓친 경우[1390](대법원 1976.10.12, 75도1895)

⑧ 차량부속품을 불출받는 직무를 수행함에 있어서 일부 받지 아니한 품목을 받은 것처럼 불출관에게 공제하여 준 경우(대법원 1977.11.22, 77도2952)

⑨ 서울특별시 천호출장소 도시정비과 공무원이 1978.4.19. 서울특별시장으로부터 이 사건 도시계획상의 도로개설 계획을 도계 415-568호의 안과 같이 변경할 경우, '(가) 인접 기존도로 계획과의 지장 여부', '(나) 현장 기존도로와의 접합 관계상의 지장 유무 및 민원발생 가능 여부'를 신속히 조사하여 보고하라는 공문을 하달받고 현장을 조사하여 보고함에 있어 위 지시사항 중 민원발생 가능여부는 빠뜨리고 나머지 점만을 보고한

PART 03 국가적 법익에 대한 죄

1388 보충 형사소송법 제460조 제1항, 제473조에 의하면 재판의 집행은 검사가 지휘하고, 검사는 신체를 구금하는 자유형의 집행을 위하여 형집행장을 발부하여 수형자를 구인할 수 있으며, 같은 법 제475조, 제81조에 의하면 구속영장과 동일한 효력이 있는 형집행장은 검사의 지휘에 의하여 사법경찰관리가 집행하고, 이러한 **형의 집행에 관한 규정은 같은 법 제492조에 의하여 벌금미납자에 대한 노역장유치의 집행에 준용**되고 있다. 이러한 규정을 종합하면 사법경찰관리도 검사의 지휘를 받아 벌금미납자에 대한 노역장유치의 집행을 위하여 형집행장의 집행 등을 할 권한이 있으므로, 이 경우 벌금미납자에 대한 검거는 사법경찰관리의 직무범위에 속한다고 보아야 한다(위 판례).

1389 판결이유 군형법 제24조에 규정된 직무유기죄가 성립되려면 그 직무의 내용이 성문된 법령상의 근거가 있거나 적어도 군대 내의 특단의 지시 또는 명령이 있어 그것이 고유의 직무내용을 이루고 있어야 하는 바 군인복무규율 12조에 의해도 부대지휘관에게 소속부대원이 부대 내에서 소란을 일으킨 경우를 상급부대에 보고하여야 한다는 고유의 직무가 있다고 할 수 없다.

1390 판결이유 피고인은 군사법경찰업무에 종사하는 자가 아니므로 군무이탈자를 체포·연행할 의무가 있다 할 수 없고 설사 상관으로부터 군무이탈자를 체포·동행하라는 명령지시가 있다 하여도 이 명령은 군사법경찰관리가 아닌 피고인에 대해서는 위법한 것이라 할 것이므로 피고인에게 그런 직무가 있다고 할 수 없으니 군무이탈자를 동행 중 놓쳤다 하여 직무유기로 단정할 수 없다.

경우(대법원 1982.3.23, 81도861)

⑩ 피고인이 순찰 및 검사 등을 하지 아니하고 잠을 잔 것은 일직사관으로서의 직무를 성실하게 수행하지 아니하여 충근의무에 위반한 허물이 있다고 하겠으나 근무장소에서 유사시(자연발화도 가능할 만큼 가연성이 높은 아마인유가 묻은 총기수입포에 담배 불씨가 떨어져 화재가 일어난 경우)에 깨어 직무수행에 임할 수 있는 상황(상황실로부터 피고인이 누운 침상까지는 2미터 정도의 거리로서 판자칸막이가 있는데 불과함)에서 잠을 잤던 경우(대법원 1984.3.27, 83도3260)

⑪ 조세범처벌절차법에 따른 통고처분이나 고발을 할 권한이 없는 세무공무원이 그 권한자에게 범칙사건 조사결과에 따른 통고처분이나 고발조치를 건의하지 않은 경우(대법원 1997.4.11, 96도2753) 법원9급 12 / 경찰승진(공통) 10

⑫ 전매공무원인 피고인이 외제담배를 긴급압수한 후 도주한 범칙자를 찾는 데 급급하여 미처 압수수색영장을 신청하지 못한 경우에 본죄의 성립을 부정한 이유도 여기에 있다(대법원 1982.9.28, 82도1633).

2. 대법원 1983.1.18, 82도2624

경찰관 총기난동 사례

피고인이 치안책임자(경찰서장)로서 그 관내에서 일어난 총기난동사건에 대하여 전혀 효과적인 대응책을 강구하지 못한 사실은 인정되지만, 사건 당일은 칠흑 같은 밤인 데다 비마저 내리고 있어서 총기난동자의 소재파악이 어려웠을 뿐만 아니라, 피고인의 직속부하인 경찰관이 그 관내에서 총기를 무차별 난사하여 수십명을 헤아리는 사상자가 발생하는 미증유의 사태에서 피고인이 망연자실하여 거의 정상적인 사고력을 잃은 정도였고, 피고인이 궁유지서 도착한 당일 01:30경은 이미 범인이 총기난사를 끝내고 은신하고 있을 때라는 사실 등에 비추어 보면, 특수범 진압조직으로 대처하지 않았다는 점 등 피고인의 대응조치가 적절하지 못하였다는 사정만으로서는 형법상 직무유기죄가 성립한다고 볼 수 없다.

3. 대법원 1991.6.11, 91도96

교도소 보안과 출정계장과 감독교사 사례

교도소 보안과 출정계장과 감독교사가 호송지휘관 및 감독교사로서 호송교도관 5명을 지휘하여 재소자 25명을 전국의 각 교도소로 이감하는 호송업무를 수행함에 있어서, 시간이 촉박하여 호송교도관들이 피호송자 개개인에 대하여 규정에 따른 검신 등의 절차를 철저히 이행하지 아니한 채 호송하는 데도 호송교도관들에게 호송업무 등을 대강 지시한 후에는 그들이 이를 제대로 수행할 것으로 믿고 구체적인 확인·감독을 하지 아니한 잘못으로 말미암아, 피호송자들이 집단도주하는 결과가 발생한 경우, 위 출정계장과 감독교사가 재소자의 호송계호업무를 수행함에 있어서 성실하게 그 직무를 수행하지 아니하여 충근의무에 위반한 잘못은 인정되나 고의로 호송계호업무를 포기하거나 직무 또는 직장을 이탈한 것이라고는 볼 수 없으므로 위 형법상 직무유기죄를 구성하지 아니한다. 경찰간부 12

4. 대법원 2011.7.28, 2011도1739

단순히 의심을 품은 것만으로 인지가 있었다고 할 수 없다는 사례 : 해군본부 고등검찰부장 사례

특가법상 특수직무유기죄는 범죄수사의 직무에 종사하는 공무원이 같은 법에 규정된 죄를 범한 사람을 '인지'하고 직무를 유기할 것을 구성요건으로 하고 있으므로, 본죄가 성립하기 위해서는 범죄수사의 직무에 종사하는 공무원이 같은 법에 규정된 죄를 범한 자임을 명백히 인식하고 그에 대하여 수사를 개시할 수 있을 정도의 단계에 이르러야 하고, 단순히 확인되지 않은 제보 등에 의하여 이러한 죄를 범하였을 수도 있다는 의심을 품은 것만으로는 위 법에서 규정하고 있는 '인지'가 있었다고 할 수 없다.

5. 대법원 2013.6.27, 2011도797

시국선언 전교조 교사 징계사유를 통보받았으나 징계요구를 하지 않은 사례 : 김상곤 경기교육감 사건

지방자치단체의 교육기관 등의 장이 수사기관 등으로부터 교육공무원의 징계사유를 통보받고도 징계요구를 하지 아니하여 주무부장관으로부터 징계요구를 하라는 직무이행명령을 받았으나 그에 대한 이의의 소를 제기한 경우, 수사기관 등으로부터 통보받은 자료 등으로 보아 징계사유에 해당함이 객관적으로 명백한 경우 등 특별한 사정이 없는 한, 징계사유를 통보받은 날로부터 1개월 내에 징계요구를 하지 않았다는 것만으로 곧바로 직무를 유기한 것에 해당한다고 볼 수는 없다.[1391]

1391 **보충** ① 교육공무원 징계령 제6조 제3항, 제4항은 교육공무원에게 징계사유가 있음을 알게 된 수사기관의 장 등으로 하여금 해당 교육공무원에 대한 징계의결요구권을 가지고 있는 교육기관 등의 장에게 징계사유를 증명할 수 있는 관계 자료를 통보

6. 대법원 2014.4.10, 2013도229
교육기관장이 교육공무원 징계의결을 통보받은 경우와 직무유기죄
① 교육공무원의 징계에 관한 관련 규정을 종합하여 보면, 교육기관·교육행정기관·지방자치단체 또는 교육연구기관의 장이 징계위원회로부터 교육공무원에 대한 징계의결서를 통보받은 경우 해당 징계의결을 집행할 수 없는 법률상·사실상의 장애가 있는 등 특별한 사정이 없는 이상 법정 시한 내에 이를 집행할 의무가 있다. ② 다만 교육기관 등의 장이 징계의결을 집행하지 못할 법률상·사실상의 장애가 없는데도 징계의결서를 통보받은 날로부터 법정시한이 지나도록 집행을 유보하는 모든 경우에 직무유기죄가 성립하는 것은 아니고, 그러한 유보가 직무에 관한 의식적인 방임이나 포기에 해당한다고 볼 수 있는 경우에 한하여 직무유기죄가 성립한다고 보아야 한다.[1392] 경찰간부 18 / 경찰채용 22 2차

7. 대법원 2022.6.30, 2021도8361
기말고사 성적 처리를 하지 않은 기간제 교원 사례
공무원이 태만이나 착각 등으로 인하여 직무를 성실히 수행하지 않은 경우 또는 직무를 소홀하게 수행하였기 때문에 성실한 직무수행을 못한 데 지나지 않는 경우에는 직무유기죄가 성립하지 않는다(대법원 1994.2.8, 93도3568 등). 무단이탈로 인한 직무유기죄 성립 여부는 결근 사유와 기간, 담당하는 직무의 내용과 적시 수행 필요성, 결근으로 직무 수행이 불가능한지, 결근 기간에 국가기능의 저해에 대한 구체적인 위험이 발생하였는지 등을 종합적으로 고려하여 신중하게 판단해야 한다. 특히 근무기간을 정하여 임용된 공무원의 경우에는 근무기간 안에 특정 직무를 마쳐야 하는 특별한 사정이 있는지 등을 고려할 필요가 있다. …… 기간제 교원인 甲이 기말고사 답안지를 교부받고도 무단결근하고 임기 종료 시까지 답안지와 채점결과를 학교 측에 인계하지 않았지만, 학사일정상 피고인의 임기 종료일까지 기말고사 성적 처리에 대한 최종 업무를 종료할 것이 예정되어 있지 않았고, 피고인이 임기 종료 직전 2일을 무단결근한 사유에 참작할 사정이 있으며, 그 후로는 출근이나 업무 수행을 할 의무가 없으므로 직무유기죄의 죄책이 인정되지 않는다.

3. 계속범

직무유기죄의 경우, 작위의무를 수행하지 아니함으로써 구성요건에 해당하는 사실이 있었고(기수) 그 후 계속하여 그 작위의무를 수행하지 아니하는 위법한 부작위상태가 계속되는 한 가벌적 위법상태는 계속 존재하므로, 이 경우 본죄는 즉시범으로 볼 수 없다(대법원 1997.8.29, 97도675). 법원행시 11 / 법원9급 13 / 법원9급 16 따라서 직무유기죄는 계속범으로 보아야 한다.

함으로써 징계절차의 원활한 진행이 가능하도록 하는 한편, 징계의결요구권자에 의한 자의적인 징계운영을 견제하려는 데에 그 취지가 있다. … 따라서 통보받은 자료 등을 통해 징계사유에 해당함이 객관적으로 명백하고, 달리 징계의결을 요구하지 아니할 상당한 이유가 없는데도 1월 이내에 관할 징계위원회에 징계의결을 요구하지 아니하면, 이는 재량권의 한계를 벗어난 것으로서 위법할 뿐만 아니라 법령에서 부여된 구체적인 작위의무를 수행하지 아니한 경우에 해당할 수 있다. (그러나) ② 지방자치법은 지방자치단체의 장이 법령의 규정에 따라 그 의무에 속하는 국가위임사무 등의 관리와 집행을 명백히 게을리 하고 있다고 인정되면 주무부장관이 그 직무의 이행을 명령할 수 있고, 지방자치단체의 장은 그 이행명령에 이의가 있으면 15일 이내에 대법원에 소를 제기할 수 있다고 규정하고 있는데(제170조 제1항, 제3항), 이 규정은 '지방교육자치에 관한 법률' 제3조에 의하여 지방자치단체의 교육과 학예에 관한 사무에도 준용된다. 따라서 **지방자치단체의 교육기관 등의 장이 국가위임사무인 교육공무원에 대한 징계사무를 처리함에 있어 주무부장관의 직무이행명령을 받은 경우에도 이의가 있으면 대법원에 소를 제기할 수 있다 할 것이므로, 수사기관 등으로부터 징계사유를 통보받고도 징계요구를 하지 아니하여 주무부장관으로부터 징계요구를 하라는 직무이행명령을 받았다 하더라도 그에 대한 이의의 소를 제기한 경우에는, 수사기관 등으로부터 통보받은 자료 등으로 보아 징계사유에 해당함이 객관적으로 명백한 경우 등 특별한 사정이 없는 한 징계사유를 통보받은 날로부터 1개월 내에 징계요구를 하지 않았다는 것만으로 곧바로 직무를 유기한 것에 해당한다고 볼 수는 없다**(대법원 2013.6.27, 2011도797).

1392 **보충** 시국선언에 참여한 교사들에 대한 형사재판의 진행 경과 및 시국선언 참여행위의 정당성 여부에 관한 찬반양론이 대립하였던 점, 전임 전라북도 교육감 공소외인이 재직 당시 위 교사들에 대한 이 사건 징계의결의 집행 유보를 선언하였던 점, 이후 피고인이 이 사건 징계의결의 집행을 유보하게 된 경위와 위 교사들에 대한 형사사건의 대법원판결이 있던 당일 징계의결을 집행한 점, 이 사건 징계의결의 집행 유보로 학생들의 학습권이 침해되었다고 볼 만한 자료가 없는 점 등을 고려할 때, 피고인이 이 사건 징계의결의 집행을 유보한 행위를 직무의 의식적인 방임이나 포기로 볼 수 없다.

4. 죄수 및 다른 범죄와의 관계

(1) 직무에 위배하여 허위공문서를 작성한 경우의 허위공문서작성죄와 본죄의 관계

① 원칙 : 허위공문서작성죄만 성립하고 직무유기죄는 성립하지 않는다(아래 사례 Ⅰ). 즉 공무원이 위법사실을 발견하고도 직무상 의무에 따른 적절한 조치를 취하지 아니하고 위법사실을 적극적으로 은폐할 목적으로 허위공문서를 작성·행사한 경우, 허위공문서작성·동행사죄가 성립하고 이외에 직무유기죄가 별도로 성립하지 않는 것이다(대법원 1971.5.9, 72도722[1393]; 1999.11.24, 99도2240[1394]; 2004.3.26, 2002도5004). 법원9급 08 / 법원9급 16 / 경찰승진(공통) 11 / 경찰채용 13 1차 / 사시 11 / 사시 12 / 사시 13

② 예외 : 위법사실에 대한 적극 은폐목적이 아닌 별도의 허위공문서작성행위는 본죄와 경합범관계가 성립한다(대법원 1993.12.24, 92도3334)(아래 사례 Ⅱ).

사례연구 허위공문서작성죄와 직무유기죄의 죄수 I : 위법사실 적극은폐목적인 경우

예비군 중대장 甲은 소속 예비군대원 乙의 훈련불참사실을 알았지만 이러한 훈련불참사실을 은폐할 목적으로 乙이 훈련에 참석한 것처럼 허위의 학급편성명부를 작성하고 행사하였다. 甲의 형사책임은?

해결 예비군 중대장이 그 소속 예비군대원의 훈련불참사실을 알았다면 이를 소속 대대장에게 보고하는 등의 조치를 취할 직무상의 의무가 있음은 물론이나, 그 소속 예비군대원의 훈련불참사실을 고의로 은폐할 목적으로 당해 예비군대원이 훈련에 참석한 양 허위내용의 학급편성명부를 작성, 행사하였다면, 직무위배의 위법상태는 허위공문서작성 당시부터 그 속에 포함되어 있는 것이고 그 후 소속대대장에게 보고하지 아니하였다 하더라도 당초에 있었던 직무위배의 위법상태가 그대로 계속된 것에 불과하다고 보아야 하고, 별도의 직무유기죄가 성립하여 양죄가 실체적 경합범이 된다고 할 수 없다(대법원 1982.12.28, 82도2210). 경찰승진(공통) 10 / 경찰승진(경감이하) 16 甲은 허위공문서작성죄와 동행사죄가 성립할 뿐이다.

사례연구 허위공문서작성죄와 직무유기죄의 죄수 II

피고인 甲(당진군청 산업과 농어촌개발계에 근무하면서 농지전용허가 및 불법농지전용고발 등 전반적인 농지사무를 담당하고 있음)은 1991년 10월 21일 乙(NY개발 주식회사 대표이사)로부터 그 소유의 농지에 관한 일시전용허가신청서를 접수하였다(그런데 甲은 위 농지의 불법전용사실을 확인하였으므로 불법전용된 농지를 원상복구하고 적법절차를 거쳐 다시 신청을 하기 전에는 위 농지의 전용을 허가하여 주어서는 아니 됨을 직무상 잘 알고 있었음). 이에 甲은 위 농지의 일시전용허가를 해주기 위하여, 행사할 목적으로, 같은 달 24일 현장출장복명서를 작성하면서 위와 같은 불법농지전용사실은 일절 기재하지 아니한 채 복명자 의견란에 위 농지에 출장하여 확인조사한 결과 경지지역 내에 석삭개발을 위한 진입로를 시설하고자 하는데, 허가하여 줌이 타당하다고 사료되어 허가하고자 한다라는 취지로 기재하고, 심사의견서를 작성하면서 종합의견란에 적합하다는 표시를 하고 그 이유로서 위 복명서와 같은 취지로 기재하여 그 직무에 관하여 허위의 공문서인 복명서 1매 및 심사의견서 1매를 각 작성하고, 그 무렵 결재를 위하여 위 허위작성된 복명서 1매 및 심사의견서 1매를 마치 진정하게 작성된 것처럼 산업과장, 군수에게 제출하여 이를 각 행사하였다. 甲의 형사책임은?

해결 위법사실을 적극적으로 은폐할 목적으로 허위공문서를 작성·행사한 경우에는 허위공문서작성죄 및 동행사

1393 판례 공무원이 신축건물에 대한 착공 및 준공검사를 마치고 관계서류를 작성함에 있어 그 허가조건 위배사실을 숨기기 위하여 허위의 복명서를 작성 행사하였을 경우에는 작위범인 허위공문서작성 동행사죄만이 성립하고 부작위범인 직무유기죄는 성립하지 아니한다(대법원 1972.5.9, 72도722). 경찰승진(공통) 11 / 사시 11

1394 판례 수사업무에 종사하는 피고인들이 판시 일시, 장소에서 공소외인 등 18명의 도박범행사실을 적발하고 그들의 인적사항을 확인하였음에도 이를 상사인 파출소장에게 즉시 보고하여 그 도금(賭金) 등을 압수하고 공소외인 등을 도박죄로 형사입건하는 등 범죄수사에 필요한 조치를 다하지 아니하고 공소외인 등으로부터 이를 묵인하여 달라는 부탁을 받고 그 도박사실을 발견하지 못한 것처럼 판시 근무일지를 허위로 작성하고 소속 파출소장에게 이를 허위로 보고한 것은 허위공문서작성 및 동행사죄만 성립하고 별도의 직무유기죄는 성립하지 않는다(대법원 1999.11.24, 99도2240). 사시 13

죄만이 성립하고 부작위범인 직무유기죄는 따로 성립하지 않지만, 직접적으로 위법사실을 은폐하기 위하여 허위공문서작성행위를 한 것이 아닌 경우에는 허위공문서작성 및 동행사죄 이외에 별도로 직무유기죄가 성립한다. 피고인 甲이 위 복명서 및 심사의견서를 허위작성한 것은 위 乙이 농지일시전용허가를 신청하자 이를 허가하여 주기 위한 것이지, 직접적으로 위 乙의 농지불법전용사실을 은폐하기 위하여 한 것은 아니므로, 허위공문서작성, 동행사죄와 직무유기죄는 실체적 경합범의 관계에 있다(대법원 1993.12.24, 92도3334).

(2) 직무상 의무 있는 자가 범인을 도피시킨 경우 범인도피죄와 본죄의 관계

작위범과 부작위범은 행위의 동일성이 없으므로 상상적 경합이 성립하지 않는다. 따라서 작위범인 범인도피죄만 성립하고 부작위범인 직무유기죄는 별도로 성립하지 않는다(대법원 1999.11.26, 99도1904; 1996.5.10, 96도91). 법원행시 05 / 법원행시 07 / 법원행시 14 / 법원9급 10 / 경찰승진(공통) 11 / 경찰채용 11 2차

판례연구 범인도피죄만 성립하고 직무유기는 성립하지 않는다는 사례

대법원 1996.5.10, 96도91
피고인이 검사로부터 범인을 검거하라는 지시를 받고서도 그 직무상의 의무에 따른 적절한 조치를 취하지 아니하고 오히려 범인에게 전화로 도피하라고 권유하여 그를 도피케 하였다는 원심이 유지한 제1심 판시 범죄사실만으로는 직무위배의 위법상태가 범인도피행위 속에 포함되어 있는 것으로 보아야 할 것이므로, 이와 같은 경우에는 작위범인 범인도피죄만이 성립하고 부작위범인 직무유기죄는 따로 성립하지 아니한다고 봄이 상당하다고 할 것이다. 법원행시 05 / 법원행시 07 / 법원행시 14 / 법원9급 10 / 경찰승진(공통) 11 / 경찰채용 11 2차 / 경찰채용 17 1차

(3) 출원심사담당공무원이 허위출원사유임을 알면서도 결재를 받은 경우 위계에 의한 공무집행방해죄와 본죄의 관계

위계에 의한 공무집행방해죄만 성립하고 부작위범인 직무유기죄는 따로 성립하지 않는다(대법원 1997.2.28, 96도2825). 법원행시 07 / 법원행시 08 / 법원9급 09 / 사시 12 / 변호사 13

(4) 경찰관이 압수물을 범죄 혐의의 입증에 사용하도록 하는 등의 적절한 조치를 취하지 아니하고 피압수자에게 돌려준 경우 증거인멸죄와 본죄의 관계

작위범인 증거인멸죄만 성립하고 부작위범인 직무유기죄는 따로 성립하지 않는다(대법원 2006.10.19, 2005도3909 전원합의체).[1395] 법원행시 07 / 법원행시 09 / 법원행시 11 / 법원행시 14 / 법원9급 08 / 법원9급 12 / 경찰간부 12 / 경찰승진 14 / 경찰채용 11 2차

(5) 위법건축물이 발생하지 않도록 예방단속할 직무상 의무 있는 자가 위법건축을 하도록 타인을 교사하여 위법건축이 행해진 경우의 건축법위반교사죄와 본죄의 관계

직무위배의 위법상태는 건축법위반 교사행위에 내재하고 있는 것이므로 건축법위반교사죄와 직무유기죄는 실체적 경합범이 되지 아니한다(대법원 1980.3.25, 79도2831).

(6) 인권옹호직무명령불준수죄와 직무유기죄의 관계

형법 제139조에 규정된 인권옹호직무명령불준수죄와 형법 제122조에 규정된 직무유기죄는 특별관계에 있

1395 판례 경찰서 방범과장이 부하직원으로부터 음반·비디오물 및 게임물에 관한 법률 위반 혐의로 오락실을 단속하여 증거물로 오락기의 변조 기판을 압수하여 사무실에 보관중임을 보고받아 알고 있었음에도 그 직무상의 의무에 따라 위 압수물을 수사계에 인계하고 검찰에 송치하여 범죄 혐의의 입증에 사용하도록 하는 등의 적절한 조치를 취하지 않고, 오히려 부하직원에게 위와 같이 압수한 변조 기판을 돌려주라고 지시하여 오락실 업주에게 이를 돌려준 경우, 작위범인 증거인멸죄만이 성립하고 부작위범인 직무유기(거부)죄는 따로 성립하지 아니한다(대법원 2006.10.19, 2005도3909). 법원행시 07 / 법원행시 09 / 법원행시 11 / 법원행시 14 / 법원9급 08 / 법원9급 12 / 경찰간부 12 / 경찰채용 11 2차 / 변호사 18 / 법원9급 20

지 않고 부작위범과 부작위범의 관계이므로 상상적 경합관계로 보아야 한다(대법원 2010.10.28, 2008도11999).[1396]

법원행시 11 / 법원행시 12 / 법원행시 14 / 경찰간부 12 / 변호사 12

(7) 하나의 행위가 직무유기와 다른 작위범에 모두 해당될 경우 검사의 선택기소 가능 여부

하나의 행위가 부작위범인 직무유기죄와 작위범인 허위공문서작성 · 행사죄의 구성요건을 동시에 충족하는 경우, 공소제기권자는 재량에 의하여 작위범인 허위공문서작성 · 행사죄로 공소를 제기하지 않고 부작위범인 직무유기죄로만 공소를 제기할 수 있다(일죄의 일부에 대한 공소제기도 가능하다는 판례, 대법원 2008.2.14, 2005도4202).

03 피의사실공표죄

제126조【피의사실공표】 검찰, 경찰 그 밖에 범죄수사에 관한 직무를 수행하는 자 또는 이를 감독하거나 보조하는 자가 그 직무를 수행하면서 알게 된 피의사실을 공소제기 전에 공표(公表)한 경우에는 3년 이하의 징역 또는 5년 이하의 자격정지에 처한다. 〈개정 2020.12.8.〉

1. 의의 및 보호법익

피의사실공표죄(被疑事實公表罪, publication of facts of suspected crime)는 범죄수사에 관한 직무를 수행하거나 이를 감독 · 보조하는 자가 그 직무를 수행하면서(2020.12.8. 우리말 순화 개정 전 구법에서는 '그 직무를 행함에 당하여'라 하였음) 알게 된(구법에서는 '지득한') 피의사실을 공소제기 전(구법에서 '공판청구 전')에 불특정 · 다수인에게 공표함으로써 성립하는 범죄이다. 통설[1397]에 의하면, 본죄의 보호법익은 국가의 범죄수사기능과 피의자의 인권이다.[1398] 법익보호의 정도는 추상적 위험범이다.[1399]

2. 구성요건

(1) 주 체

검찰 · 경찰 그 밖에 범죄수사에 관한 직무를 수행하는 자 또는 이를 감독 · 보조하는 자이다(진정신분범, 진정직무범죄, 특수직무범죄). 법관의 경우에도 영장발부를 통하여 피의자의 피의사실을 알 수 있으므로 이를 공표한 경우에는 본죄의 주체가 된다.[1400]

(2) 행 위

공소제기 전 불특정 또는 다수인에게 공표(公表)하는 행위이다. 공표는 부작위에 의하여도 가능하다.

1396 총론, 죄수론, 상상적 경합 및 후술하는 인권옹호직무방해죄 참조.

1397 국가적 법익인 국가의 범죄수사기능뿐만 아니라 무죄추정의 원칙(헌법 제27조 제4항)상 개인적 법익인 피의자의 인권도 그 보호법익으로 파악하는 견해가 통설이다. 김일수/서보학, 798면; 배종대, 756면; 백형구, 658면; 손동권, 751면; 오영근, 1002면; 이재상, §43-19; 임웅, 804면; 정성근/박광민, 718면; 정영일, 632면; 진계호, 711면. 다만 공무상 비밀누설죄가 별도로 처벌되는 현행형법의 체계를 고려할 때 피의자의 인권으로만 보아야 한다는 소수설은 박상기, 632면 참조.

1398 우리나라의 수사관행에 의할 때 무죄추정의 원칙이 너무나 쉽게 무너지고 있기 때문에 본죄는 사실상 형해화되었다는 지적으로는 박상기, 633면; 임웅, 805면 참조.

1399 김일수/서보학, 798면; 박상기, 632면; 임웅, 805면. 구체적 위험범으로 보는 견해는 배종대, 738면 참조.

1400 김일수/서보학, 799면; 박상기, 633면; 백형구, 659면; 오영근, 1003면; 임웅, 764면; 진계호, 711면.

3. 위법성

(1) 피해자의 승낙

본죄는 개인적 법익에 대한 죄가 아니므로 피의자의 승낙은 위법성을 조각할 수 없다.

(2) 공개수배 및 수사상황 발표의 문제

본죄의 구성요건에 해당되는 피의사실공표행위가 수사상 필요에 의해 행해진 것이라는 이유만으로는 본죄의 위법성이 조각될 수 없다. 다만 피의자를 공개수배(公開手配)하는 방식으로 수사를 하거나, 국민의 알권리를 충족시키기 위해 수사 중간상황을 공개적으로 브리핑하는 경우 피의사실공표행위가 일어나게 되는데, 이에 대해서는 위법성이 조각될 수 없다는 견해[1401]와 정당행위 내지 정당화적 긴급피난으로서 위법성이 조각되어 처벌할 수 없다는 견해[1402]가 대립하고 있다. 후설이 타당하다고 생각된다. 국가7급 08

04 공무상 비밀누설죄

제127조【공무상 비밀의 누설】 공무원 또는 공무원이었던 자가 법령에 의한 직무상 비밀을 누설한 때에는 2년 이하의 징역이나 금고 또는 5년 이하의 자격정지에 처한다.

1. 의의 및 보호법익

공무상 비밀누설죄(公務上 秘密漏泄罪, divulgence of official secrets)는 공무원 또는 공무원이었던 자가 법령에 의한 직무상 비밀을 누설함으로써 성립하는 범죄로서, 기밀 그 자체를 보호하는 것이 아니라 공무원의 비밀엄수의무(秘密嚴守義務)의 침해에 의하여 위험하게 되는 이익, 즉 비밀의 누설에 의하여 위협받는 '국가의 기능'을 보호하기 위한 것이다(다수설[1403] · 판례[1404]). 법원행시 11 / 법원행시 12 / 국가9급 17 본죄는 추상적 위험범이다.

판례연구 국가의 기능에 위험이 발생하지 않았다는 사례

대법원 2021.11.25, 2021도2486

법원 형사수석부장판사가 같은 법원 영장전담판사들로부터 보고받은 정보를 법원행정처 차장에게 보고한 사건

공무상비밀누설죄는 공무상 비밀 그 자체를 보호하는 것이 아니라 공무원의 비밀엄수의무의 침해에 의하여 위험하게 되는 이익, 즉 비밀누설에 의하여 위협받는 국가의 기능을 보호하기 위한 것이다. 그러므로 공무원이 직무상 알게 된 비밀을 그 직무와의 관련성 혹은 필요성에 기하여 해당 직무의 집행과 관련 있는 다른 공무원에게 직무집행의 일환으로 전달한 경우에는, 관련 각 공무원의 지위 및 관계, 직무집행의 목적과 경위, 비밀의 내용과 전달 경위 등 제반 사정에 비추어 비밀을 전달받은 공무원이 이를 그 직무집행과 무관하게 제3자에게 누설할 것으로 예상되는 등 국가기능에 위험이 발생하리라고 볼 만한 특별한 사정이 인정되지 않는 한, 위와 같은 행위가 비밀의 누설에 해당한다고 볼 수 없다. 경찰채용 22 2차

유사판례 법원장이 소속 법원 기획법관으로 하여금 영장재판 관련 정보를 법원행정처 차장에게 보고하도록 한 경우 공무상비밀누설에 해당하지 않는다(대법원 2021.12.30, 2021도11924).

1401 서일교, 312면; 손동권, 752면; 이재상, §43－23; 정성근/박광민, 719면; 정영석, 43면; 진계호, 623면.
1402 권문택(주석), 103면; 김일수/서보학, 785면; 박상기, 634면; 백형구, 659면; 임웅, 806면.
1403 김일수/서보학, 800면; 김성천/김형준, 810면; 박상기, 634면; 배종대, 757면; 백형구, 660면; 손동권, 752면; 오영근, 1005면; 이재상, §43－24; 정성근/박광민, 720면; 정영일, 633면; 진계호, 713면.
1404 대법원 1996.5.10, 95도780.

2. 구성요건

(1) **객체** – 법령에 의한 직무상 비밀

원래 비밀(秘密)이라고 하면 공지(公知)의 사실이 아닌 것으로서 객관적으로 비밀유지의 이익이 있는 것을 말하는데, 본죄의 '법령에 의한 직무상 비밀(秘密)'의 개념에 대해서는 견해가 대립하고 있다. ① 지배적 다수설은 본죄의 비밀은 법령에 의하여 비밀로 분류되어 규정된 것만 포함된다는 입장이며[1405] 피고인에게 불리한 유추해석은 금지해야 한다는 점에서 타당하다고 생각된다. 그러나 ② 반드시 법령에 의해 인위적으로 비밀이라고 분류·명시된 사항뿐만 아니라 객관적인 입장에서 외부에 알려지지 않는 것에 '상당한 이익'이 있는 사항도 포함된다는 입장(소수설[1406]·판례[1407])도 있다. 특히 판례의 입장이 이와 같다.[1408] 경찰간부 13

판례연구 공무상 비밀에 해당한다는 사례

1. 대법원 1970.6.30, 70도562

시험의 당락에 중요한 영향을 미칠 문제에 속한 사실의 비밀성

공무상 비밀누설죄의 범죄사실 적시에서 피고인 '甲'이 '丙'에게 알려준 내용사실이 시험의 당락에 중요한 영향을 미칠 문제에 속하였던 사실을 적시하면 족하고, 그 내용 사항이 구체적으로 출제된 여부의 점까지 밝힐 필요는 없다. … 피고인이 시험정리원으로서 그 직무에 관련하여 '丙'으로부터 돈을 받은 것은 뇌물수수죄가 되며 나아가 피고인이 그 직무상 지득한 구술시험 문제 중에서 소론 사항을 '丙'에게 알린 것은 공무상 비밀의 누설인 동시에 형법 제131조 제1항의 부정한 행위를 한 때에 해당한다(수뢰 후 부정처사죄와 공무상비밀누설죄의 상상적 경합). 국가7급 20

2. 대법원 1982.6.22, 80도2822

도시계획위원회에서 가결된 도시계획시설결정 사례

가결된 도시계획시설결정은 그것이 법 소정의 절차를 거쳐 일반에게 공고 또는 고시 등에 의하여 공개되기 전에 관계공무원이 이를 미리 특정인에게 누설하는 경우, 부동산 투기를 조장하여 특정인에게 부당한 이익을 줄 염려가 있는 한편, 선량한 시민에게 부당한 피해를 주어 도시계획의 건전한 발전을 저해하는 요소로 작용될 수 있는 사항이라 할 것이므로, 비록 도시계획사업을 규율하는 도시계획법 등에 도시계획시설결정사실을 비밀사항으로 규정한 바 없다 하더라도 판시와 같은 도시계획시설결정사실은 실질적으로 비밀성을 지녔다 할 것이다.[1409]

3. 대법원 2005.9.15, 2005도4843

당사자가 부인하는 간통사건의 간통장면을 촬영한 증거의 존재 사실의 비밀성

따라서 피의자들의 간통행위에 대한 형사고소 사건에 있어서 제출된 증거 관계, 특히 당사자가 부인하는 간통사건에 있어서 간통장면을 촬영한 CD와 같은 직접적 증거의 존재 및 제출 여부는, 그 사실이 당해 사건의 피의자에게 누설될 경우 피의자로 하여금 제출된 증거의 종류 및 증명력 여하에 따라 범행을 부인하거나 관련된 증거의 인멸, 위·변조 등을 시도하게 할 염려가 있고 이로써 국가기관의 수사기능을 저해하는 요소로 작용될 수 있기 때문에, 비록 관계 법령에서 이를 비밀 사항으로 규정한 바 없다 하더라도, 이를 피의자에게 알려주는 등 특정인의 이익을 도모하여 정당한 이유 없이 누설함은 공무상 비밀누설죄에 해당한다. 경찰간부 12

1405 김성천/김형준, 811면; 김일수/서보학, 802면; 박상기, 634면; 백형구, 661면; 손동권, 753면; 유기천(하), 324면; 이정원, 745면; 임웅, 807면; 정성근/박광민, 721면; 정영석, 44면; 진계호, 714면; 황산덕, 48면.

1406 이재상, §43–26.

1407 대법원 1996.5.10, 95도780; 2003.12.26, 2002도7339 등 참조.

1408 판례의 입장은 국가기밀주의에 편향된 것으로서 판례의 입장을 따를 경우 공무원이 직무수행 중 알게 된 사실을 외부에 알리는 행위는 모두 본죄에 해당될 것이라는 지적으로는 박상기, 635면 참조.

1409 유사판례 피고인이 공소외 오○○에게 복사하여 건네 준 성남도시개발사업 현안문제에 대한 조치라는 제목의 경기도지사의 공문내용은 사전 누설이 될 경우 특정인에게 부당한 이익을 주거나 또는 부동산투기 등을 일으키게 하는 등의 우려가 있어 실질적으로 비밀성을 지닌 것이다(대법원 1981.7.28, 81도1172).

4. 대법원 2007.6.14, 2004도5561
특정 사건 수사 중 수사기관의 자료 확보 내역, 사안의 죄책 여하, 신병처리 의견 등의 정보의 비밀성
검찰 등 수사기관이 특정 사건에 대하여 수사를 진행하고 있는 상태에서, 수사기관이 현재 어떤 자료를 확보하였고 해당 사안이나 피의자의 죄책, 신병처리에 대하여 수사책임자가 어떤 의견을 가지고 있는지 등의 정보는 해당 사건에 대한 종국적인 결정을 하기 전까지는 외부에 누설되어서는 안 될 수사기관 내부의 비밀에 해당한다. 따라서 검찰의 고위 간부가 특정 사건에 대한 수사가 계속 진행 중인 상태에서 해당 사안에 관한 수사책임자의 잠정적인 판단 등 수사팀의 내부 상황을 확인한 뒤 그 내용을 수사 대상자 측에 전달한 행위는 형법 제127조에 정한 공무상 비밀누설에 해당한다. 법원행시 11 / 경찰간부 13 / 경찰승진(공통) 11

5. 대법원 2008.3.14, 2006도7171
지방재정법상 수의계약의 공사 예정가격 사례
지방재정법 및 동시행령의 제 규정들을 종합하면 지방자치단체의 장 또는 계약담당공무원이 수해복구 공사계약을 체결하면서 수의계약에 부칠 사항에 관하여 당해 규격서 및 설계서 등에 의하여 결정한 '예정가격'은 형법 제127조의 '공무상 비밀'에 해당한다.

6. 대법원 2018.2.13, 2014도11441
검사의 수사지휘서의 기재 내용과 이에 관계된 수사상황
검사가 수사의 대상, 방법 등에 관하여 사법경찰관리에게 지휘한 내용을 기재한 수사지휘서는 당시까지 진행된 수사의 내용뿐만 아니라 향후 수사의 진행방향까지 가늠할 수 있게 하는 수사기관의 내부문서이다. 수사기관이 특정 사건에 대하여 내사 또는 수사를 진행하고 있는 상태에서 수사지휘서의 내용이 외부에 알려질 경우 피내사자나 피의자 등이 증거자료를 인멸하거나 수사기관에서 파악하고 있는 내용에 맞추어 증거를 준비하는 등 수사기관의 증거 수집 등 범죄수사 기능에 장애가 생길 위험이 있다. 또한 수사지휘서의 내용이 누설된 경로에 따라서는 사건관계인과의 유착 의혹 등으로 수사의 공정성과 신뢰성이 훼손됨으로써 수사의 궁극적인 목적인 적정한 형벌권 실현에 지장이 생길 우려도 있다. 그러므로 수사지휘서의 기재 내용과 이에 관계된 수사상황은 해당 사건에 대한 종국적인 결정을 하기 전까지는 외부에 누설되어서는 안 될 수사기관 내부의 비밀에 해당한다.

7. 대법원 2018.4.26, 2018도2624
중국 특사단 추천 의원 문건 사건
제18대 대통령 당선인 甲의 비서실 소속 공무원인 피고인이 당시 甲을 위하여 중국에 파견할 특사단 추천 의원을 정리한 문건을 乙에게 이메일 또는 인편 등으로 전달함으로써 법령에 의한 직무상 비밀을 누설하였다는 내용으로 기소된 경우, 위 문건은 사전에 외부로 누설될 경우 대통령 당선인의 인사 기능에 장애를 초래할 위험이 있으므로, 종국적인 의사결정이 있기 전까지는 외부에 누설되어서는 아니 되는 비밀로서 보호할 가치가 있는 직무상 비밀에 해당한다.

판례연구 공무상 비밀에 해당하지 않는다는 사례

1. 대법원 1996.6.5, 95도780
감사원 감사관이 공개한 기업의 비업무용 부동산 보유실태에 관한 감사원 보고서의 내용은 공무상 비밀에 해당되지 않는다.

2. 대법원 2003.12.26, 2002도7339
법령에 의한 직무상 비밀이란 반드시 법령에 의하여 비밀로 규정되었거나 비밀로 분류·명시된 사항에 한하지 아니하고 정치, 군사, 외교, 경제, 사회적 필요에 따라 비밀로 된 사항은 물론 정부나 공무소 또는 국민이 객관적·일반적인 입장에서 외부에 알려지지 않는 것에 가치가 있다고 인정할 수 있는 것이어야 하므로, 이른바 옷값 대납 사건의 내사결과보고서의 내용은 비공지의 사실이기는 하나 실질적으로 비밀로서 보호할 가치가 있는 것이라고 인정할 수 없다.

3. 대법원 2012.3.15, 2010도14734
구청에서 체납차량 영치 및 공매 등의 업무를 담당하던 공무원인 A가 甲의 부탁을 받고 차적 조회 시스템을 이

용하여 범죄 현장 부근에서 경찰의 잠복근무에 이용되고 있던 경찰청 소속 차량의 소유관계에 관한 정보를 알아내 甲에게 알려주었다 하더라도, 재산의 소유 주체에 관한 정보에 불과한 자동차 소유자에 관한 정보를 정부나 공무소 또는 국민이 객관적·일반적인 입장에서 외부에 알려지지 않는 것에 상당한 이익이 있는 사항으로서 실질적으로 보호할 가치가 있다거나, 그 누설에 의하여 국가의 기능이 위협받는다고 볼 수 없고, 경찰청 소속 차량으로 잠복수사에 이용되는 경우 소속이 외부에 드러나지 말아야 할 사실상의 필요성이 있다는 사정만으로 달리 볼 것은 아니다. 경찰간부 13

(2) 누 설

누설(漏泄)이란 공무상 비밀을 모르고 있는 제3자에게 알려주는 행위이다. 따라서 이미 알고 있는 사람에게 알리는 것은 누설이라 할 수 없다는 것이 통설이다.[1410] 반드시 누설의 상대방이 공무상 비밀을 알게 되어야만 기수(旣遂)에 도달하는 것은 아니고, 누설에 의하여 공무상 비밀을 상대방이 알 수 있는 상태에 둔 것만으로도 기수가 된다. 본죄는 미수를 벌하지 않는다.[1411] 경찰간부 17

05 직권남용죄

제123조【직권남용】 공무원이 직권을 남용하여 사람으로 하여금 의무 없는 일을 하게 하거나 사람의 권리행사를 방해한 때에는 5년 이하의 징역, 10년 이하의 자격정지 또는 1천만 원 이하의 벌금에 처한다.

1. 의의 · 보호법익과 강요죄와의 관계

(1) 의의 및 보호법익

직권남용죄(職權濫用罪, abuse of authority) 또는 직권남용권리행사방해죄는 공무원이 직권을 남용하여 사람으로 하여금 의무 없는 일을 하게 하거나 사람의 권리행사를 방해함으로써 성립하는 범죄이다. 본죄의 보호법익은 국가기능의 공정한 행사이며, 법익보호의 정도는 침해범설이 있으나[1412] 추상적 위험범으로 보아야

1410 김일수/서보학, 802면; 박상기, 635면; 백형구, 677면; 오영근, 1006면; 유기천(하), 324면; 이재상, §43-27; 이정원, 745면; 임웅, 808면; 정성근/박광민, 722면; 진계호, 714면. 반대견해로는 권문택(공저), 692면; 이건호, 44면.

1411 **보충 : 내부고발자의 문제와 공무상 비밀누설죄의 위법성** 공직 내부의 부패가 아직도 사라지지 않은 우리의 현실에서 공직자의 부패를 방지하는 것은 단지 공직사회의 투명성 제고만 도모하는 것이 아니라 '국민의 기본적 권익을 보호하고 행정의 적정성을 확보하며 청렴한 공직 및 사회풍토의 확립에 이바지(부패방지 및 국민권익위원회의 설치와 운영에 관한 법률 -이하 부패방지법- 제1조의 제정목적임)'하는 것이다. 공직자가 공직 내부의 부패행위를 스스로 고발하는 것은 부패의 발생을 예방함으로써 부패행위를 효율적으로 규제하는 지름길이 될 수 있다는 점에서, 이러한 내부고발자를 보호하는 것은 형사정책적으로 중요한 의미가 있다. 이에 마련된 것이 **부패방지법**이다.
동법에 규정된 **부패행위**란 ㉠ 공직자가 직무와 관련하여 그 지위 또는 권한을 남용하거나 법령을 위반하여 자기 또는 제3자의 이익을 도모하는 행위, ㉡ 공공기관의 예산사용, 공공기관 재산의 취득·관리·처분 또는 공공기관을 당사자로 하는 계약의 체결 및 그 이행에 있어서 법령에 위반하여 공공기관에 대하여 재산상 손해를 가하는 행위, ㉢ 가목과 나목에 따른 행위나 그 은폐를 강요·권고·제의·유인하는 행위를 말한다(동법 제2조 제4호). 공직자는 이러한 부패행위에 대하여 신고의무가 있다(동법 제56조 : 공직자는 그 직무를 행함에 있어 다른 공직자가 부패행위를 한 사실을 알게 되었거나 부패행위를 강요 또는 제의받은 경우에는 지체 없이 이를 수사기관·감사원 또는 위원회에 신고하여야 한다.). 따라서 공무상 비밀누설죄의 구성요건에 해당되는 공직자의 부패행위에 대한 신고행위는 부패방지법에 의하여 그 위법성이 조각되는 **법령에 의한 행위**(정당행위)가 된다.
또한 동법 제62조에서는 신고자의 신분보장규정을 두고 있는바, 누구든지 이 법에 따른 신고나 이와 관련한 진술 그 밖에 자료 제출 등을 한 이유로 소속기관·단체·기업 등으로부터 징계조치 등 어떠한 신분상 불이익이나 근무조건상의 차별을 받지 아니하고(동조 제1항), 누구든지 신고를 한 이유로 신분상 불이익이나 근무조건상의 차별을 당하였거나 당할 것으로 예상되는 때에는 위원회에 해당 불이익처분의 원상회복·전직·징계의 보류 등 신분보장조치와 그 밖에 필요한 조치를 요구할 수 있다(동조 제2항). 또한 이 법에 의한 신고를 함으로써 그와 관련된 자신의 범죄가 발견된 경우 그 신고자에 대하여 형을 감경 또는 면제할 수 있다(동법 제66조 제1항의 책임감면조항).

1412 김일수/서보학, 804면; 오영근, 1008면; 이정원, 741면; 황산덕, 45면.

한다(다수설[1413] · 판례[1414]). 본죄는 결과범이기는 하지만(권리행사방해의 결과 필요) "국가기능의 공정한 행사"라는 보호법익이 현실적으로 침해되어야 하는 것은 아니라는 점(보호법익의 침해 불필요)에서 추상적 위험범의 성격을 가지는 것이다.

(2) 강요죄와의 관계 – 진정신분범

강요죄(형법 제324조)와의 관계에 있어서 본죄는 그 행위주체로 인하여 형이 가중되는 부진정신분범이라고 보는 견해(소수설[1415])도 있으나, 강요죄와는 그 보호법익이 다를 뿐만 아니라 강요죄와는 달리 본죄는 폭행·협박이 행위태양이 아니라는 점에서 독자적 성격의 진정신분범이라고 보는 견해(다수설[1416])가 타당하다.

2. 구성요건

(1) 주체 : 공무원

본죄의 주체인 공무원은 강제력을 수반하는 직무를 행하는 자임을 요한다는 것이 통설이나,[1417] 판례는 이를 요건으로 하지 않고 있다.[1418] 경찰간부 12 생각건대, 강요죄와 달리 폭행·협박을 그 행위수단으로 삼고 있지 않은 본죄에 있어서 그 행위주체의 직무의 강제성도 없는 경우 상대방이 강요당한다는 것은 생각하기 어렵다. 따라서 통설이 타당하다고 생각된다.

한편, 공무원인 피고인이 퇴임한 이후에는 위와 같은 직권이 존재하지 않으므로, 퇴임 후에도 실질적 영향력을 행사하는 등으로 퇴임 전 공모한 범행에 관한 기능적 행위지배가 계속되었다고 인정할 만한 특별한 사정이 없는 한, 퇴임 후의 범행에 관하여는 공범으로서 책임을 지지 않는다고 보아야 한다(대법원 2020.2.13, 2019도5186). 직권남용권리행사방해죄는 공무원에게 직권이 존재하는 것을 전제로 하는 범죄이고 직권은 국가의 권력작용에 의해 부여되거나 박탈되는 것이므로, 공무원이 공직에서 퇴임하면 해당 직무에서 벗어나고 그 퇴임이 대외적으로도 공표되기 때문이다.

(2) 행위 : 직권의 남용

① 의의 : 공무원이 그의 '일반적 권한에 속하는 사항(직권)'에 관하여 그것을 불법하게 행사하는 것, 즉 형식적·외형적으로는 직무집행으로 보이나 실질적·구체적으로는 정당한 권한 이외의 행위를 하는 경우를 의미한다. 경찰승진(경위) 10 / 경찰승진 12

② 일반적 권한에 속하는 사항의 행사 법원행시 12 : 어떠한 직무가 공무원의 일반적 권한에 속하는 사항이

1413 김성천/김형준, 807면; 박상기, 636면; 백형구, 670면; 손동권, 747면; 유기천(하), 629면; 이재상, §43－33: 임웅, 768면; 정성근/박광민, 723면; 진계호, 626면.

1414 **판례 : 직권남용죄는 추상적 위험범이지만 결과범이라는 사례** 제123조의 죄가 원판결 설시와 같이 그 보호객체(법익)가 국권의 공정에 있고 이 법익침해는 침해결과의 발생의 위험이 있으면 족하다고 보아야 하는 점에서 강학상 **위태범(危殆犯)**이라 함은 옳으나 이 문제와 행위객체로서의 범죄구성요건에 있어서의 행위에 결과가 있어야 그 요건이 충족된다 함은 다르기 때문에 위태범이라는 이유를 들어 제123조의 죄에 있어서 **권리침해사실이 현실적으로 있을 필요가 없다고 할 수는 없다**(대법원 1978.10.10, 75도2665).

1415 배종대, 759면; 서일교, 313면; 유기천(하), 297면; 황산덕, 44면.

1416 김일수/서보학, 804면; 손동권, 745면; 이재상, §43－28; 이정원, 747면; 임웅, 809면; 정성근/박광민, 723면; 진계호, 716면. 따라서 이러한 다수설에 의할 때, 공무원이 폭행·협박에 의하여 타인의 권리행사를 방해한 때에는 직권남용죄와 강요죄의 상상적 경합이 성립하게 된다.

1417 권문택(주석), 685면; 김일수/서보학, 804면; 배종대, 759면; 백형구, 655면; 서일교, 313면; 손동권, 745면; 오영근, 1008면; 유기천(하), 279면; 이재상, §43－29; 이정원, 747면; 임웅, 810면; 정성근/박광민, 723면; 정영석, 39면; 진계호, 717면; 황산덕, 44면. 반면에 강제력 유무를 불문한다는 견해는 이건호, 39면.

1418 **판례** 직권남용죄는 공무원이 그 일반적 직무권한에 속하는 사항에 관하여 직권의 행사에 가탁하여 실질적, 구체적으로 위법·부당한 행위를 한 경우에 성립하고(대법원 1992.3.10, 92도116), 경찰승진(경위) 10 **그 일반적 직무권한은 반드시 법률상의 강제력을 수반하는 것임을 요하지 아니하며,** 그것이 남용될 경우 직권행사의 상대방으로 하여금 법률상 의무 없는 일을 하게 하거나 정당한 권리행사를 방해하기에 충분한 것이면 된다고 할 것이다(대법원 2004.5.27, 2002도6251). 경찰간부 12

라고 하기 위해서는 법령상의 근거가 필요하지만, 명문이 없는 경우라도 법·제도를 종합적·실질적으로 관찰해서 그것이 해당 공무원의 직무권한에 속한다고 해석되고, 남용된 경우 상대방으로 하여금 사실상 의무 없는 일을 행하게 하거나 권리를 방해하기에 충분한 것이라고 인정되는 경우에는 '일반적 권한'에 포함된다(대법원 2011.7.28, 2011도1739; 2019.3.14, 2018도18646).

③ 단순한 불법행위와의 구별 : 직권남용은 공무원이 그의 일반적 권한에 속하지 않는 행위를 하는 경우인 지위를 이용한 불법행위와는 구별된다. 따라서 집행관이 채무자를 체포하는 행위처럼 외관상 직무권한과 아무런 관련이 없는 행위는 본죄를 구성하지 않는다.[1419] 경찰승진(경위) 10 / 사시 13

판례연구 직권남용에 해당하는 사례

1. 대법원 1992.3.10, 92도116

① 대통령 비서실 민정수석비서관이 대통령의 근친관리업무에 관련하여 농수산물 도매시장 관리공사 대표이사에게 요구하여 위 시장 내 일부 시설을 당초 예정한 공개입찰이 아닌 수의계약으로 대통령의 근친에게 임대케 한 행위라든가, ② 위 청와대 민정수석이 수집된 각종 정보에 의거하여 필요한 경우 감사원의 감사활동을 현실적으로 지시하여 오던 중 그러한 직무권한에 가탁(假託)하여 감사원의 특정 기관에 대한 감사를 중단케 한 행위는 직권남용죄에 해당한다.

2. 대법원 2004.5.27, 2002도6251

재정경제원장관이 대기업에 해당되지도 아니하며 회생 가능성도 불투명하여 대출이 가능한 요건을 갖추었다고 보기 어려운 기업에 대하여 은행감독원장으로부터 경영개선명령을 받아 신규대출을 기피하고 있던 위 기업의 주거래 은행의 은행장에게 개인적 친분이 있는 위 기업을 도와주기 위한 목적으로 대출을 실행하여 줄 것을 요구하고 위 요구에 따라 위 은행장이 이미 같은 은행으로부터 대출신청이 거절당한 바 있는 위 기업에 대하여 새로이 다른 채권은행장들과 협조융자를 추진하고 대출하도록 한 행위는 직권남용죄를 구성한다.

3. 대법원 2004.10.14, 2004도2899

시(市)의 자치행정국장으로서 해당 시의 조직관리, 공무원 인사 및 민원사무 등 내무행정 전반을 총괄하고 있으므로 비록 다른 부서의 직원이지만 개발제한구역 내의 행위에 관한 허가 등 민원업무를 담당하는 공무원의 승진 등 인사에 관여하거나 그 공무원의 민원업무에 대한 감사를 요구하는 것은 피고인의 일반적 직무권한에 속하는 사항이라고 봄이 상당하다.

4. 대법원 2006.5.26, 2005도6966

참고인 조사를 위하여 타청 관할에 속하는 교도소장에 대하여 참고인의 소환을 요청하는 것을 그 일반적 직무권한에 속하는 사항이라고 할 수 있는 검사 甲이 실제로는 개인적인 목적을 위하여 乙을 소환하면서도 수사 목적이라는 명분을 내세워 乙이 수용된 구치소 또는 교도소의 교도관리에게 乙에 대한 소환요구 또는 출석요구를 하였고 이에 따라 교도관리들로 하여금 乙을 검사실로 호송케 한 행위는 직권남용죄에 해당한다.

5. 대법원 2007.6.14, 2004도5561

검찰의 고위 간부(검찰총장 또는 대검 차장검사)가 내사 담당 검사로 하여금 내사(內査)를 중도에서 그만두고 종결처리토록 한 행위는 직권남용죄를 구성한다.[1420] 경찰간부 12

1419 김성천/김형준, 808면; 김일수/서보학, 805면; 배종대, 759면; 백형구, 655면; 손동권, 746면; 오영근, 1008면; 유기천(하), 297면; 이재상, §43-31; 임웅, 810면; 정성근/박광민, 724면; 정영일, 629면; 진계호, 717면.

1420 판결이유 피고인 1의 주장과 같이 위 피고인이 울산지방검찰청 검사장에게 단지 내사진행이 외부로 공개되지 않도록 하라는 뜻으로 말하였을 뿐이라고 하더라도, 이미 수개월간 내사가 진행되어 사무실과 임원의 거주지에 대한 압수수색까지 진행된 사안에 대하여 압수수색 결과 확보된 자료에 대한 충분한 검토도 하지 못한 상태인 압수수색 직후의 시점에서 더 이상 내사진행이 외부로 공개되지 않도록 하라고 언급하였다면 그 언급만으로도 내사 담당자로서는 현실적으로 더 이상 추가적인 내사진행을 추진하기 어려울 것이므로, 위와 같은 언급 역시 A종합건설회사에 대한 내사중단의 지시로 평가될 수밖에 없으며, 위와 같은 내사중단 지시에 의하여 담당 검사로 하여금 구체적인 혐의 사실을 발견하여 정상적인 처리절차를 진행 중이던 A회사 내지 B시장에 대한 내사를 중도에서 그만두고 종결처리토록 한 행위는 본죄를 구성한다.

6. 대법원 2009.1.30. 2008도6950
대통령비서실 정책실장이 공무원으로 하여금 특별교부세 교부대상이 아닌 특정 사찰의 증·개축사업을 지원하는 특별교부세 교부신청 및 교부결정을 하도록 하게 한 행위가 직권남용권리행사죄를 구성한다. 경찰간부 12 / 경찰간부 18

7. 대법원 2020.1.30. 2018도2236 전원합의체
대통령비서실장 등의 이른바 좌파 지원배제 지시 사건 : 소위 블랙리스트 사건
대통령비서실장 甲 등은 문화체육관광부 공무원을 통하여 문화예술진흥기금 등 정부의 지원을 신청한 개인·단체의 이념적 성향이나 정치적 견해 등을 이유로 한국문화예술위원회·영화진흥위원회·한국출판문화산업진흥원이 수행한 각종 사업에서 이른바 좌파 등에 대한 지원배제를 지시하였다. 피고인들의 위와 같은 지원배제 지시는 헌법에서 정한 문화국가원리, 표현의 자유, 평등의 원칙, 문화기본법의 기본이념인 문화의 다양성·자율성·창조성 등에 반하여 헌법과 법률에 위배되므로 '직권남용'에 해당한다.

판례연구 직권남용에 해당하지 않는 사례

1. 대법원 2005.4.15. 2002도3453
대검찰청 공안부장인 피고인이 고등학교 후배인 한국조폐공사 사장에게 위 공사의 쟁의행위 및 구조조정에 관하여 전화통화를 한 것은 직권남용죄[1421]와 업무방해죄[1422]에 해당하지 않는다. 경찰간부 12

2. 대법원 2009.1.30. 2008도6950
공무원이 직무와는 상관없이 단순히 개인적인 친분에 근거하여 문화예술 활동에 대한 지원을 권유하거나 협조를 의뢰한 것에 불과한 경우까지 직권남용에 해당한다고 할 수는 없다. 따라서 대통령비서실 정책실장이 임원들과 개인적 친분이 있는 기업체들에 대하여 기업 메세나 활동의 일환인 미술관 전시회 후원을 요청한 행위는 직권남용권리행사방해죄에 해당하지 않는다. 경찰승진(경위) 10

3. 대법원 2022.10.27. 2020도15105
국방부장관이 국방부조사본부장에게 청와대 민정수석실에 구속 여부에 관한 의견을 묻게 하고 불구속 송치를 지시한 사례
직권 행사의 주된 목적이 직무 본연의 수행에 있지 않고 본인 또는 제3자의 사적 이익 추구나 청탁 또는 불법 목적의 실현 등에 있는 경우, 권한 행사의 형식을 갖추기 위하여 관련 자료나 근거를 작출, 조작, 은닉, 묵비하는 등의 적극적 또는 소극적 행위가 개입된 경우 등과 같이, 직권 행사의 목적과 방법에 있어 그 위법·부당의 정도가 실질적·구체적으로 보아 직무 본래의 수행이라고 평가할 수 없을 정도에 이른 경우라면 직권을 남용하였다고 평가할 수 있을 것이나, 위법·부당의 정도가 그에 미치지 못하는 경우라면 직권남용 해당 여부를 보다 신중하게 판단할 필요가 있다. …… 국방부장관 甲은 '국군사이버사령부 530단 정치관여 등 의혹 사건'의 수사 과정에서 국방부조사본부장으로부터 530단장에 대한 구속영장 신청 상황을 보고받은 후 국방부조사본부장에게 청와대 민정수석실에 구속 여부에 관한 의견을 묻게 하고 결국은 국방부조사본부장에게 530단장의 불구속 송치를 지시하였다. 피고인의 국방부조사본부장에 대한 불구속 송치 지시는 피고인에게 주어진 신병처리에 관한 구체적이고 최종적인 권한 내의 행위로서 피고인은 법령이 허용하는 범위 내에서 불구속수사의 원칙 등 여러 사항

1421 판결이유 직권남용죄에 해당하려면 현실적으로 다른 사람이 의무 없는 일을 하였거나 다른 사람의 구체적인 권리행사가 방해되는 결과가 발생하여야 하며, **그 결과의 발생은 직권남용 행위로 인한 것이어야 한다.** 따라서 피고인이 공소외인에게 단지 전화로 "좋지 않은 정보 보고가 올라온다. 서울이 시끄럽다. 빨리 직장폐쇄를 풀고 구조조정을 단행하라."라고 말한 사실은 인정되지만, 공소외인은 **직장폐쇄의 철회와 조폐창의 조기통합은 조폐공사의 경영상 필요에 의하여 자율적으로 판단하여 실시한 것이라면,** 피고인의 위 전화행위와 공소외인이 직장폐쇄를 철회하고, 인력감축을 하지 않으려던 경영방침을 포기한 후 옥천조폐창을 경산조폐창으로 조기에 통합하기로 결정한 것 사이에는 인과관계가 있다고 볼 수 없다.

1422 판결이유 형법 제314조의 위계 또는 위력에 의한 업무방해죄가 성립하려면 업무방해의 결과가 실제로 발생할 것을 요하지 아니하지만 업무방해의 결과를 초래할 위험은 발생하여야 하고(대법원 1992.4.10, 91도3044; 1997.3.11, 96도2801; 2002.3.29, 2000도3231 등), 변호사 13 **그 위험의 발생은 위계 또는 위력으로 인한 것이어야 한다**(대법원 2004.3.26, 2003도7927). 공소외인이 직장폐쇄를 철회하고, 인력감축을 하지 않으려는 경영방침을 포기한 후 조폐창을 조기에 통합하기로 결정한 것은 **피고인의 위 전화행위로 인한 것이 아니므로,** 피고인의 위 전화행위로 인하여 공소외인의 경영업무가 방해될 위험이 발생하였다고 볼 수 없다.

을 참작하여 신병에 관한 결정을 할 수 있는 재량을 가지고 있으므로 일부 부적절한 사정을 고려하였다고 하여 그 직무행사의 목적이 위법하다고 볼 수 없고, 피고인이 피의자 신병에 관한 구체적이고 최종적인 결정권한을 행사하는 과정에서 여러 견해를 참고할 필요가 있어 국방부조사본부장에게 그에 관한 지시를 하였다고 볼 수 있어서 그 직권의 행사가 당시의 상황에 비추어 필요성이나 상당성이 없다고 단정하기 어렵다고 보아, 청와대 민정수석실에 피의자의 구속에 관한 의견을 묻게 하고 불구속 송치를 지시한 행위가 직권남용권리행사방해죄를 구성한다고 볼 수 없다. 경찰채용 24 1차

(3) **결과** – 의무 없는 일을 하게 하거나 권리행사를 방해하는 것 : 직권남용권리행사방해죄는 단순히 공무원이 직권을 남용하는 행위를 하였다는 것만으로 곧바로 성립하는 것이 아니다. 직권을 남용하여 현실적으로 다른 사람이 법령상 의무 없는 일을 하게 하였거나 다른 사람의 구체적인 권리행사를 방해하는 결과가 발생하여야 하고, 그 결과의 발생은 직권남용 행위로 인한 것이어야 한다. '사람으로 하여금 의무 없는 일을 하게 한 것'과 '사람의 권리행사를 방해한 것'은 형법 제123조가 규정하고 있는 객관적 구성요건요소인 '결과'로서 둘 중 어느 하나가 충족되면 직권남용권리행사방해죄가 성립한다. 이는 '공무원이 직권을 남용하여'와 구별되는 별개의 범죄성립요건이다. 따라서 공무원이 한 행위가 직권남용에 해당한다고 하여 그러한 이유만으로 상대방이 한 일이 '의무 없는 일'에 해당한다고 인정할 수는 없다.

① 의무 없는 일을 하게 하는 것 : '의무 없는 일'에 해당하는지는 직권을 남용하였는지와 별도로 상대방이 그러한 일을 할 법령상 의무가 있는지를 살펴 개별적으로 판단하여야 한다. 직권을 남용한 행위가 위법하다는 이유로 곧바로 그에 따른 행위가 의무 없는 일이 된다고 인정하면 '의무 없는 일을 하게 한 때'라는 범죄성립요건의 독자성을 부정하는 결과가 되고, '권리행사를 방해한 때'의 경우와 비교하여 형평에도 어긋나게 된다. ㉠ 직권남용 행위의 상대방이 일반 사인인 경우 특별한 사정이 없는 한 직권에 대응하여 따라야 할 의무가 없으므로 그에게 어떠한 행위를 하게 하였다면 '의무 없는 일을 하게 한 때'에 해당할 수 있다. 그러나 ㉡ 상대방이 공무원이거나 법령에 따라 일정한 공적 임무를 부여받고 있는 공공기관 등의 임직원인 경우에는 법령에 따라 임무를 수행하는 지위에 있으므로 그가 직권에 대응하여 어떠한 일을 한 것이 의무 없는 일인지 여부는 관계 법령 등의 내용에 따라 개별적으로 판단하여야 한다. 특히, ㉠ 공무원이 자신의 직무권한에 속하는 사항에 관하여 실무 담당자로 하여금 그 직무집행을 보조하는 사실행위를 하도록 하더라도 이는 공무원 자신의 직무집행으로 귀결될 뿐이므로 원칙적으로 직권남용권리행사방해죄에서 말하는 의무 없는 일을 하게 한 때에 해당한다고 할 수 없으나, ㉡ 직무집행의 기준과 절차가 법령에 구체적으로 명시되어 있고 실무 담당자에게도 그 직무집행의 기준으로 적용하고 절차에 관여할 고유한 권한과 역할이 부여되어 있다면 실무 담당자로 하여금 그러한 기준과 절차에 위반하여 직무집행을 보조하게 한 경우에는 의무 없는 일을 하게 한 때에 해당한다. 또한 '의무 없는 일'을 하게 한 때란 사람으로 하여금 법령상 의무 없는 일을 하게 하는 때를 의미하므로, 단순한 심리적 · 도덕적 의무는 이에 해당하지 아니한다. 경찰승진(경위) 10 / 경찰승진 12

판례연구 직권남용죄의 의무 없는 일을 하게 한 것에 해당하는 사례

1. 대법원 2011.2.10, 2010도13766

실무 담당자로 하여금 기준과 절차에 위반하여 직무집행을 보조하게 한 사례

서울특별시 교육감인 피고인이 인사담당장학관 등에게 지시하여 승진 또는 자격연수 대상이 될 수 없는 특정 교원들을 승진임용하거나 그 대상자가 되도록 하였다면 '의무 없는 일을 하게 한 때'에 해당한다.[1423] 법원행시 14 /

1423 **보충** 서울특별시 교육감인 피고인이 인사담당장학관 등에게 지시하여 승진후보자명부상 승진 또는 자격연수 대상이 될 수

경찰채용 21 1차

2. 대법원 2011.7.28, 2011도1739
해군본부 법무실장이 국방부 검찰수사관 甲에게 군내 납품비리 수사 관련 기밀사항을 보고케 한 사례
해군본부 법무실장인 피고인은 해군 검찰업무뿐 아니라 소송, 징계업무 등 법무업무 전반에 관하여 해군참모총장을 보좌하는 자로서 해군 소속 인원의 사법처리와 관련된 중요 사항에 관하여 보고를 받을 일반적인 직무권한이 있으나, 여기서 나아가 국방부 검찰단의 향후 수사 방향에 대한 내용 등 수사기밀사항에 대한 보고를 요구하는 행위는 형식적·외형적으로는 직무집행으로 보이나 실질은 일반적 직무권한 범위를 넘어 직무의 행사에 가탁한 부당한 행위이고, 甲으로서는 외부에 유출될 경우 검찰단의 수사 기능에 현저한 장애를 초래할 수 있는 검찰단 내부 수사 내용을 피고인에게 보고할 법률상의 의무가 없으므로, 피고인에게는 직권남용죄의 죄책이 인정된다.

3. 대법원 2012.1.27, 2010도11884
용인시장 공무원 평정순위 변경 사례
시장(市長)인 피고인 甲이 자신의 인사관리업무를 보좌하는 피고인 乙과 공동하여, 관련 법령에서 정한 절차에 따라 평정대상 공무원에 대한 평정단위별 서열명부 및 평정순위가 정해졌는데도 평정권자나 실무 담당자 등에게 특정 공무원들에 대한 평정순위 변경을 구체적으로 지시하여 평정단위별 서열명부를 새로 작성하도록 한 경우, 직권남용권리행사방해죄의 공동정범에 해당한다. 경찰간부 14

4. 대법원 2020.1.30, 2018도2236 전원합의체
대통령비서실장 등이 좌파 지원배제 지시를 하여 문체부 공무원 및 산하단체가 진행하는 사업진행절차를 중단케 한 사건
대통령비서실장의 좌파 지원배제 지시(전술한 판례 참조)로써 문체부 공무원이 문예위 등의 직원들로 하여금 지원배제 방침이 관철될 때까지 사업진행 절차를 중단하는 행위, 지원배제 대상자에게 불리한 사정을 부각시켜 심의위원에게 전달하는 행위, 지원배제 방침을 심의위원에게 전달하면서 지원배제 대상자의 탈락을 종용하는 행위 등을 하게 한 것은 모두 위원들의 독립성을 침해하고 자율적인 절차진행과 운영을 훼손하는 것으로서 문예위 등의 직원들이 준수해야 하는 법령상 의무에 위배되므로 '의무 없는 일을 하게 한 때'에 해당한다.

5. 대법원 2021.9.9, 2021도2030
국군기무사령관의 온라인 여론조작 활동 지시 사건
직무집행의 기준과 절차가 법령에 구체적으로 명시되어 있고 실무 담당자에게도 직무집행의 기준을 적용하고 절차에 관여할 고유한 권한과 역할이 부여되어 있다면 실무 담당자로 하여금 그러한 기준과 절차를 위반하여 직무집행을 보조하게 한 경우에는 '의무 없는 일을 하게 한 때'에 해당한다. 공무원의 직무집행을 보조하는 실무 담당자에게 직무집행의 기준을 적용하고 절차에 관여할 고유한 권한과 역할이 부여되어 있는지 여부 및 공무원의 직권남용행위로 인하여 실무 담당자가 한 일이 그러한 기준이나 절차를 위반하여 한 것으로서 법령상 의무 없는 일인지 여부는 관련 법령 등의 내용에 따라 개별적으로 판단하여야 한다(대법원 2021.3.11, 2020도12583 등). …… 피고인의 지시를 이행한 실무 담당자들의 행위(온라인 여론조작 활동, 인터넷상에서 발간되는 잡지의 제작 및 전송)를 두고 피고인의 직무집행을 보조하는 사실행위에 불과하다고 할 수 없고, 피고인이 실무 담당자들로 하여금 법령에 명시된 직무집행의 기준을 위반하여 직무집행을 보조하게 한 경우에 해당하므로, 피고인은 실무 담당자들로 하여금 법령상 의무 없는 일을 하게 한 때에 해당한다고 볼 수 있다.

6. 대법원 2021.9.16, 2021도2748
청와대 민정수석비서관인 피고인이 국가정보원 국익정보국장과 공모하여 국정원 직원들로 하여금 전 청와대 특별감찰관, 전 평창동계올림픽 조직위원장에 대한 정보를 수집하고 보고서를 작성하도록 한 것은 직권남용권리행사방해죄가 성립한다.

없는 특정 교원들을 적격 후보자인 것처럼 추천하거나 임의로 평정점을 조정하는 방법으로 승진임용하거나 그 대상자가 되도록 한 경우, 이는 직권남용에 해당하고(서울특별시교육청 소속 교육공무원에 대한 인사권은 교육감인 피고인의 일반적인 직무권한에 속하는 사항이지만, 피고인이 승진대상자를 특정한 후 그들을 승진시킬 목적으로 법령에 위반하여 위와 같은 행위를 한 것이라면 그 실질은 정당한 권한 행사를 넘어 직무의 행사에 가탁한 부당한 행위라고 할 것임) 인사 실무를 담당하는 장학관이나 장학사로 하여금 법령에 위배되는 일을 하게 하여 그들이 이와 같은 역할을 수행한 것은 그들에게 법령상 의무 없는 일을 하게 한 것이다. 사시 12

7. 대법원 2023.4.27, 2020도18296
세월호 특별조사위원회 설립 · 활동 방해로 인한 직권남용권리행사방해 사건
대통령비서실 소속 해양수산비서관 甲과 정무수석비서관 乙은 세월호 특별조사위원회 설립준비 관련 업무를 담당하거나 위원회 설립준비팀장으로 지원근무 중이던 해양수산부 소속 공무원들에게 '세월호 특별조사위 설립준비 추진경위 및 대응방안' 문건을 작성하게 하였고, 甲은 해양수산비서관실 행정관 또는 해양수산부 소속 공무원들에게 위원회의 동향을 파악하여 보고하도록 지시하였다. 대통령비서실 소속 해양수산비서관과 정무수석비서관은 해당 공무원들로 하여금 관련 법령에서 정한 직무수행의 원칙과 기준 등을 위반하여 업무를 수행하게 하여 법령상 의무 없는 일을 하게 한 때에 해당한다.

판례연구 직권남용죄의 의무 없는 일을 하게 한 것에 해당하지 않는 사례

1. 대법원 1991.12.27, 90도2800
치안본부장의 메모 작성 요구 사례
치안본부장이 국립과학수사연구소 법의학1과장에게 고문치사자의 사인에 관하여 기자간담회에 참고할 메모를 작성하도록 요구한 경우에도 법의학1과장이 그와 같은 메모를 작성하여 준 것은 단순한 심리적 의무감 또는 스스로의 의사에 기한 것으로 볼 수 있을 뿐이어서[1424] 본죄는 성립되지 아니한다.[1425] 법원행시 12

2. 대법원 2020.1.9, 2019도11698
검사 전보인사 관련 직권남용 부정 사건
(법무부 검찰국장인 피고인이 검찰국이 마련하는 인사안 결정과 관련한 업무권한을 남용하여 검사인사담당 검사 甲으로 하여금 2015년 하반기 검사인사에서 부치지청에 근무하고 있던 경력검사 乙을 다른 부치지청으로 다시 전보시키는 내용의 인사안을 작성하게 한 행위가 직권남용죄를 구성하는가의 문제) 공무원의 직무집행을 보조하는 실무 담당자에게 직무집행의 기준을 적용하고 절차에 관여할 고유한 권한과 역할이 부여되어 있는지 여부 및 공무원의 직권남용행위로 인하여 실무 담당자가 한 일이 그러한 기준이나 절차를 위반하여 한 것으로서 법령상 의무 없는 일인지 여부는 관련 법령 등의 내용에 따라 개별적으로 판단하여야 한다. …… 검사에 대한 …… 인사안 작성 당시 경력검사 부치지청 배치제도가 인사기준 내지 고려사항의 하나로 유지되고 있었더라도, 이는 부치지청에서 근무한 경력검사를 차기 전보인사에서 배려한다는 내용에 불과하며, 관련 법령이나 검찰인사위원회의 심의·의결사항 등을 전제로 한 여러 인사기준 또는 다양한 고려사항들 중 하나로서, 검사인사담당 검사가 검사의 전보인사안을 작성할 때 지켜야 할 일의적·절대적 기준이라고 볼 수 없고, 다른 인사기준 내지 다양한 고려사항들보다 일방적으로 우위에 있는 것으로 볼 만한 근거도 찾기 어려운 점 등의 사정을 종합하면, 피고인이 甲으로 하여금 위 인사안을 작성하게 한 것을 두고 피고인의 직무집행을 보조하는 甲으로 하여금 그가 지켜야 할 직무집행의 기준과 절차를 위반하여 법령상 의무 없는 일을 하게 한 때에 해당한다고 보기 어렵다.

3. 대법원 2020.1.30, 2018도2236 전원합의체
문화계 블랙리스트 사건
대통령비서실장 등이 ① 문체부 공무원에게 좌파지원배제를 지시함로써 문예위 등의 직원들으로 하여금 사업진행절차 중단케하는 등의 행위는 직권남용죄를 구성하고, ② 문예위 등의 직원들로 하여금 문체부 공무원에게 각종 명단을 송부케 하고 사업진행 중 수시로 심의진행상황을 보고케 한 행위는 직권남용죄를 구성하지 않는다.

4. 대법원 2020.2.13, 2019도5186
전경련 보수단체 지원 요구 사건
공무원이 한 행위가 직권남용에 해당한다고 하여 그러한 이유만으로 상대방이 한 일이 '의무 없는 일'에 해당한

1424 판결이유 위 과장의 메모작성행위가 국립과학수사연구소의 행정업무에 관한 행정상 보고의무라고 할 수 없고 치안본부장이 위 과장에게 메모를 작성하도록 한 행위가 그 일반적 권한에 속하는 사항이라고도 볼 수 없으며 또 위 과장이 그 요청에 따라 작성해 준 메모는 정식 부검소견서가 아니어서 동인이 위 메모를 작성하여 줄 법률상 의무가 있는 것도 아니다.
1425 단, 위 사례에서 치안본부장이 가혹행위치사사건에 대한 수사지휘를 하지 아니하고 오히려 적극적으로 은폐하려 함으로써 그의 수사지휘직무를 포기한 것으로 볼 수 있으므로 직무유기죄는 성립한다.

다고 인정할 수는 없다. '의무 없는 일'에 해당하는지는 직권을 남용하였는지와 별도로 상대방이 그러한 일을 할 법령상 의무가 있는지를 살펴 개별적으로 판단하여야 한다. 직권남용 행위의 상대방이 일반 사인인 경우 특별한 사정이 없는 한 직권에 대응하여 따라야 할 의무가 없으므로 그에게 어떠한 행위를 하게 하였다면 '의무 없는 일을 하게 한 때'에 해당할 수 있다.

5. 대법원 2020.1.30, 2018도2236 전원합의체

대통령비서실장 등이 좌파 지원배제 지시를 하여 문체부 산하단체 직원들로 하여금 문체부 공무원에게 각종 명단을 송부하게 하고 공모사업 진행 중 수시로 심의 진행 상황을 보고하게 한 사건

공무원이 직권을 남용하여 사람으로 하여금 어떠한 일을 하게 한 때에 상대방이 공무원 또는 유관기관의 임직원인 경우에는 그가 한 일이 형식과 내용 등에 있어 직무범위 내에 속하는 사항으로서 법령 그 밖의 관련 규정에 따라 직무수행 과정에서 준수하여야 할 원칙이나 기준, 절차 등을 위반하지 않는다면 특별한 사정이 없는 한 법령상 의무 없는 일을 하게 한 때에 해당한다고 보기 어렵다. …… 문예위 등의 직원들로 하여금 문체부 공무원에게 각종 명단을 송부하게 한 행위, 공모사업 진행 중 수시로 심의 진행 상황을 보고하게 한 행위 부분은, 문예위·영진위·출판진흥원은 사업의 적정한 수행에 관하여 문체부의 감독을 받으므로 일반적으로 지원사업의 진행 상황을 보고하는 등 문체부의 지시에 협조할 의무가 있어 의무 없는 일에 해당하기 어렵다고 볼 여지가 있다.

6. 대법원 2020.12.10, 2019도17879

지방공무원 승진임용권자가 인사위원회에 특정 후보자를 제시·추천하도록 유도한 사건

지방자치단체의 장(군수)이 승진후보자명부 방식에 의한 5급 공무원 승진임용 절차에서 인사위원회의 사전심의·의결 결과를 참고하여 승진후보자명부상 후보자들에 대하여 승진임용 여부를 심사하고서 최종적으로 승진대상자를 결정하는 것이 아니라, 미리 승진후보자명부상 후보자들 중에서 승진대상자를 실질적으로 결정한 다음 그 내용을 인사위원회 간사, 서기 등을 통해 인사위원회 위원들에게 '승진대상자 추천'이라는 명목으로 제시하여 인사위원회로 하여금 자신이 특정한 후보자들을 승진대상자로 의결하도록 유도하는 행위는 인사위원회 사전심의 제도의 취지에 부합하지 않다는 점에서 바람직하지 않다고 볼 수 있지만, 그것만으로는 직권남용권리행사방해죄의 구성요건인 '직권의 남용' 및 '의무 없는 일을 하게 한 경우'로 볼 수 없다.[1426] 경찰채용 22 2차

② 권리행사를 방해하는 것 : '권리'는 법률에 명기된 권리에 한하지 않고 법령상 보호되어야 할 이익이면 족한 것으로서, 공법상의 권리인지 사법상의 권리인지를 묻지 않는다. 법원행시 12 / 경찰승진 12 예컨대 경찰관은 경찰관직무집행법의 관련 규정을 근거로 범죄를 수사할 권한을 가지고 있으며, 이러한 범죄수사권은 본죄의 권리에 해당된다(대법원 2010.1.28, 2008도7312). 법원행시 14 / 법원9급 11 / 경찰간부 18 다만 구체화된 권리의 현실적인 행사가 방해되었다고 볼 수 없는 경우에는 본죄를 구성하지 않는다. 경찰승진 12

판례연구 직권남용죄의 권리행사방해에 해당하지 않는 사례

1. 대법원 1986.6.30, 86모12

검사가 고발사건을 불기소결정하여 피고발인으로 하여금 처벌받게 하려는 고발인의 의도가 이루어질 수 없게 되었다 하여 고발인의 권리행사를 방해하였다고는 말할 수 없다.

2. 대법원 2005.2.1, 2004모542

검사가 재항고인의 진정사건을 내사종결하였다 하더라도 이로 인하여 피진정인을 처벌받게 하려는 재항고인의 목적이 이루어질 수 없게 되었다 하더라도, 그러한 사정만으로는 재항고인의 구체화된 권리의 행사가 현실로 방해되었다고 볼 수 없으므로 검사의 진정종결처분을 직권남용죄에 해당된다 할 수는 없다.

1426 보충 지방공무원법령상 임용권자(기장군수)는 인사위원회의 사전심의 결과에 구속되지 않으며 최종적으로 승진임용대상자를 결정할 권한은 임용권자에게 있다는 점을 중시한 판결로서, 직권남용죄 성립범위에 관한 대법원 2020.1.30, 2018도2236 전원합의체 판결(소위 블랙리스트 사건)의 후속판결이다.

3. 대법원 2006.2.9, 2003도4599
정보통신부장관이 개인휴대통신 사업자선정과 관련하여 서류심사는 완결된 상태에서 청문심사의 배점방식을 변경함으로써 직권을 남용하였다 하더라도, 이로 인하여 최종 사업권자로 선정되지 못한 경쟁업체가 가진 구체적인 권리의 현실적 행사가 방해되는 결과가 발생하지는 아니하였다면 직권남용죄는 성립하지 않는다. 사시 11

4. 대법원 2008.12.24, 2007도9287
한국토지공사 지사(경북지사)가 폐기물최종처리시설 부지를 분양하면서 지방자치단체장(포항시장)의 추천을 받아 분양신청을 한 사람을 분양대상자로 제한하였는데, 지방자치단체장이 분양신청을 하려는 특정인에 대하여 추천서발급을 거부한 경우에도 구체화된 권리의 현실적인 행사가 방해된 경우라고 볼 수 없으므로 본죄의 기수를 인정할 수 없다.

③ 기수시기 : 본죄는 추상적 위험범이지만 결과범이다. 따라서 본죄는 그 결과로써 피해자가 의무 없는 일을 현실적으로 행하거나 권리행사가 방해되었을 때 기수가 된다(통설[1427] · 판례). 사시 12 / 경찰간부 16 또한 위 결과의 발생은 직권남용 행위로 인한 것이어야 한다(대법원 1991.12.27, 90도2800; 2004.5.27, 2002도6251; 2005.4.15, 2002도3453 등).

(4) 주관적 구성요건

본죄의 주관적 구성요건으로서의 고의에는 권리행사를 방해한다는 인식 이외에 직권을 남용한다는 인식도 포함되는 것이다. 따라서 교도소에서 접견업무를 담당하던 교도관이 접견신청에 대하여 형집행법 제18조 제2항 소정의 '필요한 용무'가 있는 때에 해당하지 아니한다고 판단하여 그 접견신청을 거부하였다면, 단지 접견신청거부행위의 위법성에 대한 인식이 없었던 것에 불과한 것이 아니라 애초부터 직권남용에 대한 고의 자체가 없어 본죄를 구성하지 않게 된다(대법원 1993.7.26, 92모29).

3. 미수범 처벌규정의 부존재

본죄는 미수범 처벌규정이 없다. 따라서 공무원이 직권을 남용하였다 하더라도 현실적으로 사람으로 하여금 의무 없는 일을 하게 하거나 사람의 권리행사를 방해하는 결과가 발생하지 않은 경우에는 직권남용죄가 성립하지 아니한다.

4. 죄수 및 다른 범죄와의 관계

(1) 포괄일죄

본죄의 주체인 공무원이 동일한 사안에 관한 일련의 직무집행 과정에서 단일하고 계속된 범의로 일정 기간 계속하여 저지른 직권남용행위에 대하여는 설령 그 상대방이 수인이라고 하더라도 포괄일죄가 성립할 수 있다.

판례연구 직권남용죄의 포괄일죄 사례

대법원 2021.3.11, 2020도12583
국정원 원장 · 차장 · 국장의 국정원 직원들에 대한 직권남용죄의 포괄일죄와 공소시효
동일 죄명에 해당하는 수 개의 행위를 단일하고 계속된 범의로 일정 기간 계속하여 행하고 그 피해법익도 동일한 경우에는 이들 각 행위를 통틀어 포괄일죄로 처단하여야 하고, 그 경우 공소시효는 최종의 범죄행위가 종료한 때로부터 진행한다(대법원 2002.10.11, 2002도2939 등). 따라서 국정원 직원이 동일한 사안에 관한 일련의 직

1427 김성천/김형준, 809면; 김일수/서보학, 807면; 박상기, 637면; 배종대, 760면; 백형구, 655면; 손동권, 747면; 오영근, 1010면; 이재상, §43-33; 임웅, 810면; 정성근/박광민, 723면; 진계호, 718면.

무집행 과정에서 단일하고 계속된 범의로 일정 기간 계속하여 저지른 직권남용행위에 대하여는 설령 그 상대방이 수인이라고 하더라도 포괄일죄가 성립할 수 있다고 봄이 타당하다. …… 다만 각 직권남용 범행이 포괄일죄가 되느냐 경합범이 되느냐에 따라 공소시효의 완성 여부, 기판력이 미치는 범위 등이 달라질 수 있다.

(2) 다른 범죄와의 관계

상급 경찰관이 직권을 남용하여 부하 경찰관들의 수사를 중단시키거나 사건을 다른 경찰관서로 이첩하게 한 경우, 일단 '부하 경찰관들의 수사권 행사를 방해한 것'에 해당함과 아울러 '부하 경찰관들로 하여금 수사를 중단하거나 사건을 다른 경찰관서로 이첩할 의무가 없음에도 불구하고 수사를 중단하게 하거나 사건을 이첩하게 한 것'에도 해당된다고 볼 여지가 있으나, '권리행사를 방해함으로 인한 직권남용권리행사방해죄'만 성립하고 '의무 없는 일을 하게 함으로 인한 직권남용권리행사방해죄'는 따로 성립하지 아니하는 것으로 봄이 상당하다(대법원 2010.1.28, 2008도7312). 법원행시 12 / 법원행시 14

06 불법체포 · 감금죄

제124조 【불법체포, 불법감금】 ① 재판, 검찰, 경찰 기타 인신구속에 관한 직무를 행하는 자 또는 이를 보조하는 자가 그 직권을 남용하여 사람을 체포 또는 감금한 때에는 7년 이하의 징역과 10년 이하의 자격정지에 처한다.
② 전항의 미수범은 처벌한다.

1. 의의 및 보호법익

불법체포 · 감금죄(직권남용체포 · 감금죄, unlawful arrest and unlawful confinement)는 재판, 검찰, 경찰 기타 인신구속에 관한 직무를 행하는 자 또는 이를 보호하는 자가 그 직권을 남용하여 사람을 체포 또는 감금함으로서 성립하는 범죄로서, 국가의 인신구속기능의 공정한 행사 및 개인의 신체활동의 자유 등의 인권을 보호법익으로 삼는다. 본죄는 체포 · 감금죄와 마찬가지로 침해범이다.[1428]

2. 구성요건

(1) 주 체

재판, 검찰, 경찰 기타 인신구속을 행하는 자 또는 이를 보조하는 자이며, 이러한 신분으로 인하여 본죄는 일반체포 · 감금죄보다 그 형이 가중된다(다수설[1429] : 부진정신분범, 부진정직무범죄, 특수직무범죄). 본죄의 '기타 인신구속을 행하는 자 또는 이를 보조하는 자'에는 교도소장이나 구치소장, 소년원장, 교정공무원, 법원공무원, 검찰공무원, 사법경찰리가 포함된다. 집행관도 포함된다는 것이 판례이나(대법원 1969.6.24, 68도1218), 포함되지 않는다고 보아야 한다.[1430]

(2) 행 위

직권을 남용하여 사람을 체포 · 감금하는 것이다. 체포 · 감금은 작위나 부작위(예 구속기간이 만료했음에도 석

1428 임웅, 814면.
1429 김일수/서보학, 808면; 박상기, 637면; 배종대, 760면; 백형구, 651면; 서일교, 314면; 오영근, 1012면; 유기천(하), 298면; 이정원, 751면; 임웅, 812면; 진계호, 720면. 다만 체포 · 감금죄와는 그 성격이 구별되는 독자적 범죄라는 소수설은 손동권, 748면; 이재상, §43-34; 이정원, 750면 참조.
1430 집행관은 본죄의 주체로 볼 수 없다는 설명이 보편적이다. 명시적으로 배제하는 견해는 예컨대 손동권, 748면; 이재상, §43-35 참조.

방하지 않는 행위), 물리적 방법이나 심리적 방법(예 경찰서 안에서 자유로운 상태였을지라도 밖으로는 나갈 수 없도록 한 행위)을 불문한다.

판례연구 불법체포 · 감금죄가 성립하는 사례

1. 대법원 1971.3.9, 70도2406

법정절차 없이 피해자를 이른바 경찰서 보호실에 구금케 한 행위는 그 직무상의 권능을 행사함에 필요한 법정조건을 구비하지 않았음에도 불구하고 이를 행사한 것이니 이는 곧 그 직권을 남용한 것에 해당한다 할 것이고, 피해자를 소위 보호실에 구금케 한 것이 곧 피해자를 감금한다는 것을 인식한 것에 해당한다 할 것이다.

2. 대법원 1985.7.29, 85모16

경찰관이 X를 국가보안법 위반사범으로 수사를 함에 있어서 X를 임의동행형식으로 경찰서로 연행한 후 구속영장에 의하지 아니하고 6일간 위 경찰서 정보계 조사실 또는 보호실 등에서 계속 구금한 행위는 경찰관으로서 그 직권을 남용하여 사람을 불법감금한 것에 해당한다.

3. 대법원 1991.12.30, 91모5

설사 재항고인이 경찰서 안에서 판시와 같이 식사도 하고 사무실 안팎을 내왕하였다 하여도 재항고인을 경찰서 밖으로 나가지 못하도록 그 신체의 자유를 제한하는 유형 · 무형의 억압이 있었다면 이는 바로 감금행위에 해당할 수도 있는 것이다. … 특히 재항고인이 스스로 경찰서에 찾아간 것이 아니라 임의동행형식으로 연행되어 경찰서까지 인치된 점에 비추어 더욱 그러하다 할 것이다. 경찰간부 11 / 경찰승진(공통) 11

4. 대법원 1997.6.13, 97도877

즉결심판 피의자의 정당한 귀가요청을 거절한 채 다음날 즉결심판법정이 열릴 때까지 피의자를 경찰서 보호실에 강제유치시키려고 함으로써 피의자를 경찰서 내 즉결피의자 대기실에 10~20분 동안 있게 한 행위는 불법감금죄에 해당한다. 경찰승진(공통) 11

5. 대법원 2017.3.9, 2013도16162

체포현장에서 접견을 요구하는 변호사를 현행범으로 체포한 사례

형사소송법 제34조는 "변호인 또는 변호인이 되려는 자는 신체구속을 당한 피고인 또는 피의자와 접견하고 서류 또는 물건을 수수할 수 있으며 의사로 하여금 진료하게 할 수 있다."라고 규정하고 있으므로, 변호인이 되려는 의사를 표시한 자가 객관적으로 변호인이 될 가능성이 있다고 인정되는데도, 형사소송법 제34조에서 정한 '변호인 또는 변호인이 되려는 자'가 아니라고 보아 신체구속을 당한 피고인 또는 피의자와 접견하지 못하도록 제한하여서는 아니 된다. 한편, 현행범인 체포의 요건을 갖추었는지에 관한 검사나 사법경찰관 등의 판단에는 상당한 재량의 여지가 있으나, 체포 당시 상황으로 보아도 요건 충족 여부에 관한 검사나 사법경찰관 등의 판단이 경험칙에 비추어 현저히 합리성을 잃은 경우 그 체포는 위법하다. 그리고 범죄의 고의는 확정적 고의뿐만 아니라 결과 발생에 대한 인식이 있고 이를 용인하는 의사인 이른바 미필적 고의도 포함한다. 피고인이 인신구속에 관한 직무를 집행하는 사법경찰관으로서 체포 당시 상황을 고려하여 경험칙에 비추어 현저하게 합리성을 잃지 않은 채 판단하면 체포 요건이 충족되지 아니함을 충분히 알 수 있었는데도, 자신의 재량 범위를 벗어난다는 사실을 인식하고 그와 같은 결과를 용인한 채 사람을 체포하여 권리행사를 방해하였다면, 직권남용체포죄와 직권남용권리행사방해죄가 성립한다. 경찰채용 18 3차

보충 이 사건은 집회나 시위, 파업 현장에서 체포된 사람을 접견하게 해 달라고 요구하며 호송차량의 진행을 막은 변호사를 경찰이 공무집행방해죄의 현행범으로 체포한 것은 직권을 남용한 불법체포일 뿐만 아니라 직권을 남용해 변호사의 접견교통권을 방해한 것이라는 대법원 판례이다.

3. 미수범 처벌규정의 존재

본죄는 공무원의 직무에 관한 죄 중에서 유일하게 미수범 처벌규정을 두고 있는 죄이다.

07 폭행 · 가혹행위죄

제125조 【폭행, 가혹행위】 재판, 검찰, 경찰 그 밖에 인신구속에 관한 직무를 수행하는 자 또는 이를 보조하는 자가 그 직무를 수행하면서 형사피의자나 그 밖의 사람에 대하여 폭행 또는 가혹행위를 한 경우에는 5년 이하의 징역과 10년 이하의 자격정지에 처한다. 〈개정 2020.12.8.〉

1. 의의 및 보호법익

폭행 · 가혹행위죄(暴行 · 苛酷行爲罪 내지 특수공무원폭행죄)는 재판, 검찰, 경찰 그 밖에 인신구속에 관한 직무를 수행하는 자 또는 이를 보조하는 자가 그 직무를 수행하면서 형사피의자나 그 밖의 사람에 대하여 폭행 또는 가혹한 행위를 함으로써 성립하는 범죄로서, 헌법 제12조 제2항의 고문금지(拷問禁止)를 구체화하는 처벌규정이며, 수사 및 인신구속에 관한 국가기능 행사의 공정성과 개인의 인권을 그 보호법익으로 삼는 범죄이다. 법익보호의 정도에 대해서는 침해범설[1431]도 주장되나 추상적 위험범설[1432]이 타당하다고 생각된다.

2. 구성요건

(1) 주 체

본죄의 주체는 재판, 검찰, 경찰 그 밖에 인신구속에 관한 직무를 수행하거나 이를 보조하는 자이며, 이러한 신분으로 인하여 폭행죄(제260조) · 학대죄(제273조)보다 그 형이 가중된다(부진정신분범, 부진정직무범죄, 특수직무범죄).

(2) 행 위

본죄의 폭행은 '직무를 수행하면서(2020.12.8. 우리말 순화 개정 전 구법에서는 '직무를 행함에 당하여'라 하였음)'[1433] 행하는 소위 협의의 폭행이며(사람의 신체에 대한 유형력의 행사), 가혹행위란 폭행 이외의 행위로서 육체적 · 정신적 고통을 가하는 일체의 행위를 말한다. 본죄의 폭행 · 가혹행위는 직무와의 시간적 · 장소적 관련성뿐만 아니라 내용적 관련성까지 있어야 한다(통설[1434]). 또한 본죄의 행위로 인하여 피의자 등이 사망한 경우에는 특정범죄가중처벌 등에 관한 법률에 의하여 결과적 가중범으로 처벌된다.[1435]

1431 김일수/서보학, 811면; 박상기, 640면; 이정원, 752면.

1432 오영근, 1014면; 임웅, 815면; 정성근/박광민, 727면; 진계호, 722면.

1433 기술한 직권남용죄는 "직권을 남용하여"라고 규정되어 있는데 비하여, 본죄는 "그 직무를 수행하면서"라고 규정된 것은 폭행 · 가혹행위가 직권의 행사가 될 수 없기 때문이다.

1434 김일수/서보학, 812면; 배종대, 762면; 백형구, 669면; 손동권, 750면; 오영근, 1015면; 이정원, 753면; 임웅, 816면; 정성근/박광민, 728면; 정영석, 42면; 진계호, 723면. 반대견해로는 박상기, 640면 참조. 반대견해에 의하면 사법경찰관이 자신에게 개인적으로 돈을 빌려간 채무자를 경찰서 조사실에 불러 폭행한 경우에도 본죄가 성립한다고 한다. 박상기, ibid. 이 경우 다수설에 의하면 본죄는 성립하지 않게 된다.

1435 관련판례 : 검사 및 검찰수사관이 공모하여 가혹행위를 한 것으로 인정하여, 검사에게 특가법상 독직가혹행위치사죄의 (공모)공동정범의 죄책을 인정한 사례 피고인 1.이 '이○○ 살해사건'을 수사함에 있어 혐의자가 인치되어 오면 피고인 3. 등 무술수사요원 또는 파견경찰관인 피고인 2.가 혐의자를 신문하여 혐의자가 자백하면 진술서를 작성하고, 그 자백내용을 확인한 피고인 1.이 검찰계장으로 하여금 조서를 작성하도록 역할을 분담한 점, 특별조사실에 인치되어 신문을 받은 모든 혐의자들이 폭행 및 가혹행위를 당한 점, 피고인 1.은 특별조사실로 내려가 수사상황을 알아보거나 직접 그들을 신문하기도 하여 피해자들이 가혹행위를 당하였음이 역력한 모습을 보았음에도 불구하고 별다른 제재조치를 취하지 아니한 점 등에 비추어 보면, 피고인 1.이 피고인 3. 등에게 혐의자를 적절한 물리력을 행사하여 심리적 · 육체적으로 제압한 다음 신문하여 혐의자가 범행을 시인하면 진술서를 받도록 명시 또는 묵시적으로 지시하였다고 인정되므로, 피고인 1.과 피고인 3. 등 사이에서 위와 같이 혐의자들에게 물리력을 사용하여 자백을 받아내기로 서로 공모하였다고 인정된다(대법원 2005.5.26, 2005도945).

3. 다른 범죄와의 관계

가혹행위로서 강제추행을 한 경우에는 본죄와 강제추행죄(제298조)의 상상적 경합이 되고, 피구금자를 추행한 경우에는 본죄와 성폭법상 피구금자추행죄(동법 제10조 제2항)의 상상적 경합이 되며, 피구금자를 간음한 경우에는 본죄와 피구금자간음죄(형법 제303조 제2항)의 상상적 경합이 된다.[1436]

08 선거방해죄

제128조【선거방해】 검찰, 경찰 또는 군의 직에 있는 공무원이 법령에 의한 선거에 관하여 선거인, 입후보자 또는 입후보자 되려는 자에게 협박을 가하거나 기타 방법으로 선거의 자유를 방해한 때에는 10년 이하의 징역과 5년 이상의 자격정지에 처한다.

선거방해죄(選擧妨害罪)는 검찰, 경찰 또는 군의 직에 있는 공무원이 법령에 의한 선거에 관하여 선거인, 입후보자 또는 입후보자 되려는 자에게 협박을 가하거나 기타 방법으로 선거의 자유를 방해함으로써 성립하는 범죄로서, 그 보호법익은 선거의 자유이며, 법익보호의 정도는 추상적 위험범이다. 본죄의 행위주체는 검찰·경찰·군의 직에 있는 공무원이다(진정신분범). 본죄는 목적범이 아니며, 선거의 자유가 방해되는 결과의 발생도 요하지 않는다.

참고하기 행위주체가 혼동되는 범죄들

1. 피의사실공표죄 : 검찰, 경찰 기타 범죄수사에 관한 직무를 행하는 자 또는 이를 감독하거나 보조하는 자
2. 불법체포감금죄 : 재판, 검찰, 경찰 기타 인신구속에 관한 직무를 행하는 자 또는 이를 보조하는 자
3. 폭행, 가혹행위죄 : 재판, 검찰, 경찰 기타 인신구속에 관한 직무를 행하는 자 또는 이를 보조하는 자
4. 선거방해죄 : 검찰, 경찰 또는 군의 직에 있는 공무원

09 단순수뢰죄

제129조【수뢰, 사전수뢰】 ① 공무원 또는 중재인이 그 직무에 관하여 뇌물을 수수, 요구 또는 약속한 때에는 5년 이하의 징역 또는 10년 이하의 자격정지에 처한다.

1. 뇌물죄 총설

(1) 뇌물죄의 의의 및 유형

① 의의 : 뇌물죄(賂物罪, Bestechungsdelikte)는 공무원 또는 중재인이 그 직무행위의 대가로 이득을 취득하거나 이들에게 이득을 제공하는 행위를 총칭하는 범죄이다.

② 유형 : 뇌물죄의 유형은 크게 수뢰죄와 증뢰죄로 나눌 수 있다.

㉠ 수뢰죄(收賂罪, Bestechlichkeit) : 여기에는 ⓐ 공무원·중재인이 그 직무에 관하여 뇌물을 수수·요구·약속하거나(제129조 제1항의 수뢰죄) ⓑ 공무원·중재인이 되기 전에 그 담당할 직무에 관하여 뇌물

1436 보호법익이 서로 다르다는 점에서 상상적 경합을 인정하는 것이 타당하며 다수설이다. 김일수/서보학, 813면; 박상기, 640면; 백형구, 669면; 서일교, 315면; 손동권, 751면; 이재상, §43-42; 이정원, 749면; 임웅, 816면; 정성근/박광민, 728면; 정영석, 42면; 진계호, 724면. 반면 본죄는 성립하지 않는다는 소수설은 유기천(하), 300면; 이정원, 754면.

을 수수·요구·약속하고 나중에 공무원·중재인이 됨으로써 처벌되는 유형(제129조 제2항의 사전수뢰죄), ⓒ 공무원·중재인이 그 직무에 관하여 부정한 청탁을 받고 제3자에게 뇌물을 공여하게 하거나 공여를 요구·약속하는 유형(제130조의 제3자뇌물공여죄 내지 제3자뇌물제공죄 내지 제3자뇌물수수죄), ⓓ 공무원·중재인이 수뢰·제3자뇌물공여죄를 범하고 나서 이와 관계된 부정한 행위를 하는 유형(제131조 제1항의 수뢰후부정처사죄), ⓔ 공무원·중재인이 그 직무상 부정한 행위를 한 후 뇌물을 수수·요구·약속하거나 제3자에게 뇌물을 공여하게 하거나 공여를 요구·약속하거나(동조 제2항의 부정처사후수뢰죄) 그 재직 중에 청탁을 받고 직무상 부정한 행위를 한 후 뇌물을 수수·요구·약속하는 유형(동조 제3항의 사후수뢰죄), ⓕ 공무원[1437]이 그 지위를 이용하여 다른 공무원의 직무에 속한 사항의 알선에 관하여 뇌물을 수수·요구·약속하는 유형(제132조의 알선수뢰죄)이 있다. 수뢰죄는 신분범의 성격을 가진다.

ⓛ 증뢰죄(贈賂罪, Bestechung) : 여기에는 ⓐ 이상의 법조에 기재된 뇌물을 약속·공여·공여의사표시하는 유형(제133조 제1항의 뇌물공여죄)과 ⓑ 위 행위에 제공할 목적으로 제3자에게 금품을 교부하거나 그 사정을 알면서 교부를 받은 유형(동조 제2항의 증뢰물전달 내지 제3자뇌물취득)이 있으며 모두 제133조에 규정되어 있다. 증뢰죄는 신분범이 아니라 일반범의 성격을 가진다.

(2) 뇌물죄의 보호법익

① 보호법익 : 종래에는 형법상 뇌물죄의 성립에는 직무상의 임무에 위배하는 것을 요건으로 하지 않는다는 점에서[1438] 뇌물죄의 보호법익을 직무행위의 불가매수성 자체라고 하였으나,[1439] 현재에는 직무행위에 대한 불가매수성(不可買受性, Unkäuflichkeit der Diensthandlungen)과 이에 대한 일반의 신뢰(信賴)라고 보는 것이 다수의 견해이다(다수설[1440]·판례[1441]). 법원행시 11 공무원이 그 이익을 수수하는 것으로 인하여 사회일반으로부터 직무집행의 공정성을 의심받게 되는지 여부도 뇌물죄의 성부를 판단함에 있어서의 판단기준이 되어야 하기 때문이다. 법원행시 10 / 경찰채용 12 1차

② 법익보호의 정도 : 뇌물죄의 미수범 처벌규정이 일체 없다는 점을 고려한다면 추상적 위험범으로 보는 것이 자연스럽다.

(3) 뇌물의 개념 – 직무에 관한 부당한 이익 : 직무관련성+부정한 이익

① 직무관련성

㉠ 직무(Diensthandlung) : 공무원 또는 중재인이 직위에 따라서 담당하는 업무로서 그 직무와 관련하

1437 알선수뢰죄는 중재인이 그 주체로 규정되어 있지 않다.

1438 다만 뇌물수수등과 관련되어 직무상 부정한 행위를 한 때에는 수뢰후부정처사죄로 가중처벌될 뿐이다.

1439 원래 뇌물죄의 본질에 대해서는 직무행위의 불가매수성에 있다는 로마법적 사고와 직무집행의 순수성(Reinheit der Amtsau-sübung)이라는 게르만법의 사고가 대립되어 왔으나, 직무위배와는 관계없이 직무는 돈을 주고 살 수 없다는 성질(불가매수성)을 보호하고자 하는 데 뇌물죄의 본질이 있다는 입장이 종래의 통설에 속한다. 서일교, 317면; 유기천(하), 301면; 정영석, 46면; 황산덕, 49면.

1440 김성천/김형준, 814면; 김일수/서보학, 803면; 김종원, "뇌물죄", 고시계, 1987.10, 15면; 이재상, §43–48; 이정원, 695면; 임웅, 820면; 정성근/박광민, 731면. 이러한 통설·판례의 입장을 소위 종합설이라고 명명하는 문헌은 임웅, 820면 참조. 다만 현재의 학계에서도 직무행위의 불가매수성만으로 보는 입장은 배종대, 742면; 손동권, 755면; 진계호, 634면 참조. 또한 직무수행의 순수성과 직무행위의 불가매수성은 서로 상충하는 이익으로 볼 수 없고 오히려 직무수행의 순수성과 이에 대한 일반인의 신뢰를 보호하기 위하여 직무행위는 매수되어서는 안된다는 것(직무수행의 순수성과 이에 대한 일반의 신뢰 및 직무행위의 불가매수성 모두가 본죄의 보호법익임)이 보호법익이 되어야 한다는 입장으로는 박상기, 642면 참조.

1441 과거의 판례는 본죄의 보호법익을 '직무행위의 불가매수성'(대법원 1984.9.25, 84도1568; 1984.8.14, 84도1139; 1965.5.31, 64도723)이라고 하였으나, 90년대 이후의 대법원 판례는 본죄의 보호법익을 '직무집행의 공정과 이에 대한 사회의 신뢰 및 직무행위의 불가매수성'(대법원 2000.1.21, 99도4940; 1998.3.10, 97도3113; 1997.12.26, 97도2609; 1996.1.23, 94도3022; 1992.2.28, 91도3364)이라고 판시하고 있다.

여 관례상·사실상 처리하고 있는 행위(대법원 1981.8.25, 81도1830; 1997.12.26, 97도2609) 국가9급 11 / 법원행시 08 / 법원행시 10 / 법원행시 13 / 법원9급 10 / 경찰간부 11 / 경찰채용 12 1차 및 결정권자를 보좌하거나 영향을 줄 수 있는 행위를 포함하고(대법원 1997.4.17, 96도3378) 국가7급 12 / 법원행시 08 / 법원행시 13 / 사시 12 현재는 물론 과거와 장래의 직무도 포함된다. 변호사 14 또한 내부적인 사무분장(事務分掌)에 따라 현실적으로 담당하지 않는 직무라 하더라도 본죄의 직무에서 배제되지 않는다(대법원 1984.9.25, 84도1568; 1994.3.22, 93도2962; 1999.11.9, 99도2530; 2003.6.13, 2003도1060). 경찰승진 12 / 경찰채용 14 1차 / 사시 14 / 국가9급 17

㉡ 직무에 관련될 것

ⓐ 의의 및 내용 : 뇌물은 직무에 관련되는 이익이어야 한다. 직무에 관한 것이란 직접적인 직무행위는 물론 밀접한 관련이 있는 직무도 포함되고, 나아가 직무상의 지위를 이용하거나 그 지위에 기한 영향력을 기초로 직무의 공정성에 영향을 줄 수 있는 경우도 폭넓게 포함된다(대법원 1983.3.22, 83도113; 1985.5.14, 83도2050; 1994.9.9, 94도619 −아래 판례−; 1996.6.14, 96도865[1442]; 1996.11.15, 95도1114). 또한 개개의 직무행위와 구체적인 대가관계가 있을 필요도 요구되지 않으며(대법원 1997.12.26, 97도2609; 1997.4.17, 96도3377; 1997.4.17, 96도3378),[1443] 국가7급 08 / 국가7급 10 / 국가7급 12 / 경찰간부 16 / 경찰채용 21 1차 직무에 관한 청탁이나 뇌물을 받은 결과로 부정한 행위가 이루어질 필요도 없고(대법원 1998.3.10, 97도3113; 2000.1.21, 99도4940; 2001.9.18, 2000도5438; 2006.12.22, 2004도7356 등), 경찰간부 11 / 경찰채용 12 2차 / 국가9급 17 / 경찰간부 17 금품수수 시기와 직무집행 행위의 전후를 가릴 필요도 없다(대법원 2017.12.22, 2017도12346). 다만 뇌물의 대가로 부정한 행위가 사전에 행해진 경우에는 사후수뢰죄(제131조 제2항·3항)로, 사후에 행해지면 수뢰후부정처사죄(동조 제1항)로 가중처벌되게 된다.

ⓑ 전직(轉職) 전의 직무에 관하여 뇌물을 받은 경우 : 직무는 현재뿐만 아니라 과거·장래에 대한 직무이더라도 직무관련성이 인정된다(통설[1444]). 법원9급 11

판례연구 뇌물죄의 직무관련성이 인정되는 사례

1. 뇌물죄의 직무관련성이 인정되는 전통적 사례

① 부하직원의 비행 묵인조로 돈을 받은 경우(대법원 1968.12.24, 66도1575)
② 재무부 보험과장이 보험회사의 주식을 인수하게 한 경우(대법원 1984.7.24, 83도830)
③ 경락허가결정문의 문안작성을 처리해 온 관여 주사보가 허부결정에 대한 청탁을 받은 경우(대법원 1985.2.8, 84도2625)
④ 광산과 운수업무를 취급하는 시 광산과장이 개인택시면허를 청탁받은 경우(대법원 1987.9.22, 87도1472)
⑤ 구청위생계장이 건물용도변경허가와 관련하여 금품을 수수한 경우(대법원 1989.9.12, 89도597[1445])

1442 판례 피고인은 부산시 주차관리공단의 영업1과장으로서 부산시내 중구 등 6개구에 설치된 공영주차장의 관리 및 주차료 징수업무 총괄과 직원 채용에 관한 추천 및 심의업무에 종사할 뿐 아니라 위 공단의 인사위원으로 되어 있어 위 공단 인사에 영향을 미칠 수 있는 직위에 있었고, 공소외 2는 위 공단 관리과의 지도계장으로 위 피고인보다 하위직에 있었으며, **당시 위 피고인과 사이가 좋지 않아 인사상의 불이익을 모면하기 위하여 판시 금원을 위 피고인에게 교부한 점** 등을 알 수 있는바, 그렇다면 위 피고인이 위 공소외 2로부터 받은 판시 금원은 자신의 직무와 관련하여 뇌물을 수수한 것이라고 할 것이다.

1443 참고로 독일형법 제331조의 수뢰죄(Vorteilsannahme)와 제333조의 증뢰죄(Vorteilsgewährung)에서도 이익과 직무행위와의 구체적 대가관계(Vorteil als Gegenleistung)에 국한되지 않고 일반적(포괄적) 직무관련성(für die Dienstleistung)이 있는 경우 처벌이 되도록 하였다. 이는 1998.1.26. 제6차 개정을 통하여 개정된 내용이다. 이 점을 적절히 지적한 박상기, 644면 참조.

1444 권문택(공저), 702면; 김성천/김형준, 816면; 김일수/서보학, 823면; 박상기, 644면; 배종대, 767면; 손동권, 761면; 오영근, 1021면; 유기천(하), 316면; 이재상, §43−57; 임웅, 832면; 정성근/박광민, 736면; 정영석, 50면; 진계호, 731면; 황산덕, 54면. 부정설은 서일교, 325면.

1445 판례 뇌물죄에 있어서 직무에 관하여라 함은 당해 공무원이 그 직무의 결정권을 갖고 있지 않더라도 그 직무행위와 밀접한 관계에 있는 경우 및 사실상 관리하는 직무행위도 포함된다고 할 것이므로, **유흥업소를 경영하는 사람으로부터 구청위생계장**

⑥ 국회의원이 의정활동의 대가로 금원을 받은 경우(대법원 1997.12.26, 97도2609[1446]) 법원9급 11

2. 대법원 1981.8.25, 81도1830

뇌물수수죄에 있어서의 '직무'의 의미 및 세무공무원의 공용서류 반환 청탁 관련 뇌물수수 사례

뇌물수수죄에 있어서의 직무란 법령에 의한 공무원의 직무 자체뿐만 아니라 이와 관련하여 사실상 관리하는 직무행위도 포함한다고 할 것이므로 과세자료를 조사 수집하고 그에 따라 법령의 규정에 따른 과세를 하여 이를 징수하는 법령상의 직무를 수행하는 세무공무원이 그 직무와 관련하여 그가 보관하는 공무소에서 사용하는 서류를 반환하여 달라는 청탁을 받고 이를 응낙한 후 그 청탁 명목으로 금원을 수수하였다면 직무에 관한 뇌물의 수수라고 할 것이다.

3. 대법원 1984.2.14, 83도3218

수뢰한 금품을 공공의 비용에 충당한 경우 수뢰죄의 성부

수뢰한 금품의 용도는 그것을 개인의 용도에 사용하였건 부대의 행정에 소요되는 비용에 충당하였건 뇌물죄의 성립에 영향이 없다.

4. 대법원 1984.8.14, 84도1139

시도지사에게 위임된 컨트리클럽 지도감독업무와 교통부장관 보좌관의 직무관련성

뇌물성은 의무위반행위의 유무와 청탁의 유무 등은 이를 가리지 않는 것이며 또 설사 컨트리클럽에 대한 지도·감독업무가 각 시도지사에게 위임되었다 하더라도 지방자치단체의 장에게 위임한 국가행정사무에 관하여는 당해 주무부장관이 이를 지휘·감독하도록 되어 있으므로 피고인이 교통부장관을 보좌하여 관광호텔 골프장 등 관광이용시설업체의 지휘·감독 등의 업무를 관장하고 있었다면 이를 들어 피고인의 직무의 관련성을 부정할 수 없다.

5. 대법원 1985.5.14, 83도2050; 1996.6.14, 96도865

뇌물죄에 있어서 금품을 수수한 장소가 공개된 장소이고, 금품을 수수한 공무원이 이를 공사 현장 인부들의 식대 또는 동 공사의 홍보비, 부하직원들을 위한 휴가비·회식비 등으로 소비하였을 뿐 자신의 사리(私利)를 취한 바 없다 하더라도 그 뇌물성이 부정되는 것은 아니다. 국가7급 08 / 법원9급 08 / 법원9급 10 / 경찰채용 10 2차 / 경찰채용 12 2차

6. 대법원 1994.9.9, 94도619

동화은행으로부터 뇌물을 받은 대통령 경제수석 사례

대통령경제수석비서관은 금융기관의 감독업무를 포함하여 모든 국가경제정책의 수립에 관한 조정·통제 및 경제전반에 걸친 대통령의 지시사항의 이행을 점검·감독하는 업무를 수행하고 이를 위하여 관계행정기관의 장과 협의하고 그 자신의 견해를 대통령에게 보고하는 등 금융기관의 업무에 관하여 사실상의 영향력을 행사하는 지위이므로 위 피고인 甲이 위 금원을 수수한 것은 적어도 직무행위와 밀접한 관계가 있다.

7. 대법원 1996.11.15, 95도1114

토지소유자들이 구획정리사업조합을 설립하여 시행하는 위의 토지구획정리사업에 관하여는 실무상 시의회의 심의를 거치도록 되어 있음을 알 수 있고, 시의회 의장직에 있던 피고인은 위 토지구획정리사업에 대한 시의회의 심의와 관련하여 영향을 미칠 수 있는 지위에 있다 할 것이므로 직무관련성이 있다 할 것이다.

8. 대법원 1997.4.17, 96도3377 전원합의체

뇌물죄에 있어서 대통령의 직무범위 및 그 직무관련성

국책사업의 사업자 선정도 역시 대통령의 직무범위에 속하거나 그 직무와 밀접한 관계가 있는 행위이므로 이에 관하여 대통령에게 금품을 공여하면 바로 뇌물공여죄가 성립하고, 대통령이 실제로 영향력을 행사하였는지 여부는 범죄의 성립에 영향을 미치지 않는다.

이 건물용도변경허가와 관련하여 금품을 수수한 것은 직무와 관련하여 교부받은 것이라고 인정한 원심의 조처는 정당하다.

1446 판례 국회의원이 그 직무권한의 행사로서의 의정활동과 전체적·포괄적으로 대가관계가 있는 금원을 교부받았다면 그 금원의 수수가 어느 직무행위와 대가관계에 있는 것인지 특정할 수 없다고 하더라도 이는 국회의원의 직무에 관련된 것으로 보아야 하고, 한편 국회의원이 다른 의원의 직무행위에 관여하는 것이 국회의원의 직무행위 자체라고 할 수는 없으나, 국회의원이 자신의 직무권한인 의안의 심의·표결권 행사의 연장선상에서 일정한 의안에 관하여 다른 동료의원에게 작용하여 일정한 의정활동을 하도록 권유·설득하는 행위 역시 국회의원이 가지고 있는 위 직무권한의 행사와 밀접한 관계가 있는 행위로서 그와 관련하여 금원을 수수하는 경우에도 뇌물수수죄가 성립한다.

9. 대법원 1998.3.10, 97도3113
지방자치단체 건축지도계장이 건축업자에게 자신의 주상복합건물 신축공사를 도급주어 시공하게 한 사례
공무원이 그 이익을 수수하는 것으로 인하여 사회일반으로부터 직무집행의 공정성을 의심받게 되는지 여부도 뇌물죄의 성부를 판단함에 있어서의 판단 기준이 되며, 뇌물을 받은 결과 부정한 행위를 해야만 뇌물죄가 성립하는 것은 아니므로, 건축지도계장으로 근무하는 피고인이 건축업자에게 편의를 제공한 후 동인에게 자신의 주상복합건물 신축공사를 도급주어 시공하게 한 경우, 통상공사비보다 다소 저렴한 액수로 공사계약을 체결한 것이 직무와 관련하여 부당하게 저렴한 가격으로 결정되었다고 볼 수 없다는 이유로 뇌물죄가 성립하지 않는다고 볼 것은 아니다.

10. 대법원 1999.11.9, 99도2530
음주운전 단속 경찰관의 운전면허취소업무에 대한 직무관련성
뇌물죄는 직무집행의 공정과 이에 대한 사회의 신뢰에 기하여 직무행위의 불가매수성을 그 직접의 보호법익으로 하고 있으므로 뇌물성은 의무위반 행위나 청탁의 유무 및 금품수수 시기와 직무집행행위의 전후를 가리지 아니한다 할 것이고, 따라서 뇌물죄에서 말하는 '직무'에는 사무분장에 따라 현실적으로 담당하지 않는 직무라도 법령상 일반적인 직무권한에 속하는 직무 등 공무원이 그 직위에 따라 공무로 담당할 일체의 직무를 포함한다. 따라서 음주운전 단속에 관련된 제반 서류를 작성한 후 운전면허 취소업무를 담당하는 직원에게 이를 인계하는 업무를 담당하는 경찰관이 피단속자로부터 운전면허가 취소되지 않도록 하여 달라는 청탁을 받고 금원을 교부받은 경우 뇌물수수죄의 죄책이 인정된다(참고로 수뢰후부정처사죄는 성립하지 않는 판례임). 법원9급 09 / 경찰간부 12 / 경찰승진(경사) 11 / 경찰채용 18 1차 / 경찰채용 10 2차 / 경찰채용 16 2차

11. 대법원 2002.5.10, 2000도2251
의장선거에서의 투표권을 가지고 있는 군(郡)의원[1447]들이 이와 관련하여 금품 등을 수수할 경우 이는 군의원으로서의 직무와 관련된 것이라 할 것이므로 뇌물죄가 성립한다. 경찰승진(경사) 11

12. 대법원 2003.6.13, 2003도1060
범죄를 예방·진압·수사하여야 할 일반적 직무권한[1448]을 가지는 경찰관(원주경찰서 교통계 근무)이 도박장개설 및 도박범행을 묵인하고 편의를 봐주는 데 대한 사례비 명목으로 금품을 수수하고, 나아가 도박장개설 및 도박범행사실을 잘 알면서도 이를 단속하지 아니한 것은 경찰관으로서 직무와 관련되는 것이다(결국 수뢰후부정처사죄가 성립함).[1449] 사시 14 / 변호사 14

13. 대법원 2004.5.28, 2004도1442
대대 주임원사인 피고인이 소속 대대 병사들의 보직에 관하여 지휘관인 대대장에게 건의하면 그 건의가 상당부분 반영되어 왔다면 그와 같은 병사들의 보직 등을 결정하는 직무는 뇌물죄에 있어서의 직무에 해당한다. 법원 9급 18 / 경찰채용 21 1차

14. 대법원 2005.10.14, 2003도1154
농림부 주관 농림기술개발사업의 일환으로 시행되고, 국립대학교 총장 명의로 체결된 연구 용역 약정에 기하여 소속 대학 교수가 행하는 연구 활동이 교육공무원인 위 교수의 직무 집행 행위에 해당한다.

15. 대법원 2007.4.27, 2005도4204
사회 일반으로부터 직무집행의 공정성을 의심받게 되는지 여부도 뇌물죄의 성부를 판단함에 있어서의 판단기준이 되므로, 경찰관이 재건축조합 직무대행자에 대한 진정사건을 수사하면서 진정인 측에 의하여 재건축 설계업체로 선정되기를 희망하던 건축사사무소 대표로부터 금원을 수수한 경우, 금원의 수수와 경찰공무원의 직무인 진정사건 수사와의 관련성을 배척할 수 없다. 경찰간부 12 / 경찰승진(경사) 11

16. 대법원 2009.8.20, 2009도4391
공무원이 수수한 금품에 직무행위와 대가관계가 있는 부분과 그렇지 않은 부분이 불가분적으로 결합되어 있으

1447 지방자치법 제42조 제1항의 규정에 의하면 지방의회는 의장을 의원들 간의 무기명투표로 선거하도록 되어 있다.
1448 경찰관직무집행법 제2조 제1호는 경찰관이 행하는 직무 중의 하나로 '범죄의 예방·진압 및 수사'를 들고 있다.
1449 비록 해당 경찰관이 도박범행의 수사 등에 관한 구체적인 사무를 담당하고 있지 아니하였다 하여도 달리 볼 것은 아니다(위 판례의 판결이유 중에서).

면, 수수한 금품 '전액'이 직무행위에 대한 대가로 수수한 뇌물이라고 해야 한다. 경찰간부 14

17. 대법원 2010.4.29, 2010도1082

경찰청장으로서 모든 범죄수사에 관하여 직무상 또는 사실상의 영향력을 행사할 수 있는 지위에 있던 피고인이, 1년에 3~4차례 정도 전화로 안부 인사를 나눌 정도였던 甲으로부터 미화 2만 달러를 받은 것은 직무와 관련하여 뇌물로 수수한 것이라고 해야 한다.

18. 대법원 2010.5.13, 2008도5506

도시 및 주거환경정비법 제84조에 의하여 공무원으로 의제되는 정비사업전문관리업자의 임·직원의 경우, 임·직원이 얻는 어떤 이익을 직무와 대가관계가 있는 부당한 이익으로서 뇌물에 해당하는 것으로 보려면 정비사업전문관리업자가 반드시 정비조합이나 조합설립추진위원회와 특정 재건축·재개발 정비사업에 관하여 구체적인 업무위탁계약을 체결하여 그 직무에 관하여 이익을 취득할 것을 요하는 것은 아니라고 할 것이다. 법원행시 09

19. 대법원 2010.12.23, 2010도10910

국회 정무위원회 수석전문위원으로서 정무위원회 소관 기관에 대하여 상당한 영향력을 가진 피고인이 그 소관 기관 등의 업무에 관한 청탁 또는 부탁을 받고 금품을 수수한 경우, 피고인의 위 행위는 자신의 직무이거나 그 직무와 밀접한 관계가 있는 행위라고 할 것이어서 수뢰죄에 해당한다.

20. 대법원 2010.12.23, 2010도13584

공무원으로 의제되는 재건축조합 조합장 甲이 재건축상가 일반분양분의 매수를 위한 청탁 명목으로 제공된다는 사정을 알면서 피고인 乙을 통하여 丁으로부터 5,000만 원이 입금되어 있는 통장과 현금카드를 교부받은 경우, 재건축상가 일반분양분의 매각은 조합장의 직무와 밀접한 관련이 있으므로 甲에게는 뇌물수수죄가 인정된다.

21. 대법원 2011.3.24, 2010도17797

시(市) 도시계획국장인 피고인 甲이 건설회사를 운영하는 피고인 乙의 부탁을 받고 위 회사로 하여금 자신이 관리·감독하는 공사 중 일부를 하도급받도록 해 준 다음 그 대가로 돈을 받은 경우에는 뇌물수수죄에 해당한다.

22. 대법원 2011.12.8, 2010도15628

시(市)의원인 피고인이 신문사와 노인단체의 부탁을 받고 노인시설에서 구독하는 신문의 구독료 예산을 확보하여 지급되도록 한 다음 수수료 명목의 돈을 수수한 경우, 위 돈은 피고인이 직무에 관하여 수수한 것으로 보아야 한다.

23. 대법원 2012.1.12, 2011도12642

직무에 대한 대가성과 직무 외의 행위에 대한 사례의 성질이 결합된 사례

① 공무원이 수수·요구 또는 약속한 금품에 그 직무행위에 대한 대가로서의 성질과 직무 외의 행위에 대한 사례로서의 성질이 불가분적으로 결합되어 있는 경우에는, 그 수수·요구 또는 약속한 금품 전부가 불가분적으로 직무행위에 대한 대가로서의 성질을 가진다(대법원 2009.7.9, 2009도3039). 또한 ② 정치자금·선거자금 등의 명목으로 이루어진 금품의 수수라 하더라도 그것이 정치인인 공무원의 직무행위에 대한 대가로서의 실체를 가지는 한 뇌물로서의 성격을 잃지 아니하고, 설령 수수된 금품 중 순수한 정치자금의 성격이 일부 포함되어 있는 경우가 있다고 하더라도 이를 뇌물로 보는 데에는 지장이 없다(대법원 1997.12.26, 97도2609). 다만 ③ 그 금품의 수수가 수회에 걸쳐 이루어졌고 각 수수 행위별로 직무관련성 유무를 달리 볼 여지가 있는 경우에는 그 행위마다 직무와의 관련성 여부를 가릴 필요가 있을 뿐이다(대법원 2011.5.26, 2009도2453).

24. 대법원 2013.11.28, 2013도10011

원래의 직무범위에 속하지 않지만 직무와 관련하여 금품을 수수한 지방건설기술심의위원회 위원 사건

구 건설기술관리법 제45조 제1호는 형법 제129조부터 제132조까지의 뇌물죄 규정을 적용할 때에는 제5조 제1항에 따른 지방건설기술심의위원회(기술심의위원회)의 위원 중 공무원이 아닌 위원은 공무원으로 본다고 규정하고 있다. 이는 심의의 공정성과 투명성을 높이기 위하여 공무원이 아닌 사람이 기술심의위원회의 위원으로서 직무를 처리하는 경우에 그 직무와 관련하여 부당한 금품을 수수하면 공무원으로 보아 형법 제129조부터 제132조까지의 뇌물죄로 처벌하려는 것이다. 위와 같은 의제규정의 내용 및 목적에 비추어 보면, 국가공무원이나 지방공무원 등 공무원이 기술심의위원회의 위원으로서 직무를 처리하는 경우에 그 직무가 그 공무원이 취급하는 원래의 직무 범위에 속하지 아니한다고 하더라도 기술심의위원회 위원의 직무와 관련하여 부당한 금품을 수수한 때에는 뇌물죄가 성립한다. 법원9급 14

판례연구 뇌물죄의 직무관련성이 인정되지 않는 사례

1. 뇌물죄의 직무관련성이 인정되지 않는 전통적 사례

① 교육부 편수국 교육연구관이 발행자로부터 검정교과서의 내용검토와 개편 등을 의뢰받은 경우(대법원 1979. 5.22, 78도296) 경찰간부 12

② 형사피고사건의 공판참여주사가 양형을 감경해 달라는 청탁을 받은 경우(대법원 1980.10.14, 86도1373) 변호사 14

2. 대법원 2002.5.31, 2001도670

구체적인 행위가 공무원의 직무에 속하는지 여부는 그것이 공무의 일환으로 행하여졌는가 하는 형식적인 측면과 함께 그 공무원이 수행하여야 할 직무와의 관계에서 합리적으로 필요하다고 인정되는 것이라고 할 수 있는가 하는 실질적인 측면을 아울러 고려하여 결정하여야 하므로, 어업손실액 조사기관인 국립대학교 부설 연구소가 국가를 당사자로 하는 계약에 관한 법률에 근거하지 아니하고 국가와는 별개의 지위에서 연구소라는 단체의 명의로 체결한 어업피해조사용역계약상의 과업 내용에 의하여 국립대학교 교수가 위 연구소 소속 연구원으로서 수행하는 조사용역업무는 교육공무원의 직무 또는 그와 밀접한 관계가 있거나 그와 관련된 행위에 해당한다고 볼 수 없다. 경찰채용 11 1차

3. 대법원 2006.6.15, 2005도1420

서울대학교 의과대학 교수 겸 서울대학교병원 의사가 구치소로 왕진을 나가 진료하고 진단서를 작성해 주거나 법원의 사실조회에 대하여 회신을 해주는 것은 의사로서의 진료업무이지 교육공무원인 서울대학교 의과대학 교수의 직무와 밀접한 관련 있는 행위라고 할 수 없다. 국가7급 21

4. 대법원 2007.10.12, 2005도7112

수의계약(隨意契約)을 체결하는 공무원이 해당 공사업자와 적정한 금액 이상으로 계약금액을 부풀려서 계약하고 부풀린 금액을 자신이 되돌려 받기로 사전에 약정한 다음 그에 따라 수수한 돈은 성격상 뇌물이 아니고 횡령(국고손실)금에 해당한다. 법원행시 08 / 법원행시 11 / 법원행시 12 / 법원행시 13 / 법원9급 09 / 경찰채용 11 1차 / 경찰채용 14 1차 / 사시 11 / 사시 13 / 경찰승진(경감이하) 17 / 경찰채용 16 2차 / 국가9급 24

5. 대법원 2009.11.26, 2009도8670

한국전기연구원의 책임연구원이 차세대초전도응용기술개발사업의 사업단장으로서 연구비 지원에 대한 사례 명목으로 금품을 수수한 경우, 뇌물수수죄는 성립하지 않고 배임수재죄가 성립한다.

6. 대법원 2011.5.26, 2009도2453

구 해양수산부 소속 공무원인 피고인이 甲 해운회사의 대표이사 등에게서 중국의 선박운항허가 담당부서가 관장하는 중국 국적선사의 선박에 대한 운항허가를 받을 수 있도록 노력해 달라는 부탁을 받고 돈을 받은 경우에는 직무관련성이 없어 뇌물수수죄가 성립하지 않는다. 경찰간부 12 / 경찰채용 13 2차 / 경찰채용 14 2차 / 경찰채용 21 2차

7. 대법원 2017.12.22, 2017도12346

장래에 담당할 직무와의 관련성을 인정할 수 없다는 사례

형법 제129조 제1항의 뇌물수수죄가 성립하려면 공무원이 그 직무에 관하여 뇌물을 수수하여야 한다. 따라서 공무원이 이익을 수수한 행위가 공무원의 직무와 관련이 없다면 뇌물수수죄는 성립하지 않는다. ① 공무원이 장래에 담당할 직무에 대한 대가로 이익을 수수한 경우에도 뇌물수수죄가 성립할 수 있지만, ② 그 이익을 수수할 당시 장래에 담당할 직무에 속하는 사항이 그 수수한 이익과 관련된 것임을 확인할 수 없을 정도로 막연하고 추상적이거나, 장차 그 수수한 이익과 관련지을 만한 직무권한을 행사할지 자체를 알 수 없다면, 그 이익이 장래에 담당할 직무에 관하여 수수되었다거나 그 대가로 수수되었다고 단정하기 어렵다.

사례연구 경찰관과 중소기업협동조합중앙회 회장의 직무관련성 사례 : 무죄

경찰청 정보과에 근무하는 경찰관인 甲은 중소기업 A회사를 운영하는 乙로부터 중소기업협동조합중앙회 회장 丙에 의하여 외국인산업연수생에 대한 국내관리업체로 선정되는 데 힘써 달라고 각종 향응을 받은 다음, 금 5,000만 원을 중앙회 회장에게 전달해 달라는 부탁을 받았다. 甲은 위 금전을 임의로 소비하였다. 甲의 형사책임은?(제133조 제2항의 증뢰물전달죄는 논외로 함)

해결 경찰청 정보과 근무 경찰관의 직무와 중소기업협동조합중앙회 회장의 외국인산업연수생에 대한 국내관리업체 선정업무는 직무관련성이 없으므로 수뢰죄 내지 증뢰죄가 인정되지 않고, 한편 판례에 의하면 제3자에 대한 뇌물공여 또는 배임증재의 목적으로 전달하여 달라고 교부받은 금전은 불법원인급여물에 해당하여 그 소유권이 甲에게 귀속되므로 횡령죄가 성립하지 않는다. 따라서 甲은 무죄이다(대법원 1999.6.11, 99도275).
법원행시 07 / 법원9급 07(하) / 경찰승진(경사) 11 / 경찰승진(경감) 11 / 경찰승진 13 / 경찰채용 14 2차

② 부당한 이익

㉠ 대가관계(對價關係) : 뇌물은 직무에 관한 보수임을 요하므로 직무에 대한 대가관계가 있어야 한다. 그러므로 사교적 의례(社交的 儀禮)에 불과한 추석 또는 연말의 증여물은 뇌물이 아니다.

㉡ 이익(Vorteil)의 불법 · 부정성 : 뇌물은 직무에 관한 부정한 보수임을 요하므로 법령뿐만 아니라 사회윤리적 관점에서 인정될 수 있는 정당한 대가는 뇌물이 될 수 없다(예 봉급, 수당, 여비, 일당, 수수료, 상여금 등). 그러나 정치자금 · 선거자금 등의 명목으로 이루어진 금품의 수수라 하더라도 그것이 정치인인 공무원의 직무행위에 대한 대가로서의 실체를 가지는 한, 뇌물로서의 성격을 잃지 아니한다(대법원 1997.12.26, 97도2609; 2008.6.12, 2006도8568[1450]). 법원행시 05 / 법원9급 06

㉢ (판례에 의한) 뇌물의 범위 – 선물(膳物)과 뇌물의 구별을 요함

ⓐ 사교적 의례(儀禮)로서의 선물이라면 뇌물이 아님 : 공무원이 그 직무의 대상이 되는 사람으로부터 금품 기타 이익을 받은 때라 하더라도 그것이 그 사람이 종전에 공무원으로부터 접대 또는 수수받은 것을 갚는 것으로서 사회상규에 비추어 볼 때에 의례상의 대가에 불과한 것이라고 여겨지거나, 개인적인 친분관계가 있어서 교분상의 필요에 의한 것이라고 명백하게 인정할 수 있는 경우에는 뇌물죄가 성립하지 않는다.[1451]

판례연구 사교적 의례에 불과한 결혼식 축의금 사례

대법원 1982.9.14, 81도2774
공소외 이○○으로부터 받은 돈 10만 원과 공소외 한○○, 유○○으로부터 받은 각 금 5만 원은 피고인 甲이 자신의 차남 및 3남 결혼식 축의금으로 받은 것일뿐 아니라 피고인이 위 공소외인들과 개인적으로도 친분관계를

1450 판례 : 정치자금 명목으로 관련 법률에 정한 절차에 따라 수수된 금품의 경우에 뇌물성을 인정할 수 있는지 여부(적극) 정치자금의 기부행위는 정치활동에 대한 재정적 지원행위이고, 뇌물은 공무원의 직무행위에 대한 위법한 대가로서 양자는 별개의 개념이므로, 금품이 정치자금의 명목으로 수수되었고 또한 당시 시행되던 구 정치자금에 관한 법률에 정한 절차를 밟았다 할지라도, 상대방의 지위 및 직무권한, 당해 기부자와 상대방의 종래 교제상황, 기부의 유무나 시기, 상대방, 금액, 빈도 등의 상황과 함께 당해 금품의 액수 및 기부하기에 이른 동기와 경위 등에 비추어 볼 때, 정치인의 정치활동 전반에 대한 지원의 성격을 갖는 것이 아니라 공무원으로서의 정치인의 특정한 구체적 직무행위와 관련하여 제공자에게 유리한 행위를 기대하거나 혹은 그에 대한 사례로서 이루어짐으로써 정치인인 공무원의 직무행위에 대한 대가로서의 실체를 가진다면 뇌물성이 인정된다(대법원 2008.6.12, 2006도8568). 법원행시 05 / 사시 10

1451 참고 : 사교적 의례의 경우 직무와의 대가관계가 인정된다 하더라도 사교적 의례로서 액수가 경미한 선물을 받은 경우 뇌물죄가 성립하지 않는데, 그 근거에 대해서는 ① 뇌물죄의 구성요건에는 해당이 되나 사회상규에 위배되지 않는 행위로서 위법성이 조각된다는 견해(김성천/김형준, 818면; 김종원, 전게논문, 18면; 손동권, 763면; 오영근, 1028면; 임웅, 828면)와 ② 사회상규상 의례의 범위를 넘지 않는 선물은 아예 뇌물로 볼 수 없다(구성요건에 해당되지 않는다)는 견해[권문택(공저), 700면; 김일수/서보학, 823면; 배종대, 750면; 유기천(하), 291면; 이재상, §43–59; 이형국(Ⅱ), 336면; 정성근/박광민, 737면]의 대립이 있다. [독자들 중에는 위와 같은 견해의 대립을 무용(無用)한 것으로 생각하는 분들도 있는데–어차피 다 똑같은 무죄인데 학설을 검토해서 무엇하나는 식의 생각–, 그것은 다소 성급한 생각일 수도 있다는 점을 조언해드린다.] 이러한 학설의 대립은 사교적 의례에 속하지 않는 뇌물을 수수하면서도 사교적 의례에 속한다고 오인한 착오를 일으킨 공무원의 경우를 어떠한 착오로 볼 것인가와 관련하여 그 실익(實益)이 발생하는 논쟁이다. 생각건대, 위 견해들을 총론의 이론으로 환원시켜 보면, 전자의 견해는 법익침해가 경미한 경우에는 사회상규에 위배되지 않는 정당행위로 검토한 것이며, 후자의 견해는 일종의 사회적 상당성 이론에 의하여 구성요건해당성이 배제되는 것으로 파악한 것으로 이해된다. 따라서 제1설에 따르면 사교적 의례에 불과한 것으로 오인한 착오는 위법성의 착오인 금지착오로, 제2설에 따르면 구성요건착오로 해결하게 된다.

맺어온 사이였다면, 비록 공소외인들이 피고인의 직무와 관련이 있는 사업을 경영하는 사람들이었다 하더라도 그 사정만으로 각 금원이 축의금을 빙자하여 뇌물로 수수된 것이었다고 단정할 수는 없다.

ⓑ 금액 혹은 물건의 가액이 통상을 넘는다면 대가관계가 없더라도 뇌물임 : 고액의 축의금 및 부의금은 뇌물로 볼 수 있다.

ⓒ 금액이 적더라도 대가관계가 분명하다면 뇌물임 : 뇌물은 직무행위에 상응하는 부정한 대가적 이익이다. 따라서 공무원의 직무와 관련하여 금원을 수수하였다면 그 수수한 금원은 뇌물이 되는 것이고, 그것이 사교적 의례의 형식을 사용하고 있다 하여도 직무행위의 대가로서의 의미를 가질 때에는 뇌물이 되는 것이다(대법원 2000.1.21, 99도4940). 국가7급 08 / 국가9급 11 / 법원9급 14 / 경찰승진(경사) 11 / 경찰채용 12 2차 / 경찰채용 21 2차

판례연구 직무행위의 대가성 관련 판례

1. 대법원 1984.4.10, 83도1499

노동청 해외근로국장 사례

노동청 해외근로국장으로서 해외취업자 국외송출허가 등 업무를 취급하던 피고인이 접대부 등의 국외송출을 부탁받고 시가 70,000원 상당의 음식을 접대받은 경우, 비록 그 접대의 규모가 그리 크지 아니하였다 하더라도 그 사유만으로 이를 단순한 사교적 의례의 범위에 속하는 향응에 불과하다고 볼 수 없으며 뇌물성을 띤다고 볼 것이다.

2. 대법원 1996.6.14, 96도865

주차관리원 채용 사례

비록 피고인이 교부받은 금원이 금 20만 원으로서 비교적 소액이라 하더라도 그것이 주차관리원의 채용이라는 공무원의 직무와 관련하여 그 알선 명목으로 수수된 것이므로 뇌물죄에 해당한다.

3. 대법원 2008.11.27, 2006도8779; 2002.7.26, 2001도6721; 2008.2.1, 2007도5190

재건축조합 설립인가 관련 구청 주택과장 사례

재건축추진위원장이 재건축조합의 조속한 설립인가를 위해 담당공무원(구청 주택과장)에게 두 차례에 걸쳐 점심식사를 제공한 경우라면, 공무원이 직무와 관련하여 금품을 수수한 것으로서 비록 사교적 의례의 형식을 빌려 금품을 주고받았다 하더라도 그 수수한 금품은 뇌물이 된다.

ⓓ 이익(利益) : 뇌물죄에 있어서 뇌물의 내용인 이익이라 함은 금전·물품 기타의 재산적 이익뿐만 아니라 사람의 수요·욕망을 충족시키기에 족한 일체의 유형·무형의 이익을 포함한다. 경찰승진 12 / 사시 13 예를 들어, 금전소비대차계약 내지 무이자 또는 저리의 융자에 의한 금융이익,[1452] 은행대출금채무의 연대보증(대법원 2001.1.5, 2000도4714), 시가의 앙등이 예상되는 체비지의 지분을 낙찰원가에 매수하거나(대법원 1994.11.4, 94도129) 역시 시가의 앙등이 예상되는 주식을 액면가에 매수하는 것(대법원 1979.10.10, 78도1793)과 같은 투기적 사업에 참여할 기회의 제공, 국가7급 12 / 법원행시 06 / 법원행시 08 / 법원9급 08 / 경찰채용 12 3차 싼값의 부동산 분양, 조합아파트 가입권에 붙은 소위 프리미엄(대법원 1992.12.22, 92

1452 **관련 판례** 공무원인 피고인들이 회수하여야 할 선급금을 회수하지 못한 가운데 뇌물공여자로 하여금 이를 대납하게 한 경우 자신들에 대하여 향후 예상되는 징계책임을 감면받는 신분상의 이익과 장차 부담하게 될지도 모를 변상책임을 모면하는 재산상의 이익을 얻었으므로 이러한 이익도 뇌물죄에 있어서 뇌물의 내용인 이익에 해당하고, 따라서 피고인들의 행위는 이러한 이익에 대한 뇌물수수에 해당한다고 볼 수 있다(대법원 2004.4.16, 2003도1975). **보충** 대납한 현금 자체를 뇌물로 보아 특정범죄가중처벌등에관한법률위반(뇌물수수)죄로 공소가 제기된 이 사건 심리 과정에 검사는 뇌물수수의 객체에 관한 공소사실을 예비적으로라도 현금이 아닌 위와 같은 이익으로 변경할 의사가 없음을 분명히 표시하였고, 이에 따라 현금 자체가 뇌물이 되는지 여부에 대하여만 심리가 이루어졌으므로 법원이 공소사실의 변경절차도 없이 뇌물수수의 객체를 현금 자체가 아닌 이익으로 보아 유죄로 인정하는 것은 피고인들의 방어권 행사에 실질적인 불이익을 초래할 염려가 있고, 유죄로 인정하지 아니하는 것이 현저히 정의와 형평에 반하는 것이라고 보이지도 않는다.

도1762), 차용금 명목의 금원, 양복·자동차의 현물제공, 각종 회원권(예 골프장, 헬스클럽 등), 향응의 제공(대법원 1967.10.31, 67도1123), 취직의 알선, 해외여행, 복직, 이성 간의 정교와 같은 성적 욕구의 충족(대법원 2014.1.29, 2013도13937) 등이 여기에 해당된다. 법원9급 17 / 경찰채용 18 1차 / 경찰채용 16 2차 / 국가9급 24

판례연구 뇌물죄의 뇌물에 해당하는 사례

1. 대법원 1976.9.28, 75도3607; 2004.5.28, 2004도1442
공무원이 그 직무에 관하여 금원을 무기한·무이자로 차용한 경우에는 수뢰자가 받은 실질적 이익은 무기한·무이자 차용금의 금융이익 상당이므로 그 금융이익이 뇌물이라 할 것이다. 법원9급 13

2. 대법원 1994.11.4, 94도129
투기적 사업에 참여할 기회제공 : 체비지 원가매수 사례
피고인 甲·乙(공무원)이 평소 담당하여 온 직무와 피고인 丙(증뢰자)의 관계, 그들이 체비지 150평 지분을 매매하게 된 경위, 그 매매대금의 액수, 그 당시의 부동산가격 조짐과 그 후 이 사건 체비지의 가격이 급등하게 된 점 등에 비추어, 피고인 甲·乙이 丙으로부터 위 체비지 지분을 낙찰원가에 매수한 것은 설사 그 매수 당시의 체비지의 시세가 낙찰원가에 불과하다고 하더라도 직무와 관련하여 이른바 투기적 사업에 참여할 기회를 제공받았음에 다름 아니라 할 것이고, … 이 사건에 있어서 피고인 甲·乙이 직무와 관련하여 피고인 丙으로부터 장래 시가의 앙등이 예상되는 이 사건 체비지 150평 지분을 낙찰원가에 매수한 것은 뇌물수수죄에, 피고인 丙이 이를 매도한 것은 뇌물공여죄에 해당된다고 할 것이다.

3. 대법원 2001.1.5, 2000도4714
군에서 일차진급 평정권자가 그 평정업무와 관련하여 진급대상자로 하여금 자신의 은행대출금채무에 연대보증하게 한 행위는 직무에 관련하여 이익인 뇌물을 받은 것에 해당된다.

4. 대법원 2002.11.26, 2002도3539
액수 미상의 프리미엄이 예상되는 조합아파트 1세대를 분양해 준 사례
재개발주택조합의 조합장이 그 재직 중 고소하거나 고소당한 사건의 수사를 담당한 경찰관에게 액수 미상의 프리미엄이 예상되는 그 조합아파트 1세대를 분양해 준 경우, 그 아파트가 당첨자의 분양권 포기로 조합에서 임의 분양하기로 된 것으로서 예상되는 프리미엄의 금액이 불확실하였다고 하더라도, 조합, 즉 조합장이 선택한 수분양자가 되어 분양계약을 체결한 것 자체가 경제적인 이익이라고 볼 수 있으므로 이는 뇌물공여죄에 해당한다. 법원행시 09 / 국가9급 22 / 사시 11 / 사시 14

5. 대법원 2006.4.27, 2006도735
자동차를 뇌물로 수수하였다고 하기 위해서는 수뢰자가 그 법률상 소유권을 취득하여야 하는지 여부(소극)
자동차를 뇌물로 제공한 경우 자동차등록원부에 뇌물수수자가 그 소유자로 등록되지 않았다고 하더라도 자동차의 사실상 소유자로서 자동차에 대한 실질적인 사용 및 처분권한이 있다면 자동차 자체를 뇌물로 취득한 것으로 보아야 한다.[1453] 법원승진 11 / 경찰승진(경감이하) 17

6. 대법원 2014.10.15, 2014도8113
보험설계사인 재건축정비사업의 임원이 시공사 선정 등과 관련하여 보험계약을 체결하게 한 사례
甲 생명보험 주식회사의 보험설계사이자 도시 및 주거환경정비법상 재건축정비사업조합의 조합장인 피고인이, 乙에게서 시공사 선정 등에 도움을 달라는 청탁을 받고 乙로 하여금 甲 회사 보험상품에 대한 보험계약을 체결하게 한 후 그에 대한 보험계약 모집수수료를 교부받음으로써 직무에 관하여 뇌물을 수수하였다는 내용으로 기소된 경우, 피고인이 乙에게서 제공받은 뇌물은 '보험계약 체결에 따라 모집수수료 등을 지급받을 수 있는 지위 또는 기회'이고, 재산적 가치는 적어도 보험계약 모집수수료 상당은 된다.

1453 **보충** 다만 피고인에게 뇌물로 제공되었다는 자동차는 리스차량으로 리스회사 명의로 등록되어 있는 점, 피고인이 처분승낙서, 권리확인서 등 원하는 경우 소유권이전을 할 수 있는 서류를 소지하고 있지도 아니한 점, 리스계약상 리스계약이 기간만료 또는 리스료 연체로 종료되어 리스회사에서 위 승용차의 반환을 구하는 경우 피고인은 이에 응할 수밖에 없다고 보이는 점 등에 비추어 볼 때 피고인에게 위 승용차에 대한 실질적 처분권한이 있다고 할 수 없어 자동차 자체를 뇌물로 수수한 것으로 볼 수 없다(위 판례). 법원행시 09 / 법원9급 08 / 사시 13

(4) 수뢰죄와 증뢰죄의 관계와 공범의 문제

① 수뢰죄와 증뢰죄의 관계 : 필요적 공범설[1454]과 개별범죄설[1455]이 제시되어 왔으나, 수뢰죄(제129조 제1항)와 증뢰죄(제133조 제1항)에 있어서 '수수·공여·약속'의 경우는 '필요적 공범 중 대향범'이고, '요구와 공여의 의사표시'는 일방적 의사표시로도 가능하므로 '독립범죄'라고 볼 수 있다(이원설 · 구분설 : 다수설[1456]). 또한 뇌물의 '수수·공여'로 범한 수뢰죄와 증뢰죄도 대향범이기는 하지만 반드시 쌍벌(雙罰)로 처리되어야 하는 것은 아니다. 판례도 전통적으로 필요적 공범설의 입장에 서있으나,[1457] 수뢰죄가 성립하지 않아도 증뢰죄는 성립할 수 있다고 판시하고 있다(아래 판례).

판례연구 수뢰죄와 증뢰죄의 관계

1. 대법원 1987.12.22, 87도1699

수뢰죄가 성립 안 되어도 증뢰죄는 성립 : 필요적 공범의 의미

피고인 甲으로부터 뇌물을 공여받은 피고인 乙의 뇌물수수죄에 대하여 뇌물성의 인식이 없이 이를 수령하였다는 취지에서 무죄선고가 내려졌음이 인정되나, 원심 설시와 같이 피고인이 증뢰의 의사로서 뇌물을 공여한 이상, 그가 뇌물수수죄의 죄책이 있느냐 여부에 불구하고 피고인의 뇌물공여죄는 성립된다. 국가7급 08

2. 대법원 2006.2.24, 2005도4737

뇌물공여죄의 성립에 반드시 상대방 측의 뇌물수수죄가 성립하여야만 하는지 여부(소극)

뇌물공여죄가 성립하기 위하여는 뇌물을 공여하는 행위와 상대방측에서 금전적으로 가치가 있는 그 물품 등을 받아들이는 행위가 필요할 뿐 반드시 상대방 측에서 뇌물수수죄가 성립하여야 함을 뜻하는 것은 아니다. 국가9급 11 / 국가9급 17 / 법원행시 08 / 법원행시 10 / 법원행시 12 / 법원행시 13 / 법원9급 09 / 법원9급 10 / 법원9급 13 / 경찰승진(경사) 11 / 경찰승진(경감) 10 / 경찰채용 11 1차 / 경찰채용 12 2차 / 경찰채용 12 3차 / 변호사 12 / 경찰간부 17 / 경찰승진(경감이하) 16

② 비신분자가 신분자의 뇌물범죄에 가공한 경우 : 이원설에 의하여 뇌물범죄의 유형을 분류한다는 전제에서, 공범과 신분에 관한 제33조[1458] 적용의 문제를 정리해보면 다음과 같다.

㉠ 뇌물의 '수수 · 공여 · 약속'으로 범한 수뢰와 증뢰의 경우 : 이 경우 필요적 공범의 관계에 있다. 따라서 ⓐ 그 내부관여자인 수뢰자와 증뢰자 사이에서는 형법총칙상 공범규정이 적용되지 않으며,[1459] ⓑ 외부관여자인 제3자에 대해서만 수뢰나 증뢰의 공범 성립이 가능할 뿐이다. 외부관여자인 제3자가 공무원의 뇌물수수·약속에 가담한 경우에는 제33조 본문에 의하여 그 가담형태에 따라 수뢰죄의 공동정범·교사범·방조범이 성립하게 된다(다수설[1460]·판례[1461]). 그러나 ⓒ 외부관여자인 제3자가 일반인의 증뢰범죄(뇌물공여·약속)에 가담한 경우에는 증뢰죄는 신분범이 아닌 일반범이므로 '제33조가 적용될 필요도 없이' 증뢰죄의 공범이 성립하게 된다.

㉡ 뇌물의 '요구 및 공여의 의사표시'로 범한 수뢰나 증뢰의 경우 : 이 경우는 필요적 공범이 아닌 개별

1454 김성천/김형준, 822면; 남흥우, 358면; 이정원, 761면.

1455 권문택(공저), 698면; 서일교, 318면; 정영석, 46면; 황산덕, 50면.

1456 김일수/서보학, 819면; 박상기, 646면; 배종대, 765면; 백형구, 664면; 손동권, 758면; 오영근, 1031면; 유기천(하), 303면; 이재상, §43－51; 이형국(Ⅱ), 341면; 임웅, 780면; 정성근/박광민, 732면; 정영일, 635면; 진계호, 727면.

1457 대법원 1971.3.9, 70도2536.

1458 주지하다시피 제33조는 신분자인 행위자가 범행을 함에 있어서 이에 가공(공동·교사·방조)한 비신분자의 죄책과 과형을 어떻게 정해야 하는가를 정한 규정이다. 자세한 것은 총론, 정범과 공범론 중 공범과 신분 참조.

1459 필요적 공범의 법리에 대해서는 총론, 정범과 공범론, 정범과 공범의 일반이론 중 필요적 공범 참조.

1460 박상기, 646면; 배종대, 766면; 손동권, 758면; 오영근, 1031면; 유기천(하), 286면; 이재상, §43－52; 이형국(Ⅱ), 341면; 임웅, 822면; 정성근/박광민, 744면; 진계호, 953면. 다만 공무원 신분이 없는 자에게 수뢰죄의 공동정범은 인정할 수 없고 수뢰죄의 교사범·방조범만 성립할 수 있다는 소수설은 김일수/서보학, 820면 참조.

1461 대법원 1970.1.27, 69도2225.

범죄이다. 하지만 제33조의 적용문제에 있어서는 위 경우(수수·공여·약속)와 차이가 없다. 즉 ⓐ 공무원의 뇌물요구범행에 가담한 자는 제33조 본문에 의하여 뇌물요구죄의 공동정범·교사범·방조범이 성립하게 되나, ⓑ 일반인의 뇌물공여의사표시범행에 가담한 자는 '제33조에 의할 필요도 없이' 뇌물공여의사표시죄의 공범이 성립하게 된다.

(5) 뇌물의 필요적 몰수와 추징[1462]

제134조 【몰수, 추징】 범인 또는 사정을 아는 제3자가 받은 뇌물 또는 뇌물로 제공하려고 한 금품은 몰수한다. 이를 몰수할 수 없을 경우에는 그 가액을 추징한다. 〈개정 2020.12.8.〉

① 몰수·추징의 대상 – 범인 또는 사정을 아는 제3자가 받는 특정한 뇌물

㉠ 특정된 물건 : 뇌물로 인한 부정한 이익을 보유하지 못하게 하는 범죄수익박탈적 형벌[1463]인 몰수(沒收)는 어디까지나 '특정(特定)된 물건'에 대한 것이다. 추징(追徵)[1464] 역시 몰수가 가능함을 전제로 한다. 따라서 뇌물로 제공하려고 한 금품이 특정되지 않았다면, 몰수할 수 없고 그 가액을 추징할 수도 없다고 보아야 할 것이다. 법원행시 08 / 경찰승진(경사) 11 / 경찰간부 17

㉡ 수뢰액의 증명 : 뇌물죄에서 수뢰액은 다과(多寡)에 따라 범죄구성요건이 되므로 엄격한 증명의 대상이 되고, 법원승진 11 특가법에서 정한 범죄구성요건이 되지 않는 단순 뇌물죄의 경우에도 몰수·추징의 대상이 되는 까닭에 역시 증거에 의하여 인정되어야 하며, 수뢰액을 특정할 수 없는 경우에는 가액을 추징할 수 없다(대법원 2011.5.26, 2009도2453). 경찰채용 18 1차

판례연구 뇌물의 몰수·추징의 전제인 뇌물의 특정

1. 대법원 1996.5.8, 96도221

특정되어야 몰수·추징 가능

피고인 甲이 원심 공동피고인 乙과 공모하여 원심 공동피고인 丙에게 승용차대금 명목으로 금 14,000,000원을 뇌물로 제공하기로 약속하였고, … '뇌물로 약속된 승용차대금 명목의 금품은 특정되지 않아' 이를 몰수할 수 없었으므로 그 가액을 추징할 수 없는 것임에도 이를 간과하고 그 가액을 공범들에게 균분하여 추징한 원심판결은 … 위법을 저지른 것이다. 국가9급 17

1462 참고 : 공무원범죄에 관한 몰수특례법 형법상 뇌물에 대한 몰수·추징제도 이외에도, 특정공무원범죄를 범한 자가 그 범죄행위를 통하여 취득한 불법수익등을 철저히 추적·환수하기 위하여 몰수등에 관한 특례를 규정함으로써 공직사회의 부정부패 요인을 근원적으로 제거하고 깨끗한 공직풍토를 조성함을 그 목적으로 하는 공무원범죄에 관한 몰수특례법이 마련되어 있다(동법 제1조). 여기에서 '특정공무원범죄'라 함은 형법 제129조 내지 제132조에서 규정된 범죄 등을 말하며, "불법수익"이라 함은 특정공무원범죄의 범죄행위로 얻은 재산을 말한다(동법 제2조 제1호 및 제2호). 또한 동법에 규정된 "불법수익에서 유래한 재산"이라 함은 불법수익의 과실로서 얻은 재산, 불법수익의 대가로서 얻은 재산, 이들 재산의 대가로서 얻은 재산등 불법수익의 변형 또는 증식으로 형성된 재산(불법수익이 불법수익과 관련없는 재산과 합하여져 변형되거나 증식된 경우에는 불법수익에서 비롯된 부분에 한한다.)을 말한다(동법 동조 제3호). 특히 동법 제5장에는 보전절차를 규정하고 있다. 법원은 특정공무원범죄에 관련된 피고인에 대한 형사사건에 관하여 이 법의 규정에 의하여 몰수할 수 있는 재산(이하 "몰수대상재산"이라 한다.)에 해당한다고 판단할만한 상당한 이유가 있고, 그 재산을 몰수하기 위하여 필요하다고 인정될 때에는 검사의 청구에 의하여 또는 직권으로 몰수보전명령을 발하여 그 재산에 관한 처분을 금지할 수 있다(동법 제23조 제1항). 또한 검사는 제23조 제1항 또는 제2항의 이유와 필요가 있다고 인정되는 경우에는 공소가 제기되기 전이라도 지방법원판사에게 청구하여 동조 제1항 또는 제2항의 규정에 의한 처분을 받을 수 있으며, 사법경찰관은 검사에게 신청하여 검사의 청구로 위 처분을 받을 수 있다(동법 제24조 제1항의 기소전 몰수보전명령). 몰수보전된 재산(이하 "몰수보전재산"이라 한다.)에 대하여 당해 보전이후에 된 처분은 몰수에 관하여 그 효력을 발생하지 아니한다. 다만, 제37조 제1항 본문에 규정된 경우(제40조 제4항 및 제5항의 규정에 의하여 준용하는 경우를 포함한다) 및 몰수보전명령에 대항할 수 있는 담보권의 실행으로서의 처분에 관하여는 그러하지 아니하다(동법 제26조).

1463 형법 제41조 제9호에 몰수는 형벌로 규정되어 있다.

1464 추징은 형법 제41조에 형벌로 규정되어 있지는 않다. 그러나 몰수에 갈음하여 내리는 처분이라는 점에서 실질적으로는 형벌의 성격을 가진다.

2. 대법원 2015.10.29, 2015도12838
공무원이 상대방에게 돈을 빌려달라고 요구하였으나 즉각 거부한 경우 몰수 · 추징 ×
피고인이 공소외인에게 돈을 빌려달라고 요구하였으나 공소외인이 이를 즉각 거부한 경우, 공소외인이 피고인에게 뇌물로 제공한 금품이 특정되지 않아 이를 몰수할 수 없으므로 그 가액을 추징할 수도 없다.

② 몰수 · 추징의 상대방 – 현재 뇌물을 보유하고 있는 자

㉠ 수뢰자가 뇌물을 –영득의사로 수수함이 없이– 그대로 보관하다가 뇌물 그 자체를 증뢰자에게 반환한 경우 : 증뢰자로부터 몰수 또는 추징한다(대법원 1978.2.28, 77도4037; 1984.2.28, 83도2783). 국가7급 14 / 법원행시 05 / 변호사 14 / 국가9급 17 다만 증뢰자로부터 몰수·추징하는 경우는 바로 이 경우로 한정된다.

㉡ 수뢰자가 일단 수뢰한 뇌물을 소비하고 동 액수의 금원을 증뢰자에게 반환한 경우 : 수뢰자는 뇌물로 인한 이익을 누린 것이라고 할 수 있으므로, 수뢰자로부터 그 가액을 추징한다(대법원 1986.10.14, 86도1189). 법원9급 13 / 변호사 12 영득의 의사로 수수한 후에 뒤에 이를 반환한 경우에도 마찬가지이다(대법원 1986.12.23, 86도2021).

㉢ 뇌물로 수수한 자기앞수표를 소비하고 그 금액을 반환한 경우 : 뇌물 그 자체를 반환한 것은 아니므로 이를 몰수할 수 없고 수뢰자로부터 그 가액을 추징한다(대법원 1984.2.14, 83도2871; 1999.1.29, 98도3584). 법원행시 13 / 경찰채용 14 2차 / 사시 12 / 변호사 14

㉣ 수뢰자가 뇌물로 받은 돈을 은행의 계좌에 예치하였다가 동일한 액수의 금원을 증뢰자에게 반환한 경우 : 은행의 계좌에 예치하였다면 이러한 예금행위는 곧 뇌물의 처분행위에 해당하므로 영득의 의사로 수수한 것임이 인정되고 또한 증뢰자에게 반환된 금원은 뇌물 그 자체도 아니므로 이를 몰수할 수 없고 수뢰자로부터 그 가액을 추징한다(대법원 1970.4.14, 69도2461; 1985.9.10, 85도1350; 1996.10.25, 96도2022). 법원9급 12

㉤ 수뢰자가 뇌물로 받은 돈을 다시 뇌물로 공여한 경우 : 수뢰자로부터 추징한다(대법원 1986.11.25, 86도1951). 법원승진 13

③ 몰수 · 추징의 방법

㉠ 수인이 수수한 경우

ⓐ 공동하여 수수한 경우 : 각자 실제로 받은 금품을 몰수·추징한다(개별추징 : 원칙). 분배율이 분명하지 않을 경우에는 균분(均分)하여 추징한다(균분추징[1465] : 예외)(통설·판례). 따라서 공범 중 1인에게 만연하게 전액 추징하는 것은 위법으로 보면 된다.

ⓑ 수뢰자가 뇌물 중 일부를 공동수수자 아닌 교사범 · 종범에게 사례금 명목으로 교부한 경우 : 뇌물을 수수한 자가 공동수수자가 아닌 교사범 또는 종범에게 뇌물 중의 일부를 사례금 등의 명목으로 교부하였다면 이는 뇌물을 수수하는 데에 따르는 부수적 비용의 지출 또는 뇌물의 소비행위에 지나지 아니하므로, 뇌물수수자로부터 그 수뢰액 전부를 추징하여야 한다(대법원 2011.11.24, 2011도9585).[1466] 법원행시 14 / 법원행시 16 / 경찰승진 13 / 경찰채용 12 3차 / 경찰채용 18 3차

1465 평등하게 추징한 판례로는 대법원 1975.4.22, 73도1963 참조.

1466 **보충** ① **여러 사람이 공동으로 뇌물을 수수한 경우** 그 가액을 추징하려면 실제로 분배받은 금품만을 개별적으로 추징하여야 하고 수수금품을 개별적으로 알 수 없을 때에는 평등하게 추징하여야 하며 공동정범뿐 아니라 교사범 또는 종범도 뇌물의 공동수수자에 해당할 수 있으나, ② **공동정범이 아닌 교사범 또는 종범의 경우**에는 정범과의 관계, 범행 가담 경위 및 정도, 뇌물 분배에 관한 사전약정의 존재 여부, 뇌물공여자의 의사, 종범 또는 교사범이 취득한 금품이 전체 뇌물수수액에서 차지하는 비중 등을 고려하여 공동수수자에 해당하는지를 판단하여야 한다(위 판례). 법원행시 05 / 법원행시 16 / 법원9급 14

㉡ 뇌물의 전부 또는 일부를 몰수할 수 없을 경우 : 그 가액을 추징한다.

예 수뢰 후 재물의 소비, 타물과의 혼동, 향응 등

㉢ 몰수 · 추징 자체가 애초에 불가능한 경우 : 그 가액산정이 불가능한 경우를 말하며, 이 경우 몰수· 추징 자체가 불가능하다.

예 이성과의 정교 등

④ 뇌물의 추징 및 추징가액산정의 기준

㉠ 추징 : 뇌물(의 전부 또는 일부)을 몰수할 수 없을 때에는 그 가액을 추징한다. 예컨대 뇌물로써 1,000만 원짜리 순금송아지를 받았는데 수뢰자가 이를 선의의 제3자에게 처분함으로써 소비한 경우에는 수뢰자에게 1,000만 원을 추징한다.

㉡ 추징가액산정의 기준 : ⓐ 수뢰행위시의 가액 기준설,[1467] ⓑ 판결선고시의 가액 기준설(판례),[1468] 그리고 ⓒ 몰수불능사유 발생시 가액 기준설(다수설[1469])이 대립하고 있다. 형법 제134조의 뇌물의 몰수·추징규정의 취지는 수뢰한 공무원 등으로 하여금 부정한 이익을 보유·향유하지 못하게 하는 데 있는 것이므로, 몰수에 갈음하는 추징의 가액의 기준은 몰수할 수 없게 된 사유가 발생된 때의 가액을 기준으로 한다는 다수설이 타당하다고 생각된다(다만, 객관식 수험에서는 판례에 의함). 따라서 1,000만 원짜리 금송아지를 받은 수뢰자가 이를 선의의 제3자에게 처분하면서 1,100만 원을 받았다면 수뢰자에게 1,100만 원을 추징해야 한다(판례의 판결선고시설에 의해서도 같은 결론).

판례연구 뇌물의 몰수 · 추징 관련 판례

1. 대법원 1977.3.8, 76도1932

수뢰자와 증뢰자로 평등 분할하고 수뢰액을 정해야 한다는 사례

피고인이 증뢰자와 함께 중식, 석식 등의 향응을 하고 증뢰자가 이에 소요되는 금원을 제출한 경우 위 부분에 관한 피고인의 수뢰액을 인정함에 있어서는 먼저 피고인의 접대에 요한 비용과 증뢰자가 소비한 비용액을 가려내어 전자의 수뢰액을 가지고 피고인의 수뢰액으로 하여야 하고 만일 각자에 요한 비용액이 불명일 때에는 이를 평등하게 분할한 액을 가지고 피고인의 수뢰액으로 인정하여야 할 것이므로, 피고인이 증뢰자와 함께 소비한 금액 전체를 피고인으로부터 추징할 수 없다. 법원9급 07(상)

2. 대법원 1991.5.28, 91도352; 2008.10.9, 2008도6944

추징의 가액산정의 기준시(= 판결선고시)

몰수의 취지가 범죄에 의한 이득의 박탈을 그 목적으로 하는 것이고 추징도 이러한 몰수의 취지를 관철하기 위한 것이라는 점을 고려하면 몰수하기 불능한 때에 추징하여야 할 가액은 범인이 그 물건을 보유하고 있다가 몰수의 선고를 받았더라면 잃었을 이득상당액을 의미한다고 보아야 할 것이므로 그 가액산정은 재판선고시의 가격을 기준으로 하여야 할 것이다.

3. 대법원 1999.6.25, 99도1900

공무원의 직무에 속한 사항의 알선에 관하여 금품을 받은 자가 금품 중의 일부를 독자적인 판단에 따라 경비로 사용한 경우, 그 금액의 추징 여부(적극)

① 공무원의 직무에 속한 사항의 알선에 관하여 금품을 받고 그 금품 중의 일부를 받은 취지에 따라 청탁과 관련하여 관계 공무원에게 뇌물로 공여하거나 다른 알선행위자에게 청탁의 명목으로 교부한 경우에는 그 부분의 이익은 실질적으로 범인에게 귀속된 것이 아니어서 이를 제외한 나머지 금품만을 몰수하거나 그 가액을 추징하

1467 권문택(공저), 710면; 이건호, 60면; 황산덕, 53면.

1468 김일수/서보학, 829면; 이정원, 772면.

1469 김성천/김형준, 824면; 박상기, 647면; 배종대, 782면; 서일교, 321면; 손동권, 769면; 오영근, 1040면; 유기천(하), 320면; 이재상, §43-74; 이형국(Ⅱ), 344면; 임웅, 837면; 정성근/박광민, 741면; 정영석, 50면; 정영일, 643면; 진계호, 742면.

여야 하지만, ② 범인의 독자적인 판단에 따라 경비로 사용한 것이라면 이는 범인이 받은 금품을 소비하는 방법의 하나에 지나지 아니하므로 그 가액 역시 범인으로부터 추징하지 않으면 안 된다. 법원행시 05 / 법원행시 09 / 법원9급 12 / 경찰간부 16

4. 대법원 1999.8.20, 99도1557

특가법 제2조 제1항 소정의 '수뢰액'은 공범자 전원의 수뢰액을 합한 금액을 기준으로 한다는 사례

수인이 공동하여 뇌물수수죄를 범한 경우에 공범자는 자기의 수뢰액뿐만 아니라 다른 공범자의 수뢰액에 대하여도 그 죄책을 면할 수 없는 것이므로, 특가법 제2조 제1항의 적용 여부를 가리는 수뢰액을 정함에 있어서는 그 공범자 전원의 수뢰액을 합한 금액을 기준으로 하여야 할 것이고, 각 공범자들이 실제로 취득한 금액이나 분배받기로 한 금액을 기준으로 할 것이 아니다. 경찰승진(경감) 11 / 경찰채용 12 1차 / 사시 14

5. 대법원 1999.10.8, 99도1638

수뢰자가 수뢰를 위해 비용을 지출한 경우 그 비용은 몰수 · 추징에서 공제하지 않는다는 사례

공무원이 뇌물을 받음에 있어서 그 취득을 위하여 상대방에게 뇌물의 가액에 상당하는 금원의 일부를 비용으로 지출하거나 그 밖에 경제적 이익을 제공한 경우, 그 뇌물의 가액에서 위와 같은 공무원의 지출을 공제한 나머지 가액을 추징하는 것이 아니라 받은 뇌물 자체를 몰수하거나 이에 상당하는 가액을 추징해야 한다. 법원승진 11 / 법원9급 12

유사판례 대법원 2017.3.22, 2016도21536

공무원이 뇌물을 받는 데에 필요한 경비를 지출한 경우 그 경비는 뇌물수수의 부수적 비용에 불과하여 뇌물의 가액과 추징액에서 공제할 항목에 해당하지 않는다. 뇌물을 받는 주체가 아닌 자가 수고비로 받은 부분이나 뇌물을 받기 위하여 형식적으로 체결된 용역계약에 따른 비용으로 사용된 부분은 뇌물수수의 부수적 비용에 지나지 않는다. 따라서 이는 뇌물의 가액과 추징액에서 공제할 항목에 해당하지 아니한다. 경찰간부 18

6. 대법원 2000.5.26, 2000도440

판사 · 검사에게 청탁하여 석방시켜 준다는 명목으로 돈을 받아 그중 일부를 변호사선임비로 사용한 경우

변호사를 선임하여 주겠다는 명목이 아니라 판사, 검사에게 청탁하여 석방시켜 주겠다는 명목으로 돈을 받은 이상 그중 일부를 변호사 선임비로 사용하였다 하더라도 이는 변호사법위반으로 취득한 재물의 소비방법에 불과하므로 변호사선임비로 사용한 금액 상당을 추징액에서 제외할 수는 없다.

7. 대법원 2001.10.12, 99도5294

수뢰자가 제3자를 초대하여 함께 접대를 받은 사례

공무원(수뢰자)이 뇌물로서 향응을 받는 자리에 그 스스로 제3자를 초대하여 함께 접대를 받은 경우에는 그 제3자가 수뢰자와는 별도의 지위에서 접대를 받는 공무원이라는 등의 특별한 사정이 없는 한 그 제3자의 접대에 요한 비용도 수뢰자의 접대에 요한 비용에 포함 · 합산시켜 그 수뢰액으로 보아야 한다. 법원9급 12 / 변호사 16 / 경찰간부 16

8. 대법원 2004.12.9, 2004도5371

증뢰자 측이 소비한 몫을 공제하지 않은 경우 : 소액인 경우 위법이 아니다

이 사건 증뢰액의 대부분은 공사감독관 등에게 정기 또는 부정기적으로 지급한 월례비 등 현금이고, 향응제공비용은 액수가 상대적으로 적을 뿐만 아니라 향응을 제공하는 자리에서 증뢰자 측이 소비한 비용도 소액이어서 그 부분이 전체 증뢰액에서 차지하는 비율이 미미하므로, 향응비용 중 증뢰자 측이 소비한 몫을 공제하지 아니한 잘못은 판결의 결과에 영향을 미칠 수 없다.

9. 대법원 2010.3.25, 2009도11660

알선수재한 금품에 관하여 소득신고를 하고 세금을 납부한 경우에도 추징액에 포함된다는 사례

범인이 알선 대가로 수수한 금품에 관하여 소득신고를 하고 이에 관하여 법인세 등 세금을 납부하였다고 하더라도 이는 범인이 자신의 특가법상 알선수재행위를 정당화시키기 위한 것이거나, 범인 자신의 독자적인 판단에 따라 소비하는 방법의 하나에 지나지 아니하므로 이를 추징에서 제외할 것은 아니다. 따라서 알선수재의 방법으로 용역계약을 체결하고 그에 따른 용역대금 및 부가가치세 상당액을 교부받은 경우 위 부가가치세 상당액도 수재금액에 포함된다.

10. 대법원 2014.5.16, 2014도1547; 2008.9.25, 2008도2590
뇌물죄에서 금품을 무상차용하여 위법한 재산상 이익을 취득한 경우 추징의 대상(=금융이익 상당액) 및 그 산정 방법
형법 제134조의 규정에 의한 필요적 몰수 또는 추징은 같은 법 제129조 내지 133조를 위반한 자에게 제공되거나 공여될 금품 기타 재산상 이익을 박탈하여 그들로 하여금 부정한 이익을 보유하지 못하게 함에 그 목적이 있다. ① 금품의 무상대여를 통하여 위법한 재산상 이익을 취득한 경우 범인이 받은 부정한 이익은 그로 인한 금융이익 상당액이라 할 것이므로 추징의 대상이 되는 것은 무상으로 대여받은 금품 그 자체가 아니라 위 금융이익 상당액이라고 봄이 상당하다. 경찰승진(경위) 11 / 사시 10 한편 ② 여기에서 추징의 대상이 되는 금융이익 상당액은 객관적으로 산정되어야 할 것인데, 범인이 금융기관으로부터 대출받는 등 통상적인 방법으로 자금을 차용하였을 경우 부담하게 될 대출이율을 기준으로 하거나 그 대출이율을 알 수 없는 경우에는 금품을 제공받은 피고인의 지위에 따라 민법 또는 상법에서 규정하고 있는 법정이율을 기준으로 하여, 변제기나 지연손해금에 관한 약정이 가장되어 무효라고 볼 만한 사정이 없는 한 금품수수일로부터 약정된 변제기까지 금품을 무이자로 차용하여 얻은 금융이익의 수액을 산정한 뒤 이를 추징하여야 한다. 나아가 ③ 그와 같이 약정된 변제기가 없는 경우에는, 판결 선고일 전에 실제로 차용금을 변제하였다거나 대여자의 변제 요구에 의하여 변제기가 도래하였다는 등의 특별한 사정이 없는 한, 금품수수일로부터 판결 선고시까지 금품을 무이자로 차용하여 얻은 금융이익의 수액을 산정한 뒤 이를 추징하여야 할 것이다. 법원행시 16

2. 구성요건

(1) 객관적 구성요건

① 행위주체 – 공무원 또는 중재인

㉠ 공무원 : 국가·지방자치단체의 사무에 종사하는 자로서 그 직무의 내용이 단순한 기계적·육체적인 것에 한정되어 있지 않은 자를 말한다. 한국전력공사·한국방송공사·농협중앙회 등과 같은 공법인의 직원도 특가법 및 동법 시행령에 근거가 있는 이상 본죄의 주체가 된다. 또한 임명권자에 의하여 임용되어 공무에 종사하여 온 사람이 나중에 임용결격자이었음이 밝혀져 당초의 임용행위가 무효인 경우도 본죄의 주체에 포함된다(대법원 2014.3.27, 2013도11357). 법원행시 14 / 경찰채용 14 2차 / 변호사 17 / 변호사 18 / 법원행시 16 / 국가7급 16 / 법원9급 20 / 국가9급 24

판례연구 수뢰죄의 주체에 해당하는 경우

1. 대법원 2001.1.19, 99도5753
지방공사와 지방공단의 임원·직원을 공무원으로 본다고 규정한 지방공기업법 제83조는 헌법 제11조 제1항, 제37조 제2항 등에 위반된다고 볼 수 없으며, 또한 지방공기업법은 지방공사와 지방공단의 임원·직원에 관하여 구체적인 규정을 두고 있으므로, 위 제83조가 죄형법정주의에 위배되는 것이라고 할 수도 없다. 법원행시 08

2. 대법원 2007.4.27, 2007도694; 2008.1.24, 2006도5711
재건축조합장 등 주택재건축조합의 임원도 도시 및 주거환경정비법상 근거가 명시되어 있기 때문에 뇌물죄의 적용에 있어서 공무원으로 의제되므로, 건설업자들이 재건축조합장에게 직무와 관련하여 금전을 제공하였다면 별도의 부정한 청탁이 존재하지 않더라도 뇌물공여죄가 성립한다.

3. 대법원 2009.2.12, 2007도2733
시·도지사에 의하여 지방교통영향심의위원회의 위원으로 임명 또는 위촉된 자는 그때부터 형법 제129조에 규정된 수뢰죄의 주체인 공무원에 해당하게 되고, 특정 안건을 심의하기 위한 '지방교통영향심의위원회의 회의' 개최를 앞두고 위원장에 의하여 그 회의의 위원으로 지명된 때에 비로소 위 법조에 정한 '공무원'에 해당하게 되는 것은 아니다.

4. 대법원 2010.5.13, 2008도5506

정비사업전문관리업자의 임·직원이 일정한 자본·기술인력 등의 기준을 갖추어 등록한 후에는 조합설립추진위원회로부터 정비사업전문관리업자로 선정되기 전이라도 그 직무에 관하여 뇌물을 수수한 때에 형법 제129조 내지 제132조의 적용대상이 되고, 정비사업전문관리업자가 조합설립추진위원회로부터 정비사업에 관한 업무를 대행할 권한을 위임받은 후에야 비로소 그 임·직원이 형법 제129조 내지 제132조의 적용에 있어 공무원으로 의제된다고 볼 것은 아니다.

5. 대법원 2010.12.23, 2010도13584

재건축조합의 전임 조합장 직무대행자가 선임된 상태에서 후임 조합장으로 선임된 자가 실질적으로 조합장 직무를 수행한 경우, 뇌물죄의 적용에서 공무원으로 의제되는 '조합의 임원'이 된다.

6. 대법원 2011.1.13, 2009도14660

지방공기업법상 뇌물죄의 공무원으로 의제되는 '과장 또는 팀장 이상의 직원' 여부의 판단 기준(=직급)

지방공기업법 제83조는 "공사와 공단의 임원 및 대통령령이 정하는 직원은 형법 제129조 내지 제132조의 적용에 있어서는 이를 공무원으로 본다."고 규정하고 있고, 같은 법 시행령 제80조는 "법 제83조에서 '대통령령이 정하는 직원'이라 함은 공사와 공단의 정관상 과장 또는 팀장 이상의 직원을 말한다."고 규정하고 있는바, 위 시행령에 정한 '과장 또는 팀장 이상의 직원'이란 직급을 기준으로 하여 과장 또는 팀장과 동급이거나 그 이상의 직원을 말하는 것으로서 현실적으로 과장이나 팀장의 직위를 가지고 있는지 여부는 문제삼지 않는다.

7. 대법원 2013.11.14, 2012도15254

한국환경공단 설계심의분과위원 뇌물수수 사건

발주청의 설계심의분과위원회의 위원으로 임명 또는 위촉된 사람이 설계심의분과위원회 또는 그 위원의 직무와 관련하여 부당한 금품을 수수한 경우에는 건설기술관리법의 규정에서 정한 설계자문위원회 위원으로서 그 직무와 관련하여 부당한 금품을 수수한 것에 해당하여 뇌물죄가 성립한다고 봄이 상당하다.[1470]

8. 대법원 2014.3.27, 2013도11357

임용결격자이어서 임용이 무효가 된 경우의 공무원과 수뢰죄

법령에 기한 임명권자에 의하여 임용되어 공무에 종사하여 온 사람이 나중에 그가 임용결격자이었음이 밝혀져 당초의 임용행위가 무효라고 하더라도, 그가 임용행위라는 외관을 갖추어 실제로 공무를 수행한 이상 공무 수행의 공정과 그에 대한 사회의 신뢰 및 직무행위의 불가매수성은 여전히 보호되어야 한다. 따라서 이러한 사람은 형법 제129조에서 규정한 공무원으로 봄이 타당하고, 그가 그 직무에 관하여 뇌물을 수수한 때에는 수뢰죄로 처벌할 수 있다. 법원행시 14 / 법원행시 16 / 경찰채용 18 1차 / 경찰채용 14 2차 / 변호사 17 / 국가7급 16 / 국가9급 24

9. 대법원 2014.6.12, 2014도2393

도시개발조합 임직원 사건

도시개발구역의 토지 소유자가 도시개발을 위하여 설립한 조합, 즉 도시개발조합의 임직원[1471] 등이 그 직무에 관하여 부당한 이익을 얻었다면 그러한 이익도 형법 제133조 제1항에 규정된 "제129조 내지 제132조에 기재한 뇌물"에 해당하므로, 그 뇌물을 약속, 공여 또는 공여의 의사를 표시한 자에게는 형법 제133조 제1항에 의한 뇌물공여죄가 성립한다.

10. 대법원 2016.1.14, 2015도15798

조합 임원의 지위 상실 또는 직무수행권의 상실과 공무원 의제

도시정비법 제84조의 문언과 취지, 형법상 뇌물죄의 보호법익 등을 고려하면, 정비사업조합의 임원이 그 정비구

1470 **보충** 건설기술관리법(이하 '법') 제45조 제2호가 형법상 뇌물죄의 규정을 적용할 때는 법 제5조의2에 따른 발주청의 설계자문위원회 위원 중 공무원이 아닌 위원을 공무원으로 본다고 규정하고, 법의 위임에 따라 건설기술관리법 시행령은 설계자문위원회가 설계심의분과위원회를 구성·운영할 수 있다고 규정하고 있는데, … 발주청의 설계심의분과위원회는 설계자문위원회의 하부기관으로서 설계자문위원회가 담당하는 업무 중 일정한 사항을 수행하고, 이를 위하여 설계자문위원회의 위원 중에서 설계심의분과위원회의 위원을 임명 또는 위촉하도록 한 점에 비추어 보면, **설계심의분과위원회 위원은 건설기술관리법령에서 정한 바에 따라 설계자문위원회 위원의 직무를 수행한다**고 할 것이다(위 판례).

1471 **보충** 도시개발법 제84조는 "조합의 임직원, 제20조에 따라 그 업무를 하는 감리원은 형법 제129조부터 제132조까지의 규정에 따른 벌칙을 적용할 때 공무원으로 본다."고 규정하고 있으므로, 도시개발구역의 토지 소유자가 도시개발을 위하여 설립한 조합(도시개발조합)의 임직원 등은 형법 제129조 내지 제132조가 정한 죄의 주체가 된다.

역 안에 있는 토지 또는 건축물의 소유권 또는 그 지상권을 상실함으로써 조합 임원의 지위를 상실한 경우나 임기가 만료된 정비사업조합의 임원이 관련 규정에 따라 그 후임자가 선임될 때까지 계속하여 그 직무를 수행하다가 후임자가 선임되어 그 직무수행권을 상실한 경우, 그 조합 임원이 그 후에도 조합의 법인 등기부에 임원으로 등기되어 있는 상태에서 계속하여 실질적으로 조합 임원으로서의 직무를 수행하여 왔다면 그 직무수행의 공정과 그에 대한 사회의 신뢰 및 직무행위의 불가매수성은 여전히 보호되어야 한다. 따라서 그 조합 임원은 임원의 지위 상실이나 직무수행권의 상실에도 불구하고 도시정비법 제84조에 따라 형법 제129조 내지 제132조의 적용에 있어서 공무원으로 보아야 한다. 법원9급 17 / 경찰채용 16 2차

11. 대법원 2016.6.10, 2015도576

조합 설립인가처분 취소와 공무원 의제

도시 및 주거환경정비법 제16조의2 제1항에서 말하는 추진위원회 승인 또는 조합 설립인가의 '취소'는 추진위원회 승인이나 조합 설립인가 당시에 위법 또는 부당한 하자가 있음을 이유로 한 것이 아니라 처분 이후 발생한 후발적 사정을 이유로 하는 것이므로, 추진위원회 승인 또는 조합 설립인가의 효력을 소급적으로 상실시키는 행정행위의 '취소'가 아니라 적법요건을 구비하여 완전히 효력을 발하고 있는 추진위원회 승인 또는 조합 설립인가의 효력을 장래에 향해 소멸시키는 행정행위의 '철회'이다. … 주택재건축사업조합장은 형법 제129조 내지 제132조의 적용에 있어서 공무원으로 의제되는 조합의 임원이라고 봄이 상당하다.

12. 대법원 2016.11.25, 2014도14166

공공기관운영법에 따른 준정부기관인 도로교통공단의 임직원에 대하여도 공공기관운영법 제53조의 적용이 배제된다고 볼 수 없다.

판례연구 수뢰죄의 주체에 해당하지 않는 경우

1. 대법원 2011.3.10, 2010도14394

집행관사무소의 사무원은 뇌물죄의 주체인 공무원에 해당하지 않는다는 사례

집행관사무소의 사무원은 '지방법원에 소속되어 법률이 정하는 바에 따라 재판의 집행, 서류의 송달 그 밖에 법령에 따른 사무에 종사'하는 집행관(집행관법 제2조)과 달리 그에게 채용되어 업무를 보조하는 자에 불과할 뿐(같은 규칙 제21조 제1항), 그를 대신하거나 그와 독립하여 집행에 관한 업무를 수행하는 자의 지위에 있지는 않다. 따라서 각 법령의 규정, 그리고 피고인에게 불리한 형벌법규의 유추적용은 엄격히 제한되어야 한다는 점 등에 비추어 보면, 집행관사무소의 사무원이 집행관을 보조하여 담당하는 사무의 성질이 국가의 사무에 준하는 측면이 있다는 사정만으로는 형법 제129조 내지 제132조 및 변호사법 제111조에서 정한 '공무원'에 해당한다고 보기 어렵다. 법원승진 13 / 경찰간부 13 / 경찰간부 17

2. 대법원 2012.7.26, 2012도5692

건축법상 건축위원회의 위원은 수뢰죄의 주체인 공무원에 해당하지 않는다는 사례

건축법에서는 뇌물죄의 적용을 받는 자들을 열거하면서 '같은 법 제4조 제1항의 규정에 의한 건축위원회의 위원'은 이를 포함하지 않고 있다. 형벌법규는 엄격하게 해석하여야 한다는 원칙을 더하여 볼 때, 구 건축법 제4조 제1항의 규정에 의한 건축위원회의 위원은 뇌물수수죄의 주체인 공무원에 해당하지 않는다고 보아야 한다.

3. 대법원 2012.8.23, 2011도12639

서울시청 구내식당 소속 시간제 종사원은 수뢰죄의 주체인 공무원에 해당하지 않는다는 사례

서울특별시 후생복지심의위원회가 정한 서울특별시 후생복지시설 운영규정 제6조에 따라 위 후생복지심의위원회 위원장에 의해 서울시청 구내식당 소속 시간제 종사원으로 고용된 사람은, 서울특별시의 내부규정에 불과한 위 운영규정이 법령에 해당하지 아니하고, 채용, 징계, 신분보장, 보수, 업무 등의 내용이 지방공무원법상 계약직 공무원의 그것과 명백히 다르다는 점에서, 뇌물수수죄 및 허위공문서작성·행사죄의 주체인 공무원에 해당한다고 할 수 없다.

ⓛ 중재인(仲裁人) : 노동관계조정법(勞動關係調停法)·중재법(仲裁法)과 같은 법령에 의하여 중재의 직무를 담당하는 자를 말한다. 중재법에 근거를 두고 중재합의에 의하여 선정된 자도 본죄의 중재인이

된다(중재법 제12조). 다만 사실상 중재의 업무를 하고 있는 것으로는 불충분하므로, 위와 같은 법령에 의하지 않고 사적인 중재를 맡아 행하는 자는 포함될 수 없다.

ⓒ 공무원 · 중재인의 신분의 존재 시점 : 뇌물수수 · 요구 · 약속행위시에 있을 것을 요한다. 즉 공무원·중재인이 그 직무에 관하여 뇌물을 수수한 때에 본죄는 성립하는 것이며, 그 주체는 현재 공무원 또는 중재인의 직에 있는 자에 한정되어야 한다. 따라서 ⓐ 공무원이 직무와 관련하여 뇌물수수를 약속하고 퇴직 등 사유로 공무원의 지위를 떠난 후 이를 수수하는 경우에는, 뇌물약속과 뇌물수수가 시간적으로 근접하여 연속되어 있다고 하더라도, 뇌물약속죄 및 사후수뢰죄가 성립할 수 있음은 별론으로 하고, 뇌물수수죄는 성립하지 않는다(대법원 2008.2.1, 2007도5190[1472]; 2010.10.14, 2010도387[1473]). 국가9급 11 / 법원승진 11 / 경찰간부 11 / 경찰채용 11 1차 / 사시 11 / 사시 12 / 경찰채용 21 1차 / 국가7급 22 또한 ⓑ 공무원이 고유의 직무와 관련이 없는 일에 관하여 별도의 위촉절차 등을 거쳐 다른 직무를 수행하고 위촉 종료 이후에 종전에 위촉받아 수행한 직무에 관하여 금품을 수수한 경우, 일반 수뢰죄로 처벌할 수 없는 것도 마찬가지 이유에서다(대법원 2013.11.28, 2013도10011). 법원9급 14 / 법원행시 16

② 객체 – 뇌물

> **판례연구** 횡령 범행으로 취득한 돈을 공범자끼리 수수한 사건
>
> 대법원 2019.11.28, 2019도11766
> 횡령 범행으로 취득한 돈을 공범자끼리 수수한 행위가 공동정범들 사이의 범행에 의하여 취득한 돈을 공모에 따라 내부적으로 분배한 것에 지나지 않는다면 별도로 그 돈의 수수행위에 관하여 뇌물죄가 성립하는 것은 아니다.[1474]

③ 행위 – 뇌물을 수수·요구·약속하는 것

㉠ 수수(收受) : 수수라 함은 영득의 의사(다수설·판례)로 뇌물의 사실상 점유를 취득하는 것을 말한다. 여기에서 취득이란 뇌물에 대한 사실상의 처분권을 획득하는 것을 의미하고, 뇌물인 물건의 법률상 소유권까지 취득하여야 하는 것은 아니다. 뇌물죄의 보호법익이 직무의 불가매수성 및 이에 대한 일반의 신뢰에 있으므로 뇌물수수죄의 성립에는 의무위반행위 등이 있을 필요가 없다.

> **판례연구** 뇌물수수가 인정되는 사례
>
> 1. 대법원 1983.2.22, 82도2964
> 뇌물로 공여된 당좌수표가 수수 후 부도(不渡)가 되었다 하더라도 뇌물죄의 성립에는 아무런 소장이 없다. 법원승진 13 / 경찰승진(경감) 11 / 사시 14 / 경찰승진(경감이하) 16

1472 판례 피고인이 공소외인으로부터 사무실 등을 제공받을 당시 산업은행 총재직에서 퇴직한 이상 뇌물수수죄는 성립하지 않는다고 판단한 것은 정당하다.

1473 판례 금융기관 임직원이 그 직무에 관하여 금품 등을 수수한 때에 성립하는 구 특정경제범죄 가중처벌 등에 관한 법률 제5조 제4항 제1호, 제1항 위반죄 역시 이를 처벌하는 형벌법규의 내용 및 그 가중처벌의 취지와 관련 판례의 법리 등에 비추어 그 주체는 범행 당시 금융기관 임직원의 직에 있는 자에 한정된다.

1474 참고 국가정보원 특수활동비 35억여 원을 대통령 등이 상납받은 것은 특정범죄 가중처벌 등에 관한 법률상 국고손실죄에 해당한다. 국고손실죄에 해당하려면 특활비를 상납한 국정원장도 국고손실죄의 주체인 '회계관계직원'에 해당된다고 봐야 하는데 대법원은 이를 인정하였다. 대법원은 박 전 대통령이 받은 35억 가운데 33억원은 국고손실에 해당하고, 2016년 9월 이병호 전 국정원장이 건넨 돈 2억원은 뇌물로 판단했다. 2심에서 무죄로 판단한 일부 국고손실 혐의와 뇌물 혐의를 모두 유죄로 판시해 박 전 대통령의 형량은 다소 늘어날 것으로 예상된다(법률신문, 2019.11.28. 기사에서 발췌).

2. 대법원 1985.2.8, 84도2625
뇌물을 수수함에 있어서 공여자를 기망한 점이 있다 하여도 뇌물수수, 뇌물공여죄의 성립에는 아무런 소장이 없다. 법원9급 05

3. 대법원 2002.5.10, 2000도2251; 2002.11.26, 2002도3539
수뢰죄의 기수시기
공무원이 뇌물로 투기적 사업에 참여할 기회를 제공받은 경우, 뇌물수수죄의 기수시기는 '투기적 사업에 참여하는 행위가 종료된 때'로 보아야 하며, 그 행위가 종료된 후 경제사정의 변동 등으로 인하여 당초의 예상과는 달리 그 사업 참여로 인한 아무런 이득(임야에 대한 개발이익)을 얻지 못한 경우라도 뇌물수수죄의 성립에는 아무런 영향이 없다. 국가7급 12 / 법원행시 07 / 법원행시 14 / 법원9급 07(상) / 법원9급 09 / 경찰간부 11 / 경찰승진(경감) 10 / 경찰채용 10 2차 / 경찰승진(경위) 11 / 사시 11 / 사시 14 / 변호사 12 / 국가7급 16

4. 대법원 2008.3.13, 2007도10804
함정에 빠뜨릴 의사로 공무원에게 금품을 공여하여 공무원이 그 금품을 수수한 사례
뇌물공여죄와 뇌물수수죄는 필요적 공범관계에 있다고 할 것이나, 필요적 공범이라는 것은 법률상 범죄의 실행이 다수인의 협력을 필요로 하는 것을 가리키는 것으로서 이러한 범죄의 성립에는 행위의 공동을 필요로 하는 것에 불과하고 반드시 협력자 전부가 책임이 있음을 필요로 하는 것은 아니므로, 오로지 공무원을 함정에 빠뜨릴 의사로 직무와 관련되었다는 형식을 빌려 그 공무원에게 금품을 공여한 경우에도 공무원이 그 금품을 직무와 관련하여 수수한다는 의사를 가지고 받아들이면 뇌물수수죄가 성립한다. 법원행시 11 / 국가7급 21 / 경찰승진(경감) 10 / 경찰채용 11 1차 / 경찰승진(경위) 11 / 사시 10 / 사시 12 / 국가7급 22

5. 대법원 2008.6.12, 2006도8568
甲이 乙을 대신하여 자신의 자금으로 수뢰자에게 금품을 지급한 다음 乙로부터 그 금액을 상환받은 경우, 뇌물공여자의 특정 방법
뇌물죄는 공여자의 출연에 의한 수뢰자의 영득의사의 실현으로서, 공여자의 특정은 직무행위와 관련이 있는 이익의 부담 주체라는 관점에서 파악하여야 하므로, 금품이나 재산상 이익 등이 반드시 공여자와 수뢰자 사이에 직접 수수될 필요는 없고, 그 사이에서 제3자가 먼저 공여자를 대신하여 자신의 자금으로 수뢰자에게 지급한 다음 공여자로부터 그 금액을 상환받는 방식으로 수수되었다 할지라도, 공여자와 수뢰자 사이에 금품 제공에 관한 의사의 합치가 존재하고 또한 그러한 지급방법에 관하여 수뢰자가 양해하였다고 인정되는 한, 공여자와 수뢰자 사이에 직접 금품이 수수되지 아니하였다는 사정만으로는 뇌물수수죄의 죄책을 면할 수 없다.

6. 대법원 2012.2.23, 2011도7282
공무원이 직무에 관하여 금전을 무이자로 차용한 경우, 뇌물수수죄의 공소시효 기산점(=금전을 차용한 때)
공소시효는 범죄행위를 종료한 때로부터 진행하는데(형소법 제252조 제1항), 공무원이 직무에 관하여 금전을 무이자로 차용한 경우에는 차용 당시에 금융이익 상당의 뇌물을 수수한 것으로 보아야 하므로, 공소시효는 금전을 무이자로 차용한 때로부터 기산한다. 법원행시 14 / 법원9급 13 / 경찰승진 13 / 경찰채용 13 2차 / 경찰승진(경감이하) 16

7. 대법원 2019.8.29, 2018도13792 전원합의체
뇌물수수죄에 해당하려면 뇌물에 대한 법률상 소유권을 취득하여야 하는 것은 아니라는 사례
뇌물수수죄에서 말하는 '수수'란 받는 것, 즉 뇌물을 취득하는 것이다. 여기에서 취득이란 뇌물에 대한 사실상의 처분권을 획득하는 것을 의미하고, 뇌물인 물건의 법률상 소유권까지 취득하여야 하는 것은 아니다. 뇌물수수자가 법률상 소유권 취득의 요건을 갖추지는 않았더라도 뇌물로 제공된 물건에 대한 점유를 취득하고 뇌물공여자 또는 법률상 소유자로부터 반환을 요구받지 않는 관계에 이른 경우에는 그 물건에 대한 실질적인 사용·처분권한을 갖게 되어 그 물건 자체를 뇌물로 받은 것으로 보아야 한다. 뇌물수수자가 뇌물공여자에 대한 내부관계에서 물건에 대한 실질적인 사용·처분권한을 취득하였으나 뇌물수수 사실을 은닉하거나 뇌물공여자가 계속 그 물건에 대한 비용 등을 부담하기 위하여 소유권 이전의 형식적 요건을 유보하는 경우에는 뇌물공여자와 뇌물수수자 사이에서는 소유권을 이전받은 경우와 다르지 않으므로 그 물건을 뇌물로 받았다고 보아야 한다. 뇌물수수자가 교부받은 물건을 뇌물공여자에게 반환할 것이 아니므로 뇌물수수자에게 영득의 의사도 인정된다.

㉡ 요구(要求) : 다수설에 의하면 뇌물요구죄는 대향범이 아니라, 공무원이 일방행위로도 범할 수 있는 유형이다.

㉢ 약속(約束) : 양 당사자 사이에 뇌물의 수수를 합의하는 것을 말한다. 여기에서 '합의'란 그 방법에 아무런 제한이 없고 명시적일 필요도 없지만, 장래 공무원의 직무와 관련하여 뇌물을 주고받겠다는 양 당사자의 의사표시가 확정적으로 합치하여야 한다(대법원 2012.11.15, 2012도9417). 경찰간부 14 / 법원9급 17 / 법원9급 18 뇌물이 약속 당시에 현존할 필요가 없고 기대할 수 있으면 족하기 때문에, 그 가액이나 이익의 정도가 확정되어 있을 필요가 없다(대법원 1981.8.20, 81도698; 2001.9.18, 2000도5438). 법원행시 06 / 경찰승진(경위) 11 / 경찰승진 13 / 법원9급 17

판례연구 뇌물약속이 인정되는 사례

1. 대법원 1981.8.20, 81도698

뇌물약속죄에 있어서 뇌물의 목적물인 이익의 현존 및 그 가액확정의 각 필요성 여부(소극)

뇌물약속죄에 있어서 뇌물의 목적물인 이익은 약속 당시에 현존할 필요는 없고 약속당시에 예기할 수 있는 것이라도 무방하며, 뇌물의 목적물이 이익인 경우에는 그 가액이 확정되어 있지 않아도 뇌물약속죄가 성립하는 데는 영향이 없으므로 공무원이 건축업자로부터 그가 건축할 주택을 공사비 상당액으로 분양받기로 약속한 경우에는 매매시가 중 공사비를 초과하는 액수만큼의 이익을 뇌물로서 약속한 것이 되어 뇌물약속죄가 성립한다. 법원행시 06

2. 대법원 2001.9.18, 2000도5438

피고인이 그 소유의 甲 토지를 乙 토지와 교환한 것과 관련하여 수뢰를 하였다는 공소사실에 대하여, 원심은 교환된 토지 간에 시가의 차이가 있다고 인정할 수 없다는 이유로 무죄를 선고하였으나, 甲 토지의 시가가 乙 토지의 시가보다 비싸다고 하더라도 피고인으로서는 장기간 처분하지 못하던 토지를 처분하는 한편 매수를 희망하던 전원주택지로 향후 개발이 되면 가격이 많이 상승할 토지를 매수하게 되는 '무형의 이익'을 얻었다고 봄이 상당하다.

(2) **주관적 구성요건** – 고의 : 자신이 공무원임에도 직무에 관하여 뇌물을 수수·요구·약속한다는 사실에 대한 고의가 있어야 한다. 학설과 판례는 뇌물수수의 고의를 영득(領得)의 의사가 있어야 한다는 식으로 설명한다.[1475]

① 영득의 의사의 의의 : 영득의 의사는 재산죄 중 영득죄와는 달리 고의와는 별도의 초과주관적 구성요건요소로서 요구되는 것은 아니고, 직무에 관한 부정한 이익을 수수한다는 인식과 의사 내에 이미 포함된 것으로서 뇌물수수의 고의가 있는가를 판단하는 요소에 다름 아니다.

② 영득의사의 유무 : 뇌물을 수수한다는 것은 영득의 의사로 금품을 수수하는 것을 말하므로, 뇌물인지 모르고 이를 수수하였다가 뇌물임을 알고 즉시 반환하거나 증뢰자가 일방적으로 뇌물을 두고 가므로 후일 기회를 보아 반환할 의사로 어쩔 수 없이 일시 보관하다가 반환하는 등 그 영득의 의사가 없었다고 인정되는 경우라면 뇌물을 수수하였다고 할 수 없겠지만(대법원 1985.1.22, 84도2082; 2007.3.29, 2006도9182), 법원9급 07(하) 영득의사로 수수한 것이면 이후의 반환 여부는 본죄의 성립에 영향이 없다.

1475 배종대, 771면; 백형구, 643면; 손동권, 765면; 오영근, 1034면; 이재상, §43－67; 이형국(Ⅱ), 340면; 임웅, 832면; 정성근/박광민, 743면; 진계호, 738면. 재산죄 중 영득죄와 뇌물죄를 혼동한 것이므로 영득의 의사는 필요 없다는 비판은 김일수/서보학, 834면 참조.

판례연구 뇌물수수의 고의가 인정된 사례

1. 대법원 1984.4.10, 83도1499

피고인이 소외 甲으로부터 인력송출의 부탁과 함께 사례조로 교부받은 자기앞수표를 약 2주일 후 송환하여 주었다 하더라도, 수표를 일단 피고인의 은행계좌에 예치시켰다가 그 뒤 동료직원들에게 "甲에 대하여 탐문해 본 결과 믿을 수 없다."고 하므로 후환을 염려하여 甲에게 반환한 것이라면 피고인에게 뇌물수수의 고의가 있었다고 할 것이다. 법원행시 05 / 법원9급 11

2. 대법원 2007.3.29, 2006도9182

영득의 의사로 수령한 뇌물의 액수가 예상한 것보다 너무 많아 후에 이를 반환한 경우 뇌물죄의 성립 범위(=수령한 액수 전부)

공무원이 먼저 뇌물을 요구하여 증뢰자가 제공하는 돈을 받았다면 수뢰자에게는 받은 돈 전부에 대한 영득의 의사가 인정된다고 하지 않을 수 없고, 이처럼 영득의 의사로 뇌물을 수령한 이상 그 액수가 피고인이 예상한 것보다 너무 많은 액수여서 후에 이를 반환하였다고 하더라도 (받은 돈 전부에 대한) 뇌물죄의 성립에는 영향이 없다. 법원9급 08 / 법원승진 11

판례연구 뇌물수수의 고의가 인정되지 않은 사례

1. 대법원 1978.1.31, 77도3755

자기도 모르는 사이에 돈뭉치를 놓고 간 것을 발견하고 연락하여 반환한 경우 뇌물수수의 고의가 없다.

2. 대법원 1979.7.10, 79도2114

택시를 타고 떠나려는데 돈뭉치를 던져 놓고 가버려 부득이 다음날 반환한 경우라면 뇌물수수의 의사가 없다.

3. 대법원 2006.2.24, 2005도4737

선물의 구체적 내용에 대하여 고지를 받지 못한 상태에서 피고인의 여동생 가족이 사용하는 아파트로 선물이 전달되도록 하였다가 그 내용물을 확인하는 즉시 관청에 이를 신고한 경우라면 뇌물수수의 고의가 인정되지 않는다.

4. 대법원 2010.4.15, 2009도11146

불우이웃돕기 성금이나 연극제에 전달할 의사로 금원을 받은 것에 불과하고 영득할 의사로 수수하였다고 보기는 어렵다면 뇌물수수죄는 성립하지 아니한다. 경찰승진 12

3. 죄수 및 다른 범죄와의 관계

(1) 연속범

수뢰죄에 있어서 단일하고도 계속된 고의 아래 동종의 범행을 일정기간 반복하여 행하고 그 피해법익도 동일한 것이라면 돈을 받은 일자가 상당한 기간에 걸쳐 있고 돈을 받은 일자 사이에 상당한 기간이 끼어 있다 하더라도 각 범행을 통틀어 포괄일죄로 보아야 한다(대법원 1978.12.13, 78도2545; 1999.1.29, 98도3584; 2000.1.21, 99도4940).[1476] 국가7급 12 / 국가7급 16 / 법원9급 16

사례연구 수뢰죄의 연속범

공무원 甲은 건축업자 乙로부터 그의 담당업무인 허가와 관련하여 협조를 부탁한다는 청탁과 함께 1980년 12월 10일 한 번, 동년 동월 17일 甲의 자택에서 한번, 동년 동월 하순(일자불상)경 한번 금원을 각각 교부받았다. 甲의 형사책임은?

1476 연속범에 관한 상세한 설명은 총론, 죄수론, 포괄일죄 중 연속범 참조.

해결 甲은 수뢰죄가 성립한다. 죄수는 연속범으로서 1죄가 된다(대법원 1983.11.8, 83도711). 법원9급 16 / 경찰간부 16
단일범의 하에 이루어진 계속된 행위라고 볼 수 있고 피해법익 또한 동일한 경우이므로 위 행위는 포괄하여 일죄만을 구성하는 것이다. 상습수뢰죄 같은 죄목을 떠올리는 독자들이 있을지도 모르지만, 국가적 법익에 대한 죄는 상습범 가중처벌규정이 존재하지 않는다는 사실을 다시 한 번 주의해야 한다.

(2) 다른 범죄와의 관계

① 공갈죄와의 관계

㉠ 직무집행의 의사로[1477] 직무에 관하여 공갈하여 뇌물을 받은 경우 : 다수설[1478]·판례에 의하면, 본죄와 공갈죄의 상상적 경합이 된다(대법원 1987.5.26, 86도1648). 법원행시 07 / 변호사 12 이 경우 상대방은 증뢰죄가 성립하는가에 대해 견해의 대립이 있으나,[1479] 판례는 증뢰죄가 성립한다고 보고 있다.

㉡ 직무관련 없이 공갈하여 뇌물을 받은 경우 : 공무원이 직무집행의 의사 없이 또는 직무처리와 대가적 관계없이 타인을 공갈하여 재물을 교부하게 한 경우에는 공갈죄만 성립하고, 이러한 경우 재물의 교부자가 공무원의 해악의 고지로 인하여 외포의 결과 금품을 제공한 것이라면 그는 공갈죄의 피해자가 될 것이고 뇌물공여죄는 성립될 수 없다. 국가9급 13 / 법원승진 13 / 법원행시 06 / 법원행시 14 / 법원9급 09 / 법원9급 14 / 경찰간부 13 / 경찰채용 14 1차 / 사시 14 / 경찰승진(경감이하) 16

사례연구 공갈죄와 수뢰죄의 죄수 I : 직무집행의사·직무에 관한 경우

세무공무원 甲 등은 D건설주식회사에 대한 세무조사를 하는 과정에서 위 회사가 제출한 손금항목의 계산서 중 T종합건설주식회사 명의의 계산서가 위장거래에 기해 가공계상된 것이라고 판단하고도 이를 묵인하여 손금항목에 대한 세부조사를 하지 않는 조건으로 위 D건설주식회사의 대표이사인 乙로부터 3억 원을 교부받았다. 甲과 乙의 형사책임은?

해결 세무공무원인 피고인 甲 등에게 세무조사라는 직무집행의 의사가 있었고, 과다계상된 손금항목에 대한 조사를 하지 않고 이를 묵인하는 조건으로, 다시 말하면 그 직무처리에 대한 대가관계로서 금품을 제공받았으며, 피고인 乙은 공무원의 직무행위를 매수하려는 의사에서 금품을 제공하였음을 알 수 있다.
따라서 판례에 의하면 甲은 공갈죄와 수뢰죄의 상상적 경합범이고 乙은 증뢰죄가 성립한다(대법원 1994.12.22, 94도2528).[1480] 국가9급 13 / 경찰승진(경장) 11 / 경찰승진 13 / 경찰채용 18 3차

1477 객관적인 직무관련성에 따라 판단해야 하므로, 직무집행의 의사의 존부에 따라 수뢰죄의 성부를 정하는 것에 반대하는 소수설은 김일수/서보학, 835면; 손동권, 767면; 임웅, 834-835면 참조.

1478 강구진, 341면; 박상기, 650면; 배종대, 772면; 이재상, §43-69; 이형국, 480면; 정성근/박광민, 376면; 진계호, 739면; 황산덕, 314면.

1479 증뢰죄 성립 긍정설은 서일교, 323면; 이재상, §43-69; 진계호, 392면. 증뢰죄의 성립을 부정하는 견해는 김일수/서보학, 835면; 손동권, 767면(강요된 행위로서 책임조각); 오영근, 1038면; 임웅, 835면 참조.

1480 판결이유 공무원이 직무집행의 의사없이 또는 직무처리와 대가적 관계없이 타인을 공갈하여 재물을 교부하게 한 경우에는 공갈죄만이 성립하고, 이러한 경우 재물의 교부자가 공무원의 해악의 고지로 인하여 외포의 결과 금품을 제공한 것이라면 그는 공갈죄의 피해자가 될 것이고 뇌물공여죄는 성립될 수 없다고 하여야 할 것이나, 원심이 확정한 사실에 의하면 **세무공무원인 피고인 1 등에게 세무조사라는 직무집행의 의사가 있었고, 과다계상된 손금항목에 대한 조사를 하지 않고 이를 묵인하는 조건으로, 다시 말하면 그 직무처리에 대한 대가관계로서 금품을 제공받았으며, 피고인 6은 공무원의 직무행위를 매수하려는 의사에서 금품을 제공하였음을 알 수 있고**, 한편 기록에 의하면 피고인 1등은 세무조사 당시 위 태양종합건설주식회사 명의의 세금계산서가 위장거래에 의하여 계상된 허위의 계산서라고 판단하고 이를 바로잡아 탈루된 세금을 추징할 경우 추징할 세금이 모두 50억원에 이를 것이라고 알려 주었음이 명백하므로 위 문제된 세금계산서가 진정한 거래에 기하여 제출된 것인지, 피고인 1 등의 묵인행위로 인하여 공소외 1주식회사에게 추징된 세금액수가 실제적으로 줄어든 것이 있는지 여부에 관계없이 피고인들의 행위가 뇌물죄를 구성한다는 원심의 판단은 정당하고 거기에 뇌물죄에 관한 법리를 오해한 위법이 있다고 할 수 없다.

사례연구 공갈죄와 수뢰죄의 죄수 II : 직무집행의사 · 직무관련성이 없는 경우

경찰관 甲은 직무집행의 의사가 없음에도 불구하고 관할 유흥업소 업주 乙에게 "잘 보이지 않으면 재미 없다."고 말하여금 500만 원을 교부받았다. 甲과 乙의 형사책임은?

해결 甲은 공갈죄가 성립하고, 이 경우 乙은 공갈죄의 피해자에 불과하여 증뢰죄도 성립하지 않는다(대법원 1994.12.12, 94도2528). 국가9급 13 / 경찰승진(경사) 11

② 사기죄와의 관계 : 공무원이 직무에 관하여 타인을 기망하고 재물을 교부받았다면 수뢰죄와 사기죄의 상상적 경합이 되고, 그 상대방은 뇌물공여죄가 된다(대법원 1977.6.7, 77도1069; 2015.10.29, 2015도12838). 법원행시 07

사례연구 사기죄와 수뢰죄의 죄수관계

甲은 소속대 병기과 전임하사직에 있는 자인데, 총기가 분실된 것으로만 알고 있는 乙이 분실된 총기문제를 해결해 주면 돈을 얼마든지 주겠다고 제의하자, 위 총기부족은 행정착오로서 그 총기는 같은 1중대에 있다는 것을 알고 있음에도 불구하고, 그 위 행정착오인 사실을 감추고 막연히 다른 곳에서 같은 총기 1정을 구입 보충해서 해결해 줄 것 같은 태도를 취하여 乙로부터 돈 6만 원을 교부받았다. 甲과 乙의 형사책임은?

해결 甲은 공무원의 신분으로서 직무에 관하여 乙을 기망하여 재물을 교부받았으므로 수뢰죄와 사기죄의 상상적 경합이 된다는 것이 판례의 입장이다. 이 경우 사기죄의 피해자인 乙에게도 증뢰죄는 성립하는 것이며, 이는 수뢰죄와 증뢰죄의 필요적 공범의 법리에 위배되지 않는다고 보아야 한다(대법원 1977.6.7, 77도1069).[1481]

10 사전수뢰죄

제129조 【수뢰, 사전수뢰】 ② 공무원 또는 중재인이 될 자가 그 담당할 직무에 관하여 청탁을 받고 뇌물을 수수, 요구 또는 약속한 후 공무원 또는 중재인이 된 때에는 3년 이하의 징역 또는 7년 이하의 자격정지에 처한다.

1. 의의 및 객관적 처벌조건

사전수뢰죄(事前收賂罪)는 공무원 · 중재인이 될 자가 그 담당할 직무에 관하여 청탁(請託)을 받고 뇌물을 수수 · 요구 · 약속함으로써 이미 성립하는 범죄인데, 다만 행위자가 공무원 · 중재인이 된 때에 처벌되는 죄이다. 이렇게 범죄의 성립조건과는 별도로 형벌권 발동의 조건으로만 기능하는 것을 가리켜 범죄의 처벌조건이라 한다. 범죄의 처벌조건은 인적 처벌조각사유(주관적 처벌조각사유)와 객관적 처벌조건으로 분류되는데, 본죄의 '공무원 · 중재인이 된 사실'은 객관적 처벌조건에 속한다(통설[1482]). 따라서 이는 고의의 대상이 되지 않는다.

1481 보충 – 판결이유 중에서 특히 이 판례는 절도죄의 불법영득의사가 부정된 판례로도 유명한 예이다. 원심은 피고인 乙의 판시 사실 중 소속 중대 M16소총 1정이 부족하자, 이를 분실한 것으로 알고 그 보충을 위하여 1976.2. 중순경 병장 김 모, 동 최 모, 동 한 모와 타부대에서 같은 총기 1정을 절취할 것을 공모하여 동 최 모, 동 한 모 등이 같은 달 24. 04:00경 제72연대 1대대 2중대 앞에서 2.5톤 차량 운전석에 있던 같은 소총 1정을 절취하였다는 사실을 인정하고, 동 사실에 대하여 군형법 제75조 제1항 제1호, 형법 제329조 · 제30조를 적용하였다. 그러나 소속중대에서 총기를 분실하고 그를 보충하기 위하여 타부대 총기를 취거해 왔다고 하면, 그 행위는 자기 또는 타인을 위한 영득의사에 의한 행위라고는 할 수 없으므로(대법원 1965.2.24, 64도795) 동 행위를 형법 제329조의 절도죄로 처단할 수 없다고 할 것이다.

1482 김성천/김형준, 825면; 김일수/서보학, 838면; 박상기, 651면; 백형구, 660면; 손동권, 770면; 오영근, 1042면; 이재상,

2. 구성요건

(1) 주체 – 공무원 또는 중재인이 될 자

'공무원 또는 중재인이 될 자'란 공무원채용시험에 합격하여 발령을 대기하고 있는 자 또는 선거에 의해 당선이 확정된 자 등 공무원 또는 중재인이 될 것이 예정되어 있는 자뿐만 아니라 공직취임의 가능성이 확실하지는 않더라도 어느 정도의 개연성을 갖춘 자를 포함한다고 할 것이다(대법원 2010.5.13, 2009도7040).[1483]

경찰승진(경감) 11 / 사시 13

(2) 청탁의 존재

① 사전수뢰죄에서 청탁을 요구하는 취지 : 제129조 제2항의 사전수뢰는 단순수뢰의 경우와는 달리 직무에 관한 청탁(請託)을 받을 것을 요건으로 하고 있는바, 이는 본죄의 주체가 수뢰죄와는 달리 뇌물을 수수하는 등의 행위를 할 당시 공무원 등의 신분이 없다는 점을 고려해서 별도의 요건으로써 요구되는 것이다(사후수뢰죄가 청탁을 요구하는 것도 같은 이유).

② 청탁의 의의 · 내용 : 청탁이라 함은 공무원에 대하여 일정한 직무집행을 하거나 하지 않을 것을 의뢰하는 행위를 말한다. 여기에서 그 직무행위가 부정한 것인가 하는 점은 묻지 않으며 그 청탁이 반드시 명시적이어야 하는 것도 아니다(대법원 1999.7.23, 99도1911). 경찰채용 10 2차 / 국가7급 20

11 제3자 뇌물제공죄

제130조【제3자 뇌물제공】 공무원 또는 중재인이 그 직무에 관하여 부정한 청탁을 받고 제3자에게 뇌물을 공여하게 하거나 공여를 요구 또는 약속한 때에는 5년 이하의 징역 또는 10년 이하의 자격정지에 처한다.

1. 의의 및 성격

제3자 뇌물제공죄는 공무원 또는 중재인이 그 직무에 관하여 부정한 청탁을 받고 제3자에게 뇌물을 공여하게 하거나 공여를 요구 또는 약속함으로써 성립하는 범죄로서, 제3자 뇌물수수죄 또는 제3자 뇌물공여죄라고도 한다(증뢰물전달죄가 제3자뇌물취득죄로 불리기도 하는데 죄명을 혼동하지 말 것).

본죄는 공무원 자신이 뇌물을 받는 것이 아니라 공무원이 지정하는 제3자에게 뇌물을 받게끔 하는 범죄라는 점에서 본죄의 성격에 대해서는, ㉠ 간접수뢰(間接收賂, mittelbare Bestechung)의 성질을 가진다는 견해[1484]와 ㉡ 간접수뢰와는 엄격히 구별되는 수뢰죄의 일종이라는 견해[1485]가 대립하고 있다.

2. 구성요건

(1) 부정한 청탁

① 의의 : 제3자 뇌물공여죄에 있어서 뇌물이란 공무원의 직무에 관하여 부정한 청탁을 매개로 제3자에

---

§43–78; 이정원, 760면; 이형국(Ⅱ), 346면; 임웅, 794면; 정영석, 51면; 정성근/박광민, 746면; 진계호, 693면. 다만 구성요건요소라고 해석하는 소수설은 유기천(하), 312면 참조.

1483 **보충** 도시개발조합의 임원인 조합장 또는 상무이사로 선출될 **상당한 개연성**이 있는 甲 등이 그 담당할 직무에 관하여 청탁을 받고 소유권이전등기를 마칠 수 있는 기회를 제공받는 방법으로 이익을 수수한 경우 사전수뢰죄가 성립한다는 사례이다(대법원 2010.5.13, 2009도7040).

1484 권문택(공저), 703면; 김일수/서보학, 838면; 백형구, 647면; 이형국(Ⅱ), 346면; 임웅, 839면; 정성근/박광민, 748면; 진계호, 745면; 황산덕, 56면.

1485 김성천/김형준, 826면; 배종대, 773면; 손동권, 771면; 오영근, 1042면; 유기천(하), 295면; 이재상, §43–80; 이정원, 766면.

게 교부되는 위법 · 부당한 이익을 말하며, '부정한 청탁'이란 공무원 · 중재인의 정당한 직무처리에 반하는 내용의 청탁을 말한다.

② 제3자 뇌물제공죄에서 '부정한 청탁'을 요건 경찰승진(경장) 11으로 하는 취지 : 본죄는 뇌물을 수수하는 등의 행위를 한 제3자가 공무원이 아닌 일반인일 수도 있다는 점에서 공무원의 직무에 관한 부정한 청탁을 추가적인 요건으로써 요구하고 있는 것이다(배임수재죄도 그 취득자가 일반인이며 역시 부정한 청탁을 요함).

➜ 부정한 청탁은 현행형법상 배임수재죄(제357조 제1항)와 제3자뇌물제공죄의 성립요건이다.

③ 요 건

㉠ 직무집행의 위법 · 부당 불요 : 청탁의 대상이 된 직무집행 그 자체가 위법 · 부당한 경우는 물론, 의뢰한 직무집행 그 자체는 위법 · 부당한 것이 아니라 하더라도 당해 직무집행을 어떤 대가관계와 연결시켜 그 직무집행에 관한 대가의 교부를 내용으로 하는 청탁이라면 이는 의연 '부정한 청탁'에 해당하는 것으로 볼 수 있으며(대법원 2006.6.15, 2004도3424; 2008.1.24, 2006도5711; 2008.6.12, 2006도8568), 법원9급 07(상) 청탁의 대상인 직무행위의 내용도 구체적일 필요가 없고, 공무원의 재량권한 내에 속한 것도 포함되고(대법원 2006.6.15, 2004도3424), 묵시적인 의사표시라도 무방하며, 실제로 부정한 행위나 처사를 하였을 것을 요하지도 않는다(대법원 2007.11.16, 2004도4959).

㉡ 대가관계에 관한 양해의 존재 : 부정한 청탁은 명시적 의사표시에 의해서뿐만 아니라 묵시적 의사표시에 의해서도 가능하지만, 본죄에서 부정한 청탁을 요한다고 함은 처벌의 범위가 불명확해지지 않도록 하기 위한 것이므로, 묵시적 의사표시에 의한 부정한 청탁이 있다고 하려면 청탁의 대상이 되는 직무집행의 내용과 제3자에게 제공되는 이익이 그 직무집행의 대가라는 점에 대한 공무원과 이익 제공자 사이에 공통의 인식이나 양해가 있어야 한다('부정한 직무처리의 대가로서 제3자에게 이익이 제공된다.'는 당사자 간의 공통의 인식이 있어야 부정한 청탁 요건이 인정됨, 대법원 2009.1.30, 2008도6950). 따라서 ⓐ 이러한 인식이나 양해 없이 막연히 선처하여 줄 것이라는 기대나 직무집행과는 무관한 다른 동기에 기하여 제3자에게 금품을 공여한 경우에는 부정한 청탁이 인정되지 않으며(대법원 2009.1.30, 2008도6950; 2011.4.14, 2010도12313; 2014.9.4, 2011도14482 등), ⓑ 부정한 대가관계에 대한 양해가 존재하지 않는다면 단지 나중에 제3자에 대한 금품수수가 있었다는 사정만으로 소급하여 청탁이 부정한 것이 되는 것은 아니고(대법원 2008.6.12, 2006도8568[1486]; 2011.4.14, 2010도12313), ⓒ 단순한 편의를 봐준다든가 선처해준다는 것도 부정한 청탁에 해당하지 않는다.

판례연구 부정한 청탁이 인정되는 사례

대법원 2007.1.26, 2004도1632

도지사가 관광지구 추가지정 및 관련 절차의 진행에 있어서 이를 총괄하는 도지사로서의 직무와 관련하여 복지재단 출연금으로 30억 원의 뇌물을 수수한 것은 제3자 뇌물공여죄에서 뜻하는 광의의 부정한 청탁을 매개로 이루어진 것으로 보아야 한다.

1486 판례의 사실관계 B(사업가)는 甲(국회의원)에 대해 某지원법 개정안에 관한 2003.11.20. 청탁을 하였고, 2003.12.28. 위 개정안이 국회 본회의까지 통과되어 청탁에 의해 도모하려는 바가 달성되었다. 그런데 한국휠체어테니스협회 회장으로 있던 甲이 협회 관계자들로부터 2004년도 코리아오픈 테니스대회의 운영경비를 지원해 달라는 부탁을 받은 것은 (이미 위 청탁의 목적이 달성되고 난 지 3개월 가까이 지난) 2004년 3월경부터였음에도 甲과 위 협회관계자들이 대회 개막 전날인 2004.4.26.까지도 마땅한 후원자를 구하지 못하여 세계에서 이미 선수단이 입국한 상태에서 대회가 무산될 위기에 처한 급박한 상황에서 B와 오랜 기간 절친하게 지내 온 A의 권유 및 주선으로 B의 위 협회에 대한 5,000만 원의 기부가 이루어지게 되었다.

판례연구 부정한 청탁이 인정되지 않는 사례

1. 대법원 2008.6.12, 2006도8568

제3자에 대한 금품의 지급이 다른 동기에 의하여 결정되었을 개연성도 있다면, ① 비록 당사자가 상정한 청탁의 대가에 해당하는 부분은 그 죄책을 물을 수 있다 하더라도, ② 그 이외의 부분까지 청탁 당시에 대가관계의 연결에 관한 인식이나 양해가 있었던 것으로 보아 부정한 청탁에 해당한다고 볼 수는 없다.

2. 대법원 2009.1.30, 2008도6950

대통령비서실 정책실장 기업 메세나 활동 요청 사례[1487]

형법 제130조의 제3자뇌물공여죄에서 '부정한 청탁'은 명시적인 의사표시에 의한 것은 물론, 묵시적인 의사표시에 의한 것도 가능하다고 할 것이지만, 묵시적인 의사표시에 의한 부정한 청탁이 있다고 하기 위하여는 당사자 사이에 청탁의 대상이 되는 직무집행의 내용과 제3자에게 제공되는 금품이 그 직무집행에 대한 대가라는 점에 대하여 공통의 인식이나 양해가 존재하여야 할 것이고, 그러한 인식이나 양해 없이 막연히 선처하여 줄 것이라는 기대에 의하거나 직무집행과는 무관한 다른 동기에 의하여 제3자에게 금품을 공여한 경우에는 묵시적인 의사표시에 의한 부정한 청탁이 있다고 보기 어렵고, 공무원이 먼저 제3자에게 금품을 공여할 것을 요구하였다고 하여 달리 볼 것은 아니다. 따라서 대통령비서실 정책실장 乙은 개인적 친분이 있는 기업체들에 대하여 기업 메세나(Mecenat) 활동의 일환으로서 성곡미술관 전시회 후원을 요청하였는바, 乙의 후원요청을 받은 기업관계자들이 성곡미술관에 후원금을 지급하였다는 것만으로는 乙에게 제3자뇌물공여죄의 죄책이 성립하지 않는다. 법원9급 14 / 경찰간부 12

(2) **제3자의 뇌물수수** – 수뢰죄와의 구별

① 제3자 뇌물제공죄가 성립하는 경우 : 공무원이 직접 뇌물을 받지 아니하고 증뢰자로 하여금 다른 사람(제3자)에게 뇌물을 공여하도록 한 경우 제3자 뇌물제공죄가 성립한다. 이 경우 제3자는 당해 이익이 뇌물이라는 점을 인식할 필요가 없다(대법원 2006.6.15, 2004도3424). 여기에서 제3자에는 지방자치단체인 구(區)도 포함된다(대법원 2011.4.14, 2010도12313).[1488] 사시 12 그러나 공무원과 동일한 생계를 유지하는 가족 등의 공동생활자는 배제되어야 한다.[1489] 또한 공무원과 공동정범 관계에 있는 비공무원은 제3자뇌물수수죄에서 말하는 제3자가 될 수 없고, 공무원과 공동정범 관계에 있는 비공무원이 뇌물을 받은 경우에는 공무원과 함께 뇌물수수죄의 공동정범이 성립하고 제3자뇌물수수죄는 성립하지

1487 보충 : 신정아 사건 위 판례는 위 논점 외에도 ① 甲이 기획예산처로부터 4개의 설치물로 구성된 '움직이는 고요'라는 작품의 구입을 부탁받고 작가인 A와 작품가격을 절충한 뒤 위 작품을 구입하여 인도받은 다음, 기획예산처에 위 작품 전부를 인도하지 않고 그중 1개의 설치물을 자신의 집에 설치한 행위에 대해 횡령죄의 성립은 인정하였으며, ② 대통령비서실 정책실장 乙이 공무원으로 하여금 특별교부세 교부대상이 아닌 특정 사찰의 증·개축사업을 지원하는 특별교부세 교부신청 및 교부결정을 하도록 하게 한 행위에 대해서는 직권남용권리행사방해죄의 성립을 인정하였으나, ③ 甲이 어느 대학교 시간강사 임용과 관련하여 허위의 학력이 기재된 이력서만을 제출하여 임용된 행위에 대해 업무방해죄의 성립을 부정하였고, ④ 甲이 대학교수로 임용된 것을 乙이 뇌물을 받은 것으로는 볼 수 없다고 하여 이에 대한 뇌물수수죄의 성립을 부정하였으며, ⑤ 乙이 임원들과 개인적 친분이 있는 기업체들에 대하여 기업 메세나 활동의 일환인 미술관 전시회 후원을 요청한 행위에 대해서는 직권남용권리행사방해죄의 성립을 부정하는 등 다른 논점들도 문제되는 사례이다.

1488 판례 구청장인 피고인이 구청 관내의 공사 인·허가와 관련하여 甲 회사로부터 묵시적인 부정한 청탁을 받고 5억 원 상당의 경로당 누각을 **제3자인 구(區)**에 기부채납하게 한 경우, 공무원인 지방자치단체장이 직무에 관하여 부정한 청탁을 받고 지방자치단체에 금품을 제공하게 하였다면 공무원 개인이 금품을 취득한 경우와 동일시할 수는 없고 그 공무원이 단체를 대표하는 지위에 있는 경우에도 마찬가지여서 형법 제130조의 제3자뇌물제공죄가 성립할 수 있으므로, 이와 달리 위 기부채납 재산을 취득한 지방자치단체인 구는 '제3자뇌물제공죄의 제3자'가 될 수 없다고 본 것은 잘못이다(다만 제반 사정에 비추어 甲 회사의 관계자들이 피고인의 요구를 받고 위 누각을 구에 기부채납한 것이 피고인의 직무와 관련한 부정한 청탁의 대가로 제공된 것이라고 단정할 수 없으므로, 피고인에게 무죄를 선고한 원심판단의 결론은 정당하다.)(대법원 2011.4.14, 2010도12313). 사시 12

1489 권문택(공저), 703면; 김일수/서보학, 839면; 김성천/김형준, 827면; 배종대, 774면; 백형구, 647면; 손동권, 771면; 오영근, 1043면; 유기천(하), 313면; 이재상, §43-80; 이정원, 766면; 이형국(Ⅱ), 347면; 임웅, 839면; 정성근/박광민, 749면; 정영석, 52면; 정영일, 639면; 황산덕, 57면.

않는다.

② 제3자 뇌물제공죄가 성립하지 않고 수뢰죄가 성립하는 경우 : 다른 사람이 공무원의 사자(使者) 또는 대리인으로서 뇌물을 받은 경우나 그 밖에 예컨대, 평소 공무원이 그 다른 사람의 생활비 등을 부담하고 있었다거나 혹은 그 다른 사람에 대하여 채무를 부담하고 있었다는 등의 사정이 있어서 '그 다른 사람이 뇌물을 받음으로써 공무원은 그만큼 지출을 면하게 되는 경우'에는 형법 제129조 제1항의 뇌물수수죄가 성립한다(대법원 1998.9.22, 98도1234). 사회통념상 그 다른 사람이 뇌물을 받은 것을 공무원이 직접 받은 것과 같다고 평가될 수 있기 때문이다. 법원승진 13 / 법원행시 06 / 법원9급 07(상) / 법원9급 07(하) / 법원9급 13 / 경찰채용 12 3차 / 경찰채용 13 2차 / 변호사 12 / 변호사 18 / 경찰승진(경감이하) 17

판례연구 제3자를 공무원과 동일하다고 보아 수뢰죄가 성립한다는 사례

1. 대법원 2004.3.26, 2003도8077; 2011.11.24, 2011도9585[1490]

공무원이 실질적인 경영자로 있는 회사(대표이사 명의만 동생 이름으로 해둠)가 청탁 명목의 금원을 회사 명의의 예금계좌로 송금받은 경우에 사회통념상 위 공무원이 직접 받은 것과 같이 평가할 수 있어 뇌물수수죄가 성립한다고 보고 있다. 법원행시 06 / 경찰채용 18 3차

2. 대법원 2019.8.29, 2018도13792 전원합의체

공무원이 뇌물공여자로 하여금 공무원과 뇌물수수죄의 공동정범 관계에 있는 비공무원에게 뇌물을 공여하게 한 사건

공무원이 아닌 사람(이하 '비공무원')이 공무원과 공동가공의 의사와 이를 기초로 한 기능적 행위지배를 통하여 공무원의 직무에 관하여 뇌물을 수수하는 범죄를 실행하였다면 공무원이 직접 뇌물을 받은 것과 동일하게 평가할 수 있으므로 공무원과 비공무원에게 형법 제129조 제1항에서 정한 뇌물수수죄의 공동정범이 성립한다. 형법은 제130조에서 제129조 제1항 뇌물수수죄와는 별도로 공무원이 그 직무에 관하여 뇌물공여자로 하여금 제3자에게 뇌물을 공여하게 한 경우에는 부정한 청탁을 받고 그와 같은 행위를 한 때에 뇌물수수죄와 법정형이 동일한 제3자뇌물수수죄로 처벌하고 있다. 제3자뇌물수수죄에서 뇌물을 받는 제3자가 뇌물임을 인식할 것을 요건으로 하지 않는다. 그러나 공무원이 뇌물공여자로 하여금 공무원과 뇌물수수죄의 공동정범 관계에 있는 비공무원에게 뇌물을 공여하게 한 경우에는 공동정범의 성질상 공무원 자신에게 뇌물을 공여하게 한 것으로 볼 수 있다. 공무원과 공동정범 관계에 있는 비공무원은 제3자뇌물수수죄에서 말하는 제3자가 될 수 없고, 공무원과 공동정범 관계에 있는 비공무원이 뇌물을 받은 경우에는 공무원과 함께 뇌물수수죄의 공동정범이 성립하고 제3자뇌물수수죄는 성립하지 않는다. 뇌물수수죄의 공범들 사이에 직무와 관련하여 금품이나 이익을 수수하기로 하는 명시적 또는 암묵적 공모관계가 성립하고 공모 내용에 따라 공범 중 1인이 금품이나 이익을 주고받았다면, 특별한 사정이 없는 한 이를 주고받은 때 그 금품이나 이익 전부에 관하여 뇌물수수죄의 공동정범이 성립하고, 금품이나 이익의 규모나 정도 등에 대하여 사전에 서로 의사의 연락이 있거나 금품 등의 구체적 금액을 공범이 알아야 공동정범이 성립하는 것은 아니다. 금품이나 이익 전부에 관하여 뇌물수수죄의 공동정범이 성립한 이후에 뇌물이 실제로 공동정범인 공무원 또는 비공무원 중 누구에게 귀속되었는지는 이미 성립한 뇌물수수죄에 영향을 미치지 않는다. 공무원과 비공무원이 사전에 뇌물을 비공무원에게 귀속시키기로 모의하였거나 뇌물의 성질상 비공무원이 사용하거나 소비할 것이라고 하더라도 이러한 사정은 뇌물수수죄의 공동정범이 성립한 이후 뇌물의 처리에 관한 것에 불과하므로 뇌물수수죄가 성립하는 데 영향이 없다.

1490 보충 구 도시 및 주거환경정비법상 정비사업전문관리업체 임원인 甲은 건설회사에게서 재개발정비사업 시공사로 선정되도록 도와달라는 취지의 부탁을 받고 자신이 실질적으로 장악하고 있는 컨설팅회사 명의 계좌로 돈을 교부받았다면, 甲에게는 뇌물수수죄가 인정된다(대법원 2011.11.24, 2011도9585). 법원행시 13

판례연구 제3자를 공무원과 동일하다고 볼 수 없어 수뢰죄가 성립하지 않는다는 사례

1. 대법원 2002.4.9, 2001도7056

산악회 지부가 사업자로부터 등반대회 행사용 수건을 교부받은 것을 지부의 고문으로 있는 군수가 이를 교부받은 것과 동일시하기에는 부족하므로 형법 제129조 제1항의 뇌물수수죄의 성립은 부정된다.

2. 대법원 2008.9.25, 2008도2590; 2010.5.13, 2008도5506

공무원으로 의제되는 정비사업전문관리업자의 임·직원이 직무에 관하여 자신이 아닌 정비사업전문관리업자에 뇌물을 공여하게 하는 경우, 위 임·직원에게는 원칙적으로 형법 제129조 제1항의 뇌물수수죄가 성립하지 않는다. 법원행시 11

3. 대법원 2009.1.30, 2008도6950

대통령비서실 정책실장 乙(변○○)과 甲(신○○)은 서로 아끼고 사랑하는 연인관계로서 서로 선물을 주고 받는 사이였고, 甲의 업무에 乙은 다소 도움을 주고자 하였다 하더라도, 甲이 D대학교 조교수로 임용된 것을 乙이 직접 뇌물을 받은 것과 같이 평가할 수는 없다.

판례연구 제3자 뇌물제공죄가 성립하는 사례

1. 대법원 2006.6.15, 2004도3424

공정거래위원회 위원장이 이동통신회사의 기업결합심사에 대하여 선처를 부탁받으면서 특정 사찰에의 시주를 요청하여 시주금을 제공케 한 사례

형법 제130조 뇌물죄에 있어서의 뇌물성은 형법 제129조 뇌물죄에 있어서와 마찬가지로 직무와의 관련성이 있으면 인정되는 것이고, 그 뇌물을 받는 제3자가 뇌물임을 인식할 것을 요하지 아니하며, 그 뇌물을 제3자에게 공여하게 한 동기를 묻지 아니하므로, 어떤 금품이 공무원의 직무행위와 관련하여 교부된 것이라면 그것이 시주의 형식으로 교부되었고 또 불심에서 우러나온 것이라 하더라도 뇌물임을 면할 수 없다. 따라서 공정거래위원회 위원장인 피고인이 이동통신회사가 속한 그룹의 구조조정본부장으로부터 당해 이동통신회사의 기업결합심사에 대하여 선처를 부탁받으면서 특정 사찰에의 시주를 요청하여 시주금을 제공케 한 경우, 그 부탁한 직무가 피고인의 재량권한 내에 속하더라도 형법 제130조에 정한 부정한 청탁에 해당하고, 위 시주는 기업결합심사와 관련되어 이루어진 것으로 볼 수 있으므로 제3자뇌물수수의 죄책이 인정된다.

2. 대법원 2007.11.16, 2004도4959

성남시장이 정자·백궁지구의 도시설계변경 및 건축허가 관련 업무를 처리하며 위 지구에 주상복합아파트 건설사업을 추진하는 甲으로부터 이에 관한 편의를 제공해 달라는 묵시적 청탁을 받고, 위 주상복합아파트의 건축설계용역을 乙업체에게 도급하여 달라고 甲에게 부탁하였다면, 제3자 뇌물제공죄가 성립한다.

사례연구 영등포구청장과 연인관계라는 소문이 난 여자 사례

A는 영등포구청장인데 영등포구청 계장인 C로부터 그의 업무에 대한 감독, 인사 등과 관련하여 잘 보아달라는 취지로 1996.10. 초순경 같은 구 여의도동 소재 여의도 세모선착장 1층 식당에서 현금 5,000,000원, 1997.2. 초순경 영등포구청 근처 영등포병원 건물 1층 다방에서 현금 3,000,000원을 스스로 받지 않고 이를 B(女)에게 받게 하였다. 그런데 B는 영등포구 여성연합회 회장과 영등포구 문고 회장 등으로서 A와 가깝게 지내는 사이이고, 영등포구청 주변에는 A와 B가 연인관계라는 소문이 나 있었다(정작 당사자인 피고인 1과 공소외인은 연인관계가 아니라고 부인하고 있음). A에게는 수뢰죄가 인정되는가, 제3자뇌물제공죄가 인정되는가?

해결 수뢰죄는 성립하지 않고 제3자뇌물제공죄가 성립한다.

참조판례 이와 같은 사정만 가지고는 피고인 1이 피고인 2로 하여금 공소외인에게 돈을 주도록 하였다 할지라도 공소외인이 위 돈을 받은 것을 가지고 피고인 1이 이를 받은 것과 동일시하기에는 부족하다 할 것이다(대법원 1998.9.22, 98도1234).

(3) 제3자의 방조범의 성부

제3자뇌물수수죄에서 제3자란 행위자와 공동정범 이외의 사람을 말하고, 교사자나 방조자도 포함될 수 있다. 그러므로 공무원 또는 중재인이 부정한 청탁을 받고 제3자에게 뇌물을 제공하게 하고 제3자가 그러한 공무원 또는 중재인의 범죄행위를 알면서 방조한 경우에는 그에 대한 별도의 처벌규정이 없더라도 방조범에 관한 형법총칙의 규정이 적용되어 제3자뇌물수수방조죄가 인정될 수 있다(대법원 2017.3.15, 2016도19659).

3. 죄수 및 다른 범죄와의 관계

공무원이 직무관련자에게 제3자와 계약을 체결하도록 요구하여 계약 체결을 하게 한 행위가 제3자뇌물수수죄의 구성요건과 직권남용권리행사방해죄의 구성요건에 모두 해당하는 경우에는, 제3자뇌물수수죄와 직권남용권리행사방해죄가 각각 성립하되, 이는 사회 관념상 하나의 행위가 수 개의 죄에 해당하는 경우이므로 두 죄는 형법 제40조의 상상적 경합관계에 있다(대법원 2017.3.15, 2016도19659).

4. 입법론

입법론적으로는 단순수뢰죄와의 균형에 비추어(양죄는 그 법정형이 같음) 부정한 청탁을 요건으로 하는 것은 부당하다는 비판[1491]이 유력하다.

12 수뢰 후 부정처사죄

제131조【수뢰 후 부정처사, 사후수뢰】 ① 공무원 또는 중재인이 전2조의 죄를 범하여 부정한 행위를 한 때에는 1년 이상의 유기징역에 처한다.
④ 전3항의 경우에는 10년 이하의 자격정지를 병과할 수 있다.

1. 의 의

수뢰 후 부정처사죄(收賂 後 不正處事罪)는 공무원·중재인이 수뢰·사전수뢰·제3자뇌물공여죄를 범한 후 그 대가로써 불법한 인·허가처분 등의 부정한 행위를 함으로써, 제129조·제130조의 죄보다 가중처벌되는 범죄이다.

2. 구성요건 및 다른 범죄와의 관계

(1) 부정한 행위 및 인과관계

본죄의 부정처사, 즉 부정한 행위는 직무에 위배되는 일체의 행위를 말하는 것으로 직무행위 자체는 물론 그것과 객관적으로 관련 있는 행위까지 포함되고(대법원 2003.6.13, 2003도1060 : 교통경찰관이 대가를 받고 도박장 단속을 하지 않은 사례), 사시 14 위법한 행위뿐만 아니라 부당한 행위도 포함되며(통설), 작위와 부작위를 가리지 않는다. 또한 본죄는 수뢰 등과 부정한 행위 사이에 대가관계가 있을 것을 요하므로, 수뢰와는 관계없이 공무원이 부정한 행위를 한 경우에는 본죄는 성립하지 않고 수뢰죄 등만 성립할 뿐이다.

1491 박상기, 650면; 서일교, 327면; 이재상, §43－81; 이형국(Ⅱ), 347면; 진계호, 695면. 비교법적으로도 독일형법(1998.1.26. 개정) 제331조부터 제334조까지에서 제3자까지도 행위자에 포함시키고 있다는 점을 지적한 견해는 박상기, ibid.

PART 03 국가적 법익에 대한 죄

판례연구 수뢰 후 부정처사죄가 성립하지 않는 사례

대법원 1995.12.12, 95도2320

과세 대상에 관한 규정이 명확하지 않고 그에 관한 확립된 선례도 없었던 경우, 공무원이 주식회사로부터 뇌물을 받은 후 관계 법령에 대한 충분한 연구, 검토 없이 위 회사에 유리한 쪽으로 법령을 해석하여 감액처분하였더라도 위 감액처분이 위법하지 않으면[1492] 그 공무원이 수뢰 후 '부정한 행위'를 한 것으로서 수뢰후부정처사죄를 범하였다고 볼 수는 없다.

(2) 청탁은 요건이 아님

본죄는 단순수뢰를 범하고 부정한 행위를 하여도 본죄가 성립하므로 본죄의 성립에 있어서 청탁 내지 부정한 청탁은 필수적 성립요건은 아니다.

(3) 다른 범죄와의 관계

수뢰 후 부정처사죄의 '부정처사'(부정한 행위)가 공도화변조 및 동행사[1493]나 허위공문서작성 및 동행사와 같은 다른 범죄를 구성하는 경우에는, 수뢰후 부정처사죄와 이들 각죄 간에는 상상적 경합관계가 인정된다. 국가9급 13 / 국가7급 12 / 법원9급 12 / 경찰채용 11 2차

사례연구 허위공문서작성죄 및 동행사죄와 수뢰 후 부정처사죄의 죄수관계

예비군대원 乙은 예비군 중대장 甲에게 금 30만 원을 제공하면서 자신의 훈련의 불참사실을 출석으로 하여 달라고 부탁하자, 甲은 예비군학급편성명부의 출석기재란에 '參'이라고 표시한 연후에 이를 행사하였다. 甲의 형사책임은?

해결 판례에 의하면 甲은 수뢰 후 부정처사죄와 허위공문서작성죄와 동(허위작성공문서)행사죄의 상상적 경합범으로 '처벌'된다. 그러나 '성립'하는 죄책은 수뢰 후 부정처사죄와 허위공문서작성죄의 상상적 경합범과 수뢰 후 부정처사죄와 허위작성공문서행사죄의 상상적 경합범의 실체적 경합범이 된다. 이러한 판례의 이론을 '소위 연결효과에 기한 상상적 경합'이라고 부르기도 한다(대법원 1983.7.26, 83도1378).[1494] 국가9급 17

3. 특가법 제2조 제1항의 문제

특정범죄가중처벌 등에 관한 법률 제2조 제1항에서는 제131조의 수뢰 후 부정처사죄·사후수뢰죄를 제외한 다른 수뢰죄들에 대하여 그 수뢰액에 따라 가중처벌하는 규정을 두고 있는데,[1495] 판례는 해석론상 아예 특가법 제2조 제1항에 본죄가 포함된다는 입장이다.[1496]

1492 보충 : 부정한 행위에는 위법한 행위뿐 아니라 부당한 행위도 포함되는가의 문제 위 판례는 판결요지상으로는 '감액처분이 위법하지 않으면' 설사 부당한 행위에 해당되어도 부정한 행위에 포함되지 않는 것으로 해석될 수도 있어, 판례의 입장이 수뢰 후 부정처사죄의 부정한 행위에는 위법한 행위만 포함되고 부당한 행위는 포함되지 않는 입장인 것으로 평가될 수 있는 소지가 있다(이러한 평석은 오영근, 929면 참조). 그러나 위 판례의 판결이유를 들여다보면 "위 감액처분이 결과적으로 정당한 것이라면 … 수뢰 후 '부정한 행위'를 한 것으로 … 볼 수는 없다."고 판시하고 있다. 따라서 결론적으로 판례도 부당한 행위를 본죄의 부정한 행위에 포함시키는 입장으로 생각된다. 즉 통설과 판례의 입장 차이는 거의 없어 보인다.

1493 대법원 2001.2.9, 2000도1216.

1494 자세한 것은 총론, 죄수론, 상상적 경합 중 연결효과에 기한 상상적 경합 참조.

1495 특정범죄가중처벌 등에 관한 법률 제2조 (뇌물죄의 가중처벌) ① 형법 제129조 · 제130조 또는 제132조에 규정된 죄를 범한 자는 그 수수·요구 또는 약속한 뇌물의 가액(이하 본조에서 '수뢰액'이라 한다)에 따라 다음과 같이 가중처벌한다. 1. 수뢰액이 1억 원 이상인 때에는 무기 또는 10년 이상의 징역에 처한다. 2. 수뢰액이 5천만 원 이상 1억 원 미만인 때에는 7년 이상의 유기징역에 처한다. 3. 수뢰액이 3천만 원 이상 5천만 원 미만인 때에는 5년 이상의 유기징역에 처한다. 경찰승진(경감이하) 17

1496 형법 제131조 제1, 2항의 죄를 범한 자는 특정범죄가중처벌 등에 관한 법률 제2조의 형법 제129조, 제130조에 규정된 죄를 범한 자에 해당된다는 판례는 대법원 1969.12.9, 69도1288 참조. 이 판례에서는 "형법 제131조 제1항은 공무원 또는 중재인이 형법 제129조, 제130조의 죄를 범한 후에 부정한 행위를 한 때에 가중처벌 한다는 규정이고, 같은 조문 제2항은 공무원

그러나 특가법에 명문의 규정이 없는데 본죄의 가중처벌을 긍정하는 것은 죄형법정주의의 요청에 어긋날 수 있다. 이에 입법론적으로는 특가법에서 본조도 포함시켜야 한다는 지적[1497]이 유력하다.

13 사후수뢰죄

제131조【수뢰 후 부정치사, 사후수뢰】 ② 공무원 또는 중재인이 그 직무상 부정한 행위를 한 후 뇌물을 수수, 요구 또는 약속하거나 제3자에게 이를 공여하게 하거나 공여를 요구 또는 약속한 때에도 전항의 형과 같다.

③ 공무원 또는 중재인이었던 자가 그 재직 중에 청탁을 받고 직무상 부정한 행위를 한 후 뇌물을 수수, 요구 또는 약속한 때에는 5년 이하의 징역 또는 10년 이하의 자격정지에 처한다.

④ 전3항의 경우에는 10년 이하의 자격정지를 병과할 수 있다.

1. 의 의

사후수뢰죄(事後收賂罪)는 두 종류가 있다. 제131조 제2항의 부정처사 후 수뢰와 제3항의 사후수뢰가 그것이다.

2. 부정처사 후 수뢰죄(제2항)

제2항의 부정처사 후 수뢰죄는 공무원·중재인이 그 직무상 부정한 행위를 한 후 제129조 제1항 또는 제130조의 죄를 범한 경우, 부정한 행위를 했다는 점에서 위 조항보다 가중처벌하는 범죄유형이다. 따라서 부정한 행위와 뇌물 사이에는 대가관계가 있어야 하며, 이 점에서 수뢰 후 부정처사죄와 유사하다.

판례연구 부정처사 후 수뢰죄 관련 사례

대법원 1999.7.23, 99도390

사단법인 한국컴퓨터산업중앙회의 이사이자 지회장인 A는 컴퓨터게임장 업주인 B에게 B의 기구 내에 설치된 프로그램의 점검필 여부를 확인하지 아니한 채 점검필유기기구확인표시증 50매를 함부로 교부해주고 그 사례로 금 200,000원을 교부받았다면, 위 20만 원 교부행위가 사교적 예의의 명목을 빌린 것이라 하여도, A에게는 부정처사 후 수뢰죄의 죄책이 인정된다.

3. 사후수뢰죄(제3항)

제3항의 사후수뢰죄는 공무원·중재인이었던 자가 그 재직 중 청탁(이 점에서 뇌물을 받을 당시에 공무원·중재인 신분이 없는 사전수뢰죄와 유사함)을 받고 직무상 부정한 행위를 한 후 퇴직하고 뇌물을 수수·요구·약속함으로써 성립하는 범죄로서, 뇌물을 받을 당시에는 공무원 또는 중재인이 아니라는 점에서 제2항의 부정처사 후 수뢰죄보다는 형이 가벼우며, 수뢰죄에 비해서도 가중처벌되지 않는다는 점을 고려할 때, 사후수뢰죄는 독자적 성격의 범죄라고 보아야 한다.[1498] 제3항의 사후수뢰죄가 성립하기 위해서도 전2항과 마찬

또는 중재인이 그 직무상 부정한 행위를 한 후 뇌물을 수수, 요구 또는 약속하거나 제3자에게 이를 공여하게 하거나, 공여를 요구 또는 약속한 때, 즉 형법 제129조, 제130조의 죄를 범한 때에 가중처벌한다는 규정이므로, 형법 제131조 제1, 2항의 죄를 범한 자는 특정범죄가중처벌 등에 관한 법률 제2조의 형법 제129조, 제130조에 규정된 죄를 범한 자에 해당된다고 보아야 할 것"이라고 판시하고 있다. 학설 중에서도 이를 긍정하는 것으로 보이는 견해는 손동권, 772면; 이재상, §43-82 참조.

1497 김일수/서보학, 842면; 박상기, 653면; 정성근/박광민, 913면.

1498 참고 : 배임수재죄의 유사한 사례 형법 제357조 제1항의 배임수재죄는 타인의 사무를 처리하는 자의 청렴성을 보호법익으로 하는 것으로, 그 임무에 관하여 부정한 청탁을 받고 재물을 수수함으로써 성립하고 반드시 수재 당시에도 그와 관련된 임무를 현실적으로 담당하고 있음을 그 요건으로 하는 것은 아니므로, 타인의 사무를 처리하는 자가 그 임무에 관하여 부정한 청탁을 받은 이상 그 후 사직으로 인하여 그 직무를 담당하지 아니하게 된 상태에서 재물을 수수하게 되었다 하더라도, 그

가지로 부정한 행위와 뇌물 사이에 대가관계가 있어야 한다.

> **판례연구** 사후수뢰죄 관련 사례
>
> 1. 대법원 1983.4.26, 82도2095
> 공사의 입찰업무를 담당하고 있는 장교가 비밀로 하여야 할 그 공사의 입찰예정가격을 응찰자에게 미리 알려 준 소위는 직무에 위배되는 행위로서 형법 제131조 제2항의 부정한 행위에 해당한다 할 것이어서, 입찰이 끝난 후 20여 일이 경과한 후 전속시의 전별금 명목으로 금원을 받았다 하더라도 이는 직무행위의 부정행위와 관련된 금품의 수수에 해당하므로 사후수뢰죄를 구성한다.
>
> 2. 대법원 1997.2.25, 94도3346
> 특가법 제5조 소정의 배임에 의한 국고손실죄의 공동정범인 공무원이 다른 공범으로부터 그 범행에 의하여 취득한 금원의 일부를 받은 경우, 그 금원의 성격은 그 성질이 공동정범들 사이의 내부적 이익분배에 불과한 것이고 별도로 뇌물수수죄(사후수뢰죄)에 해당하지 않는다. 법원9급 06

14 알선수뢰죄

제132조 【알선수뢰】 공무원이 그 지위를 이용하여 다른 공무원의 직무에 속한 사항의 알선에 관하여 뇌물을 수수, 요구 또는 약속한 때에는 3년 이하의 징역 또는 7년 이하의 자격정지에 처한다.

1. 의의 및 성격

알선수뢰죄(斡旋收賂罪)는 일정한 지위에 있는 공무원이 자신의 지위를 이용하여 자신이 영향력을 행사할 수 있는 다른 공무원의 직무에 속한 사항을 알선해주는 대가로 뇌물을 수수·요구·약속함으로써 성립하는 범죄이다. 즉 본죄는 공무원의 직무의 공정성·불가매수성을 해치는 간접적인 행위에 대해서도 대응하기 위해 마련된 규정이다.

2. 구성요건 : 공무원의 지위이용 및 다른 직무에 속한 사항의 알선에 관한 뇌물수수 등

(1) 주 체

본죄는 지위 이용을 할 수 있는 공무원만 그 주체가 되고 중재인은 주체가 될 수 없다. 법원9급 11

(2) 지위의 이용

본죄의 '공무원이 그 지위를 이용하여'라 함은 친구·친족관계 등 사적 관계를 의미하는 것이 아니라,[1499] 당해 직무를 처리하는 다른 공무원과 직접 · 간접의 연관관계를 가지고 그가 취급하는 사무처리에 법률상 · 사실상 영향을 줄 수 있는 관계에 있는 공무원이 그 지위를 이용하는 경우를 의미하는 것이다(다수설[1500] · 판례, 대법원 1973.2.13, 66도403; 1982.6.8, 82도403; 1993.7.13, 93도1056 등). 법원행시 10 / 법원9급 11 / 경찰승진(경사) 11 / 경찰채용 13 2차 / 변호사 16 반드시 상하관계·협동관계·감독권한 등의 특수한 관계가 있거나 같은 부서에 근무할 것을 요하

재물 등의 수수가 부정한 청탁과 관련하여 이루어진 것이라면 배임수재죄가 성립한다(대법원 1997.10.24, 97도2042). 법원9급 13

1499 보충 : 개인적 친분을 이용한 알선수재 및 알선자 소개 법률상·사실상 영향을 줄 수 있는 관계가 아니라 개인적인 친분을 이용하여 공무원의 직무에 속한 사항의 알선에 관하여 재산을 취득하는 것은 후술하는 특가법 제3조의 알선수재죄에 해당될 뿐이다. 특경법 및 변호사법에서도 알선수재를 처벌한다.

1500 김일수/서보학, 843면; 배종대, 756-757면; 백형구, 647면; 손동권, 774면; 오영근, 1045면; 이재상, §43-89; 이정원, 768면; 이형국(Ⅱ), 350면; 정성근/박광민, 754면; 진계호, 751면. 다만 개인적 친분이나 인간적 유대관계로도 알선은 이루어진다는 점에서 직무상 영향력을 가지고 본죄를 제한해서는 안 된다는 보다 적극적인 해석은 박상기, 655면; 임웅, 844면 참조. 또한 다수설의 입장이면서도, 판례의 입장에 대해서 본죄의 적용범위를 과도하게 축소하고 있다는 시각을 보여주는 견해들은 위 두 견해 이외에도 김일수/서보학, ibid; 진계호, ibid. 참조.

지 않는다(대법원 1994.10.21, 94도852). 법원행시 10 / 경찰승진(경사) 11 다만, 다른 공무원에게 영향을 미칠 수 없는 경우까지 지위를 이용하였다고 보기는 어렵다.

표정리 지위이용에 관한 판례 정리

긍정되는 경우	• 법원장의 예하 법관의 직무에 대한 관계(대법원 1956.3.2, 4288형상179) • 병무청 심리연구사보의 병무담당자의 직무에 대한 관계(대법원 1969.8.26, 69도1120) 법원행시 07 • 육군참모총장의 수석부관의 장교의 진급업무에 관한 관계(대법원 1982. 6.8, 82도403) • 군교육청 관리과 서무계장의 초등학교 고용원 임용에 대한 관계(대법원 1988.1.19, 86도1138) • 노동부 고용대책과장의 연예인 국외공급사업에 관한 관계(대법원 1989.9.12, 89도1297) • 서울시 부시장 비서관의 시청 관재과 소속 공무원의 체비지 불하업무에 관한 관계(대법원 1989.11.14, 89도1700) • 전임 징세계장의 후임 징세계장의 직무에 대한 관계(대법원 1989.12.26, 89도2018) • 지역경제계장이 직전에 자신이 계장으로 있던 지적과 지정계 직원에게 토지거래계약허가를 받도록 알선하는 관계(대법원 1990.7.27, 90도890)
부정되는 경우	• 군청 건설과 농림계 공무원의 도지사 직무에 대한 관계(대법원 1984.1.31, 83도3015) • 검찰주사의 검사의 직무에 대한 관계(대법원 1982.6.8, 82도403)

판례연구 알선수뢰죄의 지위 이용이 인정되는 사례

1. 대법원 1993.7.13, 93도1056

甲은 乙이 근무하는 군산시청 공단관리계의 전임계장이었고 현재에는 같은 시청 지방세의 세외수입계장으로 근무하고 있었다면 이에 터 잡아 위 乙의 직무에 관하여 사실상의 영향력을 행사할 수 있는 지위에 있었다고 인정할 수 있을 것이다.

2. 대법원 1994.10.21, 94도852

A는 중부지방국세청 재산국 제3부동산 조사담당관인 B가 제1세무서 총무과장으로 근무할 당시 제1세무서장이었고, 현재에는 위 지방국세청 산하 제2세무서장으로 근무하고 있다면, 양도소득세 관련 세무조사 사무를 담당한 위 B의 직무에 관하여 사실상의 영향력을 행사할 수 있는 지위에 있었다고 인정할 수 있다.

3. 대법원 1995.1.12, 94도2687

甲은 전라북도경찰국 면허계 기능반 경찰공무원(경장)으로 근무를 하였고, 현재에는 전라북도경찰국 산하 진안경찰서 수사과 수사계장으로서 근무하고 있었는데, 자동차운전면허 발급담당공무원의 직무에 속한 사항의 알선에 관하여 뇌물을 받았다면 알선수뢰죄에 해당한다고 볼 수 있다. 법원행시 07

4. 대법원 1999.6.25, 99도1900

A는 육군본부 인사과에서 근무하다가 모병관으로 병무청에 파견되어 있는 자(장교)이므로 자신의 직무와 직접 또는 간접적으로 관련되는 병역면제 여부, 부대 배치 및 병과 부여, 신체등급 조정 등의 직무를 담당하는 관계 공무원들에게 부탁하는 등의 방법으로 그 직무에 관하여 사실상의 영향력을 행사할 수 있는 지위에 있었다고 인정하기에 충분하다.

5. 대법원 2001.10.12, 99도5294

서울시 지역경제국장인 피고인은 서울시 지하철공사와의 장소 임대차계약에 기하여 음료수자판기 영업을 하고 있는 업체의 대표이사로부터 청탁을 받고 금품을 받은 경우, 위 피고인은 자신의 직무와 직접 또는 간접적으로 관련되는 서울시 지하철공사 소속 관계 공무원들이나 사장[1501]에게 부탁하는 등의 방법으로 그 직무에 관하여 사실상의 영향력을 행사할 수 있는 지위에 있었다고 인정하기에 충분하다.

1501 보충 지방공기업법 제83조는 지방공사의 임원 및 직원을 형법 제129조 내지 제132조의 적용에 있어서 공무원으로 보도록 규정하고 있으며, 서울시 지하철공사는 위 규정이 적용되는 지방공사의 하나이므로, 피고인이 서울시 지하철공사의 임직원의 직무에 속한 사항의 알선에 관하여 뇌물을 수수하였다면 이는 형법 제132조에 해당하는 것이다(위 판례).

판례연구 알선수뢰죄의 지위 이용이 인정되지 않는 사례

대법원 2010.11.25, 2010도11460

육군본부 정보작전지원참모부에서 조직진단관으로 근무하는 3급 군무원 피고인이 장군진급심사를 앞두고 있던 甲으로부터 인사참모부 선발관리실장인 乙에게 부탁하여 장군진급이 되도록 하여 달라는 부탁을 받고 합계 5,000만 원을 받은 경우, 피고인은 위 금원을 수수할 당시 자신의 지위를 이용하여 선발관리실장이던 乙의 진급 업무와 관련하여 사실상 영향을 줄 수 있는 관계에 있었다고 하기에 부족하므로 알선수뢰죄는 성립하지 않는다.

(3) 다른 공무원의 직무에 속한 사항의 알선에 관한 뇌물의 수수 등

① 다른 공무원의 직무에 속한 사항 : 알선을 통해 행해질 것이 기대되는 직무행위는 다른 공무원의 직무에 속한 사항이면 되는 것이고, 그것이 정당하든 부당하든 가리지 않으며,[1502] 다른 공무원이 그 직무에 관하여 결재권한이나 최종 결정권한을 갖고 있어야 하는 것도 아니다(대법원 2006.4.27, 2006도735). 국가7급 10 / 사시 13

② 알선에 관한 뇌물의 수수 등

㉠ 알선에 관한 것일 것 : 본죄는 '알선에 관하여' 뇌물을 수수·요구·약속해야 성립하므로 공여자와 수수자가 막연한 기대감 속에 금품을 수수·교부한 것만으로는 알선수뢰죄(및 특가법상 알선수재죄)에 해당하지 않는다(대법원 2004.11.12, 2004도5655; 2008.6.12, 2008도2300; 2009.7.23, 2009도3924).

㉡ 알선할 사항의 특정 정도 : 본죄는 현실적인 알선행위가 실제로 있을 필요가 없으며 장차 예상되는 알선행위에 관하여 뇌물을 수수하는 등의 행위만 있어도 성립한다.[1503] 따라서 알선뇌물요구죄와 관련하여, 뇌물요구 당시 알선할 사항이 구체적으로 특정되었다거나 알선에 의하여 해결을 도모하여야 할 현안이 존재하였는지 여부는 알선뇌물요구죄의 성립에 아무런 영향이 없다(대법원 2009.7.23, 2009도3924). 국가7급 12 / 법원9급 10 / 법원9급 11 / 경찰간부 14 / 경찰채용 12 1차 / 경찰채용 21 1차

㉢ 기수시기 : 본죄는 뇌물을 수수하는 등의 행위를 한 때 기수가 되며, 알선한 사항이 이루어질 필요가 없다.

판례연구 알선수뢰·알선수재 등의 성립요건 : 알선사항의 특정 정도 및 막연한 기대감으로 수수한 경우

1. 대법원 2001.10.26, 2000도2968

특가법상 알선수재죄에서 공무원이나 그 직무내용이 구체적으로 특정되어야 하는지 여부(소극)

특가법 제3조에서 말하는 공무원의 직무에 속하는 사항의 알선에 관하여 금품이나 이익을 수수한다 함은 공무원의 직무에 속한 사항을 알선한다는 명목으로 금품 등을 수수하는 행위로서 반드시 알선의 상대방인 공무원이나 그 직무내용이 구체적으로 특정될 필요는 없다.

2. 대법원 2004.11.12, 2004도5655

특가법상 알선수재죄의 공무원의 직무에 속한 사항의 알선에 관하여 금품이나 이익을 수수한다는 의미

공여자와 수수자가 막연한 기대감 속에 금품 등을 교부·수수하였을 뿐 구체적으로 도와달라거나 특정한 부탁을 한 사실이 없다면 알선수재죄가 성립하지 않는다.

3. 대법원 2009.7.23, 2009도3924; 2017.12.22, 2017도12346

형법 제132조의 알선뇌물요구죄의 성립요건으로서 알선할 사항의 특정 정도 및 뇌물을 요구할 당시 알선에 의하

1502 권문택(공저), 707면; 김일수/서보학, 846면; 배종대, 777면; 손동권, 774면; 오영근, 1051면; 이재상, §43-90; 이정원, 769면; 이형국(Ⅱ), 351면; 임웅, 844면; 정성근/박광민, 756면; 정영일, 641면; 진계호, 751면. 반대견해는 서일교, 319면.

1503 김일수/서보학, 846면; 박상기, 655면; 배종대, 758면; 백형구, 648면; 유기천(하), 298면; 이형국(Ⅱ), 351면; 임웅, 845면; 정성근/박광민, 756면; 진계호, 649면.

여 해결을 도모하여야 할 현안이 존재하여야 하는지 여부(소극)

형법 제132조에서 말하는 '다른 공무원의 직무에 속한 사항의 알선에 관하여 뇌물을 요구한다'고 함은, ① 다른 공무원의 직무에 속한 사항을 알선한다는 명목으로 뇌물을 요구하는 행위로서 반드시 알선의 상대방인 다른 공무원이나 그 직무의 내용이 구체적으로 특정될 필요까지는 없지만, 알선뇌물요구죄가 성립하려면 알선할 사항이 다른 공무원의 직무에 속하는 사항으로서 뇌물요구의 명목이 그 사항의 알선에 관련된 것임이 어느 정도 구체적으로 나타나야 한다. ② 단지 상대방으로 하여금 뇌물을 요구하는 자에게 잘 보이면 그로부터 어떤 도움을 받을 수 있다거나 손해를 입을 염려가 없다는 정도의 막연한 기대감을 갖게 하는 정도에 불과하고, 뇌물을 요구하는 자 역시 상대방이 그러한 기대감을 가질 것이라고 짐작하면서 뇌물을 요구하였다는 정도의 사정만으로는 알선뇌물요구죄가 성립한다고 볼 수 없다. ③ 한편, 여기서 말하는 알선행위는 장래의 것이라도 무방하므로, 알선뇌물요구죄가 성립하기 위하여는 뇌물을 요구할 당시 반드시 상대방에게 알선에 의하여 해결을 도모하여야 할 현안이 존재하여야 할 필요는 없다. … 따라서 구청 공무원이 유흥주점의 업주에게 '유흥주점 영업과 관련하여 세금이나 영업허가 등에 관하여 문제가 생기면 다른 담당 공무원에게 부탁하여 도움을 주겠다.'면서 그 대가로 1,000만 원을 요구한 경우에는, 그 뇌물요구의 명목이 상대방의 막연한 기대감을 전제로 한 것에 불과하다고 볼 수는 없으므로, 당시 알선할 사항이 구체적으로 특정되었다거나 알선에 의하여 해결을 도모해야 할 현안이 존재하였다는 사실을 인정할 증거가 없더라도 알선뇌물요구죄가 성립한다고 보아야 한다. 국가7급 12 / 법원9급 10 / 법원9급 11 / 경찰간부 14 / 경찰채용 12 1차 / 경찰채용 21 1차

3. 특별법상 알선수재죄

특경법에서는 금융기관의 임·직원의 직무에 속한 사항의 알선에 관하여 금품을 수수하는 행위를 알선수재죄(동법 제7조)로 처벌하고 있다. 이는 금융기관의 임·직원의 직무에 속한 사항에 관하여 알선을 의뢰한 사람(알선의뢰인)과 알선의 상대방이 될 수 있는 금융기관의 임·직원(알선상대방) 사이를 중개한다는 명목으로 금품 기타 이익을 수수하는 경우이어야 하는 것이지, 이를 전제로 하지 않고 단순히 금융기관의 임·직원의 직무에 속하는 사항과 관련하여 알선의뢰인에게 편의를 제공하고 그 대가로서 금품을 수수하였을 뿐인 경우에는 본죄에 해당하지 않는다(대법원 1997.5.30, 97도367; 2005.8.19, 2005도3045; 2010.9.9, 2010도5972[1504]). 또한 이러한 법리는 특가법상 알선수재죄에서도 마찬가지이다(대법원 2006.8.25, 2006도203).[1505]

판례연구 특가법·특경법상 알선수재죄의 성립요건 : 알선의뢰인와 알선상대방을 중개하는 명목의 금품수수

1. 대법원 2002.10.8, 2001도3931

공무원의 직무에 속한 사항에 관한 청탁을 받고 스스로 알선행위를 하는 경우뿐만 아니라 알선행위를 할 사람을 소개시켜 준 행위도 특가법상 알선수재죄를 구성한다.

2. 대법원 2006.8.25, 2006도203

특정범죄 가중처벌 등에 관한 법률 제3조의 알선수재죄가 성립하려면 알선을 의뢰한 사람(알선의뢰인)과 알선의 상대방이 될 수 있는 공무원(알선상대방) 사이를 알선 내지 중개한다는 명목으로 금품 기타 이익을 수수하는 등의 행위를 하여야 하고, 알선수재죄의 공동정범도 이러한 행위에 공동가공의 의사를 가지고 공모 내지 실행행위의 분담 등을 통하여 관여함으로써 성립한다. 따라서 피고인이 알선의뢰인으로부터 재개발사업계획승인과 관련한 부탁을 받고 해당 지역구 국회의원을 소개해 주어 알선의뢰인이 위 국회의원을 통하여 알선상대방인 구청장에게 위 사업계획승인

1504 보충 금융기관으로부터 대출이 성사될 수 있도록 사업계획서를 작성하고 알선의뢰인을 대신하여 그 내용을 설명하는 등의 방법으로 그의 대출 관련 업무를 도와주었을 뿐, 금융기관 임직원의 직무에 속한 사항에 관한 알선의 명목으로 금품을 수수한 행위로는 볼 수 없다는 사례이다(위 판례).

1505 참고 : 변호사법상 알선 사례 비변호사인 경찰관, 법원·검찰의 직원 등이 변호사인 피고인에게 소송사건의 대리를 알선하고 그 대가로 금품을 받은 행위는 구 변호사법 제90조 제2호 후단의 알선에 해당하고, 변호사인 피고인이 그러한 사정을 알면서 비변호사들로부터 법률사건의 수임을 알선받은 경우, 같은 법 제90조 제3호, 제27조 제2항, 제90조 제2호 위반죄가 성립한다(대법원 2000.6.15, 98도3697 전원합의체).

과 관련한 부탁을 할 수 있도록 알선하고 그 대가로 위 알선의뢰인으로부터 아파트를 받기로 한 경우, 알선수재죄가 성립한다.

3. 대법원 2010.4.15, 2009도11146
甲이 뇌물공여의 점에 대해 공동정범의 관계에 있는 乙으로부터 뇌물로 공여할 금품을 교부받은 경우, 그 행위는 상호간의 뇌물공여를 위한 예비행위에 불과할 뿐 자신의 이익을 취득하기 위하여 받은 것으로 볼 수는 없으므로, 甲에게는 특가법상 알선수재죄는 성립하지 않는다.

15 증뢰죄 · 증뢰물전달죄

제133조 【뇌물공여 등】 ① 제129조부터 제132조까지에 기재한 뇌물을 약속, 공여 또는 공여의 의사를 표시한 자는 5년 이하의 징역 또는 2천만 원 이하의 벌금에 처한다. 〈개정 2020.12.8.〉
② 제1항의 행위에 제공할 목적으로 제3자에게 금품을 교부한 자 또는 그 사정을 알면서 금품을 교부받은 제3자도 제1항의 형에 처한다. 〈개정 2020.12.8.〉

1. 증뢰죄(贈賂罪, 뇌물약속 · 공여 · 공여의사표시죄, 제133조 제1항)

제133조 제1항과 제2항의 증뢰범죄는 제129조 등의 수뢰범죄와는 달리 직무관련성이 명문으로 규정되어 있지 않지만, 뇌물에 대한 개념필수적 해석에 의하여 직무에 관한 것임은 당연히 요구된다.[1506] 다만, 배임증재한 물건을 계속 사용케 한 행위는 새로운 이익을 제공한 것으로 평가할 만한 사정이 없는 한 뇌물공여죄를 구성하지 아니한다.

공무원이 직무집행의사 없이 또는 직무처리와 대가적 관계없이 타인을 공갈하여 재물을 교부하게 한 경우에는 공여자는 공갈죄의 피해자에 불과하고 뇌물공여죄는 성립하지 않는다(대법원 1994.12.22, 94도2528). 국가9급 13 / 경찰승진(경장) 11 / 경찰승진 13

판례연구 배임증재한 물건을 계속 사용케 한 행위의 뇌물공여죄 성부

대법원 2015.10.15, 2015도6232 법원행시 16 / 사시 16 / 법원9급 17
배임수재자가 배임증재자에게서 그가 무상으로 빌려준 물건을 인도받아 사용하고 있던 중에 공무원이 된 경우, 그 사실을 알게 된 배임증재자가 배임수재자에게 앞으로 물건은 공무원의 직무에 관하여 빌려주는 것이라고 하면서 뇌물공여의 뜻을 밝히고 물건을 계속하여 배임수재자가 사용할 수 있는 상태로 두더라도, 처음에 배임증재로 무상 대여할 당시에 정한 사용기간을 추가로 연장해 주는 등 새로운 이익을 제공한 것으로 평가할 만한 사정이 없다면, 이는 종전에 이미 제공한 이익을 나중에 와서 뇌물로 하겠다는 것에 불과할 뿐 새롭게 뇌물로 제공되는 이익이 없어 뇌물공여죄가 성립하지 않는다.

2. 증뢰물전달죄(贈賂物傳達罪, 제3자뇌물교부 · 취득죄, 제133조 제2항)

(1) 주 체

본죄의 주체는 비공무원을 예정한 것이나 '공무원'일지라도 직무와 관계되지 않는 범위 내에서는 본죄의 주체에 해당될 수 있다. 따라서 공무원인 자(헌병수사관)가 자신의 공무원으로서의 직무와는 무관하게 군의관 등의 직무에 관하여 뇌물로 제공할 목적의 금품이라는 사정을 알고 이를 전달해 준다는 명목으로 취득한

1506 김일수/서보학, 848면; 배종대, 779면; 백형구, 650면; 서일교, 330면; 손동권, 777면; 오영근, 1054면; 이재상, §43-96; 이형국(Ⅱ), 353면; 임웅, 847면; 정성근/박광민, 758면; 진계호, 753면; 황산덕, 59면.

경우라면 제3자뇌물취득죄가 성립된다는 것이 판례이다(대법원 2002.6.14, 2002도1283).

> **판례연구** 금품을 받고 그 금품 중의 일부를 받은 취지에 따라 청탁과 관련하여 관계공무원에게 뇌물로 공여하거나 다른 알선행위자에게 청탁의 명목으로 교부한 경우, 몰수 · 추징의 범위
>
> 대법원 2002.6.14, 2002도1283
>
> 형법 제134조의 규정에 의한 필요적 몰수 또는 추징은, 범인이 취득한 당해 재산을 범인으로부터 박탈하여 범인으로 하여금 부정한 이익을 보유하지 못하게 함에 그 목적이 있는 것으로서, 공무원의 직무에 속한 사항의 알선에 관하여 금품을 받고 그 금품 중의 일부를 받은 취지에 따라 청탁과 관련하여 관계 공무원에게 뇌물로 공여하거나 다른 알선행위자에게 청탁의 명목으로 교부한 경우에는 그 부분의 이익은 실질적으로 범인에게 귀속된 것이 아니어서 이를 제외한 나머지 금품만을 몰수하거나 그 가액을 추징하여야 한다. 국가7급 10 / 법원9급 11 / 법원9급 12 / 경찰채용 11 1차

(2) 제3자

형법 제133조 제2항은 증뢰자가 뇌물로 제공할 목적으로 금품을 제3자에게 교부하거나 또는 그 사정을 알면서 교부받는 증뢰물 전달행위를 독립한 구성요건으로 하여 이를 같은 조 제1항의 뇌물공여죄와 같은 형으로 처벌하는 규정으로서, 여기에서의 제3자란 행위자와 공동정범 이외의 자를 말한다(대법원 2006.6.15, 2004도756; 2012.12.27, 2012도11200).

(3) 행 위

제133조 제2항은 증뢰자가 뇌물로 제공할 목적으로 금품을 제3자에게 교부하거나(본죄는 목적범) 또는 그 사정을 알면서 교부받는(이 죄는 목적범이 아님) '증뢰물전달행위'를 독립한 구성요건으로 한 것이다. 다만, 그 법정형은 같은 조 제1항의 뇌물공여죄와 같은 형으로 처벌하는 규정이다. 즉, 제3자의 증뢰물전달죄는 제3자가 증뢰자로부터 교부받은 금품을 수뢰할 사람에게 전달하였는지의 여부에 관계없이 제3자가 그 사정을 알면서 금품을 교부받음으로써 성립하는 것이다(대법원 1985.1.22, 84도1033; 1997.9.5, 97도1572). 국가7급 10 / 국가7급 11 / 법원행시 14 / 경찰승진 12 / 변호사 12 / 경찰채용 18 2차 따라서 제3자가 교부받은 금품을 수뢰할 사람에게 전달하였다고 하여 증뢰물전달죄 외에 별도로 뇌물공여죄가 성립하는 것은 아니다(대법원 1997.9.5, 97도1572). 국가7급 10 / 국가7급 11 / 법원행시 14 / 변호사 12 / 변호사 16 / 법원9급 16 / 경찰간부 16

3. 증뢰물전달죄와 변호사법(특가법)상 알선수재죄의 구별

(1) 변호사법상 알선수재죄가 성립하는 경우

공무원이 취급하는 사건 · 사무에 관한 청탁을 받고 청탁 상대방인 공무원에게 제공할 금품을 받아 그 공무원에게 단순히 전달하는 증뢰물전달죄와는 달리, 자기 자신의 이득을 취하기 위하여 공무원이 취급하는 사건 · 사무에 관하여 청탁한다는 등의 명목으로 금품 등을 교부받으면 그로써 곧 변호사법위반죄가 성립되고, 이와 같은 경우에는 증뢰물전달죄는 성립할 여지가 없다(대법원 2006.11.24, 2005도5567).

(2) 변호사법상 알선수재죄가 성립하지 않는 경우

공무원이 취급하는 사건 또는 사무에 관하여 청탁한다는 명목으로 자신의 이득을 취하기 위하여 금품 등을 교부받은 것이 아니고, 공무원이 취급하는 사무에 관한 청탁을 받고 청탁 상대방인 공무원에게 제공할 금품을 받아 그 공무원에게 단순히 전달한 경우에는 알선수뢰죄나 증뢰물전달죄만 성립하고, 이와 같은 경우에 변호사법상 알선수재죄는 성립할 수 없다(대법원 1997.6.27, 97도439; 2007.2.23, 2004도6025).

사례연구 변호사법상 알선수재죄와 증뢰물전달(내지 알선수뢰)죄의 구별

甲은 경찰청 외사1과 국제협력계에 근무하는 경장이며 乙과 개인적으로 알고 있는 자이다. 그런데 A가 미성년자인 B를 일본에 있는 주점 종업원으로 취업시키기 위하여 주한 일본대사관에 위조여권을 행사한 혐의로 종로경찰서 형사 2명에게 연행되어 종로서 외사계 사무실에서 조사를 받게 되자, 당시 일본에 체류 중이던 위 乙로부터 전화로 "A와 B를 뺄 수 있도록 노력해 달라. 곧 귀국하니 사례는 그때 하겠다."는 청탁을 받고 이를 승낙한 후 그 시경 종로경찰서 조사계장 경감 D에게 외사계 담당형사를 통하여 A와 B를 빼내 달라고 부탁하였다. 이후 甲은 A와 B가 같은 날 저녁 무렵 귀가된다는 사실을 알고 이를 위 乙에게 전해 주고, 위 사건이 잘 마무리될 수 있도록 위 종로서 외사계 담당형사에게 전해달라는 명목으로 乙로부터 금 2,000,000원을 수수하였다. 甲의 행위는 변호사법위반죄에 해당하는가, 증뢰물전달 또는 알선수뢰죄에 해당하는가?

해결 알선수뢰죄 또는 증뢰물전달죄에 해당될 뿐이다.

참조판례 자신의 이득을 취하기 위하여 공무원이 취급하는 사건 또는 사무에 관하여 청탁한다는 명목으로 금품 등을 교부받은 것이 아니고, 공무원이 취급하는 사무에 관한 청탁을 받고, 청탁상대방인 공무원에게 제공할 금품을 받아 그 공무원에게 단순히 전달한 경우에는 알선수뢰죄나 증뢰물전달죄만이 성립하고, 이와 같은 경우에 변호사법 제90조 제1호 위반죄는 성립할 수 없다(대법원 1997.6.27, 97도439).

표정리 뇌물죄의 구성요건 핵심사항

단순수뢰죄 (제129조 제1항)	뇌물을 수수, 요구 또는 약속
사전수뢰죄 (제129조 제2항)	청탁을 받고 뇌물을 수수, 요구 또는 약속한 후 공무원 또는 중재인이 된 때
제3자 뇌물공여죄 (제130조)	부정한 청탁을 받고 제3자에게 뇌물을 공여하게 하거나 공여를 요구 또는 약속
수뢰 후 부정처사죄 (제131조 제1항)	전2조의 죄를 범하여 부정한 행위를 한 때
사후수뢰죄 (제131조 제2항 · 제3항)	• 부정한 행위를 한 후 뇌물을 수수, 요구 또는 약속하거나 제3자에게 • 청탁을 받고 직무상 부정한 행위를 한 후 뇌물을 수수, 요구 또는 약속

➜ 1. 청탁 : 사전수뢰죄, 사후수뢰죄
2. 부정한 청탁 : 제3자 뇌물공여죄 법원행시 09
3. 부정한 행위 : 수뢰 후 부정처사죄, 사후수뢰죄

제2절 공무방해에 관한 죄

01 총 설

1. 의의 및 보호법익

기술한 공무원의 직무에 관한 죄가 공무원이 주체가 되어 직무수행 중에 범하는 직무범죄라면, 각칙 제8

장의 공무방해에 관한 죄(Widerstand gegen die Staatsgewalt)는 국가의 기능, 즉 공무를 수행하는 공무원을 그 객체로 하는 범죄이다. 따라서 본죄의 보호법익은 공무(公務)이다(통설[1507]). 공무원의 지위는 공무를 보호함에 따라 부차적·반사적으로 보호되는 것에 불과하다. 본장의 죄의 법익보호의 정도는 추상적 위험범이다.[1508]

2. 구성요건체계

공무방해에 관한 죄의 기본적 구성요건은 공무집행방해죄(제136조 제1항)이며, 동조 제2항의 직무·사직강요죄와 제137조의 위계에 의한 공무집행방해죄는 행위방법이 다른 경우를 규정한 수정적 구성요건이다. 법정·국회회의장모욕죄(제138조)와 인권옹호직무방해죄(제139조),[1509] 공무상 비밀표시무효죄(제140조 제1항), 공무상 비밀침해죄(제140조 제2항·3항), 부동산강제집행효용침해죄(제140조의2), 공용서류등 무효죄(제141조 제1항), 공용물파괴죄(제141조 제2항) 그리고 공무상 보관물무효죄(제142조)는 그 보호법익이 특수한 공무라는 점에서 행위객체나 행위방법이 다르거나 특수한 경우를 규정하는 처벌규정이다. 특수공무방해죄(제144조 제1항)는 행위불법이 무거워 불법이 가중되는 구성요건이며, 특수공무방해치사상죄(제144조 제2항)는 특수공무방해의 결과적 가중범 처벌규정으로서 특수공무방해치사죄는 진정결과적 가중범이며 특수공무방해치상죄는 부진정결과적 가중범이다.

공무방해에 관한 죄 중 공무집행방해죄, 직무강요죄, 위계에 의한 공무집행방해죄, 법정·국회회의장모욕죄, 인권옹호직무방해죄, 특수공무방해죄는 미수범처벌규정이 없다(제143조).

02 공무집행방해죄

제136조【공무집행방해】 ① 직무를 집행하는 공무원에 대하여 폭행 또는 협박한 자는 5년 이하의 징역 또는 1천만 원 이하의 벌금에 처한다.

1. 구성요건

(1) 객관적 구성요건

① 객체 – 직무를 집행하는 공무원

㉠ 공무원 : 공무집행방해죄(公務執行妨害罪, obstruction of the performance of official duties)의 객체인 공무원은 법령에 의하여 국가 또는 지방자치단체의 공무에 종사하거나 이에 준하는 공법인의 사무에 종사하는 자이다.

예 청원경찰(청원경찰법 제3조, 대법원 1986.1.28, 85도2448), 방범대원(지방공무원법 제2조 제3항 제4호, 대법원 1991.3.27, 90도2930) : ○ / 사회복지담당공무원의 복지도우미(대법원 2011.1.27, 2010도14484) 경찰간부 13, 국민권익위원회 운영지원과 소속 기간제근로자(대법원 2015.5.29, 2015도3430) : ×

1507 김성천/김형준, 839면; 김일수/서보학, 852면; 박상기, 659면; 배종대, 784면; 백형구, 586면; 손동권, 779면; 오영근, 1055면; 이재상, §44－1; 이정원, 773면; 이형국(Ⅱ), 354면; 임웅, 849면; 정성근/박광민, 762면; 정영일, 644면; 진계호, 757면. 다만 제136조 제2항의 직무·사직강요죄는 공무뿐만 아니라 공무원의 지위의 안전도 그 보호법익으로 보는 것이 多數학설이다(후술함).

1508 김일수/서보학, 852면; 박상기, 659면; 백형구, 601면; 손동권, 789면; 오영근, 1056면; 이재상, §44－24; 이정원, 769면; 이형국(Ⅱ), 369면; 임웅, 805면; 정성근/박광민, 762면; 진계호, 759면. 반면에 구체적 위험범이라는 견해는 배종대, 784면.

1509 법정모욕죄는 법원조직법의 법정경찰권(동법 제61조)과 중복되며, 인권옹호직무방해죄는 행정법상 징계처분으로 충분하다는 지적으로는 박상기, 668면; 배종대, 798면; 유기천(하), 306면; 이재상, §44－5; 이정원, 723면; 이형국(Ⅱ), 377면 및 380면; 임웅, 850면; 정성근/박광민, 782면; 정영일, 751면; 진계호, 652면 등 참조.

㉡ 직무를 집행하는 공무원일 것 : 본죄가 성립하려면 '직무를 집행하는' 공무원을 폭행·협박해야 한다. 여기에서 직무란 공무원이 그 지위·권한에 기하여 널리 취급할 수 있는 사무를 말하는 바, 독일형법과는 달리 별다른 제한이 없는 우리 형법의 해석상 반드시 강제적 성질의 것일 필요는 없다(통설[1510]).

ⓐ 직무집행에 해당하는 경우 : 직무를 집행하고 있다 함은 공무원이 직무수행에 직접 필요한 행위를 현실적으로 행하고 있는 때만을 가리키는 것이 아니라 공무원이 직무수행을 위하여 근무 중인 상태에 있는 때를 포괄하며(대법원 2002.4.12, 2000도3485), 그 범위는 '직무의 실행에 착수한 때로부터 그 종료시'까지를 말하므로, 착수 직전의 준비행위, 대기 중, 일시휴식 중인 경우도 포함된다. 또한 직무의 성질에 따라서는 그 직무수행의 과정을 개별적으로 분리하여 부분적으로 각각의 개시와 종료를 논하는 것이 부적절하고 여러 종류의 행위를 포괄하여 일련의 직무수행으로 파악함이 상당한 경우도 있다.

ⓑ 직무집행에 해당하지 않는 경우 : 직무집행을 위하여 출근하는 공무원을 폭행한 경우나 직무집행을 종료하고 퇴근하는 공무원을 폭행한 경우에는 본죄가 성립하지 않고 폭행죄만 성립할 뿐이다.

판례연구 공무집행방해죄의 공무원은 직무집행 중이어야 하는 것과 관련된 판례

1. 대법원 1979.7.24, 79도1201

공무집행 중이라고 볼 수 없어 본죄가 성립하지 않는다고 본 사례 : 공무집행방해 ×

피해자 허○○(김천시 건설과 소속 수도검침원)가 수도 검침차 피고인 집으로 가다가 그 집과 약 32m 떨어진 공터에서 피고인이 피해자를 폭행한 경우, 피고인이 피해자가 공무원인 사실을 알았다거나 나아가 피해자가 폭행을 당할 당시 공무집행 중이었고 또는 공무집행 중이라고 볼 만한 근접한 행위가 있었다고 볼 수 없다.

2. 대법원 1999.9.21, 99도383

불법주차 스티커를 떼어낸 직후 사례 : 공무집행방해 ○

불법주차차량에 불법주차 스티커를 붙였다가 이를 다시 떼어낸 직후에 있는 주차단속 공무원을 폭행한 경우, 폭행 당시 주차단속 공무원은 일련의 직무수행을 위하여 근무 중인 상태에 있었다고 보아야 하므로 공무집행방해죄의 성립을 인정하여야 한다. 법원승진 14 / 법원9급 14 / 경찰채용 13 2차 / 경찰채용 14 1차 / 경찰채용 18 1차 / 경찰승진(경감이하) 16

3. 대법원 2009.1.15, 2008도9919

불법주차 단속요구 현장확인 사례 : 공무집행방해 ○

야간 당직 근무자는 불법주차 단속권한은 없지만 민원접수를 받아 다음날 관련 부서에 전달하여 처리하고 있으므로 불법주차 단속업무는 야간 당직 근무자들의 민원업무이자 경비업무로서 공무집행방해죄의 '직무집행'에 해당한다. 따라서 **야간 당직 근무 중인 청원경찰이 불법주차 단속요구에 응하여 현장을 확인만 하고 즉시 단속하지 않는다는 이유로** 민원인이 청원경찰을 폭행한 경우, 공무집행방해죄가 인정된다. 법원행시 07 / 경찰채용 14 2차 / 사시 10 / 사시 14

㉢ 직무집행의 적법성(適法性) 경찰채용 13 2차 / 경찰채용 14 1차 / 경찰승진(경감이하) 16 : 본죄가 성립하기 위하여 공무원의 직무집행이 적법해야 하는가에 대하여 독일형법(제113조 제3항)이나 오스트리아형법(제269조 제4항)은 명시적 규정을 두어 이를 요구하는 데 비하여, 우리 형법은 명문의 규정을 두고 있지 않다. 그러나 직무집행이 위법한 경우까지 형법에 의하여 보호할 수 없으므로 공무원의 직무집행은 적법하여야 한다는 것은 당연한 요청이다. 그러므로 직무집행이 위법한 경우에는 본죄의 구성요건해당

1510 김봉태(공저), 619면; 김석휘(주석), 129면; 김성천/김형준, 840면; 박상기, 660면; 배종대, 785면; 손동권, 781면; 오영근, 1058면; 유기천(하), 331면; 이재상, §44-8; 이정원, 776면; 이형국(Ⅱ), 360면; 임웅, 851면; 정성근/박광민, 764면; 정영석, 60면; 정영일, 645면; 진계호, 759면. 다만 반대하는 소수설은 김일수/서보학, 854면 참조.

성이 조각되고, 나아가 다른 범죄의 성부와 관련해서도 위법한 직무집행에 대하여는 정당방위를 할 수 있게 된다.

㉣ 직무집행의 적법성의 요건 : 적법한 공무집행이 되기 위해서는 그 행위가 공무원의 추상적 권한에 속할 뿐 아니라 구체적으로도 그 권한 내에 있어야 하며 또한 직무행위로서의 중요한 방식 · 절차를 갖추어야 한다(통설[1511] · 판례[1512]). 따라서 적법성의 요건은 아래와 같이 3가지로 나누어 볼 수 있다.[1513]

ⓐ 직무집행행위가 당해 공무원의 추상적(일반적) 직무권한에 속할 것 : 공무원의 직무는 법령에 의하여 일정한 사항적 · 장소적 범위가 정해져 있는 바, 공무원의 직무집행이 이러한 범위 내에 속함을 말한다. 이 범위를 지켜야 적법한 직무집행이 되고, 이 범위를 넘는 행위는 적법한 직무집행이 되지 못한다. 따라서 경찰관의 조세 징수는 적법한 직무집행이 될 수 없다. 다만 내부적인 사무분장에 의하여 구체적으로 담당하지 않는 사무라 하더라도 추상적 직무권한에는 속하므로, 교통경찰관도 도박장을 단속할 수 있는 직무권한이 있는 것이다.

판례연구 공무원의 추상적 직무권한에 속하는 직무집행의 사례

1. 대법원 1998.5.12, 98도662

지방의회의 회의가 적법한 소집절차를 밟아 소집되었고 소집의 목적이 불법적이거나 사회질서에 반하는 것이 아닌 이상, 그 회의의 의결사항 중에 지방의회의 권한에 속하지 아니하는 사항이 포함되어 있었다 하더라도 지방의회 의원들이 그 회의에 참석하고 그 회의에서 의사진행을 하는 직무행위는 적법한 것이므로 공무집행방해죄의 대상인 직무집행이라고 볼 수 있다.

2. 대법원 2003.11.28, 2003도5234

주 · 정차 단속하는 공무원을 폭행하고 있는 피고인을 제지하는 다른 공무원을 폭행한 사례

피고인이 불법 주 · 정차 단속을 하는 공무원을 폭행함으로써 전체적인 직무수행을 방해받게 되자 다른 공무원들이 피고인의 폭행을 제지한 것은 일련의 주 · 정차 단속업무가 원활 · 용이하게 수행되게 하기 위하여 취한 불가피한 조치이었을 뿐만 아니라 피고인의 불법적 폭행행위를 사회적 상당성이 있는 방법으로 저지한 것에 불과하다고 할 것이므로 … 이는 주 · 정차 단속공무원의 직무에 수반되는 행위로 파악함이 상당하고 그 직무권한의 범위를 벗어난 행위라고 볼 것은 아니다.

유사판례 대법원 2018.3.29, 2017도21537

A는 甲과 주차문제로 언쟁을 벌이던 중, 112 신고를 받고 출동한 경찰관 乙이 甲을 때리려는 A를 제지하자 자신만 제지를 당한 데 화가 나서 손으로 乙의 가슴을 밀치고, A를 현행범으로 체포하며 순찰차 뒷좌석에 태우려고 하는 乙의 정강이 부분을 양발로 걷어찼다. 공무집행방해죄는 직무를 집행하는 공무원에 대하여 폭행 또는 협박한 경우에 성립하는 범죄로서 여기서의 폭행은 사람에 대한 유형력의 행사로 족하고 반드시 그 신체에 대한 것임을 요하지 아니하며, 또한 추상적 위험범으로서 구체적으로 직무집행의 방해라는 결과발생을 요하지도 아니한다. 제반 사정을 종합하면 피고인이 손으로 乙의 가슴을 밀칠 당시 乙은 112 신고처리에 관한 직무 내지 순찰근무를 수행하고 있었고, 이와 같이 공무를 집행하고 있는 乙의 가슴을 밀치는 행위는 공무원에 대한 유형력의 행사로서 공무집행방해죄에서 정한 폭행에 해당한다. 법원행시 21 / 경찰간부 22 / 경찰채용 24 1차

1511 김봉태(공저), 619면; 김석휘(주석), 132면; 김성천/김형준, 840면; 김일수/서보학, 855면; 박상기, 660면; 배종대, 786면; 백형구, 588면; 손동권, 783면; 오영근, 1060면; 이재상, §44-10; 이정원, 778면; 이형국(Ⅱ), 362면; 임웅, 853면; 정성근/박광민, 765면; 정영일, 646면; 진계호, 760면. 한편 사소한 적법 · 부적법은 문제되지 않는다는 소수설은 유기천(하), 330면.

1512 대법원 1991.5.10, 91도453; 1992.5.22, 92도506; 1994.9.27, 94도886; 2002.4.12, 2000도3485 등.

1513 다만 구체적 직무권한에 속할 것과 법령이 정한 방식 · 절차를 준수할 것이라는 두 번째와 세 번째의 요건은 상당부분 중복될 수 있다. 그러나 이를 엄밀히 구별하는 것은 실익이 없으므로 아래에서는 대체적인 설명방식에 의해 분류하기로 한다.

3. 대법원 2005.5.26, 2004도8464
피고인들이 불법으로 시청사 안으로 침입을 하려고 하는 것은 아니었다 할지라도, 총무과 소속 공무원들이 시청사 현관 바로 앞에 불법으로 천막을 설치하는 것에 대해서 이를 막으려고 하는 행위 및 천막을 철거하는 행위는 일반적으로 허용된 청사방호의 업무 범위 내에 포함되는 적법한 공무집행행위에 해당한다.[1514]

4. 대법원 2022.3.17, 2021도13883
시청 민원담당 공무원이 소란을 피우는 민원을 밖으로 데리고 나가려고 한 사건
공무집행방해죄는 공무원의 적법한 공무집행이 전제되어야 하고, 공무집행이 적법하기 위해서는 그 행위가 공무원의 추상적 직무 권한에 속할 뿐만 아니라 구체적으로 그 권한 내에 있어야 하며, 직무행위로서 중요한 방식을 갖추어야 한다. 추상적인 권한은 반드시 법령에 명시되어 있을 필요는 없다. 추상적인 권한에 속하는 공무원의 어떠한 공무집행이 적법한지는 행위 당시의 구체적 상황에 기초를 두고 객관적·합리적으로 판단해야 하고, 사후적으로 순수한 객관적 기준에서 판단할 것은 아니다(대법원 1991.5.10, 91도453; 2013.11.28, 2003도5234 등). …… 시청청사 내 주민생활복지과 사무실에서 소란을 피우던 민원인 甲을 민원 담당 공무원 乙이 제지하며 사무실 밖으로 데리고 나가려고 하자 甲이 乙을 폭행한 이 사건에서, 피고인의 욕설과 소란으로 인해 정상적인 민원 상담이 이루어지지 아니하고 다른 민원 업무 처리에 장애가 발생하는 상황이 지속되자 피고인을 사무실 밖으로 데리고 나간 공무원의 행위는 민원 안내 업무와 관련된 일련의 직무수행으로 포괄하여 파악하여야 하고, 담당 공무원이 피고인을 사무실 밖으로 데리고 나가는 과정에서 피고인의 팔을 잡는 등 다소의 물리력을 행사하였다고 하더라도 이는 피고인의 불법행위를 사회적 상당성이 있는 방법으로 저지한 것에 불과하므로 위법하다고 볼 수 없으므로, 피고인의 행위는 공무집행방해죄가 성립한다.

판례연구 공무원의 추상적 직무권한에 속하지 않는 사례

1. 공무원의 추상적 직무권한에 속하지 않는 전통적 사례
① 면사무소 근무 공무원이 설계도면의 제출을 요구하는 행위
② 법관이 수사상의 강제처분을 집행하는 행위
③ 경찰관이 조세를 징수하는 행위
④ 경찰관이 사법상 분쟁해결에 관여하는 행위
⑤ 마약감시원이 풍속사범을 단속하는 행위
⑥ 철도공안원이 열차·철도시설 외의 장소에서 수사를 하는 행위
⑦ 특별사법경찰관리가 법률이 정한 사항 이외의 수사를 하는 행위

2. 대법원 1982.11.23, 81도1872
면사무소 공무원의 설계도면 요구 사례
공무집행방해죄는 적법한 공무집행이 있을 것을 전제로 하는데, 위 조○○(면사무소 공무원)의 표준설계도의 요구가 공무집행에 해당하는가에 관하여 살펴보건대, 취락구조개선 여부는 본인의 자유이고, 취락구조개선을 원하는 사람에게 설계도면을 제출케 할 법적인 근거나 권한도 없고, 단지 조속한 사업진척을 위하여 촉구할 수 있을 뿐으로, 피고인에게는 설계도면을 제출할 의무나 설계에 필요한 금원을 조○○에게 지급할 의무는 없는 것이고, 피고인이 설계도를 제출하지 아니함으로써 건축시공상의 어떤 불이익을 받는 것은 별론으로 하고, 조○○로서도 이를 적법하게 강제할 권한이 없고 보면 조○○가 자신의 행정사무의 편의를 위한 목적으로 설계도의 제출을 요구한 행위를 두고 공무집행이라고 단정할 수는 없다 할 것이다.

ⓑ 직무집행행위가 당해 공무원의 구체적 직무권한에 속할 것 : 추상적 직무권한에 속하는 공무원의 직무집행이 법률이나 명령에 규정된 구체적 요건을 구비하고 있음을 말한다. 따라서 법령이

1514 사실관계 甲 등은 안양시청 현관 바로 앞에 해고자 복직을 요구하면서 천막을 설치하고 농성을 하려할 때에 안양시청 총무과장의 지시를 받은 총무과 소속 공무원 乙 등과 청원경찰들로부터 저지당하자 甲은 그들에게 폭행을 하였다. 이 경우 乙 등이 농성을 위하여 천막을 설치하는 것을 저지하고 천막을 철거한 행위는 적법한 직무집행행위에 해당한다는 사례이다.

정한 구체적 직무행위의 요건을 갖추지 못한 경우에는 적법한 직무행위라 할 수 없다. 경찰승진 12 / 경찰승진(경감이하) 17 예컨대, 수명법관(受命法官) · 수탁판사(受託判事) · 수임판사(受任判事)는 구체적 위임이 있어야 하며 집행관(執行官)도 민사집행법의 규정에 의하여 채권자로부터 구체적 강제집행의 위임을 받아야만(민사집행법 제42조 이하) 직무집행이 가능하며, 사법경찰관이라 하더라도 형소법상 현행범체포의 요건을 갖추지 못한 경우에는 동행을 거부하는 자를 강제로 체포할 수 없다.

판례연구 공무원의 구체적 직무권한에 속하는 직무집행의 사례

1. 대법원 1990.6.22, 90도767

대학생들에 의해 감금된 전경들을 구출하기 위하여 압수수색영장 없이 대학교 도서관에 진입한 사례

대학생들인 피고인들이 전경 5명을 불법으로 납치, 감금하고 있으면서 경찰의 수회에 걸친 즉시 석방요구에도 불구하고 불가능한 조건을 내세워 이에 불응하는 상황 아래에서는 현행의 불법감금상태를 제거하고 범인을 체포할 긴급한 필요가 있으므로 경찰이 압수수색영장 없이 도서관 건물에 진입한 것은 적법한 공무원의 직무집행이라 할 것이다.

2. 대법원 1992.4.28, 92도220

경찰공무원이 자동차운전자에게 후렛쉬봉(플래시봉)에 의한 3회(한 명의 의경이 2회, 다른 의경이 1회)에 걸친 음주측정 후에도 음주사실을 확인할 수 없게 되자 이번에는 다시 음주측정기로 검사받을 것을 요구한 행위는 적법한 직무집행이다.

3. 대법원 1994.9.27, 94도886

범칙행위를 하였다고 인정되는 운전자가 자신의 인적사항을 밝히지 아니하고 면허증 제시를 거부하며 차량을 출발시킨 경우, 교통단속업무에 종사하던 의경이 서서히 진행하는 차량의 문틀을 잡고 정지할 것을 요구한 행위는 적법한 공무집행의 범위 안에 든다.

4. 대법원 2006.2.10, 2005도7158

방금 범죄를 실행한 범인이라고 인정할 죄증이 명백히 존재한다고 본 사례

경찰관이 피고인을 현행범인으로 체포한 시기는 피고인이 타인에 대한 상해행위를 종료한 순간과 아주 접착된 시간적 단계에 있다고 볼 수 있으며 피고인을 체포한 장소도 피고인이 위 상해범행을 저지른 바로 그 장소이므로, 경찰관 P가 피고인을 체포할 당시는 피고인이 방금 범죄를 실행한 범인이라고 볼 죄증이 명백히 존재하는 것으로 인정할 수 있는 상황이었다고 할 것이므로,[1515] 피고인을 현행범인으로 볼 수 있다고 할 것이다. 따라서 경찰관의 현행범체포는 적법한 직무집행이었고, 피고인의 행위는 공무집행방해죄를 구성한다.

5. 대법원 2006.9.28, 2005도6461

현행범인체포서에 기재된 죄명에 체포사유가 한정되는 것은 아니라고 본 사례

피고인이 술에 취하여 지하철 역사 내에서 행패를 부려 출동한 경찰관들이 현행범으로 체포하려고 하자 이에 반항하는 과정에서 경찰관의 안면을 할퀴고 안경을 손괴한 경우, 피고인의 위 행위를 폭행죄로 의율하기에는 다소 모호하나 적어도 당시 업무방해죄의 현행범인 상태에 있었다고 보아야 하고, 현행범인의 체포에 있어서 현행범인체포서에 기재된 죄명에 의해 체포 사유가 한정되는 것은 아니므로, 피고인의 행위는 공무집행방해죄를 구성한다.

6. 대법원 2008.10.9, 2008도3640

경찰관의 현행범인 체포경위 및 현행범인체포서와 범죄사실의 기재에 다소 차이가 있는 경우

경찰관의 현행범인 체포경위 및 그에 관한 현행범인체포서와 범죄사실의 기재에 다소 차이가 있더라도, 그것이 논리와 경험칙상 장소적 · 시간적 동일성이 인정되는 범위 내라면 그 체포행위는 공무집행방해죄의 요건인 적법

1515 보충 甲(피고인)은 09:35경 ○○목욕탕 앞 노상에서 범죄신고를 받고 출동한 청주서부경찰서 가경지구대 소속 경사 P에 의해 같은 날 09:10경에 乙에게 상해를 가하였다는 혐의사실로 미란다고지가 이루어지고 현행범인으로 체포되어 연행되어 가던 중 112 순찰차량에 태우려 하는 위 P의 안면부를 양 주먹으로 수회 때렸다.

한 공무집행에 해당한다. 법원행시 21

7. 대법원 2011.4.28, 2007도7514[1516]; 2011.4.28, 2008도4721; 2011.5.26, 2010도10305

행정대집행이 전체적으로 대집행의 대상이 되는 대체적 작위의무인 철거의무를 대상으로 한 것인 사례

법외 단체인 전국공무원노동조합의 지부가 당초 공무원 직장협의회의 운영에 이용되던 군(郡) 청사시설인 사무실을 임의로 사용하자, 지방자치단체장이 자진폐쇄 요청 후 행정대집행법에 따라 행정대집행을 하였는데, 피고인들과 위 지부 소속 공무원들이 위 집행을 행하던 공무원들에게 대항하여 폭행 등 행위를 한 경우 피고인들에게 특수공무집행방해죄가 성립한다. 경찰승진 13

8. 대법원 2012.6.28, 2011도15990

교도관들이 교도소 내에서 소란을 피운 피고인에 대하여 보호장비인 수갑과 머리보호대를 사용한 것은 적법하다는 사례

여러 사정을 종합해볼 때, 교도소의 질서유지 등을 위하여 교도관들이 보호장비를 사용할 만한 상당한 이유가 있었다고 볼 여지가 충분하고,[1517] 실제 교도관들이 보호장비의 사용에 착수한 후 피고인이 자신의 머리로 관구실 내 비품을 들이받아 자해행위를 하고 관구계장인 피해자에 대한 적극적 공격행위에까지 나아간 점에 비추어 더욱 그러하다.

9. 대법원 2012.9.13, 2010도6203

불심검문의 적법 요건 및 그 내용

검문 중이던 경찰관들이, 자전거를 이용한 날치기 사건 범인과 흡사한 인상착의의 甲이 자전거를 타고 다가오는 것을 발견하고 정지를 요구하였으나 멈추지 않아, 앞을 가로막고 검문에 협조해 달라고 하였음에도 불응하고 그대로 전진하자, 따라가서 재차 앞을 막고 검문에 응하라고 요구하였는데, 이에 甲이 경찰관들의 멱살을 잡아 밀치는 등 항의하였던 경우, 경찰관직무집행법의 규정 내용 및 체계 등을 종합하면 경찰관은 법 제3조 제1항에 규정된 대상자에게 질문을 하기 위하여 범행의 경중, 범행과의 관련성, 상황의 긴박성, 혐의의 정도, 질문의 필요성 등에 비추어 목적 달성에 필요한 최소한의 범위 내에서 사회통념상 용인될 수 있는 상당한 방법으로 대상자를 정지시킬 수 있고 질문에 수반하여 흉기의 소지 여부도 조사할 수 있다. 따라서 甲에게는 공무집행방해죄의 죄책이 인정된다. 경찰채용 13 2차 / 경찰채용 14 1차 / 변호사 16

10. 대법원 2014.2.13, 2011도10625; 2014.2.27, 2013도5356

도로 관리청이 갖는 도로관리권의 범위와 공무집행방해죄

피고인이 甲 시청 옆 일반국도인 도로의 보도에서 철야농성을 위해 천막을 설치하던 중 이를 제지하는 甲 시청 소속 공무원들에게 폭행을 가한 경우, 정당한 사유 없이 보도에 천막을 설치하여 교통에 지장을 끼치는 등 도로법 제45조에 규정된 금지행위를 하는 데 대하여 도로 관리청 소속 공무원이 도로 관리의 목적으로 이를 제지하고 시설물의 설치를 완성하지 못하도록 막는 등의 행위는 도로의 본래 목적을 달성하도록 하기 위한 합리적 상당성이 있는 조치로서 포괄적인 도로관리권의 행사 범주에 속하므로, 도로관리권에 근거한 공무집행을 하는 공무원에 대하여 폭행 등을 가한 피고인의 행위는 공무집행방해죄를 구성한다고 해야 한다.[1518] 경찰채용 14 2차

1516 **보충** 공유재산법 제83조는 "정당한 사유 없이 공유재산을 점유하거나 이에 시설물을 설치한 때에는 행정대집행법 제3조 내지 제6조의 규정을 준용하여 철거 그 밖의 필요한 조치를 할 수 있다."라고 정하고 있는데, 위 규정은 대집행에 관한 개별적인 근거 규정을 마련함과 동시에 행정대집행법상의 대집행 요건 및 절차에 관한 일부 규정만을 준용한다는 취지에 그치는 것이고, 그것이 대체적 작위의무에 속하지 아니하여 원칙적으로 대집행의 대상이 될 수 없는 다른 종류의 의무에 대하여서까지 강제집행을 허용하는 취지는 아니다(대법원 1998.10.23, 97누157). … 그런데, 이 사건 행정대집행은 그 주된 목적이 법외단체인 전공노의 위 사무실에 대한 사실상 불법사용을 중지시키기 위하여 사무실 내에 비치되어 있는 전공노의 물품을 철거하고 사무실을 폐쇄함으로써 ○○군청사의 기능을 회복하는 데 있다고 보이므로, **이 사건 행정대집행은 전체적으로 대집행의 대상이 되는 대체적 작위의무인 철거의무를 대상으로 한 것으로 적법한 공무집행에 해당한다**고 볼 수 있고, 그 집행을 행하는 공무원들에 대항하여 피고인들과 전공노 소속 ○○군청공무원들이 폭행 등 행위를 한 것은 단체 또는 다중의 위력으로 공무원들의 적법한 직무집행을 방해한 것이 된다(위 판례).

1517 **보충** 형의 집행 및 수용자의 처우에 관한 법률('형집행법') 제97조에 의하면, 교도관은 이송·출정, 그 밖에 교정시설 밖의 장소로 수용자를 호송하는 때, 수용자가 도주·자살·자해 또는 다른 사람에 대한 위해의 우려가 큰 때, 위력으로 교도관 등의 정당한 직무집행을 방해하는 때, 교정시설의 설비·기구 등을 손괴하거나 그 밖에 시설의 안전 또는 질서를 해칠 우려가 큰 때에 해당하면 보호장비를 사용할 수 있다.

1518 **보충** 도로 관리청은 도로를 설치하고 존립을 유지하여 이를 일반교통에 제공함으로써 도로로서 본래의 기능이 발휘될 수

11. 대법원 2014.9.25, 2013도1198
교도관의 부착물제거지시 및 수용자 조사거실 분리수용과 직무집행의 적법성
① 교정시설 소장에 의하여 허용된 범위를 넘어 사진 또는 그림 등을 부착한 수용자에 대해 교도관이 부착물의 제거를 지시한 행위는 원칙적으로 적법한 직무집행에 해당한다.[1519] … 그러나 ② 징벌사유에 해당하는 행위를 하였다고 의심할 만한 상당한 이유가 있는 수용자에 대하여 조사가 필요한 경우에는 원칙적으로 수용자를 조사거실에 분리 수용할 수 없다.[1520]

12. 대법원 2018.12.13, 2016도19417
경찰관직무집행법에 따른 경찰관의 제지 조치의 적법성
피고인은 평소 집에서 심한 고성과 욕설, 시끄러운 음악 소리 등으로 이웃 주민들로부터 수회에 걸쳐 112신고가 있어 왔던 사람인데, 피고인의 집이 소란스럽다는 112신고를 받고 출동한 경찰관 甲, 乙이 인터폰으로 문을 열어달라고 하였으나 욕설을 하였고, 경찰관들이 피고인을 만나기 위해 전기차단기를 내리자 화가 나 식칼을 들고 나와 욕설을 하면서 경찰관들을 향해 찌를 듯이 협박함으로써 甲, 乙의 112신고 업무 처리에 관한 직무집행을 방해하였다고 하여 특수공무집행방해로 기소된 경우, 공소사실을 무죄로 판단한 원심판결에는 위법이 있다.

판례연구 공무원의 구체적 직무권한에 속하지 않는 사례

1. 대법원 1991.5.10, 91도453
긴급체포의 요건 중 사안의 중대성에 비추어 법정형이 긴급체포요건에 해당하지 않는 교육법위반 등 혐의로 기소중지 중에 있는 자에 대하여 임의동행에 응하지 않자 국가보안법위반혐의로 긴급체포하는 경우
법정형이 긴급구속사유에 해당하지 않는 범죄혐의로 기소중지된 자를 경찰관들이 검거하는 과정에서(이러한 긴급체포에 검사의 사전지휘나 사후승인을 받은 바도 없고 통상의 구속영장에 의해 구속시킨 경우이었음) 그 구원을 요청받은 피고인 등의 폭행으로 공무집행이 방해되었다고 공소가 제기된 경우, 경찰관들이 임의동행을 거절하는 공소외인을 강제로 연행하려고 한 것이라면 이는 적법한 공무집행에 해당하지 아니하므로 강제적인 임의동행을 거부하는 방법으로서 경찰관을 폭행·협박을 하여도 공무집행방해죄는 성립하지 아니한다.[1521] 국가9급 21

있도록 하기 위한 포괄적 관리권을 가지고, 이러한 도로관리권에는 도로 시설물 등을 기능에 적합하도록 유지·관리하는 것뿐 아니라, 도로 관리를 위한 직무집행 행위로서 합리적 상당성이 인정되는 범위 내에서 도로의 기능 발휘에 장애가 되는 행위를 금지하거나 제지하는 등의 사실행위를 할 권한도 포함된다. 그런데 구 도로법에 의하면, 누구든지 정당한 사유 없이 도로를 손궤하는 행위, 도로에 장애물을 쌓아놓는 행위, 그 밖에 도로의 구조나 교통에 지장을 끼치는 행위를 하여서는 아니되므로(제45조), 위와 같은 금지행위를 하고 있는 위반자에 대하여 도로관리권에 기하여 이를 제지하는 것은 특별한 사정이 없는 한 정당한 직무집행 행위에 속한다고 보아야 한다.

1519 보충 형의 집행 및 수용자의 처우에 관한 법률('형집행법') 제32조 제1항, 제105조 제1항, 제3항, 형의 집행 및 수용자의 처우에 관한 법률 시행규칙 제214조 제17호와 같은 수용자의 청결의무와 규율준수의무에 관한 규정의 취지와 아울러, 수용자가 교정시설의 소장이 허용한 범위를 넘어 수용시설에 사진 또는 그림 등을 부착하는 행위는 교정시설의 소장이 유지하려는 수용시설 본래의 청결상태를 훼손하는 본질적 성격을 가지는 점, 수용시설에 부착될 부착물의 허용 기준 설정은 수용시설의 관리자인 교정시설 소장의 권한에 속하는 사항으로서 허용 기준 설정 자체를 두고 형집행법상 수용자의 인권 존중 조항(제4조)이나 헌법상 과잉금지의 원칙에 위배된다고 볼 수 없는 점, 수용자의 위와 같은 개인적·임의적 부착 행위는 수용시설 자체의 청결유지뿐만 아니라 교정시설 내 공동생활의 질서유지를 저해할 우려가 크다고 보이는 점 등을 종합하면, 수용자에게 부착물의 내용, 부착의 경위 등에 비추어 교정시설의 소장에 의하여 허용된 범위를 넘은 부착 행위를 하게 된 정당한 사유가 인정되는 등의 특별한 사정이 없는 한, 교정시설의 소장에 의하여 허용된 범위를 넘어 사진 또는 그림 등을 부착한 수용자에 대하여 교도관이 부착물의 제거를 지시한 행위는 수용자가 복종하여야 할 직무상 지시로서 적법한 직무집행이라고 보아야 한다(위 판례).

1520 보충 징벌사유에 해당하는 행위를 하였다고 의심할 만한 상당한 이유가 있는 수용자에 대하여 조사가 필요한 경우라 하더라도, 특히 그 수용자에 대한 조사거실에의 분리 수용은 형의 집행 및 수용자의 처우에 관한 법률 제110조 제1항의 각 호에 따라 그 수용자가 증거를 인멸할 우려가 있는 때 또는 다른 사람에게 위해를 끼칠 우려가 있거나 다른 수용자의 위해로부터 보호할 필요가 있는 때에 한하여 인정된다(위 판례).

1521 사실관계 부천경찰서 소속 순경 A 등은 교육법위반 등으로 기소중지 중에 있고 또한 노동자대학 설립과 관련하여 국가보안법위반의 혐의를 받고 있던 乙에게 경찰서까지 동행할 것을 요구하였다가 거절당하자 강제로 데려가려고 하였던바, 그와 함께 있던 甲 등은 乙의 구원 요청을 받고 위 경찰관들에게 폭행을 가하여 상해를 입게 하였다. 판례 공소외 2(乙)는 현행범이나 준현행범에 해당하지 아니하고, 공소외 1등 경찰관의 검거행위에 순순히 응하지도 아니하였으므로 결국 공소외 2를 검거하기 위한 공무집행을 적법한 것으로 인정하기 위하여는 긴급구속에 해당하는 경우라야만 할 것이다(긴급구속은 당시

2. 대법원 1992.5.22, 92도506

경미한 범죄에 대한 강제연행 사례

법정형 5만 원 이하의 벌금, 구류 또는 과료에 해당하는 경미한 범죄에 불과한 경우 비록 그가 현행범인이라고 하더라도 영장 없이 체포할 수는 없으므로, 경찰관이 그의 의사에 반하여 강제로 연행하려고 한 행위는 적법한 공무집행이라고 볼 수 없어, 피고인이 위 경찰관의 행위를 제지하기 위하여 경찰관에게 폭행을 가하였다고 하여도 이는 공무집행방해죄를 구성하지 아니한다. 법원승진 14

3. 대법원 1995.5.9, 94도3016

형사소송법 제211조 소정의 범죄실행의 즉후인 자의 의미

경찰관들이 주민들의 신고를 받고 현장에 도착한 당시 이미 싸움이 끝나 피고인이 의자에 앉아 있었던 사실이 인정됨에 비추어 피고인을 현행범으로 보기 어려울 뿐만 아니라,[1522] 위 경찰관들 스스로가 피고인을 현행범으로 체포하려 한 것이 아니라 임의동행하려 하였다고 진술하고 있고, 위 경찰관들이 현행범 체포에 필요한 형사소송법 제72조 소정의 절차를 밟지도 않았던 점 등으로 보아, 피고인을 임의동행하려고 한 것이 명백하다 할 것이므로, 피고인이 임의동행을 강요하는 경찰관들에 대하여 이를 거부하는 방법으로 폭행을 한 것은 공무집행방해죄가 성립하지 아니한다.

4. 대법원 1999.12.28, 98도138

경찰관이 임의동행을 요구하며 손목을 잡고 뒤로 꺾어 올리는 등으로 제압하자 거기에서 벗어나려고 몸싸움을 하는 과정에서 경찰관에게 경미한 상해를 입힌 경우, 위법성이 조각된다.[1523] 국가7급 10

5. 대법원 2000.7.4, 99도4341 ; 2002.5.10, 2001도300 ; 2006.11.23, 2006도2732

형소법상 현행범체포요건을 갖추지 못한 경우

피고인은 현행범에 해당되지 아니함에도 불구하고 현장에 출동한 경찰관들에 의하여 폭력사건의 범인으로 지목되어 강제로 순찰차에 태워 파출소로 끌고 가려 하였다면, 피고인이 이를 벗어날 목적으로 몸부림을 치던 중 순찰차 조수석에 앉아 있던 공소외 1(경장)의 뒷머리를 발로 차게 되었고, 그 과정에서 공소외 1은 약 2주간의 치료를 요하는 다발성좌상 등의 상해를 입었다 하더라도 피고인의 행위는 공무집행방해죄를 구성하지 않는다. 국가7급 12 / 법원행시 08 / 사시 13 / 국가9급 21

6. 대법원 2004.7.9, 2003도8336

교통단속 중인 경찰공무원이 범칙금납부통고서를 받기를 거부하는 사람에 대해 범칙금납부통고처분 강행목적으로 운전면허증 제시를 요구하는 행위[1524]

도로교통법 제118조는 경찰서장은 범칙자로 인정되는 사람에 대하여는 그 이유를 명시한 범칙금납부통고서로

형사소송법 제206조에 규정되어 있었고, 이는 현행 형사소송법 제200조의3의 긴급체포 규정과 유사하다) 그런데 공소외 2는 그 당시 교육법위반, 정기간행물의 등록 등에 관한 법률위반으로 기소중지되고 있었음을 알 수 있는데, 그 어느 범죄도 당시 형사소송법 제206조 제1항 소정의 법정형에 해당하지 아니한다. 또한 경찰관들이 형사소송법 제206조 제2항 소정의 검사의 사전 지휘나 사후 승인의 절차를 밟은 흔적도 없고 통상의 구속영장을 발부받아 공소외 2를 구속한 점 등에 비추어 보면 위 경찰관들은 공소외 2에게 '임의동행'을 요구하였다가 동인이 이를 거절하자 강제로 연행하려고 한 것이 아닌가 짐작된다. 그렇다면 임의동행을 강요하는 경찰관들에 대하여 임의동행을 거부하는 방법으로서 폭행 · 협박을 하여도 공무집행방해죄는 성립하지 아니하는 것이다(대법원 1991.5.10, 91도453).

1522 보충 형사소송법 제211조가 현행범으로 규정한 '범죄실행의 즉후인 자'란 체포하는 자가 볼 때 범죄의 실행행위를 종료한 직후의 범인이라는 것이 명백한 경우를 일컫는 것으로서, 시간이나 장소로 보아 체포당하는 자를 방금 범죄를 실행한 범인이라고 볼 증거가 명백히 존재하는 것으로 인정되는 경우에만 그를 현행범으로 볼 수 있다.

1523 사례 甲은 경찰관 乙과 丙이 甲에게 임의동행을 요구하면서 순찰차량에 태워 丙이 甲의 오른쪽 손목을 잡고 뒤로 꺾어 올리는 등 甲을 제압하자, 甲은 이를 벗어나기 위해 丙과 몸싸움을 하는 과정에서 양발로 순찰차의 뒷문을 2~3차례 걷어차고 오른발로 乙의 목 부위를 1회, 우측 팔로 丙의 좌측 옆구리를 2회 때렸다(이로 인하여 乙과 丙에게 각각 전치 2주의 상해와 순찰차에는 수리비 10,000원 상당의 손해가 발생하였음). 甲의 형사책임은? 해결 정당방위로서 무죄이다(대법원 1999.12.28, 98도138).

1524 판례의 사실관계 甲은 서울 노량진경찰서 소속 순경인 乙이 신호를 위반하여 진행하던 甲의 차량을 단속한 후 범칙금납부통고서를 발부하려고 하자, 甲 자신이 신호위반을 하지 않았다면서 乙에게 범칙금납부통고서를 받지 않겠으니 즉결심판을 받을 수 있게 해달라고 요구하였음에도 불구하고 乙은 이와 같은 甲의 요구를 무시한 채 범칙금납부통고처분을 강행하려 하자 乙의 손목을 잡아채며 욕설을 하고 계속하여 교통단속을 위하여 출발하려고 하는 乙의 견장을 잡아당기고 멱살을 잡아 2~3회 밀치는 등 폭행하였다. 甲에게는 공무집행방해죄의 죄책이 인정되지 않는다.

범칙금을 납부할 것을 통고할 수 있으나, 범칙금납부통고서를 받기를 거부한 사람에 대하여는 그러하지 아니하다고 규정하고 있고, 같은 법 제120조는 경찰서장은 범칙금납부통고서를 받기를 거부한 사람에 대하여는 지체 없이 즉결심판을 청구하여야 한다고 규정하고 있으므로, 교통경찰관으로서는 피고인이 신호위반을 하였다고 하더라도 범칙금납부통고서를 받지 않겠다는 의사를 분명히 밝힌 이상, 피고인에 대하여 지체 없이 즉결심판 출석통지서를 교부 또는 발송하고 즉결심판청구서를 작성하여 관할 법원에 제출하는 등 즉결심판청구의 절차로 나아가야 함에도, 이러한 절차를 밟지 아니한 채 범칙금납부통고처분을 강행할 목적으로 무리하게 운전면허증을 제시할 것을 계속 요구한 것은 적법한 교통단속업무라고 할 수 없어 그 교통경찰관에게 폭행을 가한 행위는 공무집행방해죄에 해당하지 않는다.

7. 대법원 2006.9.8, 2006도148

긴급체포를 시도한 검사의 판단이 현저히 합리성을 잃은 경우

검사나 사법경찰관이 수사기관에 자진출석한 사람을 긴급체포의 요건을 갖추지 못하였음에도 실력으로 체포하려고 하였다면 적법한 공무집행이라고 할 수 없고, 자진출석한 사람이 검사나 사법경찰관에 대하여 이를 거부하는 방법으로써 폭행을 하였다고 하여 공무집행방해죄가 성립하는 것은 아니다. … 또한 그 체포를 면하려고 반항하는 과정에서 상해를 가한 것도 불법체포로 인한 신체에 대한 현재의 부당한 침해에서 벗어나기 위한 행위로서 정당방위에 해당하여 위법성이 조각된다.[1525] 국가7급 11 / 법원9급 07(상) / 법원9급 07(하) / 경찰채용 10 2차 / 경찰채용 13 1차 / 변호사 12

8. 대법원 2007.4.13, 2007도1249

음주운전 종료 후 40분 이상 경과한 시점의 현행범체포의 적법성 여부

신고를 받고 출동한 제천경찰서 청전지구대 소속 경장 공소외인이 피고인이 음주운전을 종료한 후 40분 이상이 경과한 시점에서 길가에 앉아 있던 피고인에게서 술냄새가 난다는 점만을 근거로 피고인을 음주운전의 현행범으로 체포한 것은 피고인이 '방금 음주운전을 실행한 범인이라는 점에 관한 죄증이 명백하다고 할 수 없는 상태'에서 이루어진 것으로서 적법한 공무집행이라고 볼 수 없고, 그 이후에 피고인에 대하여 음주측정을 요구한 것은 절차적 적법성을 구비하지 못한 것이고 피고인에 대한 조사행위 역시 적법한 직무집행행위라고 볼 수 없다.

9. 대법원 2008.11.13, 2007도9794

경찰관직무집행법 제6조 제1항에 의한 경찰관의 제지 조치 발동 · 행사 요건 사례

구 집회 및 시위에 관한 법률에 의하여 금지되어 그 주최 또는 참가행위가 형사처벌의 대상이 되는 위법한 집회·시위가 장차 특정지역에서 개최될 것이 예상된다고 하더라도, 이와 시간적·장소적으로 근접하지 않은 다른 지역에서 그 집회·시위에 참가하기 위하여 출발 또는 이동하는 행위를 함부로 제지하는 것은 경찰관직무집행법 제6조 제1항의 행정상 즉시강제인 경찰관의 제지의 범위를 명백히 넘어 허용될 수 없다. 따라서 이러한 제지 행위는 공무집행방해죄의 보호대상이 되는 공무원의 적법한 직무집행이 아니다.[1526] 국가7급 11 / 사시 14 / 경찰채용 16 1차

1525 **사례** 1심재판에서 위증교사, 위조증거사용죄로 기소된 A에 대하여 무죄가 선고되었고, 당시 공판검사이던 P는 이에 불복하여 항소한 후 위 무죄가 선고된 공소사실에 대한 보완수사를 한다며 A의 변호사사무실 사무장이던 B에게 검사실로 출석하라고 요구하였다. 이에 B는 자진출석하였는데 P는 참고인 조사를 하지 아니한 채 곧바로 위증 및 위증교사 혐의로 피의자신문조서를 받기 시작하였고, 이에 B는 인적사항만을 진술한 후 검사의 승낙 하에 A에게 전화를 하여 "검사가 자신에 대하여 위증 및 위증교사 혐의로 피의자신문조서를 받고 있으니 여기서 데리고 나가 달라."고 하였으며, 더 이상의 조사가 이루어지지 아니하는 사이 A가 위 408호 검사실로 찾아와서 검사 P에게 "참고인 조사만을 한다고 하여 임의수사에 응한 것인데 B를 피의자로 조사하는 데 대해서는 협조를 하지 않겠다."는 취지로 말하며 B에게 여기서 나가라고 지시하였다. 이에 B가 일어서서 검사실을 나가려 하자 검사 P는 B에게 "지금부터 긴급체포하겠다."고 말하면서 B의 퇴거를 제지하려 하였고, A는 B에게 계속 나가라고 지시하면서 B를 붙잡으려는 검사 P를 몸으로 밀어 제지하였다. A에게는 공무집행방해죄가 성립하는가? **판례** 검사가 B를 긴급체포하려고 할 당시 B가 위증 및 위증교사의 범행을 범하였다고 의심할 만한 상당한 이유가 있었다고 볼 수 없고, 검사의 제지에도 불구하고 퇴거하였다고 하여 도망할 우려가 있다거나 증거를 인멸할 우려가 있다고 보기도 어려우므로, 위와 같이 긴급체포를 하려고 한 것은 그 당시 상황에 비추어 보아 형사소송법 제200조의3 제1항의 요건을 갖추지 못한 것으로 쉽게 보여져 이를 실행한 검사 등의 판단이 현저히 합리성을 잃었다고 할 것이다. 따라서 검사가 위와 같이 검찰청에 자진출석한 B를 체포하려고 한 행위를 적법한 공무집행이라고 할 수 없다(대법원 2006.9.8, 2006도148). 국가7급 11 / 법원9급 07(상) / 법원9급 07(하) / 경찰채용 10 2차 / 경찰채용 13 1차 / 변호사 12 **해결** 성립하지 않는다.

1526 **사실관계** 특정 지역(서울광장)에서의 불법집회에 참가하려는 것을 막기 위하여 시간적·장소적으로 근접하지 않은 다른 지역(제천)에서 집회예정장소로 이동하는 것을 제지하는 행위는 경찰관직무집행법 제6조 제1항에 따른 공무원의 적법한 직무집행인가와 관련하여, 위법한 집회에 참가하기 위하여 예정시간으로부터 약 5시간 30분 전에 그 예정장소로부터 약 150km 떨어진 곳에서 출발하려는 사람들을 경찰이 물리력으로 제지하는 행위는 적법한 공무수행으로 인정될 수 있는가? → 인정될 수 없다.

10. 대법원 2011.6.9, 2009도591
옥외집회 또는 시위 장소가 두 곳 이상의 지방경찰청 관할지에 속하는 경우의 적법한 신고 사례
피고인이 부산지방경찰청장에게 '부산에서 서울까지 도보로 시위한다.'는 내용의 옥외집회(시위·행진) 신고를 한 후 부산 등을 거쳐 서울에서 도보행진을 하던 중, 불법집회라며 이를 제지하는 일부 경찰관들을 넘어뜨려 상해를 입히는 등 시위진압 업무를 방해한 행위는 공무집행방해죄를 구성하지 않는다.[1527]

11. 대법원 2013.6.13, 2010도13609
국회 외통위 회의실 봉쇄 사건
누구든지 국회의원이 본회의 또는 위원회에 출석하기 위하여 본회의장 또는 위원회 회의장에 출입하는 것을 방해하여서는 아니 되며, 특히 국회의 경호 업무 등을 담당하는 국회 경위가 상임위원회 위원의 회의장 출입을 막는 것은 이를 정당화할 만한 특별한 사정이 없는 한 위법하다고 할 것이므로, 회의장 근처에 배치된 국회 경위들이 민주당 소속 외통위 위원들의 회의장 출입을 막은 행위는 외통위 위원장의 회의장 출입구를 폐쇄하고 출입 봉쇄 등의 위법한 조치를 보조한 행위에 지나지 아니하므로 역시 위법한 직무집행이라고 할 것이다. 따라서 민주당 소속 국회의원 등이 국회 경위들을 밀어내기 위해 옷을 잡아당기거나 밀친 행위는 공무집행방해죄를 구성하지 않는다. 경찰채용 14 2차 / 국가9급 21

판례연구 공무집행방해죄 관련 판례는 아니지만 역시 공무원에게 구체적 직무권한이 없다고 본 판례

1. 대법원 2006.11.9, 2004도8404
위법한 체포상태에서 이루어진 음주측정요구에 불응한 사례
교통안전과 위험방지를 위한 필요가 없음에도 주취운전을 하였다고 인정할 만한 상당한 이유가 있다는 이유만으로 이루어지는 음주측정은 이미 행하여진 주취운전이라는 범죄행위에 대한 증거 수집을 위한 수사절차로서의 의미를 가지는 것인데, 구 도로교통법상의 규정들[1528]이 음주측정을 위한 강제처분의 근거가 될 수 없으므로 위와 같은 음주측정을 위하여 당해 운전자를 강제로 연행하기 위해서는 수사상의 강제처분에 관한 형사소송법상의 절차에 따라야 하고, 이러한 절차를 무시한 채 이루어진 강제연행은 위법한 체포에 해당한다. 이와 같은 위법한 체포상태에서 음주측정요구가 이루어진 경우, 음주측정요구를 위한 위법한 체포와 그에 이은 음주측정요구는 주취운전이라는 범죄행위에 대한 증거 수집을 위하여 연속하여 이루어진 것으로서 개별적으로 그 적법 여부를 평가하는 것은 적절하지 않으므로 그 일련의 과정을 전체적으로 보아 위법한 음주측정요구가 있었던 것으로 볼 수밖에 없으므로 그에 불응하였다고 하여 음주측정거부에 관한 도로교통법 위반죄로 처벌할 수 없다.[1529] 법원승진 14

1527 **보충** 헌법상 집회의 자유에 대한 보장과 신고제도의 취지 및 신고사항과 그에 대한 관할 경찰관서장의 보완, 금지의 통고 및 제한 조치 등에 관한 절차규정에 비추어 볼 때, 주최자 중 어느 한 곳의 관할 지방경찰청장에게 두 곳 이상의 지방경찰청 관할지에 속하는 옥외집회나 시위의 신고서를 제출하고 집시법 제6조 제1항 각 호에서 정한 신고사항이 실제 개최한 내용과 실질적인 점에서 부합하는 경우에는 위 규정에 따른 적법한 신고가 있다고 볼 수 있다(위 판례).

1528 **참고** 구 도로교통법(2005.5.31. 법률 제7545호로 전문 개정되기 전의 것) 제41조 제2항은 "경찰공무원은 교통안전과 위험방지를 위하여 필요하다고 인정하거나 제1항의 규정에 위반하여 술에 취한 상태에서 자동차 등을 운전하였다고 인정할 만한 상당한 이유가 있는 때에는 운전자가 술에 취하였는지의 여부를 측정할 수 있으며, 운전자는 이러한 경찰공무원의 측정에 응하여야 한다."고 규정하고, 제107조의2 제2호는 "술에 취한 상태에 있다고 인정할 만한 상당한 이유가 있는 사람으로서 제41조 제2항의 규정에 의한 경찰공무원의 측정에 응하지 아니한 사람은 2년 이하의 징역이나 500만 원 이하의 벌금의 형으로 벌한다."고 규정하고 있다.

1529 **참고판례** 자동차 등 운전자가 신체 이상 등의 사유로 '호흡에 의한 음주측정'에 응하지 못한 경우, 음주측정불응죄가 성립하지 않는다(대법원 2006.1.13, 2005도7125). 또한 구 도로교통법 제150조 제2호는 "술에 취한 상태에 있다고 인정할 만한 상당한 이유가 있는 사람으로서 제44조 제2항의 규정에 의한 경찰공무원의 측정에 응하지 아니한 사람은 2년 이하의 징역이나 500만 원 이하의 벌금에 처한다."라고 규정하고 있으므로, 위 조항에서 규정한 경찰공무원의 측정은 같은 법 제44조 제2항 소정의 호흡조사에 의한 측정만을 의미하는 것으로서 같은 법 제44조 제3항 소정의 혈액채취에 의한 측정을 포함하는 것으로 볼 수 없음은 법문상 명백하다. 따라서 신체 이상 등의 사유로 인하여 호흡조사에 의한 측정에 응할 수 없는 운전자가 혈액채취에 의한 측정을 거부하거나 이를 불가능하게 하였다고 하더라도 이를 들어 음주측정에 불응한 것으로 볼 수는 없다(대법원 2010.7.15, 2010도2935).

2. 대법원 2006.11.9, 2004도8404; 2012.12.13, 2012도11162[1530]

경찰관직무집행법상 경찰관의 보호조치의 요건

① 경찰관직무집행법 제4조 제1항 제1호에서 규정하는 술에 취한 상태로 인하여 자기 또는 타인의 생명·신체와 재산에 위해를 미칠 우려가 있는 피구호자에 대한 보호조치는 경찰 행정상 즉시강제에 해당하므로, 그 조치가 불가피한 최소한도 내에서만 행사되도록 발동·행사 요건을 신중하고 엄격하게 해석하여야 하므로 … 피구호자의 가족 등에게 피구호자를 인계할 수 있다면 특별한 사정이 없는 한 경찰관서에서 피구호자를 보호하는 것은 허용되지 않는다.

② 경찰관직무집행법 제4조 제1항 제1호의 보호조치 요건이 갖추어지지 않았음에도, 경찰관이 실제로는 범죄수사를 목적으로 피의자에 해당하는 사람을 이 사건 조항의 피구호자로 삼아 그의 의사에 반하여 경찰관서에 데려간 행위는, 달리 현행범체포나 임의동행 등의 적법 요건을 갖추었다고 볼 사정이 없다면, 위법한 체포에 해당한다고 보아야 한다.

③ 위법한 체포 상태에서 이루어진 음주측정요구에 불응한 행위를 음주측정거부에 관한 도로교통법 위반죄로 처벌할 수 없다.

ⓒ 직무집행행위가 법령이 정한 (중요한) 방식과 절차에 따른 것일 것 : 직무행위의 형식적 적법요건으로서 법령(형사소송법 등)에 일정한 요건과 방식 및 절차가 규정되어 있는 경우에는 이를 따라야만 적법한 직무집행이다. 경찰간부 11 특히 국민의 신체의 자유 등과 관련된 기본권을 침해하는 경우인 체포·구속·압수·수색·검증·감정 등에는 헌법(헌법적 형사절차규정)과 형사소송법 등에 미란다원칙[1531] 등 중요한 적법절차규정(due process of law clause)을 두고 있으므로 이를 따라야 한다. 다만 위 요건에서 말하는 방식과 절차는 중요한 의미가 있는 것을 말하며, 법치주의적 관점에서 본질적이지 않은 훈시규정 등 사소한 절차규정에 위반한 경우까지 위법한 직무집행이라 할 수는 없다.[1532]

1530 보충 화물차 운전자인 피고인이 경찰의 음주단속에 불응하고 도주하였다가 다른 차량에 막혀 더 이상 진행하지 못하게 되자 운전석에서 내려 다시 도주하려다 경찰관에게 검거되어 지구대로 보호조치된 후 2회에 걸쳐 음주측정요구를 거부하였다고 하여 도로교통법 위반(음주측정거부)으로 기소된 경우, 당시 경찰관이 피고인과 피고인 처의 의사에 반하여 피고인을 지구대로 데려간 행위를 적법한 보호조치라고 할 수 없고, 나아가 달리 적법 요건을 갖추었다고 볼 자료가 없는 이상 경찰관이 피고인을 지구대로 데려간 행위는 위법한 체포에 해당하므로, 그와 같이 위법한 체포 상태에서 이루어진 경찰관의 음주측정요구도 위법하다고 볼 수밖에 없어 그에 불응하였다고 하여 피고인을 음주측정거부에 관한 도로교통법 위반죄로 처벌할 수는 없다(위 판례).

1531 보충 : 미란다원칙 헌법 제12조 제5항 전문은 '누구든지 체포 또는 구속의 이유와 변호인의 조력을 받을 권리가 있음을 고지받지 아니하고는 체포 또는 구속을 당하지 아니한다.'는 원칙을 천명하고 있고, 형사소송법 제72조는 '피고인에 대하여 범죄사실의 요지, 구속의 이유와 변호인을 선임할 수 있음을 말하고 변명할 기회를 준 후가 아니면 구속할 수 없다.'고 규정하고 있다. 이러한 고지절차의 기원은 미연방대법원에서 판시된 미란다원칙(Miranda v. Arizona, 1966)이다. 또한 이 규정은 같은 법 제213조의2에 의하여 검사 또는 사법경찰관리가 현행범인을 체포하거나 일반인이 체포한 현행범인을 인도받는 경우에 준용되므로, 사법경찰리가 현행범인으로 체포하는 경우에는 반드시 범죄사실의 요지, 구속의 이유와 변호인을 선임할 수 있음을 말하고 변명할 기회를 주어야 할 것임은 명백하다(2020.10.7. 제정된 '검사와 사법경찰관의 상호협력과 일반적 수사준칙에 관한 규정' 제32조 제1항에 의하면 '진술거부권'도 알려주어야 한다. 이 내용은 형사소송법 기본서 해당 부분 참조). 이와 같은 고지는 체포를 위한 실력행사에 들어가기 이전에 미리 하여야 하는 것이 원칙이나, 달아나는 피의자를 쫓아가 붙들거나 폭력으로 대항하는 피의자를 실력으로 제압하는 경우에는 붙들거나 제압하는 과정에서 하거나, 그것이 여의치 않은 경우에는 일단 붙들거나 제압한 후에 지체 없이 행하여야 한다(대법원 2000.7.4, 99도4341; 2008.2.14, 2007도10006). 나아가 이러한 법리는 비단 현행범인을 체포하는 경우뿐만 아니라 긴급체포의 경우에도 마찬가지로 적용되는 것이므로, 이를 위반하는 것은 영장주의 및 체포절차에 위반된 위법한 직무집행이 되는 것이다. 물론 검사 또는 사법경찰관이 체포를 행함에 있어 미란다원칙의 고지사항을 전부 고지하지 않은 채로 신원확인절차에 나아갔다고 해서 그 행위가 부적법하다고 볼 수는 없다.

1532 김일수/서보학, 858면; 박상기, 661면; 배종대, 788면; 손동권, 784면; 오영근, 1062면; 유기천(하), 330면; 이재상, §44-14; 이형국(Ⅱ), 366면; 임웅, 854면; 정성근/박광민, 767면; 진계호, 762면.

사례연구 음주측정을 거절하는 운전자를 파출소에 강제연행하려는 사례

의경 정○○는 A가 차선을 위반하여 진행하는 것을 적발하고 검문하던 중에 음주운전한 사실까지 추가로 발견하고, 음주측정을 위하여 파출소까지 가자고 요구하였으나, A가 음주운전한 사실이 없다고 하면서 이를 거절하자 A의 혁대를 잡고 파출소까지 끌고 가려고 하는데, A가 이에 대항하면서 의경의 목을 잡고 미는 등 폭행하여 1주간의 치료를 요하는 외측경부타박상을 입혔다. A의 죄책은?

해결 위 사안은 음주측정을 거절하는 운전자를 음주측정할 목적으로 적법절차를 무시하고 파출소로 연행하는 직무집행의 적법성을 인정하지 않은 판례이다. 따라서 피고인의 행위는 공무집행방해죄의 구성요건에 해당되지 않음은 물론이고, 폭처법위반죄에 대해서도 정당방위가 인정되어 역시 범죄가 성립하지 않게 된다. 따라서 A는 무죄이다.

참조판례 피의자를 구속영장 없이 현행범으로 체포하든지 긴급구속하기 위하여는 체포 당시에 헌법 및 형사소송법에 규정된 바와 같이 피의자에 대하여 범죄사실의 요지, 체포 또는 구속의 이유와 변호인을 선임할 수 있음을 말하고 변명할 기회를 준 후가 아니면 체포 또는 긴급구속할 수 없다고 할 것인데, 의경이 피고인을 연행할 당시 음주측정을 하기 위하여 파출소까지 가자고만 하였을 뿐 이러한 절차를 준수하지 아니하였음이 명백하므로, 결국 피고인을 적법하게 현행범으로 체포하거나 긴급구속한 것이라고 볼 수는 없고, 달리 의경의 강제연행이 적법한 공무집행이었다고 볼 증거가 없으므로, 공무집행방해죄의 점은 무죄가 된다(대법원 1994.10.25, 94도2283).

판례연구 법령이 정한 방식과 절차에 어긋난 위법한 직무집행으로 본 판례

1. 대법원 1978.10.10, 78도2134

교통경찰관이 서행 중인 차를 정차시켜 정차여부의 확인도 하지 아니한 채 정차금지구역에서 정차하였다고 욕설과 폭행을 한 행위는 공무원이 그 권한에 속하는 사항에 관하여 법령에 정한 방식에 따라 그 직무를 집행하는 경우에 해당된다고 보기 어렵다.

2. 대법원 1992.2.11, 91도2797

운전자가 경찰관에게 먼저 폭행 또는 협박을 가한 것이 아니고 경찰관의 오만한 단속 태도에 항의하였는데 경찰관이 운전자를 그 의사에 반하여 교통초소로 연행하는 행위는 적법한 직무집행이 아니다. 따라서 이러한 강제연행에 항거하는 와중에서 경찰관의 멱살을 잡는 등 폭행을 가하였다고 하여도 공무집행방해죄가 성립되지 않는다.

3. 대법원 1994.3.11, 93도958

보호실은 경찰관직무집행법상 정신착란자, 주취자, 자살기도자 등 응급의 구호를 요하는 자를 24시간을 초과하지 아니하는 범위 내에서 경찰관서에 보호조치할 수 있는 시설로 제한적으로 운영되는 경우를 제외하고는 구속영장을 발부받음이 없이 피의자를 보호실에 유치함은 영장주의에 위배되는 위법한 구금으로서 적법한 공무수행이라고 볼 수 없다.

4. 대법원 1996.12.23, 96도2673

사법경찰관이 피의자에 대한 구속영장을 소지하였으나 체포 당시에 범죄사실의 요지, 구속의 이유와 변호인을 선임할 수 있음을 말하고 변명할 기회를 주는 것과 같은 절차를 밟지 아니한 채 실력으로 연행하려고 한 행위는 적법한 직무집행이라 할 수 없다.

5. 대법원 2000.7.4, 99도4341

경찰관이 적법절차를 준수하지 아니한 채 실력으로 현행범인을 연행하려고 하였다면 적법한 공무집행이라고 할 수 없고, 현행범인이 그 경찰관에 대하여 이를 거부하는 방법으로써 폭행을 하였다고 하여 공무집행방해죄가 성립하는 것은 아니다. 또한 경찰관의 행위가 적법한 공무집행을 벗어나 불법하게 체포한 것으로 볼 수밖에 없다면, 그 체포를 면하려고 반항하는 과정에서 경찰관에게 상해를 가한 것은 불법 체포로 인한 신체에 대한 현재의 부당한 침해에서 벗어나기 위한 행위로서 정당방위에 해당하여 위법성이 조각된다.[1533] 사시 13

1533 사례 인천중부경찰서 ○○파출소에 근무하는 乙경장과 丙순경은 112차량을 타고 순찰근무를 하던 중 교통사고가 발생한

6. 대법원 2005.10.28, 2004도4731

경찰관들이 노래연습장에서의 주류 판매여부를 확인하기 위하여 영장 없이 노래연습장을 검색한 사례

경찰관들이 주류 판매여부를 확인하기 위하여 노래연습장을 검색하는 행위는 풍속영업의 규제에 관한 법률 제9조 제1항에서 규정하고 있는 '검사(檢査)'에 해당하지 아니하고 또 이를 일반적으로 허용하는 법령도 없어서, 법관이 발부한 영장(令狀) 없이는 노래연습장 업주의 의사에 반하여 이를 행할 수 없다고 할 것인데, 위 경찰관들은 피고인의 의사에 반함에도 불구하고 영장 없이 이를 행하였음이 기록상 분명하므로, 위 경찰관들의 위 각 행위는 적법한 직무집행으로 볼 수 없고, 따라서 피고인이 이를 방해하였다고 하더라도 공무집행방해죄를 구성하지 아니한다.

7. 대법원 2009.3.12, 2008도7156

출입국관리공무원의 관리자의 사전 동의 없는 사업장 진입 및 불법체류자 단속 사례

영장주의 원칙의 예외로서 출입국관리공무원 등에게 외국인 등을 방문하여 외국인동향조사 권한을 부여하고 있는 출입국관리법 규정의 입법 취지 및 그 규정 내용 등에 비추어 볼 때, 출입국관리공무원 등이 출입국관리법 제81조 제1항에 근거하여 제3자의 주거 또는 일반인의 자유로운 출입이 허용되지 아니한 사업장 등에 들어가 외국인을 상대로 조사하기 위해서는 그 주거권자 또는 관리자의 사전 동의가 있어야 한다. 따라서 출입국관리공무원이 관리자의 사전 동의 없이 사업장에 진입하여 불법체류자 단속업무를 개시한 경우에는 공무집행행위의 적법성이 부인되어 공무집행방해죄가 성립하지 않는다. 경찰채용 14 1차 / 사시 11 / 사시 14

8. 대법원 2010.10.14, 2010도8591

사법경찰관리가 형집행장 없이 벌금형에 따르는 노역장 유치의 집행을 위하여 구인하는 경우

경찰관이 벌금형에 따르는 노역장 유치의 집행을 위하여 형집행장을 소지하지 아니한 채 피고인을 구인할 목적으로 그의 주거지를 방문하여 임의동행의 형식으로 데리고 가다가, 피고인이 동행을 거부하며 다른 곳으로 가려는 것을 제지하면서 체포·구인하려고 하자 피고인이 이를 거부하면서 경찰관을 폭행한 경우, 위와 같이 피고인을 체포·구인하려고 한 것은 노역장 유치의 집행에 관한 법규정에 반하는 것으로서 적법한 공무집행행위라고 할 수 없으며,[1534] 또한 그 경우에 형집행장의 제시 없이 구인할 수 있는 '급속을 요하는 경우'(형사소송법 제85조 제3항)에 해당한다고 할 수 없고, 이는 피고인이 벌금미납자로 지명수배 되었다고 하더라도 달리 볼 것이 아니므로, 피고인에게는 공무집행방해죄의 죄책이 인정되지 않는다. 경찰승진(경장) 11 / 경찰승진 13 / 법원행시 14

9. 대법원 2010.11.11, 2009도11523

행정대집행법상 계고 및 대집행영장에 의한 통지절차를 거치지 않은 사례

도심광장인 '서울광장'에서, 행정대집행법이 정한 계고 및 대집행영장에 의한 통지절차를 거치지 아니한 채 위 광장에 무단설치된 천막의 철거대집행을 행하는 공무원들에 대항하여 피고인들이 폭행·협박을 가하였더라도,

---

지 4분 만에 경찰서지령실로부터 교통사고를 일으킨 검정색 그랜저승용차가 경찰서방면으로 도주하였다는 무전연락을 받고 인천 중구 신흥동 2가 54 소재 삼익아파트쪽으로 진행하고 있었는데, 다시 도보순찰자인 丁순경으로부터 검정색 그랜저승용차가 펑크가 난 상태로 삼익아파트 뒷골목으로 도주하였다는 무전연락을 받고 그 주변을 수색하던 중 삼익아파트 뒤편 철로 옆에 세워져 있던(운전석 범퍼와 펜더부분이 파손된 상태로 있던) 검정색 그랜저승용차에서 甲이 내리는 것을 발견하였다. 이에 乙과 丙은 범죄사실의 요지, 구속의 이유와 변호인을 선임할 수 있음 등을 고지해 주지 아니한 채 甲을 강제로 순찰차에 태우려고 하였고, 甲은 자신을 파출소로 강제로 끌고 가려는 乙 등의 불법한 강제수사로 신체의 자유가 부당하게 침해되는 긴급상황에 놓인 것으로 판단, 이를 벗어날 목적으로 자신을 강제로 붙잡고 놓아주지 않는 그들의 손에서 벗어나기 위해 발버둥을 치는 과정에서 팔꿈치로 그들의 가슴부분을 밀어 넘어뜨리거나 손으로 밀어내며 반항하였다. 甲의 죄책은?

판례 순찰 중이던 경찰관이 교통사고를 낸 차량이 도주하였다는 무전연락을 받고 주변을 수색하다가 범퍼 등의 파손상태로 보아 사고차량으로 인정되는 차량에서 내리는 사람을 발견한 경우, **형사소송법 제211조 제2항 제2호 소정의 '장물이나 범죄에 사용되었다고 인정함에 충분한 흉기 기타의 물건을 소지하고 있는 때'**에 해당하므로 준현행범으로서 영장 없이 체포할 수 있다. 그러나 甲의 행위는, **체포시에 요구되는 적법한 절차가 준수되지 못한 상태**에서 자신을 연행하려던 乙 등의 불법체포를 면하려는 과정에서 乙 등에게 폭행을 가한 것은 공무집행방해죄를 구성하지 않고, 상해를 입힌 것은 정당방위가 되어 범죄가 성립하지 않는다(대법원 2000.7.4, 99도4341). 사시 13 해결 무죄.

1534 보충 벌금형에 따르는 노역장 유치는 실질적으로 자유형과 동일하므로, 그 집행에 대하여는 자유형의 집행에 관한 규정이 준용된다(형사소송법 제492조). 따라서 구금되지 아니한 당사자에 대하여 형의 집행기관인 검사는 그 형의 집행을 위하여 이를 소환할 수 있으나, 당사자가 소환에 응하지 아니한 때에는 **형집행장**을 발부하여 이를 구인할 수 있는데(같은 법 제473조), 이 경우의 형집행장의 집행에 관하여는 형사소송법 제1편 제9장(제68조 이하)에서 정하는 피고인의 구속에 관한 규정이 준용된다(같은 법 제475조). 그리하여 사법경찰관리가 벌금형을 받은 이를 그에 따르는 노역장 유치의 집행을 위하여 구인하려면, 검사로부터 발부받은 형집행장을 그 상대방에게 제시하여야 한다(같은 법 제85조 제1항)(위 판례).

특수공무집행방해죄는 성립하지 않는다.[1535]

10. 대법원 2017.9.26, 2017도9458

벌금형 미납자에 대한 노역장 유치 집행의 적법성

사법경찰관리가 벌금형을 받은 이를 그에 따르는 노역장 유치의 집행을 위하여 구인하려면 검사로부터 발부받은 형집행장을 상대방에게 제시하여야 하지만(형사소송법 제85조 제1항), 형집행장을 소지하지 아니한 경우에 급속을 요하는 때에는 상대방에 대하여 형집행 사유와 형집행장이 발부되었음을 고하고 집행할 수 있고(형사소송법 제85조 제3항), 여기서 형집행장의 제시 없이 구인할 수 있는 '급속을 요하는 때'란 애초 사법경찰관리가 적법하게 발부된 형집행장을 소지할 여유가 없이 형집행의 상대방을 조우한 경우 등을 가리킨다. 이때 사법경찰관리가 벌금 미납으로 인한 노역장 유치의 집행의 상대방에게 형집행 사유와 더불어 벌금 미납으로 인한 지명수배 사실을 고지하였더라도 특별한 사정이 없는 한 그러한 고지를 형집행장이 발부되어 있는 사실도 고지한 것이라거나 형집행장이 발부되어 있는 사실까지도 포함하여 고지한 것이라고 볼 수 없으므로, 이와 같은 사법경찰관리의 직무집행은 적법한 직무집행에 해당한다고 할 수 없다. 법원행시 21

보충 경찰관 甲이 도로를 순찰하던 중 벌금 미납으로 지명수배된 A와 조우하게 되어 벌금 미납 사실을 고지하고 벌금납부를 유도하였으나 A가 이를 거부하자 벌금 미납으로 인한 노역장 유치의 집행을 위하여 구인하려 하였는데, A는 이에 저항하여 甲을 폭행하였다. 그런데 A에 대하여 확정된 벌금형의 집행을 위하여 형집행장이 이미 발부되어 있었으나, 甲이 A를 구인하는 과정에서 형집행장이 발부되어 있는 사실은 고지하지 않았다. 그렇다면 A의 행위는 공무집행방해죄를 구성하지 않는다.

판례연구 적법절차를 준수하였거나, 사소한 절차규정에 위반된 데 불과하므로 적법한 직무집행으로 본 판례

1. 대법원 2007.10.12, 2007도6088

교육부 장관이 약학대학 학제개편에 관한 공청회를 개최하면서 행정절차법상 통지 절차를 위반한 사례

교육인적자원부 장관이 대한의사협회에 이 사건 각 공청회의 개최를 통보함에 있어 행정절차법 제38조 제1항에서 정한 바에 따라 14일 전에 공청회의 일시와 장소 등을 통보하여야 함에도 이를 준수하지 못한 잘못이 있으나, … 대한의사협회는 토론자를 지정하여 의견을 발표할 기회를 제공받았고 피고인들 등 대한의사협회 회원들이 이 사건 각 공청회에 참석한 이상, 위 공청회 개최 통지 절차 위반은 경미한 흠에 불과하고 이 사건 각 공청회 개최를 형법상 보호대상에서 제외되는 부적법한 직무행위라고 평가할 수 있는 정도는 아니다.

2. 대법원 2007.11.29, 2007도7961; 2008.2.14, 2007도10006

미란다 원칙의 고지시기

경찰관들이 미란다 원칙상 고지사항의 일부만 고지하고 신원확인절차를 밟으려는 순간 범인이 유리조각을 쥐고 휘둘러 이를 제압하려는 경찰관들에게 상해를 입힌 경우, 그 제압과정 중이나 후에 지체 없이 미란다 원칙을 고지하면 되는 것이므로 위 경찰관들의 긴급체포업무에 관한 정당한 직무집행을 방해한 경우라고 보아야 한다.

3. 대법원 2014.12.11, 2014도7976

경찰관이 신분증을 제시하지 않고 불심검문을 하였으나 경찰관임을 알고 있었던 사례

경찰관직무집행법 제3조 제4항은 경찰관이 불심검문을 하고자 할 때에는 자신의 신분을 표시하는 증표를 제시하여야 한다고 규정하고, 동법 시행령 제5조는 위 법에서 규정한 신분을 표시하는 증표는 경찰관의 공무원증이

1535 **보충** 도로법 제65조 제1항은 "관리청은 반복적, 상습적으로 도로를 불법 점용하는 경우나 신속하게 실시할 필요가 있어서 행정대집행법 제3조 제1항과 제2항에 따른 절차에 의하면 그 목적을 달성하기 곤란한 경우에는 그 절차를 거치지 아니하고 적치물을 제거하는 등 필요한 조치를 취할 수 있다."고 규정하고 있는바, … 위 규정은 일반인의 교통을 위하여 제공되는 도로로서 도로법 제8조에 열거된 도로를 불법 점용하는 경우 등에 적용될 뿐 **도로법상 도로가 아닌 장소의 경우에까지 적용된다고 할 수 없고**, 토지대장상 지목이 도로로 되어 있다고 하여 반드시 도로법의 적용을 받는 도로라고 할 수는 없다. 도심광장으로서 '서울특별시 서울광장의 사용 및 관리에 관한 조례'에 의하여 관리되고 있는 **'서울광장'은 비록 공부상 지목이 도로로 되어 있으나 도로법 제65조 제1항 소정의 행정대집행의 특례규정이 적용되는 도로법상 도로라고 할 수 없으므로** 위 철거대집행은 구체적 직무집행에 관한 법률상 요건과 방식을 갖추지 못한 것으로서 적법성이 결여되었고 따라서 피고인들이 위 공무원들에 대항하여 폭행·협박을 가하였더라도 특수공무집행방해죄는 성립되지 않는다(위 판례).

라고 규정하고 있는데, 불심검문을 하게 된 경위, 불심검문 당시의 현장상황과 검문을 하는 경찰관들의 복장, 피고인이 공무원증 제시나 신분 확인을 요구하였는지 여부 등을 종합적으로 고려하여, 검문하는 사람이 경찰관이고 검문하는 이유가 범죄행위에 관한 것임을 피고인이 충분히 알고 있었다고 보이는 경우에는 신분증을 제시하지 않았다고 하여 그 불심검문이 위법한 공무집행이라고 할 수 없다. 경찰채용 16 1차

4. 대법원 2020.8.20, 2020도7193
경찰관의 음주측정 요구를 받은 운전자가 도주하자 이를 제지한 사례
(경찰관이 음주운전 신고를 받고 음주측정을 위한 하차를 요구하자 피고인은 차량은 운전하지 않았다고 다투었고, 이에 경찰관이 지구대로 가서 차량 블랙박스를 확인하자고 하였는데 피고인은 차량에서 내리자마자 도주하여 차량 블랙박스 확인을 위한 임의동행 요구를 거부하여, 경찰관이 이미 착수한 음주측정에 관한 직무를 계속하기 위하여 피고인의 도주를 제지한 것이 적법한 직무집행인가의 문제) 도로교통법 제44조 제2항은 경찰공무원은 교통의 안전과 위험방지를 위하여 필요하다고 인정하거나 술에 취한 상태에서 자동차등을 운전하였다고 인정할 만한 상당한 이유가 있는 때에는 운전자가 술에 취하였는지의 여부를 호흡조사에 의하여 측정할 수 있고, 이 경우 운전자는 경찰공무원의 측정에 응하여야 한다고 규정한다. 음주운전 신고를 받고 출동한 경찰관이 만취한 상태로 시동이 걸린 차량 운전석에 앉아있는 피고인을 발견하고 음주측정을 위해 하차를 요구함으로써 도로교통법 제44조 제2항이 정한 음주측정에 관한 직무에 착수하였다고 할 것이고, 피고인이 차량을 운전하지 않았다고 다투자 경찰관이 지구대로 가서 차량 블랙박스를 확인하자고 한 것은 음주측정에 관한 직무 중 '운전' 여부 확인을 위한 임의동행 요구에 해당하고, 피고인이 차량에서 내리자마자 도주한 것을 임의동행 요구에 대한 거부로 보더라도, 경찰관이 음주측정에 관한 직무를 계속하기 위하여 피고인을 추격하여 도주를 제지한 것은 앞서 본 바와 같이 도로교통법상 음주측정에 관한 일련의 직무집행 과정에서 이루어진 행위로써 정당한 직무집행에 해당한다. 경찰채용 21 2차 / 경찰간부 22

ⓜ 적법성의 판단기준 및 시점

ⓐ 적법성의 판단기준(참고) : 공무원의 직무집행이 적법한가를 판단하는 기준에 대해서는 견해의 대립이 있으나, 법원이 법령을 해석하여 객관적으로 판단해야 한다는 객관설(통설)이 타당하다.[1536]

ⓑ 적법성의 판단시점 경찰채용 11 1차 / 경찰채용 12 1차 : 행위 당시를 기준으로 해야 한다(통설·판례, 대법원 1991. 5.10, 91도453; 1992.5.22, 92도506; 2007.10.12, 2007도6088; 2013.8.23, 2011도4763[1537]). 어떠한 공무집행이 적법한지 여부는 행위 당시의 구체적 상황에 기하여 판단하여야 하고 사후적으로 판단할 것은 아니기 때문이다.

1536 참고 – 적법성 판단기준에 관한 학설 정리 ① 객관설(통설) : 김봉태(공저), 622면; 김성천/김형준, 840면; 김일수/서보학, 858면; 김종원(주석), 140면; 박상기, 662면; 배종대, 790면; 백형구, 588면; 서일교, 334면; 손동권, 786면; 오영근, 1064면; 이재상, §44-15; 이형국(Ⅱ), 367면; 임웅, 865면; 정성근/박광민, 768면; 정영석, 60면; 정영일, 646면; 진계호, 986면; 황산덕, 64면. ② 주관설 : 직무를 집행하는 해당 공무원이 적법한 것으로 믿었는가 또는 성실한 주의의무를 다해 자신의 직무집행이 적법하다고 믿었는가에 따라 적법성을 결정한다는 입장이나, 국내에는 지지자가 없다. ③ 절충설 : 주관적 기준과 객관적 기준을 모두 고려하여 결정한다는 입장이다(유기천-하-, 331면). ④ 일반인표준설 : 객관적 기준이기는 하나, 법원이 아닌 일반인의 입장에서 공무원의 직무집행으로 인정될 수 있으면 적법성이 인정된다는 입장이다. 과거의 판례에서 판시된 바 있는 입장이다. 대법원 1961.8.26, 4291형상852 참조. 다만 이러한 입장이 오늘날에도 유지되기는 어려울 것이다. ⑤ 결론 : 주관설은 공무원의 주관에 의존한다는 점에서 적법성의 판단이 자의적이 될 수 있으며 나아가 그 범위가 과도하게 확장될 수 있다는 점에서 타당하지 않고, 절충설도 주관적 기준을 고려한다는 점에서 역시 동일한 비판이 가능할 뿐 아니라 판단기준 자체가 모호하며, 일반인표준설은 직무집행의 외관만을 보고 내린 비전문가의 관점에 의존한다는 점에서 역시 불안정한 입장이라고 생각되며, 학계의 비판도 대체로 이러한 내용이다. 객관설이 타당하다고 생각된다.

1537 판례 마찬가지로 현행범 체포의 적법성은 체포 당시의 구체적 상황을 기초로 객관적으로 판단하여야 하고, 사후에 범인으로 인정되었는지에 의할 것은 아니다. 비록 피고인이 식당 안에서 소리를 지르거나 양은그릇을 부딪치는 등의 소란행위가 업무방해죄의 구성요건에 해당하지 않아 사후적으로 무죄로 판단된다고 하더라도, 피고인이 상황을 설명해 달라거나 밖에서 얘기하자는 경찰관의 요구를 거부하고 경찰관 앞에서 소리를 지르고 양은그릇을 두드리면서 소란을 피운 당시 상황에서는 객관적으로 보아 피고인이 업무방해죄의 현행범이라고 인정할 만한 충분한 이유가 있으므로, 경찰관들이 피고인을 체포하려고 한 행위는 적법한 공무집행이라고 보아야 하고, 그 과정에서 피고인이 체포에 저항하며 피해자들을 폭행하거나 상해를 가한 것은 공무집행방해죄 등을 구성한다(대법원 2013.8.23, 2011도4763).

㉥ 직무집행의 적법성의 체계적 지위(참고) : 공무원의 직무집행의 적법성은 공무집행방해죄의 성부를 따짐에 있어서 어느 단계에서 검토되어야 하는가의 문제이다. 이에 대해서는 처벌조건설, 위법성조각사유설, 그리고 구성요건요소설이 대립하고 있다.

ⓐ 처벌조건설 : 본죄에 있어서 직무집행의 적법성은 공무집행방해죄의 성립요건이 아니라 객관적 처벌조건에 불과하다고 본다.[1538] 따라서 직무집행의 적법성에 대한 고의는 본죄의 성립요건이 되지 않으며, 직무집행의 적법성에 대한 착오를 일으킨 경우에도 본죄의 고의는 인정되므로 본죄가 성립하게 된다. 처벌조건설에 대해서는 위법한 직무집행에 대한 저항행위도 정당방위 등을 인정할 수 없다는 비판이 있다.

ⓑ 위법성조각사유설 : 직무집행의 적법성은 본죄의 위법성을 조각시키는 요소가 되고, 위법한 직무집행에 대한 저항으로서의 폭행·협박은 정당방위 등에 의하여 위법성이 조각된다는 입장이다.[1539] 이 견해에 의할 때 적법한 직무집행임에도 불구하고 이러한 직무집행이 위법하다고 오인하여 방위의사에 기한 행위를 한 경우에는, 위법성의 착오[1540](보다 엄밀히는 위법성조각사유의 객관적 전제사실에 대한 착오[1541])로서 그 책임 여부가 검토될 것이다. 위법성조각사유설에 대해서는 위법한 직무집행에 저항하여 폭행·협박한 경우에도 '공무집행방해죄의 구성요건에는 해당'된다는 (주로 구성요건요소설로부터의) 비판이 있다.

ⓒ 구성요건요소설 : 직무집행이 적법해야만 이에 대한 폭행·협박이 공무집행방해죄의 구성요건에 해당할 수 있다는 입장이다(다수설[1542]). 따라서 직무집행의 적법성도 고의의 인식대상이 되며 착오로 이를 인식하지 못한 때에는(직무집행이 위법하다고 오인한 때에는) 구성요건착오로서 고의가 조각되게 된다.

ⓓ 소결 : 구성요건요소설이 타당하다고 생각된다.[1543] 따라서 직무집행의 위법성은 공무집행방해죄의 기술되지 않은 구성요건요소로 파악할 수 있다.

② 행위 – 폭행·협박

㉠ 의의 : 폭행은 사람에 대한 유형력의 행사이고, 협박은 해악을 고지하는 것을 말한다.

㉡ 폭행의 내용 : 본죄의 폭행은 공무원에 대한 직접적·간접적 유형력의 행사를 의미한다(광의의 폭행)(대법원 1998.5.12, 98도662). 따라서 공무원의 보조자에 대한 유형력의 행사(집행리가 아니라 그 인부에 대한 폭행 : 대법원 1970.5.12, 70도561)라든가 물건에 대한 유형력의 행사(파출소 사무실 바닥에 인분을 던지는 등의 행위 : 대법원 1981.3.24, 81도326) 법원9급 07(하)라 하더라도 공무원에 대한 간접적 유형력 행사라고 인정되면 본죄의 폭행이라고 볼 수 있으며, 음향으로 상대방의 청각기관을 직접적으로 자극하여 육체적·정신적 고통을 주는 행위도 유형력의 행사로서 본죄의 폭행에 해당할 수 있다(대법원 2009.10.29, 2007도3584). 국가7급 11 / 국가7급 12 / 법원행시 12 / 법원승진 14 / 경찰간부 11 / 경찰간부 12 / 사시 11 / 사시 16

1538 서일교, 333면.
1539 오영근, 1065면; 유기천(하), 333면; 임웅, 855면; 진계호, 760면.
1540 유기천, ibid; 진계호, ibid.
1541 오영근, ibid; 임웅, ibid.
1542 김성천/김형준, 840면; 김일수/서보학, 856면; 배종대, 791면; 백형구, 588면; 손동권, 787면; 이재상, §44–21; 이형국(Ⅱ), 364면; 정영일, 647면.
1543 또한 구성요건요소설을 취하더라도 직무집행이 위법하다고 오인한 행위자의 경우에 무조건 고의가 조각되는 것은 아니라는 견해도 있다(손동권, 787면 참조). 즉 직무집행의 적법성이란 규범적 구성요건요소이므로 '직무집행의 적법성의 개념에 대한 잘못된 해석'으로 말미암아 자신의 폭행·협박행위가 처벌되지 않는다고 오인한 것은 금지착오 중 포섭의 착오로서 착오의 정당한 이유 여부를 따져 책임 조각 여부를 결정해야 한다는 취지의 주장이다. 적절한 지적이라 생각된다.

판례연구 공무집행방해죄의 폭행 관련 사례

1. 대법원 1996.4.26, 96도281

본죄의 폭행이 아니다 : 교통경찰에 대한 경미한 위협 사례

종로경찰서 교통지도계 소속 의경으로 교통단속업무에 종사하던 공소외 이○○가 피고인이 그 차량운행 중 안전띠를 착용하지 아니하였다는 이유로 이를 단속하기 위하여 … 피고인의 차량을 정차시키고 운전사 쪽의 열린 유리창 윗부분을 손으로 잡고서 피고인에게 운전면허증 제시를 요구하였는데, 피고인이 … 면허증 제시에 응하지 않다가 그대로 출발하려 하므로 잡고 있던 위 차량 운전사 쪽 열린 유리창 윗부분을 놓지 않은 채 10 내지 15m가량을 걸어서 따라가다가 위 차량의 속도가 빨라지자 더 이상 차량을 잡은 채로 있을 수 없어 손을 놓게 되었던 경우, 이러한 사실만으로는 피고인의 행위가 공무집행방해죄에 있어서의 폭행에 해당한다고 할 수 없다.

2. 대법원 1994.9.27, 94도886

본죄의 폭행을 인정한 사례(위 교통경찰 사례와 비교)

의경 조○○이 좌회전 후 횡단보도 앞에 정지한 피고인 차량을 길가로 유도하여 정차시킨 후 신호위반사실을 알리면서 면허증 제시를 요구하였는데, 피고인이 신호위반사실을 부인하여 다시 신호위반임을 고지한 후 면허증 제시를 요구하였음에도 불구하고 피고인이 차를 출발·전진시켰고 위 의경은 시속 약 5km로 서서히 진행하는 피고인 차량의 운전석 쪽 문틀을 한 손으로 잡고 차를 세우라고 하였고, 그래도 계속 진행하자 양 손으로 문틀을 잡고 따라 뛰면서 서라고 하였으나 피고인 차량이 시속 약 20km에 이르기까지 속도를 내자 더 이상 따라 뛰지 못하여 순간적으로 차에 매달려 약 10여m 정도 가다가 차에서 떨어지려고 양발을 땅에 대고 서려는 순간 땅바닥에 넘어지면서 손은 계속 차량을 잡은 채로 약 5m 가량 끌려가다가 차는 정차하였고, 이로 인하여 위 의경의 오른쪽 발이 오른쪽 바퀴에 치여 상해를 입은 사실이 인정된다[도로교통법상의 관련 규정을 살펴보면(제77조 제2항, 제112조, 제118조, 제120조) … 이 사건 의경의 행위는 범칙행위와 시간적·장소적으로 밀접하게 이루어졌을 뿐 아니라 범칙자의 신원확인을 위하여도 동인에게 정차를 요구할 수 있음]. 피고인의 행위는 공무집행방해죄를 구성한다.

3. 대법원 2009.10.29, 2007도3584

공무원의 직무 수행에 대한 비판이나 시정 등을 요구하는 집회·시위 과정에서 음향을 발생시킨 행위가 공무집행방해죄에서의 폭행에 해당하는지 여부(한정 적극) 및 그 판단 기준

민주사회에서 공무원의 직무수행에 대한 시민들의 건전한 비판과 감시는 가능한 한 널리 허용되어야 한다는 점에서 볼 때, ① 공무원의 직무 수행에 대한 비판이나 시정 등을 요구하는 집회·시위 과정에서 일시적으로 상당한 소음이 발생하였다는 사정만으로는 이를 공무집행방해죄에서의 음향으로 인한 폭행이 있었다고 할 수는 없다. 그러나 ② 의사전달수단으로서 합리적 범위를 넘어서 상대방에게 고통을 줄 의도로 음향을 이용하였다면 이를 폭행으로 인정할 수 있을 것인바, 구체적인 상황에서 공무집행방해죄에서의 음향으로 인한 폭행에 해당하는지 여부는 음량의 크기나 음의 높이, 음향의 지속시간, 종류, 음향발생 행위자의 의도, 음향발생원과 직무를 집행 중인 공무원과의 거리, 음향발생 당시의 주변 상황을 종합적으로 고려하여 판단하여야 한다. 국가7급 11 / 국가7급 12 / 법원행시 12 / 법원9급 14 / 경찰간부 11 / 경찰간부 12

㉢ 협박의 내용 : 상대방에게 공포심을 일으킬 목적으로 해악을 고지하는 행위를 의미하는 것으로서, 고지하는 해악의 내용이 그 경위, 행위 당시의 주위상황, 행위자의 성향, 행위자와 상대방의 친숙의 정도, 지위 등의 상호관계 등 행위 당시의 여러 사정을 종합하여 ⓐ 객관적으로 상대방으로 하여금 공포심을 느끼게 하기에 족하면 되고(광의의 협박)(대법원 1989.12.26, 89도1204[1544]; 2011.2.10, 2010도

1544 판례 : 파출소에서 경찰관들에게 폭언을 한 것이 공무집행방해죄에 있어서의 협박에 해당한다고 본 사례 폭력행위 등 전과 12범인 피고인이 그 경영의 술집에서 떠들며 놀다가 주민의 신고를 받고 출동한 경찰로부터 조용히 하라는 주의를 받은 것뿐인데 그 후 새벽 4시의 이른 시각에 파출소에까지 뒤쫓아가서 "우리 집에 무슨 감정이 있느냐, 이 순사새끼들 죽고 싶으냐"는 등의 폭언을 하였다면, 이는 단순한 불만의 표시나 감정적인 욕설에 그친다고 볼 수 없고, 경찰이 계속하여 단속하는 경우에 생명, 신체에 어떤 위해가 가해지리라는 것을 통보함으로써 공포심을 품게 하려는 데 그 목적이 있었다고 할 것이고, 또 이는 객관적으로 보아 상대방으로 하여금 공포심을 느끼게 하기에 족하다고 할 것이다(위 판례).

15986[1545]), 경찰승진(경위) 11 상대방이 현실로 공포심을 품게 될 것까지 요구되는 것은 아니다(대법원 1962.5.17, 4294형상12). 국가9급 14 / 법원행시 06 / 법원행시 09 / 법원행시 12 다만, ⓑ 그 협박이 경미하여 상대방이 전혀 개의하지 않을 정도인 경우에는 협박에 해당하지 않는다고 할 것이다(대법원 1970.6.30, 70도1121; 1989.12.26, 89도1204; 2006.1.13, 2005도4799). 법원행시 12 / 경찰승진(경사) 11

㉣ 폭행 · 협박의 정도 : 폭행 · 협박은 공무집행을 방해할 수 있을 정도에 이를 것을 요한다.[1546] 즉 본죄의 폭행 · 협박은 '적극적인 행위(aktive Tätigkeit)'에 의하여야 한다(통설 · 판례, 대법원 1972.9.26, 72도1783; 1976.3.9, 75도3779[1547]; 2007.6.1, 2006도4449[1548]). 경찰승진(경감이하) 16 따라서 소극적 부작위에 의하여 본죄가 이루어질 수는 없다. 경찰간부 13

㉤ 기수시기 : 본죄는 폭행 · 협박이 가해짐으로써 즉시 기수에 이르며, 직무집행의 현실적 방해는 요하지 않는다(추상적 위험범).

(2) 주관적 구성요건

① 고의 : 본죄의 고의는 상대방이 직무를 집행하는 공무원이라는 사실, 그리고 이에 대하여 폭행 또는 협박을 한다는 사실을 인식하는 것을 그 내용으로 한다. 그 인식은 불확정적인 것이라도 소위 미필적 고의가 있다고 볼 수 있다. 다만 그 직무집행을 방해할 의사를 필요로 하지 아니한다(다수설[1549] · 판례, 대법원 1995.1.24, 94도1949). 법원9급 07(하) / 경찰간부 11 / 경찰승진(공통) 11 / 경찰승진 12 / 경찰채용 10 2차 / 경찰채용 16 1차

② 착오 : 공무원의 직무집행이 적법한 상황이었음에도 이를 인식하지 못하여 저항한 행위자의 경우에는, (직무집행의 적법성의 체계적 지위에 관한 구성요건요소설에 의할 때) 구성요건착오로서 고의가 조각된다. 다만 직무집행의 적법성의 개념 내지 의미를 잘못 파악함에 따라 자신의 행위의 위법성을 인식하지 못한 경우에는 포섭의 착오(금지착오)로써 그 착오에 정당한 이유를 검토하여 책임 여부를 결정해야 한다.

2. 죄수 및 다른 범죄와의 관계

(1) 죄수판단의 기준

① 통설 : 공무(公務)의 수를 기준으로 한다.[1550] 그러므로 동시에 동일한 공무를 집행하는 수인의 공무원

1545 판례 수산업협동조합 조합장인 피고인이 수사 중인 해양경찰서 소속 경찰공무원인 甲에게 전화를 걸어 수사에 대하여 강하게 항의하면서 해양경찰청 고위 간부들과의 친분관계를 이용하여 甲에게 인사상 불이익을 가하겠다고 폭언한 것은 … 甲이 공포심을 느낄 수 있는 해악의 고지로 보인다(위 판례). 경찰승진 13

1546 김봉태(공저), 623면; 김일수/서보학, 860면; 박상기, 659면; 배종대, 792면; 백형구, 589면; 손동권, 789면; 오영근, 1067면; 이재상, §44-23; 이정원, 780면; 이형국(Ⅱ), 368면; 임웅, 857면; 정성근/박광민, 771면; 정영석, 63면.

1547 판례 : 공무집행방해죄의 폭행 · 협박으로 볼 수 없다는 사례 경찰관의 임의동행을 요구받은 피고인이 자기 집 안방으로 피하여 문을 잠갔다면 이는 임의동행 요구를 거절한 것이므로 피요구자의 승낙을 조건으로 하는 임의동행하려는 직무행위는 끝난 것이고 피고인이 문을 잠근 방안에서 면도칼로 앞가슴 등을 그어 피를 보이면서 자신이 죽어버리겠다고 불온한 언사를 농하였다 하여도 이는 자해자학행위는 될지언정 위 경찰관에 대한 유형력의 행사나 해악의 고지표시가 되는 폭행 또는 협박으로 볼 수 없다(대법원 1976.3.9, 75도3779). 경찰승진(경감이하) 16

1548 판례 : 피고인의 행동이 경찰의 공무집행을 방해할 만한 폭행 또는 협박에 해당하지 않는다고 본 사례 예컨대, 甲은 오락실 밖에서 기판이 든 박스를 옮기고 있던 의경 乙을 뒤쫓아 가 '이 박스는 압수된 것이 아니다.'라고 말하며 乙의 손에 있던 박스를 들고 갔는데, 이때 乙이 즉각적으로 대응하거나 저항하지는 않았다면, 甲의 행위는 매우 경미하여 공무원이 개의치 않을 정도이어서 본죄의 폭행 · 협박에는 해당하지 아니한다(대법원 2007.6.1, 2006도4449). 법원9급 07(상)

1549 김성천/김형준, 843면; 김일수/서보학, 860면; 박상기, 663면; 배종대, 793면; 백형구, 590면; 손동권, 789면; 이재상, §44-25; 이정원, 780면; 이형국(Ⅱ), 369면; 임웅, 857면; 정성근/박광민, 772면; 진계호, 765면; 황산덕, 68면. 반면 직무방해의 의사도 필요하다는 소수설은 서일교, 355면; 유기천(하), 332면.

1550 김봉태(공저), 629면; 김성천/김형준, 844면; 김일수/서보학, 862면; 박상기, 661면; 배종대, 793면; 백형구, 604면; 서일교, 331면; 손동권, 790면; 유기천(하), 327면; 이재상, §44-27; 이정원, 777면; 이형국(Ⅱ), 369면; 임웅, 813면; 정성근/박광민, 773면; 진계호, 712면.

을 폭행·협박한 경우에는 본죄의 1죄가 된다고 보게 된다. 본죄의 보호법익이 공무에 있다는 점을 고려할 때 통설이 타당하다고 생각된다.

② 판례 : 공무원(公務員)의 수를 기준으로 판단한다. 경찰간부 13 본죄의 행위가 폭행 또는 협박이기 때문이다. 그러므로 공무를 집행하는 수인의 공무원에 대하여 동시에 폭행 또는 협박을 한 경우에는 수죄의 상상적 경합이라고 본다(대법원 1961.9.28, 4291형상415; 2009.6.25, 2009도3505). 국가9급 14 / 경찰승진(경위) 11 / 경찰승진(경감) 11 / 경찰승진 14 / 사시 13 / 사시 14 따라서 범죄 피해 신고를 받고 출동한 두 명의 경찰관에게 욕설을 하면서 차례로 폭행을 하여 신고 처리 및 수사 업무에 관한 정당한 직무집행을 방해한 것은, 동일한 장소에서 동일한 기회에 이루어진 폭행 행위로서 사회관념상 1개의 행위로 평가하여 2개의 공무집행방해죄의 상상적 경합에 해당된다고 판시하고 있다(대법원 2009.6.25, 2009도3505). 국가9급 12 / 국가9급 14 / 법원행시 09 / 경찰간부 12 / 경찰승진(경위) 11 / 경찰승진(경감) 11 / 경찰승진 14 / 경찰채용 12 1차 / 경찰채용 13 2차 / 경찰채용 18 2차 / 사시 10 / 사시 11 / 사시 12 / 사시 13 / 사시 14

(2) 다른 범죄와의 관계

① 폭행죄 · 협박죄와의 관계 : 폭행죄와 협박죄는 본죄가 성립하면 이에 흡수된다(법조경합). 다만, 폭행치상죄는 본죄와 상상적 경합관계가 성립한다.[1551]

② 살인죄 · 상해죄 · 강도죄와의 관계 : 본죄를 범하여 공무원을 살해·상해한 경우에는 본죄와 살인죄·상해죄는 상상적 경합관계에 있다. 또한 절도가 체포면탈목적으로 본죄를 범하면 준강도죄와 공무집행방해죄의 상상적 경합이 성립한다.[1552] 법원행시 05 / 법원행시 09 / 법원행시 11 / 법원행시 12 / 법원9급 08 / 법원9급 10

③ 강도범이 본죄를 범한 경우 : 강도죄와 공무집행방해죄의 실체적 경합이 성립한다(판례). 국가9급 12 / 법원행시 13 / 법원행시 14 / 법원9급 07(하) / 경찰채용 14 2차

④ 업무방해죄와의 관계 : 업무방해죄(제314조 제1항)의 업무에 공무가 포함되는가의 문제와 관련하여, 본죄와 업무방해죄의 관계를 어떻게 보아야 하는가에 대해서는 아래와 같은 견해의 대립이 있다.

㉠ 업무방해죄의 업무에 공무가 포함된다는 견해(긍정설)[1553] : 긍정설을 따를 때, 공무원이 직무집행 중임에도 불구하고 행위자가 이러한 사실을 모른 채 업무방해의 고의로 허위사실유포·위계·위력의 방법(제314조 제1항 참조)을 사용한 경우에는 공무집행방해죄는 성립하지 않지만 업무방해죄는 성립한다고 보게 된다.

㉡ 업무방해죄의 업무에 공무는 원칙적으로 포함되지 않으나 위력에 의한 공무집행방해의 경우에만 공무가 포함되어야 한다는 견해[1554] : 위력에 의한 공무방해행위는 업무방해죄를 구성한다고 보게 된다.

㉢ 업무방해죄의 업무에 공무는 원칙적으로 포함되지 않지만, 비공무원에 의한 공무수행 또는 비권력적 공무수행은 포함되어야 하고 위력에 의한 공무집행방해의 경우의 공무도 포함되어야 한다는 견해[1555] : 위력에 의한 공무방해행위는 업무방해죄만 성립하게 되며, 위계에 의한 공무방해행위는 위

1551 사례 甲은 주간에 乙의 집에 들어가서 재물을 절취할 것을 결의하고 乙의 집에 담을 넘어 들어갔다. 그런데 그 순간 마침 乙에게 발각되어 甲은 체포를 당하지 않기 위하여 乙을 폭행하였는데 乙은 이로 인하여 전치 5주의 상해를 입었다. 그 직후 그 집을 빠져나오던 甲은 마침 순찰을 돌고 있던 경찰관 丙과 맞닥뜨렸는데 甲을 수상하게 여긴 丙이 甲의 신원을 확인하려 하자 甲은 丙에게 폭행을 하였는데 이로 인하여 丙은 전치 4주의 상해를 입었다. 甲의 형사책임은? 해결 甲은 주거침입죄와 폭행치상죄의 경합범, 공무집행방해죄와 폭행치상죄의 상상적 경합범이 성립한다.

1552 사례 (위 사례에서) 야간에 절도고의로 주거침입한 후 발각되어 빠져나오면서 丙(경찰관)에게 위와 같은 행위를 甲이 하였다면 甲의 형사책임은? 해결 甲의 행위는 공무집행방해죄와 강도치상죄의 상상적 경합범이 성립한다.

1553 배종대, 773면; 서일교, 112면; 임웅, 859면; 정성근/박광민, 205면 및 773면; 정영석, 293면 참조.

1554 이형국(Ⅱ), 369면.

1555 진계호, 216면 및 713면; 황산덕, 241면.

계에 의한 공무집행방해죄(제137조)와 업무방해죄의 상상적 경합[1556]이 성립하게 된다.

㉣ 업무방해죄의 업무에는 공무가 포함되지 않는다는 부정설(다수설 · 판례)[1557] : 업무방해죄의 업무의 성격을 사무(私務)로 제한해야 한다는 견해이다. 가벌성의 범위를 가장 좁게 보는 입장이다.

㉤ 소결 : 부정설이 타당하다는 것은 이미 업무방해죄 부분에서 설명하였다. 부정설을 따를 때, ⓐ 폭행 · 협박에 의한 공무집행방해의 경우에는 업무방해죄의 성립은 배제되고 공무집행방해죄만 성립하며, ⓑ 허위사실의 유포를 통하여 공무집행을 방해하는 것은 공무집행방해죄도 성립하지 않고 업무방해죄도 성립하지 않으며, ⓒ 위계에 의한 공무방해는 업무방해죄는 성립하지 않고 위계에 의한 공무집행방해죄(제137조)만 성립 경찰승진(경감이하) 16하고, ⓓ 위력에 의한 공무방해는 양 죄 모두 성립하지 않게 된다.

03 직무 · 사직강요죄

제136조【공무집행방해】 ② 공무원에 대하여 그 직무상의 행위를 강요 또는 저지하거나 그 직을 사퇴하게 할 목적으로 폭행 또는 협박한 자도 전항의 형과 같다.

1. 의의 및 성격

직무 · 사직강요죄(職務 · 辭職强要罪)는 공무원에 대하여 그 직무상의 행위를 강요 · 저지 또는 사직케 할 목적으로 폭행 · 협박함으로써 성립하는 범죄이다. 따라서 본죄는 목적범이다. 본죄의 보호법익은 공무뿐만 아니라 공무원의 직무상의 안전까지 포함된다(다수설[1558]). 법익보호의 정도는 추상적 위험범이다. 예컨대 세무공무원으로 하여금 자신에게 부과될 부가가치세를 감면해주지 않으면 해당 공무원의 간통사실을 폭로하겠다고 위협하는 행위는 직무강요죄에 해당될 것이다.

2. 구성요건 : 공무 및 직무상의 행위 그리고 기수시기

(1) 장래 집행예정인 공무 및 공무원의 직무의 적법성

본죄의 보호대상이 되는 공무는 공무집행방해죄의 그것과는 달리 '장래 집행예정인 공무'이다. 본죄의 공무원도 장래 직무집행예정인 공무원을 말한다. 또한 직무상 행위의 적법성과 관련하여, 강요목적일 경우에는 직무상 행위의 적법 · 위법을 불문하며, 저지목적일 경우에는 적법할 것을 요한다(통설[1559]). 직무강요목적은 그 자체가 위법하기 때문에 직무상 행위의 적법 여부를 가리지 않지만, 직무저지목적일 때에는 당해 직무집행의 적법성이 그 전제조건일 것을 요구해야 하기 때문이다.

1556 진계호, 713면.

1557 김일수/서보학, 266면 및 846면; 김종원, 168면; 박상기, 215면 및 663면; 백형구, 366면; 손동권, 791면; 오영근, 270면 및 1069면; 유기천(상), 176면; 이재상, §13－15 및 §44－29; 정성근, 902면; 정영석, 294면. 판례는 종래 긍정설이었다가 부정설로 입장을 변경하였다. 대법원 2009.11.19, 2009도4166 전원합의체.

1558 박상기, 664면; 배종대, 794면; 백형구, 586면; 손동권, 791면; 이재상, §44－31; 이형국(Ⅱ), 370면; 임웅, 859면; 정성근/박광민, 774면; 정영석, 64면; 정영일, 649면; 진계호, 757면; 황산덕, 68면. 다만 공무만으로 보는 소수설은 김석휘(주석), 128면; 김성천/김형준, 845면; 김일수/서보학, 862면; 오영근, 1070면; 이정원, 719면 참조. 소수설은 공무만이 본죄의 보호법익이고 공무원의 지위의 안전은 공무를 보호함에 따른 반사적 효과에 불과하다는 취지의 주장이다.

1559 김봉태(공저), 630면; 김석휘(주석), 158면; 김성천/김형준, 845면; 김일수/서보학, 848면; 배종대, 775면; 백형구, 592면; 손동권, 792면; 이재상, §44－35; 이형국(Ⅱ), 371면; 정성근/박광민, 776면; 진계호, 661면.

(2) **직무상의 행위의 범위** : 구체적 권한에 속해야 하는가의 문제

해석상 견해대립이 있는 부분은 '직무상의 행위'의 범위에 대한 문제이다. 이에 대해서는 ① 해당 공무원의 직무행위와 관계있는 행위이면 충분하고 그 권한 내의 행위인가 아닌가는 따지지 않는다는 견해,[1560] ② 공무원의 직무권한에 속한 행위이어야 한다는 견해,[1561] 그리고 ③ 해당 공무원의 구체적 권한에 속할 것을 요하지 않지만 추상적 권한에는 속해야 한다는 견해(다수설[1562])가 대립하고 있다. 생각건대, 본죄의 법익이 공무뿐만 아니라 이와 관련된 공무원의 직무상 지위의 안전에 있다는 점 그리고 그 보호의 정도가 추상적 위험범임을 고려할 때 다수설의 입장이 일관성이 있다고 생각된다.

(3) **행위** : 폭행 · 협박

본죄의 폭행 · 협박의 의미는 공무집행방해죄의 그것과 같다(광의의 폭행, 광의의 협박). 본죄는 추상적 위험범이므로 기수에 도달하기 위하여 직무행위강요 · 저지 · 사직목적의 폭행 · 협박만 있으면 되고 목적의 달성은 요하지 않는다.

3. 죄수 및 다른 범죄와의 관계

공무집행방해죄와 마찬가지로 폭행 · 협박은 본죄의 수단이라는 점에서 본죄가 성립하면 폭행 · 협박죄는 별도로 성립하지 않는다(법조경합). 또한 강요죄(제324조)는 본죄와 상상적 경합의 관계에 있다(다수설[1563]).

표정리 공무집행방해죄와 직무 · 사직강요죄의 차이

구 분	공무집행방해죄	직무 · 사직강요죄
보호대상	현재의 직무집행	장래의 직무집행
행위객체	직무집행 중인 공무원	공무원
주관적 요소	고 의	고의, 목적

04 위계에 의한 공무집행방해죄

제137조 【위계에 의한 공무집행방해】 위계로써 공무원의 직무집행을 방해한 자는 5년 이하의 징역 또는 1천만 원 이하의 벌금에 처한다.

1. 의 의

위계(僞計)에 의한 공무집행방해죄(obstruction of performance of official duties by fraudulent means)는 위계로써 공무원의 직무집행을 방해함으로써 성립하는 범죄이다. 본죄는 행위목적을 이루기 위하여 상대방에게 오인 · 착각 · 부지를 일으키게 하여 이를 이용함으로써 법령에 의하여 위임된 공무원의 적법한 직무에 관하여

1560 김봉태(공저), 630면; 박상기, 664면; 백형구, 592면; 유기천(하), 314면; 정영석, 64면.

1561 김석휘(주석), 157면; 김일수/서보학, 864면; 황산덕, 68면.

1562 배종대, 775면; 백형구, 592면; 서일교, 337면; 손동권, 792면; 오영근, 1071면; 이재상, §44-34; 이형국(Ⅱ), 371면; 이정원, 720면; 이형국(Ⅱ), 371면; 임웅, 860면; 정성근/박광민, 775면; 진계호, 661면.

1563 김일수/서보학, 863면; 배종대, 795면; 서일교, 337면; 오영근, 1071면; 이재상, §44-37; 이정원, 783면; 이형국(Ⅱ), 372면; 임웅, 860면; 정성근/박광민, 775면; 정영일, 649면; 진계호, 768면. 반대견해로는 김봉태(공저), 630면; 김석휘(주석), 159면; 손동권, 793면.

그릇된 행위나 처분을 하게 하는 경우에 성립한다. 본죄는 위계라는 행위수단을 사용한다는 점에서 수정된 구성요건이며, 현재의 직무집행뿐만 아니라 장래의 직무집행도 그 대상이 된다는 점에서 공무집행방해죄와는 다른 구성요건이다.

2. 구성요건

(1) 객체 : 공무

① 권력적 작용 및 비권력적 작용 : 공무원의 직무집행이란 법령의 위임에 따른 공무원의 적법한 직무집행인 이상 공권력의 행사를 내용으로 하는 권력적 작용뿐만 아니라 사경제주체로서의 활동을 비롯한 비권력적 작용도 포함되는 것으로 봄이 상당하다(대법원 2003.10.9, 2000도4993[1564]; 2003.12.26, 2001도6349[1565]). 법원행시 06 / 법원행시 13 / 경찰승진 12 / 경찰채용 10 2차 / 경찰승진(경감이하) 17 / 경찰채용 17 1차

② 적법한 직무집행 : 본죄의 직무집행도 공무집행방해죄의 그것처럼 적법해야 하는 것은 두말할 필요가 없다. 따라서 직무집행의 근거가 된 법령이 헌법에 위반될 때에는 당해 공무도 보호받을 필요가 없기 때문에 본죄도 성립하지 않게 된다. 예컨대, 甲이 초등학교를 졸업하였음에도 초등학교 중퇴 이하의 학력자라는 허위 내용의 인우보증서를 첨부하여 운전면허 구술시험에 응시한 경우에도 본죄는 성립하지 않는다(대법원 2007.3.29, 2006도8189).[1566] 법원행시 14

(2) 행위 : 위계로써 공무집행을 방해하는 것

① 위계 : 행위자의 행위목적을 이루기 위하여 상대방(공무원 및 공무와 관련된 제3자)에게 오인·착각·부지를 일으키게 하여 그 오인·착각·부지를 이용하는 것을 말하며, (소수설·판례에 의하면) 상대방이 이에 따라 그릇된 행위나 처분을 하였다면 본죄가 성립한다.[1567] 법원9급 17 / 경찰채용 16 1차 / 경찰채용 17 1차
위계의 수단은 기망(欺罔) 또는 유혹(誘惑)이다(다수설[1568]). 특히 본죄의 성부와 관련하여 중요한 경우는, 행정관청이 출원사유가 사실과 부합하지 아니하는 경우가 있음을 전제로 하여 인·허가할 것인지 여부를 심사·결정하는 경우 또는 수사기관이 피의자나 참고인 등에 대하여 조사를 하는 경우이다.

㉠ 행정관청의 불충분한 심사에 기인한 업무처리가 이루어진 경우 법원행시 06 / 법원행시 11 / 법원행시 14 : 행정관청이 사실을 충분히 확인하지 아니한 채 출원자가 제출한 허위의 출원사유나 허위의 소명자료를 가볍게 믿고 인가 또는 허가를 하였다면, 이는 행정관청의 불충분한 심사에 기인한 것으로서 출원자의 위계에 의한 것이었다고 할 수 없다. 예컨대, 피의자 등이 수사기관에 대하여 허위사실을 진술

1564 판례 지방자치단체의 공사입찰(종합경기장 건설공사)에 있어서 허위서류를 제출하여 입찰참가자격을 얻고 낙찰자로 결정되어 계약을 체결한 행위는 위계에 의한 공무집행방해죄를 구성한다(대법원 2003.10.9, 2000도4993). 경찰승진 14

1565 판례 감척어선 입찰자격이 없는 자가 제3자와 공모하여 제3자의 대리인 자격으로 제3자 명의로 입찰에 참가하고, 낙찰받은 후 자신의 자금으로 낙찰대금을 지급하여 감척어선에 대한 실질적 소유권을 취득한 경우 본죄가 성립한다고 보고 있다(대법원 2003.12.26, 2001도6349). 경찰승진 14

1566 판례 : 적법한 공무가 아니라면 위계에 의한 공무집행방해죄의 보호대상인 공무에 해당하지 아니한다는 사례 도로교통법 시행령 제49조 제7항, 구 도로교통법 시행규칙(2006.5.30. 행정자치부령 제329호로 전문 개정되기 전의 것) 제69조 제1항의 위임에 따라 제정된 자동차운전면허 사무처리지침은 그 제8조 제1항에서 "구 도로교통법 시행령 제49조 제1항 단서 중 '글을 알지 못하는 사람'이라 함은 초등학교 중퇴 이하의 학력자로서 글을 전혀 읽지 못하거나 잘 읽을 수 없는 사람을 말한다."고 규정하고, 같은 조 제2항에서 구술시험을 희망하는 문맹자는 자신이 초등학교 중퇴 이하의 학력자로서 글을 알지 못하고 있다는 내용이 기재된 인우보증서를 제출하도록 규정하고 있다. 이러한 도로교통법 시행령은 설령 글을 알지 못한다 하더라도 초등학교 졸업 이상의 학력을 가진 사람에게는 구술시험의 응시를 허용하지 않고 있는바, 이는 초등학교 졸업 이상의 학력을 가진 문맹자가 구술시험을 통하여 운전면허를 취득할 수 있는 기회를 합리적인 근거 없이 제한한 것으로서 모법의 위임범위를 벗어나 무효이다.

1567 다수설에 의하면 구체적인 결과의 발생은 요하지 않는다. 후술하기로 한다.

1568 배종대, 796면; 백형구, 607면; 손동권, 794면; 이재상, §44－39; 이형국(Ⅱ), 373면; 정성근/박광민, 776면; 정영석, 64면; 진계호, 769면. 다만 기망 이외에 유혹의 수단을 포함하는 경우는 '유인' 정도에 불과하므로 본죄의 위계의 수단에는 기망만 포함되고 유혹은 배제된다는 소수설은 임웅, 861면 참조.

하거나 허위의 증거를 제출하였다 하더라도, 수사기관이 충분한 수사를 하지 아니한 채 이와 같은 허위의 진술과 증거만으로 잘못된 결론을 내렸다면, 이는 수사기관의 불충분한 수사에 의한 결과여서 피의자 등의 위계에 의하여 수사가 방해되었다고 볼 수 없어 본죄가 성립하지 않는다(대법원 2019.3.14, 2018도18646).[1569]

ⓛ 행정관청에서 충분히 심사를 하였으나 허위임을 발견할 수 없었던 경우 법원행시 07 : 행정관청에서 충분히 심사를 하였다 하더라도 행위자의 적극적인 사술 등에 의해 인 · 허가 요건에 해당되지 못함을 알 수 없었던 경우에는 본죄의 위계에 해당된다고 볼 수 있다. 예컨대, 피의자나 참고인이 적극적으로 허위의 증거를 조작하여 제출하였고 그 증거 조작의 결과 수사기관이 그 진위에 관하여 나름대로 충실한 수사를 하더라도 제출된 증거가 허위임을 발견하지 못하여 잘못된 결론을 내리게 될 정도에 이르렀다면, 이는 위계에 의하여 수사기관의 수사행위를 적극적으로 방해한 것으로서 본죄가 성립된다고 보아야 한다(대법원 2003.7.25, 2003도1609; 2011.2.10, 2010도15986; 2019.3.14, 2018도18646).[1570]

판례연구 위계에 의한 공무집행방해죄에 해당하는 사례

1. 위계에 의한 공무집행방해죄에 해당되는 전통적인 사례

① 시험문제를 사전에 입수하여 시험에 응시하는 부정행위(대법원 1966.4.26, 66도30)
② 국가시험을 보면서 답안쪽지를 전달하는 부정행위(대법원 1967.5.23, 67도650)
③ 간호조무사 자격시험 응시자격을 증명하는 수료증명서를 허위작성 · 제출하는 행위(대법원 1982.7.27, 82도1301)
④ 고등학교 입학원서 추천서란을 허위기재하여 고입 입학전형에 응한 행위(대법원 1983.9.27, 83도1864)
⑤ 운전면허시험에 대리응시하는 행위(대법원 1987.9.9, 86도1245)

2. 대법원 1997.2.28, 96도2825

출원에 대한 심사업무를 담당하는 공무원이 출원인의 출원사유가 허위라는 사실을 알면서도 결재권자로 하여금 오인 · 착각 · 부지를 일으키게 하고 그 오인 · 착각 · 부지를 이용하여 인 · 허가처분에 대한 결재를 받아낸 경우라면, 출원자가 허위의 출원사유나 허위의 소명자료를 제출한 경우와는 달리 더 이상 출원에 대한 적정한 심사업무를 기대할 수 없게 되었다고 할 것이어서 위계에 의한 공무집행방해죄를 구성한다.[1571] 법원행시 07 / 법원행시 08 / 법원9급 09 / 사시 12 / 변호사 13

3. 대법원 2002.9.4, 2002도2064

허위의 진단서를 소명자료로 제출하여 직접 운전할 수 없는 것처럼 가장하여 진단서의 기재내용을 신뢰한 행정관청으로부터 개인택시 운송사업의 양도 · 양수의 인가를 받은 행위는 위계에 의한 공무집행방해죄를 구성한다. 법원9급 09 / 경찰간부 16 / 경찰간부 17

1569 보충 수사기관이 범죄사건을 수사함에 있어서는 피의자 등의 진술 여하에 불구하고 피의자를 확정하고 그 피의사실을 인정할 만한 객관적인 모든 증거를 수집 · 조사하여야 할 권리와 의무가 있고, 한편 피의자는 진술거부권과 자기에게 유리한 진술을 할 권리와 유리한 증거를 제출할 권리가 있지만 수사기관에 대하여 진실만을 진술하여야 할 의무가 있는 것은 아니다.

1570 보충 형사절차를 생각해보더라도, 헌법에 의하여 누구든지 형사상 자기에게 불리한 진술을 강요당하지 아니할 특권이 부여되어 있으나, 그렇다고 하여 자기의 형사처벌을 면하기 위하여 위법한 방법으로 허위의 증거를 조작하는 것까지 허용되는 것은 아니기 때문이다.

1571 사례 甲(전라북도청 수산과 시설지도계장으로서 어업허가신청업무를 담당하고 있음)이 乙(전북도청 수산과 직원)로부터 丙의 어업허가처리를 부탁받고 어선이 없고 선박증서만 있는 丙의 제11봉천호에 대한 어업허가장이 발부되도록 처리하여 달라는 청탁을 받고 이를 승낙한 다음, 丁(甲의 부하직원인 어업허가담당자)에게 어업허가시 필요한 선박실체확인 등 어업허가실태조사를 하지 말고 어업허가처리기안문을 작성하도록 지시하여 동인으로 하여금 어업허가처리기안문을 작성하게 한 다음, 甲이 스스로 중간결재를 하고 그 사정을 모르는 농수산국장 A로부터 최종결재를 받아 전라북도지사 명의의 허가장을 발급하게 하였다. 甲과 丙의 죄책은?(판례에 의함)
해결 甲은 위계에 의한 공무집행방해죄(직무유기는 성립하지 않음)이고, 丙은 무죄이다. 법원행시 07 / 법원행시 08 / 사시 12

4. 대법원 2003.7.25, 2003도1609
음주운전을 하다가 교통사고를 야기한 후 그 형사처벌을 면하기 위해 타인의 혈액을 자신의 혈액인 것처럼 교통사고 조사 경찰관에게 제출하여 감정하도록 한 경우에는 위계에 의한 공무집행방해죄에 해당한다. 법원9급 16 / 경찰간부 17 / 경찰채용 18 1차 / 국가9급 21

5. 대법원 2005.3.10, 2004도8470
도시개발공사의 공고상 보상계획 및 이주대책대상인 종교시설이 되기 위한 기준일 이전에 사찰을 창건하여 주지로서 재직한 바가 없거나, 그 사찰이 위 기준일 이전에 불교종단에 등록된 바가 없음에도, 위 사찰의 등록일을 위 기준일 이전으로 소급한 등록증을 발급받아 이를 위 사찰의 존치요청신청서에 첨부하여 제출한 것은 위계에 의한 공무집행방해죄에서 말하는 위계에 해당한다.

6. 대법원 2005.8.25, 2005도1731
변호인 접견을 이용하여 변호인이 휴대전화와 증권거래용 단말기를 구치소 내로 몰래 반입하고 교도관에게 적발되지 않기 위해 휴대전화의 핸즈프리를 상의 호주머니 속에 숨긴 다음 수용자와 머리를 맞대고 변호인과 수용자가 상담하는 것처럼 보이게 하거나 가방을 세워 두어 통화모습을 가리는 등의 방법으로 마치 형사사건에 관하여 상담하고 있는 것처럼 가장하여 수용자로 하여금 외부와 통화하게 하고 물품을 수수하게 한 것은 위계에 의한 공무집행방해죄를 구성한다. 법원행시 07 / 법원행시 08 / 법원행시 13 / 법원9급 09 / 경찰승진(공통) 10 / 경찰채용 13 1차 / 경찰채용 18 1차 / 사시 10

7. 대법원 2007.10.11, 2007도6101
피고인이 타인의 소변을 마치 자신의 소변인 것처럼 건네주어 필로폰 음성반응이 나오게 한 행위는, 단순히 피의자가 수사기관에 대하여 허위사실을 진술하거나 자신에게 불리한 증거를 은닉하는 데 그친 것이 아니라 수사기관의 착오를 이용하여 적극적으로 피의사실에 관한 증거를 조작한 것이므로 위계에 의한 공무집행방해죄가 성립한다.

8. 대법원 2008.3.13, 2007도7724
담당자가 아닌 공무원이 출원인의 청탁을 들어줄 목적으로 자신의 업무 범위에 속하지도 않는 업무에 관하여 그 일부를 담당공무원을 대신하여 처리하면서 위계를 써서 담당공무원으로 하여금 오인, 착각, 부지를 일으키게 하고 그 오인, 착각, 부지를 이용하여 인·허가 처분(용도변경 신청에 대한 승인서 발급)을 하게 하였다면 이는 담당자가 아닌 공무원의 위계행위가 원인이 된 것이어서 위계에 의한 공무집행방해죄가 성립한다.

9. 대법원 2008.6.26, 2008도1011
병역법상 지정업체에서 전문연구요원으로 근무할 의사가 없음에도 허위내용의 편입신청서를 제출하여 관할관청으로부터 전문연구요원 편입을 승인받고, 관할지방병무청장에게 허위의 공동연구 협약서를 작성·제출하여 파견근무를 신청하여 승인받았다면, 출원인의 위계행위가 원인이 된 것이어서 위계에 의한 공무집행방해죄가 성립한다. 경찰간부 11

10. 대법원 2009.2.26, 2008도11862; 2011.4.28, 2010도14696
범죄행위로 인하여 강제출국당한 전력이 있는 사람이 외국 주재 한국영사관에 허위의 호구부 및 외국인등록신청서 등을 제출하여 사증[1572] 및 외국인등록증을 발급받은 경우에는 위와 같은 이유에서 위계에 의한 공무집행방해죄가 성립한다. 법원행시 11 / 법원행시 13 / 법원행시 16 / 법원9급 16 / 법원9급 22

11. 대법원 2009.3.12, 2008도1321
병역법상의 지정업체에서 산업기능요원으로 근무할 의사가 없음에도 해당 지정업체의 장과 공모하여 허위내용의 편입신청서를 제출하여 관할관청으로부터 산업기능요원 편입을 승인받고, 관할관청의 실태조사를 회피하기 위하여 허위서류를 작성·제출하는 등의 방법으로 파견근무를 신청하여 관할관청으로부터 파견근무를 승인받은 행위는 위계에 의한 공무집행방해죄를 구성한다. 법원9급 16

12. 대법원 2009.9.10, 2009도6541
지방의회 의장 선거의 감표위원이 사전에 투표용지에 감표위원 확인 도장을 날인하면서 누가 어떤 후보에게 투

1572 사증(査證)은 비자(visa)라고도 하며, 외국인에 대한 입국 허가 증명을 말한다.

표하였는지 구별할 수 있도록 투표용지에 표시하고 그 용지에 의하여 투표가 행해진 경우, 그 자체만으로 위계에 의한 공무집행방해죄가 성립한다.[1573]

13. 대법원 2011.5.26, 2011도1484

피고인들이 공모하여 허위의 물량배정계획서와 일괄 작성한 견적서들을 인천지방조달청에 제출하여 위계로써 인천지방조달청장의 단체수의계약 체결에 관한 정당한 직무집행을 방해한 것이다.

14. 대법원 2012.1.27, 2010도11884

피고인들이 그와 같이 담당 공무원으로 하여금 근무성적평정표를 조작하여 근무성적평정위원회에 제출하도록 하여 이에 속은 근무성적평정위원회가 조작된 근무성적평정표에 따라 평정대상 공무원들의 순위와 평정점을 심사·결정하도록 한 것은 위계에 의한 공무집행방해죄에 해당한다.[1574]

15. 대법원 2016.1.28, 2015도17297

① 행정청에 대한 일방적 통고로 효과가 완성되는 '신고'의 경우에는 신고인이 신고서에 허위사실을 기재하거나 허위의 소명자료를 제출하였더라도, 그것만으로는 담당 공무원의 구체적이고 현실적인 직무집행이 방해받았다고 볼 수 없어 특별한 사정이 없는 한 허위 신고가 위계에 의한 공무집행방해죄를 구성한다고 볼 수 없다. 그러나 ② 행정관청이 출원에 의한 인허가처분 여부를 심사하거나 신청을 받아 일정한 자격요건 등을 갖춘 때에 한하여 그에 대한 수용 여부를 결정하는 등의 업무를 하는 경우에는 위 '신고'의 경우와 달리, 출원자나 신청인이 제출한 허위의 소명자료 등에 대하여 담당 공무원이 나름대로 충분히 심사를 하였으나 이를 발견하지 못하여 인허가처분을 하게 되거나 신청을 수리하게 되었다면, 출원자나 신청인의 위계행위가 원인이 되어 행정관청이 그릇된 행위나 처분에 이르게 된 것이어서 위계에 의한 공무집행방해죄가 성립한다. … 등기신청은 단순한 '신고'가 아니라 신청에 따른 등기관의 심사 및 처분을 예정하고 있으므로, 등기신청인이 제출한 허위의 소명자료 등에 대하여 등기관이 나름대로 충분히 심사를 하였음에도 이를 발견하지 못하여 등기가 마쳐지게 되었다면 위계에 의한 공무집행방해죄가 성립할 수 있다. 이는 등기관이 등기신청에 대하여 부동산등기법상 등기신청에 필요한 서면이 제출되었는지 및 제출된 서면이 형식적으로 진정한 것인지를 심사할 권한은 갖고 있으나 등기신청이 실체법상의 권리관계와 일치하는지를 심사할 실질적인 심사권한은 없다고 하여 달리 보아야 하는 것은 아니다. 법원행시 16 / 법원9급 17 / 경찰간부 18 / 국가9급 21

16. 대법원 2022.4.28, 2020도12239

가장혼인 국적 취득 여권 발급 사건

구 국적법 제3조 제1호는 대한민국 국적의 법정 취득 사유로 '대한민국 국민의 처가 된 자'를 정하고 있다. 여기서 '대한민국 국민의 처가 된 자'에 해당하려면 대한민국 국민인 남자와 혼인한 배우자로서 당사자 사이에 혼인의 합의, 즉 사회관념상 부부라고 인정되는 정신적·육체적 결합을 생기게 할 의사의 합치가 있어야 한다. 그런데 외국인 여자가 대한민국에 입국하여 취업 등을 하기 위한 방편으로 대한민국 국민인 남자와 혼인신고를 하였더라도 위와 같은 혼인의 합의가 없다면 구 국적법 제3조 제1호에서 정한 '대한민국 국민의 처가 된 자'에 해당하지 않으므로 대한민국 국적을 취득할 수 없다. …… 중국 국적의 甲은 다른 사람의 인적 사항을 빌려 가장 혼인하여 국적법에 따라 대한민국 국적을 취득한 것처럼 행세하여 대한민국 국민으로서 다른 사람의 인적사항이 기재된 대한민국 여권을 발급받아 이를 출입국시 출입국심사 담당공무원에게 제출하였다. 구 국적법 제3조 제1호에 따라 대한민국 국적을 취득하지 않았는데도 대한민국 국적을 취득한 것처럼 인적 사항을 기재하여 대한민국

1573 보충 무기명투표는 선거인이 누구에게 투표하였는가를 제3자가 알지 못하게 하기 위하여 마련된 선거방식이다. 따라서 지방의회 의장 선거의 감표위원이 되어 투표용지에 사전에 날인하게 된 것을 기화로 누가 어떤 후보에게 투표를 하였는지 구별할 수 있도록 그 용지에 표시를 하는 행위는 무기명투표의 비밀성을 침해하는 행위로서, 그 후에 그 용지에 의하여 투표가 행하여졌다면 그 자체만으로 의원들의 비밀선거에 의한 의장 선출 직무와 의장의 투표사무 감독직무를 위계로써 방해하는 행위에 해당한다고 할 것이다. 거기서 나아가 의원들이 비밀성이 침해되었음을 알아서 자신들의 소신과 다른 투표를 하게 되어야 비로소 의원들 및 의장의 위 직무의 집행이 방해되었다고 할 것은 아니다(위 판례).

1574 보충 – 또 다른 논점 용인시 행정과장인 피고인은 근무성적평정서 작성 및 수정 권한 없는 자에게 재작성한 평정단위별 서열명부의 순위에 맞게 근무성적평정서의 점수를 작성권자의 사전 동의 없이 수정하도록 지시하여 진정하게 성립된 근무성적평정서를 수정케 하였다. … 피고인은 근무성적평정서의 작성명의자들로부터 수정한 부분에 도장을 받아 놓으라고 지시하였다 하여도, 사후에 권한 있는 자의 동의나 추인 등이 있었다고 하더라도 이미 성립한 범죄에는 아무런 영향이 없다(대법원 1998.4.14, 98도16; 2007.6.28, 2007도2714). 피고인에게는 공문서변조죄의 죄책도 성립한다(대법원 2012.1.27, 2010도11884).

여권을 발급받은 다음 이를 출입국심사 담당공무원에게 제출하였다면 위계로써 출입국심사업무에 관한 정당한 직무를 방해함과 동시에 부실의 사실이 기재된 여권을 행사한 것으로 볼 수 있다(위계에 의한 공무집행방해죄, 부실기재여권행사죄 등 성립).

유사 대법원 2022.4.28, 2019도9177

중국 국적의 피고인이 허무인의 인적사항으로 가장 혼인하여 구 국적법 제3조 제1호에 따라 대한민국 국적을 취득한 것처럼 행세하여 대한민국 국민으로서 허무인의 인적사항이 기재된 대한민국 여권을 발급받아 이를 출입국시 출입국심사 담당공무원에게 제출한 행위도 부실기재 여권행사죄와 출입국관리법위반죄에 해당한다.

판례연구 위계에 의한 공무집행방해죄에 해당하지 않는 사례

1. 위계에 의한 공무집행방해죄에 해당되지 않는 전통적인 사례

① 수사기관에 대한 무고의 목적 없는 허위신고행위(대법원 1974.12.10, 74도2841)

② 수사기관에서의 피의자로서의 허위자백 및 참고인으로서의 허위진술행위(대법원 1977.2.22, 76도368; 1972.10.10, 72도1974)

③ 전화가입청약순위에 대하여 허위신고를 한 행위(대법원 1977.12.27, 77도3199)

④ 개인택시면허신청서에 허위의 소명자료를 첨부하여 제출한 행위(대법원 1988.9.27, 87도2174) 경찰채용 12 2차

2. 대법원 1975.7.8, 75도324; 1989.1.17, 88도709; 1997.2.28, 96도2825

행정관청이 출원에 의한 인·허가처분을 함에 있어서는 그 출원사유가 사실과 부합하지 아니하는 경우가 있음을 전제로 하여 인·허가할 것인지 여부를 심사결정하는 것이므로, 행정관청이 사실을 충분히 확인하지 아니한 채 '출원자'가 제출한 허위의 출원사유나 허위의 소명자료를 가볍게 믿고 인가 또는 허가를 하였다면, 이는 행정관청의 불충분한 심사에 기인한 것으로서 출원자의 위계에 의한 것이었다고 할 수 없어 위계에 의한 공무집행방해죄를 구성하지 않는다고 할 것이다. 국가9급 14 / 법원행시 16

3. 대법원 1984.1.31, 83도2290

건물점유자로서 명도집행을 저지할 수 있는 정당한 권능이 있는 자가 그 점유사실을 입증하기 위한 수단으로 임대차계약서 사본을 제시하면서 그 실효된 사실을 고지하지 아니하고 자신이 정당한 임차인인 것처럼 주장하였다고 하더라도 이로써 형법 제137조 소정의 위계에 해당한다고는 볼 수 없다. 법원행시 12 / 경찰간부 11 / 사시 16

4. 대법원 1995.5.9, 94도2990

검사의 몰수판결 집행업무란 몰수를 명한 판결이 확정된 후 검사의 집행지휘에 의하여 몰수집행을 하는 것을 뜻하는 것으로서, 몰수물이 압수되어 있는 경우에는 집행지휘만으로 집행이 종료되게 되며, 몰수물이 압수되어 있지 아니한 경우에는 검사가 몰수선고를 받은 자에게 그 제출을 명하고 이에 불응할 경우 몰수집행명령서를 작성하여 집달관에게 강제집행을 명하는 방법으로 집행하는 것으로 족하므로, 몰수물이 압수되어 있는 이상 검사의 몰수판결 집행업무는 타인의 위계에 의하여 방해당할 수 없는 성질의 업무이다.

5. 대법원 1996.10.11, 96도312; 1972.12.27, 77도284

민사소송을 제기함에 있어 피고의 주소를 허위로 기재하여 법원공무원으로 하여금 변론기일소환장 등을 허위주소로 송달하게 한 경우 이로써 법원의 송달업무가 불능에 이르게 된다고는 할 수 없어 위계에 의한 공무집행방해죄를 구성하지 아니한다. 법원9급 22

6. 대법원 2002.12.27, 2002도4020

세무공무원이 세무에 관한 범칙사건의 조사를 필요로 하는 때에는 범칙혐의자나 참고인을 심문, 압수 또는 수색할 수 있다는 조세범처벌절차법의 규정에 비추어보면, 세무공무원이 범칙사건을 조사함에 있어서는 범칙혐의자나 참고인의 진술 여하에 불구하고 범칙혐의자를 확정하고 그 범죄사실을 인정할 만한 객관적인 제반 증거를 수집·조사하여야 할 권리와 의무가 있다고 할 것이고, 범칙혐의자나 참고인에게 법적으로 진실만을 말하도록 의무가 지워져 있는 것도 아니므로, 범칙혐의자나 참고인이 세무공무원에 대하여 허위진술을 하였다 하더라도 위계에 의한 공무집행방해죄를 구성한다고 할 수 없다.[1575]

1575 관련 판례 피의자나 참고인은 수사기관에 진실만을 진술하거나 증거를 제출하여야 할 법률상의 의무를 지는 것은 아니므로,

7. 대법원 2003.11.13, 2001도7045
법령에서 어떤 행위의 금지를 명하면서 이를 위반하는 행위에 대한 벌칙을 두는 한편 공무원으로 하여금 그 금지규정의 위반 여부를 감시·단속하게 하고 있는 경우, 그 공무원에게는 금지규정 위반행위의 유무를 감시하여 확인하고 단속할 권한과 의무가 있으므로 단순히 공무원의 감시·단속을 피하여 금지규정에 위반하는 행위를 한 것에 불과하다면 그에 대하여 벌칙을 적용하는 것은 별론으로 하고 위계에 의한 공무집행방해죄를 구성한다고는 볼 수 없다. 따라서 교도소 수용자가 교도관의 감시·단속을 피하여 금지물품인 담배를 소지·수수·교환하거나 허가 없이 전화 등의 방법으로 다른 사람과 연락한 경우에 위계에 의하여 교도관 또는 구치소장의 공무집행을 방해한 것을 볼 수 없다. 법원행시 10 / 경찰간부 11 / 경찰승진(경감) 11

8. 대법원 2009.4.23, 2007도1554
국립대학교의 전임교원 공채심사위원인 학과장 甲이 지원자 乙의 부탁을 받고 이미 논문접수가 마감된 학회지에 乙의 논문이 게재되도록 돕고, 그 후 연구실적심사의 기준을 강화하자고 제안한 행위는 위계에 의한 공무집행방해죄에 해당하지 않는다. 법원행시 14 / 경찰채용 11 1차 / 경찰채용 13 1차 / 경찰채용 21 2차

9. 대법원 2010.4.15, 2007도8024
과속단속카메라에 촬영되더라도 불빛을 반사시켜 차량 번호판이 식별되지 않도록 하는 기능이 있는 제품('파워매직세이퍼')을 차량 번호판에 뿌린 상태로 차량을 운행한 행위만으로는, 교통단속 경찰공무원이 충실히 직무를 수행하더라도 통상적인 업무처리과정 하에서 사실상 적발이 어려운 위계를 사용하여 그 업무집행을 하지 못하게 한 것으로 보기 어렵다. 법원9급 11 / 경찰채용 12 1차 / 사시 11

10. 대법원 2010.10.28, 2008도9590
수출입화물방제업체 운영자인 피고인이 국립식물검역소 출장소에 허위의 소독작업결과서가 첨부된 수출식물검사신청서를 제출하여 수출검사합격증명서를 발급받은 경우, 담당공무원이 신청사유의 사실 여부를 정당하게 조사하지 아니한 채 위 합격증명서를 발급한 것이라면, 피고인의 행위로 그 공무집행이 방해되었다고 단정할 수는 없다.

11. 대법원 2011.8.25, 2010도7033
화물자동차 운송주선사업자인 피고인이 관할 행정청에 주기적으로 허가기준에 관한 사항을 신고하는 과정에서 가장납입에 의하여 발급받은 허위의 예금잔액증명서를 제출하는 부정한 방법으로 허가를 받은 경우 위계에 의한 공무집행방해죄가 성립한다고 볼 수 없다.[1576] 경찰간부 12 / 법원행시 16 / 경찰채용 17 1차

12. 대법원 2012.4.26, 2011도17125
가처분신청 시 당사자가 허위의 주장을 하거나 허위의 증거를 제출한 경우
법원은 당사자의 허위 주장 및 증거 제출에도 불구하고 진실을 밝혀야 하는 것이 그 직무이므로, 가처분신청 시 당사자가 허위의 주장을 하거나 허위의 증거를 제출하였다 하더라도 그것만으로 법원의 구체적이고 현실적인 어떤 직무집행이 방해되었다고 볼 수 없으므로 이로써 바로 위계에 의한 공무집행방해죄가 성립한다고 볼 수 없다. 법원행시 16 / 법원9급 16 / 경찰채용 17 1차 / 경찰채용 21 2차 / 국가9급 21

13. 대법원 2021.4.29, 2018도18582
지방의회의원들이 지방의회 의장선거에 있어 특정인을 선출하기로 하고, 그에 따라 투표용지에 각자 기명할 위치를 특정하여 투표하기로 한 합의는 위계에 해당하지 않는다는 사례
지방의회 의원으로서 지방의회의 의장을 선택할 권한을 부여받은 피고인들이 A를 의장으로 선택하기로 정치적 합의를 하고, 그 합의의 이행을 관철하기 위하여 일정한 투표방법을 고안하여 각자 실행하기로 한 것을 가리켜,

---

피의자나 참고인 등이 적극적으로 피의자의 무고함을 입증하는 등의 목적으로 허위의 증거를 조작하여 제출한 것이 아니라 단순히 증거를 감추거나 없애버린 것만으로는 위계로써 수사기관으로 하여금 오인, 착각, 부지를 일으키게 하였다고 할 수 없다. 따라서 보험회사 임원이, 회사 전산시스템에서 관리하고 있던 보험금 출금 관련 데이터가 압수될 상황에 이르게 되자 특정 기간의 위 전산데이터를 삭제한 행위는 '위계로써 특별검사 등의 직무수행을 방해한 것'이라고 볼 수 없다(대법원 2009.6.11, 2008도9437).

1576 보충 제반 사정에 비추어 위 신고는 행정청의 단순한 접수나 형식적 심사를 거친 수리 외에 신고에 대응한 어떠한 적극적·실질적 행정작용에 나아갈 것이 예정되어 있다고 볼 수 없을 뿐 아니라, 행정청이 신고내용의 진실성이나 첨부자료의 취지를 제대로 따져보지 않아 추가 조사를 통한 적정한 관리감독권의 행사에 나아가지 않았더라도 이를 신고인의 위계에 의한 방해의 결과로 볼 수 없다(위 판례).

그것이 과연 정치적으로 정당하거나 바람직한 것인지 여부에 관한 평가는 별론으로 하더라도, 임시의장의 위 직무집행에 대한 관계에서 금지된 행위를 실행한 것으로 단정할 수는 없다. 지방의회 의원들이 사전에 서로 합의한 방식대로 투표행위를 한 것만으로는, 무기명투표원칙에 반하는 전형적인 행위 즉 투표 과정이나 투표 이후의 단계에서 타인의 투표내용을 알려는 행위라거나 자신의 투표내용을 공개하는 것 또는 타인에게 투표의 공개를 요구하는 행위로 평가하기는 어렵기 때문이다. 경찰채용 24 1차

14. 대법원 2022.3.31, 2018도15213

시사프로그램의 제작진의 몰래 구치소 촬영 사건

시사프로그램의 프로듀서 甲과 촬영감독 乙은 구치소장의 허가 없이 구치소에 수용 중인 사람을 취재하기 위하여 명함지갑 형태의 녹음·녹화장비를 몰래 소지한 채 접견담당 교도관의 승낙을 받아 접견실에 들어가 수용자를 취재하였다. …… 단순히 공무원의 감시·단속을 피하여 금지규정을 위반한 것에 지나지 않는다면 그에 대하여 벌칙을 적용하는 것은 별론으로 하고 그 행위가 위계에 의한 공무집행방해죄에 해당한다고 할 수 없다.

유사 대법원 2022.4.28, 2020도8030

시사프로그램을 제작하는 PD 甲은 구치소장의 허가 없이 구치소에 수용 중인 사람을 취재하기 위하여 접견신청서에 수용자의 지인이라고 기재하고, 반입이 금지된 녹음·녹화기능이 내장된 안경을 착용하고 접견실에 들어가 수용자를 접견하면서 대화 장면과 내용을 촬영하고 녹음하였다. 甲에게는 위계에 의한 공무집행방해죄의 죄책이 인정되지 않는다.

15. 대법원 2022.6.30, 2021도244

'집사변호사' 사건

甲은 미결수용 중에 이른바 '집사변호사'를 고용한 후 변호인 접견을 가장하여 형사사건 변호활동이 아닌 개인 업무 처리 등을 하게 하였다. …… 피고인의 변호인 접견교통권 행사가 그 한계를 일탈한 규율위반행위에 해당하더라도 그 행위가 위계공무집행방해죄의 '위계'에 해당하려면 행위자가 상대방에게 오인, 착각, 부지를 일으키게 하여 그 오인, 착각, 부지를 이용함으로써 상대방이 이에 따라 그릇된 행위나 처분을 하여야만 한다. 만약 그러한 행위가 구체적인 직무집행을 저지하거나 현실적으로 곤란하게 하는 데까지는 이르지 않은 경우에는 위계에 의한 공무집행방해죄로 처벌할 수 없다(대법원 2009.4.23, 2007도1554 등). 접견변호사들이 미결수용자인 피고인의 개인적인 업무나 심부름을 위해 접견신청행위를 한 후 피고인과 소송서류 이외의 서류를 주고받고 피고인의 개인적인 연락업무 등을 수행한 것은 교도관들에 대한 위계에 해당한다거나 그로 인해 교도관의 직무집행이 구체적이고 현실적으로 방해되었다고 할 수 없으므로, 피고인이 지시한 접견이 접견교통권의 남용에 해당할 수는 있겠지만 위계공무집행방해죄를 구성하지는 않는다.

보충 헌법이 접견교통권을 기본권으로 보장하는 취지 및 관계 법령들의 규정들을 종합하여 보면, 미결수용자와 변호인 사이의 접견교통권은 최대한 보장되어야 하고 법령의 구체적인 근거가 없는 한 이를 함부로 제한할 수 없다. 미결수용자의 변호인이 교도관에게 변호인 접견을 신청하는 경우 미결수용자의 형사 사건에 관하여 변호인이 구체적으로 어떠한 변호 활동을 하는지, 실제 변호를 할 의사가 있는지 여부 등은 교도관의 심사대상이 되지 않는다.

표정리 본죄의 위계 유무에 관한 사례

위계 인정	1. 시험문제를 사전에 입수하여 시험에 응시하는 부정행위(대법원 1966.4.26, 66도30) 2. 국가시험을 보면서 답안쪽지를 전달하는 부정행위(대법원 1967.5.23, 67도650) 3. 간호조무사 자격시험 응시자격을 증명하는 수료증명서를 허위작성·제출하는 행위(대법원 1982.7.27, 82도1301) 4. 고등학교 입학원서 추천서란을 허위기재하여 고입 입학전형에 응한 행위(대법원 1983.9.27, 83도1864) 법원행시 10 5. 운전면허시험에 대리응시하는 행위(대법원 1987.9.9, 86도1245) 경찰채용 12 2차/경찰간부 17 6. 허위의 진단서를 소명자료로 제출하여 –직접 운전할 수 없는 것처럼 가장하여– 진단서의 기재내용을 신뢰한 행정관청으로부터 개인택시 운송사업의 양도·양수의 인가를 받은 행위(대법원 2002.9.4, 2002도2064) 법원9급 09/경찰채용 11 1차/변호사 14/경찰간부 17 7. 음주운전을 하다가 교통사고를 야기한 후 그 형사처벌을 면하기 위해 타인의 혈액을 자신의 혈액인

위계 인정	것처럼 교통사고 조사 경찰관에게 제출하여 감정하도록 한 경우(대법원 2003.7.25, 2003도1609) 법원행시 06 / 법원행시 11 / 법원9급 09 / 경찰간부 13 / 경찰승진 14 / 경찰채용 10 2차 / 법원9급 16 / 경찰간부 17 8. 지방자치단체의 공사입찰에 있어서 허위서류를 제출하여 입찰참가자격을 얻고 낙찰자로 결정되어 계약을 체결한 행위에 대하여 위계에 의한 공무집행방해죄의 성립을 긍정한 사례(대법원 2003.10.9, 2000도4993) 경찰승진 14 9. 감척어선 입찰자격이 없는 자가 제3자와 공모하여 제3자의 대리인 자격으로 제3자 명의로 입찰에 참가하고, 낙찰받은 후 자신의 자금으로 낙찰대금을 지급하여 감척어선에 대한 실질적 소유권을 취득한 경우, 위계에 의한 공무집행방해죄가 성립한다고 한 사례(대법원 2003.12.26, 2001도6349) 10. 타인의 소변을 마치 자신의 소변인 것처럼 수사기관에 건네주어 필로폰 음성반응이 나오게 한 경우(대법원 2007.10.11, 2007도6101) 경찰채용 23 1차 11. 가장혼인으로 국적을 취득하여 여권을 발급받아 제출한 사례(대법원 2022.4.28, 2020도12239)
위계 부정	1. 수사기관에 대한 무고의 목적 없는 허위신고행위(대법원 1974.12.10, 74도2841) 2. 수사기관에서의 피의자로서의 허위자백 및 참고인으로서의 허위진술행위(대법원 1977.2.22, 76도368; 1972.10.10, 72도1974) 국가7급 14 / 법원행시 10 / 법원행시 11 3. 전화가입청약순위에 대하여 허위신고를 한 행위(대법원 1977.12.27, 77도3199) 4. 개인택시면허신청서에 허위의 소명자료를 첨부하여 제출한 행위(대법원 1988.9.27, 87도2174) 경찰채용 12 2차 5. 민사소송을 제기함에 있어 피고의 주소를 허위로 기재하여 법원공무원으로 하여금 변론기일소환장 등을 허위주소로 송달하게 한 행위(대법원 1996.10.11, 96도312; 1972.12.27, 77도284) 법원행시 10 / 법원행시 11 / 법원9급 09 / 경찰간부 11 / 경찰간부 13 / 경찰승진(공통) 10 / 경찰승진(경감) 11 / 경찰승진 14 / 경찰채용 12 2차 / 사시 10 / 사시 12 6. 허가출원사유에 대하여 행정관청에 허위신고를 하는 행위(대법원 1997.2.28, 96도2825) 7. 교도소 수용자가 교도관의 감시·단속을 피하여 금지물품인 담배를 소지·수수·교환하거나 허가 없이 전화 등의 방법으로 다른 사람과 연락한 경우(대법원 2003.11.13, 2001도7045) 법원행시 10 / 경찰간부 11 / 경찰승진(경감) 11 8. 몰래 구치소 촬영(대법원 2022.3.31, 2018도15213; 2022.4.28, 2020도8030) 9. 집사변호사(대법원 2022.6.30, 2021도244)

② 공무집행방해의 결과를 요하는가의 문제

㉠ 결과필요설 : 본죄의 기수에 도달하기 위해서는 공무집행방해죄와는 달리 공무집행방해의 결과가 발생할 것을 요한다는 견해로서, 소수설[1577]·판례의 입장이다.

판례연구 위계에 의한 공무집행방해죄의 성립에 공무집행방해의 결과를 필요로 한다는 사례

1. 대법원 1977.9.13, 77도284

민사소송을 제기함에 있어 피고의 주소를 허위로 기재하여 법원공무원으로 하여금 변론기일 소환장등을 허위주소로 송달케 하였다는 사실만으로서는 이로 인하여 법원공무원의 구체적이고 현실적인 어떤 직무집행이 방해되었다고 할 수는 없으므로 이로써 바로 위계에 의한 공무집행방해죄가 성립된다고 볼 수는 없다. 법원행시 10 / 법원행시 11 / 법원9급 09 / 경찰간부 13 / 경찰채용 12 2차

2. 대법원 2000.3.24, 2000도102; 2003.2.11, 2002도4293

위계에 의한 공무집행방해죄는 위계에 의하여 상대방이 그릇된 행위나 처분을 하여야만 이 죄가 성립하는 것이고, 만약 범죄행위가 구체적인 공무집행을 저지하거나 현실적으로 곤란하게 하는 데까지는 이르지 아니하고 미수에 그친 경우에는 위계에 의한 공무집행방해죄로 처벌할 수 없다. 법원행시 06 / 경찰승진(경사) 11 / 경찰승진(경감) 11

1577 서일교, 336면; 황산덕, 69면; 백형구, 594면; 오영근, 1073면; 황산덕, 69면.

㉡ 결과불요설 : 공무집행방해죄와 마찬가지로 본죄는 직무집행을 방해할만한 위험이 있으면 족하고 직무집행이 현실적으로 방해되는 결과발생을 요하지 않는다는 입장이다(추상적 위험범, 다수설[1578]).

(3) 주관적 구성요건

앞서 검토한 공무집행방해죄에서는 직무를 집행하는 공무원에 대하여 폭행·협박한다는 사실에 대한 인식과 의사가 있으면 고의가 있으며 별도의 직무방해의 의사는 필요하지 않다고 설명하였다. 그러나 본죄는 자기의 위계행위로 인하여 공무집행을 방해하려는 의사가 있는 경우에만 성립한다(다수설[1579]·판례, 대법원 1970.1.27, 69도2260; 1973.6.26, 72도2698). 경찰간부 13 / 경찰채용 12 1차 / 경찰승진(경감이하) 17 본죄의 구성요건은 공무집행방해죄의 구성요건과 서로 다르기 때문이다.

> **판례연구** 위계로 인하여 공무집행을 방해하려는 의사가 없어 본죄가 성립하지 않는다는 사례
>
> 1. 대법원 1970.1.27, 69도2260
> 피고인이 경찰관서에 허구의 범죄를 신고한 까닭이 생활에 궁하여 오로지 직장을 구하여 볼 의사로서 허위로 간첩이라고 자수를 한 데 불과하고 더 나아가서 그로 말미암아 공무원의 직무집행을 방해하려는 의사까지 있었던 것이 아니라면 위계에 의한 공무집행방해죄는 성립하지 않는다.
>
> 2. 대법원 1974.12.10, 74도2841
> 자가용차를 운전하다가 교통사고를 낸 사람이 경찰관서에 신고함에 있어 가해차량이 자가용일 경우 피해자와 합의하는데 불리하다고 생각하여 영업용택시를 운전하다가 사고를 내었다고 허위신고를 하였다 하더라도 이 사실만으로 공무원의 직무집행을 방해할 의사가 있었다고 단정하기 어려우므로 위계로 인한 공무집행방해죄가 성립하지 않는다. 경찰채용 14 2차

3. 다른 범죄와의 관계

(1) 본죄와 직무유기죄의 관계

본죄가 성립하는 경우 직무위배의 위법상태가 위계에 의한 공무집행방해행위 속에 포함되어 있는 것이라고 보아야 하므로, 이와 같은 경우에는 작위범인 위계에 의한 공무집행방해죄만이 성립하고 부작위범인 직무유기죄는 따로 성립하지 아니한다고 봄이 상당하다고 할 것이다. 예를 들어, 어업허가 담당공무원이 출원인이 어업허가를 받을 수 없는 자라는 사실을 알면서도 그 직무상의 의무에 따른 적절한 조치를 취하지 않고 오히려 부하직원으로 하여금 어업허가처리기안문을 작성하게 한 다음, 자기 스스로 중간결재를 하는 등 행위로써 본죄가 구성되는 경우 직무유기죄는 별도로 성립하지 않는다(대법원 1997.2.28, 96도2825). 법원행시 07 / 법원행시 08 / 법원9급 06 / 변호사 13 / 사시 12 / 경찰채용 24 1차

(2) 본죄와 경매·입찰방해죄의 관계

범죄행위가 법원경매업무를 담당하는 집행관의 구체적인 직무집행을 저지하거나 현실적으로 곤란하게 하는 데까지는 이르지 않고 입찰의 공정을 해하는 정도의 행위라면 형법 제315조의 경매·입찰방해죄에만 해당될 뿐, 형법 제137조의 위계에 의한 공무집행방해죄에는 해당되지 않는다(대법원 2000.3.24, 2000도102). 경찰채용 12 3차 / 사시 16

1578 김봉태(공저), 631면; 김석휘(주석), 160면; 김일수/서보학, 867면; 박상기, 665면; 손동권, 795면; 이재상, §44-41; 이정원, 780면; 이형국(Ⅱ), 374면; 임웅, 863면; 정성근/박광민, 778면; 정영석, 65면; 진계호, 663면.

1579 김성천/김형준, 848면; 김일수/서보학, 851면; 배종대, 777면; 손동권, 796면; 오영근, 1076면; 이형국(Ⅱ), 374면; 임웅, 863면; 정성근/박광민, 779면; 진계호, 663면; 황산덕, 70면. 직무집행을 방해할 의사는 불필요하다는 소수설은 이재상, §44-42.

05 법정 · 국회회의장모욕죄

제138조【법정 또는 국회회의장모욕】 법원의 재판 또는 국회의 심의를 방해 또는 위협할 목적으로 법정이나 국회회의장 또는 그 부근에서 모욕 또는 소동한 자는 3년 이하의 징역 또는 700만 원 이하의 벌금에 처한다.

1. 구성요건

법정·국회회의장모욕죄(法廷·國會會議場侮辱罪, contempt of court or national assembly) 중 법정모욕에 있어서 모욕(侮辱)에는 증인(證人)이 정당한 이유 없이 선서를 거부하거나 증언을 거부하는 경우도 포함된다는 견해가 있으나,[1580] 이러한 경우에는 선서거부·증언거부에 대한 별도의 제재를 받으면 충분하고 경멸(輕蔑)의 의사가 표현되는 모욕에 포함된다고 볼 수는 없다(통설[1581]). 본죄는 목적범(目的犯)으로서 법원의 재판 또는 국회의 심의를 방해·위협할 목적이 있어야 하나, 기수에 도달하기 위해서는 모욕·소동함으로써 충분하고 그 목적의 달성은 요하지 않는다(추상적 위험범).

2. 형법상 법정모욕죄와 법원조직법상 법정경찰권의 관계(참고)

본죄 중 법정모욕죄는 법원조직법상의 법정경찰권(法廷警察權)과의 관계가 문제되는바, 법원조직법 제61조 제1항에서는 "법원은 직권으로 법정내외에서 제58조 제2항의 명령 또는 제59조[1582]에 위배하는 행위를 하거나 폭언·소란 등의 행위로 법원의 심리를 방해하거나 재판의 위신을 현저하게 훼손한 자에 대하여 결정으로 20일 이내의 감치 또는 100만 원 이하의 과태료에 처하거나 이를 병과할 수 있다."라고 규정되어 있으며, 이를 법원의 법정경찰권이라고 한다.

그런데 형법상 법정모욕죄와 법원조직법상 법정경찰권은 —행위태양이나 목적 요부에 있어 다소 차이가 있으나 — 양자 모두 법정의 질서를 유지함으로써 법원의 재판기능을 보호하는 데 그 입법목적이 중복되고 있다. 다만 형법상 법정모욕죄는 형벌을, 법원조직법상 법정경찰권은 감치 내지 과태료와 같은 행정벌(질서벌)을 그 제재수단으로 삼고 있다는 점에서 엄연한 차이가 있기 때문에, 별개의 제재로써 독립적으로 부과할 수밖에 없다(다수설[1583]). 이에 형법상 법정모욕죄는 폐지하자는 입법론이 제기되고 있다.[1584]

06 인권옹호직무방해죄

제139조【인권옹호직무방해】 경찰의 직무를 행하는 자 또는 이를 보조하는 자가 인권옹호에 관한 검사의 직무집행을 방해하거나 그 명령을 준수하지 아니한 때에는 5년 이하의 징역 또는 10년 이하의 자격정지에 처한다.

1580 유기천(하), 335면.
1581 김봉태(공저), 632면; 김석휘(주석), 162면; 김일수/서보학, 869면; 박상기, 666면; 배종대, 778면; 백형구, 595면; 손동권, 797면; 이재상, §44-46; 이형국(Ⅱ), 376면; 임웅, 864면; 정성근/박광민, 782면, 진계호, 665면.
1582 법원조직법 제58조 (법정의 질서유지) ② 재판장은 법정의 존엄과 질서를 해할 우려가 있는 자의 입정금지 또는 퇴정을 명하거나 기타 법정의 질서유지에 필요한 명령을 발할 수 있다.
제59조 (녹화 등의 금지) 누구든지 법정 안에서는 재판장의 허가 없이 녹화·촬영·중계방송 등의 행위를 하지 못한다.
1583 김성천/김형준, 850면; 김일수/서보학, 870면; 박상기, 667면; 배종대, 798면; 백형구, 596면; 서일교, 338면; 손동권, 798면; 이재상, §44-49; 이형국(Ⅱ), 377면; 임웅, 865면; 정성근/박광민, 782면; 진계호, 773면. 다만 양죄의 상상적 경합을 인정하는 소수설[김봉태(공저), 633면], 법조경합으로서 택일관계라는 소수설[유기천(하), 336면], 법조경합으로서 보충관계에 있다는 소수설[김석휘(주석), 163면]도 있다.
1584 오영근, 1080면; 이재상, ibid.

1. 구성요건

(1) 주 체

인권옹호직무방해죄(人權擁護職務妨害罪, obstruction of official duties for vindication of human rights)의 주체는 경찰의 직무를 행하는 자 또는 이를 보조하는 자이다(진정신분범). 법원행시 14

(2) 객체 – 인권옹호에 관한 검사의 직무

① 인권 : 범죄수사 과정에서 사법경찰관리에 의하여 침해되기 쉬운 인권으로서, 주로 헌법 제12조에 의한 국민의 신체의 자유 등을 그 내용으로 한다.

② 검사의 직무 : 사법경찰관리의 수사에 대한 감독(형사소송법 제81조, 제115조, 제209조), 전속적 영장청구권(헌법 제12조 제3항), 체포·구속장소감찰(형사소송법 제198조의2) 등을 말한다(대법원 2010.10.28, 2008도11999).

(3) 행위 – 인권옹호에 관한 검사의 직무집행을 방해하거나 그 명령을 준수하지 않는 것

① 인권옹호에 관한 검사의 직무집행 방해 : 작위범이며 폭행·협박도 포함된다(통설[1585]).

② 인권옹호에 관한 검사의 명령을 준수하지 않는 것

㉠ 인권옹호에 관한 검사의 명령 : 사법경찰관리의 직무수행에 의하여 침해될 수 있는 인신 구속 및 체포와 압수수색 등 강제수사를 둘러싼 피의자, 참고인, 기타 관계인에 대하여 헌법이 보장하는 인권 가운데 주로 그들의 신체적 인권에 대한 침해를 방지하고 이를 위해 필요하고도 밀접 불가분의 관련성 있는 검사의 명령 중 그에 위반할 경우 사법경찰관리를 형사처벌까지 함으로써 준수되도록 해야 할 정도로 인권옹호를 위해 꼭 필요한 검사의 명령으로 보아야 하고 나아가 법적 근거를 가진 적법한 명령이어야 한다(다수설[1586]·판례, 헌법재판소 2007.3.29, 2006헌바69).

㉡ 준수하지 않는 것 : 부작위범의 형태이므로 진정부작위범으로 볼 수 있다.

판례연구 검사가 구속영장 청구 전 대면조사를 위하여 사법경찰관리에게 긴급체포된 피의자의 인치를 명하는 것이 적법한 수사지휘에 해당하는지 여부(한정 적극)

대법원 2010.10.28, 2008도11999

사법경찰관이 검사에게 긴급체포된 피의자에 대한 긴급체포 승인 건의와 함께 구속영장을 신청한 경우, 검사는 긴급체포의 승인 및 구속영장의 청구가 피의자의 인권에 대한 부당한 침해를 초래하지 않도록 긴급체포의 적법성 여부를 심사하면서 수사서류 뿐만 아니라 피의자를 검찰청으로 출석시켜 직접 대면조사할 수 있는 권한을 가진다고 보아야 한다. 따라서 이와 같은 목적과 절차의 일환으로 검사가 구속영장 청구 전에 피의자를 대면조사하기 위하여 사법경찰관리에게 피의자를 검찰청으로 인치할 것을 명하는 것은 적법하고 타당한 수사지휘 활동에 해당하고, 수사지휘를 전달받은 사법경찰관리는 이를 준수할 의무를 부담한다. 다만 체포된 피의자의 구금 장소가 임의적으로 변경되는 점, 법원에 의한 영장실질심사 제도를 도입하고 있는 현행 형사소송법 하에서 체포된 피의자의 신속한 법관 대면권 보장이 지연될 우려가 있는 점 등을 고려하면, 위와 같은 검사의 구속영장 청구 전 피의자 대면조사는 긴급체포의 적법성을 의심할 만한 사유가 기록 기타 객관적 자료에 나타나고 피의자의 대면조사를 통해 그 여부의 판단이 가능할 것으로 보이는 예외적인 경우에 한하여 허용될 뿐, 긴급체포의 합당성

1585 김봉태(공저), 663면; 김석휘(주석), 166면; 박상기, 668면; 배종대, 775면; 백형구, 597면; 손동권, 798면; 이재상, §44－52; 이형국(Ⅱ), 379면; 임웅, 866면; 정성근/박광민, 783면; 정영석, 66면; 황산덕, 71면. 다만 폭행·협박은 제외되어야 한다는 소수설은 유기천(하), 336면 참조.

1586 김석휘(주석), 165면; 김성천/김형준, 851면; 박상기, 668면; 배종대, 779면; 백형구, 597면; 손동권, 799면; 오영근, 1082면; 이재상, §44－53; 이형국(Ⅱ), 378면; 임웅, 866면; 정성근/박광민, 783면; 진계호, 666면. 다만 검사의 명령이 위법하다고 판단할 현저한 사유가 없는 한 명령의 적법 여부를 불문한다는 소수설은 김봉태(공저), 634면; 김일수/서보학, 855면; 유기천(하), 317면; 정영석, 67면; 황산덕, 72면 참조.

이나 구속영장 청구에 필요한 사유를 보강하기 위한 목적으로 실시되어서는 아니 된다. 나아가 검사의 구속영장 청구 전 피의자 대면조사는 강제수사가 아니므로 피의자는 검사의 출석 요구에 응할 의무가 없고, 피의자가 검사의 출석 요구에 동의한 때에 한하여 사법경찰관리는 피의자를 검찰청으로 호송하여야 한다.[1587]

2. 다른 범죄와의 관계

검사가 긴급체포 등 강제처분의 적법성에 의문을 갖고 대면조사를 위한 피의자 인치를 2회에 걸쳐 명하였으나 사법경찰관이 이를 이행하지 않은 경우, 형법 제139조에 규정된 인권옹호직무명령불준수죄와 형법 제122조에 규정된 직무유기죄의 각 구성요건과 보호법익 등을 비교하여 볼 때, 인권옹호직무명령불준수죄가 직무유기죄에 대하여 법조경합 중 특별관계에 있다고 보기는 어렵고 양 죄를 상상적 경합관계로 보아야 한다(대법원 2010.10.28, 2008도11999).

3. 입법론

입법론으로는 검사의 명령을 준수하지 않은 경찰관에게 형벌을 내리는 것은 적절치 않고 징계처분을 내려야 한다는 점 및 검사의 직무집행을 폭행·협박을 사용하여 방해한 경우에는 공무집행방해죄로 처벌하면 족하다는 점을 고려하여 본죄는 폐지해야 한다는 견해가 다수학설이다.[1588]

07 공무상 비밀표시무효죄

제140조 【공무상 비밀표시무효】 ① 공무원이 그 직무에 관하여 실시한 봉인 또는 압류 기타 강제처분의 표시를 손상 또는 은닉하거나 기타 방법으로 그 효용을 해한 자는 5년 이하의 징역 또는 700만 원 이하의 벌금에 처한다.

1. 의의 및 성격

공무상 비밀표시무효죄(公務上 秘密標示無效罪, rendering null and void symbol of official secrecy)는 공무원이 그 직무에 관하여 실시한 봉인 또는 압류 기타 강제처분의 표시를 손상 또는 은닉하거나 기타 방법으로 그 효용을 해함으로써 성립하는 범죄이다. 본죄는 강제처분의 표시에 관한 국가의 기능을 그 보호법익으로 삼는다.

본죄부터 공무상비밀침해죄(제140조 제2항·제3항), 부동산강제집행효용침해죄(제140조의2), 공용서류무효죄(제141조 제1항), 경찰승진 12 공용물파괴죄(동조 제2항), 공무상보관물무효죄(제142조)는 미수범 처벌규정을 두고 있다(제143조). 따라서 본죄는 결과범이자 침해범의 성격을 가진다.

1587 보충 긴급체포된 피의자에 대한 긴급체포의 승인 및 구속영장 청구 여부를 심사한 검사가 이 사건 긴급체포 등 강제처분의 적법성에 의문을 갖고 수사서류 외에 피의자를 대면조사할 충분한 사유가 있었던 것으로 보이므로, 2회에 걸친 검사의 이 사건 명령은 적법하고 타당한 수사지휘권의 행사에 해당하고, 사법경찰관리의 체포 등 강제수사 과정에서 야기될 수 있는 피의자의 신체적 인권에 대한 침해를 방지하기 위하여 사법경찰관리를 형사처벌까지 함으로써 준수되도록 해야 할 정도로 인권옹호를 위해 꼭 필요한 검사의 명령으로 봄이 상당하다. 또한 원심이 인정한 이 사건 명령의 외관, 형식 및 내용, 이 사건 명령이 발하여진 시기와 경위 등을 종합하면, 사법경찰관인 피고인으로서는 이 사건 명령이 강제수사 과정에서의 인권옹호에 관한 것임을 충분히 알고 있었던 것으로 보인다(위 판례의 판결이유).

1588 박상기, 668면; 배종대, 778면; 유기천(하), 317면; 이재상, §44-50; 이정원 723면; 이형국(Ⅱ), 380면; 임웅, 866면; 정성근/박광민, 782면; 진계호, 665면.

2. 객관적 구성요건

(1) **객체** - 공무원이 그 직무에 관하여 실시한 봉인·압류 기타 강제처분의 표시

① 공무원 : '널리 법령에 의하여 공무에 종사하는 직원'을 말한다. 예컨대, 법원의 감수보존처분은 일종의 집행보존처분으로서 압류의 집행과 동일한 효력이 있어 감수보존처분이 있는 때에는 압류의 효력이 생기게 되므로, 법원의 감수보존결정에 따라 감수보존인으로 선임된 자는 법원의 위임을 받아 공무를 집행하는 직원으로서의 지위를 가진다(대법원 2002.12.27, 2002도4906).

② 적법 · 유효한 강제처분표시의 존재 : 본죄가 성립하기 위해서는 공무원이 그 직무에 관하여 적법하게[1589] 실시한 봉인(封印)[1590] 또는 압류(押留)[1591] 기타 강제처분(强制處分)[1592]의 표시(標示)가 존재(현존)해야 한다(대법원 1997.3.11, 96도2801). 법원행시 05 / 법원9급 08 / 법원9급 12

㉠ 본죄의 객체로 인정되는 경우 : 강제처분의 유효성이 인정되는 한, 그 결정의 정당·부당은 불문하므로 가처분결정이 부당한 경우에도 그 표시의 효력에는 영향이 없다(대법원 2000.4.21, 99도5563).[1593] 경찰간부 17 법원의 가처분결정에 대하여 집행관이 한 강제처분표시의 효력은 그 가처분결정이 적법한 절차에 의하여 취소되지 않은 한 지속되는 것이고 그 효력을 부정할 수 없는 것이기 때문이다(대법원 2005.6.9, 2005도1085). 또한 압류가 해제되지 않은 이상, 채무를 변제하였다는 것만으로 압류의 효력이 부정되는 것은 아니다(대법원 1981.10.13, 80도1441).[1594]

1589 다수설·판례이다. 김봉태(공저), 635면; 김석휘(주석), 170면; 김일수/서보학, 873면; 박상기, 669면; 배종대, 780면; 백형구, 598면; 서일교, 340면; 손동권, 800면; 오영근, 1085면; 이재상, §44-57; 이형국(Ⅱ), 381면; 임웅, 868면; 정성근/박광민, 786면; 정영석, 68면; 진계호, 667면. 판례는 대법원 1965.9.25, 65도495 등 참조. 다만 직무에 관련된 강제처분 표시이면 보호받아야 한다는 소수설은 유기천(하), 337면; 황산덕, 72면 참조.

1590 **봉인**이란 특별한 의미가 있는 것은 아니고 압류하므로 임의처분을 금지한다는 사항이 기재된 표시 내지 설비를 말한다. 보통 인영(印影)을 사용하는 경우가 많다. 다만 공무원이 인장을 사용하지 않고 압류물건, 압류연월일, 압류취지, 관직 성명 등을 기재한 종이쪽지(압류한다는 취지의 문자를 기입한 종이)를 첨부하는 것도 본죄의 봉인의 표시라고 볼 수 있다(통설·판례). 판례는 대법원 1972.9.12, 72도1441 참조.

1591 **압류**라 함은 넓게는 채권자 등의 신청을 받은 국가기관이 강제로 다른 사람의 재산처분이나 권리행사 등을 못하게 하는 것을 말하고(광의의 압류), 좁게는 공무원이 '그 직무상 보관해야 할 물건을 자신의 점유로 옮기는 강제처분(협의의 압류)'을 말한다. 본죄의 '압류'는 협의의 압류로 보고, '기타 강제처분'은 광의의 압류에 속하는 협의의 압류 이외의 강제처분으로 보는 것이 통설·판례이다. 압류는 채무자가 빚을 갚지 못해 자신의 재산을 압류당하는 경우가 대부분인데 민사집행법에 의한 유체동산의 압류·가압류·가처분이 이에 해당하며, 국세체납으로 인해 채납자의 재산이 압류당하는 국세징수법상 압류도 있다. 압류는 그 대상에 따라 방법이 달라지는데, 물건 등 유체동산에 대해서는 '봉인'을 붙이거나 그 물건을 따로 관리하는 등의 방법으로 실시한다. 본죄의 압류는 이러한 유체동산의 압류, 가압류, 가처분, 국세징수법상 압류 등을 말한다. 압류가 실시되면 압류가 해제될 때까지 채무자는 자기 재산에 대한 처분권이 없다.

1592 **기타 강제처분**이란 압류 이외의 처분인데, 물건 등의 점유를 공무원의 점유 하에 옮기지 않고 피처분자로 하여금 일정한 작위 또는 부작위를 명하는 것으로서, 민사집행법상의 부동산압류나 금전채권압류와 같은 것이 여기에 속한다. 예컨대 부동산이나 선박에 대해서는 집행법원의 강제경매·강제관리 개시결정을 채무자에게 보내서 실시하고, 예금, 월급, 채권 등의 금전채권과 같은 기타 재산권에 대해서는 집행법원의 압류명령을 채무자나 제3자에게 전달해서 실시한다. 역시 압류가 실시되면 압류 해제시까지 채무자는 자기 재산에 대한 처분권이 없다. 이처럼 부동산이나 선박 또는 금전채권에 대한 압류는 '기타 강제처분'으로 분류하는 것이 통설이다. 김봉태(공저), 635면; 김일수/서보학, 857면; 박상기, 666면; 배종대, 799면; 손동권, 800면; 유기천(하), 337면; 이재상, §44-56; 이정원, 783면; 이형국(Ⅱ), 381면; 임웅, 867면; 정성근/박광민, 785면; 정영석, 68면.

1593 판례 A는 B로부터, 수원지방법원 소속 집행관이 1995.4.4. A 소유의 기계에 대하여 유체동산 가압류집행을 실시하고 그 뜻을 기재한 표시를 하였음을 전해 들어 알고 있으면서, C로 하여금 이 사건 기계들을 가져가도록 하였다. 그런데 이 사건 가압류 집행 이전에 이미 A는 C에게 이 사건 기계를 양도하기로 하는 합의가 있었다. 그렇다 해도 **위 가압류가 당연무효가 되는 것이 아닌 이상 A가 가압류를 무효라고 믿은 데에 정당한 이유가 없으므로,** A에게는 공무상 비밀표시무효죄의 죄책이 인정된다(대법원 2000.4.21, 99도5563). 국가7급 07 / 사시 14

1594 판례 : **압류가 경합된 경우에 한 채권자에게만 변제하고 압류된 유체동산을 처분한 경우 공무상비밀표시무효죄가 성립한다는 사례** 채권자 甲에 의하여 압류된 피고인 소유 유체동산에 대하여 다시 **채권자 乙에 의하여 조사절차가 취하여진 경우**에는 乙에 대한 관계에 있어서도 압류의 효력이 미친다고 할 것이니, 피고인이 甲에 대한 채무를 변제하였다 하여도 **그 압류가 해제되지 아니한 한 압류상태에 있다고 할 것이니 甲에 대한 변제사실만 가지고는 압류의 효력이 없다고 할 수 없고,** 이를 처분한 피고인에게 공무상 비밀표시무효에 관한 고의가 없었다고도 할 수 없다(대법원 1981.10.13, 80도1441).

판례연구 공무상 표시무효죄의 객체로 인정되는 사례

1. 대법원 1985.7.9, 85도1165
피고인은 출입금지 및 건물건축공사방해금지 가처분결정에 기하여 집행관이 실시한 가처분결정 표시의 효력이 존속하고 있는 동안에 그 효용을 해치는 행위를 하였음이 명백하므로 피고인에 대하여 공무상 비밀표시무효죄의 성립을 인정한 조치는 정당하다.

2. 대법원 2001.1.16, 2000도1757
가압류공시서에 다소의 흠이 있으나 전체적으로 보아 가압류목적물이 특정됨을 인정할 수 있는 경우 공무원이 실시한 봉인 등의 표시에 절차상 또는 실체상의 하자가 있다고 하더라도 객관적 · 일반적으로 그것이 공무원이 그 직무에 관하여 실시한 봉인 등으로 인정할 수 있는 상태에 있다면 적법한 절차에 의하여 취소되지 아니하는 한 공무상 표시무효죄의 객체로 된다.[1595] 법원행시 05 / 법원9급 09 / 경찰승진 12 / 경찰채용 18 3차

3. 대법원 2005.6.9, 2005도1085
법원이 시설물에 대한 사용금지가처분 결정을 하고 집행관이 위 결정에 따라 위 시설물을 사용하지 말도록 위 가처분의 집행을 하고 그 표시를 하였으며, 위 가처분의 집행 및 표시가 적법한 절차에 의하여 취소된 바가 없음에도, 피신청인인 입주자대표회의의 회장인 피고인이 위 표시에 반하여 이를 계속 사용한 것은, 가사 피고인이 자신의 이익을 위한 것이 아니라 입주민들의 이익을 위하여 그와 같이 하였다 하더라도 공무상표시무효죄가 성립한다.

4. 대법원 2007.3.15, 2007도312; 2001.1.16, 2000도1757
특허권을 침해하였다는 소명이 있다는 이유로 가처분집행이 행하여졌으나 후일 그 본안소송에서 위 특허가 무효라는 취지의 대법원 판결이 선고되어 그 피보전권리의 부존재가 확정된 경우에도, 적법한 절차에 의하여 취소되지 아니하는 한 위 가처분집행의 표시는 본죄의 객체가 된다.

ⓛ 본죄의 객체로 인정되지 않는 경우 : 공무원이 그 직권을 남용하여 위법하게 실시한 봉인 또는 압류 기타 강제처분의 표시임이 명백하여 법률상 부존재 · 부적법 · 당연무효라고 볼 수 있는 경우에는 그 봉인 등의 표시는 공무상 표시무효죄의 객체가 되지 아니하여 이를 손상 또는 은닉하거나 기타 방법으로 그 효용을 해한다 하더라도 본죄가 성립하지 아니한다. 법원행시 08 / 법원행시 12 / 법원승진 12 / 법원9급 09 그러므로 강제처분이 완결된 이후에는 본죄는 성립하지 않는다.

판례연구 공무상 표시무효죄의 객체로 인정되지 않는 사례

1. 대법원 1965.9.25, 65도495
부동산인도의 강제집행에 있어서 집달리가 채무자의 점유를 해제하고 이를 채권자에게 인도함으로써 강제집행을 완결한 후 그 인도집행의 뜻을 기재한 표목을 세웠다 하여도 그 표시는 법률상 아무런 효력을 발생할 수 없는 것이므로 채무자가 그 표목을 빼어버리고 그 토지에 들어갔다 하여도 공무상 비밀표시무효죄가 성립되지 아니한다(법률상 효력을 발생할 수 없는 표식을 손상한 경우 공무상 비밀표시무효죄가 성립하지 아니한다는 판례이다).

2. 대법원 1975.5.13, 73도2555
채무자가 채권가압류결정의 정본을 송달받고서 제3채무자에게 가압류된 돈을 지급하였어도 채권가압류결정의

1595 보충 - 위 판례의 사실관계 가압류 집행장소인 이 사건 채무자 甲 소유의 농장에는 3,100마리의 비육돈이 사육되고 있었다. 그런데 집행관은 가압류집행을 하면서 정확한 비육돈의 숫자를 세어보지도 않고 비육돈을 30kg에서 40kg, 40kg에서 60kg, 60kg에서 90kg의 세 단계로 구분하여 각 1,000마리씩을 가압류하고 나머지 약 100마리 정도는 병든 돼지라서 담보가치가 없다고 보아 이를 가압류에서 제외하였다. 이 가압류공시서에는 위와 같이 폐사될 100여 마리를 고려하여 3,000마리를 가압류목적물로 표시하였다는 취지의 기재를 하지 아니하고, 3,000마리의 중량을 일일이 측정하지 아니한 채 중량별로 세 분류로 나누어 1,000마리씩 기재한 흠이 있기는 하다. 그런데 甲은 위 비육돈 중 일부를 다른 곳에 처분한 것이다.

송달을 받은 것이 본조의 강제처분의 표시가 있었다거나 형법 제142조 소정의 공무상 보관명령이 있었다고도 볼 수 없으니 공무상 비밀표시무효죄나 공무상 보관물의 무효죄 둘 다 성립하지 않는다.

3. 대법원 1985.7.23, 85도1092
강제집행 완결 후의 건물침입행위 : 공무상 비밀표시무효죄 ×, 부동산강제집행효용침해죄 ○
집행관이 채무자 겸 소유자의 건물에 대한 점유를 해제하고 이를 채권자에게 인도한 후 채무자의 출입을 봉쇄하기 위하여 출입문을 판자로 막아둔 것을 채무자가 이를 뜯어내고 그 건물에 들어갔다 하더라도 이는 강제집행이 완결된 후의 행위로서 채권자들의 점유를 침범하는 것은 별론으로 하고 공무상 비밀표시무효죄에 해당하지 않는다. 법원행시 08 / 법원행시 12

4. 대법원 2008.12.24, 2006도1819
공무상 표시무효죄는 공무원이 그 직무에 관하여 봉인, 동산의 압류, 부동산의 점유 등과 같은 구체적인 강제처분을 실시하였다는 표시를 손상·은닉하는 등의 행위를 해야 성립하므로, 집행관이 부작위를 명하는 가처분 발령사실을 고시하였을 뿐 구체적인 집행행위를 하지 않은 상태이라면 채무자가 부작위명령을 위반하였다 하여도 본죄에 해당되지 않는다. 법원행시 12 / 법원9급 12

5. 대법원 2010.9.30, 2010도3364
집행관이 영업방해금지 가처분결정의 취지를 고시한 공시서를 게시하였을 뿐 어떠한 구체적 집행행위를 하지 않은 상태에서 위 가처분에 의하여 부과된 부작위명령을 피고인이 위반한 경우, 공무상 표시의 효용을 해하는 행위를 하였다고 볼 수 없다.

(2) **행위** – 손상·은닉 기타 방법으로 강제처분 표시의 효력을 해하는 것

① 기타 방법 : 표시의 효용을 해하는 일체의 행위로서 손상 또는 은닉 이외의 방법으로 그 표시 자체의 효력을 사실상으로 감쇄(減殺) 또는 멸각(滅却)시키는 것을 의미하며(대법원 2004.10.28, 2003도8238; 2007.7.27, 2007도4378), 압류물건의 매각·절취, 봉인한 통에서 내용물인 액체를 유출시키는 행위, 영업금지가처분에 위반되는 영업의 계속행위 등이 포함된다. 다만 그 표시의 근거인 처분의 법률상의 효력까지 상실케 할 것까지 요하는 것은 아니다. 따라서 채권자나 집행관 몰래 원래의 보관장소로부터 상당한 거리에 있는 다른 장소로 압류물을 이동시킨 경우에도 객관적으로 집행을 현저히 곤란하게 한 것이 되어 '기타의 방법으로 그 효용을 해한 경우'에 해당된다(대법원 1986.3.25, 86도69).[1596]

판례연구 공무상표시무효죄 중 '그 효용을 해하는 것'의 의미

대법원 2018.7.11, 2015도5403
형법 제140조 제1항이 정한 공무상표시무효죄 중 '공무원이 그 직무에 관하여 실시한 압류 기타 강제처분의 표시를 기타 방법으로 그 효용을 해하는 것'이란 손상 또는 은닉 이외의 방법으로 그 표시 자체의 효력을 사실상으로 감쇄 또는 멸각시키는 것을 의미하는 것이지, 그 표시의 근거인 처분의 법률상 효력까지 상실케 한다는 의미는 아니다. 집행관이 유체동산을 가압류하면서 이를 채무자에게 보관하도록 한 경우 그 가압류의 효력은 압류된 물건의 처분행위를 금지하는 효력이 있으므로, 채무자가 가압류된 유체동산을 제3자에게 양도하고 그 점유를 이전한 경우, 이는 가압류집행이 금지하는 처분행위로서, 특별한 사정이 없는 한 가압류표시 자체의 효력을 사실상으로 감쇄 또는 멸각시키는 행위에 해당한다. 이는 채무자와 양수인이 가압류된 유체동산을 원래 있던 장소에 그대로 두었더라도 마찬가지이다. 국가7급 22

② 부작위 : 본죄는 부작위로도 범할 수 있다(부진정부작위범). 예컨대, 압류시설의 보관자 지위에 있는 자

1596 판례 : 압류물을 원래의 보관장소로부터 다른 장소로 이동시킨 사례 집행관이 서울 영등포구에 있는 S여관에서 압류집행을 하고 그 표시를 한 컬러텔레비전 1대와 VTR 녹화기 1대를 피고인이 서울 강서구에 있는 A여관으로 옮김으로써 그 뒤 위 압류물의 소재불명으로 경매의 집행을 불능케 하였다면 본죄에 해당된다(대법원 1986.3.25, 86도69).

는 그 압류시설을 선량한 관리자로서 보관할 주의의무가 있으며(대법원 2003.9.5, 2002다44854), 그 대표이사로서 위 압류시설이 위치한 골프장의 개장 및 운영 전반에 걸친 포괄적 권한과 의무를 지닌 자가 공무상 비밀표시의 훼손에 대한 방지조치 없이 위 개장 및 압류시설 작동을 의도적으로 묵인 · 방치함으로써 예견된 결과를 유발한 경우에는 부작위에 의한 공무상표시무효죄의 성립을 인정할 수 있다(대법원 2005.7.22, 2005도3034[1597]). 경찰간부 13

③ 구체적인 경우

㉠ 점유이전금지가처분을 어긴 경우 : 건물점유이전금지의 가처분집행 후 다른 사람을 건물 일부에 점유케 한 것은 집행관이 가처분집행한 강제처분의 표시의 효력을 해한 것으로 볼 수 있다(대법원 1972.9.12, 72도1441).

판례연구 점유이전금지가처분을 어겨서 공무상 표시무효죄가 성립하는 사례

1. 대법원 1980.12.23, 80도1963

직접점유자에 대한 점유이전금지가처분결정이 집행된 후 그 피신청인인 직접점유자가 가처분 목적물의 간접점유자에게 그 점유를 이전한 경우에는 그 가처분표시의 효용을 해한 것이 된다.[1598] 법원행시 07 / 법원행시 12 / 사시 11

2. 대법원 2004.10.28, 2003도8238

채무자 소유의 건물에 대해 점유이전금지가처분이 내려지고 집행관이 해당 건물에 관하여 가처분을 집행하면서 '채무자는 점유를 타에 이전하거나 또는 점유명의를 변경하여서는 아니된다.'는 등의 집행 취지가 기재되어 있는 고시문을 해당 건물에 부착한 경우에, 채무자가 제3자로 하여금 위 건물 중 3층에서 카페 영업을 할 수 있도록 이를 무상으로 사용케 하였다면, 이는 위 고시문의 효력을 사실상 멸각시키는 행위에 해당된다.[1599] 법원행시 05

㉡ 가처분을 받은 채무자가 특정 채무자로 지정되어 있는 경우 : 그 이외의 자에게는 가처분의 효력이 미치지 않으므로 본죄가 성립하지 않는다. 가처분은 가처분 채무자에 대한 부작위 명령을 집행하는 것이므로 가처분의 채무자가 아닌 제3자가 그 부작위 명령을 위반한 행위는 그 가처분집행 표시의 효용을 해한 것으로 볼 수 없기 때문이다. 법원행시 08 / 법원9급 08

1597 판례의 사실관계 甲은 경기도 광주시 실촌면 오향리 소재 오향관광개발주식회사의 대표이사로서 위 회사가 관리하는 경기컨트리클럽 골프장의 시설물(경락 전 운영자이었던 태우관광개발 주식회사 소유의 모노레이, 엘리베이터)에 대한 압류, 봉인의 조치가 이루어진 사실을 알았음에도 불구하고, 2003.6.30. 위와 같은 압류, 봉인의 사실을 인식하면서도 그 훼손을 방지하기 위한 아무런 조치를 취하지 아니한 채 2003.7.1. 골프장 개장을 방치함으로써 위 압류시설을 사용하게 하여 위 봉인이 훼손되게 되었다. … 대표이사에게는 위와 같은 회사의 대외적 의무사항이 준수될 수 있도록 적절한 조치를 취할 위임계약 혹은 조리상의 작위의무가 존재한다. 여기에는 적어도 위 압류 · 봉인에 의하여 사용이 금지된 골프장 시설물에 대하여 위 시설물의 사용 및 그 당연한 귀결로서 봉인의 훼손을 초래하게 될 골프장의 개장 및 그에 따른 압류시설 작동을 제한하거나 그 사용 및 훼손을 방지할 수 있는 적절한 조치를 취할 의무가 존재하는 것이다. 따라서 이러한 회사의 대표이사인 자가 위와 같은 피고인의 부작위(조치의무 불이행)는 위 봉인을 훼손하고 압류시설을 사용함으로써 그 효용을 해하는 적극적 작위로서의 행위와 다름없다고 형법상 평가될 만한 공무상표시무효죄의 실행행위라고 볼 수 있다 할 것이다.

1598 보충 A를 피신청인으로 하는 점유이전금지가처분결정의 집행이 이루어진 부동산 중 당시 A가 점유하고 있던 부분은 방 1칸으로서 그 부분은 이미 A가 매도하여 명도 및 소유권이전등기의 경료까지 마친 B 소유의 주택 중 일부였고 위 방은 위 명도 및 소유권이전등기 이후에 새로이 A가 세를 얻어 점유하고 있었던 경우, 위 가처분집행 후에 A가 위 방을 소유자 B에게 다시 명도해 준 행위는 공무상표시무효죄를 구성한다는 사례이다.

1599 보충 이는 가족, 고용인 기타 동거자 등 가처분 채무자에게 부수하는 사람을 거주시키는 것과 같이 가처분 채무자가 그 목적물을 사용하는 하나의 태양에 불과하다고 평가할 수 없는 행위이기 때문이다. 또한 위 판례에서는, 비록 점유이전금지가처분 채권자가 가처분이 가지는 당사자(當事者) 항정효로 인하여 가처분 채무자로부터 점유를 이전받은 제3자를 상대로 본안판결에 대한 승계집행문을 부여받아 가처분의 피보전권리를 실현할 수 있다 하더라도 달리 볼 것은 아니라는 점을 밝혀두고 있다.

판례연구 가처분을 받은 채무자가 특정 채무자로 지정된 경우 그 이외의 자에 대한 사례

1. 대법원 1976.7.27, 74도1896
제3자가 건축주를 상대로 건축공사중지가처분집행을 한 후에 건축허가 명의를 피고인이 자기가 대표이사로 있는 회사로 변경하여 건축공사를 계속한 경우에도 압류표시의 효용을 해한 것으로 되지 않는다.[1600] 법원행시 07

2. 대법원 1979.2.13, 77도1455
남편을 채무자로 한 출입금지가처분 명령이 있음에도 불구하고 그 처가 이를 무시하고 출입금지된 밭에 들어가 작업을 한 경우에도 공무상표시무효죄에 해당되지 않는다.

3. 대법원 2007.11.16, 2007도5539
온천수 사용금지 가처분결정이 있기 전부터 온천이용허가권자인 가처분 채무자로부터 이를 양수하고 임대차계약의 형식을 빌어 온천수를 이용하여 온 제3자가 위 금지명령을 위반하여 계속 온천수를 사용한 경우, 위 제3자가 위 가처분 사건 당사자 사이의 권리관계 내용을 잘 알고 있었다거나 그가 실질적으로는 가처분 채무자와 같은 당사자 위치에 있었다는 등의 사정이 있다 하여도 위 위반행위는 공무상표시무효죄를 구성하지 않는다.

ⓒ 출입금지가처분의 경우 : 출입금지가처분은 그 성질상 가처분 채권자의 의사에 반하여 건조물 등에 출입하는 것을 금지하는 것이므로 비록 가처분결정이나 그 결정의 집행으로서 집행관이 실시한 고시에 그러한 취지가 명시되어 있지 않다고 하더라도 가처분 채권자의 승낙을 얻어 그 건조물 등에 출입하는 경우에는 출입금지가처분 표시의 효용을 해한 것이라고 할 수 없다(대법원 2006.10.13, 2006도4740). 법원행시 07 / 법원행시 12 / 법원9급 07(상) / 법원9급 08 / 법원9급 12

ⓓ 압류상태에서 용법에 따라 종전대로 사용하는 경우 : 압류는 채무자의 처분행위를 금하는 것이므로 압류의 효용을 손상하지 않는다면 압류상태에서 그 용법에 따라 종전대로 사용하는 것은 허용된다 할 것이므로 피고인이 압류표시된 원동기를 가동하였다 하여 공무상표시무효죄를 구성한다고 볼 수 없다(대법원 1984.3.13, 83도3291). 압류물을 종전 상태대로 압류하여 채무자에게 보관된 경우 채무자가 이를 종전대로 사용하는 것은 기타 효용의 침해에 해당될 수는 없기 때문이다(대법원 1969.6.24, 69도481).

ⓔ 압류물을 이동시켜야 할 사정이 있어 채권자의 승낙을 얻은 경우 : 집행관이 그 점유를 옮기고 압류표시를 한 다음 채무자에게 보관을 명한 유체동산에 관하여 채무자가 이를 다른 장소로 이동시켜야 할 특별한 사정[1601]이 있고, 그 이동에 앞서 채권자에게 이동사실 및 이동장소를 고지하여 승낙을 얻은 때에는 비록 집행관의 승인을 얻지 못한 채 압류물을 이동시켰다 하여도 본조 소정의 '기타의 방법으로 그 효용을 해한' 경우에 해당한다고 할 수 없다(대법원 2004.7.9, 2004도3029). 법원행시 05 / 법원9급 09

3. 주관적 구성요건

(1) 강제처분 표시의 현존 여부에 대한 인식과 의사

강제처분 표시의 현존 여부에 대한 인식·의사는 본죄의 고의로서 당연히 필요하다.

1600 판례 제3자가 법원으로부터 받은 건축공사중지명령의 가처분집행은 어디까지나 甲회사에 대하여 부작위 명령을 집행한 데 불과한 것이므로 위 가처분집행이 완료된 뒤 피고인이 본건 시공 중인 건축허가 명의를 자기가 대표이사로 있는 乙회사로 변경하여 위 가처분집행을 그대로 둔 채 그 건축공사를 계속하였다는 사실자체만으로는 위와 같은 내용의 가처분집행표시의 효용을 해한 것이라고는 할 수 없으므로 형법 140조 제1항 소정 공무상표시무효죄가 성립하지 아니한다. 법원행시 07

1601 보충 이 판례에서는, 집행관이 자동차용품점을 운영하는 채무자 甲 소유의 유체동산에 대하여 그 점유를 옮기고 압류표시를 한 다음 채무자 甲에게 보관을 명하였는데, 채무자 甲이 자신의 자동차용품점을 이전해야 하는 상황이었다.

(2) 강제처분의 적법성 · 유효성에 대한 인식

강제처분의 유효성 · 적법성에 대한 인식도 본죄의 고의의 내용인가 내지 적법·유효한 강제처분을 적법·유효하지 않다고 오인하여 손상시키는 것은 사실의 착오인가[1602] 법률의 착오인가[1603]에 대해서는 견해의 대립이 있다. 판례는 사실의 착오로 해결하는 경우와 법률의 착오로 해결하는 경우로 나뉜다.

판례연구 강제처분의 적법성 · 유효성에 대한 착오를 사실의 착오로 보아 고의를 조각시킨 사례

1. 대법원 1970.9.22, 70도1206

민사소송법 기타의 공법의 해석을 잘못하여 피고인이 가압류의 효력이 없는 것이라 하여 가압류가 없는 것으로 착오하였거나 또는 봉인 등을 손상 또는 효력을 해할 권리가 있다고 오신한 경우에는 민사법령 기타 공법의 부지에 인한 것으로서 이러한 법령의 부지는 형벌법규의 부지와 구별되어 고의를 조각한다.

2. 대법원 1972.11.14, 72도1248

채권자가 채무자소유의 동산을 가압류한 후 그 본안사건에 관한 합의가 성립되어 그 가압류물건을 인수하기로 하고 담보취소까지 된 경우에 있어서 가압류취소절차를 거침이 없이 가압류목적물건을 가져간 경우 공무상 비밀표시무효의 고의가 있다고는 할 수 없다.

판례연구 강제처분의 적법성 · 유효성에 대한 착오를 법률의 착오로 보아 유죄를 인정한 사례

대법원 1992.5.26, 91도894; 2000.4.21, 99도5563

공무원이 그 직무에 관하여 실시한 봉인 등의 표시를 손상 또는 은닉 기타의 방법으로 그 효용을 해함에 있어서 그 봉인 등의 표시가 법률상 효력이 없다고 믿은 것은 법규의 해석을 잘못하여 행위의 위법성을 인식하지 못한 것이라고 할 것이므로 그와 같이 믿은 데에 정당한 이유가 없는 이상, 그와 같이 믿었다는 사정만으로는 공무상 표시무효죄의 죄책을 면할 수 없다. 따라서 압류물을 집행관의 승인 없이 임의로 그 관할구역 밖으로 옮긴 경우에는 압류물을 이전시킨다는 인식과 의사가 있기 때문에 본죄의 고의가 인정되고, 위와 같은 행위를 하면서 변호사 등에게 문의하여 간단한 자문을 받았다고 해도 자신의 행위가 죄가 되지 않는다고 믿는 데에 정당한 이유가 있다고 할 수 없다. 국가7급 07 / 법원행시 08 / 법원9급 08 / 법원9급 09 / 경찰간부 12 / 사시 14

08 공무상 비밀(봉함 · 문서 · 도화)개봉죄

제140조【공무상 비밀표시무효】 ② 공무원이 그 직무에 관하여 봉함 기타 비밀장치한 문서 또는 도화를 개봉한 자도 제1항의 형과 같다.

아래 제3항의 죄와 함께 공무상 비밀침해죄를 이루는 규정으로서, 비밀침해죄(제316조 제1항)에 대한 가중적 구성요건이다(제316조 제1항과 마찬가지로 추상적 위험범).

1602 고의의 내용으로 보아 사실의 착오로 보는 견해는 박상기, 665면; 손동권, 802면; 이재상, §44−59 등 참조.

1603 적법하지 않다고 오인한 경우를 법률의 착오로 보는 견해는 예컨대 배종대, 780면; 오영근, 968면; 이형국(Ⅱ), 382면; 정성근, 958면 등 참조. 이에 의하면 그 착오의 정당한 이유(제16조)를 심사해야 할 것이다.

09 공무상 비밀(봉함 · 문서 · 도화)내용탐지죄

제140조 【공무상 비밀표시무효】 ③ 공무원이 그 직무에 관하여 봉함 기타 비밀장치한 문서, 도화 또는 전자기록 등 특수매체기록을 기술적 수단을 이용하여 그 내용을 알아낸 자도 제1항의 형과 같다.

1995년 개정형법에 신설된 규정으로서 역시 제316조 제2항에 대한 가중적 구성요건이다(제316조 제2항과 마찬가지로 침해범).[1604]

10 부동산강제집행효용침해죄

제140조의2 【부동산강제집행효용침해】 강제집행으로 명도 또는 인도된 부동산에 침입하거나 기타 방법으로 강제집행의 효용을 해한 자는 5년 이하의 징역 또는 700만 원 이하의 벌금에 처한다.

1. 의의 및 성격

부동산강제집행효용침해죄(不動産强制執行效用侵害罪, infringement on effect of compulsory execution to immov-ables)는 강제집행으로 명도 · 인도된 부동산에 침입하거나 기타 방법으로 강제집행의 효용을 해함으로써 성립하는 범죄이다. 1995년 개정형법에 의하여 신설된 본죄는 부동산에 대한 국가의 강제집행기능을 그 보호법익으로 삼고 있으며, 법익보호의 정도는 침해범이다. 본죄는 미수범을 처벌하고 있다.

2. 구성요건

(1) 주 체

제한이 없다. 따라서 강제집행을 받은 채무자는 물론 채무자의 친족 등 제3자도 본죄의 주체가 될 수 있다.

(2) 객 체

적법한 강제집행으로 명도 또는 인도된 부동산이다.[1605] 여기에는 퇴거집행된 부동산도 포함된다(대법원 2003.5.13, 2001도3212). 법원행시 05 / 법원9급 07(상) / 법원9급 12 / 경찰승진(경위) 11 본죄가 성립하려면 강제집행이 적법해야 함은 물론이다.

(3) 행 위

침입 혹은 기타 방법으로 강제집행의 효용을 해하는 것이다(침해범). 강제집행의 효용을 해하는 것이란 강제집행으로 명도 또는 인도받은 부동산을 권리자가 그 용도에 따라 사용 · 수익하거나 권리행사를 하는 데 초래하는 일체의 침해행위를 말한다(대법원 2002.11.8, 2002도4801).

3. 다른 범죄와의 관계

(1) 주거침입죄와 본죄와의 관계

침입의 방법으로 본죄를 범한 경우에는 주거침입죄는 별도로 성립하지 않는다(법조경합 중 보충관계 중 불가벌적 사전행위). 주거침입행위는 부동산강제집행효용침해행위의 전(前)단계에 해당한다고 볼 수 있기 때문이다.

1604 반대견해로 구체적 위험범설은 배종대, 782면, 추상적 위험범설은 오영근, 969면.
1605 명도(明渡)란 건물에 대한 완전한 지배의 이전을 말하며, 인도(引渡)란 토지 등 부동산의 점유의 이전을 말한다. 다만 2002년 7월 1일 시행된 민사집행법에서는 '인도'라는 용어로 통일되었다(동법 제258조).

(2) 손괴죄와 본죄와의 관계

본죄가 성립하면 손괴죄는 따로 성립하지 않는다(법조경합 중 보충관계 중 불가벌적 사전행위).

(3) 강제집행면탈죄와 본죄의 차이

본죄는 강제집행이 유효하게 실현된 이후에 강제집행의 사실상의 효력을 보호하기 위한 규정이라는 점에서, 강제집행을 면할 목적으로 재산을 은닉·손괴·허위양도 또는 허위의 채무를 부담하여 채권자를 해하는 범죄인 강제집행면탈죄와 구별된다. 즉, 양자는 그 시간적 상황에서 차이가 있다.

11 공용서류 등 무효죄

제141조 【공용서류 등의 무효, 공용물의 파괴】 ① 공무소에서 사용하는 서류 기타 물건 또는 전자기록 등 특수매체기록을 손상 또는 은닉하거나 기타 방법으로 그 효용을 해한 자는 7년 이하의 징역 또는 1천만 원 이하의 벌금에 처한다.

1. 의 의

공용서류 등 무효죄(公用書類 等 無效罪, invalidity of public documents, etc.)는 공문서이거나 사문서를 불문하고 공무소에서 사용 또는 보관 중인 서류 기타 물건 또는 전자기록 등 특수매체기록을 손상·은닉하거나 정당한 권한 없이 그 효용을 해함으로써 성립하는 범죄이다. 행위유형은 재물손괴죄(제366조)의 그것과 유사하나 그 행위객체가 일반적인 재물보다는 특별한 보호를 받아야 한다는 점에서 형벌이 가중된 구성요건이다. 본죄의 보호법익은 공용서류 등의 온전함에 대한 국가의 기능이요, 법익보호의 정도는 침해범이라고 보아야 한다. 본죄의 미수범은 처벌한다.

2. 구성요건

(1) 객체 – 서류 기타 물건 또는 전자기록 등 특수매체기록

① 서류 : '공무소에서 사용되는 이상' 공문서·사문서를 불문하며, 자기명의인가 타인명의인가를 불문하고, 정식절차를 밟아 접수되었는가도 묻지 않으며, 문서의 완성 여부도 묻지 않는다. 따라서 공문서로서의 효력이 생기기 이전의 서류(대법원 1971.3.30, 71도324), 정식의 접수 및 결재 절차를 거치지 않은 문서, 결재 상신 과정에서 반려된 문서(대법원 1998.8.21, 98도360; 1980.10.27, 80도1127; 2006.5.25, 2003도3945 등), 미완성의 문서(대법원 1987.4.14, 86도2779; 2006.5.25, 2003도3945; 2020.12.10, 2015도19296), 증거로서 검찰청에 제출된 사문서, 공무소 보관의 위조문서, 보존기간경과 후의 문서, 작성자와 피의자의 서명날인이 없는 피의자신문조서 등이 이에 포함된다.

② 기타 물건 또는 전자기록 등 특수매체기록 : 기타 물건이란 서류 이외의 물건을 말하며, 전자기록 등 특수매체기록에 대해서는 기술하였다.[1606]

판례연구 공용서류무효죄의 서류는 공무소에서 사용하면 된다.

1. 대법원 1965.12.10, 65도826; 1966.10.18, 66도567

공무원이 작성하는 공문서는 그것이 작성자의 지배를 현실적으로 떠나 작성권자일지라도 변경·삭제 등이 불가능한 정도로 객관화된 단계에 이르렀을 때 한하여, 작성자에 의한 변경·삭제·파기가 이루어진 경우에도 형법

1606 개인적 법익에 대한 죄 중 제3장 명예와 신용에 대한 죄, 제2절 신용·업무에 대한 죄 중 컴퓨터 등 업무방해죄(제314조 제2항) 참조.

제141조 제1항의 범죄가 된다.

2. 대법원 1980.10.27, 80도1127
사법경찰관 사무취급이 작성 중인 피의자신문조서를 찢어 그 효용을 해한 피고인의 소위에 대하여 형법 제141조 제1항을 적용 처단하였음은 정당하다.

3. 대법원 1981.8.25, 81도1830
세무공무원이 상속세신고서 및 세무서 작성의 부과결정서등을 임의로 반환한 경우에는 공용서류무효죄에 해당한다.

4. 대법원 1982.10.12, 82도368
피고인이 작성한 이 사건 진술조서가 상사에게 정식으로 보고되어 수사기록에 편철된 문서가 아니라거나 완성된 서류가 아니라 하여 형법 제141조 제1항 소정의 공무소에서 사용하는 서류에 해당하지 않는 것이라고 할 수 없으니, 피고인이 진술자의 서명무인과 간인까지 받아 작성한 진술조서를 수사기록에 편철하지 않은 채 보관하고 있다가 휴지통에 버려 폐기한 소위는 공용서류무효죄에 해당한다. 경찰간부 17

5. 대법원 1982.12.14, 81도81
피고인이 군에 보관 중인 피고인 명의의 건축허가신청서에 첨부된 설계도면을 떼내고 별개의 설계도면으로 바꿔 넣은 경우 공용서류무효죄가 성립한다.

6. 대법원 1987.4.14, 86도2779; 2006.5.25, 2003도3945
경찰관이 작성한 진술서가 미완성의 문서이고 작성자와 진술자가 서명·날인 또는 무인한 것이 아니어서 공문서로서의 효력이 없다고 하더라도 공무소에서 사용하는 서류가 아니라고 할 수 없으며 피고인과 경찰관 사이의 공모관계의 유무나 피고인의 강제력 행사의 유무가 서류의 효용을 해한다는 인식에 지장을 주는 사유가 되지도 아니한다. 법원행시 08 / 경찰승진(경사) 11 / 사시 14

7. 대법원 2020.12.10, 2015도19296
대통령기록물인 2007년 남북정상회담 회의록 파일 첨부 문서관리카드 무단 파기 사건
공문서(전자공문서 포함)는 결재권자가 서명 등의 방법으로 결재함으로써 성립된다고 할 수 있다. 여기서 '결재'란 문서의 내용을 승인하여 문서로서 성립시킨다는 의사를 서명 등을 통해 외부에 표시하는 행위이다. …… 대통령기록물법상 대통령기록물은 대통령기록물생산기관이 '생산'한 것이어야 하는데, 해당 대통령기록물이 공문서(전자공문서 포함)의 성격을 띠는 경우에는 결재권자의 결재가 이루어짐으로써 공문서로 성립된 이후에 비로소 대통령기록물로도 생산되었다고 봄이 타당하다.[1607]

사례연구 진정서를 피진정인에게 교부한 후 찢은 행위 : 무죄

담당형사 甲이 접수받은 乙에 대한 진정서를 乙에게 임의로 교부하자, 乙은 이를 가지고 진정서 작성자인 丙에게 가지고 가서 이를 찢어버렸다. 乙의 형사책임은?

해결 무죄이다. 형사사건을 조사하던 경찰관이 스스로의 판단에 따라 자신이 보관하던 진술서를 임의로 피고인에게 넘겨준 것이라면, 진술서의 보관책임자인 경찰관은 장차 이를 공무소에서 사용하지 아니하고 폐기할 의도하에 처분한 것이라고 보아야 할 것이므로, 진술서는 더 이상 공무소에서 사용하거나 보관하는 문서가 아닌 것이 되어 공용서류로서의 성질을 상실하였다고 보아야 한다(대법원 1999.9.24, 98도4350).

(2) **행위** – 손상·은닉·기타 방법으로 그 효용을 해하는 것

① 손상·은닉 기타 방법 : 손상의 예로서는 문서에 첨부된 인지를 떼내는 행위, 판결원본의 일부기재를

1607 보충 2007년 남북정상회담 회의록을 폐기한 혐의로 기소된 백종천 전 청와대 외교안보실장과 조명균 전 청와대 안보정책비서관 사건이다. 1, 2심은 이들이 폐기한 자료는 초본(초안)에 불과한데다 노무현 전 대통령이 회의록에 대한 수정·보완 등을 지시했기 때문에 결재가 없었다고 판단해 대통령기록물이 아니라고 판단했으나, 대법원은 대통령이 회의록이 담긴 문서관리카드를 열람하고 전자서명까지 했다면 이는 대통령 결재가 있었던 대통령기록물로 보아야 하므로 대통령기록물 관리에 관한 법률 위반 및 형법상 공용표시무효에 관하여 무죄를 선고한 원심 판결을 파기환송한 것이다.

잉크로 지운 행위(대법원 1960.5.18, 4292형상652)를 들 수 있다. 기타 방법의 예로서는 군에 보관 중인 자기명의 건축허가신청서에 첨부된 설계도면을 다른 설계도면으로 바꾸어 넣은 행위 등이 있을 것이다.

② 정당한 권한이 없을 것 : 본죄는 정당한 권한 없이 공무소에서 사용하는 서류의 효용을 해함으로써 성립하는 죄이므로 권한 있는 자의 정당한 처분에 의한 공용서류의 파기에는 적용되지 않는다(대법원 1995.11.10, 95도1395).

(3) 주관적 구성요건 – 고의

공무소에서 사용하는 서류라는 사실과 이를 손상 또는 은닉하거나 기타 방법으로 그 효용을 해한다는 사실에 대한 인식과 의사가 있음으로써 충분하고(대법원 1987.4.14, 86도2799), 반드시 그에 관한 계획적인 의도나 적극적인 희망이 있어야 하는 것은 아니다(대법원 1998.8.21, 98도360; 2006.5.25, 2003도3945; 2013.11.28, 2011도5329). 법원행시 16

3. 다른 범죄와의 관계

(1) 본죄와 공문서변조죄의 관계

행위자가 군(郡)에 보관중인 자기 명의의 건축허가신청서에 첨부된 설계도면을 떼어 내고 별개의 설계도면으로 바꿔 넣은 경우, 공용서류무효죄와 공문서변조죄의 실체적 경합범이 성립한다는 것이 판례이다(대법원 1982.12.14, 81도81).

(2) 상사의 결재단계에서 상사와 상의한 경우, 본죄와 허위공문서작성죄의 관계

공무원이 작성하는 공문서(교통사고 현장검증을 실시하여 작성한 실황조사서)는 상사가 결재하는 단계에 있어서는 작성자는 결재자인 상사와 상의하여 언제든지 그 내용을 변경 또는 일부 삭제할 수 있는 것이며 그 내용을 정당하게 변경하는 경우는 물론 내용을 허위로 변경하였다 하여도 그 행위가 허위공문서작성죄에 해당할지언정 따로 본죄에 해당한다고는 할 수 없다는 것이 판례이다(대법원 1995.11.10, 95도1395). 즉 작성권자의 무형위조에 불과한 허위공문서작성을 범하는 과정에서 일어난 공용서류무효행위는 정당한 권한 있는 자의 폐기행위에 불과하므로 본죄를 구성하지 않는다는 것이다.

그러나 이러한 판례는 내용을 정당하게 변경하는 경우라면 타당할지 모르나, 내용을 허위로 변경하기 위한 공용서류 폐기행위가 본죄를 구성하지 않는다고 하는 것에는 의문이 있다.

12 공용물파괴죄

제141조【공용서류 등의 무효, 공용물의 파괴】 ② 공무소에서 사용하는 건조물, 선박, 기차 또는 항공기를 파괴한 자는 1년 이상 10년 이하의 징역에 처한다.

공용물파괴죄(公用物破壞罪, destruction of public goods)는 공무소에서 사용하는 건조물 · 선박 · 기차 · 항공기만을 그 객체로 삼는다. 따라서 자동차를 포함시키는 것은 유추해석금지원칙에 반한다(통설[1608]). 이 경우에는 본조 제1항의 공용서류 등 무효죄(공용물건손상죄)가 될 뿐이라고 해야 한다.

파괴란 본래의 용도에 사용할 수 없게 만드는 정도로 만드는 것을 말하며, 손괴보다 무거운 행위로 보면 된다. 만약 손괴에 그치면 본죄가 아니라 제141조 제1항의 공용서류 등 무효죄에 해당될 뿐이다. 본죄도 미수를

1608 포함될 수 있다는 소수설은 진계호, 729면; 황산덕, 75면 참조.

처벌하며, 침해범의 성격을 가진다.

표정리 건조물의 손괴와 파괴

구 분	파괴(중요부분의 손괴)	손괴(물건의 효용을 해하는 것)
공익건조물	공익건조물파괴죄(제367조)	재물손괴죄(제366조)
공용건조물	공용물파괴죄(제141조 제2항)	공용서류·물건무효죄(제141조 제1항)

13 공무상 보관물무효죄

제142조【공무상 보관물의 무효】 공무소로부터 보관명령을 받거나 공무소의 명령으로 타인이 관리하는 자기의 물건을 손상 또는 은닉하거나 기타 방법으로 그 효용을 해한 자는 5년 이하의 징역 또는 700만 원 이하의 벌금에 처한다.

1. 의의 및 성격

공무상 보관물무효죄(公務上 保管物無效罪, invalidity of goods kept in public custody)는 공무소로부터 보관명령을 받거나 공무소의 명령으로 타인이 관리하는 자기의 물건을 손상·은닉하거나 기타 방법으로 그 효용을 해함으로써 성립하는 범죄이다. 자기가 소유하지만 타인의 권리대상인 물건의 효용을 해한다는 점에서 권리행사방해죄(제323조)와 유사하나, 동죄가 개인적 법익 중 소유권 이외의 다른 재산권을 보호하는 범죄라면, 본죄는 공무소의 보관명령에 관한 국가의 공무적 기능을 그 보호법익으로 삼고 있다는 점에서 차이가 있다. 본죄도 침해범이며, 미수를 처벌한다.

2. 구성요건

(1) 주 체

공무소로부터 보관명령을 받거나 공무소의 명령으로 타인이 관리하는 물건의 소유자만 본죄의 주체가 된다. 따라서 본죄는 진정신분범이다.

(2) **객체** – 공무소로부터 보관명령을 받거나 공무소의 명령으로 타인이 관리하는 자기의 물건

① 공무소로부터 보관명령을 받은 자기의 물건 : 여기서 보관명령은 법령에 근거한 적법한 것이어야 한다. 예컨대 민사집행법에 의거하여 유체동산을 압류한 집행관이 채무자에게 보관을 명한 경우가 여기에 속한다(대법원 1960.2.29, 4292형상838).

② 공무소의 명령으로 타인이 관리하는 자기의 물건 : 공무소가 적법한 명령을 내려 소유자의 지배를 배제하고 이를 제3자가 지배하도록 한 물건을 말한다. 여기서 타인은 공무소이든 일반인이든 무방하다.

③ 자기의 물건 : 자기 소유의 물건만 본죄의 객체에 해당된다.

④ 보관명령이라고 볼 수 없는 경우 : 본죄에 포함될 수 없다. 예를 들어, '제3채무자는 채무자에 대한 채무의 지급을 하여서는 아니 된다.'는 내용 등의 가압류결정 정본의 송달을 받은 것은 본죄의 보관명령을 받은 경우에 해당한다고 할 수 없으며(대법원 1983.7.12, 83도1405),[1609] 채무자가 채권가압류결정

1609 **보충** 또한 이 판례에서는 "채권가압류명령이 송달된 후에는 제3채무자는 채무자에게 지급이 금지되고 제3채무자가 이에 위반하여 채무자에게 지급하거나 그 후에 취득한 자동채권으로 상계하더라도 채권자에게 대항할 수 없고, 추심 또는 전부명령을 받은 채권자로부터 변제의 청구를 받으면 이를 거절할 수 없으나 그 지급을 금지당하였다가 추심 또는 전부명령을 받은

의 정본을 송달받고서 제3채무자에게 가압류된 돈을 지급하였어도 채권가압류결정의 송달을 받은 것이 본죄의 공무상 보관명령이 있는 경우도 아니고 제140조 제1항 소정의 강제처분의 표시가 있었다고 볼 수 없으니 공무상 보관물의 무효죄 또는 공무상 비밀표시무효죄가 모두 성립하지 않는다(대법원 1975.5.13, 73도2555).

(3) **행위** – 손상·은닉 기타 방법으로 효용을 해하는 것

본죄는 해당 물건의 효용이 침해된 때 기수가 되는 침해범이며, 미수를 처벌한다.

14 특수공무방해죄 · 특수공무방해치사상죄

제144조【특수공무방해】 ① 단체 또는 다중의 위력을 보이거나 위험한 물건을 휴대 법원9급 13하여 제136조, 제138조와 제140조 내지 전조의 죄를 범한 때에는 각 조에 정한 형의 2분의 1까지 가중한다.
② 제1항의 죄를 범하여 공무원을 상해에 이르게 한 때에는 3년 이상의 유기징역에 처한다. 사망에 이르게 한 때에는 무기 또는 5년 이상의 징역에 처한다.

1. 제1항의 특수공무방해죄

특수공무방해죄(特殊公務妨害罪)는 단체 또는 다중의 위력을 보이거나 위험한 물건을 휴대하여 공무집행방해 및 직무·사직강요죄(제136조), 법정·국회회의장모욕죄(제138조), 공무상비밀표시무효·공무상비밀침해죄(제140조), 부동산강제집행효용침해죄(제140조의2), 공용서류무효·공용물파괴죄(제141조), 공무상보관물무효죄(제142조) 내지 그 미수범(제143조)를 범함으로써 성립하는 범죄이다. 위 죄들에 비하여 행위불법이 가중된 가중적 구성요건이다.

2. 제2항의 특수공무방해치사상죄

특수공무방해치상죄는 공무집행방해죄에 대한 결과적 가중범으로서 무거운 결과에 대한 예견가능성뿐만 아니라 고의가 있는 경우까지도 포함하는 부진정결과적 가중범이다(대법원 1995.1.20, 94도2842).[1610] 국가7급 13 / 법원행시 08 / 경찰간부 12 / 경찰승진(공통) 10 / 경찰승진(경위) 11 / 경찰승진(경사) 11 / 변호사 13 특수공무방해치사죄는 사망에 대하여 과실이 있을 때에만 성립하는 진정결과적 가중범이다.

판례연구 특수공무집행방해치사상죄가 성립하는 사례

1. 대법원 1979.7.24, 79도451
피고인도 그 속에 끼인 단체 또는 다중인 데모대원이 던진 돌에 의하여 공무집행중이던 경찰관이 상해를 입은 경우 피고인이 던진 돌이 동 피해자에게 맞고, 안 맞고를 가리지 않고 특수공무방해치상죄가 성립한다.

채권자에게 지급하는 은행의 행위는 자신의 사무처리행위이지 채권자의 사무처리행위라고 볼 수 없으므로 전부명령을 받은 채권자에게 예금액을 지급하지 않았다 하여 배임죄가 성립하지 않는다."라고도 판시하고 있다.

1610 통설이다. 김성천/김형준, 857면; 김일수/서보학, 885면; 박상기, 675면; 배종대, 806면; 손동권, 809면; 오영근, 1096면; 이재상, §44-75; 이정원, 792면; 이형국(Ⅱ), 391면; 임웅, 876면; 진계호, 787면. 반대하는 소수설은 백형구, 602면; 정성근/박광민, 797면. 판례는 "특수공무집행방해치사상과 같은 이른바 부진정결과적가중범은 예견가능한 결과를 예견하지 못한 경우뿐만 아니라 그 결과를 예견하거나 고의가 있는 경우까지도 포함하는 것이므로, 공무집행을 방해하는 집단행위의 과정에서 일부 집단원이 고의행위로 살상을 가한 경우에도 다른 집단원에게 그 사상이 결과가 예견가능한 것이었다면 다른 집단원도 그 결과에 대하여 특수공무집행방해치사상의 책임을 면할 수 없는 것이다(대법원 1990.6.26, 90도765). 국가7급 10 / 경찰승진 12"라고 하여, 특수공무집행방해치상죄뿐 아니라 특수공무집행방해치사죄까지도 부진정결과적 가중범으로 보는 듯한 판시를 내리고 있으나, 이는 특수공무집행방해치상죄(의 공동정범)에 관한 판결을 내리면서 발생한 단순한 오타로 보는 것이 타당할 것이다.

2. 대법원 2002.4.12, 2000도3485

근로감독관을 폭행하고, 노동조합원 중 일부가 시위진압 경찰관들과의 몸싸움 과정에서 경찰관들에게 상해를 입게 한 경우 그 집회 및 시위에 적극 참가한 금속연맹 지역본부장의 죄책

① 노동조합관계자들과 사용자 측 사이의 다툼을 수습하려 하였으나 노조 측이 지시에 따르지 않자 경비실 밖으로 나와 회사의 노사분규 동향을 파악하거나 파악하기 위해 대기 또는 준비 중이던 근로감독관을 폭행한 행위는 공무집행방해죄를 구성한다. 또한 ② 집회 및 시위에 참가한 노조원 중 일부가 시위진압경찰관들과의 몸싸움 과정에서 경찰관들에게 상해를 입게 한 경우, 금속연맹 지역본부장의 직책을 가지고 그 집회 및 시위에 적극적으로 참가한 피고인에게는 특수공무집행방해치상죄의 공모공동정범으로서의 죄책이 인정된다. 법원행시 08 / 경찰승진(공통) 10

3. 대법원 2008.2.28, 2008도3

자동차로 경찰관을 사망에 이르게 한 사례

자동차는 원래 살상용이나 파괴용으로 만들어진 것이 아니지만 그것이 사람의 생명 또는 신체에 위해를 가하거나 다른 사람의 재물을 손괴하는 데 사용되었다면 폭력행위 등 처벌에 관한 법률 제3조 제1항의 '위험한 물건'에 해당한다고 할 것이며, 한편 이러한 물건을 '휴대하여'라는 말은 소지뿐만 아니라 널리 이용한다는 뜻도 포함하고 있다. 따라서 '위험한 물건'인 자동차를 이용하여 경찰관인 공소외인의 교통단속에 관한 정당한 직무집행을 방해하고 그로 인해 공소외인을 사망에 이르게 한 특수공무집행방해치사죄에 해당한다. 국가7급 12 / 법원행시 07

4. 대법원 2008.11.27, 2008도7311

특수공무방해치상죄와 상해죄의 죄수 : 법조경합으로서 1죄

기본범죄를 통하여 고의로 중한 결과를 발생하게 한 경우에는 가중처벌하는 부진정결과적 가중범에서, 고의로 중한 결과를 발생하게 한 행위가 별도의 구성요건에 해당하고 그 고의범에 대하여 결과적 가중범에 정한 형보다 더 무겁게 처벌하는 규정이 있는 경우에는 그 고의범과 결과적 가중범이 상상적 경합관계에 있다고 보아야 할 것이지만, 국가9급 13 위와 같이 고의범에 대하여 더 무겁게 처벌하는 규정이 없는 경우에는 결과적 가중범이 고의범에 대하여 특별관계에 있다고 해석되므로 결과적 가중범만 성립하고 이와 법조경합의 관계에 있는 고의범에 대하여는 별도로 죄를 구성한다고 볼 수 없다. 국가9급 13 / 국가9급 14 / 사시 10 / 사시 11 / 사시 12 / 국가9급 21

5. 대법원 2010.11.11, 2010도7621

소위 용산참사 사례

재개발지역 내 주민들이 철거에 반대하여 건물 옥상에 망루를 설치하고 농성하던 중 피고인 등이 던진 화염병에 의해 발생한 화재로 일부 농성자 및 진압작전 중이던 일부 경찰관이 사망하거나 상해를 입은 경우, 경찰의 위 농성 진압작전을 위법한 직무집행으로 볼 수 없으므로 피고인들에게는 특수공무집행방해치사상죄 등의 죄책이 인정된다.[1611]

판례연구 특수공무집행방해치사상죄가 성립하지 않는 사례[1612]

대법원 2010.12.23, 2010도7412

특수공무집행방해치상죄의 구성요건 중 폭행의 의미

피고인이 노조원들과 함께 경찰관인 피해자들이 파업투쟁 중인 공장에 진입할 경우에 대비하여 미리 윤활유나 철판조각을 바닥에 뿌려 놓은 것에 불과하고, 위 피해자들이 이에 미끄러져 넘어지거나 철판조각에 찔려 다쳤다는 것에 지나지 않은 경우, 특수공무집행방해치상죄로 볼 수 없다.[1613] 경찰승진 13 / 경찰채용 13 1차 / 경찰승진(경감이하) 17 / 국가7급 22

1611 보충 범죄의 예방·진압 및 수사는 경찰관의 직무에 해당하고(경찰관직무집행법 제2조), 그 직무행위의 구체적 내용이나 방법 등은 경찰관의 전문적 판단에 기한 합리적인 재량에 위임되어 있다고 할 것이다. 따라서 경찰관이 구체적 상황에 비추어 그 인적·물적 능력의 범위 내에서 적절한 조치라는 판단에 따라 범죄의 진압 및 수사에 관한 직무를 수행한 경우에는, 그러한 직무수행이 객관적 정당성을 상실하여 현저하게 불합리한 것으로 인정되지 않는 한 이를 위법하다고 할 수 없다. 특히 불법적인 농성을 진압하는 경찰관들의 직무집행이 법령에 위반한 것이라고 하기 위해서는 그 농성 진압이 불필요하거나 또는 불법 농성의 태양 및 농성 장소의 상황 등에서 예측되는 피해 발생의 구체적 위험성의 내용 등에 비추어 볼 때 농성 진압의 계속 수행 내지 그 방법 등이 현저히 합리성을 결하여 이를 위법하다고 평가할 수 있는 경우이어야 한다(위 판례).

1613 보충 – 또 다른 논점 피고인(노조간부)이 노조원들의 폭행, 상해, 특수공무집행방해치상 등 범행들에 대하여 구체적으로 모의하거나 이를 직접 분담·실행한 바 없었더라도, 피고인이 파업투쟁에 가담하게 된 경위, 위 파업투쟁 및 폭력사태의 경위와

제3절 도주와 범인은닉의 죄

01 총 설

형법상 도주와 범인은닉의 죄(escape and harboring criminals)는 각칙 제9장에 규정되어 있다. 도주의 죄(Gefangenenbefreiung)는 크게 도주죄 및 도주원조죄로 구성되어 있다. 형사사법의 기능과 절차는 체포에 의한 신병확보 및 구금에 의한 신병확보 및 형벌집행에 의하여 현실화되기 때문에 도주와 범인은닉의 죄를 처벌하고 있는 것이다. 도주의 죄는 '국가의 형사사법에 관한 구금권 내지 구금기능'을 그 보호법익을 삼고 있으며, 범인은닉죄(Strafvereitelung, persönliche Begünstigung)는 '국가의 수사권·재판권 내지 형집행권에 관한 형사사법기능'을 그 보호법익을 삼고 있다. 도주죄는 미수를 처벌하고 있으며(심지어 도주원조는 예비·음모도 처벌) 침해범이고, 범인은닉죄는 미수를 처벌하지 않으며 추상적 위험범이다.

다만 형법 제145조 제1항에서는 자기도주행위를 처벌하고 있는데 이는 인간의 자유로워지고자 하는 본능을 고려했을 때 폐지함이 타당하다는 입법론도 제기되고 있다.[1614]

02 단순도주죄

제145조 【도주, 집합명령위반】 ① 법률에 따라 체포되거나 구금된 자가 도주한 경우에는 1년 이하의 징역에 처한다. 〈개정 2020.12.8.〉

1. 주 체

단순도주죄(單純逃走罪)의 주체는 법률에 따라 적법하게 체포·구금되어 신체의 자유를 구속받고 있는 자이다(진정신분범).

진행 과정, 그 과정에서 피고인의 지위 및 역할, 피고인이 작성한 문건의 내용 및 성격 등을 종합할 때, 위 각 범행에 대하여 암묵적인 공모는 물론 본질적 기여를 통한 기능적 행위지배가 있었다고 보아 그 **공동정범**으로 의율한 사례이기도 하다.

1614 서일교, 344면; 손동권, 814면; 오영근, 1100면; 임웅, 877면; 정영석, 72면. 비교법적으로도 독일(형법 제120조 및 제121조), 오스트리아(형법 제300조), 프랑스(형법 제434-27조) 등 대부분의 입법례에서 자기도주 내지 단순도주를 처벌하지 않고 있다. 다만 특수도주 또는 도주원조만 처벌하고 있을 뿐이다. 반면 자기도주도 처벌하는 것이 타당하다는 존치론은 이재상, §45-5; 정성근, 971면 참조.

표정리 단순도주죄의 주체

인 정	부 정
• 수형자(재판확정되어 자유형 집행 중인 자) • 재판확정 전에 피고인 또는 피의자로 구속되어 있는 자 • 환형처분으로 노역장에 유치된 자 • 긴급체포나 현행범으로 체포된 자 • 감정유치 중인 자[1615] • 구인된 피고인 또는 피의자(다수설[1616]) • 소년원에 수용되어 있는 자(통설[1617]) • 법정구속된 피고인 등	• 구인된 증인(다수설[1618]) • 사인에 의하여 현행범으로 체포된 자(다수설[1619]) • 치료감호의 집행을 받는 자(다수설[1620]) • 수사기관에 의해 불법하게 체포된 자(판례[1621]) • (이미 석방상태에 있는) 가석방 · 집행유예 · 보석 · 형집행정지 · 구속집행정지 중인 자 등

판례연구 도주죄의 주체

대법원 2023.12.28. 2020도12586

법정구속 되어 구속 피고인 대기실에 있던 피고인이 도주하려 하였으나 법정 내에서 검거된 사건

법원이 선고기일에 피고인에 대하여 실형을 선고하면서 구속영장을 발부하는 경우 검사가 법정에 재정하여 법원으로부터 구속영장을 전달받아 집행을 지휘하고, 그에 따라 피고인이 피고인 대기실로 인치**되었다면 다른 특별한 사정이 없는 한 피고인은** 형법 제145조 제1항의 '법률에 의하여 체포 또는 구금된 자'에 해당한다(도주미수 인정).[1622]

1615 김봉태(공저), 642면; 김석휘(주석), 194면; 김성천/김형준, 861면; 배종대, 788면; 백형구, 605면; 손동권, 812면; 오영근, 1101면; 이재상, §45－7; 이형국(Ⅱ), 398면; 임웅, 879면; 정성근/박광민, 801면; 진계호, 678면.

1616 형사소송법 제71조에 의한 구인(拘引)된 피고인과 동법 제201조의2 제3항에 의한 구인된 피의자도 본죄의 주체가 된다는 다수설은 김봉태(공저), 643면; 김석휘(주석), 194면; 김일수/서보학, 890면; 백형구, 605면; 오영근, 1101면; 유기천(하), 324면; 이정원, 730면; 임웅, 879면; 정성근/박광민, 801면; 진계호, 678면; 황산덕, 77면 참조. 다만 부정하는 소수설은 김성천/김형준, 861면; 박상기, 676면; 배종대, 788면; 손동권, 813면; 이재상, §45－7; 이형국(Ⅱ), 399면 참조. 부정설의 대체적인 논거는 본죄는 체포 · '구금(拘禁)'된 자가 그 주체이며, 여기에 '구인(拘引)'된 자까지 포함시켜서는 안 된다는 점이다.

1617 김석휘(주석), 194면; 김성천/김형준, 861면; 김일수/서보학, 890면; 박상기, 676면; 배종대, 788면; 백형구, 605면; 손동권, 813면; 오영근, 1102면; 이재상, §45－8; 이형국(Ⅱ), 399면; 임웅, 879면; 정성근/박광민, 802면; 진계호, 678면. 다만 부정하는 소수설은 서일교, 344면; 유기천(하), 324면 참조.

1618 형사소송법 제152조 및 제155조에 의한 구인된 증인(證人)은 국가의 구금권과는 무관한 대상이라는 점과 구인된 자에 불과하다는 점을 고려하여 본죄의 주체에서 배제하는 부정설이 多數학설이다. 김일수/서보학, 890면; 박상기, 676면; 배종대, 788면; 서일교, 345면; 손동권, 813면; 오영근, 1102면; 이재상, §45－7; 이형국(Ⅱ), 399면; 임웅, 880면; 정성근/박광민, 801면; 진계호, 678면; 황산덕, 78면 참조. 다만 긍정하는 소수설은 김석휘(주석), 194면; 백형구, 605면; 정영석, 73면 참조.

1619 김일수/서보학, 890면; 박상기, 676면; 백형구, 605면; 손동권, 812면; 이재상, §45－7; 임웅, 880면; 이정원, 731면; 정성근/박광민, 801면. 다만 긍정하는 소수설은 김석휘(주석), 193면; 오영근, 1102면; 정영석, 73면; 진계호, 678면 참조.

1620 치료감호와 같은 보안처분의 집행을 받는 자에 대해서도 본죄의 주체가 된다는 긍정설(임웅, 879면; 정영석, 73면)과 치료감호법에 의한 제재(동법 제52조)를 받으면 되고 본죄의 주체는 될 수 없다는 부정설[다수설 : 김성천/김형준, 861면; 김일수/서보학, 891면; 박상기, 676면; 배종대, 788면; 백형구, 619면; 손동권, 813면; 이재상, §45－8; 이형국(Ⅱ), 399면]이 대립하고 있다.

1621 판례 : 불법체포된 자는 도주죄의 주체에 해당되지 않는다는 사례 사법경찰관이 피고인을 수사관서까지 동행한 것이 사실상의 강제연행, 즉 불법체포에 해당하고, 불법체포로부터 6시간 상당이 경과한 후에 이루어진 긴급체포 또한 위법하므로 피고인이 **불법체포된 자로서 형법 제145조 제1항에 정한 '법률에 의하여 체포 또는 구금된 자'가 아니어서 도주죄의 주체가 될 수 없다**(대법원 2006.7.6, 2005도6810). 법원행시 14 / 경찰간부 17

1622 보충 형사소송법은 재판의 집행 일반에 관하여 재판의 성질상 법원 또는 법관이 지휘할 경우를 제외하면 재판을 한 법원에 대응한 검찰청 검사가 지휘한다고 정하면서(제460조 제1항), 구속영장(제81조 제1항 본문, 제209조), 체포영장(제81조 제1항 본문, 제200조의6), 압수 · 수색 · 검증영장(제115조 제1항 본문, 제219조)의 집행 등에 관하여도 검사의 지휘에 의하여 집행한다고 규정하고 있다. 따라서 검사가 법정에서 법원으로부터 구속영장을 전달받아 교도관 등으로 하여금 피고인을 인치하도록 하였다면 집행절차가 적법하게 개시되었다고 볼 수 있다. 또한 구속영장의 집행을 통하여 최종적으로 피고인에 대한 신병을 인계받아 구금을 담당하는 교도관이 법정에서 곧바로 피고인에 대한 신병을 확보하였다면 구속의 목적이 적법하게 달성된 것으로 볼 수 있다(위 판례).

2. 행 위

도주(逃走)이다. 즉, 구금상태로부터의 이탈행위를 말한다. 체포자 · 간수자의 실력적 지배로부터 완전히 벗어났을 때에 기수에 이른다[침해범 – 다수설 · 판례에 의하면 – 즉시범[1623]]. 따라서 추적을 받고 있으면 도주죄의 미수범(처벌규정 있음)에 불과하다.[1624] 또한 도주죄는 즉시범이므로 기수시부터 공소시효가 기산되며 도주 중에도 공소시효가 정지되지 않는다(대법원 1979.8.31, 79도622).

03 집합명령위반죄

제145조 【도주, 집합명령위반】 ② 제1항의 구금된 자가 천재지변이나 사변 그 밖에 법령에 따라 잠시 석방된 상황에서 정당한 이유없이 집합명령에 위반한 경우에도 제1항의 형에 처한다. 〈개정 2020.12.8.〉

1. 주체 – 법률에 따라 구금된 자

법령에 따라 구금(拘禁)된 자이어야 하므로 체포된 자는 제외된다(진정신분범). 또한 본죄의 주체는 천재(天災) · 사변(事變) 또는 이에 준하는 상태에서 법령에 따라 석방된 사람(2020.12.8. 우리말 순화 개정 전 구법에서는 '천재, 사변 기타 법령에 의하여 잠시 해금된 경우'이라 하였음)을 말하므로,[1625] 위 천재 등의 상황에서 불법출소한 자는 이미 도주죄가 성립한다는 점에서 본죄가 적용될 여지는 없다.

2. 요구된 행위의 부작위

정당한 이유 없이 그 집합명령에 위반한 부작위를 하는 것이다(진정부작위범 · 계속범). 본죄가 미수범 처벌규정을 두었지만 사실상 적용될 여지는 없다.[1626]

04 특수도주죄

제146조 【특수도주】 수용설비 또는 기구를 손괴하거나 사람에게 폭행 또는 협박을 가하거나 2인 이상이 합동하여 전조 제1항의 죄를 범한 자는 7년 이하의 징역에 처한다. 경찰채용 10 2차

특수도주죄(特殊逃走罪, Gefangenenmeuterei)는 수용설비(收容設備) 또는 기구(機具)를 손괴하거나 사람에게 폭행 · 협박을 가하거나 2인 이상이 합동(合同)하여 도주함으로써 성립하는 범죄이다. 수용설비란 교도소 · 소년

1623 즉시범설은 김일수/서보학, 889면; 박상기, 677면; 손동권, 813면; 오영근, 1103면; 이재상, §45–10; 이형국(Ⅱ), 399면; 진계호, 679면. 즉시범설이 나타난 판례는 대법원 1991.10.11, 91도1656; 1979.8.31, 79도622 참조. 상태범설은 김성천/김형준, 861면; 배종대, 789면; 정성근/박광민, 803면. 반면 계속범으로 보는 소수설은 임웅, 881면. 생각건대, 도주죄에 대하여 입법론적으로 폐지론의 입장이 있음을 고려한다면 되도록 제한해석하는 것이 타당하다는 점에서 즉시범설이 타당하다고 생각된다.

1624 자기도주죄의 처벌규정에 대한 폐지론이 있음은 기술한 바와 같다. 이러한 폐지론의 입장에서 본다면 자기도주미수죄 처벌규정도 폐지되어야 할 것이다.

1625 다수설이다. 김석휘(주석), 197면; 김성천/김형준, 861면; 김일수/서보학, 892면; 배종대, 810면; 손동권, 815면; 이재상, §45–11; 이형국(Ⅱ), 400면; 임웅, 882면; 정성근/박광민, 804면; 정영일, 658면; 진계호, 792면.

1626 참고 형의 집행 및 수용자의 처우에 관한 법률(이하 '행집행법') 제102조의 재난 시의 조처 규정에서는 소장은 교정시설의 안에서 천재지변이나 그 밖의 사변에 대한 피난의 방법이 없는 경우에는 수용자를 다른 장소로 이송할 수 있으며(동조 제2항) 이송이 불가능하면 수용자를 일시 석방할 수 있다고 규정하고 있다(동조 제3항). 이렇게 석방된 자는 석방 후 24시간 이내에 교정시설 또는 경찰관서에 출석하여야 한다(동조 제4항). 만약 이를 위반하면 수용자는 1년 이하의 징역에 처한다(동법 제133조).

교도소 · 직업훈련교도소 · 구치소 또는 경찰서의 유치장(행집행법 제87조[1627]) 등의 구금장소를 말하며, 기구란 수갑 · 포승 · 발목보호장비 등과 같은 보호장비(행집행법 제97조 이하[1628])를 말한다. 손괴란 물리적으로 그 효용을 훼손해야 하므로,[1629] 단지 교도소의 자물쇠를 풀거나 수갑을 풀고 달아나는 것은 특수도주죄에 해당되지 않는다. 본죄의 폭행은 사람에 대한 직접적 · 간접적인 유형력의 행사요(광의의 폭행), 협박은 공포심을 느끼게 할 만한 해악의 고지를 말한다(광의의 협박). 2인 이상의 합동은 합동범의 합동(合同)의 의미와 같다. 따라서 2인 이상의 범행현장에서 시간적 · 장소적인 협동관계를 이루어 도주를 하는 것을 말하며 함께 도주해야 할 것이다. 도주자 아닌 외부관여자의 도주원조행위는 본죄가 아니라 본죄보다도 무거운 도주원조죄를 구성하게 된다.[1630]

표정리 특수 ~죄 개관

절 도	야간 건조물 등 손괴	흉기휴대	합 동
강 도	야간 주거침입	흉기휴대	합 동
도 주	시설 등 손괴	폭행 · 협박	합 동
폭 행	단체 · 다중의 위력	위험한 물건의 휴대	
협 박	단체 · 다중의 위력	위험한 물건의 휴대	
체포 · 감금	단체 · 다중의 위력	위험한 물건의 휴대	
주거침입	단체 · 다중의 위력	위험한 물건의 휴대	
손 괴	단체 · 다중의 위력	위험한 물건의 휴대	
공무집행방해	단체 · 다중의 위력	위험한 물건의 휴대	

→ 특수강간죄(성폭법) : 흉기 · 위험한 물건의 휴대, 2인 이상이 합동

1627 형집행법 제87조 (유치장) 경찰관서에 설치된 유치장은 교정시설의 미결수용실로 보아 이 법을 준용한다.

1628 형집행법 제97조 (보호장비의 사용) ① 교도관은 수용자가 다음 각 호의 어느 하나에 해당하면 보호장비를 사용할 수 있다. 1. 이송·출정, 그 밖에 교정시설 밖의 장소로 수용자를 호송하는 때, 2. 도주 · 자살 · 자해 또는 다른 사람에 대한 위해의 우려가 큰 때, 3. 위력으로 교도관의 정당한 직무집행을 방해하는 때, 4. 교정시설의 설비 · 기구 등을 손괴하거나 그 밖에 시설의 안전 또는 질서를 해칠 우려가 큰 때
② 보호장비를 사용하는 경우에는 수용자의 나이, 건강상태 및 수용생활 태도 등을 고려하여야 한다.
③ 교도관이 교정시설의 안에서 수용자에 대하여 보호장비를 사용한 경우 의무관은 그 수용자의 건강상태를 수시로 확인하여야 한다.
제98조 (보호장비의 종류 및 사용요건) ① 보호장비의 종류는 다음 각 호와 같다. 1. 수갑, 2. 머리보호장비, 3. 발목보호장비, 4. 보호대, 5. 보호의자, 6. 보호침대, 7. 보호복, 8. 포승
② 보호장비의 종류별 사용요건은 다음 각 호와 같다. 1. 수갑 · 포승 : 제97조 제1항 제1호부터 제4호까지의 어느 하나에 해당하는 때, 2. 머리보호장비 : 머리부분을 자해할 우려가 큰 때, 3. 발목보호장비 · 보호대 · 보호의자 : 제97조 제1항 제2호부터 제4호까지의 어느 하나에 해당하는 때, 4. 보호침대 · 보호복 : 자살 · 자해의 우려가 큰 때
③ 보호장비의 사용절차 등에 관하여 필요한 사항은 대통령령으로 정한다.
제99조 (보호장비 남용 금지) ① 교도관은 필요한 최소한의 범위에서 보호장비를 사용하여야 하며, 그 사유가 없어지면 사용을 지체 없이 중단하여야 한다.
② 보호장비는 징벌의 수단으로 사용되어서는 아니 된다.

1629 김일수/서보학, 895면; 배종대, 810면; 백형구, 607면; 손동권, 816면; 오영근, 1107면; 유기천(하), 346면; 이재상, §45－15; 이정원, 797면; 이형국(Ⅱ), 402면; 임웅, 883면; 정성근/박광민, 806면; 정영일, 658면; 진계호, 794면.

1630 김일수/서보학, 895면; 박상기, 626면; 손동권, 816면; 임웅, 884면.

05 도주원조죄

1. 단순도주원조죄

제147조 【도주원조】 법률에 의하여 구금된 자를 탈취하거나 도주하게 한 자는 10년 이하의 징역에 처한다.

(1) 의의 및 성격

단순도주원조죄(單純逃走援助罪, Gefangenbefreiung)는 법률에 의하여 구금된 자를 탈취(奪取)하거나 도주하게 함으로써 성립하는 범죄이다. 본죄는 도주죄에 대한 교사·방조행위를 도주원조라는 각칙상 독립된 구성요건으로 만든 범죄이므로, 총칙상 공범규정은 적용될 수 없다.

자기도주가 인간의 본능에 기초한 부분이 있어 형이 매우 가벼운 데 비해, 본죄는 본격적으로 국가의 구금기능을 해한다는 점에서 그 형이 무겁고 따라서 미수뿐만 아니라 예비 · 음모까지도 처벌하고 있다. 법원행시 07

(2) 구성요건

① 주체 : 도주죄가 진정신분범이었던 데 비하여, 본죄는 누구든지 범할 수 있는 일반범이다. 국가9급 12 / 법원행시 07 단 본죄의 객체인 법률에 의하여 구금된 자로서 도주하는 자 이외의 자이어야 한다.

② 객체 : 본죄의 객체는 법률에 의하여 구금된 자이다. 따라서 '체포되어 연행 중인 자'는 본죄의 객체가 아니다(통설[1631]). 또한 이미 도주가 기수에 이른 후에는 범인도피죄가 성립할 뿐 본죄는 인정되지 않는다(아래 판례). 법원행시 07 소위 사후방조(事後幇助)는 방조로 인정되지 않기 때문이다.

> **판례연구** 도주 기수 이후 원조는 도주원조죄 ×, 범인도피죄 ○
>
> 대법원 1991.10.11, 91도1656
>
> 도주죄는 즉시범으로서 범인이 간수자의 실력적 지배를 이탈한 상태에 이르렀을 때에 기수가 되어 도주행위가 종료하는 것이고, 도주원조죄는 도주죄에 있어서 범인의 도주행위를 야기시키거나 이를 용이하게 하는 등 그와 공범관계에 있는 행위를 독립한 구성요건으로 하는 범죄이므로, 도주죄의 범인이 도주행위를 하여 기수에 이른 이후에 범인의 도피를 도와주는 행위는 범인도피죄에 해당할 수 있을 뿐 도주원조죄에는 해당하지 않는다. 국가9급 12 / 법원행시 05 / 법원행시 07 / 경찰승진(경위) 11 / 경찰승진 13 / 경찰간부 17

③ 행위 : 탈취하거나 도주하게 하는 것이다. 탈취란 피구금자를 간수자의 실력적 지배로부터 자기 또는 제3자의 지배하에 옮기는 것을 말하며, 도주하게 하는 것이란 피구금자를 간수자의 실력적 지배로부터 벗어난 해방상태로 만드는 것을 말한다. 따라서 탈취의 기수시점은 자기 또는 제3자의 실력적 지배가 된 때요, 도주하게 하는 것의 기수시점은 간수자의 실력적 지배로부터 벗어나게 만든 때가 된다.

2. 간수자도주원조죄

제148조 【간수자의 도주원조】 법률에 의하여 구금된 자를 간수 또는 호송하는 자가 이를 도주하게 한 때에는 1년 이상 10년 이하의 징역에 처한다.

본죄는 신분으로 인하여 형이 가중되는 부진정신분범이며 공무원의 신분에 있을 것을 요하지 않는다. 마찬가지로 간수 또는 호송의 임무도 법령상 근거를 요하지 않고 현실적으로 그 임무에 종사하면 족하다.

1631 김일수/서보학, 900면; 배종대, 812면; 손동권, 817면; 오영근, 1111면; 유기천(하), 346면; 이재상, §45-18; 이정원, 794면; 이형국(Ⅱ), 403면; 임웅, 887면; 정성근/박광민, 807면; 황산덕, 79면.

06 범인은닉죄

제151조【범인은닉과 친족 간의 특례】 ① 벌금 이상의 형에 해당하는 죄를 범한 자를 은닉 또는 도피하게 한 자는 3년 이하의 징역 또는 500만 원 이하의 벌금에 처한다.
② 친족 또는 동거의 가족이 본인을 위하여 전항의 죄를 범한 때에는 처벌하지 아니한다. 경찰승진(공통) 10 / 경찰채용 16 1차

1. 의의 및 보호법익

범인은닉죄(犯人隱匿罪)는 벌금 이상의 형에 해당하는 죄 경찰승진(공통) 10를 범한 자인 범인을 은닉 또는 도피하게 함으로써 성립하는 범죄이다. 경찰채용 10 2차 본죄는 '범인에 대한 수사 · 재판 · 형집행 등에 관한 국가의 형사사법의 작용 내지 기능'을 그 보호법익으로 삼는다. 법익보호의 정도는 범인은닉 · 도피행위만으로도 이러한 국가기능이 곤란 또는 불가능하게 된다는 점에서 추상적 위험범이다(통설 · 판례, 대법원 1995.3.3, 93도3080; 2000.11.24, 2000도4078). 따라서 본죄는 현실적으로 형사사법의 작용을 방해하는 결과가 초래될 것이 요구되지 아니한다. 국가7급 13 / 법원행시 06 / 경찰채용 12 1차 본죄가 미수범 처벌규정을 두고 있지 않은 것도 이러한 이유 때문이다. 법원행시 07

2. 객관적 구성요건

(1) **주체 –** 범인 이외의 자

① 범인 자신의 은닉 · 도피행위 : 본죄는 벌금형 이상의 죄를 범한 자를 타인으로 전제하여 이를 은닉 · 도피시키는 경우에 구성요건에 해당하는 범죄이므로, '범인이 타인일 것'은 객관적 구성요건요소에 해당된다. 따라서 범인 스스로 은닉 · 도피하는 행위는 본죄의 구성요건에 해당되지 않는다(다수설[1632] · 판례).

> **판례연구** 범인도피죄에서 '도피하게 하는 행위'의 의미
>
> 대법원 2018.8.1, 2015도20396
> 범인도피죄는 타인을 도피하게 하는 경우에 성립할 수 있는데, 여기에서 타인에는 공범도 포함되나 범인 스스로 도피하는 행위는 처벌되지 않는다. 또한 공범 중 1인이 그 범행에 관한 수사절차에서 참고인 또는 피의자로 조사받으면서 자기의 범행을 구성하는 사실관계에 관하여 허위로 진술하고 허위 자료를 제출하는 것은 자신의 범행에 대한 방어권 행사의 범위를 벗어난 것으로 볼 수 없다. 이러한 행위가 다른 공범을 도피하게 하는 결과가 된다고 하더라도 범인도피죄로 처벌할 수 없다. 이때 공범이 이러한 행위를 교사하였더라도 범죄가 될 수 없는 행위를 교사한 것에 불과하여 범인도피교사죄가 성립하지 않는다.

② 공동정범 중의 1인이 다른 공동정범을 은닉 · 도피시킨 행위 : 범인 자신 이외의 타인에 대한 행위이므로 본죄가 성립한다(통설 · 판례, 대법원 1958.1.14, 4290형상393). 경찰승진(공통) 10 / 경찰채용 12 1차

③ 범인이 타인을 교사하여 자기의 범인은닉행위를 하게 한 경우 범인은닉죄의 교사범 성부

㉠ 긍정설 : 타인을 교사하여 범인은닉죄를 범하게 하는 것은 범인 자신이 이를 행하는 경우와는 정상을 달리하는 것으로서 이는 자기비호권의 한계를 일탈한 것이고 기대가능성 또한 인정되기 때문에 본죄의 교사범이 성립한다는 입장이다(긍정설 : 과거의 다수설[1633] 및 현재의 판례, 대법원 2000.3.24,

---

1632 구성요건해당성조각설이 다수설이다. 박상기, 677면; 배종대, 792면; 손동권, 819면; 오영근, 1112면; 이재상, §45–24; 이형국(Ⅱ), 406면; 임웅, 888면; 정성근/박광민, 809면. 다만 기대가능성이 없어 벌하지 않는다고 보는 견해는 김봉태(공저), 653면; 김일수/서보학, 901면; 서일교, 321면; 정영석, 80면; 황산덕, 84면.

1633 김봉태(공저), 653면; 김석휘(주석), 201면; 백형구, 613면; 유기천(하), 353면; 정영석, 80면; 황산덕, 85면.

2000도20[1634]; 2006.5.26, 2005도7528[1635]). 국가9급 12 / 법원승진 12 / 법원행시 11 / 법원행시 13 / 법원행시 14 / 법원행시 16 / 법원9급 07(상) / 경찰간부 11 / 경찰승진(경위) 11 / 경찰승진 12 / 경찰승진 14 / 사시 13 / 사시 16 / 법원9급 16 / 경찰승진(경감이하) 16

ⓛ 부정설 : 자기비호권의 연장에 불과하므로 교사범이 될 수 없다는 입장이다(다수설).[1636] 본죄의 정범이 될 수 없는 자가 공범으로 처벌된다는 것을 불합리하다는 것이다.

ⓒ 소결 : 긍정설은 범인이 자기방어권을 남용하였다는 것인데 그 이유는 타인을 범죄자로 만들었다는 것이다. 그러나 생각건대, 그 타인은 결국 범인을 위해 범인은닉·도피행위를 한 것이고 그 타인 또한 범인이 형사처벌되는 것을 원하지 않을 것임이 명백한 이상, 범인이 자신의 방어권을 남용하였다고 보는 것은 타당하지 않다. 따라서 범인은닉교사죄가 성립하지 않는다는 다수설이 타당하다고 생각된다.

ⓔ 판례이론의 또 다른 예 : 판례는 유사한 논리(자기비호권의 일탈이므로 교사범 성립)에 의하여, 스스로 허위진술해도 위증죄를 범할 수 없는 피고인이 증인을 교사하여 자신을 위한 위증을 하게 하는 경우 위증교사죄가 성립하고, 법원행시 06 / 법원9급 09 / 법원9급 12 / 법원9급 13 / 경찰채용 13 2차 / 변호사 13 자기의 증거를 직접 인멸하면 죄가 되지 않는 범인이 타인을 교사하여 자기의 형사사건·징계사건에 관한 증거를 인멸케 한 경우 증거인멸교사죄가 성립하며, 법원행시 07 / 법원행시 09 / 법원행시 10 / 법원행시 13 / 법원승진 12 / 법원9급 08 / 법원9급 13 / 경찰채용 11 2차 자기 자신을 직접 무고하면 죄가 되지 않는 범인이 타인을 교사·방조하여 자신을 무고하게 하면 무고죄의 교사범 · 방조범이 성립한다고 본다. 법원9급 13 / 경찰채용 12 1차 / 사시 13

ⓜ 범인에게 범인도피교사죄를 구성시키기 위한 판례의 방어권 남용의 기준 : 판례가 타인에게 도움을 요청한 범인에게 무조건 범인도피교사죄를 인정하는 것은 아니다. 즉, 범인이 타인으로 하여금 허위의 자백을 하게 하는 등으로 범인도피죄를 범하게 하는 경우와 같이 그것이 형사사법에 중대한 장애를 초래하는 등 방어권의 남용으로 볼 수 있을 때에 비로소 범인도피교사죄에 해당된다는 것이다(대법원 2014.4.10, 2013도12079).[1637] 법원9급 18

1634 판례 : 범인이 자신을 위하여 타인으로 하여금 허위의 자백을 하게 한 사례 범인이 자신을 위하여 타인으로 하여금 허위의 자백을 하게 하여 범인도피죄를 범하게 하는 행위는 방어권의 남용으로 범인도피교사죄에 해당한다(대법원 2000.3.24, 2000도20). 법원행시 11 / 법원행시 13 / 법원행시 14 / 법원9급 07(상) / 경찰간부 11 / 경찰승진(경위) 11

1635 사례 A는 자신이 음주운전 혐의로 적발되자 평소 알고 지내던 B를 불러내어 그로 하여금 단속경찰관인 P가 A에 대한 주취운전자 적발보고서를 작성하거나 재차 음주측정을 하지 못하도록 제지하는 등으로 A의 수사를 곤란하게 했다. A의 죄책은? 판례 피고인이 위 공소외 1에게 전화를 걸어 음주단속 현장으로 나오게 한 점이나 그에게 "어떻게 좀 해 보라."고 계속 재촉한 사정 등에 비추어 보면 피고인에게 범인도피교사에 대한 고의가 없었다고 보기도 어렵다(대법원 2006.5.26, 2005도7528). 해결 범인도피교사죄.

1636 김성천/김형준, 865면; 김일수/서보학, 901면; 박상기, 680면; 배종대, 813면; 서일교, 352면; 손동권, 819면; 오영근, 1113면; 이재상, §45-25; 이정원, 801면; 이형국(Ⅱ), 406면; 임웅, 888면; 정성근/박광민, 810면; 진계호, 797면.

1637 사례 : 범인이 도피를 위하여 타인에게 도움을 요청하는 행위가 범인도피교사죄를 구성하는 경우와 그 경우 방어권 남용 여부의 판단 기준 乙은 벌금 이상의 형에 해당하는 죄를 범한 甲과 평소 가깝게 지내던 후배인데, 甲은 자신의 휴대폰을 사용할 경우 소재가 드러날 것을 염려하여 乙에게 요청하여 대포폰을 개설하여 받고, 乙에게 전화를 걸어 자신이 있는 곳으로 오도록 한 다음 乙이 운전하는 자동차를 타고 청주시 일대를 이동하여 다녔다면, 甲에게는 범인도피교사죄의 죄책이 인정되는가? 판례 형법 제151조가 정한 범인도피죄에서 '도피하게 하는 행위'란 은닉 이외의 방법으로 범인에 대한 수사, 재판 및 형의 집행 등 형사사법의 작용을 곤란하게 하거나 불가능하게 하는 일체의 행위를 말한다(대법원 2008.12.24, 2007도11137 등 참조). 한편 **범인 스스로 도피하는 행위는 처벌되지 아니하는 것이므로, 범인이 도피를 위하여 타인에게 도움을 요청하는 행위 역시 도피행위의 범주에 속하는 한 처벌되지 아니하는 것이며, 범인의 요청에 응하여 범인을 도운 타인의 행위가 범인도피죄에 해당한다고 하더라도 마찬가지이다. 다만 범인이 타인으로 하여금 허위의 자백을 하게 하는 등으로 범인도피죄를 범하게 하는 경우와 같이 그것이 방어권의 남용으로 볼 수 있을 때에는 범인도피교사죄에 해당할 수 있다**(대법원 2000.3.24, 2000도20 등 참조). 이 경우 방어권의 남용이라고 볼 수 있는지 여부는, 범인을 도피하게 하는 것이라고 지목된 행위의 태양과 내용, 범인과 행위자의 관계, 행위 당시의 구체적인 상황, 형사사법의 작용에 영향을 미칠 수 있는 위험성의 정도 등을 종합하여 판단하여야 할 것이다. … 피고인의 위 행위는 형사사법에 중대한 장애를 초래한다고 보기 어려운 통상적 도피의 한 유형으로 볼 여지가 충분하다(대법원 2014.4.10, 2013도12079). 보충 원심은 공소외인의 범인도피행위가 인정된다는 이유만으로 피고인

(2) **객체** – 벌금 이상의 형에 해당하는 죄를 범한 자

① 벌금 이상의 형에 해당하는 죄 : 벌금 이상의 형이란 법정형을 의미한다.

② 죄를 범한 자(범인) : 범인은닉죄는 형사사법에 관한 국권의 행사를 방해하는 자를 처벌하고자 하는 것이므로 형법 제151조 제1항 소정의 '죄를 범한 자'라 함은 범죄의 혐의를 받아 수사대상이 되어 있는 자를 총칭하는 것이다. 법원행시 06

㉠ 범인에 해당되는 경우 : 범인에는 정범은 물론 교사범 · 방조범, 미수범, 예비 · 음모범도 포함된다. 또한 공소제기된 자(피고인)나 유죄판결을 받은 자뿐만 아니라 범죄의 혐의를 받아 수사대상이 되어 있는 자(피의자)가 모두 포함된다. 국가7급 13 불기소처분을 받은 자에 대하여는 견해가 대립하지만,[1638] 본죄의 객체로 인정된다는 것이 아직은 다수설이다.[1639] 판례는 구속수사 대상이었다가 무혐의 석방된 자,[1640] 자동차종합보험에 가입되어 있는 자[1641] 등도 본죄의 객체에 해당된다고 보고 있다.

㉡ 범인에 해당되지 않는 경우 : 범인은 범죄의 성립조건 및 처벌조건과 소추조건이 구비되었거나 구비될 가능성이 있는 자일 것을 요하므로,[1642] 무죄판결이 확정되었거나, 형이 폐지되었거나, 공소시효의 완성 내지 사면 등에 의해 소추나 처벌이 불가능해진 경우에는 여기에 해당하지 아니한다.

③ 친고죄에 있어서 고소가 없는 자 : 친고죄의 고소는 소추조건에 불과하며 범죄의 성립조건은 아니므로 죄를 범한 자에 해당함은 물론이다.[1643]

➜ 다만, 친고죄의 고소기간이 경과하는 등의 사유로 고소권이 소멸하여 고소의 가능성이 없는 경우에는 죄를 범한 자에 포함되지 않는다고 해야 한다. 법원행시 06 / 법원행시 07 / 법원행시 09 / 법원9급 09

④ '죄를 범한 자'는 진범(眞犯)임을 요하는가 : 견해의 대립이 있으나,[1644] 진범인지 여부는 법원의 확정

에 대하여 범인도피교사의 점을 유죄로 판단하였으니, 이러한 원심판결에는 범인도피교사죄의 성립요건에 관한 법리를 오해하여 필요한 심리를 다하지 아니함으로써 판결에 영향을 미친 잘못이 있다. 해결 (乙에게 범인도피죄가 인정되더라도 甲에게는 범인도피교사죄의 죄책이) 인정되지 않는다.

1638 김봉태(공저), 650면; 김석휘(주석), 205면; 김일수/서보학, 902면; 유기천(하), 328면; 이정원, 737면; 정성근/박광민, 811면; 진계호, 685면. 반면 검사의 불기소처분에 의해 수사가 사실상 끝난다는 점을 논거로 하는 부정설로는 배종대, 794면; 손동권, 820면; 이재상, §45–28; 이형국(Ⅱ), 407면; 임웅, 890면 참조.

1639 사견으로는 불기소처분을 받은 자는 형사절차가 사실상 종결된다는 점에서 본죄의 객체인 범인에서 제외된다고 보는 부정설이 타당하다고 생각된다.

1640 판례 **구속수사의 대상이 된 자가 그 후 무혐의로 석방되었다** 하더라도 위 죄의 성립에 영향이 없다(대법원 1982.1.26, 81도1931).

1641 판례 범인에 대하여 적용 가능한 죄가 도로교통법 위반죄로부터 교통사고처리특례법 위반죄를 거쳐 상해죄에 이르기까지 다양하고, 그 죄들은 모두 벌금 이상의 형을 정하고 있으며 범인에게 적용될 수 있는 죄가 교통사고처리특례법 위반죄에 한정된다고 하더라도 **자동차종합보험 가입사실만으로 범인의 행위가 형사소추 또는 처벌을 받을 가능성이 없는 경우에 해당한다고 단정할 수 없을 뿐 아니라,** 피고인이 **수사기관에 적극적으로 범인임을 자처하고 허위사실을 진술**함으로써 실제 범인을 도피하게 하였다면 범인도피죄가 성립한다(대법원 2000.11.24, 2000도4078).

1642 김성천/김형준, 865면; 김일수/서보학, 902면; 배종대, 814면; 백형구, 611면; 손동권, 820면; 오영근, 1113면; 이재상, §45–28; 이정원, 737면; 이형국(Ⅱ), 407면; 임웅, 890면; 정성근/박광민, 811면; 진계호, 685면.

1643 김성천/김형준, 865면; 김일수/서보학, 902면; 백형구, 611면; 서일교, 349면; 손동권, 820면; 오영근, 1113면; 유기천(하), 349면; 이재상, §45–28; 이정원, 802면; 이형국(Ⅱ), 407면; 임웅, 889면; 정성근/박광민, 811면; 정영석, 77면; 정영일, 662면; 황산덕, 83면. 반대입장의 소수설은 배종대, 814면; 진계호, 798면.

1644 보충 : **범인이 진범이어야 하는가** ㉠ 다수설 · 판례는 **부정설**이다. 만일 범인이 진범이어야 한다면, 진범이 아니라고 착오를 일으킨 은닉자에게는 본죄의 고의가 부정되어 사실상 본죄가 적용되는 경우를 찾기 어려워지기 때문이다. 김성천/김형준, 866면; 박상기, 681면; 배종대, 813면; 백형구, 611면; 손동권, 821면; 이정원, 803면; 이형국(Ⅱ), 408면; 임웅, 890면; 정영석, 77면; 정영일, 662면; 진계호, 798면. ㉡ 형사절차의 **단계별로 구분하는 견해**도 있다(김일수/서보학, 903면). 이에 의하면 수사개시 전에는 진범이어야 하고, 수사단계에서는 진범이거나 객관적으로 보아 진범일 것이라고 강하게 의심되는 자이어야 하며, 소추 · 재판 · 형집행단계에서는 진범일 것을 요하지 않는다고 한다. ㉢ 소수설은 **긍정설**의 입장이다. 진범이 아닌 자를 은닉 · 도피하게 한 것으로는 국가의 형사사법기능이 침해된 것은 아니라는 점을 그 논거로 삼는 입장이다. 서일교, 349면; 오영근, 1115면; 유기천(하), 328면; 이재상, §45–29; 정성근/박광민, 812면. 참고로 ㉣ 종래에는 객관적으로 보아 진범임이

판결이 있기 전까지는 알 수 없다는 점에서 진범인이 아니더라도 본죄에 해당한다(다수설·판례, 대법원 1982.1.26, 81도1931). 법원행시 13 따라서 범죄의 혐의를 받아 수사의 대상이 된 자이면 진범이 아니더라도 본죄의 객체가 된다. 경찰승진 13

(3) **행위** – 은닉·도피

① 은닉(隱匿) : 죄를 범한 자임을 인식하면서 장소를 제공하여 일시적·계속적으로 체포를 면하게 하는 것이다. 죄를 범한 자에게 장소를 제공한 후 동인에게 일정기간 동안 경찰에 출두하지 말라고 권유하는 언동을 해야만 하는 것이 아니며, 또 그 권유에 따르지 않을 경우 강제력을 행사해야만 한다거나 죄를 범한 자가 피고인의 말에 복종하는 관계에 있을 것도 요하지 않는다(대법원 2002.10.11, 2002도3332).

② 도피(逃避) : 은닉 이외의 방법으로 범인의 발견을 곤란하게 하는 행위를 말한다. 다만 범인도피행위는 범인을 도주하게 하는 행위 또는 도주하는 것을 직접적으로 용이하게 하는 행위에 한정된다. 따라서 범인의 가족의 생활을 도와주는 등 그 자체가 도피시키는 것을 직접적인 목적으로 한 것이라고는 보기 어려운 행위로 말미암아 간접적으로 범인이 안심하여 도피할 수 있도록 하는 것은 도피행위에 포함되지 않는다. 법원행시 12 / 경찰간부 11 / 경찰채용 20 1차 나아가 어떤 행위가 범인도피죄에 해당하는 것처럼 보이더라도 그것이 사회적으로 상당성이 있는 행위라면 이 또한 본죄의 행위에 해당될 수 없다.

③ 부작위 : 사법경찰관처럼 범인을 체포·검거해야 할 보증인적 지위에 있는 자가 범인을 체포할 수 있었음에도 불구하고 고의로 체포행위를 하지 않은 경우에는 부작위에 의한 범인은닉·도피죄가 성립한다(대법원 1984.2.14, 83도2209). 반면 일반인이 현행범을 체포한 후 이를 수사기관에 인도하지 않은 부작위로는 본죄가 성립하지 않는다.[1645]

표정리 범인은닉·도피 행위 정리

범인 은닉 · 도피 O	범인 은닉 · 도피 ×
• 도피자금의 제공, 변장용 의류 등의 제공, 은신처의 제공, 도피 중인 자에게 피의자를 만나게 해 주는 것 등 • 가족의 안부나 수사상황을 알려 주는 행위 • 범인 아닌 다른 사람을 범인으로 가장하게 하여 수사를 받도록 하는 행위(대법원 1967.5.23, 67도366) • 피의자 아닌 자가 수사기관에 대해 범인임을 자처하고 허위사실을 진술하여 범인의 체포와 발견에 지장을 초래하게 하는 행위(대법원 1977.2.22, 76도368; 1996.6.14, 96도1016) 법원행시 05 / 법원행시 06 / 법원9급 10 / 경찰간부 12 / 경찰채용 12 1차 / 법원9급 16 / 경찰승진(경감이하) 16	• 변호사가 묵비권을 남용하게 하는 경우 : 소송법상 권리를 행사하는 것이므로 범인은닉이라고 볼 수 없다. • 증언거부권자에게 증언을 거부하게 하는 경우 : 위와 같은 이유로 해당하지 않는다. • 피고인이 공범의 이름을 묵비한 경우 : 위와 같은 이유로 도피에 해당하지 않는다(대법원 1984.4.10, 83도3288). 경찰승진(경감) 11 / 법원9급 16 • 참고인이 수사기관에서 허위진술을 하여 범인이 석방된 경우 : 범인도피가 되지 않는다(대법원 1987.10.5, 85도897). 경찰승진(경감) 11 / 경찰승진 13 / 경찰승진 14 / 법원행시 13

판례연구 범인은닉·도피에 해당하는 사례

1. 대법원 1990.12.26, 90도2439

피의자 간에 연락하여 만나게 해 주고 도피를 용이하게 한 행위가 범인도피죄에 해당하는지 여부

피고인이 살인미수의 피의자를 상피고인에게 연락하여 만나게 해주고 동인으로 하여금 도피를 용이하게 한 경우 범인도피죄에 해당한다.

라고 강력하게 의심되는 자이어야 한다는 견해도 있었다. 김봉태(공저), 649면; 김석휘(주석), 204면.

1645 손동권, 822면; 유기천(하), 350면; 이재상, §45－31; 이형국(Ⅱ), 409면; 임웅, 891면. 판례는 대법원 1984.2.14, 83도2209 참조.

2. 대법원 1995.12.26, 93도904

공범이 더 있다는 사실을 숨긴 채 허위보고를 하고 조사를 받고 있는 범인에게 다른 공범이 더 있음을 실토하지 못하도록 하는 등의 행위를 하게 한 행위에는 범인도피행위에 대한 고의가 인정된다(고 박종철 군 고문치사사건).

3. 대법원 2000.11.24, 2000도4078

甲이 승용차를 운전하던 중 사고장소 좌측에 설치된 노면 턱을 들이받는 바람에 그 충격으로 조수석에 탑승하고 있던 乙(피고인)에게 전치 4주간의 상해를 입힌 경우, 乙이 수사기관에 적극적으로 자신이 운전자라는 허위사실을 진술함으로써 실제 운전자인 甲을 도피하게 하였다면 이로써 수사권의 행사를 비롯한 국가의 형사사법작용은 곤란·불가능하게 되는 것이므로(예 수사기관이 초동단계에서 실제 운전자에 대한 음주측정을 하지 못해 교통사고처리특례법 위반죄로 기소하지 못하게 되는 경우), 이는 범인도피죄에 해당한다.

4. 대법원 2004.3.26, 2003도8226

기소중지된 자의 부탁에 따라 피고인이 그 처의 이름으로 대신 오피스텔 임대차계약을 체결해 준 사례

피고인이 자신의 처를 내세워 그녀의 이름으로 대신 임대차계약을 체결해 준 행위는 비록 임대차계약서가 공시되는 것은 아니라 하더라도 수사기관이 위와 같은 탐문수사나 신고를 받아 범인을 발견하고 체포하는 것을 곤란하게 하여 범인을 도피하게 한 행위에 해당한다. 법원행시 05 / 법원행시 06 / 법원행시 14 / 법원9급 12 / 경찰간부 12 / 경찰승진(공통) 10 / 경찰승진 14 / 경찰승진(경감이하) 16 / 경찰채용 16 1차

판례연구 범인은닉 · 도피에 해당하지 않는 사례

1. 대법원 1984.2.14, 83도2209

피의자의 채무를 인수하여 채권자가 피의자를 수사당국에 인계치 않게 한 자와 범인도피

피고인들이 부정수표단속법 피의자 甲이 공소외 乙에 대하여 지는 또 다른 노임채무를 인수키로 하는 지불각서를 작성하여 주고 위 乙이 甲을 수사당국에 인계하는 것을 포기하기로 하는 합의가 이루어져 위 甲이 수사당국에 인계되지 않은 경우이면 피고인들에 대하여 범인도피죄의 성립을 인정할 수 없다.

2. 대법원 1992.6.12, 92도736

단순히 안부를 묻거나 통상적인 인사말 등만으로는 범인을 도피하게 한 것이라고 할 수 없으므로 주점 개업식날 찾아 온 범인에게 '도망다니면서 이렇게 와 주니 고맙다. 항상 몸조심하고 주의하여 다녀라. 열심히 살면서 건강에 조심하라.'고 말한 것은 범인도피죄를 구성하지 않는다.

3. 대법원 1995.3.3, 93도3080

범인의 부탁을 받고 그의 자녀들을 미국으로 보내기 위하여 김포공항까지 안내하여 출국시켰다 하더라도 이는 사회적 상당성이 있는 행위로서 범인도피죄는 성립하지 아니한다.

4. 대법원 2003.2.14, 2002도5374

甲이 도로교통법위반으로 체포된 범인 乙이 타인의 성명을 모용한다는 사정을 알면서 신원보증인으로서 신원보증서에 甲 자신의 인적 사항을 허위로 기재하여 제출하였다고 해도, 甲에게는 본죄가 성립하지 않는다.[1646] 경찰간부 11 / 경찰승진(경위) 11 / 법원9급 18

5. 대법원 2008.6.26, 2008도1059

폭행사건 현장의 참고인이 출동한 경찰관에게 범인의 이름 대신 허무인의 이름을 대면서 구체적인 인적사항에 대한 언급을 피한 경우에는 범인은닉죄를 구성하지 않는다. 국가7급 21

1646 판결이유 수사절차에서 작성되는 신원보증서(身元保證書)는 체포된 피의자 석방의 필수적인 요건이거나 어떠한 법적 효력이 있는 것은 아니고, 다만 피의사건이 비교적 경미한 경우 피의자와 일정한 관계에 있는 신원보증인이 수사기관에 대하여 피의자의 신분, 직업, 주거 등을 보증하고 향후 수사기관이나 법원의 출석요구에 사실상 협조하겠다는 의사를 표시하는 것으로서 피의자나 신원보증인에게 심리적인 부담을 줌으로써 수사기관이나 재판정에의 출석 또는 형 집행 등 형사사법절차상의 편의를 도모하는 것에 불과하여 보증인에게 법적으로 진실한 서류를 작성 · 제출할 의무가 부과된 것은 아니므로, 신원보증서를 작성하여 수사기관에 제출하는 보증인이 피의자의 인적 사항을 허위로 기재하였다고 하더라도, 그로써 적극적으로 수사기관을 기망한 결과 피의자를 석방하게 하였다는 등 특별한 사정이 없는 한, 그 행위만으로 범인도피죄가 성립되지 않는다. 경찰간부 11

6. 대법원 2008.12.24, 2007도11137

수사기관은 범죄사건을 수사할 때 피의자나 참고인의 진술 여하에 불구하고 피의자를 확정하고 그 피의사실을 인정할 만한 객관적인 제반 증거를 수집·조사하여야 할 권리와 의무가 있으므로, 참고인이 수사기관에서 범인에 관하여 조사를 받으면서 그가 알고 있는 사실을 묵비하거나 허위로 진술하였다고 하더라도, 그것이 적극적으로 수사기관을 기만하여 착오에 빠지게 함으로써 범인의 발견 또는 체포를 곤란 내지 불가능하게 할 정도가 아닌 한 형법 제151조 소정의 범인도피죄를 구성하지 않으며, 법원9급 07(상) / 법원9급 16 이러한 법리는 피의자가 수사기관에서 공범에 관하여 묵비하거나 허위로 진술한 경우에도 그대로 적용된다. 따라서 피고인이 수사기관에서 자신이 오락실의 실제 업주로서 단독으로 운영하였다는 취지로 허위진술하여 오락실을 주로 운영한 공범의 존재를 숨긴 것은 범인도피죄에 해당하지 않는다. 법원행시 12 / 법원행시 14 / 법원9급 12

7. 대법원 2010.1.28, 2009도10709

수사기관에서 조사받는 피의자가 사실은 게임장·오락실·피씨방의 실제 업주가 아니라 종업원임에도 불구하고 자신이 실제 업주라고 허위로 진술하는 행위가 범인도피죄를 구성하는지 여부(원칙적 소극)

① 게임산업진흥에 관한 법률 위반, 도박개장 등의 혐의로 수사기관에서 조사받는 피의자가 사실은 게임장·오락실·피씨방 등의 실제 업주가 아니라 그 종업원임에도 불구하고 자신이 실제 업주라고 허위로 진술하였다고 하더라도, 그 자체만으로 범인도피죄를 구성하는 것은 아니다. ② 다만, 그 피의자가 실제 업주로부터 금전적 이익 등을 제공받기로 하고 단속이 되면 실제 업주를 숨기고 자신이 대신하여 처벌받기로 하는 역할(이른바 '바지사장')을 맡기로 하는 등 수사기관을 착오에 빠뜨리기로 하고, 단순히 실제 업주라고 진술하는 것에서 나아가 게임장 등의 운영 경위, 자금 출처, 게임기 등의 구입 경위, 점포의 임대차계약 체결 경위 등에 관해서까지 적극적으로 허위로 진술하거나 허위 자료를 제시하여 그 결과 수사기관이 실제 업주를 발견 또는 체포하는 것이 곤란 내지 불가능하게 될 정도에까지 이른 것으로 평가되는 경우 등에는 범인도피죄를 구성할 수 있다. 국가7급 21 / 경찰채용 14 2차 / 사시 14

(4) 계속범

본죄는 범인을 은닉·도피하게 하면 기수가 되지만, 즉시 위법상태가 종료되는 것이 아니라 범인에 대한 미체포상태가 계속된다는 점에서 계속범의 성질을 가진다(대법원 1995.9.5, 95도577). 법원9급 16 / 법원9급 18 / 경찰채용 16 1차

(5) 고 의

본죄의 객체에 대한 인식은 실제로 벌금 이상의 형에 해당하는 범죄를 범한 자라는 것을 인식함으로써 족하고 그 법정형이 벌금 이상이라는 것까지 알 필요는 없다(대법원 2000.12.8, 2000도4078). 법원행시 12 / 경찰승진 14 다만 수사기관에서 참고인이 허위진술하는 경우에 있어서는 참고인에게 적극적으로 실제의 범인을 도피시켜 국가의 형사사법의 작용을 곤란하게 할 의사가 있어야 본죄의 고의가 인정된다.

판례연구 범인은닉·도피의 고의가 인정되는 경우

1. 대법원 1990.3.27, 89도1480

피고인이 수표발행인을 은닉한 것이 그 수표가 부도나기 전날이라고 하더라도 그 수표가 부도날 것이라는 사정과 수표발행인이 부정수표단속법 위반으로 수사관서의 수배를 받게 되리라는 사정을 알았다면 범인은닉에 관한 고의가 없다고 할 수는 없다.[1647] 경찰승진(경감) 11

2. 대법원 1995.12.26, 93도904

범인도피죄에 있어서 벌금 이상의 형에 해당하는 자에 대한 인식은 실제로 벌금 이상의 형에 해당하는 범죄를 범한 자라는 것을 인식함으로써 족하고 그 법정형이 벌금 이상이라는 것까지 알 필요는 없는 것이고 범죄의 구체적인 내용이나 범인의 인적사항 및 공범이 있는 경우 공범의 구체적 인원수 등까지 알 필요는 없다.

1647 판결이유 부정수표단속법 제2조 제2항 위반의 범죄는 예금부족으로 인하여 제시일에 지급되지 아니할 것이라는 결과발생을 예견하고 수표를 발행한 때에 바로 성립하는 것이고 수표소지인의 제시일에 수표금의 지급이 거절된 때에 비로소 성립하는 것은 아니기 때문이다.

3. 대법원 2003.12.12, 2003도4533
벌금 이상의 형에 해당하는 죄를 범한 자라는 것을 인식하면서도 도피하게 한 경우에는 그 자가 당시에는 아직 수사대상이 되어 있지 않았다고 하더라도 범인도피죄가 성립한다. 법원행시 05 / 법원9급 07(상) / 경찰간부 11 / 경찰간부 12 / 경찰간부 13 / 경찰승진(경사) 11 / 경찰채용 14 2차

판례연구 범인은닉 · 도피의 고의가 인정되지 않는 경우

대법원 1997.9.9, 97도1596
참고인이 실제의 범인이 누구인지 정확하게 모르는 상태에서, 수사기관에서 실제의 범인이 아닌 어떤 사람을 범인이 아닐지도 모른다고 생각하면서도 그를 범인이라고 지목하는 허위의 진술을 한 경우에는, 참고인의 허위진술에 의하여 범인으로 지목된 사람이 구속기소됨으로써 실제의 범인이 용이하게 도피하는 결과를 초래한다고 하더라도 본죄가 성립할 수 없다.[1648] 경찰채용 14 2차 / 경찰승진(경감이하) 16

3. 친족간의 범행과 특례(제151조 제2항)

(1) 법적 성격

① 인적 처벌조각사유설 : 범인은닉죄는 성립하지만 친족간의 관계라는 점을 고려하여 형이 면제되는 경우로 해석하는 입장이다.[1649]

② 책임조각사유설(다수설[1650]) : 친족간의 관계에 비추어 보아 본죄를 범하지 않을 것(적법행위)의 기대가능성이 없다고 보아 책임이 조각되므로 본죄가 성립하지 않는다는 입장이다. 이 견해가 타당하므로, 당해 친족에게는 무죄판결이 내려져야 할 것이다.

(2) 적용범위

친족 또는 동거의 가족에게 적용된다. 친족의 개념은 민법에 의하지만, 내연관계에 있는 자와 그 출생자도 포함된다고 보아야 한다(통설[1651]). 다만, 판례는 여기서의 친족에 사실혼관계의 배우자는 제외된다고 보고 있다(대법원 2003.12.12, 2003도4533). 국가7급 13 / 법원행시 05 / 법원9급 07(상) / 경찰승진(경위) 11 / 경찰승진(경감) 11 / 경찰승진 13 / 경찰채용 14 2차 / 사시 14

(3) 공범관계

① 의의 : 친족에 대해서만 적용된다.

② 친족이 비친족과 본죄의 공동정범을 한 경우 : 친족에 대해서만 특례가 적용되고, 비친족에게는 적용되지 않는다. 책임개별화의 원칙 때문이다.

1648 사례 : 참고인의 허위진술과 범인은닉죄의 고의 甲은 1997년 10월경 乙(女)의 집 담을 넘어 창문을 통해 乙의 방에 침입하여 알몸으로 자던 乙을 덮쳐 누르고 간음하였다. 그 후 1998년 6월 13일 새벽에 甲은 다시 乙의 방에 침입하여 침대에서 자고 있는 乙을 간음하려 하였으나 乙이 몸부림치면서 저항하는 바람에 함께 침대에서 굴러 떨어지자 주먹으로 乙의 머리 및 목 부위를 수회 때리던 중 乙이 "엄마"라고 비명을 지르자 창문을 넘어 도주하였고, 甲은 현장에 전에 훔친 丙 소유의 휴대폰을 떨어뜨렸다. 乙은 범행수법이 甲과 유사하다고 생각하였으나 휴대폰의 소유자가 甲이 아닌 丙으로 판명됨에 따라 丙이 범인일 가능성이 높다고 생각하면서도, 경찰서에서 丙이 범인이냐는 형사들의 질문에 대해 잘 모르겠다고 대답하였다. 형사들은 그렇게 대답하면 안 되고 확실하게 대답하라고 다그치자, 乙은 "丙이 범인이다."라고 단정적으로 진술하였다. 이에 丙은 강간치상죄로 구속기소되었다. 乙의 형사책임은? 해결 고의가 없으므로 범인은닉죄가 성립하지 않는다.
1649 김석휘(주석), 208면; 유기천(하), 352면; 이정원, 806면; 황산덕, 86면.
1650 김성천/김형준, 868면; 김일수/서보학, 906면; 박상기, 684면; 배종대, 816면; 백형구, 613면; 서일교, 351면; 손동권, 825면; 오영근, 1120면; 이재상, §45－34; 이형국(Ⅱ), 410면; 임웅, 893면; 정성근/박광민, 815면; 정영석, 79면; 정영일, 664면; 진계호, 800면.
1651 김성천/김형준, 868면; 김일수/서보학, 907면; 박상기, 684면; 배종대, 816면; 백형구, 613면; 손동권, 825면; 이재상, §45－35; 이정원, 807면; 이형국(Ⅱ), 410면; 임웅, 893면; 정성근/박광민, 816면; 황산덕, 86면.

③ 비친족이 친족을 교사하여 타인(범인)을 은닉하게 한 경우 : 친족은 처벌되지 않지만, 비친족은 범인은닉죄의 교사범이 성립한다. 제한적 종속형식에 의하는 한, 정범의 행위는 불법하기만 하면 되기 때문이다.

④ 친족이 비친족을 교사하여 타인(범인)을 은닉하게 한 경우 : 정범인 비친족은 범인은닉죄의 정범이 된다. 다만 이 경우의 친족이 범인은닉죄의 교사범이 되는가에 대해서는, 비호권의 남용으로 보아 이를 긍정하는 견해도 있으나,[1652] 책임개별화원칙에 의해 친족 자신의 책임이 조각되므로 교사범이 성립하지 않는다고 보아야 한다(다수설[1653]).

⑤ 범인이 친족을 교사하여 자신(범인)을 은닉하게 한 경우 : 이 경우 정범인 친족은 책임이 조각되어 무죄가 된다. 문제는 교사자인 범인 자신에게 범인은닉죄의 교사범이 성립하는가이다. 기술하였듯이 다수설은 범인 자신은 본죄의 교사범이 될 수 없다는 입장이지만, 판례는 범인 자신의 자기방어권의 남용으로 보아 본죄의 교사범이 될 수 있다는 입장이다. 또한 이 경우 정범인 친족의 행위는 본죄의 구성요건해당성과 위법성은 인정되기 때문에 제한적 종속형식에 의할 때 공범의 성립은 가능하다. 따라서 판례에 의하면 본죄의 교사범이 성립하게 된다(대법원 2006.12.7, 2005도3707). 국가7급 13 / 법원행시 08 / 법원행시 12 / 법원행시 13 / 법원행시 14 / 사시 13 / 변호사 12 / 변호사 17

사례연구 범인 자신이 친동생을 피의자로 대신 조사받게 한 사례

무면허 운전으로 사고를 낸 甲이 친동생 乙을 경찰서에 대신 출두시켜 피의자로 조사받도록 하였다. 판례에 따르면 甲의 행위의 죄책은?

해결 다수설은 무죄로 보나, 판례는 범인이 자신을 위하여 타인으로 하여금 허위의 자백을 하게 하여 범인도피죄를 범하게 하는 행위는 자기방어권의 남용으로 범인도피교사죄에 해당한다는 입장이며, 이 경우 그 타인이 형법 제151조 제2항에 의하여 처벌을 받지 아니하는 친족 또는 동거 가족에 해당한다 하여 달리 볼 것은 아니라고 본다(대법원 2006.12.7, 2005도3707). 국가7급 13 법원행시 08 / 법원행시 12 / 법원행시 13 / 법원행시 14 / 사시 13 / 변호사 12 / 변호사 17 / 경찰간부 18

보충 유사판례 범인 A는 자신의 처인 B가 A를 도피하기 위한 범행을 하는 것을 돕기 위하여 B에게 사고발생 경위, 도주 경위 등에 관하여 상세한 정보를 제공하여 주는 등의 방법으로 B로 하여금 심리적으로 안정할 수 있도록 하였다. 이처럼 범인이 자신을 위해 타인(범인의 처)이 허위의 자백을 하는 것을 방조한 경우, 범인도피방조죄가 성립한다(대법원 2008.11.13, 2008도7647). 사시 11

정답 범인도피교사죄

제4절 위증과 증거인멸의 죄

01 총 설

1. 의의 및 보호법익

위증과 증거인멸의 죄(perjury and destruction of evidence)는 법률에 의하여 선서한 증인이 허위의 진술을

1652 백형구, 614면; 서일교, 352면; 정영석, 79면; 정영일, 664면; 황산덕, 86면.
1653 김성천/김형준, 869면; 김일수/서보학, 907면; 박상기, 684면; 배종대, 817면; 손동권, 826면; 오영근, 1121면; 이재상, §45-36; 이정원, 808면; 이형국(Ⅱ), 411면; 임웅, 894면; 정성근/박광민, 817면; 진계호, 801면.

하거나, 이를 피고인 등을 모해할 목적으로 하거나, 법률에 의하여 선서한 감정인·통역인·번역인이 허위의 감정·통역·번역을 하거나, 타인의 형사사건 또는 징계사건에 관한 증거를 인멸·은닉·위조·변조 또는 위조·변조한 증거를 사용하거나, 타인의 형사사건·징계사건에 관한 증인을 은닉·도피하게 함으로써 성립하는 범죄로서, 그 보호법익은 재판권·징계권과 같은 국가의 사법(司法)기능이다(통설·판례). 법익보호의 정도는 추상적 위험범이므로, 국가의 사법기능에 대해 현실적 침해나 위험이 발생할 것을 요하지 아니한다. 본장의 죄는 일체 미수를 벌하지 않는다.

2. 위증죄의 신분범 · 자수범 · 거동범의 성질

위증죄(僞證罪, Meineid, perjury)는 증인이라는 신분을 요건으로 하는 신분범(**진정신분범**)이며, 경찰채용 13 2차 동시에 증인이 직접 허위진술을 하여야 구성요건이 실현되는 자수범(自手犯)이다. 따라서 위증죄에 있어서는 간접정범의 성립이 불가능하다. 사시 11 또한 위증죄는 전형적인 거동범(擧動犯)이므로, 허위의 진술만으로 기수에 이르고 별도의 결과발생을 요하지 않는다.

02 위증죄

제152조【위증, 모해위증】 ① 법률에 의하여 선서한 증인이 허위의 진술을 한 때에는 5년 이하의 징역 또는 1천만 원 이하의 벌금에 처한다.

제153조【자백, 자수】 전조의 죄를 범한 자가 그 공술한 사건의 재판 또는 징계처분이 확정되기 전에 자백 또는 자수한 때에는 그 형을 감경 또는 면제한다.

1. 구성요건

(1) 객관적 구성요건

① 주체 – 법률에 의하여 선서한 증인

㉠ 법률에 의한 선서 : '법률에 의하여 선서한 증인'이라 함은 '법률에 근거하여 법률이 정한 절차에 따라 유효한 선서를 한 증인'이라는 의미이고, 그 증인신문은 법률이 정한 절차 조항을 준수하여 적법하게 이루어진 경우이어야 한다.

ⓐ 법률 : 위증죄는 소송법종속적 성격을 가지므로 구체적인 선서의 절차는 해당 절차법에 의한다(형사소송법 제156조, 민사소송법 제290조 이하 등). 국가9급 11 여기에서 법률이란 법률에 직접 규정되어 있는 경우뿐만 아니라 법률의 위임에 의한 명령 기타 하위법규에 규정된 절차에 의한 경우를 포함한다.[1654] 그러나 심문절차로 진행되는 가처분사건 등에서의 증인에 대한 선서와 같이 법령상 근거가 없는 선서는 무효이므로 여기에서의 선서한 증인에 해당하지 않는다(대법원 1995.4.11, 95도186).

예 심문절차로 진행하는 소송비용확정신청사건, 법원행시 09 심문절차로 진행되는 가처분사건[1655] 법원승진 11 /

1654 김봉태(공저), 655면; 김석휘(주석), 211면; 박상기, 687면; 배종대, 819면; 이재상, §46－10; 이형국(Ⅱ), 419면; 임웅, 898면; 정성근/박광민, 820면; 진계호, 804면.

1655 판례 : **심문절차에서는 위증죄가 성립하지 아니한다는 사례** 가처분사건이 변론절차에 의하여 진행될 때에는 제3자를 증인으로 선서하게 하고 증언을 하게 할 수 있으나 **심문절차**에 의할 경우에는 법률상 명문의 규정도 없고 또 민사소송법의 증인신문에 관한 규정이 준용되지도 아니하므로 선서를 하게 하고 증언을 시킬 수 없다고 할 것인바, 제3자가 심문절차로 진행되는 가처분신청사건에서 증인으로 출석하여 선서를 하고 진술함에 있어서 허위의 공술을 하였다고 하더라도 그 선서는 법률상 근거가 없어 무효라고 할 것이므로 위증죄는 성립하지 않는다(대법원 2003.7.25, 2003도180). 법원행시 07 / 법원행시 10 / 법원9급 07(상)

법원행시 07 / 법원행시 10 / 법원9급 07(상) / 법원9급 12 / 법원9급 14 / 경찰채용 11 1차 / 사시 10 / 경찰간부 16 / 경찰승진(경감이하) 17 / 경찰채용 17 1차 / 경찰채용 16 2차

ⓑ 선서(宣誓)

선서를 하게 할 권한이 있는 기관에 의한 것	검사 또는 사법경찰관에 대하여 선서하였다고 하여도 법률에 의한 선서에는 해당하지 않는다.
선서무능력자의 선서	16세 미만인 자와 선서취지를 이해하지 못하는 자는 선서무능력자로서(형사소송법 제159조, 민사소송법 제322조) 선서가 무효가 되므로[1656] 위증죄의 죄책을 지지 않는다(다만 증언능력은 인정될 수 있음). 법원행시 05
선서절차 · 증언절차의 하자	사소한 결함이 있다는 이유만으로 선서의 효력이 없어지는 것은 아니다. 즉, 위증의 벌을 경고하지 않고 선서하게 한 경우(민사소송법 제320조, 형사소송법 제158조)에도 해당되는 것이다(통설 · 판례).

• 선서의 방법 : 형사소송법 제157조와 제158조에 규정되어 있다.

• 선서의 유효성 : 선서는 적법절차에 따라 행한 유효한 것이어야 한다.

• 선서의 시기 : 선서는 증언 전에 하는 것이 원칙이지만, 증언 후에 하는 경우도 있다(민사소송법 제319조 단행, 형사소송법 제156조 단행). 즉, 사전선서를 원칙으로 하지만, 사후선서도 가능하다(통설[1657] · 판례[1658]).

ⓛ 증인(證人)

ⓐ 의의 : 법원 · 법관에 대하여 과거의 경험사실을 진술하는 제3자이다. 위증죄는 증인 자신이 직접 행하여만 성립하는 자수범(自手犯)이므로[1659] 법률에 의하여 선서하고 증언하는 자 이외의 자는 본죄에 대한 간접정범 · 공동정범이 될 수 없다. 그러나 본죄에 대한 교사나 방조가 가능한 것은 물론이다.

ⓑ 범 위

㉮ 형사피고인 및 민사소송의 당사자 : 형사피고인에게 증인의 지위를 인정하는 것은 진술거부권을 가진 자에게 증언의무를 부과하는 것이 되므로 있을 수 없다. 따라서 피고인은 본죄의 주체에서 제외된다. 또한 민사소송의 당사자도 증인능력이 없으므로 증인으로 선서하고 증언하였다고 하더라도 위증죄의 주체가 될 수 없고, 이러한 법리는 민사소송에서의 당사자인 법인의 대표자(대법원 1998.3.10, 97도1168)의 경우에도 마찬가지로 적용된다. 법원행시 09 / 법원행시 10 / 법원9급 07(상) / 법원9급 12 / 법원9급 16 / 경찰승진 13 / 경찰간부 17 / 경찰간부 16 / 경찰승진(경감이하) 17

㉯ 공범자 또는 공동피고인[1660] : 공범인 공동피고인은 엄연히 피고인의 지위에 있고 이러한 공

/ 법원9급 12 / 법원9급 14 / 경찰채용 11 1차 / 사시 10

1656 김봉태(공저), 656면; 김석휘(주석), 212면; 김성천/김형준, 871면; 김일수/서보학, 901면; 박상기, 688면; 배종대, 798면; 백형구, 631면; 유기천(하), 357면; 이재상, §46－11; 이형국(Ⅱ), 419면; 임웅, 853면; 정성근/박광민, 820면; 정영석, 82면; 진계호, 749면; 황산덕, 87면.

1657 김일수/서보학, 918면; 박상기, 687면; 배종대, 819면; 백형구, 617면; 손동권, 829면; 오영근, 1125면; 유기천(하), 358면; 이재상, §46－12; 이형국(Ⅱ), 419면; 임웅, 898면; 정성근/박광민, 821면; 정영일, 666면; 진계호, 805면. 반대입장의 소수설은 김봉태(공저), 658면; 이정원, 812면.

1658 대법원 1974.6.25, 74도1231.

1659 김성천/김형준, 870면; 김일수/서보학, 917면; 박상기, 687면; 배종대, 817면; 백형구, 616면; 손동권, 828면; 오영근, 1124면; 이재상, §46－4; 이정원, 811면; 이형국(Ⅱ), 418면; 임웅, 897면; 정성근/박광민, 818면; 정영일, 665면; 진계호, 803면; 황산덕, 87면.

1660 공동피고인이라 함은 2인 이상의 피고인이 동일한 형사절차에서 심판을 받게 된 경우(소위 병합심리), 각 피고인을 일컫는다. 공동피고인의 진술은 자기 사건에 관련되는 한에 있어서는 피고인의 진술인 동시에 다른 공동피고인의 사건에 관하여는 제3

범자관계에 있는 공동피고인에게 당해 소송절차에서 증인적격을 인정하는 것은 피고인의 진술거부권을 무의미하게 만들기 때문에 다른 공동피고인에 대한 공소사실에 관하여 증인이 될 수 없다고 보는 것은 당연하다. 다만 공범자가 아닌 공동피고인인 경우에는 증인적격이 있으므로 본죄의 주체가 될 수 있다(절충설 : 통설[1661] · 판례, 1982.9.14, 82도1000). 변호사 13

> **판례연구** 공동피고인의 증인적격에 관한 절충설을 취한 사례
>
> 1. 대법원 1983.10.25, 83도1318
>
> 피고인을 공동피고로 한 민사사건에서 피고인이 의제자백에 의해 분리되고, 공소외인만이 피고로 남았다면 이는 타인 사이의 사건이라고 할 것이므로 그 사건에서 한 증언이 기억에 반한 것인 이상, 위증죄에 해당한다. 경찰승진(경위) 11
>
> 2. 대법원 2008.6.26, 2008도3300; 2012.3.29, 2009도11249
>
> 공범인 공동피고인이 다른 공동피고인에 대한 공소사실에 관하여 증인적격이 있는지 여부(원칙적 소극)
>
> ① 공범인 공동피고인은 당해 소송절차에서는 피고인의 지위에 있으므로 다른 공동피고인에 대한 공소사실에 관하여 증인이 될 수 없으나, ② 소송절차가 분리되어 피고인의 지위에서 벗어나게 되면 다른 공동피고인에 대한 공소사실에 관하여 증인이 될 수 있다. 법원9급 09 / 국가7급 16 / 경찰간부 17 이는 대향범인 공동피고인의 경우에도 다르지 않다. … 게임장의 종업원이 그 운영자와 함께 게임산업진흥에 관한 법률 위반죄의 공범으로 기소되어 공동피고인으로 재판을 받던 중, 운영자에 대한 공소사실에 관한 증인으로 증언한 내용과 관련하여 위증죄로 기소된 경우라 하더라도, 소송절차가 분리되지 않은 이상 위 종업원은 증인적격이 없어 위증죄가 성립하지 않는다고 보아야 한다. 법원승진 11 / 사시 10

㉰ 증언거부권자(證言拒否權者) : 증언거부권을 행사하지 않고 선서 후 위증을 한 증언거부권자도 본죄의 주체가 된다(통설[1662] · 판례). 법원9급 05 다만 이는 재판장의 증언거부권의 고지 여부와 맞물려 있는 문제이므로 별도의 검토를 요한다.

㉢ 증언거부권의 고지 여부와 위증죄의 성부 : 증인이 자기 또는 근친자의 형사책임이나 업무상 비밀에 관해서 증언을 할 경우에는 증언거부권을 가지므로(민소법 제314 · 315조, 형소법 제148 · 149조), 재판장은 신문 전에 증언을 거부할 수 있음을 설명하여야 한다(형사소송법 제160조).[1663] 즉 민소법과

자의 진술이라는 이중적 성격을 가지게 되는바, 여기에서부터 공동피고인은 피고인으로서의 진술거부권(헌법 제12조 제2항 및 형사소송법 제289조)이라는 권리와 제3자로서 법원에 대하여 부담하는 증언의무(형사소송법 제161조) 및 진실의무(형사소송법 제158조, 형법 제152조)라는 의무가 나오게 된다.

1661 절충설이 현재의 통설이다. 김성천/김형준, 872면; 김일수/서보학, 919면; 박상기, 688면; 배종대, 819면; 손동권, 830면; 오영근, 1126면; 이재상, §46-13; 이정원, 812면; 이형국(Ⅱ), 420면; 임웅, 898면; 정성근/박광민, 821면; 진계호, 805면. 이 입장은 공동피고인 상호간의 실체적 관계를 분석하여 공동피고인의 증인적격을 결정하자는 것이다. 절충설(제한적 인정설)에 따르면 공동피고인에게 제3자성(공범자가 아니라는 점)이 인정되면 그 공동피고인은 병합심리된 해당 절차에서 다른 공동피고인에 관하여 진술하는 경우 증인으로 선서하고 증언해야 할 것이 요구되게 된다. 따라서 **피고인과 별개의 범죄사실로 기소되어 병합심리중인 공동피고인은 피고인의 범죄사실에 관하여는 증인의 지위에 있다 할 것이므로**, 선서 없이 한 공동피고인의 법정진술이나 피고인이 증거로 함에 동의한 바 없는 공동피고인에 대한 피의자신문조서는 피고인의 공소범죄사실을 인정하는 증거로 할 수 없다.

1662 김봉태(공저), 656면; 김석휘(주석), 212면; 김성천/김형준, 872면; 김일수/서보학, 919면; 박상기, 690면; 배종대, 819면; 백형구, 617면; 서일교, 354면; 손동권, 830면; 오영근, 1126면; 유기천(하), 357면; 이재상, §46-14; 이형국(Ⅱ), 420면; 임웅, 898면; 정성근/박광민, 821면; 정영일, 666면; 진계호, 805면.

1663 형사소송법 제148조(근친자의 형사책임과 증언거부) 누구든지 자기나 다음 각 호의 1에 해당한 관계있는 자가 형사소추 또는 공소제기를 당하거나 유죄판결을 받을 사실이 발로될 염려있는 증언을 거부할 수 있다. 1. 친족 또는 친족관계가 있었던 자, 2. 법정대리인, 후견감독인
제149조(업무상비밀과 증언거부) 변호사, 변리사, 공증인, 공인회계사, 세무사, 대서업자, 의사, 한의사, 치과의사, 약사, 약종상, 조산사, 간호사, 종교의 직에 있는 자 또는 이러한 직에 있던 자가 그 업무상 위탁을 받은 관계로 알게 된 사실로서 타인의 비밀에 관한 것은 증언을 거부할 수 있다. 단, 본인의 승낙이 있거나 중대한 공익상 필요있는 때에는 예외로 한다.

형소법이 모두 증언거부권 제도를 두면서도, 재판장의 증언거부권 고지의무는 형소법만 규정하고 민소법은 규정하고 있지 않다.

ⓐ 증언거부권을 고지받은 경우 : 증인이 증언거부권을 고지받았음에도 증언거부권을 행사하지 않고 위증한 경우에는 위증죄가 성립한다(대법원 1987.7.7, 86도1724 전원합의체; 2012.10.11, 2012도6848,2012전도143). 국가7급 09 / 법원행시 06 / 법원행시 08 / 법원행시 09 / 법원행시 10 / 경찰간부 11 / 경찰승진(경사) 10 증언을 거부할 수 있는 권리를 인정하여 위증죄로부터의 탈출구를 마련하고 있는 만큼, 적법행위의 기대가능성이 없다고 할 수 없고 선서한 증인이 증언거부권을 포기하고 허위의 진술을 한 이상 위증죄의 처벌을 면할 수 없기 때문이다.

ⓑ 증언거부권을 고지받지 못한 경우 : 이 경우 위증죄의 성립 여부를 판단함에 있어서는 증인이 증언거부사유 또는 증언거부권의 존재를 이미 알고 있었는지 여부 및 증언거부권을 고지받았다 하더라도 허위진술을 하였을 것이라고 볼만한 정황이 있었는지 등을 전체적·종합적으로 고려하여야 한다. 따라서 ㉮ 증인이 증언거부권을 고지받지 못함으로 인하여 그 증언거부권을 행사하는 데 '사실상 장애'가 초래되었다고 볼 수 있는 경우에는, 증인이 침묵하지 않고 허위진술한 것은 자신이 진정한 의사에 의한 것이라고 볼 수 없다고 보아야 하므로 위증죄의 성립은 부정되어야 하지만(대법원 2010.1.21, 2008도942 전원합의체; 2010.2.25, 2009도13257), 국가9급 11 / 국가9급 14 / 법원9급 11 / 법원승진 11 / 경찰간부 12 / 경찰간부 16 / 경찰간부 18 / 경찰승진(경사) 11 / 경찰승진 14 / 사시 14 / 변호사 16 / 국가7급 20 ㉯ 증언거부권을 고지받지 아니함으로 인하여 증언거부권이 사실상 침해당한 것으로 평가할 수는 없는 경우에는 위증죄의 성립이 인정된다(대법원 2010.2.25, 2007도6273). 사시 13 또한 ㉰ 민사소송절차에서는 재판장이 증인에게 증언거부권을 고지하지 아니하였다 하여 절차위반의 위법이 없으므로 적법한 선서절차를 마쳤는데도 허위진술을 한 증인에 대해서는 특별한 사정이 없는 한 위증죄가 성립한다(대법원 2011.7.28, 2009도14928). 법원행시 13 / 변호사 16 / 경찰간부 16 / 경찰간부 18

ⓒ 증언거부권자가 아닌 경우 : 이미 유죄판결이 확정된 증인의 경우에는 설사 재심청구 예정이라 하여도 증언을 거부할 권리가 없으므로 증언에 앞서 증언거부권을 고지받지 못하였더라도 증인신문절차상 잘못이 없으므로 허위진술한 경우 위증죄가 성립한다(대법원 2011.11.24, 2011도11994). 법원행시 14

판례연구 증언거부권을 고지받지 못하여 위증죄가 성립하지 않는 사례

1. 대법원 2010.1.21, 2008도942 전원합의체

증언거부사유가 있음에도 증언거부권을 고지받지 못함으로 인하여 그 증언거부권을 행사하는 데 사실상 장애가 초래되었다고 볼 수 있는 경우 위증죄 성립 여부(소극)

위증죄의 의의 및 보호법익, 형사소송법에 규정된 증인신문절차의 내용, 증언거부권의 취지 등을 종합적으로 살펴보면, 증인신문절차에서 법률에 규정된 증인 보호를 위한 규정이 지켜진 것으로 인정되지 않은 경우에는 증인이 허위의 진술을 하였다고 하더라도 위증죄의 구성요건인 "법률에 의하여 선서한 증인"에 해당하지 아니한다고 보아 이를 위증죄로 처벌할 수 없는 것이 원칙이다. 다만, 법률에 규정된 증인 보호 절차라 하더라도 개별 보호절차 규정들의 내용과 취지가 같지 아니하고, 당해 신문 과정에서 지키지 못한 절차 규정과 그 경위 및 위반의 정도 등 제반 사정이 개별 사건마다 각기 상이하므로, 이러한 사정을 전체적·종합적으로 고려하여 볼 때, 당해 사건에서 증인 보호에 사실상 장애가 초래되었다고 볼 수 없는 경우에까지 예외 없이 위증죄의 성립을 부정할 것은 아니라고 할 것이다. … 재판장이 신문 전에 증인에게 증언거부권을 고지하지 않은 경우에도 당해 사건에서 증언 당시 증인이 처한 구체적인 상황, 증언거부사유의 내용, 증인이 증언거부사유 또는 증언거부권의 존재를 이미 알고 있었는지 여부, 증언거부권을 고지 받았더라도 허위진술을 하였을 것이라고 볼 만한 정황이 있는

제160조(증언거부권의 고지) 증인이 제148조, 제149조에 해당하는 경우에는 재판장은 신문전에 증언을 거부할 수 있음을 설명하여야 한다.

지 등을 전체적·종합적으로 고려하여 증인이 침묵하지 아니하고 진술한 것이 자신의 진정한 의사에 의한 것인지 여부를 기준으로 위증죄의 성립 여부를 판단하여야 한다. 그러므로 헌법 제12조 제2항에 정한 불이익 진술의 강요금지 원칙을 구체화한 자기부죄거부특권에 관한 것이거나 기타 증언거부사유가 있음에도 증인이 증언거부권을 고지받지 못함으로 인하여 그 증언거부권을 행사하는 데 사실상 장애가 초래되었다고 볼 수 있는 경우에는 위증죄의 성립을 부정하여야 할 것이다.[1664] 법원9급 11 / 경찰간부 12 / 경찰승진(경사) 11 / 경찰승진 14 / 사시 14 / 경찰채용 18 1차

2. 대법원 2010.2.25, 2009도13257

사촌관계에 있는 甲의 도박 사실 여부에 관하여 증언거부사유가 발생하게 되었는데도 재판장으로부터 증언거부권을 고지받지 못한 상태에서 허위 진술을 하게 된 사례

증언 첫머리에서 피고인이 공소외 2와 사촌관계에 있다고 진술함으로써 공소외 2의 도박 사실에 관하여 증언거부사유가 발생하게 되었는데도 재판장으로부터 증언거부권을 고지받지 못한 상태에서 이 사건 허위 진술을 하게 된 점 등을 종합하여 보면, 이 사건 증언 당시 증언거부권을 고지받지 못함으로 인하여 피고인이 그 증언거부권을 행사하는 데 사실상 장애가 초래되었다고 볼 수 있으므로, 피고인에게 위증죄의 죄책을 물을 수 없다고 판단한 것은 정당하다. 경찰간부 16

3. 대법원 2012.3.29, 2009도11249

증·수뢰사건의 공동피고인 중 1인이 증인으로 소환되었는데 증언거부권을 고지받지 못한 사례

피고인들이 증·수뢰사건으로 기소되어 공동피고인으로 함께 재판을 받으면서 서로 뇌물을 주고받은 사실이 없다고 다투던 중 증·수뢰의 상대방인 공동피고인에 대한 사건이 변론분리되어 뇌물공여 또는 뇌물수수의 증인으로 채택되었는데, 증언거부권을 고지 받지 못한 상태에서 자신들의 종전 주장을 되풀이함에 따라 거짓 진술에 이르게 되었다면, 피고인들에게는 위증죄의 죄책이 인정되지 않는다.[1665]

판례연구 증언거부권을 고지받지 못하였더라도 위증죄가 성립하는 사례

1. 대법원 2010.2.25, 2007도6273

전 남편에 대한 도로교통법 위반(음주운전) 사건의 증인으로 법정에 출석한 전처(前妻)가 증언거부권을 고지받지 않은 채 공소사실을 부인하는 전 남편의 변명에 부합하는 내용을 적극적으로 허위 진술한 경우, 증인으로 출석하여 증언한 경위와 그 증언 내용, 증언거부권을 고지받았더라도 그와 같이 증언을 하였을 것이라는 취지의 진술 내용 등을 전체적·종합적으로 고려할 때 선서 전에 재판장으로부터 증언거부권을 고지받지 아니하였다 하더라도 이로 인하여 증언거부권이 사실상 침해당한 것으로 평가할 수는 없다는 점에서 위증죄는 성립한다고 해야 한다. 경찰채용 11 1차 / 경찰채용 13 2차 / 사시 13

2. 대법원 2011.7.28, 2009도14928

민사소송법상 재판장에게 증언거부권 고지의무가 인정되지 않으므로, 민사소송절차에서 적법하게 선서한 증인이 증언거부권을 고지받지 아니한 상태에서 허위진술을 한 경우 원칙적으로 위증죄가 성립한다.[1666] 법원행시 13

1664 보충 이와 달리, 선서한 증인이 허위의 진술을 한 이상 증언거부권 고지 여부를 고려하지 아니한 채 위증죄가 바로 성립한다는 취지로 대법원 1987.7.7, 선고 86도1724 전원합의체 판결에서 판시한 대법원의 의견은 위 견해에 저촉되는 범위 내에서 이를 변경하기로 한다. … 피고인이 공소외인과 쌍방 상해 사건으로 공소 제기되어 공동피고인으로 함께 재판을 받으면서 자신은 폭행한 사실이 없다고 주장하며 다투던 중 공소외인에 대한 상해 사건이 변론분리되면서 피해자인 증인으로 채택되어 검사로부터 신문받게 되었고 그 과정에서 피고인 자신의 공소외인에 대한 폭행 여부에 관하여 신문을 받게 됨에 따라 증언거부사유가 발생하게 되었는데도, 재판장으로부터 증언거부권을 고지받지 못한 상태에서 자신의 종전 주장을 그대로 되풀이함에 따라 결국 거짓 진술에 이르게 된 사정 등을 이유로 피고인에게 위증죄의 죄책을 물을 수 없다고 판단한 것은 정당하다(대법원 2010.1.21, 2008도942 전원합의체).

1665 보충 피고인들로서는 증인신문과정에서 그들 자신의 뇌물공여 또는 뇌물수수 여부에 관하여 신문을 받게 됨에 따라 유죄판결을 받을 수 있는 범죄사실이 발각될 염려가 있어 증언거부사유가 발생하게 되었음에도, 재판장으로부터 증언거부권을 고지받지 못한 상태에서 그들의 종전 주장을 그대로 되풀이함에 따라 결국 거짓 진술에 이르게 되었음을 알 수 있다. 그렇다면 위 피고인들이 이 사건 증언 당시 증언거부권을 고지받지 못함으로 인하여 그 증언거부권을 행사하는 데 사실상 장애가 초래되었다고 보기에 충분하므로, 이를 위증죄로 처벌할 수는 없다고 할 것이다.

1666 보충 우리 입법자는 1954.9.23. 제정 당시부터 증언거부권 및 그 고지 규정을 둔 형사소송법과는 달리 그 후인 1960.4.4. 민사소송법을 제정할 때 증언거부권 제도를 두면서도 그 고지 규정을 두지 아니하였고, 2002.1.26. 민사소송법을 전부 개정하

3. 대법원 2011.11.24, 2011도11994

자신에 대한 유죄판결이 확정된 증인이 확정판결에 대하여 재심을 청구할 예정인 경우, 공범에 대한 피고사건에서 형사소송법 제148조에 의한 증언거부권이 인정되지 않는다.[1667] 따라서 피고인이 마약류관리에 관한 법률 위반(향정)죄로 이미 유죄판결을 받아 확정된 후 별건으로 기소된 공범 甲에 대한 피고사건의 증인으로 출석하여 허위의 진술을 한 경우, 피고인에게 증언을 거부할 권리가 없으므로 증언에 앞서 증언거부권을 고지받지 못하였더라도 증인신문절차상 잘못이 없으므로 위증죄의 죄책이 인정된다. 법원행시 14

4. 대법원 2012.12.13, 2010도10028

범행 하지 아니한 자가 범인으로 기소되어 허위자백한 후 증인으로서도 범행을 하였다고 허위증언한 경우
① 형사소송법에서 위와 같이 증언거부권의 대상으로 규정한 '공소제기를 당하거나 유죄판결을 받을 사실이 발로될 염려 있는 증언'에는 자신이 범행을 한 사실뿐 아니라 범행을 한 것으로 오인되어 유죄판결을 받을 우려가 있는 사실 등도 포함된다고 할 것이다. 따라서 범행을 하지 아니한 자가 범인으로 공소제기가 되어 피고인의 지위에서 범행사실을 허위자백하고, 나아가 공범에 대한 증인의 자격에서 증언을 하면서 그 공범과 함께 범행하였다고 허위의 진술을 한 경우에도 그 증언은 자신에 대한 유죄판결의 우려를 증대시키는 것이므로 증언거부권의 대상은 된다고 볼 것이다. ② 다만 그 경우는 자신이 하지 아니한 범행을 오히려 했다고 진술하는 것으로서 자기부죄거부의 특권이 인정되는 본래 모습과는 상당한 차이가 있으므로, 이는 증언거부권을 고지받았으면 증언을 거부하였을지 여부, 즉 증언거부권의 행사에 사실상 장애가 초래되었다고 볼 수 있는지를 판단함에 있어 중요한 요소로 고려함이 마땅하다(사실상 장애가 초래되었다고 볼 수 없어 위증죄 인정).[1668]

② 행위 – 허위의 진술을 하는 것

㉠ 허위(虛僞)

ⓐ 주관설(다수설[1669] · 판례) : 허위란 증인이 기억에 반하는 증언을 하는 것을 의미하며, 그것이 객관적 진실과 일치하는가는 불문한다는 입장이다. 국가7급 09 / 법원행시 05 / 법원행시 06 / 법원행시 07 / 법원9급 07(상) / 법원9급 11 / 법원9급 14 / 경찰승진(경위) 10 / 경찰채용 11 1차 / 경찰채용 12 2차 / 경찰채용 13 2차 / 사시 14 / 변호사 13 / 경찰간부 17 그러므로 증인이 기억에 반하는 진술을 한 경우에는 진실과 일치하는 경우에도 주관설에 의

면서도 같은 입장을 유지하였다. 이러한 입법 경위 및 규정 내용에 비추어 볼 때, 이는 양 절차에 존재하는 목적 · 적용원리 등의 차이를 염두에 둔 입법적 선택으로 보인다. 더구나 **민사소송법은 형사소송법과 달리, '선서거부권 제도'(제324조), '선서면제 제도'(제323조) 등 증인으로 하여금 위증죄의 위험에서 벗어날 수 있도록 하는 이중의 장치를 마련하고 있어 증언거부권 고지 규정을 두지 아니한 것이 입법의 불비라거나 증언거부권 있는 증인의 침묵할 수 있는 권리를 부당하게 침해하는 입법이라고 볼 수도 없다.** 그렇다면 민사소송절차에서 재판장이 증인에게 증언거부권을 고지하지 아니하였다 하여 절차위반의 위법이 있다고 할 수 없고, 따라서 적법한 선서절차를 마쳤는데도 허위진술을 한 증인에 대해서는 달리 특별한 사정이 없는 한 위증죄가 성립한다고 보아야 한다(위 판례).

1667 **보충** 형사소송법 제148조의 증언거부권은 헌법 제12조 제2항에 정한 불이익 진술의 강요금지 원칙을 구체화한 자기부죄거부 특권에 관한 것인데, **이미 유죄의 확정판결을 받은 경우**에는 헌법 제13조 제1항에 정한 **일사부재리의 원칙에 의해 다시 처벌받지 아니하므로** 자신에 대한 유죄판결이 확정된 증인은 공범에 대한 사건에서 **증언을 거부할 수 없고**, 설령 증인이 자신에 대한 형사사건에서 시종일관 범행을 부인하였더라도 그러한 사정만으로 증인이 진실대로 진술할 것을 기대할 수 있는 가능성이 없는 경우에 해당한다고 할 수 없으므로 허위의 진술에 대하여 위증죄 성립을 부정할 수 없다. 한편 자신에 대한 유죄판결이 확정된 증인이 재심을 청구한다 하더라도, 이미 유죄의 확정판결이 있는 사실에 대해서는 일사부재리의 원칙에 의하여 거듭 처벌받지 않는다는 점에 변함이 없고, 형사소송법상 피고인의 불이익을 위한 재심청구는 허용되지 아니하며(형사소송법 제420조), 재심사건에는 불이익변경 금지 원칙이 적용되어 원판결의 형보다 중한 형을 선고하지 못하므로(형사소송법 제439조), **자신의 유죄 확정판결에 대하여 재심을 청구한 증인에게 증언의무를 부과하는 것이 형사소추 또는 공소제기를 당하거나 유죄판결을 받을 사실이 발로(發露)될 염려 있는 증언을 강제하는 것이라고 볼 수는 없다.** 따라서 자신에 대한 유죄판결이 확정된 증인이 공범에 대한 피고사건에서 증언할 당시 앞으로 재심을 청구할 예정이라고 하여도, 이를 이유로 증인에게 형사소송법 제148조에 의한 증언거부권이 인정되지는 않는다(위 판례).

1668 **보충** 피고인이 살인 사건의 공판과정에서 선서 전에 재판장으로부터 증언거부권을 고지받지 아니하였다 하더라도 이로 인하여 피고인의 증언거부권 행사에 사실상 장애가 초래되었다고 볼 수는 없고, 피고인이 증언하였던 살인 사건의 제4회 공판조서에 재판장이 피고인에 대한 살인 사건을 분리하여 심리한다는 결정을 고지한 이후에 피고인을 증인신문하였다고 기재되어 있으므로 피고인은 위 증언 당시 증인적격이 있으므로, 피고인에게는 위증죄의 성립이 인정된다.

1669 김봉태(공저), 659면; 배종대, 821면; 오영근, 1128면; 서일교, 355면; 유기천(하), 360면; 임웅, 900면; 정성근/박광민, 824면; 정영석, 85면; 정영일, 669면; 진계호, 807면; 황산덕, 89면.

PART 03 국가적 법익에 대한 죄

하면 허위의 진술을 한 경우에 해당하며(대법원 1988.5.24, 88도350; 1989.1.17, 88도580), 기억에 일치하는 진술을 한 경우에는 그 내용이 객관적 진실과 불일치하더라도 주관설에 의하면 허위가 아니다.[1670] 주관설은 증인에게 기억(記憶) 이상의 진실을 기대할 수 없다는 점과 선서한 증인이 가지는 진실의무(眞實義務)에 근거하는 학설이요, 독일형법(과실위증을 처벌하고, 선서 없는 위증도 처벌하는 입법례)과의 차이점에서 그 논거를 찾는 견해이다.

판례연구 위증죄의 허위 개념에 대하여 주관설을 취하는 판례

1. 대법원 1983.8.23, 82도1989

효력이 없는 종중의 이사회 및 임원회의 결의 내용에 상반하는 진술과 위증죄의 성부

피고 등이 종중의 이사회결의나 임원회의 결의 등이 있었음을 알면서도 이에 반하는 공술을 한 이상, 동 결의가 종중규약에 위반하여 효력이 없는 것이라 한들 위증죄의 성립에 영향을 미치지 않는다.

2. 대법원 1990.5.8, 90도448

타인에게 들은 금품전달사실을 자신이 전달한 것처럼 진술한 사례

피고인의 위 증언 중 "증인은 그 무렵 원고 홍○○에게 보험증권과 계약금을 전달할 사실이 있다."는 진술부분에 관하여 보건대, 피고인은 원심 제1차 공판기일의 변론에서 피고인의 공소외 최○○로부터 계약금과 보험증권을 전달하였다는 말을 듣고 위와 같이 진술한 것이라고 변명하고 있으나, 타인으로부터 전해들은 금품의 전달사실을 마치 피고인 자신이 전달한 것처럼 진술한 것은 피고인의 기억에 반하는 허위진술이라고 할 것이므로 진술부분을 위증으로 본 원심판단은 정당하다. 법원행시 09 / 경찰채용 11 1차 / 경찰승진(경위) 11

참고하기 주관설에 의한 대법원 판례

1. 기억이 확실하지 못한 사실을 확실히 기억하고 있다고 진술한 행위 – 위증죄(대법원 1985.8.20, 85도686). 경찰승진(경위) 11
2. 모르는 사실을 잘 안다고 진술한 행위 : 피고인이 3회에 걸쳐 법률에 의한 선서를 하고서 진술한 증언내용이 객관적 사실에 부합하지 아니하고 피고인 자신이 증언내용사실을 잘 알지 못하면서도 잘 아는 것으로 증언했다는 것이므로, 그렇다면 피고인의 증언은 기억에 반한 진술이 될 것이고 위증죄가 성립되는 것이다. 기억에 반하는 사실을 진술하였다면 설령 논지가 주장하는 것처럼 그것이 진실에 합치한다고 하더라도 위증죄의 성립에는 영향이 없다(대법원 1986.9.9, 86도57). 경찰승진(경위) 11 / 경찰승진(경감이하) 16
3. 타인으로부터 전해들은 사실을 자신이 하였다고 진술한 행위 – 위증죄(대법원 1990.5.8, 90도448) 법원행시 09 / 경찰채용 11 1차 / 경찰승진(경위) 11
4. 방에서 개최된 회의를 마당에서 구경하고 허위로 참석하였다고 증언한 행위 – 위증죄(대법원 1968.10.29, 68도1063)

ⓑ 객관설[1671] : 허위란 객관적 진실에 반하는 것을 의미하여 증인의 기억과 일치하는가는 불문한다는 입장이다. 위증죄의 불법의 기초는 증인의 불성실성이 아니라 국가의 사법기능에 대한 위험성을 초래하였다는 데에 있기 때문이다. 객관설은 위증죄의 보호법익에 그 근거를 두고 있다.

1670 보충 유의할 점은 이 경우는 객관설에 의하더라도 결국 위증죄가 성립하지 않는다는 점이다. 행위자의 기억에 일치했다는 것은 행위자가 이를 진실로 믿었다는 것을 의미하므로 위증죄의 고의가 조각되기 때문이다. 과실위증죄를 처벌하지 않는 우리 형법상 이 경우 무죄가 될 것이다.

1671 김성천/김형준, 873면; 김일수/서보학, 921면; 손동권, 832면; 이재상, §46–18; 이정원, 748면; 이형국(Ⅱ), 423면. 국내의 소수설인 객관설은 독일에서는 다수설·판례의 입장이다. 한편 객관설과 주관설의 택일적 적용보다는 국가의 사법기능을 위험에 빠뜨리지 않는 경우를 제외함으로써 처벌범위를 좁히는 절충적 해석을 시도하는 견해는 박상기, 692면; 이형국(Ⅱ), 420면 이하 참조. 이에 의하면 기억과 일치하는 증언을 하는 경우에는 객관적 진실 여부를 떠나 언제나 위증이 아니며, 비록 기억에 반한다 하더라도 객관적 사실과 일치하는 것으로 믿고 진술하면 객관적 사실에 반한다 하여도 위증죄의 성립을 부정한다. 결론적으로는 이러한 절충적 해석도 넓게는 객관설의 입장의 하나로 생각된다.

표정리 위증죄의 허위 : 객관설과 주관설의 비교[1672]

기 억	사 실	객관설	주관설
불일치	진 실	위증 ×	위증 ○
일 치	허 위	위증 ○(단, 고의 없음)	위증 ×

ⓛ 진술(陳述)

ⓐ 진술의 대상 : 외적 사실, 내적 사실과 같은 사실(事實)에 한정되고 가치판단(價値判斷)은 제외된다. 이는 허위감정의 대상에 가치판단이 포함되는 것과의 차이점이다. 따라서 증인의 진술이 경험한 사실에 대한 법률적 평가이거나 단순한 의견에 지나지 아니하는 경우에는 허위의 '진술'이라고 할 수 없다(대법원 1987.10.13, 87도1501; 1988.9.27, 88도236; 2007.9.20, 2005도9590; 2009.3.12, 2008도11007). 법원행시 10 / 변호사 13 따라서 경험한 객관적 사실에 대한 증인 나름의 법률적 · 주관적 평가나 의견을 부연한 부분에 다소의 오류나 모순이 있더라도 위증죄가 성립하지 않는다(대법원 2001. 3.23, 2001도213; 2009.3.12, 2008도11007). 법원9급 09

판례연구 위증의 대상은 사실이어야 한다는 사례

1. 대법원 1986.6.10, 84도2039

사실에 대한 법률적 표현의 진술 : 위증죄 긍정[1673]

증인이 자기가 지득하지 아니한 어떤 사실관계를 단순히 법률적 표현을 써서 진술한 것이라면 이는 객관적 사실을 토대로 한 증인 나름의 법률적 견해를 진술한 것과는 다르므로 위증죄의 성립을 부인할 수 없다.

2. 대법원 1981.8.25, 80도2019

주관적 평가나 법률효력에 관한 설명 : 위증죄 부정

경험한 사실에 기초한 주관적 평가나 그 법률적 효력에 관한 견해를 부연한 진술부분에 다소의 오류나 모순이 있다고 하여도 위증죄가 성립하지 아니한다. 법원9급 09 / 법원9급 20

3. 대법원 1996.2.9, 95도1797

증인의 의견 내지 판단의 진술 : 위증죄 부정

甲은 증인으로 출석하여 증언하기를 관계 서류의 기재 등으로 보아 신용장 개설은행인 한국외환은행과 수입업자인 제황실업주식회사 사이에 '수입물품대금에 관한 분할결제 약정이 있었던 것으로 볼 수 없다고 판단'하여 같은 내용으로 진술하였다고 하자. 이 경우 甲은 법률행위의 해석에 관한 의견 내지 판단을 진술한 것으로 위증의 대상이 되는 사실을 진술한 것에 해당하지 않는다.

ⓑ 진술의 방법 : 제한이 없다. 그러므로 구두 · 거동 · 표정에 의한 진술도 포함되며, 작위 · 부작위를 불문한다. 단순한 진술거부는 소송법상 제재의 대상이 될 뿐 본죄의 진술에 해당되지는 않는다.

1672 보충 위 도표에서 나타나듯이 실질적으로 객관설과 주관설의 차이가 나타나는 경우는 거의 없다. 유일한 경우는 '기억에 반하는 진술이었으나 우연히 객관적 진실과 일치하는 경우'일 것이다. 이 경우 주관설에 의하면 위증죄의 성립을 인정하나, 객관설에 의하면 위증죄 자체가 아니라거나 위증의 불능미수 정도인데 형법은 위증의 미수를 처벌하지 않아 무죄로 보게 된다. 가벌성의 범위를 최소화한다는 점에서 객관설이 타당하다고 생각된다.

1673 판례의 사실관계 A는 민사소송사건의 증인으로 출석하여 "B와 C가 공동 투자하여 아파트 11동을 건축 완공한 다음 D와 E 등에게 위 대지대금에 상응한 아파트를 분양하기로 약정한 것이 사실이다. 신축되는 아파트의 소유권은 D와 E 등에게 명의신탁한다고 약정하고 B 외 1명이 건축을 완공한 후 D 등에게 신탁해지통고를 하면 D 등은 아파트의 소유권은 물론 대지의 소유권도 B 등에게 이전하기로 약정한 사실이 있다."라는 증언을 하였다. 그런데 위 민사소송사건의 당사자사이에 이루어진 아파트신축에 따른 대지매매계약 내용으로서 명백한 점은 위 대지를 매도함에 있어서 그 대금을 평당 금 145,000원으로 하고 아파트를 6개월 내에 완공하여 당사자 간의 합의에 따라 이에 상응한 아파트를 분양받기로 하며 B 등이 대금을 지급할 형편이 못되었으므로 매매계약서 대신 대지사용승낙서를 교부하여 D 등의 명의로 아파트건축허가를 받게 한 것은 사실이지만, 명의신탁 및 신탁해지통고와 이로 인한 소유권이전에 관한 부분은 사실이 아니었다. A에게는 위증죄가 성립한다.

다만 '진술거부에 의하여 전체로서의 진술내용이 허위로 되는 경우'라면 부작위에 의한 위증도 가능하다.[1674]

ⓒ 진술의 내용 : 증인신문(證人訊問)의 대상이 된 사항이다. 이는 반드시 요증사실(要證事實)에 대한 것으로서 판결에 영향을 미칠 수 있을 것을 요하지 않는다(판례). 법원행시 06 / 법원행시 07 / 법원9급 09 / 법원9급 11 / 법원9급 14 / 경찰승진 13 / 경찰채용 12 2차 / 변호사 13 / 경찰간부 17 / 경찰승진(경감이하) 16

판례연구 위증죄의 진술에 해당하는 사례

대법원 1990.2.23, 89도1212

허위의 진술이 요증사실에 관한 것 또는 판결에 영향을 미친 것임을 요하지 아니한다는 사례

위증죄는 법률에 의하여 선서한 증인이 허위의 공술을 한 때에 성립하는 것으로서, 그 공술의 내용이 당해 사건의 요증사실에 관한 것인지의 여부나 판결에 영향을 미친 것인지의 여부는 위증죄의 성립과 아무런 관계가 없다. 경찰채용 12 2차 / 경찰간부 17 / 경찰승진 13 · 16 / 법원9급 09 · 11 · 14 / 법원행시 06 · 07 / 변호사시험 13

㉮ 진술로 인정되는 경우 : 직접신문, 반대신문(대법원 1967.4.18, 67도254), 인정신문(다수설[1675] · 판례, 대법원 1967.4.18, 67도254), 지엽적 사실(대법원 1982.6.8, 81도3069), 동기나 내력(대법원 1969.6.24, 68도1503)에 대한 진술이 모두 위증의 대상이 된다.

㉯ 진술로 인정되지 않는 경우 : 증인이 수사기록에 기재된 진술내용이 상위 없다는 증언을 하는 경우에는 진술 자체는 위증이 될 수 있으나 진술조서에 기재된 진술기재내용을 위증한 것이라고는 할 수 없으며(대법원 1989.9.12, 88도1147),[1676] 증인이 법정에서 선서 후 증인진술서에 기재된 내용이 사실대로라는 취지의 진술만을 한 경우에도 그 증인진술서에 기재된 구체적인 내용을 기억하여 반복 진술한 것으로 보아 그 허위 기재 부분에 관하여 위증죄로 처벌할 수 없다(대법원 2010.5.13, 2007도1397).[1677] 국가9급 13 / 사시 14 / 사시 16

ⓓ 기수시기 : 신문절차가 종료하여 그 진술을 철회할 수 없는 단계에 이르렀을 때 기수가 된다(통설[1678] · 판례). 국가9급 11 따라서 종전의 진술을 철회한 경우 위증죄가 성립하는가의 문제는 그 철회의

1674 김봉태(공저), 659면; 김일수/서보학, 922면; 배종대, 822면; 오영근, 1130면; 유기천(하), 359면; 이재상, §46-22; 이형국(Ⅱ), 425면; 임웅, 902면; 정성근/박광민, 825면; 진계호, 808면. 반면 부작위에 의한 위증을 부정하는 견해는 백형구, 619면.

1675 김일수/서보학, 919면; 박상기, 689면; 배종대, 822면; 손동권, 834면; 이재상, §46-23; 이형국(Ⅱ), 424면; 임웅, 902면; 정성근/박광민, 825면; 진계호, 808면. 반대견해는 백형구, 619면.

1676 **판례 : 수사기록에 기재된 진술내용이 상위 없다는 증언이 있을 경우 위증죄가 성립될 수 있는 범위** 판사가 증인이 경찰과 검사에게 진술한 내용이 사실이냐고 묻고 수사기록을 제시하고 그 요지를 고지한, 즉 **증인이 사실대로 진술하였으며 그 내용도 상위 없다고 답변**하였을 뿐이라면 **증인이 수사기록에 있는 그의 진술조서에 기재된 내용을 기억하여 반복 진술한 것이라고 할 수는 없으므로** 설사 그 진술조서에 기재된 내용 중 증인의 기억에 반하는 부분이 있다고 하여도 그 기재내용을 상위 없다고 하는 진술자체가 위증이 될 수 있음은 별론으로 하고 **그 진술기재내용을 위증한 것이라고 할 수는 없다**(대법원 1989.9.12, 88도1147).

1677 **보충** 민사소송규칙 제79조 제1항은 "법원은 효율적인 증인신문을 위하여 필요하다고 인정하는 때에는 증인을 신청한 당사자에게 증인진술서를 제출하게 할 수 있다."라고 규정함으로써 증인진술서제도를 채택하고 있는데 이러한 증인진술서는 그 자체로는 서증에 불과하여 그 기재내용이 법정에서 진술되지 아니하는 한 여전히 서증으로 남게 되는 점, 민사소송법 제331조가 원칙적으로 증인으로 하여금 서류에 의하여 진술을 하지 못하도록 규정하고 있는 점, 민사소송규칙 제95조 제1항이 증인신문의 방법에 관하여 개별적이고 구체적으로 하여야 한다고 규정하고 있는 점 등의 사정에 비추어 볼 때, **증인이 법정에서 선서 후 증인진술서에 기재된 구체적인 내용에 관하여 진술함이 없이 단지 그 증인진술서에 기재된 내용이 사실대로라는 취지의 진술만을 한 경우에는** 그것이 증인진술서에 기재된 내용 중 특정 사항을 구체적으로 진술한 것과 같이 볼 수 있는 등의 특별한 사정이 없는 한 **증인이 그 증인진술서에 기재된 구체적인 내용을 기억하여 반복 진술한 것으로는 볼 수 없으므로,** 가사 거기에 기재된 내용에 허위가 있다 하더라도 그 부분에 관하여 법정에서 증언한 것으로 보아 위증죄로 처벌할 수는 없다(위 판례).

1678 김성천/김형준, 874면; 김일수/서보학, 923면; 박상기, 692면; 배종대, 822면; 백형구, 619면; 서일교, 356면; 손동권, 834면; 오영근, 1132면; 유기천(하), 361면; 이재상, §46-24; 이정원, 815면; 이형국(Ⅱ), 425면; 임웅, 902면; 정성근/박광민, 826면;

시점이 언제인가에 달려 있다.

ⓐ 증인신문절차 종료 전 철회한 경우 : 증인의 증언은 그 전부를 일체로 관찰·판단하는 것이므로 선서한 증인이 일단 기억에 반하는 허위의 진술을 하였더라도 그 신문이 끝나기 전에 그 진술을 철회·시정한 경우 위증이 되지 아니한다(대법원 1984.3.27, 83도2853[1679]; 1993.12.7, 93도2510; 2008.4.24, 2008도1053[1680]). 법원행시 05 / 법원행시 10 / 법원행시 12 / 법원9급 05 / 법원9급 14 / 경찰간부 12 / 국가7급 16 본죄는 미수범 처벌규정이 없기 때문이다.

➜ 다만, 사후선서한 때에는 선서를 종료한 때에 기수가 된다.

ⓑ 증인신문절차 종료 후 철회한 경우 : 별도의 증인 신청 및 채택 절차를 거쳐 그 증인이 다시 신문을 받는 과정에서 종전 신문절차에서의 진술을 철회·시정한 경우, 이미 종결된 종전 증인신문절차에서 행한 위증죄의 성립에 영향을 미치지 않는다(대법원 2010.9.30, 2010도7525).[1681] 법원승진 11 / 법원9급 12 / 경찰간부 12 / 경찰승진 14 / 사시 13 / 사시 14 / 법원9급 16 / 국가7급 17 / 법원9급 20 / 변호사 24

(2) 주관적 구성요건

법률에 의하여 선서한 증인이라는 것과 그 공술이(판례에 의할 때) 자기의 기억에 반한다는 사실에 대한 인식과 의사가 위증죄의 고의로서 요구된다(미필적 고의로도 족함).

위증죄에서 증인의 증언이 기억에 반하는 허위의 진술인지 여부를 가릴 때에는 그 증언의 단편적인 구절에 구애될 것이 아니라 당해 신문절차에서 한 증언 전체를 일체로 파악하여야 하고, 그 결과 증인이 '무엇인가 착오에 빠져 기억에 반한다는 인식이 없이' 증언하였음이 밝혀진 경우에는 위증의 고의를 인정할 수 없다(대법원 1991.5.10, 89도1748). 법원행시 07

판례연구 위증죄의 고의가 부정되는 경우

1. 대법원 1982.9.14, 81도105; 1994.12.22, 94도1790; 1996.3.12, 95도2864

위증죄에 있어서 증언이 기억에 반하는 허위진술인지 여부의 판단 방법 : 착오 내지 신문의 몰이해로 인한 사소한 허위

증인의 증언이 기억에 반하는 허위진술인지 여부는 그 증언의 단편적인 구절에 구애될 것이 아니라 당해 신문절차에 있어서의 증언 전체를 일체로 파악하여 판단하여야 할 것이고, 증언의 전체적 취지가 객관적 사실과 일치되고 그것이 기억에 반하는 공술이 아니라면 사소한 부분에 관하여 기억과 불일치하더라도 그것이 신문취지의 몰이해 또는 착오에 인한 것이라면 위증이 될 수 없다.

정영일, 669면; 진계호, 809면.

1679 판례 증언의 전체취지에 비추어 원고대리인 신문시에 한 증언을 피고대리인과 재판장 신문시에 취소·시정한 것으로 보인다면 앞의 증언부분만을 따로 떼어 위증이라고 보는 것은 위법하다(대법원 1984.3.27, 83도2853). 경찰간부 12 / 경찰승진(경위) 10

1680 판례 甲은 민사사건에 증인으로 출석하여 선서한 다음 기억에 반하여 허위로 진술하였다가, 이어지는 원고 지배인의 추궁을 받고 대위변제 확인서의 작성 시기에 대하여 "정확한 기억이 없다."라고 답변함으로써 직전의 진술을 철회·시정하였다. 甲에게는 위증죄가 성립하지 않는다.

1681 판례 : 별도의 증인 신청 및 채택 절차를 거쳐 그 증인이 다시 신문을 받는 과정에서 종전 신문절차에서의 진술을 철회·시정한 사례 증인의 증언은 그 전부를 일체로 관찰·판단하는 것이므로 선서한 증인이 일단 기억에 반하는 허위의 진술을 하였더라도 ① 그 신문이 끝나기 전에 그 진술을 철회·시정한 경우 위증이 되지 아니한다고 할 것이나, ② 증인이 1회 또는 수회의 기일에 걸쳐 이루어진 1개의 증인신문절차에서 허위의 진술을 하고 그 진술이 철회·시정된 바 없이 그대로 증인신문절차가 종료된 경우 그로써 위증죄는 기수에 달하고, 그 후 별도의 증인 신청 및 채택 절차를 거쳐 그 증인이 다시 신문을 받는 과정에서 종전 신문절차에서의 진술을 철회·시정한다 하더라도 그러한 사정은 형법 제153조가 정한 형의 감면사유에 해당할 수 있을 뿐, 이미 종결된 종전 증인신문절차에서 행한 위증죄의 성립에 어떤 영향을 주는 것은 아니다. 위와 같은 법리는 증인이 별도의 증인신문절차에서 새로이 선서를 한 경우뿐만 아니라 종전 증인신문절차에서 한 선서의 효력이 유지됨을 고지 받고 진술한 경우에도 마찬가지로 적용된다(대법원 2010.9.30, 2010도7525). 법원9급 12 / 경찰간부 12 / 사시 13 / 변호사 24

2. 대법원 1985.3.26, 84도1098
기억이 분명하지 못하여 잘못 진술
부동산을 매수한 지 20여년이 경과한 뒤 이어서 그 매수 당시의 입회인을 매수 당시 입회한 것으로 잘못 기억하고 증언하였다면, 이는 기억에 반하는 허위의 진술이라고 보기는 어렵다.

2. 책 임

증언거부권을 고지받은 증인의 경우, 설사 자기의 형사책임을 인정하는 것과 같은 불리한 사실에 관하여 증언을 해야 할 경우라 하더라도 '증언거부권을 행사할 수 있다.'는 점에서 적법행위의 기대가능성이 없는 것이 아니므로 위증죄의 책임이 인정된다. 또한 유죄판결이 확정된 피고인의 경우에도 공범의 형사사건에서 사실대로 자신의 범행을 시인하는 증언을 할 것이라는 기대가능성이 있다는 점에서 위증죄의 책임이 인정된다(대법원 2008.10.23, 2005도10101). 국가7급 10 / 경찰승진(경사) 10 / 경찰승진(경위) 10 / 경찰채용 10 1차 / 경찰채용 18 3차 / 사시 13 / 변호사 12 / 변호사 14 / 국가7급 20 / 법원9급 20

판례연구 적법행위의 기대가능성이 있다고 보아 위증죄의 책임이 인정된 사례

1. 대법원 1987.7.7, 86도1724 전원합의체
증언거부권자의 자기의 범죄사실을 은폐하기 위한 허위진술과 위증죄의 성부
증인으로 선서한 이상 진실대로 진술한다고 하면 자신의 범죄를 시인하는 진술을 하는 것이 되고 증언을 거부하는 것은 자기의 범죄를 암시하는 것이 되어 증인에게 사실대로의 진술을 기대할 수 없다고 하더라도 형사소송법상 이러한 처지의 증인에게는 증언을 거부할 수 있는 권리를 인정하여 위증죄로부터의 탈출구를 마련하고 있는 만큼 적법행위의 기대가능성이 없다고 할 수 없으므로 선서한 증인이 증언거부권을 포기하고 허위의 진술을 하였다면 위증죄의 처벌을 면할 수 없다. 이러한 견해와 저촉되는 대법원 1961.7.13, 4294형상194 판결은 폐기하기로 한다.[1682] 국가7급 09 / 법원행시 06 / 법원행시 08 / 법원행시 09 / 법원행시 10 / 경찰간부 11

보충 또한 위 판례는 증언거부권자의 위증죄 성립에 있어서 증언거부권을 고지받은 증인이 허위진술을 한 경우 위증죄의 책임을 인정하였다는 점에서 중요한 판례이다. 다만 전술하였듯이 증언거부권을 고지받지 못한 증인의 경우에는 그것이 증언거부권의 행사에 사실상 장애를 초래하였는지 여부에 따라 위증죄의 성부가 정해지게 된다.

2. 대법원 2008.10.23, 2005도10101
유죄의 확정판결을 받은 증인에 대한 진실 증언의 기대가능성이 인정된다는 사례
피고인에게 적법행위를 기대할 가능성이 있는지 여부를 판단하기 위하여는 행위 당시의 구체적인 상황하에 행위자 대신에 사회적 평균인을 두고 이 평균인의 관점에서 그 기대가능성 유무를 판단하여야 한다. 또한, 자기에게 형사상 불리한 진술을 강요당하지 아니할 권리가 결코 적극적으로 허위의 진술을 할 권리를 보장하는 취지는 아니며, 이미 유죄의 확정판결을 받은 경우에는 일사부재리의 원칙에 의해 다시 처벌되지 아니하므로 증언을 거부할 수 없는바, 이는 사실대로의 진술, 즉 자신의 범행을 시인하는 진술을 기대할 수 있기 때문이다. 이러한 점 등에 비추어 보면, 이미 유죄의 확정판결을 받은 피고인은 공범의 형사사건에서 그 범행에 대한 증언을 거부할 수 없을 뿐만 아니라 나아가 사실대로 증언하여야 하고, 설사 피고인이 자신의 형사사건에서 시종일관 그 범행을 부인하였다 하더라도 이러한 사정은 위증죄에 관한 양형참작사유로 볼 수 있음은 별론으로 하고 이를 이

1682 사실관계 피고인은 차○○에게 공소사실기재 건물에 대한 소유권이전등기 소요서류를 구비하여 주시면 이를 김○○ 사장에게 보이고 자금을 지원받아 가등기 등으로 담보된 채무와 매매잔대금을 정리해 주겠다고 거짓말을 하여 등기서류를 교부받은 다음, 피고인의 처 이름으로 소유권이전등기를 마침으로써, 사기·공정증서원본부실기재·동 행사죄를 범하였다는 이유로 수원지방법원에 구속기소되어 사건이 계류 중이었는데, 1983.6.29. 서울지방법원 북부지원에서 차○○에 대한 배임사건의 증인으로 소환을 받아 선서한 다음 증언함에 있어 위에서 본 바와 같이 차○○을 속인 뒤 소유권이전등기서류를 교부받아 그의 처 이름으로 등기이전을 하였음에도 불구하고 "당시 차○○이 건물에 다른 채권자들이 압류하게 될지 모르고 또 인감시효도 만료되어가니 빨리 피고인 앞으로 명의를 이전해 가라고 독촉을 하여 건물의 소유권을 피고인의 처 문○○ 등 앞으로 이전한 것이다."라고 기억에 반하는 허위진술을 하여 위증한 사실이 인정된다.

유로 피고인에게 사실대로 진술할 것을 기대할 가능성이 없다고 볼 수는 없다.[1683] 국가9급 11 / 법원9급 13 / 경찰승진(경사) 10 / 경찰승진(경위) 10 / 경찰채용 10 1차 / 사시 13 / 변호사 12 / 변호사 14 / 경찰채용 16 2차

3. 공 범

(1) 간접정범 · 공동정범

위증죄는 자수범이므로 간접정범이 성립할 수 없다. 또한 직접 위증을 실행한 증인이 아닌 한 위증죄의 공동정범도 성립할 수 없다.

(2) 협의의 공범

① 일반인이 증인을 교사 · 방조한 경우 : 위증죄는 진정신분범이므로 제33조 본문이 적용되어 일반인도 위증죄의 교사범 · 방조범의 죄책을 진다.

② 피고인이 증인을 교사 · 방조하여 위증하게 한 경우 : 피고인이 자기의 형사사건에 관하여 허위의 진술을 하는 행위는 피고인의 형사소송에 있어서의 방어권을 인정하는 취지에서 처벌의 대상이 되지 않는다. 문제는 형사피고인 자신이 타인을 교사하여 위증을 하게 하는 경우이다.

㉠ 긍정설 : 소수설[1684] · 판례는 증인이 타인의 형사사건에 관하여 위증을 하면 본죄가 성립되므로 자기의 형사사건에 관하여 타인을 교사하여 위증죄를 범하게 하는 것은 이러한 '방어권을 남용'하는 것이라고 할 것이어서 교사범의 죄책을 부담케 함이 상당하다고 보고 있다(대법원 2004.1.27, 2003도5114). 법원행시 06 / 법원9급 09 / 법원9급 12 / 법원9급 13 / 법원9급 16 / 경찰채용 13 2차 / 경찰채용 18 3차 / 사시 12 / 사시 13 / 변호사 13 / 변호사 17/ 경찰승진(경감이하) 16 / 법원9급 20 방조의 경우에도 마찬가지일 것이다.

㉡ 부정설 : 다수설은 범인은닉죄에서 기술한 바와 같이 부정설이며[1685] 타당하다고 본다.

4. 죄 수

하나의 사건에 관하여 한번 선서한 증인이 같은 기일에 여러 가지 사실에 관하여 기억에 반하는 허위의 진술을 한 경우, 이는 하나의 범죄의사에 의하여 계속하여 허위의 진술을 한 것으로서 '포괄하여 1개의 위증죄'를 구성하는 것이고 각 진술마다 수개의 위증죄를 구성하는 것이 아니다. 법원행시 06 / 법원행시 07 / 법원9급 05 / 법원9급 07(상) / 법원9급 09 / 법원9급 16 / 경찰간부 11 / 변호사 13/ 경찰승진(경감이하) 17 / 경찰승진(경감이하) 16 마찬가지로 민사소송 · 행정소송 사건의 같은 심급에서 변론기일을 달리하여 수차 증인으로 나가 수개의 허위진술을 하더라도 최초한 선서의 효력을 유지시킨 후 증언한 이상 1개의 위증죄를 구성함에 그친다(대법원 2005.3.25, 2005도60; 2007.3.15, 2006도9463). 국가7급 10 / 법원9급 13 / 경찰간부 12 / 경찰승진(경위) 10 / 경찰승진 12 / 경찰승진 13

판례연구 위증죄의 죄수(= 포괄일죄) 및 기판력

대법원 1998.4.14, 97도3340

당해 위증사건의 허위진술 일자와 같은 날짜에 한 다른 허위진술로 인한 위증사건에 관한 판결이 확정되었다면,

1683 보충 따라서 자신의 강도상해 범행을 일관되게 부인하였으나 유죄판결이 확정된 피고인이 별건으로 기소된 공범의 형사사건에서 자신의 범행사실을 부인하는 증언을 한 경우, 피고인에게 사실대로 진술할 기대가능성이 있으므로 위증죄가 성립한다고 해야 한다(위 판례).

1684 피고인의 교사범 긍정설의 입장으로는 김봉태(공저), 662면; 김성천/김형준, 875면; 백형구, 620면; 손동권, 836면; 유기천(하), 337면; 황산덕, 91면.

1685 다수설은 교사범 성립 부정설이다. 김일수/서보학, 924면; 박상기, 694면; 배종대, 824면; 서일교, 354면; 오영근, 1133면; 이재상, §46－30; 이정원, 816면; 이형국(Ⅱ), 426면; 임웅, 904면; 정성근/박광민, 828면; 정영석, 85면; 진계호, 810면.

비록 종전 사건 공소사실에서 허위의 진술이라고 한 부분과 당해 사건 공소사실에서 허위의 진술이라고 한 부분이 다르다 하여도 종전 사건의 확정판결의 기판력은 당해 사건에도 미치게 되어 당해 위증죄 부분은 면소되어야 한다. 법원행시 09

5. 자백 · 자수의 특례규정(제153조)

(1) 자백 · 자수의 개념

① 자백(自白) : 허위의 진술을 하였음을 고백하거나 법원이나 수사기관의 신문에 대하여 그 사실을 자백한 경우도 포함된다(대법원 1977.2.22, 75도3316). 사시 10 자백은 자발성을 요하지 않는다.

② 자수(自首) : 범인이 자발적으로 수사기관에 대하여 자기의 범죄사실을 신고하여 소추를 구하는 의사표시를 말한다.

(2) 자백 · 자수의 시기 – 증언한 사건의 재판 · 징계처분의 확정 전

(3) 자백 · 자수의 효과 – 형을 필요적으로 감면한다. 국가7급 08 / 법원승진 10 / 경찰승진 13 / 변호사 16 / 경찰승진(경감이하) 17

03 모해위증죄

제152조 【위증, 모해위증】 ② 형사사건 또는 징계사건에 관하여 피고인, 피의자 또는 징계혐의자를 모해할 목적으로 전항의 죄를 범한 때에는 10년 이하의 징역에 처한다.

제153조 【자백, 자수】 전조의 죄를 범한 자가 그 공술한 사건의 재판 또는 징계처분이 확정되기 전에 자백 또는 자수한 때에는 그 형을 감경 또는 면제한다. 경찰채용 10 2차 / 사시 16

모해(謀害)할 목적이란 피고인 · 피의자 또는 징계혐의자를 불리하게 할 목적을 의미한다. 따라서 모해위증죄에 있어서 허위진술의 대상이 되는 사실에는 공소범죄사실을 직접 · 간접적으로 뒷받침하는 사실은 물론 이와 밀접한 관련이 있는 것으로서 만일 그것이 사실로 받아들여진다면 피고인이 불리한 상황에 처하게 되는 사실도 포함된다. 이러한 모해할 목적은 허위의 진술을 함으로써 피고인에게 불리하게 될 것이라는 인식이 있으면 충분하고 그 결과의 발생을 희망할 필요까지는 없다(대법원 2007.12.27, 2006도3575[1686]). 법원행시 12 / 경찰채용 17 1차

소수설[1687] · 판례는 '모해의 목적'은 그 목적이 있으므로 단순위증죄에 비하여 형이 가중되는 (가중적) 신분요소라고 파악한다. 즉, 판례에 의하면 모해위증죄는 가중적 신분범이다(부진정신분범). 그러므로 판례에 의하면 모해위증죄의 공범관계에 대하여 제33조의 규정이 적용된다고 보게 된다. 반면 다수설[1688]은 본죄의 모해의 목적은 신분이 될 수 없다고 보아 제33조의 규정은 적용되지 않는다고 보고 있다.

생각건대, 목적(目的)이란 고의 이외의 초과주관적 구성요건요소인데 비해서, 신분이라 함은 객관적 구성요건요소로서 객관적으로 행위자가 가지고 있는 표지를 말한다. 따라서 판례는 신분과 목적의 개념을 혼동한 것으로 보인다.

1686 판례 甲의 증언 내용은 그 증언이 행하여진 형사사건의 공소범죄사실을 직접, 간접적으로 뒷받침하거나 그와 밀접한 관련이 있는 것으로서 만일 그 증언 내용이 사실로 인정된다면 위 형사사건의 피고인이던 乙로서는 불리한 입장에 놓이게 될 것임이 명백한 경우, 甲은 위 형사사건의 자칭 피해자이자 고소인으로서 乙에 대한 공소범죄사실인 공갈 범행으로 인하여 자신이 피해 입은 경위와 과정을 설명하면서 허위로 증언하였다. 이 경우 甲에게 모해위증죄의 모해의 목적이 있었다고 보아야 한다.

1687 손동권, 838면; 손동권, 총론, 561면.

1688 김성천/김형준, 876면; 김일수/서보학, 909면; 박상기, 693면; 배종대, 829면; 오영근, 1137면; 이재상, §46 – 35; 이정원, 751면; 이형국(Ⅱ), 429면 등. 자세한 것은 총론, 정범과 공범론, 공범과 신분 참조.

판례연구 모해위증죄는 부진정신분범이고 제33조 단서가 제31조 제1항에 우선한다는 판례

대법원 1994.12.23, 93도1002

형법 제33조 소정의 이른바 신분관계라 함은 남녀의 성별, 내·외국인의 구별, 친족관계, 공무원인 자격과 같은 관계뿐만 아니라 널리 일정한 범죄행위에 관련된 범인의 인적 관계인 특수한 지위 또는 상태를 지칭하는 것이다. … 형법 제152조 제1항과 제2항은 위증을 한 범인이 형사사건의 피고인 등을 '모해할 목적'을 가지고 있었는가, 아니면 그러한 목적이 없었는가 하는 범인의 특수한 상태의 차이에 따라 범인에게 과할 형의 경중을 구별하고 있으므로, 이는 바로 형법 제33조 단서 소정의 '신분관계로 인하여 형의 경중이 있는 경우'에 해당한다고 봄이 상당하다. 따라서 피고인이 甲을 모해할 목적으로 乙에게 위증을 교사한 이상, 가사 정범인 乙에게 모해의 목적이 없었다고 하더라도, 형법 제33조 단서의 규정에 의하여 피고인을 모해위증교사죄로 처단할 수 있다.[1689] … 또한 형법 제31조 제1항은 협의의 공범의 일종인 교사범이 그 성립과 처벌에 있어서 정범에 종속한다는 일반적인 원칙을 선언한 것에 불과하고, 신분관계로 인하여 형의 경중이 있는 경우에 신분이 있는 자가 신분이 없는 자를 교사하여 죄를 범하게 한 때에는 형법 제33조 단서가 형법 제31조 제1항에 우선하여 적용됨으로써 신분이 있는 교사범이 신분이 없는 정범보다 중하게 처벌된다. 국가9급 12 / 법원행시 08 / 법원행시 09 / 법원행시 14 / 법원9급 11 / 경찰승진(경장) 10 / 경찰승진(경사) 10 / 경찰채용 12 2차 / 사시 13 / 사시 14 / 변호사 16 / 국가7급 16 / 경찰간부 18 / 국가7급 20 / 국가9급 21 / 경찰채용 23 1차

04 허위감정 · 통역 · 번역죄

제154조【허위의 감정, 통역, 번역】 법률에 의하여 선서한 감정인, 통역인 또는 번역인이 허위의 감정, 통역 또는 번역을 한 때에는 전2조의 예에 의한다.

1. 구성요건

(1) 주 체

본죄의 주체는 법률에 의하여 선서한 감정인(鑑定人)·통역인(通譯人)·번역인(飜譯人)이다. 감정인이란 특수한 지식·경험을 가진 제3자가 그 지식·경험에 의하여 알 수 있는 법칙 또는 그 법칙을 적용하여 내린 판단을 법원·법관에게 보고하는 자를 말한다(형소법 제169조 이하).

➜ 따라서 수사기관으로부터 감정을 위촉받은 감정수탁자(형소법 제221조)와 민사소송상 감정서의 설명자(민소법 제314조)는 법률에 의하여 선서한 감정인에 해당되지 않는다. 또한 특수한 지식 · 경험에 의하여 지득한 경험을 보고하는 감정증인(민소법 제340조)은 증인이며 감정인이 아니다.

(2) 행 위

허위의 감정 등을 하는 것이다. 여기서 허위의 의미는 위증죄의 그것과 동일하므로 주관설과 객관설이 대립하게 된다. 판례는 주관설에 의하므로 허위성의 인식이 있으면 본죄가 성립한다(대법원 2000.11.28, 2000도1089).[1690]

(3) 고 의

허위감정죄는 고의범이므로, 비록 감정내용이 객관적 사실에 반한다고 하더라도 감정인의 주관적 판단에

1689 반대의 입장인 통설에 의하자면 목적은 주관적 구성요건요소에 불과하고 신분요소가 아니므로 이러한 경우 정범의 불법에 종속되고 책임은 개별적으로 판단한다는 제한적 종속형식에 의하여 판단하게 된다. 그러므로 乙은 위증죄의 정범, 甲은 위증죄의 교사범이 성립한다고 보게 된다. 통설의 입장이 타당하다고 생각한다.

1690 판례 감정인이 감정사항의 일부를 타인에게 의뢰하여 그 감정 결과를 감정인 명의로 법원에 제출한 경우, 그 타인은 감정인의 업무보조자에 불과하고 감정의견은 감정인 자신의 의견과 판단을 나타내는 것이므로 감정인으로서는 그 감정 결과의 적정성을 당연히 확인하였다고 볼 것인데 제반 사정에 비추어 보면 감정인에게 허위성의 인식이 있었기 때문에 허위감정죄의 성립이 인정된다(대법원 2000.11.28, 2000도1089).

반하지 않는 이상 허위의 인식이 없어 허위감정죄로 처벌할 수 없다(대법원 2000.11.28, 2000도1089).

2. 죄 수

하나의 소송사건에서 동일한 선서 하에 이루어진 법원의 감정명령에 따라 감정인이 동일한 감정명령사항에 대하여 수차례에 걸쳐 허위의 감정보고서를 제출하는 경우에는 단일한 고의 하에 계속하여 허위의 감정을 한 것으로서 포괄하여 1개의 허위감정죄를 구성하는 것이다(대법원 2000.11.28, 2000도1089). 사시 10

3. 자백 · 자수 감면 특례

제153조의 자백 · 자수 감면 특례는 본조에도 적용된다.

05 증거인멸죄

제155조【증거인멸 등과 친족간의 특례】 ① 타인의 형사사건 또는 징계사건에 관한 증거를 인멸, 은닉, 위조 또는 변조하거나 위조 또는 변조한 증거를 사용한 자는 5년 이하의 징역 또는 700만 원 이하의 벌금에 처한다.
④ 친족 또는 동거의 가족이 본인을 위하여 본조의 죄를 범한 때에는 처벌하지 아니한다. 경찰채용 13 1차

1. 의의 및 보호법익

증거인멸죄(證據湮滅罪)는 타인의 형사사건 또는 징계사건에 관한 증거를 인멸, 은닉, 위조 또는 변조하거나 위조 또는 변조한 증거를 사용함으로써 성립하는 범죄이다. 본죄는 위증죄와 마찬가지로 국가의 형사사법작용 내지 징계작용을 그 보호법익으로 하고 있으며, 법익보호의 정도는 추상적 위험범이다.

2. 객관적 구성요건

(1) **주체 –** 제한 없음

(2) **객체 –** 타인의 형사사건 · 징계사건에 관한 증거

① 타 인

㉠ 타인의 형사사건 · 징계사건에 관한 증거 : 자기의 사건의 증거에 대해서는 본죄가 성립하지 않는다는 것은 명백하다. 문제가 되는 것은 공범자의 형사사건에 대한 증거를 타인의 형사사건에 관한 증거라고 할 수 있는가이다.

ⓐ 절충설 : 공범자만을 위한 증거인멸은 본죄를 구성하나 자신을 위한다는 요소가 들어있는 증거인멸은 본죄를 구성하지 않는다는 입장이다.[1691]

ⓑ 부정설 : 공범자의 형사사건에 대한 증거는 바로 자기의 형사사건에 대한 증거이므로 본죄를 구성하지 않는다는 입장이다.[1692]

ⓒ 판례 : 판례는 "피고인 자신이 직접 형사처분이나 징계처분을 받게 될 것을 두려워한 나머지, 자기의 이익을 위하여 그 증거가 될 자료를 인멸하였다면, 그 행위가 동시에 다른 공범자의 형사사건이나 징계사건에 관한 증거를 인멸한 결과가 된다고 하더라도 이를 증거인멸죄로 다스릴

1691 김봉태(공저), 667면; 김석휘(주석), 224면; 김일수/서보학, 909면; 박상기, 698면; 백형구, 626면; 이형국(Ⅱ), 433면; 임웅, 908면; 정성근/박광민, 835면; 정영석, 92면; 진계호, 700면.
1692 김성천/김형준, 877면; 남흥우, 389면; 배종대, 832면; 서일교, 260면; 손동권, 841면; 오영근, 1141면; 이재상, §46－42; 이정원, 820면; 정영일, 673면; 황산덕, 94면.

수 없다."라고 보고 있다. 이러한 법리는 그 행위가 피고인의 공범자가 아닌 자의 형사사건이나 징계사건에 관한 증거를 인멸한 결과가 된다고 하더라도 마찬가지이다(대법원 1995.9.29, 94도2608[1693]; 2013.11.28, 2011도5329[1694]). 법원행시 06 / 법원행시 10 / 법원행시 16 / 법원9급 13 / 경찰승진 12 / 변호사 17

ⓓ 소결 : 공범자와 범인 자신의 이익을 엄밀히 구별하기 어렵다는 점에서 부정설이 타당하다고 생각된다.

㉡ 타인을 교사하여 자기의 형사사건 · 징계사건에 관한 증거를 인멸한 경우

ⓐ 적극설(소수설[1695] · 판례) : 범인 스스로의 증거인멸행위는 기대가능성이 없는 행위이므로 범죄가 성립하지 않지만, 나아가 타인을 교사하여 증거인멸행위를 하게 하는 것은 그것이 비록 자신의 범죄사실을 은폐하기 위한 것이라 하더라도 그 한계를 일탈한 것이므로 증거인멸죄의 교사범이 된다고 한다(대법원 2000.3.24, 99도5275; 2011.2.10, 2010도15986[1696]). 법원행시 07 / 법원행시 09 / 법원행시 10 / 법원행시 13 / 법원행시 16 / 법원승진 12 / 법원9급 08 / 법원9급 13 / 경찰승진 14 / 경찰채용 11 2차 / 사시 12 / 사시 13

ⓑ 소극설(다수설[1697]) : 범인은닉죄나 위증죄와 마찬가지로 정범이 될 수 없는 자의 교사행위로 인하여 본죄가 성립하는 것은 인정할 수 없다고 본다. 범인은닉죄에서 이미 검토하였듯이 소극설이 타당하다고 생각된다.

② 형사사건 · 징계사건에 대한 증거 : 민사 · 행정 · 비송 · 선거사건 등에 관한 증거는 본죄의 대상이 되지 않는다(위증죄와의 차이점). 형사사건인 이상 공소제기 전의 피의사건[1698]이나 수사개시 전[1699] 법원행시 16의 사건이든 나중에 무죄가 선고되든 모두 포함된다(다수설 · 판례, 대법원 1982.4.27, 82도274; 2003.12.12, 2003도4533; 2011.2.10, 2010도15986). 법원행시 07 / 경찰채용 13 1차 / 경찰채용 17 1차 다만 본죄는 국가의 형사사법 · 징계기능을 그 법익으로 하므로, 여기에서 '징계사건'은 국가의 징계사건에 한정되고 사인(私人) 간의 징계사건은 포함되지 않는다(대법원 2007.11.30, 2007도4191). 법원행시 10 / 법원행시 11 / 법원9급 08 / 경찰승진 14

1693 **판례의 사실관계** 해운항만청 공무원인 甲과 乙은 공모하여 검찰로부터 선박의 침몰사건과 관련하여 선박의 안전운항과 관련된 항만청의 직무수행 내용 등에 관한 서류의 제출을 요구받자, 이미 항만청 해무과 소속 공무원들이 위 선박의 정원초과 운항사실 등을 적발하여 선장등으로부터 정원초과운항확인서 4장을 작성받아 보관 중이면서도 이에 따른 아무런 조치를 취하지 아니한 채 방치한 사실과 관련하여 **자신들을 비롯한 항만청 관계자들이 형사처벌**(이미 선장 등은 선박안전법위반사건으로 기소되어 현재 재판 중임) **및 징계를 받을 것을 두려워하고 있던 중, 위 정원초과운항 확인서 4장을 소각해버렸다.** 甲과 乙에게는 공용서류손상죄의 공동정범만 인정된다(공용서류손상죄와 증거인멸죄의 상상적 경합으로 본 원심을 파기환송한 대법원판례임)(대법원 1995.9.29, 94도2608).

1694 **보충** '민간인 불법 사찰 사건'과 관련해 증거인멸과 공용물건손상 혐의로 기소된 진경락(46) 전 국무총리실 공직윤리지원관실 기획총괄과장에 대한 상고심에서 증거인멸 부분을 무죄로 판단하여 원심을 파기환송하고, 같은 혐의로 기소된 장진수(40) 전 공직윤리지원관실 실무관(행정주사)에 대해서는 유죄를 선고한 원심을 확정한 판례이다. 진씨 등은 김종익(58) 전 KB한마음 대표를 불법 사찰하고 사무실을 무단으로 뒤진 혐의 등으로 2010년 검찰에 의해 기소된 것이었다.

1695 김석휘(주석), 227면; 김성천/김형준, 878면; 백형구, 640면; 유기천(하), 362면; 정영일, 673면; 황산덕, 95면.

1696 **판례1 : 타인을 교사하여 자기의 증거를 인멸케 한 자는 증거인멸교사죄가 성립한다는 사례** 자기의 형사사건에 관한 증거를 위조하기 위하여 타인을 교사하여 죄를 범하게 한 자에 대하여는 **증거위조교사죄**가 성립한다(대법원 2011.2.10, 2010도15986). **판례2 증거은닉죄**는 타인의 형사사건이나 징계사건에 관한 증거를 은닉할 때 성립하고 자신의 형사사건에 관한 증거은닉 행위는 형사소송에 있어서 피고인의 방어권을 인정하는 취지와 상충하여 처벌의 대상이 되지 아니하므로 **자신의 형사사건에 관한 증거은닉을 위하여 타인에게 도움을 요청하는 행위 역시 원칙적으로 처벌되지 아니하나, 다만 그것이 방어권의 남용이라고 볼 수 있을 때는 증거은닉교사죄로 처벌할 수 있다**(대법원 2014.4.10, 2013도12079; 2016.7.29, 2016도5596). 법원9급 18

1697 김성천/김형준, 878면; 김일수/서보학, 909면; 남흥우, 390면; 박상기, 698면; 배종대, 832면; 손동권, 841면; 오영근, 1141면; 이재상, §46-41; 이정원, 819면; 이형국(Ⅱ), 432면; 임웅, 908면; 정성근/박광민, 834면; 정영석, 91면; 진계호, 815면.

1698 김봉태(공저), 667면; 김석휘(주석), 225면; 김일수/서보학, 910면; 박상기, 697면; 배종대, 832면; 백형구, 626면; 서일교, 360면; 오영근, 1141면; 이재상, §46-43; 이정원, 820면; 이형국(Ⅱ), 433면; 임웅, 909면; 정성근/박광민, 835면; 정영석, 92면; 정영일, 673면; 진계호, 815면; 황산덕, 94면. 반면 형사피고사건으로 한정하는 소수설은 유기천(하), 363면.

1699 김봉태(공저), 667면; 김석휘(주석), 225면; 김성천/김형준, 878면; 김일수/서보학, 910면; 박상기, 697면; 백형구, 626면; 손동권, 842면; 이정원, 820면; 이형국(Ⅱ), 433면; 임웅, 909면; 정성근/박광민, 835면; 정영석, 92면; 정영일, 673면; 진계호, 815면; 황산덕, 94면. 다만 수사개시 전의 사건의 증거는 제외해야 한다는 소수설은 배종대, 833면; 서일교, 360면; 오영근, 1142면; 유기천(하), 363면; 이재상, §46-43.

③ 증거(證據) : 타인의 형사사건 또는 징계사건에 관하여 수사기관이나 법원 또는 징계기관이 국가의 형벌권 또는 징계권의 유무를 확인하는 데 관계있다고 인정되는 범죄의 성부, 형의 가중·감면 등을 인정할 수 있는 증인 이외의 일체의 자료를 의미하고, 타인에게 유리한 것이건 불리한 것이건 가리지 아니하며 또 증거가치의 유무 및 정도를 불문한다(대법원 2007.6.28, 2002도3600; 2013.11.28, 2011도5329). 법원행시 11 / 법원행시 16 / 경찰승진(경사) 11 증인에 대해서는 제2항에서 증인은닉·도피죄로 별도로 규율한다.

> **판례연구** 증거인멸·위조죄의 증거에 해당한다는 사례
>
> 대법원 2021.1.28, 2020도2642
>
> 형 또는 징계의 경중에 관계있는 정상을 인정하는 데 도움이 되는 자료는 증거에 해당한다는 사례
>
> 형법 제155조 제1항이 정한 증거위조죄에서의 '증거'에는 타인의 형사사건 또는 징계사건에 관하여 수사기관이나 법원 또는 징계기관이 국가의 형벌권 또는 징계권의 유무를 확인하는 데 관계있다고 인정되는 일체의 자료가 포함된다(대법원 2007.6.28, 2002도3600 등). 따라서 범죄 또는 징계사유의 성립 여부에 관한 것뿐만 아니라 형 또는 징계의 경중에 관계있는 정상(情狀)을 인정함에 도움이 될 자료까지도 본조가 규정한 증거에 포함된다. 경찰채용 23 1차

(3) **행위** – 인멸·은닉·위조·변조·위조변조된 증거의 사용

① 인멸 : 증거를 없애는 등 증거의 사용을 방해하는 행위로서, 증거의 가치나 효용을 멸실·감소시키는 일체의 행위를 말한다.

② 은닉 : 증거를 숨기거나 그 발견을 곤란하게 하는 일체의 행위를 말한다.

③ 위조 : 문서죄에 있어서의 위조 개념과는 달리 새로운 증거의 창조를 의미하는 것이므로, 존재하지 아니한 증거를 이전부터 존재하고 있는 것처럼 작출하는 행위도 증거위조에 해당하며, 증거가 문서의 형식을 갖는 경우 증거위조죄에 있어서의 증거에 해당하는지 여부가 그 작성권한의 유무나 내용의 진실성에 좌우되는 것은 아니다(대법원 2007.6.28, 2002도3600; 2011.2.10, 2010도15986). 법원행시 11 / 경찰승진(경장) 11 따라서 타인의 형사사건과 관련하여 수사기관·법원에 제출하거나 현출되게 할 의도로 법률행위 당시에는 존재하지 아니하였던 처분문서를 사후에 그 작성일을 소급하여 작성하는 행위는 증거위조죄를 구성한다(대법원 2007.6.28, 2002도3600). 법원행시 14 / 법원행시 16 / 경찰승진(경장) 11 / 경찰채용 13 1차 / 경찰채용 17 1차 / 국가9급 17

다만 타인의 형사사건에 관한 증거를 위조한다 함은 '증거 자체를 위조'함을 말하는 것이므로, ㉠ 허위진술이 담긴 대화를 녹음한 녹음파일 또는 녹취록을 만드는 것은 여기에 해당하나(대법원 2013.12.26, 2013도8085,2013전도165), 법원행시 14 / 법원행시 16 / 국가9급 17 ㉡ 참고인이 수사기관에서 허위의 진술을 하는 것(대법원 1995.4.7, 94도3412[1700]) 법원행시 13 / 법원9급 08 / 사시 12이나 참고인이 직접 진술하는 것을 대신하거나 그에 앞서 허위의 사실확인서나 진술서를 작성·제출하는 것(대법원 2011.7.28, 2010도2244)은 여기에 포함되지 아니한다.

1700 판례의 사실관계 A가 B를 고소함에 따라 B에 대하여 수사가 시작되자, 甲은 위 사건에 관하여 아는 바가 없음에도 불구하고 A의 부탁을 받아 경찰서에서 참고인으로 조사를 받으면서 그 부탁에 따라 B가 A를 강간하려고 하는 것을 목격하였다는 요지의 진술을 하였다. 검사는 甲에 대하여 타인의 형사사건에 관한 증거를 위조하였다는 취지로 공소를 제기하였다. 甲에게는 증거위조죄가 성립하지 않는다.

판례연구 증거위조에 해당한다는 사례

대법원 2013.12.26, 2013도8085,2013전도165

허위진술이 담긴 대화를 녹음한 녹음파일 또는 녹취록을 만드는 것은 증거위조에 해당한다는 사례

① 참고인이 타인의 형사사건 등에 관하여 제3자와 대화를 하면서 허위로 진술하고 위와 같은 허위 진술이 담긴 대화 내용을 녹음한 녹음파일 또는 이를 녹취한 녹취록은 참고인의 허위진술 자체 또는 참고인 작성의 허위 사실확인서 등과는 달리 그 진술내용만이 증거자료로 되는 것이 아니고 녹음 당시의 현장음향 및 제3자의 진술 등이 포함되어 있어 그 일체가 증거자료가 된다고 할 것이므로, 이는 증거위조죄에서 말하는 '증거'에 해당한다. ② 또한 위와 같이 참고인의 허위 진술이 담긴 대화 내용을 녹음한 녹음파일 또는 이를 녹취한 녹취록을 만들어 내는 행위는 무엇보다도 그 녹음의 자연스러움을 뒷받침하는 현장성이 강하여 단순한 허위진술 또는 허위의 사실확인서 등에 비하여 수사기관 등을 그 증거가치를 판단함에 있어 오도할 위험성을 현저히 증대시킨다고 할 것이므로, 이러한 행위는 허위의 증거를 새로이 작출하는 행위로서 증거위조죄에서 말하는 '위조'에도 해당한다고 봄이 상당하다. ③ 따라서 참고인이 타인의 형사사건 등에 관하여 제3자와 대화를 하면서 허위로 진술하고 위와 같은 허위 진술이 담긴 대화 내용을 녹음한 녹음파일 또는 이를 녹취한 녹취록을 만들어 수사기관 등에 제출하는 것은, 참고인이 타인의 형사사건 등에 관하여 수사기관에 허위의 진술을 하거나 이와 다를 바 없는 것으로서 허위의 사실확인서나 진술서를 작성하여 수사기관 등에 제출하는 것과는 달리, 증거위조죄를 구성한다. 법원행시 14 / 법원행시 16 / 국가9급 17

판례연구 증거위조에 해당하지 않는다는 사례

1. 대법원 1998.2.10, 97도2961

허위의 진술은 제155조 제1항의 증거위조죄에 해당하지 않는다는 사례

형법 제155조 제1항에서 타인의 형사사건에 관하여 증거를 위조한다 함은 증거 자체를 위조함을 말하는 것으로서, 선서무능력자로서 범죄현장을 목격하지도 못한 사람으로 하여금 형사법정에서 범죄현장을 목격한 양 허위의 증언을 하도록 하는 것은 위 조항이 규정하는 증거위조죄를 구성하지 아니한다. 법원행시 07 / 법원행시 10 / 법원행시 13 / 경찰채용 12 2차 / 경찰승진(경장) 11 / 경찰채용 13 1차 / 국가9급 17

2. 대법원 2011.7.28, 2010도2244; 2015.10.29, 2015도9010(서울시 공무원 간첩조작 사건)[1701]

참고인이 직접 진술하는 것을 대신하거나 그에 앞서 허위의 사실확인서나 진술서를 작성 · 제출한 사례

타인의 형사사건 등에 관한 증거를 위조한다 함은 증거 자체를 위조함을 말하는 것이고, 참고인이 수사기관에서 허위의 진술을 하는 것은 여기에 포함되지 않는다(대법원 1995.4.7, 94도3412 등). 한편 참고인이 타인의 형사사건 등에서 직접 진술 또는 증언하는 것을 대신하거나 그 진술 등에 앞서서 허위의 사실확인서나 진술서를 작성하여 수사기관 등에 제출하거나 또는 제3자에게 교부하여 제3자가 이를 제출한 것은 존재하지 않는 문서를 이전부터 존재하고 있는 것처럼 작출하는 등의 방법으로 새로운 증거를 창조한 것이 아닐뿐더러, 참고인이 수사기관에서 허위의 진술을 하는 것과 차이가 없으므로, 증거위조죄를 구성하지 않는다고 할 것이다.

3. 대법원 2021.1.28, 2020도2642

사실의 증명을 위해 작성된 문서에 허위가 없는 경우 위조에 해당하지 않는다는 사례

형법 제155조 제1항은 타인의 형사사건 또는 징계사건에 관한 증거를 인멸, 은닉, 위조 또는 변조하거나 위조 또는 변조한 증거를 사용한 자를 처벌하고 있고, 여기서의 '위조'란 문서에 관한 죄의 위조 개념과는 달리 새로

1701 참고 소위 국정원 서울시 공무원 간첩 조작 사건에 대한 대법원 판결로서, 대법원 제3부(주심 박보영 대법관)는 2015.10.29. 허위공문서 등을 만들어 유우성 간첩사건 공판검사와 재판부에 제출한 혐의(모해증거위조 및 사용, 허위공문서작성 및 행사, 사문서위조 및 행사)로 기소된 국정원 대공수사국 김○○ 과장에게 징역 4년을 선고한 원심을 확정했다. 또한 국정원 대공수사국 이○○ 처장에게 벌금 1,000만 원, 국정원 권○○ 과장과 이○○ 영사에게 벌금 700만 원에 대한 선고유예 판결을 내린 원심도 확정했다. 다만 재판부는 위 공소사실 중에서 "이 사건 각 영사 확인서는 피고인 이○○이 관련 사건(유우성 재판)에 관해 수사기관에서 허위의 진술을 하는 것과 차이가 없다고 할 것이므로, 증거위조죄에서의 '증거위조'에 해당하지 않는다"고 판단하였다.

운 증거의 창조를 의미한다(대법원 2007.6.28, 2002도3600 판결 참조). 그러나 사실의 증명을 위해 작성된 문서가 그 사실에 관한 내용이나 작성명의 등에 아무런 허위가 없다면 '증거위조'에 해당한다고 볼 수 없다. 가사 사실증명에 관한 문서가 형사사건 또는 징계사건에서 허위의 주장에 관한 증거로 제출되어 그 주장을 뒷받침하게 되더라도 마찬가지이다. …… 따라서 돈을 송금하였다가 되돌려 받는 방법으로 송금자료를 만들어 피해 변제의 증거로 제출한 경우 그 사실에 관한 내용이나 작성명의 등에 허위가 없는 경우에는 증거위조에 해당하지 않는다. 변호사 24

④ 변조 : 기존의 진정한 증거에 가공하여 증거의 가치·효용을 변경하는 행위를 말한다.

⑤ 위조·변조한 증거의 사용 : 위조·변조된 증거를 마치 진정한 증거인 것처럼 사용하는 행위를 말한다.

3. 친족간의 특례(제155조 제4항)

친족 또는 동거의 가족이 본인을 위하여 본조의 죄를 범한 때에는 처벌하지 않는다(책임조각사유). 경찰채용 13 1차 판례는 여기서의 친족에 사실혼관계의 배우자는 포함되지 않는다고 보고 있다(대법원 2003.12.12, 2003도4533). 법원행시 07 / 법원행시 11 / 경찰승진(경위) 11 / 경찰승진 13 / 사시 14 범인은닉죄에서 기술하였듯이 타당하지 못한 입장으로 생각된다.

4. 죄수 및 다른 범죄와의 관계

(1) 증거위조와 위조증거사용의 관계

위조증거를 사용하기 위하여 증거를 위조하고 이를 사용한 경우에는 법조경합 중 보충관계로서 위조증거사용죄(제155조 제1항)가 될 뿐 증거위조죄는 별도로 성립하지 않을 것이다.[1702]

(2) 증거위조와 문서위조의 관계

증거를 위조하기 위해 타인명의의 문서를 위조한 경우에는 서로 보호법익이 다르다는 점에서 법조경합이 될 수는 없고 문서위조죄와 증거위조죄의 상상적 경합이 성립한다.[1703]

(3) 증거인멸과 직무유기의 관계

경찰관이 압수물을 범죄 혐의의 입증에 사용하도록 하는 등의 적절한 조치를 취하지 아니하고 피압수자에게 돌려주었다면 작위범인 증거인멸죄만 성립하고 부작위범인 직무유기죄는 성립하지 않는다(대법원 2006.10.19, 2005도3909 전원합의체).[1704] 국가7급 10 / 법원행시 07 / 법원행시 09 / 법원행시 11 / 법원행시 14 / 법원9급 08 / 법원9급 12 / 경찰간부 12 / 경찰승진 14 / 경찰채용 11 2차

(4) 증거인멸과 위증의 관계

위증죄는 증거인멸죄에 대한 특별법적 관계에 있기 때문에(법조경합 중 특별관계) 위증죄가 성립하는 경우에는 증거인멸죄는 성립하지 않는다.[1705]

(5) 선서하지 않은 증인으로 하여금 위증하게 한 경우

위 판례에서 검토했듯이(대법원 1998.2.10, 97도2961) 선서하지 않은 증인으로 하여금 위증하게 하는 것은

1702 김일수/서보학, 912면; 오영근, 1143면; 이형국(Ⅱ), 435면; 임웅, 865면; 진계호, 702면 등.

1703 김일수/서보학, 914면; 이형국(Ⅱ), 435면; 임웅, 865면 등.

1704 **보충** 이와 달리, 사법경찰관인 피고인이 피의자 등에게 관련자를 은폐하기 위하여 허위진술을 하도록 교사하였다면 타인을 교사하여 증거인멸죄를 범하게 한 것인 동시에 그것이 또한 정당한 직무집행을 거부한 것이 된다고 판시한 대법원 1967.7.4, 66도840 판결은 이 판결의 견해와 어긋나는 범위 내에서 이를 변경하기로 한다(대법원 2006.10.19, 2005도3909 전원합의체).

1705 김봉태(공저), 668면; 김일수/서보학, 924면; 배종대, 826면; 서일교, 357면; 이재상, §46－45; 임웅, 911면; 정성근/박광민, 829면; 진계호, 810면; 황산덕, 96면.

증거위조죄를 구성하지 않는다. 또한 위증죄의 교사범이 성립하기 위하여는 증인의 위증이 구성요건에 해당하고 위법하여야 하는바, 위 경우 선서무능력자의 위증은 위증죄의 구성요건에조차 해당될 수 없으므로 교사자에게는 위증교사죄도 성립하지 않는다.

06 증인은닉 · 도피죄

제155조【증거인멸 등과 친족간의 특례】 ② 타인의 형사사건 또는 징계사건에 관한 증인을 은닉 또는 도피하게 한 자도 제1항의 형과 같다.
④ 친족 또는 동거의 가족이 본인을 위하여 본조의 죄를 범한 때에는 처벌하지 아니한다. 경찰채용 10 2차

증인은닉 · 도피죄(證人隱匿 · 逃避罪)의 증인에는 수사단계의 참고인(參考人)도 포함된다.[1706] 또한 은닉 · 도피행위란 증인의 현출(顯出)을 방해하거나 증인의 도피를 야기 · 방조하는 일체의 행위를 말한다. 다만, 이는 인증(人證)의 이용 자체를 물리적으로 불가능하게 하는 행위만을 의미한다고 보아야 한다. 따라서 타인의 형사피의사건에 관하여 수사기관에서 허위의 진술을 하도록 교사하는 행위(대법원 1977.9.13, 77도997) 국가7급 07 나, 참고인 · 증인에게 허위진술을 하도록 하는 행위(대법원 1995.4.7, 94도3412)는 본죄의 행위라고 볼 수 없다.

그리고 증거인멸죄와 마찬가지로 본죄의 증인도 타인의 형사사건 · 징계사건에 관한 증인이어야 하므로, 자기의 사건에 관한 증인은 포함되지 않는다. 또한 친족간 특례도 적용된다.

판례연구 증인은닉 · 도피죄가 성립하지 않는 사례

1. 대법원 1977.9.13, 77도997

증인의 현출 자체를 방해해야 증인은닉 · 도피죄가 성립한다는 사례

단순히 타인의 형사사건에 관해 수사기관에서 허위진술을 하거나 허위진술을 하도록 교사하는 정도의 행위로는 타인의 형사사건에 관한 증인을 은닉 또는 도피하게 한 것에 해당하지 아니함은 물론 증거의 현출을 방해하여 증거로서 멸실 또는 감소시키는 증거인멸 등의 적극적 행위에 나선 것으로는 볼 수 없으므로, 위와 같은 행위가 증거를 위조하고 또는 그 위조를 교사한 죄를 구성한다고 볼 수 없다.

2. 대법원 2003.3.14, 2002도6134

피고인 자신과 다른 공범자의 형사사건이나 징계사건에 관한 증인을 도피시킨 사례

형법 제155조 제2항 소정의 증인도피죄는 타인의 형사사건 또는 징계사건에 관한 증인을 은닉 · 도피하게 한 경우에 성립하는 것으로서, 피고인 자신이 직접 형사처분이나 징계처분을 받게 될 것을 두려워한 나머지 자기의 이익을 위하여 증인이 될 사람을 도피하게 하였다면, 그 행위가 동시에 다른 공범자의 형사사건이나 징계사건에 관한 증인을 도피하게 한 결과가 된다고 하더라도 이를 증인도피죄로 처벌할 수 없다. 국가7급 07 / 국가7급 12 / 법원행시 14 / 법원승진 12 / 법원9급 08 / 법원9급 12

PART 03 국가적 법익에 대한 죄

1706 김봉태(공저), 669면; 김석휘(주석), 228면; 김성천/김형준. 879면; 김일수/서보학, 914면; 박상기, 700면; 배종대, 834면; 백형구, 628면; 서일교, 360면; 손동권, 844면; 오영근, 1144면; 유기천(하), 365면; 이재상, §46－48; 이정원, 821면; 이형국(Ⅱ), 436면; 임웅, 911면; 정성근/박광민, 838면; 정영일, 674면; 진계호, 817면; 황산덕, 94면.

07 모해증거인멸죄

제155조 【증거인멸 등과 친족간의 특례】 ③ 피고인, 피의자 또는 징계혐의자를 모해할 목적으로 전2항의 죄를 범한 자는 10년 이하의 징역에 처한다.
④ 친족 또는 동거의 가족이 본인을 위하여 본조의 죄를 범한 때에는 처벌하지 아니한다.

모해의 목적이 있는 경우 증거인멸죄나 증인은닉죄보다 가중처벌하는 규정이다. 본죄의 '피의자'라고 하기 위해서는 수사기관에 의하여 범죄의 인지 등으로 수사가 개시되어 있을 것을 필요로 하고,[1707] 그 이전의 단계에서는 장차 형사입건될 가능성이 크다고 하더라도 그러한 사정만으로 '피의자'에 해당한다고 볼 수는 없다(대법원 2010.6.24, 2008도12127). 국가9급 17

제5절 무고의 죄

01 총 설

무고죄(誣告罪, false accusation, falsche Verdächtigung)의 보호법익은 국가의 심판기능의 적정과 피무고자의 법적 안정으로, 무고죄는 국가의 심판기능을 보호법익으로 하는 국가적 법익에 대한 범죄임과 동시에 부당하게 처벌받지 않을 개인의 이익도 보호하는 이중의 성격을 가진 범죄이다(절충설 : 통설[1708]). 법익보호의 정도는 추상적 위험범이다.

02 무고죄

제156조 【무 고】 타인으로 하여금 형사처분 또는 징계처분을 받게 할 목적으로 공무소 또는 공무원에 대하여 허위의 사실을 신고한 자는 10년 이하의 징역 또는 1천 500만 원 이하의 벌금에 처한다.
제157조 【자백, 자수】 제153조는 전조에 준용한다.
제153조 【자백, 자수】 전조의 죄를 범한 자가 그 공술한 사건의 재판 또는 징계처분이 확정되기 전에 자백 또는 자수한 때에는 그 형을 감경 또는 면제한다. 법원행시 06

1707 보충 – 사법경찰관의 범죄인지 시점 사법경찰관리 집무규칙 제21조에 의하면 사법경찰관이 범죄를 인지하는 경우에는 범죄인지보고서를 작성하는 절차를 거치도록 되어 있으므로 특별한 사정이 없는 한 수사기관이 그와 같은 절차를 거친 때에 범죄인지가 된 것으로 볼 수 있겠으나, 사법경찰관이 그와 같은 절차를 거치기 전에 범죄의 혐의가 있다고 보아 수사에 착수하는 행위를 한 때에는 이때에 범죄를 인지한 것으로 보아야 하고 그 뒤 범죄인지보고서를 작성한 때에 비로소 범죄를 인지하였다고 볼 것은 아니다(대법원 1989.6.20, 89도648; 2001.10.26, 2000도2968 등).

1708 김봉태(공저), 671면; 김성천/김형준, 881면; 김일수/서보학, 928면; 박상기, 701면; 배종대, 835면; 백형구, 644면; 손동권, 845면; 오영근, 1146면; 유기천(하), 368면; 이재상, §47–2; 이정원, 822면; 이형국(Ⅱ), 437면; 임웅, 914면; 정성근/박광민, 841면; 정영석, 95면; 정영일, 676면; 진계호, 819면; 황산덕, 97면. 독일의 통설·판례이기도 하다.

1. 객관적 구성요건

(1) 주 체

위증죄와 달리 무고죄는 일반범이므로 누구든지 본죄의 주체가 될 수 있으며, 공무원도 포함된다. 또한 명의를 대여한 고소에 있어서는 그 명의자를 대리한 자가 신고자가 되어 무고죄의 주체로 인정된다(대법원 2006.7.13, 2005도7588; 2007.3.30, 2006도6017[1709]). 법원행시 10 / 경찰간부 13 / 경찰승진 12

> **판례연구** 타인명의의 고소장 제출에 의한 위증사실의 신고와 무고죄의 주체
>
> 대법원 1989.9.26, 88도1533
>
> 위증죄는 국가의 사법기능을 보호법익으로 하는 죄로서 개인적 법익을 보호법익으로 하는 것이 아니므로 위증사실의 신고는 고소의 형식을 취하였더라도 고발이고, 고발은 피해자 본인 및 고소권자를 제외하고는 누구나 할 수 있는 것이어서 고발의 대리는 허용되지 않고 고발의 의사를 결정하고 고발행위를 주재한 자가 고발인이라고 할 것이므로 타인명의의 고소장 제출에 의해 위증사실의 신고가 행하여졌더라도 피고인이 고소장을 작성하여 수사기관에 제출하고 수사기관에 대하여 고발인 진술을 하는 등 피고인의 의사로 고발행위를 주도하였다면 그 고발인은 피고인이다.

(2) 행위의 대상 – 허위신고의 대상인 공무소·공무원

공무소 또는 공무원이라 함은 형사처분·징계처분에 대하여 직권을 행사할 수 있는 해당 공무소인 담당관서 또는 그 소속 공무원뿐만 아니라 직권의 발동을 촉구하는 직권을 가진 자와 그 감독기관 또는 그 소속 구성원을 포함한다. 신고는 반드시 징계처분 또는 형사처분을 심사 결행할 직권 있는 직속상관에게 직접 할 것을 필요로 하는 것이 아니고, 지휘 · 명령계통이나 수사관할 이첩을 통하여 그러한 권한 있는 상관에게 도달하게 할 수 있으면 충분하다(대법원 1973.1.16, 72도1136).

따라서 수사기관을 통할하는 대통령(대법원 1977.6.28, 77도1445), 관내 경찰서장을 지휘·감독하는 도지사(대법원 1982.11.22, 81도2308), 변호사에 대한 징계처분에 관한 징계 개시의 신청권이 있는 지방변호사회의 장(대법원 2010.11.25, 2010도10202) 법원행시 13 / 국가7급 21 / 경찰간부 12 / 경찰간부 13 / 경찰채용 12 1차 / 사시 13 / 경찰승진(경감이하) 17 / 경찰채용 16 2차, 군인에 대한 무고의 경우 해당 군인에 대한 징계처분 · 형사처분을 심사 결행할 수 있는 직권 있는 소속 상관(대법원 2014.12.24, 2012도4531)[1710] 등이 여기에 해당된다. 또한 수사기관에 고발의무가 있는 은행원[1711]에게 허위의 수표위조신고를 한 경우(대법원 2005.12.22, 2005도3203) 법원행시 09 / 법원행시 12 / 법원행시 13 /

1709 판례 : 타인 명의의 고소장을 대리하여 작성하고 제출하는 형식으로 고소가 이루어진 경우, 무고죄의 주체 외관상으로는 乙 명의의 고소장을 대리하여 작성하고 제출하는 형식으로 고소가 이루어진 경우라 하더라도 그 명의자 乙은 고소의 의사가 없이 이름만 빌려준 것에 불과하고 명의자를 대리한 자인 甲이 실제 고소의 의사를 가지고 고소행위를 주도한 경우이었다. 그렇다면 신고자로서 무고죄의 주체가 되는 자는 명의자를 대리한 甲이 된다(대법원 2007.3.30, 2006도6017). 법원행시 10 / 경찰간부 13

1710 판례 군인에 대한 무고죄의 경우에 공무소 또는 공무원에 대한 신고는 반드시 해당 군인에 대하여 징계처분 또는 형사처분을 심사 결행할 직권 있는 소속 상관에게 직접 하여야 하는 것은 아니지만, 지휘명령 계통이나 수사관할 이첩을 통하여 그런 권한 있는 상관에게 도달되어야 무고죄가 성립한다(대법원 1973.1.16, 72도1136 참조)(대법원 2014.12.24, 2012도4531).

1711 판례 : 수표발행인인 피고인이 은행에 지급제시된 수표가 위조되었다는 내용의 허위의 신고를 한 사례 수표발행인인 피고인이 은행에 지급제시된 수표가 위조되었다는 내용의 허위의 신고를 하여 그 사정을 모르는 은행 직원이 수사기관에 고발을 함에 따라 수사가 개시되고, 피고인이 경찰에 출석하여 수표위조자로 특정인을 지목하는 진술을 한 경우, 이는 피고인이 위조 수표에 대한 부정수표단속법 제7조의 고발의무가 있는 은행원을 도구로 이용하여 수사기관에 고발을 하게 하고 이어 수사기관에 대하여 특정인을 위조자로 지목함으로써 자발적으로 수사기관에 대하여 허위의 사실을 신고한 것으로 평가하여야 한다(대법원 2005.12.22, 2005도3203). 법원행시 09 / 법원행시 12 / 법원행시 13 / 경찰채용 12 3차 / 사시 10

비교 농업협동조합중앙회나 또는 농업협동조합중앙회장은 형법 제156조 무고죄에 있어서의 이른바, 공무소나 공무원에 해당되지 아니한다(대법원 1980.2.12, 79도3109). 경찰간부 12

경찰채용 12 3차 / 사시 10에도 본죄에 해당된다.

(3) **행위** – 허위의 사실을 신고하는 것

① 허위(虛僞)

㉠ 개념 : 신고한 사실은 객관적 사실에 반하는 허위사실이어야 한다(객관설 : 통설[1712] · 판례). 따라서 신고자가 그 신고내용을 허위라고 믿었다 하더라도 그것이 객관적으로 진실한 사실에 부합할 때에는 허위사실의 신고에 해당하지 않아 무고죄는 성립하지 않는다(대법원 1991.10.11, 91도1950). 법원행시 05 / 법원행시 06 / 법원행시 10 / 법원9급 05 / 경찰승진 13 / 경찰채용 12 2차 또한 객관적 사실관계와 일치하는 경우에는 법률적 평가나 죄명이나 형사책임을 부담할 자를 잘못 기재한다 하더라도 허위라고 할 수 없다(대법원 1982.4.27, 81도2341; 1985.6.25, 83도3245; 1985.9.24, 84도1737). 법원행시 07 / 법원9급 05 / 법원9급 07(하)

판례연구 무고죄의 허위의 개념에 대해 객관설을 취한 판례

대법원 1982.6.22, 82도826
혼인무효로 귀착되는 乙녀를 피고인이 배우자 있는 여자로 알고서 상간하였다가 호적상 배우자로 등재된 甲남으로부터 간통죄로 고소를 당한 후에, 피고인이 혼인의 효력문제는 언급함이 없이 乙녀와 상간한 사실이 없는데도 있는 것처럼 무고하였다는 취지로 제기한 위 甲남에 대한 고소는 결과적으로는 간통죄를 구성하지 아니한다는 객관적 사실에 부합하는 것이므로 위 甲남에 대한 무고죄가 성립하지 아니한다.

㉡ 정도 : 허위사실의 적시는 수사관서 또는 감독관서에 대하여 수사권 또는 징계권의 발동을 촉구할 수 있는 정도의 것이면 충분하고, 반드시 범죄구성요건사실이나 징계요건사실을 구체적으로 기재하거나 법률적 평가를 명시할 것까지 요하는 것은 아니다(대법원 1985.2.26, 84도2774; 1987.3.24, 87도231; 2006.5.25, 2005도4642). 법원행시 09 / 법원9급 07(하) / 법원9급 16 / 경찰승진 14 / 경찰채용 14 1차

㉢ 구체적 판단 : 신고한 사실의 허위 여부는 그 범죄의 구성요건과 관련하여 신고사실의 핵심 또는 중요내용이 허위인가에 따라 판단하여 무고죄의 성립 여부를 가려야 한다(대법원 1991.10.11, 91도1950). 또한 신고한 사실이 객관적 사실에 반하는 허위사실이라는 요건은 적극적인 증명이 있어야 하며, 신고사실의 진실성을 인정할 수 없다는 소극적 증명만으로 본죄의 성립을 인정할 수는 없다(대법원 2004.1.27, 2003도5114; 2006.5.25, 2005도4642[1713]). 법원행시 08 / 법원9급 05 / 법원9급 07(상) / 경찰채용 14 1차 / 경찰채용 16 2차 / 경찰채용 12 3차 / 경찰채용 18 3차 / 사시 10 / 사시 13 / 사시 16 / 법원행시 16 / 경찰승진(경감이하) 17 / 경찰간부 16

1712 김봉태(공저), 672면; 김성천/김형준, 881면; 김일수/서보학, 929면; 박상기, 702면; 배종대, 838면; 백형구, 631면; 손동권, 847면; 오영근, 1148면; 이재상, §47－7; 이정원, 823면; 이형국(Ⅱ), 443면; 임웅, 915면; 정성근/박광민, 843면; 정영일, 677면; 진계호, 821면.

1713 **유사판례** 甲은 수사관서에 '(당명 생략)당 도의원 후보인 乙이 수원시(구명 생략)구 지구당 운영비로 수천만 원을 넣은 후 후보로 당선되었다는 의혹이 커지고 있다'는 내용을 기재한 고발장을 제출하였다. 그런데 증인 丙은 '乙로부터 정치자금을 받은 바 없다.'는 취지로 진술하고 있고, 乙도 '도의원 후보 선정과 관련하여 지구당 운영비로 수천만 원을 납부한 사실이 없고, 수원일보 보도는 사실이 아니다.'라고 진술하고 있으며, 지구당 사무국장이었던 丁도 '乙이 지구당 운영비로 수천만 원을 넣었는지 여부를 모른다.'고 진술하고 있는 점, 2002.5.2.자 수원일보 기사의 취재기자인 J, R은 수사기관에의 출석을 거부하면서 경찰관과의 전화통화에서 당시 취재경위 및 보도의 사실 여부에 관하여 잘 기억나지 않는다고 하거나 그에 대하여는 별다른 해명을 하고 있지 않다. 무고죄에 있어서 신고한 사실이 객관적 사실에 반하는 허위사실이라는 요건은 적극적인 증명이 있어야 하며, 신고사실의 진실성을 인정할 수 없다는 소극적 증명만으로 곧 그 신고사실이 객관적 진실에 반하는 허위사실이라고 단정하여 무고죄의 성립을 인정할 수는 없는데, 이 사건에서는 허위사실이라는 요건에 대한 적극적 증명이 있기 때문에 무고죄의 성립이 인정된다(대법원 2006.5.25, 2005도4642).

ⓐ 허위에 해당하는 경우

1	신고사실 중 일부 허위인 사실이 국가의 심판작용을 그르치거나 부당하게 처벌을 받지 아니할 개인의 법적 안정성을 침해할 우려가 있을 정도로 고소사실 전체의 성질을 변경시키는 때(대법원 2009.1.30, 2008도6573)
2	(위 1.의 법리에 의해) 고소인이 '그 실제용도에 관하여 허위로 신고'를 하면서, 피고소인이 차용금의 용도를 사실대로 이야기하였더라면 금원을 대여하지 않았을 것인데 차용금의 용도를 속이는 바람에 대여하였다고 주장하는 경우(차용금의 용도 부분이 신고사실의 핵심부분이 되어 허위의 사실을 신고한 것에 해당함)(대법원 2004.12.9, 2004도2212)
3	범죄성립조각사유가 존재함을 알고 있었음에도 불구하고 이를 숨기고 신고하는 경우(대법원 1998.3.24, 97도2956)
4	1통의 고소장에 의하여 수개의 혐의사실을 들어 고소를 한 경우 그중 일부 사실은 진실이나 다른 사실은 허위인 때(허위사실이 독립하여 무고죄를 구성함)(대법원 1989.9.26, 88도1533; 2001.7.27, 99도2533; 2007.3.29, 2006도8638) 법원행시 16

판례연구 무고죄의 허위에 해당하는 사례

1. 대법원 1977.4.26, 75도2885

허위신고 내용이 피신고자의 권한의 행위인 경우의 무고죄의 성부

시청의 시민과장이 부당하게 도시계획을 변경하였다는 내용의 허위진정은 비록 도시계획변경은 건설부장관의 권한에 속하며 시청의 시민과장이 임의로 좌우할 수 없다 하더라도 당해 시청에서 도시계획을 수립하는 이상 시청의 시민과장의 징계권자로 하여금 징계권발동을 유발하기에 족한 것으로 보인다.

2. 대법원 1995.2.24, 94도3068

고소내용이 허위사실을 신고한 것으로 신고사실의 정황을 과장하는 데 불과하다고 볼 수 없다고 한 사례

① 피고소인들이 피고인과 제3자와의 싸움을 말리려고 하다가 피고인이 말을 듣지 아니하여 만류를 포기하고 옆에서 보고만 있었을 뿐 피고소인들이 피고인의 팔을 잡은 사실이 없었고, ② 또한 피고인이 그 싸움에서 턱부위에 상해를 입은 사실은 있으나 그 상해 역시 피고인이 제3자로부터 안면부를 얻어맞아 입은 것이 아니라 서로 멱살을 잡고 밀고 당기는 과정에서 입은 상해임을 엿볼 수 있는 경우, 이와 같은 사실관계에서 "피고소인들이 피고인의 양팔을 잡아 가세하고 제3자가 피고인의 안면부를 때려 상해를 입혔다."는 취지의 고소내용은 그 제3자에 대한 관계에서는 신고사실의 정황을 다소 과장한 것에 불과하다고 볼 수도 있겠으나(위 ②와 관련된 고소는 무고죄 불성립), 국가7급 08 피고소인들에 대한 관계에서는 고소내용 전체가 객관적인 진실에 반하는 허위의 사실을 신고한 것으로서 그것이 단지 신고사실의 정황을 과장하는 데 불과하다고 볼 수는 없다(위 ①과 관련된 고소는 무고죄 성립).

3. 대법원 1998.3.24, 97도2956

범죄성립조각사유가 있음을 알면서 이를 숨기고 신고한 사례

위법성조각사유가 있음을 알면서도 "피고소인이 허위사실을 공표하였다."고 고소한 행위는 결국 적극적으로 위법성조각사유가 적용되지 않는 공직선거법상 허위사실공표죄로 처벌되어야 한다고 주장한 것과 같은 것이므로 무고죄가 성립한다. 국가7급 14 / 경찰간부 16

4. 대법원 2004.1.16, 2003도7178

일부 허위사실을 포함한 신고가 무고죄에 해당하는 경우 : 도박자금으로 대여한 금전의 용도에 대하여 허위로 신고한 것이 무고죄의 허위신고에 해당한다고 한 사례 국가7급 08 / 사시 11

신고사실의 일부에 허위의 사실이 포함되어 있다고 하더라도 그 허위부분이 범죄의 성부에 영향을 미치는 중요한 부분이 아니고, 단지 신고한 사실을 과장한 것에 불과한 경우에는 무고죄에 해당하지 아니하지만, 그 일부 허위인 사실이 국가의 심판작용을 그르치거나 부당하게 처벌을 받지 아니할 개인의 법적 안정성을 침해할 우려가 있을 정도로 고소사실 전체의 성질을 변경시키는 때에는 무고죄가 성립될 수 있다.[1714] 법원행시 05 / 법원행시 12 / 경찰승진(경감이하) 17

5. 대법원 2007.6.1, 2007도2299
영수증을 정당하게 작성·교부하거나 적법하게 백지보충권을 수여하여 그에 따라 백지보충이 이루어졌음에도 불구하고 상대방이 그 영수증을 위조하였다고 신고한 경우, 무고죄에 있어서 허위사실의 신고에 해당한다.

6. 대법원 2009.1.30, 2008도8573; 2008.8.21, 2008도3754
경찰관이 甲을 현행범으로 체포하려는 상황에서 乙이 경찰관을 폭행하여 乙을 현행범으로 체포하였는데, 乙은 경찰관의 현행범 체포업무를 방해한 일이 없다며 경찰관을 불법체포로 고소한 경우, 乙에게는 무고죄가 성립한다. 경찰승진(공통) 11

7. 대법원 2009.11.12, 2009도8949
고소사실 자체가 인정되지 않는 경우에는 고소 내용이 설사 피고인의 과실 또는 무지에 기인한 것이라고 하더라도 이를 단순한 정황의 과장에 해당한다고 볼 수 없어, 무고죄가 성립한다.1715

8. 대법원 2010.2.25, 2009도1302
피고인이 甲, 乙과 공모하여 은행으로부터 대출금을 편취한 것과는 별도로 甲이 피고인을 기망하여 위 대출금을 편취하였으니 처벌해 달라는 취지로 고소하여 甲에 대해 사기죄로 공소제기까지 된 사안에서, 위 고소는 甲에 대한 관계에서 독립하여 형사처분 등의 대상이 되는 허위사실의 고소로 볼 여지가 있음에도 피고인이 공범이었다는 이유로 무고죄가 성립하지 않는다고 판단한 원심판결에는 법리오해의 위법이 있다.

9. 대법원 2010.4.29, 2010도2745
피고인이 먼저 자신을 때려 주면 돈을 주겠다고 하여 甲, 乙이 피고인을 때리고 지갑을 교부받아 그 안에 있던 현금을 가지고 간 것임에도, '甲 등이 피고인을 폭행하여 돈을 빼앗았다.'는 취지로 허위사실을 신고한 경우에는 무고죄가 성립한다. 경찰승진(공통) 11

10. 대법원 2012.5.24, 2011도11500
신고 내용에 일부 허위사실이 포함된 경우, 무고죄가 성립하는지 판단하는 기준
피고인이 甲 주식회사에서 리스한 승용차를 乙에게 담보로 제공하고 돈을 차용하면서 약정 기간 내에 갚지 못할 경우 이를 처분하더라도 아무런 이의를 제기하지 않기로 하였는데, 변제기 이후 乙 등이 차량을 처분하자 피고인의 허락 없이 마음대로 처분하였다는 취지로 고소한 경우, 일부 허위인 사실이 국가의 심판작용을 그르치거나 부당하게 처벌을 받지 아니할 개인의 법적 안정성을 침해할 우려가 있을 정도로 고소사실 전체의 성질을 변경시키는 때에는 무고죄가 성립될 수 있으므로(대법원 2004.1.16, 2003도7178; 2009.1.30, 2008도8573; 2010.4.29, 2010도2745 등). 피고인이 乙로부터 700만 원을 차용하면서 변제기까지 차용금을 갚지 못하면 담보로 제공한 차량을 처분하더라도 아무런 이의를 제기하지 않겠다고 하였다면, 피고인의 허락 없이 마음대로 차량을 처분하였다는 취지의 고소 내용은 허위사실의 기재로서 그 자체로 독립하여 무고죄가 성립한다고 할 것이다.

11. 대법원 2014.3.13, 2012도2468
피고인이 수사기관에 '甲이 민사사건 재판과정에서 위조된 확인서를 제출하였으니 처벌하여 달라.'는 내용으로

1714 사례 甲은 1999년 6월경 도박현장에서 乙에게 도박자금으로 120만 원을 빌려주었다가 이를 돌려받지 못하게 되자, 2001년 6월 27일 위 금원을 도박자금으로 빌려주었다는 사실을 감추고 단순한 대여금인 것처럼 하여 乙이 120만 원을 빌려 간 후 변제하지 아니하고 있으니 처벌하여 달라는 취지로 고소하였다. 또한 甲은 은평경찰서에서 고소보충진술을 하면서 금전의 대여경위에 대하여 乙이 사고가 나서 급해서 그러니 120만 원을 빌려주면 다음날 아침에 카드로 현금서비스를 받아 갚아 주겠다고 하여 금전을 빌려준 것이라고 허위로 진술하였다. 甲의 죄책은? 판례 피고인(甲)은 공소외 1(乙)에게 도박자금으로 대여하였음에도 불구하고 단순히 그 대여금의 용도를 묵비한 것을 넘어서 실제와는 다른 장소에서 공소외 1에게 사고 처리비용조로 금전을 대여하였고 공소외 1이 그 다음날 바로 변제하겠다고 약속하였다는 내용으로 고소하여 그 대여한 금전의 용도에 대하여 허위로 진술한 것이다. 이는 수사기관이 피고인의 고소내용을 근거로 피고소인의 범행방법을 특정하여 수사권을 발동하고, 이를 기초로 하여 당해 행위에 있어 사기죄의 기망행위와 편취범의를 조사하여 형사처분을 할 것인지와 어떠한 내용의 형사처분을 할 것인지를 결정하는 데에 직접적인 영향을 줄 정도에 이르는 내용에 관하여 허위의 사실을 고소한 것이다(대법원 2004.1.16, 2003도7178). 법원행시 05 / 법원행시 12 / 사시 11 해결 무고죄.

1715 보충 피고인이 송○○으로부터 폭행을 당한 사실 자체가 인정되지 않으므로 피고인이 설령 6개월간의 가료를 요한다는 내용의 일반진단서의 의미를 잘 이해하지 못하였고 치근파절이 기왕증이라는 사실을 몰랐다고 하더라도 피고인의 이 사건 고소가 단순한 정황의 과장에 해당하는 것으로 볼 수 없다. 또한 피고인이 신문사 기자에게 연예인 송○○의 실명을 거론하면서 허위사실을 적시함으로써 비방할 목적으로 기사의 자료를 제공하자, 이를 진실한 것으로 오신한 위 기자가 기사를 작성하여 공표한 경우, 피고인에게 출판물에 의한 명예훼손죄가 성립한다.

허위 사실이 기재된 고소장을 제출하면서 '甲이 위조된 합의서도 제출하였다.'는 취지로 기재하였으나, 고소보충 진술 시 확인서가 위조되었다는 점에 관하여만 진술한 경우, 피고인이 제출한 고소장에 '합의서도 도장을 찍은 바가 없으므로 위조 및 행사 여부를 가려주시기 바랍니다'라고 기재한 내용이 허위의 사실이라면 이 부분에 대해서도 '허위 사실을 신고한 것'으로 보아야 한다.

ⓑ 허위에 해당하지 않는 경우

1	무고죄에 있어 비록 신고내용에 일부 객관적 진실에 반하는 내용이 포함되어 있다고 하더라도, 고소내용이 터무니없는 허위사실이 아니고 사실에 기초하여 단지 신고사실의 정황을 과장하는 데 불과한 경우(대법원 1973.12.26, 73도2771; 1983.1.18, 82도2170; 1986.7.22, 86도582; 1987.6.9, 87도1029; 1996.5.31, 96도771; 2003.1.24, 2002도5939; 2004.12.9, 2004도2212; 2007.9.20, 2007도4450; 2008.5.29, 2006도6347; 2010.11.11, 2008도7451). 법원9급 07(상) / 법원9급 17 / 경찰간부 16 / 국가9급 18
2	상대방의 범행에 공범으로 가담한 사람이 이를 숨긴 채 상대방을 고소한 경우(고소내용이 결국 상대방의 범행 부분에 관한 한 진실에 부합함)(대법원 2008.8.21, 2008도3754). 국가7급 13 / 법원행시 09 / 법원행시 12 / 법원9급 09 / 법원9급 16 / 경찰간부 12 / 경찰간부 13 / 경찰채용 14 1차 / 사시 10

판례연구 무고죄의 허위에 해당하지 않는 사례

1. 대법원 1981.6.23, 80도1049

절도죄의 고소사실이 인정되지 아니하나 권리행사 방해죄가 인정되는 경우에 무고죄의 성부(소극)

피고소인이 피고인 소유의 원목을 절취하였다는 고소사실 중 동 원목이 피고인 소유가 아니라 피고소인 소유이어서 절도죄를 구성하지 아니하여도 피고소인의 소위가 권리행사방해죄를 구성하는 때에는 피고인의 고소를 무고라고 할 수 없다.

2. 대법원 1987.6.9, 87도1029

주관적 법률평가의 잘못으로 인한 고소와 무고죄의 성부

고소인이 甲에게 대여하였다가 이미 변제받은 금원에 관하여 甲이 이를 수개월간 변제치 않고 있었던 점을 들어 위 금원을 착복하였다는 표현으로 고소장에 기재하였다 하여도 이것이 甲으로부터 아직 변제받지 못한 나머지 금원에 관한 고소내용의 정황을 과장한 것이거나 또는 주관적 법률평가를 잘못하였음에 지나지 아니한 것이라면 특별의 사정이 없는 한 이로써 허위의 사실을 들어 고소하였다고 단정할 수는 없다.

3. 대법원 1996.5.31, 96도771; 1986.7.22, 86도582

다소 과장한 것에 불과하므로 허위의 사실을 신고한 것이라 단정하기 어렵다고 본 사례

폭행을 당하지는 않았더라도 그와 다투는 과정에서 시비가 되어 서로 허리띠나 옷을 잡고 밀고 당기면서 평소에 좋은 상태가 아니던 요추부에 경도의 염좌증세가 생겼을 가능성이 충분히 있다면 피고인의 구타를 당하여 상해를 입었다는 내용의 고소는 다소 과장된 것이라고 볼 수 있을지언정 이를 일컬어 무고죄의 처벌대상인 허위사실을 신고한 것이라고 단정하기는 어렵다. 국가7급 08

4. 대법원 2004.12.9, 2004도2212; 2011.1.13, 2010도14028; 2011.9.8, 2011도3489[1716]

변제의사와 능력의 유무에 관하여 기망하였다는 내용으로 고소한 경우라면, 차용금의 용도를 묵비하거나 실제와 달리 신고였다 하여도 무고죄는 성립하지 않는다는 사례

① 금원을 대여한 고소인이 차용금을 갚지 않는 차용인을 사기죄로 고소함에 있어서, 피고소인이 차용금의 용도를 사실대로 이야기하였더라면 금원을 대여하지 않았을 것인데 차용금의 용도를 속이는 바람에 대여하였다고 주장하는 사안이라면 그 차용금의 실제용도는 사기죄의 성부에 영향을 미치는 것으로서 고소사실의 중요한 부분이 되고 따라서 그 실제용도에 관하여 고소인이 허위로 신고를 할 경우에는 그것만으로도 무고죄에 있어서의

1716 보충 피고인이 돈을 갚지 않는 甲을 차용금 사기로 고소하면서 대여금의 용도에 관하여 '도박자금'으로 빌려준 사실을 감추고 '내비게이션 구입에 필요한 자금'이라고 허위 기재하고, 대여의 일시·장소도 사실과 달리 기재하여 신고한 데 대하여 무고죄의 성립을 부정한 사례이다. 법원행시 13 / 경찰채용 12 1차

허위의 사실을 신고한 경우에 해당한다 할 것이나, ② 단순히 차용인이 변제의사와 능력의 유무에 관하여 기망하였다는 내용으로 고소한 경우에는 차용금의 용도와 무관하게 다른 자료만으로도 충분히 차용인의 변제의사나 능력의 유무에 관한 기망사실을 인정할 수 있는 경우도 있을 것이므로 고소인이 차용금의 '용도'를 묵비하거나 그 차용금의 실제 용도에 관하여 사실과 달리 신고하였다 하더라도 그것만으로는 범죄사실의 성부에 영향을 줄 정도의 중요한 부분을 허위로 신고하였다고 할 수 없는 것이다. … 이와 같은 법리는 고소인이 차용사기로 고소할 때 묵비하거나 사실과 달리 신고한 차용금의 실제 용도가 도박자금이었더라도 달리 볼 것은 아니다. 경찰승진 14 / 사시 13 / 사시 14 / 법원9급 22

5. 대법원 2014.2.13, 2011도15767

신고사실의 진실성을 인정할 수 없는 경우와 무고죄의 허위

무고죄는 타인으로 하여금 형사처분이나 징계처분을 받게 할 목적으로 신고한 사실이 객관적 진실에 반하는 허위사실인 경우에 성립되는 범죄이므로 신고한 사실이 객관적 진실에 반하는 허위사실이라는 점에 관하여는 적극적인 증명이 있어야 하며, 신고사실의 진실성을 인정할 수 없다는 점만으로 곧 그 신고사실이 객관적 진실에 반하는 허위사실이라고 단정하여 무고죄의 성립을 인정할 수는 없고, 이는 수표금액의 지급 또는 거래정지처분을 면할 목적으로 금융기관에 거짓 신고를 하는 경우에 성립하는 부정수표 단속법 제4조 위반죄에서도 마찬가지이다. 경찰채용 18 1차

6. 대법원 2019.7.11, 2018도2614

성폭행 고소에 관하여 무고죄가 성립하는지가 문제된 사건

피해자임을 주장하는 자가 성폭행 등의 피해를 입었다고 신고한 사실에 대하여 증거불충분 등을 이유로 불기소처분되거나 무죄판결이 선고된 경우 반대로 이러한 신고내용이 객관적 사실에 반하여 무고죄가 성립하는지 여부를 판단할 때에도 마찬가지로 고려되어야 한다. 따라서 성폭행 등의 피해를 입었다는 신고사실에 관하여 불기소처분 내지 무죄판결이 내려졌다고 하여, 그 자체를 무고를 하였다는 직극적인 근거로 삼아 신고내용을 허위라고 단정하여서는 아니 됨은 물론, 개별적, 구체적인 사건에서 피해자임을 주장하는 자가 처하였던 특별한 사정을 충분히 고려하지 아니한 채 진정한 피해자라면 마땅히 이렇게 하였을 것이라는 기준을 내세워 성폭행 등의 피해를 입었다는 점 및 신고에 이르게 된 경위 등에 관한 변소를 쉽게 배척하여서는 아니 된다.

② 사실(事實) : 신고되는 허위사실은 형사처분 · 징계처분의 원인(原因)이 될 수 있는 것이어야 한다.

㉠ 신고사실 자체가 형사범죄를 구성하지 않는 경우 : 허위의 사실을 신고했다 하더라도 그 사실 자체가 형사범죄를 구성하지 아니한다면 본죄는 성립하지 않는다(대법원 1992.10.13, 92도1799; 2002.6.28, 2001도2707; 2002.11.8, 2002도3738; 2008.1.24, 2007도9057[1717]; 2017.5.30, 2015도15398). 국가7급 09 / 법원9급 16

사례연구 방배동 카페 이중임대차 사례

甲은 1998.5.8. 乙로부터 서울 서초구 방배동 소재 다방을 임대차보증금 1,000만 원, 월차임 70만 원, 임차기간 1998.5.10.부터 12개월로 정하여 임차하여 그와 내연의 관계에 있던 丙으로 하여금 위 다방을 운영하도록 하던 중 같은 달 18. 乙은 丙과 통정하여 甲을 배제시킬 의도로 甲 모르게 임차인을 丙으로 하는 임대차계약서를 다시 작성하였다(㉠). 이에 甲은 乙을 상대로 임대차보증금반환청구를 하였는데 乙은 새로 작성된 임대차계약서를 제시하면서 그 반환을 거절하였다(㉡). 이에 甲은 법원에 임대차보증금반환청구의 소(민사소송)를 제기하였다가 여기에서도 패소하였다. 그러자 甲은 2001.7.25. 서울 동대문구 장안동 소재 현대부동산에서 "乙과 丙이 통정하여 1998.5.18. 甲 모르게 임차인을 丙으로 하는 임대차계약서를 다시 작성하여 甲의 임대차 보증금 1,000만 원과 권리금 800만 원 합계 1,800만 원을 편취하였다."는 취지의 고소장을 작성한 후 같은 달 27. 서울 서초구 방배동 소재 방배경찰서 민원실에서 같은 경찰서장 앞으로 이를 제출 · 접수하게 하였다(㉢). ㉢의 행위에 대하여 만일 甲이 乙과 丙 사이의 1998.5.18.자 임대차계약서의 작성을

1717 판례 甲은 乙로부터 파커수성볼심 4,004개를 인수한 후 백지에 숫자 '4004'를 기재하고 영문으로 甲의 서명을 하였다. 이렇게 甲은 위와 같이 백지에 숫자 '4004'와 甲의 영문 서명을 하였을 뿐인데 乙이 함부로 문구를 추가 기재하여 이 사건 인수증을 위조하였다는 취지로 甲은 乙을 문서위조·변조죄로 고소하였다. 그런데 乙이 이 사건 문구를 추가 기재하였다고 하더라도 이로써 별개의 새로운 문서를 만들어내거나 그 내용에 전혀 영향을 미쳤다고 할 수 없는 경우이었다. 그렇다면 甲이 乙을 고소한 행위는 무고죄를 구성하지 않는다.

승낙하였음에도 불구하고 마치 승낙을 하지 않은 것처럼 허위의 사실을 신고하여 乙과 丙의 처벌을 구하는 위와 같은 고소를 하였다면, 이는 형법 제156조의 무고죄를 구성하는가?

해결 무고죄를 구성하지 않는다.

참조판례 乙과 丙의 새로운 임대차계약서 작성행위 자체는 甲의 명의를 모용한 바 없기 때문에 사문서위조죄를 구성하지 않으며, 乙이 임대차보증금의 반환을 거부하는 것은 민사상 채무불이행책임을 지는 것은 별론으로 하고 횡령죄나 배임죄가 성립할 수 없고, 乙과 丙이 甲을 상대로 기망행위를 한 것을 인정할 수 없으니 사기죄가 성립하지도 않는다. 따라서 피고인 甲의 고소사실이 위와 같다면 그 사실 자체가 그 고소사실 자체가 사문서위조, 횡령이나 배임, 사기 기타 형사범죄로 구성되지 아니하기 때문에, 설사 허위사실을 신고한 경우라도 하더라도 무고죄는 성립하지 않는다(대법원 2002.11.8, 2002도3738). 법원행시 05 / 법원행시 09

사례연구 송이채취권 이중양도 사례

고소장의 기재 내용을 살펴보면 甲이 A를 고소한 취지는, "피고소인 A는 1998년 11월 3일 피고인 甲과의 사이에 甲이 1999년부터 2008년까지 10년간 A 소유의 이 사건 전답을 경작 · 관리함과 아울러 이 사건 임야에 자생하는 송이를 채취하고, A에게 그 대가를 지급하기로 하는 내용의 토지경작관리계약을 체결하였는데, A가 2002년 7월경 B · C에게 이 사건 임야에 자생하는 송이의 채취권을 이중으로 넘겨주어 甲으로 하여금 손해를 입게 하였으므로 A를 엄벌하여 달라."라는 것임을 알 수 있다. 그렇다면 위 사실은 허위임이 판명되었다. 甲의 행위는 무고죄를 구성하는가?

해결 피고인의 고소사실이 위와 같다면, 위와 같이 장차(1999년부터 2008년까지의 기간 동안) 이 사건 임야에서 자생하게 될 송이를 채취할 수 있는 권리를 피고인에게 양도한 공소외 1이 피고인의 송이채취를 방해하지 않아야 할 의무는 민사상의 채무에 지나지 아니하여 이를 타인의 사무로 볼 수 없고, 따라서 비록 공소외 1이 위 송이채취권을 이중으로 양도하였다고 하더라도 횡령죄나 배임죄 기타 형사범죄를 구성하지는 않는다고 할 것이므로, 형사범죄가 되지 아니하는 내용의 허위사실을 피고인이 신고하였다 하여도 피고인에 대한 무고죄는 성립할 수 없다고 할 것이다(대법원 2007.4.13, 2006도558). 사시 14 / 법원9급 17 / 국가7급 16

사례연구 임대차보증금 전액을 돌려주지 않기 위해 불법체류자로 고발하였다는 고소

甲이 작성한 고소장의 기재 내용은 '甲은 乙에게 주택의 임대차보증금으로 950만 원을 지급하였는데, 乙은 900만 원만 받았다고 주장하면서 임대차보증금 전액을 돌려주지 않기 위해 중국 국적의 甲을 불법체류자로 고발하였다'는 것이다. 위 내용 중 乙은 950만 원을 받은 것이 사실이어서 900만 원만 받았다고 주장한 부분은 허위사실에 해당한다. 甲에게는 무고죄가 성립하는가?

해결 성립하지 않는다.

참조판례 타인에게 형사처분을 받게 할 목적으로 허위의 사실을 신고한 행위가 무고죄를 구성하기 위하여는 신고된 사실 자체가 형사처분의 원인이 될 수 있어야 할 것이어서, 가령 허위의 사실을 신고하였다 하더라도 그 사실 자체가 횡령죄, 배임죄 기타 형사범죄로 구성되지 아니한다면 무고죄는 성립하지 아니한다(대법원 1992.10.13, 92도1799; 2007.4.13, 2006도558; 2013.9.26, 2013도6862[1718]).

1718 보충 ① 우선 임대차보증금이 있는 임대차계약에 있어 임대인은 임차인으로 하여금 목적물을 사용·수익하게 할 의무와 임대차가 종료한 경우 임대차보증금 중 연체차임 등 당해 임대차에 관하여 명도시까지 생긴 임차인의 채무를 청산한 나머지 금액을 반환할 사법상의 의무만 있을 뿐, 임차인을 위하여 임대차보증금을 보관하거나 임차인의 사무를 처리하는 지위에 있지 아니하므로, 설령 피고인이 공소외인에게 이 사건 주택에 관한 임대차보증금으로 950만 원을 지급하였는데, 공소외인이 900만 원을 받았다고 주장하며 900만 원을 초과하는 임대차보증금의 반환을 거부하였더라도 횡령죄나 배임죄가 성립하지 아니한다. 또한, ② 피고인이 고소장에 기재한 고소 내용에 의하면, 피고인은 자신이 불법체류자라는 사실을 스스로 밝히고 있음을 알 수 있고, 한편 공소외인은 피고인을 불법체류자로 고발한다고 하여 피고인에 대한 임대차보증금의 반환의무를 면할 수도 없으므로, 설령 공소외인이 임대차보증금 전액을 돌려주지 않겠다는 내심의 의사를 가지고 피고인을 불법체류자로 고

ⓛ 사면 · 공소시효완성 · 고소기간경과가 명백히 나타난 신고의 경우 : 사면 또는 공소시효완성으로 공소권이 소멸되었음이 명백한 사실을 신고하는 것도 형사처분 · 징계처분의 원인이 될 수 있는 사실이 아니므로 무고죄에 해당하지 않는다(대법원 1970.3.24, 69도2330 등). 또한 강간죄로 고소한 것이 친고죄의 고소기간 경과 후에 고소가 제기된 것으로서 처벌할 수 없음이 고소내용 그 자체에 의하여 명백한 경우에는 고소사실이 허위라 하더라도 당해 국가기관의 직무를 그르치게 할 위험이 없으므로 무고죄는 성립하지 아니한다(대법원 1998.4.14, 98도150).[1719] 법원9급 05 / 변호사 24

판례연구 공소시효 또는 친고죄의 고소기간 경과와 무고죄의 성부에 관한 판례

1. 대법원 1995.12.5, 95도1908

공소시효와 무고죄의 성부 : 무고죄 ○

피고인은 피고소인들이 공모하여 건축법 위반범죄를 저지른 사실이 없음에도 불구하고 그와 같은 건축법 위반행위를 하였다고 허위로 고소한 사실을 충분히 인정할 수 있고, 객관적으로 고소사실에 대한 공소시효가 완성되었더라도 고소를 제기하면서 마치 공소시효가 완성되지 아니한 것처럼 고소한 경우에는 국가기관의 직무를 그르칠 염려가 있으므로 무고죄를 구성한다고 할 것이다. 법원행시 07 / 법원행시 10 / 법원행시 14 / 경찰간부 13 / 경찰간부 16 / 경찰승진(공통) 11 / 사시 16

2. 대법원 1982.3.23, 81도2617; 1985.5.28, 84도2919; 1994.2.8, 93도3445[1720]

공소시효와 무고죄의 성부 : 무고죄 ×

타인으로 하여금 형사처분을 받게 할 목적으로 공무소에 대하여 허위의 사실을 신고하였다고 하더라도, 신고된 범죄사실에 대한 공소의 시효가 완성되었음이 그 신고의 내용 자체에 의하여 분명한 경우에는 형사처분의 대상이 되지 않는 것이므로, 무고죄가 성립하지 아니한다. 법원행시 14 / 경찰채용 12 3차 / 경찰승진(경감이하) 16

③ 신고(申告)

㉠ 개념 : 자진하여 사실을 고지하는 것을 말한다. 따라서 자발성이 필요하다.

ⓛ 자발성(自發性) : 자발성이 없는 것은 신고가 아니다. 따라서 수사기관에 자진하여 고지한 것이 아니라 정보원이나 조사관의 요청에 의하여 자기가 지득한 정보를 제공하거나(대법원 1955.3.18, 4287형상209), 검사 또는 사법경찰관의 신문 · 추문에 대하여 허위의 진술을 하는 것은 신고에 해당되지 않는다(대법원 1985.7.26, 85도14; 1990.8.14, 90도595; 2002.2.8, 2001도6293; 2005.12.22, 2005도3203)는 것이 판례의 입장이다. 국가9급 12 / 법원행시 08 / 법원행시 12 / 법원9급 07(상) / 경찰채용 14 1차 다만, 고소장에 기재하지 않은 사실을 고소보충조서를 받으면서 자진하여 진술한 경우에는 본죄의 신고의 자발성이 인정된

발하였더라도 어떠한 형사범죄로 구성되지 아니한다. 그렇다면, 설령 피고인의 공소외인에 대한 고소가 허위 사실의 신고에 해당한다고 하더라도, 그 고소 사실 자체가 횡령죄, 배임죄 기타 형사범죄로 구성되지 아니하는 이상 피고인의 무고죄가 성립한다고 할 수 없다(위 판례).

1719 사례 甲은 1997년 1월 23일경 안양경찰서 민원실에서 "乙이 1995년 4월 하순 일자불상 23:00경 甲을 1회 강간한 것을 비롯하여 그 시경부터 1995년 6월경까지 4회 내지 5회에 걸쳐 甲을 강간하였다."라는 취지의 고소장을 작성 · 접수시켰다(甲은 고소장에 "甲과 피고소인 乙이 같은 초등학교 교사였다."라고 기재하였음). 그러나 위 사실이 허위임이 밝혀졌다. 甲의 죄책은? 판례 고소한 내용 그 자체에 의하여 위 각 강간일시에 피고소인 乙이 범인임을 알았다는 것이 되어 이 사건 고소는 범인을 알게 된 때로부터 1년이 경과된 뒤에 제기된 것임을 분명히 알 수 있고, 또 피고인은 고소기간 내에 고소할 수 없었던 불가항력의 사유를 특별히 기재하지 않았으므로, 피고인이 고소한 강간죄는 고소기간 경과 후에 고소가 제기된 것으로서 처벌할 수 없음이 고소내용 그 자체에 의하여 명백하고, 따라서 위 고소사실이 허위라 하더라도 당해 국가기관의 직무를 그르치게 할 위험이 없으므로 무고죄는 성립하지 아니한다(대법원 1998.4.14, 98도150). 법원9급 05 해결 무죄.

1720 보충 이 사건 공소장에 기재된 공소사실의 요지는 피고인이 1992.1. 하순경 춘천지방검찰청 속초지청에서 "공소외 오○○가 1978.6.4. 13:00경에 피고인 명의의 기증약정서를 위조하였다."는 취지의 고소장을 작성 · 접수시켜 오○○를 무고하였다는 것인데, 피고인이 신고하였다는 범죄사실은 사문서위조죄에 해당하는 것으로서, 형법 제231조와 형사소송법 제249조 제1항 제4호에 의하면 그 공소시효의 기간이 5년임이 명백하고, 따라서 피고인이 고소한 내용 자체에 의하더라도 고소할 당시에 이미 공소의 시효가 완성되었음이 역수상 명백하므로, 피고인이 고소한 사실이 허위라고 하더라도 무고죄가 성립하지 않는다(대법원 1994.2.8, 93도3445).

다(대법원 1988.2.23, 87도2454; 1996.2.9, 95도2652). 경찰승진 13 / 사시 16

㉢ 신고의 방법 법원9급 17 : 제한이 없으므로 신고자의 이름이 자기의 이름으로 기재된 경우뿐만 아니라 타인의 이름으로 기재된 경우도 포함되며 심지어 익명의 신고도 포함되고,[1721] 피무고자도 신고의 내용을 보아 누구인지를 특정할 수 있다면 그 성명이 표시될 필요도 없으며,[1722] 신고의 방식이 고소장인지 진정서인지도 가리지 않는다(대법원 1985.12.10, 84도2380). 다만 부작위에 의한 신고에 대해서는 견해가 대립하지만 자발성 있는 신고행위로의 제한해석이 필요하다는 점에서 부정해야 할 것이다.[1723]

(4) 기수시기

① 추상적 위험범 : 허위신고가 당해 공무소·공무원에게 도달(到達)한 때이며, 현실적 접수·열람이나 수사개시(대법원 1983.9.27, 83도1975)·공소제기를 요하지 않는다.[1724] 경찰간부 13 예컨대, 피고인이 최초에 작성한 허위내용의 고소장을 경찰관에게 제출하였을 때 이미 허위사실의 신고가 수사기관에 도달되어 무고죄의 기수에 이른 것이라 할 것이므로, 그 후에 그 고소장을 되돌려 받았다 하더라도 이는 무고죄의 성립에 아무런 영향이 없다(대법원 1985.2.28, 84모2215). 법원9급 09 / 경찰채용 12 1차 / 사시 11 / 국가7급 16 / 경찰승진(경감이하) 16 또한, 허위로 신고한 사실이 무고행위 당시 형사처분의 대상이 될 수 있었으나 이후 형사범죄가 되지 않는 것으로 판례가 변경된 경우에도 이미 성립한 무고죄에는 원칙적으로 영향을 미치지 아니한다. 다만 본죄는 미수범 처벌규정이 없으므로 공무소 등에 도달되기 전에 분실된 경우에는 무죄가 된다.

판례연구 무고죄의 추상적 위험범적 성질

1. 대법원 1989.9.26, 88도1533

위증혐의로 고소·고발한 사실 중 재판결과에 영향이 없는 사실만이 허위인 경우 무고죄의 성부(적극)

위증죄는 진술내용이 당해 사건의 요증사항이 아니거나 재판의 결과에 영향을 미친 바 없더라도 선서한 증인이 그 기억에 반하여 허위의 진술을 한 경우에는 성립되어 그 죄책을 면할 수 없으므로, 위증으로 고소, 고발한 사실 중 위증한 당해사건의 요증사항이 아니고 재판결과에 영향을 미친 바 없는 사실만이 허위라고 인정되더라도 무고죄의 성립에는 영향이 없다. 경찰승진 13 / 경찰승진(경감이하) 16

2. 대법원 2017.5.30, 2015도15398

허위로 신고한 사실이 무고행위 당시 형사처분의 대상이 될 수 있었으나 이후 형사범죄가 되지 않는 것으로 판례가 변경된 경우, 이미 성립한 무고죄에는 원칙적으로 영향을 미치지 않는다는 사례

타인에게 형사처분을 받게 할 목적으로 '허위의 사실'을 신고한 행위가 무고죄를 구성하기 위해서는 신고된 사실 자체가 형사처분의 대상이 될 수 있어야 하므로, 가령 허위의 사실을 신고하였더라도 신고 당시 그 사실 자체가 형사범죄를 구성하지 않으면 무고죄는 성립하지 않는다. 그러나 허위로 신고한 사실이 무고행위 당시 형사처분의 대상이 될 수 있었던 경우에는 국가의 형사사법권의 적정한 행사를 그르치게 할 위험과 부당하게 처벌받지 않을 개인의 법적 안정성이 침해될 위험이 이미 발생하였으므로 무고죄는 기수에 이르고, 이후 그러한 사실이 형사범죄가 되지 않는 것으로 판례가 변경되었더라도 특별한 사정이 없는 한 이미 성립한 무고죄에는 영향을 미치지 않는다. 경찰간부 18 / 경찰채용 24 1차

1721 김일수/서보학, 931면; 배종대, 839면; 손동권, 851면; 오영근, 1155면; 유기천(하), 350면; 이재상, §47-11; 이형국(Ⅱ), 445면; 임웅, 918면; 정성근/박광민, 845면; 정영일, 679면; 진계호, 823면.

1722 김일수/서보학, ibid; 배종대, ibid; 손동권, ibid; 오영근, ibid; 이재상, ibid; 이형국, ibid; 임웅, ibid; 정성근/박광민, ibid; 진계호, ibid.

1723 배종대, 839면; 백형구, 648면; 손동권, 851면; 이재상, §47-11; 이정원, 819면; 이형국(Ⅱ), 445면; 임웅, 918면; 정성근/박광민, 845면; 진계호, 708면. 반면 긍정설은 오영근, 1155면.

1724 김일수/서보학, 931면; 손동권, 851면; 이재상, §47-18; 이형국(Ⅱ), 446면; 임웅, 918면 등.

보충 여기서 판례가 변경된 부분은, 이 사건 고소와 조사 당시의 대법원 판례가 '채권담보로 부동산에 관한 대물변제예약을 체결한 채무자가 대물로 변제하기로 한 부동산을 처분한 경우 배임죄가 성립한다.'고 보았으나(대법원 2000.12.8, 2000도4293 등), 대법원은 2014.8.21. 선고한 전원합의체 판결로 판례를 변경하여 위와 같은 경우에 배임죄가 성립하지 않는다(대법원 2014도3363 전원합의체 판결)고 한 부분이다.

② 신고시점의 판단 : 신고된 사실이 이미 공소시효가 완성되어 무고죄가 성립하지 않는가를 판단하는 기준시점은 신고시(申告時)로 보아야 한다. 따라서 피고인이 범행일시를 특정하지 않은 고소장을 제출한 후, 고소보충진술시에 범죄사실의 공소시효가 아직 완성되지 않은 것으로 진술하였다면, 그 이후 검찰이나 제1심 법정에서 다시 범죄의 공소시효가 완성된 것으로 정정 진술하였다 하더라도, 이미 고소보충진술시에 무고죄가 성립하였다고 보게 된다(대법원 2008.3.27, 2007도11153[1725]). 국가7급 21 / 사시 16

2. 주관적 구성요건

(1) 고 의

① 고의의 내용 : 허위사실을 신고한다는 인식과 의사가 필요하다. 따라서 고소사실이 객관적 사실에 반하는 허위의 것이라 할지라도 그 허위성에 대한 인식이 없을 때라든지 신고자가 진실이라고 확신하고 신고하였을 때에는 무고죄가 성립하지 않는다. 법원행시 10

② 허위에 대한 인식은 확정적 고의이어야 하는가의 문제 : 긍정설도 있으나(확정적 고의설[1726]), 다수설[1727]·판례는 미필적 고의로 충분하다는 입장이다(미필적 고의설). 경찰간부 12 즉, 확정적 고의를 요한다고 해석할 때에는 본죄의 성립을 부당하게 제한할 뿐 아니라 미필적 고의도 고의에 포함되는 이상, 무고죄에 관하여만 이를 배척할 이유가 없다는 것이다. 피무고자의 법적 안정성이라는 본죄의 보호법익과 추상적 위험범의 성질을 고려할 때 미필적 고의설이 타당하다고 생각된다.

③ 구체적 판단

㉠ 무고의 고의가 인정되는 경우 : 무고죄는 신고자가 진실하다는 확신 없는 사실을 신고함으로써 성립하고 그 신고사실이 허위라는 것을 확신함을 필요로 하지 않는다(대법원 1986.12.9, 85도2482; 1988.2.9, 87도2366; 1989.9.26, 88도1533; 1997.3.28, 96도2417; 2006.5.25, 2005도4642). 국가7급 14 / 법원행시 13 따라서 신고자가 알고 있는 객관적 사실관계에 의하여 신고사실이 허위라거나 허위일 가능성이 있다는 인식을 하면서도 이를 무시한 채 무조건 자신의 주장이 옳다고 생각하는 경우에는 본죄의 (미필적) 고의가 있다고 볼 수 있다(대법원 2000.7.4, 2000도1908,2000감도62; 2006.9.22, 2006도4255[1728];

1725 판례 : 신고시를 기준으로 무고죄의 성립 여부를 판단해야 한다는 사례 甲은 乙의 폭행일시를 특정하지 아니한 고소장을 2005.6.28.경 수서경찰서 민원실에 제출, 접수한 후, 고소인 보충진술시에 그 폭행일시를 2003.3.경으로 특정하였다. 그런데 乙이 폭행하였다는 것은 허위사실이었다. (참고로 폭행죄의 공소시효기간은 3년이라고 생각할 것) 그런데 甲은 그 이후 검찰이나 제1심 법정에서 위 乙의 폭행일시를 2002. 3.로 정정하여 진술하였다. 甲의 행위는 무고죄를 구성한다. 국가7급 21

1726 김봉태(공저), 674면; 김일수/서보학, 932면; 배종대, 840면; 서일교, 366면; 이재상, §47－13; 이형국(Ⅱ), 447면; 임웅, 919면; 정성근/박광민, 847면. 이러한 확정적 고의설은 미필적 고의설을 취할 경우 진실이라는 확신 없이 신고한 대부분의 고소인이 본죄로 처벌될 수 있다는 위험을 방지하자는 데 그 논거가 있다. 참고로 독일형법 제164조는 무고죄의 요건으로서 "숙지(熟知)에 반하여(wider besseres Wissen)"라는 점을 요구하므로 동죄의 성립에 확정적 고의를 요한다고 보게 된다.

1727 김석휘(주석), 236면; 김성천/김형준, 882면; 박상기, 704면; 백형구, 635면; 손동권, 852면; 오영근, 1156면; 유기천(하), 370면; 이정원, 825면; 정영석, 98면; 정영일, 679면; 진계호, 824면; 황산덕, 100면.

1728 판례 甲은 자신의 처 乙이 A, B, C 등과 각 간통하였으니 처벌해 달라는 취지의 고소장을 수사기관에 제출하였다. 그런데 甲은 인터넷에서 내려받은 동영상에 등장하는 여자가 乙이라고 판단하여 고소한 것이라고 하지만, 甲이 고소장에 첨부한 동영상 출력 화면의 사진들에 등장하는 여성이 乙인지 여부를 알 수 없고 동영상 CD 자체를 검증하여 보아도 동영상에 등장하는 여성이 乙인지 여부를 알 수 없었고 오히려 일부 영상에서는 乙이 아닌 것으로 보이기도 하였다. 또한 甲이 乙과 상간한 자들의 정액이 묻은 것이라며 검찰에 제출한 휴지에 대하여 감정을 실시한 결과 오히려 甲 자신의 정액이 검출되었다. 甲의 행위는 무고죄를 구성한다(대법원 2006.9.22, 2006도4255).

2008.5.29, 2006도6347). 사시 16

판례연구 무고죄의 미필적 고의가 인정되는 사례

1. 대법원 1986.12.9, 85도2482

종중의 사고수습대책회의가 종묘관리인의 채무를 면제하여 주는 결의를 할 적법한 권한은 없다 하더라도 피고소인은 위 회의의 결의에 따라 종묘관리인의 채무를 면제하여 준 것인데 피고인이 이를 알고 있었음에도 불구하고 진실이라는 확신 없이 위 피고소인이 공소외인으로부터 금원을 받고 임의로 결손처분하였다고 고소하였다면 금전수수의 대가로 채무면제를 하여 주었다는 점에 대하여 수사기관으로 하여금 수사권을 발동하도록 함에 충분하므로 피고인의 위와 같은 소위는 무고죄를 구성한다.

2. 대법원 1995.3.17, 95도162

자신의 간통행위가 유죄로 인정된 경우 그 간통행위를 고소한 고소인을 허위사실의 신고라 하여 무고죄로 고소한 피고인에게는 자신의 신고사실이 허위라는 인식이 있다.

3. 대법원 2007.3.15, 2006도9453

고소당한 범죄가 유죄로 인정되는 경우 고소를 당한 사람이 고소인에 대하여 '고소당한 죄의 혐의가 없는 것으로 인정된다면 고소인이 자신을 무고한 것에 해당하므로 고소인을 처벌해 달라.'는 내용의 고소장을 제출하였다면 설사 그것이 자신의 결백을 주장하기 위한 것이라고 하더라도 방어권의 행사를 벗어난 것으로서 고소인을 무고한다는 고의를 인정할 수 있다.[1729] 법원행시 08 / 법원행시 09 / 국가7급 21 / 경찰승진(공통) 11 / 경찰승진 13 / 경찰승진 14 / 경찰채용 12 3차 / 사시 14 / 경찰승진(경감이하) 17

4. 대법원 2022.6.30, 2022도3413

신고자가 알고 있는 객관적인 사실관계에 의하더라도 신고사실이 허위라거나 또는 허위일 가능성이 있다는 인식을 하지 못하였다면 무고의 고의를 부정할 수 있으나, 이는 알고 있는 객관적 사실관계에 의하여 신고사실이 허위라거나 허위일 가능성이 있다는 인식을 하면서도 그 인식을 무시한 채 무조건 자신의 주장이 옳다고 생각하는 경우까지 포함하는 것은 아니다(대법원 2000.7.4, 2000도1908, 2000감도62). …… 피고인이 국민권익위원회 운영의 국민신문고 홈페이지에 '약사가 무자격자인 종업원으로 하여금 불특정 다수의 환자들에게 의약품을 판매하도록 지시하거나 실제로 자신에게 의약품을 판매하였다'는 등의 내용으로 제기한 민원은 객관적 사실관계에 반하는 허위사실이고, 피고인에게는 미필적으로나마 그 허위 또는 허위의 가능성을 인식한 무고의 고의가 있음이 인정된다.

ⓛ 무고의 고의가 인정되지 않는 경우 : 진실이라는 확신을 가지고 신고한 경우에는 본죄의 미필적 고의가 없다. 진실이라고 확신한다 함은 신고자가 알고 있는 객관적인 사실관계에 의하더라도 신고사실이 허위라거나 또는 허위일 가능성이 있다는 인식을 하지 못하는 경우를 말하는 것이다. 따라서 고소내용이 터무니없는 허위사실이 아니고 사실에 기초하여 그 정황을 다소 과장한 데 지나지 아니한 경우에는 본죄의 고의를 인정하기 어렵다(대법원 1998.9.8, 98도1949).

판례연구 무고죄의 미필적 고의가 인정되지 않는 사례

대법원 1996.3.26, 95도2998

진실한 객관적인 사실들에 근거하여 고소인이 피고소인의 주관적인 의사에 관하여 갖게 된 의심을 고소장에 기재하였을 경우에 법률 전문가가 아닌 일반인의 입장에서 볼 때 그와 같은 의심을 갖는 것이 충분히 합리적인 근거가 있다고 볼 수 있다면, 비록 그 의심이 나중에 진실하지 않는 것으로 밝혀졌다고 하여 곧바로 고소인에게 무고의 미필적 고의가 있었다고 단정해서는 안 된다. 사시 14

1729 판결이유 원심이 피고인을 미성년자의제강간미수죄로 고소한 피해자의 아버지에 대하여 자신의 혐의가 없다고 밝혀질 경우 무고로 처벌해달라는 취지로 고소한 이 사건 공소사실을 무고죄에 해당한다고 판단하여 피고인에게 무죄를 선고한 제1심판결을 취소하고 유죄를 선고한 것은 이와 같은 법리에 비추어 정당하다.

(2) **목적**(目的) – 타인으로 하여금 형사처분·징계처분을 받게 할 목적

① 형사처분·징계처분 : 형사처분(刑事處分)이라 함은 형벌뿐만 아니라 치료감호 등의 보안처분이나 소년법상 보호처분을 모두 포함하는 개념이요, 징계처분(懲戒處分)이란 공법상의 감독관계 등 특별권력관계에서 질서유지를 위하여 과하는 신분적 제재를 의미한다(다수설[1730]·판례). 법원행시 16 따라서 사립대학교 교수로 하여금 징계처분을 받게 할 목적으로 법정부 국민포털인 국민신문고에 허위의 내용으로 민원을 제기하였다 하더라도, 학교법인 등 사립학교 교원에 대한 인사권 행사로서 징계와 같은 불리한 처분은 사법적 법률행위의 성격을 가지므로 본죄의 징계처분에 속하지 않아 무고죄를 구성하지 않는다(대법원 2014.7.24, 2014도6377).[1731] 경찰채용 18 1차

② 목적의 정도 : 형사처분·징계처분을 받게 할 목적의 정도에 대해서는 견해가 대립한다.

㉠ 결과발생의욕설 : 결과의 발생을 '의욕(意慾)'해야 한다는 입장이다(다수설).[1732]

㉡ 미필적 인식설 : 결과발생에 대한 미필적 인식으로 족하다는 입장이다(제2설 : 미필적 인식설).[1733]

㉢ 판례 : 허위신고를 함에 있어서 다른 사람이 그로 인하여 형사·징계처분을 받게 될 것이라는 인식이 있으면 족한 것이고 그 결과발생을 희망하는 것까지를 요하는 것은 아니라고 하여 미필적 인식설을 취하고 있다(대법원 1968.4.2, 68도61; 1973.1.16, 72도1136; 1986.8.19, 86도1259; 1991.5.10, 90도2601; 2006.5.25, 2005도4642; 2006.8.25, 2006도3631[1734]). 법원행시 08 / 법원9급 07(하) / 법원9급 16

판례연구 무고죄의 목적에 대하여 미필적 인식설을 취한 사례

1. 대법원 1991.5.10, 90도2601

형사처분·징계처분을 받게 할 목적은 허위신고를 함에 있어서 다른 사람이 그로 인하여 형사·징계처분을 받게 될 것이라는 인식이 있으면 족한 것이고 그 결과발생을 희망하는 것을 요하는 것은 아닌바, 피고인이 고소장을 수사기관에 제출한 이상 그러한 인식은 있었다 할 것이니 피고인이 고소를 한 목적이 피고소인들을 처벌받도록 하는 데에 있지 아니하고 단지 회사 장부상의 비리를 밝혀 정당한 정산을 구하는 데에 있다 하여 무고의 고의가 없다 할 수 없다. 법원9급 07(하) / 법원행시 16

1730 다수설이다. 김봉태(공저), 676면; 김석휘(주석), 231면; 박상기, 705면; 백형구, 634면; 서일교, 364면; 오영근, 1158면; 유기천(하), 364면; 이재상, §47-16; 이형국(Ⅱ), 448면; 임웅, 920면; 정성근/박광민, 848면; 진계호, 710면. 반대견해로서 법률에 근거한 모든 공적 징계라면 특별권력관계가 아닌 것도 포함되어야 한다는 소수설은 손동권, 853면; 정영석, 99면; 황산덕, 98면 참조.

1731 **판례** 형법 제156조는 타인으로 하여금 형사처분 또는 징계처분을 받게 할 목적으로 공무소 또는 공무원에 대하여 허위의 사실을 신고한 자를 처벌하도록 정하고 있다. 여기서 '징계처분'이란 공법상의 감독관계에서 질서유지를 위하여 과하는 신분적 제재를 말한다. 그런데 사립학교 교원은 학교법인 또는 사립학교경영자가 임면하고(사립학교법 제53조, 제53조의2), 그 임면은 사법상 고용계약에 의하며, 사립학교 교원은 학생을 교육하는 대가로 학교법인 등으로부터 임금을 지급받으므로 학교법인 등과 사립학교 교원의 관계는 원칙적으로 사법상 법률관계에 해당한다. 비록 임면자가 사립학교 교원의 임면에 대하여 관할청에 보고하여야 하고, 관할청은 일정한 경우 임면권자에게 해직 또는 징계를 요구할 수 있는 등(사립학교법 제54조) 학교법인 등에 대하여 국가 등의 지도·감독과 지원 및 규제가 행해지고, 사립학교 교원의 자격, 복무 및 신분을 공무원인 국·공립학교 교원에 준하여 보장하고 있지만, 이 역시 이들 사이의 법률관계가 사법상 법률관계임을 전제로 신분 등을 교육공무원의 그것과 동일하게 보장한다는 취지에 다름 아니다. 따라서 학교법인 등의 사립학교 교원에 대한 인사권의 행사로서 징계 등 불리한 처분은 사법적 법률행위의 성격을 가진다. 한편 형벌법규의 해석은 엄격하여야 하고, 명문의 형벌법규의 의미를 피고인에게 불리한 방향으로 지나치게 확장해석하거나 유추해석하는 것은 죄형법정주의의 원칙에 어긋나는 것으로서 허용되지 않는다. 위와 같은 법리를 종합하여 보면, 사립학교 교원에 대한 학교법인 등의 징계처분은 형법 제156조의 '징계처분'에 포함되지 않는다고 해석함이 옳다(대법원 2014.7.24, 2014도6377).

1732 김일수/서보학, 934면; 배종대, 841면; 서일교, 364면; 손동권, 854면; 오영근, 1159면; 이재상, §47-17; 이형국(Ⅱ), 448면; 임웅, 921면; 정성근/박광민, 849면; 정영일, 680면; 황산덕, 99면.

1733 김봉태(공저), 676면; 김석휘(주석), 231면; 박상기, 705면; 유기천(하), 369면; 이정원, 759면; 정영석, 98면; 진계호, 826면.

1734 **판례** 위 판례는 고소인이 고소장을 접수하면서 수사기관의 고소인 출석요구에 응하지 않음으로써 고소가 각하될 것으로 의도하고 있었다고 하더라도 무고죄가 성립한다고 한 사례이다.

2. 대법원 1995.12.12, 94도3271; 2007.4.26, 2007도1423
고소를 한 목적이 상대방을 처벌받도록 하는 데 있지 않고 시비를 가려 달라는 데에 있다고 하여 무고죄의 고의가 없다고 할 수 없으며, 그가 신문사의 대표이사로서 위 신문사 수습대책위원회의 요구에 따라 수동적으로 행동한 것이라고 하여도 무고죄의 성립에는 지장이 없다. 법원행시 14 / 국가9급 20

3. 대법원 2005.9.30, 2005도2712
甲이 乙의 승낙을 받고 乙로부터 차용금 피해를 당한 것처럼 허위사실을 담은 고소장을 수사기관에 제출한 경우, 甲이 乙에 대한 형사처분까지 의욕한 것은 아니라 하더라도 적어도 그러한 결과발생에 대한 미필적 인식은 있었던 것으로 인정되기 때문에 무고죄가 성립한다.[1735] 국가7급 09 / 국가7급 10 / 법원행시 06 / 법원행시 08 / 법원행시 13 / 법원행시 14 / 법원행시 16 / 법원9급 07(상) / 법원9급 07(하) / 법원9급 09 / 법원9급 17 / 경찰승진 14 / 변호사 13 / 변호사 14 / 경찰승진(경감이하) 16 / 법원9급 22

4. 대법원 2014.3.13, 2012도2468
허위 내용의 고소장을 수사기관에 제출한 고소인에게는 무고죄의 형사처분 또는 징계처분을 받게 할 목적이 인정된다.

㉣ 소결 : 목적(目的)은 1급의 의도로써 강력한 의욕적 요소를 필요로 한다는 점에서 확정적 인식을 필요로 하는 결과발생의욕설이 타당하다고 생각된다. 물론 결과발생의욕설을 취했다고 하여, 추상적 위험범인 본죄의 성립에 목적의 달성을 요하는 것은 아니다.

③ 구체적 적용

자기무고	① 본죄의 구성요건해당성이 없다. 법원행시 07 ② 그러나 판례에 의하면, 피무고자의 교사·방조 하에 제3자가 피무고자에 대한 허위의 사실을 신고한 경우에는 제3자의 행위는 무고죄의 구성요건에 해당하여 무고죄를 구성하므로, 제3자를 교사·방조한 피무고자도 교사·방조범으로서의 죄책을 부담한다(대법원 2008.10.23, 2008도4852). 국가7급 12 / 법원승진 12 / 법원행시 09 / 법원행시 10 / 법원행시 11 / 법원행시 12 / 법원9급 09 / 법원9급 13 / 경찰채용 12 1차 / 사시 11 / 사시 12 / 사시 13 / 사시 16 / 변호사 17
공동무고	타인에 대한 부분에 관해서만 무고죄가 성립한다.[1736]
승낙무고	본죄의 주된 보호법익은 국가의 심판기능의 적정이기 때문에 무고죄가 성립한다(대법원 2005.9.30, 2005도2712).[1737] 국가9급 11 / 국가7급 09 / 국가7급 10 / 법원행시 06 / 법원행시 08 / 법원행시 13 / 법원행시 14 / 법원행시 16 / 법원9급 07(상) / 법원9급 07(하) / 법원9급 09 / 법원9급 17 / 경찰승진 14 / 변호사 13 / 변호사 14 / 경찰승진(경감이하) 16 / 법원9급 22
허무인 · 사자에 대한 무고	국가의 심판기능이 침해되거나 피무고자를 해할 위험이 없기 때문에 무고죄가 성립하지 않는다(통설[1738]). 법원행시 06 / 법원행시 07

1735 보충 피무고자의 승낙이 있었다는 점은 중요하지 않다. 왜냐하면 무고죄는 국가의 형사사법권 또는 징계권의 적정한 행사를 주된 보호법익으로 하고 개인의 부당하게 처벌 또는 징계받지 아니할 이익을 부수적으로 보호하는 죄이기 때문이다. 따라서 설사 무고에 있어서 피무고자의 승낙이 있었다고 하더라도 무고죄의 성립에는 영향을 미치지 못한다 할 것이다.
1736 김일수/서보학, 933면; 배종대, 841면; 손동권, 853면; 이재상, §47－15; 임웅, 920면; 정성근/박광민, 848면; 진계호, 825면.
1737 판례 무고죄는 국가의 형사사법권 또는 징계권의 적정한 행사를 주된 보호법익으로 한다. 다만, 개인의 부당하게 처벌 또는 징계받지 아니할 이익을 부수적으로 보호하는 죄이므로, 설사 무고에 있어서 피무고자의 승낙이 있었다고 하더라도 무고죄의 성립에는 영향을 미치지 못한다 할 것이다(대법원 2005.9.30, 2005도2712). 법원행시 06 / 법원행시 08 / 법원행시 14 / 법원9급 09 / 변호사 13 / 법원9급 22
1738 김일수/서보학, 933면; 박상기, 704면; 배종대, 841면; 손동권, 853면; 오영근, 1147면; 유기천(하), 369면; 이재상, §47－15; 이정원, 826면; 임웅, 920면; 정성근/박광민, 848면; 진계호, 824면; 황산덕, 97면.

판례연구 자기 자신에 대한 무고죄의 공동정범의 성립을 부정한 사례

대법원 2017.4.26, 2013도12592

① 형법 제30조에서 정한 공동정범은 공동으로 범죄를 저지르려는 의사에 따라 공범자들이 협력하여 범행을 분담함으로써 범죄의 구성요건을 실현한 경우에 각자가 범죄 전체에 대하여 정범으로서의 책임을 지는 것이다. 범죄의 실행에 가담한 사람이라고 할지라도 그가 공동의 의사에 따라 다른 공범자를 이용하여 실현하려는 행위가 자신에게는 범죄를 구성하지 않는다면, 특별한 사정이 없는 한 공동정범의 죄책을 진다고 할 수 없다. ② 형법 제156조에서 정한 무고죄는 타인으로 하여금 형사처분 또는 징계처분을 받게 할 목적으로 허위의 사실을 신고하는 것을 구성요건으로 하는 범죄이다. 자기 자신으로 하여금 형사처분 또는 징계처분을 받게 할 목적으로 허위의 사실을 신고하는 행위, 즉 자기 자신을 무고하는 행위는 무고죄의 구성요건에 해당하지 않아 무고죄가 성립하지 않는다. 따라서 자기 자신을 무고하기로 제3자와 공모하고 이에 따라 무고행위에 가담하였더라도 이는 자기 자신에게는 무고죄의 구성요건에 해당하지 않아 범죄가 성립할 수 없는 행위를 실현하고자 한 것에 지나지 않아 무고죄의 공동정범으로 처벌할 수 없다. 법원행시 17 / 경찰간부 18 / 국가7급 20 / 경찰채용 23 1차

보충 소극적 신분자라 하더라도 소극적 신분이 없는 자의 범행에 가공한 경우에는 당해 범행의 공범이 성립한다. 이는 신분 없는 자가 신분자의 범행에 가공한 경우 당해 범행의 공범이 성립한다는 제33조 본문이 적용되기 때문이다. 그런데 무고죄는 누구든지 허위신고를 행함으로써 성립하는 일반범이지 신분범이 아니므로, 제33조는 적용되지 않는다.

3. 죄 수

무고죄의 죄수판단기준은 부차적 법익인 피무고자의 법적 안정성을 고려한다는 취지에서 피무고사(被誣告者)의 수(數)를 기준으로 판단한다. 따라서 한 개의 행위로 수인을 무고한 경우는 수죄의 상상적 경합이 된다(통설[1739]).

4. 자백 · 자수의 특례

본죄를 범한 자가 그 신고한 사건의 재판 또는 징계처분이 확정되기 전에 자백 또는 자수한 때에는 그 형을 감경 또는 면제한다(제157조 및 제153조). 국가7급 08 / 법원승진 10 / 사시 14 / 사시 16 허위신고임이 발각된 후라 하더라도 재판·징계처분 확정 전이면 본 자백·자수 감면 특례가 적용된다. 자수는 자발적이어야 하나 자백은 자발성을 요하지 않는다. 다만 자신이 신고한 내용이 단지 객관적 진실에 반한다고 인정한 것만으로는 자백이라 볼 수 없다(대법원 1995.9.5, 94도755). 법원행시 14 또한 여기에서 정한 '재판이 확정되기 전'에는, 피고인의 고소사건 수사 결과 피고인의 무고 혐의가 밝혀져 피고인에 대한 공소가 제기되고 피고소인에 대해서는 불기소결정이 내려져 재판절차가 개시되지 않은 경우가 포함된다.

판례연구 무고죄의 필요적 감면사유인 재판확정 전의 자백의 범위

대법원 2018.8.1, 2018도7293

형법 제157조, 제153조는 무고죄를 범한 자가 그 신고한 사건의 재판 또는 징계처분이 확정되기 전에 자백 또는 자수한 때에는 그 형을 감경 또는 면제한다고 하여 이러한 재판확정 전의 자백을 필요적 감경 또는 면제사유로 정하고 있다. 위와 같은 자백의 절차에 관해서는 아무런 법령상의 제한이 없으므로 그가 신고한 사건을 다루는 기관에 대한 고백이나 그 사건을 다루는 재판부에 증인으로 다시 출석하여 전에 그가 한 신고가 허위의 사실이었음을 고백하는 것은 물론 무고 사건의 피고인 또는 피의자로서 법원이나 수사기관에서의 신문에 의한 고백 또한 자백의 개념에 포함된다(대법원 1973.11.27, 73도1639; 2012.6.14, 2012도2783 등). 또한 형법 제153조에서

1739 김봉태(공저), 677면; 김석휘(주석), 237면; 김일수/서보학, 934면; 배종대, 821면; 백형구, 635면; 서일교, 336면; 손동권, 854면; 오영근, 1159면; 이재상, §47－20; 이형국(Ⅱ), 449면; 임웅, 921면; 정성근/박광민, 849면; 정영석, 101면; 진계호, 710면. 반대견해로서 주된 보호법익인 국가의 기능을 고려하여 1죄로 보아야 한다는 소수설은 유기천(하), 346면; 황산덕, 99면 참조.

정한 '재판이 확정되기 전'에는 피고인의 고소사건 수사 결과 피고인의 무고 혐의가 밝혀져 피고인에 대한 공소가 제기되고 피고소인에 대해서는 불기소결정이 내려져 재판절차가 개시되지 않은 경우도 포함된다.

표정리 국가기능 관련범죄의 자백 · 자수특례규정과 친족간 특례규정

자백 · 자수특례규정(필요적 감면)	친족간 특례규정(책임조각=무죄)
• 위증죄 · 모해위증죄 사시 16 • 허위감정 · 통역 · 번역죄 • 무고죄 사시 14/사시 16	• 범인은닉죄 • 증거인멸죄

memo

부록

사항색인

판례색인

| 헌법재판소 |